Petit Dictionnaire Cassell Français-Anglais Anglais-Français

RÉDIGÉ PAR

J. H. DOUGLAS

B.A.(Lond.), Chevalier dans l'Ordre des Palmes Académiques,
Headmaster, Caldew School, Dalston, Cumbria

DENIS GIRARD

Agrégé de l'Université
Inspecteur de l'Académie de Paris

W. THOMPSON

M.A.(Edin.), Deputy Headmaster,
The White House Grammar School, Brampton, Cumbria

CASSELL
LONDRES

Cassell's Compact French-English English-French Dictionary

COMPILED BY

J. H. DOUGLAS

B.A.(Lond.), Chevalier dans l'Ordre des Palmes Académiques,
Headmaster, Caldew School, Dalston, Cumbria

DENIS GIRARD

Agrégé de l'Université
Inspecteur de l'Académie de Paris

W. THOMPSON

M.A.(Edin.), Deputy Headmaster,
The White House Grammar School, Brampton, Cumbria

CASSELL
LONDON

CASSELL & COMPANY LIMITED
35 Red Lion Square, London, WC1R 4SG

and at Sydney · Toronto
Johannesburg · Auckland
an affiliate of
Macmillan Publishing Co., Inc.,
New York

CASSELL'S FRENCH-ENGLISH ENGLISH-FRENCH
COMPACT DICTIONARY

First published 1904
Entirely new and revised 33rd Edition 1954
52nd Edition 1967

CASSELL'S COMPACT FRENCH-ENGLISH
ENGLISH-FRENCH DICTIONARY

First published 1968

2nd Impression 1968
3rd Impression 1968
4th Impression 1969
5th Impression 1972
6th Impression 1974
7th Impression 1975
8th Impression 1976

I.S.B.N. 0 304 92492 X (Bookshop edition)
I.S.B.N. 0 304 92590 X (School (non-net) edition)

Printed in Great Britain by Butler & Tanner Ltd.
Frome and London
0376

Contents

Preface

This new edition of a work which appeared for the first time in 1904 represents a departure from tradition in that it is not a revised version of its immediate predecessor, but an entirely new work based on 'Cassell's New French Dictionary' compiled by Denis Girard and first published in 1962.

The availability of such a recent publication, and one moreover which has been widely accepted as a reliable work, has made the editors' task much easier than it could ever have been otherwise. The dead wood had already been cut away and many new words had been introduced, but it will come as no surprise that there are entries in the 'Compact' which do not appear in the 'New', e.g. 'escalate', and that others which were included in the 'New' for the first time in 1962 have already been discarded as obsolete, e.g. 'teddy boy'.

It is, of course, the question of selection which poses the greatest problem for anyone concerned with the compilation of a dictionary of limited size. Many uncommon words inevitably fail to find a place, as do the less frequent uses of some which have been included. We have tried wherever possible to illustrate by examples, but we have not attempted to incorporate information which properly belongs to a grammar book rather than a dictionary. It is assumed that the user will have a knowledge not only of parts of speech but also of the essential basic grammar of both languages. Although personal preference may have played a part, we have always tried to regard suitability for this type of dictionary as the primary consideration for or against the inclusion of a word, and we hope that we have, if anything, erred on the safe side.

Several features in the general layout of the 'New French Dictionary' have been incorporated for the first time in the 'Compact'. These include the use of the symbols of the International Phonetic Association throughout, the detailed information given in the 'Advice to the User' and the tables of English and French verbs. Completely new features are the notes at the head of the verb tables and the increased use of French in the explanatory parentheses in the English–French section.

J. H. D.

Advice to the User

Grouping of Words
In both sections of the dictionary alphabetical order has been strictly observed for all entries, including proper nouns.

Numbering of Identical Words
Words which are spelt alike but which differ in origin or pronunciation are numbered separately.

Punctuation
When several translations are given for one word it can generally be assumed that those which are separated by commas have much the same meaning; semi-colons are used where there is a clear difference in meaning or usage.

Words marked with an asterisk (*) are obsolete.

Pronunciation
The phonetic transcription is given in square brackets immediately after the key-word and alternative pronunciations have been given where necessary. The mark (') precedes the syllable which carries the stress.

The symbols of the International Phonetic Association have been used throughout the dictionary, and the user who is unfamiliar with these should refer to the Key to Pronunciation.

Daniel Jones' *English Pronouncing Dictionary* has usually been followed in the English–French section.

Grammatical Information
It is assumed that the user will have a reasonable knowledge of the basic grammar of the two languages. For example, when a noun merely adds -s for the plural or an adjective -e for the feminine, it has not been considered necessary to show this. Parts of speech are indicated by an abbreviation in italics (*a., n.m., v.t., adv.* etc.) except in the case of proper nouns where in English no indication has been given and in French only the gender. For the meanings of the abbreviations the user is referred to the list on page xiv.

Nouns and Adjectives
In the French–English section French nouns are classed as *n.m.* for the masculine, *n.f.* for the feminine or *n.* for a noun which may be masculine or feminine according to context. In the English–French section the gender of French nouns is shown by the abbreviations *m.* or *f.*; where a noun, without change of form, may be masculine or feminine both genders are given. In a list of nouns the gender is not given after each one and the user should therefore read on to the next gender mentioned, e.g. under **damage** he will find 'dommage; tort,

Groupement des Mots
Dans les deux parties du dictionnaire l'ordre alphabétique a été strictement suivi pour tous les articles, y compris les noms propres.

Numérotage de Mots Identiques
Les mots qui ont la même orthographe sont numérotés séparément lorsqu'ils ont une racine ou une prononciation différente.

Ponctuation
Quand plusieurs traductions sont données pour un même mot, celles qui ne sont séparées que par des virgules ont en règle générale des sens à peu près identiques; le point virgule est utilisé pour indiquer des différences très nettes de sens ou d'emploi.

Les mots précédés d'un astérisque (*) sont désuets.

Prononciation
La transcription phonétique est donnée entre crochets immédiatement après le mot principal. Lorsqu'il y a d'autres prononciations possibles, elles sont également indiquées. L'accent (') précède la syllabe qui porte l'accent tonique.

Les signes de l'Association Internationale de Phonétique sont utilisés dans les deux parties du dictionnaire et le lecteur qui n'est pas familiarisé avec ces signes devra consulter la Table de Prononciation.

Pour la section Anglais–Français, on a généralement suivi le dictionnaire de M. Daniel Jones, *An English Pronouncing Dictionary*.

Indications Grammaticales
Le lecteur est considéré comme ayant une connaissance suffisante de la grammaire de base des deux langues. Par exemple, quand un nom français forme son pluriel en -s et quand un adjectif forme son féminin en -e, il n'a pas paru nécessaire de l'indiquer. La nature des mots est indiquée par une abréviation en italique (*a.*, *n.m.*, *v.t.*, *adv.* etc.) excepté dans le cas des noms propres pour lesquels aucune indication n'a été donnée dans la partie Anglais–Français et seulement le genre dans la partie Français–Anglais. On trouvera la signification des abréviations à la page xiv.

Noms et adjectifs
Dans la partie Français–Anglais, les noms français sont classés en *n.m.* pour les noms masculins, en *n.f.* pour les noms féminins et *n.* pour ceux qui se modifient selon le contexte. Dans la partie Anglais–Français, le genre des noms français est indiqué par les abréviations *m.* ou *f.*; lorsqu'un nom peut, sans changer de forme, être soit du masculin soit du féminin, les deux genres sont donnés. Dans une

Advice to the User

dégât; (*fig.*) préjudice, détriment, *m.*' and he will know from this that all these five nouns are masculine. In the English–French section the feminine forms of French adjectives and nouns (where applicable) are not normally given. The user should consult the relevant French word in the French–English section.

Where plurals or feminines of nouns or adjectives are given, abbreviated forms are used. For example the entry **cheval** (pl. **-aux**) means that the full plural word is **chevaux**. Similarly, **acteur** (*fem.* **-trice**) indicates that the feminine form is **actrice**.

Verbs

All Verbs, other than reflexive verbs, form their compound tenses with **avoir** unless there is an indication with the entry that they take **être**. For all further information on verb entries please consult notes on Verb Tables below.

Verb Tables

1. French verbs have been listed in the tables as follows:

   a. A pattern verb for each of the three regular conjugations.
   b. Pattern verbs which may best be described as 'anomalous', i.e. verbs which are basically regular but which, for one reason or another, show slight variations from the normal forms.
   c. An alphabetical list of irregular verbs, some of which are used as a reference for other verbs which show similar irregularities.

Full conjugations have been given for the regular verbs but elsewhere only where it is considered necessary or desirable.

2. An alphabetical list of all irregular English verbs included in this dictionary is given. The user is referred to the Verb Tables for a note on the following:

   a. Verbs ending in **-y** preceded by one or more consonants.
   b. Certain verbs ending in a consonant preceded by a vowel.

3. The following explanation of verb entries in the dictionary may be helpful:

   a. *irr.* See the verb in question in the list of irregular verbs.
   b. *irr.* (*conjug. like* . . . . . .) See the pattern verb in the list of irregular verbs.
   c. (*see Verb Tables*) See the verb in question in the list of anomalous verbs.
   d. (*conjug. like* . . . . . .) See the pattern verb in the list of anomalous verbs.

x

liste de noms, le genre n'est pas donné après chacun d'eux et le lecteur doit alors se référer au premier genre indiqué, e.g. pour **damage** il trouvera 'dommage; tort, dégât; (*fig.*) préjudice, détriment, *m.*' et il en déduira que ces cinq noms sont du masculin. Dans la partie Anglais–Français, le féminin des mots français, lorsqu'il existe, n'est en principe pas indiqué; on le trouvera dans la partie Français–Anglais.

Lorsque le pluriel ou le féminin des noms ou des adjectifs est indiqué, il est donné en abrégé. Par exemple, **cheval** (*pl.* -**aux**) signifie que la forme de ce mot au pluriel est **chevaux**. De même, **acteur** (*fem.* -**trice**) signifie que la forme du féminin est **actrice**.

Verbes

Tous les verbes, autres que les verbes réfléchis, forment leurs temps composés avec l'auxiliaire **avoir**, à moins qu'il soit indiqué qu'ils se conjuguent avec **être**. On trouvera ci-dessous des renseignements complémentaires sur les verbes.

Tables des Verbes

1. Les verbes français sont présentés de la façon suivante:

   a. un verbe-type pour chacune des trois conjugaisons régulières.

   b. des verbes-types 'anomaux', c'est-à-dire, des verbes qui sont fondamentalement réguliers mais qui comportent de légères variations par rapport aux formes normales.

   c. une liste alphabétique des verbes irréguliers dont certains servent de références à d'autres verbes présentant des irrégularités analogues.

La conjugaison des verbes réguliers a été donnée en entier, mais pour les autres verbes elle ne figure que lorsque cela paraît nécessaire.

2. On trouvera une liste alphabétique de tous les verbes irréguliers anglais qui sont donnés dans ce dictionnaire, précédée par des renseignements sur les groupes suivants:

   a. Verbes qui se terminent en -**y** précédé d'une ou plus d'une consonne.

   b. Certains verbes qui se terminent en une consonne précédée d'une voyelle.

3. Les renseignements suivants concernant la présentation des verbes dans le dictionnaire pourront s'avérer utiles:

   a. *irr.* Se reporter à la liste des verbes irréguliers.

   b. *irr.* (*conjug. like* . . . . . .) Voir le verbe-type dans la liste des verbes irréguliers.

   c. (*see Verb Tables*) Voir ce verbe dans la liste des verbes anomaux.

   d. (*conjug. like* . . . . . .) Voir le verbe-type dans la liste des verbes anomaux.

Key to Pronunciation

VOWELS

FRENCH (I)

i	as in	cri [kri], difficile [difi'sil]
iː	„ „	écrire [e'kriːr], finir [fi'niːr]
e	„ „	thé [te], mélodie [melɔ'di]
ɛ	„ „	réel [re'ɛl], aile [ɛl]
ɛː	„ „	bête [bɛːt], dentaire [dɑ̃'tɛːr]
a	„ „	patte [pat], apparat [apa'ra]
aː	„ „	tard [taːr], barbare [bar'baːr]
ɑ	„ „	pas [pɑ], tailler [tɑ'je]
ɑː	„ „	gaz [gɑːz], pâte [pɑːt]
ɔ	„ „	coter [kɔ'te], voler [vɔ'le]
ɔː	„ „	confort [kɔ̃'fɔːr], porc [pɔːr]
o	„ „	côté [ko'te], gros [gro], tôt [to]
oː	„ „	dôme [doːm], rôle [roːl]
u	„ „	coup [ku], tourner [tur'ne]
uː	„ „	bourre [buːr], cour [kuːr]
y	„ „	cru [kry], salut [sa'ly]
yː	„ „	littérature [litera'tyːr]
ø	„ „	neveu [nə'vø], rocheux [rɔ'ʃø]
øː	„ „	mitrailleuse [mitra'jøːz]
œ	„ „	feuillet [fœ'jɛ]
œː	„ „	faveur [fa'vœːr]
ə	„ „	le [lə], refaire [rə'fɛːr]

ENGLISH (I)

iː	as in	seat [siːt]
i	„ „	finish ['finiʃ], physics ['fiziks]
e	„ „	neck [nek], bread [bred]
æ	„ „	man [mæn], malefactor ['mælifæktə]
ɑː	„ „	father ['fɑːðə], task [tɑːsk]
ɔ	„ „	block [blɔk], waddle [wɔdl]
ɔː	„ „	shawl [ʃɔːl], tortoise ['tɔːtəs]
o	„ „	domain [do'mein]
u	„ „	good [gud], July [dʒu'lai]
uː	„ „	moon [muːn], tooth [tuːθ]
ʌ	„ „	cut [kʌt], somewhere ['sʌmwɛə]
əː	„ „	search [səːtʃ], surgeon ['səːdʒən]
ə	„ „	cathedral [kə'θiːdrəl], never ['nevə]

NASAL VOWELS

ɛ̃	as in	faim [fɛ̃], vingt [vɛ̃]
ɛ̃ː	„ „	feindre [fɛ̃ːdr], poindre [pwɛ̃ːdr]
ɑ̃	„ „	ensemencement [ɑ̃smɑ̃s'mɑ̃]
ɑ̃ː	„ „	défendre [de'fɑ̃ːdr]
ɔ̃	„ „	son [sɔ̃], fonder [fɔ̃'de]
ɔ̃ː	„ „	contre [kɔ̃ːtr], trompe [trɔ̃ːp]
œ̃	„ „	défunt [de'fœ̃], un [œ̃]
œ̃ː	„ „	humble [œ̃ːbl]

DIPHTHONGS

ei	as in	great [greit]
ou	„ „	show [ʃou]
ai	„ „	high [hai]
au	„ „	crowd [kraud]
ɔi	„ „	boy [bɔi]
iə	„ „	steer [stiə]
ɛə	„ „	hair [hɛə]
uə	„ „	moor [muə]

Key to Pronunciation

CONSONANTS

FRENCH (1)

p	as in	peine [pɛn], papier [pa'pje]
b	,, ,,	bon [bɔ̃]
t	,, ,,	tâter [tɑ'te], thé [te]
d	,, ,,	dinde [dɛ̃:d]
k	,, ,,	coquelicot [kɔkli'ko]
g	,, ,,	gare [ga:r]
m	,, ,,	maman [ma'mɑ̃], même [mɛ:m]
n	,, ,,	nonne [nɔn]
ɲ	,, ,,	agneau [a'ɲo], soigner [swa'ɲe]
f	,, ,,	fier [fje:r]
v	,, ,,	vivre [vi:vr]
s	,, ,,	sucre [sykr]
z	,, ,,	raser [rɑ'ze]
l	,, ,,	lettre [lɛtr], valise [va'li:z]
ʃ	,, ,,	charme [ʃarm]
ʒ	,, ,,	ronger [rɔ̃'ʒe], joue [ʒu]
r	,, ,,	arrière [a'rjɛ:r]

ENGLISH (1)

p	as in	paper ['peipə]
b	,, ,,	ball [bɔ:l]
t	,, ,,	tea [ti:], till [til]
d	,, ,,	deed [di:d]
k	,, ,,	cake [keik]
g	,, ,,	game [geim]
m	,, ,,	mammoth ['mæməθ]
n	,, ,,	nose [nouz], nun [nʌn]
ŋ	,, ,,	bring [briŋ], finger ['fiŋgə]
f	,, ,,	fair [fɛə], far [fɑ:]
v	,, ,,	vine [vain]
θ	,, ,,	thin [θin], bath [bɑ:θ]
ð	,, ,,	this [ðis], bathe [beið]
s	,, ,,	since [sins]
z	,, ,,	busy ['bizi]
l	,, ,,	land [lænd], hill [hil]
ʃ	,, ,,	shield [ʃi:ld], sugar ['ʃugə]
ʒ	,, ,,	visionary ['viʒənəri]
r	,, ,,	rut [rʌt], brain [brein]
h	,, ,,	here [hiə], horse [hɔːs]
x	,, ,,	loch [lɔx]

SEMI-CONSONANTS

j	as in	rien [rjɛ̃]
w	,, ,,	ouate [wat], oui [wi]
ɥ	,, ,,	huile [ɥil]

j	as in	yellow ['jelou], yes [jes]
w	,, ,,	wall [wɔ:l]

(1) When the same symbol is used in both English and French it often represents a **different sound** in each language.

' denotes that the stress is on the following syllable.

: denotes that the preceding vowel is long.

- placed over a vowel-symbol shows that the vowel has a nasal sound.

List of Abbreviations

a.	adjective	*foll.*	the following	*pers.*	person, personal
abbr.	abbreviation	*Fort.*	Fortification	*Pharm.*	Pharmacy
Adm.	Administration	*Fr.*	French	*Phil.*	Philosophy
adv.	adverb	*Ftb.*	Football	*Philol.*	Philology
adv. phr.	adverbial phrase	*fut.*	future	*Phon.*	Phonetics
affirm.	affirmative	*Gard.*	Gardening	*Phot.*	Photography
Agric.	Agriculture	*Geog.*	Geography	*phr.*	phrase
Alg.	Algebra	*Geol.*	Geology	*Phys.*	Physics
Am.	American	*Geom.*	Geometry	*Physiol.*	Physiology
Anat.	Anatomy	*Gr.*	Greek	*pl.*	plural
Ant.	Antiquities	*Gram.*	Grammar	*poet.*	poetical
Arch.	Architecture	*Gym.*	Gymnastics	*Polit.*	Politics
Archaeol.	Archaeology	*Her.*	Heraldry	*pop.*	popular
Arith.	Arithmetic	*Hist.*	History	*poss.*	possessive
art.	article	*Horol.*	Horology	*p.p.*	past participle
Artill.	Artillery	*Hort.*	Horticulture	*prec.*	the preceding
Astron.	Astronomy	*Hunt.*	Hunting	*pref.*	prefix
aux.	auxiliary	*Hydr.*	Hydrostatics	*prep.*	preposition
Av.	Aviation	*i.*	intransitive	*pres.*	present
Bibl.	Bible, Biblical	*Ichth.*	Ichthyology	*pres. p.*	present participle
Biol.	Biology	*imp.*	imperfect	*Print.*	Printing
Bookb.	Bookbinding	*impers.*	impersonal	*pron.*	pronoun
Bot.	Botany	*Ind.*	Industry	*prop.*	proper, properly
Box.	Boxing	*indec.*	indecent	*Pros.*	Prosody
Build.	Building	*indef.*	indefinite	*Psych.*	Psychology
(C)	Canadian usage	*indic.*	indicative	*Pyro.*	Pyrotechnics
Carp.	Carpentry	*inf.*	infinitive	*r.*	reflexive; recipro-
Ch.	Church	*int.*	interjection		cal
Chem.	Chemistry	*inter.*	interrogative	*Rad.*	Radio
Cine.	Cinema	*inv.*	invariable	*Rail.*	Railway
Civ. Eng.	Civil Engineering	*iron.*	ironical	*R.C.*	Roman Catholic
Coin.	Coinage	*irr.*	irregular (see	*reg.*	registered
collect.	collective		table of Irregular	*rel.*	relative
colloq.	colloquially		Verbs, pp. 636–	*Relig.*	Religion
comb.	combination		58)	*rhet.*	rhetoric
comb. form	combining form	*It.*	Italian	*Rom.*	Roman
Comm.	Commerce	*Jew.*	Jewish	*Row.*	Rowing
comp.	comparative	*Journ.*	Journalism	*Sc.*	Scottish
Conch.	Conchology	*L.*	Latin	*Sch.*	Schools
cond.	conditional	*Lit.*	Literature	*Sci.*	Science
conj.	conjunction	*Log.*	Logic	*Sculp.*	Sculpture
conjug.	conjugated	*m.*	masculine	*sing.*	singular
contr.	contraction	*Mach.*	Machinery	*s.o.'s*	someone's
Cook.	Cookery	*Manuf.*	Manufacturing	*Spt.*	Sport
Cost.	Costume	*masc.*	masculine	*St. Exch.*	Stock Exchange
Cycl.	Cycling	*Math.*	Mathematics	*subj.*	subjunctive
dat.	dative	*Mech.*	Mechanics	*superl.*	superlative
def.	definite	*Med.*	Medicine	*Surg.*	Surgery
dem.	demonstrative	*Metal.*	Metallurgy	*Surv.*	Surveying
Dent.	Dentistry	*Meteor.*	Meteorology	*Swim.*	Swimming
dial.	dialect	*Mil.*	Military	*t.*	transitive
dim.	diminutive	*Min.*	Mineralogy	*Tech.*	Technical
Dress.	Dressmaking	*Motor.*	Motoring	*Tel.*	Television
Eccles.	Ecclesiastical	*Mount.*	Mountaineering	*Teleg.*	Telegraphy
Econ.	Economics	*Mus.*	Music	*Teleph.*	Telephone
Elec.	Electricity	*Myth.*	Mythology	*Ten.*	Tennis
ellipt.	elliptic	*n.*	noun	*Tex.*	Textiles
emphat.	emphatic	*Nat.*	Natural	*Theat.*	Theatrical
Eng.	Engineering	*Naut.*	Nautical	*Theol.*	Theological
Engl.	English	*neg.*	negative	*Trig.*	Trigonometry
Engr.	Engraving	*obj.*	object	*Univ.*	University
Ent.	Entomology	*obs.*	obsolete	*U.S.*	United States
esp.	especially	*Opt.*	Optics	*usu.*	usually
Exam.	Examination	*Orn.*	Ornithology	*v.*	verb
f.	feminine	*Paint.*	Painting	*Vet.*	Veterinary
fam.	familiarly	*Parl.*	Parliamentary	*v.i.*	intransitive verb
facet.	facetiously	*part.*	participle, par-	*v.r.*	reflexive *or* reci-
fem.	feminine		ticipial		procal verb
Fenc.	Fencing	*Path.*	Pathology	*v.t.*	transitive verb
Feud.	Feudal	*pej.*	pejorative	*vulg.*	vulgar
fig.	figuratively	*perf.*	perfect	*Zool.*	Zoology
Fin.	Financial				

A, a [ɑ], *n.m.* in French *a* has two sounds: (1) as in *part*, shown in this dictionary by 'a'; (2) as in *pas*, shown by 'ɑ'.

à [a], *prep.* [see also AU, AUX] to, at, in, into, on, by, for, from, with.

abaisse [a'bɛːs], *n.f.* undercrust of pastry.

abaissement [abɛs'mɑ̃], *n.m.* lowering, falling, abatement, depression; humiliation, abasement.

abaisser [abɛ'se], *v.t.* to let down, to let fall, to lower; to diminish, to reduce; (*fig.*) to bring low, to humble, to depress; to roll out (*paste*). **s'abaisser,** *v.r.* to sink, to subside, to decrease, to abate, to decline; to humble oneself, to stoop, to cringe.

abajoue [aba'ʒu], *n.f.* (*Zool.*) cheek-pouch.

abalourdir [abalur'diːr], *v.t.* to make dull *or* stupid.

abalourdissement [abalurdis'mɑ̃], *n.m.* dullness, stupidity.

abandon [abɑ̃'dɔ̃], *n.m.* relinquishment, surrender, cession; abandonment, forlornness, destitution; lack of restraint; *à l'abandon,* at random, in confusion, at sixes and sevens; (*Naut.*) adrift.

abandonné [abɑ̃dɔ'ne], *a.* abandoned, forsaken; lost to decency, shameless, profligate.

abandonnement [abɑ̃dɔn'mɑ̃], *n.m.* abandonment; desertion; (*fig.*) dissoluteness, profligacy.

abandonnément [abɑ̃dɔne'mɑ̃], *adv.* freely, unreservedly.

abandonner [abɑ̃dɔ'ne], *v.t.* to give up, to hand over, to surrender; to renounce; to forsake, to desert, to abandon; to leave, to quit; to neglect. **s'abandonner,** *v.r.* to give oneself up, to give way (*à*); to indulge (*à*); to neglect oneself.

abaque [a'bak], *n.m.* (*Arch.*) abacus; (*Arith.*) abacus.

abasourdir [abazur'diːr], *v.t.* to stun, to dumbfound; (*fig.*) to astound.

abasourdissant [abazurdi'sɑ̃], *a.* astounding, overwhelming.

abasourdissement [abazurdis'mɑ̃], *n.m.* stupefaction, bewilderment.

*abat [a'ba], *n.m.* killing, knocking down; heavy shower.

abâtardi [abɑtar'di], *a.* degenerate, corrupt, debased.

abâtardir [abɑtar'diːr], *v.t.* to render degenerate; to debase, to corrupt. **s'abâtardir,** *v.r.* to degenerate.

abâtardissement [abɑtardis'mɑ̃], *n.m.* degeneracy.

abatée *or* **abattée** [aba'te], *n.f.* swoop (*of plane*).

abat-jour [aba'ʒuːr], *n.m. inv.* sky-light; lamp-shade; shade for the eyes.

abat-son [aba'sɔ̃], *n.m.* (*pl. unchanged or* **abat-sons**) a series of sloping louvres in the window of a bell-tower for directing the sound downwards.

abattage [aba'taːʒ], *n.m.* cutting down, felling (*of trees*); slaughtering (*of animals*).

abattant [aba'tɑ̃], *n.m.* flap (*of a counter etc.*).

abattée [ABATÉE].

abattement [abat'mɑ̃], *n.m.* weakening; prostration; dejection, despondency, low spirits.

abatteur [aba'tœːr], *n.m.* one who fells (*trees etc.*); slaughterer.

abattis [aba'ti], *n.m.* things *or* materials brought down (*such as houses, walls, trees*); slaughtered animals, game etc.; killing of game; giblets (*of poultry*).

abattoir [aba'twaːr], *n.m.* slaughter-house.

abattre [a'batr], *v.t.* (*conjug. like* BATTRE) to throw *or* hurl down; to knock, beat *or* batter down; to pull down; to fell; to kill, to slaughter; to overthrow, to demolish; to dishearten, to discourage, to depress. **s'abattre,** *v.r.* to throw oneself down, to fall, to tumble down; to crash (down); to abate; to be cast down *or* dejected; to pounce upon; *le vent s'abat,* the wind is dropping.

abattu [aba'ty], *a.* cast down, depressed, dejected; humbled, crestfallen.

abat-vent [aba'vɑ̃], *n.m. inv.* louvre-boards (*of a window*); wind-cowl (*of a chimney*).

abat-voix [aba'vwa], *n.m. inv.* sounding-board (*of a pulpit*).

abbaye [abe'ji], *n.f.* monastery, abbey.

abbé [a'be], *n.m.* abbot, abbé; *l'abbé Martin,* Father Martin.

abbesse [a'bes], *n.f.* abbess.

A.B.C. [abe'se], *n.m.* alphabet; primer, spelling-book.

abcéder [apse'de], *v.i.* (*conjug. like* CÉDER) to turn into an abscess, to gather.

abcès [ap'sɛ], *n.m.* abscess, gathering; *abcès aux gencives,* gumboil.

abdication [abdika'sjɔ̃], *n.f.* abdication; renunciation (*of property etc.*); surrender (*of authority*).

abdiquer [abdi'ke], *v.t.* to abdicate, to resign, to renounce.

abdomen [abdɔ'mɛn], *n.m.* abdomen.

abdominal [abdɔmi'nal], *a.* abdominal.

abducteur [abdyk'tœːr], *a.* (*Anat.*) abducent. —*n.m.* (*Anat.*) abductor.

abduction [abdyk'sjɔ̃], *n.f.* abduction.

abécédaire [abese'dɛːr], *a.* alphabetical; *ordre abécédaire,* alphabetical order.— *n.m.* spelling-book; elementary reading-book; primer.

abecquer [abe'ke], *v.t.* to feed (*a bird*).

abeille [a'bɛːj], *n.f.* bee; *abeille mère,* queen bee.

aberration [abɛra'sjɔ̃], *n.f.* deviation from the normal *or* the correct course; (*Astron., Opt. etc.*) aberration.

abêtir [abɛ'tiːr], *v.t.* to render stupid; to dull, to blunt.—*v.i.* to become dull *or* stupid. **s'abêtir,** *v.r.* to grow stupid.

abêtissement [abɛtis'mɑ̃], *n.m.* stultification.

abhorrer [abɔ're], *v.t.* to abhor, to hate, to loathe.

abîme [a'bi:m], *n.m.* abyss, the deep, chasm; hell.

abîmé [abi'me], *a.* swallowed up, engulfed; ruined; damaged.

abîmer [abi'me], *v.t.* *to engulf, to swallow up; to ruin; to damage. **s'abîmer**, *v.r.* to fall into ruin; to be spoiled.

abject [ab'ʒɛkt], *a.* abject, base.

abjectement [abʒɛkta'mã], *adv.* abjectly.

abjection [abʒɛk'sjɔ̃], *n.f.* abasement, humiliation; vileness.

abjuration [abʒyra'sjɔ̃], *n.f.* solemn renunciation, abjuration.

abjurer [abʒy're], *v.t.* to abjure, to renounce; to foreswear.

ablatif [abla'tif], *a.* (*fem.* **-tive**) ablative. —*n.m.* (*Gram.*) ablative (case).

ablation [abla'sjɔ̃], *n.f.* (*Surg.*) removal (*of a part*).

able [abl], *n.m.* any small freshwater fish of the bleak family [ABLETTE].

ablette [a'blɛt], *n.f.* bleak [ABLE].

ablution [ably'sjɔ̃], *n.f.* ablution, washing, purification.

abnégation [abnega'sjɔ̃], *n.f.* abnegation, renunciation, sacrifice, self-denial.

aboi [a'bwa], *n.m.* (*dog's*) bark, barking, baying; (*fig.*) desperate condition; *aux abois*, at bay.

aboiement [abwa'mã], *n.m.* barking, baying.

abolir [abɔ'li:r], *v.t.* to abolish, to repeal, to annul, to suppress.

abolissement [abɔlis'mã], *n.m.* abolition.

abolition [abɔli'sjɔ̃], *n.f.* abolition, repeal.

abominable [abɔmi'nabl], *a.* abominable, execrable; heinous.

abominablement [abɔminablə'mã], *adv.* abominably.

abomination [abɔmina'sjɔ̃], *n.f.* abomination, detestation, horror.

abominer [abɔmi'ne], *v.t.* to abominate, to detest.

abondamment [abɔ̃da'mã], *adv.* abundantly.

abondance [abɔ̃'dã:s], *n.f.* a great quantity, abundance, plenty; affluence.

abondant [abɔ̃'dã], *a.* abundant, plentiful, copious; exuberant, effusive.

abonder [abɔ̃'de], *v.i.* to abound, to be plentiful, to be in great quantity; *abonder dans le sens de quelqu'un*, to support somebody's views strongly.

abonné [abɔ'ne], *n.m.* (*fem.* **-ée**) subscriber (*to periodicals etc.*); season-ticket holder.

abonnement [abɔn'mã], *n.m.* subscription (*to periodicals, theatres etc.*); agreement; season-ticket; *carte d'abonnement*, season-ticket.

abonner (s') [sabɔ'ne], *v.r.* to become a subscriber.

abonnir [abɔ'ni:r], *v.t.* to mend, to improve (*wine*).—*v.i.* to become good. **s'abonnir**, *v.r.* to mend, to grow better.

abonnissement [abɔnis'mã], *n.m.* improvement.

abord [a'bɔ:r], *n.m.* landing; arrival; access, approach, meeting; onset, attack; (*pl.*) approaches, surroundings; *d'abord*, at first.

abordable [abɔr'dabl], *a.* accessible, easily approached, affable.

abordage [abɔr'da:ʒ], *n.m.* (*Naut.*) boarding; fouling, colliding.

abordée [abɔr'de], *n.f.* the act of meeting, accosting *or* beginning.

aborder [abɔr'de], *v.t.* to arrive at; to approach, to accost; to enter upon (*a subject etc.*); to grapple (*a vessel*); to run foul of (*a ship*).—*v.i.* to arrive; to land. **s'aborder**, *v.r.* to accost each other; to run foul of each other.

aborigène [abɔri'ʒɛ:n], *a.* native, original.— *n.m.* aboriginal, aborigine.

aborner [abɔr'ne], *v.t.* to mark out, to delimit.

abortif [abɔr'tif], *a.* (*fem.* **-tive**) abortive.

abouchement [abuʃ'mã], *n.m.* interview, conference.

aboucher [abu'ʃe], *v.t.* to bring (*things or persons*) together. **s'aboucher**, *v.r.* to have an interview, to confer (*with*); to get in touch (*with*).

aboutement [abut'mã], *n.m.* abutment; placing *or* fitting end to end.

abouter [abu'te], *v.t.* to join end to end.

aboutir [abu'ti:r], *v.i.* to end at *or* in, to result (*à*); (*Surg.*) to come to a head (*with aux.* ÊTRE *or* AVOIR).

aboutissant [abuti'sã], *a.* bordering upon, abutting on, ending in.

aboutissement [abutis'mã], *n.m.* result, issue.

aboyer [abwa'je], *v.i.* (*conjug. like* EMPLOYER) to bark, to bay, to yelp.

abracadabra [abrakada'bra], *n.m.* abracadabra (*magic word*).

abracadabrant [abrakada'brã], *a.* stupendous, amazing, stunning.

abrasif [abra'zif], *n.m.* abrasive.

abrégé [abre'ʒe], *a.* short, summary.—*n.m.* abridgment, résumé, précis, abstract, summary.

abrégement [abreʒ'mã], *n.m.* abridging, abridgment.

abréger [abre'ʒe], *v.t.* (*conjug. like* ASSIÉGER) to abridge, to shorten; to abbreviate.

abreuvage [abrœ'va:ʒ], **abreuvement** [abrœv'mã], *n.m.* watering, soaking, steaming.

abreuver [abrœ've], *v.t.* to water (*animals*); to water (*the ground etc.*). **s'abreuver**, *v.r.* to drink, to be watered (*of animals*).

abreuvoir [abrœ'vwa:r], *n.m.* watering-place, horse-pond; drinking-trough.

abréviation [abrevja'sjɔ̃], *n.f.* abbreviation, shortening.

abri [a'bri], *n.m.* shelter, cover, refuge, dug-out.

abricot [abri'ko], *n.m.* apricot.

abricotier [abrikɔ'tje], *n.m.* apricot-tree.

abriter [abri'te], *v.t.* to shelter, to shade, to protect. **s'abriter**, *v.r.* to take refuge.

abrogation [abrɔga'sjɔ̃], *n.f.* abrogation, repeal, annulment.

abroger [abrɔ'ʒe], *v.t.* (*conjug. like* MANGER) to abrogate, to repeal, to annul. **s'abroger**, *v.r.* to fall into disuse.

abrupt [a'brypt], *a.* abrupt, steep, sheer; (*fig.*) blunt, rugged, rough (*of style etc.*).

abruptement [abryptə'mã], *adv.* abruptly.

abruti [abry'ti], *a.* and *n.m.* (*fem.* **-e**) brutalized, stupid (*person*).

abrutir [abry'ti:r], *v.t.* to stupefy, to brutalize. **s'abrutir**, *v.r.* to become brutalized *or* stupid.

abrutissant [abryti'sɑ̃], *a.* brutalizing, stupefying.

abrutissement [abrytis'mɑ̃], *n.m.* the act of brutalizing; brutishness, degradation.

absence [ap'sɑ̃:s], *n.f.* absence; want, lack; *absence d'esprit*, absence of mind.

absent [ap'sɑ̃], *a.* absent, away from home; wandering, woolgathering.—*n.m.* (*fem.* -e) absentee.

absentéisme [apsɑ̃te'ism], *n.m.* absenteeism.

absenter (s') [apsɑ̃'te], *v.r.* to absent oneself, to be away; to play truant.

abside [ap'si:d], *n.f.* apse.

absinthe [ap'sɛ̃:t], *n.f.* absinth; wormwood.

absolu [apsɔ'ly], *a.* absolute; despotic, arbitrary; unrestricted; peremptory; positive.

absolument [apsɔly'mɑ̃], *adv.* absolutely; arbitrarily.

absolution [apsɔly'sjɔ̃], *n.f.* absolution, acquittal.

absolutisme [apsɔly'tism], *n.m.* absolutism.

absorbant [apsɔr'bɑ̃], *a.* absorptive, absorbent; engrossing.—*n.m.* absorbent.

absorber [apsɔr'be], *v.t.* to absorb, to imbibe; to eat *or* drink; (*fig.*) to engross. **s'absorber**, *v.r.* to be absorbed; (*fig.*) to be entirely taken up with (*dans*).

absorption [apsɔrp'sjɔ̃], *n.f.* absorption.

absoudre [ap'sudr], *v.t. irr.* to absolve, to acquit; to exonerate, to forgive.

abstenir (s') [apstə'ni:r], *v.r. irr.* (*conjug. like* TENIR) to abstain (*from voting*); to refrain, to forbear, to forgo.

abstention [apstɑ̃'sjɔ̃], *n.f.* abstention.

abstinence [apsti'nɑ̃:s], *n.f.* abstinence; temperance, sobriety; (*pl.*) fasts, fasting.

abstinent [apsti'nɑ̃], *a.* abstemious, sober.

abstraction [apstrak'sjɔ̃], *n.f.* abstraction, abstract question *or* idea.

abstraire [aps'trɛ:r], *v.t. irr.* (*conjug. like* TRAIRE) to abstract; to separate, to isolate.

abstrait [aps'trɛ], *a.* abstract, abstruse; absent-minded.

abstraitement [apstrɛt'mɑ̃], *adv.* abstractedly; separately; in the abstract.

abstrus [aps'try], *a.* abstruse; obscure.

absurde [ap'syrd], *a.* absurd, nonsensical, stupid, silly, preposterous.

absurdement [apsyrdə'mɑ̃], *adv.* absurdly, nonsensically.

absurdité [apsyrdi'te], *n.f.* absurdity, nonsense.

abus [a'by], *n.m.* abuse; grievance; misuse.

abuser [aby'ze], *v.t.* to deceive, to lead astray, to delude.—*v.i.* to misuse, to make ill use (*de*); to take advantage (*de*). **s'abuser**, *v.r.* to be mistaken, to deceive oneself.

abusif [aby'zif], *a.* (*fem.* -sive) irregular, improper.

abusivement [abyziv'mɑ̃], *adv.* irregularly, improperly.

abyssal [abi'sal], *a.* unfathomable.

abysse [a'bis], *n.m.* abyss, unfathomable gulf *or* depth.

Abyssinie [abisi'ni], l', *f.* Abyssinia.

abyssinien [abisi'njɛ̃] (*fem.* -enne), **abyssin** [abi'sɛ̃], *a.* Abyssinian.—*n.m.* (**Abyssinien**, *fem.* -enne) Abyssinian (*person*).

acabit [aka'bi], *n.m.* quality (*of fruits, vegetables*); character, nature, stamp (*of persons*).

acacia [aka'sja], *n.m.* (*Bot.*) acacia.

académicien [akademi'sjɛ̃], *n.m.* academician.

académie [akade'mi], *n.f.* academy, society of learned men, *esp.* the Académie Française; school (*of dancing, fencing, riding etc.*).

académique [akade'mik], *a.* proper, appropriate *or* belonging to an academy, academic(al).

acagnarder [akanar'de], *v.t.* to make lazy. **s'acagnarder**, *v.r.* to drift into an idle, slothful life.

acajou [aka'ʒu], *n.m.* mahogany.

acanthe [a'kɑ̃:t], *n.f.* acanthus.

acariâtre [aka'rja:tr], *a.* contrary, crabbed, cross-grained, quarrelsome, shrewish.

acariâtreté [akarjatrə'te], *n.f.* crabbedness, peevishness, shrewishness.

accablant [aka'blɑ̃], *a.* oppressive, overwhelming, crushing.

accablement [akablə'mɑ̃], *n.m.* prostration, oppression, extreme discouragement *or* dejection.

accabler [aka'ble], *v.t.* to crush, to overpower, to overcome; (*fig.*) to weigh down, to overload, to overwhelm.

accalmie [akal'mi], *n.f.* (*Naut.*) lull.

accaparant [akapa'rɑ̃], *a.* engrossing.

accaparement [akapar'mɑ̃], *n.m.* monopoly, monopolizing.

accaparer [akapa're], *v.t.* to monopolize, to hoard, to engross.

accapareur [akapa'rœr], *n.m.* (*fem.* -euse) monopolist, monopolizer, hoarder.

accéder [akse'de], *v.i.* (*conjug. like* CÉDER) to arrive, to reach, to have access; to accede, to comply with.

accélérateur [akselera'tœ:r], *a.* (*fem.* -trice) accelerative, with increasing speed.—*n.m.* (*Elec., Mech., Phot. etc.*) accelerator; (*fam.*) *appuyer sur l'accélérateur*, to step on the gas.

accélération [akselera'sjɔ̃], *n.f.* acceleration.

accéléré [aksele're], *a.* accelerated.

accélérer [aksele're], *v.t.* (*conjug. like* CÉDER) to accelerate, to quicken, to hasten, to press, to dispatch.

accent [ak'sɑ̃], *n.m.* pitch, accent, stress, tone; pronunciation; expression (*of the voice*).

accentuation [aksɑ̃tɥa'sjɔ̃], *n.f.* accentuation, stressing.

accentuer [aksɑ̃'tɥe], *v.t.* to accent, to accentuate, to stress.

acceptable [aksɛp'tabl], *a.* acceptable, worth accepting.

acceptation [aksɛpta'sjɔ̃], *n.f.* acceptance; acceptation.

accepter [aksɛp'te], *v.t.* to accept, to agree to, to welcome (*what is offered* or *proposed*).

acception [aksɛp'sjɔ̃], *n.f.* respect, regard, sense, meaning, acceptation.

accès [ak'sɛ], *n.m.* access, opportunity of approach, admittance; attack, fit, paroxysm.

accessibilité [aksɛsibili'te], *n.f.* accessibility.

accessible [aksɛ'sibl], *a.* accessible, approachable; within reach.

accession [aksɛ'sjɔ̃], *n.f.* accession; adhesion, union (*of a country, province etc. to another*).

accessit [aksɛ'sit], *n.m.* award of merit, honourable mention; 'proxime accessit'.

accessoire [aksɛ'swa:r], *a.* accessory, additional, subordinate.—*n.m.* an accessory; (*pl.*) (*Theat.*) properties.

accessoiriste [aksɛswa'rist], *n.m.* props man.

3

accident

accident [aksi'dā], *n.m.* accident, fortuitous incident; casualty, mishap, mischance; unevenness, irregularity (*in the ground*).

accidenté [aksidā'te], *a.* varied, unequal (*of style etc.*); rough, uneven, broken, hilly (*of ground*); chequered (*of life, career etc.*).— *n.m.* (*fem.* -ée) one injured by an accident.

accidentel [aksidā'tel], *a.* (*fem.* -elle) accidental, adventitious, fortuitous, unexpected; *signe accidentel,* (*Mus.*) accidental.

accidentellement [aksidātel'mā], *adv.* accidentally, casually, by chance.

accidenter [aksidā'te], *v.t.* to make irregular *or* uneven; to diversify, to chequer, to make picturesque.

accise [ak'si:z], *n.f.* (*Law*) inland duty, excise; *préposé à l'accise,* exciseman.

acclamation [aklama'sjō], *n.f.* acclamation, cheering.

acclamer [akla'me], *v.t.* to acclaim, to applaud, to cheer.

acclimatable [aklima'tabl], *a.* that may be acclimatized.

acclimatation [aklimata'sjō], *n.f.* acclimatization.

acclimater [aklima'te], *v.t.* to acclimatize. s'acclimater, *v.r.* to become acclimatized.

accointance [akwē'tā:s], *n.f.* (*used generally in pl. and in a bad sense*) intimacy, familiarity; *avoir des accointances (avec),* to have dealings (*with*).

accointer (s') [akwē'te], *v.t.* to make acquainted.

accolade [ako'lad], *n.f.* embrace; kiss; accolade (*in knighting*).

accolader (s') [sakola'de], *v.r.* to embrace mutually.

accolage [ako'la:ʒ], *n.m.* tying up training (*branches etc.*).

accolement [akol'mā], *n.m.* joining, uniting.

accoler [ako'le], *v.t.* to embrace; to tie up, to fasten, to place against; (*fig.*) to couple, to join together, to bracket.

accommodable [akomo'dabl], *a.* that may be arranged; adjustable.

accommodage [akomo'da:ʒ], *n.m.* preparation *or* dressing (*of meat*).

accommodant [akomo'dā], *a.* accommodating, easy-going, courteous.

accommodation [akomoda'sjō], *n.f.* accommodation.

accommodement [akomod'mā], *n.m.* accommodation, arrangement, composition; settlement, reconciliation, compromise.

accommoder [akomo'de], *v.t.* to adapt, to accommodate, to fit, to adjust; to reconcile; to conciliate; to dress, to trim; to cook, to do up; to suit, to be convenient. s'accommoder, *v.r.* to agree, to come to terms; to accommodate oneself, to adapt oneself (*à*); to put up with (*de*).

accompagnateur [akōpana'tœːr], *n.m.* (*fem.* -trice) accompanist (*with instrument or voice*); conductor (*of a tour*).

accompagnement [akōpaɲ'mā], *n.m.* accompanying; attendance, retinue; an accompaniment, an accessory; (*Mus.*) accompaniment.

accompagner [akōpa'ɲe], *v.t.* to accompany, to attend on; to go with, to escort; (*Mus.*) to accompany.

accompli [akō'pli], *a.* accomplished, performed, fulfilled; complete, faultless perfect, out and out.

accomplir [akō'pliːr], *v.t.* to fulfil, to effect, to perform; to realize, to carry out.

accomplissement [akōplis'mā], *n.m.* accomplishment, fulfilment, realization.

accon, acconier [ACON etc.].

accord [a'kɔːr], *n.m.* accord, concurrence, unanimity, harmony; agreement, bargain; convention, settlement; (*Mus.*) chord; *être d'accord,* to agree; *d'accord,* granted, agreed.

accordable [akɔr'dabl], *a.* that may be accorded; reconcilable; (*Mus.*) tunable.

accordage [akɔr'da:ʒ], accordement [akɔrdə'mā], *n.m.* tuning (*of a musical instrument*).

accordailles [akɔr'da:j], *n.f.* (*used only in pl.*) betrothal.

accordant [akɔr'dā], *a.* accordant, harmonious.

accordé [akɔr'de], *n.m.* (*fem.* -ée) fiancé, fiancée; *les accordés,* the bride and bridegroom.

accordéon [akɔrde'ō], *n.m.* accordion.

accordéoniste [akɔrdeo'nist], *n.* accordionist.

accorder [akɔr'de], *v.t.* to bring into harmony *or* accord, to make agree, to reconcile; to concede, to grant; to admit, to avow; (*Mus.*) to tune, to harmonize; to bestow (*hand in marriage*). s'accorder, *v.r.* to agree, to concur; to correspond; to suit, to be suited.

accordeur [akɔr'dœːr], *n.m.* tuner (*of musical instruments*).

accordoir [akɔr'dwa:r], *n.m.* tuning-hammer, -key *or* -cone.

accore [a'kɔːr], *a.* abrupt, sheer, vertical (*of a coast*).

accort [a'kɔːr], *a.* gracious, courteous.

accostable [akɔs'tabl], *a.* easy of access, approachable.

accostage [akɔs'ta:ʒ], *n.m.* the act of accosting, approaching *or* drawing alongside.

accoster [akɔs'te], *v.t.* to accost, to go up to; (*Naut.*) to come alongside.

accotement [akɔt'mā], *n.m.* (*Civ. Eng.*) roadside; footpath.

accoter [akɔ'te], *v.t.* to prop up, to support, to stay. s'accoter, *v.r.* to lean (*contre*).

accotoir [akɔ'twa:r], *n.m.* prop, support, leaning-post.

accouardir [akwar'di:r], *v.t.* to make a coward. s'accouardir, *v.r.* to turn coward.

accouchée [aku'ʃe], *n.f.* woman in childbirth, woman who has just had a child.

accouchement [akuʃ'mā], *n.m.* childbirth, delivery, confinement; *centre d'accouchement,* maternity home.

accoucher [aku'ʃe], *v.t.* to deliver (*a woman*). —*v.i.* to lie in, to be brought to bed, to be delivered.

accoucheur [aku'ʃœːr], *n.m.* male midwife, accoucheur.

accoucheuse [aku'ʃøːz], *n.f.* midwife.

accoudement [akud'mā], *n.m.* the act of leaning (*on*).

accouder (s') [saku'de], *v.r.* to lean on one's elbow.

accoudoir [aku'dwa:r], *n.m.* elbow-rest; (*Arch.*) rail, balustrade.

4

accouple [aˈkupl], n.f. leash (for tying dogs in couples).

accouplement [akuplǝˈmã], n.m. coupling; pairing.

accoupler [akuˈple], v.t. to couple; to join together in pairs; (Elec.) to connect, to group (batteries etc.).

accourci [akurˈsi], n.m. abridgement (of a book).

accourcir [akurˈsiːr], v.t. to shorten, to abridge, to curtail. **s'accourcir**, v.r. to become shorter, to decrease.

accourcissement [akursisˈmã], n.m. shortening, diminution.

accourir [akuˈriːr], v.i. irr. (conjug. like COURIR) to run up to, to hasten, to flock.

accoutrement [akutrǝˈmã], n.m. garb, dress, esp. as an object of ridicule.

accoutrer [akuˈtre], v.t. to rig out, to dress. **s'accoutrer**, v.r. to dress absurdly, to rig oneself out.

accoutumance [akutyˈmãːs], n.f. habit, custom, wont, usage.

accoutumé [akutyˈme], a. ordinary, accustomed, habitual.

accoutumer [akutyˈme], v.t. to accustom, to habituate, to inure.—v.i. (only in compound tenses) to use, to be wont. **s'accoutumer**, v.r. to be accustomed, to be used (à).

accouvage [akuˈvaːʒ], n.m. hatching (esp. by artificial means), incubation.

accouver [akuˈve], v.t. to set (a hen etc.).—v.i. to sit, to hatch.

accréditation [akreditaˈsjã], n.f. accreditation, accrediting (of an ambassador).

accréditer [akrediˈte], v.t. to give credit, standing or sanction to; to authorize; to accredit (an ambassador etc.); to confirm, to spread (rumours etc.). **s'accréditer**, v.r. to gain credit or reputation; to ingratiate oneself; to spread (of rumours etc.).

accréditeur [akrediˈtœːr], n.m. guarantor, surety.

accroc [aˈkro], n.m. impediment, hitch; hindrance; rent, tear.

accrochage [akrɔˈʃaːʒ], n.m. hanging, hooking, hitching; catching, retarding, stopping; grazing (vehicles).

accroche-cœur [akrɔʃˈkœːr], n.m. inv. kiss-curl.

accrochement [akrɔʃˈmã], n.m. hooking, catching (in something).

accrocher [akrɔˈʃe], v.t. to hang upon a hook; to hook, to catch, to hitch, to catch and tear; to get hold of; to pick up (a wireless station). **s'accrocher**, v.r. to catch in, to be caught or hooked (par); to lay hold of, to cling (à).

accroire [aˈkrwaːr], v.t. irr. (used only in the infinitive after faire) to believe.

accroissement [akrwasˈmã], n.m. increase, growth, enlargement, extension.

accroître [aˈkrwaːtr], v.t. irr. (conjug. like CROÎTRE but p.p. accru, without circumflex) to increase, to augment, to enlarge, to amplify. **s'accroître**, v.r. to increase, to grow.

accroupi [akruˈpi], a. crouched, crouching.

accroupir (s') [sakruˈpiːr], v.r. to sit down on the hams or heels, to squat, to crouch.

accroupissement [akrupisˈmã], n.m. cowering, squatting, crouching.

accru [aˈkry], n.m. (Gard.) sucker, scion.

accrue [aˈkry], n.f. increase of land through the retreat of waters; encroachment of a forest on adjoining land.

accu [aˈky], n.m. abbr. [ACCUMULATEUR].

accueil [aˈkœːj], n.m. reception, welcome, greeting.

accueillir [akœˈjiːr], v.t. irr. (conjug. like CUEILLIR) to receive (well or ill); to receive graciously, to welcome.

acculer [akyˈle], v.t. to drive into a corner; to bring to a standstill. **s'acculer**, v.r. to set one's back against something.

accumulateur [akymylaˈtœːr], a. (fem. -trice) storing, heaping up, hoarding up.—n.m. accumulator (person or thing); (Elec.) storage cell or battery.

accumulation [akymylaˈsjã], n.f. accumulation; mass, pile.

accumuler [akymyˈle], v.t. to accumulate, to pile up, to amass. **s'accumuler**, v.r. to accumulate, to increase.

accusable [akyˈzabl], a. accusable, chargeable.

accusateur [akyzaˈtœːr], a. (fem. -trice) accusing, accusatory.—n.m. (fem. -trice) accuser, denouncer.

accusatif [akyzaˈtif], a. (fem. -tive) and n.m. (Gram.) accusative (case); à l'accusatif, in the accusative.

accusation [akyzaˈsjã], n.f. accusation, indictment, charge; (fig.) prosecution; mise en accusation, arraignment.

accusatoire [akyzaˈtwaːr], a. accusatory.

accusé [akyˈze], n.m. (fem. -ée) the accused, prisoner, defendant; accusé de réception, acknowledgment of a letter, receipt.

accuser [akyˈse], v.t. to impute, to charge with; to reproach, to blame; to indict, to impeach, to prosecute. **s'accuser**, v.r. to admit, to avow, to confess.

acéphale [aseˈfal], a. acephalous, headless.

acérain [aseˈrɛ̃], a. like or pertaining to steel, steely.

acerbe [aˈsɛrb], a. sour, harsh, sharp, astringent; (fig.) bitter, acrimonious.

acerbité [asɛrbiˈte], n.f. acerbity, harshness; (fig.) bitterness, severity.

acéré [aseˈre], a. steely, steeled; sharp, keen; (fig.) mordant, trenchant, acute.

acérer [aseˈre], v.t. (conjug. like CÉDER) to steel; to sharpen, to render biting, incisive or mordant.

acétate [aseˈtat], n.m. (Chem.) acetate.

acéteux [aseˈtø], a. (fem. -euse) acetous, sour, tasting like vinegar.

acétique [aseˈtik], a. acetic.

acétone [aseˈtɔn], n.m. acetone.

acétoselle [asetɔˈsɛl], n.f. wood-sorrel.

acétylène [asetiˈlɛːn], n.m. acetylene.

achalandage [aʃalãˈdaːʒ], n.m. custom, customers; goodwill (of a shop).

achalandé [aʃalãˈde], a. having plenty of custom; boutique bien achalandée, a well-frequented shop.

achalander [aʃalãˈde], v.t. to get custom, to attract customers, to draw trade.

acharné [aʃarˈne], a. fleshed, fierce, tenacious, implacable; stubborn, obstinate, intense.

acharnement [aʃarnǝˈmã], n.m. tenacity; rancour, animosity, fury; stubbornness, obstinacy, desperation.

acharner [aʃar'ne], *v.t.* to flesh; to set on; to excite, to madden; to embitter, to envenom. **s'acharner**, *v.r.* to be intent, bent *or* obstinately set upon; to set one's heart upon, to persist in; to be infuriated *or* implacable.

achat [a'ʃa], *n.m.* purchasing, buying; purchase; *faire des achats*, to go shopping; *pouvoir d'achat*, purchasing power.

acheminement [aʃmin'mɑ̃], *n.m.* progress, advance, conveying.

acheminer [aʃmi'ne], *v.t.* to send on (*towards a place* or *object*); to train (*a horse*). **s'acheminer**, *v.r.* to set out (*pour*), to make one's way towards.

achetable [aʃ'tabl], *a.* purchasable.

acheter [aʃ'te], *v.t.* (*conjug. like* AMENER) to buy, to purchase; (*fig.*) to bribe. **s'acheter**, *v.r.* to be bought; to be for sale, to be venal.

acheteur [aʃ'tœːr], *n.m.* (*fem.* -**euse**) buyer, purchaser.

achevage [aʃ'vaːʒ], *n.m.* completion, finishing; finish (*of a work of art*).

achevé [aʃ've], *a.* finished, accomplished, perfect, exquisite; absolute, downright, consummate, arrant.

achèvement [aʃɛv'mɑ̃], *n.m.* completion, conclusion.

achever [aʃ've], *v.t.* (*conjug. like* AMENER) to finish, to terminate; to put the finishing touch to; to complete, to achieve; to consummate, to perfect; (*fig.*) to do for completely, to ruin, to kill.

Achille [a'ʃil], *m.* Achilles.

achoppement [aʃɔp'mɑ̃], *n.m.* obstacle, impediment; unforeseen difficulty, embarrassment; *pierre d'achoppement*, stumbling-block.

achopper [aʃɔ'pe], *v.i.* and **s'achopper**, *v.r.* to stumble, to knock against something; (*fig.*) to come to grief; to fail.

achromatopsie [akrɔmatɔp'si], *n.f.* achromatopsy, colour-blindness.

acide [a'sid], *a.* acid, sour, tart, sharp.—*n.m.* acid.

acidifier [asidi'fje], *v.t.* to acidify. **s'acidifier**, *v.r.* to become acidified.

acidité [asidi'te], *n.f.* acidity, sourness, sharpness, tartness.

acidule [asi'dyl], *a.* subacid, acidulous.

acidulé [asidy'le], *a.* acidulated; *bonbons acidulés*, acid drops.

aciduler [asidy'le], *v.t.* to acidulate.

acier [a'sje], *n.m.* steel; *acier chromé*, chrome steel; *acier coulé* or *fondu*, cast steel; *acier doux*, mild steel; *acier inoxydable*, stainless steel.

aciération [asjera'sjɔ̃], *n.f.* steeling, plating with steel.

aciérer [asje're], *v.t.* (*conjug. like* CÉDER) to convert into steel, to cover with steel; to acierate. **s'aciérer**, *v.r.* to steel oneself.

aciéreux [asje'rø], *a.* (*fem.* -**euse**) steely, like steel.

aciérie [asje'ri], *n.f.* steel factory, steelworks.

acné [ak'ne], *n.f.* (*Med.*) acne.

acolyte [akɔ'lit], *n.m.* (*Eccles.*) acolyte; (*fig.*) assistant, confederate, associate, accomplice.

acompte [a'kɔ̃t], *n.m.* instalment, partial payment.

acon or **accon** [a'kɔ̃], *n.m.* small lighter, punt.

aconier or **acconier** [akɔ'nje], *n.m.* lighterman.

aconit [akɔ'nit], *n.m.* aconite.

acoquinant [akɔki'nɑ̃], *a.* alluring, engaging, captivating.

acoquiner [akɔki'ne], *v.t.* to make fond, to allure, to bewitch, to captivate. **s'acoquiner**, *v.r.* (*fam.*) to be bewitched, to be greatly attached to.

Açores [a'sɔːr], **les**, *f.pl.* the Azores.

à-côté [akɔ'te], *n.m.* aside; (*pl.*) little extras.

à-coup [a'ku], *n.m.* jerk, jolt; sudden stop.

acousticien [akusti'sjɛ̃], *n.m.* (*fem.* -**enne**) acoustician.

acoustique [akus'tik], *a.* acoustic.—*n.f.* acoustics.

acquéreur [ake'rœːr], *n.m.* (*fem.* -**euse**) buyer, purchaser.

acquérir [ake'riːr], *v.t. irr.* to purchase, to buy, to get; to earn, to win, to gain; to acquire, to obtain. **s'acquérir**, *v.r.* to get *or* win for oneself; to be acquired, obtained *or* purchased.

acquiescement [akjɛs'mɑ̃], *n.m.* acquiescence, compliance, consent, willingness.

acquiescer [akje'se], *v.i.* (*conjug. like* COMMENCER) to acquiesce, to agree, to assent, to yield, to comply.

acquis [a'ki], *a.* acquired, secured.—*n.m.* acquirements, attainments, experience.

acquisitif [akizi'tif], *a.* (*fem.* -**tive**) acquisitive.

acquisition [akizi'sjɔ̃], *n.f.* acquisition, acquiring, attaining, acquirement, attainment; purchase, conquest.

acquisivité [akizivi'te], *n.f.* acquisitiveness.

acquit [a'ki], *n.m.* receipt, discharge, release, acquittance; (*Billiards*) break (*i.e.* start).

acquittement [akit'mɑ̃], *n.m.* payment, quittance; (*Law*) acquittal.

acquitter [aki'te], *v.t.* to pay; to discharge, to pay off (*a dependant*); to acquit. **s'acquitter**, *v.r.* to fulfil, to perform; to pay off one's debts, to be quits (*in gambling*); to acquit oneself (*well* or *ill*).

acre [akr], *n.f.* acre.

âcre [ɑːkr], *a.* sour, sharp, tart, acrid; (*fig.*) bitter, pungent, caustic.

âcrement [ɑːkrə'mɑ̃], *adv.* tartly, sourly.

âcreté [ɑːkrə'te], *n.f.* sourness, acidity, sharpness, tartness, acrimony.

acrimonie [akrimɔ'ni], *n.f.* bitterness, sharpness, keenness, acrimony.

acrimonieux [akrimɔ'njø], *a.* (*fem.* -**euse**) pungent, acrimonious, ill-natured, sharp.

acrobate [akrɔ'bat], *n.* acrobat, rope-dancer.

acrobatie [akrɔba'si], *n.f.* acrobatics; (*Av.*) stunt.

acrobatique [akrɔba'tik], *a.* acrobatic.

acrobatisme [akrɔba'tism], *n.m.* acrobatics.

acrocéphale [akrɔse'fal], *a.* having a pointed head, acrocephalic, acrocephalous.—*n.* a person with such a head.

acropole [akrɔ'pɔl], *n.f.* acropolis.

acrostiche [akrɔs'tiʃ], *a.* and *n.m.* acrostic.

acrotère [akrɔ'tɛːr], *n.m.* (*Arch.*) acroterium, ornamental summit (*of a pediment*).

acte [akt], *n.m.* action, deed; (*Law*) deed, indenture; instrument; document, charter; (*Theat.*) act; (*pl.*) records, public registers, rolls, transactions, proceedings; *acte de naissance*, birth certificate.

acteur [ak'tœːr], *n.m.* (*fem.* -**trice**) actor; actress; player.

actif [ak'tif], *a.* (*fem.* **-tive**) active, busy, energetic, assiduous; nimble, brisk, agile; (*Gram. etc.*) active.—*n.m.* (*Gram.*) active voice; assets, credit balance.

action [ak'sjɔ̃], *n.f.* action, operation, work; activity, motion; deed, feat, performance; fight, engagement, battle; (*Law*) action, law-suit; (*Theat.*) gesture; (*Lit.*) subject, action, plot; (*Comm.*) share, stock.

actionnaire [aksjɔ'nɛːr], *n.* shareholder.

actionnariat [aksjɔna'rja], *n.m.* shareholding; **actionnariat ouvrier**, industrial co-partnership.

actionner [aksjɔ'ne], *v.t.* to bring an action against, to sue at law; to bestir, to rouse up, to set going; to operate, to run, to drive. **s'actionner**, *v.r.* to bestir oneself.

activement [aktiv'mã], *adv.* actively, vigorously.

activer [akti've], *v.t.* to press, to accelerate, to forward, to expedite, to stir up (*a fire, people*).

activisme [akti'vism], *n.m.* (*Polit.*) militancy, activism.

activiste [akti'vist], *n.m.* activist.

activité [aktivi'te], *n.f.* activity, full swing; nimbleness, alacrity, promptitude, dispatch.

actrice [ak'tris], [ACTEUR].

actuaire [ak'tɥɛːr], *n.m.* actuary.

actualisation [aktɥaliza'sjɔ̃], *n.f.* actualization; realization.

actualiser [aktɥali'ze], *v.t.* to bring up to date. **s'actualiser**, *v.r.* to become real.

actualité [aktɥali'te], *n.f.* actuality; event of the moment, present interest; (*Cine.*) **les actualités**, the newsreel.

actuel [ak'tɥɛl], *a.* (*fem.* **-elle**) present, of the present time.

actuellement [aktɥɛl'mã], *adv.* now, at the present time.

acuité [akɥi'te], *n.f.* sharpness, acuteness, keenness.

acutangle [aky'tãːgl], **acutangulaire** [a kytãgy'lɛːr], *a.* acute-angled (*of triangles etc.*).

acutesse [aky'tɛs], *n.f.* acuteness, sharpness.

adage [a'daːʒ], *n.m.* adage, proverb, saying.

Adam [a'dã], *m.* Adam.

adamantin [adamã'tɛ̃], *a.* adamantine.

adaptable [adap'tabl], *a.* adaptable.

adaptateur [adapta'tœːr], *n.m.* adapter, converter.

adaptation [adapta'sjɔ̃], *n.f.* adaptation.

adapter [adap'te], *v.t.* to adapt, to adjust, to apply (*à*); to fit, to make suitable. **s'adapter**, *v.r.* to fit, to suit, to adapt oneself (*to*).

addition [adi'sjɔ̃], *n.f.* adding up, addition; an addition; bill, reckoning; check.

additionnel [adisjɔ'nɛl], *a.* (*fem.* **-elle**) additional.

additionner [adisjɔ'ne], *v.t.* to add up.

Adélaïde [adela'id], *f.* Adelaide.

Adèle [a'dɛl], *f.* Adela.

adénite [ade'nit], *n.f.* adenitis, inflammation of the glands.

adénoïde [adenɔ'id], *a.* adenoid; **végétations adénoïdes**, adenoids.

adent [a'dã], *n.m.* dovetail, tenon.

adenter [adã'te], *v.t.* to dovetail, to join with mortise and tenon.

adepte [a'dɛpt], *n.m.* adept, initiate, follower.

adéquat [ade'kwa], *a.* adequate; (*Phil.*) equal in content; appropriate.

adhérence [ade'rãːs], *n.f.* adhesion, adherence; (*fig.*) attachment.

adhérent [ade'rã], *a.* adherent.—*n.m.* (*fem.* **-e**) adherent, follower, partisan.

adhérer [ade're], *v.i.* (*conjug. like* CÉDER) to adhere, to cling; (*fig.*) to hold (*à*), to cleave (*to a sect etc.*).

adhésif [ade'zif], *a.* (*fem.* **-sive**) adhesive.—*n.m.* (*Phot.*) dry-mounting tissue.

adhésion [ade'zjɔ̃], *n.f.* adhesion, adherence, union; compliance; joining (*a party*).

adhésivité [adezivi'te], *n.f.* adhesiveness.

adieu [a'djø], *int.* adieu, good-bye, farewell. —*n.m.* (*pl.* **-eux**) farewell, parting, leave; **faire ses adieux à**, to take leave of, to say good-bye to.

adipeux [adi'pø], *a.* (*fem.* **-euse**) adipose, fat.

adiposité [adipozi'te], *n.f.* adipose *or* fatty condition.

adjacence [adʒa'sãːs], *n.f.* adjacency.

adjacent [adʒa'sã], *a.* adjacent, bordering upon, contiguous.

adjectif [adʒɛk'tif], *a.* (*fem.* **-tive**) (*Gram.*) adjectival.—*n.m.* adjective.

adjectivement [adʒɛktiv'mã], *adv.* adjectivally.

adjoindre [ad'ʒwɛ̃ːdr], *v.t. irr.* (*conjug. like* CRAINDRE) to adjoin, to associate, to add as an assistant. **s'adjoindre**, *v.r.* to join as a partner *or* associate; to take on.

adjoint [ad'ʒwɛ̃], *a.* adjunct, associate.—*n.m.* (*fem.* **-e**) associate, assistant, deputy; **adjoint au maire**, deputy-mayor.

adjonction [adʒɔ̃k'sjɔ̃], *n.f.* adjunction.

adjudant [adʒy'dã], *n.m.* company sergeant-major; warrant-officer; **adjudant-major**, adjutant.

adjudicataire [adʒydika'tɛːr], *a.* and *n.* contracting party; successful tenderer, highest bidder.

adjudicateur [adʒydika'tœːr], *n.m.* (*fem.* **-trice**) adjudicator, awarder; auctioneer.

adjudication [adʒydika'sjɔ̃], *n.f.* auction; knocking down; adjudication.

adjuger [adʒy'ʒe], *v.t.* (*conjug. like* MANGER) to adjudge, to adjudicate, to knock down (*to the highest bidder*); to award; **adjugé!** (*at auctions*) gone!

adjuration [adʒyra'sjɔ̃], *n.f.* adjuration, imprecation.

adjurer [adʒy're], *v.t.* to adjure, to conjure; to call upon, to beseech.

admettre [ad'mɛtr], *v.t. irr.* (*conjug. like* METTRE) to admit, to let in; to concede, to allow, to acknowledge.

administrateur [administra'tœːr], *n.m.* (*fem.* **-trice**) manager, director; administrator, administratrix, trustee (*of an estate*).

administratif [administra'tif], *a.* (*fem.* **-tive**) administrative.

administration [administra'sjɔ̃], *n.f.* administration, management, direction, government; (*collect.*) the management, the administration.

administré [adminis'tre], *n.m.* (*fem.* **-ée**) person under one's administration *or* jurisdiction.

administrer [adminis'tre], *v.t.* to manage, to govern, to direct; to administer, to dispense.

7

admirable [admi'rabl], *a.* admirable; wonderful.

admirablement [admirablə'mã], *adv.* admirably; wonderfully.

admirateur [admira'tœ:r], *n.m.* (*fem.* **-trice**) admirer, praiser.

admiratif [admira'tif], *a.* (*fem.* **-tive**) admiring, wondering.

admiration [admira'sjõ], *n.f.* admiration.

admirer [admi're], *v.t.* to admire.

admissibilité [admisibili'te], *n.f.* admissibility.

admissible [admi'sibl], *a.* admittable, admissible.

admission [admi'sjõ], *n.f.* admission, admittance; *soupape d'admission*, inlet valve.

admonestation [admɔnɛsta'sjõ], *n.f.* admonishment, admonition.

admonester [admɔnɛs'te], *v.t.* to reprimand, to admonish.

admoniteur [admɔni'tœ:r], *n.m.* (*fem.* **-trice**) admonisher.

admonitif [admɔni'tif], *a.* (*fem.* **-tive**) admonitory.

admonition [admɔni'sjõ], *n.f.* (*chiefly R.-C. Ch.*) admonition, advice, reprimand.

adolescence [adɔlɛ'sã:s], *n.f.* adolescence.

adolescent [adɔlɛ'sã], *a.* adolescent.—*n.m.* (*fem.* **-e**) adolescent, youth, teenager.

Adonis [adɔ'ni:s], *n.m.* Adonis, beau.

adonné [adɔ'ne], *a.* given to, addicted, devoted. **s'adonner**, *v.r.* to give, devote *or* addict oneself (*à*).

adopté [adɔp'te], *a.* adopted *or* adoptive (*child*).

adopter [adɔp'te], *v.t.* to adopt; to embrace, to espouse; to pass, to carry (*a bill*).

adoptif [adɔp'tif], *a.* (*fem.* **-tive**) adoptive, by adoption.

adoption [adɔp'sjõ], *n.f.* adoption.

adorable [adɔ'rabl], *a.* adorable, charming, delightful, exquisite.

adorablement [adɔrablə'mã], *adv.* adorably, delightfully.

adorateur [adɔra'tœ:r], *n.m.* (*fem.* **-trice**) adorer, worshipper.

adoration [adɔra'sjõ], *n.f.* adoration, worship; admiration, respect, reverence.

adorer [adɔ're], *v.t.* to adore, to worship.

adossé [adɔ'se], *a.* with one's back against.

adosser [adɔ'se], *v.t.* to set *or* lean with the back against; to put back to back. **s'adosser**, *v.r.* to lean one's back (*à*, **contre**).

adoucir [adu'si:r], *v.t.* to soften, to sweeten; to mitigate, to alleviate, to smooth. **s'adoucir**, *v.r.* to grow mild *or* soft; to get milder (*of weather*).

adoucissement [adusis'mã], *n.m.* softening, sweetening; assuaging, appeasing; ease, mitigation, alleviation; consolation.

adrénaline [adrena'lin], *n.f.* adrenalin.

adresse [a'drɛs], *n.f.* address; memorial, a document addressed to an assembly *or* person in authority; skill, dexterity, cleverness.

adresser [adrɛ'se], *v.t.* to direct, to address; to turn, to direct (*one's steps etc.*). **s'adresser**, *v.r.* to be directed; to speak, to address oneself, to make application, to appeal (*à*); *s'adresser ici*, apply within.

Adriatique [adria'tik], **l'**, *f.* the Adriatic.

adroit [a'drwa], *a.* ingenious, clever, skilful; artful.

adroitement [adrwat'mã], *adv.* skilfully, artfully, cleverly.

adulateur [adyla'tœ:r], *a.* (*fem.* **-trice**) flattering, adulatory.—*n.m.* (*fem.* **-trice**) adulator, flatterer, sycophant.

adulatif [adyla'tif], *a.* (*fem.* **-tive**) flattering adulatory.

adulation [adyla'sjõ], *n.f.* adulation, flattery sycophancy.

aduler [ady'le], *v.t.* to flatter, to fawn upon.

adulte [a'dylt], *a.* adult, grown-up.—*n.* adult.

adultère [adyl'tɛ:r], *a.* adulterous; *femme adultère*, adulteress.—*n.m.* adultery.—*n.* adulterer, adulteress.

adultérer [adylte're], *v.t.* (*conjug. like* CÉDER) (*Pharm.*) to adulterate; (*Law*) to falsify (*money*); (*fig.*) to corrupt, to pervert, to falsify.

adultérin [adylte'rɛ̃], *a.* adulterine.

advenir [advə'ni:r], *v.i. irr.* (*used only in inf. and 3rd pers.*) to occur, to happen, to befall.

adventice [advã'tis], *a.* adventitious.

adventif [advã'tif], *a.* (*fem.* **-tive**) (*Bot.*) adventitious, casual.

adverbe [ad'vɛrb], *n.m.* adverb.

adverbial [adver'bjal], *a.* adverbial.

adverbialement [advɛrbjal'mã], *adv.* adverbially.

adversaire [advɛr'sɛ:r], *n.* adversary, opponent.

adverse [ad'vɛrs], *a.* adverse, opposite, contrary; calamitous.

adversité [adversi'te], *n.f.* adversity, misfortune.

aérage [ae'ra:ʒ], *n.m.* ventilation, airing.

aérateur [aera'tœ:r], *n.m.* ventilator.

aération [aera'sjõ], *n.f.* ventilation, airing.

aéré [ae're], *p.p.* ventilated.—*a.* airy.

aérer [ae're], *v.t.* (*conjug. like* CÉDER) to ventilate, to air, to renew the air of; (*Chem.*) to aerate.

aérien [ae'rjɛ̃], *a.* (*fem.* **-enne**) aerial; living *or* occurring in the air, celestial; (*fig.*) light, airy; *base aérienne*, air-base; *fil aérien*, overhead wire; *ligne aérienne*, airline; *pont aérien*, air-lift; *raid aérien*, air-raid.

aérifère [aeri'fɛ:r], *a.* air-conducting.

aérification [aerifika'sjõ], *n.f.* gasification.

aérifier [aeri'fje], *v.t.* to gasify.

aéro-club [aero'klœb], *n.m.* (*pl.* **aéro-clubs**) flying-club.

aérodrome [aero'dro:m], *n.m.* aerodrome, airfield.

aérodynamique [aerodina'mik], *a.* aerodynamic, streamlined.—*n.f.* aerodynamics.

aérogare [aero'ga:r], *n.f.* air-terminal

aérographe [aero'graf], *n.m.* aerograph.

aérographie [aerogra'fi], *n.f.* aerography.

aérolithe [aero'lit], *n.m.* aerolite.

aérolithique [aeroli'tik], *a.* aerolitic.

aérologie [aerolɔ'ʒi], *n.f.* aerology.

aéromètre [aero'mɛtr], *n.m.* aerometer, airpoise.

aéronaute [aero'no:t], *n.* aeronaut.

aéronautique [aerono'tik], *a.* aeronautic.—*n.f.* aeronautics, aerial navigation.

aéronef [aero'nɛf], *n.m.* air-ship.

aéroplane [aero'plan], *n.m.* aeroplane.

aéroport [aero'pɔ:r], *n.m.* airport.

aéroporté [aeropor'te], *a.* airborne (*troops*).

affirmation

aérosphère [aero'sfɛːr], *n.f.* the mass of air surrounding the globe, atmosphere.

aérostat [aerɔs'ta], *n.m.* aerostat, air-balloon.

aérostation [aerɔsta'sjɔ̃], *n.f.* aerostation, air-navigation.

aérostatique [aerɔsta'tik], *a.* aerostatic.—*n.f.* aerostatics.

aérostier [aerɔs'tje], *n.m.* aeronaut, one directing an aerostat.

aérothérapie [aerotera'pi], *n.f.* aerotherapy.

affabilité [afabili'te], *n.f.* affability, kindness, courtesy.

affable [a'fabl], *a.* affable, courteous.

affadir [afa'diːr], *v.t.* to make unsavoury *or* insipid; (*fig.*) to make flat *or* dull. **s'affadir**, *v.r.* to become insipid.

affadissement [afadis'mɑ̃], *n.m.* insipidity, nausea, sickliness.

affaiblir [afɛ'bliːr], *v.t.* to enfeeble, to weaken; to lessen. **s'affaiblir**, *v.r.* to grow weak; to abate.

affaiblissement [afɛblis'mɑ̃], *n.m.* weakening; allaying, abatement.

affaire [a'fɛːr], *n.f.* affair, business, concern, matter; trouble, scrape; lawsuit; transaction, bargain; *c'est mon affaire*, it is my own concern; *mêlez-vous de vos affaires!*, mind your own business!; *être dans les affaires*, to be in business; *homme d'affaires*, business man, legal adviser.

affairé [afɛ're], *a.* busy.

affairement [afɛr'mɑ̃], *n.m.* hurry, bustle, ado.

affaissement [afɛs'mɑ̃], *n.m.* depression, subsidence, giving way, collapse.

affaisser [afɛ'se], *v.t.* to cause to sink, to weigh down, to press down; **to bear down**, to overwhelm. **s'affaisser**, *v.r.* to sink, to subside; to give way; to be bent down (*by age*); to collapse.

affamé [afa'me], *a.* famished, hungry, starving; greedy, craving; *être affamé de*, to be greedy *or* eager for.

affamer [afa'me], *v.t.* to starve, to famish, to deprive of food.

affectation [afɛkta'sjɔ̃], *n.f.* appropriation, destination *or* attribution (*to a certain object*); simulation, show, pretence, affectation; preference; distinction; (*Mil.*) *recevoir une affectation*, to be posted.

affecté [afɛk'te], *a.* affected, assumed, simulated, put on; attributed, destined (*to a certain object*); (*Path.*) affected (*by a disease etc.*); (*Mil.*) posted to.

affecter [afɛk'te], *v.t.* to affect, to make frequent *or* habitual use of, to have a predilection for; to assume (*a certain shape etc.*); to feign, to pretend; to set apart, to earmark, to destine, to appropriate (*to a certain object*); to move, to touch, to impress emotionally. **s'affecter**, *v.r.* to be affected.

affection [afɛk'sjɔ̃], *n.f.* affection, love, attachment; (*Med.*) affection, ailment.

affectionné [afɛksjɔ'ne], *a.* affectionate, loving, attached, loved, liked.

affectionner [afɛksjɔ'ne], *v.t.* to love, to be fond of, to like.

affectueusement [afɛktɥøz'mɑ̃], *adv.* affectionately, fondly.

affectueux [afɛk'tɥø], *a.* (*fem.* **-euse**) affectionate, tender, warm-hearted.

afférent [afe'rɑ̃], *a.* reverting; relating to; assignable to; accruing to.

affermage [afɛr'maːʒ], *n.m.* farming, renting.

affermataire [afɛrma'tɛːr], *n.m.* tenant farmer.

affermateur [afɛrma'tœːr], *n.m.* (*fem.* **-trice**) lessor.

affermer [afɛr'me], *v.t.* to farm *or* let out by lease; to take a lease of, to rent.

affermir [afɛr'miːr], *v.t.* to strengthen, to make firm; to confirm, to establish, to consolidate. **s'affermir**, *v.r.* to become strong, firm, *or* fast; to become established.

affermissement [afɛrmis'mɑ̃], *n.m.* strengthening, consolidation, establishment; support, prop, stay.

affété [afe'te], *a.* affected, prim, finical; canting, mincing, pretty-pretty.

afféterie [afe'tri], *n.f.* affectation, mannerisms, primness.

affichage [afi'ʃaːʒ], *n.m.* bill-sticking; placarding.

affiche [a'fiʃ], *n.f.* placard, bill, poster; *homme affiche*, sandwich-man; *affiche électorale*, election poster.

afficher [afi'ʃe], *v.t.* to post up; to publish, to divulge, to proclaim; to make a show of, to parade; *défense d'afficher*, stick no bills; billposting prohibited. **s'afficher**, *v.r.* to set up (*for*); to attract public notice.

afficheur [afi'ʃœːr], *n.m.* bill-sticker.

affidavit [afida'vit], *n.m.* affidavit.

affidé [afi'de], *a.* trusty, trustworthy, in the know.—*n.m.* (*fem.* **-ée**) confederate, confidential agent; spy.

affilage [afi'laːʒ], **affilement** [afil'mɑ̃], *n.m.* whetting, sharpening, setting.

affilé [afi'le], *a.* sharp; nimble, glib (*of the tongue*).

affilée (d') [dafi'le], *adv. phr.* at a stretch; *trois heures d'affilée*, three hours at a stretch.

affiler [afi'le], *v.t.* to sharpen, to set, to put an edge on.

affiliation [afilja'sjɔ̃], *n.f.* affiliation (*to a society, company, plot etc.*).

affilié [afi'lje], *a.* affiliated, admitted a member *or* associate.—*n.m.* (*fem.* **-ée**) affiliated member, associate, confederate.

affilier [afi'lje], *v.t.* to admit, to affiliate, to receive. **s'affilier**, *v.r.* to become admitted *or* affiliated, to join.

affiloir [afi'lwaːr], *n.m.* hone, oilstone, steel, strop.

affinage [afi'naːʒ], **affinement** [afin'mɑ̃], *n.m.* refining, fining (*of metals, sugar etc.*); heckling (*of hemp*), maturing (*of a wine*), ripening (*of a cheese*).

affiner [afi'ne], *v.t.* to fine, to refine. **s'affiner**, *v.r.* to be refined, to be fined; to become finer, wittier etc. (*of the mind*).

affinerie [afin'ri], *n.f.* metal refinery.

affineur [afi'nœːr], *n.m.* metal refiner.

affinité [afini'te], *n.f.* affinity, relationship.

affinoir [afi'nwaːr], *n.m.* carding-brush.

affiquet [afi'kɛ], *n.m.* knitting-sheath; (*pl.*) gewgaws, trinkets.

affirmatif [afirma'tif], *a.* (*fem.* **-tive**) affirmative, asserting.—*n.f.* (**-tive**) affirmative statement, answer etc.; asseveration; *répondre par l'affirmative*, to answer in the affirmative.

affirmation [afirma'sjɔ̃], *n.f.* affirmation, assertion.

9

affirmativement [afirmativ'mã], *adv.* affirmatively.

affirmer [afir'me], *v.t.* to affirm, to assert, to vouch, to declare; to confirm by *or* on oath. **s'affirmer**, *v.r.* to grow stronger, to assert oneself.

affixe [a'fiks], *n.m.* affix.

affleurement [aflœr'mã], *n.m.* levelling, making flush; (*Mining*) outcrop.

affleurer [aflœ're], *v.t.* to make even, to level; (*Arch.*) to make flush.—*v.i.* to be level, to be flush (*with*); (*Mining*) to crop out.

affliction [aflik'sjõ], *n.f.* affliction, trouble, distress; trial, vexation.

affligé [afli'ʒe], *a.* afflicted, grieved, distressed.

affliger [afli'ʒe], *v.t.* (*conjug. like* MANGER) to afflict, to trouble, to distress, to grieve, to vex, to torment; to mortify, to chasten. **s'affliger**, *v.r.* to grieve, to be afflicted, troubled *or* cast down; to take something to heart.

afflouage [aflu'a:ʒ], *n.m.* (*Naut.*) refloating (*of a ship*).

afflouer [aflu'e], *v.t.* to refloat.

affluence [afly'ã:s], *n.f.* affluence, abundance; concourse, crowd; *heures d'affluence*, rush hour.

affluent [afly'ã], *a.* falling into, running into (*of rivers*).—*n.m.* tributary.

affluer [afly'e], *v.i.* to fall, run *or* flow into (*as a tributary*) (*dans*); to abound; to come in great quantity (*à, vers*).

affolant [afo'lã], *a.* distracting.

affolé [afo'le], *a.* distracted, panic-stricken; (*Mech.*) disconnected, defective.

affolement [afol'mã], *n.m.* distraction, panic.

affoler [afo'le], *v.t.* to distract; to infatuate; to bewitch; to madden, to drive crazy. **s'affoler**, *v.r.* to fall into a panic, to stampede.

afforestage [afores'ta:ʒ], *n.m.* right of cutting firewood, estovers.

afforestation [aforesta'sjõ], *n.f.* afforestation.

affouillable [afu'jabl], *a.* subject *or* liable to undermining.

affouillement [afuj'mã], *n.m.* undermining, washing away.

affouiller [afu'je], *v.t.* to undermine, to wash away.

affouragement *or* **affourragement** [afuraʒ'mã], *n.m.* foraging, foddering.

affourager *or* **affourrager** [afura'ʒe], *v.t.* (*conjug. like* MANGER) to fodder, to give fodder to.

affourcher [afur'ʃe], *v.t.* to seat astride; (*Carp.*) to join a tongue and groove.

affranchi [afrã'ʃi], *a.* set free, freed.—*n.m.* (*fem.* -e) freedman; freedwoman.

affranchir [afrã'ʃi:r], *v.t.* to free, to set free, to enfranchise; to absolve, to exempt; to frank (*a letter*); to stamp. **s'affranchir**, *v.r.* to free oneself; to rid oneself of (*de*), to shake off, to break away from.

affranchissement [afrãʃis'mã], *n.m.* enfranchisement; exemption; discharge; deliverance; payment of postage (*of a letter*).

affranchisseur [afrãʃi'sœ:r], *n.m.* emancipator, liberator.

affres [a:fr], *n.f.* (*used only in pl.*) dread, horror, agony; *les affres de la mort*, the pangs of death, death-throes.

affrètement [afrɛt'mã], *n.m.* chartering freighting.

affréter [afre'te], *v.t.* (*conjug. like* CÉDER) (*Naut.*) to charter, to freight (*a vessel*).

affréteur [afre'tœ:r], *n.m.* charterer, freighter.

affreusement [afrøz'mã], *adv.* frightfully, horribly, dreadfully.

affreux [a'frø], *a.* (*fem.* -euse) frightful, hideous, shocking, horrible, ghastly.

affriander [afriã'de], *v.t.* to allure, to entice to tempt.

affricher [afri'ʃe], *v.t.* to leave fallow.

affrioler [afrio'le], *v.t.* to allure, to entice.

affront [a'frõ], *n.m.* affront, insult; disgrace.

affronter [afrõ'te], *v.t.* to face, to confront, to brave; to attack boldly.

affruiter [afrɥi'te], *v.t.* to plant with fruit-trees.—*v.i.* to bear *or* supply fruit. **s'affruiter**, *v.r.* to come into fruit.

affublement [afyblə'mã], *n.m.* grotesque make-up *or* rig-out (*of dress*).

affubler [afy'ble], *v.t.* to dress up, to rig out (*grotesquely*). **s'affubler**, *v.r.* to dress up ridiculously.

affût [a'fy], *n.m.* stand *or* place for lying in wait, watch; gun-carriage; *être à l'affût*, to lie in wait.

affûtage [afy'ta:ʒ], *n.m.* setting *or* sharpening (*of tools*).

affûter [afy'te], *v.t.* to grind, to sharpen.

affûteur [afy'tœ:r], *n.m.* sharpener, setter, grinder; stalker.—*n.f.* (-euse) sharpening machine.

afghan [af'gã], *a.* Afghan.—*n.m.* (**Afghan**, *fem.* -ane) Afghan (*person*).

Afghanistan [afganis'tã], *l'*, *m.* Afghanistan.

afin [a'fɛ], *conj.* **afin de** (*with inf.*) to, in order to, so as to; **afin que** (*with subj.*) to, in order that, so that.

africain [afri'kɛ], *a.* African.—*n.m.* (**Africain** *fem.* -aine) African (*person*).

Afrique [a'frik], *l'*, *f.* Africa.

agaçant [aga'sã], *a.* irritating, worrying; provoking, provocative; alluring, enticing.

agace *or* **agasse** [a'gas], *n.f.* magpie.

agacement [agas'mã], *n.m.* irritation, setting on edge.

agacer [aga'se], *v.t.* (*conjug. like* COMMENCER) to worry, to irritate, to set on edge; to excite, to provoke; to entice, to allure.

agacerie [aga'sri], *n.f.* allurement, coquetry enticement.

agaillardir [agajar'di:r], *v.t.* to cheer up.

agate [a'gat], *n.f.* agate.

Agathe [a'gat], *f.* Agatha.

âge [ɑ:ʒ], *n.m.* age, years; period, epoch, era, (*pl.*) the ages, time; *Moyen Âge*, Middle Ages; *d'un certain âge*, elderly; *entre deux âges*, of uncertain age.

âgé [ɑ'ʒe], *a.* aged (*so many years*); old, elderly; *âgé de vingt ans*, twenty years old.

agence [a'ʒã:s], *n.f.* agency, bureau, branch office.

agencement [aʒãs'mã], *n.m.* arrangement, grouping, ordering; (*Arch.*) composition, layout.

agencer [aʒã'se], *v.t.* (*conjug. like* COMMENCER) to arrange, to dispose.

agenda [aʒɛ̃'da], *n.m.* note-book; diary; engagement-book.

agenouiller (s') [saʒnu'je], *v.r.* to kneel down, to fall on one's knees; (*fig.*) to bow down (*devant*).

agenouilloir [aʒnuj'waːr], *n.m.* hassock.

agent [a'ʒɑ̃], *n.m.* agent; deputy; middleman; broker; **agent de change**, stock-broker; **agent électoral**, canvasser; **agent de liaison**, liaison officer; **agent de police**, policeman.

agglomération [aglɔmera'sjɔ̃], *n.f.* agglomeration, built-up area.

aggloméré [aglɔme're], *n.m.* compressed fuel, briquette.

agglomérer [aglɔme're], *v.t.* (*conjug. like* CÉDER) to agglomerate, to mass together, to pile up, to assemble.

agglutinant [aglyti'nɑ̃], *a.* adhesive.

agglutiner [aglyti'ne], *v.t.* to bind, to cake. **s'agglutiner**, *v.r.* to unite, to cohere; to heal over (*wound*).

aggravant [agra'vɑ̃], *a.* (*Law*) aggravating, making more heinous.

aggravation [agrava'sjɔ̃], *n.f.* aggravation, additional penalty; **aggravation de peine**, increase of punishment.

aggraver [agra've], *v.t.* to aggravate, to make worse. **s'aggraver**, *v.r.* to worsen (*illness, situation*).

agile [a'ʒil], *a.* agile, nimble.

agilement [aʒil'mɑ̃], *adv.* nimbly, with agility.

agilité [aʒili'te], *n.f.* agility, nimbleness, lightness.

agio [a'ʒjo], *n.m.* stock-jobbing, speculation.

agiotage [aʒjɔ'taːʒ], *n.m.* stock-jobbing; **faire l'agiotage**, to deal in stocks.

agioter [aʒjɔ'te], *v.i.* to speculate, to job.

agioteur [aʒjɔ'tœːr], *n.m.* speculator, jobber.

agir [a'ʒiːr], *v.i.* to act, to do; to operate; to have an effect (*sur*); to negotiate, to manage a business; to sue, to prosecute, to proceed (*contre*); to behave. **s'agir**, *v.r.* (*impers.*) to be in question, to be the matter; **de quoi s'agit-il?** what is the matter? **il s'agit de votre vie**, your life is at stake.

agissant [aʒi'sɑ̃], *a.* active, busy; efficacious, effective.

agitateur [aʒita'tœːr], *n.m.* (*fem* -**trice**) agitator.—*n.m.* stirring rod.

agitation [aʒita'sjɔ̃], *n.f.* agitation; disturbance, tossing, shaking, tumult; trouble, emotion, uneasiness, restlessness.

agité [aʒi'te], *a.* restless (*sleep*); rough (*sea*); fretful (*child*).

agiter [aʒi'te], *v.t.* to agitate, to put in motion, to shake, to stir; to disturb, to trouble; to excite, to perturb; to debate, to discuss. **s'agiter**, *v.r.* to be agitated *or* in movement; to get rough; to be restless, disturbed *or* uneasy; to toss, to wave, to flutter; to be debated.

agneau [a'ɲo], *n.m.* (*fem.* -**elle**, *pl.* -**eaux**) lamb.

agnelage [aɲə'laːʒ], **agnèlement** [aɲɛl'mɑ̃], *n.m.* lambing; lambing-time.

agneler [aɲə'le], *v.i.* (*conjug. like* AMENER) to lamb, to yean.

Agnès [a'ɲɛːs], *f.* Agnes.

agnès [a'ɲɛːs], *n.f.* raw young girl.

agnosticisme [agnɔsti'sism], *n.m.* agnosticism.

agnosticiste [agnɔsti'sist], **agnostique** [agnɔs'tik], *a.* and *n.* agnostic.

agonie [agɔ'ni], *n.f.* agony, death pangs; (*fig.*) trouble, anguish, torture; **être à l'agonie**, to be at the point of death.

agonir [agɔ'niːr], *v.t.* to insult grossly.

agonisant [agɔni'zɑ̃], *a.* dying, in a dying condition.—*n.m.* (*fem.* -**e**) dying person.

agoniser [agɔni'ze], *v.i.* to be at the point of death.

agoraphobie [agɔrafɔ'bi], *n.f.* agoraphobia.

agrafe [a'graf], *n.f.* fastener, clasp, clip, staple (*for papers*); **agrafe et porte**, hook and eye.

agrafer [agra'fe], *v.t.* to hook, to clasp, to fasten with a clasp; to staple.

agrafeuse [agra'føːz], *n.f.* stapler.

agraire [a'grɛːr], *a.* agrarian.

agrandir [agrɑ̃'diːr], *v.t.* to make greater, to enlarge, to augment; to widen; to exaggerate; to promote, to advance; (*fig.*) to elevate. **s'agrandir**, *v.r.* to become greater *or* larger.

agrandissement [agrɑ̃dis'mɑ̃], *n.m.* enlargement, increase; aggrandizement, elevation.

agrandisseur [agrɑ̃di'sœːr], *n.m.* (*Phot.*) enlarger.

agréable [agre'abl], *a.* agreeable, pleasing, pleasant, acceptable.

agréablement [agreablə'mɑ̃], *adv.* agreeably, pleasantly.

agréé [agre'e], *n.m.* solicitor; attorney.

agréer [agre'e], *v.t.* to accept, to approve, to allow, to receive kindly.—*v.i.* to please, to be agreeable; **veuillez agréer mes salutations**, yours truly.

agrégat [agre'ga], *n.m.* aggregate, composite mass.

agrégation [agrega'sjɔ̃], *n.f.* (*Phys.*) aggregation, aggregate; (= **concours d'agrégation**) competitive examination for admission on the teaching staff of State secondary schools *or* of faculties of law, medicine, pharmacy.

agrégé [agre'ʒe], *a.* and *n.m.* **professeur agrégé**, one who has passed the **agrégation**.

agréger [agre'ʒe], *v.t.* (*conjug. like* ASSIÉGER) to admit into a society, to incorporate; (*Phys.*) to aggregate.

agrément [agre'mɑ̃], *n.m.* consent, approbation; pleasure, charm, gracefulness; amenity; (*pl.*) ornaments, embellishments, amenities (*of life*); **arts d'agrément**, accomplishments.

agrémenter [agremɑ̃'te], *v.t.* to set off, to ornament, to adorn.

agrès [a'grɛ], *n.m.* (*used only in pl.*) rigging (*of a ship etc.*); apparatus, gear (*of a gymnasium etc.*).

agresseur [agre'sœːr], *n.m.* aggressor.

agressif [agre'sif], *a.* (*fem.* -**ive**) aggressive.

agression [agre'sjɔ̃], *n.f.* aggression.

agressivité [agresivi'te], *n.f.* aggressiveness.

agreste [a'grɛst], *a.* rustic; countrified (*manners*).

agrestement [agrɛstə'mɑ̃], *adv.* rustically.

agricole [agri'kɔl], *a.* agricultural.

agriculteur [agrikyl'tœːr], *n.m.* agriculturist, husbandman, farmer.

agriculture [agrikyl'tyːr], *n.f.* agriculture, husbandry, tillage.

agriffer [agri'fe], *v.t.* to claw; to clutch, to grip. **s'agriffer**, *v.r.* to claw (*at*).

agrion [agri'ɔ̃], *n.m.* dragon-fly.

agripper [agri'pe], *v.t.* to grip, to snatch. **s'agripper**, *v.r.* to cling (*to*).

agronome [agrɔ'nɔm], *n.m.* agriculturist.
aguerri [agɛ'ri], *a.* inured to war; disciplined.
aguerrir [agɛ'riːr], *v.t.* to train *or* inure to the hardships of war; to accustom, to inure (*to hardships etc.*). **s'aguerrir**, *v.r.* to inure *or* accustom oneself (*to hardships, abstinence etc.*), to be inured.
aguerrissement [agɛris'mã], *n.m.* inuring to war, hardening.
aguets [a'gɛ], *n.m.* (*used only in pl.*) watch, look-out; **être aux aguets**, to be on the watch.
aheurter (s') [saœr'te], *v.r.* to persist (*in*).
ahuri [ay'ri], *a.* bewildered, perplexed, flurried.
ahurir [ay'riːr], *v.t.* to bewilder, to flurry, to stupefy.
ahurissant [ayri'sã], *a.* bewildering.
ahurissement [ayris'mã], *n.m.* bewilderment, confusion, perplexity.
aï [a'i], *n.m.* (*Zool.*) sloth.
aide [ɛːd], *n.f.* help, relief, assistance; succour, support, protection, rescue; relief (*of the poor etc.*); helper, female assistant, help; **à l'aide de**, with the help of.—*n.m.* a male assistant; **aide de camp** (*pl.* **aides de camp**), aide-de-camp.
aide-mémoire [edme'mwaːr], *n.m. inv.* précis; memorandum.
aider [ɛ'de], *v.t.* to aid, to help, to relieve, to assist, to succour; to abet; to conduce to, to further.—*v.i.* to be helpful, to be of assistance (*à*). **s'aider**, *v.r.* to make use (*de*); to avail oneself.
aïe! [aj], *int.* oh! oh dear!
aïeul [a'jœl], *n.m.* (*fem.* **aïeule**, *pl.* **aïeuls**, **aïeules**) grandfather, grandsire; grandmother, grandam; (*pl.* **aïeux**) forebears, ancestors.
aigle [ɛːgl], *n.* eagle; (*fig.*) clever *or* brilliant person, genius.—*n.m.* reading-desk, lectern (*with effigy of an eagle*).
aiglefin [ɛglə'fɛ̃], **aigrefin** (1) [ɛgrə'fɛ̃], *n.m.* haddock.
aiglon [ɛ'glɔ̃], *n.m.* (*fem.* **-onne**) eaglet.
aigre [ɛgr], *a.* sour, tart; (*fig.*) harsh, bitter, shrill.—*n.m.* sourness, mustiness.
aigre-doux [ɛgrə'du], *a.* (*fem.* **-douce**) sourish, bitter-sweet.
aigrefin (2) [ɛgrə'fɛ̃], *n.m.* sharper, swindler; adventurer; [AIGLEFIN].
aigrelet [ɛgrə'lɛ], *a.* (*fem.* **-ette**) sourish.
aigrement [ɛgrə'mã], *adv.* acrimoniously, sourly, bitterly; roughly, harshly.
aigret [ɛ'grɛ], *a.* (*fem.* **-ette** (1)) sourish.
aigrette (2) [ɛ'grɛt], *n.f.* aigrette, tuft, cluster *or* plume (*of feathers, diamonds etc.*); horn (*of an owl*); crest (*of a peacock*); egret, tufted heron.
aigreur [ɛ'grœːr], *n.f.* sourness, sharpness, tartness; (*fig.*) harshness, bitterness, surliness, animosity, spite.
aigrir [ɛ'griːr], *v.t.* to make sour *or* sharp, to sour; (*fig.*) to irritate, to embitter, to make worse, to incense, to make ill-humoured. **s'aigrir**, *v.r.* to turn sour; (*fig.*) to grow worse, to be exasperated, to be irritated.
aigrissement [ɛgris'mã], *n.m.* souring, embittering.
aigu [ɛ'gy], *a.* (*fem.* **aiguë**) pointed, sharp, keen, acute; (*fig.*) shrill, piercing; **accent aigu**, acute accent.

aiguë [AIGU].
aigue-marine [ɛgma'rin], *n.f.* (*pl.* **aigues-marines**) aquamarine.
aiguière [ɛ'gjɛːr], *n.f.* ewer.
aiguillage [ɛgɥi'jaːʒ], *n.m.* (*Rail.*) shunting, points.
aiguillat [ɛgɥi'ja], *n.m.* dog-fish.
aiguille [ɛ'gɥiːj], *n.f.* needle; index, pointer, hand (*of a dial, watch etc.*); spire (*steeple*); point (*of an obelisk, peak etc.*); rock pinnacle *or* needle-shaped peak; **trou d'une aiguille**, eye of a needle; (*pl.*, *Rail.*) points.
aiguiller [ɛgɥi'je], *v.t.* (*Rail.*) to shunt.
aiguillette [ɛgɥi'jɛt], *n.f.* aglet, point; (*Mil.*) ornamental shoulder-knot.
aiguilleur [ɛgɥi'jœːr], *n.m.* (*Rail.*) pointsman, shunter.
aiguillier [ɛgɥi'je], *n.m.* (*fem.* **-ière**) needle-maker.
aiguillon [ɛgɥi'jɔ̃], *n.m.* goad, sting; (*fig.*) spur, incentive; (*Bot.*) prickle.
aiguillonner [ɛgɥijɔ'ne], *v.t.* to goad, to prick; (*fig.*) to incite, to spur on; to stimulate.
aiguisage [egi'zaːʒ], **aiguisement** [egiz'mã], *n.m.* whetting, sharpening.
aiguisé [egi'ze], *a.* whetted, sharpened.
aiguiser [egi'ze], *v.t.* to whet, to sharpen, to set an edge on; to point; (*fig.*) to make keen, acid, piquant etc.; to excite, to stimulate.
aiguiseur [egi'zœːr], *n.m.* knife-grinder, sharpener.
aiguisoir [egi'zwaːr], *n.m.* sharpening-tool, whetstone.
ail [aːj], *n.m.* (*pl.* (*Cook.*) **aulx** [oː], (*Bot.*) **ails**) garlic.
aile [ɛl], *n.f.* wing; brim (*of a hat*); flipper (*of a penguin*); blade (*of a propeller*); vane, sail (*of a windmill*); flank *or* wing (*of an army, building etc.*); wing, mudguard (*of a car*).
ailé [ɛ'le], *a.* winged.
aileron [ɛl'rɔ̃], *n.m.* pinion (*of a bird*); aileron, balancing flap (*of an aircraft*); fin (*of some fish*).
ailette [ɛ'lɛt], *n.f.* small wing; vane (*of a torpedo etc.*); (*Motor.*) rib, fin, flange.
ailier [ɛ'lje], *n.m.* (*Ftb.*) wing forward, wing three-quarter.
ailleurs [a'jœːr], *adv.* elsewhere, somewhere else; **d'ailleurs**, besides, moreover, in other respects.
aimable [ɛ'mabl], *a.* kind, amiable, obliging.
aimablement [ɛmablə'mã], *adv.* amiably, kindly.
aimant [ɛ'mã], *a.* loving, affectionate.—*n.m.* magnet; (*fig.*) attractiveness.
aimantation [ɛmãta'sjɔ̃], *n.f.* magnetization.
aimanter [ɛmã'te], *v.t.* to magnetize.
Aimée [ɛ'me], *f.* Amy.
aimer [ɛ'me], *v.t.* to love, to be fond of, to be in love with; to like; **aimer mieux**, to prefer. **s'aimer**, *v.r.* to love oneself, to be vain; to love each other.
aine (1) [ɛːn], *n.f.* groin.
aine (2) [ɛːn], *n.f.* herring-stick; leather band on organ-bellows.
aîné [ɛ'ne], *a.* (*fem.* **-ée**) eldest, elder, senior.—*n.m.* (*fem.* **-ée**) eldest son *or* daughter.
aînesse [ɛ'nɛs], *n.f.* seniority, priority by age, primogeniture; **droit d'aînesse**, birthright.

ainsi [ɛ̃'si], *adv.* thus, so, in this *or* that manner; *ainsi de suite*, and so on and so forth; *ainsi soit-il*, so be it, amen; *pour ainsi dire*, so to speak, as it were; *ainsi que*, in the same way (*as*).

air (1) [ɛːr], *n.m.* air; wind; (*Chem. etc.*) gas; (*pl.*) atmosphere; *chambre à air*, inner tube; *courant d'air*, draught; *en plein air*, in the open air.

air (2) [ɛːr], *n.m.* mien, look, expression, air, manner, appearance.

air (3) [ɛːr], *n.m.* (*Mus.*) tune.

airain [ɛ'rɛ̃], *n.m.* bronze; (*Poet.*) cannon, bell.

aire [ɛːr], *n.f.* area, space; threshing-floor; eyrie; *aire d'atterrissage*, (*Av.*) landing area, apron.

airelle [ɛ'rɛl], *n.f.* whortleberry, bilberry.

ais [ɛ], *n.m.* board, plank; stave (*of a barrel*).

aisance [ɛ'zɑ̃ːs], *n.f.* ease, facility; easiness, affluence; competency; (*Mach.*) play; freedom; the comforts *or* conveniences of life; *cabinet* (*or* *lieu*) *d'aisances*, public convenience.

aisceau [AISSETTE].

aise [ɛːz], *a.* glad, well pleased; *je suis bien aise de vous voir*, I am very glad to see you.—*n.f.* ease, comfort, convenience; (*pl.*) comforts, comfortable circumstances; *à l'aise*, at ease, comfortable; *être à son aise*, to be well off.

aisé [ɛ'ze], *a.* easy; convenient, comfortable; in easy circumstances.

aisément [ɛze'mɑ̃], *adv.* easily, readily, freely; comfortably.

aisseau [ɛ'so], *n.m.* (*pl.* -eaux), **aissante** [ɛ'sɑ̃ːt], *n.f.* (*Carp.*) shingle, wooden tile.

aisselier [ɛsə'lje], *n.m.* (*Carp.*) tie-beam, brace, strut.

aisselle [ɛ'sɛl], *n.f.* armpit; (*Bot.*) axil.

aissette [ɛ'sɛt], *n.f.*, **aisceau** [ɛ'so] (*pl.* -eaux), *n.m.* adze (*of a cooper*); hooked hammer (*of a tiler*).

Aix-la-Chapelle [ɛkslaʃa'pɛl], *f.* Aachen.

ajointer [aʒwɛ̃'te], *v.t.* to join on to, to fit.

ajonc [a'ʒɔ̃], *n.m.* furze, gorse.

ajournement [aʒurnə'mɑ̃], *n.m.* adjournment, postponement; (*Law*) summons.

ajourner [aʒur'ne], *v.t.* to adjourn; to defer; (*Law*) to summon (*for a specified day*).

ajouter [aʒu'te], *v.t.* to add, to join, to subjoin, to interpolate. **s'ajouter**, *v.r.* to be joined, to attach oneself.

ajusté [aʒys'te], *a.* close-fitting (*clothes*).

ajustement [aʒystə'mɑ̃], *n.m.* adjustment, arranging, fitting, settlement; laying out; attire, apparel.

ajuster [aʒys'te], *v.t.* to adjust, to regulate, to square, to fit, to adapt (*one thing to another*); to take aim at; to set in order; (*Mus.*) to tune; to bedeck; to settle *or* arrange (*a dispute*). **s'ajuster**, *v.r.* to accommodate oneself, to be adapted; to dress, to deck oneself out.

ajusteur [aʒys'tœːr], *n.m.* fitter; weigher (*at the mint*).

alacrité [alakri'te], *n.f.* alacrity, cheerful briskness.

Aladin [ala'dɛ̃], *m.* Aladdin.

Alain [a'lɛ̃], *m.* Alan.

alaise [a'lɛːz], *n.f.* rubber sheet for pram *or* cot.

alambic [alɑ̃'bik], *n.m.* alembic, still.

alambiquer [alɑ̃bi'ke], *v.t.* to distil, to refine.

alangui [alɑ̃'gi], *a.* languid, downcast.

alanguir [alɑ̃'giːr], *v.t.* to enfeeble, to make languid. **s'alanguir**, *v.r.* to languish, to flag, to become languid.

alanguissement [alɑ̃gis'mɑ̃], *n.m.* languor.

alarmant [alar'mɑ̃], *a.* alarming, startling.

alarme [a'larm], *n.f.* alarm, affright, sudden fear, uneasiness.

alarmer [alar'me], *v.t.* to alarm; to startle, to render anxious *or* frightened. **s'alarmer**, *v.r.* to take alarm, to be alarmed.

alarmiste [alar'mist], *a.* and *n.* alarmist.

albanais [alba'nɛ], *a.* Albanian.—*n.m.* Albanian (*language*); (**Albanais**, *fem.* -aise) Albanian (*person*).

Albanie [alba'ni:], l', *f.* Albania.

albâtre [al'bɑːtr], *n.m.* alabaster; (*fig.*) whiteness.

albatros [alba'tros], *n.m.* albatross.

albinisme [albi'nism], *n.m.* albinism.

albinos [albi'nos], *a.* and *n.* albino.

album [al'bɔm], *n.m.* album, scrap-book, sketch-book.

albumine [alby'min], *n.f.* albumen.

alcaïque [alka'ik], *a.* alcaic (*verse*).

alcali [alka'li], *n.m.* alkali.

alcalin [alka'lɛ̃], *a.* alkaline.

alcalinité [alkalini'te], *n.f.* alkalinity.

alcaliser [alkali'ze], **alcaliniser** [alkalini'ze], *v.t.* to alkalify.

alchimie [alʃi'mi], *n.f.* alchemy.

alchimique [alʃi'mik], *a.* alchemical.

alchimiste [alʃi'mist], *n.m.* alchemist.

alcool [al'kɔl], *n.m.* alcohol; spirit(s); *alcool à brûler*, *alcool dénaturé*, methylated spirit.

alcoolique [alkɔ'lik], *a.* alcoholic.

alcoolisme [alkɔ'lism], *n.m.* alcoholism.

Alcoran [alkɔ'rɑ̃], [CORAN].

alcôve [al'koːv], *n.f.* alcove, recess.

alcyon [al'sjɔ̃], *n.m.* halcyon; (*Orn.*) kingfisher.

alcyonien [alsjɔ'njɛ̃], *a.* (*fem.* -enne) halcyon, peaceful.

aléa [ale'a], *n.m.* chance, hazard.

aléatoire [alea'twaːr], *a.* hazardous, uncertain.

alêne [a'lɛn], *n.f.* awl.

alentour *or* **à l'entour** [alɑ̃'tuːr], *adv.* about, around, round about.

alentours, [alɑ̃'tuːr], *n.m.* (*used only in pl.*) environs, neighbourhood.

Aléoutiennes [aleu'sjɛn], les, *f.pl.* the Aleutian Islands.

alerte [a'lɛrt], *a.* alert, vigilant; active, lively, agile.—*n.f.* alarm, warning; *alerte aérienne*, air-raid warning.

alerter [alɛr'te], *v.t.* to give the alarm to, to warn.

alésage [ale'zaːʒ], *n.m.* boring, drilling; bore (*of cylinder*).

aléser [ale'ze], *v.t.* (*conjug. like* CÉDER) to smooth *or* enlarge the bore of (*a tube, gun etc*); *aléser un canon*, to bore a cannon.

aléseuse [ale'zøːz], *n.f.* boring-machine.

alésoir [ale'zwaːr], *n.m.* borer, boring tool.

alester [alɛs'te], **alestir** [alɛs'tiːr], *v.t.* (*Naut.*) to lighten *or* disencumber (*a vessel*).

alésure [ale'zyːr], *n.f.* metal turnings *or* filings.

alevin [al'vɛ̃], *n.m.* fry, young fish.

aleviner [alvi'ne], *v.t.* to stock with fry.

alevinier [alvi′nje], *n.m.* breeding-pond.
Alexandre [alɛk′sɑ̃:dr], *m.* Alexander.
Alexandrie [alɛksɑ̃′dri], *f.* Alexandria.
alexandrin [alɛksɑ̃′drɛ̃], *a.* and *n.m.* (*Pros.*) Alexandrine.
alezan [al′zɑ̃], *a.* and *n.m.* chestnut (horse).
alèze or **alèse** [a′lɛ:z], [ALAISE].
alfa [al′fa], *n.m.* esparto-grass.
algarade [alga′rad], *n.f.* insult, affront; rating.
algèbre [al′ʒɛbr], *n.f.* algebra.
algébrique [alʒe′brik], *a.* algebraical.
algébriquement [alʒebrik′mɑ̃], *adv.* algebraically.
Alger [al′ʒe], *m.* Algiers.
Algérie [alʒe′ri], l′, *f.* Algeria.
algérien [alʒe′rjɛ̃], *a.* (*fem.* **-enne**) Algerian.—*n.m.* (**Algérien** *fem.* **-enne**) Algerian (*person*).
algie [al′ʒi:], *n.f.* ache.
algue [alg], *n.f.* sea-weed, alga.
alibi [ali′bi], *n.m.* (*Law*) alibi.
aliboron [alibɔ′rɔ̃], *n.m.* jackass, stupid *or* self-conceited fellow.
aliénable [alje′nabl], *a.* alienable, transferable.
aliénation [aljenɑ′sjɔ̃], *n.f.* (*Law*) conveyance of property to another; (*fig.*) alienation, mental derangement; estrangement, aversion.
aliéné [alje′ne], *a.* alienated, mad.—*n.m.* (*fem.* **-ée**) lunatic.
aliéner [alje′ne], *v.t.* (*conjug. like* CÉDER) to alienate, to give away (*property*), to transfer, to make over; to estrange, to make hostile; to derange (*the mind*). **s'aliéner**, *v.r.* to become estranged (*from*).
aliéniste [alje′nist], *n.m.* alienist.
alignée [ali′ɲe], *n.f.* line, row.
alignement [aliɲə′mɑ̃], *n.m.* alignment; laying out in line; (*Mil.*) dressing; (*Print.*) ranging.
aligner [ali′ɲe], *v.t.* to align, to lay out in line; to put in a straight line; (*Mil.*) to dress; (*Print.*) to range. **s'aligner**, *v.r.* (*Mil.*) to dress.
aliment [ali′mɑ̃], *n.m.* aliment, food, nourishment, nutriment; (*Law, pl.*) alimony, maintenance.
alimentaire [alimɑ̃′tɛːr], *a.* alimental, alimentary; (*Mech.*) *pompe alimentaire*, feed-pump, donkey engine.
alimentateur [alimɑ̃ta′tœːr], *a.* (*fem.* **-trice**) alimentary.
alimentation [alimɑ̃ta′sjɔ̃], *n.f.* alimentation; nourishment, feeding; *rayon d'alimentation*, food department.
alimenter [alimɑ̃′te], *v.t.* to feed, to nourish; to maintain; to supply, to provision; to fuel, to keep up.
alimenteux [alimɑ̃′tø], *a.* (*fem.* **-euse**) nutritive.
alinéa [aline′a], *n.m.* indented line; new paragraph.
alisé [ALIZÉ].
aliter [ali′te], *v.t.* to confine to bed; *être alité*, to be bedridden. **s'aliter**, *v.r.* to take to one's bed.
alizé or **alisé** [ali′ze], *a.* soft (*said of the trade-winds*); *vents alizés*, trade-winds.—*n.m.* trade-wind.
alkali etc. [ALCALI].
Alkoran [alkɔ′rɑ̃], [CORAN].

Allah [a′la], *m.* Allah.
allaitement [alɛt′mɑ̃], *n.m.* lactation, nursing, suckling; *allaitement artificiel*, bottle feeding.
allaiter [alɛ′te], *v.t.* to suckle, to nurse.
alléchant [ale′ʃɑ̃], *a.* alluring, seductive.
allèchement [alɛʃ′mɑ̃], *n.m.* allurement, enticement, seduction, attraction.
allécher [ale′ʃe], *v.t.* (*conjug. like* CÉDER) to allure, to entice, to attract.
allée [a′le], *n.f.* passage, drive, alley, avenue, walk; (*pl.*) goings.
allégation [alega′sjɔ̃], *n.f.* allegation, assertion.
allège [a′lɛ:ʒ], *n.f.* lighter, hopper; (*Arch.*) window basement, sill of window.
allégeance [aleʒɑ̃:s], *n.f.* alleviation, relief; allegiance.
allégement [aleʒ′mɑ̃], *n.m.* alleviation, relief; reduction.
alléger [ale′ʒe], *v.t.* (*conjug. like* ASSIÉGER) to ease, to unburden, to lighten; to unload (*a boat*); to alleviate, to relieve, to assuage (*pain* or *grief*).
allégorie [alegɔ′ri], *n.f.* allegory.
allégorique [alegɔ′rik], *a.* allegorical.
allégoriquement [alegɔrik′mɑ̃], *adv.* allegorically.
allégoriser [alegɔri′ze], *v.t.* to allegorize.
allégoriste [alegɔ′rist], *n.m.* allegorist.
allègre [a′lɛgr], *a.* lively, nimble, sprightly; jolly, cheerful.
allègrement [alɛgrə′mɑ̃], *adv.* briskly; joyfully, merrily, joyously.
allégresse [ale′grɛs], *n.f.* gaiety, joy, mirth, cheerfulness; sprightliness.
alléguer [alle′ge], *v.t.* (*conjug. like* CÉDER) to allege, to advance, to urge; (*Law*) to quote, to adduce, to cite, to plead.
alléluia [allely′ja], *n.m.* and *int.* Hallelujah.
Allemagne [al′maɲ], l′, *f.* Germany.
allemand [al′mɑ̃], *a.* German.—*n.m.* German (*language*); (**Allemand**, *fem.* **-ande**) German (*person*).
aller [a′le], *v.i. irr.* (*with aux.* ÊTRE) to go, to go on, to proceed, to progress (*well, ill etc.*); to be (*in good* or *ill health*); to act (*in a certain way*); to suit, to fit (*well* or *ill*); to be going to; *aller au pas*, to go at a walking pace; *aller et venir*, to go up and down; *je ne ferai qu'aller et venir*, I won't be a minute; *cela va tout seul*, it is plain sailing; *cet enfant ira loin*, this child will go far; *comment allez-vous?* how are you? *je vais bien*, I am well; (*fam.*) *ça va!* all right! *cet habit vous va mal*, this coat does not fit you; *allons!* come on! *allons donc!* surely not! *cela va sans dire*, it stands to reason; *il y va de sa vie*, his life is at stake; *se laisser aller*, to yield, to give way, to abandon oneself to a thing. **s'en aller**, *v.r.* to go away, to run away; to vanish, to disappear; to die, to wear out; *va-t'en! allez-vous-en!* go away! be off with you!—*n.m.* going, course, run; outward voyage, trip, journey; *billet d'aller et retour*, return ticket.
allergie [alɛr′ʒi], *n.f.* allergy.
allergique [alɛr′ʒik], *a.* allergic.
alliage [a′lja:ʒ], *n.m.* alloy, mixture; (*fig.*) impure mixture *or* combination.

alliance [aˈljɑ̃:s], *n.f.* alliance; marriage; union, league, coalition, confederacy; compact, covenant; mixture, blending; wedding-ring.

allié [aˈlje], *a.* allied; related (*by marriage*); akin, kindred.—*n.m.* (*fem.* **-ée**) ally; connexion (*by marriage*).

allier [aˈlje], *v.t.* to mix; to combine; to join, to unite, to ally, to marry; to reconcile; to match. **s'allier,** *v.r.* to be incorporated *or* mixed; to become allied, to join forces (*avec*); to combine (*of metals*).

alligator [aligaˈtɔ:r], *n.m.* alligator.

allitération [aliteraˈsjɔ̃], *n.f.* alliteration.

allo! [aˈlo], *int.* (*Teleph.*) hello!

allocataire [alɔkaˈtɛ:r], *n.* recipient of an allowance.

allocation [alɔkaˈsjɔ̃], *n.f.* allocation, allowance; *allocation de chômage,* unemployment benefit; *allocations familiales,* family allowances.

allocution [alɔkyˈsjɔ̃], *n.f.* allocution, short address, speech.

allonge [aˈlɔ̃:ʒ], *n.f.* leaf (*of a table*); fly-leaf, addendum; rider (*of a document*); reach (*in boxing*); *allonge de boucher,* meat-hook.

allongé [alɔ̃ˈʒe], *a.* lengthened, elongated, out-stretched; downcast, long (*of face*).

allongement [alɔ̃ʒˈmɑ̃], *n.m.* lengthening, elongation, protraction.

allonger [alɔ̃ˈʒe], *v.t.* (*conjug. like* MANGER) to lengthen, to elongate, to eke out; to stretch; to draw out, to protract. **s'allonger,** *v.r.* to stretch out, to grow longer; to stretch, to lie down at full length.

allouer [aˈlwe], *v.t.* to allow, to grant, to accord; to allocate.

alluchon [alyˈʃɔ̃], *n.m.* cog, tooth (*of a wheel*).

allumage [alyˈma:ʒ], *n.m.* lighting, kindling; ignition; *un raté d'allumage,* misfire; *mettre l'allumage,* to switch on; *couper l'allumage,* to switch off.

allumé [alyˈme], *a.* lighted, ignited; (*colloq.*) excited, drunk, lit-up.

allume-feu [alymˈfø], *n.m. inv.* firewood, firelighter, kindling.

allume-gaz [alymˈgɑ:z], *n.m. inv.* gaslighter.

allumer [alyˈme], *v.t.* to light; to kindle, to set on fire; (*fig.*) to inflame, to incite, to stir up. **s'allumer,** *v.r.* to light, to take *or* catch fire; to blaze, to sparkle, to glare; to flare up, to break out.

allumette [alyˈmɛt], *n.f.* match.

allumeur [alyˈmœːr], *n.m.* (*fem.* **-euse**) lighter.

allure [aˈly:r], *n.f.* carriage, gait, pace, way of walking; demeanour; aspect, look; speed; (*pl.*) ways (*of a person*); *à toute allure,* at full speed.

allusion [alyˈzjɔ̃], *n.f.* allusion, hint, innuendo.

alluvial [alyˈvjal], *a.* (*m. pl.* **-aux**) alluvial.

alluvion [alyˈvjɔ̃], *n.f.* alluvium.

almanach [almaˈna], *n.m.* almanac, calendar.

aloès [alɔˈɛ:s], *n.m.* aloe; aloes.

aloi [aˈlwa], *n.m.* the statutory degree of purity of gold and silver; (*fig.*) standard (*good or bad*), quality, kind (*of persons etc.*).

alors [aˈlɔ:r], *adv.* then, that time; in that case; *d'alors,* of that time; *alors que,* while, whereas; *jusqu'alors,* up to then,

till that moment; *alors même que,* even though.

alose [aˈlo:z], *n.f.* shad.

alouette [aˈlwɛt], *n.f.* (*Orn.*) lark.

alourdir [alurˈdi:r], *v.t.* to make heavy, dull *or* stupid. **s'alourdir,** *v.r.* to grow heavy *or* dull.

alourdissant [alurdiˈsɑ̃], *a.* oppressive, burdensome.

alourdissement [alurdisˈmɑ̃], *n.m.* heaviness, dullness.

aloyau [alwaˈjo], *n.m.* (*pl.* **-aux**) sirloin.

alpaca [alpaˈka], **alpaga** [alpaˈga], *n.m.* alpaca.

alpenstock [alpɛnˈstɔk], *n.m.* alpenstock.

Alpes [alp], **les,** *f.pl.* the Alps.

alpestre [alˈpɛstr], *a.* Alpine (*scenery, flora*).

alpha [alˈfa], *n.m.* alpha; (*fig.*) beginning.

alphabet [alfaˈbɛ], *n.m.* alphabet.

alphabétique [alfabeˈtik], *a.* alphabetical.

alphabétiquement [alfabetikˈmɑ̃], *adv.* alphabetically.

alpin [alˈpɛ̃], *a.* Alpine (*club etc.*).

alpinisme [alpiˈnism], *n.m.* mountaineering.

alpiniste [alpiˈnist], *n.m.* Alpinist, mountaineer.

Alsace [alˈzas], **l',** *f.* Alsace.

alsacien [alzaˈsjɛ̃], *a.* (*fem.* **-enne**) Alsatian.—*n.m.* (**Alsacien,** *fem.* **-enne**) inhabitant of Alsace.

altérable [alteˈrabl], *a.* alterable, corruptible, adulterable.

altérant [alteˈrɑ̃], *a.* causing thirst.

altération [alteraˈsjɔ̃], *n.f.* deterioration; falsification, adulteration, debasing (*of money etc.*); weakening, impairing.

altercation [altɛrkaˈsjɔ̃], *n.f.* altercation, wrangle, dispute, quarrel.

altérer [alteˈre], *v.t.* (*conjug. like* CÉDER) to alter for the worse; to impair, to adulterate, to corrupt, to pervert, to debase, to falsify; to disturb, to trouble, to upset; to make thirsty. **s'altérer,** *v.r.* to be impaired, to degenerate.

alternance [altɛrˈnɑ̃:s], *n.f.* alternation, rotation.

alternant [altɛrˈnɑ̃], *a.* alternating, rotating (*as crops*).

alternat [altɛrˈna], *n.m.* rotation (*of crops etc.*).

alternatif [altɛrnaˈtif], *a.* (*fem.* **-tive**) alternate, alternating, alternative.—*n.f.* (**-tive**) alternation; alternative, choice, option (*between two possible actions*).

alternativement [altɛrnativˈmɑ̃], *adv.* alternately, by turns.

alterne [alˈtɛrn], *a.* (*Geom.*) alternate (*of angles*); (*Bot.*) alternate.

alterner [altɛrˈne], *v.t.* to grow (*crops*) in rotation.—*v.i.* to alternate, to succeed each other alternately.

Altesse [alˈtɛs], *n.f.* Highness.

altier [alˈtje], *a.* (*fem.* **-ière**) haughty, proud, arrogant, lordly, lofty.

altimètre [altiˈmɛtr], *n.m.* altimeter.

altitude [altiˈtyd], *n.f.* altitude.

alto [alˈto], *n.m.* alto; tenor violin; tenor saxhorn.

altruisme [altryˈism], *n.m.* altruism.

altruiste [altryˈist], *a.* altruistic.—*n.* altruist.

alumine [alyˈmin], *n.f.* alumina, oxide of aluminium.

aluminer

aluminer [alymi′ne], *v.t.* to aluminate, to aluminize.

aluminium [alymi′njɔm], *n.m.* aluminium.

alun [a′lœ̃], *n.m.* alum.

alunage [aly′naːʒ], *n.m.* (*Dyeing*) steeping in alum; (*Phot.*) hardening (*negatives etc.*) in an alum-bath.

aluner [aly′ne], *v.t.* (*Dyeing*) to steep in alum-water; (*Phot.*) to harden in an alum-bath.

alunière [aly′njɛːr], *n.f.* alum-pit *or* mine, alum-works.

alunir [aly′niːr], *v.i.* to land on the moon.

alvéole [alve′ɔl], *n.m.* alveolus, cell (*in a honey-comb*); socket (*of a tooth*).

amabilité [amabili′te], *n.f.* amiability, affability, kindness.

amadou [ama′du], *n.m.* amadou, (German) tinder; touchwood.

amadouer [ama′dwe], *v.t.* to coax, to wheedle, to cajole.

amaigrir [amɛ′griːr], *v.t.* to make lean, meagre *or* thin, to emaciate; to reduce, to lessen (*in bulk etc.*); to impoverish; to exhaust (*soil etc.*).—*v.i.* to fall away, to grow lean *or* thin. **s'amaigrir**, *v.r.* to grow thin, to fall away.

amaigrissant [amɛgri′sɑ̃], *a.* causing emaciation; *régime amaigrissant*, slimming diet.

amaigrissement [amɛgris′mɑ̃], *n.m.* emaciation, wasting away.

amalgamation [amalgama′sjɔ̃], *n.f.* amalgamation.

amalgame [amal′gam], *n.m.* amalgam; (*fig.*) medley, heterogeneous mixture.

amalgamer [amalga′me], *v.t.* to amalgamate, to blend, to combine. **s'amalgamer**, *v.r.* to amalgamate, to blend, to combine.

amande [a′mɑ̃ːd], *n.f.* almond; kernel; *amandes lissées*, sugar-plums.

amandier [amɑ̃′dje], *n.m.* almond-tree.

amant [a′mɑ̃], *n.m.* (*fem.* -**e**) lover, suitor; sweetheart, mistress; gallant, paramour; passionate admirer.

amarante [ama′rɑ̃ːt], *n.f.* amaranth.

amareilleur *or* **amareyeur** [amarɛ′jœːr], *n.m.* worker on an oyster-bed.

amarinage [amari′naːʒ], *n.m.* (*Naut.*) manning (*a prize*).

amariner [amari′ne], *v.t.* to man (*a prize*); to inure (*a crew etc.*) to sea. **s'amariner**, *v.r.* to become used to the sea.

amarrage [ama′raːʒ], *n.m.* (*Naut.*) mooring; anchorage; lashing.

amarre [a′maːr], *n.f.* (*Naut.*) cable, rope, hawser.

amarrer [ama′re], *v.t.* to moor, to belay, to make fast.

amaryllis [amari′lis], *n.f.* amaryllis.

amas [a′mɑ], *n.m.* mass, heap, pile, accumulation.

amasser [ama′se], *v.t.* to accumulate, to heap up, to amass; to hoard; to collect, to get together. **s'amasser**, *v.r.* to gather, to get together, to accumulate, to be collected, to crowd, to assemble.

amassette [ama′sɛt], *n.f.* small palette-knife.

amasseur [ama′sœːr], *n.m.* (*fem.* -**euse**) hoarder.

amateur [ama′tœːr], *n.m.* amateur; devotee; connoisseur.

amazone [ama′zoːn], *n.f.* Amazon, female warrior; horse-woman; riding-habit; *habit d'amazone*, riding-habit; *monter en amazone*, to ride side-saddle.

ambages [ɑ̃′baːʒ], *n.f.*, (*pl.*) circumlocution; *sans ambages*, straight out.

ambassade [ɑ̃ba′sad], *n.f.* embassy, ambassador's staff.

ambassadeur [ɑ̃basa′dœːr], *n.m.* ambassador; (*fig.*) envoy, messenger.

ambassadrice [ɑ̃basa′dris], *n.f.* ambassadress.

ambiance [ɑ̃′bjɑ̃ːs], *n.* surroundings, environment; atmosphere.

ambiant [ɑ̃′bjɑ̃], *a.* ambient, surrounding.

ambidextre [ɑ̃bi′dɛkstr], *a.* ambidextrous.—*n.* ambidexter.

ambigu [ɑ̃bi′gy], *a.* (*fem.* -**guë**) ambiguous, equivocal.—*n.m.* heterogeneous mixture, medley.

ambiguïté [ɑ̃bigɥi′te], *n.f.* ambiguity.

ambigument [ɑ̃bigy′mɑ̃], *adv.* ambiguously.

ambitieusement [ɑ̃bisjøz′mɑ̃], *adv.* ambitiously.

ambitieux [ɑ̃bi′sjø], *a.* (*fem.* -**euse**) ambitious.—*n.m.* (*fem.* -**euse**) ambitious person.

ambition [ɑ̃bi′sjɔ̃], *n.f.* ambition.

ambitionner [ɑ̃bisjɔ′ne], *v.t.* to desire earnestly; to be ambitious of, to aspire to.

ambivalence [ɑ̃biva′lɑ̃ːs], *n.f.* ambivalence.

ambivalent [ɑ̃biva′lɑ̃], *a.* ambivalent.

amble [ɑ̃ːbl], *n.m.* amble.

ambler [ɑ̃′ble], *v.i.* to amble.

ambleur [ɑ̃′blœːr], *a.* (*fem.* -**euse**) ambling.

amblyope [ɑ̃′bljɔp], *a.* amblyopic, weak-sighted.—*n.* weak-sighted person.

ambre [ɑ̃ːbr], *n.m.* amber; *ambre gris*, ambergris.

ambré [ɑ̃′bre], *a.* amber-coloured.

ambrer [ɑ̃′bre], *v.t.* to perfume with amber.

ambrette [ɑ̃′brɛt], *n.f.* amber-seed; musk-seed.

ambroisie [ɑ̃brwa′zi], *n.f.* ambrosia.

ambulance [ɑ̃by′lɑ̃ːs], *n.f.* ambulance; field-hospital; peripatetic clerkship; *chirurgien d'ambulance*, field-surgeon.

ambulancier [ɑ̃bylɑ̃′sje], *n.m.* (*fem.* -**ière**) ambulance-man, stretcher-bearer, nurse.

ambulant [ɑ̃by′lɑ̃], *a.* ambulant, ambulatory, itinerant, peripatetic; travelling (*of a railway post-office*); strolling (*players*).

ambulatoire [ɑ̃byla′twaːr], *a.* ambulatory; (*Law*) movable.

âme (1) [ɑːm], *n.f.* soul, spirit; sentiment, sensibility; (*fig.*) inhabitant, person (*on a lost ship etc.*); core, pith, heart (*of a thing etc.*); *rendre l'âme*, to give up the ghost.

âme (2) [ɑːm], *n.f.* sounding-board (*of a violin etc.*); bore (*of gun*).

amélioration [ameljɔra′sjɔ̃], *n.f.* amelioration, improvement; (*pl.*) repairs, decorations (*of a house etc.*).

améliorer [ameljɔ′re], *v.t.* to ameliorate, to improve, to better. **s'améliorer**, *v.r.* to get better, to mend, to improve.

amen [a′mɛn], *int.* and *n.m.* amen.

aménagement [amenaʒ′mɑ̃], *n.m.* arrangement; disposition (*of a house etc.*); management (*of a forest*).

16

amourette

aménager [amena'ʒe], v.t. (conjug. like MANGER) to dispose, to arrange, to lay out; to regulate the felling of (a wood or forest).

amendable [amɑ̃'dabl], a. improvable, mendable.

amende [a'mɑ̃:d], n.f. fine, penalty, forfeit, compensation, reparation; faire amende honorable, to make a full apology; mettre or condamner à l'amende, to fine.

amendement [amɑ̃d'mɑ̃], n.m. amendment; improvement; manuring (of land).

amender [amɑ̃'de], v.t. to amend, to better; to manure (land). s'amender, v.r. to mend, to grow better.

amène [a'mɛ:n], a. agreeable, pleasant (site).

amener [am'ne], v.t. (see Verb Tables) to lead (hither), to bring; to induce, prevail upon; to introduce; to bring about; to occasion, to lead to; (Naut.) to lower, to strike (colours, sails etc.); mandat d'amener, warrant.

aménité [ameni'te], n.f. amenity, pleasantness, affability; grace, urbanity.

amenuiser [amənɥi'ze], v.t. to make thinner or smaller. s'amenuiser, v.r. to grow thinner or smaller.

amer (1) [a'mɛ:r], a. (fem. amère) bitter, harsh; painful, grievous; biting, galling.—n.m. something bitter; gall; bitterness; (pl.) bitters.

amer (2) [a'mɛ:r], n.m. (Naut.) any landmark or leading mark.

amèrement [amɛr'mɑ̃], adv. bitterly, grievously.

américain [ameri'kɛ̃], a. American.—n.m. (Américain, fem. -aine) American (person).

américanisme [amerika'nism], n.m. Americanism.

Amérique [ame'rik], l', f. America.

amérir or amerrir [ame'ri:r], v.i. (Av.) to alight on the water.

amerrissage [ameri'sa:ʒ], n.m. alighting (on the water).

amertume [amɛr'tym], n.f. bitterness, grief; gall, venom.

améthyste [ame'tist], n.f. amethyst.

ameublement [amœblə'mɑ̃], n.m. furniture, suite of furniture.

ameublir [amœ'bli:r], v.t. (Agric.) to make (soil) more broken up or lighter.

ameublissement [amœblis'mɑ̃], n.m. (Agric.) loosening, mellowing.

ameulonner [amœlɔ'ne], v.t. to stack (hay, corn etc.).

ameuter [amœ'te], v.t. to train dogs as a pack; (fig.) to stir up, to rouse, to excite.

ami [a'mi], n.m. (fem. amie) friend; well-wisher, partisan; lover; chambre d'ami, spare room.—a. friendly; sympathetic, favourable, kindly-disposed; kind, propitious.

amiable [a'mjabl], a. friendly, courteous; amicable, conciliatory; vente à l'amiable, sale by private contract.

amiablement [amjablə'mɑ̃], adv. amicably.

amiante [a'mjɑ̃:t], n.m. asbestos.

amibe [a'mib], n.f. amoeba.

amical [ami'kal], a. (m. pl. -aux) amicable, friendly

amicalement [amikal'mɑ̃], adv. amicably, in a friendly manner.

amidon [ami'dɔ̃], n.m. starch.

amidonner [amidɔ'ne], v.t. to starch.

amincir [amɛ̃'si:r], v.t. to make thinner. s'amincir, v.r. to become thinner.

amincissement [amɛ̃sis'mɑ̃], n.m. thinning.

amiral [ami'ral], n.m. (pl. -aux) admiral; contre-amiral, rear-admiral; grand amiral, high-admiral; vice-amiral, vice-admiral; vaisseau amiral, flagship.

Amirauté [amiro'te], Îles de l', f. Admiralty Islands.

amirauté [amiro'te], n.f. admiralship; admiralty.

amitié [ami'tje], n.f. friendship, affection; favour, kindness; (pl.) kind regards, compliments; mes amitiés à tout le monde, love to all; par amitié, out of friendship.

ammoniac [amɔ'njak], a. (fem. -iaque) ammoniac; sel ammoniac, sal ammoniac. —n.f. (-iaque) ammonia.

ammonite [amɔ'nit], n.f. ammonite.

amnésie [amne'zi], n.f. amnesia.

amnistie [amnis'ti], n.f. amnesty, pardon.

amnistier [amnis'tje], v.t. to pardon by amnesty.

amoindrir [amwɛ̃'dri:r], v.t. to lessen, to decrease, to diminish. s'amoindrir, v.r. to grow less.

amoindrissement [amwɛ̃dris'mɑ̃], n.m. lessening, decrease.

amollir [amɔ'li:r], v.t. to soften; (fig.) to mollify. s'amollir, v.r. to soften, to grow soft; to grow effeminate or weak.

amollissant [amɔli'sɑ̃], a. softening; enervating.

amollissement [amɔlis'mɑ̃], n.m. softening, enervation, effeminacy.

amonceler [amɔ̃s'le], v.t. (conjug. like APPELER) to heap up, to lay in a heap; (fig.) to accumulate. s'amonceler, v.r. to gather; to accumulate, to drift together.

amoncellement [amɔ̃sɛl'mɑ̃], n.m. accumulation; heap.

amont [a'mɔ̃], n.m. upstream water (used chiefly in en amont, up-stream, up-river).

amoral [amɔ'ral], a. (m. pl. -aux) amoral.

amorçage [amɔr'sa:ʒ], n.m. priming (of pumps, motors, guns etc.); baiting (of hook).

amorce [a'mɔrs], n.f. bait; (fig.) allurement, charm; priming, percussion-cap (of guns etc.); priming (for a pump).

amorcer [amɔr'se], v.t. (conjug. like COMMENCER) to bait; (fig.) to allure, to entice, to decoy; (Hydraulics) to prime; (Artill.) to cap (a shell).

amorphe [a'mɔrf], a. amorphous.

amortir [amɔr'ti:r], v.t. to deaden, to allay, to moderate; to weaken, to break (a fall, shock etc.); to redeem, to pay off; to cool (passions).

amortissable [amɔrti'sabl], a. redeemable.

amortissement [amɔrtis'mɑ̃], n.m. redemption, buying up; liquidation; deadening (of a blow etc.); fonds d'amortissement, sinking-fund.

amortisseur [amɔrti'sœ:r], n.m. shock absorber.

amour [a'mu:r], n.m. (usu. fem. in pl.) love, affection, passion; the object of love, flame, fancy; l'Amour, (Myth.) Eros, Cupid.

amouracher(s') [samura'ʃe], v.r. to be smitten with, to become enamoured (de).

amourette [amu'rɛt], n.f. passing amour, love-affair.

17

amoureusement [amurøz'mã], *adv.* amorously, lovingly; tenderly.

amoureux [amu'rø], *a.* (*fem.* **-euse**) loving, in love, smitten, enamoured (*de*); amorous. —*n.m.* (*fem.* **-euse**) lover, sweetheart; fiancé *or* fiancée.

amour-propre [amur'prɔpr], *n.m.* self-respect; vanity, conceit.

amovibilité [amɔvibili'te], *n.f.* removability, liability to removal; precariousness of tenure.

amovible [amɔ'vibl], *a.* removable, revocable.

ampère [ã'pɛ:r], *n.m.* (*Elec.*) ampere.

amphibie [ãfi'bi], *a.* amphibious.—*n.m.* amphibian.

amphibiens [ãfi'bjɛ̃], *n.m. pl.* (*Zool.*) Amphibia.

amphigouri [ãfigu'ri], *n.m.* rigmarole, gibberish.

amphithéâtre [ãfite'ɑ:tr], *n.m.* amphitheatre; the whole body of occupants of this; the gallery in a theatre rising above the boxes and facing the stage; lecture-room; *en amphithéâtre*, in semi-circular tiers.

Amphitryon [ãfitri'ɔ̃], *n.m.* Amphitryon; host, entertainer.

amphore [ã'fo:r], *n.f.* amphora.

ample [ã:pl], *a.* ample, full; large, vast, spacious; copious.

amplement [ãplə'mã], *adv.* amply, fully; largely, plentifully.

ampleur [ã'plœ:r], *n.f.* width, fullness (*of clothes*); abundance; profusion; dignity (*of style etc.*); volume (*of voice*).

amplifiant [ãpli'fjã], *a.* magnifying (*of a lens etc.*); amplifying.

amplificateur [ãplifika'tœːr], *a.* (*fem.* **-trice**) magnifying; amplifying.—*n.m.* (*Phot.*) enlarger.

amplification [ãplifika'sjɔ̃], *n.f.* amplification; magnification, enlargement; (*fig.*) exaggeration.

amplifier [ãpli'fje], *v.t.* to amplify, to develop, to enlarge.

amplitude [ãpli'tyd], *n.f.* extent, amplitude.

ampoule [ã'pul], *n.f.* blister, swelling; (*Elec.*) bulb; (*Med.*) ampoule.

ampoulé [ãpu'le], *a.* bombastic, turgid.

amputation [ãpyta'sjɔ̃], *n.f.* amputation; (*fig.*) curtailment.

amputer [ãpy'te], *v.t.* to amputate, to cut off.

amulette [amy'lɛt], *n.f.* amulet, charm.

amusant [amy'zã], *a.* amusing, diverting, entertaining.

amusement [amyz'mã], *n.m.* amusement, entertainment, diversion; fooling, trifling.

amuser [amy'ze], *v.t.* to amuse, to divert, to entertain; to fool, to beguile, to dupe; to detain, to delay. **s'amuser**, *v.r.* to amuse oneself, to divert oneself; to trifle; to have a good time; *s'amuser de quelqu'un*, to make fun of someone; *amusez-vous bien!* enjoy yourselves, have a good time.

amusette [amy'zɛt], *n.f.* petty amusement.

amuseur [amy'zœːr], *n.m.* (*fem.* **-euse**) amuser, entertainer.

amygdale [ami'dal], *n.f.* (*Anat.*) tonsil.

an [ã], *n.m.* year; (*pl.*) years, time, age; *elle a quinze ans*, she is fifteen; *le jour de l'an*, New Year's day.

anacarde [ana'kard], *n.m.* cashew-nut.

anachorète [anakɔ'rɛt], *n.* anchorite, hermit.

anachronisme [anakrɔ'nism], *n.m.* anachronism.

anaéroïde [ANÉROÏDE].

anagramme [ana'gram], *n.f.* anagram.

analgésie [analʒe'zi], **analgie** [anal'ʒi], *n.f.* (*Med.*) analgesia.

analgésique [analʒe'zik], **analgique** [anal-'ʒik], *a.* and *n.m.* analgesic.

analogie [analɔ'ʒi], *n.f.* analogy.

analogique [analɔ'ʒik], *a.* analogous, analogical.

analogue [ana'lɔg], *a.* analogous, similar.

analyse [ana'li:z], *n.f.* analysis; outline, précis, abstract (*of a book etc.*); (*Gram.*) parsing, analysis.

analyser [anali'ze], *v.t.* to analyse.

analyste [ana'list], *n.m.* analyst.

analytique [anali'tik], *a.* analytic, analytical.

analytiquement [analitik'mã], *adv.* analytically.

ananas [ana'nɑ], *n.m.* pineapple.

anarchie [anar'ʃi], *n.f.* anarchy; (*fig.*) disorder, confusion.

anarchique [anar'ʃik], *a.* anarchical.

anarchiste [anar'ʃist], *n.* anarchist.

anathème [ana'tɛːm], *n.m.* anathema; sentence of reprobation *or* excommunication, ban, curse.

anatomie [anatɔ'mi], *n.f.* anatomy; dissection; (*fam.*) body, figure.

anatomique [anatɔ'mik], *a.* anatomical.

anatomiquement [anatɔmik'mã], *adv.* anatomically.

anatomiser [anatɔmi'ze], *v.t.* to anatomize, to dissect.

anatomiste [anatɔ'mist], *n.* anatomist.

ancêtre [ã'sɛːtr], *n.* ancestor, ancestress.—*n.m. pl.* ancestors, forefathers.

anchois [ã'ʃwa], *n.m.* anchovy.

ancien [ã'sjɛ̃], *a.* (*fem.* **-ienne**) ancient, old; former, late, ex-; antique; *un ancien élève*, an old boy.—*n.m.* (*fem.* **-ienne**) senior; ancient; (*Eccles.*) elder; (*Mil.*) veteran; (*pl.*) the ancients; our forefathers.

anciennement [ãsjɛn'mã], *adv.* formerly, *of yore; in former times.

ancienneté [ãsjɛn'te], *n.f.* antiquity; seniority.

ancillaire [ãsil'lɛːr], *a.* ancillary.

ancrage [ã'kra:ʒ], *n.m.* anchorage.

ancre [ã:kr], *n.f.* anchor; cramp-iron, tie-plate (*of a wall*). *ancre de miséricorde* (*or de salut*), sheet anchor (*fig.*) last resource.

ancrer [ã'kre], *v.t.* to anchor; (*fig.*) to fix or establish firmly.—*v.i.* to anchor. **s'ancrer**, *v.r.* to establish oneself, to get a footing (*in a place*), to take deep root (*in*).

Andalousie [ãdalu'zi], l', *f.* Andalusia.

Andes [ã:d], les, *f. pl.* the Andes.

Andorre [ã'dɔ:r], l', *m.* Andorra.

andouille [ã'du:j], *n.f.* pork sausage (*made of chitterlings*); (*pop.*) imbecile, duffer.

andouiller [ãdu'je], *n.m.* tine (*of antler*).

André [ã'dre], *m.* Andrew.

Andromède [ãdrɔ'mɛd], *f.* Andromeda.

âne [ɑ:n], *n.m.* ass, donkey; blockhead; stupid, ignorant *or* foolish person, idiot.

anéantir [aneã'tiːr], *v.t.* to annihilate, to destroy utterly, to abolish; (*fig.*) to overwhelm.

anéantissement [aneãtis'mã], *n.m.* annihilation; destruction, ruin, overthrow; humiliation, prostration.

anecdote [anɛg'dɔt], *n.f.* anecdote.

anecdotique [anɛgdɔ'tik], *a.* anecdotic.

anémie [ane'mi], *n.f.* anaemia.

anémique [ane'mik], *a.* anaemic.

anémone [ane'mɔn], *n.f.* anemone, windflower.

ânerie [ɑn'ri], *n.f.* stupidity; gross ignorance; gross blunder.

anéroïde [anero'id], **anaéroïde** [anaero'id], *a.* aneroid.—*n.m.* aneroid barometer.

ânesse [ɑ'nɛs], *n.f.* she-ass.

anesthésie [anɛste'zi], *n.f.* (*Med.*) anaesthesia.

anesthésier [anɛste'zje], *v.t.* to anaesthetize.

anesthésique [anɛste'zik], *a.* and *n.m.* anaesthetic.

anesthésiste [anɛste'zist], *n.m.* anaesthetist.

anévrisme [ane'vrism], *n.m.* aneurism.

anfractueux [ɑ̃frak'tɥø], *a.* (*fem.* **-euse**) anfractuous, winding, sinuous, craggy.

anfractuosité [ɑ̃fraktɥozi'te], *n.f.* anfractuosity, cragginess, twist, jagged *or* rugged outlines.

ange [ɑ̃:ʒ], *n.m.* angel; (*fig.*) an adorable *or* beloved person.

Angèle [ɑ̃'ʒɛl], *f.* Angela.

angélique [ɑ̃ʒe'lik], *a.* angelic, angelical.

angélus [ɑ̃ʒe'ly:s], *n.m.* angelus.

angevin [ɑ̃ʒə'vɛ̃], *a.* of Anjou.—*n.m.* (**Angevin,** *fem.* **-ine**) native of Anjou.

angine [ɑ̃'ʒin], *n.f.* angina, quinsy, sore throat.

anglais [ɑ̃'glɛ], *a.* English; British.—*n.m.* English (*language*); (**Anglais,** *fem.* **-aise**) Englishman, English girl *or* woman; (*pl.*) the English.

angle [ɑ̃:gl], *n.m.* angle, corner; (*Arch.*) quoin; **angle aigu,** acute angle; **angle droit,** right angle.

Angleterre [ɑ̃glə'tɛ:r], l', *f.* England.

anglican [ɑ̃gli'kɑ̃], *a.* and *n.m.* (*fem.* **-e**) Anglican.

angliciser [ɑ̃glisi'ze], *v.t.* to anglicize. **s'angliciser,** *v.r.* to become anglicized *or* English.

anglicisme [ɑ̃gli'sism], *n.m.* anglicism.

anglomanie [ɑ̃glɔma'ni], *n.f.* Anglomania.

anglo-normand [ɑ̃glɔnɔr'mɑ̃], *a.* and *n.m.* (*fem.* **-e**) Anglo-Norman; **les Îles anglonormandes,** the Channel Islands.

anglophile [ɑ̃glɔ'fil], *a.* and *n.* Anglophil.

anglo-saxon [ɑ̃glɔsak'sɔ̃], *a.* and *n.m.* (*fem.* **-saxonne**) Anglo-Saxon.

angoisse [ɑ̃'gwas], *n.f.* anguish, agony, great distress; (*Med.*) angor, anguish.

angora [ɑ̃gɔ'ra], *a.* Angora.—*n.m.* Angora cat.

anguille [ɑ̃'gi:j], *n.f.* eel; (*pl., Naut.*) launching ways, slips; **il y a anguille sous roche,** I smell a rat.

angulaire [ɑ̃gy'lɛ:r], *a.* angular.

angusture [ɑ̃gys'ty:r], *n.f.* (*Pharm.*) angostura.

anhélation [anela'sjɔ̃], *n.f.* panting.

anhéler [ane'le], *v.i.* (*conjug. like* CÉDER) to pant.

anhydre [a'nidr], *a.* (*Chem.*) anhydrous.

anhydride [ani'drid], *n.m.* anhydride; **anhydride carbonique,** carbon dioxide.

anicroche [ani'krɔʃ], *n.f.* slight obstacle.

animadversion [animadvɛr'sjɔ̃], *n.f.* animadversion, reproof, reprimand, censure.

animal [ani'mal], *n.m.* (*pl.* **-aux**) animal; beast, brute; **société protectrice des animaux,** Royal Society for the Prevention of Cruelty to Animals.—*a.* (*m.pl.* **-aux**) animal; sensual, carnal.

animateur [anima'tœ:r], *a.* (*fem.* **-trice**) animating.

animation [anima'sjɔ̃], *n.f.* animation, vitality, life; liveliness; excitement; irritation.

animé [ani'me], *a.* animated; spirited, gay, sprightly; **rue animée,** busy street.

animer [ani'me], *v.t.* to animate, to give life to; to arouse, to excite, to urge on; to enliven, to give force to (*style etc.*). **s'animer,** *v.r.* to become animated *or* lively; to cheer up; to become angry.

animosité [animozi'te], *n.f.* animosity, ill will, spite, rancour.

anis [a'ni], *n.m.* anise, aniseed.

aniser [ani'ze], *v.t.* to flavour with aniseed.

anisette [ani'zɛt], *n.f.* aniseed cordial.

ankylose [ɑ̃ki'lo:z], *n.f.* (*Path.*) anchylosis, stiffness in the joints.

annales [a'nal], *n.f.* (*used only in pl.*) annals, public records.

annaliste [ana'list], *n.m.* annalist.

anneau [a'no], *n.m.* (*pl.* **anneaux**) ring; link (*of a chain*); ringlet (*of hair*).

année [a'ne], *n.f.* year, period of twelve months; **année bissextile,** leap-year; **souhaiter la bonne année,** to wish a happy New Year.

année-lumière [anely'mjɛ:r], *n.f.* (*pl.* **années-lumière**) light-year.

annelé [an'le], *a.* having *or* arranged in rings, ringed; (*Zool.*) annulated.

annelet [an'lɛ], *n.m.* ringlet, small ring.

annexe [a'nɛks], *n.f.* annex; appendage; appendix, schedule, rider; chapel of ease.

annexer [anɛk'se], *v.t.* to annex, to attach.

annexion [anɛk'sjɔ̃], *n.f.* annexation.

annihilation [aniila'sjɔ̃], *n.f.* annihilation; (*Law*) annulment.

annihiler [anii'le], *v.t.* to annihilate, to destroy; (*Law*) to annul.

anniversaire [anivɛr'sɛ:r], *a.* and *n.m.* anniversary, birthday.

annonce [a'nɔ̃:s], *n.f.* announcement, notification; indication, sign, mark; advertisement; **annonce de mariage,** banns of marriage.

annoncer [anɔ̃'se], *v.t.* (*conjug. like* COMMENCER) to announce, to give notice of; to advertise; to announce (*a visitor*), to usher *or* show in; to proclaim; to foretell. **s'annoncer,** *v.r.* to present oneself; to manifest itself.

Annonciation [anɔ̃sja'sjɔ̃], *n.f.* Annunciation; Lady Day (March 25).

annoncier [anɔ̃'sje], *n.m.* publicity manager.

annotateur [anɔta'tœ:r], *n.m.* (*fem.* **-trice**) annotator (*of a book etc.*).

annotation [anɔta'sjɔ̃], *n.f.* annotation.

annoter [anɔ'te], *v.t.* to annotate, to make notes on (*a text etc.*).

annuaire [a'nɥɛ:r], *n.m.* annual, year-book; **l'Annuaire des Téléphones,** the telephone directory.

annuel [a'nɥɛl], *a.* (*fem.* **-elle**) annual, yearly.

annuellement [anɥɛl'mɑ̃], *adv.* annually, yearly.

annuité [anɥi'te], *n.f.* annuity.
annulable [any'labl], *a.* revocable.
annulaire [any'lɛːr], *a.* annular, ring-shaped.
—*n.m.* ring-finger, third finger.
annulation [anyla'sjɔ̃], *n.f.* annulment, cancellation, repeal, abolition.
annuler [any'le], *v.t.* to annul, to rescind, to cancel, to abolish, to set aside, to make void.
anobli [anɔ'bli], *a.* ennobled.—*n.m.* newly created nobleman.
anoblir [anɔ'bliːr], *v.t.* to ennoble, to raise to the rank of the nobility.
anoblissement [anɔbliss'mɑ̃], *n.m.* ennoblement.
anode [a'nɔd], *n.f.* (*Elec.*) anode, positive pole.
anodin [anɔ'dɛ̃], *a.* (*Med.*) anodyne, soothing; (*fig.*) harmless, mild, inoffensive, insignificant.
anomal [anɔ'mal], *a.* (*m. pl.* **-aux**) (*Gram.*) anomalous, irregular.
anomalie [anɔma'li], *n.f.* anomaly, irregularity.
ânon [a'nɔ̃], *n.m.* ass's foal, young ass; (*fig.*) a little fool.
ânonnement [anɔn'mɑ̃], *n.m.* faltering, mumbling way of reading a text.
ânonner [anɔ'ne], *v.t.* to mumble and blunder through (*a lesson etc.*).—*v.i.* to read in a faltering way.
anonymat [anɔni'ma], *n.m.* anonymity.
anonyme [anɔ'nim], *a.* anonymous, nameless; *société anonyme*, joint-stock company. —*n.* anonymous person.
anonymement [anɔnim'mɑ̃], *adv.* anonymously.
anorak [anɔ'rak], *n.m.* (*reg. trade mark*) anorak.
anormal [anɔr'mal], *a.* (*m. pl.* **-aux**) abnormal, irregular, mentally deficient.
anormalement [anɔrmal'mɑ̃], *adv.* abnormally.
anse [ɑ̃ːs], *n.f.* handle (*of a pot, basket etc.*); creek, cove.
antagonique [ɑ̃tagɔ'nik], *a.* antagonistic.
antagonisme [ɑ̃tagɔ'nism], *n.m.* antagonism.
antagoniste [ɑ̃tagɔ'nist], *a.* antagonistic.— *n.m.* antagonist, adversary, opponent; competitor, rival.
***antan** [ɑ̃'tɑ̃], *n.m.* yesteryear; *les neiges d'antan*, the snows of yesteryear.
antarctique [ɑ̃tark'tik], *a.* Antarctic.
antécédent [ɑ̃tese'dɑ̃], *a.* antecedent, preceding, foregoing, previous.—*n.m.* precedent; (*Gram.*) antecedent.
antéchrist [ɑ̃te'krist], *n.m.* Antichrist.
antédiluvien [ɑ̃tedily'vjɛ̃], *a.* (*fem.* **-ienne**) antediluvian.
antenne [ɑ̃'tɛn], *n.f.* (*Rad.*, *Tel.*) aerial; (*Ent.*) antenna, (*pl.*) antennae.
antépénultième [ɑ̃tepenyl'tjɛm], *a.* antepenultimate.
antérieur [ɑ̃te'rjœːr], *a.* anterior, earlier, antecedent, previous, former.
antérieurement [ɑ̃terjœr'mɑ̃], *adv.* previously, before.
antériorité [ɑ̃terjɔri'te], *n.f.* anteriority, priority, precedence.
anthologie [ɑ̃tɔlɔ'ʒi], *n.f.* anthology.
anthracite [ɑ̃tra'sit], *n.m.* anthracite.
anthrax [ɑ̃'traks], *n.m.* (*Med.*) anthrax.
anthropoïde [ɑ̃trɔpɔ'id], *a.* and *n.m.* (*Zool.*) anthropoid.

anthropologie [ɑ̃trɔpɔlɔ'ʒi], *n.f.* anthropology.
anthropologiste [ɑ̃trɔpɔlɔ'ʒist], **anthropologue** [ɑ̃trɔpɔ'lɔg], *n.* anthropologist.
anthropophage [ɑ̃trɔpɔ'faːʒ], *n.* cannibal.
anti-aérien [ɑ̃tiae'rjɛ̃], *a.* (*fem.* **-enne**) anti-aircraft.
antibiotique [ɑ̃tibiɔ'tik], *a.* and *n.m.* antibiotic.
anti-brouillard [ɑ̃tibru'jaːr], *n.m.* (*Motor.*) fog-light.
anti-buée [ɑ̃ti'bye], *a.* (*Motor.*) demisting.— *n.m.* demister.
antichambre [ɑ̃ti'ʃɑ̃:br], *n.f.* (*formerly m.*) antechamber, anteroom.
anti-char [ɑ̃ti'ʃaːr], *a.* anti-tank.
antichrétien [ɑ̃tikre'tjɛ̃], *a.* and *n.m.* (*fem.* **-ienne**) antichristian.
anticipation [ɑ̃tisipa'sjɔ̃], *n.f.* anticipation; encroachment, trespass; *par anticipation*, in advance, beforehand.
anticipé [ɑ̃tisi'pe], *a.* done *or* occurring in advance.
anticiper [ɑ̃tisi'pe], *v.t.* to anticipate, to forestall.—*v.i.* to encroach *or* trespass (*sur*).
anticlimax [ɑ̃tikli'maks], *n.m.* anticlimax.
anticommunisme [ɑ̃tikɔmy'nism], *n.m.* anti-communism.
anticonstitutionnellement [ɑ̃tikɔ̃stity sjɔnɛl'mɑ̃], *a.* (*the longest French word*) anticonstitutionally.
anticorps [ɑ̃ti'kɔːr], *n.m.* (*Med.*) anti-body.
anticyclone [ɑ̃tisi'klɔːn], *n.m.* (*Meteor.*) anticyclone.
antidate [ɑ̃ti'dat], *n.f.* antedate.
antidater [ɑ̃tida'te], *v.t.* to antedate.
antidérapant [ɑ̃tidera'pɑ̃], *a.* non-skidding; *pneu antidérapant*, non-skid tyre.
antidote [ɑ̃ti'dɔt], *n.m.* antidote, antitoxin; (*fig.*) cure.
anti-éblouissant [ɑ̃tieblui'sɑ̃], *a.* (*Motor.*) antidazzle.
antienne [ɑ̃'tjɛn], *n.f.* antiphon; anthem.
antigel [ɑ̃ti'ʒɛl], *n.m. inv.* anti-freeze.
antillais [ɑ̃ti'jɛ], *a.* West Indian.—*n.m.* (*Antillais*, *fem.* **-aise**) West Indian (*person*).
Antilles [ɑ̃'tiːj], **les**, *f.pl.* the West Indies; *la mer des Antilles*, the Caribbean Sea.
antilope [ɑ̃ti'lɔp], *n.f.* antelope.
anti-mite [ɑ̃ti'mit], *a.* moth-proof.
antimoine [ɑ̃ti'mwan], *n.m.* antimony.
Antioche [ɑ̃'tjɔʃ], *f.* Antioch.
antiparasite [ɑ̃tipara'zit], *n.m.* suppressor.
antiparlementaire [ɑ̃tiparləma'tɛːr], *a.* unparliamentary.
antipathie [ɑ̃tipa'ti], *n.f.* antipathy, aversion.
antipathique [ɑ̃tipa'tik], *a.* antipathetic, repugnant.
antiphonaire [ɑ̃tifɔ'nɛːr], *n.m.* antiphonal.
antipode [ɑ̃ti'pɔd], *n.m.* the region of the globe diametrically opposite; (*pl.*) antipodes.
antiputride [ɑ̃tipy'trid], *a.* and *n.m.* antiseptic.
antiquaire [ɑ̃ti'kɛːr], *n.m.* antiquary, antiquarian, antique-dealer.
antique [ɑ̃'tik], *a.* antique, ancient; old-fashioned.—*n.f.* antique, ancient work of art.
antiquité [ɑ̃tiki'te], *n.f.* antiquity; old times; (*pl.*) antiquities; *magasin d'antiquités*, old curiosity shop.
antirouille [ɑ̃ti'ruːj], *n.m.* rust preventive.

apostrophe

antirrhine [ɑ̃ti'rin], *n.f.* (*Bot.*) antirrhinum, snapdragon.
antisémite [ɑ̃tise'mit], *n.* anti-Semite.
antisémitique [ɑ̃tisemi'tik], *a.* anti-Semitic.
antisemitisme [ɑ̃tisemi'tism], *n.m.* anti-Semitism.
antiseptique [ɑ̃tisɛp'tik], *a.* and *n.m.* (*Med.*) antiseptic.
antisocial [ɑ̃tisɔ'sjal], *a.* (*m. pl.* -aux) anti-social.
antisportif [ɑ̃tispɔr'tif], *a.* (*fem.* -ive) unsportsmanlike; opposed to sports.
antithèse [ɑ̃ti'tɛːz], *n.f.* antithesis.
antitoxine [ɑ̃titɔk'sin], *n.f.* (*Med.*) antitoxin.
anti-vol [ɑ̃ti'vɔl], *a. inv.* anti-theft.—*n.m.* burglar-proof device.
antivivisection [ɑ̃tivivisɛk'sjɔ̃], *n.f.* anti-vivisection.
Antoine [ɑ̃'twan], *m.* Anthony.
antre [ɑ̃ːtr], *n.m.* den, lair; cavern.
anuiter (s') [sɑ̃ɥi'te], *v.r.* to be benighted.
anus [a'nyːs], *n.m.* anus.
Anvers [ɑ̃'vɛr], *m.* Antwerp.
anxiété [ɑ̃ksje'te], *n.f.* anxiety; uneasiness; (*Med.*) pain in the heart.
anxieusement [ɑ̃ksjøz'mɑ̃], *adv.* anxiously.
anxieux [ɑ̃k'sjø], *a.* (*fem.* -euse) anxious, uneasy, restless.
aorte [a'ɔrt], *n.f.* (*Anat.*) aorta.
août [u(t)], *n.m.* August; (*fig.*) harvest; *la mi-août*, the middle of August.
aoûté [u'te], *a.* ripened by the heat of August.
aoûter (s') [su'te], *v.r.* to ripen (*in August*).
apache [a'paʃ], *n.m.* ruffian of the Paris streets, hooligan.
apaisement [apɛz'mɑ̃], *n.m.* appeasement; abatement, lull.
apaiser [apɛ'ze], *v.t.* to pacify, to calm, to appease; to quiet; to mitigate, to alleviate (*pain, sorrow etc.*); to stay (*hunger*); to quench (*thirst*). **s'apaiser**, *v.r.* to be appeased; to sober down; to grow quiet; to abate, to subside.
Apalaches [apa'laʃ], *m.pl.* Appalachians.
(**C**) **apalachien** [apala'ʃjɛ̃], *a.* (*fem.* -chienne) Appalachian.
apanage [apa'naːʒ], *n.m.* apanage; (*fig.*) lot.
apanager [apana'ʒe], *v.t.* (*conjug. like* MANGER) to endow.
aparté [apar'te], *n.m.* aside.
apathie [apa'ti], *n.f.* apathy, indolence, listlessness.
apathique [apa'tik], *a.* apathetic, listless.
apatride [apa'trid], *a.* and *n.* stateless (person).
Apennins [apɛ'nɛ̃], *les, m.pl.* the Apennines.
apepsie [apɛp'si], *n.f.* (*Path.*) apepsy, indigestion.
apeptique [apɛp'tik], *a.* dyspeptic.
apercevable [apɛrsə'vabl], *a.* perceivable, perceptible.
apercevoir [apɛrsə'vwaːr], *v.t.* (*conjug. like* RECEVOIR) to catch sight of, to notice; to perceive, to understand, to comprehend. **s'apercevoir**, *v.r.* (*de quelque chose*) to remark, to notice, to be aware of; to find out, to discover; to be visible.
aperçu [apɛr'sy], *n.m.* rapid view, glance or survey; rough estimate or summary; judgment, idea.
apéritif [aperi'tif], *a.* (*fem.* -ive) aperient, appetizing.—*n.m.* (*Med.*) aperient, laxative; appetizer, aperitif (*e.g. vermouth, bitters*).

à peu près [apø'prɛ], *n.m.* approximation, approach; a word roughly standing for another.—*adv.* nearly, about.
apeuré [apø're], *a.* frightened, scared.
apex [a'pɛks], *n.m.* apex.
aphélie [afe'li], *n.m.* (*Astron.*) aphelion.
aphidé [afi'de], **aphidien** [afi'djɛ̃], *n.m.* (*Ent.*) aphis, greenfly.
aphone [a'fon], *a.* voiceless.
aphonie [afɔ'ni], *n.f.* aphony, loss of voice.
aphorisme [afɔ'rism], *n.m.* aphorism.
à-pic [a'pik], *n.m.* steep hill, cliff.
apiculteur [apikyl'tœːr], *n.m.* bee-keeper.
apiculture [apikyl'tyːr], *n.f.* apiculture, bee-keeping.
apitoiement [apitwa'mɑ̃], *n.m.* pity compassion.
apitoyant [apitwa'jɑ̃], *a.* piteous.
apitoyer [apitwa'je], *v.t.* (*conjug. like* EMPLOYER) to move to pity, to soften. **s'apitoyer**, *v.r.* to pity.
aplanir [apla'niːr], *v.t.* to smooth, to level, to make even; (*fig.*) to level down or remove (*obstacles, difficulties etc.*). **s'aplanir**, *v.r.* to grow easy, smooth etc.
aplanissement [aplanis'mɑ̃], *n.m.* smoothing levelling, making even; smoothness, evenness.
aplat [a'pla], *n.m.* flat tint.
aplatir [apla'tiːr], *v.t.* to flatten, to beat flat; (*fig.*) to vanquish, to silence, to floor. **s'aplatir**, *v.r.* to become flat, to be flattened; (*fig.*) to crouch, to cringe.
aplatissement [aplatis'mɑ̃], **aplatissage** [aplati'saːʒ], *n.m.* flattening, flatness; (*fig.*) humiliation.
aplomb [a'plɔ̃], *n.m.* perpendicularity; equilibrium; (*fig.*) assurance, self-possession, steadiness, coolness; impudence, cheek; *d'aplomb*, perpendicularly, upright.
apocalypse [apɔka'lips], *n.f.* Apocalypse, the Book of Revelation.
apocalyptique [apɔkalip'tik], *a.* apocalyptic, obscure.
apocryphe [apɔ'krif], *a.* apocryphal, spurious.
apode [a'pɔd], *a.* (*Zool.*) apodal, footless.
apogée [apɔ'ʒe], *n.m.* apogee; (*fig.*) acme, height, zenith.
apologétique [apɔlɔʒe'tik], *a.* by way of apology, apologetic.
apologie [apɔlɔ'ʒi], *n.f.* apology, vindication, justification.
apologue [apɔ'lɔg], *n.m.* apologue, fable.
apoplectique [apɔplɛk'tik], *a.* and *n.* apoplectic.
apoplexie [apɔplɛk'si], *n.f.* apoplexy.
apostasie [apɔsta'zi], *n.f.* apostasy.
apostat [apɔs'ta], *a.* and *n.m.* (*fem.* -e) apostate.
aposter [apɔs'te], *v.t.* to place in ambush, to station.
apostille [apɔs'tiːj], *n.f.* marginal note, postscript, footnote.
apostiller [apɔsti'je], *v.t.* to add a postscript or marginal recommendation.
apostolat [apɔstɔ'la], *n.m.* apostleship.
apostolique [apɔstɔ'lik], *a.* apostolic; papal.
apostrophe [apɔs'trɔf], *n.f.* (*Rhet. and Gram.*) apostrophe; address; (*fig.*) reprimand, attack.

21

apostropher

apostropher [apostro'fe], *v.t.* to apostrophize, to address; (*fig.*) to reprimand.
apothéose [apote'o:z], *n.f.* apotheosis.
apothicaire [apoti'ke:r], *n.m.* apothecary.
apôtre [a'po:tr], *n.m.* apostle; (*fig.*) leader of a cause.
apparaître [apa're:tr], *v.i. irr.* (*conjug. like* CONNAÎTRE) to appear, to become visible; to be evident.
apparat [apa'ra], *n.m.* pomp, show, ostentation, parade.
apparaux [apa'ro], *n.m.* (*used only in pl.*) (*Naut.*) gear, tackle, outfit etc.
appareil [apa're:j], *n.m.* formal preparation; pomp, display; appearance, show; apparatus, appliances, machinery, paraphernalia; (*Surg.*) dressing; *appareil* (*photographique*), camera; *qui est à l'appareil?* who is speaking?
appareillage [apare'ja:ʒ], *n.m.* installation; (*Naut.*) act of getting under sail, weighing.
appareillement [apareʒ'mã], *n.m.* coupling, yoking; pairing (*for breeding*).
appareiller [apare'je], *v.t.* to install equipment; to match; to pair (*animals*).—*v.i.* to get under way, to weigh anchor. **s'appareiller**, *v.r.* to pair (*of birds*).
appareilleur [apare'jœ:r], *n.m.* (*Building*) stone dresser; *appareilleur à gaz*, gasfitter.
apparemment [apara'mã], *adv.* apparently.
apparence [apa'rã:s], *n.f.* appearance, look, semblance, likelihood, probability; *en apparence*, seemingly, apparently.
apparent [apa'rã], *a.* visible, prominent.
apparenté [aparã'te], *a.* related; *bien apparenté*, well connected.
apparentement [aparãt'mã], *n.m.* political alliance.
apparenter [aparã'te], *v.t.* to ally, to connect by marriage. **s'apparenter**, *v.r.* to ally oneself (*by marriage*).
appariement *or* **apparîment** [apari'mã], *n.m.* pairing, matching; coupling, mating; *appariement d'écoles*, school linking.
apparier [apa'rje], *v.t.* to assort by pairs, to pair (*birds etc.*), to match (*horses, gloves etc.*).
apparition [apari'sjɔ̃], *n.f.* apparition, sudden appearance; phantom, ghost; *apparition d'anges*, vision of angels.
appartement [apartə'mã], *n.m.* suite of rooms, flat.
appartenances [apartə'nã:s], *n.f.* (*used in pl.*) appurtenances.
appartenant [apartə'nã], *a.* belonging, appertaining.
appartenir [apartə'ni:r], *v.i. irr.* (*conjug. like* TENIR) to belong, to appertain; to relate, to pertain, to concern; to behove, to be the right, privilege, duty etc. of (*à*); *il appartient*, (*v. impers.*) it is meet *or* fit; it behoves, it concerns. **s'appartenir**, *v.r.* to be master of one's own actions, to be free.
appas [a'pɑ], *n.m. pl.* feminine charms, attractions.
appât [a'pɑ], *n.m.* bait; lure, allurement, enticement.
appâter [apa'te] *v.t.* to attract with a bait, to allure; to fatten (*fowls etc.*).
appauvrir [apo'vri:r], *v.t.* to impoverish. **s'appauvrir**, *v.r.* to grow poor, to become impoverished.

appauvrissement [apovris'mã], *n.m.* impoverishment.
appel [a'pɛl], *n.m.* appeal, call, summons; (*Mil.*) roll-call, muster; summoning of conscripts to the colours; (*Law*) appeal to a higher court; *battre* or *sonner l'appel*, (*Mil.*) to sound the fall-in.
appelé [ap'le], *a.* called up.—*n.m.* soldier called up for service.
appeler [ap'le], *v.t.* (*see Verb Tables*) to call, to send for; to call over; to call up, to call together; to summon, to cite, to invoke, to call upon, to invite; to name, to term; to challenge.—*v.i.* to appeal (*to a higher court*). **s'appeler**, *v.r.* to be called, to call oneself.
appellation [apela'sjɔ̃], *n.f.* calling; appelation; trade name; *appellation contrôlée*, registered trade-name.
appendice [apã'dis], *n.m.* appendix, appendage, addition.
appendicite [apãdi'sit], *n.f.* (*Path.*) appendicitis.
appendre [a'pã:dr], *v.t.* to hang up, to suspend; to attach.
appentis [apã'ti], *n.m.* shed, lean-to.
appesantir [apəzã'ti:r], *v.t.* to make heavy, to weigh down; (*fig.*) to make dull. **s'appesantir**, *v.r.* to grow heavy and dull, to be weighed down; to dwell on, to expatiate (*sur*).
appesantissement [apəzãtis'mã], *n.m.* heaviness, dullness.
appétissant [apeti'sã], *a.* desirable, appetizing, tempting; dainty, delicious.
appétit [ape'ti], *n.m.* appetite, relish; desire sensuous craving (*usu. in pl.*); appetite (*for food*); (*fig.*) inclination, taste, stomach.
applaudir [aplo'di:r], *v.t., v.i.* to clap the hands, to applaud; to praise, to commend, to approve. **s'applaudir**, *v.r.* to boast, to glory (*in a thing*); to congratulate oneself (*de*); to rejoice (*de*).
applaudissement [aplodis'mã], *n.m.* (*usually pl.*) applause, public praise; cheering.
applicabilité [aplikabili'te], *n.f.* applicability, appositeness.
applicable [apli'kabl], *a.* applicable, apposite, relevant, suitable.
application [aplika'sjɔ̃], *n.f.* application, applying; employment (*of a sum of money*); infliction (*of a penalty*); attention, care, diligence; applied lace.
applique [a'plik], *n.f.* ornamental accessories, candelabrum *or* bracket fixed to a wall.
appliqué [apli'ke], *a.* studious; *sciences appliquées*, applied sciences.
appliquer [apli'ke], *v.t.* to apply (*à*); to stick; to apply (*one's mind*); to adapt, to employ; to inflict, to impose (*a penalty etc.*). **s'appliquer**, *v.r.* to apply oneself, to work hard.
appoint [a'pwɛ̃], *n.m.* money paying off an account, balance; change; contribution; *faire l'appoint*, to pay the exact sum.
appointé [apwɛ̃'te], *a.* receiving a salary.
appointement [apwɛ̃t'mã], *n.m.* (*pl.*) salary (*of employee*); emoluments; (*Eccles.*) stipend.
appointer (1) [apwɛ̃'te], *v.t.* to give a salary to.
appointer (2) [apwɛ̃'te], *v.t.* to sharpen to a point, to point.
appontement [apɔ̃t'mã], *n.m.* (*Naut.*) bridge-

22

like structure for loading vessels; (*wooden*) wharf *or* pier.

apport [a'pɔːr], *n.m.* property brought by a husband or wife into the common stock; a shareholder's contribution to the assets of a company.

apporter [apɔr'te], *v.t.* to bring; to furnish, to supply; to bring to bear, to employ (*trouble, pains etc.*); to cause, to produce, to bring about.

apposer [apo'ze], *v.t.* to set, to put, to affix; to insert (*a clause etc.*).

apposition [apozi'sjɔ̃], *n.f.* setting, putting, affixing; (*Gram.*) apposition.

appréciable [apre'sjabl], *a.* appreciable, perceptible.

appréciateur [apresja'tœːr], *n.m.* (*fem.* -trice) valuer.

appréciatif [apresja'tif], *a.* (*fem.* -ive) denoting the value of; *état* or *devis appréciatif*, estimate.

appréciation [apresja'sjɔ̃], *n.f.* appreciation, valuation, estimation; rise in value.

apprécier [apre'sje], *v.t.* to value, to estimate, to appraise, to judge; to appreciate, to esteem.

appréhender [apreã'de], *v.t.* to arrest, to apprehend; to be apprehensive of, to fear, to dread.

appréhensible [apreã'sibl], *a.* apprehensible, comprehensible.

appréhensif [apreã'sif], *a.* (*fem.* -ive) apprehensive, timid.

appréhension [apreã'sjɔ̃], *n.f.* apprehension, fear, dread.

apprendre [a'prãːdr], *v.t. irr.* (*conjug. like* PRENDRE) to learn; to hear of, to be informed of; to acquire (*a habit etc.*); to tell, to inform; to teach, to impart knowledge of (*a subject*).

apprenti [aprã'ti], *a.* apprenticed, articled.—*n.m.* (*fem.* -e) apprentice; (*fig.*) novice.

apprentissage [aprãti'saːʒ], *n.m.* apprenticeship; trial, experiment.

apprêt [a'prɛ], *n.m.* preparation; cooking, dressing (*of food*); manner of preparing cloth, silk, lace etc.; the substance used in this process; (*pl.*) preparations.

apprêtage [aprɛ'taːʒ], *n.m.* dressing, application of the preliminary preparation to cloth, silk etc.

apprêté [aprɛ'te], *a.* studied, affected, stiff.

apprêter [aprɛ'te], *v.t.* to prepare, to get ready; to dress, to cook; to apply the *apprêts* [q.v.] to. **s'apprêter**, *v.r.* to prepare oneself, to get ready (*à*).

apprêteur [aprɛ'tœːr], *a.* and *n.m.* (*fem.* -euse) dresser, finisher.—*n.f.* (-euse) hat-trimmer.

apprivoisé [aprivwa'ze], *a.* tame.

apprivoisement [aprivwaz'mã], *n.m.* taming.

apprivoiser [aprivwa'ze], *v.t.* to tame (*animals*); to win (*people*) over, to make sociable *or* tractable.

apprivoiseur [aprivwa'zœːr], *n.m.* (*fem.* -euse) tamer.

approbateur [aproba'tœːr], *a.* (*fem.* -trice) approving.

approbatif [aproba'tif], *a.* (*fem.* -tive) approbatory; *geste approbatif*, nod of approbation *or* approval.

approbation [aproba'sjɔ̃], *n.f.* approbation, consent, approval.

approbativement [aprobativ'mã], *adv.* approvingly.

approchable [aprɔ'ʃabl], *a.* approachable, easy of access.

approchant [aprɔ'ʃã], *a.* like, much the same, something like, approximate, bordering on.

approche [a'prɔʃ], *n.f.* approach, coming, advance, nearness; (*pl.*) approaches, access.

approcher [aprɔ'ʃe], *v.t.* to bring, put *or* draw near *or* nearer; to come near *or* nearer; to approach.—*v.i.* to approach, to draw near, to come near; to be something like, to be nearly. **s'approcher**, *v.r.* to approach, to advance.

approfondir [aprɔfɔ̃'diːr], *v.t.* to deepen, to make deeper; to examine thoroughly, to investigate. **s'approfondir**, *v.r.* to become deeper.

approfondissement [aprɔfɔ̃dis'mã], *n.m.* deepening; fathoming; thorough investigation.

appropriation [aproprija'sjɔ̃], *n.f.* adaptation, assimilation; appropriation.

approprier [aprɔpri'e], *v.t.* to make appropriate, to accommodate, to adapt; to clean, to tidy etc.; to suit, to fit, (*style to subject etc.*). **s'approprier**, *v.r.* to appropriate a thing to oneself; to conform, to adapt oneself.

approuver [apru've], *v.t.* to sanction, to consent to, to ratify, to authorize; to approve, to approve of; to pass (*accounts*).

approvisionnement [aprovizjɔ̃'mã], *n.m.* victualling, supply, stock.

approvisionner [aprovizjɔ'ne], *v.t.* to supply with necessaries, to victual, to stock. **s'approvisionner**, *v.r.* to supply oneself; to lay in supplies.

approvisionneur [aprovizjɔ'nœːr], *n.m.* (*fem.* -euse) caterer, purveyor.

approximatif [aprɔksima'tif], *a.* (*fem.* -tive) approximate.

approximation [aprɔksima'sjɔ̃], *n.f.* approximation, rough estimate.

approximativement [aprɔksimativ'mã], *adv.* approximately.

appui [a'pɥi], *n.m.* support, prop, stay; any kind of mechanical support, *as* buttress, rail, handrail, sill (*of windows*); (*Mech.*) fulcrum; (*fig.*) corroboration; (*Gram.*) stress.

appui-main [apɥi'mɛ̃], *n.m.* (*pl.* **appuis-main**) painter's maulstick *or* hand-rest.

appuyer [apɥi'je], *v.t.* (*conjug. like* EMPLOYER) to prop up, to support; to lean (*something against a wall etc.*); (*fig.*) to second, to back up, to uphold, to stand by, to reinforce.—*v.i.* to weigh upon, to lay stress (*sur*); (*fig.*) to insist; *appuyer à droite*, to bear to the right. **s'appuyer**, *v.r.* to lean, to rest (*sur*); to rely upon, to depend (*sur*); to lay stress *or* a stress on, to dwell (*sur*).

âpre [ɑːpr], *a.* hard, rough, harsh, rugged; sharp, tart, sour; bitter, biting, bleak, raw; grating (*of sound*); (*fig.*) austere; crabbed; violent, eager (*in pursuit of something*); *âpre à la curée*, out for the kill (*of animals*); (*fig.*) on the make (*of persons*).

âprement [ɑːprə'mã], *adv.* harshly, roughly; peevishly, crabbedly; violently, eagerly.

23

après [a'prɛ], *prep.* after, behind (*in time, order etc.*); next to; in pursuit of; *d'après*, after, according to.—*adv.* afterwards, later; *et après?* (*ellipt.*) what next? what then? so what?—*conj. après que*, after, when.

après-demain [aprɛd'mɛ̃], *adv.* the day after tomorrow.

après-midi [apremi'di], *n.m. or f. inv.* afternoon.

âpreté [ɑprə'te], *n.f.* harshness, tartness, sharpness; roughness, ruggedness; (*fig.*) acrimony, asperity; eagerness; keenness; greediness.

à-propos [apro'po], *n.m.* aptness, suitability.

apside [ap'sid], *n.f.* (*Astron.*) apsis.

apte [apt] *a.* apt, fit, proper, suitable.

aptitude [apti'tyd], *n.f.* aptitude, natural disposition *or* capacity (*for*).

apurement [apyr'mɑ̃], *n.m.* verification *or* audit (*of accounts*).

apurer [apy're], *v.t.* to verify, to audit.

aquaplane [akwa'plan], *n.f.* surf-board; *faire de l'aquaplane*, to go surf-riding.

aquarelle [akwa'rɛl], *n.f.* painting in water-colours, aquarelle.

aquarelliste [akwarɛ'list], *n.m.* painter in water-colours.

aquarium [akwa'rjɔm], *n.m.* aquarium.

aquatique [akwa'tik], *a.* aquatic.

aqueduc [akə'dyk], *n.m.* aqueduct, conduit; (*Anat.*) duct.

aqueux [a'kø], *a.* (*fem.* **-euse**) aqueous, watery.

aquilin [aki'lɛ̃], *a.* aquiline, curved, hooked, Roman (*of noses etc.*).

aquilon [aki'lɔ̃], *n.m.* north wind, cold blast.

ara [a'ra], *n.m.* (*Orn.*) ara, macaw.

arabe [a'rab], *a.* Arabic, Arabian.—*n.m.* Arabic (*language*).—*n.* (**Arabe**) Arab, Arabian.

arabesque [ara'bɛsk], *n.f.* arabesque.

Arabie [ara'bi], *l'*, *f.* Arabia; *Arabie Séoudite*, Saudi Arabia.

arabique [ara'bik], *a.* Arabic, Arabian; *gomme arabique*, gum arabic.

arable [a'rabl], *a.* arable, tillable.

arachide [ara'ʃid], *n.f.* pea-nut, ground-nut.

araignée [arɛ'ɲe], *n.f.* spider; a spider-like implement etc.; (*Mil.*) a series of branching galleries in a mine; (*Naut.*) crowfoot; *toile d'araignée*, cobweb.

arasement [araz'mɑ̃], *n.m.* levelling, making even.

araser [ara'ze], *v.t.* to level (*a wall, a building etc.*).

aratoire [ara'twa:r], *a.* pertaining to farming.

arbalète [arba'lɛt], *n.f.* arbalest, cross-bow.

arbalétrier [arbale'trje], *n.m.* cross-bowman; (*Carp.*) principal rafters of a roof; strut (*of plane*); (*Orn.*) (black) swift.

arbitrage [arbi'tra:ʒ], *n.m.* arbitration; (*Banking*) arbitrage.

arbitraire [arbi'trɛ:r], *a.* arbitrary; absolute, despotic.

arbitrairement [arbitrɛr'mɑ̃], *adv.* arbitrarily; despotically.

arbitral [arbi'tral], *a.* (*m. pl.* **-aux**) by arbitration; composed of arbitrators (*of a tribunal etc.*).

arbitralement [arbitral'mɑ̃], *adv.* by arbitration.

arbitre [ar'bitr], *n.m.* arbitrator, umpire, referee; arbiter, disposer; will.

arbitrer [arbi'tre], *v.t.* to arbitrate, to judge, to settle (*a dispute etc.*), to referee *or* umpire (*a match*).

arborer [arbɔ're], *v.t.* to put up, to hoist, to unfurl (*a flag or as a flag*); (*fig.*) to put on.

arbre [arbr], *n.m.* tree; (*fig.*) anything resembling this (*e.g. a genealogical tree*); (*Mach.*) arbor, shaft, spindle, axle-tree; (*Naut.*) mast; (*Motor.*) *arbre moteur*, mainshaft; *arbre coudé*, crankshaft.

arbrisseau [arbri'so], *n.m.* (*pl.* **-eaux**) shrubby tree.

arbuste [ar'byst], *n.m.* bush, shrub.

arc [ark], *n.m.* bow, long-bow; (*Arch.*) arch; (*Geom., Phys. etc.*) arc.

arcade [ar'kad], *n.f.* arch-shaped opening; (*pl.*) arcade.

arcanes [ar'kan], *n.m. pl.* secrets, mysteries.

arc-boutant [arkbu'tɑ̃], *n.m.* (*pl.* **arcs-boutants**) (*fig.*) buttress, arched flying buttress; supporter, pillar.

arc-bouter [arkbu'te], *v.t.* to strengthen by a flying buttress; (*fig.*) to support, to buttress.

arceau [ar'so], *n.m.* (*pl.* **-eaux**) curved part of a vault *or* arch; anything shaped like an arch; (*croquet*) hoop.

arc-en-ciel [arkɑ̃'sjɛl], *n.m.* (*pl.* **arcs-en-ciel**) rainbow.

archaïque [arka'ik], *a.* archaic.

archaïsme [arka'ism], *n.m.* archaism, obsolete word etc.

archange [ar'kɑ̃:ʒ], *n.m.* archangel.

arche (1) [arʃ], *n.f.* arch (*of a bridge*).

arche (2) [arʃ], *n.f.* ark; *l'arche de Noé*, Noah's ark.

archéologie [arkeɔlɔ'ʒi], *n.f.* archaeology.

archéologique [arkeɔlɔ'ʒik], *a.* archaeological.

archéologue [arkeɔ'lɔg], *n.m.* archaeologist.

archer [ar'ʃe], *n.m.* archer, bowman.

archet [ar'ʃɛ], *n.m.* (*Mus.*) bow, fiddle-stick.

archevêché [arʃəve'ʃe], *n.m.* archbishopric; archiepiscopal diocese; archbishop's residence.

archevêque [arʃə'vɛk], *n.m.* archbishop.

archi- [ar'ʃi *or* ar'ki], *pref.* arch-, archi-, chief; extremely *as in archiriche* etc.

archidiacre [arʃi'djakr], *n.m.* archdeacon.

archiduc [arʃi'dyk], *n.m.* archduke.

archiduché [arʃidy'ʃe], *n.m.* archdukedom, archduchy.

archiduchesse [arʃidy'ʃɛs], *n.f.* archduchess.

archiépiscopal [arkiepiskɔ'pal], *a.* (*m. pl.* **-aux**) archiepiscopal.

archière [ar'ʃjɛ:r], *n.f.* loophole.

Archimède [arʃi'mɛd], *m.* Archimedes.

archipel [arʃi'pɛl], *n.m.* archipelago.

archiprêtre [arʃi'prɛ:tr], *n.m.* arch-priest, high-priest.

architecte [arʃi'tɛkt], *n.m.* architect; *architecte paysagiste*, landscape-gardener.

architectural [arʃitɛkty'ral], *a.* (*m.pl.* **-aux**) architectural.

architecture [arʃitɛk'ty:r], *n.f.* architecture.

architrave [arʃi'tra:v], *n.f.* (*Arch.*) architrave.

archives [ar'ʃi:v] *n.f.* (*used only in pl.*) archives; state, civic *or* family records; record-office, muniment-room.

archiviste [arʃi'vist], *n.m.* archivist, keeper of records, registrar; filing clerk.

arçon [ar'sɔ̃], *n.m.* saddle-bow; bow-shaped tool used by hat-makers etc.

arcot [ar'ko], *n.m.* dross, slag.

arctique [ark'tik], *a.* Arctic.

ardemment [arda'mã], *adv.* ardently.

ardent [ar'dã], *a.* burning, hot, fiery, scorching; (*fig.*) violent, intense; ardent, vehement, fervent, earnest, energetic, active; red, reddish (*of hair*); **charbons ardents**, live coals; **buisson ardent**, the burning bush.

ardeur [ar'dœ:r], *n.f.* intense heat; ardour, intense activity, fervour, earnestness; fire, spirit, mettle.

ardoise [ar'dwa:z], *n.f.* slate; (*colloq.*) score, account.

ardoisé [ardwa'ze], *a.* slate-coloured.

ardoiser [ardwa'ze], *v.t.* to cover (*a roof*) with slates.

ardoisier [ardwa'zje], *n.m.* owner of or workman in a slate-quarry.

ardoisière [ardwa'zjɛ:r], *n.f.* slate-quarry.

ardu [ar'dy], *a.* steep, abrupt; (*fig.*) arduous, difficult.

are [a:r], *n.m.* 100 sq. metres (*approx.* 120 *sq. yds.*).

arène [a'rɛ:n], *n.f.* (*poet.*) sand; arena; (*fig.*) cock-pit, battle-ground, theatre, scene; (*pl.*) the ancient Roman amphitheatres.

arénière [are'njɛ:r], *n.f.* sand-pit.

aréomètre [areɔ'mɛtr], *n.m.* areometer, hydrometer.

aréopage [areɔ'pa:ʒ], *n.m.* areopagus.

arête [a'rɛ:t], *n.f.* fish-bone; awn or beard of wheat etc.; (*Geog. etc.*) ridge; **arête du nez**, bridge of the nose.

argent [ar'ʒã], *n.m.* silver; silver money, money, cash; (*fig.*) wealth, riches; (*Her.*) argent; **argent doré**, silver-gilt; **vif-argent**, quick-silver; **argent comptant**, ready money.

argentage [ARGENTURE].

argenté [arʒã'te], *a.* plated, silvered over; silvery.

argenter [arʒã'te], *v.t.* to silver over, to plate; to give the appearance of silver to.

argenterie [arʒã'tri], *n.f.* plate, silver-plate.

argentin [arʒã'tɛ̃], *a.* silvery, argentine (*tint*); silver-toned (*ringing*); Argentinian, Argentine.—*n.m.* (**Argentin**, *fem.* **-ine** (1)) Argentinian (*person*).

Argentine (2) [arʒã'tin], **l'**, *f.* Argentina, the Argentine.

argenture [arʒã'ty:r], *n.f.*, **argentage** [arʒã 'ta:ʒ], *n.m.* silvering, silver-plating.

argile [ar'ʒil], *n.f.* clay, potter's clay, argil; **argile à porcelaine**, china-clay; **argile réfractaire**, fire-clay.

argileux [arʒi'lø], *a.* (*fem.* **-euse**) clayey, clayish.

argilière [arʒi'ljɛ:r], *n.f.* clay-pit.

argon [ar'gɔ̃], *n.m.* (*Chem.*) argon.

argonaute [argɔ'no:t], *n.m.* argonaut, nautilus.

argot [ar'go], *n.m.* slang, cant.

arguer [ar'gɥe], *v.t.* to infer, to deduce, to argue.

argument [argy'mã], *n.m.* argument, reasoning; proof, evidence; summary; theme, subject.

argumentateur [argymãta'tœr], *n.m.* (*fem.* **-trice**) habitual arguer or disputer.

argumentation, [argymãta'sjɔ̃], *n.f.* argumentation, reasoning.

argumenter [argymã'te], *v.i.* to argue; to quibble.

argutie [argy'si], *n.f.* quibble, hair-splitting, cavil.

aria [a'rja], *n.m.* (*Mus.*) aria; (*pop.*) nuisance; fuss, bother.

arianisme [arja'nism], *n.m.* Arianism.

aride [a'rid], *a.* arid, dry; sterile.

aridité [aridi'te], *n.f.* aridity, dryness, barrenness, sterility.

arien [a'rjɛ̃] *a.* (*fem.* **arienne**) Arian.—*n.m.* (**Arien**, *fem.* **Arienne**) Arian (*person*).

aristocrate [aristɔ'krat], *a.* aristocratic.—*n.* aristocrat.

aristocratie [aristɔkra'si], *n.f.* aristocracy.

aristocratique [aristɔkra'tik], *a.* aristocratic.

aristocratiquement [aristɔkratik'mã], *adv.* aristocratically.

Aristote [aris'tɔt], *m.* Aristotle.

arithmétique [aritme'tik], *n.f.* arithmetic.—*a.* arithmetical.

arithmétiquement [aritmetik'mã], *adv.* arithmetically.

arlequin [arlə'kɛ̃], *n.m.* harlequin; (*fig.*) turn-coat; weathercock; **habit d'arlequin**, patchwork, motley.

arlequinade [arləki'nad], *n.f.* harlequinade.

armagnac [arma'nak], *n.m.* brandy (*made in Armagnac, S. of France*).

armateur [arma'tœr], *n.m.* shipowner; captain of a privateer; privateer.

armature [arma'ty:r], *n.f.* armature, iron braces, stays, casing, gear etc.

arme [arm], *n.f.* arm, weapon; branch or arm (*of the service*); (*Her.*) armorial bearings; **arme blanche**, cold steel; **aux armes!** to arms! **un maître d'armes**, a fencing-master.

armé [ar'me], *a.* armed, equipped; (*Her.*) armed (*with claws, horns, teeth etc.*); **béton armé**, reinforced concrete.

armée [ar'me], *n.f.* army; forces, troops, host; (*fig.*) body (*of officials etc.*); **l'Armée du Salut**, the Salvation Army.

armement [armə'mã], *n.m.* arming, raising of forces, warlike preparations; armament, equipment; (*Am.*) ordnance.

Arménie [arme'ni], **l'**, *f.* Armenia.

arménien [arme'njɛ̃], *a.* (*fem.* **-enne**) Armenian.—*n.m.* Armenian (*language*); (**Arménien**, *fem.* **-enne**) Armenian (*person*).

armer [ar'me], *v.t.* to equip, to arm; (*Artill.*) to load, to mount (*guns etc.*); to cock (*a gun etc.*); (*fig.*) to fortify; to strengthen; (*Naut.*) to fit out. **s'armer**, *v.r.* to arm oneself, to take up arms; to protect oneself (*against something*).

armistice [armis'tis], *n.m.* armistice.

armoire [ar'mwa:r], *n.f.* closet, cupboard; clothes-press, wardrobe.

armoiries [armwa'ri], *n.f.* (*used only in pl.*) arms, armorial bearings.

armorial [armɔ'rjal], *a.* (*m. pl.* **-aux**) armorial, pertaining to heraldry.—*n.m.* armorial, book of heraldry.

armoricain [armɔri'kɛ̃], *a.* Armorican (*of Brittany*).

armorier [armɔ'rje], *v.t.* to put or paint a coat of arms upon, to blazon.

Armorique [armɔ'rik], l', *f*. Armorica.
armoriste [armɔ'rist], *n.m.* armorist, heraldic engraver.
armure [ar'my:r], *n.f.* armour, arms and armour; casing, wrapper; armature (*of a magnet, dynamo etc.*); (*Agric.*) tree-guard; (*Naut.*) fish (*of a mast, yard etc.*); (*fig.*) defence, protection.
armurerie [armyrə'ri], *n.f.* armoury; manufacture of arms; arms factory.
armurier [army'rje], *n.m.* armourer, gunsmith.
arnica [arni'ka], *n.m.* (*Bot.*) arnica.
aromatique [arɔma'tik], *a.* aromatic, fragrant, spicy.
aromatiser [arɔmati'ze], *v.t.* to aromatize, to perfume, to flavour.
arome [a'ro:m], *n.m.* aroma, perfume, scent.
aronde [a'rɔ̃:d], *n.f.* (*Carp.*) dove-tail, tenon.
arpège [ar'pɛ:ʒ], *n.m.* arpeggio.
arpéger [arpe'ʒe], *v.i.* (*conjug. like* ASSIÉGER) to play arpeggios.
arpent [ar'pɑ̃], *n.m.* acre (*French; about one and a half English acres*).
arpentage [arpɑ̃'ta:ʒ], *n.m.* land-measurement; survey, measurement.
arpenter [arpɑ̃'te], *v.t.* to survey, to measure (*land*); (*fig.*) to stride up and down.
arpenteur [arpɑ̃'tœ:r], *n.m.* land-surveyor.
arpon [ar'pɔ̃], *n.m.* rip-saw, cross-cut saw.
arqué [ar'ke], *a.* bent, curved, arched (*of horses*).
arquebuse [arkə'by:z], *n.f.* arquebus.
arquebusier [arkəby'zje], *n.m.* arquebusier; gunsmith, armourer.
arquer [ar'ke], *v.t., v.i.* to bend, to curve, to arch.
arraché [ara'ʃe], *a.* uprooted.
arrachement [araʃ'mɑ̃], *n.m.* tearing up *or* away, pulling *or* rooting up *or* out; drawing, extraction.
arrache-pied (d') [daraʃ'pje], *adv. phr.* without interruption; *travailler d'arrache-pied*, to work with a will.
arracher [ara'ʃe], *v.t.* to pull *or* tear away, up *or* out; to extract, to uproot, to grub up; (*fig.*) to extort. **s'arracher**, *v.r.* to tear oneself away, to get away; to break away *or* off.
arraisonner [arɛzɔ'ne], *v.t.* (*Naut.*) to hail (*a ship*); to stop and examine (*a ship*).
arrangeant [arɑ̃'ʒɑ̃], *a.* accommodating, easy to deal with *or* get on with.
arrangement [arɑ̃ʒ'mɑ̃], *n.m.* arrangement, disposition, adjustment, setting in order; order, plan, method; agreement, settlement; (*pl.*) terms; measures; (*Math.*) permutations.
arranger [arɑ̃'ʒe], *v.t.* (*conjug. like* MANGER) to arrange, to put in order; to settle, to compromise, to compose (*a difference etc.*); to manage, to regulate; to make suitable; to fit up (*a house*); to trim up; *cela m'arrange*, that suits me; *comme vous voilà arrangé!* what a sight you look! **s'arranger**, *v.r.* to prepare oneself, to make arrangements (*pour*); to come to an agreement; to be satisfied (*de*); *arrangez-vous*, that is your look-out.
arrérages [are'ra:ʒ], *n.m.* (*used only in pl.*) arrears.

arrestation [arɛsta'sjɔ̃], *n.f.* arrest, apprehension; custody.
arrêt [a'rɛ], *n.m.* stoppage, stop, check, pause, halt; suspension, cessation; (*Law*) award, judgment; arrest, apprehension; (*fig.*) decree; (*pl.*) imprisonment; *arrêt fixe*, regular (bus) stop; *arrêt facultatif*, request stop; *arrêt de mort*, sentence of death; *chien d'arrêt*, setter, pointer; *robinet d'arrêt*, stop-cock.
arrêté (1) [arɛ'te], *a.* stopped; decreed, agreed upon, resolved; arrested; fastened.
arrêté (2) [arɛ'te], *n.m.* departmental minute, order, decree, decision; *arrêté ministériel*, order in council.
arrêter [arɛ'te], *v.t.* to check, to stop the movement of, to throw out of gear; to delay, to detain, to hinder, to impede, to hold up; to arrest; to decide, to resolve; to settle (*an account*). **s'arrêter**, *v.r.* to stop, to pause, to hesitate; to remain, to loiter; to lag; to leave off; to be concluded, determined *or* resolved (*of bargains etc.*); to resolve upon; to dwell (*upon*), to insist (*sur*).
arrhes [ar], *n.f. pl.* earnest (*money*), deposit.
arrière [a'rjɛ:r], *adv.* behind (*of time and place*); backward; (*Naut.*) aft, abaft; *en arrière*, backward; behindhand, in arrears; at the back, at the rear (*of a train*); *en arrière de*, behind.—*int.* away!—*n.m.* back part, rear; (*Naut.*) stern (*of a vessel*); (*Ftb.*) back.
arriéré [arje're], *a.* in arrears; behindhand, backward, poorly developed.—*n.m.* arrears.

[In *pl.* of all the following compounds *arrière* is *inv.* The *n.* has its normal *pl.*]

arrière-boutique [arjɛrbu'tik], *n.f.* room at the back of a shop.
arrière-cour [arjɛr'ku:r], *n.f.* back-yard.
arrière-cousin [arjɛrku'zɛ̃], *n.m.* (*fem.* **cousine**) distant cousin, cousin several times removed.
arrière-cuisine [arjɛrkɥi'zin], *n.f.* back-kitchen, scullery.
arrière-garde [arjɛr'gard], *n.f.* rear-guard.
arrière-goût [arjɛr'gu], *n.m.* after-taste.
arrière-grand-mère [arjɛrgrɑ̃'mɛ:r], *n.f.* (*pl.* -grand-mères) great-grand-mother.
arrière-grand-père [arjɛrgrɑ̃'pɛ:r], *n.m.* (*pl.* -grands-pères) great-grand-father.
arrière-main [arjɛr'mɛ̃], *n.f.* back of the hand; (*Ten.*) backhand (stroke).—*n.m.* hindquarters (*of a horse*).
arrière-neveu [arjɛrnə'vø], *n.m.* (*pl.* -eux) grand-nephew.
arrière-nièce [arjɛr'njɛs], *n.f.* grand-niece.
arrière-pays [arjɛr'pei], *n.m. inv.* hinterland.
arrière-pensée [arjɛrpɑ̃'se], *n.f.* mental reservation, hidden motive, underlying design.
arrière-petite-fille [arjɛrpətit'fi:j], *n.f.* (*pl.* -petites-filles) great-grand-daughter.
arrière-petit-fils [arjɛrpəti'fis], *n.m.* (*pl.* -petits-fils) great-grandson.
arrière-petits-enfants [arjɛrpətizɑ̃'fɑ̃], *n.m. pl.* great-grandchildren.
arrière-plan [arjɛr'plɑ̃], *n.m.* (*Paint., Cine.*) background.
arrière-point [arjɛr'pwɛ̃], *n.m.* back-stitch.
arrière-port [arjɛr'pɔ:r], *n.m.* inner harbour.

arriérer [arje're], *v.t.* (*conjug. like* CÉDER) to defer, to put off; to leave in arrears. **s'arriérer**, *v.r.* to stay behind; to be in arrears.

arrière-saison [arjɛrsɛ'zɔ̃], *n.f.* end of autumn.

arrière-train [arjɛr'trɛ̃], *n.m.* hind-quarters (*of an animal*).

arrimage [ari'ma:ʒ], *n.m.* (*Naut.*) stowage.

arrimer [ari'me], *v.t.* (*Naut.*) to stow (*cargo etc.*).

arrimeur [ari'mœːr], *n.m.* stower, stevedore.

arrivée [ari've], *n.f.* arrival, moment of landing, coming etc., advent.

arriver [ari've], *v.i.* (*conjug. with* ÊTRE) to arrive, to come; to arrive at, to attain, to get to, to reach (*à*); to make one's way, to succeed; to happen, to occur, to take place; to veer; *quoi qu'il arrive*, come what may.

arrivisme [ari'vism], *n.m.* push, unscrupulous ambition.

arriviste [ari'vist], *n.m.* careerist, unscrupulous person.

arrogamment [aroga'mã], *adv.* arrogantly, haughtily; insolently.

arrogance [aro'gãːs], *n.f.* arrogance, haughtiness, superciliousness.

arrogant [aro'gã], *a.* arrogant, haughty, supercilious, overbearing.

arroger (s') [saro'ʒe], *v.r.* (*conjug. like* MANGER) to assume *or* claim presumptuously.

arrondi [arɔ̃'di], *a.* rounded.—*n.m.* curve (*of shoulder, face etc.*).

arrondir [arɔ̃'diːr], *v.t.* to make round; to give a curved shape to, to round off; (*fig.*) to enlarge, to extend. **s'arrondir**, *v.r.* to grow *or* become round; to increase one's estate.

arrondissement [arɔ̃dis'mã], *n.m.* rounding, making round; roundness; division of a (*French*) department; (*in Paris*) one of the 20 wards.

arrosage [aro'za:ʒ], **arrosement** [aroz'mã], *n.m.* watering, sprinkling; irrigation.

arroser [aro'ze], *v.t.* to water, to wet, to sprinkle; to irrigate (*land*); to soak, to moisten; to flow through (*of a river*); to bathe (*with tears*).

arrosoir [aro'zwaːr], *n.m.* watering-can.

arsenal [arsə'nal], *n.m.* arsenal; *arsenal maritime*, naval dockyard.

arsenic [arsə'nik], *n.m.* arsenic.

arsenical [arsəni'kal], *a.* (*m.pl.* **-aux**) arsenical. —*n.m. pl.* (**-aux**) arsenical compounds.

art [aːr], *n.m.* art; skill, dexterity, artifice; *arts d'agrément*, accomplishments; *les beaux-arts*, the fine arts.

artère [ar'tɛːr], *n.f.* artery; (*fig.*) thoroughfare (*in a town*).

artériel [arte'rjɛl], *a.* (*fem.* **-elle**) arterial; *tension artérielle*, blood-pressure.

artériole [arte'rjɔl], *n.f.* small artery.

artésien [arte'zjɛ̃], *a.* (*fem.* **-enne**) artesian; *puits artésien*, artesian well.—*n.m.* (**Artésien**, *fem.* **-enne**) inhabitant *or* native of Artois.

arthrite [ar'trit], *n.f.* arthritis.

arthritique [artri'tik], *a.* arthritic.

artichaut [arti'ʃo], *n.m.* globe artichoke.

article [ar'tikl], *n.m.* article (*in all English senses*); clause, provision (*of a treaty etc.*); item; commodity; (*pl.*) goods; *article de fond*, leading article.

articulaire [artiky'lɛːr], *a.* articular.

articulation [artikyla'sjɔ̃], *n.f.* articulation, pronunciation; (*Bot., Anat.*) joint, articulation; (*Law*) enumeration of facts.

articulé [artiky'le], *a.* articulate, clear, distinct; jointed, articulated.

articuler [artiky'le], *v.t.* to articulate, to put together by the joints; to pronounce distinctly; (*Law*) to enumerate. **s'articuler**, *v.r.* to be connected by joints.

artifice [arti'fis], *n.m.* artifice, contrivance, expedient; dodge, trick, stratagem; craft, ruse; *un feu d'artifice*, fireworks.

artificiel [artifi'sjɛl], *a.* (*fem.* **-elle**) artificial; fictitious, spurious.

artificiellement [artifisjɛl'mã], *adv.* artificially.

artificieusement [artifisjøz'mã], *adv.* cunningly, craftily, artfully, slyly.

artificieux [artifi'sjø], *a.* (*fem.* **-euse**) artful, cunning.

artillerie [artij'ri], *n.f.* artillery, ordnance.

artilleur [arti'jœːr], *n.m.* artilleryman, gunner.

artimon [arti'mɔ̃], *n.m.* mizen-mast *or* -sail.

artisan [arti'zã], *n.m.* artisan, operative, mechanic; (*fig.*) author, architect, contriver, maker.

artiste [ar'tist], *a.* artistic (*of persons*).—*n.* artist; player, performer.

artistement [artistə'mã], *adv.* in an artistic manner; skilfully, artistically.

artistique [artis'tik], *a.* artistic, pertaining to art.

as [aːs], *n.m.* ace (*at cards, dice*); as (*Roman coin and weight*).

asbeste [az'bɛst], *n.m.* asbestos.

ascendance [asã'dãːs], *n.f.* ascent; ancestry.

ascendant [asã'dã], *n.m.* ascendant; ascendency, influence; (*pl.*) ancestors.—*a.* ascending, ascendant; going upward, rising.

ascenseur [asã'sœːr], *n.m.* lift, (*Am.*) elevator.

ascension [asã'sjɔ̃], *n.f.* ascent, climbing, rising; upstroke (*of machinery*); (*Jour de*) *l'Ascension*, Ascension Day.

ascète [a'sɛt], *n.* ascetic.

ascétique [ase'tik], *a.* ascetic, rigid, severe.

ascétisme [ase'tism], *n.m.* asceticism.

asepsie [asɛp'si], *n.f.* (*Med.*) asepsis.

aseptique [asɛp'tik], *a.* and *n.m.* aseptic.

aseptiser [asɛpti'ze], *v.t.* to render aseptic.

asexué [asɛk'sɥe], **asexuel** [asɛk'sɥɛl] (*fem.* **-elle**), *a.* asexual.

asiatique [azja'tik], *a.* Asiatic; *grippe asiatique*, Asian flu.—*n.* (**Asiatique**) native of Asia.

Asie [a'zi], *f.* Asia; *Asie Mineure*, Asia Minor.

asile [a'zil], *n.m.* asylum, place of refuge, sanctuary, retreat, home (*for the aged etc.*); (*fig.*) protection, refuge; *asile d'aliénés*, mental hospital.

asine [a'zin], *a.* asinine.

aspect [as'pɛ], *n.m.* aspect, view, look; countenance; phase, bearing; point of view.

asperge [as'pɛrʒ], *n.f.* asparagus (*head of*).

aspergement [aspɛrʒə'mã], *n.m.* sprinkling.

asperger [aspɛr'ʒe], *v.t.* (*conjug. like* MANGER) to sprinkle.

aspergerie [aspɛrʒə'ri], **aspergière** [aspɛr'ʒjɛːr], *n.f.* asparagus-bed.

asperité [aspɛri'te], *n.f.* roughness, harshness; unevenness, ruggedness; (*fig.*) asperity.

aspersion [aspɛr'sjɔ̃], *n.f.* aspersion, sprinkling.

aspersoir [aspɛr'swa:r], *n.m.* holy-water sprinkler; rose (*of a watering-can*).

asphaltage [asfal'ta:ʒ], *n.m.* asphalting.

asphalte [as'falt], *n.m.* bitumen, asphalt.

asphalter [asfal'te], *v.t.* to asphalt.

asphodèle [asfɔ'dɛl], *n.m.* asphodel.

asphyxiant [asfik'sjɑ̃], *a.* asphyxiating, suffocating; *gaz asphyxiant*, poison-gas.

asphyxie [asfik'si], *n.f.* (*Med.*) asphyxia, suffocation.

asphyxié [asfik'sje], *a.* asphyxiated.—*n.m.* (*fem.* **-ée**) person in a state of asphyxia.

asphyxier [asfik'sje], *v.t.* to asphyxiate, to suffocate. **s'asphyxier**, *v.r.* to commit suicide by suffocation.

aspic [as'pik], *n.m.* asp, viper; (*Bot.*) spike-lavender; (*Cook.*) cold meat *or* fish, in jelly.

aspidistra [aspidis'tra], *n.m.* aspidistra.

aspirail [aspi'ra:j], *n.m.* (*pl.* **-aux**) airhole (*in a stove, oven etc.*).

aspirant (1) [aspi'rɑ̃], *a.* suction, sucking (*of pumps*).

aspirant (2) [aspi'rɑ̃], *n.m.* aspirant, candidate; suitor; officer-cadet; midshipman.

aspirateur [aspira'tœ:r], *n.m.* ventilator; suction-pump; vacuum cleaner.

aspiration [aspira'sjɔ̃], *n.f.* aspiration (*of the letter* h *etc.*); inhaling, inspiration; (*of pumps*) exhaustion, suction; (*fig.*) yearning, aspiration; (*Motor.*) suction, intake.

aspirer [aspi're], *v.t.* to inspire, to inhale; to draw in, to suck in; (*Gram.*) to aspirate. —*v.i.* to aspire, to aim at.

aspirine [aspi'rin], *n.f.* aspirin.

assagir [asa'ʒi:r], *v.t.* to make wiser, to impart wisdom to. **s'assagir**, *v.r.* to become wiser; to settle down.

assaillant [asa'jɑ̃], *a.* attacking, aggressive.— *n.m.* (*fem.* **-e**) aggressor, assailant, besieger.

assaillir [asa'ji:r], *v.t. irr.* to assault, to assail; to worry, to molest, to beset.

assainir [asɛ'ni:r], *v.t.* to render healthy; (*fig.*) to cleanse, to purify morally etc. **s'assainir**, *v.r.* to become healthy.

assainissement [asɛnis'mɑ̃], *n.m.* purification, sanitation salubrity; drainage.

assaisonnement [asɛzɔn'mɑ̃], *n.m.* condiment, seasoning, dressing.

assaisonner [asɛzɔ'ne], *v.t.* to season, to dress, to give a relish to.

assassin [asa'sɛ̃], *a.* killing, murderous.— *n.m.* (*fem.* **-e**) assassin, murderer; ruffian.

assassinat [asasi'na], *n.m.* assassination, wilful murder, homicide.

assassiner [asasi'ne], *v.t.* to assassinate, to murder; (*fig.*) to bore; to tease, to importune.

assaut [a'so], *n.m.* assault, onset, attack.

assèchement [asɛʃ'mɑ̃], *n.m.* drying up, drainage.

assécher [asɛ'ʃe], *v.t.* (*conjug. like* CÉDER) to drain (*a mine, pond etc.*).—*v.i.* to become dry, to be drained.

assemblage [asɑ̃'bla:ʒ], *n.m.* assemblage, collection, union, combination; (*Print.*) gathering; (*Carp.*) joint, scarf; *chaîne d'assemblage*, assembly line.

assemblée [asɑ̃'ble], *n.f.* assembly, meeting, company, party; convocation, congregation (*of churches*); meet (*of hunters*).

assembler [asɑ̃'ble], *v.t.* to assemble, to call together; to collect, to gather; to bring together; (*Print.*) to gather; (*Carp.*) to trim, to scarf. **s'assembler**, *v.r.* to assemble, to meet, to congregate.

asséner [ase'ne], *v.t.* (*conjug. like* CÉDER) to strike *or* deal (*a blow*).

assentiment [asɑ̃ti'mɑ̃], *n.m.* assent, agreement.

asseoir [a'swa:r], *v.t. irr.* to seat, to put on a seat, to set, to place, to fix, to establish; to pitch (*a camp etc.*). **s'asseoir**, *v.r.* to sit, to sit down, to take a seat, to settle, to perch.

assermenté [asɛrmɑ̃'te], *a.* sworn in, attested.

assermenter [asɛrmɑ̃'te], *v.t.* to swear in.

assertif [asɛr'tif], *a.* (*fem.* **-tive**) assertive.

assertion [asɛr'sjɔ̃], *n.f.* assertion, affirmation.

asservir [asɛr'vi:r], *v.t.* to enslave, to reduce to servitude; to subdue, to conquer. **s'asservir**, *v.r.* to obey, to submit (*à*).

asservissant [asɛrvi'sɑ̃], *a.* enslaving, subjecting, coercive.

asservissement [asɛrvis'mɑ̃], *n.m.* bondage, servitude, slavery, subjection.

assez [a'se], *adv.* enough, sufficiently; tolerably, passably, rather.

assidu [asi'dy], *a.* assiduous, diligent, attentive; punctual; regular, constant.

assiduité [asidɥi'te], *n.f.* assiduity, application, diligence, attention.

assidûment [asidy'mɑ̃], *adv.* assiduously, diligently, constantly; punctually.

assiéger [asje'ʒe], *v.t.* (*see Verb Tables*) to besiege; to lay siege to; to surround; to importune.

assiette [a'sjɛt], *n.f.* plate; plateful; attitude *or* posture (*in sitting etc.*), pose, situation, bearing, basis; seat (*in the saddle*); position, site; tone, state, disposition (*of the mind etc.*).

assiettée [asje'te], *n.f.* plateful.

assignation [asiɲa'sjɔ̃], *n.f.* order to pay, transfer; (*Law*) summons, subpoena, writ; appointment, rendezvous, assignation.

assigner [asi'ɲe], *v.t.* to assign (*property in payment of a debt etc.*); to cite, to summon, to subpoena; to appoint, to fix (*a rendezvous etc.*).

assimilation [asimila'sjɔ̃], *n.f.* assimilation.

assimiler [asimi'le], *v.t.* to make like; to liken, to compare, to assimilate.

assis [a'si], *a.* seated, sitting; situated; established.

assise [a'si:z], *n.f.* course (*of stones etc.*), foundation, basis; (*Geol.*) stratum; (*Mining*) measure (*of coal*); (*pl.*) assizes; *cour d'assises*, assize court.

assistance [asis'tɑ̃:s], *n.f.* audience, company, bystanders; congregation (*in a church*); assistance, help, aid; relief.

assistant [asis'tɑ̃], *n.m.* (*fem.* **-ante**) assistant (*priest, teacher etc.*); person present, bystander, witness etc.; *assistant(e) social(e)*, social welfare worker.

assisté [asis'te], *a.* receiving public assistance. —*n.m.* (*fem.* **-ée**) person in receipt of relief.

assister [asis'te], *v.t.* to assist, to help, to succour.—*v.i.* to be at, to be present (*à*), to look on, to be a witness (*à*).

association [asɔsja'sjɔ̃], *n.f.* association; union; partnership, fellowship, society, order.

associé [asɔ'sje], *a.* associated, admitted (*as a member*).—*n.m.* (*fem.* **-ée**) associate, fellow, member, partner.

associer [asɔ'sje], *v.t.* to associate, to take into partnership etc.; to divide *or* share something with someone; to link together, to connect (*ideas etc.*). **s'associer**, *v.r.* to enter into partnership, to associate oneself, to combine (*with*).

assoiffé [aswa'fe], *a.* thirsty; eager (*for*).

assolement [asɔl'mã], *n.m.* (*Agric.*) rotation (*of crops*).

assoler [asɔ'le], *v.t.* to vary *or* rotate (*crops*).

assombrir [asɔ̃'briːr], *v.t.* to darken, to throw a gloom over, to cloud. **s'assombrir**, *v.r.* to become dark *or* gloomy; to darken (*of the brow*).

assombrissement [asɔ̃bris'mã], *n.m.* darkening, gloom.

assommant [asɔ'mã], *a.* wearisome, tiresome, boring.

assommer [asɔ'me], *v.t.* to beat to death, to knock on the head; to overpower; to overwhelm, to stun, (*fig.*) to bore, to importune, to oppress.

assommeur [asɔ'mœːr], *n.m.* (*fem.* **-euse**) slaughterer (*of oxen etc.*).

assommoir [asɔ'mwaːr], *n.m.* pole-axe; life-preserver.

Assomption [asɔ̃p'sjɔ̃], *n.f.* (*Eccles.*) Assumption of the Blessed Virgin (August 15).

assomption [asɔ̃p'sjɔ̃], *n.f.* assumption.

assonance [asɔ'nãːs], *n.f.* assonance.

assonant [asɔ'nã], *a.* assonant.

assorti [asɔr'ti], *a.* assorted, matched, paired.

assortiment [asɔrti'mã], *n.m.* suitability, match; assortment, set.

assortir [asɔr'tiːr], *v.t.* to assort, to match, to pair; to stock, to furnish (*with things that go together or match*).—*v.i.* to match, to suit, to go well together. **s'assortir**, *v.r.* to match, to agree, to go well together.

assortissant [asɔrti'sã], *a.* suitable, matching, going well (*with something else*).

assoupi [asu'pi], *a.* dozing; dormant (*volcano*).

assoupir [asu'piːr], *v.t.* to make drowsy, sleepy, heavy *or* dull; (*fig.*) to assuage, to allay, to deaden. **s'assoupir**, *v.r.* to grow drowsy, sleepy, dull *or* heavy; to doze; (*fig.*) to be assuaged, to be appeased, to be stilled.

assoupissant [asupi'sã], *a.* making drowsy *or* sleepy, soporific.

assoupissement [asupis'mã], *n.m.* drowsiness, sleepiness, heaviness; (*fig.*) carelessness, sloth; (*Med.*) coma.

assouplir [asu'pliːr], *v.t.* to make supple, flexible *or* tractable; to break in (*a horse*). **s'assouplir**, *v.r.* to become supple, tractable *or* manageable.

assouplissement [asuplis'mã], *n.m.* suppleness, tractability, docility.

assourdir [asur'diːr], *v.t.* to deafen, to stun; to muffle.

assourdissant [asurdi'sã], *a.* deafening.

assourdissement [asurdis'mã], *n.m.* deafening, muffling, deadening; deafening noise; temporary deafness.

assouvir [asu'viːr], *v.t.* to glut, to satiate, to surfeit; to gratify; to cloy. **s'assouvir**. *v.r*, to be satiated, gratified *or* cloyed.

assouvissement [asuvis'mã], *n.m.* glutting, satiating.

assujettir [asyʒe'tiːr], *v.t.* to subdue, to subjugate; to compel; to fix, to fasten. **s'assujettir**, *v.r.* to subject oneself, to submit.

assujettissant [asyʒeti'sã], *a.* binding, constraining, fettering, restrictive.

assujettissement [asyʒetis'mã], *n.m.* subjection, subjugation; obligation, fixing.

assumer [asy'me], *v.t.* to take upon oneself, to assume.

assurance [asy'rãːs], *n.f.* confidence, security, assurance; certainty, conviction; warrant, pledge; insurance, underwriting; (*fig.*) boldness; (*les*) **assurances sociales**, national insurance.

assuré [asy're], *a.* assured, confident; sure, secure, positive, certain; trusty; insured.—*n.m.* (*fem.* **-ée**) insured person.

assurément [asyre'mã], *adv.* assuredly, confidently; surely, undoubtedly; certainly.

assurer [asy're], *v.t.* to fix securely, to fasten, to steady; (*Naut. and Mount.*) to belay; to assure, to guarantee; to insure; to underwrite; to assert, to affirm. **s'assurer**, *v.r.* to make sure of, to ascertain.

assureur [asy'rœːr], *n.m.* underwriter, insurer, assurer.

Assyrie [asi'ri], *f.* Assyria.

assyrien [asi'rjɛ̃], *a.* (*fem.* **-enne**) Assyrian.—*n.m.* (**Assyrien**, *fem.* **-enne**) Assyrian (*person*).

aster [as'tɛːr], *n.m.* (*Bot.*) aster.

astérie [aste'ri], *n.f.* starfish.

astérisque [aste'risk], *n.m.* asterisk.

astéroïde [asterɔ'id], *n.m.* asteroid.

asthmatique [asma'tik], *a.* asthmatic.

asthme [asm], *n.m.* asthma.

asticot [asti'ko], *n.m.* gentle (*bait for fishing*); maggot.

asticoter [astikɔ'te], *v.t.* (*colloq.*) to tease, to worry.

astigmate [astig'mat], *a.* astigmatic.

astigmatisme [astigma'tism], *n.m.* astigmatism.

astiquer [asti'ke], *v.t.* to polish, to furbish, to glaze.

astracan *or* **astrakan** [astra'kã], *n.m.* astrakhan, Persian lamb (*fur*).

astral [as'tral], *a.* (*m. pl.* **-aux**) astral.

astre [astr], *n.m.* star; (*fig.*) celebrity.

astreindre [as'trɛ̃ːdr], *v.t. irr.* (*conjug. like* CRAINDRE) to oblige, to compel, to subject. **s'astreindre**, *v.r.* to confine oneself, to tie oneself down (*à*).

astreinte [as'trɛ̃ːt], *n.f.* (*Law*) compulsion; fine for delay in the performance of a contract.

astringence [astrɛ̃'ʒãːs], *n.f.* astringency.

astringent [astrɛ̃'ʒã], *a.* and *n.m.* astringent.

astroïde [astrɔ'id], *a.* star-shaped.

astrologie [astrolɔ'ʒi], *n.f.* astrology.

astrologique [astrolɔ'ʒik], *a.* astrological.

astrologue [astro'lɔg], *n.m.* astrologer.

astronaute [astro'noːt], *n.m.* astronaut.

astronautique [astrono'tik], *n.f.* astronautics.

astronome [astro'nɔm], *n.m.* astronomer.

astronomie

astronomie [astronɔ'mi], *n.f.* astronomy.

astronomique [astronɔ'mik], *a.* astronomical, astronomic.

astrophysique [astrofi'zik], *a.* astrophysical. —*n.f.* astrophysics.

astuce [as'tys], *n.f.* craft, guile; cunning.

astucieusement [astysjøz'mã], *adv.* craftily, cunningly.

astucieux [asty'sjø], *a.* (*fem.* -euse) crafty, wily.

Asturies [asty'ri], les, *f. pl.* the Asturias.

asymétrie [asime'tri], *n.f.* asymmetry.

asymétrique [asime'trik], *a.* asymmetrical.

atelier [atə'lje], *n.m.* workshop, studio, atelier; (*collect.*) gang of workmen etc.; (*Freemasonry*) lodge, lodge-meeting.

atermoyer [atɛrmwa'je], *v.t.* (*conjug. like* EMPLOYER) to put off, to delay (*a payment*). —*v.i.* (*fig.*) to put off, to make shifts. **s'atermoyer,** *v.r.* to compound with one's creditors.

athée [a'te], *a.* atheistic.—*n.* atheist.

athéisme [ate'ism], *n.m.* atheism.

Athènes [a'tɛːn], *f.* Athens.

athénien [ate'njɛ̃], *a.* (*fem.* -enne) Athenian. —*n.m.* (Athénien, *fem.* -enne) Athenian (*person*).

athlète [a'tlɛt], *n.m.* athlete.

athlétique [atle'tik], *a.* athletic.

athlétisme [atle'tism], *n.m.* athleticism; athletics.

Atlantide [atlã'tid], *f.* Atlantis.

atlantique [atlã'tik], *a.* Atlantic.—*n.m.* (L'Atlantique) the Atlantic (Ocean).

atlas [a'tlɑːs], *n.m.* atlas.

atmosphère [atmɔs'fɛːr], *n.f.* atmosphere.

atmosphérique [atmɔsfe'rik], *a.* atmospheric; **pression atmosphérique,** atmospheric pressure.

atoll [a'tɔl], *n.m.* atoll.

atome [a'toːm], *n.m.* atom, corpuscle.

atomicité [atɔmisi'te], *n.f.* (*Chem.*) atomicity, valency.

atomique [atɔ'mik], *a.* atomic(al); **commissariat à l'énergie atomique,** atomic energy authority.

atomiser [atɔmi'ze], *v.t.* to pulverize.

atomiste [atɔ'mist], *n.m.* atomist.

atomistique [atɔmis'tik], *a.* atomic(al).

atone [a'tɔn], *a.* atonic, debilitated, dull; lack-lustre, expressionless (*of eyes*); (*Gram.*) atonic, unaccentuated.

atonie [atɔ'ni], *n.f.* atony, debility.

atonique [atɔ'nik], *a.* atonic.

atours [a'tuːr], *n.m.* (*used only in pl.*) woman's attire, dress, ornament.

atout [a'tu], *n.m.* trump; trump-card.

atoxique [atɔk'sik], *a.* non-poisonous.

atrabilaire [atrabi'lɛːr], *a.* morose, peevish.

âtre [ɑːtr], *n.m.* hearth; fire-place.

atroce [a'trɔs], *a.* atrocious, cruel, excruciating; heinous, odious, dreadful.

atrocement [atrɔs'mã], *adv.* atrociously, cruelly, outrageously.

atrocité [atrɔsi'te], *n.f.* atrociousness, heinousness; atrocity, cruelty.

atrophie [atrɔ'fi], *n.f.* (*Path.*) atrophy.

atrophié [atrɔ'fje], *a.* atrophied, wasted, withered, stunted.

atrophier [atrɔ'fje], *v.t.* to cause to waste *or* wither. **s'atrophier,** *v.r.* to waste away, to atrophy.

atrophique [atrɔ'fik], *a.* atrophic.

attablé [ata'ble], *a.* seated at table.

attabler (s') [sata'ble], *v.r.* to sit down to *or* take one's place at table.

attachant [ata'ʃã], *a.* engaging, winning, attractive.

attache [a'taʃ], *n.f.* bond, cord, leash, strap; (*fig.*) attachment, affection for.

attaché [ata'ʃe], *n.m.* attaché (*of an embassy*).

attachement [ataʃ'mã], *n.m.* attachment; affection, liaison; eagerness, zeal.

attacher [ata'ʃe], *v.t.* to fasten, to tie, to attach, to fix; (*fig.*) to apply, to affix; to connect, to associate; to engage, to endear.— **s'attacher,** *v.r.* to take hold, to attach *or* fasten oneself; to cling, to adhere; to have an affection for; to apply oneself to.

attaquable [ata'kabl], *a.* assailable; of doubtful validity.

attaquant [ata'kã], *n.m.* assailant.

attaque [a'tak], *n.f.* attack, assault, aggression; fit, stroke.

attaquer [ata'ke], *v.t.* to attack, to assail, to assault; to seize suddenly (*of illness etc.*); to criticize; **attaquer en justice,** to sue for. **s'attaquer,** *v.r.* to make *or* conduct an attack (**à**), to set upon.

attaqueur [ata'kœːr], *n.m.* attacker.

attardé [atar'de], *a.* late, behindhand; mentally retarded (*child*).

attarder [atar'de], *v.t.* to make late, to delay. **s'attarder,** *v.r.* to be belated; to loiter, to linger.

atteindre [a'tɛ̃ːdr], *v.t. irr.* (*conjug. like* CRAINDRE) to reach, to hit, to attain; to arrive at; to overtake, to come up to.—*v.i.* to reach with difficulty, to attain (**à**); **atteindre à la perfection,** to attain to perfection.

atteint [a'tɛ̃], *a.* hit, struck; attacked, seized, affected; reached.

atteinte [a'tɛ̃ːt], *n.f.* reach, blow, stroke, touch; attack, fit, seizure (*of disease*); injury, damage, harm, wrong.

attelage [at'laːʒ], *n.m.* harnessing, yoking; team, yoke, set, pair; carriage, horses; (*Rail.*) coupling.

atteler [at'le], *v.t.* (*conjug. like* APPELER) to put horses etc. (*to*); to harness, to yoke; (*fig.*) to subjugate. **s'atteler,** *v.r.* to settle down to (**à**); (*fig.*) to apply oneself to, to hitch one's waggon to.

attelle [a'tɛl], *n.f.* hame; (*Surg.*) splint.

attenant [at'nã], *a.* contiguous, adjoining, next door to, close by (**à**).

attendre [a'tãːdr], *v.t.* to await, to wait for, to stay for; to look forward to, to expect; to look for, to count upon. **s'attendre,** *v.r.* to rely upon, to count upon, to trust (**à**); to expect, to look forward (**à**).

attendrir [atã'driːr], *v.t.* to make tender, to soften; to touch, to move. **s'attendrir,** *v.r.* to grow tender; to be moved, to melt, to pity, to relent.

attendrissant [atãdri'sã], *a.* moving, touching.

attendrissement [atãdris'mã], *n.m.* compassion, pity; tears, sensibility; tenderness.

attendu [atã'dy], *prep.* considering, on account of, in consideration of.—*conj.* **attendu que,** seeing that, as, whereas, since.

attenir [at'niːr], *v.i. irr.* (*conjug. like* TENIR) to adjoin, to be contiguous (**à**); to be related.

aube

attentat [atɑ̃'ta], *n.m.* attempt at crime; crime, attempt; outrage, violation.

attente [a'tɑ̃:t], *n.f.* waiting, expectation; hope; *salle d'attente*, waiting-room.

attenter [atɑ̃'te], *v.i.* to make a criminal attempt.

attentif [atɑ̃'tif], *a.* (*fem.* **-tive**) attentive, heedful; considerate.

attention [atɑ̃'sjɔ̃], *n.f.* attention, notice; heed, care, vigilance; regard, respect, consideration; *attention!* look out! stand by!

attentionné [atɑ̃sjɔ'ne], *a.* attentive, considerate.

attentivement [atɑ̃tiv'mɑ̃], *adv.* attentively, carefully.

atténuant [ate'nɥɑ̃], *a.* mitigating; (*Law*) extenuating.

atténuation [atenɥa'sjɔ̃], *n.f.* attenuation, extenuation, mitigation.

atténué [ate'nɥe], *a.* attenuated, wasted, emaciated.

atténuer [ate'nɥe], *v.t.* to make smaller, thinner, feebler etc.; to attenuate; to extenuate; to mitigate.

atterrant [ate'rɑ̃], *a.* astounding, startling, overwhelming.

atterrement [ater'mɑ̃], *n.m.* overthrow; prostration, amazement.

atterré [ate're], *a.* horror-stricken, dumb-founded.

atterrer [ate're], *v.t.* to overwhelm; to astound.

atterrir [ate'ri:r], *v.i.* to land, to make land.

atterrissage [ateri'sa:ʒ], *n.m.* landing; *terrain d'atterrissage*, landing-ground.

atterrissement [ateris'mɑ̃], *n.m.* alluvion accretion, alluvium.

attestation [atesta'sjɔ̃], *n.f.* attestation, evidence; certificate, voucher, testimonial; *attestation sous serment*, affidavit.

attester [ates'te], *v.t.* to attest, to certify, to avouch, to witness, to testify.

attiédir [atje'di:r], *v.t.* to cool, to make lukewarm; to take the chill off. **s'attiédir**, *v.r.* to grow cool *or* lukewarm; to cool off.

attiédissement [atjedis'mɑ̃], *n.m.* lukewarmness, coolness; abatement.

attifage [ati'fa:ʒ], **attifement** [atif'mɑ̃], *n.m.* get-up, rig-out.

attifer [ati'fe] (*always in a bad sense*) *v.t.* to dress up. **s'attifer**, *v.r.* to dress up, to rig oneself out.

attique [a'tik], *a.* Attic; (*fig.*) witty, urbane.— *n.m.* (*Arch.*) attic.

attirail [ati'ra:j], *n.m.* (*collect.*) apparatus, implements, utensils, gear, tackle; baggage, paraphernalia; show, pomp.

attirance [ati'rɑ̃:s], *n.f.* attraction (*vers*).

attirant [ati'rɑ̃], *a.* attractive, alluring, enticing, engaging.

attirer [ati're], *v.t.* to attract, to draw; to win *or* gain over, to lure, to wheedle, to entice; to occasion. **s'attirer**, *v.r.* to draw to *or* down upon one, to bring upon one; to incur, to win.

attisage [ati'za:ʒ], **attisement** [atiz'mɑ̃], *n.m.* the act of stirring up, poking (*a fire*), fanning (*flame*).

(C) **attisée** [ati'ze], *n.f.* a good fire; armful (*of stove-wood*).

attiser [ati'ze], *v.t.* to make *or* stir up (*a fire*); to poke; (*fig.*) to incense, to stir up.

attisoir [ati'zwa:r], **attisonnoir** [atizɔ'nwa:r], *n.m.* poker (*especially in foundries*), fire-rake.

attitré [ati'tre], *a.* recognized, appointed, regular, ordinary; hired.

attitude [ati'tyd], *n.f.* attitude; (*Paint.*) posture; (*fig.*) attitude of mind etc.

attouchement [atuʃ'mɑ̃], *n.m.* touch, contact.

attracteur [atrak'tœ:r], *a.* (*fem.* **-trice**) attractile.

attractif [atrak'tif], *a.* (*fem.* **-tive**) attractive.

attraction [atrak'sjɔ̃], *n.f.* attraction; (*pl.*) cabaret show.

attractivement [atraktiv'mɑ̃], *adv.* attractively.

attrait [a'trɛ], *n.m.* allurement, attraction, charm; inclination, bent; (*pl.*) attractions, charms; bait.

attrape [a'trap], *n.f.* trap, gin; (*fig.*) trick, take-in, sell, hoax; (*Naut.*) hawser.

attrape-mouche or **attrape-mouches** [atrap'muʃ], *n.m. inv.* fly-catcher.

attrape-nigaud [atrapni'go], *n.m.* (*pl.* **attrape-nigauds**) booby-trap.

attraper [atra'pe], *v.t.* to catch; to entrap, to ensnare; to take in, to trick, to bamboozle; to imitate; (*fam.*) to scold; to hit; to overtake, to catch up; to get accidentally (*a cold etc.*); *attrape!* take that! **s'attraper**, *v.r.* to hit (*against*); to be caught (*in*); to get hold of; to seize, to stick (*à*).

attrapeur [atra'pœ:r], *n.m.* (*fem.* **-euse**) deceiver, cheat, trickster.

attrayant [atrɛ'jɑ̃], *a.* attractive, winning, engaging, charming.

attribuable [atri'bɥabl], *a.* attributable, due to.

attribuer [atri'bɥe], *v.t.* to assign, to confer; to attribute, to ascribe, to impute (*a thing to someone*). **s'attribuer**, *v.r.* to assume, to take upon oneself, to claim.

attribut [atri'by], *n.m.* attribute, prerogative; special symbol *or* emblem; (*Gram.*) predicate.

attributif [atriby'tif], *a.* (*fem.* **-tive**) (*Gram.*) attributive; predicative; (*Law*) conferring a right.

attribution [atriby'sjɔ̃], *n.f.* attribution, conferment, awarding (*of a grant*); (*usu. in pl.*) privilege, prerogative (*of a person*); province, department, jurisdiction.

attristant [atris'tɑ̃], *a.* saddening, sorrowful, melancholy, grievous.

attrister [atris'te], *v.t.* to grieve, to sadden, to trouble. **s'attrister**, *v.r.* to be sad, to become sorrowful.

attrition [atri'sjɔ̃], *n.f.* attrition, friction.

attroupement [atrup'mɑ̃], *n.m.* riotous assemblage, mob, crowd, gathering of people.

attrouper [atru'pe], *v.t.* to assemble, to gather together in troops *or* a mob. **s'attrouper**, *v.r.* to flock together, to gather in crowds.

au [o], (*contraction of* À LE) to the.

aubade [o'bad], *n.f.* aubade, dawn song; (*iron.*) hot reception.

aubaine [o'bɛn], *n.f.* (*Law*) escheat; windfall, piece of good luck.

aube [o:b], *n.f.* the dawn; alb (*priest's vestment*).

31

aubépine [obe'pin], *n.f.* hawthorn, white-thorn, may.

aubère [o'bɛːr], *a.* red roan (*horse*).

auberge [o'bɛrʒ], *n.f.* inn, public-house, tavern; *auberge de (la) jeunesse*, youth hostel.

aubergine [obɛr'ʒin], *n.f.* aubergine, egg-plant.

aubergiste [obɛr'ʒist], *n.* innkeeper, publican, landlord, host.

aubour [o'buːr], *n.m.* laburnum; guelder-rose.

aucun [o'kœ̃], *a.* and *pron.* none, no one, not one; not any; anyone; any.

aucunement [okyn'mã], *adv.* in no wise, not at all, not in the least; at all.

audace [o'das], *n.f.* audacity, daring, boldness; impudence, insolence; *payer d'audace*, to brazen it out.

audacieusement [odasjøz'mã], *adv.* audaciously, daringly, boldly; rashly; impudently.

audacieux [oda'sjø], *a.* (*fem.* -euse) audacious, bold, daring; impudent, presumptuous.

au deçà, au dedans, au dehors, au delà [DEÇÀ, DEDANS, DEHORS, DELÀ].

au-dessous [od'su], *prep.* below.

au-dessus [od'sy], *prep.* above.

au-devant [od'vã], *prep.* towards; *aller au-devant d'un danger*, to anticipate danger.

audibilité [odibili'te], *n.f.* audibility.

audible [o'dibl], *a.* audible.

audience [o'djãːs], *n.f.* audience, hearing; reception; sitting, session, court, tribunal.

audiomètre [odjo'mɛtr], **audimètre** [odi'mɛtr], *n.m.* audiometer.

audiophone [odjo'fɔn], **audiphone** [odi'fɔn], *n.m.* audiophone.

audio-visuel [odjovi'zɥɛl], *a.* (*fem.* -elle) audio-visual; *moyens audio-visuels*, audio-visual aids.

auditeur [odi'tœːr], *n.m.* (*fem.* -trice) hearer, listener.

auditif [odi'tif], *a.* (*fem.* -tive) auditory.

audition [odi'sjɔ̃], *n.f.* hearing; (*Law*) hearing (*of a case etc.*); audition (*of a singer etc.*).

auditionner [odisjo'ne], *v.t.* to audition.

auditoire [odi'twaːr], *n.m.* auditory; congregation (*in church*), audience (*theatre etc.*).

auditrice [odi'tris], [AUDITEUR].

auge [oːʒ], *n.f.* trough (*for drinking etc.*); (*plasterer's*) hod; (*Elec.*) cell.

auget [o'ʒɛ], *n.m.* small trough; seed-box.

augmentation [ɔgmãta'sjɔ̃], *n.f.* augmentation, increase, addition, rise (*in salary*).

augmenter [ɔgmã'te], *v.t.* to augment, to increase; to enlarge; to raise the salary of.—*v.i.* to augment, to increase, to grow, to rise (*in price*), to multiply. **s'augmenter**, *v.r.* to increase, to enlarge, to improve.

augural [ogy'ral], *a.* (*m. pl.* -aux) augural.

augure [o'gyːr], *n.m.* augur, soothsayer; augury, omen, sign; *de mauvais augure*, ominous, portentous.

augurer [ogy're], *v.t.* to augur; (*fig.*) to conjecture, to surmise.

Auguste [o'gyst], *m.* Augustus.

auguste [o'gyst], *a.* august, majestic.

augustin [ogys'tɛ̃], *n.m.* (*fem.* -ine) Augustinian *or* Austin friar *or* (*f.*) nun.

aujourd'hui [oʒur'dɥi], *adv.* today, during this day; nowadays, now, at present.

aulnaie [AUNAIE].

aulne [AUNE].

aulx [oː], [AIL].

aumône [o'mon], *n.f.* alms, alms-giving; (*fig.*) charity, favour.

aumônerie [omon'ri], *n.f.* chaplaincy.

aumônier [omo'nje], *n.m.* (*Eccles.*) almoner, chaplain; *aumônier militaire*, army chaplain, padre.

aunaie *or* **aulnaie** [o'ne], *n.f.* grove of alders.

aune (1) *or* **aulne** [oːn], *n.m.* alder-tree.

aune (2) [oːn], *n.f.* ell; (*fig.*) measure, standard.

aunée [o'ne], *n.f.* length of an ell.

auparavant [opara'vã], *adv.* before, formerly previously.

auprès [o'prɛ], *adv.* near, by, close by.—*prep. auprès de*, near to, close to; in comparison with; in the service of; in the opinion of.

auquel [o'kɛl], *contraction* of À LEQUEL (*fem.* **à laquelle**, *pl.* **auxquels, auxquelles**) to whom, to which.

auréole [ore'ɔl], *n.f.* aureole, halo, nimbus; (*fig.*) glory, prestige.

auréoler [oreo'le], *v.t.* to crown with a halo.

auriculaire [oriky'lɛːr], *a.* auricular.—*n.m.* the little finger.

auricule [ori'kyl], *n.f.* lower lobe of the ear, auricle; (*Bot.*) auricula.

auriculiste [oriky'list], *n.m.* ear specialist.

aurifère [ori'fɛːr], *a.* auriferous.

auriste [o'rist], *n.m.* ear specialist.

aurore [o'rɔːr], *n.f.* dawn, morn, daybreak; (*fig.*) promise, beginning, the East; (*Astron.*) aurora.

auscultation [oskylta'sjɔ̃], *n.f.* (*Med.*) auscultation.

ausculter [oskyl'te], *v.t.* to sound a patient.

auspice [os'pis], *n.m.* auspice, omen, presage; (*pl.*) protection, patronage.

aussi [o'si], *adv.* also, likewise, too, besides; as; so.—*conj.* and so, accordingly, therefore, consequently; but then.

aussière [o'sjɛːr], *n.f.* (*Naut.*) hawser.

aussitôt [osi'to], *adv.* immediately, forthwith. —*conj. aussitôt que*, as soon as.

austère [os'tɛːr], *a.* austere, severe, stern.

austèrement [ostɛr'mã], *adv.* austerely.

austérité [osteri'te], *n.f.* austerity; severity; strictness.

austral [os'tral], *a.* (*m. pl.* -als *or* -aux) austral, southern.

Australasie [ostrala'zi], **l'**, *f.* Australasia.

australasien [ostrala'zjɛ̃], *a.* (*fem.* -enne) Australasian.

Australie [ostra'li], **l'**, *f.* Australia.

australien [ostra'ljɛ̃], *a.* (*fem.* -enne) Australian.—*n.m.* (**Australien**, *fem.* -enne) Australian (*person*).

autant [o'tã], *adv.* as much, so much, as many, so many; *autant de têtes, autant d'avis*, there are as many opinions as there are men; *autant que*, as much as, as many as, as far as, in the same way as; *d'autant*, in the same proportion; *d'autant mieux or d'autant plus*, the more, so much the more.—*conj. d'autant que*, seeing that, since, more especially as.

autel [o'tɛl], *n.m.* altar; (*fig.*) ministry, Church, religious life.

auteur [o'tœːr], *n.m.* author, creator, maker; writer (*of a book etc.*); perpetrator; achiever, contriver, framer; composer, sculptor; informant, authority; *droit d'auteur*, royalty.

authenticité [otãtisi'te], *n.f.* authenticity genuineness.

authentique [otã'tik], *a.* authenticated, genuine, incontestable, positive.

authentiquement [otãtik'mã], *adv.* authentically.

authentiquer [otãti'ke], *v.t.* to authenticate; (*Law*) to make legal and binding.

auto [o'to], *n.f. abbr.* [AUTOMOBILE].

auto-allumage [otoaly'maːʒ], *n.m.* pinking (*of a car*).

autobiographe [otɔbjo'graf], *n.m.* autobiographer.

autobiographie [otɔbjɔgra'fi], *n.f.* autobiography.

autobiographique [otɔbjɔgra'fik], *a.* autobiographical.

autobus [oto'bys], *n.m.* bus.

autocar [oto'kaːr], *n.m.* motor-coach.

autochenille [oto'ʃniːj], *n.f.* caterpillar tractor; half-track vehicle.

autoclave [oto'klaːv], *a.* and *n.m.* vacuum-pan, sterilizer; *marmite autoclave*, autoclave, digester; pressure cooker.

autocopie [otoko'pi], *n.f.* cyclostyling.

autocopier [otoko'pje], *v.t.* to cyclostyle.

autocopiste [otoko'pist], *n.m.* duplicator, cyclostyle.

autocrate [oto'krat], *n.m.* autocrat.

autocratie [otokra'si], *n.f.* autocracy.

autocratique [otokra'tik], *a.* autocratic.

autocratiquement [otokratik'mã], *adv.* autocratically.

autocritique [otokri'tik], *n.f.* self-criticism.

auto-cuiseur [otokɥi'zœːr], *n.m.* pressure-cooker.

autodidacte [otodi'dakt], *n.* self-taught person.

autodrome [oto'droːm], *n.m.* race-track for motor-cars.

auto-école [otoe'kɔl], *n.f.* school of motoring.

autogare [oto'gaːr], *n.f.* bus or coach station.

autographe [oto'graf], *a.* autographic.—*n.m.* autograph.

autographie [otogra'fi], *n.f.* autography.

autographier [otogra'fje], *v.t.* to autograph.

autogyre [oto'ʒiːr], *n.m.* autogyro.

automate [oto'mat], *n.m.* automaton, robot.

automation [otoma'sjõ], *n.f.* automation.

automatique [otoma'tik], *a.* automatic; *distributeur automatique*, (penny-in-the-) slot machine; *machine à vente automatique*, vending machine.—*n.m. l'Automatique*, automatic telephone.

automatiquement [otomatik'mã], *adv.* automatically.

automatisme [otoma'tism], *n.m.* automatism, purely mechanical movement.

automitrailleuse [otomitra'jøːz], *n.f.* light armoured car.

automnal [oto'nal], *a.* (*m. pl.* -aux) autumnal.

automne [o'tɔn], *n.m.* or *f.* autumn.

automobile [otomo'bil], *a.* self-moving, self-propelling; *canot automobile*, motor-boat.—*n.f.* motor-car; *salon de l'automobile*, motor show.

automobilisme [otomɔbi'lism], *n.m.* automobilism, motoring.

automobiliste [otomɔbi'list], *n.* motorist.

automoteur [otomɔ'tœːr], *a.* (*fem.* -trice) self-acting, self-moving, self-propelling.

(*C*) **auto-neige** [oto'neːʒ], *n.f.* snowmobile.

autonome [oto'nɔm], *a.* autonomous.

autonomie [otonɔ'mi], *n.f.* autonomy, self-government; cruising range.

autonomiste [otonɔ'mist], *n.m.* autonomist.

autoplastie [otoplas'ti], *n.f.* (*Surg.*) plastic surgery.

auto-portrait [otopɔr'trɛ], *n.m.* self-portrait.

auto-propulsé [otoprɔpyl'se], *a.* self-propelled.

auto-propulsion [otoprɔpyl'sjõ], *n.f.* self-propulsion.

autopsie [otɔp'si], *n.f.* autopsy; post-mortem examination.

autorail [oto'raːj], *n.m.* rail-car.

autorisation [otoriza'sjõ], *n.f.* authorization; authority, warrant; written consent or permission, licence (*of a preacher*).

autoriser [otori'ze], *v.t.* to authorize, to empower, to commission; to license, to warrant, to permit, to sanction. **s'autoriser**, *v.r.* to have, get or assume authority; to act on the authority (*of*), to be warranted by (*de*).

autoritaire [otori'tɛːr], *a.* and *n.* authoritative, commanding, arbitrary (person).

autoritairement [otoritɛr'mã], *adv.* authoritatively.

autorité [otori'te], *n.f.* authority, legal or legitimate power; an authority; (*fig.*) control.

autoroute [oto'rut], *n.f.* motorway; (*Am.*) speedway.

auto-stop [oto'stɔp], *n.m.* hitch-hiking; *faire de l'auto-stop*, to hitch-hike.

autostrade [oto'strad], *n.f.* special road for motor-cars, motorway.

autosuggestion [otɔsygʒɛs'tjõ], *n.f.* auto-suggestion.

autour (1) [o'tuːr], *adv.* about, round about.—*prep. phr.* **autour de**, about, round, around.

autour (2) [o'tuːr], *n.m.* (*Orn.*) goshawk.

autre [oːtr], *a.* other; second; another different, distinct (*but of the same kind*).—*pron. indef.* another person, someone else; (*pl.*) the others, the rest.

autrefois [otrə'fwa], *adv.* formerly, in former times; of old; *d'autrefois*, former, bygone; *des mœurs d'autrefois*, bygone customs.

autrement [otrə'mã], *adv.* otherwise, after another manner; else; or else; *autrement dit*, in other words.

Autriche [o'triʃ], l', *f.* Austria.

autrichien [otri'ʃjɛ̃], *a.* (*fem.* -enne) Austrian.—*n.m.* (**Autrichien**, *fem.* -enne) Austrian (*person*).

autruche [o'tryʃ], *n.f.* ostrich.

autrucherie [otryʃ'ri], *n.f.* ostrich-farm.

autrui [o'trɥi], *pron. indef. inv.* others, other people, one's or our neighbours.

auvent [o'vã], *n.m.* weather-board, porch roof; *auvent de capot*, bonnet louvre.

aux [o], *pl.* [AU].

auxiliaire [oksi'ljɛːr], *a.* auxiliary, aiding, subsidiary.—*n.* auxiliary; helper, assistant.

auxquels [o'kɛl], *pl.* (*fem.* -elles) [AUQUEL].

avachi [ava'ʃi], *a.* out of shape, worn out; (*fam.*) flabby, floppy, downcast (*of a person*).

33

avachir (s') [sava'ʃiːr], *v.r.* to flag; to grow fat and flabby; to get out of shape *or* down at heel.

avachissement [avaʃis'mã], *n.m.* flabbiness; lack of energy.

aval (1) [a'val], *n.m.* (*pl.* **avals**) guarantee, endorsement.

aval (2) [a'val], *n.m.* down stream; *en aval de,* below.

avalaison [avalɛ'zõ], **avalasse** [ava'las], *n.f.* sudden flood, spate; (*Naut.*) a long-continued wind from the sea.

avalanche [ava'lãːʃ], *n.f.* avalanche.

avalasse [AVALAISON].

avalement [aval'mã], *n.m.* descent, lowering, letting down; swallowing.

avaler [ava'le], *v.t.* to swallow, to swallow down; to drink, to gulp down; to let down, to lower (*things into a cellar*); (*fig.*) to endure, to pocket (*an affront*); to believe.—*v.i.* to go down (*a river etc. with the stream*).

avaliser [avali'ze], *v.t.* to guarantee, to endorse [AVAL (1)].

avance [a'vãːs], *n.f.* part of a building etc. projecting forwards; advance; start, distance in advance; payment of money in advance; (*fig., pl.*) attentions, first steps in an acquaintanceship.

avancé [avã'se], *a.* advanced, forward, early; late (*of the hour*); over-ripe, tainted, high; liberal, progressive (*of opinions etc.*); paid in advance; put forward, enunciated.

avancement [avãs'mã], *n.m.* projection; progress, advancement; preferment, promotion, rise.

avancer [avã'se], *v.t.* (*conjug. like* COMMENCER) to move, bring, put *or* hold forward, to advance; to pay beforehand *or* in advance; to assert, to bring forward, to urge; to promote, to give promotion to; to advantage, to profit; (*fig.*) to bring nearer, to hasten, to forward; to put on (*a clock*).—*v.i.* to advance to proceed, to keep on; to project, to jut out; to make progress, to thrive, to get on, to gain ground; to go too fast; *l'horloge avance,* the clock is fast. **s'avancer,** *v.r.* to advance, to go on, to move forward; to get on, to improve; to get promoted, to be successful; to grow old; to project.

avanie [ava'ni], *n.f.* insult, affront; snub.

avant [a'vã], *prep.* before, in advance of (*of time and order*); *avant J.-C.,* B.C.—*adv.* before, previously; forward, in front; farther in advance.—*conj. avant que,* before; *en avant!* forward!—*n.m.* front; prow, head, bow (*of a ship*); (*Ftb.*) forward.

avantage [avã'taːʒ], *n.m.* advantage, benefit, profit, superiority, whip-hand; (*Ten.*) 'vantage.

avantager [avãta'ʒe], *v.t.* (*conjug. like* MANGER) to advantage, to give an advantage to; to favour. **s'avantager,** *v.r.* to take advantage.

avantageusement [avãtaʒøz'mã], *adv.* advantageously, to advantage; usefully, favourably.

avantageux [avãta'ʒø], *a.* (*fem.* **-euse**) advantageous, profitable, favourable; conceited, presumptuous; (*of dress*) becoming.

[In *pl.* of the following compounds *avant* is *inv.* The *n.* has its normal *pl.*]

avant-bassin [avãba'sɛ̃], *n.m.* outer-dock.

avant-bras [avã'bra], *n.m. inv.* forearm.

avant-centre [avã'sãːtr], *n.m.* (*Ftb.*) centre-forward.

avant-corps [avã'koːr], *n.m. inv.* (*Arch.*) forepart (*of a building*).

avant-cour [avã'kuːr], *n.f.* fore-court.

avant-coureur [avãku'rœːr], *a.* going in front, preceding, presaging.—*n.m.* forerunner, precursor, harbinger.

avant-courrier [avãku'rje], *n.m.* (*fem.* **-ière**) (*fig.*) herald, forerunner, harbinger.

avant-dernier [avãdɛr'nje], *a.* and *n.m.* (*fem.* **-ière**) the last but one.

avant-garde [avã'gard], *n.f.* vanguard, van.

avant-goût [avã'gu], *n.m.* foretaste; earnest; anticipation.

avant-guerre [avã'gɛːr], *n.m.* the pre-war period.

avant-hier [avã'tjɛːr], *adv.* and *n.m.* the day before yesterday.

avant-main [avã'mɛ̃], *n.m.* flat of the hand; forehand (*of a horse*); (*Ten.*) forehand (stroke); (*Cards*) lead.

avant-port [avã'poːr], *n.m.* outer harbour, tide-dock.

avant-poste [avã'pɔst], *n.m.* (*Mil.*) advanced post, outpost; (*fig.*) outer defence.

avant-première [avãprə'mjɛːr], *n.f.* dress rehearsal; (*Cine.*) preview.

avant-projet [avãprɔ'ʒɛ], *n.m.* rough draft.

avant-propos [avãprɔ'po], *n.m. inv.* preface, preamble, introduction, foreword.

avant-scène [avã'sɛːn], *n.f.* front of the stage (*between curtain and orchestra*), proscenium.

avant-toit [avã'twa], *n.m.* eaves.

avant-train [avã'trɛ̃], *n.m.* fore-carriage, limber.

avant-veille [avã'vɛːj], *n.f.* two days before.

avare [a'vaːr], *a.* avaricious, miserly, covetous, stingy, close-fisted.—*n.m.* miser, niggard.

avarement [avar'mã], *adv.* stingily.

avariable [ava'rjabl], *a.* perishable, damageable.

avarice [ava'ris], *n.f.* avarice, greed, covetousness; niggardliness, stinginess.

avaricieusement [avarisjøz'mã], *adv.* avariciously.

avaricieux [avari'sjø], *a.* (*fem.* **-euse**) avaricious, covetous, stingy.

avarie [ava'ri], *n.f.* damage (*to a ship or cargo*); deterioration.

avarié [ava'rje], *a.* damaged, spoiled, deteriorated.

avarier [ava'rje], *v.t.* to damage, to spoil. **s'avarier,** *v.r.* to become damaged.

avec [a'vɛk], *prep.* with, at the same time as, along *or* together with; by means of, by; regarding; against, in spite of; *avec ça!* (*colloq.*) nonsense!

aveline [a'vlin], *n.f.* filbert, Kentish cob.

avelinier [avli'nje], *n.m.* filbert-tree, hazel-tree.

aven [a'vɛ̃], *n.m.* pot-hole, swallow, chasm (*in mountain limestone*).

avenant [av'nã], *a.* personable, prepossessing, comely, pleasing, taking.—*adv. phr. à l'avenant,* in keeping, in the same proportions, of a piece.—*n.m.* additional clause (*to an insurance policy*); rider (*to a verdict*); codicil (*to a treaty*).

avènement [avɛn'mã], *n.m.* coming, advent; accession, succession (*to a throne etc.*).
avenir [av'niːr], *n.m.* future, future ages; posterity; (*fig.*) prospects; *à l'avenir*, in future, henceforth.
Avent [a'vã], *n.m.* (*Ch.*) Advent.
aventure [avã'tyːr], *n.f.* surprising *or* unexpected event *or* experience, chance, accident, luck; adventure, daring enterprise, hazardous exploit; love affair *or* intrigue; *à l'aventure*, at random; *d'aventure* or *par aventure*, by chance, perchance.
aventurer [avãty're], *v.t.* to venture, to hazard, to risk. **s'aventurer**, *v.r.* to venture, to take one's chance, to take risks.
aventureux [avãty'rø], *a.* (*fem.* -euse) venturesome, adventurous; left to chance.
aventurier [avãty'rje], *n.m.* (*fem.* -ière) adventurer, adventuress.
avenue [av'ny], *n.f.* approach; avenue.
avéré [ave're], *a.* authenticated, established by evidence.
avérer [ave're], *v.t.* (*conjug. like* CÉDER) to verify, to confirm, to establish. **s'avérer**, *v.r.* (*used only in inf. and p.p.*) to appear, to be distinctly, to turn out to be, to prove.
avers [a'vɛːr], *n.m.* obverse (*of coins etc.*).
averse [a'vɛrs], *n.f.* sudden and heavy shower of rain, downpour; (*fig.*) flood (*of talk etc.*).
aversion [avɛr'sjõ], *n.f.* aversion, dislike, detestation.
averti [avɛr'ti], *a.* warned, informed; wide awake; well-informed, experienced.
avertir [avɛr'tiːr], *v.t.* to inform, to acquaint with, to give notice, to warn, to admonish (*de*).
avertissement [avɛrtis'mã], *n.m.* information, notification, advice, warning, caution; *avertissement au lecteur*, foreword (*of a book*).
avertisseur [avɛrti'sœːr], *n.m.* look-out man; (*Theat.*) call-boy; call-bell, hooter; *avertisseur d'incendie*, fire-alarm.
aveu [a'vø], *n.m.* (*pl.* -eux) admission, avowal, confession; approbation, consent; *homme sans aveu*, vagrant, vagabond.
aveuglant [avœ'glã], *a.* blinding, dazzling; (*fig.*) distracting, misleading.
aveugle [a'vœgl], *a.* blind, sightless; blinded by passion etc., deluded.—*n.* blind person.
aveuglement [avœglə'mã], *n.m.* blindness; (*fig.*) infatuation, delusion.
aveuglément [avœgle'mã], *adv.* blindly, rashly, implicitly.
aveugle-né [avœglə'ne], *a.* and *n.m.* (*fem.* -née, *pl.* aveugles-nés) blind from birth.
aveugler [avœ'gle], *v.t.* to blind, to make blind; (*fig.*) to dazzle; to delude. **s'aveugler**, *v.r.* to shut one's eyes (*to*); (*fig.*) to be blinded, to be infatuated.
aveuglette [avœ'glɛt], *n.f.* (*only used in*) *à l'aveuglette*, blindly; *aller à l'aveuglette*, to go groping along, to go blindly *or* rashly; (*Av.*) *voler à l'aveuglette*, to fly blind.
aveulir [avœ'liːr], *v.t.* to render weak, to enfeeble, to enervate. **s'aveulir**, *v.r.* to sink into sloth.
aveulissant [avœli'sã], *a.* enfeebling, enervating.
aveulissement [avœlis'mã], *n.m.* enfeeblement, enervation.

aviateur [avja'tœːr], *n.m.* (*fem.* -trice) aviator; air-man, air-woman; flyer.
aviation [avja'sjõ], *n.f.* aviation; *terrain d'aviation*, flying ground, air-field.
aviculteur [avikyl'tœːr], *n.m.* one who raises birds *or* poultry; bird fancier.
aviculture [avikyl'tyːr], *n.f.* bird-raising; poultry-farming.
avide [a'vid], *a.* greedy, voracious, rapacious; eager for, grasping.
avidement [avid'mã], *adv.* greedily, voraciously; eagerly.
avidité [avidi'te], *n.f.* avidity, greediness; eagerness.
avilir [avi'liːr], *v.t.* to debase, to depreciate, to disparage; to lower; to degrade, to disgrace. **s'avilir**, *v.r.* to degrade oneself, to stoop to (*doing something*).
avilissant [avili'sã], *a.* debasing, degrading, humiliating.
avilissement [avilis'mã], *n.m.* debasement, degradation; depreciation, disparagement.
avilisseur [avili'sœːr], *a.* (*fem.* -euse) debasing, degrading.—*n.m.* (*fem.* -euse) one who debases, disparages *or* degrades.
aviné [avi'ne], *a.* drunk, unsteady (*from drink*); wine-soaked (*of a cask*).
aviner [avi'ne], *v.t.* to soak *or* fill with wine. **s'aviner**, *v.r.* to get drunk.
avion [a'vjõ], *n.m.* aeroplane, aircraft; *avion de bombardement*, bomber; *avion de chasse*, fighter; *avion de ligne*, air-liner; *avion à réaction*, jet-plane; *avion-fusée*, rocket-plane; *avion-taxi*, charter-plane; *par avion*, by air, by air mail.
aviron [avi'rõ], *n.m.* oar; (*Spt.*) rowing.
avis [a'vi], *n.m.* opinion, way of thinking, judgment; vote, motion; advice, counsel; information, notice, warning, caution; intelligence; *à mon avis*, in my opinion; *j'ai changé d'avis*, I have changed my mind; *avis au public*, notice.
avisé [avi'ze], *a.* shrewd, clear-sighted, wary, circumspect, prudent.
aviser [avi'ze], *v.t.* to perceive, to espy; to inform, to apprise; (*Comm.*) to advise by letter.—*v.i.* to consider, to think (*about*), to look (*to*). **s'aviser**, *v.r.* to think (*of*), to be minded (*to*); to venture to do.
avivage [avi'vaːʒ], *n.m.* brightening, reviving (*of colours*).
aviver [avi've], *v.t.* to revive, to brighten; to sharpen the edges of, to polish, to burnish; to irritate, to exacerbate (*a wound, resentment etc.*). **s'aviver**, *v.r.* to revive.
avocat (1) [avo'ka], *n.m.* (*fem.* -e) barrister, advocate, counsel; (*fig.*) pleader, intercessor, champion.
avocat (2) [avo'ka], *n.m.* avocado, alligator pear.
avoine [a'vwan], *n.f.* oats.
avoir [a'vwair], *v.t. irr.* to have, to possess; to experience, to feel (*pain, hunger etc.*); to obtain, to get, to buy etc.; to be aged (*so many years*); to have on, to wear; to ail; *avoir à*, to have to, to be under obligation to (*do etc.*); *y avoir* (*impers.*), to be; *avoir faim*, to be hungry; *combien y a-t-il de Paris à Londres?* how far is it from Paris to London? *il a quarante ans*, he is forty; *il n'y a pas de quoi*, don't mention it, no offence taken; *il y a deux mois que je*

suis ici, I have been here two months; *il est arrivé il y a trois semaines,* he arrived three weeks ago; *j'ai à vous parler,* I have something to tell you; *qu'avez-vous donc?* what's the matter? *quel âge avez-vous?* how old are you? *qu'est-ce que vous avez?* what is the matter with you? *la pièce a cinq mètres de large,* the room is fifteen feet wide.—*n.m.* possessions, property, what one is worth.

avoisinant [avwazi′nɑ̃], *a.* neighbouring, adjoining, close by.

avoisiner [avwazi′ne], *v.t.* to border upon, to be contiguous to.

avortement [avɔrtə′mɑ̃], *n.m.* abortion, miscarriage; failure.

avorter [avɔr′te], *v.i.* to miscarry, to have a miscarriage; to fail to develop, ripen etc. (*of plants, fruit etc.*); to prove abortive, to fail.

avorton [avɔr′tɔ̃], *n.m.* abortion; abortive child; (*fig.*) a paltry *or* miserable person *or* thing, a miserable specimen.

avoué [a′vwe], *n.m.* attorney, solicitor; *une étude d'avoué,* a solicitor's office.

avouer [a′vwe], *v.t.* to own, to acknowledge, to confess; to approve; to recognize as one's own, to avow.

avril [a′vril], *n.m.* April.

avunculaire [avɔ̃ky′lɛːr], *a.* avuncular.

axe [aks], *n.m.* axis; axle, axle-tree, spindle, trunnion; (*Bot., Geol., Anat. etc.*) axis; (*fig.*) central support *or* main axis of a system of ideas etc.; (*Polit.*) the Nazi-Fascist Axis.

axiomatique [aksjɔma′tik], *a.* axiomatic.

axiome [ak′sjoːm], *n.m.* axiom; (*fig.*) an accepted proposition, truism.

ayant [ɛ′jɑ̃], *pres. p.* [AVOIR].

ayant cause [ɛjɑ̃′koːz], *n.m.* (*pl.* **ayants cause**) (*Law*) trustee, executor, assign.

ayant droit [ɛjɑ̃′drwa], *n.m.* (*pl.* **ayants droit**) beneficiary, rightful claimant.

azalée [aza′le], *n.f.* azalea.

azotate [azɔ′tat], *n.m.* nitrate.

azote [a′zɔt], *a.* nitric.—*n.m.* nitrogen.

azoté [azɔ′te], *a.* nitrogenized.

azoter [azɔ′te], *v.t.* to charge with nitrogen; to azotize.

azoteux [azɔ′tø], *a.* (*fem.* **-euse**) nitrous.

azotique [azɔ′tik], *a.* nitric.

azur [a′zyːr], *n.m.* azure, blue, sky-colour; washing blue; *la Côte d'Azur,* the French Riviera.

azuré [azy′re], *a.* azure, sky-coloured; *la voûte azurée,* the azure skies.

azyme [a′zim], *a.* azymous, unleavened (*bread*).—*n.m.* azyme, unleavened bread; *fête des azymes,* feast of unleavened bread.

B

B, b [be], *n.m.* the second letter of the alphabet.

baba [ba′ba], *n.m.* a sponge cake with sultanas, steeped in rum and syrup.

Babel [ba′bɛl], *n.f.* Babel; (*fig.*) uproar, disorder.

babeurre [ba′bœːr], *n.m.* buttermilk.

babil [ba′bi], *n.m.* babble, prattle; chit-chat, tattle; chattering, babbling.

babillage [babi′jaːʒ], **babillement** [babij′mɑ̃], *n.m.* prattle, babbling, twaddle; tittle-tattle.

babillard [babi′jaːr], *a.* babbling, prattling, talkative, garrulous; gossiping, tell-tale.—*n.m.* (*fem.* **-e**) chatterer, babbler; tattler, blabber, gossip, tell-tale.

babillement [BABILLAGE].

babiller [babi′je], *v.i.* to babble, to prattle, to chat; to gossip, to chatter; (*fig.*) to blab, to backbite.

babine [ba′bin], **babouine** [ba′bwin], *n.f.* the pendulous lip (*of certain animals*); (*colloq.*) chops.

babiole [ba′bjɔl], *n.f.* bauble, trinket, toy; (*fig.*) trifle, trumpery affair.

bâbord [bɑ′bɔːr], *n.m.* (*Naut.*) port (*side*).

babouche [ba′buʃ], *n.f.* Turkish heelless slipper, babouche.

babouin [ba′bwɛ̃], *n.m.* baboon, monkey.

Babylone [babi′lɔn], *f.* Babylon.

babylonien [babilɔ′njɛ̃], *a.* (*fem.* **-enne**) Babylonian.—*n.m.* (**Babylonien,** *fem.* **-enne**) Babylonian (*person*).

bac [bak], *n.m.* ferry, ferry-boat; vat; (*Elec.*) *bac d'accumulateurs,* accumulator-jar.

baccalauréat [bakalɔre′a], *n.m.* baccalaureate, bachelorship (*of arts, science etc.*), school-leaving certificate.

bacchanal [baka′nal], *n.m.* (*colloq.*) racket, uproar.

bacchante [ba′kɑ̃ːt], *n.f.* bacchante, lewd woman.

bâche [bɑːʃ], *n.f.* cart tilt; awning; tank, cistern; *bâche (goudronnée),* tarpaulin.

bachelier [baʃə′lje], *n.m.* (*fem.* **-ière**) Bachelor (*ès Lettres, ès Sciences, of Arts, Science*).

bachique [ba′ʃik], *a.* bacchic, jovial, convivial; *chant bachique,* drinking-song.

bachot [ba′ʃo], *n.m.* wherry, small ferry-boat; (*Univ. slang*) baccalaureate.

bachoteur [baʃɔ′tœːr], *n.m.* ferryman.

bacille [ba′sil], *n.m.* (*Biol.*) bacillus; *porteur de bacilles,* germ-carrier.

bacillose [basi′loːz], [TUBERCULOSE].

bâclage [bɑ′klaːʒ], *n.m.* closing of a port by means of chains, booms etc.; line of boats (*in a port*) for the discharge *or* loading of cargo; (*fig.*) hasty, scamped work.

bâcle [bɑːkl], *n.f.* bar (*for door or gate*).

bâcler [bɑ′kle], *v.t.* to bar, fasten *or* secure (*a door, window etc.*); to stop, obstruct *or* interrupt (*traffic, navigation etc.*); (*fig.*) to do hastily, to polish off, to scamp (*work*); to bungle.

bactérie [bakte′ri], *n.f.* bacterium, microbe.

bactérien [bakte′rjɛ̃], *a.* (*fem.* **-enne**) bacterial.

bactériologie [bakterjɔlɔ′ʒi], *n.f.* bacteriology.

bactériologique [bakterjɔlɔ′ʒik], *a.* bacteriological; *guerre bactériologique,* germ warfare.

bactériologiste [bakterjɔlɔ′ʒist], *n.m.* bacteriologist.

bactériothérapie [bakterjɔtera′pi], *n.f.* medical treatment by means of bacteria.

badaud [ba'do], *n.m.* (*fem.* **-e**) ninny, booby star-gazer; lounger, idler rubber-neck.

badaudage [bado'da:ʒ], *n.m.* star-gazing, lounging, loitering, idling.

badauder [bado'de], *v.i.* to go gaping about; to lounge, to saunter, to loiter.

badauderie [bado'dri], *n.f.* star-gazing, silliness; lounging, idling, sauntering.

Bade [bad], *f.* Baden.

badigeon [badi'ʒõ], *n.m.* badigeon, filling-paste; whitewash; distemper.

badigeonnage [badiʒo'na:ʒ], *n.m.* filling up with badigeon, making up; daubing; white-washing.

badigeonner [badiʒo'ne], *v.t.* to fill up (*stone-work, sculpture etc.*) with badigeon; to whitewash; (*fig.*) to disguise defects with varnish, rouge etc.; (*Med.*) to anoint.

badigeonneur [badiʒo'nœ:r], *n.m.* white-washer; (*pej.*) dauber.

badin [ba'dɛ̃], *a.* waggish, jocular, roguish, droll.—*n.m.* (*fem.* **-e** (1)) wag, joker; buffoon.

badinage [badi'na:ʒ], *n.m.* badinage, raillery, banter; playfulness, jocularity (*of style*); mere child's-play.

badine (2) [ba'din], *n.f.* switch, light cane, wand; (*pl.*) small tongs.

badiner [badi'ne], *v.i.* to trifle, to dally, to toy; to speak *or* write banteringly *or* play-fully.

badinerie [badin'ri], *n.f.* jesting, foolery, trifling; silliness, childishness.

(C) **bâdrant** [ba'drɑ̃], *a.* bothersome.

(C) **bâdrer** [ba'dre], *v.t.* to annoy, to bother.

bafouer [ba'fwe], *v.t.* to scoff at, to make game of.

bafouillage [bafu'ja:ʒ], *n.f.* gibberish, rig-marole; spluttering; bad running (*of engine*).

bafouiller [bafu'je], *v.i.* to stammer; to splutter; to miss, to chatter (*of engine*).

bafouilleur [bafu'jœ:r], *n.m.* (*fem.* **-euse**) stammerer.

bagages [ba'ga:ʒ], *n.m. pl.* luggage; *bagages enregistrés,* registered luggage.

bagarre [ba'ga:r], *n.f.* riot; uproar; crush, squabble, scuffle.

bagatelle [baga'tɛl], *n.f.* bauble, trinket, trifle, anything frivolous; trifling sum, mere nothing.

bagne [baɲ] *n.m.* convict-prison; penal servitude.

bagnole [ba'nɔl], *n.f.* (*fam.*) (old) motor-car.

bague [bag], *n.f.* ring; ring band (*for birds*).

bague-agrafe [baga'graf], *n.f.* (*d'un stylo*) (fountain-pen) clip.

baguer [ba'ge], *v.t.* to baste, to tack, to stitch; to decorate *or* hang with rings; (*Hort.*) to ring (*trees*); to ring (*a bird*).

baguette [ba'gɛt], *n.f.* switch, rod, wand; pointer; clock (*of stockings*); glove-stretcher; long roll (*French bread*).

baguier [ba'gje], *n.m.* casket for rings, jewels etc., jewel-box, ring-stand.

bah! [ba], *int.* pooh! pshaw! nonsense! fudge!

bahut [ba'y], *n.m.* cabinet, trunk, chest; press, cupboard; (*Sch. slang*) grammar school.

bahutier [bay'tje], *n.m.* maker of trunks, chests, cabinets, etc.

bai [bɛ], *a.* bay; *une jument baie*(1), a bay mare.

baie (2) [bɛ], *n.f.* bay, gulf; (*Arch.*) bay, opening.

baie (3) [bɛ], *n.f.* berry.

baignade [bɛ'nad], *n.f.* bathing; bathing-place.

baigner [bɛ'ne], *v.t.* to bathe, to give a bath to, to dip; (*fig.*) to wash, to water (*a coast etc.*); to wet, to suffuse.—*v.i.* to be plunged into; to welter (*in blood etc.*). **se baigner,** *v.r.* to bathe, to wash.

baigneur [bɛ'nœ:r], *n.m.* (*fem.* **-euse**) bather; bathkeeper *or* attendant, bathing-attendant.

baignoire [bɛ'nwa:r], *n.f.* bath-tub, bath; (*Theat.*) ground-floor box.

bail [ba:j], *n.m.* (*pl.* **baux** [bo]) lease.

bâillement [baj'mɑ̃], *n.m.* yawning, yawn.

bâiller [ba'je], *v.i.* to yawn, to gape; to open (*of fissures etc.*); to be ajar (*of doors*).

bailleur [ba'jœ:r], *n.m.* (*fem.* **-eresse**) one who leases, lessor.

bâilleur [ba'jœ:r], *n.m.* (*fem.* **-euse**) yawner; gaper.

bailli [ba'ji], *n.m.* (*Fr. Hist.*) bailiff.

bâillon [ba'jõ], *n.m.* gag, muzzle.

bâillonnement [bajon'mɑ̃], *n.m.* gagging.

bâillonner [bajo'ne], *v.t.* to stop the mouth of, to gag, to muzzle; (*fig.*) to silence.

bain [bɛ̃], *n.m.* bath; bathing-tub; (*pl.*) baths, bathing establishment, watering-place, spa; *la salle de bain(s),* the bathroom.

bain-douche [bɛ̃'duʃ], *n.m.* shower-bath.

bain-marie [bɛma'ri], *n.m.* (*pl.* **bains-marie**) (*Cook.*) double saucepan for foods that burn easily; boiler (*in a kitchen-range etc.*).

baïonnette [bajo'nɛt], *n.f.* bayonet.

baiser [bɛ'ze], *v.t.* (*of strictly literary use, no longer decent in conversation, practically replaced by* **embrasser**) to kiss.—*n.m.* kiss, kissing; salute.

baisse [bɛ:s], *n.f.* fall, abatement, decline; reduction *or* fall (*of prices etc.*); falling off (*of credit etc.*).

baisser [bɛ'se], *v.t.* to let down, to lower; to reduce the height of; to strike (*a flag etc.*); to bow (*the head etc.*).—*v.i.* (*with aux.* ÊTRE *or* AVOIR) to go down; to ebb; to be on the decline *or* the wane; to flag, to droop; to fail, to diminish. **se baisser,** *v.r.* to stoop; to bow down; to be lowered.

bajoue [ba'ʒu], *n.f.* jowl; chap (*of pigs etc.*).

bakélite [bake'lit], *n.f.* (*reg. trade name*) bakelite.

bal [bal], *n.m.* ball, dance; *bal costumé,* fancy-dress ball.

baladeuse [bala'dø:z], *n.f.* costermonger's barrow; portable lamp; trailer (*for cycle or tram*).

baladin [bala'dɛ̃], *n.m.* (*fem.* **-e**) mounte-bank; buffoon.

balafre [ba'la:fr], *n.f.* gash, slash, cut; scar.

balafrer [bala'fre], *v.t.* to gash, to slash.

balai (1) [ba'lɛ], *n.m.* broom, besom; (*Elec.*) brush.

(C) **balai** (2) [ba'lɛ], *n.m.* cedar.

balalaïka [balalai'ka], *n.f.* balalaika.

balance [ba'lɑ̃:s], *n.f.* balance, scales, pair of scales; (*Comm.*) balance (*of an account*), balance sheet.

balancement [balɑ̃s'mɑ̃], *n.m.* balancing, poising; rocking, see-saw; (*fig.*) fluctuation, wavering, hesitation.

balancer

balancer [balɑ̃'se], *v.t.* (*conjug. like* COM-
MENCER) to balance, to poise, to hold in
equilibrium; to swing to and fro, to rock;
(*fig.*) to weigh, to consider; to square (*accounts*); to counterbalance.—*v.i.* to hesitate,
to be in suspense, to waver; to fluctuate, to
oscillate, to remain undecided. **se balancer**,
v.r. to swing, to rock.
balancier [balɑ̃'sje], *n.m.* maker of weights
and scales; pendulum, balance; balancing-
pole.
balançoire [balɑ̃'swa:r], *n.f.* see-saw; swing.
balandre [ba'lɑ̃:dr], *n.f.* flat canal boat.
balayage [balɛ'ja:ʒ], **balayement** [balɛ
'mɑ̃], *n.m.* sweeping; (*Tel.*) scanning.
balayer [balɛ'je], *v.t.* (*conjug. like* PAYER) to
sweep, to clean with a broom; (*Tel.*) to scan.
balayette [balɛ'jɛt], *n.f.* small broom, whisk.
balayeur [balɛ'jœ:r], *n.m.* (*fem.* **-euse**)
sweeper, scavenger.—*n.f.* (**-euse**) sweeping-
machine.
balayures [balɛ'jy:r], *n.f.* (*used only in pl.*)
sweepings.
balbutier [balby'sje], *v.t.* to pronounce
indistinctly.—*v.i.* to stammer, to stutter;
to mumble.
balbutieur [balby'sjœ:r], *n.m.* (*fem.* **-euse**)
stutterer, stammerer.
balcon [bal'kɔ̃], *n.m.* balcony; (*Theat.*) dress-
circle.
baldaquin [balda'kɛ̃], *n.m.* baldachin,
canopy; tester (*of bed*).
Bâle [bɑ:l], *f.* Basel, Basle.
Baléares [bale'a:r], **les**, *f. pl.* the Balearic
Isles.
baleine [ba'lɛ:n], *n.f.* whale; whalebone; rib
of an umbrella.
baleiné [balɛ'ne], *a.* stiffened with whalebone.
baleineau [balɛ'no], *n.m.* (*pl.* **-eaux**) young
whale.
baleinier [balɛ'nje], *n.m.* (*fem.* **-ière**) whaler.
—*n.f.* (**-ière**) whale-boat.
balisage [bali'za:ʒ], *n.m.* (*Naut.*) buoying,
signalling; (*Av.*) ground-lights.
balise [ba'li:z], *n.f.* sea-mark, buoy, beacon;
(*Av.*) ground-light.
baliser [bali'ze], *v.t.* to buoy; to mark with
beacons *or* ground-lights.
balistique [balis'tik], *a.* ballistic.—*n.f.* bal-
listics.
balivage [bali'va:ʒ], *n.m.* *staddling.
baliveau [bali'vo], *n.m.* (*pl.* **-eaux**) *staddle;
sapling.
baliverne [bali'vɛrn], *n.f.* nonsense, humbug.
baliverner [balivɛr'ne], *v.i.* to talk idly, to
talk twaddle.
balkanique [balka'nik], *a.* Balkan.
ballade [ba'lad], *n.f.* ballade; ballad.
ballant [ba'lɑ̃], *a.* waving, swinging, dangling.
ballast [ba'last], *n.m.* (*Rail.*) ballast.
balle [bal], *n.f.* ball; bullet, shot; bale, pack.
ballerine [bal'rin], *n.f.* ballerina.
ballet [ba'lɛ], *n.m.* ballet.
ballon [ba'lɔ̃], *n.m.* hand-ball; football; balloon; air-balloon (*child's*).
ballonné [balɔ'ne], *a.* distended, swollen.
ballonnier [balɔ'nje], *n.m.* maker *or* vendor of
toy balloons.
ballon-sonde [balɔ̃'sɔ̃:d], *n.m.* sounding
balloon.
ballot [ba'lo], *n.m.* small pack (*of wares for
sale*).

ballottement [balɔt'mɑ̃], *n.m.* tossing,
shaking.
ballotter [balɔ'te], *v.t.* to toss, to toss about;
to bandy; to keep in suspense.—*v.i.* to
shake, to rattle.
balnéaire [balne'ɛ:r], *a.* pertaining to baths
etc.; *station balnéaire*, watering-place;
seaside resort.
balourd [ba'lu:r], *a.* dull, heavy, thick-
headed.—*n.m.* (*fem.* **-e**) stupid *or* dull person,
numskull, dunce.
balourdise [balur'di:z], *n.f.* gross blunder;
stupidity.
balsamier [balza'mje], **baumier** [bo'mje],
n.m. balsam-tree.
balsamine [balza'min], *n.f.* balsamine.
Baltique [bal'tik], **la**, *f.* the Baltic (Sea).
balustrade [balys'trad], *n.f.* balustrade; low
railing etc.
balustre [ba'lystr], *n.m.* baluster, hand-rail.
balustrer [balys'tre], *v.t.* to rail in, to surround.
balzane [bal'zan], *n.f.* white stocking (*of a
horse*).
bambin [bɑ̃'bɛ̃], *n.m.* (*fem.* **-e**) (*colloq.*) urchin;
brat, tiny tot.
bambou [bɑ̃'bu], *n.m.* bamboo (cane).
ban [bɑ̃], *n.m.* ban, announcement, public
order, edict *or* proclamation; banishment,
proscription; (*pl.*) banns (*of matrimony*).
banal [ba'nal], *a.* (*m. pl.* **-aux**) common,
commonplace, trite.
banalité [banali'te], *n.f.* vulgarity; banality,
commonplace, trite expression.
banane [ba'nan], *n.f.* banana.
bananier [bana'nje], *n.m.* banana-tree;
banana boat.
banc [bɑ̃], *n.m.* bench, settle, form; reef,
sand-bank; shoal (*of fish*); (*Geol.*) layer; bed;
dock, bar; *banc d'essai*, (*Motor.*) test
bench; (*C*) *banc de neige*, heap of snow;
banc d'huîtres, oyster-bed.
bancal [bɑ̃'kal], *a.* (*m. pl.* **-als**) bandy-
legged.—*n.m.* (*fem.* **-e**) bandy-legged person.
bandage [bɑ̃'da:ʒ], *n.m.* application of
bandages; bandage; belt; truss; tyre (*of
wheels*).
bande (1) [bɑ̃:d], *n.f.* band, belt, strip; ribbon;
bandage; *bande de papier*, slip of paper,
wrapper.
bande (2) [bɑ̃:d], *n.f.* band, troop, company;
gang, crew, set (*of brigands etc.*); flock,
pack.
bandé [bɑ̃'de], *a.* bandaged, taut, stretched.
bandeau [bɑ̃'do], *n.m.* (*pl.* **-eaux**) headband,
bandage (*for the eyes*).
bandelette [bɑ̃d'lɛt], *n.f.* little band, string
fillet.
bander [bɑ̃'de], *v.t.* to bind *or* tie up; to
bandage; to tighten, to bend (*a bow etc.*).—
v.i. to be stretched, to be taut *or* too tight.
banderole [bɑ̃'drɔl], *n.f.* banderole, streamer.
bandit [bɑ̃'di], *n.m.* brigand, bandit; ruffian,
blackguard; scamp.
bandoulière [bɑ̃du'ljɛ:r], *n.f.* shoulder-strap,
bandolier; *en bandoulière*, slung across
the back.
banjo [bɑ̃'ʒo], *n.m.* banjo.
banlieue [bɑ̃'ljø], *n.f.* suburbs, outskirts (*of
a town*).
banne [ban], *n.f.* hamper; awning; tilt,
tarpaulin.

banni [ba'ni], *a.* banished, outlawed; (*fig.*) banned, forbidden.—*n.m.* (*fem.* -e) exile, outlaw.

bannière [ba'njɛ:r], *n.f.* banner, standard, flag.

bannir [ba'ni:r], *v.t.* to banish; (*fig.*) to expel, to dismiss.

bannissement [banis'mã], *n.m.* banishment.

banque [bã:k], *n.f.* bank, banking.

banqueroute [bã'krut], *n.f.* bankruptcy; (*fig.*) failure, collapse.

banqueroutier [bãkru'tje], *n.m.* (*fem.* -ière) bankrupt.

banquet [bã'kɛ], *n.m.* banquet, feast.

banquette [bã'kɛt], *n.f.* bench; towing-path; (*Fort.*) banquette.

banquier [bã'kje], *n.m.* banker.

banquise [bã'ki:z], *n.f.* ice-floe, ice-pack.

bantam [bã'tam], *n.m.* bantam.

baptême [ba'tɛ:m], *n.m.* baptism, christening; *nom de baptême*, Christian name.

baptiser [bati'ze], *v.t.* to baptize; (*fig.*) to christen, to give a name or nickname to.

baptismal [batiz'mal], *a.* (*m. pl.* -aux) baptismal.

baptistaire [batis'tɛ:r], *a.* of baptism; *registre baptistaire*, parish register.

Baptiste [ba'tist], *n.m.* Baptist.

baquet [ba'kɛ], *n.m.* tub; (*Av.*) cockpit.

bar (1) [ba:r], *n.m.* (*Ichth.*) bass.

bar (2) [ba:r], *n.m.* (*of a public-house etc.*).

baragouin [bara'gwɛ̃], *n.m.* gibberish, jargon, lingo.

baragouinage [baragwi'na:ʒ], *n.m.* talking, gibberish, jargon etc.

baragouiner [baragwi'ne], *v.t.* to sputter out (*words*).—*v.i.* to talk gibberish; to gabble.

baraque [ba'rak], *n.f.* hut, shed, shanty; (*fam.*) hovel; booth (*at a fair*).

baraquement [barak'mã], *n.m.* (*Mil.*) hutting.

barattage [bara'ta:ʒ], *n.m.* churning.

baratte [ba'rat], *n.f.* churn.

baratter [bara'te], *v.t.* to churn.

barbacane [barba'kan], *n.f.* (*Fort.*) barbican.

Barbade [bar'bad], *f.* Barbados.

barbare [bar'ba:r], *a.* barbarous, barbarian; cruel, inhuman; (*fig.*) uncouth, rude; incorrect, ungrammatical.—*n.m.* (*usu. in pl.*) barbarians.

barbarement [barbar'mã], *adv.* barbarously.

barbaresque [barba'rɛsk], *a.* of or pertaining to Barbary.

Barbarie [barba'ri], **la**, *f.* Barbary.

barbarie [barba'ri], *n.f.* barbarity, rudeness; (*fig.*) cruelty.

barbarisme [barba'rism], *n.m.* (*Gram.*) barbarism.

barbe (1) [barb], *n.f.* beard; whiskers (*of cats, dogs etc.*); beard (*of corn etc.*); wattles (*of fowls*).

barbe (2) [barb], *n.m.* barb, barbary horse.

barbeau [bar'bo], *n.m.* (*pl.* -eaux) barbel; (*Bot.*) blue-bottle, cornflower.

barbelé [barbə'le], *a.* barbed, spiked; (*fil de fer*) *barbelé*, barbed wire.

barbiche [bar'biʃ], **barbichette** [barbi'ʃet], *n.f.* beard growing only on the chin, goatee.

barbier [bar'bje], *n.m.* barber.

barbiturate [barbity'rat], **barbiturique** [barbity'rik], *n.m.* (*Chem.*) barbiturate.

barboter [barbɔ'te], *v.i.* to dabble about in mud or water (*with the beak, like a duck*); to paddle, to flounder about in the mud; (*fig.*) to mumble.

barboteuse [barbɔ'tø:z], *n.f.* rompers.

barbotière [barbɔ'tjɛ:r], *n.f.* duck-pond; trough.

barbouillage [barbu'ja:ʒ], *n.m.* daubing; daub; scrawl; (*fig.*) twaddle.

barbouiller [barbu'je], *v.t.* to soil, to dirty, to blot; to daub, to besmear; to scrawl, to scribble; to splutter out, to mumble; to bungle.

barbouilleur [barbu'jœ:r], *n.m.* (*fem.* -euse) dauber, scribbler; mumbler.

barbu [bar'by], *a.* bearded.

barbue [bar'by], *n.f.* brill.

barcarolle [barka'rɔl], *n.f.* (*Mus.*) barcarolle.

Barcelone [barsə'lɔn], *f.* Barcelona.

bardane [bar'dan], *n.f.* burr, burdock.

barde (1) [bard], *n.m.* bard.

barde (2) [bard], *n.f.* bard (*iron armour for horses*); thin rasher of bacon used for larding poultry etc.

bardé [bar'de], *a.* barded; larded.

barder [bar'de], *v.t.* to barb a horse; to cover with thin slices of bacon, to lard; (*slang*) *ça barde* or *ça va barder*, things are beginning to hum.

bardot or **bardeau** (*pl.* -eaux) [bar'do], *n.m.* hinny; pack-mule.

barème [ba'rɛ:m], *n.m.* ready-reckoner.

barguignage [bargi'na:ʒ], *n.m.* (*colloq.*) hesitation, wavering, dilly-dallying.

barguigner [bargi'ne], *v.i.* to be irresolute, to waver, to shilly-shally.

barguigneur [bargi'nœr], *n.m.* (*fem.* -euse) waverer, haggler.

baril [ba'ri], *n.m.* small barrel, cask, keg.

bariolage [barjɔ'la:ʒ], *n.m.* variegation, odd medley of colours, motley.

bariolé [barjɔ'le], *a.* gaudy, motley, many-coloured.

barioler [barjɔ'le], *v.t.* to streak with several colours, to variegate.

barnache [BERNACLE].

baromètre [barɔ'mɛtr], *n.m.* barometer.

barométrique [barɔme'trik], *a.* barometrical.

baron [ba'rɔ̃], *n.m.* (*fem.* -onne) baron, baroness.

baronnet [barɔ'nɛ], *n.m.* baronet.

baronnial [barɔ'njal], *a.* (*m. pl.* -aux) baronial.

baronnie [barɔ'ni], *n.f.* barony.

baroque [ba'rɔk], *a.* irregular, grotesque odd; baroque.

barque [bark], *n.f.* bark, boat, small craft.

barquerolle [barkə'rɔl], *n.f.* small mastless barge.

barquette [bar'kɛt], *n.f.* small craft; light puff-biscuit.

barrage [ba'ra:ʒ], *n.m.* barrier; toll-bar; dam, weir, barrage.

barre [ba:r], *n.f.* bar (*of metal, wood etc.*); dash, cross, stroke (*of the pen etc.*); bar (*in courts*) of justice; (*Naut.*) helm, tiller, bar; (*Mus.*) bar; bore (*of river*).

barreau [ba'ro], *n.m.* (*pl.* -eaux) small bar (*of wood, metal etc.*); bench reserved for barristers; (*fig.*) lawyers, barristers; rung (*of a ladder*); *être reçu* or *admis au barreau*, to be called to the bar.

39

barrer [ba're], v.t. to bar up, to fence off; to obstruct, to thwart; to cross off, to erase.

barrette (1) or **barette** [ba'rɛt], n.f. square flat cap, biretta; cardinal's hat.

barrette (2) [ba'rɛt], n.m. axle, pin, bolt, etc. (in watches, jewellery etc.); bar (of medal).

barreur [ba'rœːr], n.m. helmsman, coxswain.

barricade [bari'kad], n.f. barricade.

barricader [barika'de], v.t. to barricade, to obstruct.

barrière [ba'rjɛːr], n.f. railing, barrier; gate-way; farm gate.

barrique [ba'rik], n.f. large barrel or cask, hogshead.

baryton [bari'tɔ̃], n.m. baritone.

baryum [ba'rjom], n.m. barium.

bas (1) [ba], a. (fem. **basse** (1)) low; in a low situation; inferior; (fig.) vile, base, sordid; mean; subdued (of sounds); decadent; *la marée est basse*, it is low tide; *les Pays-Bas*, the Netherlands.—adv. low, down; in a subdued voice, tone, etc.; *ici bas*, here below; *là-bas*, over there, yonder.—n.m. the lower part, bottom or foot (of something); *en bas*, below, downstairs; *le bas de l'escalier*, the foot of the stairs.

bas (2) [ba], n.m. inv. stocking.

basalte [ba'zalt], n.m. basalt.

basane [ba'zan], n.f. sheepskin.

basané [baza'ne], a. sunburnt, bronzed, swarthy, tawny.

bascule [bas'kyl], n.f. see-saw; weighing-machine.

basculer [basky'le], v.i. to see-saw; to rock, to swing.

base [baːz], n.f. base, foundation; lower part, bottom; basis.

base-ball [bes'bɔl], n.m. baseball.

baser [ba'ze], v.t. to found, to base, to ground. **se baser**, v.r. to be grounded; to depend, to rely.

bas-fond [bɑ'fɔ̃], n.m. (pl. **bas-fonds**) low-lying ground, hollow, bottom; shallow, shallow water; (fig., pl.) underworld.

basilic [bazi'lik], n.m. (Bot.) basil, sweet basil; (Myth.) basilisk, cockatrice.

basilique [bazi'lik], n.f. basilica.

basket-ball [baskɛt'bɔl], n.m. basket-ball.

basketteur [baskɛ'tœːr], n.m. (fem. **-euse**) basket-ball player.

basque (1) [bask], n.f. flap, skirt, tail (of a garment).

basque (2) [bask], a. Basque.—n.m. Basque (language).—n. (**Basque**) Basque (person).

bas-relief [barə'ljɛf], n.m. (pl. **bas-reliefs**) bas-relief.

basse (1) [baːs], [BAS (1)].

basse (2) [baːs], n.f. bass, bass-string; sax-horn.

basse (3) [baːs], n.f. shallow, reef.

basse-contre [bas'kɔ̃ːtr], n.f. (pl. **basses-contre**) (Mus.) contra-bass, lower tenor.

basse-cour [bas'kuːr], n.f. (pl. **basses-cours**) farm-yard, poultry-yard.

bassement [bas'mɑ̃], adv. basely, meanly, vilely.

bassesse [ba'sɛs], n.f. baseness; lowness (of station etc.); meanness, vileness; mean or sordid action.

basset [ba'sɛ], n.m. basset-hound; *basset allemand*, dachshund.

basse-taille [bas'taːj], n.f. (pl. **basses-tailles**) (Mus.) baritone; (Sculp.) bas-relief.

bassin [ba'sɛ̃], n.m. basin; pond; dock; (Anat.) pelvis.

bassine [ba'sin], n.f. deep, wide pan.

bassiner [basi'ne], v.t. to warm (a bed etc.); to bathe (with warm lotions), to foment, to steep; to water, to sprinkle (crops etc.).

bassinet [basi'nɛ], n.m. small basin, pan, bowl.

bassinoire [basi'nwaːr], n.f. warming-pan; (pop.) bore.

bassiste [ba'sist], n.m. saxhorn-player; 'cellist.

basson [ba'sɔ̃], n.m. bassoon; bassoonist.

bastide [bas'tid], n.f. (Provence) country cottage, villa.

bastille [bas'tiːj], n.f. bastille, fort.

bastion [bas'tjɔ̃], n.m. bastion.

bastionner [bastjɔ'ne], v.t. to bastion, to fortify with bastions.

bastonnade [bastɔ'nad], n.f. bastinado; caning.

bastringue [bas'trɛ̃ːg], n.m. (pop.) dance hall; (slang) noise.

bas-ventre [ba'vɑ̃ːtr], n.m. (pl. **bas-ventres**) lower part of the belly.

bât [ba], n.m. pack-saddle.

bataclan [bata'klɑ̃], n.m. (fam.) paraphernalia.

bataille [ba'taːj], n.f. battle, fight, engagement.

batailler [bata'je], v.i. to give battle; to be at war, to fight; to struggle hard, to strive.

batailleur [bata'jœːr], a. (fem. **-euse**) combative, pugnacious, quarrelsome; disputatious.

bataillon [bata'jɔ̃], n.m. battalion; (fig.) host; (pl.) troops.

bâtard [ba'taːr], a. and n.m. (fem. **-e**) bastard, illegitimate or natural (child).

bâté [ba'te], a. saddled with a pack; *c'est un âne bâté*, he is an ignorant lout.

bateau [ba'to], n.m. (pl. **-eaux**) boat; *bateau mouche*, pleasure steamer (Paris and Lyons).

batelage [ba'tlaːʒ], n.m. juggling, legerdemain; lighterage charges.

bateleur [ba'tlœːr], n.m. (fem. **-euse**) juggler, buffoon, mountebank.

batelier [batə'lje], n.m. (fem. **-ière**) boatman boatwoman, ferryman, ferrywoman.

bâter [ba'te], v.t. to load with a pack-saddle.

bathyscaphe [batis'kaf], n.m. bathyscape.

bâti [ba'ti], n.m. framing, structure; basting, tacking (of a garment).

batifolage [batifɔ'laːʒ], n.m. romping; cuddling.

batifoler [batifɔ'le], v.i. to play, to romp; to cuddle.

bâtiment [bati'mɑ̃], n.m. building, structure, edifice; building trade; ship, vessel.

bâtir [ba'tiːr], v.t. to build, to erect, to construct; *faire bâtir*, to have built, to build; *terrain à bâtir*, building site.

bâtisse [ba'tis], n.f. masonry, ramshackle building.

batiste [ba'tist], n.f. cambric.

bâton [ba'tɔ̃], n.m. stick, staff, cudgel, cane.

bâtonner [batɔ'ne], v.t. to cudgel, to cane.

batracien [batra'sjɛ̃], n.m. (Zool.) batrachian.

battant (1) [ba'tɑ̃], n.m. clapper (of a bell); leaf (of a table or door); fly (of a flag); *porte à deux battants*, double door.

battant (2) [ba'tã], *a.* beating, pelting, falling heavily (*of rain etc.*); *mener tambour battant*, to hurry on (*a business*).

batte [bat], *n.f.* long wooden staff *or* beater; *batte de blanchisseuse*, washing-board; *batte (de cricket)*, (cricket) bat.

battée [ba'te], *n.f.* jamb of door *or* window.

battement [bat'mã], *n.m.* beating; clapping (*of hands*), stamping (*of feet*), flapping (*of wings*); beating (*of the heart*); shuffling (*of cards*).

batterie [ba'tri], *n.f.* (*Artill., Elec., Cook. etc.*) battery; *batterie de cuisine*, complete set of kitchen utensils.

batteur [ba'tœːr], *n.m.* (*fem.* **-euse**) beater; (*cricket etc.*) batsman; (*jazz*) drummer.—*n.f.* (**-euse**) threshing-machine.

battre [batr], *v.t.* (*see Verb Tables*) to strike upon, against etc.; to beat, to thrash, to whip (*a horse etc.*); to beat up, to mix; to defeat; to shuffle (*cards*); *battre des mains*, to clap; *la fête battait son plein*, the party was in full swing.—*v.i.* to beat, to knock; to pant, to throb. **se battre**, *v.r.* to fight, to combat; to hit oneself (*contre etc.*).

battu [ba'ty], *a.* beaten (*of a path, road etc.*); frequented; (*fig.*) trite, commonplace.

battue [ba'ty], *n.f.* (*Shooting*) wholesale slaughter, battue.

baudet [bo'dɛ], *n.m.* ass; (*fig.*) dolt, donkey; sawyer's trestle.

bauge [boːʒ], *n.f.* lair of a wild boar; squirrel's nest; (*fig.*) a dirty hovel.

baume [boːm], *n.m.* balm; balsam; (*fig.*) consolation.

baumier [BALSAMIER].

baux [BAIL].

bauxite [bo'sit], *n.f.* bauxite.

bavard [ba'vaːr], *a.* prating, talkative, loquacious.—*n.m.* (*fem.* **-e**) prater, babbler, chatterer.

bavardage [bavar'daːʒ], *n.m.* babbling, prattling; (*fig.*) twaddle, nonsense.

bavarder [bavar'de], *v.i.* to babble, to prattle.

bavarois [bava'rwa], *a.* Bavarian.—*n.m.* (**Bavarois**, *fem.* **-oise**) Bavarian (*person*).

bave [baːv], *n.f.* slaver, dribble; foam; (*fig.*) slime.

baver [ba've], *v.i.* to slobber, to dribble.

bavette [ba'vɛt], *n.f.* bib.

baveux [ba'vø], *a.* (*fem.* **-euse**) dribbling, slobbering.

Bavière [ba'vjɛːr], **la**, *f.* Bavaria.

bavure [ba'vyːr], *n.f.* seam (*left by a mould*); smudge (*of a pen*).

bazar [ba'zaːr], *n.m.* bazaar; ill-kept, untidy house; (*fam.*) *mettre tout son bazar dans une malle*, to put all one's belongings in a trunk.

bazooka [bazu'ka], *n.m.* (*Artill.*) bazooka.

béant [be'ã], *a.* gaping, yawning, wide open.

béat [be'a], *a.* blessed; devout; sanctimonious.

béatement [beat'mã], *adv.* sanctimoniously.

béatification [beatifika'sjɔ̃], *n.f.* beatification.

béatifier [beati'fje], *v.t.* to beatify.

béatifique [beati'fik], *a.* beatific, blissful.

béatitude [beati'tyd], *n.f.* beatitude, blessedness.

beau [bo], **bel** [bɛl] (*before nouns singular beginning with a vowel or* h *mute*), *a.* (*fem.* **belle**, *pl.* **beaux, belles**) beautiful, fine, handsome, fair; smart, spruce; glorious; lofty, noble;

seemly, becoming; (*iron.*) nice, precious; *au beau milieu*, in the very middle; *il fait beau*, it is a fine day; *il l'a échappé belle*, he has had a narrow escape.—*adv.* finely, promisingly; in vain; *avoir beau dire*, to speak in vain; *de plus belle*, with renewed ardour, worse than ever; *tout beau*, gently, not so fast.—*n.m.* that which is beautiful, fine, excellent etc.; beauty; beau.—*n.f.* (**belle**) belle; *la Belle et la Bête*, Beauty and the Beast.

beaucoup [bo'ku], *adv.* many, much; a great many, a great deal; *avoir beaucoup d'argent*, to have plenty of money.

beau-fils [bo'fis], *n.m.* (*pl.* **beaux-fils**) stepson.

beau-frère [bo'frɛːr], *n.m.* (*pl.* **beaux-frères**) brother-in-law.

beau-père [bo'pɛːr], *n.m.* (*pl.* **beaux-pères**) father-in-law; step-father.

beaupré [bo'pre], *n.m.* (*Naut.*) bowsprit.

beauté [bo'te], *n.f.* beauty; fineness, loveliness, comeliness, elegance, agreeableness.

beaux-arts [bo'zaːr], *n.m.pl.* fine arts.

beaux-parents [bopa'rã], *n.m. pl.* father-in-law and mother-in-law.

bébé [be'be], *n.m.* baby; baby-doll.

bec [bɛk], *n.m.* beak, bill; (*fig.*) mouth; snout (*of some fishes*); lip (*of a jug*), spout (*of a kettle etc.*); gas-jet, burner; mouthpiece (*of musical instrument*); nib (*pen*); *avoir bon bec*, to have the gift of the gab.

bécane [be'kan], *n.f.* (*pop.*) bike.

bécarre [be'kaːr], *a. and n.m.* (*Mus.*) natural.

bécasse [be'kas], *n.f.* woodcock; (*fam.*) stupid woman.

bécassine [beka'sin], *n.f.* snipe.

bec-de-lièvre [bɛkdə'ljɛːvr], *n.m.* (*pl.* **becs-de-lièvre**) harelip; harelipped person.

bec-fin [bɛk'fɛ̃], *n.m.* (*pl.* **becs-fins**) warbler; pipit.

béchamel [beʃa'mɛl], *n.f.* cream-sauce, béchamel sauce.

bêche [bɛːʃ], *n.f.* spade.

bêcher [bɛ'ʃe], *v.t.* to dig.

becquée [bɛ'ke], **béquée** [be'ke], *n.f.* billful; *donner la becquée*, to feed.

becqueter [bɛk'te], **béqueter** [bek'te], *v.t.* (*conjug. like* AMENER) to peck; (*colloq.*) to eat. **se becqueter, se béqueter**, *v.r.* to peck one another.

bedaine [bə'dɛn], *n.f.* (*colloq.*) paunch.

bedeau [bə'do], *n.m.* (*pl.* **-eaux**) beadle, verger.

bedonnant [bədɔ'nã], *a.* stout, pot-bellied.

bedonner [bədɔ'ne], *v.i.* to get *or* grow stout.

bédouin [be'dwɛ̃], *a.* Bedouin.—*n.m.* (**Bédouin**, *fem.* **-e**) Bedouin.

bée [be], *a. only used in bouche bée*, gaping, open-mouthed.

beffroi [bɛ'frwa], *n.m.* belfry.

bégaiement [bege'mã], *n.m.*, **bégayant** [bege'jã], *a.* stammering, faltering.

bégayer [bege'je], *v.t.* (*conjug. like* PAYER) to stammer out, to stutter, to lisp.—*v.i.* to stammer.

bégayeur [bege'jœːr], *n.m.* (*fem.* **-euse**) stammerer, stutterer.

bégonia [begɔ'nja], *n.m.* begonia.

bègue [bɛg], *a.* stammering, stuttering.—*n.* stammerer, stutterer.

bégueule [be'gœl], *a.* prudish, squeamish; straitlaced.—*n.f.* (*fam.*) prude.

bégueulerie [begœl′ri], *n.f.* prudery, prudish airs, squeamishness.

béguin [be′gɛ̃], *n.m.* hood, child's cap; *avoir un béguin pour*, to be sweet on, *c'est mon béguin*, he *or* she is my darling.

béguine [be′gin], *n.f.* beguine (*Flemish nun*); nun; bigoted person.

bégum [be′gɔm], *n.f.* begum.

beige [bɛ:ʒ], *a.* natural, undyed (*of wool*); beige.—*n.f.* unbleached serge.

beignet [be′nɛ], *n.m.* fritter.

béjaune [be′ʒo:n], *n.m.* (*Falconry*) eyas, unfledged hawk; (*fig.*) ninny, novice; blunder, silliness, mistake.

bel [BEAU].

bêlant [be′lɑ̃], *a.* bleating.

bêlement [bɛl′mɑ̃], *n.m.* bleating (*of sheep*).

bêler [bɛ′le], *v.i.* to bleat.

belette [bə′lɛt], *n.f.* weasel.

belge [bɛlʒ], *a.* Belgian.—*n.* (**Belge**) Belgian (*person*).

Belgique [bɛl′ʒik], **la,** *f.* Belgium.

bélier [be′lje], *n.m.* ram; battering-ram; Aries.

bélière [be′lje:r], *n.f.* sheep-bell; clapper-ring (*of a bell*); watch-ring; sword-sling.

bélître [be′litr], *n.m.* rascal, cad.

belladone [bɛla′dɔn], *n.f.* belladonna, deadly nightshade.

bellâtre [bɛ′lɑ:tr], *a.* having insipid beauty; foppish.—*n.m.* insipid beauty; fop, coxcomb.

belle-fille [bɛl′fi:j], *n.f.* (*pl.* **belles-filles**) daughter-in-law; stepdaughter.

belle-maman [bɛlma′mɑ̃], (*colloq.*) [BELLE-MÈRE].

bellement [bɛl′mɑ̃], *adv.* prettily, charmingly, softly, gently.

belle-mère [bɛl′mɛ:r], *n.f.* (*pl.* **belles-mères**) mother-in-law; stepmother.

belles-lettres [bɛl′lɛtr], *n.f. pl.* polite literature, belles-lettres.

belle-sœur [bɛl′sœ:r], *n.f.* (*pl.* **belles-sœurs**) sister-in-law; stepsister.

belligérance [bɛliʒe′rɑ̃:s], *n.f.* belligerence, belligerency.

belligérant [bɛliʒe′rɑ̃], *a.* and *n.m.* (*fem.* **-e**) belligerent.

belliqueux [bɛli′kø], *a.* (*fem.* **-euse**) war-like, martial; bellicose, quarrelsome.

belvédère [bɛlve′de:r], *n.m.* turret, terrace, belvedere, gazebo.

bémol [be′mɔl], *a.* and *n.m.* (*Mus.*) flat.

bémoliser [bemɔli′ze], *v.t.* (*Mus.*) to mark flat *or* with a flat.

bénédicité [benedisi′te], *n.m.* grace (*before meals*).

bénédictin [benedik′tɛ̃], *a.* and *n.m.* (*fem.* **-e**) Benedictine.

bénédiction [benedik′sjɔ̃], *n.f.* benediction, blessing, consecration; (*fig.*) expression of thanks.

bénéfice [bene′fis], *n.m.* benefit, gain, profit; privilege, advantage; (*Eccles.*) benefice, living.

bénéficiaire [benefi′sje:r], *a.* receiving a benefit *or* benefice.—*n.* beneficiary, recipient.

bénéficial [benefi′sjal], *n.m.* beneficiary (*of ecclesiastical livings*).

bénéficier [benefi′sje], *v.i.* to gain, to profit.—*n.m.* beneficed clergyman, incumbent.

benêt [bə′nɛ], *a.* silly, foolish, simple.—*n.m.* booby, fool, simpleton.

bénévole [bene′vɔl], *a.* well-disposed, kindly; unpaid.

bénévolement [benevɔl′mɑ̃], *adv.* out of good-will; voluntarily, spontaneously.

Bengale [bɛ̃′gal], **le,** *m.* Bengal.

bengali [bɛ̃ga′li], *a.* Bengali.—*n.m.* Bengali (*language*).—*n.* (**Bengali**) Bengali (*person*).

Béni-oui-oui [beniwi′wi], *n.m. inv.* (*fam.*) yes-man.

bénignement [benin′mɑ̃], *adv.* benignly, kindly, graciously.

bénignité [benini′te], *n.f.* benignity, kindness; mildness (*of a disease*).

bénin [be′nɛ̃], *a.* (*fem.* **bénigne**) benign, good-natured, indulgent; mild (*of attacks of disease, remedies etc.*).

bénir [be′ni:r], *v.t.* to bless, to hallow, to consecrate; to call down blessings on; to thank; to praise.

bénit [be′ni], *a.* hallowed, consecrated.

bénitier [beni′tje], *n.m.* holy-water basin; fount.

benjamin [bɛ̃ʒa′mɛ̃], *n.m.* favourite (*especially the youngest child*).

benjoin [bɛ̃′ʒwɛ̃], *n.m.* benjamin, benzoin.

benne [bɛn], *n.f.* hamper, basket; (*Mining*) hopper, bucket.

benzine [bɛ̃′zin], *n.f.* benzine.

benzol [bɛ̃′zɔl], *n.m.* benzol.

béquillard [beki′ja:r], *a.* (*pop.*) crippled, going on crutches.—*n.m.* (*fem.* **-e**) cripple.

béquille [be′ki:j], *n.f.* crutch; (*Av.*) tail-skid.

béquiller [beki′je], *v.i.* to walk on crutches.

berbère [bɛr′bɛ:r], *a.* Berber.—*n.* (**Berbère**) Berber (*person*).

berbéris [bɛrbe′ris], *n.m.* (*Bot.*) barberry, berberis.

bercail [bɛr′ka:j], *n.m.* (*used only in sing.*) sheepfold, fold.

berce [bɛrs], *n.f.* cow-parsnip.

berceau [bɛr′so], *n.m.* (*pl.* **-eaux**) cradle; (*fig.*) infancy; origin, source; (*Hort.*) arbour, bower.

bercement [bɛrsə′mɑ̃], *n.m.* rocking; lulling.

bercer [bɛr′se], *v.t.* (*conjug. like* COMMENCER) to rock, to lull asleep; to lull, to soothe; (*fig.*) to delude *or* flatter with vain hopes. **se bercer,** *v.r.* to rock; (*fig.*) to delude oneself (*de*).

berceuse [bɛr′sø:z], *n.f.* woman who rocks an infant; rocking-chair; cradle that rocks; (*Mus.*) lullaby.

béret [be′rɛ], *n.m.* beret, tam-o'-shanter (*worn by the French Alpine regiments*).

berge [bɛrʒ], *n.f.* steep bank (*of a river*); side (*of a canal, ditch, roadway etc.*).

berger [bɛr′ʒe], *n.m.* (*fem.* **-ère** (1)) shepherd, shepherdess; (*poet.*) swain; (*fig.*) pastor, guardian (*of the people etc.*); (*Chess*) *le coup du berger*, fool's mate.

bergère (2) [bɛr′ʒɛ:r], *n.f.* large and deep arm-chair.

bergerie [bɛrʒə′ri], *n.f.* sheepfold, pen; (*Lit.*) (*chiefly used in the plural*) pastoral.

bergeronnette [bɛrʒərɔ′nɛt], *n.f.* (*Orn.*) wagtail.

berlue [bɛr′ly], *n.f.* dimness of sight.

Bermudes [bɛr′myd], **les,** *f. pl.* the Bermudas.

bernacle [bɛr'nakl], **bernache** [bɛr'naʃ], **barnache** [bar'naʃ], *n.f.* barnacle-goose; barnacle (*shell-fish*).

bernard-l'ermite [bɛrnarlɛr'mit], *n.m.* hermit-crab.

berne (1) [bɛrn], *n.f.* tossing in a blanket.

berne (2) [bɛrn], *n.f.* (*Naut.*) *mettre le pavillon en berne,* to fly the flag at half-mast.

berner [bɛr'ne], *v.t.* to toss in a blanket; (*fig.*) to ridicule, to make a fool of, to deride; to deceive, to hoax.

bernique [bɛr'nik], *int.* (*pop.*) no use; not a bit of it, no go.

berthon [bɛr'tɔ̃], *n.m.* a small collapsible boat.

béryl or **béril** [be'ril], *n.m.* beryl.

besace [bə'zas], *n.f.* beggar's wallet, scrip.

bésigue [be'zig], *n.m.* bezique (*card game*).

besogne [bə'zɔɲ], *n.f.* work, business, labour; job, piece of work.

besogner [bəzɔ'ɲe], *v.i.* to work, to labour.

besogneux [bəzɔ'ɲø], *a.* and *n.m.* (*fem.* -euse) necessitous, needy (person).

besoin [bə'zwɛ̃], *n.m.* need, want; necessity; poverty, distress, emergency; *au besoin,* at a pinch, if need be.

Bessarabie [bɛsara'bi], **la,** *f.* Bessarabia.

bestial [bɛs'tjal], *a.* (*m. pl.* -aux (1)) bestial, brutish.

bestialement [bɛstjal'mɑ̃], *adv.* bestially, brutally, like a beast.

bestialité [bɛstjali'te], *n.f.* bestiality.

bestiaux [BESTIAL, BÉTAIL].

bestiole [bɛs'tjɔl], *n.f.* little animal.

bêta [bɛ'ta], *n.m.* (*fem.* -asse) a bit of a blockhead, rather a simpleton.

bétail [be'ta:j], *n.m.* (*pl.* bestiaux (2) [bɛs'tjo]) cattle, livestock; *gros bétail,* oxen etc.; *menu bétail,* sheep, goats etc.

bêtasse [bɛ'tɑ:s], [BÊTA].

bête [bɛ:t], *a.* silly, stupid, nonsensical.—*n.f.* animal, beast, brute; fool, blockhead, stupid creature; *bête noire,* pet aversion; *bête sauvage,* wild animal.

bêtement [bɛt'mɑ̃], *adv.* like a fool, foolishly, stupidly.

Bethléem [bɛtle'ɛm], *f.* Bethlehem.

bêtise [be'ti:z], *n.f.* silliness, stupidity; tomfoolery, foolish act, suggestion etc., silly thing, absurdity.

béton [be'tɔ̃], *n.m.* (*Masonry*) beton (*a kind of concrete*); *béton armé,* reinforced concrete.

bétonnière [beto'njɛ:r], **bétonneuse** [beto'nø:z], *n.f.* concrete-mixer.

bette [bɛt], **blette** (2) [blɛt], *n.f.* beet.

betterave [bɛ'tra:v], *n.f.* beetroot; *betterave à sucre,* sugar-beet; *betterave fourragère,* mangel-wurzel.

beuglement [bøglə'mɑ̃], *n.m.* bellowing, lowing (*of cattle*).

beugler [bø'gle], *v.i.* to bellow, to low.

beurre [bœ:r], *n.m.* butter.

beurrée [bœ're], *n.f.* slice of bread and butter.

beurrer [bœ're], *v.t.* to butter (*bread etc.*).

beurrerie [bœr'ri], *n.f.* butter factory.

beurrier [bœ'rje], *n.m.* butter-dish.

bévue [be'vy], *n.f.* blunder, oversight, mistake; (*colloq.*) howler.

bey [bɛ], *n.m.* bey.

biais [bjɛ], *a.* slanting, sloping, askew; oblique. —*n.m.* bias, obliquity, slope; (*fig.*) shift, subterfuge.

biaisement [bjɛz'mɑ̃], *n.m.* sloping, slanting, shift, evasion.

biaiser [bjɛ'ze], *v.i.* to be oblique, to go obliquely, to slope, to slant, to lean on one side; to use shifts *or* evasions.

bibelot [bi'blo], *n.m.* trinket, knick-knack.

biberon (1) [bi'brɔ̃], *n.m.* (*Med.*) feeding-cup; feeding-bottle (*for infants*).

biberon (2) [bi'brɔ̃], *n.m.* (*fem.* -onne) tippler, toper.

Bible [bibl], *n.f.* Bible.

bibliographe [biblio'graf], *n.m.* bibliographer.

bibliographie [bibliogra'fi], *n.f.* bibliography.

bibliographique [bibliogra'fik], *a.* bibliographical.

bibliomane [biblio'man], *n.m.* book-collector.

bibliomanie [biblioma'ni], *n.f.* bibliomania.

bibliophile [biblio'fil], *n.m.* book-lover.

bibliothécaire [bibliote'kɛ:r], *n.m.* librarian.

bibliothèque [biblio'tɛk], *n.f.* library; bookcase.

biblique [bi'blik], *a.* Biblical.

bicarbonate [bikarbɔ'nat], *n.m.* (*Chem.*) bicarbonate.

biceps [bi'sɛps], *n.m.* biceps.

biche [biʃ], *n.f.* hind, doe.

bichon [bi'ʃɔ̃], *n.m.* (*fem.* -onne) lap-dog with long, silky hair.

bichonner [biʃɔ'ne], *v.t.* to curl; (*fig.*) to caress. **se bichonner,** *v.r.* to curl one's hair; to make oneself smart.

biconcave [bikɔ̃'ka:v], *a.* bi-concave.

biconvexe [bikɔ̃'vɛks], *a.* bi-convex.

bicoque [bi'kɔk], *n.f.* (*colloq.*) ramshackle house, shanty.

bicorne [bi'kɔrn], *a.* and *n.m.* cocked (hat).

bicyclette [bisi'klɛt], *n.f.* bicycle.

bidet [bi'dɛ], *n.m.* pony, small nag; bidet (*bath*).

bidon [bi'dɔ̃], *n.m.* tin, can (*esp. petrol can*); camp-kettle; soldier's water-bottle.

bidonville [bidɔ̃'vil], *n.m.* shanty town.

bielle [bjɛl], *n.f.* (*Mach.*) connecting-rod.

Biélorussie [bjelory'si], **la,** *f.* Byelorussia, White Russia.

bien [bjɛ̃], *n.m.* good; that which is pleasant, useful *or* advantageous; benefit, welfare, well-being, blessing; wealth, estate, property; gift, boon, mercy; (*pl.*) goods, chattels; fruits (*of the soil etc.*); *biens de consommation,* consumer goods; *biens immobiliers,* real estate.—*adv.* well; rightly, finely; much, very, far, entirely, completely; about, well-nigh; favourably, successfully; well off; on good terms, in favour; certainly, truly, indeed; formally, clearly, expressly; *aussi bien,* anyhow, in any case; *bien de,* plenty of, many; *bien mieux,* far better; *bien plus,* besides, moreover; *bien que,* although; *c'est bien,* that's right; *cette femme est bien,* that woman is good-looking; *eh bien!* well! *or* well? *je vous l'avais bien dit,* I told you so; *ou bien,* or else; *si bien que,* so that; *tant bien que mal,* so-so.—*int.* (*sometimes pronounced colloq.* [bɛ̃]) well!

bien-aimé [bjɛ̃nɛ'me], *a.* beloved, well-beloved.—*n.m.* (*fem.* -ée) darling, dear.

bien-dire [bjɛ̃'di:r], *n.m.* (*no pl.*) fine speaking.

43

bien-être [bjɛ̃'nɛ:tr], *n.m.* (*no pl.*) well-being, welfare, comfort.
bienfaisance [bjɛ̃fə'zɑ̃:s], *n.f.* beneficence, charity, munificence.
bienfaisant [bjɛ̃fə'zɑ̃], *a.* charitable, beneficent, kind, gracious; beneficial, salutary.
bienfait [bjɛ̃'fɛ], *n.m.* good turn, kindness, benefit, favour, courtesy.
bienfaiteur [bjɛ̃fɛ'tœ:r], *n.m.* (*fem.* **-trice**) benefactor, benefactress, patron.
bien-fonds [bjɛ̃'fõ], *n.m.* (*pl.* **biens-fonds**) real estate.
bienheureux [bjɛ̃nœ'rø], *a.* (*fem.* **-euse**) happy, fortunate; (*Eccles.*) blessed.
biennal [biɛ'nal], *a.* (*m. pl.* **-aux**) biennial.
bienséance [bjɛ̃se'ɑ̃:s], *n.f.* propriety, decency, decorum, seemliness.
bienséant [bjɛ̃se'ɑ̃], *a.* decent, becoming, seemly, decorous, fit.
bientôt [bjɛ̃'to], *adv.* soon, before long, shortly; *à bientôt !* see you soon!
bienveillance [bjɛ̃vɛ'jɑ̃:s], *n.f.* benevolence, goodwill, favour, kindness.
bienveillant [bjɛ̃vɛ'jɑ̃], *a.* benevolent, kind, friendly, favourable.
bienvenu [bjɛ̃v'ny], *a.* welcome; *soyez le bienvenu*, it's nice to have you with us.
bienvenue [bjɛ̃v'ny], *n.f.* welcome; *souhaiter la bienvenue à quelqu'un*, to greet *or* welcome someone.
bière (1) [bjɛ:r], *n.f.* beer.
bière (2) [bjɛ:r], *n.f.* coffin.
biffer [bi'fe], *v.t.* to cancel, to blot out, to erase.
biflore [bi'flo:r], *a.* (*Bot.*) biflorate.
bifocal [bifo'kal], *a.* (*m. pl.* **-aux**) bifocal.
bifolié [bifo'lje], *a.* (*Bot.*) bifoliate.
bifteck [bif'tɛk], *n.m.* beefsteak.
bifurcation [bifyrka'sjõ], *n.f.* bifurcation; fork (*of a road*).
bigame [bi'gam], *a.* bigamous.—*n.* bigamist.
bigamie [biga'mi], *n.f.* bigamy.
bigarré [biga're], *a.* parti-coloured, streaked.
bigarrer [biga're], *v.t.* to chequer, to streak, to variegate.
bigarrure [biga'ry:r], *n.f.* medley, mixture, motley, variegation.
bigot [bi'go], *a.* bigoted.—*n.m.* (*fem.* **-e**) bigot.
bigoterie [bigo'tri], *n.f.*, **bigotisme** [bigo'tism], *n.m.* bigotry.
bigoudi [bigu'di], *n.m.* curling pin *or* curler (*for the hair*).
bijou [bi'ʒu], *n.m.* (*pl.* **-oux**) jewel, gem; (*fig.*) darling.
bijouterie [biʒu'tri], *n.f.* jewellery.
bijoutier [biʒu'tje], *n.m.* (*fem.* **-ière**) jeweller.
bilan [bi'lɑ̃], *n.m.* balance-sheet.
bilatéral [bilate'ral], *a.* (*m. pl.* **-aux**) bilateral.
bilboquet [bilbo'ke], *n.m.* cup-and-ball (*toy*); small weighted figure that balances itself.
bile [bil], *n.f.* bile, spleen, gall; (*fig.*) anger.
bilieux [bi'ljø], *a.* (*fem.* **-euse**) bilious; (*fig.*) choleric, passionate.
bilingue [bi'lɛ̃:g], *a.* bilingual.
billard [bi'ja:r], *n.m.* billiards; billiard-table; billiard-room.
bille [bi:j], *n.f.* billiard-ball; marble, taw; log, unworked piece of timber; *roulement à billes*, ball-bearings.
billet [bi'jɛ], *n.m.* note, missive; bill, hand-bill; ticket, lottery-ticket; promissory note;

billet (*for quartering soldiers*); *billet de banque*, bank-note; *billet d'aller et retour*, return ticket; *billet doux*, love-letter.
billevesée [bilvə'ze], *n.f.* idle story, stuff, nonsense, bunkum.
billion [bi'ljõ], *n.m.* (*since* 1948 = 1 *followed by* 12 *ciphers*), billion, one million million(s); (*Am.*) trillion.
billot [bi'jo], *n.m.* block; executioner's block.
bimbelot [bɛ̃'blo], *n.m.* plaything, toy, bauble.
bimensuel [bimɑ̃'sɥɛl], *a.* (*fem.* **-elle**) twice monthly, fortnightly.
bimoteur [bimo'tœ:r], *a.* and *n.m.* twin-engined (plane).
binaire [bi'nɛ:r], *a.* binary.
biner [bi'ne], *v.t.* (*Agric.*) to dig again; to hoe.
binette [bi'nɛt], *n.f.* hoe; (*colloq.*) face, phiz.
biniou [bi'nju], *n.m.* Breton bagpipe.
binôme [bi'no:m], *n.m.* (*Alg.*) binomial.
biochimie [bioʃi'mi], *n.f.* biochemistry.
biographe [bio'graf], *n.m.* biographer.
biographie [biogra'fi], *n.f.* biography.
biographique [biogra'fik], *a.* biographical.
biologie [biolo'ʒi], *n.f.* biology.
biologique [biolo'ʒik], *a.* biological.
biologiste [biolo'ʒist], **biologue** [bio'log], *n.m.* biologist.
bion [bjõ], *n.m.* sucker, shoot.
bioxyde [biok'sid], *n.m.* dioxide.
biparti [bipar'ti], **bipartite** [bipar'tit], *a.* bipartite.
bipède [bi'pɛd], *a.* and *n.* (*Zool.*) biped.
biplan [bi'plɑ̃], *n.m.* biplane.
bipolaire [bipo'lɛ:r], *a.* bipolar.
bique [bik], *n.f.* nanny-goat.
biréacteur [bireak'tœ:r], *n.m.* twin-engined jet-plane.
birloir [bir'lwa:r], *n.m.* window-catch.
birman [bir'mɑ̃], *a.* Burmese.—*n.m.* (**Birman**, *fem.* **-ane**) Burmese (*person*).
Birmanie [birma'ni], **la**, *f.* Burma.
bis (1) [bi], *a.* brown; tawny, swarthy; *du pain bis*, brown bread.
bis (2) [bi:s], *adv.* twice.—*int.* encore!
bisaïeul [biza'jœl], *n.m.* great-grandfather.
bisaïeule [biza'jœl], *n.f.* great-grandmother.
bisannuel [biza'nɥɛl], *a.* (*fem.* **-elle**) (*Bot.*) biennial.
bisbille [biz'bi:j], *n.f.* (*fam.*) petty quarrel, tiff, bickering.
biscornu [biskor'ny], *a.* irregular, misshapen; (*fig.*) outlandish, odd, queer.
biscotte [bis'kot], *n.f.* rusk.
biscuit [bis'kɥi], *n.m.* biscuit; pastry made with flour, eggs, and sugar; (*Am.*) cracker; unglazed porcelain.
bise [bi:z], *n.f.* dry and cold north wind; (*colloq.*) kiss.
biseau [bi'zo], *n.m.* (*pl.* **-eaux**) bevel, chamfer; bevelling tool.
biseauter [bizo'te], *v.t.* to bevel.
bismuth [bis'myt], *n.m.* bismuth.
bison [bi'zõ], *n.m.* bison, buffalo.
bisque [bisk], *n.f.* soup made of crayfish, chicken *or* game, fish etc.; (*colloq.*) ill-humour, spite.
bisquer [bis'ke], *v.i.* (*colloq.*) to be vexed *or* riled.
bissac [bi'sak], *n.m.* double wallet, sack *or* bag, haversack.
bissecter [bisɛk'te], *v.t.* to bisect.

bisser [bi'se], *v.t.* to encore.
bissextile [bisɛks'til], *a.* année bissextile, leap-year.
bissexué [bisɛk'sɥe], **bissexuel** [-sɥɛl] (*fem.* -elle), *a.* (*Bot.*) bisexual.
bistouri [bistu'ri], *n.m.* bistoury, lancet.
bistourner [bistur'ne], *v.t.* to twist, to distort; to castrate.
bistre [bistr], *n.m.* bistre, sepia.
bistro or **bistrot** [bis'tro], *n.m.* (*slang*) pub.
bitume [bi'tym], *n.m.* bitumen.
bituminer [bitymi'ne], *v.t.* to asphalt.
bitumineux [bitymi'nø], **bitumeux** [bity'mø], *a.* (*fem.* -euse) bituminous.
bivalent [biva'lɑ̃], *a.* divalent, bivalent.
bivalve [bi'valv], *a.* bivalvular.—*n.m.* bivalve.
bivouac [bi'vwak], *n.m.* bivouac.
bivouaquer [bivwa'ke], *v.i.* to bivouac.
bizarre [bi'za:r], *a.* queer, strange, whimsical, bizarre.
bizarrement [bizar'mɑ̃], *adv.* oddly, queerly, whimsically.
bizarrerie [bizar'ri], *n.f.* singularity, oddness; caprice, whim.
black-out [blak'aut], *n.m.* black-out.
blafard [bla'fa:r], *a.* pale, wan; livid.
blague [blag], *n.f.* tobacco pouch; (*slang*) chaff, humbug, hoax, fib; trick, practical joke; *sans blague!* you don't say!
blaguer [bla'ge], *v.i.* to chaff, to hoax, to humbug.
blagueur [bla'gœ:r], *n.m.* (*fem.* -euse) wag, hoaxer, humbug.
blaireau [blɛ'ro], *n.m.* (*pl.* -eaux) badger; shaving-brush; badger-hair brush.
blâmable [blɑ'mabl], *a.* blameworthy.
blâme [blɑ:m], *n.m.* blame; reproach, reprimand.
blâmer [blɑ'me], *v.t.* to blame, to criticize; to censure, to reprimand.
blanc [blɑ̃], *a.* (*fem.* **blanche** (1) [blɑ̃:ʃ]) white; hoar, hoary; clean; blank; *gelée blanche*, hoar frost; *passer une nuit blanche*, to have a sleepless night; *vers blancs*, blank verse.—*n.m.* white; blank; target, mark; *blanc de chaux*, whitewash; *de but en blanc*, point-blank; *en blanc*, left blank.
blanc-bec [blɑ̃'bɛk], *n.m.* (*pl.* **blancs-becs**) beardless youth, youngster; greenhorn; sucker.
blanchaille [blɑ̃'ʃa:j], *n.f.* whitebait.
blanchâtre [blɑ̃'ʃɑ:tr], *a.* whitish.
blanche (1) [BLANC].
blanche (2) [blɑ̃:ʃ], *n.f.* (*Mus.*) minim.
blancheur [blɑ̃'ʃœ:r], *n.f.* whiteness; cleanliness; light; (*fig.*) purity, innocence.
blanchiment [blɑ̃ʃi'mɑ̃], *n.m.* whitening, bleaching; blanching.
blanchir [blɑ̃'ʃi:r], *v.t.* to whiten; to whitewash; to wash, to bleach, to clean; to blanch.—*v.i.* to whiten.
blanchissage [blɑ̃ʃi'sa:ʒ], *n.m.* washing; refining (*of sugar etc.*).
blanchissant [blɑ̃ʃi'sɑ̃], *a.* that whitens or grows white; [foaming.
blanchisserie [blɑ̃ʃis'ri], *n.f.* laundry, washhouse.
blanchisseuse [blɑ̃ʃi'sø:z], *n.f.* washerwoman; laundress.
blanc-manger [blɑ̃mɑ̃'ʒe], *n.m.* (*pl.* **blancs-mangers**) blancmange.

blaser [blɑ'ze], *v.t.* to blunt, to cloy, to sicken, to surfeit.
blason [blɑ'zɔ̃], *n.m.* coat of arms; blazon; heraldry, blazonry.
blasonner [blɑzɔ'ne], *v.t.* to blazon; to interpret (*coats of arms*).
blasphémateur [blasfema'tœ:r], *n.m.* (*fem.* -trice) blasphemer.
blasphématoire [blasfema'twa:r], *a.* blasphemous.
blasphème [blas'fɛ:m], *n.m.* blasphemy.
blasphémer [blasfe'me], *v.t., v.i.* (*conjug. like* CÉDER) to blaspheme, to curse.
blatte [blat], *n.f.* cockroach, black-beetle.
blé [ble], *n.m.* corn, wheat; *halle au blé*, corn-exchange; *manger son blé en herbe*, to spend one's money before one has it.
blême [blɛ:m], *a.* sallow, pale, wan; ghastly.
blêmir [blɛ'mi:r], *v.i.* to turn or grow pale.
blèsement [blɛz'mɑ̃], *n.m.* lisping.
bléser [ble'ze], *v.i.* (*conjug. like* CÉDER) to lisp.
blessant [blɛ'sɑ̃], *a.* wounding; (*fig.*) offensive, mortifying.
blessé [blɛ'se], *a.* wounded; (*fig.*) offended.—*n.m.* (*fem.* -ée) (*Mil.*) casualty.
blesser [blɛ'se], *v.t.* to wound, to hurt; to offend, to injure; to shock. se blesser, *v.r.* to hurt oneself; (*fig.*) to take offence.
blessure [blɛ'sy:r], *n.f.* wound, hurt, injury; offence; *coups et blessures*, assault and battery.
blet [blɛ], *a.* (*fem.* -ette (1)) over-ripe, sleepy (*of fruit*).
blette (2) [BETTE].
bleu [blø], *a.* blue, black and blue (*as a bruise*); (*fig.*) amazed; *cordon bleu*, first-rate cook.—*n.m.* blue, blueness; washing-blue; greenhorn, novice; (C) Conservative, Tory.
bleuâtre [blø'ɑ:tr], *a.* bluish.
bleuet [BLUET].
bleuir [blø'i:r], *v.t.* to make blue, to blue (*in washing*).—*v.i.* to become blue.
blindage [blɛ̃'da:ʒ], *n.m.* iron-plating, armour-plating.
blindé [blɛ̃'de], *a.* armoured, armour-plated; screened; (*slang*) drunk.
blinder [blɛ̃'de], *v.t.* to armour-plate (*a ship, fort etc.*).
bloc [blɔk], *n.m.* block, lump, the whole lot.
blocage (1) [blɔ'ka:ʒ], *n.m.* blockading; blocking; block (*of traffic*); obstruction, (*Fin,*) freezing.
blocage (2) [blɔ'ka:ʒ], *n.m.* rubble.
blockhaus [blɔ'ko:s], *n.m. inv.* blockhouse.
bloc-note(s) [blɔk'nɔt], *n.m.* writing-pad.
blocus [blɔ'ky:s], *n.m. inv.* blockade.
blond [blɔ̃], *a.* blond, fair; light (*ale*); *blond ardent*, auburn; *blond cendré*, ash-blond.—*n.f.* (-e) (C) sweetheart.
blondin [blɔ̃'dɛ̃], *a.* fair-haired.—*n.m.* (*fem.* -e) fair-haired child.—*n.m.* spark, beau.
blondir [blɔ̃'di:r], *v.i.* to grow blond or fair.
blondissant [blɔ̃di'sɑ̃], *a.* growing yellow or golden (*of corn etc.*).
bloquer [blɔ'ke], *v.t.* to block up, to fill up (*cavities in walls*) with mortar; (*Mil.*) to blockade; (*Fin.*) to freeze; to jam on (*brakes*).
blottir (se) [səblɔ'ti:r], *v.r.* to curl up, to snuggle, to huddle; to cower, to crouch.
blouse [blu:z], *n.f.* smock; tunic; blouse; pinafore; overall.

45

blouser

blouser [blu′ze], *v.t.* to mislead, to cheat. **se blouser**, *v.r.* (*Billiards*) to pocket one's own ball; (*fig.*) to blunder; to bark up the wrong tree.

blouson [blu′zɔ̃], *n.m.* lumber-jacket, windcheater.

bluet [bly′ɛ], **bleuet** [blœ′ɛ], *n.m.* bluebottle, corn-flower; (*C*) blueberry.

bluette [bly′ɛt], *n.f.* spark; (*fig.*) literary trifle, novelette.

bluff [blœf], *n.m.* bluff.

bluffer [blœ′fe], *v.t.* to bluff.

blutage [bly′ta:ʒ], *n.m.* bolting, sifting (*of flour*).

bluter [bly′te], *v.t.* to bolt, to sift (*flour etc.*).

boa [bɔ′a], *n.m.* boa (*snake*); boa (*of feathers*).

bobèche [bɔ′bɛʃ], *n.f.* socket (*of a candlestick*); sconce.

bobine [bɔ′bin], *n.f.* bobbin, spool, reel; (*Cine.*) reel; **bobine d'induction**, induction-coil.

bobiner [bɔbi′ne], *v.t.* to wind on a bobbin, to spool.

bobineuse [bɔbi′nø:z], *n.f.* winder, winding machine.

bobo [bɔ′bo], *n.m.* (*Childish*) hurt, sore, bump; **avoir bobo** or **du bobo**, to have a slight pain, sore etc.; **faire bobo**, to hurt.

bocage [bɔ′ka:ʒ], *n.m.* copse, grove.

bocager [bɔka′ʒe], *a.* (*fem.* **-ère**) of groves or woodlands; shady.

bocal [bɔ′kal], *n.m.* (*pl.* **-aux**) druggist's short-necked bottle; carboy; glass jar, fishglobe.

boche [bɔʃ] (*aphæresis of* **Alboche**), *n.* (*pej.*) German, Jerry.

bock [bɔk], *n.m.* bock or glass (*beer*).

bœuf [bœf], *n.m.* (*pl.* **bœufs** [bø]) ox; beef.

Bohême [bɔ′ɛːm], **la,** *f.* Bohemia.

bohème [bɔ′ɛːm], *a.* Bohemian.—*n.* Bohemian, person of careless, unconventional habits.

bohémien [bɔe′mjɛ̃], *a.* and *n.m.* (*fem.* **-enne**) Bohemian; gipsy.

boire [bwa:r], *v.t. irr.* to drink; to consume or waste on drink; to absorb; to swallow (*an insult etc.*).—*v.i.* to drink (*to someone's health*); to tipple; to blot (*of paper*).—*n.m.* drink; drinking.

bois [bwa], *n.m.* wood, forest; wood, timber; wooden part or object; horns (*of a deer etc.*).

boisage [bwa′za:ʒ], *n.m.* wood-work; timbering (*of mines etc.*); wainscotting.

(*C*) **bois-brûlé** [bwabry′le], *n.m.* half-breed.

(*C*) **bois-debout** [bwad′bu], *n.m.* standing timber.

boisé [bwa′ze], *a.* wooded, well-timbered.

boisement [bwaz′mɑ̃], *n.m.* planting land with trees.

boiser [bwa′ze], *v.t.* to put woodwork to; to timber (*a mine etc.*); to wainscot; to plant with woods.

boiserie [bwaz′ri], *n.f.* wainscot, wainscotting.

boisseau [bwa′so], *n.m.* (*pl.* **-eaux**) bushel.

boisson [bwa′sɔ̃], *n.f.* drink; beverage; (*fig.*) drinking, drunkenness; (*C*) hard liquor; **boisson forte**, strong drink, (*Am.*) liquor.

boîte [bwat], *n.f.* box; casket, caddy, chest; case (*of a watch, rudder etc.*); (*pop.*) mouth; **boîte à feu**, stoke-hole; (*Motor.*) **boîte de**

vitesses, gear-box; **boîte de nuit**, nightclub; (*pop.*) **ta boîte!** shut your big mouth!

boitement [bwat′mɑ̃], *n.m.* halting, limping.

boiter [bwa′te], *v.i.* to limp; to be lame.

boiteux [bwa′tø], *a.* (*fem.* **-euse**) lame, halt, limping; rickety (*furniture*).—*n.m.* (*fem.* **-euse**) lame man or woman.

boîtier [bwa′tje], *n.m.* surgeon's case of instruments; case (*of a watch, an electric torch*).

bol [bɔl], *n.m.* bowl, basin.

bolchevik [bɔlʃə′vik], *n.m.* Bolshevik.

bolchevisme [bɔlʃə′vism], *n.m.* Bolshevism.

bolée [bɔ′le], *n.f.* bowlful.

boléro [bɔle′ro], *n.m.* bolero (*dance and garment*).

Bolivie [bɔli′vi], **la,** *f.* Bolivia.

bolivien [bɔli′vjɛ̃], *a.* (*fem.* **-enne**) Bolivian. —*n.m.* (**Bolivien,** *fem.* **-enne**) Bolivian (*person*).

bombance [bɔ̃′bɑ̃:s], *n.f.* feasting, junketing.

bombardement [bɔ̃bardə′mɑ̃], *n.m.* bombardment, shelling; **bombardement en piqué**, dive-bombing.

bombarder [bɔ̃bar′de], *v.t.* to bombard, to bomb; **quartier bombardé**, bombed site.

bombardier [bɔ̃bar′dje], *n.m.* bombardier.

bombe [bɔ̃:b], *n.f.* bomb; spray flask; **bombe atomique**, atom bomb; **bombe à hydrogène**, H-bomb; **bombe incendiaire**, incendiary bomb; (*colloq.*) **faire la bombe**, to be on the razzle.

bombé [bɔ̃′be], *a.* convex, arched.

bombement [bɔ̃b′mɑ̃], *n.m.* convexity, swelling, bulge.

bomber [bɔ̃′be], *v.t.* to cause (*something*) to bulge, jut, swell out, arch, curve or barrel.— *v.i.* to bulge, to jut out.

bombyx [bɔ̃′biks], *n.m.* (*Ent.*) bombyx; silkworm.

bon (1) [bɔ̃], *a.* (*fem.* **bonne** (1)) good; kind, favourable; fine, convenient, advantageous, profitable, proper; well-executed, cleverly done etc.; easy, good-natured; (*iron.*) simple, credulous; **à quoi bon tant de peine?** what is the good of so much trouble? **il fait bon dans cette pièce**, this room is nice and warm; **pour de bon**, for good and all.— *n.m.* that which is good; the best.—*adv.* well, right, properly; **tout de bon**, seriously, truly.

bon (2) [bɔ̃], *n.m.* bond, coupon, voucher; **bon du trésor**, treasury bond; **bon d'essence**, petrol coupon.

bonasse [bɔ′nas], *a.* simple-minded, credulous; soft.

bon-bec [bɔ̃′bɛk], *n.m.* (*pl.* **bons-becs**) chatterbox, gossip.

bonbon [bɔ̃′bɔ̃], *n.m.* sweet, (*Am.*) candy.

bond [bɔ̃], *n.m.* bound, leap, jump, caper; **faire faux bond**, to give (*someone*) the slip.

bonde [bɔ̃:d], *n.f.* bung-hole, bung; sluice, flood-gate.

bondé [bɔ̃′de], *a.* chock-full, packed, crammed.

bondir [bɔ̃′di:r], *v.i.* to bound, to leap, to bounce, to caper, to frisk.

bondissant [bɔ̃di′sɑ̃], *a.* bounding, skipping.

bondissement [bɔ̃dis′mɑ̃], *n.m.* bounding, skipping, frisking.

bonheur [bɔ′nœ:r], *n.m.* happiness, prosperity, welfare; good fortune, good luck, success.

bonhomie [bɔnɔ'mi], n.f. good nature; simplicity, credulity.

bonhomme [bɔ'nɔm], n.m. (pl. **bonshommes** [bɔ'zɔm]) simple, good-natured man; foolish or credulous person; (fig.) rough drawing or effigy of a man; *bonhomme de neige*, snowman.

boni [bɔ'ni], n.m. bonus.

boniface [bɔni'fas], a. and n. (pop.) simple, artless (person).

bonification [bɔnifika'sjɔ̃], n.f. amelioration, improvement (of land); (Fin.) bonus, discount.

bonifier [bɔni'fje], v.t. to better, to improve; (Fin.) to pay, to transfer.

boniment [bɔni'mɑ̃], n.m. quack's show; (fig.) humbug.

bonjour [bɔ̃'ʒuːr], n.m. and int. good morning, good afternoon, good day.

bonne (1) [BON (1)].

bonne (2) [bɔn], n.f. servant-maid; housemaid; *bonne d'enfants*, nursery-maid; *bonne à tout faire*, general maid.

bonnement [bɔn'mɑ̃], adv. plainly, simply, honestly; *tout bonnement*, quite frankly.

bonnet [bɔ'nɛ], n.m. cap; *c'est bonnet blanc et blanc bonnet*, it is six of one and half a dozen of the other.

bonneterie [bɔn'tri], n.f. hosiery business, hosiery.

bonnetier [bɔn'tje], n.m. (fem. **-ière**) hosier.

bon-prime [bɔ̃'prim], n.m. (Comm.) free-gift token.

bonsoir [bɔ̃'swaːr], n.m. and int. good evening, good night.

bonté [bɔ̃'te], n.f. goodness, kindness.

boom [bum], n.m. (Fin.) boom.

borax [bɔ'raks], n.m. borax.

bord [bɔːr], n.m. edge, margin, brink, brim, border, rim; shore, bank, side; *au bord de la mer*, at the seaside; *à bord*, on board; *par-dessus bord*, overboard.

bordage [bɔr'daːʒ], n.m. bordering, hemming etc.; (Naut.) planking, bulwarks.

bordé [bɔr'de], n.m. hem, edging, bordering (of a garment); (Naut.) planking.

bordeaux [bɔr'do], n.m. Bordeaux wine; *bordeaux rouge*, claret.

bordée [bɔr'de], n.f. (Naut.) broadside; volley, salvo; (C) *une bordée de neige*, a snow-fall.

bordelais [bɔrdə'lɛ], a. of Bordeaux.—n.m. (**Bordelais**, fem. **-aise**) native of Bordeaux.

border [bɔr'de], v.t. to border, to edge, to hem, to skirt, to bind; to tuck in (bedclothes); (Naut.) to haul (the sheets).

bordereau [bɔrdə'ro], n.m. (pl. **-eaux**) memorandum, note, schedule, account.

bordure [bɔr'dyːr], n.f. frame, edge, edging; margin, border, kerb; rim.

boréal [bɔre'al], ·. (m. pl. **-aux**) boreal, northern.

borée [bɔ're], n.m. Boreas, north wind (poet.).

borgne [bɔrɲ], a. one-eyed; *rue borgne*, blind alley.—n. one-eyed person.

borique [bɔ'rik], a. boric.

borne [bɔrn], n.f. landmark; boundary, limit, confine; milestone; (Elec.) terminal; *borne kilométrique*, milestone.

borné [bɔr'ne], a. bounded, limited, confined; narrow, mean, hide-bound.

borne-fontaine [bɔrnfɔ̃'tɛːn], n.f. (pl. **bornes-fontaines**) street fountain (like a boundary-post).

borner [bɔr'ne], v.t. to set landmarks to; to bound, to limit, to confine.

Bosphore [bɔs'fɔːr], le, m. the Bosphorus.

bosquet [bɔs'kɛ], n.m. grove, thicket, arbour.

bosse [bɔs], n.f. hump, hunch; bump, bruise; knob, protuberance, lump, boss; (Arch.) embossment; (Sculp.) relief.

bosselage [bɔs'laːʒ], n.m. embossing.

bosseler [bɔs'le], v.t. (conjug. like APPELER) to dent; to emboss.

bossu [bɔ'sy], a. hunch-backed; deformed, crooked; pigeon-breasted.—n.m. (fem. **-e**) hunch-back; *rire comme un bossu*, to split one's sides with laughter.

bossuer [bɔ'sɥe], v.t. to dent, to batter.

boston [bɔs'tɔ̃], n.m. boston (card-game, dance).

bot [bo], a. *pied bot*, club-foot; club-footed.

botanique [bɔta'nik], a. botanical.—n.f. botany.

botaniser [bɔtani'ze], v.i. to botanize.

botaniste [bɔta'nist], n. botanist.

botte (1) [bɔt], n.f. wellington boot, jack-boot.

botte (2) [bɔt], n.f. bunch, truss, bale.

botte (3) [bɔt], n.f. (Fenc.) pass, thrust.

bottelage [bɔt'laːʒ], n.m. tying up in bundles.

botteler [bɔt'le], v.t. (conjug. like APPELER) to put up in bundles, to truss.

botteloir [bɔtl'waːr], n.m., **botteleuse** [bɔ'tlø:z], n.f. sheaf-binding machine, binder.

botter [bɔ'te], v.t. to put boots on (a person).

bottier [bɔ'tje], n.m. bootmaker.

bottin [bɔ'tɛ̃], n.m. a directory published by the firm of Didot Bottin.

bottine [bɔ'tin], n.f. (ankle) boot.

bouc [buk], n.m. billy-goat; *bouc émissaire* scapegoat.

boucanage [buka'naːʒ], n.m. smoke-drying.

boucaner [buka'ne], v.t. to smoke (meat, hides etc.).

boucanier [buka'nje], n.m. buccaneer; freebooter.

(C) **boucanière** [buka'nɛːr], n.f. smokehouse (for fish).

bouchage [bu'ʃaːʒ], n.m. stopping, corking.

bouche [buʃ], n.f. mouth; lips; tongue; voice; victuals; muzzle (of a cannon); *bouche d'eau*, hydrant.

bouchée [bu'ʃe], n.f. mouthful.

boucher (1) [bu'ʃe], v.t. to stop, to choke.

boucher (2) [bu'ʃe], n.m. butcher.

bouchère [bu'ʃɛːr], n.f. butcher's wife; woman keeping a butcher's shop.

boucherie [buʃ'ri], n.f. butcher's shop; butchery, slaughter.

bouche-trou [buʃ'tru], n.m. (pl. **bouche-trous**) stopgap.

bouchon [bu'ʃɔ̃], n.m. stopper, cork; wisp (of straw etc.).

bouchonner [buʃɔ'ne], v.t. to rub down (a horse).

bouchonnier [buʃɔ'nje], n.m. one who cuts or sells corks.

boucle [bukl], n.f. buckle; curl, lock (of hair); loop (of a river etc.).

bouclé [bu'kle], a. buckled, curled.

boucler

boucler [bu'kle], *v.t.* to buckle; to put a ring to; to curl (*hair*); *boucler la boucle*, to loop the loop. **se boucler**, *v.r.* to curl one's hair.

bouclier [bu'klje], *n.m.* buckler, shield; (*fig.*) defence.

Bouddha [bu'da], *m.* Buddha.

bouddhisme [bu'dism], *n.m.* Buddhism.

bouddhiste [bu'dist], *n.* Buddhist.

bouder [bu'de], *v.i.* to sulk, to be sullen, to pout. **se bouder**, *v.r.* to be cool towards each other.

bouderie [bu'dri], *n.f.* pouting, sulkiness.

boudeur [bu'dœːr], *a.* (*fem.* **-euse**) sulky, sullen.

boudin [bu'dɛ̃], *n.m.* black-pudding; spring (*of a coach*).

boudoir [bu'dwaːr], *n.m.* boudoir, lady's private room.

boue [bu], *n.f.* mud, mire, dirt, filth.

bouée [bu'e], *n.f.* buoy.

boueux [bu'ø], *a.* (*fem.* **-euse**) muddy, dirty, miry; foul.—*n.m.* scavenger; dustman.

bouffant [bu'fɑ̃], *a.* puffed (*sleeve*), baggy (*trousers*).

bouffe [buf], *a.* comic.—*n.m. pl.* **Les Bouffes**, the Italian opera (*in Paris*).

bouffée [bu'fe], *n.f.* puff, gust, blast, whiff.

bouffette [bu'fɛt], *n.f.* bow of ribbon; tassel.

bouffi [bu'fi], *a.* puffed up, swollen, inflated.

bouffir [bu'fiːr], *v.t.* to puff up, to swell, to bloat.—*v.i.* to swell.

bouffissure [bufi'syːr], *n.f.* swelling, puffing up.

bouffon [bu'fɔ̃], *a.* (*fem.* **-onne**) jocose, facetious, comical.—*n.m.* buffoon, clown, jester.

bouffonner [bufo'ne], *v.i.* to play the buffoon; to be jocose *or* full of jests.

bouffonnerie [bufon'ri], *n.f.* buffoonery, drollery, jesting.

bougainvillée [bugɛvi'le], *n.f.*, **bougainvillier** [bugɛvi'lje], *n.m.* bougainvillea.

bouge [buːʒ], *n.m.* den, dirty hole, hovel.

bougeoir [bu'ʒwaːr], *n.m.* flat candlestick.

bouger [bu'ʒe], *v.i.* (*conjug. like* MANGER) to stir, to budge, to fidget.

bougie [bu'ʒi], *n.f.* wax-candle; (*Elec.*) candle-power; *bougie d'allumage*, (*Motor.*) sparking-plug.

bougran [bu'grɑ̃], *n.m.* buckram.

bouillabaisse [buja'bɛs], *n.f.* Provençal fish-soup with saffron etc.

bouillant [bu'jɑ̃], *a.* boiling, hot, scalding.

bouilleur [bu'jœːr], *n.m.* brandy distiller; boiler-tube (*of an engine*).

bouilli [bu'ji], *n.m.* boiled beef.

bouillie [bu'ji], *n.f.* pap (*for infants*), porridge; pulp.

bouillir [bu'jiːr], *v.t. irr.* to boil (*milk etc.*). —*v.i.* to boil.

bouilloire [buj'waːr], *n.f.* kettle.

bouillon [bu'jɔ̃], *n.m.* broth, beef-tea; bubble; ebullition.

bouillonnement [bujɔn'mɑ̃], *n.m.* bubbling up, spouting, gushing.

bouillonner [bujo'ne], *v.i.* to bubble, to boil; (*fig.*) to be in a state of excitement.

bouillotte [bu'jɔt], *n.f.* foot-warmer; hot-water bottle; small kettle.

boulanger [bulɑ̃'ʒe], *n.m.* (*fem.* **-ère**) baker, baker's wife.—*v.t.* (*conjug. like* MANGER) to make, knead *or* bake (*bread*).

boulangerie [bulɑ̃'ʒri], *n.f.* baking, baker's business; baker's shop.

boule [bul], *n.f.* ball; bowl; (*pop.*) face, pate, head.

bouleau [bu'lo], *n.m.* (*pl.* **-eaux**) birch, birch-tree.

bouledogue [bul'dɔg], *n.m.* bulldog.

boulet [bu'lɛ], *n.m.* cannon- *or* musket-ball.

boulette [bu'lɛt], *n.f.* pellet; forcemeat ball.

boulevard [bul'vaːr], *n.m.* rampart; boulevard.

bouleversement [bulvɛrsə'mɑ̃], *n.m.* overthrow; commotion, confusion; destruction, ruin.

bouleverser [bulvɛr'se], *v.t.* to overthrow, to throw down; to subvert; (*fig.*) to agitate, to upset.

boulier [bu'lje], *n.m.* (*Fishing*) bag-net; scoring-board (*at billiards*).

bouline [bu'lin], *n.f.* (*Naut.*) bowline.

boulon [bu'lɔ̃], *n.m.* bolt, large iron pin.

boulonner [bulo'ne], *v.t.* to fasten with iron pins, to bolt.

boulot [bu'lo], *a.* (*fem.* **-otte**) fat, dumpy, squat.

bouquet [bu'kɛ], *n.m.* bunch (*of flowers*), nosegay, bouquet; aroma (*of wine*), perfume.

bouquetier [buk'tje], *n.f.* flower-vase.

bouquetière [buk'tjɛːr], *n.f.* flower-girl.

bouquetin [buk'tɛ̃], *n.m.* ibex.

bouquin (1) [bu'kɛ̃], *n.m.* (*Zool.*) old billy-goat; old hare.

bouquin (2) [bu'kɛ̃], *n.m.* old book; second-hand book; (*colloq.*) book.

bouquiner [buki'ne], *v.i.* to hunt after old books; (*colloq.*) to read.

bouquineur [buki'nœːr], *n.m.* (*colloq.*) lover of old books, book-fancier.

bouquiniste [buki'nist], *n.m.* dealer in second-hand books.

bourbe [burb], *n.f.* mud, mire, slush.

bourbeux [bur'bø], *a.* (*fem.* **-euse**) miry, muddy, sloshy.

bourbier [bur'bje], *n.m.* slough, puddle, mire.

bourdaine [bur'dɛn], **bourgène** [bur'ʒɛn], *n.f.* black alder.

bourdon (1) [bur'dɔ̃], *n.m.* pilgrim's staff.

bourdon (2) [bur'dɔ̃], *n.m.* humble-bee; great bell; (*Organ*) drone.

bourdonnant [burdo'nɑ̃], *a.* humming, buzzing.

bourdonnement [burdon'mɑ̃], *n.m.* buzz, buzzing; humming.

bourdonner [burdo'ne], *v.t.* to hum.—*v.i.* to buzz, to hum; to murmur.

bourdonneur [burdo'nœːr], *a.* humming.— *n.m.* humming-bird, colibri.

bourg [buːr], *n.m.* borough, market-town.

bourgade [bur'gad], *n.f.* small market-town.

bourgène [BOURDAINE].

bourgeois [bur'ʒwa], *a.* middle-class; plain, common, ordinary.—*n.m.* (*fem.* **-e**) citizen, townsman, townswoman; commoner; middle-class person, bourgeois.

bourgeoisie [burʒwa'zi], *n.f.* bourgeoisie, middle-class.

bourgeon [bur'ʒɔ̃], *n.m.* (*Bot.*) bud, shoot; pimple.

bourgeonnement [burʒon'mɑ̃], *n.m.* budding.

bourgeonner [burʒɔ'ne], *v.i.* to bud; to break out in pimples.

bourgeron [burʒə'rɔ̃], *n.m.* workman's blouse, smock-frock.

bourgmestre [burg'mɛstr], *n.m.* burgomaster.

Bourgogne [bur'gɔɲ], **la**, *f.* Burgundy.

bourguignon [burgi'ɲɔ̃], *a.* (*fem.* **-onne**) Burgundian, of Burgundy.—*n.m.* (**Bourguignon**, *fem.* **-onne**) native *or* inhabitant of Burgundy.

bourrade [bu'rad], *n.f.* blow, thrust, buffet.

bourrasque [bu'rask], *n.f.* squall, gust; fit of anger.

bourre [bu:r], *n.f.* hair, fluff (*of animals*); flock (*of wool*); floss (*of silk*); (*fig.*) stuff, trash.

bourreau [bu'ro], *n.m.* (*pl.* **-eaux**) hangman, executioner; tyrant.

bourrée [bu're], *n.f.* brushwood, faggot; an Auvergne dance.

bourreler [bur'le], *v.t.* (*conjug. like* APPELER) to torment, to rack.

bourrelet [bur'lɛ], *n.m.* pad, cushion.

bourrelier [burə'lje], *n.m.* harness-maker.

bourrellerie [burɛl'ri], *n.f.* harness-maker's shop.

bourrer [bu're], *v.t.* to tamp; to stuff, to cram; (*fig.*) to ill-treat, to thrash. **se bourrer**, *v.r.* to cram oneself; to thrash each other.

bourriche [bu'riʃ], *n.f.* game-basket, basket of game.

bourrique [bu'rik], *n.f.* she-ass; (*fig.*) stupid person, dolt.

bourriquet [buri'kɛ], *n.m.* ass's colt *or* small ass; hand-barrow.

bourru [bu'ry], *a.* cross, peevish, moody, surly.

Bourse [burs], *n.f.* Stock Exchange; *Bourse du travail*, labour exchange.

bourse [burs], *n.f.* purse, bag; scholarship, grant, bursary; rabbit-net.

boursier [bur'sje], *a.* (*fem.* **-ière**) pertaining to the Stock Exchange.—*n.m.* (*fem.* **-ière**) speculator on the Stock Exchange, exchange broker; purse-maker; (*Univ.*) exhibitioner.

boursouflage [bursu'fla:ʒ], *n.m.* bombast.

boursouflé [bursu'fle], *a.* bloated; bombastic, swollen.

boursouflement [bursuflə'mɑ̃], *n.m.* bloatedness, puffiness; blister (*of paint*).

boursoufler [bursu'fle], *v.t.* to bloat, to puff up.

boursouflure [bursu'fly:r], *n.f.* bloatedness (*of face etc.*); (*fig.*) turgidity (*of style*).

bousculade [busky'lad], *n.m.* jostling, hustling; scrimmage.

bousculer [busky'le], *v.t.* to throw into disorder; to jostle, to hustle. **se bousculer**, *v.r.* to jostle each other.

boussole [bu'sɔl], *n.f.* compass.

bout [bu], *n.m.* end, tip, top, point; fragment, bit; *venir à bout de*, to succeed, to get through (*something*).

boutade [bu'tad], *n.f.* whim, fit, start, caprice; witticism.

boute-en-train [butɑ̃'trɛ̃], *n.m. inv.* one who promotes gaiety in others, merry-maker; *être le boute-en-train*, to be the life and soul of the party.

boutefeu [but'fø], *n.m.* (*pl.* **-eux**) (*fig.*) incendiary, fire-brand.

bouteille [bu'tɛ:j], *n.f.* bottle; bottleful.

bouteillerie [butɛj'ri], *n.f.* bottle-works.

boutique [bu'tik], *n.f.* shop; work-shop; (*collect.*) tools, implements.

boutiquier [buti'kje], *n.m.* (*fem.* **-ière**) shopkeeper.—*a.* (*fem.* **-ière**) shopkeeping.

bouton [bu'tɔ̃], *n.m.* bud; pimple; button, stud, knob; (*Elec. etc.*) switch.

bouton d'or [butɔ̃'dɔ:r], *n.m.* (*pl.* **boutons d'or**) (*Bot.*) buttercup.

boutonné [butɔ'ne], *a.* buttoned; pimpled.

boutonner [butɔ'ne], *v.t.* to button; (*Fenc.*) to touch.—*v.i.* to bud; to button up. **se boutonner**, *v.r.* to button one's coat.

boutonnière [butɔ'njɛ:r], *n.f.* buttonhole.

bouture [bu'ty:r], *n.f.* slip; cutting.

bouveau [bu'vo] (*pl.* **-eaux**), **bouvelet** [buv'lɛ], *n.m.* young ox.

bouverie [bu'vri], *n.f.* cattle-shed, byre.

bouvet [bu'vɛ], *n.m.* joiner's grooving-plane.

bouvetage [buv'ta:ʒ], *n.m.* grooving and tonguing.

bouveter [buv'te], *v.t.* (*conjug. like* APPELER) to groove and tongue.

bouvier [bu'vje], *n.m.* (*fem.* **-ière**) cow-herd, ox-driver.

bouvillon [buvi'jɔ̃], *n.m.* young bullock, steer.

bouvreuil [bu'vrœ:j], *n.m.* bullfinch.

bovin [bɔ'vɛ̃], *a.* bovine.

box [bɔks], *n.m.* (*pl.* **boxes**) horse-box, loose box; lock-up garage; *le box des accusés*, the dock.

boxe [bɔks], *n.f.* boxing.

boxer [bɔk'se], *v.i.* to box, to spar.

boxeur [bɔk'sœ:r], *n.m.* boxer, prize-fighter.

boy [bɔj], *n.m.* groom; native servant.

boyau [bwa'jo], *n.m.* (*pl.* **-aux**) bowel, gut; catgut; hose-pipe; (*Cycl.*) racing tyre.

brabançon [brabɑ̃'sɔ̃], *a.* (*fem.* **-onne**) Brabantine, Belgian.—*n.m.* (**Brabançon**, *fem.* **-onne**) Brabantine, Belgian (*person*).

bracelet [bras'lɛ], *n.m.* bracelet, armlet, bangle.

bracelet-montre [braslɛ'mɔ̃:tr], *n.m.* (*pl.* **bracelets-montres**) wrist-watch.

braconnage [brakɔ'na:ʒ], *n.m.* poaching.

braconner [brakɔ'ne], *v.i.* to poach, to steal game.

braconnier [brakɔ'nje], *n.m.* (*fem.* **-ière**) poacher.—*a.* (*fem.* **-ière**) poaching; pertaining to poaching.

braguette [bra'gɛt], *n.f.* fly (*of trousers*).

brahmane [bra'man], **brahme** [bram], *n.m.* Brahmin.

brahmanisme [brama'nism], *n.m.* Brahminism.

brahme [BRAHMANE].

brai [brɛ], *n.m.* resin, rosin, pitch.

braillard [brɑ'ja:r], *a.* brawling, squalling, obstreperous.—*n.m.* (*fem.* **-e**) brawler, squaller.—*n.m.* small speaking-trumpet.

braille [brɑj], *n.m.* braille.

braillement [brɑj'mɑ̃], *n.m.* squalling.

brailler [brɑ'je], *v.i.* to bawl, to shout, to be noisy.

brailleur [brɑ'jœ:r], *a.* and *n.m.* (*fem.* **-euse**) [BRAILLARD].

braiment [brɛ'mɑ̃], *n.m.* braying (*of an ass*).

braire [brɛ:r], *v.i. irr.* to bray; (*fig.*) to cry, to whine.

braise [brɛ:z], *n.f.* wood-embers, live coals.

braiser [brɛ'ze], *v.t.* to braise.
braisier [brɛ'zje], *n.m.* brazier.
braisière [brɛ'zjɛːr], *n.f.* braising-pan.
bramer [bra'me], *v.i.* to bell (*of deer*).
brancard [brɑ̃'kaːr], *n.m.* stretcher, litter; hand-barrow; shaft (*of a cart*).
brancardier [brɑ̃kar'dje], *n.m.* stretcher-bearer, ambulance-man.
branchage [brɑ̃'ʃaːʒ], *n.m.* (*collect.*) branches, boughs.
branche [brɑ̃ːʃ], *n.f.* branch, bough; part, division.
brancher [brɑ̃'ʃe], *v.t.* to divide into branches; (*Elec.*) to connect, to plug in; to tap (*a gas or water pipe*).—*v.i.* to branch off.
branchu [brɑ̃'ʃy], *a.* forked, bifurcated, ramifying.
brande [brɑ̃ːd], *n.f.* heather; heath.
Brandebourg [brɑ̃d'buːr], *m.* Brandenburg.
brandebourgs [brɑ̃d'buːr], *n.m. pl.* braid; frogs and loops (*on a uniform*).
brandillement [brɑ̃dij'mɑ̃], *n.m.* tossing; swinging.
brandiller [brɑ̃di'je], *v.t.* to swing, to shake to and fro.—*v.i.* to swing, to move to and fro. **se brandiller**, *v.r.* to swing.
brandir [brɑ̃'diːr], *v.t.* to brandish, to flourish.
brandissement [brɑ̃dis'mɑ̃], *n.m.* brandishing, flourishing.
brandon [brɑ̃'dɔ̃], *n.m.* torch, fire-brand.
branlant [brɑ̃'lɑ̃], *a.* shaking, loose, tottering.
branle [brɑ̃ːl], *n.m.* oscillation, shaking *or* tossing motion; jog; an old-fashioned dance.
branle-bas [brɑ̃l'ba] *n.m. inv.* (*Naut.*) clearing for action; (*fig.*) commotion, disturbance.
branlement [brɑ̃l'mɑ̃], *n.m.* oscillation, shaking, swing.
branler [brɑ̃'le], *v.t.* to shake, to wag.—*v.i.* to shake, to stagger, to rock; to move; to waver.
braquage [bra'kaːʒ], *n.m.* aiming; steering, lock (*of a car*).
braque (1) [brak], *n.m.* French pointer.
braque (2) [brak], *a.* madcap, hare-brained.
braquer [bra'ke], *v.t.* to aim, to level, to point.
bras [brɑ], *n.m.* arm; bracket; branch (*of a stream etc.*); (*fig.*) power, action, assistance.
braser [bra'ze], *v.t.* to braze.
brasier [bra'zje], *n.m.* quick clear fire; brazier, furnace.
brasiller [brazi'je], *v.t.* to grill, to broil.—*v.i.* to glitter, to shine (*of the sea*).
brassage [bra'saːʒ], *n.m.* mashing, brewing.
brassard [bra'saːr], *n.m.* brace (*armour*); armlet.
brasse [brɑs], *n.f.* fathom, six feet; armful; stroke (*in swimming*).
brassée [bra'se], *n.f.* armful; stroke (*in swimming*).
brassement [bras'mɑ̃], *n.m.* brewing; mixing.
brasser [bra'se], *v.t.* to mix; to brew, to mash; to stir up.
brasserie [bras'ri], *n.f.* brewery; brewing; drinking-saloon, 'pub'.
brasseur [bra'sœːr], *n.m.* brewer.
brassière [bra'sjɛːr], *n.f.* shoulder-strap (*of a knapsack etc.*); infant's vest *or* bodice.
brassin [bra'sɛ̃], *n.m.* brewing-tub; mash-tub; a boiling (*quantity boiled or brewed*).

bravache [bra'vaʃ], *n.m.* bully, swagg erer blusterer.—*a.* blustering, bullying.
bravade [bra'vad], *n.f.* bravado, boast, bluster.
brave [braːv], *a.* brave, courageous, gallant; worthy, honest, good.—*n.m.* brave *or* courageous man; good fellow.
bravement [brav'mɑ̃], *adv.* bravely, stoutly, valiantly; skilfully, finely.
braver [bra've], *v.t.* to defy, to dare; to brave, to beard.
bravo [bra'vo], *n.m.* (*pl.* **bravos**) and *int.* bravo; hear, hear!
bravoure [bra'vuːr], *n.f.* bravery, courage, gallantry; (*pl.*) exploits.
break [brɛk], *n.m.* break (*carriage*).
brebis [brə'bi], *n.f.* ewe; (*fig.*) sheep; (*pl.*) flock.
brèche [brɛʃ], *n.f.* breach, flaw; notch, gap.
bréchet [brɛ'ʃɛ], *n.m.* (*Orn.*) breast-bone.
bredouillage [brədu'jaːʒ], **bredouillement** [brəduj'mɑ̃], *n.m.* stammering, stuttering, sputtering.
bredouille [brə'duːj], *n.f.* (*Trictrac*) lurch.—*a. inv.* empty-handed; **revenir bredouille**, to return with an empty bag (*of sportsmen*).
bredouillement [BREDOUILLAGE].
bredouiller [brədu'je], *v.t., v.i.* to stammer, to stutter.
bredouilleur [brədu'jœːr], *a.* (*fem.* **-euse**) stammering, stuttering.—*n.m.* (*fem.* **-euse**) stammerer, stutterer.
bref [brɛf], *a.* (*fem.* **brève** (1)) short, brief, concise; brusque.—*adv.* in short, in fine, in a word.
brelan [brə'lɑ̃], *n.m.* brelan (*card game*); gaming-house.
brêler *or* **breller** [brɛ'le], *v.t.* to lash.
breller [BRÊLER].
breloque [brə'lɔk], *n.f.* trinket, gewgaw; charm.
Brême [brɛːm], *m.* Bremen.
brème [brɛːm], *n.f.* bream.
Brésil [brɛ'zil], **le**, *m.* Brazil.
brésil [brɛ'zil], *n.m.* Brazil-wood (*for dyeing*).
brésilien [brɛzi'ljɛ̃], *a.* (*fem.* **-enne**) Brazilian.—*n.m.* (**Brésilien**, *fem.* **-enne**) Brazilian (*person*).
Bretagne [brə'taɲ], **la**, *f.* Brittany; **la Grande-Bretagne**, Great Britain; **la Nouvelle-Bretagne**, New Britain.
bretelle [brə'tɛl], *n.f.* strap; brace; (*pl.*) pair of braces; (*Rail.*) points; (*rifle*) sling.
breton [brə'tɔ̃], *a.* (*fem.* **-onne**) Breton.—*n.m.* Breton (*language*); (**Breton**, *fem.* **-onne**) Breton (*person*).
bretteur [brɛ'tœːr], *n.m.* swashbuckler, duellist.
bretzel [brɛt'sɛl], *n.m.* pretzel.
breuil [brœːj], *n.m.* enclosed coppice, covert.
breuvage [brœ'vaːʒ], *n.m.* beverage, drink, liquor.
brève (1) [brɛːv], [BREF].
brève (2) [brɛːv], *n.f.* short syllable; (*Mus.*) breve.
brevet [brə'vɛ], *n.m.* warrant, brevet, certificate (*school etc.*); diploma, licence (*of printers*); patent; badge (*of boy-scouts*); (*Mil.*) commission.
breveté [brəv'te], *a.* patented; (*Mil.*) certificated—*n.m.* (*fem.* **-ée**) patentee.

breveter [brəv'te], *v.t.* (*conjug. like* APPELER) to patent; to license; to certificate.

bréviaire [bre'vjɛ:r], *n.m.* breviary.

brévité [brevi'te], *n.f.* shortness (*of syllables*).

bribes [brib], *n.f. pl.* scraps, bits; odds and ends.

bric-à-brac [brika'brak], *n.m. inv.* curios, bric-a-brac; curiosity-shop.

brick [brik], *n.m.* brig.

bricolage [briko'la:ʒ], *n.m.* pottering.

bricoler [briko'le], *v.i.* to potter, to do odds and ends.

bricoleur [briko'lœːr], *n.m.* (*fem.* -euse) odd job man, handyman *or* woman.

bride [brid], *n.f.* bridle, bridle-rein; check, curb; string (*of a woman's cap, bonnet etc.*).

brider [bri'de], *v.t.* to bridle; to restrain, to curb; to truss (*a fowl*); to tie; to check.

bridge [bridʒ], *n.m.* bridge (*card game*); bridge (*in dentistry*).

bridger [bri'dʒe], *v.i.* to play bridge.

bridgeur [bri'dʒœːr], *n.m.* (*fem.* -euse) bridge-player.

bridon [bri'dɔ̃], *n.m.* snaffle-bridle.

brie [bri], *n.m.* Brie cheese.

brièvement [briɛv'mɑ̃], *adv.* briefly, succinctly, in short.

brièveté [briɛv'te], *n.f.* brevity, briefness, conciseness.

brigade [bri'gad], *n.f.* brigade; (*fig.*) troop, gang, body.

brigadier [briga'dje], *n.m.* corporal (*in cavalry, artillery*); sergeant (*of police*).

brigand [bri'gɑ̃], *n.m.* brigand; (*fig.*) robber, thief.

brigandage [brigɑ̃'da:ʒ], *n.m.* brigandage, plunder.

briganderr [brigɑ̃'de], *v.i.* to rob, to plunder.

brigantin [brigɑ̃'tɛ̃], *n.m.* brigantine.

brigantine [brigɑ̃'tin], *n.f.* (*Naut.*) spanker; small vessel.

brigue [brig], *n.f.* intrigue, cabal, faction.

briguer [bri'ge], *v.t.* to canvass for, to solicit, to court.

brigueur [bri'gœːr], *n.m.* (*fem.* -euse) intriguer, canvasser.

brillamment [brija'mɑ̃] *adv.* brilliantly, in a brilliant manner.

brillance [brij'ɑ̃:s], *n.f.* (*Opt.*) brilliancy.

brillant [bri'jɑ̃], *a.* brilliant, sparkling, glittering; radiant.—*n.m.* brilliance, splendour; brilliant (*diamond*).

brillanter [brijɑ̃'te], *v.t.* to cut into a brilliant.

brillantine [brijɑ̃'tin], *n.f.* brilliantine (*hair-oil*); glossy cotton-cloth.

briller [bri'je], *v.i.* to shine, to glitter, to sparkle; (*fig.*) to distinguish oneself, to stand out.

brimade [bri'mad], *n.f.* ragging; vexation; persecution.

brimborion [brɛ̃bo'rjɔ̃], *n.m.* knick-knack, bauble.

brimer [bri'me], *v.t.* to rag, to bully.

brin [brɛ̃], *n.m.* blade, slender stalk, shoot (*of corn etc.*); (*fig.*) bit, jot.

brindille [brɛ̃'di:j], *n.f.* sprig, twig.

brio [bri'o] [It.], *n.m.* (*Mus. etc.*) dash, spirit, go.

brioche [bri'ɔʃ], *n.f.* brioche, bun; (*fig.*) blunder.

brique [brik], *n.f.* brick; *brique anglaise*, bath brick.

briquet [bri'kɛ], *n.m.* tinder-box; (cigarette) lighter.

briquetage [brik'ta:ʒ], *n.m.* brick-work; imitation brick-work.

briqueter [brik'te], *v.t.* (*conjug. like* APPELER) to brick, to pave with bricks.

briqueterie [brik'tri], *n.f.* brick-field, brick-making; brickworks.

briqueteur [brik'tœːr], *n.m.* bricklayer.

briquetier [brik'tje], *n.m.* brick-maker.

briquette [bri'kɛt], *n.f.* briquette; compressed slack.

brisant [bri'zɑ̃], *n.m.* sand-bank, reef, shoal; (*pl.*) breakers.

brise [bri:z], *n.f.* breeze; strong wind.

brisé [bri'ze], *a.* broken to pieces; (*fig.*) harassed.

brise-bise [briz'bi:z], *n.m. inv.* draught excluder; sash curtain.

brisées [bri'ze], *n.f.* (*used only in pl.*) footsteps, wake; *aller or marcher sur les brisées de quelqu'un*, to poach on someone's preserves.

brise-glace [briz'glas], *n.m.* (*pl.* **brise-glace** *or* **-glaces**) ice-breaker (*ship*).

brise-jet [briz'ʒɛ], *n.m. inv.* anti-splash tapnozzle.

brise-lames [briz'lam], *n.m. inv.* breakwater.

brisement [briz'mɑ̃], *n.m.* breaking, dashing (*of waves*); (*fig.*) trouble, contrition.

briser [bri'ze], *v.t.* to break to pieces, to smash, to break, to shatter; to burst; to crack; to destroy.—*v.i.* to break; to dash (*of waves*).

brise-tout [briz'tu], *n.m. inv.* person who breaks everything; rough, clumsy fellow.

briseur [bri'zœːr], *n.m.* (*fem.* -euse) one who breaks *or* likes to break anything; iconoclast.

brise-vent [briz'vɑ̃], *n.m.* (*pl.* **brise-vent** *or* **brise-vents**) wind-screen (*for protecting plants*).

brisque [brisk], *n.f.* a card-game; (*Mil.*) stripe; war service chevron.

brisure [bri'zy:r], *n.f.* break; folding-point in a piece of joiner's work; small fragment.

britannique [brita'nik], *a.* British, Britannic; *Les Îles Britanniques*, the British Isles.

broc [bro], *n.m.* large jug *or* quart-pot.

brocantage [brokɑ̃'ta:ʒ], *n.m.* dealing in second-hand goods, broker's business; bartering.

brocante [bro'kɑ̃:t], *n.f.* second-hand trade; article of trifling value.

brocanter [brokɑ̃'te], *v.i.* to deal in second-hand goods; to exchange, to barter.

brocanteur [brokɑ̃'tœːr], *n.m.* (*fem.* -euse) dealer in second-hand goods, junk-shop owner.

brocard [bro'ka:r], *n.m.* taunt, jeer; lampoon.

brocarder [brokar'de], *v.t.* to taunt, to ridicule.

brocardeur [brokar'dœːr], *n.m.* (*fem.* -euse) scoffer, jeerer.

brocart *or* **broquart** [bro'ka:r], *n.m.* brocade.

brochage [bro'ʃa:ʒ], *n.m.* stitching (*of books*).

broche [broʃ], *n.f.* spit; spindle; skewer; spigot; knitting-needle; brooch; (*pl.*) tusks (*of wild boars*); (*Elec.*) *fiche à deux broches*, two-pin plug.

broché

broché [brɔ'ʃe], *a.* embossed (*of linen*); brocaded, figured (*of other materials*); *livre broché*, paper-bound book.
brocher [brɔ'ʃe], *v.t.* to stitch (*a book etc.*); to figure (*materials*); to emboss (*linen*).
brochet [brɔ'ʃɛ], *n.m.* pike (*fish*).
brocheter [brɔʃ'te], *v.t.* (*conjug. like* APPELER) to skewer.
brochette [brɔ'ʃɛt], *n.f.* (*Cook.*) small spit.
brocheur [brɔ'ʃœːr], *n.m.* (*fem.* **-euse**) stitcher, esp. book-stitcher.
brochure [brɔ'ʃyːr], *n.f.* stitching; booklet, brochure, pamphlet, tract; embroidery.
brocoli [brɔkɔ'li], *n.m.* broccoli.
brodequin [brɔd'kɛ̃], *n.m.* buskin, half-boot.
broder [brɔ'de], *v.t.* to embroider; to adorn, to embellish (*a story etc.*).—*v.i.* to romance.
broderie [brɔd'ri], *n.f.* embroidery; (*fig.*) embellishment.
brodeur [brɔ'dœːr], *n.m.* (*fem.* **-euse**) embroiderer.
broiement or **broîment** [brwa'mã], **broyage** [brwa'jaːʒ], *n.m.* grinding, powdering.
bromure [brɔ'myːr], *n.m.* bromide.
bronche [brɔ̃ːʃ], *n.f.* (*pl.*) (*Anat.*) bronchial tubes.
bronchement [brɔ̃ʃ'mã], *n.m.* stumbling; flinching.
broncher [brɔ̃'ʃe], *v.i.* to stumble, to trip, to reel; to falter.
bronchial [brɔ̃'ʃjal], *a.* (*m. pl.* **-aux**) (*Anat.*) bronchial.
bronchique [brɔ̃'ʃik], *a.* bronchial.
bronchite [brɔ̃'ʃit], *n.f.* (*Path.*) bronchitis.
broncho-pneumonie [brɔ̃kɔpnœmɔ'ni], *n.f.* broncho-pneumonia.
bronze [brɔ̃ːz], *n.m.* bronze; bronze statue or medal.
bronzer [brɔ̃'ze], *v.t.* to bronze; to tan (*the face etc.*).
broquart [BROCART].
broquette [brɔ'kɛt], *n.f.* tack, carpet-nail.
brosse [brɔs], *n.f.* brush; painter's brush or pencil; *cheveux en brosse*, crew-cut hair.
brosser [brɔ'se], *v.t.* to brush. **se brosser**, *v.r.* to brush oneself.
brosserie [brɔs'ri], *n.f.* brushmaking business; brush factory.
brou [bru], *n.m.* husk or peel (*of nuts, esp. walnuts*); *brou de noix*, walnut stain, walnut liquor.
brouet [bru'ɛ], *n.m.* thin broth.
brouette [bru'ɛt], *n.f.* wheelbarrow.
brouettée [brue'te], *n.f.* barrow-load.
brouetter [brue'te], *v.t.* to wheel in a barrow.
brouetteur [brue'tœːr], **brouettier** [brue'tje], *n.m.* barrowman.
brouhaha [brua'a], *n.m.* hubbub, uproar, hurly-burly.
brouillage [bru'jaːʒ], *n.m.* (*Rad.*) atmospherics, jamming.
brouillard [bru'jaːr], *n.m.* fog, mist, haze; (*Comm.*) rough-book.
brouillasse [bru'jas], *n.f.* drizzle, Scotch mist.
brouillasser [bruja'se], *v.impers.* to drizzle.
brouille [bru:j], **brouillerie** [bruj'ri], *n.f.* quarrel, falling-out.
brouillé [bru'je], *a.* scrambled (*eggs*); blurred; on bad terms.
brouillement [bruj'mã], *n.m.* mixing together, jumbling.

brouiller [bru'je], *v.t.* to mix together, to jumble up, to shuffle; to embroil, to confuse; (*Rad.*) to jam. **se brouiller**, *v.r.* to fall out (*with someone*).
brouillerie [BROUILLE].
brouillon [bru'jɔ̃], *a.* (*fem.* **-onne**) mischief-making; blundering.—*n.m.* rough draft, rough copy; blunderer, bungler.
brouillonner [brujɔ'ne], *v.t.* to write in a blundering or confused way, to botch.
brouir [bru'iːr], *v.t.* to blight, to nip, to parch.
brouissure [brui'syːr], *n.f.* blight, scorching.
broussailles [bru'saːj], *n.f.* (*usu. in pl.*) bushes, brushwood, undergrowth.
broussailleux [brusa'jø], *a.* (*fem.* **-euse**) bushy, covered with bushes.
brousse [brus], *n.f.* brushwood, bush (*Australia etc.*).
brouter [bru'te], *v.t., v.i.* to browse, to graze.
broutilles [bru'tiːj], *n.f. pl.* sprigs; (*fig.*) trifles.
brownien [bro'nɛ̃], *a. mouvements browniens*, molecular motion.
browning [bro'niŋ], *n.m.* automatic pistol.
broyage [brwa'jaːʒ], *n.m.* crushing (*of ore*), grinding (*of colours*).
broyer [brwa'je], *v.t.* (*conjug. like* EMPLOYER) to grind, to pound, to pulverize.
broyeur [brwa'jœːr], *a.* (*fem.* **-euse**) grinding.—*n.m.* (*fem.* **-euse**) grinding; grinder, pounder.
bru [bry], *n.f.* daughter-in-law.
brucelles [bry'sɛl], *n.f. pl.* tweezers.
brugnon [bry'nɔ̃], *n.m.* nectarine.
bruine [brɥin], *n.f.* light drizzling rain.
bruiner [brɥi'ne], *v.impers.* to drizzle.
bruineux [brɥi'nø], *a.* (*fem.* **-euse**) drizzly, drizzling.
bruire [brɥiːr], *v.t. irr.* to make a noise; to rustle, to rattle; to roar, to sough (*of the wind*).
bruissant [brɥi'sã], *a.* rustling, rattling; roaring.
bruissement [brɥis'mã], *n.m.* rustling noise, rattling, roaring.
bruit [brɥi], *n.m.* noise, din, uproar, clamour; fame, renown; report, talk, rumour.
bruitage [brɥi'taːʒ], *n.m.* sound-effects.
bruiter [brɥi'te], *v.i.* to make sound-effects.
bruiteur [brɥi'tœːr], *n.m.* sound-effects specialist.
brûlage [bry'laːʒ], *n.m.* burning (*of rubbish*); singeing (*of hair*); roasting (*of coffee*).
brûlant [bry'lã], *a.* burning, scorching, hot, torrid; (*fig.*) eager, ardent.
brûlé [bry'le], *n.m.* smell of burning; (C) burnt part of wood, burnbeat field.
brûle-gueule [bryl'gœl], *n.m. inv.* (*colloq.*) short pipe, cutty.
brûle-pourpoint, à [abrylpur'pwɛ̃], *adv.* point-blank (*of shooting*).
brûler [bry'le], *v.t.* to burn; to cauterize; to scorch, to parch; to singe (*hair*).—*v.i.* to burn, to be on fire; (*fig.*) to be eager. **se brûler**, *v.r.* to burn oneself, to be burnt.
brûleur [bry'lœːr], *n.m.* (*fem.* **-euse**) burner; incendiary; *brûleur à gaz*, gas-ring, gas-jet.
brûlis [bry'li], *n.m.* burnt part of a wood or field.
brûloir [bry'lwaːr], *n.m.* coffee-burner or roaster.

52

brûlot [bry'lo], n.m. fire-ship; (fig.) firebrand, incendiary; (C) kind of gnat or midge.

brûlure [bry'ly:r], n.f. burn, frost nip, scald.

brumaire [bry'mɛːr], n.m. Brumaire (second month of the calendar of the first French Republic, from Oct. 22nd to Nov. 20th).

brume [brym], n.f. haze, mist.

brumeux [bry'mø], a. (fem. -euse) hazy, misty; (fig.) sombre.

brun [brœ̃], a. brown, dark, dusky.—n.m. brown (colour); (fem. -e (1)) dark-complexioned person.

brunâtre [bry'nɑːtr], a. brownish.

brune (2) [bryn], n.f. dusk (of the evening); dark woman, dark girl.

brunet [bry'nɛ], a. (fem. -ette) brownish.—n.f. (-ette) dark woman, dark girl.

brunir [bry'niːr], v.t. to make brown; to burnish.—v.i. to turn brown. se brunir, v.r. to turn dark or brown.

brunissage [bryni'sa:ʒ], n.m. burnishing.

brunisseur [bryni'sœːr], n.m. (fem. -euse) burnisher.

brunissoir [bryni'swaːr], n.m. burnisher (tool).

brunissure [bryni'sy:r], n.f. burnishing; polish.

brusque [brysk], a. blunt, abrupt, rough; unexpected.

brusquement [bryskə'mɑ̃], adv. bluntly, abruptly; uncivilly.

brusquer [brys'ke], v.t. to be sharp with (someone); to offend; (fig.) to precipitate.

brusquerie [bryskə'ri], n.f. abruptness, bluntness; hastiness.

brut [bryt], a. rough, raw, unhewn; uncultured.—adv. (Comm.) gross (as opposed to net).

brutal [bry'tal], a. (m.pl. -aux) brutal; surly, churlish.—n.m.(fem.-e) brute, brutal person.

brutalement [brytal'mɑ̃], adv. brutally.

brutaliser [brytali'ze], v.t. to bully; to brutalize.

brutalité [brytali'te], n.f. brutality, brutishness.

brute [bryt], n.f. brute, brutal person; boor.

Bruxelles [bry'sɛl], f. Brussels.

bruyamment [bryja'mɑ̃], adv. noisily.

bruyère [bry'jɛːr], n.f. heath, heather.

buanderie [bɥɑ̃'dri], n.f. wash-house, laundry.

buandier [bɥɑ̃'dje], n.m. (fem. -ière) bleacher; washerman, washerwoman.

bube [byb], n.f. pimple.

bubonique [bybo'nik], a. bubonic.

Bucarest [byka'rest], m. Bucharest.

buccin [byk'sɛ̃], n.m. (Mus. Ant.) long trumpet; (Conch.) whelk.

bûche [byʃ], n.f. log; (fig.) blockhead, dolt.

bûcher (1) [by'ʃe], n.m. wood-house; funeral-pile, pyre; stake.

bûcher (2) [by'ʃe], v.t. to rough-hew.—v.i. to cram, to swot.

bûcheron [byʃ'rɔ̃], n.m. (fem. -onne) wood-cutter.

bûchette [by'ʃɛt], n.f. stick of dry wood.

bucolique [byko'lik], a. bucolic.

budget [byd'ʒɛ], n.m. budget.

budgétaire [bydʒe'tɛːr], a. budgetary.

buée [bɥe], n.f. steam (on window-panes).

buffet [by'fɛ], n.m. sideboard; buffet; refreshment-room.

buffetier [byf'tje], n.m. (fem. -ière) refreshment-room manager.

buffle [byfl], n.m. buffalo; buffalo hide; buff-leather.

buffleterie [byflə'tri], n.f. buff belts, straps etc. (of a soldier).

bugle [bygl], n.m. key-bugle.

buis [bɥi], n.m. box; box-tree, box-wood.

buissaie [bɥi'sɛ], buissière [bɥi'sjɛːr], n.f. box-grove.

buisson [bɥi'sɔ̃], n.m. bush; thicket.

buissoner [bɥiso'ne], v.i. to grow into a bush.

buissonnet [bɥiso'nɛ], n.m. little bush.

buissonneux [bɥiso'nø], a. (fem. -euse) bushy.

buissonnier [bɥiso'nje], a. (fem. -ière) retiring into the bushes; faire l'école buissonnière, to play truant; lapins buissonniers, thicket-rabbits.—n.m. shrubbery.

bulbe [bylb], n.m. bulb.

bulbeux [byl'bø], a. (fem. -euse) bulbous.

bulgare [byl'gaːr], a. Bulgarian.—n.m. Bulgarian (language).—n. (Bulgare) Bulgarian (person).

Bulgarie [bylga'ri], la, f. Bulgaria.

bulle [byl], n.f. bubble; blister; a papal bull.

bullé [by'le], a. authenticated with a seal; by papal bull.

bulletin [byl'tɛ̃], n.m. bulletin, official report (school etc.); certificate; receipt; ballot paper; bulletin d'information news bulletin; bulletin météorologique, weather forecast.

bulleux [by'lø], a. (fem. -euse) bubbly; blistery.

buraliste [byra'list], n. receiver of taxes; tobacconist.

bure [by:r], n.f. drugget; fustian, baize.

bureau [by'ro], n.m. (pl. -eaux) writing-table, desk; office; board; committee; Deuxième Bureau, Intelligence Service, M.I.5.

bureaucrate [byrɔ'krat],n.m.(pej.) bureaucrat.

bureaucratie [byrɔkra'si], n.f. bureaucracy; (fig.) red tape.

bureaucratique [byrɔkra'tik], a. bureaucratic; formal.

burette [by'rɛt], n.f. cruet; oil-can; (Chem.) burette.

burin [by'rɛ̃], n.m. graver, graving-tool; (fig.) pen.

buriner [byri'ne], v.t. to engrave; to drill (a tooth).

burineur [byri'nœːr], n.m. engraver.

burlesque [byr'lɛsk], a. burlesque, ludicrous.—n.m. burlesque.

burnous [byr'nus], n.m. burnous, hooded Arab cloak.

busard [by'zaːr], n.m. buzzard.

buse (1) [by:z], n.f. buzzard; (fig.) blockhead.

buse (2) [by:z], n.f. channel, pipe; nozzle; (Mining) air-shaft.

busqué [bys'ke], a. aquiline (nose).

buste [byst], n.m. bust, head and shoulders.

but [by(t)], n.m. mark; object, end; purpose, design, goal, objective; de but en blanc, bluntly; (Ftb.) marquer un but, to score.

buté [by'te], a. stubborn, (fam.) dead set on.

buter or butter (1) [by'te], v.t. to support, to prop.—v.i. to rest or abut (contre); to stumble or hit (contre). se buter, v.r. to be bent on, to stick (à).

butin [by'tɛ̃], *n.m.* booty, spoils, prize, plunder.
butiner [byti'ne], *v.t.*, *v.i.* to pillage, to plunder.
butoir [by'twaːr], *n.m.* buffer, buffer-stop (*on railway*); tappet.
butor [by'tɔːr], *n.m.* bittern; (*fig.*) churl, lout, booby.
butte [byt], *n.f.* rising ground; knoll, mound.
butter (1) [BUTER].
butter (2) [by'te], *v.t.* to earth up.
butteur [BUTTOIR].
buttoir [by'twaːr], **butteur** [by'tœːr], *n.m.* ridging-plough.
buvable [by'vabl], *a.* drinkable, fit to drink.
buvard [by'vaːr], *a.* **papier buvard,** blotting paper.—*n.m.* blotting-pad, blotter.
buvetier [byv'tje], *n.m.* (*fem.* **-ière**) innkeeper, publican.
buvette [by'vɛt], *n.f.* refreshment-room (*railway station*); pump-room (*at spa*).
buveur [by'vœːr], *n.m.* (*fem.* **-euse**) drinker; toper; *buveur d'eau,* teetotaller.
buvoter [byvɔ'te], *v.i.* to sip, to tipple.
Byzance [bi'zãːs], *f.* Byzantium.
byzantin [bizã'tɛ̃], *a.* Byzantine.—*n.m.* (**Byzantin,** *fem.* **-ine**) Byzantine (*person*).

C

C, c [se], *n.m.* the third letter of the alphabet.
ça [sa], *pron.* (*contraction of* cela) that; *comme ci comme ça,* only so-so; *donnez-moi ça,* give me that.
çà [sa], *adv.* here; *çà et là,* here and there. —*int.* now; *çà alors!* well, I never!
cabale [ka'bal], *n.f.* cabal, faction.
cabaler [kaba'le], *v.i.* to cabal, to plot.
cabaleur [kaba'lœːr], *n.m.* (*fem.* **-euse**) caballer, intriguer.
caban [ka'bã], *n.m.* hooded cloak, oilskins.
cabane [ka'ban], *n.f.* hut, shed, cabin, shanty; central part (*of an aeroplane*).
cabanon [kaba'nɔ̃], *n.m.* small hut; prison-cell; padded room.
cabaret [kaba're], *n.m.* inferior kind of wine-shop, tavern; night-club.
cabaretier [kabar'tje], *n.m.* (*fem.* **-ière**) publican, tavern-keeper.
cabas [ka'bɑ], *n.m.* flat two-handled basket.
cabeliau [CABILLAUD].
cabestan [kabes'tã], *n.m.* capstan, windlass.
cabillaud [kabi'jo], **cabeliau** [kab'ljo] (*pl.* **-aux**), *n.m.* fresh cod.
cabine [ka'bin], *n.f.* cabin; (*Av.*) *cabine de pilotage,* cockpit; *cabine téléphonique,* call-box.
cabinet [kabi'nɛ], *n.m.* closet, study; practice (*of a professional man*); office (*of a lawyer, barrister etc.*); (*Polit.*) Cabinet; *cabinet d'aisances* or *les cabinets,* lavatory.
câblage [kɑ'blaːʒ], *n.m.* (*Elec.*) wiring.
câble [kɑːbl], *n.m.* cable.
câbler [kɑ'ble], *v.t.* to twist into a cord; to telegraph by cable.

câblogramme [kɑblɔ'gram], *n.m.* cablegram.
cabochon [kabɔ'ʃɔ̃], *n.m.* fancy brass nail; (*Cycl.*) *cabochon rouge,* red reflector.
cabosse [ka'bɔs], *n.f.* (*pop.*) bruise, bump.
cabosser [kabɔ'se], *v.t.* to bump, to bruise; to dent.
cabotage [kabɔ'taːʒ], *n.m.* coasting, coasting-trade.
caboter [kabɔ'te], *v.i.* to coast.
caboteur [kabɔ'tœːr], **cabotier** [kabɔ'tje], *n.m.* coasting-vessel; coaster.
cabotin [kabɔ'tɛ̃], *n.m.* strolling player; bad actor, mummer.
cabotiner [kaboti'ne], *v.i.* to act badly; (*fig.*) to strut.
cabré [ka'bre], *a.* rearing (*of a horse*); tail-down (*of a plane*).
cabrer [ka'bre], *v.t.* to make (*a horse, a plane*) rear. **se cabrer,** *v.r.* to prance, to rear; (*fig.*) to revolt, to fly into a passion.
cabri [ka'bri], *n.m.* kid.
cabriole [kabri'ɔl], *n.f.* caper, leap.
cabrioler [kabriɔ'le], *v.i.* to caper, to cut capers.
cabriolet [kabriɔ'lɛ], *n.m.* cabriolet, cab.
cacahouète [kaka'wɛt], **cacahuète** [kaka'ɥɛt], *n.f.* peanut, monkey nut.
cacao [kaka'o], *n.m.* cacao, chocolate-nut.
cacaoyer [kakaɔ'je], **cacaotier** [kakaɔ'tje], *n.m.* cacao-tree.
cacaoyère [kakaɔ'jɛːr], **cacaotière** [kakaɔ'tjɛːr], *n.f.* cacao-plantation.
cacatois [kaka'twa], **cacatoès** [kakatɔ'ɛːs], *n.m.* cockatoo.
cachalot [kaʃa'lo], *n.m.* sperm whale.
cachalotier [kaʃalɔ'tje], *n.m.* whaler.
cache [kaʃ], *n.f.* hiding-place.
cache-cache [kaʃ'kaʃ], *n.m.* hide-and-seek.
cachemire [kaʃ'miːr], *n.m.* cashmere.
cache-nez [kaʃ'ne], *n.m.* muffler, comforter.
cacher [ka'ʃe], *v.t.* to hide, to conceal; to mask. **se cacher,** *v.r.* to hide, to lurk.
cache-sexe [kaʃ'sɛks], *n.m.* trunks; panties; (*colloq.*) G-string.
cachet [ka'ʃe], *n.m.* seal, stamp; signet-ring; ticket; tablet (*of aspirin*); (*fig.*) character, stamp, mark.
cacheter [kaʃ'te], *v.t.* (*conjug. like* APPELER) to seal.
cachette [ka'ʃɛt], *n.f.* hiding-place.
cachot [ka'ʃo], *n.m.* dungeon, prison.
cachotter [kaʃɔ'te], *v.t.* to make a mystery of, to conceal.
cachotterie [kaʃɔ'tri], *n.f.* mysterious ways; underhand work.
cachottier [kaʃɔ'tje], *a.* (*fem.* **-ière**) mysterious, sly.—*n.m.* (*fem.* **-ière**) one who makes a mystery of things.
cachou [ka'ʃu], *n.m.* cachou.
cacophonie [kakɔfɔ'ni], *n.f.* cacophony.
cacophonique [kakɔfɔ'nik], *a.* cacophonous.
cactier [kak'tje], **cactus** [kak'tyːs], *n.m.* cactus.
cadastral [kadas'tral], *a.* (*m. pl.* **-aux**) cadastral, referring to the register of lands.
cadastre [ka'dastr], *n.m.* cadastre, register of the survey of lands.
cadastrer [kadas'tre], *v.t.* to survey.
cadavéreux [kadave'rø], *a.* (*fem.* **-euse**) cadaverous, corpse-like, ghastly.
cadavérique [kadave'rik], *a.* of *or* pertaining to a corpse.

cadavre [ka'dɑ:vr], *n.m.* corpse, dead body.

cadeau [ka'do], *n.m.* (*pl.* **-eaux**) present, gift.

cadenas [kad'nɑ], *n.m.* padlock; clasp.

cadenasser [kadna'se], *v.t.* to padlock; to snap, clasp.

cadence [ka'dɑ:s], *n.f.* cadence, rhythm, time (*in dancing*).

cadencer [kadɑ'se], *v.t.* (*conjug. like* COMMENCER) to cadence, to harmonize.

cadène [ka'dɛ:n], *n.f.* chain (*for convicts*); chain-gang.

cadenette [kad'nɛt], *n.f.* tress (*of hair*).

cadet [ka'dɛ], *a.* and *n.m.* (*fem.* **-ette**) younger, junior (*of two*).

Cadix [ka'diks], *f.* Cadiz.

cadmium [kad'mjɔm], *n.m.* cadmium.

cadrage [ka'drɑ:ʒ], *n.m.* (*Phot., Cine.*) centring.

cadran [ka'drɑ̃], *n.m.* dial-plate, dial; *cadran solaire*, sun-dial.

cadre [kɑ:dr], *n.m.* frame, framework; (*Mil.*) the staff; (*pl.*) the higher staff (*of an administration or a firm*).

cadrer [ka'dre], *v.t.* (*Phot., Cine.*) to centre.— *v.i.* to agree, to tally, to square (*à or avec*).

caduc [ka'dyk], *a.* (*fem.* **-uque**) decrepit, decayed; frail, tumble-down; lapsed, null, void (*of legacies*); (*Bot.*) deciduous.

caducité [kadysi'te], *n.f.* caducity, decrepitude.

cafard [ka'fa:r], *a.* hypocritical, sanctimonious.—*n.m.* (*fem.* **-e**) hypocrite, sanctimonious person; humbug; (*Sch.*) sneak.—*n.m.* cockroach.

cafarder [kafar'de], *v.i.* (*fam.*) to sneak, to tell tales (*at school*).

cafarderie [kafar'dri], *n.f.* cant, hypocrisy, sanctimoniousness.

café [ka'fe], *n.m.* coffee; café, coffee-house; coffee-berry.

caféière [kafe'jɛ:r], *n.f.* coffee-plantation.

caféine [kafe'in], *n.f.* caffeine.

cafetan *or* **caftan** [kaf'tɑ̃], *n.m.* caftan.

cafetier [kaf'tje], *n.m.* (*fem.* **cafetière** (1)) coffee-house keeper.

cafetière (2) [kaf'tjɛ:r], *n.f.* coffee-pot, percolator.

cafouillage [kafu'ja:ʒ], *n.m.* floundering.

cafre [kɑ:fr], *a.* and *n.* (**Cafre**) Kaffir, Bantu.

caftan [CAFETAN].

cage [ka:ʒ], *n.f.* cage; coop.

cageot [ka'ʒo], *n.m.* little cage, hamper, crate.

cagibi [kaʒi'bi], *n.m.* small hut or room.

cagneux [ka'nø], *a.* (*fem.* **-euse**) knock-kneed, pigeon-toed.

cagnotte [ka'nɔt], *n.f.* kitty, pool, jackpot.

cagot [ka'go], *a.* (*fem.* **-otte**) bigoted, hypocritical.—*n.m.* (*fem.* **-otte**) bigot, hypocrite.

cagoterie [kago'tri], *n.f.* an act *or* word of hypocrisy or bigotry.

cagotisme [kago'tism], *n.m.* hypocrisy, bigotry.

cagoule [ka'gul], *n.f.* monk's cloak; penitent's cowl; hood.

cahier [ka'je], *n.m.* stitched paper-book; exercise-book; quarter of a quire of paper.

cahot [ka'o], *n.m.* jerk, jolt.

cahotage [kao'ta:ʒ], **cahotement** [kaot'mɑ̃], *n.m.* jolting, jerking.

cahotant [kao'tɑ̃], *a.* rough, jolting.

cahoter [kao'te], *v.i.* to jolt, to be jerked about.

cahute [ka'yt], *n.f.* hut, hovel.

ciad [ka'id], *n.m.* Arab chief *or* judge.

caïeu *or* **cayeu** [ka'jø], *n.m.* (*pl.* **-eux**) (*Hort.*) offshoot of a bulb, clove.

caillage [ka'ja:ʒ], *n.m.* curdling, congealing.

caille [kɑ:j], *n.f.* quail.—(*C*) *a.* piebald.

caillé [ka'je], *n.m.* curdled milk, curds.—*a.* curdled.

caillebottage [kajbɔ'ta:ʒ], *n.m.* curdling.

caillebotte [kaj'bɔt], *n.f.* curds.

caillebotter (se) [səkajbɔ'te], *v.r.* to curdle.

caille-lait [kaj'lɛ], *n.m. inv.* rennet.

caillement [kaj'mɑ̃], *n.m.* curdling, coagulating.

cailler [ka'je], *v.t.* to curdle, to clot. **se cailler**, *v.r.* to coagulate, to turn to curds.

cailleteau [kaj'to], *n.m.* (*pl.* **-eaux**) young quail.

caillette (1) [ka'jet], *n.f.* rennet.

caillette (2) [ka'jet], *n.f.* (*Orn.*) petrel; flirt.

caillot [ka'jo], *n.m.* clot of blood, coagulum.

caillou [ka'ju], *n.m.* (*pl.* **-oux**) pebble, small stone, flint, flint-stone.

cailloutage [kaju'ta:ʒ], *n.m.* gravelling; ballasting; rough-cast, pebble-work.

caillouter [kaju'te], *v.t.* to gravel, to ballast.

caillouteux [kaju'tø], *a.* (*fem.* **-euse**) pebbly, flinty.

cailloutis [kaju'ti], *n.m.* broken stones, gravel; road metal.

caïman [kai'mɑ̃], *n.m.* American crocodile, cayman.

Caïn [ka'ɛ̃], *m.* Cain.

caïque *or* **caïc** [ka'ik], *n.m.* (*Naut.*) caique.

Caire [kɛ:r], **Le**, *m.* Cairo.

caisse [kɛ:s], *n.f.* chest, case, box, trunk; till; cash; cashier's office, pay desk; *la grosse caisse*, the (big) drum; *caisse d'épargne*, savings-bank.

caissette [kɛ'set], *n.f.* small box.

caissier [kɛ'sje], *n.m.* (*fem.* **-ière**) treasurer, cashier.

caisson [kɛ'sɔ̃], *n.m.* ammunition-wagon; (*Naut.*) locker.

cajoler [kaʒɔ'le], *v.t.* to cajole, to coax.

cajolerie [kaʒɔl'ri], *n.f.* cajolery, coaxing.

cajoleur [kaʒɔ'lœr], *n.m.* (*fem.* **-euse**) cajoler coaxer.—*a.* cajoling, coaxing.

cal [kal], *n.m.* callosity, callus.

Calabre [ka'lɑ:br], **la**, *f.* Calabria.

calage [ka'la:ʒ], *n.m.* lowering (*of sails etc.*) propping, wedging (*of furniture*).

calaison [kalɛ'zɔ̃], *n.f.* load-line, sea-gauge.

calaminage [kalami'na:ʒ], *n.m.* (*Motor.*) carbonizing.

calamine [kala'min], *n.f.* carbon (*on plugs of a car etc.*).

calamité [kalami'te], *n.f.* calamity, misfortune.

calamiteusement [kalamitøz'mɑ̃], *adv.* calamitously.

calamiteux [kalami'tø], *a.* (*fem.* **-euse**) calamitous.

calandrage [kalɑ̃'dra:ʒ], *n.m.* calendering, hot-pressing.

calandre [ka'lɑ̃:dr], *n.f.* mangle, calender; (*Motor.*) radiator grill.

calandrer [kalɑ̃'dre], *v.t.* to calender, to press, to smooth.

calandrette [kalɑ̃'drɛt], *n.f.* song-thrush.

calcaire [kal'kɛ:r], *a.* calcareous.—*n.m.* limestone.

calcéolaire [kalseɔ'lɛ:r], *n.f.* calceolaria.

55

calcination

calcination [kalsinɑ'sjɔ̃], *n.f.* calcination.
calciner [kalsi'ne], *v.t.* to calcine, to burn. **se calciner**, *v.r.* to calcine.
calcium [kal'sjɔm], *n.m.* calcium.
calcul [kal'kyl], *n.m.* calculation; arithmetic; reckoning, counting; (*Math.*) calculus; (*fig.*) design, selfish motive; (*Med.*) calculus (*stone*).
calculable [kalky'labl], *a.* computable, calculable.
calculateur [kalkyla'tœ:r], *a.* (*fem.* **-trice**) calculating, scheming.—*n.m.* (*fem.* **-trice**) calculator, reckoner; schemer.—*n.f.* (**-trice**) computer.
calculer [kalky'le], *v.t.* to calculate, to compute, to estimate; *machine à calculer*, computer.
cale (1) [kal], *n.f.* hold (*of a ship*); stocks; slip; ducking, keel-hauling (*punishment*); *cale sèche*, dry dock.
cale (2) [kal], *n.f.* wedge, block; prop, strut.
calebasse [kal'bas], *n.f.* calabash; gourd.
calèche [ka'lɛʃ], *n.f.* calash; barouche, open carriage.
caleçon [kal'sɔ̃], *n.m.* (*men's*) drawers, pants; *caleçon de bain*, bathing-trunks.
Calédonie [kaledo'ni], **la**, *f.* Caledonia.
calédonien [kaledo'njɛ̃], *a.* (*fem.* **-enne**) Caledonian.—*n.m.* (**Calédonien**, *fem.* **-enne**) Caledonian (*person*).
caléfaction [kalefak'sjɔ̃], *n.f.* heating, calefaction.
calembour [kalɑ̃'buːr], *n.m.* pun.
calembourdiste [kalɑ̃bur'dist], *n.m.* punster.
calembredaine [kalɑ̃brə'dɛn], *n.f.* quibble, subterfuge, nonsense.
calendes [ka'lɑ̃:d], *n.f. pl.* (*Ant.*) calends; convocation of the clergy of a diocese.
calendrier [kalɑ̃dri'e], *n.m.* calendar, almanac.
calendule [kalɑ̃'dyl], *n.f.* calendula.
cale-pied [kal'pje], *n.m.* toe clip.
calepin [kal'pɛ̃], *n.m.* notebook, memorandum-book.
caler (1) [ka'le], *v.t.* (*Naut.*) to lower, to strike; to draw, to have a draught of.
caler (2) [ka'le], *v.t.* to prop up, to wedge; to steady; to jam; (*Motor.*) to stall.—*v.i.* (*Motor.*) to stall.
calfeutrage [kalfø'tra:ʒ], **calfeutrement** [kalføtr'mɑ̃], *n.m.* stopping of chinks.
calfeutrer [kalfø'tre], *v.t.* to stop up the chinks of, to make air-tight. **se calfeutrer**, *v.r.* to shut oneself up.
calibre [ka'libr], *n.m.* calibre, bore (*of a gun*); size (*of a bullet*); (*fig.*) kind, sort.
calibrer [kali'bre], *v.t.* to calibrate; to give the proper calibre to (*bullets etc.*).
calice (1) [ka'lis], *n.m.* chalice, communion-cup; (*fig.*) grief, sacrifice.
calice (2) [ka'lis], *n.m.* (*Bot.*) calyx, flower, cup.
calicot [kali'ko], *n.m.* calico; (*slang*) counter-jumper.
calicule [kali'kyl], *n.m.* calicle, caliculus.
califat [kali'fa], *n.m.* caliphate.
calife [ka'lif], *n.m.* caliph.
Californie [kalifor'ni], **la**, *f.* California.
califourchon [kalifur'ʃɔ̃], *n.m.* *à califourchon*, astride.
câlin [kɑ'lɛ̃], *a.* wheedling, winning, coaxing.—*n.m.* (*fem.* **-e**) wheedler, cajoler.

câliner [kɑ:li'ne], *v.t.* to cajole, to wheedle. **se câliner**, *v.r.* to coddle oneself, to take one's ease.
câlinerie [kɑ:lin'ri], *n.f.* wheedling, cajolery, caressing.
calleux [ka'lø], *a.* (*fem.* **-euse**) callous, horny.
calligraphe [kali'graf], *n.m.* calligrapher, good penman.
calligraphie [kaligra'fi], *n.f.* calligraphy, penmanship.
callisthénie [kaliste'ni], *n.f.* callisthenics.
callosité [kalozi'te], *n.f.* callosity.
calmant [kal'mɑ̃], *a.* calming, soothing, sedative.—*n.m.* (*Med.*) anodyne, sedative.
calme [kalm], *a.* tranquil, quiet, serene, calm; composed, dispassionate.—*n.m.* calm, stillness, quiet; composure.
calmer [kal'me], *v.t.* to calm, to still, to quiet, to allay, to soothe.—*v.i.* (*Naut.*) to lull, to become calm. **se calmer**, *v.r.* to become calm, to compose oneself; to blow over.
calomel [kalɔ'mɛl], *n.m.* calomel.
calomniateur [kalɔmnja'tœ:r], *a.* (*fem.* **-trice**) slanderous.—*n.m.* (*fem.* **-trice**) calumniator, slanderer.
calomnie [kalɔm'ni], *n.f.* calumny, slander.
calomnier [kalɔm'nje], *v.t.* to calumniate, to slander.
calomnieusement [kalɔmnjøz'mɑ̃], *adv.* calumniously, slanderously.
calomnieux [kalɔm'njø], *a.* (*fem.* **-euse**) calumnious, slanderous.
calorie [kalɔ'ri], *n.f.* calorie, unit of heat.
calorifère [kalɔri'fɛ:r], *n.m.* hot-air stove *or* pipe; central heating.—*a.* heat-conveying.
calorifique [kalɔri'fik], *a.* calorific.
calorifuger [kalɔrify'ʒe], *v.t.* (*conjug. like* MANGER) to insulate, to lag (*pipes*).
calorique [kalɔ'rik], *a.* and *n.m.* caloric, heat.
calotte [ka'lɔt], *n.f.* skull-cap (*esp. that worn by priests*); small dome; box on the ears.
calotter [kalɔ'te], *v.t.* to box the ears of.
calque [kalk], *n.m.* tracing; close copy.—*a.* *papier calque*, tracing paper.
calquer [kal'ke], *v.t.* to trace; to copy, to imitate closely. **se calquer**, *v.r.* (*sur*) to model oneself (*on*).
calumet [kaly'mɛ], *n.m.* pipe, calumet.
calvados [kalva'dɔs], *n.m.* apple brandy, calvados.
calvaire [kal'vɛ:r], *n.m.* calvary; (*fig.*) torture, suffering, tribulation.
calvinisme [kalvi'nism], *n.m.* Calvinism.
calviniste [kalvi'nist], *a.* Calvinistic.—*n.* (**Calviniste**) Calvinist.
calvitie [kalvi'si], *n.f.* baldness.
camaïeu [kama'jø], *n.m.* (*pl.* **-eux**) cameo (*brooch etc.*).
camail [ka'ma:j], *n.m.* (*pl.* **-ails**) hood, capuchin; hackles (*of poultry*).
camarade [kama'rad], *n.* comrade, fellow, mate, chum, playmate.
camaraderie [kamara'dri], *n.f.* comradeship; intimacy.
camard [ka'ma:r], *a.* snub-nosed, flat.—*n.m.* (*fem.* **-e**) snub-nosed person.
Cambodge [kɑ̃'bɔdʒ], **le**, *m.* Cambodia.
cambodgien [kɑ̃bɔ'dʒjɛ̃], *a.* (*fem.* **-enne**) Cambodian.—*n.m.* (**Cambodgien**, *fem.* **-enne**) Cambodian (*person*).
cambouis [kɑ̃'bwi], *n.m.* dirty cart-grease, dirty lubricating oil.

cambrage [kã'braːʒ], *n.m.* cambering, bending.

cambrai [kã'brɛ], *n.m.* machine-made lace; cambric.

cambré [kã'bre], *a.* bent, cambered.

cambrement [kãbrə'mã], *n.m.* arching, curving.

cambrer [kã'bre], *v.t.* to arch, to bend, to curve. **se cambrer,** *v.r.* to be cambered; to warp; to draw oneself up.

cambriolage [kãbriɔ'laːʒ], *n.m.* housebreaking, burglary.

cambrioler [kãbriɔ'le], *v.t.* to break into (*a house*), to burgle.

cambrioleur [kãbriɔ'lœːr], *n.m.* housebreaker, burglar.

cambrure [kã'bryːr], *n.f.* bend, curvature, arch; the arched part in a shoe.

cambuse [kã'byːz], *n.f.* (*Naut.*) store-room, canteen.

came [kam], *n.f.* cam, wiper; *arbre à cames* cam-shaft.

camée [ka'me], *n.m.* cameo.

caméléon [kamele'ɔ̃], *n.m.* chameleon.

camélia [kame'lja], *n.m.* camellia.

camelot [kam'lo], *n.m.* camlet; cheap-jack, pedlar, hawker.

camelote [kam'lɔt], *n.f.* inferior merchandise, shoddy; (*fig.*) trash.

caméra [kame'ra], *n.f.* ciné camera.

camérier [kame'rje], *n.m.* chamberlain (*of the Pope etc.*).

Cameroun [kamə'run], **le,** *m.* Cameroon.

camion [ka'mjɔ̃], *n.m.* dray, low wagon, lorry.

camionnage [kamjɔ'naːʒ], *n.m.* carting, carriage.

camionner [kamjɔ'ne], *v.t.* to convey on a dray, lorry, truck etc.

camionnette [kamjɔ'nɛt], *n.f.* light motor lorry; van.

camionneur [kamjɔ'nœːr], *n.m.* drayman; vanman; haulage contractor.

camisole [kami'zɔl], *n.f.* woman's morning jacket; *camisole de force,* strait jacket.

camomille [kamɔ'miːj], *n.f.* camomile.

camouflage [kamu'flaːʒ], **camouflement** [kamuflə'mã], *n.m.* disguise; camouflage.

camoufler [kamu'fle], *v.t.* to disguise; to camouflage. **se camoufler,** *v.r.* to disguise or camouflage oneself.

camouflet [kamu'flɛ], *n.m.* whiff of smoke (*in the face*); (*fig.*) affront, snub.

camp [kã], *n.m.* camp; (*fig.*) army; party; (C) country cottage.

campagnard [kãpa'naːr], *a.* rustic, countrified, rural.—*n.m.* (*fem.* **-e**) countryman *or* countrywoman, peasant; clodhopper.

campagne [kã'paɲ], *n.f.* the country, the fields, plain; seat, estate, country-house; campaign; (*Naut.*) cruise.

campagnol [kãpa'nɔl], *n.m.* vole, field-mouse.

campanile [kãpa'nil], *n.m.* campanile, bell-tower.

campanule [kãpa'nyl], *n.f.* campanula, bell-flower, bluebell.

campé [kã'pe], *a.* established, firmly planted, well set up.

campement [kãp'mã], *n.m.* encamping; encampment; camp party, billeting party.

camper [kã'pe], *v.t.* to encamp (*troops etc.*); to place, to seat, to clap down.—*v.i.* to

live in camp, to encamp. **se camper,** *v.r.* to encamp; to plant oneself.

campeur [kã'pœːr], *n.m.* (*fem.* **-euse**) camper.

camphre [kã:fr], *n.m.* camphor.

camphré [kã'fre], *a.* camphorated.

camphrier [kãfri'e], *n.f.* camphor-tree.

camus [ka'my], *a.* flat-nosed, snub-nosed.

Canada [kana'da], **le,** *m.* Canada.

canadien [kana'djɛ̃], *a.* (*fem.* **-enne**) Canadian.—*n.m.* (**Canadien,** *fem.* **-enne**) Canadian (*person*).

canaille [ka'naːj], *n.f.* rabble, riffraff, mob.

canaillerie [kanaːj'ri], *n.f.* blackguardism; vulgarity.

canal [ka'nal] *n.m.* (*pl.* **-aux**) canal; conduit, drain; pipe, tube, spout; water-course.

canalisation [kanaliza'sjɔ̃], *n.f.* canalization; mains; *canalisation de gaz,* gas mains.

canaliser [kanali'ze], *v.t.* to canalize; to instal pipes (*for gas etc.*).

canamelle [kana'mɛl], *n.f.* sugar-cane.

canapé [kana'pe], *n.m.* sofa, couch.

canapé-lit [kanape'li], *n.m.* divan-bed.

canard [ka'naːr], *n.m.* duck; drake; (*fig.*) hoax.

canardeau [kanar'do], *n.m.* (*pl.* **-eaux**) young duck.

canarder [kanar'de], *v.t.* to shoot from behind a shelter; to snipe.—*v.i.* (*Naut.*) to pitch heavily.

canardière [kanar'djɛːr], *n.f.* duck-pond; duck-gun.

canari [kana'ri], *n.m.* canary (*bird*).

Canaries [kana'ri], **les Îles,** *f. pl.* the Canary Islands.

canasta [kanas'ta], *n.f.* canasta.

cancan [kã'kã], *n.m.* tittle-tattle, scandal; French cancan.

cancaner [kãka'ne], *v.i.* to tattle, to invent stories.

cancanier [kãka'nje], *a.* (*fem.* **-ière**) addicted to gossip.—*n.m.* (*fem.* **-ière**) scandal-monger.

cancer [kã'sɛːr], *n.m.* (*Astron., Geol., Med.*) cancer.

cancéreux [kãse'rø], *a.* (*fem.* **-euse**) cancerous.

cancre [kã:kr], *n.m.* crab; (*fig.*) dunce (*at school*).

cancrelat *or* **cancrelas** [kãkrə'la], *n.m.* cockroach.

candélabre [kãde'laːbr], *n.m.* candelabrum, sconce.

candeur [kã'dœːr], *n.f.* artlessness, guilelessness, ingenuousness.

candi [kã'di], *a.m.* candied; *fruits candis,* crystallized fruits.—*n.m.* sugar-candy.

candidat [kãdi'da], *n.m.* candidate.

candidature [kãdida'tyːr], *n.f.* candidature.

candide [kã'did], *a.* ingenuous, artless.

candidement [kãdid'mã], *adv.* ingenuously.

candir [kã'diːr], *v.i. or* **se candir,** *v.r.* to candy, to crystallize.

cane [kan], *n.f.* (*female*) duck.

canebière [CANNEBIÈRE].

canepetière [kanpə'tjɛːr], *n.f.* lesser bustard.

caneton [kan'tɔ̃], *n.m.* duckling.

canette (1) *or* **cannette** (1) [ka'nɛt], *n.f.* small duck, duckling; teal.

canette (2) *or* **cannette** (2) [ka'nɛt], *n.f.* measure for beer; spool (*inside shuttle*).

canevas [kan'va], *n.m.* canvas; sail-cloth outline sketch, rough draft.

caniche [ka'niʃ], *n.m.* poodle.

57

canichon [kani'ʃɔ̃], *n.m.* small poodle; duckling.

caniculaire [kaniky'lɛːr], *a.* canicular.

canicule [kani'kyl], *n.f.* dog-days; (*Astron.*) dog-star.

canif [ka'nif], *n.m.* penknife.

canin [ka'nɛ̃], *a.* canine.—*n.f.* (*dent*) *canine*, canine (tooth).

canitie [kani'si], *n.f.* whiteness of the hair.

caniveau [kani'vo], *n.m.* (*pl.* **-eaux**) (*Arch.*) channel-stone, gutter.

cannage [ka'naːʒ], *n.m.* cane-work (*in chairs etc.*).

cannaie [ka'nɛ], *n.f.* cane-plantation, cane-field.

canne [kan], *n.f.* cane, reed; walking-stick; glass-blower's pipe.

canneberge [kan'bɛrʒ], *n.f.* cranberry.

cannebière or **canebière** [kan'bjɛːr], *n.f.* (*S.-E. France*) [CHÈNEVIÈRE].

cannelé [kan'le], *a.* fluted (*column*); grooved (*tyre*).—*n.m.* ribbed silk.

canneler [kan'le], *v.t.* (*conjug. like* APPELER) to flute, to channel, to groove.

cannelier [kanə'lje], *n.m.* cinnamon-tree.

cannelle (1) [ka'nɛl], *n.f.* cinnamon bark, cinnamon.

cannelle (2) [ka'nɛl], **cannette** (3) [ka'nɛt], *n.f.* spigot, tap.

cannelure [kan'lyːr], *n.f.* fluting, channelling.

cannette (1) [CANETTE (1)].

cannette (2) [CANETTE (2)].

cannette (3) [CANNELLE (2].

cannibale [kani'bal], *n.m.* cannibal.

cannibalisme [kaniba'lism], *n.m.* cannibalism; (*fig.*) ferocity.

canon (1) [ka'nɔ̃], *n.m.* cannon, gun; barrel (*of a gun*); cylinder, pipe, tube (*of lock*).

canon (2) [ka'nɔ̃], *n.m.* (*Eccles.*) canon; (*Mus.*) round, canon.

cañon [ka'nɔ̃], *n.m.* canyon.

canonial [kanɔ'njal], *a.* (*m.pl.* **-aux**) canonical.

canonicat [kanɔni'ka], *n.m.* canonry; (*fig.*) sinecure.

canonicité [kanɔnisi'te], *n.f.* canonicity.

canonique [kanɔ'nik], *a.* canonical.

canonisation [kanɔnizɑ'sjɔ̃], *n.f.* canonization.

canoniser [kanɔni'ze], *v.t.* to canonize.

canonnade [kanɔ'nad], *n.f.* cannonading, cannonade.

canonner [kanɔ'ne], *v.t.* to attack with heavy artillery, to cannonade.

canonnier [kanɔ'nje], *n.m.* gunner.

canonnière [kanɔ'njɛːr], *n.f.* pop-gun; gun-boat.

canot [ka'no], *n.m.* small open boat, dinghy; (C) Canadian canoe; *canot automobile*, motor-boat; *canot de sauvetage*, lifeboat.

canotage [kanɔ'taːʒ], *n.m.* boating, rowing.

cantate [kɑ̃'tat], *n.f.* (*Mus.*) cantata.

cantatrice [kɑ̃ta'tris], *n.f.* cantatrice, (*classical*) singer.

cantharide [kɑ̃ta'rid], *n.f.* (*Ent.*) cantharis, Spanish fly.

cantilène [kɑ̃ti'lɛːn], *n.f.* cantilena, ballad, popular song.

cantine [kɑ̃'tin], *n.f.* canteen; kit-case.

cantique [kɑ̃'tik], *n.m.* canticle, hymn.

canton [kɑ̃'tɔ̃], *n.m.* canton (*district*); (C) township.

cantonade [kɑ̃tɔ'nad], *n.f.* (*Theat.*) either of the wings; *parler à la cantonade*, to speak to an actor off the stage.

cantonnement [kɑ̃tɔn'mɑ̃], *n.m.* (*Mil.*) cantonment, billet, quarters.

cantonner [kɑ̃tɔ'ne], *v.t.* (*Mil.*) to billet (*troops*). **se cantonner**, *v.r.* to take up a position, quarters *or* abode; to fortify oneself.

cantonnier [kɑ̃tɔ'nje], *n.m.* roadman; (*Rail.*) platelayer.

cantonnière [kɑ̃tɔ'njɛːr], *n.f.* valance.

canule [ka'nyl], *n.f.* clyster-pipe, injection-tube, douche-tube.

caoutchouc [kau'tʃu], *n.m.* (India-)rubber; mackintosh; (*pl.*) galoshes.

cap [kap], *n.m.* head; bow (*of a ship*); cape, headland, promontory.

capable [ka'pabl], *a.* able, fit, capable; apt; competent.

capacité [kapasi'te], *n.f.* extent, size; ability.

caparaçon [kapara'sɔ̃], *n.m.* caparison, trappings.

caparaçonner [kaparasɔ'ne], *v.t.* to caparison (*a horse*).

cape [kap], *n.f.* cape, mantle *or* cloak with a hood.

capharnaüm [kafarna'ɔm], *n.m.* lumber-room, glory-hole.

capillaire [kapi'lɛːr], *a.* capillary.—*n.m.* capillary; maiden-hair.

capilotade [kapilɔ'tad], *n.f.* hash, ragoût; (*fig.*) thrashing.

capitaine [kapi'tɛn], *n.m.* captain; (*fig.*) eminent commander.

capital [kapi'tal], *a.* (*m.pl.* **-aux**) capital, main, chief, principal.—*n.m.* capital, principal; property, stock.

capitale [kapi'tal], *n.f.* capital, chief city; capital letter.

capitaliser [kapitali'ze], *v.t.* to put at compound interest; to add to the capital; to realize, to capitalize.—*v.i.* to save, to lay by.

capitaliste [kapita'list], *n.* capitalist, moneyed man *or* woman.

capitan [kapi'tɑ̃], *n.m.* braggadocio, swaggerer.

capitation [kapita'sjɔ̃], *n.f.* capitation, poll-tax.

capiteux [kapi'tø], *a.* (*fem.* **-euse**) heady, strong.

Capitole [kapi'tɔl], *n.m.* Capitol (*of Rome etc.*).

capitonner [kapitɔ'ne], *v.t.* to stuff, to pad.

capitulaire [kapity'lɛːr], *a.* and *n.m.* capitulary.

capitulation [kapitylɑ'sjɔ̃], *n.f.* capitulation; compromise.

capituler [kapity'le], *v.i.* to capitulate; to compound, to compromise.

capoc [ka'pɔk], *n.m.* kapok.

capon [ka'pɔ̃], *a.* (*fem.* **-onne**) cowardly.—*n.m.* (*fem.* **-onne**) mean fellow, sneak; coward.

caponner [kapɔ'ne], *v.i.* to cheat; to be cowardly; to rat.

caporal [kapɔ'ral], *n.m.* (*pl.* **-aux**) corporal; sort of 'shag' (*tobacco*).

capot (1) [ka'po], *n.m.* (*Motor.*) bonnet, (*Am.*) hood.

capot (2) [ka'po], *a. inv.* capot (*at piquet etc.*); flabbergasted.

capote [ka'pɔt], *n.f.* capote, large cloak with a hood; (*soldier's*) great-coat; baby's bonnet.

capoter [kapo'te], *v.i.* (*Naut. etc.*) to capsize; to turn turtle.

câpre [kɑːpr], *n.f.* (*Bot.*) caper.

caprice [ka'pris], *n.m.* caprice, whim, humour; flight, sally.

capricieusement [kaprisjøz'mɑ̃], *adv.* capriciously, whimsically.

capricieux [kapri'sjø], *a.* (*fem.* **-euse**) capricious, whimsical, fickle.

capricorne [kapri'kɔrn], *n.m.* (*Astron.*) Capricorn.

capsule [kap'syl], *n.f.* capsule; pod; percussion-cap (*of firearms*).

captation [kaptɑ'sjɔ̃], *n.f.* captation, inveigling; intercepting.

captatoire [kapta'twaːr], *a.* inveigling.

capter [kap'te], *v.t.* to obtain by underhand methods; to win by bribery etc.

capticusement [kapsjøz'mɑ̃], *adv.* insidiously, cunningly, deceitfully.

captieux [kap'sjø], *a.* (*fem.* **-euse**) insidious, cunning, specious.

captif [kap'tif], *a.* and *n.m.* (*fem.* **-tive**) captive.

captivant [kapti'vɑ̃], *a.* captivating; enthralling.

captiver [kapti've], *v.t.* to captivate, to charm.

captivité [kaptivi'te], *n.f.* captivity, bondage.

capture [kap'tyːr], *n.f.* capture, prize, booty.

capturer [kapty're], *v.t.* to capture; to arrest.

capuchon [kapy'ʃɔ̃], *n.m.* hood, cowl.

capuchonné [kapyʃo'ne], *a.* cowled; hooded.

capucin [kapy'sɛ̃], *n.m.* (*fem.* **capucine** (1) [kapy'sin]) Capuchin friar *or* nun.

capucine (1) [CAPUCIN].

capucine (2) [kapy'sin], *n.f.* nasturtium.

câque [kak], *n.f.* keg, barrel.

caquet [ka'kɛ], *n.m.* cackle (*of geese etc.*); tittle-tattle, gossip, scandal.

caquetage [kak'ta:ʒ], *n.m.*, **caqueterie** [kak(ə)'tri], *n.f.* babbling, prattling; tattling, gossiping.

caqueter [kak'te], *v.i.* (*conjug. like* APPELER) to cackle, to chatter; to gossip.

car (1) [kaːr], *conj.* for, because.

car (2) [kaːr], *n.m.* (*fam.*) coach, long-distance bus.

carabin [kara'bɛ̃], *n.m.* (*colloq.*) saw-bones, medical student.

carabine [kara'bin], *n.f.* carbine, rifle.

carabiné [karabi'ne], *a.* rifled; (*colloq.*) strong, violent.

carabiner [karabi'ne], *v.t.* to rifle (*a gun-barrel*).

carabinier [karabi'nje], *n.m.* carabinier, rifleman.

caractère [karak'tɛːr], *n.m.* character, letter; hand-writing; nature, disposition; temper, spirit; stamp; quality.

caractériser [karakteri'ze], *v.t.* to characterize, to describe.

caractéristique [karakteris'tik], *a.* and *n.f.* characteristic.

carafe [ka'raf], *n.f.* carafe, decanter water-bottle.

carafon [kara'fɔ̃], *n.m.* small carafe *or* decanter.

Caraïbes [kara'ib], **les**, *f.pl.* the Caribbean Isles.

carambolage [karɑ̃bo'laːʒ], *n.m.* (*Billiards*) cannon; (*pop.*) affray, shindy; (*fig.*) rebound (*against*).

caramboler [karɑ̃bo'le], *v.i.* (*Billiards*) to cannon.

caramel [kara'mɛl], *n.m.* caramel.

carapace [kara'pas], *n.f.* (*Zool.*) carapace, shell.

carat [ka'ra], *n.m.* (*Gold*) carat.

caravane [kara'van], *n.f.* caravan, convoy; caravan (*on wheels*).

carbonate [karbo'nat], *n.m.* (*Chem.*) carbonate.

carbone [kar'bɔn], *n.m.* carbon.

carboné [karbo'ne], *a.* carbonated, carbonized.

carbonique [karbo'nik], *a.* carbonic.

carboniser [karboni'ze], *v.t.* to carbonize.

carburant [karby'rɑ̃], *a.* and *n.m.* motor-fuel.

carburateur [karbyra'tœːr], *n.m.* carburettor.

carbure [kar'byːr], *n.m.* (*Chem.*) carbide.

carburé [karby're], *a.* carburetted.

carcasse [kar'kas], *n.f.* carcass, skeleton.

cardage [kar'daːʒ], *n.m.* carding.

cardan [kar'dɑ̃], *n.m.* (*Mech.*) universal joint.

carde [kard], *n.f.* (*Bot.*) cardoon.

carder [kar'de], *v.t.* to card, to comb.

cardialgie [kardjal'ʒi], *n.f.* cardialgy, heart-burn.

cardiaque [kar'djak], *a.* and *n.* cardiac (case).

cardinal [kardi'nal], *a.* (*m. pl.* **-aux**) cardinal, chief, principal.—*n.m.* (*pl.* **-aux**) (*Eccles.*) cardinal.

cardinalat [kardina'la], *n.m.* cardinalate, cardinalship.

cardiogramme [kardio'gram], *n.m.* cardiogram.

cardiographe [kardio'graf], *n.m.* cardiograph.

cardon [kar'dɔ̃], *n.m.* (*Bot.*) cardoon.

carême [ka'rɛːm], *n.m.* Lent; Lent-sermons.

carénage [kare'naːʒ], *n.m.* careening.

carence [ka'rɑ̃ːs], *n.f.* (*Law*) insolvency.

carène [ka'rɛːn], *n.f.* (*Naut.*) bottom (*keel and sides up to water-mark*).

caréné [kare'ne], *a.* (*Bot.*) carinate; keeled; (*Motor.*) stream-lined.

caréner [kare'ne], *v.t.* (*conjug. like* CÉDER) to careen; to stream-line.

caressant [kare'sɑ̃], *a.* caressing, endearing; tender.

caresse [ka'res], *n.f.* caress, endearment.

caresser [kare'se], *v.t.* to caress, to fondle, to stroke.

caret (1) [ka'rɛ], *n.m.* rope-maker's reel.

caret (2) [ka're], *n.m.* turtle.

cargaison [karge'zɔ̃], *n.f.* cargo, freight.

cargo [kar'go], *n.m.* (*Naut.*) tramp, cargo-boat.

carguer [kar'ge], *v.t.* to reef (*sails*).

cargueur [kar'gœːr], *n.m.* (*Naut.*) reefer.

cari [ka'ri], *n.m.* curry-powder.

cariatide [karja'tid], *n.f.* caryatid.

caribou [kari'bu], *n.m.* cariboo.

caricature [karika'tyːr], *n.f.* caricature; (*fam.*) fright (*person*).

caricaturer [karikaty're], *v.t.* to caricature.

caricaturiste [karikaty'rist], *n.* caricaturist.

carie [ka'ri], *n.f.* (*Path.*) caries, decay; (*Bot.*) brown rust; rot (*of timber*).

carier [ka'rje], *v.t.* to make carious, to rot.

carillon [kari'jɔ̃], *n.m.* carillon; chime, peal.

carillonnement [karijon'mɑ̃], *n.m.* chiming, jingling.

carillonner

carillonner [karijɔ'ne], *v.i.* to chime; to ring the changes; to jingle.
carillonneur [karijɔ'nœːr], *n.m.* bell-ringer.
carlin [kar'lɛ̃], *a.* pug; turned-up (*nose*).
carlingue [kar'lɛ̃ːg], *n.f.* (*Av.*) cockpit.
carmagnole [karma'ɲɔl], *n.f.* Piedmontese jacket; carmagnole.
carme [karm], *n.m.* Carmelite friar, White friar.
carmélite [karme'lit], *n.f.* Carmelite nun.— *a.* light brown.
carmin [kar'mɛ̃], *a.* and *n.m.* carmine.
carnage [kar'naːʒ], *n.m.* carnage, slaughter.
carnassier [karna'sje], *a.* (*fem.* **-ière**) carnivorous, flesh-eating.—*n.m.* feline animal; flesh-eater.—*n.f.* (**-ière**) game-bag.
carnation [karnɑ'sjɔ̃], *n.f.* complexion; flesh-colour.
carnaval [karna'val], *n.m.* carnival; masquerade, festival; guy.
carné [kar'ne], *a.* flesh-coloured; composed of meat.
carnet [kar'nɛ], *n.m.* notebook, log-book.
carnier [kar'nje], *n.m.* game-bag.
carnivore [karni'vɔːr], *a.* carnivorous.—*n.* carnivore.
carogne [ka'rɔɲ], *n.f.* hag, jade, impudent slut.
carotide [karɔ'tid], *a.* and *n.f.* carotid.
carotte [ka'rɔt], *n.f.* carrot; (*slang*) fake, ruse, hoax; sign outside a tobacconist's shop.—*a.* (*inv.*) ginger (*hair*).
carotter [karɔ'te], *v.t.* to cheat, to diddle.
carotteur [karɔ'tœːr], **carottier** [karɔ'tje], *n.m.* (*fem.* **-euse, -ière**) cheat, trickster; wangler.
carpe (1) [karp], *n.f.* (*Ichth.*) carp.
carpe (2) [karp], *n.m.* (*Anat.*) wrist.
carquois [kar'kwa], *n.m.* quiver.
carrare [ka'raːr], *n.m.* Carrara marble.
carré [ka're], *a.* square; well-set; plain, straightforward.—*n.m.* square; landing, floor; (*Hort.*) plot.
carreau [ka'ro], *n.m.* (*pl.* **-eaux**) small square; square tile or brick, small flag-stone; pane (*of glass*); diamond (*at cards*).
carrefour [kar'fuːr], *n.m.* cross-roads.
carrelage [kar'laːʒ], *n.m.* tile-flooring, paving-squares.
carreler [kar'le], *v.t.* (*conjug. like* APPELER) to pave (*a floor*) with square tiles, bricks, stones etc.; to cobble (*shoes etc.*).
carrelet [kar'lɛ], *n.m.* plaice.
carrelette [kar'lɛt], *n.f.* flat file.
carreleur [kar'lœːr], *n.m.* floor-tiler.
carrément [kare'mɑ̃], *adv.* squarely; (*fig.*) bluntly, plainly.
carrer [ka're], *v.t.* to square. **se carrer**, *v.r.* to strut, to pose.
carrier [ka'rje], *n.m.* quarryman.
carrière (1) [ka'rjɛːr], *n.f.* career, course; scope, play, vent; profession, vocation; *la Carrière*, the diplomatic service.
carrière (2) [ka'rjɛːr], *n.f.* quarry.
carriole [ka'rjɔl], *n.f.* light covered cart.
carrossable [karɔ'sabl], *a.* practicable for vehicles (*of roads*).
carrosse [ka'rɔs], *n.m.* state-coach, four-wheeled carriage.
carrosserie [karɔ'sri], *n.f.* coach-building; body (*of motors*).

carrossier [karɔ'sje], *n.m.* coach-maker, carriage-builder.
carrousel [karu'zɛl], *n.m.* merry-go-round, roundabout; tournament.
carrure [ka'ryːr], *n.f.* breadth of shoulders.
cartable [kar'tabl], *n.m.* school-satchel.
carte [kart], *n.f.* pasteboard; card, playing-card, postcard; ticket; bill of fare; map, chart; *avoir carte blanche*, to have full power; *carte d'abonnement*, season ticket; *carte d'alimentation*, ration card, ration book; *un jeu de cartes*, a pack of cards.
cartel [kar'tɛl], *n.m.* challenge; cartel; dial-case; wall clock; frieze-panel.
carte-lettre [kartə'lɛtr], *n.f.* (*pl.* **cartes-lettres**) letter-card.
carter [kar'tɛr], *n.m.* gear-case (*of bicycle*); crank-case (*of car*).
cartésianisme [kartezja'nism], *n.m.* Cartesian philosophy.
cartésien [karte'zjɛ̃], *a.* and *n.m.* (*fem.* **-ienne**) Cartesian.
cartilage [karti'laːʒ], *n.m.* cartilage, gristle.
cartilagineux [kartilaʒi'nø], *a.* (*fem.* **-euse**) cartilaginous, gristly.
cartographe [kartɔ'graf], *n.m.* cartographer.
cartographie [kartɔgra'fi], *n.f.* cartography.
carton [kar'tɔ̃], *n.m.* cardboard, pasteboard; cardboard box, hat-box; (*Paint.*) cartoon; (*Phot.*) mount.
cartonnage [kartɔ'naːʒ], *n.m.* (*Bookb.*) boarding.
cartonneur [kartɔ'nœːr], *n.m.* (*fem.* **-euse**) binder (*of books*).
carton-pâte [kartɔ̃'paːt], *n.m.* millboard; papier mâché.
carton-pierre [kartɔ̃'pjɛːr], *n.m.* pasteboard for making ornaments.
cartothèque [kartɔ'tɛk], *n.f.* card-index.
cartouche (1) [kar'tuʃ], *n.m.* escutcheon, scroll.
cartouche (2) [kar'tuʃ], *n.f.* cartridge.
cartouchier [kartu'ʃje], *n.m.*, **cartouchière** [kartu'ʃjɛːr], *n.f.* cartridge-pouch or box.
cas [ka], *n.m.* case; instance, circumstance, state of things, conjuncture; (*Law*) cause; *c'est le cas ou jamais*, it is now or never; *en tout cas*, at all events.
casanier [kaza'nje], *a.* (*fem.* **-ière**) domestic, stay-at-home, home-loving.
cascade [kas'kad], *n.f.* cascade, waterfall.
case [kaːz], *n.f.* cabin, hut, small house; division, compartment; box (*for animals*); pigeon-hole; square (*of chess or draught-board*); (*Naut.*) berth.
casemate [kaz'mat], *n.f.* (*Fort.*) casemate.
caser [ka'ze], *v.t.* to put in order, to file (*documents*), (*fam.*) to provide for; to marry off.—*v.i.* (*backgammon*) to make a point. **se caser**, *v.r.* to take up one's abode, to settle.
caserne [ka'zɛrn], *n.f.* barracks.
caserner [kazɛr'ne], *v.t.* to quarter in barracks.—*v.i.* to be in barracks.
casier [ka'zje], *n.m.* rack, card- or music-stand, set of pigeon-holes; *casier judiciaire*, police record.
casilleux [kazi'jø], *a.* (*fem.* **-euse**) brittle.
casino [kazi'no], *n.m.* casino, club.
casque [kask], *n.m.* helmet, head-piece; (*Nat. Hist.*) crest; head-phone (*wireless*).

casquette [kas'kɛt], n.f. cap.
cassable [ka'sabl], a. breakable.
cassage [ka'sa:ʒ], n.m. breakage.
cassant [ka'sɑ̃], a. brittle; crisp; breakable; (fig.) abrupt, gruff.
cassation [kasa'sjɔ̃], n.f. (Law) cassation, annulment, repeal; cour de cassation, the highest court of appeal in France.
casse (1) [kɑ:s], n.f. breakage(s); damage, losses.
casse (2) [kɑ:s], n.f. (Print.) case; bas de casse, lower case.
casse-cou [kas'ku], n.m. inv. death-trap; rough-rider; dare-devil.
casse-croûte [kas'krut], n.m. inv. quick meal, snack.
casse-noisette [kasnwa'zɛt], n.m. (pl. casse-noisettes) nutcracker; (Orn.) nuthatch.
casse-noix [kas'nwa], n.m. inv. nutcrackers.
casse-pipes [kas'pip], n.m. inv. shooting-gallery; (pop.) war.
casser [ka'se], v.t. to break, to smash; to cashier (an officer), to reduce to the ranks; to dissolve (Parliament etc.); to annul, to rescind. se casser, v.r. to break, to snap; to break down.
casserole [kas'rɔl], n.f. saucepan, stewpan.
casse-tête [kas'tɛ:t], n.m. inv. life-preserver; (fig.) din; conundrum.
cassette [ka'sɛt], n.f. casket; cash-box.
casseur [ka'sœ:r], n.m. (fem. -euse) breaker, smasher.
cassis [ka'sis], n.m. black currant.
casson [ka'sɔ̃], n.m. piece of broken glass or pottery; rough lump (of sugar).
cassonade [kasɔ'nad], n.f. moist brown sugar.
cassoulet [kasu'lɛ], n.m. stew of beans with mutton and pork.
cassure [ka'sy:r], n.f. break, crack, fracture; broken piece.
castagnette [kasta'nɛt], n.f. castanet.
caste [kast], n.f. caste.
castilan [kasti'jɑ̃], a. Castilian.—n.m. Castilian (speech); (Castillan, fem. -ane) Castilian (person).
castine [kas'tin], n.f. (Metal.) flux.
castor [kas'tɔ:r], n.m. beaver.
casuel [ka'zɥɛl], a. (fem. -uelle) casual, fortuitous, accidental.—n.m. perquisites, fees.
casuiste [ka'zɥist], n.m. casuist.
cataclysme [kata'klism], n.m. cataclysm; (fig.) disaster.
catacombes [kata'kɔ̃:b], n.f. pl. catacombs.
catafalque [kata'falk], n.m. catafalque.
cataire [ka'tɛ:r], n.f. (Bot.) catmint.
catalan [kata'lɑ̃], a. Catalan.—n.m. Catalan (language); (Catalan, fem. -ane) Catalan (person).
catalepsie [katalɛp'si], n.f. catalepsy.
catalogue [kata'lɔg], n.m. list, catalogue.
cataloguer [katalɔ'ge], v.t. to catalogue.
catalyse [kata'li:z], n.f. (Chem.) catalysis.
catalyseur [katali'zœ:r], n.m. catalyst.
catalytique [katali'tik], a. catalytic.
cataphote [kata'fɔt], n.m. cat's eye (reflector).
cataplasme [kata'plasm], n.m. cataplasm, poultice.
cataracte [kata'rakt], n.f. cataract, waterfall; (Path.) cataract.
catarrhal [kata'ral], a. (m.pl. -aux) catarrhal.
catarrhe [ka'ta:r], n.m. catarrh.

catastrophe [katas'trɔf], n.f. catastrophe, calamity.
catastrophique [katastrɔ'fik], a. catastrophic.
catéchiser [kateʃi'ze], v.t. to catechize; (fig.) to reason with; to lecture.
catéchisme [kate'ʃism], n.m. catechism.
catégorie [katego'ri], n.f. category.
catégorique [katego'rik], a. categorical, explicit.
catégoriquement [kategɔrik'mɑ̃], adv. categorically.
catharsis [katar'sis], n.f. (Med.) catharsis.
cathédral [kate'dral], a. (m.pl. -aux) cathedral.
cathédrale [kate'dral], n.f. cathedral.
cathode [ka'tɔd], n.f. cathode.
cathodique [katɔ'dik], a. cathode.
catholicisme [katɔli'sism], n.m. Catholicism.
catholique [katɔ'lik], a. catholic; moral, orthodox.—n. Catholic (person).
cati [ka'ti], n.m. gloss, lustre.
catir [ka'ti:r], v.t. to give a gloss to.
catissage [kati'sa:ʒ], n.m. glossing, pressing.
catisseur [kati'sœ:r], a. and n.m. (fem. -euse) presser.
Caucase [ko'kɑ:z], le, m. the Caucasus.
caucasien [koka'zjɛ̃], a. (fem. -enne) Caucasian.—n.m. (Caucasien, fem. -enne) Caucasian (person).
cauchemar [koʃ'ma:r], n.m. nightmare.
caudataire [koda'tɛ:r], n.m. train-bearer.
cauri, cauris or coris [ko'ri], n.m. cowrie.
causal [ko'zal], a. causal.
causant [ko'zɑ̃], a. chatty, talkative.
causatif [koza'tif], a. (fem. -tive) (Gram.) causative, causal.
cause [ko:z], n.f. cause; grounds, motive; interest; case, trial, suit, action; à cause de, because of; mettre en cause, to sue.
causer (1) [ko'ze], v.t. to cause, to be the cause of.
causer (2) [ko'ze], v.i. to chat, to talk; to prate.
causerie [ko'zri], n.f. talk, chat, gossip; chatty essay, review etc.
causette [ko'zɛt], n.f. chit-chat, small talk.
causeur [ko'zœ:r], a. (fem. -euse) talkative, chatty.—n.m. (fem. -euse) talker.—n.f. (-euse) small sofa, settee for two.
causticité [kostisi'te], n.f. causticity.
caustique [kos'tik], a. caustic, biting, cutting.—n.m. caustic.
caustiquement [kostik'mɑ̃], adv. caustically.
cauteleusement [kotløz'mɑ̃], adv. craftily, slyly.
cauteleux [kot'lø], a. (fem. -euse) cunning, crafty.
cautère [ko'tɛ:r], n.m. (Med.) cautery; issue.
cautérisation [koteriza'sjɔ̃], n.f. cauterization.
cautériser [koteri'ze], v.t. to cauterize.
caution [ko'sjɔ̃], n.f. security, bail, surety; (fig.) pledge, guarantee; verser une caution, to pay a deposit.
cautionnement [kosjɔn'mɑ̃], n.m. bail; security.
cautionner [kosjɔ'ne], v.t. to stand bail for someone.
cavage [ka'va:ʒ], n.m. cellarage.
cavalcade [kaval'kad], n.f. procession; cavalcade.
cavale [ka'val], n.f. mare.
cavalerie [kaval'ri], n.f. cavalry.

cavalier

cavalier [kava'lje], *n.m.* horseman, rider, trooper; (*Dancing*) partner; (*C*) lover, sweetheart; (*Chess*) knight.—*a.* (*fem.* -ière) cavalier, unceremonious (*of manners etc.*); off-hand, flippant.

cavalièrement [kavaljɛr'mɑ̃], *adv.* cavalierly, bluntly.

cave (1) [kaːv], *a.* hollow.

cave (2) [kaːv], *n.f.* (*wine*) cellar, vault; cellarage.

caveau [ka'vo], *n.m.* (*pl.* -eaux) small cellar; burial vault.

caver [ka've], *v.t.* to hollow, to scoop out, to dig under; (*fig.*) to undermine; (*Fenc.*) to lunge. se caver, *v.r.* to become hollow or sunken.

caverne [ka'vɛrn], *n.f.* cavern, cave, hollow; (*fig.*) retreat, lair.

caverneux [kavɛr'nø], *a.* (*fem.* -euse) cavernous, hollow.

caviar [ka'vjaːr], *n.m.* caviare.

cavillation [kavila'sjɔ̃], *n.f.* sophistry, cavil.

cavité [kavi'te], *n.f.* cavity, hollow.

ce (1) [sə], *dem. a.* (*before vowels* cet, *fem.* cette, *pl.* ces) this, that, (*pl.*) these, those.

ce (2) [sə], *dem. pron. inv.* it, that (*sometimes =* he, she, *or, with plural verb,* they); *c'en est fait,* it is all over, it is done; *c'est-à-dire,* that is to say; *c'est que,* the fact is that; *pour ce qui est de . . . ,* as for . . . .

*céans [se'ɑ̃], *adv.* within, here within, in this house, at home.

ceci [sə'si], *dem. pron.* this, this thing.

cécité [sesi'te], *n.f.* blindness.

cédant [se'dɑ̃], *a.* that grants; (*Law*) that assigns, transfers.—*n.m.* (*fem.* -e) (*Law*) grantor, assignor, transferrer.

céder [se'de], *v.t.* (*see Verb Tables*) to give up, to yield, to surrender, to cede; to transfer, to make over.—*v.i.* to give way; to submit.

cédille [se'diːj], *n.f.* cedilla.

cédrat [se'dra], *n.m.* citron-tree; citron.

cèdre [sɛːdr], *n.m.* cedar.

cédule [se'dyl], *n.f.* schedule, memorandum; notice; (*Law*) notification.

cégétiste [seʒe'tist], *n.m.* a member of the C.G.T. (Confédération Générale du Travail.)

ceindre [sɛ̃ːdr], *v.t. irr.* (*conjug. like* CRAINDRE) to gird, to entircle, to encompass, to surround; to bind or gird on. se ceindre, *v.r.* to bind round some, to put on (*a scarf etc.*).

ceinture [sɛ̃'tyːr], *n.f.* sash, girdle, belt, waist-band; waist; enclosure, circle; *ceinture de sauvetage,* life-belt.

ceinturer [sɛ̃ty're], *v.t.* to girdle, to surround.

ceinturon [sɛ̃ty'rɔ̃], *n.m.* belt, sword-belt.

cela [sə'la, sla], *dem. pron.* that, that thing (*in opposition to this, of which we are speaking*); *c'est cela,* that's it. *In popular speech* cela *becomes* ça; *pas de ça,* none of that; *comme ci comme ça,* middling.

céladon [sela'dɔ̃], *a. and n.m.* sea-green (*colour*).

célébrant [sele'brɑ̃], *n.m.* celebrant.

célébration [selebra'sjɔ̃], *n.f.* solemn performance, celebration.

célèbre [se'lɛbr], *a.* celebrated, famous, renowned.

célébrer [sele'bre], *v.t.* (*conjug. like* CÉDER) to celebrate, to praise, to extol; to solemnize.

célébrité [selebri'te], *n.f.* celebrity.

*celer [sə'le], *v.t.* (*conjug. like* AMENER) to conceal, to keep secret. *se celer, *v.r.* to conceal oneself, to hide.

céleri [sel'ri], *n.m.* celery; *un pied de céleri,* a stick of celery.

célerin [sel'rɛ̃], *n.m.* (*Ichth.*) pilchard.

célérité [seleri'te], *n.f.* celerity, rapidity.

céleste [se'lɛst], *a.* celestial, heavenly, divine.

célibat [seli'ba], *n.m.* celibacy, single life.

célibataire [seliba'tɛːr], *a.* single.—*n.m.* bachelor.—*n.f.* spinster.

celle [sɛl], [CELUI].

cellérier [sele'rje], *n.m.* (*fem.* -ière) cellarer.

cellier [se'lje], *n.m.* cellar, store-room.

cellophane [selɔ'fan], *n.f.* cellophane.

cellulaire [sely'lɛːr], *a.* cellular.

cellule [se'lyl], *n.f.* cell; *cellule photo-électrique,* electric eye.

celluleux [sely'lø], *a.* (*fem.* -euse) cellular.

celluloïd or celluloïde [selylɔ'id], *n.m.* celluloid.

cellulose [sely'loːz], *n.f.* cellulose.

Celte [sɛlt], *n.* Celt.

celtique [sɛl'tik], *a.* Celtic.—*n.m.* Celtic (*language*).

celui [sə'lɥi], *dem. pron. m.* (*fem.* celle, *pl.* ceux, celles) the one, that, those (*sometimes =* he or she). *Followed by* -ci or -là = this one, that one etc. or the latter and the former.

cément [se'mɑ̃], *n.m.* (*Metal.*) cement.

cémentation [semɑ̃ta'sjɔ̃], *n.f.* (*Metal.*) cementation.

cémenter [semɑ̃'te], *v.t.* (*Metal.*) to cement.

cénacle [se'nakl], *n.m.* (*Ant.*) guest-chamber; (*fig.*) literary society or coterie.

cendre [sɑ̃ːdr], *n.f.* ashes, embers, cinders; dust, ashes (*of the dead*).

cendré [sɑ̃'dre], *a.* ashy, ashen.

cendrée [sɑ̃'dre], *n.f.* small shot; cinders (*for track*); *piste en cendrée,* dirt track, cinder track.

cendrer [sɑ̃'dre], *v.t.* to paint ash-grey; to mix or cover with ashes.

cendreux [sɑ̃'drø], *a.* (*fem.* -euse) ashy.

cendrier [sɑ̃dri'e], *n.m.* ash-pan, ash-pit; ash-tray.

cendrière [sɑ̃dri'ɛːr], *n.f.* peat.

Cendrillon [sɑ̃dri'jɔ̃], *n.f.* Cinderella, drudge.

Cène [sɛːn], *n.f.* The Lord's Supper, Holy Communion.

cenelle [sə'nɛl], *n.f.* haw.

cénobite [seno'bit], *n.m.* coenobite.

cénotaphe [seno'taf], *n.m.* cenotaph.

cens [sɑ̃ːs], *n.m.* census; rating.

censé [sɑ̃'se], *a.* accounted, reputed, supposed.

censeur [sɑ̃'sœːr], *n.m.* censor; critic; proctor (*of Engl. Univ.*); assistant headmaster (*in French Lycée*).

censure [sɑ̃'syːr], *n.f.* censorship; criticism, censure; audit (*of accounts*).

censurer [sɑ̃sy're], *v.t.* to find fault with, to criticize; to censure.

cent [sɑ̃], *a.* one hundred; *faire les cent pas,* to walk up and down.—*n.m.* a hundred; *cinq pour cent,* five per cent.

centaine [sɑ̃'tɛn], *n.f.* a hundred; a hundred or so.

centaure [sɑ̃'toːr], *n.m.* centaur.

centenaire [sɑ̃t'nɛːr], *a.* a hundred years old.—*n.* centenarian.—*n.m.* centenary.

centième [sã'tjɛm], *a.* hundredth.—*n.m.* hundredth part.

centigrade [sãti'grad], *a.* centigrade.

centigramme [sãti'gram], *n.m.* centigram, the hundredth part of a gram (·1543 grain).

centilitre [sãti'litr], *n.m.* centilitre, hundredth part of a litre (·61028 cubic in.).

centime [sã'tim], *n.m.* centime, hundredth part of a franc.

centimètre [sãti'mɛtr], *n.m.* centimetre, hundredth part of a metre (·39371 in.).

centipède [sãti'pɛd], *n.m.* centipede.

central [sã'tral], *a.* (*m. pl.* **-aux**) central; chief, principal, head.—*n.m.* **central téléphonique**, telephone exchange.—*n.f.* **centrale électrique**, electric power station.

centralement [sãtral'mã], *adv.* centrally.

centralisateur [sãtraliza'tœːr], *a.* (*fem.* **-trice**) centralizing.

centralisation [sãtraliza'sjõ], *n.f.* centralization.

centraliser [sãtrali'ze], *v.t.* to centralize.

centre [sãːtr], *n.m.* centre, middle.

centrer [sã'tre], *v.t.* to centre.

centrifuge [sãtri'fyːʒ], *a.* centrifugal.

centripète [sãtri'pɛt], *a.* centripetal.

centuple [sã'typl], *a.* and *n.m.* centuple, hundredfold.

centupler [sãty'ple], *v.t.* to multiply a hundredfold.

centurion [sãty'rjõ], *n.m.* centurion.

cep [sɛp], *n.m.* vine-stock.

cépage [se'paːʒ], *n.m.* vine-plant.

cépée [se'pe], *n.f.* (*Agric.*) tuft of shoots from a pollarded stump; copse of one or two years' growth.

cependant [spã'dã], *adv.* in the meantime, meanwhile.—*conj.* yet, still, however, nevertheless.

céramique [sera'mik], *a.* ceramic.—*n.f.* ceramics.

Cerbère [sɛr'bɛːr], *m.* (*Myth.*) Cerberus.

cerceau [sɛr'so], *n.m.* (*pl.* **-eaux**) hoop, ring; hoop-net.

cerclage [sɛr'klaːʒ], *n.m.* hooping (*of casks*).

cercle [sɛrkl], *n.m.* circle, ring; circumference; club, club-house.

cercler [sɛr'kle], *v.t.* to bind with hoops, to hoop.

cercueil [sɛr'kœːj], *n.m.* coffin; (*fig.*) the tomb.

céréale [sere'al], *n.f.* cereal, corn, grain.

cérébral [sere'bral], *a.* (*m.pl.* **-aux**) cerebral.

cérémonial [seremo'njal], *a.* (*m. pl.* **-aux**) ceremonial.—*n.m.* (*no pl.*) ceremonial, pomp.

cérémonie [seremo'ni], *n.f.* ceremony; pomp; fuss, ado.

cérémonieux [seremo'njø], *a.* (*fem.* **-euse**) ceremonious, formal.

cerf [sɛːr], *n.m.* stag, hart, deer.

cerfeuil [sɛr'fœːj], *n.m.* chervil.

cerf-volant [sɛrvo'lã], *n.m.* (*pl.* **cerfs-volants**) stag-beetle; kite, paper-kite.

cerisaie [səri'zɛ], *n.f.* cherry-orchard.

cerise [sə'riːz], *n.f.* cherry.—*n.m.* cherry-colour, cerise.—*a.* cherry-coloured, cerise.

cerisier [səri'zje], *n.m.* cherry-tree, cherry-wood.

cerner [sɛr'ne], *v.t.* to cut *or* dig round (*a tree*), to ring (*a tree*); to surround, to encompass, to hem in.

certain [sɛr'tɛ̃], *a.* certain, sure, positive; fixed, determined; *d'un certain âge*, not so young.—*n.m.* certainty; a sure thing.

certainement [sɛrtɛn'mã], *adv.* certainly.

certes [sɛrt], *adv.* indeed, most certainly.

certificat [sɛrtifi'ka], *n.m.* certificate; testimonial; diploma.

certification [sɛrtifika'sjõ], *n.f.* certification.

certifier [sɛrti'fje], *v.t.* to certify, to testify, to vouch for.

certitude [sɛrti'tyd], *n.f.* certitude, certainty.

cerveau [sɛr'vo], *n.m.* (*pl.* **-eaux**) brain; mind, intellect, intelligence.

cervelas [sɛrvə'la], *n.m.* saveloy.

cervelle [sɛr'vɛl], *n.f.* brains; mind, intelligence.

cervin [sɛr'vɛ̃], *a.* cervine; *le (Mont) Cervin,* the Matterhorn.

César [se'zaːr], *m.* Caesar.—*n.m.* Caesar, emperor.

césarien [seza'rjɛ̃], *a.* (*fem.* **-ienne**) Caesarean.—*n.f.* (**-ienne**) Caesarean operation.

cessant [sɛ'sã], *a.* ceasing, suspended.

cessation [sɛsa'sjõ], *n.f.* cessation, suspension, stoppage.

cesse [sɛs], *n.f.* ceasing, intermission, respite.

cesser [sɛ'se], *v.t.* to leave off, to break off, to stop.—*v.i.* to cease, to leave off, to stop.

cession [sɛ'sjõ], *n.f.* transfer, assignment (*of property*).

cessionnaire [sɛsjo'nɛːr], *n.m.* grantee, assignee.

césure [se'zyːr], *n.f.* caesura.

cet, cette [sɛt], [CE].

cétacé [seta'se], *a.* cetaceous.—*n.m.* cetacean.

ceux [sø], [CELUI].

Ceylan [se'lã], *le,* m. Ceylon.

chablis (1) [ʃa'bli], *n.m.* dead-wood.

chablis (2) [ʃa'bli], *n.m.* Chablis (*white wine*).

chacal [ʃa'kal], *n.m.* jackal.

chacun [ʃa'kœ̃], *pron. indef. sing.* each, each one, every one.

chafouin [ʃa'fwɛ̃], *a.* weasel-faced, mean-looking.

chagrin (1), [ʃa'grɛ̃], *n.m.* grief, chagrin; sorrow.—*a.* gloomy, melancholy, sad.

chagrin (2) [ʃa'grɛ̃], *n.m.* shagreen.

chagrinant [ʃagri'nã], *a.* distressing, sad.

chagriner [ʃagri'ne], *v.t.* to grieve, to afflict; to cross, to vex. **se chagriner**, *v.r.* to fret, to grieve.

chahut [ʃa'y], *n.m.* row, shindy.

chahuter [ʃay'te], *v.i.* to make a row, to kick up a shindy.

chaîne [ʃɛn], *n.f.* chain; shackle, fetters; bonds, bondage; (*Naut.*) cable; (*fig.*) series, range; (*Ind.*) *chaîne de montage,* assembly-line.

chaîner [ʃɛ'ne], *v.t.* (*Surveying*) to measure (*land*) with the chain.

chaînette [ʃɛ'nɛt], *n.f.* little chain; (*Arch.*) catenary arch.

chaînon [ʃɛ'nõ], *n.m.* link.

chaintre [ʃɛ̃ːtr], *n.m.* (*Agric.*) balk, headland.

chair [ʃɛːr], *n.f.* flesh; meat; (*fig.*) the human body, the flesh; (*Paint., pl.*) naked flesh.

chaire [ʃɛːr], *n.f.* pulpit; professorship; bishop's throne.

chaise [ʃɛːz], *n.f.* chair, seat; post-chaise.

chaland (1) [ʃa'lã], *n.m.* lighter, barge.

chaland (2) [ʃa'lã], *n.m.* (*fem.* **-e**) customer, client.

63

chalandeau

chalandeau [ʃalɑ̃'do], n.m. (pl. -eaux) lighterman, bargee.
chalcographe [kalko'graf], n.m. chalcographer, engraver on metal.
chalcographie [kalkɔgra'fi], n.f. chalcography; engraving establishment.
chaldaïque [kalda'ik], a. Chaldaic
Chaldée [kal'de], f. Chaldea.
chaldéen [kalde'ɛ̃], a. (fem. -éenne) Chaldean.
—n.m. (Chaldéen, fem. -éenne) Chaldean (person).
châle [ʃɑːl], n.m. shawl.
chalet [ʃa'lɛ], n.m. chalet, Swiss cottage.
chaleur [ʃa'lœːr], n.f. heat; warmth, warm weather; (fig.) glow; zeal, ardour; 'craint la chaleur', 'store in a cool place'.
chaleureusement [ʃalœrøz'mã], adv. cordially, warmly.
chaleureux [ʃalœ'rø], a. (fem. -euse) warm, cordial.
chalicose [ʃali'koːz], n.f. silicosis.
châlit [ʃa'li], n.m. bedstead.
chaloupe [ʃa'lup], n.f. ship's boat, launch.
chalumeau [ʃaly'mo], n.m. (pl. -eaux) stalk of corn, drinking-straw; flute, pipe.
chalut [ʃa'ly], n.m. drag-net, trawl.
chalutier [ʃaly'tje], n.m. trawler.
chamaillard [ʃamɑ'jaːr], a. squabbling, quarrelsome.
chamailler [ʃamɑ'je], v.i. to bicker, to squabble. se chamailler, v.r. to squabble, to wrangle.
chamaillis [ʃamɑ'ji], n.m. fray; squabble; uproar.
chamarrer [ʃama're], v.t. to bedizen, to bedeck.
chambellan [ʃɑ̃be'lɑ̃], n.m. chamberlain.
chambranle [ʃɑ̃'brɑ̃l], n.m. door-frame, window-frame.
chambre [ʃɑ̃ːbr], n.f. chamber; room; apartment; House (of Parliament); court (of justice); chambre à air, inner tube (bicycle etc.); chambre à un (deux) lit(s), single (double) room; chambre d'ami, spare bedroom; chambre d'écluse, lock; chambre noire, camera obscura.
chambrée [ʃɑ̃'bre], n.f. barrack-room; roomful (Theat. etc.) house.
chambrer [ʃɑ̃'bre], v.t. to keep (someone) confined; to bring wine to room temperature.—v.i. to lodge (together). se chambrer, v.r. to become pitted.
chambrette [ʃɑ̃'brɛt], n.f. little room.
chameau [ʃa'mo], n.m. (pl. -eaux) camel; (pop.) nasty, evil-minded person.
chamelier [ʃamə'lje], n.m. camel-driver.
chamelle [ʃa'mɛl], n.f. female camel.
chamelon [ʃam'lɔ̃], n.m. young camel.
chamois [ʃa'mwa], n.m. chamois; chamois leather.—a. chamois-coloured, buff.
chamoiseur [ʃamwa'zœːr], n.m. chamois- or leather-dresser.
champ [ʃɑ̃], n.m. field, piece of ground; scope, range; (poet.) land; (fig.) space; sur-le-champ, at once, immediately.
champagne [ʃɑ̃'paɲ], n.m. champagne; champagne frappé, iced champagne; champagne mousseux, sparkling champagne; fine champagne, liqueur brandy.
champenois [ʃɑ̃pə'nwa], a. of Champagne.
—n.m. (Champenois, fem. -oise) inhabitant of Champagne.

champêtre [ʃɑ̃'pɛːtr], a. rural, rustic; garde champêtre, village policeman.
champignon [ʃɑ̃pi'ɲɔ̃], n.m. mushroom, fungus.
champion [ʃɑ̃'pjɔ̃] n.m. (fem. -onne) champion.
championnat [ʃɑ̃pjɔ'na], n.m. championship.
chançard [ʃɑ̃'saːr], a. and n.m. (fem. -e) (fam.) lucky (person).
chance [ʃɑ̃ːs], n.f. chance; luck, good luck, good fortune; (pl.) chances, (fam.) odds.
chancelant [ʃɑ̃s'lɑ̃], a. staggering, tottering.
chanceler [ʃɑ̃s'le], v.i. (conjug. like APPELER) to stagger, to totter; to reel.
chancelier [ʃɑ̃sə'lje], n.m. chancellor.
chancellement [ʃɑ̃sɛl'mɑ̃], n.m. tottering, staggering.
chancellerie [ʃɑ̃sɛl'ri], n.f. chancellery.
chanceux [ʃɑ̃'sø], a. (fem. -euse) lucky, fortunate; risky, doubtful (of things).
chanci [ʃɑ̃'si], a. mouldy.
chancir [ʃɑ̃'siːr], v.i. to grow musty or mouldy.
chancissure [ʃɑ̃si'syːr], n.f. mustiness, mouldiness.
chancre [ʃɑ̃ːkr], n.m. ulcer, tumour; canker.
chancreux [ʃɑ̃'krø], a. (fem. -euse) ulcerous, cankered.
chandail [ʃɑ̃'daːj], n.m. jersey, sweater.
Chandeleur [ʃɑ̃'dlœːr], n.f. Candlemas.
chandelier [ʃɑ̃də'lje], n.m. candlestick.
chandelle [ʃɑ̃'dɛl], n.f. (tallow) candle; (fig.) light; (Tennis) lob.
change [ʃɑ̃ːʒ], n.m. exchange; exchange of money; exchange office; agio; (Hunt.) wrong scent; agent de change, stockbroker; cours du change, rate of exchange.
changeant [ʃɑ̃'ʒɑ̃], a. changeable, fickle; unstable; unsettled (of the weather).
changement [ʃɑ̃ʒ'mɑ̃], n.m. change, alteration, (Law) amendment.
changer [ʃɑ̃'ʒe], v.t., v.i. (conjug. like MANGER) to change, to exchange; to alter.
changeur [ʃɑ̃'ʒœːr], n.m. (fem. -euse) money-changer.
chanoine [ʃa'nwan], n.m. canon.
chanson [ʃɑ̃'sɔ̃], n.f. song, ballad; (fig.) idle story, stuff, trash; chansons que tout cela! humbug!
chansonner [ʃɑ̃sɔ'ne], v.t. to lampoon.
chansonnette [ʃɑ̃sɔ'nɛt], n.f. little song, ditty.
chansonneur [ʃɑ̃sɔ'nœːr], n.m. lampooner.
chansonnier [ʃɑ̃sɔ'nje], n.m. (fem. -ière) song-writer, ballad-writer; singer of satirical songs.
chant [ʃɑ̃], n.m. singing; song; air, tune; poem; canto; chant, hymn.
chantable [ʃɑ̃'tabl], a. fit to be sung, worth singing.
chantage [ʃɑ̃'taːʒ], n.m. extortion of hush-money, blackmail.
chantant [ʃɑ̃'tɑ̃], a. easily sung; tuneful, harmonious.
chanteau [ʃɑ̃'to], n.m. (pl. -eaux) hunk (of bread), bit (of material etc.), remnant; (Dress.) gore.
chantepleure [ʃɑ̃t'plœːr], n.f. funnel with a rose.

64

chanter [ʃɑ̃'te], v.t. to extol, to praise, to celebrate; to sing.—v.i. to sing; to chirp, to warble, to crow; *cela vous chante-t-il?* how do you like the idea ? **se chanter**, v.r. to be sung.

chanterelle [ʃɑ̃'trɛl], n.f. first string of a violin etc.; decoy-bird.

chanteur [ʃɑ̃'tœːr], a. (fem. -euse) singing.— n.m. (fem. -euse) singer, vocalist.

chantier [ʃɑ̃'tje], n.m. timber-yard, wood-yard; stone-yard; dock-yard; site; (C) shanty, lumber camp.

chantonner [ʃɑ̃to'ne], v.t., v.i. to hum.

chantourner [ʃɑ̃tur'ne], v.t. to cut in profile; *scie à chantourner*, bow saw.

chantre [ʃɑ̃ːtr], n.m. singer, esp. a chorister; precentor, lay-clerk; (fig.) songster (of birds).

chanvre [ʃɑ̃ːvr], n.m. hemp.

chanvreux [ʃɑ̃'vrø], a. (fem. -euse) hempen.

chaos [ka'o], n.m. chaos; (fig.) confusion, disorder.

chaotique [kao'tik], a. chaotic.

chaparder [ʃapar'de], v.t. (slang) to steal, to scrounge.

chape [ʃap], n.f. cope (ecclesiastical vestment); tread (of a tyre).

chapeau [ʃa'po], n.m. (pl. -eaux) hat; (Mech. etc.) cap; *un coup de chapeau*, a bow.

chapelain [ʃa'plɛ̃], n.m. chaplain.

chapelet [ʃa'plɛ], n.m. rosary, beads; (Arch. etc.) chaplet; *chapelet de bombes*, stick of bombs; *chapelet d'oignons*, string of onions.

chapelier [ʃapə'lje], n.m. (fem. -ière) hatter.

chapelle [ʃa'pɛl], n.f. chapel; coterie, school (of literature etc.); church plate; living.

chapellenie [ʃapɛl'ni], n.f. chaplaincy.

chapellerie [ʃapɛl'ri], n.f. hat-making; hat trade, shop or business.

chapelure [ʃa'plyːr], n.f. grated bread-crumbs.

chaperon [ʃa'prɔ̃], n.m. hood; (fig.) chaperon; *Le Petit Chaperon Rouge*, Little Red Riding Hood.

chaperonner [ʃaprɔ'ne], v.t. to cope (a wall); (fig.) to chaperon.

chapiteau [ʃapi'to], n.m. (pl. -eaux) capital (of column etc.); cornice (of a wardrobe etc.); big top (circus).

chapitre [ʃa'pitr], n.m. chapter (of a book, of knights, of a cathedral); subject-matter of discourse.

chapitrer [ʃapi'tre], v.t. to reprimand, to rebuke.

chapon [ʃa'pɔ̃], n.m. capon; sop in broth.

chaponner [ʃapo'ne], v.t. to caponize.

chaque [ʃak], a. each, every.

char [ʃaːr], n.m. chariot, carriage, vehicle; *char d'assaut*, (Mil.) tank.

charabia [ʃara'bja], n.m. gibberish.

charade [ʃa'rad], n.f. charade.

charançon [ʃarɑ̃'sɔ̃], n.m. weevil.

charbon [ʃar'bɔ̃], n.m. coal, charcoal; (pl.) embers; (Path.) anthrax; (Chem.) carbon.

charbonnée [ʃarbo'ne], n.f. piece of grilled meat; charcoal-drawing.

charbonner [ʃarbo'ne], v.t. to char; to black with coal. **se charbonner**, v.r. to be charred, to burn black.

charbonnerie [ʃarbɔn'ri], n.f. coal depot.

charbonneux [ʃarbo'nø], a. (fem. -euse) coaly; affected or infected with anthrax.

charbonnier [ʃarbo'nje], n.m. (fem. -ière) charcoal-burner; coal-man.—n.m. coal-heaver; coal-hole; (Naut.) collier.—n.f. (-ière) charcoal-kiln; coal-scuttle; (Orn.) great tit.

charcuter [ʃarky'te], v.t. to hack and hew (meat); to hack, to butcher (of a surgeon).

charcuterie [ʃarky'tri], n.f. pork-butcher's meat; pork-butcher's business or shop.

charcutier [ʃarky'tje], n.m. (fem. -ière) pork-butcher; (colloq.) sawbones.

chardon [ʃar'dɔ̃], n.m. thistle; spikes (on a wall or railing).

chardonneret [ʃardɔn'rɛ], n.m. goldfinch.

charge [ʃarʒ], n.f. pack; load; expense, cost; accusation; post, employment; care, custody; charge, onset; *à charge de revanche*, provided that I may return the favour.

chargé [ʃar'ʒe], a. loaded, burdened.

chargement [ʃarʒə'mɑ̃], n.m. cargo, freight; bill of lading; load; charging (of a battery).

charger [ʃar'ʒe], v.t. (conjug. like MANGER) to load, to charge; to burden; to charge with; to register (a letter). **se charger**, v.r. to take upon oneself, to saddle oneself with (de).

chargeur [ʃar'ʒœːr], n.m. loader, shipper; stoker; (Phot., Cine.) cassette.

chariot [ʃa'rjo], n.m. waggon, go-cart; (Mach.) truck, trolley.

charitable [ʃari'tabl], a. charitable.

charitablement [ʃaritablə'mɑ̃], adv. charitably.

charité [ʃari'te], n.f. charity; benevolence, alms.

charivari [ʃariva'ri], n.m. rough music; hubbub, clatter.

charlatan [ʃarla'tɑ̃], n.m. charlatan, mountebank, quack.

charlatanisme [ʃarlata'nism], n.m. quackery, charlatanism.

charlot [ʃar'lo], n.m. (Orn.) curlew.

charmant [ʃar'mɑ̃], a. charming, delightful.

charme (1) [ʃarm], n.m. charm; spell, enchantment.

charme (2) [ʃarm], n.m. (Bot.) hornbeam.

charmer [ʃar'me], v.t. to charm, to enchant, to bewitch, to fascinate, to captivate, to delight.

charmeur [ʃar'mœːr], n.m. (fem. -euse) charmer, enchanter; bewitching woman, enchantress.

charmille [ʃar'miːj], n.f. hedge of young hornbeam; bower, arbour.

charnel [ʃar'nɛl], a. (fem. -elle) carnal; sensual (person).

charnellement [ʃarnɛl'mɑ̃], adv. carnally.

charnier [ʃar'nje], n.m. charnel-house.

charnière [ʃar'njɛːr], n.f. hinge; joint, articulation.

charnu [ʃar'ny], a. fleshy, plump; pulpy (of fruits).

charogne [ʃa'rɔɲ], n.f. carrion; (pop.) blackguard; slut.

charpente [ʃar'pɑ̃ːt], n.f. frame, framework.

charpenter [ʃarpɑ̃'te], v.t. to square (timber); (fig.) to frame, to construct.

charpenterie [ʃarpɑ̃'tri], n.f. carpentry, carpenter's work or trade.

charpentier [ʃarpɑ̃'tje], n.m. carpenter.
charpie [ʃar'pi], n.f. lint.
charretée [ʃar'te], n.f. cart-load.
charretier [ʃar'tje], n.m. (fem. -ière) carter, waggoner.—a. passable for carts etc.
charrette [ʃa'rɛt], n.f. cart; **charrette à bras**, hand-cart.
charriage [ʃa'ria:ʒ], n.m. cartage; haulage.
charrier [ʃa'rje], v.t. to cart.—v.i. to drift (of ice).
charroi [ʃa'rwɑ], n.m. cartage.
charron [ʃa'rɔ̃], n.m. wheelwright.
charroyer [ʃarwa'je], v.t. (conjug. like EMPLOYER) to cart (heavy things).
charrue [ʃa'ry], n.f. plough.
charte [ʃart], n.f. charter.
chartreuse [ʃar'trø:z], n.f. Carthusian monastery or convent; Carthusian nun; isolated country-house; chartreuse (liqueur).
chartreux [ʃar'trø], n.m. Carthusian friar; cat of a bluish-grey colour.
chartrier [ʃartri'e], n.m. keeper of charters; archives; muniment room.
Charybde [ka'ribd], n.m. Charybdis.
chas [ʃɑ], n.m. eye (of a needle).
chasme [kasm], n.m. chasm.
châsse [ʃɑ:s], n.f. reliquary, shrine; frame.
chasse [ʃas], n.f. hunting, shooting, fowling; the hunt, the chase; game preserve; play (of machinery etc.); flush (of lavatory).
chassé [ʃa'se], n.m. chassé (a step in dancing).
chassé-croisé [ʃasekrwa'ze], n.m. (pl. chassés-croisés) (Dancing) a dance step; (fig.) faire un chassé-croisé, to exchange places.
chasselas [ʃas'lɑ], n.m. table grapes.

[In the following compounds **chasse** is inv.]

chasse-marée [ʃasma're], n.m. fish-cart.
chasse-mouches [ʃas'muʃ], n.m. a form of fan; fly-swatter.
chasse-neige [ʃas'nɛ:ʒ], n.m. snow-plough.
chasse-pierre(s) [ʃas'pjɛ:r], n.m. (Rail.) guard-iron, cow-catcher.
chasser [ʃa'se], v.t. to hunt; to chase, to pursue; to drive in (a nail etc.); to expel, to turn out, to discharge; to propel.—v.i. to go shooting or hunting; to glide along; (Motor.) to skid.
chasseresse [ʃas'rɛs], n.f. huntress.
chasseur [ʃa'sœːr], n.m. (fem. -euse) hunter or huntress, sportsman or sportswoman.—n.m. page-boy; light infantry soldier; (Av.) fighter.
chassie [ʃa'si], n.f. gum on the edge of the eyelids.
chassieux [ʃa'sjø], a. (fem. -euse) blear-eyed.
châssis [ʃa'si], n.m. case, frame; window-sash; garden-frame; printer's chase; (Motor.) chassis; (Theat.) flat for scenery.
chaste [ʃast], a. chaste; pure, virtuous.
chastement [ʃastə'mɑ̃], adv. chastely, purely, virtuously.
chasteté [ʃastə'te], n.f. chastity, purity.
chasuble [ʃa'zybl], n.f. chasuble.
chat [ʃa], n.m. (fem. **chatte**) cat; darling, dear little thing; à bon chat bon rat, set a thief to catch a thief; (C) chat sauvage, raccoon; Le Chat Botté, Puss in Boots.
châtaigne [ʃa'tɛɲ], n.f. chestnut.
châtaignier [ʃatɛ'ɲje], n.m. chestnut-tree.

châtain [ʃa'tɛ̃], a. inv. chestnut, nut-brown, auburn.
chat-cervier [ʃasɛr'vje], n.m. (pl. chats-cerviers) lynx.
château [ʃa'to], n.m. (pl. -eaux) castle, fortress; country-seat, mansion, hall, palace.
châteaubriant [ʃatobri'ɑ̃], n.m. large grilled rump-steak.
châtelain [ʃa'tlɛ̃], n.m. (fem. -aine) lord or lady of a manor, squire or squire's wife.
chat-huant [ʃa'ɥɑ̃], n.m. (pl. chats-huants) tawny owl.
châtiable [ʃa'tjabl], a. chastisable, punishable.
châtier [ʃa'tje], v.t. to chastise, to punish; (fig.) to correct.
chatière [ʃa'tjɛ:r], n.f. cat's hole (in door etc.).
châtiment [ʃati'mɑ̃], n.m. chastisement, punishment.
chatoiement or **chatoîment** [ʃatwa'mɑ̃], n.m. play of colours, changing lustre (as of shot-silk, opals etc.).
chaton (1) [ʃa'tɔ̃], n.m. kitten; catkin.
chaton (2) [ʃa'tɔ̃], n.m. setting of a gem; stone in a setting.
chatouillant [ʃatu'jɑ̃], a. tickling.
chatouillement [ʃatuj'mɑ̃], n.m. tickling, titillation.
chatouiller [ʃatu'je], v.t. to tickle, to titillate; (fig.) to please, to gratify, to flatter.
chatouilleux [ʃatu'jø], a. (fem. -euse) ticklish; (fig.) delicate, touchy.
chatoyant [ʃatwa'jɑ̃], a. shot, glistening (of colours etc.).
chatoyer [ʃatwa'je], v.i. (conjug. like EMPLOYER) to shimmer, to glisten.
châtrer [ʃa'tre], v.t. to castrate, to geld; (Hort.) to lop, to prune; (fig.) to expurgate.
chattée [ʃa'te], n.f. litter of kittens.
chatte [ʃat], [CHAT].
chatterie [ʃa'tri], n.f. playfulness, pretty or coaxing way; wheedling caress; (pl.) titbits.
chatterton [ʃatɛr'tɔn], n.m. insulating tape.
chaud [ʃo], a. hot, warm, burning, glowing.—n.m. heat, warmth; il fait chaud, it is hot.—adv. hot, warm.
chaudeau [ʃo'do], n.m. (pl. -eaux) egg-flip.
chaudement [ʃod'mɑ̃], adv. warmly; (fig.) quickly, eagerly, fiercely, hotly.
chaud-froid [ʃo'frwɑ], n.m. cold jellied chicken or game with mayonnaise.
chaudière [ʃo'djɛ:r], n.f. copper; boiler (of a steam-engine etc.); (C) pail.
chaudron [ʃo'drɔ̃], n.m. cauldron.
chaudronnerie [ʃodrɔn'ri], n.f. boiler works.
chaudronnier [ʃodrɔ'nje], n.m. brazier, coppersmith, tinker.
chauffage [ʃo'fa:ʒ], n.m. heating, warming; stoking; fuel, firewood; chauffage central, central heating.
chauffard [ʃo'fa:r], n.m. (pop.) road-hog.
chauffe [ʃo:f], n.f. furnace.
chauffe-bain [ʃof'bɛ̃], n.m. (pl. chauffe-bains) geyser.
chauffe-eau [ʃof'o], n.m. inv. water-heater.
chauffelinge [ʃof'lɛ̃:ʒ], n.m. inv. clothes-horse, airing cupboard.
chauffer [ʃo'fe], v.t. to heat, to warm; (fig.) to excite.—v.i. to grow hot; to be brewing; (fig.) to be urgent or pressing. se chauffer, v.r. to warm oneself.
chaufferette [ʃo'frɛt], n.f. foot-warmer.

chauffeur [ʃoˈfœːr], *n.m.* fireman; (*fem.* -euse) (*Motor.*) driver, chauffeur, chauffeuse.

chaufour [ʃoˈfuːr], *n.m.* lime-kiln.

chaulage [ʃoˈlaːʒ], *n.m.* (*Agric.*) liming.

chauler [ʃoˈle], *v.t.* to lime (*soil*).

chaume [ʃoːm], *n.m.* stubble; stubble-field; thatch.

chaumer [ʃoˈme], *v.t., v.i.* (*Agric.*) to cut stubble.

chaumière [ʃoˈmjɛːr], *n.f.* thatched house, cottage.

chausse [ʃoːs], *n.f.* shoulder-band (*worn in universities etc.*); *(pl.)* hose (*covering the body from waist to foot*).

chaussée [ʃoˈse], *n.f.* embankment, dike; causeway; roadway, (*Am.*) pavement; *le rez-de-chaussée*, the ground floor.

chausse-pied [ʃosˈpje], *n.m.* (*pl.* **chausse-pieds**) shoe-horn.

chausser [ʃoˈse], *v.t.* to put on (*footwear*); to shoe, to make (*the shoes etc.*) for; (*colloq.*) to fit, to suit.—*v.i. chausser du* 40, to take a 7 (*in shoes*). **se chausser**, *v.r.* to put on one's shoes etc.

chausse-trape [ʃosˈtrap], *n.f.* (*pl.* **chausse-trapes**) snare, trap.

chaussette [ʃoˈsɛt], *n.f.* sock.

chausseur [ʃoˈsœːr], *n.m.* footwear dealer.

chausson [ʃoˈsɔ̃], *n.m.* slipper; gym shoe; bootee (*for infants*).

chaussure [ʃoˈsyːr], *n.f.* foot-wear.

chauve [ʃoːv], *a.* bald.

chauve-souris [ʃovsuˈri], *n.f.* (*pl.* **chauves-souris**) bat, flittermouse.

chauvin [ʃoˈvɛ̃], *n.m.* fanatical patriot.—*a.* chauvinistic, jingoistic.

chaux [ʃo], *n.f.* lime; limestone.

chavirage [ʃaviˈraːʒ], **chavirement** [ʃavir'mã], *n.m.* capsizing, upsetting.

chavirer [ʃaviˈre], *v.t., v.i.* to capsize, to upset.

chef [ʃɛf], *n.m.* chief, commander, conductor, master, principal, ringleader; chef.

chef-d'œuvre [ʃeˈdœːvr], *n.m.* (*pl.* **chefs-d'œuvre**) chef-d'œuvre, masterpiece.

chef-lieu [ʃefˈljø], *n.m.* (*pl.* **chefs-lieux**) chief town, county town.

cheik [SCHEIK].

chelem or **schelem** [ʃlɛm], *n.m. inv.* slam (*at cards*).

chemin [ʃəˈmɛ̃], *n.m.* way, road, path, track; (*fig.*) means; course; *chemin de fer*, railway, (*Am.*) railroad.

chemineau [ʃəmiˈno], *n.m.* (*pl.* -eaux) tramp.

cheminée [ʃəmiˈne], *n.f.* chimney; funnel; fire-place; mantelpiece; nipple (*of a percussion-gun*).

cheminer [ʃəmiˈne], *v.i.* to walk, to tramp; to proceed.

cheminot [ʃəmiˈno], *n.m.* railwayman; plate-layer.

chemise [ʃəˈmiːz], *n.f.* shirt; wrapper, cover.

chemiserie [ʃəmiˈzri], *n.f.* shirt-factory; shirt-making.

chemisette [ʃəmiˈzɛt], *n.f.* short-sleeved shirt (*men*).

chemisier [ʃəmiˈzje], *n.m.* (*fem.* -ière) shirt-maker or seller.

chênaie [ʃeˈnɛ], *n.f.* oak-plantation.

chenal [ʃəˈnal], *n.m.* channel, fairway.

chenapan [ʃənaˈpɑ̃], *n.m.* vagabond, good-for-nothing, scamp.

chêne [ʃɛːn], *n.m.* oak.

chêneau [ʃeˈno], *n.m.* (*pl.* -eaux) young oak.

chéneau [ʃeˈno], *n.m.* (*pl.* -eaux) (eaves) gutter.

chenet [ʃəˈnɛ], *n.m.* fire-dog.

chènevière [ʃɛnˈvjɛːr], *n.f.* hemp-field.

chènevis [ʃɛnˈvi], *n.m.* hemp-seed.

chènevotte [ʃɛnˈvot], *n.f.* stalk (*of hemp*).

chenil [ʃəˈni], *n.m.* dog-kennel; kennels; dirty hovel.

chenille [ʃəˈniːj], *n.f.* caterpillar; kind of silk cord, chenille; *tracteur à chenille*, (*reg trade name*) caterpillar tractor.

chenillère [ʃəniˈjɛːr], *n.f.* nest of caterpillars

chenillette [ʃəniˈjɛt], *n.f.* (*Mil.*) half-track.

chenu [ʃəˈny], *a.* grey-headed; snow-capped.

cheptel [ʃəˈtɛl], ʃepˈtɛl], *n.m.* live-stock (*of a country*).

chèque [ʃɛk], *n.m.* cheque, (*Am.*) check.

chéquier [ʃeˈkje], *n.m.* cheque-book.

cher [ʃɛːr], *a.* (*fem.* **chère** (1)) dear, beloved, precious; expensive.—*adv.* dear, dearly, expensively.

chercher [ʃɛrˈʃe], *v.t.* to seek, to look for, to search for; to endeavour, to try, to attempt; *aller chercher*, to go for; to fetch.

chercheur [ʃɛrˈʃœːr], *n.m.* (*fem.* -euse) seeker, searcher; research worker.

chère (1) [ʃɛːr], [CHER].

chère (2) [ʃɛːr], *n.f.* entertainment, fare; *bonne chère*, good cheer, good living.

chèrement [ʃɛrˈmã], *adv.* dearly, tenderly; dear, at a high price.

chéri [ʃeˈri], *a.* beloved; cherished.—*n.m.* (*fem.* -e) darling, dearest.

chérif [ʃeˈrif], *n.m.* shereef (*Arabian prince*).

chérir [ʃeˈriːr], *v.t.* to love dearly, to cherish.

cherté [ʃɛrˈte], *n.f.* dearness, high price.

chérubin [ʃeryˈbɛ̃], *n.m.* cherub.

chérubique [ʃeryˈbik], *a.* cherubic.

chester [ʃɛsˈtɛr], *n.m.* Cheshire cheese.

chétif [ʃeˈtif], *a.* (*fem.* -tive) puny, pitiful, worthless.

chétivement [ʃetivˈmã], *adv.* meanly, pitifully, poorly, feebly.

chétivoté [ʃetivˈte], *n.f.* puniness, paltriness.

cheval [ʃəˈval], *n.m.* (*pl.* -aux) horse; nag, steed; *aller à cheval*, to ride; *cheval d'arçons, cheval de bois*, (*Gym.*) vaulting horse; *cheval à bascule*, rocking-horse; *chevaux de bois*, merry-go-round; *cheval marin*, sea-horse; walrus.

chevaleresque [ʃəvalˈrɛsk], *a.* chivalrous, knightly.

chevaleresquement [ʃəvalrɛskˈmã], *adv.* chivalrously.

chevalerie [ʃəvalˈri], *n.f.* knighthood, chivalry.

chevalet [ʃəvaˈlɛ], *n.m.* easel; bridge (*of a stringed instrument*); sawing-trestle; buttress, prop; clothes-horse.

chevalier (1) [ʃəvaˈlje], *n.m.* knight.

chevalier (2) [ʃəvaˈlje], *n.m.* (*Orn.*) sand-piper; redshank.

chevalière [ʃəvaˈljɛːr], *n.f.* knight's lady; signet-ring.

chevalin [ʃəvaˈlɛ̃], *a.* equine; *boucherie chevaline*, horse butcher's shop.

cheval-vapeur [ʃəvalvaˈpœːr], *n.m.* (*pl.* **chevaux-vapeur**) horse-power.

chevauchant [ʃəvoˈʃɑ̃], *a.* overlapping.

chevauchée [ʃəvoˈʃe], *n.f.* ride, excursion on horseback; cavalcade.

chevauchement

chevauchement [ʃəvoʃ'mɑ̃], *n.m.* overlap *or* crossing (*tiles, wires*).

chevaucher [ʃəvo'ʃe], *v.i.* to ride on horseback; to be astride; to overlap.

chevaucheur [ʃəvo'ʃœːr], *n.m.* rider, horseman.

chevauchure [ʃəvo'ʃyːr], *n.f.* overlapping.

chevelu [ʃə'vly], *a.* hairy, long-haired; (*Bot.*) fibrous.

chevelure [ʃə'vlyːr], *n.f.* hair, head of hair.

chevesne [ʃə'vɛn], *n.m.* (*Ichth.*) chub.

chevet [ʃə've], *n.m.* head (*of a bed*); bolster; pillow; bedside.

cheveu [ʃə'vø], *n.m.* (*pl.* **-eux**) a single hair; *pl.* the hair (*of the head*).

chevillage [ʃəvi'jaːʒ], *n.m.* fastening, bolting, dowelling.

cheville [ʃə'viːj], *n.f.* ankle; peg, pin, dowel, bolt; plug.

cheviller [ʃəvi'je], *v.t.* to dowel, to peg, to bolt.

cheviotte [ʃə'vjɔt], *n.f.* cheviot (*tweed*).

chèvre [ʃɛːvr], *n.f.* goat, nanny-goat.

chevreau [ʃə'vro], *n.m.* (*pl.* **-eaux**) kid (*animal or skin*).

chèvrefeuille [ʃɛvrə'fœːj], *n.m.* honeysuckle.

chèvrerie [ʃɛvrə'ri], *n.f.* goat-pen.

chevrette [ʃə'vrɛt], *n.f.* small goat; young roe.

chevreuil [ʃə'vrœːj], *n.m.* roe, roe-deer.

chevrier [ʃəvri'e], *n.m.* (*fem.* **-ière**) goatherd.

chevron [ʃə'vrɔ̃], *n.m.* rafter; chevron stripe.

chevronnage [ʃəvrɔ'naːʒ], *n.m.* rafters, raftering.

chevronné [ʃəvrɔ'ne], *a.* (*fam.*) experienced.

chevrotain *or* **chevrotin** [ʃəvrɔ'tɛ̃], *n.m.* chevrotain, musk-deer.

chevrotant [ʃəvrɔ'tɑ̃], *a.* quavering, tremulous.

chevrotement [ʃəvrɔt'mɑ̃], *n.m.* tremulous motion, trembling (*of the voice etc.*).

chevroter [ʃəvrɔ'te], *v.i.* to sing *or* speak in a tremulous voice.

chevrotin (1) [CHEVROTAIN].

chevrotin (2) [ʃəvrɔ'tɛ̃], *n.m.* fawn of roe-deer; kid (*leather*).

chevrotine [ʃəvrɔ'tin], *n.f.* buck-shot.

chez [ʃe], *prep.* at, to, in (*the house, family or country of*); in, with, among; in the works of, (*on letters*) care of.

chiasse [ʃjas], *n.f.* dross, scum.

chibouque *or* **chibouk** [ʃi'buk], *n.f.* chibouk (*Turkish pipe*).

chic [ʃik], *n.m.* style, chic; aplomb, ease and elegance.—*a. inv.* stylish, smart.

chicane [ʃi'kan], *n.f.* cavil, evasion, quibble; chicanery.

chicaner [ʃika'ne], *v.t.* to quarrel *or* wrangle with.—*v.i.* to cavil, to quibble.

chicanerie [ʃikan'ri], *n.f.* chicanery, quibbling, cavilling.

chicaneur [ʃika'nœːr], *n.m.* (*fem.* **-euse**) *or* **chicanier** [ʃika'nje], *n.m.* (*fem.* **-ière**) caviller, pettifogger.—*a.* litigious, cavilling, wrangling.

chiche (1) [ʃiʃ], *a.* niggardly, stingy.

chiche (2) [ʃiʃ], *a.* **pois chiches**, chick-peas.

chichement [ʃiʃ'mɑ̃], *adv.* stingily.

chicorée [ʃikɔ're], *n.f.* endive; chicory.

chicot [ʃi'ko], *n.m.* stub *or* stump (*of tree or tooth*).

chicotin [ʃikɔ'tɛ̃], *n.m.* bitter juice of aloes.

chien [ʃjɛ̃], *n.m.* (*fem.* **chienne**) dog; hammer, cock (*of a gun or pistol*); **chien de mer,** dog-fish.

chiendent [ʃjɛ̃'dɑ̃], *n.m.* couch-grass.

chiennée [ʃjɛ'ne], *n.f.* litter of pups.

chiffe [ʃif], *n.f.* poor stuff, rag; (*fig.*) weakling; spineless person.

chiffon [ʃi'fɔ̃], *n.m.* rag, scrap, bit; frippery.

chiffonnage [ʃifɔ'naːʒ], *n.m.* rumpled drapery, rumpling, crumpling.

chiffonner [ʃifɔ'ne], *v.t.* to rumple, to crumple; (*colloq.*) to ruffle, to tease, to vex. —*v.i.* to be a rag-collector.

chiffonnier [ʃifɔ'nje], *n.m.* (*fem.* **-ière**) rag-picker; chiffonnier.

chiffrage [ʃi'fraːʒ], **chiffrement** [ʃifr'mɑ̃], *n.m.* figuring, figures; calculation; writing in cipher, coding.

chiffre [ʃifr], *n.m.* figure, number; total amount; cipher; monogram.

chiffrer [ʃi'fre], *v.t.* to calculate, to tot up; to code.—*v.i.* to cipher.

chiffreur [ʃi'frœːr], *n.m.* (*fem.* **-euse**) reckoner, cipherer.

chignole [ʃi'nɔl], *n.f.* ratchet drill.

chignon [ʃi'nɔ̃], *n.m.* chignon, coil of hair.

Chili [ʃi'li], **le,** *m.* Chile.

chilien [ʃi'ljɛ̃], *a.* (*fem.* **-enne**) Chilean.—*n.m.* (**Chilien,** *fem.* **-enne**) Chilean (*person*).

chimère [ʃi'mɛːr], *n.f.* chimera; myth, idle fancy.

chimérique [ʃime'rik], *a.* chimerical, visionary.

chimériquement [ʃimerik'mɑ̃], *adv.* chimerically.

chimie [ʃi'mi], *n.f.* chemistry.

chimique [ʃi'mik], *a.* chemical.

chimiquement [ʃimik'mɑ̃], *adv.* chemically.

chimiste [ʃi'mist], *n.m.* chemist (*not pharmaceutical chemist*).

chimpanzé [ʃɛ̃pɑ̃'ze], *n.m.* chimpanzee.

chinchilla [ʃɛ̃ʃil'la], *n.m.* chinchilla.

Chine [ʃin], **la,** *f.* China.

chiner [ʃi'ne], *v.t.* to colour differently; to figure (*stuffs*).

chinois [ʃi'nwa], *a.* Chinese.—*n.m.* Chinese (*language*); **un chinois,** a small green orange preserved in brandy; (**Chinois,** *fem.* **-oise**) Chinese (*person*).

chinoiserie [ʃinwa'zri], *n.f.* Chinese thing, curio; (*fig.*) trick; red tape.

chiot [ʃjo], *n.m.* puppy.

chiourme [ʃjurm], *n.f.* convict-gang.

chipolata [ʃipola'ta], *n.f.* onion stew; small sausage.

chipotage [ʃipo'taːʒ], *n.m.* dawdling; haggling.

chipoter [ʃipo'te], *v.i.* to dally, to dawdle; to haggle; to peck at a dish.

chipotier [ʃipo'tje], *n.m.* (*fem.* **-ière**) trifler, dallier, shuffler.

chique [ʃik], *n.f.* quid of tobacco.

chiquement [ʃik'mɑ̃], *adv.* smartly.

chiquenaude [ʃik'noːd], *n.f.* flick.

chiquenauder [ʃikno'de], *v.t.* to flick.

chiquer [ʃi'ke], *v.i.* to chew tobacco.

chiquet [ʃi'kɛ], *n.m.*, **chiquette** [ʃi'kɛt], *n.f.* driblet, bit, shred.

chiqueur [ʃi'kœːr], *n.m.* chewer of tobacco; pretender.

68

chiromancie [kirɔmɑ̃'si], *n.f.* chiromancy, palmistry.
chiromancien [kirɔmɑ̃'sjɛ̃], *n.m.* (*fem.* **-ienne**) chiromancer, palmist.
chirurgical [ʃiryrʒi'kal], *a.* (*m. pl.* **-aux**) surgical.
chirurgicalement [ʃiryrʒikal'mɑ̃], *adv.* surgically.
chirurgie [ʃiryr'ʒi], *n.f.* surgery.
chirurgien [[ʃiryr'ʒjɛ̃], *n.m.* surgeon.
chirurgique [ʃiryr'ʒik], *a.* surgical.
chiure [ʃjy:r], *n.f.* fly-speck.
chlorate [klɔ'rat], *n.m.* chlorate.
chlore [klɔ:r], *n.m.* (*Chem.*) chlorine.
chloré [klɔ're], *a.* containing chlorine.
chlorhydrate [klɔri'drat], *n.m.* (*Chem.*) hydrochlorate.
chlorhydrique [klɔri'drik], *a.* hydrochloric.
chloroforme [klɔrɔ'fɔrm], *n.m.* chloroform.
chloroformer [klɔrɔfɔr'me], *v.t.* to chloroform.
chlorure [klɔ'ry:r], *n.m.* (*Chem.*) chloride.
choc [ʃɔk], *n.m.* shock; impact; clash, encounter.
chocolat [ʃɔkɔ'la], *n.m.* chocolate.—*a.* chocolate-coloured.
chocolaterie [ʃɔkɔla'tri], *n.f.* chocolate-making; chocolate-factory.
chocolatier [ʃɔkɔla'tje], *n.m.* (*fem.* **-ière**) chocolate-maker *or* seller.—*n.f.* (**-ière**) chocolate-pot.
chœur [kœ:r], *n.m.* choir; chancel; (*Ant. and fig.*) chorus.
choir [ʃwa:r], *v.i. irr.* to fall, to drop.
choisir [ʃwa'zi:r], *v.t.* to choose, to single out, to select.
choix [ʃwa], *n.m.* choice, alternative; selection; distinction.
choléra [kɔle'ra], *n.m.* cholera.
cholérique [kɔle'rik], *a.* choleraic.—*n.* person affected with cholera.
chômable [ʃo'mabl], *a.* (*of days, fêtes etc.*) to be kept as a holiday.
chômage [ʃo'ma:ʒ], *n.m.* unemployment, enforced idleness; stoppage; *allocation de chômage*, unemployment benefit, 'dole'.
chômer [ʃo'me], *v.i.* to be doing nothing; to be unemployed.
chômeur [ʃo'mœr], *n.m.* (*fem.* **-euse**) idle *or* unemployed person.
chope [ʃɔp], *n.f.* large beer-glass; mug of beer.
chopper [ʃɔ'pe], *v.i.* to stumble, to trip (*contre*).
choquant [ʃɔ'kɑ̃], *a.* offensive, unpleasant, improper.
choquer [ʃɔ'ke], *v.t.* to shock, to strike *or* dash against; to displease, to offend.—*v.i.* to clink glasses; to be offensive, to be shocking. **se choquer**, *v.r.* to take offence; to come into collision with each other.
choral [kɔ'ral], *a.* choral.—*n.m.* (*pl.* **-als**) choral(e).—*n.f.* (**chorale**) choir, choral society.
chorée [kɔ're], *n.f.* chorea, St. Vitus's dance.
chorégraphe [kɔre'graf], *n.m.* choreographer.
chorégraphie [kɔregra'fi], *n.f.* choreography.
choriste [kɔ'rist], *n.m.* chorister; (*Theat.*) member of the chorus.
chorus [kɔ'ry:s], *n.m.* chorus.

chose [ʃo:z], *n.f.* thing; matter, business, affair; (*Law*) chattel, property.
chou [ʃu], *n.m.* (*pl.* **choux**) cabbage, kale; (*colloq.*) puff-paste; darling, dear; bow, rosette; **choux de Bruxelles**, Brussels sprouts.
chouan [ʃwɑ̃], *n.m.* Chouan, Breton royalist insurgent (*during the French Revolution*).
choucas [ʃu'ka], *n.m.*, **chouchette** [ʃu'ʃɛt] *n.f.* jackdaw.
choucroute [ʃu'krut], *n.f.* sauerkraut.
chouette (1) [ʃwɛt], *n.f.* owl.
chouette (2) [ʃwɛt] *int.* (*pop.*) fine, marvellous.—*a.* nice, fine, good of its kind.
chou-fleur [ʃu'flœ:r], *n.m.* (*pl.* **choux-fleurs**) cauliflower.
chou-rave [ʃu'ra:v], *n.m.* (*pl.* **choux-raves**) kohl-rabi, turnip-cabbage.
choyer [ʃwa'je], *v.t.* (*conjug. like* EMPLOYER) to take great care of, to be fond of, to pamper, to pet. **se choyer**, *v.r.* to pamper oneself.
chrême [krɛ:m], *n.m.* chrism, holy oil.
chrémeau [kre'mo], *n.m.* (*pl.* **-eaux**) chrism-cloth.
chrétien [kre'tjɛ̃], *a.* and *n.m.* (*fem.* **-enne**) Christian.
chrétiennement [kretjɛn'mɑ̃], *adv.* like a Christian.
chrétienté [kretjɛ̃'te], *n.f.* Christendom.
christ [krist], *n.m.* crucifix; representation of Christ crucified; **le Christ**, Jesus Christ.
christianisme [kristja'nism], *n.m.* Christianity.
Christophe [kris'tɔf], *m.* Christopher.
chromage [kro'ma:ʒ], *n.m.* chromium plating.
chromate [krɔ'mat] *n.m.* (*Chem.*) chromate.
chromatique [krɔma'tik], *a.* (*Chem., Mus.*) chromatic.—*n.f.* (*Mus., Paint.*) chromatics.
chrome [kro:m], *n.m.* chromium, chrome.
chromé [kro'me], *a.* chromium-plated.
chromer [kro'me], *v.t.* to chrome.
chromique [kro'mik], *a.* chromic.
chromosome [kromo'zo:m], *n.m.* chromosome.
chronique (1) [kro'nik], *n.f.* chronicle, history; news-summary.
chronique (2) [kro'nik], *a.* (*Med.*) chronic.
chroniqueur [kroni'kœ:r], *n.m.* (*fem.* **-euse**) chronicler; newswriter, columnist.
chronologie [krɔnɔlɔ'ʒi], *n.f.* chronology.
chronologique [krɔnɔlɔ'ʒik], *a.* chronological.
chronomètre [krɔnɔ'mɛ:tr], *n.m.* chronometer.
chronométrer [krɔnɔme'tre], *v.t.* (*conjug. like* CÉDER) to time.
chronométreur [krɔnɔme'trœ:r], *n.m.* timekeeper.
chrysalide [kriza'lid], *n.f.* chrysalis.
chrysanthème [krizɑ̃'tɛ:m], *n.m.* chrysanthemum.
chuchotement [ʃyʃɔt'mɑ̃], *n.m.* whispering, whisper, rustling.
chuchoter [ʃyʃɔ'te], *v.t., v.i.* to whisper.
chuchoterie [ʃyʃɔ'tri], *n.f.* whispering.
chuchoteur [ʃyʃɔ'tœ:r], *n.m.* (*fem.* **-euse**) whisperer.
chuinter [ʃɥɛ̃'te], *v.i.* to hoot (*of owls*); to hiss (*of gas*).
chut [ʃ:t], *int.* and *n.m.* hush!

69

chute

chute [ʃyt], *n.f.* fall, tumble; collapse, ruin, downfall; disaster.

chuter [ʃyˈte], *v.i.* (*fam.*) to fall, to fail.

Chypre [ʃipr], *f.* Cyprus.

ci [si], *adv.* here.

cible [sibl], *n.f.* target, mark; (*fig.*) purpose.

ciboire [siˈbwaːr], *n.m.* sacred vase, pyx.

ciboule [siˈbul], *n.f.* Welsh onion, scallion.

ciboulette [sibuˈlɛt], *n.f.* chive.

cicatrice [sikaˈtris], *n.f.* scar, seam, mark.

cicatrisant [sikatriˈzã], *a.* cicatrizing.

cicatrisation [sikatrizaˈsjõ], *n.f.* cicatrization.

cicatriser [sikatriˈze], *v.t.* to cicatrize; to close, to heal up. **se cicatriser**, *v.r.* to skin over, to heal up.

Cicéron [siseˈrõ], *m.* Cicero.

cicérone [siseˈron], *n.m.* cicerone, guide.

cicéronien [siseroˈnjɛ̃], *a.* (*fem.* **-enne**) Ciceronian.

cidre [sidr], *n.m.* cider.

cidrerie [sidrəˈri], *n.f.* cider making; cider-factory.

ciel [sjɛl], *n.m.* (*pl.* **cieux**) the heavens, the firmament, the sky; heaven.

cierge [sjɛrʒ], *n.m.* taper, church candle.

cigale [siˈgal], *n.f.* cicada.

cigare [siˈgaːr], *n.m.* cigar.

cigarette [sigaˈrɛt], *n.f.* cigarette.

cigogne [siˈgɔɲ], *n.f.* stork.

cigogneau [sigɔˈno], *n.m.* (*pl.* **-eaux**) young stork.

ciguë [siˈgy], *n.f.* hemlock (*plant or poison*).

cil [sil], *n.m.* eyelash.

cilice [siˈlis], *n.m.* cilice, hair-shirt.

cillement [sijˈmã], *n.m.* blink, winking.

ciller [siˈje], *v.t., v.i.* to wink, to blink (*the eyes*).

cimaise or **cymaise** [siˈmɛːz], *n.f.* cyma, ogee; dado-rail, picture rail.

cime [sim], *n.f.* top, summit, peak.

ciment [siˈmã], *n.m.* cement.

cimenter [simãˈte], *v.t.* to cement; to strengthen, to consolidate.

cimentier [simãˈtje], *n.m.* cement-maker.

cimeterre [simˈtɛːr], *n.m.* scimitar.

cimetière [simˈtjɛːr], *n.m.* cemetery, church-yard.

cimier [siˈmje], *n.m.* crest (*of a helmet*); buttock (*of beef*).

cinéaste [sineˈast], *n.m.* film producer.

cinéma [sineˈma], *n.m.* cinema.

cinémascope [sinemasˈkɔp], *n.m.* cinema-scope.

cinémathèque [sinemaˈtɛk], *n.f.* film library.

cinématographier [sinematograˈfje], *v.t.* to film.

cinérama [sineraˈma], *n.m.* cinerama.

cinétique [sineˈtik], *n.f.* kinetics.—*a.* kinetic, motive (*energy*).

cinétiquement [sinetikˈmã], *adv.* kinetically.

cingalais [sɛ̃gaˈlɛ], *a.* Sin(g)halese or Cin-galese.—*n.m.* Sin(g)halese or Cingalese (*language*); (**Cingalais**, *fem.* **-aise**) Sin(g)halese or Cingalese (*person*).

cinglage [sɛ̃ˈglaːʒ], *n.m.* sailing, ship's course, run of a ship in twenty-four hours.

cinglement [sɛ̃glˈmã], *n.m.* lashing, slashing.

cingler (1) [sɛ̃ˈgle], *v.i.* to sail before the wind.

cingler (2) [sɛ̃ˈgle], *v.t.* to lash; (*fig.*) to chastize.

cinname [siˈnam], **cinnamome** [sinaˈmɔm], *n.m.* cinnamon.

cinq [sɛ̃ːk], *a.* five.—*n.m.* five.

cinquantaine [sɛ̃kãˈtɛn], *n.f.* about fifty.

cinquante [sɛ̃ˈkãːt], *a.* fifty.

cinquantenaire [sɛ̃kãtˈnɛːr], *a.* and *n.* quin-quagenarian.—*n.m.* fiftieth anniversary, jubilee.

cinquantième [sɛ̃kãˈtjɛm], *a.* fiftieth.—*n.m.* fiftieth part.

cinquième [sɛ̃ˈkjɛm], *a.* fifth.—*n.m.* fifth part; fifth floor.

cintrage [sɛ̃ˈtraːʒ], *n.m.* arching, curving (*of arches etc.*).

cintre [sɛ̃ːtr], *n.m.* curve of an arch; coat-hanger.

cintrer [sɛ̃ˈtre], *v.t.* to arch, to curve.

cipaye [siˈpaːj], **cipahi** [siˈpai], *n.m.* sepoy.

cipolin [sipoˈlɛ̃], *n.m.* cipollino, cipolin marble.

cippe [sip], *n.m.* cippus (*half-column*).

cirage [siˈraːʒ], *n.m.* waxing; blacking (*composition or process*); boot-polish.

circoncire [sirkõˈsiːr], *v.t.* irr. (*conjug. like* CONFIRE *except for p.p.* **circoncis**) to cir-cumcise.

circoncis [sirkõˈsi], *a.* circumcised.—*n.m.* one who is circumcised.

circoncision [sirkõsiˈzjõ], *n.f.* circumcision.

circonférence [sirkõfeˈrãːs], *n.f.* circum-ference.

circonflexe [sirkõˈflɛks], *a.* and *n.m.* circum-flex.

circonlocution [sirkõlokyˈsjõ], *n.f.* circum-locution.

circonscription [sirkõskripˈsjõ], *n.f.* circum-scription; district; constituency.

circonscrire [sirkõsˈkriːr], *v.t.* irr. (*conjug. like* ÉCRIRE) to circumscribe, to encircle; to limit.

circonspect [sirkõsˈpɛkt, -spɛ], *a.* circum-spect, wary, discreet, reserved.

circonspection [sirkõspɛkˈsjõ], *n.f.* circum-spection, wariness, caution.

circonstance [sirkõsˈtãːs], *n.f.* circumstance; occurrence, event.

circonstanciel [sirkõstãˈsjɛl], *a.* (*fem.* **-elle**) circumstantial.

circonstancier [sirkõstãˈsje], *v.t.* to state circumstantially, to particularize.

circonvenir [sirkõvˈniːr], *v.t.* irr. (*conjug. like* TENIR) to circumvent, to outwit.

circonvention [sirkõvãˈsjõ], *n.f.* circumven-tion, fraud.

circonvoisin [sirkõvwaˈzɛ̃], *a.* circumjacent, neighbouring, adjoining.

circonvolution [sirkõvolyˈsjõ], *n.f.* circum-volution.

circuit [sirˈkɥi], *n.m.* circuit, circumference; detour; lap; (*Elec.*) **court circuit**, short circuit; **en circuit**, switched on.

circulaire [sirkyˈlɛːr], *a.* circular, round.—*n.f.* circular.

circulation [sirkylaˈsjõ], *n.f.* circulation; currency; traffic.

circulatoire [sirkylaˈtwaːr], *a.* circulatory, circulating.

circuler [sirkyˈle], *v.i.* to circulate, to revolve, to move round; to be current.

cire [siːr], *n.f.* beeswax; wax; taper.

ciré [siˈre], *n.m.* (*Naut.*) (suit of) oilskins.

cirer [siˈre], *v.t.* to wax; to black or to polish (*boots*).

cireur [si'rœːr], *n.m.* (*fem.* **cireuse** (1)) polisher; *cireuse électrique*, electric polisher.
cireux [si'rø], *a.* (*fem.* **cireuse** (2)) waxy.
ciron [si'rɔ̃], *n.m.* mite.
cirque [sirk], *n.m.* circus.
cirrus [sir'ryːs], *n.m.* cirrus (*curl-cloud*).
cirure [si'ryːr], *n.f.* prepared wax.
cisaille [si'zaːj], *n.f.* clipping *or* shearing of metals; (*pl.*) shears; (*Bookb.*) guillotine.
cisailler [siza'je], *v.t.* to pare, to clip (*coins etc.*); to cut with shears.
cisalpin [sizal'pɛ̃], *a.* Cisalpine.
ciseau [si'zo], *n.m.* (*pl.* **-eaux**) chisel; (*pl.*) scissors.
ciseler [siz'le], *v.t.* (*conjug. like* AMENER) to chisel; to chase.
ciselet [siz'lɛ], *n.m.* small chisel, graver.
ciseleur [siz'lœːr], *n.m.* chaser; carver, sculptor.
ciselure [siz'lyːr], *n.f.* chasing, sculpture, carving.
cisoires [si'zwaːr], *n.f.* (*used only in pl.*) big bench-shears (*to cut sheet iron*).
ciste [sist], *n.m.* cistus, rock-rose.
citadelle [sita'dɛl], *n.f.* citadel; (*fig.*) stronghold.
citadin [sita'dɛ̃], *n.m.* (*fem.* **-e**) citizen, townsman *or* -woman.
citation [sita'sjɔ̃], *n.f.* citation, quotation; summons.
cité [si'te], *n.f.* city; town.
citer [si'te], *v.t.* to cite, to quote; to summon.
citérieur [site'rjœːr], *a.* (*Geog.*) nearer, hithermost.
citerne [si'tɛrn], *n.f.* cistern, reservoir; (*Naut.*) tanker.
cithare [si'taːr], *n.f.* zither.
citoyen [sitwa'jɛ̃], *n.m.* (*fem.* **-enne**) citizen, burgess; (*fig.*) patriot.
citrate [si'trat], *n.m.* citrate.
citrin [si'trɛ̃], *a.* citrine, lemon-coloured.
citrique [si'trik], *a.* citric.
citron [si'trɔ̃], *a.* lemon-coloured.—*n.m.* lemon, citron.
citronnade [sitro'nad], *n.f.* lemon-squash.
citronnat [sitro'na], *n.m.* candied lemon-peel.
citronné [sitro'ne], *a.* lemon-flavoured.
citronnier [sitro'nje], *n.m.* citron-tree.
citrouille [si'truːj], *n.f.* pumpkin, gourd.
cive [siːv], **civette** (1) [si'vɛt], [CIBOULETTE].
civet [si'vɛ], *n.m.* wine stew (*of venison*); *civet de lièvre*, jugged hare.
civette (1) [CIVE].
civette (2) [si'vɛt], *n.f.* civet-cat; civet.
civière [si'vjɛːr], *n.f.* hand-barrow; stretcher; bier.
civil [si'vil], *a.* civil; private; plain; polite.—*n.m.* civilian.
civilement [sivil'mã], *adv.* civilly; courteously.
civilisable [sivili'zabl], *a.* civilizable.
civilisateur [siviliza'tœːr], *a.* (*fem.* **-trice**) civilizing.
civilisation [siviliza'sjɔ̃], *n.f.* civilization.
civiliser [sivili'ze], *v.t.* to civilize. **se civiliser**, *v.r.* to become civilized.
civilité [sivili'te], *n.f.* civility, good manners; (*pl.*) compliments.
civique [si'vik], *a.* civic.
civisme [si'vism], *n.m.* good citizenship.

clabaudage [klabo'daːʒ], *n.m.* barking, bawling.
clabauder [klabo'de], *v.i.* to clamour, to bawl out.
clabaudeur [klabo'dœːr], *n.m.* (*fem.* **-euse**) brawler, scandalmonger.
claie [klɛ], *n.f.* wattle, hurdle; screen (*of a sieve*).
clair [klɛːr], *a.* clear, bright, luminous; light-coloured, pure, cloudless; thin (*of liquids etc.*); plain, intelligible, obvious.—*adv.* clearly, distinctly, plainly.—*n.m.* light, clearness; (*Paint.*) highlight.
Claire [klɛːr], *f.* Clara, Cla(i)re.
clairement [klɛr'mã], *adv.* clearly, plainly, distinctly.
clairet [klɛ'rɛ], *a.* (*fem.* **clairette** (1)) palish, lightish (*of wines*).—*n.m.* light-red wine.
clairette (2) [klɛ'rɛt], *n.f.* white grape.
claire-voie [klɛr'vwa], *n.f.* (*pl.* **claires-voies**) wooden fencing; opening (*in garden wall*), wicket; skylight.
clairière [klɛ'rjɛːr], *n.f.* clearing, glade.
clair-obscur [klɛrɔps'kyːr], *n.m.* (*pl.* **clairs-obscurs**) chiaroscuro; light and shade.
clairon [klɛ'rɔ̃], *n.m.* clarion, bugle; bugler.
clairsemé [klɛrsə'me], *a.* thin, thinly sown, scattered.
clairvoyance [klɛrvwa'jãːs], *n.f.* sharpness, perspicacity; clairvoyance.
clairvoyant [klɛrvwa'jã], *a.* clear-sighted, discerning; clairvoyant.
clamer [kla'me], *v.t.* to cry out, to shout.
clameur [kla'mœːr], *n.f.* clamour, outcry.
clan [klã], *n.m.* clan.
clandestin [klãdɛs'tɛ̃], *a.* clandestine, secret.
clandestinement [klãdɛstin'mã], *adv.* clandestinely, secretly.
clapement [CLAPPEMENT].
clapet [kla'pɛ], *n.m.* valve, clapper.
clapier [kla'pje], *n.m.* hutch (*for rabbits*).
clapir [kla'piːr], *v.i.* to squeak (*of rabbits*). **se clapir**, *v.r.* to hide in a hole, to squat, to cower.
clapotage [klapo'taːʒ], *n.m.* rippling, plashing; lapping.
clapotement [klapot'mã], *n.m.* [CLAPOTAGE].
clapoter [klapo'te], *v.i.* to plash, to chop.
clapoteux [klapo'tø], *a.* (*fem.* **-euse**) plashing, choppy, rough.
clapotis [klapo'ti], *n.m.* [CLAPOTAGE].
clappement *or* **clapement** [klap'mã], *n.m.* clacking, smacking.
clapper [kla'pe], *v.i.* to clack, to smack (*of the tongue*).
claque (1) [klak], *n.f.* slap, smack; claque (*paid applauders at theatres*); (*pl.*) (*C*) clogs, galoshes.
claque (2) [klak], *n.m.* opera-hat, crush-hat.
claquebois [klak'bwa], *n.m.* xylophone.
claquement [klak'mã], *n.m.* clapping, clap; snapping; cracking; chattering; slamming.
claquemurer [klakmy're], *v.t.* to coop up, to imprison. **se claquemurer**, *v.r.* to shut oneself up.
claquer [kla'ke], *v.t.* to slap, to crack, to slam.—*v.i.* to snap, to crack, to clap, to click; to slam, to bang.
claqueter [klak'te], *v.i.* (*conjug. like* APPELER) to cackle (*of a hen*); to cry (*of the stork*).
claquette [kla'kɛt], *n.f.* clapper, rattle; *danseur à claquettes*, tap-dancer.

claquoir

claquoir [klɑ'kwaːr], *n.m.* [CLAQUETTE].
clarification [klarifikɑ'sjɔ̃], *n.f.* clarification.
clarifier [klari'fje], *v.t.* to clarify; to purify, to fine. **se clarifier,** *v.r.* to clarify, to settle.
clarine [kla'rin], *n.f.* bell (*attached to cattle*).
clarinette [klari'nɛt], *n.f.* clarinet.
clarinettiste [klarinɛ'tist], *n.* clarinetist.
clarté [klar'te], *n.f.* light, splendour; clearness.
classe [klɑːs], *n.f.* class, order, rank; kind, tribe; class *or* form (*in a school*); classroom; lesson; (*pl.*) school-hours; school-time.
classement [klɑs'mɑ̃], *n.m.* classing, classification, filing.
classer [klɑ'se], *v.t.* to class, to classify, to sort; to file.
classeur [klɑ'sœːr], *n.m.* card-index; file.
classification [klasifikɑ'sjɔ̃], *n.f.* classification.
classifier [klasi'fje], *v.t.* to classify.
classique [kla'sik], *a.* classic, classical; standard (*of authors, books etc.*); conventional.—*n.m.* classic (*author, book etc.*).
claudicant [klodi'kɑ̃], *a.* lame, limping.
claudication [klodikɑ'sjɔ̃], *n.f.* lameness, limping, halting.
clause [kloːz], *n.f.* clause.
claustral [klos'tral], *a.* (*m. pl.* **-aux**) claustral; monastic.
claustration [klostrɑ'sjɔ̃], *n.f.* claustration, confinement.
claustrer [klos'tre], *v.t.* to cloister, to confine.
claustrophobie [klostrɔfɔ'bi], *n.f.* claustrophobia.
clavecin [klav'sɛ̃], *n.m.* harpsichord, clavecin.
clavette [kla'vɛt], *n.f.* (*Tech.*) peg, pin; key, cotter.
claviculaire [klaviky'lɛːr], *a.* clavicular.
clavicule [klavi'kyl], *n.f.* clavicle, collar-bone.
clavier [kla'vje], *n.m.* clavier, key-board (*piano, typewriter*), key-frame.
clayère [klɛ'jɛːr], *n.f.* oyster bed *or* breeding-ground.
clayon [klɛ'jɔ̃], *n.m.* wattle; stand (*for draining cheese*).
clef *or* **clé** [kle], *n.f.* key; plug (*of a cock*); spanner; keystone (*of arch*); (*Mus.*) clef, tuning-key.
clématite [klema'tit], *n.f.* (*Bot.*) clematis.
clémence [kle'mɑ̃ːs], *n.f.* clemency, mercy.
clément [kle'mɑ̃], *a.* clement, merciful, lenient; mild (*of the weather*).
Clémentine [klemɑ̃'tin], *f.* Clementine.
clenche [klɑ̃ːʃ], **clenchette** [klɑ̃'ʃɛt], *n.f.* catch *or* latch (*of a lock*).
cleptomane [klɛptɔ'man], *n.* kleptomaniac.
cleptomanie [klɛptɔma'ni], *n.f.* kleptomania.
clerc [klɛːr], *n.m.* clergyman; (*fig.*) scholar.
clergé [klɛr'ʒe], *n.m.* clergy.
clérical [kleri'kal], *a.* (*m. pl.* **-aux**) clerical.
cléricalisme [klerika'lism], *n.m.* clericalism.
cléricaliste [klerika'list], *n.* clericalist.
clic-clac [klik'klak], *n.m.* cracking (*of a whip*).
clichage [kli'ʃaːʒ], *n.m.* stereotyping, stereotype.
cliché [kli'ʃe], *n.m.* stereotype plate, cliché; (*fig.*) stereotyped phrase; (*Phot.*) negative; (*Sculp.*) cast.
clicher [kli'ʃe], *v.t.* to stereotype.
client [kli'ɑ̃], *n.m.* (*fem.* **-e**) client (*of lawyers etc.*); patient (*of physicians*); customer (*of tradesmen*).
clientèle [kliɑ̃'tɛl], *n.f.* clientele; practice; connection; custom; goodwill (*of a business*).
clignement [kliɲ'mɑ̃], *n.m.* winking, blinking, wink.
cligner [kli'ɲe], *v.t., v.i.* to wink, to blink.
clignotant [kliɲɔ'tɑ̃], *a.* winking, blinking.—*n.m.* (*Motor.*) winker, flashing indicator.
clignotement [kliɲɔt'mɑ̃], *n.m.* winking, blinking.
clignoter [kliɲɔ'te], *v.i.* to wink, to blink.
climat [kli'ma], *n.m.* climate; region, country.
climatérique [klimate'rik], **climatique** [klima'tik], *a.* climatic.
climatisation [klimatizɑ'sjɔ̃], *n.f.* air conditioning.
climatisé [klimati'ze], *a.* air-conditioned.
climatiser [klimati'ze], *v.t.* to air-condition.
clin [klɛ̃], *n.m.* wink (*of an eye*).
clinicien [klini'sjɛ̃], *a.m.* clinical.—*n.m.* clinical physician.
clinique [kli'nik], *a.* clinical.—*n.f.* clinical surgery; clinic, nursing-home.
clinquant [klɛ̃'kɑ̃], *a.* showy, gaudy, trumpery.—*n.m.* tinsel; (*fig.*) glitter, affectation.
clip [klip], *n.m.* clip-fastened jewel.
clipper [kli'pɛr], *n.m.* (*Naut. and Av.*) clipper.
clique [klik], *n.f.* set, coterie, party, clique.
cliquet [kli'kɛ], *n.m.* catch, pawl.
cliqueter [klik'te], *v.i.* (*conjug. like* APPELER) to click *or* jingle; (*Motor.*) to 'pink'.
cliquetis [klik'ti], *n.m.* clanking, clash.
cliquette [kli'kɛt], *n.f.* sinker (*of net*); (*usu. pl.*) bones (*a kind of castanets*).
clissage [kli'saːʒ], *n.m.* wickering.
clisse [klis], *n.f.* wicker mat for draining cheese; basket-work cover for a bottle; (*Surg.*) splint.
clisser [kli'se], *v.t.* to wicker, to cover with wicker-work etc.
clivage [kli'vaːʒ], *n.m.* (*Min.*) cleavage; cleaving.
cliver [kli've], *v.t.* to cleave (*diamonds etc.*). **se cliver,** *v.r.* to split, to be cleft.
cloaque [klɔ'ak], *n.m.* drain, sewer, sink, cesspool; (*fig.*) filthy hole.
clochage [klɔ'ʃaːʒ], *n.m.* cultivation under cloches.
clochard [klɔ'ʃaːr], *n.m.*(*fam.*)tramp, vagrant; (*Am.*) hobo.
cloche [klɔʃ], *n.f.* bell; dish-cover; blister; stew-pan; (*Gard.*) cloche.
clochement [klɔʃ'mɑ̃], *n.m.* hobbling halting.
cloche-pied [klɔʃ'pje], *n.m.* hopping on one leg.
clocher (1) [klɔ'ʃe], *n.m.* steeple, belfry; (*fig.*) parish, native place.
clocher (2) [klɔ'ʃe], *v.t.* (*Gard.*) to cover with a cloche.
clocher (3) [klɔ'ʃe], *v.i.* to limp, to hobble; (*fig., fam.*) to go wrong somewhere, to be defective.
clocheton [klɔʃ'tɔ̃], *n.m.* bell-turret.
clochette [klɔ'ʃɛt], *n.f.* small bell, hand-bell; bell-flower.
cloison [klwa'zɔ̃], *n.f.* partition, division; compartment; (*Naut.*) bulkhead.
cloisonnage [klwazɔ'naːʒ], **cloisonnement** [klwazɔn'mɑ̃], *n.m.* partition-work, wainscoting.

72

cloisonner [klwazo'ne], *v.t.* to partition.
cloître [klwɑːtr], *n.m.* cloister; cathedral close.
cloîtrer [klwɑ'tre], *v.t.* to shut up in a cloister, to immure. **se cloîtrer**, *v.r.* to enter a monastery *or* convent.
cloîtrier [klwɑ'trie], *n.m.* (*fem.* **-ière**) cloistered monk *or* nun.
clopin-clopant [klɔpɛ̃klɔ'pɑ̃], *adv.* limpingly, hobbling along.
clopiner [klɔpi'ne], *v.i.* to limp, to halt, to hobble.
cloporte [klɔ'pɔrt], *n.m.* woodlouse.
cloque [klɔk], *n.f.* blister (*on skin, paint etc.*); blight, rust (*of plants*).
cloquer [klɔ'ke], *v.i.* to blister (*of paint*).
clore [klɔːr], *v.t.* irr. (*chiefly used in p.p.*) to close, to shut; to enclose; to end.—*v.i.* to close, to shut. **se clore**, *v.r.* to close, to be closed; to end.
clos [klo], *a.* closed, sealed; completed; **à huis clos**, in camera.—*n.m.* close; enclosure, field.
closeau [klo'zo], *n.m.* (*pl.* **-eaux**) small garden.
closerie [kloz'ri], *n.f.* small enclosed farm *or* garden.
clôture [klo'tyːr], *n.f.* enclosure, fence; closing, close; closure; (*Relig.*) enclosure (*of nuns etc.*).
clôturer [kloty're], *v.t.* to close.
clou [klu], *n.m.* nail, spike, stud; (*Path.*) carbuncle, boil; **clou de girofle**, clove.
clouage [klu'aːʒ], **clouement** [klu'mɑ̃] *n.m.* nailing.
clouer [klu'e], *v.t.* to nail; to fix; (*fig.*) to detain.
clouter [klu'te], *v.t.* to adorn with nails, to stud; **passage clouté**, pedestrian crossing.
clouterie [klu'tri], *n.f.* nail-factory; nail trade.
cloutier [klu'tje], *n.m.* nail-maker, nail-dealer.
cloutière [klu'tjɛːr], *n.f.* nail-box.
clovisse [klɔ'vis], *n.f.* winkle; cockle.
clown [klun], *n.m.* clown.
cloyère [klwa'jɛːr], *n.f.* oyster-basket.
club [klʌb, klyb], *n.m.* club (*sporting* or *political*).
clystère [klis'tɛːr], *n.m.* clyster, injection, enema.
coaccusé [koaky'ze], *n.m.* (*fem.* **-ée**) fellow-prisoner; co-defendant.
coacquéreur [koake'rœːr], *n.m.* (*fem.* **-euse**) co-purchaser, joint buyer.
coacquisition [koakizi'sjɔ̃], *n.f.* joint purchase.
coactif [koak'tif], *a.* (*fem.* **-tive**) coactive.
coaction [koak'sjɔ̃], *n.f.* coercion, compulsion.
coadjuteur [koadʒy'tœːr], *n.m.* coadjutor.
coadjutrice [koadʒy'tris], *n.f.* coadjutrix.
coagulant [koagy'lɑ̃], *a.* coagulant.
coagulation [koagyla'sjɔ̃], *n.f.* coagulation.
coaguler [koagy'le], *v.t.* to coagulate. **se coaguler**, *v.r.* to coagulate.
coaliser [koali'ze], *v.t.* to unite in a coalition. **se coaliser**, *v.r.* to coalesce, to league, to unite, to combine.
coalition [koali'sjɔ̃], *n.f.* coalition, union, league.
coassement [koas'mɑ̃], *n.m.* croaking (*of frogs*).
coasser [koa'se], *v.i.* to croak (*of frogs*).

coassocié [koaso'sje], *n.m.* (*fem.* **-ée**) co-partner.
coauteur [koo'tœːr], *n.m.* co-author.
cobalt [kɔ'balt], *n.m.* cobalt.
cobaye [kɔ'baːj], *n.m.* guinea-pig.
cobra [kɔ'bra], *n.m.* cobra, hooded-snake.
cocagne [kɔ'kaɲ], *n.f.* **mât de cocagne**, greasy pole; **pays de cocagne**, land of plenty.
cocaïne [kɔka'in], *n.f.* cocaine.
cocarde [kɔ'kard], *n.f.* cockade; rosette.
cocasse [kɔ'kas], *a.* (*fam.*) odd, laughable, comical.
cocasserie [kɔkas'ri], *n.f.* drollery, foolery, farce.
coccinelle [kɔksi'nɛl], *n.f.* lady-bird.
coche (1) [kɔʃ], *n.m.* coach; **c'est la mouche du coche**, he is a busy-body.
coche (2) [kɔʃ], *n.f.* notch, score.
coche (3) [kɔʃ], *n.f.* sow.
cochenille [kɔʃ'niːj], *n.f.* cochineal.
cocher (1) [kɔ'ʃe], *n.m.* coachman, driver.
cocher (2) [kɔ'ʃe], *v.t.* to notch.
cochère [kɔ'ʃɛːr], *a.f.* for carriages; **porte cochère**, carriage-entrance, gateway.
cochet [kɔ'ʃe], *n.m.* young cock, cockerel.
cochon [kɔ'ʃɔ̃], *n.m.* hog, pig; pork; **cochon d'Inde**, guinea-pig.
cochonnée [kɔʃɔ'ne], *n.f.* litter (*of pigs*).
cochonner [kɔʃɔ'ne], *v.i.* to farrow, to pig.
cochonnerie [kɔʃɔn'ri], *n.f.* nastiness, filth.
cochonnet [kɔʃɔ'nɛ], *n.m.* young pig; jack (*at bowls*).
cocktail [kɔk'tɛl], *n.m.* cocktail; cocktail party.
coco [ko'ko], *n.m.* coco-nut.
cocon [kɔ'kɔ̃], *n.m.* cocoon.
cocotier [kɔko'tje], *n.m.* coco-nut palm.
coction [kɔk'sjɔ̃], *n.f.* coction, boiling; digestion (*of food*).
code [kɔd], *n.m.* code (*digest* or *collection of laws*); law, rule.
codemandeur [kɔdəmɑ̃'dœːr], *n.m.* (*fem.* **-eresse**) co-plaintiff.
coder [kɔ'de], *v.t.* to code (*telegram*).
codétenteur [kɔdetɑ̃'tœːr], *n.m.* (*fem.* **-trice**) joint-holder.
codétenu [kɔdet'ny], *n.m.* (*fem.* **-e**) fellow-prisoner.
codicillaire [kɔdisi'lɛːr], *a.* contained in a codicil.
codicille [kɔdi'sil], *n.m.* codicil, rider.
codifier [kɔdi'fje], *v.t.* to codify.
codirecteur [kɔdirɛk'tœːr], *n.m.* (*fem.* **-trice**) joint manager.
codonataire [kɔdɔna'tɛːr], *n.* joint donee.
codonateur [kɔdɔna'tœːr], *n.m.* (*fem.* **-trice**) joint donor.
coéquipier [koeki'pje], *n.m.* fellow member (*of a crew, team etc.*).
coercer [kɔɛr'se], *v.t.* to coerce.
coercition [kɔɛrsi'sjɔ̃], *n.f.* coercion.
cœur [kœːr], *n.m.* heart; (*fig.*) bosom, mind, soul; courage; core, middle; love, affection; hearts (*cards*).
coexistant [kɔɛgzis'tɑ̃], *a.* coexistent.
coexistence [kɔɛgzis'tɑ̃ːs], *n.f.* coexistence.
coexister [kɔɛgzis'te], *v.i.* to coexist.
coffre [kɔfr], *n.m.* chest, trunk; coffer; (*Naut.*) mooring-buoy; boot (*of a car*).
coffre-fort [kɔfrə'fɔːr], *n.m.* (*pl.* **coffres-forts**) strong-box, safe.

coffret [kɔ'frɛ], *n.m.* little chest, casket.
cogitation [kɔʒita'sjɔ̃], *n.f.* cogitation, reflection.
cognac [kɔ'nak], *n.m.* Cognac brandy.
cognasse [kɔ'nas], *n.f.* wild quince.
cognassier [kɔna'sje], *n.m.* quince-tree.
cognée [kɔ'ne], *n.f.* axe, hatchet.
cogner [kɔ'ne], *v.t.* to knock in, to drive in; to thump.—*v.i.* to hit, to bump (*contre*); to knock (*engine*). **se cogner,** *v.r.* to knock (*against*).
cohabitant [koabi'tɑ̃], *a.* cohabiting (*with*).
cohabitation [koabita'sjɔ̃], *n.f.* cohabitation.
cohabiter [koabi'te], *v.i.* to cohabit.
cohérence [kɔe'rɑ̃:s], *n.f.* coherence.
cohérent [kɔe'rɑ̃], *a.* coherent.
cohériter [koeri'te], *v.i.* to inherit conjointly.
cohéritier [koeri'tje], *n.m.* (*fem.* -**ière**) coheir, co-heiress.
cohésif [kɔe'zif], *a.* (*fem.* -**sive**) cohesive.
cohésion [kɔe'zjɔ̃], *n.f.* cohesion.
cohorte [kɔ'ɔrt], *n.f.* cohort; (*poet.*) troop, host; (*colloq.*) crew, gang.
cohue [kɔ'y], *n.f.* throng, mob, crush.
coi [kwa], *a.* (*fem.* **coite** (1)) quiet, calm, still.
coiffe [kwaf], *n.f.* hood, head-dress.
coiffer [kwa'fe], *v.t.* to put on the head of; to dress the hair of; (*fig.*) to infatuate.—*v.i.* to dress hair; to become; to suit. **se coiffer,** *v.r.* to put one's hat on; to do one's hair.
coiffeur [kwa'fœ:r], *n.m.* (*fem.* -**euse**) hairdresser.—*n.f.* (-**euse**) lady's dressing-table.
coiffure [kwa'fy:r], *n.f.* head-dress, hairstyle.
coin [kwɛ̃], *n.m.* corner, angle, nook; (*Coin. etc.*) stamp.
coincer [kwɛ̃'se], *v.t.* (*conjug. like* COMMENCER) to wedge. **se coincer,** *v.r.* to jam (*of machines*).
coïncidence [kɔɛ̃si'dɑ̃:s], *n.f.* coincidence.
coïncident [kɔɛ̃si'dɑ̃], *a.* coincident.
coïncider [kɔɛ̃si'de], *v.i.* to coincide, to be coincident.
coing [kwɛ̃], *n.m.* quince.
coïntéressé [kɔɛ̃tere'se], *a.* jointly interested. —*n.m.* (*fem.* -**ée**) associate, partner.
coite (1) [kwat], [COI].
coite (2), **coîtte** [COUETTE].
cojouissance [kɔʒwi'sɑ̃:s], *n.f.* (*Law*) joint use.
coke [kɔk], *n.m.* coke.
cokéfier [kɔke'fje], *v.t.* to coke.
col [kɔl], *n.m.* neck (*of a bottle, dress etc.*); collar; pass, col (*of mountain*).
colback [kɔl'bak], *n.m.* busby.
colchique [kɔl'ʃik], *n.m.* (*Bot.*) meadowsaffron, colchicum.
colégataire [kolega'tɛ:r], *n.* co-legatee.
coléoptère [koleɔp'tɛ:r], *a.* coleopterous.— *n.m.* beetle.
colère [kɔ'lɛ:r], *n.f.* anger, wrath, rage, fury.
colérique [kole'rik], *a.* choleric, irascible.
colibri [koli'bri], *n.m.* humming-bird.
colifichet [kolifi'ʃe], *n.m.* trinket, knick-knack.
colimaçon [kolima'sɔ̃], *n.m.* snail; *escalier en colimaçon,* spiral staircase.
colin-maillard [kolɛ̃ma'ja:r], *n.m. inv.* blind-man's-buff.
colique [kɔ'lik], *n.f.* colic, stomach-ache.
colis [kɔ'li], *n.m.* package, parcel, case.
collaborateur [kɔlabɔra'tœ:r], *n.m.* (*fem.* -**trice**) collaborator.

collaboration [kɔlabɔra'sjɔ̃], *n.f.* collaboration.
collaborer [kɔlabɔ're], *v.i.* to collaborate.
collage [kɔ'la:ʒ], *n.m.* pasting, gluing; paperhanging; (*Art*) collage.
collant [kɔ'lɑ̃], *a.* sticky; tight, close-fitting.
collatéral [kɔllate'ral], *a.* (*m. pl.* -**aux**) collateral.
collatéralement [kɔllateral'mɑ̃], *adv.* collaterally.
collation [kɔlla'sjɔ̃], *n.f.* light meal; comparison (*of documents etc.*).
collationnement [kɔllasjɔn'mɑ̃], *n.m.* collating, comparing.
collationner [kɔllasjɔ'ne], *v.t.* to collate, to compare.—*v.i.* to have a snack.
colle [kɔl], *n.f.* paste, gum; poser; sham, fib.
collecte [kɔ'lɛkt], *n.f.* collection (*of money etc.*); collect (*prayer*).
collecteur [kɔlɛk'tœ:r], *n.m.* (*fem.* -**trice**) collector.
collectif [kɔlɛk'tif], *a.* (*fem.* -**tive**) collective.
collection [kɔlɛk'sjɔ̃], *n.f.* collection; set.
collectionner [kɔlɛksjɔ'ne], *v.t.* to collect, to make collections of things.
collectionneur [kɔlɛksjɔ'nœ:r], *n.m.* (*fem.* -**euse**) collector.
collectivement [kɔlɛktiv'mɑ̃], *adv.* collectively.
collectivisme [kɔlɛkti'vism], *n.m.* collectivism.
collectiviste [kɔlɛkti'vist], *n.* collectivist.
collectivité [kɔlɛktivi'te], *n.f.* collectivity; common ownership.
collège [kɔ'lɛ:ʒ], *n.m.* college; grammar-school.
collégien [kɔle'ʒjɛ̃], *n.m.* (*fem.* -**enne**) high-school boy *or* girl.
collègue [kɔl'lɛg], *n.* colleague.
coller [kɔ'le], *v.t.* to paste, to glue; to stick together.—*v.i.* to stick, to adhere. **se coller,** *v.r.* to stick to.
collerette [kɔl'rɛt], *n.f.* collar (*for ladies*).
collet [kɔ'le], *n.m.* collar (*of gown etc.*); cape; flange; snare.
colleter [kɔl'te], *v.t.* (*conjug. like* APPELER) to collar, to seize by the neck.—*v.i.* to set snares. **se colleter,** *v.r.* to come to grips (*with someone*).
colleur [kɔ'lœ:r], *n.m.* (*fem.* -**euse**) gluer, paster, paper-hanger; bill-sticker.
collier [kɔ'lje], *n.m.* necklace; gold chain (*of knightly orders etc.*); collar (*for animals*).
colline [kɔ'lin], *n.f.* hill, hillock.
collision [kɔli'zjɔ̃], *n.f.* collision.
collocation [kɔllɔka'sjɔ̃], *n.f.* classification.
colloque [kɔl'lɔk], *n.m.* colloquy, conference.
collusion [kɔlly'zjɔ̃], *n.f.* collusion.
collusoire [kɔlly'zwa:r], *a.* collusory, collusive.
Colomb [kɔ'lɔ̃], *m.* Columbus.
colombe [kɔ'lɔ̃:b], *n.f.* (*poet.*) pigeon, dove.
Colombie [kɔlɔ̃'bi], **la,** *f.* Colombia.
colombien [kɔlɔ̃'bjɛ̃], *a.* (*fem.* -**enne**) Colombian.—*n.m.* (**Colombien,** *fem.* -**enne**) Colombian (*person*).
colombier [kɔlɔ̃'bje], *n.m.* dove-cot, pigeon-house.
colombin [kɔlɔ̃'bɛ̃], *a.* columbine; dove-colour.
colombophile [kɔlɔ̃bɔ'fil], *a.* and *n.* pigeon-fancier.

colon [kɔ'lõ], *n.m.* colonist, planter; settler.
côlon [ko'lõ], *n.m.* (*Anat.*) colon.
colonel [kɔlɔ'nɛl], *n.m.* colonel; (*Av.*) group captain.
colonial [kɔlɔ'njal], *a.* (*m. pl.* **-aux**) colonial. —*n.m.* (*fem.* **-e**) colonial.
colonie [kɔlɔ'ni], *n.f.* colony, settlement; *colonie de vacances*, holiday camp.
colonisation [kɔlɔniza'sjõ], *n.f.* colonization.
coloniser [kɔlɔni'ze], *v.t.* to colonize.
colonnade [kɔlɔ'nad], *n.f.* (*Arch.*) colonnade.
colonne [kɔ'lɔn], *n.f.* column, pillar; column (*of units, tens etc.*).
colonnette [kɔlɔ'nɛt], *n.f.* little column.
colorant [kɔlɔ'rɑ̃], *a.* colouring.—*n.m.* dye.
coloration [kɔlɔra'sjõ], *n.f.* coloration, staining.
colorer [kɔlɔ're], *v.t.* to colour, to dye; to varnish. **se colorer**, *v.r.* to colour (*of a thing*).
coloriage [kɔlɔ'rja:ʒ], *n.m.* (*Paint.*) colouring.
colorier [kɔlɔ'rje], *v.t.* to colour, to stain (*a drawing etc.*).
coloris [kɔlɔ'ri], *n.m.* colouring, art of colouring.
coloriste [kɔlɔ'rist], *n.* colourer; colourist.
colossal [kɔlɔ'sal], *a.* (*m. pl.* **-aux**) colossal.
colosse [kɔ'lɔs], *n.m.* colossus, giant.
colportage [kɔlpɔr'ta:ʒ], *n.m.* hawking, peddling.
colporter [kɔlpɔr'te], *v.t.* to hawk about; to spread.
colporteur [kɔlpɔr'tœr], *n.m.* hawker, pedlar.
coltiner [kɔlti'ne], *v.t.* to carry heavy loads (*on head and back*).
coltineur [kɔlti'nœr], *n.m.* coal-heaver, load-porter.
colza [kɔl'za], *n.m.* colza, rape, rape-seed.
coma [kɔ'ma] *n.m.* coma.
comateux [kɔma'tø], *a.* (*fem.* **-euse**) comatose.
combat [kõ'ba], *n.m.* combat, fight, battle, contest; struggle; *hors de combat*, disabled.
combattant [kõba'tɑ̃], *n.m.* combatant; champion; *anciens combattants*, ex-service men.
combattre [kõ'batr], *v.t.* (*conjug. like* BATTRE) to fight, to combat, to wage war against, to strive against.—*v.i.* to fight, to vie, to struggle. **se combattre**, *v.r.* to combat; to contend with each other.
combien [kõ'bjɛ̃], *adv.* how much, how many; how; how far; how long.
combinaison [kõbinɛ'zõ], *n.f.* combination; contrivance, scheme; overalls; slip (*woman's undergarment*).
combiné [kõbi'ne], *n.m.* (*Chem.*) compound; (*Rad.*) radiogram.
combiner [kõbi'ne], *v.t.* to combine; (*fig.*) to contrive.
comble [kõbl], *n.m.* heaping up above a full measure; summit; (*fig.*) zenith; (*pl.*) roof-timbers.—*a.* full, heaped up full to the top; *salle comble*, house full.
comblement [kõblə'mɑ̃], *n.m.* filling up, heaping up.
combler [kõ'ble], *v.t.* to heap up, to fill up; to complete; to overwhelm.
comburant [kõby'rɑ̃], *a.* (*Chem.*) causing burning (*of oxygen etc.*).—*n.m.* fuel.
combustibilité [kõbystibili'te], *n.f.* combustibility.

combustible [kõbys'tibl], *a.* combustible.—*n.m.* combustible; fuel, firing.
combustion [kõbys'tjõ], *n.f.* combustion, flame.
comédie [kɔme'di], *n.f.* comedy; theatre; players.
comédien [kɔme'djɛ̃], *n.m.* (*fem.* **-enne**) comedian, actor, actress, player; (*fig.*) hypocrite.
comestible [kɔmɛs'tibl], *a.* edible, eatable.—*n.m.* eatable; (*pl.*) eatables.
comète [kɔ'mɛt], *n.f.* comet.
comice [kɔ'mis], *n.m.* meeting; electoral meeting; *comice agricole*, agricultural show.
comique [kɔ'mik], *a.* comic; comical, ludicrous.—*n.m.* comic art, comedy.
comiquement [kɔmik'mɑ̃], *adv.* comically.
comité [kɔmi'te], *n.m.* committee, board.
commandant [kɔmɑ̃'dɑ̃], *a.* commanding.—*n.m.* (*fem.* **-e**) commander, commanding officer, commandant; major.
commande [kɔ'mɑ̃:d], *n.f.* order; (*Mach.*) driving-wheel.
commandement [kɔmɑ̃d'mɑ̃], *n.m.* command; authority, control; order; commandment, law.
commander [kɔmɑ̃'de], *v.t.* to command, to order; to govern; to overlook.—*v.i.* to command, to have authority. **se commander**, *v.r.* to control oneself.
commandeur [kɔmɑ̃'dœr], *n.m.* commander (*in orders of knighthood*).
commanditaire [kɔmɑ̃di'tɛr], *n.* sleeping partner.
commandite [kɔmɑ̃'dit], *n.f.* limited partnership.
commanditer [kɔmɑ̃di'te], *v.t.* to finance (*a commercial undertaking*).
commando [kɔmɑ̃'do], *n.m.* commando.
comme [kɔm], *adv.* as; like, such as; almost, nearly, as if; how; in what way, to what extent.—*conj.* as, since, because.
commémoraison [kɔmemɔrɛ'zõ], *n.f.* (*R.-C. Ch.*) commemoration, remembrance.
commémoratif [kɔmemɔra'tif], *a.* (*fem.* **-tive**) commemorative.
commémoration [kɔmemɔra'sjõ], *n.f.* commemoration.
commémorer [kɔmemɔ're], *v.t.* to commemorate, to remember.
commençant [kɔmɑ̃'sɑ̃], *n.m.* (*fem.* **-e**) beginner, novice.
commencement [kɔmɑ̃s'mɑ̃], *n.m.* beginning, commencement.
commencer [kɔmɑ̃'se], *v.t., v.i.* (*see Verb Tables*) to begin, to commence; to initiate.
commensal [kɔmɑ̃'sal], *n.m.* (*m. pl.* **-aux**) habitual guest; fellow-boarder, messmate.
commensurable [kɔmɑ̃sy'rabl], *a.* commensurable.
comment [kɔ'mɑ̃], *adv.* how, in what manner; why, wherefore.—*int.* what! indeed!—*n.m.* the why and wherefore.
commentaire [kɔmɑ̃'tɛr], *n.m.* commentary, exposition; (*fig.*) unfavourable comment.
commentateur [kɔmɑ̃ta'tœr], *n.m.* (*fem.* **-trice**) commentator, annotator.
commenter [kɔmɑ̃'te], *v.t.* to comment on to explain, to annotate.—*v.i.* to criticize adversely.

75

commérage [kɔme'ra:ʒ], *n.m.* gossip, tittle-tattle.

commerçant [kɔmɛr'sɑ̃], *a.* commercial, mercantile, trading.—*n.m.* (*fem.* -e) merchant, tradesman, shopkeeper.

commerce [kɔ'mɛrs], *n.m.* commerce, trade, trading, traffic; intercourse, dealings.

commercer [kɔmɛr'se], *v.i.* (*conjug. like* COMMENCER) to trade, to deal.

commercial [kɔmɛr'sjal], *a.* (*m. pl.* -aux) commercial.

commercialement [kɔmɛrsjal'mɑ̃], *adv.* commercially.

commercialisation [kɔmɛrsjaliza'sjɔ̃], *n.f.* commercialization.

commercialiser [kɔmɛrsjali'ze], *v.t.* to commercialize.

commère [kɔ'mɛr], *n.f.* godmother; gossip.

commettre [kɔ'mɛtr], *v.t. irr.* (*conjug. like* METTRE) to commit; to perpetrate; to appoint, to empower; to entrust. **se commettre,** *v.r.* to commit oneself.

commis (1) [kɔ'mi], *n.m.* (*fem.* **commise**) clerk; *commis voyageur,* commercial traveller.

commis (2) [kɔ'mi], *a.* committed, appointed.

commisération [kɔmizera'sjɔ̃], *n.f.* commiseration, compassion, pity.

commissaire [kɔmi'sɛːr], *n.m.* commissioner; manager, steward, trustee; purser (*of a vessel*).

commissaire-priseur [kɔmisɛrpri'zœːr], *n.m.* auctioneer, valuer.

commissariat [kɔmisa'rja], *n.m.* commissaryship, trusteeship; (*Mil., Navy*) commissariat; police station.

commission [kɔmi'sjɔ̃], *n.f.* commission, charge; errand; power; (*Comm.*) percentage; warrant.

commissionnaire [kɔmisjɔ'nɛːr], *n.m.* commission agent, commissionnaire; messenger, porter.

commissionner [kɔmisjɔ'ne], *v.t.* to empower, to commission; to order (*goods*).

commode [kɔ'mɔd], *a.* convenient, commodious, handy; comfortable, suitable; easy.—*n.f.* chest of drawers, commode.

commodément [kɔmɔde'mɑ̃], *adv.* commodiously, conveniently; comfortably suitably.

commodité [kɔmɔdi'te], *n.f.* convenience, accommodation.

commotion [kɔmo'sjɔ̃], *n.f.* commotion; shock; concussion.

commotionné [kɔmosjɔ'ne], *a.* suffering from concussion.

commuable [kɔ'mɥabl], *a.* commutable.

commun [kɔ'mœ̃], *a.* common; usual, ordinary; mean, vulgar; *le bien commun,* the common weal; *lieux communs,* commonplaces.—*n.m.* common people.

communal [kɔmy'nal], *a.* (*m. pl.* -aux) communal, parochial; common.—*n.m. pl.* (*biens*) *communaux,* communal property.

communauté [kɔmyno'te], *n.f.* community, society, corporation.

commune [kɔ'myn], *n.f.* commune (*parish, township, in France*).

communément [kɔmyne'mɑ̃], *adv.* commonly, usually.

communiant [kɔmy'njɑ̃], *n.m.* (*fem.* -e) communicant.

communicatif [kɔmynika'tif], *a.* (*fem.* -tive) communicative, open.

communication [kɔmynika'sjɔ̃], *n.f.* intercourse, communication; (*Teleph.*) call.

communicativement [kɔmynikativ'mɑ̃], *adv.* communicatively.

communier [kɔmy'nje], *v.i.* to communicate, to receive the sacrament.

communion [kɔmy'njɔ̃], *n.f.* communion, fellowship; persuasion; sacrament.

communiqué [kɔmyni'ke], *n.m.* statement, communiqué.

communiquer [kɔmyni'ke], *v.t.* to communicate, to impart; to tell, to acquaint.—*v.i.* to be in contact *or* correspondence (*with*).

communisant [kɔmyni'zɑ̃], *a.* communistic.—*n.m.* (*fem.* -e) fellow-traveller.

communisme [kɔmy'nism], *n.m.* communism.

communiste [kɔmy'nist], *n.* communist.

commutable [kɔmy'tabl], [COMMUABLE].

commutateur [kɔmyta'tœːr], *n.m.* (*Elec.*) switch.

compact [kɔ̃'pakt], *a.* compact, dense.

compagne [kɔ̃'paɲ], *n.f.* female companion, consort; playmate.

compagnie [kɔ̃pa'ɲi], *n.f.* society, companionship; company; (*Comm.*) company.

compagnon [kɔ̃pa'ɲɔ̃], *n.m.* companion, comrade; playmate; mate; (*Bot.*) campion.

comparable [kɔ̃pa'rabl], *a.* comparable.

comparablement [kɔ̃parablə'mɑ̃], *adv.* in comparison (*with*).

comparaison [kɔ̃parɛ'zɔ̃], *n.f.* comparison; similitude.

comparaître [kɔ̃pa'rɛːtr], *v.i. irr.* (*conjug. like* CONNAÎTRE) to appear (*before a tribunal*).

comparant [kɔ̃pa'rɑ̃], *n.m.* (*fem.* -e) person appearing in court on a summons.

comparatif [kɔ̃para'tif], *a.* (*fem.* -tive) comparative.—*n.m.* comparative degree.

comparativement [kɔ̃parativ'mɑ̃], *adv.* comparatively.

comparer [kɔ̃pa're], *v.t.* to compare. **se comparer,** *v.r.* to be compared.

compartiment [kɔ̃parti'mɑ̃], *n.m.* compartment, division.

compas [kɔ̃'pa], *n.m.* pair of compasses; mariner's compass.

compassé [kɔ̃pa'se], *a.* formal, stiff, starchy.

compasser [kɔ̃pa'se], *v.t.* to measure, set out; to proportion, to regulate; (*fig.*) to weigh, to consider.

compassion [kɔ̃pa'sjɔ̃], *n.f.* compassion, pity, mercy.

compatibilité [kɔ̃patibili'te], *n.f.* compatibility.

compatible [kɔ̃pa'tibl], *a.* compatible, consistent.

compatir [kɔ̃pa'tiːr], *v.i.* to sympathize; to agree, to be compatible (*with*).

compatissant [kɔ̃pati'sɑ̃], *a.* compassionate, tender.

compatriote [kɔ̃patri'ɔt], *n.* compatriot, fellow-countryman.

compendium [kɔ̃pɑ̃'djɔm], *n.m.* summary.

compensable [kɔ̃pɑ̃'sabl], *a.* that may be compensated.

compensation [kɔ̃pɑ̃sa'sjɔ̃], *n.f.* compensation, amends, reparation.

compensatoire [kɔ̃pɑ̃sa'twaːr], *a.* compensatory.

compenser [kɔ̃pɑ̃'se], *v.t.* to counterbalance, to compensate, to make up for. **se compenser**, *v.r.* to compensate each other; to be set off against.

compère [kɔ̃'pɛːr], *n.m.* godfather; (*fig.*) gossip, crony; confederate.

compétence [kɔ̃pe'tɑ̃ːs], *n.f.* competence, cognizance; (*fig.*) department, province; proficiency.

compétent [kɔ̃pe'tɑ̃], *a.* competent, qualified; (*fig.*) suitable, requisite.

compétiteur [kɔ̃peti'tœːr], *n.m.* (*fem.* **-trice**) competitor, candidate.

compétitif [kɔ̃peti'tif], *a.* (*fem.* **-tive**) competitive.

compétition [kɔ̃peti'sjɔ̃], *n.f.* competition, rivalry.

compilateur [kɔ̃pila'tœːr], *n.m.* compiler.

compilation [kɔ̃pila'sjɔ̃], *n.f.* compilation.

compiler [kɔ̃pi'le], *v.t.* to compile.

complainte [kɔ̃'plɛ̃ːt], *n.f.* tragic *or* plaintive ballad, lament; (*fig.*) lamentation.

complaire [kɔ̃'plɛːr], *v.i. irr.* (*conjug. like* PLAIRE) to be pleasing (*à*). **se complaire**, *v.r.* to delight (*dans or à*).

complaisamment [kɔ̃plɛza'mɑ̃], *adv.* complaisantly, obligingly.

complaisance [kɔ̃plɛ'zɑ̃ːs], *n.f.* complaisance, good-nature; complacency.

complaisant [kɔ̃plɛ'zɑ̃], *a.* affable, civil, obliging, kind.—*n.m.* (*fem.* **-e**) flatterer; go-between.

complément [kɔ̃ple'mɑ̃], *n.m.* complement; (*Gram.*) object; extension (*of subject*).

complémentaire [kɔ̃plemɑ̃'tɛːr], *a.* complementary, completing.

complet [kɔ̃'plɛ], *a.* (*fem.* **-plète**) complete, whole; full, filled.—*n.m.* complement, full number; suit (*of clothes*).

complètement [kɔ̃plɛt'mɑ̃], *adv.* completely, entirely, thoroughly.

complétement [kɔ̃plet'mɑ̃], *n.m.* finishing, completion.

compléter [kɔ̃ple'te], *v.t.* (*conjug. like* CÉDER) to complete, to perfect; to fill up.

complexe [kɔ̃'plɛks], *a.* complex, complicated.—*n.m.* **complexe d'infériorité**, inferiority complex.

complexion [kɔ̃plɛk'sjɔ̃], *n.f.* constitution; disposition, humour, temper.

complexité [kɔ̃plɛksi'te], *n.f.* complexity.

complication [kɔ̃plika'sjɔ̃], *n.f.* complication, intricacy.

complice [kɔ̃'plis], *a.* accessory, privy to.—*n.* accomplice, accessory.

complicité [kɔ̃plisi'te], *n.f.* complicity, participation.

compliment [kɔ̃pli'mɑ̃], *n.m.* compliment; (*pl.*) regards, congratulations.

complimenter [kɔ̃plimɑ̃'te], *v.t.* to compliment, to congratulate.

complimenteur [kɔ̃plimɑ̃'tœːr], *a.* and *n.m.* (*fem.* **-euse**) over-complimentary; obsequious (person).

compliqué [kɔ̃pli'ke], *a.* complicated, intricate.

compliquer [kɔ̃pli'ke], *v.t.* to complicate, to entangle. **se compliquer**, *v.r.* to become complicated

complot [kɔ̃'plo], *n.m.* plot, conspiracy; *chef du complot*, ringleader.

comploter [kɔ̃plo'te], *v.t.* to plot.

comploteur [kɔ̃plo'tœːr], *n.m.* plotter, schemer.

componction [kɔ̃pɔ̃k'sjɔ̃], *n.f.* compunction; solemn manners *or* expression.

comportement [kɔ̃pɔrtə'mɑ̃], *n.m.* demeanour, deportment, behaviour.

comporter [kɔ̃pɔr'te], *v.t.* to permit, to allow; to require; to comprise. **se comporter**, *v.r.* to behave; to act, to manage.

composant [kɔ̃po'zɑ̃], *n.m.* (*Chem.*) component, constituent.

composé [kɔ̃po'ze], *a.* composed, compound. —*n.m.* compound.

composer [kɔ̃po'ze], *v.t.* to compose, to compound, to make up; to form, to create; to adjust, to regulate; *composer un numéro*, to dial a number.—*v.i.* to compound, to compromise, to make up.

composeuse [kɔ̃po'zøːz], *n.f.* type-setting machine.

composite [kɔ̃po'zit], *a.* composite.

compositeur [kɔ̃pozi'tœːr], *n.m.* (*fem.* **-trice**) composer (*of music*); (*Print.*) compositor.

composition [kɔ̃pozi'sjɔ̃], *n.f.* composition; chemical composition; settlement; (*fig.*) disposition; (*Print.*) composing.

compost [kɔ̃'post], *n.m.* (*Agric.*) compost.

composter [kɔ̃pɔs'te], *v.t.* to compost; to date *or* obliterate (*ticket etc.*).

compote [kɔ̃'pɔt], *n.f.* stewed fruit, compote.

compotier [kɔ̃po'tje], *n.m.* fruit-dish.

compréhensibilité [kɔ̃preɑ̃sibili'te], *n.f.* comprehensibility.

compréhensible [kɔ̃preɑ̃'sibl], *a.* understandable, intelligible.

compréhensif [kɔ̃preɑ̃'sif], *a.* (*fem.* **-sive**) comprehensive; broadminded.

compréhension [kɔ̃preɑ̃'sjɔ̃], *n.f.* comprehension; (*fig.*) understanding, intelligence.

compréhensivité [kɔ̃preɑ̃sivi'te], *n.f.* comprehensiveness, faculty of comprehending.

comprendre [kɔ̃'prɑ̃ːdr], *v.t. irr.* (*conjug. like* PRENDRE) to include, to comprise; to understand, to conceive, to realize.

compresse [kɔ̃'prɛːs], *n.f.* (*Surg.*) compress, pledget.

compresseur [kɔ̃prɛ'sœːr], *a.* compressive.— *n.m.* compressor, roller.

compressif [kɔ̃prɛ'sif], *a.* (*fem.* **-ssive**) compressive, repressive.

compression [kɔ̃prɛ'sjɔ̃], *n.f.* compression; (*fig.*) constraint.

comprimable [kɔ̃pri'mabl], *a.* compressible.

comprimé [kɔ̃pri'me], *a.* compressed, condensed; kept under.—*n.m.* (*Pharm.*) tabloid, tablet.

comprimer [kɔ̃pri'me], *v.t.* to compress, to condense; to repress, to restrain.

compris [kɔ̃'pri], *a.* understood; included.

compromettant [kɔ̃promɛ'tɑ̃], *a.* compromising; damaging.

compromettre [kɔ̃pro'mɛtr], *v.t. irr.* (*conjug. like* METTRE) to expose, to commit, to compromise, to jeopardize.—*v.i.* to compromise; to submit to arbitration. **se compromettre** *v.r.* to compromise oneself.

compromis [kɔ̃pro'mi], *n.m.* mutual agreement, compromise.

comptabilité

comptabilité [kɔ̃tabili'te], *n.f.* accountancy, book-keeping; accountant's department.
comptable [kɔ̃'tabl], *a.* responsible for accounts; accountable, responsible.—*n.m.* accountant, book-keeper; (*Naut.*) purser.
comptant [kɔ̃'tɑ̃], *a.m.* (*of money*) ready; (*of payment*) in cash.—*n.m.* ready money, cash.
compte [kɔ̃:t], *n.m.* reckoning; account, score, statement, report; (*fig.*) profit; esteem, value; *se rendre compte de*, to realize.
compte-gouttes [kɔ̃t'gut], *n.m. inv.* (*Med.*) drop-tube, dropper; filler; (*fig.*) *au compte-gouttes*, sparingly.
compte-pas [kɔ̃tə'pɑ], *n.m.* pedometer.
compter [kɔ̃'te], *v.t.* to count, to calculate, to compute; to pay down; to comprise.—*v.i.* to reckon, to count; to be reckoned; to expect; to intend; to rely (*sur*). **se compter**, *v.r.* to be reckoned or included.
compteur [kɔ̃'tœ:r], *a.* and *n.m.* (*fem.* -euse) that counts; computer.—*n.m.* meter; (*C*) *compteur de stationnement*, parking meter.
comptoir [kɔ̃'twa:r], *n.m.* counter; cashier's desk; counting-house; branch bank; factory.
compulser [kɔ̃pyl'se], *v.t.* to inspect (*documents etc.*).
computation [kɔ̃pyta'sjɔ̃], *n.f.* computation.
computer [kɔ̃py'te], *v.t.* to compute.
comtal [kɔ̃'tal], *a.* (*m. pl.* -aux) pertaining to an earl or a countess.
comte [kɔ̃:t], *n.m.* count; earl.
comté [kɔ̃'te], *n.m.* county, shire; earldom.
comtesse [kɔ̃'tes], *n.f.* countess.
concassage [kɔ̃ka'sa:ʒ], *n.m.* pounding, crushing.
concasser [kɔ̃ka'se], *v.t.* to pound, to crush.
concasseur [kɔ̃ka'sœ:r], *n.m.* crushing-mill; steam-roller.
concave [kɔ̃'ka:v], *a.* concave.
concavité [kɔ̃kavi'te], *n.f.* concave; concavity.
concéder [kɔ̃se'de], *v.t.* (*conjug. like* CÉDER) to grant, to concede, to allow.
concentration [kɔ̃sɑ̃tra'sjɔ̃], *n.f.* concentration; condensation; *camp de concentration*, concentration camp.
concentré [kɔ̃sɑ̃'tre], *a.* concentrated; (*fig.*) silent, reserved.—*n.m.* extract.
concentrer [kɔ̃sɑ̃'tre], *v.t.* to concentrate, to focus; (*fig.*) to repress, to smother (*anger etc.*). **se concentrer**, *v.r.* to concentrate; to withdraw within oneself.
concentrique [kɔ̃sɑ̃'trik], *a.* concentric.
concentriquement [kɔ̃sɑ̃trik'mɑ̃], *adv.* concentrically.
concept [kɔ̃'sɛpt], *n.m.* concept.
conceptibilité [kɔ̃sɛptibili'te], *n.f.* conceivability.
conceptible [kɔ̃sɛp'tibl], *a.* conceivable.
conceptif [kɔ̃sɛp'tif], *a.* (*fem.* -tive) conceptive.
conception [kɔ̃sɛp'sjɔ̃], *n.f.* conception; thought, notion; understanding.
concernant [kɔ̃sɛr'nɑ̃], *prep.* concerning, relating to.
concerner [kɔ̃sɛr'ne], *v.t.* to relate (*to*), to concern, to regard.
concert [kɔ̃'sɛ:r], *n.m.* harmony; concert; (*fig.*) concord.
concertant [kɔ̃sɛr'tɑ̃], *a.* in concert (*of a*

piece of music).—*n.m.* (*fem.* -e) performer in a concert.
concerté [kɔ̃sɛr'te], *a.* concerted, united; studied, stiff.
concerter [kɔ̃sɛr'te], *v.t.* to contrive, to concert; to plan, to devise; to compose (*one's demeanour etc.*). **se concerter**, *v.r.* to plan together, to concert.
concertiste [kɔ̃sɛr'tist], *n.* performer (*at a concert*).
concerto [kɔ̃sɛr'to], *n.m.* concerto.
concession [kɔ̃se'sjɔ̃], *n.f.* concession, privilege.
concessionnaire [kɔ̃sesjɔ'nɛ:r], *a.* concessionary.—*n.* grantee.
concevable [kɔ̃s'vabl], *a.* conceivable, imaginable.
concevoir [kɔ̃sə'vwa:r], *v.t. irr.* (*conjug. like* RECEVOIR) to become pregnant, to conceive; to imagine, to understand; to comprehend.
concierge [kɔ̃'sjɛrʒ], *n.* concierge, hall-porter, caretaker.
conciergerie [kɔ̃sjɛrʒə'ri], *n.f.* caretaker's lodge; *La Conciergerie*, a prison in Paris (*during French Revolution*).
concile [kɔ̃'sil], *n.m.* an assembly of prelates and doctors, council, synod.
conciliable [kɔ̃si'ljabl], *a.* reconcilable.
conciliabule [kɔ̃silja'byl], *n.m.* conventicle, secret meeting.
conciliaire [kɔ̃si'ljɛ:r], *a.* of or belonging to a council.
conciliant [kɔ̃si'ljɑ̃], *a.* conciliating, reconciling.
conciliateur [kɔ̃silja'tœ:r], *a.* (*fem.* -trice) conciliatory.—*n.m.* (*fem.* -trice) conciliator.
conciliation [kɔ̃silja'sjɔ̃], *n.f.* reconciliation.
conciliatoire [kɔ̃silja'twa:r], *a.* conciliatory.
concilier [kɔ̃si'lje], *v.t.* to conciliate, to reconcile; to gain, to win, to procure. **se concilier**, *v.r.* to gain, to win.
concis [kɔ̃'si], *a.* concise, brief, short.
concision [kɔ̃si'zjɔ̃], *n.f.* brevity, conciseness.
concitoyen [kɔ̃sitwa'jɛ̃], *n.m.* (*fem.* -enne) fellow-citizen.
conclave [kɔ̃'kla:v], *n.m.* conclave, assembly of all the cardinals.
concluant [kɔ̃kly'ɑ̃], *a.* conclusive, decisive.
conclure [kɔ̃'kly:r], *v.t. irr.* to conclude; to infer; to judge.
conclusif [kɔ̃kly'zif], *a.* (*fem.* -sive) conclusive.
conclusion [kɔ̃kly'zjɔ̃], *n.f.* conclusion, upshot.
concombre [kɔ̃'kɔ̃:br], *n.m.* cucumber.
concomitance [kɔ̃kɔmi'tɑ̃:s], *n.f.* concomitance.
concomitant [kɔ̃kɔmi'tɑ̃], *a.* concomitant.
concordance [kɔ̃kɔr'dɑ̃:s], *n.f.* agreement; (*Bibl. etc.*) concordance.
concordant [kɔ̃kɔr'dɑ̃], *a.* concordant.
concordat [kɔ̃kɔr'da], *n.m.* concordat, agreement; bankrupt's certificate.
concordataire [kɔ̃kɔrda'tɛ:r], *n.m.* certificated bankrupt.
concorde [kɔ̃'kɔrd], *n.f.* concord, agreement, harmony; good understanding.
concorder [kɔ̃kɔr'de], *v.i.* to be in accord, to agree, to concur.
concourir [kɔ̃ku'ri:r], *v.i. irr.* (*conjug. like* COURIR) to concur; to contribute to; to co-operate; to compete; to converge.

78

confinement

concours [kɔ̃'ku:r], *n.m.* concourse, meeting; coincidence; competition; co-operation; competitive examination; assistance.

concret [kɔ̃'krɛ], *a.* (*fem.* -crète) concrete, solid.

concubine [kɔ̃ky'bin], *n.f.* concubine.

concupiscence [kɔ̃kypi'sɑ̃:s], *n.f.* concupiscence, lust.

concurremment [kɔ̃kyra'mɑ̃], *adv.* concurrently; jointly, together.

concurrence [kɔ̃ky'rɑ̃:s], *n.f.* competition; rivalry, opposition.

concurrent [kɔ̃ky'rɑ̃], *n.m.* (*fem.* -e) competitor, rival.

concussion [kɔ̃ky'sjɔ̃], *n.f.* extortion, embezzlement.

concussionnaire [kɔ̃kysjɔ'nɛ:r], *a.* guilty of peculation, of bribery *or* of extortion.— *n.m.* extortioner, peculator, embezzler.

condamnable [kɔ̃dɑ'nabl], *a.* condemnable, blamable.

condamnation [kɔ̃dana'sjɔ̃], *n.f.* condemnation, judgment, sentence; penalty.

condamné [kɔ̃da'ne], *a.* condemned, convicted.—*n.m.* (*fem.* -ée) convict.

condamner [kɔ̃da'ne], *v.t.* to condemn, to sentence, to convict; (*fig.*) to blame, to censure.

condensateur [kɔ̃dɑ̃sa'tœ:r], *n.m.* (*Phys.*) condenser.

condensation [kɔ̃dɑ̃sa'sjɔ̃], *n.f.* condensation.

condensé [kɔ̃dɑ̃'se], *a.* condensed.—*n.m.* digest.

condenser [kɔ̃dɑ̃'se], *v.t.* to condense.

condenseur [kɔ̃dɑ̃'sœ:r], *n.m.* condenser.

condescendance [kɔ̃desɑ̃'dɑ̃:s], *n.f.* condescension.

condescendant [kɔ̃desɑ̃'dɑ̃], *a.* condescending, complying.

condescendre [kɔ̃de'sɑ̃:dr], *v.i.* to condescend, to comply.

condiment [kɔ̃di'mɑ̃], *n.m.* condiment, seasoning.

condisciple [kɔ̃di'sipl], *n.m.* schoolfellow.

condit [kɔ̃'di], *n.m.* candied fruit.

condition [kɔ̃di'sjɔ̃], *n.f.* condition; rank, station; domestic service; situation, circumstances; terms; *à condition* or *sous condition*, on condition, on approval.

conditionné [kɔ̃disjɔ'ne], *a.* conditioned (*bien* or *mal*); well-conditioned, sound.

conditionnel [kɔ̃disjɔ'nɛl], *a.* conditional.—*n.m.* (*Gram.*) conditional.

conditionnellement [kɔ̃disjɔnɛl'mɑ̃], *adv.* conditionally, on condition.

conditionner [kɔ̃disjɔ'ne], *v.t.* to condition; to dry (*silk*); to season (*wood*).

condoléance [kɔ̃dɔle'ɑ̃:s], *n.f.* condolence.

condominium [kɔ̃dɔmi'njɔm], *n.m.* condominium.

condor [kɔ̃'dɔ:r], *n.m.* condor.

conductance [kɔ̃dyk'tɑ̃:s], *n.f.* (*Elec.*) conductance.

conducteur [kɔ̃dyk'tœ:r], *n.m.* (*fem.* -trice) conductor, conductress, leader, guide; driver, drover.—*a.* (*Phys.*) conducting.

conductibilité [kɔ̃dyktibili'te], *n.f.* conductibility.

conductible [kɔ̃dyk'tibl], *a.* conductible.

conduction [kɔ̃dyk'sjɔ̃], *n.f.* (*Phys.*) conduction; (*Civic Law*) hiring.

conduire [kɔ̃'dɥi:r], *v.t. irr.* to conduct, to lead, to guide; to drive; to accompany; to bring, to take; to be at the head of.—*v.i.* to lead (*à*); to drive. **se conduire**, *v.r.* to conduct *or* behave oneself.

conduit [kɔ̃'dɥi], *n.m.* conduit, duct, pipe, passage, tube, canal.

conduite [kɔ̃'dɥit], *n.f.* conducting, leading, driving, steering; management, direction, administration; conveyance, distribution; scheme, plan; water-pipe, conduit; behaviour, demeanour; prudence, discretion.

cône [ko:n], *n.m.* cone; *en cône*, conical.

confection [kɔ̃fɛk'sjɔ̃], *n.f.* preparation, making; making of ready-made clothes; (*Pharm.*) confection; *vêtements de confection*, ready-made clothes.

confectionner [kɔ̃fɛksjɔ'ne], *v.t.* to make, to manufacture, to finish.

confectionneur [kɔ̃fɛksjɔ'nœ:r], *n.m.* (*fem.* -euse) maker, finisher (*of wearing apparel*), clothier, outfitter.

confédération [kɔ̃federa'sjɔ̃], *n.f.* confederation, confederacy; *la Confédération Générale du Travail* (*abbr.* C.G.T.), the French equivalent of the T.U.C.

confédéré [kɔ̃fede're], *a.* and *n.m.* (*fem.* -ée) confederate, associate.

confédérer (se) [səkɔ̃fede're], *v.r.* (*conjug. like* CÉDER) to combine, to enter into confederation.

conférence [kɔ̃fe'rɑ̃:s], *n.f.* conference; lecture.

conférencier [kɔ̃ferɑ̃'sje], *n.m.* (*fem.* -ière) lecturer.

conférer [kɔ̃fe're], *v.t.* (*conjug. like* CÉDER) to confer, to bestow, to grant; to compare. —*v.i.* to consult together, to confer.

confesse [kɔ̃'fɛs], *n.f.* (*always used with* à *or* de) *aller à confesse*, to go to confession; *venir de confesse*, to come from confession.

confesser [kɔ̃fe'se], *v.t.* to confess; to acknowledge, to admit; to shrive. **se confesser**, *v.r.* to confess one's sins, to confess (*to a priest*).

confesseur [kɔ̃fe'sœ:r], *n.m.* (father) confessor.

confession [kɔ̃fe'sjɔ̃], *n.f.* confession, acknowledgment, avowal.

confessionnal [kɔ̃fesjɔ'nal], *n.m.* confessional.

confetti [kɔ̃fɛt'ti], *n.m. pl.* confetti.

confiance [kɔ̃'fjɑ̃:s], *n.f.* confidence, reliance, trust.

confiant [kɔ̃'fjɑ̃], *a.* confident, unsuspecting, sanguine; self-conceited.

confidemment [kɔ̃fida'mɑ̃], *adv.* confidentially.

confidence [kɔ̃fi'dɑ̃:s], *n.f.* confidence; secret.

confident [kɔ̃fi'dɑ̃], *n.m.* (*fem.* -ente) confidant, confidante.

confidentiel [kɔ̃fidɑ̃'sjɛl], *a.* confidential.

confidentiellement [kɔ̃fidɑ̃sjɛl'mɑ̃], *adv.* confidentially.

confier [kɔ̃'fje], *v.t.* to confide, to entrust, to commit (*à*). **se confier**, *v.r.* to trust in; to unbosom oneself (*à*).

configuration [kɔ̃figyra'sjɔ̃], *n.f.* configuration, form, shape, lie (*of the land*).

confinement [kɔ̃fin'mɑ̃], *n.m.* confinement; overcrowding.

79

confiner

confiner [kɔ̃fi'ne], *v.t.* to confine, to imprison; *air confiné*, stuffy atmosphere.—*v.i.* to border upon, to be adjoining. **se confiner**, *v.r.* to confine *or* to limit oneself.

confins [kɔ̃'fɛ̃], *n.m.* (*used only in pl.*) confines, borders, limits.

confire [kɔ̃'fi:r], *v.t.* *irr.* to preserve; to candy, to pickle.

confirmatif [kɔ̃firma'tif], *a.* (*fem.* -tive) confirmative.

confirmation [kɔ̃firma'sjɔ̃], *n.f.* confirmation, ratification.

confirmer [kɔ̃fir'me], *v.t.* to strengthen, to corroborate; to confirm; to ratify. **se confirmer**, *v.r.* to be confirmed.

confiscable [kɔ̃fis'kabl], *a.* confiscable, forfeitable.

confiscation [kɔ̃fiska'sjɔ̃], *n.f.* confiscation, forfeiture.

confiserie [kɔ̃fiz'ri], *n.f.* confectionery; confectioner's shop.

confiseur [kɔ̃fi'zœ:r], *n.m.* (*fem.* -euse) confectioner.

confisquer [kɔ̃fis'ke], *v.t.* to confiscate, to forfeit, to impound; to seize.

confit (1) [kɔ̃'fi], *p.p.* [CONFIRE].

confit (2) [kɔ̃'fi], *n.m.* meat, poultry etc. preserved in fat; bran-mash (*for pigs etc.*).

confiture [kɔ̃fi'ty:r], *n.f.* preserve, jam.

conflagration [kɔ̃flagra'sjɔ̃], *n.f.* conflagration.

conflit [kɔ̃'fli], *n.m.* conflict, collision, encounter; contention, strife, contest, rivalry; jar, clash.

confluent [kɔ̃fly'ɑ̃], *n.m.* confluence, junction (*of rivers*).

confluer [kɔ̃fly'e], *v.i.* to meet, to unite (*of streams etc.*).

confondre [kɔ̃'fɔ̃:dr], *v.t.* to confound, to confuse; to mix, to mingle; (*fig.*) to amaze, to astound. **se confondre**, *v.r.* to mingle, to be lost in; to be confounded, to be abashed.

conformation [kɔ̃forma'sjɔ̃], *n.f.* conformation, structure.

conforme [kɔ̃'form], *a.* conformable; congenial, consistent; *pour copie conforme*, certified true copy.

conformé [kɔ̃for'me], *a.* formed, shaped (*bien* or *mal*).

conformément [kɔ̃forme'mɑ̃], *adv.* suitably; according to.

conformer [kɔ̃for'me], *v.t.* to give form to. **se conformer**, *v.r.* to conform, to comply (*with*).

conformisme [kɔ̃for'mism], *n.m.* conformity, orthodoxy.

conformité [kɔ̃formi'te], *n.f.* likeness, conformity, compliance.

confort [kɔ̃'fo:r], *n.m.* comfort, ease.

confortable [kɔ̃for'tabl], *a.* cosy, comfortable.

confortablement [kɔ̃fortablə'mɑ̃], *adv.* comfortably.

confraternité [kɔ̃fraterni'te], *n.f.* fraternity, brotherhood.

confrère [kɔ̃'frɛ:r], *n.m.* colleague; fellow-member.

confrérie [kɔ̃fre'ri], *n.f.* brotherhood, fraternity.

confrontation [kɔ̃frɔ̃ta'sjɔ̃], *n.f.* confrontation; comparing.

confronter [kɔ̃frɔ̃'te], *v.t.* to confront; to compare.

confus [kɔ̃'fy], *a.* confused, muddled, vague indistinct, obscure; abashed, crest-fallen.

confusément [kɔ̃fyze'mɑ̃], *adv.* confusedly, vaguely, dimly.

confusion [kɔ̃fy'zjɔ̃], *n.f.* confusion, disorder; bewilderment; embarrassment, shame, blush; misunderstanding.

congé [kɔ̃'ʒe], *n.m.* leave, permission; leave of absence, holiday; discharge, dismissal; notice (to quit); permit.

congédier [kɔ̃ʒe'dje], *v.t.* to discharge, to dismiss, to pay off; to disband.

congélateur [kɔ̃ʒela'tœ:r], *n.m.* refrigerator.

congeler [kɔ̃ʒ'le], *v.t.*, **se congeler**, *v.r.* (*conjug. like* AMENER) to congeal, to freeze; to coagulate.

congénère [kɔ̃ʒe'nɛ:r], *a.* congeneric; of same species; (*Philol.*) cognate.

congénial [kɔ̃ʒe'njal], *a.* (*m. pl.* -aux) congenial, of the same nature.

congénital [kɔ̃ʒeni'tal], *a.* (*m. pl.* -aux) congenital, hereditary.

congère [kɔ̃'ʒɛ:r], *n.f.* snow-drift.

congestion [kɔ̃ʒɛs'tjɔ̃], *n.f.* congestion.

conglomération [kɔ̃glomera'sjɔ̃], *n.f.* conglomeration.

conglomérer [kɔ̃glome're], *v.t.* (*conjug. like* CÉDER) to conglomerate.

congolais [kɔ̃gɔ'le], *a.* Congolese.— (Congolais, *fem.* -aise) Congolese (*person*).

congratulation [kɔ̃gratyla'sjɔ̃], *n.f.* congratulation.

congratulatoire [kɔ̃gratyla'twa:r], *a.* congratulatory.

congratuler [kɔ̃graty'le], *v.t.* to congratulate.

congre [kɔ̃:gr], *n.m.* conger, conger-eel.

congrégation [kɔ̃grega'sjɔ̃], *n.f.* fraternity, brotherhood, general body (*of an order etc.*).

congrès [kɔ̃'grɛ], *n.m.* congress.

congressiste [kɔ̃grɛ'sist], *n.m.* (*Am.*) congressman.

congru [kɔ̃'gry], *a.* suitable, consistent, congruous, proper.

congruité [kɔ̃gryi'te], *n.f.* congruity, consistency, propriety.

congrûment [kɔ̃gry'mɑ̃], *adv.* congruously, properly.

conifère [kɔni'fɛ:r], *a.* coniferous.—*n.m.* conifer.

conique [kɔ'nik], *a.* conical.

conjecture [kɔ̃ʒɛk'ty:r], *n.f.* conjecture, surmise, guess.

conjecturer [kɔ̃ʒɛkty're], *v.t.* to conjecture, to guess, to surmise.

conjoindre [kɔ̃'ʒwɛ̃:dr], *v.t.* *irr.* (*conjug. like* CRAINDRE) to conjoin, to unite together; to marry.

conjoint [kɔ̃'ʒwɛ̃], *a.* conjoined, united, joint. —*n.m.* (*fem.* -e) spouse.

conjointement [kɔ̃ʒwɛ̃t'mɑ̃], *adv.* conjointly, unitedly.

conjoncteur [kɔ̃ʒɔ̃k'tœ:r], *n.m.* (*Elec.*) circuit-breaker, switch key.

conjonctif [kɔ̃ʒɔ̃k'tif], *a.* (*fem.* -tive) conjunctive.

conjonction [kɔ̃ʒɔ̃k'sjɔ̃], *n.f.* conjunction; union, connexion; coition.

conjoncture [kɔ̃ʒɔ̃k'ty:r], *n.f.* conjuncture, juncture.

conjugaison [kɔ̃ʒygɛ'zɔ̃], *n.f.* conjugation.

80

conjugal [kɔ̃ʒy'gal], a. (m. pl. **-aux**) conjugal.
conjugalement [kɔ̃ʒygal'mã], adv. conjugally.
conjugué [kɔ̃ʒy'ge], a. (Mech.) twin.
conjuguer [kɔ̃ʒy'ge], v.t. (Gram.) to conjugate.
conjuration [kɔ̃ʒyra'sjɔ̃], n.f. conspiracy, plot.
conjuré [kɔ̃ʒy're], a. confederate, sworn.—n.m. (fem. **-ée**) conspirator, plotter.
conjurer [kɔ̃ʒy're], v.t. to implore; to conspire; to swear; to conjure up, to exorcize, to ward off.
connaissable [kɔnɛ'sabl], a. recognizable.
connaissance [kɔnɛ'sã:s], n.f. knowledge, learning; consciousness (de); acquaintance; intercourse; (Law) cognizance; (pl.) attainments.
connaisseur [kɔnɛ'sœ:r], a. (fem. **-euse**) expert, skilled.—n.m. connoisseur, expert.
connaître [kɔ'nɛ:tr], v.t. irr. to know, to perceive; to understand; to be acquainted with.—v.i. to have or take cognizance of; to deal with (a matter). **se connaître**, v.r. to know oneself; to know each other, to be a connoisseur.
connecter [kɔnɛk'te], v.t. to connect; (Elec.) to couple (up), to group.
connétable [kɔne'tabl], n.m. high constable.
connexion [kɔnɛk'sjɔ̃], n.f. connexion, affinity.
connexité [kɔnɛksi'te], n.f. connexion.
connivence [kɔni'vã:s], n.f. connivance.
connotation [kɔnɔta'sjɔ̃], n.f. connotation.
connu [kɔ'ny], a. known, understood.—n.m. that which is known.
conque [kɔ̃:k], n.f. conch, sea-shell.
conquérant [kɔ̃ke'rã], a. conquering.—n.m. (fem. **-e**) conqueror.
conquérir [kɔ̃ke'ri:r], v.t. irr. (conjug. like ACQUÉRIR) to conquer, to subdue (a country); (fig.) to gain, to win over.
conquête [kɔ̃'kɛt], n.f. conquest, acquisition.
conquis [kɔ̃'ki], a. conquered.
consacrant [kɔ̃sa'krã], a. consecrating, officiating.—n.m. consecrator, officiant.
consacrer [kɔ̃sa'kre], v.t. to consecrate, to dedicate, to sanctify; to sanction; to authorize. **se consacrer**, v.r. to devote oneself.
consciemment [kɔ̃sja'mã], adv. consciously, knowingly.
conscience [kɔ̃'sjã:s], n.f. consciousness, perception; conscience, conscientiousness.
consciencieusement [kɔ̃sjãsjøz'mã], adv. conscientiously.
consciencieux [kɔ̃sjã'sjø], a. (fem. **-euse**) conscientious.
conscient [kɔ̃'sjã], a. conscious (de); self-conscious.
conscription [kɔ̃skrip'sjɔ̃], n.f. enlistment; conscription.
conscrit [kɔ̃'skri], a. conscript.—n.m. conscript; (raw) recruit.
consécrateur [kɔ̃sekra'tœ:r], [CONSACRANT].
consécration [kɔ̃sekra'sjɔ̃], n.f. consecration; ordination.
consécutif [kɔ̃seky'tif], a. (fem. **-tive**) consecutive, following.
consécutivement [kɔ̃sekytiv'mã], adv. consecutively.
conseil [kɔ̃'sɛ:j], n.m. counsel, advice; resolution; council, board; (Law) counsel;

conseil d'administration, board of directors; *Conseil d'État*, Council of State; *Conseil de Sécurité (de l'O.N.U.)*, (U.N.) Security Council; *conseil judiciaire*, guardian; *conseil de guerre*, court-martial; council of war; *conseil municipal*, town council, corporation.
conseiller [kɔ̃sɛ'je], v.t. to advise, to counsel; to recommend.—n.m. (fem. **-ère**) counsellor, adviser, councillor.
consensus [kɔ̃sã'sy:s], n.m. consent, consensus.
consentant [kɔ̃sã'tã], a. consenting, willing.
consentement [kɔ̃sãt'mã], n.m. consent, assent.
consentir [kɔ̃sã'ti:r], v.i. irr. (conjug. like SENTIR) to consent, to agree, to acquiesce (à).
conséquemment [kɔ̃seka'mã], adv. consequently, accordingly.
conséquence [kɔ̃se'kã:s], n.f. consequence, sequel; issue, result; inference, conclusion.
conséquent [kɔ̃se'kã], a. rational, consistent.—n.m. (Log., Math.) consequent; *par conséquent*, consequently.
conservateur [kɔ̃sɛrva'tœ:r], a. (fem. **-trice**) preserving, conservative.—n.m. (fem. **-trice**) Conservative, Tory.—n.m. guardian, keeper, curator.
conservatif [kɔ̃sɛrva'tif], a. (fem. **-tive**) conservative, preservative.—n.m. preservative.
conservation [kɔ̃sɛrva'sjɔ̃], n.f. conservation, preservation; registration (of mortgages etc.).
conservatisme [kɔ̃sɛrva'tism], n.m. conservatism.
Conservatoire [kɔ̃sɛrva'twa:r], n.m. academy of music and school of elocution in Paris.
conserve [kɔ̃'sɛrv], n.f. preserve; tinned (Am. canned) food.
conserver [kɔ̃sɛr've], v.t. to preserve; to keep. **se conserver**, v.r. to be preserved; to bear one's age well; to keep (of meat, fruit etc.).
considérable [kɔ̃side'rabl], a. considerable, notable, eminent; *peu considérable*, of little importance.
considérablement [kɔ̃siderablə'mã], adv. considerably.
considérant [kɔ̃side'rã], conj. phr. *considérant que*, whereas.
considération [kɔ̃sidera'sjɔ̃], n.f. consideration, attention; motive, grounds; regard, respect.
considérément [kɔ̃sidere'mã], adv. considerately, prudently.
considérer [kɔ̃side're], v.t. (conjug. like CÉDER) to consider, to look at, to view; to ponder; to value, to esteem; to pay attention to. **se considérer**, v.r. to esteem oneself.
consignataire [kɔ̃siɲa'tɛ:r], n. trustee, depositary.
consignateur [kɔ̃siɲa'tœ:r], n.m. (fem. **-trice**) (Comm.) consignor shipper.
consignation [kɔ̃siɲa'sjɔ̃], n.f. (Comm.) deposit, consignment.
consigne [kɔ̃'siɲ], n.f. (Mil.) order, password; (fig.) strict command, prohibition; (Rail.) left-luggage office, cloak-room; (sch.) gating, detention.

consigner [kõsi′ɲe], *v.t.* to deposit; to consign; to record, to register; to keep in; to refuse admittance to.
consistance [kõsis′tã:s], *n.f.* consistency; firmness, stability; (*fig.*) credit, consideration.
consistant [kõsis′tã], *a.* consisting of; consistent, firm, solid.
consister [kõsis′te], *v.i.* to consist; to be composed of.
consistoire [kõsis′twa:r], *n.m.* consistory.
consolable [kõso′labl], *a.* consolable.
consolant [kõso′lã], *a.* consoling, comforting.
consolateur [kõsola′tœ:r] *a.* (*fem.* -trice) consoling.—*n.m.* (*fem.* -trice) comforter, consoler.
consolation [kõsola′sjõ], *n.f.* consolation, comfort, solace.
console [kõ′sɔl], *n.f.* console, bracket.
consoler [kõso′le], *v.t.* to console, to comfort. se consoler, *v.r.* to console oneself.
consolidation [kõsolida′sjõ], *n.f.* consolidation; strengthening; funding (*of interest*).
consolidé [kõsoli′de], *a.* funded.—*n.m.* (*Fin.*, *used only in pl.*) consols.
consolider [kõsoli′de], *v.t.* to consolidate; to strengthen. se consolider, *v.r.* to consolidate, to grow firm.
consommable [kõso′mabl], *a.* consumable, edible.
consommateur [kõsoma′tœ:r], *n.m.* (*fem.* -trice) consumer (*as opposed to producer*), eater, drinker.
consommation [kõsoma′sjõ], *n.f.* consumption; consummation; food, drinks, refreshments.
consommé [kõso′me], *a.* consumed; consummated; consummate; accomplished.—*n.m.* clear soup.
consommer [kõso′me], *v.t.* to consume, to use; (*fig.*) to consummate, to accomplish.—*v.i.* (*pop.*) to have a drink.
consomption [kõsõp′sjõ], *n.f.* consumption, using up; (*Path.*) phthisis, decline.
consonance [kõso′nã:s], *n.f.* consonance; (*fig.*) concord.
consonant [kõso′nã], *a.* consonant.
consonne [kõ′sɔn], *n.f.* consonant.
consort [kõ′sɔ:r], *a.* consort (*of the husband or wife of a sovereign*).—*n.m.* (*used only in pl.*) consorts, confederates; (*Law*) associates.
consortium [kõsɔr′sjɔm], *n.m.* consortium.
conspirateur [kõspira′tœ:r], *n.m.* (*fem.* -trice) conspirator.—*a.* conspiring.
conspiration [kõspira′sjõ], *n.f.* conspiracy, plot.
conspirer [kõspi′re], *v.t.* to plot.—*v.i.* to conspire, to concur; to plot.
conspuer [kõs′pɥe], *v.t.* to despise, to spurn; to boo, to barrack.
constamment [kõsta′mã] *adv.* steadily; continually, constantly.
constance [kõs′tã:s], *n.f.* constancy; perseverance.
constant [kõs′tã], *a.* constant, faithful, unshaken; persevering.
constatation [kõstata′sjõ], *n.f.* authentication; statement; findings.
constater [kõsta′te], *v.t.* to prove, to verify; to ascertain; to state, to declare.
constellation [kõstɛla′sjõ], *n.f.* constellation.
constellé [kõstɛ′le], *a.* constellated; studded.

consteller [kõstɛ′le], *v.t.* to constellate, to stud.
consternation [kõstɛrna′sjõ], *n.f.* consternation, dismay.
consterné [kõstɛr′ne], *a.* dismayed, overwhelmed.
consterner [kõstɛr′ne], *v.t.* to dismay, to dishearten; to astound, to amaze.
constipation [kõstipa′sjõ], *n.f.* constipation, costiveness.
constipé [kõsti′pe], *a.* costive, constipated.
constiper [kõsti′pe], *v.t.* to constipate, to bind.
constituant [kõsti′tɥã], *a.* constituent.
constituer [kõsti′tɥe], *v.t.* to constitute; to establish; to appoint; to settle, to assign. se constituer, *v.r.* to constitute oneself.
constitution [kõstity′sjõ], *n.f.* constitution; establishment; settlement (*of an annuity etc.*); temperament.
constitutionnel [kõstitysjɔ′nɛl], *a.* (*fem.* -elle) constitutional.
constitutionnellement [kõstitysjɔnɛl′mã], *adv.* constitutionally.
constriction [kõstrik′sjõ], *n.f.* constriction.
constringent [kõstrɛ̃′ʒã], *a.* constringent.
constructeur [kõstryk′tœ:r], *n.m.* constructor, builder; shipbuilder, shipwright.
construction [kõstryk′sjõ], *n.f.* building, construction; erection, structure.
constructivité [kõstryktivi′te], *n.f.* constructiveness.
construire [kõs′trɥi:r], *v.t. irr.* (*conjug. like* CONDUIRE) to construct, to build, to erect.
consul [kõ′syl], *n.m.* consul.
consulaire [kõsy′lɛ:r], *a.* consular.
consulat [kõsy′la], *n.m.* consulate, consulship.
consultant [kõsyl′tã], *a.* consulting.—*n.m.* (*fem.* -e) consultant, consulting physician.
consultatif [kõsylta′tif], *a.* (*fem.* -tive) consultative, deliberative.
consultation [kõsylta′sjõ], *n.f.* consultation; opinion, advice; *cabinet de consultation*, surgery.
consulter [kõsyl′te], *v.t.* to consult; to refer to.—*v.i.* to deliberate, to take counsel (*together*). se consulter, *v.r.* to consider, to reflect, to deliberate.
consumable [kõsy′mabl], *a.* consumable.
consumant [kõsy′mã], *a.* consuming, devouring, burning.
consumer [kõsy′me], *v.t.* to consume; to destroy, to wear out, to wear away, to squander, to waste. se consumer, *v.r.* to decay, to waste away, to wear out; to undermine one's health.
contact [kõ′takt], *n.m.* contact; touch; connexion; (*Motor.*) clé de contact, ignition key; (*Opt.*) verres de contact, contact lenses.
contagieux [kõta′ʒjø], *a.* (*fem.* -euse) contagious, infectious.
contagion [kõta′ʒjõ], *n.f.* contagion, infection.
contamination [kõtamina′sjõ], *n.f.* contamination, pollution.
contaminé [kõtami′ne], *a.* polluted, contaminated.
contaminer [kõtami′ne], *v.t.* to contaminate.
conte [kõ:t], *n.m.* story, tale; (*fig.*) fib, fairytale.

contemplateur [kɔ̃tɑ̃pla'tœːr], *n.m.* (*fem.* -trice) contemplator.

contemplatif [kɔ̃tɑ̃pla'tif], *a.* (*fem.* -tive) contemplative.

contemplation [kɔ̃tɑ̃plɑ'sjɔ̃], *n.f.* contemplation, meditation.

contempler [kɔ̃tɑ̃'ple], *v.t.* to contemplate, to survey, to gaze on.—*v.i.* to contemplate, to meditate, to reflect.

contemporain [kɔ̃tɑ̃pɔ'rɛ̃], *a.* and *n.m.* (*fem.* -e) contemporary.

contempteur [kɔ̃tɑ̃p'tœːr], *a.* (*fem.* -trice) contemptuous, scornful, insolent, disdainful.—*n.m.* contemner, despiser, scorner.

contenance [kɔ̃t'nɑ̃ːs], *n.f.* capacity; volume; (*fig.*) countenance air, bearing.

contenant [kɔ̃t'nɑ̃], *a.* holding, containing.—*n.m.* holder, container.

contenir [kɔ̃t'niːr], *v.t. irr.* (*conjug. like* TENIR) to contain, to comprise, to hold, to include; to restrain. se contenir, *v.r.* to keep within bounds, to be moderate; to control oneself.

content [kɔ̃'tɑ̃], *a.* content, satisfied; pleased, glad, gratified.

contentement [kɔ̃tɑ̃t'mɑ̃], *n.m.* contentment, satisfaction; comfort, pleasure.

contenter [kɔ̃tɑ̃'te], *v.t.* to content, to satisfy; to please, to gratify. se contenter, *v.r.* to be satisfied, to be content.

contentieusement [kɔ̃tɑ̃sjøz'mɑ̃], *adv.* contentiously, litigiously.

contentieux [kɔ̃tɑ̃'sjø], *a.* (*fem.* -euse) contentious, disputable; litigious; in dispute; quarrelsome.—*n.m.* debatable matter; *bureau du contentieux*, legal department.

contention [kɔ̃tɑ̃'sjɔ̃], *n.f.* application, vehemence; contention, contest, debate, strife.

contenu [kɔ̃t'ny], *a.* contained; (*fig.*) kept in control.—*n.m.* contents; enclosure; terms (*of a letter etc.*).

conter [kɔ̃'te], *v.t.* to tell, to relate; *en conter*, to tell fibs.

contestable [kɔ̃tɛs'tabl], *a.* disputable, debatable.

contestant [kɔ̃tɛs'tɑ̃], *a.* contending (*at law*).—*n.m.* (*fem.* -e) contesting party, litigant.

contestation [kɔ̃tɛsta'sjɔ̃], *n.f.* contestation, contest; dispute, debate; litigation.

contester [kɔ̃tɛs'te], *v.t.* to dispute, to contest; to contend, to debate.—*v.i.* to quarrel; to be contentious.

conteur [kɔ̃'tœːr], *a.* (*fem.* -euse) who tells stories.—*n.m.* (*fem.* -euse) story-teller; (*fig.*) fibber.

contexte [kɔ̃'tɛkst], *n.m.* context; text (*of a deed*).

contexture [kɔ̃tɛks'tyːr], *n.f.* contexture (*of the muscles etc.*); texture (*of materials*).

contigu [kɔ̃ti'gy], *a.* (*fem.* -ë) contiguous, adjoining.

contiguïté [kɔ̃tigɥi'te], *n.f.* contiguity.

continence [kɔ̃ti'nɑ̃ːs], *n.f.* continency, chastity.

continent (1) [kɔ̃ti'nɑ̃], *a.* chaste, continent.

continent (2) [kɔ̃ti'nɑ̃], *n.m.* continent, mainland.

continental [kɔ̃tinɑ̃'tal], *a.* (*m. pl.* -aux) continental.

contingence [kɔ̃tɛ̃'ʒɑ̃ːs], *n.f.* contingency, casualty.

contingent [kɔ̃tɛ̃'ʒɑ̃], *a.* contingent, accidental, casual.—*n.m.* quota; contingent.

continu [kɔ̃ti'ny], *a.* continuous, continual, uninterrupted; incessant.

continuation [kɔ̃tinɥa'sjɔ̃], *n.f.* continuation.

continuel [kɔ̃ti'nɥɛl], *a.* (*fem.* -elle) continual, perpetual.

continuellement [kɔ̃tinɥɛl'mɑ̃], *adv.* continually, perpetually.

continuer [kɔ̃ti'nɥe], *v.t.* to continue, to proceed with; to lengthen.—*v.i.* to continue, to keep on. se continuer, *v.r.* to be continued, to last.

continuité [kɔ̃tinɥi'te], *n.f.* continuity; continuance.

continûment [kɔ̃tiny'mɑ̃], *adv.* unremittingly, continuously, without cessation.

contorsion [kɔ̃tɔr'sjɔ̃], *n.f.* contortion; grimace.

contorsionniste [kɔ̃tɔrsjɔ'nist], *n.* contortionist.

contour [kɔ̃'tuːr], *n.m.* circuit, circumference; contour, outline.

contourné [kɔ̃tur'ne], *a.* distorted, bizarre.

contournement [kɔ̃turnə'mɑ̃], *n.m.* outlining, tracing; winding convolution; *route de contournement*, by-pass (*road*).

contourner [kɔ̃tur'ne], *v.t.* to outline; to distort, to twist; to twist, turn, go *or* wind round. se contourner, *v.r.* to grow crooked, to become bent.

contractant [kɔ̃trak'tɑ̃], *a. partie contractante*, contracting party.—*n.m.* (*fem.* -e) stipulator.

contracté [kɔ̃trak'te], *a.* a contracted, shortened.

contracter [kɔ̃trak'te], *v.t.* to contract; to covenant, to stipulate, to bargain; to make a contract; to acquire. se contracter, *v.r.* to contract, to shrink; to shorten; to be settled by contract.

contraction [kɔ̃trak'sjɔ̃], *n.f.* contraction.

contractuel [kɔ̃trak'tɥɛl], *a.* (*fem.* -elle) stipulated, done by contract.

contractuellement [kɔ̃traktɥɛl'mɑ̃], *adv.* by contract.

contradicteur [kɔ̃tradik'tœːr], *n.m.* contradictor; (*Law*) adversary.

contradiction [kɔ̃tradik'sjɔ̃], *n.f.* contradiction, denial; opposition; discrepancy.

contradictoire [kɔ̃tradik'twaːr], *a.* contradictory, inconsistent, conflicting; *examen contradictoire*, cross-examination.

contraindre [kɔ̃'trɛ̃ːdr], *v.t. irr.* (*conjug. like* CRAINDRE) to constrain, to compel, to coerce; to restrain; to squeeze. se contraindre, *v.r.* to restrain oneself, to refrain.

contraint [kɔ̃'trɛ̃], *a.* constrained, forced.

contrainte [kɔ̃'trɛ̃ːt], *n.f.* constraint, compulsion, coercion; restraint; uneasiness.

contraire [kɔ̃'trɛːr], *a.* contrary, opposite, inconsistent; adverse; prejudicial.—*n.m.* contrary, opposite, reverse.

contrairement [kɔ̃trɛr'mɑ̃], *adv.* contrarily, in opposition.

contralte [kɔ̃'tralt], contralto [kɔ̃tral'to], *n.m.* contralto, counter-tenor.

contrariant [kɔ̃tra'rjɑ̃], *a.* thwarting, annoying.

contrarier [kɔ̃tra'rje], *v.t.* to thwart, to counteract, to baffle; to annoy; to disappoint.

contrariété [kɔ̃trarje'te], *n.f.* contrariety, contradiction; annoyance; hindrance, disappointment; *quelle contrariété!* how annoying!

contrastant [kɔ̃tras'tɑ̃], *a.* contrasting.

contraste [kɔ̃'trast], *n.m.* contrast, opposition.

contraster [kɔ̃tras'te], *v.t., v.i.* to contrast.

contrat [kɔ̃'tra], *n.m.* contract, deed; agreement, bargain.

contravention [kɔ̃travɑ̃'sjɔ̃], *n.f.* contravention.

contre [kɔ̃:tr], *prep.* against, versus, contrary to; close up against, near; in exchange for; *ci-contre*, opposite, in the margin; *par contre*, on the other hand; *pour et contre*, pro and con.—*adv.* against.—*n.m.* the opposite side of the question; *le pour et le contre*, the pros and cons.

contre-allée [kɔ̃tra'le], *n.f.* side-walk, side-alley.

contre-amiral [kɔ̃trami'ral], *n.m.* (*pl.* **contre-amiraux**) rear-admiral.

contre-attaque [kɔ̃tra'tak], *n.f.* (*Mil.*) counter-attack.

contre-avions [kɔ̃tra'vjɔ̃], *a.* anti-aircraft.

contrebalancer [kɔ̃trəbalɑ̃'se], *v.t.* (*conjug. like* COMMENCER) to counterbalance, to counterpoise.

contrebande [kɔ̃trə'bɑ̃:d], *n.f.* contraband, smuggling; smuggled goods.

contrebandier [kɔ̃trəbɑ̃'dje], *n.m.* smuggler, gunrunner; smuggling vessel.

contre-bas (en) [ɑ̃kɔ̃trə'ba], *adv.* downwards.

contrebasse [kɔ̃trə'ba:s], *n.f.* double-bass.

contre-bord (à) [akɔ̃trə'bɔ:r], *adv.* (*Naut.*) on the opposite tack.

contre-boutant [kɔ̃trəbu'tɑ̃], **contre-boutement** [kɔ̃trəbut'mɑ̃], *n.m.* abutment, buttress.

contre-bouter [kɔ̃trəbu'te], *v.t.* to buttress; to shore up.

contrecarrer [kɔ̃trəka're], *v.t.* to thwart, to oppose.

contre-cœur [kɔ̃trə'kœ:r], *n.m.* chimney-back; *à contre-cœur*, reluctantly.

contre-coup [kɔ̃trə'ku], *n.m.* rebound, repercussion; (*fig.*) consequence, result; *par contre-coup*, as a consequence.

contredanse [kɔ̃trə'dɑ̃:s], *n.f.* quadrille.

contredire [kɔ̃trə'di:r], *v.t. irr.* (*conjug. like* MÉDIRE) to contradict, to gainsay; (*Law*) to disprove. **se contredire**, *v.r.* to contradict oneself; to be contradictory.

contredisant [kɔ̃trədi'zɑ̃], *a.* contradicting.

contredit [kɔ̃trə'di], *n.m.* contradiction; answer, reply; *sans contredit*, incontestably.

contrée [kɔ̃'tre], *n.f.* country, region, district.

contre-échange [kɔ̃tre'ʃɑ̃:ʒ], *n.m.* mutual exchange.

contre-écrou [kɔ̃tre'kru], *n.m.* lock-nut.

contre-épreuve [kɔ̃tre'prœ:v], *n.f.* (*Engraving*) counter-proof; (*fig.*) feeble imitation.

contre-espionnage [kɔ̃trɛspjɔ'na:ʒ], *n.m.* counter-espionage.

contrefaçon [kɔ̃trəfa'sɔ̃], *n.f.* counterfeiting, forgery.

contrefacteur [kɔ̃trəfak'tœ:r], *n.m.* counterfeiter (*of coins etc.*); forger (*of bills etc.*); infringer (*of patents etc.*).

contrefaire [kɔ̃trə'fɛ:r], *v.t. irr.* (*conjug. like* FAIRE) to counterfeit, to imitate; to copy; to forge; to mimic; to disguise. **se contrefaire**, *v.r.* to dissemble, to sham.

contrefaiseur [kɔ̃trəfa'zœ:r], *n.m.* (*fem.* **-euse**) counterfeiter, mimic, imitator.

contrefait [kɔ̃trə'fɛ], *a.* counterfeit; deformed.

contre-fiche [kɔ̃trə'fiʃ], *n.f.* (*Carp.*) prop, strut.

contre-haut (en) [ɑ̃kɔ̃trə'o], *adv.* upwards.

contre-jour [kɔ̃trə'ʒu:r], *n.m.* (*Phot.*) low light; *à contre-jour*, against the light.

contremaître [kɔ̃trə'mɛ:tr], *n.m.* overseer, foreman.

contremander [kɔ̃trəmɑ̃'de], *v.t.* to countermand.

contremarche [kɔ̃trə'marʃ], *n.f.* countermarch.

contremarcher [kɔ̃trəmar'ʃe], *v.i.* to countermarch.

contremarque [kɔ̃trə'mark], *n.f.* countermark; (*Theat.*) check ticket.

contre-mesure [kɔ̃trəmə'zy:r], *n.f.* countermeasure.

contre-offensive [kɔ̃trɔfɑ̃'si:v], *n.f.* counter-attack.

contre-partie [kɔ̃trəpar'ti], *n.f.* counterpart; (*fig.*) opposite, contrary; return match.

contre-pédaler [kɔ̃trəpeda'le], *v.i.* to back-pedal.

contre-pied [kɔ̃trə'pje], *n.m.* (*Hunt.*) backscent; (*fig.*) reverse way, contrary.

contre-plaqué [kɔ̃trəpla'ke], *a.* laminated.—*n.m.* two- (*or* three-) ply wood.

contrepoids [kɔ̃trə'pwa], *n.m. inv.* counterpoise, counter-balance; (*fig.*) equilibrium.

contre-poil [kɔ̃trə'pwal], *n.m.* wrong way of the hair *or* of the nap; *à contre-poil*, against the grain.

contrepoint [kɔ̃trə'pwɛ̃], *n.m.* counterpoint.

contrepoison [kɔ̃trəpwa'zɔ̃], *n.m.* antidote, counter-poison.

contre-poser [kɔ̃trəpo'ze], *v.t.* to misplace; (*Comm.*) to set down wrong.

contrer [kɔ̃'tre], *v.t.* (*Bridge*) to double.

contre-ressort [kɔ̃trərə'sɔ:r], *n.m.* shock-absorber.

contre-révolution [kɔ̃trərevɔly'sjɔ̃], *n.f.* counter-revolution.

contre-saison (à) [akɔ̃trəsɛ'zɔ̃], *adv. phr.* (*flower*) produced out of season; ill-timed.

contresens [kɔ̃trə'sɑ̃:s], *n.m. inv.* contrary sense; wrong construction *or* meaning; mistranslation; wrong side (*of material*).

contresigner [kɔ̃trəsi'ɲe], *v.t.* to countersign.

contretemps [kɔ̃trə'tɑ̃], *n.m. inv.* untoward accident, disappointment, mishap; (*Mus.*) syncopation; *à contretemps*, at the wrong time.

contre-torpilleur [kɔ̃trətɔrpi'jœ:r], *n.m.* torpedo-boat destroyer.

contrevenant [kɔ̃trəv'nɑ̃], *n.m.* (*fem.* -e) travener, infringer, offender, transgressor.

contrevenir [kɔ̃trəv'ni:r], *v.i. irr.* (*conjug. like* TENIR) to contravene, infringe.

contrevent [kɔ̃trə'vɑ̃], *n.m.* outside window-shutter.

contribuable [kɔ̃tri'bɥabl], *a.* taxable, rate-able.—*n.* tax-payer, rate-payer.

contribuer [kɔ̃tri'bɥe], *v.i.* to contribute, to pay; (*fig.*) to conduce, to be an accessory (*à*).

contributaire [kɔ̃triby'tɛːr], *a.* contributory.
contribution [kɔ̃triby'sjɔ̃], *n.f.* contribution; tax; share, portion; *contribution foncière*, land tax.
contrister [kɔ̃tris'te], *v.t.* to grieve, to vex, to sadden.
contrit [kɔ̃'tri], *a.* contrite, penitent; afflicted.
contrition [kɔ̃tri'sjɔ̃], *n.f.* contrition.
contrôlable [kɔ̃tro'labl], *a.* that may be checked, verified.
contrôle [kɔ̃'troːl], *n.m.* control-register; roll, list; controller's office; stamp, hall-mark; (*Theat.*) ticket-checking counter; (*fig.*) control, censure.
contrôler [kɔ̃tro'le], *v.t.* to register; to stamp; to check, to verify; to audit; to censure.
contrôleur [kɔ̃tro'lœːr], *n.m.* (*fem.* **-euse**) controller; (*Taxes, Theat., Rail.*) inspector; time-keeper; ticket-collector; (*fig.*) critic.
controuver [kɔ̃tru've], *v.t.* to forge, to fabricate.
controversable [kɔ̃trɔvɛr'sabl], *a.* controvertible, controversial.
controverse [kɔ̃trɔ'vɛrs], *n.f.* controversy, discussion, dispute.
controverser [kɔ̃trɔvɛr'se], *v.t.* to dispute, to discuss.
contumace [kɔ̃ty'mas], *n.f.* contumacy, non-appearance *or* default, contempt of court; obstinacy.—*a.* contumacious.—*n.* defaulter.
contus [kɔ̃'ty], *a.* bruised, contused.
contusion [kɔ̃ty'zjɔ̃], *n.f.* contusion, bruise.
contusionner [kɔ̃tyzjɔ'ne], *v.t.* to contuse, to bruise.
convaincant [kɔ̃vɛ̃'kɑ̃], *a.* convincing.
convaincre [kɔ̃'vɛ̃ːkr], *v.t. irr.* (*conjug. like* VAINCRE) to convince; **to** persuade. **se convaincre**, *v.r.* to convince oneself.
convaincu [kɔ̃vɛ̃'ky], *a.* convinced; sincere; convicted.
convalescence [kɔ̃vale'sɑ̃ːs], *n.f.* convalescence.
convalescent [kɔ̃vale'sɑ̃], *a. and n.m.* (*fem.* **-e**) convalescent (person).
convection [kɔ̃vɛk'sjɔ̃], *n.f.* convection.
convenable [kɔ̃v'nabl], *a.* suitable, fit, proper; convenient; becoming.
convenablement [kɔ̃vənablə'mɑ̃], *adv.* suitably, becomingly, decently.
convenance [kɔ̃v'nɑ̃ːs], *n.f.* fitness, propriety; seasonableness (*of time*); decency, seemliness; (*pl.*) propriety, decorum; *mariage de convenance*, marriage of convenience.
convenir [kɔ̃v'niːr], *v.i. irr.* (*conjug. like* TENIR, *but with aux.* ÊTRE) to agree; to admit, to own, to acknowledge (*de*); (*with aux.* AVOIR) to suit, to fit, to match; (*impers.*) to be fitting. **se convenir**, *v.r.* to suit each other, to agree.
convention [kɔ̃vɑ̃'sjɔ̃], *n.f.* agreement, treaty; (*social and other*) convention; (*pl.*) conditions (*of an agreement*).
conventionnel [kɔ̃vɑ̃sjɔ'nɛl], *a.* (*fem.* **-elle**) conventional.
conventionnellement [kɔ̃vɑ̃sjɔnɛl'mɑ̃], *adv.* by agreement.
convenu [kɔ̃v'ny], *a.* agreed; conventional, banal.
convergent [kɔ̃vɛr'ʒɑ̃], *a.* convergent.
converger [kɔ̃vɛr'ʒe], *v.i.* (*conjug. like* MANGER) to converge.

conversation [kɔ̃vɛrsɑ'sjɔ̃], *n.f.* conversation, converse, talk.
converse [kɔ̃'vɛrs], *a. and n.f.* (*Log.*) converse; (*Math.*) inverted.
converser [kɔ̃vɛr'se], *v.i.* to converse, to discourse.
conversible [kɔ̃vɛr'sibl], [CONVERTIBLE].
conversion [kɔ̃vɛr'sjɔ̃], *n.f.* conversion; transformation; change.
converti [kɔ̃vɛr'ti], *n.m.* (*fem.* **-e**) convert.
convertible [kɔ̃vɛr'tibl], *a.* convertible.
convertir [kɔ̃vɛr'tiːr], *v.t.* to convert, to transform, to change, to turn. **se convertir**, *v.r.* to be converted, to turn.
convertissement [kɔ̃vɛrtis'mɑ̃], *n.m.* conversion.
convexe [kɔ̃'vɛks], *a.* convex.
convexité [kɔ̃vɛksi'te], *n.f.* convexity.
conviction [kɔ̃vik'sjɔ̃], *n.f.* conviction, convincing proof.
convié [kɔ̃'vje], *a.* invited.—*n.m.* (*fem.* **-ée**) guest.
convier [kɔ̃'vje], *v.t.* to invite, to bid; (*fig.*) to urge.
convive [kɔ̃'viv], *n.* guest; fellow diner.
convocation [kɔ̃vɔkɑ'sjɔ̃], *n.f.* convocation; summons.
convoi [kɔ̃'vwa], *n.m.* (*Mil., Navy*) convoy; (*Rail. etc.*) train; *convoi funèbre*, funeral procession.
convoiter [kɔ̃vwa'te], *v.t.* to covet, to hanker after.
convoitise [kɔ̃vwa'tiːz], *n.f.* covetousness; lust.
convolution [kɔ̃vɔly'sjɔ̃], *n.f.* convolution.
convolvulus [kɔ̃vɔlvy'lyːs], *n.m.* (*Bot.*) convolvulus.
convoquer [kɔ̃vɔ'ke], *v.t.* to convoke, to convene; to summon.
convoyer [kɔ̃vwa'je], *v.t.* (*conjug. like* EMPLOYER) to convoy, to escort.
convoyeur [kɔ̃vwa'jœːr], *n.m.* convoy (*ship*); (*Mech.*) conveyor.
convulser [kɔ̃vyl'se], *v.t.* to convulse. **se convulser**, *v.r.* to be *or* become convulsed.
convulsif [kɔ̃vyl'sif], *a.* (*fem.* **-sive**) convulsive.
convulsion [kɔ̃vyl'sjɔ̃], *n.f.* convulsion.
convulsionner [kɔ̃vylsjɔ'ne], *v.t.* (*Med.*) to convulse.
convulsivement [kɔ̃vylsiv'mɑ̃], *adv.* convulsively.
coolie *or* **coulis** [ku'li], *n.m.* coolie.
coopérateur [koopera'tœːr], *n.m.* (*fem.* **-trice**) co-operator, fellow-workman.—*a.* (*fem.* **-trice**) co-operating.
coopératif [koopera'tif], *a.* (*fem.* **-tive**) co-operative.
coopération [koopera'sjɔ̃], *n.f.* co-operation.
coopérer [koope're], *v.i.* (*conjug. like* CÉDER) to co-operate.
coopter [koop'te], *v.t.* to co-opt.
coordination [koordina'sjɔ̃], *n.f.* co-ordination.
coordonné [koordɔ'ne], *a.* co-ordinate.—*n.f. pl.* (**-ées**) (*Gram., Geom.*) co-ordinates.
coordonner [koordɔ'ne], *v.t.* to co-ordinate.
copain [kɔ'pɛ̃], *n.m.* (*colloq.*) pal, mate.
copal [kɔ'pal], *n.m.* copal.
copeau [kɔ'po], *n.m.* (*pl.* **-eaux**) shaving, chip (*of wood*).
Copenhague [kɔpə'nag], *f.* Copenhagen.

cophte

cophte [COPTE].
copie [kɔ'pi], n.f. copy, transcript; reproduction; (Print.) 'copy'; candidate's paper.
copier [kɔ'pje], v.t. to copy; to imitate; to mimic.
copieusement [kɔpjøz'mã], adv. copiously, heartily (of drinking, eating).
copieux [kɔ'pjø], a. (fem. -euse) copious, plentiful.
co-pilote [kopi'lɔt], n.m. second pilot.
copiste [kɔ'pist], n. copier, transcriber, copyist.
copte or cophte [kɔpt], a. Coptic.—n. (Copte, Cophte) Copt.
coq [kɔk], n.m. cock, rooster; cock- (as opposed to hen-), weathercock; au chant du coq, at cock-crow; coq de bruyère, grouse; coq d'Inde, turkey-cock; poids coq, (Box.) bantam weight.
coq-à-l'âne [kɔka'lɑːn], n.m. inv. nonsense, cock-and-bull story.
coque [kɔk], n.f. shell (of eggs, walnuts, fruits, snails etc.); cocoon; cockle-shell (small boat); (Naut.) hull.
coquelicot [kɔkli'ko], n.m. corn-poppy.
coqueluche [kɔ'klyʃ], n.f. the rage, favourite; (Med.) whooping-cough.
coquerico [kɔkri'ko], n.m. cock-a-doodle-doo.
coqueriquer [kɔkri'ke], v.i. to crow.
coquet [kɔ'kɛ], a. (fem. -ette) coquettish; stylish, smart.—n.m. (fem. -ette) coquette, flirt; dandy.
coqueter [kɔk'te], v.i. (conjug. like APPELER) to coquet, to flirt.
coquetier [kɔk'tje], n.m. egg-merchant, poulterer; egg-cup.
coquetterie [kɔkɛ'tri], n.f. coquettishness, flirtation; affectation (in dress etc.).
coquillage [kɔki'jaːʒ], n.m. shell-fish; shell.
coquille [kɔ'kiːj], n.f. shell (of shell-fish, egg, fruits etc.); (Cook.) Dutch oven; pat (of butter); (Print.) wrong letter; thumb (of a latch); (ornament) conch.
coquin [kɔ'kɛ̃], a. roguish; rascally.—n.m. knave, rascal, rogue, scamp.—n.f. (-e) slut, hussy, jade.
coquinerie [kɔkin'ri], n.f. knavery, rascality, roguery.
coquinet [kɔki'nɛ], n.m. little rascal.
cor (1) [kɔːr], n.m. horn, hunting-horn.
cor (2) [kɔːr], n.m. corn (on the foot).
cor (3) [kɔːr], n.m. tine (of antler).
corail [kɔ'raːj], n.m. (pl. -aux) coral.
corailleur [kɔra'jœːr], n.m. coral-fisher; coral-fishing boat.
Coran [kɔ'rã], n.m. Koran.
corbeau [kɔr'bo], n.m. (pl. -eaux) raven; crow.
corbeille [kɔr'bɛːj], n.f. flat, wide basket.
corbillard [kɔrbi'jaːr], n.m. hearse.
corbillon [kɔrbi'jõ], n.m. small basket; crambo (game).
corbin [kɔr'bɛ̃], n.m. crow.
corbine [kɔr'bin], n.f. carrion-crow.
corbleu! [kɔr'blø], int. by Jove!
cordage [kɔr'daːʒ], n.m. cord, rope, cordage, rigging.
corde [kɔrd], n.f. cord, rope; twine, twist; string (musical instrument, racquet); line; (Mus., Geom. etc.) chord; tone, note; corde à boyau, catgut.
cordé (1) [kɔr'de], a. twisted, corded.

cordé (2) [kɔr'de], a. cordate, heart-shaped.
cordeau [kɔr'do], n.m. (pl. -eaux) cord; line; fuse; tape.
cordée [kɔr'de], n.f. fishing-line; line of roped mountaineers.
cordeler [kɔrdə'le], v.t. (conjug. like APPELER) to twist, to twine.
cordelette [kɔrdə'lɛt], n.f. small cord; string.
cordelier [kɔrdə'lje], n.m. Franciscan friar.
cordellère [kɔrdə'ljɛːr], n.f. girdle (of dressing-gown etc.).
cordelle [kɔr'dɛl], n.f. towline, tow-rope.
corder [kɔr'de], v.t. to twist (into cord); to cord; to bind with a cord; to string (racquet). se corder, v.r. to be corded; to become stringy (of plants etc.).
corderie [kɔr'dri], n.f. rope-walk.
cordial [kɔr'djal], a. (m. pl. -aux) cordial, hearty, sincere.—n.m. cordial.
cordialement [kɔrdjal'mã], adv. cordially, heartily, sincerely.
cordialité [kɔrdjali'te], n.f. cordiality, heartiness.
cordier [kɔr'dje], n.m. rope-maker.
Cordillères [kɔrdi'jeːr], les, f.pl. the Cordilleras.
cordite [kɔr'dit], n.f. cordite.
cordon [kɔr'dõ], n.m. strand (of a rope); twist; string; cord; ribbon (of an order); border, edging; cordon bleu, blue-ribbon, first-rate cook.
cordonner [kɔrdɔ'ne], v.t. to twist, to twine, to braid; to mill (coins).
cordonnerie [kɔrdɔn'ri], n.f. shoe-making, cobbler's shop.
cordonnet [kɔrdɔ'nɛ], n.m. twist; milled edge (of coins).
cordonnier [kɔrdɔ'nje], n.m. shoe-maker.
Corée [kɔ're], la, f. Korea
coréen [kɔre'ɛ̃], a. (fem. -enne) Korean.—n.m. Korean (language); (Coréen, fem. -enne) Korean (person).
coriace [kɔ'rjas], a. tough, leathery; (fig.) close, niggardly; dogged.
coricide [kɔri'sid], n.m. corn cure.
corinthien [kɔrɛ̃'tjɛ̃], a. (fem. -enne) Corinthian.—n.m. (Corinthien, fem.-enne) Corinthian.
coris [CAURI].
corli [kɔr'li], courlis [kur'li], corlieu [kɔr'ljø], n.m. curlew.
cormoran [kɔrmɔ'rã], n.m. cormorant.
cornac [kɔr'nak], n.m. elephant-driver mahout; mentor.
corne [kɔrn], n.f. horn, hoof; shoe-horn dog's-ear (on books, leaves); chapeau à trois cornes, three-cornered hat.
corné [kɔr'ne], a. corneous, horny.
cornée [kɔr'ne], n.f. cornea.
corneille [kɔr'nɛːj], n.f. crow; rook.
cornement [kɔrnə'mã], n.m. buzzing in the ears.
cornemuse [kɔrnə'myːz], n.f. bagpipes.
corner (1) [kɔr'ne], v.t. to blurt out, to trumpet; to dog-ear (a leaf).—v.i. to blow wind or sound a horn; to tingle (of the ears)
corner (2) [kɔr'nɛr], n.m. (Ftb.) corner (-kick).
cornet [kɔr'nɛ], n.m. horn, hooter; ink-horn cone.
cornette [kɔr'nɛt], n.f. mob-cap; pennant of cavalry.
corniche [kɔr'niʃ], n.f. cornice; ledge.

86

cornichon [kɔrni'ʃɔ̃], *n.m.* gherkin; (*fig.*) greenhorn.

corniste [kɔr'nist], *n.* horn-player.

Cornouaille [kɔr'nwɑːj], la, *f.* Cornwall.

cornu [kɔr'ny], *a.* horned; angular, cornered; (*fig.*) absurd.

cornue [kɔr'ny], *n.f.* (*Chem.*) retort.

corollaire [kɔrɔ'lɛːr], *n.m.* corollary.

corolle [kɔ'rɔl], *n.f.* corolla.

coronaire [kɔrɔ'nɛːr], *a.* (*Anat.*) coronary.

coronal [kɔrɔ'nal], *a.* (*m. pl.* **-aux**) (*Anat.*) coronal.

corporation [kɔrpɔra'sjɔ̃], *n.f.* corporation, corporate body.

corporel [kɔrpɔ'rɛl], *a.* (*fem.* **-elle**) corporal, bodily.

corps [kɔːr], *n.m.* body; matter, substance; thickness, consistence; chief part; corporation, company; society, college; corps; fellow-creature; *à corps perdu*, desperately; *à son corps défendant*, (*fig.*) reluctantly; *corps à corps*, hand to hand, (*Box.*) in-fight(ing); *corps morts*, (*Naut.*) fixed moorings; *garde du corps*, lifeguard; *sombrer corps et biens*, to founder with all hands.

corpulence [kɔrpy'lɑ̃ːs], *n.f.* corpulence, stoutness.

corpulent [kɔrpy'lɑ̃], *a.* corpulent, stout.

corpuscule [kɔrpys'kyl], *n.m.* corpuscule, corpuscle.

correct [kɔ'rɛkt], *a.* correct, accurate.

correctement [kɔrɛkt'mɑ̃], *adv.* correctly, accurately.

correctif [kɔrɛk'tif], *a.* (*fem.* **-tive**) corrective. —*n.m.* corrective.

correction [kɔrɛk'sjɔ̃], *n.f.* correction; correctness, accuracy; (*Print.*) reading, alteration (*of a proof etc.*); (*fig.*) reprimand, reproof; punishment; thrashing.

correctionnel [kɔrɛksjɔ'nɛl], *a.* (*fem.* **-elle**) within the jurisdiction of the *tribunal de police correctionnelle*, court of petty sessions.

corrélation [kɔrela'sjɔ̃], *n.f.* correlation.

correspondance [kɔrɛspɔ̃'dɑ̃ːs], *n.f.* correspondence; connexion; intercourse; conformity; (*Rail.*) connexion.

correspondant [kɔrɛspɔ̃'dɑ̃], *a.* correspondent, corresponding.—*n.m.* (*fem.* **-e**) correspondent, corresponding member.

correspondre [kɔrɛs'pɔ̃:dr], *v.i.* to correspond, to communicate, to be in correspondence; to agree.

corridor [kɔri'dɔːr], *n.m.* corridor, gallery, passage.

corrigé [kɔri'ʒe], *n.m.* corrected (*schoolboy's*) exercise; key (*book*), crib.

corriger [kɔri'ʒe], *v.t.* (*conjug. like* MANGER) to correct, to rectify; to repair, to amend; to reprove, to chide, to chastise. **se corriger**, *v.r.* to correct oneself, to amend, to reform.

corroboration [kɔrɔbɔra'sjɔ̃], *n.f.* corroboration, strengthening.

corroborer [kɔrɔbɔ're], *v.t.* to strengthen; to corroborate.

corrodant [kɔrɔ'dɑ̃], *a.* corroding, corrosive.

corroder [kɔrɔ'de], *v.t.* to corrode.

corrompre [kɔ'rɔ̃:pr], *v.t.* (*conjug. like* ROMPRE) to corrupt, to infect; to spoil; to taint (*meat*); (*fig.*) to pervert; to bribe. **se**

corrompre, *v.r.* to grow corrupt; to become tainted.

corrompu [kɔrɔ̃'py], *a.* corrupted, unsound; bribed.

corrosif [kɔrɔ'zif], *a.* corrupted, unsound and *n.m.* corrosive.

corrosion [kɔrɔ'zjɔ̃], *n.f.* corrosion.

corroyer [kɔrwa'je], *v.t.* (*conjug. like* EMPLOYER) to curry (*leather*); to plane (*wood*).

corroyeur [kɔrwa'jœːr], *n.m.* currier.

corrupteur [kɔryp'tœːr], *a.* (*fem.* **-trice**) corrupting, perverting, infectious.—*n.m.* (*fem.* **-trice**) corrupter, seducer; briber.

corruptibilité [kɔryptibili'te], *n.f.* corruptibility.

corruptible [kɔryp'tibl], *a.* corruptible.

corruptif [kɔryp'tif], *a.* (*fem.* **-tive**) corruptive.

corruption [kɔryp'sjɔ̃], *n.f.* corruption; rottenness; (*fig.*) depravity; (*Polit.*) bribery.

corsage [kɔr'saːʒ], *n.m.* chest (*of the body*); corsage, bodice.

corsaire [kɔr'sɛːr], *n.m.* privateer, corsair; (*fig.*) shark.

Corse [kɔrs], **la**, *f.* Corsica.—*n.* Corsican (*person*).

corse [kɔrs], *a.* Corsican.

corsé [kɔr'se], *a.* rich, full-bodied; (*colloq.*) strong, thick; (*of stories etc.*) spicy.

corser [kɔr'se], *v.t.* to stiffen, to thicken; to complicate.

corset [kɔr'sɛ], *n.m.* corset, stays.

corsetier [kɔrsə'tje], *n.m.* (*fem.* **-ière**) corsetmaker.

cortège [kɔr'tɛːʒ], *n.m.* train, retinue, suite, procession.

corvée [kɔr've], *n.f.* (*Feud.*) forced *or* statute labour; fatigue party; (*fig.*) drudgery.

corvette [kɔr'vɛt], *n.f.* corvette, sloop of war.

Cosaque [kɔ'zak], *n.m.* Cossack.

cosinus [kɔsi'nyːs], *n.m.* cosine.

cosmétique [kɔsme'tik], *a.* and *n.m.* cosmetic.

cosmique [kɔs'mik], *a.* cosmic.

cosmographie [kɔsmɔgra'fi], *n.f.* cosmography.

cosmopolite [kɔsmɔpɔ'lit], *n.* cosmopolite. —*a.* cosmopolitan.

cosmos [kɔs'mɔs], *n.m.* cosmos.

cosse [kɔs], *n.f.* pod, shell, husk, rind.

cossu [kɔ'sy], *a.* substantial, wealthy.

costume [kɔs'tym], *n.m.* costume, dress; uniform.

costumer [kɔsty'me], *v.t.* to dress (*in a certain style etc.*). **se costumer**, *v.r.* to dress (*oneself*) up.

costumier [kɔsty'mje], *n.m.* (*fem.* **-ière**) costumier.

cote [kɔt], *n.f.* quota, share; letter, number, figure (*to indicate order etc.*); (*St. Exch.*) quotation; (*Comm.*) price-list; odds.

côte [koːt], *n.f.* rib (*of the body, cloth, fruit etc.*); slope, hill; shore, sea-coast; *à mi-côte*, half-way up.

côté [ko'te], *n.m.* side; part, quarter, hand, way, direction; face, aspect; *à côté de*, by, near; *d'à côté*, adjoining, next.

coté [kɔ'te], *a.* marked; classed; backed; *point coté*, (*on a map*) trig-point; *cheval bien coté*, well-backed horse.

coteau [kɔ'to], *n.m.* (*pl.* **-eaux**) slope; little hill.

côtelette

côtelette [ko'tlɛt], *n.f.* cutlet, chop.
coter [kɔ'te], *v.t.* to number; to price; (*St. Exch.*) to quote.
coterie [kɔ'tri], *n.f.* coterie, set, circle, clique.
cothurne [kɔ'tyrn], *n.m.* buskin.
côtier [ko'tje], *a.* (*fem.* **-ière**) coasting.—*n.m.* coaster (*ship*).
cotillon [kɔti'jɔ̃], *n.m.* under-petticoat; cotillion.
cotisation [kɔtiza'sjɔ̃], *n.f.* assessment, quota, share; subscription.
cotiser [kɔti'ze], *v.t.* to assess, to rate. **se cotiser**, *v.r.* to club together; to get up a subscription, to subscribe.
coton [kɔ'tɔ̃], *n.m.* cotton; fluff, down (*of fruit, and hair on the face*); cotton wool.
cotonnade [kɔtɔ'nad], *n.f.* cotton-cloth.
cotonné [kɔtɔ'ne], *a.* covered with *or* full of cotton; downy; woolly (*of hair*); padded.
cotonner [kɔtɔ'ne], *v.t.* to fill *or* to stuff with cotton; to pad. **se cotonner**, *v.r.* to be covered with down.
cotonneux [kɔtɔ'nø], *a.* (*fem.* **-euse**) cottony, downy, spongy, mealy.
cotonnier [kɔtɔ'nje], *n.m.* cotton-bush.
côtoyer [kotwa'je], *v.t.* (*conjug. like* EMPLOYER) to go by the side of, to skirt; to coast; (*fig.*) to keep close to.
cotre [ko:tr], *n.m.* cutter (*vessel*).
cotret [kɔ'trɛ], *n.m.* faggot; stick.
cottage [kɔ'ta:ʒ], *n.m.* cottage.
cotte [kɔt], *n.f.* short petticoat; (*engineer's*) overalls.
cotuteur [kɔty'tœ:r], *n.m.* (*fem.* **-trice**) joint-guardian.
cou [ku], *n.m.* neck.
couac [kwak], *n.m.* false note; squawk.
couard [kwa:r], *a.* coward, cowardly.—*n.m.* (*fem.* **-e**) coward.
couardise [kwar'di:z], *n.f.* cowardice.
couchage [ku'ʃa:ʒ], *n.m.* act of lying in bed; bed, night's bedding; bedding.
couchant [ku'ʃɑ̃], *a.* setting; lying; (*fig.*) fawning; **un chien couchant**, a setter.—*n.m.* west; (*fig.*) decline.
couche [kuʃ], *n.f.* bed, couch; confinement; nappy; layer, row; (*Min.*) seam; (*Gard.*) hotbed, bed; coat (*of varnish or colour*); (*fig.*) social stratum.
couché [ku'ʃe], *a.* in bed, gone to bed, lying down, recumbent; (*Her.*) couchant.
couchée [ku'ʃe], *n.f.* act of lying down; sleeping place; night's lodging.
coucher [ku'ʃe], *v.t.* to put to bed; to lay down; to knock down; to lay on; to stake.—*v.i.* to sleep, to lie (down), to rest; *coucher à la belle étoile*, to sleep in the open air. **se coucher**, *v.r.* to go to bed; to lie down; to set, to go down (*of the sun etc.*).—*n.m.* going to bed; bed-time; setting (*of the sun etc.*).
couchette [ku'ʃɛt], *n.f.* small bed, crib; berth; bunk (*on a ship*); *wagon à couchettes*, second-class sleeper.
coucou [ku'ku], *n.m.* cuckoo; cuckoo-clock; (*Bot.*) cowslip.
coude [kud], *n.m.* elbow; bend, angle; turning.
coudé [ku'de], *a.* bent, elbowed, cranked.
coudée [ku'de], *n.f.* length of arm from elbow to tip of middle finger, cubit.
cou-de-pied [kud'pje], *n.m.* (*pl.* **cous-de-pied**) instep.
couder [ku'de] *v.t.* to bend, to make an

elbow in. **se couder**, *v.r.* to elbow, to form an elbow.
coudoyer [kudwa'je], *v.t.* (*conjug. like* EMPLOYER) to elbow, to jostle. **se coudoyer**, *v.r.* to elbow *or* jostle each other.
coudraie [ku'drɛ], *n.f.* hazel-copse; filbert-orchard.
coudre [kudr], *v.t. irr.* to sew, to stitch; (*fig.*) to attach, to connect.
coudrier [ku'drje], *n.m.* hazel-tree.
couenne [kwan], *n.f.* scraped pig-skin; crackling (*of pork*); rind; (*Med.*) birth-mark.
couette [kwɛt], **coit(t)e** (2) [kwat], *n.f.* feather-bed; sea-gull; (*hare's*) scut.
couguar [ku'ga:r], *n.m.* cougar, puma.
coulage [ku'la:ʒ], *n.m.* flow (*of metal in fusion*); melting, casting; leakage, waste; pilferage.
coulant [ku'lɑ̃], *a.* flowing, smooth, natural (*of style etc.*); (*fig.*) easy; *nœud coulant*, slip knot.—*n.m.* sliding ring (*for a necktie, umbrella etc.*).
coulé [ku'le], *n.m.* (*Mus.*) slur; (*Billiards*) follow through; (*Swim.*) plunge.
coulée [ku'le], *n.f.* running-hand (*of writing*); (*Metal.*) tapping; flow, rush (*of a torrent etc.*); (*Hunt.*) track, path.
couler [ku'le], *v.t.* to cast; to strain; to slip (*dans*); to sink, to run down; (*Mus.*) to slur.—*v.i.* to flow; to glide; to trickle; to leak; to slip away (*of time etc.*); to founder (*of a ship etc.*). **se couler**, *v.r.* to slip, to creep, to steal, to glide; to be cast (*of metals*).
couleur [ku'lœ:r], *n.f.* colour; colouring-matter, paint; colouring; (*fig.*) appearance; pretence; suit (*at cards*).
couleuvre [ku'lœ:vr], *n.f.* (*grass*) snake.
coulis [ku'li], *n.m.* strained juice from meat etc. slowly stewed.
coulisse [ku'lis], *n.f.* groove, channel; running string; (*Theat.*) wing; (*fig.*) behind the scenes; *porte à coulisse*, sliding door; *faire les yeux en coulisse*, to make sheep's eyes.
coulissé [kuli'se], *a.* grooved.
coulissier [kuli'sje], *n.m.* stock-jobber outside broker.
couloir [ku'lwa:r], *n.m.* passage, corridor, lobby, gangway.
couloire [ku'lwa:r], *n.f.* colander, strainer.
coup [ku], *n.m.* blow, stroke, hit, thump, knock, stab, thrust; beat (*of a drum*); draught (*of liquids*); clap (*of thunder*); (*Artill.*) charge; gust (*of wind*); throw; shot; moment; bout; attempt; deed; event; *à coup sûr*, unquestionably; (*Ftb.*) *coup d'envoi*, kick-off; *coup d'œil*, glance; *coup de téléphone*, telephone call; *le coup de grâce*, the finishing stroke; *tout à coup*, all of a sudden; *tout d'un coup*, all at once.
coupable [ku'pabl], *a.* culpable, guilty.—*n.* guilty person, culprit.
coupage [ku'pa:ʒ], *n.m.* cutting; diluting (*of wine*); blending (*of spirits*).
coupant [ku'pɑ̃], *a.* cutting, sharp.—*n.m.* edge (*of a sword etc.*).
coupe (1) [kup], *n.f.* cutting, felling (*of wood*); wood felled; the cut end; cut (*clothes etc.*); shape; (*Pros.*) cadence; (*Swim.*) overarm stroke.

88

coupe (2) [kup], *n.f.* cup, goblet, chalice; basin (*of a fountain etc.*).

coupé (1) [ku′pe], *a.* intersected; diluted; (*fig.*) laconic.

coupé (2) [ku′pe], *n.m.* coupé (*kind of brougham*); a dance step.

[In the following compounds *coupe* is *inv.*]

coupe-circuit [kupsir′kɥi], *n.m. inv.* cut-out, circuit-breaker; fuse.

coupée [ku′pe], *n.f.* (*Naut.*) gangway; *échelle de coupée*, accommodation ladder.

coupe-file [kup′fil], *n.m. inv.* police pass.

coupe-gorge [kup′gɔrʒ], *n.m. inv.* cut-throat place, den.

coupe-jarret [kupʒa′rɛ], *n.m.* cut-throat, assassin, ruffian.

coupe-papier [kuppa′pje], *n.m. inv.* paper-knife.

couper [ku′pe], *v.t.* to cut; to dock, to strike off; to clip, to pare; to geld; (*Mil.*) to intercept; to dilute (*milk, wine, with water*); to intersect; to interrupt.—*v.i.* to make an incision; to cut, to trump (*at cards*). **se couper**, *v.r.* to cut oneself; to intersect.

couperet [ku′prɛ], *n.m.* (*butcher's*) chopper; knife (*of guillotine*).

couperose [ku′pro:z], *n.f.* copperas.

couperosé [kupro′ze], *a.* blotched.

coupeur [ku′pœ:r], *n.m.* (*fem.* **-euse**) cutter. —*n.f.* (**-euse**) cutting machine.

(C) **coupe-vent** [kup′vɑ̃], *n.m.* wind breaker.

couplage [ku′plaːʒ], *n.m.* coupling.

couple [kupl], *n.f.* brace, couple.—*n.m.* married couple; pair (*of animals, male and female*); (*Naut.*) **frame**.

coupler [ku′ple], *v.t.* to couple, to link.

couplet [ku′plɛ], *n.m.* couplet; verse of song; (*fig.*) tirade; (*Tech.*) hinge.

coupleur [ku′plœ:r], *n.m.* (*Elec.*) make-and-break.

coupoir [ku′pwa:r], *n.m.* cutter (*instrument*).

coupole [ku′pol], *n.f.* cupola; (*Naut.*) revolving gun-turret.

coupon [ku′pɔ̃], *n.m.* remnant; coupon; dividend-warrant, cheque; (*Theat.*) ticket.

coupure [ku′py:r], *n.f.* cut, incision, slit; cutting; suppression; drain; (*Banking*) small note.

cour [ku:r], *n.f.* court (*of a prince, of justice etc.*); yard, courtyard; (*fig.*) courtship, suit.

courage [ku′ra:ʒ], *n.m.* courage, daring; spirit, mettle; fortitude, greatness of soul.

courageusement [kuraʒøz′mɑ̃], *adv.* courageously, bravely, resolutely.

courageux [kura′ʒø], *a.* (*fem.* **-euse**) courageous, daring, fearless, plucky.

couramment [kura′mɑ̃], *adv.* fluently, readily.

courant [ku′rɑ̃], *a.* running; current; present; usual; fair, middling (*of goods*); lineal (*of measures*).—*n.m.* stream, current, tide; course (*of time etc.*); routine; present price; present (*time*).

courbage [kur′ba:ʒ], *n.m.* bending, curving.

courbatu [kurba′ty], *a.* foundered (*of horses*); stiff in the joints; (*Med.*) affected with lumbago.

courbature [kurba′ty:r], *n.f.* foundering, lameness; (*Path.*) stiffness in the limbs, lumbago.

courbaturer [kurbaty′re], *v.t.* to make (*someone*) feel stiff all over.

courbe [kurb], *a.* curved, bent, crooked.—*n.f.* curve; (*Naut., Carp.*) knee; (*Vet.*) curb; (*Math.*) graph.

courber [kur′be], *v.t.* to curve, to bend, to warp, to make crooked.—*v.i.* to bend, to sag. **se courber**, *v.r.* to bend, to stoop; to bow down.

courbette [kur′bɛt], *n.f.* curvet; (*pl.*) bowing and scraping, cringing.

courbetter [kurbe′te], *v.i.* to curvet.

courbure [kur′by:r], *n.f.* curvature, curve; bend; sagging.

coureur [ku′rœ:r], *a.* (*fem.* **-euse**) swift.— *n.m.* runner, racer; hunter (*horse*); light porter; rover; rake, libertine; (*Mil.*) scout.

courge [kurʒ], *n.f.* gourd; *courge à la moelle*, vegetable marrow.

courir [ku′ri:r], *v.t. irr.* to pursue; to travel over; to hunt; to frequent; to expose oneself to.—*v.i.* to run; to hasten; to ramble, to rove; to flow; to stretch; to circulate.

courlis [kur′li], **courlieu** [kur′ljø], *n.m.* curlew.

couronne [ku′ron], *n.f.* crown; coronet; wreath; crown (*a coin*).

couronnement [kuron′mɑ̃], *n.m.* crowning, coronation; completion.

couronner [kuro′ne], *v.t.* to crown; to award a prize, to honour (*avec*) to consummate; to wreathe.

courre [ku:r], *v.t. only used in chasse à courre*, hunting.

courrier [ku′rje], *n.m.* messenger, courier; mail, post; letters, **correspondence**.

courriériste [kurje′rist], *n.m.* columnist.

courroie [ku′rwa], *n.f.* strap, thong; driving belt *or* band.

courroucer [kuru′se], *v.t.* (*conjug. like* COMMENCER) to provoke, to anger, to incense, to irritate. **se courroucer**, *v.r.* to become angry, to rage.

courroux [ku′ru], *n.m.* wrath, anger, rage.

cours [ku:r], *n.m.* course, stream, current, flow; lapse; path, orbit; vent, scope; public drive *or* walk; vogue; currency; series of lectures; (*pl.*) classes; (*St. Exch.*) market price, rate.

course [kurs], *n.f.* running, run; course; drive, walk, excursion; career; race; errand; privateering; cruise; length of the stroke (*of a piece of machinery*).

coursier [kur′sje], *n.m.* charger; (*poet.*) steed; (*Naut.*) bow-gun.

coursive [kur′si:v], *n.f.* (*Naut.*) gangway.

court (1) [ku:r], *a.* short; brief; concise, curt; limited, scanty; fleeting.—*adv.* short, abruptly; *demeurer court*, to stop short; *être à court d'argent*, to be short of money.

court (2) [kɔrt, ku:r], *n.m.* tennis court.

courtage [kur′ta:ʒ], *n.m.* brokerage, commission.

courtaud [kur′to], *a.* thick-set, dumpy; docked, crop-eared.—*n.m.* (*fem.* **-e**) short, thick-set person; docked *or* crop-eared horse.

courtauder [kurto′de], *v.t.* to dock, to crop (*horses etc.*).

court-circuit [kursir′kɥi], *n.m.* (*pl.* **courts-circuits**) short-circuit.

court-circuiter [kursirkɥi'te], *v.t.* to short-circuit.

courtement [kurtə'mã], *adv.* shortly, briefly.

courtepointe [kurtə'pwɛ̃:t], *n.f.* counterpane, quilt.

courtier [kur'tje], *n.m.* (*fem.* **-ière**) broker, agent.

courtil [kur'til], *n.m.* *small garden; garth.

courtisan [kurti'zã], *n.m.* courtier; fawner.

courtisane [kurti'zan], *n.f.* courtesan.

courtisanerie [kurtizan'ri], *n.f.* court flattery, toadyism.

courtisanesque [kurtiza'nɛsk], *a.* courtier-like.

courtiser [kurti'ze], *v.t.* to court; to woo; to flatter.

courtois [kur'twa] *a.* courteous, polite.

courtoisement [kurtwaz'mã], *adv.* courteously.

courtoisie [kurtwa'zi], *n.f.* courtesy; kindness, good turn.

couseur [ku'zœ:r], *n.m.* (*fem.* **-euse**) sewer, stitcher (*of books*).

cousin [ku'zɛ̃], *n.m.* (*fem.* e) cousin; (*fig.*) friend, crony.

cousinage [kuzi'na:ʒ], *n.m.* cousinhood; cousins; relationship.

cousiner [kuzi'ne], *v.t.* to call cousin; to hob-nob with.—*v.i.* to live on others; to be friends *or* cronies.

coussin [ku'sɛ̃], *n.m.* cushion, hassock; pad.

coussiner [kusi'ne], *v.t.* to pad, to cushion.

coussinet [kusi'nɛ], *n.m.* small cushion, pad; iron wedge; pillion.

cousu [ku'zy], *a.* sewn, stitched.

coût [ku], *n.m.* costs, charge; *le coût de la vie*, the cost of living.

coûtant [ku'tã], *a.* costing; *à prix coûtant*, at cost price.

couteau [ku'to], *n.m.* (*pl.* **-eaux**) knife.

coutelas [kut'la], *n.m.* cutlass.

coutelier [kutə'lje], *n.m.* cutler.

coutelière [kutə'ljɛ:r], *n.f.* knife-case; cutler's wife.

coutellerie [kutɛl'ri], *n.f.* cutler's shop *or* business; cutlery.

coûter [ku'te], *v.t.* to cost, to cause, to occasion.—*v.i.* to cost (*cher etc.*); to be expensive; (*fig.*) to be painful, troublesome.

coûteusement [kutøz'mã], *adv.* expensively.

coûteux [ku'tø], *a.* (*fem.* **-euse**) expensive, costly.

coutil [ku'ti], *n.m.* tick, ticking; (*Tex.*) drill.

coutre [kutr], *n.m.* plough-share, coulter, axe.

coutume [ku'tym], *n.f.* custom, habit, practice.

coutumier [kuty'mje], *a.* (*fem.* **-ière**) customary, common, ordinary; habitual.

couture [ku'ty:r], *n.f.* sewing, needlework; seam, suture; scar.

couturer [kuty're], *v.t.* to seam.

couturier [kuty'rje], *n.m.* ladies' tailor.—*a.* sartorial.

couturière [kuty'rjɛ:r], *n.f.* dressmaker, seamstress.

couvage [ku'va:ʒ], **couvaison** [kuvɛ'zõ], *n.f.* brooding-time, sitting, incubation.

couvée [ku've], *n.f.* sitting (*of eggs*); brood, covey.

couvent [ku'vã], *n.m.* convent, monastery, nunnery; convent school.

couver [ku've], *v.t.* to sit on, to incubate, to hatch; to brood, to prepare in secret (*a plot etc.*); to brood over.—*v.i.* to lie hidden, to lurk; to smoulder.

couvercle [ku'vɛrkl], *n.m.* cover, lid, cap, shutter.

couvert [ku'vɛ:r], *a.* covered; **clad**, clothed; cloudy, overcast; obscure, ambiguous (*of words*).—*n.m.* cover (*plate, spoon, knife, fork*); shelter; cover, wrapper; covert, thicket; *le vivre et le couvert*, board and lodging.

couverte [ku'vɛrt], *n.f.* glaze, glazing.

couverture [kuver'ty:r], *n.f.* covering, wrapper; blanket, rug, counterpane, quilt; cover (*of a book*); (*Comm.*) guaranty, security; *couverture chauffante*, electric blanket.

couveuse [ku'vø:z], *n.f.* broody hen; *couveuse artificielle*, incubator.

couvi [ku'vi], *a.* addled, rotten (*egg*).

couvoir [ku'vwa:r], *n.m.* incubator.

[In the following compounds *couvre* is *inv.*]

couvre-chef [kuvrə'ʃɛf], *n.m.* headgear.

couvre-feu [kuvrə'fø], *n.m. inv.* curfew; curfew-bell; fire-cover, fire-plate; black-out.

couvre-plat [kuvrə'pla], *n.m.* dish-cover.

couvre-théière [kuvrəte'jɛ:r], *n.m.* tea-cosy.

couvreur [ku'vrœ:r], *n.m.* roofer.

couvrir [ku'vri:r], *v.t. irr.* (*conjug. like* OUVRIR) to cover; to wrap up; to roof; to overwhelm; to clothe; to defend, to protect; to overrun, to overflow; to excuse; to disguise; to defray (*expenses etc.*). **se couvrir**, *v.r.* to cover oneself, to put on (*one's hat*); to get under cover; to be overcast (*of the weather*); (*Comm.*) to reimburse oneself.

coyote [kɔ'jɔt], *n.m.* prairie wolf.

crabe [kra:b], *n.m.* crab.

crac! [krak], *int.* crack! pop!

crachat [kra'ʃa], *n.m.* spittle, expectoration.

crachement [kraʃ'mã], *n.m.* spitting.

cracher [kra'ʃe], *v.t.* to spit; (*fig.*) to spit out, to come out with.—*v.i.* to spit, to splutter; (*Mach. etc.*) to spark, to backfire.

crachoir [kra'ʃwa:r], *n.m.* spittoon.

crachoter [kraʃɔ'te], *v.i.* to spit often.

Cracovie [krakɔ'vi], *f.* Cracow.

craie [krɛ], *n.f.* chalk.

craillement [kraj'mã] *n.m.* cawing (*of crows*).

crailler [kra'je], *v.i.* to caw.

craindre [krɛ̃:dr], *v.t. irr.* to fear; to dread; to dislike.

crainte [krɛ̃:t], *n.f.* fear, apprehension; dread, awe.

craintif [krɛ̃'tif], *a.* (*fem.* **-tive**) fearful, apprehensive, timid.

craintivement [krɛ̃tiv'mã], *adv.* fearfully timorously.

cramoisi [kramwa'zi], *a.* and *n.m.* crimson.

crampe [krã:p], *n.f.* cramp; crampon.

crampon [krã'põ], *n.m.* crampon, cramp-iron, grappling-iron.

cramponner [krãpɔ'ne], *v.t.* to cramp, to fasten with a cramp-iron. **se cramponner**, *v.r.* to hold fast, to cling like grim death.

cramponnet [krãpo'nɛ], *n.m.* small cramp, tack; staple (*of a lock*).

cran (1) [krã], *n.m.* notch; cog; (*Print.*) nick; (*fam.*) pluck.

cran (2) [krã], *n.m.* horse-radish.

crâne [krɑ:n], *a.* bold, plucky.—*n.m.* skull, cranium.

crânement [krɑn'mã], *adv.* pluckily; in style, famously.

craner [kra'ne], *v.t.* to notch, to indent (*a clock wheel*).

crâner [krɑ'ne], *v.i.* to swagger.

cranologie [kranɔlɔ'ʒi], **craniologie** [kranjɔlɔ'ʒi], *n.f.* craniology.

crapaud [kra'po], *n.m.* toad; jumping cracker; (*fig.*) urchin, brat.

crapaudière [krapo'djɛːr], *n.f.* nest of toads; (*fig.*) low, swampy place.

crapaudine [krapo'din], *n.f.* toadstone; grating (*of an escape-pipe*); *à la crapaudine*, cut open and broiled.

crapouillot [krapu'jo], *n.m.* trench-mortar.

crapule [kra'pyl], *n.f.* low vulgar debauchery, gluttony, drunkenness; blackguards.

crapuleusement [krapyløz'mã], *adv.* dissolutely.

crapuleux [krapy'lø], *a.* (*fem.* **-euse**) low, debauched, vicious, dissolute.

craque [krak], *n.f.* fib, humbug.

craqueler [kra'kle], *v.t.* (*conjug. like* APPELER) to crackle (*china*).

craquelot [kra'klo], *n.m.* bloater.

craquelure [kra'klyːr], *n.f.* crack (*in china*).

craquement [krak'mã], *n.m.* cracking noise, creaking, snapping (*boughs*).

craquer [kra'ke], *v.i.* to crack, to crackle, to snap, to creak, to crunch.

craquètement [krakɛt'mã], *n.m.* crackling; chattering (*of the teeth*); gabbling (*of a stork and other birds*).

craqueter [krak'te], *v.i.* (*conjug. like* APPELER) to crackle, to crepitate; to gabble (*birds*).

crasse (1) [kras], *a.* gross, thick, coarse, crass.

crasse (2) [kras], *n.f.* dirt, filth, squalor; stinginess; dross.

crasser [kra'se], *v.t.* to foul, to dirty (*fire-arms etc.*). **se crasser,** *v.r.* to become foul (*of fire-arms etc.*).

crasseux [kra'sø], *a.* (*fem.* **-euse**) dirty, filthy, nasty, squalid, sordid; stingy, mean.—*n.m.* (*fem.* **-euse**) sloven, slut; skinflint.

crassier [kra'sje], *n.m.* slag heap; rubbish dump.

cratère [kra'tɛːr], *n.m.* crater (*mouth of volcano*); (*Gr. or Rom.*) bowl or cup.

cravache [kra'vaʃ], *n.f.* riding-whip.

cravacher [krava'ʃe], *v.t.* to horsewhip.

cravate [kra'vat], *n.f.* cravat, (neck-)tie.

cravater (se) [səkrava'te], *v.r.* to put on one's (neck-)tie.

cravatier [krava'tje], *n.m.* maker or vendor of neckties.

crawl [krol], *n.m.* (*Swim.*) crawl.

crawleur [kro'lœːr], *n.m.* crawl-swimmer.

crayer [krɛ'je], *v.t.* (*conjug. like* PAYER) to chalk, to mark up etc. with chalk.

crayère [krɛ'jɛːr], *n.f.* chalk-pit.

crayeux [krɛ'jø], *a.* (*fem.* **-euse**) chalky.

crayon [krɛ'jõ], *n.m.* pencil; drawing or portrait in crayon; (*fig.*) style; sketch; *crayon à bille,* ball-point pen.

crayonnage [krɛjo'naːʒ], *n.m.* pencil-drawing.

crayonner [krɛjo'ne], *v.t.* to draw with a pencil; to mark with a pencil; (*fig.*) to sketch.

crayonneux [krɛjo'nø], *a.* (*fem.* **-euse**) chalky.

créance [kre'ɑ̃:s], *n.f.* credence, trust, belief; credit; money owing; (*Hunt.*) command.

créancier [kreɑ̃'sje], *n.m.* (*fem.* **-ière**) creditor.

créateur [krea'tœ:r], *a.* (*fem.* **-trice**) creative, inventive.—*n.m.* (*fem.* **-trice**) creator, maker, author.

création [krea'sjõ], *n.f.* creation; universe; establishment; (*Dress.*) design.

créature [krea'ty:r], *n.f.* creature; man, as opposed to God.

crécelle [kre'sɛl], *n.f.* child's or hand rattle.

crécerelle [kres'rɛl], *n.f.* (*Orn.*) kestrel.

crèche [krɛ:ʃ], *n.f.* manger; crib; crèche.

crédence [kre'dɑ̃:s], *n.f.* credence-table; side-board.

crédibilité [kredibili'te], *n.f.* credibility.

crédit [kre'di], *n.m.* credit; trust; authority, influence; esteem; vogue; parliamentary grant.

créditer [kredi'te], *v.t.* to credit.

créditeur [kredi'tœ:r], *a.* credit.—*n.m.* (*fem.* **-trice**) creditor.

credo [kre'do], *n.m.* (*no pl.*) creed, belief.

crédule [kre'dyl], *a.* credulous.

crédulement [kredyl'mã], *adv.* credulously.

crédulité [kredyli'te], *n.f.* credulity.

créer [kre'e], *v.t.* to create; to produce; to invent, to imagine; to establish.

crémaillère [krema'jɛ:r], *n.f.* pot-hook.

crémation [krema'sjõ], *n.f.* cremation.

crématorium [kremato'rjom], *n.m.* (*pl.* **-ia**) crematorium.

crème [krɛ:m], *n.f.* cream; custard; sweet liqueur; the best part of a thing.

crémer (1) [kre'me], *v.t.* (*conjug. like* CÉDER) to dye cream colour.—*v.i.* to cream.

crémer (2) [kre'me], *v.t.* (*conjug. like* CÉDER) to cremate.

crémerie [krem'ri], *n.f.* creamery, dairy.

crémeux [kre'mø], *a.* (*fem.* **-euse**) creamy.

crémier [kre'mje], *n.m.* (*fem.* **-ière**) milkman, dairyman or -woman.—*n.f.* (**-ière**) cream-jug.

créneau [kre'no], *n.m.* (*pl.* **-eaux**) battlement.

crénelage [kren'la:ʒ], *n.m.* milling, milled edge (*on coins*), crenellation.

créneler [kren'le], *v.t.* (*conjug. like* APPELER) to embattle; to indent, to notch.

crénelure [kren'ly:r], *n.f.* crenellation; notching.

créole [kre'ɔl], *a.* Creole.—*n.* (**Créole**) Creole.

créosote [kreɔ'zɔt], *n.f.* creosote.

créosoter [kreɔzɔ'te], *v.t.* to creosote.

crêpe (1) [krɛ:p], *n.m.* crape; (*fig.*) veil; crêpe-rubber.

crêpe (2) [krɛ:p], *n.f.* pancake.

crêpelu [krɛ'ply], *a.* frizzy (*hair*).

crêper [krɛ'pe], *v.t.* to crisp, to frizz.

crépi [kre'pi], *n.m.* rough-cast, parget.

crépir [kre'pi:r], *v.t.* to rough-cast, to plaster.

crépissage [krepi'sa:ʒ], **crépissement** [krepis'mã], *n.m.* plastering, pargeting, rough-casting.

crépissure [krepi'sy:r], *n.m.* parget; rough-casting.

crépitant [krepi'tã], *a.* crepitating; crackling.

crépitation [krepita'sjɔ̃], *n.f.*, **crépitement** [krepit'mã], *n.m.* crepitation; crackling.

crépiter [krepi'te], *v.i.* to crackle; to crepitate.

crépu [kre'py], *a.* crisped, frizzy; woolly.

crêpure [krɛ'py:r], *n.f.* crisping; craping.

crépusculaire [krepysky'lɛ:r], *a.* crepuscular, twilight.

crépuscule [krepys'kyl], *n.m.* twilight; dawn.

créquier [kre'kje], *n.m.* sloe-tree.

cresson [krɛ'sɔ̃], *n.m.* cress.

cressonnière [krɛsɔ'njɛ:r], *n.f.* water-cress bed.

Crésus [kre'zy:s], *m.* Croesus.

crésus [kre'zy:s], *n.m. inv.* very rich man.

crétacé [kreta'se], *a.* cretaceous, chalky.

Crète [krɛ:t], **la**, *f.* Crete.

crête [krɛ:t], *n.f.* crest, comb (*of a cock or hen*); tuft; ridge; coping.

crêté [krɛ'te], *a.* crested, tufted.

crêteler [krɛ'tle], *v.i.* (*conjug. like* APPELER) to cackle (*of hens*).

crétin [kre'tɛ̃], *a.* cretinous; idiotic.—*n.m.* (*fem.* **-e**) cretin; idiot, dunce.

crétinerie [kretin'ri], *n.f.* idiotic behaviour; foolishness.

crétiniser [kretini'ze], *v.t.* to make cretinous, to brutalize, to make an idiot of.

crétinisme [kreti'nism], *n.m.* cretinism.

crétois [kre'twa], *a.* Cretan.—*n.m.* (**Crétois**, *fem.* **-oise**) Cretan (*person*).

cretonne [krə'tɔn], *n.f.* cretonne.

creusage [krø'za:ʒ], **creusement** [krøz'mã], *n.m.* deepening, hollowing; excavation.

creuser [krø'ze], *v.t.* to dig, to hollow, to excavate, to scoop out; to sink, to drive (*a well, shaft etc.*); to make hollow *or* empty. **se creuser**, *v.r.* to become hollow.

creuset [krø'zɛ], *n.m.* crucible, melting-pot; (*fig.*) test, trial.

creux [krø], *a.* (*fem.* **creuse**) hollow; cavernous; deep; empty; (*fig.*) airy, extravagant. —*n.m.* hollow, cavity; pit, hole, chasm; mould, mortar, trough.—*adv.* hollow; **sonner creux**, to sound hollow.

crevaison [krəvɛ'zɔ̃], *n.f.* puncture (*of a tyre*).

crevant [krə'vã], *a.* (*vulg.*) tiresome; killing (*toil etc.*); killing (*funny*).

crevasse [krə'vas], *n.f.* crevice, rift, crack, chink, crevasse; gap, cranny; chap (*in the hands etc.*).

crevasser [krəva'se], *v.t.* to split; to crack; to chap. **se crevasser**, *v.r.* to crack, to become chapped.

crevé [krə've], *n.m.* (*Dress.*) opening, slash (*in sleeves*).

crève-cœur [krɛv'kœ:r], *n.m. inv.* heartbreak; heart-breaking thing.

crever [krə've], *v.t.* (*conjug. like* AMENER) to burst, to split, to break open, to rend; to stave in; to puncture.—*v.i.* to burst; to die (*animals*); (*vulg.*) to die (*human beings*). **se crever**, *v.r.* to burst; to kill oneself.

crevette [krə'vɛt], *n.f.* shrimp, prawn.

cri [kri], *n.m.* cry; scream, roar, yell, shriek, screech, wail, outcry, clamour.

criaillement [kriɑj'mã], *n.m.* shouting, wrangling, brawling; scolding.

criailler [kriɑ'je], *v.i.* to bawl, to cry, to clamour; to scold; to brawl; to gabble (*of geese*).

criaillerie [kriɑj'ri], *n.f.* brawling, clamouring, wrangling.

criailleur [kriɑ'jœːr], *n.m.* (*fem.* **-euse**) brawler, wrangler; shrew, scold.

criant [kri'ã], *a.* crying; (*fig.*) glaring, shocking.

criard [kri'aːr], *a.* crying, noisy, clamorous; scolding; (*fig.*) shrill, discordant, crude.—*n.m.* (*fem.* **-e**) bawler, clamourer; scold, shrew.

criblage [kri'blaːʒ], *n.m.* sifting, screening (*of coals etc.*).

crible [kribl], *n.m.* sieve, riddle.

cribler [kri'ble], *v.t.* to sift, to riddle; to pierce all over, to riddle (*with wounds etc.*); (*fig.*) to overwhelm.

cric [kri], *n.m.* jack, screw-jack, hand-screw.

cri-cri [kri'kri], *n.m. inv.* (*fam.*) cricket (*insect*); chirping.

criée [kri'e], *n.f.* (*public*) auction.

crier [kri'e], *v.t.* to cry, to proclaim, to put up for sale; to publish, to announce.—*v.i.* to cry out; to shout, to scream, to shriek; to call out; to whine; to complain loudly, to exclaim; to chirp; to creak.

crieur [kri'jœːr], *n.m.* (*fem.* **-euse**) bawler, crier; (*Theat.*) call-boy; auctioneer; hawker; **crieur public**, town-crier; **crieur de journaux**, newsboy.

crime [krim], *n.m.* crime, offence.

Crimée [kri'me], **la**, *f.* the Crimea.

criminel [krimi'nɛl], *a.* (*fem.* **-elle**) criminal, felonious, guilty.—*n.m.* (*fem.* **-elle**) criminal, felon, culprit, offender.

criminellement [kriminɛl'mã], *adv.* criminally, culpably, guiltily.

crin [krɛ̃], *n.m.* horse-hair, bristles, fibres, mane.

crinière [kri'njɛːr], *n.f.* mane (*of animal*).

crinoline [krino'lin], *n.f.* crinoline.

crique [krik], *n.f.* creek, cove; flaw, crack.

criquet [kri'kɛ], *n.m.* locust; (*fig.*) bad horse.

criqueter [krik'te], *v.i.* (*conjug. like* APPELER) to rasp, to grate.

crise [kriːz], *n.f.* crisis; fit, convulsion; slump.

crispation [krispɑ'sjɔ̃], *n.f.* shrivelling, crispation; fidgets.

crisper [kris'pe], *v.t.* to shrivel; to irritate (*the nerves*), to give (*someone*) the fidgets. **se crisper**, *v.r.* to shrivel, to contract.

crissement [kris'mã], *n.m.* grating (*of teeth, of brakes etc.*).

crisser [kri'se], *v.i.* to grate, to squeak.

cristal [kris'tal], *n.m.* (*pl.* **-aux**) crystal, cut glass; (*fig.*) limpidity; **cristal de mine**, quartz; **cristal de roche**, rock-crystal.

cristallerie [kristal'ri], *n.f.* glass-cutting; crystal-manufactory, glass-works.

cristallier [krista'lje], *n.m.* glass-cutter; glass-cupboard.

cristallière [krista'ljɛːr], *n.f.* rock-crystal mine; machine for glass-cutting.

cristallin [krista'lɛ̃], *a.* crystalline; pellucid. —*n.m.* (*Anat.*) crystalline lens (*of the eye*); (*Astron.*) crystalline heaven.

cristallisant [kristali'zã], *a.* crystallizing.

cristallisation [kristaliza'sjɔ̃], *n.f.* crystallization.

cristalliser [kristali′ze], *v.t.*, *v.i.* to crystallize. **se cristalliser,** *v.r.* to crystallize; to candy.

critère [kri′tɛ:r], **critérium** [krite′rjɔm], *n.m.* criterion, standard, test.

critiquable [kriti′kabl], *a.* open to criticism, censurable, exceptionable.

critique [kri′tik], *a.* critical; censorious, carping; ticklish, momentous; critical (*in the literary sense*).—*n.m.* critic; censor, carper.—*n.f.* criticism, science of criticism; review.

critiquer [kriti′ke], *v.t.* to criticize unfavourably; to censure, to find fault with.

critiqueur [kriti′kœ:r], *n.m.* (*fem.* **-euse**) criticizer, fault-finder, carper.

croassement [krɔas′mã], *n.m.* croak, croaking, cawing (*of rooks*).

croasser [krɔa′se], *v.i.* to croak, to caw (*of crows, rooks etc.*).

croate [krɔ′at], *a.* Croatian.—*n.m.* Croatian (*language*).—*n.* (**Croate**) Croat.

Croatie [krɔa′si], la, *f.* Croatia.

croc [kro], *n.m.* hook; fang (*of dog*), tusk (*of walrus*).

croc-en-jambe [krɔkã′ʒã:b], *n.m.* (*pl.* **crocs-en-jambe**) trip up; dirty trick.

croche [krɔʃ], *a.* crooked bent.—*n.f.* (*Mus.*) quaver; (*pl.*) smith's tongs; *double croche*, semi-quaver; *triple croche*, demi-semi-quaver.

crocher [krɔ′ʃe], *v.t.* to hook; to bend like a hook.

crochet [krɔ′ʃɛ], *n.m.* small hook; knitting-needle, crochet-hook; (*Print.*) square bracket; teeth of certain animals.

crochetable [krɔʃ′tabl], *a.* pickable (*of locks*).

crochetage [krɔʃ′ta:ʒ], *n.m.* lock-picking.

crocheter [krɔʃ′te], *v.t.* (*conjug. like* AMENER) to pick (*a lock*); to crochet.

crochetier [krɔʃ′tje], *n.m.* hook-maker, clasp-maker.

crochu [krɔ′ʃy], *a.* crooked, hooked.

crocodile [krɔkɔ′dil], *n.m.* crocodile; (*Rail.*) automatic stop.

crocus [krɔ′ky:s], *n.m.* (*Bot.*) crocus.

croire [krwa:r], *v.t. irr.* to believe; to have faith in; to think, to deem.—*v.i.* to believe, to have faith (*à*), to be a believer. **se croire,** *v.r.* to believe *or* think oneself; to consider oneself; to be believed, to be credible.

croisade [krwa′zad], *n.f.* crusade.

croisé [krwa′ze], *a.* crossed; twilled, double-milled (*of cloth*); cross (*of breeds of animals*); *mots croisés*, a crossword.—*n.m.* crusader; twill; crossing (*a step in dancing*).

croisée [krwa′ze], *n.f.* crossing point; case-ment window (*opening inside*).

croisement [krwaz′mã], *n.m.* crossing (*of two roads etc.*); meeting; cross-breeding (*of animals*).

croiser [krwa′ze], *v.t.* to cross; to lay across; to cross (*breeds of animals*); to pass (*a person*); to thwart.—*v.i.* to overlap; to cruise. **se croiser,** *v.r.* to cross *or* pass each other; to be crossed; to thwart one another.

croiseur [krwa′zœ:r], *n.m.* cruiser.

croisière [krwa′zjɛ:r], *n.f.* cruise, cruising; (*Rail.*) crossing.

croissance [krwa′sã:s], *n.f.* growth, increase.

croissant [krwa′sã], *a.* growing, increasing.—*n.m.* the moon in her increase; crescent; pruning-hook, hedging-bill; crescent roll.

croît [krwa], *n.m.* increase (*from breeding*).

croître [krwa:tr], *v.i. irr.* to grow; to increase; to wax (*moon*); to spring up, to sprout; to lengthen; to swell.

croix [krwa], *n.f.* cross; the Holy Rood; (*fig.*) affliction; (*Coin.*) obverse.

cromlech [krɔm′lɛk], *n.m.* (*Archaeol.*) stone circle.

crône [kro:n], *n.m.* crane (*on a wharf*).

croquade [krɔ′kad], *n.f.* rough sketch.

croquant [krɔ′kã], *a.* crisp, crackling, short.—*n.m.* poor wretch; clodhopper.—*n.f.* crisp almond-cake.

croque-au-sel (à la) [krɔko′sɛl], *adv. phr.* with salt only.

croque-mitaine [krɔkmi′tɛn], *n.m.* (*pl.* **croque-mitaines**) bogy-man.

croquer [krɔ′ke], *v.t.* to crunch; to devour; to draft, to sketch.—*v.i.* to crackle between the teeth, to make a scrunching noise.

croquet [krɔ′kɛ], *n.m.* crisp biscuit; croquet (*game*).

croquette [krɔ′kɛt], *n.f.* croquette.

croquignole [krɔki′nɔl], *n.f.* cracknel; fillip; (*C*) doughnut.

croquis [krɔ′ki], *n.m.* first sketch, rough draft, outline.

cross [krɔs], *n.m.* (*Box.*) cross-counter; cross-country running.

crosse [krɔs], *n.f.* crooked stick, crosier (*of bishops*); butt (*of rifle*); stock; hockey-stick, golf-club etc.; (*C*) *jeu de crosse*, lacrosse.

crossé [krɔ′se], *a.* crosiered, mitred.

crosser [krɔ′se], *v.t.* to strike (*a ball etc.*).

crosseur [krɔ′sœ:r], *n.m.* hockey-player, lacrosse-player.

crotale [krɔ′tal], *n.m.* rattlesnake.

crotte [krɔt], *n.f.* dung; dirt, mud, mire.

crotté [krɔ′te], *a.* dirty, muddy; (*fig.*) squalid.

crotter [krɔ′te], *v.t.* to dirty; to draggle, to bespatter. **se crotter,** *v.r.* to get dirty.

crottin [krɔ′tɛ̃], *n.m.* dung.

croulant [kru′lã], *a.* sinking, crumbling; tottering, tumbledown.

croulement [krul′mã], *n.m.* sinking, falling in, collapse.

crouler [kru′le], *v.i.* to give way, to fall in, to collapse.

croup [krup], *n.m.* (*Path.*) croup, diphtheria.

croupal [kru′pal], *a.* (*m. pl.* **-aux**) pertaining to the croup; laryngitic.

croupe [krup], *n.f.* croup, crupper, buttocks (*of a horse*), rump; top *or* brow (*of a hill*); *monter en croupe*, to ride pillion.

croupé [kru′pe], *a.* with a rump *or* crupper.

croupi [kru′pi], *a.* stagnant, putrid; *de l'eau croupie*, ditch-water.

croupier [kru′pje], *n.m.* croupier (*at a gaming-table*); partner (*of a financier etc.*).

croupière [kru′pjɛ:r], *n.f.* saddle-tie, crupper.

croupion [kru′pjɔ̃], *n.m.* rump; *le croupion (d'une volaille)*, the parson's nose.

croupir [kru′pi:r], *v.i.* to stagnate; to wallow.

croupissant [krupi′sã], *a.* stagnant, putrescent.

croupon [kru′pɔ̃], *n.m.* square hide, butt.

croustillant [krusti′jã], *a.* crisp, crusty.

croustille [krus′ti:j], *n.f.* little crust; (*fig.*) snack.

croustiller

croustiller [krusti'je], *v.i.* to bite, eat, crunch a crust, to munch.

croûte [krut], *n.f.* crust; pie-crust; scab; *casser la croûte*, to have a snack; (*C*) crust (*of the snow*); (*fig.*) bad painting, daub.

croûton [kru'tɔ̃], *n.m.* bit of crust, crusty end; sippet.

croyable [krwɑ'jabl], *a.* credible, likely.

croyance [krwɑ'jɑ̃:s], *n.f.* belief; creed, faith.

croyant [krwɑ'jɑ̃], *a.* believing.—*n.m.* (*fem.* **-e**) believer.

cru (1) [kry], *n.m.* growth; production (*esp. of wine*).

cru (2) [kry], *a.* raw, uncooked; unwrought; (*fig.*) crude, coarse, indecent; *à cru*, on the bare skin.

cruauté [kryo'te], *n.f.* cruelty, inhumanity.

cruche [kryʃ], *n.f.* pitcher, jar, jug; (*colloq.*) blockhead.

cruchée [kry'ʃe], *n.f.* pitcherful, jugful, jarful.

cruchon [kry'ʃɔ̃], *n.m.* little pitcher; (*stone*) hot-water bottle.

crucial [kry'sjal], *a.* (*m. pl.* **-aux**) cross-shaped, crucial; (*fig.*) decisive.

crucifiement [krysifi'mɑ̃], *n.m.* crucifixion.

crucifier [krysi'fje], *v.t.* to crucify.

crucifix [krysi'fi], *n.m.* crucifix.

crucifixion [krysifik'sjɔ̃], *n.f.* crucifixion.

cruciforme [krysi'fɔrm], *a.* cruciform, cross-shaped.

crudité [krydi'te], *n.f.* crudity, rawness; coarse expression; (*pl.*) raw vegetables *or* fruit.

crue [kry], *n.f.* growth, increase; rise, swelling (*of river etc.*).

cruel [kry'ɛl], *a.* (*fem.* **-elle**) cruel, merciless; bloodthirsty; hard; grievous, sad.

cruellement [kryɛl'mɑ̃], *adv.* cruelly; unmercifully; severely.

crûment [kry'mɑ̃], *adv.* roughly, coarsely; crudely.

crustacé [krysta'se], *a.* crustaceous.—*n.m.* crustacean; shell-fish.

crypte [kript], *n.f.* crypt.

cryptogramme [kriptɔ'gram], *n.m.* cryptogram, cipher.

cryptographe [kriptɔ'graf], *n.* cryptographer.

cryptographie [kriptɔgra'fi], *n.f.* cryptography.

cryptographique [kriptɔgra'fik], *a.* cryptographic.

cubage [ky'ba:ʒ], *n.m.* cubage, cubature; cubic content.

cubain [ky'bɛ̃], *a.* Cuban.—*n.m.* (**Cubain**, *fem.* **-aine**) Cuban (*person*).

cubature [kyba'ty:r], *n.f.* cubature.

cube [kyb], *a.* cubic.—*n.m.* cube (*shape and measure*).

cuber [ky'be], *v.t.* to cube.

cubique [ky'bik], *a.* cubic; cubical.

cubisme [ky'bism], *n.m.* (*Art*) cubism.

cubiste [ky'bist], *a.* and *n.* cubist.

cueillage [kœ'ja:ʒ], *n.m.*, **cueillaison** [kœjɛ'zɔ̃], **cueille** [kœ:j], *n.f.* gathering-time, gathering.

cueillette [kœ'jɛt], *n.f.* gathering of a crop; harvesting time.

cueilleur [kœ'jœ:r], *n.m.* (*fem.* **-euse**) gatherer, picker.

cueillir [kœ'ji:r], *v.t. irr.* to gather, to cull, to pick, to pluck; to acquire.

cueilloir [kœj'wa:r], *n.m.* fruit-basket; implement for picking fruit.

cuiller [kɥi'je], **cuillère** [kɥi'jɛ:r], *n.f.* spoon; scoop.

cuillerée [kɥij're], *n.f.* spoonful.

cuilleron [kɥij'rɔ̃], *n.m.* bowl of a spoon.

cuir [kɥi:r], *n.m.* hide; leather; strop.

cuirasse [kɥi'ras], *n.f.* cuirass, breast-plate.

cuirassé [kɥira'se], *a.* armed with a cuirass; armour-plated; hardened; secret.—*n.m.* (*Naut.*) battleship.

cuirassement [kɥiras'mɑ̃], *n.m.* armour-plating.

cuirasser [kɥira'se], *v.t.* to arm with a cuirass; to armour-plate; (*fig.*) to steel, to harden. **se cuirasser**, *v.r.* to put on a cuirass; to harden *or* fortify oneself.

cuirassier [kɥira'sje], *n.m.* cuirassier.

cuire [kɥi:r], *v.t. irr.* (*conjug. like* CONDUIRE) to cook; to burn (*of the sun*); to ripen.—*v.i.* to cook, to be cooked, to be done; to bake, boil etc.; to smart.

cuisage [kɥi'za:ʒ], *n.m.* burning (*of charcoal*), charring.

cuisant [kɥi'zɑ̃], *a.* sharp, smarting; piercing.

cuiseur [kɥi'zœ:r], *n.m.* pressure cooker.

cuisine [kɥi'zin], *n.f.* kitchen; cookery; cooks; fare, living; (*Naut.*) galley.

cuisiner [kɥizi'ne], *v.t., v.i.* to cook.

cuisinier [kɥizi'nje], *n.m.* (*fem.* **-ière**) cook.— *n.f.* (**-ière**) Dutch oven.

cuisse [kɥis], *n.f.* thigh; quarter (*of venison*); leg (*of poultry*).

cuisseau [kɥi'so], *n.m.* (*pl.* **-eaux**) leg (*of veal*).

cuisson [kɥi'sɔ̃], *n.f.* cooking (*baking, boiling roasting etc.*); smart (*pain*).

cuissot [kɥi'so], *n.m.* haunch (*of venison*).

cuit [kɥi], *a.* cooked, done (*roasted, boiled, baked etc.*); (*fig.*) done for, dished.

cuite [kɥit], *n.f.* baking; burning (*of bricks etc.*); ovenful, kilnful; (*slang*) intoxication.

cuivrage [kɥi'vra:ʒ], *n.m.* coppering; copper-plating.

cuivre [kɥi:vr], *n.m.* copper; copper money; copper-plate; *cuivre battu*, wrought copper; *cuivre jaune*, brass; *cuivre rouge*, copper.

cuivré [kɥi'vre], *a.* copper-coloured; (*fig.*) bronzed (*complexion*); ringing, clear.

cuivrer [kɥi'vre], *v.t.* to cover with copper.

cuivrerie [kɥivrə'ri], *n.f.* copper-works; copper wares.

cuivreux [kɥi'vrø], *a.* (*fem.* **-euse**) coppery.

cul [ky], *n.m.* (*indec.*) backside, posterior; bottom (*of bottle or bag*); stern (*of ship*).

culasse [ky'las], *n.f.* breech (*of a cannon etc.*); cylinder-head (*of car engine*).

culbute [kyl'byt], *n.f.* somersault; fall, tumble; (*fig.*) ruin, bankruptcy.

culbuter [kylby'te], *v.t.* to throw over, to upset violently; to overthrow.—*v.i.* to fall head over heels.

culbutis [kylby'ti], *n.m.* confused heap, jumble.

cul de bouteille [kydbu'tɛ:j], *a.* bottle-green. —*n.m.* bottom of bottle.

cul-de-jatte [kyd'ʒat], *n.m.* (*pl.* **culs-de-jatte**) legless cripple.

cul-de-lampe [kyd'lɑ̃p], *n.m.* (*Print.*) tail-piece.

cul-de-sac [kyd'sak], *n.m.* (*pl.* **culs-de-sac**) blind alley, cul-de-sac; (*fig.*) deadlock.

culée [ky'le], *n.f.* abutment (*of bridges*); (*Naut.*) stern-way.

culer [ky'le], *v.i.* to go backwards; to fall astern.

culière [ky'ljɛːr], *n.f.* hind girth, crupper (*of harness*); gutter-stone.

culinaire [kyli'nɛːr], *a.* culinary.

culminance [kylmi'nɑ̃ːs], *n.f.* culmination, highest point.

culminant [kylmi'nɑ̃], *a.* culminating; prominent.

culmination [kylmina'sjɔ̃], *n.f.* culmination.

culminer [kylmi'ne], *v.i.* to culminate.

culot [ky'lo], *n.m.* bottom (*of lamps, crucibles etc.*); residuum, (*fam.*) dottle (*in a pipe*).

culottage [kylɔ'taːʒ], *n.m.* colouring, seasoning (*of pipes*).

culotte [ky'lɔt], *n.f.* breeches; (*pl.*) shorts; tights; (*Cook.*) rump (*of an ox*).

culotter [kylɔ'te], *v.t.* to breech, to put in breeches; to colour (*pipes*). **se culotter**, *v.r.* to put on one's breeches; to become coloured (*of pipes*).

culottier [kylɔ'tje], *n.m.* (*fem.* **-ière**) breeches-maker.

culpabilité [kylpabili'te], *n.f.* culpability; guilt.

culte [kylt], *n.m.* worship, adoration; (*fig.*) cult, religion, creed; veneration, love.

cultivable [kylti'vabl], *a.* cultivable, arable.

cultivateur [kyltiva'tœːr], *a.* agricultural.—*n.m.* (*fem.* **-trice**) cultivator, farmer, agriculturist; cultivator (*implement*).

cultivé [kylti've], *a.* cultivated; (*of the mind*) cultured.

cultiver [kylti've], *v.t.* to cultivate; to till; to improve (*the mind*); to study, to practise; to cultivate the acquaintance of.

cultural [kylty'ral], *a.* (*m. pl.* **-aux**) cultural (*in relation to agriculture*).

culture [kyl'tyːr], *n.f.* culture, cultivation, tillage, husbandry; education, improvement.

culturel [kylty'rɛl], *a.* (*fem.* **-elle**) cultural (*in relation to intellectual culture*).

cumulatif [kymyla'tif], *a.* (*fem.* **-tive**) cumulative.

cumulativement [kymylativ'mɑ̃], *adv.* by accumulation.

cumuler [kymy'le], *v.t.* to accumulate; to hold several (*offices, salaries etc.*).

cumulus [kymy'lyːs], *n.m.* cumulus.

cupide [ky'pid], *a.* covetous, greedy, grasping.

cupidement [kypid'mɑ̃], *adv.* greedily, covetously.

cupidité [kypidi'te], *n.f.* cupidity, covetousness, greed.

Cupidon [kypi'dɔ̃], *n.m.* (*Myth.*) Cupid, Love.

curable [ky'rabl], *a.* curable.

curaçao [kyra'so], *n.m.* curaçao (*liqueur*).

curage [ky'raːʒ], **curement** [kyr'mɑ̃], *n.m.* cleansing.

curatelle [kyra'tɛl], *n.f.* guardianship, trusteeship.

curateur [kyra'tœːr], *n.m.* (*fem.* **-trice**) guardian, trustee.

curatif [kyra'tif], *a.* (*fem.* **-tive**) curative.—*n.m.* curative agent.

cure [kyːr], *n.f.* medical treatment, cure, healing; living, rectorship; vicarage, rectory.

curé [ky're], *n.m.* parish priest; parson, rector, vicar.

cure-dent [kyr'dɑ̃], *n.m.* (*pl.* **cure-dents**) tooth-pick.

curée [ky're], *n.f.* (*Hunt.*) quarry, chase; (*fig.*) prey, booty.

curement [CURAGE].

cure-môle [kyr'moːl], *n.m.* (*pl.* **cure-môles**) dredging-machine.

cure-ongles [ky'rɔ̃gl], *n.m. inv.* nail-file.

curer [ky're], *v.t.* to cleanse, to clean out (*harbours, sewers etc.*); to pick (*teeth, ears etc.*).

curial (I) [ky'rjal], *a.* (*m. pl.* **-aux**) vicarial, rectorial.

curial (2) or **curiale** [ky'rjal], *a.* (*Rom. Ant.*) curial.

curie [ky'ri], *n.f.* (*Rom. Ant.*) curia.

curieusement [kyrjøz'mɑ̃], *adv.* curiously; inquisitively; carefully; quaintly.

curieux [ky'rjø], *a.* (*fem.* **-euse**) curious; inquisitive, prying; inquiring; careful; dainty; particular; strange.—*n.m.* (*fem.* **-euse**) interested person; inquisitive person; sightseer, looker-on.—*n.m.* curious fact.

curiosité [kyrjozi'te], *n.f.* curiosity; inquisitiveness; curio, rarity; quaintness.

cursif [kyr'sif], *a.* (*fem.* **-sive**) cursive, running; cursory.

cursivement [kyrsiv'mɑ̃], *adv.* cursively; cursorily.

curure [ky'ryːr], *n.f.* dirt, sewage.

cussonné [kyso'ne], *a.* worm-eaten (*of wood*).

custode [kys'tɔd], *n.m.* warden (*among monks*); custodian, inspector.

cutané [kyta'ne], *a.* cutaneous.

cuticule [kyti'kyl], *n.f.* cuticle.

cuvage [ky'vaːʒ], *n.m.*, **cuvaison** [kyve'zɔ̃], *n.f.* fermenting (*of wine*).

cuve [kyːv], *n.f.* tub, vat.

cuvée [ky've], *n.f.* tubful; vatful.

cuvelage [ky'vlaːʒ], **cuvellement** [kyvɛl'mɑ̃], *n.m.* lining, casing (*of mine-shafts*).

cuveler [ky'vle], *v.t.* (*conjug. like* APPELER) to line, to case (*mine shafts etc.*).

cuver [ky've], *v.t.* to ferment; (*fam.*) to sleep off the effects of (*wine*).—*v.i.* to work, to ferment, to settle.

cuvette [ky'vɛt], *n.f.* shallow basin; wash-hand basin; lavatory bowl.

cuvier [ky'vje], *n.m.* wash-tub.

cyanure [sja'nyːr], *n.m.* (*Chem.*) cyanide.

cybernétique [sibɛrne'tik], *n.f.* cybernetics.

cyclamen [sikla'mɛn], *n.m.* cyclamen, sow-bread.

cycle [sikl], *n.m.* cycle (*of events*); **cycle à 4 temps** (*d'un moteur*), 4-stroke cycle (*of an engine*).

cyclique [si'klik], *a.* cyclical.

cyclisme [si'klism], *n.m.* cycling.

cycliste [si'klist], *n.* cyclist.

cyclomoteur [siklɔmɔ'tœːr], *n.m.* auto-cycle.

cyclonal [siklɔ'nal], *a.* (*m. pl.* **-aux**) cyclonic.

cyclone [si'kloːn], *n.m.* cyclone.

cyclonique [siklɔ'nik], *a.* cyclonic.

Cyclope [si'klɔp], *n.m.* Cyclops.

cygne [siɲ], *n.m.* swan.

cylindrage [silɛ̃'draːʒ], *n.m.* mangling (*of linen etc.*); rolling (*of roads*).

cylindre [si'lɛːdr], *n.m.* cylinder; roller; garden-roller; mangle, calender.

95

cylindrée [silɛ́'dre], *n.f.* cubic capacity of an engine.

cylindrer [silɛ́'dre], *v.t.* to calender; to roll.

cylindrique [silɛ̃'drik], *a.* cylindrical.

cymaise [CIMAISE].

cymbale [sɛ́'bal], *n.f. (Mus.)* cymbal.

cymbalier [sɛ̃ba'lje], *n.m.* cymbal-player.

cynancie [sinã'si], [ESQUINANCIE].

cynégétique [sineʒe'tik], *a.* relating to hunting and dogs.—*n.f.* the art of hunting with dogs, cynegetics.

cynique [si'nik], *a.* cynical; snarling, snappish; impudent.—*n.* cynic.

cyniquement [sinik'mã], *adv.* cynically.

cynisme [si'nism], *n.m.* cynicism; impudence.

cynodrome [sino'droːm], *n.m.* greyhound racing track.

cynosure [sino'syːr], *n.f. (Astron.)* Cynosure, Little Bear.

cyprès [si'prɛ], *n.m.* cypress, cypress-tree.

cyprière [si'prjɛːr], *n.f.* cypress-grove.

cypriote [si'prjɔt], *a.* Cypriot.—*n.* (Cypriote) Cypriot (*person*).

cytise [si'tiːz], *n.m.* cytisus, laburnum.

czar [tsaːr], [TZAR].

D

D, d [de], *n.m.* the fourth letter of the alphabet.

d', *abbr.* [DE].

da [da], *particle (used after oui, non)* truly, indeed; *oui-da*, yes indeed.

d'abord [da'bɔːr], [ABORD].

dactylo [dakti'lo], *n.f. abbr. of* [DACTYLOGRAPHE].

dactylographe [daktilɔ'graf], *n.f.* typist.

dactylographie [daktilɔgra'fi], *n.f.* typewriting.

dactylographier [daktilɔgra'fje], *v.t.* to type(write).

dactylographique [daktilɔgra'fik], *a.* typewritten (*report*); typewriting (*material*).

dactyloptère [daktilɔp'tɛːr], *n.m.* flying-fish.

dada [da'da], *n.m. (childish)* horse, cockhorse; gee-gee.

dadais [da'dɛ], *n.m.* booby, clown, ninny.

dague [dag], *n.f.* dagger, dirk.

daguerréotype [dagereo'tip], *n.m.* daguerreotype.

dahlia [da'lja], *n.m.* dahlia.

daigner [dɛ'ne], *v.i.* to deign, to condescend.

d'ailleurs [da'jœːr], [AILLEURS].

daim [dɛ̃], *n.m.* deer, fallow-deer; buck.

daine [dɛn], *n.f.* doe.

dais [dɛ], *n.m.* canopy.

dallage [da'laːʒ], *n.m.* paving with flagstones.

dalle [dal], *n.f.* flag, flagstone; slab.

daller [da'le], *v.t.* to pave with flagstones, to flag.

dalleur [da'lœːr], *n.m.* pavior.

dalmate [dal'mat], *a.* Dalmatian.—*n.* (Dalmate) Dalmatian (*person*).

dalmatique [dalma'tik], *n.f.* dalmatic.

daltonisme [daltɔ'nism], *n.m.* colour-blindness.

96

damas [da'ma], *n.m.* damask; damson; Damascus blade.

damasquiner [damaski'ne], *v.t.* to damascene.

damassé [dama'se], *n.m.* damask linen, damask cloth.

damasser [dama'se], *v.t.* to damask.

damassin [dama'sɛ̃], *n.m.* figured linen cloth, diaper.

damassure [dama'syːr], *n.f.* damasking (*of linen*); damask work.

dame (1) [dam], *n.f.* (*married*) lady, dame; rowlock; beetle, rammer; (*Cards,* and *Chess*) queen.

dame (2) [dam], *int.* **dame oui!** why, yes!

dame-jeanne [dam'ʒaːn], *n.f.* (*pl.* **dames-jeannes**) demijohn, carboy.

damer [da'me], *v.t.* (*Draughts*) to crown (*a man*); (*Chess*) to queen; to ram (*earth etc.*).

damier [da'mje], *n.m.* draught-board.

damnable [da'nabl], *a.* damnable.

damnablement [danablə'mã], *adv.* damnably.

damnation [dana'sjɔ̃], *n.f.* damnation.

damné [da'ne], *a.* and *n.m.* (*fem. -ée*) damned (*person*).

damner [da'ne], *v.t.* to damn. **se damner**, *v.r.* to damn oneself.

dancing [dã'siŋ], *n.m.* dance-hall, palais de danse.

dandin [dã'dɛ̃], *n.m.* ninny.

dandinement [dãdin'mã], *n.m.* swinging (*of the body*); rolling gait.

dandiner [dãdi'ne], *v.i.* to swing (*of the body*), to dandle (*of a baby*). **se dandiner**, *v.r.* to waddle.

dandy [dã'di], *n.m.* dandy.

dandysme [dã'dism], *n.m.* dandyism.

Danemark [dan'mark], **le**, *m.* Denmark.

danger [dã'ʒe], *n.m.* danger, peril, risk, hazard.

dangereusement [dãʒrøz'mã], *adv.* dangerously.

dangereux [dã'ʒrø], *a.* (*fem. -euse*) dangerous.

danois [da'nwa], *a.* Danish.—*n.m.* Danish (*language*); Great Dane (*dog*); (**Danois**, *fem. -oise*) Dane (*person*).

dans [dã], *prep.* in, within; into; with, according to; during; out of.

danse [dãːs], *n.f.* dance; dancing; (*fig.*) beating, hiding; **danse de Saint-Guy**, St. Vitus's dance.

danser [dã'se], *v.t., v.i.* to dance.

danseur [dã'sœːr], *n.m.* (*fem. -euse*) dancer, ballet-girl.

dard [daːr], *n.m.* dart; sting; forked tongue (*of a snake*); pistil.

darder [dar'de], *v.t.* to hurl; to spear; to shoot forth, to beam, to dart.

dardillon [dardi'jɔ̃], *n.m.* small dart; barb (*of a fish-hook*).

dare-dare [dar'daːr], *adv.* (*fam.*) in great haste, in double-quick time.

darne [darn], *n.f.* slice (*of fish*).

dartre [dartr], *n.f.* slight and dry eruption (*of the skin*), scurf.

dartreux [dar'trø], *a.* (*fem. -euse*) herpetic, scurfy.

date [dat], *n.f.* date.

dater [da'te], *v.t.* to date (*a letter etc.*).—*v.i.* to date (*de*); to reckon.

datif [da'tif], *n.m.* (*Gram.*) dative, dative case

datte [dat], *n.f.* date.

dattier [da'tje], *n.m.* date-palm.

datura [daty'ra], *n.m.* datura, thorn-apple.

daube [do:b], *n.f.* stew.

dauber [do'be], *v.t.* to cuff, to drub; (*fig.*) to banter, to jeer at; (*Cook.*) to stew.

daubeur [do'bœ:r], *n.m.* (*fem.* **-euse**) jeerer, banterer, sneerer.

daubière [do'bjɛ:r], *n.f.* stew-pan.

dauphin [do'fɛ̃], *n.m.* dolphin; dauphin (*eldest son of the king of France*).

dauphine [do'fin], *n.f.* wife of the dauphin.

dauphinelle [dofi'nɛl], *n.f.* (*Bot.*) larkspur, delphinium.

daurade [do'rad], *n.f.* gilt-head (*fish*).

davantage [davɑ̃'ta:ʒ], *adv.* more, any more; any longer, any further.

davier [da'vje], *n.m.* dentist's forceps; cramp; (*Naut.*) davit.

de [də], *prep.* of; out of, made of, composed of, from; by, with; at, for; concerning, about.

dé (1) [de], *n.m.* die (*for playing*); (*fig.*) throw, hazard.

dé (2) [de], *n.m.* thimble.

débâcher [deba'ʃe], *v.t.* to uncover, to untilt.

débâcle [de'bɑ:kl], *n.f.* breaking up (*of ice*); (*fig.*) downfall, collapse.

débâcler [debɑ'kle], *v.i.* to break up (*of ice*).

débâcleur [debɑ'klœ:r], *n.m.* water *or* portbailiff.

déballage [deba'la:ʒ], *n.m.* unpacking.

déballer [deba'le], *v.t.* to unpack.

débandade [debɑ̃'dad], *n.f.* rout, stampede; *à la débandade*, in confusion.

débander [debɑ̃'de], *v.t.* to unbind; to loosen; to remove a bandage from. **se débander**, *v.r.* to slacken; to relax; to disband.

débaptiser [debati'ze], *v.t.* to change the name of.

débarbouillage [debarbu'ja:ʒ], *n.m.* washing, cleansing.

débarbouiller [debarbu'je], *v.t.* to wash, to cleanse. **se débarbouiller**, *v.r.* to wash one's face etc.; (*fig.*) to extricate oneself.

débarcadère [debarka'dɛ:r], *n.m.* landing-place, wharf; (*Rail.*) station; arrival platform.

débardage [debar'da:ʒ], *n.m.* unloading (*of wood etc.*).

débarder [debar'de], *v.t.* to unload (*wood etc.*); to clear (*a wood etc.*) of felled trees.

débardeur [debar'dœ:r], *n.m.* stevedore, lighterman, docker.

débarquement [debarkə'mɑ̃], *n.m.* landing, disembarkation (*of persons*); unloading (*of goods*).

débarquer [debar'ke], *v.t., v.i.* to disembark, to land.

débarras [deba'rɑ], *n.m.* riddance, disencumbrance; *chambre de débarras*, lumber-room, box-room.

débarrasser [debara'se], *v.t.* to disencumber, to rid; to disentangle, to extricate; to clear (*the table*). **se débarrasser**, *v.r.* to extricate oneself, to rid oneself of, to shake off; to get clear.

débarrer [deba're], *v.t.* to unbar.

débat [de'ba], *n.m.* dispute, contest; debate, discussion; (*pl.*) parliamentary debates.

débateler [debatə'le], *v.t.* (*conjug. like* APPELER) to unlade (*boats etc.*).

débâter [deba'te], *v.t.* to unsaddle; to take a packsaddle off.

débâtir [debɑ'ti:r], *v.t.* to pull down, to demolish; to unbaste, to untack (*garments*).

débattre [de'batr], *v.t. irr.* (*conjug. like* BATTRE) to debate, to discuss, to argue. **se débattre**, *v.r.* to struggle, to strive; to flounder, to flutter.

débauche [de'bo:ʃ], *n.f.* debauchery; dissoluteness.

débauché [debo'ʃe], *n.m.* debauchee, rake.

débaucher [debo'ʃe], *v.t.* to debauch; to corrupt; to lead astray. **se débaucher**, *v.r.* to become debauched.

débet [de'bɛ], *n.m.* debit.

débile [de'bil], *a.* weak, feeble.

débilement [debil'mɑ̃], *adv.* feebly, weakly.

débilité [debili'te], *n.f.* debility, weakness.

débiliter [debili'te], *v.t.* to debilitate, to enfeeble.

débit [de'bi], *n.m.* sale; market; retail; retail shop; (*fig.*) delivery, utterance; (*Bookkeeping*) debit.

débitage [debi'ta:ʒ], *n.m.* cutting up (*of stones, timber etc.*).

débitant [debi'tɑ̃], *n.m.* (*fem.* **-e**) retailer, dealer.

débiter [debi'te], *v.t.* to sell; to retail; to supply; to debit; to cut up (*wood, stone etc.*); (*fig.*) to spread, to report, to utter.

débiteur (1) [debi'tœ:r], *n.m.* (*fem.* **-trice**) debtor.

débiteur (2) [debi'tœ:r], *n.m.* (*fem.* **-euse**) prattler, newsmonger.

déblai [de'blɛ], *n.m.* clearing; excavation; (*pl.*) earth, stones etc. cleared away.

déblaiement *or* **déblayement** [deblɛ'mɑ̃], *n.m.* clearance; cutting, excavation, digging.

déblatérer [deblate're], *v.i.* (*conjug. like* CÉDER) to utter violent abuse, to rail (*contre*).

déblayement [DÉBLAIEMENT].

déblayer [deblɛ'je], *v.t.* (*conjug. like* PAYER) to clear away; to clear; (*fig.*) to sweep away (*obstacles etc.*).

déblocage [deblɔ'ka:ʒ], *n.m.* (*Print.*) turning letters.

débloquer [deblɔ'ke], *v.t.* to raise the blockade from; (*Print.*) to turn letters; to unlock; to release.

débobiner [debɔbi'ne], *v.t.* to unwind.

déboire [de'bwa:r], *n.m.* after-taste; (*fig.*) disappointment, vexation.

déboisement [debwaz'mɑ̃], *n.m.* clearing of trees, deforestation.

déboiser [debwa'ze], *v.t.* to clear of trees.

déboîtement [debwat'mɑ̃], *n.m.* dislocation.

déboîter [debwa'te], *v.t.* to put out of joint, to dislocate; (*Elec.*) to disconnect. **se déboîter**, *v.r.* to be dislocated.

débonder [debɔ̃'de], *v.t.* to unplug, to unstopper; to loosen, to unbind.—*v.i. or* **se débonder**, *v.r.* to gush, to break out, to burst forth; to be relaxed (*of a person*).

débonnaire [debɔ'nɛ:r], *a.* good-natured, easy-tempered.

débonnairement [debɔnɛr'mɑ̃], *adv.* compliantly, easily.

débonnaireté [debɔnɛr'te], *n.f.* compliance, good-nature.

débordé [debɔr'de], *a.* overflowing (*river*); overwhelmed (*man*); outflanked (*troops*).

débordement

débordement [debordə'mɑ̃], *n.m.* overflowing, flood; outburst; (*fig.*) dissoluteness.
déborder [debor'de], *v.t.* to take off the border from; to go beyond; to outrun.—*v.i.* to overflow, to run over; to project, to jut out. **se déborder**, *v.r.* to overflow; to run over, to burst forth.
débordoir [debor'dwa:r], *n.m.* edging-tool; spoke-shave.
débosseler [debos'le], *v.t.* (*conjug. like* APPELER) to take the dents out of.
débotté *or* **débotter** (1) [debo'te], *n.m.* the moment of taking boots off; (*fig.*) *au débotté*, at once.
débotter (2) [debo'te], *v.t.* to pull off (*someone's*) boots. **se débotter**, *v.r.* to take off one's boots.
débouché [debu'ʃe], *n.m.* outlet, issue; waterway; (*Comm.*) market, sale.
débouchage [debu'ʃa:ʒ], **débouchement** [debuʃ'mɑ̃], *n.m.* uncorking; outlet; market, sale.
déboucher [debu'ʃe], *v.t.* to open, to clear; to uncork; to unplug.—*v.i.* to emerge; to empty itself (*of rivers*); (*Mil.*) to debouch.
déboucler [debu'kle], *v.t.* to unbuckle; to uncurl.
débouler [debu'le], *v.i.* to roll down (*like a ball*); to start off suddenly (*like a hare*).
déboulonner [debulɔ'ne], *v.t.* to unrivet, to unbolt.
débourrer [debu're], *v.t.* to draw the wad *or* wadding out of (*fire-arms*); to empty the tobacco out of (*a pipe*); (*fig.*) to polish (*a person's manners*).
débours [de'bu:r], **déboursé** [debur'se], *n.m.* disbursement, outlay.
déboursement [deburs'mɑ̃], *n.m.* outlay, expenditure.
débourser [debur'se], *v.t.* to disburse, to expend, to lay out.
debout [də'bu], *adv.* upright, on end, standing up; out of bed, **up**; in existence; (*Naut.*) ahead (*of the wind*).
déboutonner [debutɔ'ne], *v.t.* to unbutton. **se déboutonner**, *v.r.* to unbutton oneself; (*colloq.*) to unbosom oneself.
débraillé [debra'je], *a.* loosely dressed, in disorder.—*n.m.* disorder, untidiness; (*fig.*) licence.
débrailler (se) [sədebra'je], *v.r.* to uncover one's breast; to be untidy *or* disordered.
débrancher [debrɑ̃'ʃe], *v.t.* (*Elec.*) to disconnect.
débrayage [debrɛ'ja:ʒ], **désembrayage** [dezɑ̃brɛ'ja:ʒ], *n.m.* disengaging gear (*of motors etc.*); declutching.
débrayer [debrɛ'je], *v.t.* (*conjug. like* PAYER) to throw out of gear, to disengage, to declutch.
débridement [debrid'mɑ̃], *n.m.* unbridling; (*fig.*) dispatch, hurry.
débrider [debri'de], *v.t. v.i.* to unbridle (*horse*); to halt.
débris [de'bri], *n.m.* (*usu. in pl.*) remains, debris; rubbish.
débrouillard [debru'ja:r], *a.* and *n.m.* (*fem.* -e) (*colloq.*) resourceful (person).
débrouiller [debru'je], *v.t.* to disentangle, to unravel; (*fig.*) to explain. **se débrouiller**, *v.r.* to be cleared up; to get out of difficulties, to manage.

débusquement [debyskə'mɑ̃], *n.m.* driving out, dislodging.
débusquer [debys'ke], *v.t.* to turn out, to oust, to expel; (*Hunt.*) to start.
début [de'by], *n.m.* lead; outset; début.
débutant [deby'tɑ̃], *n.m.* (*fem.* -e) actor *or* actress appearing for the first time; beginner.
débuter [deby'te], *v.i.* to lead, to play first; to open; to start; to make one's début.
deçà [də'sa], *prep.* on this side of; short of, well within.—*adv.* here, on this side; *deçà (et) delà*, here and there.
décachetage [dekaʃ'ta:ʒ], *n.m.* unsealing, opening.
décacheter [dekaʃ'te], *v.t.* (*conjug. like* APPELER) to unseal, to open.
décadaire [deka'dɛ:r], *a.* decadal.
décade [de'kad], *n.f.* decade, group of ten.
décadenasser [dekadna'se], *v.t.* to unpadlock.
décadence [deka'dɑ̃:s], *n.f.* decadence, decline, wane.
décadent [deka'dɑ̃], *a.* and *n.m.* (*fem.* -e) decadent (person).
décaèdre [deka'ɛdr], *a.* decahedral.—*n.m.* decahedron.
décagonal [dekago'nal], *a.* (*pl.* -aux) decagonal (*ten-sided*).
décagone [deka'gɔn], *n.m.* decagon.
décagramme [deka'gram], *n.m.* decagramme, ten grammes.
décaissement [dekɛs'mɑ̃], **décaissage** [dekɛ'sa:ʒ], *n.m.* uncasing, unpacking.
décaisser [dekɛ'se], *v.t.* to unpack; to pay out.
décaler [deka'le], *v.t.* to unwedge.
décalaminage [dekalami'na:ʒ], *n.m.* (*Motor.*) decarbonizing.
décalaminer [dekalami'ne], *v.t.* to decarbonize.
décalitre [deka'litr], *n.m.* decalitre (2·2 gallons).
décalquer [dekal'ke], *v.t.* to transfer (*a tracing*), to countertrace.
décamètre [deka'metr], *n.m.* decametre.
décamper [dekɑ̃'pe], *v.i.* to decamp; (*fig.*) to bolt.
décanter [dekɑ̃'te], *v.t.* to decant, to pour off gently.
décapitation [dekapita'sjɔ̃], *n.f.* decapitation, beheading.
décapiter [dekapi'te], *v.t.* to behead, to decapitate.
décapotable [dekapo'tabl], *a.* (*Motor.*) convertible.
décarboniser [dekarbɔni'ze], *v.t.* to decarbonize.
décarburation [dekarbyra'sjɔ̃], *n.f.* decarbonization.
décarburer [dekarby're], *v.t.* to decarburize, to decarbonize.
décastère [deka'stɛ:r], *n.m.* measure of 10 steres *or* cubic metres (13·1 cubic yards).
décathlon [dekat'lɔ̃], *n.m.* (*spt.*) decathlon.
decauville [dako'vil], *n.m.* narrow gauge railway.
décaver [deka've], *v.t.* to win the whole of the stakes from, (*fam.*) to clean out; (*fig.*) to ruin, to beggar.
décédé [dese'de], *n.m.* (*fem.* -ée) deceased (*person*).
décéder [dese'de], *v.i.* (*conjug. like* CÉDER) to die, to decease.

98

déciviliser

décèlement [desɛl'mã], *n.m.* disclosure, exposure, discovery.

déceler [des'le], *v.t.* (*conjug. like* AMENER) to disclose, to reveal, to betray. **se déceler**, *v.r.* to betray oneself.

déceleur [des'lœ:r], *n.m.* (*fem.* -euse) betrayer, revealer.

décembre [de'sã:br], *n.m.* December.

décemment [desa'mã], *adv.* decently.

décence [de'sã:s], *n.f.* decency, propriety.

décent [de'sã], *a.* decent, becoming; modest.

décentralisation [desãtraliza'sjõ], *n.f.* decentralization.

décentraliser [desãtrali'ze], *v.t.* to decentralize.

déception [desɛp'sjõ], *n.f.* disappointment; deception, deceit.

décernement [desɛrnə'mã], *n.m.* awarding.

décerner [desɛr'ne], *v.t.* to decree, to enact; to award, to confer (*an honour*); to issue (*a summons etc.*).

décès [de'sɛ], *n.m.* decease, demise, death.

décevant [des'vã], *a.* deceptive; disappointing.

décevoir [desə'vwa:r], *v.t. irr.* (*conjug. like* RECEVOIR) to deceive; to disappoint.

déchaînement [deʃɛn'mã], *n.m.* unbridling, bursting (*of storm*); outburst (*of passion*); fury, rage; invective.

déchaîner [deʃe'ne], *v.t.* to unchain, to let loose; to give vent to (*passion*). **se déchaîner**, *v.r.* to break loose; to burst out; to run wild (*of passions etc.*).

déchaler [deʃa'le], *v.i.* to ebb; to lie dry.

déchanter [deʃã'te], *v.i.* to lower one's key (*in singing*); (*fig.*) to lower one's pretensions, to sing another tune.

déchaperonner [deʃaprɔ'ne], *v.t.* to unhood (*a hawk etc.*); to uncope (*a wall*).

décharge [de'ʃarʒ], *n.f.* unloading; rebate (*on a tax*); outlet, discharge (*of water etc.*); (*Law*) discharge, acquittal; (*Mil.*) volley.

déchargement [deʃarʒə'mã], *n.m.* unloading, unlading.

décharger [deʃar'ʒe], *v.t.* (*conjug. like* MANGER) to unload; to empty; to disburden; to discharge; to fire (*fire-arms*); to acquit (*de*). **se décharger**, *v.r.* to be unloaded, to discharge; to give vent (*to*); to unburden oneself.

déchargeur [deʃar'ʒœ:r], *n.m.* unloader, wharf-porter, heaver, lumper.

décharné [deʃar'ne], *a.* fleshless; lean, emaciated.

décharnement [deʃarnə'mã], *n.m.* emaciation.

décharner [deʃar'ne], *v.t.* to strip the flesh off; to emaciate.

déchaumage [deʃo'ma:ʒ], *n.m.* (*Agric.*) ploughing up fallow ground.

déchaumer [deʃo'me], *v.t.* to plough up the stubble on; to break up (*fallow land*).

déchaussé [deʃo'se], *a.* barefooted.

déchausser [deʃo'se], *v.t.* to pull off (*someone's*) shoes and stockings; to lay bare the root or base (*of trees, buildings, teeth etc.*). **se déchausser**, *v.r.* to take off one's shoes and stockings.

déchéance [deʃe'ã:s], *n.f.* forfeiture; disgrace; deposition.

déchet [de'ʃɛ], *n.m.* loss, waste, offal.

décheveler [deʃə'vle], *v.t.* (*conjug. like* APPELER) to dishevel [ÉCHEVELER].

déchevêtrer [deʃəvɛ'tre], *v.t.* to unhalter (*a beast of burden*).

décheviller [deʃəvi'je], *v.t.* to unpeg, to unpin.

déchiffrable [deʃi'frabl], *a.* legible.

déchiffrement [deʃifrə'mã], *n.m.* deciphering; reading or playing at sight.

déchiffrer [deʃi'fre], *v.t.* to decipher, to unravel; to read or play at sight. **se déchiffrer**, *v.r.* to be deciphered.

déchiffreur [deʃi'frœ:r], *n.m.* (*fem.* -euse) decipherer; sight-reader; *déchiffreur de radar*, radar scanner.

déchiqueté [deʃik'te], *a.* jagged, indented.

déchiqueter [deʃik'te], *v.t.* (*conjug. like* APPELER) to cut, to slash, to hack; to cut into long pieces.

déchiqueture [deʃik'ty:r], *n.f.* tear, slash.

déchirage [deʃi'ra:ʒ], *n.m.* ripping up, breaking up (*of a ship etc.*).

déchirant [deʃi'rã], *a.* heart-rending, piercing; excruciating.

déchirement [deʃir'mã], *n.m.* rending, tearing, laceration; (*fig.*) heart-break.

déchirer [deʃi're], *v.t.* to tear to pieces, to rend; (*fig.*) to torture; to revile. **se déchirer**, *v.r.* to tear, to be torn; to defame each other.

déchirure [deʃi'ry:r], *n.f.* rent, tear; fissure.

déchoir [de'ʃwa:r], *v.i. irr.* to decay, to fall off, to decline; to sink.

déchouer [deʃu'e], *v.t.* to get off, to set afloat.

déchu [de'ʃy], *a.* fallen, decayed; sunken; *ange déchu*, fallen angel.

décidé [desi'de], *a.* decided, determined, resolved.

décidément [deside'mã], *adv.* decidedly, positively; firmly; definitely.

décider [desi'de], *v.t.* to decide, to determine, to settle; to induce, to persuade.—*v.i.* to decide. **se décider**, *v.r.* to decide, to determine, to make up one's mind.

décigramme [desi'gram], *n.m.* decigram (*one-tenth of a gramme*, 1·54 *grains*).

décilitre [desi'litr], *n.m.* decilitre (*one-tenth of a litre*).

décimal [desi'mal], *a.* (*m.pl.* -aux) decimal.—*n.f.* (-e) a decimal.

décimalisation [desimaliza'sjõ], *n.f.* decimalization.

décimaliser [desimali'ze], *v.t.* to decimalize.

décimateur [desima'tœ:r], *n.m.* tithe-owner.

décime [de'sim], *n.f.* tithe.

décimer [desi'me], *v.t.* to decimate, to destroy, to annihilate.

décimètre [desi'mɛtr], *n.m.* decimetre (3·937 *inches*).

décimo [desi'mo], *adv.* tenthly.

décintrer [desɛ̃'tre], *v.t.* to remove the centerings from (*arches*).

décisif [desi'zif], *a.* (*fem.* -sive) decisive, conclusive.

décision [desi'zjõ], *n.f.* decision, determination; resolution.

décisivement [desiziv'mã], *adv.* decisively; peremptorily, positively.

décistère [desi'stɛ:r], *n.m.* tenth of a stere (3·53 *cubic feet*).

déciviliser [desivili'ze], *v.t.* to decivilize.

99

déclamateur

déclamateur [deklama'tœːr], *n.m.* (*fem.* -**trice**) declaimer; (*fig.*) tub-thumper.—*a.* (*fem.* -**trice**) declamatory, bombastic.

déclamation [deklama'sjɔ̃], *n.f.* declamation, elocution.

déclamatoire [deklama'twaːr], *a.* declamatory.

déclamer [dekla'me], *v.t., v.i.* to declaim; to spout, to mouth.

déclarant [dekla'rɑ̃], *n.m.* (*Law*) informant.

déclaration [deklara'sjɔ̃], *n.f.* declaration, proclamation; disclosure; notification; *déclaration sous serment*, affidavit.

déclaratoire [deklara'twaːr], *a.* declaratory.

déclarer [dekla're], *v.t.* to declare, to make known; to proclaim; to certify. **se déclarer**, *v.r.* to speak one's mind; to declare oneself *or* itself; to show oneself *or* itself.

déclassé [dekla'se], *a.* come down in the world.—*n.m.* (*fem.* -**ée**) one who has come down in the world; one rejected by his own class *or* sphere.

déclassement [deklɑs'mɑ̃], *n.m.* loss of social position.

déclasser [deklɑ'se], *v.t.* to alter the classing of; to transfer from one class to another (*on trains, boats etc.*); to strike off the rolls, to dismiss from the service.

déclencher [deklɑ'ʃe], *v.t.* to unlatch (*a door*); to unhook, to detach; to release; (*Mil.*) to launch (*an attack*).

déclic [de'klik], *n.m.* pawl, catch.

déclin [de'klɛ̃], *n.m.* decline; decay; wane (*of the moon*); ebb; close (*of day etc.*).

déclinaison [deklinɛ'zɔ̃], *n.f.* (*Gram.*) declension.

déclinant [dekli'nɑ̃], *a.* declining.

décliner [dekli'ne], *v.t.* to refuse; (*Gram.*) to decline; to state.—*v.i.* to decline, to be on the wane, to fall off.

déclive [de'kliːv], *a.* declivous, sloping.

déclivité [deklivi'te], *n.f.* declivity, slope.

décloîtrer (se) [sədeklwa'tre], *v.r.* to leave the cloister, to return to the world.

déclore [de'klɔːr], *v.t. irr.* (*conjug. like* CLORE) to unclose, to throw open.

décochement [dekɔʃ'mɑ̃], *n.m.* discharge, shooting (*of arrows, shafts etc.*).

décocher [dekɔ'ʃe], *v.t.* to discharge, to dart (*arrows etc.*); to let fly (*insults etc.*).

décoiffer [dekwa'fe], *v.t.* to remove *or* undo the coiffure of, to undress the hair of. **se décoiffer**, *v.r.* to undo one's head-dress; to take off one's hat.

décoincer (se) [sədekwɛ̃'se], *v.r.* (*conjug. like* COMMENCER) to work loose.

décollage [dekɔ'laːʒ], *n.m.* (*Av.*) taking off.

décollement [dekɔl'mɑ̃], *n.m.* ungluing, unpasting; coming off; detachment (*of retina*).

décoller [dekɔ'le], *v.t.* to unglue.—*v.i.* (*Av.*) to take off. **se décoller**, *v.r.* to become unglued, to come off.

décolletage [dekɔl'taːʒ], *n.m.* lowness in the neck (*of dresses*); baring the neck and shoulders.

décolleté [dekɔl'te], *a.* (*Dress.*) low-necked.

décolleter [dekɔl'te], *v.t.* (*conjug. like* APPELER) to uncover the neck, shoulders etc., of; to cut (*a dress*) low. **se décolleter**, *v.r.* to bare one's shoulders; to wear a low dress.

décoloration [dekɔlɔra'sjɔ̃], *n.f.* discoloration.

décoloré [dekɔlɔ're], *a.* discoloured, faded.

décolorer [dekɔlɔ're], *v.t.* to discolour. **se décolorer**, *v.r.* to become discoloured, to fade.

décombres [de'kɔ̃:br], *n.m.* (*used only in pl.*) rubbish, debris, ruins.

décommander [dekɔmɑ̃'de], *v.t.* to countermand; to cancel.

décomposé [dekɔ̃po'ze], *a.* decomposed.

décomposer [dekɔ̃po'ze], *v.t.* to decompose; to break up; to distort. **se décomposer**, *v.r.* to decompose, to rot; (*fig.*) to be distorted (*of the face etc.*).

décomposition [dekɔ̃pozi'sjɔ̃], *n.f.* decomposition, analysis.

décompresseur [dekɔ̃prɛ'sœːr], *n.m.* (*Motor.*) exhaust-valve.

décompte [de'kɔ̃:t], *n.m.* deduction, discount, allowance; deficit; balance due; (*fig.*) drawback; disappointment.

décompter [dekɔ̃'te], *v.t.* to deduct.—*v.i.* (*fig.*) to be disappointed.

déconcertant [dekɔ̃sɛr'tɑ̃], *a.* disconcerting.

déconcerter [dekɔ̃sɛr'te], *v.t.* to disconcert; to baffle. **se déconcerter**, *v.r.* to be disconcerted *or* put out.

déconfiture [dekɔ̃fi'tyːr], *n.f.* discomfiture; break-down; insolvency.

décongeler [dekɔ̃'ʒle], *v.t.* (*conjug. like* AMENER) to thaw (*chilled meat*).

déconseiller [dekɔ̃sɛ'je], *v.t.* to dissuade.

déconsidération [dekɔ̃sidera'sjɔ̃], *n.f.* disrepute, discredit.

déconsidérer [dekɔ̃side're], *v.t.* (*conjug. like* CÉDER) to bring into disrepute, to discredit. **se déconsidérer**, *v.r.* to fall into disrepute.

décontenancement [dekɔ̃tnɑ̃s'mɑ̃], *n.m.* mortification, embarrassment.

décontenancer [dekɔ̃tnɑ̃'se], *v.t.* (*conjug. like* COMMENCER) to abash, to put out of countenance. **se décontenancer**, *v.r.* to be put out of countenance, to be abashed.

déconvenue [dekɔ̃v'ny], *n.f.* discomfiture; disappointment, set-back.

décor [de'kɔːr], *n.m.* decoration; (*Theat., pl.*) scenery.

décorateur [dekɔra'tœːr], *n.m.* (*fem.* -**trice**) ornamental painter, decorator; scene-painter.

décoratif [dekɔra'tif], *a.* (*fem.* -**tive**) decorative, ornamental.

décoration [dekɔra'sjɔ̃], *n.f.* decoration, embellishment; medal, insignia (*of an order*).

décorder [dekɔr'de], *v.t.* to untwist, to untwine (*a cord etc.*); to untie the rope (*of a box*).

décoré [dekɔ're], *a.* decorated; wearing the insignia of some order *or* its ribbon in one's buttonhole.

décorer [dekɔ're], *v.t.* to decorate; to set off; to confer the Legion of Honour etc. upon.

décorner [dekɔr'ne], *v.t.* to dishorn.

décortiquer [dekɔrti'ke], *v.t.* to decorticate, to bark, to husk, to shell, to peel.

décorum [dekɔ'rɔm], *n.m.* decorum, propriety.

découcher [deku'ʃe], *v.i.* to sleep away from home; to stay out all night.

découdre [de'kudr] *v.t. irr.* (*conjug. like* COUDRE) to unsew, to unstitch; to rip up. **se découdre,** *v.r.* to come unstitched.

découler [deku'le], *v.i.* to trickle, to flow; to spring, to proceed (*from*).

découpage [deku'pa:ʒ], *n.m.* cutting out, carving out.

découpé [deku'pe], *a.* (*Bot.*) cut, denticulated.

découper [deku'pe], *v.t.* to cut up; to pink, to cut out; to punch. **se découper,** *v.r.* to stand out, to show up (*against*).

découpeur [deku'pœːr], *n.m.* (*fem.* **-euse**) carver; pinker, cutter.

découplé [deku'ple], *a.* strapping.

découpler [deku'ple], *v.t.* to uncouple, to unleash, to let loose (*in pursuit*).

découpoir [deku'pwaːr], *n.m.* punch, stamping-machine, stamping-press.

découpure [deku'pyːr], *n.f.* cutting out, pinking, work cut out; cut paper-work; indentation.

décourageant [dekura'ʒɑ̃], *a.* discouraging, disheartening.

découragement [dekuraʒ'mɑ̃], *n.m.* discouragement.

décourager [dekura'ʒe], *v.t.* (*conjug. like* MANGER) to discourage, to dishearten. **se décourager,** *v.r.* to be disheartened.

décours [de'kuːr], *n.m.* decrease; wane (*of the moon*).

décousu [deku'zy], *a.* unsewn, unstitched; (*fig.*) desultory (*of style etc.*).

décousure [deku'zyːr], *n.f.* unpicked stitching.

découvert [deku'vɛːr], *a.* uncovered; uncovered; open, unguarded; bare, bareheaded.—*n.m.* (*Comm.*) overdraft, deficit.

découverte [deku'vɛrt], *n.f.* discovery, detection; (*Mil.*) reconnoitring; (*Naut.*) look out.

découvreur [deku'vrœːr], *n.m.* (*fem.* **-euse**) discoverer.

découvrir [deku'vriːr], *v.t.* (*conjug. like* OUVRIR) to uncover, to expose; to discover, to disclose, to detect. **se découvrir,** *v.r.* to uncover oneself, to take off one's hat; to unbosom oneself; to expose oneself; to lie open *or* bare; to clear up (*of the sky*).

décramponner (se) [sədekrɑ̃pɔ'ne], *v.r.* to let go one's hold.

décrasser [dekra'se], *v.t.* to take the dirt off, to scour; (*fig.*) to make presentable. **se décrasser,** *v.r.* to wash, to clean oneself; to become polished.

décrassoir [dekra'swaːr], *n.m.* fine toothcomb.

décréditement [dekredit'mɑ̃], *n.m.* discrediting.

décrépi [dekre'pi], *a.* unplastered.

décrépir (se) [sədekre'piːr], *v.r.* to lose its plaster (*of a wall etc.*).

décrépit [dekre'pi], *a.* decrepit, brokendown.

décrépitude [dekrepi'tyd], *n.f.* decrepitude.

décret [de'krɛ], *n.m.* decree, order, enactment; (*Law*) writ, warrant.

décret-loi [dekre'lwa], *n.m.* Order in Council.

décréter [dekre'te], *v.t.* (*conjug. like* CÉDER) to decree, to order, to enact.

décri [de'kri], *n.m.* official crying down *or* depreciation (*of coinage*); (*fig.*) discredit.

décrier [dekri'e], *v.t.* to decry, to run down;

(*fig.*) to discredit. **se décrier,** *v.r.* to bring oneself into disrepute; to decry one another.

décrire [de'kriːr], *v.t. irr.* (*conjug. like* ÉCRIRE) to describe, to depict. **se décrire,** *v.r.* to be described.

décrocher [dekrɔ'ʃe], *v.t.* to unhook, to take down, to disconnect.

décroiser [dekrwa'ze], *v.t.* to uncross (*the legs etc.*).

décroissant [dekrwa'sɑ̃], *a.* decreasing, diminishing; subsiding.

décroissement [dekrwas'mɑ̃], *n.m.*, **décroissance** [dekrwa'sɑ̃:s], *n.f.* decrease.

décroît [de'krwa], *n.m.* wane (*of the moon*).

décroître [de'krwaːtr], *v.i. irr.* (*conjug. like* CROÎTRE *but p.p.* décru, *without circumflex*) to decrease, to diminish, to wane.

décrottage [dekrɔ'ta:ʒ], *n.m.* cleaning (*of boots, trousers etc.*).

décrotter [dekrɔ'te], *v.t.* to rub the dirt off, (*fig.*) to improve the manners of. **se décrotter,** *v.r.* to clean oneself; to clean one's boots etc.

décrotteur [dekrɔ'tœːr], *n.m.* (*fem.* **-euse**) shoe-black.

décrottoir [dekrɔ'twaːr], *n.m.* scraper (*for shoes*).

décrottoire [dekrɔ'twaːr], *n.f.* shoe-brush.

décrue [de'kry], *n.f.* decrease; fall (*of water*).

décrypter [dekrip'te], *v.t.* to decipher.

déculotter [dekylɔ'te], *v.t.* to take off (*s.o.'s*) breeches, (*a child's*) pants; (*colloq.*) to debag.

décuple [de'kypl], *a.* and *n.m.* tenfold.

décupler [deky'ple], *v.t.* to increase tenfold.

décuvage [deky'va:ʒ], *n.m.*, **décuvaison** [dekyvɛ'zɔ̃], *n.f.* tunning (*of wine*).

décuver [deky've], *v.t.* to tun.

dédaigner [dedɛ'ɲe], *v.t.* to disdain, to scorn, to despise.

dédaigneusement [dedɛɲøz'mɑ̃], *adv.* disdainfully, scornfully.

dédaigneux [dedɛ'ɲø], *a.* (*fem.* **-euse**) disdainful, scornful.

dédain [de'dɛ̃], *n.m.* disdain, scorn, disregard.

dédale [de'dal], *n.m.* labyrinth, maze.

dedans [də'dɑ̃], *adv.* within, in, inside; at home.—*n.m.* inside, interior.

dédicace [dedi'kas], *n.f.* dedication, consecration (*of a church etc.*).

dédication [dedika'sjɔ̃], *n.f.* (*Law*) dedication (*of a temple etc.*).

dédier [de'dje], *v.t.* to dedicate, to consecrate, to devote; to inscribe (*a book etc.*).

dédire [de'diːr], *v.t. irr.* (*conjug. like* MÉDIRE) to disown; gainsay, to contradict. **se dédire,** *v.r.* to recant, to retract, to go back on one's word.

dédit [de'di], *n.m.* retraction; forfeit.

dédommagement [dedɔmaʒ'mɑ̃], *n.m.* indemnification; compensation, damages.

dédommager [dedɔma'ʒe], *v.t.* (*conjug. like* MANGER) to make amends for; to compensate, to make up for. **se dédommager,** *v.r.* to indemnify oneself.

dédorer [dedɔ're], *v.t.* to ungild. **se dédorer,** *v.r.* to lose its gilt (*of metal etc.*).

dédouanement [dedwan'mɑ̃], *n.m.* (*customs*) clearance.

dédouaner [dedwa'ne], *v.t.* to clear (*goods*) from the custom house.

101

dédoublement

dédoublement [dedublə'mã], **dédoublage** [dedu'bla:ʒ], *n.m.* dividing into two; unlining (*of a garment*); diluting.
dédoubler [dedu'ble], *v.t.* to take out the lining of; to divide into two; *dédoubler un autocar* (*un train*), to run a relief coach (train). **se dédoubler**, *v.r.* to be divided into two.
déductif [dedyk'tif], *a.* (*fem.* **-tive**) deductive.
déduction [dedyk'sjɔ̃], *n.f.* deduction, allowance; inference.
déduire [de'dɥi:r], *v.t. irr.* (*conjug. like* CONDUIRE) to deduct, to subtract; to deduce, to infer.
déesse [de'ɛs], *n.f.* goddess, female deity.
défâcher [defa'ʃe], *v.t.* to pacify. **se défâcher**, *v.r.* to be pacified, to cool down.
défaillance [defa'jã:s], *n.f.* fainting fit, swoon, faintness; exhaustion; extinction (*of a family etc.*).
défaillant [defa'jã], *a.* failing, falling off; decaying; without heirs; weak, feeble.—*n.m.* (*fem.* **-e**) (*Law*) defaulter.
défaillir [defa'ji:r], *v.i. irr.* (*conjug. like* ASSAILLIR) to fail, to default; to decay; to swoon, to faint away.
défaire [de'fɛ:r], *v.t. irr.* (*conjug. like* FAIRE) to undo, to unmake; to defeat; to emaciate; to embarrass; to rid. **se défaire**, *v.r.* to come undone; *se défaire de*, to get rid of, to give up.
défait [de'fɛ], *a.* undone, defeated; meagre, wasted; worn out.
défaite [de'fɛt], *n.f.* defeat, overthrow; evasion, pretence, excuse.
défaitisme [defɛ'tism], *n.m.* defeatism.
défaitiste [defɛ'tist], *a.* and *n.* defeatist.
défalcation [defalka'sjɔ̃], *n.f.* deduction.
défalquer [defal'ke], *v.t.* to take off, to deduct.
défausser [defo'se], *v.t.* to straighten.
défaut [de'fo], *n.m.* absence, lack, default; defect, fault, flaw; (*Law*) non-appearance; *à défaut de*, instead of, for want of; *faire défaut*, to be wanting, to be missing.
défaveur [defa'vœ:r], *n.f.* disfavour, discredit.
défavorable [defavɔ'rabl], *a.* unfavourable.
défavorablement [defavɔrablə'mã], *adv.* unfavourably.
défectif [defɛk'tif], *a.* (*fem.* **-tive**) (*Gram.*) defective.
défection [defɛk'sjɔ̃], *n.f.* defection, falling off, disloyalty.
défectueux [defɛk'tɥø], *a.* (*fem.* **-euse**) defective, imperfect.
défectuosité [defɛktɥozi'te], *n.f.* defect, imperfection, flaw.
défendable [defã'dabl], *a.* defensible, tenable.
défendeur [defã'dœ:r], *n.m.* (*fem.* **-eresse**) defendant; respondent.
défendre [de'fã:dr], *v.t.* to defend, to protect; to shield; to support; to forbid. **se défendre**, *v.r.* to defend oneself; to clear oneself; to deny.
défense [de'fã:s], *n.f.* defence, protection; prohibition; apology, plea; (*Law*) the defence; (*Fort., pl.*) outworks; tusk, fang (*of animals*); (*Naut.*) fender; *défense de fumer*, no smoking.
défenseur [defã'sœ:r], *n.m.* defender, supporter; advocate, counsel.

défensif [defã'sif], *a.* (*fem.* **-sive**) defensive.—*n.f.* (**-sive**) defensive.
déféquer [defe'ke], *v.t.* (*conjug. like* CÉDER) to purify.—*v.i.* to defecate.
déférence [defe'rã:s], *n.f.* deference, regard, respect.
déférent [defe'rã], *a.* deferential, compliant.
déférer [defe're], *v.t.* (*conjug. like* CÉDER) * to confer, to bestow; to tender; to accuse, to inform against.—*v.i.* to defer, to yield, to comply.
déferler [defer'le], *v.t.* (*Naut.*) to unfurl.—*v.i.* to break into foam (*of the sea*).
déferrer [defe're], *v.t.* to unshoe (*a horse*). **se déferrer**, *v.r.* to come unshod, to lose a shoe.
défeuiller [defœ'je], *v.t.* to take the leaves off. **se défeuiller**, *v.r.* to shed its leaves.
défi [de'fi], *n.m.* defiance, challenge.
défiance [de'fjã:s], *n.f.* distrust, mistrust; caution.
défiant [de'fjã], *a.* distrustful, suspicious.
déficeler [defis'le], *v.t.* (*conjug. like* APPELER) to untie; to undo.
déficient [defi'sjã], *a.* deficient.
déficit [defi'sit], *n.m.* deficit, deficiency.
défier [de'fje], *v.t.* to defy, to challenge; to brave, to face; to set at defiance. **se défier**, *v.r.* to defy or to challenge each other; to distrust, to beware (*de*).
défiger [defi'ʒe], *v.t.* (*conjug. like* MANGER) to liquefy.
défiguration [defigyra'sjɔ̃], *n.f.*, **défigurement** [defigyr'mã], *n.m.* disfigurement, defacement.
défigurer [defigy're], *v.t.* to disfigure, to mar; to distort. **se défigurer**, *v.r.* to disfigure oneself; to become deformed.
défilade [defi'lad], *n.f.* filing off or past, marching past; succession.
défilé [defi'le], *n.m.* defile, narrow pass, gorge; (*fig.*) strait, difficulty; (*Mil.*) filing past; *un défilé de mannequins*, a mannequin parade.
défiler [defi'le], *v.t.* to unstring, to unthread; to untwist.—*v.i.* to file off, to march past. **se défiler**, *v.r.* to come unthreaded or unstrung; (*Mil.*) to take cover; to slip away.
défini [defi'ni], *a.* definite, determined, defined.
définir [defi'ni:r], *v.t.* to define; to determine; to describe.
définissable [defini'sabl], *a.* definable.
définitif [defini'tif], *a.* (*fem.* **-tive**) definitive, final; ultimate, eventual.
définition [defini'sjɔ̃], *n.f.* definition.
définitivement [definitiv'mã], *adv.* definitively, positively, decidedly; eventually.
déflation [defla'sjɔ̃], *n.f.* deflation.
défléchir [defle'ʃi:r], *v.t., v.i.* to turn from or aside, to deflect.
déflecteur [deflɛk'tœ:r], *n.m.* (*Motor.*) ventilating window; deflector.
défleuraison [DÉFLORAISON].
défleurir [deflœ'ri:r], *v.t.* to nip or strip off blossoms.—*v.i.* to lose its flowers.
déflexion [deflɛk'sjɔ̃], *n.f.* deviation; (*Gram.*) deflection.
défloraison [deflɔrɛ'zɔ̃], **défleuraison** [deflœrɛ'zɔ̃], *n.f.* fall or withering of the blossom.
déflorer [deflɔ're], *v.t.* to deflower, to seduce.

défonçage [defɔ̃'saːʒ], **défoncement** [defɔ̃s'mɑ̃], *n.m.* staving in (*of the head of casks*), breaking *or* smashing in; (*Agric.*) deep trenching.

défoncer [defɔ̃'se], *v.t.* (*conjug. like* COMMENCER) to stave in, to bilge (*a cask*); to dig deeply, to trench (*ground*). **se défoncer**, *v.r.* to give way; to break up (*of roads*); to get battered.

défonceuse [defɔ̃'søːz], *n.f.* trenching plough.

déforestation [deforɛsta'sjɔ̃], *n.f.* deforestation.

déformant [defɔr'mɑ̃], *a.* distorting (*mirror etc.*).

déformation [deforma'sjɔ̃], *n.f.* distortion, buckling.

déformer [defɔr'me], *v.t.* to deform, to distort. **se déformer**, *v.r.* to lose its shape.

défortifier [defɔrti'fje], *v.t.* to dismantle the fortifications of.

défourner [defur'ne], *v.t.* to draw out of an oven *or* kiln.

défourrer [defu're], *v.t.* to unwrap, to take out of its cover; to thresh (*corn*).

défraîchir [defrɛ'ʃiːr], *v.t.* to tarnish, to take away the brilliancy, gloss *or* freshness of. **se défraîchir**, *v.r.* to lose its brilliancy, freshness etc., to tarnish.

défrayer [defrɛ'je], *v.t.* (*conjug. like* PAYER) to defray, to bear the cost of; to amuse.

défriche [de'friʃ], *n.f.*, **défriché** [defri'ʃe], *n.m.* piece of cleared land.

défrichement [defriʃ'mɑ̃], **défrichage** [defri'ʃaːʒ], *n.m.* clearing, breaking up (*of land for tillage*).

défricher [defri'ʃe], *v.t.* to clear, to break up (*ground*) for tillage; to reclaim.

défricheur [defri'ʃœːr], *n.m.* clearer; settler.

défriper [defri'pe], *v.t.* to smooth out.

défrisement [defriz'mɑ̃], *n.m.* uncurling.

défriser [defri'ze], *v.t.* to uncurl; (*fam.*) to disappoint, to ruffle.

défroque [de'frɔk], *n.f.* the effects left by a dying monk; *hence*, old things, effects, cast-off clothes, etc.

défroqué [defrɔ'ke], *a.* and *n.m.* unfrocked (*priest*).

défroquer [defrɔ'ke], *v.t.* to unfrock. **se défroquer**, *v.r.* to renounce one's order (*of monks*).

défunt [de'fœ̃], *a.* defunct, deceased, late.— *n.m.* (*fem.* -e) the deceased.

dégagé [dega'ʒe], *a.* free, easy, unconstrained; flippant; bold; slender, graceful.

dégagement [degaʒ'mɑ̃], *n.m.* disengagement, redemption; clearance; discharge (*of gas etc.*); (*fig.*) unconcern.

dégager [dega'ʒe], *v.t.* (*conjug. like* MANGER) to disengage, to extricate; to clear; to deliver, to rescue; to release, to emit (*fumes etc.*); to redeem, to take out of pawn. **se dégager**, *v.r.* to be liberated (*de*); to extricate, disengage *or* disentangle oneself; to get away; (*Chem.*) to be emitted.

dégaine [de'gɛːn], *n.f.* (*colloq.*) awkward gait.

dégainer [dege'ne], *v.t.* to unsheathe (*one's sword etc.*).

déganter [degɑ̃'te], *v.t.* to unglove. **se déganter**, *v.r.* to take off one's gloves.

dégarnir [degar'niːr], *v.t.* to strip; to dismantle; to thin (*trees, woods etc.*). **se dégarnir**, *v.r.* to strip oneself (*de*); to

become empty; to grow thin; to lose branches etc.

dégât [de'ɡɑ], *n.m.* havoc, damage, ravage.

dégauchir [degoʃiːr], *v.t.* to smooth, to plane, to level, to straighten; (*fig.*) to polish.

dégauchissement [degoʃis'mɑ̃], **dégauchissage** [degoʃi'saːʒ], *n.m.* planing, straightening, levelling, smoothing.

dégazonner [degazɔ'ne], *v.t.* to remove the turf from.

dégel [de'ʒɛl], *n.m.* thaw.

dégeler [de'ʒle], *v.t.*, *v.i.* (*conjug. like* AMENER) to thaw. **se dégeler**, *v.r.* to thaw (*of persons*).

dégénération [deʒenera'sjɔ̃], *n.f.* degeneration, degeneracy.

dégénéré [deʒene're], *a.* and *n.m.* (*fem.* -ée) degenerate (person).

dégénérer [deʒene're], *v.i.* (*conjug. like* CÉDER) to decline, to degenerate.

dégénérescence [deʒenerɛ'sɑ̃ːs], *n.f.* degeneracy, degeneration.

dégénérescent [deʒenerɛ'sɑ̃], *a.* degenerating.

dégingandé [deʒɛ̃gɑ̃'de], *a.* ungainly, gawky, awkward in one's gait; clumsy, disjointed, irregular.

dégivrer [deʒi'vre], *v.t.* to de-ice.

dégivreur [deʒi'vrœːr], *n.m.* (*Motor., Av.*) de-icer.

déglutir [degly'tiːr], *v.t.* to swallow.

déglutition [deglyti'sjɔ̃], *n.f.* deglutition, swallowing.

dégommer [degɔ'me], *v.t.* to wash the gum out of; (*slang*) to sack.

dégonflement [degɔ̃flə'mɑ̃], *n.m.* deflating (*of tyre, balloon*); collapse; reduction.

dégonfler [degɔ̃'fle], *v.t.* to cause to collapse; to deflate; to reduce (*a swelling*). **se dégonfler**, *v.r.* to go down, to be reduced; to subside; (*pop.*) to sing small.

dégorgement [degɔrʒ'mɑ̃], *n.m.* breaking out, overflow; unstopping.

dégorger [degɔr'ʒe], *v.t.* (*conjug. like* MANGER) to disgorge; to unstop, to clear; to cleanse.—*v.i.* to discharge, to overflow. **se dégorger**, *v.r.* to discharge *or* empty itself *or* oneself, to be unstopped, to be cleared.

dégourdi [degur'di], *a.* quick, sharp, acute, smart; tepid (*of water*).—*n.m.* (*fem.* -e) a shrewd *or* forward person.

dégourdir [degur'diːr], *v.t.* to revive, to quicken; to take the chill off; (*fig.*) to sharpen, to render shrewd; to polish. **se dégourdir**, *v.r.* to lose numbness, to feel warmer; to brighten up.

dégourdissement [degurdis'mɑ̃], *n.m.* return of circulation; quickening, reviving.

dégoût [de'gu], *n.m.* dislike, distaste; disgust, aversion; mortification.

dégoûtant [degu'tɑ̃], *a.* disgusting, distasteful, nauseous; loathsome; unpleasant.

dégoûté [degu'te], *a.* disgusted; fastidious.— *n.m.* (*fem.* -ée) fastidious person.

dégoûter [degu'te], *v.t.* to disgust. **se dégoûter**, *v.r.* to take a dislike to.

dégouttant [degu'tɑ̃], *a.* dripping.

dégouttement [degut'mɑ̃], *n.m.* dripping, falling in drops.

dégoutter [degu'te], *v.i.* to drip, to fall in drops, to trickle.

dégradant [degra'dɑ̃], *a.* degrading, debasing.

dégradation [degrada'sjɔ̃], *n.f.* degradation; debasement; (*Paint.*) gradation of light and shade; (*Law*) *dégradation nationale* or *civile*, loss of civil rights; *dégradation militaire*, cashiering.

dégrader [degra'de], *v.t.* to degrade, to debase; to deface; (*Mil.*) to reduce to the ranks; to cashier; (*Paint.*) to graduate the light and shade. **se dégrader**, *v.r.* to degrade, debase *or* disgrace oneself; to become damaged *or* defaced.

dégrafer [degra'fe], *v.t.* to unclasp, to un-hook. **se dégrafer**, *v.r.* to come unfastened (*of garments etc.*); to unfasten one's clothes.

dégraissage [degrɛ'sa:ʒ], **dégraissement** [degrɛs'mã], *n.m.* dry-cleaning (*garments*); scouring (*wool*).

dégraisser [degrɛ'se], *v.t.* to remove greasy stains from.

dégraisseur [degrɛ'sœːr], *n.m.* (*fem.* **-euse**) scourer (*of wool*); dry-cleaner (*of clothes etc.*).

dégraissoir [degrɛ'swaːr], *n.m.* scraper.

degré [də'gre], *n.m.* step, stair; stage, grade, degree; point, extent, height, pitch.

dégréer [degre'e], *v.t.* to unrig; to strip a mast.

dégrèvement [degrɛv'mã], *n.m.* reduction; tax allowance, relief.

dégrever [degra've], *v.t.* (*conjug. like* AMENER) to diminish, to reduce (*a tax etc.*); to relieve (*someone of a tax*); to disencumber (*an estate etc.*); to pay off (*a mortgage*).

dégringolade [degrɛ̃go'lad], *n.f.* (*fam.*) fall, tumble.

dégringoler [degrɛ̃go'le], *v.i.* to tumble down, to topple over.

dégrisement [degriz'mã], *n.m.* (*colloq.*) sobering, getting sober; (*fig.*) cooling down.

dégriser [degri'ze], *v.t.* to sober; (*fig.*) to cool down, to bring to one's senses. **se dégriser**, *v.r.* to sober down; (*fig.*) to come to one's senses; to lose one's illusions.

dégrossir [degro'siːr], *v.t.* to rough-hew; (*fig.*) to make a rough sketch of.

dégrossissage [degrosi'sa:ʒ], **dégrossissement** [degrosis'mã], *n.m.* rough-hewing; (*Carp.*) dressing, trimming.

déguenillé [degəni'je], *a.* tattered, ragged.— *n.m.* (*fem.* **-ée**) ragamuffin.

déguerpir [degɛr'piːr], *v.i.* to move off; to be gone.

déguerpissement [degɛrpis'mã], *n.m.* quitting, giving up, abandonment.

dégueuler [degœ'le], *v.t.* (*vulg.*) to spew.

déguignonner [degiɲo'ne], *v.t.* to lift a curse from, to bring better luck to.

déguisable [degi'zabl], *a.* disguisable.

déguisement [degiz'mã], *n.m.* disguise, concealment; *parlez sans déguisement*, speak openly.

déguiser [degi'ze], *v.t.* to disguise, to cloak; to misrepresent. **se déguiser**, *v.r.* to disguise oneself, to put on fancy dress.

dégustateur [degysta'tœːr], *n.m.* (*fem.* **-trice**) taster (*of wines etc.*).

dégustation [degysta'sjɔ̃], *n.f.* tasting (*of wines etc.*).

déguster [degys'te], *v.t.* to taste; to sip, to savour.

déhaler [dea'le], *v.t.* (*Naut.*) to tow out; to haul off.

déhâler [dea'le], *v.t.* to take away sun-burn, freckles, tan etc. from. **se déhâler**, *v.r.* to clear one's complexion.

déhanché [deã'ʃe], *a.* having the hip dis-located; (*fig.*) ungainly.

déhanchement [deãʃ'mã], *n.m.* waddling gait, waddle.

déhancher (se) [sədeã'ʃe], *v.r.* to sway one's hips; to have a waddling, loose gait.

déharnachement [dearnaʃ'mã], *n.m.* un-harnessing.

déharnacher [dearna'ʃe], *v.t.* to unharness.

dehors [də'ɔːr], *adv.* out, *without, out-side; out of doors; abroad; externally; (*Naut.*) at sea; *au dedans et au dehors*, at home and abroad; *au dehors*, out-wardly; *de dehors*, from without; *en dehors*, outside, *without; *mettre quel-qu'un dehors*, to turn someone out.— *n.m. inv.* outside, exterior; (*pl.*) appearances; (*Fort.*) outworks; dependencies, approaches, grounds (*of a house*); *sauver les dehors*, to save appearances.

déification [deifika'sjɔ̃], *n.f.* deification.

déifier [dei'fje], *v.t.* to deify.

déisme [de'ism], *n.m.* deism.

déiste [de'ist], *a.* deistic.—*n.* deist.

déité [dei'te], *n.f.* deity (*god, goddess*), divinity.

déjà [de'ʒa], *adv.* already, before, previously.

déjection [deʒɛk'sjɔ̃], *n.f.* (*Med.*) dejection, ejection, evacuation.

déjeté [deʒ'te], *a.* awry, lopsided, off the straight.

déjeter [deʒ'te], *v.t.* (*conjug. like* APPELER) to warp. **se déjeter**, *v.r.* to warp (*of wood etc.*); (*Path.*) to deviate.

déjettement [deʒɛt'mã], *n.m.* warping; deviation.

déjeuner [deʒœ'ne], *n.m.* lunch; *petit déjeuner*, breakfast; *un déjeuner de porcelaine*, a china breakfast-set.—*v.i.* to breakfast, to lunch.

déjouer [de'ʒwe], *v.t.* to baffle, to frustrate, to foil; (*Mil.*) to outmanœuvre.

déjucher [deʒy'ʃe], *v.t.* to dislodge.—*v.i.* to come down from the roost *or* from one's perch.

déjuger (se) [sədeʒy'ʒe], *v.r.* (*conjug. like* MANGER) to reverse one's opinion *or* decision.

delà [də'la], *prep.* on the other side of; beyond; *au delà, de delà, par delà*, or *en delà*, beyond; *deçà et delà*, both here and there, both this and that; *l'au-delà*, the hereafter.

délabré [dela'bre], *a.* tattered, shabby (*garments*); tumbledown, ramshackle (*build-ing*).

délabrement [delabrə'mã], *n.m.* decay, dilapidation; shabbiness.

délabrer [dela'bre], *v.t.* to shatter, to ruin, to tear to tatters. **se délabrer**, *v.r.* to fall to pieces, to go to ruin.

délacer [dela'se], *v.t.* (*conjug. like* COMMENCER) to unlace (*shoes etc.*). **se délacer**, *v.r.* to unlace oneself; to come undone (*of shoes, strings etc.*).

délai [de'lɛ], *n.m.* delay; respite.

délaissé [delɛ'se], *a.* abandoned, friendless.

délaissement [delɛs'mɑ̃], *n.m.* desertion; destitution, helplessness.

délaisser [delɛ'se], *v.t.* to forsake, to abandon; to neglect.

délassant [dela'sɑ̃], *a.* refreshing, diverting.

délassement [delas'mɑ̃], *n.m.* relaxation; repose.

délasser [dela'se], *v.t.* to refresh, to relax, to divert. **se délasser,** *v.r.* to refresh oneself, to rest.

délateur [dela'tœ:r], *n.m.* (*fem.* -**trice**) informer, accuser.

délation [dela'sjɔ̃], *n.f.* informing.

délavage [dela'va:ʒ], *n.m.* diluting of colour; soaking.

délaver [dela've], *v.t.* to dilute *or* wash (*colour*); to soak into. **se délaver,** *v.r.* to become soaked; to lose colour.

délayable [delɛ'jabl], *a.* dilutable.

délayage [delɛ'ja:ʒ], *n.m.* diluting, dilution.

délayé [delɛ'je], *a.* watery.

délayer [delɛ'je], *v.t.* (*conjug. like* PAYER) to dilute; (*fig.*) to spin out.

délectable [delɛk'tabl], *a.* delectable, delightful.

délecter (se) [sədelɛk'te], *v.r.* to take delight.

délégation [delega'sjɔ̃], *n.f.* delegation, assignment.

délégatoire [delega'twa:r], *a.* delegatory.

délégué [dele'ge], *n.m.* (*fem.* -**ée**) delegate, deputy; proxy.

déléguer [dele'ge], *v.t.* (*conjug. like* CÉDER) to delegate; to assign. **se déléguer,** *v.r.* to be delegated.

délester [delɛs'te], *v.t.* to unballast.

délétère [dele'tɛ:r], *a.* deleterious.

délibérant [delibe'rɑ̃], *a.* deliberative.

délibératif [delibera'tif], *a.* (*fem.* -**tive**) deliberative.

délibération [delibera'sjɔ̃], *n.f.* deliberation; resolution.

délibéré [delibe're], *a.* deliberate, determined, resolute.

délibérément [delibere'mɑ̃], *adv.* deliberately, resolutely.

délibérer [delibe're], *v.i.* (*conjug. like* CÉDER) to deliberate; to resolve.

délicat [deli'ka], *a.* delicate, dainty; nice, fastidious; frail.—*n.m.* (*fem.* -**e**) fastidious person.

délicatement [delikat'mɑ̃], *adv.* delicately, daintily, tenderly.

délicatesse [delika'tɛs], *n.f.* delicacy, fragility; tenderness; daintiness; fastidiousness; refinement, squeamishness; nicety (*of language etc.*); considerateness; (*pl.*) dainties.

délice [de'lis], *n.m. in sing.* (*used chiefly in f.pl.*) delight, pleasure.

délicieusement [delisjøz'mɑ̃], *adv.* deliciously, delightfully.

délicieux [deli'sjø], *a.* (*fem.* -**euse**) delicious, delightful.

délié [de'lje], *a.* slender, fine; sharp, shrewd; glib, flowing (*of style etc.*); untied, loose.

délier [de'lje], *v.t.* to unbind, to untie; to liberate, to release; to absolve. **se délier,** *v.r.* to come untied, to get loose.

délimitation [delimita'sjɔ̃], *n.f.* delimitation, fixing of boundaries.

délimiter [delimi'te], *v.t.* to delimit, to settle the boundaries of.

délinéation [delinea'sjɔ̃], *n.f.* delineation.

délinéer [deline'e], *v.t.* to delineate.

délinquance [delɛ̃'kɑ̃:s], *n.f.* delinquency.

délinquant [delɛ̃'kɑ̃], *n.m.* (*fem.* -**e**) delinquent, offender.—*a.* **enfance délinquante,** juvenile delinquents.

délirant [deli'rɑ̃], *a.* delirious, frenzied, frantic; rapturous, ecstatic.—*n.m.* (*fem.* -**e**) a delirious *or* ecstatic person.

délire [de'li:r], *n.m.* delirium, frenzy, folly.

délirer [deli're], *v.i.* to be delirious, to rave, to wander.

délit [de'li], *n.m.* misdemeanour, offence; **en flagrant délit,** in the very act, redhanded.

délivrance [deli'vrɑ̃:s], *n.f.* rescue, deliverance; issue (*of tickets*); delivery (*of certificates etc.*); accouchement.

délivre [de'livr], *n.m.* (*Anat.*) after-birth, placenta.

délivrer [deli'vre], *v.t.* to deliver, to release, to set free; to hand over; to issue; to deliver (*a woman of a baby*).

délogement [delɔʒ'mɑ̃], *n.m.* removal, change of quarters, decamping.

déloger [delɔ'ʒe], *v.t.* (*conjug. like* MANGER) to turn out (*of house etc.*), to oust; to drive away; (*Mil.*) to dislodge.—*v.i.* to remove, to go (*from one's house etc.*), to go away, to march off.

déloyal [delwa'jal], *a.* (*m.pl.* -**aux**) disloyal, false, treacherous, unfair; foul.

déloyalement [delwajal'mɑ̃], *adv.* disloyally, unfairly.

déloyauté [delwajo'te], *n.f.* disloyalty, treachery.

delta [dɛl'ta], *n.m.* delta.

déluge [de'ly:ʒ], *n.m.* deluge, flood.

déluré [dely're], *a.* wide-awake, sharp.

délustrer [delys'tre], *v.t.* to take the lustre *or* gloss from.

démagnétiser [demaɲeti'ze], *v.t.* to demagnetize.

démagogue [dema'gɔg], *n.* demagogue.

démailler [dema'je], *v.t.* to undo the meshes of (*a net etc.*).

demain [də'mɛ̃]. *adv.* and *n.m.* tomorrow; **à demain!** see you tomorrow!

démancher [demɑ̃'ʃe], *v.t.* to take off the handle of; (*fig.*) to dislocate. **se démancher,** *v.r.* to lose its handle; to go wrong.

demande [də'mɑ̃:d], *n.f.* question; request, application, petition; claim; (*Comm.*) demand; order.

demander [dəmɑ̃'de], *v.t.* to ask, to beg, to request; to desire, to wish; to require, to call for; to need, to want; to inquire about; to ask to see; to seek in marriage; (*Comm.*) to order. **se demander,** *v.r.* to ask oneself, to wonder.

demandeur [dəmɑ̃'dœ:r], *a.* (*fem.* -**euse**) always asking.—*n.m.* (*fem.* -**eresse**) asker, applicant; (*Law*) plaintiff.

démangeaison [demɑ̃ʒɛ'zɔ̃], *n.f.* itching; longing.

démanger [demɑ̃'ʒe], *v.i.* (*conjug. like* MANGER) to itch; to long.

démantibuler [demɑ̃tiby'le], *v.t.* to break, to dislocate.

démaquiller [demaki'je], *v.t.* to take off someone's make-up. **se démaquiller,** *v.r.* to take off one's make-up.

démarcation

démarcation [demarkɑ'sjɔ̃], *n.f.* demarcation; *ligne de démarcation*, line of demarcation.

démarche [de'marʃ], *n.f.* gait, walk, bearing; proceeding, measure, step, course.

démarcheur [demar'ʃœ:r], *n.m.* canvasser.

démarier [dema'rje], *v.t.* (*fam.*) to annul the marriage of; (*Hort.*) to thin out. **se démarier**, *v.r.* to be divorced.

démarrer [dema're], *v.t.* to cast off; to unfasten.—*v.i.* to leave, to slip her moorings (*of a ship*); to move, to get away, to start.

démarreur [dema'rœ:r], *n.m.* (*Motor.*) self-starter.

démasquer [demas'ke], *v.t.* to unmask; to show up.

démâter [demɑ'te], *v.t.* to dismast.—*v.i.* to lose her masts (*of a ship*).

démêlage [demɛ'la:ʒ], *n.m.* combing (*of wool*).

démêlé [demɛ'le], *n.m.* strife, contest, quarrel.

démêler [demɛ'le], *v.t.* to unravel, to disentangle, to separate; to clear up; to distinguish, to discern; to comb out (*hair*), to tease (*wool*). **se démêler**, *v.r.* to be disentangled; to extricate oneself; to stand out (*clearly*); to comb out one's hair.

démembrement [demɑ̃brə'mɑ̃], *n.m.* dismemberment; breaking up.

démembrer [demɑ̃'bre], *v.t.* to tear limb from limb, to dismember; to break up.

déménagement [demenaʒ'mɑ̃], *n.m.* (*household*) removal.

déménager [demena'ʒe], *v.t.* (*conjug. like* MANGER) to remove (*one's furniture*).—*v.i.* to (re)move.

déménageur [demena'ʒœ:r], *n.m.* furniture-remover.

démence [de'mɑ̃:s], *n.f.* insanity, madness.

démener (se) [sədem'ne], *v.r.* (*conjug. like* AMENER) to stir, to struggle, to make a great fuss, to strive hard.

démenti [demɑ̃'ti], *n.m.* denial, flat contradiction; lie.

démentir [demɑ̃'ti:r], *v.t.* (*conjug. like* SENTIR) to give the lie to, to contradict; to deny; to belie, to refute. **se démentir**, *v.r.* to contradict oneself; to fall off, to flag.

démérite [deme'rit], *n.m.* demerit.

démériter [demeri'te], *v.i.* to lose esteem or favour.

démesuré [deməzy're], *a.* inordinate, excessive, enormous.

démesurément [deməzyre'mɑ̃], *adv.* inordinately, excessively.

démettre [de'mɛtr], *v.t. irr.* (*conjug. like* METTRE) to put out of joint, to dislocate; to dismiss; (*Law*) to overrule. **se démettre**, *v.r.* to be put out of joint; to resign.

démeubler [demœ'ble], *v.t.* to strip of furniture.

demeurant [dəmœ'rɑ̃], *a.* dwelling, living.—*n.m.* remainder; *au demeurant*, after all, nevertheless.

demeure [də'mœ:r], *n.f.* abode, home, dwelling; stay; (*Law*) delay.

demeurer [dəmœ're], *v.i.* to live, to lodge, to reside; to stop, to stand; to continue, to stay.

demi [də'mi], *a.* and *adv.* half.—*n.m.* (*Arith.*) half; (*Ftb. etc.*) half-back; glass of beer.—*n.f.* (**-e**) (the) half-hour.

[In the following compounds *demi* is *inv.* The noun has its regular plural, unless otherwise indicated.]

demi-bain [dəmi'bɛ̃], *n.m.* hip-bath.

demi-bas [dəmi'bɑ], *n.m. inv.* knee-length stocking.

demi-botte [dəmi'bɔt], *n.f.* Wellington boot.

demi-cercle [dəmi'sɛrkl], *n.m.* semicircle.

demi-finale [dəmifi'nal], *n.f.* (*Spt.*) semi-final.

demi-fond [dəmi'fɔ̃], *n.m. inv.* middle distance (*race*).

demi-heure [dəmi'œ:r], *n.f.* half-hour; *une demi-heure*, half an hour.

demi-jour [dəmi'ʒu:r], *n.m.* twilight.

demi-mot [dəmi'mo], *adv. phr. comprendre à demi-mot*, to take the hint.

déminage [demi'na:ʒ], *n.m.* mine clearing.

déminer [demi'ne], *v.t.* to clear of mines.

demi-pension [dəmipɑ̃'sjɔ̃], *n.f.* half-board.

demi-pensionnaire [dəmipɑ̃sjɔ'nɛ:r], *n.* day-boarder.

demi-place [dəmi'plas], *n.f.* half-fare.

demi-saison [dəmisɛ'zɔ̃], *n.f.* autumn or spring.

demi-sang [dəmi'sɑ̃], *n.m. inv.* half-bred horse.

demi-sel [dəmi'sɛl], *n.m.* slightly salted cream-cheese.

demi-solde [dəmi'sɔld], *n.f.* half-pay.

démission [demi'sjɔ̃], *n.f.* resignation.

démissionnaire [demisjɔ'nɛ:r], *a.* who has resigned or vacated his seat, outgoing.

démissionner [demisjɔ'ne], *v.i.* to resign.

demi-tour [dəmi'tu:r], *n.m.* half-turn; (*Mil.*) about turn; *faire demi-tour*, to turn back.

démobilisation [demobiliza'sjɔ̃], *n.f.* demobilization.

démobiliser [demobili'ze], *v.t.* to demobilize.

démocrate [demo'krat], *a.* democratic.—*n.* democrat.

démocratie [demokra'si], *n.f.* democracy.

démocratique [demokra'tik], *a.* democratic.

démocratiquement [demokratik'mɑ̃], *adv.* democratically.

démocratiser [demokrati'ze], *v.t.* to democratize.

démodé [demo'de], *a.* old-fashioned, antiquated.

demoiselle [dəmwa'zɛl], *n.f.* young lady; unmarried woman, spinster; young girl; dragon-fly; *demoiselle d'honneur* bridesmaid.

démolir [demo'li:r], *v.t.* to demolish, to pull down.

démolisseur [demoli'sœ:r], *n.m.* (*fem.* **-euse**) demolisher.

démolition [demoli'sjɔ̃], *n.f.* demolition; (*pl.*) old building materials.

démon [de'mɔ̃], *n.m.* demon; (*good* or *evil*) genius; devil, fiend.

démonétisation [demonetiza'sjɔ̃], *n.f.* withdrawal from circulation (*of money*).

démonétiser [demoneti'ze], *v.t.* to withdraw from circulation, to call in (*money*).

démoniaque [demo'njak], *a.* demoniac(al).—*n.* demoniac, demon, devil.

démonstrateur [demɔ̃stra'tœ:r], *n.m.* (*fem.* **-euse**) demonstrator, lecturer.

démonstratif [demɔ̃stra'tif], *a.* (*fem.* **-tive**) demonstrative.

106

dépaqueter

démonstration [demɔ̃strɑ'sjɔ̃], *n.f.* demonstration, proof; exhibition.

démontable [demɔ̃'tabl], *a.* that can be taken to pieces; collapsible (*canoe*).

démontage [demɔ̃'ta:ʒ], *n.m.* taking to pieces, dismantling.

démonte-pneu [demɔ̃t'pnø], *n.m.* tyre lever.

démonter [demɔ̃'te], *v.t.* to unhorse, to dismount; to take to pieces, to dismantle; (*fig.*) to nonplus, to baffle; *mer démontée*, very rough sea. **se démonter**, *v.r.* to take or come to pieces (*of machinery*); to lose countenance, to be nonplussed; to be getting out of order (*of machinery etc.*).

démontrer [demɔ̃'tre], *v.t.* to demonstrate, to prove.

démoralisant [demɔrali'zɑ̃], *a.* demoralizing.

démoralisateur [demɔraliza'tœːr], *a.* (*fem.* **-trice**) corrupting, demoralizing.

démoralisation [demɔraliza'sjɔ̃], *n.f.* demoralization.

démoraliser [demɔrali'ze], *v.t.* to demoralize; to corrupt.

démordre [de'mɔrdr], *v.i.* to let go one's hold; to desist, to yield, to give in.

démoucheter [demuʃ'te], *v.t.* (*conjug. like* APPELER) to take off the button from (*a foil*), to uncap.

démoulage [demu'la:ʒ], *n.m.* taking from the mould.

démouler [demu'le], *v.t.* to take from the mould.

démunir [demy'ni:r], *v.t.* to strip (*of ammunition*), to leave unprovided. **se démunir**, *v.r.* to deprive oneself, to leave oneself unprovided for.

démuseler [demyz'le], *v.t.* (*conjug. like* APPELER) to unmuzzle; (*fig.*) to let loose.

dénatalité [denatali'te], *n.f.* fall in the birthrate.

dénationalisation [denasjɔnaliza'sjɔ̃], *n.f.* denationalization.

dénationaliser [denasjɔnali'ze], *v.t.* to denationalize.

dénatter [dena'te], *v.t.* to unplait (*hair etc.*).

dénaturé [denaty're], *a.* unnatural, barbarous, cruel.

dénaturer [denaty're], *v.t.* to alter the nature of; to misrepresent, to distort; to disfigure; to methylate (*alcohol*).

dénégation [denega'sjɔ̃], *n.f.* denial, denegation.

déni [de'ni], *n.m.* denial, refusal.

déniaiser [denjɛ'ze], *v.t.* to sharpen the wits of; to initiate; to seduce. **se déniaiser**, *v.r.* to learn to be sharp, to grow cunning; (*fam.*) to lose one's innocence.

dénicher [deni'ʃe], *v.t.* to take out of the nest; to hunt out, to find out.—*v.i.* to forsake its nest (*of a bird*); to make off, to run away.

dénicheur [deni'ʃœːr], *n.m.* bird's-nester.

denier [də'nje], *n.m.* (*Rom. Ant.*) denarius; (*Fr. Ant.*) denier; penny; farthing, mite; (*pl.*) state revenues.

dénier [de'nje], *v.t.* to deny, to refuse.

dénigrant [deni'grɑ̃], *a.* disparaging.

dénigrement [denigrə'mɑ̃], *n.m.* disparagement.

dénigrer [deni'gre], *v.t.* to disparage; to vilify.

dénivellation [denivɛlla'sjɔ̃], *n.f.*, **dénivellement** [denivɛl'mɑ̃], *n.m.* difference of level; unevenness.

dénombrement [denɔ̃brə'mɑ̃], *n.m.* enumeration; census.

dénombrer [denɔ̃'bre], *v.t.* to number, to enumerate.

dénominateur [denɔmina'tœːr], *n.m.* (*Arith.*) denominator.

dénomination [denɔmina'sjɔ̃], *n.f.* denomination, name.

dénommer [denɔ'me], *v.t.* to designate.

dénoncer [denɔ̃'se], *v.t.* (*conjug. like* COMMENCER) to denounce, to inform against; to give notice of, to declare (*war etc.*). **se dénoncer**, *v.r.* to own up; to give oneself up.

dénonciateur [denɔ̃sja'tœːr], *n.m.* (*fem.* **-trice**) informer, accuser.

dénonciation [denɔ̃sja'sjɔ̃], *n.f.* denunciation, declaration.

dénoter [denɔ'te], *v.t.* to denote, to betoken.

dénouement or **dénoûment** [denu'mɑ̃], *n.m.* dénouement, unravelling (*esp. of a play etc.*).

dénouer [denu'e], *v.t.* to untie, to loosen; to solve (*difficulties etc.*); to unravel (*plots*). **se dénouer**, *v.r.* to come untied, to be unravelled; to be solved.

denrée [dɑ̃'re], *n.f.* commodity, produce, provisions.

dense [dɑ̃ːs], *a.* dense, close, thick.

densité [dɑ̃si'te], *n.f.* density, thickness.

dent [dɑ̃], *n.f.* tooth; fang; notch; cog; prong; *faire ses dents*, to cut one's teeth.

dentaire [dɑ̃'tɛːr], *a.* dental.

dental [dɑ̃'tal], *a.* (*m. pl.* **-aux**) (*Phon.*) dental.

dent-de-lion [dɑ̃də'ljɔ̃], *n.m.* (*pl.* **dents-de-lion**) dandelion.

denté [dɑ̃'te], *a.* toothed; (*Bot.*) dentate; *roue dentée*, cogged wheel.

dentelé [dɑ̃'tle], *a.* notched, denticulated, indented, jagged.

denteler [dɑ̃'tle], *v.t.* (*conjug. like* APPELER) to indent, to notch.

dentelle [dɑ̃'tɛl], *n.f.* lace, lace-work.

dentellier [dɑ̃tɛ'lje], *n.m.* (*fem.* **-ière**) lace-maker.

dentelure [dɑ̃'tly:r], *n.f.* denticulation, indenting; scallop.

denticule [dɑ̃ti'kyl], *n.m.* denticle.

dentier [dɑ̃'tje], *n.m.* set of teeth (*esp. artificial*), denture.

dentifrice [dɑ̃ti'fris], *n.m.* toothpaste.

dentiste [dɑ̃'tist], *n.m.* dentist.

denture [dɑ̃'ty:r], *n.f.* set of teeth; (*Horol.*) teeth of a wheel.

dénudation [denyda'sjɔ̃], *n.f.* denudation.

dénuder [deny'de], *v.t.* to denude; to lay bare.

dénuement or **dénûment** [deny'mɑ̃], *n.m.* destitution, penury, want.

dénuer [de'nɥe], *v.t.* to strip, to leave destitute. **se dénuer**, *v.r.* to strip oneself; to leave oneself destitute.

dépannage [depa'na:ʒ], *n.m.* (*Mach., Elec.*) repairing; *service de dépannage*, breakdown or repair service.

dépanner [depa'ne], *v.t.* (*Mach., Elec.*) to repair (*a breakdown*).

dépanneuse [depa'nø:z], *n.f.* breakdown vehicle.

dépaqueter [depak'te], *v.t.* (*conjug. like* APPELER) to unpack.

107

dépareillé

dépareillé [depare'je], *a.* unmatched, odd.
déparer [depa're], *v.t.* to strip (*of ornaments*); (*fig.*) to mar, to disfigure.
déparier [depa'rje], *v.t.* to take away one (*of a pair*); to separate (*a pair of animals*).
départ [de'pa:r], *n.m.* departure, start, setting out.
départager [departa'ʒe], *v.t.* (*conjug. like* MANGER) to settle by a casting-vote.
département [departə'mã], *n.m.* department; line, business.
départemental [departəmã'tal], *a.* (*m. pl.* -aux) departmental.
départir [depar'ti:r], *v.t. irr.* (*conjug. like* SENTIR) to separate; to distribute, to divide, to endow, to bestow. **se départir,** *v.r.* to desist; to deviate (*from*).
dépassement [depɑs'mã], *n.m.* overstepping (*of credit etc.*); (*Motor.*) overtaking.
dépasser [depa'se], *v.t.* to go beyond, to pass, to overtake; to exceed, to surpass; to be taller etc. than; to show; *son jupon dépasse,* her slip is showing.
dépaver [depa've], *v.t.* to unpave, to take up the pavement of.
dépaysé [depei'ze], *a.* away from home, out of one's element.
dépayser [depei'ze], *v.t.* to send away from home; to remove from his natural sphere etc.; (*fig.*) to bewilder. **se dépayser,** *v.r.* to leave one's home; to go abroad; to get out of one's element.
dépècement [depɛs'mã], **dépeçage** [depə'sa:ʒ], *n.m.* cutting up, carving, dismemberment.
dépecer [dep'se], *v.t.* (*see Verb Tables*) to cut up (*a carcass*), to carve.
dépêche [de'pɛ:ʃ], *n.f.* dispatch (*letter on affairs of State*); communication (*esp. a telegram*).
dépêcher [depe'ʃe], *v.t.* to dispatch, to do quickly; to send quickly, to send by messenger; to kill. **se dépêcher,** *v.r.* to hurry, to make haste; *dépêchez-vous,* hurry up.
dépeigner [depe'ɲe], *v.t.* to ruffle (*hair*).
dépeindre [de'pɛ̃:dr], *v.t. irr.* (*conjug. like* CRAINDRE) to depict, to describe; to portray, to paint.
dépelotonner [depləto'ne], *v.t.* to unwind. **se dépelotonner,** *v.r.* to come unwound; to uncurl (*of cat*).
dépenaillé [depna'je], *a.* tattered, ragged.
dépendance [depã'dã:s], *n.f.* subordination; dependence; appendage, annexe, outhouse, (*pl.*) out-buildings.
dépendant [depã'dã], *a.* dependent.
dépendre (1) [de'pã:dr], *v.t.* to take down; to unhang.
dépendre (2) [de'pã:dr], *v.i.* to depend, to be dependent (*de*).
dépens [de'pã], *n.m.* (*used only in pl.*) expense, cost.
dépense [de'pã:s], *n.f.* expense; expenditure, outlay; waste, flow.
dépenser [depã'se], *v.t.* to spend, to consume; to waste.
dépensier [depã'sje], *a.* (*fem.* -**ière**) extravagant.—*n.m.* (*fem.* -**ière**) extravagant person, spend-thrift; bursar.
déperdition [deperdi'sjɔ̃], *n.f.* loss, waste.
dépérir [depe'ri:r], *v.i.* to decline, to pine away, to wither, to dwindle, to waste away.

dépérissement [deperis'mã], *n.m.* decay, withering, wasting away.
dépêtrer [depɛ'tre], *v.t.* to disentangle, to extricate. **se dépêtrer,** *v.r.* to get clear of.
dépeuplement [depœplə'mã], *n.m.* depopulation; thinning (*of forests etc.*).
dépeupler [depœ'ple], *v.t.* to depopulate; to thin. **se dépeupler,** *v.r.* to become depopulated, to be unstocked (*of river*).
dépilage [depi'la:ʒ], *n.m.* removal of hairs, bristles, etc. (*from hides etc.*).
dépilation [depila'sjɔ̃], *n.f.* depilation.
dépiquage [depi'ka:ʒ], *n.m.* threshing *or* treading out (*corn etc.*).
dépiquer (1) [depi'ke], *v.t.* to unquilt, to unstitch.
dépiquer (2) [depi'ke], *v.t.* to tread out (*corn*).
dépister [depis'te], *v.t.* to track down; to hunt out; (*fig.*) to throw off the scent.
dépit [de'pi], *n.m.* spite; vexation.
dépiter [depi'te], *v.t.* to vex, to spite. **se dépiter,** *v.r.* to be vexed, to fret.
déplacé [depla'se], *a.* displaced, misplaced, ill-timed, unbecoming.
déplacement [deplas'mã], *n.m.* removal; displacement; *frais de déplacement,* travelling expenses.
déplacer [depla'se], *v.t.* (*conjug. like* COMMENCER) to displace; to remove, to change; to misplace. **se déplacer,** *v.r.* to move, to change one's place, to leave one's residence; to be displaced (*of things*).
déplaire [de'plɛ:r], *v.i. irr.* (*conjug. like* PLAIRE) to displease, to offend; to be disagreeable, to give offence. **se déplaire,** *v.r.* to be displeased *or* dissatisfied (*with*).
déplaisant [deple'zã], *a.* unpleasant, disagreeable.
déplaisir [deple'zi:r], *n.m.* displeasure, annoyance; grief.
déplanter [deplã'te], *v.t.* to dig *or* take up (*a plant*).
déplantoir [deplã'twa:r], *n.m.* garden trowel.
dépliant [depli'ã], *n.m.* folding page; folder, prospectus, leaflet.
déplier [depli'e], *v.t.* to unfold, to open out; to lay out.
déplisser [depli'se], *v.t.* to unpleat. **se déplisser,** *v.r.* to come unpleated; to lose its pleats (*of a skirt etc.*).
déploiement *or* **déploîment** [deplwa'mã], *n.m.* unfolding; display, show; (*Mil.*) deployment.
déplombage [deplɔ̃'ba:ʒ], *n.m.* unsealing, unstopping.
déplomber [deplɔ̃'be], *v.t.* to take the customhouse seal off (*goods*); to unstop (*a tooth*).
déplorable [deplɔ'rabl], *a.* deplorable, lamentable.
déplorablement [deplɔrablə'mã], *adv.* deplorably, wretchedly.
déplorer [deplɔ're], *v.t.* to deplore, to bewail, to lament, to mourn.
déployer [deplwa'je], *v.t.* (*conjug. like* EMPLOYER) to unfold, to unroll, to unfurl, to spread out; to display, to show; (*Mil.*) to deploy; *à gorge déployée,* at the top of one's voice. **se déployer,** *v.r.* to unroll; to display oneself; (*Mil.*) to deploy.
déplumer [deply'me], *v.t.* to pluck; (*fig.*) to despoil; to tear the hair from. **se déplumer,** *v.r.* to moult, to shed feathers.

dérégler

dépolariser [depɔlari'ze], *v.t.* to depolarize.
dépolir [depɔ'liːr], *v.t.* to make the surface (*of metal etc.*) dull, to frost (*glass*).
dépopulation [depɔpyla'sjɔ̃], *n.m.* depopulation.
déportation [depɔrta'sjɔ̃], *n.f.* deportation.
déporté [depɔr'te], *n.m.* (*fem.* -ée) deported person.
déportements [depɔrtə'mɑ̃], *n.m. pl.* misconduct, evil-doings.
déporter [depɔr'te], *v.t.* to deport, to transport for life; to swerve; to carry away, to drift. se **déporter**, *v.r.* (*Law*) to desist (*from*).
déposant [depo'zɑ̃], *a.* giving evidence; depositing.—*n.m.* (*fem.* -e) witness; depositor.
déposer [depo'ze], *v.t.* to lay down *or* aside; to divest oneself of; to depose; to deposit; to lodge (*a complaint etc.*); **marque déposée**, registered trademark.—*v.i.* to give evidence; to settle, to leave a sediment.
dépositaire [depozi'tɛːr], *n.m.* depositary, trustee; agent.
déposition [depozi'sjɔ̃], *n.f.* deposition, evidence.
dépositoire [depozi'twaːr], *n.m.* depository, mortuary.
déposséder [depose'de], *v.t.* (*conjug. like* CÉDER) to dispossess, to oust.
dépossession [depose'sjɔ̃], *n.f.* dispossession, deprivation.
dépôt [de'po], *n.m.* depositing; deposit; sediment; depository, warehouse; (*Mil.*) depot; (*Med.*) tumour, abscess; **dépôt d'essence**, petrol station; **en dépôt**, as a deposit in trust, (*Comm.*) on sale; **mandat de dépôt**, writ of imprisonment.
dépotage [depo'taːʒ], **dépotement** [depot'mɑ̃], *n.m.* unpotting; decanting.
dépoter [depo'te], *v.t.* to take out of a pot; to decant.
dépouille [de'puːj], *n.f.* slough, cast-off skin *or* hide; spoil; remains, wardrobe (*of persons deceased*); (*pl.*) spoils, booty; **dépouille mortelle**, mortal remains.
dépouillement [depuj'mɑ̃], *n.m.* spoliation, despoiling; scrutiny (*of a ballot-box*); abstract (*of an account*).
dépouiller [depu'je], *v.t.* to strip, to skin; to unclothe; to despoil; to throw off; to cast (*of insects*); to reap (*crops*); to inspect, to count up (*a ballot-box*); to present an abstract (*of accounts*). se **dépouiller**, *v.r.* to shed its skin (*of insects and animals*), to moult; **se dépouiller de**, to divest oneself of, to strip oneself of, to renounce (*possessions etc.*).
dépourvoir [depur'vwaːr], *v.t. irr.* (*conjug. like* POURVOIR) to leave unprovided (*with*) *or* destitute (*of*). se **dépourvoir**, *v.r.* to leave oneself unequipped.
dépourvu [depur'vy], *a.* destitute, unprovided; **au dépourvu**, unawares, unexpectedly.
dépravation [depravɑ'sjɔ̃], *n.f.* vitiation, depravity.
dépravé [depra've], *a.* vitiated, depraved, corrupt.
dépraver [depra've], *v.t.* to deprave, to corrupt, to pervert. se **dépraver**, *v.r.* to become depraved or corrupted.

dépréciation [depresjɑ'sjɔ̃], *n.f.* depreciation.
déprécier [depre'sje], *v.t.* to depreciate, to undervalue, to underrate; to disparage. se **déprécier**, *v.r.* to underrate oneself; to fall in value (*of things*).
déprédateur [depredɑ'tœːr], *n.m.* (*fem.* -trice) depredator, plunderer.
déprédation [depredɑ'sjɔ̃], *n.f.* plundering, depredation.
déprendre [de'prɑ̃ːdr], *v.t. irr.* (*conjug. like* PRENDRE) to loosen, to detach. se **déprendre**, *v.r.* to get loose; to detach oneself (*de*).
dépression [depre'sjɔ̃], *n.f.* depression, hollow; (*fig.*) recession, slump (*of business*); **dépression nerveuse**, nervous breakdown.
déprimer [depri'me], *v.t.* to press down, to depress; (*fig.*) to discourage.
depuis [də'pɥi], *prep.* since, for; from, after; **depuis longtemps**, for a long time; **depuis peu**, lately; **depuis quand?** since when ?—*adv.* since (then), afterwards, since that time.—*conj. phr.* **depuis que**, since.
députation [depytɑ'sjɔ̃], *n.f.* deputation, deputyship.
député [depy'te], *n.m.* deputy, delegate; Member of Parliament.
députer [depy'te], *v.t.* to send as representative, to depute.
déracinement [derasin'mɑ̃], *n.m.* uprooting, eradication.
déraciner [derasi'ne], *v.t.* to uproot; to eradicate, to extirpate.
déraidir [derɛ'diːr], *v.t.* to unstiffen; to make pliant. se **déraidir**, *v.r.* to grow soft *or* supple; to unbend.
déraillement [deraj'mɑ̃], *n.m.* derailment.
dérailler [dera'je], *v.i.* to run off the rails.
déraison [derɛ'zɔ̃], *n.f.* unreasonableness, folly.
déraisonnable [derezɔ'nabl], *a.* unreasonable, senseless.
déraisonnablement [derezɔnablə'mɑ̃], *adv.* unreasonably, irrationally.
déraisonner [derezɔ'ne], *v.i.* to reason falsely, to talk nonsense; to rave.
dérangement [derɑ̃ʒ'mɑ̃], *n.m.* derangement; trouble; disorder, disturbance.
déranger [derɑ̃'ʒe], *v.t.* (*conjug. like* MANGER) to derange, to put out of place *or* order; to discompose, to disconcert; to disturb, to upset; to unsettle. se **déranger**, *v.r.* to move; to be deranged, to get out of order; to trouble *or* disturb oneself, to put oneself out.
déraper [dera'pe], *v.i.* to skid, to side-slip (*bicycle, car etc.*).
dératé [dera'te], *n.m. only used in* **courir comme un dératé**, to run like a greyhound.
derechef [dər'ʃɛf], *adv.* over again, afresh, anew.
déréglé [dere'gle], *a.* out of order; irregular; intemperate, (*fig.*) unruly, dissolute.
dérèglement [dereglə'mɑ̃], *n.m.* irregularity, disorder; dissoluteness, licentiousness.
dérégler [dere'gle], *v.t.* (*conjug. like* CÉDER) to put out of order. se **dérégler**, *v.r.* to get out of order, to be deranged; to lead a disorderly life.

109

dérider

dérider [deri′de], *v.t.* to unwrinkle, to smooth; to brighten, to cheer up. **se dérider**, *v.r.* to smooth one's brow; to cheer up.

dérision [deri′zjɔ̃], *n.f.* derision, mockery, ridicule.

dérisoire [deri′zwa:r], *a.* derisive, mocking.

dérivatif [deriva′tif], *a.* (*fem.* **-tive**) derivative.—*n.m.* (*Med.*) derivative, counter-irritant.

dérivation [deriva′sjɔ̃], *n.f.* derivation; diversion (*of water etc.*); (*Elec.*) branching, shunting; (*Naut.*) drift, leeway; (*Av.*) windage; (*Elec.*) *circuit en dérivation*, branch-circuit.

dérive [de′ri:v], *n.f.* (*Naut.*) drift, leeway; (*Av.*) fin.

dérivé [deri′ve], *a.* drifted.—*n.m.* (*Gram.*) derivative.

dériver [deri′ve], *v.t.* to divert; to derive.—*v.i.* to be turned from its proper course; (*Naut.*) to drift (*from the shore*), to go adrift.

dermatite [dɛrma′tit], *n.f.* dermatitis.

dernier [dɛr′nje], *a.* (*fem.* **-ière**) last, latest; vilest, meanest; extreme (*highest, greatest etc.*); the one just past; youngest (*of a family of children*).—*n.m.* (*fem.* **-ière**) the last; the highest, lowest etc.

dernièrement [dɛrnjɛr′mɑ̃], *adv.* lately, recently.

dérobé [dero′be], *a.* stolen, hidden, secret; *à la dérobée*, stealthily.

dérober [dero′be], *v.t.* to steal; to remove; to conceal; to protect, to screen. **se dérober**, *v.r.* to steal away, to escape, to disappear.

dérogation [deroga′sjɔ̃], *n.f.* derogation.

dérogatoire [deroga′twa:r], *a.* derogatory.

déroger [dero′ʒe], *v.i.* (*conjug. like* MANGER) to derogate; to detract; to condescend, to stoop.

dérouillement [deruj′mɑ̃], *n.m.* removal of rust.

dérouiller [deru′je], *v.t.* to remove the rust from; (*fig.*) to polish. **se dérouiller**, *v.r.* to lose its *or* one's rust; to brighten up; to read a subject up again.

déroulement [derul′mɑ̃], *n.m.* unrolling, unfolding.

dérouler [deru′le], *v.t.* to unroll; to spread out, to display. **se dérouler**, *v.r.* to unroll; to open to the view; to roll in (*of the waves*); to take place (*of events*).

déroutant [deru′tɑ̃], *a.* baffling, confusing.

déroute [de′rut], *n.f.* rout, overthrow; ruin; disorder, confusion.

dérouter [deru′te], *v.t.* to lead astray; to embarrass, to disconcert; to baffle; to divert (*ship, train etc.*).

derrière [dɛ′rjɛ:r], *prep.* behind, on the other side of.—*adv.* behind, after.—*n.m.* back, hinder part; posterior; behind; *pattes de derrière*, hind legs; *porte de derrière*, back-door.

derviche [dɛr′viʃ], **dervis** [dɛr′vi], *n.m.* dervish.

des [de], [*contr. of* DE LES].

dès [dɛ], *prep.* from, since, as early as.—*conj. phr.* **dès que**, when, as soon as, since.

désabonnement [dezabɔn′mɑ̃], *n.m.* withdrawal of subscription.

désabonner (se) [sədezabɔ′ne], *v.r.* to withdraw one's subscription (*to a magazine etc.*).

désabuser [dezaby′ze], *v.t.* to disabuse, to undeceive. **se désabuser**, *v.r.* to be undeceived, to face the facts.

désaccord [deza′kɔːr], *n.m.* disagreement, discord.

désaccorder [dezakɔr′de], *v.t.* to untune; (*fig.*) to set at variance. **se désaccorder**, *v.r.* to get out of tune.

désaccouplement [dezakuplə′mɑ̃], *n.m.* uncoupling.

désaccoupler [dezaku′ple], *v.t.* to uncouple. **se désaccoupler**, *v.r.* to become uncoupled; to come asunder.

désaccoutumer [dezakuty′me], *v.t.* to disaccustom. **se désaccoutumer**, *v.r.* to break oneself of, to lose the habit of.

désaffecter [dezafɛk′te], *v.t.* to secularize (*a church*); (*Mil.*) to transfer; to put a building to another use.

désaffection [dezafɛk′sjɔ̃], *n.f.* loss of affection.

désaffectionner [dezafɛksjɔ′ne], *v.t.* to cause (*someone*) to lose his *or* her affection, to disaffect. **se désaffectionner**, *v.r.* to lose affection.

désagencement [dezaʒɑ̃s′mɑ̃], *n.m.* throwing out of gear.

désagencer [dezaʒɑ̃′se], *v.t.* (*conjug. like* COMMENCER) to throw out of gear, to disarrange.

désagréable [dezagre′abl], *a.* disagreeable, unpleasant.

désagréablement [dezagreablə′mɑ̃], *adv.* disagreeably, unpleasantly.

désagréger [dezagre′ʒe], *v.t.* (*conjug. like* ASSIÉGER) to disaggregate, to break up, to separate.

désagrément [dezagre′mɑ̃], *n.m.* disagreeableness, unpleasantness; annoyance, discomfort.

désaimanter [dezɛma′te], *v.t.* to demagnetize.

désajustement [dezaʒystə′mɑ̃], *n.m.* disarrangement, disorder.

désajuster [dezaʒys′te], *v.t.* to disarrange, to disturb, to put out of order. **se désajuster**, *v.r.* to become disarranged, to get out of order.

désaltérant [dezalte′rɑ̃], *a.* thirst-quenching.

désaltérer [dezalte′re], *v.t.* (*conjug. like* CÉDER) to quench the thirst of, to refresh. **se désaltérer**, *v.r.* to quench one's thirst.

désamorcer [dezamɔr′se], *v.t.* (*conjug. like* COMMENCER) to unprime, to uncap (*fire-arms etc.*). **se désamorcer**, *v.r.* to run down (*dynamo*); to run dry (*pump*).

désappointement [dezapwɛt′mɑ̃], *n.m.* disappointment.

désappointer [dezapwɛ′te], *v.t.* to disappoint.

désapprendre [deza′prɑ̃:dr], *v.t. irr.* (*conjug. like* PRENDRE) to unlearn, to forget.

désapprobateur [dezaprɔba′tœːr], *a.* (*fem.* **-trice**) disapproving, censuring, carping.—*n.m.* (*fem.* **-trice**) censurer, fault-finder.

désapprobation [dezaprɔba′sjɔ̃], *n.f.* disapprobation, disapproval.

désappropriation [dezaprɔpria′sjɔ̃], *n.f.* renunciation (*of property*).

désapprouver [dezapru′ve], *v.t.* to disapprove of, to blame.

désarçonner [dezarsɔ'ne], *v.t.* to unhorse; (*fig.*) to baffle, to floor.

désarmement [dezarmə'mã], *n.m.* disarming, disarmament; (*Naut.*) laying up.

désarmer [dezar'me], *v.t.* to disarm, to unarm; (*fig.*) to appease, to calm; to uncock (*a gun*); (*Naut.*) to lay up (*a vessel*).—*v.i.* to disarm; to give up maintaining troops.

désarroi [deza'rwa], *n.m.* disorder, disarray, confusion.

désarticulation [dezartikylɑ'sjɔ̃], *n.f.* disarticulation.

désarticuler [dezartiky'le], *v.t.* to disarticulate, to disjoint.

désassemblage [dezasã'bla:ʒ], **désassemblement** [dezasãblə'mã], *n.m.* dismantling.

désassembler [dezasã'ble], *v.t.* to take to pieces, to separate, to dismantle.

désassocier [dezasɔ'sje], *v.t.* to disassociate, to dissociate.

désassortiment [dezasɔrti'mã], *n.m.* unmatching, ill-assortment; unstocking.

désastre [de'zastr], *n.m.* disaster.

désastreusement [dezastrøz'mã], *adv.* disastrously.

désastreux [dezas'trø], *a.* (*fem.* -euse) disastrous, unfortunate, very sad.

désavantage [dezavã'ta:ʒ], *n.m.* disadvantage; detriment, prejudice; drawback, handicap.

désavantager [dezavãta'ʒe], *v.t.* (*conjug. like* MANGER) to disadvantage, to handicap.

désavantageusement [dezavãtaʒøz'mã], *adv.* disadvantageously; disparagingly.

désavantageux [dezavãta'ʒø], *a.* (*fem.* -euse) disadvantageous; detrimental, prejudicial, unfavourable.

désaveu [deza'vø], *n.m.* (*pl.* -eux) disavowal; denial; retractation.

désavouer [deza'vwe], *v.t.* to disown, to disclaim, to disavow; to retract.

désaxé [deza'kse], *a.* offset, out of true (*of a wheel, etc.*); (*fig.*) out of joint.

descellement [desɛl'mã], *n.m.* loosening, unsealing.

desceller [desɛ'le], *v.t.* to unseal; to loosen (*masonry etc.*). **se desceller**, *v.r.* to become loose or unsealed.

descendance [desã'dã:s], *n.f.* descent, lineage.

descendant [desã'dã], *a.* descending, going down; (*Mil.*) coming off duty.—*n.m.* (*fem.* -e) descendant, offspring, issue.

descendre [de'sã:dr], *v.t.* (*with aux.* AVOIR) to take down, bring or let down; to go or come down (*a staircase etc.*); to set down (*of a cab etc.*); to land.—*v.i.* (*with aux.* ÊTRE) to descend, to go down; to go downstairs; to alight, to land; to slope, to incline; to fall, to subside.

descente [de'sã:t], *n.f.* descent; taking down; subsidence (*of waters etc.*); dismounting; disembarkation; declivity; raid; (*pop.*) rupture; *descente de lit*, bedside rug; *descente de bain*, bath-mat.

descriptif [deskrip'tif], *a.* (*fem.* -tive) descriptive.

description [deskrip'sjɔ̃], *n.f.* description; inventory.

désemballage [dezãba'la:ʒ], *n.m.* unpacking.

désemballer [dezãba'le], *v.t.* to unpack.

désembarquement [dezãbarkə'mã], *n.m.* disembarkation, landing.

désembarquer [dezãbar'ke], *v.t.* to disembark, to land; to unship, to unload.

désemboîter [dezãbwa'te], *v.t.* to dislocate. **se désemboîter**, *v.r.* to become disjointed.

désembourber [dezãbur'be], *v.t.* to draw out of the mire.

désemparé [dezãpa're], *a.* in distress, helpless.

désemparer [dezãpa're], *v.t.* (*Naut.*) to disable.—*v.i.* to quit, to go away; *sans désemparer*, on the spot, at once.

désempeser [dezãpə'ze], *v.t.* (*conjug. like* AMENER) to unstarch. **se désempeser**, *v.r.* to become limp.

désemplir [dezã'pli:r], *v.t.* to make less full, to empty in part.—*v.i.* to become less full (*used only in negative*). **se désemplir**, *v.r.* to become less full.

désenchaîner [dezãʃɛ'ne], *v.t.* to unchain.

désenchantement [dezãʃãt'mã], *n.m.* disenchantment, disillusion.

désenchanter [dezãʃã'te], *v.t.* to disenchant, to disillusion.

désenchanteur [dezãʃã'tœ:r], *a.* (*fem.* -eresse) disenchanting.

désencombrement [dezãkɔ̃brə'mã], *n.m.* disencumbrance; dispersal.

désencombrer [dezãkɔ̃'bre], *v.t.* to disencumber, to clear (*a road etc.*).

désenfiler [dezãfi'le], *v.t.* to unthread, to unstring. **se désenfiler**, *v.r.* to come unthreaded or unstrung.

désenfler [dezã'fle], *v.t.* to reduce the swelling of.—*v.i.* and **se désenfler**, *v.r.* to become less swollen.

désenflure [dezã'fly:r], *n.f.*, **désenflement** [dezãflə'mã], *n.m.* diminution or disappearance of a swelling.

désengager [dezãga'ʒe], *v.t.* (*conjug. like* MANGER) to disengage, to release from an engagement.

désengrener [dezãgrə'ne], *v.t.* (*conjug. like* AMENER) to throw out of gear.

désenivrer [dezãni'vre], *v.t.* to make sober again.—*v.i.* to sober. **se désenivrer**, *v.r.* to become sober (*again*), to sober up.

désenlaidir [dezãlɛ'di:r], *v.t.* to render less ugly.—*v.i.* to become less ugly.

désennuyer [dezãnɥi'je], *v.t.* (*conjug. like* EMPLOYER) to enliven, to cheer. **se désennuyer**, *v.r.* to find amusement, to kill time.

désenrayer [dezãrɛ'je], *v.t.* (*conjug. like* PAYER) to unlock or unskid (*a wheel etc.*).

désenrhumer [dezãry'me], *v.t.* to cure (*someone*) of a cold. **se désenrhumer**, *v.r.* to get rid of a cold.

désenrôlement [dezãrol'mã], *n.m.* (*Mil.*) discharge.

désenrôler [dezãro'le], *v.t.* to discharge.

désensevelir [dezãsə'vli:r], *v.t.* to unshroud; to exhume.

désensevelissement [dezãsəvlis'mã], *n.m.* unshrouding, exhumation, disinterment.

désentortiller [dezãtɔrti'je], *v.t.* to untwist, to unravel.

désentraver [dezãtra've], *v.t.* to untrammel, to unhobble (*a horse etc.*).

déséquilibre [dezeki'libr], *n.m.* lack of balance, unbalance; imbalance.

déséquilibré

déséquilibré [dezekili′bre], *a.* and *n.m.* (*fem.* -ée) unbalanced (person).

déséquilibrer [dezekili′bre], *v.t.* to unbalance.

désert [de′zɛ:r], *a.* uninhabited, solitary; wild, waste, deserted.—*n.m.* desert, wilderness; solitary place; (*C*) clearing in a forest.

déserter [dezɛrte], *v.t.* to desert, to abandon, to forsake; to quit, to leave; (*C*) to clear land, to break up (*ground*) for tillage.—*v.i.* to desert, to go over to the enemy.

déserteur [dezɛr′tœːr], *n.m.* deserter.

désertion [dezɛr′sjɔ̃], *n.f.* desertion.

désespérance [dezɛspe′rɑ̃:s], *n.f.* despair.

désespérant [dezɛspe′rɑ̃], *a.* desperate, hopeless; disheartening, distressing.

désespéré [dezɛspe′re], *a.* hopeless, desperate; disconsolate.—*n.m.* (*fem.* -ée) person in despair; madman, madwoman.

désespérément [dezɛspere′mɑ̃], *adv.* desperately, despairingly.

désespérer [dezɛspe′re], *v.t.* (*conjug. like* CÉDER) to drive to despair; to dishearten; to distress.—*v.i.* to despair. se **désespérer**, *v.r.* to be in despair.

désespoir [dezɛs′pwa:r], *n.m.* despair, hopelessness, despondency, grief; *en désespoir de cause*, as a last resource.

déshabiliter [dezabili′te], *v.t.* to disqualify.

déshabillé [dezabi′je], *n.m.* deshabille, undress; *en déshabillé*, partly *or* scantily dressed.

déshabiller [dezabi′je], *v.t.* to undress, to strip. se **déshabiller**, *v.r.* to undress oneself.

déshabituer [dezabi′tɥe], *v.t.* to disaccustom, to break off. se **déshabituer**, *v.r.* to lose the habit *of*; to break oneself of.

déshérence [deze′rɑ̃:s], *n.f.* (*Law*) escheat.

déshériter [dezeri′te], *v.t.* to disinherit.

déshonnête [dezo′nɛ:t], *a.* immodest, indecent, unseemly.

déshonnêtement [dezonɛt′mɑ̃], *adv.* indecently, immodestly.

déshonnêteté [dezonɛt′te], *n.f.* indecency, unseemliness.

déshonneur [dezo′nœːr], *n.m.* dishonour, disgrace, shame.

déshonorable [dezono′rabl], *a.* dishonourable.

déshonorablement [dezonorablə′mɑ̃], *adv.* dishonourably.

déshonorant [dezono′rɑ̃], *a.* dishonourable, disgraceful.

déshonorer [dezono′re], *v.t.* to dishonour, to disgrace. se **déshonorer**, *v.r.* to dishonour *or* disgrace oneself.

déshydrater [dezidra′te], *v.t.* to dehydrate.

désignatif [deziɲa′tif], *a.* (*fem.* -tive) indicative.

désignation [deziɲa′sjɔ̃], *n.f.* designation, indication.

désigner [dezi′ɲe], *v.t.* to designate, to denote; to appoint, to nominate, to point out; (*Mil.*) to detail.

désillusion [dezily′zjɔ̃], *n.f.*, **désillusionnement** [dezilyzjɔn′mɑ̃], *n.m.* disillusion.

désillusionner [dezilyzjɔ′ne], *v.t.* to disillusion, to disappoint.

désinfectant [dezɛ̃fɛk′tɑ̃], *a.* disinfecting.—*n.m.* disinfectant.

désinfecter [dezɛ̃fɛk′te], *v.t.* to disinfect, to decontaminate.

désinfection [dezɛ̃fɛk′sjɔ̃], *n.f.* disinfection.

désintégration [dezɛ̃tegra′sjɔ̃], *n.f.* disintegration; fission.

désintégrer [dezɛ̃te′gre], *v.t.* (*conjug. like* CÉDER) to disintegrate; to split (*atom*).

désintéressé [dezɛ̃tere′se], *a.* disinterested, unselfish, unbiased.

désintéressement [dezɛ̃teres′mɑ̃], *n.m.* disinterestedness.

désintéresser [dezɛ̃tere′se], *v.t.* to indemnify.

désinvestir [dezɛ̃vɛs′ti:r], *v.t.* (*Mil.*) to raise the siege of.

désinvolte [dezɛ̃′vɔlt], *a.* free, easy; offhand.

désinvolture [dezɛ̃vɔl′ty:r], *n.f.* casual, easy bearing *or* gait; offhandedness.

désir [de′zi:r], *n.m.* desire, wish, longing.

désirable [dezi′rabl], *a.* desirable.

désirer [dezi′re], *v.t.* to desire, to wish for, to long for, to want.

désireux [dezi′rø], *a.* (*fem.* -euse) desirous, anxious, eager (*to*).

désistement [dezistə′mɑ̃], *n.m.* desistance, withdrawal.

désister (se) [sədezis′te], *v.r.* to desist from, to renounce, to withdraw.

désobéir [dezobe′i:r], *v.i.* to disobey.

désobéissance [dezobei′sɑ̃:s], *n.f.* disobedience.

désobéissant [dezobei′sɑ̃], *a.* disobedient.

désobligeamment [dezobliʒa′mɑ̃], *adv.* disobligingly; unkindly.

désobligeance [dezobli′ʒɑ̃:s], *n.f.* lack of complaisance; unkindness.

désobligeant [dezobli′ʒɑ̃], *a.* disobliging; uncivil.

désobliger [dezobli′ʒe], *v.t.* (*conjug. like* MANGER) to disoblige, to displease.

désodorisant [dezodori′zɑ̃], *a.* and *n.m.* deodorant.

désœuvré [dezœ′vre], *a.* unoccupied, idle.

désœuvrement [dezœvrə′mɑ̃], *n.m.* want of occupation, idleness.

désolant [dezo′lɑ̃], *a.* grievous, distressing.

désolation [dezola′sjɔ̃], *n.f.* desolation, ruin; deep affliction, grief.

désolé [dezo′le], *a.* afflicted, broken-hearted; very sorry, grieved; dreary, desolate (*place*).

désoler [dezo′le], *v.t.* to devastate, to desolate, to lay waste; to afflict, to grieve; to annoy, to torment. se **désoler**, *v.r.* to grieve, to be disconsolate.

désolidariser [dezolidari′ze], *v.t.* to break the ties which keep together (*a party, friends etc.*).

désopilant [dezopi′lɑ̃], *a.* very funny, side-splitting.

désopiler [dezopi′le], *v.t.* (*Med.*) to clear of obstruction; (*fig.*) to cheer up, to enliven.

désordonné [dezordo′ne], *a.* disorderly; (*fig.*) dissolute, unruly; inordinate.

désordonner [dezordo′ne], *v.t.* to disturb; to throw into confusion.

désordre [de′zordr], *n.m.* disorder, confusion; disorderly life; perturbation; (*pl.*) disturbances, riots.

désorganisation [dezorganiza′sjɔ̃], *n.f.* disorganization.

désorganiser [dezorgani′ze], *v.t.* to disorganize. se **désorganiser**, *v.r.* to become disorganized.

désorienter [dezɔrjɑ̃'te], *v.t.* to lead astray, to mislead, to bewilder; to put out, to disconcert.

désormais [dezɔr'mɛ], *adv.* henceforth, hereafter.

désossé [dezɔ'se], *a.* boneless, flabby.

désosser [dezɔ'se], *v.t.* to bone. **se désosser**, *v.r.* to become disjointed, limp, flabby etc.

despote [dɛs'pɔt], *n.m.* despot.

despotique [dɛspɔ'tik], *a.* despotic.

despotiquement [dɛspɔtik'mɑ̃], *adv.* despotically.

despotisme [dɛspɔ'tism], *n.m.* despotism.

desquels [de'kɛl], *m.pl.* (*fem.* -**elles**) [DUQUEL].

dessaisir [desɛ'ziːr], *v.t.* to let go; to dispossess. **se dessaisir**, *v.r.* to give up, to part with.

dessaisissement [desɛzis'mɑ̃], *n.m.* parting with, abandonment.

dessalé [desa'le], *a.* unsalted, free from salt; (*fam.*) sharp.—*n.m.* (*fem.* -**ée**) sharp person.

dessaler [desa'le], *v.t.* to remove salt from (*meat etc.*); (*fig.*) to make sharp, cunning etc.

dessangler [desɑ̃'gle], *v.t.* to loosen the girth of (*a horse etc.*).

desséchant [dese'ʃɑ̃], *a.* drying, parching.

dessèchement [desɛʃ'mɑ̃], *n.m.* drying up; dryness.

dessécher [dese'ʃe], *v.t.* to dry up; to parch; (*fig.*) to wither (*the heart etc.*); to emaciate. **se dessécher**, *v.r.* to become dry, to dry up; (*fig.*) to wither, to waste away.

dessein [de'sɛ̃], *n.m.* design, plan, scheme; intention, resolution.

desseller [desɛ'le], *v.t.* to unsaddle.

desserrer [desɛ're], *v.t.* to loosen, to relax; to ease. **se desserrer**, *v.r.* to become loose, to relax.

dessert [de'sɛːr], *n.m.* dessert.

desserte [de'sɛrt], *n.f.* leavings, remains (*of a meal*); small sideboard; parochial duty; railway service.

desservant [desɛr'vɑ̃], *n.m.* officiating minister (*of a parish etc.*).

desservir [desɛr'viːr], *v.t.* irr. (*conjug. like* SENTIR) to clear (*a table*); to officiate (*of clergymen*); to ply between (*of boats etc.*); (*fig.*) to do someone a disservice.

dessiller or **déciller** [desi'je], *v.t.* to open (*someone's eyes*); to undeceive.

dessin [de'sɛ̃], *n.m.* drawing; sketch; pattern, design; *dessin animé*, (*Ciné.*) cartoon.

dessinateur [desina'tœːr], *n.m.* (*fem.* -**trice**) draughtsman; designer.

dessiner [desi'ne], *v.t.* to draw, to sketch; to set off, to indicate; to lay out. **se dessiner**, *v.r.* to be delineated, to be visible, to stand out.

dessous [də'su], *adv.* under, underneath, below.—*n.m.* lower part; under, hidden or wrong side; worst; lee (*of the wind*); (*pl.*) underclothing (*of women*).—*prep. phr. au-dessous de*, beneath.

dessus [də'sy], *adv.* on, upon, over, above; *là-dessus*, thereupon; *par-dessus*, over, besides; *sens dessus dessous*, upside down.—*n.m.* top, upper part; right side; upper hand, advantage.—*prep. phr. au-dessus de*, above.

destin [dɛs'tɛ̃], *n.m.* destiny, fate; career.

destinataire [dɛstina'tɛːr], *n.* addressee; recipient; (*Comm.*) consignee; payee.

destination [dɛstina'sjɔ̃], *n.f.* destination; object, end.

destinée [dɛsti'ne], *n.f.* fate, destiny, doom.

destiner [dɛsti'ne], *v.t.* to destine, to purpose; to reserve (*for a particular fate etc.*). **se destiner**, *v.r.* to be destined.

destituer [dɛsti'tɥe], *v.t.* to dismiss, to discharge.

destitution [dɛstity'sjɔ̃], *n.f.* dismissal, removal (*from office*).

destroyer [dɛstrwa'jœːr], *n.m.* (*Navy*) destroyer.

destructeur [dɛstryk'tœːr], *a.* (*fem.* -**trice**) destructive, deadly, ruinous.—*n.m.* (*fem.* -**trice**) ravager, spoiler.

destructif [dɛstryk'tif], *a.* (*fem.* -**tive**) destructive, destroying.

destruction [dɛstryk'sjɔ̃], *n.f.* destruction.

désuet [desɥ'ɛ], *a.* (*fem.* -**ète**) obsolete, out-of-date.

désuétude [desɥe'tyd], *n.f.* disuse, desuetude.

désunion [dezy'njɔ̃], *n.f.* disunion; disjunction.

désunir [dezy'niːr], *v.t.* to disunite, to disjoin, to part. **se désunir**, *v.r.* to disunite, to come asunder.

détachage [deta'ʃaːʒ], *n.m.* cleaning, scouring.

détachant [deta'ʃɑ̃], *n.m.* cleaner, stain-remover.

détachement [detaʃ'mɑ̃], *n.m.* indifference, unconcern; (*Mil.*) detachment, draft.

détacher (1) [deta'ʃe], *v.t.* to remove stains, spots etc.

détacher (2) [deta'ʃe], *v.t.* to detach, to untie, to unfasten, to undo; to cut off; (*Mil.*) to detail. **se détacher**, *v.r.* to come unfastened, to come undone; to disengage oneself; to break away; to stand out clearly.

détail [de'taːj], *n.m.* detail, small matter, trifle; retail.

détaillant [deta'jɑ̃], *n.m.* (*fem.* -**e**) retailer, small dealer.

détailler [deta'je], *v.t.* to cut in pieces; to retail; to relate minutely.

détaxation [detaksa'sjɔ̃], *n.f.* decontrol (*of prices*).

détaxer [detak'se], *v.t.* to reduce *or* take off a tax; to decontrol.

détecter [detɛk'te], *v.t.* to detect.

détecteur [detɛk'tœːr], *n.m.* detector.

détection [detɛk'sjɔ̃], *n.f.* detection.

détective [detɛk'tiːv], *n.m.* detective.

déteindre [de'tɛ̃:dr], *v.t.* irr. (*conjug. like* CRAINDRE) to take the dye *or* colour out of.— *v.i.* to lose colour, to run, to fade.

dételage [de'tla:ʒ], *n.m.* unharnessing.

dételer [de'tle], *v.t.* (*conjug. like* APPELER) to unharness, to unyoke.

détendre [de'tɑ̃:dr], *v.t.* to slacken, to relax; to reduce the pressure of; to take down. **se détendre**, *v.r.* to slacken, to unbend, to become easier, to relax.

détenir [det'niːr], *v.t.* irr. (*conjug. like* TENIR) to detain, to withhold; to confine.

détente [de'tɑ̃:t], *n.f.* trigger (*of a gun etc.*); cut-off (*of an engine*); relaxation, easing.

détenteur [detɑ̃'tœːr], *n.m.* (*fem.* -**trice**) holder, detainer.

113

détention

détention [detɑ̃'sjɔ̃], *n.f.* detention; imprisonment.

détenu [det'ny], *a.* detained, imprisoned.—*n.m.* (*fem.* **-e**) prisoner.

détergent [detɛr'ʒɑ̃], *a.* (*Med.*) detergent.—*n.m.* detergent.

déterger [detɛr'ʒe], *v.t.* (*conjug. like* MANGER) to cleanse, to purify.

détérioration [deterjɔra'sjɔ̃], *n.f.* deterioration; wear and tear.

détériorer [deterjɔ're], *v.t.* to impair, to make worse. **se détériorer**, *v.r.* to deteriorate.

déterminable [detɛrmi'nabl], *a.* determinable.

déterminant [detɛrmi'nɑ̃], *a.* determinative, decisive.—*n.m.* (*Math.*) determinant.

détermination [detɛrmina'sjɔ̃], *n.f.* determination, resolution.

déterminé [detɛrmi'ne], *a.* determined, decided, fixed; resolute, firm.

déterminer [detɛrmi'ne], *v.t.* to determine, to settle; to ascertain; to decide; to cause to take a resolution. **se déterminer**, *v.r.* to resolve, to determine.

déterré [detɛ're], *n.m.* exhumed body.

déterrer [detɛ're], *v.t.* to dig up, to disinter; to unearth, to bring to light.

détestable [detɛs'tabl], *a.* detestable, hateful, odious; wretched.

détestablement [detɛstablə'mɑ̃], *adv.* detestably, abominably.

détestation [detɛsta'sjɔ̃], *n.f.* detestation, abhorrence.

détester [detɛs'te], *v.t.* to detest, to hate.

détirer [deti're], *v.t.* to draw out, to stretch.

détisser [deti'se], *v.t.* to unweave.

détonateur [detɔna'tœ:r], *n.m.* detonator.

détonation [detɔna'sjɔ̃], *n.f.* detonation, report.

détoner [detɔ'ne], *v.t., v.i.* to detonate.

détonneler [detɔn'le], *v.t.* (*conjug. like* APPELER) to draw from a cask.

détonner [detɔ'ne], *v.i.* to be out of tune; to jar.

détordre [de'tɔrdr], *v.t.* to untwist; to unravel. **se détordre**, *v.r.* to come untwisted.

détors [de'tɔ:r], *a.* untwisted.

détortiller [detɔrti'je], *v.t.* to untwist; to unravel. **se détortiller**, *v.r.* to become untwisted; to be unravelled.

détour [de'tu:r], *n.m.* turning, change of direction; roundabout way; (*fig.*) shift, evasion, trick.

détourné [detur'ne], *a.* out of the way, unfrequented; indirect.

détournement [deturnə'mɑ̃], *n.m.* turning aside; (*Av.*) hijacking; embezzlement; *détournement de mineur*, (*Law*) abduction.

détourner [detur'ne], *v.t.* to turn away; to lead astray; (*Av.*) to divert; to hijack; to ward off; to embezzle; to deter.—*v.i.* to turn, to turn off. **se détourner**, *v.r.* to turn aside; to abandon (*de*).

détracteur [detrak'tœ:r], *a.* (*fem.* **-trice**) detractive, detracting.—*n.m.* (*fem.* **-trice**) detractor, disparager.

détraqué [detra'ke], *a.* out of order; deranged, (*colloq.*) crazy.—*n.m.* (*fem.* **-ée**) person shattered in mind *or* body.

détraquement [detrak'mɑ̃], *n.m.* breakdown (*of mechanism, mind, health*).

détraquer [detra'ke], *v.t.* to spoil (*a horse's*) paces; (*fig.*) to put out of order. **se détraquer**, *v.r.* to lose its paces (*of a horse*); (*fig.*) to be disordered.

détrempe [de'trɑ̃:p], *n.f.* distemper (*paint*).

détremper [detrɑ̃'pe], *v.t.* to dilute, to dissolve.

détresse [de'trɛs], *n.f.* distress, grief, trouble.

détresser [detrɛ'se], *v.t.* to unravel; to unplait.

détriment [detri'mɑ̃], *n.m.* detriment, injury prejudice.

détritus [detri'tys], *n.m.* residue, refuse; offal.

détroit [de'trwa], *n.m.* strait, channel, sound, narrow firth.

détromper [detrɔ̃'pe], *v.t.* to undeceive. **se détromper**, *v.r.* to be undeceived.

détrônement [detron'mɑ̃], *n.m.* dethronement.

détrôner [detro'ne], *v.t.* to dethrone.

détrousser [detru'se], *v.t.* to untruss, to let down; (*fig.*) to rob.

détrousseur [detru'sœ:r], *n.m.* (*fem.* **-euse**) highwayman, robber.

détruire [de'trɥi:r], *v.t. irr.* (*conjug. like* CONDUIRE) to destroy, to demolish, to ruin; to exterminate, to do away with, to efface, to suppress. **se détruire**, *v.r.* to fall into ruin *or* decay; to destroy each other.

dette [dɛt], *n.f.* debt; obligation.

deuil [dœ:j], *n.m.* mourning; grief, sorrow; gloom; period of mourning; bereavement; mourning clothes; funeral cortège.

Deutéronome [døterɔ'nɔm], *n.m.* Deuteronomy.

deux [dø], *a.* two, both; second.—*n.m.* two; second (*of the month*); (*Cards, Dice etc.*) deuce.

deuxième [dø'zjɛm], *a.* second.—*n.m.* second; second floor.

deuxièmement [døzjɛm'mɑ̃], *adv.* secondly.

deux-pièces [dø'pjɛs], *n.m. inv.* (*women's*) two-piece (*suit*).

deux-points [dø'pwɛ], *n.m. inv.* (*Print.*) colon.

dévaler [deva'le], *v.t.* to descend; to lower.—*v.i.* to descend, to slope; to go *or* rush down (*of streams etc.*).

dévaliser [devali'ze], *v.t.* to rifle, to strip, to rob.

dévaliseur [devali'zœ:r], *n.m.* (*fem.* **-euse**) thief, burglar.

dévaluation [devalɥa'sjɔ̃], *n.f.* devaluation.

dévaluer [deva'lɥe], *v.t.* to devalue.

devancer [devɑ̃'se], *v.t.* (*conjug. like* COMMENCER) to precede; to outstrip; to forestall, to anticipate; to surpass.

devancier [devɑ̃'sje], *n.m.* (*fem.* **-ière**) predecessor; (*pl.*) ancestors, forefathers.

devant [də'vɑ̃], *prep.* before; in front of, over against.—*adv.* in front, ahead.—*n.m.* front, forepart.

devanture [dəvɑ̃'ty:r], *n.f.* front(age) (*of a building*); shop-front.

dévaser [deva'ze], *v.t.* to dredge.

dévastateur [devasta'tœ:r], *a.* (*fem.* **-trice**) devastating, destructive.—*n.m.* (*fem.* **-trice**) devastator.

dévastation [devasta'sjõ], *n.f.* devastation, ravage, havoc.

dévaster [devas'te], *v.t.* to devastate, to lay waste.

développement [devlɔp'mã], *n.m.* unfolding, opening; development, progress; (*Mil.*) deployment.

développer [devlɔ'pe], *v.t.* to open, to unwrap; to expand, to explain; to develop. **se développer**, *v.r.* to expand, to unfold; to be unravelled; to extend; to develop.

devenir [dəv'niːr], *v.i. irr.* (*conjug. like* TENIR) to become, to grow, to get, to turn into.— *n.m.* gradual development (*of beings or of things*).

dévergondage [devergõ'daːʒ], *n.m.* shamelessness; profligacy, dissoluteness.

dévergonder (se) [sədevergõ'de], *v.r.* to become dissolute.

déverrouillement [deveruj'mã], *n.m.* unbolting.

déverrouiller [deveru'je], *v.t.* to unbolt; (*fig.*) to set free.

devers [də'vɛːr], *prep.* towards; **par devers**, in the presence of.

dévers [de'vɛːr], *a.* inclined; out of alignment. —*n.m.* inclination; warping.

déverser [dever'se], *v.t.* to bend; to dump; to pour out (*water etc.*).—*v.i.* to lean, to jut out; to warp. **se déverser**, *v.r.* to empty (*of rivers, canals etc.*).

déversoir [dever'swaːr], *n.m.* overflow (*of a canal etc.*); outfall.

dévêtir [deve'tiːr], *v.t. irr.* (*conjug. like* VÊTIR) to undress, to strip of clothes; (*Law*) to divest. **se dévêtir**, *v.r.* to take off one's clothes, to undress.

déviation [devja'sjõ], *n.f.* deviation, curvature; diversion (*of a road*).

déviationnisme [devjasjo'nism], *n.m.* (*Polit.*) deviationism.

déviationniste [devjasjo'nist], *n.* deviationist.

dévidage [devi'daːʒ], *n.m.* winding *or* reeling off.

dévider [devi'de], *v.t.* to wind off (*into skeins etc.*); (*fig.*) to explain.

dévideur [devi'dœːr], *n.m.* (*fem.* **-euse**) winder, reeler.

dévidoir [devi'dwaːr], *n.m.* reel, skein-winder, spool.

dévier [de'vje], *v.i.* and **se dévier**, *v.r.* to deviate; to swerve.

devin [də'vɛ̃], *n.m.* (*fem.* **devineresse**) diviner, augur; fortune-teller.

deviner [dəvi'ne], *v.t.* to divine; to predict; to guess. **se deviner**, *v.r.* to understand each other.

devinette [dəvi'nɛt], *n.f.* poser, riddle, conundrum.

devineur [dəvi'nœːr], *n.m.* (*fem.* **-euse**) guesser.

devis [də'vi], *n.m.* estimate; specification.

dévisager [deviza'ʒe], *v.t.* (*conjug. like* MANGER) to disfigure; to stare out.

devise [də'viːz], *n.f.* device, emblem; motto, slogan; (*Fin.*) currency; **des devises étrangères**, foreign currency.

deviser [dəvi'ze], *v.i.* to talk casually, to chat.

dévissage [devi'saːʒ], **dévissement** [devis'mã], *n.m.* unscrewing.

dévisser [devi'se], *v.t.* to unscrew. **se dévisser**, *v.r.* to come unscrewed.

dévitaliser [devitali'ze], *v.t.* to kill the nerve (*of a tooth etc.*).

dévoiement [devwa'mã], *n.m.* looseness (*of the bowels*); (*Arch.*) inclination, slope; (*fig.*) departure from the normal path.

dévoilement [devwal'mã], *n.m.* unveiling, disclosure.

dévoiler [devwa'le], *v.t.* to unveil, to reveal, to disclose. **se dévoiler**, *v.r.* to be revealed.

dévoîment [DÉVOIEMENT].

devoir [də'vwaːr], *v.t. irr.* to owe (*money, gratitude*); to be obliged to, to be bound to, to have to, must. **se devoir**, *v.r.* to owe oneself; to owe it to oneself.—*n.m.* duty; (*Sch.*) work set, homework; (*pl.*) respects, compliments.

dévoltage [devɔl'taːʒ], *n.m.* (*Elec.*) reduction of voltage.

dévolter [devɔl'te], *v.t.* to reduce the voltage, to step down (*current*).

dévolteur [devɔl'tœːr], *n.m.* reducing transformer.

dévolu [devɔ'ly], *a.* (*Law*) devolved, vested.— *n.m.* choice, preference.

dévolution [devɔly'sjõ], *n.f.* devolution; escheat.

dévorant [devɔ'rã], *a.* devouring, ravenous; (*fig.*) wasting.

dévorateur [devɔra'tœːr], *a.* (*fem.* **-trice**) devouring.—*n.m.* (*fem.* **-trice**) devourer, destroyer.

dévorer [devɔ're], *v.t.* to devour; to destroy; to squander; to gaze at eagerly.

dévot [de'vo], *a.* devout, pious; sanctimonious; holy (*of books etc.*).—*n.m.* (*fem.* **-e**) devout person, devotee; bigot.

dévotement [devɔt'mã], *adv.* devoutly, piously.

dévotion [devɔ'sjõ], *n.f.* devotion, piety; disposal; devoutness.

dévouement *or* **dévoûment** [devu'mã], *n.m.* self-sacrifice; devotion, devotedness; zeal.

dévouer [de'vwe], *v.t.* to devote, to dedicate. **se dévouer**, *v.r.* to devote oneself; to dedicate oneself.

dévoyé [devwa'je], *a.* a stray, gone astray.—*n.m.* (*fem.* **-ée**) (*fig.*) black sheep.

dévoyer [devwa'je], *v.t.* (*conjug. like* EMPLOYER) to corrupt, to lead astray. **se dévoyer**, *v.r.* to become corrupted.

dextérité [deksteri'te], *n.f.* dexterity, skill.

dextrine [deks'trin], *n.f.* dextrin.

dextrose [deks'troːz], *n.f.* dextrose, glucose.

diabète [dja'bɛt], *n.m.* diabetes.

diabétique [djabe'tik], *a.* and *n.* diabetic.

diable [dja:bl], *n.m.* devil; wayward child; jack-in-the-box; luggage-truck; drag; **un bon diable**, a good-natured fellow; **un pauvre diable**, a poor wretch.—*int.* the devil! the deuce! confound it! hang it!

diablement [djablə'mã], *adv.* devilishly.

diablerie [djablə'ri], *n.f.* devilry, witchcraft; mischief.

diablesse [dja'blɛs], *n.f.* she-devil; shrew, vixen.

diablotin [djablɔ'tɛ̃], *n.m.* imp; (**Christmas**) cracker.

diabolique [djabɔ'lik], *a.* diabolical, devilish.

diaboliquement [djabɔlik'mã], *adv.* diabolically, devilishly.

diaconal [djakɔ'nal], *a.* (*m. pl.* **-aux**) diaconal.

diaconat [djakɔ'na], *n.m.* diaconate, deaconry.

diaconesse [djako'nɛs], *n.f.* deaconess.
diacre [djakr], *n.m.* deacon.
diadème [dja'dɛːm], *n.m.* diadem; coronet.
diagnose [djag'noːz], *n.f.* (*art of*) diagnosis.
diagnostic [djagnɔs'tik], *n.m.* diagnosis.
diagnostique [djagnɔs'tik], *a.* diagnostic.
diagnostiquer [djagnɔsti'ke], *v.t.* to diagnose.
diagonal [djagɔ'nal], *a.* (*m. pl.* **-aux**) diagonal.—*n.f.* (**-e**) diagonal.
diagonalement [djagɔnal'mɑ̃], *adv.* diagonally.
diagramme [dja'gram], *n.m.* diagram.
dialecte [dja'lɛkt], *n.m.* dialect.
dialecticien [djalɛkti'sjɛ̃], *n.m.* dialectician.
dialectique [djalɛk'tik], *a.* dialectical.—*n.f.* dialectics, logic.
dialogue [dja'lɔg], *n.m.* dialogue, colloquy.
dialoguer [djalɔ'ge], *v.t.* to write in dialogue form.—*v.i.* to converse, to chat.
dialoguiste [djalɔ'gist], *n.m.* (*Cine.*) script-writer.
diamant [dja'mɑ̃], *n.m.* diamond.
diamantaire [djamɑ̃'tɛːr], *a.* of diamond brilliancy.—*n.m.* diamond-cutter *or* seller.
diamanter [djamɑ̃'te], *v.t.* to set with diamonds; to tinsel, to frost.
diamétral [djame'tral], *a.* (*m. pl.* **-aux**) diametrical.
diamétralement [djametral'mɑ̃], *adv.* diametrically.
diamètre [dja'mɛtr], *n.m.* diameter.
diane [djan], *n.f.* reveille.
diantre [djɑ̃ːtr], *int.* the deuce! dash! blast!
diapason [djapa'zɔ̃], *n.m.* diapason, pitch; tuning-fork.
diaphane [dja'fan], *a.* diaphanous, transparent.
diaphragme [dja'fragm], *n.m.* diaphragm, midriff.
diapositive [djapozi'tiːv], *n.f.* transparency, slide.
diapré [dja'pre], *a.* dappled, variegated.
diaprer [dja'pre], *v.t.* to dapple, to variegate, to mottle.
diarrhée [dja're], *n.f.* diarrhoea.
diatribe [dja'trib], *n.f.* diatribe, bitter criticism *or* dissertation.
dictamen [dikta'mɛn], *n.m.* dictate (*of one's conscience*).
dictateur [dikta'tœːr], *n.m.* dictator.
dictatorial [diktatɔ'rjal], *a.* (*m.pl.* **-aux**) dictatorial.
dictature [dikta'tyːr], *n.f.* dictatorship.
dictée [dik'te], *n.f.* act of dictating, dictation.
dicter [dik'te], *v.t.* to dictate; (*fig.*) to suggest, to inspire.
diction [dik'sjɔ̃], *n.f.* diction; delivery.
dictionnaire [diksjɔ'nɛːr], *n.m.* dictionary.
dicton [dik'tɔ̃], *n.m.* common saying, saw, proverb.
didactique [didak'tik], *a.* didactic.—*n.f.* didactic art.
didactiquement [didaktik'mɑ̃], *adv.* didactically.
dièse [djɛːz], *n.m.* (*Mus.*) sharp.
diesel [dje'zɛl], *n.m.* diesel (*engine*).
diète (1) [djet], *n.f.* diet (*regimen*).
diète (2) [djet], *n.f.* (*Hist.*) diet.
diététicien [djeteti'sjɛ̃], *n.m.* (*fem.* **-enne**) dietician, dietist.

diététique [djete'tik], *a.* dietetical.—*n.f.* dietetics.
Dieu [djø], *n.m.* God.
dieu [djø], *n.m.* (*pl.* **dieux**) god.
diffamant [difa'mɑ̃], *a.* defamatory, libellous, slanderous.
diffamateur [difama'tœːr], *n.m.* (*fem.* **-trice**) defamer, slanderer.
diffamation [difama'sjɔ̃], *n.f.* defamation, aspersion, calumny.
diffamatoire [difama'twaːr], *a.* defamatory, libellous slanderous.
diffamer [difa'me], *v.t.* to defame, to slander, to libel.
différemment [difera'mɑ̃], *adv.* differently.
différence [dife'rɑ̃ːs], *n.f.* difference, diversity, contrast.
différenciation [diferɑ̃sja'sjɔ̃], *n.f.* differentiation.
différencier [diferɑ̃'sje], *v.t.* to make a difference, to distinguish; (*Math.*) to differentiate.
différend [dife'rɑ̃], *n.m.* difference, quarrel, dispute.
différent [dife'rɑ̃], *a.* different, dissimilar, unlike.
différentiel [diferɑ̃'sjɛl], *a.* (*fem.* **-elle**) differential.—*n.m.* (*Motor.*) differential.
différer [dife're], *v.t.* (*conjug. like* CÉDER) to defer, to postpone, to adjourn.—*v.i.* to defer, to put off; to differ, to disagree.
difficile [difi'sil], *a.* difficult; hard, trying; hard to please, particular.
difficilement [difisil'mɑ̃], *adv.* with difficulty.
difficulté [difikyl'te], *n.f.* difficulty; obstacle; rub; objection.
difficultueux [difikyl'tɥø], *a.* (*fem.* **-euse**) prone to raise difficulties; hard to please.
difforme [di'fɔrm], *a.* deformed, misshapen.
difformité [difɔrmi'te], *n.f.* deformity; hideousness.
diffus [di'fy], *a.* diffuse, prolix, verbose.
diffusément [difyze'mɑ̃], *adv.* diffusely, wordily.
diffuser [dify'ze], *v.t.* to diffuse; (*Rad. Tel.*) to broadcast.
diffuseur [dify'zœːr], *n.m.* diffuser, spray cone; loudspeaker.
diffusion [dify'zjɔ̃], *n.f.* diffusion; diffusiveness, wordiness; propagation; broadcasting.
digérer [diʒe're], *v.t.* (*conjug. like* CÉDER) to digest; to ponder, to discuss; to put up with.
digestible [diʒɛs'tibl], *a.* digestible.
digestif [diʒɛs'tif], *a.* (*fem.* **-tive**) and *n.m.* digestive.
digestion [diʒɛs'tjɔ̃], *n.f.* digestion.
digital [diʒi'tal], *a.* (*m. pl.* **-aux**) digital; *empreinte digitale,* finger-print.
digitale [diʒi'tal], *n.f.* foxglove.
digitaline [diʒita'lin], *n.f.* (*Pharm.*) digitalis.
digne [diɲ], *a.* deserving, worthy; dignified.
dignement [diɲ'mɑ̃], *adv.* worthily, deservedly; with dignity.
dignitaire [diɲi'tɛːr], *n.m.* dignitary.
dignité [diɲi'te], *n.f.* dignity, nobility, seriousness; self-respect.
digresser [digrɛ'se], *v.i.* to digress, to depart from the main subject.
digressif [digrɛ'sif], *a.* (*fem.* **-ive**) digressive.
digression [digrɛ'sjɔ̃], *n.f.* digression.

digressivement [digrɛsiv'mɑ̃], *adv.* digressively.

digue [dig], *n.f.* dike, dam, embankment; (*fig.*) limit; security.

diguer [di'ge], *v.t.* to dam, to embank.

dilacération [dilasera'sjɔ̃], *n.f.* tearing, rending.

dilacérer [dilase're], *v.t.* (*conjug. like* CÉDER) to tear to pieces.

dilapidateur [dilapida'tœːr], *a.* (*fem.* **-trice**) wasteful, extravagant.—*n.m.* (*fem.* **-trice**) squanderer.

dilapidation [dilapidɑ'sjɔ̃], *n.f.* waste; embezzlement.

dilapider [dilapi'de], *v.t.* to waste, to squander (*a fortune*); to embezzle.

dilatation [dilata'sjɔ̃] *n.f.* dilatation, expansion, distension.

dilater [dila'te], *v.t.* to dilate, to distend, to expand. **se dilater**, *v.r.* to dilate, to be dilated.

dilatoire [dila'twaːr], *a.* (*Law*) dilatory.

dilemme [di'lɛm], *n.m.* dilemma.

dilettante [dilɛ'tɑ̃ːt], *n.* dilettante.

dilettantisme [dilɛtɑ̃'tism], *n.m.* dilettantism, amateurism.

diligemment [diliʒa'mɑ̃], *adv.* diligently, promptly.

diligence [dili'ʒɑ̃ːs], *n.f.* diligence; dispatch, application; stage-coach.

diligent [dili'ʒɑ̃], *a.* diligent, assiduous, active.

diluer [di'lɥe], *v.t.* to dilute.

dilution [dily'sjɔ̃], *n.f.* dilution.

diluvien [dily'vjɛ̃], *a.* (*fem* **-enne**) diluvian.

dimanche [di'mɑ̃ːʃ], *n.m.* Sunday, Sabbath.

dîme [dim], *n.f.* tithe; (U.S.) dime.

dimension [dimɑ̃'sjɔ̃], *n.f.* dimension, size.

dîmer [di'me], *v.t.* to tithe.—*v.i.* to levy a tithe.

diminuer [dimi'nɥe], *v.t.* to diminish, to lessen; to impair.—*v.i.* to diminish, to abate, to fall (*in price etc.*); to draw in (*of days*).

diminutif [diminy'tif], *a.* (*fem.* **ive**) and *n.m.* diminutive.

diminution [diminy'sjɔ̃], *n.f.* diminution, reduction, abatement.

dinde [dɛ̃ːd], *n.f.* turkey-hen; turkey.

dindon [dɛ̃'dɔ̃], *n.m.* turkey-cock.

dindonneau [dɛ̃do'no], *n.m.* (*pl.* **-eaux**) young turkey.

dindonner [dɛ̃do'ne], *v.t.* to dupe, to take in.

dindonnier [dɛ̃do'nje], *n.m.* (*fem.* **-ière**) turkey-keeper.

dîné [DÎNER].

dîner [di'ne], *v.i.* to dine, to have dinner.—*n.m.* or **dîné** [di'ne], dinner; dinner-party.

dînette [di'nɛt], *n.f.* child's *or* doll's dinner.

dîneur [di'nœːr], *n.m.* (*fem.* **-euse**) diner; diner-out.

diocésain [djɔse'zɛ̃], *a.* diocesan.

diocèse [djɔ'sɛːz], *n.m.* diocese.

diphasé [difa'ze], *a.* (*Elec.*) two-phase, diphasic.

diphtérie [difte'ri], *n.f.* diphtheria.

diphtongue [dif'tɔ̃ːg], *n.f.* diphthong.

diplomate [diplɔ'mat], *a.* diplomatic.—*n.* diplomatist, diplomat.

diplomatie [diplɔma'si], *n.f.* diplomacy; diplomatic service.

diplomatique [diplɔma'tik], *a.* diplomatic; tactful.

diplomatiquement [diplɔmatik'mɑ̃], *adv.* diplomatically.

diplôme [di'plo:m], *n.m.* diploma.

diplômé [diplo'me], *a.* (*fem.* **-ée**) qualified. —*n.m.* (*fem.* **-ée**) qualified person.

dipsomane [dipsɔ'man], *n.m.* dipsomaniac.

dipsomanie [dipsɔma'ni], *n.f.* dipsomania.

dire [diːr], *v.t. irr.* to say, to speak; to tell; to recite; to order; to express. **se dire**, *v.r.* to call oneself, to be called; to say to oneself; to be said.—*n.m.* what one says, statement; (*Law*) allegation.

direct [di'rɛkt], *a.* direct, straight, immediate. —*n.m.* (*Box.*) straight blow; *un direct du gauche*, a straight left.

directement [dirɛkta'mɑ̃], *adv.* directly, point-blank.

directeur [dirɛk'tœːr], *n.m.* (*fem.* **-trice**) director, manager, superintendent, head; principal, head master, head mistress; conductor (*of orchestra*).

direction [dirɛk'sjɔ̃], *n.f.* directing, direction; management; directorship; (*Motor.*) steering.

directives [dirɛk'tiːv], *n.f. pl.* general rules, directives.

directoire [dirɛk'twaːr], *n.m.* (*Eccles.*) directory.

directorat [dirɛktɔ'ra], *n.m.* directorship, directorate.

dirigeable [diri'ʒabl], *n.m.* dirigible balloon *or* airship.

dirigeant [diri'ʒɑ̃], *a.* directing, leading.—*n.* ruler, leader.

diriger [diri'ʒe], *v.t.* (*conjug. like* MANGER) to direct; to control; to steer, to manage, to govern; to send, to aim. **se diriger**, *v.r.* to make for, to go (*towards*); to govern oneself.

dirigisme [diri'ʒism], *n.m.* (*Polit.*) state planning *or* controls.

discernement [disɛrna'mɑ̃], *n.m.* discernment; discrimination; judgment.

discerner [disɛr'ne], *v.t.* to discern; to distinguish, to discriminate.

disciple [di'sipl], *n.m.* disciple, follower.

disciplinaire [disipli'nɛːr], *a.* disciplinary.

discipline [disi'plin], *n.f.* discipline; education, training; (*sch.*) subject.

discipliner [disipli'ne], *v.t.* to discipline. **se discipliner**, *v.r.* to be disciplined.

discontinu [diskɔ̃ti'ny], *a.* discontinuous.

discontinuation [diskɔ̃tinɥɑ'sjɔ̃], *n.f.* discontinuance, discontinuation.

discontinuer [diskɔ̃ti'nɥe], *v.t.* to discontinue, to interrupt, to suspend.—*v.i.* to cease, to leave off.

discontinuité [diskɔ̃tinɥi'te], *n.f.* discontinuity, discontinuance, interruption.

disconvenance [diskɔ̃v'nɑ̃ːs], *n.f.* incongruity, unsuitability; dissimilarity.

disconvenir [diskɔ̃v'niːr], *v.i. irr.* (*conjug. like* TENIR) to deny, to disown; to disagree.

discord [dis'kɔːr], *a.* (*Mus.*) out of tune, discordant.

discordance [diskɔr'dɑ̃ːs], *n.f.* discordancy, dissonance.

discordant [diskɔr'dɑ̃], *a.* discordant, dissonant, out of tune; inharmonious, incongruous.

discorde [dis'kɔrd], *n.f.* discord, disagreement, strife.

discorder

discorder [diskɔr'de], *v.i.* (*Mus.*) to be out of tune; to be in a state of dissension.

discothèque [diskɔ'tɛk], *n.f.* record library; discothèque.

discoureur [disku'rœːr], *n.m.* (*fem.* -**euse**) talker, chatterer.

discourir [disku'riːr], *v.i. irr.* (*conjug. like* COURIR) to discourse; to descant (*sur*); to babble.

discours [dis'kuːr], *n.m.* discourse; speech, address; diction; treatise.

discourtois [diskur'twa], *a.* discourteous.

discourtoisement [diskurtwaz'mã], *adv.* discourteously.

discourtoisie [diskurtwa'zi], *n.f.* discourtesy, incivility.

discrédit [diskre'di], *n.m.* discredit, disrepute.

discréditer [diskredi'te], *v.t.* to discredit.

discret [dis'krɛ], *a.* (*fem.* -**ète**) discreet; cautious, shy; secret, close.

discrètement [diskrɛt'mã], *adv.* discreetly; warily.

discrétion [diskre'sjõ], *n.f.* circumspection, prudence; discretion; reserve; *pain à discrétion*, bread ad lib.

discrétionnaire [diskresjɔ'nɛːr], *a.* discretionary.

discrimination [diskriminɑ'sjõ], *n.f.* discrimination.

discriminer [diskrimi'ne], *v.t.* to discriminate.

disculper [diskyl'pe], *v.t.* to exculpate, to vindicate, to exonerate.

discursif [diskyr'sif], *a.* (*fem.* -**sive**) discursive.

discussion [disky'sjõ], *n.f.* discussion, debate; altercation, dispute.

discutable [disky'tabl], *a.* debatable, disputable, contestable.

discuter [disky'te], *v.t.* to discuss, to debate, to argue; to examine, to inquire into, to sift.

discuteur [disky'tœːr] *n.m.* (*fem.* -**euse**) disputant.

disert [di'zɛːr], *a.* copious, fluent, eloquent.

disertement [dizɛrtə'mã], *adv.* copiously, fluently.

disette [di'zɛt], *n.f.* scarcity, dearth, famine; poverty, penury.

diseur [di'zœːr], *n.m.* (*fem.* -**euse**) sayer, teller; diseuse.

disgrâce [diz'grɑːs], *n.f.* disfavour; disgrace, misfortune; plainness (*of features*).

disgracié [dizgra'sje], *a.* out of favour; (*fig.*) ill-favoured, deformed.

disgracier [dizgra'sje], *v.t.* to disgrace, to put out of favour.

disgracieusement [dizgrasjøz'mã], *adv.* awkwardly, ungracefully.

disgracieux [dizgra'sjø], *a.* (*fem.* -**euse**) awkward, uncouth, disagreeable.

disjoindre [diz'ʒwɛ̃ːdr], *v.t. irr.* (*conjug. like* CRAINDRE) to disjoin, to disunite. **se disjoindre**, *v.r.* to come apart, to disunite.

disjoncteur [dizʒɔ̃k'tœːr], *n.m.* (*Elec.*) circuit breaker.

disjonction [dizʒɔ̃k'sjõ], *n.f.* disjunction, separation.

dislocation [dislɔkɑ'sjõ], *n.f.* dislocation, dismemberment.

disloquement [dislɔk'mã], *n.m.* dislocation.

disloquer [dislɔ'ke], *v.t.* to dislocate, to dismember; to take to pieces (*machines etc.*); (*Mil.*) to break up (*an army*). **se disloquer**, *v.r.* to dislocate one's arm etc.; to be taken to pieces; to come apart.

dispache [dis'paʃ], *n.f.* (*Maritime Insurance*) assessment; average adjustment.

dispacheur [dispa'ʃœːr], **dispatcheur** [dispa'tʃœːr], *n.m.* assessor, average adjuster.

disparaître [dispa'rɛːtr], *v.i. irr.* (*conjug. like* CONNAÎTRE) to vanish, to disappear; to abscond; to die.

disparate [dispa'rat], *a.* dissimilar, incongruous, unlike, ill-matched.—*n.f.* incongruity, dissimilarity.

disparité [dispari'te], *n.f.* disparity, dissimilarity.

disparition [dispari'sjõ], *n.f.* disappearance.

dispendieusement [dispãdjøz'mã], *adv.* expensively.

dispendieux [dispã'djø], *a.* (*fem.* -**euse**) expensively, costly.

dispensaire [dispã'sɛːr], *n.m.* dispensary; out-patients' department.

dispensateur [dispãsa'tœːr], *n.m.* (*fem.* -**trice**) dispenser; bestower, giver.

dispensation [dispãsa'sjõ], *n.f.* dispensation; distribution; dispensing.

dispense [dis'pãːs], *n.f.* dispensation (*from fasting*); exemption (*from military service*).

dispenser [dispã'se], *v.t.* to dispense, to bestow; to exempt; to dispense (*with*). **se dispenser**, *v.r.* to dispense with; to exempt *or* excuse oneself (*from*); to spare oneself.

disperser [dispɛr'se], *v.t.* to disperse, to scatter. **se disperser**, *v.r.* to be dispersed, to break up, to be scattered.

dispersion [dispɛr'sjõ], *n.f.* dispersion, breaking up.

disponibilité [disponibili'te], *n.f.* (*Law*) state of being disposable, disposal (*of property*); (*Mil.*) state of being unattached.

disponible [dispɔ'nibl], *a.* disposable, available; disengaged.—*n.m.* realizable assets.

dispos [dis'po], *a.* fit and well, in good fettle, nimble; cheerful.

disposer [dispo'ze], *v.t.* to dispose, to arrange, to prepare; to incline, to prevail upon.—*v.i.* to dispose (*de*); to prescribe, to ordain. **se disposer**, *v.r.* to dispose oneself, to be disposed; to get ready.

disposition [dispozi'sjõ], *n.f.* disposition, arrangement; inclination, frame of mind; mind, intention.

disproportion [dispropɔr'sjõ], *n.f.* disproportion.

disproportionné [dispropɔrsjɔ'ne], *a.* disproportionate, inadequate.

disproportionnel [dispropɔrsjɔ'nɛl], *a.* (*fem.* -**elle**) disproportional.

disputable [dispy'tabl], *a.* disputable, debatable, doubtful.

dispute [dis'pyt], *n.f.* dispute, debate, controversy, wrangle; quarrel.

disputer [dispy'te], *v.t.* to contend for; to dispute, to call in question.—*v.i.* to discuss, to argue, to dispute; to contend, to wrangle. **se disputer**, *v.r.* to dispute; to contend, to quarrel.

disputeur [dispy'tœːr], *a.* (*fem.* -**euse**) contentious, quarrelsome.—*n.m.* (*fem.* -**euse**) wrangler.

distributaire

disqualification [diskalifika'sjɔ̃], *n.f.* disqualification.
disqualifier [diskali'fje], *v.t.* to disqualify.
disquaire [dis'kɛːr], *n.* gramophone record seller.
disque [disk], *n.m.* discus, quoit; disk; (*Rail.*) signal-disk; gramophone record; *disque longue durée* or *microsillon*, long-playing record.
disruptif [disryp'tif], *a.* (*fem.* **-tive**) disruptive.
disrupteur [disryp'tœːr], *n.m.* (*Elec.*) interrupter.
dissecteur [disɛk'tœːr], *n.m.* dissector.
dissection [disɛk'sjɔ̃], *n.f.* dissection.
dissemblable [disɑ̃'blabl], *a.* dissimilar, unlike.
dissemblablement [disɑ̃blablə'mɑ̃], *adv.* dissimilarly.
dissemblance [disɑ̃'blɑ̃ːs], *n.f.* dissimilarity, difference.
dissemblant [disɑ̃'blɑ̃], *a.* dissimilar, different.
dissémination [disemina'sjɔ̃], *n.f.* dissemination, scattering (*of seeds etc.*).
disséminer [disemi'ne], *v.t.* to disseminate, to scatter.
dissension [disɑ̃'sjɔ̃], *n.f.* dissension, discord, strife.
dissentiment [disɑ̃ti'mɑ̃], *n.m.* dissent, disagreement.
disséquer [dise'ke], *v.t.* (*conjug. like* CÉDER) to dissect; to analyse.
disséqueur [dise'kœːr], [DISSECTEUR].
dissertation [disɛrta'sjɔ̃], *n.f.* dissertation, treatise; essay (*in schools*).
disserter [disɛr'te], *v.i.* to dissert.
dissidence [disi'dɑ̃ːs], *n.f.* dissidence, difference of opinion, dissent.
dissident [disi'dɑ̃], *a.* dissident.—*n.m.* (*fem.* **-e**) dissenter, rebel.
dissimilaire [disimi'lɛːr], *a.* dissimilar, different, unlike.
dissimilarité [disimilari'te], *n.f.* dissimilarity.
dissimilitude [disimili'tyd], *n.f.* dissimilitude, difference.
dissimulateur [disimyla'tœːr], *n.m.* (*fem.* **-trice**) dissembler; hypocrite.
dissimulation [disimylo'sjɔ̃], *n.f.* dissimulation; double-dealing.
dissimulé [disimy'le], *a.* two-faced, artful.—*n.m.* (*fem.* **-ée**) dissembler; hypocrite.
dissimuler [disimy'le], *v.t.* to dissemble, to conceal. **se dissimuler**, *v.r.* to hide oneself, to pass unnoticed.
dissipateur [disipa'tœːr], *a.* (*fem.* **-trice**) lavish, extravagant.—*n.m.* (*fem.* **-trice**) squanderer, spendthrift.
dissipation [disipa'sjɔ̃], *n.f.* dissipation, waste; idleness.
dissipé [disi'pe], *a.* dissipated, profligate; inattentive.
dissiper [disi'pe], *v.t.* to dissipate, to dispel; to scatter, to squander. **se dissiper**, *v.r.* to be dispersed; to vanish; to be squandered; to be inattentive (*in class-room*).
dissolu [diso'ly], *a.* dissolute, profligate; licentious.
dissolubilité [disɔlybili'te], *n.f.* dissolubility.
dissoluble [diso'lybl], *a.* dissoluble, dissolvable.

dissolution [disɔly'sjɔ̃], *n.f.* dissolution; solution; dissoluteness.
dissolvant [disɔl'vɑ̃], *a.* and *n.m.* dissolvent, solutive, solvent.
dissonance [diso'nɑ̃ːs], *n.f.* dissonance, discord.
dissonant [diso'nɑ̃], *a.* dissonant, discordant.
dissoudre [di'sudr], *v.t. irr.* (*conjug. like* ABSOUDRE) to dissolve; to break up; to annul. **se dissoudre**, *v.r.* to dissolve, to be dissolved; to break up.
dissous [di'su], *a.* (*fem.* **-oute**) dissolved; broken up.
dissuader [disɥa'de], *v.t.* to dissuade.
dissuasif [disɥa'zif], *a.* (*fem.* **-sive**) dissuasive.
dissymétrique [disime'trik], *a.* assymetric(al).
distance [dis'tɑ̃ːs], *n.f.* distance; interval (*of place* or *time*).
distancer [distɑ̃'se], *v.t.* (*conjug. like* COMMENCER) to out-distance, to outrun; (*fig.*) to surpass, to outdo.
distant [dis'tɑ̃], *a.* distant, remote; aloof, stand-offish.
distendre [dis'tɑ̃ːdr], *v.t.* to distend.
distension [distɑ̃'sjɔ̃], *n.f.* distension, strain.
distillable [disti'labl], *a.* distillable.
distillateur [distila'tœːr], *n.m.* distiller.
distillation [distila'sjɔ̃], *n.f.* distillation.
distiller [disti'le], *v.t.* to distil; to discharge; to vent.—*v.i.* to drop, to distil, to trickle.
distillerie [distil'ri], *n.f.* distillery; distilling.
distinct [dis'tɛ̃], *a.* distinct, different, separate.
distinctement [distɛ̃ktə'mɑ̃], *adv.* distinctly, clearly, plainly.
distinctif [distɛ̃k'tif], *a.* (*fem.* **-tive**) distinctive, characteristic.
distinction [distɛ̃k'sjɔ̃], *n.f.* distinction; division, difference; eminence; refinement.
distinctivement [distɛ̃ktiv'mɑ̃], *adv.* distinctively.
distingué [distɛ̃'ge], *a.* distinguished, eminent, noted; elegant, well-bred.
distinguer [distɛ̃'ge], *v.t.* to distinguish, to discern; to discriminate; to honour. **se distinguer**, *v.r.* to be conspicuous; to gain distinction.
distique [dis'tik], *n.m.* distich; couplet.
distordre [dis'tɔrdr], *v.t.* to distort; to sprain. **se distordre**, *v.r.* to become distorted.
distorsion [distor'sjɔ̃], *n.f.* distortion; sprain.
distraction [distrak'sjɔ̃], *n.f.* separation; absence of mind, inattention; diversion, hobby.
distraire [dis'trɛːr], *v.t. irr.* (*conjug. like* TRAIRE) to separate; to distract, to disturb; to entertain. **se distraire**, *v.r.* to be disturbed; to be diverted (*de*); to amuse oneself.
distrait [dis'trɛ], *a.* absent-minded, heedless; vacant (*person*).—*n.m.* (*fem.* **-e**) absent-minded person.
distraitement [distrɛt'mɑ̃], *adv.* absent-mindedly.
distrayant [distrɛ'jɑ̃], *a.* diverting, pleasing.
distribuable [distri'bɥabl], *a.* distributable.
distribuer [distri'bɥe], *v.t.* to distribute, to divide; to dispose; to arrange.
distributaire [distriby'tɛːr], *n.* recipient, receiver; sharer.

distributeur [distriby'tœːr], *a.* (*fem.* -**trice**) distributing.—*n.m.* (*fem.* -**trice**) distributer, bestower, dispenser; *distributeur automatique*, slot machine.

distributif [distriby'tif], *a.* (*fem.* -**tive**) distributive.

distribution [distriby'sjõ], *n.f.* distribution; division; disposition; delivery (*of mail*).

district [dis'trikt], *n.m.* (administrative) district; region.

dit [di], *a.* said, spoken; surnamed, called; *aussitôt dit, aussitôt fait*, no sooner said than done; *autrement dit*, in other words. —*n.m.* maxim; saying.

dito [di'to], *adv.* (*Comm.*) ditto, (*abbr.*) do.

diurnal [djyr'nal], *a.* (*m. pl.* -**aux**) diurnal.— *n.m.* diurnal, daily prayer-book.

diurne [djyrn], *a.* diurnal, daily.—*n.m.* diurnal insect.

divagant [diva'gã], *a.* wandering, rambling.

divagateur [divaga'tœːr], *a.* (*fem.* -**trice**) desultory, rambling.—*n.m.* (*fem.* -**trice**) rambling speaker.

divagation [divaga'sjõ], *n.f.* divagation, wandering.

divaguer [diva'ge], *v.i.* to ramble, to wander from the question; to be incoherent (*in writing* or *speaking*).

divan [di'vã], *n.m.* divan; couch.

divergence [diver'ʒãːs], *n.f.* divergence.

divergent [diver'ʒã], *a.* divergent; different.

diverger [diver'ʒe], *v.i.* (*conjug. like* MANGER) to diverge, to branch off.

divers [di'vɛːr], *a.* diverse, miscellaneous; changing; (*pl.*) various, divers, sundry.

diversement [diversə'mã], *adv.* diversely, variously.

diversifier [diversi'fje], *v.t.* to diversify; to variegate. **se diversifier**, *v.r.* to be varied *or* diversified.

diversion [diver'sjõ], *n.f.* diversion; change.

diversité [diversi'te], *n.f.* diversity, variety, difference.

divertir [diver'tiːr], *v.t.* to amuse, to delight; to divert; to embezzle. **se divertir**, *v.r.* to amuse oneself.

divertissant [diverti'sã], *a.* diverting, entertaining.

divertissement [divertis'mã], *n.m.* diversion, amusement, entertainment; (*Law*) embezzlement.

divette [di'vet], *n.f.* musical comedy actress.

dividende [divi'dãːd], *n.m.* dividend.

divin [di'vɛ̃], *a.* divine, heavenly; (*fig.*) admirable, exquisite.

divinateur [divina'tœːr], *a.* (*fem.* -**trice**) prophetic.—*n.m.* (*fem.* -**trice**) diviner, seer.

divination [divina'sjõ], *n.f.* divination.

divinatoire [divina'twaːr], *a.* divinatory divining.

divinement [divin'mã], *adv.* divinely; (*fig.*) admirably, exquisitely.

diviniser [divini'ze], *v.t.* to deify; to laud to the skies.

divinité [divini'te], *n.f.* divinity, godhead, deity.

diviser [divi'ze], *v.t.* to divide, to portion out; to disunite. **se diviser**, *v.r.* to be divided; to fall (*into*), to break up (*into*).

diviseur [divi'zœːr], *a.* divisive, dividing.— *n.m.* (*Arith.*) divisor; divider.

divisibilité [divizibili'te], *n.f.* divisibility.

divisible [divi'zibl], *a.* divisible.

division [divi'zjõ], *n.f.* division, partition, dividing; (*Mil.*) division.

divisionnaire [divizjo'nɛːr], *a.* divisional, divisionary.

divorce [di'vors], *n.m.* divorce; (*fig.*) variance.

divorcer [divor'se], *v.i.* (*conjug. like* COMMENCER) to divorce oneself (*de*); to break with; to divorce *or* get a divorce from someone (*d'avec quelqu'un*).

divulgation [divylga'sjõ], *n.f.* divulgence; revelation.

divulguer [divyl'ge], *v.t.* to divulge, to reveal, to make public. **se divulguer**, *v.r.* to leak out (*secret*).

dix [dis], *when other words follow* [di] *or* [diz], *a.* ten; tenth.—*n.m.* ten.

dix-huit [di'zɥit], *a.* and *n.m.* eighteen.

dix-huitième [dizɥi'tjɛm], *a.* and *n.* eighteenth.

dixième [di'zjɛm], *a.* and *n.* tenth.

dixièmement [dizjɛm'mã], *adv.* tenthly.

dix-neuf [diz'nœf], *a.* and *n.m.* nineteen; nineteenth.

dix-neuvième [diznœ'vjɛm], *a.* and *n.* nineteenth.

dix-sept [dis'sɛt], *a.* and *n.m.* seventeen; seventeenth.

dix-septième [disse'tjɛm], *a.* and *n.* seventeenth.

dizaine [di'zɛn], *n.f.* half a score; about ten.

djinn [dʒin], *n.m.* jinn(ee).

do [do], *n.m.* (*Mus.*) do *or* ut; (the note) C.

docile [dɔ'sil], *a.* docile, tractable, submissive.

docilement [dɔsil'mã], *adv.* with docility.

docilité [dɔsili'te], *n.f.* docility, tractability.

dock [dɔk], *n.m.* dock; warehouse.

docker [dɔ'kɛːr], *n.m.* docker.

docte [dɔkt], *a.* erudite, learned.

doctement [dɔktə'mã], *adv.* learnedly; pedantically.

docteur [dɔk'tœːr], *n.* doctor.

doctoral [dɔktɔ'ral], *a.* (*m. pl.* -**aux**) doctoral.

doctorat [dɔktɔ'ra], *n.m.* doctorate, doctor's degree.

doctrinaire [dɔktri'nɛːr], *a.* stiff, formal, pedantic.—*n.m.* doctrinaire.

doctrinairement [dɔktrinɛr'mã], *adv.* stiffly, formally, pedantically.

doctrine [dɔk'trin], *n.f.* doctrine.

document [dɔky'mã], *n.m.* document; (*pl.*) records.

documentaire [dɔkymã'tɛːr], *a.* documentary.—*n.m.* (*Cine.*) documentary film.

documentation [dɔkymãta'sjõ], *n.f.* documentation.

documenter [dɔkymã'te], *v.t.* to give information. **se documenter**, *v.r.* to gather evidence.

dodelinement [dɔdlin'mã], *n.m.* wagging, nodding (*of head*); dandling.

dodeliner [dɔdli'ne], *v.t.* to dandle, to rock (*a child*).—*v.i.* to wag, nod (*head*).

dodiner [dɔdi'ne], *v.t.* to rock, to dandle.— *v.i.* to oscillate. **se dodiner**, *v.r.* to rock one's body; to nurse *or* coddle oneself.

dodo [do'do], *n.m.* (*Infantile*) bye-bye; (*fig.*) sleep, bed.

dodu [do'dy], *a.* plump.

dogaresse [dɔga'rɛs], *n.f.* dogaressa, wife of a doge.

doge [dɔːʒ], *n.m.* doge.

dogmatique [dɔgma'tik], *a.* dogmatic.
dogmatiquement [dɔgmatik'mã], *adv.* dogmatically.
dogmatiser [dɔgmati'ze], *v.t.* to state dogmatically.—*v.i.* to dogmatize.
dogmatisme [dɔgma'tism], *n.m.* dogmatism.
dogmatiste [dɔgma'tist], *n.* dogmatist.
dogme [dɔgm], *n.m.* dogma, tenet.
dogue [dɔg], *n.m.* mastiff; (*fig.*) bull-dog (*of a man*).
doguin [dɔ'gɛ̃], *n.m.* pug.
doigt [dwa], *n.m.* finger, digit; toe.
doigté [dwa'te], *a.* *n.m.* (*Mus.*) fingering, touch; (*fig.*) tact, adroitness.
doigtier [dwa'tje], *n.m.* finger-stall.
dol [dɔl], *n.m.* deceit, fraud.
dolage [dɔ'la:ʒ], *n.m.* planing.
doléances [dɔle'ã:s], *n.f. pl.* complaints; grievances.
dolemment [dɔla'mã], *adv.* dolefully.
dolent [dɔ'lã], *a.* doleful, piteous, plaintive.
doler [dɔ'le], *v.t.* to smooth with the adze; to plane.
dolmen [dɔl'mɛn], *n.m.* dolmen.
doloir [dɔ'lwa:r], *n.m.* paring-knife, parer.
doloire [dɔ'lwa:r], *n.f.* cooper's adze; mason's axe.
dolosif [dɔlɔ'zif], *a.* (*fem.* **-sive**) fraudulent.
domaine [dɔ'mɛ:n], *n.m.* domain, estate, property; province, sphere.
dôme [do:m], *n.m.* dome; canopy, vault.
domestication [dɔmɛstika'sjɔ̃], *n.f.* domestication.
domesticité [dɔmɛstisi'te], *n.f.* domesticity; (*collect.*) domestic servants.
domestique [dɔmɛs'tik], *a.* domestic; tame, domesticated.—*n.* servant, domestic.—*n.m.* household.
domestiquer [dɔmɛsti'ke], *v.t.* to domesticate, to tame.
domicile [dɔmi'sil], *n.m.* domicile, residence.
domiciliaire [dɔmisi'ljɛ:r], *a.* domiciliary.
domicilié [dɔmisi'lje], *a.* resident, domiciled.
domicilier (se) [(sə)dɔmisi'lje], *v.r.* to settle down in a place.
dominance [dɔmi'nã:s], *n.f.* dominance.
dominant [dɔmi'nã], *a.* dominant, predominant, prevalent.
dominateur [dɔmina'tœ:r], *a.* (*fem.* **-trice**) ruling, domineering, arrogant.—*n.m.* (*fem.* **-trice**) dominator, ruler, tyrant.
domination [dɔmina'sjɔ̃], *n.f.* domination; dominion, rule, sway.
dominer [dɔmi'ne], *v.t.* to dominate; to rule; to prevail over; to overlook; to tower over.—*v.i.* to rule, to control; to dominate, to prevail; to lord it; to tower. **se dominer**, *v.r.* to control oneself.
dominicain [dɔmini'kɛ̃], *a.* (*Relig.*, *Polit.*) Dominican.—*n.m.* (**Dominicain**, *fem.* **-aine**) (*Polit.*) Dominican (*person*), Dominican friar or nun; *la République Dominicaine*, the Dominican Republic.
dominical [dɔmini'kal], *a.* (*m. pl.* **-aux**) dominical.
dominicale [dɔmini'kal], *n.f.* Sunday sermon.
dominion [dɔmi'njɔ̃], *n.m.* dominion.
domino [dɔmi'no], *n.m.* domino.
dommage [dɔ'ma:ʒ], *n.m.* damage, injury, loss; *c'est dommage*, it is a pity.

dommageable [dɔma'ʒabl], *a.* hurtful, prejudicial, injurious; damageable (*goods*).
domptable [dɔ̃'tabl], *a.* tamable, manageable.
dompter [dɔ̃'te], *v.t.* to subdue, to subjugate, to tame. **se dompter**, *v.r.* to quell or overcome one's passions.
dompteur [dɔ̃'tœ:r], *n.m.* (*fem.* **-euse**) subduer; tamer; breaker-in.
don [dɔ̃], *n.m.* gift, donation; (*fig.*) aptitude, talent.
donataire [dɔna'tɛ:r], *n.* donee, recipient.
donateur [dɔna'tœ:r], *n.m.* (*fem.* **-trice**) donor, giver.
donation [dɔna'sjɔ̃], *n.f.* donation, free gift.
donc [dɔ̃:k, dɔ̃], *conj.* then, therefore, accordingly, hence; consequently; of course, to be sure.
donjon [dɔ̃'ʒɔ̃], *n.m.* keep, castle-keep; turret.
donnant [dɔ'nã], *a.* open-handed, generous; *donnant donnant*, give and take.
donne [dɔn], *n.f.* deal (*at cards*).
donnée [dɔ'ne], *n.f.* given fact, datum; notion; (*Math.*) known quantity; (*pl.*) data.
donner [dɔ'ne], *v.t.* to give, to bestow; to grant; to present (*a play etc.*); to deal (*at cards*).—*v.i.* to give way; to hit, to stumble (*dans*); to be addicted to (*dans*); to attack (*of troops etc.*); to yield; to overlook. **se donner**, *v.r.* to procure; to take place (*of battles etc.*); to give oneself out (*pour*).
donneur [dɔ'nœ:r], *n.m.* (*fem.* **-euse**) giver, donor; dealer (*of cards*); *donneur de sang*, blood donor.
don Quichotte [dɔ̃ki'ʃɔt], *n.m.* Don Quixote, quixotic person.
dont [dɔ̃], *pron.* whose, of which, of whom, from whom etc.
doper [dɔ'pe], *v.t.* (*Spt.*) to dope (*a horse etc.*).
doping [dɔ'piŋ], *n.m.* dope; doping.
dorade [dɔ'rad], *n.f.* (*Ichth.*) sea-bream.
doré [dɔ're], *a.* gilt, gilded, golden.
dorénavant [dɔrena'vã], *adv.* henceforth, hereafter.
dorer [dɔ're], *v.t.* to gild; to glaze (*pastry*). **se dorer**, *v.r.* to gild; to become yellow.
doreur [dɔ'rœ:r], *n.m.* (*fem.* **-euse**) gilder.
dorien [dɔ'rjɛ̃], *a.* and *n.m.* (*fem.* **-enne**) Dorian; Doric.
dorique [dɔ'rik], *a.* and *n.m.* Doric.
dorloter [dɔrlɔ'te], *v.t.* to fondle, to pamper, to coddle, to pet. **se dorloter**, *v.r.* to coddle oneself; to indulge oneself.
dormant [dɔr'mã], *a.* sleeping, asleep; dormant, stagnant.—*n.m.* fixed frame (*of window etc.*).
dormeur [dɔr'mœ:r], *a.* (*fem.* **-euse** (1) sleepy, drowsy, sluggish.—*n.m.* (*fem.* **-euse** (1)) sleeper; sluggard.—*n.f.* (**-euse** (2)) sort of chaise-longue.
dormeuse (3) [dɔr'mø:z], *n.f.* stud ear-ring.
dormir [dɔr'mi:r], *v.i. irr.* (*conjug. like* SENTIR) to sleep, to be asleep; to be still; to lie dormant (*of money*); to be stagnant (*of water*).
dormitif [dɔrmi'tif], *a.* (*fem.* **-tive**) soporific, dormitive.
Dorothée [dɔrɔ'te], *f.* Dorothy.
dorsal [dɔr'sal], *a.* dorsal.
dortoir [dɔr'twa:r], *n.m.* dormitory.
dorure [dɔ'ry:r], *n.f.* gilding; glazing (*of pastry*).

121

doryphore

doryphore [dɔri'fɔːr], *n.m.* Colorado beetle.
dos [do], *n.m. inv.* back; rear; top, ridge.
dosable [do'zabl], *a.* measurable.
dosage [do'zaːʒ], *n.m.* dosage; titration.
dose [doːz], *n.f.* dose; quantity; portion.
doser [do'ze], *v.t.* to dose; to proportion.
dossier [do'sje], *n.m.* back (*of chair etc.*); brief (*of a barrister*); record, file, dossier.
dossière [do'sjɛːr], *n.f.* back-band, ridge-band (*of harness*); back-plate (*of a cuirass*).
dot [dɔt], *n.f.* marriage portion, dowry.
dotal [do'tal], *a.* (*m. pl.* **-aux**) of or concerning dowry.
dotation [dɔta'sjɔ̃], *n.f.* endowment.
doter [do'te], *v.t.* to endow; to make a grant.
douaire [dwɛːr], *n.m.* (*widow's*) dower; jointure, marriage-settlement.
douairière [dwɛ'rjɛːr], *n.f.* dowager.
douane [dwan], *n.f.* customs; custom-house; custom-duty.
douanier [dwa'nje], *a.* relating to the custom-house, of customs.—*n.m.* customs officer.
doublage [du'blaːʒ], *n.m.* lining, plating; (*Cine.*) dubbing.
double [dubl], *a.* twofold, double, duplicate; (*fig.*) deceitful, downright.—*n.m.* double; carbon copy, duplicate, replica; (*Ten.*) doubles.—*adv.* double; *voir double*, to see double.
doublé [du'ble], *n.m.* gold- or silver-plated ware; (*Billiards*) cannon off the cushion.
doubleau [du'blo], *n.m.* (*pl.* **-eaux**) ceiling-beam.
doublement [dublə'mɑ̃], *n.m.* doubling.—*adv.* doubly.
doubler [du'ble], *v.t.* to double; to line (*clothes etc.*); to overtake, to pass; (*Theat.*) to understudy; (*Cine.*) to dub.
doublet [du'blɛ], *n.m.* doublet.
doubleur [du'blœːr], *n.m.* (*fem.* **-euse**) doubler, twister.
doublure [du'blyːr], *n.f.* lining; (*Theat.*) understudy.
douce-amère [dusa'mɛːr], *n.f.* (*pl.* **douces-amères**) woody nightshade, bitter-sweet.
douceâtre [du'sɑːtr], *a.* sweetish, sickly.
doucement [dus'mɑ̃], *adv.* gently, tenderly; slowly, quietly; mildly, calmly; so-so.
doucereux [dus'rø], *a.* (*fem.* **-euse**) sweetish; mawkish, mealy-mouthed.
doucet [du'sɛ], *a.* and *n.* (*fem.* **-ette** (1)) demure, mild, affected (person).
doucette (2) [du'sɛt], *n.f.* corn salad.
doucette (3) [du'sɛt], *n.f.* Venus's looking-glass.
douceur [du'sœːr], *n.f.* sweetness, softness; fragrance; kindness; peacefulness; gentleness; (*pl.*) sweets; gallantries.
douche [duʃ], *n.f.* shower-bath.
doucher [du'ʃe], *v.t.* to give someone a shower-bath; to cool down (*excitement etc.*). **se doucher**, *v.r.* to take a shower.
doucir [du'siːr], *v.t.* to polish (*looking-glasses etc.*).
doucissage [dusi'saːʒ], *n.m.* polishing.
doucisseur [dusi'sœːr], *n.m.* polisher.
doué [dwe], *a.* gifted.
douer [dwe], *v.t.* to endow, to bestow upon.
douille [duːj], *n.f.* socket; case or shell (*of cartridges*); *douille d'embrayage*, clutch casing; *douille de lampe*, lamp-socket, lamp-holder

douillet [du'jɛ], *a.* effeminate, delicate; sensitive; soft.
douillettement [dujɛt'mɑ̃], *adv.* softly; delicately; cosily.
douleur [du'lœːr], *n.f.* pain, suffering, ache; anguish, grief, sorrow.
douloureusement [dulurøz'mɑ̃], *adv.* painfully; grievously.
douloureux [dulu'rø], *a.* (*fem.* **-euse**) painful, smarting, sore; grievous, afflicting, sad.
doute [dut], *n.m.* doubt, irresolution; suspicion; scepticism; fear; *sans doute*, no doubt.
douter [du'te], *v.i.* (**de**) to doubt, to question; to hesitate; to distrust, to fear. **se douter**, *v.r.* (**de, que**) to suspect, to conjecture.
douteur [du'tœːr], *a.* (*fem.* **-euse** (1)) doubting.—*n.m.* (*fem.* **-euse**) doubter.
douteusement [dutøz'mɑ̃], *adv.* doubtfully.
douteux [du'tø], *a.* (*fem.* **-euse** (2)) doubtful, questionable.
douve [duːv], *n.f.* stave (*for casks*); trench, moat.
Douvres [duːvr], *m.* Dover.
doux [du], *a.* (*fem.* **douce**) sweet; fragrant; kindly, charming; easy; gentle; calm; fresh (*of water*).—*adv.* gently; submissively.
douzaine [du'zɛn], *n.f.* dozen.
douze [duːz], *a.* twelve, twelfth.—*n.m.* twelve.
douzième [du'zjɛm], *a.* and *n.* twelfth.
douzièmement [duzjɛm'mɑ̃], *adv.* twelfthly.
doyen [dwa'jɛ̃], *n.m.* (*fem.* **-enne**) senior, oldest member; dean.
doyenné [dwaje'ne], *n.m.* deanship, deanery.
drachme [drakm], *n.f.* drachma; (*Pharm.*) dram.
draconien [drakɔ'njɛ̃], *a.* (*fem.* **-enne**) draconian, harsh, severe.
dragage [dra'gaːʒ], *n.m.* dredging, dragging (*of a river etc.*).
dragée [dra'ʒe], *n.f.* sugar-almond, sugar-plum; small shot.
drageoir [dra'ʒwaːr], *n.m.* comfit-dish.
drageon [dra'ʒɔ̃], *n.m.* sucker.
drageonner [draʒɔ'ne], *v.i.* to put forth suckers.
dragon [dra'gɔ̃], *a.* dragonish—*n.m.* dragon; (*fig.*) vixen; dragoon.
dragonne [dra'gɔn], *n.f.* sword-knot.
drague [drag], *n.f.* dredger; dredge-net; grappling-iron.
draguer [dra'ge], *v.t.* to drag, to dredge.
dragueur [dra'gœːr], *n.m.* dredger; *dragueur de mines*, minesweeper.
drain [drɛ̃], *n.m.* drain, drain-pipe.
drainage [drɛ'naːʒ], *n.m.* drainage.
drainer [drɛ'ne], *v.t.* to drain.
dramatique [drama'tik], *a.* dramatic.
dramatiser [dramati'ze], *v.t.* to dramatize.
dramaturge [drama'tyrʒ], *n.m.* dramatist, playwright.
drame [dram], *n.m.* drama.
drap [dra], *n.m.* cloth; (*bed*) sheet; pall.
drapeau [dra'po], *n.m.* (*pl.* **-eaux**) flag, standard, ensign, streamer, colours.
draper [dra'pe], *v.t.* to cover with cloth; to drape. **se draper**, *v.r.* to wrap oneself up; to make a show, to parade.
draperie [dra'pri], *n.f.* drapery; cloth-trade, cloth-making.
drapier [dra'pje], *n.m.* draper, clothier.

drastique [dras'tik], *a.* and *n.m.* (*Med.*) drastic.

(C) **drave** [drav], *n.f.* drive, log-running.

(C) **draver** [dra've], *v.t.* to drive, to drift.

(C) **draveur** [dra'vœːr], *n.m.* wood-floater, rafter.

drayage [drɛ'jaːʒ], *n.m.* fleshing (*of hides*).

drayer [drɛ'je], *v.t.* (*conjug. like* PAYER) to flesh (*hides*).

dressage [drɛ'saːʒ], *n.m.* erection; training (*of animals*); pitching (*of a tent*).

dresser [drɛ'se], *v.t.* to erect, to set up, to raise; to straighten; to lay out; to lay (*a snare*); to pitch (*a tent*); to draw up (*a report*); to prick up (*the ears*); to train (*animals*). **se dresser**, *v.r.* to stand on end (*of hair*); to stand erect; to rear.

dresseur [drɛ'sœːr], *n.m.* (*fem.* **-euse**) trainer (*of dogs etc.*).

dressoir [drɛ'swaːr], *n.m.* dresser, sideboard.

drille [driːj], *n.f.* hand-drill, borer.

driller [dri'je], *v.t.* to drill, to bore.

drive [driv], *n.m.* (*Ten.*) drive.

drogue [drɔg], *n.f.* drug; rubbish; dope.

droguer [drɔ'ge], *v.t.* to drug, to physic. **se droguer**, *v.r.* to physic *or* doctor oneself, to dope oneself.

droguerie [drɔ'gri], *n.f.* drug-store; drug-trade, drysaltery.

droguiste [drɔ'gist], *n.* retailer in drugs and chemicals.

droguet [drɔ'gɛ], *n.m.* (*Tex.*) drugget.

droit [drwa], *a.* straight, right, direct; vertical, upright; just, sincere; right (*opposed to left*).—*adv.* straight, straight on.—*n.m.* right, equity; law; right (*to*), claim, title; fee; due (*tax*), duty, customs duty.

droite [drwat], *n.f.* right hand, right.

droitement [drwat'mɑ̃], *adv.* rightly; sincerely, straightforwardly.

droitier [drwa'tje], *a.* and *n.m.* (*fem.* **-ière**) right-handed (person).

droiture [drwa'tyːr], *n.f.* equity, justice; uprightness, integrity.

drolatique [drola'tik], *a.* amusing, laughable, facetious.

drôle [droːl], *a.* funny, droll, ludicrous; strange, curious.—*n.* rogue, rascal, scoundrel.

drôlement [drol'mɑ̃], *adv.* comically, facetiously, jocosely.

drôlerie [drol'ri], *n.f.* drollery; buffoonery.

drôlesse [dro'lɛs], *n.f.* jade, hussy.

dromadaire [drɔma'dɛːr], *n.m.* dromedary.

dru [dry], *a.* sturdy; dense (*of rain*); brisk, lively; close-planted; fledged (*of birds*).—*adv.* thick, fast, hard.

druide [drɥid], *n.m.* Druid.

druidesse [drɥi'dɛs], *n.f.* Druidess.

druidique [drɥi'dik], *a.* druidical.

druidisme [drɥi'dism], *n.m.* druidism.

dryade [dri'ad], *n.f.* dryad; (*Bot.*) dryas.

du [dy], (*contraction of* DE LE) of the, from the, by the; some, any.

dû [dy], *n.m.* due, what is owed, what is owing.

dualisme [dɥa'lism], *n.m.* dualism.

dualiste [dɥa'list], *a.* and *n.* dualist.

dualité [dɥali'te], *n.f.* duality.

duc [dyk], *n.m.* duke; horned owl.

ducal [dy'kal], *a.* (*m. pl.* **-aux**) ducal.

ducat [dy'ka], *n.m.* ducat.

duché [dy'ʃe], *n.m.* dukedom, duchy.

duchesse [dy'ʃɛs], *n.f.* duchess.

ductile [dyk'til], *a.* ductile, malleable.

ductilité [dyktili'te], *n.f.* ductility.

duègne [dɥɛɲ], *n.f.* duenna, chaperon.

duel [dɥɛl], *n.m.* duel; struggle.

duelliste [dɥe'list], *n.* duellist.

dulcifier [dylsi'fje], *v.t.* to dulcify.

dulcinée [dylsi'ne], *n.f.* sweetheart.

dûment [dy'mɑ̃], *adv.* duly, properly.

dumping [dʌm'piŋ], *n.m.* dumping, unfair competition.

dune [dyn], *n.f.* dune, sand-hill.

dunette [dy'nɛt], *n.f.* poop-deck.

duo [dɥo], *n.m.* duet.

duodécimal [dɥodesi'mal], *a.* (*m. pl.* **-aux**) duodecimal.

duodénal [dɥode'nal], *a.* (*m. pl.* **-aux**) duodenal.

duodénum [dɥode'nɔm], *n.m.* duodenum.

dupe [dyp], *n.f.* dupe.

duper [dy'pe], *v.t.* to dupe, to gull, to take in.

duperie [dy'pri], *n.f.* dupery, trickery.

dupeur [dy'pœːr], *n.m.* (*fem.* **-euse**) cheat, trickster.

duplicata [dyplika'ta], *n.m.* duplicate.

duplicateur [dyplika'tœːr], *n.m.* (*Elec.*) duplicator; duplicating machine.

duplicité [dyplisi'te], *n.f.* duplicity, double-dealing, deceit.

duquel [dy'kɛl], (*contraction of* DE LEQUEL) of whom, of which.

dur [dyːr], *a.* hard; tough; (*fig.*) unyielding, harsh, unkind; difficult.—*adv.* hard; firmly; *travailler dur*, to work hard.

durabilité [dyrabili'te], *n.f.* durability.

durable [dy'rabl], *a.* durable, lasting, solid.

durablement [dyrabla'mɑ̃], *adv.* durably, lastingly.

duralumin [dyraly'mɛ̃], *n.m.* duralumin.

durant [dy'rɑ̃], *prep.* during.

durcir [dyr'siːr], *v.t.* to harden.—*v.i.* to harden, to stiffen. **se durcir**, *v.r.* to harden.

durcissement [dyrsis'mɑ̃], *n.m.* hardening, stiffening, induration.

dure [dyːr], *n.f.* hard ground *or* floor *in coucher sur la dure*.

durée [dy'rɛ], *n.f.* duration; continuance.

durement [dyr'mɑ̃], *adv.* hard; harshly, roughly.

durer [dy'rɛ], *v.i.* to last, to remain; to endure.

dureté [dyr'te], *n.f.* hardness; harshness, austerity, unkindness; (*pl.*) harsh *or* offensive words.

durillon [dyri'jɔ̃], *n.m.* callosity, corn.

duvet [dy'vɛ], *n.m.* down; wool, nap; fluff.

duveté [dyv'te], *a.* downy (*of birds etc.*); like down.

duveteux [dyv'tø], *a.* (*fem.* **-euse**) downy, fluffy.

dynamique [dina'mik], *a.* dynamic.—*n.f.* dynamics.

dynamisme [dina'mism], *n.m.* dynamism.

dynamiste [dina'mist], *n.* dynamist.

dynamitage [dinami'taːʒ], *n.m.* blasting, blowing up.

dynamite [dina'mit], *n.f.* dynamite.

dynamiter [dinami'te], *v.t.* to dynamite, to blow up.

dynamo [dina'mo], *n.f.* dynamo.

dynastie [dinas'ti], *n.f.* dynasty.

dynastique [dinas'tik], *a.* dynastic.
dysenterie [disɑ̃'tri], *n.f.* dysentery.
dyspepsie [dispɛp'si], *n.f.* dyspepsia.
dyspepsique [dispɛp'sik], **dyspeptique** [dispɛp'tik], *a.* dyspeptic.

E

E, e [ə], *n.m.* the fifth letter of the alphabet.
eau [o], *n.f.* water; rain, flood; (*pl.*) mineral *or* thermal waters; watering-place; stream; track; gloss; *à fleur d'eau*, on a level with the water; (*Chem.*) *eau lourde*, heavy water.
eau-de-vie [o'dvi], *n.f.* (*pl.* **eaux-de-vie**) brandy.
ébahi [eba'i], *a.* astonished, dumbfounded.
ébahir (s') [seba'i:r], *v.r.* to wonder (at), to be amazed.
ébahissement [ebais'mɑ̃], *n.m.* amazement, astonishment.
ébats [e'ba], *n.m. pl.* pastime, sport, gambol, frolic.
ébattre (s') [se'batr], *v.r.* (*conjug. like* BATTRE) to sport, to gambol, to frolic.
ébauchage [ebo'ʃa:ʒ], *n.m.* sketching.
ébauche [e'bo:ʃ], *n.f.* rough draft, outline.
ébaucher [ebo'ʃe], *v.t.* to make the first draft of, to draw an outline of, to sketch.
ébauchoir [ebo'ʃwa:r], *n.m.* (*Sculp.*) roughing-chisel; (*Carp.*) mortise-chisel.
ébène [e'bɛːn], *n.f.* ebony, ebony work.
ébéner [ebe'ne], *v.t.* (*conjug. like* CÉDER) to ebonize.
ébénier [ebe'nje], *n.m.* ebony-tree.
ébéniste [ebe'nist], *n.* cabinet-maker.
ébénisterie [ebenis'tri], *n.f.* cabinet-work.
ébiseler [ebi'zle], *v.t.* (*conjug. like* APPELER) to chamfer, to bevel.
éblouir [eblu'i:r], *v.t.* to dazzle; (*fig.*) to fascinate, to amaze. **s'éblouir**, *v.r.* to be dazzled *or* fascinated.
éblouissant [eblui'sɑ̃], *a.* dazzling, resplendent.
éblouissement [ebluis'mɑ̃], *n.m.* dazzle, daze; (*fig.*) bewilderment.
ébonite [ebo'nit], *n.f.* ebonite; vulcanite.
ébouage [ebu'a:ʒ], *n.m.* scavenging.
ébouer [ebu'e], *v.t.* to scavenge.
éboueur [ebu'œːr], *n.m.* (*fem.* **-euse**) roadsweeper, scavenger.—*n.f.* (**-euse**) roadsweeping machine.
ébouillanter [ebujɑ̃'te], *v.t.* to dip in hot water, to scald.
éboulement [ebul'mɑ̃], *n.m.* falling in, fall; caving in, collapse; landslide, landslip.
ébouler [ebu'le], *v.i.* to fall in, to fall down, to sink. **s'ébouler**, *v.r.* to fall in, to cave in.
éboulis [ebu'li], *n.m. inv.* debris, fallen rocks.
ébourgeonner [eburʒɔ'ne], *v.t.* to disbud.
ébouriffé [eburi'fe], *a.* disordered, ruffled, in disorder; (*fig.*) in a flutter.
ébouriffer [eburi'fe], *v.t.* to ruffle, to disorder; (*fig.*) to startle, to amaze.
ébouter [ebu'te], *v.t.* to cut off (*the end*).

ébranchage [ebrɑ̃'ʃa:ʒ], **ébranchement** [ebrɑ̃ʃ'mɑ̃], *n.m.* (*Hort.*) pruning, lopping, trimming.
ébrancher [ebrɑ̃'ʃe], *v.t.* to prune, to lop, to trim.
ébranlement [ebrɑ̃l'mɑ̃], *n.m.* shock, shaking; (*fig.*) perturbation, disturbance.
ébranler [ebrɑ̃'le], *v.t.* to shake; to disturb, to unsettle. **s'ébranler**, *v.r.* to get under way, to move off.
ébrécher [ebre'ʃe], *v.t.* (*conjug. like* CÉDER) to notch, to indent; to crack, to chip; (*fig.*) to impair.
ébriété [ebrie'te], *n.f.* drunkenness, inebriety.
ébrouement [ebru'mɑ̃], *n.m.* snorting.
ébrouer (s') [sebru'e], *v.r.* to snort from fear (*of horses*).
ébruiter [ebrɥi'te], *v.t.* to make known, to spread about. **s'ébruiter**, *v.r.* to spread, to be noised abroad.
ébullition [ebyli'sjɔ̃], *n.f.* boiling, ebullition.
écaille [e'ka:j], *n.f.* scale; shell.
écaillé [eka'je], *a.* scaly.
écailler (1) [eka'je], *v.t.* to scale. **s'écailler** *v.r.* to peel off, to scale.
écailler (2) [eka'je], *n.m.* (*fem.* **-ère**) oysterman, oyster-woman.
écailleux [eka'jø], *a.* (*fem.* **-euse**) scaly, squamous.
écale [e'kal], *n.f.* shell, pod (*of peas etc.*); hull, husk (*of walnut*).
écaler [eka'le], *v.t.* to shell (*beans, peas etc.*); to hull, to husk (*almonds, nuts etc.*). **s'écaler**, *v.r.* to come out of the shell.
écarlate [ekar'lat], *a. and n.f.* scarlet; hectic red.
écarquillement [ekarkij'mɑ̃], *n.m.* spreading out, opening wide (*of one's eyes, legs etc.*).
écarquiller [ekarki'je], *v.t.* to spread out, to open wide.
écart [e'ka:r], *n.m.* stepping aside, swerving; fault; deviation; *à l'écart*, aside; *faire un écart*, to step aside.
écarté (1) [ekar'te], *n.m.* écarté (*game of cards*).
écarté (2) [ekar'te], *a.* remote, lonely, secluded.
écartelé [ekartə'le], *a.* (*of mind, heart etc.*) divided, torn asunder; (*Her.*) quartered.
écartèlement [ekartɛl'mɑ̃], *n.m.* tearing to pieces, quartering.
écarteler [ekartə'le], *v.t.* (*conjug. like* AMENER) to tear to pieces; (*Her.*) to quarter.
écartement [ekartə'mɑ̃], *n.m.* putting aside; removal; spacing; spread.
écarter [ekar'te], *v.t.* to open, to throw wide apart; to set aside; to avert; to dispel, to deviate; to spread. **s'écarter**, *v.r.* to turn aside, to swerve; to stray; to make way.
ecchymose [eki'mo:z], *n.f.* (*Med.*) ecchymosis.
ecclésiastique [eklezjas'tik], *a.* ecclesiastic; clerical.—*n.m.* clergyman, ecclesiastic.
écervelé [esɛrvə'le], *a.* hare-brained, rash, giddy.—*n.m.* (*fem.* **-ée**) madcap; scatterbrain.
échafaud [eʃa'fo], *n.m.* scaffold.
échafaudage [eʃafo'da:ʒ], *n.m.* scaffolding; (*fig.*) structure.
échafauder [eʃafo'de], *v.t.* to pile up; (*fig.*) to lay out (*a plan*).—*v.i.* to erect scaffolding.

échalas [eʃa'lɑ], *n.m.* vine-prop; hop-pole.
échalassage [eʃala'saːʒ], **échalassement** [eʃalas'mɑ̃], *n.m.* propping.
échalasser [eʃala'se], *v.t.* to prop (*vines etc.*).
échalier [eʃa'lje], **échalis** [eʃa'li], *n.m.* stile; wooden fence.
échalote [eʃa'lɔt], *n.f.* (*Bot.*) shallot.
échancrer [eʃɑ̃'kre], *v.t.* to make a crescent-shaped cut; to indent.
échancrure [eʃɑ̃'kryːr], *n.f.* notch, cut, indentation; opening.
échandole [eʃɑ̃'dɔl], *n.f.* shingle (*for roofing*).
échange [e'ʃɑ̃ːʒ], *n.m.* exchange, barter; *libre échange*, free trade.
échangeable [eʃɑ̃'ʒabl], *a.* exchangeable.
échanger [eʃɑ̃'ʒe], *v.t.* (*conjug. like* MANGER) to exchange, to barter; to interchange.
échanson [eʃɑ̃'sɔ̃], *n.m.* cup-bearer; butler.
échantillon [eʃɑ̃ti'jɔ̃], *n.m.* sample, pattern, specimen; (*fig.*) model.
échantillonner [eʃɑ̃tijɔ'ne], *v.t.* to sample.
échappatoire [eʃapa'twaːr], *n.f.* shift, subterfuge, loop-hole, evasion.
échappé [eʃa'pe], *a.* runaway.—*n.m.* (*fem.* **-ée** (1)) one who has escaped, runaway.
échappée (2) [eʃa'pe], *n.f.* escapade, prank; short space of time.
échappement [eʃap'mɑ̃], *n.m.* escape; leakage; (*Horol.*) escapement; exhaust.
échapper [eʃa'pe], *v.t.* to escape, to avoid; *l'échapper belle*, to have a narrow escape. —*v.i.* to escape, to make good one's escape; to be overlooked. **s'échapper**, *v.r.* to escape; to vanish.
écharde [e'ʃard], *n.f.* prickle (*of a thistle etc.*); splinter.
écharner [eʃar'ne], *v.t.* to flesh *or* scrape (*hides*).
écharnoir [eʃar'nwaːr], *n.m.* fleshing-knife.
écharpe [e'ʃarp], *n.f.* scarf, sash; arm-sling.
écharper [eʃar'pe], *v.t.* to slash, to cut.
échasse [e'ʃɑːs], *n.f.* stilt; long-legged plover.
échassier [eʃa'sje], *n.m.* (*fem.* **-ière**) stilt-walker; (*colloq.*) long-legged person.—*n.m.* (*Orn.*) wader.
échauboulure [eʃobu'lyːr], *n.f.* pimple, blotch.
échaudage [eʃo'daːʒ], *n.m.* whitewash; white-washing; scalding.
échaudé (1) [eʃo'de], *n.m.* simnel, cracknel.
échaudé (2) [eʃo'de], *a.* scalded.
échauder [eʃo'de], *v.t.* to scald. **s'échauder**, *v.r.* to burn oneself.
échaudoir [eʃo'dwaːr], *n.m.* scalding-house; scalding-tub.
échaudure [eʃo'dyːr], *n.f.* scald.
échauffant [eʃo'fɑ̃], *a.* heating; binding (*food*).
échauffement [eʃof'mɑ̃], *n.m.* heating; over-excitement.
échauffer [eʃo'fe], *v.t.* to warm, to heat, to over-heat; to excite, to irritate. **s'échauffer**, *v.r.* to grow warm, to overheat oneself; to grow angry, to chafe.
échauffourée [eʃofu're], *n.f.* rash *or* blundering enterprise; brush, scuffle.
échauffure [eʃo'fyːr], *n.f.* red rash.
échauguette [eʃo'gɛt], *n.f.* (*Mil.*) watch-tower.
échéable [eʃe'abl], *a.* due, payable.
échéance [eʃe'ɑːs], *n.f.* falling due (*of bill*); date (*of payment, of maturity*); expiration (*of tenancy*).

échéant [eʃe'ɑ̃], *a.* falling due; *le cas échéant*, in that case, if need be.
échec [e'ʃɛk], *n.m.* check, defeat, blow, loss.
échecs [e'ʃɛk], *n.m. pl.* chess; chess-men.
échelle [e'ʃɛl], *n.f.* ladder; scale; gradation.
échelon [eʃ'lɔ̃], *n.m.* round, rung, step (*of a ladder*); degree; (*Mil.*) echelon.
échelonner [eʃlɔ'ne], *v.t.* to draw up in echelon; to arrange according to gradation; to spread (*over a period of time*); to place (*at regular intervals*); *vacances échelonnées*, staggered holidays. **s'échelonner**, *v.r.* to be graduated; to slope gradually; to be arranged in echelon.
écheniller [eʃni'je], *v.t.* to rid (*plants, trees etc.*) of caterpillars.
écheveau [eʃ'vo], *n.m.* (*pl.* **-eaux**) hank, skein.
échevelé [eʃə'vle], *a.* dishevelled; (*fig.*) wild, extravagant.
écheveler [eʃə'vle], *v.t.* (*conjug. like* APPELER) to dishevel.
échevin [eʃ'vɛ̃], *n.m.* sheriff; alderman; (*C*) municipal magistrate.
échine [e'ʃin], *n.f.* spine, backbone, chine.
échiner [eʃi'ne], *v.t.* to beat unmercifully; to tire out. **s'échiner**, *v.r.* (*pop.*) to work oneself to death.
échiqueté [eʃik'te], *a.* chequered.
échiquier [eʃi'kje], *n.m.* chess-board; exchequer; square net.
écho [e'ko], *n.m.* echo.
échoir [e'ʃwaːr], *v.i. irr.* (*aux.* ÊTRE) to expire, to fall due, to lapse; to happen, to befall.
échoppe [e'ʃɔp], *n.f.* booth, covered stall.
échopper [eʃɔ'pe], *v.t.* to gouge.
échotier [eko'tje], *n.m.* (*fem.* **-ière**) gossip-writer, columnist.
échouage [e'ʃwaːʒ], **échouement** [eʃu'mɑ̃], *n.m.* (*Naut.*) beaching, running aground.
échouer [e'ʃwe], *v.t.* to run (*a vessel*) aground. —*v.i.* to run aground, to be stranded; (*fig.*) to miscarry, to fail.
écimer [esi'me], *v.t.* to top (*plants etc.*), to pollard (*trees*).
éclaboussement [eklabus'mɑ̃], *n.m.* splashing, bespattering.
éclabousser [eklabu'se], *v.t.* to splash, to bespatter.
éclaboussure [eklabu'syːr], *n.f.* splash.
éclair [e'klɛːr], *n.m.* lightning, flash of lightning; variety of chocolate cake.
éclairage [eklɛ'raːʒ], *n.m.* lighting, illumination, light.
éclaircie [eklɛr'si], *n.f.* opening, rift (*in clouds etc.*); glade, clearing; (*fig.*) favourable change of affairs.
éclaircir [eklɛr'siːr], *v.t.* to make clear *or* clearer, to brighten; to clarify; to make thin *or* thinner; to elucidate, to explain. **s'éclaircir**, *v.r.* to become clear, bright *or* fine; to grow light; to be explained.
éclaircissement [eklɛrsis'mɑ̃], *n.m.* clearing up, explanation, solution; hint, light.
éclaire [e'klɛːr], *n.f.* celandine.
éclairé [ekle're], *a.* lighted; well-lighted; (*fig.*) well-informed; intelligent.
éclairer [ekle're], *v.t.* to light, to give light to, to illuminate; to enlighten; to observe; (*Mil.*) to reconnoitre.—*v.i.* to sparkle, to shine, to glitter. **s'éclairer**, *v.r.* to become enlightened; to instruct *or* enlighten one another; to light up.

125

éclaireur [eklɛ'rœːr], *n.m.* (*Mil.*) scout; boy-scout.

éclanche [e'klɑ̃ːʃ], *n.f.* shoulder of mutton.

éclat [e'kla], *n.m.* burst; crash, peal; splinter (*of wood, stone, brick etc.*); brightness, glare, glitter; lustre, pomp; renown; gaudiness (*of colours*); rumour, scandal; *un éclat de rire*, a burst of laughter; *un grand éclat de voix*, a loud shout; *voler en éclats*, to fly into a thousand pieces.

éclatant [ekla'tɑ̃], *a.* bright, sparkling, brilliant; striking; piercing, shrill.

éclatement [eklat'mɑ̃], *n.m.* bursting, explosion.

éclater [ekla'te], *v.i.* to split, to burst, to explode; to cry out; to shine, to sparkle, to flash; to break out (*war etc.*); *éclater de rire*, to burst out laughing.

éclectique [eklɛk'tik], *a.* and *n.* eclectic; dilettante.

éclectisme [eklɛk'tism], *n.m.* eclecticism.

éclipse [e'klips], *n.f.* eclipse; (*fig.*) disappearance.

éclipser [eklip'se], *v.t.* to eclipse, (*fig.*) to surpass. **s'éclipser**, *v.r.* (*fig.*) to disappear, to vanish.

écliptique [eklip'tik], *a.* and *n.f.* ecliptic.

éclisse [e'klis], *n.f.* (*Surg.*) splint.

éclisser [ekli'se], *v.t.* (*Surg.*) to splint.

éclopé [eklɔ'pe], *a.* crippled, footsore, lame.—*n.m.* (*fem.* -ée) cripple.

écloper [eklɔ'pe], *v.t.* to lame, to disable.

éclore [e'klɔːr], *v.i. irr.* (*conjug. like* CLORE, *but with aux.* ÊTRE) to hatch; to open, to bloom (*of flowers*); (*fig.*) to show itself.

éclosion [eklo'zjɔ̃], *n.f.* hatching; (*fig.*) opening, blooming; appearance.

écluse [e'klyːz], *n.f.* lock (*on canals etc.*); dam, weir; *porte d'écluse*, sluice, floodgate.

écluser [ekly'ze], *v.t.* to furnish with locks; to take (*a boat etc.*) through a lock.

éclusier [ekly'zje], *n.m.* (*fem.* -ière) lockkeeper.

écœurant [ekœ'rɑ̃], *a.* disgusting, nauseating.

écœurement [ekœr'mɑ̃], *n.m.* disgust; nausea.

écœurer [ekœ're], *v.t.* to disgust, to sicken; (*fig.*) to shock, to dishearten.

école [e'kɔl], *n.f.* school, college; scholastic philosophy; sect; (*Mil.*) training; (*fig.*) manner, practice.

écolier [ekɔ'lje], *n.m.* (*fem.* -ière) schoolboy, schoolgirl, pupil, student.

éconduire [ekɔ̃'dɥiːr], *v.t. irr.* (*conjug. like* CONDUIRE) to show out, to dismiss; to refuse.

économat [ekɔnɔ'ma], *n.m.* stewardship, bursarship.

économe [ekɔ'nɔm], *a.* economical, saving, thrifty.—*n.* steward, housekeeper, bursar, treasurer (*of colleges, hospitals etc.*).

économie [ekɔnɔ'mi], *n.f.* economy; thrift, saving.

économique [ekɔnɔ'mik], *a.* (*applied to things only*) economic, economical, cheap.—*n.f.* economics.

économiquement [ekɔnɔmik'mɑ̃], *adv.* economically.

économiser [ekɔnɔmi'ze], *v.t, v.i.* to economize, to save (up).

économiste [ekɔnɔ'mist], *n.* economist.

écope [e'kɔp], *n.f.* scoop, ladle; (*Naut.*) bailer.

écorce [e'kɔrs], *n.f.* bark, rind, peel; shell; (*Geol.*) crust (*of the earth*).

écorcement [ekɔrs'mɑ̃], **écorçage** [ekɔr'saːʒ], *n.m.* barking *or* stripping (*of trees etc.*); peeling.

écorcer [ekɔr'se], *v.t.* (*conjug. like* COMMENCER) to bark, to strip (*trees etc.*), to peel.

écorchement [ekɔrʃə'mɑ̃], *n.m.* excoriation, flaying, skinning.

écorcher [ekɔr'ʃe], *v.t.* to flay, to skin; to graze (*skin*); to peel, to bark; (*fig.*) to strip, to fleece. **s'écorcher**, *v.r.* to graze oneself.

écorcheur [ekɔr'ʃœːr], *n.m.* (*fem.* -euse) knacker, flayer; (*fig.*) fleecer.

écorchure [ekɔr'ʃyːr], *n.f.* scratch, graze.

écorner [ekɔr'ne], *v.t.* to break the horns of; to break the corners of, to dog-ear; to curtail, to impair.

écornifler [ekɔrni'fle], *v.t.* to sponge upon.

écornure [ekɔr'nyːr], *n.f.* broken-off corner, chip.

écossais [ekɔ'sɛ], *a.* Scottish.—*n.m.* Scots (*language*); plaid, tartan cloth; (Écossais, *fem.* -aise) Scot, Scotsman, Scotswoman.

Écosse [e'kɔs], **l'**, *f.* Scotland; *La Nouvelle Écosse*, *f.* Nova Scotia.

écosser [ekɔ'se], *v.t.* to shell, to husk (*peas or beans*).

écosseur [ekɔ'sœːr], *n.m.* (*fem.* -euse) sheller.

écot (1) [e'ko], *n.m.* share (*of a reckoning*); bill, reckoning, score (*usually in the expression* payer son écot, *to pay one's share*).

écot (2) [e'ko], *n.m.* stump of a tree.

écoulement [ekul'mɑ̃], *n.m.* flowing, flow, running; outlet; (*Comm.*) sale, disposal; export.

écouler [eku'le], *v.t.* to dispose of, to sell. **s'écouler**, *v.r.* to run *or* flow away, to pass, to slip away; (*Comm.*) to be disposed of.

écourter [ekur'te], *v.t.* to shorten, to dock, to crop.

écoutant [eku'tɑ̃], *a.* listening; *avocat écoutant*, briefless barrister.

écoute (1) [e'kut], *n.f.* hiding-place for listening; *être aux écoutes*, to be on the watch.

écoute (2) [e'kut], *n.f.* (*Naut.*) sheet (*of sail*).

écouter [eku'te], *v.t.* to listen to, to hearken to; to pay attention to. **s'écouter**, *v.r.* to like the sound of one's own voice; to indulge oneself.

écouteur [eku'tœːr], *n.m.* (*fem.* -euse) listener, listener-in; (*Teleph.*) receiver; (*Teleg.*) ear-phone.

écoutille [eku'tiːj], *n.f.* (*Naut.*) hatchway.

écran [e'krɑ̃], *n.m.* screen; *vedette de l'écran*, film-star.

écrasant [ekra'zɑ̃], *a.* crushing; (*fig.*) humiliating, excessive; overwhelming.

écrasé [ekra'ze], *a.* crushed, ruined.

écrasement [ekraz'mɑ̃], *n.m.* crushing, bruising; (*fig.*) overwhelming.

écraser [ekra'ze], *v.t.* to crush; to bruise; to overwhelm, to ruin; to run over.

écraseur [ekra'zœːr], *n.m.* crusher; (*Motor.*) road-hog; steam-roller.

écrémer [ekre'me], *v.t.* (*conjug. like* CÉDER) to take the cream off, to skim.

écrémeuse [ekre'møːz], *n.f.* separator.

écrevisse [ekra'vis], *n.f.* crayfish; (*Am.*) crawfish; (*Astron.*) Cancer.

écrier (s') [sekri'je], *v.r.* to cry out, to exclaim.

écrin [e′krɛ̃], *n.m.* casket, jewel-box *or* case.
écrire [e′kri:r], *v.t. irr.* to write; to spell. **s'écrire**, *v.r.* to be written; to be spelled; to write to each other.
écrit [e′kri], *n.m.* writing; pamphlet.
écriteau [ekri′to], *n.m.* (*pl.* **-eaux**) bill (*poster*); board.
écritoire [ekri′twa:r], *n.f.* writing-desk; ink-stand.
écriture [ekri′ty:r], *n.f.* writing, hand-writing; scripture; (*pl.*) accounts, documents.
écrivain [ekri′vɛ̃], *n.m.* writer, author; **femme écrivain**, authoress, woman writer.
écrivassier [ekriva′sje], *n.m.* (*fem.* **-ière**) (*colloq.*) scribbler.
écrou [e′kru], *n.m.* screw-nut; **écrou à oreilles**, wing-nut.
écrouelles [ekru′ɛl], *n.f. pl.* king's evil, scrofula.
écrouelleux [ekruɛ′lø], *a.* (*fem.* **-euse**) scrofulous.
écrouer [ekru′e], *v.t.* to imprison, to lock up.
écroulement [ekrul′mɑ̃], *n.m.* falling in, collapse; wreck, ruin.
écrouler (s') [sekru′le], *v.r.* to fall in, to fall to pieces, to collapse.
écru [e′kry], *a.* raw, unbleached; **toile écrue**, (brown) holland.
ectoplasme [ɛktɔ′plasm], *n.m.* ectoplasm.
écu [e′ky], *n.m.* shield; crown (*coin*); (*fig.*) money, cash.
écueil [e′kœ:j], *n.m.* reef, rock; (*fig.*) danger, stumbling-block.
écuelle [e′kɥɛl], *n.f.* porringer, bowl, basin.
écuellée [ekɥe′le], *n.f.* bowlful.
éculer [eky′le], *v.t.* to tread down at heel; **des souliers éculés**, down-at-heel shoes.
écumage [eky′ma:ʒ], *n.m.* skimming.
écumant [eky′mɑ̃], *a.* foaming, frothing, seething.
écume [e′kym], *n.f.* foam, froth; lather; (*fig.*) scum, dregs.
écumer [eky′me], *v.t.* to skim; to scour; **écumer la marmite**, to be a sponger.—*v.i.* to foam, to froth.
écumeur [eky′mœ:r], *n.m.* (*fem.* **écumeuse** (1)) skimmer; hanger-on, parasite.
écumeux [eky′mø], *a.* (*fem.* **écumeuse** (2)) frothy, foaming.
écumoire [eky′mwa:r], *n.f.* skimmer.
écurage [eky′ra:ʒ], *n.m.* scouring, cleaning.
écurer [eky′re], *v.t.* to scour, to cleanse.
écureuil [eky′rœj], *n.m.* squirrel.
écurie [eky′ri], *n.f.* stable, mews; stud.
écusson [eky′sɔ̃], *n.m.* escutcheon; shield.
écuyer [ekɥi′je], *n.m.* squire; equerry; riding-master; rider; wall hand-rail (*of a staircase*).
écuyère [ekɥi′jɛ:r], *n.f.* horsewoman; female equestrian performer; **bottes à l'écuyère**, top-boots, riding-boots.
eczéma [ɛgze′ma], *n.m.* eczema.
édenté [edɑ̃′te], *a.* toothless.
édenter [edɑ̃′te], *v.t.* to break the teeth of (*combs, saws etc.*).
édicter [edik′te], *v.t.* to enact, to decree.
édicule [edi′kyl], *n.m.* small building (*pavilion, kiosk etc.*).
édifiant [edi′fjɑ̃], *a.* edifying.
édification [edifika′sjɔ̃], *n.f.* building, erection; (*fig.*) edification.
édifice [edi′fis], *n.m.* edifice, building, pile.

édifier [edi′fje], *v.t.* to build, to erect, to construct; (*fig.*) to edify, to improve; to instruct, to enlighten; to satisfy.
édile [e′dil], *n.m.* ædile; town councillor.
Édimbourg [edɛ̃′bu:r], *m. or f.* Edinburgh.
édit [e′di], *n.m.* edict.
éditer [edi′te], *v.t.* to publish; to edit.
éditeur [edi′tœ:r], *n.m.* (*fem.* **-trice**) publisher.
édition [edi′sjɔ̃], *n.f.* edition.
éditorial [editɔ′rjal], *n.m.* (*pl.* **-aux**) leading article, leader.
éditorialiste [editɔrja′list], *n.* leader-writer.
Édouard [e′dwa:r], *m.* Edward.
édredon [edrə′dɔ̃], *n.m.* eider-down; eider-down quilt.
éducateur [edyka′tœ:r], *a.* (*fem.* **-trice**) educative, instructing.—*n.m.* (*fem.* **-trice**) educator; breeder.
éducatif [edyka′tif], *a.* (*fem.* **-tive**) educational.
éducation [edyka′sjɔ̃], *n.f.* education; training; rearing (*of animals*); breeding, manners.
éduquer [edy′ke], *v.t.* to bring up, to educate (*children*).
effacement [efas′mɑ̃], *n.m.* effacement, obliteration; disappearance; humility, self-effacement.
effacer [efa′se], *v.t.* (*conjug. like* COMMENCER) to efface, to erase, to rub out, to blot out, to obliterate, **s'effacer**, *v.r.* to become obliterated; to wear away; to draw aside, to give way.
effaçure [efa′sy:r], *n.f.* erasure, blotting out, obliteration.
effaré [efa′re], *a.* wild, scared, bewildered; astounded.
effarement [efar′mɑ̃], *n.m.* bewilderment, terror, affright.
effarer [efa′re], *v.t.* to frighten, to scare. **s'effarer**, *v.r.* to be scared, to take fright.
effarouchant [efaru′ʃɑ̃], *a.* startling, disquieting; shocking; annoying.
effaroucher [efaru′ʃe], *v.t.* to startle, to frighten away. **s'effaroucher**, *v.r.* to be scared, to be startled.
effectif [efɛk′tif], *a.* (*fem.* **-tive**) actual, real, positive.—*n.m.* effective force (*of troops etc.*); size (*of a class*).
effectivement [efɛktiv′mɑ̃], *adv.* in effect, actually, indeed, in fact; (*in answer*) that is so.
effectuer [efɛk′tɥe], *v.t.* to effect, to accomplish, to carry out. **s'effectuer**, *v.r.* to be accomplished, to take place.
effémination [efemina′sjɔ̃], *n.f.* effeminacy.
efféminé [efemi′ne], *a.* effeminate, womanish.
effervescence [efɛrvɛ′sɑ̃:s], *n.f.* effervescence; (*fig.*) agitation, ferment.
effervescent [efɛrvɛ′sɑ̃], *a.* effervescent; (*fig.*) excitable, irascible.
effet [e′fɛ], *n.m.* effect, result; performance; impression; power (*transmitted by machinery etc.*); (*Comm.*) bill of exchange; (*pl.*) belongings; **en effet**, indeed, in fact.
effeuillaison [efœjɛ′zɔ̃], *n.f.*, **effeuillement** [efœj′mɑ̃], *n.m.* fall of the leaves.
effeuiller [efœ′je], *v.t.* to strip off leaves, to pick (*a flower*) to pieces. **s'effeuiller**, *v.r.* to lose *or* shed its leaves.
efficace [efi′kas], *a.* efficacious, effective.

efficacité [efikasi'te], *n.f.* efficacy, effectiveness; efficiency.
effigie [efi'ʒi], *n.f.* effigy.
effilé [efi'le], *a.* slender, slim; sharp, keen, trenchant.—*n.m.* fringe.
effiler [efi'le], *v.t.* to unweave to unravel; to taper. **s'effiler**, *v.r.* to unravel; to taper, to become sharp; to fray.
effiloche [efi'lɔʃ], **effiloque** [efi'lɔk], *n.f.* floss silk, light refuse silk.
effilocher [efilɔ'ʃe], **effiloquer** [efilɔ'ke], *v.t.* to unravel, to undo.
efflanqué [eflɑ̃'ke], *a.* lean, thin, 'ank.
efflanquer [eflɑ̃'ke], *v.t.* to make lean, to emaciate.
effleurer [eflœ're], *v.t.* to graze, to skim the surface of, to touch lightly; (*fig.*) to touch upon.
efflorescence [eflɔrɛ'sɑ̃:s], *n.f.* efflorescence.
efflorescent [eflɔrɛ'sɑ̃], *a.* efflorescent.
effluent [efly'ɑ̃], *a.* effluent.
effluve [e'fly:v], *n.m.* effluvium.
effondrement [efɔ̃drə'mɑ̃], *n.m.* (*Agric.*) trenching; falling in, sinking; collapse.
effondrer [efɔ̃'dre], *v.t.* to dig deeply; to break in; to overwhelm. **s'effondrer**, *v.r.* to fall in, to collapse.
efforcer (s') [efɔr'se], *v.r.* (*conjug. like* COMMENCER) to exert oneself, to strain, to strive.
effort [e'fɔ:r], *n.m.* effort, exertion, endeavour; stress; (*Med.*) strain, rupture.
effraction [efrak'sjɔ̃], *n.f.* breaking into, house-breaking; *vol avec effraction*, burglary.
effraie [e'frɛ], *n.f.* barn-owl, screech owl.
effrayant [efrɛ'jɑ̃], *a.* frightful, dreadful.
effrayer [efrɛ'je], *v.t.* (*conjug. like* PAYER) to frighten, to alarm, to terrify. **s'effrayer**, *v.r.* to be frightened, to be startled.
effréné [efre'ne], *a.* unrestrained; lawless; wild.
effritement [efrit'mɑ̃], *n.m.* crumbling into dust.
effriter (s') [sefri'te], *v.r.* to crumble.
effroi [e'frwa], *n.m.* fright, terror, dread.
effronté [efrɔ̃'te], *a.* and *n.m.* (*fem.* **-ée**) shameless, brazen, impudent (person).
effrontément [efrɔ̃te'mɑ̃], *adv.* impudently, shamelessly.
effronterie [efrɔ̃'tri], *n.f.* effrontery, impudence.
effroyable [efrwa'jabl], *a.* frightful, dreadful, hideous.
effroyablement [efrwajablə'mɑ̃], *adv.* frightfully, horribly, dreadfully.
effusion [efy'zjɔ̃], *n.f.* effusion; overflowing.
égal [e'gal], *a.* (*m. pl.* **-aux**) equal, alike; even, level, smooth; all the same.—*n.m.* (*fem.* **-e**) equal.
également [egal'mɑ̃], *adv.* equally, alike.
égaler [ega'le], *v.t.* to equal; to make equal; to compare. **s'égaler**, *v.r.* to equal; to compare oneself (*à*).
égalisation [egaliza'sjɔ̃], *n.f.* equalization.
égaliser [egali'ze], *v.t.* to equalize; to level.
égalitaire [egali'tɛ:r], *a.* and *n.* egalitarian.
égalité [egali'te], *n.f.* equality, parity; uniformity.
égard [e'ga:r], *n.m.* regard, consideration, respect.

égaré [ega're], *a.* wandering, strayed; mislaid; distracted.
égarement [egar'mɑ̃], *n.m.* straying, losing one's way; mistake; ill-conduct.
égarer [ega're], *v.t.* to mislead; to lose; to lead astray; to bewilder; to impair (*intellect*). **s'égarer**, *v.r.* to lose one's way, to stray; to err.
égayer [ege'je], *v.t.* (*conjug. like* PAYER) to enliven, to cheer up; (*Hort.*) to prune (*trees*). **s'égayer**, *v.r.* to brighten up; to make merry.
églantier [eglɑ̃'tje], *n.m.* eglantine, briar, dog-rose (*bush*).
églantine [eglɑ̃'tin], *n.f.* eglantine, dog-rose (*flower*).
église [e'gli:z], *n.f.* church.
églogue [e'glɔg], *n.f.* eclogue.
égocentrique [egosɑ̃'trik], *a.* egocentric, self-centred.
égoïsme [egɔ'ism], *n.m.* egoism, selfishness.
égoïste [egɔ'ist], *a.* egoistic, selfish.—*n.* egoist, selfish person.
égorger [egɔr'ʒe], *v.t.* (*conjug. like* MANGER) to cut the throat of, to slaughter.
égorgeur [egɔr'ʒœ:r], *n.m.* (*fem.* **-euse**) slaughterer, murderer.
égosiller (s') [segozi'je], *v.r.* to make oneself hoarse; to bawl.
égotisme [egɔ'tism], *n.m.* egotism.
égotiste [egɔ'tist], *a.* egotistic(al).—*n.* egotist.
égout [e'gu], *n.m.* running *or* falling of water; sink, drain, sewer.
égouttage [egu'ta:ʒ], **égouttement** [egut'mɑ̃], *n.m.* drainage, draining; dripping.
égoutter [egu'te], *v.t.*, *v.i.* to drain, to drip. **s'égoutter**, *v.r.* to drip, to drain.
égouttoir [egu'twa:r], *n.m.* drainer (*plate-rack etc.*).
égrapper [egra'pe], *v.t.* to pick (*grapes, currants etc.*) from the bunch.
égratigner [egrati'ɲe], *v.t.* to scratch.
égratignure [egrati'ɲy:r], *n.f.* scratch; slight wound.
égrenage [egrə'na:ʒ], *n.m.* picking off (*of grapes etc.*).
égrener [egrə'ne], *v.t.* (*conjug. like* AMENER) to tell (*beads*); to unstring (*beads etc.*); to pick off (*grapes etc.*) from the bunch. **s'égrener**, *v.r.* to fall from the stalk, to drop one by one.
égrillard [egri'ja:r], *a.* lewd, broad, naughty; *propos égrillards*, spicy talk.
égrilloir [egri'jwa:r], *n.m.* weir; grate (*to confine fish in a pond*).
égrisé, *n.m.* or **égrisée** [egri'ze], *n.f.* diamond-dust.
égriser [egri'ze], *v.t.* to grind, to polish (*diamonds etc.*).
égrugeoir [egry'ʒwa:r], *n.m.* mortar.
égruger [egry'ʒe], *v.t.* (*conjug. like* MANGER) to pound, to grind in a mortar.
égueuler [egœ'le], *v.t.* to break off the mouth or neck (*of glass and other vessels*).
Égypte [e'ʒipt], l', *f.* Egypt.
égyptien [eʒip'sjɛ̃], *a.* (*fem.* **-enne**) Egyptian.—*n.m.* (**Égyptien**, *fem.* **-enne**) Egyptian (*person*).
eh! [e], *int.* ah! well! hey! *eh bien !* well!
éhonté [eɔ̃'te], *a.* shameless.

éjaculation [eʒakylɑ'sjɔ̃], *n.f.* throwing out with force, discharge; ejaculation.

éjaculer [eʒaky'le], *v.t.* to discharge, to ejaculate.

éjecter [eʒɛk'te], *v.t.* to eject.

éjecteur [eʒɛk'tœːr], *a.* (*fem.* **-trice**) ejecting; (*Av.*) *siège éjecteur*, ejector seat.—*n.m.* ejector (*of firearm*).

élaboration [elabɔrɑ'sjɔ̃], *n.f.* elaboration.

élaboré [elabɔ're], *a.* wrought; elaborate.

élaborer [elabɔ're], *v.t.* to elaborate, to work out.

élaguer [ela'ge], *v.t.* to lop, to prune; (*fig.*) to curtail, to cut down.

élagueur [ela'gœːr], *n.m.* (*Hort.*) pruner.

élan (1) [e'lɑ̃], *n.m.* start, spring, bound; flight; burst; dash.

élan (2) [e'lɑ̃], *n.m.* elk; moose, wapiti (*Canada*), eland (*S. Africa*).

élancé [elɑ̃'se], *a.* slender, slim.

élancement [elɑ̃s'mɑ̃], *n.m.* darting forward; shooting pain, twinge; (*pl.*) transports.

élancer [elɑ̃'se], *v.t.* (*conjug. like* COMMENCER) to dart, to hurl.—*v.i.* to shoot, to twitch (*of pain*). **s'élancer**, *v.r.* to bound, to shoot *or* dart forth, to rush, to dash; to soar up.

élargir [elar'ʒiːr], *v.t.* to widen, to enlarge; to release. **s'élargir**, *v.r.* to widen; to stretch; to enlarge one's estate.

élargissement [elarʒis'mɑ̃], *n.m.* widening, enlarging; discharge (*from prison etc.*).

élasticité [elastisi'te], *n.f.* elasticity, springiness.

élastique [elas'tik], *a.* elastio, springy.—*n.m.* india-rubber; elastic band.

électeur [elɛk'tœːr], *n.m.* (*fem.* **-trice**) (*Hist.*) elector, electress; (*Polit.*) voter.

élection [elɛk'sjɔ̃], *n.f.* election, polling; choice; appointment.

électoral [elɛktɔ'ral], *a.* (*m. pl.* **-aux**) electoral.

électorat [elɛktɔ'ra], *n.m.* electorate.

électricien [elɛktri'sjɛ̃], *n.m.* electrician.

électricité [elɛktrisi'te], *n.f.* electricity.

électrification [elɛktrifikɑ'sjɔ̃], *n.f.* electrification.

électrifier [elɛktri'fje], *v.t.* to provide with current, to electrify.

électrique [elɛk'trik], *a.* electric; *secousse électrique*, electric shock.

électriquement [elɛktrik'mɑ̃], *adv.* electrically.

électriser [elɛktri'ze], *v.t.* to electrify.

électro-aimant [elɛktrɔɛ'mɑ̃], *n.m.* (*pl.* **électro-aimants**) electro-magnet.

électrocuter [elɛktrɔky'te], *v.t.* to electrocute.

électrocution [elɛktrɔky'sjɔ̃], *n.f.* electrocution.

électron [elɛk'trɔ̃], *n.m.* electron.

électronique [elɛktrɔ'nik], *a.* electronic.

élégamment [elega'mɑ̃], *adv.* elegantly, stylishly.

élégance [ele'gɑ̃ːs], *n.f.* elegance, style.

élégant [ele'gɑ̃], *a.* elegant, smart, fashionable, stylish.—*n.m.* (*fem.* **-ée**) gentleman *or* lady of fashion.

élégiaque [ele'ʒjak], *a.* elegiac.—*n.* elegist.

élégie [ele'ʒi], *n.f.* elegy.

élément [ele'mɑ̃], *n.m.* element, component part.

élémentaire [elemɑ̃'tɛːr], *a.* elementary, elemental.

éléphant [ele'fɑ̃], *n.m.* elephant.

éléphantin [elefɑ̃'tɛ̃], *a.* elephantine.

élevage [el'vaːʒ], *n.m.* breeding, rearing (*of cattle*); stud.

élévateur [eleva'tœːr], *a.* (*fem.* **-trice**) raising, lifting.—*n.m.* elevator, lift, hoist.

élévation [elevɑ'sjɔ̃], *n.f.* elevation, raising; eminence, height; promotion; greatness (*of soul*); rise (*in prices etc.*).

élève [e'lɛːv], *n.* pupil; student, disciple; apprentice.

élevé [el've], *a.* raised, grand; reared; heroic, eminent; high (*of prices etc.*); exalted; *bien élevé*, well-bred; *mal élevé*, ill-bred.

élever [el've], *v.t.* (*conjug. like* AMENER) to raise, to lift up; to erect; to exalt; to run up (*accounts etc.*); to bring up, to rear; to educate; to foster. **s'élever**, *v.r.* to rise, to ascend, to go up; to be constructed; to increase; to break out.

éleveur [el'vœːr], *n.m.* (*fem.* **-euse**) raiser; cattle-breeder.—*n.f.* (**-euse**) incubator.

elfe [ɛlf], *n.m.* elf, brownie.

élider [eli'de], *v.t.* (*Gram.*) to cut off, to elide. **s'élider**, *v.r.* to be elided.

éligibilité [eliʒibili'te], *n.f.* eligibility.

éligible [eli'ʒibl], *a.* eligible.

élimer [eli'me], *v.t.* to wear out. **s'élimer**, *v.r.* to wear threadbare (*of clothes etc.*).

élimination [eliminɑ'sjɔ̃], *n.f.* elimination.

éliminatoire [eliminɑ'twaːr], *a.* and *n.f.* (*Spt.*) eliminating (heat); disqualifying.

éliminer [elimi'ne], *v.t.* to eliminate; to expel; to remove.

élire [e'liːr], *v.t.* irr. (*conjug. like* LIRE) to elect, to choose; to return, to appoint.

élision [eli'zjɔ̃], *n.f.* elision.

élite [e'lit], *n.f.* choice, pick, select few, élite.

élixir [elik'siːr], *n.m.* elixir.

elle [ɛl], *pron.* (*pl.* **elles**) she, her, it; (*pl.*) they.

ellébore [ɛle'bɔːr], *n.m.* hellebore.

ellipse [ɛ'lips], *n.f.* ellipse; (*Gram.*) ellipsis.

elliptique [ɛlip'tik], *a.* elliptical.

élocution [elɔky'sjɔ̃], *n.f.* elocution.

éloge [e'lɔːʒ], *n.m.* eulogy, praise; panegyric.

élogieux [elɔ'ʒjø], *a.* (*fem.* **-euse**) laudatory, eulogistic, flattering.

éloigné [elwa'ne], *a.* removed, distant, remote; absent.

éloignement [elwaɲ'mɑ̃], *n.m.* removal; remoteness; dislike; unwillingness.

éloigner [elwa'ne], *v.t.* to remove; to dismiss; to set aside, to repudiate; to waive; to banish; to put off; to alienate. **s'éloigner**, *v.r.* to go away, to withdraw; to digress; to deviate; to be alienated.

éloquemment [elɔka'mɑ̃], *adv.* eloquently.

éloquence [elɔ'kɑ̃ːs], *n.f.* eloquence, oratory.

éloquent [elɔ'kɑ̃], *a.* eloquent.

élu [e'ly], *a.* elected, chosen, elect; appointed. —*n.m.* (*fem.* **-e**) chosen *or* chosen person.

élucidation [elysidɑ'sjɔ̃], *n.f.* elucidation.

élucider [elysi'de], *v.t.* to elucidate, to clear up.

éluder [ely'de], *v.t.* to elude, to evade.

Élysée [eli'ze], *n.m.* Elysium; *l'Élysée*, the residence (*in Paris*) of the President of the Republic.

émaciation [emasjɑ'sjɔ̃], *n.f.* emaciation.

émacié [ema'sje], *a.* emaciated.

émail

émail [e'ma:j], *n.m.* (*pl.* émaux) enamel.
émaillage [ema'ja:ʒ], *n.m.* enamelling.
émailler [ema'je], *v.t.* to enamel; (*fig.*) to adorn.
émailleur [ema'jœr], *n.m.* enameller.
émaillure [ema'jy:r], *n.f.* enamelling.
émanation [emana'sjɔ̃], *n.f.* emanation.
émancipation [emɑ̃sipa'sjɔ̃], *n.f.* emancipation.
émanciper [emɑ̃si'pe], *v.t.* to emancipate. s'émanciper, *v.r.* to gain one's liberty; to overstep the mark, to forget oneself.
émaner [ema'ne], *v.i.* to emanate.
émargement [emarʒə'mɑ̃], *n.m.* writing in the margin, marginal note; signature in the margin.
émarger [emar'ʒe], *v.t.* (*conjug. like* MANGER) to write *or* sign in the margin, *esp. on receipt*; *hence*, to draw one's salary.
embâcle [ɑ̃'baːkl], *n.m.* ice-pack (*in a river etc.*).
emballage [ɑ̃ba'la:ʒ], *n.m.* packing up, packing; package; (*Spt.*) spurt.
emballement [ɑ̃bal'mɑ̃], *n.m.* excitement; flying into a temper; burst of enthusiasm.
emballer [ɑ̃ba'le], *v.t.* to pack up, to wrap up; (*colloq.*) to pack off; to arrest; to tell (*someone*) off. s'emballer, *v.r.* to bolt (*of a horse etc.*); to wrap oneself up; to be carried away (*by rage, enthusiasm etc.*), to race (*of an engine*).
emballeur [ɑ̃ba'lœr], *n.m.* packer.
embarbouiller [ɑ̃barbu'je], *v.t.* to besmear. s'embarbouiller, *v.r.* to get muddled.
embarcadère [ɑ̃barka'dɛ:r], *n.m.* wharf, pier, landing-stage.
embarcation [ɑ̃barka'sjɔ̃], *n.f.* small boat, craft.
embardée [ɑ̃bar'de], *n.f.* lurch (*of a boat, a car etc.*); faire une embardée, to lurch (*of boat*); to swerve, to skid (*of car*).
embargo [ɑ̃bar'go], *n.m.* embargo.
embarquement [ɑ̃barkə'mɑ̃], *n.m.* embarkation, embarking; shipment.
embarquer [ɑ̃bar'ke], *v.t.* to embark, to take on board; to ship (*water etc.*). s'embarquer, *v.r.* to embark, to go on board; s'embarquer dans, (*fig.*) to embark upon.
embarras [ɑ̃ba'ra], *n.m.* encumbrance, hindrance, difficulty, fuss; (*pl.*) embarrassing circumstances; trouble, nervousness.
embarrassant [ɑ̃bara'sɑ̃], *a.* embarrassing, puzzling, awkward; troublesome.
embarrassé [ɑ̃bara'se], *a.* embarrassed, perplexed.
embarrasser [ɑ̃bara'se], *v.t.* to embarrass, to obstruct; to trouble, to confound; to puzzle. s'embarrasser, *v.r.* to entangle oneself; to be embarrassed; to concern oneself (*with*).
embâter [ɑ̃ba'te], *v.t.* to put a pack-saddle on, to saddle.
embauchage [ɑ̃bo'ʃa:ʒ], *n.m.*, embauche [ɑ̃'boʃ], *n.f.* hiring, engaging (*of workmen*); enlisting, recruiting (*soldiers*).
embaucher [ɑ̃bo'ʃe], *v.t.* to hire, to engage, to sign on (*workmen*); to enlist (*soldiers*).
embaucheur [ɑ̃bo'ʃœ:r], *n.m.* (*fem.* -euse) hirer, recruiting officer.
embauchoir [ɑ̃bo'ʃwa:r], *n.m.* boot-tree, boot-last.

embaumement [ɑ̃bom'mɑ̃], *n.m.* embalming.
embaumer [ɑ̃bo'me], *v.t.* to embalm; to perfume.—*v.i.* to smell sweet.
embaumeur [ɑ̃bo'mœːr], *n.m.* embalmer.
embecquer [ɑ̃bɛ'ke], *v.t.* to feed (*a bird*); to bait (*a hook*).
embéguiner [ɑ̃begi'ne], *v.t.* to muffle up. s'embéguiner, *v.r.* to wrap oneself up; (*fig.*) to be infatuated with.
embellir [ɑ̃bɛ'li:r], *v.t.* to embellish, to beautify.—*v.i.* to grow more beautiful. s'embellir, *v.r.* to grow more beautiful; to enhance one's looks.
embellissement [ɑ̃bɛlis'mɑ̃], *n.m.* embellishment; improvement.
embêtant [ɑ̃bɛ'tɑ̃], *a.* (*colloq.*) boring, annoying.
embêtement [ɑ̃bɛt'mɑ̃], *n.m.* (*colloq.*) annoyance; nuisance, bore.
embêter [ɑ̃bɛ'te], *v.t.* to bore; to annoy, to rile; to worry. s'embêter, *v.r.* to feel dull *or* bored.
emblée (d') [dɑ̃'ble], *adv.* at the first, at the first attempt, directly.
emblématique [ɑ̃blema'tik], *a.* emblematical.
emblème [ɑ̃'blɛːm], *n.m.* emblem.
emboîtage [ɑ̃bwa'ta:ʒ], *n.m.* boards, cover (*book*).
emboîtement [ɑ̃bwat'mɑ̃], *n.m.* fitting in, jointing, clamping.
emboîter [ɑ̃bwa'te], *v.t.* to fit in, to put (*a book*) into its boards; to clamp. s'emboîter, *v.r.* to fit, to fit in; (*fig.*) to model oneself upon.
emboîture [ɑ̃bwa'ty:r], *n.f.* socket, clamp.
embolie [ɑ̃bo'li], *n.f.* (*Path.*) embolism.
embonpoint [ɑ̃bɔ̃'pwɛ̃], *n.m.* plumpness, stoutness, obesity.
emboucher [ɑ̃bu'ʃe], *v.t.* to put to one's mouth, to sound (*wind-instruments*); to bit (*a horse*).
embouchure [ɑ̃bu'ʃy:r], *n.f.* mouth (*of a river, harbour etc.*); mouth-piece (*of wind-instruments*); opening (*of a receptacle*).
embourber [ɑ̃bur'be], *v.t.* to put in the mire; (*fig.*) to implicate in a dirty affair. s'embourber, *v.r.* to stick in the mire, to be bogged down; (*fig.*) to be involved (*in some trouble*); to put one's foot in it.
embourser [ɑ̃bur'se], *v.t.* to receive, to pocket (*affronts etc.*).
embout [ɑ̃'bu], *n.m.* ferrule.
embouteillage [ɑ̃butɛ'ja:ʒ], *n.m.* bottling; traffic-jam.
embouteiller [ɑ̃butɛ'je], *v.t.* to bottle; to bottle up; to block up.
emboutir [ɑ̃bu'ti:r], *v.t.* to beat out (*coppersmith's work etc.*); to scoop out, to stamp; (*fam.*) to bump into. s'emboutir, *v.r.* to crash, to cannon into.
embranchement [ɑ̃brɑ̃ʃ'mɑ̃], *n.m.* branching off; branch-road, branch-line etc.; junction.
embrancher [ɑ̃brɑ̃'ʃe], *v.t.* to put together, to join up (*roads, railways, pipes etc.*). s'embrancher, *v.r.* to join (*of a minor road or line joining a major one*).
embrasement [ɑ̃braz'mɑ̃], *n.m.* conflagration; illumination.

embraser [ãbrɑ'ze], *v.t.* to fire, to set on fire; (*fig.*) to inflame; to illuminate. **s'embraser,** *v.r.* to kindle, to catch fire; to glow.

embrassade [ãbrɑ'sad], *n.f.* embrace, hug; kissing, kiss.

embrasse [ã'bras], *n.f.* curtain-loop.

embrassement [ãbras'mã], *n.m.* embrace, embracing.

embrasser [ãbra'se], *v.t.* to embrace, to clasp; to kiss; (*fig.*) to encircle; to comprise. **s'embrasser,** *v.r.* to embrace *or* kiss one another; to be included.

embrassure [ãbras'sy:r], *n.f.* band of iron.

embrasure [ãbrɑ'zy:r], *n.f.* embrasure, recess.

embrayage [ãbrɛ'ja:ʒ], *n.m.* (*Motor.*) coupling-gear, clutch.

embrayer [ãbrɛ'je], *v.t.* (*conjug. like* PAYER) to connect up, to throw into gear.—*v.i.* to let in the clutch.

embrèvement [ãbrɛv'mã], *n.m.* (*Carp.*) mortise.

embrocation [ãbrɔka'sjɔ̃], *n.f.* embrocation.

embrocher [ãbrɔ'ʃe], *v.t.* to put on the spit.

embrouillement [ãbruj'mã], *n.m.* embroilment, entanglement, perplexity.

embrouiller [ãbru'je], *v.t.* to embroil, to confuse; to perplex; to obscure. **s'embrouiller,** *v.r.* to become intricate *or* entangled; to get confused *or* muddled.

embrouilleur [ãbru'jœ:r], *n.m.* (*fem.* **-euse**) muddler, blunderer.

embrumer (s') [sãbry'me], *v.r.* to be covered with fog etc; to become misty *or* hazy; (*fig.*) to grow sombre *or* gloomy.

embrun [ã'brœ̃], *n.m.* (*usu. pl.*) spray, spindrift.

embrunir [ãbry'ni:r], *v.t.* to brown.

embryon [ãbri'jɔ̃], *n.m.* embryo; germ; (*fig.*) dwarf, shrimp.

embryonnaire [ãbrijɔ'nɛ:r], *a.* embryonic, in embryo.

embûche [ã'byʃ], *n.f.* ambush, snare.

embuscade [ãbys'kad], *n.f.* ambuscade, ambush.

embusqué [ãbys'ke], *n.m.* (*Mil. slang*) shirker, scrimshanker.

embusquer [ãbys'ke], *v.t.* to place in ambuscade, to post. **s'embusquer,** *v.r.* to lie in wait.

émender [emã'de], *v.t.* (*Law*) to amend, to correct.

émeraude [em'ro:d], *n.f.* emerald.

émergence [emɛr'ʒã:s], *n.f.* emergence, emersion.

émergent [emɛr'ʒã], *a.* emergent.

émerger [emɛr'ʒe], *v.i.* (*conjug. like* MANGER) to emerge, to rise out.

émeri [em'ri], *n.m.* emery.

émerillon [emri'jɔ̃], *n.m.* (*Orn.*) merlin.

émeriser [emri'ze], *v.t.* to cover with emery; *papier émerisé,* emery-paper.

émérite [eme'rit], *a.* emeritus; practised, perfect; eminent.

émersion [emɛr'sjɔ̃], *n.f.* emersion.

émerveillement [emɛrvɛj'mã], *n.m.* wonder, astonishment.

émerveiller [emɛrve'je], *v.t.* to astonish, to amaze. **s'émerveiller,** *v.r.* to marvel, to be astonished.

émétique [eme'tik], *a.* and *n.m.* emetic.

émetteur [emɛ'tœ:r] *a.* (*fem.* **-trice**)

(*Rad., Tel.*) *poste émetteur* or *station émettrice,* broadcasting station.—*n.m.* transmitter; *émetteur-récepteur,* transmitter-receiver, (*fam.*) walkie-talkie.

émettre [e'mɛtr], *v.t.* irr. (*conjug. like* METTRE) to emit, to give out; to utter, to express; (*Rad., Tel.*) to broadcast.

émeu [e'mø], *n.m.* (*Orn.*) emu.

émeute [e'mø:t], *n.f.* riot, disturbance, tumult, rising; *chef d'émeute,* ringleader.

émeuter [emø'te], *v.t.* to rouse, to stir up, to excite.

émeutier [emø'tje], *n.m.* (*fem.* **-ière**) rioter.

émiettement [emjɛt'mã], *n.m.* crumbling.

émietter [emjɛ'te], *v.t.* to crumble. **s'émietter,** *v.r.* to crumble.

émigrant [emi'grã], *a.* emigrating.—*n.m.* (*fem.* **-e**) emigrant.

émigration [emigra'sjɔ̃], *n.f.* emigration, migration.

émigré [emi'gre], *n.m.* (*fem.* **-ée**) emigrant; refugee.

émigrer [emi'gre], *v.i.* to emigrate; to migrate.

émincé [emɛ̃'se], *n.m.* (*Cook.*) thin slices (*of meat*).

émincer [emɛ̃'se], *v.t.* (*conjug. like* COMMENCER) to slice (*meat*).

éminemment [emina'mã], *adv.* eminently.

éminence [emi'nã:s], *n.f.* eminence, elevation, rising ground, height.

éminent [emi'nã], *a.* eminent, high, lofty.

émissaire [emi'sɛ:r], *n.m.* emissary, messenger; *bouc émissaire,* scapegoat.

émission [emi'sjɔ̃], *n.f.* emission; issue, uttering; broadcasting.

emmagasinage [ãmagazi'na:ʒ], *n.m.* storage, warehousing.

emmagasiner [ãmagazi'ne], *v.t.* to warehouse, to store.

emmaillotement [ãmajɔt'mã], *n.m.* swaddling, swathing.

emmailloter [ãmajo'te], *v.t.* to swaddle, to swathe.

emmanchement [ãmãʃ'mã], *n.m.* hafting, helving (*putting a handle on*); (*fig.*) joining.

emmancher [ãmã'ʃe], *v.t.* to put a handle to to haft, to helve. **s'emmancher,** *v.r.* to fit on a handle; (*fig.*) to start (*of an affair*).

emmanchure [ãmã'ʃy:r], *n.f.* armhole.

emmarchement [ãmarʃə'mã], *n.m.* tread (*of stair*).

emmêlement [ãmɛl'mã], *n.m.* tangle muddle.

emmêler [ãme'le], *v.t.* to entangle. **s'emmêler,** *v.r.* to get entangled.

emménagement [ãmena'ʒmã], *n.m.* moving into (*a new house*), installation.

emménager [ãmena'ʒe], *v.t.* (*conjug. like* MANGER) to move in; to fit out (*a ship etc.*). —*v.i.* and **s'emménager,** *v.r.* to move in.

emmener [ãm'ne], *v.t.* (*conjug. like* AMENER) to take away, to lead away, to fetch away, to convey away.

emmenotter [ãmnɔ'te], *v.t.* to handcuff.

emmeuler [ãmø'le], *v.t.* to stack (*hay etc.*).

emmiellé [ãmje'le], *a.* honeyed, sweet.

emmieller [ãmje'le], *v.t.* to honey, to sweeten with *or* as with honey.

emmitoufler [ãmitu'fle], *v.t.* to wrap up warmly.

émoi [e'mwa], *n.m.* emotion, anxiety, flutter.

émollient [emɔ'ljɑ̃], *a.* emollient, softening. —*n.m.* emollient.

émolument [emɔly'mɑ̃], *n.m.* emolument, fee; (*pl.*) salary.

émondage [emɔ̃'da:ʒ], *n.m.* pruning, lopping, trimming.

émonder [emɔ̃'de], *v.t.* to prune, to lop.

émondeur [emɔ̃'dœ:r], *n.m.* (*fem.* -euse) pruner, trimmer.

émotion [emɔ'sjɔ̃], *n.f.* emotion; stir, commotion.

émotter [emɔ'te], *v.t.* to break up (*soil, a field etc.*).

émoucher [emu'ʃe], *v.t.* to drive flies away from. **s'émoucher,** *v.r.* to whisk away the flies.

émouchet [emu'ʃɛ], *n.m.* sparrow-hawk.

émouchette [emu'ʃɛt], *n.f.* fly-net (*for horses etc.*).

émouchoir [emu'ʃwa:r], *n.m.* fly-whisk.

émoudre [e'mudr], *v.t. irr.* (*conjug. like* MOUDRE) to grind, to sharpen.

émouleur [emu'lœ:r], *n.m.* knifegrinder.

émoulu [emu'ly], *a.* sharpened, sharp.

émousser [emu'se], *v.t.* to blunt, to take the edge off; (*fig.*) to dull; to deaden. **s'émousser,** *v.r.* to get blunt; to become dull.

émoustiller [emusti'je], *v.t.* (*colloq.*) to exhilarate, to put into good spirits; (*fam.*) to ginger up. **s'émoustiller,** *v.r.* to bestir oneself.

émouvant [emu'vɑ̃], *a.* touching, moving, stirring.

émouvoir [emu'vwa:r], *v.t. irr.* (*conjug. like* MOUVOIR) to move, to affect; to excite, to rouse. **s'émouvoir,** *v.r.* to be roused *or* moved; to be agitated.

empaillage [ɑ̃pa'ja:ʒ], **empaillement** [ɑ̃paj'mɑ̃], *n.m.* bottoming (*with straw*); stuffing (*of animals*).

empaillé [ɑ̃pa'je], *a.* stuffed; (*fam.*) *avoir l'air empaillé,* to be slow *or* dull-witted.

empailler [ɑ̃pa'je], *v.t.* to pack in straw; to straw-bottom; to stuff (*birds etc.*).

empailleur [ɑ̃pa'jœ:r], *n.m.* (*fem.* -euse) chair-mender; bird- *or* animal-stuffer, taxidermist.

empaler [ɑ̃pa'le], *v.t.* to impale.

empanacher [ɑ̃pana'ʃe], *v.t.* to adorn with a plume; (*colloq.*) to touch up.

empaquetage [ɑ̃pak'ta:ʒ], *n.m.* packing.

empaqueter [ɑ̃pak'te], *v.t.* (*conjug. like* APPELER) to pack up, to make up into a bundle, to do up. **s'empaqueter,** *v.r.* to wrap oneself up.

emparer (s') [sɑ̃pa're], *v.r.* to possess oneself (*of*), to get hold (*of*); to seize, to secure.

empâtement [ɑ̃pat'mɑ̃], *n.m.* stickiness, clamminess.

empâter [ɑ̃pa'te], *v.t.* to make clammy *or* sticky; to cram (*fowls*).

empattement [ɑ̃pat'mɑ̃], *n.m.* footing, foundation, base; (*Motor. etc.*) wheel-base.

empaumer [ɑ̃po'me], *v.t.* to catch *or* strike (*tennis-ball etc.*) in *or* with the palm of the hand; (*fig.*) to get hold of, to grasp, to take possession of.

empêchement [ɑ̃pɛʃ'mɑ̃], *n.m.* hindrance, obstacle, impediment, objection.

empêcher [ɑ̃pɛ'ʃe], *v.t.* to oppose, to prevent; to hinder. **s'empêcher** *v.r.* (*always in the*

negative) to forbear, to refrain from; *je ne peux m'empêcher de rire,* I cannot help laughing.

empeigne [ɑ̃'pɛɲ], *n.f.* upper (leather) (*of shoe*).

empenner [ɑ̃pe'ne], *v.t.* to feather (*arrows*); to fit on (*fins*).

empereur [ɑ̃'prœ:r], *n.m.* emperor.

empesage [ɑ̃pə'za:ʒ], *n.m.* starching.

empesé [ɑ̃pə'ze], *a.* starched; stiff (*of style etc.*), formal.

empeser [ɑ̃pə'ze], *v.t.* (*conjug. like* AMENER) to starch.

empester [ɑ̃pes'te], *v.t.* to infect, to taint; to cause to stink horribly; (*fig.*) to corrupt.

empêtrer [ɑ̃pe'tre], *v.t.* to entangle; to embarrass. **s'empêtrer,** *v.r.* to become entangled.

emphase [ɑ̃'fa:z], *n.f.* grandiloquence; emphasis, stress.

emphatique [ɑ̃fa'tik], *a.* bombastic, affected; emphatic.

empiècement [ɑ̃pjɛs'mɑ̃], *n.m.* yoke (*of blouse*).

empierrement [ɑ̃pjɛr'mɑ̃], *n.m.* stoning, metaling (*a road etc.*).

empierrer [ɑ̃pjɛ're], *v.t.* to stone, to metal (*roads etc.*).

empiétement [ɑ̃pjet'mɑ̃], *n.m.* encroaching, infringement.

empiéter [ɑ̃pje'te], *v.t.* (*conjug. like* CÉDER) to encroach upon, to invade, to trespass upon.—*v.i.* to encroach (*sur*).

empilement [ɑ̃pil'mɑ̃], *n.m.* piling, stacking.

empiler [ɑ̃pi'le], *v.t.* to pile up, to stack.

empire [ɑ̃'pi:r], *n.m.* empire, sovereignty, control, authority, dominion; (*fig.*) prestige, sway, mastery.

empirer [ɑ̃pi're], *v.t.* to make worse.—*v.i.* to grow worse.

empirique [ɑ̃pi'rik], *a.* empiric(al).

empirisme [ɑ̃pi'rism], *n.m.* empiricism.

emplacement [ɑ̃plas'mɑ̃], *n.m.* site, place, piece of ground.

emplâtre [ɑ̃'pla:tr], *n.m.* plaster, ointment; (*fig.*) palliative; (*colloq.*) helpless creature.

emplette [ɑ̃'plɛt], *n.f.* purchase; *faire des emplettes,* to go shopping.

emplir [ɑ̃'pli:r], *v.t.* to fill. **s'emplir,** *v.r.* to fill; to be filled.

emploi [ɑ̃'plwa], *n.m.* employ, employment; use, function; situation, post.

employé [ɑ̃plwa'je], *a.* employed.—*n.m.* (*fem.* -ée) employee, assistant, clerk.

employer [ɑ̃plwa'je], *v.t.* (*see Verb Tables*) to employ, to use; to give employment to; to spend, to invest. **s'employer,** *v.r.* to employ oneself, to exert *or* busy oneself; to use one's interest; to be used.

employeur [ɑ̃plwa'jœ:r], *n.m.* (*fem.* -euse) employer.

emplumer (s') [sɑ̃ply'me], *v.r.* to become fledged.

empocher [ɑ̃pɔ'ʃe], *v.t.* to pocket.

empoignade [ɑ̃pɔ'nad], *n.f.* (*colloq.*) dispute, row, set-to.

empoignant [ɑ̃pɔ'nɑ̃, ɑ̃pwa'nɑ̃], *a.* thrilling, poignant.

empoigner [ɑ̃pɔ'ne, ɑ̃pwa'ne], *v.t.* to grasp, to seize. **s'empoigner,** *v.r.* to lay hold of each other, to grapple.

empois [ɑ̃'pwa], *n.m.* starch.

empoisonné [ăpwazo′ne], *a.* poisoned; (*fig.*) poisonous.

empoisonner [ăpwazo′ne], *v.t.* to poison; (*fig.*) to infect; to corrupt; to embitter; (*slang*) to bore to death. **s'empoisonner,** *v.r.* to poison oneself.

empoisonneur [ăpwazo′nœ:r], *a.* (*fem.* **-euse**) poisonous; (*fig.*) corrupting.—*n.m.* (*fem.* **-euse**) poisoner; (*fig.*) corrupter.

empoissonner [ăpwaso′ne], *v.t.* to stock with fish.

emporté [ăpor′te], *a.* fiery, passionate, hotheaded; runaway, unmanageable.

emportement [ăport′mă], *n.m.* transport, fit of passion, outburst (*of anger, rage etc.*).

emporte-pièce [ăporta′pjɛs], *n.m.* punch (*instrument*), cutting-out machine; *c'est une réponse à l'emporte-pièce,* it is a very cutting answer.

emporter [ăpor′te], *v.t.* to carry away, to take away; to remove (*stains etc.*); to transport (*of emotion etc.*); to entail, to involve; to gain, to obtain. **s'emporter,** *v.r.* to fly into a passion, to flare up; to declaim (*contre*); to bolt (*of horses*).

empotage [ăpo′ta:ʒ], *n.m.* potting (*of plants*).

empoter [ăpo′te], *v.t.* to pot (*plants*).

empourpré [ăpur′pre], *a.* crimson.

empourprer [ăpur′pre], *v.t.* to colour red *or* purple. **s'empourprer,** *v.r.* to turn red *or* purple; to flush, to blush.

empreindre [ă′prɛ̃:dr], *v.t. irr.* (*conjug. like* CRAINDRE) to imprint, to stamp, to impress. **s'empreindre,** *v.r.* to become tinged.

empreinte [ă′prɛ̃:t], *n.f.* stamp, print, impression; mark; *empreintes digitales,* fingerprints.

empressé [ăprɛ′se], *a.* eager, earnest; assiduous.

empressement [ăpres′mă], *n.m.* alacrity, eagerness; haste, hurry.

empresser (s') [săprɛ′se], *v.r.* to be eager (*to*); to crowd, to press.

emprisonnement [ăprizon′mă], *n.m.* imprisonment.

emprisonner [ăprizo′ne], *v.t.* to imprison, to confine.

emprunt [ă′prœ̃], *n.m.* borrowing; loan.

emprunter [ăprœ̃′te], *v.t.* to borrow; to assume.

emprunteur [ăprœ̃′tœ:r], *a.* (*fem.* **-euse**) borrowing.—*n.m.* (*fem.* **-euse**) borrower.

empuantir [ăpɥă′ti:r], *v.t.* to give an ill smell to, to infect.

ému [e′my], *a.* moved, affected.

émulation [emyla′sjɔ̃], *n.f.* emulation, rivalry.

émule [e′myl], *n.* rival, competitor.

émulgent [emyl′ʒă], *a.* (*Physiol.*) emulgent.

émulsif [emyl′sif], *a.* (*fem.* **-sive**) emulsive.

émulsion [emyl′sjɔ̃], *n.f.* emulsion.

en (1) [ă], *prep.* in; to; within; into; at; like, in the form of, as; out of, by, through, from; for, on.

en (2) [ă], *pron. inv.* of him, of her, of it, its, of them, their; from him, by him, about him etc.; thence, from thence; some of it, any.

enamourer (s') [sănamu′re], *v.r.* to fall in love; to be enamoured (*de*).

encadrement [ăkadrə′mă], *n.m.* framing, frame; border; (*fig.*) environment.

encadrer [ăka′dre], *v.t.* to frame; to surround; to insert; (*Mil.*) to bracket (*target*);

to officer (*troops*). **s'encadrer,** *v.r.* to be inserted *or* enclosed.

encadreur [ăka′drœ:r], *n.m.* (*fem.* **-euse**) picture-frame maker.

encager [ăka′ʒe], *v.t.* (*conjug. like* MANGER) to cage, to put in a cage.

encaissage [ăkɛ′sa:ʒ], *n.m.* encasing.

encaisse [ă′kɛs], *n.f.* cash in hand, cash-balance.

encaissé [ăkɛ′se], *a.* encased; sunk, hollow; steeply *or* deeply embanked.

encaissement [ăkɛs′mă], *n.m.* packing, putting in boxes etc.; embankment; paying in (*of money*).

encaisser [ăkɛ′se], *v.t.* to encase, to pack; to bank, pay in; to collect, to receive (*money*).

encaisseur [ăkɛ′sœ:r], *n.m.* (*fem.* **-euse**) cashier.

encan [ă′kă], *n.m.* public auction.

encapuchonner (s') [săkapyʃo′ne], *v.r.* to put on a cowl; to wrap one's head up; to arch the neck (*of horses*).

encarter [ăkar′te], *v.t.* to card-index.

en-cas [ă′kɑ], *n.m. inv.* anything kept for use in emergency; small umbrella; light meal prepared in case of need.

encastrement [ăkastrə′mă], *n.m.* fitting, fitting in.

encastrer [ăkas′tre], *v.t.* to fit in, to imbed.

encaustiquage [ăkosti′ka:ʒ], *n.m.* wax-polishing.

encavement [ăkav′mă], *n.m.* storing (*in cellar*), cellaring.

encaver [ăka′ve], *v.t.* to put *or* store in a cellar.

enceindre [ă′sɛ̃:dr], *v.t. irr.* (*conjug. like* CRAINDRE) to surround, to enclose.

enceinte [ă′sɛ̃t], *n.f.* circuit, enclosure; (*Fort.*) enceinte. *a.* pregnant

encens [ă′să], *n.m.* incense; (*fig.*) fragrance; flattery.

encensement [ăsăs′mă], *n.m.* incensing; (*fig.*) flattery.

encenser [ăsă′se], *v.t.* to incense; (*fig.*) to flatter.

encenseur [ăsă′sœ:r], *n.m.* (*fem.* **-euse**) burner of incense; (*fig.*) flatterer.

encensoir [ăsă′swa:r], *n.m.* censer; (*fig.*) flattery.

encerclement [ăsɛrklə′mă], *n.m.* encircling; (*Polit.*) encirclement.

encercler [ăsɛr′kle], *v.t.* to encircle.

enchaînement [ăʃen′mă], *n.m.* chaining, linking; series, connexion.

enchaîner [ăʃe′ne], *v.t.* to chain up, to bind in chains; (*Cine.*) to fade in; (*fig.*) to restrain; to captivate; to link. **s'enchaîner,** *v.r.* to be connected *or* linked together.

enchanté [ăʃă′te], *a.* enchanted; (*fig.*) charmed, delighted.

enchantement [ăʃăt′mă], *n.m.* enchantment, magic; (*fig.*) charm, delight.

enchanter [ăʃă′te], *v.t.* to enchant; (*fig.*) to fascinate, to charm.

enchanteur [ăʃă′tœ:r], *a.* (*fem.* **-eresse**) enchanting, entrancing, captivating.—*n.m.* (*fem.* **-eresse**) enchanter, enchantress, charmer.

enchâsser [ăʃă′se], *v.t.* to enchase; to enshrine; to insert.

enchâssure [ăʃă′sy:r], *n.f.* setting, mount; insertion.

enchère

enchère [ãˈʃɛːr], n.f. bid (at an auction); auction.

enchérir [ãʃeˈriːr], v.t. to bid for, to outbid; to raise (prices etc.).—v.i. to rise (in price); (fig.) to surpass, to outdo; to bid, to outbid (sur).

enchérissement [ãʃerisˈmã], n.m. rise, increase.

enchérisseur [ãʃeriˈsœːr], n.m. bidder (at an auction).

enchevêtrement [ãʃvɛtrəˈmã], n.m. entanglement.

enchevêtrer [ãʃvɛˈtre], v.t. to halter (a horse etc.); to entangle. **s'enchevêtrer**, v.r. to get entangled, confused or embarrassed.

enclave [ãˈklaːv], n.f. enclave, piece of enclosed land.

enclaver [ãklaˈve], v.t. to enclose, to hem in.

enclenchement [ãklãʃˈmã], n.m. throwing into gear; automatic clutch.

enclin [ãˈklɛ̃], a. inclined; prone, addicted, apt, given to.

enclore [ãˈkloːr], v.t. irr. (conjug. like CLORE) to enclose, to fence in, to take in, to shut in.

enclos [ãˈklo], n.m. enclosure, close; paddock; fencing, wall.

enclume [ãˈklym], n.f. anvil.

encoche [ãˈkɔʃ], n.f. notch.

encoffrer [ãkɔˈfre], v.t. to shut in a coffer; (fig.) to cage.

encoignure [ãkɔˈɲyːr], n.f. corner, angle (of a street); corner-piece; corner-cupboard.

encollage [ãkɔˈlaːʒ], n.m. sizing, gluing; glue, size.

encoller [ãkɔˈle], v.t. to size, to glue.

encolure [ãkɔˈlyːr], n.f. neck and shoulders (of a horse); neck-line (of a garment); size (of collars); (fig.) appearance (of a person).

encombrant [ãkɔ̃ˈbrã], a. cumbersome.

encombre [ãˈkɔ̃:br], n.m. (now only used after sans) impediment, hindrance.

encombrement [ãkɔ̃brəˈmã], n.m. obstruction; crowding, congestion (of traffic).

encombrer [ãkɔ̃ˈbre], v.t. to obstruct; to crowd, to throng.

encontre (à l' . . . de) [alãˈkɔ̃:trdə], prep. phr. against, counter to.

encore [ãˈkɔːr], adv. yet, still, as yet; anew, again, once more; further, moreover, besides; even, but, only.

encorner [ãkɔrˈne], v.t. to gore, to toss.

encourageant [ãkuraˈʒã], a. encouraging, cheering.

encouragement [ãkuraʒˈmã], n.m. encouragement.

encourager [ãkuraˈʒe], v.t. (conjug. like MANGER) to encourage, to stimulate. **s'encourager**, v.r. to encourage each other, to take courage.

encourir [ãkuˈriːr], v.t. irr. (conjug. like COURIR) to incur (disgrace, reproach), to fall under.

encrasser [ãkraˈse], v.t. to make dirty, to foul. **s'encrasser**, v.r. to become dirty.

encre [ãːkr], n.f. ink.

encrier [ãkriˈe], n.m. ink-stand, ink-pot.

encroûté [ãkruˈte], a. covered with a crust; (fig.) full of prejudices.—n.m. (fem. -ée) 'Blimp'.

encroûter (s') [sãkruˈte], v.r. to crust, to get hard; to become dull, stupid or hide-bound.

encuvage [ãkyˈva:ʒ], **encuvement** [ãkyvˈmã], n.m. tubbing.

encuver [ãkyˈve], v.t. to put into a vat, to tub.

encyclopédie [ãsiklopeˈdi], n.f. encyclopaedia.

endémique [ãdeˈmik], a. endemic.

endenté [ãdãˈte], a. indented.

endenter [ãdãˈte], v.t. to cog, to tooth.

endetter [ãdeˈte], v.t. to get (a person) into debt. **s'endetter**, v.r. to run into debt.

endeuiller [ãdœˈje], v.t. to put into mourning; to sadden.

endiablé [ãdjaˈble], a. possessed; (fig.) devilish.

endiabler [ãdjaˈble], v.i. to be furious; faire endiabler, to torment.

endiguement [ãdigˈmã], n.m. damming up.

endiguer [ãdiˈge], v.t. to dam up, to embank.

endimancher (s') [sãdimãˈʃe], v.r. to put on one's Sunday best.

endive [ãˈdiːv], n.f. (broad-leaved) chicory.

endoctrinement [ãdoktrinˈmã], n.m. indoctrination.

endoctriner [ãdoktriˈne], v.t. to indoctrinate.

endolorir [ãdolɔˈriːr], v.t. to make sore; to make (the heart etc.) ache. **s'endolorir**, v.r. to become sore.

endolorissement [ãdolɔrisˈmã], n.m. pain, soreness.

endommagement [ãdomaʒˈmã], n.m. loss, injury, damage.

endommager [ãdomaˈʒe], v.t. (conjug. like MANGER) to damage, to injure.

endormeur [ãdorˈmœːr], n.m. (fem. -euse) cajoler, flatterer.

endormi [ãdorˈmi], a. asleep; sleepy; benumbed.—n.m. (fem. -e) sleepy-head.

endormir [ãdorˈmiːr], v.t. irr. (conjug. like SENTIR) to send to sleep, to rock to sleep; to anaesthetize; to wheedle, to deceive; to benumb; to bore. **s'endormir**, v.r. to fall asleep.

endos [ãˈdo], **endossement** [ãdosˈmã], n.m. endorsement.

endosser [ãdoˈse], v.t. to put on one's back, to put on; to saddle oneself with (an obligation etc.); to endorse.

endroit [ãˈdrwa], n.m. place, spot; point; right side (of a material); part, passage (of a book etc.).

enduire [ãˈdɥiːr], v.t. irr. (conjug. like CONDUIRE) to do over, to coat, to smear.

enduit [ãˈdɥi], n.m. coating, layer, plaster, glaze, varnish, polish.

endurance [ãdyˈrã:s], n.f. endurance, fortitude; épreuve d'endurance, endurance or reliability test.

endurant [ãdyˈrã], a. patient, tolerant.

endurci [ãdyrˈsi], a. hardened; inured, callous.

endurcir [ãdyrˈsiːr], v.t. to harden, to toughen, to inure; to render callous. **s'endurcir**, v.r. to harden, to grow hard; to become callous.

endurcissement [ãdyrsisˈmã], n.m. hardening, obduracy; callousness.

endurer [ãdyˈre], v.t. to endure, to bear; to put up with.

énergie [enɛrˈʒi], n.f. energy, strength, vigour, power.

énergique [enɛrˈʒik], a. energetic, vigorous.

énergiquement [enɛrʒik'mã], *adv.* energetically, vigorously.

énervant [enɛr'vã], *a.* enervating; debilitating, nerve-racking.

énervé [enɛr've], *a.* nerveless; nervy, fidgety.

énervement [enɛrv'mã], *n.m.* nervous tension.

énerver [enɛr've], *v.t.* to enervate, to debilitate; to weaken; to unnerve; (*fam.*) to get on the nerves. **s'énerver**, *v.r.* to become enervated, unnerved, irritable *or* fidgety.

enfance [ã'fãs], *n.f.* infancy, childhood; childishness.

enfant [ã'fã], *n.* child; infant, baby; descendant; citizen, native.

enfantement [ãfãt'mã], *n.m.* childbirth.

enfanter [ãfã'te], *v.t.* to bring forth, to bear; (*fig.*) to beget, to give birth to.

enfantillage [ãfãti'jaːʒ], *n.m.* child's-play, childishness.

enfantin [ãfã'tɛ̃], *a.* infantile, childish.

enfariner [ãfari'ne], *v.t.* to flour, to sprinkle with flour.

enfer [ã'fɛːr], *n.m.* hell; (*fig.*) torment, misery.

enfermer [ãfɛr'me], *v.t.* to shut in *or* up; to lock up; to enclose; to conceal; to comprise. **s'enfermer**, *v.r.* to lock oneself in.

enficeler [ãfis'le], *v.t.* (*conjug. like* APPELER) to tie with string etc.

enfièvrement [ãfjɛvrə'mã], *n.m.* feverishness.

enfilade [ãfi'lad], *n.f.* suite (*of chambers etc.*); string (*of phrases etc.*).

enfiler [ãfi'le], *v.t.* to thread (*a needle*); to string (*beads*); to pierce; to pass through; (*Mil.*) to enfilade; to slip on (*clothes*). **s'enfiler**, *v.r.* to be threaded; to be pierced; to get involved in.

enfin [ã'fɛ̃], *adv.* at last, finally, at length, after all, lastly; in short, in a word.

enflammé [ãfla'me], *a.* on fire, in flames, ignited.

enflammer [ãfla'me], *v.t.* to set on fire, to kindle; (*fig.*) to incense, to provoke. **s'enflammer**, *v.r.* to catch fire, to blaze; (*fig.*) to be incensed.

enflé [ã'fle], *a.* swollen, puffed up; (*fig.*) bombastic, high-flown (*style etc.*).

enfler [ã'fle], *v.t.* to swell out, to puff up, to distend; (*fig.*) to excite; to exaggerate. **s'enfler**, *v.r.* to swell; (*fig.*) to be puffed up.

enflure [ã'flyːr], *n.f.* bloatedness, swelling; bombast.

enfoncé [ãfõ'se], *a.* broken open; sunken; (*pop.*) done for.

enfoncement [ãfõs'mã], *n.m.* breaking in; sinking; recess; (*Paint.*) background.

enfoncer [ãfõ'se], *v.t.* (*conjug. like* COMMENCER) to push *or* drive in, down etc.; to sink; to break in; to get the better of.— *v.i.* to sink, to founder. **s'enfoncer**, *v.r.* to sink; to bury oneself; to plunge; (*fig.*) to fail.

enfonçure [ãfõ'syːr], *n.f.* cavity, hole, hollow.

enforcir [ãfor'siːr], *v.t.* to strengthen.—*v.i.* and **s'enforcir**, *v.r.* to gather strength; to grow stronger.

enfouir [ã'fwiːr], *v.t.* to put *or* bury in the ground; (*fig.*) to hide. **s'enfouir**, *v.r.* to bury oneself (*in an out-of-the-way place etc.*).

enfourcher [ãfur'ʃe], *v.t.* to bestride, to straddle; to pierce with a pitch-fork etc.

enfourchure [ãfur'ʃyːr], *n.f.* fork; crotch.

enfourner [ãfur'ne], *v.t.* to put in the oven. **s'enfourner**, *v.r.* to get into a blind alley, a scrape etc.

enfreindre [ã'frɛ̃ːdr], *v.t. irr.* (*conjug. like* CRAINDRE) to infringe, to break, to violate.

enfuir (s') [sã'fɥiːr], *v.r. irr.* (*conjug. like* FUIR) to run away, to escape.

enfumer [ãfy'me], *v.t.* to smoke, to fill with smoke, to smoke (*vermin etc.*) out.

enfûtage [ãfy'taːʒ], *n.m.* casking.

enfutailler [ãfyta'je], **enfuter** [ãfy'te], *v.t.* to cask, to barrel, to tun (*wine etc.*).

engagé [ãga'ʒe], *a.* pledged; engaged, enlisted; in action; (*Naut.*) water-logged.

engageant [ãga'ʒã], *a.* engaging, winning.

engagement [ãgaʒ'mã], *n.m.* engagement, commitment; pledging; mortgage; appointment; (*Mil.*) enlisting; action; entry (*for a sporting event*); (*pl.*) liabilities.

engager [ãga'ʒe], *v.t.* (*conjug. like* MANGER) to pledge, to pawn; to engage; to begin; to invite, to induce, to urge; to involve. **s'engager**, *v.r.* to engage oneself, to undertake, to promise; to stand security; to begin; to enter; to enlist; to get involved.

engeance [ã'ʒãs], *n.f.* breed; brood (*esp. of poultry*).

engelure [ãʒ'lyːr], *n.f.* chilblain.

engendrer [ãʒã'dre], *v.t.* to beget, to engender; (*fig.*) to produce.

engin [ã'ʒɛ̃], *n.m.* machine, engine; snare; tool; *engin téléguidé*, guided missile.

englober [ãglɔ'be], *v.t.* to unite, to put together; (*fig.*) to include, to embrace.

engloutir [ãglu'tiːr], *v.t.* to swallow, to devour. **s'engloutir**, *v.r.* to be swallowed up.

engloutissement [ãglutis'mã], *n.m.* engulfing, swallowing up.

engoncé [ãgõ'se], *a. avoir l'air engoncé*, to look awkward and stiff.

engorgement [ãgɔrʒə'mã], *n.m.* obstruction, stopping up (*of a pipe etc.*); (*Med.*) congestion; (*Econ.*) glut.

engorger [ãgɔr'ʒe], *v.t.* (*conjug. like* MANGER) to obstruct, to block. **s'engorger**, *v.r.* to be obstructed *or* choked up.

engouement *or* **engoûment** [ãgu'mã], *n.m.* (*Med.*) choking, obstruction; (*fig.*) infatuation.

engouer [ã'gwe], *v.t.* to obstruct (*the throat etc.*); (*fig.*) to infatuate. **s'engouer**, *v.r.* to half choke oneself; (*fig.*) to be infatuated.

engouffrer [ãgu'fre], *v.t.* to engulf; (*fig.*) to swallow up. **s'engouffrer**, *v.r.* to be engulfed; to be swallowed up; to blow hard (*of the wind*).

engourdi [ãgur'di], *a.* torpid; benumbed.

engourdir [ãgur'diːr], *v.t.* to benumb; to dull, to enervate. **s'engourdir**, *v.r.* to get benumbed; to become sluggish.

engourdissement [ãgurdis'mã], *n.m.* numbness; torpor, enervation.

engrais [ã'grɛ], *n.m.* manure, fertilizer; fattening (*cattle*).

engraissant [ãgrɛ'sã], *a.* fattening.

engraissement [ãgrɛs'mã], *n.m.* fattening.

engraisser [ãgrɛ'se], *v.t.* to fatten; to manure; (*fig.*) to enrich.—*v.i.* to grow fat; (*fig.*) to thrive. **s'engraisser**, *v.r.* to grow fat *or* stout.

engrenage [ãgrə'na:ʒ], *n.m.* gear, gearing etc.; action of these; (*fig.*) correlation (*of circumstances etc.*).

engrener (1) [ãgrə'ne], *v.t.* (*conjug. like* AMENER) to put corn into (*the mill-hopper*); to feed with corn.

engrener (2) [ãgrə'ne], *v.t.* (*conjug. like* AMENER) (*Mach.*) to throw into gear. **s'engrener**, *v.r.* to work into each other (*of toothed wheels*); to be put in gear.

engrenure [ãgrə'ny:r], *n.f.* engagement of teeth, cogs etc.

engrumeler (s') [sãgrym'le], *v.r.* (*conjug. like* APPELER) to clot, to coagulate.

enhardir [ãar'di:r], *v.t.* to embolden, to encourage. **s'enhardir**, *v.r.* to grow bold.

enherber [ãnɛr'be], *v.t.* to put land under grass.

énigmatique [enigma'tik], *a.* enigmatical.

énigmatiquement [enigmatik'mã], *adv.* enigmatically.

énigme [e'nigm], *n.f.* enigma, riddle.

enivrant [ãni'vrã], *a.* intoxicating.

enivrement [ãnivrə'mã], *n.m.* intoxication; (*fig.*) elation.

enivrer [ãni'vre], *v.t.* to intoxicate, to inebriate; (*fig.*) to elate. **s'enivrer**, *v.r.* to get intoxicated; (*fig.*) to be elated.

enjambée [ãʒã'be], *n.f.* stride.

enjambement [ãʒãb'mã], *n.m.* (*Pros.*) run-on line, enjambment.

enjamber [ãʒã'be], *v.t.* to skip *or* leap over; to stride; (*fig.*) to encroach upon; (*Pros.*) to make enjambment.

enjeu [ã'ʒø], *n.m.* (*pl.* **-eux**) stake (*gaming and fig.*).

enjoindre [ã'ʒwɛ̃:dr], *v.t. irr.* (*conjug. like* CRAINDRE) to enjoin, to charge, to direct, to prescribe.

enjôlement [ãʒol'mã], *n.m.* wheedling, coaxing, cajoling.

enjôler [ãʒo'le], *v.t.* to coax, to wheedle.

enjôleur [ãʒo'lœ:r], *n.m.* (*fem.* **-euse**) wheedler, coaxer.

enjolivement [ãʒoliv'mã], *n.m.* embellishment, decoration, ornament.

enjoliver [ãʒoli've], *v.t.* to embellish, to set off.

enjoliveur [ãʒoli'vœ:r], *n.m.* (*fem.* **-euse**) embellisher.

enjolivure [ãʒoli'vy:r], *n.f.* (small) embellishment.

enjoué [ã'ʒwe], *a.* playful, sprightly, lively, jovial, sportive.

enjouement or **enjoûment** [ãʒu'mã], *n.m.* playfulness, sportiveness, sprightliness.

enlacement [ãlas'mã], *n.m.* lacing, interlacing, entwining.

enlacer [ãla'se], *v.t.* (*conjug. kile* COMMENCER) to lace; to entwine; to clasp. **s'enlacer**, *v.r.* to entwine, to be interlaced.

enlaidir [ãlɛ'di:r], *v.t.* to make ugly; to disfigure.—*v.i.* to grow ugly, to be disfigured.

enlaidissement [ãlɛdis'mã], *n.m.* disfigurement.

enlèvement [ãlɛv'mã], *n.m.* carrying off; removal; wiping off; kidnapping.

enlever [ãlə've], *v.t.* (*conjug. like* AMENER) to remove, to take off; to carry off; to kidnap; to wipe off; to charm. **s'enlever**, *v.r.* to rise, to be lifted; to come off. to peel off; to come out; to be snapped up (*of goods on sale*); to get into a passion.

enlève-taches [ãlɛv'taʃ], *n.m. inv.* stain remover.

enliasser [ãlja'se], *v.t.* to tie up in a bundle.

enlignement [ãliɲ'mã], *n.m.* alignment.

enligner [ãli'ne], *v.t.* to put in line.

enlisement [ãliz'mã], *n.m.* sinking, swallowing up (*in quicksand*).

enliser [ãli'ze], *v.t.* to engulf. **s'enliser**, *v.r.* to be engulfed *or* swallowed up.

enluminer [ãlymi'ne], *v.t.* to colour; to illuminate. **s'enluminer**, *v.r.* to rouge, to paint; to flush.

enlumineur [ãlymi'nœ:r], *n.m.* (*fem.* **-euse**) colourer of maps, prints etc.

enluminure [ãlymi'ny:r], *n.f.* colouring; coloured print; tinsel (*of style*).

enneigé [ãnɛ'ʒe], *a.* snow-covered.

ennemi [ɛn'mi], *a.* hostile; injurious.—*n.m.* (*fem.* **-e**) enemy, foe.

ennoblir [ãnə'bli:r], *v.t.* to dignify, to exalt. **s'ennoblir**, *v.r.* to be ennobled *or* exalted.

ennoblissement [ãnəblis'mã], *n.m.* ennoblement, exaltation.

ennui [ã'nɥi], *n.m.* trouble, worry; nuisance; boredom.

ennuyer [ãnɥi'je], *v.t.* (*conjug. like* EMPLOYER) to bore, to weary; to pester; (*fig.*) to annoy. **s'ennuyer**, *v.r.* to be bored, to feel dull; to miss.

ennuyeusement [ãnɥijøz'mã] *adv.* tediously, irksomely.

ennuyeux [ãnɥi'jø], *a.* (*fem.* **-euse**) boring, tedious, dull, tiresome; annoying.—*n.m.* (*fem.* **-euse**) tiresome person, bore.

énoncé [enɔ̃'se], *n.m.* statement.

énoncer [enɔ̃'se], *v.t.* (*conjug. like* COMMENCER) to state, to express, to enunciate. **s'énoncer**, *v.r.* to be worded *or* expressed.

éconciatif [enɔ̃sja'tif], *a.* (*fem.* **-tive**) enunciative.

énonciation [enɔ̃sja'sjɔ̃], *n.f.* enunciation, delivery; statement; wording.

enorgueillir [ãnɔrgœ'ji:r], *v.t.* to make proud, to elate. **s'enorgueillir**, *v.r.* to be *or* grow proud of, to be elated, to glory in (*de*).

énorme [e'nɔrm], *a.* enormous, huge.

énormément [enɔrme'mã], *adv.* enormously, beyond measure.

énormité [enɔrmi'te], *n.f.* hugeness, vastness; enormity.

enquérir (s') [sãke'ri:r], *v.r. irr.* (*conjug. like* ACQUÉRIR) to inquire, to make inquiries.

enquête [ã'kɛ:t], *n.f.* inquiry, investigation; inquest.

enquêter [ãkɛ'te], *v.i.* to inquire into a matter (*sur*), to conduct an inquiry.

enquêteur [ãkɛ'tœ:r], *n.m.* (*fem.* **-euse**) investigator.

enraciner [ãrasi'ne], *v.t.* to root; (*fig.*) to implant. **s'enraciner**, *v.r.* to take root.

enragé [ãra'ʒe], *a.* mad, rabid; (*fig.*) enthusiastic.—*n.m.* (*fem.* **-ée**) madman, mad woman; desperate person.

enrageant [ãra'ʒã], *a.* maddening, vexing.

enrager [ãra'ʒe], *v.i.* (*conjug. like* MANGER) to be mad, to go mad; to be enraged, to fume.

enrayage [ãrɛ'ja:ʒ], *n.m.* (*Mil.*) jam (*in rifle*).

entêté

enrayement or **enraiement** [ãrɛjˈmã], *n.m.* skidding, locking.

enrayer (1) [ãrɛˈje], *v.t.* (*conjug. like* PAYER) to put spokes to (*a wheel*); to skid (*a wheel*), to apply brakes to; (*fig.*) to check, to slow up (*an attack*); to stem (*an epidemic*); to jam (*a machine-gun*).

enrayer (2) [ãrɛˈje], *v.t.* (*conjug. like* PAYER) (*Agric.*) to plough the first furrow in.

enrayure (1) [ãrɛˈjyːr], *n.f.* drag, skid, lock-chain.

enrayure (2) [ãrɛˈjyːr], *n.m.* (*Agric.*) first furrow.

enrégimenter [ãreʒimãˈte], *v.t.* to form into regiments; (*fig.*) to enrol.

enregistrement [ãraʒistrəˈmã], *n.m.* registration, recording; booking (*of luggage*).

enregistrer [ãraʒisˈtre], *v.t.* to register, to record; to book (*luggage*).

enregistreur [ãraʒisˈtrœːr], *n.m.* registrar, recording machine.

enrêner [ãrɛˈne], *v.t.* to rein in; to tie up by the reins.

enrhumer [ãryˈme], *v.t.* to give a cold to (*someone*). **s'enrhumer**, *v.r.* to catch a cold.

enrichi [ãriˈʃi], *n.m.* (*fem.* -e) upstart, parvenu, new rich.

enrichir [ãriˈʃiːr], *v.t.* to enrich; (*fig.*) to embellish. **s'enrichir**, *v.r.* to enrich oneself, to thrive.

enrichissement [ãriʃisˈmã], *n.m.* enrichment; (*fig.*) embellishment.

enrôlement [ãrolˈmã], *n.m.* enrolment; (*Mil.*) enlistment.

enrôler [ãroˈle], *v.t.* to enlist; to enrol. **s'enrôler**, *v.r.* to enrol oneself, to enlist.

enroué [ãˈrwe], *a.* hoarse, husky.

enrouement [ãruˈmã], *n.m.* hoarseness, huskiness.

enrouer [ãˈrwe], *v.t.* to make hoarse. **s'enrouer**, *v.r.* to become hoarse *or* husky.

enroulement [ãrulˈmã], *n.m.* rolling up; (*Arch.*) scroll.

enrouler [ãruˈle], *v.t.* to roll up, to coil. **s'enrouler**, *v.r.* to roll oneself up; to twine (*of plants etc.*).

enrubanner [ãrybaˈne], *v.t.* to deck out with ribbons. **s'enrubanner**, *v.r.* to beribbon oneself.

ensablement [ãsablaˈmã], *n.m.* sand-bank; ballasting; stranding (*of a ship*).

ensabler [ãsaˈble], *v.t.* to ballast; to run aground, to strand. **s'ensabler**, *v.r.* to run aground; to sink in sand; to silt up.

ensacher [ãsaˈʃe], *v.t.* to put in bags *or* sacks.

ensanglanter [ãsãglãˈte], *v.t.* to make bloody, to stain with blood.

enseignant [ãsɛˈɲã], *a.* teaching.—*n.m.* (*pl.*) teachers.

enseigne [ãˈsɛɲ], *n.f.* sign, signboard; mark, token; ensign, flag.—*n.m.* (*Navy*) sub-lieutenant; (*U.S.*) ensign.

enseignement [ãsɛɲˈmã], *n.m.* teaching, education; teaching profession.

enseigner [ãsɛˈɲe], *v.t.* to teach, to instruct; to inform, to direct.

ensemble [ãˈsãːbl], *adv.* together, at the same time.—*n.m.* whole, general effect, mass; two- *or* three-piece (*clothing*); suite (*furniture*); (*Math.*) set.

ensemencement [ãsmãsˈmã], *n.m.* sowing.

ensemencer [ãsmãˈse], *v.t.* (*conjug. like* COMMENCER) to sow.

enserrer [ãsɛˈre], *v.t.* to enclose; to lock up; to hem in.

ensevelir [ãsəˈvliːr], *v.t.* to shroud; (*fig.*) to bury; to swallow up, to entomb; to absorb. **s'ensevelir**, *v.r.* to bury oneself.

ensevelissement [ãsəvlisˈmã], *n.m.* putting in a shroud; burial.

ensoleillé [ãsɔlɛˈje], *a.* sunny.

ensoleiller [ãsɔlɛˈje], *v.t.* to light up with sunshine; (*fig.*) to brighten.

ensommeillé [ãsɔmɛˈje], *a.* heavy with sleep; (*fig.*) torpid.

ensorceler [ãsɔrsəˈle], *v.t.* (*conjug. like* APPELER) to bewitch.

ensorceleur [ãsɔrsəˈlœːr], *a.* (*fem.* -euse) bewitching.—*n.m.* (*fem.* -euse) enchanter, enchantress.

ensorcellement [ãsɔrsɛlˈmã], *n.m.* bewitchment.

ensuite [ãˈsɥit], *adv.* after, afterwards, then, in the next place; what then? what next? well!

ensuivre (s') [sãˈsɥiːvr], *v.r. irr.* (*conjug. like* SUIVRE) to follow, to result, to ensue.

entacher [ãtaˈʃe], *v.t.* to sully; to taint, to cast a slur on.

entaille [ãˈtaːj], *n.f.* notch; cut; gash; groove.

entailler [ãtaˈje], *v.t.* to notch, to cut.

entamer [ãtaˈme], *v.t.* to make the first cut in; to make an incision in; to broach; to break into.

entartrer (s') [sãtarˈtre], *v.r.* to scale, to become furred.

entassement [ãtasˈmã], *n.m.* accumulation; heap, pile; crowding together.

entasser [ãtaˈse], *v.t.* to heap *or* pile up, to accumulate; to hoard up; to pack together. **s'entasser**, *v.r.* to heap up; to crowd together.

entendement [ãtãdˈmã], *n.m.* understanding; judgment, sense.

entendre [ãˈtãːdr], *v.t.* to hear; to understand; to know; to intend; to mean. **s'entendre**, *v.r.* to hear each other; to hear one's own voice; to be heard; to be understood; to understand one another; to act in concert; to come to terms (**avec**); to agree with; to be skilful in.

entendu [ãtãˈdy], *a.* heard; understood; agreed; skilful.

enténébrer [ãteneˈbre], *v.t.* (*conjug. like* CÉDER) to plunge *or* wrap in darkness.

entente [ãˈtãːt], *n.f.* meaning; skill, judgment; understanding, agreement.

enter [ãˈte], *v.t.* to graft upon, to engraft; to join.

entériner [ãteriˈne], *v.t.* to ratify, to confirm.

entérique [ãteˈrik], *a.* enteric.

entérite [ãteˈrit], *n.f.* enteritis.

enterrement [ãtɛrˈmã], *n.m.* burial, interment, funeral.

enterrer [ãtɛˈre], *v.t.* to bury, to inter; (*fig.*) to survive, to outlive; to end. **s'enterrer**, *v.r.* to bury oneself.

en-tête [ãˈtɛːt], *n.m.* (*pl.* -têtes) heading, headline.

entêté [ãtɛˈte], *a.* stubborn, obstinate.—*n.m.* (*fem.* -ée) stubborn person.

137

entêtement [ãtɛt'mã], *n.m.* stubbornness, obstinacy; infatuation.

entêter [ãtɛ'te], *v.t.* to give a headache to; to make giddy, to intoxicate. **s'entêter**, *v.r.* to be stubborn, to persist (*in*); to be infatuated (*de*).

enthousiasme [ãtu'zjasm], *n.m.* enthusiasm, rapture, ecstasy.

enthousiasmer [ãtuzjas'me], *v.t.* to render enthusiastic, to enrapture. **s'enthousiasmer**, *v.r.* to be enthusiastic, to be in raptures (*de*).

enthousiaste [ãtu'zjast], *a.* enthusiastic.—*n.* enthusiast.

entiché [ãti'ʃe], *a.* infatuated, keen on.

entichement [ãtiʃ'mã], *n.m.* infatuation, addiction.

enticher [ãti'ʃe], *v.t.* to infatuate. **s'enticher**, *v.r.* to be infatuated with (*de*).

entier [ã'tje], *a.* (*fem.* -**ière**) entire, whole; total; positive.—*n.m.* entirety, totality; (*Arith.*) integral.

entièrement [ãtjɛr'mã], *adv.* entirely, wholly.

entité [ãti'te], *n.f.* entity.

entonner (1) [ãtɔ'ne], *v.t.* to tun, to put into casks.

entonner (2) [ãtɔ'ne], *v.t.* to begin to sing, to strike up.

entonnoir [ãtɔ'nwa:r], *n.m.* funnel; shell-hole.

entorse [ã'tɔrs], *n.f.* sprain; strain, twist.

entortillage [ãtɔrti'ja:ʒ], **entortillement** [ãtɔrtij'mã], *n.m.* entanglement; winding, coiling; abstruseness; subterfuge; equivocation.

entortiller [ãtɔrti'je], *v.t.* to wrap, to roll round; to distort; to entangle. **s'entortiller**, *v.r.* to twist oneself round; to twine; to be obscure.

entour [ã'tuir], *n.m.* (*used only in pl. except in the adverbial expression* à l'entour, around) environs, adjacent parts.

entourage [ãtu'ra:ʒ], *n.m.* frame; entourage, friends, relations, circle, attendants.

entourer [ãtu're], *v.t.* to surround; to gather round.

entournure [ãtur'ny:r], *n.f.* arm-hole.

entracte [ã'trakt], *n.m.* interval (*between acts*); interlude.

entraide [ã'trɛd], *n.f.* (*no pl.*) mutual aid.

entraider (s') or **entr'aider** (s') [sãtrɛ'de], *v.r.* to help one another.

entrailles [ã'tra:j], *n.f. pl.* intestines, entrails, bowels; (*fig.*) feelings, tenderness, pity.

entrain [ã'trɛ̃], *n.m.* warmth, heartiness; spirit, animation, life, go.

entraînant [ãtrɛ'nã], *a.* captivating, seductive.

entraînement [ãtrɛn'mã], *n.m.* enthusiasm, rapture, impulse, temptation; (*Spt.*) coaching, training.

entraîner [ãtrɛ'ne], *v.t.* to drag along; to carry away; to win over; to involve; to train.

entraîneur [ãtrɛ'nœːr], *n.m.* (*fem.* -**euse**) trainer (*esp. of horses*); pace-maker; coach (*of teams*).

entrant [ã'trã], *a.* ingoing, incoming.—*n.m.* (*fem.* -**e**) person going *or* coming in.

entr'apercevoir [ãtrapɛrsə'vwaːr], *v.t. irr.* (*conjug. like* RECEVOIR) to catch a quick glimpse of.

entr'appeler (s') [sãtra'ple], *v.r.* (*conjug. like* APPELER) to call one another.

entrave [ã'tra:v], *n.f.* clog, fetter, hobble; (*fig.*) hindrance, impediment.

entraver [ãtra've], *v.t.* to shackle; to hinder, to thwart.

entre [ã:tr], *prep.* between, betwixt; among, amongst; into.

entrebâillé [ãtrəba'je], *a.* ajar, half-open.

entrebâillement [ãtrəbaj'mã], *n.m.* small opening, gap, chink.

entrebâiller [ãtrəba'je], *v.t.* to half-open.

entrechat [ãtrə'ʃa], *n.m.* caper in dancing, entrechat.

entrechoquement [ãtrəʃɔk'mã], *n.m.* clash, collision, conflict.

entrechoquer (s') [sãtrəʃɔ'ke], *v.r.* to knock, to run *or* dash against each other.

entre-clos [ãtrə'klo], *a.* half-closed; half-drawn.

entr'éclos [ãtrə'klo], *a.* half-opened (*flower*).

entrecôte [ãtrə'koːt], *n.f.* steak cut from between the ribs.

entrecoupé [ãtrəku'pe], *a.* broken (*of words, speech etc.*).

entrecouper [ãtrəku'pe], *v.t.* to intersect; to interrupt; to intersperse.

entrecroisement [ãtrəkrwaz'mã], *n.m.* intersection, crossing.

entrecroiser [ãtrəkrwa'ze], *v.t.* to intersect. **s'entrecroiser**, *v.r.* to cross one other, to intersect.

entre-deux [ãtrə'dø], *n.m. inv.* partition; insertion (*of lace etc.*).

entrée [ã'tre], *n.f.* entry, entrance; mouth; reception; beginning; first course.

entrefaites [ãtrə'fɛt], *n.f. pl.* interval, meantime; *sur ces entrefaites*, meanwhile.

entrefilet [ãtrəfi'lɛ], *n.m.* (short) paragraph, note (*in a newspaper*).

entregent [ãtrə'ʒã], *n.m.* tact, cleverness (*in dealing with people*).

entrelacement [ãtrəlas'mã], *n.m.* interlacing, interweaving, intertwining.

entrelacer [ãtrəla'se], *v.t.* (*conjug. like* COMMENCER) to interlace, to intertwine. **s'entrelacer**, *v.r.* to entwine, to twist round each other.

entrelardé [ãtrəlar'de], *a.* interlarded, streaky.

entrelarder [ãtrəlar'de], *v.t.* to lard.

entremêlement [ãtrəmɛl'mã], *n.m.* intermixing, intermingling.

entremêler [ãtrəmɛ'le], *v.t.* to intermingle, to intermix. **s'entremêler**, *v.r.* to intermingle, to meddle.

entremets [ãtrə'mɛ], *n.m. inv.* side-dish, sweet.

entremetteur [ãtrəmɛ'tœːr], *n.m.* (*fem.* -**euse**) go-between, mediator.

entremettre (s') [sãtrə'mɛtr], *v.r. irr.* (*conjug. like* METTRE) to interpose; to interfere, to meddle.

entremise [ãtrə'mi:z], *n.f.* intervention, mediation.

entrepont [ãtrə'põ], *n.m.* (*Naut.*) between decks; *passagers d'entrepont*, steerage passengers.

entreposer [ãtrəpo'ze], *v.t.* to store, to warehouse; to put in bond.

entrepositaire [ãtrəpozi'tɛːr], *n.* bonder; depositor (*of goods*).

entrepôt [ãtrə'po], *n.m.* bonded warehouse, store; mart, emporium, depot.

entreprenant [ɑ̃trəprə'nɑ̃], a. enterprising, adventurous; daring, bold.

entreprendre [ɑ̃trə'prɑ̃:dr], v.t. irr. (conjug. like PRENDRE) to undertake, to attempt; to contract or to; to venture.—v.i. to encroach, to infringe (sur).

entrepreneur [ɑ̃trəprə'nœ:r], n.m. (fem. -euse) contractor; master-builder; *entrepreneur de pompes funèbres*, undertaker.

entreprise [ɑ̃trə'pri:z], n.f. enterprise, undertaking; concern, company.

entrer [ɑ̃'tre], v.i. (with aux. ÊTRE) to enter, to come or go in; to run into.

entre-rail [ɑ̃trə'rɑ:j], n.m. (pl. -rails) (Rail.) gauge.

entresol [ɑ̃tɛ'sɔl], n.m. mezzanine, entresol (*rooms between the ground floor and the first floor*).

entre-temps [ɑ̃trə'tɑ̃], n.m. inv. interval; *dans l'entre-temps*, meanwhile.—adv. meanwhile.

entretenir [ɑ̃trət'ni:r], v.t. irr. (conjug. like TENIR) to hold together, to keep up, to keep in good order; to maintain, to support; to entertain. **s'entretenir**, v.r. to be kept up, to be maintained; to subsist; to converse.

entretien [ɑ̃trə'tjɛ̃], n.m. maintenance, servicing (*of car etc.*); preservation; living, livelihood; conversation, interview, conference.

entrevoir [ɑ̃trə'vwa:r], v.t. irr. (conjug. like VOIR) to catch a glimpse of; to foresee confusedly.

entrevue [ɑ̃trə'vy], n.f. interview.

entr'ouvert [ɑ̃tru'vɛ:r], a. partly open, ajar; gaping.

entr'ouvrir [ɑ̃tru'vri:r], v.t. irr. (conjug. like OUVRIR) to open a little, to half-open. **s'entr'ouvrir**, v.r. to be ajar; to open up.

énumérateur [enymera'tœ:r], n.m. (fem. -trice) enumerator.

énumératif [enyme'ra'tif], a. (fem. -tive) enumerative.

énumération [enymera'sjɔ̃], n.f. enumeration.

énumérer [enyme're] v.t. (conjug. like CÉDER) to enumerate, to count, to reckon.

envahir [ɑ̃va'i:r], v.t. to invade, to overrun; to encroach upon.

envahissant [ɑ̃vai'sɑ̃], a. invading, encroaching.

envahissement [ɑ̃vais'mɑ̃], n.m. invasion, overrunning; encroachment.

envahisseur [ɑ̃vai'sœ:r], a. (fem. -euse) invading, encroaching.—n.m. (fem. -euse) invader.

envaser [ɑ̃vɑ'ze], v.t. to fill up or choke with silt. **s'envaser**, v.r. to stick fast in the mud; to silt up.

enveloppe [ɑ̃'vlɔp], n.f. wrapper, cover; envelope; exterior; (Motor.) outer cover.

enveloppement [ɑ̃vlɔp'mɑ̃], n.m. enveloping, wrapping up.

envelopper [ɑ̃vlɔ'pe], v.t. to envelop, to wrap up, to cover; to surround; to disguise. **s'envelopper**, v.r. to cover or wrap oneself up.

envenimement [ɑ̃vnimə'mɑ̃], n.m. poisoning; aggravation (*of a quarrel*).

envenimer [ɑ̃vni'me], v.t. to poison; to inflame, to exasperate. **s'envenimer**, v.r. to be envenomed; to fester, to rankle.

envergure [ɑ̃vɛr'gy:r], n.f. spread (*of sail*); spread, span (*of a bird's wings, of an aeroplane*).

envers [ɑ̃'vɛ:r], prep. towards, to (*in respect of*).—n.m. wrong side, reverse side, back; *à l'envers*, on the wrong side, inside out.

envi (à l') [ɑ̃lɑ'vi], adv. phr. emulously, vying with each other.

enviable [ɑ̃'vjabl], a. enviable, to be envied.

envie [ɑ̃'vi], n.f. envy; desire, longing; birthmark; *avoir envie de*, to have a mind to, to long for, to feel like.

envier [ɑ̃'vje], v.t. to envy; to long for; to grudge.

envieux [ɑ̃'vjø], a. and n.m. (fem. -euse) envious, jealous (person).

environ [ɑ̃vi'rɔ̃], adv. about, nearly, thereabouts.—n.m. (pl.) environs, vicinity, neighbourhood.

environnant [ɑ̃viro'nɑ̃], a. surrounding.

environner [ɑ̃viro'ne], v.t. to surround, to stand round, to encircle, to enclose.

envisager [ɑ̃viza'ʒe], v.t. (conjug. like MANGER) to look, to stare in the face, to face; to consider, to envisage.

envoi [ɑ̃'vwa], n.m. sending (*of thing sent*); packet, parcel, consignment, shipment; (Pros.) envoy.

envol [ɑ̃'vɔl], n.m. taking wing (*of birds*), taking off (*of aeroplanes*), start; *piste d'envol*, runway.

envolée [ɑ̃vɔ'le], n.f. flight; (fig.) élan.

envoler (s') [sɑ̃vɔ'le], v.r. to fly away; to take off; (fig.) to be carried off (*by the wind etc.*); (fig.) to disappear.

envoûtement [ɑ̃vut'mɑ̃], n.m. spell, magical charm.

envoûter [ɑ̃vu'te], v.t. to cast a spell on (*someone*).

envoyé [ɑ̃vwa'je], n.m. (fem. -ée) envoy; delegate, messenger; *envoyé spécial* (*of a paper*), special correspondent.

envoyer [ɑ̃vwa'je], v.t. irr. to send, to forward, to dispatch.

envoyeur [ɑ̃vwa'jœ:r], n.m. (fem. -euse) sender.

enzyme [ɑ̃'ʒim], n.f. enzyme.

éon [e'ɔ̃], n.m. aeon.

épagneul [epa'nœl], n.m. spaniel.

épais [e'pɛ], a. thick, dense; thickset; (fig.) dull, gross.—adv. thick, thickly.

épaisseur [epɛ'sœ:r], n.f. thickness, density; stoutness; dullness.

épaissir [epɛ'si:r], v.t. to thicken.—v.i. and **s'épaissir**, v.r. to become thick, to grow big; to become heavy.

épaississement [epesis'mɑ̃], n.m. thickening.

épanchement [epɑ̃ʃ'mɑ̃], n.m. pouring out, discharge; (fig.) outpouring (*emotion etc.*).

épancher [epɑ̃'ʃe], v.t. to pour out, to shed; to discharge. **s'épancher**, v.r. to be discharged, to overflow; to open one's heart.

épanchoir [epɑ̃'ʃwa:r], n.m. outlet, overflow.

épandre [e'pɑ̃:dr], v.t. to scatter, to strew; to shed (*light etc.*). **s'épandre**, v.r. to spread; (fig.) to stretch (*of a sheet of water etc.*).

épanoui [epa'nwi], a. in full bloom; (fig.) beaming.

épanouir [epa'nwi:r], v.t. to cause to open or expand; (fig.) to gladden. **s'épanouir**, v.r. to blossom, to open (*of flowers*); to brighten up (*of the face etc.*).

139

épanouissement

épanouissement [epanwis'mã], *n.m.* blossoming, opening (*of flowers*); (*fig.*) brightness, glow.

épargnant [epar'nã], *a.* sparing, saving; parsimonious.—*n.m.* (*fem.* **-e**) small investor.

épargne [e'parɲ], *n.f.* saving, thrift; parsimony; **caisse d'épargne**, savings bank.

épargner [epar'ɲe], *v.t.* to save; to spare; to economize.

éparpillement [eparpij'mã], *n.m.* scattering, dispersion.

éparpiller [eparpi'je], *v.t.* to scatter, to spread, to disperse; to squander.

épars [e'pa:r], *a.* scattered, dispersed, sparse; dishevelled (*of hair*).

épaté [epa'te], *a.* flat (*of noses*); (*fam.*) amazed.

épaule [e'po:l], *n.f.* shoulder.

épaulement [epol'mã], *n.m.* shoulder; (*Naut.*) bows; (*Fort.*) breast-work.

épauler [epo'le], *v.t.* to splay the shoulder (*a horse etc.*); to bring (*a rifle*) to the shoulder.

épaulette [epo'let], *n.f.* shoulder-strap; epaulet.

épave [e'pa:v], *n.f.* wreck; flotsam, jetsam; waif.

épée [e'pe], *n.f.* sword; (*fig.*) brand, steel.

épeler [e'ple], *v.t.* (*conjug. like* APPELER) to spell.

épellation [epɛla'sjɔ̃], *n.f.* spelling.

éperdu [epɛr'dy], *a.* distracted, bewildered.

éperdument [epɛrdy'mã], *adv.* madly, distractedly.

éperon [e'prɔ̃], *n.m.* spur; (*Arch.*) buttress, starling (*of a bridge etc.*); (*Naut.*) prow.

éperonné [epro'ne], *a.* spurred.

éperonner [epro'ne], *v.t.* to spur; to urge forward.

éperonnière [eprɔ'njɛ:r], *n.f.* (*Bot.*) larkspur.

épervier [epɛr'vje], *n.m.* sparrow-hawk; cast-net.

épeuré [epø're], *a.* scared.

éphélide [efe'lid], *n.f.* sunburn; freckle.

éphémère [efe'mɛ:r], *a.* ephemeral, short-lived.—*n.m.* ephemera, may-fly.

épi [e'pi], *n.m.* ear of corn; (*Rail.*) system of marshalling tracks.

épice [e'pis], *n.f.* spice.

épicé [epi'se], *a.* spiced; seasoned.

épicer [epi'se], *v.t.* (*conjug. like* COMMENCER) to spice.

épicerie [epi'sri], *n.f.* spices; grocery.

épicier [epi'sje], *n.m.* (*fem.* **-ière**) grocer.

épicurien [epiky'rjɛ̃], *a.* (*fem.* **-enne**) epicurean, voluptuous.—*n.m.* (*fem.* **-enne**) epicure.

épicurisme [epiky'rism], *n.m.* epicureanism, epicurism.

épidémie [epide'mi], *n.f.* epidemic.

épidémique [epide'mik], *a.* epidemic.

épiderme [epi'dɛrm], *n.m.* epidermis, cuticle.

épidermique [epidɛr'mik], *a.* epidermic, epidermal.

épier (1) [e'pje], *v.i.* to ear (*of grain*).

épier (2) [e'pje], *v.t.* to watch; to spy upon; to lie in wait for.

épieu [e'pjø], *n.m.* (*pl.* **-eux**) boar-spear, hunting-pole.

épigrammatique [epigrama'tik], *a.* epigrammatical.

épigrammatiste [epigrama'tist], *n.* epigrammatist.

épigramme [epi'gram], *n.f.* epigram.

épigraphe [epi'graf], *n.f.* epigraph.

épilation [epila'sjɔ̃], *n.f.* depilation.

épilatoire [epila'twa:r], *a.* depilatory.

épilepsie [epilɛp'si], *n.f.* epilepsy.

épileptique [epilɛp'tik], *a.* and *n.* epileptic.

épiler [epi'le], *v.t.* to depilate. **s'épiler**, *v.r.* to pluck out one's hairs.

épileur [epi'lœ:r], *n.m.* (*fem.* **-euse**) depilator (*person*).

épilogue [epi'lɔg], *n.m.* epilogue.

épiloguer [epilɔ'ge], *v.t.* to censure, to criticize.—*v.i.* to carp, to find fault.

épilogueur [epilɔ'gœ:r], *a.* (*fem.* **-euse**) fault-finding.—*n.m.* (*fem.* **-euse**) critic, fault-finder, carper.

épiloir [epi'lwa:r], *n.m.* tweezers.

épinaie [epi'nɛ], *n.f.* brake, thorny thicket.

épinard [epi'na:r], *n.m.* spinach.

épine [e'pin], *n.f.* thorn, prickle; (*fig.*) obstacle, difficulty; (*Anat.*) spine.

épinette [epi'nɛt], *n.f.* *spinet; (*Bot.*) spruce.

épineux [epi'nø], *a.* (*fem.* **-euse**) thorny prickly; (*fig.*) irritable; ticklish, intricate.

épingle [e'pɛ̃gl], *n.f.* pin; scarf-pin, breast-pin.

épinglé [epɛ̃'gle], *a.* pinned; corded, terry.—*n.m.* terry velvet.

épingler [epɛ̃'gle], *v.t.* to pin.

épinglier [epɛ̃'glje], *n.m.* pin-tray; (*fem.* **-ière**) pin-maker.

épinière [epi'nje:r], *a.* (*Anat.*) spinal.

Épiphanie [epifa'ni], *n.f.* Epiphany.

épique [e'pik], *a.* epic(al).

épiscopal [episkɔ'pal], *a.* (*m.pl.* **-aux**) episcopal.

épiscopalien [episkɔpa'ljɛ̃], *a.* and *n.m.* (*fem.* **-enne**) episcopalian.

épiscopat [episkɔ'pa], *n.m.* episcopate, episcopacy.

épisode [epi'zɔd], *n.m.* episode.

épistolaire [episto'lɛ:r], *a.* epistolary.

épitaphe [epi'taf], *n.f.* epitaph.

épithète [epi'tɛt], *n.f.* epithet.

épitomé [epito'me], *n.m.* epitome, abridgment.

épître [e'pi:tr], *n.f.* epistle, letter, missive.

éploré [eplɔ're], *a.* in tears, distressed.

épluchage [eply'ʃa:ʒ], **épluchement** [eplyʃ'mã], *n.m.* cleaning; picking; peeling.

éplucher [eply'ʃe], *v.t.* to pick; to clean; to peel; (*fig.*) to sift.

éplucheur [eply'ʃœ:r], *n.m.* (*fem.* **-euse**) picker; fault-finder, hair-splitter.

épluchures [eply'ʃy:r], *n.f. pl.* parings, peelings.

épointé [epwɛ̃'te], *a.* blunt (*pencil, needle*).

épointement [epwɛ̃t'mã], *n.m.* bluntness.

épointer [epwɛ̃'te], *v.t.* to break the point off, to blunt. **s'épointer**, *v.r.* to have its point broken off.

éponge [e'pɔ̃:ʒ], *n.f.* sponge.

épongeage [epɔ̃'ʒa:ʒ], *n.m.* sponging.

éponger [epɔ̃'ʒe], *v.t.* (*conjug. like* MANGER) to sponge.

épopée [epɔ'pe], *n.f.* epic.

époque [e'pɔk], *n.f.* epoch, period, era; time.

époumoner [epumɔ'ne], *v.t.* to tire the lungs of, to exhaust. **s'époumoner**, *v.r.* to tire one's lungs; (*fig.*) to shout oneself hoarse.

épouse [e'pu:z], *n.f.* spouse, bride, wife.

épouser [epu'ze], *v.t.* to marry, to wed; (*fig.*) to take up. **s'épouser**, *v.r.* to marry (*each other*).

époussetage [epus'ta:ʒ], *n.m.* dusting.
épousseter [epus'te], *v.t. (conjug. like* AP-PELER) to dust.
époussette [epu'sɛt], *n.f.* dusting-brush, duster.
épouvantable [epuvɑ̃'tabl], *a.* frightful, dreadful, horrible, appalling.
épouvantablement [epuvɑ̃tablə'mɑ̃], *adv.* frightfully; dreadfully.
épouvantail [epuvɑ̃'ta:j], *n.m.* scarecrow; *(fig.)* bugbear.
épouvante [epu'vɑ̃:t], *n.f.* terror, fright; dismay.
épouvanter [epuvɑ̃'te], *v.t.* to terrify, to frighten. **s'épouvanter**, *v.r.* to be frightened *or* terrified.
époux [e'pu], *n.m.* husband, bridegroom; *(pl.)* married couple.
épreindre [e'prɛ̃:dr], *v.t. irr. (conjug. like* CRAINDRE) to squeeze out, to press.
éprendre (s') [sɛ'prɑ̃:dr], *v.r. irr. (conjug. like* PRENDRE) to fall in love *(de)*.
épreuve [e'prœ:v], *n.f.* proof, test; ordeal; examination; *(Print.)* proof-sheet; *(Phot.)* print.
épris [e'pri], *a.* in love, taken with.
éprouvé [epru've], *a.* tried, tested; stricken with misfortune.
éprouver [epru've], *v.t.* to try, to test; to put to the proof; *(fig.)* to feel, to experience.
éprouvette [epru'vɛt], *n.f.* gauge; test-tube; eprouvette *(for testing gunpowder)*; *(Surg.)* probe.
épuisable [epɥi'zabl], *a.* exhaustible.
épuisement [epɥiz'mɑ̃], *n.m.* exhaustion, draining; enervation.
épuiser [epɥi'ze], *v.t.* to exhaust, to drain; to use up; to tire out, to wear out. **s'épuiser**, *v.r.* to be exhausted; to use up one's strength.
épuisette [epɥi'zɛt], *n.f.* landing-net; scoop.
épurateur [epyra'tœ:r], *a. (fem.* **-trice)** purifying.—*n.m.* purifier.
épuratif [epyra'tif], *a. (fem.* **-tive)** purifying, refining.
épuration [epyra'sjɔ̃], *n.f.* purification; refining; *(Polit.)* purge.
épuratoire [epyra'twa:r], *a.* purifying.
épurement [epyr'mɑ̃], *n.m.* purifying.
épurer [epy're], *v.t.* to purify; to clarify; to refine; to purge. **s'épurer**, *v.r.* to be purified, to become pure.
équanime [ekwa'nim], *a.* even-tempered.
équanimité [ekwanimi'te], *n.f.* equanimity.
équarrir [eka'ri:r], *v.t.* to square; to cut up *(a carcass)*.
équarrissage [ekari'sa:ʒ], **équarrissement** [ekaris'mɑ̃], *n.m.* squaring; squareness; flaying and cutting up *(of horses etc.)*.
équarrisseur [ekari'sœ:r], *n.m.* knacker.
Équateur [ekwa'tœ:r], l', *m.* Ecuador.
équateur [ekwa'tœ:r], *n.m.* equator.
équation [ekwa'sjɔ̃], *n.f.* equation.
équatorial [ekwato'rjal], *a. (m. pl.* **-aux)** equatorial.
équatorien [ekwato'rjɛ̃], *a. (fem.* **-enne)** Ecuadorean.—*n.m.* **(Équatorien,** *fem.* **-enne)** Ecuadorean *(person)*.
équerre [e'kɛ:r], *n.f.* square, set-square.
équerrer [ekɛ're], *v.t.* to square, to bevel.
équestre [e'kɛstr], *a.* equestrian.

équilibre [eki'libr], *n.m.* equilibrium, poise, balance; *(Hist.)* balance of power.
équilibrer [ekili'bre], *v.t.* to equilibrate, to balance.
équilibriste [ekili'brist], *n.* tight-rope walker, acrobat.
équin [e'kɛ̃], *a.* equine; *pied équin,* club foot.
équinoxe [eki'nɔks], *n.m.* equinox.
équinoxial [ekinok'sjal], *a. (m. pl.* **-aux)** equinoctial.
équipage [eki'pa:ʒ], *n.m.* equipage; carriage; dress; gear, tackle; personnel, crew.
équipe [e'kip], *n.f.* train of boats; gang *(of workmen etc.)*; team *(of sportsmen)*.
équipement [ekip'mɑ̃], *n.m.* outfit, fitting out; equipment.
équiper [eki'pe], *v.t.* to equip, to fit out; to furnish; to man. **s'équiper**, *v.r.* to fit oneself out; to rig oneself out.
équitable [eki'tabl], *a.* equitable, just, fair.
équitablement [ekitablə'mɑ̃], *adv.* equitably, justly, fairly.
équitation [ekita'sjɔ̃], *n.f.* horsemanship, riding.
équité [eki'te], *n.f.* equity, fairness.
équivalence [ekiva'lɑ̃:s], *n.f.* equivalence.
équivalent [ekiva'lɑ̃], *a.* equivalent; tantamount (to).—*n.m.* equivalent.
équivaloir [ekiva'lwa:r], *v.i. irr. (conjug. like* VALOIR) to be equivalent, to be tantamount *(à)*.
équivoque [eki'vɔk], *a.* equivocal, ambiguous; doubtful.—*n.f.* equivocation, ambiguity; evasion.
équivoquer [ekivɔ'ke], *v.t.* to equivocate, to speak ambiguously, to quibble.
érable [e'rabl], *n.m.* maple, maple-tree.
éradication [eradika'sjɔ̃], *n.f.* eradication.
érafler [erɑ'fle], *v.t.* to scratch slightly, to graze.
éraflure [erɑ'fly:r], *n.f.* slight scratch, graze.
éraillé [erɑ'je], *a.* frayed; wrinkled; bloodshot *(of the eyes)*; raucous, hoarse *(of the voice)*.
éraillement [erɑj'mɑ̃], *n.m.* eversion of the eyelids; fraying; huskiness.
érailler [erɑ'je], *v.t.* to unravel; to fray. **s'érailler**, *v.r.* to fray; to become bloodshot *(of the eyes)*; to become husky *(of the voice)*.
éraillure [erɑ'jy:r], *n.f.* fret, fraying; scratch.
ère [ɛ:r], *n.f.* era, epoch.
érection [erɛk'sjɔ̃], *n.f.* erection, erecting.
éreinter [erɛ̃'te], *v.t.* to break the back *(of)*; to tire out; to beat unmercifully; *(fig.)* to slate, to lash *(satire etc.)*. **s'éreinter**, *v.r.* to break one's back, to tire oneself out, to drudge.
érésipèle [ÉRYSIPÈLE].
ergot [ɛr'gɔ], *n.m.* spur *(of certain birds etc.)*; catch, stop *(of machine)*.
ergotage [ɛrgɔ'ta:ʒ], **ergotement** [ɛrgɔt'mɑ̃], *n.m.,* **ergoterie** [ɛrgɔ'tri], *n.f.* cavilling, quibbling.
ergoter [ɛrgɔ'te], *v.i. (colloq.)* to cavil; to wrangle.
ergoteur [ɛrgɔ'tœ:r], *a. (fem.* **-euse)** cavilling.—*n.m. (fem.* **-euse)** caviller, quibbler.
ériger [eri'ʒe], *v.t. (conjug. like* MANGER) to erect, to raise, to rear; to set up; to exalt. **s'ériger**, *v.r.* to set up for, to pose *(en)*; to be erected.
ermitage [ɛrmi'ta:ʒ], *n.m.* hermitage.

ermite

ermite [ɛr'mit], *n.* hermit, recluse.
éroder [ero'de], *v.t.* to erode.
érosif [ero'zif], *a.* (*fem.* **-sive**) erosive.
érosion [ero'zjɔ̃], *n.f.* erosion.
érotique [ero'tik], *a.* erotic.
errant [ɛ'rɑ̃], *a.* wandering, roving, errant; erring; *chevalier errant,* knight-errant.
erratique [ɛra'tik], *a.* erratic.
erre [ɛːr], *n.f.* course, way; (*pl.*) track (*of a stag etc.*).
errements [ɛr'mɑ̃], *n.m.* (*used only in pl.*) manner, way; vagaries, follies.
errer [ɛ're], *v.i.* to wander, to stray; to range to rove; to err, to go astray.
erreur [ɛ'rœːr], *n.f.* error, mistake.
erroné [ero'ne], *a.* erroneous, mistaken, false.
erronément [ɛrɔne'mɑ̃], *adv.* erroneously.
érudit [ery'di], *a.* erudite, learned.—*n.m.* (*fem.* **-e**) scholar, learned person.
érudition [erydi'sjɔ̃], *n.f.* erudition, scholarship.
éruptif [eryp'tif], *a.* (*fem.* **-tive**) eruptive.
éruption [eryp'sjɔ̃], *n.f.* eruption; cutting (*of teeth*); breaking out (*of a rash*).
érysipèle [erizi'pɛl], **érésipèle** [erezi'pɛl], *n.m.* erysipelas.
ès [ɛs], *contraction of* EN (I) LES (*survives only in a few set expressions*) in, of; *licencié ès lettres,* bachelor of arts.
escabeau [ɛska'bo], *n.m.* (*pl.* **-eaux**) stool; step-ladder.
escabelle [ɛska'bɛl], *n.f.* three-legged stool.
escadre [ɛs'ka:dr], *n.f.* (*Naut.*) squadron; (*Av.*) wing.
escadrille [ɛska'dri:j], *n.f.* small squadron, flotilla.
escadron [ɛska'drɔ̃], *n.m.* squadron (*of horse*).
escalade [ɛska'lad], *n.f.* scaling (*a wall*); rock-climbing; escalation (*of a war etc.*).
escalader [ɛskala'de], *v.t.* to scale, to climb over.
escale [ɛs'kal], *n.f.* port of call, stopping-place.
escalier [ɛska'lje], *n.m.* staircase, stairs, steps; *escalier roulant,* escalator.
escalope [ɛska'lɔp], *n.f.* escalope, collop (*of veal*); steak (*of fish*).
escamotable [ɛskamɔ'tabl], *a.* which can be tucked away; (*Av.*) *train escamotable,* retractable landing-gear.
escamotage [ɛskamɔ'ta:ʒ], *n.m.* juggling, sleight of hand; (*fig.*) filching.
escamoter [ɛskamɔ'te], *v.t.* to conjure away; to pilfer, to make away with; (*Av.*) to retract (*the undercarriage*).
escamoteur [ɛskamɔ'tœːr], *n.m.* (*fem.* **-euse**) juggler, conjurer; pilferer, pickpocket.
escapade [ɛska'pad], *n.f.* escapade, prank.
escarbille [ɛskar'bi:j], *n.f.* cinder (*of coal*).
escarboucle [ɛskar'bukl], *n.f.* carbuncle (*precious stone*).
escargot [ɛskar'go], *n.m.* snail (*edible*).
escarmouche [ɛskar'muʃ], *n.f.* skirmish; brush; (*fig.*) bickering.
escarmoucher [ɛskarmu'ʃe], *v.i.* to skirmish; (*fig.*) to bicker.
escarpé [ɛskar'pe], *a.* scarped, steep, precipitous; (*fig.*) difficult.
escarpement [ɛskarpə'mɑ̃], *n.m.* escarpment; steep face *or* slope.
escarpin [ɛskar'pɛ̃], *n.m.* pump, dancing-shoe.

escarpolette [ɛskarpɔ'lɛt], *n.f.* (*child's*) swing.
escarre or **eschare** [ɛs'ka:r], *n.f.* scab.
escient [ɛ'sjɑ̃], *n.m. used only in à bon escient,* wittingly, knowingly.
esclaffer (s') [sɛskla'fe], *v.r.* to laugh noisily, to guffaw.
esclandre [ɛs'klɑ̃:dr], *n.m.* scandal, exposure, scene.
esclavage [ɛskla'va:ʒ], *n.m.* slavery; bondage.
esclave [ɛs'kla:v], *a.* slavish.—*n.* slave, bondsman; drudge.
escogriffe [ɛsko'grif], *n.m.* (*colloq.*) tall, lanky, ungainly fellow.
escompte [ɛs'kɔ̃:t], *n.m.* discount, rebate.
escompter [ɛskɔ̃'te], *v.t.* to discount; (*fig.*) to anticipate; *escompter un billet,* to cash a bill.
escorte [ɛs'kort], *n.f.* escort; (*Navy*) convoy; (*fig.*) retinue, attendants.
escorter [ɛskor'te], *v.t.* to escort, to accompany, to attend.
escorteur [ɛskor'tœːr], *n.m.* escort vessel.
escouade [ɛs'kwad], *n.f.* squad, small party (*of soldiers*); gang (*of workmen*).
escrime [ɛs'krim], *n.f.* fencing.
escrimer [ɛskri'me], *v.i.* to fence; (*fig.*) to have a trial of skill etc. **s'escrimer,** *v.r.* (*colloq.*) to strive; to try hard.
escrimeur [ɛskri'mœːr], *n.m.* (*fem.* **-euse**) fencer.
escroc [ɛs'kro], *n.m.* sharper, swindler.
escroquer [ɛskrɔ'ke], *v.t.* to swindle out of; to cheat.
escroquerie [ɛskrɔ'kri], *n.f.* swindling.
espace [ɛs'pa:s], *n.m.* space, room; duration. —*n.f.* (*Print.*) space.
espacement [ɛspas'mɑ̃], *n.m.* interval; (*Print.*) spacing.
espacer [ɛspa'se], *v.t.* (*conjug. like* COMMENCER) to leave a space between; to separate. **s'espacer,** *v.r.* to become less frequent *or* numerous.
espadrille [ɛspa'dri:j], *n.f.* canvas shoe with cord soles.
Espagne [ɛs'paɲ], l', *f.* Spain.
espagnol [ɛspa'nɔl], *a.* Spanish.—*n.m.* Spanish (*language*); (**Espagnol,** *fem.* **-ole**) Spaniard.
espagnolette [ɛspaɲɔ'lɛt], *n.f.* bolt of french window.
espalier [ɛspa'lje], *n.m.* espalier (*tree* or *wall*).
espèce [ɛs'pɛs], *n.f.* species; sort, nature; (*pl.*) ready money, hard cash.
espérance [ɛspe'rɑ̃:s], *n.f.* hope, trust, expectation.
espéranto [ɛspe rɑ̃'to], *n.m.* Esperanto.
espérer [ɛspe're], *v.t.* (*conjug. like* CÉDER) to hope for; to expect; to trust.—*v.i.* to hope; to put one's trust in.
espiègle [ɛs'pjɛgl], *a.* and *n.* mischievous, roguish (person).
espièglerie [ɛspjɛglə'ri], *n.f.* frolic, roguish trick, prank.
espion [ɛs'pjɔ̃], *n.m.* (*fem.* **-onne**) spy.
espionnage [ɛspjɔ'na:ʒ], *n.m.* espionage.
espionner [ɛspjɔ'ne], *v.t.* to spy, to pry into.
esplanade [ɛspla'nad], *n.f.* esplanade, parade.
espoir [ɛs'pwa:r], *n.m.* hope.
esprit [ɛs'pri], *n.m.* spirit, ghost; soul; mind, sense, intellect; wit; humour, character.
esquif [ɛs'kif], *n.m.* small boat.
esquille [ɛs'ki:j], *n.f.* splinter (*of a bone*).

esquimau [ɛski'mo], a. (pl. **-aux**) and n. (**Esquimau** or **Eskimo**) Eskimo.

esquinancie [ɛskinɑ̃'si], **cynancie** [sinɑ̃'si], n.f. quinsy.

esquisse [ɛs'kis], n.f. sketch, outline, rough draft or plan.

esquisser [ɛski'se], v.t. to sketch, to outline.

esquiver [ɛski've], v.t. to avoid, to elude; to duck; to dodge. **s'esquiver**, v.r. to escape; to give the slip.

essai [ɛ'sɛ], n.m. trial; attempt; experiment, testing; (Rugby) try; (Lit.) essay.

essaim [ɛ'sɛ̃], n.m. swarm; (fig.) crowd, host.

essaimer [ɛsɛ'me], v.i. to swarm; to hive off.

essarter [ɛsar'te], v.t. to clear, to grub (land).

essayage [ɛsɛ'jaːʒ] n.m. trying, testing; trying-on (of clothes).

essayer [ɛsɛ'je], v.t. (conjug. like PAYER) to try; to try on; to attempt; to assay.—v.i. to try, to make an attempt. **s'essayer**, v.r. to try one's strength or skill.

essayeur [ɛsɛ'jœːr], n.m. (fem. **-euse**) assayer; (cloth) fitter.

essayiste [ɛsɛ'jist], n. essayist.

essence [ɛ'sɑ̃ːs], n.f. essence; petrol; attar (of roses).

essentiel [ɛsɑ̃'sjɛl], a. (fem. **-elle**) essential, material.—n.m. essential, main point.

essentiellement [ɛsɑ̃sjɛl'mɑ̃], adv. essentially, absolutely, above all.

essieu [ɛ'sjø], n.m. (pl. **-eux**) axle-tree; spindle; pin (of a block); écartement des essieux, wheel base (motor); essieu moteur, driving-shaft.

essor [ɛ'soːr], n.m. flight, soaring; (fig.) impulse, vigour.

essorer [ɛso're], v.t. to hang in the air to dry, to wring out (washing).

essoreuse [ɛso'røːz], n.f. wringer; essoreuse (rotative), spin dryer.

essoriller [ɛsɔri'je], v.t. to cut the ears (of a dog etc.); to crop.

essoufflement [ɛsuflə'mɑ̃], n.m. panting, breathlessness.

essouffler [ɛsu'fle], v.t. to wind (horses etc.). **s'essouffler**, v.r. to be out of breath; to be winded.

essuie-glaces [ɛsɥi'glas], n.m. pl. windscreen wipers.

essuie-main(s) [ɛsɥi'mɛ̃], n.m. inv. hand-towel.

essuie-pieds [ɛsɥi'pje], n.m. inv. doormat.

essuyage [ɛsɥi'jaːʒ], n.m. wiping, drying.

essuyer [ɛsɥi'je], v.t. (conjug. like EMPLOYER) to wipe; to dry; to sustain, to endure, to undergo. **s'essuyer**, v.r. to dry oneself; s'essuyer les mains, la figure etc., to dry one's hands, one's face etc.

est [ɛst], n.m. east.

estacade [ɛsta'kad], n.f. breakwater; pier or boom made of timbers.

estafette [ɛsta'fɛt], n.f. courier, express messenger; dispatch rider.

estafilade [ɛstafi'lad], n.f. cut, gash; rent.

estaminet [ɛstami'nɛ], n.m. coffee-house or room; tavern.

estampage [ɛstɑ̃'paːʒ], n.m. stamping (of metal etc.).

estampe [ɛs'tɑ̃ːp], n.f. print, engraving.

estamper [ɛstɑ̃'pe], v.t. to stamp, to punch.

estampeur [ɛstɑ̃'pœːr], a. (fem. **-euse**) stamp-

ing.—n.m. (fem. **-euse**) stamper.—n.f. (-euse) stamping-machine.

estampillage [ɛstɑ̃pi'jaːʒ], n.m. stamping, marking.

estampille [ɛstɑ̃'piːj], n.f. stamp, mark, trade-mark.

estampiller [ɛstɑ̃pi'je], v.t. to stamp, to mark.

esthétique [ɛste'tik], a. aesthetic.—n.f. aesthetics.

Esthonie [ɛstɔ'ni], l', f. Estonia.

esthonien [ɛstɔ'njɛ̃], a. (fem. **-enne**) Estonian.—n.m. Estonian (language); (**Esthonien**, fem. **-enne**) Estonian (person).

estimable [ɛsti'mabl], a. estimable.

estimateur [ɛstima'tœːr], n.m. (fem. **-trice**) appraiser, valuer.

estimation [ɛstima'sjɔ̃], n.f. estimation, appraising, valuation, estimate.

estime [ɛs'tim], n.f. esteem, regard, estimation; (Naut.) reckoning.

estimer [ɛsti'me], v.t. to estimate, to value, to assess; to esteem; to deem. **s'estimer**, v.r. to esteem oneself; to deem oneself.

estival [ɛsti'val], a. (m. pl. **-aux**) aestival, summer (plant, resort etc.).

estivant [ɛsti'vɑ̃], n.m. (fem. **-e**) summer visitor.

estomac [ɛstɔ'ma], n.m. stomach; (fig.) pluck.

estompage [ɛstɔ̃'paːʒ], n.m. (Drawing) stumping.

estompe [ɛs'tɔ̃ːp], n.f. (Drawing) stump.

estomper [ɛstɔ̃'pe], v.t. (Drawing) to stump; to shade off, to blur. **s'estomper**, v.r. to become blurred.

Estonie [ESTHONIE].

estonien [ESTHONIEN].

estrade [ɛs'trad], n.f. platform, stand, stage.

estragon [ɛstra'gɔ̃], n.m. (Bot.) tarragon.

estropié [ɛstrɔ'pje], a. crippled, lame, disabled.—n.m. (fem. **-ée**) cripple.

estropier [ɛstrɔ'pje], v.t. to cripple, to maim, to disable; (fig.) to distort, to mangle.

estuaire [ɛs'tɥeːr], n.m. estuary.

esturgeon [ɛstyr'ʒɔ̃], n.m. sturgeon.

et [e], conj. and.

étable [e'tabl], n.f. shed (for oxen, sheep, goats etc.); stall; pigsty, sty.

établi [eta'bli], n.m. bench (joiner's etc.).

établir [eta'bliːr], v.t. to fix, to erect, to set up; to establish, to found; to assert. **s'établir**, v.r. to establish oneself; to take up one's residence; to settle down; to set up in business.

établissement [etablis'mɑ̃], n.m. establishment, setting up; placing, erecting; proving; imposition (of taxes).

étage [e'taːʒ], n.m. storey, floor, flight (of stairs); (fig.) stage; tier; (Geol., Mining) layer, stratum.

étager [eta'ʒe], v.t. (conjug. like MANGER) to dispose in tiers. **s'étager**, v.r. to rise tier upon tier.

étagère [eta'ʒɛːr], n.f. whatnot, set of shelves, shelf.

étai [e'tɛ], n.m. stay, shore, prop, strut.

étaiement [ÉTAYAGE].

étain [e'tɛ̃], n.m. tin; pewter.

étal [e'tal], n.m. (pl. **-aux** or **-als**) butcher's stall, butcher's shop.

étalage [eta'laːʒ], n.m. laying out of goods for sale; goods exposed for sale; shop window, frontage; (fig.) showing off.

étalager [etala'ʒe], *v.t.* (*conjug. like* MANGER) to display (*goods*) for sale.

étalagiste [etala'ʒist], *n.* stall-keeper; window-dresser.

étale [e'tal], *a.* slack (*of water or wind*).

étalement [etal'mã] *n.m.* display, parade; staggering (*of holidays*).

étaler [eta'le], *v.t.* to expose for sale; to spread out; to display; (*Naut.*) to stem (*current*); to weather (*gale*). **s'étaler**, *v.r.* to stretch oneself out, to sprawl; to show off.

étalon (1) [eta'lõ], *n.m.* stallion.

étalon (2) [eta'lõ], *n.m.* standard (*of weights and measures*).

étalonnage [etalɔ'na:ʒ], **étalonnement** [etalɔn'mã], *n.m.* standardization; stamping (*of weights etc.*); gauging.

étalonner [etalɔ'ne], *v.t.* to standardize; to gauge.

étalonneur [etalɔ'nœ:r], *n.m.* inspector of weights and measures.

étamage [eta'ma:ʒ], *n.m.* tinning; quick-silvering (*of glass*).

étamer [eta'me], *v.t.* to tin; to quicksilver.

étameur [eta'mœ:r], *n.m.* tinner; silverer (*of mirrors*).

étamine (1) [eta'min], *n.f.* sieve, strainer; (*Naut.*) bunting.

étamine (2) [eta'min], *n.f.* (*Bot.*) stamen.

étampe [e'tã:p], *n.f.* die; punch.

étamper [etã'pe], *v.t.* to punch (*horse-shoes etc.*); to stamp (*sheet metal etc.*).

étanche [e'tã:ʃ], *a.* water-tight, air-tight etc.

étanchement [etãʃ'mã], *n.m.* stanching, stopping; slaking; quenching.

étancher [etã'ʃe], *v.t.* to stanch, to stop; to render water-tight; (*fig.*) to quench.

étang [e'tã], *n.m.* pond, mere, pool.

étape [e'tap], *n.f.* halting-place, stage, station; day's march.

état [e'ta], *n.m.* state, case, condition; circumstance, predicament; statement; list, estimate; profession.

étatique [eta'tik], *a.* nationalized.

étatiser [etati'ze], *v.t.* to nationalize.

étatisme [eta'tism], *n.m.* State-socialism, State control, nationalization.

état-major [etama'ʒɔ:r], *n.m.* (*pl.* **états-majors**) (*Mil.*) staff, general staff.

étau [e'to], *n.m.* (*pl.* **-aux**) (*Tech.*) vice.

étayage [ete'ja:ʒ], **étayement** [etej'mã], **étaiement** [ete'mã], *n.m.* staying, shoring, supporting.

étayer [ete'je], *v.t.* (*conjug. like* PAYER) to stay, to shore; to support (*a theory etc.*).

été [e'te], *n.m.* summer; (C) **Été des Sauvages**, Indian summer.

éteignoir [etɛɲ'nwa:r], *n.m.* extinguisher (*for candles*).

éteindre [e'tɛ̃:dr], *v.t. irr.* (*conjug. like* CRAINDRE) to put out, to extinguish; to appease; to destroy. **s'éteindre**, *v.r.* to be extinguished, to be put out; to die out; to become extinct.

éteint [e'tɛ̃], *a.* extinguished; extinct; (*fig.*) dull.

étendard [etã'da:r], *n.m.* standard, banner, flag.

étendre [e'tã:dr], *v.t.* to extend; to spread out; to stretch; to dilute; to prolong; to lay (down) (*a person*). **s'étendre**, *v.r.* to stretch oneself out; to reach, to extend; to dwell on.

étendu [etã'dy], *a.* outstretched, outspread; extensive; diluted.

étendue [etã'dy], *n.f.* extent; scope, length.

éternel [etɛr'nɛl], *a.* (*fem.* **-elle**) eternal, everlasting.—*n.m.* (**l'Éternel**) God, the Eternal.

éternellement [etɛrnɛl'mã], *adv.* eternally.

éterniser [etɛrni'ze], *v.t.* to perpetuate. **s'éterniser**, *v.r.* to be perpetuated, to last forever.

éternité [etɛrni'te], *n.f.* eternity.

éternuement or **éternûment** [etɛrny'mã], *n.m.* sneezing, sneeze.

éternuer [etɛr'nɥe], *v.i.* to sneeze.

éternueur [etɛr'nɥœ:r], *n.m.* (*fem.* **-euse**) sneezer.

éteule [e'tœl], *n.f.* stubble.

éther [e'tɛ:r], *n.m.* ether.

éthéré [ete're], *a.* ethereal.

éthériser [eteri'ze], *v.t.* to etherize.

Éthiopie [etjo'pi], **l'**, *f.* Ethiopia.

éthiopien [etjo'pjɛ̃], *a.* (*fem.* **-enne**) Ethiopian.—*n.m.* (**Éthiopien**, *fem.* **-enne**) Ethiopian (*person*).

éthique [e'tik], *a.* ethic(al).—*n.f.* ethics, morals.

ethnique [et'nik], *a.* ethnic(al).

ethnographe [etnɔ'graf], *n.* ethnographer.

ethnographie [etnɔgra'fi], *n.f.* ethnography.

ethnographique [etnɔgra'fik], *a.* ethnographic.

ethnologie [etnɔlɔ'ʒi], *n.f.* ethnology.

ethnologique [etnɔlɔ'ʒik], *a.* ethnological.

ethnologue [etnɔ'lɔg], **ethnologiste** [etnɔlɔ'ʒist], *n.* ethnologist.

éthologie [etɔlɔ'ʒi], *n.f.* ethology.

éthyle [e'ti:l], *n.m.* ethyl.

étiage [e'tja:ʒ], *n.m.* low-water mark; (*fig.*) level.

Étienne [e'tjɛn], *m.* Stephen.

étincelant [etɛ̃s'lã], *a.* sparkling, glittering, glistening.

étinceler [etɛ̃s'le], *v.i.* (*conjug. like* APPELER) to sparkle, to flash, to gleam, to glitter.

étincelle [etɛ̃'sɛl], *n.f.* spark, flash; brilliance.

étincellement [etɛ̃sɛl'mã], *n.m.* sparkling, twinkling, scintillation.

étiolement [etjɔl'mã], *n.m.* etiolation, sickliness (*of plants etc.*); paleness, emaciation.

étioler [etjɔ'le], *v.t.* to etiolate (*plants*); (*fig.*) to enervate. **s'étioler**, *v.r.* to become etiolated (*of plants*); (*fig.*) to waste away.

étique [e'tik], *a.* consumptive; emaciated.

étiqueter [etik'te], *v.t.* (*conjug. like* APPELER) to label, to ticket.

étiquette [eti'kɛt], *n.f.* ticket, label, tag; etiquette.

étirage [eti'ra:ʒ], *n.m.* stretching.

étirer [eti're], *v.t.* to stretch; to lengthen. **s'étirer**, *v.r.* to stretch one's limbs.

étisie [eti'zi], *n.f.* consumption.

étoffe [e'tɔf], *n.f.* material; stuff, cloth; quality, worth; (C) **étoffe du pays**, home-spun.

étoffé [etɔ'fe], *a.* stuffed full; upholstered; stout, substantial.

étoffer [etɔ'fe], *v.t.* to stuff; to upholster.

étoile [e'twal], *n.f.* star; (*fig.*) fate, destiny; blaze (*on horse's head*); star (*crack in glass*).

étoilé [etwa'le], *a.* starry; star-shaped.

étoiler [etwa'le], *v.t.* to star, to stud with stars; to crack (*of glass*). **s'étoiler**, *v.r.* to star, to crack (*of glass*).

étole [e'tal], *n.f.* stole.
étonnamment [etɔna'mã], *adv.* astonishingly, wonderfully, amazingly.
étonnant [etɔ'nã], *a.* astonishing, wonderful, marvellous.
étonnement [etɔn'mã], *n.m.* astonishment, amazement; wonder; crack, fissure.
étonner [etɔ'ne], *v.t.* to astonish, to amaze, to astound; to shock; to cause to crack. **s'étonner,** *v.r.* to be astonished, to wonder; to become cracked.
étouffant [etu'fã], *a.* suffocating, sultry, close.
étouffement [etuf'mã], *n.m.* suffocation.
étouffer [etu'fe], *v.t.* to suffocate, to choke, to smother; (*fig.*) to stifle, to hush up; to deaden (*sound etc.*).—*v.i.* to choke, to suffocate. **s'étouffer,** *v.r.* to be choking, to be suffocated; to swelter.
étoupe [e'tup], *n.f.* tow, oakum.
étouper [etu'pe], *v.t.* to stop (*with tow or oakum*); to caulk.
étoupiller [etupi'je], *v.t.* to prime (*a friction tube*).
étourderie [eturdə'ri], *n.f.* heedlessness, thoughtlessness; blunder.
étourdi [etur'di], *a.* giddy, thoughtless, heedless.—*n.m.* (*fem.* -e) madcap.
étourdiment [eturdi'mã], *adv.* heedlessly, thoughtlessly.
étourdir [etur'di:r], *v.t.* to stun, to deafen, to make giddy; to din; to astound. **s'étourdir,** *v.r.* to divert one's thoughts; to try to forget something.
étourdissant [eturdi'sã], *a.* deafening; stunning, astounding.
étourdissement [eturdis'mã], *n.m.* dizziness, giddiness; stupefaction; shock.
étourneau [etur'no], *n.m.* (*pl.* -eaux) starling; (*fig.*) giddy fellow.
étrange [e'trã:ʒ], *a.* strange, odd, queer.
étrangement [etrãʒ'mã], *adv.* strangely, queerly, extraordinarily.
étranger [etrã'ʒe], *a.* (*fem.* -ère) foreign; strange; unknown; irrelevant.—*n.m.* (*fem.* -ère) foreigner, alien; stranger; *a l'etranger,* abroad.
étrangeté [etrãʒ'te], *n.f.* strangeness, oddness.
étranglé [etrã'gle], *a.* strangled; restricted, scanty, too narrow.
étranglement [etrãglə'mã], *n.m.* strangling; garotting; constriction.
étrangler [etrã'gle], *v.t.* to strangle, to choke, to stifle; to constrict, to confine; (*fig.*) to smother, to suppress.—*v.i.* to be choked, to be short of breath. **s'étrangler,** *v.r.* to strangle oneself; to choke.
étrangleur [etrã'glœ:r], *n.m.* (*fem.* -euse) strangler; garotter.
être [ɛ:tr], *v.i. irr.* to be, to exist; to belong (*à*); to stand; to take part (*à*); to be a member (*de*).—*n.m.* being, existence; creature.
étreindre [e'trɛ̃:dr], *v.t. irr.* (*conjug. like* CRAINDRE) to embrace, to clasp, to grip.
étreinte [e'trɛ̃:t], *n.f.* embrace, hug; grip.
étrenne [e'tren], *n.f.* New Year's gift (*usually in pl.*); gift, present.
étrenner [etre'ne], *v.t.* to give a New Year's gift; to handsel; to try *or* put on ior the first time; to buy the first lot from.
étrier [etri'e], *n.m.* stirrup; (*Surg.*) caliper.
étrille [e'tri:j], *n.f.* curry-comb.

étriller [etri'je], *v.t.* to curry, to comb (*a horse*); (*fig.*) to fleece; to drub.
étriper [etri'pe], *v.t.* to gut (*an animal*).
étriqué [etri'ke], *a.* scanty, narrow, curtailed.
étriquer [etri'ke], *v.t.* to shorten, to curtail, to make too small.
étrivière [etri'vjɛ:r], *n.f.* stirrup-leather.
étroit [e'trwa], *a.* narrow, tight, strait; limited; (*fig.*) strict, rigorous.
étroitement [etrwat'mã], *adv.* narrowly, tightly; intimately, closely.
étroitesse [etrwa'tɛs], *n.f.* narrowness, straitness; tightness, closeness.
Étrurie [etry'ri], **l'**, *f.* Etruria.
étrusque [e'trysk], *a.* Etruscan.—*n.m.* Etruscan (*language*).—*n.* (**Étrusque**) Etruscan (*person*).
étude [e'tyd], *n.f.* study; room for study; time of preparation; office, practice (*of attorneys*); essay, article.
étudiant [ety'djã], *n.m.* (*fem.* -e) student; undergraduate.
étudié [ety'dje], *a.* studied; affected.
étudier [ety'dje], *v.t.* to study, to learn; to practise (*music*); to rehearse (*a play*); to observe.—*v.i.* to study, to learn; to practise (*music*). **s'étudier,** *v.r.* to make (*it*) one's study, to school oneself.
étui [e'tɥi], *n.m.* case, box, sheath.
étuve [e'ty:v], *n.f.* sweating-room; stove; drying room; incubator.
étuvée [ety've], *n.f.* stew.
étuver [ety've], *v.t.* to stew; (*Med.*) to bathe, to foment.
étymologie [etimɔlɔ'ʒi], *n.f.* etymology.
étymologique [etimɔlɔ'ʒik], *a.* etymological.
étymologiste [etimɔlɔ'ʒist], *n.* etymologist.
eucharistie [økaris'ti], *n.f.* eucharist.
eucharistique [økaris'tik], *a.* eucharistic.
eugénique [øʒe'nik], *n.f.*, **eugénisme** [øʒe'nism], *n.m.* eugenics.
euh [ø], *int.* aha! oh! hum!
eunuque [ø'nyk], *n.m.* eunuch.
euphémique [øfe'mik], *a.* euphemistic.
euphémisme [øfe'mism], *n.m.* euphemism.
euphonie [øfɔ'ni], *n.f.* euphony.
euphonique [øfɔ'nik], *a.* euphonious.
Euphrate [ø'frat], **l'**, *m.* the Euphrates.
euphuïsme [øfy'ism], *n.m.* euphuism.
eurasien [øra'zjɛ̃], *a.* (*fem.* -enne) Eurasian. —*n.m.* (**Eurasien,** *fem.* -enne) Eurasian (*person*).
Euripide [øri'pid], *m.* Euripides.
Europe [ø'rɔp], *f.* (*Myth.*) Europa; *l'Europe* (*Geog.*) Europe.
européaniser [øropeani'ze], *v.t.* to Europeanize.
européen [ørope'ɛ̃], *a.* (*fem.* -éenne) European.—*n.m.* (**Européen,** *fem.* -éenne) European (*person*).
euthanasie [øtana'zi], *n.f.* euthanasia.
eux [ø], *pron. pers. m. pl.* (*pl.* -elles) they; them.
évacuant [eva'kɥã], **évacuatif** [evakɥa'tif] (*fem.* -tive), *a.* and *n.m.* evacuant.
évacuation [evakɥa'sjɔ̃], *n.f.* evacuation; ejection.
évacué [eva'kɥe], *n.m.* (*fem.* -ée) evacuee.
évacuer [eva'kɥe], *v.t.* to evacuate; to throw off, to eject, to clear. **s'évacuer,** *v.r.* to discharge (*into*).

évadé

évadé [eva'de], *a.* and *n.m.* (*fem.* **-ée**) escaped (*person*); escapee.

évader (s') [seva'de], *v.r.* to escape; to get away or out of (*de*).

évaluable [eva'lɥabl], *a.* rateable, appraisable.

évaluateur [evalɥa'tœːr], *n.m.* (*fem.* **-trice**) valuer, appraiser.

évaluation [evalɥa'sjɔ̃], *n.f.* valuation, estimate.

évaluer [eva'lɥe], *v.t.* to value, to estimate, to appreciate.

évangélique [evãʒe'lik], *a.* evangelical.

évangéliser [evãʒeli'ze], *v.t.* to evangelize, to preach the Gospel to.

évangélisme [evãʒe'lism], *n.m.* evangelism.

évangéliste [evãʒe'list], *n.m.* evangelist.

évangile [evã'ʒil], *n.m.* Gospel.

évanouir (s') [seva'nwiːr], *v.r.* to faint, to swoon, to lose consciousness; (*fig.*) to vanish, to disappear.

évanouissement [evanwis'mã], *n.m.* swoon, fainting fit; disappearance; (*Math.*) cancelling out.

évaporatif [evapora'tif], *a.* (*fem.* **-tive**) evaporative.

évaporation [evapora'sjɔ̃], *n.f.* evaporation.

évaporé [evapo're], *a.* and *n.m.* (*fem.* **-ée**) frivolous, thoughtless (person).

évaporer [evapo're], *v.t.* to evaporate; (*fig.*) to exhale, to give vent to; *évaporer son chagrin*, to give vent to one's grief. **s'évaporer**, *v.r.* to evaporate; (*fig.*) to get giddy.

évasé [eva'ze], *a.* wide, bell-shaped; flared (*skirt*).

évasement [evaz'mã], *n.m.* width, widening (*at the mouth of a vase etc.*); flare (*of a skirt*).

évaser [eva'ze], *v.t.* to widen (*an opening*); to flare (*a skirt*). **s'évaser**, *v.r.* to be widened; to extend, to spread.

évasif [eva'zif], *a.* (*fem.* **-sive**) evasive.

évasion [eva'zjɔ̃], *n.f.* escape, flight; evasion; escapism.

évasivement [evaziv'mã], *adv.* evasively.

évêché [eve'ʃe], *n.m.* bishopric, episcopate, see; bishop's palace.

éveil [e'vɛːj], *n.m.* awakening; warning, hint, alarm.

éveillé [eve'je], *a.* wide-awake, lively, sprightly; sharp, intelligent.

éveiller [eve'je], *v.t.* to awaken, to rouse; to excite, to enliven. **s'éveiller**, *v.r.* to wake up; to become animated.

événement [even'mã], *n.m.* event, occurrence; result; climax; emergency.

évent [e'vã], *n.m.* open air; vent-hole, air-hole; (*fig.*) flatness, vapidness.

éventail [evã'taːj], *n.m.* (*pl.* **éventails**) fan; fan-light.

éventaire [evã'tɛːr], *n.m.* flat tray (*carried by hawkers*); street stall.

éventé [evã'te], *a.* fanned, aired; flat, stale (*beer etc.*); (*fig.*) giddy, thoughtless.

éventer [evã'te], *v.t.* to fan; to winnow (*corn*); to air; to let (*wine etc.*) get flat; to get wind of; to divulge. **s'éventer**, *v.r.* to fan oneself; to evaporate; to become flat; to be divulged.

éventrer [evã'tre], *v.t.* to disembowel, to gut (*fish etc.*); to rip up, to break open. **s'éventrer**, *v.r.* to rip one's bowels open; to commit hara-kiri.

éventualité [evãtɥali'te], *n.f.* contingency, eventuality.

éventuel [evã'tɥɛl], *a.* (*fem.* **-elle**) contingent, possible.

éventuellement [evãtɥɛl'mã], *adv.* possibly; on occasion.

évêque [e'vɛːk], *n.m.* bishop.

évertuer (s') [sevɛr'tɥe], *v.r.* to strive, to exert *or* bestir oneself.

éviction [evik'sjɔ̃], *n.f.* eviction, ejectment.

évidemment [evida'mã], *adv.* evidently.

évidence [evi'dãːs], *n.f.* obviousness, clearness; conspicuousness.

évident [evi'dã], *a.* evident, plain, clear, obvious.

évider [evi'de], *v.t.* to hollow, to groove, to scoop out.

évier [e'vje], *n.m.* sink.

évincer [evɛ̃'se], *v.t.* (*conjug. like* COMMENCER) to evict, to eject, to oust.

éviscérer [evise're], *v.t.* (*conjug. like* CÉDER) to disembowel.

évitable [evi'tabl], *a.* avoidable.

évitement [evit'mã], *n.m.* (*Rail.*) siding, shunting; by-pass.

éviter [evi'te], *v.t.* to shun, to avoid, to evade; to abstain from.

évocateur [evɔka'tœːr], *a.* (*fem.* **-trice**) evocative.

évocation [evɔka'sjɔ̃], *n.f.* evocation; recollection.

évolué [evo'lɥe], *a.* highly civilized.

évoluer [evo'lɥe], *v.i.* to evolve; to develop.

évolution [evɔly'sjɔ̃], *n.f.* evolution.

évoquer [evo'ke], *v.t.* to evoke; to allude to.

exacerbation [egzasɛrba'sjɔ̃], *n.f.* exacerbation.

exacerber [egzasɛr'be], *v.t.* to exacerbate.

exact [eg'zakt], *a.* exact, correct; punctual.

exactement [egzaktə'mã], *adv.* exactly, accurately; punctually.

exaction [egzak'sjɔ̃], *n.f.* exaction, impost, extortion.

exactitude [egzakti'tyd], *n.f.* exactness, accuracy; punctuality.

exagération [egzaʒera'sjɔ̃], *n.f.* exaggeration; overrating.

exagérer [egzaʒe're], *v.t.* (*conjug. like* CÉDER) to exaggerate, to magnify.

exaltation [egzalta'sjɔ̃], *n.f.* exaltation; extolling.

exalté [egzal'te], *a.* exalted, feverish.—*n.m.* (*fem.* **-ée**) enthusiast, fanatic.

exalter [egzal'te], *v.t.* to exalt, to magnify; to excite, to inflame. **s'exalter**, *v.r.* to become excited, to be elated.

examen [egza'mɛ̃], *n.m.* examination; inspection; research.

examinateur [egzamina'tœːr], *n.m.* (*fem.* **-trice**) examiner.

examiner [egzami'ne], *v.t.* to examine, to inspect, to survey; to discuss, to investigate. **s'examiner**, *v.r.* to examine *or* search oneself; to observe each other attentively.

exaspération [egzaspera'sjɔ̃], *n.f.* exasperation, aggravation.

exaspérer [egzaspe're], *v.t.* (*conjug. like* CÉDER) to exasperate, to incense, to inflame; to aggravate (*pain etc.*). **s'exaspérer**, *v.r.* to become exasperated *or* incensed; to become aggravated (*pain etc.*).

146

exaucer [ɛgzo'se], v.t. (conjug. like COM-MENCER) to hearken to, to grant.
excavateur [ɛkskava'tœ:r], n.m. excavator, digging-machine.
excavation [ɛkskava'sjɔ̃], n.f. excavation.
excaver [ɛkska've], v.t. to excavate, to hollow out.
excédant [ɛkse'dɑ̃], a. exceeding, excessive; unbearable.
excédent [ɛkse'dɑ̃], n.m. surplus, excess.
excéder [ɛkse'de], v.t. (conjug. like CÉDER) to exceed, to surpass, to rise above (in level, price etc.); (fig.) to wear out, to tire out.
excellemment [ɛksela'mɑ̃], adv. excellently, surpassingly.
Excellence [ɛkse'lɑ̃:s], f. (title) Excellency.
excellence [ɛkse'lɑ̃:s], n.f. excellence; par excellence, pre-eminently, above all.
excellent [ɛkse'lɑ̃], a. excellent; delightful.
excellentissime [ɛksɛlɑ̃ti'sim], a. most excellent.
exceller [ɛkse'le], v.i. to excel, to be eminent; to surpass.
excentricité [ɛksɑ̃trisi'te], n.f. eccentricity.
excentrique [ɛksɑ̃'trik], a. eccentric, odd.
excepté [ɛksɛp'te], prep. except, excepting, but.
excepter [ɛksɛp'te], v.t. to except.
exception [ɛksɛp'sjɔ̃], n.f. exception.
exceptionnel [ɛksɛpsjo'nɛl], a. (fem. -elle) exceptional; rare, infrequent.
excès [ɛk'sɛ], n.m. inv. excess; (pl.) riot, out-rages, violence.
excessif [ɛksɛ'sif], a. (fem. -ive) excessive; exorbitant; intemperate.
excessivement [ɛksɛsiv'mɑ̃], adv. excessively, to excess.
excise [ɛk'si:z], n.f. excise; excise-office.
excitabilité [ɛksitabili'te], n.f. excitability.
excitable [ɛksi'tabl], a. excitable.
excitant [ɛksi'tɑ̃], a. exciting.—n.m. (Med.) excitant.
excitateur [ɛksita'tœ:r], a. (fem. -trice) provocative.—n.m. (fem. -trice) instigator.
excitation [ɛksita'sjɔ̃], n.f. exciting, excita-tion; excitement.
exciter [ɛksi'te], v.t. to excite, to stir up, to rouse; to stimulate, to animate; to instigate, to prompt; to irritate. **s'exciter**, v.r. to excite oneself, to work oneself up; to encourage each other; to be excited.
exclamation [ɛksklama'sjɔ̃], n.f. exclamation; point d'exclamation, exclamation mark.
exclamer (s') [sɛkskla'me], v.r. to exclaim, to cry out; to protest.
exclure [ɛks'kly:r], v.t. irr. (conjug. like CONCLURE) to exclude, to debar, to shut out; to bar; to be incompatible with.
exclusif [ɛkskly'zif], a. (fem. -sive) exclusive; intolerant.
exclusion [ɛkskly'zjɔ̃], n.f. exclusion.
exclusivement [ɛ`ksklyziv'mɑ̃], adv. exclu-sively.
excommunication [ɛkskomynika'sjɔ̃], n.f. excommunication.
excommunié [ɛkskomy'nje], a. excom-municated.—n.m. (fem. -ée) excommuni-cated person.
excommunier [ɛkskomy'nje], v.t. to excom-municate.
excrément [ɛkskre'mɑ̃], n.m. excrement.
excréter [ɛkskre'te], v.t. (conjug. like CÉDER) to excrete.

excrétion [ɛkskre'sjɔ̃], n.f. excretion.
excroissance [ɛkskrwa'sɑ̃:s], n.f. excrescence (tumour etc.).
excursion [ɛkskyr'sjɔ̃], n.f. excursion, ramble, tour, trip; raid; (fig.) digression.
excursionniste [ɛkskyrsjo'nist], n. tripper.
excusable [ɛksky'zabl], a. excusable, pardon-able.
excuse [ɛks'ky:z], n.f. excuse, (pl.) apology.
excuser [ɛksky'ze], v.t. to excuse, to pardon; to bear with; to apologize for. **s'excuser**, v.r. to excuse or exculpate oneself; to apologize; to decline; qui s'excuse, s'accuse, excuses indicate a guilty con-science.
exécrable [ɛgze'krabl], a. execrable; abomin-able.
exécrablement [ɛgzekrablə'mɑ̃], adv. exe-crably.
exécration [ɛgzekrɑ'sjɔ̃], n.f. execration.
exécrer [ɛgze'kre], v.t. (conjug. like CÉDER) to execrate, to abhor.
exécutable [ɛgzeky'tabl], a. feasible, practi-cable.
exécutant [ɛgzeky'tɑ̃], n.m. (fem. -e) per-former, player (esp. of music).
exécuter [ɛgzeky'te], v.t. to execute, to per-form, to accomplish; to carry out, to fulfil. **s'exécuter**, v.r. to be performed, to be done, to take place; to yield, to comply, to submit; allons, exécutez-vous, come, do the needful.
exécuteur [ɛgzeky'tœ:r], n.m. (fem. -trice) executor, executrix; exécuteur (des hautes œuvres), executioner.
exécutif [ɛgzeky'tif], a. (fem. -tive) execu-tive.—n.m. the executive.
exécution [ɛgzeky'sjɔ̃], n.f. execution, accom-plishment, performance, fulfilment; (St. Exch.) hammering (of defaulter).
exemplaire [ɛgzɑ̃'plɛ:r], a. exemplary.—n.m. model, pattern; copy (of printed books, engravings etc.); specimen.
exemplairement [ɛgzɑ̃plɛr'mɑ̃], adv. in an exemplary manner.
exemple [ɛg'zɑ̃:pl], n.m. example, pattern, model; precedent, parallel, instance; à l'exemple de, in imitation of; par exemple, for instance; upon my word! sans exemple, unparalleled.
exempt [ɛg'zɑ̃], a. exempt, free (from).
exempté [ɛgzɑ̃'te], a. and n.m. (fem. -ée) exempt(ed) (person).
exempter [ɛgzɑ̃'te], v.t. to exempt, to free; to dispense, to exonerate.
exemption [ɛgzɑ̃'sjɔ̃], n.f. exemption, im-munity; dispensation.
exercer [ɛgzɛr'se], v.t. (conjug. like COM-MENCER) to exercise, to train; to fulfil (an office etc.); to follow, to practise (a trade or profession); (fig.) to try (one's patience etc.). **s'exercer**, v.r. to exercise, to practise; to exert oneself.
exercice [ɛgzɛr'sis], n.m. exercise, practice, use; (Customs) inspection; (Administration) financial year; (Mil.) drill.
exerciseur [ɛgzɛrsi'zœ:r], n.m. (Gym.) chest expander.
exhalaison [ɛgzalɛ'zɔ̃], n.f. exhalation, effluvium.
exhalation [ɛgzalɑ'sjɔ̃], n.f. exhalation.

exhaler

exhaler [εgza'le], *v.t.* to send forth, to exhale; to give vent to, to emit. **s'exhaler**, *v.r.* to be emitted, to be exhaled; to give vent to.

exhausser [εgzo'se], *v.t.* to raise, to make higher.

exhaustif [εgzos'tif], *a.* (*fem.* **-tive**) exhaustive.

exhaustion [εgzos'tjɔ̃], *n.f.* exhaustion.

exhiber [εgzi'be], *v.t.* to exhibit (*in a law-court*); to produce, to show. **s'exhiber**, *v.r.* (*pej.*) to show off.

exhibition [εgzibi'sjɔ̃], *n.f.* producing, show, exhibiting, exhibition.

exhilarant [εgzila'rɑ̃], *a.* exhilarating.

exhortation [εgzorta'sjɔ̃], *n.f.* exhortation.

exhorter [εgzor'te], *v.t.* to exhort, to encourage.

exhumation [εgzyma'sjɔ̃], *n.f.* exhumation, disinterment.

exhumer [εgzy'me], *v.t.* to exhume, to disinter; (*fig.*) to rake up.

exigeant [εgzi'ʒɑ̃], *a.* exacting, hard to please.

exigence [εgzi'ʒɔ̃:s], *n.f.* unreasonableness; exigency; demand, requirement.

exiger [εgzi'ʒe], *v.t.* (*conjug. like* MANGER) to exact, to require, to demand.

exigu [εgzi'gy], *a.* (*fem.* **-uë**) very small; scanty, slender, slight.

exiguïté [εgziguï'te], *n.f.* scantiness, slenderness, slightness.

exil [εg'zil], *n.m.* exile, banishment.

exilé [εgzi'le], *a.* exiled.—*n.m.* (*fem.* **-ée**) exile.

exiler [εgzi'le], *v.t.* to exile, to banish. **s'exiler**, *v.r.* to go into exile.

existant [εgzis'tɑ̃], *a.* existing, in being, existent; extant.

existence [εgzis'tɑ̃:s], *n.f.* existence; subsistence, living; (*pl.*) (*Comm.*) stock on hand.

existentialisme [εgzistɑ̃sja'lism], *n.m.* existentialism.

exister [εgzis'te], *v.i.* to exist, to live; to be extant.

exocet [εgzo'sε], *n.m.* flying-fish.

exode [εg'zod], *n.m.* exodus.

exonération [εgzonera'sjɔ̃], *n.f.* exoneration.

exonérer [εgzone're], *v.t.* (*conjug. like* CÉDER) to exonerate, to discharge.

exorable [εgzo'rabl], *a.* lenient, merciful.

exorbitant [εgzorbi'tɑ̃], *a.* exorbitant.

exorciser [εgzorsi'ze], *v.t.* to exorcize.

exorde [εg'zord], *n.m.* exordium, beginning (*of a speech etc.*).

exotique [εgzo'tik], *a.* exotic; foreign, outlandish.

expansif [εkspã'sif], *a.* (*fem.* **-sive**) expansive; (*fig.*) unreserved, open-hearted.

expansion [εkspã'sjɔ̃], *n.f.* expansion; (*fig.*) unreservedness.

expatriation [εkspatria'sjɔ̃], *n.f.* expatriation; self-banishment.

expatrier [εkspatri'e], *v.t.* to expatriate, to exile. **s'expatrier**, *v.r.* to leave one's country.

expectant [εkspεk'tɑ̃], *a.* expectant.

expectative [εkspεkta'ti:v], *n.f.* expectation, hope, expectancy.

expectoration [εkspεktora'sjɔ̃], *n.f.* expectoration; sputum.

expectorer [εkspεkto're], *v.t.* to expectorate, to spit.

expédient [εkspe'djɑ̃], *a.* expedient, fit, meet.—*n.m.* expedient, device; shift.

expédier [εkspe'dje], *v.t.* to dispatch, to send off, to forward; to do quickly; to clear (*at the customs*); to draw up (*a deed etc.*).

expéditeur [εkspedi'tœ:r], *n.m.* (*fem.* **-trice**) sender (*by post*); shipper, consigner.

expéditif [εkspedi'tif], *a.* (*fem.* **-tive**) expeditious, quick.

expédition [εkspedi'sjɔ̃], *n.f.* expedition, dispatch; shipment; thing sent; performance; (*Law*) copy (*of a deed etc.*).

expéditionnaire [εkspedisjo'nε:r], *a.* expeditionary.—*n.* sender, shipper; commission-agent; copying-clerk.

expérience [εkspe'rjɑ̃:s], *n.f.* experience; experiment, test.

expérimental [εksperimã'tal], *a.* (*m.pl.* **-aux**) experimental.

expérimenté [εksperimã'te], *a.* experienced.

expérimenter [εksperimã'te], *v.t.* to try out, to test; to experience.

expert [εks'pε:r], *a.* expert, skilful.—*n.m.* connoisseur; valuer, surveyor; expert; **expert comptable**, chartered accountant.

expertement [εkspεrt'mã], *adv.* expertly, skilfully.

expertise [εkspεr'ti:z], *n.f.* survey, valuation; appraisal.

expertiser [εkspεrti'ze], *v.t.* to make a survey of; to appraise, to value, to assess.

expiation [εkspja'sjɔ̃], *n.f.* expiation, atonement.

expiatoire [εkspja'twa:r], *a.* expiatory.

expier [εks'pje], *v.t.* to expiate, to atone for.

expirant [εkspi'rɑ̃], *a.* expiring, dying.

expiration [εkspira'sjɔ̃], *n.f.* expiration.

expirer [εkspi're], *v.t.* to breathe out; exhale.—*v.i.* to expire, to die; to come to an end.

explicable [εkspli'kabl], *a.* explicable.

explicatif [εksplika'tif], *a.* (*fem.* **-tive**) explicative, explanatory.

explication [εksplika'sjɔ̃], *n.f.* explanation; interpretation; meaning.

explicite [εkspli'sit], *a.* explicit, clear, express.

explicitement [εksplisit'mã], *adv.* explicitly, clearly.

expliquer [εkspli'ke], *v.t.* to explain, to expound; to interpret; to make known. **s'expliquer**, *v.r.* to explain oneself; to be explained.

exploit [εks'plwa], *n.m.* exploit, achievement, feat; (*Law*) writ, process.

exploitable [εksplwa'tabl], *a.* workable; (*Law*) distrainable.

exploitant [εksplwa'tɑ̃], *n.m.* operator (*of mines etc.*); farmer, grower.

exploitation [εksplwata'sjɔ̃], *n.f.* working, improving (*of lands etc.*); employing, using; taking advantage of, exploitation.

exploiter [εksplwa'te], *v.t.* to work, to improve, to cultivate; to use; to exploit, to take (*unfair*) advantage of.

exploiteur [εksplwa'tœ:r], *n.m.* (*fem.* **-euse**) exploiter, person who takes advantage (*of others*).

explorateur [εksplora'tœ:r], *a.* (*fem.* **-trice** exploratory.—*n.m.* (*fem.* **-trice**) explorer.

exploration [ɛksplɔra'sjɔ̃], *n.f.* exploration.
explorer [ɛksplɔ're], *v.t.* to explore.
exploser [ɛksplo'ze], *v.i.* to explode, to blow up.
explosible [ɛksplo'zibl], *a.* explosive.
explosif [ɛksplo'zif], *a.* (*fem.* -sive) and *n.m.* explosive.
explosion [ɛksplo'zjɔ̃], *n.f.* explosion; (*fig.*) outbreak.
exportateur [ɛkspɔrta'tœːr], *a.* (*fem.* -trice) exporting.—*n.m.* (*fem.* -trice) exporter.
exportation [ɛkspɔrta'sjɔ̃], *n.f.* exportation, export.
exporter [ɛkspɔr'te], *v.t.* to export.
exposant [ɛkspo'zã], *n.m.* (*fem.* -e) exhibitor; (*Law*) petitioner.—*n.m.* (*Math.*) exponent.
exposé [ɛkspo'ze], *a.* exposed, on view; dangerous (*position*).—*n.m.* statement, explanation; account, report.
exposer [ɛkspo'ze], *v.t.* to expose, to show, to exhibit; to lay bare; to state, to explain; to endanger.—*v.i.* to explain; to exhibit. **s'exposer**, *v.r.* to expose oneself; to be liable.
exposition [ɛkspozi'sjɔ̃], *n.f.* exhibition; exposure; situation, aspect; explanation, account.
exprès [ɛks'prɛs], *a.* (*fem.* -presse) express, formal, positive.—[ɛks'prɛ], *adv.* expressly, on purpose.—*n.m.* express (*messenger*).
express [ɛks'prɛs], *a.* (*Rail.*) express.—*n.m.* express train.
expressément [ɛksprɛse'mã], *adv.* expressly, positively.
expressif [ɛksprɛ'sif], *a.* (*fem.* -ive) expressive.
expression [ɛksprɛ'sjɔ̃], *n.f.* expression; expressiveness.
exprimer [ɛkspri'me], *v.t.* to express; to press *or* squeeze out; to utter; to betoken. **s'exprimer**, *v.r.* to express oneself.
expropriation [ɛksprɔpria'sjɔ̃], *n.f.* expropriation, dispossession, compulsory purchase.
exproprier [ɛksprɔpri'e], *v.t.* to expropriate, to dispossess; to requisition (*buildings*).
expulser [ɛkspyl'se], *v.t.* to expel, to turn out; to evict.
expulsion [ɛkspyl'sjɔ̃], *n.f.* expulsion; (*Law*) ejection.
expurger [ɛkspyr'ʒe], *v.t.* (*conjug. like* MANGER) to expurgate, to bowdlerize (*a book*).
exquis [ɛks'ki], *a.* exquisite, nice, refined.
exquisement [ɛkskiz'mã], *adv.* exquisitely.
exsangue [ɛk'sãːg], *a.* bloodless, anaemic.
extase [ɛks'taːz], *n.f.* ecstasy, rapture.
extasier (s') [sɛksta'zje], *v.r.* to be enraptured, to go into raptures.
extatique [ɛksta'tik], *a.* ecstatic, rapturous.
extenseur [ɛkstã'sœːr], *a.* extensor.—*n.m.* (*Anat.*) extensor; chest-expander.
extension [ɛkstã'sjɔ̃], *n.f.* extension, stretching; extent; increase.
exténuant [ɛkste'nɥã], *a.* extenuating.
exténuation [ɛkstenɥa'sjɔ̃], *n.f.* extenuation, debility.
exténuer [ɛkste'nɥe], *v.t.* to extenuate, to enfeeble.

extérieur [ɛkste'rjœːr], *a.* exterior, external, outward; foreign.—*n.m.* exterior: outward appearance; abroad.
extérieurement [ɛksterjœr'mã], *adv.* externally, outwardly.
exterminateur [ɛkstɛrmina'tœːr], *a.* (*fem.* -trice) exterminating, destroying.—*n.m.* (*fem.* -trice) destroyer, exterminator.
extermination [ɛkstɛrmina'sjɔ̃], *n.f.* extermination.
exterminer [ɛkstɛrmi'ne], *v.t.* to exterminate, to destroy.
externat [ɛkstɛr'na] *n.m.* day-school.
externe [ɛks'tɛrn], *a.* external, exterior, outer.—*n.* day-scholar.
extincteur [ɛkstɛk'tœːr], *a.* (*fem.* -trice) extinguishing (*fire*).—*n.m.* fire-extinguisher.
extinction [ɛkstɛk'sjɔ̃], *n.f.* extinction, destruction; liquidation; quelling; quenching (*of thirst*); slaking (*of lime*).
extinguible [ɛkstɛ̃'gibl], *a.* extinguishable.
extirpateur [ɛkstirpa'tœːr], *n.m.* extirpator, destroyer; (*Agric.*) scarifier.
extirpation [ɛkstirpa'sjɔ̃], *n.f.* extirpation.
extirper [ɛkstir'pe], *v.t.* to extirpate.
extorquer [ɛkstɔr'ke], *v.t.* to extort, to wrest.
extorsion [ɛkstɔr'sjɔ̃], *n.f.* extortion.
extra [ɛks'tra], *n.m. inv.* extra.
extra-conjugal [ɛkstrakɔ̃ʒy'gal], *a.* (*m.pl.* -aux) extra-marital.
extracteur [ɛkstrak'tœːr], *n.m.* extractor.
extraction [ɛkstrak'sjɔ̃], *n.f.* extraction; origin, descent.
extrader [ɛkstra'de], *v.t.* to extradite.
extradition [ɛkstradi'sjɔ̃], *n.f.* extradition.
extraire [ɛks'trɛːr], *v.t. irr.* (*conjug. like* TRAIRE) to extract, to take out; to make extracts from.
extrait [ɛks'trɛ], *n.m.* extract; selection; abstract; certificate.
extraordinaire [ɛkstraɔrdi'nɛːr], *a.* extraordinary, unusual.—*n.m.* extraordinary thing.
extraordinairement [ɛkstraɔrdinɛr'mã], *adv.* extraordinarily, unusually; oddly.
extrapolation [ɛkstrapɔla'sjɔ̃], *n.f.* (*Math.*) extrapolation.
extra-scolaire [ɛkstraskɔ'lɛːr], *a.* out-of-school (*activities*).
extravagamment [ɛkstravaga'mã], *adv.* extravagantly, unreasonably.
extravagance [ɛkstrava'gãːs], *n.f.* extravagance, folly.
extravagant [ɛkstrava'gã], *a.* and *n.m.* (*fem.* -e) extravagant (person).
extravaguer [ɛkstrava'ge], *v.i.* to talk wildly.
extrême [ɛks'trɛːm], *a.* extreme, utmost; excessive.—*n.m.* extreme *or* utmost point.
extrêmement [ɛkstrem'mã], *adv.* extremely.
Extrême-Orient [ɛkstrɛmo'rjã], l', *m.* Far East.
extrémiste [ɛkstre'mist], *n.* extremist, diehard.
extrémité [ɛkstremi'te], *n.f.* extremity; end; last moment; (*fig.*) border, brink.
exubérance [ɛgzybe'rãːs], *n.f.* exuberance.
exubérant [ɛgzybe'rã], *a.* exuberant, luxuriant.
exultation [ɛgzylta'sjɔ̃], *n.f.* exultation, rapture.

F, f

F

F, f (1) [ɛf], *n.m.* the sixth letter of the alphabet.
f. (2) or **fr.**, (*abbr.*) franc.
fa [fa], *n.m.* (*Mus.*) fa; F.
fable [fɑːbl], *n.f.* fable; story, tale; (*fig.*) untruth; byword.
fablier [fɑbliˈe], *n.m.* book of fables; fabulist.
fabricant [fabriˈkɑ̃], *n.m.* (*fem.* -e) manufacturer, maker.
fabricateur [fabrikaˈtœːr], *n.m.* (*fem.* -trice) fabricator; coiner, forger.
fabrication [fabrikaˈsjɔ̃], *n.f.* fabrication, manufacture.
fabrique [faˈbrik], *n.f.* building, fabric (*esp. of churches*); factory; fabrication.
fabriquer [fabriˈke], *v.t.* to manufacture, to make; to fabricate.
fabuleusement [fabyløzˈmɑ̃], *adv.* fabulously; (*fig.*) incredibly.
fabuleux [fabyˈlø], *a.* (*fem.* -euse) fabulous, fictitious; (*fig.*) incredible.
fabuliste [fabyˈlist], *n.* fabulist.
façade [faˈsad], *n.f.* façade, front (*of an edifice*); (*fig.*) appearance.
face [fas], *n.f.* face; front; side (*of a record*); (*fig.*) state, appearance; turn (*of affairs*); **en face de**, opposite.
facétie [faseˈsi], *n.f.* facetiousness; jest, joke.
facétieusement [fasesjøzˈmɑ̃], *adv.* facetiously.
facétieux [faseˈsjø], *a.* (*fem.* -euse) facetious, humorous.
facette [faˈsɛt], *n.f.* facet, face.
fâcher [fɑˈʃe], *v.t.* to anger, to offend, to displease; **être fâché avec**, to be on bad terms with; **fâché (contre)**, angry (*with*); **fâché (de)**, sorry. **se fâcher**, *v.r.* to get angry, to be offended.
fâcherie [fɑˈʃri], *n.f.* angry feeling; quarrel.
fâcheusement [fɑʃøzˈmɑ̃], *adv.* unfortunately, unpleasantly; inopportunely, disagreeably; awkwardly.
fâcheux [fɑˈʃø], *a.* (*fem.* -euse) troublesome, vexatious; unfortunate; cross.—*n.m.* (*fem.* -euse) troublesome or disagreeable person or thing, pesterer, bore.
facial [faˈsjal], *a.* (*m. pl.* -aux) (*Anat.*) facial.
facile [faˈsil], *a.* easy; facile; fluent; ready, quick; weak.
facilement [fasilˈmɑ̃], *adv.* easily, readily.
facilité [fasiliˈte], *n.f.* facility, ease; readiness; (*pl.*) easy terms (*for payment*).
faciliter [fasiliˈte], *v.t.* to facilitate, to make easy.
façon [faˈsɔ̃], *n.f.* make, shape, fashion; making, workmanship; (*fig.*) manner; appearance; sort; affectation; fuss; (*pl.*) ceremony.
faconde [faˈkɔ̃ːd], *n.f.* talkativeness, loquacity.
façonné [fasoˈne], *a.* figured (*of materials*); wrought.
façonnement [fasɔnˈmɑ̃], **façonnage** [fasoˈnaːʒ], *n.m.* fashioning, making.
façonner [fasoˈne], *v.t.* to make, to fashion, to form; to work, to mould; to accustom, to use (*to discipline etc.*).
façonnier [fasoˈnje], *a.* (*fem.* -ière) ceremonious, affected.—*n.m.* bespoke tailor.
fac-similé [faksimiˈle], *n.m.* facsimile.

factage [fakˈtaːʒ], *n.m.* porterage, carriage.
facteur [fakˈtœːr], *n.m.* (*fem.* -trice) maker (*of musical instruments*); agent; postman; railway porter; (*Math., Biol.*) factor.
factice [fakˈtis], *a.* factitious, artificial; unnatural.
factieux [fakˈsjø], *a,* (*fem.* -euse) factious, mutinous.—*n.m.* (*fem.* -euse) rebel.
faction [fakˈsjɔ̃], *n.f.* watch, sentry-duty; faction.
factionnaire [faksjoˈnɛːr], *n.m.* sentry.
factorerie [faktorəˈri], *n.f.* trading depot, factory (*in a colony etc.*).
facture [fakˈtyːr], *n.f.* composition, workmanship (*of music, verse etc.*); (*Comm.*) bill (*of sale*), invoice.
facturer [faktyˈre], *v.t.* to invoice.
facultatif [fakyltaˈtif], *a.* (*fem.* -tive) optional; **arrêt facultatif**, request stop.
faculté [fakylˈte], *n.f.* faculty, ability, power; quality; option, right; (*pl.*) mental faculties.
fadaise [faˈdɛːz], *n.f.* trifle, stuff, nonsense, twaddle.
fade [fad], *a.* insipid, tasteless, dull; (*fig.*) flat, stale.
fadement [fadˈmɑ̃], *adv.* insipidly, tastelessly; mawkishly.
fadeur [faˈdœːr], *n.f.* insipidity, tastelessness; (*fig.*) pointlessness.
fagot [faˈgo], *n.m.* faggot, bundle of sticks etc.
fagoter [fagoˈte], *v.t.* to tie into faggots; (*fig.*) to jumble together; to dress in a slovenly manner; **comme le voilà fagoté**, what a sight he looks. **se fagoter**, *v.r.* to dress in a slovenly manner.
faible [fɛːbl], *a.* and *n.* weak, feeble (*person*). —*n.m.* weak part; defect, failing; partiality, weakness (*for*).
faiblement [fɛbləˈmɑ̃], *adv.* weakly, feebly.
faiblesse [fɛˈblɛs], *n.f.* weakness, feebleness; faintness; deficiency; backwardness; defect; partiality.
faiblir [fɛˈbliːr], *v.i.* to become weak, to flag, to yield, to abate, to relax.
faïence [faˈjɑ̃ːs], *n.f.* crockery, earthenware.
faïencier [fajɑ̃ˈsje], *n.m.* (*fem.* -ière) dealer in *or* maker of crockery.
faille [fɑːj], *n.f.* (*Geol.*) fault.
failli [faˈji], *a.* and *n.m.* (*fem.* -e) bankrupt, insolvent (*person*).
faillibilité [fajibiliˈte], *n.f.* fallibility.
faillible [faˈjibl], *a.* fallible.
faillir [faˈjiːr], *v.i. irr.* to err, to transgress; to yield; to fail; to be on the point of; **j'ai failli tomber**, I nearly fell.
faillite [faˈjit], *n.f.* bankruptcy, insolvency; **faire faillite**, to become bankrupt.
faim [fɛ̃], *n.f.* hunger, appetite; (*fig.*) longing; **avoir faim**, to be hungry.
faîne [fɛːn], *n.f.* beechnut; beechmast.
fainéant [fɛneˈɑ̃], *a.* idle, lazy.—*n.m.* (*fem.* -e) idler.
fainéanter [fɛneɑ̃ˈte], *v.i.* (*colloq.*) to be idle, to loaf.
fainéantise [fɛneɑ̃ˈtiːz], *n.f.* idleness, laziness, sloth.
faire (1) [fɛːr], *v. irr.* (*The most frequently used verb in the language; faire not only translates to do or to make, but, followed by a noun or an infinitive, it may take the place of practically any verb; followed by an adjective*

or an adverb it forms many current idioms.)
I. *v.t.* to do; to make; to form; to be; *cela fait mon affaire*, this is exactly what I want; *cela fait beaucoup*, that makes a great difference; *cela ne fait rien*, that makes no difference; *faire accueil à*, to welcome; *faire attention*, to pay attention; *faire bâtir*, to have built; *faire cas de*, to have a high opinion of; *(Motor.) faire du 50 à l'heure*, to do 50 kilometres an hour; *faire le mort*, to sham dead; *faire part de*, to inform, to announce; *faire peu de cas de*, to set little store by; *faire ses dents*, to cut one's teeth; *faire une promenade*, to take a walk; *faire venir*, to send for; *faire voir*, to show; *faites-le entrer*, show him in; *il ne fait que d'arriver*, he has only just arrived; *je n ui que faire de lui*, I am in no way interested in him; *qu'est-ce que cela vous fait?* what is that to you? *que faire?* what is to be done? *se laisser faire*, to offer no resistance.

II. *v.i.* to do; to mean, to signify, to look; to fit, to suit; to deal *(at cards)*; to arrange, to manage; *avoir à faire*, to have work to do; *c'en est fait de*, it is all up with.

III. *v. impers.* to be; *il fait beau*, it is fine; *quel temps fait-il?* what sort of weather is it?

IV. **se faire**, *v.r.* to be done, to be made; to happen, to become; to pretend to be; to have, make *or* get oneself; to be used *(à)*, to accustom oneself *(à)*; to improve; *cela ne se fait pas*, that is not done.

faire (2) [fɛ:r], *n.m.* doing, making; *(Paint. etc.)* execution, style.

faire-part [fɛr'pa:r], *n.m. inv. un faire-part* or *une lettre de faire-part de décès* or *de mariage*, notification of death, wedding-card.

faisable [fə'zabl], *a.* practicable, feasible.

faisan [fə'zã], *n.m.* pheasant.

faisandé [fəzã'de], *a.* gamy, high.

faisandeau [fəzã'do], *n.m. (pl.* -**eaux**) young pheasant.

faisceau [fɛ'so], *n.m. (pl.* -**eaux**) bundle; sheaf *(of arrows etc.)*; pile *(of arms etc.)*; *(fig.)* union; *(Elec.)* beam; *(Antiq., pl.)* fasces.

faiseur [fə'zœ:r], *n.m. (fem.* -**euse**) maker; doer; charlatan, quack.

fait [fɛ, fɛt], *a.* made; done; fit, qualified; dressed, got up; full grown; mature.—*n.m.* act, deed; fact, actual event; case, matter, point in business; *tout à fait*, quite.

faîte [fɛ:t], *n.m.* top, pinnacle; ridge, coping *(of a building)*; *(fig.)* zenith, height.

faits divers [fɛdi'vɛr], *n.m. pl.* news items, news in brief.

faix [fɛ], *n.m. inv.* weight, burden, load.

falaise [fa'lɛ:z], *n.f.* cliff.

fallacieusement [falasjøz'mã], *adv.* fallaciously, falsely.

fallacieux [fala'sjø], *a. (fem.* -**euse**) fallacious, deceptive.

falloir [fa'lwa:r], *v. impers. irr.* to be necessary, to be obligatory, proper *or* expedient *(should, must)*; to be needful, to be wanting *or* lacking; *comme il faut*, properly, well-bred *(of people)*; *peu s'en faut*, very nearly; *tant s'en faut*, far from it.

falot [fa'lo], *n.m.* large hand-lantern.

falsification [falsifika'sjõ], *n.f.* falsification; adulteration, debasement.

falsifier [falsi'fje], *v.t.* to falsify; to alter *(texts etc.)*; to adulterate *(milk, metals)*; to tamper with.

faluche [fa'lyʃ], *n.f.* student's beret.

famé [fa'me], *a. used only in bien* or *mal famé*, of good *or* evil repute.

famélique [fame'lik], *a.* starving.—*n.* starveling.

fameux [fa'mø], *a. (fem.* -**euse**) famous, celebrated; first-rate; *(iron. adj. before noun)* perfect.

familial [fami'ljal], *a. (m. pl.* -**aux**) pertaining to family.

familiariser [familjari'ze], *v.t.* to accustom to, to familiarize. **se familiariser**, *v.r.* to familiarize oneself *(avec)*, to become accustomed; to grow familiar.

familiarité [familjari'te], *n.f.* familiarity, familiar terms, intimacy; *(pl.)* liberties.

familier [fami'lje], *a. (fem.* -**ière**) familiar, intimate; free; homely.—*n.m.* familiar.

familièrement [familjer'mã], *adv.* familiarly.

famille [fa'mi:j], *n.f.* family, kindred, kin; race, tribe; *(fig.)* set.

famine [fa'min], *n.f.* famine, dearth.

fanal [fa'nal], *n.m. (pl.* -**aux**) signal-light; ship's lantern.

fanatique [fana'tik], *a.* fanatical.—*n.* fanatic, enthusiast.

fanatiquement [fanatik'mã], *adv.* fanatically.

fanatisme [fana'tism], *n.m.* fanaticism.

faner [fa'ne], *v.t.* to toss or ted *(hay)*; to cause to fade; to tarnish. **se faner**, *v.r.* to fade, to droop, to wither; to tarnish.

faneur [fa'nœ:r], *n.m. (fem.* -**euse**) haymaker. —*n.f.* (-**euse**) haymaking machine.

fanfare [fã'fa:r], *n.f.* flourish *(of trumpets)*, fanfare; brass band.

fanfaron [fãfa'rõ], *a. (fem.* -**onne**) blustering, swaggering, boasting.—*n.m. (fem.* -**onne**) blusterer, swaggerer; braggart.

fanfreluche [fãfrə'lyʃ], *n.f.* bauble, gewgaw.

fange [fã:ʒ], *n.f.* mire, mud, dirt; vileness.

fangeux [fã'ʒø], *a. (fem.* -**euse**) miry, muddy, dirty.

fanon [fa'nõ], *n.m.* dewlap *(oxen)*; fetlock *(horse)*; horny strip *(in whales)*; *(Mil.)* pennon *(of lance)*.

fantaisie [fãte'zi], *n.f.* imagination; fancy; whim, caprice; *(Mus.)* fantasia.

fantaisiste [fãte'zist], *a.* whimsical, fantastic. —*n.* whimsical painter, writer *or* other artist.

fantasmagorie [fãtasmagɔ'ri], *n.f.* phantasmagoria.

fantasque [fã'task], *a.* fantastic, whimsical; strange, odd.

fantassin [fãta'sɛ̃], *n.m.* foot-soldier, infantryman.

fantastique [fãtas'tik], *a.* fantastic, fanciful. —*n.m.* uncanny.

fantastiquement [fãtastik'mã], *adv.* fantastically.

fantoche [fã'tɔʃ], *n.m.* marionette, puppet.

fantôme [fã'to:m], *n.m.* phantom, spectre, ghost.

faon

faon [fɑ̃], n.m. fawn, calf of deer.
faquin [fa'kɛ̃], n.m. cad, rascal.
farandole [farɑ̃'dɔl], n.f. farandole (Provençal dance).
farce [fars], n.f. stuffing, force-meat; farce;
buffoonery; practical joke; prank.
farceur [far'sœːr], a. (fem. -euse) waggish,
facetious.—n.m. (fem. -euse) practical
joker; humbug.
farcir [far'siːr], v.t. to stuff with force-meat
etc.; to cram.
fard [faːr], n.m. paint (for the complexion),
rouge, make-up; (fig.) varnish, disguise;
sans fard, plainly, frankly.
fardeau [far'do], n.m. (pl. -eaux) burden,
load; mash (for brewing); (Mining) mass.
farder [far'de], v.t. to paint (the face), to
make up; (fig.) to varnish, to gloss over. se
farder, v.r. to paint one's face, to make up.
(C) fardoches [far'dɔʃ], n.f. pl. brushwood.
farfadet [farfa'de], n.m. goblin, elf.
farfouiller [farfu'je], v.i. (fam.) to rummage.
faribole [fari'bɔl], n.f. idle story; trifle.
farine [fa'rin], n.f. flour; meal.
farineux [fari'nø], a. (fem. -euse) mealy,
farinaceous; white with flour.
farouche [fa'ruʃ], a. wild; fierce; sullen; shy.
fascicule [fasi'kyl], n.m. fascicle.
fascinateur [fasina'tœːr], a. (fem. -trice)
fascinating.
fascination [fasinɑ'sjɔ̃], n.f. fascination.
fasciner [fasi'ne], v.t. to fascinate.
fascisme [fa'ʃism], n.m. Fascism.
fasciste [fa'ʃist], a. and n. Fascist.
faste [fast], a. favourable, lucky.—n.m. (used
only in sing.) pomp, ostentation.
fastidieusement [fastidjøz'mɑ̃], adv. tediously.
fastidieux [fasti'djø], a. (fem. -euse) irksome,
tedious.
fastueusement [fastyøz'mɑ̃], adv. ostenta-
tiously, pompously; splendidly.
fastueux [fas'tɥø], a. (fem. -euse) ostentatious, pompous, showy; stately.
fat [fat], a. conceited, vain, foppish.—n.m.
fop, coxcomb.
fatal [fa'tal], a. fatal; inevitable; une femme
fatale, a vamp.
fatalement [fatal'mɑ̃], adv. fatally; inevitably.
fatalisme [fata'lism] n.m. fatalism.
fataliste [fata'list], n. fatalist.
fatalité [fatali'te], n.f. fatality.
fatigant [fati'gɑ̃], a. fatiguing, tiring, wearisome.
fatigue [fa'tig], n.f. fatigue, weariness; toil,
hardship; habits de fatigue, working
clothes.
fatigué [fati'ge] a. fatigued, tired; (fig.) worn
out.
fatiguer [fati'ge], v.t. to fatigue; to tire.—v.i.
to tire; to be fatiguing. se fatiguer, v.r. to
tire oneself out, to get tired, to be jaded.
fatras [fa'trɑ], n.m. jumble; rubbish, trash.
fatuité [fatɥi'te], n.f. fatuity, self-conceit.
faubourg [fo'buːr], n.m. outskirts, suburb.
faubourien [fobu'rjɛ̃], a. (fem. -enne)
suburban, working-class; common.—n.m.
(fem. -enne) person living in the suburbs;
(pej.) common person.
fauchage [fo'ʃaːʒ], n.m. mowing.
fauchaison [foʃɛ'zɔ̃], n.f. mowing-time.
fauché [fo'ʃe], a. mown; (slang) broke.

152

faucher [fo'ʃe], v.t. to mow, to reap.
faucheur [fo'ʃœːr], n.m. (fem. -euse) mower,
reaper.—n.f. (-euse) (mechanical) mower.
faucille [fo'siːj], n.f. sickle, reaping-hook.
faucon [fo'kɔ̃], n.m. falcon, hawk.
fauconnerie [fokɔn'ri], n.f. falconry.
fauconnier [fokɔ'nje], n.m. falconer.
faufiler [fofi'le], v.t. to tack, to baste (needlework). se faufiler, v.r. to insinuate oneself,
to sneak in; to find a way in.
faune (1) [foːn], n.m. faun.
faune (2) [foːn], n.f. (Zool.) fauna.
faussaire [fo'sɛːr], n. forger.
fausse [fos], [FAUX].
faussement [fos'mɑ̃], adv. falsely, wrongfully.
fausser [fo'se], v.t. to bend; to falsify, to
pervert; to break, to force or strain (a lock).
fausset [fo'sɛ], n.m. (Mus.) falsetto.
fausseté [fos'te], n.f. falsity, falsehood;
duplicity.
faute [foːt], n.f. want; defect; fault, mistake,
error; faute de, for want of.
fauteuil [fo'tœːj], n.m. arm-chair; chair
(speaker's, president's seat).
fauteur [fo'tœːr], n.m. abettor, favourer.
fautif [fo'tif], a. (fem. -tive) faulty, at fault,
defective.
fauve [foːv], a. fawn-coloured, tawny.—n.m.
wild animal; Les Fauves, group of French
painters at the beginning of this century.
fauvette [fo'vɛt], n.f. warbler.
faux (1) [fo], n.f. inv. scythe.
faux (2) [fo], a. (fem. fausse) false, untrue,
wrong; base, counterfeit, forged (coinage);
sham; insincere; (Mus.) out of tune; faire
un faux pas, to stumble; (fig.) to make a
slip.—n.m. falsehood; error; forgery.—adv.
falsely, erroneously; (Mus.) out of tune.
faux-filet [fofi'le], n.m. sirloin.
faux-fuyant [fofɥi'jɑ̃], n.m. subterfuge,
evasion.
faux-monnayeur [fomɔnɛ'jœːr], n.m. coiner,
counterfeiter.
faveur [fa'vœːr], n.f. favour, boon; grace;
vogue; (narrow) silk ribbon; à la faveur
de, by means of; en faveur de, on behalf
of.
favorable [favɔ'rabl], a. favourable, propitious.
favorablement [favɔrablə'mɑ̃], adv. favourably.
favori [favɔ'ri], a. and n.m. (fem. -ite)
favourite.—n.m. (pl.) side-whiskers.
favoriser [favɔri'ze] v.t. to favour, to befriend; to assist, to protect.
favoritisme [favɔri'tism], n.m. favouritism.
fébrile [fe'bril], a. febrile, feverish.
fécond [fe'kɔ̃], a. fruitful, prolific; copious,
abundant, fertile.
fécondation [fekɔ̃dɑ'sjɔ̃], n.f. impregnation;
fertilization.
féconder [fekɔ̃'de], v.t. to make fruitful, to
fertilize.
fécondité [fekɔ̃di'te], n.f. fecundity, fruitfulness, fertility.
fécule [fe'kyl], n.f. faecula, starch.
féculent [feky'lɑ̃], a. feculent.—n.m. starchy
food.
fédéral [fede'ral], a. (m. pl. -aux) federal.
fédéralisme [federa'lism], n.m. federalism.
fédéraliste [federa'list], a. and n. federalist.

fédération [federɑ'sjɔ̃], *n.f.* federation, alliance.

fédéré [fede're], *a.* federate, confederate; amalgamated.

fédérer (se) [səfede're], *v.r.* (*conjug. like* CÉDER) to federate, to band together.

fée [fe], *n.f.* fairy, fay.

féerie [fea'ri], *n.f.* enchantment; fairy scene; fairy-land.

féerique [fea'rik], *a.* fairy-like; wonderful.

feindre [fɛ̃:dr], *v.t. irr* (*conjug. like* CRAINDRE) to feign, to simulate, to sham, to pretend.— *v.i.* to feign, to sham.

feint [fɛ̃], *a.* feigned, pretended, sham.

feinte [fɛ̃:t], *n.f.* feint; pretence, dissimulation.

feld-maréchal [feldmare'ʃal], *n.m.* (*pl.* -aux) field-marshal.

feldspath [fɛls'pat], *n.m.* feldspar.

fêlé [fɛ'le], *a.* cracked (*of glass*); (*fig.*) crack-brained.

fêler [fɛ'le], *v.t.* and **se fêler**, *v.r.* to crack (*of glass etc.*).

félicitation [felisitɑ'sjɔ̃], *n.f.* felicitation, congratulation.

félicité [felisi'te], *n.f.* felicity, bliss.

féliciter [felisi'te], *v.t.* to congratulate, to felicitate. **se féliciter**, *v.r.* to congratulate oneself.

félin [fe'lɛ̃], *a.* and *n.m.* (*fem.* -e) feline.

félon [fe'lɔ̃], *a.* (*fem.* -onne) disloyal, traitorous.—*n.m.* (*fem.* -onne) traitor, caitiff.

félonie [felɔ'ni], *n.f.* (*Feud.*) felony, treason.

fêlure [fɛ'ly:r], *n.f.* crack, fissure.

femelle [fə'mɛl], *a.* female, feminine, she-.—*n.f.* female, (*pej.*) woman.

féminin [femi'nɛ̃], *a.* feminine, female, womanish, womanly, effeminate.—*n.m.* (*Gram.*) feminine.

femme [fam], *n.f.* woman; married woman; wife; female attendant; lady.

femme-agent [famɑ'ʒɑ̃], *n.f.* police-woman.

femmelette [fam'lɛt], *n.f.* silly, weak woman; effeminate man.

femme-soldat [famsɔl'da], *n.f.* service-woman.

fémur [fe'my:r], *n.m.* femur, thigh-bone.

fenaison [fənɛ'zɔ̃], *n.f.* hay-time, hay-making.

fendiller (se) [səfɑ̃di'je], *v.r.* to be covered with small cracks, to crack, to split.

fendre [fɑ̃:dr], *v.t.* to cleave, to split, to crack, to cut open; to plough (*the sea*). **se fendre**, *v.r.* to burst asunder, to split, to be ready to burst.

fendu [fɑ̃'dy], *a.* cleft, split, cloven.

fenêtre [fə'nɛ:tr], *n.f.* window, casement.

fenil [fə'ni], *n.m.* hayloft.

fenouil [fə'nu:j], *n.m.* fennel.

fente [fɑ̃:t], *n.f.* slit, chink, cleft; gap, crevice.

féodal [feɔ'dal], *a.* (*m. pl.* -aux) feudal.

féodalisme [feɔda'lism], *n.m.* feudalism.

fer [fɛ:r], *n.m.* iron; iron tool; horseshoe; head, point, etc.; (*fig.*) sword, brand; (*Golf*) club; (*pl.*) irons, chains, fetters; **fer battu** or **forgé**, wrought-iron; **fil de fer**, wire.

fer-blanc [fɛr'blɑ̃], *n.m.* (*pl.* **fers-blancs**) tin, tin-plate.

férié [fe'rje], *a.* a holiday; **jour férié**, holiday, general holiday, bank-holiday.

férir [fe'rir], *v.t. used only in sans coup férir,* without striking a blow.

ferler [fɛr'le], *v.t.* to furl (*sails*).

fermage [fɛr'ma:ʒ], *n.m.* rent (*of a farm*).

fermail [fɛr'ma:j], *n.m.* clasp, buckle.

ferme (1) [fɛrm], *a.* firm; fixed, stable; strong, stout, stiff, steady; resolute.—*adv.* firmly, fast, hard.

ferme (2) [fɛrm], *n.f.* farm, farmhouse, farmstead; farming (*of taxes*); letting out on lease.

ferme (3) [fɛrm], *n.f.* framework of beams.

fermement [fɛrmə'mɑ̃], *adv.* firmly, steadily; resolutely.

ferment [fɛr'mɑ̃], *n.m.* ferment, leaven.

fermentation [fɛrmɑ̃tɑ'sjɔ̃], *n.f.* fermentation, working; (*fig.*) ferment.

fermenter [fɛrmɑ̃'te], *v.i.* to ferment, to rise, to work.

fermer [fɛr'me], *v.t.* to shut, to close; to fasten; to turn off (*water, gas etc.*); to put an end to (*a discussion etc.*); to enclose.— *v.i.* to shut, to be shut. **se fermer**, *v.r.* to shut, to close, to be closed; to lock.

fermeté [fɛrmə'te], *n.f.* firmness; steadiness; resolution.

fermeture [fɛrmə'ty:r], *n.f.* closing, shutting; **fermeture à glissière**, zip fastener.

fermier [fɛr'mje], *n.m.* (tenant) farmer.

fermière [fɛr'mjɛ:r], *n.f.* farmer's wife.

fermoir [fɛr'mwa:r], *n.m.* clasp, fastener.

féroce [fe'rɔs], *a.* ferocious, fierce, savage.

férocement [ferɔs'mɑ̃], *adv.* ferociously.

férocité [ferɔsi'te], *n.f.* ferocity, fierceness.

ferraille [fɛ'rɑ:j], *n.f.* old iron, scrap-iron.

ferrailler [fɛrɑ'je], *v.i.* (*Spt.*) to fence clumsily; (*fig.*) to squabble.

ferrailleur [fɛrɑ'jœ:r], *n.m.* dealer in old iron, scrap merchant; (*Spt.*) clumsy fencer.

ferrant [fɛ'rɑ̃], *a.* **maréchal ferrant**, farrier, shoeing-smith.

ferré [fɛ're], *a.* bound, shod etc., with iron; metalled; (*colloq.*) skilled; **voie ferrée**, railway.

ferrer [fɛ're], *v.t.* to bind, hoop, etc., with iron; to shoe (*a horse etc.*).

ferret [fɛ'rɛ], *n.m.* tag (*of a lace*).

ferronnerie [fɛrɔn'ri], *n.f.* iron-foundry; ironmongery; wrought iron.

ferronnier [fɛrɔ'nje], *n.m.* (*fem.* -ière) iron-monger, iron-worker.

ferroviaire [fɛrɔ'vjɛ:r], *a.* pertaining to railways.

ferrure [fɛ'ry:r], *n.f.* iron-work; shoeing (*of a horse etc.*).

fertile [fɛr'til], *a.* fertile, fruitful.

fertilement [fɛrtil'mɑ̃], *adv.* fertilely, abundantly.

fertilisant [fɛrtili'zɑ̃], *a.* fertilizing.

fertiliser [fɛrtili'ze], *v.t.* to fertilize, to manure.

fertilité [fɛrtili'te], *n.f.* fertility, fruitfulness.

féru [fe'ry], *a.* smitten; keen on (*something or someone*).

férule [fe'ryl], *n.f.* (*Sch.*) cane, ferule, rod; stroke, cut.

fervent [fɛr'vɑ̃], *a.* fervent.—*n.m.* (*fem.* -e) enthusiast, devotee, fan.

ferveur [fɛr'vœ:r], *n.f.* fervour, ardour.

fesse [fɛs], *n.f.* buttock, rump; (*pl.*) bottom.

fessée [fɛ'se], *n.f.* spanking.

fesse-mathieu [fɛsmɑ'tjø], *n.m.* (*pl.* **fesse-mathieux**) miser, skinflint.

fesser [fɛ'se], *v.t.* to spank, to smack.

153

fessier [fɛˈsje], *n.m.* buttocks, bottom.
festin [fɛsˈtɛ̃], *n.m.* feast, banquet.
*****festiner** [fɛstiˈne], *v.i.* to banquet, to carouse.
festival [fɛstiˈval], *n.m.* festival.
festivité [fɛstiviˈte], *n.f.* festivity.
feston [fɛsˈtɔ̃], *n.m.* festoon; scallop.
festonner [fɛstoˈne], *v.t.* to festoon; to cut in festoons, to scallop.
festoyer [fɛstwaˈje], *v.t.* (*conjug. like* EMPLOYER) to entertain, to feast.
fête [fɛːt], *n.f.* holiday, festival; saint's day; feast; birthday; festivity, merry-making.
fête-Dieu [fɛːtˈdjø], *n.f.* Corpus Christi day.
fêter [fɛˈte], *v.t.* to keep (as a holiday); to entertain, to feast.
fétiche [feˈtiʃ], *n.m.* fetish.
fétide [feˈtid], *a.* fetid, rank, offensive.
fétidité [fetidiˈte], *n.f.* fetidity, offensive smell.
fétu [feˈty], *n.m.* straw; (*fig.*) pin, rap.
feu (1) [fø], *n.m.* (*pl.* **feux**) fire; burning; heat; discharge of fire-arms; fire-place; (*fig.*) light; brilliancy; passion; vivacity; *crier 'au feu'*, to cry 'fire!'; *faire feu*, to fire; *feu d'artifice*, fireworks; *feu de joie*, bonfire; *feux de position*, (*Motor.*) parking lights; *le coin du feu*, the fireside; *prendre feu*, to catch fire.
feu (2) [fø], *a.* late, deceased.
feuillage [fœˈjaːʒ], *n.m.* foliage, leaves.
feuille [fœːj], *n.f.* leaf; sheet (*of paper, metal etc.*); newspaper; list; foil (*of mirrors*).
feuillet [fœˈjɛ], *n.m.* leaf (*of a book*).
feuilleter [fœjˈte], *v.t.* (*conjug. like* APPELER) to turn over; to peruse rapidly; *gâteau feuilleté*, flaky puff.
feuillu [fœˈjy], *a.* leafy.
feutrage [føˈtraːʒ], *n.m.* felting.
feutre [føːtr], *n.m.* felt; felt hat.
feutrer [føˈtre], *v.t.* to felt; to pad, to pack.
feutrier [føtriˈe], *n.m.* (*fem.* **-ière**) felt-maker.
fève [fɛːv], *n.f.* bean, broad bean.
février [fevriˈe], *n.m.* February.
fez [fɛːz], *n.m. inv.* fez (*Turkish cap*).
fi! [fi], *int.* fie!
fiacre [fjakr], *n.m.* hackney-coach, cab.
fiançailles [fjɑ̃ˈsaːj], *n.f.* (*used only in pl.*) betrothal, engagement.
fiancé [fjɑ̃ˈse], *n.m.* (*fem.* **-ée**) betrothed, fiancé, fiancée.
fiancer [fjɑ̃ˈse], *v.t.* (*conjug. like* COMMENCER) to betroth, to affiance. **se fiancer**, *v.r.* to become engaged to each other.
fiasco [fjasˈko], *n.m. inv.* fiasco, failure.
fibre [fibr], *n.f.* fibre, filament; (*fig.*) feeling.
fibreux [fiˈbrø], *a.* (*fem.* **-euse**) fibrous, stringy.
ficeler [fisˈle], *v.t.* (*conjug. like* APPELER) to bind *or* tie up with string; to do up; to dress up.
ficeleur [fisˈlœːr], *n.m.* (*fem.* **-euse**) packer.
ficelle [fiˈsɛl], *n.f.* string, packthread, twine; (*fig.*) dodge.
fiche [fiʃ], *n.f.* peg, pin (*for a hinge etc.*); (*Teleph.*) plug; small card; (*Whist*) booby prize; (*colloq.*) slip of paper, memo.
ficher [fiˈʃe], *v.t.* to drive in, to fasten in. **se ficher**, *v.r.* (*colloq.*) to laugh at (*de*).
fichier [fiˈʃje], *n.m.* card-index (*cabinet*).
fichoir [fiˈʃwaːr], *n.m.* peg, clothes-peg.
fichtre! [fiʃtr], *int.* (*colloq.*) dash it! hang it!
fichu (1) [fiˈʃy], *n.m.* neckerchief.

fichu (2) [fiˈʃy], *a.* sorry, pitiful; got up (*dressed*); (*slang*) done for.
fictif [fikˈtif], *a.* (*fem.* **-tive**) supposed, fictitious.
fiction [fikˈsjɔ̃], *n.f.* fiction; fable.
fictivement [fiktivˈmɑ̃], *adv.* fictitiously.
fidèle [fiˈdɛl], *a.* faithful, loyal, true.—*n.* faithful friend etc.; (*pl.*) worshippers, faithful.
fidèlement [fidɛlˈmɑ̃], *adv.* faithfully, truly.
fidélité [fideliˈte], *n.f.* fidelity, faithfulness, loyalty; accuracy.
fief [fjɛf], *n.m.* fief, fee.
fieffé [fjeˈfe], *a.* (*colloq.*) arrant, downright.
fiel [fjɛl], *n.m.* gall; (*fig.*) hatred, bitterness, rancour.
fier [fje], *v.t.* to trust, to entrust. **se fier**, *v.r.* to trust to *or* in, to depend upon (*à*).
fier [fjɛːr], *a.* (*fem.* **fière**) proud, haughty; bold; (*colloq.*) fine, capital.
fièrement [fjɛrˈmɑ̃], *adv.* proudly, arrogantly, haughtily; boldly.
fierté [fjɛrˈte], *n.f.* pride, arrogance; dignity.
fièvre [fjɛːvr], *n.f.* fever, feverishness; (*fig.*) restlessness, excitement.
fiévreux [fjeˈvrø], *a.* (*fem.* **-euse**) feverish; (*fig.*) restless.—*n.m.* (*fem.* **-euse**) fever-patient.
fifre [fifr], *n.m.* fife; fifer.
figé [fiˈʒe], *a.* stiff, cold, set (*features, smile etc.*).
figement [fiʒˈmɑ̃], *n.m.* congealment, coagulation, curdling.
figer [fiˈʒe], *v.t. and* **se figer**, *v.r.* (*conjug. like* MANGER) to congeal, to coagulate, to curdle.
figue [fig], *n.f.* fig.
figuier [fiˈgje], *n.m.* fig-tree.
figurant [figyˈrɑ̃], *n.m.* (*fem.* **-e**) (*Theat., Cine.*) figurant; extra.
figuratif [figyraˈtif], *a.* (*fem.* **-tive**) figurative.
figurativement [figyrativˈmɑ̃], *adv.* figuratively.
figure [fiˈgyːr], *n.f.* figure, shape; face, appearance; symbol; type.
figuré [figyˈre], *a.* figured; figurative.
figurer [figyˈre], *v.t.* to figure, to represent.—*v.i.* to figure, to appear. **se figurer**, *v.r.* to imagine, fancy or picture to oneself.
figurine [figyˈrin], *n.f.* figurine, statuette.
fil [fil], *n.m.* thread; wire; yarn; (*cutting*) edge; grain, vein (*in stones etc.*); course (*of a stream etc.*); chain, series; *de fil en aiguille*, one thing leading to another; *donner un coup de fil*, to give a ring; *être au bout du fil*, to be speaking (*on the phone*); *fil à coudre*, sewing-thread; *fil de la Vierge*, gossamer; *laine deux fils*, two-ply wool.
filage [fiˈlaːʒ], *n.m.* spinning.
filament [filaˈmɑ̃], *n.m.* filament, thread.
filamenteux [filamɑ̃ˈtø], *a.* (*fem.* **-euse**) thready, stringy.
filandière [filɑ̃ˈdjɛːr], *n.f.* spinner.
filandreux [filɑ̃ˈdrø], *a.* (*fem.* **-euse**) fibrous, stringy, thready.
filant [fiˈlɑ̃], *a.* flowing; ropy; shooting (*of stars*).
filasse [fiˈlas], *n.f.* harl, tow (*of flax, hemp etc.*); oakum.
filateur [filaˈtœːr], *n.m.* spinning-mill owner; spinner.

filature [fila'ty:r], *n.f.* spinning-mill; spinning; shadowing (*by a detective*).

file [fil], *n.f.* file; *à la file*, one after another; *prendre la file*, to take one's place in the queue.

filé [fi'le], *a.* drawn out, sustained.—*n.m.* gold *or* silver thread.

filer [fi'le], *v.t.* to spin; (*fig.*) to carry on; to spin out (*a story etc.*); (*Naut.*) to pay out (*a rope*); to trail, to shadow.—*v.i.* to become ropy; to go, to travel; to shoot (*of stars*); to flare (*of a lamp etc.*); to take oneself off; *filer à l'anglaise*, to take French leave; *filer doux*, to sing small.

filet [fi'le], *n.m.* slender thread, string; net; (*Rail.*) rack; filament, fibre; (*Bot., Arch. etc.*) fillet; drop (*of water etc.*); (*fig.*) streak; trickle, streamlet; snaffle-bridle; (*fig.*) snare.

fileur [fi'lœ:r], *n.m.* (*fem.* **-euse**) spinner; wire-drawer.

filial [fi'ljal], *a.* (*m. pl.* **-aux**) filial.

filiale [fi'ljal], *n.f.* subsidiary company, branch.

filiation [filja'sjɔ̃], *n.f.* filiation; (*fig.*) connexion, relationship.

filière [fi'ljɛ:r], *n.f.* draw-plate; screw-plate; (*Carp.*) purlin; (*fig.*) channel, series.

filigrane [fili'gran], *n.m.* filigree, filigree-work; water-mark (*in paper*); embossing.

filigraner [filigra'ne], *v.t.* to work in filigree; to emboss.

fille [fi:j], *n.f.* daughter; girl, young unmarried woman; maiden; servant-maid; *arrière-petite-fille*, great-granddaughter; *belle-fille*, daughter-in-law, stepdaughter; *jeune fille*, girl; *petite-fille*, granddaughter; *vieille fille*, old maid.

fillette [fi'jɛt], *n.f.* little girl; lass.

filleul [fi'jœ:l], *n.m.* godson.

filleule [fi'jœ:l], *n.f.* goddaughter.

film [film], *n.m.* film; *film fixe*, film strip.

filmer [fil'me], *v.t.* to film.

filon [fi'lɔ̃], *n.m.* metallic vein; (*fig.*) good job; tip.

filou [fi'lu], *n.m.* pickpocket, thief; swindler.

filouter [filu'te], *v.t.* to steal; to cheat, to swindle.

filouterie [filu'tri], *n.f.* picking pockets; swindling, cheating.

fils [fis], *n.m. inv.* son, male child; offspring; *arrière-petit-fils*, great-grandson; *beau-fils*, stepson, son-in-law; *petit-fils*, grandson.

filtrage [fil'tra:ʒ], *n.m.* filtering, straining.

filtrant [fil'trɑ̃], *a.* filtering, straining; *bout filtrant*, filter-tip.

filtration [filtra'sjɔ̃], *n.f.* filtration, straining; percolation.

filtre (1) [filtr], *n.m.* filter; cup of filtered coffee; *filtre à café*, percolator.

filtre (2) [PHILTRE].

filtrer [fil'tre], *v.t.* to filter, to strain.—*v.i.* and **se filtrer**, *v.r.* to filter; to percolate.

filure [fi'ly:r], *n.f.* texture of a spun fabric.

fin (1) [fɛ̃], *n.f.* end, conclusion, close; death; destination; aim, design.

fin (2) [fɛ̃], *a.* fine, thin, slender; delicate; refined, polite; acute; cunning.—*n.m.* sharp fellow; main point.—*n.f.* (**-e**) type of liqueur brandy.

final [fi'nal], *a.* final, last, ultimate.

finale [fi'nal], *n.m.* (*Mus.*) finale.—*n.f.* (*Spt.*) final.

finalement [final'mɑ̃], *adv.* finally, lastly.

finalité [finali'te], *n.f.* finality.

finance [fi'nɑ̃:s], *n.f.* ready money; (*pl.*) (*public*) finances, exchequer, treasury.

financer [finɑ̃'se], *v.t.* (*conjug. like* COMMENCER) to finance—*v.i.* to lay out money.

financier [finɑ̃'sje], *a.* (*fem.* **-ière**) financial.—*n.m.* financier.

financièrement [finɑ̃sjɛr'mɑ̃], *adv.* financially.

finaud [fi'no], *a.* sly, artful, cunning.—*n.m.* (*fem.* **-e**) sly, artful person.

fine [fin], [FIN (2)].

finement [fin'mɑ̃], *adv.* finely, delicately; ingeniously; artfully.

finesse [fi'nɛs], *n.f.* fineness; delicacy; ingenuity; finesse, artifice, slyness.

finette [fi'nɛt], *n.f.* thin material of wool *or* cotton, flannelette.

fini [fi'ni], *a.* finished, ended.—*n.m.* finish, high finish, perfection.

finir [fi'ni:r], *v.t.* to finish, to complete; to end, to terminate.—*v.i.* to end, to conclude, to be over; to expire.

finissage [fini'sa:ʒ], *n.m.* finishing touches.

finissant [fini'sɑ̃], *a.* declining, dying.

finlandais [fɛ̃lɑ̃'dɛ], *a.* Finnish.—*n.m.* Finnish (*language*); (**Finlandais**, *fem.* **-aise**) Finn.

Finlande [fɛ̃'lɑ̃:d], **la**, *f.* Finland.

finnois [fi'nwa], *a.* Finnish.—*n.m.* Finnish (*language*); (**Finnois**, *fem.* **-oise**) Finn.

fiole [fjɔl], *n.f.* phial.

firmament [firma'mɑ̃], *n.m.* firmament, sky, heaven.

fisc [fisk], *n.m.* public treasury, fisc.

fiscal [fis'kal], *a.* (*m. pl.* **-aux**) fiscal, financial.

fissible [fi'sibl], *a.* fissile (*of radio-active materials*).

fission [fi'sjɔ̃], *n.f.* fission, splitting (*of atom*); *fission de l'atome*, nuclear fission.

fissure [fi'sy:r], *n.f.* fissure, crack, rent.

fissurer (se) [səfisy're], *v.r.* to become fissured.

five-o'clock [faivo'klok], *n.m.* afternoon tea.

fixation [fiksa'sjɔ̃], *n.f.* fixation, fixing; settlement; rating, assessment.

fixe [fiks], *a.* fixed; settled; appointed, regular.—*n.m.* fixed salary.—*int.* (*Mil.*) eyes front! steady!

fixement [fiksə'mɑ̃], *adv.* fixedly, steadily.

fixer [fik'se], *v.t.* to fix, to fasten; to settle; to establish; to stare at; to attract. **se fixer**, *v.r.* to be fixed; to settle down.

fixité [fiksi'te], *n.f.* fixity, stability.

flac [flak], *int.* slap! bang! plop!—*n.m.* anti-aircraft gunfire, flak.

flaccidité [flaksidi'te], *n.f.* flaccidity.

flacon [fla'kɔ̃], *n.m.* bottle; decanter; phial.

flagellant [flaʒɛ'lɑ̃], *n.m.* flagellant.

flagellation [flaʒɛla'sjɔ̃] *n.f.* flagellation, flogging.

flageller [flaʒɛ'le], *v.t.* to flagellate, to scourge, to flog; (*fig.*) to lash with words.

flageoler [flaʒɔ'le], *v.i.* to tremble, to shake (*of legs*).

flageolet [flaʒɔ'le], *n.m.* flageolet (*music*); (*small*) green kidney bean.

flagorner [flagɔr'ne], *v.t.* to flatter servilely, to toady to.

flagornerie [flagɔrnə'ri], *n.f.* sycophancy, base flattery.

flagorneur [flagɔr'nœːr], *n.m.* (*fem.* -euse) sycophant, toady.

flagrant [fla'grɑ̃], *a.* flagrant, gross; *en flagrant délit*, red-handed.

flair [flɛːr], *n.m.* (*Hunt.*) nose; (*fig.*) perspicacity.

flairer [flɛ're], *v.t.* to smell, to scent; (*colloq.*) to smell of; to find out.

flamand [fla'mɑ̃], *a.* Flemish.—*n.m.* Flemmish (*language*); (**Flamand**, *fem.* -ande) Fleming.

flamant (**rose**) [fla'mɑ̃(roːz)], *n.m.* flamingo.

flambant [flɑ̃'bɑ̃], *a.* blazing, flaming; (*pop.*) smart, flashy; *flambant neuf*, brand new.

flambeau [flɑ̃'bo], *n.m.* (*pl.* -eaux) torch, link; candle, candlestick.

flambée [flɑ̃'be], *n.f.* blaze.

flamber [flɑ̃'be], *v.t.* to singe; to fumigate, to disinfect.—*v.i.* to blaze, to flame, to flare.

flamboiement [flɑ̃bwa'mɑ̃], *n.m.* flaming, blaze.

flamboyant [flɑ̃bwa'jɑ̃], *a.* flaming, blazing; flashing.

flamboyer [flɑ̃bwa'je], *v.i.* (*conjug. like* EMPLOYER) to flame, to blaze, to flare.

flamme [flɑ:m], *n.f.* flame; (*fig.*) fire; glow; ardour, passion.

flammèche [flɑ'mɛʃ], *n.f.* flake of fire, spark.

flammer [fla'me], *v.t.* to singe (*material*).

flan [flɑ̃], *n.m.* (*baked*) custard tart; flan.

flanc [flɑ̃], *n.m.* flank, side; (*fig.*) womb, bowels.

flancher [flɑ̃'ʃe], *v.i.* (*fam.*) to give in, to rat, to jib; (*Motor.*) to stop, to break down.

flandrin [flɑ̃'drɛ̃], *n.m.* (*colloq.*) *un grand flandrin*, a long, lanky fellow.

flanelle [fla'nɛl], *n.f.* flannel.

flâner [flɑ'ne], *v.i.* to lounge, to stroll, to loaf.

flânerie [flɑ'nri], *n.f.* lounging; stroll; loafing.

flâneur [flɑ'nœːr], *n.m.* (*fem.* -euse) stroller; lounger, loafer.

flanquer [flɑ̃'ke], *v.t.* to flank; (*Mil.*) to defend, to guard; (*colloq.*) to deal (*a blow*); to fling. **se flanquer**, *v.r.* *se flanquer par terre*, to throw oneself down.

flaque [flak], *n.f.* small pool, puddle.

flash [flaʃ], *n.m.* (*Phot.*) flash-light; (*Cine.*) flash.

flasque (1) [flask], *a.* limp, slack, flabby, flaccid.

flasque (2) [flask], *n.f.* powder-horn.

flatter [fla'te], *v.t.* to stroke, to caress; to flatter; to soothe; to cajole. **se flatter**, *v.r.* to flatter oneself; to pride oneself; to hope, to expect.

flatterie [fla'tri], *n.f.* flattery, adulation.

flatteur [fla'tœːr], *a.* (*fem.* -euse) flattering, complimentary.—*n.m.* (*fem.* -euse) flatterer.

flatteusement [flatøz'mɑ̃], *adv.* flatteringly.

flatulence [flaty'lɑ̃:s], *n.f.* flatulence, wind.

flatulent [flaty'lɑ̃], *a.* flatulent, windy.

fléau [fle'o], *n.m.* (*pl.* fléaux) flail; (*fig.*) scourge, plague; beam (*of a balance*).

flèche [flɛʃ], *n.f.* arrow, dart; shaft; (*Arch.*) slender spire; *faire flèche de tout bois*, to leave no stone unturned.

fléchette [fle'ʃɛt], *n.f.* dart (*game*).

fléchir [fle'ʃiːr], *v.t.* to bend, to bow; (*fig.*) to move, to persuade.—*v.i.* to bend, to bow, to yield; to stagger.

fléchissement [fleʃis'mɑ̃], *n.m.* bending, giving way.

flegmatique [flɛgma'tik], *a.* (*Med.*) phlegmatic; (*fig.*) stolid, sluggish.

flegme [flɛgm], *n.m.* phlegm; (*fig.*) coolness, impassivity.

flet [flɛ], **flétan** [fle'tɑ̃], *n.m. grand flétan*, halibut; *petit flétan* or *flet*, flounder.

flétrir [fle'triːr], *v.t.* to wither; (*fig.*) to blight, to tarnish, to blemish. **se flétrir**, *v.r.* to fade, to wither.

flétrissant [fletri'sɑ̃], *a.* dishonouring, blighting.

flétrissure [fletri'syːr], *n.f.* fading, withering; stigma, disgrace.

fleur [flœːr], *n.f.* flower, blossom; bloom; (*fig.*) best, pick; surface; *à fleur d'eau*, at water level; *à fleur de peau*, superficially; *yeux à fleur de tête*, prominent or goggle eyes.

fleurer [flœ're], *v.i.* to smell, to exhale.

fleuret [flœ'rɛ], *n.m.* (*Fenc.*) foil; miner's drill.

fleurette [flœ'rɛt], *n.f.* little flower, floweret; amorous discourse, gallant speech.

fleuri [flœ'ri], *a.* flowery; florid.

fleurir [flœ'riːr], *v.t.* to decorate with flowers.—*v.i.* to flower, to blossom; to flourish. **se fleurir**, *v.r.* to adorn oneself with flowers.

fleurissant [flœri'sɑ̃], *a.* blossoming, blooming.

fleuriste [flœ'rist], *a.* and *n.* florist; artificial flower-maker or seller.

fleuron [flœ'rɔ̃], *n.m.* carved or painted flower; (*fig.*) flower-work; jewel.

fleuve [flœːv], *n.m.* river (*flowing into the sea*), large stream.

flexibilité [flɛksibili'te], *n.f.* flexibility, pliancy.

flexible [flɛk'sibl], *a.* flexible, pliable, supple.

flexion [flɛk'sjɔ̃], *n.f.* flexion, bending.

flibuster [flibys'te], *v.i.* to buccaneer, to filibuster, to freeboot.

flibusterie [flibys'tri], *n.f.* filibustering; robbery, theft.

flibustier [flibys'tje], *n.m.* buccaneer, pirate; filibuster.

flirt [flœrt], *n.m.* flirtation, flirting.

flirter [flœr'te], *v.i.* to flirt.

floc [flɔk], *n.m.* tuft, tassel.—*int.* flop!

floche [flɔʃ], *a.* flossy, shaggy.

flocon [flɔ'kɔ̃], *n.m.* flock, tuft; flake (*of snow*).

floconneux [flɔkɔ'nø], *a.* (*fem.* -euse) flaky.

floraison [flɔre'zɔ̃], *n.f.* efflorescence, flowering.

floral [flɔ'ral], *a.* (*m. pl.* -aux) floral.

flore [flɔːr], *n.f.* flora.

florentin [flɔrɑ̃'tɛ̃], *a.* Florentine.

florin [flɔ'rɛ̃], *n.m.* florin.

florir [flɔ'riːr], [FLEURIR].

florissant [flɔri'sɑ̃], *a.* prosperous, flourishing.

floriste [flɔ'rist], *n.* florist.

flot [flo], *n.m.* wave, billow; (*fig.*) tide, flood; crowd; (*pl.*) sea, stream, torrent.

flottage [flɔ'ta:ʒ], *n.m.* floating of wood, rafting.

flottaison [flɔte'zɔ̃], *n.f.* floating.

flottant [flɔ'tɑ̃], *a.* floating, waving; (*fig.*) irresolute.

flotte [flɔt], *n.f.* fleet; navy.

flottement [flɔt'mɑ̃], *n.m.* floating; (*fig.*) wavering, irresolution.

flotter [flɔ'te], *v.i.* to float; to flutter (*of flag*); to be irresolute.

flotteur [flɔ'tœːr], *n.m.* raftsman; fishing-float; cable-buoy.

flottille [flɔ'tiːj], *n.f.* flotilla.

flou [flu], *a.* hazy, soft, blurred, out of focus. —*n.m.* softness, haziness (*of outlines*); (*Dress.*) looseness.

fluctuation [flyktɥa'sjɔ̃], *n.f.* fluctuation.

fluctuer [flyk'tɥe], *v.i.* to fluctuate.

fluctueux [flyk'tɥø], *a.* (*fem.* **-euse**) fluctuating, agitated, boisterous.

fluet [flɥ'ɛ], *a.* (*fem.* **-ette**) slender, thin, slim.

fluide [flɥ'id], *a.* fluid (*liquid*).—*n.m.* fluid.

fluidité [flɥidi'te], *n.f.* fluidity.

fluorescence [flɥɔrɛ'sãːs], *n.f.* fluorescence.

fluorescent [flɥɔrɛ'sã], *a.* fluorescent.

fluorure [flɥɔ'ryːr], *n.m.* fluoride.

flûte [flyt], *n.f.* flute; long French roll; tall glass (*for champagne*).

flûté [fly'te], *a.* soft, fluted, fluty (*of a voice*).

flûtiste [fly'tist], *n.* flautist, flute-player.

fluvial [fly'vjal], *a.* (*m. pl.* **-aux**) fluvial.

flux [fly], *n.m.* flux, flow, flood, rising.

fluxion [flyk'sjɔ̃], *n.f.* inflammation, swelling.

foc [fɔk], *n.m.* (*Naut.*) jib.

focal [fɔ'kal], *a.* (*m. pl.* **-aux**) focal.

foi [fwa], *n.f.* faith, belief; trust; fidelity, honour; proof, testimony.

foie [fwa], *n.m.* liver.

foin [fwɛ̃], *n.m.* hay.

foire [fwaːr], *n.f.* fair (*market*); fairing.

fois [fwa], *n.f. inv.* time (*turn, occasion*); **une fois**, once; **trois fois**, three times.

foison [fwa'zɔ̃], *n.f.* plenty, abundance.

foisonner [fwazɔ'ne], *v.i.* to abound, to increase, to multiply.

fol [fɔl], [FOU].

folâtre [fɔ'laːtr], *a.* playful, gay, frolicsome.

folâtrer [fɔla'tre], *v.i.* to play, to sport, to frolic.

folâtrerie [fɔlatrə'ri], *n.f.* frolic, prank, gambol.

foliacé [fɔlja'se], *a.* (*Bot.*) foliaceous.

foliation [fɔlja'sjɔ̃], *n.f.* foliation.

folichon [fɔli'ʃɔ̃], *a.* (*fam.*) frolicsome, waggish, wanton.

folie [fɔ'li], *n.f.* madness, distraction, folly; foolery, jest; mania; hobby.

folio [fɔ'ljo], *n.m.* folio.

folle [fɔl], [FOU].

follement [fɔl'mã], *adv.* madly, foolishly.

follet [fɔ'lɛ], *a.* (*fem.* **-ette**) wanton, playful, frolicsome; **feu follet**, will o' the wisp.

fomentation [fɔmãta'sjɔ̃], *n.f.* fomentation.

fomenter [fɔmã'te], *v.t.* to foment; (*fig.*) to feed, to excite.

foncé [fɔ̃'se], *a.* dark, deep (*of colour*).

foncer [fɔ̃'se], *v.t.* (*conjug. like* COMMENCER) to fit a bottom to (*a cask etc.*); to sink (*wells etc.*); to deepen (*colours*).—*v.i.* to dash, to swoop (*sur*).

foncier [fɔ̃'sje], *a.* (*fem.* **-ière**) landed; based on *or* derived from land; (*fig.*) thorough.—*n.m.* land-tax.

foncièrement [fɔ̃sjɛr'mã], *adv.* thoroughly, completely, fundamentally.

fonction [fɔ̃k'sjɔ̃], *n.f.* function, office; occupation.

fonctionnaire [fɔ̃ksjɔ'nɛːr], *n.m.* civil servant, officer, official.

fonctionnel [fɔ̃ksjɔ'nɛl], *a.* (*fem.* **-elle**) functional.

fonctionnement [fɔ̃ksjɔn'mã], *n.m.* operation, working, action.

fonctionner [fɔ̃ksjɔ'ne], *v.i.* to work, to act, to operate.

fond [fɔ̃], *n.m.* bottom; bed, ground; farther end; foundation; (*fig.*) essence; basis; subject matter; (*Paint.*) background; (*Theat.*) back-cloth.

fondage [fɔ̃'daːʒ], *n.m.* casting, smelting.

fondamental [fɔ̃damã'tal], *a.* (*m. pl.* **-aux**) fundamental, essential.

fondamentalement [fɔ̃damãtal'mã], *adv.* fundamentally, essentially, radically.

fondant [fɔ̃'dã], *a.* melting, dissolving, luscious.—*n.m.* fondant (*sweetmeat*); flux (*for metals*).

fondateur [fɔ̃da'tœːr], *n.m.* (*fem.* **-trice**) founder; promoter.

fondation [fɔ̃da'sjɔ̃], *n.f.* foundation; groundwork; founding; endowment.

fondé [fɔ̃'de], *a.* founded, well-founded; (*Fin.*) consolidated.—*n.m.* proxy.

fondement [fɔ̃d'mã], *n.m.* foundation; basis, ground, cause.

fonder [fɔ̃'de], *v.t.* to lay the foundation of, to establish; to institute; to base; to endow. **se fonder**, *v.r.* to rely *or* rest (*upon*), to be founded (*sur*).

fonderie [fɔ̃'dri], *n.f.* foundry; smelting-house; casting.

fondeur [fɔ̃'dœːr], *n.m.* founder, caster, smelter.

fondre [fɔ̃:dr], *v.t.* to melt; to dissolve; to smelt; to cast.—*v.i.* to melt; to pounce (*sur*); to vanish; to blow (*of a fuse*); **fondre en larmes**, to burst into tears. **se fondre**, *v.r.* to melt; to dissolve; to be cast; to blend; to diminish, to melt away.

fondrière [fɔ̃dri'ɛːr], *n.f.* bog, quagmire; rut, pothole; slough.

fonds [fɔ̃], *n.m.* land, soil; landed property; funds, capital; business assets; (*pl.*) funds, stocks etc.

fondue [fɔ̃'dy], *n.f.* dish of melted cheese and eggs.

fongicide [fɔ̃ʒi'sid], *a.* fungicide.

fongoïde [fɔ̃gɔ'id], *a.* fungoid.

fongueux [fɔ̃'gø], *a.* (*fem.* **-euse**) fungous.

fongus [fɔ̃'gys], *n.m.* (*Med.*) fungus.

fontaine [fɔ̃'tɛːn], *n.f.* fountain, spring; cistern.

fonte [fɔ̃:t], *n.f.* melting, smelting; cast-iron; casting; holster (*of saddles*).

fonts [fɔ̃], *n.m. pl.* (*no sing.*) font.

football [fut'bɔl], *n.m.* Association Football.

footballeur [futbɔ'lœːr], *n.m.* footballer.

footing [fu'tiŋ], *n.m.* walking (*for training* or *exercise*).

forage [fɔ'raːʒ], *n.m.* boring, drilling; sinking (*of well*).

forain [fɔ'rɛ̃], *a.* non-resident, travelling, itinerant; **marchand forain**, hawker, pedlar.

forban [fɔr'bã], *n.m.* pirate, corsair, freebooter.

forçat [fɔr'sa], *n.m.* convict.

force [fɔrs], *n.f.* strength, might, power; authority; violence, constraint; vigour; resolution; skill; (*pl.*) troops, forces.— **adv.* a great deal, a great many.

forcé

forcé [fɔr'se], *a.* forced, compulsory; unnatural, strained, far-fetched.

forcément [fɔrse'mɑ̃], *adv.* forcibly; necessarily, inevitably.

forcené [fɔrsə'ne], *a.* mad, furious; passionate, infuriated.—*n.m.* (*fem.* **-ée**) mad person.

forceps [fɔr'sɛps], *n.m. inv.* forceps.

forcer [fɔr'se], *v.t.* (*conjug. like* COMMENCER) to force; to compel; to impel; to strain; to break open; to storm; to outrage. **se forcer,** *v.r.* to strain oneself; to do violence to one's feelings.

forer [fɔ're], *v.t.* to bore, to drill, to perforate.

forestier [fɔrɛs'tje], *a.* (*fem.* **-ière**) pertaining to forests.—*n.m.* ranger, keeper, forester.

foret [fɔ'rɛ], *n.m.* borer, drill.

forêt [fɔ'rɛ], *n.f.* forest; woodland.

forfaire [fɔr'fɛ:r], *v.t. irr.* to forfeit (*a fief*).—*v.i.* (*used only in inf.,* p.p. (forfait (1) *and compound tenses*) to fail (*in one's duty*); to trespass, to be false to.

forfait (2) [fɔr'fɛ], *n.m.* crime, heinous offence.

forfait (3) [fɔr'fɛ], *n.m.* contract.

forfaiture [fɔrfɛ'ty:r], *n.f.* forfeiture; breach of duty.

forfanterie [fɔrfɑ̃'tri], *n.f.* romancing, bragging, boasting.

forge [fɔrʒ], *n.f.* forge, smithy; iron-works.

forger [fɔr'ʒe], *v.t.* (*conjug. like* MANGER) to forge, to hammer; (*fig.*) to invent, to fabricate. **se forger,** *v.r.* to imagine, to conjure up, to fancy.

forgeron [fɔrʒə'rɔ̃], *n.m.* smith, blacksmith.

formaliser (se) [səfɔrmali'ze], *v.r.* to take exception *or* offence (*de*).

formalisme [fɔrma'lism], *n.m.* formalism.

formaliste [fɔrma'list], *a.* formal, precise.— *n.* formalist; quibbler.

formalité [fɔrmali'te], *n.f.* formality; form, ceremony.

format [fɔr'ma], *n.m.* format (*size, shape etc., of a book*).

formateur [fɔrma'tœ:r], *a.* (*fem.* **-trice**) formative, creative.

formation [fɔrma'sjɔ̃], *n.f.* formation; education; (*Geol.*) structure.

forme [fɔrm], *n.f.* form, shape, figure; etiquette; crown (*of a hat*).

formé [fɔr'me], *a.* formed, mature.

formel [fɔr'mɛl], *a.* (*fem.* **-elle**) formal, express, precise.

formellement [fɔrmɛl'mɑ̃], *adv.* formally; expressly, precisely, strictly.

former [fɔr'me], *v.t.* to form, to frame; to make up; to bring up; to train; to mould. **se former,** *v.r.* to be formed; to take shape.

formidable [fɔrmi'dabl], *a.* formidable, fearful; (*fam.*) terrific.

Formose [fɔr'mo:z], **la,** *f.* Formosa, Taiwan.

formule [fɔr'myl], *n.f.* formula, form; model; recipe.

formuler [fɔrmy'le], *v.t.* to formulate; to detail; (*Med.*) to write (*a prescription*).

fort [fɔ:r], *a.* strong, sturdy; powerful; clever; plentiful; shocking; painful; high (*wind*); heavy (*ground, rain*).—*n.m.* strong part; stronghold, fort; strength; depth, heat, height; centre.—*adv.* very, very much, extremely; hard.

fortement [fɔrtə'mɑ̃], *adv.* strongly, vigorously; much, exceedingly.

forteresse [fɔrtə'rɛs], *n.f.* fortress, stronghold.

fortifiant [fɔrti'fjɑ̃], *a.* strengthening, bracing.—*n.m.* (*Med.*) tonic.

fortification [fɔrtifika'sjɔ̃], *n.f.* fortification; fort, redoubt.

fortifier [fɔrti'fje], *v.t.* to strengthen, to invigorate; to fortify; to confirm. **se fortifier,** *v.r.* to fortify oneself, to grow strong.

fortuit [fɔr'tɥi], *a.* fortuitous, casual.

fortuitement [fɔrtɥit'mɑ̃], *adv.* fortuitously, casually, by chance.

fortune [fɔr'tyn], *n.f.* fortune, chance, hazard, risk; success, luck; wealth.

fortuné [fɔrty'ne], *a.* fortunate, lucky; happy; well-to-do.

fosse [fo:s], *n.f.* hole, pit; grave; (*Hort.*) trench.

fossé [fo'se], *n.m.* ditch, drain, trench; moat.

fossette [fo'sɛt], *n.f.* dimple.

fossile [fo'sil], *a.* fossilized.—*n.m.* fossil.

fossiliser [fosili'se], *v.t.* to fossilize. **se fossiliser,** *v.r.* to become fossilized.

fossoyage [foswa'ja:ʒ], *n.m.* ditching; gravedigging.

fossoyer [foswa'je], *v.t.* (*conjug. like* EMPLOYER) to ditch, to dig a trench round.

fossoyeur [foswa'jœ:r], *n.m.* grave-digger; sexton beetle.

fou [fu], *a.* (*before vowels* fol, *fem.* **folle**) mad, demented; wild, foolish; tremendous.—*n.m.* (*fem.* **folle**) madman, madwoman.—*n.m.* jester, fool; (*Chess*) bishop.

foudre (1) [fudr], *n.f.* lightning; thunder, thunderbolt; (*fig.*) sudden calamity; **coup de foudre,** clap of thunder.—*n.m.* (*fig.*) **un foudre de guerre** a great captain; **un foudre d'éloquence,** a mighty speaker.

foudre (2) [fudr], *n.m.* large cask, tun.

foudroiement [fudrwa'mɑ̃], *n.m.* striking, blasting (*by thunder or lightning*); (*fig.*) destruction.

foudroyant [fudrwa'jɑ̃], *a.* thundering; terrible, crushing (*news*).

foudroyer [fudrwa'je], *v.t.* (*conjug. like* EMPLOYER) to strike (*thunder or lightning*); to riddle with shot; (*fig.*) to blast, to crush.— *v.i.* to thunder; (*fig.*) to fulminate.

fouet [fwɛ], *n.m.* whip; lash; whipping, slating (*criticism*).

fouetter [fwɛ'te], *v.t.* to whip, to flog; to whisk (*eggs etc.*); to flick; (*fig.*) to excite.— *v.i.* to beat, to patter (*of hail, rain*).

fougeraie [fuʒ'rɛ], *n.f.* fern-patch, fernery.

fougère [fu'ʒɛ:r], *n.f.* fern.

fougue [fug], *n.f.* ardour, impetuosity; fire, spirit, mettle; (*Naut.*) mizzen-top.

fougueux [fu'gø], *a.* (*fem.* **-euse**) fiery, impetuous, ardent, passionate, high-mettled.

fouille [fu:j], *n.f.* excavation, digging; search.

fouiller [fu'je], *v.t.* to excavate; (*fig.*) to pry into, to rummage, to ransack; to search; to think out (*problems etc.*).—*v.i.* to dig, to search; (*fig.*) to rummage.

fouillis [fu'ji], *n.m.* medley, jumble; confused mass (*of foliage etc.*).

fouine (1) [fwin], *n.f.* marten.

fraîchir

fouine (2) [fwin], *n.f.* pitchfork; fish-spear.
fouiner [fwi'ne], *v.i.* (*colloq.*) to nose about, to ferret; to slink off.
fouir [fwi:r], *v.t.* to dig; to burrow.
fouissement [fwis'mã], *n.m.* digging; burrowing.
fouisseur [fwi'sœ:r], *a.* (*fem.* **-euse**) burrowing (*animal*).
foulage [fu'la:ʒ], *n.m.* fulling; treading, pressing (*of grapes*).
foulant [fu'lã], *a.* pressing; forcing; *pompe foulante*, force-pump.
foulard [fu'la:r], *n.m.* silk neckerchief; scarf.
foule [ful], *n.f.* crowd, throng, multitude; mob.
foulée [fu'le], *n.f.* tread (*of steps*); stride (*of a horse or runner*).
fouler [fu'le], *v.t.* to tread; to trample down; to press; to oppress; to sprain (*ankle*).—*v.i.* (*Print.*) to press. **se fouler**, *v.r. se fouler le pied*, to sprain one's foot.
fouleur [fu'lœ:r], *n.m.* (*fem.* **-euse**) fuller; wine-presser.
foulure [fu'ly:r], *n.f.* sprain, wrench, strain.
four [fu:r], *n.m.* oven; bakehouse; furnace; kiln; *des petits fours*, fancy biscuits, small cakes.
fourbe [furb], *a.* cheating, deceitful.—*n.* cheat, swindler, impostor.
fourberie [furbə'ri], *n.f.* cheating, knavery, imposture, deceit.
fourbir [fur'bi:r], *v.t.* to furbish, to polish.
fourbisseur [furbi'sœ:r], *n.m.* furbisher; sword-cutler.
fourbissure [furbi'sy:r], *n.f.* furbishing, polishing.
fourbu [fur'by], *a.* foundered, run down (*of horses*); dead tired (*of persons*).
fourbure [fur'by:r], *n.f.* foundering, inflammation of the feet.
fourche [furʃ], *n.f.* pitchfork, (garden) fork, fork (*of roads*).
fourchée [fur'ʃe], *n.f.* pitchforkful.
fourcher [fur'ʃe], *v.i.* to fork; to divide. **se fourcher**, *v.r.* to fork, to branch off.
fourchetée [furʃ'te], *n.f.* table-forkful.
fourchette [fur'ʃet], *n.f.* table-fork; breast-bone (*of birds*).
fourchu [fur'ʃy], *a.* forked; cloven; furcate.
fourgon (1) [fur'gõ], *n.m.* van, wagon, guard's van.
fourgon (2) [fur'gõ], *n.m.* poker, fire-iron (*for ovens etc.*).
fourgonner [furgɔ'ne], *v.i.* to poke the fire (*of an oven*); (*colloq.*) to poke, to rummage.
fourmi [fur'mi], *n.f.* ant.
fourmilière [furmi'lje:r], *n.f.* ant-hill, ants' nest; (*fig.*) swarm; crowd.
fourmillement [furmij'mã], *n.m.* tingling, pins and needles; swarming.
fourmiller [furmi'je], *v.i.* to swarm, to be full (*de*); to have pins and needles (*in one's limbs etc.*).
fournaise [fur'ne:z], *n.f.* (*Lit.*) furnace; (*fig.*) oven.
fourneau [fur'no], *n.m.* (*pl.* **-eaux**) stove, cooker, cooking-range; furnace.
fournée [fur'ne], *n.f.* batch, baking; kilnful (*of bricks*).
fournil [fur'ni], *n.m.* bakehouse.
fourniment [furni'mã], *n.m.* (*Mil.*) equipment.

fournir [fur'ni:r], *v.t.* to furnish, to supply, to stock, to provide; to make up (*a sum of money*).—*v.i.* to contribute (*à*); to suffice.
fournisseur [furni'sœ:r], *n.m.* army contractor; purveyor; tradesman.
fourniture [furni'ty:r], *n.f.* furnishing; supply, provision; equipment.
fourrage [fu'ra:ʒ], *n.m.* fodder; forage; foraging-party.
fourrager [fura'ʒe], *v.t.* (*conjug. like* MANGER) to ravage; to upset.—*v.i.* to forage; to plunder, to ravage; (*fig.*) to rummage.
fourrageur [fura'ʒœ:r], *n.m.* forager; (*fig.*) marauder; rummager.
fourré [fu're], *a.* thick, furry; wooded; (*fig.*) underhand (*of a blow etc.*).—*n.m.* thicket, brake.
fourreau [fu'ro], *n.m.* (*pl.* **-eaux**) sheath, case; scabbard; cover; tight-fitting *or* sheath dress.
fourrer [fu're], *v.t.* to line with fur; to poke; to cram, to stuff. **se fourrer**, *v.r.* to thrust oneself in, to intrude; to wrap oneself up warmly.
fourreur [fu'rœ:r], *n.m.* furrier.
fourrier [fu'rje], *n.m.* quartermaster-sergeant; (*fig.*) harbinger.
fourrière [fu'rje:r], *n.f.* pound (*for vehicles, strayed animals*).
fourrure [fu'ry:r], *n.f.* fur, furred gown.
fourvoyer [furvwa'je], *v.t.* (*conjug. like* EMPLOYER) to lead astray, to mislead; (*fig.*) to baffle. **se fourvoyer**, *v.r.* to go astray, to lose one's way; (*fig.*) to blunder badly.
fox (1) [fɔks], *n.m.* fox-terrier.
fox (2) [fɔks], *n.m.* foxtrot.
foyer [fwa'je], *n.m.* hearth; fire; fire-box (*of an engine*); (*fig.*) home, family; (*Theat.*) foyer; focus, source.
frac [frak], *n.m.* frock-coat.
fracas [fra'ka], *n.m.* noise, din; disturbance; fuss.
fracasser [fraka'se], *v.t.* to break into pieces, to shatter. **se fracasser**, *v.r.* to crash to pieces.
fraction [frak'sjõ], *n.f.* breaking; fraction, portion.
fractionnaire [fraksjɔ'ne:r], *a.* fractional.
fracture [frak'ty:r], *n.f.* breaking (*with violence*), rupture; (*Surg.*) fracture.
fracturer [frakty're], *v.t.* to break, to smash; (*Surg.*) to fracture. **se fracturer**, *v.r.* to fracture oneself; to be fractured.
fragile [fra'ʒil], *a.* fragile, brittle; frail.
fragilité [fraʒili'te], *n.f.* fragility, brittleness; frailty.
fragment [frag'mã], *n.m.* fragment, piece, remnant.
fragmentaire [fragmã'te:r], *a.* fragmentary.
fragmentation [fragmãta'sjõ], *n.f.* fragmenting, fragmentation.
fragmenter [fragmã'te], *v.t.* to reduce to fragments.
fragrance [fra'grã:s], *n.f.* fragrance.
fragrant [fra'grã], *a.* fragrant.
frai [fre], *n.m.* fraying; spawning (*of fish*).
fraîche [freʃ], [FRAIS (1)].
fraîchement [freʃ'mã], *adv.* coolly, freshly; newly, recently.
fraîcheur [fre'ʃœ:r], *n.f.* coolness, freshness, coldness; ruddiness; brilliancy.
fraîchir [fre'ʒi:r], *v.i.* to freshen; to get cool.

159

frais

frais (1) [frɛ], *a. (fem.* **fraîche**) cool; fresh; new; youthful; ruddy; new-laid *(of eggs).—n.m.* coolness, freshness; cool spot.—*adv.* freshly, newly, recently, just.

frais (2) [frɛ], *n.m. (used only in pl.)* expense, expenses; charge, charges, cost, outlay; *menus frais,* petty expenses; *sans frais,* free of charge.

fraise (1) [frɛ:z], *n.f.* strawberry; strawberry-mark; ruff.

fraise (2) [frɛ:z], *n.f.* fraise *(tool for enlarging a drill hole etc.);* (dentist's) drill.

fraiser [frɛ'ze], *v.t.* to plait; to ruffle; to countersink.

fraisier [frɛ'zje], *n.m.* strawberry-plant; strawberry grower.

framboise [frã'bwa:z], *n.f.* raspberry.

framboiser [frãbwa'ze], *v.t.* to give a raspberry flavour to.

framboisier [frãbwa'zje], *n.m.* raspberry-bush.

franc (1) [frã], *n.m.* franc *(French coin);* new franc *(of 1960).*

franc (2) [frã], *a. (fem.* **franche**) free; exempt; frank, candid, sincere; clear.—*adv.* frankly, openly, sincerely; clean; quite, completely.

franc (3) [frã], *a. (fem.* **franque**) Frankish.—*n.m.* Frankish *(language);* (**Franc**, *fem.* **Franque**) Frank.

français [frã'sɛ], *a.* French.—*n.m.* French *(language);* (**Français,** *fem.* **-aise**) Frenchman, Frenchwoman.

France [frã:s], **la,** *f.* France.

franche [frãʃ], [FRANC (2)].

franchement [frãʃ'mã], *adv.* frankly, sincerely; plainly; boldly.

franchir [frã'ʃi:r], *v.t.* to leap, to jump over; to clear; to pass over; to surmount.

franchise [frã'ʃi:z], *n.f.* exemption, immunity; freedom *(of a city);* (*fig.*) frankness, sincerity.

franchissable [frãʃi'sabl], *a.* passable, capable of being crossed.

franchissement [frãʃis'mã], *n.m.* leaping over, crossing.

francisation [frãsiza'sjõ], *n.f.* gallicizing of foreign word; registration as a French ship.

franciscain [frãsis'kɛ̃], *a.* and *n.m.* (*fem.* **-e**) Franciscan, grey friar, Franciscan nun.

franciser [frãsi'ze], *v.t.* to gallicize; to Frenchify. **se franciser,** *v.r.* to become French *or* Frenchified.

franc-maçon [frãma'sõ], *n.m.* (*pl.* **francs-maçons**) freemason.

franc-maçonnerie [frãmasɔn'ri], *n.f.* freemasonry.

franco [frã'ko], *adv.* free of charge; prepaid.

François [frã'swa], *m.* Francis.

Françoise [frã'swa:z], *f.* Frances.

francophile [frãkɔ'fil], *a.* and *n.* Francophile.

francophobe [frãkɔ'fɔb], *a.* and *n.* Francophobe.

franc-parler [frãpar'le], *n.m.* frankness *or* freedom of speech.

franc-tireur [frãti'rœ:r], *n.m.* franc-tireur; sniper.

frange [frã:ʒ], *n.f.* fringe.

franger [frã'ʒe], *v.t.* (*conjug. like* MANGER) to fringe.

franque [frãk], [FRANC (3)].

frappant [fra'pã], *a.* striking, impressive.

frappé [fra'pe], *a.* struck, astounded; iced *(of liquids etc.);* (*fig.*) powerful.

frappement [frap'mã], *n.m.* striking, stamping; clapping *(of hands).*

frapper [fra'pe], *v.t.* to strike, to slap, to hit; to make an impression on, to affect; to surprise, to frighten; to ice *(liquids).—v.i.* to knock, to rap. **se frapper,** *v.r.* to strike oneself; to strike each other; to be impressed.

frappeur [fra'pœ:r], *a. (fem.* **-euse**) striking, rapping.—*n.m.* (*fem.* **-euse**) beater, striker.

frasque [frask], *n.f.* prank, escapade.

fraternel [fratɛr'nɛl], *a.* (*fem.* **-elle**) fraternal, brotherly.

fraternellement [fratɛrnɛl'mã], *adv.* fraternally.

fraternisation [fratɛrniza'sjõ], *n.f.* fraternization.

fraterniser [fratɛrni'ze], *v.t.* to fraternize.

fraternité [fratɛrni'te], *n.f.* fraternity, brotherhood.

fratricide [fratri'sid], *a.* fratricidal.—*n.m.* fratricide.

fraude [fro:d], *n.f.* fraud, deceit.

frauder [fro'de], *v.t.* to defraud.—*v.i.* to smuggle.

fraudeur [fro'dœ:r], *n.m.* (*fem.* **-euse**) defrauder; smuggler.

frauduleusement [frodyløz'mã], *adv.* fraudulently.

frauduleux [frody'lø], *a.* (*fem.* **-euse**) fraudulent.

frayer [frɛ'je], *v.t.* to trace out, to open out; to make *(a way etc.);* to rub against, to graze.—*v.i.* to wear away; to spawn *(of fish);* (*fig.*) to frequent, to be on good terms *(avec).* **se frayer,** *v.r.* to open for oneself; to prepare *or* carve out *(a way)* for oneself.

frayeur [frɛ'jœ:r], *n.f.* fright, terror, fear.

fredaine [frə'dɛn], *n.f.* (*colloq.*) frolic, prank; freak.

Frédéric [frede'rik], *m.* Frederick.

Frédérique [frede'rik], *f.* Frederica.

fredon [frə'dõ], *n.m.* song, refrain.

fredonnement [frədon'mã], *n.m.* humming.

fredonner [frədo'ne], *v.t., v.i.* to hum.

frégate [fre'gat], *n.f.* frigate; frigate bird; *(Navy) capitaine de frégate,* commander.

frein [frɛ̃], *n.m.* bit, bridle; curb, check; brake.

freinage [frɛ'na:ʒ], *n.m.* braking.

freiner [frɛ'ne], *v.t.* to brake; to curb.

frelatage [frəla'ta:ʒ], **frelatement** [frəlat'mã], *n.m.,* **frelaterie** [frəla'tri], **frelatation** [frəlata'sjõ], *n.f.* adulteration.

frelater [frəla'te], *v.t.* to adulterate.

frêle [frɛ:l], *a.* frail, fragile, weak.

frelon [frə'lõ], *n.m.* hornet.

freluquet [frəly'kɛ], *n.m.* conceited young man, puppy.

frémir [fre'mi:r], *v.i.* to quiver, to shudder, to tremble; to vibrate; to rustle.

frémissant [fremi'sã], *a.* quivering, trembling.

frémissement [fremis'mã], *n.m.* quivering, trembling, shuddering; thrill, vibration; rustling.

frênaie [frɛ'nɛ], *n.f.* ash-grove.

frêne [frɛ:n], *n.m.* ash, ash-tree.

frénésie [frene'zi], *n.f.* frenzy, madness.

frénétique [frene'tik], a. frantic, frenzied.—
n. raving, frantic person.
frénétiquement [frenetik'mā], adv. frantically.
fréquemment [freka'mā], adv. frequently.
fréquence [fre'kā:s], n.f. frequency.
fréquent [fre'kā], a. frequent.
fréquentation [frekāta'sjɔ̃], n.f. frequenta-
tion, company.
fréquenter [frekā'te], v.t. to frequent, to
keep company with; to haunt.—v.i. to
associate (chez); to be a frequent caller
(at).
frère [frɛ:r], n.m. brother; fellow-member;
monk.
fresque [frɛsk], n.f. fresco.
fret [frɛ], n.m. freight, cargo.
fréter [fre'te], v.t. (conjug. like CÉDER) to
charter; to freight; to hire (a car).
fréteur [fre'tœ:r], n.m. freighter, charterer.
frétillant [freti'jā], a. wriggling, lively,
frisky.
frétillement [fretij'mā] n.m. wriggling;
frisking.
frétiller [freti'je], v.i. to wriggle, to jump
about; to frisk.
fretin [frə'tɛ̃], n.m. fry, young fish; (fig.)
trash.
freudien [frø'djɛ̃], a. (fem. -enne) Freudian.
freux [frø], n.m. inv. (Orn.) rook.
friable [fri'abl], a. friable; crisp, short.
friand [fri'ā], a. dainty, nice; partial to;
appetizing.
friandise [friā'di:z], n.f. daintiness; dainty,
titbit.
fricassée [frika'se], n.f. hash.
fricasser [frika'se], v.t. to fricassee.
friche [fri∫], n.f. waste or fallow land.
fricot [fri'ko], n.m. (colloq.) ragout, stew.
fricoter [friko'te], v.t. to squander.—v.i. to
cook.
fricoteur [friko'tœ:r], n.m. (fem. -euse)
feaster; fast liver.
friction [frik'sjɔ̃] n.f. friction, rubbing.
frictionner [friksjo'ne], v.t. to rub.
frigide [fri'ʒid], a. frigid.
frigidité [friʒidi'te], n.f. frigidity.
frigorifier [frigori'fje], v.t. to chill, to freeze
(meat etc.).
frileux [fri'lø], a. (fem. -euse) chilly; susceptible to cold.—n.m. *rime, hoar-frost.
frimas [fri'ma], n.m. redbreast, robin.
frime [frim], n.f. (pop.) show, pretence, sham.
fringant [frɛ̃'gā], a. brisk, frisky; smart.
fringuer [frɛ̃'ge], v.i. to skip; to prance (of a
horse).
fripe [frip], n.f. rag, scrap (of cloth etc.).
friper [fri'pe], v.t. to crumple, to rumple. se
friper, v.r. to become rumpled or shabby.
friperie [fri'pri], n.f. frippery, old clothes;
junk shop.
fripier [fri'pje], n.m. (fem. -ière) dealer in
old clothes, furniture etc.
fripon [fri'pɔ̃], a. (fem. -onne) cheating,
rascally.—n.m. (fem. -onne) rogue, cheat.
friponnerie [fripɔn'ri], n.f. cheating, roguery,
knavery.
friquet [fri'kɛ], n.m. tree-sparrow.
frire [fri:r], v.t., v.i. irr. to fry.
frisage [fri'za:ʒ], n.m. curling, frizzing (of
hair etc.).
frise [fri:z], n.f. (Arch. etc.) frieze.

friser [fri'ze], v.t. to curl, to frizz (hair); to
graze; to border upon.—v.i. to curl. se
friser, v.r. to curl; to curl one's hair.
frisson [fri'sɔ̃], n.m. shiver, shudder; thrill.
frissonnant [frisɔ'nā], a. shuddering, shivering.
frissonnement [frisɔn'mā], n.m. shivering,
shudder; thrill.
frissonner [frisɔ'ne], v.i. to shiver, to
shudder; to feel a thrill; to tremble.
frisure [fri'zy:r], n.f. crisping; curling.
frit [fri], a. fried.—n.f. pl. des frites, chips.
friture [fri'ty:r], n.f. frying; fried fish etc.;
grease (for frying).
frivole [fri'vɔl], a. frivolous, trifling; futile.
frivolité [frivɔli'te], n.f. frivolity; trifle.
froc [frɔk], n.m. cowl, monk's gown.
froid [frwa], a. cold; (fig.) indifferent, lifeless;
reserved.—n.m. cold, coldness; chilliness;
(fig.) unconcern, dullness; reserve.
froidement [frwad'mā], adv. coldly, frigidly;
dispassionately.
froideur [frwa'dœ:r], n.f. coldness; chilliness; (fig.) indifference, coolness.
froidure [frwa'dy:r], n.f. coldness (of the
weather); cold; (fig.) winter.
froissement [frwas'mā], n.m. rumpling;
bruising; (fig.) clash; slight, affront, annoyance.
froisser [frwa'se], v.t. to rumple; to crease;
to bruise slightly; (fig.) to offend, to wound.
se froisser, v.r. to become bruised (of a
muscle); to take offence.
froissure [frwa'sy:r], n.f. crease; bruise.
frôlement [frol'mā], n.m. grazing; rustle.
frôler [fro'le], v.t. to graze, to touch slightly in
passing; to brush past.
fromage [frɔ'ma:ʒ], n.m. cheese; (fig.) un
(bon) fromage, a nice soft job.
fromagerie [frɔmaʒ'ri], n.f. cheese farm or
dairy; cheese-trade.
fromageux [frɔma'ʒø], a. (fem. -euse)
cheesy.
froment [frɔ'mā], n.m. wheat.
fronce [frɔ̃:s], n.f. gather, pucker (in needlework etc.); crease (in paper).
froncement [frɔ̃s'mā], n.m. contraction,
knitting (of the brows etc.); (fig.) frowning,
frown.
froncer [frɔ̃'se], v.t. (conjug. like COMMENCER)
to contract; to wrinkle; to purse (the
lips); to gather (needlework); froncer les
sourcils, to frown. se froncer, v.r. to contract, to pucker; to wrinkle.
frondaison [frɔ̃dɛ'zɔ̃], n.f. foliation; foliage.
fronde [frɔ̃:d], n.f. sling; frond; (Surg.)
bandage.
fronder [frɔ̃'de], v.t. to sling, to fling with a
sling; to banter; to jeer at.
frondeur [frɔ̃'dœ:r], n.m. (fem. -euse) slinger;
censurer, fault-finder; rioter.
front [frɔ̃], n.m. forehead, brow; face; (fig.)
boldness, impudence; (Polit.) Front populaire, Popular Front.
frontal [frɔ̃'tal], a. (m. pl. -aux) (Anat.)
frontal.—n.m. headband.
frontière [frɔ̃'tjɛ:r], n.f. frontier, border.
frontispice [frɔ̃tis'pis], n.m. frontispiece;
title-page.
fronton [frɔ̃'tɔ̃], n.m. (Arch.) fronton, pediment.
frottage [frɔ'ta:ʒ], n.m. rubbing; polishing.

161

frottée [fro'te], *n.f.* (*colloq.*) drubbing.
frottement [frɔt'mã], *n.m.* rubbing, friction; (*fig.*) interaction.
frotter [fro'te], *v.t.* to rub; to polish; (*fig.*) to pommel, to warm (*the ears of*).—*v.i.* to rub. **se frotter,** *v.r.* to rub oneself; to provoke, to meddle (*à*).
frotteur [fro'tœːr], *n.m.* (*fem.* **-euse**) rubber; scrubber; floor-polisher.
frottoir [fro'twaːr], *n.m.* rubbing-cloth; (*Elec.*) brush (*of dynamo*).
frou-frou [fru'fru], *n.m.* (*pl.* **-frous**) rustling (*of silk etc.*).
fructification [fryktifika'sjɔ̃], *n.f.* fructification.
fructifier [frykti'fje], *v.i.* to fructify, to bear fruit; (*fig.*) to thrive.
fructueusement [fryktɥøz'mã], *adv.* fruitfully profitably.
fructueux [fryk'tɥø], *a.* (*fem.* **-euse**) fruitful, profitable.
frugal [fry'gal], *a.* (*m. pl.* **-aux**) frugal.
frugalement [frygal'mã], *adv.* frugally.
frugalité [frygali'te] *n.f.* frugality.
fruit [frɥi], *n.m.* fruit; (*fig.*) offspring; advantage, utility; (*pl.*) fruits; result.
fruiterie [frɥi'tri], *n.f.* fruit-loft; fruit-trade.
fruitier [frɥi'tje], *a.* (*fem.* **-ière**) fruit-bearing.—*n.m.* (*fem.* **-ière**) fruiterer, green-grocer.
fruste [fryst], *a.* worn, defaced; unpolished (*person*).
frustration [frystra'sjɔ̃], *n.f.* frustration.
frustrer [frys'tre], *v.t.* to defraud; to frustrate, to disappoint, to baffle.
fuchsia [fyk'sja], *n.m.* fuchsia.
fugace [fy'gas], *a.* fugitive, fleeting, transient.
fugitif [fyʒi'tif], *a.* (*fem.* **-tive**) fugitive, fleeting.—*n.m.* (*fem.* **-tive**) fugitive, run-away.
fugue [fyg], *n.f.* fugue; (*colloq.*) flight, escapade.
fuir [fɥiːr], *v.t. irr.* to fly, to avoid; to shun.—*v.i.* to fly, to flee, to run away; to elude; to leak. **se fuir,** *v.r.* to fly from oneself; to shun *or* avoid each other.
fuite [fɥit], *n.f.* flight, escaping; avoiding; evasion, shift; leakage.
fulgurant [fylgy'rã], *a.* flashing, vivid, sharp.
fulguration [fylgyra'sjɔ̃], *n.f.* (*Chem.*) fulguration, lightning.
fuligineux [fyliʒi'nø], *a.* (*fem.* **-euse**) fuliginous.
fulminant [fylmi'nã], *a.* fulminant, fulminating.
fulminer [fylmi'ne], *v.t.* to fulminate, to send forth (*maledictions or religious decrees*).—*v.i.* to explode; (*fig.*) to storm, to thunder, to inveigh (*against*).
fumage [fy'maːʒ], *n.m.*, **fumaison** [fyme'zɔ̃], **fumure** [fy'myːr], *n.f.* manuring, spreading of dung on land.
fumant [fy'mã], *a.* smoking, reeking, fuming.
fumé [fy'me], *a.* smoked; manured.
fumée [fy'me], *n.f.* smoke; steam; fume, reek; phantom, dream.
fumer [fy'me], *v.t.* to smoke (*a cigarette etc.*); to smoke-dry; to manure.—*v.i.* to smoke; to reek, to steam; (*fig.*) to fret, to fume.
fumerolle [fym'rɔl], *n.f.* fumarole.
fumet [fy'me], *n.m.* flavour (*of meat*); bouquet (*of wines*); (*fig.*) raciness; (*Hunt.*) scent.

fumeur [fy'mœːr] *n.m.* (*fem.* **-euse** (1)) smoker.
fumeux [fy'mø], *a.* (*fem.* **-euse** (2)) smoky, fumy; hazy (*of brain, ideas etc.*).
fumier [fy'mje], *n.m.* manure, dung, dung-hill; (*fig.*) trash.
fumigateur [fymiga'tœːr], *n.m.* fumigator.
fumigation [fymiga'sjɔ̃], *n.f.* fumigation.
fumiger [fymi'ʒe], *v.t.* (*conjug. like* MANGER) to fumigate.
fumiste [fy'mist], *n.m.* stove- *or* chimney-repairer; (*fig.*) practical joker; humbug, trickster.
fumisterie [fymis'tri], *n.f.* (*fig.*) practical joke.
fumoir [fy'mwaːr], *n.m.* smoking-shed (*for curing fish etc.*); smoking-room.
fumure [FUMAGE].
funèbre [fy'nɛbr], *a.* funeral; funereal, mournful; dismal.
funérailles [fyne'raːj], *n.f. pl.* funeral ceremonies, obsequies.
funéraire [fyne'rɛːr], *a.* funeral, funereal.
funeste [fy'nɛst], *a.* fatal, deadly; (*fig.*) disastrous; distressing.
funestement [fynɛst'mã], *adv.* fatally, disastrously.
funiculaire [fyniky'lɛːr], *a.* funicular.—*n.m.* funicular railway.
fur [fyːr], *n.m., used only in the expression* **au fur et à mesure** (*que*), gradually (as), in proportion (as).
furet [fy're], *n.m.* ferret; *jouer au furet,* to hunt the slipper.
fureter [fyr'te], *v.i.* (*conjug. like* AMENER) to ferret, to hunt with a ferret; (*fig.*) to rummage.
fureteur [fyr'tœːr], *n.m.* (*fem.* **-euse**) ferreter; (*fig.*) Nosey Parker.
fureur [fy'rœːr], *n.f.* rage, fury; passion, frenzy.
furibond [fyri'bɔ̃], *a.* furious, raging, wild.—*n.m.* (*fem.* **-e**) furious person.
furie [fy'ri], *n.f.* fury, rage; ardour, intensity.
furieusement [fyrjøz'mã], *adv.* furiously.
furieux [fy'rjø], *a.* (*fem.* **-euse**) furious; mad, fierce, impetuous; (*colloq.*) monstrous.—*n.m.* (*fem.* **-euse**) mad person.
furoncle [fy'rɔ̃ːkl], *n.m.* (*Med.*) furuncle, boil.
furtif [fyr'tif], *a.* (*fem.* **-tive**) furtive, stealthy, secret.
furtivement [fyrtiv'mã], *adv.* furtively.
fusain [fy'zɛ̃], *n.m.* spindle-tree; charcoal (*for drawing*).
fuseau [fy'zo], *n.m.* (*pl.* **-eaux**) spindle; distaff.
fusée [fy'ze], *n.f.* spindleful; spindle (*of axle*); (*Motor.*) stub axle; (*Mil. etc.*) fuse; rocket; (*Vet.*) splint.
fuselage [fyz'laːʒ], *n.m.* framework, fuselage (*of an aeroplane*).
fuselé [fyz'le], *a.* slender, tapering (*fingers*); streamlined.
fuser [fy'ze], *v.i.* to spirt; to liquefy, to dissolve, to fuse.
fusibilité [fyzibili'te], *n.f.* fusibility.
fusible [fy'zibl], *a.* fusible.—*n.m.* (*Elec.*) fuse.
fusil [fy'zi], *n.m.* gun, rifle; steel (*for sharpening knives*).
fusilier [fyzi'lje], *n.m.* fusilier; *fusilier marin,* marine.
fusillade [fyzi'jad], *n.f.* discharge of musketry, fusillade; execution by shooting.

fusiller [fyzi'je], *v.t.* to shoot (down); to execute by shooting.

fusil-mitrailleur [fyzimitra'jœːr], *n.m.* sub-machine-gun.

fusion [fy'zjɔ̃], *n.f.* fusion, melting; (*fig.*) blending, merger.

fusionner [fyzjɔ'ne], *v.t.*, *v.i.* to amalgamate, to unite, to merge; to blend.

fustigation [fystiga'sjɔ̃], *n.f.* fustigation, whipping, flogging.

fustiger [fysti'ʒe], *v.t.* (*conjug. like* MANGER) to flog, to whip.

fût [fy], *n.m.* stock (*of a gun or pistol*); shaft (*of a column*); cask; barrel (*of a drum*).

futaie [fy'tɛ], *n.f.* forest of high trees; high forest tree.

futaille [fy'tɑːj], *n.f.* cask, barrel.

futaine [fy'tɛːn], *n.f.* fustian.

futé [fy'te], *a.* (*colloq.*) sharp, cunning, sly.

futile [fy'til], *a.* futile, frivolous, trifling.

futilité [fytili'te], *n.f.* futility; trifle.

futur [fy'tyːr], *a.* future.—*n.m.* (*Gram.*) future. —*n.m.* (*fem.* **-e**) intended husband *or* wife.

futurisme [fyty'rism], *n.m.* futurism.

futuriste [fyty'rist], *a.* futuristic.—*n.* futurist.

fuyant [fɥi'jɑ̃], *a.* flying, fleeing, retreating; receding (*of the forehead etc.*); fleeting.—*n.m.* perspective.

fuyard [fɥi'jaːr], *a.* and *n.m.* (*fem.* **-e**) fugitive, runaway.

G

G, g [ʒe], *n.m.* the seventh letter of the alphabet.

gabardine [gabar'din], *n.f.* gabardine.

gabare [ga'baːr], *n.f.* lighter, flat-bottomed barge; store-ship.

gabarier [gaba'rje], *n.m.* lighterman.

gabelle [ga'bɛl], *n.f.* gabelle, salt-tax.

gâche (1) [gɑːʃ], *n.f.* staple, wall-hook.

gâche (2) [gɑːʃ], *n.f.* trowel; (baker's) spatula.

gâcher [gɑ'ʃe], *v.t.* to mix (*mortar*); (*fig.*) to bungle, to botch.

gâchette [gɑ'ʃɛt], *n.f.* tumbler, sear (*of a gun-lock*); follower, catch (*of a lock*); (*fam.*) trigger.

gâcheur [gɑ'ʃœːr], *n.m.* mason's labourer; (*fig.*) bungler.

gâchis [gɑ'ʃi], *n.m.* wet mortar; sludge; (*fig.*) mess.

gaélique [gae'lik], *a.* Gaelic.—*n.m.* Gaelic (*language*).

gaffe [gaf], *n.f.* boat-hook, gaff; (*fam.*) gross blunder, howler.

gaffer [ga'fe], *v.t.* to hook with a gaff.—*v.i.* (*fam.*) to blunder; (*Row.*) to catch a crab.

gage [gaːʒ], *n.m.* pawn, pledge; security, deposit; stake, token; (*pl.*) wages.

gager [ga'ʒe], *v.t.* (*conjug. like* MANGER) to wager, to bet, to stake; to pay wages to; to engage.

gageur [ga'ʒœːr], *n.m.* (*fem.* **-euse**) bettor, one who wagers, punter.

gageure [ga'ʒyːr], *n.f.* wager, stake.

gagnant [ga'nɑ̃], *a.* winning.—*n.m.* (*fem.* **-e**) winner.

gagne-pain [gan'pɛ̃], *n.m. inv.* livelihood, daily bread; bread-winner.

gagner [ga'ne], *v.t.* to gain, to earn; to win; to deserve; to prevail upon, to gain over; to allure; to seize; to overtake.—*v.i.* to spread; to gain (*à*); to improve. **se gagner**, *v.r.* to be gained; to be contagious.

gai [ge], *a.* gay, merry; exhilarating; vivid (*of colours*).

gaiement *or* **gaîment** [ge'mɑ̃], *adv.* gaily, merrily, cheerfully; briskly, willingly.

gaieté *or* **gaîté** [ge'te], *n.f.* gaiety, cheerfulness, good humour.

gaillard (1) [ga'jaːr], *n.m.* (*Naut.*) castle; *gaillard d'arrière*, quarter-deck; *gaillard d'avant*, forecastle.

gaillard (2) [ga'jaːr], *a.* strong; jolly, lively; wanton; gallant.—*n.m.* (*fem.* **-e**) lively, merry, strapping fellow *or* girl.

gaillardement [gajardə'mɑ̃], *adv.* joyously, merrily; boldly.

gaillardise [gajar'diːz], *n.f.* sprightliness, liveliness, jollity; broad language, risky story.

gaîment [GAIEMENT].

gain [gɛ̃], *n.m.* gain, profit; earnings; winnings.

gaine [gɛːn], *n.f.* sheath; foundation garment; case (*of a clock etc.*).

gaîté [GAIETÉ].

gala [ga'la], *n.m.* gala.

galamment [gala'mɑ̃], *adv.* gallantly, courteously; gracefully, handsomely.

galant [ga'lɑ̃], *a.* attentive to ladies; elegant; correct, courteous; complimentary, flattering; *c'est un galant homme*, he is a man of honour; *femme galante*, courtesan.—*n.m.* gallant; sweetheart, suitor; *faire le galant*, to court the ladies.

galanterie [galɑ̃'tri], *n.f.* politeness; gallantry (*towards the ladies*); intrigue, love-affair.

galantin [galɑ̃'tɛ̃], *n.m.* fop, coxcomb.

galbe [galb], *n.m.* graceful curve *or* contour.

gale [gal], *n.f.* scabies; itch; scab; mange.

galène [ga'lɛːn], *n.f.* galena; *poste à galène*, crystal set.

galère [ga'lɛːr], *n.f.* galley; (*pl.*) galleys imprisonment with hard labour.

galerie [gal'ri], *n.f.* gallery; corridor; picture-gallery; (*Theat.*) upper circle, gallery; (*fig.*) spectators; (*Mining*) drift.

galérien [gale'rjɛ̃], *n.m.* galley-slave, convict.

galet [ga'lɛ], *n.m.* pebble, shingle; friction-roller.

galetas [gal'tɑ], *n.m. inv.* garret, attic; (*fig.*) hole, hovel.

galette [ga'lɛt], *n.f.* broad thin cake; sea-biscuit.

galeux [ga'lø], *a.* (*fem.* **-euse**) itchy; scabby; mangy; *brebis galeuse*, (*fig.*) black sheep.

Galilée [gali'le], *m.* Galileo.

Galilée [gali'le], *f.* Galilaea, Galilee.

galimatias [galima'tjɑ], *n.m.* balderdash; rigmarole.

galion [ga'ljɔ̃], *n.m.* galleon.

galiote [ga'ljɔt], *n.f.* galliot, half-galley.

galle [gal], *n.f.* gall.

Galles, le Pays de [ləpeidə'gal], *m.* Wales.

gallican [gali'kɑ̃], a. gallican.

gallicisme [gali'sism], n.m. gallicism, French idiom.

gallois [ga'lwa], a. Welsh.—n.m. Welsh (*language*); (**Gallois**, *fem.* **-oise**) Welshman, Welshwoman.

galoche [ga'lɔʃ], n.f. clog.

galon [ga'lɔ̃], n.m. braid; lace; (*pl.*) (*Mil.*) bands or stripes (*officers and N.C.O.s*).

galonner [galo'ne], v.t. to lace, to adorn with gold- or silver-lace.

galonnier [galo'nje], n.m. gold- or silver-lace maker.

galop [ga'lo], n.m. gallop, galloping.

galopade [galo'pad], n.f. galloping, gallop.

galoper [galo'pe], v.t. to gallop (*a horse etc.*); to run after.—v.i. to gallop; (*fig.*) to run on.

galopin [galo'pɛ̃], n.m. errand-boy; (*fig.*) urchin, rogue, imp.

galvanique [galva'nik], a. galvanic.

galvaniser [galvani'ze], v.t. to galvanize; (*fig.*) to stimulate.

galvanisme [galva'nism], n.m. galvanism.

galvanomètre [galvano'mɛtr], n.m. galvanometer.

galvanoplastie [galvanoplas'ti], n.f. electroplating.

galvauder [galvo'de], v.t. to muddle; to lower, to dishonour.

gambade [gɑ̃'bad], n.f. skip, gambol.

gambader [gɑ̃ba'de], v.i. to skip, to gambol, to romp, to frisk about.

Gambie [gɑ̃'bi], la, f. Gambia.

gambit [gɑ̃'bi], n.m. gambit.

gamelle [ga'mɛl], n.f. (*Mil.*, *Naut.*) mess-tin, dixie; (*fig.*) company-mess.

gamète [ga'mɛt], n.m. (*Biol.*) gamete.

gamin [ga'mɛ̃], n.m. boy, youngster, urchin.

gamine [ga'min], n.f. hoyden, chit of a girl.

gamme [gam], n.f. gamut, scale.

gammée [ga'me], a. *used in* '**croix gammée**', swastika.

ganache [ga'naʃ], n.f. lower jaw (*of a horse*); (*colloq.*) booby, blockhead.

gandin [gɑ̃'dɛ], n.m. dandy, swell.

gang [gɑ̃g], n.m. gang (*of thieves*).

Gange [gɑ̃:ʒ], le, m. Ganges.

gangrène [gɑ̃'grɛːn], n.f. gangrene; (*fig.*) corruption.

gangrené [gɑ̃grə'ne], a. gangrened; (*fig.*) cankered, corrupt.

gangrener [gɑ̃grə'ne], v.t. (*conjug. like* AMENER) to gangrene, to mortify; (*fig.*) to corrupt.

gangreneux [gɑ̃grə'nø], a. (*fem.* **-euse**) gangrenous, cankered.

gangster [gɑ̃gs'tɛːr], n.m. gangster.

ganse [gɑ̃:s], n.f. braid; cord, twist; edging; string.

gant [gɑ̃], n.m. glove, gauntlet.

gantelet [gɑ̃'tlɛ], n.m. gauntlet; hand-leather; (*Surg.*) glove-bandage.

ganter [gɑ̃'te], v.t. to glove, to put gloves on; (*fig.*) to fit, to suit. **se ganter**, v.r. to put on one's gloves.

ganterie [gɑ̃'tri], n.f. glove-making; glove-trade; glove-shop.

gantier [gɑ̃'tje], n.m. (*fem.* **-ière**) glover.

garage [ga'ra:ʒ], n.m. parking, storing away; (*Rail.*) shunting; siding; (*on rivers, canals etc.*) putting into wet dock; (*Motor. etc.*) garage; (*Row.*) boat-house.

garagiste [gara'ʒist], n.m. garage keeper; garage mechanic or owner.

garance [ga'rɑ̃:s], a. madder-coloured.—n.f. madder; madder-root.

garant [ga'rɑ̃], n.m. (*fem.* **-e**) guarantor, surety.—n.m. guaranty, voucher, proof.

garanti [garɑ̃'ti], a. guaranteed, warranted.

garantie [garɑ̃'ti], n.f. guarantee, guaranty; indemnity; security; voucher, pledge.

garantir [garɑ̃'tiːr], v.t. to guarantee, to vouch for; to ensure; to indemnify; to protect, to shield. **se garantir**, v.r. to secure oneself, to preserve oneself.

garantisseur [garɑ̃ti'sœːr], n.m. warranter.

garçon [gar'sɔ̃], n.m. boy, lad; bachelor; workman; porter; waiter; stable-boy; steward (*on ship*).

garçonnet [garsɔ'ne], n.m. little boy.

garçonnière [garsɔ'njɛːr], n.f. bachelor's flat.

garde [gard], n.f. keeping; defence, guard; custody, watch; heed; nurse; hilt (*of sword*).—n.m. guard, guardsman, keeper, warder; watchman.

garde-à-vous [garda'vu], n.m. inv. (*Mil.*) position at attention.

garde-barrière [gardba'rjɛːr], n.m. (*pl. unchanged* or **gardes-barrières**) (*Rail.*) signalman at level-crossing.

garde-boue [gard'bu], n.m. inv. mudguard.

garde-cendre(s) [gard'sɑ̃:dr], n.m. inv. fender, fire-guard.

garde-chasse [gard'ʃas], n.m. (*pl. unchanged* or **gardes-chasses**) game-keeper.

garde-chiourme [gard'ʃjurm], n.m. (*pl. unchanged* or **gardes-chiourme**) overseer of convict-gangs; warder.

garde-corps [gard'kɔːr], n.m. inv. rail, hand-rail; (*Naut.*) life-line.

garde-côte(s) [gard'kot], n.m. (*pl.* **garde-côtes** or **gardes-côtes**) guard-ship, coast-guard.

garde-crotte [gard'krɔt], n.m. inv. mud-guard.

garde-feu [gard'fø], n.m. (*pl. unchanged* or **garde-feux**) fire-guard; fender.

garde-fou [gard'fu], n.m. (*pl.* **-fous**) parapet; railings.

garde-frein [gard'frɛ̃], n.m. (*pl.* **garde-freins** or **gardes-freins**) brakesman.

garde-magasin [gardmaga'zɛ̃], n.m. (*pl. unchanged* or **gardes-magasins**) warehouse-keeper, storekeeper.

garde-malade [gardma'lad], n. (*pl. unchanged* or **gardes-malades**) sick-nurse, attendant.

garde-manger [gardmɑ̃'ʒe], n.m. inv. larder, pantry, meat safe.

garde-meuble(s) [gard'mœbl], n.m. inv. furniture repository.

garde-pêche [gard'pɛːʃ], n.m. (*pl.* **gardes-pêche**) river-keeper, water-bailiff.

garde-port [gard'pɔːr], n.m. (*pl.* **gardes-port** or **gardes-ports**) harbour-master.

garder [gar'de], v.t. to keep, to preserve; to retain; to watch over, to take care of, to nurse; to guard, to defend; to observe (*silence etc.*); to keep up. **se garder**, v.r. to keep, to last; to beware, to take care not to; to refrain (*de*); to guard.

garderie [gardə'ri], n.f. day nursery.

garde-robe (1) [gard'rɔb], n.m. (pl. **-robes**) apron; overall.

garde-robe (2) [gard'rɔb], n.f. (pl. **-robes**) wardrobe (*cupboard for clothes*).

gardeur [gar'dœːr], n.m. (*fem.* **-euse**) herd-boy *or* -girl, keeper.

gardien [gar'djɛ̃], a. (*fem.* **-enne**) tutelary, guardian.—n.m. (*fem.* **-enne**) guardian, keeper, door-keeper; trustee; *gardien de but*, goalkeeper.

gardon [gar'dɔ̃], n.m. roach.

gare! (1) [gaːr], int. beware! take care! look out!

gare (2) [gaːr], n.f. railway-station, terminus; (*wet*) dock; *gare routière*, coach station.

garenne [ga'rɛn], n.f. warren.

garer [ga're], v.t. to side-track (*a train*); to garage, to park. **se garer**, v.r. to keep *or* get out of the way; to take cover; to park.

Gargantua [gargɑ̃'tɥa], n.m. Gargantua; glutton.

gargantuesque [gargɑ̃'tɥɛsk], a. gluttonous.

gargariser (se) [səgargari'ze], v.r. to gargle.

gargarisme [garga'rism], n.m. gargle, gargling.

gargote [gar'gɔt], n.f. cheap eating-house, cook-shop.

gargotier [gargɔ'tje], n.m. (*fem.* **-ière**) keeper of a cook-shop; bad cook.

gargouille [gar'guːj], n.f. gargoyle, water-spout.

gargouillement [garguj'mɑ̃], n.m. rumbling (*in the stomach*); gurgling, bubbling (*of water*).

gargouiller [gargu'je], v.i. to rumble, to gurgle.

gargouillis [gargu'ji], n.m. gurgling (*of water*).

gargousse [gar'gus], n.f. cannon-cartridge; *papier à gargousse*, cartridge-paper.

garnement [garnə'mɑ̃], n.m. scapegrace, scamp, (*young*) rascal.

garni [gar'ni], a. furnished; trimmed, garnished.—n.m. furnished lodgings *or* house.

garnir [gar'niːr], v.t. to furnish, to stock; to trim, to garnish; to adorn; to fill. **se garnir**, v.r. to furnish *or* provide oneself (*with*).

garnison [garni'zɔ̃], n.f. garrison, station.

garnissage [garni'saːʒ], **garnissement** [garnis'mɑ̃], n.m. trimming (*of clothes etc.*).

garnisseur [garni'sœːr], n.m. (*fem.* **-euse**) trimmer.

garniture [garni'tyːr], n.f. furniture, trimmings; ornaments.

garrot (1) [ga'ro], n.m. withers (*of a horse etc.*).

garrot (2) [ga'ro], n.m. tightener, garrot; (*Surg.*) tourniquet.

garrotte [ga'rɔt], n.f. garrotting, strangulation.

garrotter [garɔ'te], v.t. to tie down, to pinion; to strangle.

gars [gɑ], n.m. lad, stripling, young fellow.

Gascogne [gas'kɔɲ], la, f. Gascony; **le Golfe de Gascogne**, the Bay of Biscay.

gascon [gas'kɔ̃], a. (*fem.* **-onne**) Gascon.—n.m. Gascon (*dialect*); (**Gascon**, *fem.* **-onne**) Gascon (*person*); (*fig.*) boaster, braggart.

gasconnade [gaskɔ'nad], n.f. gasconade, boast, brag.

gasconner [gaskɔ'ne], v.i. to speak with a Gascon accent; to brag.

gaspillage [gaspi'jaːʒ], n.m. waste, squandering.

gaspiller [gaspi'je], v.t. to waste, to squander.

gaspilleur [gaspi'jœːr], a. (*fem.* **-euse**) wasting, squandering.—n.m. (*fem.* **-euse**) waster, squanderer, spendthrift.

gastrique [gas'trik], a. gastric.

gastrite [gas'trit], n.f. gastritis.

gastro-entérite [gastroɑ̃te'rit], n.f. gastro-enteritis.

gâté [gɑ'te], a. marred, damaged, tainted; (*fig.*) spoiled.

gâteau [gɑ'to], n.m. (pl. **-eaux**) cake.

gâte-métier [gɑtme'tje], n.m. (pl. unchanged or **gâte-métiers**) underseller.

gâte-papier [gɑtpa'pje], n. inv. scribbler, poor writer.

gâter [gɑ'te], v.t. to spoil, to damage, to injure, to mar; to corrupt. **se gâter**, v.r. to taint, to spoil, to get spoiled; to break up (*of weather*).

gâterie [gɑ'tri], n.f. spoiling (*of children*), foolish indulgence.

gâte-sauce [gɑt'soːs], n.m. (pl. unchanged or **gâte-sauces**) scullion; (*colloq.*) bad cook.

gâteux [gɑ'tø], a. and n.m. (*fem.* **-euse**) idiot.

gauche [goːʃ], a. left; (*fig.*) crooked, ugly, clumsy.—n.f. left hand, left side; (*Mil.*) left wing, left flank.

gauchement [goʃ'mɑ̃], adv. awkwardly, clumsily.

gaucher [go'ʃe], a. and n.m. (*fem.* **-ère**) left-handed (person).

gaucherie [go'ʃri], n.f. awkwardness, clumsiness.

gauchir [go'ʃiːr], v.t. to warp.—v.i. to turn aside; to flinch; to become warped; (*fig.*) to dodge.

gaudriole [godri'ɔl], n.f. broad joke, coarse jest.

gaufrage [go'fraːʒ], n.m. goffering.

gaufre [go:fr], n.f. wafer, waffle (*thin cake*); honeycomb.

gaufrer [go'fre], v.t. to goffer.

gaufrette [go'frɛt], n.f. small wafer.

gaufreur [go'frœːr], n.m. (*fem.* **-euse**) gofferer.

gaufrier [gofri'e], n.m. waffle-iron.

gaufrure [go'fryːr], n.f. goffering.

Gaule [goːl], **la**, f. Gaul.

gaule [go:l], n.f. pole, switch, long stick.

gauler [go'le], v.t. to beat (*trees*) with a long pole; to knock down (*fruit*).

gaullisme [go'lism], n.m. policy *or* partisanship of General de Gaulle.

gaulliste [go'list], a. and n. follower of General de Gaulle.

gaulois [go'lwa], a. Gaulish, Gallic; (*fig.*) free.—n.m. Gallic (*language*); (**Gaulois**, *fem.* **-oise**) Gaul (*person*).

gausser (se) [sago'se], v.r. (*colloq.*) to banter, to chaff.

Gauthier [go'tje], m. Walter.

gave (1) [gaːv], n.m. torrent, mountain stream (*in the Pyrenees*).

gave (2) [gaːv], n.f. crop (*of birds*).

gaver [ga've], v.t. (*colloq.*) to cram, to gorge.

gavotte [ga'vɔt], n.f. gavotte (*dance*).

gavroche [ga'vrɔʃ], n.m. Parisian urchin.

gaz [gɑːz], n.m. gas; *bec de gaz*, gas-burner.

gaze

gaze [gɑːz], n.f. gauze.

gazé [gɑˈze], a. covered with gauze, veiled; softened, toned down; (*Mil.*) gassed (*soldier*).

gazelle [gaˈzɛl], n.f. gazelle.

gazer (1) [gaˈze], v.t. to cover with gauze; (*fig.*) to veil, to tone down.

gazer (2) [gaˈze], v.t. (*Mil.*) to gas (*men*).

gazette [gaˈzɛt], n.f. gazette, newspaper; (*fig.*) newsmonger.

gazeux [gaˈzø], a. (*fem.* -euse) gaseous; aerated.

gazier (1) [gaˈzje], n.m. gas-fitter.

gazier (2) [gaˈzje], n.m. (*fem.* -ière) gauze-maker.

gazolène [gazoˈlɛn], gazoléine [gazoleˈin], gazoline [gazoˈlin], n.f. gasolene.

gazomètre [gazoˈmɛtr], n.m. gasometer.

gazon [gaˈzɔ̃], n.m. grass; sod, turf; lawn.

gazonnant [gazoˈnɑ̃], a. producing grass; grassy.

gazonner [gazoˈne], v.t. to cover with turf, to turf.

gazonneux [gazoˈnø], a. (*fem.* -euse) turfy, swarded.

gazouillement [gazujˈmɑ̃], n.m. chirping, warbling (*of birds*); babbling (*of a brook etc.*); prattle.

gazouiller [gazuˈje], v.i. to chirp, to warble; to twitter; to prattle; to babble.

gazouillis [gazuˈji], n.m. warbling, twittering.

geai [ʒɛ], n.m. jay.

géant [ʒeˈɑ̃], a. gigantic.—n.m. (*fem.* -e) giant.

geignard [ʒɛˈnaːr], a. always whining, querulous.

geignement [ʒɛɲˈmɑ̃], n.m. moan, whine.

geindre [ʒɛ̃ːdr], v.i. irr. (*conjug. like* CRAINDRE) to moan, to whine, to fret, to complain.

gel [ʒɛl], n.m. frost, freezing.

gélatine [ʒelaˈtin], n.f. gelatine.

gélatiner [ʒelatiˈne], v.t. to gelatinize.

gélatineux [ʒelatiˈnø], a. (*fem.* -euse) gelatinous.

gelé [ʒəˈle], a. frozen, cold.

gelée [ʒəˈle], n.f. frost; jelly; aspic.

geler [ʒəˈle], v.t., v.i. (*conjug. like* AMENER) and se geler, v.r. to freeze.

gélignite [ʒeliˈnit], n.f. gelignite.

gelinotte [ʒəliˈnɔt], n.f. grouse (*bird*).

gémir [ʒeˈmiːr], v.i. to groan, to moan; to lament; (*fig.*) to suffer.

gémissant [ʒemiˈsɑ̃], a. groaning, moaning; lamenting.

gémissement [ʒemisˈmɑ̃], n.m. groan, moan; (*fig.*) lament, cooing.

gemme [ʒɛm], n.f. gem; resin; (*Bot.*) bud.

gemmer [ʒeˈme], v.i. to bud.

gênant [ʒeˈnɑ̃], a. troublesome, inconvenient, embarrassing.

gencive [ʒɑ̃ˈsiːv], n.f. gum (*of the teeth*).

gendarme [ʒɑ̃ˈdarm], n.m. gendarme (*armed policeman*); constable; virago (*woman*).

gendarmerie [ʒɑ̃darmˈri], n.f. gendarmery (*armed police*); constabulary; barracks (*of gendarmes*).

gendre [ʒɑ̃ːdr], n.m. son-in-law.

gêne [ʒɛːn], n.f. constraint, uneasiness, annoyance; difficulty; financial difficulties, penury.

gêné [ʒeˈne], a. constrained, ill at ease; hard up.

généalogie [ʒenealoˈʒi], n.f. genealogy; pedigree.

généalogique [ʒenealoˈʒik], a. genealogical.

généalogiste [ʒenealoˈʒist], n.m. genealogist.

gêner [ʒeˈne], v.t. to constrain, to constrict; to impede; to obstruct; to thwart; to restrain; to inconvenience, to embarrass; to annoy. se gêner, v.r. to constrain oneself, to put oneself out.

général [ʒeneˈral], a. (*m. pl.* -aux) general, universal; vague.—*adv. phr.* en général, in general.—n.m. (*Mil.*) general.

générale [ʒeneˈral], n.f. general's wife; drum-beat (*to give alarm of fire etc.*).

généralement [ʒeneralˈmɑ̃], adv. generally, in general.

généralisation [ʒeneralizaˈsjɔ̃], n.f. generalization.

généraliser [ʒeneraliˈze], v.t. to generalize.

généralissime [ʒeneraliˈsim], n.m. generalissimo, commander-in-chief of allied armies.

généralité [ʒeneraliˈte], n.f. generality.

générateur [ʒeneraˈtœːr], a. (*fem.* -trice) generating, generative.—n.m. generator.

génératif [ʒeneraˈtif], a. (*fem.* -tive) generative.

génération [ʒeneraˈsjɔ̃], n.f. generation; procreation.

générer [ʒeneˈre], v.t. (*conjug. like* CÉDER) to generate.

généreusement [ʒenerøzˈmɑ̃], adv. generously, bountifully; nobly, bravely.

généreux [ʒeneˈrø], a. (*fem.* -euse) generous, liberal, bountiful; noble; courageous.

générique [ʒeneˈrik], a. generic.—n.m. (*Cine.*) credits.

générosité [ʒeneroziˈte], n.f. generosity, liberality; magnanimity.

Gênes [ʒɛːn], f. Genoa.

genèse [ʒəˈnɛːz], n.f. genesis.

genêt [ʒəˈnɛ], n.m. (*Bot.*) broom.

genette [ʒəˈnɛt], n.f. genet, civet cat.

gêneur [ʒeˈnœːr], n.m. (*fem.* -euse) intruder; spoil-sport.

Genève [ʒəˈnɛv], f. Geneva.

genevois [ʒənˈvwa], a. Genevese.

genévrier [ʒənevriˈe], n.m. juniper-tree.

génie [ʒeˈni], n.m. genius; spirit, nature, bent, talent; (*Mil.*) corps of engineers.

genièvre [ʒəˈnjɛːvr], n.m. juniper-berry; juniper-tree; gin.

génisse [ʒeˈnis], n.f. heifer.

génital [ʒeniˈtal], a. (*m. pl.* -aux) genital.

génitif [ʒeniˈtif], n.m. (*Gram.*) genitive.

génocide [ʒenoˈsid], n.m. genocide.

génois [ʒeˈnwa], a. Genoese.

genou [ʒəˈnu], n.m. (*pl.* -oux) knee; (*Mech.*) ball and socket; (*pl.*) lap.

genouillère [ʒənuˈjɛːr], n.f. knee-piece (*of armou*); top (*of a high boot*); knee-cap; ball-and-socket joint.

genre [ʒɑ̃ːr], n.m. genus; species, kind, sort; fashion, style; (*Gram.*) gender.

gens [ʒɑ̃], n.m. pl. (*but adjectives directly preceding the word take the feminine form*) people, persons, folk; men, hands; servants.

gent [ʒɑ̃], n.f. brood, race, tribe.

gentiane [ʒɑ̃ˈsjan], n.f. (*Bot.*) gentian.

gentil (1) [ʒɑ̃ˈti], n.m. Gentile.

gentil (2) [ʒɑ̃ˈti], a. (*fem.* -ille) noble, gentle; pretty, nice, graceful; amiable, pleasing.

166

gladiateur

gentilhomme [ʒãti'jɔm], *n.m.* (*pl.* gentils-hommes) nobleman, gentleman.
gentillesse [ʒãti'jɛs], *n.f.* kindness, sweetness (*of temperament*); prettiness, gracefulness; pretty thing, thought etc.
gentiment [ʒãti'mã], *adv.* prettily, gracefully, like a good boy or girl.
génuflexion [ʒenyflɛk'sjɔ̃], *n.f.* genuflexion.
géocentrique [ʒeosã'trik], *a.* geocentric.
Geoffroy [ʒo'frwa], *m.* Geoffrey, Jeffrey.
géographe [ʒeo'graf], *n.m.* geographer.
géographie [ʒeogra'fi], *n.f.* geography.
géographique [ʒeogra'fik], *a.* geographical.
geôle [ʒo:l], *n.f.* gaol, prison.
geôlier [ʒo'lje], *n.m.* gaoler.
géologie [ʒeolɔ'ʒi], *n.f.* geology.
géologique [ʒeolɔ'ʒik], *a.* geological.
géologue [ʒeo'lɔg], *n.m.* geologist.
géométral [ʒeome'tral], *a.* (*m. pl.* -aux) geometrical.
géomètre [ʒeo'mɛtr], *n.m.* geometrician; geometer.
géométrie [ʒeome'tri], *n.f.* geometry.
géométrique [ʒeome'trik], *a.* geometrical.
Georges [ʒɔrʒ], *m.* George.
gérance [ʒe'rã:s], *n.f.* management, managership; editorship.
géranium [ʒera'njɔm], *n.m.* geranium.
gérant [ʒe'rã], *n.m.* (*fem.* -e) manager; editor; *rédacteur gérant*, managing editor.
gerbe [ʒɛrb], *n.f.* sheaf, bundle; bunch of flowers.
gerber [ʒɛr'be], *v.t.* to make up or bind into sheaves.
gerbier [ʒɛr'bje], *n.m.* cornstack.
gerce [ʒɛrs], *n.f.* chap, crack.
gercé [ʒɛr'se], *a.* chapped (*hands*).
gercer [ʒɛr'se], *v.t.*, *v.i.*, (*conjug. like* COMMENCER) and se gercer, *v.r.* to chap, to crack.
gerçure [ʒɛr'sy:r], *n.f.* chap, crack; chink, cleft.
gérer [ʒe're], *v.t.* (*conjug. like* CÉDER) to manage, to administer.
gerfaut [ʒɛr'fo], *n.m.* gerfalcon.
germain [ʒɛr'mɛ̃], *a.* german, first (*of cousins etc.*); (*Law*) full (*brother etc.*).
germanique [ʒɛrma'nik], *a.* Germanic.
germe [ʒɛrm], *n.m.* germ, embryo; seed; bud, sprout, shoot; (*fig.*) origin.
germer [ʒɛr'me], *v.i.* to shoot, to sprout, to germinate.
germination [ʒɛrmina'sjɔ̃], *n.f.* germination.
gésier [ʒe'zje], *n.m.* gizzard.
*gésir [ʒe'zi:r], *v.i. irr.* to lie; *ci-gît*, here lies.
gestation [ʒɛsta'sjɔ̃], *n.f.* gestation.
gestatoire [ʒɛsta'twa:r], *a.* gestatory.
geste [ʒɛst], *n.m.* gesture, action; sign.
gesticulateur [ʒɛstikyla'tœ:r], *n.m.* (*fem.* -trice) gesticulator.
gesticulation [ʒɛstikyla'sjɔ̃], *n.f.* gesticulation.
gesticuler [ʒɛstiky'le], *v.i.* to gesticulate.
gestion [ʒɛs'tjɔ̃], *n.f.* management, administration.
geyser [ge'zɛ:r], *n.m.* geyser.
Ghana [ga'na], le, *m.* Ghana.
ghetto [ge'to], *n.m.* Jewish quarter, ghetto.
gibbeux [ʒi'bø], *a.* (*fem.* -euse) gibbous, hump-backed.
gibbon [ʒi'bɔ̃], *n.m.* gibbon (*ape*).
gibbosité [ʒibozi'te], *n.f.* gibbosity; hump.

gibecière [ʒib'sjɛ:r], *n.f.* game-bag, satchel; juggler's pocket.
gibelet [ʒi'blɛ], *n.m.* gimlet.
giberne [ʒi'bɛrn], *n.f.* cartridge-box or pouch.
gibet [ʒi'bɛ], *n.m.* gibbet, gallows.
gibier [ʒi'bje], *n.m.* (*Hunt.*) game.
giboulée [ʒibu'le], *n.f.* sudden shower, hail-shower.
gibus [ʒi'by:s], *n.m. inv.* gibus (*crush-hat, opera-hat*).
giclage [ʒi'kla:ʒ], *n.m.* spraying; *carburateur à giclage*, jet carburettor.
giclée [ʒi'kle], *n.f.* squirt, spirt.
gicleur [ʒi'klœ:r], *n.m.* spray nozzle, jet.
gicler [ʒi'kle], *v.i.* to spout, to squirt.
gifle [ʒifl], *n.f.* slap in the face, box on the ear.
gifler [ʒi'fle], *v.t.* to slap in the face, to box the ears of.
gigantesque [ʒigã'tɛsk], *a.* gigantic, colossal.
gigot [ʒi'go], *n.m.* leg of mutton.
gigue [ʒig], *n.f.* shank, leg, haunch (*of venison*); jig (*dance*).
gilet [ʒi'lɛ], *n.m.* waistcoat; vest.
Gilles [ʒil], *m.* Giles.
gingembre [ʒɛ̃'ʒã:br], *n.m.* ginger.
gingivite [ʒɛ̃ʒi'vit], *n.f.* gingivitis.
ginguet [ʒɛ̃'gɛ], *a.* (*fem.* -ette) (*colloq.*) weak, worthless, scanty.—*n.m.* thin wine.
girandole [ʒirã'dɔl], *n.f.* girandole, epergne.
giration [ʒira'sjɔ̃], *n.f.* gyration.
giratoire [ʒira'twa:r], *a.* gyratory.
girofle [ʒi'rofl], *n.m.* clove.
giroflée [ʒiro'fle], *n.f.* gillyflower, stock; *giroflée jaune*, wallflower.
giron [ʒi'rɔ̃], *n.m.* lap; (*fig.*) bosom.
girouette [ʒi'rwɛt], *n.f.* weathercock, vane.
gisant [ʒi'zã], *a.* lying (*ill, dead etc.*); out-stretched [GÉSIR].
gisement [ʒiz'mã], *n.m.* (*Geol. etc.*) lie (*of strata*); layer, bed; (*Naut.*) bearing (*of coast etc.*).
gitan [ʒi'tã], *n.m.* (*fem.* -e) gipsy.
gîte [ʒit], *n.m.* home, lodging; refuge; lair (*of deer*); (*Min.*) seam, layer.—*n.f.* (*Naut.*) list.
gîter [ʒi'te], *v.t.* to lodge, to house, to put up, to shelter.—*v.i.* to lie, to lodge; (*Naut.*) to list; to run aground. se gîter, *v.r.* to lodge, to sleep.
givrage [ʒi'vra:ʒ], *n.m.* (*Av.*) frosting, icing.
givre [ʒi'vr], *n.m.* hoar-frost, *rime.
givré [ʒi'vre], *a.* rimed, rimy.
glabre [gla:br], *a.* (*Bot.*) glabrous, smooth, without down; hairless.
glaçage [gla'sa:ʒ], *n.m.* frosting, glazing.
glaçant [gla'sã], *a.* freezing; icy, chilling.
glace [glas], *n.f.* ice; ice-cream; glass, plate-glass; mirror; carriage window; flaw (*in a diamond etc.*); icing (*on cakes etc.*).
glacé [gla'se], *a.* frozen, freezing; icy-cold; iced; glazed; glossy (*paper*); candied.
glacer [gla'se], *v.t.* (*conjug. like* COMMENCER) to freeze; to ice; (*fig.*) to paralyse; to glaze.—*v.i.* and se glacer, *v.r.* to freeze.
glaciaire [gla'sjɛ:r], *a.* of glaciers, glacial.
glacial [gla'sjal], *a.* frozen, glacial, icy.
glaciale [gla'sjal], *n.f.* (*Bot.*) ice-plant.
glacier [gla'sje], *n.m.* glacier, field of ice; ice-cream vendor.
glaçon [gla'sɔ̃], *n.m.* block of ice; floe; ice-cube; *petit glaçon*, icicle.
gladiateur [gladja'tœ:r], *n.m.* gladiator.

167

glaïeul [gla'jœl], *n.m.* gladiolus; iris.
glaire [glɛ:r], *n.f.* glair, white of egg; phlegm, mucus.
glaise [glɛ:z], *a.* clayey.—*n.f.* clay, loam; potter's earth.
glaiseux [glɛ'zø], *a.* (*fem.* **-euse**) clayey, loamy.
glaisière [glɛ'zjɛ:r], *n.f.* clay-pit.
glaive [glɛ:v], *n.m.* sword, blade, steel.
gland [glɑ̃], *n.m.* acorn; tassel.
glande [glɑ̃:d], *n.f.* (*Anat.*) gland; (*pop.*) tumour; kernel.
glanduleux [glɑ̃dy'lø], *a.* (*fem.* **-euse**) glandulous, glandular.
glaner [gla'ne], *v.t., v.i.* to glean.
glaneur [gla'nœ:r], *n.m.* (*fem.* **-euse**) gleaner.
glapir [gla'pi:r], *v.i.* to yelp (*of puppies etc.*); to screech, to scream (*of persons*).
glapissement [glapis'mɑ̃], *n.m.* yelping; screeching, shrill.
glapissement [glapis'mɑ̃], *n.m.* yelping; screeching.
glas [glɑ], *n.m.* knell.
glauque [glo:k], *a.* glaucous, sea-green.
glèbe [glɛb], *n.f.* glebe; land, soil.
glissade [gli'sad], *n.f.* sliding, slide; slipping.
glissant [gli'sɑ̃], *a.* slippery; (*fig.*) ticklish, delicate.
glissement [glis'mɑ̃], *n.m.* slipping, sliding, gliding; (*Polit.*) landslide.
glisser [gli'se], *v.t.* to slip, to slide; to insinuate.—*v.i.* to slip, to slide; to glide. **se glisser**, *v.r.* to slip, to slide, to creep, to steal, to insinuate oneself (*dans*).
glissière [gli'sjɛ:r], *n.f.* slide; *porte à glissière*, sliding door.
glissoire [gli'swa:r], *n.f.* slide on ice.
global [glɔ'bal], *a.* (*m. pl.* **-aux**) in a mass, entire; *somme globale*, lump sum.
globe [glɔb], *n.m.* globe, sphere, orb; glass-shade.
globulaire [glɔby'lɛ:r], *a.* globular.
globule [glɔ'byl], *n.m.* globule.
gloire [glwa:r], *n.f.* glory, fame.
gloriette [glɔ'rjɛt], *n.f.* arbour, summer-house.
glorieusement [glɔrjøz'mɑ̃], *adv.* gloriously.
glorieux [glɔ'rjø], *a.* (*fem.* **-euse**) glorious; vainglorious.—*n.m.* braggart, boaster.
glorification [glɔrifika'sjɔ̃], *n.f.* glorification.
glorifier [glɔri'fje], *v.t.* to glorify, to honour. **se glorifier**, *v.r.* to glory in, to boast (*de*).
gloriole [glɔ'rjɔl], *n.f.* vainglory, petty vanity.
glose [glo:z], *n.f.* gloss; criticism; comment, parody.
gloser [glo'ze], *v.t.* to gloss; to criticize.—*v.i.* to carp, to find fault.
gloseur [glo'zœ:r], *n.m.* (*fem.* **-euse**) carper, fault-finder.
glossaire [glɔ'sɛ:r], *n.m.* glossary, vocabulary.
glouglou [glu'glu], *n.m.* gurgling, gurgle.
glouglouter [gluglu'te], *v.i.* to gurgle.
gloussement [glus'mɑ̃], *n.m.* clucking.
glousser [glu'se], *v.i.* to cluck (*of hens*).
glouton [glu'tɔ̃], *a.* (*fem.* **-onne**) gluttonous, greedy.—*n.m.* (*fem.* **-onne**) glutton.
gloutonnement [glutɔn'mɑ̃], *adv.* gluttonously, greedily.
gloutonnerie [glutɔn'ri], *n.f.* gluttony, greediness.
glu [gly], *n.f.* bird-lime, glue.
gluant [gly'ɑ̃], *a.* glutinous, sticky; slimy.

glucose [gly'ko:z], *n.m.* glucose.
glutineux [glyti'nø], *a.* (*fem.* **-euse**) glutinous, viscous.
glycérine [glise'rin], *n.f.* glycerine.
glycine [gli'sin], *n.f.* wistaria.
gnome [gno:m], *n.m.* (*fem.* **gnomide**) gnome.
gnou [gnu], *n.m.* gnu.
gobelet [gɔ'blɛ], *n.m.* goblet, mug; dice-box; *tour de gobelet*, juggler's trick.
gobelin [gɔ'blɛ̃], *n.m.* goblin, imp.
gobe-mouches [gɔb'muʃ], *n.m. inv.* fly-catcher (*bird*); fly-trap (*plant*); (*fig.*) simpleton.
gober [gɔ'be], *v.t.* to gulp down, to swallow; (*colloq.*) to believe easily; to have a liking for (*a person*).
(C) **godendard** [gɔdɑ̃'da:r], *n.m.* cross-cut saw, whip-saw, two-handle saw.
goder [gɔ'de], *v.i.* to crease, to bag (*of clothes*), to pucker (*of needlework etc.*).
godiche [gɔ'diʃ], *a.* clumsy, boobyish, simple.
godille [gɔ'di:j], *n.f.* stern-oar; scull.
goéland [gɔe'lɑ̃], *n.m.* gull, sea-gull.
goélette [gɔe'lɛt], *n.f.* schooner.
goémon [gɔe'mɔ̃], *n.m.* seaweed.
gogo [gɔ'go], (*in adv. phr.*) *à gogo*, galore.
goguenard [gɔg'na:r], *a.* bantering, jeering, mocking scoffing.—*n.m.* (*fem.* **-e**) banterer, jeerer, chaffer.
goguenarder [gɔgnar'de], *v.i.* to jeer, to banter, to chaff.
goguette [gɔ'gɛt], *n.f. être en goguette*, to be in a merry mood, to be on the spree.
goinfre [gwɛ̃:fr], *n.m.* (*fam.*) guzzler, gormandizer.
goinfrer [gwɛ̃'fre], *v.i.* to gorge, to gormandize.
goinfrerie [gwɛ̃frə'ri], *n.f.* gluttony.
goitre [gwa:tr], *n.m.* goitre, wen.
goitreux [gwa'trø], *a.* (*fem.* **-euse**) goitrous.—*n.m.* (*fem.* **-euse**) goitrous person, (*colloq.*) imbecile, idiot.
golfe [gɔlf], *n.m.* gulf, bay.
gommage [gɔ'ma:ʒ], *n.m.* gumming.
gomme [gɔm], *n.f.* gum; rubber, eraser.
gommer [gɔ'me], *v.t.* to gum; to rub out.
gommeux [gɔ'mø], *a.* (*fem.* **-euse**) gummy.
gommier [gɔ'mje], *n.m.* gum-tree.
gond [gɔ̃], *n.m.* hinge; *hors des gonds*, unhinged, (*fig.*) enraged, beside oneself.
gondole [gɔ̃'dɔl], *n.f.* gondola; car *or* gondola (*of a balloon etc.*); eye-bath.
gondoler [gɔ̃dɔ'le], *v.i.* to bulge; to warp (*of wood*); to buckle.
gondolier [gɔ̃dɔ'lje], *n.m.* gondolier.
gonflement [gɔ̃flə'mɑ̃], *n.m.* swelling, inflation.
gonfler [gɔ̃'fle], *v.t.* to swell, to inflate; to pump up (*a tyre*); to puff up.—*v.i.* to swell, to be swollen. **se gonfler**, *v.r.* to swell, to be swollen, to be puffed up; (*fam.*) to swank.
gonfleur [gɔ̃'flœ:r], *n.m.* air-pump, inflator.
gong [gɔ̃:g], *n.m.* gong.
gorge [gɔrʒ], *n.f.* throat, gullet; bosom; neck; defile, strait; (*Bot.*) mouth; (*Arch., Fort.*) gorge; *avoir mal à la gorge*, to have a sore throat; *avoir la gorge serrée*, to have a lump in one's throat; *rendre gorge*, to refund, to stump up; *faire des gorges chaudes*, to gloat over.
gorge-de-pigeon [gɔrʒdəpi'ʒɔ̃], *a. inv.* iridescent, shot (*of colours*).

gorgée [gɔr'ʒe], *n.f.* draught, gulp; *petite gorgée*, sip.
gorger [gɔr'ʒe], *v.t.* (*conjug. like* MANGER) to gorge, to cram. **se gorger,** *v.r.* to gorge oneself.
gorille [gɔ'ri:j], *n.m.* gorilla.
gosier [go'zje], *n.m.* throat, gullet; (*fig.*) voice.
gosse [gɔs], *n.* (*fam.*) brat, urchin, kid.
gothique [go'tik], *a.* Gothic.—*n.f.* (*Print.*) Old English.
gouache [gwaʃ], *n.f.* gouache, body-colour; painting in this.
goudron [gu'drɔ̃], *n.m.* tar.
goudronnage [gudrɔ'na:ʒ], *n.m.* tarring.
goudronner [gudrɔ'ne], *v.t.* to tar.
goudronneux [gudrɔ'nø], *a.* (*fem.* **-euse**) tarry.
gouffre [gufr], *n.m.* gulf, abyss, pit.
gouge [gu:ʒ], *n.f.* gouge.
goujat [gu'ʒa], *n.m.* (*fig.*) cad, vulgar fellow.
goujon [gu'ʒɔ̃], *n.m.* gudgeon (*pin or fish*).
goule [gul], *n.f.* ghoul.
goulet [gu'lɛ], *n.m.* narrow entrance (*to a harbour etc.*); inlet; mouth, neck (*of a bottle etc.*); gully, gorge (*between mountains etc.*).
goulot [gu'lo], *n.m.* neck (*of a bottle etc.*).
goulu [gu'ly], *a.* gluttonous, greedy.—*n.m.* (*fem.* **-e**) glutton, greedy person.
goulûment [guly'mɑ̃], *adv.* greedily.
goupille [gu'pi:j], *n.f.* pin, peg, bolt.
goupiller [gupi'je], *v.t.* to pin, to bolt.
gourd [gu:r], *a.* benumbed, numb.
gourde [gurd], *n.f.* gourd; flask, wineskin.
gourdin [gur'dɛ̃], *n.m.* cudgel, club, thick stick.
gourmade [gur'mad], *n.f.* smack in the face.
gourmand [gur'mɑ̃], *a.* greedy.—*n.m.* (*fem.* **-e**) glutton.
gourmander [gurmɑ̃'de], *v.t.* to chide, to reprimand; to prune (*trees*).
gourmandise [gurmɑ̃'di:z], *n.f.* gluttony, greediness; (*pl.*) sweetmeats.
gourmé [gur'me], *a.* stiff, stuck-up, formal, solemn.
gourmer [gur'me], *v.t.* to box, to thump; to curb (*a horse*). **se gourmer,** *v.r.* to thump, to pummel each other.
gourmet [gur'mɛ], *n.m.* connoisseur in wines etc.; epicure.
gourmette [gur'mɛt], *n.f.* curb, curb-chain.
gousse [gus], *n.f.* shell, pod, husk; *gousse d'ail*, clove of garlic.
gousset [gu'sɛ], *n.m.* armpit; fob, (waistcoat-) pocket; gusset (*of a shirt etc.*); bracket.
goût [gu], *n.m.* taste, flavour, relish; savour; inclination, liking; style, manner; *chacun à son goût*, every man to his taste; *chacun son goût*, tastes differ; *viande de haut goût*, highly seasoned meat.
goûter [gu'te], *v.t.* to taste, to try; to like; to enjoy; to feel.—*v.i.* to taste; to try; to have a snack.—*n.m.* a snack taken between lunch and dinner (*the equivalent of English tea*).
goutte (1) [gut], *n.f.* drop, small quantity; sip, dram; (*Arch., Pharm.*) drop.—*adv. phr.* **ne . . . goutte;** *n'entendre goutte*, not to hear *or* understand in the least; *n'y voir goutte*, not to make it out at all.
goutte (2) [gut], *n.f.* gout.
gouttelette [gut'lɛt], *n.f.* small drop, drip.
goutter [gu'te], *v.i.* to drip.

goutteux [gu'tø], *a.* and *n.m.* (*fem.* **-euse**) gouty (person).
gouttière [gu'tjɛ:r], *n.f.* gutter of a roof; shoot, spout (*for rain-water*); cradle splint.
gouvernable [guver'nabl], *a.* governable, manageable.
gouvernail [guver'na:j], *n.m.* rudder, helm.
gouvernant [guver'nɑ̃], *a.* governing, ruling.—*n.m.* governor, ruler.—*n.f.* (**-e**) governor's wife; governess; housekeeper (*of bachelor*).
gouverne [gu'vern], *n.f.* guidance, guide, direction; (*pl.*) (*Av.*) rudders and ailerons.
gouvernement [guvernə'mɑ̃], *n.m.* government, rule, sway; management; governorship.
gouvernemental [guvernəmɑ̃'tal], *a.* (*m. pl.* **-aux**) governmental.
gouverner [guver'ne], *v.t.* to control, to govern; to direct, to steer; to rule, to command, to manage, to regulate.—*v.i.* to steer, to answer the helm.
gouverneur [guver'nœ:r], *n.m.* governor; manager; tutor.
grabat [gra'ba], *n.m.* pallet, litter (*of straw etc.*), truckle-bed.
grabuge [gra'by:ʒ], *n.m.* (*fam.*) wrangling, squabble, brawl.
grâce [grɑ:s], *n.f.* grace, favour, mercy, forgiveness; gracefulness, elegance; (*pl.*) thanks; (*Myth.*) *les Grâces*, the Graces.
graciable [gra'sjabl], *a.* pardonable.
gracier [gra'sje], *v.t.* to pardon, to reprieve.
gracieusement [grasjøz'mɑ̃], *adv.* graciously, kindly, gracefully.
gracieuseté [grasjøz'te], *n.f.* graciousness, kindness; act of courtesy; gratuity.
gracieux [gra'sjø], *a.* (*fem.* **-euse**) graceful, gracious, obliging.
gracilité [grasili'te], *n.f.* slimness, slenderness.
gradation [grada'sjɔ̃], *n.f.* gradation; climax.
grade [grad], *n.m.* grade, rank; degree; *monter en grade*, to be promoted.
gradé [gra'de], *n.m.* (*Mil.*) non-commissioned officer.
gradin [gra'dɛ̃], *n.m.* step; tier.
graduation [gradɥa'sjɔ̃], *n.f.* graduation; scale.
gradué [gra'dɥe], *a.* graduated; progressive (*exercises*).—*n.m.* (*fem.* **-ée**) graduate (*of a university*).
graduel [gra'dɥɛl], *a.* (*fem.* **-elle**) gradual.
graduellement [gradɥɛl'mɑ̃], *adv.* gradually.
graduer [gra'dɥe], *v.t.* to graduate, to proportion.
graillon [grɑ'jɔ̃], *n.m.* smell of burnt meat *or* fat; (*pl.*) scraps (*of meat etc.*) from a meal.
grain (1) [grɛ̃], *n.m.* grain, berry; bead; jot, bit; *avoir un grain*, to have a bee in one's bonnet; *grain de beauté*, mole, beauty-spot; *grain de café*, coffee bean; *grain de poivre*, peppercorn; *grain de raisin*, grape.
grain (2) [grɛ̃], *n.m.* (*Naut.*) squall.
graine [grɛn], *n.f.* seed; breed; *c'est une mauvaise graine*, he is a bad lot.
grainetier [grɛn'tje], **grainier** [grɛ'nje], *n.m.* (*fem.* **-ière**) seedsman, seedswoman; corn-chandler.
graissage [grɛ'sa:ʒ], *n.m.* greasing, oiling, lubrication.

graisse [grɛ:s], *n.f.* fat, grease.
graisser [grɛ'se], *v.t.* to grease; to make greasy; to lubricate, to oil.
graisseur [grɛ'sœ:r], *n.m.* greaser, oiler.
graisseux [grɛ'sø], *a.* (*fem.* **-euse**) greasy; oily; fatty.
grammaire [gra'mɛ:r], *n.f.* grammar.
grammairien [gramɛ'rjɛ̃], *n.m.* (*fem.* **-enne**) grammarian.
grammatical [gramati'kal], *a.* (*m. pl.* **-aux**) grammatical.
grammaticalement [gramatikal'mɑ̃], *adv.* grammatically.
gramme [gram], *n.m.* gramme *or* gram.
grand [grɑ̃], *a.* great; large, big; high, tall; wide, spacious; grown-up; capital (*of letters*); broad (*of daylight*); grand, noble.—*adv.* **voir grand**, to have big ideas; *en grand*, on a large scale; (*of portraits*) full length.—*n.m.* the grand, the sublime.—*n.m.* (*fem.* **-e**) great person; grown-up person; *grand d'Espagne*, Spanish grandee; (*pl.*) the great, great people; (*sch.*) the big (*or* senior) boys *or* girls.
(C) **grand-bois** [grɑ̃'bwa], *n.m.* virgin forest.
grand-duc [grɑ̃'dyk], *n.m.* (*pl.* **grands-ducs**) grand duke; eagle-owl.
grand-duché [grɑ̃dy'ʃe], *n.m.* (*pl.* **grands-duchés**) grand-duchy.
grande-duchesse [grɑ̃ddy'ʃɛs], *n.f.* (*pl.* **grandes-duchesses**) grand-duchess.
grandement [grɑ̃d'mɑ̃], *adv.* greatly, extremely, very much; grandly, nobly, handsomely.
grandeur [grɑ̃'dœ:r], *n.f.* extent, size; height; length; breadth; bulk; greatness, magnitude; tallness; grandeur, magnificence; grace, highness (*titles*).
grandiose [grɑ̃'djo:z], *a.* grandiose.
grandir [grɑ̃'di:r], *v.t.* to increase; to magnify.—*v.i.* to grow; to grow (tall, big, up etc.). se **grandir**, *v.r.* to make oneself appear taller; to grow taller; to raise oneself, to rise.
grandissement [grɑ̃dis'mɑ̃], *n.m.* growth, increase; rise; (*Opt.*) magnification.
grand-maman [grɑ̃ma'mɑ̃], *n.f.* (*pl.* **-mamans**) granny.
grand-mère [grɑ̃'mɛ:r], *n.f.* (*pl.* **-mères**) grandmother.
grand-père [grɑ̃'pɛ:r], *n.m.* (*pl.* **grands-pères**) grandfather.
grand-route [grɑ̃'rut], *n.f.* (*pl.* **-routes**) high-road, main road.
grand-rue [grɑ̃'ry], *n.f.* (*pl.* **-rues**) high street, main street.
grange [grɑ̃:ʒ], *n.f.* barn.
granit [gra'nit, gra'ni], **granite** [gra'nit], *n.m.* granite.
granulaire [grany'lɛ:r], *a.* granular.
granule [gra'nyl], *n.m.* granule.
granulé [grany'le], *a.* granulated, granular.
graphique [gra'fik], *a.* graphic.—*n.m.* diagram; graph.
graphiquement [grafik'mɑ̃], *adv.* graphically.
graphite [gra'fit], *n.m.* graphite; plumbago.
grappe [grap], *n.f.* bunch (*of grapes, currants etc.*); cluster (*of fruit etc.*); (*Artill.*) grape-shot.
grappillage [grapi'ja:ʒ], *n.m.* vine-gleaning *or* pickings.

grappiller [grapi'je], *v.t.* to glean.—*v.i.* to glean; to get pickings, to make a little profit.
grappilleur [grapi'jœ:r], *n.m.* (*fem.* **-euse**) gleaner; petty thief, profiteer.
grappin [gra'pɛ̃], *n.m.* grapnel, grappling-iron; grab.
gras [grɑ], *a.* (*fem.* **grasse**) fat; fleshy, corpulent; greasy, oily, unctuous; rich; broad, indecent; *eaux grasses*, dishwater; *faire la grasse matinée*, to get up late; *mardi gras*, Shrove Tuesday; *matières grasses*, fats.—*n.m.* fat, fat part (*of meat etc.*); meat, flesh; meat diet.
gras-double [grɑ'dubl], *n.m.* tripe.
grassement [grɑs'mɑ̃], *adv.* plentifully, liberally; in affluence.
grasseyement [grasɛj'mɑ̃], *n.m.* exaggerated rolling of uvular r.
grasseyer [grasɛ'je], *v.i.* to roll one's r's.
grassouillet [grasu'jɛ], *a.* (*fem.* **-ette**) (*fam.*) plump, chubby.
gratification [gratifika'sjɔ̃], *n.f.* gratuity, extra pay, reward.
gratifier [grati'fje], *v.t.* to confer (*a favour*) on; to ascribe.
gratin [gra'tɛ̃], *n.m.* burnt part; *au gratin*, (*Cook.*) dressed with crust of bread-crumbs.
gratis [gra'tis], *adv.* gratis, for nothing.
gratitude [grati'tyd], *n.f.* gratitude.
gratte-ciel [grat'sjɛl], *n.m. inv.* skyscraper.
grattelle [gra'tɛl], *n.f.* rash, itching.
gratte-papier [gratpa'pje], *n.m. inv.* scribbler, pen-pusher.
gratter [gra'te], *v.t.* to scratch; to scrape. se **gratter**, *v.r.* to scratch oneself.
grattoir [gra'twa:r], *n.m.* scraper; eraser, paint-scraper.
gratuit [gra'tɥi], *a.* free (of charge); gratuitous.
gratuité [gratɥi'te], *n.f.* gratuitousness.
gratuitement [gratɥit'mɑ̃], *adv.* for nothing; gratuitously.
gravats [gra'va], *n.m. pl.* rubbish, debris (*of a building*).
grave [gra:v], *a.* heavy, grave, serious; weighty; dangerous; low, deep (*of voice*); (*Mus.*) low-pitched.
gravé [gra've], *a.* pitted; engraved.
graveleux [gra'vlø], *a.* (*fem.* **-euse**) gravelly, sandy, gritty; (*fig.*) smutty.
gravelle [gra'vɛl], *n.f.* (*Path.*) gravel.
gravement [grav'mɑ̃], *adv.* gravely, seriously.
graver [gra've], *v.t.* to engrave; to impress, to imprint. se **graver**, *v.r.* to be engraved, to be impressed *or* imprinted.
graveur [gra'vœ:r], *n.m.* engraver.
gravier [gra'vje], *n.m.* gravel, grit; (*Path.*) gravel.
gravir [gra'vi:r], *v.t.* to clamber up, to climb, to ascend.
gravitation [gravita'sjɔ̃], *n.f.* gravitation.
gravité [gravi'te], *n.f.* gravity; seriousness, solemnity; weight, importance.
graviter [gravi'te], *v.i.* to gravitate.
gravure [gra'vy:r], *n.f.* engraving, print; illustration (*in book*).
gré [gre], *n.m.* will, wish; liking, pleasure; mind, taste; accord, consent *bon gré mal gré* or *de gré ou de force*, willy nilly; *de bon gré*, willingly; *de mauvais gré*, unwillingly; *savoir (bon) gré*, to be thankful; *vendre de gré à gré*, to sell by private contract.

grisette

grèbe [grɛb], *n.m.* (*Orn.*) grebe.
grec [grɛk], *a.* (*fem.* **grecque**) Greek; Grecian.—*n.m.* Greek (*language*); (**Grec**, *fem.* **Grecque**) Greek (*person*).
Grèce [grɛs], **la**, *f.* Greece.
gredin [grə'dɛ̃], *n.m.* rascal, scoundrel.
gréer [gre'e], *v.t.* to rig.
greffe (1) [grɛf], *n.m.* (*Law*) registry, record-office.
greffe (2) [grɛf], *n.f.* graft; grafting.
greffer [grɛ'fe], *v.t.* to graft.
greffier [grɛ'fje], *n.m.* registrar, recorder, clerk of the court.
greffoir [grɛ'fwaːr], *n.m.* grafting-knife.
greffon [grɛ'fɔ̃], *n.m.* graft, scion, slip.
grégaire [gre'gɛːr], **grégarien** [grega'rjɛ̃] (*fem.* **-enne**), *a.* gregarious.
grêle (1) [grɛːl], *a.* slender, slim; shrill.
grêle (2) [grɛːl], *n.f.* hail; hailstorm.
grêlé [grɛ'le], *a.* ravaged by hail; pock-marked.
grêler [grɛ'le], *v. impers.* to hail.—*v.t.* to ravage, ruin or spoil by hail.
grêlon [grɛ'lɔ̃], *n.m.* hailstone.
grelot [grə'lo], *n.m.* small (*round*) bell.
grelotter [grəlɔ'te], *v.i.* to tremble, to shake, to shiver (*with cold, fear*); to tinkle.
grenade [grə'nad], *n.f.* pomegranate; (*Mil.*) grenade.
grenadier [grəna'dje], *n.m.* pomegranate-tree; (*Mil.*) grenadier.
grenadine [grəna'din], *n.f.* grenadine (*silk or syrup*).
grenat [grə'na], *n.m.* garnet.—*a.* garnet-red.
grener [grə'ne], *v.t.* (*conjug. like* AMENER) to granulate; to grain (*leather etc.*); (*Engr.*) to stipple.—*v.i.* to seed, to run to seed.
grènetis [grɛn'ti], *n.m.* milling, milled edge.
grenier [grə'nje], *n.m.* loft; attic; corn-loft, granary.
grenouille [grə'nuːj], *n.f.* frog.
grenu [grə'ny], *a.* full of corn; rough-grained.
grès [grɛ], *n.m.* sandstone, stoneware.
grésil [gre'zi], *n.m.* sleet.
grésillement [grezij'mɑ̃], *n.m.* pattering (*like sleet*); shrivelling, crackling; chirping.
grésiller [grezi'je], *v. impers.* to sleet, to patter.—*v.t.* to shrivel up.—*v.i.* to crackle.
grève [grɛːv], *n.f.* strand, beach of sand or shingle; strike of workmen; **grève du zèle**, working to rule.
grever [grə've], *v.t.* (*conjug. like* AMENER) to wrong, to injure; to burden; to encumber (*with debt etc.*).
gréviste [gre'vist], *n.* striker.
gribouillage [gribu'jaːʒ], **gribouillis** [gribu'ji], *n.m.* (*Paint.*) daub; scrawl.
gribouiller [gribu'je], *v.t., v.i.* to daub; to scrawl, to scribble.
gribouilleur [gribu'jœːr], *n.m.* (*fem.* **-euse**) dauber; scrawler, scribbler.
grief [gri'ɛf], *n.m.* wrong, injury, grievance.
grièvement [griɛv'mɑ̃], *adv.* grievously, gravely.
grièveté [griɛv'te], *n.f.* gravity, seriousness.
griffade [gri'fad], *n.f.* clawing, scratch.
griffe [grif], *n.f.* claw, talon; (*pl.*) clutches; paper-clip, clamp; **griffe d'asperge**, root of asparagus.
griffer [gri'fe], *v.t.* to claw, to scratch (*of cats etc.*); to stamp (*with signature etc.*).

griffon [gri'fɔ̃], *n.m.* griffin; griffon.
griffonnage [grifɔ'naːʒ], *n.m.* scrawl, scribble.
griffonner [grifɔ'ne], *v.t.* to scrawl, to scribble.
griffonneur [grifɔ'nœːr], *n.m.* (*fem.* **-euse**) scrawler, scribbler.
grignoter [griɲɔ'te], *v.t.* to nibble; (*fig.*) to get pickings out of.
gril [gril], *n.m.* gridiron, grill.
grillade [gri'jad], *n.f.* grilling, broiling; grill, grilled steak.
grillage [gri'jaːʒ], *n.m.* grilling, broiling, toasting; wire guard or mesh; light iron railing.
grille [griːj], *n.f.* railing, grating; grill; iron gate or bars; (*Elec.*) grid.
grille-pain [grij'pɛ̃], *n.m. inv.* toaster.
griller (1) [gri'je], *v.t.* to broil, to grill (*meat*); to roast (*coffee*); to toast (*bread*).—*v.i.* to broil, to be burned up or scorched; to burn out (*electric bulbs*); (*fig.*) to be itching (*to do something*). **se griller**, *v.r.* to be scorched, to be parched.
griller (2) [gri'je], *v.t.* to enclose with iron rails.
grillon [gri'jɔ̃], *n.m.* cricket.
grimaçant [grima'sɑ̃], *a.* grimacing, grinning; (*fig.*) gaping, ill-fitting.
grimace [gri'mas], *n.f.* grimace, wry face; (*fig.*) (*pl.*) affectations, airs and graces.
grimacer [grima'se], *v.i.* (*conjug. like* COMMENCER) to make faces, to grimace, to grin; to simper; to pucker.
grimer (se) [səgri'me], *v.r.* to make up.
grimpant [grɛ̃'pɑ̃], *a.* climbing, creeping (*of plants*).
grimper [grɛ̃'pe], *v.i.* to climb, to clamber up; to creep up (*of plants*).
grimpeur [grɛ̃'pœːr], *a.* (*fem.* **-euse**) climbing, twining.—*n.m.* (*fem.* **-euse**) (*Orn.*) climber.
grincement [grɛ̃s'mɑ̃], *n.m.* gnashing, grinding (*of the teeth etc.*); grating.
grincer [grɛ̃'se], *v.i.* (*conjug. like* COMMENCER) to grind, to gnash, to grate.
grincheux [grɛ̃'ʃø], *a.* (*fem.* **-euse**) ill-tempered, peevish, crabbed, surly.—*n.m.* (*fem.* **-euse**) grumbler.
gringalet [grɛ̃ga'le], *n.m.* weak, puny man.
griotte [gri'ɔt], *n.f.* morello cherry.
grippage [gri'paːʒ], **grippement** [grip'mɑ̃], *n.m.* friction (*of two surfaces*); seizing, jamming (*of bearing*).
grippe [grip], *n.f.* influenza, 'flu; (*colloq.*) dislike.
grippé [gri'pe], *a.* shrunk, contracted (*of the face*); ill with influenza; run hot, seized up (*of motors*).
gripper [gri'pe], *v.t.* to pounce upon, to clutch, to seize.—*v.i.* to run hot, to seize up, to jam. **se gripper**, *v.r.* to shrivel, to shrink.
grippe-sou [grip'su], *n.m.* (*pl. unchanged* or **grippe-sous**) miser, money-grubber.
gris [gri], *a.* grey; grey-haired; dull (*of the weather*); (*fig.*) tipsy; **papier gris**, brown paper.—*n.m.* grey.
grisaille [gri'zaːj], *n.f.* sketch or painting in tones of grey; greyness (*of weather*).
grisâtre [gri'zaːtr], *a.* greyish.
griser [gri'ze], *v.t.* to give a grey tint to; to intoxicate; **se griser**, *v.r.* to get tipsy.
grisette [gri'zɛt], *n.f.* grey gown; (*Orn.*) whitethroat.

grison

grison [gri'zɔ̃], *a.* (*fem.* **-onne**) grey, grey-haired.—*n.m.* (*colloq.*) grey-beard (*old man*); donkey.

grisonnant [grizɔ'nɑ̃], *a.* turning grey.

grisonner [grizɔ'ne], *v.i.* to grow grey (*of hair etc.*).

grisou [gri'zu], *n.m.* fire-damp.

grive [gri:v], *n.f.* thrush.

grivelé [gri'vle], *a.* speckled.

grivois [gri'vwa], *a.* loose, broad, obscene.

grivoiserie [grivwaz'ri], *n.f.* smutty story.

Groenland [grɔen'lɑ̃d], *le, m.* Greenland.

groenlandais [grɔenlɑ̃dɛ], *a.* of Greenland.—*n.m.* (**Groenlandais**, *fem.* **-aise**) Greenlander.

grognard [grɔ'ɲa:r], *a.* grumbling, growling.—*n.* grumbler, grouser; veteran of Napoleon's Old Guard.

grognement [grɔɲ'mɑ̃], *n.m.* grunt, grunting; growling, grumbling.

grogner [grɔ'ɲe], *v.i.* to grunt; to growl; to grumble, to grouse.

grognon [grɔ'ɲɔ̃], *a.* (*fem.* **-onne**, *but usu. unchanged*) grumbling, querulous.—*n.m.* (*fem.* **-onne**) grumbler, growler.

groin [grwɛ̃], *n.m.* snout (*of a hog*).

grommeler [grɔm'le], *v.t., v.i.* (*conjug. like* APPELER) to mutter, to grumble.

grondant [grɔ̃'dɑ̃], *a.* scolding; roaring, rumbling.

grondement [grɔ̃d'mɑ̃], *n.m.* rumbling, growling, snarling; roar.

gronder [grɔ̃'de], *v.t.* to chide, to scold.—*v.i.* to growl, to mutter; to snarl, to rumble, to roar.

gronderie [grɔ̃'dri], *n.f.* scolding, chiding.

grondeur [grɔ̃'dœ:r], *a.* (*fem.* **-euse**) grumbling, scolding.—*n.m.* (*fem.* **-euse**) scold; grumbler.

grondin [grɔ̃'dɛ̃], *n.m.* (*Ichth.*) gurnard, gurnet.

groom [grum], *n.m.* page, (*U.S.*) bell-boy; stable lad.

gros [gro], *a.* (*fem.* **grosse** (1)) big, large, bulky; stout; coarse; pregnant; loud (*of laughter*); gruff (*of the voice*); substantial, foul (*of the weather*); high (*of the sea etc.*); dark, deep (*in colour*); (*Cine.*) **gros plan**, close-up.—*n.m.* large or main part; bulk, mass; main body (*of an army*); **en gros et en détail**, wholesale and retail.—*adv.* much.

groseille [gro'zɛ:j], *n.f.* currant; **groseille à maquereau**, gooseberry.

groseillier [grozɛ'je], *n.m.* currant-bush.

grosse (1) [gros], [GROS].

grosse (2) [gros], *n.f.* gross (*twelve dozen*).

grossement [gros'mɑ̃], *adv.* grossly, coarsely.

grossesse [gro'sɛs], *n.f.* pregnancy.

grosseur [gro'sœ:r], *n.f.* size, bulk; bigness; swelling, tumour.

grossier [gro'sje], *a.* (*fem.* **-ière**) gross, coarse, thick; plain, common; rough, rude, unpolished, unmannerly, boorish.

grossièrement [grosjɛr'mɑ̃], *adv.* coarsely, rudely, roughly, uncouthly.

grossièreté [grosjɛr'te], *n.f.* coarseness, grossness; rudeness; coarse language.

grossir [gro'si:r], *v.t.* to make bigger or greater.—*v.i.* to grow bigger; to put on weight.

grossissant [grosi'sɑ̃], *a.* magnifying.

grossissement [grosis'mɑ̃], *n.m.* magnifying, magnifying-power; increase; exaggeration.

grosso-modo [grɔsɔmɔ'do], *adv.* summarily.

grotesque [grɔ'tɛsk], *a.* and *n.m.* grotesque.

grotte [grɔt], *n.f.* grotto, cave.

grouillant [gru'jɑ̃], *a.* stirring, swarming, crawling.

grouillement [gruj'mɑ̃], *n.m.* stirring, swarming; rumbling (*of the intestines*).

grouiller [gru'je], *v.i.* to stir, to move; to swarm; to rumble (*of the intestines*).

groupe [grup], *n.m.* group, party (*of people*); cluster (*of stars*); clump (*of trees etc.*).

groupement [grup'mɑ̃], *n.m.* grouping.

grouper [gru'pe], *v.t.* to group. **se grouper**, *v.r.* to form groups, to gather.

gruau [gry'o], *n.m.* flour of wheat; **gruau d'avoine**, groats; oatmeal; **tisane de gruau**, gruel.

grue [gry], *n.f.* (*Orn., Eng.*) crane.

gruger [gry'ʒe], *v.t.* (*conjug. like* MANGER) to crunch; to eat, to devour.

grume [grym], *n.f.* bark (*of tree*); **bois de** or **en grume**, wood with the bark on.

grumeau [gry'mo], *n.m.* (*pl.* **-eaux**) clot, small lump.

grumeler (se) [səgry'mle], *v.r.* (*conjug. like* APPELER) to clot.

grumeleux [gry'mlø], *a.* (*fem.* **-euse**) clotted, rough.

gruyère [gry'jɛ:r], *n.m.* Gruyère cheese.

guano [gwa'no], *n.m.* guano.

Guatémala [gwatema'la], **le** *m.* Guatemala.

guatémaltèque [gwatemal'tɛk], *a.* Guatemalan.—*n.* (**Guatémaltèque**) Guatemalan (*person*).

gué [ge], *n.m.* ford.

guéable [ge'abl], *a.* fordable.

guéer [ge'e], *v.t.* to ford.

guenille [gə'ni:j], *n.f.* rag, tatter; (*pl.*) tattered clothes.

guenilleux [gəni'jø], *a.* (*fem.* **-euse**) tattered, ragged.

guenon [gə'nɔ̃], *n.f.* monkey, ape; she-monkey; (*fig.*) fright, ugly woman.

guépard [ge'pa:r], *n.m.* cheetah.

guêpe [gɛ:p], *n.f.* wasp.

guêpier [gɛ:'pje], *n.m.* wasps' nest; bee-eater (*bird*); scrape, difficulty.

guère [gɛ:r], *adv.* but little, not much, not very; not long; hardly, scarcely.

guères (*poet.*) [GUÈRE].

guéret [ge're], *n.m.* ploughed but unsown land; fallow-land; (*pl., poet.*) fields.

guéridon [geri'dɔ̃], *n.m.* (small) round table.

guérilla [geri'ja], *n.f.* guerrilla war or troops.

guérir [ge'ri:r], *v.t.* to heal, to cure.—*v.i.* to heal, to heal up; to recover, to be cured.

guérison [geri'zɔ̃], *n.f.* recovery, healing, cure.

guérissable [geri'sabl], *a.* curable.

guérisseur [geri'sœ:r], *n.m.* (*fem.* **-euse**) healer, faith-healer; quack.

guérite [ge'rit], *n.f.* sentry-box; look-out turret.

Guernesey [gɛrnə'zɛ], *f.* Guernsey.

guerre [gɛ:r], *n.f.* war; warfare, hostilities; strife.

guerrier [gɛ'rje], *a.* (*fem.* **-ière**) warlike, martial.—*n.m.* (*fem.* **-ière**) warrior, fighting man or woman.

guerroyant [gɛrwɑ'jɑ̃], *a.* bellicose, pugnacious.

guerroyer [gɛrwɑ'je], *v.i.* (*conjug. like* EMPLOYER) to make war, to wage war.

guet [gɛ], *n.m.* watch; watching; *au guet*, on the look-out.

guet-apens [gɛtɑ'pɑ̃], *n.m.* (*pl.* gu**e**ts-apens) ambush; trap.

guêtre [gɛːtr], *n.f.* gaiter; *grandes guêtres*, leggings; *petites guêtres*, spats.

guetter [gɛ'te], *v.t.* to lie in wait for, to watch for, to waylay.

guetteur [gɛ'tœːr], *n.m.* signalman, look-out man.

gueulard [gœ'laːr], *a.* (*pop.*) bawling, mouthing; gluttonous; hard-mouthed (*of horses*).—*n.m.* (*fem.* -e) bawler; glutton.—*n.m.* furnace-mouth.

gueule [gœl], *n.f.* mouth (*of animals*); (*vulg.*) mouth, face, mug (*of human*).

gueule-de-lion [gœldə'ljɔ̃], *n.f.* (*pl.* gueules-de-lion) antirrhinum.

gueule-de-loup [gœldə'lu], *n.f.* (*pl.* gueules-de-loup) snapdragon; chimney cowl.

gueuler [gœ'le], *v.i.* (*pop.*) to bawl.

gueuse (1) [gøːz], *n.f.* pig-iron.

gueuser [gø'ze], *v.t., v.i.* to beg.

gueuserie [gø'zri], *n.f.* beggary; destitution; (*fig.*) trash.

gueux [gø], *a.* (*fem.* -euse) poor, destitute; wretched.—*n.m.* beggar, tramp; knave, rascal.—*n.f.* (-euse (2)) wench, bitch.

gui [gi], *n.m.* mistletoe.

guichet [gi'ʃɛ], *n.m.* wicket-gate (*of prison*); spyhole (*of door*); position at counter (*banks, post-office*), pay-desk; booking-office (*railways*).

guichetier [giʃ'tje], *n.m.* turnkey.

guide [gid], *n.m.* guide; guide-book.—*n.f.* girl-guide; rein.

guider [gi'de], *v.t.* to guide, to lead; to direct.

guidon [gi'dɔ̃], *n.m.* (*Mil.*) guidon; (*Navy*) burgee; (fore)sight, bead (*of fire-arms*); reference-mark (*in a book*); handle-bar (*of bicycle*).

guigner [gi'ɲe], *v.t.* to peer or peep at; to ogle; to covet.—*v.i.* to peep, to peer.

guignol [gi'ɲɔl], *n.m.* Punch; puppet-show, Punch and Judy show.

guignolet [giɲɔ'lɛ], *n.m.* cherry-brandy.

guignon [gi'ɲɔ̃], *n.m.* bad luck, ill-luck.

Guillaume [gi'joːm], *m.* William.

guillemet [gij'mɛ], *n.m.* quotation mark, inverted comma.

guillemot [gij'mo], *n.m.* (*Orn.*) guillemot.

guilleret [gij'rɛ], *a.* (*fem.* -ette) brisk, lively.

guilleri [gij'ri], *n.m.* chirping (*of sparrows*).

guillotine [gijo'tin], *n.f.* guillotine; *fenêtre à guillotine*, sash-window.

guillotiner [gijoti'ne], *v.t.* to guillotine.

guimauve [gi'moːv], *n.f.* marsh-mallow.

guimbarde [gɛ̃'bard], *n.f.* Jew's-harp; (*colloq.*) rickety old vehicle, boneshaker.

guimpe [gɛ̃p], *n.f.* stomacher; wimple (*for nuns etc.*).

guindé [gɛ̃'de], *a.* stiff, forced, unnatural; formal (*of style*).

guindeau [gɛ̃'do], *n.m.* (*pl.* -eaux) windlass.

guinder [gɛ̃'de], *v.t.* to hoist; to strain, to force. **se guinder**, *v.r.* to hoist oneself up; to be strained, to be forced.

Guinée [gi'ne], **la**, *f.* Guinea.

guinéen [gine'ɛ̃], *a.* (*fem.* -éenne) Guinean.—*n.m.* (**Guinéen**, *fem.* -éenne) Guinean (*person*).

guingan [gɛ̃'gɑ̃], *n.m.* gingham.

guingois [gɛ̃'gwa], *n.m.* crookedness; *de guingois*, awry, askew.

guinguette [gɛ̃'gɛt], *n.f.* small suburban tavern (*usually with pleasure garden*).

guirlande [gir'lɑ̃ːd], *n.f.* garland, wreath.

guise [giːz], *n.f.* manner, way, guise; fancy; *en guise de*, by way of.

guitare [gi'taːr], *n.f.* guitar.

guitariste [gita'rist], *n.* guitarist, guitar-player.

gustatif [gysta'tif], *a.* (*fem.* -tive) gustatory.

gustation [gysta'sjɔ̃], *n.f.* tasting, gustation.

guttural [gyty'ral], *a.* (*m. pl.* -aux) guttural.

guyanais [gɥija'ne], *a.* (*fem.* -aise) Guyanese.—*n.m.* (**Guyanais**, *fem.* -aise) Guyanese (*person*).

Guyane [gɥi'jan], **la**, *f.* Guyana.

gymnase [ʒim'nɑːz], *n.m.* gymnasium.

gymnaste [ʒim'nast], *n.* gymnast.

gymnastique [ʒimnas'tik], *a.* gymnastic.—*n.f.* gymnastics.

gynécologie [ʒinekɔlɔ'ʒi], *n.f.* gynaecology.

gynécologiste [ʒinekɔlɔ'ʒist], **gynécologue** [ʒinekɔ'lɔg], *n.* gynaecologist.

gypse [ʒips], *n.m.* gypsum; plaster of Paris.

gyroscope [ʒirɔs'kɔp], *n.m.* gyroscope.

H

[In words marked thus † the *h* is 'aspirated'.]

H, h [aʃ], *n.m. or f.* the eighth letter of the alphabet. *H* is mute or aspirated. The so-called aspirated *h* is a graphic symbol which indicates that there is neither elision nor liaison; *e.g. la halle* [la'al], *les halles* [le'al]; *l'heure H*, (*Mil.*) zero hour.

habile [a'bil], *a.* able, clever; capable; skilful; sharp, cunning.

habilement [abil'mɑ̃], *adv.* cleverly, skilfully.

habileté [abil'te], *n.f.* ability, skill, cleverness.

habilité [abili'te], *a.* entitled, qualified.—*n.f.* (*Law*) competency, qualification.

habiliter [abili'te], *v.t.* to qualify, to enable, to entitle.

habillage [abi'jaːʒ], *n.m.* dressing; trussing (*poultry*).

habillant [abi'jɑ̃], *a.* dressy or suiting well (*of clothes etc.*).

habillé [abi'je], *a.* dressed, clad, decked out.

habillement [abij'mɑ̃], *n.m.* clothes, dress, attire.

habiller [abi'je], *v.t.* to dress; to make clothes for; to become, to fit; to wrap up; (*Cook.*) to truss (*fowls, fish etc.*); (*fig.*) to adorn. **s'habiller**, *v.r.* to dress; to have one's clothes made.

habilleur [abi'jœːr], *n.m.* (*fem.* -euse) (*Theat.*) dresser.

habit [a′bi], *n.m.* clothes; dress-coat; *habit complet*, suit of clothes.

habitable [abi′tabl], *a.* habitable.

habitant [abi′tã], *n.m.* (*fem.* **-e**) inhabitant, resident; occupier; denizen; (*C*) farmer.

habitation [abita′sjõ], *n.f.* habitation, residence, abode.

habiter [abi′te], *v.t.* to inhabit, to dwell in, to live in; to frequent; *habiter un lieu*, to live in a place.—*v.i.* to inhabit, to dwell, to reside; *habiter avec*, (*Law*) to cohabit.

habitude [abi′tyd], *n.f.* habit, custom, practice; *d'habitude*, usually.

habitué [abi′tɥe], *n.m.* (*fem.* **-ée**) frequenter, customer.

habituel [abi′tɥɛl], *a.* (*fem.* **-elle**) habitual, usual.

habituellement [abitɥɛl′mã], *adv.* habitually usually.

habituer [abi′tɥe], *v.t.* to accustom. **s'habituer**, *v.r.* to accustom oneself; to get used (*à*).

†**hâbler** [ɑ′ble], *v.i.* to brag, to boast.

†**hâblerie** [ablə′ri], *n.f.* bragging, boasting.

†**hâbleur** [ɑ′blœːr], *n.m.* (*fem.* **-euse**) braggart, boaster.

†**hache** [aʃ], *n.f.* axe, hatchet.

†**haché** [a′ʃe], *a.* chopped up, mixed; (*fig.*) abrupt.

†**hacher** [a′ʃe], *v.t.* to chop, to cut to pieces; to hash, to mince; to hack; to cross-hatch.

†**hachis** [a′ʃi], *n.m.* minced meat, hash.

†**hachoir** [a′ʃwaːr], *n.m.* chopping-board; chopping-knife; mincer.

†**hachure** [a′ʃyːr], *n.f.* (*Engr.*) hatching, hachure.

†**hagard** [a′gaːr], *a.* wild-looking, haggard.

†**haie** [ɛ], *n.f.* hedge, hedgerow; hurdle; row, line.

†**haillon** [ɑ′jõ], *n.m.* rag, tatter.

†**haine** [ɛːn], *n.f.* hate, hatred; dislike; spite.

†**haineusement** [ɛnøz′mã], *adv.* hatefully, spitefully.

†**haineux** [ɛ′nø], *a.* (*fem.* **-euse**) hating, spiteful.

†**haïr** [a′iːr], *v.t. irr.* to hate, to detest.

†**haire** [ɛːr], *n.f.* hair-shirt.

†**haïssable** [ai′sabl], *a.* hateful, odious.

†**Haïti** [ai′ti], *m.* or *f.* Haiti.

†**haïtien** [ai′sjɛ̃], *a.* (*fem.* **-enne**) Haitian.—*n.m.* (**Haïtien**, *fem.* **-enne**) Haitian (*person*).

†**halage** [a′laːʒ], *n.m.* towage, hauling.

†**hale** [a:l], *n.m.* tow-line, tow-rope.

†**hâle** [ɑːl], *n.m.* heat of the sun; sunburn.

†**hâlé** [ɑ′le], *a.* sunburnt; tanned; swarthy.

haleine [a′lɛn], *n.f.* breath, wind.

†**haler** [a′le], *v.t.* (*Naut.*) to haul, to tow.

†**hâler** [ɑ′le], *v.t.* to tan, to burn (*of the sun*). **se hâler**, *v.r.* to become sunburnt *or* tanned.

†**haletant** [al′tã], *a.* out of breath, panting.

†**haleter** [al′te], *v.i.* (*conjug. like* AMENER) to pant, to gasp for breath.

†**hall** [ɔl], *n.m.* large entrance hall (*of hotel, station*).

†**halle** [al], *n.f.* market; market-hall, market-place.

†**hallebarde** [al′bard], *n.f.* halberd; *pleuvoir des hallebardes*, to rain cats and dogs.

†**hallebardier** [albar′dje], *n.m.* halberdier.

†**hallier** [a′lje], *n.m.* thicket, coppice.

hallucination [alysinɑ′sjõ], *n.f.* hallucination, delusion.

halluciné [alysi′ne], *a.* hallucinated; (*fig.*) deluded.—*n.m.* (*fem.* **-ée**) person suffering from delusions.

halluciner [alysi′ne], *v.t.* to hallucinate; (*fig.*) to delude.

†**halo** [a′lo], *n.m.* halo; (*Phot.*) halation.

†**halot** [a′lo], *n.m.* rabbit-burrow.

†**halte** [alt], *n.f.* halt; stand, stop; halting-place.—*int.* halt! stop!

haltère [al′tɛːr], *n.m.* dumb-bell.

†**hamac** [a′mak], *n.m.* hammock.

†**hameau** [a′mo], *n.m.* (*pl.* **-eaux**) hamlet.

hameçon [am′sõ], *n.m.* hook, fish-hook; bait.

†**hampe** [ɑ̃ːp], *n.f.* staff (*of a lance, flag etc.*); stem, flower-stalk.

†**hamster** [ams′tɛːr], *n.m.* hamster.

†**hanche** [ɑ̃ːʃ], *n.f.* hip; haunch (*of horse*).

†**handicap** [ɑ̃di′kap], *n.m.* handicap.

†**hangar** [ɑ̃′gaːr], *n.m.* outhouse, shed, cart-shed; hangar (*for aeroplanes*).

†**hanneton** [an′tõ], *n.m.* May-bug, cockchafer; (*fig.*) thoughtless person.

†**hanter** [ɑ̃′te], *v.t.* to haunt; to frequent.

†**hantise** [ɑ̃′tiːz], *n.f.* obsession.

†**happer** [a′pe], *v.t.* to snap up, to snatch; to seize.

†**happeur** [a′pœːr], *n.m.* paper-clip.

†**haquenée** [ak′ne], *n.f.* hack, quiet horse; (*fig.*) ungainly woman.

†**haquet** [a′kɛ], *n.m.* dray.

†**harangue** [a′rɑ̃ːg], *n.f.* harangue, speech; (*boring*) address.

†**haranguer** [arɑ̃′ge], *v.t., v.i.* to harangue.

†**harangueur** [arɑ̃′gœːr], *n.m.* (*fem.* **-euse**) haranguer, orator, speechifier.

†**haras** [a′rɑ], *n.m.* stud, breeding-stud.

†**harasser** [ara′se], *v.t.* to harass, to tire out, to weary.

†**harceler** [arsə′le], *v.t.* (*conjug. like* APPELER) to worry, to pester, to torment, to harass.

†**harde** [ard], *n.f.* herd (*of deer etc.*); leash (*for hounds*).

†**hardes** [ard], *n.f.* (*used only in pl.*) wearing apparel, attire; worn clothes.

†**hardi** [ar′di], *a.* bold, daring, fearless; rash; impudent.

†**hardiesse** [ar′djɛs], *n.f.* boldness, daring; rashness; assurance, impudence.

†**hardiment** [ardi′mã], *adv.* boldly, daringly; impudently.

†**harem** [a′rɛm], *n.m.* harem.

†**hareng** [a′rɑ̃], *n.m.* herring.

†**harengère** [arɑ̃′ʒɛːr], *n.f.* fish-wife.

†**harenguet** [arɑ̃′gɛ], *n.m.* sprat.

†**hargneux** [ar′nø], *a.* (*fem.* **-euse**) cross, cross-grained, peevish, surly.

†**haricot** [ari′ko], *n.m.* kidney-bean; *haricot de mouton*, Irish stew; *haricots d'Espagne*, scarlet runners; *haricots verts*, French beans.

†**haridelle** [ari′dɛl], *n.f.* jade, hack; (*fig.*) gawky woman.

†**harle** [arl], *n.m.* (*Orn.*) merganser.

harmonica [armɔni′ka], *n.m.* harmonica, mouth-organ.

harmonie [armɔ′ni], *n.f.* harmony; concord; (*Mus.*) harmonics.

harmonieusement [armɔnjøz′mã], *adv.* harmoniously.

harmonieux [armɔˈnjø], *a.* (*fem.* **-euse**) harmonious; musical, melodious; in keeping; blending (*of colours*).

harmonique [armɔˈnik], *a.* harmonic.—*n.f.* harmonics.

harmoniser [armɔniˈze], *v.t.* and **s'harmoniser**, *v.r.* to harmonize.

harmonium [armɔˈnjom], *n.m.* harmonium.

†**harnachement** [arnaʃˈmɑ̃], *n.m.* harness, trappings.

†**harnacher** [arnaˈʃe], *v.t.* to harness; to rig out.

†**harnais** [arˈnɛ], *n.m.* harness; horse-trappings; armour; equipment, tackle.

†**haro** [aˈro], *n.m.* hue and cry.

†**harpagon** [arpaˈgɔ̃], *n.m.* miser, skinflint.

†**harpe** [arp], *n.f.* harp.

†**harper** [arˈpe], *v.t.* to grasp, to clutch.

†**harpie** [arˈpi], *n.f.* harpy, vixen, shrew.

†**harpiste** [arˈpist], *n.* harpist.

†**harpon** [arˈpɔ̃], *n.m.* harpoon.

†**harponner** [arpɔˈne], *v.t.* to harpoon.

†**hasard** [aˈzaːr], *n.m.* chance; hazard; risk, danger; *à tout hasard*, on the off chance; *au hasard*, at random; *par hasard*, by chance.

†**hasardé** [azarˈde], *a.* hazarded, ventured; hazardous, bold.

†**hasarder** [azarˈde], *v.t.* to hazard, to risk, to venture. **se hasarder**, *v.r.* to hazard, to venture, to take the risk.

†**hasardeusement** [azardøzˈmɑ̃], *adv.* hazardously.

†**hasardeux** [azarˈdø], *a.* (*fem.* **-euse**) venturesome, daring; hazardous, unsafe.

†**hâte** [ɑːt], *n.f.* hurry, haste; *à la hâte*, in a hurry.

†**hâter** [ɑˈte], *v.t.* to hasten, to forward, to hurry, to urge on; to expedite; to force (*fruit*). **se hâter**, *v.r.* to make haste, to hurry.

†**hâtif** [ɑˈtif], *a.* (*fem.* **-tive**) forward; precocious, premature; (*Hort.*) early.

†**hâtivement** [ɑtivˈmɑ̃], *adv.* early, prematurely; hastily.

†**hauban** [oˈbɑ̃], *n.m.* (*Naut.*) shroud, guy, stay.

†**hausse** [oːs], *n.f.* lift, block (*for raising anything*); (*Comm.*) rise, advance; (back) sight (*of a rifle*).

†**haussement** [osˈmɑ̃], *n.m.* raising, lifting; *haussement d'épaules*, shrugging of the shoulders.

†**hausser** [oˈse], *v.t.* to raise, to lift up; to increase; to shrug; (*Comm.*) to advance.—*v.i.* to rise; to get higher; to increase. **se hausser**, *v.r.* to be raised, to rise; to raise oneself; to clear up (*of the weather*); to increase.

†**haussier** [oˈsje], *n.m.* (*St. Exch.*) bull.

†**haussière** [oˈsjɛːr], *n.f.* hawser.

†**haut** [o], *a.* high, tall, lofty; elevated; upper; principal, eminent; haughty; loud (*of sound*); *lire à haute voix*, to read aloud; *pousser les hauts cris*, to complain loudly.—*n.m.* height; top, summit; upper part; *d'en haut*, from above.—*n.f.* (*colloq.*) *la haute*, the wealthy, the upper crust.—*adv.* high; loud, aloud, loudly; haughtily; *ainsi qu'il a été dit plus haut*, as has already been said; *parlez plus haut*, speak louder.—*adv. phr.* **en haut**, upstairs.

†**hautain** [oˈtɛ̃], *a.* haughty, proud.

†**hautainement** [otɛnˈmɑ̃], *adv.* haughtily, superciliously, proudly.

†**hautbois** [oˈbwa], *n.m.* hautboy, oboe; oboe-player.

†**haut-de-forme** [odˈfɔrm], *n.m.* (*pl.* **hauts-de-forme**) top-hat.

†**hautement** [otˈmɑ̃], *adv.* boldly, resolutely, proudly; aloud.

†**hauteur** [oˈtœːr], *n.f.* height, elevation, altitude; depth; rising ground; haughtiness, arrogance; pitch (*of the voice etc.*); (*Naut.*) bearing; *être à la hauteur de quelqu'un*, to be a match for someone; *être à la hauteur d'une tâche*, to be equal to a task.

†**haut-fond** [oˈfɔ̃], *n.m.* (*pl.* **hauts-fonds**) shoal, shallow.

†**haut-le-corps** [olˈkɔːr], *n.m. inv.* spring, bound; start.

†**haut-le-pied** [olˈpje], *a. inv. cheval haut-le-pied*, spare horse; *locomotive haut-le-pied*, engine running light.

†**haut-parleur** [oparˈlœːr], *n.m.* (*pl.* **-parleurs**) loud-speaker; amplifier.

†**Havane** [aˈvan], **la**, *f.* Havana.

†**havane** [aˈvan], *a.* brown, tan.—*n.m.* Havana cigar.

†**hâve** [ɑːv], *a.* pale, wan, emaciated.

†**havre** [ɑːvr], *n.m.* haven, harbour, port.

†**havresac** [ɑvrəˈsak], *n.m.* knapsack, pack.

†**Haye** [ɛ], **La**, *f.* the Hague.

†**hé!** [e], *int.* hoy! (*for calling, warning etc.*); why! well! I say! (*emphat.*).

†**heaume** [oːm], *n.m.* helmet.

hebdomadaire [ebdɔmaˈdɛːr], *a.* weekly.—*n.m.* weekly newspaper.

hébergement [ebɛrʒəˈmɑ̃], *n.m.* lodging.

héberger [ebɛrˈʒe], *v.t.* (*conjug. like* MANGER) to lodge.

hébété [ebeˈte], *a.* dazed, stupid, bewildered.

hébéter [ebeˈte], *v.t.* (*conjug. like* CÉDER) to make stupid, to besot.

hébraïque [ebraˈik], *a.* Hebrew, Hebraic.

hébreu [eˈbrø], *a.* (*fem.* **hébraïque**) Hebrew.—*n.m.* Hebrew (*language*); (**Hébreu**, *fem.* **Juive**, *pl.* **Hébreux**) Hebrew (*person*).

hécatombe [ekaˈtɔːb], *n.f.* hecatomb.

hectare [ekˈtaːr], *n.m.* hectare (*2 acres, 1 rood 35 perches* or *2·4711 acres*).

hectogramme [ektɔˈgram], *n.m.* hectogramme (*3·527 oz. avoirdupois*).

hectolitre [ektɔˈlitr], *n.m.* hectolitre (*22·009668 imperial gallons*).

hectomètre [ektɔˈmɛtr], *n.m.* hectometre (*109·936 yds.*).

hégire [eˈʒiːr], *n.f.* Hegira (*Mohammedan era*).

†**hein!** [ɛ̃], *int.* (*before a sentence*) hey! what! (*after a sentence* = *n'est-ce pas*) isn't it etc.?

hélas! [eˈlaːs], *int.* alas!

Hélène [eˈlɛn], *f.* Helen.

†**héler** [eˈle], *v.t.* (*conjug. like* CÉDER) to hail, to call (*a taxi, a boat etc.*).

hélice [eˈlis], *n.f.* screw; propeller.

hélicoptère [elikɔpˈtɛːr], *n.m.* helicopter.

héliport [eliˈpɔːr], *n.m.* heliport, helicopter landing-ground.

hélium [eˈljɔm], *n.m.* helium.

helvétique [ɛlveˈtik], *a.* Helvetic, Helvetian, Swiss.

hémisphère [emisˈfɛːr], *n.m.* hemisphere.

175

hémisphérique

hémisphérique [emisfe'rik], *a.* hemispheric.
hémistiche [emis'tiʃ], *n.m.* hemistich.
hémoglobine [emɔglɔ'bin], *n.f.* haemoglobin.
hémophylie [emɔfi'li], *n.f.* haemophilia.
hémorragie [emɔra'ʒi], *n.f.* haemorrhage.
hémorroïdes [emɔrɔ'id], *n.f. pl.* haemorrhoids, piles.
†henné [ɛ'ne], *n.m.* (*Bot.*) henna.
†hennir [ɛ'niːr], *v.i.* to neigh, to whinny.
†hennissement [ɛnis'mɑ̃], *n.m.* neighing.
Henri [ɑ̃'ri], *m.* Henry.
hépatique [epa'tik], *a.* hepatic.—*n.f.* (*Bot.*) liverwort.
hépatite [epa'tit], *n.f.* hepatitis (*inflammation of the liver*); (*Min.*) hepatite (*liver-stone*).
heptagone [ɛpta'gɔn], *a.* heptagonal.—*n.m.* heptagon.
héraldique [eral'dik], *a.* heraldic.—*n.f.* heraldry.
†héraut [e'ro], *n.m.* herald.
herbacé [ɛrba'se], *a.* (*Bot.*) herbaceous.
herbage [ɛr'baːʒ], *n.m.* herbage, grass-land; pasture.
herbager [ɛrba'ʒe] *v.t.* (*conjug. like* MANGER) to graze (*cattle*).
herbe [ɛrb], *n.f.* herb, grass, wort; *blé en herbe*, corn in the blade; *brin d'herbe*, blade of grass; *fines herbes*, herbs for seasoning; *mauvaise herbe*, weed; (*fig.*) scamp.
herbette [ɛr'bɛt], *n.f.* (*Poet.*) short grass, green-sward.
herbeux [ɛr'bø], *a.* (*fem.* -**euse**) grassy, herbous.
herbicide [ɛrbi'sid], *a.* weed-killing.—*n.m.* weed-killer.
herbivore [ɛrbi'vɔːr], *a.* herbivorous.—*n.m.* herbivore.
herboriste [ɛrbɔ'rist], *n.* herbalist, dealer in medicinal herbs.
herbu [ɛr'by], *a.* grassy, covered with grass.
Hercule [ɛr'kyl], *m.* Hercules.
hercule [ɛr'kyl], *n.m.* man of herculean strength; strong-arm man.
herculéen [ɛrkyle'ɛ̃], *a.* (*fem.* -**éenne**) herculean.
†hère [ɛːr], *n.m.* *un pauvre hère*, a sorry fellow, a poor devil.
héréditaire [eredi'tɛːr], *a.* hereditary.
hérédité [eredi'te], *n.f.* hereditary transmission, inheritance *or* succession, hereditary right; heredity.
hérésie [ere'zi], *n.f.* heresy.
hérétique [ere'tik], *a.* heretical.—*n.* heretic.
†hérissé [eri'se], *a.* bristling, on end; rough, shaggy; (*Bot.*) hairy, prickly.
†hérissement [eris'mɑ̃], *n.m.* bristling, shagginess.
†hérisser [eri'se], *v.t.* to bristle, to erect; **se hérisser**, *v.r.* to stand on end, to bristle up; to be bristling with.
†hérisson [eri'sɔ̃], *n.m.* hedgehog; (*fig.*) cross-grained person; *hérisson de mer*, sea-urchin.
héritage [eri'taːʒ], *n.m.* heritage, inheritance, legacy.
hériter [eri'te], *v.t.* to inherit.—*v.i.* to inherit, to be heir (*de*); to succeed.
héritier [eri'tje], *n.m.* (*fem.* -**ière**) heir, heiress.
hermétique [ɛrme'tik], *a.* hermetic, air-tight, water-tight.

hermétiquement [ɛrmetik'mɑ̃], *adv.* hermetically.
hermine [ɛr'min], *n.f.* ermine.
hermitage [ɛrmi'taːʒ], [ERMITAGE].
†herniaire [ɛr'njɛːr], *a.* hernial; *bandage herniaire*, truss.
†hernie [ɛr'ni], *n.f.* hernia, rupture.
héroïne [erɔ'in], *n.f.* heroine; (*Chem.*) heroin.
héroïque [erɔ'ik], *a.* heroic.
héroïquement [erɔik'mɑ̃], *adv.* heroically.
héroïsme [erɔ'ism], *n.m.* heroism.
†héron [e'rɔ̃], *n.m.* heron.
†héros [e'ro], *n.m.* hero.
†hersage [ɛr'saːʒ], *n.m.* harrowing.
†herse [ɛrs], *n.f.* harrow; portcullis, herse; (*pl.*) (*Theat.*) battens, lights (*above stage*).
†hersé [ɛr'se], *a.* harrowed; (*Her.*) represented with a herse.
†herser [ɛr'se], *v.t.* to harrow.
hésitant [ezi'tɑ̃], *a.* hesitating, wavering.
hésitation [ezita'sjɔ̃], *n.f.* hesitation.
hésiter [ezi'te], *v.i.* to hesitate, to falter, to pause, to waver.
†hessois [e'swa], *a.* Hessian.—*n.m.* (**Hessois**, *fem.* -**oise**) Hessian (*person*).
hétéroclite [etero'klit], *a.* heteroclite, anomalous; irregular.
hétérodoxe [etero'dɔks], *a.* heterodox.
hétérodyne [etero'din], *a.* and *n.f.* (*Rad.*) heterodyne.
hétérogène [etero'ʒɛːn], *a.* heterogeneous; incongruous.
†hêtre [ɛːtr], *n.m.* beech, beech-tree.
heure [œːr], *n.f.* hour; o'clock; time of day; moment; (*pl.*) primer (*prayer-book*); *heures d'affluence* or *de pointe*, rush hours, peak periods; (*nouvelles de la*) *dernière heure*, latest news; *quelle heure est-il?* what time is it? *tout à l'heure*, in a few minutes, just now; *de bonne heure*, early.
heureusement [œrøz'mɑ̃], *adv.* happily, luckily, fortunately; successfully.
heureux [œ'rø], *a.* (*fem.* -**euse**) happy, blissful; blessed, lucky; successful; pleasing; delighted.
†heurt [œːr], *n.m.* blow; knock, shock, collision; bruise.
†heurté [œr'te], *a.* abrupt, harsh, jerky (*of style*).
†heurtement [œrtə'mɑ̃], *n.m.* clash, collision; hiatus.
†heurter [œr'te], *v.t.* to knock against, to strike against; to jostle; to shock, to offend; to jar with.—*v.i.* to strike, to knock, to hit. **se heurter**, *v.r.* to strike *or* hit oneself; to strike against each other; to jostle each other, to clash.
hiatus [ja'tyːs], *n.m.* hiatus; gap.
hibernal [iber'nal], *a.* (*m. pl.* -**aux**) hibernal.
hibernant [iber'nɑ̃], *a.* hibernating.
hibernation [ibɛrna'sjɔ̃], *n.f.* hibernation.
hiberner [iber'ne], *v.i.* to hibernate.
†hibou [i'bu], *n.m.* (*pl.* -**oux**) owl; (*fig.*) moper.
†hic [ik], *n.m.* knot, difficulty, rub.
†hideur [i'dœːr], *n.f.* hideousness.
†hideusement [idøz'mɑ̃], *adv.* hideously.
†hideux [i'dø], *a.* (*fem.* -**euse**) hideous, frightful, shocking.
hier [jɛːr], *adv.* yesterday; *avant-hier*, the day before yesterday; *hier matin*, yesterday morning; *hier (au) soir*, last night.

honorifique

†hiérarchie [jerar′ʃi], *n.f.* hierarchy.
†hiérarchique [jerar′ʃik], *a.* hierarchical.
hiératique [jera′tik], *a.* hieratic.
hiéroglyphe [jero′glif], *n.m.* hieroglyph.
hiéroglyphique [jerogli′fik], *a.* hieroglyphical.
Hilaire [i′lɛːr], *m.* Hilary.
hilarant [ila′rã], *a.* screamingly funny, rollicking; *gaz hilarant*, laughing-gas.
hilare [i′laːr], *a.* hilarious.
hilarité [ilari′te], *n.f.* hilarity, mirth, laughter.
hindou [ɛ̃′du], *a.* Hindu; Indian (*of India*).— *n.m.* (**Hindou,** *fem.* **-oue**) Hindu; Indian (*of India*).
hindouisme [ɛ̃du′ism], *n.m.* Hinduism.
hindoustani [ɛ̃dusta′ni], *n.m.* Hindustani, Urdu (*language*).
hippique [i′pik], *a.* hippic; *concours hippique*, horse-show.
hippodrome [ipo′drom], *n.m.* hippodrome, circus; race-course.
hippopotame [ipopo′tam], *n.m.* hippopotamus.
hirondelle [irõ′dɛl], *n.f.* swallow.
hirsute [ir′syt], *a.* hirsute, hairy; shaggy, dishevelled; (*fig.*) boorish.
†hisser [i′se], *v.t.* to hoist, to lift, to run up, to raise. **se hisser,** *v.r.* to raise, hoist *or* lift oneself up.
histoire [is′twaːr], *n.f.* history; tale, story; idle story, untruth, falsehood; trifle; (*pl.*) fuss.
historien [isto′rjɛ̃], *n.m.* historian.
historier [isto′rje], *v.t.* to illustrate, to embellish, to adorn.
historiette [isto′rjɛt], *n.f.* little story, short tale.
historiographe [istorio′graf], *n.* historiographer.
historique [isto′rik], *a.* historic(al).—*n.m.* historical account.
historiquement [istorik′mã], *adv.* historically.
histrion [istri′jõ], *n.m.* histrion, actor; mountebank.
histrionique [istrio′nik], *a.* histrionic.
hitlérien [itle′rjɛ̃], *a.* (*fem.* **-enne**) Hitlerite.
hitlérisme [itle′rism], *n.m.* Hitlerism.
hiver [i′vɛːr], *n.m.* winter.
hivernage [ivɛr′naːʒ], *n.m.* winter season, winter-time; wintering place.
hivernal [ivɛr′nal], *a.* (*m. pl.* **-aux**) wintry.
hiverner [ivɛr′ne], *v.t.* (*Agric.*) to winter-fallow.—*v.i.* to winter.
†hobereau [ɔ′bro], *n.m.* (*pl.* **-eaux**) hobby (*bird*); country squire, squireen.
†hochement [ɔʃ′mã], *n.m.* shaking, tossing, wagging (*of the head*).
†hochequeue [ɔʃ′kø], *n.m.* (*Orn.*) wagtail.
†hocher [ɔ′ʃe], *v.t.* to shake, to toss; to wag (*the tail etc.*).
†hochet [ɔ′ʃɛ], *n.m.* rattle (*for children*); (*fig.*) toy, bauble, plaything.
†hockey [ɔ′kɛ], *n.m.* hockey; (*C*) hockey, hockey stick; *hockey sur glace*, ice-hockey.
†holà! [ɔ′la], *int.* stop! hold on! hallo, there! —*n.m.* stop, end; *mettre le holà*, to put a stop to (*a quarrel*).
†hollandais [ɔlã′dɛ], *a.* Dutch.—*n.m.* Dutch (*language*); (**Hollandais,** *fem.* **-aise**) Dutchman, Dutchwoman.

†Hollande [ɔ′lãːd], **la,** *f.* Holland, the Netherlands.
holocauste [ɔlɔ′koːst], *n.m.* holocaust, burnt-offering; sacrifice.
†homard [ɔ′maːr], *n.m.* lobster.
homélie [ɔme′li], *n.f.* homily, familiar sermon.
homéopathe [ɔmeo′pat], *a.* homoeopathic.—*n.* homoeopath.
homéopathie [ɔmeopa′ti], *n.f.* homoeopathy.
homéopathique [ɔmeopa′tik], *a.* homoeopathic.
Homère [ɔ′mɛːr], *m.* Homer.
homérique [ɔme′rik], *a.* Homeric.
homicide [ɔmi′sid], *a.* murderous.—*n.m.* homicide, manslaughter.—*n.* murderer.
hommage [ɔ′maːʒ], *n.m.* homage; respect; service; acknowledgment; token, gift; (*pl.*) respects.
homme [ɔm], *n.m.* man; (*colloq.*) husband, old man.
homme-grenouille [ɔmgrə′nuːj], *n.m.* (*pl.* **hommes-grenouilles**) frogman.
homme-sandwich [ɔmsã′dwitʃ], *n.m.* (*pl.* **hommes-sandwich(e)s**) sandwich man.
homogène [ɔmɔ′ʒɛːn], *a.* homogeneous.
homogénéité [ɔmɔʒenei′te], *n.f.* homogeneity.
homonyme [ɔmɔ′nim], *a.* homonymous.— *n.m.* homonym; namesake.
†Honduras [õdy′ras], **le,** *m.* Honduras.
†hondurien [õdy′rjɛ̃], *a.* (*fem.* **-enne**) Honduran.—*n.m.* (**Hondurien,** *fem.* **-enne**) Honduran (*person*).
†hongre [õːgr], *a.* gelded.—*n.m.* gelding.
†hongrer [õ′gre], *v.t.* to geld (*a horse*).
†Hongrie [õ′gri], **la,** *f.* Hungary.
†hongrois [õ′grwa], *a.* Hungarian.—*n.m.* Hungarian (*language*); (**Hongrois,** *fem.* **-oise**) Hungarian (*person*).
honnête [ɔ′nɛːt], *a.* honest, upright; modest (*of women*); respectable; decorous; proper; handsome; reasonable.—*n.m.* honesty, probity.
honnêtement [ɔnɛt′mã], *adv.* honestly, honourably; virtuously; becomingly; handsomely; suitably; reasonably.
honnêteté [ɔnɛt′te], *n.f.* honesty, integrity; modesty, chastity, virtue; propriety; respectability.
honneur [ɔ′nœːr], *n.m.* honour; virtue; integrity; repute; credit; distinction; respect; (*Cards*) honour.
†honnir [ɔ′niːr], *v.t.* to dishonour, to disgrace, to cover with shame.
honorabilité [ɔnorabili′te], *n.f.* honour, respectability.
honorable [ɔnɔ′rabl], *a.* honourable; respectable, creditable; suitable.
honorablement [ɔnorablə′mã], *adv.* honourably, respectably, creditably; nobly.
honoraire [ɔnɔ′rɛːr], *a.* honorary, titular.— *n.m.* (*pl.*) honorarium, fee.
honorer [ɔnɔ′re], *v.t.* to honour; to do credit to, to be an honour to; *honorer une traite,* to meet a bill. **s'honorer,** *v.r.* to do oneself honour; to acquire honour; to deem it an honour; to pride oneself.
honorifique [ɔnɔri′fik], *a.* honorary, titular, gratuitous.

177

honte

†**honte** [ɔ̃:t], *n.f.* **shame; disgrace, infamy; reproach; scandal; *avoir honte de*,** to be ashamed of; *mauvaise honte* or *fausse honte*, **self-consciousness, bashfulness.**

†**honteusement** [ɔ̃tøz'mɑ̃], *adv.* **shamefully, disgracefully; infamously.**

†**honteux** [ɔ̃'tø], *a.* (*fem.* **-euse**) **ashamed; bashful, shy; shameful, disgraceful.**

hôpital [ɔpi'tal], *n.m.* (*pl.* **-aux**) **hospital.**

†**hoquet** [ɔ'kɛ], *n.m.* **hiccup.**

hoqueter [ɔk'te], *v.i.* (*conjug. like* APPELER) **to hiccup.**

horaire [ɔ'rɛːr], *a.* **hourly; horary, horal.**—*n.m.* **time-table, schedule.**

†**horde** [ɔrd], *n.f.* **horde; pack; rabble.**

horizon [ɔri'zɔ̃], *n.m.* **horizon, sky-line.**

horizontal [ɔrizɔ̃'tal], *a.* (*m. pl.* **-aux**) **horizontal.**

horizontalement [ɔrizɔ̃tal'mɑ̃], *adv.* **horizontally.**

horloge [ɔr'lɔ:ʒ], *n.f.* **clock; time-keeper.**

horloger [ɔrlɔ'ʒe], *a.* (*fem.* **-ère**) **pertaining to clock-making.**—*n.m.* (*fem.* **-ère**) **clockmaker, watch-maker.**

horlogerie [ɔrlɔ'ʒri], *n.f.* **watch- and clockmaking; clocks and watches.**

hormis [ɔr'mi], *prep.* **except, excepting, but.**

hormone [ɔr'mɔn], *n.f.* **hormone.**

horoscope [ɔrɔs'kɔp], *n.m.* **horoscope.**

horreur [ɔ'rœːr], *n.f.* **horror, dread; detestation; enormity.**

horrible [ɔ'ribl], *a.* **horrible, dreadful; hideous, frightful, shocking.**

horriblement [ɔriblə'mɑ̃], *adv.* **horribly, awfully.**

horrifier [ɔri'fje], *v.t.* **to horrify.**

horrifique [ɔri'fik], *a.* **hair-raising.**

horripilant [ɔripi'lɑ̃], *a.* **exasperating.**

horripiler [ɔripi'le], *v.t.* **to horripilate; to exasperate.**

†**hors** [ɔːr], *prep.* **out of, outside of; beyond, past; but, except, save; *hors d'affaire*, out of danger; *hors de combat*, disabled; *hors de doute*, beyond doubt; *hors d'ici!* away with you! out of my sight! *hors de prix*, exorbitant; *hors de service*, unserviceable, out of order; *hors la loi*, outlawed.**

†**hors-bord** [ɔr'bɔr], *n.m. inv.* **outboard; speed-boat.**

†**hors-caste** [ɔr'kast], *a.* **and** *n. inv.* **outcaste, untouchable.**

†**hors-d'œuvre** [ɔr'dœːvr], *n.m. inv.* (*Arch.*) **outwork, outbuilding; (*Lit.*) digression, episode; (*Cook.*) dish served at the beginning of a meal.**

†**hors-jeu** [ɔr'ʒø], *n.m. inv.* (*Ftb.*) **off-side.**

†**hors-la-loi** [ɔrla'lwa], *n.m. inv.* **outlaw.**

hortensia [ɔrtɑ̃'sja], *n.m.* **hydrangea.**

horticulteur [ɔrtikyl'tœːr], *n.m.* **horticulturist.**

horticultural [ɔrtikylty'ral], *a.* (*m. pl.* **-aux**) **horticultural.**

horticulture [ɔrtikyl'tyr], *n.f.* **horticulture.**

hospice [ɔs'pis], *n.m.* **refuge; asylum; almshouse.**

hospitalier [ɔspita'lje], *a.* (*fem.* **-ière**) **hospitable.**—*n.m.* (*fem.* **-ière**) **hospitaller.**

hospitalièrement [ɔspitaljɛr'mɑ̃], *adv.* **hospitably.**

hospitalité [ɔspitali'te], *n.f.* **hospitality.**

hostellerie [ɔstɛl'ri], *n.f.* **inn.**

hostie [ɔs'ti], *n.f.* (*Jewish Ant.*) **offering, victim, sacrifice; (*R.-C. Ch.*) host.**

hostile [ɔs'til], *a.* **hostile, adverse.**

hostilement [ɔstil'mɑ̃], *adv.* **hostilely, adversely.**

hostilité [ɔstili'te], *n.f.* **hostility, enmity.**

hôte [oːt], *n.m.* (*fem.* **-esse**) **host, hostess; landlord innkeeper; guest; lodger; occupier, inmate.**

hôtel [o'tɛl], *n.m.* **town mansion, large house; hotel, inn; *hôtel de ville*, town hall; *hôtel des ventes*, auction mart; *hôtel meublé*, furnished lodgings, lodginghouse.**

hôtelier [otə'lje], *n.m.* (*fem.* **-ière**) **innkeeper, host, hostess.**

hôtellerie [otɛl'ri], *n.f.* **inn, hotel; hotel trade.**

hôtesse [o'tɛs], [HÔTE].

†**hotte** [ɔt], *n.f.* **basket (*carried on the back*); dosser, hod.**

†**hottée** [ɔ'te], *n.f.* **basketful.**

†**hottentot** [ɔtɑ̃'to], *a.* **Hottentot.**—*n.m.* (**Hottentot**, *fem.* **-e**) **Hottentot (*person*).**

†**houage** [wa:ʒ], *n.m.* **hoeing.**

†**houblon** [u'blɔ̃], *n.m.* (*Bot.*) **hop.**

†**houblonnière** [ublɔ'njɛːr], *n.f.* **hop-field.**

†**houe** [u], *n.f.* **hoe.**

†**houer** [u'e], *v.t.* **to hoe.**

†**houille** [u:j], *n.f.* **coal, pit-coal.**

†**houiller** [u'je], *a.* (*fem.* **-ère**) **coal-bearing.**—*n.f.* (**-ère**) **coal-mine, colliery.**

†**houilleur** [u'jœːr], *n.m.* **collier, coal-miner.**

†**houilleux** [u'jø], *a.* (*fem.* **-euse**) **containing coal.**

†**houle** [ul], *n.f.* **swell, surge.**

†**houlette** [u'lɛt], *n.f.* **(shepherd's) crook; crosier.**

†**houleux** [u'lø], *a.* (*fem.* **-euse**) **swelling, rough (*of sea*).**

†**houppe** [up], *n.f.* **tuft; top-knot; tassel.**

†**houppé** [u'pe], *a.* **tufted, crested.**

†**houppelande** [u'plɑ̃:d], *n.f.* **great-coat, cloak.**

†**houpper** [u'pe], *v.t.* **to tuft; to comb (*wool*).**

†**houppette** [u'pɛt], *n.f.* **powder-puff.**

†**hourdage** [ur'da:ʒ], †**hourdis** [ur'di], *n.m.* **rough-walling; pugging.**

†**hourder** [ur'de], *v.t.* **to rough-wall; to pug.**

†**hourdis** [HOURDAGE].

†**hourra** [u'ra], *n.m.* **hurrah.**

†**houspiller** [uspi'je], *v.t.* **to manhandle, to rough-house; to abuse.**

†**housse** [us], *n.f.* **housing, horse-cloth; dustsheet, loose cover.**

†**housser** [u'se], *v.t.* **to cover up.**

†**houssine** [u'sin], *n.f.* **switch, riding-switch.**

†**houssiner** [usi'ne], *v.t.* **to switch; to beat.**

†**houx** [u], *n.m.* **holly, holly-tree.**

†**hoyau** [wa'jo], *n.m.* (*pl.* **-aux**) **mattock, grubbing-hoe.**

†**huard** [ɥa:r], *n.m.* **osprey; sea-eagle.**

†**hublot** [y'blo], *n.m.* (*Naut.*) **side-light, porthole.**

†**huche** [yʃ], *n.f.* **kneading-trough; bread-pan.**

†**hue!** [y], *int.* **gee! gee-up!**

†**huée** [ɥe], *n.f.* **whoop, shouting; hooting, booing.**

†**huer** [ɥe], *v.t.* **to shout after; to hoot at, to boo.**—*v.i.* **to boo.**

178

†**huguenot** [yg'no], a. Huguenot.—n.m. (**Huguenot**, fem. -e) Huguenot (person).

huilage [ɥi'la:ʒ], n.m. oiling.

huile [ɥil], n.f. oil.

huiler [ɥi'le], v.t. to oil; to anoint with oil; to lubricate.—v.i. (Bot.) to exude oil.

huilerie [ɥil'ri], n.f. oil-works.

huileux [ɥi'lø], a. (fem. -euse) oily, greasy.

huilier [ɥi'lje], n.m. cruet-stand; oil-merchant.

†***huis** [ɥi], n.m. door; à huis clos, behind closed doors, in camera.

huisserie [ɥis'ri], n.f. door-frame.

huissier [ɥi'sje], n.m. usher; gentleman-usher; door-keeper; sheriff's officer, bailiff.

†**huit** [ɥit], a. and n.m. eight; eighth.

†**huitaine** [ɥi'tɛn], n.f. eight days, week.

†**huitième** [ɥi'tjɛm], a. eighth.—n.m. eighth, eighth part.

†**huitièmement** [ɥitjɛm'mā], adv. eighthly.

huître [ɥitr], n.f. oyster; (fig.) blockhead, dunce.

huitrier [ɥit'rje], n.m. (Orn.) oyster-catcher.

huitrière [ɥitri'ɛ:r], n.f. oyster-bed.

hululer [ULULER].

humain [y'mɛ̃], a. human; humane, benevolent.—n.m. humanity, mankind.

humainement [ymɛn'mā], adv. humanly; humanely.

humaniser [ymani'ze], v.t. to humanize, to civilize. **s'humaniser**, v.r. to become humanized.

humanisme [yma'nism], n.m. humanism.

humaniste [yma'nist], a. and n. humanist; classical scholar.

humanitaire [ymani'tɛ:r], a. and n. humanitarian.

humanité [ymani'te], n.f. humanity; human nature; mankind.

humble [œ̃:bl], a. humble, meek, modest.

humblement [œ̃mblə'mā], adv. humbly, meekly.

humectant [ymɛk'tā], a. refreshing, moistening.—n.m. humectant.

humectation [ymɛkta'sjɔ̃], n.f. moistening.

humecter [ymɛk'te], v.t. to damp, to moisten, to refresh. **s'humecter**, v.r. to be moistened; to refresh oneself.

†**humer** [y'me], v.t. to inhale.

humeur [y'mœ:r], n.f. humour; temperament, disposition; mood, fancy; ill-humour.

humide [y'mid], a. damp, wet, moist, humid.

humidité [ymidi'te], n.f. humidity, moisture, dampness.

humiliant [ymi'ljā], a. humiliating, degrading.

humiliation [ymilja'sjɔ̃], n.f. humiliation, abasement.

humilier [ymi'lje], v.t. to humble, to humiliate. **s'humilier**, v.r. to humble or abase oneself.

humilité [ymili'te], n.f. humility, meekness, lowliness.

humoriste [ymɔ'rist], a. humorous.—n. humorist.

humoristique [ymɔris'tik] a. humorous (writer etc.).

humour [y'mur], n.m. humour.

humus [y'mys], n.m. humus, mould.

†**hune** [yn], n.f. (Naut.) top.

†**hunier** [y'nje], n.m. topsail.

†**huppe** [yp], n.f. hoopoe; tuft, crest.

†**huppé** [y'pe], a. tufted, crested (of birds); (colloq.) well off, smartly dressed.

†**hurlement** [yrlə'mā], n.m. howling; howl, roar, yell.

†**hurler** [yr'le], v.i. to howl, to yell; to roar; hurler avec les loups, to do as others do.

†**hurleur** [yr'lœ:r], a. (fem. -euse) howling.—n.m. (fem. -euse) howler.

hurluberlu [yrlybɛr'ly], n. hare-brained person, harum-scarum.

†**hussard** [y'sa:r], n.m. hussar.

†**hutte** [yt], n.f. hut, cabin, shanty.

hyacinthe [ja'sɛ̃:t], n.f. jacinth; hyacinth.

hybride [i'brid], a. and n.m. hybrid, mongrel.

hydrangée [idrā'ʒe], n.f. (Bot.) hydrangea.

hydrater [idra'te], v.t. to hydrate.

hydraulique [idro'lik], a. hydraulic.—n.f. hydraulics.

hydravion [idra'vjɔ̃], n.m. flying-boat, sea-plane.

hydre [idr], n.f. hydra.

hydro-électrique [idrɔelɛk'trik], a. hydro-electric.

hydrogène [idrɔ'ʒɛn], n.m. hydrogen.

hydrophobe [idrɔ'fɔb], a. and n. hydrophobic (person).

hydrophobie [idrɔfɔ'bi], n.f. hydrophobia, rabies.

hydropique [idrɔ'pik], a. and n. dropsical (person).

hydropisie [idrɔpi'zi], n.f. dropsy.

hydroplane [idrɔ'plan], n.m. hydroplane.

hydroscope [idrɔs'kɔp], n.m. water-diviner.

hyène [jɛ:n], n.f. hyena.

hygiène [i'ʒjɛ:n], n.f. hygiene.

hygiénique [iʒje'nik], a. hygienic; sanitary.

hymen [i'mɛn], **hyménée** [ime'ne], n.m. hymen, marriage, wedlock.

hymnaire [im'nɛ:r], n.m. hymn-book, hymnal.

hymne [imn], n.m. (patriotic) song, anthem.—n.f. hymn.

hyperbole [ipɛr'bɔl], n.f. hyperbole, exaggeration; (Math.) hyperbola.

hyperbolique [ipɛrbɔ'lik], a. hyperbolic.

hypermétrope [ipɛrme'trɔp], a. long-sighted.

hypersensible [ipɛrsɑ̃'sibl], a. over-sensitive.

hypertension [ipɛrtɑ̃'sjɔ̃], n.f. high blood-pressure.

hypnose [ip'no:z], n.f. hypnosis.

hypnotique [ipnɔ'tik], a. and n.m. hypnotic.

hypnotiser [ipnɔti'ze], v.t. to hypnotize; to fascinate.

hypnotiseur [ipnɔti'zœ:r], n.m. (fem. -euse) hypnotist.

hypnotisme [ipnɔ'tism], n.m. hypnotism.

hypocondriaque [ipokɔ̃'driak], a. and n. hypochondriac.

hypocondrie [ipokɔ̃'dri], n.f. hypochondria.

hypocrisie [ipokri'zi], n.f. hypocrisy.

hypocrite [ipɔ'krit], a. hypocritical.—n. hypocrite.

hypodermique [ipodɛr'mik], a. hypodermic, under the skin.

hypotension [ipotā'sjɔ̃], n.f. low blood-pressure.

hypothécaire [ipote'kɛ:r], a. on mortgage.

hypothèque [ipo'tɛk], n.f. mortgage.

hypothéquer [ipote'ke], v.t. (conjug. like CÉDER) to mortgage.

hypothèse [ipo'tɛ:z], n.f. hypothesis, supposition.

hypothétique [ipɔte'tik], a. hypothetical.
hystérie [iste'ri], n.f. hysteria.
hystérique [iste'rik], a. hysteric, hysterical.

I

I, i [i], n.m. the ninth letter of the alphabet.
iceberg [is'bɛrg], n.m. iceberg.
ici [i'si], adv. here, in this place; hither; now, this time.
iconoclaste [ikɔnɔ'klast], a. iconoclastic.— n. iconoclast.
iconolâtre [ikɔnɔ'la:tr], n.m. image-worshipper.
iconolâtrie [ikɔnɔla'tri], n.f. image-worship.
idéal [ide'al], a. (m. pl. -aux) ideal; unreal, imaginary.—n.m. (pl. -als or -aux) ideal.
idéalement [ideal'mã], adv. ideally.
idéaliser [ideali'ze], v.t. to idealize.
idéalisme [idea'lism], n.m. idealism.
idéaliste [idea'list], a. idealistic.—n. idealist.
idée [i'de], n.f. idea; notion; conception; opinion; plan; fancy; sketch, suggestion.
idem [i'dɛm], adv. idem, ditto.
identification [idãtifika'sjɔ̃], n.f. identification.
identifier [idãti'fje], v.t. to identify. s'identifier, v.r. to identify oneself.
identique [idã'tik], a. identical, the same.
identiquement [idãtik'mã], adv. identically.
identité [idãti'te], n.f. identity.
idéologie [ideɔlɔ'ʒi], n.f. ideology.
idéologique [ideɔlɔ'ʒik], a. ideological.
idéologue [ideɔ'lɔg], n.m. ideologist.
ides [id], n.f. pl. Ides (15 March etc.).
idiomatique [idjɔma'tik], a. idiomatic.
idiome [i'djo:m], n.m. idiom, dialect.
idiosyncrasie [idjɔsɛkra'zi], n.f. idiosyncrasy.
idiot [i'djo], a. idiotic, absurd.—n.m. (fem. -e) idiot, imbecile, fool.
idiotie [idjo'si], n.f. idiocy, imbecility.
idiotisme [idjo'tism], n.m. (Gram.) idiom; (Path.) idiocy.
idolâtre [idɔ'la:tr], a. idolatrous.—n. idolater.
idolâtrer [idɔla'tre], v.t. to idolize, to dote upon.
idolâtrie [idɔla'tri], n.f. idolatry.
idole [i'dɔl], n.f. idol.
idylle [i'dil], n.f. idyll.
idyllique [idi'lik], a. idyllic.
if [if] n.m. yew, yew-tree.
igloo or iglou [i'glu], n.m. igloo.
ignare [i'na:r], a. illiterate, ignorant.—n. dunce, ignoramus.
igné [ig'ne], a. igneous.
ignifuge [igni'fy:ʒ], a. fire-resisting fire-proof; grenade ignifuge, fire-extinguisher.
ignifuger [ignify'ʒe], v.t. (conjug. like MANGER) to fireproof.
ignition [igni'sjɔ̃], n.f. ignition.
ignoble [i'nɔbl], a. ignoble; vile, base; beastly, filthy.
ignoblement [inɔblə'mã], adv. ignobly, vilely, basely.

ignominie [inɔmi'ni], n.f. ignominy, shame, dishonour.
ignominieusement [inɔminjøz'mã], adv. ignominiously.
ignominieux [inɔmi'njø], a. (fem. -euse) ignominious.
ignorance [inɔ'rã:s], n.f. ignorance; error, mistake, blunder.
ignorant [inɔ'rã], a. ignorant, illiterate, unlearned.—n.m. (fem. -e) ignoramus.
ignorer [inɔ're], v.t. to be ignorant of, not to know, not to be aware of. s'ignorer. v.r. not to know oneself; to be ignorant of one's own capabilities.
iguane [i'gwan], n.m. iguana.
il [il], pron. m. (pl. ils) he; it; there; (pl.) they.
île [il], n.f. island, isle.
illégal [ille'gal], a. (m. pl. -aux) illegal, unlawful.
illégalement [illegal'mã], adv. illegally.
illégalité [illegali'te], n.f. illegality.
illégitime [illeʒi'tim], a. illegitimate; unlawful, unjust.
illégitimement [illeʒitim'mã], adv. illegitimately, unlawfully.
illégitimité [illeʒitimi'te], n.f. illegitimacy; unlawfulness; spuriousness.
illettré [ille'tre], a. and n.m. (fem. -ée) illiterate, unlettered (person).
illicite [illi'sit], a. illicit, unlawful.
illicitement [illisit'mã], adv. illicitly, unlawfully.
illimitable [illimi'tabl], a. illimitable.
illimité [illimi'te], a. unlimited, unbounded, boundless.
illisibilité [illizibili'te], n.f. illegibility.
illisible [illi'zibl], a. illegible.
illisiblement [illizible'mã], adv. illegibly.
illogique [illɔ'ʒik], a. illogical.
illogiquement [illɔʒik'mã], adv. illogically.
illuminant [illymi'nã] a. illuminating.— n.m. illuminant.
illuminateur [illymina'tœ:r], n.m. illuminator, enlightener.
illumination [illymina'sjɔ̃], n.f. illumination.
illuminé [illymi'ne], a. illuminated, enlightened.—n.m. (fem. -ée) visionary, fanatic.
illuminer [illymi'ne], v.t. to illuminate, to illumine, to light up; to enlighten (the mind etc.). s'illuminer, v.r. to light or brighten up.
illusion [illy'zjɔ̃], n.f. illusion, self-deception, delusion; fallacy, chimera.
illusionner [illyzjo'ne], v.t. to delude, to deceive.
illusionniste [illyzjo'nist], n.m. conjurer.
illusoire [illy'zwa:r], a. illusive, illusory, delusive.
illusoirement [illyzwar'mã], adv. illusively.
illustration [illystra'sjɔ̃], n.f. illustriousness, renown; explanation; illustration.
illustre [il'lystr], a. illustrious, famous.
illustrer [illys'tre], v.t. to do honour to; to illustrate, to make clear. s'illustrer, v.r. to win fame.
illustrissime [illystri'sim], a. most illustrious.
îlot [i'lo], n.m. islet (in sea); holm (in river); block (of houses).
ilote [i'lɔt], n.m. helot.
ils [il], pl. pron. [IL].
image [i'ma:ʒ], n.f. image; likeness; picture; statue.

imaginable [imaʒi'nabl], *a.* imaginable.
imaginaire [imaʒi'nɛːr], *a.* imaginary, visionary, unreal, fantastic.
imaginatif [imaʒina'tif], *a.* (*fem.* **-tive**) imaginative.
imagination [imaʒina'sjɔ̃], *n.f.* imagination; conception, thought; fancy.
imaginer [imaʒi'ne], *v.t.* to imagine, to conceive; to fancy, to suppose; to devise. **s'imaginer**, *v.r.* to imagine oneself; to imagine, to fancy, to surmise.
imbécile [ɛ̃be'sil], *a.* imbecile; foolish, idiotic.—*n.* imbecile, idiot; fool.
imbécilement [ɛ̃besil'mɑ̃], *adv.* foolishly.
imbécillité [ɛ̃besili'te], *n.f.* imbecility, idiocy; stupidity.
imberbe [ɛ̃'bɛrb], *a.* beardless; (*fig.*) green.
imbiber [ɛ̃bi'be], *v.t.* to imbibe; to imbue; to steep. **s'imbiber**, *v.r.* to imbibe, to drink in.
imbroglio [ɛ̃brɔ'ljo], *n.m.* imbroglio, intricacy.
imbu [ɛ̃'by], *a.* imbued, saturated.
imbuvable [ɛ̃by'vabl], *a.* undrinkable.
imitable [imi'tabl], *a.* imitable.
imitateur [imita'tœːr], *a.* (*fem.* **-trice**) imitative.—*n.m.* (*fem.* **-trice**) imitator.
imitatif [imita'tif], *a.* (*fem.* **-tive**) imitative.
imitation [imita'sjɔ̃], *n.f.* imitation.
imiter [imi'te], *v.t.* to imitate, to copy; to mimic; to resemble.
immaculé [immaky'le], *a.* immaculate, spotless.
immanent [imma'nɑ̃], *a.* immanent.
immangeable [ɛ̃mɑ̃'ʒabl, imɑ̃'ʒabl], *a.* uneatable.
immanquable [ɛ̃mɑ̃'kabl], *a.* infallible, certain, sure.
immanquablement [ɛ̃mɑ̃kablə'mɑ̃], *adv.* infallibly, certainly, without fail.
immatériel [immate'rjɛl], *a.* (*fem.* **-elle**) immaterial, incorporeal.
immatriculation [immatrikyla'sjɔ̃], *n.f.* matriculation; registering; enrolment; (*Motor.*) **plaque d'immatriculation**, number plate.
immatriculé [immatriky'le], *a.* registered; matriculated.
immatriculer [immatriky'le], *v.t.* to matriculate; to register.
immaturité [immatyri'te], *n.f.* unripeness; immaturity.
immédiat [imme'dja], *a.* immediate.
immédiatement [immedjat'mɑ̃], *adv.* immediately.
immémorial [immemo'rjal], *a.* (*m. pl.* **-aux**) immemorial.
immense [im'mɑ̃ːs], *a.* immense, immeasurable; boundless, huge.
immensément [immɑ̃se'mɑ̃], *adv.* immensely.
immensité [immɑ̃si'te], *n.f.* immensity.
immerger [immɛr'ʒe], *v.t.* (*conjug. like* MANGER) to immerse, to plunge.
immérité [immeri'te], *a.* undeserved, unmerited, unjust.
immersion [immɛr'sjɔ̃], *n.f.* immersion; submergence; committal to the deep.
immesurable [immǝzy'rabl], *a.* unmeasurable, immeasurable.
immeuble [im'mœbl], *a.* fixed, real (*of estate*).—*n.m.* real estate; property; premises.

immigrant [immi'grɑ̃], *a.* and *n.m.* (*fem.* **-e**) immigrant.
immigration [immigra'sjɔ̃], *n.f.* immigration.
immigrer [immi'gre], *v.i.* to immigrate.
imminence [immi'nɑ̃ːs], *n.f.* imminence.
imminent [immi'nɑ̃], *a.* imminent, impending.
immiscer (s') [simmi'se], *v.r.* (*conjug. like* COMMENCER) to interfere.
immobile [immo'bil], *a.* motionless, still; (*fig.*) firm, immovable, unshaken.
immobilier [immɔbi'lje], *a.* (*fem.* **-ière**) real, landed (*of estate*); **agent immobilier**, estate agent; **société immobilière**, building society.
immobilisation [immobiliza'sjɔ̃], *n.f.* immobilization; (*Law*) conversion of movable property into real estate.
immobiliser [immɔbili'ze], *v.t.* to immobilize; to convert into real estate, to tie up (*capital*).
immobilité [immobili'te], *n.f.* immobility, immovability.
immodération [immodera'sjɔ̃], *n.f.* immoderation.
immodéré [immode're], *a.* immoderate, excessive, violent.
immodérément [immodere'mɑ̃], *adv.* immoderately, intemperately; excessively.
immodeste [immɔ'dɛst], *a.* immodest, indecent.
immodestement [immodɛstǝ'mɑ̃], *adv.* immodestly.
immodestie [immodɛs'ti], *n.f.* immodesty.
immolation [immola'sjɔ̃], *n.f.* immolation; (*fig.*) sacrifice.
immoler [immɔ'le], *v.t.* to immolate, to sacrifice; to slay. **s'immoler**, *v.r.* to immolate *or* sacrifice oneself.
immonde [im'mɔ̃ːd], *a.* unclean, impure.
immondice [immɔ̃'dis], *n.f.* (*usu. in pl.*) filth, dirt; rubbish.
immoral [immo'ral], *a.* (*m. pl.* **-aux**) immoral.
immoralité [immorali'te], *n.f.* immorality.
immortaliser [immɔrtali'ze], *v.t.* to immortalize. **s'immortaliser**, *v.r.* to immortalize oneself.
immortalité [immɔrtali'te], *n.f.* immortality.
immortel [immɔr'tɛl], *a.* (*fem.* **-elle**) immortal, everlasting.
immuable [im'mɥabl], *a.* immutable, unalterable, unchangeable.
immuablement [immɥablǝ'mɑ̃], *adv.* immutably, unalterably, unchangeably.
immunisation [immyniza'sjɔ̃], *n.f.* (*Med.*) immunization.
immuniser [immyni'ze], *v.t.* to immunize.
immunité [immyni'te], *n.f.* immunity; privilege; exemption.
immutabilité [immytabili'te], *n.f.* immutability, unchangeableness, fixity.
impact [ɛ̃'pakt], *n.m.* impact; hit.
impaction [ɛ̃pak'sjɔ̃], *n.f.* (*Surg.*) impaction.
impair [ɛ̃'pɛːr], *a.* odd, uneven.—*n.m.* blunder, bloomer.
impalpabilité [ɛ̃palpabili'te], *n.f.* impalpability.
impalpable [ɛ̃pal'pabl], *a.* impalpable.
impardonnable [ɛ̃pardɔ'nabl], *a.* unpardonable, unforgivable.

imparfait [ɛpar'fɛ], a. imperfect, incomplete, defective.—n.m. (Gram.) imperfect (tense).

imparfaitement [ɛparfɛt'mã], adv. imperfectly.

imparité [ɛpari'te], n.f. imparity, inequality; oddness.

impartageable [ɛparta'ʒabl], a. indivisible.

impartial [ɛpar'sjal], a. (m. pl. -aux) impartial.

impartialement [ɛparsjal'mã], adv. impartially, even-handedly.

impartialité [ɛparsjali'te], n.f. impartiality.

impasse [ɛ'pɑːs], n.f. blind alley, cul-de-sac; deadlock, dilemma.

impassibilité [ɛpasibili'te], n.f. impassibility, insensibility.

impassible [ɛpa'sibl], a. impassive, unmoved.

impassiblement [ɛpasiblə'mã], adv. impassively, impassibly.

impatiemment [ɛpasja'mã], adv. impatiently, eagerly.

impatience [ɛpa'sjɑːs], n.f. impatience; restlessness; eagerness, longing.

impatient [ɛpa'sjã], a. impatient; anxious, restless, eager.

impatientant [ɛpasjã'tã], a. provoking, vexing, tiresome.

impatienter [ɛpasjã'te], v.t. to make impatient, to put out of patience; to provoke. s'impatienter, v.r. to lose one's patience; to fret, to worry.

impayable [ɛpe'jabl], a. invaluable, priceless, inimitable, extraordinarily funny.

impayé [ɛpe'je], a. unpaid.

impeccabilité [ɛpɛkabili'te], n.f. impeccability.

impeccable [ɛpe'kabl], a. impeccable, faultless.

impécunieux [ɛpeky'njø], a. (fem. -euse) impecunious.

impénétrabilité [ɛpenetrabili'te], n.f. impenetrability, imperviousness.

impénétrable [ɛpene'trabl], a. impenetrable, impervious; inscrutable.

impénitence [ɛpeni'tɑːs], n.f. impenitence, obduracy.

impénitent [ɛpeni'tã], a. and n.m. (fem. -e) impenitent, obdurate (person).

impératif [ɛpera'tif], a. (fem. -tive) imperative, peremptory.—n.m. (Gram.) imperative.

impérativement [ɛperativ'mã], adv. imperatively.

impératrice [ɛpera'tris], n.f. empress.

imperceptible [ɛpɛrsep'tibl], a. imperceptible, unperceivable.

imperceptiblement [ɛpɛrseptiblə'mã], adv. imperceptibly.

imperfectible [ɛpɛrfɛk'tibl], a. imperfectible.

imperfection [ɛpɛrfɛk'sjõ], n.f. imperfection, defect, flaw.

impérial [ɛpe'rjal], a. (m. pl. -aux) imperial.

impériale [ɛpe'rjal], n.f. top, outside (of a coach); imperial (small beard under the lip).

impérieusement [ɛperjøz'mã], adv. imperiously.

impérieux [ɛpe'rjø], a. (fem. -euse) imperious, supercilious, haughty, lordly.

impérissable [ɛperi'sabl], a. imperishable.

impérissablement [ɛperisablə'mã], adv. imperishably.

impéritie [ɛperi'si], n.f. incapacity, incompetence.

imperméabilité [ɛpermeabili'te], n.f. impermeability.

imperméable [ɛpɛrme'abl], a. impermeable, impervious.—n.m. raincoat, mackintosh.

impersonnalité [ɛpɛrsonali'te], n.f. impersonality.

impersonnel [ɛpɛrso'nɛl], a. (fem. -elle) impersonal.—n.m. (Gram.) impersonal verb.

impersonnellement [ɛpɛrsonɛl'mã], adv. impersonally.

impertinemment [ɛpɛrtina mã], adv. impertinently.

impertinence [ɛpɛrti'nɑːs], n.f. impertinence, insolence; silliness.

impertinent [ɛpɛrti'nã], a. impertinent, insolent, pert.—n.m. (fem. -e) impertinent, saucy person.

imperturbabilité [ɛpɛrtyrbabili'te], n.f. imperturbability.

imperturbable [ɛpɛrtyr'babl], a. imperturbable.

imperturbablement [ɛpɛrtyrbablə'mã], adv. imperturbably.

impétigo [ɛpeti'go], n.m. (Med.) impetigo.

impétueusement [ɛpetɥøz'mã], adv. impetuously.

impétueux [ɛpe'tɥø], a. (fem. -euse) impetuous, vehement, violent.

impétuosité [ɛpetɥozi'te], n.f. impetuosity, vehemence; impetus.

impie [ɛ'pi], a. impious, godless; irreligious. —n. impious, ungodly or irreligious person.

impiété [ɛpje'te], n.f. impiety, godlessness.

impitoyable [ɛpitwa'jabl], a. pitiless, merciless, ruthless; unrelenting.

impitoyablement [ɛpitwajablə'mã], adv. pitilessly.

implacabilité [ɛplakabili'te], n.f. implacability.

implacable [ɛpla'kabl], a. implacable.

implacablement [ɛplakablə'mã], adv. implacably.

implantation [ɛplãta'sjõ], n.f. implantation.

implanter [ɛplã'te], v.t. to implant; to plant. s'implanter, v.r. to be implanted, fixed, rooted or lodged.

implication [ɛplika'sjõ], n.f. implication, involving; discrepancy.

implicite [ɛpli'sit], a. implicit.

implicitement [ɛplisit'mã], adv. implicitly.

impliquer [ɛpli'ke], v.t. to implicate, to involve, to entangle; to imply.

implorateur [ɛplora'tœːr], n.m. (fem. -trice) implorer, supplicant.

imploration [ɛplora'sjõ], n.f. supplication, imploration.

implorer [ɛplo're], v.t. to implore, to entreat, to beseech; to crave.

imployable [ɛplwa'jabl], a. unbending.

impoli [ɛpo'li], a. impolite, discourteous, uncivil, rude.

impoliment [ɛpoli'mã], adv. impolitely, discourteously.

impolitesse [ɛpoli'tɛs], n.f. impoliteness, incivility; rudeness.

impolitique [ɛpoli'tik], a. impolitic, ill-advised.

impolitiquement [ɛ̃pɔlitik'mɑ̃], *adv.* unwisely.

impopulaire [ɛ̃pɔpy'lɛːr], *a.* unpopular.

impopularité [ɛ̃pɔpylari'te], *n.f.* unpopularity.

importable [ɛ̃pɔr'tabl], *a.* importable.

importance [ɛ̃pɔr'tɑ̃ːs], *n.f.* importance, consequence; authority, credit; self-conceit.

important [ɛ̃pɔr'tɑ̃], *a.* important, of consequence, weighty.—*n.m.* the essential, the main point; (*fem.* -e) person of importance.

importateur [ɛ̃pɔrta'tœːr], *a.* (*fem.* -trice) importing.—*n.m.* (-trice) importer.

importation [ɛ̃pɔrta'sjɔ̃], *n.f.* importation; (*pl.*) imports.

importer [ɛ̃pɔr'te], *v.t.* to import; (*fig.*) to introduce.—*v.i.* to import, to be of moment, to matter; *n'importe*, no matter, never mind; *n'importe où*, anywhere; *n'importe qui*, anyone; *n'importe quoi*, anything; *peu importe*, it does not much matter; *venez n'importe quand*, come when you like.

importun [ɛ̃pɔr'tœ̃], *a.* importunate, tiresome, obtrusive, irksome.—*n.m.* (*fem.* -e) tiresome person; intruder; bore.

importuner [ɛ̃pɔrty'ne], *v.t.* to importune, to pester; to inconvenience; to tease.

importunité [ɛ̃pɔrtyni'te], *n.f.* importunity.

imposable [ɛ̃po'zabl], *a.* taxable.

imposant [ɛ̃po'zɑ̃], *a.* imposing, impressive, striking.

imposer [ɛ̃po'ze], *v.t.* to lay on (*hands*); to impose, to tax; to force (*à*).—*v.i.* or **en imposer**, to awe, to overawe. **s'imposer**, *v.r.* to assert oneself; to thrust oneself (*upon somebody*); to be **indispensable**.

imposition [ɛ̃pozi'sjɔ̃], *n.f.* imposition, laying on (*of hands*); tax, assessment.

impossibilité [ɛ̃pɔsibili'te], *n.f.* impossibility.

impossible [ɛ̃pɔ'sibl], *a.* impossible.—*n.m.* one's utmost, **a great deal.**

imposte [ɛ̃'pɔst], *n.f.* (*Arch.*) impost, fanlight.

imposteur [ɛ̃pɔs'tœːr], *n.m.* impostor, cheat.

imposture [ɛ̃pɔs'tyːr], *n.f.* imposture, deception.

impôt [ɛ̃'po], *n.m.* tax, duty, impost; *percevoir les impôts*, to collect the taxes.

impotence [ɛ̃po'tɑ̃ːs], *n.f.* helplessness, infirmity.

impotent [ɛ̃po'tɑ̃], *a.* infirm, crippled.—*n.m.* (*fem.* -e) cripple, helpless invalid.

impraticabilité [ɛ̃pratikabili'te], *n.f.* impracticability.

impraticable [ɛ̃prati'kabl], *a.* impracticable; impassable; unmanageable.

imprécation [ɛ̃preka'sjɔ̃], *n.f.* imprecation, curse.

imprécatoire [ɛ̃preka'twaːr], *a.* imprecatory.

imprécis [ɛ̃pre'si], *a.* unprecise, indefinite (*words*); (*Mil.*) inaccurate (*fire*).

imprécision [ɛ̃presi'zjɔ̃], *n.f.* lack of precision, vagueness (*of statement*); looseness (*of terms*); (*Mil.*) inaccuracy (*in firing*).

imprégnation [ɛ̃prena'sjɔ̃], *n.f.* impregnation.

imprégner [ɛ̃pre'ne], *v.t.* (*conjug. like* CÉDER) to impregnate; (*fig.*) to imbue. **s'imprégner**, *v.r.* to become impregnated; to be imbued.

imprenable [ɛ̃prə'nabl], *a.* impregnable.

impressif [ɛ̃prɛ'sif], *a.* (*fem.* -ive) impressive, striking.

impression [ɛ̃prɛ'sjɔ̃], *n.f.* impression; mark, stamp; print; edition; *faute d'impression*, misprint.

impressionnable [ɛ̃prɛsjɔ'nabl], *a.* impressionable, sensitive.

impressionnant [ɛ̃prɛsjɔ'nɑ̃], *a.* impressive.

impressionner [ɛ̃prɛsjɔ'ne], *v.t.* to move, to affect, to impress.

impressionnisme [ɛ̃prɛsjɔ'nism], *n.m.* impressionism.

impressionniste [ɛ̃prɛsjɔ'nist], *a.* and *n.* impressionist.

imprévisible [ɛ̃previ'zibl], *a.* unforeseeable.

imprévoyance [ɛ̃prevwa'jɑ̃ːs], *n.f.* want of foresight, improvidence.

imprévoyant [ɛ̃prevwa'jɑ̃], *a.* improvident.

imprévu [ɛ̃pre'vy], *a.* unforeseen, unexpected.

imprimable [ɛ̃pri'mabl], *a.* fit to be printed.

imprimé [ɛ̃pri'me], *n.m.* printed book, paper, document etc.; *service des imprimés*, book-post.

imprimer [ɛ̃pri'me], *v.t.* to imprint, to impress, to stamp; to print; to instil; to impart. **s'imprimer**, *v.r.* to be printed.

imprimerie [ɛ̃prim'ri], *n.f.* printing; printing-office, printing establishment.

imprimeur [ɛ̃pri'mœːr], *n.m.* printer; (*Print.*) press-man.

improbabilité [ɛ̃prɔbabili'te], *n.f.* improbability, unlikelihood.

improbable [ɛ̃prɔ'babl], *a.* improbable, unlikely.

improbablement [ɛ̃prɔbablə'mɑ̃], *adv.* improbably.

improbité [ɛ̃prɔbi'te], *n.f.* improbity, dishonesty.

improductible [ɛ̃prɔdyk'tibl], *a.* unproducible.

improductif [ɛ̃prɔdyk'tif], *a.* (*fem.* -ive) unproductive, idle.

impromptu [ɛ̃prɔ̃p'ty], *a. inv.* impromptu, extemporary.—*n.m.* impromptu.—*adv.* off-hand, extempore.

imprononçable [ɛ̃prɔnɔ̃'sabl], *a.* unpronounceable (*word*).

impropre [ɛ̃'prɔpr], *a.* improper, wrong; unfit.

improprement [ɛ̃prɔprə'mɑ̃], *adv.* improperly.

impropriété [ɛ̃prɔprie'te], *n.f.* impropriety; unfitness.

improvisateur [ɛ̃prɔviza'tœːr], *n.m.* (*fem.* -trice) improviser, extempory speaker.

improvisation [ɛ̃prɔviza'sjɔ̃], *n.f.* improvisation; (*Mus.*) voluntary.

improviser [ɛ̃prɔvi'ze], *v.t.* to improvise, to extemporize.

improviste (à l') [alɛ̃prɔ'vist], *adv. phr.* all of a sudden, unawares, unexpectedly.

imprudemment [ɛ̃pryda'mɑ̃] *adv.* imprudently, indiscreetly.

imprudence [ɛ̃pry'dɑ̃ːs], *n.f.* imprudence, rashness; indiscretion.

imprudent [ɛ̃pry'dɑ̃], *a.* imprudent, foolhardy, unwise, incautious.

impudemment [ɛ̃pyda'mɑ̃], *adv.* impudently, shamelessly.

impudence [ɛ̃py'dɑ̃ːs], *n.f.* impudence, shamelessness.

impudent [ɛ̃py'dã], *a.* impudent, shameless, saucy.—*n.m.* (*fem.* **-e**) impudent person.
impudeur [ɛ̃py'dœːr], *n.f.* immodesty, indecency; effrontery.
impudicité [ɛ̃pydisi'te], *n.f.* impudicity, immodesty, lewdness.
impudique [ɛ̃py'dik], *a.* unchaste, lewd, immodest.
impudiquement [ɛ̃pydik'mã], *adv.* immodestly, unchastely, lewdly.
impuissance [ɛ̃pɥi'sãːs], *n.f.* impotence, incapacity, powerlessness.
impuissant [ɛ̃pɥi'sã], *a.* impotent, powerless, unable.
impulsif [ɛ̃pyl'sif], *a.* (*fem.* **-sive**) impulsive.
impulsion [ɛ̃pyl'sjɔ̃], *n.f.* impulsion, impulse; impetus; motive.
impunément [ɛ̃pyne'mã], *adv.* with impunity.
impuni [ɛ̃py'ni], *a.* unpunished.
impunité [ɛ̃pyni'te], *n.f.* impunity.
impur [ɛ̃'pyːr], *a.* impure, foul; unchaste, immodest; unclean.
impurement [ɛ̃pyr'mã], *adv.* impurely, immodestly.
impureté [ɛ̃pyr'te], *n.f.* impurity, foulness; immodesty; obscenity.
imputabilité [ɛ̃pytabili'te], *n.f.* imputability.
imputable [ɛ̃py'tabl], *a.* imputable, chargeable; to be deducted.
imputation [ɛ̃pyta'sjɔ̃], *n.f.* imputation, charge; deduction.
imputer [ɛ̃py'te], *v.t.* to impute, to attribute; to deduct.
imputrescible [ɛ̃pytrɛ'sibl], *a.* not liable to putrefaction; rot-proof.
inabordable [inabor'dabl], *a.* inaccessible, unapproachable.
inabrité [inabri'te], *a.* unsheltered, open.
inabrogé [inabro'ʒe], *a.* unrepealed.
inacceptable [inaksɛp'tabl], *a.* unacceptable.
inaccessibilité [inaksɛsibili'te], *n.f.* inaccessibility.
inaccessible [inaksɛ'sibl], *a.* inaccessible.
inaccordable [inakor'dabl], *a.* irreconcilable; unallowable, inadmissible.
inaccoutumé [inakuty'me], *a.* unaccustomed, unusual.
inachevé [inaʃ've], *a.* unfinished.
inactif [inak'tif], *a.* (*fem.* **-tive**) inactive, inert, indolent.
inaction [inak'sjɔ̃], *n.f.* inaction; indolence, inertness.
inactivement [inaktiv'mã], *adv.* inactively.
inactivité [inaktivi'te], *n.f.* inactivity.
inadaptation [inadapta'sjɔ̃], *n.f.* maladjustment.
inadapté [inadap'te], *a.* maladjusted.—*n.m.* (*fem.* **-ée**) social misfit.
inadmissible [inadmi'sibl], *a.* inadmissible.
inadmission [inadmi'sjɔ̃], *n.f.* non-admission.
inadvertance [inadvɛr'tãːs], *n.f.* inadvertence, oversight.
inaliénable [inalje'nabl], *a.* inalienable.
inaliéné [inalje'ne], *a.* unalienated.
inalliable [ina'ljabl], *a.* that cannot be alloyed; incompatible.
inaltérable [inalte'rabl], *a.* unalterable, invariable.
inamical [inami'kal], *a.* (*m. pl.* **-aux**) unfriendly.

inamovibilité [inamɔvibili'te], *n.f.* irremovability, fixity of tenure.
inamovible [inamɔ'vibl], *a.* irremovable, permanent; built in.
inanimé [inani'me], *a.* inanimate, lifeless.
inanité [ɪnani'te], *n.f.* inanity, emptiness.
inanition [inani'sjɔ̃], *n.f.* inanition, starvation.
inapaisé [inapɛ'ze], *a.* unappeased; unquenched.
inaperçu [inapɛr'sy], *a.* unperceived, unobserved, unnoticed.
inapparent [inapa'rã], *a.* unapparent; inconspicuous.
inapplicable [inapli'kabl], *a.* inapplicable.
inappliqué [inapli'ke], *a.* inattentive, heedless.
inappréciable [inapre'sjabl], *a.* inappreciable; invaluable.
inappréciablement [inapresjablə'mã], *adv.* inappreciably.
inapprécié [inapre'sje], *a.* unappreciated.
inapprêté [inaprɛ'te], *a.* unprepared, undressed, uncooked.
inapprochable [inaprɔ'ʃabl], *a.* unapproachable.
inapte [i'napt], *a.* inapt, unfit, unqualified.
inaptitude [inapti'tyd], *n.f.* inaptitude, unfitness; disqualification.
inarticulé [inartiky'le], *a.* inarticulate.
inassouvi [inasu'vi], *a.* unsatiated.
inassouvissable [inasuvi'sabl], *a.* insatiable.
inattaquable [inata'kabl], *a.* unassailable; (*fig.*) unimpeachable, irreproachable.
inattendu [inatã'dy], *a.* unexpected, unforeseen; unhoped for.
inattentif [inatã'tif], *a.* (*fem.* **-tive**) inattentive, unmindful.
inattention [inatã'sjɔ̃], *n.f.* inattention, carelessness; *faute d'inattention*, slip.
inaudible [ino'dibl], *a.* inaudible.
inaugural [inogy'ral], *a.* (*m. pl.* **-aux**) inaugural.
inauguration [inogyra'sjɔ̃], *n.f.* inauguration.
inaugurer [inogy're], *v.t.* to inaugurate, to open; to usher in.
inavouable [ina'vwabl], *a.* unavowable; shameful.
incalculable [ɛ̃kalky'labl], *a.* incalculable, numberless.
incandescence [ɛ̃kãdɛ'sãːs], *n.f.* incandescence.
incandescent [ɛ̃kãdɛ'sã], *a.* incandescent.
incapable [ɛ̃ka'pabl], *a.* incapable, unable (*de*); unfit, incompetent.
incapacité [ɛ̃kapasi'te], *n.f.* incapacity, incapability; inability, unfitness; incompetence, disability; disqualification, (*Mil.*) disablement; *frapper d'incapacité* to incapacitate.
incarcération [ɛ̃karsera'sjɔ̃], *n.f.* incarceration.
incarcérer [ɛ̃karse're], *v.t.* (*conjug. like* CÉDER) to incarcerate, to imprison.
incarnat [ɛ̃kar'na], *a.* flesh-coloured, rosy.—*n.m.* carnation, flesh-colour.
incarnation [ɛ̃karna'sjɔ̃], *n.f.* incarnation.
incarné [ɛ̃kar'ne] *a.* incarnate; ingrowing (*nail*).

inconséquent

incarner [ɛ̃kar'ne], *v.t.* to incarnate, to embody. **s'incarner**, *v.r.* to become incarnate; to grow in (*of nails*).
incartade [ɛ̃kar'tad], *n.f.* thoughtless insult; prank, folly.
incassable [ɛ̃kɑ'sabl], *a.* unbreakable.
incendiaire [ɛ̃sɑ̃'djɛːr], *a. and n.* incendiary.
incendie [ɛ̃sɑ̃'di], *n.m.* fire, conflagration.
incendié [ɛ̃sɑ̃'dje], *a.* burnt-out, gutted.— *n.m.* (*fem.* **-ée**) sufferer by fire.
incendier [ɛ̃sɑ̃'dje], *v.t.* to set fire to, to burn down.
incertain [ɛ̃sɛr'tɛ̃], *a.* uncertain; unsettled, inconstant; vague.
incertitude [ɛ̃sɛrti'tyd], *n.f.* uncertainty, doubt, suspense; instability, fickleness.
incessamment [ɛ̃sɛsa'mɑ̃], *adv.* immediately, at once; incessantly.
incessant [ɛ̃sɛ'sɑ̃], *a.* incessant, ceaseless, unremitting.
inceste [ɛ̃'sɛst], *a.* incestuous.—*n.m.* incest. —*n.* incestuous person.
incestueusement [ɛ̃sɛstɥøz'mɑ̃], *adv.* incestuously.
incestueux [ɛ̃sɛs'tɥø], *a.* (*fem.* **-euse**) incestuous.—*n.m.* (*fem.* **-euse**) incestuous person.
incidemment [ɛ̃sida'mɑ̃], *adv.* incidentally.
incidence [ɛ̃si'dɑ̃ːs], *n.f.* incidence.
incident [ɛ̃si'dɑ̃], *a.* incidental; incident.— *n.m.* incident, occurrence.
incinération [ɛ̃sinera'sjɔ̃], *n.f.* incineration; cremation.
incinérer [ɛ̃sine're], *v.t.* (*conjug. like* CÉDER) to incinerate; to cremate.
inciser [ɛ̃si'ze], *v.t.* to make an incision in, to notch, to gash; to tap (*a tree*).
incisif [ɛ̃si'zif], *a.* (*fem.* **-sive**) sharp, cutting, incisive.—*n.f.* (**-sive**) incisive tooth, incisor.
incision [ɛ̃si'zjɔ̃], *n.f.* incision.
incitation [ɛ̃sita'sjɔ̃], *n.f.* incitement, instigation; (*Med.*) stimulus.
inciter [ɛ̃si'te], *v.t.* to incite; to instigate, to induce.
incivil [ɛ̃si'vil], *a.* uncivil, unmannerly.
incivilement [ɛ̃sivil'mɑ̃], *adv.* uncivilly.
incivilisé [ɛ̃sivili'ze], *a.* uncivilized.
incivilité [ɛ̃sivili'te], *n.f.* incivility; rude remark.
inclémence [ɛ̃kle'mɑ̃ːs], *n.f.* inclemency.
inclément [ɛ̃kle'mɑ̃], *a.* inclement.
inclinaison [ɛ̃klinɛ'zɔ̃], *n.f.* inclination; incline, gradient; pitch, slant.
inclination [ɛ̃klinɑ'sjɔ̃], *n.f.* bow, bending; proneness, propensity; attachment, passion.
incliner [ɛ̃kli'ne], *v.t.* to incline, to slope; to bow; to bend; (*fig.*) to dispose, to turn.— *v.i.* to incline, to lean; to be inclined (*à* or *vers*). **s'incliner**, *v.r.* to incline, to lean; to bow to bend, to yield.
inclure [ɛ̃'klyːr] *v.t. irr.* (*conjug. like* CONCLURE *but p.p.* **inclus**) to include, to enclose, to insert.
inclus [ɛ̃'kly], *a.* enclosed, included.
inclusif [ɛ̃kly'zif], *a.* (*fem.* **-sive**) inclusive.
inclusion [ɛ̃kly'zjɔ̃], *n.f.* enclosing; inclusion.
inclusivement [ɛ̃klyziv'mɑ̃], *adv.* inclusively.
incognito [ɛ̃kɔɲi'to], *adv.* incognito.
incohérence [ɛ̃koe'rɑ̃ːs], *n.f.* incoherence.
incohérent [ɛ̃koe'rɑ̃], *a.* incoherent.
incolore [ɛ̃ko'lɔːr], *a.* colourless.
incomber [ɛ̃kɔ̃'be], *v.i.* to be incumbent (*on anyone*).

incombustible [ɛ̃kɔ̃bys'tibl], *a.* incombustible, fire-proof.
incomestible [ɛ̃komes'tibl], *a.* inedible.
incommode [ɛ̃kɔ'mɔd], *a.* inconvenient, uncomfortable; annoying, disagreeable.
incommodé [ɛ̃kɔmɔ'de], *a.* indisposed, unwell, poorly.
incommodément [ɛ̃kɔmɔde'mɑ̃], *adv.* incommodiously, inconveniently.
incommoder [ɛ̃kɔmɔ'de], *v.t.* to inconvenience, to trouble; to disturb, to annoy; to make unwell.
incommodité [ɛ̃kɔmɔdi'te], *n.f.* inconvenience, incommodiousness; annoyance; indisposition.
incommunicable [ɛ̃komyni'kabl], *a.* incommunicable.
incomparable [ɛ̃kɔ̃pa'rabl], *a.* incomparable, unequalled, peerless.
incomparablement [ɛ̃kɔ̃parablə'mɑ̃], *adv.* incomparably.
incompatibilité [ɛ̃kɔ̃patibili'te], *n.f.* incompatibility.
incompatible [ɛ̃kɔ̃pa'tibl], *a.* incompatible, inconsistent.
incompétence [ɛ̃kɔ̃pe'tɑ̃ːs] *n.f.* incompetence.
incompétent [ɛ̃kɔ̃pe'tɑ̃], *a.* imcompetent.
incomplet [ɛ̃kɔ̃'plɛ], *a.* (*fem.* **-ète**) incomplete.
incomplètement [ɛ̃kɔ̃plɛt'mɑ̃], *adv.* incompletely.
incompréhensible [ɛ̃kɔ̃preɑ̃'sibl], *a.* incomprehensible, inscrutable.
incompréhension [ɛ̃kɔ̃preɑ̃'sjɔ̃], *n.f.* lack of understanding; obtuseness.
incompressible [ɛ̃kɔ̃prɛ'sibl], *a.* incompressible.
incompris [ɛ̃kɔ̃'pri], *a. and n.m.* (*fem.* **-e**) misunderstood, unappreciated (person).
inconcevable [ɛ̃kɔ̃sə'vabl], *a.* inconceivable, unthinkable.
inconcevablement [ɛ̃kɔ̃səvablə'mɑ̃], *adv.* inconceivably.
inconciliable [ɛ̃kɔ̃si'ljabl], *a.* irreconcilable, incompatible.
inconduite [ɛ̃kɔ̃'dɥit], *n.f.* misconduct.
inconfort [ɛ̃kɔ̃'fɔːr], *n.m.* discomfort, lack of comfort.
inconfortable [ɛ̃kɔ̃for'tabl], *a.* uncomfortable.
incongru [ɛ̃kɔ̃'gry], *a.* incongruous, improper, unseemly.
incongruité [ɛ̃kɔ̃gryi'te], *n.f.* incongruity, impropriety.
incongrûment [ɛ̃kɔ̃gry'mɑ̃], *adv.* incongruously, improperly.
inconnu [ɛ̃kɔ'ny], *a.* unknown.—*n.m.* the unknown.—*n.m.* (*fem.* **-e**) stranger. —*n.f.* (**-e**) (*Math.*) unknown quantity.
inconquis [ɛ̃kɔ̃'ki], *a.* unconquered.
inconsciemment [ɛ̃kɔ̃sja'mɑ̃], *adv.* unconsciously, unawares.
inconscience [ɛ̃kɔ̃'sjɑ̃ːs], *n.f.* unconsciousness; failure to realize.
inconscient [ɛ̃kɔ̃'sjɑ̃], *a.* unconscious.—*n.m.* the unconscious.
inconséquemment [ɛ̃kɔ̃seka'mɑ̃], *adv.* inconsistently, inconsequentially.
inconséquence [ɛ̃kɔ̃se'kɑ̃ːs], *n.f.* inconsistency, inconsequence.
inconséquent [ɛ̃kɔ̃se'kɑ̃], *a.* inconsistent; inconsequential.

185

inconsidéré

inconsidéré [ɛ̃kɔ̃side're], *a.* inconsiderate, thoughtless.

inconsistance [ɛ̃kɔ̃sis'tɑ̃:s], *n.f.* inconsistency.

inconsistant [ɛ̃kɔ̃sis'tɑ̃], *a.* inconsistent.

inconsolable [ɛ̃kɔ̃sɔ'labl], *a.* disconsolate; inconsolable.

inconsolablement [ɛ̃kɔ̃sɔlablə'mɑ̃], *adv.* disconsolately, inconsolably.

inconsolé [ɛ̃kɔ̃sɔ'le], *a.* unconsoled, uncomforted.

inconstamment [ɛ̃kɔ̃sta'mɑ̃], *adv.* inconstantly; unsteadily.

inconstance [ɛ̃kɔ̃s'tɑ̃:s], *n.f.* inconstancy, fickleness; instability.

inconstant [ɛ̃kɔ̃s'stɑ̃], *a.* inconstant, fickle; changeable; unsettled, unsteady.—*n.m.* (*fem.* **-e**) fickle person.

inconstitutionnel [ɛ̃kɔ̃stitysjɔ'nɛl], *a.* (*fem.* **-elle**) unconstitutional.

incontestable [ɛ̃kɔ̃tɛs'tabl], *a.* incontestable, indisputable.

incontestablement [ɛ̃kɔ̃tɛstablə'mɑ̃], *adv.* incontestably.

incontesté [ɛ̃kɔ̃tɛs'te], *a.* uncontested, unquestioned, undisputed.

incontinence [ɛ̃kɔ̃ti'nɑ̃:s], *n.f.* incontinence.

incontinent (1) [ɛ̃kɔ̃ti'nɑ̃], *a.* incontinent, unchaste.

incontinent (2) [ɛ̃kɔ̃ti'nɑ̃], *adv.* at once, immediately, forthwith.

incontrôlable [ɛ̃kɔ̃tro'labl], *a.* that cannot be checked *or* verified.

inconvenance [ɛ̃kɔ̃v'nɑ̃:s], *n.f.* impropriety, unseemliness; indecorum; *quelle inconvenance!* how very improper!

inconvenant [ɛ̃kɔ̃v'nɑ̃], *a.* improper, unbecoming, unseemly.

inconvénient [ɛ̃kɔ̃ve'njɑ̃], *n.m.* inconvenience, harm; drawback, objection.

inconvertible [ɛ̃kɔ̃vɛr'tibl], *a.* unconvertible.

incorporation [ɛ̃kɔrpɔra'sjɔ̃], *n.f.* incorporation.

incorporer [ɛ̃kɔrpɔ're], *v.t.* to incorporate, to embody; to fuse. **s'incorporer**, *v.r.* to be embodied; to unite, to be blended.

incorrect [ɛ̃kɔ'rɛkt], *a.* incorrect, inaccurate.

incorrectement [ɛ̃kɔrɛktə'mɑ̃], *adv.* incorrectly, inaccurately.

incorrection [ɛ̃kɔrɛk'sjɔ̃], *n.f.* incorrectness, inaccuracy.

incorrigible [ɛ̃kɔri'ʒibl], *a.* incorrigible.

incorrigiblement [ɛ̃kɔriʒiblə'mɑ̃], *adv.* incorrigibly.

incorruptible [ɛ̃kɔryp'tibl], *a.* incorruptible, unbribable.

incrédibilité [ɛ̃kredibili'te], *n.f.* incredibility.

incrédule [ɛ̃kre'dyl], *a.* incredulous, unbelieving.—*n.* unbeliever, infidel.

incrédulité [ɛ̃kredyli'te], *n.f.* incredulity, unbelief.

incriminer [ɛ̃krimi'ne], *v.t.* to incriminate, to accuse.

incroyable [ɛ̃krwa'jabl], *a.* incredible, past belief.

incroyablement [ɛ̃krwajablə'mɑ̃], *adv.* incredibly.

incroyance [ɛ̃krwa'jɑ̃:s], *n.f.* unbelief.

incroyant [ɛ̃krwa'jɑ̃], *a.* unbelieving.—*n.m.* (*fem.* **-e**) unbeliever.

incruster [ɛ̃krys'te], *v.t.* to encrust, to inlay. **s'incruster**, *v.r.* to become encrusted.

incubateur [ɛ̃kyba'tœ:r], *a.* (*fem.* **-trice**) incubating.—*n.m.* incubator.

incubation [ɛ̃kyba'sjɔ̃], *n.f.* incubation, hatching.

incuber [ɛ̃ky'be], *v.t.* to incubate.

inculcation [ɛ̃kylka'sjɔ̃], *n.f.* inculcation.

inculpation [ɛ̃kylpa'sjɔ̃], *n.f.* indictment, charge.

inculpé [ɛ̃kyl'pe], *n.m.* (*fem.* **-ée**) defendant, accused.

inculper [ɛ̃kyl'pe], *v.t.* to indict, to inculpate, to charge.

inculquer [ɛ̃kyl'ke], *v.t.* to inculcate, to impress.

inculte [ɛ̃'kylt], *a.* uncultivated; untilled; unpolished; unkempt.

incultivable [ɛ̃kylti'vabl], *a.* untillable, uncultivable.

incultivé [ɛ̃kylti've], *a.* uncultivated; (*fig.*) uncultured.

incurable [ɛ̃ky'rabl], *a.* and *n.* incurable.

incurablement [ɛ̃kyrablə'mɑ̃], *adv.* incurably.

incurie [ɛ̃ky'ri], *n.f.* carelessness, heedlessness; negligence.

incursion [ɛ̃kyr'sjɔ̃], *n.f.* incursion, inroad, irruption; expedition.

incurver [ɛ̃kyr've], *v.t.* to curve (*something*) inwards.

Inde [ɛ̃:d], **l'**, *f.* India; *les Indes*, the Indies; *les Indes occidentales*, the West Indies.

indécemment [ɛ̃desa'mɑ̃], *adv.* indecently.

indécence [ɛ̃de'sɑ̃:s], *n.f.* indecency, impropriety.

indécent [ɛ̃de'sɑ̃], *a.* indecent; unseemly.

indéchiffrable [ɛ̃deʃi'frabl], *a.* undecipherable, illegible; obscure, incomprehensible.

indéchirable [ɛ̃deʃi'rabl], *a.* untearable.

indécis [ɛ̃de'si], *a.* undecided, doubtful, irresolute.

indécision [ɛ̃desi'zjɔ̃], *n.f.* indecision, irresolution.

indécrottable [ɛ̃dekrɔ'tabl], *a.* uncleanable; (*fig.*) incorrigible.

indéfendable [ɛ̃defɑ̃'dabl], *a.* indefensible, untenable.

indéfini [ɛ̃defi'ni], *a.* indefinite, unlimited.

indéfiniment [ɛ̃defini'mɑ̃], *adv.* indefinitely.

indéfinissable [ɛ̃defini'sabl], *a.* undefinable, nondescript.

indéfrichable [ɛ̃defri'ʃabl], *a.* unclearable (*of land*).

indéfrisable [ɛ̃defri'zabl], *n.f.* permanent wave.

indélébile [ɛ̃dele'bil], *a.* indelible, ineffaceable.

indélicat [ɛ̃deli'ka], *a.* indelicate; unhandsome.

indélicatement [ɛ̃delikat'mɑ̃], *adv.* indelicately; unhandsomely.

indélicatesse [ɛ̃delika'tɛs], *n.f.* tactlessness, unscrupulousness; objectionable action.

indémaillable [ɛ̃dema'jabl], *a.* ladder-proof (*stocking*).

indemne [ɛ̃'dɛmn], *a.* uninjured.

indemnisation [ɛ̃dɛmniza'sjɔ̃], *n.f.* indemnification, compensation.

indemniser [ɛ̃dɛmni'ze], *v.t.* to indemnify; to make good.

indemnité [ɛdɛmni'te], *n.f.* indemnity; *indemnité de charges de famille,* family allowance; *indemnité de chômage,* unemployment benefit; *indemnité de vie chère,* cost of living bonus.
indéniable [ɛde'njabl], *a.* undeniable; self-evident.
indépendamment [ɛdepɑ̃da'mɑ̃], *adv.* independently.
indépendance [ɛdepɑ̃'dɑ̃:s], *n.f.* independence.
indépendant [ɛdepɑ̃'dɑ̃], *a.* independent.
indescriptible [ɛdɛskrip'tibl], *a.* indescribable.
indésirable [ɛdezi'rabl], *a.* and *n.* undesirable.
indestructible [ɛdɛstryk'tibl], *a.* indestructible.
indéterminable [ɛdetɛrmi'nabl], *a.* indeterminable.
indétermination [ɛdetɛrminɑ'sjɔ̃], *n.f.* indetermination, irresolution.
indéterminé [ɛdetɛrmi'ne], *a.* undetermined, irresolute.
index [ɛ'dɛks], *n.m. inv.* fore-finger; index.
indicateur [ɛdika'tœ:r], *a.* (*fem.* **-trice**) indicating, indicatory.—*n.m.* indicator, guide; time-table; (*fem.* **-trice**) (*fig.*) informer.
indicatif [ɛdika'tif], *a.* (*fem.* **-tive**) indicative.—*n.m.* (*Gram.*) indicative mood; call-sign; signature-tune.
indication [ɛdika'sjɔ̃], *n.f.* indication, information; sign, mark.
indice [ɛ'dis], *n.m.* indication, sign, mark, clue.
indicible [ɛdi'sibl], *a.* inexpressible, unspeakable, indescribable.
indiciblement [ɛdisiblə'mɑ̃], *adv.* inexpressibly.
indien [ɛ'djɛ], *a.* (*fem.* **-enne**) Indian.—*n.m.* (**Indien**, *fem.* **-enne**) Indian (*person*).—*n.f.* (**-enne**) printed calico, printed cotton.
indifféremment [ɛdifera'mɑ̃], *adv.* indifferently; alike.
indifférence [ɛdife'rɑ̃:s] *n.f.* indifference, unconcern.
indifférent [ɛdife'rɑ̃], *a.* indifferent, immaterial; unconcerned, heedless.—*n.m.* (*fem.* **-e**) indifferent person.
indigence [ɛdi'ʒɑ̃:s], *n.f.* indigence, poverty, need.
indigène [ɛdi'ʒɛ:n], *a.* indigenous, native.—*n.* native.
indigent [ɛdi'zɑ̃], *a.* indigent, needy.—*n.m.* (*fem.* **-e**) pauper, destitute person.
indigéré [ɛdiʒe're], *a.* undigested, crude.
indigeste [ɛdi'ʒɛst], *a.* indigestible; undigested.
indigestion [ɛdiʒɛs'tjɔ̃], *n.f.* indigestion, surfeit.
indignation [ɛdinɑ'sjɔ̃], *n.f.* indignation.
indigne [ɛ'diɲ], *a.* unworthy; infamous, worthless.
indigné [ɛdi'ɲe], *a.* indignant; shocked.
indignement [ɛdiɲə'mɑ̃], *adv.* unworthily; scandalously.
indigner [ɛdi'ɲe], *v.t.* to render indignant; to shock. **s'indigner,** *v.r.* to be indignant; to be shocked.
indignité [ɛdiɲi'te], *n.f.* unworthiness, worthlessness; indignity; infamy.

indigo [ɛdi'go], *a. inv.* and *n.m.* indigo.
indigotier [ɛdigo'tje], *n.m.* indigo plant *or* manufacturer.
indiquer [ɛdi'ke], *v.t.* to indicate, to point out; to mention; to denote; to appoint, to recommend; to outline.
indirect [ɛdi'rɛkt], *a.* indirect; circumstantial (*of evidence*); collateral (*of heirs*).
indirectement [ɛdirɛktə'mɑ̃], *a.* indirectly.
indiscipline [ɛdisi'plin], *n.f.* indiscipline, insubordination.
indiscipliné [ɛdisipli'ne], *a.* undisciplined.
indiscret [ɛdis'krɛ], *a.* (*fem.* **-ète**) indiscreet, inconsiderate; inquisitive; tell-tale.—*n.m.* (*fem.* **-ète**) babbler.
indiscrètement [ɛdiskrɛt'mɑ̃], *adv.* indiscreetly, inconsiderately.
indiscrétion [ɛdiskre'sjɔ̃], *n.f.* indiscretion; unwariness.
indiscutable [ɛdisky'tabl], *a.* incontestable, indisputable, obvious.
indispensable [ɛdispɑ̃'sabl], *a.* indispensable.
indispensablement [ɛdispɑ̃sablə'mɑ̃], *adv.* indispensably.
indisponible [ɛdispo'nibl], *a.* unavailable.
indisposé [ɛdispo'ze], *a.* unwell; unfriendly.
indisposer [ɛdispo'ze], *v.t.* to indispose, to make unwell; to disincline, to set against (*contre*).
indisposition [ɛdispozi'sjɔ̃], *n.f.* indisposition; disinclination.
indisputé [ɛdispy'te], *a.* unquestioned.
indissoluble [ɛdiso'lybl], *a.* indissoluble.
indissolublement [ɛdisolyblə'mɑ̃], *adv.* indissolubly.
indistinct [ɛdis'tɛ:kt], *a.* indistinct.
indistinctement [ɛdistɛ̃ktə'mɑ̃], *adv.* indistinctly.
individu [ɛdivi'dy], *n.m.* individual; (*colloq.*) fellow.
individualisme [ɛdividɥa'lism], *n.m.* individualism.
individualiste [ɛdividɥa'list], *a.* individualistic.—*n.* individualist.
individualité [ɛdividɥali'te], *n.f.* individuality.
individuel [ɛdivi'dɥɛl], *a.* (*fem.* **-elle**) individual.
individuellement [ɛdividɥɛl'mɑ̃], *adv.* individually.
indivis [ɛdivi'ze], *a.* undivided.
indivisément [ɛdivize'mɑ̃], *adv.* jointly.
indivisibilité [ɛdivizibili'te], *n.f.* indivisibility.
indivisible [ɛdivi'zibl], *a.* indivisible.
indivisiblement [ɛdivizibl'mɑ̃], *adv.* indivisibly.
indivision [ɛdivi'zjɔ̃], *n.f.* joint-possession.
Indochine [ɛdo'ʃin], **l',** *f.* Indo-China.
indochinois [ɛdoʃi'nwa], *a.* Indo-Chinese.—*n.m.* (**Indochinois,** *fem.* **-oise**) Indo-Chinese (*person*).
indocile [ɛdo'sil], *a.* indocile, unmanageable.
indocilité [ɛdosili'te], *n.f.* indocility, intractability.
indolemment [ɛdola'mɑ̃], *adv.* indolently.
indolence [ɛdo'lɑ̃:s], *n.f.* indolence, sloth.
indolent [ɛdo'lɑ̃], *a.* indolent, slothful.—*n.m.* (*fem.* **-e**) sluggard.
indolore [ɛdo'lɔ:r], *a.* painless.
indomptable [ɛdɔ̃'tabl], *a.* indomitable, untamable; unmanageable.

indompté [ɛ̃dɔ̃'te], a. untamed, wild; unsubdued.

Indonésie [ɛ̃dɔne'zi], l', f. Indonesia.

indonésien [ɛ̃dɔne'zjɛ̃], a. Indonesian.—*n.m.* Indonesian (*language*); (**Indonésien**, *fem.* -enne) Indonesian (*person*).

indou [HINDOU].

indu [ɛ̃'dy], a. undue, unseasonable, late.

indubitable [ɛ̃dybi'tabl], a. indubitable, certain.

indubitablement [ɛ̃dybitablə'mã], *adv.* undoubtedly.

inductif [ɛ̃dyk'tif], a. (*fem.* -tive) inductive.

induction [ɛ̃dyk'sjɔ̃], *n.f.* induction, inference.

induire [ɛ̃'dɥiːr], *v.t. irr.* (*conjug. like* CONDUIRE) to induce, to lead; to infer.

indulgence [ɛ̃dyl'ʒãːs], *n.f.* indulgence, leniency.

indulgent [ɛ̃dyl'ʒã], a. indulgent, forbearing.

indûment [ɛ̃dy'mã], *adv.* unduly.

industrialiser [ɛ̃dystriali'ze], *v.t.* to industrialize.

industrialisme [ɛ̃dystria'lism], *n.m.* industrialism.

industrie [ɛ̃dys'tri], *n.f.* skill, ingenuity; business; manufacturing; industry, work; *chevalier d'industrie*, swindler, sharper; *industrie de base* or *industrie clef*, key industry.

industriel [ɛ̃dystri'ɛl], a. (*fem.* -elle) industrial, manufacturing.—*n.m.* manufacturer, mill-owner.

industrieusement [ɛ̃dystriøz'mã], *adv.* ingeniously, skilfully; industriously.

industrieux [ɛ̃dystri'ø], a. (*fem.* -euse) ingenious, skilful; industrious.

inébranlable [inebrã'labl], a. immovable; firm, resolute.

inébranlablement [inebrãlablə'mã], *adv.* immovably, steadily; resolutely.

inédit [ine'di], a. unpublished; new.

ineffable [ine'fabl], a. ineffable, inexpressible, unutterable.

ineffaçable [inɛfa'sabl], a. indelible, ineffaceable.

inefficace [inɛfi'kas], a. ineffectual, ineffective.

inefficacité [inɛfikasi'te], *n.f.* inefficacy, ineffectiveness.

inégal [ine'gal], a. (*m. pl.* -aux) unequal; rough; (*fig.*) ill-matched; irregular.

inégalement [inegal'mã], *adv.* unequally, unevenly.

inégalité [inegali'te], *n.f.* inequality; unevenness; irregularity.

inélégance [inele'gãːs], *n.f.* inelegance.

inélégant [inele'gã], a. inelegant.

inéligible [ineli'ʒibl], a. ineligible.

inéluctable [inelyk'tabl], a. unavoidable; unescapable.

inénarrable [inena'rabl], a. untellable; incredible.

inepte [i'nɛpt], a. foolish, silly, inept, absurd.

ineptie [inɛp'si], *n.f.* ineptitude, foolishness, absurdity.

inépuisable [inepɥi'zabl], a. inexhaustible.

inépuisablement [inepɥizablə'mã], *adv.* inexhaustibly.

inéquitable [ineki'tabl], a. unfair.

inerte [i'nɛrt], a. inert, sluggish, inactive.

inertie [iner'si], *n.f.* inertia; indolence.

inespéré [inɛspe're], a. unhoped for, unexpected.

inestimable [inɛsti'mabl], a. inestimable.

inévitable [inevi'tabl], a. inevitable, unavoidable.

inévitablement [inevitablə'mã], *adv.* inevitably, unavoidably.

inexact [inɛg'zakt], a. inexact, inaccurate, incorrect.

inexactement [inɛgzakta'mã], *adv.* inaccurately, incorrectly.

inexactitude [inɛgzakti'tyd], *n.f.* incorrectness; inaccuracy, slip.

inexcusable [inɛksky'zabl], a. inexcusable, unwarrantable.

inexécutable [inɛgzeky'tabl], a. impracticable.

inexercé [inɛgzɛr'se], a. untrained.

inexistant [inɛgzis'tã], a. non-existent.

inexorable [inɛgzɔ'rabl], a. inexorable, inflexible; pitiless.

inexorablement [inɛgzɔrablə'mã], *adv.* inexorably.

inexpérience [inɛkspe'rjãːs], *n.f.* inexperience.

inexpérimenté [inɛksperimã'te], a. inexperienced; untried (*of things*).

inexplicable [inɛkspli'kabl], a. inexplicable, unaccountable.

inexpliqué [inɛkspli'ke], a. unexplained.

inexploitable [inɛksplwa'tabl], a. unworkable, useless.

inexploité [inɛksplwa'te], a. uncultivated (*of land*); unworked (*of mines etc.*); untapped (*resources*).

inexploré [inɛksplɔ're], a. unexplored.

inexplosible [inɛksplɔ'zibl], a. unexplosive.

inexpressible [inɛkspre'sibl], a. inexpressible.

inexpressif [inɛkspre'sif], a. (*fem.* -ive) inexpressive, lacking expression.

inexprimable [inɛkspri'mabl], a. inexpressible, unspeakable.

inextinguible [inɛkstɛ̃'gibl], a. inextinguishable; unquenchable (*thirst, fire*); irrepressible (*laughter*).

inextricable [inɛkstri'kabl], a. inextricable.

inextricablement [inɛkstrikablə'mã], *adv.* inextricably.

infaillibilité [ɛ̃fajibili'te], *n.f.* infallibility.

infaillible [ɛ̃fa'jibl], a. infallible.

infailliblement [ɛ̃fajiblə'mã], *adv.* infallibly.

infaisable [ɛ̃fə'zabl], a. impracticable.

infamant [ɛ̃fa'mã], a. infamous, ignominious.

infâme [ɛ̃'fɑːm], a. infamous; squalid, sordid.—*n.* infamous person, wretch.

infamie [ɛ̃fa'mi], *n.f.* infamy, ignominy; baseness.

infant [ɛ̃'fã], *n.m.* (*fem.* -e) infante, infanta (*Spanish prince* or *princess*).

infanterie [ɛ̃fã'tri], *n.f.* infantry.

infanticide [ɛ̃fãti'sid], *n.m.* infanticide.—*n.* child-murderer.

infantile [ɛ̃fã'til], a. infantile.

infatigable [ɛ̃fati'gabl], a. indefatigable, untiring.

infatuation [ɛ̃fatɥa'sjɔ̃], *n.f.* infatuation.

infatuer [ɛ̃fa'tɥe], *v.t.* to infatuate. **s'infatuer**, *v.r.* to become infatuated.

infécond [ɛ̃fe'kɔ̃], a. unfruitful, barren, sterile.

inhabitué

infécondité [ɛ̃fekɔ̃di'te], *n.f.* unfruitfulness, barrenness, sterility.
infect [ɛ̃'fɛkt], *a.* infected, foul, noisome, stinking.
infectant [ɛ̃fɛk'tɑ̃], *a.* infecting.
infecter [ɛ̃fɛk'te], *v.t.* to infect, to contaminate; to taint.—*v.i.* to stink.
infectieux [ɛ̃fɛk'sjø], *a. (fem. -euse)* infectious.
infection [ɛ̃fɛk'sjɔ̃], *n.f.* infection; infectious disease; stench; *foyer d'infection*, hotbed of disease.
inférence [ɛ̃fe'rɑ̃:s], *n.f.* conclusion, inference.
inférer [ɛ̃fe're], *v.t. (conjug. like* CÉDER) to infer, to conclude.
inférieur [ɛ̃fe'rjœ:r], *a.* inferior, lower.— *n.m. (fem. -e)* inferior; subordinate.
infériorité [ɛ̃ferjori'te], *n.f.* inferiority.
infernal [ɛ̃fɛr'nal], *a. (m. pl. -aux)* infernal, hellish.
infernalement [ɛ̃fɛrnal'mɑ̃], *adv.* infernally.
infertile [ɛ̃fɛr'til], *a.* infertile, unfruitful; sterile, barren.
infertilité [ɛ̃fɛrtili'te], *n.f.* unfruitfulness.
infester [ɛ̃fɛs'te], *v.t.* to infest, to overrun; to haunt.
infidèle [ɛ̃fi'dɛl], *a.* unfaithful, disloyal; unbelieving.—*n.* unfaithful person; infidel.
infidèlement [ɛ̃fidɛl'mɑ̃], *adv.* unfaithfully; inaccurately.
infidélité [ɛ̃fideli'te], *n.f.* infidelity; unbelief; dishonesty.
infiltration [ɛ̃filtra'sjɔ̃], *n.f.* infiltration.
infiltrer (s') [sɛ̃fil'tre], *v.r.* to infiltrate, to percolate.
infime [ɛ̃'fim], *a.* lowest *(of ranks)*; tiny.
infini [ɛ̃fi'ni], *a.* infinite, boundless.—*n.m.* infinite, infinity.
infiniment [ɛ̃fini'mɑ̃], *adv.* infinitely, without end; exceedingly, extremely.
infinité [ɛ̃fini'te], *n.f.* infinity, infiniteness; *(fig.)* crowd; no end.
infinitif [ɛ̃fini'tif], *a. (fem. -tive)* and *n.m.* infinitive (mood).
infirme [ɛ̃'firm], *a.* crippled, invalid; infirm; feeble.—*n.* invalid, cripple.
infirmerie [ɛ̃firm'ri], *n.f.* infirmary, sickward; *(sch.)* sanatorium, sick-bay.
infirmier [ɛ̃fir'mje], *n.m. (fem. -ière)* hospital-attendant; nurse.
infirmité [ɛ̃firmi'te], *n.f.* infirmity, weakness, failing.
inflammable [ɛ̃fla'mabl], *a.* inflammable.
inflammation [ɛ̃flɑmɑ'sjɔ̃], *n.f.* inflammation.
inflammatoire [ɛ̃flɑmɑ'twa:r], *a.* inflammatory.
inflation [ɛ̃flɑ'sjɔ̃], *n.f.* inflation, swelling.
inflexible [ɛ̃flɛk'sibl], *a.* inflexible; unyielding, unbending.
inflexiblement [ɛ̃flɛksiblə'mɑ̃], *adv.* inflexibly.
inflexion [ɛ̃flɛk'sjɔ̃], *n.f.* inflexion; modulation, variation.
infliction [ɛ̃flik'sjɔ̃], *n.f.* infliction.
infliger [ɛ̃fli'ʒe], *v.t. (conjug. like* MANGER) to inflict, to impose.
influence [ɛ̃fly'ɑ̃:s], *n.f.* influence; sway, power, authority.
influencer [ɛ̃flyɑ̃'se], *v.t. (conjug. like* COMMENCER) to influence, to sway, to bias.

influent [ɛ̃fly'ɑ̃], *a.* influential.
influenza [ɛ̃flyɑ̃'za], *n.f.* influenza.
influer [ɛ̃fly'e], *v.i.* to have an influence *(sur, on)*.
informateur [ɛ̃fɔrmɑ'tœ:r], *n.m. (fem. -trice)* informant.
information [ɛ̃fɔrmɑ'sjɔ̃], *n.f.* inquiry; information; *(pl.)* news (bulletin).
informe [ɛ̃'fɔrm], *a.* shapeless; misshapen; crude, imperfect.
informer [ɛ̃fɔr'me], *v.t.* to inform, to acquaint, to apprise. **s'informer**, *v.r.* to inquire, to make inquiries, to investigate.
infortune [ɛ̃fɔr'tyn], *n.f.* misfortune, adversity.
infortuné [ɛ̃fɔrty'ne], *a.* unfortunate, unhappy, ill-fated, wretched.—*n.m. (fem. -ée)* unfortunate, unhappy *or* wretched person.
infraction [ɛ̃frak'sjɔ̃], *n.f.* infringement, breach, violation.
infranchissable [ɛ̃frɑ̃ʃi'sabl], *a.* insurmountable, insuperable.
infra-rouge [ɛ̃frɑ'ruʒ], *a.* infra-red.
infréquenté [ɛ̃frekɑ̃'te], *a.* unfrequented.
infructueusement [ɛ̃fryktɥøz'mɑ̃], *adv.* fruitlessly, to no purpose, in vain.
infructueux [ɛ̃fryk'tɥø], *a. (fem. -euse)* unfruitful, vain, unavailing.
infus [ɛ̃'fy] *a.* infused, innate, native *(of knowledge etc.)*.
infuser [ɛ̃fy'ze], *v.t.* to infuse, to instil; to steep.
infusion [ɛ̃fy'zjɔ̃], *n.f.* infusion, decoction.
ingambe [ɛ̃'gɑ̃:b], *a.* nimble, brisk, active.
ingénier (s') [sɛ̃ʒe'nje], *v.r.* to tax one's ingenuity, to contrive.
ingénieur [ɛ̃ʒe'njœ:r], *n.m.* engineer.
ingénieusement [ɛ̃ʒenjøz'mɑ̃], *adv.* ingeniously.
ingénieux [ɛ̃ʒe'njø], *a. (fem. -euse)* ingenious, clever, witty.
ingéniosité [ɛ̃ʒenjozi'te], *n.f.* ingenuity; cleverness.
ingénu [ɛ̃ʒe'ny], *a.* ingenuous; guileless, unsophisticated; simple, artless.—*n.m. (fem. -e)* ingenuous person artless *or* simple-minded person.
ingénuité [ɛ̃ʒenɥi'te], *n.f.* ingenuousness.
ingénument [ɛ̃ʒeny'mɑ̃], *adv.* ingenuously.
ingérence [ɛ̃ʒe'rɑ̃:s], *n.f.* interference, meddling.
ingérer (s') [sɛ̃ʒe're], *v.r. (conjug. like* CÉDER) to meddle with, to interfere, to obtrude.
inglorieux [ɛ̃glo'rjø], *a. (fem. -euse)* inglorious.
ingouvernable [ɛ̃guver'nabl], *a.* ungovernable, uncontrollable.
ingrat [ɛ̃'gra], *a.* unthankful, ungrateful; thankless, unprofitable.
ingratitude [ɛ̃grati'tyd], *n.f.* ingratitude, thanklessness.
ingrédient [ɛ̃gre'djɑ̃], *n.m.* ingredient.
inguérissable [ɛ̃geri'sabl], *a.* incurable.
inhabile [ina'bil], *a.* unskilful, unskilled, inexpert.
inhabilement [inabil'mɑ̃], *adv.* unskilfully.
inhabileté [inabil'te], *n.f.* unskilfulness, incompetence, inability.
inhabitable [inabi'tabl], *a.* uninhabitable.
inhabité [inabi'te], *a.* uninhabited.
inhabitué [inabi'tɥe], *a.* unaccustomed, unused.

189

inhalation

inhalation [inala'sjɔ̃], *n.f.* inhalation.

inhaler [ina'le], *v.t.* to inhale.

inharmonieux [inarmɔ'njø], *a.* (*fem.* -euse) inharmonious, unmusical.

inhérent [ine'rɑ̃], *a.* inherent.

inhospitalier [inɔspita'lje], *a.* (*fem.* -ière) inhospitable; (*fig.*) unfriendly, forbidding.

inhumain [iny'mɛ̃], *a.* inhuman, cruel.

inhumainement [inymɛn'mɑ̃], *adv.* inhumanly.

inhumanité [inymani'te], *n.f.* inhumanity, cruelty.

inhumation [inyma'sjɔ̃], *n.f.* inhumation, interment.

inhumer [iny'me], *v.t.* to bury, to inter.

inimaginable [inimaʒi'nabl], *a.* unimaginable, inconceivable.

inimitable [inimi'tabl], *a.* inimitable.

inimitié [inimi'tje], *n.f.* enmity, antipathy, aversion.

ininflammable [inɛ̃fla'mabl], *a.* non-inflammable, fire-proof.

inintelligemment [inɛ̃teliʒa'mɑ̃], *adv.* unintelligently.

inintelligence [inɛ̃teli'ʒɑ̃:s], *n.f.* lack of intelligence.

inintelligent [inɛ̃teli'ʒɑ̃], *a.* unintelligent.

inintelligible [inɛ̃teli'ʒibl], *a.* unintelligible.

inintéressant [inɛ̃tere'sɑ̃], *a.* uninteresting.

ininterrompu [inɛ̃terɔ̃'py], *a.* uninterrupted.

inique [i'nik], *a.* iniquitous; unrighteous.

iniquement [inik'mɑ̃], *adv.* iniquitously.

iniquité [iniki'te], *n.f.* iniquity, unrighteousness; injustice.

initial [ini'sjal], *a.* (*m. pl.* -aux) initial.

initiale [ini'sjal], *n.f.* initial.

initialement [inisjal'mɑ̃], *adv.* initially.

initiateur [inisja'tœ:r], *n.m.* (*fem.* -trice) initiator.

initiation [inisja'sjɔ̃], *n.f.* initiation.

initiative [inisja'ti:v], *n.f.* initiative.

initier [ini'sje], *v.t.* to initiate, to admit.

injecté [ɛ̃ʒɛk'te], *a.* injected; bloodshot; creosoted.

injecter [ɛ̃ʒɛk'te], *v.t.* to inject.

injection [ɛ̃ʒɛk'sjɔ̃], *n.f.* injection.

injonction [ɛ̃ʒɔ̃k'sjɔ̃], *n.f.* injunction, order.

injudicieux [ɛ̃ʒydi'sjø], *a.* (*fem.* -euse) injudicious.

injure [ɛ̃'ʒy:r], *n.f.* injury; insult; (*pl.*) abuse, abusive language; slander.

injurier [ɛ̃ʒy'rje], *v.t.* to abuse, to insult.

injurieux [ɛ̃ʒy'rjø], *a.* (*fem.* -euse) wrongful; abusive, insulting.

injuste [ɛ̃'ʒyst], *a.* unjust, unfair, wrong.

injustement [ɛ̃ʒystə'mɑ̃], *adv.* unjustly, wrongly.

injustice [ɛ̃ʒys'tis], *n.f.* injustice; wrong.

injustifiable [ɛ̃ʒysti'fjabl], *a.* unjustifiable.

injustifié [ɛ̃ʒysti'fje], *a.* unjustified, groundless.

inlassable [ɛ̃la'sabl], *a.* untirable.

inné [in'ne], *a.* innate, inborn.

innocemment [inɔsa'mɑ̃], *adv.* innocently.

innocence [inɔ'sɑ̃:s], *n.f.* innocence; inoffensiveness; simplicity.

innocent [inɔ'sɑ̃], *a.* innocent; harmless, inoffensive; guileless, simple.—*n.m.* (*fem.* -e) simpleton; idiot.

innocenter [inɔsɑ̃'te], *v.t.* to acquit.

innombrable [innɔ̃'brabl], *a.* innumerable, numberless.

innombrablement [inɔ̃brablə'mɑ̃], *adv.* innumerably.

innovateur [innɔva'tœ:r], *n.m.* (*fem.* -trice) innovator.

innovation [innɔva'sjɔ̃], *n.f.* innovation.

innover [innɔ've], *v.i.* to make innovations.

inobservable [inɔpsɛr'vabl], *a.* inobservable.

inobservance [inɔpsɛr'vɑ̃:s], inobservation [inɔpsɛrva'sjɔ̃], *n.f.* non-observance.

inobservé [inɔpsɛr've], *a.* unobserved, unnoticed.

inoccupé [inɔky'pe], *a.* unoccupied; idle; vacant.

inoculateur [inɔkyla'tœ:r], *n.m.* (*fem.* -trice) inoculator.

inoculation [inɔkyla'sjɔ̃], *n.f.* inoculation.

inoculer [inɔky'le], *v.t.* to inoculate.

inodore [inɔ'dɔ:r], *a.* odourless.

inoffensif [inɔfɑ̃'sif], *a.* (*fem.* -sive) inoffensive; innocuous.

inoffensivement [inɔfɑ̃siv'mɑ̃], *adv.* inoffensively.

inofficiel [inɔfi'sjɛl], *a.* (*fem.* -elle) unofficial.

inofficiellement [inɔfisjɛl'mɑ̃], *adv.* unofficially.

inondation [inɔ̃dɑ'sjɔ̃], *n.f.* inundation, flood, deluge.

inonder [inɔ̃'de], *v.t.* to inundate, to overflow; (*fig.*) to overrun.

inopérant [inɔpe'rɑ̃], *a.* inoperative; inefficient.

inopiné [inɔpi'ne] *a.* unforeseen, unexpected, sudden.

inopinément [inɔpine'mɑ̃], *adv.* unawares, unexpectedly, suddenly.

inopportun [inɔpɔr'tœ̃], *a.* inopportune, untimely.

inorganique [inɔrga'nik], *a.* inorganic.

inoubliable [inu'bljabl], *a.* unforgettable.

inoublié [inu'blje], *a.* unforgotten, well-remembered.

inouï [i'nwi], *a.* unheard of, unprecedented.

inoxydable [inɔksi'dabl], *a.* rustless, stainless.

inqualifiable [ɛ̃kali'fjabl], *a.* unspeakable.

inquiet [ɛ̃'kjɛ], *a.* (*fem.* -ète) anxious; restless.

inquiétant [ɛ̃kje'tɑ̃], *a.* disquieting, alarming.

inquiéter [ɛ̃kje'te], *v.t.* (*conjug. like* CÉDER) to disquiet; to worry; to disturb. s'inquiéter, *v.r.* to be anxious, to be uneasy; to worry.

inquiétude [ɛ̃kje'tyd], *n.f.* anxiety, uneasiness, concern.

inquisiteur [ɛ̃kizi'tœ:r], *a.* inquisitorial; inquisitive.—*n.m.* inquisitor.

inquisitif [ɛ̃kizi'tif], *a.* (*fem.* -tive) inquisitive.

inquisition [ɛ̃kizi'sjɔ̃], *n.f.* inquisition.

insaisissable [ɛ̃sezi'sabl], *a.* unseizable, imperceptible.

insalubre [ɛ̃sa'lybr], *a.* insalubrious, unhealthy, unwholesome.

insalubrement [ɛ̃salybra'mɑ̃], *adv.* insalubriously, unhealthily.

insalubrité [ɛ̃salybri'te], *n.f.* insalubrity, unhealthiness.

insanité [ɛ̃sani'te], *n.f.* insanity.

insatiabilité [ɛ̃sasjabili'te], *n.f.* insatiability.

insatiable [ɛ̃sa'sjabl], *a.* insatiable.

insciemment [ɛ̃sja'mɑ̃], *adv.* unwittingly.

inscription [ɛ̃skrip'sjɔ̃], *n.f.* inscription; registration, enrolment; matriculation.

inscrire [ɛs'kri:r], *v.t. irr. (conjug. like* ÉCRIRE*)* to inscribe, to set down, to register. **s'inscrire,** *v.r.* to inscribe oneself; to enter one's name; to register, to enrol.

inscrutable [ɛskry'tabl], *a.* inscrutable, unfathomable.

insecte [ɛ̃'sɛkt], *n.m.* insect.

insecticide [ɛsɛkti'sid], *a.* insecticidal.—*n.m.* insecticide.

insectivore [ɛsɛkti'vɔ:r], *a.* insectivorous.

insécurité [ɛsekyri'te], *n.f.* insecurity.

insémination [ɛsemina'sjɔ̃], *n.f.* insemination (*cows, ewes etc.*).

inséminer [ɛsemi'ne], *v.t.* to inseminate.

insensé [ɛsã'se], *a.* insane, mad; foolish, senseless.—*n.m. (fem. -ée)* madman, mad woman, maniac.

insensibiliser [ɛsãsibili'ze], *v.t.* to anaesthetize.

insensibilité [ɛsãsibili'te], *n.f.* insensibility, callousness.

insensible [ɛsã'sibl], *a.* insensible, unconscious; hard-hearted, insensitive.

insensiblement [ɛsãsiblə'mã], *adv.* insensibly; gradually, imperceptibly.

inséparable [ɛsepa'rabl], *a.* inseparable.—*n.m. (pl.) (Orn.)* love-birds.

inséparablement [ɛseparablə'mã], *adv.* inseparably.

insérer [ɛse're], *v.t. (conjug. like* CÉDER*)* to insert, to put in.

insertion [ɛsɛr'sjɔ̃], *n.f.* insertion.

insidieusement [ɛsidjøz'mã], *adv.* insidiously.

insidieux [ɛsi'djø], *a. (fem. -euse)* insidious.

insigne [ɛ̃'siɲ], *a.* distinguished; conspicuous; notorious.—*n.m.* badge, mark; *(pl.)* insignia.

insignifiance [ɛsiɲi'fjã:s], *n.f.* insignificance.

insignifiant [ɛsiɲi'fjã], *a.* insignificant, trivial.

insincère [ɛsɛ̃'sɛ:r], *a.* insincere.

insinuant [ɛsi'nɥã], *a.* insinuating; ingratiating.

insinuation [ɛsinɥa'sjɔ̃], *n.f.* insinuation, hint, innuendo.

insinuer [ɛsi'nɥe], *v.t.* to insinuate; to hint, to suggest. **s'insinuer,** *v.r.* to insinuate oneself (*dans*); to creep *or* worm one's way (*into*).

insipide [ɛsi'pid], *a.* insipid, tasteless; dull.

insipidité [ɛsipidi'te], *n.f.* insipidity.

insistance [ɛsis'tã:s], *n.f.* insistence, persistence.

insister [ɛsis'te], *v.i.* to insist, to lay stress (*sur*).

insociable [ɛsɔ'sjabl], *a.* unsociable; difficult to live with.

insolation [ɛsɔla'sjɔ̃], *n.f.* insolation, sunstroke.

insolemment [ɛsɔla'mã], *adv.* insolently.

insolence [ɛsɔ'lã:s], *n.f.* insolence, impertinence.

insolent [ɛsɔ'lã], *a.* insolent, impudent, rude.—*n.m. (fem. -e)* insolent person.

insolite [ɛsɔ'lit], *a.* unusual, unwonted.

insolubilité [ɛsɔlybili'te], *n.f.* insolubility.

insoluble [ɛsɔ'lybl], *a.* insoluble.

insolvabilité [ɛsɔlvabili'te], *n.f.* insolvency.

insolvable [ɛsɔl'vabl], *a.* insolvent.

insomnie [ɛsɔm'ni], *n.f.* insomnia.

insondable [ɛsɔ̃'dabl], *a.* unfathomable.

insonore [ɛsɔ'nɔ:r], *a.* sound-proof.

insouciance [ɛsu'sjã:s], *n.f.* carelessness, thoughtlessness.

insouciant [ɛsu'sjã], **insoucieux** [ɛsu'sjø] *(fem. -euse),* *a.* careless, thoughtless; unconcerned, easy-going.

insoumis [ɛsu'mi], *a.* unsubdued; refractory, unruly.—*n.m. (Mil.)* defaulter.

insoumission [ɛsumi'sjɔ̃], *n.f.* insubordination.

insoutenable [ɛsut'nabl], *a.* indefensible; unbearable.

inspecter [ɛspɛk'te], *v.t.* to inspect, to survey, to scan.

inspecteur [ɛspɛk'tœ:r], *n.m. (fem. -trice)* inspector, superintendent, surveyor.

inspection [ɛspɛk'sjɔ̃], *n.f.* inspection, survey; superintendence; *faire l'inspection de,* to inspect; *passer à l'inspection,* to undergo inspection.

inspirateur [ɛspira'tœ:r], *a. (fem. -trice)* inspiring; *(Anat.)* inspiratory.—*n.m. (fem. -trice)* inspirer.

inspiration [ɛspira'sjɔ̃], *n.f.* inspiration; suggestion; inhaling.

inspiré [ɛspi're], *a.* and *n.m. (fem. -ée)* inspired (person).

inspirer [ɛspi're], *v.t.* to inspire, to breathe in; *(fig.)* to suggest, to instil. **s'inspirer,** *v.r.* to draw one's inspiration (*de*).

instabilité [ɛstabili'te], *n.f.* instability, fickleness.

instable [ɛ̃'stabl], *a.* unstable; unsteady, wobbly.

installation [ɛstala'sjɔ̃], *n.f.* installation; equipment.

installer [ɛsta'le], *v.t.* to install; to inaugurate, to establish. **s'installer,** *v.r.* to install oneself; to settle.

instamment [ɛsta'mã], *adv.* earnestly, urgently.

instance [ɛs'tã:s], *n.f.* entreaty; urgency, earnestness; *(Law)* instance; *(pl.)* entreaties.

instant (1) [ɛs'tã], *n.m.* instant, moment; *à l'instant,* in an instant, immediately.

instant (2) [ɛs'tã], *a.* pressing, urgent; imminent.

instantané [ɛstãta'ne], *a.* instantaneous.—*n.m.* snapshot.

instantanément [ɛstãtane'mã], *adv.* instantaneously.

instar (à l') [alɛs'ta:r], *prep. phr. à l'instar de,* like; in imitation of.

instigateur [ɛstiga'tœ:r], *n.m. (fem. -trice)* instigator.

instigation [ɛstiga'sjɔ̃], *n.f.* instigation.

instiller [ɛsti'le], *v.t.* to instil.

instinct [ɛs'tɛ̃], *n.m.* instinct.

instinctif [ɛstɛ̃k'tif], *a. (fem. -tive)* instinctive.

instinctivement [ɛstɛ̃ktiv'mã], *adv.* instinctively.

instituer [ɛsti'tɥe], *v.t.* to institute, to establish.

institut [ɛsti'ty], *n.m.* institution; institute; order (*of monks*).

instituteur [ɛstity'tœ:r], *n.m. (fem. -trice)* teacher, schoolmaster, schoolmistress (*in primary schools*); *institutrice (particulière),* governess.

institution [ɛstity'sjɔ̃], *n.f.* institution; establishment; *(Law)* appointment.

191

instructeur

instructeur [ɛ̃stryk'tœːr], *n.m.* instructor, drill-master.

instructif [ɛ̃stryk'tif], *a.* (*fem.* **-tive**) instructive.

instruction [ɛ̃stryk'sjɔ̃], *n.f.* instruction, tuition, education, learning; (*Law*) inquiry, examination; (*pl.*) directions.

instruire [ɛ̃s'trɥiːr], *v.t. irr.* (*conjug. like* CONDUIRE) to instruct, to teach, to educate; to inform (*de*). **s'instruire**, *v.r.* to instruct, inform *or* improve oneself.

instruit [ɛ̃s'trɥi], *a.* instructed, informed; aware; educated.

instrument [ɛ̃stry'mã], *n.m.* instrument, tool; document.

instrumental [ɛ̃strymã'tal], *a.* (*m. pl.* **-aux**) instrumental.

instrumentiste [ɛ̃strymã'tist], *n.* instrumentalist.

insu [ɛ̃'sy], *prep. phr.* **à l'insu de**, unknown to; **à mon insu**, unknown to me.

insubmersible [ɛ̃sybmɛr'sibl], *a.* unsinkable.

insubordination [ɛ̃sybɔrdina'sjɔ̃], *n.f.* insubordination.

insubordonné [ɛ̃sybɔrdɔ'ne], *a.* insubordinate.

insuccès [ɛ̃syk'sɛ], *n.m. inv.* failure, lack of success.

insuffisamment [ɛ̃syfiza'mã], *adv.* insufficiently.

insuffisance [ɛ̃syfi'zãːs], *n.f.* insufficiency.

insuffisant [ɛ̃syfi'zã], *a.* insufficient, inadequate.

insulaire [ɛ̃sy'lɛːr], *a.* insular.—*n.* islander.

insularité [ɛ̃sylari'te], *n.f.* insularity.

insuline [ɛ̃sy'lin], *n.f.* insulin.

insultant [ɛ̃syl'tã], *a.* insulting.

insulte [ɛ̃'sylt], *n.f.* insult.

insulter [ɛ̃syl'te], *v.t.* to insult, to affront.

insupportable [ɛ̃sypɔr'tabl], *a.* intolerable, unbearable.

insupportablement [ɛ̃sypɔrtablə'mã], *adv.* intolerably, unbearably.

insurgé [ɛ̃syr'ʒe], *a.* and *n.m.* (*fem.* **-ée**) rebel, insurgent.

insurger (s') [sɛ̃syr'ʒe], *v.r.* (*conjug. like* MANGER) to revolt, to rebel.

insurmontable [ɛ̃syrmɔ̃'tabl], *a.* insurmountable, insuperable.

insurrection [ɛ̃syrɛk'sjɔ̃], *n.f.* insurrection, rising.

intact [ɛ̃'takt], *a.* intact, entire, whole.

intangible [ɛ̃tã'ʒibl], *a.* intangible.

intarissable [ɛ̃tari'sabl], *a.* inexhaustible.

intégral [ɛ̃te'gral], *a.* (*m. pl.* **-aux**) integral, whole, entire.

intégrale [ɛ̃te'gral], *n.f.* (*Math.*) integral.

intégralement [ɛ̃tegral'mã], *adv.* integrally, entirely, in full.

intègre [ɛ̃'tɛgr], *a.* honest, upright, just.

intègrement [ɛ̃tɛgrə'mã], *adv.* honestly, uprightly.

intégrer [ɛ̃te'gre], *v.t.* (*conjug. like* CÉDER) to integrate. **s'intégrer**, *v.r.* to combine into; to form an integral part of.

intégrité [ɛ̃tegri'te], *n.f.* integrity, uprightness, probity.

intellect [ɛ̃te'lɛkt], *n.m.* intellect, understanding.

intellectuel [ɛ̃telɛk'tɥɛl], *a.* (*fem.* **-elle**) and *n.m.* (*fem.* **-elle**) intellectual.

intellectuellement [ɛ̃telɛktɥɛl'mã], *adv.* intellectually.

intelligemment [ɛ̃teliʒa'mã] *adv.* intelligently.

intelligence [ɛ̃teli'ʒãːs], *n.f.* intelligence, intellect; clear comprehension; cleverness, skill, ability; mutual understanding; *avec intelligence*, skilfully, cleverly; *en bonne intelligence avec*, on good terms with; *être d'intelligence avec*, to be in collusion with.

intelligent [ɛ̃teli'ʒã], *a.* intelligent; bright, clever, sharp.

intelligible [ɛ̃teli'ʒibl], *a.* intelligible; distinct, clear.

intelligiblement [ɛ̃teliʒiblə'mã], *adv.* intelligibly, clearly.

intempérance [ɛ̃tãpe'rãːs], *n.f.* intemperance, insobriety.

intempérant [ɛ̃tãpe'rã], *a.* intemperate.

intempérie [ɛ̃tãpe'ri], *n.f.* (*usu. in pl.*) inclemency (*of the weather*).

intempestif [ɛ̃tãpes'tif], *a.* (*fem.* **-tive**) unseasonable, untimely.

intenable [ɛ̃tə'nabl], *a.* untenable, insufferable.

intendance [ɛ̃tã'dãːs], *n.f.* stewardship (*of an estate*); (*Mil.*) commissariat; the Army Service Corps.

intendant [ɛ̃tã'dã], *n.m.* intendant, steward; major-domo; (*Mil.*) administrative officer (*having the rank of a general*).

intense [ɛ̃'tãːs], *a.* intense, violent; severe.

intensité [ɛ̃tãsi'te], *n.f.* intensity, violence, severity.

intensivement [ɛ̃tãsiv'mã], *adv.* intensively.

intenter [ɛ̃tã'te], *v.t.* (*Law*) *intenter une action* or *un procès à* or *contre quelqu'un*, to enter or bring an action against someone.

intention [ɛ̃tã'sjɔ̃], *n.f.* intention; (*Law*) intent; purpose; *à l'intention de*, for the sake of; *avec intention*, on purpose; *avoir l'intention de*, to intend to; *sans intention*, unintentionally.

intentionné [ɛ̃tãsjɔ'ne], *a.* intentioned, disposed, meaning.

intentionnel [ɛ̃tãsjɔ'nɛl], *a.* (*fem.* **-elle**) intentional.

inter [ɛ̃'tɛr], *n.m.* (*Ftb.*) inside-forward.

interaction [ɛ̃tərak'sjɔ̃], *n.f.* interaction.

intercaler [ɛ̃tɛrka'le], *v.t.* to intercalate; to interpolate; (*Elec.*) to switch in.

intercéder [ɛ̃tɛrse'de], *v.i.* (*conjug. like* CÉDER) to intercede, to plead.

intercepter [ɛ̃tɛrsɛp'te], *v.t.* to intercept.

interception [ɛ̃tɛrse'sjɔ̃], *n.f.* interception; mediation.

intercontinental [ɛ̃tɛrkɔ̃tinã'tal], *a.* (*m. pl.* **-aux**) intercontinental.

interdépartemental [ɛ̃tɛrdepartəmã'tal], *a.* (*m. pl.* **-aux**) interdepartmental.

interdiction [ɛ̃tɛrdik'sjɔ̃], *n.f.* interdiction, prohibition.

interdire [ɛ̃tɛr'diːr], *v.t. irr.* (*conjug. like* MÉDIRE) to interdict, to prohibit; to forbid; to suspend; (*fig.*) to confound, to nonplus.

interdit [ɛ̃tɛr'di], *a.* forbidden, prohibited; (*fig.*) abashed, confused; *entrée interdite*, no admittance; *passage interdit*, no thoroughfare.—*n.m.* interdict.—*n.m.* (*fem.* **-e**) person interdicted.

192

intéressant [ɛ̃terɛ'sɑ̃], *a.* interesting; attractive (*price*).
intéressé [ɛ̃terɛ'se], *a.* interested; selfish.—*n.m.* (*fem.* **-ée**) interested party.
intéresser [ɛ̃terɛ'se], *v.t.* to interest; to concern, to affect. **s'intéresser**, *v.r.* to take an interest in, to be interested (*à*).
intérêt [ɛ̃te'rɛ], *n.m.* interest, concern; share.
interférence [ɛ̃tɛrfe'rɑ̃:s], *n.f.* interference; (*pl.*) (*Rad., Tel.*) interference.
interférer [ɛ̃tɛrfe're], *v.i.* (*conjug. like* CÉDER) to interfere.
intérieur [ɛ̃te'rjœ:r], *a.* inner, inward, internal, interior; inland.—*n.m.* interior; home, private life; **à l'intérieur**, inside; **Ministre de l'Intérieur**, Home Secretary.
interlocuteur [ɛ̃tɛrlɔky'tœ:r], *n.m.* (*fem.* **-trice**) speaker (*in a conversation*).
interloquer [ɛ̃tɛrlɔ'ke], *v.t.* to nonplus, to disconcert.
intermède [ɛ̃tɛr'mɛd], *n.m.* interlude.
intermédiaire [ɛ̃tɛrme'djɛ:r], *a.* intermediate, intervening.—*n.m.* medium, agency; intermediary, middleman, agent.
interminable [ɛ̃tɛrmi'nabl], *a.* interminable, endless.
intermission [ɛ̃tɛrmi'sjɔ̃], *n.f.* intermission, pause.
intermittence [ɛ̃tɛrmi'tɑ̃:s], *n.f.* intermission, cessation.
intermittent [ɛ̃tɛrmi'tɑ̃], *a.* intermittent.
internat [ɛ̃tɛr'na], *n.m.* boarding-school; house-surgeonship (*of hospitals*).
international [ɛ̃tɛrnasjɔ'nal], *a.* (*m. pl.* **-aux**) international.
interne [ɛ̃'tɛrn], *a.* internal, inward, resident.—*n.* boarder (*in schools*).
interné [ɛ̃tɛr'ne], *a.* interned.—*n.m.* (*fem.* **-ée**) internee.
interner [ɛ̃tɛr'ne], *v.t.* to intern.
interpellation [ɛ̃tɛrpɛla'sjɔ̃], *n.f.* interpellation.
interpeller [ɛ̃tɛrpə'le], *v.t.* to hail. to call upon, to challenge; (*Polit.*) to interpellate.
interplanétaire [ɛ̃tɛrplane'tɛ:r], *a.* interplanetary.
interpoler [ɛ̃tɛrpɔ'le], *v.t.* to interpolate.
interposer [ɛ̃tɛrpɔ'ze], *v.t.* to interpose. **s'interposer**, *v.r.* to interpose, to come between.
interprétation [ɛ̃tɛrpreta'sjɔ̃], *n.f.* interpretation; rendering (*of a play*).
interprète [ɛ̃tɛr'prɛt], *n.* interpreter, expounder; artist, actor, actress.
interpréter [ɛ̃tɛrpre'te], *v.t.* (*conjug. like* CÉDER) to interpret, to explain; to construe.
interrègne [ɛ̃tɛ'rɛɲ], *n.m.* interregnum.
interrogateur [ɛ̃tɛrɔga'tœr], *n.m.* (*fem.* **-trice**) interrogator questioner, examiner.
interrogatif [ɛ̃tɛrɔga'tif], *a.* (*fem.* **-tive**) interrogative.
interrogation [ɛ̃tɛrɔga'sjɔ̃], *n.f.* interrogation, question; **point d'interrogation**, question mark.
interrogatoire [ɛ̃tɛrɔga'twa:r], *n.m.* examination.
interroger [ɛ̃tɛrɔ'ʒe], *v.t.* (*conjug. like* MANGER) to interrogate, to question; to examine.
interrompre [ɛ̃tɛ'rɔ̃:pr], *v.t.* (*conjug. like* ROMPRE) to interrupt, to break off; to stop.
interrupteur [ɛ̃tɛryp'tœ:r], *a.* and *n.m.* (*fem.*

-trice) interrupting; interrupter.—*n.m.* (*Elec.*) switch, cut-out.
interruption [ɛ̃tɛryp'sjɔ̃], *n.f.* interruption; (*Elec.*) disconnection.
interscolaire [ɛ̃tɛrskɔ'lɛ:r], *a.* inter-school (*competition etc.*).
intersection [ɛ̃tɛrsɛk'sjɔ̃], *n.f.* intersection.
interstice [ɛ̃tɛr'stis], *n.m.* interstice, chink, crack.
intervalle [ɛ̃tɛr'val], *n.m.* interval; distance, gap; **dans l'intervalle**, in the meantime.
intervenir [ɛ̃tɛrvə'ni:r], *v.i. irr.* (*conjug. like* TENIR) to intervene, to interfere; to happen.
intervention [ɛ̃tɛrvɑ̃'sjɔ̃], *n.f.* intervention, interference.
interversion [ɛ̃tɛrvɛr'sjɔ̃], *n.f.* inversion.
intervertir [ɛ̃tɛrvɛr'ti:r], *v.t.* to invert, to reverse.
intestin [ɛ̃tɛs'tɛ̃], *a.* intestine; internal, domestic, civil.—*n.m.* intestine.
intimation [ɛ̃tima'sjɔ̃], *n.f.* notification.
intime [ɛ̃'tim], *a.* intimate, inmost secret; close.—*n.* intimate.
intimement [ɛ̃tim'mɑ̃], *adv.* intimately.
intimider [ɛ̃timi'de], *v.t.* to intimidate, to frighten.
intimité [ɛ̃timi'te], *n.f.* intimacy, closeness.
intitulé [ɛ̃tity'le], *a.* entitled.—*n.m.* title (*of deeds, books etc.*).
intituler [ɛ̃tity'le], *v.t.* to entitle, to call, to name. **s'intituler**, *v.r.* to entitle or call oneself.
intolérable [ɛ̃tɔle'rabl], *a.* intolerable, insufferable.
intolérablement [ɛ̃tɔlerablə'mɑ̃], *adv.* unbearably.
intolérance [ɛ̃tɔle'rɑ̃:s], *n.f.* intolerance.
intolérant [ɛ̃tɔle'rɑ̃], *a.* intolerant.
intonation [ɛ̃tɔna'sjɔ̃], *n.f.* intonation; pitch.
intoxicant [ɛ̃tɔksi'kɑ̃], *a.* poisonous.
intoxication [ɛ̃tɔksika'sjɔ̃], *n.f.* poisoning.
intoxiquer [ɛ̃tɔksi'ke], *v.t.* to poison.
intraduisible [ɛ̃tradɥi'zibl], *a.* untranslatable.
intraitable [ɛ̃trɛ'tabl], *a.* intractable, unmanageable.
intransigeant [ɛ̃trɑ̃zi'ʒɑ̃], *a.* intransigent, uncompromising.—*n.m.* (*fem.* **-e**) intransigent, diehard.
intransitif [ɛ̃trɑ̃zi'tif], *a.* (*fem.* **-tive**) (*Gram.*) intransitive.
intraversable [ɛ̃travɛr'sabl], *a.* impassable.
intrépide [ɛ̃tre'pid], *a.* intrepid, dauntless, fearless.
intrigant [ɛ̃tri'gɑ̃], *a.* intriguing.—*n.m.* (*fem.* **-e**) intriguer, schemer.
intrigue [ɛ̃'trig], *n.f.* intrigue; plot (*of a novel etc.*).
intrigueur [ɛ̃tri'gœ:r], *n.m.* (*fem.* **-euse**) intriguer, plotter.
intrinsèque [ɛ̃trɛ̃'sɛk], *a.* intrinsic.
introduction [ɛ̃trɔdyk'sjɔ̃], *n.f.* introduction; preamble.
introductoire [ɛ̃trɔdyk'twa:r], *a.* introductory, preliminary.
introduire [ɛ̃trɔ'dɥi:r], *v.t. irr.* (*conjug. like* CONDUIRE) to show or bring in, to introduce. **s'introduire**, *v.r.* to get in, to find one's way in; to intrude.
introniser [ɛ̃trɔni'ze], *v.t.* to install, to enthrone; (*fig.*) to establish (*a fashion*).
introspectif [ɛ̃trɔspɛk'tif], *a.* (*fem.* **-tive**) introspective.

introuvable [ɛ̃truˈvabl], *a.* not to be found; matchless.
introverti [ɛ̃trovɛrˈti], *a.* introverted.—*n.m.* (*fem.* -e) introvert.
intrus [ɛ̃ˈtry], *a.* intruding, intruded.—*n.m.* (*fem.* -e) intruder.
intrusion [ɛ̃tryˈzjɔ̃], *n.f.* intrusion.
intuitif [ɛ̃tɥiˈtif], *a.* (*fem.* -tive) intuitive.
intuition [ɛ̃tɥiˈsjɔ̃], *n.f.* intuition.
inusable [inyˈzabl], *a.* durable, everlasting.
inusité [inyziˈte], *a.* unused; unusual; obsolete.
inutile [inyˈtil], *a.* useless, unnecessary.
inutilement [inytilˈmɑ̃], *adv.* uselessly, to no purpose, needlessly.
inutilisable [inytiliˈzabl], *a.* that cannot be utilized, worthless.
inutilité [inytiliˈte], *n.f.* uselessness; useless thing.
invaincu [ɛ̃vɛ̃ˈky], *a.* unvanquished, unconquered.
invalidation [ɛ̃validaˈsjɔ̃], *n.f.* invalidation.
invalide [ɛ̃vaˈlid], *a.* disabled, crippled, infirm, invalid; (*Law*) not valid.—*n.* invalid, pensioner; *Hôtel des Invalides*, the Chelsea Hospital of France.
invalider [ɛ̃valiˈde], *v.t.* to invalidate, to annul.
invariable [ɛ̃vaˈrjabl], *a.* invariable, unchangeable.
invariablement [ɛ̃varjablˈmɑ̃], *adv.* invariably.
invasion [ɛ̃vaˈzjɔ̃], *n.f.* invasion; inroad.
invective [ɛ̃vɛkˈtiːv], *n.f.* invective, (*pl.*) abuse.
invectiver [ɛ̃vɛktiˈve] *v.t.* to abuse.—*v.i.* to inveigh against, to revile (*contre*).
inventaire [ɛ̃vɑ̃ˈtɛːr], *n.m.* inventory; stocktaking.
inventer [ɛ̃vɑ̃ˈte], *v.t.* to invent, to devise; to find out; to imagine; to forge.
inventeur [ɛ̃vɑ̃ˈtœːr], *n.m.* (*fem.* -trice) inventor.
inventif [ɛ̃vɑ̃ˈtif], *a.* (*fem.* -tive) inventive.
invention [ɛ̃vɑ̃ˈsjɔ̃], *n.f.* invention; inventiveness; device, trick; falsehood; *brevet d'invention*, patent.
inventorier [ɛ̃vɑ̃toˈrje], *v.t.* to draw up an inventory of; to schedule, to catalogue.
inversable [ɛ̃vɛrˈsabl], *a.* that cannot be upset.
inverse [ɛ̃ˈvɛrs], *a.* inverse, inverted.—*n.m.* reverse, contrary.
inversement [ɛ̃vɛrsˈmɑ̃], *adv.* inversely.
invertébré [ɛ̃vɛrteˈbre], *a.* and *n.m.* (*fem.* -ée) invertebrate.
inverti [ɛ̃vɛrˈti], *a.* inverted, reversed.
investigateur [ɛ̃vɛstigaˈtœːr], *a.* (*fem.* -trice) searching, inquiring.—*n.m.* (*fem.* -trice) investigator.
investigation [ɛ̃vɛstigaˈsjɔ̃], *n.f.* investigation, inquiry.
investir [ɛ̃vɛsˈtiːr], *v.t.* to invest; to surround, to lay siege to.
investiture [ɛ̃vɛstiˈtyːr], *n.f.* investiture.
invétéré [ɛ̃veteˈre], *a.* inveterate.
invincibilité [ɛ̃vɛ̃sibiliˈte], *n.f.* invincibility.
invincible [ɛ̃vɛ̃ˈsibl], *a.* invincible, unconquerable.
inviolable [ɛ̃vjoˈlabl], *a.* inviolable.
inviolé [ɛ̃vjoˈle], *a.* inviolate.
invisible [ɛ̃viˈzibl], *a.* invisible.

invisiblement [ɛ̃vizibləˈmɑ̃], *adv.* invisibly.
invitation [ɛ̃vitaˈsjɔ̃], *n.f.* invitation.
invité [ɛ̃viˈte], *n.m.* (*fem.* -ée) guest.
inviter [ɛ̃viˈte], *v.t.* to invite, to request; to incite, to tempt.
invocation [ɛ̃vokaˈsjɔ̃], *n.f.* invocation.
involontaire [ɛ̃volɔ̃ˈtɛːr], *a.* involuntary, unwilling.
involontairement [ɛ̃volɔ̃terˈmɑ̃], *adv.* involuntarily.
invoquer [ɛ̃voˈke], *v.t.* to invoke, to call upon; to appeal to.
invraisemblable [ɛ̃vrɛsɑ̃ˈblabl], *a.* unlikely, improbable.
invraisemblablement [ɛ̃vrɛsɑ̃blabləˈmɑ̃], *adv.* improbably.
invraisemblance [ɛ̃vrɛsɑ̃ˈblɑ̃ːs], *n.f.* unlikelihood, improbability.
invulnérable [ɛ̃vylneˈrabl], *a.* invulnerable.
iode [jɔd], *n.m.* iodine.
ion [jɔ̃], *n.m.* (*Phys.*) ion.
ionisation [jonizaˈsjɔ̃], *n.f.* ionization.
ionosphère [jonɔsˈfɛːr], *n.f.* ionosphere.
iota [joˈta], *n.m.* iota, jot, tittle.
Irak [iˈrak], **l'**, *m.* Iraq.
irakien [iraˈkjɛ̃], *a.* (*fem.* -enne) Iraqi.—*n.m.* (**Irakien**, *fem.* -enne) Iraqi (*person*).
Iran [iˈrɑ̃], **l'**, *m.* Iran.
iranien [iraˈnjɛ̃], *a.* (*fem.* -enne) Iranian.—*n.m.* (**Iranien**, *fem.* -enne) Iranian (*person*).
irascibilite [irasibiliˈte], *n.f.* irascibility.
irascible [iraˈsibl], *a.* irascible, irritable.
iridescence [iridɛˈsɑ̃ːs], *n.f.* iridescence.
iridescent [iridɛˈsɑ̃], *a.* iridescent.
iris [iˈriːs], *n.m. inv.* iris; rainbow.
irisé [iriˈze], *a.* rainbow-coloured, iridescent.
irlandais [irlɑ̃ˈde], *a.* Irish.—*n.m.* Irish (*language*), (**Irlandais** *fem.* -aise) Irishman, Irishwoman.
Irlande [irˈlɑ̃d], **l'**, *f.* Ireland.
ironie [iroˈni], *n.f.* irony, mockery, raillery.
ironique [iroˈnik], *a.* ironical.
irradiation [irradjaˈsjɔ̃], *n.f.* irradiation.
irradier [irraˈdje], *v.t.* to radiate through; (*C*) to broadcast.
irraisonnable [irrɛzoˈnabl], *a.* irrational.
irraisonnablement [irrɛzonabləˈmɑ̃], *adv.* irrationally.
irrationnel [irrasjoˈnɛl], *a.* (*fem.* -elle) irrational.
irrationnellement [irrasjonɛlˈmɑ̃], *adv.* irrationally.
irréalisable [irrealiˈzabl], *a.* impossible, impracticable.
irréconciliable [irrekɔ̃siˈljabl], *a.* irreconcilable.
irrécusable [irrekyˈzabl], *a.* unexceptionable, unimpeachable.
irréductible [irredykˈtibl], *a.* irreducible; (*fig.*) unyielding.
irréel [irreˈɛl], *a.* (*fem.* -éelle) unreal.—*n.m.* unreality.
irréfléchi [irrefleˈʃi], *a.* thoughtless, inconsiderate.
irréflexion [irreflɛkˈsjɔ̃], *n.f.* thoughtlessness, heedlessness.
irréfutable [irrefyˈtabl], *a.* irrefutable.
irrégularité [irregylariˈte], *n.f.* irregularity.
irrégulier [irregyˈlje], *a.* (*fem.* -ière) irregular.
irrégulièrement [irregyljerˈmɑ̃], *adv.* irregularly.

irréligieux [irreli'ʒjø], *a.* (*fem.* **-euse**) irreligious.

irrémédiable [irreme'djabl], *a.* irremediable, irreparable, irretrievable.

irrémédiablement [irremedjablə'mã], *adv.* irremediably, irreparably.

irrémissible [irremi'sibl], *a.* irremissible, unpardonable.

irremplaçable [irrãpla'sabl], *a.* irreplaceable.

irréparable [irrepa'rabl], *a.* irreparable.

irrépressible [irrepre'sibl], *a.* irrepressible.

irréprochable [irrepro'ʃabl], *a.* irreproachable.

irrésistible [irrezis'tibl], *a.* irresistible.

irrésistiblement [irrezistiblə'mã], *adv.* irresistibly.

irrésolu [irrezo'ly], *a.* irresolute, wavering.

irrésolument [irrezoly'mã], *adv.* irresolutely.

irrésolution [irrezoly'sjɔ̃], *n.f.* irresolution, indecision.

irrespectueusement [irrɛspɛktɥøz'mã], *adv.* disrespectfully.

irrespectueux [irrɛspɛk'tɥø], *a.* (*fem.* **-euse**) disrespectful.

irresponsabilité [irrɛspɔ̃sabili'te], *n.f.* irresponsibility.

irresponsable [irrɛspɔ̃'sabl], *a.* irresponsible.

irrétrécissable [irretresi'sabl], *a.* unshrinkable.

irrévérence [irreve'rãːs], *n.f.* irreverence, disrespect.

irrévocable [irrevo'kabl], *a.* irrevocable.

irrévocablement [irrevokablə'mã], *adv.* irrevocably.

irrigateur [irriga'tœːr] *n.m.* watering-engine; garden-hose.

irrigation [irriga'sjɔ̃], *n.f.* irrigation.

irriguer [irri'ge], *v.t.* to irrigate, to water.

irritabilité [irritabili'te], *n.f.* irritability.

irritable [irri'tabl], *a.* irritable.

irritant [irri'tã], *a.* irritating, provoking.

irritation [irrita'sjɔ̃], *n.f.* irritation, exasperation.

riter [irri'te], *v.t.* to irritate, to incense, to anger; to provoke, to excite, **s'irriter**, *v.r.* to grow angry; to become irritated.

irruption [irryp'sjɔ̃], *n.f.* irruption, raid; overflow, flood; *faire irruption dans,* to invade.

Isaïe [iza'i], *m.* Isaiah.

Islam [is'lam], *n.m.* Islam.

islandais [islã'dɛ], *a.* Icelandic.—*n.m.* Icelandic (*language*); (**Islandais**, *fem.* **-aise**) Icelander.

Islande [is'lãd], l', *f.* Iceland.

isobare [izo'bar], *n.f.* isobar.

isocèle or **isoscèle** [izo'sɛl], *a.* (*Geom.*) isosceles.

isolant [izo'lã], *a.* insulating; *bouteille isolante,* vacuum flask.

isolateur [izola'tœːr], *a.* (*fem.* **-trice**) insulating.—*n.m.* insulator.

isolation [izola'sjɔ̃], *n.f.* insulation; isolation.

isolé [izo'le], *a.* isolated; lonely, solitary; detached; insulated; apart.

isolement [izol'mã], *n.m.* loneliness, isolation; insulation.

isolément [izole'mã], *adv.* separately.

isoler [izo'le], *v.t.* to isolate; to insulate; to detach; to separate.

isotope [izo'top], *n.m.* isotope.

Israël [isra'ɛl] l', *m.* Israel.

israélien [israe'ljɛ̃], *a.* (*fem.* **-enne**) Israel(i).—*n.m.* (**Israélien**, *fem.* **-enne**) Israeli (*person*).

issu [i'sy], *a.* born, descended, sprung from.

issue [i'sy], *n.f.* issue, outlet; escape; (*fig.*) end, event.

isthme [ism] *n.m.* isthmus.

Italie [ita'li], l', *f.* Italy.

italien [ita'ljɛ̃] *a.* (*fem.* **-enne**) Italian.—*n.m.* Italian (*language*); (**Italien**, *fem.* **-enne**, Italian (*person*).

italique [ita'lik], *a.* and *n.m.* italic.

itinéraire [itine'rɛːr] *a.* pertaining to roads etc.—*n.m.* itinerary, route; guide-book.

itinérant [itine'rã], *a.* itinerant.

ivoire [i'vwaːr], *n.m.* ivory; (*fig.*) whiteness; *la Côte d'Ivoire,* Ivory Coast.

ivraie [i'vrɛ], *n.f.* darnel, tare.

ivre [iːvr], *a.* drunk; intoxicated; (*fig.*) transported; *ivre mort,* dead-drunk.

ivresse [i'vrɛs], *n.f.* drunkenness, intoxication; (*fig.*) frenzy, rapture.

ivrogne [i'vrɔɲ], *a.* drunken.—*n.* drunkard.

ivrognerie [ivro'ɲri], *n.f.* habitual drunkenness.

J

J, j [ʒi], *n.m.* the tenth letter of the alphabet.

jabot [ʒa'bo], *n.m.* crop (*of a bird*); frill (*of a shirt* or *blouse*); jabot.

jaboter [ʒabo'te], *v.i.* (*colloq.*) to prattle, to chatter.

jacasser [ʒaka'se], *v.i.* to chatter (*of the magpie*); (*fig.*) to chatter, to jabber.

jachère [ʒa'ʃɛːr], *n.f.* fallow.

jacinthe [ʒa'sɛ̃ːt], *n.f.* jacinthe; hyacinth.

Jacques [ʒaɪk], *n.m.* James.

jade [ʒad], *n.m.* jade.

jadis [ʒa'dis], *adv.* of old, formerly.

jaguar [ʒa'gwaːr], *n.m.* jaguar.

jaillir [ʒa'jiːr] *v.i.* to spout, to gush; to shoot out *or* up.

jaillissant [ʒaji'sã], *a.* spouting, gushing.

jaillissement [ʒajis'mã], *n.m.* gushing, spouting, flashing.

jais [ʒɛ], *n.m.* jet.

jalon [ʒa'lɔ̃], *n.m.* levelling-staff, surveying-staff; (*fig.*) landmark, beacon.

jalonnement [ʒalɔn'mã], *n.m.* (*Land-surveying*) staking-out, marking-out.

jalonner [ʒalɔ'ne], *v.t.* to mark *or* stake out.—*v.i.* to place land marks etc.

jalousement [ʒaluz'mã], *adv.* jealously.

jalouser [ʒalu'ze], *v.t.* to be jealous of, to envy.

jalousie [ʒalu'zi], *n.f.* jealousy, envy; Venetian blind; (*Bot.*) sweet-william.

jaloux [ʒa'lu], *a.* (*fem.* **-ouse**) jealous; envious; desirous, anxious.—*n.m.* (*fem.* **-ouse**) jealous person.

195

jamaïquain [ʒamaiˈkɛ̃], a. Jamaican.—n.m. (**Jamaïquain**, fem. **-aine**) Jamaican (person).

Jamaïque [ʒamaˈik], **la**, f. Jamaica.

jamais [ʒaˈmɛ], adv. (neg.) never, (affirm.) ever; **à jamais**, for ever; **jamais de la vie**. not on your life!; **mieux vaut tard que jamais**, better late than never.

jambage [ʒɑ̃ˈbaːʒ], n.m. jamb (of a door etc.); down-stroke, pot-hook (in writing).

jambe [ʒɑ̃b], n.f. leg; shank; **courir à toutes jambes**, to run as fast as one can; **prendre ses jambes à son cou**, to take to one's heels.

jambière [ʒɑ̃ˈbjɛːr], n.f. legging, leg-guard.

jambon [ʒɑ̃ˈbɔ̃], n.m. ham.

jamboree [ʒɑ̃boˈri], n.m. jamboree.

jante [ʒɑ̃ːt], n.f. felloe, rim (of a wheel).

janvier [ʒɑ̃ˈvje], n.m. January.

Japon [ʒaˈpɔ̃], **le**, m. Japan.

japonais [ʒapoˈnɛ], a. Japanese.—n.m. Japanese (language); (**Japonais**, fem. **-aise**) Japanese (person).

japper [ʒaˈpe], v.i. to yelp, to yap.

jaquette [ʒaˈkɛt], n.f. morning coat, tail-coat; woman's jacket; dust-cover (of book).

jardin [ʒarˈdɛ̃], n.m. garden.

jardinage [ʒardiˈnaːʒ], n.m. gardening; garden-produce.

jardiner [ʒardiˈne], v.i. to garden.

jardinier [ʒardiˈnje], a. (fem. **-ière**) (of the) garden.—n.m. (fem. **-ière**) gardener.—n.f. (**-ière**) flower-stand, jardinière.

jardiniste [ʒardiˈnist], n. landscape-gardener.

jargon [ʒarˈgɔ̃], n.m. jargon, gibberish; lingo.

jarre [ʒaːr], n.f. jar.

jarret [ʒaˈrɛ], n.m. ham (of man); hough, hock (of horse).

jarretière [ʒarˈtjɛr], n.f. garter.

jars (1) [ʒaːr], n.m. gander.

jars (2) [ʒaːr], n.m. (another form of **jargon**) slang.

jaser [ʒaˈze], v.i. to chatter, to gossip.

jaserie [ʒazˈri], n.f. chatter; gossip.

jaseur [ʒaˈzœːr], a. (fem. **-euse**) talkative.—n.m. (fem. **-euse**) chatterer, chatterbox.

jasmin [ʒasˈmɛ̃], n.m. jasmine.

jaspe [ʒasp], n.m. jasper.

jasper [ʒasˈpe], v.t. to marble, to vein, to variegate.

jaspure [ʒasˈpyːr], n.f. marbling, veining.

jatte [ʒat], n.f. bowl, platter; dog's bowl.

jauge [ʒoːʒ], n.f. gauge; (Naut.) tonnage.

jaugeage [ʒoˈʒaːʒ], n.m. gauging.

jauger [ʒoˈʒe], v.t. (conjug. like MANGER) to gauge, to measure the capacity of; (Naut.) to draw (so many feet of water).

jaunâtre [ʒoˈnɑːtr], a. yellowish.

jaune [ʒoːn], a. yellow; **rire jaune**, to give a sickly smile.—n.m. yellow; **jaune d'œuf**, egg-yolk.

jaunir [ʒoˈniːr], v.t. to make yellow, to dye yellow.—v.i. to grow yellow, to turn yellow.

jaunissant [ʒoniˈsɑ̃], a. turning yellow, yellowing; ripening.

jaunisse [ʒoˈnis], n.f. jaundice.

javanais [ʒavaˈnɛ], a. Javanese.—n.m. (**Javanais**, fem. **-aise**) Javanese (person).

javeau [ʒaˈvo], n.m. (pl. **-eaux**) sandbank.

javeline [ʒavˈlin], n.f. javelin.

javelle [ʒaˈvɛl], n.f. swathe, loose sheaf.

javelot [ʒavˈlo], n.m. javelin.

jazz [(d)ʒɑːz], n.m. jazz.

je [ʒə], (**j'**, before a vowel sound), pron. I.

Jean [ʒɑ̃], m. John [JEANNOT].

Jeanne [ʒɑ(ː)n], f. Joan, Jane, Jean.

Jeannot [ʒaˈno], m. Johnny, Jock.

jeep [(d)ʒip], n.f. jeep.

jésuite [ʒeˈzɥit], a. Jesuit.—n.m. (**Jésuite**) Jesuit.

Jésus [ʒeˈzy], m. Jesus.

jet [ʒɛ], n.m. casting, cast, throw; jet, gush, spurt (of water); sudden ray (of light); casting (of metal); shoot, sprout (of plants); spout (of pump etc.); new swarm (of bees); **arme de jet**, missile weapon.

jetée [ʒaˈte], n.f. jetty, pier; breakwater.

jeter [ʒaˈte], v.t. (conjug. like APPELER) to throw, to fling, to hurl; to throw up; to throw down, to knock down; to throw out; to mould; to shoot out; to send forth; to empty; to discharge. **se jeter**, v.r. to throw oneself, to fling oneself; to fall upon (attack); to flow (of rivers etc.).

jeton [ʒaˈtɔ̃], n.m. token, counter; voucher.

jeu [ʒø], n.m. (pl. **jeux**) play, sport; game; fun; gambling; (fig.) stake; manner of playing; performance (of players); (Mach.) working; clearance; play.

jeudi [ʒøˈdi], n.m. Thursday.

jeun (**à**) [aˈʒœ̃], adv. fasting, sober, on an empty stomach.

jeune [ʒœn], a. young, youthful; junior; new; early, unripe, green.—n. young person or animal.

jeûne [ʒøːn], n.m. fasting; fast, abstinence.

jeûner [ʒøˈne], v.i. to fast.

jeunesse [ʒøˈnɛs], n.f. youth, young days; youthfulness; freshness, prime; young people.

jeunet [ʒœˈnɛ], a. (fem. **-ette**) (colloq.) very young.

jiu-jitsu [(d)ʒyʒiˈtsy], n.m. ju-jitsu.

joaillerie [ʒwaˈri], n.f. jeweller's trade or business; jewellery, jewels.

joaillier [ʒwaˈje], n.m. (fem. **-ière**) jeweller.

jobard [ʒoˈbaːr], n.m. (colloq.) sucker, mug, fool.

jockey [ʒoˈkɛ], n.m. jockey.

jocrisse [ʒoˈkris], n.m. dolt, simpleton.

joie [ʒwa], n.f. joy, happiness, joyfulness, gladness; glee, mirth.

joignant [ʒwaˈnɑ̃], a. and prep. next to, adjoining.

joindre [ʒwɛ̃ːdr], v.t. irr. (conjug. like CRAINDRE) to join, to put together, to unite, to combine; to add; to meet; to overtake.—v.i. to join, to meet. **se joindre**, v.r. to join, to be joined, to be united; to be adjoining, to be adjacent; to be added.

joint [ʒwɛ̃], a. joined, united; added.—n.m. joint; seam, junction.

jointé [ʒwɛ̃ˈte], a. jointed.

jointure [ʒwɛ̃ˈtyːr], n.f. joint, jointing, articulation.

joli [ʒoˈli], a. pretty, pleasing, neat; fine; nice.—n.m. what is pretty; **le joli de la chose c'est que . . .**, the best of the thing is that . . . .

joliment [ʒoliˈmɑ̃], adv. prettily; (iron.) nicely, finely; (colloq.) awfully, jolly, much, very.

jonc [ʒɔ̃], n.m. (Bot.) rush; cane, Malacca cane; keeper, guard (ring).

jonchée [ʒɔ̃'ʃe], *n.f.* strewing (*of flowers*).
joncher [ʒɔ̃'ʃe], *v.t.* to strew; to heap; to scatter.
jonction [ʒɔ̃k'sjɔ̃], *n.f.* junction, joining.
jongler [ʒɔ̃'gle], *v.i.* to juggle.
jonglerie [ʒɔ̃glə'ri], *n.f.* juggling.
jongleur [ʒɔ̃'glœːr], *n.m.* juggler; (*fig.*) trickster.
jonque [ʒɔ̃:k], *n.f.* junk (*Chinese vessel*).
jonquille [ʒɔ̃'kiːj], *n.f.* jonquil.—*a. inv.* and *n.m.* pale yellow, jonquil (*colour*).
Jordanie [ʒɔrda'ni], **la**, *f.* Jordan.
jordanien [ʒɔrda'njɛ̃], *a.* Jordanian.—*n.m.* (**Jordanien**, *fem.* **-enne**) Jordanian (*person*).
Joseph [ʒo'zɛf], *m.* Joseph.
jouable [ʒwabl], *a.* playable.
joue [ʒu], *n.f.* cheek; **coucher** or **mettre en joue**, to take aim at.
jouer [ʒwe], *v.t.* to play; to stake; to gamble away; to move (*a piece*); to perform, to act; to pretend to be, to imitate; to ridicule; to deceive.—*v.i.* to play, to amuse oneself; to gambol, to frolic; to gamble, to run the risk; to speculate (*on the funds*); to work, to work loose (*of machinery etc.*); to act, to perform. **se jouer**, *v.r.* to sport, to play; to make game (*of*); to make light of.
jouet [ʒwɛ], *n.m.* plaything, toy; laughing-stock, jest, sport.
joueur [ʒwœːr], *n.m.* (*fem.* **-euse**) player; gambler; speculator; performer (*on an instrument*).
joufflu [ʒu'fly], *a.* chubby, chubby-cheeked.
joug [ʒu(g)], *n.m.* yoke; bondage, slavery.
jouir [ʒwiːr], *v.i.* to enjoy, to revel; to be in possession (*de*).
jouissance [ʒwi'sɑ̃:s], *n.f.* enjoyment; possession, use; delight; interest payable.
jouissant [ʒwi'sɑ̃], *a.* enjoying, in possession (*de*).
joujou [ʒu'ʒu], *n.m.* (*pl.* **-oux**) plaything, toy.
jour [ʒuːr], *n.m.* day, daylight; light; day-break; day-time; opening, gap; **broderie à jours**, open-work embroidery; **donner le jour à**, to give birth to; **plat du jour**, today's special; **se faire jour**, to force one's way through; **un jour de fête**, a holiday.
Jourdain [ʒur'dɛ̃], **le**, *m.* Jordan (*river*).
journal [ʒur'nal], *n.m.* (*pl.* **-aux**) journal, diary; newspaper; (*Comm.*) day-book.
journalier [ʒurna'lje], *a.* (*fem.* **-ière**) daily, diurnal.—*n.m.* journeyman, day-labourer.
journalisme [ʒurna'lism], *n.m.* journalism.
journaliste [ʒurna'list], *n.* journalist.
journée [ʒur'ne], *n.f.* day (time), day's work or wages; day's journey; battle; historic day; **toute la journée**, all day (long).
journellement [ʒurnɛl'mɑ̃], *adv.* daily, every day.
joute [ʒut], *n.f.* joust, tilting-match; contest; (*C*) game.
jouter [ʒu'te], *v.i.* to joust, to tilt.
jouteur [ʒu'tœːr], *n.m.* tilter; (*fig.*) antagonist, adversary.
jovial [ʒo'vjal], *a.* (*m. pl.* **-aux**) jovial, jolly, merry.
jovialement [ʒovjal'mɑ̃], *adv.* jovially.
jovialité [ʒovjali'te], *n.f.* joviality, jollity.
joyau [ʒwa'jo], *n.m.* (*pl.* **-aux**) jewel.
joyeusement [ʒwajøz'mɑ̃], *adv.* cheerfully, joyfully.
joyeuseté [ʒwajøz'te], *n.f.* (*fam.*) joke, jest.

joyeux [ʒwa'jø], *a.* (*fem.* **-euse**) joyful, merry; cheerful.
jubilaire [ʒybi'lɛːr], *a.* jubilee; (*fig.*) of fifty years' standing (*of persons etc.*).
jubilant [ʒybi'lɑ̃], *a.* jubilant, delighted.
jubilation [ʒybila'sjɔ̃], *n.f.* jubilation, rejoicing.
jubilé [ʒybi'le], *n.m.* jubilee; (*fig.*) golden wedding.
jubiler [ʒybi'le], *v.i.* to jubilate, to exult.
jucher [ʒy'ʃe] *v.i.* to roost, to perch; to lodge (*at the top of a house etc.*). **se jucher**, *v.r.* to go to roost; to perch (*oneself*).
juchoir [ʒy'ʃwaːr], *n.m.* roosting-place, perch.
judaïque [ʒyda'ik], *a.* Judaical, Jewish.
judaïsme [ʒyda'ism], *n.m.* Judaism.
judas [ʒy'da], *n.m.* Judas, traitor; peep-hole (*in a door etc.*).
Judée [ʒy'de], **la**, *f.* Judaea.
judicature [ʒydika'tyːr], *n.f.* judicature, magistracy.
judiciaire [ʒydi'sjɛːr], *a.* judiciary, judicial; legal.
judiciairement [ʒydisjɛr'mɑ̃], *adv.* judicially, by authority of justice.
judicieusement [ʒydisjøz'mɑ̃], *adv.* judiciously, discreetly.
judicieux [ʒydi'sjø], *a.* (*fem.* **-euse**) judicious, wise, discreet.
juge [ʒy:ʒ], *n.m.* judge; magistrate, justice; (*pl.*) bench.
jugé [ʒy'ʒe], *a.* judged.—*n.m.* **au jugé**, at a guess.
jugement [ʒyʒ'mɑ̃], *n.m.* judgment; opinion; trial; sentence; good sense; **jugement arbitral**, award; **jugement provisoire**, decree nisi; **jugement définitif**, decree absolute.
juger [ʒy'ʒe], *v.t.* (*conjug. like* MANGER) to judge; to try; to pass sentence on; to consider, to think.—*v.i.* to judge (*de*), to give judgment, to deem. **se juger**, *v.r.* to judge oneself; to deem oneself; to be judged.
jugulaire [ʒygy'lɛːr], *a.* (*Anat.*) jugular.—*n.f.* jugular vein; chin-strap.
juguler [ʒygy'le] *v.t.* to strangle; (*fig.*) to torment; to fleece.
juif [ʒɥif], *a.* (*fem.* **juive**) Jewish.—*n.m.* (**Juif**, *fem.* **Juive**) Jew, Jewess.
juillet [ʒɥi'jɛ], *n.m.* July.
juin [ʒɥɛ̃], *n.m.* June.
juiverie [ʒɥi'vri], *n.f.* Jewry (*Jews' quarter*).
jujube [ʒy'ʒyb] *n.f.* jujube (*fruit*).—*n.m.* or **pâte de jujube**, jujube (*lozenge*).
julep [ʒy'lɛp], *n.m.* julep.
julienne [ʒy'ljɛn], *n.f.* julienne (*vegetable soup*).
jumeau [ʒy'mo], *a.* (*fem.* **-elle**, *m. pl.* **-eaux**) twin; double (*of fruit etc.*).—*n.m.* twin (*brother*).
jumelage [ʒym'la:ʒ], *n.m.* twinning (*of towns etc.*).
jumelé [ʒym'le], *a.* twin, in couples; **maison jumelée**, semi-detached house; (*horse-racing*) **pari jumelé**, each-way bet.
jumelle [ʒy'mɛl], *n.f.* twin (sister); (*pl.*) binoculars; **jumelles de campagne**, field-glasses; **jumelles de théâtre**, opera-glasses; **jumelles de manchettes**, cuff-links.
jument [ʒy'mɑ̃], *n.f.* mare.
jungle [ʒɔ̃:gl], *n.f.* jungle.
jupe [ʒyp], *n.f.* skirt.

Jupiter [ʒypi'tɛr], m. Jupiter, Jove.
jupon [ʒy'põ], n.m. petticoat.
juré [ʒy're], a. sworn.—n.m. juror, juryman.
jurement [ʒyr'mã], n.m. oath; swearing.
jurer [ʒy're], v.t. to swear by; to swear, to vow, to take an oath that; to blaspheme.—v.i. to swear, to take an oath; to blaspheme; (fig.) to contrast, to jar, to clash (of colours etc.).
juridiction [ʒyridik'sjõ], n.f. jurisdiction; department, province.
juridique [ʒyri'dik], a. juridical, judicial, legal.
juridiquement [ʒyridik'mã], adv. juridically, judicially.
jurisprudence [ʒyrispry'dã:s], n.f. jurisprudence.
juriste [ʒy'rist], n.m. jurist.
juron [ʒy'rõ], n.m. oath, curse, swear-word.
jury [ʒy'ri], n.m. jury; board, committee.
jus [ʒy], n.m. juice; gravy.
jusque or *jusques [ʒysk], prep. even to, as far as; till, until; down to; up to.
juste [ʒyst], a. just, equitable; fair, legitimate, lawful; proper, fit; exact; well-fitting; tight; au plus juste prix, at the lowest price; un homme juste, a righteous man.—n.m. upright man, virtuous man; what is just.—adv. just, exactly, precisely; (Mus.) true.
justement [ʒystə'mã], adv. justly, precisely; justifiably.
justesse [ʒys'tɛs], n.f. justness, exactness, precision, accuracy; appropriateness.
justice [ʒys'tis], n.f. justice; righteousness, probity; fairness, impartiality; reason; courts of justice, judges; palais de justice, law-court.
justifiable [ʒysti'fjabl], a. justifiable; warrantable.
justification [ʒystifika'sjõ], n.f. justification, vindication, proof.
justifier [ʒysti'fje], v.t. to justify, to vindicate, to make good. se justifier, v.r. to justify, clear or vindicate oneself.
jute [ʒyt], n.m. jute.
juteux [ʒy'tø], a. (fem. -euse) juicy.
juvénile [ʒyve'nil], a. juvenile, youthful.
juvénilement [ʒyvenil'mã], adv. boyishly, in a juvenile manner.
juxtaposer [ʒykstapo'ze], v.t. to place side by side. se juxtaposer, v.r. to be in juxtaposition.
juxtaposition [ʒykstapozi'sjõ], n.f. juxtaposition.

K

K, k [kɑ], n.m. the eleventh letter of the alphabet; Échelle K (viz. Kelvin), absolute scale (of temperature).
kakatoès [kakato'ɛs], [CACATOIS].
kaki [ka'ki], a. inv. khaki (colour).
kaléidoscope [kaleidos'kɔp], n.m. kaleidoscope.
kangourou [kãgu'ru], n.m. kangaroo.

kaolin [kao'lɛ̃], n.m. kaolin, porcelain clay, china-clay.
kapok or kapoc [ka'pɔk], n.m. kapok.
kascher or kacher [ka'ʃɛr], kachir [ka'ʃir], a. (Jew. Relig.) kosher.
kayac [ka'jak], n.m. kayak.
Kénia [ke'nja], le, m. Kenya.
képi [ke'pi], n.m. kepi, military cap; peak cap.
kermesse [kɛr'mɛs], n.f. kermis (in the Netherlands); kermesse; village fair.
kérosène [kero'zɛ:n], n.m. kerosene paraffin-oil.
kidnapper [kidna'pe], v.t. to kidnap.
kilo [ki'lo], n.m. (abbr.) kilogramme.
kilocycle [kilo'sikl], n.m. kilocycle.
kilogramme [kilo'gram], n.m. kilogramme (2·2 lb. avoirdupois).
kilomètre [kilo'mɛtr], n.m. kilometre (1093·6 yards).
kilowatt [kilo'wat], n.m. kilowatt.
kimono [kimo'no], n.m. kimono.
kiosque [kjɔsk], n.m. kiosk; (Naut.) house; kiosque à journaux, newspaper kiosk; kiosque à musique, bandstand.
klakson or klaxon [klak'sõ], n.m. klaxon, hooter, horn.
kleptomane [klɛpto'man], a. and n. kleptomaniac.
kleptomanie [klɛptoma'ni], n.f. kleptomania.
kola or cola [kɔ'la], n.m. kola.
Kominform [komɛ̃'fɔrm], n.m. Cominform.
Komintern [komɛ̃'tɛrn], n.m. Comintern.
Koweit [ko'weit], le, m. Kuwait.
kyrielle [ki'rjɛl], n.f. litany; (fig.) long string (of words etc.), long tedious story.
kyste [kist], n.m. (Path.) cyst.

L

L l [ɛl], n.m. or f. the twelfth letter of the alphabet.
l', art. and pron. (by elision of le or la) the; him, her, it.
la (1) [la], art and pron. f. the; her, it.
la (2) [la], n.m. (Mus.) la; the note A.
là [la], adv. and int. there, thither; then (of time); çà et là, here and there; là là, now now! there! there now! là où, where; par là, that way.
là-bas [la'bɑ], adv. there, over there.
labbe [lab], n.m. (Orn.) skua.
label [la'bɛl], n.m. (Ind.) label; brand, mark.
labeur [la'bœːr], n.m. labour, work, toil.
laboratoire [labora'twaːr], n.m. laboratory.
laborieusement [laborjøz'mã], adv. laboriously; painfully.
laborieux [labo'rjø], a. (fem. -euse) laborious, hard-working.
labour [la'buːr], n.m. ploughing, tillage; arable land.
labourable [labu'rabl], a. arable.
labourage [labu'raːʒ], n.m. tillage, ploughing; dressing.
labourer [labu're], v.t. to plough, to till; to dig, to turn up; to dress; to toil through.

laboureur [labu'rœːr], *n.m.* husbandman, ploughman.

laboureuse [labu'røːz], *n.f.* tractor plough.

laburne [la'byrn], *n.m.* laburnum.

labyrinthe [labi'rɛ̃ːt], *n.m.* labyrinth, maze.

lac [lak], *n.m.* lake.

laçage [la'saːʒ], *n.m.* lacing.

lacer [la'se], *v.t.* (*conjug. like* COMMENCER) to lace

lacération [lasera'sjɔ̃], *n.f.* laceration.

lacérer [lase're], *v.t.* (*conjug. like* CÉDER) to lacerate, to tear.

lacet [la'sɛ], *n.m.* lace, shoe-lace; noose; bow-string (*for strangling*); winding, hairpin bend (*of road etc.*); (*pl.*) toils.

lâche [lɑːʃ], *a.* loose, slack; faint-hearted, cowardly; base, mean, shameful.—*n.* coward, craven; dastard.—*adv.* loosely.

lâché [lɑ'ʃe], *a.* slovenly, slipshod.

lâchement [lɑʃ'mɑ̃], *adv.* in a dastardly *or* cowardly manner; loosely; shamefully.

lâcher [lɑ'ʃe], *v.t.* to loosen, to slacken; to let go, to release; to unbind; to blurt out; to let fly, to discharge; to let down (*someone*).—*v.i.* to slacken, to become loose; to slip; (*Spt.*) to give up.

lâcheté [lɑʃ'te], *n.f.* cowardice; baseness, meanness.

lacis [la'si], *n.m.* network.

laconique [lakɔ'nik], *a.* laconic.

laconiquement [lakɔnik'mɑ̃], *adv.* laconically.

lacs [la], *n.m. inv.* string; noose; trap; *lacs d'amour*, love-knot.

lacté [lak'te], *a.* lacteous, milky; *la voie lactée*, the Milky Way.

lacune [la'kyn], *n.f.* gap, break, hiatus, blank.

là-dedans [lad(ə)'dɑ̃], *adv.* in there.

là-dehors [lad(ə)'ɔːr], *adv.* outside.

là-dessous [la'tsu], *adv.* under there.

là-dessus [la'tsy], *adv.* on that; thereupon.

ladite [la'dit], [LEDIT].

ladre [lɑːdr], *a.* leprous; (*fig.*) mean, sordid, stingy; unfeeling.—*n.m.* (*fem.* -esse) leper; (*fig.*) sordid person.

ladrerie [lɑdrə'ri], *n.f.* sordid avarice, stinginess.

lagune [la'gyn], *n.f.* lagoon.

là-haut [la'o], *adv.* up there; upstairs.

lai [lɛ]. *n.m.* lay (*poem, song*).

laïc [LAÏQUE].

laid [lɛ], *a.* ugly, unsightly; unseemly, unbecoming.—*n.m.* ugliness; (*fem.* -e) ugly person, creature etc.; naughty boy *or* girl.

laidement [lɛd'mɑ̃], *adv.* in an ugly way.

laideron [lɛd'rɔ̃], *n.m.* (*fem.* -onne) ugly creature.

laideur [lɛ'dœːr], *n.f.* ugliness, uncomeliness; unseemliness.

laie [lɛ], *n.f.* path (*in a forest*).

lainage [lɛ'naːʒ], *n.m.* woollens, woollen goods.

laine [lɛn], *n.f.* wool; *laine filée*, yarn; *laine peignée*, worsted; *tapis de haute laine*, thick-pile carpet; *tout laine*, pure wool.

lainerie [lɛn'ri], *n.f.* woollen goods, woollens; wool trade, shop etc.

laineux [lɛ'nø], *a.* (*fem.* -euse) woolly, fleecy.

lainier [lɛ'nje], *a.* (*fem.* -ière) of wool, woollen.—*n.m.* (*fem.* -ière) wool-merchant; wool-worker.

laïque or **laïc** [la'ik], *a.* lay, secular.—*n.* layman, lay person.

laisse [lɛːs], *n.f.* string, leash, lead.

laisser [lɛ'se], *v.t.* to leave, to quit; to leave behind, to part with; to bequeath; to permit, to let, to allow; to let alone; to leave off; to give up. **se laisser**, *v.r.* to allow oneself, to let oneself.

laisser-aller [lɛsea'le], *n.m.* unconstraint, negligence; slovenliness; indolence.

laisser-faire [lɛse'fɛːr], *n.m.* non-interference.

laissez-passer [lɛsepa'se], *n.m. inv.* permit, leave, pass.

lait [lɛ], *n.m.* milk; *au lait*, with milk; *lait de chaux*, whitewash; *lait de poule*, egg-flip; *petit-lait* or *lait clair*, whey.

laitage [lɛ'taːʒ], *n.m.* milk puddings; milk products.

laiterie [lɛ'tri], *n.f.* dairy, dairy-farm.

laiteux [lɛ'tø], *a.* (*fem.* -euse) lacteous, milky.

laitier [lɛ'tje], *a.* (*fem.* -ière) pertaining to milk; having milk, milch (*of cows*).—*n.m.* (*fem.*-ière) milkman; milkmaid, dairy-maid. —*n.f.* (-ière) milch cow; milk-lorry *or* -cart.

laiton [lɛ'tɔ̃], *n.m.* brass, latten.

laitue [lɛ'ty], *n.f.* lettuce.

lama [la'ma], *n.m.* lama (*priest*); llama.

lambeau [lɑ̃'bo], *n.m.* (*pl.* -eaux) shred; rag; fragment, scrap.

lambin [lɑ̃'bɛ̃], *a.* slow, dawdling.—*n.m.* (*fem.* -e) dawdler, slowcoach.

lambiner [lɑ̃bi'ne], *v.i.* to dawdle, to dilly-dally.

lambrequin [lɑ̃brə'kɛ̃], *n.m.* valance, cut-out, pelmet.

lambris [lɑ̃'bri], *n.m.* panelling; wainscot; ceiling; (*fig.*) mansion, palace; canopy.

lambrissage [lɑ̃bri'saːʒ], *n.m.* wainscoting, panelling.

lambrisser [lɑ̃bri'se], *v.t.* to panel, to wainscot.

lame [lam], *n.f.* thin plate, leaf of metal; foil; knife (*of mower etc.*), blade; (*fig.*) sword; wave, billow.

lamé [la'me], *a.* spangled with gold *or* silver.

lamentable [lamɑ̃'tabl], *a.* lamentable, sad, distressing; pitiful.

lamentablement [lamɑ̃tablə'mɑ̃], *adv.* woefully.

lamentation [lamɑ̃ta'sjɔ̃], *n.f.* lamentation, wailing; lament; whining.

lamenter (se) [səlamɑ̃'te], *v.r.* to lament, to bewail.

laminage [lami'naːʒ], *n.m.* laminating; rolling (*of gold etc.*).

laminer [lami'ne], *v.t.* to laminate, to roll.

laminoir [lami'nwaːr], *n.m.* flattening-mill; rolling-mill.

lampe [lɑ̃ːp], *n.f.* lamp; (*Rad. Tel.*) valve; *lampe de bord*, (*Motor.*) dashboard light; *lampe de poche*, electric torch.

lampion [lɑ̃'pjɔ̃], *n.m.* illumination-lamp, fairy-light; Chinese lantern; (*slang*) cocked hat.

lampiste [lɑ̃'pist], *n.m.* lamp-maker; lamp-lighter.

lampisterie [lɑ̃pis'tri], *n.f.* lamp-room.

lamproie [lɑ̃'prwa], *n.f.* lamprey.

lance [lɑ̃ːs], *n.f.* lance, spear; staff, flagstaff; nozzle (*of a fire-hose*).

lance-flammes

lance-flammes [lɑ̃s'flɑm], *n.m. inv.* flame-thrower.

lancement [lɑ̃s'mɑ̃], *n.m.* throwing, darting; launching, launch.

lance-pierres [lɑ̃s'pjɛːr], *n.m. inv.* catapult.

lancer [lɑ̃'se], *v.t.* (*conjug. like* COMMENCER) to fling, to hurl, to throw; to launch; to shoot forth, to dart; to issue (*a warrant etc.*). **se lancer**, *v.r.* to dart, to spring; to rush, to fly; to launch out; (*fig.*) to make a start.

lancette [lɑ̃'sɛt], *n.f.* lancet.

lancier [lɑ̃'sje], *n.m.* lancer.

lancinant [lɑ̃si'nɑ̃], *a.* shooting (*of pains*).

lande [lɑ̃ːd], *n.f.* waste land, moor, heath.

langage [lɑ̃'ga:ʒ], *n.m.* language; speech, diction.

lange [lɑ̃ːʒ], *n.m.* napkin; swaddling-cloth; (*pl.*) swaddling-clothes.

langoureusement [lɑ̃gurøz'mɑ̃], *adv.* languishingly, languidly.

langoureux [lɑ̃gu'rø], *a.* (*fem.* **-euse**) languishing, languid.

langouste [lɑ̃'gust], *n.f.* spiny lobster.

langoustine [lɑ̃gus'tin], *n.f.* large Brittany prawn; Dublin Bay prawn.

langue [lɑ̃ːg], *n.f.* tongue; language; strip (*of land*); **avoir la langue bien pendue** *or* **bien affilée**, to have the gift of the gab; **avoir la langue liée**, to be tongue-tied.

languette [lɑ̃'gɛt], *n.f.* small tongue; tongue-like strip; partition; tongue (*of instruments*); index (*of a balance*); tongue (*of shoe*).

langueur [lɑ̃'gœːr], *n.f.* apathy, languor; weakness, weariness; debility.

languir [lɑ̃'giːr], *v.i.* to languish, to pine away, to droop; to linger; to flag.

languissant [lɑ̃gi'sɑ̃], *a.* languid, languishing, pining; (*Comm.*) dull, inactive.

lanière [la'njɛːr], *n.f.* thong, lash.

lanoline [lano'lin], *n.f.* lanoline.

lanterne [lɑ̃'tɛrn], *n.f.* lantern; street-lamp; (*Arch.*) skylight; dawdler; **lanterne vénitienne**, Chinese lantern.

lanterner [lɑ̃tɛr'ne], *v.i.* to dawdle, to trifle away one's time.

Laos [laos], **le**, *m.* Laos.

laotien [lao'sjɛ̃], *a.* (*fem.* **-enne**) Laotian.—*n.m.* (**Laotien**, *fem.* **-enne**) Laotian (*person*).

lapement [lap'mɑ̃], *n.m.* lapping.

laper [la'pe], *v.t., v.i.* to lap (up).

lapidaire [lapi'dɛːr], *a.* and *n.m.* lapidary.

lapidation [lapida'sjɔ̃], *n.f.* lapidation, stoning.

lapider [lapi'de], *v.t.* to lapidate, to stone to death; (*fig.*) to pelt, to abuse.

lapin [la'pɛ̃], *n.m.* rabbit.

lapis [la'piːs], **lapis lazuli** [lapislazy'li], *n.m. inv.* lapis lazuli.

lapon [la'pɔ̃], *a.* (*fem.* **-onne**) Lapp.—*n.m.* Lappish (*language*); (**Lapon**, *fem.* **-onne**) Laplander.

Laponie [lapo'ni], **la**, *f.* Lapland.

laps (1) [laps], *n.m.* lapse (*of time*).

laps (2) [laps], *a.* *lapsed, fallen into heresy.

lapsus [lap'sy:s], *n.m. inv.* slip, mistake.

laquais [la'kɛ], *n.m. inv.* lackey, footman.

laque [lak] *n.f.* lacquer, lac, lake (*paint*).—*n.m.* lacquer.

laquelle [la'kɛl], [LEQUEL].

laquer [la'ke], *v.t.* to lacquer, to japan.

larcin [lar'sɛ̃], *n.m.* larceny, pilfering; petty theft; **larcin littéraire**, plagiarism.

lard [laːr], *n.m.* fat (*esp. of pigs*); bacon; **flèche de lard**, flitch of bacon; **tranche de lard**, rasher of bacon.

larder [lar'de], *v.t.* to lard; to pink, to run through, to pierce.

lardon [lar'dɔ̃], *n.m.* thin slice of bacon; (*fam.*) child, kid, brat.

large [larʒ], *a.* broad, wide; large, great, extensive; generous, liberal; lax, loose.—*n.m.* breadth, width; offing, open sea; **au large!** keep off! sheer off! **au large de Dieppe**, off Dieppe.

largement [larʒ'mɑ̃], *adv.* largely, abundantly; fully; liberally.

largesse [lar'ʒɛs], *n.f.* largess, bounty, munificence.

largeur [lar'ʒœːr], *n.f.* breadth, width; amplitude.

larme [larm] *n.f.* tear; drop; **fondre en larmes**, to burst into tears.

larmoiement [larmwa'mɑ̃], *n.m.* watering of the eyes.

larmoyant [larmwa'jɑ̃], *a.* weeping, in tears; tearful, whining.

larmoyer [larmwa'je], *v.i.* (*conjug. like* EMPLOYER) to shed tears; to whine, to snivel; to water (*of the eyes*).

larron [la'rɔ̃], *n.m.* thief.

larve [larv], *n.f.* larva, grub.

laryngite [larɛ̃'ʒit], *n.f.* laryngitis.

larynx [la'rɛ̃:ks], *n.m. inv.* larynx.

las! (1) [lɑ], *int.* alas!

las (2) [lɑ], *a.* (*fem.* **lasse**) tired, weary, fatigued; bored; disgusted.

lascif [la'sif], *a.* (*fem.* **-cive**) lascivious, lewd, wanton.

lascivement [lasiv'mɑ̃], *adv.* lasciviously.

lassant [lɑ'sɑ̃], *a.* tiresome, wearisome, tedious.

lasser [lɑ'se], *v.t.* to tire, to weary, to fatigue, to wear out. **se lasser**, *v.r.* to tire, to grow tired, to be wearied.

lassitude [lɑsi'tyd], *n.f.* lassitude, weariness.

lasso [lɑ'so], *n.m.* lasso.

latent [la'tɑ̃], *a.* latent, concealed, secret.

latéral [late'ral], *a.* (*m. pl.* **-aux**) lateral, side.

latéralement [lateral'mɑ̃], *adv.* laterally.

latin [la'tɛ̃], *a.* Latin.—*n.m.* Latin (*language*); **latin de cuisine**, dog Latin.—*n.m.* (**Latin**, *fem.* **-ine**) Latin (*person*).

latitude [lati'tyd], *n.f.* latitude; room, space, margin.

latte [lat], *n.f.* lath.

latter [la'te], *v.t.* to lath.

lattis [la'ti], *n.m.* lathing, lath-work; laths.

laudanum [loda'nɔm], *n.m.* laudanum.

laudatif [loda'tif], *a.* (*fem.* **-tive**) laudatory.

lauréat [lɔre'a], *a.* laureate.—*n.m.* (*fem.* **-e**) prize-winner.

laurier [lɔ'rje], *n.m.* laurel, bay-tree; (*fig.*) glory, honour.

lavable [la'vabl], *a.* washable.

lavabo [lava'bo], *n.m.* wash-basin; wash-stand; (*pl.*) conveniences.

lavage [la'va:ʒ], *n.m.* washing; dilution.

lavande [la'vɑ̃:d], *n.f.* lavender.

lavandière [lavɑ̃'djɛːr], *n.f.* laundress, washerwoman; (*Orn.*) grey wagtail.

lavasse [la'vas], *n.f.* washy soup *or* wine.

lave [la:v], *n.f.* lava.

lavé [la've], *a.* washed out, faint.

200

lave-dos [lav'do], *n.m. inv.* back-brush.
lavement [lav'mã], *n.m.* (*Med.*) enema.
laver [la've], *v.t.* to wash, to cleanse; to purify; to expiate; *laver à grande eau*, to swill; *laver la vaisselle*, to wash up; *machine à laver*, washing machine. **se laver**, *v.r.* to wash, to wash oneself; to clear oneself (*of an accusation*).
lavette [la'vɛt], *n.f.* dish-mop.
laveur [la'vœːr], *n.m.* (*fem.* **-euse**) washer, scourer; *laveuse de vaisselle*, scullery-maid.
lavoir [la'vwaːr], *n.m.* wash-house.
laxatif [laksa'tif], *a.* (*fem.* **-tive**) laxative, opening.—*n.m.* laxative.
layette [lɛ'jɛt], *n.f.* box; baby's trousseau *or* outfit.
le [lə], *art.* and *pron. m.* the; him, it; so; *je le crois*, I think so.
lécher [le'ʃe], *v.t.* (*conjug. like* CÉDER) to lick; to lick up; (*fig.*) to labour, to polish, to elaborate, to overdo; *lécher les vitrines*, to go window-shopping.
leçon [lə'sõ], *n.f.* lesson; reading (*of a text*).
lecteur [lɛk'tœːr], *n.m.* (*fem.* **-trice**) reader, lector.
lecture [lɛk'tyːr], *n.f.* reading; perusal.
ledit [lə'di], *a.* (*fem.* **ladite**, *pl.* **lesdit(e)s**) the (afore)said, the same.
légal [le'gal], *a.* (*m. pl.* **-aux**) legal, lawful, legitimate.
légalement [legal'mã], *adv.* legally, lawfully.
légaliser [legali'ze], *v.t.* to legalize.
légalité [legali'te], *n.f.* legality, lawfulness.
légataire [lega'tɛːr], *n.* legatee.
légation [lega'sjõ], *n.f.* legateship; legation.
légendaire [leʒã'dɛːr], *a.* and *n.m.* legendary.
légende [le'ʒãːd], *n.f.* legend; inscription; caption; key (*to map etc.*).
léger [le'ʒe], *a.* (*fem.* **-ère**) light; slight; buoyant; fleet, fast; nimble, fickle; faint; thoughtless.
légèrement [leʒɛr'mã], *adv.* lightly, slightly; swiftly; thoughtlessly.
légèreté [leʒɛr'te], *n.f.* lightness; swiftness; fickleness; frivolity; thoughtlessness.
légiférer [leʒife're], *v.i.* (*conjug. like* CÉDER) to legislate.
légion [le'ʒjõ], *n.f.* legion; great number, host.
légionnaire [leʒjo'nɛːr], *n.m.* legionary; member of the Legion of Honour; soldier of the Foreign Legion.
législateur [leʒisla'tœːr], *a.* (*fem.* **-trice**) legislative, lawgiving.—*n.m.* (*fem.* **-trice**) legislator.
législatif [leʒisla'tif], *a.* (*fem.* **-tive**) legislative.
législation [leʒisla'sjõ], *n.f.* legislation.
législature [leʒisla'tyːr], *n.f.* legislature.
légitime [leʒi'tim], *a.* lawful, legitimate, rightful; justifiable.
légitimement [leʒitim'mã], *adv.* legitimately, lawfully; justifiably.
légitimer [leʒiti'me], *v.t.* to legitimate; to justify; to recognize.
légitimité [leʒitimi'te], *n.f.* legitimacy, lawfulness.
legs [lɛ], *n.m.* legacy, bequest.
léguer [le'ge], *v.t.* (*conjug. like* CÉDER) to leave by will, to bequeath.
légume [le'gym], *n.m.* vegetable.—*n.f. pl.* (*fam.*) *les grosses légumes*, the bigwigs.

légumier [legy'mje], *a.* (*fem.* **-ière**) of vegetables.—*n.m.* vegetable-dish.
lendemain [lãd'mɛ̃], *n.m.* morrow, next day, day after.
lent [lã], *a.* slow, tardy; backward; sluggish, slack.
lentement [lãt'mã], *adv.* slowly, tardily; sluggishly.
lenteur [lã'tœːr], *n.f.* slowness; tardiness.
lenticulaire [lãtiky'lɛːr], **lenticulé** [lãtiky'le] *a.* lenticular.
lentille [lã'tiːj], *n.f.* lentil; lens; (*pl.*) freckles; *lentille d'eau*, duckweed.
léonin [leo'nɛ̃], *a.* leonine.
léopard [leo'paːr], *n.m.* leopard.
lèpre [lɛpr], *n.f.* leprosy.
lépreux [le'prø], *a.* (*fem.* **-euse**) leprous.—*n.m.* (*fem.* **-euse**) leper.
léproserie [lepro'zri], *n.f.* leper-hospital.
lequel [lə'kɛl], *pron. m.* (*fem.* **laquelle**, *m. pl.* **lesquels**, *f. pl.* **lesquelles**) who, whom, that, which; (*inter.*) which one, which ?
les [le], *art.* and *pron. pl.* the; them.
lèse-majesté [lɛzmaʒɛs'te], *n.f.* high treason, lese-majesty.
léser [le'ze], *v.t.* (*conjug. like* CÉDER) to wrong; to injure, to hurt.
lésine [le'zin], *n.f.* niggardliness, stinginess.
lésiner [lezi'ne], *v.i.* to be stingy *or* mean; to haggle.
lésinerie [lezin'ri], *n.f.* stinginess, meanness.
lésion [le'zjõ], *n.f.* (*Law*) wrong, injury; (*Surg.*) lesion.
lessive [lɛ'siːv], *n.f.* wash, linen washed *or* to be washed, washing.
leste [lɛst], *a.* brisk, nimble, active; light; smart; sharp; improper, free.
lestement [lɛst'mã], *adv.* briskly; cleverly; flippantly; freely.
lester [lɛs'te], *v.t.* to ballast. **se lester**, *v.r.* (*fam.*) to take in ballast; to line one's stomach.
léthargie [letar'ʒi], *n.f.* lethargy.
léthargique [letar'ʒik], *a.* lethargic.
lette [lɛt], **letton** [lɛ'tõ] (*fem.* **-onne**), *a.* Latvian.—*n.m.* Latvian (*language*) (**Lette**, **Letton**, *fem.* **-onne**) Latvian (*person*).
Lettonie [lɛto'ni], **la**, *f.* Latvia.
lettre [lɛtr], *n.f.* letter, note; (*Print.*) character, type; (*pl.*) literature, letters; *les belles-lettres*, humanities; *lettre de change*, bill of exchange; *lettre d'envoi*, covering letter; *lettre de voiture*, way-bill.
lettré [lɛ'tre], *a.* cultured, literate, well-read; literary.—*n.m.* (*fem.* **-ée**) scholar.
leur [lœːr], *a. poss.* their.—*poss. pron.* **le leur**, **la leur** *or* **les leurs**, theirs.—*pers. pron.* to them, them.
leurre [lœːr], *n.m.* lure, decoy; bait; snare, trap.
leurrer [lœ're], *v.t.* to lure, to entice, to decoy; to ensnare. **se leurrer**, *v.r.* to delude oneself.
levage [lə'vaːʒ], *n.m.* raising, lifting.
levain [lə'vɛ̃], *n.m.* leaven; (*fig.*) germ.
levant [lə'vã], *a.* rising.—*n.m.* east; rising sun; Levant.
levantin [ləvã'tɛ̃], *a.* Levantine.—*n.m.* (**Levantin**, *fem.* **-ine**) Levantine (*person*).
levé [lə've], *a.* lifted up, raised; up, out of bed.

levée

levée [lə've], *n.f.* raising, lifting; levying; gathering (*crop, fruit etc.*); collection (*post-office*); embankment; swell (*of the sea*); (*Cards*) trick.

lever [lə've], *v.t.* (*conjug. like* AMENER) to lift, to lift up, to raise; to heave; to pull up; to weigh (*anchor*); to take away; to take out; to collect; to levy.—*v.i.* to come up; to spring up, to rise. **se lever**, *v.r.* to rise, to get up; to stand up; to heave (*of the sea*); to clear up (*of the weather*).

lever [lə've], *n.m.* rising, getting up; levee (*of king*).

levier [lə'vje], *n.m.* lever; crowbar, handspike.

levraut [lə'vro], *n.m.* leveret, young hare.

lèvre [le:vr], *n.f.* lip; rim.

lévrier [levri'e], *n.m.* greyhound.

levure [lə'vy:r], *n.f.* yeast.

lexique [lek'sik], *n.m.* lexicon; abridged dictionary.

lézard [le'za:r], *n.m.* lizard.

lézarde [le'zard], *n.f.* crevice, crack, chink.

lézardé [lezar'de], *a.* cracked (*of walls etc.*).

lézarder [lezar'de], *v.t.* to crack (*walls etc.*). **se lézarder**, *v.r.* to crack, to become cracked.

liais [lje], *n.m.* lias; blue limestone.

liaison [lje'zõ], *n.f.* joining; connexion, acquaintance; intimacy; (*Mil.*) liaison.

liane [ljan], *n.f.* liana, tropical creeper.

liant [ljã], *a.* supple, flexible; affable, sociable. —*n.m.* suppleness; sociability; gentleness.

liard [lja:r], *n.m.* liard (*half-farthing*).

liasse [ljas], *n.f.* bundle, file (*of papers*); wad (*of banknotes*).

Liban [li'bã], **le**, *m.* Lebanon.

libanais [liba'nɛ], *a.* Lebanese.—*n.m.* (**Libanais**, *fem.* **-aise**) Lebanese (*person*).

libation [liba'sjõ], *n.f.* libation; (*fig.*) potation.

libelle [li'bɛl], *n.m.* libel, lampoon.

libellé [libel'le], *a.* drawn up, specified.— *n.m.* wording, contents.

libellule [libel'lyl], *n.f.* dragon-fly.

libéral [libe'ral], *a.* (*m. pl.* **-aux**) liberal, generous, bountiful; (*Polit.*) Liberal.

libéralement [liberal'mã], *adv.* liberally, bountifully, generously.

libéralisme [libera'lism], *n.m.* liberalism.

libéralité [liberali'te], *n.f.* generosity, open-handedness.

libérateur [libera'tœ:r], *n.m.* (*fem.* **-trice**) deliverer, liberator, rescuer.

libération [libera'sjõ], *n.f.* liberation, deliverance; rescue, discharge.

libéré [libe're], *a.* liberated, discharged.

libérer [libe're], *v.t.* (*conjug. like* CÉDER) to liberate, to free; to discharge. **se libérer**, *v.r.* to free oneself; to clear oneself (*de*); to pay off one's debts.

Libéria [libe'rja], **le**, *m.* Liberia.

libérien [libe'rjɛ̃], *a.* (*fem.* **-enne**) Liberian. —*n.m.* (**Libérien**, *fem.* **-enne**) Liberian (*person*).

liberté [liber'te], *n.f.* liberty, freedom, ease.

libertin [liber'tɛ̃], *a.* libertine, licentious; dissolute.—*n.m.* (*fem.* **-e**) libertine, rake.

libertinage [liberti'na:ʒ], *n.m.* libertinism, debauchery.

libraire [li'brɛ:r], *n.* bookseller; *libraire-éditeur*, publisher and bookseller.

librairie [librɛ'ri], *n.f.* book-trade; bookseller's shop.

libre [libr], *a.* free; at liberty; independent; undisciplined, unconfined; bold, broad; exempt; irregular (*of verse*).

libre-échange [librε'ʃã:ʒ], *n.m.* free trade.

libre-échangiste [librεʃã'ʒist], *n.m.* (*pl.* **libre-échangistes**) free-trader.

librement [librə'mã], *adv.* freely, without restraint; boldly.

librettiste [librε'tist], *n.m.* librettist.

Libye [li'bi], **la**, *f.* Libya.

libyen [li'bjɛ̃], *a.* (*fem.* **-enne**) Libyan.—*n.m.* (**Libyen**, *fem.* **-enne**) Libyan (*person*).

lice [lis], *n.f.* lists, tilt-yard.

licence [li'sã:s], *n.f.* licence, leave, permission; licentiousness; licentiate's degree.

licencié [lisã'sje], *a.* licentiate; (*C*) *épicier licencié*, licensed grocer.—*n.m.* (*fem.* **-ée**) licenciate.

licenciement [lisãsi'mã], *n.m.* disbanding.

licencier [lisã'sje], *v.t.* to disband (*troops*); to declare redundant, to lay off; to dismiss.

licencieusement [lisãsjøz'mã], *adv.* licentiously, dissolutely.

licencieux [lisã'sjø], *a.* (*fem.* **-euse**) licentious, dissolute.

licite [li'sit], *a.* licit, lawful, allowable.

licitement [lisit'mã], *adv.* lawfully, licitly.

licol [LICOU].

licorne [li'korn], *n.f.* unicorn.

licou [li'ku], **licol** [li'kɔl], *n.m.* halter.

licteur [lik'tœ:r], *n.m.* (*Rom. Ant.*) lictor.

lie [li], *n.f.* lees, dregs; (*fig.*) scum, refuse.

liège [ljɛ:ʒ], *n.m.* cork; cork-tree.

lien [ljɛ̃], *n.m.* bond, tie, link; (*pl.*) bonds, shackles.

lier [lje], *v.t.* to fasten, to tie; to bind; to tie up; to join, to connect (*avec*); to engage in; (*Mus.*) to slur; to thicken (*a sauce etc.*). **se lier**, *v.r.* to become acquainted; to thicken (*of sauce etc.*).

lierre [ljɛ:r], *n.m.* ivy.

lieu [ljø], *n.m.* (*pl.* **lieux**) place, spot; position; cause; (*pl.*) premises, apartments; *au lieu de*, instead of; *avoir lieu*, to take place; *lieu commun*, commonplace.

lieue [ljø], *n.f.* league (*4 kilometres, 2½ miles*).

lieur [ljœ:r], *n.m.* (*fem.* **-euse**) (*Agric.*) binder (*person*).—*n.f.* (**-euse**) binder (*machine*).

lieutenance [ljøt'nã:s], *n.f.* lieutenancy.

lieutenant [ljøt'nã], *n.m.* lieutenant; right-hand man.

lièvre [ljɛ:vr], *n.m.* hare.

liftier [lif'tje], *n.m.* (*fem.* **-ière**) lift-boy *or* girl, lift-attendant.

ligament [liga'mã], *n.m.* ligament.

ligature [liga'ty:r], *n.f.* ligature.

ligaturer [ligaty're], *v.t.* to ligature, to splice.

lignage [li'na:ʒ], *n.m.* lineage.

ligne [lin], *n.f.* line; row; path, way; cord; fishing-line; order.

lignée [li'ne], *n.f.* issue, progeny, offspring.

ligoter [ligo'te], *v.t.* to bind, to tie up.

ligue [lig], *n.f.* league, confederacy.

liguer [li'ge], *v.t.* to unite in a league; **se liguer**, *v.r.* to league, to combine.

ligueur [li'gœ:r], *n.m.* (*fem.* **-euse**) leaguer; plotter.

lilas [li'la], *a. inv.* lilac-coloured.—*n.m.* lilac.

lilliputien [lilipy'sjɛ̃], *a.* (*fem.* **-enne**) Lilliputian.

limace [li'mas], *n.f.* slug; Archimedean screw.

limaçon [lima'sɔ̃], *n.m.* snail.

limbe [lɛ̃:b], *n.m.* (*Math., Bot. etc.*) limb; (*Astron.*) border, halo; (*pl.*) limbo.

lime (1) [lim], *n.f.* file.

lime (2) [lim], *n.f.* lime, citron.

limer [li'me], *v.t.* to file, to smooth.

limeur [li'mœːr], *n.m.* (*fem.* **-euse**) filer.—*n.f.* (**-euse**) finishing-tool *or* machine.

limier [li'mje], *n.m.* bloodhound; (*fig.*) police-spy, detective.

liminaire [limi'nɛːr], *a.* prefatory.

limitatif [limita'tif], *a.* (*fem.* **-tive**) limiting, restrictive.

limitation [limita'sjɔ̃], *n.f.* limitation.

limite [li'mit], *n.f.* limit, boundary; border; landmark.

limiter [limi'te], *v.t.* to limit, to bound; to confine.

limitrophe [limi'trɔf], *a.* neighbouring, bordering.

limon [li'mɔ̃], *n.m.* silt, ooze, mud; shaft (*of a carriage*); sour lime (*fruit*).

limonade [limo'nad], *n.f.* lemonade.

limonadier [limona'dje], *n.m.* (*fem.* **-ière**) seller of lemonade.

limoneux [limo'nø], *a.* (*fem.* **-euse**) muddy, turbid, slimy; alluvial.

limonier [limo'nje], *n.m.* shaft-horse; lime-tree.

limonière [limo'njɛːr], *n.f.* pair of shafts (*of wagon etc.*); wagon with two shafts.

limousin [limu'zɛ̃], *n.m.* stonemason.

limousine [limu'zin], *n.f.* limousine (*car*); coarse woollen cloak.

limpide [lɛ̃'pid], *a.* limpid, clear.

limpidité [lɛ̃pidi'te], *n.f.* limpidity.

lin [lɛ̃], *n.m.* flax; **graine de lin**, linseed; **huile de lin**, linseed oil; **toile de lin**, linen-cloth.

linceul [lɛ̃'sœl], *n.m.* winding-sheet, shroud.

linéaire [line'ɛːr], *a.* linear.

linéal [line'al], *a.* (*m. pl.* **-aux**) lineal, in a direct line.

linéament [linea'mɑ̃], *n.m.* lineament, feature; (*fig.*) trace, vestige.

linge [lɛ̃:ʒ], *n.m.* linen; piece, rag.

linger [lɛ̃'ʒe], *n.m.* (*fem.* **-ère**) linen-draper; maker of linen goods; seamstress (*of same*).—*n.f.* (**-ère**) wardrobe woman.

lingerie [lɛ̃'ʒri], *n.f.* linen-trade, linen-drapery; linen goods.

lingot [lɛ̃'go], *n.m.* ingot; bullion.

lingue [lɛ̃:g], *n.f.* (*Ichth.*) ling.

linguiste [lɛ̃'gɥist], *n.* linguist.

linguistique [lɛ̃gɥis'tik], *a.* linguistic.—*n.f.* linguistics.

linier [li'nje], *a.* (*fem.* **-ière**) of flax *or* linen.—*n.f.* (**-ière**) flax-field.

linoléum [linole'ɔm], *n.m.* linoleum.

linon [li'nɔ̃], *n.m.* lawn (*fine linen*).

linot [li'no], *n.m.*, **linotte** [li'nɔt], *n.f.* linnet.

linotype [lino'tip], *n.f.* linotype.

linotypiste [linoti'pist], *n.* linotype operator.

linteau [lɛ̃'to], *n.m.* (*pl.* **-eaux**) lintel.

lion [ljɔ̃], *n.m.* (*fem.* **lionne**) lion, lioness; (*fig.*) a bold, brave fellow.

lionceau [ljɔ̃'so], *n.m.* (*pl.* **-eaux**) young lion, lion's cub.

lippe [lip], *n.f.* thick lower lip; pouting lip.

lippu [li'py], *a.* thick-lipped.

liquéfaction [likefak'sjɔ̃], *n.f.* liquefaction.

liquéfiable [like'fjabl], *a.* liquefiable.

liquéfier [like'fje], *v.t.* and **se liquéfier**, *v.r.* to liquefy.

liqueur [li'kœːr], *n.f.* liquid; liqueur, cordial; (*Chem.*) spirit.

liquidateur [likida'tœːr], *n.m.* liquidator.

liquidation [likida'sjɔ̃], *n.f.* liquidation; settlement (*of debts etc.*); winding up (*of a business*); clearance sale.

liquide [li'kid], *a.* liquid; clear, net (*of money*).—*n.m.* liquid, fluid; drink.

liquider [liki'de], *v.t.* to liquidate, to settle; to wind up; to sell off; (*fam.*) to get rid of.

liquidité [likidi'te], *n.f.* liquidity, fluidity.

liquoreux [liko'rø], *a.* (*fem.* **-euse**) luscious, sweet.

liquoriste [liko'rist], *n.m.* wine and spirit merchant.

lire [liːr], *v.t. irr.* to read, to peruse, to study.

lis [lis], *n.m.* lily.

liseré [lizə're], *n.m.* piping; border, edge.

lisérer [lize're], *v.t.* (*conjug. like* CÉDER) to trim (*a dress etc.*) with piping.

liseron [liz'rɔ̃], **liset** [li'zɛ], *n.m.* (*Bot.*) convolvulus.

liseur [li'zœːr], *n.m.* (*fem.* **-euse**) reader.

lisibilité [lizibili'te], *n.f.* legibility, readableness.

lisible [li'zibl], *a.* legible, readable.

lisiblement [lizibla'mɑ̃], *adv.* legibly.

lisière [li'zjɛːr], *n.f.* selvedge, edge (*of cloth etc.*); border, verge, outskirts.

lissage [li'saːʒ], *n.m.* smoothing, glossing.

lisse (1) [lis], *a.* smooth; sleek; glossy.—*n.m.* smoothness, gloss.

lisse (2) [lis], *n.f.* rail, railing (*of ship*).

lisser [li'se], *v.t.* to smooth, to polish.

lisseur [li'sœːr], *n.m.* (*fem.* **-euse**) polisher.

liste [list], *n.f.* list, roll; catalogue; schedule.

lit [li], *n.m.* bed; layer (*of clay, mortar*); direction, set (*of tide, current*); (*fig.*) marriage.

litanie [lita'ni], *n.f.* (*fig.*) rigmarole; (*pl.*) litany.

litée [li'te], *n.f.* litter (*of animals*).

literie [li'tri], *n.f.* bedding.

lithographe [litɔ'graf], *n.m.* lithographer.

lithographie [litɔgra'fi], *n.f.* lithography; lithograph.

lithographier [litɔgra'fje], *v.t.* to lithograph.

lithographique [litɔgra'fik], *a.* lithographic.

Lithuanie [LITUANIE].

lithuanien [LITUANIEN].

litière [li'tjɛːr], *n.f.* stable-litter; litter (*for carrying sick persons etc.*).

litigant [liti'gɑ̃], *a.* litigant.

litige [li'tiːʒ], *n.m.* litigation, legal dispute; (*fig.*) strife.

litigieux [liti'ʒjø], *a.* (*fem.* **-euse**) litigious, given to lawsuits.

litre [litr], *n.m.* litre (1·76 pints).

littéraire [lite'rɛːr], *a.* literary; **propriété littéraire**, copyright.

littérairement [literɛr'mɑ̃], *adv.* in a literary manner *or* way.

littéral [lite'ral], *a.* (*m. pl.* **-aux**) literal.

littéralement [literal'mɑ̃], *adv.* literally, word for word.

littérateur [litera'tœːr], *n.m.* literary man, author, man of letters.

littérature [litera'tyːr], *n.f.* literature.

littoral

littoral [lito'ral], *a.* (*m. pl.* **-aux**) littoral, coastal.—*n.m.* littoral, seaboard.
Lituanie [litɥa'ni], **la**, *f.* Lithuania.
lituanien [litɥa'njɛ̃], *a.* Lithuanian.—*n.m.* Lithuanian (*language*); (**Lituanien**, *fem.* **-enne**) Lithuanian (*person*).
liturgie [lityr'ʒi], *n.f.* liturgy.
liturgique [lityr'ʒik], *a.* liturgic, liturgical.
liturgiste [lityr'ʒist], *n.* liturgist.
livide [li'vid], *a.* livid, ghastly.
lividité [lividi'te], *n.f.* lividness.
livrable [li'vrabl], *a.* deliverable.
livraison [livrɛ'zɔ̃], *n.f.* delivery (*of goods*); part, number, issue (*of a magazine etc.*).
livre (1) [li:vr], *n.m.* book; register, account-book.
livre (2) [li:vr], *n.f.* pound (*1·1 lb. avoirdupois*); *livre sterling*, pound sterling.
livrée [li'vre], *n.f.* livery; livery-servants.
livrer [li'vre], *v.t.* to deliver; to give up, to hand over; to betray (*a secret*). **se livrer**, *v.r.* to give oneself up (*à*); to surrender; to devote oneself; to entrust oneself to; to indulge in (*a vice*).
livret [li'vrɛ], *n.m.* little book; memorandum-book; libretto.
livreur [li'vrœ:r], *n.m.* (*fem.* **-euse**) deliverer (*of goods*); delivery-man, van-man.—*n.f.* (**-euse**) delivery-van.
lobe [lɔb], *n.m.* lobe (*of ear, liver etc.*).
lobélie [lɔbe'li], *n.f.* (*Bot.*) lobelia.
local [lɔ'kal], *a.* (*m. pl.* **-aux**) local.—*n.m.* place, premises; quarters.
localement [lɔkal'mɑ̃], *adv.* locally.
localisation [lɔkaliza'sjɔ̃], *n.f.* localization.
localiser [lɔkali'ze], *v.t.* to localize. **se localiser**, *v.r.* to become localized.
localité [lɔkali'te], *n.f.* locality.
locataire [lɔka'tɛ:r], *n.* tenant, lodger, occupier.
location [lɔka'sjɔ̃], *n.f.* letting out; hiring, renting; (*Theat.*) booking of seat.
lock-out [lɔ'kaut], *n.m. inv.* lock-out.
lock-outer [lɔkau'te], *v.t.* to lock-out.
locomoteur [lɔkɔmɔ'tœ:r], *a.* (*fem.* **-trice**) locomotor.
locomotif [lɔkɔmɔ'tif], *a.* (*fem.* **-tive**) locomotive.—*n.f.* (**-tive**) locomotive, engine.
locomotion [lɔkɔmɔ'sjɔ̃], *n.f.* locomotion.
locomotive [LOCOMOTIF].
locuste [lɔ'kyst], *n.f.* locust.
locution [lɔky'sjɔ̃], *n.f.* locution, expression, form of speech; term, phrase.
logarithme [lɔga'ritm], *n.m.* logarithm.
loge [lɔ:ʒ], *n.f.* hut; lodge; (*Theat.*) box, dressing-room; stand, stall; kennel; booth.
logeable [lɔ'ʒabl], *a.* tenantable, fit to live in.
logement [lɔʒ'mɑ̃], *n.m.* lodgings; dwelling; house-room, accommodation; quarters.
loger [lɔ'ʒe], *v.t.* (*conjug. like* MANGER) to lodge; to put up, to accommodate, to house; to quarter; to stable.—*v.i.* to lodge, to live; to put up. **se loger**, *v.r.* to lodge, to take up one's abode; to lodge itself.
logette [lɔ'ʒɛt], *n.f.* small lodge.
logeur [lɔ'ʒœ:r], *n.m.* (*fem.* **-euse**) lodging-house keeper.
logicien [lɔʒi'sjɛ̃], *n.m.* (*fem.* **-enne**) logician.
logique [lɔ'ʒik], *a.* logical.—*n.f.* logic.
logiquement [lɔʒik'mɑ̃], *adv.* logically.
logis [lɔ'ʒi], *n.m.* (*rare*) house, dwelling.

loi [lwa], *n.f.* law, statute, act; rule.
loin [lwɛ̃], *adv.* far, at a distance; remote, distant; *au loin*, far away, far and wide; *de loin*, from afar, from a distance; *de loin en loin*, at long intervals.
lointain [lwɛ̃'tɛ̃], *a.* remote, far off, distant.—*n.m.* distance, distant prospect.
loir [lwa:r], *n.m.* dormouse.
loisible [lwa'zibl], *a.* optional, lawful, allowable.
loisir [lwa'zi:r], *n.m.* leisure, spare time.
lombes [lɔ̃:b], *n.m. pl.* (*Anat.*) lumbar region, loins.
londonien [lɔ̃dɔ'njɛ̃], *a.* (*fem.* **-enne**) of *or* pertaining to London.—*n.m.* (**Londonien**, *fem.* **-enne**) Londoner.
Londres [lɔ̃:dr], *f.* London.
long [lɔ̃], *a.* (*fem.* **longue**) long; slow, tedious; diffuse, drawn out.—*n.m.* length; extent; (*tout*) *au long*, in full; *de long en large*, up and down, to and fro.—*n.f.* *à la longue*, in the long run.—*adv.* much, great deal.
longanimité [lɔ̃ganimi'te], *n.f.* longanimity, forbearance, long-suffering.
long-courrier [lɔ̃ku'rje], *n.m.* (*pl.* **-courriers**) ocean-going ship.
longe (1) [lɔ̃:ʒ], *n.f.* tether, leading-rein; thong.
longe (2) [lɔ̃:ʒ], *n.f.* *longe de veau*, loin of veal.
longer [lɔ̃'ʒe], *v.t.* (*conjug. like* MANGER) to go, to run along; to skirt; to extend along.
longévité [lɔ̃ʒevi'te], *n.f.* longevity.
longitude [lɔ̃ʒi'tyd], *n.f.* longitude.
longitudinal [lɔ̃ʒitydi'nal], *a.* (*m. pl.* **-aux**) longitudinal.
longitudinalement [lɔ̃ʒitydinal'mɑ̃], *adv.* lengthwise.
longtemps [lɔ̃'tɑ̃], *adv.* long, a long while.
longuement [lɔ̃g'mɑ̃], *adv.* long, a long time, for a great while.
longueur [lɔ̃'gœ:r], *n.f.* length, extent in time; slowness; prolixity.
longue-vue [lɔ̃g'vy], *n.f.* (*pl.* **longues-vues**) telescope, spy-glass.
lopin [lɔ'pɛ̃], *n.m.* small piece *or* share; *lopin de terre*, plot of ground.
loquace [lɔ'kwas], *a.* loquacious, talkative.
loquacement [lɔkwas'mɑ̃], *adv.* talkatively, loquaciously.
loquacité [lɔkwasi'te], *n.f.* loquacity, talkativeness.
loque [lɔk], *n.f.* rag, tatter.
loquet [lɔkɛ], *n.m.* latch; *fermé au loquet*, on the latch.
loqueteau [lɔk'to], *n.m.* (*pl.* **-eaux**) small latch.
loqueteux [lɔk'tø], *a.* (*fem.* **-euse**) in rags.—*n.m.* (*fem.* **-euse**) ragged person.
lorgner [lɔr'ɲe], *v.t.* to leer at, to ogle.
lorgnette [lɔr'ɲɛt], *n.f.* field *or* opera-glasses.
lorgnon [lɔr'ɲɔ̃], *n.m.* (*sometimes pl.*) eye-glasses; lorgnette.
lorry [lɔ'ri], *n.m.* (*Rail.*) lorry, trolley (*of platelayer*).
lors [lɔ:r], *adv.* then; *depuis* or *dès lors*, from that time, since then; *lors de*, at the time of; *lors même que*, even though; *pour lors*, then, at the time; so, therefore.
lorsque [lɔrsk, 'lɔrskə], *conj.* when; at the time *or* moment of.

losange [lɔ'zɑ̃:ʒ], *n.m.* diamond-shape, lozenge.
losangé [lɔzɑ̃'ʒe], *a.* in lozenges.
lot [lo], *n.m.* lot; portion, share; prize (*in a lottery*); (*fig.*) fate.
loterie [lɔ'tri], *n.f.* lottery, raffle.
lotion [lo'sjɔ̃], *n.f.* lotion; ablution.
lotir [lɔ'ti:r], *v.t.* to divide into lots, to portion off.
lotissement [lotis'mɑ̃], *n.m.* dividing into lots; building plot.
loto [lɔ'to], *n.m.* lotto (*game of chance*); housey-housey, bingo.
lotus [lɔ'ty:s], *n.m. inv.* lotus.
louable [lwabl], *a.* laudable, praiseworthy, commendable.
louablement [lwablə'mɑ̃], *adv.* commendably.
louage [lwa:ʒ], *n.m.* letting out, hiring, renting; hire.
louange [lwɑ̃:ʒ], *n.f.* praise, commendation, eulogy.
louanger [lwɑ̃'ʒe], *v.t.* (*conjug. like* MANGER) to praise, to flatter, to extol.
louangeur [lwɑ̃'ʒœ:r], *a.* (*fem.* **-euse**) laudatory, eulogistic.—*n.m.* (*fem.* **-euse**) praiser, flatterer.
louche (1) [luʃ], *n.f.* (*soup*) ladle; scoop; countersink bit.
louche (2) [luʃ], *a.* squint-eyed; dubious, ambiguous; suspicious, shady.
loucher [lu'ʃe], *v.i.* to squint.
loucheur [lu'ʃœ:r], *a.* (*fem.* **-euse**) squinting.—*n.m.* (*fem.* **-euse**) squinter.
louer (1) [lwe], *v.t.* to let *or* hire out; to lease, to rent, to hire; to book. **se louer** (1), *v.r.* to hire oneself out; to be let *or* rented.
louer (2) [lwe], *v.t.* to praise, to commend, to extol. **se louer** (2), *v.r.* to praise oneself; to rejoice.
loueur [lwœ:r], *n.m.* (*fem.* **-euse**) hirer, letter-out.
lougre [lugr], *n.m.* lugger.
Louis [lwi], *m.* Lewis.
louis [lwi], *n.m. inv.* louis (*a French coin worth 20 gold francs*).
loup [lu], *n.m.* wolf; black velvet mask.
loup-cervier [luser'vje], *n.m.* (*pl.* **loups-cerviers**) lynx; (*fig.*) profiteer.
loupe (1) [lup], *n.f.* magnifying-glass.
loupe (2) [lup], *n.f.* wen; gnarl (*on trees*).
louper [lu'pe], *v.t.* (*pop.*) to botch (*a piece of work*); (*Exam.*) to fail; to miss (*train*).
loupeux [lu'pø], *a.* (*fem.* **-euse**) wenny, knobby.
loup-garou [luga'ru], *n.m.* (*pl.* **loups-garous**) wer(e)wolf; bugbear.
lourd [lu:r], *a.* heavy, clumsy; stupid; sultry.
lourdaud [lur'do], *a.* loutish.—*n.m.* (*fem.* **-e**) blockhead.
lourdement [lurdə'mɑ̃], *adv.* heavily; clumsily.
lourdeur [lur'dœ:r], *n.f.* heaviness; clumsiness; stupidity; sultriness.
loutre [lutr], *n.f.* otter; otter-fur.
louve [lu:v], *n.f.* she-wolf.
louveteau [luv'to], *n.m.* (*pl.* **-eaux**) wolf-cub.
louveterie [luv'tri], *n.f.* wolf-hunting equipage; wolf-hunting.
louvetier [luv'tje], *n.m.* wolf-hunter.
louvoyer [luvwa'je], *v.i.* (*conjug. like* EM-PLOYER) to tack, to tack about; (*fig.*) to manœuvre; to dodge.
lover [lɔ've], *v.t.* to coil (*rope etc.*). **se lover**, *v.r.* to coil up (*of snakes*).
loyal [lwa'jal], *a.* (*m. pl.* **-aux**) fair, honest, upright; loyal; (*Comm.*) unadulterated.
loyalement [lwajal'mɑ̃] *adv.* fairly, honestly; loyally.
loyauté [lwajo'te], *n.f.* honesty, fairness; loyalty, faithfulness.
loyer [lwa'je], *n.m.* hire, rent.
lubie [ly'bi] *n.f.* crotchet, whim, fad.
lubrifiant [lybri'fjɑ̃], *a.* lubricating.—*n.m.* lubricant.
lubrification [lybrifika'sjɔ̃], *n.f.* lubrication.
lubrifier [lybri'fje], *v.t.* to lubricate.
Luc [lyk], *m.* Luke.
lucarne [ly'karn], *n.f.* dormer-window, sky-light.
lucide [ly'sid], *a.* lucid, clear.
lucidement [lysid'mɑ̃], *adv.* lucidly.
lucidité [lysidi'te], *n.f.* lucidity, clearness.
luciole [ly'sjɔl], *n.f.* (*Ent.*) fire-fly; winged glow-worm.
lucratif [lykra'tif], *a.* (*fem.* **-tive**) lucrative.
lucre [lykr], *n.m.* lucre, gain.
lueur [lɥœ:r], *n.f.* glimmer, gleam; flash.
luffa [ly'fa], *n.m. or f.* loofah.
lugubre [ly'gybr], *a.* lugubrious, doleful, dismal.
lugubrement [lygybrə'mɑ̃], *adv.* ominously; dismally.
lui [lɥi], *pers. pron.* he, it; to him, to her, to it.
luire [lɥi:r], *v.i. irr.* to shine; to glitter, to gleam, to glisten; to dawn.
luisant [lɥi'zɑ̃], *a.* glistening, glittering, bright; glossy.—*n.m.* gloss, shine.
lumbago [lœba'go], *n.m.* lumbago.
lumière [ly'mjɛ:r], *n.f.* light; daylight, day; (*fig.*) enlightenment; knowledge, wisdom.
luminaire [lymi'nɛ:r], *n.m.* luminary, light.
lumineux [lymi'nø], *a.* (*fem.* **-euse**) luminous; bright.
lunaire [ly'nɛ:r], *a.* lunar.
lunatique [lyna'tik], *a.* fantastical, whimsical.—*n.* incalculable *or* whimsical person.
lundi [lœ'di], *n.m.* Monday.
lune [lyn], *n.f.* moon.
lunetier [lyn'tje], *n.m.* (*fem.* **-ière**) spectacle-maker; optician.
lunette [ly'nɛt], *n.f.* telescope, field-glass; (*pl.*) spectacles.
lupin [ly'pɛ̃], *n.m.* (*Bot.*) lupin(e).
lupus [ly'py:s], *n.m.* lupus.
luron [ly'rɔ̃], *n.m.* (*fem.* **-onne**) jolly fellow, gay dog; carefree type of girl.
lustrage [lys'tra:ʒ], *n.m.* glossing.
lustral [lys'tral] *a.* (*m. pl.* **-aux**) lustral.
lustration [lystra'sjɔ̃], *n.f.* lustration.
lustre (1) [lystr], *n.m.* lustre, brilliancy, brightness; (*fig.*) distinction; chandelier.
lustre (2) [lystr], *n.m.* (*Rom. Ant.*) lustrum, space of five years.
lustré [lys'tre], *a.* glossy, shiny.
lustrer [lys'tre], *v.t.* to give a lustre *or* gloss to, to glaze.
lustrine [lys'trin], *n.f.* lustring, cotton lustre.
luth [lyt], *n.m.* lute.
luthérien [lyte'rjɛ̃], *a.* Lutheran.—*n.m.* (**Luthérien**, *fem.* **-enne**) Lutheran (*person*)

lutin [ly'tɛ̃], *a.* roguish, sprightly.—*n.m.* goblin, sprite elf, imp.

lutiner [lyti'ne], *v.t.* to plague, to tease, to pester.—*v.i.* to be mischievous, to play the imp.

lutrin [ly'trɛ̃], *n.m.* music-lectern *or* desk; choir.

lutte [lyt], *n.f.* wrestling; struggle, contest, strife; *de bonne lutte*, by fair play; *de haute lutte*, by force.

lutter [ly'te], *v.i.* to wrestle; to struggle, to contend.

lutteur [ly'tœːr], *n.m.* (*fem.* **-euse**) wrestler.

luxation [lyksa'sjɔ̃], *n.f.* luxation, dislocation.

luxe [lyks], *n.m.* luxury; profusion; extravagance, excess.

Luxembourg [lyksɑ̃'buːr], le, *m.* Luxembourg.

luxembourgeois [lyksɑ̃bur'ʒwa], *a.* (of) Luxembourg.—*n.m.* (**Luxembourgeois**, *fem.* **-oise**) citizen of Luxembourg.

luxer [lyk'se], *v.t.* to luxate, to dislocate.

luxueusement [lyksɥøz'mɑ̃], *a.* luxuriously, sumptuously, richly.

luxueux [lyk'sɥø], *a.* (*fem.* **-euse**) luxurious; magnificent, rich, sumptuous.

luxure [lyk'syːr], *n.f.* lust.

luxuriance [lyksy'rjɑ̃ːs], *n.f.* luxuriance.

luxuriant [lyksy'rjɑ̃], *a.* luxuriant.

luxurieux [lyksy'rjø], *a.* (*fem.* **-euse**) lustful, lecherous.

lycée [li'se], *n.m.* French grammar- *or* high-school.

lycéen [lise'ɛ̃], *n.m.* (*fem.* **-éenne**) grammar-school pupil.

lymphatique [lɛ̃fa'tik], *a.* lymphatic.

lymphe [lɛ̃:f], *n.f.* lymph; (*Bot.*) sap.

lynchage [lɛ̃'ʃaːʒ], *n.m.* lynching.

lyncher [lɛ̃'ʃe], *v.t.* to lynch.

lynx [lɛ̃:ks], *n.m. inv.* lynx.

Lyon [ljɔ̃], *m.* Lyons.

lyre [liːr], *n.f.* lyre; (*fig.*) poetry.

lyrique [li'rik], *a.* lyric, lyrical.

lyrisme [li'rism], *n.m.* lyric poetry; poetic fire.

M

M m [ɛm], *n.m. or f.* the thirteenth letter of the alphabet; *M*, 1000; *M. MM.*, abbr. of *Monsieur, Messieurs.*

m' [ME].

ma [ma], *a. poss. f.* [MON].

macabre [ma'kɑːbr], *a.* gruesome, macabre, deathly, ghastly; *la danse macabre*, the dance of death.

macadam [maka'dam], *n.m.* macadam.

macadamiser [makadami'ze], *v.t.* to macadamize.

macaque [ma'kak], *n.m.* macaco (*monkey*).

macaron [maka'rɔ̃], *n.m.* macaroon.

macaroni [makaro'ni], *n.m.* macaroni.

Macédoine [mase'dwan], la, *f.* Macedonia.

macédoine [mase'dwan], *n.f.* vegetable hotchpotch; fruit salad; (*fig.*) medley, hotchpotch.

macédonien [masedɔ'njɛ̃], *a.* Macedonian.—*n.m.* (**Macédonien**, *fem.* **-enne**) Macedonian (*person*).

macération [masera'sjɔ̃], *n.f.* maceration.

macérer [mase're], *v.t.* (*conjug. like* CÉDER) to macerate; (*fig.*) to mortify.—*v.i.* to soak, **se macérer**, *v.r.* to macerate one's body; (*fig.*) to mortify oneself.

mâcher [mɑ'ʃe], *v.t.* to chew, to masticate; *ne pas mâcher ses mots*, not to mince matters.

machiavélique [makjave'lik], *a.* Machiavellian.

machiavélisme [makjave'lism], *n.m.* Machiavellism.

machiavéliste [makjave'list], *n.* Machiavellian.

machinal [maʃi'nal], *a.* (*m. pl.* **-aux**) mechanical automatic, instinctive.

machinalement [maʃinal'mɑ̃], *adv.* mechanically, automatically, instinctively.

machinateur [maʃina'tœːr], *n.m.* (*fem.* **-trice**) plotter, schemer.

machination [maʃina'sjɔ̃], *n.f.* machination, plot, scheme.

machine [ma'ʃin], *n.f.* machine, engine, piece of machinery; apparatus; scheme, plot; *machine à coudre*, sewing-machine; *machine à écrire*, typewriter; *machine à laver*, washing machine; *machine pneumatique*, air-pump.

machine-outil [maʃinu'ti], *n.f.* (*pl.* **machines-outils**) machine-tool.

machiner [maʃi'ne], *v.t.* to contrive, to plot.

machiniste [maʃi'nist], *n.m.* machinist, engine-man; (*Theat.*) scene-shifter.

mâchoire [ma'ʃwaːr], *n.f.* jaw; jawbone.

mâchonner [maʃɔ'ne], *v.t.* to chew with difficulty; to munch; to mumble; to champ (*the bit*).

mâchurer [maʃy're], *v.t.* to daub, to smudge; to bruise.

maçon [ma'sɔ̃], *n.m.* mason, bricklayer; free-mason.

maçonnage [masɔ'naːʒ], *n.m.* mason's work, stonework.

maçonner [masɔ'ne], *v.t.* to build; to wall up.

maçonnerie [masɔn'ri], *n.f.* masonry, mason's work, stone-work; freemasonry.

maçonnique [masɔ'nik], *a.* masonic.

macule [ma'kyl], *n.f.* stain, spot.

maculer [maky'le], *v.t.* to blot to spot.

Madagascar [madagas'kaːr], le, *n.m.* Malagasy Republic.

madame [ma'dam], *n.f.* (*pl.* **mesdames**) madam ma'am; Mrs.; your ladyship.

madécasse [made'kas], *a.* Madagascan.—*n.* (**Madécasse**) Madagascan (*person*).

madeleine [ma'dlɛn], *n.f.* shell-shaped sponge-cake; early pear.

Madelon [ma'dlɔ̃], *f.* Maud.

mademoiselle [madmwa'zɛl], *n.f.* (*pl.* **mesdemoiselles**) Miss; young lady.

Madère [ma'dɛːr], la, *f.* Madeira.

madère [ma'dɛːr], *n.m.* Madeira wine.

madone [ma'dɔn], *n.f.* Madonna.

madré [mɑ'dre], *a.* veined, mottled; (*fig.*) cunning, sly, sharp.—*n.m.* (*fem.* **-ée**) cunning, sharp *or* sly person.

madrier [madri'e], *n.m.* thick plank.

maestria [maɛs'tria], *n.f.* masterliness; *avec maestria*, in a masterly manner.

magasin [maga'zɛ̃], *n.m.* warehouse, storehouse; shop, store; magazine (*of fire-arm, camera etc.*).

(C) magasiner [magazi'ne], *v.i.* to shop.

magasinier [magazi'nje], *n.m.* warehouse-keeper, storeman.

magazine [maga'zin], *n.m.* magazine (*usu. illustrated*).

mage [ma:ʒ], *n.m.* mage, magus; seer; *les rois mages*, the three wise men.

magicien [maʒi'sjɛ̃], *n.m.* (*fem.* **-enne**) magician, wizard, sorcerer, sorceress.

magie [ma'ʒi], *n.f.* magic.

magique [ma'ʒik], *a.* magic(al).

magister [maʒis'tɛːr], *n.m.* village schoolmaster; pedant.

magistral [maʒis'tral], *a.* (*m. pl.* **-aux**) magisterial; masterly, authoritative, sovereign.

magistralement [maʒistral'mɑ̃], *adv.* magisterially; in a masterly fashion.

magistrat [maʒis'tra], *n.m.* magistrate, justice; civic officer.

magistrature [maʒistra'tyːr], *n.f.* magistracy; bench.

magnanime [maɲa'nim], *a.* magnanimous, high-minded.

magnanimement [maɲanim'mɑ̃], *adv.* magnanimously.

magnanimité [maɲanimi'te], *n.f.* magnanimity.

magnat [mag'na], *n.m.* magnate.

magnésie [maɲe'zi], *n.f.* magnesia.

magnétique [maɲe'tik], *a.* magnetic.

magnétiser [maɲeti'ze], *v.t.* to magnetize.

magnetiseur [maɲeti'zœːr], *n.m.* magnetizer.

magnétisme [maɲe'tism], *n.m.* magnetism; (*fig.*) attraction.

magnétophone [maɲeto'fɔn], *n.m.* (*Reg. trade mark*) tape-recorder.

magnificence [maɲifi'sɑ̃:s], *n.f.* magnificence, splendour.

magnifier [maɲi'fje], *v.t.* to magnify, to glorify.

magnifique [maɲi'fik], *a.* magnificent, splendid; gorgeous.

magnifiquement [maɲifik'mɑ̃], *adv.* magnificently.

magot [ma'go], *n.m.* magot, ape; grotesque figure (*of china*); (*fig.*) ugly person; (*fam.*) hoard, hidden savings.

Mahomet [mao'mɛ], *m.* Mohammed.

mahométan [maome'tɑ̃], *a.* Mohammedan.—*n.m.* (**Mahométan** *fem.* **-ane**) Mohammedan (*person*).

mahométisme [maome'tism], *n.m.* Mohammedanism.

mai [me], *n.m.* May; maypole.

maigre [mɛːgr], *a.* meagre, lean, thin; poor, scanty; barren; fasting; *repas maigre*, meatless meal; *maigre repas*, slender meal.

maigrement [mɛgrə'mɑ̃], *adv.* meagrely; poorly; sparingly.

maigreur [mɛ'grœːr], *n.f.* leanness, meagreness; thinness, poorness, barrenness.

maigrir [mɛ'griːr], *v.i.* to grow thin, to lose weight.

mail [ma:j], *n.m.* mall (*game, promenade, avenue of trees*).

maille [mɑ:j], *n.f.* mesh; ring of cable; link of mail; stitch.

maillé [mɑ'je], *a.* stitched; mailed.

mailler [mɑ'je], *v.t.* to make with meshes, to lattice; to mail.

maillet [ma'jɛ], *n.m.* mallet.

maillon [ma'jɔ̃], *n.m.* link (*of chain*).

maillot [ma'jo], *n.m.* swaddling-band; swaddling-clothes; pair of tights (*for theatre*); bathing costume; (*Spt.*) jersey, vest; *enfant au maillot*, baby in arms.

main [mɛ̃], *n.f.* hand; handwriting; lead, deal (*at cards*); handle; quire (*of paper*); *à la main*, in his or her hand, by hand; *à la portée de la main*, within reach; *à main armée*, by force of arms, armed; *à pleines mains*, by handfuls, liberally; *vol à main armée*, armed robbery.

main-d'œuvre [mɛ̃'dœːvr], *n.f.* (*pl.* **mains-d'œuvre**) man-power, labour; workmanship.

main-forte [mɛ̃'fɔrt], *n.f.* assistance, help.

maint [mɛ̃], *a.* many; *maintes fois*, many a time.

maintenant [mɛ̃t'nɑ̃], *adv.* now, at this moment, at present, nowadays.

maintenir [mɛ̃t'niːr], *v.t. irr.* (*conjug. like* TENIR) to uphold, to sustain; to maintain; to enforce. **se maintenir**, *v.r.* to keep up; to subsist; to hold out, to stand one's ground; to remain in force.

maintien [mɛ̃'tjɛ̃], *n.m.* maintenance, keeping up; deportment; attitude.

maire [mɛːr], *n.m.* mayor.

mairesse [mɛ'rɛs], *n.f.* mayoress.

mairie [mɛ'ri], *n.f.* mayoralty; town hall.

mais [mɛ], *conj.* but; why.

maïs [ma'is], *n.m.* maize, Indian corn.

maison [mɛ'zɔ̃], *n.f.* house; home; house-keeping; family; (*Comm.*) firm; *à la maison*, at home.

maisonnée [mɛzɔ'ne], *n.f.* (*fam.*) whole house or family, household.

maisonnette [mɛzɔ'nɛt], *n.f.* small house, cottage, lodge.

maître [mɛːtr], *n.m.* master; ruler, lord; proprietor, landlord; teacher, tutor; (*Naut.*) chief petty officer; *coup de maître*, masterly stroke; *maître chanteur*, blackmailer.

maître-autel [mɛtro'tɛl], *n.m.* (*pl.* **maîtres-autels**) high altar.

maîtresse [mɛ'trɛs], *a.* chief, leading, main.—*n.f.* mistress; ruler, lady; proprietress; teacher; sweetheart.

maîtrise [mɛ'triːz], *n.f.* mastery; control; music-school (*in a cathedral*).

maîtriser [mɛtri'ze], *v.t.* to master, to control; to lord (it) over.

majesté [maʒɛs'te], *n.f.* majesty; stateliness.

majestueusement [maʒɛstɥøz'mɑ̃], *adv.* majestically.

majestueux [maʒɛs'tɥø], *a.* (*fem.* **-euse**) majestic.

majeur [ma'ʒœːr], *a.* major, greater; superior, main, chief, most important; of full age.—*n.m.* (*fem.* **-e**) a male or female of full age, major.—*n.m.* middle finger.

majolique [maʒɔ'lik], *n.f.* majolica.

major [ma'ʒɔːr], *n.m.* major; medical officer.

majordome [maʒɔr'dom], *n.m.* major-domo.

majorer [maʒɔ're], *v.t.* to raise (*the price*).

majorité [maʒɔri'te], *n.f.* majority.

majuscule [maʒys'kyl], *a.* capital, large.—*n.f.* capital letter.

mal

mal [mal], *n.m.* (*pl.* **maux**) evil, ill; harm; pain, ache, sickness; hardship, misfortune; trouble; repugnance.—*adv.* wrong, badly; *mal à propos*, improperly.

malade [ma'lad], *a.* sick, ill; unhealthy.—*n.* sick person, invalid; patient.

maladie [mala'di], *n.f.* illness, sickness, malady.

maladif [mala'dif], *a.* (*fem.* **-dive**) sickly, puny, ailing, unhealthy.

maladivement [maladiv'mɑ̃], *adv.* morbidly.

maladresse [mala'drɛs], *n.f.* awkwardness, clumsiness; blunder.

maladroit [mala'drwa], *a.* and *n.m.* (*fem.* **-e**) awkward, clumsy, stupid (person).

maladroitement [maladrwat'mɑ̃], *adv.* clumsily.

malais [ma'lɛ], *a.* Malay, Malayan, Malaysian.—*n.m.* Malay (*language*); (**Malais**, *fem.* **-aise**) Malay, Malayan, Malaysian (*person*).

malaise [ma'lɛ:z], *n.m.* uneasiness, discomfort; indisposition.

malaisé [malɛ'ze], *a.* hard, difficult, rough, arduous.

malaisément [malɛze'mɑ̃], *adv.* with difficulty, painfully.

Malaisie [malɛ'zi], **la**, *f.* Malaysia.

malappris [mala'pri], *a.* unmannerly, illbred.—*n.m.* (*fem.* **-e**) ill-bred person, lout.

malard [ma'la:r], *n.m.* mallard, wild drake.

malaria [mala'rja], *n.f.* malaria.

malart [MALARD].

malavisé [malavi'ze], *a.* ill-advised, imprudent, unwise, indiscreet.

malaxer [malak'ze], *v.t.* to mix, knead *or* work up; to massage.

malbâti [malba'ti], *a.* ill-shaped, gawky.—*n.m.* (*fem.* **-e**) ill-favoured person.

malchance [mal'ʃɑ̃:s], *n.f.* ill-luck, mishap, mischance.

malchanceux [malʃɑ̃'sø], *a.* (*fem.* **-euse**) unlucky.

mâle [mɑ:l], *a.* male; manly, virile; masculine.—*n.m.* male; cock.

malédiction [maledik'sjɔ̃], *n.f.* malediction, curse.

maléfice [male'fis], *n.m.* evil spell, sorcery.

maléfique [male'fik], *a.* harmful, malefic, baleful.

malencontre [malɑ̃'kɔ̃:tr], *n.f.* mishap, mischance.

malencontreusement [malɑ̃kɔ̃trøz'mɑ̃], *adv.* unluckily, untowardly.

malencontreux [malɑ̃kɔ̃'trø], *a.* (*fem.* **-euse**) unlucky, untoward.

mal-en-point [malɑ̃'pwɛ̃], *adv.* badly off; in a sorry plight.

malentendu [malɑ̃tɑ̃'dy], *n.m.* misunderstanding, misapprehension, mistake.

malfaçon [malfa'sɔ̃], *n.f.* bad work; malpractice, illicit profit.

malfaire [mal'fɛ:r], *v.i.* (*used only in the inf.*) to do evil.

malfaisant [malfə'zɑ̃], *a.* mischievous; spiteful, malevolent.

malfaiteur [malfɛ'tœ:r], *n.m.* (*fem.* **-trice**) malefactor, evil-doer; offender; thief.

malfamé [malfa'me], *a.* ill-famed, of bad repute.

malformation [malfɔrma'sjɔ̃], *n.f.* malformation.

malgache [mal'gaʃ], *a.* Madagascan.—*n* (**Malgache**) Malagasy, Madagascan.

malgracieusement [malgrasjøz'mɑ̃], *adv.* ungraciously, rudely, uncivilly.

malgracieux [malgra'sjø], *a.* (*fem.* **-euse**) rude, ungracious, uncivil.

malgré [mal'gre], *prep.* in spite of, notwithstanding.

malhabile [mala'bil], *a.* unskilled, awkward.

malhabilement [malabil'mɑ̃], *adv.* unskilfully, awkwardly.

malhabileté [malabil'te], *n.f.* unskilfulness, awkwardness, clumsiness.

malheur [ma'lœ:r], *n.m.* unhappiness, misfortune, bad luck; mischance; calamity, disaster; woe, adversity; poverty.

malheureusement [malœrøz'mɑ̃], *adv.* unfortunately.

malheureux [malœ'rø], *a.* (*fem.* **-euse**) unfortunate, unlucky; unsuccessful; unpleasant; unhappy, miserable, wretched.—*n.m.* (*fem.* **-euse**) unhappy person.

malhonnête [malɔ'nɛ:t], *a.* dishonest; uncivil, rude.—*n.* rude person.

malhonnêtement [malɔnɛt'mɑ̃], *adv.* dishonestly; rudely.

malhonnêteté [malɔnɛt'te], *n.f.* rudeness, incivility; dishonesty.

malice [ma'lis], *n.f.* malice, spite; mischievousness; prank, trick.

malicieusement [malisjøz'mɑ̃], *adv.* maliciously; mischievously; slyly.

malicieux [mali'sjø], *a.* (*fem.* **-euse**) malicious, spiteful; mischievous; roguish.

malignement [maliɲ'mɑ̃], *adv.* malignantly; maliciously.

malignité [maliɲi'te], *n.f.* malignity, spite.

malin [ma'lɛ̃], *a.* (*fem.* **maligne**) malicious, mischievous; malignant; waggish, roguish; cunning, clever.—*n.m.* (*fem.* **maligne**) malignant *or* malicious person.—*n.m.* devil, evil spirit, fiend.

maline [ma'lin], *n.f.* spring tide.

malingre [ma'lɛ̃:gr], *a.* sickly, weakly, puny.

malintentionné [malɛ̃tɑ̃sjɔ'ne], *a.* evil-minded, ill-disposed.

malle [mal], *n.f.* trunk, box; mail-coach, mail boat.

malléabilité [maleabili'te], *n.f.* malleability; pliability.

malléable [male'abl], *a.* malleable.

malle-poste [mal'pɔst], *n.f.* (*pl.* **malles-poste(s)**) mail-coach.

mallette [ma'lɛt], *n.f.* small case, suitcase, attaché-case.

malmener [malmə'ne], *v.t.* (*conjug. like* AMENER) to ill-treat, to handle roughly; to abuse.

malodorant [malɔdɔ'rɑ̃], *a.* malodorous, ill-smelling.

malotru [malɔ'try], *a.* coarse, uncouth, vulgar.—*n.m.* (*fem.* **-e**) ill-bred person; lout.

Malouines [ma'lwin], **les îles**, *f. pl.* the Falkland Islands.

malpeigné [malpɛ'ɲe], *a.* unkempt.—*n.m.* (*fem.* **-ée**) unkempt *or* dirty person.

malplaisant [malplɛ'zɑ̃], *a.* unpleasant, disagreeable.

malpropre [mal'prɔpr], *a.* slovenly, dirty; dishonest; unfit (à).

malproprement [malprɔprə'mɑ̃], *adv.* in a slovenly way, dirtily; improperly.

208

manquement

malpropreté [malprɔprə'te], *n.f.* dirtiness.
malsain [mal'sɛ̃], *a.* unhealthy; unwholesome, injurious.
malséant [malse'ã], *a.* unbecoming, unseemly, improper.
malsonnant [malsɔ'nã], *a.* ill-sounding; offensive.
malt [malt], *n.m.* malt.
maltais [mal'tɛ], *a.* Maltese.—*n.m.* Maltese (*language*); (**Maltais**, *fem.* **-aise**) Maltese (*person*).
Malte [malt], **la**, *f.* Malta.
maltraiter [maltrɛ'te], *v.t.* to ill-use, to maltreat, to abuse.
malveillamment [malvɛja'mã], *adv.* malevolently.
malveillance [malvɛ'jã:s], *n.f.* malevolence, ill-will, malice.
malveillant [malvɛ'jã], *a.* malevolent, malignant, ill-disposed, spiteful.—*n.m.* (*fem.* **-e**) evil-minded person.
malversation [malvɛrsa'sjɔ̃], *n.f.* malversation, peculation, embezzlement.
maman [ma'mã], *n.f.* mamma, mummy.
mamelle [ma'mɛl], *n.f.* breast; udder.
mamelon [mam'lɔ̃], *n.m.* nipple, teat; dug (*of animals*); pap, hillock, knoll.
mameluk [mam'luk], *n.m.* mameluke.
mammouth [ma'mut], *n.m.* mammoth.
manant [ma'nã], *n.m.* peasant, clodhopper.
manche (1) [mã:ʃ], *n.m.* handle; neck (*of violin etc.*).
manche (2) [mã:ʃ], *n.f.* sleeve; hose(-pipe); channel; (*Spt.*) rubber, game, heat.
Manche [mã:ʃ], **la**, *f.* The (English) Channel. *Les Îles de la Manche*, the Channel Islands.
manchette [mã'ʃɛt], *n.f.* cuff; ruffle; wristband.
manchon [mã'ʃɔ̃], *n.m.* muff.
manchot [mã'ʃo], *a.* one-handed, one-armed.—*n.m.* penguin; (*fem.* **-e**) one-handed, one-armed person.
mandarin [mãda'rɛ̃], *a.* and *n.m.* (*fem.* **-ine** (1)) mandarin.
mandarine (2) [mãda'rin], *n.f.* tangerine.
mandat [mã'da], *n.m.* mandate, authority; warrant, writ; money-order, order.
mandataire [mãda'tɛ:r], *n.m.* mandatory; proxy, attorney, agent.
mandchou [mãt'ʃu], *a.* Manchu(rian).—*n.m.* Manchu(rian) (*language*); (**Mandchou**, *fem.* **-oue**) Manchu(rian) (*person*).
Mandchourie [mãtʃu'ri], **la**, *f.* Manchuria.
mandement [mãd'mã], *n.m.* mandate; bishop's letter.
mander [mã'de], *v.t.* to write, to send word, to inform; to send for.
mandoline [mãdɔ'lin], *n.f.* mandolin.
mandoliniste [mãdɔli'nist], *n.* mandolin-player.
manège [ma'nɛ:ʒ], *n.m.* horsemanship; riding-school; merry-go-round; (*fig.*) trick, intrigue.
mânes [mɑ:n], *n.m. pl.* manes, shades.
manette [ma'nɛt], *n.f.* hand-lever, grip; (*Hort.*) trowel.
mangeable [mã'ʒabl], *a.* eatable, edible.
mangeoire [mã'ʒwa:r], *n.f.* manger, crib.
manger [mã'ʒe], *v.t.* (*see Verb Tables*) to eat; (*fig.*) to squander, to run through.—*v.i.* to eat; to feed.—*n.m.* eating; victuals, food.

se manger, *v.r.* to eat each other; to hurt each other; to be edible.
mangeur [mã'ʒœ:r], *n.m.* (*fem.* **-euse**) eater; spendthrift.
mangouste [mã'gust], *n.f.* mongoose.
maniable [ma'njabl], *a.* easy to handle; tractable, supple, pliable.
maniaque [ma'njak], *a.* eccentric, having a mania.—*n.* crank, faddist.
manicure [mani'ky:r], [MANUCURE].
manie [ma'ni], *n.f.* mania; fad, hobby; inveterate habit craze.
maniement [mani'mã], *n.m.* handling; management, use.
manier [ma'nje], *v.t.* to handle; to touch; to use, to wield; to manage, to govern.
manière [ma'njɛ:r], *n.f.* manner, way, style; sort; affectation; (*pl.*) manners; *de manière à*, so as to; *de quelle manière*, how; *manière d'être*, bearing, attitude.
maniéré [manje're], *a.* affected, unnatural, forced.
maniérisme [manje'rism], *n.m.* mannerism.
manifestation [manifɛsta'sjɔ̃], *n.f.* manifestation; (*Polit.*) demonstration.
manifeste [mani'fɛst], *a.* manifest, obvious.—*n.m.* manifesto.
manifestement [manifɛstə'mã], *adv.* manifestly.
manifester [manifɛs'te], *v.t.* to manifest, to display, to show.—*v.i.* to attend a (*political*) demonstration. **se manifester**, *v.r.* to manifest oneself, to make oneself known.
manigance [mani'gã:s], *n.f.* (*fam.*) manœuvre, intrigue.
manigancer [manigã'se], *v.t.* (*conjug. like* COMMENCER) to contrive, to plot.
Manille [ma'ni:j], **la**, *f.* Manila.
manipulateur [manipyla'tœ:r], *n.m.* (*fem.* **-trice**) manipulator.
manipulation [manipylã'sjɔ̃], *n.f.* manipulation.
manipuler [manipy'le], *v.t.* to manipulate; (*Teleg.*) to operate.
manivelle [mani'vɛl], *n.f.* crank; handle.
manne (1) [ma:n], *n.f.* manna.
manne (2) [ma:n], *n.f.* hamper, flat basket.
mannequin (1) [man'kɛ̃], *n.m.* small hamper.
mannequin (2) [man'kɛ̃], *n.m.* lay figure; tailor's dummy; model girl; mannequin.
manœuvre [ma'nœ:vr], *n.f.* working; drilling (*of soldiers*); manœuvre; scheme; move; (*Rail.*) marshalling.—*n.m.* unskilled workman, labourer, navvy.
manœuvrer [manœ'vre], *v.t.* to manœuvre; to work (*a machine*); to shunt (*trains*).
manœuvrier [manœvri'e], *a.* (*fem.* **-ière**) highly trained.—*n.m.* expert seaman; tactician.
manoir [ma'nwa:r], *n.m.* manor; country-house.
manouvrier [manuvri'e], *n.m.* (*fem.* **-ière**) day-labourer.
manquant [mã'kã], *a.* missing, absent, wanting.—*n.m.* (*fem.* **-e**) absentee, defaulter.—*n.m.* (*pl.*) shortages deficiencies.
manque [mã:k] *n.m.* want, lack; defect; deficiency.
manqué [mã'ke], *a.* missed; defective; unsuccessful, abortive.
manquement [mãkə'mã], *n.m.* omission, oversight; failure; breach.

209

manquer [mɑ̃'ke], *v.t.* to miss, to lose; to spoil.—*v.i.* to miss, to fail; to be wanting; to be deficient; to slip; to misfire; to go bankrupt; to miscarry.

mansarde [mɑ̃'sard], *n.f.* roof-window, dormer; garret.

mansardé [mɑ̃sar'de], *a.* with attics.

mansuétude [mɑ̃sɥe'tyd], *n.f.* mildness, gentleness, forbearance.

mante (1) [mɑ̃:t], *n.f.* mantle (*woman's*).

mante (2) [mɑ̃:t], *n.f.* mantis; *mante religieuse*, praying mantis.

manteau [mɑ̃'to], *n.m.* (*pl.* **-eaux**) cloak, mantle; overcoat; (*fig.*) pretence.

mantille [mɑ̃'ti:j], *n.f.* mantilla.

manucure [many'ky:r], **manicure** [mani'ky:r], *n.* manicure (*person*), manicurist.

manuel [ma'nɥɛl], *a.* (*fem.* **-elle**) manual, portable.—*n.m.* manual, textbook.

manuellement [manɥɛl'mɑ̃], *adv.* by hand, manually.

manufacture [manyfak'ty:r], *n.f.* manufacture, making; factory, mill, works.

manufacturer [manyfakty're], *v.t.* to manufacture.

manufacturier [manyfakty'rje], *a.* (*fem.* **-ière**) manufacturing.—*n.m.* manufacturer.

manuscrit [manys'kri], *a.* handwritten.—*n.m.* manuscript.

manutention [manytɑ̃'sjɔ̃], *n.f.* management, administration; manipulation; handling (*of goods etc.*); army bakery.

mappemonde [map'mɔ̃:d], *n.f.* map of the world, planisphere.

maquereau [ma'kro], *n.m.* (*pl.* **-eaux**) mackerel.

maquette [ma'kɛt], *n.f.* (*Sculp.*) small rough model (*in clay, wax etc.*); (*Paint.*) rough sketch; lay figure; (*Theat., Cine.*) model.

maquignon [maki'ɲɔ̃], *n.m.* (*fem.* **-onne**) horse-dealer, jobber.

maquignonnage [makiɲɔ'na:ʒ], *n.m.* horse-dealing; underhand work, jobbery.

maquignonner [makiɲɔ'ne], *v.t.* to jockey to bishop (*a horse for sale*); to job.

maquillage [maki'ja:ʒ], *n.m.* make-up.

maquiller [maki'je], *v.t.* to make up; to fake up. **se maquiller,** *v.r.* to make up *or* paint oneself.

maquilleur [maki'jœ:r], *n.m.* (*fem.* **-euse**) (*Theat.*) maker-up; faker (*of paintings etc.*).

maquis [ma'ki], *n.m. inv.* scrub (*in Corsica*); (*1941–44*) underground forces.

maquisard [maki'za:r], *n.m.* free fighter in the maquis.

maraîcher [mare'ʃe], *a.* (*fem.* **-ère**) of market-gardening.—*n.m.* market-gardener.

marais [ma'rɛ], *n.m.* marsh, fen, bog, swamp.

marasme [ma'rasm], *n.m.* emaciation; (*fig.*) depression; stagnation, slump.

marâtre [ma'rɑ:tr], *n.f.* stepmother; (*fig.*) harsh mother.

maraudage [maro'da:ʒ], *n.m.* marauding.

maraude [ma'ro:d], *n.f.* pilfering.

marauder [maro'de], *v.i.* to pilfer, to go scrounging.

maraudeur [maro'dœ:r], *n.m.* (*fem.* **-euse**) marauder; plunderer.

marbre [marbr], *n.m.* marble.

marbré [mar'bre], *a.* marbled.

marbrer [mar'bre], *v.t.* to marble, to vein.

marbrerie [marbrə'ri], *n.f.* marble-cutting; marble-works.

marbrier [marbri'e], *a.* (*fem.* **-ière**) of marble.—*n.m.* marble-cutter, marble-polisher; dealer in marble.—*n.f.* (**-ière**) marble-quarry.

marbrure [mar'bry:r], *n.f.* marbling; mottling (*on the skin*).

marc [ma:r], *n.m.* residuum (*of fruit etc. squeezed, boiled* or *strained*); dregs, grounds.

Marc [mark], *m.* Mark.

marchand [mar'ʃɑ̃], *a.* saleable, trading.—*n.m.* (*fem.* **-e**) dealer, tradesman, shop-keeper; merchant; *marchand des quatre saisons*, costermonger, barrow-boy; *marchand au détail*, retail merchant; *marchand en gros*, wholesale dealer.

marchandage [marʃɑ̃'da:ʒ], *n.m.* bargaining, haggling; piece-work.

marchander [marʃɑ̃'de], *v.t.* to bargain for; to haggle over; (*fig.*) to spare; to grudge.—*v.i.* to haggle; to hesitate.

marchandeur [marʃɑ̃'dœ:r], *n.m.* (*fem.* **-euse**) bargainer, haggler; contractor on small scale.

marchandise [marʃɑ̃'di:z], *n.f.* merchandise; goods, wares, commodities.

marche (1) [marʃ], *n.f.* walk; gait; march, journey; procession; movement; conduct; *marche arrière*, reversing (*of a car*); *mettre en marche*, to set going.

marche (2) [marʃ], *n.f.* step, stair; treadle.

marché [mar'ʃe], *n.m.* market; market-place; bargain, purchase; price, rate; contract; *à bon marché*, cheaply; *bon marché*, cheap, cheapness.

marchepied [marʃə'pje], *n.m.* step (*of a coach, altar etc.*); step-ladder; running-board.

marcher [mar'ʃe], *v.i.* to walk; to progress; to step, to tread; to march; to run, to ply; to work (*of a machine*).

marcheur [mar'ʃœ:r], *n.m.* (*fem.* **-euse**) walker.

mardi [mar'di], *n.m.* Tuesday; *mardi gras*, Shrove Tuesday.

mare [ma:r], *n.f.* pool, pond.

marécage [mare'ka:ʒ], *n.m.* marsh, bog, fen, swamp.

marécageux [mareka'ʒø], *a.* (*fem.* **-euse**) marshy, swampy, boggy.

maréchal [mare'ʃal], *n.m.* (*pl.* **-aux**) marshal, field-marshal.

maréchalerie [mareʃal'ri], *n.f.* farriery, smithy.

maréchal-ferrant [mareʃalfɛ'rɑ̃], *n.m.* (*pl.* **maréchaux-ferrants**) farrier, shoeing-smith.

marée [ma're], *n.f.* tide, flood; fresh sea-fish.

marelle [ma'rɛl], *n.f.* hopscotch.

mareyeur [mare'jœ:r], *n.m.* fish-factor, fish-salesman.

margarine [marga'rin], *n.f.* margarine.

marge [marʒ], *n.f.* margin, border, edge; (*fig.*) freedom, latitude, scope; means.

margelle [mar'ʒɛl], *n.f.* curb, edge (*of a well etc.*).

Marguerite [margə'rit], *f.* Margaret.

marguerite [margə'rit], *n.f.* daisy.

marguillier [margi'je], *n.m.* churchwarden.

mari [ma'ri], *n.m.* husband.

mariable [ma'rjabl], *a.* marriageable.

mariage [ma'rjaː3], *n.m.* marriage; matrimony; wedding; union, blending.
Marie [ma'ri], *f.* Mary, Maria.
marié [ma'rje], *a.* married.—*n.m.* (*fem.* **-ée**) married man; bridegroom; married woman; bride.
marier [ma'rje], *v.t.* to give in marriage, to marry off; to match. **se marier**, *v.r.* to marry, to get married (*avec*).
marieur [ma'rjœːr], *n.m.* (*fem.* **-euse**) matchmaker.
marin [ma'rɛ̃], *a.* marine; sea-going.—*n.m.* sailor.
marinade [mari'nad], *n.f.* pickle, souse.
marine [ma'rin], *n.f.* sea-service; Admiralty, navy.
mariner [mari'ne], *v.t.* to pickle, to souse.
marinier [mari'nje], *a.* (*fem.* **-ière** (1)) *officiers mariniers*, petty officers.—*n.m.* bargeman, lighter-man.—*n.f.* (**-ière**) (*Swim.*) side-stroke.
marinière (2) [mari'njɛːr], *n.f.* (*Cook.*) onion sauce.
marionnette [marjɔ'nɛt], *n.f.* puppet, marionette; (*pl.*) puppet-show.
marital [mari'tal], *a.* (*m. pl.* **-aux**) marital.
maritalement [marital'mɑ̃], *adv.* maritally, as man and wife.
maritime [mari'tim], *a.* maritime, naval.
marmaille [mar'maːj], *n.f.* (*colloq.*) brats.
marmelade [marmə'lad], *n.f.* compote; (*fig.*) jelly, soup.
marmite [mar'mit], *n.f.* cooking-pot.
marmiteux [marmi'tø], *a.* (*fem.* **-euse**) pitiful, wretched, miserable.—*n.m.* (*fem.* **-euse**) poor devil.
marmiton [marmi'tɔ̃], *n.m.* scullion.
marmonner [marmɔ'ne], *v.t.* to mutter.
marmoréen [marmɔre'ɛ̃], *a.* (*fem.* **-éenne**) marmorean.
marmot [mar'mo], *n.m.* kid, brat, urchin.
marmotte [mar'mɔt], *n.f.* marmot.
marmotter [marmɔ'te], *v.t., v.i.* to mutter, to mumble.
marmouset [marmu'zɛ], *n.m.* grotesque figure; young monkey (*little boy*); fire-dog.
marne [marn], *n.f.* marl, chalk, clay.
marner [mar'ne], *v.t.* to marl.
marneux [mar'nø], *a.* (*fem.* **-euse**) marly.
marnière [mar'njɛːr], *n.f.* marlpit.
Maroc [ma'rɔk], **le,** *m.* Morocco.
marocain [marɔ'kɛ̃], *a.* Moroccan.—*n.m.* (**Marocain,** *fem.* **-aine**) Moroccan (*person*).
maroquin [marɔ'kɛ̃], *n.m.* morocco leather.
maroquiner [marɔki'ne], *v.t.* to morocco.
maroquinerie [marɔkin'ri], *n.f.* morocco-leather manufacture *or* factory.
maroquinier [marɔki'nje], *n.m.* morocco-leather tanner.
marotte [ma'rɔt], *n.f.* cap and bells; hair-dresser's dummy head; (*fig.*) fancy, hobby.
marquant [mar'kɑ̃], *a.* conspicuous, striking.
marque [mark], *n.f.* mark, imprint, stamp; cipher, trade-mark, make; badge, sign, token; proof; distinction.
marqué [mar'ke], *a.* marked, conspicuous, obvious; determined.
marquer [mar'ke], *v.t.* to mark; to stamp; to brand; to indicate; to denote; to testify; to score.—*v.i.* to mark, to be remarkable; to show off.

marqueter [markə'te], *v.t.* (*conjug. like* APPELER) to speckle, to spot; to inlay.
marqueterie [markə'tri], *n.f.* marquetry, inlaid-work, inlaying.
marqueur [mar'kœːr], *n.m.* (*fem.* **-euse**) marker; scorer.
marquis [mar'ki], *n.m.* marquess, marquis.
marquise [mar'kiz], *n.f.* marchioness; marquee, glass porch *or* roof.
marraine [ma'rɛn], *n.f.* godmother; sponsor.
marron (1) [ma'rɔ̃], *a. inv.* maroon, chestnut-colour.—*n.m.* chestnut; cracker (*fireworks*); *marron d'Inde*, horse-chestnut.
marron (2) [ma'rɔ̃], *a.* (*fem.* **-onne**) fugitive, runaway (*of slaves*); (*Comm.*) unlicensed; unqualified (*doctor etc.*).
marronnier [marɔ'nje], *n.m.* chestnut-tree; *marronnier d'Inde*, horse-chestnut-tree.
mars [mars], *n.m.* March.
Marseillaise [marsɛ'jɛːz], *n.f.* Marseillaise (*French national anthem*).
marsouin [mar'swɛ̃], *n.m.* porpoise.
marte [MARTRE].
marteau [mar'to], *n.m.* (*pl.* **-eaux**) hammer; *marteau de porte*, knocker; *marteau pneumatique*, pneumatic drill.
marteau-pilon [martopi'lɔ̃], *n.m.* (*pl.* **marteaux-pilons**) steam-hammer.
martelage [martə'laːj], *n.m.* hammering, marking (*of trees*).
martelé [martə'le], *a.* hammered; (*Mus.*) brilliant and distinct.
marteler [martə'le], *v.t.* (*conjug. like* AMENER) to hammer; to mark (*trees*).
Marthe [mart], *f.* Martha.
martial [mar'sjal], *a.* (*m. pl.* **-aux**) martial, warlike, soldierly.
martinet (1) [marti'nɛ], *n.m.* (*Orn.*) swift, martlet.
martinet (2) [marti'nɛ], *n.m.* tilt-hammer; cat-o'-nine-tails.
martingale [martɛ̃'gal], *n.f.* martingale; *jouer la martingale*, to play double or quits.
martin-pêcheur [martɛ̃pe'[œːr], *n.m.* (*pl.* **martins-pêcheurs**) kingfisher; *martin-pêcheur d'Australie*, laughing jackass.
martre [martr], **marte** [mart], *n.f.* marten.
martyr [mar'tiːr], *n.m.* (*fem.* **martyre** (1)) martyr.
martyre (2) [mar'tiːr], *n.m.* martyrdom.
martyriser [martiri'ze], *v.t.* to martyrize; to torment, to torture.
marxisme [mark'sism], *n.m.* Marxism.
marxiste [mark'sist], *a.* and *n.* Marxist.
mascarade [maska'rad], *n.f.* masquerade.
mascotte [mas'kɔt], *n.f.* mascot, charm.
masculin [masky'lɛ̃], *a.* masculine, male.—*n.m.* (*Gram.*) masculine.
masculiniser [maskylini'ze], *v.t.* to make masculine.
masculinité [maskylini'te], *n.f.* masculinity.
masque [mask], *n.m.* mask; (*fig.*) blind, cloak, pretence; masquerader, mummer; (*Fenc.*) face-guard.
masqué [mas'ke], *a.* masked; disguised; concealed; *virage masqué*, blind corner.
masquer [mas'ke], *v.t.* to mask; to cloak, to disguise; to conceal.
massacrant [masa'krɑ̃], *a.* used chiefly in *être d'une humeur massacrante*, to be in an awful temper.

massacre [ma'sakr], n.m. massacre, butchery, slaughter; (fig.) havoc, waste.

massacrer [masa'kre], v.t. to massacre, to butcher, to murder, to slaughter; (fig.) to bungle.

massacreur [masa'krœːr], n.m. (fem. -euse) slaughterer, slayer; (fig.) bungler.

massage [ma'saːʒ], n.m. massage.

masse (1) [mas], n.f. mass, heap, lump; mob; stock; (Elec.) earth.

masse (2) [mas], n.f. sledge-hammer.

massepain [mas'pɛ̃], n.m. marzipan.

masser [ma'se], v.t. to mass (troops etc.); to massage.

masseur [ma'sœːr], n.m. (fem. -euse) masseur, masseuse.

massier [ma'sje], n.m. mace-bearer.

massif [ma'sif], a. (fem. -ive) massive, bulky, massy, solid; lumpish, heavy.—n.m. clump (of trees, flowers etc.); solid mass or block (of masonry); (Geog.) massif.

massivement [masiv'mã], adv. massively, heavily, solidly.

massiveté [masiv'te], n.f. massiveness.

massue [ma'sy], n.f. club (weapon).

mastic [mas'tik], n.m. mastic; cement; putty; stopping (for teeth, tyres); plastic wood.

masticage [masti'kaːʒ], n.m. cementing, puttying; filling.

mastication [mastika'sjõ], n.f. mastication, chewing.

mastiquer (1) [masti'ke], v.t. to masticate.

mastiquer (2) [masti'ke], v.t. to putty, to cement.

mastodonte [masto'dõːt], n.m. mastodon.

mastoïde [masto'id], a. mastoid.

masure [maˈzyːr], n.f. hovel, tumbledown cottage.

mat (1) [mat], n.m. (Chess) mate.

mat (2) [mat], a. mat, dull, unpolished; dull-sounding; heavy, sodden.

mât [mɑ], n.m. mast; pole.

matador [mata'dɔːr], n.m. matador.

matamore [mata'mɔːr], n.m. blusterer, braggart.

match [matʃ], n.m. (pl. matches) (Spt.) match; match nul, draw.

matelas [ma'tlɑ], n.m. mattress; pad, cushion; toile à matelas, ticking.

matelasser [matla'se], v.t. to stuff, to pad.

matelot [ma'tlo], n.m. sailor, seaman.

matelote [ma'tlɔt], n.f. sailor's wife; fish-stew.

mater (1) [ma'te], v.t. to checkmate; to bring down, to subdue.

mater (2) [ma'te], v.t. to make mat or dull, to deaden.

matérialiser [materjali'ze], v.t. to materialize.

matérialisme [materja'lism], n.m. materialism.

matérialiste [materja'list], a. materialistic.—n. materialist.

matériaux [mate'rjo], n.m. pl. materials.

matériel [mate'rjɛl], a. (fem. -elle) material; gross, rough; heavy, dull.—n.m. material, working-stock, implements, plant.

matériellement [materjɛl'mã], adv. materially; positively; sensually.

maternel [matɛr'nɛl], a. (fem. -elle) maternal, motherly; école maternelle, nursery school.

maternité [matɛrni'te], n.f. maternity.

mathématicien [matemati'sjɛ̃], n.m. (fem. -enne) mathematician.

mathématique [matema'tik], a. mathematical.—n.f. (usu. in pl.) mathematics.

mathématiquement [matematik'mã], adv. mathematically.

matière [ma'tjɛːr], n.f. matter; material; subject-matter; cause, motive; contents; matière première, raw material.

matin [ma'tɛ̃], n.m. morning, forenoon; prime, dawn.—adv. early, early in the morning.

mâtin [mɑ'tɛ̃], n.m. mastiff; big mongrel dog.

matinal [mati'nal], a. (m. pl. -aux) morning, early; early-rising.

matinée [mati'ne], n.f. morning, forenoon; afternoon performance, matinée.

matines [ma'tin], n.f. pl. matins.

matineux [mati'nø], a. (fem. -euse) rising early.

matois [ma'twa], a. cunning, artful, sly.—n.m. (fem. -e) cunning person, sly dog.

matoisement [matwaz'mã], adv. cunningly, slyly.

matoiserie [matwaz'ri], n.f. cunning; wile.

matou [ma'tu], n.m. tom-cat; (fam.) curmudgeon.

matraque [ma'trak], n.f. bludgeon; truncheon.

matriarcal [matriar'kal], a. (m. pl. -aux) matriarchal.

matriarcat [matriar'ka], n.m. matriarchy.

matrice [ma'tris], n.f. womb, matrix.

matricide [matri'sid], a. matricidal.—n. matricide (person).—n.m. matricide (crime).

matricule [matri'kyl], n.f. register, roll; matriculation.—n.m. regimental number (of a soldier); number (of a rifle etc.).

matrimonial [matrimo'njal], a. (m. pl. -aux) matrimonial.

Matthieu [ma'tjø], m. Matthew.

maturation [matyra'sjõ], n.f. maturation.

mâture [mɑ'tyːr], n.f. masting, masts and spars.

maturité [matyri'te], n.f. maturity, ripeness.

maudire [mo'diːr], v.t. irr. to curse; to detest.

maudissable [modi'sabl], a. execrable, detestable.

maudit [mo'di], a. cursed, accursed; wretched.

maugréer [mogre'e], v.i. to fret and fume, to curse and swear.

maure [MORE].

Maurice [mɔ'ris], m. Maurice, l'île Maurice, Mauritius.

Mauritanie [mɔrita'ni], la, f. Mauritania.

mauritanien [mɔrita'njɛ̃], a. (fem. -enne) Mauritanian.—n.m. (Mauritanien, fem. -enne) Mauritanian (person).

mausolée [mozo'le], n.m. mausoleum.

maussade [mo'sad], a. sulky sullen, cross; disagreeable, dull.

maussadement [mosad'mã], adv. disagreeably, sullenly, peevishly.

maussaderie [mosa'dri], n.f. sullenness, sulkiness.

mauvais [mo'vɛ], a. bad ill, evil; naughty mischievous; hurtful; wrong; unpleasant; wretched; nasty.—n.m. bad.—adv. bad, badly, wrong.

mauve [moːv] a. mauve.—n.f. (Bot.) mallow.

212

maxillaire [maksi'lɛ:r], *a.* maxillary.—*n.m.* jaw-bone.

maxime [mak'sim], *n.f.* maxim.

maximum [maksi'mɔm], *a. (fem.* **maxima**) maximum.—*n.m. (pl.* **maxima** or **maximums**) maximum; acme.

mayonnaise [majo'nɛːz], *n.f.* mayonnaise.

mazout [ma'ʒut], *n.m.* fuel oil.

me [mə], *pron. pers.* me; to me.

méandre [me'ɑ̃:dr], *n.m.* meander, winding.

mécanicien [mekani'sjɛ̃], *n.m.* mechanic; engine-driver, *(Am.)* engineer; *ingénieur mécanicien*, mechanical engineer.

mécanique [meka'nik], *a.* mechanical.—*n.f.* mechanics; mechanism, machinery; machine.

mécaniquement [mekanik'mɑ̃], *adv.* mechanically.

mécanisation [mekaniza'sjɔ̃], *n.f.* mechanization.

mécaniser [mekani'ze], *v.t.* to mechanize.

mécanisme [meka'nism], *n.m.* mechanism, machinery.

méchamment [meʃa'mɑ̃], *adv.* wickedly; maliciously.

méchanceté [meʃɑ̃s'te], *n.f.* wickedness; spitefulness; naughtiness.

méchant [me'ʃɑ̃], *a.* wicked, evil, bad; spiteful, malicious; naughty; paltry; vicious *(of an animal)*; nasty.—*n.m. (fem.* **-e**) wicked person, evil-doer; naughty child.

mèche [mɛ:ʃ], *n.f.* wick *(of candle)*; fuse; bit, drill; worm *(of screws)*; lock *(of hair)*.

mécompte [me'kɔ̃:t], *n.m.* miscalculation; mistake; disappointment.

méconnaissable [mekɔnɛ'sabl], *a.* unrecognizable.

méconnaissance [mekɔnɛ'sɑ̃:s], *n.f.* misappreciation, misreading; ingratitude.

méconnaître [mekɔ'nɛːtr], *v.t. irr. (conjug. like* CONNAÎTRE) not to recognize; to disown; to disregard, to ignore; to misjudge. **se méconnaître,** *v.r.* to forget oneself.

méconnu [mekɔ'ny], *a.* unrecognized, unacknowledged; ignored, disowned.

mécontent [mekɔ̃'tɑ̃], *a.* displeased, dissatisfied.—*n.m. (fem.* **-e**) malcontent.

mécontentement [mekɔ̃tɑ̃t'mɑ̃], *n.m.* dissatisfaction, discontent.

mécontenter [mekɔ̃tɑ̃'te], *v.t.* to displease.

Mecque [mɛk], **la,** *f.* Mecca.

mécréant [mekre'ɑ̃], *n.m. (fem.* **-e**) unbeliever, infidel.

médaille [me'da:j], *n.f.* medal; *(Arch.)* medallion.

médaillé [meda'je], *a.* with a medal as a reward; having a badge *(of hawker, porter etc.)*.—*n.m. (fem.* **-ée**) holder of a medal.

médaillon [meda'jɔ̃], *n.m.* medallion; locket.

médecin [med'sɛ̃], *n.m.* physician, doctor; *faire venir le médecin,* to send for the doctor.

médecine [med'sin], *n.f.* medicine.

médiateur [medja'tœːr], *a. (fem.* **-trice**) mediatory.—*n.m. (fem.* **-trice**) mediator.

médiation [medja'sjɔ̃], *n.f.* mediation.

médical [medi'kal], *a. (m. pl.* **-aux**) medical.

médicament [medika'mɑ̃], *n.m.* medicine, drug.

médicamenter [medikamɑ̃'te], *v.t.* to physic, to doctor.

médication [medika'sjɔ̃], *n.f.* medication.

médicinal [medisi'nal], *a. (m. pl.* **-aux**) medicinal.

médiéval [medje'val], *a. (m. pl.* **-aux**) medi(a)eval.

médiocre [me'djɔkr], *a.* mediocre, middling; moderate.—*n.m.* mediocrity.

médiocrement [medjɔkrə'mɑ̃], *adv.* middlingly, indifferently; poorly; barely.

médiocrité [medjɔkri'te], *n.f.* mediocrity.

médire [me'di:r], *v.i. irr.* to slander, to speak ill of, to traduce.

médisance [medi'zɑ̃:s], *n.f.* slander, scandal.

médisant [medi'zɑ̃], *a.* slanderous, scandalous.—*n.m. (fem.* **-e**) slanderer, scandalmonger.

méditatif [medita'tif], *a. (fem.* **-tive**) meditative, pensive.

méditation [medita'sjɔ̃], *n.f.* meditation.

méditer [medi'te], *v.t.* to meditate, to think over; to plan.—*v.i.* to meditate, to muse.

méditerrané [mediterra'ne], *a.* inland; *la* **(Mer)** *Méditerranée* the Mediterranean (Sea).

méditerranéen [mediterrane'ɛ̃], *a. (fem.* **-enne**) Mediterranean.

médium [me'djɔm], *n.m.* medium.

médoc [me'dɔk], *n.m.* or *vin de Médoc,* Médoc *(claret)*.

meeting [mi'tiŋ], *n.m. (Polit., Spt.)* meeting.

méfait [me'fɛ], *n.m.* misdeed, crime.

méfiance [me'fjɑ̃:s], *n.f.* mistrust, distrust, suspicion.

méfiant [me'fjɑ̃], *a.* distrustful, suspicious.

méfier (se) [sǝme'fje], *v.r.* to mistrust, to distrust, to be suspicious of *(de)*.

mégaphone [mega'fɔn], *n.m.* megaphone.

mégarde [me'gard], *n.f.* inadvertence; *par mégarde,* inadvertently.

mégère [me'ʒɛ:r], *n.f.* shrew, vixen.

mégot [me'go], *n.m. (pop.)* cigar-stump, cigarette-end.

meilleur [me'jœːr], *a.* better; preferable; *le meilleur,* the best; *meilleur marché,* cheaper; *de meilleure heure,* earlier.—*n.m.* best.

mélancolie [melɑ̃kɔ'li], *n.f.* melancholy, sadness, gloom, dejection.

mélancolique [melɑ̃kɔ'lik], *a.* melancholy; dismal, gloomy.

mélancoliquement [melɑ̃kɔlik'mɑ̃], *adv.* gloomily.

mélange [me'lɑ̃:ʒ], *n.m.* mixture, mingling; blending *(of tea)*; medley, mash *(for brewing)*.

mélanger [melɑ̃'ʒe], *v.t.* and *se mélanger,* *v.r. (conjug. like* MANGER) to mix, to mingle, to blend.

mélasse [me'las], *n.f.* molasses treacle.

mêlé [me'le], *a.* mixed; miscellaneous.

mêlée [me'le], *n.f.* conflict, fray; scramble, scuffle, free-fight; *(Rugby)* scrum.

mêler [me'le], *v.t.* to mingle, to mix; to blend; to jumble; to entangle, to involve; to shuffle *(cards)*. **se mêler,** *v.r.* to mingle to blend, to intermingle; to trouble oneself *(de)*; to interfere *(de)*; to have a hand in; to get entangled, to get mixed up *(dans)*; *mêlez-vous de vos affaires,* mind your own business.

mélèze [me'lɛ:z], *n.m.* larch.

mélodie [melo'di], *n.f.* melody; melodiousness.

213

mélodieusement [melɔdjøz'mɑ̃], *adv.* tunefully.

mélodieux [melɔ'djø], *a.* (*fem.* **-euse**) melodious, musical, tuneful.

mélodramatique [melɔdrama'tik], *a.* melodramatic.

mélodrame [melɔ'dram], *n.m.* melodrama.

melon [mə'lɔ̃], *n.m.* melon; bowler (hat).

membrane [mɑ̃'brɑ̃], *n.f.* membrane; web (*of duck's foot etc.*).

membraneux [mɑ̃bra'nø], *a.* (*fem.* **-euse**) membranous.

membre [mɑ̃:br], *n.m.* limb; member.

membrure [mɑ̃'bry:r], *n.f.* limbs, frame (*of a person etc.*); ribs, timbers (*of a ship*).

même [mɛ:m], *a.* same; self, self-same, very same; *moi-même*, myself.—*adv.* even, also; *à même de*, in a position to, able to; *de même*, likewise; *quand même*, even though; *tout de même*, all the same.

mémoire (1) [me'mwa:r], *n.f.* memory; remembrance; commemoration; fame; *de mémoire* from memory; *de mémoire d'homme*, within living memory.

mémoire (2) [me'mwa:r], *n.m.* memorandum, bill, statement of account; (*Sci., Lit.*) treatise; memorial; (*pl.*) memoirs.

mémorable [memɔ'rabl], *a.* memorable.

mémorandum [memɔrɑ̃'dɔm], *n.m.* memorandum; notebook.

mémorial [memɔ'rjal], *n.m.* (*pl.* **-aux**) memorial; memoirs; (*Comm.*) waste-book.

menaçant [məna'sɑ̃], *a.* menacing, threatening.

menace [mə'nas], *n.f.* menace, threat.

menacer [məna'se], *v.t.* (*conjug. like* COMMENCER) to threaten, to menace; to forebode; to impend.

ménage [me'na:ʒ], *n.m.* housekeeping; household, family, married couple; household equipment; economy; *faire bon ménage*, to live happily together; *faire des ménages*, to go out charring; *femme de ménage*, charwoman.

ménagement [menaʒ'mɑ̃], *n.m.* regard, circumspection, caution, discretion.

ménager [mena'ʒe], *v.t.* (*conjug. like* MANGER) to be sparing of, to save; to be careful of, to treat with caution, to humour; to procure; to contrive. **se ménager**, *v.r.* to take care of oneself; to spare oneself.—*a.* (*fem.* **-ère**) thrifty, sparing, frugal; household.—*n.f.* (**-ère**) housewife, housekeeper; cruet-stand; canteen (*of cutlery*).

ménagerie [menaʒ'ri], *n.f.* menagerie.

mendiant [mɑ̃'djɑ̃], *n.m.* (*fem.* **-e**) beggar, mendicant.

mendicité [mɑ̃disi'te], *n.f.* begging, mendicity.

mendier [mɑ̃'dje], *v.t.* to beg for.—*v.i.* to beg.

mener [mə'ne], *v.t.* (*conjug. like* AMENER) to guide, to conduct, to lead; to drive (*a carriage*); to steer (*a boat etc.*); to bring, to take; to manage.—*v.i.* to lead, to conduct, to go.

ménestrel [menɛs'trɛl], *n.m.* minstrel.

meneur [mə'nœ:r], *n.m.* (*fem.* **-euse**) driver, leader; agitator, ringleader.

méningite [menɛ̃'ʒit], *n.f.* meningitis.

menotte [mə'nɔt], *n.f.* (*colloq.*) little hand (*of a child*); (*pl.*) handcuffs.

menotter [mənɔ'te], *v.t.* to handcuff.

mensonge [mɑ̃'sɔ̃:ʒ], *n.m.* lie, falsehood, untruth.

mensonger [mɑ̃sɔ̃'ʒe], *a.* (*fem.* **-ère**) lying, untrue, false.

menstruation [mɑ̃strчa'sjɔ̃], *n.f.* menstruation.

menstrues [mɑ̃'stry], *n.f. pl.* menstrua, periods.

mensualité [mɑ̃sчali'te], *n.f.* monthly payment.

mensuel [mɑ̃'sчɛl], *a.* (*fem.* **-elle**) monthly.

mensuellement [mɑ̃sчɛl'mɑ̃], *adv.* monthly.

mensuration [mɑ̃syra'sjɔ̃], *n.f.* measurement.

mental [mɑ̃'tal], *a.* (*m. pl.* **-aux**) mental.

mentalement [mɑ̃tal'mɑ̃], *adv.* mentally.

mentalité [mɑ̃tali'te], *n.f.* mentality.

menteur [mɑ̃'tœ:r], *a.* (*fem.* **-euse**) lying, false, deceitful.—*n.m.* (*fem.* **-euse**) liar, story-teller.

menthe [mɑ̃:t], *n.f.* mint.

mention [mɑ̃'sjɔ̃], *n.f.* mention; (*sch.*) *reçu avec mention*, passed with distinction.

mentionner [mɑ̃sjɔ'ne], *v.t.* to mention, to name.

mentir [mɑ̃'ti:r], *v.i. irr.* (*conjug. like* SENTIR) to lie, to tell a lie *or* untruth.

menton [mɑ̃'tɔ̃], *n.m.* chin.

mentor [mɑ̃'tɔ:r], *n.m.* mentor, guide, tutor.

menu [mə'ny], *a.* slender, spare, thin, small; petty.—*n.m.* minute detail, particulars; menu, bill of fare; *par le menu*, in detail.—*adv.* small, fine, minutely, in small pieces; *hacher menu*, to mince.

menuet [mə'nчɛ], *n.m.* minuet.

menuiser [mənчi'ze], *v.t.* to saw, cut etc. (*wood*).—*v.i.* to do joiner's work.

menuiserie [mənчiz'zri], *n.f.* woodwork, joinery, joiner's work.

menuisier [mənчi'zje], *n.m.* joiner, carpenter.

méprendre (se) [səme'prɑ̃:dr], *v.r. irr.* (*conjug. like* PRENDRE) to mistake, to be mistaken.

mépris [me'pri], *n.m.* contempt, scorn.

méprisable [mepri'zabl], *a.* contemptible, despicable.

méprisant [mepri'zɑ̃], *a.* contemptuous, scornful.

méprise [me'pri:z], *n.f.* mistake, misunderstanding.

mépriser [mepri'ze], *v.t.* to despise, to scorn.

mer [mɛ:r], *n.f.* sea; *aller au bord de la mer*, to go to the seaside; *en pleine mer*, on the open sea; *mal de mer*, seasickness.

mercantile [mɛrkɑ̃'til], *a.* mercantile, commercial; (*fig.*) mercenary.

mercenaire [mɛrsə'nɛ:r], *a.* mercenary, venal.—*n.m.* mercenary, hireling.

mercerie [mɛrsə'ri], *n.f.* haberdashery.

merci [mɛr'si], *n.f.* (*no pl.*) mercy, discretion, will.—*n.m.* thanks.—*int.* thank you, thanks.

mercier [mɛr'sje], *n.m.* (*fem.* **-ière**) haberdasher.

mercredi [mɛrkrə'di], *n.m.* Wednesday; *mercredi des Cendres*, Ash Wednesday.

mercure [mɛr'ky:r], *n.m.* mercury, quicksilver.

mercuriel [mɛrky'rjɛl], *a.* (*fem.* **-elle**) mercurial.

mère [mɛ:r], *n.f.* mother; dam (*of animals*); (*fig.*) cause, reason.

méridien [meri'djɛ̃], *a.* (*fem.* **-enne**) and *n.m.* meridian.—*n.f.* (**-enne**) siesta.

méridional [meridjo'nal], *a.* (*m. pl.* **-aux**) meridional, southern.—*n.m.* (*fem.* **-e**) person of the Midi, southerner.

meringue [mə'rɛ̃:g], *n.f.* meringue (*confection*).

mérinos [meri'noːs], *n.m.* merino sheep; merino wool; merino (*material*).

merise [mə'riːz], *n.f.* wild cherry.

merisier [mari'zje], *n.m.* wild cherry-tree.

méritant [meri'tɑ̃], *a.* meritorious, worthy.

mérite [me'rit], *n.m.* merit, worth; desert.

mériter [meri'te], *v.t.* to deserve, to merit; to earn.—*v.i.* to be deserving (*de*).

méritoire [meri'twaːr], *a.* meritorious.

méritoirement [meritwar'mɑ̃], *adv.* meritoriously, deservingly.

merlan [mɛr'lɑ̃], *n.m.* whiting.

merle [mɛrl], *n.m.* blackbird.

merluche [mɛr'lyʃ], *n.f.* hake; dried cod.

merveille [mɛr'vɛːj], *n.f.* wonder, marvel, prodigy; *à merveille*, wonderfully well.

merveilleusement [mɛrvɛjøz'mɑ̃], *adv.* wonderfully, admirably.

merveilleux [mɛrvɛ'jø], *a.* (*fem.* **-euse**) wonderful, marvellous.—*n.m.* the wonderful the marvellous part.

mes [me], *pl.* [MON].

mésalliance [meza'ljɑ̃ːs], *n.f.* misalliance, bad match.

mésallier [meza'lje], *v.t.* to marry off (*somebody*) badly; (*fig.*) to disparage. **se mésallier**, *v.r.* to marry beneath one.

mésange [me'zɑ̃ːʒ], *n.f.* (*Orn.*) tit.

mésangette [mezɑ̃'ʒɛt], *n.f.* bird-trap.

mésaventure [mezavɑ̃'tyːr], *n.f.* mischance, misadventure, misfortune.

mésentente [mezɑ̃'tɑ̃ːt], *n.f.* misunderstanding; disagreement.

mésestime [mezɛs'tim], *n.f.* low esteem.

mésestimer [mezɛsti'me], *v.t.* to underestimate, to underrate.

mésintelligence [mezɛ̃teli'ʒɑ̃ːs], *n.f.* misunderstanding, variance, disagreement.

mesmérisme [mesme'rism], *n.m.* mesmerism.

mesquin [mɛs'kɛ̃], *a.* shabby; paltry; mean.

mesquinement [mɛskin'mɑ̃], *adv.* shabbily, meanly.

mesquinerie [mɛskin'ri], *n.f.* meanness, shabbiness.

mess [mes], *n.m. inv.* (*Mil.*) mess.

message [mɛ'saːʒ], *n.m.* message.

messager [mesa'ʒe], *n.m.* (*fem.* **-ère**) messenger; carrier; (*fig.*) forerunner.

messagerie [mesa'ʒri], *n.f.* shipping office; carriage of goods; goods department; parcels office; *messageries maritimes*, shipping service.

messe [mes], *n.f.* (*R.-C. Ch.*) mass.

messéance [mese'ɑ̃ːs], *n.f.* unseemliness, impropriety.

messéant [mese'ɑ̃], *a.* unseemly, unbecoming, improper.

messeigneurs [mese'nœːr], *pl.* [MONSEIGNEUR].

Messie [me'si], *m.* Messiah.

messieurs [me'sjø], *pl.* [MONSIEUR].

mesurable [məzy'rabl], *a.* measurable.

mesurage [məzy'raːʒ], *n.m.* measurement, measuring.

mesure [mə'zyːr], *n.f.* measure; gauge, standard; measurement, extent, limit; (*fig.*)

moderation; dimension; (*Mus.*) bar; (*Pros.*) metre; *à mesure que*, in proportion as, as; *outre mesure*, excessively; *se mettre en mesure de*, to prepare to, to get ready to.

mesuré [məzy're], *a.* measured, regular; cautious.

mesurer [məzy're], *v.t.* to measure; to proportion; to calculate; to compare, to consider. **se mesurer**, *v.r.* to try one's strength; (*fig.*) to vie, to contend, to cope.

mesureur [məzy'rœːr], *n.m.* measurer; meter.

mésusage [mezy'zaːʒ], *n.m.* misuse, abuse.

mésuser [mezy'ze], *v.i.* to misuse, to abuse (*de*).

métabolisme [metabo'lism], *n.m.* metabolism.

métairie [mete'ri], *n.f.* land, small farm.

métal [me'tal], *n.m.* (*pl.* **-aux**) metal.

métallique [meta'lik], *a.* metallic.

métallurgie [metalyr'ʒi], *n.f.* metallurgy.

métallurgiste [metalyr'ʒist], *n.m.* metallurgist.

métamorphose [metamɔr'foːz], *n.f.* metamorphosis, transformation.

métaphore [meta'fɔːr], *n.f.* metaphor.

métaphorique [metafɔ'rik], *a.* metaphorical.

métaphoriquement [metafɔrik'mɑ̃], *adv.* metaphorically.

métaphysique [metafi'zik], *a.* metaphysical, —*n.f.* metaphysics.

métatarse [meta'tars], *n.m.* (*Anat.*) metatarsus.

métayage [mete'jaːʒ], *n.m.* metayage.

métayer [mete'je], *n.m.* (*fem.* **-ère**) small farmer.

météo [mete'o], *n.f.* (*fam.*) meteorology; weather-report; meteorological office.

météore [mete'ɔːr], *n.m.* meteor.

météorique [mete'ɔ'rik], *a.* meteoric.

météorite [meteɔ'rit], *n.m.* or *f.* meteorite.

météorologie [meteɔrɔlɔ'ʒi], *n.f.* meteorology.

météorologique [meteɔrɔlɔ'ʒik], *a.* meteorological.

météorologiste [meteɔrɔlɔ'ʒist], **météorologue** [meteɔrɔ'lɔg], *n.* meteorologist.

méthane [me'tan], *n.m.* marsh gas, methane.

méthode [me'tɔd], *n.f.* method, system; way.

méthodique [metɔ'dik], *a.* methodical, systematic.

méthodiquement [metɔdik'mɑ̃], *adv.* methodically.

méthodisme [metɔ'dism], *n.m.* Methodism.

méthodiste [metɔ'dist], *a. and n.* Methodist.

méticuleusement [metikyløz'mɑ̃], *adv.* meticulously.

méticuleux [metiky'lø], *a.* (*fem.* **-euse**) meticulous, fastidious.

méticulosité [metikylɔzi'te], *n.f.* meticulousness.

métier [me'tje], *n.m.* trade, business, calling, craft, profession; loom, frame; *arts et métiers*, arts and crafts; *corps de métier*, corporation, guild; *gens de métier* professionals; *homme de métier*, craftsman; *métier manuel*, handicraft.

métis [me'tiːs], *a.* (*fem.* **-isse**) half-caste, cross-bred; hybrid (*plant*); mongrel (*dog*).—*n.m.* (*fem.* **-isse**) half-caste; mongrel (*dog*).

métissage [meti'saːʒ], *n.m.* cross-breeding.

métisser [meti'se], *v.t.* to cross-breed.

métrage

métrage [me'tra:ʒ], *n.m.* measurement (*in metres*); (*Cine.*) *court métrage*, short film.
mètre [mɛtr], *n.m.* metre (1.09 *yards*); rule, measure (*of 1 metre*); (*Pros.*) metre.
métrer [me'tɛ], *v.t.* (*conjug. like* CÉDER) to measure (*by the metre*).
métreur [me'trœ:r], *n.m.* quantity-surveyor.
métrique [me'trik], *a.* metric (*system etc.*); (*Pros.*) metrical.—*n.f.* scansion.
métro [me'tro], *n.m.* (*colloq. abbr. of* *chemin de fer métropolitain*) the underground (railway), the tube (*in Paris*), (*Am.*) the subway.
métropole [metro'pɔl], *n.f.* mother country; metropolis.
métropolitain [metropoli'tɛ̃], *a.* metropolitan.—*n.m.* metropolitan, archbishop; underground railway.
mets [mɛ], *n.m.* dish, food, viands.
mettable [mɛ'tabl], *a.* fit to be worn, wearable.
metteur [mɛ'tœ:r], *n.m.* *metteur en scène*, (*Theat.*) producer, (*Cine.*) director.
mettre [mɛtr], *v.t. irr.* to put, to set, to place; to put on, to wear; to employ; to contribute, to expend; to suppose, to imagine; *mettre en marche* or *en mouvement*, to start up, to set going; *mettre quelqu'un en état de*, to enable someone to; *mettre un habit*, to put on a coat. **se mettre**, *v.r.* to put or place oneself; to dress; to begin (à) to take to; *se mettre à parler*, to begin to speak; *se mettre à table*, to sit down to table; *se mettre bien*, to dress well; *se mettre en route*, to start.
meuble [mœbl], *a.* movable; *biens meubles*, (*Law*) personal property.—*n.m.* piece of furniture; (*pl.*) furniture.
meublé [mœ'ble], *a.* furnished.—*n.m.* a furnished room or flat.
meubler [mœ'ble], *v.t.* to furnish; to stock, to store. **se meubler**, *v.r.* to furnish one's home.
meule [mœ:l], *n.f.* millstone, grindstone; (*Agric.*) stack, rick (*of corn, hay etc.*); (*Hort.*) hotbed.
meunerie [mœn'ri], *n.f.* miller's trade; (*collect.*) millers.
meunier [mœ'nje], *n.m.* miller; chub (*fish*).
meunière [mœ'njɛ:r], *n.f.* miller's wife.
meurtre [mœrtr], *n.m.* murder.
meurtrier [mœrtri'e], *a.* (*fem.* **-ière**) murdering, murderous, deadly; killing.—*n.m.* (*fem.* **-ière** (1)) murderer, murderess.
meurtrière (2) [mœrtri'ɛ:r], *n.f.* (*Fort.*) loophole.
meurtrir [mœr'tri:r], *v.t.* to bruise, to make black and blue.
meurtrissure [mœrtri'sy:r], *n.f.* bruise.
meute [mø:t], *n.f.* pack (*of hounds etc.*).
mévendre [me'vɑ̃:dr], *v.t.* to sell at a loss.
mévente [me'vɑ̃:t], *n.f.* selling at a loss; slump.
mexicain [mɛksi'kɛ̃], *a.* Mexican.—*n.m.* (**Mexicain** *fem.* **-aine**) Mexican (*person*).
Mexico [mɛksi'ko], *m.* Mexico City.
Mexique [mɛk'sik], **le**, *m.* Mexico.
mi [mi], *n.m.* (*Mus.*) mi; the note E.
mi- [mi], *comb. form.* half, demi-, semi-; mid, middle; à *mi-chemin*, half-way; à *mi-corps*, up to the waist; à *mi-côte*, half-way

up the hill; à *mi-jambe*, half-way up the leg; *la mi-août*, the middle of August.
miaou [mjau], *n.m. inv.* (*fam.*) mew, miaow; cat.
miaulement [mjol'mɑ̃], *n.m.* mewing.
miauler [mjo'le], *v.i.* to mew; to caterwaul.
mica [mi'ka], *n.m.* mica.
miche [miʃ], *n.f.* round loaf.
Michel [mi'ʃɛl], *m.* Michael; *la Saint-Michel*, Michaelmas.
Michel-Ange [mikɛl'ɑ̃:ʒ], *m.* Michelangelo.
micheline [miʃ'lin], *n.f.* rail-car.
micro [mi'kro], *n.m.* (*fam. abbr. of* **microphone**) mike.
microbe [mi'krɔb], *n.m.* microbe.
microcosme [mikro'kɔsm], *n.m.* microcosm.
microfilm [mikro'film], *n.m.* microfilm.
micromètre [mikro'mɛtr], *n.m.* micrometer.
micro-organisme [mikroorga'nism], *n.m.* micro-organism.
microphone [mikro'fɔn], *n.m.* microphone.
microscope [mikros'kɔp], *n.m.* microscope.
microscopique [mikrosko'pik], *a.* microscopic.
midi [mi'di], *n.m.* noon, midday, twelve o'clock (*in the day*); meridian; south; *le Midi* (*de la France*), the South of France.
midinette [midi'nɛt], *n.f.* (*fam.*) young dressmaker or milliner in Paris.
mie [mi], *n.f.* crumb; soft part of loaf.
miel [mjɛl], *n.m.* honey; *lune de miel*, honeymoon.
miellé [mjɛ'le], *a.* honeyed; like honey; (*fig.*) sweet, bland.
miellée [mjɛ'le], **miellure** [mjɛ'ly:r], *n.f.* honeydew.
mielleusement [mjɛløz'mɑ̃], *adv.* sweetly, blandly, honey-like.
mielleux [mjɛ'lø], *a.* (*fem.* **-euse**) honeyed; sweet, bland.
mien [mjɛ̃], *a. poss. and pron. poss.* (*fem.* **mienne**) mine; *le mien, la mienne, les miens, les miennes*, mine, my own.
miette [mjɛt], *n.f.* crumb, bit, morsel.
mieux [mjø], *adv.* better; correctly; more agreeably, more comfortably etc.; rather, more; *faute de mieux*, for want of better; *mieux vaut tard que jamais*, better late than never; *tant mieux*, so much the better; *valoir mieux*, to be better, to be worth more.—*n.m.* best thing; improvement.
mièvre [mjɛ:vr], *a.* finical, affected; delicate (*child*), fragile.
mièvrerie [mjɛvrə'ri], **mièvreté** [mjɛvrə'te], *n.f.* affectation.
mignard [mi'na:r], *a.* delicate, pretty, dainty; mincing, affected.
mignardement [miɲardə'mɑ̃], *adv.* delicately, daintily; mincingly.
mignarder [miɲar'de], *v.t.* to fondle, to pet, to indulge.
mignardise [miɲar'di:z], *n.f.* delicacy, prettiness, daintiness; affectation, mincing ways.
mignon [mi'nɔ̃], *a.* (*fem.* **-onne**) delicate, pretty, dainty; sweet; neat, tiny.—*n.m.* (*fem.* **-onne**) darling, pet, favourite.
mignonnement [miɲɔn'mɑ̃], *adv.* daintily, prettily.
migraine [mi'grɛ:n], *n.f.* sick headache; migraine.

migrateur [migra'tœːr], *a.* (*fem.* **-trice**) migratory.

migration [migra'sjɔ̃], *n.f.* migration.

migratoire [migra'twaːr], *a.* migratory.

mijoter [miʒɔ'te], *v.t., v.i.* to cook slowly to stew; to simmer; (*fig.*) to plot, to brew.

mil (1) [MILLE (2)].

mil (2) [mil] *n.m.* millet.

milan [mi'lɑ̃], *n.m.* kite (*bird*).

milice [mi'lis], *n.f.* militia; (*fig.*) troops, soldiery.

milicien [mili'sjɛ̃], *n.m.* militiaman.

milieu [mi'ljø], *n.m.* (*pl.* **-eux**) middle, midst; heart, centre; mean; environment, surroundings; *au beau milieu*, in the very middle.

militaire [mili'tɛːr], *a.* military.—*n.m.* soldier.

militairement [militɛr'mɑ̃], *adv.* in a soldier-like manner.

militant [mili'tɑ̃], *a.* militant.

militer [mili'te], *v.i.* to militate (*pour* or *contre*).

(*C*) **millage** [mi'laːʒ], *n.m.* mileage.

mille (1) [mil], *n.m.* mile (*English mile, 1609·3 metres*).

mille (2) [mil], *a. inv.* and *n.m. inv.* (**mil** *in dates of the Christian era*) thousand, a thousand, one thousand.

millénaire [mille'nɛːr], *a.* millenary.—*n.m.* millennium.

mille-pattes [mil'pat] *n.m. inv.* centipede.

millésime [mile'zim], *n.m.* date (*on a coin, monument etc.*).

millet [mi'jɛ], *n.m.* millet, millet grass.

milliard [mi'ljaːr], *n.m.* one thousand millions, (*Am.*) one billion.

milliardaire [miljar'dɛːr], *a.* and *n.* multi-millionaire(ss).

millibar [milli'bar], *n.m.* (*Meteor.*) millibar.

millième [mi'ljɛm], *a.* and *n.m.* thousandth.

millier [mi'lje], *n.m.* thousand.

milligramme [milli'gram], *n.m.* milli-gramme (·*0154 grain*).

millimètre [milli'mɛtr], *n.m.* millimetre (·*03937 in.*).

million [mi'ljɔ̃], *n.m.* million.

millionième [miljo'njɛːm], *a.* and *n.m.* millionth.

millionnaire [miljo'nɛːr], *a.* and *n.* million-aire(ss).

mime [mim], *n.m.* mime; mimic.

mimer [mi'me], *v.t., v.i.* to mimic, to mime.

mimi [mi'mi], *n.m.* (*Childish*) cat, pussy; darling, ducky.

mimique [mi'mik], *a.* mimic, mimetic.—*n.f.* art of mimicry.

mimosa [mimo'za], *n.m.* mimosa.

minable [mi'nabl], *a.* (*colloq.*) seedy, shabby.

minaret [mina'rɛ], *n.m.* minaret.

minauder [mino'de], *v.i.* to smirk, to simper.

minauderie [mino'dri], *n.f.* affected *or* mincing manners, simpering, smirking.

minaudier [mino'dje], *a.* (*fem.* **-ière**) affected, lackadaisical.—*n.m.* (*fem.* **-ière**) affected person.

mince [mɛ̃ːs], *a.* thin, slender, slim; puny, slight, trivial; scanty, small.—*int.* (*pop.*) *ah! mince!* or *mince alors!* my word! well, I never!

minceur [mɛ̃'sœːr], *n.f.* slenderness, slim-ness.

mine (1) [min], *n.f.* look, bearing; face, expression; appearance, aspect; (*pl.*) airs.

mine (2) [min], *n.f.* (*Min.*) mine; (*fig.*) source, store.

mine (3) [min], *n.f.* (*Mil., Pyro.*) mine.

miner [mi'ne], *v.t.* to mine, to undermine, to sap; to wear away.

minerai [min'rɛ], *n.m.* ore.

minéral [mine'ral], *a.* (*m. pl.* **-aux**) mineral. —*n.m.* (*pl.* **-aux**) mineral; ore.

minéralogie [mineralɔ'ʒi], *n.f.* mineralogy.

minéralogique [mineralɔ'ʒik], *a.* miner-alogical.

minéralogiste [mineralɔ'ʒist], *n.* miner-alogist.

Minerve [mi'nɛrv], *f.* Minerva.

minet [mi'nɛ], *n.m.* (*fem.* **-ette**) (*colloq.*) puss, kitten.

mineur (1) [mi'nœːr], *n.m.* miner, pitman; (*Mil.*) sapper.

mineur (2) [mi'nœːr], *a.* lesser, minor; under age.—*n.m.* (*fem.* **-e**) minor; (*Law*) infant.

miniature [minja'tyːr], *n.f.* miniature.

miniaturiste [minjaty'rist], *a.* of miniatures. —*n.* miniature-painter.

minier [mi'nje], *a.* (*fem.* **-ière**) pertaining to mines, mining.—*n.f.* (**-ière**) open mine.

minime [mi'nim], *a.* very small, trifling.

minimum [mini'mɔm], *a.* (*usu. inv.*) mini-mum.—*n.m.* (*pl.* **minimums** *or* **minima**) minimum.

ministère [minis'tɛːr], *n.m.* ministry; depart-ment; minister's office; offices, services; administration.

ministériel [ministe'rjɛl], *a.* (*fem.* **-elle**) ministerial.

ministre [mi'nistr], *n.m.* (*Polit., Ch.*) minister; clergyman.

minois [mi'nwa] *n.m. inv.* pretty face; looks, appearance.

minoritaire [minɔri'tɛːr], *a.* minority.

minorité [minɔri'te], *n.f.* minority; (*Law*) infancy.

Minorque [mi'nɔrk], *f.* Minorca.

minoterie [minɔ'tri] *n.f.* flour-mill; flour trade.

minotier [minɔ'tje], *n.m.* flour-dealer, corn-factor.

minuit [mi'nɥi], *n.m.* midnight.

minuscule [minys'kyl], *a.* small (*of letters*), minute, tiny.—*n.f.* small letter.

minute [mi'nyt], *n.f.* minute (*of time*), moment, instant; rough draft; minute, record; *minute!* (*fam.*) just a moment!

minuter [miny'te], *v.t.* to record; to time.

minuterie [minyt'ri], *n.f.* time-switch.

minutie [miny'si], *n.f.* trifle, (*pl.*) minutiae.

minutieusement [minysjøz'mɑ̃], *adv.* minutely.

minutieux [miny'sjø], *a.* (*fem.* **-euse**) minute; meticulous.

mioche [mjoʃ], *n.* (*colloq.*) brat, urchin.

mi-parti [mipar'ti], *a.* bipartite, half and half.

mirabelle [mira'bɛl], *n.f.* yellow variety of plum.

miracle [mi'raːkl], *n.m.* miracle; (*fig.*) wonder; *à miracle*, wonderfully well.

miraculeusement [mirakylœz'mɑ̃], *adv.* miraculously; wonderfully.

miraculeux [miraky'lø], *a.* (*fem.* **-euse**) miraculous; wonderful, marvellous.

mirage

mirage [mi'ra:ʒ], *n.m.* mirage; (*Naut.*) looming; (*fig.*) shadow.

mire [mi:r], *n.f.* land-surveyor's pole; (*Artill.*) aim; sight (*of fire-arms*).

mirer [mi're], *v.t.* to aim at; to have in view, to look at; to covet. **se mirer**, *v.r.* to look at oneself; to admire oneself; to be reflected.

mirliton [mirli'tɔ̃], *n.m.* reed-pipe.

mirobolant [mirɔbɔ'lɑ̃], *a.* (*colloq.*) wonderful, prodigious.

miroir [mi'rwa:r], *n.m.* mirror, looking-glass.

miroitant [mirwa'tɑ̃], *a.* reflecting (*like a mirror*), glistening.

miroité [mirwa'te], *a.* shot, shiny; dappled (*of horses*).

miroitement [mirwat'mɑ̃], *n.m.* reflection of the light by polished surfaces; sheen, brilliancy.

miroiter [mirwa'te], *v.i.* to reflect light, to shine, to glisten, to shimmer.

mis [mi], *p.p.* [METTRE] **bien** *or* **mal mis**, well *or* badly dressed.

misaine [mi'zɛ:n], *n.f.* **mât de misaine**, foremast; **voile de misaine**, foresail.

misanthrope [mizɑ̃'trɔp], *n.* misanthrope.

misanthropie [mizɑ̃trɔ'pi], *n.f.* misanthropy.

misanthropique [mizɑ̃trɔ'pik], *a.* misanthropic.

miscellanées [misɛla'ne], *n.f. pl.* miscellanea, miscellany.

mise [mi:z], *n.f.* placing; stake; investment; bidding (*at auctions*); capital; dress; **mise en marche**, starting; starting-handle; **mise en marche automatique**, self-starter; **mise en scène**, (*Theat.*) production, (*Cine.*) direction.

misérable [mize'rabl], *a.* miserable, pitiable; worthless; despicable.—*n.* wretch, miserable person; miscreant.

misérablement [mizerablə'mɑ̃], *adv.* miserably.

misère [mi'zɛ:r], *n.f.* misery, wretchedness, distress; poverty; trouble; trifling thing.

miséreux [mize'rø], *a.* and *n.m.* (*fem.* -**euse**) poor, destitute; seedy looking (person).

miséricorde [mizeri'kɔrd], *n.f.* mercy, pardon, grace.

miséricordieux [mizerikɔr'djø], *a.* (*fem.* -**euse**) merciful, compassionate.

missel [mi'sɛl], *n.m.* missal, mass-book.

mission [mi'sjɔ̃], *n.f.* mission.

missionnaire [misjɔ'nɛ:r], *n.* missionary.

missive [mi'si:v], *a.f.* and *n.f.* missive.

mistral [mis'tral], *n.m.* mistral (*cold north wind in southern France*).

mitaine [mi'tɛn], *n.f.* mitten.

mite [mit], *n.f.* mite; moth; **mangé des mites**, moth-eaten.

mité [mi'te], *a.* moth-eaten, maggoty.

mi-temps [mi'tɑ̃], *n.f.* (*Ftb.*) half-time.

miteux [mi'tø], *a.* (*fem.* -**euse**) full of mites; (*fig.*) shabby, poverty-stricken.

mitigation [mitiga'sjɔ̃], *n.f.* mitigation.

mitiger [miti'ʒe], *v.t.* (*conjug. like* MANGER) to mitigate, to alleviate, to modify.

mitonner [mitɔ'ne], *v.t.* to coddle, to fondle; to nurse.—*v.i.* to let slices of bread simmer in the broth, to simmer.

mitoyen [mitwa'jɛ̃], *a.* (*fem.* -**enne**) middle; intermediate; party, joint; **mur mitoyen**, party-wall.

mitraille [mi'trɑ:j], *n.f.* grape-shot.

mitrailler [mitrɑ'je], *v.t., v.i.* to machine-gun.

mitraillette [mitrɑ'jɛt], *n.f.* tommy-gun.

mitrailleuse [mitrɑ'jø:z], *n.f.* machine-gun.

mitre [mitr], *n.f.* mitre.

mitré [mi'tre], *a.* mitred.

mitron [mi'trɔ̃], *n.m.* journeyman baker; pastry-cook's boy.

mixte [mikst], *a.* mixed.

mixture [miks'ty:r], *n.f.* mixture.

mobile [mɔ'bil], *a.* mobile, movable; unsteady, variable.—*n.m.* body in motion; mover, motive power.

mobilier [mɔbi'lje], *a.* (*fem.* -**ière**) movable, personal (*of property*).—*n.m.* furniture.

mobilisation [mɔbiliza'sjɔ̃], *n.f.* mobilization; liquidation (*of capital*).

mobiliser [mɔbili'ze], *v.t.* (*Law*) to liquidate (*Mil.*) to mobilize.

mobilité [mɔbili'te], *n.f.* mobility; variability; instability.

mode (1) [mɔd], *n.f.* fashion; manner, way, custom; (*pl.*) millinery.

mode (2) [mɔd], *n.m.* (*Mus. etc.*) mode (*Gram.*) mood; method; **mode d'emploi** directions for use.

modelage [mɔ'dla:ʒ], *n.m.* modelling.

modèle [mɔ'dɛl], *a.* exemplary.—*n.m.* model pattern, design.

modelé [mɔ'dle], *n.m.* (*Sculp., Paint.*) relief reproduction.

modeler [mɔ'dle], *v.t.* (*conjug. like* AMENER to model; to shape; to mould (*clay*). **se modeler** *v.r.* to model oneself (*sur*).

modeleur [mɔ'dlœ:r], *n.m.* modeller.

modérateur [mɔdera'tœ:r], *a.* (*fem.* -**trice**) moderating.—*n.m.* (*fem.* -**trice**) moderator.—*n.m.* (*Mech.*) regulator.

modération [mɔdera'sjɔ̃], *n.f.* moderation abatement.

modéré [mɔde're], *a.* moderate, reasonable —*n.m.* (*fem.* -**e**) (*Polit.*) moderate.

modérément [mɔdere'mɑ̃], *adv.* moderately, in moderation.

modérer [mɔde're], *v.t.* (*conjug. like* CÉDER) tc moderate, to mitigate; to restrain. **se modérer**, *v.r.* to keep one's temper; to restrain oneself.

moderne [mɔ'dɛrn], *a.* modern, up-to-date. —*n.m.* modern style.

modernisation [mɔderniza'sjɔ̃], *n.f.* modernization.

moderniser [mɔderni'ze], *v.t.* to modernize

modeste [mɔ'dɛst], *a.* modest, unassuming quiet; simple.

modestement [mɔdɛstə'mɑ̃], *adv.* modestly quietly, simply.

modestie [mɔdɛs'ti], *n.f.* modesty, simplicity

modicité [mɔdisi'te], *n.f.* smallness; modicum.

modification [mɔdifika'sjɔ̃], *n.f.* modification.

modifier [mɔdi'fje], *v.t.* to modify, to change to alter. **se modifier**, *v.r.* to become modified.

modique [mɔ'dik], *a.* moderate; small.

modiquement [mɔdik'mɑ̃], *adv.* moderately

modiste [mɔ'dist], *n.* modiste, milliner.

modulation [mɔdyla'sjɔ̃], *n.f.* modulation (*Rad.*) **modulation de fréquence**, ver high frequency, V.H.F.

moduler [mɔdy'le], *v.t.* to modulate.
moelle [mwal], *n.f.* marrow (*of bone*); (*Bot.*) pith.
moelleusement [mwalœz'mɑ̃], *adv.* softly; (*Paint.*) with mellowness.
moelleux [mwa'lø], *a.* (*fem.* **-euse**) full of marrow; pithy; soft; mellow.—*n.m.* softness; mellowness.
moellon [mwa'lɔ̃], *n.m.* rubble; building stone.
mœurs [mœrs], *n.f. pl.* morals; manners, habits, ways, customs; *certificat de bonne vie et mœurs*, certificate of good character.
Mogol [mɔ'gɔl], *m.* Mogul.
moi [mwa], *pron. pers.* I; me, to me; *moi-même*, myself.—*n.m.* self ego.
moignon [mwa'ɲɔ̃], *n.m.* stump (*of limbs, trees etc.*).
moindre [mwɛ̃:dr], *a.* lesser; least.
moine [mwan], *n.m.* monk, friar; bed-warmer.
moineau [mwa'no], *n.m.* (*pl.* **-eaux**) sparrow.
moins [mwɛ̃], *adv.* less; fewer (*de* or *que*); not so; *à moins de* (or *que*), unless; *du moins*, at least, at any rate; *les moins de seize ans*, the under sixteens.—*prep.* less, minus.—*n.m.* (*Math.*) minus sign; (*Print.*) dash.
moire [mwar], *n.f.* watering; moire, watered silk.
moiré [mwa're], *a.* watered, moiré.—*n.m.* watered effect.
moirer [mwa're], *v.t.* to moiré, to give a watered appearance to.
mois [mwa], *n.m.* month; monthly allowance, month's pay.
Moïse [mɔ'i:z], *m.* Moses.
moisi [mwa'zi], *a.* mouldy, musty.—*n.m.* mouldiness, mustiness.
moisir [mwa'zi:r], *v.t.* to make mouldy *or* musty.—*v.i.* and **se moisir**, *v.r.* to grow mouldy *or* musty.
moisissure [mwazi'sy:r], *n.f.* mouldiness, mustiness, mildew.
moisson [mwa'sɔ̃], *n.f.* harvest, harvest-time.
moissonner [mwasɔ'ne], *v.t.* to reap, to gather in, to mow.
moissonneur [mwasɔ'nœ:r], *n.m.* (*fem.* **-euse**) reaper, harvester.—*n.f.* (**-euse**) reaping-machine.
moissonneuse-batteuse [mwasɔ'nøzba'tø:z] *n.f.* (*pl.* **moissonneuses-batteuses**) combine harvester.
moite [mwat], *a.* moist, damp; clammy.
moiteur [mwa'tœ:r], *n.f.* moistness, dampness.
moitié [mwa'tje], *n.f.* half; (*colloq.*) better half, wife.—*adv.* half; *à moitié fai.*, half done; *trop cher de moitié*, too dear by half.
moka [mɔ'ka], *n.m.* mocha (*coffee or cake*).
mol [mɔl], [MOU].
molaire [mɔ'lɛ:r], *a.* molar.—*n.f.* molar-tooth.
môle [mo:l], *n.m.* mole, pier.
moléculaire [mɔleky'lɛ:r], *a.* molecular.
molécule [mɔle'kyl], *n.f.* molecule.
molestation [mɔlɛsta'sjɔ̃], *n.f.* molestation, annoyance.
molester [mɔlɛs'te], *v.t.* to molest, to trouble.

mollasse [mɔ'las], *a.* flabby; spineless.
molle [mɔl], [MOU].
mollement [mɔl'mɑ̃], *adv.* softly; feebly; indolently.
mollesse [mɔ'lɛs], *n.f.* softness; flabbiness; slackness; indolence.
mollet [mɔ'lɛ], *a.* (*fem.* **-ette**) soft; light (*of bread*).—*n.m.* calf (*of the leg*).
molletière [mɔl'tjɛ:r], *n.f.* legging, puttee.
molleton [mɔl'tɔ̃], *n.m.* thick flannel, duffel.
mollir [mɔ'li:r], *v.i.* to soften; to mellow (*of fruit*); to slacken, to give way.
mollusque [mɔ'lysk], *n.m.* mollusc.
molosse [mɔ'lɔs], *n.m.* mastiff, watch-dog.
môme [mo:m], *n.* (*pop.*) brat, urchin.
moment [mɔ'mɑ̃], *n.m.* moment, instant; favourable occasion; *au moment de*, just as; *du moment que*, since.
momentané [mɔmɑ̃ta'ne], *a.* momentary.
momentanément [mɔmɑ̃tane'mɑ̃], *adv.* momentarily.
momie [mɔ'mi], *n.f.* mummy; (*fig.*) old fogy.
momifier [mɔmi'fje], *v.t.* to mummify.
mon [mɔ̃], *a.poss.m.* (*fem.* **ma**, *pl.* **mes**) my.
monarchie [mɔnar'ʃi], *n.f.* monarchy.
monarchique [mɔnar'ʃik], *a.* monarchical.
monarchiste [mɔnar'ʃist], *a.* and *n.* monarchist.
monarque [mɔ'nark], *n.m.* monarch.
monastère [mɔnas'tɛ:r], *n.m.* monastery, convent.
monastique [mɔnas'tik], *a.* monastic.
monceau [mɔ̃'so], *n.m.* (*pl.* **-eaux**) heap, pile.
mondain [mɔ̃'dɛ̃], *a.* worldly, mundane.—*n.m.* (*fem.* **-e**) worldly person.
mondanité [mɔ̃dani'te], *n.f.* worldliness; (*pl.*) social events.
monde [mɔ̃:d], *n.m.* world; universe; mankind; people; society; company, set; men; customers; *tout le monde*, everybody.
monder [mɔ̃'de], *v.t.* to cleanse; to hull (*barley*), to blanch (*almonds*).
mondial [mɔ̃'djal], *a.* (*m. pl.* **-aux**) world, world-wide.
monétaire [mɔne'tɛ:r], *a.* monetary.
mongol [mɔ̃'gɔl], *a.* Mongolian.—*n.m.* Mongolian (*language*); (**Mongol**, *fem.* **-ole**) Mongol(ian) (*person*).
Mongolie [mɔ̃gɔ'li], **la**, *f.* Mongolia.
Monique [mɔ'nik], *f.* Monica.
moniteur [mɔni'tœ:r], *n.m.* (*fem.* **-trice**) (*sch.*) prefect, monitor; instructor.
monnaie [mɔ'nɛ], *n.f.* coin, money; change; mint; *monnaie forte*, hard currency; *monnaie légale*, legal tender.
monnayage [mɔnɛ'ja:ʒ], *n.m.* coining, minting.
monnayer [mɔnɛ'je], *v.t.* (*conjug. like* PAYER) to coin into money, to mint; (*fig.*) to make money out of, to sell.
monnayeur [mɔnɛ'jœ:r], *n.m.* coiner, minter; *faux monnayeur*, counterfeiter, forger.
monochrome [mɔnɔ'krɔm], *a.* monochrome.
monocle [mɔ'nɔkl], *n.m.* monocle, eyeglass.
monogramme [mɔnɔ'gram], *n.m.* monogram.
monologue [mɔnɔ'lɔg], *n.m.* monologue, soliloquy.
monopole [mɔnɔ'pɔl], *n.m.* monopoly.
monopoliser [mɔnɔpɔli'ze], *v.t.* to monopolize.
monorail [mɔnɔ'ra:j], *a.* and *n.m.* monorail.

219

monosyllabe [mɔnɔsil'lab], *a.* monosyllabic.
—*n.f.* monosyllable.
monosyllabique [mɔnɔsilla'bik], *a.* monosyllabic.
monotone [mɔnɔ'tɔn], *a.* monotonous.
monotonie [mɔnɔtɔ'ni], *n.f.* monotony.
monseigneur [mɔ̃sɛ'nœːr], *n.m.* (*pl.* **messeigneurs** or **nosseigneurs**) my lord; your Grace; your Royal or Imperial Highness.
monsieur [mə'sjø, msjø], *n.m.* (*pl.* **messieurs**) sir; gentleman; Mr.
monstre [mɔ̃:str], *a.* (*fam.*) huge.—*n.m.* monster.
monstrueusement [mɔ̃strɥøz'mã], *adv.* monstrously, prodigiously.
monstrueux [mɔ̃s'trɥø], *a.* (*fem.* **-euse**) monstrous, prodigious.
monstruosité [mɔ̃strɥozi'te], *n.f.* monstrosity.
mont [mɔ̃], *n.m.* hill, mount, mountain.
montage [mɔ̃'taːʒ], *n.m.* carrying up; mounting, setting; assembling; (*Cine.*) editing (*of film*); (*Ind.*) **chaîne de montage**, assembly line.
montagnard [mɔ̃ta'naːr], *a.* mountain, highland.—*n.m.* (*fem.* **-e**) mountaineer, highlander.
montagne [mɔ̃'taɲ], *n.f.* mountain; hill.
montagneux [mɔ̃ta'nø], *a.* (*fem.* **-euse**) mountainous, hilly.
montant (1) [mɔ̃'tã], *n.m.* upright (*of a ladder etc.*); post (*of door etc.*); (*Naut.*) stanchion; amount, sum total; rising tide; high flavour, pungency; (*Ftb.*) goal-post.
montant (2) [mɔ̃'tã], *a.* rising; ascending; flowing, coming in; high-necked (*of dresses*).
monte [mɔ̃:t], *n.f.* mounting, mount (*of a jockey*); serving (*of animals*), covering season.
monte-charge [mɔ̃t'ʃarʒ], *n.m. inv.* hoist, goods lift; (*Am.*) freight elevator.
montée [mɔ̃'te], *n.f.* gradient, slope; ascent; (*Arch. etc.*) height.
monter [mɔ̃'te], *v.t.* to mount, to ascend, to go up; to walk, ride, row etc. up; to get up on, to climb; to raise; to wind up; to equip; to make up; to rouse.—*v.i.* (*with aux.* AVOIR or ÊTRE *according as action or condition is meant*) to go (*or* come) up, to mount; to climb; to rise; to increase; to amount. **se monter**, *v.r.* to amount, to rise; to get excited; to supply oneself with (*en*).
monteur [mɔ̃'tœːr], *n.m.* (*fem.* **-euse**) setter, mounter (*of jewels, machinery etc.*); (*Cine.*) (film-)editor.
monticule [mɔ̃ti'kyl], *n.m.* hillock, knoll.
montoir [mɔ̃'twaːr], *n.m.* horse-block; **côté du montoir**, near side; **côté hors montoir**, off side.
montre (1) [mɔ̃:tr], *n.f.* show-case; shop-window; show, display, exhibition.
montre (2) [mɔ̃:tr], *n.f.* watch.
montre-bracelet [mɔ̃trəbras'lɛ], *n.f.* (*pl.* **montres-bracelets**) wrist-watch.
montrer [mɔ̃'tre], *v.t.* to show, to display; to demonstrate; to teach; to indicate. **se montrer**, *v.r.* to show oneself; to appear; to prove oneself to be, to turn out.
montreur [mɔ̃'trœːr], *n.m.* (*fem.* **-euse**) showman, exhibitor.
montueux [mɔ̃'tɥø], *a.* (*fem.* **-euse**) hilly.

monture [mɔ̃'tyːr], *n.f.* animal for riding, mount; setting (*of gems etc.*); frame.
monument [mɔny'mã], *n.m.* monument; memorial.
monumental [mɔnymã'tal], *a.* (*m. pl.* **-aux**) monumental.
moquer (se) [səmɔ'ke], *v.r.* (*de*) to mock, to jeer, to laugh at; to make fun of.
moquerie [mɔ'kri], *n.f.* mockery, derision; jest.
moquette [mɔ'kɛt], *n.f.* carpet; fitted carpet; velvet pile.
moqueur [mɔ'kœːr], *a.* (*fem.* **-euse**) mocking, jeering, derisive.—*n.m.* (*fem.* **-euse**) mocker, scoffer; wag.
moral [mɔ'ral], *a.* (*m. pl.* **-aux**) moral; mental.—*n.m.* mind, mental faculties, spirit morale.
morale [mɔ'ral], *n.f.* ethics, moral philosophy; morals, morality; rebuke, lecture; moral (*of a story etc.*).
moralement [mɔral'mã], *adv.* morally.
moraliste [mɔra'list], *a.* and *n.* moralist.
moralité [mɔrali'te], *n.f.* morality; morals.
morbide [mɔr'bid], *a.* morbid.
morbleu! [mɔr'blø], *int.* the devil! hang it!
morceau [mɔr'so], *n.m.* (*pl.* **-eaux**) bit, piece, morsel, fragment.
morceler [mɔrsə'le], *v.t.* (*conjug. like* APPELER) to parcel out, to cut up.
mordant [mɔr'dã], *a.* biting; cutting, sarcastic.—*n.m.* mordant; pungency, keenness.
mordiller [mɔrdi'je], *v.t.* to nibble, to bite at.
mordoré [mɔrdɔ're], *a.* and *n.m.* reddish brown.
mordre [mɔrdr], *v.t.* to bite; to gnaw; to eat into.—*v.i.* to bite, to nibble; to take hold; to succeed; to criticize. **se mordre**, *v.r.* to bite oneself; **s'en mordre les doigts**, to repent of a thing.
more [mɔːr], **moresque** [mɔ'rɛsk], *a.* Moorish.—*n.* (**More**) Moor; Negro.
morfondre [mɔr'fɔ̃:dr], *v.t.* to chill. **se morfondre**, *v.r.* to be chilled; to shiver; to kick one's heels; (*fig.*) to mope.
morfondu [mɔrfɔ̃'dy], *a.* chilled, shivering, benumbed.
morganatique [mɔrgana'tik], *a.* morganatic.
morgue (1) [mɔrg], *n.f.* haughtiness, arrogance.
morgue (2) [mɔrg], *n.f.* morgue, mortuary.
moribond [mɔri'bɔ̃], *a.* moribund, dying.—*n.m.* (*fem.* **-e**) person in a dying state.
moricaud [mɔri'ko], *a.* dark, darkish.—*n.m.* (*fem.* **-e**) (*pej.*) blackamoor, (*pej.*) nigger.
morigéner [mɔriʒe'ne], *v.t.* (*conjug. like* CÉDER) to scold, to reprimand.
mormon [mɔr'mɔ̃], *a.* Mormon.—*n.m.* (**Mormon**, *fem.* **-e**) Mormon (*person*)
morne [mɔrn], *a.* gloomy, dejected, dreary.
morose [mɔ'roːz], *a.* morose, sullen, surly.
morosité [mɔrozi'te], *n.f.* moroseness, sullenness, surliness.
Morphée [mɔr'fe], *m.* Morpheus.
morphine [mɔr'fin], *n.f.* morphia.
morphologie [mɔrfɔlɔ'ʒi], *n.f.* morphology.
mors [mɔːr], *n.m. inv.* bit (*of a bridle*); (*fig.*) curb, check.
morse (1) [mɔrs], *n.m.* morse, walrus.
morse (2) [mɔrs], *n.m.* Morse (code).
morsure [mɔr'syːr], *n.f.* bite, biting.

mort [mɔːr], *a.* dead; lifeless, inanimate; dormant; stagnant; out (*of a candle etc.*); *nature morte*, still life; *au point mort*, at a standstill, in neutral (gear) (*of a car*).—*n.m.* (*fem.* **-e**) dead person, corpse.—*n.m.* dummy (*at cards*).—*n.f.* death; *à mort*, mortally, to the death.

mortalité [mɔrtali'te], *n.f.* mortality.

mort-bois [mɔr'bwɑ], *n.m.* (*no pl.*) brushwood, undergrowth.

morte-eau [mɔr'to], *n.f.* (*pl.* **mortes-eaux**) neap tide.

mortel [mɔr'tɛl], *a.* (*fem.* **-elle**) mortal, deadly; grievous.—*n.m.* (*fem.* **-elle**) mortal.

mortellement [mɔrtɛl'mɑ̃], *adv.* fatally, deadly.

morte-saison [mɔrtsɛ'zɔ̃], *n.f.* (*pl.* **mortes-saisons**) slack time, off season.

mortier [mɔr'tje], *n.m.* mortar (*cement, artillery, vessel*).

mortifiant [mɔrti'fjɑ̃], *a.* mortifying, humiliating.

mortification [mɔrtifika'sjɔ̃], *n.f.* mortification, humiliation.

mortifier [mɔrti'fje], *v.t.* to mortify; to humiliate. **se mortifier**, *v.r.* to mortify oneself.

mort-né [mɔr'ne], *a.* and *n.m.* (*fem.* **mort-née**, *pl.* **mort-nés, mort-nées**) stillborn (*child*).

mortuaire [mɔr'tɥɛːr], *a.* mortuary; *drap mortuaire*, pall.

morue [mɔ'ry], *n.f.* cod, codfish; *huile de foie de morue*, cod-liver oil.

morveux [mɔr'vø], *a.* (*fem.* **-euse**) snotty; *qui se sent morveux se mouche*, if the cap fits, wear it.

mosaïque [mɔza'ik], *a.* and *n.f.* mosaic.

Moscou [mɔs'ku], **le**, *m.* Moscow.

mosquée [mɔs'ke], *n.f.* mosque.

mot [mo], *n.m.* word; remark, saying, sentence; motto; note; (*Mil.*) parole, watchword; *au bas mot*, at the least; *bon mot*, witticism; *mots croisés*, crossword.

motel [mɔ'tɛl], *n.m.* motel.

moteur [mɔ'tœːr], *a.* (*fem.* **-trice**) motive, driving.—*n.m.* mover; motor, engine; motive power.

motif [mɔ'tif], *a.* (*fem.* **-tive**) moving, inciting.—*n.m.* motive, incentive; cause; (*Mus. etc.*) motif, design.

motion [mo'sjɔ̃], *n.f.* (*Polit.*) motion.

motiver [moti've], *v.t.* to justify; to allege as a motive; to be the cause of, to bring about.

moto [mo'to], *n.f.* (*fam.*) motor bike.

motocyclette [motosi'klɛt], *n.f.* motor-cycle.

motte [mɔt], *n.f.* clod; *motte de beurre*, pat of butter.

motus! [mɔ'ty:s], *int.* (*colloq.*) mum's the word!

mou [mu], *a.* (**mol** before vowel or *h* mute, *fem.* **molle**) soft; limp; flabby; weak; slack, sluggish, indolent.—*n.m.* soft part of thing; slack (*of a rope*); lights (*of animals*).

mouchard [mu'ʃaːr], *n.m.* sneak, *esp.* police-spy, nark, informer.

moucharder [muʃar'de], *v.t.*, *v.i.* to inform (*on*), to spy (*on*); to sneak.

mouche [muʃ], *n.f.* fly; patch (*on the face*), beauty-spot; button (*of foil*); bull's-eye (*of a target*); river passenger-steamer.

(*C*) **mouche à feu** [muʃa'fø], *n.f.* firefly.

moucher [mu'ʃe], *v.t.* to wipe the nose of; to snuff. **se moucher**, *v.r.* to blow one's nose.

moucheron [muʃ'rɔ̃], *n.m.* gnat, very small fly.

moucheté [muʃ'te], *a.* spotted, speckled, flecked; capped (*of foils*).

moucheter [muʃ'te], *v.t.* (*conjug. like* APPELER) to spot, to speckle, to fleck; to cap (*foils*).

mouchoir [mu'ʃwaːr], *n.m.* handkerchief.

moudre [mudr], *v.t. irr.* to grind, to crush.

moue [mu], *n.f.* pout; *faire la moue*, to pout.

mouette [mwɛt], *n.f.* gull, sea-mew.

moufle [mufl], *n.f.* mitten; tackle-block.

mouillage [mu'ja:ʒ], *n.m.* soaking, wetting; anchorage.

mouillé [mu'je], *a.* wet, watery; liquid (*of the letter l*); at anchor.

mouiller [mu'je], *v.t.* to wet, to moisten.—*v.i.* to drop anchor; to moor.

moulage [mu'la:ʒ], *n.m.* moulding, casting; mould, cast; grinding, milling.

moule (1) [mul], *n.m.* mould, matrix; pattern.

moule (2) [mul], *n.f.* mussel.

moulé [mu'le], *a.* moulded, cast; well-formed; *lettre moulée*, block letter.

mouler [mu'le], *v.t.* to cast, to mould; to shape. **se mouler**, *v.r.* to model oneself (*sur*).

mouleur [mu'lœːr], *n.m.* moulder.

moulin [mu'lɛ̃], *n.m.* mill; grinder; (*Geol.*) pothole; *jeter son bonnet par-dessus les moulins*, to throw off all restraint.

moulinet [muli'nɛ], *n.m.* small mill; winch; turnstile; fishing reel.

moulu [mu'ly], *a.* ground; bruised.

moulure [mu'ly:r], *n.f.* (*Arch.*) moulding.

mourant [mu'rɑ̃], *a.* dying, expiring; fading.—*n.m.* (*fem.* **-e**) dying person.

mourir [mu'riːr], *v.i. irr.* (*with aux.* ÊTRE) to die, to expire; to perish; to stop; to go out (*of fire*); to be out (*at play*). **se mourir**, *v.r.* (*Poet.*, only used in pres. and imp. indic.) to be dying.

mouron [mu'rɔ̃], *n.m.* (*Bot.*) *mouron rouge*, scarlet pimpernel; *mouron des oiseaux*, chickweed.

mousquet [mus'kɛ], *n.m.* musket; *mousquet à pierre*, flintlock.

mousquetaire [muska'tɛːr], *n.m.* musketeer.

mousse (1) [mus], *a.* blunt (*of tools*).

mousse (2) [mus], *n.f.* moss; froth, foam; lather; whipped cream.

mousse (3) [mus], *n.m.* ship's boy.

mousseline [mus'lin], *n.f.* muslin.

mousser [mu'se], *v.i.* to froth, to foam; to sparkle (*of wine*).

mousseux [mu'sø], *a.* (*fem.* **-euse**) foaming, frothy; sparkling (*of wine etc.*).

mousson [mu'sɔ̃], *n.f.* monsoon.

moussu [mu'sy], *a.* mossy.

moustache [mus'taʃ], *n.f.* moustache; whiskers (*of animals*).

moustiquaire [musti'kɛːr], *n.f.* mosquito-net.

moustique [mus'tik], *n.m.* mosquito.

moût [mu], *n.m.* must (*wine not fermented*); wort (*of beer*).

moutarde [mu'tard], *n.f.* mustard.

moutardier

moutardier [mutar'dje], *n.m.* mustard-pot; mustard-maker.

mouton [mu'tõ], *n.m.* sheep; mutton; sheepskin (*leather*); ram; (*fig.*) ninny; (*slang*) decoy, prison-spy; (*pl.*) white-crested waves; *revenons à nos moutons*, let us return to the subject.

moutonné [muto'ne], *a.* fleecy, curled; white with foam (*of the sea*).

moutonner [muto'ne], *v.t.* to make woolly or fleecy; to curl, to frizzle.—*v.i.* to be ruffled, to foam.

moutonneux [muto'nø], *a.* (*fem.* -**euse**) fleecy; foaming (*of waves*).

moutonnier [muto'nje], *a.* (*fem.* -**ière**) sheep-like.

mouvant [mu'vã], *a.* moving, shifting; unstable.

mouvement [muv'mã], *n.m.* movement, motion; march; animation, bustle; emotion, commotion; spirit, impulse; (*Mus.*) time; (*Mil.*) manœuvre.

mouvementé [muvmã'te], *a.* animated, lively; undulating (*ground*).

mouvoir [mu'vwa:r], *v.t. irr.* to move, to stir; to prompt. **se mouvoir**, *v.r.* to move, to stir.

moyen [mwa'jɛ̃], *a.* (*fem.* -**enne**) mean, middle, medium; average.—*n.m.* means; way, manner, medium; (*pl.*) resources; talents.

moyennant [mwaje'nã], *prep.* by means of; in consideration of.—*conj. phr.* **moyennant que**, on condition that.

moyenne [mwa'jen], *n.f.* average; (*sch.*) pass-mark.

moyeu [mwa'jø], *n.m.* (*pl.* -**eux**) nave (*of cartwheel*); hub (*of bicycle*).

muable [mɥabl], *a.* mutable, changeable.

mucosité [mykozi'te], *n.f.* mucus.

mucus [my'ky:s], *n.m.* mucus.

mue [my], *n.f.* moulting; skin, slough; mew, coop (*cage*).

muer [mɥe], *v.i.* to moult, to cast or slough horns etc.; to break (*of the voice*).

muet [mɥɛ], *a.* (*fem.* **muette**) dumb, mute; silent (*of letters*); blank (*of maps*).—*n.m.* (*fem.* **muette** (1)) dumb man or woman.

muette (2) [mɥɛt], *n.f.* mews; hunting-lodge.

mufle [myfl], *n.m.* snout, muzzle (*of animals*); (*pop.*) beast, cad.

muflier [myfli'e], *n.m.* (*Bot.*) antirrhinum.

mugir [my'ʒi:r], *v.i.* to bellow, to low; (*fig.*) to roar; to sough (*of the wind*).

mugissement [myʒis'mã], *n.m.* bellowing, lowing, roaring; soughing (*of the wind*).

muguet [my'gɛ], *n.m.* lily of the valley.

mulâtre [my'la:tr], *a* and *n.m.* (*fem. inv.* or -**esse**) mulatto, half-caste.

mule [myl], *n.f.* mule, slipper; she-mule.

mulet [my'lɛ], *n.m.* he-mule; mullet.

muletier [myl'tje], *a.* (*fem.* -**ière**) pertaining to mules.—*n.m.* muleteer.

mulot [my'lo], *n.m.* field-mouse.

multicolore [myltiko'lɔ:r], *a.* many-coloured; motley; variegated.

multiforme [mylti'form], *a.* multiform.

multilatéral [myltilate'ral], *a.* (*m. pl.* -**aux**) multilateral.

multiple [myl'tipl], *a.* multiple; multifarious. —*n.m.* multiple.

multiplicateur [myltiplika'tœ:r], *a.* (*fem.* -**trice**) multiplying.—*n.m.* (*Arith.*) multiplier, multiplicator.

multiplication [myltiplika'sjõ], *n.f.* multiplication; gearing (-ratio).

multiplicité [myltiplisi'te], *n.f.* multiplicity.

multiplié [myltipli'e], *a.* multiplied; manifold; frequent.

multiplier [myltipli'e], *v.t.,* *v.i.* to multiply; to gear up to. **se multiplier**, *v.r.* to multiply; to be repeated.

multitude [mylti'tyd], *n.f.* multitude; crowd.

muni [my'ni], *a.* supplied, provided (*de*); fortified.

municipal [mynisi'pal], *a.* (*m. pl.* -**aux**) municipal.—*n.m.* soldier of the municipal guard.

municipalité [mynisipali'te], *n.f.* municipality; town council and staff.

munificence [mynifi'sã:s], *n.f.* bounty, munificence.

munificent [mynifi'sã], *a.* bountiful.

munir [my'ni:r], *v.t.* to provide, to supply; to arm, to secure. **se munir**, *v.r.* to provide oneself, to be provided (*de*).

munitions [myni'sjõ], *n.f. pl.* ammunition, munitions; military stores.

muqueux [my'kø], *a.* (*fem.* -**euse** (1)) mucous.

muqueuse (2) [my'kø:z], *n.f.* mucous membrane.

mur [my:r], *n.m.* wall; *le mur du son*, the sound barrier.

mûr [my:r], *a.* ripe, mature, matured.

murage [my'ra:ʒ], *n.m.* walling.

muraille [my'ra:j], *n.f.* thick, high wall; (*pl.*) ramparts.

mural [my'ral], *a.* (*m. pl.* -**aux**) mural; *peinture murale*, mural.

mûre [my:r], *n.f.* mulberry.

mûrement [myr'mã], *adv.* maturely.

murer [my're], *v.t.* to wall in, to brick up; (*fig.*) to screen.

mûrier [my'rje], *n.m.* mulberry-tree, bramble bush.

mûrir [my'ri:r], *v.t.* to ripen, to mature.— *v.i.* to ripen, to grow ripe, to mature.

murmurant [myrmy'rã], *a.* murmuring; babbling; grumbling.

murmure [myr'my:r], *n.m.* murmur; grumbling; whispering, babbling; soughing (*of the wind*).

murmurer [myrmy're], *v.t.* to mutter, to whisper.—*v.i.* to murmur, to whisper; to grumble; to gurgle, to prattle, to babble; to sough.

musard [my'za:r], *a.* loitering, dawdling.— *n.m.* (*fem.* -**e**) (*colloq.*) loiterer, dawdler.

musarder [myzar'de], *v.i.* to dawdle.

musarderie [myzar'dri], **musardise** [myzar'di:z], *n.f.* loitering, dawdling, trifling.

musc [mysk], *n.m.* musk-deer, musk.

muscade [mys'kad], *n.f.* nutmeg; juggler's ball.

muscadier [myska'dje], *n.m.* nutmeg-tree.

muscat [mys'ka], *a.* and *n.m.* muscat (grape); muscadine; dried muscatel wine; variety of pear.

muscle [myskl], *n.m.* muscle.

musculaire [mysky'lɛ:r], *a.* muscular.

musculeux [mysky'lø], *a.* (*fem.* -**euse**) muscular, brawny.

muse [my:z], *n.f.* muse.

museau [my'zo], *n.m.* (*pl.* **-eaux**) muzzle, snout, nose.

musée [my'ze], *n.m.* museum, art gallery.

museler [myz'le], *v.t.* (*conjug. like* APPELER) to muzzle; (*fig.*) to gag, to silence.

muselière [myz'ljɛːr], *n.f.* muzzle.

musellement [myzɛl'mɑ̃], *n.m.* muzzling; (*fig.*) gagging, silencing.

muser [my'ze], *v.i.* to loiter, to moon, to dawdle.

musette [my'zɛt], *n.f.* bagpipe; (*Mil.*) haversack; nosebag (*for horses*).

muséum [myze'ɔm], *n.m.* natural history museum.

musical [myzi'kal], *a.* (*m. pl.* **-aux**) musical.

musicalement [myzikal'mɑ̃], *adv.* musically.

musicien [myzi'sjɛ̃], *n.m.* (*fem.* **-enne**) musician.

musique [my'zik], *n.f.* music; band, musicians.

musoir [my'zwaːr], *n.m.* pier-head, jettyhead.

musqué [mys'ke], *a.* musked, perfumed; (*fig.*) affected (*language etc.*).

musquer [mys'ke], *v.t.* to perfume with musk.

musulman [myzyl'mɑ̃], *a.* Moslem.—*n.m.* (**Musulman**, *fem.* **-ane**) Moslem (*person*).

mutabilité [mytabili'te], *n.f.* mutability, changeableness.

mutation [myta'sjɔ̃], *n.f.* change; (*Biol.*) mutation.

muter [my'te], *v.t.* (*Mil., Adm.*) to transfer.

mutilateur [mytila'tœːr], *n.m.* (*fem.* **-trice**) mutilator, maimer, defacer.

mutilation [mytila'sjɔ̃], *n.f.* mutilation, maiming.

mutiler [myti'le], *v.t.* to mutilate, to maim; (*fig.*) to disfigure.

mutin [my'tɛ̃], *a.* obstinate; fractious; pert.—*n.m.* (*fem.* **-e**) mutineer, rebel.

mutiné [myti'ne], *a.* mutinous, riotous.

mutiner (se) [səmyti'ne], *v.r.* to mutiny.

mutinerie [mytin'ri], *n.f.* unruliness; mutiny, riot; pertness.

mutisme [my'tism], *n.m.* dumbness; speechlessness.

mutualité [mytɥali'te], *n.f.* mutuality.

mutuel [my'tɥɛl], *a.* (*fem.* **-elle**) mutual, reciprocal; *société de secours mutuels*, friendly society.

mutuellement [mytɥɛl'mɑ̃], *adv.* mutually.

myope [mjɔp], *a.* myopic, short-sighted.—*n.* short-sighted person.

myopie [mjɔ'pi], *n.f.* myopia, short-sightedness.

myosotis [mjozo'tiːs], *n.m.* myosotis, forget-me-not.

myriade [mi'rjad], *n.f.* myriad.

myrrhe [miːr], *n.f.* myrrh.

myrte [mirt], *n.m.* myrtle.

myrtille [mir'tiːj], *n.f.* bilberry.

mystère [mis'tɛːr], *n.m.* mystery; secret; (*fig.*) fuss.

mystérieusement [misterjøz'mɑ̃], *adv.* mysteriously.

mystérieux [miste'rjø], *a.* (*fem.* **-euse**) mysterious.

mysticisme [misti'sism], *n.m.* mysticism.

mystificateur [mistifika'tœːr], *a.* (*fem.*

-trice) mystifying, hoaxing.—*n.m.* (*fem.* **-trice**) mystifier, hoaxer.

mystification [mistifika'sjɔ̃], *n.f.* hoax.

mystifier [misti'fje], *v.t.* to mystify; to hoax.

mystique [mis'tik], *a.* mystical, mystic.—*n.* mystic.

mythe [mit], *n.m.* myth; fable, fiction.

mythique [mi'tik], *a.* mythical.

mythologie [mitɔlɔ'ʒi], *n.f.* mythology.

mythologique [mitɔlɔ'ʒik], *a.* mythological.

mythologiste [mitɔlɔ'ʒist], **mythologue** [mitɔ'lɔg], *n.* mythologist.

myxomatose [miksɔma'toːz], *n.f.* myxomatosis.

N

N, n [ɛn], *n.m.* the fourteenth letter of the alphabet.

nabab [na'bab], *n.m.* nabob.

nacelle [na'sɛl], *n.f.* wherry, skiff; gondola (*of airship etc.*).

nacre [nakr], *n.f.* mother-of-pearl.

nacré [na'kre], *a.* nacreous, pearly.

nage [naːʒ], *n.f.* swimming; rowing, sculling; (*fam.*) *être en nage*, to be bathed in perspiration.

nageoire [na'ʒwaːr], *n.f.* fin (*of a fish*).

nager [na'ʒe], *v.i.* (*conjug. like* MANGER) to swim; to float; to row.

nageur [na'ʒœːr], *a.* (*fem.* **-euse**) swimming.—*n.m.* (*fem.* **-euse**) swimmer; rower, oarsman.

naguère [na'gɛːr], *adv.* lately, not long ago.

naïade [na'jad], *n.f.* naiad, water-nymph.

naïf [na'if], *a.* (*fem.* **naïve**) naïve, artless, ingenuous, unaffected; simple.

nain [nɛ̃], *a.* dwarfish.—*n.m.* (*fem.* **-e**) dwarf.

naissance [nɛ'sɑ̃ːs], *n.f.* birth; descent; (*fig.*) beginning, dawn, rise.

naissant [nɛ'sɑ̃], *a.* new-born, in its infancy; beginning, rising.

naître [nɛːtr], *v.i. irr.* (*with aux.* ÊTRE) to be born, (*fig.*) to originate; to dawn.

naïvement [naiv'mɑ̃], *adv.* naïvely, ingenuously, artlessly.

naïveté [naiv'te], *n.f.* artlessness, simplicity naïvety.

nantir [nɑ̃'tiːr], *v.t.* to give as a pledge, to secure; (*fig.*) to furnish. **se nantir**, *v.r.* to provide oneself (*de*); to take possession (*de*).

nantissement [nɑ̃tis'mɑ̃], *n.m.* security, pledge.

naphte [naft], *n.m.* naphtha.

napolitain [napɔli'tɛ̃], *a.* Neapolitan.—*n.m.* (**Napolitain**, *fem.* **-aine**) Neapolitan (*person*).

nappe [nap], *n.f.* table-cloth, cover; sheet (*of water etc.*).

napperon [na'prɔ̃], *n.m.* tray-cloth; doily.

narcisse [nar'sis], *n.m.* (*Bot.*) narcissus.

narcotique [narkɔ'tik], *a.* and *n.m.* narcotic.

narcotisme [narkɔ'tism], *n.m.* narcotism.

narguer [nar'ge], *v.t.* to defy, to flout.

narine

narine [na'rin], *n.f.* nostril.

narquois [nar'kwa], *a.* cunning, sly; chaffing.

narquoisement [narkwaz'mã], *adv.* slyly, quizzingly.

narrateur [nara'tœːr], *n.m.* (*fem.* **-trice**) narrator, relater.

narratif [nara'tif], *a.* (*fem.* **-tive**) narrative.

narration [nara'sjõ], *n.f.* narration, narrative.

narrer [na're], *v.t.* to narrate, to tell.

nasal [na'zal], *a.* (*m. pl.* **-aux**) nasal.

nasalement [nazal'mã], *adv.* nasally, with a nasal sound.

naseau [na'zo], *n.m.* (*pl.* **-eaux**) nostril (*of animals*).

nasillant [nazi'jã], *a.* speaking through the nose.

nasillard [nazi'jaːr], *a.* snuffling, nasal.

nasillement [nazij'mã], *n.m.* speaking through the nose, snuffling; twang.

nasiller [nazi'je], *v.i.* to speak through the nose, to snuffle.

nasse [naːs], *n.f.* bow-net, weir, eel-pot.

natal [na'tal], *a.* (*m. pl.* **-als** (*rare*)) natal, native.

natalité [natali'te], *n.f.* birth-rate.

natation [nata'sjõ], *n.f.* swimming.

natif [na'tif], *a.* (*fem.* **-tive**) native; natural. —*n.m.* native.

nation [na'sjõ], *n.f.* nation.

national [nasjo'nal], *a.* (*m. pl.* **-aux**) national.

nationalement [nasjonal'mã], *adv.* nationally.

nationalisation [nasjonaliza'sjõ], *n.f.* nationalization.

nationaliser [nasjonali'ze], *v.t.* to nationalize.

nationaliste [nasjona'list], *n.* nationalist.

nationalité [nasjonali'te], *n.f.* nationality.

nativité [nativi'te], *n.f.* nativity, birth.

natte [nat], *n.f.* mat, matting (*of straw*); plait.

natter [na'te], *v.t.* to mat; to plait, to twist.

naturalisation [natyraliza'sjõ], *n.f.* naturalization; taxidermy.

naturaliser [natyrali'ze], *v.t.* to naturalize; to stuff (*animal*).

naturalisme [natyra'lism], *n.m.* naturalness; naturalism.

naturaliste [natyra'list], *a.* naturalistic.—*n.* naturalist; taxidermist.

nature [na'tyːr], *n.f.* nature; kind, sort; temperament; life, life-size; *de nature à*, likely to; *dessiner d'après nature*, to draw from life; *nature morte*, still life; *payer en nature*, to pay in kind.

naturel [naty'rɛl], *a.* (*fem.* **-elle**) natural; native, innate; artless, plain; *enfant naturel*, illegitimate child.—*n.m.* (*fem.* **-elle**) native (*of a country*).—*n.m.* disposition, nature; genuineness, simplicity.

naturellement [natyrɛl'mã], *adv.* naturally. —*int.* of course!

naturiste [naty'rist], *a.* naturistic.—*n.* naturist.

naufrage [no'fraːʒ], *n.m.* shipwreck.

naufragé [nofra'ʒe], *a.* shipwrecked, wrecked. —*n.m.* (*fem.* **-ée**) shipwrecked person, castaway.

nauséabond [nozea'bõ], *a.* nauseating, loathsome, disgusting.

nausée [no'ze], *n.f.* nausea, sickness; (*fig.*) loathing, disgust.

nauséeux [noze'ø], *a.* (*fem.* **-éeuse**) nauseating.

nautique [no'tik], *a.* nautical.

naval [na'val], *a.* (*m. pl.* **-als**) naval, nautical.

navet [na've], *n.m.* turnip.

navette [na'vɛt], *n.f.* incense-box; weaver's shuttle; (*Bot.*) rape; *faire la navette*, to run a shuttle-service.

navigabilité [navigabili'te], *n.f.* airworthiness, seaworthiness.

navigable [navi'gabl], *a.* navigable; seaworthy, airworthy.

navigateur [naviga'tœːr], *n.m.* navigator.— *a.m.* seafaring; swimming (*birds etc.*).

navigation [naviga'sjõ], *n.f.* navigation; voyage, sailing.

naviguer [navi'ge], *v.i.* to navigate; to row, to sail etc.

navire [na'viːr], *n.m.* vessel, ship.

navrant [nɑ'vrã], *a.* heartrending, harrowing, distressing.

navrer [nɑ'vre], *v.t.* to distress, to rend (*the heart*).

nazaréen [nazare'ɛ̃], *a.* (*fem.* **-éenne**) of Nazareth.—*n.m.* (**Nazaréen**, *fem.* **-éenne**) Nazarene; Nazarite.

nazi [na'zi], *a.* Nazi.—*n.* (**Nazi**) Nazi.

nazisme [na'zism], *n.m.* Nazism.

ne [nə], *adv.* no, not.

né [ne], *a.* born.

néanmoins [neã'mwɛ̃], *adv.* nevertheless, however, for all that.

néant [ne'ã], *n.m.* naught, nothingness; nil.

nébuleux [neby'lø], *a.* (*fem.* **-euse**) cloudy, misty; nebulous; (*fig.*) obscure.—*n.f.* (**-euse**) nebula.

nébulosité [nebylozi'te], *n.f.* patch of haze.

nécessaire [nesɛ'sɛːr], *a.* necessary; inevitable.—*n.m.* the needful; necessities (*of life etc.*); dressing-case, work-box.

nécessairement [nesɛsɛr'mã], *adv.* necessarily; inevitably, of course.

nécessité [nesɛsi'te], *n.f.* necessity; need, want.

nécessiter [nesɛsi'te], *v.t.* to necessitate; to compel, to oblige.

nécessiteux [nesɛsi'tø], *a.* (*fem.* **-euse**) necessitous, needy.—*n.m.* (*fem.* **-euse**) pauper.

nécrologe [nekro'loːʒ], *n.m.* obituary list; death roll.

nécrologie [nekrolo'ʒi], *n.f.* necrology, obituary.

nécrologique [nekrolo'ʒik], *a.* necrological.

nécromancie [nekromã'si], *n.f.* necromancy.

nécromancien [nekromã'sjɛ̃], *n.m.* (*fem.* **-enne**) necromancer.

nécropole [nekro'pol], *n.f.* necropolis.

nectar [nɛk'taːr], *n.m.* nectar.

néerlandais [neɛrlã'dɛ], *a.* Dutch.—*n.m.* Dutch (*language*); (**Néerlandais**, *fem.* **-aise**) Dutchman, Dutchwoman.

nef [nɛf], *n.f.* nave (*of a church*).

néfaste [ne'fast], *a.* inauspicious; disastrous.

nèfle [nɛfl], *n.f.* medlar.

néflier [ne'flje], *n.m.* medlar-tree.

négatif [nega'tif], *a.* (*fem.* **-tive**) negative.— *n.m.* (*Phot.*) negative.—*n.f.* (**-tive**) negative, refusal.

négation [nega'sjõ], *n.f.* negation; (*Gram.*) negative.

négativement [negativ'mã], *adv.* negatively.

négligé [negli'ʒe], *a.* neglected, unnoticed; careless; slovenly.—*n.m.* undress, negligee.
négligeable [negli'ʒabl], *a.* negligible; trifling, unimportant.
négligemment [negliʒa'mɑ̃], *adv.* nonchalantly; negligently.
négligence [negli'ʒɑ̃:s], *n.f.* negligence, neglect, oversight.
négligent [negli'ʒɑ̃], *a.* negligent, careless.—*n.m.* (*fem.* **-e**) negligent person.
négliger [negli'ʒe], *v.t.* (*conjug. like* MANGER) to neglect; to omit. **se négliger**, *v.r.* to neglect oneself; to be careless.
négoce [ne'gɔs], *n.m.* trade, business; trafficking.
négociabilité [negɔsjabili'te], *n.f.* negotiability.
négociable [negɔ'sjabl], *a.* negotiable, transferrable.
négociant [negɔ'sjɑ̃], *n.m.* (*fem.* **-e**) merchant (*wholesale*).
négociateur [negɔsja'tœ:r], *n.m.* (*fem.* **-trice**) negotiator, transactor.
négociation [negɔsja'sjɔ̃], *n.f.* negotiation, transaction.
négocier [negɔ'sje], *v.t.* to negotiate.—*v.i.* to trade.
nègre [nɛ:gr], *a.* and *n.m.* (*fem.* **négresse**) (*pej.*) (*pl.*) (*pej.*) blacks.
négrier [negri'e], *n.m.* slave-ship; slaver; slave-dealer.
négrillon [negri'jɔ̃], *n.m.* (*fem.* **-onne**) (*pej.*) little Negro, Negro boy *or* girl.
neige [nɛ:ʒ], *n.f.* snow; *boule de neige*, snowball.
neiger [nɛ'ʒe], *v. impers.* (*conjug. like* MANGER) to snow.
neigeux [nɛ'ʒø], *a.* (*fem.* **-euse**) snowy, snow-covered.
nénuphar [neny'fa:r], *n.m.* water-lily.
néon [ne'ɔ̃], *n.m.* neon.
néo-zélandais [neozelɑ̃'dɛ], *a.* New Zealand (*butter, cheese etc.*).—*n.m.* (**Néo-Zélandais**, *fem.* **-aise**) New Zealander.
Népal [ne'pa:l], le, *m.* Nepal.
népalais [nepa'lɛ], *a.* Nepalese.—*n.m.* (**Népalais**, *fem.* **-aise**) Nepalese (*person*).
népotisme [nepɔ'tism], *n.m.* nepotism.
nerf [nɛːr], *n.m.* nerve; sinew; fortitude, strength.
nerveusement [nɛrvøz'mɑ̃], *adv.* impatiently; nervously.
nerveux [nɛr'vø], *a.* (*fem.* **-euse**) nervous; excitable; muscular.
nervosité [nɛrvozi'te], *n.f.* nervousness.
nervure [nɛr'vy:r], *n.f.* (*Bot. etc.*) nervure, nerve; (*Arch.*) moulding; (*Carp.*) rib, fillet; (*Bookb.*) tapes, cording; (*Needlework*) piping.
net [nɛt], *a.* (*fem.* **nette**) clean; pure; clear, distinct; flat, frank, pointblank; net (*of prices*).—*n.m.* fair copy; *mettre au net*, to make a fair copy.—*adv.* clean off, at once; flatly, point-blank.
nettement [nɛt'mɑ̃], *adv.* cleanly; clearly; plainly, flatly.
netteté [nɛt'te], *n.f.* cleanness; clearness, distinctness.
nettoiement [nɛtwa'mɑ̃], **nettoyage** [nɛtwa'ja:ʒ], *n.m.* cleaning; clearing; wiping.
nettoyer [nɛtwa'je], *v.t.* (*conjug. like* EMPLOYER) to clean; to wipe; to rid (*de*).

neuf (1) [nœf], *a.* and *n.m.* nine, ninth.
neuf (2) [nœf], *a.* (*fem.* **neuve**) new, brand-new; young, raw.—*n.m.* something new.
neurologie [nørɔlɔ'ʒi], *n.f.* neurology.
neutralisation [nøtraliza'sjɔ̃], *n.f.* neutralization.
neutraliser [nøtrali'ze], *v.t.* to neutralize. **se neutraliser**, *v.r.* to neutralize each other.
neutralité [nøtrali'te], *n.f.* neutrality.
neutre [nø:tr], *a.* and *n.m.* neuter; neutral.
neutron [nø'trɔ̃], *n.m.* neutron.
neuvième [nœ'vjɛm], *a.* and *n.* ninth.
neveu [nə'vø], *n.m.* (*pl.* **-eux**) nephew; (*pl. poet.*) descendants.
névralgie [nevral'ʒi], *n.f.* neuralgia.
névralgique [nevral'ʒik], *a.* neuralgic.
névrite [ne'vrit], *n.f.* neuritis.
névritique [nevri'tik], *a.* neuritic.
névrose [ne'vro:z], *n.f.* neurosis, nervous disorder.
névrosé [nevro'ze], *a.* and *n.m.* (*fem.* **-ée**) neurotic.
nez [ne], *n.m. inv.* nose; face; scent (*of dogs etc.*).
ni [ni], *conj.* nor, neither . . . nor; (*after sans, sans que, etc.*) either . . . or.
niable [njabl], *a.* deniable.
niais [nje], *a.* silly, foolish.—*n.m.* (*fem.* **-e**) ninny, simpleton.
niaisement [njez'mɑ̃], *adv.* foolishly.
niaiser [nje'ze], *v.i.* to play the fool.
niaiserie [njez'ri], *n.f.* foolishness; nonsense.
Nicaragua [nikara'gwa], le, *m.* Nicaragua.
nicaraguayen [nikaragwa'jɛ̃], *a.* (*fem.* **-enne**) Nicaraguan.—*n.m.* (**Nicaraguayen**, *fem.* **-enne**) Nicaraguan (*person*).
niche [niʃ], *n.f.* niche, nook; recess; kennel; (*fam.*) prank.
nichée [ni'ʃe], *n.f.* nestful (*of young birds*); brood (*of animals, children etc.*).
nicher [ni'ʃe], *v.t.* to lodge, to put.—*v.i.* to build a nest; to nestle. **se nicher**, *v.r.* to nest, to nestle; to hide oneself.
nickel [ni'kɛl], *n.m.* nickel.
nickelage [ni'kla:ʒ], *n.m.* nickel-plating.
nickeler [ni'kle], *v.t.* (*conjug. like* APPELER) to nickel-plate.
Nicolas [nikɔ'la], *m.* Nicholas.
nicotine [nikɔ'tin], *n.f.* nicotine.
nid [ni], *n.m.* nest; berth, post.
nièce [njɛs], *n.f.* niece.
nier [nje], *v.t.* to deny; to repudiate, to disown.
nigaud [ni'go], *a.* (*colloq.*) silly, simple.—*n.m.* (*fem.* **-e**) booby, simpleton.
Nigéria [niʒe'rja], le, *m.* Nigeria.
nigérien [niʒe'rjɛ̃], *a.* (*fem.* **-enne**) Nigerian.—*n.m.* (**Nigérien**, *fem.* **-enne**) Nigerian (*person*).
nihilisme [nii'lism], *n.m.* nihilism.
nihiliste [nii'list], *a.* nihilistic.—*n.* nihilist.
Nil [nil], le, *m.* the Nile.
nimbe [nɛ̃:b], *n.m.* nimbus, halo.
nippe [nip], *n.f. usu. pl.* (*colloq.*) old clothes, togs.
nipper [ni'pe], *v.t.* (*colloq.*) to fit out, to rig out. **se nipper**, *v.r.* to rig oneself out.
nippon [ni'pɔ̃], *a.* Japanese.—*n.m.* (**Nippon**, *fem.* **-one**) Japanese (*person*).
nitrate [ni'trat], *n.m.* nitrate.
nitre [nitr], *n.m.* nitre, saltpetre.
nitrique [ni'trik], *a.* nitric.

nitrogène

nitrogène [nitrɔ'ʒɛn], *n.m.* nitrogen.
niveau [ni'vo], *n.m.* (*pl.* -eaux) level; standard; *passage à niveau*, level crossing.
niveler [ni'vle], *v.t.* (*conjug. like* APPELER) to level, to flatten (out).
niveleur [ni'vlœːr], *a.* (*fem.* -euse) levelling. —*n.m.* (*fem.* -euse) leveller.
nivellement [nivɛl'mã], *n.m.* levelling.
nobiliaire [nɔbi'ljɛːr], *a.* of the nobility, nobiliary.
noble [nɔbl], *a.* noble; great, high, exalted.— *n.* noble, nobleman, noblewoman.
noblement [nɔblə'mã], *adv.* nobly; honourably.
noblesse [nɔ'blɛs], *n.f.* nobility; nobleness, loftiness.
noce [nɔs], *n.f.* wedding; wedding-party; (*colloq.*) jollification.
noceur [nɔ'sœːr], *n.m.* (*fem.* -euse) gay dog, gay woman, rake.
nocif [nɔ'sif], *a.* (*fem.* -cive) injurious, noxious.
noctambule [nɔktã'byl], *a.* noctambulant, noctambulous.—*n.* sleep-walker.
noctambulisme [nɔktãby'lism], *n.m.* noctambulism, sleep-walking.
nocturne [nɔk'tyrn], *a.* nocturnal, nightly.— *n.m.* (*Mus.*) nocturne.
Noël [nɔ'ɛl], *n.m.* Christmas, Yule-tide; (noël) Christmas carol.
nœud [nø], *n.m.* knot; bow; difficulty, intricacy; (*fig.*) tie; bond.
noir [nwaːr], *a.* black; swarthy; gloomy, dismal; foul; *bête noire*, pet aversion.— *n.m.* black (*fem.* -e (1)); Negro.
noirâtre [nwa'raːtr], *a.* blackish.
noiraud [nwa'ro], *a.* dark, swarthy-looking.
noirceur [nwar'sœːr], *n.f.* blackness; baseness; foul deed.
noircir [nwar'siːr], *v.t.* to blacken; to sully; to defame; to darken.—*v.i.* and se **noircir**, *v.r.* to blacken, to darken, to grow black or dark.
noircissure [nwarsi'syːr], *n.f.* black spot, smudge.
noire (2) [nwaːr], *n.f.* (*Mus.*) crotchet.
noisetier [nwaz'tje], *n.m.* hazel (*tree or bush*).
noisette [nwa'zɛt], *n.f.* hazel-nut.
noix [nwɑ], *n.f. inv.* walnut; nut.
nom [nɔ̃], *n.m.* name; fame, celebrity; noun.
nomade [nɔ'mad], *a.* nomad, nomadic, wandering.—*n.* nomad.
nombre [nɔ̃ːbr], *n.m.* number; quantity; numbers.
nombrer [nɔ̃'bre], *v.t.* to number, to reckon.
nombreux [nɔ̃'brø] *a.* (*fem.* -euse) numerous; harmonious (*prose, style*).
nombril [nɔ̃'bri] *n.m.* navel.
nomenclature [nɔmãkla'tyːr] *n.f.* nomenclature; list catalogue.
nominal [nɔmi'nal], *a.* (*m. pl.* -aux) nominal.
nominalement [nɔminal'mã], *adv.* nominally.
nominatif [nɔmina'tif], *a.* (*fem.* -tive) and *n.m.* nominative.
nomination [nɔmina'sjɔ̃], *n.f.* nomination; appointment.
nominativement [nɔminativ'mã], *adv.* by name.
nommé [nɔ'me], *a.* named, called; appointed.
nommément [nɔme'mã], *adv.* namely; particularly, especially.

nommer [nɔ'me], *v.t.* to name, to call; to mention; to nominate, to appoint. se **nommer**, *v.r.* to state one's name; to be called.
non [nɔ̃], *adv.* no, not.
non-activité [nɔ̃naktivi'te], *n.f.* state of being unattached or unemployed.
nonagénaire [nɔnaʒe'nɛːr], *a.* ninety years of age.—*n.* nonagenarian.
non-agression [nɔ̃nagrɛ'sjɔ̃], *n.f.* non-aggression.
nonce [nɔ̃ːs], *n.m.* nuncio.
nonchalamment [nɔ̃ʃala'mã], *adv.* nonchalantly, carelessly, heedlessly.
nonchalance [nɔ̃ʃa'lãːs], *n.f.* carelessness, heedlessness, nonchalance.
nonchalant [nɔ̃ʃa'lã], *a.* nonchalant, careless; listless.—*n.m.* (*fem.* -e) such a person.
non-lieu [nɔ̃'ljø], *n.m.* (*Law*) no true bill.
nonne [nɔn] *n.f.* nun.
nonobstant [nɔnɔps'tã], *prep.* notwithstanding, in spite of.—*adv.* nevertheless.
nonpareil [nɔ̃pa'rɛːj], *a.* (*fem.* -eille) nonpareil, matchless.
non-sens [nɔ̃'sãːs], *n.m.* meaningless sentence, translation, or action.
nord [nɔːr], *a. inv.* north, *Pôle nord*, North Pole.—*n.m.* north; north-wind; *nord-est*, north-east; *nord-ouest*, north-west.
nordique [nɔr'dik], *a.* Nordic, Scandinavian. —*n.* (**Nordique**) Nordic, Scandinavian (*person*).
normal [nɔr'mal], *a.* (*m. pl.* -aux) normal; (*Geom.*) perpendicular.
normalement [nɔrmal'mã], *adv.* normally.
normalien [nɔrma'ljɛ̃], *n.m.* (*fem.* -enne) training-college student or ex-student.
normalité [nɔrmali'te], *n.f.* normality.
normand [nɔr'mã], *a.* Norman.—*n.m.* (**Normand**, *fem.* -ande) Norman (*person*).
Normandie [nɔrmã'di], la, *f.* Normandy.
norme [nɔrm], *n.f.* norm, average.
Norvège [nɔr'vɛːʒ], la, *f.* Norway.
norvégien [nɔrve'ʒjɛ̃], *a.* (*fem.* -enne) Norwegian.—*n.m.* Norwegian (*language*); (**Norvégien**, *fem.* -enne) Norwegian (*person*).
nos [no], *pl.* [NOTRE].
nostalgie [nɔstal'ʒi], *n.f.* nostalgia, homesickness.
nostalgique [nɔstal'ʒik], *a.* nostalgic; sad.
notabilité [nɔtabili'te], *n.f.* respectability; person of note.
notable [nɔ'tabl], *a.* notable, of influence.— *n.* notable, person of note.
notablement [nɔtablə'mã], *adv.* notably.
notaire [nɔ'tɛːr], *n.m.* notary; solicitor.
notamment [nɔta'mã], *adv.* specially; more particularly.
notariat [nɔta'rja], *n.m.* profession, business or function of notary.
notation [nɔta'sjɔ̃], *n.f.* notation.
note [nɔt], *n.f.* note, memorandum; mark; statement; bill.
noter [nɔ'te], *v.t.* to note; to mark; to note down; to observe, to notice.
notice [nɔ'tis], *n.f.* notice account; review (*of a book*); notification.
notification [nɔtifika'sjɔ̃], *n.f.* notification, notice, intimation.
notifier [nɔti'fje], *v.t.* to notify; to intimate.
notion [nɔ'sjɔ̃], *n.f.* notion, idea; (*pl.*) elements, rudiments.

226

notoire [nɔ'twa:r], *a.* notorious; well-known.
notoirement [nɔtwar'mɑ̃], *adv.* notoriously.
notoriété [nɔtɔrje'te], *n.f.* notoriety (*of fact*); repute (*of person*).
notre [nɔtr], *a. poss.* (*pl.* nos) our.
nôtre [no:tr], *pron. poss.* (*pl.* nôtres) ours; our own; our things, friends, relatives etc.
noué [nwe], *a.* knotty, tied; rickety.
nouer [nwe], *v.t.* to tie, to knot; (*fig.*) to devise; to establish. **se nouer**, *v.r.* to be twisted *or* tied; to fasten oneself.
noueux [nu'ø], *a.* (*fem.* **-euse**) knotty, gnarled.
nougat [nu'ga], *n.m.* nougat; almond-cake.
nouilles [nu:j], *n.f. pl.* noodles, spaghetti.
nourri [nu'ri], *a.* nourished, fed; full, rich, copious; brisk (*fire*).
nourrice [nu'ris], *n.f.* nurse; wet-nurse; (*Motor., Av.*) feed-tank.
nourricier [nuri'sje], *a.* (*fem.* **-ière**) life-giving, nourishing; producing food.—*n.m.* (*fem.* **-ière**) foster-parent.
nourrir [nu'ri:r], *v.t.* to nourish, to feed; to keep, to maintain; to nurse; to foster; to rear; to cherish. **se nourrir** *v.r.* to feed, to live upon.
nourrissage [nuri'sa:ʒ], *n.m.* rearing, feeding (*of cattle*).
nourrissant [nuri'sɑ̃], *a.* nutritious; nourishing; sustaining.
nourrisseur [nuri'sœ:r], *n.m.* cow-keeper; stock-raiser.
nourrisson [nuri'sɔ̃], *n.m.* (*fem.* **-onne**) infant; foster-child; nursling.
nourriture [nuri'ty:r], *n.f.* nourishment, food; livelihood.
nous [nu], *pers. pron.* we; us; to us; ourselves; each other.
nouveau [nu'vo] (*before a vowel or unaspirated h* nouvel), *a.* (*fem.* **-elle** (1)) new; recent, novel; additional; inexperienced.—*n.m.* (*pl.* **-eaux**) new, something new; **à nouveau**, afresh; **de nouveau**, again.
nouveau-né [nuvo'ne], *n.m.* (*fem.* **nouveau-née**, *pl.* **nouveau-né(e)s**) new-born child.
nouveauté [nuvo'te], *n.f.* novelty; change, innovation; (*pl.*) fancy articles; (*fig.*) new book, new play.
nouvelle (2) [nu'vɛl], *n.f.* (*often in pl.*) news, tidings; short story, short novel.
nouvellement [nuvɛl'mɑ̃], *adv.* newly, lately, recently.
Nouvelle-Zélande [nuvɛlze'lɑ̃:d], **la**, *f.* New Zealand.
nouvelliste [nuve'list], *n.* newswriter; short story writer.
novateur [nɔva'tœ:r], *a.* (*fem.* **-trice**) innovating.—*n.m.* (*fem.* **-trice**) innovator.
novembre [nɔ'vɑ̃:br], *n.m.* November.
novice [nɔ'vis], *a.* novice, inexperienced.—*n.* novice, probationer.
noviciat [nɔvi'sja], *n.m.* noviciate.
noyade [nwa'jad], *n.f.* drowning.
noyau [nwa'jo], *n.m.* (*pl.* **-aux**) stone (*of fruit*), nucleus; core (*of statues, casts etc.*).
noyé [nwa'je], *a.* drowned.—*n.m.* (*fem.* **-ée**) drowned person.
noyer (1) [nwa'je], *n.m.* walnut-tree; walnut (*wood*).
noyer (2) [nwa'je], *v.t.* (*conjug. like* EMPLOYER) to drown; to swamp; to deluge. **se noyer**, *v.r.* to be drowned; to be plunged (*dans*).

nu [ny], *a.* naked, nude, bare; uncovered; unadorned; destitute.—*n.m.* the nude, nudity.
nuage [nɥa:ʒ], *n.m.* cloud; mist; (*fig.*) gloom, dejection.
nuageux [nɥa'ʒø], *a.* (*fem.* **-euse**) cloudy, overcast.
nuance [nɥɑ̃:s], *n.f.* shade, hue; gradation; tinge.
nuancer [nɥɑ̃'se], *v.t.* (*conjug. like* COMMENCER) to shade; to vary slightly.
nubile [ny'bil], *a.* nubile, marriageable.
nubilité [nybili'te], *n.f.* nubility, marriageable age.
nucléaire [nykle'ɛ:r], *a.* nuclear.
nudité [nydi'te], *n.f.* nudity, nakedness.
nuée [nɥe], *n.f.* cloud; (*fig.*) swarm, host, multitude, flock.
nues [ny], *n.f. pl.* (*Poet.*) skies.
nuire [nɥi:r], *v.i. irr.* to be hurtful, to jeopardize, to harm (*à*).
nuisible [nɥi'zibl], *a.* harmful, noxious, prejudicial.
nuit [nɥi], *n.f.* night, night-time; darkness; *il fait nuit*, it is dark; *nuit blanche*, sleepless night.
nuitamment [nɥita'mɑ̃], *adv.* by night, in the night.
nul [nyl], *a.* (*fem.* **nulle**) no, not any; void, null.—*pron.* no one, nobody, not one.
nullement [nyl'mɑ̃], *adv.* not at all, by no means.
nullifier [nyli'fje], *v.t.* to nullify.
nullité [nyli'te], *n.f.* nullity; nonentity; (*fig.*) incapacity.
numéraire [nyme'rɛ:r], *a.* legal (*of coin*).—*n.m.* metallic currency, cash.
numéral [nyme'ral], *a.* (*m. pl.* **-aux**) numeral.
numérateur [nymera'tœ:r], *n.m.* (*Arith.*) numerator.
numération [nymera'sjɔ̃], *n.f.* numeration, notation.
numérique [nyme'rik], *a.* numerical.
numériquement [nymerik'mɑ̃], *adv.* numerically.
numéro [nyme'ro], *n.m.* number.
numérotage [nymerɔ'ta:ʒ], *n.m.*, **numérotation** [nymerɔta'sjɔ̃], *n.f.* numbering.
numéroter [nymerɔ'te], *v.t.* to number.
numismate [nymis'mat], **numismatiste** [nymisma'tist], *n.* numismatist.
numismatique [nymisma'tik], *a.* numismatic.—*n.f.* numismatics.
nuptial [nyp'sjal], *a.* (*m. pl.* **-aux**) nuptial, bridal.
nuque [nyk], *n.f.* nape (*of the neck*).
nutritif [nytri'tif], *a.* (*fem.* **-tive**) nutritious, nourishing.
nutrition [nytri'sjɔ̃], *n.f.* nutrition.
nylon [ni'lɔ̃], *n.m.* nylon; *des bas nylon*, nylon stockings.
nymphe [nɛ̃:f], *n.f.* nymph.

O

O, o [o], *n.m.* the fifteenth letter of the alphabet.
ô! [o] *int.* oh!

oasis [oa'zi:s], *n.f. inv.* oasis.
obéir [ɔbe'i:r], *v.i.* to obey; to comply, to yield, to submit (**à**).
obéissance [ɔbei'sɑ:s], *n.f.* obedience; allegiance.
obéissant [ɔbei'sɑ̃], *a.* obedient; docile.
obélisque [ɔbe'lisk], *n.m.* obelisk, needle.
obérer [ɔbe're], *v.t.* (*conjug. like* CÉDER) to encumber *or* involve in debt.
obèse [ɔ'bɛ:z], *a.* obese, stout.
obésité [ɔbezi'te], *n.f.* obesity, stoutness.
obituaire [ɔbituɛ:r], *a.* and *n.m.* obituary, register of deaths; mortuary.
objecter [ɔbʒɛk'te], *v.t.* to object; to allege.
objecteur [ɔbʒɛk'tœ:r], *n.m.* objector.
objectif [ɔbʒɛk'tif], *a.* (*fem.* **-tive**) objective. —*n.m.* objective, aim; lens; (*Mil.*) target.
objection [ɔbʒɛk'sjɔ̃], *n.f.* objection.
objectivement [ɔbʒɛktiv'mɑ̃], *adv.* objectively.
objectivité [ɔbʒɛktivi'te], *n.f.* objectivity.
objet [ɔb'ʒɛ], *n.m.* object; subject, matter; aim; (*pl.*) articles, goods.
obligation [ɔbliga'sjɔ̃], *n.f.* obligation; (*Law*) bond; (*Comm.*) debenture.
obligatoire [ɔbliga'twa:r], *a.* compulsory, obligatory, incumbent.
obligatoirement [ɔbligatwar'mɑ̃], *adv.* compulsorily.
obligeamment [ɔbliʒa'mɑ̃], *adv.* obligingly.
obligeance [ɔbli'ʒɑ:s], *n.f.* obligingness; kindness.
obligeant [ɔbli'ʒɑ̃], *a.* obliging, kind, helpful.
obliger [ɔbli'ʒe], *v.t.* (*conjug. like* MANGER) to oblige, to bind; to compel; to gratify. **s'obliger**, *v.r.* to put oneself under an obligation.
oblique [ɔ'blik], *a.* oblique, slanting; (*fig.*) indirect, underhand.
obliquement [ɔblik'mɑ̃], *adv.* obliquely, indirectly; unfairly.
obliquer [ɔbli'ke], *v.i.* to slant, to swerve.
obliquité [ɔbliki'te], *n.f.* obliquity.
oblitération [ɔblitera'sjɔ̃], *n.f.* obliteration.
oblitérer [ɔblite're], *v.t.* (*conjug. like* CÉDER) to obliterate; to cancel (*stamps*).
oblong [ɔ'blɔ̃], *a.* (*fem.* **-ue**) oblong.
obole [ɔ'bɔl], *n.f.* obolus; (*fig.*) farthing, mite.
obscène [ɔp'sɛ:n], *a.* obscene.
obscénité [ɔpseni'te], *n.f.* obscenity, lewdness.
obscur [ɔps'ky:r], *a.* obscure; dark, gloomy; (*fig.*) humble; mean.
obscurcir [ɔpskyr'si:r], *v.t.* to obscure, to darken, to dim; to tarnish. **s'obscurcir**, *v.r.* to grow dim.
obscurcissement [ɔpskyrsis'mɑ̃], *n.m.* darkening; (*Mil.*) black-out.
obscurément [ɔpskyre'mɑ̃], *adv.* obscurely, dimly.
obscurité [ɔpskyri'te], *n.f.* obscurity, darkness.
obséder [ɔpse'de], *v.t.* (*conjug. like* CÉDER) to beset; to haunt, to importune, to obsess.
obsèques [ɔp'sɛk], *n.f. pl.* obsequies, funeral.
obséquieusement [ɔpsekjøz'mɑ̃], *adv.* obsequiously.
obséquieux [ɔpse'kjø], *a.* (*fem.* **-euse**) obsequious, fawning.
observable [ɔpsɛr'vabl], *a.* observable.
observance [ɔpsɛr'vɑ̃:s], *n.f.* observance.

observateur [ɔpsɛrva'tœ:r], *a.* (*fem.* **-trice**) observant.—*n.m.* (*fem.* **-trice**) observer, onlooker.
observation [ɔpsɛrva'sjɔ̃], *n.f.* observation; observance; remark.
observatoire [ɔpsɛrva'twa:r], *n.m.* observatory; look-out.
observer [ɔpsɛr've], *v.t.* to observe, to notice; to watch; to remark; to perform. **s'observer**, *v.r.* to be circumspect, to be on one's guard; to observe each other.
obsession [ɔpsɛ'sjɔ̃], *n.f.* obsession.
obstacle [ɔps'takl], *n.m.* obstacle, bar, hindrance.
obstination [ɔpstina'sjɔ̃], *n.f.* obstinacy, stubbornness, wilfulness.
obstiné [ɔpsti'ne], *a.* obstinate, self-willed, stubborn; persistent.
obstinément [ɔpstine'mɑ̃], *adv.* obstinately, stubbornly.
obstiner (s') [sɔpsti'ne], *v.r.* to be obstinately resolved (**à**), to insist, to persist.
obstructif [ɔpstryk'tif], *a.* (*fem.* **-tive**) obstructive.
obstruction [ɔpstryk'sjɔ̃], *n.f.* obstruction; stoppage.
obstruer [ɔpstry'e], *v.t.* to obstruct, to block.
obtempérer [ɔptɑ̃pe're], *v.i.* (*conjug. like* CÉDER) to obey, to comply (**à**).
obtenir [ɔptə'ni:r], *v.t. irr.* (*conjug. like* TENIR) to obtain, to procure, to get. **s'obtenir**, *v.r.* to be obtained; to be obtainable.
obtention [ɔptɑ̃'sjɔ̃], *n.f.* obtaining, getting.
obturer [ɔpty're], *v.t.* to seal, to obturate; to fill (*gap*), to stop (*a tooth etc.*).
obtus [ɔp'ty], *a.* obtuse; dull, blunt.
obus [ɔ'by], *n.m.* (*Artill.*) shell.
obusier [ɔby'zje], *n.m.* howitzer.
obvier [ɔb'vje], *v.i.* to obviate, to prevent (**à**).
occasion [ɔka'zjɔ̃], *n.f.* opportunity, occasion; cause; bargain, job lot; *livres d'occasion*, second-hand books.
occasionnel [ɔkazjɔ'nɛl], *a.* (*fem.* **-elle**) occasional.
occasionnellement [ɔkazjɔnɛl'mɑ̃], *adv.* occasionally.
occasionner [ɔkazjɔ'ne], *v.t.* to occasion, to cause.
occident [ɔksi'dɑ̃], *n.m.* west.
occidental [ɔksidɑ̃'tal], *a.* (*m. pl.* **-aux**) occidental, western.
Occidentaux [ɔksidɑ̃'to], *n.m. pl.* natives *or* inhabitants of the western countries, members of the western *bloc*.
occulte [ɔ'kylt], *a.* occult.
occupant [ɔky'pɑ̃], *a.* occupying.—*n.m.* (*fem.* **-e**) occupant, occupier.
occupation [ɔkypa'sjɔ̃], *n.f.* occupation; occupancy; capture.
occupé [ɔky'pe], *a.* occupied, busy, engaged; seized.
occuper [ɔky'pe], *v.t.* to occupy; to employ; to inhabit. **s'occuper**, *v.r.* to occupy oneself; to be busy; to look after; to see to (*de*).
occurrence [ɔky'rɑ̃:s], *n.f.* occurrence; event; *en l'occurrence*, under the circumstances.
océan [ɔse'ɑ̃], *n.m.* ocean, high sea.
océanique [ɔsea'nik], *a.* oceanic.
ocre [ɔkr], *n.f.* ochre.
octane [ɔk'tan], *n.m.* octane.
octave [ɔk'ta:v], *n.f.* octave.

octavo [ɔkta'vo], *adv.* eighthly.—*n.m.* octavo.
octobre [ɔk'tɔbr], *n.m.* October.
octogénaire [ɔktɔʒe'nɛːr], *a.* and *n.* octogenarian.
octogone [ɔktɔ'gɔn], *a.* octagonal, eight-sided.—*n.m.* octagon.
octroi [ɔk'trwa], *n.m.* grant, concession; town dues, toll; toll-house *or* office.
octroyer [ɔktrwa'je], *v.t.* (*conjug. like* EM-PLOYER) to grant, to concede.
oculaire [ɔky'lɛːr], *a.* ocular; *témoin oculaire,* eyewitness.—*n.m.* eye-piece.
oculiste [ɔky'list], *n.m.* oculist.
odalisque [ɔda'lisk], *n.f.* odalisque.
ode [ɔd], *n.f.* ode.
odeur [ɔ'dœːr], *n.f.* odour, smell; scent.
odieusement [ɔdjøz'mɑ̃], *adv.* odiously, hatefully.
odieux [ɔ'djø], *a.* (*fem.* **-euse**) odious, hateful, loathsome.—*n.m.* odiousness, hatefulness.
odorant [ɔdɔ'rɑ̃], *a.* fragrant, sweet-smelling.
odorat [ɔdɔ'ra], *n.m.* smell, sense of smell.
odoriférant [ɔdɔrife'rɑ̃], *a.* sweet-smelling.
Odyssée [ɔdi'se], *n.f.* Odyssey.
œil [œːj], *n.m.* (*pl.* **yeux**) eye; look; lustre; bud; dint, hole (*in bread, cheese*); *des yeux à fleur de tête,* prominent eyes; *d'un coup d'œil,* at a glance; *en un clin d'œil,* in the twinkling of an eye.
œil-de-bœuf [œjdə'bœf], *n.m.* (*pl.* **œils-de-bœuf**) round *or* oval window.
œillade [œ'jad], *n.f.* glance; ogle, leer; wink.
œillère [œ'jɛːr], *n.f.* blinker; canine tooth; eye-bath.
œillet [œ'jɛ], *n.m.* eyelet; (*Bot.*) dianthus, pink; *œillet des fleuristes,* carnation; *œillet de poète,* sweet william; *petit œillet d'Inde,* French marigold.
œuf [œf], *n.m.* (*pl.* **œufs**) egg; ovum; spawn, roe (*of fish*).
œuvre [œːvr], *n.f.* work; performance; production; (*pl.*) works (*of an author*).—*n.m.* (*no pl.*) work (*of an author, painter, musician etc.*)
œuvrer [œ'vre], [OUVRER.]
offensant [ɔfɑ̃'sɑ̃], *a.* offensive, insulting.
offense [ɔ'fɑ̃ːs], *n.f.* offence; injury, wrong, trespass.
offensé [ɔfɑ̃'se], *n.m.* (*fem.* **-ée**) offended party.
offenser [ɔfɑ̃'se], *v.t.* to offend; to sin against; to hurt, to injure (*feelings*); to shock. **s'offenser,** *v.r.* to be offended, to take offence.
offenseur [ɔfɑ̃'sœːr], *n.m.* offender.
offensif [ɔfɑ̃'sif], *a.* (*fem.* **-sive**) offensive.—*n.f.* (**-sive**) offensive (*attack*).
offensivement [ɔfɑ̃siv'mɑ̃], *adv.* offensively.
office [ɔ'fis], *n.m.* office; duty; employment; service; Divine worship.—*n.f.* servants' hall, pantry, larder.
officiant [ɔfi'sjɑ̃], *a.* officiating.—*n.m.* officiating priest.
officiel [ɔfi'sjɛl], *a.* (*fem.* **-elle**) official, formal.
officiellement [ɔfisjɛl'mɑ̃], *adv.* officially.
officier (1) [ɔfi'sje], *v.i.* to officiate (*at divine service*).
officier (2) [ɔfi'sje], *n.m.* officer.
officieusement [ɔfisjøz'mɑ̃], *adv.* officiously.
officieux [ɔfi'sjø], *a.* (*fem.* **-euse**) officious; semi-official; obliging.—*n.m.* (*fem.* **-euse**) busybody.

offrande [ɔ'frɑ̃ːd], *n.f.* offertory; offering.
offre [ɔfr], *n.f.* offer, tender.
offrir [ɔ'friːr], *v.t.* (*conjug. like* OUVRIR) to offer, to tender; to present, to give. **s'offrir,** *v.r.* to offer oneself; to present itself.
offusquer [ɔfys'ke], *v.t.* to obscure; to dazzle; to offend. **s'offusquer,** *v.r.* (*rare*) to become darkened; (*fig.*) to take offence.
ogival [ɔʒi'val], *a.* (*m. pl.* **-aux**) (*Arch.*) pointed; gothic.
ogive [ɔ'ʒiːv], *n.f.* ogive, pointed arch; nose (*of missile, rocket*).
ogre [ɔgr], *n.m.* (*fem.* **-esse**) ogre, ogress.
oh! [o], *int.* O! ho!
ohm [om], *n.m.* ohm.
oie [wa], *n.f.* goose; (*fig.*) simpleton.
oignon [ɔ'ɲɔ̃], *n.m.* onion; bulb; bunion.
oindre [wɛ̃ːdr], *v.t. irr.* to anoint.
oiseau [wa'zo], *n.m.* (*pl.* **-eaux**) bird; hod; (*colloq.*) fellow, chap; *à vol d'oiseau,* as the crow flies.
oiseau-mouche [wazo'muʃ], *n.m.* (*pl.* **oiseaux-mouches**) humming-bird.
oiselet [wa'zlɛ], *n.m.* small bird.
oiseleur [wa'zlœːr], *n.m.* bird-catcher; fowler.
oiselier [waz'lje], *n.m.* bird-seller; bird-fancier.
oiseux [wa'zø], *a.* (*fem.* **-euse**) idle; useless; trifling.
oisif [wa'zif], *a.* (*fem.* **-sive**) idle, unoccupied; lying dead (*money*).—*n.m.* (*fem.* **-sive**) idler.
oisillon [wazi'jɔ̃], *n.m.* young bird, fledg(e)ling.
oisivement [waziv'mɑ̃], *adv.* idly.
oisiveté [waziv'te], *n.f.* idleness; hours of ease.
oison [wa'zɔ̃], *n.m.* gosling; (*fig.*) simpleton.
oléagineux [ɔleaʒi'nø], *a.* (*fem.* **-euse**) oleaginous, oily.
oléoduc [ɔleo'dyk], *n.m.* pipeline.
oligarchie [ɔligar'ʃi], *n.f.* oligarchy.
oligarchique [ɔligar'ʃik], *a.* oligarchical.
oligarque [ɔli'gark], *n.* oligarch.
olivâtre [ɔli'vɑːtr], *a.* olivaceous, olive-hued; sallow.
olive [ɔ'liːv], *a. inv.* olive-coloured.—*n.f.* olive.
Olivier [ɔli'vje], *m.* Oliver.
olivier [ɔli'vje], *n.m.* olive-tree; olive-wood.
olographe [ɔlɔ'graf], *a.* holograph(ic) (*will*).
Olympe [ɔ'lɛ̃ːp], *n.m.* Olympus; (*fig.*) heaven.
olympien [ɔlɛ̃'pjɛ̃], *a.* (*fem.* **-enne**) Olympian —*n.m.* (**Olympien,** *fem.* **-enne**) Olympian.
olympique [ɔlɛ̃'pik], *a.* Olympic.
ombrage [ɔ̃'braːʒ], *n.m.* shade; umbrage, suspicion.
ombrager [ɔ̃bra'ʒe], *v.t.* (*conjug. like* MANGER) to shade; (*fig.*) to protect.
ombrageux [ɔ̃bra'ʒø], *a.* (*fem.* **-euse**) skittish (*of horses*); suspicious, touchy.
ombre [ɔ̃ːbr], *n.f.* shadow; shade; darkness; ghost; *à l'ombre,* in the shade.
ombré [ɔ̃'bre], *a.* tinted, shaded.
ombrelle [ɔ̃'brɛl], *n.f.* parasol, sunshade.
ombrer [ɔ̃'bre], *v.t.* to shade; to darken.
ombreux [ɔ̃'brø], *a.* (*fem.* **-euse**) shady.
omelette [ɔm'lɛt], *n.f.* omelet(te).
omettre [ɔ'mɛtr], *v.t. irr.* (*conjug. like* METTRE) to omit.
omission [ɔmi'sjɔ̃], *n.f.* omission.
omnibus [ɔmni'byːs], *a.* suitable for all; *train omnibus,* slow train, stopping train. —*n.m. inv.* omnibus, bus.

omnipotence [ɔmnipɔ'tɑ̃:s], *n.f.* omnipotence.
omnipotent [ɔmnipɔ'tɑ̃], *a.* omnipotent.
omnivore [omni'vɔ:r], *a.* omnivorous.—*n.m.* omnivore.
omoplate [ɔmɔ'plat], *n.f.* shoulder-blade; scapula.
on [ɔ̃], *indef. pron.* one, they, we, you, people, men, somebody.
once (1) [ɔ̃:s], *n.f.* ounce (*weight*).
once (2) [ɔ̃:s], *n.f.* ounce, snow leopard.
oncle [ɔ̃:kl], *n.m.* uncle.
onction [ɔ̃k'sjɔ̃], *n.f.* unction, anointing; (*fig.*) unctuousness.
onctueusement [ɔ̃ktɥøz'mɑ̃], *adv.* unctuously.
onctueux [ɔ̃k'tɥø], *a.* (*fem.* **-euse**) unctuous, oily.
onctuosité [ɔ̃ktɥozi'te], *n.f.* unctuousness; smoothness.
onde [ɔ̃:d], *n.f.* wave, billow; (*fig.*) sea.
ondé [ɔ̃'de], *a.* undulating, wavy; watered (*of silk etc.*).
ondée [ɔ̃'de], *n.f.* shower (*of rain*).
ondoyant [ɔ̃dwa'jɑ̃], *a.* undulating; (*fig.*) changeable.
ondoyer [ɔ̃dwa'je], *v.t.* (*conjug. like* EMPLOYER) to baptize privately.—*v.i.* to undulate; to ripple (*water*).
ondulant [ɔ̃dy'lɑ̃], *a.* undulating; waving, flowing.
ondulation [ɔ̃dyla'sjɔ̃], *n.f.* undulation; wave (*of hair*).
ondulé [ɔ̃dy'le], *a.* rolling, undulating; waved (*hair*); corrugated (*iron*).
onduler [ɔ̃dy'le], *v.t.* to wave (*hair*).—*v.i.* to undulate; to ripple.
onduleux [ɔ̃dy'lø], *a.* (*fem.* **-euse**) sinuous, wavy.
onéreux [ɔne'rø], *a.* (*fem.* **-euse**) burdensome, onerous; expensive.
ongle [ɔ̃:gl], *n.m.* nail (*of fingers, claws etc.*); claw, talon; hoof.
onglée [ɔ̃'gle], *n.f.* numbness of the fingers (*from cold*).
onglet [ɔ̃'glɛ], *n.m.* mitre, mitre-joint.
onglier [ɔ̃'glje], *n.m.* manicure-case; (*pl.*) (*curved*) nail-scissors.
onguent [ɔ̃'gɑ̃], *n.m.* ointment, salve.
ongulé [ɔ̃gy'le], *a.* hoofed, ungulate.
onyx [ɔ'niks], *a.* and *n.m. inv.* onyx.
onze [ɔ̃:z], *a.* and *n.m.* eleven, eleventh.
onzième [ɔ̃'zjɛm], *a.* and *n.m.* eleventh.
onzièmement [ɔzjɛm'mɑ̃], *adv.* eleventhly, in the eleventh place.
opacité [ɔpasi'te], *n.f.* opacity; (*fig.*) darkness.
opale [ɔ'pal], *n.f.* opal.
opalescence [ɔpalɛ'sɑ̃:s], *n.f.* opalescence.
opalescent [ɔpalɛ'sɑ̃], *a.* opalescent.
opaque [ɔ'pak], *a.* opaque.
opéra [ɔpe'ra], *n.m.* opera; opera-house.
opéra-bouffe [ɔpera'buf], *n.m.* comic opera; musical comedy.
opérateur [ɔpera'tœ:r], *n.m.* (*fem.* **-trice**) operator; operative.
opératif [ɔpera'tif], *a.* (*fem.* **-tive**) operative.
opération [ɔpera'sjɔ̃], *n.f.* operation, working, performance; (*Comm.*) transaction.
opératoire [ɔpera'twa:r], *a.* operative, surgical.
opérer [ɔpe're], *v.t.* (*conjug. like* CÉDER) to operate, to bring about, to perform; to

operate upon.—*v.i.* to work, to operate. **s'opérer**, *v.r.* to take place, to be brought about.
opérette [ɔpe'rɛt], *n.f.* operetta, light opera.
ophtalmie [ɔftal'mi], *n.f.* ophthalmia.
ophtalmique [ɔftal'mik], *a.* ophthalmic.
opiner [ɔpi'ne], *v.i.* to opine, to give *or* be of opinion; to speak.
opiniâtre [ɔpi'njɑ:tr], *a.* stubborn, obstinate. —*n.* stubborn person.
opiniâtrement [ɔpinjɑtrə'mɑ̃], *adv.* doggedly.
opiniâtrer (s') [sɔpinjɑ'tre], *v.r.* to be obstinate, to insist.
opiniâtreté [ɔpinjɑtrə'te], *n.f.* obstinacy.
opinion [ɔpi'njɔ̃], *n.f.* opinion; judgment, view; (*pl.*) votes.
opium [ɔ'pjɔm], *n.m.* opium.
opossum [ɔpɔ'sɔm], *n.m.* opossum.
opportun [ɔpɔr'tœ̃], *a.* opportune, timely; expedient.
opportunément [ɔpɔrtyne'mɑ̃], *adv.* seasonably.
opportunisme [ɔpɔrty'nism], *n.m.* opportunism.
opportuniste [ɔpɔrty'nist], *a.* and *n.* opportunist.
opportunité [ɔpɔrtyni'te], *n.f.* opportuneness, expediency.
opposant [ɔpo'zɑ̃], *a.* opposing, adverse.— *n.m.* (*fem.* **-e**) opponent, adversary.
opposé [ɔpo'ze], *a.* opposite, contrary.—*n.m.* the opposite, the reverse, the contrary.
opposer [ɔpo'ze], *v.t.* to oppose; to object; to urge. **s'opposer**, *v.r.* to be opposed *or* contrary (*à*), to set oneself against, to resist.
opposition [ɔpozi'sjɔ̃], *n.f.* opposition, resistance; contrast.
oppresser [ɔprɛ'se], *v.t.* (*fig.*) to depress; *to oppress.
oppresseur [ɔprɛ'sœ:r], *a.m.* oppressive.— *n.m.* oppressor.
oppressif [ɔprɛ'sif], *a.* (*fem.* **-ive**) oppressive.
oppression [ɔprɛ'sjɔ̃], *n.f.* oppression.
oppressivement [ɔprɛsiv'mɑ̃], *adv.* tyrannically, oppressively (*person*).
opprimant [ɔpri'mɑ̃], *a.* oppressing.
opprimé [ɔpri'me], *a.* oppressed.—*n.m.* (*fem.* **-ée**) the oppressed.
opprimer [ɔpri'me], *v.t.* to oppress, to crush.
opprobre [ɔ'prɔbr], *n.m.* opprobrium, shame, disgrace.
opter [ɔp'te], *v.i.* to choose, to decide.
opticien [ɔpti'sjɛ̃], *n.m.* optician.
optimisme [ɔpti'mism], *n.m.* optimism.
optimiste [ɔpti'mist], *a.* optimistic.—*n.* optimist.
option [ɔp'sjɔ̃], *n.f.* option, choice.
optique [ɔp'tik], *a.* optic, optical.—*n.f.* optics; perspective.
opulence [ɔpy'lɑ̃:s], *n.f.* opulence, wealth.
opulent [ɔpy'lɑ̃], *a.* opulent, wealthy.
or (1) [ɔ:r], *n.m.* gold; (*Her.*) or.
or (2) [ɔ:r], *conj.* but, now; well.
oracle [ɔ'ra:kl], *n.m.* oracle.
orage [ɔ'ra:ʒ], *n.m.* storm; thunder-storm; (*fig.*) tumult, disorder.
orageusement [ɔraʒøz'mɑ̃], *adv.* tempestuously; boisterously.
orageux [ɔra'ʒø], *a.* (*fem.* **-euse**) stormy, tempestuous; restless.

oraison [ɔrɛ'zɔ̃], *n.f.* speech, oration; prayer.
oral [ɔ'ral], *a.* (*m. pl.* **-aux**) oral, by word of mouth.
oralement [ɔral'mã], *adv.* orally, by word of mouth.
orange [ɔ'rã:ʒ], *n.f.* orange (*fruit*).—*a. inv.* and *n.m.* orange (*colour*).
orangé [ɔrã'ʒe], *a.* orange(-coloured).
orangeade [ɔrã'ʒad], *n.f.* orangeade, orange squash.
oranger [ɔrã'ʒe], *n.m.* orange-tree.
orangerie [ɔrã'ʒri], *n.f.* orange-house; orange-grove, orangery.
orang-outan(g) [ɔrãu'tã], *n.m.* (*pl.* **orangs-outans**) orang-utan.
orateur [ɔra'tœ:r], *n.m.* (*fem.* **-trice**) orator, speaker.
oratoire [ɔra'twa:r], *a.* oratorical; oratorial.—*n.m.* oratory; private chapel.
orbe [ɔrb], *n.m.* orb, orbit; globe; sphere; coil (*snake*).
orbite [ɔr'bit], *n.f.* orbit; (*Anat.*) socket; (*fig.*) sphere (*of action*).
Orcades [ɔr'kad], **les**, *f. pl.* the Orkneys.
orchestral [ɔrkɛs'tral], *a.* (*m. pl.* **-aux**) orchestral.
orchestration [ɔrkɛstra'sjɔ̃], *n.f.* scoring, orchestration.
orchestre [ɔr'kɛstr] *n.m.* orchestra; band.
orchestrer [ɔrkɛs'tre], *v.t.* to score, to orchestrate.
orchidée [ɔrki'de], *n.f.* orchid; (*pl.*) Orchidaceae.
ordinaire [ɔrdi'nɛ:r], *a.* ordinary, common, usual.—*n.m.* ordinary practice; usual fare.
ordinairement [ɔrdinɛr'mã], *adv.* usually.
ordinal [ɔrdi'nal], *a.* (*m. pl.* **-aux**) ordinal.
ordination [ɔrdina'sjɔ̃], *n.f.* ordination.
ordonnance [ɔrdɔ'nã:s], *n.f.* order, ordinance, regulation; disposition, arrangement; (*Med.*) prescription.—*n.* (*usu. fem.*) (*Mil.*) batman.
ordonnateur [ɔrdɔna'tœ:r], *a.* (*fem.* **-trice**) ordaining, ordering.—*n.m.* (*fem.* **-trice**) organizer, manager; master of ceremonies.
ordonné [ɔrdɔ'ne], *a.* ordered; tidy; ordained (*priest*).
ordonner [ɔrdɔ'ne], *v.t.* to order, to regulate; to direct, to command; to ordain; (*Med.*) to prescribe.
ordre [ɔrdr], *n.m.* order, command; class, tribe; (*pl.*) holy orders.
ordure [ɔr'dy:r], *n.f.* filth, dirt; (*pl.*) sweepings, refuse, garbage.
ordurier [ɔrdy'rje], *a.* (*fem.* **-ière**) filthy, ribald, lewd.
oreille [ɔ'rɛ:j], *n.f.* ear; hearing; flange; handle (*of a vase etc.*); *avoir l'oreille basse*, to be crestfallen; *avoir mal aux oreilles*, to have ear-ache; *faire la sourde oreille*, to turn a deaf ear; *prêter l'oreille à*, to listen to.
oreiller [ɔrɛ'je], *n.m.* pillow.
oreillons [ɔrɛ'jɔ̃], *n.m. pl.* mumps.
orfèvre [ɔr'fɛ:vr], *n.m.* goldsmith, silversmith.
orfraie [ɔr'frɛ], *n.f.* osprey.
organdi [ɔrgã'di], *n.m.* organdie.
organe [ɔr'gan], *n.m.* organ; voice; agent, agency; spokesman.
organique [ɔrga'nik], *a.* organic.

organisateur [ɔrganiza'tœ:r], *a.* (*fem.* **-trice**) organizing.—*n.m.* (*fem.* **-trice**) organizer.
organisation [ɔrganiza'sjɔ̃], *n.f.* organization; (*fig.*) set-up; constitution.
organisé [ɔrgani'ze], *a.* organized.
organiser [ɔrgani'ze], *v.t.* to organize; to get up, to arrange. **s'organiser**, *v.r.* to become organized.
organisme [ɔrga'nism], *n.m.* organism.
organiste [ɔrga'nist], *n.* organist.
orge [ɔrʒ], *n.f.* barley; (*masc. in orge mondé*, hulled barley, *and orge perlé*, pearl barley).
orgelet [ɔrʒ'lɛ], *n.m.* sty (*in the eye*).
orgie [ɔr'ʒi], *n.f.* orgy; (*fig.*) profusion.
orgue [ɔrg], *n.m.* (*fem. in pl.*) (*Mus.*) organ.
orgueil [ɔr'gœ:j], *n.m.* pride; arrogance.
orgueilleusement [ɔrgœjøz'mã], *adv.* proudly, haughtily.
orgueilleux [ɔrgœ'jø], *a.* (*fem.* **-euse**) proud, haughty, arrogant.—*n.m.(fem.* **-euse**) proud and haughty person.
orient [ɔ'rjã], *n.m.* East, Orient; rise; water (*of pearls*).
oriental [ɔrjã'tal], *a.* (*m. pl.* **-aux**) oriental, eastern.—*n.m.* (*fem.* **-e**) oriental (*person*).
orientation [ɔrjãta'sjɔ̃], *n.f.* orientation.
orienter [ɔrjã'te], *v.t.* to orientate; to set (*a map*) by the compass; (*fig.*) to guide; (*Naut.*) to trim (*sails*). **s'orienter**, *v.r.* to take one's bearings, to ascertain one's position; (*fig.*) to see what one is about.
orifice [ɔri'fis], *n.m.* orifice, aperture, hole.
originaire [ɔriʒi'nɛ:r], *a.* originally (*coming*) from; native (*de*); primitive.
originairement [ɔriʒinɛr'mã], *adv.* originally, primitively.
original [ɔriʒi'nal], *a.* (*m. pl.* **-aux**) original; singular, odd, peculiar, quaint.—*n.m.* original manuscript, drawing etc. (*not a copy*).—*n.m.* (*fem.* **-e**) queer person, character, oddity.
originalement [ɔriʒinal'mã], *adv.* originally; singularly, oddly.
originalité [ɔriʒinali'te], *n.f.* originality; eccentricity.
origine [ɔri'ʒin], *n.f.* origin, source; descent, derivation, extraction; *d'origine*, authentic; vintage (*wine*).
originel [ɔriʒi'nɛl], *a.* (*fem.* **-elle**) original, primitive.
originellement [ɔriʒinɛl'mã], *adv.* originally.
orignal [ɔri'nal], *n.m.* elk (*of Canada*), moose.
Orion [ɔ'rjɔ̃], *n.m.* (*Astron.*) Orion.
oripeau [ɔri'po], *n.m.* (*pl.* **-eaux**) tinsel; foil; (*pl.*) tawdry finery; (*more usually*) rags.
orme [ɔrm], *n.m.* elm.
ormeau [ɔr'mo], *n.m.* (*pl.* **-eaux**) young elm.
orné [ɔr'ne], *a.* ornate.
ornement [ɔrnə'mã], *n.m.* ornament, embellishment.
ornemental [ɔrnəmã'tal], *a.* (*m. pl.* **-aux**) ornamental.
ornementation [ɔrnəmãta'sjɔ̃], *n.f.* ornamentation.
orner [ɔr'ne], *v.t.* to adorn, to decorate, to deck, to embellish. **s'orner**, *v.r.* to adorn oneself; to be adorned.
ornière [ɔr'njɛ:r], *n.f.* rut.
ornithologie [ɔrnitɔlɔ'ʒi], *n.f.* ornithology.
ornithologiste [ɔrnitɔlɔ'ʒist], **ornithologue** [ɔrnitɔ'lɔg], *n.m.* ornithologist.

Orphée

Orphée [ɔr'fe], *m.* Orpheus.

orphelin [ɔrfə'lɛ̃], *a.* and *n.m.* (*fem.* **-e**) orphan.

orphelinat [ɔrfəli'na], *n.m.* orphanage.

orphéon [ɔrfe'ɔ̃], *n.m.* male-voice choir.

ort [ɔːr], *a. inv.* and *adv.* (*Comm.*) gross, gross weight.

orteil [ɔr'tɛːj], *n.m.* toe, *esp.* the big toe.

orthodoxe [ɔrtɔ'dɔks], *a.* orthodox.

orthodoxie [ɔrtɔdɔk'si], *n.f.* orthodoxy.

orthographe [ɔrtɔ'graf], *n.f.* orthography, spelling.

orthopédie [ɔrtɔpe'di], *n.f.* orthopedics.

ortie [ɔr'ti], *n.f.* nettle.

orvet [ɔr'vɛ], *n.m.* slow-worm.

os [ɔs; *pl.* o], *n.m. inv.* bone.

oscillant [ɔsi'lɑ̃], *a.* oscillating.

oscillation [ɔsila'sjɔ̃], *n.f.* oscillation, vibration.

oscillatoire [ɔsila'twaːr], *a.* oscillatory.

osciller [ɔsi'le], *v.i.* to oscillate, to swing, to vibrate; (*fig.*) to fluctuate.

oscillographe [ɔsilɔ'graf], *n.m.* (*Elec.*) oscillograph.

osé [o'ze], *a.* bold, daring.

oseille [o'zɛːj], *n.f.* sorrel.

oser [o'ze], *v.t., v.i.* to dare, to venture.

oseraie [oz'rɛ], *n.f.* osier-bed.

osier [o'zje], *n.m.* osier, withy, wicker.

osselet [ɔs'lɛ], *n.m.* knuckle-bone (*of sheep*); ossicle (*of ear*).

ossements [ɔs'mɑ̃], *n.m. pl.* bones (*of the dead*).

osseux [ɔ'sø], *a.* (*fem.* **-euse**) bony, osseous.

ossification [ɔsifika'sjɔ̃], *n.f.* ossification.

ossifier [ɔsi'fje], *v.t.* to ossify. **s'ossifier**, *v.r.* to become ossified.

ossuaire [ɔ'sɥɛːr], *n.m.* ossuary, charnel-house.

ostensible [ɔstɑ̃'sibl], *a.* open; above-board.

ostensiblement [ɔstɑ̃siblə'mɑ̃], *adv.* openly, publicly.

ostensoir [ɔstɑ̃'swaːr], *n.m.* monstrance.

ostentateur [ɔstɑ̃ta'tœːr], *a.* (*fem.* **-trice**) ostentatious.

ostentation [ɔstɑ̃ta'sjɔ̃], *n.f.* ostentation, show.

ostraciser [ɔstrasi'ze], *v.t.* to ostracize.

ostracisme [ɔstra'sism], *n.m.* ostracism.

ostréiculture [ɔstreikyl'tyːr], *n.f.* oyster-culture.

otage [ɔ'taːʒ], *n.m.* hostage; pledge.

ôter [o'te], *v.t.* to take away; to remove; to take off; to deprive of; to deduct; to rid of. **s'ôter**, *v.r.* to remove oneself, to get away; to rid oneself; *ôtez-vous de mon chemin,* stand aside.

ou [u], *conj.* or, either, else; *ou bien,* or else; *ou . . . ou,* either . . . or.

où [u], *adv.* where; whither; at which, in which, to which, through which; when, that; *par où?* which way?

ouais! [wɛ], *int.* well! my word!

ouate [wat], *n.f.* l'ouate *or* la ouate, wadding, padding; cotton-wool.

ouater [wa'te], *v.t.* to wad, to pad; to coddle.

oubli [u'bli], *n.m.* forgetfulness; oblivion; oversight, slip; pardon.

oubliable [u'bljabl], *a.* liable *or* deserving to be forgotten.

oublier [u'blje], *v.t.* to forget, to omit, to

232

neglect; to pardon. **s'oublier**, *v.r.* to forget oneself; to be forgotten.

oubliettes [u'bljɛt], *n.f. pl.* oubliette, trap-dungeon.

oublieux [u'bljø], *a.* (*fem.* **-euse**) forgetful, unmindful.

ouest [wɛst], *a. inv.* westerly, western.—*n.m.* west.

ouf! [uf], *int.* oh! (*of relief*).

Ouganda [ugɑ̃'da], **l'**, *m.* Uganda.

oui [wi], *adv.* yes.—*n.m.* yes.

ouï [wi] *p.p.* (*our*).

ouï-dire [wi'diːr], *n.m. inv.* hearsay.

ouïe [wi], *n.f.* *hearing; hole (of a violin etc.);* (*pl.*) gills (*of fish*).

ouïr [wiːr], *v.t. irr.* (*rarely used except in the infinitive and compound tenses*) to hear; *j'ai ouï dire,* I have heard say.

ouragan [ura'gɑ̃], *n.m.* hurricane; (*fig.*) storm.

ourdir [ur'diːr], *v.t.* to warp (*cloth*); (*fig.*) to weave, to plot, to concoct.

ourdissage [urdi'saːʒ], *n.m.* warping.

ourdou [ur'du], *n.m.* Urdu (*language*), Hindustani.

ourler [ur'le], *v.t.* to hem; *ourler à jour,* to hemstitch.

ourlet [ur'lɛ], *n.m.* hem.

ours [urs], *n.m.* bear.

ourse [urs], *n.f.* she-bear.

oursin [ur'sɛ̃], *n.m.* sea-urchin.

ourson [ur'sɔ̃], *n.m.* bear cub.

outil [u'ti], *n.m.* tool, implement.

outillage [uti'jaːʒ], *n.m.* stock of tools equipment.

outillé [uti'je], *a.* furnished with tools.

outiller [uti'je], *v.t.* to furnish with tools; to equip.

outrage [u'traːʒ], *n.m.* outrage, gross insult; injury, wrong.

outrageant [utra'ʒɑ̃], *a.* outrageous; insulting, abusive.

outrager [utra'ʒe], *v.t.* (*conjug. like* MANGER) to outrage; to insult, to offend.

outrageusement [utraʒøz'mɑ̃], *adv.* insultingly.

outrageux [utra'ʒø], *a.* (*fem.* **-euse**) outrageous.

outrance [u'trɑ̃ːs], *n.f.* extreme; excess; *à outrance,* to the death.

outre (1) [utr], *n.f.* goatskin *or* leather bottle.

outre (2) [utr], *adv.* further, beyond; *en outre,* besides; *passer outre,* to go on, to take no notice of a thing.—*prep.* beyond; besides, in addition to; *outre que,* besides.

outré [u'tre], *a.* exaggerated, strained, excessive; incensed.

outrecuidance [utrəkɥi'dɑ̃ːs], *n.f.* presumption.

outrecuidant [utrəkɥi'dɑ̃], *a.* presumptuous, bumptious.

outre-Manche [utrə'mɑ̃ːʃ], *adv.* across the Channel.

outremer [utrə'mɛːr], *n.m.* ultramarine (*colour*).

outre-mer [utrə'mɛːr], *adv.* overseas.

outrepasser [utrəpa'se], *v.t.* to go beyond, to transgress.

outrer [u'tre], *v.t.* to overdo; to exaggerate.

ouvert [u'vɛːr], *a.* open; unfortified (*of towns*); (*fig.*) frank.

ouvertement [uvɛrtə'mã], *adv.* openly, frankly.

ouverture [uvɛr'tyːr], *n.f.* opening; aperture, gap, hole; (*Mus.*) overture; (*Arch.*) span, width (*of a doorway etc.*); (*Av.*) (parachute) drop.

ouvrable [u'vrabl], *a.* working, workable; *jour ouvrable*, working-day.

ouvrage [u'vraːʒ], *n.m.* work, piece of work; performance, workmanship.

ouvragé [uvra'ʒe], *a.* wrought, figured.

ouvrager [uvra'ʒe], *v.t.* (*conjug. like* MANGER) to work, to figure.

ouvrant [u'vrã], *a.* opening.

ouvré [u'vre], *a.* wrought; diapered, figured.

ouvre-boîte [uvrə'bwaːt], *n.m.* (*pl.* **-boîtes**) tin-opener.

ouvrer [u'vre], *v.t.* to work (*material*); to diaper (*linen*).—*v.i.* to work.

ouvrier [uvri'e], *a.* (*fem.* **-ière**) operative, working.—*n.m.* (*fem.* **-ière**) workman, (*female*) worker, hand, operative; labourer.

ouvrir [u'vriːr], *v.t. irr.* to open, to unlock; to sharpen (*the appetite*); to broach (*opinions etc.*).—*v.i.* to open; to expand. **s'ouvrir**, *v.r.* to open; to open for oneself; to open one's mind.

ouvroir [u'vrwaːr], *n.m.* charity workshop; workroom.

ovaire [ɔ'vɛːr], *n.m.* ovary.

ovalaire [ɔva'lɛːr], *a.* (*Anat.*) oval.

ovale [ɔ'val], *a.* and *n.m.* oval.

ovation [ɔva'sjõ], *n.f.* ovation.

ovoïde [ɔvo'id], *a.* ovoid, egg-shaped.

ovule [ɔ'vyl], *n.m.* ovule.

oxalique [ɔksa'lik], *a.* oxalic.

oxyacétylénique [ɔksiasetile'nik], *a.* oxy-acetylene (*welding etc.*).

oxyde [ɔk'sid], *n.m.* oxide.

oxyder [ɔksi'de], *v.t.* to oxidize.

oxygène [ɔksi'ʒɛːn], *n.m.* oxygen.

oxygéné [ɔksiʒe'ne], *a. eau oxygénée*, peroxide of hydrogen.

ozone [ɔ'zon], *n.m.* ozone.

P

P, p [pe], *n.m.* the sixteenth letter of the alphabet.

pacage [pa'kaːʒ], *n.m.* pasture-land; *droit de pacage*, grazing rights.

pacificateur [pasifika'tœːr], *a.* (*fem.* **-trice**) pacifying, peace-making.—*n.m.* (*fem.* **-trice**) pacifier, peacemaker.

pacification [pasifika'sjõ], *n.f.* pacification.

pacifier [pasi'fje], *v.t.* to pacify, to appease.

pacifique [pasi'fik], *a.* pacific, peaceful.

pacifiquement [pasifik'mã], *adv.* peaceably, quietly.

pacifisme [pasi'fism], *n.m.* pacifism.

pacifiste [pasi'fist], *a.* and *n.* pacifist.

pacotille [pako'tiːj], *n.f.* goods carried free of charge by passengers *or* seamen; shoddy goods; pack, bale.

pacte [pakt], *n.m.* compact, contract, pact, agreement; *pacte de préférence*, preference clause.

pactiser [pakti'ze], *v.i.* to covenant, to make a compact (*avec*).

paf! [paf], *int.* slap! bang!

pagaie [pa'gɛ], *n.f.* paddle (*for canoe etc.*).

pagaïe or **pagaille** [pa'gaj], *n.f.* hurry; disorder; *en pagaïe*, (*pop.*) higgledy-piggledy.

paganisme [paga'nism], *n.m.* paganism.

pagayer [pagɛ'je], *v.t., v.i.* (*conjug. like* PAYER) to paddle.

page (1) [paːʒ], *n.m.* page (boy).

page (2) [paːʒ], *n.f.* page (*of a book*).

pagode [pa'gɔd], *n.f.* pagoda.

paiement [PAYEMENT].

païen [pa'jɛ̃], *a.* and *n.m.* (*fem.* **-enne**) pagan, heathen.

paillard [pa'jaːr], *a.* lecherous, lewd.—*n.m.* (*fem.* **-e**) wanton, sensual person, bawd.

paillasse (1) [pa'jas], *n.f.* straw mattress.

paillasse (2) [pa'jas], *n.m.* clown, buffoon.

paillasson [paja'sõ], *n.m.* straw-mat; door-mat.

paille [paːj], *a. inv.* straw-coloured.—*n.f.* straw; flaw (*in gems, metals etc.*); *botte de paille*, bale of straw.

paillé [pa'je], *a.* straw-coloured; faulty (*of metals etc.*).

pailler (1) [pa'je], *n.m.* farm-yard; heap *or* stack of straw.

pailler (2) [pa'je], *v.t.* to mulch (*plants*).

pailleter [paj'te], *v.t.* (*conjug. like* APPELER) to spangle.

paillette [pa'jet], *n.f.* spangle; flaw (*in a gem*); *savon en paillettes*, soap flakes.

paillis [pa'ji], *n.m.* mulch.

paillon [pa'jõ], *n.m.* large spangle, tinsel; wisp of straw; straw wrapper (*for bottle*).

pain [pɛ̃], *n.m.* bread; loaf; cake (*of soap etc.*); (*pop.*) blow, punch; *pain grillé*, toast; *un pain*, a loaf; *un petit pain*, a roll.

pair [pɛːr], *a.* equal, even (*of numbers*).—*n.m.* peer; equal; mate (*of birds*); par, equality; *au pair*, at par, even (*with*), 'au pair'; *de pair*, on a par; *hors (de) pair*, beyond comparison.

paire [pɛːr], *n.f.* pair, brace, couple.

pairesse [pɛ'rɛs], *n.f.* peeress.

pairie [pɛ'ri], *n.f.* peerage.

paisible [pɛ'zibl], *a.* peaceful, quiet, calm.

paisiblement [pɛziblə'mã], *adv.* peacefully.

paître [pɛːtr], *v.t., v.i. irr.* to graze, to feed.

paix [pɛ], *n.f.* peace; quiet; stillness; rest.—*int.* be quiet!

Pakistan [pakis'tã], *le, m.* Pakistan.

pakistanais [pakista'nɛ], *a.* Pakistani.—*n.m.* (**Pakistanais**, *fem.* **-aise**) Pakistani (*person*).

paladin [pala'dɛ̃], *n.m.* paladin, champion.

palais (1) [pa'lɛ], *n.m.* palace; (*fig.*) the Bar; the law; *palais de justice*, law-courts.

palais (2) [pa'lɛ], *n.m.* palate, roof (*of the mouth*).

palan [pa'lã], *n.m.* tackle, pulley-block.

pale [pal], *n.f.* blade (*of oar, propeller etc.*); sluice, flood-gate.

pâle [paːl], *a.* pale, wan, pallid, ghastly.

palefrenier [palfrə'nje], *n.m.* groom, ostler.

palefroi [pal'frwa], *n.m.* palfrey.

Palestine [palɛs'tin], *la, f.* Palestine.

palestinien [palɛsti'njɛ̃], *a.* (*fem.* **-enne**) Palestinian.

palet [pa'lɛ], *n.m.* quoit.
palette [pa'lɛt], *n.f.* paddle (*of paddle-wheel*); bat (*ping-pong*); palette (*of painter*).
pâleur [pɑ'lœːr], *n.f.* pallor, wanness.
pâli [pɑ'li], *a.* grown pale.
palier [pa'lje], *n.m.* landing (*on a staircase*), floor; stage, degree; level stretch; *vitesse en palier*, speed on the flat.
pâlir [pɑ'liːr], *v.t.* to make pale, to bleach.— *v.i.* to (grow, turn *or* become) pale; to grow dim.
palis [pa'li], *n.m.* stake, pale; paling, enclosure.
palissade [pali'sad], *n.f.* palisade, paling; wooden fence; hedgerow; stockade.
palissader [palisa'de], *v.t.* to palisade; to stockade; to fence in.
pâlissant [pɑli'sɑ̃], *a.* turning pale, fading.
pallier [pa'lje], *v.t.* to palliate, to excuse.
palmarès [palma'rɛːs], *n.m. inv.* prize-list, list of honours.
palme [palm], *n.f.* palm, palm-branch; palm-tree; (*fig.*) victory, triumph.
palmé [pal'me], *a.* palmate; web-footed.
palmier [pal'mje], *n.m.* palm-tree, palm.
palombe [pa'lɔ̃:b], *n.f.* wood-pigeon, ring-dove.
palonnier [palɔ'nje], *n.m.* pole (*of a coach*); (*Motor.*) compensator (*of brake*); (*Av.*) rudder-bar.
pâlot [pɑ'lo], *a.* (*fem.* **-otte**) palish, rather pale.
palourde [pa'lurd], *n.f.* clam.
palpable [pal'pabl], *a.* palpable.
palpablement [palpablə'mɑ̃], *adv.* palpably.
palper [pal'pe], *v.t.* to feel, to touch; (*colloq.*) to pocket.
palpitant [palpi'tɑ̃] *a.* palpitating; thrilling.
palpitation [palpita'sjɔ̃], *n.f.* palpitation; throbbing; thrill, flutter.
palpiter [palpi'te], *v.i.* to palpitate, to throb; to quiver, to flutter.
paludéen [palyde'ɛ̃], *a.* (*fem.* **-éenne**) paludal, marshy.
pâmer [pɑ'me], *v.i.* and **se pâmer**, *v.r.* to swoon.
pâmoison [pɑmwa'zɔ̃], *n.f.* swoon, fainting fit.
pamphlet [pɑ̃'flɛ], *n.m.* satirical booklet, lampoon.
pamphlétaire [pɑ̃fle'tɛːr], *n.* pamphleteer.
pamplemousse [pɑ̃plə'mus], *n.m.* or *f.* grape-fruit.
pampre [pɑ̃:pr], *n.m.* vine-branch.
pan (1) [pɑ̃], *n.m.* flap, coat-tails, panel (*of dress*); side, section (*of a wall etc.*); *pan de ciel*, stretch *or* patch of sky; *pan de mur*, bare wall, piece of wall.
pan! (2) [pɑ̃], *int.* slap! bang! smack!
panacée [pana'se], *n.f.* panacea.
panache [pa'naʃ], *n.m.* plume, bunch of feathers etc.; (*fig.*) show, swagger.
panaché [pana'ʃe], *a.* plumed, tufted; striped; (*colloq.*) variegated, motley; *glace panachée*, mixed ice-cream.
panacher [pana'ʃe], *v.t.* to plume; to streak, to variegate, to mix.
panais [pa'nɛ], *n.m.* parsnip.
Panama [pana'ma], **le**, *m.* Panama.
panama [pana'ma], *n.m.* panama-hat.
panamien [pana'mjɛ̃], *a.* (*fem.* **-enne**) Panama(nian).—*n.m.* (**Panamien**, *fem.* **-enne**) Panamanian (*person*).

panaris [pana'ri], *n.m.* whitlow.
pancarte [pɑ̃'kart], *n.f.* large placard *or* bill.
pancréas [pɑ̃kre'ɑːs], *n.m. inv.* pancreas; sweetbread.
panda [pɑ̃'da], *n.m.* panda.
pandémonium [pɑ̃demɔ'njɔm], *n.m.* pandemonium.
pandit [pɑ̃'di], *n.m.* pundit.
Pandore [pɑ̃'dɔːr], *f.* Pandora.
pané [pa'ne], *a.* covered *or* fried, in breadcrumbs.
panégyrique [panezi'rik], *n.m.* panegyric.
paner [pa'ne], *v.t.* to cover with breadcrumbs.
panier [pa'nje], *n.m.* basket, hamper, pannier; hoop-petticoat; *le dessus du panier*, the pick of the basket; *panier à salade*, (*wire*) salad washer; (*slang*) black Maria; *panier percé*, spendthrift.
panique [pa'nik], *a.* and *n.f.* panic.
panne [pan], *n.f.* plush; fat, lard; purlin; breakdown, mishap; *panne d'allumage*, (*Motor.*) ignition trouble; *rester en panne* (*Motor.*) to have a breakdown.
panneau [pa'no], *n.m.* (*pl.* **-eaux**) panel; snare, trap; (*Naut.*) hatch; (*Hort.*) glass-frame.
panoplie [panɔ'pli], *n.f.* panoply; trophy (*of arms*).
panorama [panɔra'ma], *n.m.* panorama.
panoramique [panɔra'mik], *a.* panoramic.
pansage [pɑ̃'saːʒ], *n.m.* grooming (*of horses etc.*).
panse [pɑ̃:s], *n.f.* belly, paunch.
pansement [pɑ̃s'mɑ̃], *n.m.* dressing (*of wounds*); *pansement sommaire*, first aid; dressing.
panser [pɑ̃'se], *v.t.* to dress (*wounds*); to groom (*a horse*).
pansu [pɑ̃'sy], *a.* and *n.m.* (*fem.* **-e**) pot-bellied (*person*); bulging.
pantalon [pɑ̃ta'lɔ̃], *n.m.* (pair of) trousers; *pantalon de femme*, women's knickers, panties.
pantelant [pɑ̃t'lɑ̃], *a.* panting, gasping.
panteler [pɑ̃'tle], *v.i.* (*conjug. like* APPELER) to gasp, to pant.
panthère [pɑ̃'tɛːr], *n.f.* panther.
pantin [pɑ̃'tɛ̃], *n.m.* nonentity, puppet; (*fig.*) jumping-jack.
pantois [pɑ̃'twa], *a.* (*fig.*) astonished, flabbergasted.
pantomime [pɑ̃tɔ'mim], *a.* pantomimic.— *n.f.* dumb-show, pantomime.—*n.m.* pantomime (*actor*).
pantoufle [pɑ̃'tufl], *n.f.* slipper; *en pantoufles*, slipshod.
paon [pɑ̃], *n.m.* peacock; emperor-moth; (*fig.*) vain person.
paonne [pan], *n.f.* peahen.
papa [pa'pa], *n.m.* papa, daddy.
papal [pa'pal], *a.* (*m. pl.* **-aux**) papal.
papauté [papo'te], *n.f.* papacy.
pape [pap], *n.m.* pope.
paperasse [pa'pras], *n.f.* useless papers, documents; red-tape; paper-work.
paperasser [papra'se], *v.i.* to rummage among old papers; to scribble.
paperasserie [papras'ri], *n.f.* red-tape.
paperassier [papra'sje], *a.* (*fem.* **-ière**) red-tape, formal.—*n.m.* (*fem.* **-ière**) everlasting scribbler; rummager through old papers.

par-dessus

papeterie [pap′tri], *n.f.* paper-mill, paper-trade; stationery; stationer's shop; stationery case.

papetier [papə′tje], *a.* (*fem.* **-ière**) paper (*industry etc.*).—*n.m.* (*fem.* **-ière**) paper-maker; stationer.

papier [pa′pje], *n.m.* paper; *papier buvard,* blotting paper; *papier d'emballage,* brown paper; *papier de verre,* glass-paper, sand-paper; *papier hygiénique,* lavatory paper.

papillon [papi′jɔ̃], *n.m.* butterfly.

papillonner [papijɔ′ne], *v.i.* to flutter about, to hover; (*fig.*) to trifle, to flirt.

papillotage [papijɔ′ta:ʒ], *n.m.* blinking (*of the eyes*); dazzle, glitter, tinsel (*of style*).

papillote [papi′jɔt], *n.f.* curl-paper; bonbon; *fer à papillotes,* curling-irons; *papillotes à pétard,* Christmas crackers.

papilloter [papijɔ′te], *v.t.* to put (*hair etc.*) in paper.—*v.i.* to blink; to dazzle, to be gaudy.

papisme [pa′pism], *n.m.* papism, popery.

papiste [pa′pist], *a.* popish.—*n.* papist.

papou [pa′pu], *a.* Papuan.—*n.m.* (**Papou,** *fem.* **-oue**) Papuan (*person*).

Papouasie [papwa′zi], **la,** *f.* Papua.

papyrus [papi′ry:s], *n.m.* papyrus.

pâque [pɑ:k], *n.f.* Passover (*among Jews*).

paquebot [pak′bo], *n.m.* packet-boat, steamer, liner.

pâquerette [pɑ′krɛt], *n.f.* daisy.

Pâques [pɑ:k], *n.m.* Easter.

paquet [pa′kɛ], *n.m.* package, bundle, parcel; packet; (*fig.*) clumsy lout.

paqueter [pak′te], *v.t.* (*conjug. like* APPELER) to make into a packet, parcel etc.

par [pa:r], *prep.* by, through, out of, from; about, in, into; for, for the sake of.

parabole [para′bɔl], *n.f.* parabola; parable.

parabolique [parabɔ′lik], *a.* parabolic.

parachutage [paraʃy′ta:ʒ], *n.m.* parachuting; parachute landing.

parachute [para′ʃyt], *n.m.* parachute; *sauter en parachute,* to bale out.

parachuter [paraʃy′te], *v.t., v.i.* to parachute, to drop (*by parachute*).

parachutiste [paraʃy′tist], *n.* parachutist, paratrooper.

parade [pa′rad], *n.f.* parade, show, display; pageantry; (*Fenc.*) parry.

parader [para′de], *v.i.* to show off.

paradis [para′di], *n.m.* paradise; (*Theat.*) upper gallery, the gods.

paradoxal [paradɔk′sal], *a.* (*m. pl.* **-aux**) paradoxical.

paradoxe [para′dɔks], *n.m.* paradox.

parafe *or* **paraphe** [pa′raf], *n.m.* paraph; flourish (*after one's signature*); initials and flourish.

parafer *or* **parapher** [para′fe], *v.t.* to paraph, to put one's flourish, dash *or* initials to.

paraffine [para′fin], *n.f.* paraffin, paraffin wax; *huile de paraffine,* liquid paraffin.

parage [pa′ra:ʒ], *n.m.* extraction, descent, lineage; (*usually in pl.*) localities, latitudes, waters; *dans ces parages,* in these parts.

paragraphe [para′graf], *n.m.* paragraph.

Paraguay [para′gwɛ], **le,** *m.* Paraguay.

paraguayen [paragwɛ′jɛ̃], *a.* (*fem.* **-enne**)

Paraguayan.—*n.m.* (**Paraguayen,** *fem.* **-enne**) Paraguayan (*person*).

paraître [pa′rɛ:tr], *v.i. irr.* (*conjug. like* CONNAÎTRE) to appear, to come into sight; to make a show, to seem, to look like; to come out, to be published; *à ce qu'il paraît,* as it would seem.

parallèle [para′lɛl], *a.* parallel.—*n.f.* parallel line.—*n.m.* parallel, comparison; (*Geog.*) parallel of latitude.

parallèlement [paralɛl′mɑ̃], *adv.* in a parallel way *or* direction.

parallélogramme [paralelɔ′gram], *n.m.* parallelogram.

paralysateur [paraliza′tœ:r] (*fem.* **-trice**), **paralysant** [parali′zɑ̃], *a.* paralysing.

paralyser [parali′ze], *v.t.* to paralyse.

paralysie [parali′zi], *n.f.* paralysis, palsy.

paralytique [parali′tik], *a.* and *n.* paralytic.

parangon [parɑ̃′gɔ̃], *n.m.* model, paragon; comparison; flawless precious stone.

paranoïa [paranɔ′ja], *n.f.* (*Med.*) paranoia.

parapet [para′pɛ], *n.m.* parapet.

paraphrase [para′frɑ:z], *n.f.* paraphrase, amplification.

paraphraser [parafrɑ′ze], *v.t.* to paraphrase; to amplify.

parapluie [para′plɥi], *n.m.* umbrella.

parasite [para′zit], *a.* parasitic; superfluous; extraneous.—*n.m.* parasite; (*fig.*) hanger-on; (*pl.*) (*Rad.*) atmospherics.

parasol [para′sɔl], *n.m.* sunshade.

paratonnerre [paratɔ′nɛ:r], *n.m.* lightning-conductor.

paratyphoïde [paratifɔ′id], *a.* and *n.f.* (*Med.*) paratyphoid (fever).

paravent [para′vɑ̃], *n.m.* folding-screen; (*fig.*) screen.

parbleu! [par′blø], *int.* by Jove! why, of course!

parc [park], *n.m.* park; pen; *parc à huîtres,* oyster-bed; *parc d'attractions,* fun fair.

parcage [par′ka:ʒ], *n.m.* folding (*of sheep*); penning (*of cattle*); parking (*of cars*).

parcellaire [parsɛ′lɛ:r], *a.* by small portions, by lots, in detail.

parcelle [par′sɛl], *n.f.* portion; particle; piece (*of land*).

parceller [parsɛ′le], *v.t.* to portion *or* parcel out.

parce que [parsə′kə, pars′kə], *conj.* because, as.—*n.m. inv. les pourquoi et les parce que,* the whys and the wherefores.

parchemin [parʃə′mɛ̃], *n.m.* parchment; (*fam.*) diploma; (*pl.*) titles of nobility.

parcimonie [parsimɔ′ni], *n.f.* parsimony.

parcimonieusement [parsimɔnjøz′mɑ̃], *adv.* parsimoniously.

parcimonieux [parsimɔ′njø], *a.* (*fem.* **-euse**) parsimonious, stingy.

(C) **parcomètre** [parkɔ′mɛtr], *n.m.* parking-meter.

parcourir [parku′ri:r], *v.t. irr.* (*conjug. like* COURIR) to travel through; to run over *or* through, to scour; to look over; to peruse, to glance through.

parcours [par′ku:r], *n.m.* line, course, road, way; route (*of bus*); distance; course (*golf*).

par-dessous [pardə′su], *prep.* and *adv.* under, beneath, underneath.

par-dessus [pardə′sy], *prep.* and *adv.* over, above.

pardessus [pardə'sy], *n.m.* overcoat.
pardon [par'dõ], *n.m.* pardon, forgiveness; pilgrimage (*in Brittany*); *pardon !* excuse me!
pardonnable [pardɔ'nabl] *a.* pardonable, excusable.
pardonner [pardɔ'ne], *v.t.* to pardon, to forgive; to overlook; to excuse.
paré [pa're], *a.* adorned, got up; dressed.
pare-boue [par'bu], *n.m. inv.* mud-guard.
pare-brise [par'bri:z], *n.m. inv.* wind-screen (*of motor-car*).
pare-chocs [par'ʃɔk], *n.m. inv.* bumper (*of car*).
pare-étincelles [paretɛ̃'sɛl], *n.m. inv.* fire-screen, fire-guard.
pareil [pa'rɛ:j], *a.* (*fem.* **-eille**) like, equal, similar; such, like that; same, identical.—*n.m.* (*fem.* **-eille**) similar *or* equal person.—*n.m.* equal, fellow.—*n.f.* (**-eille**) the like, tit for tat.
pareillement [parɛj'mã], *adv.* in like manner; likewise, also.
parement [par'mã], *n.m.* ornament; facing (*of dress*); cuff (*of sleeves*); (*Build.*) kerb-stone.
parent [pa'rã], *n.m.* (*fem.* **-e**) relative, kinsman, kinswoman; (*pl.*) parents, relations, relatives; *être parent*, to be related; *parents par alliance*, related by marriage.
parenté [parã'te], *n.f.* relationship, kinship; relatives, kith and kin.
parenthèse [parã'tɛ:z], *n.f.* parenthesis, digression; (*Print.*) bracket.
parer [pa're], *v.t.* to adorn, to set off, to embellish; to attire, to trim; (*Box.*) to parry; to shelter, to guard.—*v.i.* to fend to guard (*against*). **se parer**, *v.r.* to adorn oneself; to deck oneself out; to screen *or* guard oneself, to ward off.
pare-soleil [parsɔ'lɛ:j], *n.m. inv.* (*Motor.*) sun-visor.
paresse [pa'rɛs], *n.f.* idleness, sloth, laziness, indolence.
paresser [parɛ'se], *v.i.* to idle, to fritter away one's time.
paresseusement [parɛsøz'mã], *adv.* lazily, idly.
paresseux [parɛ'sø], *a.* (*fem.* **-euse**) lazy, idle, slothful.—*n.m.* (*fem.* **-euse**) sluggard, lazy person.—*n.m.* (*Zool.*) sloth.
parfaire [par'fɛ:r], *v.t. irr.* (*conjug. like* FAIRE) to complete, to perfect.
parfait [par'fɛ], *a.* perfect, faultless; complete, full.—*n.m.* perfection; (*Gram.*) perfect; *un parfait au café*, a coffee ice-cream.
parfaitement [parfɛt'mã], *adv.* perfectly, completely; exactly, just so, decidedly.
parfilage [parfi'la:ʒ], *n.m.* unravelling.
parfois [par'fwa], *adv.* sometimes, occasionally.
parfum [par'fœ̃], *n.m.* perfume, odour, scent.
parfumer [parfy'me], *v.t.* to perfume, to sweeten, to scent; to fumigate. **se parfumer** *v.r.* to use perfume, to scent oneself.
parfumerie [parfym'ri], *n.f.* perfumery.
pari [pa'ri], *n.m.* bet, wager, stake; *pari mutuel*, totalizator; (*fam.*) tote.
paria [pa'rja], *n.m.* pariah, outcast.

parier [pa'rje], *v.t.* to bet, to stake.
parieur [pa'rjœ:r], *n.m.* (*fem.* **-euse**) punter; backer.
parisien [pari'zjɛ̃], *a.* (*fem.* **-enne**) Parisian.—*n.m.* (**Parisien**, *fem.* **-enne**) Parisian (*person*).
parité [pari'te], *n.f.* parity, likeness, equality; (*Fin.*) par.
parjure [par'ʒy:r], *a.* perjured.—*n.m.* perjury, false oath.—*n.* perjurer.
parjurer (se) [səparʒy're], *v.r.* to perjure oneself.
parking [par'kiŋ], *n.m.* parking place, car park.
parlant [par'lã], *a.* speaking; (*colloq.*) talkative.
parlement [parlə'mã], *n.m.* parliament.
parlementaire [parləmã'tɛ:r], *a.* parliamentary.—*n.m.* bearer of a flag of truce; parliamentarian.
parlementer [parləmã'te], *v.i.* to parley, to come to terms.
parler [par'le], *v.t.* to speak, to talk.—*v.i.* to speak, to talk; to discourse, to converse, to treat (*de*); (*pop.*) *tu parles !* you're telling me! **se parler**, *v.r.* to be spoken; to talk to oneself; to talk to each other.—*n.m.* speech.
parleur [par'lœ:r], *n.m.* (*fem.* **-euse**) glib talker.
parloir [par'lwa:r], *n.m.* parlour (*of convent, school, prison*).
parmentier [parmã'tje], *a. and n.m. potage parmentier*, thick potato soup.
parmesan [parmə'zã], *n.m.* Parmesan (*cheese*).
parmi [par'mi], *prep.* among, amongst, amid, amidst.
parodie [parɔ'di], *n.f.* parody.
parodier [parɔ'dje], *v.t.* to parody, to burlesque.
paroi [pa'rwa], *n.f.* wall; partition; inner surface; lining; (*Theat.*) flat.
paroisse [pa'rwas], *n.f.* parish; (*collect.*) parishioners.
paroissial [parwa'sjal], *a.* (*m. pl.* **-aux**) parochial, parish.
paroissien [parwa'sjɛ̃], *n.m.* (*fem.* **-enne**) parishioner.—*n.m.* prayer-book.
parole [pa'rɔl], *n.f.* (spoken) word; speech, utterance, voice; eloquence; promise; parole; *engager sa parole*, to pledge one's word; *manquer à sa parole*, to break one's word; *tenir parole*, to keep one's word.
paroxysme [parɔk'sism], *n.m.* paroxysm; culminating point.
parpaing [par'pɛ̃], *n.m.* (*Build.*) breeze-block.
parquer [par'ke], *v.t.* to fold, to pen; to enclose; (*Motor.*) to park.—*v.i.* to be penned up (*of cattle etc.*). **se parquer**, *v.r.* to be placed in an enclosure.
parquet [par'ke], *n.m.* well (*of a court of justice*); prosecuting magistrates; (inlaid) floor.
parquetage [parkə'ta:ʒ], *n.m.* making a floor; flooring.
parqueter [parkə'te], *v.t.* (*conjug. like* APPELER) to floor, to lay a floor.
parqueterie [parkə'tri], *n.f.* floor-making; inlaid flooring.

parrain [pa'rɛ̃], *n.m.* godfather, sponsor; proposer.
parricide [pari'sid], *a.* parricidal.—*n.* parricide (*person*).—*n.m.* parricide (*crime*).
parsemer [parsə'me], *v.t.* (*conjug. like* AMENER) to strew, to sprinkle; to be strewn on, to stud, to spangle.
parsi [par'si], *a.* Parsee.—*n.m.* (**Parsi,** *fem.* **-ie**) Parsee (*person*).
part [pa:r], *n.f.* share, part; concern, interest; place (*where*); **à part,** aside; apart from; **de part en part,** through and through; **de toutes parts,** on all sides; **dites-lui de ma part,** tell him from me; **nulle part,** nowhere; **quelque part,** somewhere (or other).
partage [par'ta:ʒ], *n.m.* sharing, share; partition.
partageable [parta'ʒabl], *a.* divisible into shares.
partageant [parta'ʒɑ̃], *n.m.* (*fem.* **-e**) (*Law*) sharer.
partager [parta'ʒe], *v.t.* (*conjug. like* MANGER) to divide, to share out; to participate in; to endow.—*v.i.* to share, to receive a share. **se partager,** *v.r.* to divide, to be divided.
partance [par'tɑ̃:s], *n.f.* (*Naut.*) sailing, departure; **en partance pour,** bound for.
partant [par'tɑ̃], *adv.* consequently, hence, therefore.—*n.m.* (*Turf*) starter.
partenaire [partə'nɛ:r], *n.* (*Spt. etc.*) partner.
parterre [par'tɛ:r], *n.m.* flower-bed; (*Theat.*) pit.
parti [par'ti], *n.m.* (*Polit.*) party; part, cause; resolution, course; profit, advantage; match (*marriage*); (*Mil.*) detachment; **parti pris,** set purpose; rank prejudice; **le parti conservateur,** the Conservative party; **le parti travailliste,** the Labour party.
partial [par'sjal], *a.* (*m. pl.* **-aux**) partial, biased.
partialement [parsjal'mɑ̃], *adv.* partially, with partiality.
partialité [parsjali'te], *n.f.* partiality, bias.
participant [partisi'pɑ̃], *a.* participating.—*n.m.* (*fem.* **-e**) participant, sharer.
participation [partisipa'sjɔ̃], *n.f.* participation, share.
participe [parti'sip], *n.m.* (*Gram.*) participle.
participer [partisi'pe], *v.i.* to participate in, to share in; to be a party to (**à**); to partake of (**de**).
particularité [partikylari'te], *n.f.* peculiarity; particular circumstance.
particule [parti'kyl], *n.f.* particle.
particulier [partiky'lje], *a.* (*fem.* **-ière**) particular, peculiar; private; special; singular; personal.—*n.m.* (*fem.* **-ière**) private person, individual; (*colloq.*) fellow.
particulièrement [partikyljɛr'mɑ̃], *adv.* particularly, especially.
partie [par'ti], *n.f.* part (*of a whole*); line of business; party amusement; game, match; client; opponent; (*Law*) party; (*Comm.*) parcel; **partie nulle,** drawn game.
partiel [par'sjɛl], *a.* (*fem.* **-elle**) partial.
partiellement [parsjɛl'mɑ̃], *adv.* partially, in part.
partir [par'ti:r], *v.i. irr.* (*with aux.* ÊTRE) to set out, to start, to depart, to leave; to rise (*of birds*); to proceed, to emanate (*from*); to go

off (*of firearms*); **à partir d'aujourd'hui,** from this day forward.
partisan [parti'zɑ̃], *n.m.* (*fem.* **-e**) partisan.
partition [parti'sjɔ̃], *n.f.* (*Her.*) partition; (*Mus.*) score.
partout [par'tu], *adv.* everywhere, on all sides.
parure [pa'ry:r], *n.f.* attire, dress, finery, ornament.
parvenir [parvə'ni:r], *v.i. irr.* (*conjug. like* TENIR *but with aux.* ÊTRE) to attain, to reach; to succeed; to get; to arrive; to rise in the world.
parvenu [parvə'ny], *n.m.* (*fem.* **-e**) upstart, self-made person.
parvis [par'vi], *n.m.* parvis, open space (*in front of a church*); (*Poet.*) hall, temple.
pas (1) [pɑ], *n.m. inv.* step, pace; footprint; gait; dance; precedence; threshold; step of stair; strait, pass; thread (*of screw*); **aller à pas mesurés,** to proceed with circumspection; **au pas,** at a walking pace; in step; **faire un faux pas,** to stumble, (*fig.*) to blunder; **le pas de Calais,** the Straits of Dover; **pas à pas,** slowly, little by little.
pas (2) [pɑ], *adv.* no; not; **pas du tout,** not at all.
pascal [pas'kal], *a.* (*m. pl.* **-aux**) paschal.
passable [pɑ'sabl], *a.* passable, tolerable; (*fig.*) middling, so-so.
passablement [pɑsablə'mɑ̃], *adv.* fairly, passably.
passade [pɑ'sad], *n.f.* short stay; (*fig.*) passing fancy.
passage [pɑ'sa:ʒ], *n.m.* passage, transit; thoroughfare; arcade; crossing (*on railway etc.*); **passage clouté,** pedestrian crossing.
passager [pɑsa'ʒe], *a.* (*fem.* **-ère**) passing, transitory, short-lived; migratory.—*n.m.* (*fem.* **-ère**) passenger (*by sea or air*); passer-by.
passagèrement [pɑsaʒɛr'mɑ̃], *adv.* transiently.
passant [pɑ'sɑ̃], *a.* much-frequented.—*n.m.* (*fem.* **-e**) passer-by, wayfarer.
passavant [pɑsa'vɑ̃], *n.m.* pass, permit; (*Naut.*) gangway.
passe [pɑs], *n.f.* passing, passage; permit, pass; situation, state; (*Fenc.*) thrust; channel, narrow passage (*of harbours, rivers etc.*); stake (*at play*); (*Ftb.*) pass; **être dans une mauvaise passe,** to be in a fix; **en passe de,** in a fair way to.
passé [pɑ'se], *a.* past, bygone; faded, worn, withered.—*n.m.* past, past life, time past.—*prep.* after, beyond.
passée [pɑ'se], *n.f.* (*Hunt.*) flight, passage (*of woodcock etc.*).
passefiler [pɑsfi'le], *v.t.* to darn.
passement [pɑs'mɑ̃], *n.m.* lace (*of gold, silk etc.*).
passe-partout [pɑspar'tu], *n.m. inv.* masterkey; latch-key; passe-partout (*frame*); cross-cut saw.
passeport [pɑs'pɔ:r], *n.m.* passport.
passer [pɑ'se], *v.t.* (*takes the auxiliary* AVOIR *or* ÊTRE *according as action or condition is implied*) to pass; to cross, to go over; to transport; to strain (*liquids*); to sift (*flour*); to put on (*wearing apparel*); to omit; to waive; to allow; to spend (*time*); to take (*an examination*).—*v.i.* to pass to pass on;

237

to pass away; to die; to pass for; to fade. **se passer**, *v.r.* to pass, to pass away; to fade; to happen; to do without (*de*).

passereau [pas'ro], *n.m.* (*pl.* **-eaux**) sparrow.

passerelle [pas'rɛl], *n.f.* foot-bridge; (*Naut.*) bridge, gangway.

passe-temps [pas'tɑ̃], *n.m. inv.* pastime, hobby.

passeur [pa'sœːr], *n.m.* (*fem.* **-euse**) ferryman, ferrywoman.

passibilité [pasibili'te], *n.f.* liability.

passible [pa'sibl], *a.* passible; liable (*to*).

passif [pa'sif], *a.* (*fem.* **-ive**) passive; (*Comm.*) on debit side.—*n.m.* (*Gram.*) passive; (*Comm.*) liabilities.

passion [pa'sjɔ̃], *n.f.* suffering, agony; passion, *esp.* love; (*fig.*) fondness.

passionnant [pasjɔ'nɑ̃], *a.* exciting, thrilling.

passionné [pasjɔ'ne], *a.* passionate, impassioned, very fond of (*de*).

passionnel [pasjɔ'nɛl], *a.* (*fem.* **-elle**) *crime passionnel*, crime due to jealous love.

passionnément [pasjɔne'mɑ̃], *adv.* passionately, fondly.

passionner [pasjɔ'ne], *v.t.* to impassion, to interest deeply. **se passionner**, *v.r.* to be passionately fond of; to become enamoured of.

passivement [pasiv'mɑ̃], *adv.* passively.

passiveté [pasiv'te], **passivité** [pasivi'te], *n.f.* passivity.

passoire [pa'swaːr], *n.f.* strainer.

pastel [pas'tɛl], *n.m.* pastel, crayon.

pastèque [pas'tɛk], *n.f.* water-melon.

pasteur [pas'tœːr], *n.m.* pastor, (*Protestant*) minister; clergyman.

pasteurisation [pastœriza'sjɔ̃], *n.f.* pasteurization.

pasteuriser [pastœri'ze], *v.t.* to pasteurize.

pastiche [pas'tiʃ], *n.m.* pastiche; (*Mus.*) medley.

pastille [pas'tiːj], *n.f.* pastille; lozenge; rubber patch (*for tubes of tyre*).

pastoral [pastɔ'ral], *a.* (*m. pl.* **-aux**) pastoral. —*n.f.* (**-e**) pastoral (*play* or *poem*).

patapouf [pata'puf], *int. faire patapouf*, to fall flop.—*n.m. gros patapouf*, fat fellow, fatty.

patate [pa'tat], *n.f.* sweet potato.

patati [pata'ti], *only used in the phrase, et patati et patata*, and so on and so forth.

patatras! [pata'tra], *int.* crack! slap! bang!

pataud [pa'to], *a.* awkward, clumsy.—*n.m.* (*fem.* **-e**) pup with large paws; (*fig.*) lout, clumsy person.

patauger [pato'ʒe], *v.i.* (*conjug. like* MANGER) to splash, to flounder.

pâte [paːt], *n.f.* paste; dough, batter; (*fig.*) kind sort; (*Print.*) pie.

pâté [pa'te], *n.m.* pie, pasty, patty; blot (*of ink*); block (*of buildings*); (*Print.*) pie.

pâtée [pa'te], *n.f.* mash (*to fatten poultry*); mess (*for dogs* or *cats*).

patelin [pa'tlɛ̃], *a.* smooth-tongued, wheedling.—*n.m.* (*fem.* **-e**) wheedler.—*n.m.* (*fam.*) village.

patent [pa'tɑ̃], *a.* patent; obvious, manifest.

patenté [patɑ̃'te], *a.* licensed.—*n.m.* (*fem.* **-ée**) licensed dealer.

patenter [patɑ̃'te], *v.t.* to license.

patère [pa'tɛːr], *n.f.* coat-hook; curtain-hook.

paternel [patɛr'nɛl], *a.* (*fem.* **-elle**) paternal, fatherly.

paternité [patɛrni'te], *n.f.* paternity, fatherhood.

pâteux [pa'tø], *a.* (*fem.* **-euse**) pasty, clammy, sticky.

pathétique [pate'tik], *a.* pathetic, moving.—*n.m.* pathos.

pathétiquement [patetik'mɑ̃], *adv.* pathetically.

pathologie [patɔlɔ'ʒi], *n.f.* pathology.

pathologiste [patɔlɔ'ʒist], *n.m.* pathologist.

pathos [pa'tɔːs], *n.m.* bathos; (*fig.*) bombast.

patiemment [pasja'mɑ̃], *adv.* patiently.

patience [pa'sjɑ̃ːs], *n.f.* patience, endurance.

patient [pa'sjɑ̃], *a.* patient, enduring, forbearing.—*n.m.* (*fem.* **-e**) sufferer; (*Med.*) patient.

patienter [pasjɑ̃'te], *v.i.* to be patient.

patin [pa'tɛ̃], *n.m.* skate; flange (*of rail*); skate (*of aeroplane*); shoe (*of brake*); *patins à roulettes*, roller skates.

patinage [pati'naːʒ], *n.m.* skating; skidding (*of locomotive, car etc.*).

patine [pa'tin], *n.f.* patina (*of bronze*).

patiner [pati'ne], *v.i.* to skate; to skid (*of wheels*).

patinette [pati'nɛt], *n.f.* scooter.

patineur [pati'nœːr], *n.m.* (*fem.* **-euse**) skater.

patinoire [pati'nwaːr], *n.f.* skating-rink.

pâtir [pa'tiːr], *v.i.* to suffer; to be in distress.

pâtisser [pati'se], *v.t.*, to knead (*flour*).—*v.i.* to knead; to make pastry.

pâtisserie [patis'ri], *n.f.* pastry, fancy cake; pastry-cook's shop *or* business.

pâtissier [pati'sje], *n.m.* (*fem.* **-ière**) pastry-cook.—*a.f.* (**-ière**) *crème patissière*, custard.

patois [pa'twa], *n.m. inv.* patois, provincial dialect; brogue; jargon.

patouiller [patu'je], [PATAUGER].

patraque [pa'trak], *a.* seedy, broken-down.—*n.f.* old crock.

pâtre [paːtr], *n.m.* herdsman, shepherd.

patriarcal [patriar'kal], *a.* (*m. pl.* **-aux**) patriarchal.

patriarche [patri'arʃ], *n.m.* patriarch.

Patrice [pa'tris], *m.* Patrick.

patrice [pa'tris], *n.m.* patrician.

patricien [patri'sjɛ̃], *a.* and *n.m.* (*fem.* **-enne**) patrician.

patrie [pa'tri], *n.f.* native land, fatherland.

patrimoine [patri'mwan], *n.m.* patrimony, inheritance.

patriote [patri'ɔt], *a.* patriotic (*person*).—*n.* patriot.

patriotique [patriɔ'tik], *a.* patriotic (*song, speech etc.*).

patriotisme [patriɔ'tism], *n.m.* patriotism.

patron (1) [pa'trɔ̃], *n.m.* pattern, model.

patron (2) [pa'trɔ̃], *n.m.* (*fem.* **-onne**) patron; master, mistress, employer; proprietor; (*colloq.*) boss; (*Naut.*) skipper, coxswain.

patronage [patrɔ'naːʒ], *n.m.* patronage.

patronat [patrɔ'na], *n.m.* management.

patronner [patrɔ'ne], *v.t.* to patronize; to support.

patrouille [pa'truːj], *n.f.* patrol.

patrouiller [patru'je], *v.i.* to patrol.

patrouilleur [patru'jœːr], *n.m.* (*Naut.*) patrol-boat.

patte [pat], *n.f.* paw (*of quadruped*); foot (*of bird*); leg (*of insect*); bracket, cramp; flap (*of pocket etc.*); tab, strap (*of clothes*); (*fig.*) claws, clutches.

pâturage [pɑty'ra:ʒ], *n.m.* pasture.
pâture [pɑ'ty:r], *n.f.* food (*for animals*); pasture; fodder.
pâturer [pɑty're], *v.t.* to graze on.—*v.i.* to pasture, to graze, to feed.
pâturon or **paturon** [pɑty'rɔ̃], *n.m.* pastern.
paume [po:m], *n.f.* palm (*of the hand*); *jeu de paume*, (*court*) tennis, 'real' tennis.
paupérisme [pope'rism], *n.m.* pauperism.
paupière [po'pjɛ:r], *n.f.* eyelid; (*fig.*) eye(s).
pause [po:z], *n.f.* pause, stop; (*Mus.*) rest.
pauser [po'ze], *v.i.* to pause.
pauvre [po:vr], *a.* poor, needy; wretched, paltry, mean.—*n.m.* poor person pauper; beggar.
pauvrement [povrə'mɑ̃], *adv.* poorly, wretchedly.
pauvresse [po'vrɛs], *n.f.* poor woman, beggar-woman.
pauvret [po'vrɛ], *n.m.* (*fem.* -**ette**) poor creature, poor little thing.
pauvreté [povrə'te], *n.f.* poverty; wretchedness; sorry thing.
pavage [pa'va:ʒ], *n.m.* paving; pavement.
pavane [pa'van], *n.f.* pavan (*dance*).
pavaner (se) [səpava'ne], *v.r.* to strut, to stalk proudly.
pavé [pa've], *a.* paved.—*n.m.* paving-stone; paved part of road; (*fig.*) road, street(s).
pavement [pav'mɑ̃], *n.m.* paving; flooring.
paver [pa've], *v.t.* to pave.
paveur [pa'vœ:r], *n.m.* paviour.
pavillon [pavi'jɔ̃], *n.m.* pavilion, tent; summerhouse; detached house; wing (*of a house*), outhouse, lodge; (*Naut.*) flag.
pavoiser [pavwa'ze], *v.t.* to deck with flags, to dress (*ship*).
pavot [pa'vo], *n.m.* poppy.
payable [pɛ'jabl], *a.* payable.
payant [pɛ'jɑ̃], *a.* paying; to be paid for.—*n.m.* (*fem.* -**e**) payer.
paye [pɛ:j], **paie** [pɛ], *n.f.* pay, wages.
payement or **paiement** [pɛ'mɑ̃], *n.m.* payment.
payer [pɛ'je], *v.t.* (*see Verb Tables*) to pay (for); to reward; to expiate, to atone for. **se payer**, *v.r.* to be paid *or* satisfied; to treat oneself to.
payeur [pɛ'jœːr], *n.m.* (*fem.* -**euse**) payer; pay-clerk; (*Mil.*) pay-master.
pays [pe'i], *n.m. inv.* country, land; region, district; fatherland, home; *avoir le mal du pays*, to be home-sick; *pays perdu*, out-of-the-way place.
paysage [pei'za:ʒ], *n.m.* landscape, scenery.
paysagiste [peiza'ʒist], *a.* and *n.m.* landscape (-painter).
paysan [pei'zɑ̃], *a.* (*fem.* -**anne**) rustic.—*n.m.* (*fem.* -**anne**) peasant, countryman, countrywoman; farmer.
paysannerie [peizan'ri], *n.f.* rusticity; peasantry.
Pays-Bas [pei'bɑ], **les**, *m.pl.* the Netherlands.
péage [pe'a:ʒ], *n.m.* toll; toll-house.
péan or **pæan** [pe'ɑ̃], *n.m.* pæan, song of triumph *or* joy.
peau [po] *n.f.* (*pl.* **peaux**) skin; hide; peel, rind.
Peau-Rouge [po'ru:ʒ], *n.* (*pl.* **Peaux-Rouges**) Redskin, Red Indian.
peccadille [pɛka'di:j], *n.f.* peccadillo.
pêche (1) [pɛ:ʃ], *n.f.* peach.

pêche (2) [pɛ:ʃ], *n.f.* fishing, angling.
péché [pe'ʃe], *n.m.* sin, transgression.
pécher [pe'ʃe], *v.i.* (*conjug. like* CÉDER) to sin, to transgress; to offend; to be deficient.
pêcher (1) [pe'ʃe], *n.m.* peach-tree.
pêcher (2) [pe'ʃe], *v.t.* to fish for; to drag out; (*fig.*) to get hold of.—*v.i.* to fish, to angle.
pécheresse [peʃ'rɛs], [PÉCHEUR].
pêcherie [pɛʃ'ri], *n.f.* fishing-ground, fishery.
pécheur [pe'ʃœːr], *n.m.* (*fem.* -**eresse**) sinner.
pêcheur [pɛ'ʃœːr], *n.m.* (*fem.* -**euse**) fisher, fisherman, fisherwoman.
pécore [pe'kɔ:r], *n.f.* stupid creature, blockhead; *esp.* silly girl.
pécule [pe'kyl], *n.m.* savings; earnings (*of a prisoner*).
pécuniaire [peky'nje:r], *a.* pecuniary.
pédagogie [pedago'ʒi], *n.f.* pedagogy.
pédagogue [peda'gɔg], *n.* pedagogue.
pédale [pe'dal], *n.f.* pedal; treadle.
pédaler [peda'le], *v.i.* to pedal; (*colloq.*) to cycle.
pédant [pe'dɑ̃], *a.* pedantic.—*n.m.* (*fem.* -**e**) pedant.
pédanterie [pedɑ̃'tri], *n.f.* pedantry.
pédantesque [pedɑ̃'tɛsk], *a.* pedantic.
pédantisme [pedɑ̃'tism], *n.m.* pedantry.
pédestre [pe'dɛstr], *a.* pedestrian, on foot.
pédestrement [pedɛstrə'mɑ̃], *adv.* on foot.
pédicure [pedi'ky:r], *n.* chiropodist.
Pégase [pe'ga:z], *m.* Pegasus.
peignage [pɛ'na:ʒ], *n.m.* combing, wool-combing.
peigne [pɛɲ], *n.m.* comb.
peigné [pɛ'ɲe], *a.* combed; (*fig.*) arranged.—*n.m.* worsted.
peigner [pɛ'ɲe], *v.t.* to comb; to card; (*fig.*) to polish (*style*). **se peigner**, *v.r.* to comb one's hair.
peignoir [pɛ'ɲwa:r], *n.m.* dressing-gown; (*Am.*) bath-robe.
peindre [pɛ̃:dr], *v.t. irr.* (*conjug. like* CRAINDRE) to paint, to portray; to represent, to express; *se faire peindre*, to sit for one's portrait. **se peindre**, *v.r.* to paint oneself; to be represented.
peine [pɛn], *n.f.* punishment, penalty; pain, grief, sorrow; anxiety; trouble; difficulty; reluctance; *à peine*, hardly, scarcely; *un homme de peine*, an unskilled labourer.
peiné [pe'ne], *a.* pained, grieved; laboured; elaborate.
peiner [pe'ne], *v.t.* to pain, to trouble, to grieve; (*fig.*) to elaborate.—*v.i.* to labour, to toil; to be reluctant.
peintre [pɛ̃:tr], *n.m.* painter.
peinture [pɛ̃'ty:r], *n.f.* painting; picture; description, appearance; paint, colour.
péjoratif [peʒɔra'tif], *a.* (*fem.* -**tive**) pejorative.
Pékin [pe'kɛ̃], *m.* Peking.
pékinois [peki'nwa], *a.* Pekinese.—*n.m.* Pekinese (*dog*); (**Pékinois**, *fem.* -**oise**) Pekinese (*person*).
pelage [pə'la:ʒ], *n.m.* hair, fur, coat (*of animal*).
pelé [pə'le], *a.* bald; which has lost its hair (*animals*).—*n.m.* (*fem.* -**ée**) bald-headed person.
pêle-mêle [pɛl'mɛl], *adv.* pell-mell, higgledy-piggledy.—*n.m. inv.* disorder, jumble.

239

peler

peler [pə'le], v.t. (conjug. like AMENER) to skin, to peel.—v.i. to peel off (of the skin etc.). **se peler**, v.r. to peel off, to peel.

pèlerin [pɛl'rɛ̃], n.m. (fem. **-ine** (1)) pilgrim; peregrine falcon; basking shark.

pèlerinage [pɛlri'na:ʒ], n.m. pilgrimage.

pèlerine (2) [pɛl'rin], n.f. tippet, cape (with hood).

pélican [peli'kɑ̃], n.m. pelican.

pelisse [pə'lis], n.f. pelisse; fur-lined coat.

pelle [pɛl], n.f. shovel, scoop, blade (of an oar); (fam.) spill, cropper.

pelletée [pɛl'te], n.f. shovelful.

pelleter [pɛl'te], v.t. (conjug. like APPELER) to shovel.

pelletier [pɛl'tje], n.m. (fem. **-ière**) furrier.

pellicule [peli'kyl], n.f. pellicle; (Phot.) film; (pl.) scurf (of scalp), dandruff.

pelotage [pələ'ta:ʒ], n.m. winding skeins into balls; (Billiards, Ten.) knock-up.

pelote [pə'lɔt], n.f. ball; ball of thread; pellet; pin-cushion; (Spt.) **pelote basque**, pelota.

peloter [pələ'te], v.t. to make or wind into a ball.—v.i. (Spt.) to knock up.

peloton [pələ'tɔ̃], n.m. ball; cluster (of bees); (Mil.) squad; (Racing) bunch (of runners).

pelotonner [pələtɔ'ne], v.t. to wind into balls. **se pelotonner**, v.r. to roll oneself up; to curl up.

pelouse [pə'lu:z], n.f. lawn, greensward.

peluche [pə'lyʃ], n.f. plush.

peluché [pəly'ʃe], a. shaggy.

pelucher [pəly'ʃe], v.i. to become shaggy, to wear rough.

pelucheux [pəly'ʃø], a. (fem. **-euse**) shaggy; fluffy.

pelure [pə'ly:r], n.f. paring; peel, skin; rind.

pénal [pe'nal], a. (m. pl. **-aux**) penal.

pénaliser [penali'ze], v.t. to penalize.

pénalité [penali'te], n.f. penal law; penalty.

pénates [pe'nat], n.m. pl. penates, household gods; (fig.) home.

penaud [pə'no], a. abashed, sheepish, crestfallen.

penchant [pɑ̃'ʃɑ̃], a. inclined, sloping, leaning.—n.m. declivity, slope; inclination, bent.

pencher [pɑ̃'ʃe], v.t. to incline, to bend.—v.i. to lean; to tilt, to slope. **se pencher**, v.r. to bend, to stoop; to slope, to be inclined.

pendable [pɑ̃'dabl], a. deserving hanging, abominable.

pendaison [pɑ̃dɛ'zɔ̃], n.f. hanging (on the gallows), death by hanging.

pendant [pɑ̃'dɑ̃], a. pendent, hanging; pending; depending.—n.m. thing hanging, pendant; counterpart.—prep. during; for; **pendant que**, while, whilst.

pendard [pɑ̃'da:r], n.m. (fem. **-e**) (colloq.) rascal, rogue, jade.

pendeloque [pɑ̃'dlɔk], n.f. ear-drop; pendant.

pendiller [pɑ̃di'je], v.i. to hang loose, to dangle.

pendre [pɑ̃:dr], v.t. to hang, to hang up, to suspend.—v.i. to hang; to dangle, to droop. **se pendre**, v.r. to hang oneself.

pendu [pɑ̃'dy], a. hanging; hanged; hung.—n.m. (fem. **-e**) one that has been hanged.

pendule [pɑ̃'dyl], n.f. clock, time-piece.—n.m. pendulum.

pêne [pɛːn], n.m. bolt (of a lock).

pénétrabilité [penetrabili'te], n.f. penetrability.

pénétrable [pene'trabl], a. penetrable.

pénétrant [pene'trɑ̃], a. penetrating; piercing, keen; acute; impressive.

pénétration [penetra'sjɔ̃], n.f. penetration; acuteness, shrewdness.

pénétré [pene'tre], a. penetrated; moved, impressed.

pénétrer [pene'tre], v.t. (conjug. like CÉDER) to penetrate, to go through; to pierce; to pervade; to fathom; to impress, to affect.—v.i. to penetrate (dans); to reach (à). **se pénétrer**, v.r. to penetrate each other; to be impressed.

pénible [pe'nibl], a. painful, laborious; troublesome.

péniblement [peniblə'mɑ̃], adv. laboriously.

pénicilline [penisi'lin], n.f. penicillin.

péninsulaire [penɛ̃sy'lɛ:r], a. peninsular.

péninsule [penɛ̃'syl], n.f. peninsula.

pénitence [peni'tɑ̃:s], n.f. penitence, repentance; penance; punishment.

pénitencier [penitɑ̃'sje], a. penitentiary.—n.m. penitentiary, reformatory.

pénitent [peni'tɑ̃], a. penitent, repentant.—n.m. (fem. **-e**) penitent.

pénitentiaire [penitɑ̃'sje:r], a. penitentiary.

penne [pɛn], n.f. tail-feather, wing-feather.

penniforme [peni'fɔrm], a. penniform.

pennon [pe'nɔ̃], n.m. pennon.

pénombre [pe'nɔ̃:br], n.f. penumbra; semi-darkness, half-light.

pensée [pɑ̃'se], n.f. thought; opinion; idea, conception; meaning; (Bot.) pansy.

penser [pɑ̃'se], v.t. to think, to think of (à or de).—v.i. to think, to reflect, to consider; to expect; to take heed, to take care.—n.m. (poet.) inward reasoning, thought.

penseur [pɑ̃'sœ:r], a. (fem. **-euse**) thinking, thoughtful.—n.m. (fem. **-euse**) thinker.

pensif [pɑ̃'sif], a. (fem. **-sive**) pensive, thoughtful.

pension [pɑ̃'sjɔ̃], n.f. board and lodging; boarding-house; boarding-school; pension, allowance, annuity.

pensionnaire [pɑ̃sjɔ'nɛ:r], n. boarder; schoolboy or -girl; pensioner, resident.

pensionnat [pɑ̃sjɔ'na], n.m. private boarding-school.

pensionné [pɑ̃sjɔ'ne], a. pensioned.—n.m. (fem. **-ée**) pensioner.

pensionner [pɑ̃sjɔ'ne], v.t. to pension, to grant a pension to.

pensum [pɛ̃'sɔm], n.m. imposition, extra task (at school).

pente [pɑ̃:t], n.f. declivity, slope; acclivity, ascent; gradient; pitch (of roofs); (fig.) propensity, bent.

Pentecôte [pɑ̃t'ko:t], n.f. Pentecost, Whitsuntide.

pénultième [penyl'tjɛm], a. last but one, penultimate.

pénurie [peny'ri], n.f. scarcity, dearth; penury, want.

pépier [pe'pje], v.i. to chirp, to cheep.

pépin [pe'pɛ̃], n.m. pip (of apple etc.); stone (of grape).

pépinière [pepi'njɛ:r], n.f. nursery (of trees).

pépiniériste [pepinje'rist], n.m. nurseryman.

pépite [pe'pit], n.f. nugget (of gold).

pepsine [pɛp'sin], n.f. pepsine.

peptique [pɛp'tik], *a.* peptic.
percale [pɛr'kal], *n.f.* cotton cambric, percale.
percaline [pɛrka'lin], *n.f.* glazed calico *or* lining, percaline.
perçant [pɛr'sɑ̃], *a.* piercing; sharp; shrill, acute.
perce [pɛrs], *n.f.* piercer, borer.
percé [pɛr'se], *a.* pierced, bored, in holes.
percée [pɛr'se], *n.f.* opening, cutting (*in a wood*), vista, glade; (*fig.*) break-through.
percement [pɛrsə'mɑ̃], *n.m.* piercing, boring, perforation.
perce-neige [pɛrs'nɛ:ʒ], *n.f. inv.* snowdrop.
perce-oreille [pɛrso'rɛ:j], *n.m.* (*pl.* -oreilles) earwig.
percepteur [pɛrsɛp'tœ:r], *n.m.* collector of taxes.
perceptible [pɛrsɛp'tibl], *a.* collectible; perceptible.
perceptiblement [pɛrsɛptiblə'mɑ̃], *adv.* perceptibly.
perceptif [pɛrsɛp'tif], *a.* (*fem.* -tive) perceptive.
perception [pɛrsɛp'sjɔ̃], *n.f.* perception; collecting, receipt; collectorship, collector's office.
percer [pɛr'se], *v.t.* (*conjug. like* COMMENCER) to pierce, to bore, to drill; to make an opening; to tunnel; to wet through (*of rain etc.*).—*v.i.* to pierce through, to come through; to transpire; to manifest itself. se percer, *v.r.* to pierce oneself, to be pierced.
perceur [pɛr'sœ:r], *n.m.* (*fem.* -euse) borer.—*n.f.* (-euse) boring-machine, drill.
percevoir [pɛrsə'vwa:r], *v.t. irr.* (*conjug. like* RECEVOIR) to collect (*taxes etc.*); (*Phil.*) to perceive.
perche [pɛrʃ], *n.f.* perch, pole; (*Ichth.*) perch.
perché [pɛr'ʃe], *a.* perched, perched up, roosting.
percher [pɛr'ʃe], *v.i.* and se percher, *v.r.* to perch, to roost.
percheur [pɛr'ʃœ:r], *a.* (*fem.* -euse) perching, roosting (*of birds*).
perchoir [pɛr'ʃwa:r], *n.m.* roost.
perclus [pɛr'kly], *a.* crippled, impotent.
percolateur [pɛrkola'tœ:r], *n.m.* percolator.
percussion [pɛrky'sjɔ̃], *n.f.* percussion.
percutant [pɛrky'tɑ̃], *a.* producing percussion; (*colloq.*) fabulous.
percuter [pɛrky'te], *v.t.* to strike; to percuss.
—*v.i.* to crash.
perdable [pɛr'dabl], *a.* losable.
perdant [pɛr'dɑ̃], *a.* losing.—*n.m.* (*fem.* -e) loser.
perdition [pɛrdi'sjɔ̃], *n.f.* perdition.
perdre [pɛrdr], *v.t.* to lose, to be deprived of; to waste, to ruin, to corrupt, to lead astray.
—*v.i.* to lose, to be a loser; to leak. se perdre, *v.r.* to be lost; to lose one's way, to be bewildered; to disappear.
perdreau [pɛr'dro], *n.m.* (*pl.* -eaux) young partridge.
perdrix [pɛr'dri], *n.f. inv.* partridge.
perdu [pɛr'dy], *a.* lost; ruined; spoilt; stray; obsolete; out of the way; bewildered; *salle des pas perdus*, waiting hall (*in courts of law*).
père [pɛ:r], *n.m.* father; sire.

pérégrination [peregrinɑ'sjɔ̃], *n.f.* peregrination.
péremptoire [perɑ̃p'twa:r], *a.* peremptory.
péremptoirement [perɑ̃ptwar'mɑ̃], *adv.* peremptorily.
pérennité [pereni'te], *n.f.* perpetuity.
perfectibilité [pɛrfɛktibili'te], *n.f.* perfectibility.
perfectible [pɛrfɛk'tibl], *a.* perfectible.
perfection [pɛrfɛk'sjɔ̃], *n.f.* perfection; faultlessness; completeness.
perfectionnement [pɛrfɛksjɔn'mɑ̃], *n.m.* improvement, perfecting.
perfectionner [pɛrfɛksjɔ'ne], *v.t.* to perfect; to improve. se perfectionner, *v.r.* to perfect oneself; to improve.
perfide [pɛr'fid], *a.* perfidious, treacherous, false.—*n.* perfidious *or* treacherous person.
perfidement [pɛrfid'mɑ̃], *adv.* perfidiously, falsely, treacherously.
perfidie [pɛrfi'di], *n.f.* perfidy, treachery.
perforage [pɛrfo'ra:ʒ], *n.m.* boring, perforation.
perforant [pɛrfo'rɑ̃], *a.* perforating, penetrating.
perforateur [pɛrfora'tœ:r], *a.* (*fem.* -trice (1)) perforative.—*n.m.* perforator.
perforation [pɛrfora'sjɔ̃], *n.f.* perforation.
perforatrice (2) [pɛrfora'tris], *n.f.* drilling-machine.
perforer [pɛrfo're], *v.t.* to perforate, to bore, to drill.
péricliter [perikli'te], *v.i.* to be in jeopardy.
péril [pe'ril], *n.m.* peril, danger, hazard, risk.
périlleusement [perijøz'mɑ̃], *adv.* perilously.
périlleux [peri'jø], *a.* (*fem.* -euse) perilous, dangerous.
périmé [peri'me], *a.* out-of-date, no longer valid.
période [pe'rjɔd], *n.f.* period of time, era; (*Gram.*) period, sentence; (*Mus.*) phrase.—*n.m.* pitch, summit, degree, acme.
périodicité [perjodisi'te], *n.f.* periodicity.
périodique [perjo'dik], *a.* periodic, periodical.—*n.m.* periodical.
périodiquement [perjodik'mɑ̃], *adv.* periodically.
péripétie [peripe'si], *n.f.* sudden turn of fortune; (*pl.*) vicissitudes.
périr [pe'ri:r], *v.i.* to perish, to die; to be wrecked; to decay.
périscope [peris'kɔp], *n.m.* periscope.
périssable [peri'sabl], *a.* perishable.
péristyle [peris'til], *a.* and *n.m.* peristyle.
péritoine [peri'twan], *n.m.* peritoneum.
péritonite [perito'nit], *n.f.* peritonitis.
perle [pɛrl], *n.f.* pearl; bead, bugle (*for bracelets, necklaces etc.*); (*fig.*) gem, jewel, the best.
perlé [pɛr'le], *a.* pearled, set with pearls; pearly.
perler [pɛr'le], *v.t.* to bead, to form into beads; to pearl.—*v.i.* to form beads (*of sweat etc.*).
perlier [pɛr'lje], *a.* (*fem.* -ière) of pearl.
permanence [pɛrma'nɑ̃:s], *n.f.* permanence; headquarters (*of a political party*).
permanent [pɛrma'nɑ̃], *a.* permanent, lasting.
permanente [pɛrma'nɑ̃:t], *n.f.* (*Hairdressing*) permanent wave.

perméabilité [pɛrmeabili'te], *n.f.* permeability.

perméable [pɛrme'abl], *a.* permeable, pervious (*to*).

permettre [pɛr'mɛtr], *v.t. irr.* (*conjug. like* METTRE) to permit, to allow; to enable, to afford room for. **se permettre**, *v.r.* to permit oneself; to indulge, to venture, to take the liberty (*de*).

permis [pɛr'mi], *a.* allowed, permitted, lawful.—*n.m.* permission, leave; permit, licence, pass.

permission [pɛrmi'sjɔ̃], *n.f.* permission, leave, permit.

permutant [pɛrmy'tɑ̃], *n.m.* permuter, exchanger.

permutation [pɛrmyta'sjɔ̃], *n.f.* permutation, exchange; (*Mil.*) transfer.

permuter [pɛrmy'te], *v.t.* to exchange, to permute, to transpose.

pernicieusement [pɛrnisjøz'mɑ̃], *adv.* perniciously, mischievously, injuriously.

pernicieux [pɛrni'sjø], *a.* (*fem.* -**euse**) pernicious, mischievous, hurtful.

péronnelle [perɔ'nɛl], *n.f.* pert hussy, saucy baggage.

péroraison [perɔrɛ'zɔ̃], *n.f.* peroration.

pérorer [perɔ're], *v.i.* to hold forth, to speechify.

péroreur [perɔ'rœːr], *n.m.* (*fem.* -**euse**) speechifier, spouter.

Pérou [pe'ru], **le**, *m.* Peru.

perpendiculaire [pɛrpɑ̃diky'lɛːr], *a.* and *n.f.* perpendicular.

perpendiculairement [pɛrpɑ̃dikylɛr'mɑ̃], *adv.* perpendicularly.

perpétration [pɛrpetra'sjɔ̃], *n.f.* perpetration.

perpétrer [pɛrpe'tre], *v.t.* (*conjug. like* CÉDER) to perpetrate, to commit.

perpétuation [pɛrpetɥa'sjɔ̃], *n.f.* perpetuation.

perpétuel [pɛrpe'tɥɛl], *a.* (*fem.* -**elle**) perpetual, permanent; for life.

perpétuellement [pɛrpetɥɛl'mɑ̃], *adv.* perpetually; everlastingly.

perpétuer [pɛrpe'tɥe], *v.t.* to perpetuate. **se perpétuer** *v.r.* to be perpetuated, to continue.

perpétuité [pɛrpetɥi'te], *n.f.* perpetuity; **à perpétuité**, for ever, for life.

perplexe [pɛr'plɛks], *a.* perplexed, embarrassed, irresolute; perplexing.

perplexité [pɛrplɛksi'te], *n.f.* perplexity.

perquisition [pɛrkizi'sjɔ̃], *n.f.* perquisition, search; investigation.

perquisitionner [pɛrkizisjɔ'ne], *v.i.* to make a search.

perron [pɛ'rɔ̃], *n.m.* steps (*before a house*).

perroquet [pɛrɔ'kɛ], *n.m.* parrot.

perruche [pe'ryʃ], *n.f.* parakeet, budgerigar; (*pop.*) hen-parrot.

perruque [pe'ryk], *n.f.* wig, periwig.

perruquier [pɛry'kje], *n.m.* wig-maker; (*obs.*) hair-dresser, barber.

persan [pɛr'sɑ̃], *a.* Persian.—*n.m.* Persian (*language*); (**Persan**, *fem.* -**ane**) Persian (*person*).

Perse [pɛrs], **la**, *f.* Persia.

perse [pɛrs], *n.f.* chintz.

persécuter [pɛrseky'te], *v.t.* to persecute; (*fig.*) to bore, to dun.

persécuteur [pɛrseky'tœːr], *a.* (*fem.* -**trice**) persecuting; troublesome.—*n.m.* (*fem.* -**trice**) persecutor; troublesome person.

persécution [pɛrseky'sjɔ̃], *n.f.* persecution; annoyance, importunity.

persévérance [pɛrseve'rɑ̃ːs], *n.f.* perseverance; firmness, steadiness.

persévérant [pɛrseve'rɑ̃], *a.* persevering; steady, resolute.

persévérer [pɛrseve're], *v.i.* (*conjug. like* CÉDER) to persevere; to be steadfast; to persist.

persienne [pɛr'sjɛn], *n.f.* Venetian shutter.

persiflage [pɛrsi'flaːʒ], *n.m.* banter, chaff, persiflage.

persifler [pɛrsi'fle], *v.t., v.i.* to rally, to banter, to chaff.

persifleur [pɛrsi'flœːr], *a.* (*fem.* -**euse**) bantering, chaffing.—*n.m.* (*fem.* -**euse**) banterer, quiz.

persil [pɛr'si], *n.m.* parsley.

persillé [pɛrsi'je], *a.* spotted; blue-moulded, (*cheese*).

persique [pɛr'sik], *a.* ancient Persian; **le Golfe Persique**, Persian Gulf.

persistance [pɛrsis'tɑ̃ːs], *n.f.* persistence.

persistant [pɛrsis'tɑ̃], *a.* persistent.

persister [pɛrsis'te], *v.i.* to persist.

personnage [pɛrsɔ'naːʒ], *n.m.* personage, person; (*Theat.*) character, part.

personnalité [pɛrsɔnali'te], *n.f.* personality, personal character; person; selfishness.

personne [pɛr'sɔn], *n.f.* person; own self; appearance.—*pron. indef.* anyone, no one, nobody.

personnel [pɛrsɔ'nɛl], *a.* (*fem.* -**elle**) personal; selfish.—*n.m.* personnel, staff.

personnellement [pɛrsɔnɛl'mɑ̃], *adv.* personally.

personnification [pɛrsɔnifika'sjɔ̃], *n.f.* personification.

personnifier [pɛrsɔni'fje], *v.t.* to personify; to embody.

perspectif [pɛrspɛk'tif], *a.* (*fem.* -**tive**) perspective.—*n.f.* (-**tive**) perspective; view, prospect, distance, vista.

perspicace [pɛrspi'kas], *a.* perspicacious, shrewd.

perspicacité [pɛrspikasi'te], *n.f.* perspicacity, insight.

persuader [pɛrsɥa'de], *v.t.* to persuade; to convince, to satisfy. **se persuader**, *v.r.* to persuade *or* convince oneself; to be persuaded.

persuasible [pɛrsɥa'zibl], *a.* persuadable.

persuasif [pɛrsɥa'zif], *a.* (*fem.* -**sive**) persuasive; convincing.

persuasion [pɛrsɥa'zjɔ̃], *n.f.* persuasion; conviction, belief, opinion.

persuasivement [pɛrsɥaziv'mɑ̃], *adv.* persuasively.

perte [pɛrt], *n.f.* loss; waste; ruin, fall, doom; **à perte**, at a loss; **en pure perte**, in vain.

pertinemment [pɛrtina'mɑ̃], *adv.* pertinently.

pertinence [pɛrti'nɑ̃ːs], *n.f.* pertinence.

pertinent [pɛrti'nɑ̃], *a.* pertinent, relevant.

pertuis [pɛr'tɥi], *n.m.* opening, sluice; straits.

perturbateur [pɛrtyrba'tœːr], *a.* (*fem.* -**trice**) disturbing.—*n.m.* (*fem.* -**trice**) disturber.

perturbation [pɛrtyrba'sjɔ̃], *n.f.* perturbation, disturbance.

perturber [pɛrtyr'be], *v.t.* to perturb, to disturb.

péruvien [pery'vjɛ̃], *a.* (*fem.* **-enne**) Peruvian.—*n.m.* (**Péruvien,** *fem.* **-enne**) Peruvian (*person*).

pervenche [pɛr'vã:ʃ], *n.f.* (*Bot.*) periwinkle.

pervers [pɛr'vɛːr], *a.* perverse, wicked, depraved.—*n.m.* (*fem.* **-e**) perverse person; wrongdoer.

perversion [pɛrvɛr'sjɔ̃], *n.f.* perversion.

perversité [pɛrvɛrsi'te], *n.f.* perverseness.

pervertir [pɛrvɛr'tiːr], *v.t.* to pervert.

pervertissement [pɛrvɛrtis'mã], *n.m.* perversion.

pervertisseur [pɛrvɛrti'sœːr], *a.* (*fem.* **-euse**) perverting.—*n.m.* (*fem.* **-euse**) perverter, corrupter.

pesage [pə'zaːʒ], *n.m.* weighing; (*Turf.*) weighing-in room; paddock (*on race-course*), the enclosure.

pesamment [pəza'mã], *adv.* heavily, ponderously; clumsily.

pesant [pə'zã], *a.* heavy, ponderous; unwieldy; sluggish.—*n.m.* weight.—*adv.* in weight.

pesanteur [pəzã'tœːr], *n.f.* weight; heaviness; unwieldiness; dullness; ponderousness; (*Phys.*) gravity.

pesée [pə'ze], *n.f.* weighing.

pèse-lettre [pɛz'lɛtr], *n.m.* (*pl.* **-lettres**) letter-scales.

peser [pə'ze], *v.t.* (*conjug. like* AMENER) to weigh; (*fig.*) to ponder, to estimate.—*v.i.* to weigh; to be heavy; to be of importance; to lie heavy; to dwell (*sur*).

peseur [pə'zœːr], *n.m.* (*fem.* **-euse**) weigher.

pessimisme [pɛsi'mism], *n.m.* pessimism.

pessimiste [pɛsi'mist], *a.* pessimistic.—*n.* pessimist.

peste [pɛst], *n.f.* plague, pestilence; (*fig.*) pest, bore, nuisance.—*int.* the deuce! hang it!

pester [pɛs'te], *v.i.* to inveigh, to storm, to rave.

pestiféré [pɛstife're], *a.* and *n.m.* (*fem.* **-ée**) plague-stricken (person).

pestilence [pɛsti'lãːs], *n.f.* pestilence.

pestilent [pɛsti'lã], *a.* pestilent.

pestilentiel [pɛstilã'sjɛl], *a.* (*fem.* **-elle**) pestilential.

pétale [pe'tal], *n.m.* petal.

pétarade [peta'rad], *n.f.* cracking (*noise*); back-fire (*of car*).

pétard [pe'taːr], *n.m.* petard; cracker (*firework*); (*Rail.*) detonator, fog-signal.

pétaudière [peto'djɛːr], *n.f.* bear-garden, noisy *or* disorderly assembly.

pétillant [peti'jã], *a.* crackling; sparkling.

pétillement [petij'mã], *n.m.* crackling; sparkling.

pétiller [peti'je], *v.i.* to crackle (*of burning wood*); to sparkle.

petiot [pə'tjo], *a.* (*fam.*) tiny, wee.—*n.m.* (*fem.* **-e**) little one; darling.

petit [pə'ti], *a.* little, small; short; very young; petty; slight; shabby; humble.—*n.m.* (*fem.* **-e**) little child, little one; young one; whelp, pup, kitten, cub.

petite-fille [pətit'fij], *n.f.* (*pl.* **petites-filles**) grand-daughter.

petitement [pətit'mã], *adv.* in small quantity; not much, poorly, meanly.

petitesse [pəti'tɛs], *n.f.* smallness, littleness; insignificance; meanness; narrowness.

petit-fils [pəti'fis], *n.m.* (*pl.* **petits-fils**) grandson.

pétition [peti'sjɔ̃], *n.f.* petition, request.

pétitionnaire [petisjɔ'nɛːr], *n.* petitioner.

pétitionnement [petisjɔn'mã], *n.m.* petitioning.

pétitionner [petisjɔ'ne], *v.i.* to make a request, to petition.

petit-lait [pəti'lɛ], *n.m.* whey.

petits-enfants [pətizã'fã], *n.m. pl.* grandchildren.

pétrel [pe'trɛl], *n.m.* petrel.

pétri [pe'tri], *a.* kneaded.

pétrifiant [petri'fjã], *a.* petrifying.

pétrification [petrifika'sjɔ̃], *n.f.* petrifaction.

pétrifier [petri'fje], *v.t.* to petrify. **se pétrifier,** *v.r.* to turn into stone.

pétrin [pe'trɛ̃], *n.m.* kneading-trough; (*fig.*) scrape.

pétrir [pe'triːr], *v.t.* to knead; (*fig.*) to mould, to form.

pétrissable [petri'sabl], *a.* that can be kneaded; (*fig.*) yielding, pliant.

pétrissage [petri'saːʒ], **pétrissement** [petris'mã], *n.m.* kneading; (*fig.*) forming.

pétrisseur [petri'sœːr], *n.m.* (*fem.* **-euse**) kneader.—*n.f.* (**-euse**) kneading-machine.

pétrole [pe'trɔl], *n.m.* petroleum, (mineral) oil; paraffin.

pétrolier [petrɔ'lje], *a.* (*fem.* **-ière**) pertaining to oil.—*n.m.* oil-tanker.

pétulance [pety'lãːs], *n.f.* liveliness, ebulliency; friskiness.

pétulant [pety'lã], *a.* lively, ebullient, frisky.

pétunia [pety'nja], *n.m.* petunia.

peu [pø], *adv.* little, not much; few, not many; not very.—*n.m.* little; bit.

peuplade [pœ'plad], *n.f.* clan, tribe, horde.

peuple [pœpl], *a.* plebeian, common, vulgar.—*n.m.* people, nation; the people, the multitude, the lower classes.

peuplé [pœ'ple], *a.* heavily populated, populous.

peuplement [pœplə'mã], *n.m.* peopling; stocking of a poultry-yard, pond etc.

peupler [pœ'ple], *v.t.* to people; to stock with animals etc.; to populate; to throng.—*v.i.* to multiply, to breed. **se peupler,** *v.r.* to become peopled; to be populated.

peuplier [pœ'plje], *n.m.* poplar.

peur [pœːr], *n.f.* fear, dread, terror; apprehension; **avoir peur,** to be afraid; **de peur de,** for fear of.

peureusement [pœrøz'mã], *adv.* timorously.

peureux [pœ'rø], *a.* (*fem.* **-euse**) fearful, timid, timorous.—*n.m.* (*fem.* **-euse**) timid person.

peut-être [pø'tɛːtr], *adv.* perhaps, maybe.

phalange [fa'lãːʒ], *n.f.* phalanx; (*poet.*) army, host.

phalène [fa'lɛːn], *n.f.* moth.

pharaon [fara'ɔ̃], *n.m.* Pharaoh.

phare [faːr], *n.m.* lighthouse; beacon; (*Motor.*) head-light.

pharisien [fari'zjɛ̃], *n.m.* Pharisee; (*fig.*) hypocrite; self-righteous person.

pharmaceutique [farmasø'tik], *a.* pharmaceutical.—*n.f.* pharmaceutics.

pharmacie [farma'si], *n.f.* pharmacy, chemist and druggist's shop, dispensary; medicine chest.

pharmacien [farma'sjɛ̃], *n.m.* (*fem.* **-enne**) chemist, pharmacist.

phase [fɑːz], *n.f.* phasis (*of planet*); phase; aspect, period.

phénicien [feni'sjɛ̃], *a.* (*fem.* **-enne**) Phoenician.—*n.m.* (**Phénicien**, *fem.* **-enne**) Phoenician (*person*).

phénix [fe'niks], *n.m.* phoenix; paragon.

phénoménal [fenɔme'nal], *a.* (*m. pl.* **-aux**) phenomenal; (*colloq.*) extraordinary.

phénomène [fenɔ'mɛːn], *n.m.* phenomenon; (*colloq.*) remarkable person *or* thing; freak.

philanthrope [filɑ̃'trɔp], *n.* philanthropist.

philanthropie [filɑ̃trɔ'pi], *n.f.* philanthropy.

philanthropique [filɑ̃trɔ'pik], *a.* philanthropic.

philatélie [filate'li], *n.f.* philately, stamp-collecting.

philatéliste [filate'list], *n.* stamp collector.

Philippe [fi'lip], *m.* Philip.

philippine [fili'pin], *a.* Philippine, Filipino.—*n.* (**Philippine**) Filipino (*person*).

Philippines [fili'pin], **les**, *f. pl.* Philippines, Philippine Islands.

Philistin [filis'tɛ̃], *n.m.* (*fem.* **-e**) Philistine, person of vulgar taste.

philosophale [filozɔ'fal], *a.* **la pierre philosophale**, the philosopher's stone.

philosophe [filo'zɔf], *a.* philosophical.—*n.* philosopher.

philosopher [filozo'fe], *v.i.* to philosophize.

philosophie [filozo'fi], *n.f.* philosophy; class in French school roughly equivalent to English sixth.

philosophique [filozo'fik], *a.* philosophical.

philosophiquement [filozofik'mɑ̃], *adv.* philosophically.

philtre *or* **filtre** [filtr], *n.m.* philtre.

phlébite [fle'bit], *n.f.* phlebitis.

phlegmatique [FLEGMATIQUE].

phobie [fɔ'bi], *n.f.* phobia, morbid dread.

phonétique [fɔne'tik], *a.* phonetic.—*n.f.* phonetics.

phonique [fɔ'nik], *a.* phonic.

phonographe [fɔnɔ'graf], *n.m.* phonograph, gramophone.

phonographie [fɔnɔgra'fi], *n.f.* phonography, sound recording.

phonographique [fɔnɔgra'fik], *a.* phonographic.

phoque [fɔk], *n.m.* (*Zool.*) seal.

phosphate [fɔs'fat], *n.m.* phosphate.

phosphore [fɔs'fɔːr], *n.m.* phosphorus.

phosphorescence [fɔsfɔrɛ'sãːs], *n.f.* phosphorescence.

phosphorescent [fɔsfɔrɛ'sã], *a.* phosphorescent.

phosphoreux [fɔsfɔ'rø], *a.m.* phosphorous.

phosphorique [fɔsfɔ'rik], *a.* phosphoric.

photo [fɔ'to], *n.f. abbr.* [PHOTOGRAPHIE].

photocopie [fɔtɔkɔ'pi], *n.f.* photocopy, photostat.

photogénique [fɔtɔʒe'nik], *a.* photogenic.

photographe [fɔtɔ'graf], *n.* photographer.

photographie [fɔtɔgra'fi], *n.f.* photography; photograph.

photographier [fɔtɔgra'fje], *v.t.* to photograph.

photographique [fɔtɔgra'fik], *a.* photographic; **appareil photographique**, camera.

photogravure [fɔtɔgra'vyːr], *n.f.* photogravure.

phrase [frɑːz], *n.f.* sentence; (*Mus.*) phrase; **phrase toute faite**, commonplace, stock phrase.

phraséologie [frazeɔlɔ'zi], *n.f.* phraseology.

phraser [frɑ'ze], *v.t.* to express in phrases; (*Mus.*) to phrase.—*v.i.* to phrase.

phraseur [frɑ'zœːr], *n.m.* (*fem.* **-euse**) (*fam.*) verbose writer *or* talker.

phtisie [fti'zi], *n.f.* phthisis, consumption.

phtisique [fti'zik], *a.* consumptive.—*n.* consumptive person.

physicien [fizi'sjɛ̃], *n.m.* (*fem.* **-enne**) physicist.

physionomie [fizjɔnɔ'mi], *n.f.* physiognomy, countenance, aspect, look.

physionomiste [fizjɔnɔ'mist], *n.* physiognomist.

physiothérapie [fizjɔtera'pi], *n.f.* (*Med.*) physiotherapy.

physiothérapiste [fizjɔtera'pist], *n.* physiotherapist.

physique [fi'zik], *a.* physical, material bodily.—*n.f.* physics.—*n.m.* physique, natural constitution; outward appearance.

physiquement [fizik'mã], *adv.* physically.

piaffer [pja'fe], *v.i.* to paw the ground, to prance (*of horses*).

piaffeur [pja'fœːr], *a.* (*fem.* **-euse**) pawing, prancing.—*n.m.* (*fem.* **-euse**) pawer, prancer.

piailler [pja'je], *v.i.* to cheep (*of small birds*); (*fig.*) to squall; to rant.

piaillerie [pjaj'ri], *n.f.* cheeping; squealing.

piailleur [pja'jœːr], *n.m.* (*fem.* **-euse**) cheeper; squaller.

pianiste [pja'nist], *n.* pianist.

piano [pja'no], *n.m.* piano, pianoforte; **piano à queue**, grand piano.

piaulement [pjol'mã], *n.m.* whining, puling; cheeping (*of chickens*).

piauler [pjo'le], *v.i.* to cheep (*of chickens etc.*); (*fig.*) to pule, to whine.

pic [pik], *n.m.* pick, pickaxe; gaff; peak (*of a mountain*); woodpecker.

pick-up [pi'kœp], *n.m. inv.* record player.

picoté [pikɔ'te], *a.* pricked, marked.

picotement [pikɔt'mã], *n.m.* pricking, tingling.

picoter [pikɔ'te], *v.t.* to cause to tingle; to prick; to peck (*of birds*).

picvert *or* **pivert** [pi'vɛːr], *n.m.* green woodpecker.

pie [pi], *a. inv.* and *n.* piebald (horse).—*n.f.* magpie.

pièce [pjes], *n.f.* piece; patch; cask (*of wine etc.*); head (*of cattle, poultry etc.*); apartment, room; piece of ordnance, cannon; (*Theat.*) play; coin; joint (*of meat*).

pied [pje], *n.m.* foot; footing; footprint, track; leg (*of furniture*); stand, rest; stalk (*of plants*).

pied-à-terre [pjeta'tɛːr], *n.m. inv.* occasional lodging.

pied-de-biche [pjed'biʃ], *n.m.* (*pl.* **pieds-de-biche**) bell-pull; (*Surg.*) forceps; nail-clench.

piédestal [pjedɛs'tal], *n.m.* (*pl.* **-aux**) pedestal.

piège [pjɛːʒ], *n.m.* trap, snare.

piéger [pje'ʒe], *v.t.* (*conjug. like* CÉDER) to trap (*animals*); (*Mil.*) to set a booby trap.

pie-grièche [pigri'ɛʃ], *n.f.* (*pl.* **pies-grièches**) (*Orn.*) shrike; (*fig.*) shrew.

pierraille [pjɛ'raːj], *n.f.* rubble, ballast.

Pierre [pjɛːr], *m.* Peter.

pierre [pjɛːr], *n.f.* stone; (*Path.*) calculus.

pierreries [pjɛr'ri], *n.f. pl.* precious stones, gems.

pierreux [pjɛ'rø], *a.* (*fem.* **-euse**) stony, flinty, gritty, gravelly; calculous.

pierrot [pjɛ'ro], *n.m.* pierrot, merry-andrew; house-sparrow.

piété [pje'te], *n.f.* piety, godliness; affection.

piétinement [pjetin'mɑ̃], *n.m.* stamping, trampling.

piétiner [pjeti'ne], *v.t.* to tread *or* trample under foot.—*v.i.* to stamp; to paw the ground (*of horses*).

piéton [pje'tɔ̃], *n.m.* (*fem.* **-onne**) pedestrian.

piètre [pjɛtr], *a.* poor, paltry, pitiful.

piètrement [pjɛtrə'mɑ̃], *adv.* pitifully, wretchedly.

pieu [pjø], *n.m.* (*pl.* **pieux** (1)) stake, pile, post.

pieusement [pjøz'mɑ̃], *adv.* piously, devoutly; obediently; reverently.

pieuvre [pjœːvr], *n.f.* octopus, poulpe.

pieux (2) [pjø], *a.* (*fem.* **pieuse**) pious, godly.

pigeon [pi'ʒɔ̃], *n.m.* pigeon, dove; (*slang*) dupe, gull.

pigeonneau [piʒɔ'no], *n.m.* (*pl.* **-eaux**) young pigeon, squab.

pigeonnier [piʒɔ'nje], *n.m.* pigeon-house, dove-cot.

pigment [pig'mɑ̃], *n.m.* (*Anat.*) pigment.

pignon [pi'ɲɔ̃], *n.m.* gable end; pinion; kernel (*of fir-cone*).

pilaire [pi'lɛːr], *a.* pilous, pilose.

pilastre [pi'lastr], *n.m.* (*Arch.*) pilaster.

pilchard [pil'ʃaːr], *n.m.* pilchard.

pile [pil], *n.f.* pile, heap; pier (*of a bridge etc.*); mole (*masonry*); (*Elec.*) battery; reverse (*of coins*); **pile atomique**, atomic pile.

piler [pi'le], *v.t.* to pound, to crush, to powder.

pileur [pi'lœːr], *n.m.* (*fem.* **-euse** (1)) pounder, beater.

pileux [pi'lø], *a.* (*fem.* **-euse** (2)) pilous, hairy.

pilier [pi'lje], *n.m.* pillar, column, post; (*fig.*) supporter, prop.

pillage [pi'jaːʒ], *n.m.* pillage, plunder; (*fig.*) pilfering.

pillard [pi'jaːr], *a.* plundering; predatory.—*n.m.* (*fem.* **-e**) pillager, plunderer.

piller [pi'je], *v.t.* to pillage, to plunder; to ransack; to pilfer.

pillerie [pij'ri], *n.f.* pillage plunder; extortion.

pilleur [pi'jœːr], *n.m.* (*fem.* **-euse**) pillager, plunderer, pilferer.

pilon [pi'lɔ̃], *n.m.* pestle; rammer, stamper; wooden leg.

pilonnage [pilɔ'naːʒ], *n.m.* ramming, pounding, stamping, milling.

pilonner [pilɔ'ne], *v.t.* to ram, to pound, to mill; to stamp (*ore*).

pilori [pilɔ'ri], *n.m.* pillory.

pilorier [pilɔ'rje], *v.t.* to pillory.

pilotage [pilɔ'taːʒ], *n.m.* (*Civ. Eng.*) pile-driving; (*Naut.*) piloting.

pilote [pi'lɔt], *n.m.* pilot; guide; pilot-fish.

piloter [pilɔ'te], *v.t.* to pile, to drive piles into; (*Naut., Av.*) to pilot; (*fig.*) to guide.

pilotis [pilɔ'ti], *n.m.* pilework.

pilule [pi'lyl], *n.f.* pill.

pimbêche [pɛ̃'bɛʃ], *n.f.* uppish and impertinent woman.

piment [pi'mɑ̃], *n.m.* pimento, allspice.

pimenter [pimɑ̃'te], *v.t.* to flavour with pimento.

pimpant [pɛ̃'pɑ̃], *a.* natty, spruce, smart.

pin [pɛ̃], *n.m.* pine-tree; **pomme de pin**, fir-cone.

pinacle [pi'nakl], *n.m.* pinnacle.

pince [pɛ̃ːs], *n.f.* pinching, nipping; hold, grip; pincers, pliers, forceps; tongs, clip; crowbar (*lever*); toe (*of a horse's foot*); claw (*of a lobster etc.*).

pincé [pɛ̃'se], *a.* affected, stiff, prim.

pinceau [pɛ̃'so], *n.m.* (*pl.* **-eaux**) paint-brush.

pincée [pɛ̃'se], *n.f.* pinch (*of snuff, salt etc.*).

pince-nez [pɛ̃s'ne], *n.m. inv.* pince-nez, (*folding*) eye-glasses.

pince-notes [pɛ̃s'nɔt], *n.m. inv.* paper-clip.

pincer [pɛ̃'se], *v.t.* (*conjug. like* COMMENCER) to pinch, to nip; to grip; to bite (*of cold etc.*); to pluck (*a musical instrument*); (*Naut.*) to hug (*the wind*).

pince-sans-rire [pɛ̃ssɑ̃'riːr], *n.m. inv.* sly or malicious person, dry joker.

pincette(s) [pɛ̃'sɛt], *n.f.* (*pl.*) tongs; tweezers, nippers.

pinçure [pɛ̃'syːr], *n.f.* pinching; crease in cloth.

pingouin [pɛ̃'gwɛ̃], *n.m.* auk.

pingre [pɛ̃ːgr], *a.* avaricious, stingy.—*n.* miser, skinflint.

pinson [pɛ̃'sɔ̃], *n.m.* finch, chaffinch.

pintade [pɛ̃'tad], *n.f.* guinea-fowl.

piochage [pjɔ'ʃaːʒ], *n.m.* digging; (*fig.*) working, fagging.

pioche [pjɔʃ], *n.f.* pickaxe.

piocher [pjɔ'ʃe], *v.t.* to dig.—*v.i.* to dig; (*fig.*) to fag, to work hard, to swot.

piocheur [pjɔ'ʃœːr], *n.m.* (*fem.* **-euse**) digger; (*slang*) hard-working student, swotter.—*n.f.* (**-euse**) (*Civ. Eng.*) excavator.

piolet [pjɔ'lɛ], *n.m.* piolet, ice-axe.

pion [pjɔ̃], *n.m.* pawn (*at chess*); piece (*at draughts*); (*Sch. slang*) usher.

pionnier [pjɔ'nje], *n.m.* pioneer.

pipe [pip], *n.f.* pipe; tobacco-pipe; pipe (*cask*).

pipeau [pi'po], *n.m.* (*pl.* **-eaux**) pipe, reed-pipe; bird-call; limed twig, snare.

pipée [pi'pe], *n.f.* bird-catching (*with a bird-call*); (*fig.*) deceit, trickery.

piper [pi'pe], *v.t.* to catch (*birds*) with a bird-call etc.; (*fig.*) to trick, to decoy.

pipeur [pi'pœːr], *a.* (*fem.* **-euse**) cheating, deceitful.—*n.m.* (*fem.* **-euse**) one who decoys birds; cheat, trickster (*at play*).

piquant [pi'kɑ̃], *a.* prickling, stinging; pungent; biting; cutting, keen; piquant, pointed; smart.—*n.m.* prickle; quill (*of porcupine*); pungency, point, piquancy.

pique [pik], *n.f.* pike (*weapon*); pique, spite, quarrel.—*n.m.* (*Cards*) spade(s).

piqué [pi'ke], *a.* quilted, pinked; worm-eaten; sour (*wine*).—*n.m.* quilting; piqué; nose-dive; **bombardement en piqué**, dive-bombing.

pique-nique

pique-nique [pik′nik], *n.m.* (*pl.* **-niques**) picnic.

piquer [pi′ke], *v.t.* to prick; to sting; to goad, to spur; to puncture; to bite (*of insects*) to quilt; to lard; to prick off; to excite, to stimulate; to nettle, to rouse; (*Med.*) to inject.—*v.i.* to turn sour (*of wine etc.*). **se piquer**, *v.r.* to prick oneself; to be offended, to be piqued; to pride oneself; to turn sour.

piquet [pi′kɛ], *n.m.* peg, stake; (*Mil.*) picket; piquet (*card game*).

piqueter [pik′te], *v.t.* (*conjug. like* APPELER) to mark out with stakes *or* pegs; to mark with little points.

piquette [pi′kɛt], *n.f.*, **piqueton** [pik′tɔ̃], *n.m.* thin wine.

piqueur (1) [pi′kœ:r], *n.m.* outrider; overseer (*of workmen*); stud-groom; huntsman.

piqueur (2) [pi′kœ:r], *n.m.* (*fem.* **-euse**) stitcher.

piqûre [pi′ky:r], *n.f.* prick; sting; bite; puncture; (*Needlework*) quilting, stitching; (*Med.*) injection, shot.

pirate [pi′rat], *n.m.* pirate; (*fig.*) extortioner, plagiarist.

pirater [pira′te], *v.i.* to commit piracy.

piraterie [pira′tri], *n.f.* piracy; act of piracy *or* plagiarism.

pire [pi:r] *a.* and *n.m.* worse; the worst.

pirogue [pi′rɔg], *n.f.* pirogue, dug-out, canoe.

pirouette [pi′rwɛt], *n.f.* pirouette, whirligig.

pirouetter [pirwɛ′te], *v.i.* to pirouette, to whirl about.

pis (1) [pi], *n.m.* udder, dug (*of cow*).

pis (2) [pi], *adv.* and *n.m.* worse.—*n.m. inv.* **pis aller**, the worst, last resource, make-shift.

pisciculture [pisikyl′ty:r], *n.f.* fish-culture.

piscine [pi′sin], *n.f.* piscina; swimming-pool.

pissenlit [pisɑ̃′li], *n.m.* dandelion.

pistache [pis′taʃ], *n.f.* pistachio, pistachio-nut.

pistachier [pista′ʃje], *n.m.* pistachio-tree.

piste [pist], *n.f.* track, footprint, trail, scent; course, race-course.

pistolet [pistɔ′lɛ], *n.m.* pistol; spray gun.

piston [pis′tɔ̃], *n.m.* piston; sucker (*of a pump*); press button; (*Mus.*) cornet.

pitance [pi′tɑ̃:s], *n.f.* pittance; allowance (*of food*), dole.

piteusement [pitøz′mɑ̃], *adv.* piteously, woefully, sadly.

piteux [pi′tø], *a.* (*fem.* **-euse**) piteous, pitiable, woeful.

pitié [pi′tje], *n.f.* pity, compassion; object of pity.

piton [pi′tɔ̃], *n.m.* eye-bolt, screw-ring, ring-bolt; peak (*of mountain*).

pitoyable [pitwa′jabl], *a.* pitiful, piteous; paltry.

pitoyablement [pitwajablə′mɑ̃], *adv.* pitifully.

pittoresque [pitɔ′rɛsk], *a.* picturesque; graphic.—*n.m.* the picturesque, picturesqueness.

pittoresquement [pitɔrɛsk′mɑ̃], *adv.* picturesquely.

pivert [PICVERT].

pivoine [pi′vwan], *n.m.* bullfinch.—*n.f.* peony.

pivot [pi′vo], *n.m.* pivot, pin spindle, hinge.

pivoter [pivɔ′te], *v.i.* to pivot, to turn on a pivot, to revolve, to turn.

placage [pla′ka:ʒ], *n.m.* plating (*metal-work*); veneering (*of wood*); (*Lit.*) patchwork.

placard [pla′ka:r], *n.m.* placard, poster, bill; (*Print.*) slip; cupboard (*in a wall*).

placarder [plakar′de], *v.t.* to placard, to post up.

place [plas], *n.f.* place; room; seat; stead; post, job, situation; town; public square; **faire place**, to make room; **retenir des places**, to book seats; **sur place**, on the spot.

placement [plas′mɑ̃], *n.m.* placing; sale; employment; investment.

placer [pla′se], *v.t.* (*conjug. like* COMMENCER) to place, to put; to find a place *or* situation for; to invest; to deposit; to sell. **se placer**, *v.r.* to place oneself; to find a job.

placet [pla′sɛ], *n.m.* petition, address.

placide [pla′sid], *a.* placid, calm.

placidement [plasid′mɑ̃], *adv.* placidly, calmly.

placidité [plasidi′te], *n.f.* placidity.

plafond [pla′fɔ̃], *n.m.* ceiling.

plafonnage [plafɔ′na:ʒ], *n.m.* ceiling (*action, work*); (*Av.*) visibility.

plafonner [plafɔ′ne], *v.t.* to ceil, to put a ceiling to.—*v.i.* to reach the highest point (*of prices etc.*); (*Av.*) to fly at the ceiling; (*Motor.*) to travel at maximum speed.

plafonneur [plafɔ′nœ:r], *n.m.* plasterer.

plafonnier [plafɔ′nje], *n.m.* ceiling-light.

plage [pla:ʒ], *n.f.* beach, shore; sea-side resort.

plagiaire [pla′ʒɛ:r], *a.* and *n.* plagiarist.

plagiat [pla′ʒja], *n.m.* plagiarism.

plagier [pla′ʒje], *v.t.* to plagiarize.

plaid [plɛd], *n.m.* plaid, travelling rug.

plaidant [plɛ′dɑ̃], *a.* pleading, litigant.

plaider [plɛ′de], *v.t.* to defend; to allege.—*v.i.* to go to law, to litigate; to plead, to argue.

plaideur [plɛ′dœ:r], *n.m.* (*fem.* **-euse**) litigant, suitor.

plaidoirie [plɛdwa′ri], *n.f.* pleading; counsel's speech.

plaidoyer [plɛdwa′je], *n.m.* speech for the defence, counsel's address.

plaie [plɛ], *n.f.* wound; sore; (*fig.*) plague; evil.

plaignant [plɛ′ɲɑ̃], *a.* complaining; **la partie plaignante**, the plaintiff.—*n.m.* (*fem.* **-e**) plaintiff, prosecutor.

plain [plɛ̃], *a.* plain, even, flat, level.

plaindre [plɛ̃:dr], *v.t. irr.* (*conjug. like* CRAINDRE) to pity, to be sorry for. **se plaindre**, *v.r.* to complain; to grumble.

plaine [plɛn], *n.f.* plain; flat country.

plain-pied (de) [dəplɛ̃′pje], *adv. phr.* on a level; (*fig.*) without difficulty.

plainte [plɛ̃:t], *n.f.* complaint, plaint; lamentation, wail; plaint at law.

plaintif [plɛ̃′tif], *a.* (*fem.* **-tive**) plaintive, complaining; querulous.

plaintivement [plɛ̃tiv′mɑ̃], *adv.* dolefully; querulously.

plaire [plɛ:r], *v.i. irr.* to please; to be pleasant *or* agreeable (à); **s'il vous plaît**, please. **se plaire**, *v.r.* to delight, to take pleasure; to like.

plaisamment [plɛza'mã], *adv.* humorously, amusingly; ludicrously.

plaisance [plɛ'zã:s], *n.f.* pleasure.

plaisant [plɛ'zã], *a.* humorous, amusing, funny; (*iron.*) odd, strange.—*n.m.* jester, wag; the funny side; *un mauvais plaisant*, a practical joker.

plaisanter [plɛzã'te], *v.t.* to chaff, to banter. —*v.i.* to jest, to joke.

plaisanterie [plɛzã'tri], *n.f.* jest, joke, witticism; mockery, trifle.

plaisir [plɛ'zi:r], *n.m.* pleasure; delight; diversion, entertainment; favour.

plan [plã], *a.* even, level, flat.—*n.m.* plane; plan; drawing; scheme, project; (*Paint.*) ground.

planche [plã:ʃ], *n.f.* board, plank; shelf; (*Engr.*) plate; (*Gard.*) bed, border.

planchéiage [plãʃe'ja:ʒ], *n.m.* boarding, planking; flooring.

planchéier [plãʃe'je], *v.t.* to board over, to floor.

plancher [plã'ʃe], *n.m.* floor, deck planking.

planchette [plã'ʃɛt], *n.f.* small board; (*Math.*) plane-table.

plancton [plãk'tɔ̃], *n.m.* plankton.

plane [plan], *n.f.* drawing-knife; planisher.

plané [pla'ne], *a.* soaring, gliding; *un vol plané*, gliding descent.

planer [pla'ne], *v.t.* to make smooth, to plane. —*v.i.* to hover, to soar; to look down (*on*) (*sur*); (*Av.*) to glide.

planétaire [plane'tɛ:r], *a.* planetary.

planète [pla'nɛit], *n.f.* planet.

planeur [pla'nœ:r], *n.m.* planisher; glider (*aeroplane*).

planeuse [pla'nø:z], *n.f.* planing-machine.

planification [planifika'sjɔ̃], *n.f.* (*Polit. Econ.*) planning.

planifier [plani'fje], *v.t.* to plan.

plant [plã], *n.m.* young plant, seedling; slip; sapling; plantation.

plantation [plãta'sjɔ̃], *n.f.* planting; plantation.

plante [plã:t], *n.f.* plant; *la plante du pied*, (*Anat.*) the sole of the foot.

planter [plã'te], *v.t.* to plant; to set, to drive in; to set up, to erect. **se planter**, *v.r.* to station oneself.

planteur [plã'tœ:r], *n.m.* planter.

planteuse [plã'tø:z], *n.f.* potato-planting machine.

plantoir [plã'twa:r], *n.m.* dibble.

planton [plã'tɔ̃], *n.m.* (*Mil.*) orderly.

plantureusement [plãtyrøz'mã], *adv.* copiously, abundantly, luxuriantly.

plantureux [plãty'rø], *a.* (*fem.* **-euse**) plentiful, copious; fertile.

plaquage [pla'ka:ʒ], *n.m.* (*Ftb.*) rugby tackle.

plaque [plak], *n.f.* plate, slab; plaque; badge, star; *plaque tournante*, (*Rail.*) turn-table.

plaqué [pla'ke], *a.* plated, covered with.

plaquer [pla'ke], *v.t.* to plate (*metal*); to veneer (*wood*); (*Ftb.*) to tackle.

plaquette [pla'kɛt], *n.f.* small thin book; small plate; thin slab.

plasticité [plastisi'te], *n.f.* plasticity.

plastique [plas'tik], *a.* plastic.—*n.m.* plastics. —*n.f.* plastic art; figure.

plastron [plas'trɔ̃], *n.m.* breast-plate; fencing-pad; shirt-front.

plastronner [plastrɔ'ne], *v.i.* to strut, to swagger.

plat (1) [pla], *a.* flat; level; regular, (*fig.*) dull, insipid.—*n.m.* flat part, side; flat racing.

plat (2) [pla], *n.m.* dish (*the vessel and the food*), (*Naut.*) mess; course (*of a meal*).

platane [pla'tan], *n.m.* plane-tree, platan.

plateau [pla'to], *n.m.* (*pl.* **-eaux**) scale (*of a balance*); tray; table-land, plateau; turn-table (*of gramophone*).

plate-bande [plat'bã:d], *n.f.* (*pl.* **plates-bandes**) border, flower-bed.

plate-forme [plat'fɔrm], *n.f.* (*pl.* **plates-formes**) platform (*of a bus etc.*).

platement [plat'mã], *adv.* flatly, dully.

platine [pla'tin], *n.f.* lock (*of fire-arms*); plate (*of lock, watch, machine*); platen (*of typewriter*).—*n.m.* platinum.

platiné [plati'ne], *a.* platinum plated; platinum coloured (*of hair*).

platitude [plati'tyd], *n.f.* platitude; flatness, dullness.

Platon [pla'tɔ̃], *m.* Plato.

platonique [plato'nik], *a.* Platonic.

platonisme [plato'nism], *n.m.* Platonism.

plâtrage [pla'tra:ʒ], *n.m.* plaster-work, plastering.

plâtras [pla'tra], *n.m.* debris of plaster-work; rubbish.

plâtre [pla:tr], *n.m.* plaster.

plâtré [pla'tre], *a.* plastered.

plâtrer [pla'tre], *v.t.* to plaster; (*fig.*) to patch up, to disguise.

plâtreux [pla'trø], *a.* (*fem.* **-euse**) chalky.

plâtrier [platri'je], *n.m.* plasterer.

plâtrière [platri'jɛ:r], *n.f.* chalk pit; plaster-kiln.

plâtroir [pla'trwa:r], *n.m.* plasterer's trowel.

plausibilité [plozibili'te], *n.f.* plausibility.

plausible [plo'zibl], *a.* plausible (*never of person*).

plausiblement [plozible'mã], *adv.* plausibly.

plèbe [plɛb], *n.f.* common people.

plébéien [plebe'jɛ̃], *a.* and *n.m.* (*fem.* **-enne**) plebeian.

plébiscite [plebi'sit], *n.m.* plebiscite.

plein [plɛ̃], *a.* full; fraught (*de*); filled, replete; entire, whole; thorough; copious; solid; *en plein air*, in the open air; *en plein hiver*, in the heart of winter.—*n.m.* full part; plenum.—*adv.* full.

pleinement [plɛn'mã], *adv.* fully, entirely, thoroughly.

plénier [ple'nje], *a.* (*fem.* **-ière**) plenary; full, complete.

plénipotentiaire [plenipotã'sjɛ:r], *a.* and *n.m.* plenipotentiary.

plénitude [pleni'tyd], *n.f.* plenitude, fullness.

pleur [plœ:r], *n.m.* (*poet.*) tear; lament.

pleurard [plœ'ra:r], *a.* whimpering, tearful.—*n.m.* (*fem.* **-e**) whimperer, blubberer.

pleurer [plœ're], *v.t.* to weep, to bewail, to mourn, to deplore the loss of.—*v.i.* to weep, to cry, to shed tears; to mourn; to run (*of the eyes*); to drip (*of a tap*).

pleurésie [plœre'zi], *n.f.* pleurisy.

pleureur [plœ'rœ:r], *a.* (*fem.* **-euse**) whimpering, tearful; *saule pleureur*, weeping willow.—*n.m.* (*fem.* **-euse**) whimperer, weeper.—*n.f.* (**-euse**) paid mourner.

pleurnichement

pleurnichement [plœrniʃ'mɑ̃], *n.m.* whimpering, snivelling.

pleurnicher [plœrni'ʃe], *v.i.* to whimper, to whine, to snivel.

pleurnicheur [plœrni'ʃœ:r], *a.* (*fem.* **-euse**) whimpering, snivelling.—*n.m.* (*fem.* **-euse**) whimperer, sniveller.

pleutre [plø:tr], *n.m.* contemptible fellow.

pleuvoir [plœ'vwa:r], *v. impers. irr.* to rain; *il pleut à verse* or *à seaux*, it is pouring in buckets; *pleuvoir des hallebardes*, to rain cats and dogs.

pli [pli], *n.m.* fold; wrinkle; coil; bend; undulation, depression; cover, envelope; habit; (*Cards*) trick; *mise en pli*, setting (*the hair*); *sous pli recommandé*, in a registered envelope; *un faux pli*, a crease.

pliable [pli'jabl], *a.* pliable, flexible, supple.

pliage [pli'ja:ʒ], **pliement** [pli'mɑ̃], *n.m.* folding.

pliant [pli'jɑ̃], *a.* pliant, docile; folding, collapsible.—*n.m.* folding-chair, deck-chair.

plie [pli], *n.f.* plaice.

plier [pli'je], *v.t.* to fold, to fold up; to bend.—*v.i.* to bend, to bow; to give way. **se plier**, *v.r.* to bow, to bend, to yield.

plieur [pli'jœ:r], *n.m.* (*fem.* **-euse**) folder.—*n.f.* (**-euse**) folding-machine.

plinthe [plɛ̃:t], *n.f.* plinth; skirting-board.

plissage [pli'sa:ʒ], *n.m.* pleating, kilting.

plissé [pli'se], *a.* kilted, pleated.—*n.m.* kilting, pleats.

plissement [plis'mɑ̃], *n.m.* folding, doubling over; crumpling.

plisser [pli'se], *v.t.* to fold; to crumple, to wrinkle; to pleat.—*v.i.* and **se plisser**, *v.r.* to be wrinkled, to pucker.

plissure [pli'sy:r], *n.f.* pleating; pleats.

ploiement [plwa'mɑ̃], *n.m.* folding, bending.

plomb [plɔ̃], *n.m.* lead; bullet, shot; plumb-line; sinker; custom-house seal; fuse; *à plomb*, vertically.

plombage [plɔ̃'ba:ʒ], *n.m.* leading, plumbing; filling (*of teeth*).

plombagine [plɔ̃ba'ʒin], *n.f.* plumbago, blacklead, graphite.

plomber [plɔ̃'be], *v.t.* to cover with lead, to seal; to fill (*a tooth*); to plumb.

plomberie [plɔ̃'bri], *n.f.* plumber's shop; plumbing; lead-making; lead-works.

plombier [plɔ̃'bje], *n.m.* lead-worker; plumber.

plongée [plɔ̃'ʒe], *n.f.* slope; dive.

plongeoir [plɔ̃'ʒwa:r], *n.m.* diving-board.

plongeon [plɔ̃'ʒɔ̃], *n.m.* plunge, dive; (*Orn.*) diver.

plonger [plɔ̃'ʒe], *v.t.* (*conjug. like* MANGER) to plunge, to dip, to immerse; to throw, to involve.—*v.i.* to dive, to plunge; to submerge (*of submarine*); to pitch (*of ships*). **se plonger**, *v.r.* to be plunged; to immerse oneself (*in*).

plongeur [plɔ̃'ʒœ:r], *a.* (*fem.* **-euse**) plunging, diving (*bird*).—*n.m.* (*fem.* **-euse**) diver; dish-washer (*in hotels etc.*).

ploutocrate [pluto'krat], *n.m.* plutocrat.

ploutocratie [plutokra'si], *n.f.* plutocracy.

ploutocratique [plutokra'tik], *a.* plutocratic.

ployable [plwa'jabl], *a.* pliable, flexible.

ployer [plwa'je], *v.t.* (*conjug. like* EMPLOYER) to bend; to fold up.—*v.i.* and **se ployer**,

v.r. to bend, to be folded; to yield, to give way.

pluie [plɥi], *n.f.* rain; (*fig.*) shower.

plumage [ply'ma:ʒ], *n.m.* plumage, feathers.

plumassier [plyma'sje], *n.m.* (*fem.* **-ière**) feather merchant *or* dresser.

plume [plym], *n.f.* feather; plume; quill, pen; nib.

plumeau [ply'mo], *n.m.* (*pl.* **-eaux**) feather-broom; feather-duster.

plumée [ply'me], *n.f.* penful (*of ink*); plucking (*of poultry*).

plumer [ply'me], *v.t.* to pluck, to plume; (*fig.*) to fleece.

plumet [ply'mɛ], *n.m.* plume.

plumetis [plym'ti], *n.m.* feather-stitch.

plumier [ply'mje], *n.m.* pen-box, pen-tray.

plupart [ply'pa:r], *n.f. la plupart*, most, most part, the majority (*de*), most people.

pluralité [plyrali'te], *n.f.* plurality; pluralism.

pluriel [ply'rjɛl], *a.* (*fem.* **-elle**) plural.—*n.m.* plural.

plus [ply], *adv.* more, -er (*que*, than); -est, the most; also, moreover, further, besides; (*with ne*) no more, no longer, never again; *de plus*, besides, moreover.—*n.m.* the most, the maximum; the more.

plusieurs [ply'zjœ:r], *a. pl.* and *pron. indef.* several, some.

plus-que-parfait [plyskəpar'fɛ], *n.m.* pluperfect.

plutonium [plytɔ'njɔm], *n.m.* plutonium.

plutôt [ply'to], *adv.* rather, sooner (*que*).

pluvial [ply'vjal], *a.* (*m. pl.* **-aux**) pluvial, of rain, rainy.

pluvier [ply'vje], *n.m.* plover.

pluvieux [ply'vjø], *a.* (*fem.* **-euse**) rainy, wet, pluvious.

pluviomètre [plyvjo'mɛtr], *n.m.* rain-gauge.

pluviosité [plyvjozi'te], *n.f.* rainfall.

pneu [pnø], *n.m.* (*pl.* **pneus**) *fam. abbr.* [PNEUMATIQUE].

pneumatique [pnøma'tik], *a.* pneumatic.—*n.m.* tyre; express letter (*in Paris*).—*n.f.* pneumatics.

pneumonie [pnømɔ'ni], *n.f.* pneumonia.

pochade [pɔ'ʃad], *n.f.* rough sketch; (*fig.*) hurried piece of writing etc.

poche [pɔʃ], *n.f.* pocket; pouch; sack; bag; wrinkle (*in clothes*); crop (*of a bird*).

pocher [pɔ'ʃe], *v.t.* to poach (*eggs*); to give a black eye to; to stencil; to make a rough sketch of.—*v.i.* to become baggy, to bag.

pochet [pɔ'ʃɛ], *n.m.* nosebag (*of horse*).

pochette [pɔ'ʃɛt], *n.f.* small pocket; small net; folder, jacket (*containers*); fancy handkerchief.

pochoir [pɔ'ʃwa:r], *n.m.* stencil.

podagre [pɔ'dagr], *a.* gouty.—*n.f.* gout.—*n.* gouty person.

podomètre [pɔdɔ'mɛtr], *n.m.* pedometer.

poêle [pwɑ:l], *n.f.* frying-pan.—*n.m.* stove; pall (*at a funeral*).

poêlée [pwa'le], *n.f.* panful.

poêlon [pwa'lɔ̃], *n.m.* small saucepan.

poème [pɔ'ɛm], *n.m.* poem.

poésie [pɔe'zi], *n.f.* poetry, verse; poem.

poète [pɔ'ɛt], *n.m.* poet.

poétesse [pɔe'tɛs], *n.f.* poetess.

poétique [pɔe'tik], *a.* poetical.—*n.f.* poetics.

poétiquement [pɔetik'mɑ̃], *adv.* poetically.

poétiser [pɔeti'ze], *v.t.* to make poetical, to idealize, to poeticize.

pogrom [pɔ'grɔm], *n.m.* pogrom.

poids [pwɑ], *n.m. inv.* weight; heaviness; gravity; load; (*fig.*) importance, consequence; *les poids lourds*, heavy vehicles.

poignant [pwa'nɑ̃], *a.* poignant; sharp, acute, keen.

poignard [pwa'na:r], *n.m.* dagger.

poignarder [pwaɲar'de], *v.t.* to stab; to knife; (*fig.*) to grieve to the heart.

poigne [pwaɲ], *n.f.* (*colloq.*) grasp, grip; (*fig.*) strength.

poignée [pwa'ɲe], *n.f.* handful; handle, hilt; shake (*of the hand*).

poignet [pwa'ɲɛ], *n.m.* wrist; wristband, cuff.

poil [pwal], *n.m.* hair (*of animals*); hair (*of persons, other than that of the head*); (*fig.*) beard; nap (*of cloth, of hats etc.*); *à contre-poil*, against the grain.

poilu [pwa'ly], *a.* hairy, shaggy.

poinçon [pwɛ̃'sɔ̃], *n.m.* punch; point, stiletto; awl, stamp, die.

poinçonnage [pwɛ̃sɔ'na:ʒ], **poinçonnement** [pwɛ̃sɔn'mɑ̃], *n.m.* stamping, punching.

poinçonner [pwɛ̃sɔ'ne], *v.t.* to punch, to stamp.

poinçonneuse [pwɛ̃sɔ'nø:z], *n.f.* stamping- *or* punching-machine.

poindre [pwɛ̃:dr], *v.i. irr.* to dawn, to break; (*fig.*) to appear.

poing [pwɛ̃], *n.m.* fist, hand; (*fig.*) force, brute strength; (*fig.*) *dormir à poings fermés*, to sleep like a log.

point [pwɛ̃], *adv.* (*used with negative*) no, not at all; none (*more emphatic than* pas).—*n.m.* point; speck; dot, mark; (*Soh.*) mark; full stop; hole (*of a strap etc.*); (*Needlework*) stitch; matter, question; particular; state, case; degree; place; *à point*, in the nick of time; well done (*of meat*); *en tout point*, in every respect; *sur ce* or *en ce point*, on that score.

pointage [pwɛ̃'ta:ʒ], **pointement** [pwɛ̃t'mɑ̃], *n.m.* pointing, levelling (*of guns*); checking; scrutiny (*of votes*), tally.

pointe [pwɛ̃:t], *n.f.* point (*sharp end*); tip, head (*of an arrow etc.*); nose (*of a bullet*); cape; peak; etching-needle; nail, tack; (*Print.*) bodkin; (*fig.*) dash, flavour; pungency, sharpness; witticism.

pointement [POINTAGE].

pointer [pwɛ̃'te], *v.t.* to point, to aim (*a gun etc.*); to pierce, to stab, to prick; to mark; to tally, to scrutinize (*votes*); to prick up (*ears etc.*); to sharpen.—*v.i.* to point; to spring, to soar; to rear; to sprout.

pointeur [pwɛ̃'tœ:r], *n.m.* (*fem.* -euse) pointer, marker, checker; (*Artill.*) gun-layer.

pointillage [pwɛ̃ti'ja:ʒ], **pointillement** [pwɛ̃tij'mɑ̃], *n.m.* dotting, stippling; dotted line.

pointillé [pwɛ̃ti'je], *n.m.* stipple drawing *or* engraving; dotted line.

pointiller [pwɛ̃ti'je], *v.t.* to dot, to stipple; (*fig.*) to tease.—*v.i.* to bicker, to cavil.

pointilleux [pwɛ̃ti'jø], *a.* (*fem.* -euse) cavilling, captious; fastidious.

pointu [pwɛ̃'ty], *a.* pointed, sharp; (*fig.*) subtle, captious.

pointure [pwɛ̃'ty:r], *n.f.* (*Print.*) point; size, number (*of shoes, gloves etc.*).

poire [pwa:r], *n.f.* pear; bulb (*rubber*).

poiré [pwa're], *n.m.* perry.

poireau [pwa'ro], **porreau** [pɔ'ro], *n.m.* (*pl.* -eaux) leek; wart.

poirée [pwa're], *n.f.* white beet.

poirier [pwa'rje], *n.m.* pear-tree.

pois [pwa], *n.m. inv.* pea, peas.

poison [pwa'zɔ̃], *n.m.* poison.

poissard [pwa'sa:r], *a.* vulgar, low.

poisser [pwa'se], *v.t.* to pitch; to make sticky.

poisseux [pwa'sø], *a.* (*fem.* -euse) pitchy, gluey, sticky.

poisson [pwa'sɔ̃], *n.m.* fish; *poisson d'avril*, April fool.

poissonnerie [pwasɔn'ri], *n.f.* fishmarket; fish-shop.

poissonneux [pwasɔ'nø], *a.* (*fem.* -euse) abounding in fish.

poissonnier [pwasɔ'nje], *n.m.* (*fem.* -ière) fishmonger, fishwife.—*n.f.* (-ière) fishkettle.

poitrail [pwa'tra:j], *n.m.* breast (*of a horse*); breast-piece (*of harness*).

poitrinaire [pwatri'nɛ:r], *a.* and *n.* consumptive.

poitrine [pwa'trin], *n.f.* chest, breast; breasts; lungs; brisket.

poivrade [pwa'vrad], *n.f.* pepper-sauce.

poivre [pwa:vr], *n.m.* pepper.

poivrer [pwa'vre], *v.t.* to pepper.

poivrier [pwavri'je], *n.m.* pepper-plant; pepper-box.

poivrière [pwavri'jɛ:r], *n.f.* pepper-planta-tion; (*Fort.*) corner turret; pepper-box.

poix [pwa], *n.f.* pitch; shoemakers' wax.

polaire [pɔ'lɛ:r], *a.* polar.

polariser [pɔlari'ze], *v.t.* to polarize.

pôle [po:l], *n.m.* (*Astron., Geog.*) pole.

polémique [pɔle'mik], *a.* polemical.—*n.f.* polemics, controversy.

poli [pɔ'li], *a.* polished, glossy, sleek; polite, civil; refined.—*n.m.* polish, finish, gloss.

police [pɔ'lis], *n.f.* police; police-regulations; insurance policy; *agent de police*, police-constable.

policer [pɔli'se], *v.t.* (*conjug. like* COMMENCER) to establish law and order in; to civilize, to polish, to refine.

polichinelle [pɔliʃi'nɛl], *n.m.* Punch; buffoon; Punch and Judy show.

policier [pɔli'sje], *a.* (*fem.* -ière) pertaining to the police; *roman policier*, detective story.—*n.m.* policeman; detective.

policlinique [pɔlikli'nik], *n.f.* out-patients' department.

poliment [pɔli'mɑ̃], *adv.* politely.

poliomyélite [pɔljɔmje'lit], *n.f.* poliomye-litis.

polir [pɔ'li:r], *v.t.* to polish, to burnish; (*fig.*) to civilize, to refine. **se polir**, *v.r.* to become polished; to become refined.

polissage [pɔli'sa:ʒ], **polissement** [pɔlis'mɑ̃], *n.m.* polishing, finishing.

polisseur [pɔlisœ:r], *n.m.* (*fem.* -euse) polisher.

polissoir [pɔli'swa:r], *n.m.* polisher (*tool*).

polisson [pɔli'sɔ̃], *a.* (*fem.* -onne) loose, naughty, licentious, smutty.—*n.m.* (*fem.* -onne) mischievous child, scamp; loose person.

polissonner [pɔlisɔ'ne], *v.i.* to run about the streets (*of children*).
polissonnerie [pɔlisɔn'ri], *n.f.* smutty joke, lewd act.
polissure [pɔli'syːr], *n.f.* polishing.
politesse [pɔli'tɛs], *n.f.* politeness, civility, polite attention; compliment.
politicien [pɔliti'sjɛ̃], *n.m.* (*fem.* **-enne**) (*usu. pej.*) politician.
politique [pɔli'tik], *a.* political; (*fig.*) politic, prudent, wise.—*n.f.* politics; policy, discretion.—*n.m.* politician, statesman.
politiquement [pɔlitik'mɑ̃], *adv.* politically; (*fig.*) shrewdly.
polka [pɔl'ka], *n.f.* polka.
pollen [pɔl'lɛn], *n.m.* pollen.
pollinisation [pɔliniza'sjɔ̃], *n.f.* pollinization.
polluer [pɔl'lɥe], *v.t.* to pollute; to defile; to profane.
pollution [pɔly'sjɔ̃], *n.f.* pollution; profanation.
polo [pɔ'lo], *n.m.* polo.
Pologne [pɔ'lɔɲ], la, *f.* Poland.
polonais [pɔlɔ'nɛ], *a.* Polish.—*n.m.* Polish (*language*); (**Polonais**, *fem.* **-aise**) Pole.—*n.f.* (**-aise**) Polonaise (*dress, dance, tune*).
poltron [pɔl'trɔ̃], *a.* (*fem.* **-onne**) cowardly, chicken-hearted. — *n.m.* (*fem.* **-onne**) coward, poltroon.
poltronnerie [pɔltrɔn'ri], *n.f.* cowardice, poltroonery.
polycopier [pɔlikɔ'pje], *v.t.* to cyclostyle.
polygamie [pɔliga'mi], *n.f.* polygamy.
polyglotte [pɔli'glɔt], *a.* and *n.* polyglot.
polytechnique [pɔlitɛk'nik], *a.* polytechnic.
pommade [pɔ'mad], *n.f.* pomade; ointment.
pomme [pɔm], *n.f.* apple; ball, knob; head (*of a cabbage, lettuce, walking-stick etc.*); (*pop.*) head, nut; **pomme de pin**, fir-cone; **pomme de terre**, potato.
pommé [pɔ'me], *a.* grown to a round head; (*colloq.*) complete, downright.
pommeau [pɔ'mo], *n.m.* (*pl.* **-eaux**) pommel (*of a saddle, sword etc.*); head, knob.
pommelé [pɔm'le], *a.* dappled, mottled.
pommeler (se) [səpɔm'le], *v.r.* (*conjug. like* APPELER) to become dappled.
pommer [pɔ'me], *v.i.* and **se pommer**, *v.r.* to grow to a firm round head (*of cabbage, lettuce etc.*).
pommette [pɔ'mɛt], *n.f.* apple-like ball or knob; cheek-bone; (C) crab-apple.
pommier [pɔ'mje], *n.m.* apple-tree.
pompe [pɔ̃ːp], *n.f.* pomp, ceremony; display; pump, inflator; **pompe à incendie**, fire-engine.
pomper [pɔ̃'pe], *v.t.* to pump; (*fig.*) to suck up.—*v.i.* to pump.
pompeusement [pɔ̃pøz'mɑ̃], *adv.* solemnly, with pomp.
pompeux [pɔ̃'pø], *a.* (*fem.* **-euse**) stately, solemn; pompous.
pompier [pɔ̃'pje], *a. inv.* conventional (*art, style*).—*n.m.* fireman.
pompiste [pɔ̃'pist], *n.* pump-attendant (*at petrol-pump etc.*).
pompon [pɔ̃'pɔ̃], *n.m.* pompon, top-knot.
pomponner [pɔ̃pɔ'ne], *v.t.* to ornament with pompons to deck out. **se pomponner**, *v.r.* to dress oneself up.
ponce [pɔ̃ːs] *n.f.* pumice; (*Drawing*) pounce.
ponceau (1) [pɔ̃'so], *n.m.* (*pl.* **-eaux**) small bridge, culvert.

ponceau (2) [pɔ̃'so], *a.* poppy-red.—*n.m.* (*pl.* **-eaux**) corn-poppy.
Ponce Pilate [pɔ̃spi'lat], *m.* Pontius Pilate.
poncer [pɔ̃'se], *v.t.* (*conjug. like* COMMENCER) to pumice; (*Drawing*) to pounce.
poncif [pɔ̃'sif], *n.m.* pounced drawing; (*fig.*) commonplace piece of work.
ponctualité [pɔ̃ktɥali'te], *n.f.* punctuality.
ponctuation [pɔ̃ktɥa'sjɔ̃], *n.f.* punctuation.
ponctué [pɔ̃k'tɥe], *a.* punctuated; dotted; **ligne ponctuée**, dotted line.
ponctuel [pɔ̃k'tɥɛl], *a.* (*fem.* **-elle**) punctual, exact.
ponctuellement [pɔ̃ktɥɛl'mɑ̃], *adv.* punctually.
ponctuer [pɔ̃k'tɥe], *v.t.* to punctuate; to point.
pondéré [pɔ̃de're], *a.* poised, calm, self-controlled.
pondérer [pɔ̃de're], *v.t.* (*conjug. like* CÉDER) to poise, to balance.
pondeur [pɔ̃'dœːr], *a.* (*fem.* **-euse**) good laying (*of poultry etc.*); (*colloq.*) productive.—*n.f.* (**-euse**) good layer.
pondre [pɔ̃ːdr], *v.t.* to lay (*eggs*).
poney [pɔ'ne], *n.m.* pony.
pont [pɔ̃], *n.m.* bridge; deck; **Ponts et Chaussées**, (*France*) Department of Bridges and Highways.
ponte (1) [pɔ̃ːt], *n.f.* laying of eggs.
ponte (2) [pɔ̃ːt], *n.m.* punter; (*fam.*) V.I.P.
ponté [pɔ̃'te], *a.* decked (*of ship*); **non ponté**, open (*boat*).
ponter [pɔ̃'te], *v.i.* to punt, to gamble.
pontet [pɔ̃'tɛ], *n.m.* trigger-guard; saddle-tree.
pontife [pɔ̃'tif], *n.m.* pontiff.
pontifier [pɔ̃ti'fje], *v.i.* (*fam.*) to act or speak solemnly or pompously; to pontificate, to lay down the law.
pont-levis [pɔ̃l'vi], *n.m.* (*pl.* **ponts-levis**) drawbridge.
ponton [pɔ̃'tɔ̃], *n.m.* bridge of boats; pontoon.
popeline [pɔ'plin], *n.f.* poplin.
populace [pɔpy'las], *n.f.* populace, mob, rabble.
populacier [pɔpyla'sje], *a.* (*fem.* **-ière**) low, vulgar.
populaire [pɔpy'lɛːr], *a.* popular; common.—*n.m.* populace, rabble.
populairement [pɔpylɛr'mɑ̃], *adv.* popularly.
populariser [pɔpylari'ze], *v.t.* to popularize.
popularité [pɔpylari'te], *n.f.* popularity.
population [pɔpyla'sjɔ̃], *n.f.* population.
populeux [pɔpy'lø], *a.* (*fem.* **-euse**) populous.
porc [pɔːr], *n.m.* pig; swine; pork.
porcelaine [pɔrsə'lɛn], *n.f.* porcelain, china, chinaware.
porcelet [pɔrsə'lɛ], *n.m.* young pig, piglet.
porc-épic [pɔrke'pik], *n.m.* (*pl.* **porcs-épics**) porcupine; (*Am.*) hedgehog.
porche [pɔrʃ], *n.m.* porch.
porcher [pɔr'ʃe], *n.m.* (*fem.* **-ère**) swineherd.
porcherie [pɔrʃ'ri], *n.f.* pigsty, piggery.
porcin [pɔr'sɛ̃], *a.* porcine.—*n.m.* (*pl.*) pigs.
pore [pɔːr], *n.m.* pore.
poreux [pɔ'rø], *a.* (*fem.* **-euse**) porous.
pornographie [pɔrnɔgra'fi], *n.f.* pornography.
pornographique [pɔrnɔgra'fik], *a.* pornographic.

porphyre [pɔrˈfiːr], *n.m.* porphyry.
porphyriser [pɔrfiriˈze], *v.t.* to porphyrize; to pulverize.
porreau [POIREAU].
port (1) [pɔːr], *n.m.* haven, harbour, port; seaport town; ***arriver à bon port***, to arrive safely; (*fig.*) to end happily; *port d'escale*, port of call.
port (2) [pɔːr], *n.m.* carrying, carriage; postage; bearing, gait; (*Naut.*) tonnage.
portable [pɔrˈtabl], *a.* portable; wearable.
portage [pɔrˈtaːʒ], *n.m.* carriage, transport.
portail [pɔrˈtaːj], *n.m.* (*pl.* -s) portal, front gate (*of a church etc.*).
portant [pɔrˈtɑ̃], *a.* bearing, carrying; *être bien portant*, to be in good health.
portatif [pɔrtaˈtif], *a.* (*fem.* -tive) portable.
porte [pɔrt], *n.f.* doorway, gateway; door; gate; entrance; eye (*of hooks etc.*); defile.
porté [pɔrˈte], *a.* carried; inclined, prone, disposed (*à*); projected (*of shadows*).
porte-à-faux [pɔrtaˈfo], *n.m. inv.* overhang; *en porte-à-faux*, overhanging; unsteady.
porte-affiches [pɔrtaˈfiʃ], *n.m. inv.* advertising-board.
porte-avions [pɔrtaˈvjɔ̃], *n.m. inv.* aircraft carrier.
porte-bagages [pɔrtbaˈgaːʒ], *n.m. inv.* luggage-rack.
porte-billets [pɔrtbiˈjɛ], *n.m. inv.* note-case; (*Am.*) bill-fold.
porte-bonheur [pɔrtbɔˈnœːr], *n.m. inv.* good-luck charm; mascot.
porte-bouteilles [pɔrtbuˈtɛːj], *n.m. inv.* bottle-rack, wine-bin.
porte-chapeaux [pɔrtʃaˈpo], *n.m. inv.* hat-stand.
porte-cigarettes [pɔrtsigaˈrɛt], *n.m. inv.* cigarette case.
porte-clefs [pɔrtəˈkle], *n.m. inv.* key-ring.
porte-couteau [pɔrtkuˈto], *n.m. inv.* knife-rest.
porte-crayon [pɔrtəkrɛˈjɔ̃], *n.m. inv.* pencil-case.
porte-documents [pɔrtdɔkyˈmɑ̃], *n.m. inv.* dispatch-case.
porte-drapeau [pɔrtdraˈpo], *n.m. inv.* ensign, colour-bearer.
portée [pɔrˈte], *n.f.* brood, litter; reach (*of the hand, arm etc.*); hearing; range, shot; scope; capacity; import, significance; bearing; resting-point; (*Mus.*) stave.
porte-étendard [pɔrtetɑ̃ˈdaːr], *n.m. inv.* standard-bearer.
porte-fenêtre [pɔrtfəˈnɛːtr], *n.f.* (*pl.* portes-fenêtres) French window.
portefeuille [pɔrtəˈfœːj], *n.m.* wallet; (*fig.*) portfolio; office.
porte-flambeau [pɔrtflɑ̃ˈbo], *n.m. inv.* torch-bearer, linkman.
porte-jupe [pɔrtəˈʒyp], *n.m. inv.* skirt-hanger.
porte-livres [pɔrtəˈliːvr], *n.m. inv.* book-rest.
porte-malheur [pɔrtmaˈlœːr], *n.m. inv.* bird of ill-omen, bearer of ill-luck.
portemanteau [pɔrtmɑ̃ˈto], *n.m.* (*pl.* -eaux) coat-stand, coat-rail; peg.
porte-masse [pɔrtəˈmas], *n.m. inv.* mace-bearer.
porte-mine(s) [pɔrtəˈmin], *n.m. inv.* propelling pencil.

porte-monnaie [pɔrtmɔˈne], *n.m. inv.* purse.
porte-musique [pɔrtmyˈzik], *n.m. inv.* music-case.
porte-parapluies [pɔrtparaˈplɥi], *n.m. inv.* umbrella-stand.
porte-parole [pɔrtpaˈrɔl], *n.m. inv.* mouthpiece, spokesman.
porte-plume [pɔrtəˈplym], *n.m. inv.* penholder.
porte-queue [pɔrtəˈkø], *n.m. inv.* train-bearer; swallowtail butterfly.
porter [pɔrˈte], *v.t.* to carry, to bear, to support; to endure; to bring, to take; to wear; to deal (*blows etc.*); to turn (*the eyes etc.*); to entertain (*affection etc.*); to incline; to produce; to declare, to show.—*v.i.* to bear; to rest, to lie; to take effect; to hit; to reach; to carry (*of a gun etc.*); (*Naut.*) to stand, to bear off; to be with young (*of animals*). **se porter**, *v.r.* to go, to repair, to move; to resort, to flock; to be inclined *or* disposed, to tend; to be, to do (*of health*); to be worn; to present oneself, to stand forth; to turn, to be directed.
porte-rame [pɔrtˈram], *n.m. inv.* rowlock.
porte-serviette(s) [pɔrtsɛrˈvjɛt], *n.m. inv.* towel-rail.
porteur [pɔrˈtœːr], *n.m.* (*fem.* -euse) porter, carrier, bearer; holder; sleeper (*on railway track*).
porte-voix [pɔrtˈvwa], *n.m. inv.* megaphone.
portier [pɔrˈtje], *n.m.* (*fem.* -ière (1)) porter, door-keeper.
portière (2) [pɔrˈtjɛːr], *n.f.* door-curtain, door (*of vehicle*).
portion [pɔrˈsjɔ̃], *n.f.* portion, part, share, allowance.
portionner [pɔrsjɔˈne], *v.t.* to share out.
portique [pɔrˈtik], *n.m.* portico; porch.
porto [pɔrˈto], *n.m.* port (wine).
portrait [pɔrˈtrɛ], *n.m.* portrait, likeness, picture.
portraitiste [pɔrtrɛˈtist], *n.* portrait painter.
portugais [pɔrtyˈgɛ], *a.* Portuguese.—*n.m.* Portuguese (*language*); (**Portugais**, *fem.* **-aise**) Portuguese (*person*).
Portugal [pɔrtyˈgal], **le**, *m.* Portugal.
pose [poːz], *n.f.* laying, setting; pose, posture, attitude; posing, affectation; sitting (*for one's portrait etc.*); hanging (*of bells*); (*Mil.*) posting (*of sentries*); (*Phot.*) (time) exposure.
posé [poˈze], *a.* laid, set, poised; bearing, resting; sedate, staid, sober; *cela posé*, this being granted.
posément [pozeˈmɑ̃], *adv.* calmly; sedately.
poser [poˈze], *v.t.* to put, to put in (*a lock, a window-pane*); to place, to lay down; to hang; to suppose, to grant; to post (*sentries etc.*); to lay down, to state; (*Mus.*) to pitch; to sit (*for portrait*); *poser une question*, to ask a question.—*v.i.* to lie, to rest (*sur*); to stand, to pose, to sit (*for one's portrait*); to show off. **se poser**, *v.r.* to perch (*of birds etc.*); to come down, to land (*plane*); to set up (*en*), to play the part (*en*).
poseur [poˈzœːr], *n.m.* (*Rail.*) plate-layer.—*n.m.* (*fem.* -euse) (*colloq.*) poseur, snob, prig.
positif [poziˈtif], *a.* (*fem.* -tive) positive, certain; practical, actual, matter-of-fact.—*n.m.* positive reality; certainty, fact; (*Phot., Cine., Gram.*) positive.

position

position [pozi'sjɔ̃], *n.f.* position, situation; status, standing; case, state, circumstances.

positivement [pozitiv'mã], *adv.* positively, exactly.

possédé [pose'de], *a.* possessed.—*n.m.* (*fem.* **-ée**) person possessed, madman, maniac.

posséder [pose'de], *v.t.* (*conjug. like* CÉDER) to possess, to be possessed of, to own; to be master of; to be conversant with; to dominate (*a person*); (*pop.*) to deceive. **se posséder**, *v.r.* to master one's passions, to contain oneself.

possesseur [pose'sœːr], *n.m.* possessor, owner, occupier.

possessif [pose'sif], *a.* (*fem.* **-ive**) possessive. —*n.m.* (*Gram.*) possessive adjective *or* pronoun.

possession [pose'sjɔ̃], *n.f.* possession; property.

possibilité [posibili'te], *n.f.* possibility; (*pl.*) facilities.

possible [po'sibl], *a.* possible.—*n.m.* possibility; **au possible**, extremely; **je ferai tout mon possible**, I'll do the best I can.

postal [pos'tal], *a.* (*m. pl.* **-aux**) postal, of the post.

poste (1) [post], *n.m.* post, station; guard-house; place, employment, post; (*Naut.*) berth; (*Teleph.*) extension; entry (*in books*); **poste de radio**, wireless set; **poste d'incendie**, fire-station.

poste (2) [post], *n.f.* post (*relay*); post-stage; postal service; post-office, mail; **bureau de poste**, post-office.

poster [pos'te], *v.t.* to station, to post (*sentry or letter*).

postérieur [poste'rjœːr], *a.* posterior, later; behind.—*n.m.* (*colloq.*) posterior.

postérieurement [posterjœr'mã], *adv.* subsequently.

postérité [posteri'te], *n.f.* posterity.

posthume [pos'tym], *a.* posthumous.

postiche [pos'tiʃ], *a.* superadded; false, artificial.—*n.m.* wig.

postier [pos'tje], *n.m.* (*fem.* **-ière**) post-office employee.

postillon [posti'jɔ̃], *n.m.* postilion; post-boy.

postscolaire [postsko'lɛːr], *a.* continuation (*class*); **enseignement postscolaire**, adult education.

post-scriptum [postskrip'tom] (*abbr.* **P.S.**), *n.m. inv.* postscript.

postulant [posty'lã], *n.m.* (*fem.* **-e**) candidate, applicant; postulant.

postuler [posty'le], *v.t.* to solicit, to apply for.—*v.i.* (*Law*) to act on behalf of a client.

posture [pos'tyːr], *n.f.* posture, attitude; situation.

pot [po], *n.m.* pot; jug, tankard, flagon, can, jar; (C) half a gallon.

potable [po'tabl], *a.* drinkable (*water*).

potage [po'taːʒ], *n.m.* soup.

potager (1) [pota'ʒe], *n.m.* kitchen-garden; kitchen-stove.

potager (2) [pota'ʒe], *a.* (*fem.* **-ère**) culinary; **jardin potager**, kitchen-garden.

potasse [po'tas], *n.f.* potash.

potassium [pota'sjom], *n.m.* potassium.

pot-au-feu [poto'fø], *n.m. inv.* beef boiled with carrots etc.; broth of this.

pot-de-vin [pod'vɛ̃], *n.m.* (*pl.* **pots-de-vin**) gratuity; bribe; hush-money.

poteau [po'to], *n.m.* (*pl.* **-eaux**) post, stake.

potée [po'te], *n.f.* potful; (*colloq.*) swarm (*of children etc.*); putty; (*Metal.*) moulding.

potelé [po'tle], *a.* plump, chubby.

potence [po'tãːs], *n.f.* gallows, gibbet; bracket; crutch; **gibier de potence**, jail-bird.

potentat [potã'ta], *n.m.* potentate.

potentiel [potã'sjɛl], *a.* (*fem.* **-elle**) potential, —*n.m.* potentialities.

potentiellement [potãsjɛl'mã], *adv.* potentially.

poterie [po'tri], *n.f.* pottery, earthenware.

poterne [po'tɛrn], *n.f.* postern.

potiche [po'tiʃ], *n.f.* China *or* Japan porcelain vase.

potier [po'tje], *n.m.* potter.

potin [po'tɛ̃], *n.m.* pinchbeck; (*pl.*) gossip.

potion [po'sjɔ̃], *n.f.* potion, draught.

potiron [poti'rɔ̃], *n.m.* pumpkin.

pou [pu], *n.m.* (*pl.* **poux**) louse.

pouah! [pwa], *int.* ugh! disgusting!

poubelle [pu'bɛl], *n.f.* dustbin; (*Am.*) ash-can.

pouce [pus], *n.m.* thumb; big toe; inch; **un morceau sur le pouce**, a snack; (C) **faire du pouce**, to hitch-hike.

poucet [pu'sɛ], *n.m.* **le petit Poucet**, Tom Thumb.

pouding [pu'diŋ], *n.m.* plum-pudding.

poudre [pudr], *n.f.* powder; gunpowder; dust; **sucre en poudre**, castor sugar.

poudrer [pu'dre], *v.t.* to powder, to sprinkle with powder.

poudrerie [pudrə'ri], *n.f.* gunpowder-factory; (C) blizzard.

poudreux [pu'drø], *a.* (*fem.* **-euse**) dusty, powdery.

poudrier [pudri'e], *n.m.* (powder) compact.

poudrière [pudri'ɛːr], *n.f.* powder-mill, magazine; sand-box.

poudroyer [pudrwa'je], *v.i.* (*conjug. like* EMPLOYER) to rise in dust; to be dusty (*of roads etc.*).

pouf! (1) [puf], *int.* plop! flop! phew!

pouf (2) [puf], *n.m.* ottoman (*seat*), pouf; puff (*advertisement*).

pouffer [pu'fe], *v.i.* **pouffer de rire**, to burst out laughing, to guffaw.

pouilleux [pu'jø], *a.* and *n.m.* (*fem.* **-euse**) lousy; wretched, mean (*person*).

poulailler [pula'je], *n.m.* hen-house; (*of persons*) poulterer; (*Theat.*) gods.

poulain [pu'lɛ̃], *n.m.* foal, colt.

poularde [pu'lard], *n.f.* fat pullet.

poulbot [pul'bo], *n.m.* Paris street urchin.

poule [pul], *n.f.* hen; fowl; pool (*at games*) eliminating round (*in a competition*).

poulet [pu'lɛ], *n.m.* chicken; love-letter.

poulette [pu'lɛt], *n.f.* pullet.

pouliche [pu'liʃ], *n.f.* filly.

poulie [pu'li], *n.f.* pulley; (*Naut.*) block.

pouliner [puli'ne], *v.i.* to foal (*of mares*).

poulinière [puli'njɛːr], *a.f.* and *n.f.* (*jument poulinière*, brood mare.

poulpe [pulp], *n.m.* octopus, devil-fish.

pouls [pu], *n.m.* pulse; **se tâter le pouls**, to feel one's pulse.

poumon [pu'mɔ̃], *n.m.* lung; **poumon d'acier**, iron lung.

poupard [pu'pa:r], *a.* chubby.—*n.m.* baby; doll.

poupe [pup], *n.f.* stern, poop.

poupée [pu'pe], *n.f.* doll; puppet; tailor's dummy.

poupin [pu'pɛ̃], *a.* fresh-coloured; rosy.

poupon [pu'pɔ̃], *n.m.* (*fem.* **-onne**) baby; plump, chubby-cheeked boy *or* girl.

pouponnière [pupo'njɛ:r], *n.f.* (*public*) day-nursery.

pour [pu:r], *prep.* for; on account of; on behalf of; as regards, as for; in order; although.—*n.m.* for, pro.

pourboire [pur'bwa:r], *n.m.* tip, gratuity.

pourceau [pur'so], *n.m.* (*pl.* **-eaux**) hog, pig, swine.

pour-cent [pur'sɑ̃], **pourcentage** [pursɑ̃'ta:ʒ], *n.m.* percentage.

pourchasser [purʃa'se], *v.t.* to pursue, to chase, to badger.

pourfendre [pur'fɑ̃:dr], *v.t.* to cleave asunder.

pourlécher [purle'ʃe], *v.t.* (*conjug. like* CÉDER) to lick all over. **se pourlécher**, *v.r.* to lick one's lips.

pourparler [purpar'le], *n.m.* (*usu. in pl.*) parley, negotiations; talks.

pourpoint [pur'pwɛ̃], *n.m.* doublet.

pourpre [purpr], *a.* purple, dark red.—*n.f.* purple (*stuff*); (*fig.*) sovereign dignity; cardinalate.—*n.m.* purple, crimson (*colour*).

pourpré [pur'pre], *a.* purple.

pourquoi [pur'kwa], *adv.* and *conj.* why, wherefore; *pourquoi pas?* why not?—*n.m. inv.* the reason why.

pourri [pu'ri], *a.* rotten; *temps pourri,* muggy weather.—*n.m.* the rotten part; rottenness.

pourrir [pu'ri:r], *v.t.* to make rotten, to corrupt.—*v.i.* to rot; (*fig.*) to perish. **se pourrir**, *v.r.* to become rotten, to go bad.

pourrissable [puri'sabl], *a.* perishable.

pourrissant [puri'sɑ̃], *a.* rotting, causing rot.

pourriture [puri'ty:r], *n.f.* rot, rottenness, putrefaction; (*fig.*) corruption.

poursuite [pur'sɥit], *n.f.* pursuit, chase; prosecution; (*Law*) suit, proceedings.

poursuivable [pursɥi'vabl], *a.* actionable.

poursuivant [pursɥi'vɑ̃], *a.* suing, prosecuting.—*n.m.* suitor.—*n.m.* (*fem.* **-e**) prosecutor, plaintiff.

poursuivre [pur'sɥi:vr], *v.t. irr.* (*conjug. like* SUIVRE) to pursue; to seek; to persecute; to haunt; to go on with; to follow up; (*Law*) to sue, to prosecute.—*v.i.* to pursue, to go on, to continue. **se poursuivre**, *v.r.* to continue, to follow its course.

pourtant [pur'tɑ̃], *adv.* however, yet, still, nevertheless.

pourtour [pur'tu:r], *n.m.* periphery, circumference; gangway (*in a theatre etc.*); precincts (*of cathedral*).

pourvoi [pur'vwa], *n.m.* (*Law*) appeal.

pourvoir [pur'vwa:r], *v.t. irr.* to invest with, to appoint; to provide, to supply, to endow.—*v.i.* (*followed by* à) to see to, to attend to, to provide for; to make an appointment to. **se pourvoir**, *v.r.* to provide oneself; to appeal.

pourvoyeur [purvwa'jœ:r], *n.m.* (*fem.* **-euse**) purveyor, provider, caterer.

pourvu que [pur'vykə], *conj. phr.* provided that, provided.

pousse [pus], *n.f.* shoot, sprout.

pousse-café [puska'fe], *n.m. inv.* (*fam.*) liqueur (*after coffee*).

poussée [pu'se], *n.f.* pushing; shove; thrust (*of arches etc.*); pressure (*of business etc.*).

pousse-pousse [pus'pus], *n.m. inv.* rickshaw (*carriage* or *man*).

pousser [pu'se], *v.t.* to push, to thrust, to shove; to drive on; to carry on, to extend; to grow, to send forth (*of plants etc.*); to urge, to provoke; to assist, to help on; to utter, to heave (*a sigh etc.*); to deal (*a blow etc.*).—*v.i.* to sprout, to shoot (*of plants*); to grow (*of the hair, nails etc.*); to push on, to go on; to bulge; to be broken-winded (*of horses*). **se pousser**, *v.r.* to push forward, to push oneself forward; to push each other, to jostle.

poussette [pu'sɛt], *n.f.* push-chair; movement in dancing.

poussier [pu'sje], *n.m.* coal-dust, screenings.

poussière [pu'sjɛ:r], *n.f.* dust; spray (*of water*).

poussiéreux [pusje'rø], *a.* (*fem.* **-euse**) dusty.

poussif [pu'sif], *a.* (*fem.* **-ive**) shortwinded.

poussin [pu'sɛ̃], *n.m.* chick, chicken just hatched.

poussinière [pusi'njɛ:r], *n.f.* chicken-coop; incubator.

poutre [putr], *n.f.* beam; girder.

poutrelle [pu'trɛl], *n.f.* small beam.

pouvoir [pu'vwa:r], *v.t. irr.* to be able to do.—*v.i.* to be able (*can etc.*); to have power; to be allowed (*may etc.*); (*impers.*) to be possible; *il peut arriver que,* it may happen that; *il se peut que,* it is possible that; *on ne peut plus,* (*followed by adj.*) exceedingly; *sauve qui peut,* every man for himself.—*n.m.* power; might; authority; command, government.

prairie [prɛ'ri], *n.f.* meadow, grass-land, grass-field; (*U.S.*) prairie.

praline [pra'lin], *n.f.* burnt almond.

praliner [prali'ne], *v.t.* to brown in sugar (*like burnt almonds*).

praticabilité [pratikabili'te], *n.f.* practicability, feasibility.

praticable [prati'kabl], *a.* practicable, feasible; passable (*of roads*); accessible; (*Theat.*) real.

praticien [prati'sjɛ̃], *a.* (*fem.* **-enne**) practising.—*n.m.* (*fem.* **-enne**) practitioner.

pratiquant [prati'kɑ̃], *a.* church-going.—*n.m.* (*fem.* **-e**) church-goer.

pratique [pra'tik], *a.* practical; experienced. —*n.f.* practice; execution; method; experience; usage; custom (*of tradesman*), practice (*of attorneys, physicians etc.*); customer; (*pl.*) dealings.

pratiquement [pratik'mɑ̃], *adv.* in actual fact, practically; in a practical way.

pratiquer [prati'ke], *v.t.* to practise, to exercise; to frequent; to tamper with, to bribe; to obtain; (*Arch.*) to contrive. **se pratiquer**, *v.r.* to be in use, to be practised.

pré [pre], *n.m.* meadow.

préalable [prea'labl], *a.* preliminary; previous.—*n.m. au préalable,* previously, first of all.

préalablement [prealablə'mɑ̃], *adv.* previously, first, to begin with.

préambule [preã'byl], *n.m.* preamble, preface.

préau [pre'o], *n.m.* (*pl.* **-aux**) courtyard (*of a convent* or *prison*); (*sch.*) covered playground.

préavis [prea'vi], *n.m. inv.* (previous) notice.

précaire [pre'kɛːr], *a.* precarious; uncertain.

précairement [prekɛr'mã], *adv.* precariously.

précaution [preko'sjõ], *n.f.* precaution; caution, care.

précautionner [prekosjɔ'ne], *v.t.* to warn, to caution. **se précautionner**, *v.r.* to take precautions.

précédemment [preseda'mã], *adv.* before, previously.

précédent [prese'dã], *a.* preceding, former.—*n.m.* precedent.

précéder [prese'de], *v.t.* (*conjug. like* CÉDER) to precede, to go before; to take precedence (*of*).

précepte [pre'sɛpt], *n.m.* precept, rule.

précepteur [presɛp'tœːr], *n.m.* (*fem.* **-trice**) tutor, teacher.

prêche [prɛːʃ], *n.m.* sermon (*Protestant*); Protestant church.

prêcher [prɛ'ʃe], *v.t.* to preach; to exhort; to extol, to praise.—*v.i.* to preach.

prêcheur [prɛ'ʃœːr], *n.m.* (*fem.* **-euse**) preacher.

précieusement [presjøz'mã], *adv.* preciously; carefully; affectedly.

précieux [pre'sjø], *a.* (*fem.* **-euse**) precious, valuable; affected.—*n.m.* affectation.—*n.m.* (*fem.* **-euse**) affected person.

préciosité [presjozi'te], *n.f.* affectation.

précipice [presi'pis], *n.m.* precipice.

précipitamment [presipita'mã], *adv.* precipitately, hurriedly, rashly.

précipitation [presipita'sjõ], *n.f.* haste, hurry; (*Chem.*) precipitation.

précipité [presipi'te], *a.* precipitated, hurled; precipitate, hasty, sudden.—*n.m.* (*Chem.*) precipitate.

précipiter [presipi'te], *v.t.* to precipitate, to hurl; to hasten, to accelerate; (*Chem.*) to precipitate. **se précipiter**, *v.r.* to precipitate, throw *or* hurl oneself; to rush forward, to spring forth, to dart.

précis [pre'si], *a.* fixed, precise, exact; formal, terse, concise.—*n.m.* summary, abstract.

précisément [presize'mã], *adv.* precisely, exactly; quite; just so.

préciser [presi'ze], *v.t.* to state precisely, to specify.

précision [presi'zjõ], *n.f.* precision, preciseness.

précité [presi'te], *a.* afore-mentioned.

précoce [pre'kɔs], *a.* precocious, early, forward.

précocité [prekɔsi'te], *n.f.* precocity.

préconçu [prekõ'sy], *a.* preconceived.

préconiser [prekɔni'ze], *v.t.* to advocate, to recommend.

préconnaissance [prekɔnɛ'sãːs], *n.f.* foreknowledge.

précurseur [prekyr'sœːr], *n.m.* forerunner, precursor, harbinger.

prédateur [preda'tœːr], *a.* (*fem.* **-trice**) (*Ent.*) predatory.

prédécéder [predese'de], *v.i.* (*conjug. like* CÉDER) to predecease (*someone*).

prédestination [predɛstina'sjõ], *n.f.* predestination.

prédestiné [predɛsti'ne], *a.* predestined; predetermined.—*n.m.* (*fem.* **-ée**) one of the elect.

prédicateur [predika'tœːr], *n.m.* (*fem.* **-trice**) preacher.

prédiction [predik'sjõ], *n.f.* prediction, forecast.

prédilection [prediœk'sjõ], *n.f.* predilection, preference.

prédire [pre'diːr], *v.t. irr.* (*conjug. like* MÉDIRE) to predict, to foretell.

prédisposer [predispo'ze], *v.t.* to predispose.

prédisposition [predispozi'sjõ], *n.f.* predisposition.

prédominance [predɔmi'nãːs], *n.f.* predominance, ascendancy.

prédominant [predɔmi'nã], *a.* predominant.

prédominer [predɔmi'ne], *v.t.* to prevail over.—*v.i.* to predominate.

prééminence [preemi'nãːs], *n.f.* pre-eminence.

prééminent [preemi'nã], *a.* pre-eminent.

préemption [preãp'sjõ], *n.f.* pre-emption.

préfabriqué [prefabri'ke], *a.* prefabricated.

préface [pre'fas], *n.f.* preface; foreword.

préfecture [prefɛk'tyːr], *n.f.* prefecture; *préfecture de police*, Paris police headquarters.

préférable [prefe'rabl], *a.* preferable.

préférablement [preferablə'mã], *adv.* preferably.

préféré [prefe're], *a.* favourite.

préférence [prefe'rãːs], *n.f.* preference.

préférer [prefe're], *v.t.* (*conjug. like* CÉDER) to prefer.

préfet [pre'fɛ], *n.m.* prefect; chief administrator of a department in France; *préfet de police*, chief commissioner of Parisian police.

préhensile [preã'sil], *a.* prehensile.

préhistorique [preisto'rik], *a.* prehistoric.

préjudice [preʒy'dis], *n.m.* detriment, injury, damage, prejudice.

préjudiciable [preʒydi'sjabl], *a.* prejudicial, detrimental.

préjudicier [preʒydi'sje], *v.i.* to be prejudicial *or* detrimental.

préjugé [preʒy'ʒe], *n.m.* presumption, prejudice; (*Law*) precedent.

préjuger [preʒy'ʒe], *v.t.* (*conjug. like* MANGER) to prejudge.

prélasser (se) [səprela'se], *v.r.* to strut, to stalk along.

prélat [pre'la], *n.m.* prelate.

prélèvement [prelɛv'mã], *n.m.* deduction; sample; (*Med.*) swab.

prélever [prelɛ've], *v.t.* (*conjug. like* AMENER) to deduct; to appropriate.

préliminaire [prelimi'nɛːr], *a.* and *n.m.* preliminary.

prélude [pre'lyd], *n.m.* prelude.

prématuré [prematy're], *a.* premature, untimely.

prématurément [prematyre'mã], *adv.* prematurely.

préméditation [premedita'sjõ], *n.f.* premeditation.

préméditer [premedi'te], *v.t.* to premeditate.

prémices [pre'mis], *n.f. pl.* first-fruits; *(fig.)* beginning.

premier [prə'mje], *a. (fem. -ière)* first; foremost, best, chief; former *(of two)*; early, pristine, primeval; *(Arith.)* prime; *au premier abord*, at first sight; *le premier rang*, the front rank; *matières premières*, raw materials.—*n.m. (fem. -ière)* chief, head, leader.—*n.m.* first floor; first of the month etc.—*n.f.* (-ière) *(Theat.)* first night; *(Sch.)* sixth form.

premièrement [prəmjɛr'mã], *adv.* firstly, in the first place.

prémonition [premɔni'sjɔ̃], *n.f.* premonition.

prémunir [premy'niːr], *v.t.* to forewarn, to caution, to secure beforehand. **se prémunir**, *v.r.* to provide *(contre)*.

prenant [prə'nã], taking, prehensile; *(fig.)* fascinating; *partie prenante*, payee.

prendre [prɑ̃:dr], *v.t. irr.* to take; to take up; to snatch; to seize; to capture; to contract, to catch *(a cold etc.)*; to choose; to fetch; to assume; to collect *(votes etc.)*; to help oneself to; to conduct *(an affair etc.)*; to entertain *(a feeling etc.)*; *en prendre à son aise*, to take it easy; *prendre pour dit*, to take for granted; *que je t'y prenne un peu!* just let me catch you at it!—*v.i.* to take; to take root; to congeal, to freeze; to curdle *(of milk etc.)*; to succeed; to begin to burn. **se prendre**, *v.r.* to be taken, to be caught; to catch; to freeze, to congeal *(of liquids)*; to begin.

preneur [prə'nœːr], *n.m. (fem. -euse)* taker; lessee; purchaser; catcher *(of animals)*.

prénom [pre'nɔ̃], *n.m.* Christian name.

prénommé [preno'me], *a. and n.m. (fem. -ée)* (the) above-named, aforesaid; named.

préoccupation [preɔkypa'sjɔ̃], *n.f.* preoccupation; anxiety, concern.

préoccupé [preɔky'pe], *a.* preoccupied, absorbed; worried.

préoccuper [preɔky'pe], *v.t.* to engross, to preoccupy; to worry. **se préoccuper**, *v.r.* to see to, to be engaged in *(de)*, to be anxious about.

préparateur [prepara'tœːr], *n.m. (fem. -trice)* preparer, assistant *(in laboratory or in a dispensing chemist's)*.

préparatif(s) [prepara'tif], *n.m. sing. or pl.* preparation.

préparation [prepara'sjɔ̃], *n.f.* preparation; *sans préparation*, extempore.

préparatoire [prepara'twaːr], *a.* preparatory.

préparer [prepa're], *v.t.* to prepare, to make ready; to fit; to make up, to manufacture. **se préparer**, *v.r.* to prepare, to prepare oneself, to get ready.

prépondérance [prepɔ̃de'rãːs], *n.f.* preponderance.

prépondérant [prepɔ̃de'rã], *a.* preponderant; *voix prépondérante*, casting-vote.

préposé [prepo'ze], *n.m. (fem. -ée)* officer in charge, superintendent, agent.

préposer [prepo'ze], *v.t.* to set over; to appoint to, to put in charge of.

préposition [prepozi'sjɔ̃], *n.f.* preposition.

prérogative [prerɔga'tiːv], *n.f.* prerogative.

près [prɛ], *adv.* by, near, hard by; nearly, almost, about; on the point of; *à beaucoup près*, by a great deal; *à cela près*, with that exception; *à peu près*, pretty near, nearly so; *de près*, close, near; *tout près*, very near.—*prep. (usu. près de)* near, close to.

présage [pre'zaːʒ], *n.m.* presage, omen, foreboding.

présager [preza'ʒe], *v.t. (conjug. like* MANGER*)* to presage, to portend.

pré-salé [presa'le], *n.m. (pl.* **prés-salés***)* salt-marsh sheep *or* mutton.

presbyte [prɛz'bit], *a.* long-sighted.—*n.* long-sighted person.

presbytère [prɛzbi'tɛːr], *n.m.* parsonage, vicarage, rectory; presbytery *(R.-C. Ch.)*.

presbytérien [prɛzbite'rjɛ̃], *a. and n.m. (fem. -enne)* Presbyterian.

presbytie [prɛzbi'si], *n.f.* far- *or* long-sightedness.

prescience [pre'sjãːs], *n.f.* prescience, foreknowledge.

prescription [prɛskrip'sjɔ̃], *n.f.* prescription; regulation.

prescrire [prɛs'kriːr], *v.t. irr. (conjug. like* ÉCRIRE*)* to prescribe, to stipulate; *(Law)* to bar.

préséance [prese'ãːs], *n.f.* precedence.

présence [pre'zãːs], *n.f.* presence, attendance, appearance; *mettre en présence*, to bring face to face.

présent [pre'zã], *a.* present; *présent!* here! —*n.m.* present, present time; gift; *dès à présent*, from now on.

présentable [prezã'tabl], *a.* presentable, fit to be seen.

présentation [prezãta'sjɔ̃], *n.f.* presentation, introduction.

présentement [prezãt'mã], *adv.* now, a present.

présenter [prezã'te], *v.t.* to present, to offer; to show; to introduce. **se présenter**, *v.r.* to present oneself, to appear.

préservateur [prezɛrva'tœːr], *a. (fem. -trice)* preservative.

préservatif [prezɛrva'tif], *a. (fem. -tive)* preservative.

préservation [prezɛrva'sjɔ̃], *n.f.* preservation.

préserver [prezɛr've], *v.t.* to preserve; to defend, to keep safe; *le ciel m'en préserve!* heaven forbid! **se préserver**, *v.r.* to preserve oneself, to guard against.

présidence [prezi'dãːs], *n.f.* presidency, chairmanship.

président [prezi'dã], *n.m.* president *(of tribunal)*, presiding judge; speaker *(of the House of Commons)*, chairman.

présidente [prezi'dãːt], *n.f.* lady president; president's wife.

présider [prezi'de], *v.t.* to preside over, to be president *or* chairman of.—*v.i.* to preside, to be president, to be in the chair.

présomptif [prezɔ̃p'tif], *a. (fem. -tive)* presumptive, apparent, presumed *(of heirs)*.

présomption [prezɔ̃p'sjɔ̃], *n.f.* presumption self-conceit.

présomptueusement [prezɔ̃ptɥøz'mã], *adv.* presumptuously.

présomptueux [prezɔ̃p'tɥø], *a. (fem. -euse)* presumptuous.

presque [prɛsk], *adv.* almost, nearly, all but; hardly, scarcely; *presque jamais*, hardly ever; *presque plus (de)*, scarcely any left; *presque rien*, hardly anything.

255

presqu'île [prɛs'kil], *n.f.* peninsula.
pressage [prɛ'saːʒ], *n.m.* pressing.
pressant [prɛ'sɑ̃], *a.* pressing, urgent, earnest.
presse [prɛs], *n.f.* throng, crowd; hurry; urgency; (*Navy*) press-gang; press (*news-papers*); printing-press.
pressé [prɛ'se], *a.* pressed; crowded; close, thick; in haste, hurried; urgent; eager; very busy; (*fig.*) condensed, concise.
presse-citron [prɛsi'trɔ̃], *n.m.* (*pl. unchanged or* -citrons) lemon-squeezer.
pressée [prɛ'se], *n.f.* pressing, pressure; pressful (*of print etc.*).
pressentiment [prɛsɑ̃ti'mɑ̃], *n.m.* presentiment; foreboding.
pressentir [prɛsɑ̃'tiːr], *v.t. irr.* (*conjug. like* SENTIR) to have a presentiment of; to sound.
presse-papiers [prɛspa'pje], *n.m. inv.* paper-weight.
presse-purée [prɛspy're], *n.m. inv.* potato masher.
presser [prɛ'se], *v.t.* to press, to squeeze; to tread down; to crowd; to hasten; to entreat, to urge.—*v.i.* to be urgent. **se presser**, *v.r.* to press, to squeeze, to crowd; to make haste, to hurry.
pression [prɛ'sjɔ̃], *n.f.* pressure.
pressoir [prɛ'swaːr], *n.m.* press (*wine etc.*).
pressurer [prɛsy're], *v.t.* to press (*grapes, apples etc.*); (*fig.*) to squeeze money etc. out of; to oppress.
pressureur [prɛsy'rœːr], *n.m.* (*fem.* -euse) presser (*of fruit etc.*); (*fig.*) squeezer, sponger; oppressor.
prestance [prɛs'tɑ̃ːs], *n.f.* commanding appearance, fine presence.
prestation [prɛsta'sjɔ̃], *n.f.* taking (*of an oath*); prestation (*payment of toll etc.*).
preste [prɛst], *a.* agile, nimble; smart.
prestement [prɛstə'mɑ̃], *adv.* nimbly, quickly.
prestesse [prɛs'tɛs], *n.f.* agility, quickness.
prestidigitateur [prɛstidiʒita'tœːr], *n.m.* conjurer, juggler.
prestidigitation [prɛstidiʒita'sjɔ̃], *n.f.* conjuring, sleight of hand.
prestige [prɛs'tiːʒ], *n.m.* marvel; illusion, magic spell; prestige.
prestigieux [prɛsti'ʒjø], *a.* (*fem.* -euse) marvellous, amazing.
(C) **presto** [prɛs'to], *n.m.* pressure cooker.
présumer [prezy'me], *v.t.* to presume, to suppose.
présure [pre'zyːr], *n.f.* rennet.
prêt (1) [prɛ], *a.* ready, prepared.
prêt (2) [prɛ], *n.m.* loan; (*Mil.*) pay.
prétantaine [pretɑ̃'tɛn], *n.f. courir la prétantaine*, to gad about.
prêté [prɛ'te], *a.* lent.
prétendant [pretɑ̃'dɑ̃], *n.m.* (*fem.* -e) claimant.—*n.m.* suitor; pretender (*to the throne*).
prétendre [pre'tɑ̃ːdr], *v.t.* to claim, to lay claim to; to mean; affirm.—*v.i.* to lay claim (*to*); to aspire (*à*).
prétendu [pretɑ̃'dy], *a.* pretended, supposed, sham, so-called, would-be.—*n.m.* (*fem.* -e) future husband *or* wife.
prétentieux [pretɑ̃'sjø], *a.* (*fem.* -euse) pretentious, assuming.
prétention [pretɑ̃'sjɔ̃], *n.f.* pretension, claim; intention, wish; expectation.

prêter [prɛ'te], *v.t.* to lend; to impart; to attribute; to bestow.—*v.i.* to give, to stretch; to invite, to give rise to. **se prêter**, *v.r.* to give way; to lend oneself *or* itself; to countenance, to favour.
prêteur [prɛ'tœːr], *n.m.* (*fem.* -euse) lender.
prétexte [pre'tɛkst], *n.m.* pretext, pretence; plea.
prétexter [pretɛks'te], *v.t.* to allege (*as pretext*), to pretend, to feign.
prétoire [pre'twaːr], *n.m.* (*Rom. Ant.*) praetorium.
prétorien [preto'rjɛ̃], *a.* (*fem.* -enne) praetorian.
prêtre [prɛːtr], *n.m.* priest.
prêtresse [prɛ'trɛs], *n.f.* priestess.
prêtrise [prɛ'triːz], *n.f.* priesthood.
preuve [prœːv], *n.f.* proof; evidence, testimony.
preux [prø], *a. inv.* gallant, doughty, valiant.—*n.m.* valiant knight.
prévaloir [preva'lwaːr], *v.i. irr.* (*conjug. like* VALOIR) to prevail. **se prévaloir**, *v.r.* to take advantage, to avail oneself; to boast.
prévaricateur [prevarika'tœːr], *a.* (*fem.* -trice) dishonest, unjust.—*n.m.* (*fem.* -trice) betrayer of trust.
prévarication [prevarika'sjɔ̃], *n.f.* betrayal of trust, maladministration of justice.
prévariquer [prevari'ke], *v.i.* to betray one's trust.
prévenance [prev'nɑ̃ːs], *n.f.* (*pl.*) kind attentions.
prévenant [prev'nɑ̃], *a.* obliging, kind; prepossessing, engaging.
prévenir [prev'niːr], *v.t. irr.* (*conjug. like* TENIR) to precede; to forestall; to prevent; to prepossess, to predispose; to warn. **se prévenir**, *v.r.* to be prejudiced.
préventif [prevɑ̃'tif], *a.* (*fem.* -tive) preventive.
prévention [prevɑ̃'sjɔ̃], *n.f.* prepossession, prejudice; suspicion; accusation.
préventivement [prevɑ̃tiv'mɑ̃], *adv.* by way of prevention; while awaiting trial.
prévenu [prev'ny], *a.* forestalled, anticipated; prejudiced; accused.—*n.m.* (*fem.* -e) the accused.
prévisible [previ'zibl], *a.* foreseeable.
prévision [previ'zjɔ̃], *n.f.* forecast; estimate, expectation.
prévoir [pre'vwaːr], *v.t. irr.* to foresee, to anticipate.
prévôt [pre'vo], *n.m.* provost.
prévôté [prevo'te], *n.f.* provostship; military police.
prévoyance [prevwa'jɑ̃ːs], *n.f.* foresight, forethought, prudence.
prévoyant [prevwa'jɑ̃], *a.* provident, prudent, careful.
prié [pri'je], *a.* invited (*to a feast etc.*).
prie-Dieu [pri'djø], *n.m. inv.* praying-stool.
prier [pri'je], *v.t.* to pray, to beseech; to request; to invite.
prière [pri'jɛːr], *n.f.* prayer; request, entreaty; invitation.
prieur [pri'jœːr], *n.m.* prior (*superior of a convent*).
prieure [pri'jœːr], *n.f.* prioress.
prieuré [prijœ're], *n.m.* priory.
primaire [pri'mɛːr], *a.* primary.

primat [pri'ma], *n.m.* primate, metropolitan.
primauté [primo'te], *n.f.* primacy, priority, pre-eminence; the lead (*at cards, dice etc.*).
prime [prim], *a.* first.—*n.f.* premium; subsidy; (*Mil.*) bounty; bonus, prize; (*Fenc.*) prime; (*Comm.*) free gift; *certificat de primes*, debenture; *faire prime*, to be at a premium.
primer [pri'me], *v.t.* to surpass, to excel.—*v.i.* to play first, to lead (*at games*); to excel.
primeur [pri'mœːr], *n.f.* early vegetables, fruit, flowers, etc.; early sentiment, love etc.; freshness, bloom.
primevère [prim'vɛːr], *n.f.* (*Bot.*) primula, primrose, cowslip.
primitif [primi'tif], *a.* (*fem.* **-tive**) first, early, primitive, aboriginal; pristine.—*n.m.* (*Gram., Paint.*) primitive.
primitivement [primitiv'mɑ̃], *adv.* primitively, originally.
primo [pri'mo], *adv.* first, in the first place.
primordial [primɔr'djal], *a.* (*m. pl.* **-aux**) primordial.
prince [prɛːs], *n.m.* prince.
princeps [prɛ̃'sɛps], *a. inv. édition princeps*, first edition.
princesse [prɛ̃'sɛs], *n.f.* princess.
princier [prɛ̃'sje], *a.* (*fem.* **-ière**) princely, like a prince.
principal [prɛ̃si'pal], *a.* (*m. pl.* **-aux**) principal, chief, most important.—*n.m.* chief thing, principal point; principal, capital (*money*); headmaster (*of a collège*); (*pl.*) chief personages (*of a town etc.*).
principalement [prɛ̃sipal'mɑ̃], *adv.* principally, chiefly.
principauté [prɛ̃sipo'te], *n.f.* principality, princedom.
principe [prɛ̃'sip], *n.m.* beginning, source, basis; principle; (*pl.*) principles, rudiments; *dès le principe*, from the very first; *en principe*, as a rule.
printanier [prɛ̃ta'nje], *a.* (*fem.* **-ière**) spring-like, vernal; (*fig.*) youthful, early.
printemps [prɛ̃'tɑ̃], *n.m.* spring, spring-time; (*fig.*) prime, bloom.
priorité [priɔri'te], *n.f.* priority.
pris [pri], *a.* taken, caught, seized; frozen.
prisable [pri'zabl], *a.* estimable, worthy of esteem.
prise [priːz], *n.f.* taking, capture; prize; hold, purchase; grip; quarrel; dose; pinch (*of snuff etc.*); (*pl.*) fighting.
priser (1) [pri'ze], *v.t., v.i.* to (take) snuff.
priser (2) [pri'ze], *v.t.* to appraise, to estimate; to esteem.
priseur [pri'zœːr], *n.m.* *commissaire priseur*, auctioneer, valuer.
prismatique [prisma'tik], *a.* prismatic.
prisme [prism], *n.m.* prism.
prison [pri'zɔ̃], *n.f.* prison, gaol; imprisonment.
prisonnier [prizɔ'nje], *n.m.* (*fem.* **-ière**) prisoner.
privation [priva'sjɔ̃], *n.f.* privation; want, need.
privauté [privo'te], *n.f.* extreme familiarity *or* liberty.
privé [pri've], *a. and n.m.* (*fem.* **-ée**) private; familiar, intimate; tame (*of animals*).

priver [pri've], *v.t.* to deprive, to bereave; to tame (*animals etc.*). **se priver**, *v.r.* to deprive *or* stint oneself; to abstain (*de*).
privilège [privi'lɛːʒ], *n.m.* privilege; licence; prerogative, grant.
privilégié [privile'ʒje], *a.* privileged; licensed; entitled to preference (*of creditors*); preference (*of shares*).—*n.m.* (*fem.* **-ée**) privileged person.
privilégier [privile'ʒje], *v.t.* to privilege; to license.
prix [pri], *n.m. inv.* price, cost, value; rate, return; reward, prize; stakes (*race for prize*); *à prix d'argent*, for money; *à vil prix*, dirt-cheap; *prix coûtant*, cost price; *prix de gros*, wholesale price; *remporter le prix*, to carry off the prize.
probabilité [prɔbabili'te], *n.f.* probability, likelihood.
probable [prɔ'babl], *a.* probable, likely, credible.
probablement [prɔbablə'mɑ̃], *adv.* probably.
probant [prɔ'bɑ̃], *a.* convincing, conclusive.
probation [prɔba'sjɔ̃], *n.f.* (*Eccles.*) probation.
probe [prɔb], *a.* honest, upright.
probité [prɔbi'te], *n.f.* probity, honesty, integrity.
problématique [prɔblema'tik], *a.* problematical; questionable, doubtful.
problématiquement [prɔblematik'mɑ̃], *adv.* problematically.
problème [prɔ'blem], *n.m.* problem.
procédé [prɔse'de], *n.m.* behaviour, proceeding, conduct; process, operation; (*Billiards*) cue-tip.
procéder [prɔse'de], *v.i.* (*conjug. like* CÉDER) to proceed, to arise, to originate (*de*); to behave.
procédure [prɔse'dyːr], *n.f.* procedure; proceedings.
procès [prɔ'sɛ], *n.m.* lawsuit, action, trial; (*Anat.*) process.
procession [prɔse'sjɔ̃], *n.f.* procession.
processionnel [prɔsesjɔ'nɛl], *a.* (*fem.* **-elle**) processional.
procès-verbal [prɔsɛvɛr'bal], *n.m.* (*pl.* **-verbaux**) official report; minute of proceedings; police report.
prochain [prɔ'ʃɛ̃], *a.* near, nearest, next.—*n.m.* neighbour, fellow-creature.
prochainement [prɔʃɛn'mɑ̃], *adv.* shortly, soon.
proche [prɔʃ], *a.* near, neighbouring; nigh, approaching.—*prep. and adv.* near, nigh; *de proche en proche*, gradually.—*n.m.* (*usu. in pl.*) near relation, kin, kindred.
proclamation [prɔklama'sjɔ̃], *n.f.* proclamation.
proclamer [prɔkla'me], *v.t.* to proclaim, to announce, to publish; to disclose.
proclivité [prɔklivi'te], *n.f.* proclivity, slope.
procréateur [prɔkrea'tœːr], *a.* (*fem.* **-trice**) procreative.—*n.m.* (*fem.* **-trice**) procreator.
procréation [prɔkrea'sjɔ̃], *n.f.* procreation.
procréer [prɔkre'e], *v.t.* to procreate, to beget.
procurateur [prɔkyra'tœːr], *n.m.* (*Hist.*) procurator.
procuration [prɔkyra'sjɔ̃], *n.f.* procuration, power of attorney, proxy (*deed*).

procurer [prɔky're], *v.t.* to procure, to obtain. **se procurer**, *v.r.* to procure, to get for oneself.

procureur [prɔky'rœːr], *n.m.* (*fem.* **procuratrice**) attorney, procurator, proxy.

prodigalement [prɔdigal'mã], *adv.* prodigally, extravagantly.

prodigalité [prɔdigali'te], *n.f.* prodigality, lavishness.

prodige [prɔ'diːʒ], *n.m.* prodigy, marvel.

prodigieusement [prɔdiʒjøz'mã], *adv.* prodigiously.

prodigieux [prɔdi'ʒjø], *a.* (*fem.* **-euse**) prodigious, wonderful; stupendous.

prodigue [prɔ'dig], *a.* prodigal, lavish; wasteful.—*n.* prodigal, spendthrift.

prodiguer [prɔdi'ge], *v.t.* to be prodigal of; to waste, to squander. **se prodiguer**, *v.r.* to make oneself cheap; not to spare oneself.

prodrome [prɔ'droːm], *n.m.* introduction, preface, preamble.

producteur [prɔdyk'tœːr], *a.* (*fem.* **-trice**) productive.—*n.m.* (*fem.* **-trice**) producer.

productif [prɔdyk'tif], *a.* (*fem.* **-tive**) productive.

production [prɔdyk'sjõ], *n.f.* production; produce, product (*of nature*); yield, output.

productivité [prɔdyktivi'te], *n.f.* productivity, productiveness.

produire [prɔ'dɥiːr], *v.t. irr.* (*conjug. like* CONDUIRE) to produce; to bear; to exhibit; to introduce. **se produire**, *v.r.* to put oneself forward; to occur, to happen.

produit [prɔ'dɥi], *n.m.* produce, product, production; proceeds.

proéminence [prɔemi'nãːs], *n.f.* prominence; protuberance.

proéminent [prɔemi'nã], *a.* prominent, protuberant.

profanateur [prɔfana'tœːr], *n.m.* (*fem.* **-trice**) profaner.

profanation [prɔfana'sjõ], *n.f.* profanation.

profane [prɔ'fan], *a.* profane; secular.—*n.* profane person; outsider; layman.

profaner [prɔfa'ne], *v.t.* to profane, to desecrate; to defile.

proférer [prɔfe're], *v.t.* (*conjug. like* CÉDER) to utter, to pronounce.

professer [prɔfe'se], *v.t.* to profess; to exercise, to practise; to teach, to lecture on. —*v.i.* to lecture, to teach.

professeur [prɔfɛ'sœːr], *n.m.* (*fem.* **femme professeur**) professor, lecturer (*at university*); teacher in secondary schools.

profession [prɔfɛ'sjõ], *n.f.* profession, declaration; calling, business.

professionnel [prɔfɛsjɔ'nɛl], *a.* and *n.m.* (*fem.* **-elle**) (*Spt. etc.*) professional.

professoral [prɔfɛsɔ'ral], *a.* (*m. pl.* **-aux**) professorial.

professorat [prɔfɛsɔ'ra], *n.m.* professorship, lecturership; mastership (*of* **lycée** *or* **collège**) section.

profil [prɔ'fil], *n.m.* profile, side-view; outline; (*Drawing*) section.

profiler [prɔfi'le], *v.t.* to represent *or* show in profile. **se profiler**, *v.r.* to appear in profile, to be outlined.

profit [prɔ'fi], *n.m.* profit, gain; benefit, utility, use; (*pl.*) perquisites.

profitable [prɔfi'tabl], *a.* profitable, advantageous.

profiter [prɔfi'te], *v.i.* to profit, to gain, to benefit; to take advantage of (*de*).

profiteur [prɔfi'tœːr], *n.m.* (*fem.* **-euse**) (*pej.*) profiteer.

profond [prɔ'fõ], *a.* deep; profound; vast; sound (*of sleep etc.*); downright; dark (*of night etc.*).—*n.m.* depth, abyss.

profondément [prɔfõde'mã], *adv.* deeply, profoundly, greatly; soundly.

profondeur [prɔfõ'dœːr], *n.f.* depth; profundity; penetration; extent.

profus [prɔ'fy], *a.* profuse.

profusément [prɔfyze'mã], *adv.* profusely.

profusion [prɔfy'zjõ], *n.f.* profusion.

progéniture [prɔʒeni'tyːr], *n.f.* progeny.

prognostique [prɔgnɔs'tik], *a.* (*Med.*) prognostic.

programmation [prɔgrama'sjõ], *n.f.* programming.

programme [prɔ'gram], *n.m.* (*Theat. etc.*) programme; (*sch.*) curriculum, syllabus.

progrès [prɔ'grɛ], *n.m.* progress; advancement, improvement, development.

progresser [prɔgrɛ'se], *v.i.* to progress, to get on.

progressif [prɔgrɛ'sif], *a.* (*fem.* **-ive**) progressive.

progression [prɔgrɛ'sjõ], *n.f.* progression.

progressiste [prɔgrɛ'sist], *a.* progressive.— *n.* progressist, progressive.

progressivement [prɔgrɛsiv'mã], *adv.* progressively.

prohiber [prɔi'be], *v.t.* to forbid, to prohibit.

prohibitif [prɔibi'tif], *a.* (*fem.* **-tive**) prohibitive, exorbitant.

prohibition [prɔibi'sjõ], *n.f.* prohibition.

proie [prwa], *n.f.* prey, prize, booty.

projecteur [prɔʒɛk'tœːr], *n.m.* searchlight; projector; floodlight.

projectile [prɔʒɛk'til], *a.* and *n.m.* projectile, missile.

projection [prɔʒɛk'sjõ], *n.f.* projection; (*Cine.*) **appareil de projection**, projector.

projectionniste [prɔʒɛksjɔ'nist], *n.* (*Cine.*) projectionist.

projet [prɔ'ʒɛ], *n.m.* project, plan, idea; rough draft; **homme à projets**, schemer.

projeter [prɔʒ'te], *v.t.* (*conjug. like* APPELER) to project, to throw; to delineate, to plan, to design; to contemplate, to intend.—*v.i.* to scheme, to form projects. **se projeter**, *v.r.* to project, to stand out.

prolétaire [prɔle'tɛːr], *a.* and *n.m.* proletarian.

prolétariat [prɔleta'rja], *n.m.* proletariat.

prolifique [prɔli'fik], *a.* prolific.

prolixe [prɔ'liks], *a.* verbose.

prologue [prɔ'lɔg], *n.m.* prologue.

prolongation [prɔlõga'sjõ], *n.f.* prolongation; extension.

prolongement [prɔlõʒ'mã], *n.m.* prolongation, extension.

prolonger [prɔlõ'ʒe], *v.t.* (*conjug. like* MANGER) to prolong, to lengthen, to protract; to draw out. **se prolonger**, *v.r.* to be protracted; to extend; to continue.

promenade [prɔm'nad], *n.f.* walk; walking; promenade; drive, excursion, pleasure-trip.

promener [prɔm'ne], *v.t.* to take out for a walk, for a drive, for a ride, for an airing; to cast (*one's eyes*) over; to run or pass (*one's hand, fingers*) over. **se promener**, *v.r.* to walk, to go for a walk, ramble, drive, row, sail etc.; to stroll.

promeneur [prɔm'nœːr], *n.m.* (*fem.* **-euse**) walker; rider; person taking a drive.

promenoir [prɔm'nwaːr], *n.m.* covered walk; promenade (*in a concert-hall etc.*).

promesse [prɔ'mɛs], *n.f.* promise; promissory note.

promettre [prɔ'mɛtr], *v.t. irr.* (*conjug. like* METTRE) to promise; to forebode.—*v.i.* to be promising. **se promettre**, *v.r.* to promise oneself; to purpose; to promise each other.

promis [prɔ'mi], *a.* promised; intended, engaged.—*n.m.* (*fem.* **-e**) fiancé *or* fiancée.

promiscuité [prɔmiskɥi'te], *n.f.* promiscuity.

promontoire [prɔmɔ̃'twaːr], *n.m.* promontory, headland.

promoteur [prɔmo'tœːr], *n.m.* (*fem.* **-trice**) promoter.

promotion [prɔmo'sjɔ̃], *n.f.* promotion, preferment.

promouvoir [prɔmu'vwaːr], *v.t. irr.* (*conjug. like* MOUVOIR) to promote, to advance.

prompt [prɔ̃], *a.* prompt, quick, active; sudden, swift; hasty.

promptement [prɔ̃t'mã], *adv.* promptly.

promptitude [prɔ̃ti'tyːd], *n.f.* promptitude, promptness; suddenness; hastiness.

promulgation [prɔmylga'sjɔ̃], *n.f.* promulgation.

promulguer [prɔmyl'ge], *v.t.* to promulgate.

prône [proːn], *n.m.* sermon (*at Mass*); (*fig.*) lecture, rebuke.

prôner [pro'ne], *v.t.* to lecture, to sermonize; to extol.—*v.i.* to sermonize.

prôneur [pro'nœːr], *n.m.* (*fem.* **-euse**) long-winded preacher.

pronom [prɔ'nɔ̃], *n.m.* (*Gram.*) pronoun.

prononçable [prɔnɔ̃'sabl], *a.* pronounceable.

prononcé [prɔnɔ̃'se], *a.* pronounced, decided, marked; (*Paint. etc.*) prominent; broad (*of speech*).—*n.m.* judgment delivered, sentence.

prononcer [prɔnɔ̃'se], *v.t.* (*conjug. like* COMMENCER) to pronounce, to utter, to say, to declare; to pass (*a verdict etc.*).—*v.i.* to declare one's sentiments, to decide with authority. **se prononcer**, *v.r.* to declare oneself, to express one's opinion, to give a verdict; to be pronounced.

prononciation [prɔnɔ̃sja'sjɔ̃], *n.f.* pronunciation; utterance.

pronostic [prɔnɔs'tik], *n.m.* prognostic; prognostication; (*Med.*) prognosis; weather forecast; (*racing*) tip.

propagande [prɔpa'gãːd], *n.f.* propaganda.

propagandiste [prɔpagã'dist], *n.* propagandist.

propagateur [prɔpaga'tœːr], *a.* (*fem.* **-trice**) propagating, spreading.—*n.m.* (*fem* **-trice**) propagator.

propagation [prɔpaga'sjɔ̃], *n.f.* propagation, spreading, diffusion.

propager [prɔpa'ʒe], *v.t.* (*conjug. like* MANGER) to propagate, to spread abroad, to diffuse. **se propager**, *v.r.* to be propagated, to spread.

propension [prɔpã'sjɔ̃], *n.f.* propensity, tendency.

prophète [prɔ'fɛːt], *n.m.* prophet, seer.

prophétesse [prɔfe'tɛs], *n.f.* prophetess.

prophétie [prɔfe'si], *n.f.* prophecy, prophesying.

prophétique [prɔfe'tik], *a.* prophetic.

prophétiser [prɔfeti'ze], *v.t.* to prophesy, to foretell.

propice [prɔ'pis], *a.* propitious, favourable.

propitiation [prɔpisja'sjɔ̃], *n.f.* propitiation.

propitiatoire [prɔpisja'twaːr], *a.* propitiatory.

proportion [prɔpɔr'sjɔ̃], *n.f.* proportion, ratio.

proportionné [prɔpɔrsjɔ'ne], *a.* proportioned, suited.

proportionnel [prɔpɔrsjɔ'nɛl], *a.* (*fem.* **-elle**) proportional.

proportionner [prɔpɔrsjɔ'ne], *v.t.* to proportion, to adjust, to adapt.

propos [prɔ'po], *n.m.* talk, words; remark; purpose, resolution; (*pl.*) idle remarks, tittle-tattle; *à propos*, apt, to the purpose; by the way; *à propos de*, with respect to; *à quel propos?* what about? *de propos délibéré*, of set purpose; *mal à propos*, ill-timed; *propos de table*, table-talk; *venir fort à propos*, to come in the nick of time.

proposer [prɔpo'ze], *v.t.* to propose; to propound, to move; to designate, to set up.—*v.i.* to propose. **se proposer**, *v.r.* to propose oneself; to intend, to have in view.

proposeur [prɔpo'zœːr], *n.m.* (*fem.* **-euse**) proposer, propounder.

proposition [prɔpozi'sjɔ̃], *n.f.* proposal; proposition; motion; (*Gram.*) clause.

propre [prɔpr], *a.* own; very, same, selfsame; proper; appropriate, suitable; good, right, correct; clean, neat, tidy; *le mot propre*, the right word; *peu propre*, inappropriate; dirty.—*n.m.* characteristic, property; proper sense; (*Law*) real property.

propre à rien [prɔpra'rjɛ̃], *n. inv.* good for nothing.

proprement [prɔprə'mã], *adv.* properly correctly; cleanly, neatly.

propret [prɔ'prɛ], *a.* (*fem.* **-ette**) spruce, neat, tidy.

propreté [prɔprə'te], *n.f.* cleanliness; neatness.

propriétaire [prɔprie'tɛːr], *n.* owner, proprietor, proprietress; landlord, householder.

propriété [prɔprie'te], *n.f.* property; estate; characteristic; *propriété littéraire*, copyright.

propulser [prɔpyl'se], *v.t.* (*Naut., Av.*) to propel.

propulseur [prɔpyl'sœːr], *n.m.* propeller.

propulsif [prɔpyl'sif], *a.* (*fem.* **-sive**) propelling, propellent.

propulsion [prɔpyl'sjɔ̃], *n.f.* propulsion.

prorogation [prɔrɔga'sjɔ̃], *n.f.* adjournment, prorogation (*of Parliament etc.*); extension.

proroger [prɔrɔ'ʒe], *v.t.* (*conjug. like* MANGER) to prolong the time of; to prorogue (*Parliament etc.*).

prosaïque [prɔza'ik], *a.* prosaic; banal; prosy.

prosaïquement [prɔzaik'mã], *adv.* prosaically.

prosateur [prɔza'tœːr], *n.m.* prose-writer.

proscription [prɔskrip'sjɔ̃], *n.f.* proscription.

proscrire [prɔs'kriːr], *v.t. irr.* (*conjug. like* ÉCRIRE) to proscribe, to outlaw; to banish.

proscrit

proscrit [prɔs'kri], *a.* proscribed, forbidden. —*n.m.* (*fem.* **-e**) proscribed person, outlaw; exile.

prose [proːz], *n.f.* prose.

prosodie [prozɔ'di], *n.f.* prosody.

prospecter [prɔspɛk'te], *v.t.* to prospect (*for oil, minerals*).

prospecteur [prɔspɛk'tœːr], *n.m.* prospector.

prospectus [prɔspɛk'tyːs], *n.m. inv.* prospectus; handbill.

prospère [prɔs'pɛːr], *a.* prosperous, thriving.

prospérer [prɔspe're], *v.i.* (*conjug. like* CÉDER) to prosper, to be prosperous, to thrive.

prospérité [prɔsperi'te], *n.f.* prosperity.

prostate [prɔs'tat], *n.f.* (*Anat.*) prostate.

prosternation [prɔstɛrna'sjɔ̃], *n.f.*, **prosternement** [prɔstɛrnə'mã], *n.m.* prostration, obeisance.

prosterner [prɔstɛr'ne], *v.t.* to prostrate. **se prosterner**, *v.r.* to prostrate oneself, to bow low.

prostituée [prɔsti'tɥe], *n.f.* prostitute.

prostituer [prɔsti'tɥe], *v.t.* to prostitute. **se prostituer**, *v.r.* to prostitute oneself.

prostitution [prɔstity'sjɔ̃], *n.f.* prostitution.

prostration [prɔstra'sjɔ̃], *n.f.* prostration.

protagoniste [prɔtagɔ'nist], *n.m.* protagonist.

protecteur [prɔtɛk'tœːr], *a.* (*fem.* **-trice**) protective; patronizing.—*n.m.* (*fem.* **-trice**) protector, protectress; patron, patroness.—*n.m.* (*Eng.*) guard (*for machine tool*).

protection [prɔtɛk'sjɔ̃], *n.f.* protection, shelter; support, patronage.

protectorat [prɔtɛktɔ'ra], *n.m.* protectorate.

protégé [prɔte'ʒe], *n.m.* (*fem.* **-ée**) favourite, dependant.

protéger [prɔte'ʒe], *v.t.* (*conjug. like* ASSIÉGER) to protect, to defend; to patronize, to favour.

protège-vue [prɔtɛʒ'vy], *n.m. inv.* eye-shade.

protéine [prɔte'in], *n.f.* protein.

protestant [prɔtɛs'tã], *a.* and *n.m.* (*fem.* **-e**) Protestant.

protestantisme [prɔtɛstã'tism], *n.m.* Protestantism.

protestation [prɔtɛsta'sjɔ̃], *n.f.* protestation, protest.

protester [prɔtɛs'te], *v.t.* to protest, to affirm.—*v.i.* to protest.

protocole [prɔtɔ'kɔl], *n.m.* protocol.

proton [prɔ'tɔ̃], *n.m.* proton.

protoplasma [prɔtɔplas'ma], **protoplasme** [prɔtɔ'plasm], *n.m.* protoplasm.

prototype [prɔtɔ'tip], *n.m.* prototype.

protubérance [prɔtybe'rãːs], *n.f.* protuberance.

protubérant [prɔtybe'rã], *a.* protuberant.

proue [pru], *n.f.* prow, stem, bows (*of ship*).

prouesse [pru'ɛs], *n.f.* prowess, valour; feat.

prouver [pru've], *v.t.* to prove; to substantiate; to show.

provenance [prɔv'nãːs], *n.f.* origin, source; (*pl.*) produce, commodities.

provençal [prɔvã'sal], *a.* (*m. pl.* **-aux**) Provençal.—*n.m.* Provençal (*language*); (**Provençal**, *fem.* **-ale**) Provençal (*person*).

provenir [prɔv'niːr], *v.i. irr.* (*conjug. like* TENIR *but with aux.* ÊTRE) to issue, proceed, spring, originate *or* come from (*de*).

proverbe [prɔ'vɛrb], *n.m.* proverb, saying.

proverbial [prɔvɛr'bjal], *a.* (*m. pl.* **-aux**) proverbial.

providence [prɔvi'dãːs], *n.f.* providence.

providentiel [prɔvidã'sjɛl], *a.* (*fem.* **-elle**) providential.

provigner [prɔvi'ɲe], *v.t.* to layer (*vines*).

provin [prɔ'vɛ̃], *n.m.* layer (*of a vine*).

province [prɔ'vɛ̃ːs], *n.f.* province, shire; country; **en province**, in the country, in the provinces.

provincial [prɔvɛ̃'sjal], *a.* (*m. pl.* **-aux**) provincial; countrified.—*n.m.* (*fem.* **-e**) provincial, country person.

proviseur [prɔvi'zœːr], *n.m.* headmaster (*of a lycée*).

provision [prɔvi'zjɔ̃], *n.f.* provision, stock, store, supply; deposit; (*Comm.*) reserve funds.

provisionnel [prɔvizjɔ'nɛl], *a.* (*fem.* **-elle**) provisional.

provisoire [prɔvi'zwaːr], *a.* provisional, temporary.—*n.m.* provisional nature (*of something*).

provisoirement [prɔvizwar'mã], *adv.* provisionally, temporarily.

provocant [prɔvɔ'kã], *a.* provoking, provocative; exciting.

provocateur [prɔvɔka'tœːr], *a.* (*fem.* **-trice**) provoking, provocative; **agent provocateur**, agent hired to instigate a riot etc.—*n.m.* (*fem.* **-trice**) provoker; aggressor.

provocation [prɔvɔka'sjɔ̃], *n.f.* provocation.

provoquer [prɔvɔ'ke], *v.t.* to provoke, to incite, to call forth; to instigate.

proximité [prɔksimi'te], *n.f.* proximity, nearness.

prude [pryd], *a.* prudish.—*n.f.* prude.

prudemment [pryda'mã], *adv.* prudently, discreetly, cautiously.

prudence [pry'dãːs], *n.f.* carefulness, prudence.

prudent [pry'dã], prudent, discreet; advisable.

pruderie [pry'dri], *n.f.* prudery, prudishness.

prud'homme [pry'dɔm], *n.m.* upright, honest man; (*Ind.*) arbitrator.

pruine [prɥin], *n.f.* bloom (*on fruits*).

prune [pryn], *n.f.* plum.

pruneau [pry'no], *n.m.* (*pl.* **-eaux**) prune.

prunelle (1) [pry'nɛl], *n.f.* sloe; sloe-gin.

prunelle (2) [pry'nɛl], *n.f.* pupil, apple (*of the eye*), eyeball.

prunellier [prynɛ'lje], *n.m.* sloe-tree, blackthorn.

prunier [pry'nje], *n.m.* plum-tree.

Prusse [prys], **la**, *f.* Prussia.

prussien [pry'sjɛ̃], *a.* (*fem.* **-enne**) Prussian. —*n.m.* (**Prussien**, *fem.* **-enne**) Prussian (*person*).

prussique [pry'sik], *a.* (*Chem.*) prussic.

psalmiste [psal'mist], *n.m.* psalmist.

psalmodie [psalmɔ'di], *n.f.* psalmody, intoning, (*fig.*) sing-song.

psalmodier [psalmɔ'dje], *v.t.*, *v.i.* to recite, to chant (*as the psalms*); to read *or* recite in a sing-song manner.

psaume [psoːm], *n.m.* psalm.

psautier [pso'tje], *n.m.* psalter, psalm-book.

pseudonyme [psødɔ'nim], *a.* pseudonymous. —*n.m.* pseudonym, nom-de-plume.

psychanalyse [psikana'liːz], *n.f.* psychoanalysis.

psychanalyste [psikana'list], *n.m.* psycho-analyst.
psychiatre [psi'kja:tr], *n.m.* psychiatrist.
psychiatrie [psikja'tri], *n.f.* psychiatry.
psychologie [psikɔlɔ'ʒi], *n.f.* psychology.
psychologique [psikɔlɔ'ʒik], *a.* psychological.
psychologue [psiko'lɔg], *n.* psychologist.
puant [pɥɑ̃], *a.* stinking; foul.
puanteur [pɥɑ̃'tœːr], *n.f.* stench, stink.
pubère [py'bɛːr], *a.* pubescent, puberal.
puberté [pyber'te], *n.f.* puberty.
public [py'blik], *a.* (*fem.* **-ique**) public; notorious; *la chose publique*, the common weal, the State.—*n.m.* public.
publication [pyblika'sjɔ̃], *n.f.* publication; publishing, proclamation.
publiciste [pybli'sist], *n.m.* publicist, journalist.
publicité [pyblisi'te], *n.f.* publicity; advertising.
publier [py'blje], *v.t.* to publish, to make public, to proclaim; to issue.
publiquement [pyblik'mɑ̃], *adv.* in public.
puce (1) [pys], *a. inv.* puce, puce-coloured.
puce (2) [pys], *n.f.* flea.
puceron [pys'rɔ̃], *n.m.* plant-louse, greenfly.
pudeur [py'dœːr], *n.f.* modesty; bashfulness, shame; reserve.
pudibond [pydi'bɔ̃], *a.* bashful; prudish.
pudicité [pydisi'te], *n.f.* modesty, chastity.
pudique [py'dik], *a.* chaste, modest, bashful.
pudiquement [pydik'mɑ̃], *adv.* modestly.
puer [pɥe], *v.t.* (*fam.*) to smell of, to reek of.—*v.i.* to stink.
puéril [pɥe'ril], *a.* juvenile, childish, puerile.
puérilement [pɥeril'mɑ̃], *adv.* childishly.
puérilité [pɥerili'te], *n.f.* puerility, childishness.
pugilat [pyʒi'la], *n.m.* pugilism, boxing.
pugiliste [pyʒi'list], *n.m.* pugilist, boxer.
pugnace [pyg'nas], *a.* pugnacious.
pugnacité [pygnasi'te], *n.f.* pugnacity.
puîné [pɥi'ne], *a.* (*fem.* **-ée**) younger (*brother or sister*).
puis [pɥi], *adv.* then, afterwards, after that, next; besides.
puisage [pɥi'za:ʒ], **puisement** [pɥiz'mɑ̃], *n.m.* drawing up; drawing water.
puisard [pɥi'za:r], *n.m.* cesspool; sump, water-sump.
puisatier [pɥiza'tje], *n.m.* well-sinker; shaft-sinker (*in mining*).
puisement [PUISAGE].
puiser [pɥi'ze], *v.t.* to draw, to fetch up (*a liquid*); (*fig.*) to imbibe.
puisque [pɥisk], *conj.* since, as, seeing that.
puissamment [pɥisa'mɑ̃], *adv.* powerfully; extremely, very.
puissance [pɥi'sɑ̃:s], *n.f.* power; force; dominion, sway; influence.
puissant [pɥi'sɑ̃], *a.* powerful, mighty; lusty, stout; strong.
puits [pɥi], *n.m. inv.* well; pit, shaft.
pullulation [pylyla'sjɔ̃], *n.f.*, **pullulement** [pylyl'mɑ̃], *n.m.* pullulation, swarming.
pulluler [pyly'le], *v.i.* to multiply, to pullulate, to swarm.
pulmonaire [pylmɔ'nɛːr], *a.* pulmonary; *phthisie pulmonaire*, consumption.
pulmonique [pylmɔ'nik], *a.* and *n.* consumptive.
pulpe [pylp], *n.f.* pulp.

pulper [pyl'pe], *v.t.* to pulp.
pulpeux [pyl'pø], *a.* (*fem.* **-euse**) pulpous, pulpy.
pulsatif [pylsa'tif], *a.* (*fem.* **-tive**) pulsatory, throbbing.
pulsation [pylsa'sjɔ̃], *n.f.* beating of the pulse, pulsation, throbbing.
pulvérin [pylve'rɛ̃], *n.m.* spray (*from water-falls*).
pulvérisateur [pylveriza'tœːr], *n.m.* pulverizator, vaporizer; spray, atomiser.
pulvérisation [pylveriza'sjɔ̃], *n.f.* pulverization.
pulvériser [pylveri'ze], *v.t.* to reduce to powder *or* dust, to pulverize; to atomize; (*fig.*) to annihilate.
pulvérulent [pylvery'lɑ̃], *a.* pulverulent, powdery.
puma [py'ma], *n.m.* puma, cougar.
pumicin [pymi'sɛ̃], *n.m.* palm-oil.
punaise [py'nɛːz], *n.f.* bug; drawing-pin.
punch [pɛ̃:ʃ], *n.m.* (*Box.*) punch; punch (*beverage*).
punique [py'nik], *a.* Punic.
punir [py'niːr], *v.t.* to punish, to chastise.
punissable [pyni'sabl], *a.* punishable.
punisseur [pyni'sœːr], *a.* (*fem.* **-euse**) punishing, avenging.—*n.m.* (*fem.* **-euse**) punisher; avenger.
punitif [pyni'tif], *a.* (*fem.* **-tive**) punitive.
punition [pyni'sjɔ̃], *n.f.* punishment.
pupille [py'pil], *n.* ward, minor in charge of guardian.—*n.f.* pupil (*of the eye*).
pupitre [py'pitr], *n.m.* desk; music-stand.
pur [pyːr], *a.* pure, unalloyed; unadulterated; unblemished; innocent, chaste; mere, sheer; neat (*of liquor*); *en pure perte*, to no purpose.
purée [py're], *n.f.* mash, purée, thick soup.
purement [pyr'mɑ̃], *adv.* purely; merely.
pureté [pyr'te], *n.f.* purity, guilelessness, innocence; chastity.
purgatif [pyrga'tif], *a.* (*fem.* **-tive**) purgative, purging.—*n.m.* (*Med.*) purgative.
purgation [pyrga'sjɔ̃], *n.f.* purgation, purge.
purgatoire [pyrga'twaːr], *n.m.* purgatory.
purge [pyrʒ], *n.f.* purge; cleansing; disinfection.
purger [pyr'ʒe], *v.t.* (*conjug. like* MANGER) to purge; to cleanse, to purify. **se purger**, *v.r.* to purge oneself; to clear oneself (*of*).
purificateur [pyrifika'tœːr], *a.* (*fem.* **-trice**) purifying.—*n.m.* (*fem.* **-trice**) purifier.
purification [pyrifika'sjɔ̃], *n.f.* purification.
purifier [pyri'fje], *v.t.* to purify, to cleanse; to refine (*metals etc.*). **se purifier**, *v.r.* to purify oneself, to become refined.
puritain [pyri'tɛ̃], *a.* and *n.m.* (*fem.* **-e**) Puritan.
puritanisme [pyrita'nism], *n.m.* puritanism.
purpurin [pyrpy'rɛ̃], *a.* purplish.
pur-sang [pyr'sɑ̃], *n.m. inv.* thoroughbred.
pus [py], *n.m.* pus, matter.
pusillanime [pyzila'nim], *a.* pusillanimous, faint-hearted.
pusillanimité [pyzilanimi'te], *n.f.* pusillanimity.
pustule [pys'tyl], *n.f.* pustule, pimple, blotch.
putatif [pyta'tif], *a.* (*fem.* **-tive**) putative reputed, supposed.
putativement [pytativ'mɑ̃], *adv.* reputedly.
putois [py'twa], *n.m.* polecat, skunk.

putréfaction [pytrefak'sjɔ̃], *n.f.* putrefaction; putrescence.
putréfier [pytre'fje], *v.t.* to putrefy; to rot. **se putréfier**, *v.r.* to putrefy; to rot; to decompose.
putride [py'trid], *a.* putrid.
pygmée [pig'me], *n.m.* pygmy.
pyjama [piʒa'ma], *n.m.* pyjamas.
pylône [pi'lo:n], *n.m.* pylon; mast.
pyorrhée [pio're], *n.f.* pyorrhœa.
pyramidal [pirami'dal], *a.* (*m. pl.* **-aux**) pyramidal.
pyramide [pira'mid], *n.f.* pyramid.
python [pi'tɔ̃], *n.m.* python (*snake*).

Q

Q, q [ky] *n.m.* the seventeenth letter of the alphabet.
qu' [k], *elision* [QUE].
quadragénaire [kwadraʒe'nɛ:r], *a.* forty years of age.—*n.* person forty years old.
quadrangle [kwa'drɑ̃:gl], *n.m.* quadrangle.
quadrangulaire [kwadrɑ̃gy'lɛ:r], *a.* quadrangular, four-cornered.
quadrillage [kadri'ja:ʒ], *n.m.* chequer-work, pattern in squares; map grid.
quadrille [ka'dri:j], *n.m.* quadrille (*card game*); quadrille (*dance*); check (*in tapestry*).
quadrillé [kadri'je], *a.* chequered (*of cloth*); ruled in squares (*of paper*).
quadriréacteur [kwadrireak'tœ:r], *n.m.* four-engined jet plane.
quadrupède [kwadry'pɛd], *a.* and *n.m.* quadruped.
quadruple [kwa'drypl], *a.* quadruple, fourfold.
quadruplé [kwadry'ple], *n.m.* (*fem.* **-ée**) quadruplet, (*fam.*) quad.
quadrupler [kwadry'ple], *v.t., v.i.* to quadruple, to increase fourfold.
quai [ke], *n.m.* quay, wharf, pier; embankment (*along river*); platform (*railway*).
qualifiable [kali'fjabl], *a.* qualifiable, characterized (*as*).
qualification [kalifika'sjɔ̃], *n.f.* title; designation, qualification.
qualifié [kali'fje], *a.* qualified; named.
qualifier [kali'fje], *v.t.* to qualify; to style. **se qualifier**, *v.r.* to style oneself; to qualify (*for*).
qualité [kali'te], *n.f.* quality; property; excellence; talent; qualification; title; *en qualité de*, in the capacity of.
quand [kɑ̃], *adv.* when, whenever, what time; while.—*conj.* though; *quand même*, even though; all the same.
quant [kɑ̃], *adv.* (*followed by à*) as for, with regard to.
quant-à-soi [kɑ̃ta'swa], *n.m.* reserve, dignity.
quantième [kɑ̃'tjɛm], *n.m.* which (*day of the month etc.*).
quantité [kɑ̃ti'te], *n.f.* quantity; abundance, plenty; variety.

quarantaine [karɑ̃'tɛn], *n.f.* about forty; age of forty; quarantine.
quarante [ka'rɑ̃t], *a.* and *n.m.* forty.
quarantième [karɑ̃'tjɛm], *a.* and *n.* fortieth.
quart [ka:r], *a.* fourth.—*n.m.* quarter, fourth part; point (*of the compass*); quart (*measure*); (*Mil.*) tin cup; (*Naut.*) watch.
quarte [kart], *n.f.* (*Mus.*) fourth; (*Fenc., Piquet*) carte.
quartier [kar'tje], *n.m.* quarter, fourth part; piece, part; ward, district; gammon; (*Mil.*) quarters, barracks.
quartier-maître [kartje'mɛ:tr], *n.m.* (*pl.* **quartiers-maîtres**) (*Naut.*) leading seaman.
quarto [kwar'to], *adv.* fourthly, in the fourth place.
quartz [kwa:rts], *n.m.* quartz.
quasi [ka'zi], *adv.* almost, as if, quasi.
quasiment [kazi'mɑ̃], *adv.* (*dial.*) almost, nearly, as you might say.
quaternaire [kwatɛr'nɛ:r], *a.* quaternary.
quatorze [ka'tɔrz], *a.* and *n.m.* fourteen; fourteenth.
quatorzième [katɔr'zjɛm], *a.* and *n.* fourteenth.
quatrain [ka'trɛ̃], *n.m.* quatrain.
quatre ['katrə, katr], *a.* and *n.m. inv.* four, fourth.
quatre-temps [katrə'tɑ̃], *n.m. pl.* ember-days.
quatre-vingtième [katrəvɛ̃'tjɛm], *a.* and *n.m.* eightieth.
quatre-vingt(s) [katrə'vɛ̃], *a.* and *n.m.* eighty.
quatrième [kat'rjɛm], *a.* and *n.* fourth.—*n.m.* fourth floor, fourth storey.—*n.f.* third form (*of upper school*); (*Piquet*) quart.
quatrièmement [katrjɛm'mɑ̃], *adv.* fourthly.
quatuor [kwaty'ɔr], *n.m.* (*Mus.*) quartet.
que (1) [kə, k], *pron. rel.* whom, that; which; what? on which; *qu'est-ce que* ¡*c'est?* what is it?
que (2) [kə, k], *conj.* that; than; than that; **as**, if, whether; when; without; yet; lest; in order that; oh that, may; let; before; so; only, but; *afin que*, in order that; *attendez qu'il vienne*, wait till he comes; *de sorte que*, so that.—*adv.* how, how much, how many; why, wherefore?
quel [kɛl], *a.* (*fem.* **quelle**) what, which, what sort of.
quelconque [kɛl'kɔ̃:k], *a. indef.* any; any whatsoever; mediocre.
quelque ['kɛlkə, kɛlk], *adj.* some, any; a few; whatever, whatsoever.—*adv.* however, howsoever; some, about.
quelquefois [kɛlkə'fwa], *adv.* sometimes.
quelqu'un [kɛl'kœ̃], *pron. indef. m.* someone, somebody; anyone, anybody.—*n.m.* (*fem.* **quelqu'une**, *pl.* **quelques-uns, quelques-unes**, one (or other), some.
quémander [kemɑ̃'de], *v.t. v.i.* to beg, to solicit.
quémandeur [kemɑ̃'dœ:r], *n.m.* (*fem.* **-euse**) importunate beggar.
qu'en-dira-t-on [kɑ̃dira'tɔ̃], *n.m. inv.* public talk, tittle-tattle.
quenelle [kə'nɛl], *n.f.* forcemeat *or* fish ball.
quenotte [kə'nɔt], *n.f.* (*colloq.*) tooth (*of young children*).
quenouille [kə'nu:j], *n.f.* distaff; bed-post.

rabattre

querelle [kə'rɛl], *n.f.* quarrel; row, brawl; feud; cause of dispute; *chercher querelle à*, to pick a quarrel with.

quereller [kərɛ'le], *v.t.* to quarrel with; to scold. **se quereller**, *v.r.* to quarrel, to wrangle, to have words.

querelleur [kərɛ'lœ:r], *a.* (*fem.* -euse) quarrelsome.—*n.m.* (*fem.* -euse) quarreller, wrangler.

quérir [ke'ri:r], *v.t.* to fetch; (*employed only in the infinitive with* aller, envoyer, venir).

questeur [kɥɛs'tœːr], *n.m.* quaestor.

question [kɛs'tjɔ̃], *n.f.* question, interrogation; query, point, issue; rack, torture.

questionnaire [kɛstjɔ'nɛːr], *n.m.* questionnaire; book of questions.

questionner [kɛstjɔ'ne], *v.t.* to question, to interrogate.

questionneur [kɛstjɔ'nœːr], *a.* (*fem.* -euse) inquisitive.—*n.m.* (*fem.* -euse) questioner.

questure [kɥɛs'tyːr], *n.f.* quaestorship; quaestors' office.

quête [kɛ:t], *n.f.* quest, search; collection, offertory; (*Hunt.*) beating about.

quêter [kɛ'te], *v.t.* to look for, to seek, to go in quest of, to gather.—*v.i.* to beg.

quêteur [kɛ'tœːr], *n.m.* (*fem.* -euse) collector; mendicant (friar).

queue [kø], *n.f.* tail; stalk; stem; end; rear; billiard-cue; handle; train (*of robes etc.*); queue.

queue-d'aronde [køda'rɔ̃:d], *n.f.* (*pl.* queues-d'aronde) dovetail.

qui [ki], *pron. rel. and inter.* who, that, whom, which; whoever, whomsoever, whatever; what; some.

quiconque [ki'kɔ̃:k], *pron. indef.* whoever, whosoever; whomsoever, whichever.

quiétude [kɥie'tyd], *n.f.* quietude.

quignon [ki'nɔ̃], *n.m.* hunch, chunk, hunk (*of bread*).

quille [ki:j], *n.f.* keel; skittle, ninepin.

quiller [ki'je], *v.i.* to throw for partners *or* for first play (*at skittles*).

quillier [ki'je], *n.m.* skittle-alley.

quincaillerie [kɛ̃kaj'ri], *n.f.* ironmongery, hardware.

quincaillier [kɛ̃ka'je], *n.m.* ironmonger.

quinconce [kɛ̃'kɔ̃:s], *n.m.* quincunx.

quine [kin], *n.m.* two fives (*at trictrac*); five winning numbers (*in a lottery*).

quinine [ki'nin], *n.f.* quinine.

quinquagénaire [kɥɛ̃kwaʒe'nɛːr], *a.* fifty years old.—*n.* person of fifty.

quinquennal [kɥɛ̃kɥɛ'nal], *a.* (*m. pl.* -aux) quinquennial.

quinquet [kɛ̃'kɛ], *n.m.* argand lamp.

quinquina [kɛ̃ki'na], *n.m.* Peruvian bark.

quintal [kɛ̃'tal], *n.m.* (*pl.* -aux) quintal, hundredweight; 100 kilogr.

quinte [kɛ̃:t], *n.f.* fifth; (*Piquet*) quint; (*fig.*) freak, whim; (*Fenc.*) quinte; *quinte de toux*, fit of coughing.

quintessence [kɛ̃tɛ'sɑ̃:s], *n.f.* quintessence; (*fig.*) pith, essential part.

quintette [kɛ̃'tɛt], *n.m.* quintet.

quinteux [kɛ̃'tø], *a.* (*fem.* -euse) whimsical, crotchety; jibbing (*of a horse*).

quintuple [kɛ̃'typl], *a. and n.m.* quintuple.

quintuplé [kɛ̃ty'ple], *n.m.* quintuplet.

quintupler [kɛ̃ty'ple], *v.t.* to quintuple.

quinzaine [kɛ̃'zɛn], *n.f.* about fifteen; fortnight.

quinze [kɛ̃:z], *a. and n.m.* fifteen; fifteenth.

quinzième [kɛ̃'zjɛm], *a. and n.* fifteenth.

quinzièmement [kɛ̃zjɛm'mɑ̃], *adv.* fifteenthly, in the fifteenth place.

quiproquo [kipro'ko], *n.m.* mistake; quid pro quo.

quittance [ki'tɑ̃:s], *n.f.* receipt, discharge.

quittancer [kitɑ̃'se], *v.t.* (*conjug. like* COMMENCER) to receipt.

quitte [kit], *a.* discharged (*from debt*); clear, free.

quitter [ki'te], *v.t.* to leave; to discharge; to give up; to leave off, to lay aside; to depart (*life*); *ne quittez pas !* (*Teleph.*) hold the line! se quitter, *v.r.* to part company, to separate.

qui va là? [kiva'la], *inter. phr.* who goes there?

qui-vive [ki'vi:v], *n.m.* who goes there? (*challenge of a sentry*); *être sur le qui-vive*, to be on the alert.

quoi [kwa], *pron. rel. and inter.* which; what; *il n'y a pas de quoi*, don't mention it! *le je ne sais quoi*, the indefinable something; *quoi que*, whatever.—*int.* what!

quoique ['kwakə], *conj.* although, though.

quolibet [koli'bɛ], *n.m.* gibe, jeer.

quote-part [kɔt'pa:r], *n.f.* (*pl.* quotes-parts) quota, portion, share.

quotidien [koti'djɛ̃], *a.* (*fem.* -enne) daily, quotidian.—*n.m.* daily (newspaper).

quotidiennement [kɔtidjɛn'mɑ̃], *adv.* daily.

quotient [ko'sjɑ̃], *n.m.* quotient.

quotité [koti'te], *n.f.* (*Fin.*) quota, share; proportion.

R

R, r [ɛːr], *n.m.* the eighteenth letter of the alphabet.

rabâchage [rabɑ'ʃaːʒ], *n.m.* tiresome repetition; drivel.

rabâcher [rabɑ'ʃe], *v.t., v.i.* to repeat (*the same thing*) over and over again.

rabâcheur [rabɑ'ʃœːr], *n.m.* (*fem.* -euse) eternal repeater, twaddler.

rabais [ra'bɛ], *n.m. inv.* abatement, reduction; discount.

rabaissement [rabɛs'mɑ̃], *n.m.* lowering, depreciation; (*fig.*) humiliation.

rabaisser [rabɛ'se], *v.t.* to lower; to abate, to lessen; to depreciate; to humble, to disparage.

rabat [ra'ba], *n.m.* clerical *or* academic band; beating (*for game*).

rabat-joie [raba'ʒwa], *n.m. inv.* damper, wet blanket, spoil-sport.

rabattage [raba'ta:ʒ], *n.m.* cutting down, diminution; beating (*for game*).

rabattre [ra'batr], *v.t.* (*conjug. like* BATTRE) to beat down, to bring *or* cut down; to smooth down; to humble; (*Hunt.*) to beat up; to abate.—*v.i.* to reduce one's pretensions. se

263

rabattre, *v.r.* to turn off, to change one's road; to come down; to fall back on.

rabbin [ra'bɛ̃], *n.m.* rabbi.

rabbinique [rabi'nik], *a.* rabbinical.

rabique [ra'bik], *a.* rabid, rabic.

râble [rɑːbl], *n.m.* back (*of hare, rabbit etc.*); fire-rake.

râblé [rɑ'ble], *a.* broad-backed; (*fig.*) vigorous, strapping.

rabonnir [rabɔ'niːr], *v.t.*, *v.i.* to improve (*wine*).

rabot [ra'bo], *n.m.* plane.

rabotage [rabɔ'taːʒ], **rabotement** [rabɔt'mã], *n.m.* planing.

raboter [rabɔ'te], *v.t.* to plane; (*fig.*) to polish; (*slang*) to pilfer, to filch.

raboteur [rabɔ'tœːr], *n.m.* planer.

raboteuse (1) [rabɔ'tøːz], *n.f.* planing-machine.

raboteux [rabɔ'tø], *a.* (*fem.* **-euse** (2)) knotty; rough, rugged, uneven; (*fig.*) harsh (*of style*).

rabougri [rabu'gri], *a.* stunted, dwarfed.

rabougrir [rabu'griːr], *v.t.* to stunt.

raboutir [rabu'tiːr], **rabouter** [rabu'te], *v.t.* to join end to end, to join on.

rabrouer [rabru'e], *v.t.* to snub, to rebuke sharply.

rabroueur [rabru'œːr], *n.m.* (*fem.* **-euse**) snappish person, scold.

racaille [ra'kɑːj], *n.f.* rabble, riffraff; rubbish, trash.

raccommodage [rakɔmɔ'daːʒ], *n.m.* mending, repairing; darning.

raccommodement [rakɔmɔd'mã], *n.m.* reconciliation.

raccommoder [rakɔmɔ'de], *v.t.* to mend, to repair; to darn; to patch; to set right, to correct; to reconcile. **se raccommoder,** *v.r.* to be reconciled.

raccommodeur [rakɔmɔ'dœːr], *n.m.* (*fem.* **-euse**) mender.

raccompagner [rakɔpa'ɲe], *v.t.* to accompany back.

raccord [ra'kɔːr], *n.m.* joining, fitting; joint, connection.

raccordement [rakɔrdə'mã], *n.m.* joining, union, junction; levelling; *voie de raccordement,* loop line.

raccorder [rakɔr'de], *v.t.* to join, to unite, to connect. **se raccorder,** *v.r.* to fit together, to blend.

raccourci [rakur'si], *a.* shortened, abridged. —*n.m.* abridgment, epitome; short cut.

raccourcir [rakur'siːr], *v.t.* to shorten, to curtail, to abridge.—*v.i.* to become shorter; to take a short cut. **se raccourcir,** *v.r.* to grow shorter, to contract, to shrink.

raccourcissement [rakursis'mã], *n.m.* shortening, abridgment, shrinking.

raccoutrage [raku'traːʒ], **raccoutrement** [rakutrə'mã], *n.m.* mending (*of clothes etc.*).

raccoutrer [raku'tre], *v.t.* to mend, to repair (*garment*).

raccoutumer (se) [sərakuty'me], *v.r.* to reaccustom oneself, to get used to again.

raccroc [ra'kro], *n.m.* chance, lucky stroke (*esp. at billiards*), fluke.

raccrocher [rakrɔ'ʃe], *v.t.* to hook up again, to hang up again; (*colloq.*) to recover.—*v.i.* to make flukes (*at play*); (*Teleph.*) to ring off. **se raccrocher,** *v.r.* to cling; to retrieve one's losses; to grasp *or* snatch at.

race [ras], *n.f.* race; stock, breed; family, ancestry; generation; *un cheval de race,* a thoroughbred horse.

rachat [ra'ʃa], *n.m.* repurchase, redemption.

rachetable [raʃ'tabl], *a.* redeemable.

racheter [raʃ'te], *v.t.* (*conjug. like* AMENER) to buy back, to repurchase; to redeem; to ransom; to compensate; to atone for. **se racheter,** *v.r.* to redeem oneself; to be made up for.

rachitique [raʃi'tik], *a.* rachitic, rickety.—*n.* rickety person.

rachitis [raʃi'tis], **rachitisme** [raʃi'tism], *n.m.* rachitis, rickets; (*Bot.*) blight.

racial [ra'sjal], *a.* (*m. pl.* **-aux**) racial.

racine [ra'sin], *n.f.* root; (*fig.*) principle, origin.

racisme [ra'sism], *n.m.* racialism.

raciste [ra'sist], *a.* racial.—*n.* racialist.

raclage [rɑ'klaːʒ], *n.m.* scraping, raking.

racle [rɑːkl], *n.f.* scraper.

raclée [rɑ'kle], *n.f.* (*fam.*) thrashing, hiding.

racler [rɑ'kle], *v.t.* to scrape, to rake; to rasp.

racleur [rɑ'klœːr], *n.m.* (*fem.* **-euse**) scraper; (*fam.*) bad violinist.

racloir [rɑ'klwaːr], *n.m.* scraper, road-scraper.

raclure [rɑ'klyːr], *n.f.* scrapings.

racolage [rakɔ'laːʒ], *n.m.* impressing; recruiting.

racoler [rakɔ'le], *v.t.* to enlist.

racoleur [rakɔ'lœːr], *n.m.* tout.

racontable [rakɔ̃'tabl], *a.* relatable.

racontar [rakɔ̃'taːr], *n.m.* gossip, tittle-tattle.

raconter [rakɔ̃'te], *v.t.* to relate, to tell, to narrate.

raconteur [rakɔ̃'tœːr], *n.m.* (*fem.* **-euse**) story-teller, narrator, raconteur.

racornir [rakɔr'niːr], *v.t.* to harden; to dry up, to shrivel up. **se racornir,** *v.r.* to grow hard; to shrivel up; to grow callous.

racornissement [rakɔrnis'mã], *n.m.* hardening.

racquit [ra'ki], *n.m.* winning back.

racquitter [raki'te], *v.t.* to indemnify, to recoup. **se racquitter,** *v.r.* to retrieve one's losses.

radar [ra'dar], *n.m.* radar.

radariste [rada'rist], *n.* radar operator.

rade [rad], *n.f.* (*Naut.*) roads, roadstead.

radeau [ra'do], *n.m.* (*pl.* **-eaux**) raft.

radiance [ra'djãːs], *n.f.* radiance, lustre.

radiant [ra'djã], *a.* radiant.

radiateur [radja'tœːr], *a.* (*fem.* **-trice**) radiating.—*n.m.* radiator.

radiation [radja'sjɔ̃], *n.f.* radiation, irradiation; obliteration.

radical [radi'kal], *a.* (*m. pl.* **-aux**) radical; complete.—*n.m.* radical; root.

radicalement [radikal'mã], *adv.* radically.

radicalisme [radika'lism], *n.m.* radicalism.

radier (1) [ra'dje], *n.m.* floor *or* apron (*of docks, locks, basins etc.*); invert (*of tunnel*).

radier (2) [ra'dje], *v.t.* to strike out, to erase.—*v.i.* to radiate, to beam (*with satisfaction*).

radieux [ra'djø], *a.* (*fem.* **-euse**) radiant, beaming, shining.

radio [ra'djo], *n.f.* broadcasting, radio; wireless set; radiography.—*n.m.* wireless message; wireless-operator.

radio-actif [radjoak'tif], *a.* (*fem.* **-tive**) radio-active.

radio-activité [radjoaktivi'te], *n.f.* radio-activity.
radiodiffuser [radjɔdify'ze], *v.t.* to broadcast.
radiodiffusion [radjɔdify'zjɔ̃], *n.f.* broadcasting.
radiographie [radjɔgra'fi], *n.f.* radiography.
radio-reporter [radjɔrɔpɔr'tɛːr], *n.m.* commentator.
radio-thérapie [radjɔtera'pi], *n.f.* X-ray treatment, radio-therapy.
radis [ra'di], *n.m.* radish.
radium [ra'djɔm], *n.m.* radium.
radotage [radɔ'ta:ʒ], *n.m.* nonsense, drivel; dotage.
radoter [radɔ'te], *v.i.* to talk idly, to talk drivel; to dote.
radoteur [radɔ'tœːr], *n.m.* (*fem.* **-euse**) driveller; dotard.
radoucir [radu'si:r], *v.t.* to soften; to appease, to pacify. **se radoucir**, *v.r.* to grow milder; to soften; to be appeased, to relent; to relax.
radoucissement [radusis'mɑ̃], *n.m.* softening; getting milder (*of the weather*); mitigation, appeasement.
rafale [ra'fal], *n.f.* squall; gust of wind; (*Mil.*) burst of fire.
raffermir [rafɛr'mi:r], *v.t.* to make firm, to secure, to strengthen; to confirm. **se raffermir**, *v.r.* to grow stronger; to be established; to improve in strength or health.
raffermissement [rafɛrmis'mɑ̃], *n.m.* hardening; securing; strengthening; confirmation.
raffinage [rafi'na:ʒ], *n.m.* refining.
raffiné [rafi'ne], *a.* refined, delicate; subtle, clever; polished.—*n.m.* (*fem.* **-ée**) exquisite; sophisticated person.
raffinement [rafin'mɑ̃], *n.m.* refinement, affectation.
raffiner [rafi'ne], *v.t.* to refine.—*v.i.* to split hairs. **se raffiner**, *v.r.* to become refined.
raffinerie [rafin'ri], *n.f.* refinery.
raffineur [rafi'nœːr], *n.m.* (*fem.* **-euse**) refiner.
raffoler [rafɔ'le], *v.i.* to dote, to be passionately fond (*de*).
rafistolage [rafistɔ'la:ʒ], *n.m.* (*colloq.*) patching up, mending.
rafistoler [rafistɔ'le], *v.t.* to mend, to patch up.
rafle [rɑfl], *n.f.* clean sweep (*by thieves*); raid, round-up in the streets by police.
rafler [rɑ'fle], *v.t.* to sweep off, to carry off; to round up (*of police*).
rafraîchir [rafrɛ'ʃi:r], *v.t.* to cool; to refresh, to restore, to renew; to rub up; to trim.—*v.i.* to cool; to freshen. **se rafraîchir**, *v.r.* to cool, to take refreshment; to be refreshed, to rest.
rafraîchissant [rafrɛʃi'sɑ̃], *a.* cooling, refreshing; laxative.
rafraîchissement [rafrɛʃis'mɑ̃], *n.m.* cooling; (*pl.*) cool drinks.
ragaillardir [ragaiar'di:r], *v.t.* to enliven, to cheer up, to buck up.
rage [ra:ʒ], *n.f.* rabies; hydrophobia; violent pain; rage, fury; passion; mania.
rager [ra'ʒe], *v.i.* (*conjug. like* MANGER) (*colloq.*) to be in a passion; to be angry, to fume.

rageur [ra'ʒœːr], *a.* and *n.m.* (*fem.* **-euse**) ill-tempered (person).
ragot [ra'go], *a.* thick-set.—*n.m.* tittle-tattle.
ragoût [ra'gu], *n.m.* ragout; stew; (*fig.*) relish.
ragoûtant [ragu'tɑ̃], *a.* relishing, savoury, (*fig.*) inviting, tempting.
ragoûter [ragu'te], *v.t.* to restore the appetite of; to stimulate, to stir up.
ragrafer [ragra'fe], *v.t.* to reclasp, to hook again.
ragréer [ragre'e], *v.t.* to give the finishing touch to (*wall, building*); to renovate (*building*).
ragrément or **ragréement** [ragre'mɑ̃], *n.m.* finishing; restoration, renovation.
rai [RAIS].
raid [rɛd], *n.m.* long-distance run or flight; raid; **un raid aérien**, an air-raid.
raide [rɛd], *a.* stiff, rigid; taut; steep; firm; rapid.—*adv.* quickly, swiftly, suddenly.
raideur [rɛ'dœːr], *n.f.* stiffness; inflexibility; steepness; harshness.
raidillon [rɛdi'jɔ̃], *n.m.* stiff ascent.
raidir [rɛ'di:r], *v.t.* to stiffen; to tighten; to make inflexible.—*v.i.* and **se raidir**, *v.r.* to stiffen; to be inflexible; (*fig.*) to harden oneself (*contre*).
raidissement [rɛdis'mɑ̃], *n.m.* stiffening, tautening.
raie [rɛ], *n.f.* line, stroke; stripe; parting (*of hair*); (*Ichth.*) ray, skate.
raifort [rɛ'fɔ:r], *n.m.* horse-radish.
rail [rɑ:j, ra:j], *n.m.* (*Rail.*) rail.
railler [rɑ'je], *v.t.* to chaff; to scoff at.—*v.i.* to banter, to jest. **se railler**, *v.r.* to jest, to mock, to make game (*de*).
raillerie [rɑj'ri], *n.f.* raillery, bantering; jesting.
railleur [rɑ'jœːr], *a.* (*fem.* **-euse**) bantering, joking; jeering, scoffing.—*n.m.* (*fem.* **-euse**) banterer, joker; scoffer.
rainette [rɛ'nɛt], *n.f.* (*Zool.*) tree-frog.
rainure [rɛ'ny:r], *n.f.* groove, rabbet, slot.
rais or **rai** [rɛ], *n.m.* spoke (*of a wheel*); ray (*of light*).
raisin [rɛ'zɛ̃], *n.m.* grapes; *des raisins secs*, raisins.
raisiné [rɛzi'ne], *n.m.* grape jam.
raison [rɛ'zɔ̃], *n.f.* reason; sense, judgment; satisfaction; justice, right; proof, ground; motive; *avoir raison*, to be right.
raisonnable [rɛzɔ'nabl], *a.* rational, reasonable, sensible; just, right; adequate, moderate, fair.
raisonnablement [rɛzɔnablə'mɑ̃], *adv.* reasonably, sensibly; fairly, justly; moderately; tolerably.
raisonné [rɛzɔ'ne], *a.* rational, intelligent; systematic; classified, analytical.
raisonnement [rɛzɔn'mɑ̃], *n.m.* reasoning, argument.
raisonner [rɛzɔ'ne], *v.t.* to study; to talk or discourse upon.—*v.i.* to reason; to argue; to answer, to murmur. **se raisonner**, *v.r.* to reason with oneself.
raisonneur [rɛzɔ'nœːr], *a.* (*fem.* **-euse**) reasoning; argumentative.—*n.m.* (*fem.* **-euse**) reasoner, logician; argufier, pertinacious answerer.
rajeunir [raʒœ'ni:r], *v.t.* to rejuvenate; to make look young or younger; to renew; to modernize.—*v.i.* to grow young again. **se**

rajeunissant

rajeunir, *v.r.* to make oneself look young again.

rajeunissant [raʒœni'sɑ̃], *a.* that makes one look younger, rejuvenating.

rajeunissement [raʒœnis'mɑ̃], *n.m.* rejuvenation; renewal, renovation.

rajouter [raʒu'te], *v.t.* to add again; to add more of.

rajustement [raʒystə'mɑ̃], *n.m.* readjustment, setting in order; (*fig.*) reconciliation.

rajuster [raʒys'te], *v.t.* to readjust; (*fig.*) to settle, to reconcile. **se rajuster,** *v.r.* to readjust *or* straighten one's dress; to be reconciled.

râle (1) [rɑ:l], **râlement** [rɑ:l'mɑ̃], *n.m.* rattling in the throat; death-rattle.

râle (2) [rɑ:l], *n.m.* (*Orn.*) rail.

ralenti [ralɑ̃'ti], *a.* slower.—*n.m.* (*Cine.*) slow motion; *tourner au ralenti,* (*Motor.*) to tick over.

ralentir [ralɑ̃'ti:r], *v.t., v.i.* to slow down, to ease up; to lessen, to moderate. **se ralentir,** *v.r.* to slacken, to slow up; to relax.

ralentissement [ralɑ̃tis'mɑ̃], *n.m.* slackening, decrease; cooling (*of zeal*).

râler [rɑ'le], *v.i.* to be at one's last gasp.

ralliement [rali'mɑ̃], *n.m.* rallying, rally; winning over; *mot de ralliement,* (*Mil.*) password.

rallier [ra'lje], *v.t.* to rally; to rejoin; to win over. **se rallier,** *v.r.* to rally; to join.

rallonge [ra'lɔ̃:ʒ], *n.f.* lengthening-piece, leaf; *table à rallonges,* draw-table.

rallongement [ralɔ̃ʒ'mɑ̃], *n.m.* lengthening, extension.

rallonger [ralɔ̃'ʒe], *v.t.* (*conjug. like* MANGER) to lengthen; to let out (*skirt*).

rallumer [raly'me], *v.t.* to relight; to rekindle; to revive. **se rallumer,** *v.r.* to light again; (*fig.*) to rekindle.

rallye [ra'li], *n.m.* (*Motor.*) race meeting, rally.

ramage [ra'ma:ʒ], *n.m.* floral pattern (*on materials*); chirping, warbling (*of birds*); (*fig.*) prattle (*of children*).

ramaigrir [ramɛ'gri:r], *v.t.* to make lean *or* thin again.—*v.i.* to grow thin again.

ramaigrissement [ramɛgris'mɑ̃], *n.m.* emaciation, leanness.

ramas [ra'mɑ], *n.m. inv.* heap, disorderly collection; set, troop, lot, rabble.

ramassé [ramɑ'se], *a.* thick-set, stocky; compact.

ramasser [ramɑ'se], *v.t.* to collect, to gather; to pick up, to take up. **se ramasser,** *v.r.* to assemble, to gather together; to roll itself up (*of an animal*); to crouch; to pick oneself up (*after a spill*).

ramasseur [ramɑ'sœ:r], *n.m.* (*fem.* **-euse**) gatherer, collector.

ramassis [ramɑ'si], [RAMAS].

rame [ram], *n.f.* scull, oar; (*Hort.*) stick, prop; (*Manuf.*) tenter frame; ream (*of paper*); made-up train *or* portion of train; *une rame de Métro,* an Underground train.

ramé [ra'me], *a.* supported with sticks (*of peas*), staked (*of plants*).

rameau [ra'mo], *n.m.* (*pl.* **-eaux**) bough, small branch (*of a tree*); subdivision.

ramée [ra'me], *n.f.* green boughs, green arbour.

ramener [ram'ne], *v.t.* (*conjug. like* AMENER) to bring back; to take home; to restore; to reclaim; to recall.

ramer (1) [ra'me], *v.t.* to stick (*peas*), to stake (*plants*).

ramer (2) [ra'me], *v.i.* to row, to scull.

rameur [ra'mœ:r], *n.m.* (*fem.* **-euse**) rower.

ramier [ra'mje], *n.m.* wood-pigeon, ring-dove.

ramification [ramifika'sjɔ̃], *n.f.* ramification.

ramifier [rami'fje], *v.t.* to ramify. **se ramifier,** *v.r.* to ramify, to divide.

ramille [ra'mi:j], *n.f.,* **ramillon** [rami'jɔ̃], *n.m.* twig.

ramollir [ramɔ'li:r], *v.t.* to soften, (*fig.*) to enervate, to unman. **se ramollir,** *v.r.* to soften; (*fig.*) to relent.

ramollissant [ramɔli'sɑ̃], *a.* softening, emollient.

ramollissement [ramɔlis'mɑ̃], *n.m.* softening.

ramonage [ramɔ'na:ʒ], *n.m.* chimney sweeping.

ramoner [ramɔ'ne], *v.t.* to sweep (*a chimney*).

ramoneur [ramɔ'nœ:r], *n.m.* chimney-sweeper, sweep.

rampant [rɑ̃'pɑ̃], *a.* creeping, crawling; (*fig.*) cringing, servile.

rampe [rɑ̃:p], *n.f.* banister; flight of stairs; slope, ramp, incline, gradient; (*Theat.*) footlights.

rampement [rɑ̃p'mɑ̃], *n.m.* creeping, crawling.

ramper [rɑ̃'pe], *v.i.* to creep, to crawl; (*fig.*) to crouch, to grovel.

ramure [ra'my:r], *n.f.* branches, boughs; antlers (*of a stag*).

rancart [rɑ̃'ka:r], *n.m.* *mettre au rancart,* to throw aside, to cast off; to put on the shelf.

rance [rɑ̃:s], *a.* rancid, rank.—*n.m.* rancidness.

ranci [rɑ̃'si], *a.* rancid.

rancidité [rɑ̃sidi'te], **rancissure** [rɑ̃si'sy:r], *n.f.,* **rancissement** [rɑ̃sis'mɑ̃], *n.m.* rancidity.

rancir [rɑ̃'si:r], *v.i.* to grow rancid.

rancœur [rɑ̃'kœ:r], *n.f.* rancour, bitterness.

rançon [rɑ̃'sɔ̃], *n.f.* ransom.

rançonnement [rɑ̃sɔn'mɑ̃], *n.m.* ransoming; (*fig.*) extortion.

rançonner [rɑ̃sɔ'ne], *v.t.* to ransom; (*fig.*) to fleece.

rancune [rɑ̃'kyn], *n.f.* rancour, spite, grudge, malice.

rancunier [rɑ̃ky'nje], *a.* and *n.m.* (*fem.* **-ière**) rancorous, spiteful (person).

randonnée [rɑ̃dɔ'ne], *n.f.* outing, run, ramble, tour.

rang [rɑ̃], *n.m.* row, line; order, class; rank.

rangé [rɑ̃'ʒe], *a.* tidy; steady; *en bataille rangée,* in a pitched battle.

rangée [rɑ̃'ʒe], *n.f.* row, range, line, tier, set.

rangement [rɑ̃ʒ'mɑ̃], *n.m.* arranging, putting in order.

ranger [rɑ̃'ʒe], *v.t.* (*conjug. like* MANGER) to put in order, to set to rights; to draw up; to arrange; to range; to rank; to reduce, to subdue. **se ranger,** *v.r.* to make room, to make way (*for*); to draw up (*of carriages,* troops etc.), to pull up (*at kerb*); to fall in (*of soldiers*).

ranimer [rani′me], *v.t.* to restore to life, to revive; to rouse, to enliven; to cheer up. **se ranimer**, *v.r.* to revive, to brighten up, to be enlivened; to cheer up.

Raoul [ra′ul], *m.* Ralph.

rapace [ra′pas], *a.* rapacious; grasping (*of person*).—*n.m.* rapacious bird, bird of prey.

rapacement [rapas′mɑ̃], *adv.* rapaciously.

rapacité [rapasi′te], *n.f.* rapacity; cupidity.

râpage [rɑ′pa:ʒ], *n.m.* rasping; grating.

rapatriement [rapatri′mɑ̃], *n.m.* repatriation.

rapatrier [rapatri′je], *v.t.* to repatriate; (*dial.*) to reconcile.

râpe [rɑ:p], *n.f.* grater; rasp; stalk (*of grapes*).

râpé [rɑ′pe], *a.* grated; rasped; threadbare (*of clothes*).

râper [rɑ′pe], *v.t.* to grate (*cheese*), to rasp; to make threadbare.

rapetassage [rapta′sa:ʒ], *n.m.* patching up, mending, cobbling.

rapetasser [rapta′se], *v.t.* to patch, to mend, to cobble.

rapetasseur [rapta′sœ:r], *n.m.* (*fem. -euse*) piecer, patcher; cobbler; (*fig.*) compiler, adapter.

rapetissement [raptis′mɑ̃], *n.m.* shortening, shrinking; (*fig.*) belittling.

rapetisser [rapti′se], *v.t.* to shorten, to make smaller; (*fig.*) to belittle.—*v.i.* to grow less, to shorten, to shrink.

raphia [ra′fja], *n.m.* raffia.

rapide [ra′pid], *a.* rapid, quick, fast; sudden; steep.—*n.m.* rapid; fast train.

rapidement [rapid′mɑ̃], *adv.* rapidly, swiftly, steeply.

rapidité [rapidi′te], *n.f.* rapidity, speed; steepness.

rapiéçage [rapje′sa:ʒ], **rapiècement** [rapjes′mɑ̃], *n.m.* piecing, patching.

rapiécer [rapje′se] (*see Verb Tables*), **rapiéceter** [rapjes′te] (*conjug. like* AMENER), *v.t.* to piece, to patch.

rapière [ra′pjɛ:r], *n.f.* rapier.

rapin [ra′pɛ̃], *n.m.* art student; (*fig.*) dauber.

rapine [ra′pin], *n.f.* rapine, robbery; plunder; graft.

rapiner [rapi′ne], *v.t., v.i.* to pillage, to plunder.

rapineur [rapi′nœ:r], *n.m.* (*fem. -euse*) plunderer, pillager, pilferer.

rappareiller [rapare′je], **rapparier** [rapa′rje], *v.t.* to match, to complete.

rappel [ra′pɛl], *n.m.* recall, reminder, call (*to order*); tattoo, assembly; revocation; back pay; (*Theat.*) curtain-call.

rappeler [ra′ple], *v.t.* (*conjug. like* APPELER) to call back, to recall; to restore (*to life etc.*); to muster; to retract; to recall to mind; to remind. **se rappeler**, *v.r.* to recollect, to remember.

rapport [ra′po:r], *n.m.* revenue, profit; produce; productiveness; report, account, information, tale; return, statement; resemblance, conformity; agreement; connexion; communication; proportion; reimbursement; *faire un rapport*, to draw up a report; *maison de rapport*, tenement house; *sous tous les rapports*, in every respect.

rapporter [rapor′te], *v.t.* to bring back; to bring home; to yield; to retrieve (*of dog*); to refund; to recall; to give an account of; to attribute.—*v.i.* to retrieve (*of dog*); (*sch.*) to tell tales; to be profitable. **se rapporter**, *v.r.* to agree, to correspond, to tally; to be related.

rapporteur [rapor′tœ:r], *n.m.* (*fem. -euse*) tale-bearer; reporter.—*n.m.* (*Geom.*) protractor.

rapprendre [ra′prɑ̃:dr], *v.t.* irr. (*conjug. like* PRENDRE) to learn anew; to teach again.

rapprochement [raproʃ′mɑ̃], *n.m.* drawing closer, bringing together; reconciliation; junction; comparison.

rapprocher [rapro′ʃe], *v.t.* to bring near again; to bring together; to reconcile; to compare. **se rapprocher**, *v.r.* to come near again; to draw nearer; to be brought together; to become reconciled; to approximate (*de*).

rapsodie [rapso′di], *n.f.* rhapsody.

rapt [rapt], *n.m.* abduction; kidnapping.

raquette [ra′kɛt], *n.f.* racket, battledore; snow-shoe.

rare [ra:r], *a.* rare, uncommon; scarce; thin, scanty.

raréfaction [rarefak′sjɔ̃], *n.f.* rarefaction.

raréfiant [rare′fjɑ̃], *a.* rarefying.

raréfier [rare′fje], *v.t.* to rarefy. **se raréfier** *v.r.* to become rare; to become rarefied.

rarement [rar′mɑ̃], *adv.* rarely, seldom.

rareté [rar′te], *n.f.* rarity; scarcity.

rarissime [rari′sim], *a.* very rare, most rare.

ras [rɑ], *a.* close-shaven, shorn; bare, smooth, open, flat, low; *faire table rase*, to sweep away all preconceptions; *rase campagne*, open country.—*n.m.* short-nap cloth; level; raft; race (*of a mill*) [RAZ].

rasade [ra′zad], *n.f.* brimful glass (*of wine*).

rasant [ra′zɑ̃], *a.* shaving, grazing; sweeping; (*fam.*) boring.

raser [ra′ze], *v.t.* to shave; to demolish; to graze, to skim over; (*fam.*) to bore. **se raser**, *v.r.* to shave, to be shaved.

rasoir [ra′zwa:r], *n.m.* razor; (*fam.*) bore.

rassasiant [rasa′zjɑ̃], *a.* satiating, filling (*food*).

rassasiement [rasazi′mɑ̃], *n.m.* satiety.

rassasier [rasa′zje], *v.t.* to satisfy, to fill; to satiate; to surfeit. **se rassasier**, *v.r.* to be cloyed; to take one's fill.

rassemblement [rasɑ̃blə′mɑ̃], *n.m.* assembly, muster, crowd, mob; political group.

rassembler [rasɑ̃′ble], *v.t.* to gather together, to collect; to put together; to assemble. **se rassembler**, *v.r.* to assemble, to congregate, to muster.

rasseoir [ra′swa:r], *v.t.* irr. (*conjug. like* ASSEOIR) to seat again, to reseat; to replace; to calm, to compose. **se rasseoir**, *v.r.* to sit down again; to settle (*of liquids*); to become composed again.

rasséréner [rasere′ne], *v.t.* (*conjug. like* CÉDER) to clear up; to restore serenity to. **se rasséréner**, *v.r.* to clear up; to recover one's serenity.

rassis [ra′si], *a.* settled; calm, staid, sedate; stale.

rassortiment [rasorti′mɑ̃], **réassortiment** [reasorti′mɑ̃], *n.m.* rematching (*of colours, materials etc.*), resorting; restocking.

267

rassortir [rasɔr'tiːr], **réassortir** [reasɔr'tiːr], *v.t.* to sort *or* match again; to stock (*a shop etc.*).

rassurant [rasy'rã], *a.* tranquillizing; encouraging, reassuring.

rassurer [rasy're], *v.t.* to make firm; to strengthen; to tranquillize, to reassure. **se rassurer**, *v.r.* to be reassured; to reassure oneself; to clear up (*of the weather*); **rassurez-vous**, set your mind at rest.

rat [ra], *n.m.* rat; **rat des champs**, field-mouse; **rat d'hôtel**, hotel thief.

ratafia [rata'fja], *n.m.* ratafia.

ratatiné [ratati'ne], *a.* shrivelled, shrunken.

ratatiner (se) [səratati'ne], *v.r.* to shrink, to shrivel up.

rate (1) [rat], *n.f.* spleen.

rate (2) [rat], *n.f.* female rat.

râteau [ra'to], *n.m.* (*pl.* **-eaux**) rake.

râtelage [rɑt'la:ʒ], *n.m.* raking.

râtelée [rɑt'le], *n.f.* rakeful, raking.

râteler [rɑt'le], *v.t.* (*conjug. like* APPELER) to rake.

râteleur [rɑt'lœːr], *n.m.* (*fem.* **-euse**) raker.

râtelier [rɑtə'lje], *n.m.* rack; set of teeth, denture.

rater [ra'te], *v.t.* to miss; (*fig.*) to fail to obtain.—*v.i.* to misfire, to miss (*one's shot*); (*fig.*) to miscarry.

ratière [ra'tjɛːr], *n.f.* rat-trap.

ratification [ratifika'sjɔ̃], *n.f.* ratification.

ratifier [rati'fje], *v.t.* to ratify.

ratine [ra'tin], *n.f.* ratteen, petersham (*cloth*).

ration [ra'sjɔ̃], *n.f.* ration, allowance.

rationaliser [rasjonali'ze], *v.t.* to rationalize.

rationalisme [rasjona'lism], *n.m.* rationalism.

rationaliste [rasjona'list], *a. and n.* rationalist.

rationalité [rasjonali'te], *n.f.* rationality.

rationnel [rasjo'nɛl], *a.* (*fem.* **-elle**) rational.

rationnement [rasjon'mã], *n.m.* rationing.

rationner [rasjo'ne], *v.t.* to ration.

ratissage [rati'sa:ʒ], *n.m.* scraping; raking.

ratisser [rati'se], *v.t.* to rake; to scrape.

ratissoire [rati'swa:r], *n.f.* scraper, light rake, hoe.

ratissure [rati'sy:r], *n.f.* scrapings.

raton [ra'tɔ̃], *n.m.* little rat; (*fig.*) little pet, darling.

rattacher [rata'ʃe], *v.t.* to refasten; to attach; (*fig.*) to link. **se rattacher**, *v.r.* to be attached *or* connected; to be linked up (*with*).

ratteindre [ra'tɛ̃:dr], *v.t. irr.* (*conjug. like* CRAINDRE) to retake, to catch again; to overtake.

rattendrir [ratã'dri:r], *v.t.* to soften again.

rattraper [ratra'pe], *v.t.* to catch again, to retake; to overtake; to recover. **se rattraper**, *v.r.* to catch hold (*à*); to be caught again; to make up for one's losses.

rature [ra'ty:r], *n.f.* erasure.

raturer [raty're], *v.t.* to erase.

raucité [rosi'te], *n.f.* raucity, hoarseness.

rauque [ro:k], *a.* hoarse, raucous, rough.

ravage [ra'va:ʒ], *n.m.* ravage, havoc.

ravager [rava'ʒe], *v.t.* (*conjug. like* MANGER) to ravage, to lay waste; to spoil, to ruin.

ravageur [rava'ʒœːr], *n.m.* (*fem.* **-euse**) ravager, spoiler.

ravalement [raval'mã], *n.m.* scraping and pointing (*of a wall*); rough-casting; repainting.

ravaler [rava'le], *v.t.* to swallow again; (*fig.*) to disparage; to point (*stonework*); to rough-cast (*wall*). **se ravaler**, *v.r.* to debase oneself, to lower oneself.

ravaudage [ravo'da:ʒ], *n.m.* mending (*of old clothes etc.*).

ravauder [ravo'de], *v.t.* to mend, to darn; (*dial.*) to scold.

ravaudeur [ravo'dœːr], *n.m.* (*fem.* **-euse**) mender (*of stockings, old clothes etc.*).

rave [ra:v], *n.f.* (*Bot.*) **grosse rave**, French turnip; **petite rave**, radish.

ravenelle [rav'nɛl], *n.f.* wallflower.

ravi [ra'vi], *a.* carried away, enraptured, delighted.

ravier [ra'vje], *n.m.* radish-dish.

ravière [ra'vjɛːr], *n.f.* radish-bed.

ravigote [ravi'gɔt], *n.f.* ravigote-sauce.

ravigoter [ravigɔ'te], *v.t.* to revive, to refresh, to buck up. **se ravigoter**, *v.r.* to recover one's spirits, to perk up.

ravilir [ravi'liːr], *v.t.* to degrade, to lower.

ravin [ra'vɛ̃], *n.m.* ravine, gully.

ravine [ra'vi:n], *n.f.* mountain torrent; small gully.

ravinement [ravin'mã], *n.m.* hollowing out or furrowing (*by waters*).

raviner [ravi'ne], *v.t.* to channel, to furrow.

ravir [ra'vi:r], *v.t.* to carry off, to ravish; (*fig.*) to charm, to enrapture.

raviser (se) [səravi'ze], *v.r.* to change one's mind; to think better of it.

ravissant [ravi'sã], *a.* ravishing, delightful, charming.

ravissement [ravis'mã], *n.m.* carrying off; *rapture, delight.

ravisseur [ravi'sœːr], *n.m.* (*fem.* **-euse**) ravisher; kidnapper.

ravitaillement [ravitaj'mã], *n.m.* revictualling; supplying; supplies; food.

ravitailler [ravita'je], *v.t.* to provision; to supply.

raviver [ravi've], *v.t.* to revive, to cheer; to freshen up (*colours*).

ravoir [ra'vwa:r], *v.t.* (*usu. in infin.*) to get back again, to recover.

rayé [re'je], *a.* striped (*garment*); rifled (*gun*); scratched (*glass*); struck off (*a list*).

rayer [re'je], *v.t.* (*conjug. like* PAYER) to scratch (*dishes etc.*); to streak, to stripe; to erase; (*Artill.*) to rifle.

rayon [re'jɔ̃], *n.m.* ray; beam, gleam; radius; spoke (*of a wheel*); shelf; department (*of a shop*); **rayon de miel**, honeycomb.

rayonnant [rejɔ'nã], *a.* radiant, beaming.

rayonne [re'jɔn], *n.f.* rayon.

rayonnement [rejon'mã], *n.m.* radiance; radiation.

rayonner [rejo'ne], *v.i.* to radiate; to shine; to beam; to sparkle.

rayure [re'jy:r], *n.f.* stripe; streak, scratch; rifling (*of fire-arms*); erasure.

raz *or* **ras** [rɑ], *n.m. inv.* race (*a violent current*); **raz de marée**, tidal wave.

razzia [ra'zja], *n.f.* (*Algerian*) razzia, raid, inroad, foray.

ré [re], *n.m.* (*Mus.*) re, D.

réabonnement [reabon'mã], *n.m.* renewed subscription.

réabonner (se) [səreabɔ'ne], *v.r.* to renew one's subscription.

réacteur [reak'tœːr], *n.m.* reactor; (*Av.*) jet-engine.

réaction [reak'sjō], *n.f.* reaction; *les avions à réaction*, jet-aircraft.

réactionnaire [reaksjɔ'nɛːr], *a.* and *n.* reactionary.

réactionner [reaksjɔ'ne], *v.t.* to sue again.—*v.i.* (*St. Exch.*) to react against a rise.

réadmettre [read'mɛtr], *v.t. irr.* (*conjug. like* METTRE) to admit again, to readmit.

réadmission [readmi'sjō], *n.f.* readmission.

réagir [rea'ʒiːr], *v.i.* to react.

réajourner [reaʒur'ne], *v.t.* to readjourn.

réalisable [reali'zabl], *a.* realizable; feasible.

réalisateur [realiza'tœːr], *n.m.* (*Cine.*) film director.

réalisation [realizɑ'sjō], *n.f.* realization; achievement; conversion into money; clearance sale.

réaliser [reali'ze], *v.t.* to realize; to achieve; to convert into money. **se réaliser**, *v.r.* to be realized, to come true.

réalisme [rea'lism], *n.m.* realism.

réaliste [rea'list], *a.* realistic.—*n.* realist.

réalité [reali'te], *n.f.* reality.

réapparaître [reapa'rɛːtr], *v.i. irr.* (*conjug. like* CONNAÎTRE) to reappear.

réapparition [reapari'sjō], *n.f.* reappearance.

réarmement [rearmə'mā], *n.m.* rearmament.

réarmer [rear'me], *v.t.* to rearm; (*Navy*) to refit.

réassortiment [RASSORTIMENT].

rebaisser [rəbɛ'se], *v.t.* to lower again.

rébarbatif [rebarba'tif], *a.* (*fem.* **-tive**) stern, surly, forbidding.

rebâtir [rəbɑ'tir], *v.t.* to rebuild.

rebattre [rə'batr], *v.t.* (*conjug. like* BATTRE) to beat again; to repeat; to shuffle (*cards*) again.

rebattu [rəba'ty], *a.* hackneyed, trite.

rebelle [rə'bɛl], *a.* rebellious; disobedient; unyielding; refractory.—*n.* rebel.

rebeller (se) [sərəbɛ'le], *v.r.* to rebel, to revolt.

rébellion [rebɛ'ljō], *n.f.* rebellion; resistance.

rebiffer (se) [sərəbi'fe], *v.r.* (*fam.*) to bridle up, to kick over the traces.

reblanchir [rəblɑ̃'ʃiːr], *v.t.* to bleach again; to whitewash again.

reboire [rə'bwaːr] *v.t. irr.* (*conjug. like* BOIRE) to drink again.

reboisement [rəbwaz'mā], *n.m.* retimbering, reafforestation.

reboiser [rəbwa'ze], *v.t.* to retimber, to reafforest.

rebond [rə'bō], *n.m.* rebound; bounce (*of ball*).

rebondi [rəbō'di], *a.* plump, chubby.

rebondir [rəbō'diːr], *v.i.* to rebound; to bounce.

rebondissement [rəbōdis'mā], *n.m.* rebounding; bounce.

rebord [rə'bɔːr], *n.m.* edge, brink; sill (*of window*); border, hem.

reborder [rəbɔr'de], *v.t.* to border again, to re-hem.

rebouillir [rəbu'jiːr], *v.i. irr.* (*conjug. like* BOUILLIR) to boil again.

rebours [rə'buːr], *a.* cross-grained (*wood*); intractable (*horse*).—*n.m.* wrong side (*of*

material etc.); wrong way (*of the grain*); contrary, reverse; *à rebours* or *au rebours* the wrong way, against the grain, backwards.

reboutage [rəbu'taːʒ], *n.m.* bone-setting.

rebouter [rəbu'te], *v.t.* to set (*bones*).

rebouteur [rəbu'tœːr], **rebouteux** [rəbu'tø], *n.m.* (*fem.* **-euse**) bone-setter.

reboutonner [rəbutɔ'ne], *v.t.* to rebutton. **se reboutonner**, *v.r.* to button up one's clothes again.

rebroussement [rəbrus'mā], *n.m.* turning back, turning up.

rebrousse-poil (à) [arəbrus'pwal], *adv. phr.* against the grain; the wrong way.

rebrousser [rəbru'se], *v.t.* to turn up (*the hair*); *rebrousser chemin*, to turn back.

rebuffade [rəby'fad], *n.f.* rebuff, repulse; snub.

rébus [re'byːs], *n.m.* rebus; riddle.

rebut [rə'by], *n.m.* repulse, rebuff; refuse, rubbish; scum.

rebutant [rəby'tā], *a.* repulsive, disgusting, forbidding.

rebuter [rəby'te], *v.t.* to repulse, to rebuff, to reject, to snub; to disgust. **se rebuter**, *v.r.* to become discouraged.

récalcitrant [rekalsi'trā], *a.* refractory, recalcitrant; rebellious.

récalcitrer [rekalsi'tre], *v.i.* to kick (*of horses*); (*fig.*) to be refractory.

recaler [rəka'le], *v.t.* to wedge up again, to refix; (*Sch.*) to plough (*at an examination*).

récapitulation [rekapitylɑ'sjō], *n.f.* recapitulation, summing up; summary.

récapituler [rekapity'le], *v.t.* to recapitulate, to sum up; (*collog.*) to recap.

recel [rə'sɛl], **recèlement** [rəsɛl'mā], *n.m.* receiving of stolen goods.

receler [rəs'le] (*conjug. like* AMENER), **recéler** [rase'le] (*conjug. like* CÉDER), *v.t.* to receive (*stolen goods*); to embezzle; to conceal from justice; to contain.

receleur [rəs'lœːr], *n.m.* (*fem.* **-euse**) receiver of stolen goods, fence.

récemment [resa'mā], *adv.* recently, newly.

recensement [rəsɑ̃s'mā], *n.m.* census; return, inventory; verification.

recenser [rəsɑ̃'se], *v.t.* to take the census of; to record; to verify.

recenseur [rəsɑ̃'sœːr], *n.m.* (*fem.* **-euse**) census-taker; enumerator.

recension [rəsɑ̃'sjō], *n.f.* recension; collation (*of books etc.*).

récent [re'sā], *a.* recent, new, fresh, late.

receper [rəsə'pe] (*conjug. like* AMENER), **recéper** [rəse'pe] (*conjug. like* CÉDER), *v.t.* to cut back; to clear (*a wood*).

récépissé [resepi'se], *n.m.* receipt, acknowledgment (*for documents, papers etc.*).

réceptacle [resɛp'takl], *n.m.* receptacle; repository.

récepteur [resɛp'tœːr], *a.* (*fem.* **-trice**) receiving; *poste récepteur*, receiving set. —*n.m.* receiver; reservoir (*in a machine, etc.*); receiving instrument (*of telegraphs*).

réception [resɛp'sjō], *n.f.* receiving, receipt; admission; (*hotel*) reception desk; reception, party.

réceptionnaire [resɛpsjɔ'nɛːr], *a.* receiving. —*n.* receiver, receiving clerk; consignee.

réceptionniste [resɛpsjɔ'nist], *n.* receptionist.

recette

recette [rə'sɛt], *n.f.* receipts, returns; takings; (*Cook.*) recipe; receiver's office; **faire recette**, to be a draw (*of a play*).

recevable [rəsə'vabl], *a.* receivable, admissible.

receveur [rəsə'vœːr], *n.m.* (*fem.* -euse) receiver, collector (*of taxes etc.*); (bus-) conductor.

recevoir [rəsə'vwaːr], *v.t. irr.* to receive, to accept, to take, to let in, to admit; to welcome; to entertain.—*v.i.* to receive, to be at home to visitors.

rechange [rə'ʃɑ̃ːʒ], *n.m.* change (*of anything*), replacement; spare things; (*Comm.*) re-exchange; **roue de rechange**, spare-wheel.

rechanter [rəʃɑ̃'te], *v.t.* to sing again; to retell.

rechaper [rəʃa'pe], *v.t.* to retread (*a tyre*).

réchapper [reʃa'pe], *v.i.* to escape; **réchapper d'une maladie**, to recover from an illness.

recharge [rə'ʃarʒ], *n.f.* fresh *or* second charge.

rechargement [rəʃarʒə'mɑ̃], *n.m.* reloading, relading; reballasting.

recharger [rəʃar'ʒe], *v.t.* (*conjug. like* MANGER) to load again; to recharge.

réchaud [re'ʃo], *n.m.* small portable stove; chafing-dish; dish-warmer.

réchauffage [reʃo'faːʒ], *n.m.* warming up again, reheating.

réchauffé [reʃo'fe], *n.m.* dish *or* food warmed up again; rehash, stale stuff *or* news.

réchauffer [reʃo'fe], *v.t.* to warm up, to reheat; to reanimate, to stir up. **se réchauffer**, *v.r.* to warm oneself, to get warm.

réchauffoir [reʃo'fwaːr], *n.m.* plate-warmer, hot-plate.

rechausser [rəʃo'se], *v.t.* to put shoes *or* stockings on (*a person*) again; (*Build.*) to underpin.

rêche [rɛːʃ], *a.* rough (*to the taste, touch etc.*); (*fig.*) sour, crabbed (*of persons*).

recherche [rə'ʃɛrʃ], *n.f.* search, pursuit; inquiry, investigation; research; (*fig.*) studied elegance *or* refinement, affectation.

recherché [rəʃɛr'ʃe], *a.* choice, exquisite; far-fetched; in great demand.

rechercher [rəʃɛr'ʃe], *v.t.* to seek again; to seek, to search for; to investigate, to pry into; to desire; to court, to woo.

rechigné [rəʃi'ɲe], *a.* sour-faced, surly, crabbed.

rechignement [rəʃiɲə'mɑ̃], *n.m.* sulking, sullenness.

rechigner [rəʃi'ɲe], *v.i.* to look sulky, sullen, grim etc; to balk (*at something*).

rechute [rə'ʃyt], *n.f.* relapse, set-back.

rechuter [rəʃy'te], *v.i.* to have a relapse; to backslide.

récidive [resi'diːv], *n.f.* recidivism; second offence.

récidiver [residi've], *v.i.* to repeat the offence; to relapse; to recur (*of disease*).

récidiviste [residi'vist], *n.* recidivist, old lag.

récif [re'sif], *n.m.* reef (*of rocks*).

récipe [resi'pe], *n.m.* recipe, prescription.

récipient [resi'pjɑ̃], *n.m.* container, receptacle; reservoir.

réciprocité [resiprosi'te], *n.f.* reciprocity, reciprocation.

réciproque [resi'prɔk], *a.* reciprocal, mutual.

réciproquement [resiprɔk'mɑ̃], *adv.* reciprocally, mutually; vice versa.

récit [re'si], *n.m.* recital, account, story narrative, report.

récital [resi'tal], *n.m.* (*pl.* -als) musical recital.

récitant [resi'tɑ̃], *a.* (*Mus.*) solo (*instrument, voice*).—*n.m.* (*fem.* -e) soloist; narrator.

récitateur [resita'tœːr], *n.m.* (*fem.* -trice) reciter, repeater.

récitatif [resita'tif], *n.m.* (*Mus.*) recitative.

récitation [resita'sjɔ̃], *n.f.* recitation, reciting; repetition.

réciter [resi'te], *v.t.* to recite, to rehearse; to repeat, to say; to tell, to relate, to recount.

réclamant [rekla'mɑ̃], *a.* claiming.—*n.m.* (*fem.* -e) claimant.

réclamation [reklama'sjɔ̃], *n.f.* claim, request, demand; complaint.

réclame [re'klaːm], *n.f.* advertisement; publicity; (*Print.*) catch-word; puff.

réclamer [rekla'me], *v.t.* to crave, to entreat; to beseech; to claim.—*v.i.* to object, to complain; to protest (*contre*). **se réclamer**, *v.r.* to refer to.

reclus [rə'kly], *a.* shut up, secluded.—*n.m.* (*fem.* -e) recluse; monk, nun.

reclusion [rəkly'zjɔ̃], **réclusion** [rekly'zjɔ̃], *n.f.* reclusion, confinement; (*Law*) solitary confinement (*with hard labour*).

recoin [rə'kwɛ̃], *n.m.* corner, nook; **coins et recoins**, nooks and crannies.

récolte [re'kɔlt], *n.f.* harvest, crop, vintage.

récolter [rekɔl'te], *v.t.* to reap, to gather in; to get in.

recommandable [rəkɔmɑ̃'dabl], *a.* respectable; commendable.

recommandation [rəkɔmɑ̃da'sjɔ̃], *n.f.* recommendation; reference; (*fig.*) esteem; (*Post*) registration.

recommander [rəkɔmɑ̃'de], *v.t.* to recommend; to enjoin; to request; to commend; (*Post*) to register. **se recommander**, *v.r.* to recommend oneself; to refer to.

recommencement [rəkɔmɑ̃s'mɑ̃], *n.m.* recommencement, fresh start.

recommencer [rəkɔmɑ̃'se], *v.t., v.i.* (*conjug. like* COMMENCER) to recommence, to begin again; to do (*it*) again.

récompense [rekɔ̃'pɑ̃ːs], *n.f.* reward, recompense; prize; compensation; **en récompense de**, in return for.

récompenser [rekɔ̃pɑ̃'se], *v.t.* to reward; to compensate; to repay.

recomposer [rəkɔ̃po'ze], *v.t.* to recompose.

recomposition [rəkɔ̃pozi'sjɔ̃], *n.f.* recomposition.

réconciliable [rekɔ̃si'ljabl], *a.* reconcilable.

réconciliateur [rekɔ̃silja'tœːr], *n.m.* (*fem.* -trice) reconciler.

réconciliation [rekɔ̃silja'sjɔ̃], *n.f.* reconciliation.

réconcilier [rekɔ̃si'lje], *v.t.* to reconcile. **se réconcilier**, *v.r.* to be(come) reconciled; (*colloq.*) to make it up.

reconduire [rəkɔ̃'dɥiːr], *v.t. irr.* (*conjug. like* CONDUIRE) to lead back, to see home; to show out.

reconduite [rəkɔ̃'dɥit], *n.f.* showing out, seeing out, seeing home.

réconfort [rekɔ̃'fɔːr], *n.m.* comfort, relief.

réconforter [rekɔ̃fɔr'te], v.t. to comfort, to cheer up; to fortify.

reconnaissable [rəkɔnɛ'sabl]. a. recognizable.

reconnaissance [rəkɔnɛ'sã:s], n.f. recognition; discovery; gratitude, thankfulness; survey; acknowledgment, confession; reward; recognizance; pawn-ticket; (Mil.) reconnaissance.

reconnaissant [rəkɔnɛ'sã], a. grateful, thankful.

reconnaître [rəkɔ'nɛ:tr], v.t. irr. (conjug. like CONNAÎTRE) to recognize, to identify; to discover; to acknowledge, to admit; to be grateful for; to reconnoitre. **se reconnaître**, v.r. to recognize oneself; to be recognizable; to make out where one is.

reconquérir [rəkɔ̃ke'ri:r], v.t. irr. (conjug. like ACQUÉRIR) to reconquer; to regain.

reconstituer [rəkɔ̃sti'tɥe], v.t. to reconstitute, to restore.

reconstitution [rəkɔ̃stity'sjɔ̃], n.f. reconstitution, reorganization; reconstruction (of a murder).

reconstruction [rəkɔ̃stryk'sjɔ̃], n.f. reconstruction, rebuilding.

reconstruire [rəkɔ̃s'trɥi:r], v.t. irr. (conjug. like CONDUIRE) to rebuild, to reconstruct; to rehabilitate.

recopier [rəkɔ'pje], v.t. to make a copy of.

recoquillement [rəkɔkij'mã], n.m. curling up, dog('s)-earing (of pages of book).

recoquiller [rəkɔki'je], v.t. to turn up or back. **se recoquiller**, v.r. to curl up, to shrivel.

record [rə'kɔ:r], n.m. record (in sports etc.).

recorder [rəkɔr'de], v.t. to learn by heart; to tie up again.

recors [rə'kɔ:r], n.m. bailiff's man.

recoucher [rəku'ʃe], v.t. to put to bed again; to lay down again. **se recoucher**, v.r. to go to bed again, to lie down again.

recoudre [rə'kudr], v.t. irr. (conjug. like COUDRE) to sew again, to sew up.

recoupement [rəkup'mã], n.m. (Build.) offset; cross-checking.

recouper [rəku'pe], v.t. to cut again; to crosscheck.

recourbé [rəkur'be], a. curved, bent (back).

recourber [rəkur'be], v.t. to bend back, to bend round. **se recourber**, v.r. to be curved, to bend.

recourir [rəku'ri:r], v.i. irr. (conjug. like COURIR) to run again; to resort (à); (Law) to appeal.

recours [rə'kur], n.m. recourse; (fig.) resource, remedy; (Law) appeal.

recousu [rəku'zy], a. sewn or stitched again.

recouvrement [rəkuvrə'mã], n.m. recovery, regaining; recovering (of debts etc.); covering up, overlapping; cap (of a watch).

recouvrer [rəku'vre], v.t. to recover, to retrieve, to collect.

recouvrir [rəku'vri:r], v.t. irr. (conjug. like OUVRIR) to cover up, to cover over, to overlay; to hide. **se recouvrir**, v.r. to cover oneself again; to cloud over.

recracher [rəkra'ʃe], v.t. to spit out again; to disgorge.—v.i. to spit again.

récréatif [rekrea'tif], a. (fem. -tive) recreative, entertaining.

récréation [rekrea'sjɔ̃], n.f. recreation, amusement; (Sch.) playtime, break.

recréer [rəkre'e], v.t. to re-create, to create again.

récréer [rekre'e], v.t. to entertain; to amuse. **se récréer**, v.r. to amuse oneself, to take recreation.

recrépir [rəkre'pi:r], v.t. to give a fresh coat of plaster to; to repoint (a wall); (fig. and fam.) to paint (one's face); to recast.

recrépissement [rəkrepis'mã], **recrépissage** [rəkrepi'sa:ʒ], n.m. replastering; repatching.

récrier (se) [sərekri'je], v.r. to exclaim, to cry out; to protest (contre); to be amazed.

récrimination [rekriminɑ'sjɔ̃], n.f. recrimination.

récriminatoire [rekrimina'twa:r], a. recriminatory.

récriminer [rekrimi'ne], v.i. to recriminate.

récrire [re'kri:r], v.t. irr. (conjug. like ÉCRIRE) to rewrite; to write back.

recroqueviller (se) [sərəkrɔkvi'je], v.r. to curl up, to shrivel.

recru [rə'kry], a. tired out, worn out.

recrudescence [rəkrydɛ'sã:s], n.f. recrudescence.

recrudescent [rəkrydɛ'sã], a. recrudescent.

recrue [rə'kry], n.f. recruiting; recruit.

recrutement [rəkryt'mã], n.m. recruiting, recruitment.

recruter [rəkry'te], v.t. to recruit; to enrol. **se recruter**, v.r. to be recruited.

recruteur [rəkry'tœ:r], n.m. recruiter; recruiting officer.

rectangle [rɛk'tã:gl], n.m. rectangle.

rectangulaire [rɛktãgy'lɛ:r] a. rectangular, right-angled.

recteur [rɛk'tœ:r], n.m. rector, vice-chancellor (of a University); parish priest (in Brittany).

rectifiable [rɛkti'fjabl], a. rectifiable.

rectification [rɛktifikɑ'sjɔ̃], n.f. rectification; adjustment.

rectifier [rɛkti'fje], v.t. to rectify; to adjust; to reform.

rectiligne [rɛkti'liɲ], a. rectilinear.

rectitude [rɛkti'tyd], n.f. rectitude, uprightness.

recto [rɛk'to], n.m. first page of a leaf, right-hand page.

rectorat [rɛktɔ'ra], n.m. rectorship.

reçu [rə'sy], a. received; admitted, recognized; être reçu (à un examen), to pass (an examination).—n.m. receipt.

recueil [rə'kœ:j], n.m. collection, selection, anthology.

recueillement [rəkœj'mã], n.m. meditation; peaceful contemplation.

recueilli [rəkœ'ji], a. meditative, calm, rapt.

recueillir [rəkœ'ji:r], v.t. irr. (conjug. like CUEILLIR) to gather, to collect; to reap; to receive; to shelter. **se recueillir**, v.r. to collect one's thoughts; to be plunged in meditation.

recuire [rə'kɥi:r], v.t. irr. (conjug. like CONDUIRE) to cook again.

recuit [rə'kɥi], a. cooked, baked or roasted again.

recul [rə'kyl], n.m. recoil (of cannon), kick (of rifle); backing (of horse, car).

reculade [rəky'lad], n.f. falling back, retreat.

reculé [rəky'le], a. distant, remote.

271

reculement

reculement [rəkyl'mã], *n.m.* drawing back, backing (*of carriages etc.*); breech (*of saddles*).

reculer [rəky'le], *v.t.* to draw back, to move back, to back; (*fig.*) to put off, to defer.— *v.i.* to go back, to draw back, to retreat; to recoil; to give way. **se reculer**, *v.r.* to draw back, to become more remote.

reculons (à) [arəky'lõ], *adv. phr.* backwards.

récupérage [rekype'ra:ʒ], *n.m.*, **récupération** [rekyperɑ'sjõ], *n.f.* recovery, recuperation.

récupérer [rekype're], *v.t.* (*conjug. like* CÉDER) to recover, to retrieve, to recuperate.

récurer [reky're], *v.t.* to scour, to clean.

récusable [reky'zabl], *a.* (*Law*) exceptionable, doubtful (*of witnesses etc.*).

récusation [rekyzɑ'sjõ], *n.f.* (*Law*) challenge; exception.

récuser [reky'ze], *v.t.* to challenge, to object to (*witnesses, jurors etc.*); to reject. **se récuser**, *v.r.* to excuse oneself, to decline; to decline, to give a decision (*of judges, jurors etc.*).

rédacteur [redak'tœ:r], *n.m.* (*fem.* **-trice**) writer, inditer (*of deed*); clerk (*in public office*); **rédacteur en chef**, editor.

rédaction [redak'sjõ], *n.f.* drawing up (*deeds etc.*); wording; editing (*periodicals*); essay.

reddition [redi'sjõ], *n.f.* surrender; rendering (*of accounts*).

rédempteur [redãp'tœ:r], *a.* (*fem.* **-trice**) redeeming, redemptory.—*n.m.* redeemer, saviour.

rédemption [redãp'sjõ], *n.f.* redemption; redeeming.

redescendre [rədɛ'sã:dr], *v.t.* (*with aux.* AVOIR) to carry *or* take down again.—*v.i.* (*with aux.* ÊTRE) to come, go *or* step down again.

redevable [rəd'vabl], *a.* indebted, owing.

redevance [rəd'vã:s], *n.f.* rent, due, tax.

redevenir [rədəv'ni:r], *v.i. irr.* (*conjug. like* TENIR, *but with aux.* ÊTRE) to become again.

redevoir [rəd(ə)'vwa:r], *v.t. irr.* (*conjug. like* DEVOIR) to owe still.

rédiger [redi'ʒe], *v.t.* (*conjug. like* MANGER) to draw up, to draft; to edit.

redingote [rədɛ̃'gɔt], *n.f.* frock-coat.

redire [rə'di:r], *v.t. irr.* (*conjug. like* DIRE) to repeat, to reveal.—*v.i.* to criticize; **trouver à redire à**, to find fault with.

redondance [rədõ'dã:s], *n.f.* superfluity of words, redundancy.

redondant [rədõ'dã], *a.* redundant.

redonner [rədɔ'ne], *v.t.* to give back again, to restore.—*v.i.* to fall again; to begin again; to charge again.

redoublé [rədu'ble], *a.* redoubled, increased.

redoublement [rədublə'mã], *n.m.* redoubling, increase; (*Med.*) paroxysm.

redoubler [rədu'ble], *v.t.* to redouble, to reiterate; to increase; to reline (*dress*).—*v.i.* to increase, to redouble.

redoutable [rədu'tabl], *a.* formidable, redoubtable.

redoute [rə'dut], *n.f.* redoubt.

redouter [rədu'te], *v.t.* to dread, to fear.

redressement [rədrɛs'mã], *n.m.* straightening; rectification, redress.

redresser [rədrɛ'se], *v.t.* to make straight; to set up again; to put right; (*colloq.*) to rebuke. **se redresser**, *v.r.* to become

straight again; to right itself (*of a ship etc.*); to be redressed; **redressez-vous**, sit up.

redû [rə'dy], *n.m.* balance due.

réducteur [redyk'tœ:r], *a.* (*fem.* **-trice**) reducing.—*n.m.* (*Chem.*) reducer.

réductible [redyk'tibl], *a.* reducible.

réduction [redyk'sjõ], *n.f.* reduction; subjugation; allowance.

réduire [re'dɥi:r], *v.t. irr.* (*conjug. like* CONDUIRE) to reduce, to diminish; to subdue; to compel, to oblige. **se réduire**, *v.r.* to be reduced, to diminish, to abate, to vanish; to be subdued; to amount to.

réduit [re'dɥi], *a.* reduced; dimmed (*of light*).—*n.m.* retreat, nook; hovel; (*Fort.*) keep.

réédification [reedifikɑ'sjõ], *n.f.* rebuilding.

réédifier [reedi'fje], *v.t.* to rebuild.

rééducatif [reedyka'tif], *a.* (*fem.* **-tive**) **thérapie rééducative**, occupational therapy.

réel [re'ɛl], *a.* (*fem.* **-elle**) real, actual; genuine.—*n.m.* reality.

réélection [reelɛk'sjõ], *n.f.* re-election.

réélire [ree'li:r], *v.t. irr.* (*conjug. like* LIRE) to re-elect.

réellement [reel'mã], *adv.* really, in reality.

réembobiner [reãbɔbi'ne], *v.t.* to rewind.

réemploi [reã'plwa], *n.m.* re-employment.

réexpédier [reɛkspe'dje], *v.t.* to send on, to (re)forward; to send back.

refaçonner [rəfasɔ'ne], *v.t.* to make again, to refashion.

réfaction [refak'sjõ], *n.f.* rebate, allowance.

refaire [rə'fɛ:r], *v.t. irr.* (*conjug. like* FAIRE) to do again, to remake; to recommence; to do up; to deal again (*at cards*); to revive; (*slang*) to diddle. **se refaire**, *v.r.* to recover one's strength; to recoup oneself.

refait [rə'fɛ], *a.* set up, done again; (*slang*) **j'ai été refait(e)**, I have been had.—*n.m.* drawn game.

réfection [refɛk'sjõ], *n.f.* repairs (*to buildings etc.*).

réfectoire [refɛk'twa:r], *n.m.* refectory, dining-room *or* -hall (*in college, convent etc.*).

refend [rə'fã], *n.m.* splitting, sawing, dividing; **mur de refend**, partition wall.

refendre [rə'fã:dr], *v.t.* to cleave *or* split again; to quarter (*timber*); to saw (*stone*) into slabs.

référence [refe'rã:s], *n.f.* reference.

referendum [rəferã'dɔm], **référendum** [referã'dɔm], *n.m.* referendum.

référer [refe're], *v.t.* (*conjug. like* CÉDER) to refer; to ascribe.—*v.i.* to refer; **en référer à**, to refer to. **se référer**, *v.r.* to refer, to have reference; to leave it (*à*); to trust (*à*).

refermer [rəfɛr'me], *v.t.* to shut again; to close up. **se refermer**, *v.r.* to shut itself; to close up; to heal up (*of wound*).

réfléchi [refle'ʃi], *a.* reflected; deliberate; reflective, thoughtful; wary; (*Gram.*) reflexive.

réfléchir [refle'ʃi:r], *v.t.* to reflect, to throw back; to reverberate.—*v.i.* to reflect, to consider, to ponder. **se réfléchir**, *v.r.* to be reflected.

réfléchissant [refleʃi'sã], *a.* reflecting.

réflecteur [reflɛk'tœ:r], *a.* reflecting.—*n.m.* reflector.

reflet [rə'flɛ], *n.m.* reflection, reflex; reflected light.

refléter [rəfle'te], *v.t.* (*conjug. like* CÉDER) to reflect (*light etc.*).—*v.i.* and **se refléter,** *v.r.* to be reflected.

refleurir [rəflœ'ri:r], *v.i.* to blossom again.

réflexe [re'flɛks], *a.* and *n.m.* reflex.

réflexion [reflɛk'sjɔ̃], *n.f.* reflection; thought, consideration.

refluer [rə'flɥe], *v.i.* to reflow, to ebb; (*fig.*) to swing back.

reflux [rə'fly], *n.m.* reflux, ebb; flowing back.

refondre [rə'fɔ̃:dr], *v.t.* to refound (*metal*), to melt down again, to cast again; (*fig.*) to remodel.

refonte [rə'fɔ̃:t], *n.f.* refounding, recasting; recoining; remodelling.

réformateur [reforma'tœ:r], *a.* (*fem.* **-trice**) reforming.—*n.m.* (*fem.* **-trice**) reformer.

réformation [reforma'sjɔ̃], *n.f.* reformation.

réforme [re'form], *n.f.* reform, reformation, amendment; (*Mil.*) reduction, discharge.

réformé [refor'me], *a.* reformed; (*Mil.*) invalided out of the service.

réformer [refor'me], *v.t.* to reform, to improve; (*Mil.*) to invalid. **se réformer,** *v.r.* to reform, to mend one's ways.

reformer [rəfor'me], *v.t.* to form again. **se reformer,** *v.r.* to form anew, to re-form (*of troops etc.*).

réformiste [refor'mist], *a.* and *n.* reformist.

refoulement [rəful'mɑ̃], *n.m.* driving back; (*Psych.*) inhibition, repression.

refouler [rəfu'le], *v.t.* to drive back; to compress; to suppress; to expel (*aliens*); to stem (*the tide*).—*v.i.* to ebb, to flow back; **la marée refoule,** the tide is ebbing.

réfractaire [refrak'tɛ:r], *a.* refractory, obstinate, rebellious; **terre réfractaire,** fire-proof clay.—*n.m.* defaulter.

réfracter [refrak'te], *v.t.* to refract. **se réfracter,** *v.r.* to be refracted.

réfraction [refrak'sjɔ̃], *n.f.* refraction.

refrain [rə'frɛ̃], *n.m.* refrain, chorus; (*fig.*) constant theme.

refréner [rəfre'ne], *v.t.* (*conjug. like* CÉDER) to curb, to control (*passions*); to bridle, to restrain.

réfrigérant [refriʒe'rɑ̃], *a.* refrigerant, cooling.—*n.m.* refrigerator.

réfrigérateur [refriʒera'tœ:r], *n.m.* refrigerating chamber; refrigerator, (*colloq.*) fridge; (*Am.*) icebox.

réfrigération [refriʒera'sjɔ̃], *n.f.* refrigeration.

réfrigérer [refriʒe're], *v.t.* (*conjug. like* CÉDER) to chill, to freeze (*food etc.*).

refroidir [rəfrwa'di:r], *v.t.* to cool, to chill.—*v.i.* to cool, to become cold. **se refroidir,** *v.r.* to cool, to grow cold; to catch cold; to slacken, to relax.

refroidissement [rəfrwadis'mɑ̃], *n.m.* cooling, refrigeration; coldness; chill, cold.

refuge [rə'fy:ʒ], *n.m.* refuge, shelter; (street-) island; lay-by.

réfugié [refy'ʒje], *n.m.* (*fem.* **-ée**) refugee.

réfugier (se) [sərefy'ʒje], *v.r.* to take refuge; (*fig.*) to have recourse (*to*) (*dans*).

refus [rə'fy], *n.m. inv.* refusal, denial.

refuser [rəfy'ze], *v.t.* to refuse, to deny, to decline to reject.—*v.i.* to refuse; to decline.

se refuser, *v.r.* to deny oneself; to shun; to resist.

réfuter [refy'te], *v.t.* to refute, to disprove.

regagner [rəga'ɲe], *v.t.* to regain, to recover, to retrieve; to rejoin, to reach.

regain [rə'gɛ̃], *n.m.* aftermath; second crop; (*fig.*) revival, new lease (*of life*).

régal [re'gal], *n.m.* feast, entertainment, treat.

régalade [rega'lad], *n.f.* giving a treat, regaling; blazing fire.

régalant [rega'lɑ̃], *a.* pleasant, entertaining.

régaler [rega'le], *v.t.* to regale, to treat, to entertain. **se régaler,** *v.r.* to regale oneself; to enjoy oneself; to entertain *or* treat each other.

regard [rə'ga:r], *n.m.* look; glance; gaze, notice, attention; inspection-hole; (*pl.*) eyes; **au regard de,** in comparison with; **d'un seul regard,** at one glance; **en regard,** opposite; **un regard de côté,** a sidelong glance.

regardant [rəgar'dɑ̃], *a.* particular, meticulous; stingy, niggardly.

regarder [rəgar'de], *v.t.* to look at, to behold; to look into, to consider; to face, to be opposite; to concern; **cela vous regarde,** that concerns you.—*v.i.* to look; to mind, to pay heed. **se regarder,** *v.r.* to look at oneself; to look at each other; to look upon oneself (*comme*); to consider one another (*comme*); to face each other.

regarnir [rəgar'ni:r], *v.t.* to furnish again; to retrim (*dress*); to re-cover (*furniture*) etc.

régate [re'gat], *n.f.* regatta, boat-race.

régence [re'ʒɑ̃:s], *n.f.* regency.

régénérateur [reʒenera'tœ:r], *a.* (*fem.* **-trice**) regenerating.—*n.m.* regenerator.

régénération [reʒenera'sjɔ̃], *n.f.* regeneration; reclamation (*of land*).

régénérer [reʒene're], *v.t.* (*conjug. like* CÉDER) to regenerate.

régent [re'ʒɑ̃], *a.* and *n.m.* (*fem.* **-e**) regent.

régenter [reʒɑ̃'te], *v.t.* to domineer, to lord it over.

régie [re'ʒi], *n.f.* administration; (*public*) corporation; excise.

regimbement [rəʒɛ̃bə'mɑ̃], *n.m.* kicking (*of horses*); resistance, recalcitrance.

regimber [rəʒɛ̃'be], *v.i.* to kick (*of horses*); (*fig.*) to resist, to jib.

régime [re'ʒim], *n.m.* regimen; diet; form of government; rules, regulations; régime, system; speed (*of motor etc.*); bunch (*of bananas etc.*).

régiment [reʒi'mɑ̃], *n.m.* regiment.

régimentaire [reʒimɑ̃'tɛ:r], *a.* regimental.

région [re'ʒjɔ̃], *n.f.* region; district.

régional [reʒjɔ'nal] *a.* (*m. pl.* **-aux**) local.

régir [re'ʒi:r], *v.t.* to govern, to rule; to administer.

régisseur [reʒi'sœ:r], *n.m.* manager, steward; (*Theat.*) stage manager.

registre [rə'ʒistr], *n.m.* register; account-book; damper (*in chimneys*).

réglable [re'glabl], *a.* adjustable.

réglage [re'gla:ʒ], *n.m.* ruling (*of paper*); regulating, adjusting, tuning.

règle [rɛgl], *n.f.* ruler, rule; order, regularity; model.

réglé [re'gle], *a.* regular, steady; ruled; paid.

règlement

règlement [rɛglə'mɑ̃], *n.m.* regulation; settlement (*of accounts*).

réglementaire [rɛgləmɑ̃'tɛːr], *a.* according to regulations, lawful; usual.

réglementer [rɛgləmɑ̃'te], *v.t.* to regulate.— *v.i.* to make regulations.

régler [re'gle], *v.t.* (*conjug. like* CÉDER) to rule (*paper etc.*); to regulate, to order, to adjust, to time (*a watch etc.*); to settle (*an account*). **se régler**, *v.r.* to regulate oneself, to be regulated; to be guided (*sur*).

régleur [re'glœːr], *n.m.* (*fem.* **-euse**) regulator (*of clocks etc.*).

réglisse [re'glis], *n.f.* liquorice.

réglure [re'glyːr], *n.f.* ruling (*of paper*).

régnant [re'nɑ̃], *a.* reigning; (*fig.*) prevailing, predominant.

règne [rɛɲ], *n.m.* reign; prevalence, vogue; (*Nat. Hist.*) kingdom.

régner [re'ɲe], *v.i.* (*conjug. like* CÉDER) to reign, to rule; to prevail, to be in fashion.

regonfler [rəgɔ̃'fle], *v.t.* to swell again; to pump up (*tyre*).—*v.i.* to swell again.

regorgeant [rəgɔr'ʒɑ̃], *a.* overflowing, abounding.

regorger [rəgɔr'ʒe], *v.t.* (*conjug. like* MANGER) to regurgitate, to disgorge.—*v.i.* to overflow, to run over; to be crammed (*with*); to be plentiful, to abound.

régressif [regrɛ'sif], *a.* (*fem.* **-ive**) regressive, retrogressive.

régression [regrɛ'sjɔ̃], *n.f.* regression, recession; retrogression; (*fig.*) decline.

regret [rə'grɛ], *n.m.* regret; **à regret**, with reluctance.

regrettable [rəgrɛ'tabl], *a.* regrettable, deplorable.

regrettablement [rəgrɛtablə'mɑ̃], *adv.* regrettably.

regretter [rəgrɛ'te], *v.t.* to regret; to grieve; to be sorry for, to repent; to miss.

régularisation [regylariza'sjɔ̃], *n.f.* putting in order, regularization.

régulariser [regylari'ze] *v.t.* to put in order, to regularize.

régularité [regylari'te], *n.f.* regularity.

régulateur [regyla'tœːr], *a.* (*fem.* **-trice**) regulating.—*n.m.* regulator; (*Eng. etc.*) governor.

régulier [regy'lje], *a.* (*fem.* **-ière**) regular; steady, exact.—*n.m.* regular (*monk, soldier etc.*).

régulièrement [regyljɛr'mɑ̃], *adv.* regularly.

régurgitation [regyrʒita'sjɔ̃], *n.f.* regurgitation.

régurgiter [regyrʒi'te], *v.t.* to regurgitate.

réhabilitation [reabilita'sjɔ̃], *n.f.* rehabilitation.

réhabiliter [reabili'te], *v.t.* to rehabilitate; to reinstate. **se réhabiliter**, *v.r.* to rehabilitate oneself, to recover one's good name.

rehaussement [rəos'mɑ̃], *n.m.* raising; heightening, enhancing; increase of value (*of coin*).

rehausser [rəo'se], *v.t.* to raise; to heighten, to enhance; to raise the value of; to enrich; to set off.

réimposer [reɛ̃po'ze], *v.t.* to reassess (*tax*); (*Print.*) to reimpose.

réimpression [reɛ̃prɛ'sjɔ̃], *n.f.* reprinting; reprint.

réimprimer [reɛ̃pri'me], *v.t.* to print again, to reprint.

rein [rɛ̃], *n.m.* kidney; (*pl.*) loins, back.

réincarnation [reɛ̃karna'sjɔ̃], *n.f.* reincarnation.

reine [rɛːn], *n.f.* queen.

reine-claude [rɛːn'kloːd], *n.f.* (*pl.* **reines-claude**) greengage.

reine-des-prés [rɛːnde'pre], *n.f.* (*pl.* **reines-des-prés**) meadowsweet.

réinstallation [reɛ̃stala'sjɔ̃], *n.f.* reinstalment, re-establishment.

réinstaller [reɛ̃sta'le], *v.t.* to reinstall.

réintégration [reɛ̃tegra'sjɔ̃], *n.f.* reinstatement.

réintégrer [reɛ̃te'gre], *v.t.* (*conjug. like* CÉDER) to reinstate.

réitératif [reitera'tif], *a.* (*fem.* **-tive**) reiterative.

réitération [reitera'sjɔ̃], *n.f.* reiteration, repetition.

réitérer [reite're], *v.t.* (*conjug. like* CÉDER) to reiterate, to repeat.

rejaillir [rəʒa'jiːr], *v.i.* to gush, to spurt out; to spring, to spout; (*fig.*) to flash; to reflect; to rebound.

rejaillissement [rəʒajis'mɑ̃], *n.m.* gushing out; spouting, springing; reflection, flashing; rebound.

réjection [reʒɛk'sjɔ̃], *n.f.* rejection.

rejet [rə'ʒɛ], *n.m.* rejection; throwing out; young shoot, sprout.

rejeter [rəʒ'te], *v.t.* (*conjug. like* APPELER) to throw again; to throw back; to tilt back (*one's hat*); to repel; to throw away; to throw up (*of plants*); to reject; to deny.— *v.i.* to shoot (*of plants*). **se rejeter**, *v.r.* to have recourse to; to fall back (*upon*).

rejeton [rəʒ'tɔ̃], *n.m.* shoot, sprout; (*fig.*) scion.

rejoindre [rə'ʒwɛ̃ːdr], *v.t. irr.* (*conjug. like* CRAINDRE) to rejoin, to join; to reunite; to overtake, to catch up. **se rejoindre**, *v.r.* to reunite; to meet; to catch each other up again.

rejouer [rə'ʒwe], *v.t., v.i.* to play again, to replay.

réjoui [re'ʒwi], *a.* and *n.m.* (*fem.* **-e**) jovial, joyous, merry (person).

réjouir [re'ʒwiːr], *v.t.* to rejoice, to delight, to cheer. **se réjouir**, *v.r.* to be *or* to make merry; to rejoice, to be delighted (*de*).

réjouissance [reʒwi'sɑːs], *n.f.* rejoicing; (*pl.*) merry-making.

réjouissant [reʒwi'sɑ̃], *a.* cheering; diverting, amusing.

relâchant [rəla'ʃɑ̃], *a.* relaxing; laxative, loosening.—*n.m.* (*Med.*) laxative.

relâche (1) [rə'laːʃ], *n.m.* intermission, discontinuance, respite; relaxation; (*Theat.*) suspension of performance; **relâche ce soir**, no performance this evening.

relâche (2) [rə'laːʃ], *n.f.* (*Naut.*) putting into a port; port of call.

relâché [rəla'ʃe], *a.* lax, relaxed; loose, remiss.

relâchement [rəlaʃ'mɑ̃], *n.m.* slackening; slackness; laxity (*of morals*); looseness (*of bowels*).

relâcher [rəla'ʃe], *v.t.* to slacken, to loosen, to relax; to release, to unbend (*the mind etc.*); to yield, to abate.—*v.i.* (*Naut.*) to put

274

into port. **se relâcher,** *v.r.* to grow slack *or* loose; to abate; to relax, to unbend.

relais [rə'lɛ], *n.m.* relay *(fresh horses)*; stage; shift *(of workmen).*

relancer [rəlɑ̃'se], *v.t.* *(conjug. like* COMMENCER*)* to throw back; *(Ten.)* to return *(the ball)*; *(Cards)* to raise *(a bid)*; *(fig.)* to harry *(someone).*

relaps [rə'laps], *a.* relapsed, relapsed into heresy.—*n.m.* *(fem.* **-e)** relapsed heretic.

rélargir [relar'ʒiːr], *v.t.* to widen, to let out *(clothes etc.).*

relater [rəla'te], *v.t.* to state, to tell.

relatif [rəla'tif], *a.* *(fem.* **-tive)** relative; relating *(à).*

relation [rəla'sjɔ̃], *n.f.* relation, account; statement; respect; connexion; communication, correspondence; *(pl.)* connexions.

relativement [rəlativ'mɑ̃], *adv.* relatively.

relativité [rəlativi'te], *n.f.* relativity.

relaxation [rəlaksa'sjɔ̃], *n.f.* release; relaxation *(of muscles).*

relaxer [rəlak'se], *v.t.* to release *(a prisoner)*; to relax *(muscles).*

relayer [rəlɛ'je] *v.t.* *(conjug. like* PAYER*)* to take the place of, to relieve; *(Elec. Eng., Rad., Teleg. etc.)* to relay.—*v.i.* to change horses. **se relayer,** *v.r.* to relieve each other; to work in shifts.

relégation [rəlega'sjɔ̃], *n.f.* relegation; transportation *(of convict).*

reléguer [rəle'ge], *v.t.* *(conjug. like* CÉDER*)* to transport *(for life)*, to shut up; to relegate, to consign *(à).* **se reléguer,** *v.r.* to shut oneself up.

relent [rə'lɑ̃], *a.* mouldy, musty.—*n.m.* mustiness, mouldiness.

relève [rə'lɛːv], *n.f.* *(Mil.)* relief.

relevé [rəl've], *a.* raised, erect; exalted, lofty; refined; highly seasoned.—*n.m.* abstract; statement, return; survey.

relèvement [rəlɛv'mɑ̃], *n.m.* raising again; recovery *(of business)*; relieving *(of sentry)*; rise, increase *(of salary)*; *(Naut.)* bearing.

relever [rəl've], *v.t.* *(conjug. like* AMENER*)* to raise again, to lift up again; to turn up; to restore; to relieve *(troops)*, to change *(sentry)*; to raise *(prices, salary)*; to set off, to enhance; to extol; to remark; to note, take down *(name, address etc.)*; to release *(from vows, oath)*; to survey; *(Naut.)* to take the bearings of.—*v.i.* to recover; to turn up; to depend. **se relever,** *v.r.* to rise again; to get up, to pick oneself up; to recover; to be raised; to relieve each other.

relief [rə'ljɛf], *n.m.* relief, embossment; enhancement; *(pl.)* scraps *(from the table).*

relier [rə'lje], *v.t.* to connect; to hoop *(casks)*; to bind *(books).*

relieur [rə'ljœːr], *n.m.* *(fem.* **-euse)** binder, book-binder.

religieusement [rəliʒjøz'mɑ̃], *adv.* religiously; scrupulously.

religieux [rəli'ʒjø], *a.* *(fem.* **-euse)** religious, strict.—*n.m.* *(fem.* **-euse)** monk, nun.

religion [rəli'ʒjɔ̃], *n.f.* religion.

reliquaire [rəli'kɛːr], *n.m.* reliquary, shrine.

reliquat [rəli'ka], *n.m.* balance, remainder *(of an account)*; after-effects *(of a disease etc.).*

relique [rə'lik], *n.f.* relic *(of a saint).*

relire [rə'liːr], *v.t.* *irr.* *(conjug. like* LIRE*)* to re-read.

reliure [rə'ljyːr], *n.f.* binding *(of books).*

relouer [rəlu'e], *v.t.* to relet, to sub-let.

reluire [rəlɥiːr], *v.i.* *irr.* *(conjug. like* LUIRE*)* to shine, to glitter.

reluisant [rəlɥi'zɑ̃], *a.* gleaming, shining, glittering.

reluquer [rəly'ke], *v.t.* *(colloq.)* to ogle, to leer at; *(fig.)* to have an eye on.

remâcher [rəmɑ'ʃe], *v.t.* to chew again; *(fig.)* to turn over in one's mind.

remailler [rəma'je], *v.t.* to repair the meshes *(of fishing-nets etc.)*; to mend a ladder *(in stocking).*

remaniement or **remaniment** [rəmani'mɑ̃], *n.m.* *(Polit.)* reshuffle; handling again, touching up; repairing; changing.

remanier [rəma'nje], *v.t.* to handle again; to remodel; to adapt, to revise.

remariage [rəma'rja:ʒ], *n.m.* re-marriage.

remarier [rəma'rje], *v.t.* to remarry. **se remarier,** *v.r.* to marry again, to remarry.

remarquable [rəmar'kabl], *a.* remarkable, notable.

remarquablement [rəmarkablə'mɑ̃], *adv.* remarkably.

remarque [rə'mark], *n.f.* remark; notice.

remarquer [rəmar'ke], *v.t.* to mark again; to notice; to distinguish; **faire remarquer,** to point out. **se remarquer,** *v.r.* to be remarked.

remballer [rɑ̃ba'le], *v.t.* to pack up again.

rembarquement [rɑ̃barkə'mɑ̃], *n.m.* re-embarkation.

rembarquer [rɑ̃bar'ke], *v.t.* to re-embark, to ship again. **se rembarquer,** *v.r.* to go on board again.

rembarrer [rɑ̃ba're], *v.t.* to repulse; to snub; *(fam.)* to tick someone off.

remblai [rɑ̃'blɛ], *n.m.* filling up; embankment.

remblayer [rɑ̃blɛ'je], *v.t.* *(conjug. like* PAYER*)* to embank, to fill up *(with earth).*

remboîter [rɑ̃bwa'te], *v.t.* to fit in again; to reassemble; to reset *(a bone).*

rembourrage [rɑ̃bu'ra:ʒ], **rembourrement** [rɑ̃bur'mɑ̃], *n.m.* stuffing, padding.

rembourrer [rɑ̃bu're], *v.t.* to stuff, to pad; to upholster.

remboursable [rɑ̃bur'sabl], *a.* repayable; redeemable.

remboursement [rɑ̃bursə'mɑ̃], *n.m.* re-imbursement, repayment.

rembourser [rɑ̃bur'se], *v.t.* to repay; to reimburse; to redeem *(an annuity etc.).*

rembruni [rɑ̃bry'ni], *a.* dark, gloomy.

rembrunir [rɑ̃bry'niːr], *v.t.* to darken; to cloud over; *(fig.)* to sadden. **se rembrunir,** *v.r.* to grow darker; to become cloudy *or* gloomy.

remède [rə'mɛd], *n.m.* remedy, medicine.

remédiable [rəme'djabl], *a.* remediable.

remédier [rəme'dje], *v.i.* to remedy, to cure *(à).*

remêler [rəmɛ'le], *v.t.* to mix again, to reshuffle.

remembrement [rəmɑ̃brə'mɑ̃], *n.m.* consolidation *(of land).*

remémoratif [rəmemɔra'tif], *a.* *(fem.* **-tive)** commemorative.

remémorer [rəmemɔ're], *v.t.* to bring *(a thing)* to someone's mind. **se remémorer,** *v.r.* to recollect.

remerciement or **remercîment** [rəmɛrsi'mã], n.m. thanking; (pl.) thanks; *faire des remerciements*, to thank.

remercier [rəmɛr'sje], v.t. to thank; to dismiss; *non, je vous remercie*, no, thank you.

remettre [rə'mɛtr], v.t. irr. (conjug. like METTRE) to put back; to put on again; to lay down again; to make well again; to deliver; to postpone; to entrust; to forgive; to remember; (Ten.) (**balle**) *à remettre*, let (ball); *je vous remets*, I remember your face; *remettre dans l'esprit*, to remind. **se remettre**, v.r. to recover (*oneself*); to resume, to start again; to recollect; to refer; to improve (*of weather*).

réminiscence [reminis'sã:s], n.f. reminiscence.

remis [rə'mi], a. put back, put off, postponed.

remisage [rəmi'za:ʒ], n.m. housing, putting away (*vehicle*).

remise [rə'mi:z], n.f. delivery; remittance; discount; commission; delay; coach-house, mews, shed.

remiser [rəmi'ze], v.t. to put up, to put away (*vehicle*); to house; (*colloq.*) to put by.

rémissible [remi'si:bl], a. remissible, pardonable.

rémission [remi'sjõ], n.f. remission, forgiveness.

remmener [rãm'ne], v.t. (conjug. like AMENER) to take back, to lead back.

remodeler [rəmɔ'dle], v.t. (conjug. like AMENER) to remodel.

remontage [rəmõ'ta:ʒ], n.m. going up; winding up (*of clock etc.*); assembling; refitting (*of parts of machinery*); restocking (*of shop*).

remonte [rə'mõ:t], n.f. remounting, going upstream; run (*of fish*); (Mil.) remount.

remonter [rəmõ'te], v.t. (with aux. AVOIR or ÊTRE *according as action or condition is meant*) to go up again; to take up again; to raise; to stock; to wind up (*clock etc.*); to re-string (*instruments*).—v.i. to go up again; to go back; to rise or increase (*in value etc.*); to date back; to remount (*cavalry*). **se remonter**, v.r. to take in a fresh supply (*de*); to be wound up (*of watches etc.*); to recover one's strength or spirits.

remontoir [rəmõ'twa:r], n.m. winder, key (*of clock, watch*).

remontrance [rəmõ'trã:s], n.f. remonstrance.

remontrer [rəmõ'tre], v.t. to show again; to point out; to represent.—v.i. *en remontrer*, (fig.) to give advice.

remordre [rə'mɔrdr], v.t. to bite again.—v.i. to try again.

remords [rə'mɔ:r], n.m. remorse.

remorquage [rəmɔr'ka:ʒ], n.m. towing, hauling.

remorque [rə'mɔrk], n.f. towing; tow; tow-line; trailer (*car*).

remorquer [rəmɔr'ke], v.t. to tow, to haul.

remorqueur [rəmɔr'kœ:r], a. (fem. -euse) towing, hauling.—n.m. tug-boat, tug.

rémoulade [remu'lad], n.f. sharp sauce.

rémouleur [remu'lœ:r], n.m. knife-grinder.

remous [rə'mu], n.m. eddy; back-wash (*of ship*); slip-stream.

rempailler [rãpa'je], v.t. to re-seat (*a straw-bottomed chair*); to re-stuff with straw.

rempailleur [rãpa'jœ:r], n.m. (fem. -euse) chair-mender.

rempaqueter [rãpak'te], v.t. (conjug. like APPELER) to pack up again.

rempart [rã'pa:r], n.m. rampart; (fig.) bulwark.

remplaçable [rãpla'sabl], a. replaceable.

remplaçant [rãpla'sã], n.m. (fem. -e) substitute; locum.

remplacement [rãplas'mã], n.m. replacing, replacement.

remplacer [rãpla'se], v.t. (conjug. like COMMENCER) to take the place of, to replace; to reinvest. **se remplacer**, v.r. to be replaced.

rempli [rã'pli], a. filled, full.—n.m. tuck, take-up.

remplier [rãpli'je], v.t. to make a tuck in; to turn in.

remplir [rã'pli:r], v.t. to refill, to replenish; to fill, to fill up; to fill in (*form*); to cram; to supply; to occupy (*time etc.*); to fulfil. **se remplir**, v.r. to fill oneself; to become full.

remplissage [rãpli'sa:ʒ], n.m. filling, filling up (*of casks etc.*); (fig.) rubbish, padding.

remploi [rã'plwa], n.m. reinvestment.

remployer [rãplwa'je], v.t. (conjug. like EMPLOYER) to use again; to reinvest.

remplumer [rãply'me], v.t. to feather again. **se remplumer**, v.r. to get new feathers; (fig.) to retrieve one's losses; to get plump again.

rempocher [rãpɔ'ʃe], v.t. to put (*something*) back in one's pocket.

remporter [rãpɔr'te], v.t. to carry or take back; to carry off, to take away with one; to get; to win.

rempoter [rãpɔ'te], v.t. to repot.

remuant [rə'mɥã], a. restless; bustling; (fam.) on the go.

remue-ménage [rəmyme'na:ʒ], n.m. inv. stir, disturbance, bustle.

remuement or **remûment** [rəmy'mã], n.m. stir, stirring; removal; disturbance.

remuer [rə'mɥe], v.t. to move, to stir; to rouse; to turn up; to shake.—v.i. and **se remuer**, v.r. to stir, to move; to fidget.

rémunérateur [remynera'tœ:r], a. (fem. -trice) remunerative, profitable.—n.m. (fem. -trice) rewarder.

rémunération [remynera'sjõ], n.f. remuneration, reward.

rémunératoire [remynera'twa:r], a. remunerative.

rémunérer [remyne're], v.t. (conjug. like CÉDER) to remunerate; to reward.

renâcler [rənã'kle], v.i. to snort; (fam.) to turn up one's nose; to jib (*at something*).

renaissance [rənɛ'sã:s], n.f. rebirth; renaissance.

renaissant [rənɛ'sã], a. springing up again, reviving.

renaître [rə'nɛ:tr], v.i. irr. (conjug. like NAÎTRE, *but no p.p.*) to be born again; to grow again; to spring up again; to revive.

rénal [re'nal], a. (m. pl. -aux) (Anat.) renal.

renard [rə'na:r], n.m. fox; (fig.) sly fellow; (pop.) blackleg.

renarde [rə'nard], n.f. vixen.

renardeau [rənar'do], n.m. (pl. -eaux) fox-cub.

Renaud [rə'no], m. Reginald.

renchéri [rãʃe'ri], *a.* particular, over-nice (*of a person*).—*n.m.* (*fem.* -e) fastidious person; *faire le renchéri*, to put on airs.

renchérir [rãʃe'riːr], *v.t.* to raise the price of. —*v.i.* to get dearer, to rise in price; *renchérir sur*, to improve upon.

renchérissement [rãʃeris'mã], *n.m.* rise in price.

rencogner (se) [sərãko'ɲe], *v.r.* to retreat, to crouch in a corner.

rencontre [rã'kɔ̃ːtr], *n.f.* meeting, encounter; duel; accidental meeting, discovery etc.; collision; chance, coincidence.

rencontrer [rãkɔ̃'tre], *v.t.* to meet, to meet with; to light upon, to encounter. **se rencontrer**, *v.r.* to meet, to meet each other; to be met with; to agree, to coincide.

rendement [rãd'mã], *n.m.* produce, yield, output; efficiency (*of a machine etc.*); (*Spt.*) handicap; (*Comm.*) return, profit.

rendez-vous [rãde'vu], *n.m. inv.* rendezvous, appointment; engagement; place of meeting.

rendormir [rãdɔr'miːr], *v.t. irr.* (*conjug. like* SENTIR) to send to sleep again. **se rendormir**, *v.r.* to fall asleep again.

rendre [rãːdr], *v.t.* to return, to restore, to give back; to repay; to deliver; to give up; to pay; to produce; to reward; to carry; to eject, to emit; to express; to translate; *rendre visite*, to pay a visit.—*v.i.* to lead (*of roads*); to be lucrative; to function, to work. **se rendre**, *v.r.* to go; to resort; to make oneself, to render oneself; to become; to surrender, to give up; to be worn out.

rendu [rã'dy], *a.* rendered, delivered; exhausted, tired out; arrived.—*n.m.* return, tit for tat.

rendurcir [rãdyr'siːr], *v.t.* to make harder. **se rendurcir**, *v.r.* to become harder.

rêne [rɛːn], *n.f.* rein.

renégat [rene'ga], *a.* and *n.m.* (*fem.* -e) renegade, turncoat.

rêner [rɛ'ne], *v.t.* to bridle (*a horse*).

renfermé [rãfɛr'me], *a. personne renfermée*, close, uncommunicative person.— *n.m. odeur de renfermé*, fustiness; musty smell; *sentir le renfermé*, to smell close, fusty or stuffy.

renfermer [rãfɛr'me], *v.t.* to shut up; to contain; to include, to comprise; to conceal. **se renfermer**, *v.r.* to shut oneself up; to confine oneself.

renfiler [rãfi'le], *v.t.* to thread, to string again.

renflammer [rãfla'me], *v.t.* to rekindle. **se renflammer**, *v.r.* to flare up again.

renflé [rã'fle], *a.* swollen, swelling; (*Bot.*) inflated.

renflement [rãflə'mã], *n.m.* swelling, bulge.

renfler [rã'fle], *v.t., v.i.* to swell.

renflouage [rãflu'aːʒ], **renflouement** [rãflu'mã], *n.m.* refloating (*a ship*).

renflouer [rãflu'e], *v.t.* to refloat, to raise (*a ship*); (*fig.*) to salvage (*firm, company etc.*).

renfoncement [rãfɔ̃s'mã], *n.m.* cavity, hollow, recess.

renfoncer [rãfɔ̃'se], *v.t.* (*conjug. like* COMMENCER) to drive deeper; to pull (*a hat etc.*) further on.

renforçage [rãfɔr'saːʒ], *n.m.* strengthening.

renforcé [rãfɔr'se], *a.* downright, regular; reinforced.

renforcement [rãfɔrsə'mã], *n.m.* strengthening; reinforcement.

renforcer [rãfɔr'se], *v.t.* (*conjug. like* COMMENCER) to strengthen, to reinforce; to increase. **se renforcer**, *v.r.* to gather strength, to grow stronger; (*Mil.*) to be reinforced.

renfort [rã'fɔːr], *n.m.* reinforcement; (*fig.*) help, aid, relief; strengthening-piece.

renfrogné [rãfrɔ'ɲe], *a.* frowning, scowling, surly.

renfrognement [rãfrɔɲə'mã], *n.m.* frown, scowl.

renfrogner (se) [sərãfrɔ'ɲe], *v.r.* to frown.

rengagement [rãgaʒ'mã], *n.m.* re-engagement; (*Mil.*) re-enlistment.

rengager [rãga'ʒe], *v.t.* (*conjug. like* MANGER) to re-engage.—*v.i.* (*Mil.*) to re-enlist. **se rengager**, *v.r.* to re-engage; to begin afresh; to re-enlist.

rengaine [rã'gɛːn], *n.f.* catch-phrase; (*fam.*) hackneyed story; popular tune.

rengainer [rãgɛ'ne], *v.t.* to sheathe, to put up (*one's sword*); to withdraw, to put away.

rengorgement [rãgɔrʒə'mã], *n.m.* swaggering, puffing out the neck (*of peacock*).

rengorger (se) [sərãgɔr'ʒe], *v.r.* to carry one's head high; (*fig.*) to give oneself airs.

reniable [rə'njabl], *a.* deniable.

reniement or **reniment** [rəni'mã], *n.m.* denying, disowning.

renier [rə'nje], *v.t.* to disown (*son, friend etc.*); to deny (*God, doctrine*).

reniflement [rəniflə'mã], *n.m.* sniffing, snuffing, snivelling.

renifler [rəni'fle], *v.i.* to sniff, to snivel; (*fig.*) to turn up one's nose (*sur*); to hang back.

renne [rɛn], *n.m.* reindeer.

renom [rə'nɔ̃], *n.m.* renown, fame, reputation.

renommé [rənɔ'me], *a.* renowned, famed.

renommée [rənɔ'me], *n.f.* renown, fame, reputation; rumour.

renommer [rənɔ'me], *v.t.* to name again, to re-elect; to make famous, to praise.

renoncement [rənɔ̃s'mã], *n.m.* renouncement; renunciation.

renoncer [rənɔ̃'se], *v.t.* (*conjug. like* COMMENCER) to renounce, to disclaim, to disown.—*v.i.* to give up, to renounce (*à*).

renonciation [rənɔ̃sja'sjɔ̃], *n.f.* renunciation, self-denial.

renoncule [rənɔ̃'kyl], *n.f.* (*Bot.*) ranunculus, buttercup, crowfoot.

renouer [rənu'e], *v.t.* to tie again, to knot again; to put together; to resume.—*v.i.* to resume relations (*avec*).

renouveau [rənu'vo], *n.m.* (*pl.* -eaux) (*poet.*) spring.

renouvelable [rənu'vlabl], *a.* renewable.

renouveler [rənu'vle], *v.t.* (*conjug. like* APPELER) to renew; to renovate; to revive; to recommence, to repeat. **se renouveler**, *v.r.* to be renewed, to be revived; to occur again.

renouvellement [rənuvɛl'mã], *n.m.* renewal, revival, renovation; increase.

rénovateur [renɔva'tœːr], *a.* (*fem.* -trice) renovating.—*n.m.* (*fem.* -trice) renovator, restorer.

rénovation

rénovation [renɔvɑ'sjɔ̃], *n.f.* renovation, renewal.

renseignement [rɑ̃sɛɲ'mɑ̃], *n.m.* (piece of) information, (piece of) intelligence, account; (*pl.*) information; references; *bureau de renseignements*, information bureau, inquiry-office.

renseigner [rɑ̃sɛ'ɲe], *v.t.* to give information to; to direct. **se renseigner**, *v.r.* to seek information, to make inquiries.

rente [rɑ̃:t], *n.f.* yearly income; revenue; stock, funds.

renté [rɑ̃'te], *a.* of independent means; endowed (*of hospital etc.*).

renter [rɑ̃'te], *v.t.* to allow a yearly income to, to endow (*public services etc.*).

rentier [rɑ̃'tje], *n.m.* (*fem.* **-ière**) stockholder; person of independent means.

rentrant [rɑ̃'trɑ̃], *a.* re-entering, returning; (*Av.*) retractable.—*n.m.* recess (*in a wall*); (*fem.* **-e**) new player.

rentré [rɑ̃'tre], *a.* returned; suppressed; depressed.

rentrée [rɑ̃'tre], *n.f.* re-entrance; return; home-coming; reopening (*of schools etc.*); reappearance; ingathering (*of crops etc.*); receipt, collection.

rentrer [rɑ̃'tre], *v.t.* (*aux.* AVOIR) to take in, to bring in; to suppress.—*v.i.* (*aux.* ÊTRE) to re-enter, to go in again; to return home; to join again; to reopen (*of schools etc.*).

renversable [rɑ̃vɛr'sabl], *a.* liable to be upset; reversible.

renversant [rɑ̃vɛr'sɑ̃], *a.* (*colloq.*) amazing, stunning.

renverse [rɑ̃'vɛrs], *n.f. à la renverse,* backwards.

renversé [rɑ̃vɛr'se], *a.* thrown down, thrown back; upside-down.

renversement [rɑ̃vɛrsə'mɑ̃], *n.m.* reversing; overturning, overthrow; turning upside down; confusion; subversion.

renverser [rɑ̃vɛr'se], *v.t.* to turn upside down, to upset; to reverse; to knock over; to spill (*a liquid*); to destroy; to confuse; to turn (*the brain*); (*fam.*) to astound; to rout; (*Arith., Mus.*) to invert. **se renverser**, *v.r.* to fall back; to fall down; to capsize; to be spilt.

renvoi [rɑ̃'vwa], *n.m.* sending back, return; dismissal; referring (*to a committee etc.*).

renvoyer [rɑ̃vwa'je], *v.t. irr.* (*conjug. like* ENVOYER) to send again; to send back, to return; to dismiss; to refer; to postpone; to throw back; to reflect (*light, heat etc.*); to reverberate (*sound*). **se renvoyer**, *v.r.* to be sent back *or* returned; to send from one to the other.

réoccupation [reɔkypa'sjɔ̃], *n.f.* reoccupation.

réoccuper [reɔky'pe], *v.t.* to reoccupy.

réorganisation [reɔrganiza'sjɔ̃], *n.f.* reorganization.

réorganiser [reɔrgani'ze], *v.t.* to reorganize.

réouverture [reuvɛr'ty:r], *n.f.* reopening (*of a theatre*).

repaire (1) [rə'pɛ:r], *n.m.* haunt (*of criminals*); den, lair (*of animals*).

repaire (2) [REPÈRE].

repaître [rə'pɛ:tr], *v.t. irr.* (*conjug. like* PAÎTRE) to feed, to nourish. **se repaître**, *v.r.*

to feed on, to feast on; to delight in, to indulge in.

répandre [re'pɑ̃:dr], *v.t.* to pour out, to shed; to spill; to scatter; to **distribute**; to exhale; to spread abroad. **se répandre**, *v.r.* to be poured out, to be shed, to be spilt; to be spread; to be exhaled; to be spread abroad; to be current; to go into society.

répandu [repɑ̃'dy], *a.* spilt, shed; widespread.

réparable [repa'rabl], *a.* reparable; rectifiable.

reparaître [rəpa'rɛ:tr], *v.i. irr.* (*conjug. like* CONNAÎTRE) to reappear.

réparateur [repara'tœ:r], *a.* (*fem.* **-trice**) restorative, refreshing.—*n.m.* (*fem.* **-trice**) repairer, restorer.

réparation [repara'sjɔ̃], *n.f.* repairing, mending; amends; compensation; *en réparation,* under repair.

réparer [repa're], *v.t.* to repair, to mend; to make amends for, to make up for.

réparateur [repa'rœ:r], *n.m.* (*fem.* **-euse**) repairer.

reparler [rəpar'le], *v.i.* to speak again.

repartie [rəpar'ti], *n.f.* repartee, retort.

repartir (1) [rəpar'ti:r], *v.t., v.i.* (*conjug. like* SENTIR) to answer, to retort.

repartir (2) [rəpar'ti:r], *v.i. irr.* (*conjug. like* SENTIR, *but with aux.* ÊTRE) to set out again, to go away again.

répartir [repar'ti:r], *v.t.* to divide, to distribute; to assess.

répartissable [reparti'sabl], *a.* divisible; assessable.

répartiteur [reparti'tœ:r], *n.m.* (*fem.* **-trice**) distributor; assessor (*of taxes etc.*).

répartition [reparti'sjɔ̃], *n.f.* distribution; assessment.

repas [rə'pɑ], *n.m. inv.* meal, repast.

repassage [rəpa'sa:ʒ], *n.m.* repassing; grinding, sharpening (*of cutlery*); ironing (*of linen etc.*).

repasser [rəpa'se], *v.t.* (*aux.* AVOIR) to pass again; to cross again; to think over; to sharpen, to grind (*tools*); to iron; to repeat; to look over again.—*v.i.* (*aux.* ÊTRE) to pass again; to go, come, call etc., again.

repasseur [rəpa'sœ:r], *n.m.* (*fem.* **-euse**) (*Ind.*) examiner; grinder.—*n.f.* (**-euse**), ironer (*person or machine*).

repavage [rəpa'va:ʒ], *n.m.* repaving.

repaver [rəpa've], *v.t.* to repave.

repêchage [rəpe'ʃa:ʒ], *n.m.* rescuing; (*Spt.*) *épreuve de repêchage,* supplementary heat; (*Sch.*) second chance (*for candidate who has failed an examination*).

repêcher [rəpe'ʃe], *v.t.* to fish up *or* out again; (*fig.*) to recover, to retrieve.

repeindre [rə'pɛ̃:dr], *v.t. irr.* (*conjug. like* CRAINDRE) to repaint.

repenser [rəpɑ̃'se], *v.t., v.i.* to think over; to think again (of).

repentance [rəpɑ̃'tɑ̃:s], *n.f.* repentance, contrition.

repentant [rəpɑ̃'tɑ̃], *a.* repentant.

repenti [rəpɑ̃'ti], *a.* penitent.

repentir [rəpɑ̃'ti:r], *n.m.* repentance, contrition, regret.

repentir (se) [sərəpɑ̃'ti:r], *v.r. irr.* (*conjug. like* SENTIR) to repent; to rue (*de*).

repression

repérage [rəpe'ra:ʒ], *n.m.* locating; (*Cine.*) synchronization; (*Mil.*) spotting.

répercussion [reperky'sjɔ̃], *n.f.* repercussion, reverberation.

répercuter [reperky'te], *v.t.* to reverberate, to echo; to reflect. **se répercuter,** *v.r.* to be reflected (*light*); to reverberate (*sound*); (*fig.*) to have repercussions.

repère or **repaire** [rə'pɛːr], *n.m.* mark; benchmark; (*fig.*) landmark.

repérer [rəpe're], *v.t.* (*conjug. like* CÉDER) to locate, to spot; to make a guiding mark upon. **se repérer,** *v.r.* to find one's bearings.

répertoire [reper'twaːr], *n.m.* table, list, catalogue; repertory.

répéter [repe'te], *v.t.* (*conjug. like* CÉDER) to repeat, to tell again; to rehearse; to reflect; (*Law*) to demand back. **se répéter,** *v.r.* to be repeated; to repeat oneself.

répétiteur [repeti'tœːr], *n.m.* (*fem.* **-trice**) private teacher, tutor.

répétition [repeti'sjɔ̃], *n.f.* repetition, recurrence; private lesson; (*Theat.*) rehearsal.

repétrir [rəpe'triːr], *v.t.* to remould; to refashion.

repeupler [rəpœ'ple], *v.t.* to repeople; to restock. **se repeupler,** *v.r.* to be repeopled; to be restocked.

repiquage [rəpi'ka:ʒ], *n.m.* transplanting, pricking *or* planting out (again); repairing (*of road*).

repiquer [rəpi'ke], *v.t.* to prick again; to prick out, to transplant; to repair (*road*).

répit [re'pi], *n.m.* respite; (*fig.*) rest, breathing space.

replacement [rəplas'mɑ̃], *n.m.* replacing, putting *or* setting again; reinvestment (*of funds*).

replacer [rəpla'se], *v.t.* (*conjug. like* COMMENCER) to replace, to put in place again; to bring back; to reinvest (*funds*). **se replacer,** *v.r.* to find oneself a new situation.

replanir [rəpla'niːr], *v.t.* to plane down (*wood*).

replanter [rəplɑ̃'te], *v.t.* to replant.

replâtrer [rəplɑ'tre], *v.t.* to replaster; to patch up (*temporarily*).

replet [rə'ple], *a.* (*fem.* **-ète**) obese, stout; (*fam.*) podgy.

réplétion [reple'sjɔ̃], *n.f.* stoutness; repletion, surfeit.

repli [rə'pli], *n.m.* fold, crease; (*fig.*) winding, coil, meander (*of river*); (*Mil.*) withdrawal.

repliable [rəpli'jabl], *a.* folding, collapsible.

replier [rəpli'je], *v.t.* to fold again, to fold up; to bend back; to coil (*a rope etc.*). **se replier,** *v.r.* to twist oneself, to writhe, to wind, to coil; (*Mil.*) to retreat.

réplique [re'plik], *n.f.* reply, answer, retort; (*Mus.*) repeat; (*Theat.*) cue.

répliquer [repli'ke], *v.t.,* *v.i.* to reply, to retort.

replonger [rəplɔ̃'ʒe], *v.t.* (*conjug. like* MANGER) to plunge again, to dip again.— *v.i.* and **se replonger,** *v.r.* to plunge again; to dive again.

répondant [repɔ̃'dɑ̃], *n.m.* candidate (*at an examination*); bail, surety.

répondre [re'pɔ̃:dr], *v.t.* to answer, to reply. —*v.i.* to answer, to reply; to write back; to come up (*à*); to correspond; to re-echo; to be answerable (*de*); to pledge oneself

(*pour*); *je vous en réponds,* take my word for it.

répons [re'pɔ̃], *n.m.* response (*in church*).

réponse [re'pɔ̃:s], *n.f.* answer, reply, response.

report [rə'pɔːr], *n.m.* (*Book-keeping*) carrying forward, bringing forward; amount brought forward.

reportage [rəpɔr'ta:ʒ], *n.m.* (*Journ.*) reporting; feature article.

reporter (1) [rəpɔr'tɛːr], *n.m.* (*Journ.*) reporter.

reporter (2) [rəpɔr'te], *v.t.* to carry back; to take back; (*Book-keeping*) to carry forward. **se reporter,** *v.r.* to go back; to refer; *se reporter à,* please refer to.

repos [rə'po], *n.m.* rest, repose; sleep; quiet; resting-place; *en repos,* at rest; (*Mil.*) *repos !* stand at ease!

reposant [rəpo'zɑ̃], *a.* restful, refreshing.

reposé [rəpo'ze], *a.* rested, refreshed; quiet, calm, cool.

reposer [rəpo'ze], *v.t.* to place again, to lay again, to replace; to rest (*on anything*); to refresh.—*v.i.* to rest, to lie down; to sleep; to be at rest. **se reposer,** *v.r.* to rest, to lie down; to settle down; to alight again (*of birds*); *se reposer sur,* to rely on.

reposoir [rəpo'zwaːr], *n.m.* resting-place; pause.

repoussant [rəpu'sɑ̃], *a.* repulsive, loathsome.

repoussé [rəpu'se], *a.* chased (*silver*), embossed.

repousser [rəpu'se], *v.t.* to push back, to repel; to spurn, to reject; to rebuff; to shoot out (*branches etc.*) again; *repousser du cuir,* to emboss leather; *repousser du cuivre,* to chase copper.—*v.i.* to recoil; to spring up again (*of plants etc.*); to grow again (*of hair*); to be repulsive.

repoussoir [rəpu'swaːr], *n.m.* (*Paint.*) foil.

répréhensible [repreɑ̃'sibl], *a.* reprehensible.

répréhension [repreɑ̃'sjɔ̃], *n.f.* reprehension, reproof.

reprendre [rə'prɑ̃:dr], *v.t. irr.* (*conjug. like* PRENDRE) to recover, to recapture; to take up again; to reprove; to repair.—*v.i.* to take root again; to freeze again; to close up again (*of wounds etc.*); to begin again, to return to; to improve; to reply; to resume. **se reprendre,** *v.r.* to correct oneself; to be caught again; to begin again.

représaille [rəpre'zaːj], *n.f.* (*usu. pl.*) reprisal; *user de représailles,* to retaliate.

représentant [rəprezɑ̃'tɑ̃], *n.m.* (*fem.* **-e**) representative.

représentatif [rəprezɑ̃ta'tif], *a.* (*fem.* **-tive**) representative.

représentation [rəprezɑ̃ta'sjɔ̃], *n.f.* representation; performance; show; remonstrance; agency.

représenter [rəprezɑ̃'te], *v.t.* to present again; to show, to produce; to represent; to resemble; to act (*a play*); to be the representative of.—*v.i.* to have an imposing appearance; to make a good show. **se représenter,** *v.r.* to present oneself again; to picture to oneself; to occur.

répressible [repre'sibl], *a.* repressible.

répressif [repre'sif], *a.* (*fem.* **-ive**) repressive.

répression [repre'sjɔ̃], *n.f.* repression.

réprimande [repri'mɑ̃:d], n.f. reprimand, rebuke.

réprimander [reprimɑ̃'de], v.t. to reprimand, to reprove.

réprimant [repri'mɑ̃], a. repressive.

réprimer [repri'me], v.t. to repress, to restrain.

repris [rə'pri], a. retaken, taken up again; reset (*of a bone*).—*n.m.* *repris de justice*, old offender, (*fam.*) old lag.

reprisage [rəpri'za:ʒ], n.m. darn; darning.

reprise [rə'pri:z], n.f. resumption; recapture, recovery; revival; darn; (*Mus.*) repetition; refrain (*of a song*); (*Ftb. etc.*) second half; (*Fenc.*) bout; (*Box.*) round; *à plusieurs reprises*, several times, repeatedly.

repriser [rəpri'ze], v.t. to darn.

réprobateur [reprɔba'tœ:r], a. (*fem.* **-trice**) reproving.

réprobation [reprɔba'sjɔ̃], n.f. reprobation.

reprochable [rəprɔ'ʃabl], a. reproachable.

reproche [rə'prɔʃ], n.m. reproach.

reprocher [rəprɔ'ʃe], v.t. to reproach, to upbraid; to taunt. **se reprocher**, v.r. to reproach oneself; to blame oneself.

reproducteur [rəprɔdyk'tœ:r], a. (*fem.* **-trice**) reproductive.

reproductif [rəprɔdyk'tif], a. (*fem.* **-tive**) reproductive.

reproduction [rəprɔdyk'sjɔ̃], n.f. reproduction; copy.

reproduire [rəprɔ'dɥi:r], v.t. irr. (*conjug. like* CONDUIRE) to reproduce; to reprint. **se reproduire**, v.r. to reproduce; to breed; to recur.

réprouvable [repru'vabl], a. censurable, reprehensible.

réprouvé [repru've], a. and n.m. (*fem.* **-ée**) reprobate.

réprouver [repru've], v.t. to disapprove of; (*Theol.*) to condemn.

reps [reps], n.m. rep (*silk or woollen fabric*).

reptile [rɛp'til], a. creeping, crawling.—*n.m.* reptile.

repu [rə'py], a. and p.p. of *repaître*, full, satiated.

républicain [repybli'kɛ̃], a. and n.m. (*fem.* **-e**) republican.

republier [rəpybli'je], v.t. to republish.

république [repy'blik], n.f. republic; commonwealth.

répudiation [repydja'sjɔ̃], n.f. repudiation.

répudier [repy'dje], v.t. to repudiate.

répugnance [repy'ɲɑ̃:s], n.f. repugnance; reluctance.

répugnant [repy'ɲɑ̃], a. repugnant.

répugner [repy'ɲe], v.i. to be repugnant; to feel repugnance; to clash with.

répulsif [repyl'sif], a. (*fem.* **-sive**) repulsive, repellent; (*fig.*) disgusting.

répulsion [repyl'sjɔ̃], n.f. repulsion; (*fig.*) aversion, disgust.

réputation [repyta'sjɔ̃], n.f. reputation, character; fame.

réputé [repy'te], a. well-known.

réputer [repy'te], v.t. to repute, to consider, to deem.

requérant [rəke'rɑ̃], n.m. (*fem.* **-e**) plaintiff, petitioner.

requérir [rəke'ri:r], v.t. irr. (*conjug. like* ACQUÉRIR) to request; to require; to claim; to requisition.

requête [rə'kɛ:t], n.f. request, petition, demand.

requiem [rekɥi'ɛm], n.m. requiem.

requin [rə'kɛ̃], n.m. shark.

requis [rə'ki], a. required, requisite, necessary.

réquisition [rekizi'sjɔ̃], n.f. requisition; summons; levy.

réquisitionner [rekizisjɔ'ne], v.t. to requisition, to commandeer.

rescapé [rɛska'pe], a. and n.m. (*fem.* **-ée**) survivor of a disaster.

rescousse [rɛs'kus], n.f. *venir* (*aller*) *à la rescousse*, to come (to go) to the rescue.

réseau [re'zo], n.m. (*pl.* **-eaux**) net; network; (*fig.*) web, tangle; (*Rail., Elec. etc.*) network, system.

réséda [reze'da], n.m. reseda; mignonette.

réservation [rezɛrva'sjɔ̃], n.f. reservation, reserving; booking (*of seats*).

réserve [re'zɛrv], n.f. reserve; reservation, caution; modesty; stock, store; preserve (*for game*).

réservé [rezɛr've], a. reserved; cautious.

réserver [rezɛr've], v.t. to reserve; to keep (*pour*). **se réserver**, v.r. to reserve for oneself; to reserve oneself, to wait.

réserviste [rezɛr'vist], n.m. (*Mil.*) reservist.

réservoir [rezɛr'vwa:r], n.m. reservoir; tank, cistern, well.

résidant [rezi'dɑ̃], a. resident.

résidence [rezi'dɑ̃:s], n.f. residence, dwelling.

résident [rezi'dɑ̃], n.m. (*fem.* **-e**) resident.

résidentiel [rezidɑ̃'sjɛl], a. (*fem.* **-elle**) residential.

résider [rezi'de], v.i. to reside, to dwell.

résidu [rezi'dy], n.m. residue; remainder.

résiduaire [rezi'dɥɛ:r], a. waste.

résignation [reziɲa'sjɔ̃], n.f. resignation.

résigné [rezi'ɲe], a. resigned, submissive.

résigner [rezi'ɲe], v.t. to resign, to give up. **se résigner**, v.r. to resign oneself, to submit.

résiliation [rezilja'sjɔ̃], n.f., **résiliement** or **résilîment** [rezili'mɑ̃], n.m. cancelling, annulment.

résilience [rezi'ljɑ̃:s], n.f. resilience (*in metals*).

résilier [rezi'lje], v.t. to cancel, to annul.

résille [re'zi:j], n.f. hair-net.

résine [re'zin], n.f. resin, rosin.

résineux [rezi'nø], a. (*fem.* **-euse**) resinous.

résistance [rezis'tɑ̃:s], n.f. resistance, opposition; *la Résistance*, the Resistance Movement (1940–45).

résistant [rezis'tɑ̃], a. unyielding; resistant, tough.—*n.m.* (*fem.* **-e**) member of the Resistance Movement.

résister [rezis'te], v.i. to resist, to withstand (*à*).

résistible [rezis'tibl], a. resistible.

résistivité [rezistivi'te], n.f. (*Elec.*) resistivity.

résolu [rezɔ'ly], a. resolved, resolute, determined; solved.

résoluble [rezɔ'lybl], a. soluble.

résolument [rezɔly'mɑ̃], adv. resolutely, boldly.

résolution [rezɔly'sjɔ̃], n.f. resolution, solution; decision, determination; resolve.

résonance [rezɔ'nɑ̃:s], n.f. resonance.

résonnant [rezɔ'nɑ̃], a. resonant, resounding, sonorous.

résonnement [rezɔn'mã], *n.m.* resounding, re-echoing.

résonner [rezɔ'ne], *v.i.* to resound, to reverberate, to re-echo.

résoudre [re'zu:dr], *v.t. irr.* to resolve; to dissolve; to solve; to decide upon; to cancel; to persuade. **se résoudre**, *v.r.* to resolve, to determine; to be resolved, to be solved; to dissolve.

respect [rɛs'pɛ], *n.m.* respect, regard, reverence.

respectabilité [rɛspɛktabili'te], *n.f.* respectability.

respectable [rɛspɛk'tabl], *a.* respectable.

respectablement [rɛspɛktablə'mã], *adv.* respectably.

respecter [rɛspɛk'te], *v.t.* to respect, to revere; to spare.

respectif [rɛspɛk'tif], *a.* (*fem.* -**tive**) respective.

respectivement [rɛspɛktiv'mã], *adv.* respectively.

respectueusement [rɛspɛktɥøz'mã], *adv.* respectfully, deferentially.

respectueux [rɛspɛk'tɥø], *a.* (*fem.* -**euse**) respectful, deferential.

respirable [rɛspi'rabl], *a.* respirable, breathable.

respirateur [rɛspira'tœ:r], *a.m.* respiratory. —*n.m.* respirator.

respiration [rɛspira'sjɔ̃], *n.f.* respiration, breathing.

respiratoire [rɛspira'twa:r], *a.* respiratory, breathing.

respirer [rɛspi're], *v.t.* to breathe; (*fig.*) to express; to long for.—*v.i.* to breathe; to take breath, to rest.

resplendir [rɛsplã'di:r], *v.i.* to shine brightly; to glitter.

resplendissant [rɛsplãdi'sã], *a.* resplendent, glittering.

resplendissement [rɛsplãdis'mã]. *n.m.* splendour, refulgence.

responsabilité [rɛspɔ̃sabili'te], *n.f.* responsibility, liability.

responsable [rɛspɔ̃'sabl], *a.* responsible, accountable.

resquillage [rɛski'ja:ʒ], *n.m.*, **resquille** [rɛs'ki:j], *n.f.* (*slang*) gate-crashing; *entrer à la resquille*, to gate-crash.

resquiller [rɛski'je] *v.i.* to gate-crash; to wangle.

ressac [rə'sak], *n.m.* surf.

ressaisir [rəsɛ'zi:r], *v.t.* to seize again. **se ressaisir**, *v.r.* to regain one's self-control.

ressasser [rəsa'se], *v.t.* (*fig.*) to scrutinize; (*fig.*) to repeat tediously, to harp on.

ressaut [rə'so], *n.m.* projection; abrupt fall, dip.

ressauter [rəso'te], *v.t.* to leap over again.—*v.i.* to leap again; (*Arch.*) to project.

ressemblance [rəsã'blã:s], *n.f.* resemblance, likeness.

ressemblant [rəsã'blã], *a.* like, similar.

ressembler [rəsã'ble], *v.i.* to look like, to resemble (*à*). **se ressembler**, *v.r.* to be like each other; to look alike.

ressemelage [rəsəm'la:ʒ], *n.m.* resoling (*of boots*).

ressemeler [rəsə'mle], *v.t.* (*conjug. like* APPELER) to re-sole (*boots etc.*).

ressenti [rəsã'ti], *a.* felt; (*Paint.*) strongly expressed.

ressentiment [rəsãti'mã], *n.m.* resentment.

ressentir [rəsã'ti:r], *v.t. irr.* (*conjug. like* SENTIR) to feel, to experience; to manifest; to resent. **se ressentir**, *v.r.* to feel the effects (*de*); to be felt.

resserrement [rəsɛr'mã], *n.m.* contraction, tightening; restriction.

resserrer [rəsɛ're], *v.t.* to tighten; to pen in; to restrain; to abridge; to close up; to lock up again. **se resserrer**, *v.r.* to contract, to be contracted; to confine oneself; to curtail one's expenses.

ressort (1) [rə'sɔ:r], *n.m.* spring; elasticity; energy, activity, strength; means.

ressort (2) [rə'sɔ:r], *n.m.* extent of jurisdiction; (*fig.*) department, line.

ressortir (1) [rəsɔr'ti:r], *v.i. irr.* (*conjug. like* SENTIR, *but with aux.* ÊTRE) to go *or* come out again; (*fig.*) to stand out; to result (*de*); *faire ressortir*, to throw into relief.

ressortir (2) [rəsɔr'ti:r], *v.i.* to be under the jurisdiction of, to be dependent on.

ressortissant [rəsɔrti'sã], *n.m.* (*fem.* -**e**) national.

ressource [rə'surs], *n.f.* resource, resort, expedient, shift; (*pl.*) resources; *il n'y a point de ressource*, there's no help for it; *ressources personnelles*, private means.

ressouvenir [rəsuv'ni:r], *n.m.* remembrance-recollection, reminiscence.

ressouvenir (se) [sərəsuv'ni:r], *v.r. irr.* (*conjug. like* TENIR, *but with aux.* ÊTRE) to recollect, to remember.

ressuscitation [resysita'sjɔ̃], *n.f.* resuscitation, revival.

ressusciter [resysi'te], *v.t.* to resuscitate; to revive (*a custom etc.*).—*v.i.* to come to life again.

restant [rɛs'tã], *a.* remaining, left.—*n.m.* remainder, rest.

restaurant [rɛsto'rã], *n.m.* restaurant; restorative.

restaurateur [rɛstora'tœ:r], *n.m.* (*fem.* -**trice**) restorer; restaurant keeper.

restauration [rɛstora'sjɔ̃], *n.f.* restoration, repair.

restaurer [rɛsto're], *v.t.* to restore; to refresh. **se restaurer**, *v.r.* to take refreshment; to build up one's strength (*after illness*).

reste [rɛst], *n.m.* rest, remainder; trace, vestige; (*pl.*) remnants, relics; remains; *au reste* or *du reste*, besides, moreover; *de reste*, over and above; *et le reste*, and so on, and so forth; *être en reste*, to be in arrears; *les restes*, remnants (*of meal*); mortal remains.

rester [rɛs'te], *v.i.* (*aux.* ÊTRE) to remain; to stay; to last; to pause; *rester court*, to stop short.

restituable [rɛsti'tɥabl], *a.* repayable returnable.

restituer [rɛsti'tɥe], *v.t.* to restore; to return, to refund.

restitution [rɛstity'sjɔ̃] *n.f.* restitution; restoration.

restreindre [rɛs'trɛ̃:dr], *v.t. irr.* (*conjug. like* CRAINDRE) to restrict; to limit; to restrain. **se restreindre**, *v.r.* to restrain oneself; to curtail one's expenses.

restreint [rɛs'trɛ̃], *a.* restricted, limited.

restrictif [rɛstrik'tif] *a.* (*fem.* -**tive**) restrictive.

restriction [rɛstrik'sjɔ̃], n.f. restriction, restraint; *restriction mentale*, mental reservation.

restringent [rɛstrɛ̃'ʒɑ̃], a. and n.m. (*Med.*) astringent.

résultant [rezyl'tɑ̃], a. resulting.

résultat [rezyl'ta], n.m. result.

résulter [rezyl'te], v.i. to result.

résumé [rezy'me], n.m. recapitulation, summary; *en résumé*, to sum up.

résumer [rezy'me], v.t. to summarize. **se résumer**, v.r. to recapitulate, to sum up.

résurrection [rezyrɛk'sjɔ̃], n.f. resurrection, revival.

rétablir [reta'bli:r], v.t. to re-establish, to restore; to repair; to recover; to retrieve. **se rétablir**, v.r. to recover one's health; to be restored.

rétablissement [retablis'mɑ̃], n.m. re-establishment, restoration; repair; recovery.

retailler [rəta'je], v.t. to cut again, to prune again.

rétamer [reta'me], v.t. to tin over again; to resilver.

rétameur [reta'mœ:r], n.m. tinker.

retaper [rəta'pe], v.t. (*colloq.*) to do up (*a hat etc.*), to straighten (*bedclothes*). **se retaper**, v.r. (*fam.*) to buck up.

retard [rə'ta:r], n.m. delay; slowness (*of a clock etc.*); *être en retard*, to be late.

retardataire [rətarda'tɛ:r], a. in arrears, late; backward.—n. late-comer; defaulter.

retardement [rətardə'mɑ̃], n.m. delay, retardment.

retarder [rətar'de], v.t. to retard, to delay; to defer (*payment*); to put back (*clocks and watches*).—v.i. to lose time; to be slow (*of clocks and watches*); to be behind the times.

retenir [rət'ni:r] v.t. irr. (*conjug. like* TENIR) ber; to reserve; to hold in, to restrain; to to hold back; to retain; to detain; to remem-engage; to prevent; to get hold of again; (*Arith.*) to carry. **se retenir**, v.r. to control oneself; to refrain; to catch hold.

retenteur [rətɑ̃'tœ:r], a. (*fem.* **-trice**) retaining.

rétentif [retɑ̃'tif], a. (*fem.* **-tive**) retentive.

rétention [retɑ̃'sjɔ̃], n.f. reservation.

retentir [rətɑ̃'ti:r], v.i. to resound, to re-echo, to ring.

retentissant [rətɑ̃ti'sɑ̃], a. resounding, echoing; ringing, loud; (*fig.*) famous.

retentissement [rətɑ̃tis'mɑ̃], n.m. resounding, echo; ringing; (*fig.*) fame, celebrity.

retenu [rət'ny], a. reserved, cautious, wary.

retenue [rət'ny], n.f. discretion, circumspection, caution; detention; (*Comm.*) deduction; guy-rope.

réticence [reti'sɑ̃:s], n.f. reserve, silence; concealment (*of some particular*).

rétif [re'tif], a. (*fem.* **-tive**) restive; stubborn.

rétine [re'tin], n.f. retina (*of the eye*).

retirable [rəti'rabl], a. withdrawable.

retiré [rəti're], a. retired, secluded; in retirement.

retirement [rətir'mɑ̃], n.m. contraction; shrinking.

retirer [rəti're], v.t. to draw again; to pull back, to withdraw; to take away; to retract; to derive. **se retirer**, v.r. to retire, to withdraw; to subside (*of waters*); to contract.

retombée [rətɔ̃'be], n.f. fall, fall-out;

retombée de particules radioactives, radio-active fall-out.

retomber [rətɔ̃'be], v.i. (*aux.* ÊTRE) to fall again; to have a relapse; to subside.

retordre [rə'tordr], v.t. to twist again; to twist (*silk, thread etc.*).

rétorquer [retor'ke], v.t. to retort.

retors [rə'to:r], a. twisted; artful, cunning, crafty.—n.m. twisted thread; crafty person.

retouche [rə'tuʃ], n.f. retouching, touching up.

retoucher [rətu'ʃe], v.t. to retouch; to touch up.

retour [rə'tu:r], n.m. return; repetition, recurrence; sending back; (*fig.*) change; reverse; turning, winding; (*Law*) reversion; *billet d'aller et retour*, return ticket.

retourne [rə'turn], n.f. trump-card.

retourner [rətur'ne], v.t. (*aux.* AVOIR) to turn, to turn up, to turn over, round, about etc.; to send back.—v.i. (*aux.* ÊTRE) to return, to go again, to go back (again); to recoil upon; to turn up (*cards*). **se retourner**, v.r. to turn, to turn round, to look round.

retracer [rətra'se], v.t. (*conjug. like* COMMENCER) to trace again, to retrace; to relate. **se retracer**, v.r. to recall to mind; to recur, to be retraced (*in mind*).

rétracter [retrak'te], v.t. and **se rétracter**, v.r. to retract; to recant.

retrait [rə'trɛ], a. shrunk (*of grain, wood etc.*).—n.m. shrinkage; recess (*in wall*), closet; withdrawal.

retraite [rə'trɛt], n.f. retreat, retiring; privacy; refuge; haunt; retirement (*from office*); superannuation; retiring pension; *battre en retraite*, to beat a retreat.

retraité [rətrɛ'te], a. superannuated, retired, pensioned off.

retraiter [rətrɛ'te], v.t. to retire, to pension off.

retranchement [rətrɑ̃ʃ'mɑ̃], n.m. retrenchment, curtailment; (*Mil.*) entrenchment.

retrancher [rətrɑ̃'ʃe], v.t. to retrench, to curtail, to cut short; to cut out; to abridge; (*Arith.*) to subtract; (*Mil.*) to entrench. **se retrancher**, v.r. to restrain oneself; to curtail one's expenses; (*Mil.*) to entrench oneself; (*fig.*) to fall back upon.

rétrécir [retre'si:r], v.t. to take in, to contract; to narrow, to limit.—v.i. and **se rétrécir**, v.r. to grow narrower; to shrink, to contract.

rétrécissement [retresis'mɑ̃], n.m. narrowing; shrinking.

retremper [rətrɑ̃'pe], v.t. to soak again; to temper again; (*fig.*) to strengthen. **se retremper**, v.r. to be strengthened *or* invigorated.

rétribuer [retri'bɥe], v.t. to remunerate.

rétribution [retriby'sjɔ̃], n.f. payment, reward.

rétroactif [retroak'tif], a. (*fem.* **-tive**) retro-active.

rétroaction [retroak'sjɔ̃], n.f. retroaction; (*Rad. Teleg.*) feed-back.

rétrograde [retro'grad], a. retrograde; backward.

rétrograder [retrogra'de], v.i. to retrograde; to go back, (*Mil.*) to fall back.

rétrogressif [retrogrɛ'sif], a. (*fem.* **-ive**) retrogressive.

rétrogression [retrɔgrɛ'sjɔ̃], n.f. retrogression.

rétrospectif [retrɔspɛk'tif], a. (fem. -tive) retrospective.

retroussé [rətru'se], a. turned up; tucked up; *nez retroussé*, turned-up nose, snub nose.

retrousser [rətru'se], v.t. to turn up, to roll up (*trousers*); to tuck up; to cock (*one's hat*). **se retrousser**, v.r. to tuck up one's skirt or other garment.

retroussis [rətru'si], n.m. cock (of a hat); top (of a boot); facing (of a uniform).

retrouver [rətru've], v.t. to find again, to regain, to recover. **se retrouver**, v.r. to find each other again; to be oneself again.

rétroviseur [retrɔvi'zœ:r], n.m. (Motor.) driving mirror.

rets [rɛ], n.m. inv. net; (fig.) snare, toils.

réunion [rey'njɔ̃], n.f. reunion; reconciliation; junction; meeting, assembly, gathering; reception.

réunir [rey'ni:r], v.t. to reunite, to join again, to bring together again, to reconcile; to connect; to collect. **se réunir**, v.r. to assemble again, to reunite; to meet; to amalgamate.

réussi [rey'si], a. successful, brilliant.

réussir [rey'si:r], v.t. to carry out well, to accomplish, to perform successfully.—v.i. to succeed, to be successful, to prosper, to thrive; to pass (Exam).

réussite [rey'sit], n.f. success; (happy) issue or result; (Cards) patience.

revaloir [rəva'lwa:r], v.t. irr. (conjug. like VALOIR) to return like for like, to be even with.

revanche [rə'vɑ̃:ʃ], n.f. revenge; return match.

rêvasser [rɛva'se], v.i. to day-dream, to muse.

rêvasserie [rɛvas'ri], n.f. day-dreams; idle musing.

rêvasseur [rɛva'sœ:r], n.m. (fem. -euse) (colloq.) dreamer, muser.

rêve [rɛ:v], n.m. dream; day-dream, illusion.

revêche [rə'vɛ:ʃ], a. rough; cross, ill-natured, cantankerous.

réveil [re'vɛ:j], n.m. waking, awaking; alarm-clock; (Mil.) reveille.

réveille-matin [revɛjma'tɛ̃], n.m. inv. alarm-clock.

réveiller [revɛ'je], v.t. to awake, to arouse; to recall. **se réveiller**, v.r. to awake, to wake up; to be roused; to revive.

réveillon [revɛ'jɔ̃], n.m. midnight repast, esp. Christmas Eve revel.

réveillonner [revɛjɔ'ne], v.i. to take part in a *réveillon*.

révélateur [revela'tœ:r], a. (fem. -trice) revealing, tell-tale.—n.m. (fem. -trice) revealer, informer.—n.m. (Phot.) developer.

révélation [revela'sjɔ̃], n.f. revelation, disclosure.

révéler [reve'le], v.t. (conjug. like CÉDER) to reveal, to disclose; to betray; (Phot.) to develop. **se révéler**, v.r. to reveal oneself; to prove (to be).

revenant [rəvə'nɑ̃], a. pleasing, prepossessing.—n.m. ghost.

revendeur [rəvɑ̃'dœ:r], n.m. (fem. -euse) retail dealer, dealer in old clothes etc.

revendicable [rəvɑ̃di'kabl], a. claimable.

revendicateur [rəvɑ̃dika'tœ:r], n.m. (fem. -trice) claimant.

revendication [rəvɑ̃dika'sjɔ̃], n.f. claim, demand.

revendiquer [rəvɑ̃di'ke], v.t. to claim.

revendre [rə'vɑ̃:dr], v.t. to sell again, to resell.

revenir [rəv'ni:r], v.i. irr. (conjug. like TENIR but with aux. ÊTRE) to come again, to come back, to return; to reappear, to haunt, to walk (of ghosts); to recur; to recover; to amount, to cost; to retract; to please.

revente [rə'vɑ̃:t], n.f. resale.

revenu [rəv'ny], n.m. revenue, income.

revenue [rəv'ny], n.f. young wood, after-growth.

rêver [rɛ've], v.t. to dream, to dream of.—v.i. to dream; to have day-dreams; to muse.

réverbérant [reverbe'rɑ̃], a. reverberating.

réverbération [reverbera'sjɔ̃], n.f. reverberation; reflection (of light, heat).

réverbère [rever'bɛ:r], n.m. reflector; street lamp.

réverbérer [reverbe're], v.t., v.i. (conjug. like CÉDER) to reverberate; to reflect (light, heat).

reverdir [rəver'di:r], v.t. to make green again, to revive.—v.i. to become green again; (fig.) to grow young again.

reverdissement [rəverdis'mɑ̃], n.m. growing green again.

révéremment [revera'mɑ̃], adv. reverently.

révérence [reve'rɑ̃:s], n.f. reverence; bow, curtsy.

révérenciel [reverɑ̃'sjɛl], a. (fem. -elle) reverential.

révérencieusement [reverɑ̃sjøz'mɑ̃], adv. reverentially.

révérencieux [reverɑ̃'sjø], a. (fem. -euse) ceremonious, obsequious.

révérend [reve'rɑ̃], a. reverend.

révérendissime [reverɑ̃di'sim], a. most reverend, right reverend.

révérer [reve're], v.t. (conjug. like CÉDER) to revere.

rêverie [rɛ'vri], n.f. reverie, musing, dreaming.

revers [rə'vɛ:r], n.m. back, reverse; facing (of clothes); lapel (of a coat); turn-up (of trousers); top (of boots); (Ten.) back-hand stroke; misfortune, set back.

reverser [rəver'se], v.t. to pour out again; to pour back; to transfer; to pay back.

réversible [rever'sibl], a. reversible; revertible.

réversion [rever'sjɔ̃], n.f. reversion.

reversoir [rəver'swa:r], n.m. weir.

revêtement [rəvɛt'mɑ̃], n.m. facing (of masonry etc.); surface (of road).

revêtir [rəvɛ'ti:r], v.t. irr. (conjug. like VÊTIR) to give clothes to, to dress; to put on; to assume; to cover; (fig.) to invest or endow with. **se revêtir**, v.r. to clothe oneself, to array oneself; to put on, to assume.

rêveur [rɛ'vœ:r], a. (fem. -euse) dreaming; (fig.) pensive, dreamy.—n.m. (fem. -euse) dreamer; muser.

revient [rə'vjɛ̃], n.m. prix de revient, net cost.

revirement [rəvir'mɑ̃], n.m. tacking about; (fig.) sudden change.

revirer [rəvi're], v.i. to tack, to put about; (fig.) to change sides.

283

revisable

revisable [rəvi'zabl], **révisable** [revi'zabl], *a.* revisable.

reviser [rəvi'ze], **réviser** [revi'ze], *v.t.* to revise, to review, to examine; to overhaul (*engine*).

reviseur [rəvi'zœːr], **réviseur** [revi'zœːr], *n.m.* reviser, examiner; auditor; proofreader.

revision [rəvi'zjɔ̃], **révision** [revi'zjɔ̃], *n.f.* revision, review; overhaul (*of engine*).

revivifier [rəvivi'fje], *v.t.* to revivify, to regenerate, to revive.

revivre [rə'viːvr], *v.t. irr.* (*conjug. like* VIVRE) to relive.—*v.i.* to come to life again, to live again.

révocable [revɔ'kabl], *a.* revocable; removable (*of an official*).

révocation [revɔka'sjɔ̃], *n.f.* revocation (*of will*), repeal; dismissal (*of an official*).

revoici [rəvwa'si], **revoilà** [rəvwa'la], *adv.* (*colloq.*) **me revoici**, here I am again; **le revoilà**, there he is again.

revoir [rə'vwaːr], *v.t. irr.* (*conjug. like* VOIR) to see again; to meet again; to revise, to review. **se revoir**, *v.r.* to see *or* meet each other again.—*n.m. inv.* **au revoir**, good-bye (*for the present*).

revoler (1) [rəvɔ'le], *v.t.* to steal again.

revoler (2) [rəvɔ'le], *v.i.* to fly again; to fly back.

révoltant [revɔl'tɑ̃], *a.* revolting, shocking.

révolte [re'vɔlt], *n.f.* revolt, rebellion.

révolté [revɔl'te], *n.m.* (*fem.* **-ée**) rebel, mutineer.

révolter [revɔl'te], *v.t.* to stir up, to rouse; to shock, to disgust. **se révolter**, *v.r.* to revolt, to rebel; to be indignant, to be shocked.

révolu [revɔ'ly], *a.* accomplished, completed; elapsed.

révolution [revɔly'sjɔ̃], *n.f.* revolution.

révolutionnaire [revɔlysjɔ'nɛːr], *a.* revolutionary.—*n.* revolutionary; revolutionist.

révolutionner [revɔlysjɔ'ne], *v.t.* to revolutionize.

revolver [revɔl'vɛːr], *n.m.* revolver.

révoquer [revɔ'ke], *v.t.* to dismiss (*an official etc.*); to recall (*an ambassador etc.*); to repeal, to cancel.

revue [rə'vy], *n.f.* review, survey; revision; magazine; review (*critical article*); (*Mil.*) review; (*Theat.*) revue.

révulsion [revyl'sjɔ̃], *n.f.* revulsion.

rez [re], *prep.* on a level with, even with.

rez-de-chaussée [redʃo'se], *n.m. inv.* ground-level; ground floor.

rhabillage [rabi'jaːʒ], *n.m.* mending, overhaul.

rhabiller [rabi'je], *v.t.* to dress again; to mend.

rhétoricien [retɔri'sjɛ̃], *n.m.* rhetorician.

rhétorique [retɔ'rik], *n.f.* rhetoric.

Rhin [rɛ̃], **le**, *m.* the Rhine.

rhinocéros [rinɔse'rɔs], *n.m. inv.* rhinoceros.

rhododendron [rɔdɔdɛ̃'drɔ̃], *n.m.* rhododendron.

rhombe [rɔ̃:b], *a.* rhombic.—*n.m.* rhomb; rhombus.

rhubarbe [ry'barb], *n.f.* rhubarb.

rhum [rɔm], *n.m.* rum.

rhumatisant [rymati'zɑ̃], *a.* suffering from

rheumatism, rheumatic.—*n.m.* (*fem.* **-e**) sufferer from rheumatism.

rhumatismal [rymatis'mal], *a.* (*m. pl.* **-aux**) rheumatic.

rhumatisme [ryma'tism], *n.m.* rheumatism.

rhume [rym], *n.m.* cold (*illness*).

riant [ri'jɑ̃], *a.* smiling, cheerful, pleasant, pleasing.

ribambelle [ribɑ̃'bɛl], *n.f.* (*colloq.*) swarm, string, lot.

ribaud [ri'bo], *a.* and *n.m.* (*fem.* **-e**) ribald.

ribauderie [ribod'ri], *n.f.* ribaldry.

ricanement [rikan'mɑ̃], *n.m.* sneering, sneer; mocking laughter.

ricaner [rika'ne], *v.i.* to sneer, to snigger.

ricaneur [rika'nœːr], *a.* (*fem.* **-euse**) sneering, derisive.—*n.m.* (*fem.* **-euse**) sneerer.

Richard [ri'ʃaːr], *m.* Richard.

richard [ri'ʃaːr], *n.m.* (*fam.* and *pej.*) moneyed person, capitalist.

riche [riʃ], *a.* rich, wealthy; copious; valuable.—*n.* rich person.

richement [riʃ'mɑ̃], *adv.* richly; splendidly.

richesse [ri'ʃɛs], *n.f.* riches, wealth; copiousness; richness.

richissime [riʃi'sim], *a.* (*colloq.*) rolling in money.

ricin [ri'sɛ̃], *n.m.* castor-oil plant.

ricocher [rikɔ'ʃe], *v.i.* to rebound; to ricochet.

ricochet [rikɔ'ʃɛ], *n.m.* rebound (*on the water*); (*Artill.*) ricochet; (*fig.*) chain (*of events*).

rictus [rik'tyːs], *n.m. inv.* grin; rictus.

ride [rid], *n.f.* wrinkle; ripple.

ridé [ri'de], *a.* wrinkled; rippling, corrugated.

rideau [ri'do], *n.m.* (*pl.* **-eaux**) curtain; screen (*of trees etc.*).

rider [ri'de], *v.t.* to wrinkle; to corrugate; to shrivel; to ruffle (*water*). **se rider**, *v.r.* to be wrinkled; to shrivel up; to ripple (*of water*).

ridicule [ridi'kyl], *a.* ridiculous.—*n.m.* ridicule; ridiculousness.

ridiculement [ridikyl'mɑ̃], *adv.* ridiculously.

ridiculiser [ridikyli'ze], *v.t.* to ridicule, to make fun of.

rien [rjɛ̃], *n.m.* trifle, mere nothing.—*indef. pron.* nothing, nought, not anything; anything.

rieur [ri'jœːr], *a.* (*fem.* **rieuse**) laughing, joking.

rigide [ri'ʒid], *a.* rigid, stiff; strict, severe.

rigidement [riʒid'mɑ̃], *adv.* rigidly, strictly.

rigidité [riʒidi'te], *n.f.* rigidity, stiffness; strictness, severity.

rigole [ri'gɔl], *n.f.* trench, small ditch *or* channel; gutter.

rigoler [rigɔ'le], *v.i.* (*pop.*) to laugh; to have fun; to joke.

rigorisme [rigɔ'rism], *n.m.* rigorism, austerity.

rigoriste [rigɔ'rist], *a.* over-severe.—*n.* rigorist, stickler.

rigoureusement [rigurøz'mɑ̃], *adv.* rigorously, severely, strictly.

rigoureux [rigu'rø], *a.* (*fem.* **-euse**) rigorous, harsh; strict; stern; inclement.

rigueur [ri'gœːr], *n.f.* rigour, strictness; precision; severity; inclemency; **à la rigueur**, at a pinch; if necessary; **de rigueur**, indispensable, compulsory.

rimailler [rima'je], *v.i.* to write doggerel.

rimailleur [rima'jœːr], *n.m.* (*fem.* **-euse**) sorry rhymer, rhymester.

rime [rim], *n.f.* rhyme; (*fig.*) verse.

rimer [ri'me], *v.i.* to rhyme; to write verses.

rimeur [ri'mœːr], *n.m.* rhymer, versifier.

rinçage [rɛ̃'saːʒ], *n.m.* rinsing, washing.

rincer [rɛ̃'se], *v.t.* (*conjug. like* COMMENCER) to rinse, to wash. **se rincer**, *v.r.* to rinse.

ripaille [ri'paːj], *n.f.* feasting, junketing.

riposte [ri'pɔst], *n.f.* (*Fenc.*) ripost, return; (*fig.*) retort, repartee.

riposter [ripɔs'te], *v.i.* (*Fenc.*) to ripost, to parry and thrust; (*fig.*) to make a smart reply.

rire [riːr], *v.i. irr.* to laugh; to smile; to be favourable; to joke; to mock. **se rire**, *v.r.* to make sport, to scoff (*de*).—*n.m.* laughter, laughing.

ris [ri], *n.m. inv.* laugh, smile, laughter; (*Naut.*) reef (*of sails*); sweetbread.

risée [ri'ze], *n.f.* laugh, laughter; mockery; laughing-stock.

risette [ri'zɛt], *n.f.* pleasant little laugh, smile.

risible [ri'zibl], *a.* comical, laughable; ridiculous.

risiblement [rizible'mã], *adv.* laughably, ludicrously.

risque [risk], *n.m.* risk, hazard.

risqué [ris'ke], *a.* risky; *une plaisanterie risquée*, a doubtful joke.

risquer [ris'ke], *v.t.* to risk, to venture; (*fam.*) to chance. **se risquer**, *v.r.* to risk, to venture.

risque-tout [riskə'tu], *n.m. inv.* (*colloq.*) dare-devil.

rissole [ri'sɔl], *n.f.* rissole.

rissoler [risɔ'le], *v.t.* (*Cook.*) to brown.

ristourne [ris'turn], *n.f.* refund; rebate.

rit or **rite** [rit], *n.m.* rite.

ritournelle [ritur'nɛl], *n.f.* (*Mus.*) ritornello, flourish.

rituel [ri'tɥɛl], *a.* (*fem.* **-elle**) ritual.—*n.m.* ritual (*prayer-book*).

rivage [ri'vaːʒ], *n.m.* shore, strand, beach; bank, waterside.

rival [ri'val], *a.* (*m. pl.* **-aux**) rival, competitive.—*n.m.* (*fem.* **-e**, *m. pl.* **-aux**) rival.

rivaliser [rivali'ze], *v.i.* to rival, to vie, to compete.

rivalité [rivali'te], *n.f.* rivalry, emulation.

rive [riːv], *n.f.* bank, shore (*of rivers, lakes etc.*); (*fig.*) seashore; border.

rivement [riv'mã], *n.m.* riveting.

river [ri've], *v.t.* to clinch, to rivet.

riverain [ri'vrɛ̃], *a.* riparian; bordering (*on rivers or woods*).—*n.m.* (*fem.* **-e**) riverside resident; borderer.

rivet [ri'vɛ], *n.m.* rivet; clinch.

rivetage [riv'taːʒ], *n.m.* riveting.

riveter [riv'te], *v.t.* (*conjug. like* APPELER) to rivet.

riveteur [riv'tœːr], **riveur** [ri'vœːr], *n.m.* riveter.

rivière [ri'vjɛːr], *n.f.* river, stream.

rivoir, *n.m.* or **rivoire** [ri'vwaːr], *n.f.* riveting-hammer *or* machine.

rivure [ri'vyːr], *n.f.* clinching, riveting.

rixe [riks], *n.f.* fight, scuffle; brawl, affray.

riz [ri], *n.m.* rice.

rizière [ri'zjɛːr], *n.f.* rice-field, paddy-field, rice-plantation; rice-swamp.

robe [rɔb], *n.f.* gown, dress, frock; robe; long robe (*lawyers*), the cloth (*clergy*); coat (*of certain animals*); skin, husk, peel (*of certain fruits etc.*).

robinet [rɔbi'nɛ], *n.m.* tap; cock; *ouvrir* (*fermer*) *le robinet*, to turn on (off) the tap.

robot [rɔ'bo], *a. inv.* **avion robot**, pilotless plane; *fusée, satellite robot*, unmanned rocket, satellite.—*n.m.* automaton, robot.

robuste [rɔ'byst], *a.* robust, sturdy; hardy, strong.

robustement [rɔbystə'mã], *adv.* robustly, athletically.

robustesse [rɔbys'tɛs], *n.f.* robustness, strength, vigour.

roc [rɔk], *n.m.* rock.

rocaille [rɔ'kaːj], *n.f.* rock-work, grotto-work.

rocailleux [rɔka'jø], *a.* (*fem.* **-euse**) pebbly, stony; rugged, rough.

roche [rɔʃ], *n.f.* rock; boulder; stony mass.

rocher [rɔ'ʃe], *n.m.* rock, crag.

rochet [rɔ'ʃɛ], *n.m.* rochet (*surplice*); ratchet.

rocheux [rɔ'ʃø], *a.* (*fem.* **-euse**) rocky, stony.

rococo [rɔkɔ'ko], *a. inv.* rococo; antiquated.—*n.m.* rococo, antiquated style.

rodage [rɔ'daːʒ], *n.m.* grinding in; polishing; *en rodage*, running in (*engine*).

roder [rɔ'de], *v.t.* to run in (*car*); to grind, to polish.

rôder [rɔ'de], *v.i.* to prowl.

rôdeur [rɔ'dœːr], *a.* (*fem.* **-euse**) prowling.—*n.m.* (*fem.* **-euse**) prowler; vagrant.

rodomontade [rɔdɔmɔ̃'tad], *n.f.* bluster, swagger.

Rodrigue [rɔ'drig], *m.* Roderick.

rogaton [rɔga'tɔ̃], *n.m.* (*pl.*) scraps, odds and ends.

Roger [rɔ'ʒe], *m.* Roger; *c'est un vrai Roger Bontemps*, he is a happy-go-lucky sort of chap.

rogner [rɔ'ɲe], *v.t.* to cut, to pare, to crop; to clip, to prune.

rogneux [rɔ'ɲø], *a.* (*fem.* **-euse**) mangy, scabby.

rognon [rɔ'ɲɔ̃], *n.m.* kidney (*as food*).

rognure [rɔ'ɲyːr], *n.f.* a paring, a clipping; (*pl.*) scraps, refuse, leavings.

rogue [rɔg], *a.* arrogant, haughty.

roi [rwa], *n.m.* king.

roitelet [rwa'tlɛ], *n.m.* petty king; wren.

rôle [roːl], *n.m.* roll; list, roster, catalogue; (*Theat.*) part, character.

romain [rɔ'mɛ̃], *a.* a Roman.—*n.m.* (**Romain**, *fem.* **-aine**) Roman (*person*).

roman (1) [rɔ'mã], *a.* Romance, Romanic.

roman (2) [rɔ'mã], *n.m.* novel, romance, fiction.

romance [rɔ'mãːs], *n.f.* (*Mus.*) ballad, sentimental song.

romancier [rɔmã'sje], *n.m.* (*fem.* **-ière**) novelist.

romanesque [rɔma'nɛsk], *a.* romantic.—*n.m.* the romantic.

roman-feuilleton [rɔmãfœj'tɔ̃], *n.m.* (*pl.* **romans-feuilletons**) newspaper serial (story).

romantique [rɔmã'tik], *a.* romantic.—*n.* romanticist.

romantiquement [rɔmãtik'mã], *adv.* romantically.

romantisme [rɔmã'tism], *n.m.* (*Lit. Hist.*) romanticism.

285

romarin

romarin [rɔma'rɛ̃], *n.m.* rosemary.
rompre [rɔ̃:pr], *v.t.* (*see Verb Tables*) to break, to snap; to break off; to rout; to dissolve; to break in; to divert; to interrupt. —*v.i.* to break; to fall out. **se rompre**, *v.r.* to break off, to snap.
rompu [rɔ̃'py], *a.* broken, snapped; broken in.
romsteck [rɔm'stɛk], *n.m.* rump-steak.
ronce [rɔ̃:s], *n.f.* bramble, blackberry-bush.
ronceraie [rɔ̃s'rɛ], *n.f.* brake, brambly ground.
ronchonner [rɔ̃ʃɔ'ne], *v.i.* (*fam.*) to grumble.
rond [rɔ̃], *a.* round; plump, rotund; frank; even (*of money or accounts*). —*adv.* normally, true (*of motor*). —*n.m.* round, ring, orb, circle, disk.
ronde [rɔ̃:d], *n.f.* round; patrol; beat; (*Mus.*) semibreve; roundelay; round-hand (*writing*).
rondeau [rɔ̃'do], *n.m.* (*pl.* **-eaux**) rondeau (*French poem*); (*Mus.*) rondo; roller.
rondelet [rɔ̃'dlɛ], *a.* (*fem.* **-ette**) roundish, plump, podgy.
rondelle [rɔ̃'dɛl], *n.f.* rondelle, washer; rundle, ring.
rondement [rɔ̃d'mɑ̃], *adv.* roundly; briskly; frankly, bluntly.
rondeur [rɔ̃'dœ:r], *n.f.* roundness, rotundity; fullness; plain dealing.
rondin [rɔ̃'dɛ̃], *n.m.* round log; cudgel.
rond-point [rɔ̃'pwɛ̃], *n.m.* (*pl.* **ronds-points**) (*Arch.*) apsis; circus (*place where several roads etc. meet*); roundabout.
ronflant [rɔ̃'flɑ̃], *a.* snoring; humming, whirring; sonorous.
ronflement [rɔ̃flə'mɑ̃], *n.m.* snoring; roaring, rumbling; boom; snorting (*of horses*).
ronfler [rɔ̃'fle], *v.i.* to snore; to snort (*of horses*); to roar (*cannon, thunder etc.*); to boom; to peal (*organs*); to hum (*spinning-tops*).
ronfleur [rɔ̃'flœːr], *n.m.* (*fem.* **-euse**) snorer.
rongeant [rɔ̃'ʒɑ̃], *a.* gnawing, corroding; (*fig.*) tormenting.
ronger [rɔ̃'ʒe], *v.t.* (*conjug. like* MANGER) to gnaw, to nibble; to consume, to corrode; to prey upon (*the mind etc.*); **ronger son frein**, to champ the bit. **se ronger**, *v.r.* to fret.
rongeur [rɔ̃'ʒœːr], *a.* (*fem.* **-euse**) gnawing, biting; corroding; consuming. —*n.m.* (*Zool.*) rodent.
ronron [rɔ̃'rɔ̃], *n.m.* purr, purring.
ronronner [rɔ̃rɔ'ne], *v.i.* to purr, to hum.
roquet [rɔ'kɛ], *n.m.* pug-dog; cur, mongrel.
rosace [rɔ'zas], *n.f.* (*Arch.*) rose; rose-window.
rosage [rɔ'za:ʒ], *n.m.* rhododendron; azalea.
rosaire [rɔ'zɛːr], *n.m.* (*R.-C. Ch.*) rosary.
rosâtre [rɔ'zɑ:tr], *a.* pinkish.
rosbif [rɔs'bif], *n.m.* roast beef.
rose [ro:z], *a.* rosy; pink, rose-coloured. —*n.f.* rose; rose-window; **rose trémière**, hollyhock. —*n.m.* rose-colour, pink.
rosé [ro'ze], *a.* rosy, roseate; **vin rosé**, light-red wine.
roseau [ro'zo], *n.m.* (*pl.* **-eaux**) reed.
rosée [ro'ze], *n.f.* dew.
roselière [rozə'ljɛːr], *n.f.* reed-bed.
roséole [roze'ɔl], *n.f.* scarlet rash; German measles.
roser [ro'ze], *v.t.* to make pink.

roseraie [roz'rɛ], *n.f.* rosery, rose garden.
rosette [ro'zɛt], *n.f.* small rose; rosette.
rosier [ro'zje], *n.m.* rose-tree, rose-bush.
rosière [ro'zjɛːr], *n.f.* rose-queen; queen of the May.
rosiériste [rozje'rist], *n.* rose-grower.
rosse [rɔs], *a.* bad, malicious. —*n.f.* jade, screw; (*fig.* and *fam.*) worthless *or* nasty person.
rossée [rɔ'se], *n.f.* shower of blows, thrashing.
rosser [rɔ'se], *v.t.* (*colloq.*) to thrash, to beat up.
rossignol [rɔsi'nɔl], *n.m.* nightingale; picklock, skeleton key; (*Carp.*) wedge; (*fig.*) unsaleable article (*in a shop*).
rot [ro], *n.m.* (*pop.*) belch, eructation.
rôt [ro], *n.m.* roast, roast meat.
rotarien [rota'rjɛ̃], *n.m.* member of a Rotary Club.
rotateur [rota'tœːr], *a.* (*fem.* **-trice**) (*Anat.*) rotatory. —*n.m.* (*Anat.*) rotator.
rotatif [rota'tif], *a.* (*fem.* **-tive**) rotary.
rotation [rota'sjɔ̃], *n.f.* rotation.
rotatoire [rota'twaːr], *a.* rotatory.
roter [ro'te], *v.i.* to belch.
rôti [ro'ti], *n.m.* roast, roast meat.
rôtie [ro'ti], *n.f.* slice of toast.
rôtir [ro'tiːr], *v.t., v.i.* to roast; to broil; to toast (*bread etc.*); (*fig.*) to parch.
rôtissage [roti'sa:ʒ], *n.m.* roasting.
rôtisserie [rotis'ri], *n.f.* cook-shop.
rôtisseur [roti'sœːr], *n.m.* (*fem.* **-euse**) cook-shop keeper.
rôtissoire [roti'swaːr], *n.f.* roaster, Dutch oven.
rotonde [ro'tɔ̃:d], *n.f.* rotunda; long sleeveless cloak.
rotondité [rotɔ̃di'te], *n.f.* rotundity; plumpness.
rotor [ro'tɔ:r], *n.m.* rotor.
roturier [roty'rje], *a.* (*fem.* **-ière**) plebeian; vulgar, mean. —*n.m.* (*fem.* **-ière**) commoner.
rouage [rwa:ʒ], *n.m.* wheelwork; cog-wheel; machinery; (*Horol.*) movement.
rouan [rwɑ̃], *a.* (*fem.* **rouanne**) roan (*of horses, cattle etc.*). —*n.m.* roan horse.
roublard [ru'blaːr], *a.* and *n.m.* (*fem.* **-e**) (*fam.*) wily, crafty (person).
rouble [rubl], *n.m.* rouble (*Russian coin*).
roucoulement [rukul'mɑ̃], *n.m.* cooing; gurgling (*of babies*).
roucouler [ruku'le], *v.t., v.i.* to coo.
roue [ru], *n.f.* wheel; paddle-wheel; **faire la roue**, to spread (out) its tail (*of peacocks etc.*); to show off; **mettre** or **jeter des bâtons dans les roues**, to put spokes into the wheel (*of*).
roué [rwe], *a.* cunning, sharp, artful; exhausted. —*n.m.* rake, profligate; (*fem.* **-ée**) cunning or unscrupulous person.
rouelle [rwɛl], *n.f.* round slice (*meat*).
rouer [rwe], *v.t.* to break upon the wheel; **rouer de coups**, to beat unmercifully.
rouerie [ru'ri], *n.f.* piece of knavery, trick, sharp practice.
rouet [rwe], *n.m.* spinning-wheel.
rouge [ru:ʒ], *a.* red; red-hot; bloodshot. —*n.m.* rouge; redness. —*n.* (*fam.*) left-winger, communist.
rougeâtre [ru'ʒɑːtr], *a.* reddish.
rougeaud [ru'ʒo], *a.* (*colloq.*) red-faced, ruddy. —*n.m.* (*fem.* **-e**) red-faced person.

rouge-gorge [ruʒ'gɔrʒ], *n.m.* (*pl.* **rouges-gorges**) red-breast, robin redbreast.

rougeole [ru'ʒɔl], *n.f.* measles.

rougeoyer [ruʒwa'je], *v.i.* (*conjug. like* EM-PLOYER) to turn red; to glow.

rouget [ru'ʒɛ], *a.* (*fem.* **-ette**) reddish.—*n.m.* (*Ichth.*) red mullet.

rougeur [ru'ʒœ:r], *n.f.* redness; flush, glow, blush.

rougir [ru'ʒi:r], *v.t.* to redden, to tinge with red.—*v.i.* to redden, to grow red, to colour, to blush.

rouille [ru:j], *n.f.* rust, rustiness; (*Agric.*) mildew, blight.

rouillé [ru'je], *a.* rusty; blighted (*of corn*).

rouiller [ru'je], *v.t., v.i.* to rust; to blight; to impair. **se rouiller**, *v.r.* to rust; to grow rusty; to be impaired.

rouilleux [ru'jø], *a.* (*fem.* **-euse**) rust-coloured.

rouillure [ru'jy:r], *n.f.* rustiness; (*Agric.*) rust.

rouir [rwi:r], *v.t.* to steep, to soak, to ret.

rouissage [rwi'sa:ʒ], *n.m.* steeping, retting.

roulade [ru'lad], *n.f.* roll, rolling down; (*Mus.*) trill.

roulage [ru'la:ʒ], *n.m.* rolling; haulage, carriage (*in wagons etc.*); road traffic.

roulant [ru'lɑ̃], *a.* rolling; travelling (*crane*); easy (*of roads*); (*Print.*) at work.

rouleau [ru'lo], *n.m.* (*pl.* **-eaux**) roll; roller; rolling-pin; coil (*rope*).

roulement [rul'mɑ̃], *n.m.* rolling, roll; rumbling, rattle; rotation; *par roulement*, in rotation; *roulement à billes*, ball-bearing.

rouler [ru'le], *v.t.* to roll; to roll up; to wind up; to revolve; (*colloq.*) to cheat; (*Golf*) *coup roulé*, putt.—*v.i.* to roll, to roll along; to revolve; to ride (*en*); to ramble; to keep going. **se rouler**, *v.r.* to roll; to tumble, to wallow.

roulette [ru'lɛt], *n.f.* small wheel; roller, castor, truckle; roulette (*game*).

roulier [ru'lje], *a.* carrying (*trade*).—*n.m.* wagoner, carter, carrier.

roulis [ru'li], *n.m.* rolling, roll (*waves or ships*), lurch.

roulotte [ru'lɔt], *n.f.* gipsy-van; (*Motor.*) caravan.

roumain [ru'mɛ̃], *a.* Rumanian.—*n.m.* Rumanian (*language*); (**Roumain**, *fem.* **-aine**) Rumanian (*person*).

Roumanie [ruma'ni], **la**, *f.* Rumania.

roupie [ru'pi], *n.f.* rupee.

roupiller [rupi'je], *v.i.* (*colloq.*) to doze, to snooze.

rouquin [ru'kɛ̃], *a.* (*pop.*) ginger-haired, carroty-haired.

roussâtre [ru'sa:tr], *a.* reddish, russet.

rousseur [ru'sœ:r], *n.f.* redness.

roussi [ru'si], *a.* browned, scorched.—*n.m.* burnt smell; burning.

roussir [ru'si:r], *v.t., v.i.* to redden; to singe, to scorch; *faire roussir*, to brown (*meat etc.*).

roussissage [rusi'sa:ʒ], **roussissement** [rusis 'mɑ̃], *n.m.* reddening; browning; scorching.

routage [ru'ta:ʒ], *n.m.* sorting (*of mail*).

route [rut], *n.f.* road, way; route, path, course; track (*of a ship etc.*); highway.

router [ru'te], *v.t.* to sort (*mail*).

routier [ru'tje], *a.* (*fem.* **-ière**) of roads;

carte routière, road-map.—*n.m.* lorry-driver; (*fig.*) old hand; road racer (*cyclist*).

routine [ru'tin], *n.f.* routine, habit, practice.

routinier [ruti'nje], *a.* (*fem.* **-ière**) routine, following a routine.—*n.m.* (*fem.* **-ière**) person following a routine; stick-in-the-mud.

rouvrir [ru'vri:r], *v.t., v.i. irr.* (*conjug. like* OUVRIR) to reopen.

roux [ru], *a.* (*fem.* **rousse**) reddish; red-haired, sandy.—*n.m.* (*fem.* **rousse**) red-haired *or* sandy person.—*n.m.* reddish colour.

royal [rwa'jal], *a.* (*m. pl.* **-aux**) royal; regal, kingly.

royalement [rwajal'mɑ̃], *adv.* royally; regally.

royalisme [rwaja'lism], *n.m.* royalism.

royaliste [rwaja'list], *a. and n.* royalist.

royaume [rwa'jo:m], *n.m.* kingdom, realm; *le Royaume-Uni*, the United Kingdom.

royauté [rwajo'te], *n.f.* royalty, kingship, monarchy.

ruade [rɥad], *n.f.* kick (*by horse etc.*); lashing out.

Ruanda [RWANDA].

ruban [ry'bɑ̃], *n.m.* ribbon; (*fig.*) strip; tape.

rubané [ryba'ne], *a.* covered with ribbons.

rubaner [ryba'ne], *v.t.* to trim with ribbons; to cut into ribbons.

rubanerie [ryban'ri], *n.f.* ribbon-weaving; ribbon-trade.

rubéole [rybe'ɔl], *n.f.* rubeola, German measles.

rubescent [rybɛ'sɑ̃], *a.* reddish; growing red.

rubicond [rybi'kɔ̃], *a.* rubicund.

rubis [ry'bi], *n.m. inv.* ruby.

rubrique [ry'brik], *n.f.* red chalk; (*pl.*) rubric; (*fig.*) heading (*of article*).

ruche [ryʃ], *n.f.* hive; (*Needlework*) frilling, ruche.

ruchée [ry'ʃe], *n.f.* hiveful.

rucher (1) [ry'ʃe], *n.m.* stand *or* shed for bee-hives; apiary.

rucher (2) [ry'ʃe], *v.t.* (*Needlework*) to ruche, to frill.

rude [ryd], *a.* harsh, rough, rugged; violent; severe; uncouth; churlish; arduous, difficult.

rudement [ryd'mɑ̃], *adv.* roughly, harshly, severely, violently; (*pop.*) awfully, very.

rudesse [ry'dɛs], *n.f.* roughness, coarseness; ruggedness, uncouthness; harshness; unkindness.

rudiment [rydi'mɑ̃], *n.m.* rudiment; primer.

rudimentaire [rydimɑ̃'tɛ:r], *a.* rudimentary.

rudoiement [rydwa'mɑ̃], *n.m.* bullying, brow-beating.

rudoyer [rydwa'je], *v.t.* (*conjug. like* EM-PLOYER) to treat roughly; to bully, to ill-treat.

rue [ry], *n.f.* street; rue (*plant*).

ruée [rɥe], *n.f.* rush; onslaught.

ruelle [rɥɛl], *n.f.* lane, alley.

ruer [rɥe], *v.i.* to kick (*of horses etc.*). **se ruer**, *v.r.* to throw oneself, to rush (*sur*).

rugby [ryg'bi], *n.m.* rugby football, rugger.

rugir [ry'ʒi:r], *v.i.* to roar, to bellow.

rugissant [ryʒi'sɑ̃], *a.* roaring.

rugissement [ryʒis'mɑ̃], *n.m.* roaring, roar.

rugosité [rygɔzi'te], *n.f.* rugosity, roughness.

rugueux [ry'gø], *a.* (*fem.* **-euse**) rugose, rough.

287

ruine [rɥin], *n.f.* ruin; decay, destruction.
ruiner [rɥi'ne], *v.t.* to ruin, to lay waste; to destroy; to spoil. **se ruiner**, *v.r.* to ruin oneself; to fall into decay.
ruineux [rɥi'nø], *a.* (*fem.* -**euse**) ruinous.
ruisseau [rɥi'so], *n.m.* (*pl.* -**eaux**) brook, stream; gutter.
ruisselant [rɥis'lɑ̃], *a.* streaming, dripping.
ruisseler [rɥi'sle], *v.i.* (*conjug. like* APPELER) to run, to be very wet, to stream (with) (*de*).
rumeur [ry'mœːr], *n.f.* clamour, uproar; (*fig.*) report, rumour.
ruminant [rymi'nɑ̃], *a.* ruminant, ruminating.—*n.m.* ruminant.
rumination [rymina'sjɔ̃], *n.f.* rumination (*chewing the cud*).
ruminer [rymi'ne], *v.t.* to ruminate on; (*fig.*) to think over.—*v.i.* to ruminate, to chew the cud; (*fig.*) to ponder, to muse.
rupture [ryp'tyːr], *n.f.* breaking, rupture; annulment; hernia.
rural [ry'ral], *a.* (*m. pl.* -**aux**) rural, rustic.
ruse [ryːz], *n.f.* guile, cunning; trick, wile, ruse.
rusé [ry'ze], *a.* artful, crafty, sly.—*n.m.* (*fem.* -**ée**) artful, crafty *or* sly person.
ruser [ry'ze], *v.i.* to use deceit, craft *or* guile.
russe [rys], *a.* Russian.—*n.m.* Russian (*language*).—*n.* (**Russe**) Russian (*person*).
Russie [ry'si], **la**, *f.* Russia.
rustaud [rys'to], *a.* rustic, boorish, uncouth.—*n.m.* (*fem.* -**e**) rustic, clodhopper.
rusticité [rystisi'te], *n.f.* rusticity, simplicity.
rustique [rys'tik], *a.* rustic, rural; homely, simple.
rustiquement [rystik'mɑ̃], *adv.* rustically; boorishly, uncouthly.
rustre [rystr], *a.* boorish, rude.—*n.m.* boor, lout.
rutabaga [rytaba'ga], *n.m.* swede, Swedish turnip.
rutilant [ryti'lɑ̃], *a.* glowing, gleaming, rutilant.
rutiler [ryti'le], *v.i.* to glow, to gleam (*red*).
Rwanda, Ruanda [rwɑ̃'da], **le**, *m.* Rwanda.
rythme [ritm], *n.m.* rhythm.
rythmique [rit'mik], *a.* rhythmical.

S

S, s [ɛs], *n.m.* the nineteenth letter of the alphabet.
s' [s], elision, [SE].
sa [sa], [SON (1)].
sabbat [sa'ba], *n.m.* Sabbath.
sable [saːbl], *n.m.* sand; gravel; (*Zool., Her.*) sable.
sablé [sa'ble], *a.* covered with sand *or* gravel.
sabler [sa'ble], *v.t.* to sand, to gravel; (*fig.*) to drink off.
sableux [sa'blø], *a.* (*fem.* -**euse**) sandy.
sablier [sabli'je], *n.m.* sand-glass, hour-glass; egg-timer.
sablière [sabli'jɛːr], *n.f.* sand-pit; gravel-pit.

sablon [sa'blɔ̃], *n.m.* fine sand, scouring sand.
sablonner [sablɔ'ne], *v.t.* to scour with sand.
sablonneux [sablɔ'nø], *a.* (*fem.* -**euse**) sandy, gritty.
sablonnière [sablɔ'njɛːr], *n.f.* sand-pit.
sabord [sa'bɔːr], *n.m.* (*Naut.*) port-hole.
saborder [sabɔr'de], *v.t.* to scuttle.
sabot [sa'bo], *n.m.* sabot, clog; hoof (*of horse etc.*); drag (*of carriages*); *dormir comme un sabot*, to sleep like a top.
sabotage [sabɔ'taːʒ], *n.m.* sabotage.
saboter [sabɔ'te], *v.t.* (*colloq.*) to bungle; to damage wilfully, to sabotage.
saboteur [sabɔ'tœːr], *n.m.* (*fem.* -**euse**) bungler; saboteur.
sabotier [sabɔ'tje], *n.m.* (*fem.* -**ière**) sabot maker.
sabre [saːbr], *n.m.* sabre; broadsword.
sabrer [sa'bre], *v.t.* to strike *or* cut with a sabre, to sabre; (*colloq.*) to hurry over, to botch.
sabreur [sa'brœːr], *n.m.* swashbuckler; (*colloq.*) botcher.
sac (1) [sak], *n.m.* sack, bag; pouch (*of certain animals*).
sac (2) [sak], *n.m.* sack (*plunder*), pillage.
saccade [sa'kad], *n.f.* jerk, jolt.
saccadé [saka'de], *a.* jerky, broken, abrupt; irregular.
saccader [saka'de], *v.t.* to jerk.
saccage [sa'kaːʒ], *n.m.* upset, confusion; pillage.
saccager [saka'ʒe], *v.t.* (*conjug. like* MANGER) to sack, to plunder; (*fig.*) to play havoc with.
saccharine [saka'rin], *n.f.* saccharine.
sacerdoce [sasɛr'dɔs], *n.m.* priesthood.
sacerdotal [sasɛrdɔ'tal], *a.* (*m. pl.* -**aux**) sacerdotal.
sachée [sa'ʃe], *n.f.* sackful, bagful.
sachet [sa'ʃe], *n.m.* small bag, sachet.
sacoche [sa'kɔʃ], *n.f.* (*Mil.*) saddle-bag; money-bag; tool-bag.
sacramental [sakramɑ̃'tal] (*m. pl.* -**aux**), **sacramentel** [sakramɑ̃'tɛl] (*fem.* -**elle**), *a.* sacramental.
sacre [sakr], *n.m.* anointing and coronation of a king; consecration of a bishop.
sacré [sa'kre], *a.* holy, consecrated; sacred, inviolable.
sacrebleu! [sakrə'blø], *int.* confound it! curse it!
sacrement [sakrə'mɑ̃], *n.m.* sacrament, *esp.* matrimony.
sacrer [sa'kre], *v.t.* to anoint, to crown; to consecrate.—*v.i.* to curse and swear.
sacrificateur [sakrifika'tœːr], *n.m.* (*fem.* -**trice**) sacrificer.
sacrificatoire [sakrifika'twaːr], *a.* sacrificial.
sacrifice [sakri'fis], *n.m.* sacrifice; renunciation.
sacrifier [sakri'fje], *v.t.* to sacrifice; to devote; to give up.—*v.i.* to sacrifice.
sacrilège [sakri'lɛːʒ], *a.* sacrilegious.—*n.m.* sacrilege.
sacrilègement [sakrilɛʒ'mɑ̃], *adv.* sacrilegiously.
sacripant [sakri'pɑ̃], *n.m.* rascal, scoundrel.
sacristain [sakris'tɛ̃], *n.m.* sacristan, sexton.
sacristie [sakris'ti], *n.f.* sacristy, vestry; church plate.
sacristine [sakris'tin], *n.f.* vestry-nun, sacristine.

sacro-saint [sakrɔ'sɛ̃], *a.* sacrosanct.

sadique [sa'dik], *a.* sadistic.—*n.* sadist.

sadisme [sa'dism], *n.m.* sadism.

saducéen [sadyse'ɛ̃], *a.* (*fem.* **-éenne**) Sad-ducean.—*n.m.* (*fem.* **-éenne**) Sadducee.

safran [sa'frɑ̃], *n.m.* saffron; crocus.

safrané [safra'ne], *a.* saffron-coloured.

saga [sa'ga], *n.f.* saga.

sagace [sa'gas], *a.* sagacious, shrewd.

sagacité [sagasi'te], *n.f.* sagacity.

sage [sa:ʒ], *a.* wise; sage, sensible, prudent; sober, well-behaved, good; virtuous, mod-est; gentle (*of animals*).—*n.m.* wise man, sage.

sage-femme [saʒ'fam], *n.f.* (*pl.* **sages-femmes**) midwife.

sagement [saʒ'mɑ̃] *adv.* wisely; prudently; soberly, steadily.

sagesse [sa'ʒɛs], *n.f.* wisdom; prudence; steadiness; chastity; good behaviour (*of children*); gentleness (*of animals*).

sagittaire [saʒi'tɛ:r], *n.m.* (*Rom. Ant.*) archer; (*Astron.*) Sagittarius.

sagou [sa'gu], *n.m.* sago.

sagouier [sagu'je] or (*preferably*) **sagou-tier** [sagu'tje], *n.m.* sago-tree.

sagouin [sa'gwɛ̃], *n.m.* squirrel-monkey; (*fem.* **-e**) (*fig.*) slovenly fellow or woman.

Sahara [saa'ra], **le**, *m.* the Sahara.

saignant [sɛ'nɑ̃], *a.* bleeding, bloody; under-done (*of meat*).

saignée [sɛ'ne] *n.f.* blood-letting, phlebo-tomy; small of the arm; (*fig.*) drain on the purse.

saignement [sɛɲə'mɑ̃], *n.m.* bleeding.

saigner [sɛ'ne], *v.t.* to bleed; to stick (*an animal*); (*fig.*) to drain.—*v.i.* to bleed. **se saigner**, *v.r.* to bleed oneself; to drain oneself *or* one's purse.

saigneux [sɛ'nø], *a.* (*fem.* **-euse**) bloody.

saillant [sa'jɑ̃], *a.* jutting out, projecting; (*fig.*) striking, remarkable.—*n.m.* (*Fort.*) salient.

saillie [sa'ji], *n.f.* start, sudden spurt; sally; (*fig.*) witticism; projection.

saillir [sa'ji:r], *v.i.* to gush (*of liquids*); to ripple (*of muscles*).

sain [sɛ̃], *a.* hale, healthy; sound; sane; *sain et sauf*, safe and sound.

saindoux [sɛ̃'du], *n.m. inv.* lard.

sainement [sɛn'mɑ̃], *adv.* wholesomely; healthily, soundly; judiciously.

sainfoin [sɛ̃'fwɛ̃], *n.m.* sainfoin.

saint [sɛ̃], *a.* holy, sacred; godly, saintly; sanctified, consecrated.—*n.m.* (*fem.* **-e**) saint; patron saint.

saintement [sɛ̃t'mɑ̃], *adv.* sacredly; piously, religiously.

sainteté [sɛ̃tə'te], *n.f.* holiness, sanctity, sacredness, saintliness; *Sa Sainteté le Pape*, His Holiness the Pope.

saisi [sɛ'zi], *a.* seized, possessed, struck (*de*).

saisie [sɛ'zi], *n.f.* (*Law*) seizure; distraint, execution.

saisir [sɛ'zi:r], *v.t.* to seize, to take hold of; to understand; (*fig.*) to impress, to shock, to startle; to distrain. **se saisir**, *v.r.* to seize, to catch hold (*de*); to take possession (*de*); to arrest.

saisissable [sɛzi'sabl], *a.* distrainable, seiz-able.

saisissant [sɛzi'sɑ̃], *a.* keen, sharp, piercing (*of cold*); striking, impressive.

saisissement [sɛzis'mɑ̃], *n.m.* shock, violent impression, seizure.

saison [sɛ'zɔ̃], *n.f.* season; *marchand des quatre saisons*, costermonger, barrow-boy.

saisonnier [sɛzɔ̃'nje], *a.* (*fem.* **-ière**) seasonal.

salade [sa'lad], *n.f.* salad, herb grown for salad; (*fig.*) medley, confusion.

saladier [sala'dje], *n.m.* salad-bowl.

salage [sa'la:ʒ], *n.m.* salting.

salaire [sa'lɛ:r], *n.m.* wages, pay, hire; reward.

salaison [salɛ'zɔ̃], *n.f.* salting; salt provisions; curing (*of bacon etc.*).

salamalec [salama'lɛk], *n.m.* (*used chiefly in pl.*) salaam; (*fig.*) exaggerated politeness.

salamandre [sala'mɑ̃:dr], *n.f.* salamander; slow-combustion stove.

salant [sa'lɑ̃], *a.m. marais salant*, salt-marsh.

salarié [sala'rje], *a.* paid, wage-earning.—*n.m.* (*fem.* **-ée**) wage-earner.

salarier [sala'rje], *v.t.* to pay, to give wages to.

salaud [sa'lo], *n.m.* (*fem.* **-e**) (*pop.* and *rude*) sloven, dirty person, slut; *quel salaud!* dirty beast! dirty dog! bastard!

sale [sal], *a.* dirty; nasty, foul; coarse, obscene; squalid.

salé [sa'le], *a.* salted, salt; briny; (*fig.*) keen, biting; coarse; spicy.—*n.m.* salt pork; *du petit salé*, pickled pork.

salement [sal'mɑ̃], *adv.* dirtily; nastily.

saler [sa'le], *v.t.* to salt; (*fig.*) to overcharge for; to fleece (*customers*).

saleté [sal'te], *n.f.* dirtiness, filthiness; filth, dirt; dirty trick; obscenity.

saleur [sa'lœ:r], *n.m.* (*fem.* **-euse**) salter, curer.

salière [sa'ljɛ:r], *n.f.* salt-cellar; salt-box; eye-pit (*in horses*).

salin [sa'lɛ̃], *a.* salt, saline, briny.—*n.m.* salt-works; salt-marsh.

saline [sa'lin], *n.f.* salt-marsh, salt-mine, salt-pit.

salinier [sali'nje], *n.m.* owner of salt-works; salt-worker *or* -vendor.

salique [sa'lik], *a. loi salique*, Salic law.

salir [sa'li:r], *v.t.* to dirty, to soil; to taint, to sully. **se salir**, *v.r.* to get dirty; to sully one's reputation.

salissant [sali'sɑ̃], *a.* that soils *or* gets dirty easily; dirty (*of job, work etc.*).

salive [sa'li:v], *n.f.* saliva, spittle.

saliver [sali've], *v.i.* to salivate.

salle [sal], *n.f.* hall; large room; gallery (*of museum*); ward (*in hospitals*); (*Theat.*) house; *salle à manger*, dining-room; *salle d'attente*, waiting-room; *salle de bain(s)*, bathroom; *salle de spectacle*, playhouse.

saloir [sa'lwa:r], *n.m.* salt-box; salting-tub.

salon [sa'lɔ̃], *n.m.* drawing-room, parlour; lounge; saloon; exhibition (*art*); (*pl.*) world of fashion.

salopette [salɔ'pɛt], *n.f.* overall, dungarees.

salpêtrage [salpɛ'tra:ʒ], *n.m.* saltpetre-making; nitrification.

salpêtre [sal'pɛ:tr], *n.m.* saltpetre.

salpêtrer [salpɛ'tre], *v.t.* to cover with salt-petre.

salpêtrerie [salpɛtrə'ri], *n.f.* saltpetre-works.

salpêtreux [salpɛ'trø], *a.* (*fem.* **-euse**) salt-petrous.

salpêtrière [salpɛtri'jɛ:r], *n.f.* saltpetre-works.

salsepareille [salspa'rɛ:j], *n.f.* sarsaparilla.

saltimbanque [saltɛ̃'bã:k], *n.m.* mountebank, buffoon; (*fig.*) humbug.

salubre [sa'lybr], *a.* salubrious, healthy (*climate*).

salubrité [salybri'te], *n.f.* salubrity, healthfulness, wholesomeness.

saluer [sa'lɥe], *v.t.* to salute, to bow to; to greet; to cheer; to proclaim. **se saluer**, *v.r.* to bow to *or* salute each other.

salure [sa'ly:r], *n.f.* saltness, salinity.

salut [sa'ly], *n.m.* safety; salvation; welfare; escape; salutation, greeting; hail, cheers.

salutaire [saly'tɛ:r], *a.* salutary, advantageous, beneficial.

salutairement [salytɛr'mã], *adv.* beneficially.

salutation [salyta'sjõ], *n.f.* salutation, greeting; (*pl.*) compliments.

Salvador [salva'dɔr], **le**, *m.* El Salvador.

salvadorègne [salvadɔ'rɛɲ], *a.* Salvadorean. —*n.* (**Salvadorègne**) Salvadorean (*person*).

salve [salv], *n.f.* salvo, volley; salute (*of artillery*).

samedi [sam'di], *n.m.* Saturday.

sanatorium [sanatɔ'rjɔm], *n.m.* sanatorium.

sanctifiant [sãkti'fjã], *a.* sanctifying.

sanctificateur [sãktifika'tœ:r], *a.* (*fem.* **-trice**) sanctifying.—*n.m.* sanctifier.

sanctification [sãktifika'sjõ], *n.f.* sanctification.

sanctifier [sãkti'fje], *v.t.* to sanctify, to hallow.

sanction [sãk'sjõ], *n.f.* sanction; approbation; penalty.

sanctionner [sãksjɔ'ne], *v.t.* to sanction, to approve; to penalize.

sanctuaire [sãk'tɥɛ:r], *n.m.* sanctuary (*of the temple etc.*), shrine; chancel (*of church*).

sandale [sã'dal], *n.f.* sandal; fencing-shoe.

sandalier [sãda'lje], *n.m.* sandal-maker.

sandow [sã'dɔf], *n.m.* chest-expander; rubber shock-absorber.

sandwich [sã'dwitʃ], *n.m.* (*pl.* **sandwichs** or **sandwiches**) sandwich.

sang [sã], *n.m.* blood; race; kindred; *pur sang*, thoroughbred.

sang-froid [sã'frwa], *n.m.* coolness, composure, sang-froid.

sanglade [sã'glad], *n.f.* lash, cut (*with a whip*).

sanglant [sã'glã], *a.* bloody, bleeding; (*fig.*) biting, outrageous.

sangle [sã:gl], *n.f.* strap, belt; saddle-girth; *lit de sangle*, camp-bed.

sangler [sã'gle], *v.t.* to girth, to strap; to lace too tightly; to deal (*a slashing blow*). **se sangler**, *v.r.* to lace oneself tightly.

sanglier [sã'glje], *n.m.* wild boar.

sanglot [sã'glo], *n.m.* sob.

sangloter [sãglɔ'te], *v.i.* to sob.

sang-mêlé [sãme'le], *n.m. inv.* half-caste.

sangsue [sã'sy], *n.f.* leech; (*fig.*) extortioner.

sanguin [sã'gɛ̃], *a.* of blood; full-blooded; blood-red.

sanguinaire [sãgi'nɛ:r], *a.* sanguinary, bloody, blood-thirsty.

sanitaire [sani'tɛ:r], *a.* sanitary.

sans [sã], *prep.* without; free from; but for, had it not been for, were it not for; *cela va sans dire*, of course; *sans abri*, *sans gîte*, *sans logis*, homeless; *sans cela*, otherwise; *sans quoi*, otherwise.

sans-atout [sãza'tu], *n.m.* no trumps.

sans-cœur [sã'kœ:r], *n. inv.* heartless, unfeeling person.

sanscrit [sãs'kri], *n.m.* Sanskrit.

sans-façon [sãfa'sõ], *n.m.* bluntness; off-handedness.

sans-gêne [sã'ʒɛ:n], *n.m.* unceremoniousness, coolness; (*fam.*) cheek.

sansonnet [sãsɔ'nɛ], *n.m.* (*Orn.*) starling.

sans-patrie [sãpa'tri], *n. inv.* stateless person.

sans-souci [sãsu'si], *a.* carefree, happy-go-lucky.—*n. inv.* (*colloq.*) carefree, easy-going person.—*n.m. inv.* free-and-easy manners.

sans-travail [sãtra'vaj], *n.m. inv.* **les sans-travail**, the unemployed.

santal [sã'tal], *n.m.* (*pl.* **-als**) sandalwood, santal.

santé [sã'te], *n.f.* health, healthiness; state of health.

saoul [SOUL].

sape [sap], *n.f.* sapping, undermining; mine; trench.

saper [sa'pe], *v.t.* to sap, to undermine.

sapeur [sa'pœ:r], *n.m.* sapper.

sapeur-pompier [sapœrpɔ̃'pje], *n.m.* (*pl.* **sapeurs-pompiers**) fireman.

sapeur-télégraphiste [sapœrtelegra'fist], *n.m.* (*pl.* **sapeurs-télégraphistes**) soldier of the signal corps; (*pl.*) (*fam.*) signals.

saphir [sa'fi:r], *n.m.* sapphire.

sapin [sa'pɛ̃], *n.m.* fir, fir-tree; (*bois de*) *sapin*, deal.

sapinette [sapi'nɛt], *n.f.* spruce.

sapinière [sapi'njɛ:r], *n.f.* fir wood, fir plantation.

sarabande [sara'bã:d], *n.f.* saraband (*dance*); (*fam.*) song-and-dance.

sarcasme [sar'kasm], *n.m.* sarcasm, sarcastic remark.

sarcastique [sarkas'tik], *a.* sarcastic.

sarcelle [sar'sɛl], *n.f.* (*Orn.*) teal.

sarclage [sar'kla:ʒ], *n.m.* weeding.

sarcler [sar'kle], *v.t.* to weed; to hoe; (*fig.*) to extirpate.

sarcleur [sar'klœ:r], *n.m.* (*fem.* **-euse**) weeder.

sarcloir [sar'klwa:r], *n.m.* hoe.

sarcophage (1) [sarkɔ'fa:ʒ], *n.m.* sarcophagus.

sarcophage (2) [sarkɔ'fa:ʒ], *n.f.* (*Ent.*) blow-fly.

Sardaigne [sar'dɛɲ], **la**, *f.* Sardinia.

sarde [sard], *a.* Sardinian.—*n.* (**Sarde**) Sardinian (*person*).

sardine [sar'din], *n.f.* sardine.

sardinerie [sardin'ri], *n.f.* sardine packing and curing factory.

sardinier [sardi'nje], *n.m.* (*fem.* **-ière**) sardine fisher; sardine packer *or* curer. —*n.m.* sardine-net; sardine-boat.

sardoine [sar'dwan], *n.f.* sardonyx.

sardonique [sardɔ'nik], *a.* sardonic.

sarigue [sa'rig], *n.* sarigue (*opossum*).

sarment [sar'mã], *n.m.* vine-shoot, vine-branch.

sarmenteux [sarmã'tø], *a.* (*fem.* **-euse**) branchy, climbing; rambling (*of roses*).

sarrasin [sara'zɛ̃], *n.m.* buckwheat.

sauvetage

sarrau [saˈro], *n.m.* (*pl.* **-aux**) smock-frock; child's blouse.

sas [sɑ], *n.m. inv.* sieve, screen; (*Naut.*) floating chamber (*of submarine*).

Satan [saˈtɑ̃], *m.* Satan.

satané [sataˈne], *a.* (*colloq.*) devilish, confounded.

satanique [sataˈnik], *a.* satanic, diabolical.

sataniquement [satanikˈmɑ̃], *adv.* fiendishly, diabolically.

satellite [sateˈlit], *a.* satellite.—*n.m.* satellite.

satiété [sasjeˈte], *n.f.* satiety, repletion.

satin [saˈtɛ̃], *n.m.* satin.

satiné [satiˈne], *a.* satin-like, satiny; glazed (*of paper etc.*).

satiner [satiˈne], *v.t.* to satin; to glaze (*paper etc.*).—*v.i.* to look like satin.

satire [saˈtiːr], *n.f.* satire; lampoon.

satirique [satiˈrik], *a.* satirical.—*n.m.* satirist.

satiriquement [satirikˈmɑ̃], *adv.* satirically.

satiriser [satiriˈze], *v.t.* to satirize.

satisfaction [satisfakˈsjɔ̃], *n.f.* satisfaction; gratification; atonement.

satisfaire [satisˈfɛːr], *v.t. irr.* (*conjug. like* FAIRE) to satisfy; to gratify; to answer; to give satisfaction to, to make amends to.—*v.i.* to be satisfactory (à); to fulfil (à). **se satisfaire**, *v.r.* to satisfy oneself, to indulge oneself.

satisfaisant [satisfəˈzɑ̃], *a.* satisfactory.

satisfait [satisˈfɛ], *a.* satisfied, contented, pleased.

saturant [satyˈrɑ̃], *a.* saturating.

saturation [satyraˈsjɔ̃], *n.f.* saturation.

saturer [satyˈre], *v.t.* to saturate; (*fig.*) to surfeit.

saturnales [satyrˈnal], *n.f. pl.* saturnalia.

Saturne [saˈtyrn], *m.* Saturn.

satyre [saˈtiːr], *n.m.* satyr.

sauce [soːs], *n.f.* sauce; *sauce hollandaise*, egg yolks and melted butter.

saucé [soˈse], *a.* soused, wet through.

saucer [soˈse], *v.t.* (*conjug. like* COMMENCER) to dip in sauce; to sop, to souse.

saucière [soˈsjɛːr], *n.f.* sauce-boat.

saucisse [soˈsis], *n.f.* (*fresh*) sausage.

saucisson [sosiˈsɔ̃], *n.m.* large dry sausage; salami.

sauf (1) [sof], *a.* (*fem.* **sauve**) safe; unhurt, unscathed; *sain et sauf*, safe and sound.

sauf (2) [sof], *prep.* save, except; unless.

sauf-conduit [sofkɔ̃ˈdɥi], *n.m.* (*pl.* **-conduits**) safe-conduct.

sauge [soːʒ], *n.f.* sage (*herb*).

saugrenu [sogrəˈny], *a.* absurd, ridiculous, preposterous.

saulaie [soˈlɛ], *n.f.* willow-grove.

saule [soːl], *n.m.* willow.

saumâtre [soˈmɑːtr], *a.* brackish, briny.

saumon [soˈmɔ̃], *n.m.* salmon.

saumoné [somoˈne], *a.* salmon-coloured; *truite saumonée*, salmon-trout.

saumurage [somyˈraːʒ], *n.m.* pickling (*in brine*), brining.

saumure [soˈmyːr], *n.f.* brine, pickle.

saumuré [somyˈre], *a.* pickled, brined.

saunage [soˈnaːʒ], *n.m.*, **saunaison** [soneˈzɔ̃], *n.f.* salt-making; salt-trade.

sauner [soˈne], *v.i.* to make salt.

saunerie [sonˈri], *n.f.* saltworks.

saunier [soˈnje], *n.m.* salt-maker; salt-merchant.

saunière [soˈnjɛːr], *n.f.* salt-bin.

saupoudrage [supuˈdraːʒ], *n.m.* salting; sprinkling, powdering.

saupoudrer [supuˈdre], *v.t.* to sprinkle with salt, pepper etc.; to powder, to sprinkle.

saur or **sor** [soːr], *a.m.* smoked and salted; red (*of herrings*).

saure [sɔr], *a.* yellowish-brown; sorrel (*of horses*); red, smoked (*of herrings*).

saurer [soˈre], *v.t.* to smoke (*herrings*).

saurin [soˈrɛ̃], *n.m.* freshly smoked herring, bloater.

saurisserie [sorisˈri], *n.f.* kippering factory.

saut [so], *n.m.* leap, jump, hop, bound; *de plein saut*, at once, suddenly; *saut périlleux*, somersault.

sautage [soˈtaːʒ], *n.m.* exploding (*mines*).

saut-de-mouton [sodmuˈtɔ̃], *n.m.* (*pl.* **sauts-de-mouton**) fly-over crossing.

saute [sot], *n.f.* (*Naut.*) sudden shift or change (*of wind*).

sauté [soˈte], *a.* fried, tossed in the pan.

saute-mouton [sotmuˈtɔ̃], *n.m.* leap-frog (*game*).

sauter [soˈte], *v.t.* to leap over; to leave out, to skip; to toss in the pan.—*v.i.* to leap, to jump; to explode; to spring; to blow out (*of fuse*).

sauterelle [soˈtrɛl], *n.f.* grasshopper, locust.

sauterie [sotˈri], *n.f.* (*fam.*) informal dance, hop.

saute-ruisseau [sotrɥiˈso], *n.m. inv.* messenger-boy (*in offices*).

sauteur [soˈtœːr], *a.* (*fem.* **-euse**) jumping, leaping.—*n.m.* (*fem.* **-euse**) leaper, jumper; vaulter.

sautillant [sotiˈjɑ̃], *a.* hopping, skipping.

sautiller [sotiˈje], *v.i.* to hop, to skip, to jump about.

sautoir [soˈtwaːr], *n.m.* Saint Andrew's cross; watch-guard.

sauvage [soˈvaːʒ], *a.* savage, wild; uncivilized; brutal; shy; unsociable.—*n.* savage; unsociable person.

sauvagement [sovaʒˈmɑ̃], *adv.* wildly, savagely; barbarously, fiercely.

sauvageon [sovaˈʒɔ̃], *n.m.* (*Agric.*) wild stock (*for grafting*); briar (*of roses*).

sauvagerie [sovaʒˈri], *n.f.* unsociableness; shyness; wildness.

sauvagesse [sovaˈʒɛs], *n.f.* uncivilized woman; hoyden.

sauvagin [sovaˈʒɛ̃], *a.* fishy (*in taste, smell, etc.*).—*n.m.* fishy taste or smell.—*n.f.* (**-e**) wild waterfowl.

sauvegarde [sovˈgard], *n.f.* safe-keeping, safeguard; safe-conduct; (*Naut.*) life-line.

sauvegarder [sovgarˈde], *v.t.* to watch over, to protect, to safeguard.

sauve-qui-peut [sovkiˈpø], *n.m. inv.* headlong flight, stampede; every man for himself.

sauver [soˈve], *v.t.* to save, to rescue; to preserve; to exempt; to conceal. **se sauver**, *v.r.* to escape, to make off; (*fam.*) to abscond; to take refuge.

sauvetage [sovˈtaːʒ], *n.m.* salvage; life-saving, rescue; *appareil de sauvetage*, rescue apparatus, fire-escape; *bouée de*

291

sauvetage, life-buoy; *canot de sauvetage*, life-boat; *ceinture de sauvetage*, life-belt.

sauveteur [sov'tœːr], *n.m.* rescuer, lifeboatman.

sauveur [so'vœːr], *a.* saving, redeeming.— *n.m.* saver, deliverer; Saviour.

savamment [sava'mɑ̃], *adv.* learnedly; knowingly.

savane [sa'van], *n.f.* savanna; (*C*) swamp.

savant [sa'vɑ̃], *a.* learned, expert (*en*); scholarly; clever.—*n.m.* (*fem.* **-e**) scholar, scientist.

savarin [sava'rɛ̃], *n.m.* round, hollow cake.

savate [sa'vat], *n.f.* old shoe; clumsy person.

savetier [sa'tje], *n.m.* cobbler; (*fig.*) bungler.

saveur [sa'vœːr], *n.f.* savour, flavour, relish.

savoir [sa'vwaːr], *v.t. irr.* to know, to be aware of; to understand; to know how (*can*), to be able. **se savoir**, *v.r.* to get known.— *n.m.* knowledge, learning, scholarship.

savoir-faire [savwar'fɛːr], *n.m.* tact; savoir-faire; cleverness.

savoir-vivre [savwar'viːvr], *n.m.* good manners, good breeding.

savon [sa'vɔ̃], *n.m.* soap; (*colloq.*) scolding.

savonnage [savo'naːʒ], *n.m.* soaping, washing with soap.

savonner [savo'ne], *v.t.* to soap; to lather; (*colloq.*) to scold. **se savonner**, *v.r.* to be washable, to wash (*of fabrics*); to lather (*oneself*).

savonnerie [savon'ri], *n.f.* soap-manufacture; soap-trade; soap-works.

savonnette [savo'nɛt], *n.f.* cake of toilet soap.

savonneux [savo'nø], *a.* (*fem.* **-euse**) soapy.

savourer [savu're], *v.t.* to savour, to relish; (*fig.*) to enjoy.

savoureusement [savurøz'mɑ̃], *adv.* with relish.

savoureux [savu'rø], *a.* (*fem.* **-euse**) savoury, tasty (*dish*); racy (*story*).

savoyard [savwa'jaːr], *a.* of Savoy.—*n.m.* (**Savoyard**, *fem.* **-arde**) Savoyard (*person*); *petit Savoyard*, little chimney-sweep.

saxifrage [saksi'fraːʒ], *a.* saxifragous.—*n.f.* saxifrage.

saxon [sak'sɔ̃], *a.* (*fem.* **-onne**) Saxon.—*n.m.* (**Saxon**, *fem.* **-onne**) Saxon (*person*).

saxophone [sakso'fɔn], *n.m.* saxophone.

saynète [sɛ'nɛt], *n.f.* playlet, sketch.

scabieux [ska'bjø], *a.* (*fem.* **-euse**) scabious, scabby.—*n.f.* (**-euse**) scabious (*plant*).

scabreux [ska'brø], *a.* (*fem.* **-euse**) scabrous, rugged, rough; (*fig.*) dangerous, difficult, ticklish; improper.

scalp [skalp], *n.m.* scalp (*of an enemy*).

scalpel [skal'pɛl], *n.m.* scalpel.

scalper [skal'pe], *v.t.* to scalp.

scandale [skɑ̃'dal], *n.m.* scandal; shame, dismay, disgust.

scandaleusement [skɑ̃daløz'mɑ̃], *adv.* scandalously.

scandaleux [skɑ̃da'lø], *a.* (*fem.* **-euse**) scandalous.

scandaliser [skɑ̃dali'ze], *v.t.* to scandalize, to shock. **se scandaliser**, *v.r.* to be shocked.

scander [skɑ̃'de], *v.t.* to scan; to stress (*a phrase*).

scandinave [skɑ̃di'naːv], *a.* Scandinavian.— *n.* (**Scandinave**) Scandinavian (*person*).

Scandinavie [skɑ̃dina'vi], la, *f.* Scandinavia.

scansion [skɑ̃'sjɔ̃], *n.f.* scansion.

scaphandre [ska'fɑ̃ːdr], *n.m.* diving-suit.

scaphandrier [skafɑ̃dri'je], *n.m.* diver.

scapulaire [skapy'lɛːr], *a.* and *n.m.* scapular.

scarabée [skara'be], *n.m.* scarabaeus (*beetle*); scarab.

scarlatine [skarla'tin], *a.* and *n.f.* (*fièvre*) *scarlatine*, scarlet fever.

sceau [so], *n.m.* (*pl.* **sceaux**) seal; (*fig.*) sanction; *mettre le sceau à*, to seal, (*fig.*) to complete.

scélérat [sele'ra], *a.* wicked, villainous, criminal, vile.—*n.m.* (*fem.* **-e**) scoundrel, villain, miscreant, jade.

scélératesse [selera'tɛs], *n.f.* villainy.

scellé [se'le], *n.m.* seal.

scellement [sɛl'mɑ̃], *n.m.* sealing; fastening.

sceller [se'le], *v.t.* to put an official seal on, to seal; (*Build.*) to fasten; (*fig.*) to ratify.

scénario [sena'rjo], *n.m.* (*pl.* **scénarios** or **scénarii**) scenario (*of ballet etc.*); film script.

scénariste [sena'rist], *n.* script-writer, scenario-writer.

scène [sɛːn], *n.f.* stage; scenery; (*colloq.*) scene, quarrel.

scénique [se'nik], *a.* scenic, theatrical; *indications scéniques*, stage directions.

scepticisme [septi'sism], *n.m.* scepticism.

sceptique [sɛp'tik], *a.* sceptical.—*n.* sceptic.

sceptre [sɛptr], *n.m.* sceptre; (*fig.*) sway, dominion.

schah [ʃa], *n.m.* shah (*of Persia*).

scheik or **cheik** [ʃɛk], *n.m.* sheik.

schéma [ʃe'ma], **schème** [ʃɛm], *n.m.* diagram; rough sketch.

schématique [ʃema'tik], *a.* diagrammatic; *dessin schématique*, draft, diagram.

schibboleth [ʃibo'lɛt], *n.m.* catchword, shibboleth.

schisme [ʃism], *n.m.* schism.

schiste [ʃist], *n.m.* schist, slaty rock, shale.

schizophrène [skizo'frɛn], *a.* and *n.* schizophrenic.

schizophrénie [skizofre'ni], *n.f.* schizophrenia.

schnorkel [ʃnɔr'kɛl], *n.m.* schnorkel, submarine's air-tube.

schooner [sku'nœːr], *n.m.* schooner.

sciage [sja:ʒ], *n.m.* sawing.

sciatique [sja'tik], *a.* sciatic.—*n.m.* sciatic nerve.—*n.f.* sciatica.

scie [si], *n.f.* saw; (*pop.*) bore, nuisance.

sciemment [sja'mɑ̃], *adv.* wittingly, knowingly.

science [sjɑ̃:s], *n.f.* science, knowledge, learning; skill.

scientifique [sjɑ̃ti'fik], *a.* scientific.

scientifiquement [sjɑ̃tifik'mɑ̃], *adv.* scientifically.

scier [sje], *v.t.* to saw; to cut down.—*v.i.* (*Row.*) to back water.

scierie [si'ri], *n.f.* sawmill.

scieur [sjœːr], *n.m.* sawyer.

scinder [sɛ̃'de], *v.t.* to divide, to split up.

scintillant [sɛ̃ti'jɑ̃], *a.* scintillating; twinkling.

scintillation [sɛ̃tija'sjɔ̃], *n.f.*, **scintillement** [sɛ̃tij'mɑ̃], *n.m.* scintillation, sparkling; twinkling.

scintiller [sɛ̃ti'je], *v.i.* to scintillate, to sparkle; to twinkle (*of star*); to flicker.

scion [sjø], *n.m.* scion, shoot.
scission [si'sjɔ̃], *n.f.* scission; split, secession.
scissure [si'sy:r], *n.f.* fissure, crack, cleft.
sciure [sjy:r], *n.f. sciure de bois*, sawdust.
sclérose [skle'ro:z], *n.f.* sclerosis.
scolaire [skɔ'lɛ:r], *a.* of schools; *année scolaire*, school year.
scolarité [skɔlari'te], *n.f.* course of study; school attendance.
scolastique [skɔlas'tik], *a.* scholastic.—*n.m.* scholastic; schoolman.—*n.f.* scholasticism.
scolastiquement [skɔlastik'mɑ̃], *adv.* scholastically.
scooter [sku'tɛ:r], *n.m.* motor-scooter; *autos scooters*, dodgems.
scorbut [skɔr'byt], *n.m.* scurvy.
scorbutique [skɔrby'tik], *a.* and *n.* scorbutic.
scorie [skɔ'ri], *n.f.* scoria, slag, dross.
scorifier [skɔri'fje], *v.t.* to scorify.
scorpion [skɔr'pjɔ̃], *n.m.* scorpion.
scout [skut], *a.* of scouting.—*n.m.* (boy) scout.
scoutisme [sku'tism], *n.m.* scouting, boy-scout movement.
scratch [skratʃ], *n.m.* (*Spt.*) *être* or *partir scratch*, to start at scratch.
scratcher [skrat'ʃe], *v.t.* (*Spt.*) to scratch (*horse, competitor etc.*).
scribe [skrib], *n.m.* scribe; copyist.
script [skript], *n.m.* script (*film* or *play*).
scriptural [skripty'ral], *a.* (*m. pl.* -aux) scriptural.
scrofule [skrɔ'fyl], *n.f.* scrofula, king's evil.
scrofuleux [skrɔfy'lø], *a.* and *n.m.* (*fem.* -euse) scrofulous (person).
scrupule [skry'pyl], *n.m.* scruple, qualm, doubt; scrupulousness.
scrupuleusement [skrypyløz'mɑ̃], *adv.* scrupulously.
scrupuleux [skrypy'lø], *a.* (*fem.* -euse) scrupulous, strict, punctilious.
scrutateur [skryta'tœ:r], *a.* (*fem.* -trice) searching, scrutinizing.—*n.m.* (*fem.* -trice) investigator, scrutinizer; scrutineer; teller (*of a ballot etc.*).
scruter [skry'te], *v.t.* to scrutinize, to investigate.
scrutin [skry'tɛ̃], *n.m.* ballot, balloting, poll.
sculpter [skyl'te], *v.t.* to sculpture, to carve.
sculpteur [skyl'tœ:r], *n.m.* sculptor, carver.
sculptural [skylty'ral], *a.* (*m. pl.* -aux) sculptural.
sculpture [skyl'ty:r], *n.f.* sculpture, carving.
se [sə], **s'** [s], *pron. inv.* oneself, himself, herself, itself, themselves; to oneself etc.; one another, each other; *cela se peut*, that may be.
séance [se'ɑ̃:s], *n.f.* seat (*right to sit*); session, duration, meeting; sitting (*for one's portrait etc.*); seance; *être en séance*, to be in session; *lever la séance*, to close the meeting; *séance tenante*, there and then, forthwith.
séant [se'ɑ̃], *a.* sitting; fitting, seemly, becoming.—*n.m.* sitting posture; seat.
seau [so], *n.m.* (*pl.* seaux) pail, bucket.
sébile [se'bil], *n.f.* small wooden bowl (*used by beggars*); pan (*in gold-mining*).
sec [sɛk], *a.* (*fem.* sèche) dry, arid; withered; lean; plain; unfeeling, sharp; *à pied sec*, dry-shod; *coup sec*, sharp stroke; *perte*

sèche, dead loss.—*n.m.* dryness.—*adv.* dryly, sharply.
sécateur [seka'tœ:r], *n.m.* (*Gard.*) pruning-shears; secateurs.
seccotine [sekɔ'tin], *n.f.* (*reg. trade mark*) Seccotine.
sécession [sese'sjɔ̃], *n.f.* secession.
séchage [se'ʃa:ʒ], *n.m.* drying.
sèchement [sɛʃ'mɑ̃], *adv.* dryly; curtly.
sécher [se'ʃe], *v.t.* (*conjug. like* CÉDER) to dry; to dry up; to cure.—*v.i.* to dry; to wither; to pine away. *se sécher*, *v.r.* to dry oneself; to dry (*of a thing*).
sécheresse [se'ʃrɛs], *n.f.* dryness; drought; (*fig.*) sharpness.
séchoir [se'ʃwa:r], *n.m.* drying-room; clothes-horse; clothes-airer; hair-dryer.
second [sə'gɔ̃, zgɔ̃], *a.* second.—*n.m.* (*fem.* -e) second, assistant.—*n.m.* second floor.—*n.f.* (-e) second class; (*Sch.*) fifth form; second (*of time*).
secondaire [səgɔ̃'dɛ:r], *a.* secondary; accessory.
secondairement [səgɔ̃dɛr'mɑ̃], *adv.* secondarily.
secondement [səgɔ̃d'mɑ̃], *adv.* secondly.
seconder [səgɔ̃'de], *v.t.* to second, to assist; to back (up), to support; to promote.
secouement [səku'mɑ̃], **secouage** [sə'kwa:ʒ], *n.m.* shaking, jogging, jolting.
secouer [sə'kwe], *v.t.* to shake, to jolt; to shake off; to shock; to rouse. *se secouer*, *v.r.* to shake oneself, to bestir oneself.
secourable [səku'rabl], *a.* helpful, helping; relievable.
secourir [səku'ri:r], *v.t. irr.* (*conjug. like* COURIR) to succour, to assist, to help, to relieve.
secourisme [səku'rism], *n.m.* first-aid.
secouriste [səku'rist], *n.* qualified first-aider.
secours [sə'ku:r], *n.m.* help, assistance, aid, succour; rescue; *appeler police secours*, to dial 999; *au secours !* help!
secousse [sə'kus], *n.f.* shake, shock; blow, concussion; jerk, jolt.
secret [sə'krɛ], *a.* (*fem.* -ète) secret, private, hidden; reserved.—*n.m.* secret; secrecy privacy, mystery.
secrétaire [sakre'tɛ:r], *n.* secretary.—*n.m.* writing-desk.
secrétariat [sɛkreta'rja], *n.m.* secretaryship; secretary's office; secretariat.
secrètement [sɛkrɛt'mɑ̃], *adv.* secretly, in secret, inwardly.
sécréter [sekre'te], *v.t.* (*conjug. like* CÉDER) to secrete (*of glands etc.*).
sécréteur [sekre'tœ:r], *a.* (*fem.* -euse or -trice) secretory.
sécrétion [sekre'sjɔ̃], *n.f.* secretion.
sectaire [sɛk'tɛ:r], *a.* sectarian.—*n.* sectary.
sectateur [sɛkta'tœ:r], *n.m.* (*fem.* -trice) follower, votary.
secte [sɛkt], *n.f.* sect.
secteur [sɛk'tœ:r], *n.m.* sector, section; district.
section [sɛk'sjɔ̃], *n.f.* section; division.
sectionnement [sɛksjɔn'mɑ̃], *n.m.* division into parts.
sectionner [sɛksjɔ'ne], *v.t.* to divide into sections; to cut off.
séculaire [seky'lɛ:r], *a.* secular, coming once in a century; ancient; time-honoured.

293

séculier

séculier [sekyˈlje], *a.* (*fem.* **-ière**) secular, lay; temporal, worldly.—*n.m.* layman.

secundo [səgɔ̃ˈdo], *adv.* secondly.

sécurité [sekyriˈte], *n.f.* security, safety.

sédatif [sedaˈtif], *a.* (*fem.* **-tive**) and *n.m.* sedative.

sédentaire [sedɑ̃ˈtɛːr], *a.* sedentary; settled, stationary.

sédiment [sediˈmɑ̃], *n.m.* sediment.

sédimentaire [sedimɑ̃ˈtɛːr], *a.* sedimentary.

séditieusement [sedisjøzˈmɑ̃], *adv.* seditiously.

séditieux [sediˈsjø], *a.* (*fem.* **-euse**) seditious; mutinous.—*n.m.* rebel, mutineer.

sédition [sediˈsjɔ̃], *n.f.* sedition, mutiny, riot.

séducteur [sedykˈtœːr], *a.* (*fem.* **-trice**) seductive; enticing, alluring.—*n.m.* (*fem.* **-trice**) seducer, enticer.

séduction [sedykˈsjɔ̃], *n.f.* seduction; allurement; bribing.

séduire [seˈdɥiːr], *v.t. irr.* (*conjug. like* CONDUIRE) to seduce; to beguile; to charm; to fascinate; to bribe.

séduisant [sedɥiˈzɑ̃], *a.* seductive, alluring; fascinating; tempting.

segment [sɛgˈmɑ̃], *n.m.* segment.

ségrégation [segregaˈsjɔ̃], *n.f.* segregation.

seigle [sɛgl], *n.m.* rye.

seigneur [sɛˈɲœːr], *n.m.* lord; lord of the manor, squire; nobleman; *le Seigneur*, the Lord.

seigneurial [sɛɲœˈrjal], *a.* (*m. pl.* **-aux**) manorial; lordly.

seigneurie [sɛɲœˈri], *n.f.* lordship; rank.

sein [sɛ̃], *n.m.* breast, bosom; (*fig.*) heart, midst; womb.

seine [sɛːn], *n.f.* seine, (fishing-) net.

séisme [seˈism], *n.m.* earthquake.

seize [sɛːz], *a.* and *n.m.* sixteen, sixteenth.

seizième [seˈzjɛm], *a.* and *n.* sixteenth.

séjour [seˈʒuːr], *n.m.* stay, abode, sojourn; place where one sojourns.

séjourner [seʒurˈne], *v.i.* to stay, to sojourn.

sel [sɛl], *n.m.* salt; (*fig.*) wit, pungency; (*pl.*) smelling-salts.

sélecteur [selɛkˈtœːr], *a.* (*fem.* **-trice**) selecting; selective.

sélection [selɛkˈsjɔ̃], *n.f.* selection.

sélectivité [selɛktiviˈte], *n.f.* selectivity.

sellage [sɛˈlaːʒ], *n.m.* saddling.

selle [sɛl], *n.f.* saddle; motion of the bowels.

seller [sɛˈle], *v.t.* to saddle.

sellerie [sɛlˈri], *n.f.* saddlery; harness-room.

sellette [sɛˈlɛt], *n.f.* stool of repentance; shoeblack's box; (*Naut.*) slung cradle.

sellier [sɛˈlje], *n.m.* saddler.

selon [səˈlɔ̃], *prep.* according to; *c'est selon*, that depends; *selon moi*, in my opinion; *selon que*, according as.

semailles [səˈmɑːj], *n.f. pl.* seeds; sowing; sowing-time.

semaine [səˈmɛn], *n.f.* week; week's work; week's money.

semainier [səmɛˈnje], *n.m.* (*fem.* **-ière**) person on duty for the week.—*n.m.* (*Ind.*) time-sheet; weekly output.

sémaphore [semaˈfɔːr], *n.m.* semaphore, signal-post.

semblable [sɑ̃ˈblabl], *a.* like, similar, alike.—*n.* like; fellow, match, equal.—*n.m.* fellow-creature.

semblablement [sɑ̃blabləˈmɑ̃], *adv.* likewise, also.

semblant [sɑ̃ˈblɑ̃], *n.m.* appearance, semblance, look; pretence; *faire semblant*, to pretend.

sembler [sɑ̃ˈble], *v.i.* to seem, to appear.

semé [səˈme], *a.* sowed, sown; strewn (*de*).

semelle [səˈmɛl], *n.f.* sole (*of boots, shoes etc.*); foot (*of stockings*); length of a foot.

semence [səˈmɑ̃ːs], *n.f.* seed; semen; (*fig.*) cause.

semer [səˈme], *v.t.* (*conjug. like* AMENER) to sow; to scatter, to strew, to sprinkle.

semestre [səˈmɛstr], *n.m.* half-year, six months.

semestriel [səmɛstriˈɛl], *a.* (*fem.* **-elle**) half-yearly.

semeur [səˈmœːr], *n.m.* (*fem.* **-euse**) sower; (*fig.*) disseminator.

semi-circulaire [səmisirkyˈlɛːr], *a.* semi-circular.

sémillance [semiˈjɑ̃ːs], *n.f.* sprightliness, liveliness.

sémillant [semiˈjɑ̃], *a.* brisk, lively, sprightly.

semi-mensuel [səmimɑ̃ˈsɥɛl], *a.* (*fem.* **-elle**) fortnightly.

séminaire [semiˈnɛːr], *n.m.* seminary, theological college; specialized course.

semis [səˈmi], *n.m.* sowing; seed-bed; seedlings.

sémitique [semiˈtik], *a.* Semitic.

sémitisme [semiˈtism], *n.m.* Semitism.

semi-ton [səmiˈtɔ̃], *n.m.* (*pl.* **-tons**) semitone.

semoir [səˈmwaːr], *n.m.* seed-bag; seed-drill.

semonce [səˈmɔ̃ːs], *n.f.* rebuke, reprimand, lecture.

semoncer [səmɔ̃ˈse], *v.t.* (*conjug. like* COMMENCER) to reprimand, to lecture.

semoule [səˈmul], *n.f.* semolina.

sempiternel [sɛpitɛrˈnɛl], *a.* (*fem.* **-elle**) sempiternal, everlasting.

sénat [seˈna], *n.m.* senate; senate-house.

sénateur [senaˈtœːr], *n.m.* senator.

sénatorial [senatoˈrjal], *a.* (*m. pl.* **-aux**) senatorial.

séné [seˈne], *n.m.* senna.

seneçon [sənˈsɔ̃], *n.m.* groundsel.

Sénégal [seneˈgal], *le, m.* Senegal.

sénégalais [senegaˈlɛ], *a.* Senegalese.—*n.m.* (**Sénégalais**, *fem.* **-aise**) Senegalese (*person*).

Sénèque [seˈnɛk], *m.* Seneca.

*****sénestre** [seˈnɛstr], **senestre** [səˈnɛstr], *a.* left, (*Her.*) sinister.

sénile [seˈnil], *a.* senile.

sénilité [seniliˈte], *n.f.* senility, old age.

senne [sɛn], [SEINE].

sens [sɑ̃ːs], *n.m. inv.* sense; senses, feelings; intelligence; consciousness; meaning; opinion; way, direction; *à contre-sens*, in a wrong sense; *à double sens*, with double meaning; *sens dessus dessous*, upside down; *sens interdit*, no entry.

sensation [sɑ̃saˈsjɔ̃], *n.f.* sensation, feeling.

sensationnel [sɑ̃sasjoˈnɛl], *a.* (*fem.* **-elle**) sensational.

sensé [sɑ̃ˈse], *a.* sensible, intelligent.

sensément [sɑ̃seˈmɑ̃], *adv.* sensibly, judiciously.

sensibilité [sɑ̃sibiliˈte], *n.f.* sensibility, sensitiveness, feeling; compassion.

294

serrage

sensible [sɑ̃'sibl], *a.* sensitive, susceptible, sympathetic; tender, sore (*skin etc.*); perceptible, noticeable, tangible.

sensiblement [sɑ̃siblə'mɑ̃], *adv.* appreciably; feelingly, deeply; obviously; considerably.

sensiblerie [sɑ̃siblə'ri], *n.f.* sentimentality; (*fam.*) sob-stuff.

sensitif [sɑ̃si'tif], *a.* (*fem.* **-tive**) sensitive; sensory.—*n.f.* (**-tive**) sensitive plant.

sensitivité [sɑ̃sitivi'te], *n.f.* sensitivity.

sensualiste [sɑ̃sɥa'list], *a.* sensual.—*n.* sensualist.

sensualité [sɑ̃sɥali'te], *n.f.* sensuality.

sensuel [sɑ̃'sɥɛl], *a.* (*fem.* **-elle**) sensual.—*n.m.* (*fem.* **-elle**) sensualist.

sensuellement [sɑ̃sɥɛl'mɑ̃], *adv.* sensually.

sentence [sɑ̃'tɑ̃:s], *n.f.* maxim; sentence, judgment, verdict.

sentencieusement [sɑ̃tɑ̃sjøz'mɑ̃], *adv.* sententiously.

sentencieux [sɑ̃tɑ̃'sjø], *a.* (*fem.* **-euse**) sententious.

senteur [sɑ̃'tœ:r], *n.f.* smell; scent, perfume; *pois de senteur*, sweet pea.

senti [sɑ̃'ti], *a.* felt, experienced.

sentier [sɑ̃'tje], *n.m.* path, footpath; *sentier battu*, beaten track.

sentiment [sɑ̃ti'mɑ̃], *n.m.* feeling; sensation; sentiment; affection, *esp.* love; perception, sense; opinion.

sentimental [sɑ̃tima'tal], *a.* (*m. pl.* **-aux**) sentimental.

sentimentalement [sɑ̃timɑ̃tal'mɑ̃], *adv.* sentimentally.

sentimentaliste [sɑ̃timɑ̃ta'list], *n.* sentimentalist.

sentimentalité [sɑ̃timɑ̃tali'te], *n.f.* sentimentality.

sentinelle [sɑ̃ti'nɛl], *n.f.* sentinel, sentry.

sentir [sɑ̃'ti:r], *v.t. irr.* to feel; to guess; to perceive; to smell; to savour of; to seem.—*v.i.* to smell. **se sentir**, *v.r.* to feel oneself, to feel; to be conscious; to feel the effects (*de*); to be perceived, felt etc.

seoir (1) [swa:r], *v.i. irr.* (*only used in pres. p.* **séant** *and p.p.* **sis**) to sit, to be sitting.

seoir (2) [swa:r], *v.i. irr.* (*pres. p.* **seyant**, *no p.p.*) to suit, to become.

Séoudite [seu'dit], [ARABIE].

séparable [sepa'rabl], *a.* separable.

séparation [separɑ'sjɔ̃], *n.f.* separation, parting.

séparé [sepa're], *a.* separate; distinct.

séparément [separe'mɑ̃], *adv.* separately, apart.

séparer [sepa're], *v.t.* to separate, to part; to sever. **se séparer**, *v.r.* to separate, to part; to divide.

sépia [se'pja], *n.f.* sepia.

sept [sɛt], *a.* and *n.m. inv.* seven; seventh.

septembre [sɛp'tɑ̃:br], *n.m.* September.

septénaire [sɛpte'nɛ:r], *a.* and *n.m.* septenary.

septennal [sɛpte'nal], *a.* (*m. pl.* **-aux**) septennial.

septentrion [sɛptɑ̃tri'ɔ̃], *n.m.* north.

septentrional [sɛptɑ̃trio'nal], *a.* (*m. pl.* **-aux**) north, northern.

septicémie [sɛptise'mi], *n.f.* (*Med.*) septicaemia, blood poisoning.

septième [se'tjɛm], *a.* and *n.* seventh.

septique [sɛp'tik], *a.* septic.

septuagénaire [sɛptɥaʒe'nɛ:r], *a.* and *n.* septuagenarian.

sépulcral [sepyl'kral], *a.* (*m. pl.* **-aux**) sepulchral.

sépulcre [se'pylkr], *n.m.* sepulchre.

sépulture [sepyl'ty:r], *n.f.* burial, interment; burial place, tomb.

séquelle [se'kɛl], *n.f.* (*pl.*) after-effects (*of illness*).

séquence [se'kɑ̃:s], *n.f.* sequence.

séquestration [sekɛstrɑ'sjɔ̃], *n.f.* sequestration.

séquestre [se'kɛstr], *n.m.* sequestration; sequestrator; depository.

séquestrer [sekɛs'tre], *v.t.* to sequester, to sequestrate; to shut up illegally. **se séquestrer**, *v.r.* to sequester oneself.

sequin [sə'kɛ̃], *n.m.* sequin (*gold coin*).

sérail [se'ra:j], *n.m.* seraglio.

séraphin [sera'fɛ̃], *n.m.* seraph.

séraphique [sera'fik], *a.* seraphic.

serbe [sɛrb], *a.* Serbian.—*n.* (**Serbe**) Serb.

Serbie [sɛr'bi], **la**, *f.* Serbia.

serein [sə'rɛ̃], *a.* serene, placid, calm.—*n.m.* (*poet.*) night-dew.

sérénade [sere'nad], *n.f.* serenade.

sérénité [sereni'te], *n.f.* serenity, calmness; equanimity.

séreux [se'rø], *a.* (*fem.* **-euse**) serous, watery.

serf [sɛrf], *a.* (*fem.* **serve**) in bondage, servile.—*n.m.* (*fem.* **serve**) serf, bondsman, bondswoman.

serge [sɛrʒ], *n.f.* serge.

sergent [sɛr'ʒɑ̃], *n.m.* sergeant; *sergent de ville*, police constable.

séricicole [serisi'kɔl], *a.* silk-producing.

sériciculteur [serisikyl'tœ:r], *n.m.* silk-grower.

sériciculture [serisikyl'ty:r], *n.f.* silk-culture.

série [se'ri], *n.f.* series; succession; run; (*Spt.*) heat; *fabrication en série*, mass-production.

sérieusement [serjøz'mɑ̃], *adv.* seriously, gravely.

sérieux [se'rjø], *a.* (*fem.* **-euse**) serious, grave; earnest; real, true.—*n.m.* seriousness, importance, gravity.

serin [sə'rɛ̃], *n.m.* canary; (*fig.*) duffer, fool.

seriner [səri'ne], *v.t.* to din (*something*) into someone.

seringue [sə'rɛ̃:g], *n.f.* syringe, squirt.

seringuer [sərɛ̃'ge], *v.t.* to syringe, to squirt; to inject.

serment [sɛr'mɑ̃], *n.m.* oath, promise, solemn declaration; (*pl.*) swearing.

sermon [sɛr'mɔ̃], *n.m.* sermon; lecture.

sermonner [sɛrmɔ'ne], *v.t., v.i.* to sermonize, to lecture, to reprimand.

sermonneur [sɛrmɔ'nœ:r], *n.m.* (*fem.* **-euse**) sermonizer, preacher, fault-finder.

sérosité [serozi'te], *n.f.* serosity, wateriness.

serpe [sɛrp], *n.f.* bill-hook.

serpent [sɛr'pɑ̃], *n.m.* serpent, snake; *serpent à sonnettes*, rattlesnake.

serpenter [sɛrpɑ̃'te], *v.i.* to meander, to wind.

serpentin [sɛrpɑ̃'tɛ̃], *a.* serpentine.—*n.m.* paper streamer.

serpette [sɛr'pɛt], *n.f.* pruning-knife.

serpolet [sɛrpɔ'lɛ], *n.m.* wild thyme.

serrage [se'ra:ʒ], *n.m.* tightening, pressing.

295

serre [sɛːr], *n.f.* squeeze, pressure; talon, claw (*of birds*); clip; hot-house, greenhouse, conservatory.

serré [sɛ're], *a.* close; compact; tight; clenched; (*fam.*) close-fisted.

serre-frein(s) [sɛr'frɛ̃], *n.m. inv.* (*Rail.*) brakesman.

serre-livres [sɛːr'livr], *n.m. inv.* book-ends.

serrement [sɛr'mɑ̃], *n.m.* pressing, squeezing; *serrement de cœur*, pang (*of grief*); *serrement de main*, handshake.

serre-papiers [sɛrpa'pje], *n.m. inv.* paper-clip; file (*for papers*); set of pigeon-holes (*for papers*).

serrer [sɛ're], *v.t.* to press, to squeeze; to fasten, to lock; to grip; to condense, to put close together; to press; to close (*the ranks*); to clench (*one's fist, teeth etc.*). **se serrer**, *v.r.* to press each other close; to sit, lie *or* stand close together; to stint oneself.

serre-tête [sɛr'tɛːt], *n.m. inv.* headband; crash-helmet.

serrure [sɛ'ryːr], *n.f.* lock.

serrurier [sɛry'rje], *n.m.* locksmith.

sérum [se'rɔm], *n.m.* serum.

servage [sɛr'vaːʒ], *n.m.* servitude, bondage.

servant [sɛr'vɑ̃], *a.m.* serving; in waiting.—*n.m.* (*Artill.*) gunner.

servante [sɛr'vɑ̃ːt], *n.f.* maid-servant; servant-girl; dinner-wagon.

serveur [sɛr'vœːr], *n.m.* (*fem.* **-euse**) (*Ten.*) server; waiter, barman; (*Cards*) dealer.

serviable [sɛr'vjabl], *a.* willing, obliging.

service [sɛr'vis], *n.m.* service; attendance; duty; function; divine service.

serviette [sɛr'vjɛt], *n.f.* napkin, serviette; towel; briefcase.

servile [sɛr'vil], *a.* servile, menial; slavish.

servilement [sɛrvil'mɑ̃], *adv.* servilely, slavishly.

servir [sɛr'viːr], *v.t. irr.* (*conjug. like* SENTIR) to serve, to attend; to serve up; to be of service to; to assist.—*v.i.* to serve, to be of use; to serve up a meal. **se servir**, *v.r.* to serve oneself; to be served up (*of dishes*); *servez-vous*, help yourself.

serviteur [sɛrvi'tœːr], *n.m.* servant, man-servant.

servitude [sɛrvi'tyd], *n.f.* servitude, slavery.

ses [sɛ], [SON].

session [sɛ'sjɔ̃], *n.f.* session, sitting; term (*of law courts etc.*).

seuil [sœːj], *n.m.* threshold; door-step; shelf (*of ocean bed*).

seul [sœl], *a.* alone; single, only, sole; mere, bare.—*n.m.* one only, the only one.

seulement [sœl'mɑ̃], *adv.* only; but; solely, merely.

sève [sɛːv], *n.f.* sap; (*fig.*) pith, vigour, strength.

sévère [se'vɛːr], *a.* severe, stern, austere, strict.

sévèrement [sevɛr'mɑ̃], *adv.* severely, sternly; strictly.

sévérité [severi'te], *n.f.* severity; strictness; purity.

séveux [se'vø], *a.* (*fem.* **-euse**) (*Bot.*) sappy; (*fig.*) vigorous.

sévices [se'vis], *n.m. pl.* (*Law*) cruelty, ill-treatment.

sévir [se'viːr], *v.i.* to deal severely (*contre*); to rage (*of war etc.*).

sevrage [sə'vraːʒ], *n.m.* weaning.

sevrer [sə'vre], *v.t.* (*conjug. like* AMENER) to wean; (*fig.*) to deprive (*de*).

sexagénaire [sɛksaʒe'nɛːr], *a.* and *n.* sexagenarian.

sexe [sɛks], *n.m.* sex.

sextant [sɛks'tɑ̃], *n.m.* sextant.

sextuple [sɛks'typl], *a.* and *n.m.* sextuple, sixfold.

sexualité [sɛksɥali'te], *n.f.* sexuality.

sexuel [sɛk'sɥɛl], *a.* (*fem.* **-elle**) sexual.

shampooing [ʃɑ̃'pwɛ̃], *n.m.* shampoo, hairwash.

shérif [ʃe'rif], *n.m.* sheriff.

short [ʃɔrt], *n.m.* (*Cost.*) shorts.

shunt [ʃœ̃ːt], *n.m.* (*Elec.*) shunt.

shunter [ʃœ̃'te], *v.t.* to shunt.

si (I) [si], *conj.* if; whether; supposing, what if.

si (2) [si], *adv.* so, so much, however much; yes.

si (3) [si], *n.m. inv.* (*Mus.*) si; the note B.

Siam [sjam], **le**, *m.* Thailand, Siam.

siamois [sja'mwa], *a.* Siamese.—*n.m.* Siamese (*language*); (**Siamois**, *fem.* **-oise**) Siamese (*person*).

Sibérie [sibe'ri], **la**, *f.* Siberia.

sibérien [sibe'rjɛ̃], *a.* (*fem.* **-enne**) Siberian.—*n.m.* (**Sibérien**, *fem.* **-enne**) Siberian (*person*).

sibilant [sibi'lɑ̃], *a.* sibilant, hissing.

siccatif [sika'tif], *a.* (*fem.* **-tive**) siccative, drying.

Sicile [si'sil], **la**, *f.* Sicily.

sicilien [sisi'ljɛ̃], *a.* (*fem.* **-enne**) Sicilian.—*n.m.* (**Sicilien**, *fem.* **-enne**) Sicilian (*person*).

sidérurgie [sideryr'ʒi], *n.f.* iron and steel industry.

siècle [sjɛkl], *n.m.* century; age, period.

siège [sjɛːʒ], *n.m.* seat; bench (*of a court of justice*); headquarters (*of society etc.*); (*Eccles.*) see; siege.

siéger [sje'ʒe], *v.i.* (*conjug. like* ASSIÉGER) to sit (*of assemblies, courts etc.*); to hold one's see (*of bishops*); to be seated; (*fig.*) to lie (*of a thing*); to have one's headquarters (*of business, society*).

sien [sjɛ̃], *pron. poss. 3rd pers. sing.* (*fem.* **sienne**) his, hers, its, one's.—*n.m.* one's own (*property work etc.*).

Sienne [sjɛn], *f.* Sienna.

Sierra-Leone [sjɛrale'ɔn], **le**, *m.* Sierra Leone.

sieste [sjɛst], *n.f.* siesta.

sifflant [si'flɑ̃], *a.* hissing; whistling; wheezing.

sifflement [siflə'mɑ̃], *n.m.* hissing, hiss; whistling, whistle; whizzing; wheezing.

siffler [si'fle], *v.t.* to whistle; to hiss.—*v.i.* to hiss; to whistle; to whizz; to wheeze.

sifflet [si'flɛ], *n.m.* whistle (*instrument and sound*); catcall; hiss; (*colloq.*) windpipe.

siffleur [si'flœːr], *a.* (*fem.* **-euse**) whistling, piping (*of birds*); wheezing (*of horses*).—*n.m.* (*fem.* **-euse**) whistler; hisser.

sigle [sigl], *n.m.* initial letter; group of initial letters used as abbreviation of phrase (*U.N. etc.*).

signal [si'nal], *n.m.* (*pl.* **-aux**) signal.

signalé [sina'le], *a.* signal, remarkable, conspicuous.

signalement [sinal'mɑ̃], *n.m.* description (*of a man etc.*), particulars.

signaler [siɲa'le], *v.t.* to signal; to give the description of; to point out, to mark out; to signalize. **se signaler,** *v.r.* to signalize *or* distinguish oneself.

signaleur [siɲa'lœːr], *n.m.* signalman; (*Mil.*) signaller.

signalisateur [siɲaliza'tœːr], *n.m.* traffic indicator, trafficator.

signataire [siɲa'tɛːr], *n.* signer, subscriber, signatory.

signature [siɲa'tyːr], *n.f.* signature; signing.

signe [siɲ], *n.m.* sign; mark, indication; badge; omen; *faire signe de la main,* to beckon; *signe de la tête,* nod.

signer [si'ne], *v.t., v.i.* to sign, to subscribe. **se signer,** *v.r.* to cross oneself.

signet [si'nɛ], *n.m.* signet; book-mark; signet-ring.

significatif [siɲifika'tif], *a.* (*fem.* **-tive**) significant.

signification [siɲifika'sjɔ̃], *n.f.* signification, meaning; (*Law*) legal notice.

significativement [siɲifikativ'mã], *adv.* significantly.

signifier [siɲi'fje], *v.t.* to signify, to mean; to notify, to intimate; (*Law*) to serve.

silence [si'lɑ̃ːs], *n.m.* silence; stillness; secrecy; (*Mus.*) rest.

silencieusement [silãsjøz'mã], *adv.* silently.

silencieux [silã'sjø], *a.* (*fem.* **-euse**) silent; still.—*n.m.* (*Motor.*) silencer.

silex [si'lɛks], *n.m.* silex, flint.

silhouette [si'lwɛt], *n.f.* silhouette; outline, profile.

silice [si'lis], *n.f.* (*Chem.*) silica, flint.

sillage [si'jaːʒ], *n.m.* wake, wash; slip-stream.

sillon [si'jɔ̃], *n.m.* furrow made by plough; seed-drill; (*fig.*) track, wake (*of a ship etc.*); wrinkle.

sillonner [sijo'ne], *v.t.* to furrow; to streak.

silo [si'lo], *n.m.* silo (*pit or tower for preserving fodder*).

silotage [silo'taːʒ], *n.m.* silage.

simagrée [sima'gre], *n.f.* pretence, affectation; (*pl.*) fuss.

simiesque [si'mjɛsk], *a.* ape-like, apish (*face*).

similaire [simi'lɛːr], *a.* similar.

similarité [similari'te], *n.f.* similarity, likeness.

similitude [simili'tyd], *n.f.* similitude, resemblance; simile.

simoun [si'muːn], *n.m.* simoom, simoon.

simple [sɛ̃ːpl], *a.* simple, single; easy; only, mere; common, plain; private (*soldier*); simple-minded, silly; natural.—*n.m.* that which is simple; (*Ten.*) singles; *simple dames,* women's singles.

simplement [sɛ̃plə'mã], *adv.* simply.

simplet [sɛ̃'plɛ], *a.* (*fem.* **-ette**) naïve, simple; (*fam.*) a bit daft; (*Am.*) green.—*n.m.* (*fem.* **-ette**) simpleton, silly.

simplicité [sɛ̃plisi'te], *n.f.* simplicity; artlessness; silliness.

simplification [sɛ̃plifika'sjɔ̃], *n.f.* simplification.

simplifier [sɛ̃pli'fje], *v.t.* to simplify.

simulacre [simy'lakr], *n.m.* image; phantom; semblance, sham.

simulé [simy'le], *a.* feigned, sham.

simuler [simy'le], *v.t.* to feign, to sham.

simultané [simylta'ne], *a.* simultaneous.

simultanément [simyltane'mã], *adv.* simultaneously.

sincère [sɛ̃'sɛːr], *a.* sincere, frank; honest.

sincèrement [sɛ̃sɛr'mã], *adv.* sincerely, honestly.

sincérité [sɛ̃seri'te], *n.f.* sincerity.

sinécure [sine'kyːr], *n.f.* sinecure.

Singapour [sɛ̃ga'puːr], *m.* Singapore.

singe [sɛ̃ːʒ], *n.m.* ape, monkey; hoist; (*Mil. slang*) bully beef.

singer [sɛ̃'ʒe], *v.t.* (*conjug. like* MANGER) to ape, to mimic.

singerie [sɛ̃'ʒri], *n.f.* monkey-house; grimace; antic; mimicry.

singeur [sɛ̃'ʒœːr], *a.* (*fem.* **-euse**) aping, mimicking.—*n.m.* (*fem.* **-euse**) ape, mimic.

singulariser [sɛ̃gylari'ze], *v.t.* to singularize; to make conspicuous. **se singulariser,** *v.r.* to make oneself conspicuous.

singularité [sɛ̃gylari'te], *n.f.* singularity; peculiarity.

singulier [sɛ̃gy'lje], *a.* (*fem.* **-ière**) singular; peculiar; odd.—*n.m.* (*Gram.*) singular.

singulièrement [sɛ̃gyljɛr'mã], *adv.* singularly, oddly.

sinistre [si'nistr], *a.* sinister; dismal; evil.—*n.m.* disaster, calamity.

sinistré [sinis'tre], *a.* affected by disaster (*shipwreck, fire etc.*).—*n.m.* (*fem.* **-ée**) victim of disaster; casualty.

sinon [si'nɔ̃], *conj.* otherwise, if not, else; except, unless; *sinon que,* except that.

sinueux [si'nɥø], *a.* (*fem.* **-euse**) sinuous, winding.

sinuosité [sinɥozi'te], *n.f.* sinuosity, winding.

sinus [si'nyːs], *n.m. inv.* sine; (*Anat.*) sinus.

sinusite [siny'zit], *n.f.* sinusitis.

siphon [si'fɔ̃], *n.m.* siphon; (*Naut.*) water-spout.

sire [siːr], *n.m.* sire (*title of kings and emperors*).

sirène [si'rɛn], *n.f.* siren, mermaid; hooter, fog-horn.

sirocco [siro'ko], *n.m.* sirocco.

sirop [si'ro], *n.m.* syrup.

siroter [siro'te], *v.t.* to sip; (*pop.*) to tipple.

sirupeux [siry'pø], *a.* (*fem.* **-euse**) syrupy.

sis [si], *a.* seated, situated [SEOIR (1)].

Sisyphe [si'zif], *m.* Sisyphus.

site [sit], *n.m.* site (*situation with regard to scenery etc.*); *un beau site,* a beauty spot.

sitôt [si'to], *adv.* so soon, as soon; *sitôt dit, sitôt fait,* no sooner said than done; *sitôt que,* as soon as.

situation [sitɥa'sjɔ̃], *n.f.* situation, site, position; state of affairs, predicament.

situé [si'tɥe], *a.* situated, lying.

situer [si'tɥe], *v.t.* to place.

six [si before a consonant, siz before a vowel sis *at the end of a sentence*], *a.* six; sixth.— [sis], *n.m.* six; sixth; sixth day.

sixième [si'zjɛm], *a.* and *n.* sixth.—*n.m.* sixth (part); sixth floor.—*n.f.* (*in France*) sixth class, (*in England*) first form (*of upper school*).

ski [ski], *n.m.* ski; *faire du ski,* to go in for ski-ing; *ski nautique,* water-ski-ing.

slave [slav], *a.* Slav, Slavonic.—*n.* (**Slave**) Slav (*person*).

slip [slip], *n.m.* (*Cost.*) trunks, briefs; *slip de bain,* (swimming) trunks.

slovène [slɔ'vɛn], *a.* Slovenian.—*n.* (**Slovène**) Slovene.

smoking [smo'kiŋ], *n.m.* dinner-jacket.

snob [snɔb], *a.* (*fam.*) swanky.—*n.m.* person who tries to be always in the swim.

snobisme [snɔ'bism], *n.m.* affected up-to-dateness.

sobre [sɔbr], *a.* (*of persons*) abstemious, temperate, moderate; (*of colours, style etc.*) sober, quiet, unadorned.

sobrement [sɔbrə'mā], *adv.* soberly, moderately.

sobriété [sɔbrie'te], *n.f.* sobriety; abstemiousness (*in food and drink*).

sobriquet [sɔbri'ke], *n.m.* nickname.

soc [sɔk], *n.m.* ploughshare.

sociabilité [sɔsjabili'te], *n.f.* sociability, good fellowship.

sociable [sɔ'sjabl], *a.* sociable, companionable.

sociablement [sɔsjablə'mā], *adv.* sociably.

social [sɔ'sjal], *a.* (*m. pl.* -**aux**) social; *siège social*, registered office; head office.

socialement [sɔsjal'mā], *adv.* socially.

socialisme [sɔsja'lism], *n.m.* socialism.

socialiste [sɔsja'list], *a.* and *n.* socialist.

sociétaire [sɔsje'tɛːr], *n.* associate, member; partner; shareholder.

société [sɔsje'te], *n.f.* society, association; community; firm; partnership; *société anonyme*, private company.

sociologie [sɔsjɔlɔ'ʒi], *n.f.* sociology.

sociologiste [sɔsjɔlɔ'ʒist], **sociologue** [sɔsjɔ'lɔg], *n.* sociologist.

socle [sɔkl], *n.m.* socle, pedestal, stand, base.

socque [sɔk], *n.m.* clog, patten.

Socrate [sɔ'krat], *m.* Socrates.

sœur [sœːr], *n.f.* sister; nun.

sœurette [sœ'rɛt], *n.f.* (*colloq.*) little sister, sis(s).

sofa [sɔ'fa], *n.m.* sofa, settee.

soi [swa], **soi-même** [swa'mɛm], *impers. pron. 3rd pers. sing.* oneself, itself; self.

soi-disant [swadi'zā], *a. inv.* self-styled, would-be, so-called.

soie [swa], *n.f.* silk; silken hair; bristle (*of hogs*); *papier de soie*, tissue paper.

soierie [swa'ri], *n.f.* silks, silk goods; silk-trade; silk-factory.

soif [swaf], *n.f.* thirst; *avoir soif*, to be thirsty.

soigné [swa'ne], *a.* carefully done; neat, smart; (*colloq.*) first-rate.

soigner [swa'ne], *v.t.* to take care of, to look after; to nurse. **se soigner**, *v.r.* to take care of oneself.

soigneusement [swaɲøz'mā], *adv.* carefully.

soigneux [swa'nø], *a.* (*fem.* -**euse**) careful; solicitous.

soi-même [sɔi].

soin [swɛ̃], *n.m.* care; attendance; (*pl.*) attentions, pains, trouble.

soir [swaːr], *n.m.* evening; night.

soirée [swa're], *n.f.* evening (*duration*); evening party.

soit [swat, swa], *adv.* be it so, well and good, granted; let us say.—*conj.* either, or; whether.

soixantaine [swasā'tɛn], *n.f.* about sixty.

soixante [swa'sāːt], *a.* and *n.m.* sixty.

soixantième [swasā'tjɛːm], *a.* and *n.* sixtieth.

sol [sɔl], *n.m.* ground; soil; earth.

solaire [sɔ'lɛːr], *a.* solar.

soldat [sɔl'da], *n.m.* soldier; *simple soldat*, private; *les simples soldats*, the rank and file.

soldatesque [sɔlda'tɛsk], *n.f.* (*usu. pej.*) soldiery.

solde (1) [sɔld], *n.f.* (*Mil.*) pay.

solde (2) [sɔld], *n.m.* balance (*between debit and credit*); clearance sale; (*pl.*) sale bargains, reductions.

solder (1) [sɔl'de], *v.t.* to pay (*soldiers*); to have in one's pay.

solder (2) [sɔl'de], *v.t.* to settle (*an account*); to sell off, to clear.

sole [sɔl], *n.f.* sole (*of animal's foot*); sole (*fish*).

solécisme [sɔle'sism], *n.m.* solecism.

soleil [sɔ'lɛːj], *n.m.* sun; sunshine; (*fig.*) star; catherine-wheel (*firework*); sunflower.

solennel [sɔla'nɛl], *a.* (*fem.* -**elle**) solemn.

solennellement [sɔlanɛl'mā], *adv.* solemnly.

solenniser [sɔlani'ze], *v.t.* to solemnize.

solennité [sɔlani'te], *n.f.* solemnity.

solénoïde [sɔlenɔ'id], *n.m.* solenoid.

solidaire [sɔli'dɛːr], *a.* jointly and separately liable.

solidairement [sɔlidɛr'mā], *adv.* jointly and severally.

solidariser [sɔlidari'ze], *v.t.* to render jointly liable.

solidarité [sɔlidari'te], *n.f.* joint and separate liability; solidarity, fellowship.

solide [sɔ'lid], *a.* solid; strong; substantial, sound; reliable.—*n.m.* solid, solid body.

solidement [sɔlid'mā], *adv.* solidly; firmly; soundly.

solidification [sɔlidifika'sjɔ̃], *n.f.* solidification.

solidifier [sɔlidi'fje], *v.t.* and **se solidifier**, *v.r.* to solidify.

solidité [sɔlidi'te], *n.f.* solidity; strength; stability; soundness.

soliloque [sɔli'lɔk], *n.m.* soliloquy.

soliste [sɔ'list], *a.* solo.—*n.* soloist.

solitaire [sɔli'tɛːr], *a.* solitary, single, alone; lonely, desert.—*n.m.* lonely person, recluse; solitaire (*diamond* or *game*).

solitairement [sɔliter'mā], *adv.* solitarily, alone.

solitude [sɔli'tyd], *n.f.* solitude, loneliness; desert.

solive [sɔ'liːv], *n.f.* joist.

soliveau [sɔli'vo], *n.m.* (*pl.* -**eaux**) small joist.

sollicitation [sɔlisita'sjɔ̃], *n.f.* solicitation; pull (*of magnet*).

solliciter [sɔlisi'te], *v.t.* to incite; to solicit, to entreat; to call into action; to attract (*of magnet*).

sollicitude [sɔlisi'tyd], *n.f.* solicitude, care; concern.

solo [sɔ'lo], *a. inv.* solo.—*n.m.* (*pl.* **solos** or **soli**) solo.

solstice [sɔls'tis], *n.m.* solstice.

solubilité [sɔlybili'te], *n.f.* solubility.

soluble [sɔ'lybl], *a.* soluble.

solution [sɔly'sjɔ̃], *n.f.* solution; resolution; (*Law*) discharge; *solution de continuité*, interruption, break, fault.

solvabilité [sɔlvabili'te], *n.f.* solvency.

solvable [sɔl'vabl], *a.* solvent.

solvant [sɔl'vā], *n.m.* solvent.

somali [sɔma'li], *a.* Somali.—*n.m.* Somali (*language*).—*n.* (**Somali**) Somali (*person*); **Côte Française des Somalis,** French Somaliland.

Somalie [sɔma'li], **la,** *f.* Somalia, Somaliland.

sombre [sɔ̃:br], *a.* dark, sombre, gloomy; dim; overcast; melancholy.

sombrer [sɔ̃'bre], *v.i.* (*Naut.*) to founder.

sombrero [sɔ̃bre'ro], *n.m.* sombrero.

sommaire [sɔ'mɛ:r], *a.* summary, concise; scanty.—*n.m.* summary, abstract.

sommairement [sɔmɛr'mã], *adv.* summarily; hastily.

sommation [sɔma'sjɔ̃], *n.f.* summons, demand; (*Mil.*) challenge.

somme [sɔm], *n.f.* sum, total; amount; summary; burden.—*n.m.* nap; *faire un somme,* to have forty winks.

sommeil [sɔ'mɛ:j], *n.m.* sleep; *avoir sommeil,* to be sleepy.

sommeiller [sɔme'je], *v.i.* to slumber; to doze.

sommelier [sɔmə'lje], *n.m.* butler, cellarman, wine-waiter.

sommellerie [sɔmɛl'ri], *n.f.* butler's pantry.

sommer [sɔ'me], *v.t.* to summon, to call upon; to sum up.

sommet [sɔ'mɛ], *n.m.* top, summit; acme; crown (*of the head etc.*).

sommier (1) [sɔ'mje], *n.m.* pack-horse; box-mattress; wind-chest (*of organ*); (*Arch.*) cross-beam.

sommier (2) [sɔ'mje], *n.m.* cash-book, register.

sommité [sɔmi'te], *n.f.* summit, top; head, principal; chief point; prominent person.

somnambule [sɔmnã'byl], *a.* somnambulistic.—*n.* sleepwalker.

somnambulisme [sɔmnãby'lism], *n.m.* somnambulism, sleep-walking.

somnolence [sɔmnɔ'lã:s], *n.f.* somnolence.

somnolent [sɔmnɔ'lã], *a.* somnolent, sleepy.

somptuaire [sɔ̃p'tɥɛ:r], *a.* sumptuary.

somptueusement [sɔ̃ptɥœz'mã], *adv.* sumptuously.

somptueux [sɔ̃p'tɥø], *a.* (*fem.* **-euse**) sumptuous; magnificent.

somptuosité [sɔ̃ptɥozi'te], *n.f.* sumptuousness.

son (1) [sɔ̃], *a.* (*fem.* **sa,** *pl.* **ses**) his, her, its; one's.

son (2) [sɔ̃], *n.m.* sound.

son (3) [sɔ̃], *n.m.* bran; *tache de son,* freckle.

sonate [sɔ'nat], *n.f.* sonata.

sondage [sɔ̃'da:ʒ], *n.m.* sounding; (*Mining*) boring.

sonde [sɔ̃:d], *n.f.* sounding-line, lead; (*Surg. etc.*) probe; (*Mining*) drill, boring machine.

sonder [sɔ̃'de], *v.t.* to sound; to taste; to search, to fathom, to investigate.

sondeur [sɔ̃'dœ:r], *n.m.* (*Naut.*) leadsman; (*Mining*) driller, borer.

songe [sɔ̃:ʒ], *n.m.* dream; dreaming.

songe-creux [sɔ̃ʒ'krø], *n.m. inv.* dreamer, visionary.

songer [sɔ̃'ʒe], *v.t.* (*conjug. like* MANGER) to dream; (*fig.*) to imagine; to think of.—*v.i.* to dream; (*fig.*) to day-dream; to think; to mean, to intend, to propose.

songerie [sɔ̃'ʒri], *n.f.* dreaming; musing; day-dreaming.

songeur [sɔ̃'ʒœ:r], *a.* (*fem.* **-euse**) thoughtful, dreamy.—*n.m.* (*fem.* **-euse**) dreamer.

sonique [sɔ'nik], *a.* sonic.

sonnant [sɔ'nã], *a.* sounding; sonorous.

sonner [sɔ'ne], *v.t., v.i.* to sound; to ring, to toll, to strike (*of clocks etc.*).

sonnerie [sɔn'ri], *n.f.* ring, ringing (*of bells*); bells, chimes; striking part (*of a clock etc.*); (*Mil.*) bugle-call.

sonnet [sɔ'nɛ], *n.m.* sonnet.

sonnette [sɔ'nɛt], *n.f.* small bell; hand-bell.

sonneur [sɔ'nœ:r], *n.m.* bell-ringer.

sonore [sɔ'nɔ:r], *a.* resonant; clear; *ondes sonores,* sound waves.

sonorité [sɔnɔri'te], *n.f.* resonance.

sophisme [sɔ'fism], *n.m.* sophism, fallacy.

sophiste [sɔ'fist], *a.* sophistical.—*n.* sophist.

sophistiqué [sɔfisti'ke], *a.* sophisticated; affected.

soporifique [sɔpori'fik], *a.* soporific; (*fig.*) tedious.—*n.m.* soporific.

soprano [sɔpra'no], *n.* (*pl.* **soprani** or **sopranos**) soprano, treble.

sorbet [sɔr'bɛ], *n.m.* sherbet.

sorbier [sɔr'bje], *n.m.* mountain-ash, rowan tree.

sorcellerie [sɔrsɛl'ri], *n.f.* sorcery, witchcraft.

sorcier [sɔr'sje], *n.m.* (*fem.* **-ière**) sorcerer, wizard, sorceress, witch.

sordide [sɔr'did], *a.* sordid, filthy; mean, vile.

sordidement [sɔrdid'mã], *adv.* sordidly.

Sorlingues [sɔr'lɛ̃:g], **les,** *f. pl.* the Scilly Isles.

sornette [sɔr'nɛt], *n.f.* (*usu. in pl.*) idle talk, small talk.

sort [sɔ:r], *n.m.* fate, destiny; lot; condition; fortune; chance; spell, charm; *au sort,* by lot; *le sort en est jeté,* the die is cast; *tirer au sort,* to draw lots; to toss.

sortable [sɔr'tabl], *a.* suitable.

sortablement [sɔrtablə'mã], *adv.* suitably.

sortant [sɔr'tã], *a.* outgoing, retiring, leaving (*office etc.*); drawn (*of numbers in lotteries*).—*n.m.* person going out; person leaving office etc.; *les entrants et les sortants,* the incomers and outgoers.

sorte [sɔrt], *n.f.* sort, kind, species; manner; way; *de la sorte,* thus, in that way; *de sorte que* or *en sorte que,* so that.

sortie [sɔr'ti], *n.f.* going *or* coming out; exit, way out; outing, trip; exportation; sortie; (*colloq.*) outburst, attack; *droit de sortie,* export duty; *jour de sortie,* day out.

sortilège [sɔrti'lɛ:ʒ], *n.m.* sorcery, magic; spell, charm.

sortir [sɔr'ti:r], *v.t. irr.* (*conjug. like* SENTIR *with aux.* AVOIR) to bring out, to take out; to pull out, to extricate.—*v.i.* (*with aux.* ÊTRE) to go out, to come out, to come forth, to emerge; to make one's exit; to leave, to depart; to swerve; to wander (*from a subject*); to proceed, to result; to spring, to come up; to sally forth; to burst forth; to escape; (*Paint. etc.*) to stand out; to be in relief.—*n.m.* going out, leaving; rising.

sosie [sɔ'zi], *n.m.* double, counterpart.

sot [so], *a.* (*fem.* **sotte**) stupid, silly, foolish; (*fig.*) embarrassed, sheepish.—*n.m.* (*fem.* **sotte**) fool, ass, idiot.

sottement [sɔt'mã], *adv.* stupidly; foolishly.

299

sottise [sɔ'ti:z], *n.f.* silliness, folly; foolish trick, nonsense; insult; (*pl.*) abusive language.

sou [su], *n.m.* sou (*copper coin worth 5 centimes*); copper, halfpenny.

soubresaut [subrə'so], *n.m.* sudden leap *or* bound; plunge (*of a horse*); start; jolt.

soubresauter [subrə'sote], *v.i.* to start, to jump, to plunge.

soubrette [su'brɛt], *n.f.* lady's maid, waiting-woman.

souche [suʃ], *n.f.* stump, stock, stub, stem; (*fig.*) blockhead; founder (*of a family etc.*); origin; chimney-stack; counterfoil; tally; *faire souche*, to found a family.

souci (1) [su'si], *n.m.* care, anxiety.

souci (2) [su'si], *n.m.* (*Bot.*) marigold.

soucier (se) [sasu'sje], *v.r.* to care, to mind, to be concerned, to be anxious (*de*).

soucieux [su'sjø], *a.* (*fem.* **-euse**) anxious, full of care; pensive, thoughtful.

soucoupe [su'kup], *n.f.* saucer.

soudage [su'da:ʒ], *n.m.* soldering, welding; (*fig.*) reconciliation.

soudain [su'dɛ̃], *a.* sudden, unexpected.—*adv.* suddenly.

soudainement [sudɛn'mɑ̃], *adv.* suddenly, all of a sudden.

soudaineté [sudɛn'te], *n.f.* suddenness.

Soudan [su'dɑ̃], **le**, *n.m.* the Sudan.

soudanais [suda'nɛ], *a.* Sudanese.—*n.m.* (**Soudanais**, *fem.* **-aise**) Sudanese (*person*).

soude [sud], *n.f.* soda.

souder [su'de], *v.t.* to solder, to braze, to weld; (*fig.*) to unite. **se souder**, *v.r.* to be soldered *or* welded; to knit (*of bones*).

soudeur [su'dœ:r], *n.m.* welder.

soudoyer [sudwa'je], *v.t.* (*conjug. like* EMPLOYER) to keep in one's pay; to hire; to bribe.

soudure [su'dy:r], *n.f.* solder; soldering, welding; *soudure autogène*, oxyacetylene welding.

soue [su], *n.f.* pigsty.

soufflage [su'fla:ʒ], *n.m.* glass-blowing.

soufflant [su'flɑ̃], *a.* blowing.

souffle [sufl], *n.m.* breath, breathing; puff (*of wind etc.*); (*fig.*) inspiration, influence.

soufflé [su'fle], *a.* soufflé (*of pastry etc.*); exaggerated (*reputation*).—*n.m.* soufflé (*light dish*).

soufflement [suflə'mɑ̃], *n.m.* blowing.

souffler [su'fle], *v.t.* to blow, to blow out; to inflate; to whisper; (*Theat.*) to prompt; to huff (*at draughts*); (*Naut.*) to sheathe.—*v.i.* to blow, to breathe; to pant, to puff; (*fig.*) to breathe a word etc.; *souffler aux oreilles de quelqu'un*, to whisper in someone's ear.

soufflerie [suflə'ri], *n.f.* bellows (*of an organ*); wind-tunnel.

soufflet [su'flɛ], *n.m.* pair of bellows; box on the ear, slap in the face; affront.

souffleter [suflə'te], *v.t.* (*conjug. like* APPELER) to slap in the face, to box the ears of; (*fig.*) to insult.

souffleur [su'flœ:r], *a.* (*fem.* **-euse**) blowing, puffing.—*n.m.* (*fem.* **-euse**) blower; (*Theat.*) prompter.—(*C*) *n.f.* (**-euse**) snow blower.

souffrance [su'frɑ̃:s], *n.f.* suffering, pain; suspense; (*Law*) sufferance; *en souffrance*, awaiting delivery; in abeyance.

souffrant [su'frɑ̃], *a.* suffering; unwell; long-suffering.

souffre-douleur [sufrədu'lœ:r], *n.m. inv.* drudge; butt, laughing-stock.

souffreteux [sufrə'tø], *a.* (*fem.* **-euse**) needy; poorly, sickly, weakly.

souffrir [su'fri:r], *v.t. irr.* (*conjug. like* OUVRIR) to suffer; to bear, to endure, to undergo, to sustain; to stand, to tolerate; to admit of; *faire souffrir*, to pain, to grieve.—*v.i.* to suffer, to be in pain; to be pained; to be injured.

soufre [sufr], *n.m.* sulphur, brimstone.

souhait [swɛ], *n.m.* wish, desire; *à souhait*, to one's heart's content, as one would have it.

souhaitable [swɛ'tabl], *a.* desirable.

souhaiter [swɛ'te], *v.t.* to desire, to wish for.

souiller [su'je], *v.t.* to soil, to dirty; to stain, to blemish, to sully; to defile. **se souiller**, *v.r.* to soil oneself, to get dirty; to tarnish one's good name.

souillon [su'jɔ̃], *n.* sloven, slut; scullion.

souillure [su'jy:r], *n.f.* spot, stain; blot, blemish; contamination.

soûl *or* **saoul** [su], *a.* glutted, surfeited (*de*); drunk; satiated, heartily sick (*de*).—*n.m.* fill, bellyful; *tout son soûl*, to one's heart's content.

soulagement [sulaʒ'mɑ̃], *n.m.* relief, alleviation; solace, help.

soulager [sula'ʒe], *v.t.* (*conjug. like* MANGER) to relieve, to ease; to alleviate, to allay; to soothe, to comfort. **se soulager**, *v.r.* to relieve oneself; to help each other.

soûlard [su'la:r], *a.* drunken.—*n.m.* (*fem.* **-e**) drunkard, sot.

soûler [su'le], *v.t.* to fill, to glut; to make drunk. **se soûler**, *v.r.* to gorge; to get drunk.

soûlerie [sul'ri], *n.f.* drinking bout, 'binge'.

soulèvement [sulɛv'mɑ̃], *n.m.* heaving; swelling (*of sea waves etc.*); rising (*of the stomach*); (*fig.*) insurrection, revolt.

soulever [sul've], *v.t.* (*conjug. like* AMENER) to raise, to lift up; to heave; to take up; (*fig.*) to excite, to stir up; to sicken; to rouse the indignation of. **se soulever**, *v.r.* to raise oneself, to rise; to heave, to swell; to rise in insurrection.

soulier [su'lje], *n.m.* shoe; *être dans ses petits souliers*, to be ill at ease; *souliers ferrés*, hobnailed boots.

soulignement [suliɲ'mɑ̃], *n.m.* underlining.

souligner [suli'ɲe], *v.t.* to underline; (*fig.*) to emphasize.

soumettre [su'mɛtr], *v.t. irr.* (*conjug. like* METTRE) to subdue, to subject; to submit, to refer; to subordinate. **se soumettre**, *v.r.* to submit, to yield; to comply, to assent (*à*).

soumis [su'mi], *a.* submissive.

soumission [sumi'sjɔ̃], *n.f.* submission, compliance, obedience; subjection; mark of respect; tender for a contract etc.

soumissionner [sumisjɔ'ne], *v.t.* to tender for.

soupape [su'pap], *n.f.* valve; *soupape de sûreté*, safety-valve.

soupçon [sup'sɔ̃], *n.m.* suspicion; surmise, conjecture; (*fig.*) slight taste, dash, touch.

soupçonner [supsɔ'ne], *v.t.* to suspect; to surmise.

soupçonneux [supsɔ'nø], *a.* (*fem.* **-euse**) suspicious.

soupe [sup], *n.f.* soup; sop; *c'est une soupe au lait*, he has a quick temper; *trempé comme une soupe*, drenched to the skin.

soupente [su'pã:t], *n.f.* straps (*of a horse*); loft, garret.

souper [su'pe], *v.i.* to sup, to have supper. —*n.m.* supper.

soupeser [supə'ze], *v.t.* (*conjug. like* AMENER) to weigh in one's hand, to try the weight of.

soupière [su'pjɛ:r], *n.f.* soup-tureen.

soupir [su'pi:r], *n.m.* sigh; breath, gasp; (*Mus.*) crotchet-rest.

soupirail [supi'ra:j], *n.m.* (*pl.* **-aux**) air-hole, ventilator.

soupirant [supi'rã], *a.* sighing.—*n.m.* wooer, lover.

soupirer [supi're], *v.t.* to breathe forth, to sigh out.—*v.i.* to sigh; to gasp; to long.

souple [supl], *a.* supple, pliant, flexible, yielding; docile.

souplesse [su'plɛs], *n.f.* suppleness, flexibility; compliance, pliancy; versatility; toughness.

souquenille [suk'ni:j], *n.f.* smock-frock; (shabby) old garment.

source [surs], *n.f.* spring, source, fountain.

sourcier [sur'sje], *n.m.* (*fem.* **-ière**) water-diviner.

sourcil [sur'si], *n.m.* eyebrow, brow; *froncer le sourcil*, to frown.

sourciller [sursi'je], *v.i.* to knit one's brows, to frown; to wince.

sourcilleux [sursi'jø], *a.* (*fem.* **-euse**) haughty, proud, supercilious; frowning; uneasy.

sourd [su:r], *a.* deaf; (*fig.*) dull, insensible; hollow, muffled (*of sound*); underhand.— *n.m.* (*fem.* **-e**) deaf person.

sourdement [surdə'mã], *adv.* indistinctly; with a hollow voice; in an underhand manner.

sourdine [sur'din], *n.f.* sordine (*of a musical instrument*); damper (*of a piano etc.*); *en sourdine*, secretly, on the sly.

sourd-muet [sur'mɥɛ], *a.* and *n.m.* (*fem.* **sourde-muette**) deaf-and-dumb (person), deaf-mute.

sourdre [surdr], *v.i.* to spring, to gush, to well; (*fig.*) to result.

souriant [su'rjã], *a.* smiling.

souricière [suri'sjɛ:r], *n.f.* mouse-trap.

sourire [su'ri:r], *v.i. irr.* (*conjug. like* RIRE) to smile; to be agreeable, to delight, to please; to be propitious.—*n.m.* smile; *large sourire*, grin; *sourire affecté*, smirk.

souris [su'ri], *a. inv.* mouse-coloured.— *n.f.* mouse; mouse-colour; knuckle (*of a leg of mutton*).

sournois [sur'nwa], *a.* artful, cunning, sly.— *n.m.* (*fem.* **-e**) sneak.

sournoisement [surnwaz'mã], *adv.* cunningly, slyly.

sournoiserie [surnwaz'ri], *n.f.* slyness, cunning; underhand trick.

sous [su], *prep.* under, beneath, below; on, upon; with; in; by; *affirmer sous serment*, to swear on oath; *sous dix jours*, within ten days; *sous peu*, in a short time.

sous-alimentation [suzalimãta'sjõ], *n.f.* malnutrition.

sous-alimenté [suzalimã'te], *a.* underfed.

sous-chef [su'ʃɛf], *n.m.* deputy head-clerk; (*Comm.*) underwriter; assistant manager.

souscripteur [suskrip'tœ:r], *n.m.* subscriber.

souscription [suskrip'sjõ], *n.f.* subscription; signature.

souscrire [sus'kri:r], *v.t. irr.* (*conjug. like* ÉCRIRE) to subscribe, to sign.—*v.i.* to consent, to agree (*à*).

sous-développé [sudevlɔ'pe], *a.* underdeveloped (*country*).

sous-dit [su'di], *a.* undermentioned.

sous-entendre [suzã'tã:dr], *v.t.* not to express fully, to hint, to imply.

sous-entendu [suzãtã'dy], *n.m.* thing understood, implication.

sous-entente [suzã'tã:t], *n.f.* mental reservation.

sous-lieutenant [suljøt'nã], *n.m.* second-lieutenant; *sous-lieutenant aviateur*, pilot officer.

sous-louer [su'lwe], *v.t.* to sub-let.

sous-main [su'mɛ̃], *n.m. inv.* writing-pad; *en sous-main*, behind the scenes.

sous-marin [suma'rɛ̃], *a.* and *n.m.* submarine.

sous-off [su'zɔf], *abbr. fam. of* **sous-officier** [suzɔfi'sje], *n.m.* non-commissioned officer, N.C.O.

sous-ordre [su'zɔrdr], *n.m. inv.* subordinate.

sous-préfet [supre'fɛ], *n.m.* subprefect, under-sheriff.

sous-produit [suprɔ'dɥi], *n.m.* by-product.

sous-secrétaire [susəkre'tɛ:r], *n.* under-secretary.

soussigné [susi'ne], *a.* undersigned; *nous soussignés certifions*, we, the undersigned, certify.

sous-sol [su'sɔl], *n.m.* subsoil; basement.

sous-titre [su'titr], *n.m.* sub-title.

soustraction [sustrak'sjõ], *n.f.* taking away, subtraction.

soustraire [sus'trɛ:r], *v.t. irr.* (*conjug. like* TRAIRE) to take away, to withdraw, to screen; (*Arith.*) to subtract. **se soustraire**, *v.r.* to escape, to flee, to avoid; to withdraw oneself; to be subtracted.

sous-traitant [sutrɛ'tã], *n.m.* subcontractor.

soutache [su'taʃ], *n.f.* braid.

soutane [su'tan], *n.f.* cassock; (*fig.*) the cloth.

soute [sut], *n.f.* (*Naut.*) store-room; (*Av.*) luggage-bay, bomb-bay.

soutenable [sut'nabl], *a.* sustainable; tenable.

soutènement [sutɛn'mã], *n.m.* (*Arch.*) support.

soutenir [sut'ni:r], *v.t. irr.* (*conjug. like* TENIR) to hold up, to support, to sustain, to keep up, to prop up; (*fig.*) to maintain, to uphold; to countenance; to afford (*an expense*); to endure. **se soutenir**, *v.r.* to support oneself; to hold oneself up; to bear up, to hold out; to stand firm; to succeed; to continue; to sustain one another.

soutenu [sut'ny], *a.* sustained; unremitting, unceasing, constant; lofty, elevated.

souterrain [sutɛ'rɛ̃], *a.* underground; (*fig.*) underhand.—*n.m.* underground vault, cavern; (*Rail.*) tunnel; subway.

soutien [su'tjɛ̃], *n.m.* support, prop, stay, staff.

soutien-gorge [sutjɛ̃'gɔrʒ], *n.m. inv.* brassière.

soutirer [suti're], *v.t.* to draw off, to rack (*liquors*); (*fig.*) to worm out (*à*), to extract (*money, information*).

souvenir [suv'niːr], *n.m.* recollection; reminder, souvenir, keepsake.—*v. impers. irr.* (*conjug. like* TENIR *but with aux.* ÊTRE) to occur to the mind; *il m'en souvient*, I remember it. **se souvenir**, *v.r.* to remember, to call to mind, to recollect.

souvent [su'vɑ̃], *adv.* often, frequently.

souverain [su'vrɛ̃], *a.* sovereign, supreme; highest, extreme; infallible.—*n.m.* (*fem.* **-e**) sovereign (*monarch*).—*n.m.* sovereign (*coin*).

souverainement [suvrɛn'mɑ̃], *adv.* in the extreme; supremely.

souveraineté [suvrɛn'te], *n.f.* sovereignty, dominion.

soviet [sɔ'vjɛt], *n.m.* Soviet.

soviétique [sɔvje'tik], *a. l'Union des Républiques socialistes soviétiques* (*U.R.S.S.*), the Union of Soviet Socialist Republics (*U.S.S.R.*).—*n.* (**Soviétique**) Soviet citizen.

soyeux [swa'jø], *a.* (*fem.* **-euse**) silky, silken.

spacieusement [spasjøz'mɑ̃], *adv.* spaciously.

spacieux [spa'sjø], *a.* (*fem.* **-euse**) spacious, wide, roomy.

spahi [spa'i], *n.m.* spahi (*Algerian native trooper*).

sparadrap [spara'dra], *n.m.* sticking plaster.

Sparte [spart], *la, f.* Sparta.

spartiate [spar'sjat], *a.* Spartan.—*n.* (**Spartiate**) Spartan (*person*).

spasme [spasm], *n.m.* spasm.

spasmodique [spasmɔ'dik], *a.* spasmodic.

spasmodiquement [spasmɔdik'mɑ̃], *adv.* spasmodically.

spatule [spa'tyl], *n.f.* spatula.

speaker [spi'kœːr], *n.m.* (*fem.* **speakerine**) (*Rad.*) announcer.

spécial [spe'sjal], *a.* (*m. pl.* **-aux**) special, especial, particular; professional.

spécialement [spesjal'mɑ̃], *adv.* especially, particularly.

spécialisation [spesjaliza'sjɔ̃], *n.f.* specialization.

spécialiser [spesjali'ze], *v.t.* to specialize.

spécialiste [spesja'list], *n.* specialist, expert.

spécialité [spesjali'te], *n.f.* peculiarity, speciality; patent medicine.

spécieux [spe'sjø], *a.* (*fem.* **-euse**) specious, plausible.

spécification [spesifika'sjɔ̃], *n.f.* specification.

spécifier [spesi'fje], *v.t.* to specify.

spécifique [spesi'fik], *a.* and *n.m.* specific.

spécifiquement [spesifik'mɑ̃], *adv.* specifically.

spécimen [spesi'mɛn], *n.m.* specimen.

spectacle [spɛk'takl], *n.m.* spectacle, scene, sight; theatre; play, performance; show; *se donner en spectacle*, to make an exhibition of oneself.

spectaculaire [spɛktaky'lɛːr], *a.* spectacular.

spectateur [spɛkta'tœːr], *n.m.* (*fem.* **-trice**) spectator, looker-on.

spectral [spɛk'tral], *a.* (*m. pl.* **-aux**) spectral.

spectre [spɛktr], *n.m.* spectre, ghost; spectrum.

spéculateur [spekyla'tœːr], *n.m.* (*fem.* **-trice**) speculator.

spéculatif [spekyla'tif], *a.* (*fem.* **-tive**) speculative.

spéculation [spekyla'sjɔ̃], *n.f.* speculation.

spéculativement [spekylativ'mɑ̃], *adv.* in a speculative manner.

spéculer [speky'le], *v.i.* to speculate.

sperme [spɛrm], *n.m.* sperm, seed.

sphaigne [sfɛːɲ], *n.f.* sphagnum moss.

sphère [sfɛːr], *n.f.* sphere, orb, globe; (*fig.*) circle.

sphérique [sfe'rik], *a.* spherical.

sphinx [sfɛ̃ːks], *n.m.* sphinx.

spinal [spi'nal], *a.* (*m. pl.* **-aux**) spinal.

spiral [spi'ral], *a.* (*m. pl.* **-aux**) spiral.—*n.m.* hair-spring (*of watch*).

spirale [spi'ral], *n.f.* spiral.

spirite [spi'rit], *a.* spiritualistic.—*n.* spiritualist.

spiritisme [spiri'tism], *n.m.* spiritualism.

spiritualisme [spiritɥa'lism], *n.m.* spiritualism.

spiritualiste [spiritɥa'list], *a.* and *n.* spiritualist.

spirituel [spiri'tɥɛl], *a.* (*fem.* **-elle**) spiritual; intellectual; witty, shrewd, lively, intelligent.

spirituellement [spiritɥɛl'mɑ̃], *adv.* spiritually; wittily, cleverly.

spiritueux [spiri'tɥø], *a.* (*fem.* **-euse**) spirituous.—*n.m.* spirit, spirituous liquor.

spleen [splin], *n.m.* spleen; (*fam.*) *avoir le spleen*, to be in the dumps.

splendeur [splɑ̃'dœːr], *n.f.* splendour, brilliance; magnificence.

splendide [splɑ̃'did], *a.* sumptuous, magnificent.

splendidement [splɑ̃did'mɑ̃], *adv.* splendidly.

spoliateur [spɔlja'tœːr], *a.* (*fem.* **-trice**) despoiling.—*n.m.* (*fem.* **-trice**) spoiler, despoiler.

spoliation [spɔlja'sjɔ̃], *n.f.* spoliation.

spolier [spɔ'lje], *v.t.* to despoil, to plunder.

spongieux [spɔ̃'ʒjø], *a.* (*fem.* **-euse**) spongy.

spontané [spɔ̃ta'ne], *a.* spontaneous.

spontanéité [spɔ̃tanei'te], *n.f.* spontaneity.

spontanément [spɔ̃tane'mɑ̃], *adv.* spontaneously.

sporadique [spɔra'dik], *a.* sporadic.

spore [spɔːr], *n.f.* spore.

sport [spɔːr], *n.m.* games, outdoor games; *faire du sport*, to play games.

sportif [spɔr'tif], *a.* (*fem.* **-tive**) sporting; *réunion sportive*, athletics meeting.—*n.m.* (*fem.* **-tive**) athlete; devotee of out-door games; sportsman, sportswoman.

spumeux [spy'mø], *a.* (*fem.* **-euse**) spumy.

square [skwaːr], *n.m.* residential square with enclosed garden.

squelette [skə'lɛt], *n.m.* skeleton; carcass, frame (*of a ship*).

squelettique [skəle'tik], *a.* lanky.

stabilisateur [stabiliza'tœːr], *a.* (*fem.* **-trice**) stabilizing.—*n.m.* (*Av., Naut.*) stabilizer.

stabiliser [stabili'ze], *v.t.* to stabilize.

stabilité [stabili'te], *n.f.* stability, durability.

stable [sta:bl], *a.* stable, firm; durable, lasting, permanent.

stade [stad], *n.m.* sports ground, stadium; (*fig.*) stage, period.

stage [sta:ʒ], *n.m.* term of probation, study, residence etc.; training course; (*fig.*) probation.

stagiaire [sta'ʒjɛ:r], *n.* probationer, trainee.

stagnant [stag'nɑ̃], *a.* stagnant, at a standstill.

stagnation [stagna'sjɔ̃], *n.f.* stagnation.

stagner [stag'ne], *v.i.* to stagnate.

stalactite [stalak'tit], *n.f.* stalactite.

stalagmite [stalag'mit], *n.f.* stalagmite.

stalle [stal], *n.f.* stall; box (*for horses*) (*Theat.*) stall, seat.

stance [stɑ̃:s], *n.f.* stanza.

stand [stɑ̃:d], *n.m.* rifle-range; shooting-gallery; stall, stand (*at exhibitions etc.*).

standard [stɑ̃'da:r], *n.m.* (*in house* or *office*) switchboard; standard (*of living*).

standardiser [stɑ̃dardi'ze], *v.t.* to standardize.

standardiste [stɑ̃dar'dist], *n.* switchboard operator.

star [sta:r], *n.f.* (*Cine.*) star.

starlette [star'lɛt], *n.f.* starlet.

starter [star'tɛ:r], *n.m.* (*Motor.*) choke; (*Racing*) starter.

station [sta'sjɔ̃], *n.f.* station, standing; stage (*of bus, trams*), taxi-rank; resort.

stationnaire [stasjɔ'nɛ:r], *a.* stationary.

stationnement [stasjɔn'mɑ̃], *n.m.* stationing, standing; parking; *stationnement interdit*, no parking, no waiting.

stationner [stasjɔ'ne], *v.i.* to stop, to stand, to park (*of cars*).

statique [sta'tik], *a.* static.—*n.f.* statics.

statisticien [statisti'sjɛ̃], *n.m.* statistician.

statistique [statis'tik], *a.* statistical.—*n.f.* statistics.

statuaire [sta'tɥɛ:r], *a.* statuary.—*n.* sculptor. —*n.f.* statuary (*art*).

statue [sta'ty], *n.f.* statue.

statuer [sta'tɥe], *v.t.* to decree, to resolve, to ordain.—*v.i.* to give a ruling.

statuette [sta'tɥɛt], *n.f.* statuette.

stature [sta'ty:r], *n.f.* stature, height.

statut [sta'ty], *n.m.* statute, ordinance, by-law; status.

statutaire [staty'tɛ:r], *a.* statutory.

stellaire [stɛl'lɛ:r], *a.* stellar, starry.

stencil [stɛn'sil], *n.m.* stencil.

sténo [ste'no], *abbr. of* **sténographe** or **sténographie**

sténo-dactylo(graphe) [stenodakti'lo('graf)], *n.* shorthand typist.

sténographe [stenɔ'graf], *n.* stenographer, shorthand writer.

sténographie [stenɔgra'fi], *n.f.* stenography, shorthand.

sténographier [stenɔgra'fje], *v.t.* to take down in shorthand.

stentor [stɑ̃'tɔ:r], *n.m.* Stentor; *d'une voix de stentor*, in a stentorian voice.

steppe [stɛp], *n.f.* steppe.

stéréoscope [stereɔs'kɔp], *n.m.* stereoscope.

stéréotypé [stereɔti'pe], *a.* stereotyped, hackneyed.

stérile [ste'ril], *a.* sterile, barren; (*fig.*) fruitless, vain.

stérilisant [sterili'zɑ̃], *a.* sterilizing.—*n.m.* sterilizing agent.

stérilisation [steriliza'sjɔ̃], *n.f.* sterilization.

stériliser [sterili'ze], *v.t.* to sterilize.

stérilité [sterili'te], *n.f.* sterility, barrenness.

sterling [stɛr'liŋ], *a. inv.* and *n.m.* sterling.

stéthoscope [stetɔs'kɔp], *n.m.* stethoscope.

stigmate [stig'mat], *n.m.* scar, stigma, stain; brand.

stigmatiser [stigmati'ze], *v.t.* to stigmatize, to brand.

stimulant [stimy'lɑ̃], *a.* stimulating.—*n.m.* stimulant; stimulus; incentive.

stimulation [stimyla'sjɔ̃], *n.f.* stimulation.

stimuler [stimy'le], *v.t.* to stimulate; to excite, to rouse.

stipendiaire [stipɑ̃'djɛ:r], *a.* and *n.m.* stipendiary, mercenary.

stipendié [stipɑ̃'dje], *a.* hired.—*n.m.* stipendiary, hireling.

stipendier [stipɑ̃'dje], *v.t.* to hire, to keep in pay.

stipulation [stipyla'sjɔ̃], *n.f.* stipulation.

stipuler [stipy'le], *v.t.* to stipulate; to contract.

stock [stɔk], *n.m.* (*Comm.*) stock.

stocker [stɔ'ke], *v.t.* to stock; to stockpile.

stockiste [stɔ'kist], *n.m.* warehouseman; stockist; agent (*for a certain make of car*); service-station (*with spare parts*).

stoïcien [stɔi'sjɛ̃], *a.* Stoic, stoical.—*n.m.* (*fem.* **-enne**) Stoic.

stoïcisme [stɔi'sism], *n.m.* stoicism.

stoïque [stɔ'ik], *a.* Stoic, stoical.—*n.* Stoic.

stoïquement [stɔik'mɑ̃], *adv.* stoically.

stop [stɔp], *int. stop!*—*n.m.* (*Motor.*) stop-light.

stoppage [stɔ'pa:ʒ], *n.m.* invisible mending; stoppage (*of motion, current*).

stopper [stɔ'pe], *v.t.* to mend invisibly; to stop.—*v.i.* to stop (*of a train, steamboat etc.*).

store [stɔːr], *n.m.* (*spring-roller*) blind.

strabisme [stra'bism], *n.m.* squinting.

strangulation [strɑ̃gyla'sjɔ̃], *n.f.* strangulation.

strapontin [strapɔ̃'tɛ̃], *n.m.* folding-seat, tip-up seat.

strass or **stras** [stras], *n.m.* strass, paste jewels.

stratagème [strata'ʒɛm], *n.m.* stratagem.

strate [strat], *n.f.* stratum.

stratégie [strate'ʒi], *n.f.* strategy.

stratégique [strate'ʒik], *a.* strategic.

stratégiquement [strateʒik'mɑ̃], *adv.* strategically.

stratégiste [strate'ʒist], *n.m.* strategist.

stratosphère [stratɔs'fɛ:r], *n.f.* stratosphere.

strict [strikt], *a.* strict, precise; severe.

strictement [striktə'mɑ̃], *adv.* strictly; severely.

strident [stri'dɑ̃], *a.* strident, jarring.

strié [stri'e], *a.* striate, streaked; corrugated; scored.

strontium [strɔ̃'sjɔm], *n.m.* strontium.

strophe [strɔf], *n.f.* strophe; stanza.

structural [strykty'ral], *a.* (*m. pl.* **-aux**) structural.

structure [stryk'ty:r], *n.f.* structure; form, make.

strychnine [strik'nin], *n.f.* strychnin(e).

stuc [styk], *n.m.* stucco.

stucage [sty'ka:ʒ], *n.m.* stucco-work.

studieusement [stydjøz'mɑ̃], *adv.* studiously.

studieux [stu'djø], *a.* (*fem.* **-euse**) studious.

studio [sty'djo], *n.m.* (*Cine.*) film-studio; (*Rad., Tel.*) broadcasting studio; one-roomed flat.

stupéfaction [stypefak'sjɔ̃], *n.f.* stupefaction, amazement.
stupéfait [stype'fɛ], *a.* amazed, dumbfounded.
stupéfiant [stype'fjɑ̃], *a.* stupefactive; amazing, astounding.—*n.m.* narcotic.
stupéfier [stype'fje], *v.t.* to stupefy, to astound, to dumbfound.
stupeur [sty'pœ:r], *n.f.* stupor; amazement.
stupide [sty'pid], *a.* stunned; stupid, foolish, dull.
stupidement [stypid'mɑ̃], *adv.* stupidly.
stupidité [stypidi'te], *n.f.* stupidity.
style (1) [stil], *n.m.* style.
style (2) [stil], *n.m.* stylus.
stylé [sti'le], *a.* stylate; (*colloq.*) trained, taught, clever.
styler [sti'le], *v.t.* to train, to form, to school.
stylet [sti'lɛ], *n.m.* stiletto; (*Surg.*) probe.
stylo [sti'lo], *abbr. of* **stylographe** [stilo'graf], *n.m.* fountain-pen; *stylo à bille,* ball-point pen.
stylomine [stilo'min], *n.m.* propelling pencil.
styptique [stip'tik], *a.* and *n.m.* styptic.
su (1) [sy], *n.m.* knowledge; *au vu et au su de tout le monde,* as everybody knows.
su (2) [sy], *p.p.* [SAVOIR].
suaire [sɥɛ:r], *n.m.* winding-sheet, shroud.
suant [sɥɑ̃], *a.* sweating, in a sweat.
suave [sɥa:v], *a.* sweet, agreeable; suave, bland; soft.
suavement [sɥav'mɑ̃], *adv.* suavely; sweetly.
suavité [sɥavi'te], *n.f.* suavity; sweetness.
subalterne [sybal'tɛrn], *a.* and *n.* subaltern, subordinate; inferior.
subdiviser [sybdivi'ze], *v.t.* to subdivide. **se subdiviser,** *v.r.* to be subdivided.
subdivision [sybdivi'zjɔ̃], *n.f.* subdivision.
subir [sy'bi:r], *v.t.* to support; to go through, to undergo, to suffer; to submit to.
subit [sy'bit], *a.* sudden, unexpected.
subitement [sybit'mɑ̃], *adv.* suddenly, all of a sudden.
subjectif [sybʒɛk'tif], *a.* (*fem.* **-tive**) subjective.
subjection [sybʒɛk'sjɔ̃], *n.f.* subjection.
subjectivement [sybʒɛktiv'mɑ̃], *adv.* subjectively.
subjonctif [sybʒɔ̃k'tif], *a.* (*fem.* **-tive**) and *n.m.* subjunctive.
subjugation [sybʒyga'sjɔ̃], *n.f.* subjugation.
subjuguer [sybʒy'ge], *v.t.* to subjugate, to subdue.
sublimation [syblima'sjɔ̃], *n.f.* sublimation.
sublime [sy'blim], *a.* lofty, sublime, splendid. —*n.m.* the sublime.
sublimement [syblim'mɑ̃], *adv.* sublimely.
submerger [sybmɛr'ʒe], *v.t.* (*conjug. like* MANGER) to submerge, to swamp, to flood; (*fig.*) to overwhelm.
submersible [sybmɛr'sibl], *a.* submersible. —*n.m.* submarine (*boat*).
submersion [sybmɛr'sjɔ̃], *n.f.* submersion.
subordination [sybordina'sjɔ̃], *n.f.* subordination.
subordonné [sybordo'ne], *a.* and *n.m.* (*fem.* **-ée**) subordinate, dependent.
subordonner [sybordo'ne], *v.t.* to subordinate.
suborner [sybor'ne], *v.t.* to suborn, to bribe.
suborneur [sybor'nœ:r], *a.* (*fem.* **-euse**)

suborning, bribing.—*n.m.* (*fem.* **-euse**) suborner, briber.
subreptice [sybrɛp'tis], *a.* surreptitious.
subrepticement [sybrɛptis'mɑ̃], *adv.* surreptitiously.
subséquemment [sybseka'mɑ̃], *adv.* subsequently.
subséquent [sybse'kɑ̃], *a.* subsequent.
subside [syb'sid], *n.m.* subsidy; (*colloq.*) aid.
subsidiaire [sybsi'djɛ:r], *a.* subsidiary, auxiliary.
subsidiairement [sybsidjɛr'mɑ̃], *adv.* further, also, additionally.
subsistance [sybzis'tɑ̃:s], *n.f.* subsistence, sustenance, maintenance; (*pl.*) provisions.
subsistant [sybzis'tɑ̃], *a.* subsisting, existing.
subsister [sybzis'te], *v.i.* to subsist, to stand; to hold good; to exist, to live.
substance [sybs'tɑ̃:s], *n.f.* substance.
substantiel [sybstɑ̃'sjɛl], *a.* (*fem.* **-elle**) substantial.
substantiellement [sybstɑ̃sjɛl'mɑ̃], *adv.* substantially.
substantif [sybstɑ̃'tif], *a.* (*fem.* **-tive**) substantive.—*n.m.* (*Gram.*) noun.
substituer [sybsti'tɥe], *v.t.* to substitute; (*Law*) to entail.
substitut [sybsti'ty], *n.m.* substitute, deputy (*to someone*).
substitution [sybstity'sjɔ̃], *n.f.* substitution; (*Law*) entail.
subterfuge [sybtɛr'fy:ʒ], *n.m.* subterfuge, evasion, shift.
subtil [syb'til], *a.* subtile, tenuous; penetrating; acute, keen, sharp; cunning; fine-spun, subtle.
subtilement [sybtil'mɑ̃], *adv.* subtly, craftily.
subtiliser [sybtili'ze], *v.t.* to subtilize, to refine; (*colloq.*) to sneak, to steal.
subtilité [sybtili'te], *n.f.* subtlety, fineness; acuteness; shrewdness.
suburbain [sybyr'bɛ̃], *a.* suburban.
subvenir [sybvə'ni:r], *v.i. irr.* (*conjug. like* TENIR) to be helpful; to supply, to provide.
subvention [sybvɑ̃'sjɔ̃], *n.f.* subsidy, aid.
subventionner [sybvɑ̃sjo'ne], *v.t.* to subsidize, to make a grant to.
subversif [sybvɛr'sif], *a.* (*fem.* **-sive**) subversive.
subversion [sybvɛr'sjɔ̃], *n.f.* subversion, overthrow.
suc [syk], *n.m.* juice; (*fig.*) essence, quintessence.
succéder [sykse'de], *v.i.* (*conjug. like* CÉDER) to succeed, to follow after (*à*). **se succéder,** *v.r.* to succeed each other.
succès [syk'sɛ], *n.m.* success.
successeur [sykse'sœ:r], *n.m.* successor.
successif [sykse'sif], *a.* (*fem.* **-ive**) successive, in succession.
succession [sykse'sjɔ̃], *n.f.* succession; inheritance; heritage, estate.
successivement [syksɛsiv'mɑ̃], *adv.* successively, in succession.
succinct [syk'sɛ̃], *a.* succinct, concise.
succinctement [syksɛt'mɑ̃], *adv.* succinctly, briefly.
succion [syk'sjɔ̃], *n.f.* suction.
succomber [sykɔ̃'be], *v.i.* to sink, to faint; to yield, to succumb; to fail; to die.
succulence [syky'lɑ̃:s], *n.f.* succulence.
succulent [syky'lɑ̃], *a.* succulent, juicy; rich.

succursale [sykyr'sal], *n.f.* branch (*of a bank etc.*).

sucement [sys'mã], *n.m.* sucking, suck.

sucer [sy'se], *v.t.* (*conjug. like* COMMENCER) to suck, to suck in; to imbibe.

sucette [sy'sɛt], *n.f.* lollipop; comforter (*for baby*).

suceur [sy'sœːr], *a.* (*fem.* **-euse**) sucking.— *n.m.* sucker; nozzle (*of a vacuum cleaner*).

suçoir [sy'swaːr], *n.m.* sucker.

sucre [sykr], *n.m.* sugar; *sucre cristallisé,* granulated sugar; *sucre d'orge,* barley-sugar; *sucre en poudre,* castor-sugar.

sucré [sy'kre], *a.* sugared, sweet, sugary; (*fig.*) demure, prim.

sucrer [sy'kre], *v.t.* to sugar, to sweeten.

sucrerie [sykrə'ri], *n.f.* sugar-refinery; (*pl.*) sweets.

sucrier [sykri'e], *n.m.* sugar-basin; sugar-maker.

sud [syd], *a. inv.* south, southerly (*of the wind*).—*n.m.* south; south wind.

sud-est [sy'dɛst], *a. inv.* and *n.m.* south-east.

Sudètes [sy'dɛt], **les,** *m. pl.* Sudetenland.

sud-ouest [sy'dwɛst], *a. inv.* and *n.m.* south-west.

Suède [sɥɛd], **la,** *f.* Sweden.

suède [sɥɛd], *n.m.* suède (*glove leather*).

suédois [sɥe'dwa], *a.* Swedish.—*n.m.* Swedish (*language*); (**Suédois,** *fem.* **-oise**) Swede.

suée [sɥe], *n.f.* sweating.

suer [sɥe], *v.t.* to sweat.—*v.i.* to sweat, to perspire; (*fig.*) to toil, to drudge; to ooze (*of walls*).

sueur [sɥœːr], *n.f.* sweat, perspiration; (*pl.*) labour, toil.

suffire [sy'fiːr], *v.i. irr.* to suffice, to be sufficient; to be adequate; *cela suffit,* that's enough. **se suffire,** *v.r.* to provide for oneself.

suffisamment [syfiza'mã], *adv.* sufficiently.

suffisance [syfi'zãːs], *n.f.* sufficiency, adequacy; conceit, self-sufficiency.

suffisant [syfi'zã], *a.* sufficient; conceited.— *n.m.* (*fem.* **-e**) conceited person.

suffixe [sy'fiks], *n.m.* suffix.

suffocant [syfɔ'kã], *a.* suffocating, choking.

suffocation [syfɔka'sjõ], *n.f.* suffocation.

suffoquer [syfɔ'ke], *v.t.* to suffocate, to choke. —*v.i.* to choke.

suffrage [sy'fraːʒ], *n.m.* suffrage, vote; approbation, commendation.

suggérer [syɡʒe're], *v.t.* (*conjug. like* CÉDER) to suggest.

suggestif [syɡʒɛs'tif], *a.* (*fem.* **-tive**) suggestive; erotic.

suggestion [syɡʒɛs'tjõ], *n.f.* suggestion, hint, instigation.

suicide [sɥi'sid], *n.m.* suicide.

suicidé [sɥisi'de], *n.m.* (*fem.* **-ée**) suicide.

suicider (se) [səsɥisi'de], *v.r.* to commit suicide.

suie [sɥi], *n.f.* soot.

suif [sɥif], *n.m.* tallow.

suintement [sɥɛ̃t'mã], *n.m.* oozing, sweating.

suinter [sɥɛ̃'te], *v.i.* to ooze, to sweat (*of walls etc.*); to leak, to run (*of vessels*).

Suisse [sɥis], **la,** *f.* Switzerland.

suisse [sɥis], *a.* Swiss.—*n.m.* porter (*of a mansion*); church officer; (**Suisse,** *fem.* **Suissesse**) Swiss (*person*).

suite [sɥit], *n.f.* the rest; retinue, attendants; sequel, continuation; series; set; connexion; result; *à la suite,* after, behind; *de suite,* consecutively; *et ainsi de suite,* and so on; *tout de suite,* immediately.

suivant [sɥi'vã], *prep.* according to; in the direction of; *suivant que,* as, according as. —*a.* next, following, subsequent.—*n.m.* (*fem.* **-e**) follower, attendant.—*n.f.* (**-e**) lady's maid.

suivi [sɥi'vi], *a.* followed; connected; consistent; popular.

suivre [sɥiːvr], *v.t. irr.* to follow; to be next to; to attend; to observe; to pursue; to practise (*a profession etc.*).—*v.i.* to follow; to come after; to result, to ensue; *à faire suivre,* to be forwarded; *à suivre,* to be continued. **se suivre,** *v.r.* to follow each other, to be continuous.

sujet [sy'ʒɛ], *a.* (*fem.* **-ette**) subject, subjected, liable, exposed; apt, addicted, inclined (*à*).—*n.m.* subject; topic; cause.

sujétion [syʒe'sjõ], *n.f.* subjection, servitude; constraint.

sulfate [syl'fat], *n.m.* sulphate.

sulfureux [sylfy'rø], *a.* (*fem.* **-euse**) sulphurous, sulphureous.

sulfurique [sylfy'rik], *a.* sulphuric (*acid*).

sultan [syl'tã], *n.m.* sultan.

sultane [syl'tan], *n.f.* sultana, sultaness.

sumac [sy'mak], *n.m.* sumac.

superbe [sy'pɛrb], *a.* proud, arrogant; superb; stately; lofty; vainglorious.—*n.* proud person.—*n.f.* arrogance; vainglory.

superbement [sypɛrbə'mã], *adv.* haughtily, superbly.

supercarburant [sypɛrkarby'rã], *n.m.* high-octane petrol.

supercherie [sypɛrʃə'ri], *n.f.* deceit, fraud.

superficie [sypɛrfi'si], *n.f.* area, surface; (*fig.*) superficiality.

superficiel [sypɛrfi'sjɛl], *a.* (*fem.* **-elle**) superficial; shallow.

superficiellement [sypɛrfisjɛl'mã], *adv.* superficially.

superfin [sypɛr'fɛ̃], *a.* superfine, of superior quality.

superflu [sypɛr'fly], *a.* superfluous; unnecessary.—*n.m.* superfluity, excess.

superfluité [sypɛrflɥi'te], *n.f.* superfluity.

supérieur [sype'rjœːr], *a.* superior; upper, higher.—*n.m.* (*fem.* **-e**) superior.

supérieurement [sypɛrjœr'mã], *adv.* in a superior manner; superlatively.

supériorité [syperjori'te], *n.f.* superiority.

superlatif [sypɛrla'tif], *a.* (*fem.* **-tive**) superlative.—*n.m.* (*Gram.*) superlative.

superlativement [sypɛrlativ'mã], *adv.* superlatively.

superposer [sypɛrpo'ze], *v.t.* to superpose; to superimpose.

superposition [sypɛrpozi'sjõ], *n.f.* superposition; superimposition.

supersonique [sypɛrsɔ'nik], *a.* supersonic.

superstitieusement [sypɛrstisjøz'mã], *adv.* superstitiously.

superstitieux [sypɛrsti'sjø], *a.* (*fem.* **-euse**) superstitious.

superstition [sypɛrsti'sjõ], *n.f.* superstition.

superstructure [sypɛrstryk'tyːr], *n.f.* superstructure; permanent way (*of railway*).

supin [sy'pɛ̃], *n.m.* (*Gram.*) supine.

supplantation [syplɑ̃tɑ'sjɔ̃], *n.f.* supplantation; supersession.
supplanter [syplɑ̃'te], *v.t.* to supplant, to oust, to supersede.
suppléance [syple'ɑ̃:s], *n.f.* substitution, deputyship.
suppléant [syple'ɑ̃], *a.* and *n.m.* (*fem.* -e) substitute, assistant, deputy, understudy.
suppléer [syple'e], *v.t.* to supply, to fill up; to take the place of.—*v.i.* to make up the deficiency, to compensate for (*à*).
supplément [syple'mɑ̃], *n.m.* supplement; additional price, excess fare.
supplémentaire [syplemɑ̃'te:r], *a.* supplementary, supplemental, additional, extra.
suppliant [sypli'ɑ̃], *a.* suppliant, beseeching. —*n.m.* (*fem.* -e) suppliant, supplicant, petitioner.
supplication [syplika'sjɔ̃], *n.f.* supplication, entreaty.
supplice [sy'plis], *n.m.* corporal punishment; torture; (*fig.*) torment, ordeal; *être au supplice*, to be upon the rack.
supplicié [sypli'sje], *n.m.* (*fem.* -ée) executed criminal.
supplicier [sypli'sje], *v.t.* to put to death, to execute.
supplier [sypli'e], *v.t.* to beseech, to entreat, to beg.
supplique [sy'plik], *n.f.* petition, entreaty.
support [sy'pɔ:r], *n.m.* support, prop; rest, stand, bracket.
supportable [sypɔr'tabl], *a.* supportable, bearable, tolerable.
supportablement [sypɔrtablə'mɑ̃], *adv.* tolerably.
supporter (1) [sypɔr'tœ:r], *n.m.* (*Spt.*) supporter, partisan.
supporter (2) [sypɔr'te], *v.t.* to support, to uphold; to endure, to suffer; to stand. **se supporter**, *v.r.* to be borne; to bear with each other.
supposable [sypo'zabl], *a.* supposable.
supposé [sypo'ze], *a.* pretended, forged, assumed; reputed.
supposer [sypo'ze], *v.t.* to suppose; to admit, to imply; to conjecture; to forge (*a will*).
supposition [sypozi'sjɔ̃], *n.f.* supposition; substitution; forgery.
suppôt [sy'po], *n.m.* agent, tool, abettor.
suppressif [sypre'sif], *a.* (*fem.* -ive) suppressive.
suppression [sypre'sjɔ̃], *n.f.* suppression; cancelling (*of passage*); concealment.
supprimer [sypri'me], *v.t.* to suppress; to omit; to abolish, to cancel.
suppuration [sypyrɑ'sjɔ̃], *n.f.* suppuration.
suppurer [sypy're], *v.i.* to suppurate, to run.
supputation [sypytɑ'sjɔ̃], *n.f.* computation, calculation.
supputer [sypy'te], *v.t.* to calculate, to compute, to reckon.
suprématie [syprema'si], *n.f.* supremacy.
suprême [sy'prɛ:m], *a.* supreme, highest; last.
suprêmement [syprɛmə'mɑ̃], *adv.* supremely.
sur (1) [syr], *prep.* on, upon; over; in; towards; about; concerning; out of.
sur (2) [sy:r], *a.* sour, tart.
sûr [sy:r], *a.* sure, certain; safe, secure; firm, steady; trustworthy; *à coup sûr*, for certain; *en lieu sûr*, in a place of safety; *je*

suis sûr de vous, I can depend on you; *sûr et certain*, positive.
surabondamment [syrabɔ̃da'mɑ̃], *adv.* superabundantly.
surabondance [syrabɔ̃'dɑ̃:s], *n.f.* superabundance; glut.
surabondant [syrabɔ̃'dɑ̃], *a.* superabundant.
surabonder [syrabɔ̃'de], *v.i.* to superabound; to be glutted (*de*).
suraigu [syre'gy], *a.* (*fem.* -ë) overshrill; very acute (*inflammation*).
suralimenté [syralimɑ̃'te], *a.* overfed.
suralimenter [syralimɑ̃'te], *v.t.* to overfeed, to feed up; (*Motor.*) to supercharge.
suranné [syra'ne], *a.* expired; superannuated, antiquated.
surcharge [syr'farʒ], *n.f.* overloading; (*stamp*) surcharge; excess.
surcharger [syrfar'ʒe], *v.t.* (*conjug. like* MANGER) to overload, to overtax; (*fig.*) to overwhelm; to oppress; *surcharger d'impôts*, to overtax.
surchauffer [syrfo'fe], *v.t.* to overheat.
surclasser [syrklɑ'se], *v.t.* to outclass.
surcompresseur [syrkɔ̃pre'sœ:r], *n.m.* supercharger.
surcompression [syrkɔ̃pre'sjɔ̃], *n.f.* supercharging.
surcomprimé [syrkɔ̃pri'me], *a.* supercharged.
surcroît [syr'krwa], *n.m.* addition, increase; surplus, excess.
surcuit [syr'kɥi], *a.* overdone.
surdité [syrdi'te], *n.f.* deafness.
sureau [sy'ro], *n.m.* (*pl.* -eaux) elder(-tree).
surélever [syrel've], *v.t.* (*conjug. like* AMENER) to raise higher; (*Golf*) to tee.
sûrement [syr'mɑ̃], *adv.* surely, certainly, to be sure; safely.
surenchère [syrɑ̃'fe:r], *n.f.* higher bid, outbidding.
surenchérir [syrɑ̃fe'ri:r], *v.i.* to overbid, to bid higher.
surestimation [syrestimɑ'sjɔ̃], *n.f.* overestimate, overvaluation.
surestimer [syresti'me], *v.t.* to overestimate; to overrate.
sûreté [syr'te], *n.f.* safety, security; warranty; *la Sûreté*, Criminal Investigation Department.
surexcitation [syreksitɑ'sjɔ̃], *n.f.* excitement, overexcitement.
surexciter [syreksi'te], *v.t.* to overexcite.
surexposer [syrekspo'ze], *v.t.* (*Phot.*) to overexpose.
surexposition [syrekspozi'sjɔ̃], *n.f.* (*Phot.*) overexposure.
surface [syr'fas], *n.f.* surface; outside.
surfaire [syr'fe:r], *v.t. irr.* (*conjug. like* FAIRE) to ask too much for; to overrate, to overpraise.
surfin [syr'fɛ̃], *a.* (*Comm.*) superfine.
surgir [syr'ʒi:r], *v.i.* to rise, to surge; to loom up.
surgissement [syrʒis'mɑ̃], *n.m.* upheaval.
surhomme [sy'rom], *n.m.* superman.
surhumain [syry'mɛ̃], *a.* superhuman.
surintendant [syrɛ̃tɑ̃'dɑ̃], *n.m.* superintendent, overseer; steward (*of large estate*).
surintendante [syrɛ̃tɑ̃'dɑ̃:t], *n.f.* woman superintendent; superintendent's wife.
surir [sy'ri:r], *v.i.* to turn sour.
sur-le-champ [syrlə'fɑ̃], *adv.* at once.

surlendemain [syrlãdˈmɛ̃], *n.m.* two days after.

surmenage [syrməˈnaːʒ], *n.m.* excess fatigue; overworking.

surmener [syrməˈne], *v.t.* (*conjug. like* AMENER) to overwork, to overtire. **se surmener**, *v.r.* to overwork.

surmontable [syrmɔ̃ˈtabl], *a.* surmountable, superable.

surmonter [syrmɔ̃ˈte], *v.t.* to surmount; to overcome, to surpass.

surmultiplication [syrmyltiplikaˈsjɔ̃], *n.f.* (*Motor.*) overdrive.

surnager [syrnaˈʒe], *v.i.* (*conjug. like* MANGER) to float on the surface; (*fig.*) to survive.

surnaturel [syrnatyˈrɛl], *a.* (*fem.* **-elle**) supernatural.—*n.m.* supernatural.

surnaturellement [syrnatyrɛlˈmã], *adv.* supernaturally.

surnom [syrˈnɔ̃], *n.m.* nickname.

surnommer [syrnɔˈme], *v.t.* to nickname.

surnuméraire [syrnymeˈrɛːr], *a.* and *n.m.* supernumerary.

surpasser [syrpaˈse], *v.t.* to surpass, to excel, to outdo, to exceed.

surpeuplé [syrpœˈple], *a.* overpopulated.

surpeuplement [syrpœpləˈmã], *n.m.* overpopulation, overcrowding.

surplis [syrˈpli], *n.m. inv.* surplice.

surplomb [syrˈplɔ̃], *n.m.* overhang (*of buildings*); **en surplomb**, overhanging.

surplomber [syrplɔ̃ˈbe], *v.t., v.i.* to overhang.

surplus [syrˈply], *n.m. inv.* surplus, remainder, excess.

surpoids [syrˈpwa], *n.m.* overweight, excess weight.

surprenant [syrprəˈnã], *a.* surprising, astonishing.

surprendre [syrˈprãːdr], *v.t. irr.* (*conjug. like* PRENDRE) to surprise, to catch; to overhear; to entrap; to intercept. **se surprendre**, *v.r.* to surprise oneself; to catch oneself (*napping etc.*).

surprise [syrˈpriːz], *n.f.* surprise; amazement.

surproduction [syrprɔdykˈsjɔ̃], *n.f.* overproduction.

surréalisme [syrreaˈlism], *n.m.* surrealism.

surréaliste [syrreaˈlist], *a.* and *n.* surrealist.

sursaut [syrˈso], *n.m.* start, jump.

sursauter [syrsoˈte], *v.i.* to start up; *faire sursauter (quelqu'un)*, to startle (someone).

surseoir [syrˈswaːr], *v.t., v.i. irr.* to suspend, to delay, to postpone.

sursis [syrˈsi], *n.m.* delay, respite, reprieve.

surtaxe [syrˈtaks], *n.f.* surtax; surcharge.

surtaxer [syrtakˈse], *v.t.* to overtax.

surtout [syrˈtu], *adv.* above all, chiefly.—*n.m.* overcoat; centrepiece (*for table*).

surveillance [syrvɛˈjãːs], *n.f.* supervision; surveillance.

surveillant [syrvɛˈjã], *n.m.* (*fem.* **-e**) inspector, superintendent; supervisor.

surveiller [syrvɛˈje], *v.t.* to superintend, to inspect; to watch, to supervise.

survenir [syrvəˈniːr], *v.i. irr.* (*conjug. like* TENIR, *but with aux.* ÊTRE) to arrive *or* happen unexpectedly; to drop in.

survêtement [syrvɛtˈmã], *n.m.* (*Spt.*) tracksuit.

survivant [syrviˈvã], *a.* surviving.—*n.m.* (*fem.* **-e**) survivor.

survivre [syrˈviːvr], *v.i. irr.* (*conjug. like* VIVRE) to survive, to outlive someone (*à*). **se survivre**, *v.r.* to live *or* exist again.

survoler [syrvɔˈle], *v.t.* to fly over (*of aircraft*).

sus [sys], *prep.* upon; *en sus*, over and above. —*int.* courage! come on!

susceptibilité [sysɛptibiliˈte], *n.f.* susceptibility; irritability.

susceptible [sysɛpˈtibl], *a.* susceptible, capable; likely to; touchy; irascible.

susciter [sysiˈte], *v.t.* to raise up, to set up; to create; to arouse, to instigate.

suscription [syskripˈsjɔ̃], *n.f.* superscription, address.

susdit [sysˈdi], *a.* and *n.m.* (*fem.* **-e**) aforesaid.

suspect [sysˈpɛkt, sysˈpɛ], *a.* suspected, suspicious, suspect, doubtful.—*n.m.* suspect.

suspecter [syspɛkˈte], *v.t.* to suspect.

suspendre [sysˈpãːdr], *v.t.* to suspend, to hang up; to delay, to defer.

suspendu [syspãˈdy], *a.* suspended, hung up; in suspense.

suspens [sysˈpã], *adv. phr.* **en suspens**, in suspense; (*person*) in doubt; (*thing*) in abeyance.

suspension [syspãˈsjɔ̃], *n.f.* suspension, interruption; hanging-lamp.

suspicion [syspiˈsjɔ̃], *n.f.* suspicion.

susurration [sysyraˈsjɔ̃], *n.f.*, **susurrement** [sysyrˈmã], *n.m.* susurration, whispering, murmur; rustling.

suttée [syˈte], **suttie** [syˈti], *n.f.* suttee.

suture [syˈtyːr], *n.f.* suture; joint; stitching.

Suzanne [syˈzan], *f.* Susan.

suzerain [syzˈrɛ̃], *a.* paramount, suzerain.—*n.m.* (*fem.* **-e**) suzerain, lord *or* lady paramount.

suzeraineté [syzrɛnˈte], *n.f.* suzerainty.

svastika [zvastiˈka], *n.m.* swastika.

svelte [zvɛlt], *a.* slender, slim.

sveltesse [zvɛlˈtɛs], *n.f.* slenderness, slimness.

sybarite [sibaˈrit], *a.* sybaritic.—*n.* sybarite, voluptuary.

sycomore [sikɔˈmɔːr], *n.m.* sycamore.

sycophante [sikɔˈfãːt], *a.* sycophantic.—*n.m.* informer; hypocrite, impostor; sycophant, (*fam.*) toady.

syllabe [silˈlab], *n.f.* syllable.

syllabique [sillaˈbik], *a.* syllabic.

syllogisme [sillɔˈʒism], *n.m.* syllogism.

sylphe [silf], *n.m.*, **sylphide** [silˈfid], *n.f.* sylph.

sylvain [silˈvɛ̃], *n.m.* sylvan.

sylvestre [silˈvɛstr], *a.* sylvan, growing in woods.

Sylvie [silˈvi], *f.* Sylvia.

symbole [sɛ̃ˈbɔl], *n.m.* symbol, sign, emblem; creed.

symbolique [sɛ̃bɔˈlik], *a.* symbolic, symbolical.

symboliser [sɛ̃bɔliˈze], *v.t.* to symbolize.

symbolisme [sɛ̃bɔˈlism], *n.m.* symbolism.

symétrie [simeˈtri], *n.f.* symmetry.

symétrique [simeˈtrik], *a.* symmetrical.

symétriquement [simetrikˈmã], *adv.* symmetrically.

sympathie [sɛ̃paˈti], *n.f.* liking, fellow-feeling.

sympathique [sɛ̃paˈtik], *a.* congenial, likeable.

sympathisant [sɛpati'zɑ̃], *a.* sympathizing.— *n.m.* (*Pol.*) fellow-traveller.
sympathiser [sɛpati'ze], *v.i.* to get on well together.
symphonie [sɛfɔ'ni], *n.f.* symphony.
symptomatique [sɛptɔma'tik], *a.* symptomatic.
symptôme [sɛp'to:m], *n.m.* symptom; indication, sign; token.
synagogue [sina'gɔg], *n.f.* synagogue.
synchronisation [sɛ̃krɔniza'sjɔ̃], *n.f.* synchronization.
synchroniser [sɛ̃krɔni'ze], *v.t.* to synchronize.
syncope [sɛ̃'kɔp], *n.f.* syncope, swoon, fainting fit; (*Mus.*) syncopation.
syndic [sɛ̃'dik], *n.m.* syndic, trustee; assignee (*in bankruptcy*).
syndicalisme [sɛ̃dika'lism], *n.m.* **syndicalisme ouvrier**, trade-unionism.
syndicaliste [sɛ̃dika'list], *a.* and *n.* trade-unionist.
syndicat [sɛ̃di'ka], *n.m.* syndicate, trusteeship; **syndicat d'initiative**, tourists' information bureau; **syndicat ouvrier**, trade-union.
synonyme [sinɔ'nim], *a.* synonymous.—*n.m.* synonym.
syntaxe [sɛ̃'taks], *n.f.* syntax.
synthétique [sɛ̃te'tik], *a.* synthetic.
syriaque [si'rjak], *a.* Syriac.—*n.m.* Syriac (*language*).
Syrie [si'ri], **la**, *f.* Syria.
syrien [si'rjɛ̃], *a.* Syrian.—*n.m.* Syrian (*language*); (**Syrien**, *fem.* **-enne**) Syrian (*person*).
systématique [sistema'tik], *a.* systematic(al).
systématiquement [sistematik'mɑ̃], *adv.* systematically.
système [sis'tɛm], *n.m.* system, scheme, plan; device.

T

T, t [te], *n.m.* the twentieth letter of the alphabet.
t' [t], *elision* [TE].
ta [ta], [TON (I).]
tabac [ta'ba], *n.m.* tobacco; snuff.
tabatière [taba'tjɛ:r], *n.f.* snuff-box.
tabernacle [tabɛr'nakl], *n.m.* tent; tabernacle.
table [tabl], *n.f.* table; board (*food, fare*); mess (*of officers etc.*); slab; face (*of anvil etc.*); table of contents etc.; **faire table rase**, to make a clean sweep; **mettre** or **dresser la table**, to lay the table.
tableau [ta'blo], *n.m.* (*pl.* **-eaux**) picture, painting, tableau; scene; description; list; blackboard.
tablée [ta'ble], *n.f.* company at table.
tablette [ta'blɛt], *n.f.* shelf; tablet; slab, bar (*of chocolate*); (*Pharm.*) lozenge; note-book.
tablier [ta'blje], *n.m.* apron (*in all senses*); chess- or draught-board.
tabou [ta'bu], *a.* and *n.m.* taboo.

tabouret [tabu'rɛ], *n.m.* stool, foot-stool.
tabourin [tabu'rɛ̃], *n.m.* chimney-cowl.
tabulateur [tabyla'tœ:r], *n.m.* tabulator; (*Teleph.*) dial.
tachant [ta'ʃɑ̃], *a.* easily soiled.
tache [taʃ], *n.f.* spot, stain; (*fig.*) blot.
tâche [tɑ:ʃ], *n.f.* task, job.
tacher [ta'ʃe], *v.t.* to stain, to spot; (*fig.*) to taint.
tâcher [tɑ'ʃe], *v.i.* to try, to endeavour, to strive.
tacheter [taʃ'te], *v.t.* (*conjug. like* APPELER) to fleck, to speckle, to mottle.
tacite [ta'sit], *a.* tacit, implied.
tacitement [tasit'mɑ̃], *adv.* tacitly.
taciturne [tasi'tyrn], *a.* taciturn.
taciturnité [tasityrni'te], *n.f.* taciturnity.
tact [takt], *n.m.* feeling, touch; tact.
tacticien [takti'sjɛ̃], *n.m.* tactician.
tactile [tak'til], *a.* tactile.
tactilité [taktili'te], *n.f.* tactility.
tactique [tak'tik], *a.* tactical.—*n.f.* tactics; (*fig.*) stratagem, move.
taffetas [taf'ta], *n.m.* taffeta.
taie (I) [tɛ], *n.f.* **taie d'oreiller**, pillow-case.
taie (2) [tɛ], *n.f.* film, speck (*in the eye*).
taillade [ta'jad], *n.f.* slash, gash, cut.
taillader [taja'de], *v.t.* to slash, to cut, to gash.
taillant [ta'jɑ̃], *n.m.* edge (*of a knife etc.*).
taille [tɑ:j], *n.f.* cutting, cut, fashion; edge (*of a sword*); height, stature; waist, figure; (*Hort.*) pruning; **de taille à**, quite capable of.
taillé [tɑ'je], *a.* cut, carved; well-built (*person*).
taille-crayon [tɑjkrɛ'jɔ̃], *n.m.* (*pl.* **-crayons**) pencil-sharpener.
taille-ongles [tɑj'ɔ̃:gl], *n.m. inv.* nail-clippers.
tailler [tɑ'je], *v.t.* to cut, to cut out; to carve; to hew; to prune; to sharpen; to shape; to deal (*cards*).
tailleur [tɑ'jœ:r], *n.m.* tailor; cutter; hewer; (*woman's two-piece*) suit.
tailleuse [tɑ'jø:z], *n.f.* tailoress.
taillis [tɑ'ji], *n.m. inv.* copse; brushwood.
tain [tɛ̃], *n.m.* foil; silvering (*for mirrors*).
taire [tɛ:r], *v.t. irr.* to say nothing of, to pass over in silence, to suppress, to keep dark. **se taire**, *v.r.* to be silent; to remain unsaid.
talc [talk], *n.m.* talc, talcum powder.
talent [ta'lɑ̃], *n.m.* talent; (*fig.*) ability.
talion [ta'ljɔ̃], *n.m.* talion, retaliation.
talisman [talis'mɑ̃], *n.m.* talisman.
taloche [ta'lɔʃ], *n.f.* cuff, thump, buffet.
talocher [talɔ'ʃe], *v.t.* to cuff, to box (*someone's*) ears.
talon [ta'lɔ̃], *n.m.* heel; counterfoil.
talonner [talɔ'ne], *v.t.* to be close on the heels of; to press hard, to spur.—*v.i.* (*Naut.*) to ground; (*Ftb.*) to heel out (*of the scrum*).
talonneur [talɔ'nœ:r], *n.m.* (*Ftb.*) hooker.
talus [ta'ly], *n.m.* slope, ramp; embankment.
talutage [taly'ta:ʒ], *n.m.* sloping, embanking.
tamarin [tama'rɛ̃], *n.m.* tamarind.
tamaris [tama'ris], **tamarisc** [tama'risk], *n.m.* tamarisk.
tambour [tɑ̃'bu:r], *n.m.* drum; drummer; embroidery frame; (*Anat.*) tympanum; **tambour de ville**, town crier.
tambourin [tɑ̃bu'rɛ̃], *n.m.* Provençal tabor.
tambourinage [tɑ̃buri'na:ʒ], *n.m.* drumming.
tambouriner [tɑ̃buri'ne] *v.t.* to advertise.— *v.i.* to drum, to tattoo.

tambour-major [tãburma'ʒɔːr], *n.m.* (*pl.* **tambours-majors**) drum-major.

tamis [ta'mi], *n.m. inv.* sieve, sifter, strainer.

tamisage [tami'zaːʒ], *n.m.* sifting, straining.

Tamise [ta'miːz], **la**, *f.* the Thames.

tamiser [tami'ze], *v.t.* to sift, to strain; to filter.

tamiseur [tami'zœːr], *n.m.* (*fem.* **-euse**) sifter.

tampon [tã'pɔ̃], *n.m.* stopper; plug; bung; buffer; pad (*used in engraving etc.*).

tamponnement [tãpɔn'mã], *n.m.* plugging, stopping; (*Rail.*) head-on collision.

tamponner [tãpɔ'ne], *v.t.* to plug, to stop up; to run into (*another train etc.*). **se tamponner**, *v.r.* to collide.

tan [tã], *a. inv.* tan(-coloured).—*n.m.* tan; tanner's bark.

tancer [tã'se], *v.t.* (*conjug. like* COMMENCER) to rate, to lecture, to scold.

tanche [tãːʃ], *n.f.* tench.

tandem [tã'dɛm], *n.m.* tandem.

tandis [tã'di] **que**, *conj. phr.* while; whereas.

tangage [tã'gaːʒ], *n.m.* pitching (*of ship, aeroplane*).

tangent [tã'ʒã], *a.* tangential.—*n.f.* (**-e**) tangent.

tangible [tã'ʒibl], *a.* tangible.

tangiblement [tãʒiblə'mã], *adv.* tangibly.

tangue [tãːg], *n.f.* slimy sand (*used as manure*).

tanguer [tã'ge], *v.i.* (*Naut.*) to pitch.

tanière [ta'njɛːr], *n.f.* den, hole, lair (*of beasts*).

tank [tãk], *n.m.* (*Mil.*) tank.

tannage [ta'naːʒ], *n.m.* tanning.

tannant [ta'nã], *a.* tanning; (*pop.*) tiresome, annoying.

tanné [ta'ne], *a.* tanned, sunburnt (*skin*); tawny.—*n.m.* tan (*colour*).

tanner [ta'ne], *v.t.* to tan; (*pop.*) to tease; to beat.

tannerie [tan'ri], *n.f.* tan-yard, tannery.

tanneur [ta'nœːr], *n.m.* tanner.

tant [tã], *adv.* so much, such; so many; as much, as many; to such a degree, so; so far; so long, as long; *tant bien que mal*, somehow or other, after a fashion; *tant pis*, too bad, never mind.

tantaliser [tãtali'ze], *v.t.* to tantalize.

tante [tãːt], *n.f.* aunt; (*pop.*) pawn-broker, 'uncle'.

tantôt [tã'to], *adv.* presently, by and by, anon; soon; a little while ago, just now; sometimes.

Tanzanie [tãza'ni], **la**, *f.* Tanzania.

taon [tã], *n.m.* ox-fly, gadfly, cleg.

tapage [ta'paːʒ], *n.m.* noise, uproar, row; (*colloq.*) show.

tapageur [tapa'ʒœːr], *a.* (*fem.* **-euse**) rackety, boisterous, noisy; flashy.—*n.m.* (*fem.* **-euse**) noisy person, blusterer.

tape [tap], *n.f.* rap, slap, tap, thump.

taper [ta'pe], *v.t.* to hit, to slap; to smack, to tap.—*v.i.* to hit, to stamp; to strum; to beat down (*of sun*).

tapinois [tapi'nwa], *only in en tapinois*, *adv. phr.* stealthily, slyly.

tapioca [tapjɔ'ka], *n.m.* tapioca.

tapir [ta'piːr], *n.m.* tapir (*animal*).

tapir (**se**) [sətaˈpiːr], *v.r.* to squat, to crouch, to cower, to lurk.

tapis [ta'pi], *n.m.* carpet, rug; cover-cloth (*for tables etc.*).

tapis-brosse [tapi'brɔs], *n.m.* (*pl.* **-brosses**) door-mat.

tapisser [tapi'se], *v.t.* to hang with tapestry; to cover; to deck, to adorn; to paper; to carpet.

tapisserie [tapis'ri], *n.f.* tapestry, hangings; wallpaper; upholstery.

tapissier [tapi'sje], *n.m.* (*fem.* **-ière**) upholsterer; tapestry-worker.

tapoter [tapɔ'te], *v.t.* to pat, to tap; to strum.

taquin [ta'kɛ̃], *a.* teasing.—*n.m.* (*fem.* **-e**) tease, teasing person.

taquiner [taki'ne], *v.t.* to tease, to plague.

taquinerie [takin'ri], *n.f.* teasing; teasing disposition.

tard [taːr], *adv.* late.—*n.m.* late hour.

tarder [tar'de], *v.i.* to delay; to tarry, to loiter; to be long; (*impers.*) to long (*de*).

tardif [tar'dif], *a.* (*fem.* **-dive**) tardy, late; slow, belated; backward.

tardivement [tardiv'mã], *adv.* tardily, slowly, belatedly.

tare [taːr], *n.f.* tare; (*Comm.*) waste, damage; (*fig.*) blemish, defect.

taré [ta're], *a.* damaged, spoiled; disreputable.

tarentule [tarã'tyl], *n.f.* tarantula.

tarer [ta're], *v.t.* to injure, to damage, to spoil; (*Comm.*) to tare. **se tarer**, *v.r.* to spoil, to deteriorate.

targuer (**se**) [sətar'ge], *v.r.* to boast, to brag.

tarif [ta'rif], *n.m.* tariff, rate, scale of prices.

tarifer [tari'fe], *v.t.* to tariff, to price, to rate.

tarir [ta'riːr], *v.t.* to dry up; to exhaust.—*v.i.* to dry up; to be exhausted; to cease. **se tarir**, *v.r.* to dry up.

tarissable [tari'sabl], *a.* exhaustible.

tarissement [taris'mã], *n.m.* exhausting, drying up.

tartan [tar'tã], *n.m.* tartan, plaid.

tarte [tart], *n.f.* tart, flan.

tartelette [tar'tlet], *n.f.* tartlet.

tartine [tar'tin], *n.f.* slice of bread (*with butter, jam etc.*).

tartufe [tar'tyf], *n.m.* hypocrite.

tas [tã], *n.m. inv.* heap, pile; (*fig.*) lot, set (*o persons etc.*).

Tasmanie [tasma'ni], **la**, *f.* Tasmania.

tasmanien [tasma'njɛ̃], *a.* Tasmanian.—*n.m.* (**Tasmanien**, *fem.* **-enne**) Tasmanian (*person*).

tasse [taːs], *n.f.* cup.

tassement [tas'mã], *n.m.* settling, sinking, subsidence.

tasser [ta'se], *v.t.* to heap *or* pile up; to compress, to squeeze, to cram.—*v.i.* to grow thick. **se tasser**, *v.r.* to sink, to settle, to subside; to huddle together (*of persons*).

tâter [ta'te], *v.t.* to feel; to try, to taste; to sound, to test.—*v.i.* to taste, to try (*de or à*). **se tâter**, *v.r.* to examine oneself.

tatillon [tati'jɔ̃], *a.* (*fem.* **-onne**) niggling, finical.

tâtonnement [taton'mã], *n.m.* groping.

tâtonner [tatɔ'ne], *v.i.* to feel one's way, to grope.

tâtons (**à**) [atɑ'tɔ̃], *adv. phr.* gropingly.

tatouage [ta'twaːʒ], *n.m.* tattooing.

tatouer [ta'twe], *v.t.* to tattoo.

taudis [to'di], *n.m.* hovel, slum, hole.

taupe [toːp], *n.f.* mole; moleskin.

taupier

taupier [to'pje], *n.m.* mole-catcher.
taupière [to'pjɛːr], *n.f.* mole-trap.
taupinière [topi'njɛːr], **taupinée** [topi'ne], *n.f.* mole-hill; hillock, knoll.
taure [toːr], *n.f.* heifer.
taureau [to'ro], *n.m.* (*pl.* **-eaux**) bull; (*Astron.*) Taurus.
taux [to], *n.m. inv.* price, rate; rate of interest.
taverne [ta'vɛrn], *n.f.* tavern, café, restaurant.
tavernier [taver'nje], *n.m.* (*fem.* **-ière**) innkeeper.
taxation [taksɑ'sjɔ̃], *n.f.* taxation; fixing of prices.
taxe [taks], *n.f.* tax; duty, rate; fixing of prices; controlled price.
taxer [tak'se], *v.t.* to tax; to rate, to fix the price of; to accuse (*de*).
taxi [tak'si], *n.m.* taxi (-cab).
taxiphone [taksi'fɔn], *n.m.* public telephone (*box*).
Tchécoslovaquie [tʃekɔslɔva'ki], **la,** *f.* Czechoslovakia.
tchèque [tʃɛk], *a.* Czech.—*n.m.* Czech (*language*).—*n.* (**Tchèque**) Czech (*person*).
te [tə, t], *pron. obj.* *thee, you.
technicien [tɛkni'sjɛ̃], *n.m.* (*fem.* **-enne**) technician.
technique [tɛk'nik], *a.*- technical.—*n.f.* technique.
techniquement [tɛknik'mɑ̃], *adv.* technically.
technologie [tɛknɔlɔ'ʒi], *n.f.* technology.
technologique [tɛknɔlɔ'ʒik], *a.* technological.
technologue [tɛknɔ'lɔg], *n.* technologist.
teck or **tek** [tɛk], *n.m.* teak, teak-wood.
teigne [tɛɲ], *n.f.* tinea (*moth*); tinea (*skin-disease, such as ringworm*).
teigneux [tɛ'ɲø], *a.* (*fem.* **-euse**) scurvy.— *n.m.* (*fem.* **-euse**) scurfy person.
teindre [tɛ̃:dr], *v.t. irr.* (*conjug. like* CRAINDRE) to dye, to stain.
teint [tɛ̃], *n.m.* dye, colour; complexion; hue.
teinte [tɛ̃:t], *n.f.* tint, colour, shade, hue; (*fig.*) smack, touch.
teinter [tɛ̃'te], *v.t.* to tint; to give a colour to.
teinture [tɛ̃'ty:r], *n.f.* dye; dyeing; colour, hue; (*Pharm.*) tincture.
teinturerie [tɛ̃tyr'ri], *n.f.* dyeing; dye-works; dry-cleaning.
teinturier [tɛ̃ty'rje], *n.m.* (*fem.* **-ière**) dyer; dry-cleaner.
tek [TECK].
tel [tɛl], *a.* (*fem.* **telle**) such; like, similar.— *pron. indef.* such a one; *M.* **un tel**, Mr. So-and-so.
télécommande [teleko'mɑ̃:d], *n.f.* remote control.
télécommunications [telekɔmynikɑ'sjɔ̃], *n.f. pl.* telecommunications.
télégramme [tele'gram], *n.m.* telegram.
télégraphe [tele'graf], *n.m.* telegraph.
télégraphie [telegra'fi], *n.f.* telegraphy; *télégraphie sans fil*, wireless telegraphy.
télégraphier [telegra'fje], *v.t., v.i.* to telegraph; to wire, to cable.
télégraphique [telegra'fik], *a.* telegraphic.
télégraphiste [telegra'fist], *n.* telegraphist.
téléguidé [telegi'de], *a.* guided; *engin téléguidé,* guided missile.
téléimprimeur [teleɛ̃pri'mœːr], **téléscripteur** [teleskrip'tœr], *n.m.* teleprinter.
télémètre [tele'mɛtr], *n.m.* rangefinder.

télépathie [telepa'ti], *n.f.* telepathy.
télépathique [telepa'tik], *a.* telepathic.
téléphérique [telefe'rik], *a.* and *n.m.* teleferic.
téléphone [tele'fɔn], *n.m.* telephone; *un coup de téléphone,* a telephone call.
téléphoner [telefɔ'ne], *v.t., v.i.* to telephone, to ring up.
téléphonique [telefɔ'nik], *a. cabine téléphonique,* call-box.
téléphoniste [telefɔ'nist], *n.* telephone operator.
télescope [telɛs'kɔp], *n.m.* telescope.
télescopique [teleskɔ'pik], *a.* telescopic.
téléscripteur [teleskrip'tœːr], [TÉLÉIMPRIMEUR].
téléspectateur [telespɛkta'tœːr], *n.m.* (*fem.* **-trice**) televiewer.
téléviser [televi'ze], *v.t.* to televise.
téléviseur [televi'zœːr], *n.m.* television (receiving-)set.
télévision [televi'zjɔ̃], *n.f.* television.
tellement [tɛl'mɑ̃], *adv.* so, in such a manner; so much, so far.
téméraire [teme'rɛːr], *a.* rash, reckless.—*n.* reckless person, daredevil.
témérairement [temerɛr'mɑ̃], *adv.* rashly, recklessly.
témérité [temeri'te], *n.f.* temerity.
témoignage [temwa'na:ʒ], *n.m.* testimony, evidence, witness; testimonial; (*fig.*) token, mark, proof.
témoigner [temwa'ne], *v.t.* to testify; to show, to prove, to be the sign of.—*v.i.* to testify, to give evidence (*de*).
témoin [te'mwɛ̃], *n.m.* witness, evidence, proof, mark; second (*in duels*).
tempe [tɑ̃:p], *n.f.* (*Anat.*) temple.
tempérament [tɑ̃pera'mɑ̃], *n.m.* constitution, temperament; temper; (*fig.*) moderation, compromise; *à tempérament,* by instalments.
tempérance [tɑ̃pe'rɑ̃:s], *n.f.* temperance.
température [tɑ̃pera'ty:r], *n.f.* temperature.
tempéré [tɑ̃pe're], *a.* temperate (*of climate*); limited, constitutional (*of governments*); restrained, sober (*of style*).
tempérer [tɑ̃pe're], *v.t.* (*conjug. like* CÉDER) to temper, to moderate, to allay, to assuage, to check. **se tempérer,** *v.r.* to become mild (*of the weather*).
tempête [tɑ̃'pɛːt], *n.f.* storm, tempest.
tempêter [tɑ̃pɛ'te], *v.i.* to storm, to bluster, to fume.
tempétueusement [tɑ̃petɥøz'mɑ̃], *adv.* tempestuously, violently.
tempétueux [tɑ̃pe'tɥø], *a.* (*fem.* **-euse**) tempestuous, boisterous, stormy.
temple [tɑ̃:pl], *n.m.* temple; French Protestant church.
templier [tɑ̃pli'e], *n.m.* Knight-Templar.
temporaire [tɑ̃pɔ're:r], *a.* temporary.
temporairement [tɑ̃pɔrɛr'mɑ̃], *adv.* temporarily, provisionally.
temporel [tɑ̃pɔ'rɛl], *a.* (*fem.* **-elle**) temporal.
temporisateur [tɑ̃pɔriza'tœːr], *a.* (*fem.* **-trice**) procrastinating, temporizing.—*n.m.* (*fem.* **-trice**) temporizer, procrastinator.
temporisation [tɑ̃pɔriza'sjɔ̃], *n.f.* temporizing, procrastination.
temporiser [tɑ̃pɔri'ze], *v.i.* to temporize, to delay.

terrible

temps [tɑ̃], *n.m. inv.* time, while, period, term; occasion; season; weather; (*Gram.*) tense; *à temps*, in time; *avec le temps*, in course of time; *dans le temps*, formerly; *en temps et lieu*, in proper time and place.

tenable [tə'nabl], *a.* tenable; bearable.

tenace [tə'nas], *a.* tenacious, adhesive, sticky.

ténacité [tenasi'te], *n.f.* tenacity, toughness; retentiveness (*of memory*).

tenaille [tə'nɑːj], *n.f.* (*usu. in pl.*) pincers, nippers, pliers.

tenailler [tənɑ'je], *v.t.* to torture with red-hot pincers; (*fig.*) to torture.

tenant [tə'nɑ̃], *a. séance tenante*, during the sitting; forthwith, then and there.—*n.m.* holder (*at a tournament*); (*fig.*) champion, defender.

tendance [tɑ̃'dɑ̃ːs], *n.f.* tendency; leaning, bent, inclination.

tendancieux [tɑ̃dɑ̃'sjø], *a.* (*fem.* -**euse**) tendentious; insinuating, suggestive.

tendeur [tɑ̃'dœːr], *n.m.* (*fem.* -**euse**) spreader, layer, setter (*of snares*); wire-strainer.

tendoir [tɑ̃'dwɑːr], *n.m.* clothes-line.

tendon [tɑ̃'dɔ̃], *n.m.* tendon, sinew.

tendre (1) [tɑ̃ːdr], *a.* tender, soft; delicate, sensitive; affectionate; moving; early, young, new.

tendre (2) [tɑ̃ːdr], *v.t.* to stretch, to strain; to bend (*a bow etc.*); to spread, to lay, to set; to hold out; to pitch (*tents*); to hang (*tapestry etc.*).—*v.i.* to lead; to tend, to conduce.

tendrement [tɑ̃drə'mɑ̃], *adv.* tenderly, affectionately.

tendresse [tɑ̃'drɛs], *n.f.* tenderness, fondness; (*pl.*) endearments.

tendron [tɑ̃'drɔ̃], *n.m.* shoot (*of plants*).

tendu [tɑ̃'dy], *a.* stretched, held out; tight, tense; strained.

ténèbres [te'nɛːbr], *n.f.* (*used only in pl.*) darkness, night, gloom.

ténébreusement [tenebrøz'mɑ̃], *adv.* darkly gloomily; secretly.

ténébreux [tene'brø], *a.* (*fem.* -**euse**) dark, gloomy, overcast; obscure, mysterious.

teneur (1) [tə'nœːr], *n.f.* tenor, terms, text; purport.

teneur (2) [tə'nœːr], *n.m.* (*fem.* -**euse**) holder; *teneur de livres*, book-keeper.

ténia [te'nja], *n.m.* tapeworm.

tenir [tə'niːr], *v.t. irr.* to hold, to have hold of; to have, to possess; to seize; to occupy; to keep, to follow; to retain; to perform; to consider.—*v.i.* to hold; to adhere, to stick; to hold together; to cling; to prize (*à*); to be attached *or* related (*à*); to be contiguous; to depend, to result (*de*); to be held (*of fairs, markets, assemblies etc.*); to take after; to savour; to persist; to resist; to be anxious (*à*). **se tenir**, *v.r.* to hold fast, to remain; to adhere, to consider oneself; to contain oneself, to refrain.

tennis [te'nis], *n.m.* lawn-tennis.

tenon [tə'nɔ̃], *n.m.* tenon; bolt (*of fire-arms*).

ténor [te'nɔːr], *n.m.* (*Mus.*) tenor.

tension [tɑ̃'sjɔ̃], *n.f.* tension, strain; tenseness; (*Elec.*) voltage.

tentacule [tɑ̃ta'kyl], *n.m.* tentacle, feeler.

tentant [tɑ̃'tɑ̃], *a.* tempting.

tentateur [tɑ̃ta'tœːr], *a.* (*fem.* -**trice**) tempting.—*n.m.* (*fem.* -**trice**) tempter, temptress.

tentation [tɑ̃ta'sjɔ̃], *n.f.* temptation.

tentative [tɑ̃ta'tiːv], *n.f.* attempt, trial, endeavour.

tente [tɑ̃ːt], *n.f.* tent, pavilion; (*Naut.*) awning.

tenter [tɑ̃'te], *v.t.* to attempt, to try; to tempt.

tenture [tɑ̃'tyːr], *n.f.* hangings, tapestry; wall-paper; paper-hanging.

ténu [te'ny], *a.* tenuous, thin, slender.

tenue [tə'ny], *n.f.* holding (*of assemblies etc.*); session; attitude (*of a person*); behaviour, bearing; dress; keeping (*of books*); *grande tenue*, (*Mil.*) full dress; *petite tenue*, undress.

ténuité [tenɥi'te], *n.f.* tenuity, thinness; (*fig.*) insignificance.

tenure [tə'nyːr], *n.f.* tenure.

ter [tɛːr], *adv.* thrice; for the third time.

térébenthine [terebɑ̃'tin], *n.f.* turpentine.

térébinthe [tere'bɛ̃ːt], *n.m.* turpentine-tree, terebinth.

tergiversation [tɛrʒivɛrsɑ'sjɔ̃], *n.f.* tergiversation, evasion.

tergiverser [tɛrʒivɛr'se], *v.i.* to waver, to beat about the bush.

terme [tɛrm], *n.m.* term; termination, end; limit, boundary; time; three months; quarter's rent; expression; (*pl.*) state, conditions, terms; *avant terme*, prematurely.

terminaison [tɛrmine'zɔ̃], *n.f.* termination, ending.

terminer [tɛrmi'ne], *v.t.* to bound, to limit; to terminate, to conclude. **se terminer**, *v.r.* to terminate; to be bounded.

terminus [tɛrmi'nys], *n.m.* terminus (*of railway*).

terne [tɛrn], *a.* dull, dim; wan; spiritless.

ternir [tɛr'niːr], *v.t.* to dull, to deaden; to tarnish. **se ternir**, *v.r.* to tarnish, to grow dull; to fade (*of colours*).

ternissure [tɛrni'syːr], *n.f.* tarnishing, fading, stain.

terrain [tɛ'rɛ̃], *n.m.* piece of ground; soil, earth; site; field, course.

terrassant [tɛra'sɑ̃], *a.* crushing (*news etc.*).

terrasse [tɛ'ras], *n.f.* terrace; flat roof, balcony.

terrassement [tɛras'mɑ̃], *n.m.* earthwork, embankment; ballasting.

terrasser [tɛra'se], *v.t.* to embank; to throw to the ground; to beat; to confound, to dismay.

terrassier [tɛra'sje], *n.m.* digger, excavator, navvy; earthwork contractor.

terre [tɛːr], *n.f.* earth; land; ground, soil; dominion, territory; grounds, estate, property; (*C*) farm.

terreau [tɛ'ro], *n.m.* (*pl.* -**eaux**) compost.

Terre-Neuve [tɛr'nœːv], *f.* Newfoundland.

terre-neuve [tɛr'nœːv], *n.m. inv.* Newfoundland (*dog*).

terrer [tɛ're], *v.t.* to earth up (*a tree etc.*). *v.i.* to burrow. **se terrer**, *v.r.* to go to ground.

terrestre [tɛ'rɛstr], *a.* terrestrial, earthly.

terreur [tɛ'rœːr], *n.f.* terror; awe, dread.

terreux [tɛ'rø], *a.* (*fem.* -**euse**) terreous, earthy; dirty; dull (*of colours*); ashen (*of the face*).

terrible [tɛ'ribl], *a.* terrible, dreadful; unmanageable (*of children*).

311

terriblement [tɛriblə'mã] *adv.* terribly; (*colloq.*) with a vengeance.
terrier [tɛ'rje], *n.m.* burrow, hole; earth (*of fox*); terrier (*dog*).
terrifier [tɛri'fje], *v.t.* to terrify, to dismay.
terrine [tɛ'rin], *n.f.* earthen pan, dish; potted meat.
territoire [tɛri'twa:r], *n.m.* territory, district
territorial [tɛritɔ'rjal], *a.* (*m. pl.* **-aux**) territorial.
terroir [tɛ'rwa:r], *n.m.* soil, ground; *goût de terroir*, raciness (*of style*); native tang (*of wine*).
terroriser [tɛrɔri'ze], *v.t.* to terrorize.
terrorisme [tɛrɔ'rism], *n.m.* terrorism.
terroriste [tɛrɔ'rist], *n.m.* terrorist.
tertiaire [tɛr'sjɛ:r], *a.* tertiary.
tertre [tɛrtr], *n.m.*, knoll, hillock.
tes [te], [TON (1)].
tesson [tɛ'sɔ̃], *n.m.* potsherd, fragment of broken glass etc.
test [tɛst], *n.m.* shell; trial, test.
testacé [tɛsta'se], *a.* testaceous.—*n.m.* testacean.
testament [tɛsta'mã], *n.m.* will.
tester [tɛs'te], *v.t.* to test.—*v.i.* to make one's will.
testimonial [tɛstimɔ'njal], *a.* (*m. pl.* **-aux**) testifying, testimonial.
tétanos [teta'nɔs], *n.m.* tetanus, lock-jaw.
têtard [tɛ'ta:r], *n.m.* tadpole.
tête [tɛ:t], *n.f.* head; head-piece; face; beginning; top; van, vanguard; (*fig.*) brains, sense, judgment; presence of mind; *en tête*, in one's head; in front, ahead; *mal de tête*, headache; *tête de mort*, skull.
tête-à-tête [tɛta'tɛ:t], *n.m. inv.* tête-à-tête, private interview *or* conversation; settee (*for two*).
téter [te'te], *v.t.* (*conjug. like* CÉDER) to suck.
têtière [tɛ'tjɛ:r], *n.f.* infant's cap; head-stall (*of a bridle*); antimacassar.
tétin [tɛ'tɛ̃], *n.m.* nipple, teat; breast.
téton [tɛ'tɔ̃], *n.m.* teat; (*fam.*) breast.
tétrarque [te'trark], *n.m.* tetrarch.
tétras [te'tra], *n.m. inv.* (*Orn.*) grouse.
têtu [tɛ'ty], *a.* headstrong, stubborn, obstinate.
teutonique [tøtɔ'nik], *a.* teutonic.
texte [tɛkst], *n.m.* text; theme, matter, subject; passage (*of Scripture*).
textile [tɛks'til], *a.* and *n.m.* textile.
textuel [tɛks'tɥɛl], *a.* (*fem.* **-elle**) textual, word for word.
textuellement [tɛkstɥɛl'mã], *adv.* textually.
texture [tɛks'ty:r], *n.f.* texture; disposition.
thaïlandais [tailã'dɛ], *a.* Thai.—*n.m.* Thai (*language*); (**Thaïlandais**, *fem.* **-aise**) Thai (*person*).
Thaïlande [tai'lã:d], **la**, *f.* Thailand, Siam.
thé [te], *n.m.* tea; tea-party.
théâtral [tea'tral], *a.* (*m. pl.* **-aux**) theatrical.
théâtre [te'ɑ:tr], *n.m.* theatre, playhouse; stage; plays (*collection*), scene; *coup de théâtre*, striking event.
théerie [te'ri], *n.f.* tea-plantation.
théière [te'jɛ:r], *n.f.* teapot.
théisme [te'ism], *n.m.* theism.
thème [tɛ:m], *n.m.* topic, subject, theme; (*sch.*) prose, composition.
théodolite [teɔdɔ'lit], *n.m.* theodolite.
théologie [teɔlɔ'ʒi], *n.f.* theology; divinity.

théologien [teɔlɔ'ʒjɛ̃], *n.m.* theologian.
théorème [teɔ'rɛm], *n.m.* theorem.
théorie [teɔ'ri], *n.f.* theory, speculation.
théorique [teɔ'rik], *a.* theoretical.
théoriquement [teɔrik'mã], *adv.* theoretically.
théoriser [teɔri'ze], *v.t.*, *v.i.* to theorize.
théoriste [teɔ'rist], *n.* theorist.
thérapie [tera'pi], *n.f.* therapy.
Thérèse [te'rɛ:z], *f.* Theresa.
thermal [tɛr'mal], *a.* (*m. pl.* **-aux**) thermal; *eaux thermales*, hot springs.
thermomètre [tɛrmɔ'mɛtr], *n.m.* thermometer.
thermos [tɛr'mɔs], *n.m.* thermos (flask).
thermostat [tɛrmɔ'sta], *n.m.* thermostat.
thésauriser [tezɔri'ze], *v.t.* to treasure.—*v.i.* to hoard treasure.
thèse [tɛ:z], *n.f.* thesis, proposition.
thibaude [ti'bo:d], *n.f.* hair-cloth, coarse drugget.
Thomas [tɔ'ma], *m.* Thomas.
thon [tɔ̃], *n.m.* tunny-fish.
thoracique [tɔra'sik], *a.* thoracic.
thorax [tɔ'raks], *n.m.* thorax, chest.
thrombose [trɔ̃'bo:z], *n.f.* thrombosis.
thym [tɛ̃], *n.m.* thyme.
thyroïde [tirɔ'id], *a.* thyroid.
tiare [tja:r], *n.f.* tiara.
Tibet [ti'bɛ], **le** *m.* Tibet.
tibétain [tibe'tɛ̃], *a.* Tibetan.—*n.m.* Tibetan (*language*); (**Tibétain**, *fem.* **-aine**) Tibetan (*person*).
tibia [ti'bja], *n.m.* (*Anat.*) tibia, shin-bone.
tic [tik], *n.m.* tic, twitching; bad habit.
ticket [ti'kɛ], *n.m.* ticket (*for bus*, *underground etc., but not railways*).
tiède [tjɛd], *a.* lukewarm, tepid, mild; (*fig.*) indifferent.
tièdement [tjɛd'mã], *adv.* with indifference.
tiédeur [tje'dœ:r], *n.f.* lukewarmness; (*fig.*) indifference.
tiédir [tje'di:r], *v.t.* to take the chill off, to tepefy.—*v.i.* to cool, to grow lukewarm.
tien [tjɛ̃], *pron. poss. m.* (*fem.* **tienne**) *thine, yours.—n. (pl.) les tiens*, your relations and friends.
tiens! [tjɛ̃], *imperative* [TENIR], *int.* well, hello! look here! here! really? you don't say so!
tierce (1) [tjɛrs], *n.f.* a third (*of time*); tierce (*at cards etc.*).
tiers [tjɛ:r], *a.* (*fem.* **tierce** (2)) third.—*n.m.* third person, third party; (*fig.*) stranger; third part.
tige [ti:ʒ], *n.f.* stem, stalk; trunk (*of tree*); straw (*of corn*); shank (*of a key*, *anchor etc.*); stock (*of a family*).
tignasse [ti'ɲas], *n.f.* old wig; (*pop.*) mop, shock (*of hair*).
tigre [tigr], *n.m.* (*fem.* **-esse**) tiger, tigress.
tigrer [ti'gre], *v.t.* to stripe, to spot, to speckle.
tillac [ti'jak], *n.m.* deck.
tilleul [ti'jœl], *n.m.* lime-tree, linden-tree.
timbale [tɛ̃'bal], *n.f.* kettledrum, timbal; metal cup *or* mug; kitchen-mould.
timbre [tɛ̃:br], *n.m.* bell, clock-chime; sound, tone; stamp; stamp-duty; postmark.
timbré [tɛ̃'bre], *a.* stamped; (*fam.*) cracked.
timbre-poste [tɛ̃brə'pɔst], *n.m.* (*pl.* **timbres-poste**) postage-stamp.

timbrer [tɛ̃'bre], *v.t.* to stamp; to stick a stamp on (*a letter*).
timide [ti'mid], *a.* shy, bashful, self-conscious; timid.
timidement [timid'mɑ̃], *adv.* shyly; timidly.
timidité [timidi'te], *n.f.* shyness, bashfulness; timidity.
timon [ti'mɔ̃], *n.m.* pole (*of a carriage, cart etc.*); shaft; beam (*of a plough*); (*Naut.*) helm, tiller; (*fig.*) direction, government.
timonerie [timɔn'ri], *n.f.* steerage, steering.
timonier [timɔ'nje], *n.m.* steersman, helmsman; wheel-horse.
timoré [timɔ're], *a.* timorous, fearful.
Timothée [timɔ'te], *m.* Timothy.
tine [tin], *n.f.* tub, water-cask.
tintamarre [tɛ̃ta'ma:r], *n.m.* hubbub, uproar, hurly-burly, din.
tintement [tɛ̃t'mɑ̃], *n.m.* ringing sound, tinkling; tolling; singing *or* buzzing (*in the ears etc.*).
tinter [tɛ̃'te], *v.t.* to ring, to toll; to sound (*a knell etc.*); (*Naut.*) to prop, to support.—*v.i.* to ring, to toll; to tinkle, to jingle; to tingle.
tintouin [tɛ̃'twɛ̃], *n.m.* (*fam.*) anxiety, trouble.
tique [tik], *n.f.* cattle-tick, dog-tick.
tiquer [ti'ke], *v.i.* to have a tic, to twitch.
tiqueté [tik'te], *a.* speckled, spotted.
tiqueture [tik'ty:r], *n.f.* mottling, speckles.
tir [ti:r], *n.m.* shooting; firing, fire; shooting-gallery, rifle-range.
tirade [ti'rad], *n.f.* passage (*of prose or verse*); tirade.
tirage [ti'ra:ʒ], *n.m.* drawing, hauling, towing; tow-path; (*fig.*) difficulties; working off; printing, circulation (*of newspaper*); drawing (*of a lottery*); focal length (*of camera*).
tiraillement [tiraj'mɑ̃], *n.m.* pulling, hauling about; twinge, pain; (*fig.*) jarring, wrangling, vexation.
tirailler [tira'je], *v.t.* to pull about; to tease, to pester.—*v.i.* to shoot wildly; to skirmish. **se tirailler**, *v.r.* to pull each other about.
tirailleur [tira'jœ:r], *n.m.* sharpshooter; skirmisher.
tirant [ti'rɑ̃], *n.m.* purse-string; boot-strap; (*Carp. etc.*) tie-beam; brace (*of a drum*); *tirant d'eau*, ship's draught.
tire [ti:r], *n.f.* pull.
tiré [ti're], *a.* drawn; fatigued.—*n.m.* (*Comm.*) drawee (*of a bill*).
tire-bouchon [tirbu'ʃɔ̃], *n.m.* (*pl.* **-bouchons**) corkscrew; ringlet (*of hair*).
tire-bouton [tirbu'tɔ̃], *n.m.* (*pl.* **-boutons**) button-hook.
tire-d'aile (à) [atir'dɛl], *adv. phr.* at full speed (*of a bird flying*).
tire-larigot (à) [atirlari'go], *adv. phr.* (*fam.*) to one's heart's content.
tirelire [tir'li:r], *n.f.* money-box.
tirer [ti're], *v.t.* to draw, to pull; to take out, to extract; to tap (*liquors*); to stretch, to tighten; to receive, to reap; to infer; to put on; to get; to shoot, to fire; (*Print.*) to print.—*v.i.* to draw, to pull; to fire; to tend, to border, to verge (*sur*). **se tirer**, *v.r.* to extricate oneself; to get out; to recover (*from illness*).
tiret [ti're], *n.m.* hyphen, dash.
tiretaine [tir'tɛːn], *n.f.* linsey-woolsey.

tireur [ti'rœːr], *n.m.* (*fem.* **-euse**) one who draws; marksman, sharpshooter.
tiroir [ti'rwaːr], *n.m.* drawer (*in a table etc.*); slide, slide-valve (*steam engine*).
tisane [ti'zan], *n.f.* infusion of herbs etc.
tison [ti'zɔ̃], *n.m.* brand, fire-brand; (*fig.*) embers.
tisonner [tizɔ'ne], *v.t., v.i.* to poke (*the fire*).
tisonnier [tizɔ'nje], *n.m.* poker, fire-iron.
tissage [ti'saːʒ], *n.m.* weaving; cloth mill.
tisser [ti'se], *v.t.* to weave; *métier à tisser* weaving-loom.
tisserand [tis'rɑ̃], *n.m.* (*fem.* **-e**) weaver.
tissu [ti'sy], *a.* woven.—*n.m.* material, fabric; tissue.
tissure [ti'sy:r], *n.f.* tissue, texture.
titan [ti'tɑ̃], *n.m.* Titan.
titanesque [tita'nɛsk], **titanique** [tita'nik], *a.* titanic.
titillant [titil'lɑ̃], *a.* titillating, tickling.
titillation [titilla'sjɔ̃], *n.f.* titillation, tickling.
titiller [titil'le], *v.t., v.i.* to titillate, to tickle.
titre [titr], *n.m.* title, style, denomination; title-page; head, heading; right, claim, reason; voucher; title-deed; *titre de circulation*, (railway) ticket *or* pass; *à bon titre or à juste titre*, deservedly, justly.
titrer [ti'tre], *v.t.* to give a title to.
titubant [tity'bɑ̃], *a.* staggering.
titubation [tityba'sjɔ̃], *n.f.* reeling, staggering.
tituber [tity'be], *v.i.* to stagger, to reel.
titulaire [tity'lɛ:r], *a.* titular.—*n.* titular incumbent, holder, chief.
toast [tost], *n.m.* toast, health; toast(ed bread), *porter un toast* (*à quelqu'un*), to toast (*someone*).
toboggan [tɔbɔ'gɑ̃], *n.m.* toboggan.
toc [tɔk], *int.* tap, rap.—*n.m.* rap, knock (*at a door etc.*).
tocsin [tɔk'sɛ̃], *n.m.* tocsin, alarm-bell.
toge [tɔ:ʒ], *n.f.* toga; (*fig.*) robe, gown (*of a judge etc.*).
Togo [tɔ'go], **le,** *m.* Togo.
togolais [tɔgɔ'lɛ], *a.* of Togo.—*n.m.* (**Togolais,** *fem.* **-aise**) native of Togo.
tohu-bohu [tɔybɔ'y], *n.m.* chaos; (*fig.*) confusion; jumble, hubbub.
toi [twa], *pron. pers.* *thou, *thee, you.
toile [twal], *n.f.* linen, cloth; canvas; sail; painting, picture; web; *toile cirée*, oil-cloth; *toile d'araignée*, cobweb, spider's web.
toilette [twa'lɛt], *n.f.* doily; toilet-set; dressing-table, wash-stand; dress, attire; *cabinet de toilette*, dressing-room; *grande toilette*, full dress; *les toilettes*, toilets.
toise [twa:z], *n.f.* fathom; fathom-measure; (*fig.*) measure, standard.
toiser [twa'ze], *v.t.* to measure; to survey; (*fig.*) to eye from head to foot.
toiseur [twa'zœ:r], *n.m.* measurer; quantity surveyor.
toison [twa'zɔ̃], *n.f.* fleece; (*fig.*) mop, thick head of hair.
toit [twa], *n.m.* roof, house-top; top, roof (*of a mine*); (*fig.*) house, home; *toit à cochons* pigsty.
toiture [twa'ty:r], *n.f.* roofing, roof.
tôle [to:l], *n.f.* sheet-iron; plate of steel; *tôle ondulée*, corrugated iron.

tolérable [tɔle'rabl], *a.* tolerable, bearable; middling.

tolérablement [tɔlerablə'mā], *adv.* tolerably.

tolérance [tɔle'rɑ̃:s], *n.f.* tolerance, toleration; endurance, forbearance; indulgence; deduction (*in coins*).

tolérant [tɔle'rɑ̃], *a.* tolerant.

tolérer [tɔle're], *v.t.* (*conjug. like* CÉDER) to tolerate, to allow; to endure, to bear; to wink at.

tomate [tɔ'mat], *n.f.* tomato.

tombal [tɔ̃'bal], *a.* (*m. pl.* **-aux**) pertaining to a tomb; *pierre tombale*, tombstone.

tombe [tɔ̃:b], *n.f.* tomb, grave; tombstone.

tombeau [tɔ̃'bo], *n.m.* (*pl.* **-eaux**) tomb, grave; (*fig.*) sepulchre, death.

tombée [tɔ̃'be], *n.f.* fall (*of night etc.*).

tomber [tɔ̃'be], *v.i.* (*with aux.* ÊTRE) to fall, to fall down; to sink; to decay, to droop; to abate; to sag; to fall into; to meet, to light (upon) (*sur*); *laisser tomber*, to drop; *tomber amoureux* (*de*), to fall in love (with); *tomber bien* or *mal*, to come at the right or wrong moment; *tomber d'accord*, to agree; *tomber malade*, to fall ill.

tombereau [tɔ̃'bro], *n.m.* (*pl.* **-eaux**) tip-cart.

tombola [tɔ̃bɔ'la], *n.f.* tombola; raffle.

tome [to:m], *n.m.* volume, tome.

ton (1) [tɔ̃], *a. poss. m.* (*fem.* **ta**, *pl.* **tes**) *thy, your.*

ton (2) [tɔ̃], *n.m.* tone; intonation, accent; tint; (*fig.*) manner, style; breeding; (*Mus.*) pitch, key.

tondaison [TONTE].

tondeur [tɔ̃'dœːr], *n.m.* (*fem.* **-euse**) shearer, clipper.—*n.f.* (**-euse**) shearing-machine, clipper; *tondeuse* (*de gazon*), lawn-mower.

tondre [tɔ̃:dr], *v.t.* to shear, to clip, to crop; to cut, to mow, to trim.

tondu [tɔ̃'dy], *a.* shorn.

tonique [tɔ'nik], *a.* tonic; stressed.—*n.m.* (*Med.*) tonic.—*n.f.* (*Mus.*) keynote.

tonnage [tɔ'naːʒ], *n.m.* tonnage; displacement.

tonne [tɔn], *n.f.* tun (*wooden vessel*); ton (*20 cwt., approx. 1000 kil.*).

tonneau [tɔ'no], *n.m.* (*pl.* **-eaux**) tun (*cask*); tun (*measure*); ton [TONNE]; (*colloq.*) drunkard; *mettre un tonneau en perce*, to broach a cask; *tonneau percé*, (*fig.*) spendthrift.

tonnelier [tɔnə'lje], *n.m.* cooper.

tonnelle [tɔ'nɛl], *n.f.* arbour, bower.

tonnellerie [tɔnɛl'ri], *n.f.* cooperage.

tonner [tɔ'ne], *v.i.* to thunder; (*fig.*) to inveigh.

tonnerre [tɔ'nɛːr], *n.m.* thunder, thunderbolt; *coup* or *éclat de tonnerre*, clap of thunder.

tonsure [tɔ̃'syːr], *n.f.* tonsure.

tonsuré [tɔ̃sy're], *a.m.* tonsured, shaven.—*n.m.* cleric, priest.

tonte [tɔ̃:t], **tondaison** [tɔ̃dɛ'zɔ̃], *n.f.* sheepshearing, clipping.

tonture [tɔ̃'tyːr], *n.f.* shearings, clippings; flock (*of cloth*); (*Naut.*) sheer.

top [tɔp], *n.m.* time signal; *les tops*, the pips.

topaze [tɔ'pɑːz], *n.f.* topaz.

toper [tɔ'pe], *v.i.* to agree; *tope là!* done! agreed!

topinambour [tɔpinɑ̃'buːr], *n.m.* Jerusalem artichoke.

topographe [tɔpɔ'graf], *n.m.* topographer.

topographie [tɔpɔgra'fi], *n.f.* topography.

topographique [tɔpɔgra'fik], *a.* topographical.

toquade or **tocade** [tɔ'kad], *n.f.* (*colloq.*) infatuation, whim, fad, craze.

toque [tɔk], *n.f.* toque; jockey's cap; magistrate's cap.

toqué [tɔ'ke], *a.* (*fam.*) cracked, touched; infatuated.

torche [tɔrʃ], *n.f.* torch, link; twist (*of straw etc.*); pad (*on head*).

torcher [tɔr'ʃe], *v.t.* to wipe, to clean; (*fig.*) to polish off. **se torcher**, *v.r.* to wipe oneself.

torchère [tɔr'ʃɛːr], *n.f.* torch-holder, tall candelabrum, hall-lamp.

torchis [tɔr'ʃi], *n.m.* cob, loam; *mur de torchis*, mud-wall.

torchon [tɔr'ʃɔ̃], *n.m.* duster, house-cloth, dish-cloth.

tordage [tɔr'daːʒ], *n.m.* twisting, twist.

tordeur [tɔr'dœːr], *n.m.* (*fem.* **-euse**) twister (*of wool etc.*); throwster (*of silk*).

tordoir [tɔr'dwaːr], *n.m.* mangle, wringer.

tordre [tɔrdr], *v.t.* to twist, to wring; to contort, to disfigure. **se tordre**, *v.r.* to twist; to writhe.

tordu [tɔr'dy], *a.* twisted, distorted.

toréador [tɔrea'dɔːr], *n.m.* toreador, bullfighter.

tornade [tɔr'nad], *n.f.* tornado.

torpédo [tɔrpe'do], *n.f.* (*Motor.*) open tourer.

torpeur [tɔr'pœːr], *n.f.* torpor.

torpide [tɔr'pid], *a.* torpid.

torpille [tɔr'piːj], *n.f.* torpedo (*numb-fish*); (*Navy, Av.*) torpedo.

torpiller [tɔrpi'je], *v.t.* to torpedo.

torpilleur [tɔrpi'jœːr], *n.m.* torpedo-boat.

torréfier [tɔre'fje], *v.t.* to torrefy, to roast (*coffee*).

torrent [tɔ'rɑ̃], *n.m.* torrent, stream; flood (*of tears etc.*); flow (*of words etc.*).

torrentiel [tɔrɑ̃'sjɛl], **torrentueux** [tɔrɑ̃'tɥø], *a.* (*fem.* **-elle, -euse**) torrential; impetuous.

torride [tɔ'rid], *a.* torrid.

tors [tɔr], *a.* (*fem.* **torse** (1) or **torte**) twisted, wreathed, contorted; wry, crooked.—*n.m.* twisting (*of ropes etc.*); torsion.

torsade [tɔr'sad], *n.f.* twisted fringe or cord; bullion (*on epaulets etc.*).

torse (2) [tɔrs], *n.m.* torso, trunk, bust.

torsion [tɔr'sjɔ̃], *n.f.* torsion, twisting.

tort [tɔːr], *n.m.* wrong, injustice; harm, injury, mischief, offence; prejudice, detriment; *à tort ou à raison*, rightly or wrongly; *avoir tort*, to be wrong.

torticolis [tɔrtiko'li], *n.m.* wryneck, stiffneck; crick (*in the neck*).

tortiller [tɔrti'je], *v.t.* to twist.—*v.i.* to wriggle, to shuffle; to prevaricate. **se tortiller**, *v.r.* to wriggle, to writhe.

tortionnaire [tɔrsjɔ'nɛːr], *n.m.* executioner, torturer.

tortu [tɔr'ty], *a.* crooked, tortuous; *jambes tortues*, bandy legs.

tortue [tɔr'ty], *n.f.* tortoise; *tortue de mer*, turtle.

tortueux [tɔr'tɥø], *a.* (*fem.* **-euse**) tortuous, winding, crooked.
torture [tɔr'ty:r], *n.f.* torture; the rack.
torturer [tɔrty're], *v.t.* to torture, to put on the rack.
tôt [to], *adv.* soon, quickly; early; *au plus tôt* or *le plus tôt possible*, as soon as possible; *tôt ou tard*, sooner or later.
total [tɔ'tal], *a.* (*m. pl.* **-aux**) total, whole, entire; utter.—*n.m.* whole, total, sum-total.
totalement [tɔtal'mã], *adv.* totally, wholly, utterly, completely.
totalisateur [tɔtaliza'tœ:r], *n.m.* calculating-machine; totalisator.
totaliser [tɔtali'ze], *v.t.* to tot up, to total up.
totalitaire [tɔtali'tɛ:r], *a.* totalitarian.
totalitarisme [tɔtalita'rism], *n.m.* totalitarianism.
totalité [tɔtali'te], *n.f.* totality, whole.
touage [twa:ʒ], *n.m.* towage, towing, warping.
toucan [tu'kã], *n.m.* toucan.
touchant [tu'ʃã], *a.* touching, moving, affecting.—*n.m.* the moving, affecting *or* impressive part.—*prep.* concerning, with regard to.
touche [tuʃ], *n.f.* touch; assay, trial; (*Paint. etc.*) manner, style; key (*of piano, typewriter etc.*); stop (*of organ*); (*Fishing*) nibble, bite; (*Fenc. etc.*) hit; drove of cattle; *pierre de touche*, touchstone.
touche-à-tout [tuʃa'tu], *a. inv.* meddling.—*n. inv.* meddler; Jack of all trades.
toucher [tu'ʃe], *v.t.* to touch; to handle, to feel, to finger; to assay, to try (*precious metals etc.*); to receive (*money*); to hit; to offend; to move, to affect; to whip, to drive (*animals*); to play on (*a musical instrument*); to express, to describe; to allude to; to concern, to regard; *toucher un chèque*, to cash a cheque.—*v.i.* to touch, to meddle (*à*); to reach; to play (*on a musical instrument*); to draw near, to be related, to be like; to concern; (*Naut.*) to go aground. **se toucher**, *v.r.* to touch, to touch each other; to be adjoining.—*n.m.* touch, feeling.
toue [tu], *n.f.* barge.
touée [tu'e], *n.f.* towing, warping; towline.
touer [tu'e], *v.t.* to tow, to warp.
toueur [tu'œ:r], *n.m.* tower; tow-boat, tug.
touffe [tuf], *n.f.* tuft, clump, bunch, wisp.
touffer [tu'fe], *v.t.* to arrange in tufts.—*v.i.* to grow in a tuft *or* tufts.
touffu [tu'fy], *a.* tufted, bushy; leafy; full, thick; laboured (*of style*).
toujours [tu'ʒu:r], *adv.* always, ever, for ever; still; all the same, nevertheless, at least; *toujours est-il que . . .*, still, the fact remains that . . . .
toupet [tu'pɛ], *n.m.* tuft of hair; forelock; front, foretop (*on a horse*); (*colloq.*) effrontery, cheek, impudence.
toupie [tu'pi], *n.f.* top, spinning-top.
toupiller [tupi'je], *v.i.* to spin, to whirl round and round.
tour (1) [tu:r], *n.f.* tower; (*Chess*) rook, castle.
tour (2) [tu:r], *n.m.* turn, winding; revolution; circumference, circuit; twist, strain; tour, trip; trick; feat; *à tour de rôle*, in turn; *tour de force*, feat of strength; *tour de reins*, sprain in the back.
tour (3) [tu:r], *n.m.* lathe.

tourangeau [turã'ʒo], *a.* (*fem.* **-elle**, *m. pl.* **-eaux**) of Touraine.—*n.m.* (**Tourangeau,** *fem.* **-elle**) native of Touraine.
tourbe [turb], *n.f.* mob, rabble; peat, turf.
tourbeux [tur'bø], *a.* (*fem.* **-euse**) peaty.
tourbillon [turbi'jɔ̃], *n.m.* whirlwind; whirlpool, eddy; (*fig.*) hurly-burly bustle.
tourbillonner [turbijɔ'ne], *v.i.* to whirl, to eddy; to swirl.
tourelle [tu'rɛl], *n.f.* turret; gun-turret; *tourelle de veille*, conning-tower.
touret [tu'rɛ], *n.m.* wheel (*of a lathe etc.*); angler's reel.
tourie [tu'ri], *n.f.* carboy.
tourillon [turi'jɔ̃], *n.m.* axle; axle-tree, arbor; spindle, pivot.
tourisme [tu'rism], *n.m.* touring, tourism.
touriste [tu'rist], *n.* tourist, tripper.
tourment [tur'mã], *n.m.* torment, torture; anguish, pain; agony of mind.
tourmente [tur'mã:t], *n.f.* tempest, storm; (*fig.*) disturbance, turmoil.
tourmenter [turmã'te], *v.t.* to torment, to torture, to rack; to distress, to harass; to worry; to jolt; to toss. **se tourmenter**, *v.r.* to be uneasy, to fret; to warp (*of wood*); to labour hard (*of a ship*).
tourmenteur [turmã'tœ:r], *a.* (*fem.* **-euse**) torturing, tormenting.—*n.m.* (*fem.* **-euse**) torturer, tormentor.
tournailler [turna'je], *v.i.* (*colloq.*) to prowl round.
tournant [tur'nã], *a.* turning, winding; *plaque tournante*, turn-table; *pont tournant*, swing-bridge.—*n.m.* turn, turning, bend; street corner; (*fig.*) indirect means; turning-point.
tourné [tur'ne], *a.* turned, shaped; expressed; sour, spoilt; *avoir l'esprit mal tourné*, to be cross-grained.
tournebroche [turnə'brɔʃ], *n.m.* roasting-jack; turnspit.
tourne-disques [turnə'disk], *n.m. inv.* record-player.
tournedos [turnə'do], *n.m. inv.* fillet steak.
tournée [tur'ne], *n.f.* round, turn, visit, journey; circuit.
tournemain (en un) [ãnœturnə'mɛ̃], *adv. phr.* in a trice.
tourner [tur'ne], *v.t.* to turn; to turn round, to revolve; to twirl; to wind; (*Cine.*) to shoot (*a film*); to convert; to interpret; to shape.—*v.i.* to turn, to turn round, to revolve; to turn out; to change; to ripen; to spoil, to curdle (*of liquids*). **se tourner**, *v.r.* to turn round; to turn; to change.
tournesol [turnə'sɔl], *n.m.* turnsole, sunflower; (*Chem.*) litmus.
tourneur [tur'nœ:r], *n.m.* turner.
tournevent [turnə'vã], *n.m.* cowl (*for chimney*).
tournevis [turnə'vis], *n.m.* screwdriver.
tourniole [tur'njɔl], *n.f.* whitlow.
tourniquet [turni'kɛ], *n.m.* turnstile; swivel; (*Surg.*) tourniquet.
tournoi [tur'nwa], *n.m.* tournament.
tournoiement [turnwa'mã], *n.m.* turning round, whirling, swirling; dizziness.
tournoyer [turnwa'je], *v.i.* (*conjug. like* EMPLOYER) to turn round and round, to wind; to eddy; (*fig.*) to beat about the bush, to shilly-shally.

tournure

tournure [tur'ny:r], *n.f.* turn, direction, course; figure, shape; (*fig.*) cast (*of mind, style etc.*); phrase, construction (*of language*); *les choses commencent à prendre une mauvaise tournure*, things are beginning to look bad.

tourte [turt], *n.f.* raised pie; big round loaf.

tourtereau [turtə'ro], *n.m.* (*pl.* **-eaux**) young turtle-dove; (*pl.*) (*fam.*) lovers.

tourterelle [turtə'rɛl], *n.f.* turtle-dove.

Toussaint [tu'sɛ̃], **la**, *f.* All Saints' Day.

tousser [tu'se], *v.i.* to cough.

tout [tu; *liaison-form*, tut], *a.* (*m. pl.* **tous**) all; whole, the whole of; every; each; any; *tous les jours*, every day; *toutes les fois que*, as often as, every time that; *tout le monde*, all the world, everybody.—*pron. indef.* (*m. pl. pronounced* tu:s) all, everything; (*pl.*) all men; *à tout prendre*, on the whole; *comme tout*, exceedingly, extremely; *du tout*, not at all; *en tout*, in all, on the whole.—*n.m.* whole, the whole; the chief point, only thing.—*adv.* wholly, entirely, quite, thoroughly; all, altogether; although, however, for all; *parler tout haut*, to speak aloud; *tout à coup* suddenly; *tout à fait*, quite, entirely; *tout à l'heure*, just now; presently; *tout à vous*, sincerely yours; *tout beau* or *tout doux*, softly, gently, not so fast; *tout de bon*, in earnest; *tout de suite*, immediately; *tout nu*, stark naked.

toutefois [tut'fwa], *adv.* yet, nevertheless, however, still.

toute-puissance [tutpɥi'sɑ̃:s], *n.f.* omnipotence, almighty power.

tout-puissant [tupɥi'sɑ̃], *a.* (*fem.* **toute-puissante**) almighty. — *n.m.* (**Tout-Puissant**) the Almighty.

toux [tu] *n.f. inv.* cough.

toxémie [tɔkse'mi], *n.f.* (*Med.*) toxaemia, blood poisoning.

toxique [tɔk'sik], *a.* toxic, poisonous.—*n.m.* poison.

tracas [tra'kɑ], *n.m.* bustle, turmoil, disturbance; worry, annoyance.

tracassement [trakas'mɑ̃], *n.m.* worrying.

tracasser [traka'se], *v.t.* to worry, to pester. **se tracasser**, *v.r.* to worry.

tracasserie [trakas'ri], *n.f.* worry, pestering, annoyance, vexation; (*pl.*) bickering.

tracassier [traka'sje], *a.* (*fem.* **-ière**) pestering, worrying, annoying; fussy; mischief-making.—*n.m.* (*fem.* **-ière**) pesterer, busybody; troublesome person, mischief-maker.

trace [tras], *n.f.* trace, track, footprint; spoor, trail; mark, impression, vestige; outline, sketch.

tracé [tra'se], *n.m.* outline, sketch (*of figure*); marking out; laying out (*of grounds etc.*); direction.

tracement [tras'mɑ̃], *n.m.* tracing, laying out (*of grounds, roads etc.*).

tracer [tra'se], *v.t.* (*conjug. like* COMMENCER) to trace, to draw, to trace out; to sketch; to portray; to lay out (*grounds, roads etc.*); (*fig.*) to set forth, to mark out.—*v.i.* to spread roots (*of trees*); to burrow (*of moles*).

trachée [tra'ʃe], *n.f.* trachea, air-vessel.

trachée-artère [traʃear'tɛːr], *n.f.* (*pl.* **trachées-artères**) trachea, windpipe.

tract [trakt], *n.m.* tract, leaflet (*for propaganda*).

tracteur [trak'tœːr], *n.m.* tractor, traction-engine.

traction [trak'sjɔ̃], *n.f.* traction; pulling; draught; *traction avant*, front-wheel drive.

tradition [tradi'sjɔ̃], *n.f.* tradition; (*Law*) delivery.

traditionnel [tradisjɔ'nɛl], *a.* (*fem.* **-elle**) traditional.

traducteur [tradyk'tœːr], *n.m.* (*fem.* **-trice**) translator.

traduction [tradyk'sjɔ̃], *n.f.* translation, (*sch.*) crib.

traduire [tra'dɥiːr], *v.t. irr.* (*conjug. like* CONDUIRE) to translate; to interpret, to construe; to convey, to express; to indicate, to denote.

traduisible [tradɥi'zibl], *a.* translatable.

trafic [tra'fik], *n.m.* traffic; trading, trade; dealings.

trafiquant [trafi'kɑ̃], *n.m.* (*fem.* **-e**) trafficker.

trafiquer [trafi'ke], *v.i.* to traffic, to trade, to deal (*de*).

tragédie [traʒe'di], *n.f.* tragedy.

tragédien [traʒe'djɛ̃], *n.m.* (*fem.* **-enne**) tragedian.

tragique [tra'ʒik], *a.* tragic, tragical.—*n.m.* tragedy, tragic art; tragic writer.

trahir [tra'iːr], *v.t.* to betray; to deceive; to divulge, to reveal. **se trahir**, *v.r.* to betray oneself; to betray each other.

trahison [trai'zɔ̃], *n.f.* treachery, treason, perfidy; breach of faith.

train [trɛ̃], *n.m.* pace, rate; train, suite, attendants; way, manner; noise, clatter, dust; carriage; quarters (*of a horse etc.*); (*Rail.*) train; *à fond de train*, at full speed; *être en train de faire quelque chose*, to be (in the act of) doing something; *train de maison*, style of living; *train de marchandises*, goods train; *train omnibus*, slow *or* stopping train.

traînage [trɛ'naːʒ], *n.m.* dragging, drawing; sledging, sleighing.

traînant [trɛ'nɑ̃], *a.* dragging, trailing (*dress*); drawling (*voice*); shuffling (*gait*).

traînard [trɛ'naːr], *n.m.* straggler, laggard; slow-coach.

traîne [trɛːn], *n.f.* dragging, being dragged *or* drawn; train (*of a dress etc.*).

traîneau [trɛ'no], *n.m.* (*pl.* **-eaux**) sledge, sleigh; drag-net.

traînée [trɛ'ne], *n.f.* train (*of gunpowder etc.*); trail, track.

traîner [trɛ'ne], *v.t.* to drag, to draw; to track; to spin out, to drag out, to protract; to drawl; to put off.—*v.i.* to trail, to draggle, to lag; to droop; to languish, to flag; to lie about; to loiter, to linger, to be protracted. **se traîner**, *v.r.* to crawl along, to creep; to lag, to drag oneself along.

train-train [trɛ̃'trɛ̃], *n.m.* (*colloq.*) routine, regular course.

traire [trɛːr], *v.t. irr.* to milk; to draw (*milk*).

trait [trɛ], *n.m.* arrow, dart, bolt, shaft; thunderbolt; stroke, hit; trace (*of harness*); leash (*for dogs*); turn (*of the scale*); draught, gulp; dash (*of the pen etc.*); flash (*of light*); stroke, touch; trait, feature, lineament; act, deed; prime move (*at chess, draughts etc.*); *avoir trait à*, to have reference to; *boire à longs traits*, to drink long draughts of; *d'un seul trait*, at one gulp; *trait de génie*, stroke of genius, (*fam.*) brain-wave; *trait d'union*, hyphen.

traite [tret], *n.f.* stage, journey, stretch; milking; (*Comm.*) draft, bill; *traite des nègres*, slave-trade.

traité [trɛ'te], *n.m.* treatise, tract, dissertation; treaty, agreement.

traitement [trɛt'mɑ̃], *n.m.* treatment; (*Ind.*) processing; reception; salary, pay.

traiter [trɛ'te], *v.t.* to treat; (*Ind.*) to process; to entertain; to use, to behave to; to discuss, to handle; to call, to style; to negotiate; to execute, to do.—*v.i.* to treat, to negotiate.

traiteur [trɛ'tœːr], *n.m.* restaurant-keeper; caterer.

traître [trɛːtr], *a.* (*fem.* -**esse**) treacherous, perfidious.—*n.m.* (*fem.* -**esse**) treacherous person, traitor, traitress.

traîtreusement [trɛtrøz'mɑ̃], *adv.* treacherously.

traîtrise [trɛ'triːz], *n.f.* treachery.

trajectoire [traʒɛk'twaːr], *a.* and *n.f.* trajectory.

trajet [tra'ʒɛ], *n.m.* passage, journey, crossing, voyage; (*Med.*) course.

trame [tram], *n.f.* weft, woof; plot, conspiracy; course, progress, thread.

tramer [tra'me], *v.t.* to weave; (*fig.*) to plot, to contrive, to hatch.

tramontane [tramɔ̃'tan], *n.f.* tramontane, north wind; north; North Star.

tramway [tra'mwɛ], *n.m.* tramcar.

tranchant [trɑ̃'ʃɑ̃], *a.* sharp, cutting; (*fig.*) trenchant, decisive; salient, prominent.—*n.m.* edge.

tranche [trɑ̃ːʃ], *n.f.* slice, chop; slab; edge (*of a book*); *doré sur tranche*, gilt-edged (*of a book*); *tranche de lard*, rasher of bacon.

tranchée [trɑ̃'ʃe], *n.f.* trench, cutting; (*pl.*) colic.

trancher [trɑ̃'ʃe], *v.t.* to cut; to cut off; to slice; to decide, to determine, to settle.—*v.i.* to cut; to decide; to set up for; to affect; to be glaring (*of colours*).

tranchoir [trɑ̃'ʃwaːr], *n.m.* trencher, cutting-board.

tranquille [trɑ̃'kil], *a.* quiet, calm, tranquil, placid, peaceful; undisturbed (*in mind etc.*); *soyez tranquille*, set your mind at ease.

tranquillement [trɑ̃kil'mɑ̃], *adv.* peacefully, quietly.

tranquillisant [trɑ̃kili'zɑ̃], *a.* tranquillizing. —*n.m.* tranquillizer.

tranquilliser [trɑ̃kili'ze], *v.t.* to tranquillize, to make easy, to soothe. **se tranquilliser**, *v.r.* to become tranquil, to calm down.

tranquillité [trɑ̃kili'te], *n.f.* tranquillity, quiet, peace.

transaction [trɑ̃zak'sjɔ̃], *n.f.* transaction, arrangement.

transalpin [trɑ̃zal'pɛ̃], *a.* transalpine.

transatlantique [trɑ̃zatlɑ̃'tik], *a.* transatlantic.—*n.m.* liner; deck-chair.

transborder [trɑ̃sbɔr'de], *v.t.* to tranship.

transbordeur [trɑ̃sbɔr'dœːr], *n.m.* transporter; *pont transbordeur*, transporter bridge.

transcendant [trɑ̃sɑ̃'dɑ̃], *a.* transcendent.

transcription [trɑ̃skrip'sjɔ̃], *n.f.* transcription, transcript, copy.

transcrire [trɑ̃'skriːr], *v.t. irr.* (*conjug. like* ÉCRIRE) to transcribe, to copy out.

transe [trɑ̃ːs], *n.f.* fright, apprehension; trance.

transférable [trɑ̃sfe'rabl], *a.* transferable.

transférer [trɑ̃sfe're], *v.t.* (*conjug. like* CÉDER) to transfer, to transport, to convey, to move.

transfert [trɑ̃s'fɛːr], *n.m.* transfer.

transfiguration [trɑ̃sfigyra'sjɔ̃], *n.f.* transfiguration.

transfigurer [trɑ̃sfigy're], *v.t.* to transfigure. **se transfigurer**, *v.r.* to be transfigured.

transformateur [trɑ̃sfɔrma'tœːr], *n.m.* (*Elec.*) transformer.

transformation [trɑ̃sfɔrma'sjɔ̃], *n.f.* transformation.

transformer [trɑ̃sfɔr'me], *v.t.* to transform; to change, to convert. **se transformer**, *v.r.* to be transformed.

transfuge [trɑ̃s'fyːʒ], *n.m.* deserter; fugitive; turncoat.

transgresser [trɑ̃sgrɛ'se], *v.t.* to transgress, to infringe, to contravene.

transgression [trɑ̃sgrɛ'sjɔ̃], *n.f.* transgression.

transhumance [trɑ̃zy'mɑ̃ːs], *n.f.* transhumance.

transi [trɑ̃'zi], *a.* chilled, benumbed.

transiger [trɑ̃zi'ʒe], *v.i.* (*conjug. like* MANGER) to compound, to compromise, to come to terms (*avec*).

transir [trɑ̃'ziːr], *v.t.* to chill, to benumb; to paralyse.—*v.i.* to be chilled; to be paralysed (*with fear etc.*).

transissement [trɑ̃zis'mɑ̃], *n.m.* chill, numbness; shivering (*with terror etc.*).

transistor [trɑ̃zis'tɔr], *n.m.* transistor.

transit [trɑ̃'zit], *n.m.* transit.

transitaire [trɑ̃zi'tɛːr], *a.* pertaining to the transit of goods.

transitif [trɑ̃zi'tif], *a.* (*fem.* -**tive**) transitive.

transition [trɑ̃zi'sjɔ̃], *n.f.* transition.

transitoire [trɑ̃zi'twaːr], *a.* transitory.

translation [trɑ̃sla'sjɔ̃], *n.f.* transfer(ring), relaying.

translucide [trɑ̃sly'sid], *a.* translucent.

translucidité [trɑ̃slysidi'te], *n.f.* translucence.

transmarin [trɑ̃sma'rɛ̃], *a.* transmarine, oversea.

transmetteur [trɑ̃smɛ'tœːr], *n.m.* (*Rad.*) transmitter.

transmettre [trɑ̃s'mɛtr], *v.t. irr.* (*conjug. like* METTRE) to transmit, to convey, to send on; to transfer.

transmigration [trɑ̃smigra'sjɔ̃], *n.f.* transmigration.

transmigrer [trɑ̃smi'gre], *v.i.* to transmigrate.

transparence [trɑ̃spa'rɑ̃ːs], *n.f.* transparency.

transparent [trɑ̃spa'rɑ̃], *a.* transparent.—*n.m.* paper ruled with black lines; transparency.

transpercer [trɑ̃spɛr'se], *v.t.* (*conjug. like* COMMENCER) to pierce through; to run through (*with a sword etc.*), to transfix.

transpiration [trɑ̃spira'sjɔ̃], *n.f.* perspiration, perspiring.

transpirer [trɑ̃spi're], *v.i.* to perspire; to ooze out; to transpire.

317

transplanter

transplanter [trãsplã'te], *v.t.* to transplant.

transport [trãs'pɔːr], *n.m.* carriage, conveyance; transport, removal; transfer, assignment; (*fig.*) rapture, ecstasy; transport-ship; *transport au cerveau*, stroke, fit of delirium.

transportation [trãspɔrta'sjɔ̃], *n.f.* transportation.

transporté [trãspɔr'te], *n.m.* (*fem.* **-ée**) transported person, convict.

transporter [trãspɔr'te], *v.t.* to convey, to transport; to transfer; to banish; to enrapture. **se transporter**, *v.r.* to transport oneself, to go.

transporteur [trãspɔr'tœːr], *n.m.* carrier, conveyor.

transposer [trãspo'ze], *v.t.* to transpose.

transposition [trãspozi'sjɔ̃], *n.f.* transposition.

transrhénan [trãsre'nã], *a.* from beyond the Rhine.

transsubstantiation [trãssybstãsja'sjɔ̃], *n.f.* transubstantiation.

transvaser [trãsva'ze], *v.t.* to decant.

transversal [trãzvɛr'sal], *a.* (*m.pl.* **-aux**) transversal, transverse.

trapèze [tra'pɛːz], *n.m.* trapezium; trapeze.

trappe [trap], *n.f.* trap-door; trap, pitfall; curtain, register (*of chimney*).

trappeur [tra'pœːr], *n.m.* trapper.

trappiste [tra'pist], *a.* and *n.m.* Trappist.

trapu [tra'py], *a.* squat, dumpy, thick-set, stocky.

traquer [tra'ke], *v.t.* (*Hunt.*) to beat for game; to enclose, to encircle; to track down.

travail [tra'vaːj], *n.m.* (*pl.* **-aux**) labour, work; toil; travail; piece of work; workmanship; occupation; study; *cabinet de travail*, study (*room*); *travaux forcés*, hard labour.

travaillé [travɑ'je], *a.* worked, wrought; laboured, elaborate; labouring (*under*).

travailler [travɑ'je], *v.t.* to work, to work at; to do with care; to fashion; to till (*the ground*).—*v.i.* to labour, to work; to study; to strive; to ferment (*of wines*); to warp (*of wood*). **se travailler**, *v.r.* to torment oneself; to be overwrought.

travailleur [travɑ'jœːr], *a.* (*fem.* **-euse**) industrious, hard-working; painstaking.—*n.m.* (*fem.* **-euse**) workman, labourer; hardworking person.

travailliste [travɑ'jist], *a.* Labour, Socialist. —*n.* member of the Labour Party.

travée [tra've], *n.f.* (*Arch.*) bay; truss (*of bridges*); (*Av.*) rib (*of wing*).

travers [tra'vɛːr], *n.m.* breadth; fault, failing; oddity; (*Naut.*) side, broadside; *à travers*, across; *au travers de*, through; *de travers*, obliquely, awry, askew; *en travers*, across, crosswise; *à tort et à travers*, at random.

traverse [tra'vɛrs], *n.f.* cross-bar, cross-piece; cross-road, short cut; (*Rail.*) sleeper; (*pl.*) (*fig.*) setbacks.

traversée [travɛr'se], *n.f.* passage, crossing.

traverser [travɛr'se], *v.t.* to cross, to go over or through, to traverse, to get through or across; to run through (*with a sword etc.*); to lie across, to span; to intersect; to penetrate; to thwart.

traversier [travɛr'sje], *a.* (*fem.* **-ière**) cross-; that plies across.

traversin [travɛr'sɛ̃], *n.m.* bolster; (*Carp. etc.*) cross-beam; (*Naut.*) stretcher (*in boats*).

travesti [travɛs'ti], *a.* disguised; travestied, parodied.

travestir [travɛs'tiːr], *v.t.* to disguise, to travesty; (*fig.*) to misrepresent.

travestissement [travɛstis'mã], *n.m.* disguise; travesty.

trébuchant [treby'ʃã], *a.* of full weight (*of coins*); stumbling.

trébucher [treby'ʃe], *v.i.* to stumble, to slip; to err; (*fig.*) to turn the scale.

trébuchet [treby'ʃɛ], *n.m.* bird-trap; assay-balance.

tréfiler [trefi'le], *v.t.* to wire-draw.

trèfle [trefl], *n.m.* trefoil, clover; (*Cards*) clubs; *trèfle blanc*, shamrock.

tréfonds [tre'fɔ̃], *n.m.* subsoil; (*fig.*) bottom; heart.

treillage [trɛ'jaːʒ], *n.m.* trellis(-work), lattice-work.

treille [trɛːj], *n.f.* vine-trellis; shrimp-net.

treillis [trɛ'ji], *n.m.* trellis, lattice; coarse canvas etc., sackcloth.

treizaine [trɛ'zɛn], *n.f.* baker's dozen.

treize [trɛːz], *a.* and *n.m.* thirteen; thirteenth.

treizième [trɛ'zjɛm], *a.* and *n.* thirteenth (part).

tréma [tre'ma], *n.m.* diaeresis.

tremblant [trã'blã], *a.* trembling, quivering; flickering (*of light etc.*).

tremble [trã:bl], *n.m.* aspen.

tremblé [trã'ble], *a.* wavy (*of lines*); shaky (*o writing*).

tremblement [trãblə'mã], *n.m.* trembling shaking, quaking, trepidation, tremor; flickering (*of light*); (*Mus.*) tremolo; *tremblement de terre*, earthquake.

trembler [trã'ble], *v.i.* to tremble, to shake, to shiver; to quake, to fear; to flutter (*of wings*).

tremblotant [trãblɔ'tã], *a.* trembling, tremulous (*of sound etc.*); shivering, quivering, fluttering.

tremblotement [trãblɔt'mã], *n.m.* trembling, shivering.

trembloter [trãblɔ'te], *v.i.* to tremble (*of sound*); to quiver, to shiver; to flutter (*of wings*); to flicker (*of light*).

trémousser [tremu'se], *v.t.* to bestir, to move about, to flutter.—*v.i.* to shake, to stir. **se trémousser**, *v.r.* to flutter or frisk about; to bestir oneself.

trempage [trã'paːʒ], *n.m.* steeping, soaking; (*Print.*) wetting.

trempe [trã:p], *n.f.* temper (*of steel etc.*); (*fig.*) character, stamp, quality.

tremper [trã'pe], *v.t.* to soak, to steep, to wet, to drench; to temper (*iron, steel etc.*); to dilute (*wine etc.*).—*v.i.* to soak, to be steeped; to be implicated (*in a crime*).

tremplin [trã'plɛ̃], *n.m.* spring-board, diving board; trampoline.

trentaine [trã'tɛn], *n.f.* about thirty; age of thirty.

trente [trã:t], *a.* and *n.m.* thirty; thirtieth.

trentième [trã'tjɛm], *a.* and *n.* thirtieth (part).

318

trivial

trépan [trepɑ̃], *n.m.* trepan (*instrument*); trepanning.
trépaner [trepane], *v.t.* to trepan.
trépas [trepɑ], *n.m. inv.* (*poet.*) decease, death.
trépassé [trepase], *n.m.* (*fem.* **-ée**) dead person.
trépasser [trepase], *v.i.* to depart this life, to pass away.
trépidant [trepidɑ̃], *a.* vibrating; (*fig.*) agitated, hectic.
trépidation [trepidasjɔ̃], *n.f.* trepidation, trembling; agitation.
trépied [trepje], *n.m.* trivet; tripod.
trépignement [trepiɲmɑ̃], *n.m.* stamping (*of feet*).
trépigner [trepiɲe], *v.i.* to stamp, to stamp one's foot.
très [trɛ], *adv.* very; most; very much.
trésor [trezɔːr], *n.m.* treasure; treasury; exchequer; thesaurus.
trésorerie [trezɔrri], *n.f.* treasury; treasurership.
trésorier [trezɔrje], *n.m.* treasurer; (*Mil.*) paymaster.
tressage [trɛsaːʒ], *n.m.* plaiting, braiding.
tressaillement [trɛsajmɑ̃], *n.m.* start, bound, thrill, shudder; flutter.
tressaillir [trɛsajiːr], *v.i. irr.* (*conjug. like* ASSAILLIR) to start, to thrill; to quake, to tremble, to shudder.
tresse [trɛs], *n.f.* tress, plait (*of hair*); braid.
tresser [trɛse], *v.t.* to weave, to plait, to braid; to wreathe.
tréteau [treto], *n.m.* (*pl.* **-eaux**) trestle; (*pl.*) stage.
treuil [trœːj], *n.m.* windlass; winch.
trêve [trɛːv], *n.f.* truce.
tri [tri], *n.m.* sorting (*of letters etc.*).
triage [triaːʒ], *n.m.* picking, sorting; choice, selection.
triangle [triɑ̃ːgl], *n.m.* triangle.
triangulaire [triɑ̃gylɛːr], *a.* triangular.
tribord [tribɔːr], *n.m.* (*Naut.*) starboard.
tribu [triby], *n.f.* tribe.
tribulation [tribylasjɔ̃], *n.f.* tribulation.
tribun [tribœ̃], *n.m.* tribune; (*fig.*) democratic leader.
tribunal [tribynal], *n.m.* (*pl.* **-aux**) tribunal, bench; court of justice.
tribune [tribyn], *n.f.* tribune (*rostrum*); hustings; gallery.
tribut [triby], *n.m.* tribute; grant, contribution; *duty; (*fig.*) debt.
tributaire [tribytɛːr], *a.* dependent (*upon*).— *n.m.* tributary.
tricher [triʃe], *v.t., v.i.* to cheat, to trick.
tricherie [triʃri], *n.f.* cheating, trick, trickery.
tricheur [triʃœːr], *n.m.* (*fem.* **-euse**) cheat, trickster.
tricolore [trikɔlɔːr], *a.* tricoloured.
tricorne [trikɔrn], *a.* three-cornered.—*n.m.* three-cornered hat.
tricot [triko], *n.m.* knitting; jersey, jumper, (*fam.*) woolly; **tricot de corps**, vest.
tricotage [trikɔtaːʒ], *n.m.* knitting.
tricoter [trikɔte], *v.t., v.i.* to knit.
trictrac [triktrak], *n.m.* tric-trac (*form of backgammon*).
tricycle [trisikl], *n.m.* three-wheeled vehicle; tricycle.
trident [tridɑ̃], *n.m.* trident.

triennal [triɛnnal], *a.* (*m. pl.* **-aux**) triennial.
trier [trije], *v.t.* to pick, to choose, to sort, to select; to marshal (*trucks*).
trieur [trijœːr], *n.m.* (*fem.* **-euse**) sorter, picker.
trigonométrie [trigɔnɔmetri], *n.f.* trigonometry.
trille [triːj], *n.m.* quaver, trill.
triller [trije], *v.t.* to trill, to quaver.
trillion [trilljɔ̃], *n.m.* (*since* 1948 = 1 *followed by 18 ciphers*) trillion, one million billion(s); (*Am.*) quintillion.
trilogie [trilɔʒi], *n.f.* trilogy.
trimbaler [trɛ̃bale], *v.t.* (*fam.*) to drag *or* lug about (*parcels*); to trail (*children*) about. **se trimbaler**, *v.r.* (*pop.*) to traipse round.
trimer [trime], *v.i.* (*pop.*) to drudge, to wear oneself out.
trimestre [trimɛstr], *n.m.* quarter (*three months*); quarter's pay; (*Sch.*) term.
trimestriel [trimɛstriɛl], *a.* (*fem.* **-elle**) quarterly.
tringle [trɛ̃ːgl], *n.f.* rod.
Trinité [trinite], *n.f.* Trinity; **la Trinité**, Trinity Sunday; **l'Île de la Trinité**, Trinidad.
trinquer [trɛ̃ke], *v.i.* to clink glasses (*before drinking*); to drink to one another's health; (*pop.*) to suffer, to be hurt.
trio [trio], *n.m.* trio.
triomphal [triɔ̃fal], *a.* (*m. pl.* **-aux**) triumphal.
triomphalement [triɔ̃falmɑ̃], *adv.* triumphantly.
triomphant [triɔ̃fɑ̃], *a.* triumphant.
triomphe [triɔ̃ːf], *n.m.* triumph.
triompher [triɔ̃fe], *v.i.* to triumph; to overcome; to exult; to excel.
triparti [triparti], **tripartite** [tripartit], *a.* tripartite.
tripe [trip], *n.f.* tripe; imitation velvet, velveteen (*also called tripe de velours*).
triperie [tripri], *n.f.* tripe-shop.
triple [tripl], *a.* and *n.m.* treble, triple, threefold.
tripler [triple], *v.t., v.i.* to treble, to triple.
triplicata [triplikata], *n.m. inv.* triplicate.
tripode [tripɔd], *a.* and *n.m.* tripod.
tripot [tripo], *n.m.* gambling-den; house of ill-fame.
tripotage [tripɔtaːʒ], *n.m.* mess; underhand dealing; chore.
tripoter [tripɔte], *v.t.* to meddle with; to speculate in.—*v.i.* to make mischief, to mess about; to act in an underhand way.
tripoteur [tripɔtœːr], *n.m.* (*fem.* **-euse**) mischief-maker, shady speculator.
trique [trik], *n.f.* (*fam.*) cudgel, stick, bludgeon.
trisaïeul [trizajœl], *n.m.* (*pl.* **-aïeuls**) great-great-grandfather.
trisaïeule [trizajœl], *n.f.* great-great-grandmother.
triste [trist], *a.* sorrowful, mournful, sad, melancholy, dejected; dull, dreary, dismal; poor, sorry (*of persons*); mean, paltry.
tristement [tristəmɑ̃], *adv.* sadly.
tristesse [tristɛs], *n.f.* sadness; melancholy; dreariness.
triton [tritɔ̃], *n.m.* triton, newt.
trivial [trivjal], *a.* (*m. pl.* **-aux**) vulgar, trifling; trite, hackneyed.—*n.m.* vulgarity.

319

trivialité

trivialité [trivjali'te], *n.f.* vulgarity; triteness.
troc [trɔk], *n.m.* truck; barter; swop.
troène [trɔ'ɛn], *n.m.* privet.
troglodyte [trɔglɔ'dit], *n.m.* troglodyte.
trogne [trɔɲ], *n.f.* reddish *or* bloated face.
trognon [trɔ'ɲɔ̃], *n.m.* core (*of a pear or apple*); stump (*of a cabbage*); runt.
Troie [trwa], *f.* Troy.
trois [trwa], *a.* and *n.m. inv.* three; third.
troisième [trwa'zjɛm], *a.* third.—*n.* third.— *n.m.* third floor.
troisièmement [trwazjɛm'mɑ̃], *adv.* thirdly.
trombe [trɔ̃:b], *n.f.* waterspout.
tromblon [trɔ̃'blɔ̃], *n.m.* blunderbuss.
trombone [trɔ̃'bɔn], *n.m.* trombone; paper-clip (*of wire*).
trompe [trɔ̃:p], *n.f.* *trump, horn; proboscis, trunk (*of elephants*).
tromper [trɔ̃'pe], *v.t.* to deceive, to impose upon; to delude; to cheat, to take in; to betray, to be unfaithful to (*wife, husband*). **se tromper**, *v.r.* to be mistaken, to make a mistake, to deceive oneself.
tromperie [trɔ̃'pri], *n.f.* cheat, fraud; illusion, delusion.
trompeter [trɔ̃pə'te], *v.t.* (*conjug. like* APPELER) to trumpet abroad.
trompette [trɔ̃'pɛt], *n.f.* trumpet.—*n.m.* trumpeter.
trompeur [trɔ̃'pœ:r], *a.* (*fem.* **-euse**) deceitful; false, misleading.—*n.m.* (*fem.* **-euse**) deceiver, cheat, impostor; betrayer.
trompeusement [trɔ̃pøz'mɑ̃], *adv.* deceitfully, deceptively.
tronc [trɔ̃], *n.m.* trunk, bole (*of tree*); stock; poor-box.
tronçon [trɔ̃'sɔ̃], *n.m.* broken piece, fragment, stump.
tronçonner [trɔ̃sɔ'ne], *v.t.* to cut into pieces.
trône [tro:n], *n.m.* throne.
trôner [tro'ne], *v.i.* to sit on a throne; (*fig.*) to lord it.
tronquer [trɔ̃'ke], *v.t.* to mutilate, to truncate; (*fig.*) to garble, to mangle.
trop [tro], *adv.* too much, too, over, too many; *de trop*, too much, too many; *être de trop*, to be in the way, not to be wanted; *par trop*, excessively.—*n.m.* excess, superfluity.
trophée [trɔ'fe], *n.m.* trophy.
tropical [tropi'kal], *a.* (*m. pl.* **-aux**) tropical.
tropique [trɔ'pik], *n.m.* tropic.
trop-plein [trɔ'plɛ̃], *n.m.* (*pl.* **-pleins**) overflow, waste; surplus, excess.
troquer [trɔ'ke], *v.t.* to truck, to barter, to exchange.
trot [tro], *n.m.* trot.
trotte-menu [trɔtmə'ny] *a. inv.* running with little steps, pitter-pattering.
trotter [trɔ'te], *v.i.* to trot; to run about, to toddle (*children*).
trotteur [trɔ'tœ:r], *n.m.* (*fem.* **-euse**) trotter. —*n.f.* (**-euse**) second('s) hand (*of watch*).
trottin [trɔ'tɛ̃], *n.m.* errand girl.
trottiner [trɔti'ne], *v.i.* to go at a jog-trot; to toddle along.
trottinette [trɔti'nɛt], *n.f.* (*child's*) scooter.
trottoir [trɔ'twa:r], *n.m.* foot-path, pavement, (*Am.*) sidewalk; *le bord du trottoir*, the kerb.
trou [tru], *n.m.* hole; gap; orifice, mouth; *boucher un trou*, to stop a gap, to pay a

debt; *trou d'air*, air pocket; *trou de la serrure*, keyhole; *trou du souffleur*, (*Theat.*) prompter's box.
troubadour [truba'du:r], *n.m.* troubadour.
troublant [tru'blɑ̃], *a.* disturbing, troubling.
trouble [trubl], *a.* thick, muddy, turbid, cloudy; dull.—*adv.* dimly, confusedly.— *n.m.* confusion, disorder, disturbance; perplexity, uneasiness; dispute, quarrel; (*pl.*) disturbances, dissensions.
trouble-fête [trubla'fɛ:t], *n.m. inv.* kill-joy.
troubler [tru'ble], *v.t.* to disturb, to make thick, to make muddy; to muddle, to turn; to confuse, to agitate; to perplex, to disconcert; to trouble; to interrupt; to ruffle, to annoy; to dim, to dull. **se troubler**, *v.r.* to grow thick, to become muddy; to be confused, to be disconcerted; to become cloudy; to become confused.
trouée [tru'e], *n.f.* opening, gap, breach; pass.
trouer [tru'e], *v.t.* to bore, to make a hole in. **se trouer**, *v.r.* to get holes in it.
trouille [tru:j], *n.f.* (*vulg.*) fear, funk.
troupe [tru:p], *n.f.* troop, band; crew, gang, set; company (*of actors*); flock, crowd; (*pl.*) troops, forces.
troupeau [tru'po], *n.m.* (*pl.* **-eaux**) flock, herd, drove.
troupier [tru'pje], *n.m.* soldier.
trousse [tru:s], *n.f.* bundle, truss; (*Surg.*) case of instruments; case for razors, toilet articles etc; *je suis à ses trousses*, I am after him.
troussé [tru'se], *a.* tucked up; *bien troussé*, well set up, neat, dapper.
trousseau [tru'so], *n.m.* (*pl.* **-eaux**) bunch (*of keys*); trousseau; outfit, kit.
trousser [tru'se], *v.t.* to tuck up, to turn up, to pin up; to truss; to dispatch (*business etc.*). **se trousser**, *v.r.* to tuck up one's clothes.
trouvaille [tru'va:j], *n.f.* godsend, windfall; find.
trouvé [tru've], *a.* found; *bien trouvé*, felicitous; *enfant trouvé*, foundling.
trouver [tru've], *v.t.* to find, to discover, to meet with, to hit upon; to detect; to find out; to deem, to judge; *trouver à dire* or à *redire à*, to find fault with; *trouver bon*, to think fit; *trouver mauvais*, to blame, to be displeased with; *vous trouvez?* you think so, do you? **se trouver**, *v.r.* to find oneself; to be, to exist; to feel; to prove, to turn out; *se trouver mal*, to faint.
truand [try'ɑ̃], *a.* vagrant.—*n.m.* (*fem.* **-e**) vagrant, beggar, tramp; crook.
truc (1) [tryk], *n.m.* knack, dodge, trick; (*Theat.*) machinery; (*pop.*) thing, thingummy, gadget.
truc (2) *or* **truck** [tryk], *n.m.* truck, bogie, (*Rail.*) open wagon.
trucheman *or* **truchement** [tryʃ'mɑ̃], *n.m.* interpreter; go-between.
truculent [tryky'lɑ̃], *a.* truculent.
truelle [try'ɛl], *n.f.* trowel; *truelle à poisson*, fish-slice.
truffe [tryf], *n.f.* truffle.
truie [trɥi], *n.f.* sow.
truite [trɥit], *n.f.* trout.
truité [trɥi'te], *a.* spotted, speckled.
trumeau [try'mo], *n.m.* (*pl.* **-eaux**) pier; pier-glass; leg of beef.

tsar [tsaːr], *n.m.* Tsar.

tsigane [TZIGANE].

tu [ty], *pron.* *thou, you.

tuant [tyˈ ɑ̃], *a.* killing, tiresome, laborious.

tube [tyb], *n.m.* tube, pipe; (*Anat.*) duct.

tuberculeux [tybɛrkyˈlø], *a.* (*fem.* **-euse**) tuberculous.

tuberculose [tybɛrkyˈloːz], *n.f.* tuberculosis.

tubulaire [tybyˈlɛːr], *a.* tubular.

tuer [tɥe], *v.t.* to kill, to slay; to slaughter, to butcher; to tire to death; to while away. **se tuer**, *v.r.* to kill oneself, to be killed; (*fig.*) to wear oneself out.

tuerie [tyˈri], *n.f.* slaughter, butchery; slaughter-house.

tue-tête (à) [atyˈtɛːt], *adv. phr.* at the top of one's voice.

tueur [tɥœːr], *n.m.* (*fem.* **-euse**) killer, thug.

tuile [tɥil], *n.f.* tile.

tuilerie [tɥilˈri], *n.f.* tile-works; *les Tuileries*, the Tuileries (*before 1871 a Royal palace, now a garden in Paris*).

tulipe [tyˈlip], *n.f.* tulip.

tulle [tyl], *n.m.* tulle, net.

tumeur [tyˈmœːr], *n.f.* tumour, swelling.

tumulte [tyˈmylt], *n.m.* tumult, uproar; hubbub.

tumultueux [tymylˈtɥø], *a.* (*fem.* **-euse**) tumultuous, riotous.

tunique [tyˈnik], *n.f.* tunic; envelope, film.

Tunisie [tyniˈzi], **la**, *f.* Tunisia.

tunisien [tyniˈzjɛ̃], *a.* Tunisian.—*n.m.* (**Tunisien**, *fem.* **-enne**) Tunisian (*person*).

tunnel [tyˈnɛl], *n.m.* tunnel.

turban [tyrˈbɑ̃], *n.m.* turban.

turbine [tyrˈbin], *n.f.* turbine.

turbopropulseur [tyrboprɔpylˈsœːr], *n.m.* turbo-prop(ulsor).

turboréacteur [tyrboreakˈtœːr], *n.m.* jet-engine; turbo-jet.

turbot [tyrˈbo], *n.m.* turbot.

turbulence [tyrbyˈlɑ̃ːs], *n.f.* turbulence.

turbulent [tyrbyˈlɑ̃], *a.* turbulent, boisterous, rowdy.

turc [tyrk], *a.* (*fem.* **turque**) Turkish.—*n.m.* Turkish (*language*); (**Turc**, *fem.* **Turque**) Turk.

turelure [tyrˈlyːr], *n.f.* fol-de-rol (*burden of a song*).

turf [tyrf], *n.m.* the turf, horse-racing.

turpitude [tyrpiˈtyd], *n.f.* turpitude, baseness, ignominy.

turque [TURC].

Turquie [tyrˈki], **la**, *f.* Turkey.

turquoise [tyrˈkwaːz], *a.* and *n.f.* turquoise.

tussor [tyˈsɔːr], *n.m.* tussore (*silk*).

tutelle [tyˈtɛl], *n.f.* tutelage, guardianship; (*Polit.*) trusteeship.

tuteur [tyˈtœːr], *n.m.* (*fem.* **tutrice**) guardian, trustee, protector.—*n.m.* (*Hort.*) stake.

tutoiement or **tutoîment** [tytwaˈmɑ̃], *n.m.* addressing a person as 'tu', 'theeing and thouing'.

tutoyer [tytwaˈje], *v.t.* (*conjug. like* EMPLOYER) to be on intimate terms with. **se tutoyer**, *v.r.* to be on familiar terms.

tutrice [tyˈtris], [TUTEUR].

tuyau [tɥiˈjo], *n.m.* (*pl.* **-aux**) pipe; tube; (chimney-)flue; shaft, funnel; stalk (*of corn*); nozzle (*of bellows etc.*); stem (*of a tobacco-pipe*); *tuyau d'arrosage*, garden-hose; *tuyau d'incendie*, fire-hose; *tuyau de poêle*, stove-pipe.

tuyautage [tɥijoˈtaːʒ], *n.m.* frilling, fluting; tubing.

tuyauter [tɥijoˈte], *v.t.* to goffer, to frill.

tuyauterie [tɥijoˈtri], *n.f.* system of pipes; plumbing; pipe-trade.

tympan [tɛ̃ˈpɑ̃], *n.m.* ear-drum, tympanum; tympan; spandrel.

type [tip], *n.m.* type; model, pattern; symbol, emblem; standard; (*Astron.*) plan, drawing; (*colloq.*) bloke, chap, fellow.

typhoïde [tifoˈid], *a.* typhoid.

typhon [tiˈfɔ̃], *n.m.* typhoon.

typhus [tiˈfyːs], *n.m.* typhus.

typique [tiˈpik], *a.* typical; characteristic.

typographe [tipɔˈgraf], *n.m.* typographer.

typographie [tipɔgraˈfi], *n.f.* typography.

tyran [tiˈrɑ̃], *n.m.* tyrant.

tyrannie [tiraˈni], *n.f.* tyranny.

tyrannique [tiraˈnik], *a.* tyrannical.

tyranniser [tiraniˈze], *v.t.* to tyrannize, to oppress.

tzar [TSAR].

tzigane or **tsigane** [tsiˈgan], *a.* and *n.* gipsy.

U

U, u [y], *n.m.* the twenty-first letter of the alphabet.

ubiquité [ybikɥiˈte], *n.f.* ubiquity.

Ukraine [yˈkrɛn], **l'**, *f.* the Ukraine.

ukrainien [ykrɛˈnjɛ̃], *a.* Ukrainian.—*n.m.* (**Ukrainien**, *fem.* **-enne**) Ukrainian (*person*).

ulcère [ylˈsɛːr], *n.m.* ulcer.

ulcéré [ylseˈre], *a.* ulcerated; (*fig.*) embittered.

ulcérer [ylseˈre], *v.t.* (*conjug. like* CÉDER) to ulcerate; (*fig.*) to embitter, to incense.

ultérieur [ylteˈrjœːr], *a.* ulterior, further, later, subsequent.

ultérieurement [ylterjœrˈmɑ̃], *adv.* later on.

ultimatum [ultimaˈtɔm], *n.m.* ultimatum.

ultime [ylˈtim], *a.* last, final, ultimate.

ultra-sonore [yltrasɔˈnɔːr], *a.* supersonic.

ultra-violet [yltravioˈlɛ], *a.* (*fem.* **-ette**) ultra-violet.

ululer [ylyˈle], *v.i.* to ululate, to hoot.

Ulysse [yˈlis], *m.* Ulysses.

umbre [ɔ̃ːbr], **omble** [ɔ̃ːbl], **ombre** [ɔ̃ːbr], *n.m.* grayling.

un [œ̃], *a.* and *art. indef.* (*fem.* **une**) one, the first; single; a, an; any, a certain.—*pron. indef.* one thing; one; *c'est tout un*, it is all one; *les uns disent oui, les autres disent non*, some say yes, others say no; *les uns et les autres*, all, all together; *l'un et l'autre*, both; *l'un ou l'autre*, the one or the other; *l'un vaut l'autre*, one is as good as the other; *un à un*, one by one.—*n.m.* one.

unanime [ynaˈnim], *a.* unanimous.

unanimement [ynanimˈmɑ̃], *adv.* unanimously.

unanimité [ynanimiˈte], *n.f.* unanimity.

uni [y′ni], *a.* united; smooth, even, level; uniform; plain, unaffected.
unicorne [yni′kɔrn], *n.m.* unicorn.
unième [y′njɛm], *a.* (*in compounds only*) first; *vingt et unième*, 21st.
unification [ynifika′sjɔ̃], *n.f.* unification.
unifier [yni′fje], *v.t.* to unify, to unite; to amalgamate.
uniforme [yni′fɔrm], *a.* uniform.—*n.m.* uniform, regimentals.
uniformément [ynifɔrme′mɑ̃], *adv.* uniformly.
uniformité [ynifɔrmi′te], *n.f.* uniformity.
unilatéral [ynilate′ral], *a.* (*m. pl.* -aux) unilateral.
uniment [yni′mɑ̃], *adv.* evenly, smoothly, plainly.
union [y′njɔ̃], *n.f.* union; concord, agreement; mixture; marriage.
unique [y′nik], *a.* only, sole; single, unique, unparalleled; odd, singular; *fils unique*, only son; *sens unique*, one way (*street*).
uniquement [ynik′mɑ̃], *adv.* solely.
unir [y′ni:r], *v.t.* to unite, to join; to smooth, to level; to pair. **s'unir**, *v.r.* to unite, to join together.
unisson [yni′sɔ̃], *n.m.* unison; (*fig.*) harmony, concert.
unité [yni′te], *n.f.* unity; unit; (*fig.*) concord, agreement.
univers [yni′vɛ:r], *n.m. inv.* universe.
universalité [yniversali′te], *n.f.* universality; sum total, whole.
universel [yniver′sɛl], *a.* (*fem.* -elle) universal; residuary (*of legacies*).
universellement [yniversel′mɑ̃], *adv.* universally.
universitaire [yniversi′tɛ:r], *a.* of the university, academic.—*n.* teacher, professor.
université [yniversi′te], *n.f.* university.
uranium [yra′njɔm], *n.m.* uranium.
urbain [yr′bɛ̃], *a.* urban.
urbanisme [yrba′nism], *n.m.* town-planning.
urbaniste [yrba′nist], *n.m.* town-planner.
urbanité [yrbani′te], *n.f.* urbanity.
urgence [yr′ʒɑ̃:s], *n.f.* urgency; emergency; *d'urgence*, urgently, immediately.
urgent [yr′ʒɑ̃], *a.* urgent, pressing.
urinaire [yri′nɛ:r], *a.* urinary.
urine [y′rin], *n.f.* urine.
uriner [yri′ne], *v.i.* to urinate, to make water.
urinoir [yri′nwa:r], *n.m.* (public) urinal.
urne [yrn], *n.f.* urn; *urne électorale*, ballot-box.
Ursule [yr′syl], *f.* Ursula.
urticaire [yrti′kɛ:r], *n.f.* nettle-rash; urticaria.
Uruguay [yry′gɛ], l', *m.* Uruguay.
uruguayen [yrygɛ′jɛ̃], *a.* Uruguayan.—*n.m.* (**Uruguayen**, *fem.* -enne) Uruguayan (*person*).
us [ys, yz], *n.m. pl. les us et coutumes*, the ways and customs.
usage [y′za:ʒ], *n.m.* custom, practice, usage; use; wear (*of clothes etc.*); *avoir de l'usage*, to have breeding; *hors d'usage*, out of use; *faire de l'usage* or *faire un bon usage*, to last or wear a long time.
usagé [yza′ʒe], *a.* used, worn, second-hand.
usager [yza′ʒe], *n.m.* user; *les usagers de la route*, road-users.

usé [y′ze], *a.* worn-out, threadbare; stale trite, hackneyed.
user [y′ze], *v.t.* to use up, to consume; to wear out; to spend, to waste.—*v.i.* to make use of. **s'user**, *v.r.* to wear oneself out; to wear away.
usine [y′zin], *n.f.* works, mills, factory.
usinier [yzi′nje], *n.m.* manufacturer, mill-owner.
usité [yzi′te], *a.* used, usual, in common use.
ustensile [ystɑ̃′sil], *n.m.* utensil; tool, implement.
usuel [y′zɥɛl], *a.* (*fem.* -elle) usual, customary, ordinary.
usuellement [ysɥɛl′mɑ̃], *adv.* habitually, ordinarily.
usure [y′zy:r], *n.f.* usury, excessive interest; wear and tear.
usurier [yzy′rje], *a.* (*fem.* -ière) usurious.—*n.m.* (*fem.* -ière) usurer.
usurpateur [yzyrpa′tœ:r], *a.* (*fem.* -trice) usurping.—*n.m.* (*fem.* -trice) usurper.
usurpation [yzyrpa′sjɔ̃], *n.f.* usurpation; encroachment.
usurper [yzyr′pe], *v.t.* to usurp; to encroach upon.
ut [yt], *n.m.* (*Mus.*) ut, do, the note C.
utérus [yte′rys], *n.m.* uterus, womb.
utile [y′til], *a.* useful, serviceable; advantageous, expedient, beneficial; *en temps utile*, in due or good time.—*n.m.* utility, usefulness.
utilement [ytil′mɑ̃], *adv.* usefully.
utilisation [ytiliza′sjɔ̃], *n.f.* use, utilization.
utiliser [ytili′ze], *v.t.* to use, to find use for, to employ.
utilité [ytili′te], *n.f.* utility, usefulness; benefit, profit, service, avail.
utopie [ytɔ′pi], *n.f.* utopia.
utopique [ytɔ′pik], *a.* utopian.

V

V, v [ve], *n.m.* the twenty-second letter of the alphabet.
vacance [va′kɑ̃:s], *n.f.* vacancy; (*pl.*) vacation, holiday; recess (*of parliament etc.*).
vacant [va′kɑ̃], *a.* vacant; unoccupied, empty.
vacarme [va′karm], *n.m.* hubbub, uproar, fuss.
vacation [vaka′sjɔ̃], *n.f.* attendance, sitting (*of public officers etc.*); day's sale (*at auctions*); vacation (*of courts*).
vaccin [vak′sɛ̃], *n.m.* vaccine.
vaccination [vaksina′sjɔ̃], *n.f.* inoculation, vaccination.
vacciner [vaksi′ne], *v.t.* to inoculate, to vaccinate; to immunize.
vache [vaʃ], *n.f.* cow; cow-hide.
vacher [va′ʃe], *n.m.* (*fem.* -ère) cow-herd.
vacherie [va′ʃri], *n.f.* cow-house, byre.
vacillant [vasi′jɑ̃], *a.* vacillating, wavering, flickering; shaky, uncertain, unsteady.
vacillation [vasija′sjɔ̃], *n.f.* wobbling, flickering.

varier

vaciller [vasi′je], *v.i.* to vacillate; to waver, to stagger; to flicker (*of light etc.*).
vacuité [vakɥi′te], *n.f.* vacuity, emptiness.
vacuum [va′kɥɔm], *n.m.* vacuum.
va-et-vient [vae′vjɛ̃], *n.m. inv.* reciprocating motion, swing, see-saw motion, oscillation; (*fig.*) coming and going.
vagabond [vaga′bɔ̃], *a.* and *n.m.* (*fem.* -e) vagabond, vagrant.
vagabondage [vagabɔ̃′da:ʒ], *n.m.* vagrancy.
vagabonder [vagabɔ̃′de], *v.i.* to be a vagabond; to roam; (*fig.*) to flit from one thing to another.
vagin [va′ʒɛ̃], *n.m.* (*Anat.*) vagina.
vagir [va′ʒi:r], *v.i.* to wail, to pule (*of infants*).
vague (1) [vag], *n.f.* wave, billow.
vague (2) [vag], *a.* vague, indeterminate, uncertain; faint, indistinct, hazy; empty, vacant; *terres vagues*, waste-land; *terrain vague*, vacant site, piece of waste ground. —*n.m.* vagueness, looseness, uncertainty; empty space.
vaguement [vag′mɑ̃], *adv.* vaguely, dimly.
vaguer [va′ge], *v.i.* to ramble, to wander, to stray.
vaillamment [vaja′mɑ̃], *adv.* valiantly.
vaillance [va′jɑ̃:s], *n.f.* valour, bravery.
vaillant [va′jɑ̃], *a.* valiant, brave, gallant; stout (*heart*); *n'avoir pas un sou vaillant*, to be penniless.
vain [vɛ̃], *a.* vain, fruitless, ineffectual; empty, hollow; trifling; vainglorious; conceited; *en vain*, vainly, in vain.
vaincre [vɛ̃:kr], *v.t. irr.* to vanquish, to conquer, to overcome, to defeat; to outdo, to surpass; *se laisser vaincre*, to give way to, to yield.
vaincu [vɛ̃′ky], *a.* conquered, vanquished.—*n.m.* (*fem.* -e) conquered person, loser.
vainement [vɛn′mɑ̃], *adv.* vainly, in vain.
vainqueur [vɛ̃′kœ:r], *a.* conquering, victorious.—*n.m.* vanquisher, conqueror, victor; prize-winner.
vairon [vɛ′rɔ̃], *n.m.* minnow.
vaisseau [vɛ′so], *n.m.* (*pl.* -eaux) vessel, receptacle; ship; large covered space (*of a building*); (*Anat., Bot.*) vessel, tube, duct; (*pl.*) shipping.
vaisselle [vɛ′sɛl], *n.f.* plates and dishes; plate (*of gold or silver*); *faire la vaisselle*, to wash up.
val [val], *n.m.* (*pl.* vals or vaux) narrow valley, vale, dale.
valable [va′labl], *a.* valid, good.
valet [va′lɛ], *n.m.* footman, valet, manservant; knave (*at cards*); door-weight; holdfast; *valet de chambre*, valet; *valet de chiens*, whipper-in; *valet de ferme*, farm-worker.
valeter [val′te], *v.i.* (*conjug. like* APPELER) to cringe, to dance attendance.
valétudinaire [valetydi′nɛ:r], *a.* valetudinary.—*n.* valetudinarian, invalid.
valeur [va′lœ:r], *n.f.* value, worth, price; consideration; import, meaning; valour, bravery; (*pl.*) bills, paper, stocks, shares, securities.
valeureusement [valœrøz′mɑ̃], *adv.* bravely, courageously.
valeureux [valœ′rø], *a.* (*fem.* -euse) brave, courageous, gallant.

valide [va′lid], *a.* valid, good; healthy, able-bodied.—*n.* person in good health.
valider [vali′de], *v.t.* to make valid; to ratify, to validate.
validité [validi′te], *n.f.* validity; availability (*of a ticket*).
valise [va′li:z], *n.f.* suit-case; valise, portmanteau.
vallée [va′le], *n.f.* valley.
vallon [va′lɔ̃], *n.m.* small valley, vale, dale.
valoir [va′lwa:r], *v.t. irr.* to yield, to bring in; to procure, to furnish.—*v.i.* to be worth, to be as good as, to be equal to; to deserve to merit: *autant vaut*, to all intents and purposes; *à valoir*, on account; *faire valoir son droit*, to assert one's right; *se faire valoir*, to boast; *vaille que vaille*, for better or worse; *valoir mieux*, to be better.
valse [vals], *n.f.* waltz.
valser [val′se], *v.i.* to waltz.
valve [valv], *n.f.* valve, clack, trap-door.
vampire [vɑ̃′pi:r], *n.m.* vampire.
van [vɑ̃], *n.m.* (*Agric.*) winnowing-basket.
vandale [vɑ̃′dal], *n.* vandal.
vandalisme [vɑ̃da′lism], *n.m.* vandalism.
vanille [va′ni:j], *n.f.* vanilla.
vanité [vani′te], *n.f.* vanity, conceit.
vaniteux [vani′tø], *a.* (*fem.* -euse) vainglorious, vain.
vannage [va′na:ʒ], *n.m.* winnowing.
vanne [van], *n.f.* sluice, sluice-gate.
vanneau [va′no], *n.m.* (*pl.* -eaux) lapwing, peewit.
vanner [va′ne], *v.t.* to winnow, to fan, to sift; (*pop.*) to tire out.
vannerie [van′ri], *n.f.* basket-making, basket-trade.
vanneur [va′nœːr], *a.* (*fem.* -euse) winnowing.—*n.m.* (*fem.* -euse) winnower.—*n.f.* (-euse) winnowing-machine.
vannier [va′nje], *n.m.* (*fem.* -iere) basket-maker.
vannure [va′ny:r], *n.f.* chaff.
vantard [vɑ̃′ta:r], *a.* boasting, boastful, bragging.—*n.m.* (*fem.* -e) boaster, braggart.
vantardise [vɑ̃tar′di:z], *n.f.* boasting, bragging.
vanter [vɑ̃′te], *v.t.* to praise, to commend, to extol. se **vanter**, *v.r.* to boast, to pride oneself on (*de*).
vanterie [vɑ̃′tri], *n.f.* boasting, bragging.
va-nu-pieds [vany′pje], *n. inv.* ragamuffin.
vapeur [va′pœ:r], *n.f.* vapour; steam; haze, mist; *à la vapeur* or *à toute vapeur*, at full speed.—*n.m.* steamer, steamship.
vaporeux [vapo′rø], *a.* (*fem.* -euse) vaporous, steamy, hazy.
vaquer [va′ke], *v.i.* to be vacant; to attend, to devote oneself (*à*).
varech or **varec** [va′rɛk], *n.m.* sea-wrack, sea-weed.
variabilité [varjabili′te], *n.f.* variability, changeableness.
variable [va′rjabl], *a.* variable, fickle, unsettled.—*n.f.* (*Math.*) variable.
variant [va′rjɑ̃], *a.* variable, fickle.—*n.f.* (-e) variant (*reading or interpretation*).
variation [varja′sjɔ̃], *n.f.* variation.
varice [va′ris], *n.f.* varix varicose vein.
varier [va′rje], *v.t.* to vary, to change; to variegate.—*v.i.* to vary to be changeable; to disagree.

323

variété [varje'te], *n.f.* variety, diversity, change; (*pl.*) miscellanea.
variole [va'rjɔl], *n.f.* smallpox.
Varsovie [varsɔ'vi], *f.* Warsaw.
vase (1) [vɑ:z], *n.m.* vase, vessel.
vase (2) [vɑ:z], *n.f.* slime, mud, mire, ooze.
vaseline [vaz'lin], *n.f.* petroleum jelly, Vaseline (*reg. trade mark*).
vaseux [va'zø], *a.* (*fem.* **-euse**) slimy, muddy, miry.
vasistas [vazis'tɑ:s], *n.m. inv.* opening, fanlight (*over a door or a window*).
vassal [va'sal], *n.m.* (*fem.* **-e**, *m. pl.* **-aux**) vassal.
vaste [vast], *a.* vast, wide, spacious.
vastement [vastə'mɑ̃], *adv.* vastly, widely.
Vatican [vati'kɑ̃], **le**, *m.* the Vatican.
va-tout [va'tu], *n.m. inv.* one's all (*at cards*); *jouer son va-tout*, to stake one's all.
vaudeville [vod'vil], *n.m.* vaudeville; light form of comedy.
vau-l'eau (**à**) [avo'lo], *adv. phr.* with the current, down-stream; to rack and ruin.
vaurien [vo'rjɛ̃], *n.m.* (*fem.* **-enne**) good-for-nothing, scamp; rogue.
vautour [vo'tu:r], *n.m.* vulture.
vautre [vo:tr], *n.m.* boar-hound.
vautrer (**se**) [səvo'tre], *v.r.* to wallow; to sprawl.
veau [vo], *n.m.* (*pl.* **veaux**) calf; (*Cook.*) veal; calf-skin, calf-leather; (*fig.*) slow-witted fellow; *veau marin*, seal, seal-skin.
vedette [və'dɛt], *n.f.* vedette, mounted sentinel; scout; observation post, watchtower; (*Theat.*) star.
végétal [veʒe'tal], *a.* (*m. pl.* **-aux**) vegetable. —*n.m.* (*pl.* **-aux**) vegetable, plant.
végétarien [veʒeta'rjɛ̃], *a.* and *n.m.* (*fem.* **-enne**) vegetarian.
végétation [veʒeta'sjɔ̃], *n.f.* vegetation; (*pl.*) adenoids.
végéter [veʒe'te], *v.i.* (*conjug. like* CÉDER) to vegetate.
véhémence [vee'mɑ̃:s], *n.f.* vehemence.
véhément [vee'mɑ̃], *a.* vehement, impetuous, hot, passionate.
véhiculaire [veiky'lɛ:r], *a.* vehicular.
véhicule [vei'kyl], *n.m.* vehicle; medium.
veille [vɛ:j], *n.f.* sleeplessness, watching; being awake; vigil; eve, day before; point, verge; (*pl.*) midnight work; *être à la veille de*, to be on the point of; *la veille de Noël*, Christmas Eve.
veillée [vɛ'je], *n.f.* time from supper to bedtime, evening (*in company*); sitting up to work etc. in company; night attendance (*upon a sick person*).
veiller [vɛ'je], *v.t.* to watch by, to nurse, to look after, to sit up with.—*v.i.* to sit up, to watch; to attend, to take care, to have an eye (*à*).
veilleur [vɛ'jœ:r], *n.m.* (*fem.* **-euse**) watcher; *veilleur de nuit*, night-watchman.—*n.f.* (**-euse**) night-light.
veinard [vɛ'na:r], *a.* and *n.m.* (*fem.* **-e**) (*pop.*) lucky (person), lucky dog.
veine [vɛ:n], *n.f.* vein; (*Geol. etc.*) seam; (*pop.*) good luck; *avoir de la veine*, to be in luck; *en veine de*, in the mood for; *un coup de veine*, a fluke.
veiné [vɛ'ne], *a.* veined, veiny.

veineux [vɛ'nø], *a.* (*fem.* **-euse**) veined, veiny; venous (*system, blood*).
vélin [ve'lɛ̃], *n.m.* vellum.
velléité [velei'te], *n.f.* passing fancy, mind, whim.
vélo [ve'lo], *n.m.* (*fam.*) bike.
vélocité [velɔsi'te], *n.f.* velocity.
vélodrome [velɔ'drɔm], *n.m.* cycle racing-track.
vélomoteur [velomɔ'tœ:r], *n.m.* moped.
velours [və'lu:r], *n.m.* velvet; *velours à côtes*, corduroy; *velours de coton*, velveteen.
velouté [vəlu'te], *a.* velvet, velvety, velvet-like; soft and smooth to the palate (*of wines*).—*n.m.* velvet-pile; softness; bloom (*of fruit*); smooth rich soup *or* sauce; *velouté de laine*, velours cloth.
velu [və'ly], *a.* hairy, shaggy, rough.—*n.m.* shagginess.
vélum [ve'lɔm], *n.m.* awning.
venaison [vənɛ'zɔ̃], *n.f.* venison.
vénal [ve'nal], *a.* (*m. pl.* **-aux**) venal, mercenary.
vénalité [venali'te], *n.f.* venality.
venant [və'nɑ̃], *a.* coming, thriving.—*n.m.* comer; *tout-venant*, unsorted (*of produce*).
vendable [vɑ̃'dabl], *a.* saleable, marketable.
vendange [vɑ̃'dɑ̃:ʒ] *n.f.* vintage, grape-gathering.
vendanger [vɑ̃dɑ̃'ʒe], *v.t.* (*conjug. like* MANGER) to gather in the grapes from; (*fig.*) to ravage, to spoil.—*v.i.* to pick (*the grapes*); (*fig.*) to make illicit profits.
vendangeur [vɑ̃dɑ̃'ʒœ:r], *n.m.* (*fem.* **-euse**) vintager, grape-gatherer.
vendéen [vɑ̃de'ɛ̃], *a.* (*fem.* **-éenne**) Vendean.
vendetta [vɛ̃dɛ'ta], *n.f.* vendetta.
vendeur [vɑ̃'dœ:r], *n.m.* (*fem.* **-euse**) vendor, seller, dealer; salesman, shop assistant.
vendre [vɑ̃:dr], *v.t.* to sell; (*fig.*) to betray; *à vendre*, for sale. **se vendre** *v.r.* to sell oneself; to be sold; to go off (*well etc.*).
vendredi [vɑ̃drə'di], *n.m.* Friday; *le Vendredi saint*, Good Friday.
vené [və'ne], *a.* high (*of meat*).
vénéneux [vene'nø], *a.* (*fem.* **-euse**) poisonous (*when eaten*).
vénérable [vene'rabl], *a.* venerable.
vénération [venera'sjɔ̃], *n.f.* veneration.
vénérer [vene're], *v.t.* (*conjug. like* CÉDER) to venerate, to hold in reverence.
vénerie [ven'ri], *n.f.* venery, hunting.
veneur [və'nœ:r], *n.m.* huntsman.
Vénézuéla [venezɥe'la], **le**, *m.* Venezuela.
vénézuélien [venezɥe'ljɛ̃], *a.* (*fem.* **-enne**) Venezuelan.—*n.m.* (**Vénézuélien**, *fem.* **-enne**) Venezuelan (*person*).
vengeance [vɑ̃'ʒɑ̃:s], *n.f.* vengeance, revenge.
venger [vɑ̃'ʒe], *v.t.* (*conjug. like* MANGER) to revenge, to avenge. **se venger**, *v.r.* *se venger de quelqu'un*, to revenge oneself on someone.
vengeur [vɑ̃'ʒœ:r], *a.* (*fem.* **-eresse**) revengeful, avenging.—*n.m.* (*fem.* **-eresse**) avenger, revenger.
véniel [ve'njɛl], *a.* (*fem.* **-elle**) venial.
venimeux [vəni'mø], *a.* (*fem.* **-euse**) communicating poison (*from outside*), venomous (*snake etc.*); (*fig.*) malignant, harmful.

verjuté

venin [və'nɛ̃], *n.m.* venom, poison; (*fig.*) spite, malice.
venir [və'niːr], *v.i. irr.* (*conjug. like* TENIR, *but with aux.* ÊTRE) to come, to be coming; to arrive; to reach; to occur, to happen; to grow, to grow up; to thrive; to issue, to arise; to be descended; *d'où vient cela?* what is the cause of that? *en venir aux mains,* to come to blows; *faire venir le médecin,* to send for the doctor; *il va et vient,* he goes in and out; *je ne ferai qu'aller et venir,* I will not stay, I shall come straight back; *le voilà qui vient,* here he comes; *où voulez-vous en venir?* what are you getting at? *s'en venir,* to come away; *si ma lettre venait à se perdre,* if my letter should happen to go astray; *venir à bout de,* to master; *venir de,* to come from, (*followed by an infinitive,* to have just—*je viens de le voir,* I have just seen him; *je venais de le quitter,* I had just left him).
Venise [və'niːz], *f.* Venice.
vent [vɑ̃], *n.m.* wind; breeze; breath, breathing; (*Med.*) (*pl.*) flatulence; (*Hunt.*) scent; (*fig.*) vanity, emptiness; *autant en emporte le vent,* all that is idle talk; *avoir vent de,* to get wind of; *coup de vent,* gust of wind; (*colloq.*) *dans le vent,* 'with it'; *en plein vent,* in the open air; *il fait du vent,* it is windy.
vente [vɑ̃ːt], *n.f.* sale; selling, auction; felling *or* cutting (*of timber*); *en vente,* for sale, on sale; *vente aux enchères,* sale by auction.
venter [vɑ̃'te], *v.i.* (*usu. impers.*) to blow, to be windy.
venteux [vɑ̃'tø], *a.* (*fem.* -euse) windy, gusty.
ventilateur [vɑ̃tila'tœːr], *n.m.* ventilator, fan, blower.
ventilation [vɑ̃tila'sjɔ̃], *n.f.* ventilation, airing.
ventiler [vɑ̃ti'le], *v.t.* to ventilate, to air; (*fig.*) to discuss.
ventosité [vɑ̃tozi'te], *n.f.* flatulence.
ventouse [vɑ̃'tuːz], *n.f.* cupping-glass; vent, air-hole; sucker (*of leech*); nozzle (*of vacuum-cleaner*).
ventre [vɑ̃ːtr], *n.m.* belly, abdomen; stomach; womb; bowels, one's inside; bulge; *à plat ventre,* flat on one's face; *ventre à terre,* at full speed; *j'ai mal au ventre,* I have a stomach-ache.
ventrière [vɑ̃tri'ɛːr], *n.f.* abdominal belt; sling, brace; girth (*of horse*).
ventriloque [vɑ̃tri'lɔk], *n.* ventriloquist.
ventriloquie [vɑ̃trilɔ'ki], *n.f.* ventriloquy.
ventru [vɑ̃'try], *a.* big-bellied, corpulent; bulging.—*n.m.* (*fem.* -e) pot-bellied person.
venu [və'ny], *a.* come; done; come up, grown; *bien venu* [BIENVENU]; *enfant bien venu,* well-grown child; *mal venu,* unwelcome; open to censure.—*n.m.* (*fem.* -e) *le dernier venu,* the last arrival; *le premier venu* or *la première venue,* the first comer, anyone.—*n.f.* (-e) coming, arrival, advent; growth.
Vénus [ve'nys], *f.* Venus.
vêpres [vɛːpr], *n.f. pl.* vespers.
ver [vɛːr], *n.m.* worm; maggot, mite; moth; *mangé* or *rongé des vers,* worm-eaten; *nu comme un ver,* stark naked; *ver*

blanc, grub; *ver à soie,* silkworm; *ver luisant,* glow-worm; *ver solitaire,* tapeworm.
véracité [verasi'te], *n.f.* veracity.
véranda [verɑ̃'da], *n.f.* veranda.
verbal [vɛr'bal], *a.* (*m. pl.* -aux) verbal.
verbalement [vɛrbal'mɑ̃], *adv.* verbally; (*colloq.*) by word of mouth.
verbaliser [vɛrbali'ze], *v.i.* to draw up a written statement.
verbe [vɛrb], *n.m.* verb; (*Theol.*) *le Verbe,* the Word.
verbeux [vɛr'bø], *a.* (*fem.* -euse) verbose.
verbiage [vɛr'bjaːʒ], *n.m.* verbiage.
verbosité [vɛrbozi'te], *n.f.* verbosity.
verdâtre [vɛr'dɑːtr], *a.* greenish.
verdelet [vɛr'dlɛ], *a.* (*fem.* -ette) greenish; tart (*of wine*); hale (*of old people*).
verdeur [vɛr'dœːr], *n.f.* greenness, sap (*of wood*); tartness, harshness (*of wine*); vigour; spryness (*of old people*); (*fig.*) crudeness (*of language*).
verdict [vɛr'dikt], *n.m.* verdict, finding.
verdier [vɛr'dje], *n.m.* greenfinch; verderer, ranger.
verdir [vɛr'diːr], *v.t.* to make *or* paint green.—*v.i.* to turn green.
verdoyant [vɛrdwa'jɑ̃], *a.* verdant, green.
verdoyer [vɛrdwa'je], *v.i.* (*conjug. like* EMPLOYER) to become green.
verdure [vɛr'dyːr], *n.f.* verdure; greenery; pot-herbs.
verdurier [vɛrdy'rje], *n.m.* (*fem.* -ière) greengrocer.
véreux [ve'rø], *a.* (*fem.* -euse) worm-eaten, maggoty; rotten; (*fig.*) suspect; insecure (*of bills etc.*).
verge [vɛrʒ], *n.f.* rod, wand; shaft, pin; shank (*of an anchor etc.*); (*C*) yard (*measure*).
verger [vɛr'ʒe], *n.m.* orchard.
vergeté [vɛrʒə'te], *a.* streaky.
vergette [vɛr'ʒɛt], *n.f.* clothes-brush; bundle of rods, switch.
verglacé [vɛrgla'se], *a.* covered with glazed frost; icy.
verglas [vɛr'glɑ], *n.m.* thin coating of ice, frost after a thaw *or* rain; glazed frost.
vergne [vɛrɲ], **verne** [vɛrn], *n.m.* alder(-tree).
vergogne [vɛr'gɔɲ], *n.f.* shame; *sans vergogne,* shameless(ly).
vergue [vɛrg], *n.f.* yard (*for sail*).
véridicité [veridisi'te], *n.f.* veracity, truthfulness.
véridique [veri'dik], *a.* veracious, truthful.
vérificateur [verifika'tœːr], *n.m.* verifier, examiner, inspector; (*Eng.*) calipers, gauge; *vérificateur des comptes,* auditor.
vérification [verifika'sjɔ̃], *n.f.* verification, auditing, probate.
vérifier [veri'fje], *v.t.* to verify, to inspect, to examine, to audit; to prove.
vérin [ve'rɛ̃], *n.m.* (*Eng.*) jack.
véritable [veri'tabl], *a.* true, genuine, real; staunch, downright, thorough.
véritablement [veritablə'mɑ̃], *adv.* truly, in reality, indeed.
vérité [veri'te], *n.f.* truth, verity, truthfulness; *à la vérité,* indeed, it is true, I admit; *dire la vérité,* to speak the truth; *en vérité,* indeed, truly.
verjus [vɛr'ʒy], *n.m.* verjuice; sour grapes.
verjuté [vɛrʒy'te], *a.* sharp, tart, acid.

325

vermeil

vermeil [vɛrˈmɛːj], *a.* (*fem.* **-eille**) vermilion, ruddy, rosy.—*n.m.* vermeil, silver-gilt.
vermicelle [vɛrmiˈsɛl], *n.m.* vermicelli.
vermiculaire [vɛrmikyˈlɛːr], *a.* vermicular, worm-shaped.
vermillon [vɛrmiˈjɔ̃], *a. inv.* and *n.m.* vermilion.
vermine [vɛrˈmin], *n.f.* vermin (*only insects such as fleas, lice etc.*); (*fig.*) rabble.
vermoulu [vɛrmuˈly], *a.* worm-eaten.
vermoulure [vɛrmuˈlyːr], *n.f.* **worm-hole**, rottenness caused by worms (*in wood*).
vermout(h) [vɛrˈmut], *n.m.* vermouth.
vernaculaire [vɛrnakyˈlɛːr], *a.* and *n.m.* vernacular.
vernal [vɛrˈnal], *a.* (*m. pl.* **-aux**) vernal, spring-like.
vernier [vɛrˈnje], *n.m.* vernier, sliding-scale.
vernir [vɛrˈniːr], *v.t.* to varnish; to glaze, to polish.
vernis [vɛrˈni], *n.m.* varnish, polish, glaze.
vernissage [vɛrniˈsaːʒ], *n.m.* varnishing; private view (*of art exhibition*).
vernisser [vɛrniˈse], *v.t.* to glaze (*pottery etc.*).
vérole [veˈrɔl], *n.f.* **petite vérole**, smallpox; **petite vérole volante**, chicken-pox.
véronal [veroˈnal] *n.m.* (*Chem.*) veronal, barbitone.
Véronique [veroˈnik], *f.* Veronica.
véronique [veroˈnik], *n.f.* veronica, speedwell.
verrat [vɛˈra], *n.m.* boar.
verre [vɛːr], *n.m.* glass; **verre à eau** or **verre gobelet**, tumbler; **verre à vin**, wine-glass; **verre de vin**, glass of wine.
verrerie [vɛrˈri], *n.f.* glass-works; glass-ware.
verrier [vɛˈrje], *n.m.* glass-maker.
verrière [vɛˈrjɛːr], *n.f.* stained-glass window.
verroterie [veroˈtri], *n.f.* small glass-ware, glass beads.
verrou [vɛˈru], *n.m.* bolt.
verrouiller [veruˈje], *v.t.* to bolt. **se verrouiller**, *v.r.* to bolt oneself in.
verrue [vɛˈry], *n.f.* wart; **verrue plantaire**, verruca.
vers (1) [vɛːr], *n.m. inv.* verse, line (*of poetry*).
vers (2) [vɛːr], *prep.* towards, to; about; **vers (les) quatre heures**, about four o'clock.
versable [vɛrˈsabl], *a.* apt to overturn, liable to upset.
versage [vɛrˈsaːʒ], *n.m.* emptying, tipping; (*Agric.*) first ploughing (*of fallow land*).
versant (1) [vɛrˈsɑ̃], *a.* liable to be overturned.
versant (2) [vɛrˈsɑ̃], *n.m.* declivity, side, slope; watershed.
versatile [vɛrsaˈtil], *a.* inconstant, changeable.
versatilité [vɛrsatiliˈte], *n.f.* inconstancy.
verse (**à**) [aˈvɛrs], *adv.* abundantly; **il pleut à verse**, it is pouring with rain.
versé [vɛrˈse], *a.* spilt; well versed, conversant.
versement [vɛrsəˈmɑ̃], *n.m.* payment; deposit.
verser [vɛrˈse], *v.t.* to pour, to pour out; **to** discharge, to empty; to shed, to spill; to pay in, to deposit; to overturn, to upset; to lay (*corn*).—*v.i.* to overturn, to upset (*of vehicles*); to be laid (*of standing corn*).
verset [vɛrˈsɛ], *n.m.* (*Bibl. etc.*) verse.

versificateur [vɛrsifikaˈtœːr], *n.m.* (*fem.* **-trice**) versifier.
versification [vɛrsifikaˈsjɔ̃], *n.f.* versification.
versifier [vɛrsiˈfje], *v.t., v.i.* to versify.
version [vɛrˈsjɔ̃], *n.f.* version; (*Sch.*) translation.
verso [vɛrˈso], *n.m.* verso, back, left-hand page.
vert [vɛːr], *a.* green; sharp, harsh (*of things*); tart (*of wine*); raw; sour; (*fig.*) vigorous, robust; spicy (*of stories*).—*n.m.* green, green colour; green food; sharpness (*of wine etc.*); (*Golf*) (putting-)green.
vert-de-gris [vɛrdəˈgri], *n.m.* verdigris.
vertèbre [vɛrˈtɛːbr], *n.f.* vertebra.
vertébré [vɛrteˈbre], *a.* and *n.m.* vertebrate.
vertement [vɛrtəˈmɑ̃], *adv.* sharply; harshly, severely.
vertical [vɛrtiˈkal], *a.* (*m. pl.* **-aux**) vertical.
verticalement [vɛrtikalˈmɑ̃], *adv.* vertically.
vertige [vɛrˈtiːʒ], *n.m.* dizziness, giddiness, vertigo; (*fig.*) madness, intoxication.
vertigineux [vɛrtiʒiˈnø], *a.* (*fem.* **-euse**) dizzy, giddy; (*fig.*) breath-taking.
vertigo [vɛrtiˈgo], *n.m.* staggers; (*fig.*) whim.
vertu [vɛrˈty], *n.f.* virtue, chastity; property, faculty, quality; efficacy, force.
vertueusement [vɛrtɥøzˈmɑ̃], *adv.* virtuously.
vertueux [vɛrˈtɥø], *a.* (*fem.* **-euse**) virtuous, chaste.
verve [vɛrv], *n.f.* warmth, animation, verve, spirit, zest.
verveine [vɛrˈvɛːn], *n.f.* vervain, verbena.
vésicule [veziˈkyl], *n.f.* vesicle, bladder; **vésicule biliaire**, gall-bladder.
vespasienne [vɛspaˈzjɛn], *n.f.* public urinal; public convenience.
vessie [vɛˈsi], *n.f.* bladder.
veste [vɛst], *n.f.* jacket.
vestiaire [vɛsˈtjɛːr], *n.m.* cloakroom; changing-room; robing-room (*for judges*); hat-and-coat rack.
vestibule [vɛstiˈbyl], *n.m.* vestibule, lobby, hall.
vestige [vɛsˈtiːʒ], *n.m.* footprint vestige, sign, mark; trace, remains.
veston [vɛsˈtɔ̃], *n.m.* jacket, lounge-coat; **complet veston**, lounge-suit.
Vésuve [veˈzyːv], **le**, *m.* Vesuvius.
vêtement [vɛtˈmɑ̃], *n.m.* garment; (*pl.*) dress, clothes; (*poet.*) raiment; **vêtements de dessous**, underwear.
vétéran [veteˈrɑ̃], *n.m.* veteran; (*Sch.*) boy who stays in a form a second year.
vétérinaire [veteriˈnɛːr], *a.* veterinary.—*n.m.* veterinary surgeon, vet.
vétille [veˈtiːj], *n.f.* trifle, bagatelle.
vétiller [vetiˈje], *v.i.* to trifle; to split hairs.
vétilleux [vetiˈjø], *a.* (*fem.* **-euse**) particular, finicky.
vêtir [vɛˈtiːr], *v.t. irr.* to clothe; to array, to dress; to put on. **se vêtir**, *v.r.* to dress oneself.
véto [veˈto], *n.m.* veto.
vêtu [vɛˈty], *a.* dressed, clothed, arrayed.
vétuste [veˈtyst], *a.* old, antiquated; dilapidated, worn out.
vétusté [vetysˈte], *n.f.* antiquity, old age, decay.

veuf [vœf], *a.* (*fem.* **veuve**) widowed.—*n.m.* widower.—*n.f.* (**veuve**) widow.

veule [vœ:l], *a.* feckless, weak, feeble.

veuvage [vœ'va:ʒ] *n.m.* widowhood, widowerhood.

vexant [vɛk'sɑ̃], *a.* vexing, provoking.

vexer [vɛk'se], *v.t.* to vex, to plague, to annoy.

viable [vjabl], *a.* likely to live, viable; fit for traffic.

viaduc [vja'dyk], *n.m.* viaduct.

viager [vja'ʒe], *a.* (*fem.* **-ère**) for life, during life; *rente viagère*, life-annuity.

viande [vjɑ̃:d], *n.f.* meat; *menue viande*, fowl and game; *grosse viande*, butcher's meat.

vibrant [vi'brɑ̃], *a.* vibrating; vibrant, resonant.

vibration [vibra'sjɔ̃], *n.f.* vibration.

vibrer [vi'bre], *v.i.* to vibrate.

vicaire [vi'kɛ:r], *n.m.* curate (*of a parish*).

vicariat [vika'rja], *n.m.*, **vicairie** [vikɛ'ri], *n.f.* curacy, chapel of ease.

vice [vis], *n.m.* fault, defect, flaw, blemish; vice, viciousness.

vice-amiral [visami'ral], *n.m.* (*pl.* **-aux**) vice-admiral; second ship of a fleet.

vice-roi [vis'rwa], *n.m.* (*pl.* **vice-rois**) viceroy.

vicié [vi'sje], *a.* vitiated, depraved, corrupted; foul (*of air etc.*).

vicier [vi'sje], *v.t.* to vitiate, to taint, to corrupt.

vicieusement [visjøz'mɑ̃], *adv.* viciously.

vicieux [vi'sjø], *a.* (*fem.* **-euse**) vicious, faulty, defective.

vicinal [visi'nal], *a.* (*m. pl.* **-aux**) local, connecting (*of roads*); *chemin vicinal*, by-road.

vicissitude [visisi'tyd], *n.f.* vicissitude, change.

vicomte [vi'kɔ̃:t], *n.m.* viscount.

vicomtesse [vikɔ̃'tɛs], *n.f.* viscountess.

victime [vik'tim], *n.f.* victim; sufferer; casualty.

Victoire [vik'twa:r], **Victoria** [vikto'rja], *f.* Victoria.

victoire [vik'twa:r], *n.f.* victory.

victorieux [vikto'rjø], *a.* (*fem.* **-euse**) victorious.

victuaille [vik'tqa:j], *n.f.* (*colloq.*) provisions.

vidange [vi'dɑ̃:ʒ], *n.f.* emptying; draining off; night-soil; *tonneau en vidange*, broached cask.

vidanger [vidɑ̃'ʒe], *v.t.* (*conjug. like* MANGER) to empty, to clean out, to drain, to blow off.

vidangeur [vidɑ̃'ʒœ:r], *n.m.* scavenger.

vide [vid], *a.* empty; void, vacant, blank; destitute.—*n.m.* empty space, blank; vacuum; gap, hole; emptiness.—*adv. phr. à vide*, empty.

vidé [vi'de], *a.* emptied, exhausted.

vider [vi'de], *v.t.* to empty; to drain; to hollow out; to draw (*poultry*); to gut (*fish*); to vacate; to decide, to settle.

vie [vi], *n.f.* life; lifetime; existence, days; vitality: livelihood, living; food, subsistence; spirit, animation; noise; *être en vie*, to be alive; *le coût de la vie*, the cost of living; *niveau de vie*, standard of living.

vieil [vjɛj], [VIEUX].

vieillard [vjɛ'ja:r], *n.m.* old man.

vieille [vjɛj], [VIEUX].

vieillerie [vjɛj'ri], *n.f.* (*usu. pl.*) old things old clothes, old lumber, rubbish; obsolete ideas.

vieillesse [vjɛ'jɛs], *n.f.* old age; oldness.

vieillir [vjɛ'ji:r], *v.t.* to make old; to make look old.—*v.i.* to grow old; to become obsolete.

vieillissant [vjɛji'sɑ̃], *a.* growing old.

vieillot [vjɛ'jo], *a.* (*fem.* **-otte**) oldish.

vielle [vjɛl], *n.f.* *hurdy-gurdy.

Vienne [vjɛn], *f.* Vienna.

viennois [vjɛ'nwa], *a.* Viennese.—*n.m.* (**Viennois**, *fem.* **-oise**) Viennese (*person*).

vierge [vjɛrʒ], *a.* virgin, virginal, maiden; pure, untrodden; unwrought; free (*from*).—*n.f.* virgin, maid; (*Astron.*) Virgo.

Viet-Nam [vjɛt'nam], le, *m.* Vietnam.

vietnamien [vjɛtna'mjɛ̃], *a.* (*fem.* **-enne**) Vietnamese.—*n.m.* Vietnamese (*language*); (**Vietnamien**, *fem.* **-enne**) Vietnamese (*person*).

vieux [vjø], *a.* (*before a vowel or* h *mute*, **vieil**, *fem.* **vieille**) old, aged, advanced in years; ancient, venerable; *vieux jeu*, old-fashioned.—*n.m.* (*fem.* **vieille**) old man, old woman; *la retraite des vieux*, old-age pension; *mon vieux*, (*a term of endearment*) old friend, old chap.

vif [vif], *a.* (*fem.* **vive**) alive, live, living; quick; lively, brisk, sprightly, animated, fiery, mettlesome, ardent, eager; hasty; keen; sharp, violent (*of pain etc.*); bracing (*of air etc.*); vivid, bright (*of colours*).—*n.m.* the quick (*live flesh*); living person; *être pris sur le vif*, to be very lifelike; *piquer au vif*, to sting to the quick.

vif-argent [vifar'ʒɑ̃], *n.m.* quicksilver.

vigie [vi'ʒi], *n.f.* look-out man; look-out (*station* or *ship*); (*Rail.*) seat on the top of guard's van.

vigilance [viʒi'lɑ̃:s], *n.f.* vigilance.

vigilant [viʒi'lɑ̃], *a.* vigilant, watchful.

vigile [vi'ʒil], *n.f.* vigil, eve.

vigne [viɲ], *n.f.* vine; vineyard; *vigne vierge*, wild-grape, virginia-creeper.

vigneron [viɲə'rɔ̃], *n.m.* (*fem.* **-onne**) vine-dresser, wine-grower.

vignette [vi'ɲɛt], *n.f.* vignette; (*pop.*) meadow-sweet.

vignoble [vi'ɲɔbl], *n.m.* vineyard.

vigoureusement [viguərøz'mɑ̃], *adv.* vigorously, energetically.

vigoureux [vigu'rø], *a.* (*fem.* **-euse**) vigorous, energetic; stout, stalwart.

vigueur [vi'gœ:r], *n.f.* vigour, strength; force, power, energy; *entrer en vigueur*, to come into force (*of laws etc.*).

vil [vil], *a.* vile, base, mean; abject, low; worthless; *à vil prix*, dirt cheap.

vilain [vi'lɛ̃], *a.* ugly; unsightly; pitiful; nasty; sordid, wretched; naughty (*of a child*); *un vilain tour*, a dirty trick; *vilain temps*, vile weather.—*n.m.* (*fem.* **-e**) *villein (*bondman*); nasty fellow; (*childish*) naughty boy or girl.

vilainement [vilɛn'mɑ̃], *adv.* uglily; basely shamefully, deplorably.

vilebrequin [vilbrə'kɛ̃], *n.m.* brace, wimble; (*Mech.*) crankshaft.

vilement [vil'mɑ̃], *adv.* vilely, basely.

vilenie [vil'ni], *n.f.* nastiness, foulness; vile action; stinginess, meanness; (*pl.*) offensive words.

vileté [vil'te], *n.f.* cheapness, low price; vileness; mean action.

vilipender [vilipā'de], *v.t.* to vilify; to disparage.

villa [vil'la], *n.f.* villa.

village [vi'la:ʒ], *n.m.* village.

villageois [vila'ʒwa], *a.* rustic.—*n.m.* (*fem.* -e) villager.

ville [vil], *n.f.* town, city; *être en ville*, to be out (*not at home*); *hôtel de ville*, town hall; *ville d'eaux*, spa.

villégiature [vileʒja'ty:r], *n.f.* sojourn in the country; *en villégiature*, staying in the country.

vin [vɛ̃], *n.m.* wine; *à bon vin point d'enseigne*, good wine needs no bush; *vin de Bordeaux rouge*, claret; *vin de marque*, vintage wine; *vin mousseux*, sparkling wine; *vin ordinaire*, dinner wine.

vinaigre [vi'nɛ:gr], *n.m.* vinegar.

vinaigrer [vinɛ'gre], *v.t.* to season with vinegar.

vindicatif [vɛ̃dika'tif], *a.* (*fem.* -tive) vindictive, revengeful.

vingt [vɛ̃], *a.* and *n.m. inv.* twenty, score; twentieth.

vingtaine [vɛ̃'tɛ:n], *n.f.* a score, about twenty.

vingt-et-un [vɛ̃te'œ̃], *n.m.* vingt-et-un (*card game*).

vingtième [vɛ̃'tjɛ:m], *a.* and *n.* twentieth.

vinicole [vini'kɔl], *a.* wine-growing, wine-producing.

viol [vjɔl], *n.m.* rape.

violateur [vjɔla'tœ:r], *a.* (*fem.* -trice) violating, transgressing, infringing.—*n.m.* (*fem.* -trice) violator, infringer, breaker.

violation [vjɔla'sjɔ̃], *n.f.* violation, breach, infringement.

violâtre [vjɔ'lɑ:tr], *a.* purplish.

viole [vjɔl], *n.f.* viol.

violemment [vjɔla'mɑ̃], *adv.* violently.

violence [vjɔ'lɑ̃:s], *n.f.* violence; (*Law*) duress; (*fig.*) stress, fury.

violent [vjɔ'lɑ̃], *a.* violent; strong (*of suspicion etc.*); (*colloq.*) excessive; *c'est par trop violent*, it really is too bad.

violenter [vjɔlɑ̃'te], *v.t.* to offer *or* do violence to, to force; to constrain; to violate.

violer [vjɔ'le], *v.t.* to violate; to outrage, to transgress.

violet / vjɔ'le], *a.* (*fem.* -ette) violet-coloured, purple.—*n.m.* violet(-colour).—*n.f.* (-ette) (*Bot.*) violet.

violier [vjɔ'lje], *n.m.* wallflower, gillyflower.

violon [vjɔ'lɔ̃], *n.m.* violin, fiddle; violinist, fiddler; (*pop.*) lock-up, cells (*prison*).

violoncelle [vjɔlɔ̃'sɛl], *n.m.* violoncello, 'cello.

violoncelliste [vjɔlɔ̃sɛ'list], *n.* violoncellist, 'cellist.

violoniste [vjɔlɔ'nist], *n.* violinist.

viorne [vjɔrn], *n.f.* viburnum.

vipère [vi'pɛ:r], *n.f.* viper, adder.

virage [vi'ra:ʒ], *n.m.* turning, cornering; turn, bend, corner; (*Naut.*) tacking; *virage incliné*, bank; *virage en épingle à cheveux*, hair-pin bend.

virago [vira'go], *n.f.* virago, termagant.

virée [vi're], *n.f.* turning; winding.

virement [vir'mɑ̃], *n.m.* turning; (*Naut.*) veering about, tacking; (*Book-keeping*) clearing, transfer; *banque de virement*, clearing-bank.

virer [vi're], *v.t.* to transfer, to clear (*a sum o money*).—*v.i.* to turn, to turn about; (*Naut.*) to tack, to veer about.

vireux [vi'rø], *a.* (*fem.* -euse) poisonous, noxious, nauseous.

virginal [virʒi'nal], *a.* (*m. pl.* -aux) virginal maidenly.

Virginie [virʒi'ni], *f.* Virginia; (*Geog.*) *La Virginie*, Virginia.

virginité [virʒini'te], *n.f.* virginity, maidenhood.

virgule [vir'gyl], *n.f.* comma; *point et virgule*, semi-colon.

viril [vi'ril], *a.* virile, male; manly.

virilement [viril'mɑ̃], *adv.* like a man; in a manly way.

virilité [virili'te], *n.f.* virility; manhood.

virole [vi'rɔl], *n.f.* ferrule.

virtuel [vir'tɥel], *a.* (*fem.* -elle) virtual.

virtuellement [virtɥel'mɑ̃], *adv.* virtually; potentially.

virtuose [vir'tɥo:z], *n.* virtuoso.

virtuosité [virtɥozi'te], *n.f.* virtuosity.

virulence [viry'lɑ̃:s], *n.f.* virulence.

virulent [viry'lɑ̃], *a.* virulent.

virus [vi'ry:s], *n.m.* virus.

vis [vis], *n.f. inv.* screw; *escalier à vis* spiral staircase.

visa [vi'za], *n.m.* visa, signature, endorsement (*on passports etc.*).

visage [vi'za:ʒ], *n.m.* face, visage, countenance; aspect, look, air; *à deux visages*, double-faced; *à visage découvert*, openly, barefacedly; *avoir bon visage*, to look well.

vis-à-vis [viza'vi], *prep. phr.* opposite, over against; towards, in relation to; *vis-à-vis de l'église*, opposite the church.—*adv. phr.* opposite.—*n.m. inv.* vis-à-vis (*in dancing etc.*); person opposite (*at table etc.*).

viscère [vi'sɛ:r], *n.m.* any of the viscera *or* vital organs.

viscosité [viskozi'te], *n.f.* viscosity, viscidity stickiness.

visée [vi'ze], *n.f.* aim, end; design, plan.

viser [vi'ze], *v.t.* to aim at; to allude to; to pursue; to endorse.—*v.i.* to aim, to take aim; to aspire (*à*).

viseur [vi'zœ:r], *n.m.* (*Phot.*) view-finder.

visibilité [vizibili'te], *n.f.* visibility.

visible [vi'zibl], *a.* visible; evident, manifest obvious.

visiblement [viziblə'mɑ̃], *adv.* visibly obviously.

visière [vi'zjɛ:r], *n.f.* visor (*of a helmet*); peak (*of caps etc.*), eye-shade; sight (*on fire-arms*).

vision [vi'zjɔ̃], *n.f.* vision sight; dream phantom, fancy.

visionnaire [vizjɔ'nɛ:r], *a.* visionary, fanciful.—*n.* seer; dreamer, visionary.

visite [vi'zit], *n.f.* visit; call; visitation (*of a bishop etc.*); examination, inspection; search; *droit de visite*, right of search; *faire la visite des bagages*, to examine luggage; *faire une visite* or *rendre visite*, to pay a visit.

visiter [vizi'te], *v.t.* to visit (*patients, clients etc.*); to go over (*cathedral etc.*); to search, to examine, to inspect.

visiteur [vizi'tœ:r], *n.m.* (*fem.* **-euse**) visitor, caller; inspector, searcher.

vison [vi'zɔ̃], *n.m.* mink (*animal*).

visqueux [vis'kø], *a.* (*fem.* **-euse**) viscous, sticky; slimy, clammy.

visser [vi'se], *v.t.* to screw, to screw on, up *or* down. **se visser**, *v.r.* to fix *or* attach oneself firmly.

visserie [vi'sri], *n.f.* screws, nuts and bolts.

Vistule [vis'tyl], **la**. *f.* the Vistula.

visuel [vi'zɥel], *a.* (*fem.* **-elle**) visual.

vital [vi'tal], *a.* (*m. pl.* **-aux**) vital; (*fig.*) essential.

vitalement [vital'mɑ̃], *adv.* vitally.

vitalité [vitali'te], *n.f.* vitality.

vitamine [vita'min], *n.f.* vitamin.

vite [vit], *a.* swift, quick, speedy, rapid.— *adv.* quick, quickly, fast, rapidly, expeditiously; *vite !* quick! look sharp!

vitesse [vi'tɛs], *n.f.* quickness, rapidity, celerity, swiftness, speed; (*Motor.*) gear; *à grande* or *à toute vitesse*, at full speed; *boîte de vitesse*, gear-box; *changement de vitesse*, change of gear; *gagner* (*quelqu'un*) *de vitesse*, to outrun (someone).

Viti [vi'ti], **les Îles**, *f.pl.* the Fiji Islands.

viticole [viti'kɔl], *a.* pertaining to vine culture, viticultural.

viticulture [vitikyl'ty:r], *n.f.* vine-growing.

vitrage [vi'tra:ʒ], *n.m.* glazing; glass windows.

vitrail [vi'tra:j], *n.m.* (*pl.* **-aux**) stained-glass window.

vitre [vitr], *n.f.* pane of glass; window.

vitré [vi'tre], *a.* glazed, of glass; (*Anat. etc.*) vitreous; *porte vitrée*, glass door.

vitrer [vi'tre], *v.t.* to furnish with glass windows, to glaze.

vitreux [vi'trø], *a.* (*fem.* **-euse**) vitreous, glassy.

vitrier [vitri'e], *n.m.* glass-maker; glazier.

vitrine [vi'trin], *n.f.* shop-window; show-case.

vitriol [vitri'ɔl], *n.m.* vitriol.

vitupération [vitypera'sjɔ̃], *n.f.* vituperation.

vitupérer [vitype're], *v.t.* (*conjug. like* CÉDER) to vituperate, to reprimand.

vivace [vi'vas], *a.* long-lived, perennial (*of plants*); inveterate, deep-rooted.

vivacité [vivasi'te], *n.f.* vivacity, liveliness, sprightliness; spirit, life, ardour.

vivant [vi'vɑ̃], *a.* living, alive; lively, animated; *langue vivante*, modern language; *portrait vivant*, lifelike portrait.—*n.m.* life, lifetime; *de son vivant*, in his lifetime. —*n.m.* (*fem.* **-e**) living person.

vivat! [vi'vat], *int.* and *n.m.* hurrah! huzza!

vivement [viv'mɑ̃], *adv.* quickly, briskly, sharply, vigorously; eagerly; keenly, acutely; smartly, angrily; spiritedly.

viveur [vi'vœ:r], *n.m.* (*fem.* **-euse**) rake, gay dog, person who leads a fast life.

vivier [vi'vje], *n.m.* fish-pond.

vivifiant [vivi'fjɑ̃], *a.* vivifying, quickening; refreshing, invigorating.

vivifier [vivi'fje], *v.t.* to vivify, to quicken, to give life to; to enliven, to revive.

vivisection [vivisɛk'sjɔ̃], *n.f.* vivisection.

C) **vivoir** [vi'vwa:r], *n.m.* living-room.

vivoter [vivɔ'te], *v.i.* to live poorly, to rub along.

vivre [vi:vr], *v.i. irr.* to live, to be alive; to subsist, to live on, to be maintained; to board, to take one's meals; to behave; to last; *vive la France!* long live France! *qui vive?* who goes there ? *il ne sait pas vivre*, he has no manners.—*n.m.* living, board, food; (*pl.*) provisions, victuals, rations.

vocable [vɔ'kabl], *n.m.* vocable, word, name.

vocabulaire [vɔkaby'lɛ:r], *n.m.* vocabulary.

vocal [vɔ'kal], *a.* (*m. pl.* **-aux**) vocal.

vocation [vɔka'sjɔ̃], *n.f.* vocation, calling, call; inclination; bent, talent.

vociférant [vɔsife'rɑ̃], *a.* vociferous.

vociférer [vɔsife're], *v.t.* (*conjug. like* CÉDER) to vociferate, to bawl.

vœu [vø], *n.m.* (*pl.* **vœux**) vow; prayer, wish, desire; vote, suffrage.

vogue [vɔg], *n.f.* vogue, fashion; credit, craze; *avoir de la vogue*, to be in fashion.

voguer [vɔ'ge], *v.i.* to move forward by rowing (*of a galley etc.*); to sail, to float, to move along.

voici [vwa'si], *prep.* see here, behold; here is, here are, this is, these are; ago, past; *le voilà, me voici*, there he is, here I am; *monsieur que voici*, this gentleman; *voici trois mois que je suis à l'hôpital*, I have been in hospital for the past three months.

voie [vwa], *n.f.* way, road; line, path, track; (*fig.*) organ, medium, channel, course; conveyance, gauge, breadth (*between the wheels of carriages*); load; (*Chem.*) process; *être en voie de*, to be in a fair way to; *voie d'eau*, (*Naut.*) leak; *voie ferrée*, railway track; *voie libre*, line clear.

voilà [vwa'la], *prep.* there, behold, there now, there is, there are, that is; *ah ! vous voilà*, oh! there you are! *voilà une heure qu'il parle*, he has been speaking for an hour.

voile (1) [vwal], *n.m.* veil; (*fig.*) cover, mask, disguise, show, pretence.

voile (2) [vwal], *n.f.* sail; canvas; (*fig.*) ship; *faire voile*, to sail, to set sail.

voilé [vwa'le], *a.* rigged; veiled; clouded, dull dim; (*wheel*) buckled, out of true.

voiler [vwa'le], *v.t.* to veil; to cover, to cloak, to blind, to disguise, to conceal; to buckle (*wheel*).—*v.i.* and **se voiler**, *v.r.* to wear a veil; to cloud over (*of the sky*); to buckle (*of a wheel*).

voilier [vwa'lje], *n.m.* sail-maker; sailing-ship.

voir [vwa:r], *v.t. irr.* to see; to behold; to witness; to look at, to observe, to view; to inspect, to superintend; to overlook; to visit; to frequent; *faire voir*, to show, to let see; *voyons !* let us see! now then!—*v.i.* to see, to look, to watch; to have one's sight; *voir à* or *voir à ce que*, to see to it that. **se voir**, *v.r.* to see oneself; to see each other; to visit each other; to be obvious.

voire [vwa:r], *adv.* and even, and indeed.

voirie [vwa'ri], *n.f.* roads, system of roads; commission of public streets and highways; refuse-dump.

voisin [vwa'zɛ̃], *a.* bordering, adjacent, next; next door, neighbouring.—*n.m.* (*fem.* **-e**) neighbour.

voisinage

voisinage [vwazi′na:ʒ], *n.m.* neighbourhood; vicinity, proximity, nearness; neighbours.

voiturage [vwaty′ra:ʒ], *n.m.* carriage, cartage (*of goods etc.*).

voiture [vwa ty:r], *n.f.* vehicle, conveyance; carriage; coach; cart, car; cart-load; *descendre de voiture*, to alight from a carriage; *en voiture !* take your seats! *se promener en voiture* or *aller en voiture*, to drive; *voiture d'enfant*, perambulator, baby-carriage. (*fam.*) pram.

voiturer [vwaty′re], *v.t.* to carry, to convey, to cart.

voiturier [vwaty′rje], *n.m.* carrier, carter.

voix [vwa], *n.f. inv.* voice; tone, sound; vote, suffrage; opinion, judgment; singer; *à demi-voix*, in a low voice; *à haute voix*, aloud; in a loud voice, loudly; *de vive voix*, by word of mouth.

vol (1) [vɔl], *n.m.* flying, soaring; flight; flock (*of birds*); spread (*of wings*); *au vol*, on the wing; *à vol d'oiseau*, as the crow flies.

vol (2) [vɔl], *n.m.* theft, robbery, stealing, larceny; stolen goods; *vol à l'étalage*, shoplifting; *vol avec effraction*, burglary.

volage [vɔ′la:ʒ], *a.* fickle, inconstant, flighty.

volaille [vɔ′la:j], *n.f.* poultry, fowls; *marchand de volaille*, poulterer.

volant [vɔ′lɑ̃], *a.* flying; loose, floating; movable, portable.—*n.m.* shuttlecock; flounce (*of a dress*); flywheel (*of machinery*); steering-wheel (*of a car*); sail (*of a windmill*).

volatil [vɔla′til], *a.* (*Chem.*) volatile; (*fig.*) volatile (*of temperament*).

volatile [vɔla′til], *a.* winged.—*n.m.* winged creature, bird.

vol-au-vent [vɔlo′vɑ̃], *n.m. inv.* vol-au-vent, puff-pie.

volcan [vɔl′kɑ̃], *n.m.* volcano.

volcanique [vɔlka′nik], *a.* volcanic, fiery.

volée [vɔ′le], *n.f.* flight (*of birds etc.*); flock, covey; brood; bevy; volley (*of guns*); shower (*of blows*); thrashing; peal (*of bells*); *à la volée*, flying, as it flies, in the air; (*fig.*) rashly, at random; *sonner à toute volée*, to ring a full peal; *volée d'escalier*, flight of stairs.

voler (1) [vɔ′le], *v.i.* to fly; to take wing, to soar; *entendre voler une mouche*, to hear a pin drop.

voler (2) [vɔ′le], *v.t.* to steal, to rob; to fleece, to plunder; (*fig.*) to embezzle, to usurp.—*v.i.* to steal.

volerie [vɔl′ri], *n.f.* robbery; pilfering.

volet [vɔ′lɛ], *n.m.* (window-)shutter; dovecot; (*Av.*) flap.

voleter [vɔl′te], *v.i.* (*conjug. like* APPELER) to flutter.

voleur [vɔ′lœ:r], *n.m.* (*fem.* -euse) thief, robber; plunderer, extortioner; stealer; *au voleur !* stop thief!

volière [vɔ′ljɛ:r], *n.f.* aviary, large bird-cage.

volontaire [vɔlɔ̃′tɛ:r], *a.* voluntary, willing; intended, intentional; spontaneous; obstinate, wilful.—*n.* volunteer.

volontairement [vɔlɔ̃tɛr′mɑ̃], *adv.* voluntarily; wilfully.

volonté [vɔlɔ̃′te], *n.f.* will; (*pl.*) whims, caprices; *avoir de la bonne volonté*, to be willing; *à volonté*, at pleasure, at will; *dernières volontés*, last will and testament; *faire ses quatre volontés*, (*colloq.*)

---

to do as one pleases; *mauvaise volonté*, illwill; unwillingness.

volontiers [vɔlɔ̃′tje], *adv.* willingly, gladly, with pleasure.

volt [vɔlt], *n.m.* (*Elec.*) volt.

voltage [vɔl′ta:ʒ], *n.m.* voltage.

volte-face [vɔlt′fas], *n.f. inv.* turning round; *faire volte-face*, to face about; (*fig.*) to reverse one's opinions completely.

voltige [vɔl′ti:ʒ], *n.f.* slack-rope gymnastics, flying-trapeze exercises.

voltigeant [vɔlti′ʒɑ̃], *a.* fluttering, hovering.

voltigement [vɔltiʒ′mɑ̃], *n.m.* tumbling; fluttering.

voltiger [vɔlti′ʒe], *v.i.* (*conjug. like* MANGER) to flutter, to fly about; to hover.

voltigeur [vɔlti′ʒœ:r], *n.m.* vaulter; light-infantry soldier, rifleman.

voltmètre [vɔlt′mɛtr], *n.m.* voltmeter.

volubilis [vɔlybi′lis], *n.m.* convolvulus.

volubilité [vɔlybili′te], *n.f.* volubility, fluency, glibness.

volume [vɔ′lym], *n.m.* volume; bulk, size mass.

volumineux [vɔlymi′nø], *a.* (*fem.* -euse) voluminous, bulky.

volupté [vɔlyp′te], *n.f.* voluptuousness, sensual pleasure.

voluptueux [vɔlyp′tɥø], *a.* (*fem.* -euse) voluptuous, sensual.—*n.m.* (*fem.* -euse) voluptuary.

volute [vɔ′ly:t], *n.f.* volute; scroll.

vomir [vɔ′mi:r], *v.t.* to vomit, to throw up, (*fig.*) to belch forth.—*v.i.* to vomit, to be sick.

vomissement [vɔmis′mɑ̃], *n.m.* vomit(ing).

vorace [vɔ′ras], *a.* voracious, ravenous.

voracité [vɔrasi′te], *n.f.* voracity.

vos [vo], [VOTRE].

votant [vɔ′tɑ̃], *n.m.* (*fem.* -e) voter.

vote [vɔt], *n.m.* vote; division, voting, poll.

voter [vɔ′te], *v.i., v.t.* to vote; to pass (*a bill*).

votif [vɔ′tif], *a.* (*fem.* -tive) votive.

votre [vɔtr], *a. poss.* (*pl.* **vos**) your.

vôtre [vo:tr], *pron.poss.* (*m. sing.* le vôtre, *fem. sing.* la vôtre, *pl.* les vôtres) yours.—*n.* your own, your own property; (*pl.*) your relations, friends etc.; your pranks, tricks.

vouer [vwe], *v.t.* to devote, to dedicate; to vow, to swear. se **vouer**, *v.r.* to devote oneself.

vouloir [vu′lwa:r], *v.t. irr.* to want; to desire, to wish; to require; to consent; to please; to choose; to determine; to try, to attempt; to admit, to grant; to mean; *en vouloir à quelqu'un*, to bear someone a grudge; *oui, je (le) veux bien*, yes, I am willing; *que veut dire cela?* what does that mean? *que voulez-vous?* what do you want? what can I do for you ? what can you expect ? *veuillez me dire*, please tell me.—*n.m.* will; *bon vouloir*, goodwill, *mauvais vouloir*, illwill.

voulu [vu′ly], *a.* wished, desired, required, requisite; due received; deliberate, studied.

vous [vu], *pron. pers.* you; to you.

voûte [vut], *n.f.* arch, vault; (*fig.*) roof, canopy; *clef de voûte*, keystone.

voûté [vu′te], *a.* vaulted, curved.

voûter [vu′te], *v.t.* to vault, to arch over; to bend. se **voûter**, *v.r.* to arch, to vault; to be bent, to stoop.

vouvoyer [vuvwa′je], *v.t.* (*conjug. like* EMPLOYER) to say *vous* instead of *tu* when addressing somebody.

voyage [vwa′ja:ʒ], *n.m.* travel; journey, voyage, trip; visit; (*pl.*) travels; *bon voyage!* pleasant journey to you! *être en voyage*, to be travelling.

voyager [vwaja′ʒe], *v.i.* (*conjug. like* MANGER) to travel, to journey.

voyageur [vwaja′ʒœ:r], *a.* (*fem.* **-euse**) travelling; migrating; *commis voyageur*, commercial traveller; *oiseau voyageur*, migratory bird; *pigeon voyageur*, carrier pigeon.—*n.m.* (*fem.* **-euse**) traveller; passenger.

voyant [vwa′jã], *a.* gaudy, showy (*of colours*).—*n.m.* (*fem.* **-e**) seer, clairvoyant.

voyelle [vwa′jɛl], *n.f.* vowel.

voyou [vwa′ju], *n.m.* (*fam.*) guttersnipe, hooligan; loafer.

vrac (en) [ã′vrak], *adv. phr.* in bulk, loose, pell-mell.

vrai [vrɛ], *a.* true, real, genuine; right, proper, fit; downright, arrant.—*int.* truly, really, in truth!—*n.m.* truth; *à vrai dire*, to tell the truth, as a matter of fact.

vraiment [vrɛ′mã], *adv.* truly, in truth; indeed, really!

vraisemblable [vrɛsã′blabl], *a.* likely, probable.—*n.m.* probability, likelihood.

vraisemblance [vrɛsã′blã:s], *n.f.* probability, likelihood, verisimilitude.

vrille [vri:j], *n.f.* gimlet, borer, piercer; (*Bot.*) tendril; (*Av.*) tail-spin.

vriller [vri′je], *v.t.* to bore.—*v.i.* to ascend spirally.

vrillette [vri′jɛt], *n.f.* death-watch beetle.

vrombir [vrɔ̃′bi:r], *v.i.* to buzz, to hum, to whirr, to purr, to throb.

vu [vy], *a.* considered, regarded; seen, observed.—*prep.* considering, in view of.—*n.m.* sight, examination, inspection; (*Law*) preamble.—*conj. phr.* **vu que**, seeing that, whereas.

vue [vy], *n.f.* sight, eyesight; eyes; view, survey, inspection; prospect; appearance; light, window; design; *à perte de vue*, as far as the eye can reach, out of sight; *à vue d'œil*, visibly.

Vulcain [vyl′kɛ̃], *m.* Vulcan.

vulcaniser [vylkani′ze], *v.t.* to vulcanize.

vulgaire [vyl′gɛ:r], *a.* vulgar, common.—*n.m.* the common herd.

vulgairement [vylgɛr′mã], *adv.* vulgarly, commonly.

vulgariser [vylgari′ze], *v.t.* to popularize.

vulgarité [vylgari′te], *n.f.* vulgarity.

vulnérabilité [vylnerabili′te], *n.f.* vulnerability.

vulnérable [vylne′rabl], *a.* vulnerable.

W

W, w [dublə′ve], *n.m.* this twenty-third letter of the alphabet is used only in borrowed words.

wagon [va′gɔ̃], *n.m.* (*Rail.*) carriage, truck van.

wagon-lit [vagɔ̃′li], *n.m.* (*pl.* **wagons-lits**) sleeping-car, sleeper.

wagonnet [vagɔ′nɛ], *n.m.* tip-truck.

wallon [wa′lɔ̃], *a.* (*fem.* **-onne**) Walloon.—*n.m.* Walloon (*language*); (**Wallon**, *fem.* **-onne**) Walloon (*person*).

warrant [va′rã], *n.m.* warrant.

warranter [varã′te], *v.t.* to warrant, to guarantee, to certify.

water [wa′tɛr], **les W.C.** [lɛvɛ′se], *n.m. pl.* water-closet, lavatory, W.C.

watt [wat], *n.m.* (*Elec.*) watt.

wattman [wat′man], *n.m.* (*pl.* **-men**) tramdriver.

week-end [wik′ɛnd], *n.m.* (*pl.* **week-ends**) week-end.

whisky [wis′ki], *n.m.* whisky.

whist [wist], *n.m.* whist.

wigwam [wig′wam], *n.m.* wigwam.

wolfram [vɔl′fram], *n.m.* wolfram (*tungsten-ore*).

X

X, x [iks], *n.m.* the twenty-fourth letter of the alphabet; *rayons X*, X-rays.

xénophobe [kseno′fɔb], *a.* and *n.* xenophobe.

xérès [kse′rɛs], *n.m.* sherry (*wine*).

xylophone [ksilo′fɔn], *n.m.* (*Mus.*) xylophone.

Y

Y, y [i grɛk], *n.m.* the twenty-fifth letter of the alphabet.

y [i], *adv.* there; thither; within, at home; *ça y est!* that's it! *il y a*, there is, there are; *je l'y ai vu*, I saw him there; *j'y suis*, I follow you, I get you; *y compris*, included.—*pron.* by, for, in, at *or* to him, her, it *or* them.

yacht [jɔt, jak], *n.m.* yacht.

Yémen [je′mɛn], **le**, *m.* Yemen.

yémenite [jemə′nit], *a.* Yemeni.—*n.* (**Yéme-nite**) Yemeni (*person*).

yeuse [jø:z], *n.f.* ilex, holm-oak.

yeux [jø:], [ŒIL].

yodler [jɔ′dle], *v.i.* (*Mus.*) to yodel.

yogi *or* **yogui** [jɔ′gi], *n.m.* yogi.

yole [jɔl], *n.f.* yawl, gig.

yougoslave [jugɔs′lav], *a.* Yugoslav.—*n.m.* Yugoslav (*language*).—*n.* (**Yougoslave**) Yugoslav (*person*).

Yougoslavie [jugɔsla′vi], **la**, *f.* Yugoslavia.

youyou [ju′ju], *n.m.* dinghy.

331

Z

Z, z [zed], *n.m.* the twenty-sixth letter of the
alphabet.
Zambie [zɑ̃'bi], **la**, *f.* Zambia.
zèbre [zɛbr], *n.m.* zebra.
zébré [ze'bre], *a.* striped like the zebra.
zèle [zɛːl], *n.m.* zeal, warmth, ardour, enthusiasm.
zélé [ze'le], *a.* zealous.
zélote [ze'lɔt], *n.m.* zealot.
zénith [ze'nit], *n.m.* zenith.
zéphire, zéphyr or **zéphyre** [ze'fiːr], *n.m.*
zephyr, gentle breeze.
zéro [ze'ro], *n.m.* nought; zero (*of the
thermometer*); (*fig.*) a mere cipher, nonentity.
zeste [zɛst], *n.m.* woody skin dividing sections
of a walnut; peel (*of orange, lemon etc.*),
rind; (*fig.*) straw, fig, nothing.
zézaiement or **zézayement** [zezɛ(j)'mɑ̃]
n.m. lisping, lisp (*incorrect pronunciation
of* [z] *instead of* [ʒ]).
zézayer [zeze'je], *v.i.* (*conjug. like* PAYER) to lisp.
zibeline [zi'blin], *n.f.* sable.
zigzag [zig'zag], *n.m.* zigzag; *éclair en zigzag,* forked lightning.
zinc [zɛ̃ːg], *n.m.* zinc; (*slang*) bar or counter of
public-house.
zingaro [zɛ̃ga'ro], *n.m.* (*pl.* **zingari**) gipsy.
zinguer [zɛ̃'ge], *v.t.* to cover with zinc; to
zinc.
zizanie [ziza'ni], *n.f.* tare, *darnel; (*fig.*)
discord, bickering.
zodiaque [zɔ'djak], *n.m.* zodiac.
zone [zoːn], *n.f.* zone, belt, area.
zoo [zo'o], *n.m.* (*fam.*) zoo.
zoologie [zɔɔlɔ'ʒi], *n.f.* zoology.
zoologique [zɔɔlɔ'ʒik], *a.* zoological.
zoologiste [zɔɔlɔ'ʒist], *n.* zoologist.
zouave [zwaːv], *n.m.* Zouave (*soldier*).
zut! [zyt], *int.* (*fam.*) (*to convey anger, scorn,
disappointment, flat refusal*); *zut! zut
alors! non, zut!* be blowed! no go!
never! bother! dash it!

A a (1) [ei]. première lettre de l'alphabet; (*Mus.*) la, *m.*; **a.m.**, du matin.

a (2) [ei, ə] **an** [æn, ən] (*before vowel*), *indef. art.* un, *m.*, une, *f.*; *a shilling a pound*, un shilling la livre; *three a day*, trois par jour.

aback [ə'bæk], *adv.* en arrière; (*fig.*) à l'improviste, au dépourvu.

abacus ['æbəkəs], *n.* (*pl.* **abaci** ['æbəkai]) (*Arch., Math.*) abaque, *m.*

abaft [ə'bɑ:ft], *adv.* sur l'arrière, en arrière.— *prep.* en arrière de, à l'arrière de.

abandon [ə'bændən], *v.t.* abandonner; délaisser, quitter; renoncer à, se désister de. —*n.* abandon, *m.*; désinvolture, *f.*

abandoned [ə'bændənd], *a.* abandonné; dépravé.

abandonment [ə'bændənmənt], *n.* abandonnement; délaissement; abandon, *m.*

abase [ə'beis], *v.t.* abaisser; ravaler.

abasement [ə'beismənt], *n.* abaissement; ravalement *m.*; humiliation, *f.*

abash [ə'bæʃ], *v.t.* déconcerter, décontenancer; interdire, confondre.

abate [ə'beit], *v.t.* diminuer; rabattre; affaiblir, atténuer; amortir; calmer, apaiser. —*v.i.* diminuer; s'affaiblir; se calmer, s'apaiser (*temps etc.*); tomber, baisser, s'abattre (*vent etc.*).

abatement [ə'beitmənt], *n.* diminution, réduction, *f.*, rabais; affaiblissement, adoucissement; apaisement, *m.*

abbacy ['æbəsi], *n.* dignité d'abbé, *f.*

abbess ['æbes], *n.* abbesse, *f.*

abbey ['æbi], *n.* abbaye, *f.*

abbot ['æbət], *n.* abbé, supérieur (*d'abbaye*), *m.*

abbreviate [ə'bri:vieit], *v.t.* abréger; raccourcir.

abbreviation [əbri:vi'eiʃən], *n.* abréviation, *f.*

abdicate ['æbdikeit], *v.t.*, *v.i.* abdiquer.

abdication [æbdi'keiʃən], *n.* abdication, *f.*

abdomen [æb'doumən, 'æbdəmən], *n.* abdomen bas-ventre, *m.*

abdominal [æb'dɔminəl], *a.* abdominal.

abduct [æb'dʌkt], *v.t.* détourner, enlever (*clandestinement* ou *par force*).

abduction [æb'dʌkʃən], *n.* abduction, *f.*, enlèvement (*de mineur etc.*), détournement, *m.*

abductor [æb'dʌktə], *n.* (*Anat.*) abducteur; (*Law*) ravisseur, *m.*

abed [ə'bed], *adv.* au lit, couché.

aberration [æbə'reiʃən], *n.* aberration, *f.*; éloignement, écart, égarement, *m.*; erreur (*de jugement*), *f.*

abet [ə'bet], *v.t.* soutenir, encourager (*à un crime*); *to aid and abet*, être le complice.

abetment [ə'betmənt], **abetting** [ə'betiŋ], *n.* encouragement (*à un crime*), *m.*

abettor [ə'betə], *n.* instigateur (*d'un crime*), *m.*; complice, *m.*

abeyance [ə'beiəns], *n.* vacance; suspension, *f.*; *in abeyance*, en suspens; *to fall into abeyance* tomber en désuétude.

abhor [əb'hɔ:], *v.t.* abhorrer, détester.

abhorrence [əb'hɔrəns], *n.* horreur, *f.*

abhorrent [əb'hɔrənt], *a.* odieux, répugnant (*à*).

abide [ə'baid], *v.t. irr.* attendre; supporter; subir, souffrir.—*v.i.* demeurer, rester; séjourner; durer; *to abide by* (*a decision etc.*), rester fidèle à; *to abide by* (*the laws etc.*), se conformer à.

abiding [ə'baidiŋ], *a.* constant, immuable.

ability [ə'biliti], *n.* capacité, *f.*; pouvoir; talent, *m.*; habileté, *f.*

abject ['æbdʒekt], *a.* abject, bas, vil.

abjection [æb'dʒekʃən], **abjectness** ['æbdʒektnis], *n.* abjection, misère, *f.*

abjectly ['æbdʒektli], *adv.* d'une manière abjecte.

abjure [æb'dʒuə], *v.t.* abjurer; renoncer à, renier.

ablative ['æblətiv], *a.* and *n.* (*Gram.*) ablatif, *m.*

ablaze [ə'bleiz], *a.* en feu, en flammes; (*fig.*) enflammé.

able [eibl], *a.* capable (*de*), à même (*de*); habile; *to be able to*, pouvoir.

able-bodied ['eiblbɔdid], *a.* fort, robuste, vigoureux.

ablution [ə'blu:ʃən], *n.* ablution, *f.*

ably ['eibli], *adv.* habilement, avec talent.

abnegation [æbni'geiʃən], *n.* abnégation, renonciation, *f.*; désaveu, *m.*

abnormal [æb'nɔ:məl], *a.* anormal.

abnormality [æbnɔ:'mæliti], *n.* anomalie; difformité, *f.*

abnormally [æb'nɔ:məli], *adv.* anormalement.

aboard [ə'bɔ:d], *adv.* à bord (*de*).

abode (1) [ə'boud], *n.* demeure, habitation, *f.*; séjour, *m.*

abode (2) [ə'boud], *past* and *p.p.* [ABIDE].

abolish [ə'bɔliʃ], *v.t.* abolir; supprimer.

abolishment [ə'bɔliʃmənt], **abolition** [æbə'liʃən], *n.* abolition, suppression, *f.*; abolissement, *m.*

abominable [ə'bɔminəbl], *a.* abominable, infâme, détestable.

abominably [ə'bɔminəbli], *adv.* abominablement.

abominate [ə'bɔmineit], *v.t.* abominer, détester.

abomination [əbɔmi'neiʃən], *n.* abomination, horreur, *f.*

aboriginal [æbə'ridʒinəl], *a.* aborigène, primitif.—*n.* aborigène, *m., f.*

aborigine [æbə'ridʒini], *n.* aborigène, *m., f.*

abortion [ə'bɔ:ʃən], *n.* avortement (*acte*); avorton (*embryon*), *m.*

abortive [ə'bɔ:tiv], *a.* abortif, manqué; avorté.

abortively [ə'bɔ:tivli], *adv.* avant terme; (*fig.*) sans résultat, sans succès.

abortiveness [ə'bɔ:tivnis], *n.* (*fig.*) insuccès, *m.*

abound [ə'baund], *v.i.* abonder (*de* ou *en*), regorger (*de*).

abounding

abounding [ə'baundiŋ], *a.* abondant.

about [ə'baut], *prep.* autour de; auprès de; sur; vers; environ; touchant au sujet de, à l'égard de; à peu près; sur le point de; dans, par; *about that*, là-dessus, à ce sujet; *about two o'clock*, vers (les) deux heures; *what is it all about?* de quoi s'agit-il ?—*adv.* tout autour, à l'entour, à la ronde; çà et là; *to be about to*, être sur le point de.

above [ə'bʌv], *prep.* au-dessus de, par-dessus; en amont de; plus de; au delà de; *above all*, surtout, par-dessus tout; *above board*, ouvertement, franchement.—*adv.* en haut; là-haut; au-dessus; ci-dessus.

abrasion [ə'breiʒən], *n.* abrasion, écorchure, *f.*

abrasive [ə'breisiv], *a.* and *n.* abrasif, *m.*

abreast [ə'brest], *adv.* de front, à côté l'un de l'autre; (*fig.*) de pair avec.

abridge [ə'bridʒ], *v.t.* abréger, raccourcir; restreindre, priver; *abridged edition* (of *book*), édition réduite, *f.*

abridgment [ə'bridʒmənt], *n.* abrégé, précis, *m.*; réduction, diminution, *f.*

abroad [ə'brɔːd], *adv.* à l'étranger; au loin, de tous côtés; *to get abroad*, se répandre (*nouvelles*).

abrogate [ˈæbrogeit], *v.t.* abroger.

abrogation [æbroˈgeiʃən], *n.* abrogation, *f.*

abrupt [ə'brʌpt], *a.* brusque; brisé, saccadé; précipité, soudain; abrupt, escarpé, à pic.

abruptly [ə'brʌptli], *adv.* brusquement, tout à coup.

abruptness [ə'brʌptnis], *n.* précipitation; (*fig.*) brusquerie, rudesse, *f.*; escarpement, *m.*

abscess [ˈæbses], *n.* abcès, dépôt, *m.*

abscond [əb'skɔnd], *v.i.* se soustraire (*furtivement*) aux poursuites de la justice; disparaître; (*fam.*) décamper.

absconder [əb'skɔndə], *n.* fugitif, *m.*; (*Law*) contumace, *m.*, *f.*

absence [ˈæbsəns], *n.* absence, *f.*; éloignement, *m.*; absence d'esprit, distraction, *f.*; manque, *m.*

absent [ˈæbsənt], *a.* absent.—[æb'sent], *v.r. to absent oneself*, s'absenter.

absentee [æbsən'tiː], *n.* absent, manquant, *m.*

absenteeism [æbsən'tiːizm], *n.* absentéisme, *m.*

absent-minded [ˈæbsənt'maindid], *a.* distrait.

absinthe [ˈæbsinθ], *n.* absinthe, *f.*

absolute [ˈæbsəluːt], *a.* absolu, illimité; irrévocable (*décret*); véritable.

absolutely [æbsə'luːtli], *adv.* absolument.

absolution [æbsə'luːʃən], *n.* absolution; (*R.-C. Ch.*) absoute, *f.*

absolve [əb'zɔlv], *v.t.* absoudre (*de*); délier, décharger, dégager, affranchir.

absorb [əb'sɔːb], *v.t.* absorber; amortir (*un choc*).

absorbent [əb'sɔːbənt], *a.* and *n.* absorbant, *m.*

absorption [əb'sɔːpʃən], *n.* absorption, *f.*; absorbement, amortissement, *m.*

abstain [əb'stein], *v.i.* s'abstenir (*de*).

abstainer [əb'steinə], *n.* buveur d'eau, *m.*, abstème, *m.*, *f.*; *total abstainer*, personne qui ne boit jamais d'alcool, *f.*

abstemious [əb'stiːmiəs], *a.* tempérant, sobre.

abstemiously [əb'stiːmiəsli], *adv.* sobrement, avec modération.

abstemiousness [əb'stiːmiəsnis], *n.* abstinence; modération, sobriété, *f.*

abstention [əb'stenʃən], *n.* abstention, *f.*

abstinence [ˈæbstinəns], *n.* abstinence, *f.*

abstinent [ˈæbstinənt], *a.* abstinent, sobre.

abstract (1) [æb'strækt], *v.t.* soustraire dérober, détourner; faire abstraction de; résumer, abréger.

abstract (2) [ˈæbstrækt], *a.* abstrait.—*n.* abrégé, résumé, précis, *m.*; analyse, *f.*; (*Comm.*) relevé, *m.*

abstracted [æb'stræktid], *a.* séparé; distrait rêveur, pensif; soustrait, dérobé.

abstractedness [æb'stræktidnis], *n.* caractère abstrait, *m.*; préoccupation, *f.*

abstraction [æb'strækʃən], *n.* soustraction distraction; abstraction; préoccupation, *f.*

abstractly [ˈæbstræktli], *adv.* abstractivement, d'une manière abstraite.

abstruse [æb'struːs], *a.* caché; abstrus obscur.

absurd [əb'səːd], *a.* absurde.

absurdity [əb'səːditi], *n.* absurdité, *f.*

absurdly [əb'səːdli], *adv.* absurdement.

abundance [ə'bʌndəns], *n.* abondance, grande quantité, *f.*; grand nombre, *m.*; (*fig.*) prospérité, *f.*

abundant [ə'bʌndənt], *a.* abondant.

abundantly [ə'bʌndəntli], *adv.* abondamment, en abondance, à foison.

abuse (1) [ə'bjuːz], *v.t.* abuser de; maltraiter; médire de; injurier, dire des injures à; séduire.

abuse (2) [ə'bjuːs], *n.* abus, *m.*; insultes injures, *f. pl.*

abuser [ə'bjuːzə], *n.* détracteur; séducteur; trompeur, *m.*

abusive [ə'bjuːsiv], *a.* abusif; injurieux.

abusively [ə'bjuːsivli], *adv.* abusivement; injurieusement.

abusiveness [ə'bjuːsivnis], *n.* langage injurieux *ou* grossier, *m.*

abut [ə'bʌt], *v.i.* aboutir (*à*); (*Build.*) s'appuyer (*contre*).

abysmal [ə'bizməl], *a.* sans fond; (*ignorance*) profonde.

abyss [ə'bis], *n.* abîme, gouffre, *m.*

Abyssinia [æbi'sinjə]. l'Abyssinie, l'Éthiopie *f.*

Abyssinian [æbi'sinjən], *a.* abyssinien.—*n.* Abyssinien (*personne*), *m.*

acacia [ə'keiʃə], *n.* acacia, *m.*

academic [ækə'demik], **academical** [ækə'demikəl], *a.* académique, universitaire, classique, scolaire.

academician [əkædə'miʃən], *n.* académicien, *m.*

academy [ə'kædəmi], *n.* académie (*société savante*); école libre, *f.*, pensionnat, *m.* institution, *f.*

acanthus [ə'kænθəs], *n.* acanthe, *f.*

accede [æk'siːd], *v.i.* accéder consentir (*à*); monter (*sur le trône*).

accelerate [æk'seləreit], *v.t.* accélérer; hâter. —*v.i.* s'accélérer.

acceleration [æksələ'reiʃən], *n.* accélération, *f.*

accelerator [æk'seləreitə], *n.* accélérateur, *m.*

accent (1) [æk'sent], *v.t.* accentuer.

accent (2) [ˈæksənt], *n.* accent, *m.*

accentuate [æk'sentjueit], *v.t.* accentue*r*

accept [ək sept], *v.t.* accepter, agréer, admettre.

acceptability [əkseptə'biliti], **acceptableness** [ək'septəblnis], *n.* acceptabilité, *f.*; droit au bon accueil, *m.*

acceptable [ək'septəbl], *a.* acceptable; agréable.

acceptance [ək'septəns], *n.* acceptation, *f.*; accueil favorable, *m.*

acceptation [æksep'teiʃən], *n.* acception *f.*, sens (*d'un mot*) *m.*

access ['ækses], *n.* accès, abord, *m.*; entrée, admission, *f.*

accessible [æk'sesibl], *a.* accessible, abordable.

accession [æk'seʃən], *n.* acquisition; augmentation, addition, *f.*, accroissement; avènement (*au trône etc.*), *m.*

accessory [æk'sesəri], *a.* accessoire.—*n.* accessoire (*chose*), *m.*; complice (*personne*), *m.*, *f.*

accidence ['æksidəns], *n.* morphologie, *f.*; rudiments (*de grammaire*), *m. pl.*

accident ['æksidənt], *n.* accident, *m.*, avarie, *f.*, hasard; incident; malheur, *m.*

accidental [æksi'dentəl], *a.* accidentel, fortuit.

accidentally [æksi'dentəli], *adv.* accidentellement; par hasard.

acclaim [ə'kleim], *v.t.* acclamer, applaudir à; proclamer.—*n.* acclamation, *f.*

acclamation [æklə'meiʃən], *n.* acclamation, *f.*

acclimatation [əklaimə'teiʃən], **acclimation** [æklai'meiʃən], *n.* acclimatement, *m.*; acclimatation, *f.*

acclimatization [əklaimətai'zeiʃən], *n.* acclimatation, *f.*

acclimatize [ə'klaimətaiz], *v.t.* acclimater; *to become acclimatized*, s'acclimater; s'accoutumer.

acclivity [ə'kliviti], *n.* montée, côte, rampe, *f.*

accolade [æko'leid], *n.* accolade, *f.*

accommodate [ə'kɔmədeit], *v.t.* accommoder, ajuster; loger, recevoir; fournir; obliger (*par*), servir (*de*).

accommodating [ə'kɔmədeitiŋ], *a.* accommodant, obligeant; complaisant.

accommodation [əkɔmə'deiʃən], *n.* ajustement accommodement, *m.*; complaisance; convenance, *f.*; logement, *m.*; facilités, *f.pl.*

accompaniment [ə'kʌmpnimənt], *n.* accompagnement, *m.*

accompanist [ə'kʌmpənist], *n.* (*Mus.*) accompagnateur, *m.*, accompagnatrice, *f.*

accompany [ə'kʌmpəni], *v.t.* accompagner; reconduire (*à sa voiture etc.*).

accomplice [ə'kʌmplis], *n.* complice, *m.*, *f.*, compère, *m.*

accomplish [ə'kʌmpliʃ], *v.t.* accomplir, achever; effectuer; réaliser (*une prédiction etc.*).

accomplished [ə'kʌmpliʃt], *a.* accompli, achevé; parfait.

accomplishment [ə'kʌmpliʃmənt], *n.* accomplissement, *m.*; exécution, *f.*; (*usu. pl.*) arts d'agrément, talents, *m.pl.*

accord [ə'kɔːd], *v.t.* accorder, concéder.—*v.i.* s'accorder, être d'accord.—*n.* accord, consentement, *m.*; *of one's own accord*, de son propre gré, spontanément; *with one accord*, d'un commun accord.

accordance [ə'kɔːdəns], *n.* accord, rapport, *m.*; conformité, *f.*

according [ə'kɔːdiŋ], *a.* conforme (*à*); *according as*, selon que, suivant que; *according to*, selon, suivant, conformément à, d'après.

accordingly [ə'kɔːdiŋli], *adv.* en conséquence; donc, aussi.

accordion [ə'kɔːdiən], *n.* accordéon, *m.*

accost [ə'kɔst], *v.t.* accoster, aborder.

account [ə'kaunt], *n.* compte; mémoire, rapport, exposé, compte rendu, *m.*; relation, *f.*, récit, *m.*; raison; cause; (*fig.*) considération, valeur, *f.*; cas poids, *m.*; *by all accounts*, au dire de tout le monde; *current account*, compte courant; *on account of*, à cause de; *to keep accounts*, tenir les livres.—*v.t.* compter; estimer (*de*), regarder (*comme*), tenir (*pour*).—*v.i. to account for*, rendre compte de, expliquer; répondre de, rendre raison de.

accountable [ə'kauntəbl], *a.* responsable; comptable.

accountancy [ə'kauntənsi], *n.* comptabilité, *f.*

accountant [ə'kauntənt], *n.* comptable, agent comptable, *m.*; *chartered accountant*, expert comptable, *m.*

account-book [ə'kauntbuk], *n.* livre de comptes, *m.*

accoutre [ə'kuːtə], *v.t.* habiller équiper; accoutrer (*un chevalier etc.*).

accoutrement [ə'kuːtəmənt], *n.* harnachement; équipement (*du soldat*), *m.*

accredit [ə'kredit], *v.t.* accréditer.

accretion [ə'kriːʃən], *n.* accroissement, *m.*

accrue [ə'kruː], *v.i.* provenir résulter (*de*); s'accumuler.

accumulate [ə'kjuːmjuleit], *v.t.* accumuler, entasser; amonceler.—*v.i.* s'accumuler, s'amonceler.

accumulation [əkjuːmju'leiʃən], *n.* accumulation, *f.*; amoncellement, amas, entassement, *m.*

accumulative [ə'kjuːmjulətiv], *a.* (*chose*) qui s'accumule; (*personne*) qui accumule, thésauriseur.

accumulator [ə'kjuːmjuleitə], *n.* accumulateur, *m.*

accuracy ['ækjurisi], **accurateness** ['ækjuritnis], *n.* exactitude, justesse; précision, *f.*; soin, *m.*

accurate ['ækjurit], *a.* exact, juste, correct, précis.

accurately ['ækjuritli], *adv.* exactement, avec justesse.

accurateness [ACCURACY].

accursed [ə'kəːsid], *a.* maudit; détestable, exécrable.

accusation [ækju'zeiʃən], *n.* accusation *f.*

accusative [ə'kjuːzətiv], *a. and n.* (*Gram.*), accusatif, *m.*

accusatory [ə'kjuːzətri], *a.* accusateur.

accuse [ə'kjuːz], *v.t.* accuser.

accuser [ə'kjuːzə], *n.* accusateur, *m.*

accustom [ə'kʌstəm], *v.t.* accoutumer, habituer.

ace [eis], *n.* as; (*fig.*) point, iota, *m.*; *within an ace of*, à deux doigts de.

acerb [ə'səːb], *a.* acerbe, aigre.

acerbity [ə'səːbiti], *n.* acerbité, aigreur; (*fig.*) âpreté, sévérité, *f.*

acetic [ə'siːtik], *a.* acétique.

acetylene [ə'setili:n], *n.* acétylène, *m.*
ache [eik], *n.* mal, *m.*; douleur, *f.*; *headache,*
mal de tête; *toothache,* mal de dents.—
v.i. faire mal; (*fig.*) souffrir (*de*); *my head
aches,* j'ai mal à la tête.
achieve [ə'tʃi:v], *v.t.* exécuter, accomplir;
remporter (*une victoire*); atteindre (*à*).
achievement [ə'tʃi:vmənt], *n.* exploit, fait
d'armes; accomplissement, succès, *m.*;
réalisation, *f.*
aching ['eikiŋ], *a.* endolori, douloureux; *an
aching heart,* un cœur dolent.
acid ['æsid], *a.* and *n.* acide, *m.*; *acid
drops,* bonbons acidulés, *m.pl.*
acidity [ə'siditi], *n.* acidité, *f.*
acknowledge [æk'nɔlidʒ] *v.t.* reconnaître;
avouer, confesser; accuser réception de
(*lettre*); répondre à.
acknowledgment [æk'nɔlidʒmənt], *n.* reconnaissance, *f.*; aveu; accusé de réception, *m.*;
remerciements, *m.pl.*
acme ['ækmi], *n.* comble, faîte; apogée, *m.*
acolyte ['ækolait], *n.* acolyte, *m.*
aconite ['ækonait], *n.* (*Bot.*) aconit, *m.*
acorn ['eikɔ:n], *n.* gland, *m.*
acoustic [ə'ku:stik], *a.* acoustique.—*n.* (*pl.*)
acoustique, *f.*
acquaint [ə'kweint], *v.t.* informer (*de*); faire
savoir à, faire part à; *to be acquainted
with,* connaître, savoir.
acquaintance [ə'kweintəns], *n.* connaissance (*de*); personne de ma (sa *etc.*) connaissance, *f.*
acquainted [ə'kweintid], *a.* connu; instruit
(*de*), familier (*avec*).
acquiesce [ækwi'es], *v.i.* acquiescer (*à*);
accéder (*à*).
acquiescence [ækwi'esəns]. *n.* acquiescement; consentement, *m.*
acquiescent [ækwi'esənt], *a.* résigné, soumis;
consentant.
acquire [ə'kwaiə], *v.t.* acquérir, obtenir,
gagner.
acquirement [ə'kwaiəmənt], *n.* acquisition;
connaissance, *f.*
acquisition [ækwi'ziʃən], *n.* acquisition, *f.*
acquisitive [ə'kwizitiv], *a.* âpre au gain.
acquit [ə'kwit], *v.t.* régler (*une dette*);
absoudre, acquitter (*un accusé*); s'acquitter
(*d'un devoir*); *to acquit oneself well,* faire
son devoir.
acquittal [ə'kwitəl], *n.* acquittement, *m.*
acre ['eikə], *n.* arpent, *m.*, acre, *f.*
acreage ['eikəridʒ], *n.* superficie, *f.*
acrid ['ækrid], *a.* âcre; (*fig.*) acerbe.
acridity [æ'kriditi], *n.* âcreté, *f.*
acrimonious [ækri'mouniəs], *a.* acrimonieux.
acrimoniously [ækri'mouniəsli], *adv.* avec
aigreur, avec acrimonie.
acrimony ['ækriməni], *n.* acrimonie, aigreur,
f.
acrobat ['ækrəbæt], *n.* acrobate, *m.*, *f.*
acrobatic [ækro'bætik], *a.* acrobatique.—
n. (*pl.*) acrobatie, *f.*
acropolis [ə'krɔpəlis] *n.* acropole, *f.*
across [ə'krɔs, ə'krɔ:s], *prep.* à travers, sur; *to
come across,* rencontrer.—*adv.* à travers,
en travers; de l'autre côté; *across the
street,* de l'autre côté de la rue.
acrostic [ə'krɔstik], *n.* acrostiche, *m.*
act [ækt], *n.* acte, *m.*, loi; action, *f.*; *in the
act,* sur le fait; *in the act of doing it,* en

train de le faire; *in the very act,* en
flagrant délit.—*v.t.* jouer, représenter;
feindre, contrefaire.—*v.i.* agir (*en, sur etc.*);
se conduire; se comporter; opérer.
acting ['æktiŋ], *a.* qui agit; suppléant;
(*Comm.*) gérant; *acting manager,* directeur gérant, *m.*—*n.* (*Theat.*) jeu, *m.*; (*fig.*)
feinte, *f.*
action ['ækʃən], *n.* action, *f.*, fait; (*Law*)
procès, *m.*; bataille, *f.*
actionable ['ækʃənəbl], *a.* actionnable,
sujet à procès.
activate ['æktiveit], *v.t.* activer; rendre
radioactif.
active ['æktiv], *a.* actif, agile, alerte.
actively ['æktivli], *adv.* activement.
activity [æk'tiviti], *n.* activité, *f.*
actor ['æktə], *n.* acteur, comédien, *m.*
actress ['æktris], *n.* actrice, comédienne, *f.*
actual ['æktjuəl], *a.* réel, véritable, effectif.
actuality [æktju'æliti], *n.* réalité, *f.*
actually ['æktjuəli], *adv.* réellement, en
effet, positivement, véritablement; à vrai
dire.
actuarial [æktju'ɛəriəl], *a.* actuariel.
actuary ['æktjuəri], *n.* actuaire, *m.*
actuate ['æktjueit], *v.t.* mettre en action;
pousser, animer.
acuity [ə'kjuiti], *n.* acuité, *f.*
acumen [ə'kju:mən], *n.* finesse, pénétration, *f.*
acute [ə'kju:t], *a.* aigu, pointu, fin; (*fig.*)
violent, poignant; perçant, pénétrant.
acutely [ə'kju:tli], *adv.* vivement; avec finesse.
acuteness [ə'kju:tnis], *n.* acuité; intensité;
finesse, pénétration, *f.*
adage ['ædidʒ], *n.* adage, proverbe, *m.*
adamant ['ædəmənt], *a.* inflexible, intransigeant.—*n.* diamant, *m.*
adamantine [ædə'mæntain], *a.* adamantin,
inflexible.
adapt [ə'dæpt], *v.t.* adapter, approprier,
ajuster (*à*).
adaptability [ədæptə'biliti], *n.* faculté
d'adaptation, souplesse, *f.*
adaptable [ə'dæptəbl], *a.* adaptable, qui peut
s'adapter.
adapter [ə'dæptə], *n.* (*Elec.*) raccord, *m.*
add [æd], *v.t.* ajouter, joindre; additionner.
adder ['ædə], *n.* vipère, *f.*
addict [ə'dikt], *n.* personne adonnée à (*stupé-
fiants etc.*), *f.*—[ə'dikt], *v.i.* s'adonner, se
livrer (*à*).
addictedness [ə'diktidnis], **addiction** [ə'dik
ʃən], *n.* attachement, goût (*pour*), penchant
(*à*), *m.*
addition [ə'diʃən], *n.* addition *f.*; surcroît,
supplément, accroissement, *m.*
additional [ə'diʃənəl], *a.* additionnel, supplémentaire, de plus.
additionally [ə'diʃənəli], *adv.* par addition,
en sus, de plus, en outre.
addle [ædl], *v.t.* rendre couvi, corrompre; (*fig.*)
brouiller (*le cerveau*).—*a.* or **addled** [ædld]
couvi (*œuf*); pourri; (*fig.*) stérile.
addle-headed ['ædl'hedid], *a.* à cerveau vide
écervelé, à l'esprit brouillon.
address [ə'dres], *n.* adresse; habileté, dextérité; allocution, *f.*, discours; (*fig.*) abord
m.—*v.t.* adresser (*une lettre*); adresser la
parole à, aborder (*quelqu'un*); (*Golf*) to
address the ball, viser la balle.
addressee [ædre'si:], *n.* destinataire, *m.*, *f.*

adult

adduce [ə'djuːs], *v.t.* alléguer; apporter, avancer, produire.

Adela ['ædilə]. Adèle, *f.*

Adelaide ['ædəleid]. Adélaïde, *f.*

adenoid ['ædinɔid], *a.* adénoïde.—*n.* (*pl.*) adénite, *f.*; végétations, *f. pl.*

adept [æ'dept], *a.* adepte, habile, versé (*dans*).—*n.* adepte, *m., f.*

adequacy ['ædikwəsi], **adequateness** ['ædikwitnis], *n.* juste proportion, suffisance, *f.*

adequate ['ædikwit], *a.* proportionné, suffisant (*à*), compétent.

adequately ['ædikwitli], *adv.* en juste proportion, suffisamment, convenablement.

adequateness [ADEQUACY].

adhere [əd'hiə], *v.i.* adhérer, s'attacher, s'en tenir (*à*).

adherence [əd'hiərəns], *n.* adhérence, *f.*, attachement, *m.*

adherent [əd'hiərənt], *n.* adhérent, *m.*

adhesion [əd'hiːʒən], *n.* adhésion, *f.*

adhesive [əd'hiːsiv], *a.* adhésif, tenace; gommé, agglutinant.

adieu [ə'djuː], *adv.* and *n.* adieu, *m.*; *to bid someone adieu*, faire ses adieux à quelqu'un.

adipose ['ædipous], *a.* adipeux.

adjacency [ə'dʒeisənsi], *n.* contiguïté, *f.*, voisinage, *m.*

adjacent [ə'dʒeisənt], *a.* adjacent, contigu (*à*), avoisinant.

adjectival [ædʒək'taivəl], *a.* comme adjectif.

adjectivally [ædʒək'taivəli], *adv.* adjectivement.

adjective ['ædʒəktiv], *a.* and *n.* adjectif, *m.*

adjoin [ə'dʒɔin], *v.t.* adjoindre, joindre; toucher, se joindre à.—*v.i.* se toucher, être contigu.

adjoining [ə'dʒɔiniŋ], *a.* adjacent, avoisinant contigu (*à*).

adjourn [ə'dʒəːn], *v.t.* ajourner, différer, remettre.—*v.i.* s'ajourner, lever la séance.

adjournment [ə'dʒəːnmənt], *n.* ajournement, *m.*; remise, *f.*

adjudge [ə'dʒʌdʒ], *v.t.* adjuger; juger condamner; (*fig.*) estimer.

adjudicate [ə'dʒuːdikeit], *v.t.* adjuger; prononcer.

adjudication [ədʒuːdi'keiʃən], *n.* jugement, *m.*; décision, *f.*, arrêt, *m.*

adjudicator [ə'dʒuːdikeitə], *n.* juge, arbitre, *m., f.*

adjunct ['ædʒʌŋkt], *a.* adjoint, accessoire.—*n.* accessoire; adjoint, *m.*

adjure [ə'dʒuə], *v.t.* adjurer.

adjust [ə'dʒʌst], *v.t.* ajuster, régler, arranger.

adjustable [ə'dʒʌstəbl], *a.* réglable.

adjustment [ə'dʒʌstmənt], *n.* ajustement, arrangement, accord, *m.*; mise au point, *f.*, réglage, *m.*

adjutant ['ædʒutənt], *n.* capitaine adjudant major; major de la garnison, *m.*

administer [əd'ministə], *v.t.* administrer, gérer, régir; faire prêter (*un serment*).

administrate [əd'ministreit], *v.t.* administrer; régir.

administration [ədminis'treiʃən], *n.* administration, *f.*, gouvernement, *m.*

administrative [əd'ministrətiv], *a.* administratif.

administrator [əd'ministreitə], *n.* administrateur; (*Law*) curateur, *m.*

admirable ['ædmərəbl], *a.* admirable.

admirably ['ædmərəbli], *adv.* admirablement, à ravir, à merveille.

admiral ['ædmərəl], *n.* amiral, *m.*; *rear-admiral*, contre-amiral, *m.*; *vice-admiral*, vice-amiral, *m.*

admiralty ['ædmərəlti], *n.* amirauté, *f.*; Ministère de la Marine (*en France*), *m.*; *Board of Admiralty*, conseil d'amirauté, *m.*; *First Lord of the Admiralty*, ministre de la marine, *m.*

admiration [ædmə'reiʃən], *n.* admiration, *f.*; étonnement, *m.*

admire [əd'maiə], *v.t.* admirer; aimer; s'étonner de.—*v.i.* s'étonner.

admirer [əd'maiərə], *n.* admirateur, *m.*, admiratrice, *f.*

admissible [əd'misibl], *a.* admissible.

admission [əd'miʃən], *n.* admission, entrée, *f.*; accès; aveu, *m.*, concession, *f.*

admit [əd'mit], *v.t.* admettre, laisser entrer; avouer, reconnaître; tolérer.—*v.i. to admit of*, comporter, permettre; souffrir.

admittance [əd'mitəns], *n.* accès, *m.*; admission, entrée, *f.*; *no admittance*, défense d'entrer.

admittedly [əd'mitidli], *adv.* de l'aveu général; il est vrai que.

admixture [əd'mikstʃə], *n.* mélange, *m.*

admonish [əd'mɔniʃ], *v.t.* avertir, exhorter; reprendre, réprimander.

admonishment [əd'mɔniʃmənt], **admonition** [ædmə'niʃən], *n.* admonition, *f.*, avertissement, *m.*; remontrance, réprimande, *f.*

ado [ə'duː], *n.* bruit, fracas, *m.*, façons, cérémonies, *f.pl.*, embarras, *m.*, peine, difficulté, *f.*; *much ado about nothing*, beaucoup de bruit pour rien; *without any more ado*, sans plus de façons.

adolescence [ædo'lesəns], *n.* adolescence, *f.*

adolescent [ædo'lesənt], *a.* and *n.* adolescent, *m.*

Adolphus [ə'dɔlfəs]. Adolphe, *m.*

adopt [ə'dɔpt], *v.t.* adopter.

adopted [ə'dɔptid], **adoptive** [ə'dɔptiv], *a.* adoptif, adopté, d'adoption.

adoption [ə'dɔpʃən], *n.* adoption, *f.*

adoptive [ADOPTED].

adorable [ə'dɔːrəbl], *a.* adorable.

adorably [ə'dɔːrəbli], *adv.* d'une manière adorable, adorablement.

adoration [ædo'reiʃən], *n.* adoration, *f.*

adore [ə'dɔː], *v.t.* adorer.

adorer [ə'dɔːrə], *n.* adorateur, *m.*

adoringly [ə'dɔːriŋli], *adv.* avec adoration.

adorn [ə'dɔːn], *v.t.* orner; parer, embellir; (*fig.*) faire l'ornement de.

adornment [ə'dɔːnmənt], *n.* ornement, *m.*, parure; ornementation, *f.*

Adrian ['eidriən]. Adrien, *m.*

Adriatic Sea [eidri'ætik'siː]. la mer Adriatique, l'Adriatique, *f.*

adrift [ə'drift], *adv.* en *ou* à la dérive; à l'abandon.

adroit [ə'drɔit], *a.* adroit, habile.

adroitly [ə'drɔitli], *adv.* adroitement.

adroitness [ə'drɔitnis], *n.* adresse, dextérité, *f.*

adulate ['ædjuleit], *v.t.* aduler.

adulation [ædju'leiʃən], *n.* adulation, *f.*

adulatory ['ædjuleitəri], *a.* adulateur.

adult [ə'dʌlt, 'ædʌlt], *a.* and *n.* adulte, *m., f.*

337

adulterate

adulterate [ə'dʌltəreit], *v.t.* adultérer, frelater, falsifier, sophistiquer; (*fig.*) corrompre.
adulteration [ədʌltə'reiʃən], *n.* falsification, sophistication, *f.*, frelatage, *m.*
adulterator [ə'dʌltəreitə], *n.* frelateur, falsificateur, *m.*
adulterer [ə'dʌltərə], *n.* adultère, *m.*
adulteress [ə'dʌltəris], *n.* (femme) adultère, *f.*
adulterous [ə'dʌltərəs], *a.* adultère; (*fig.*) altéré, faux.
adultery [ə'dʌltəri], *n.* adultère, *m.*
advance [əd'vɑːns], *v.t.* avancer, faire avancer; élever, hausser, augmenter.—*v.i.* avancer, s'avancer, se porter en avant.—*n.* mouvement en avant, *m.*; avance (*de fonds*), *f.*; avancement, progrès, *m.*; **in advance**, d'avance.
advance-guard [əd'vɑːnsgɑːd], *n.* avant-garde, *f.*
advancement [əd'vɑːnsmənt], *n.* avancement, progrès, *m.*; (*Comm.*) avance, *f.*
advantage [əd'vɑːntidʒ], *n.* avantage; profit, intérêt, *m.*; **to have the advantage**, avoir le dessus; **to take advantage of**, profiter de; **to take advantage of someone's kindness**, abuser de la bonté de quelqu'un.
advantageous [ædvən'teidʒəs], *a.* avantageux (*à* ou *de*).
advantageously [ædvən'teidʒəsli], *adv.* avantageusement.
Advent ['ædvənt]. (*Eccles.*) l'Avent, *m.*
advent ['ædvənt], *n.* venue, *f.*
adventitious [ædven'tiʃəs], *a.* adventice, fortuit.
adventure [əd'ventʃə], *n.* aventure, entreprise hasardeuse, *f.*—*v.t.* aventurer, hasarder.—*v.i.* s'aventurer, se hasarder.
adventurer [əd'ventʃərə], *n.* aventurier, *m.*
adventuress [əd'ventʃəris], *n.* aventurière, *f.*
adventurous [əd'ventʃərəs], *a.* aventureux, hardi.
adventurously [əd'ventʃərəsli], *adv.* aventureusement.
adverb ['ædvəːb], *n.* adverbe, *m.*
adverbial [əd'vəːbjəl], *a.* adverbial.
adverbially [əd'vəːbjəli], *adv.* adverbialement.
adversary ['ædvəsəri], *n.* adversaire, *m.*, *f.*
adverse ['ædvəːs], *a.* adverse, contraire (*à*); défavorable.
adversely ['ædvəːsli], *adv.* d'une manière hostile, malheureusement.
adversity [əd'vəːsiti], *n.* adversité, *f.*
advert [əd'vəːt], *v.i.* faire allusion (*à*); parler (*de*).
advertise ['ædvətaiz], *v.t.* annoncer, faire annoncer, afficher, faire de la publicité pour.
advertisement [əd'vəːtizmənt], *n.* annonce (*journal*), publicité, réclame, *f.*; avis, *m.*; **classified advertisements**, petites annonces, *f.pl.*
advertiser ['ædvətaizə], *n.* personne qui fait des annonces, *f.*; journal d'annonces, *m.*
advertising ['ædvətaiziŋ], *n.* publicité, réclame, *f.*; **advertising agency**, agence de publicité, *f.*
advice [əd'vais], *n.* avis, conseil, *m.*; **if you take my advice**, si vous m'en croyez; **to take advice**, prendre conseil (*de*), consulter (*un médecin etc.*).

advisable [əd'vaizəbl], *a.* judicieux, convenable (*pour* ou *de*); opportun.
advisability [ədvaizə'biliti], *n.* convenance, utilité, opportunité, *f.*
advise [əd'vaiz], *v.t.* conseiller; donner avis (*de*); prévenir (*de*); annoncer.—*v.i.* délibérer, prendre conseil, consulter.
advisedly [əd'vaizidli], *adv.* avec réflexion, de propos délibéré.
adviser [əd'vaizə], *n.* conseiller, *m.*
advisory [əd'vaizəri], *a.* consultatif.
advocacy ['ædvəkəsi], *n.* profession d'avocat; défense, *f.*, plaidoyer, *m.*
advocate ['ædvəkit], *n.* avocat, défenseur; intercesseur, *m.*—['ædvəkeit], *v.t.* défendre, plaider; soutenir, appuyer, préconiser.
adze [ædz], *n.* herminette, doloire; aissette, *f.* —*v.t.* entailler à l'herminette, doler.
Aegean Sea [iː'dʒiːənsiː]. la mer Égée, *f.*
aegis ['iːdʒis], *n.* égide, *f.*
Aeneas [iː'niːəs]. Énée, *m.*
Aeneid [iː'niːid]. l'Énéide, *f.*
aeon ['iːən], *n.* éternité, *f.*, éon, *m.*
aerate ['ɛəreit], *v.t.* aérer; gazéifier.
aeration [ɛə'reiʃən], *n.* aération *f.*
aerial ['ɛəriəl], *a.* aérien.—*n.* antenne, *f.*
aerie, aery, eyrie, eyry ['ɛəri, 'iəri], *n.* aire, *f.*
aerobatics [ɛərо'bætiks], *n.pl.* acrobaties aériennes, *f.pl.*
aerodrome ['ɛərodroum], *n.* aérodrome, *m.*
aerodynamic ['ɛərodai'næmik], *a.* aérodynamique.—*n.* (*pl.*) aérodynamique, *f.*
aerolite ['ɛərolait], **aerolith** ['ɛəroliθ], *n.* aérolithe, bolide, *m.*
aeronaut ['ɛəronɔːt], *n.* aéronaute, *m.*, *f.*
aeronautic [ɛəro'nɔːtik], *a.* aéronautique.
aeroplane ['ɛəroplein], *n.* aéroplane, avion, *m.*
aerostat ['ɛərostæt], *n.* aérostat, *m.*
Aeschylus ['iːskiləs]. Eschyle, *m.*
Aesop ['iːsɔp]. Ésope, *m.*
aesthete ['iːsθiːt], *n.* esthète, *m.*, *f.*
aesthetic [iːs'θetik], **aesthetical** [iːs'θetikəl], *a.* esthétique.
aesthetically [iːs'θetikəli], *adv.* esthétiquement.
aestival [iːs'taivəl], *a.* estival.
aether [ETHER].
afar [ə'fɑː], *adv.* loin, de loin, au loin.
affability [æfə'biliti], **affableness** ['æfəblnis], *n.* affabilité, *f.*
affable ['æfəbl], *a.* affable, doux, gracieux.
affably ['æfəbli], *adv.* affablement, avec affabilité.
affair [ə'fɛə], *n.* affaire, *f.*
affect [ə'fekt], *v.t.* affecter; intéresser, toucher, émouvoir.
affectation [æfek'teiʃən], **affectedness** [ə'fektidnis], *n.* affectation, *f.*
affected [ə'fektid], *a.* disposé (*pour etc.*); affecté, précieux; maniéré, prétentieux (*style*).
affecting [ə'fektiŋ], *a.* touchant, émouvant, attendrissant.
affection [ə'fekʃən], *n.* affection, *f.*, amour; goût, attachement, penchant, *m.*; maladie, *f.*
affectionate [ə'fekʃənit], *a.* affectueux, affectionné.
affectionately [ə'fekʃənitli], *adv.* affectueusement.
affiance [ə'faiəns], *v.t.* fiancer.—*n.* fiançailles, *f.pl.*

affianced [ə'faiənst], *a.* fiancé.
affidavit [æfi'deivit], *n.* déclaration par écrit sous serment, attestation, *f.*
affiliate [ə'filieit], *v.t.* affilier; attribuer, rattacher (*à*).
affiliation [əfili'eiʃən], *n.* affiliation, *f.*
affinity [ə'finiti], *n.* affinité, *f.*
affirm [ə'fəːm], *v.t.* affirmer.
affirmation [æfə'meiʃən], *n.* affirmation, *f.*
affirmative [ə'fəːmətiv], *a.* affirmatif.—*n.* affirmative, *f.*
affirmatively [ə'fəːmətivli], *adv.* affirmative-ment.
affix [ə'fiks], *v.t.* apposer, attacher (*à*).
afflatus [ə'fleitəs], *n.* souffle, *m.*, inspiration, *f.*
afflict [ə'flikt], *v.t.* affliger (*de*); tourmenter.
afflicting [ə'fliktiŋ], *a.* affligeant.
affliction [ə'flikʃən], *n.* affliction; calamité, *f.*, malheur, *m.*
affluence ['æfluəns], *n.* opulence, affluence; abondance, *f.*, concours (*de personnes*), *m.*
affluent ['æfluənt], *a.* opulent, riche; affluent.
afford [ə'fɔːd], *v.t.* donner, fournir, accorder; avoir les moyens de, pouvoir.
afforestation [əfɔris'teiʃən], *n.* boisement; reboisement, *m.*
affranchise [ə'fræntʃaiz], *v.t.* affranchir.
affray [ə'frei], *n.* bagarre, échauffourée, *f.*
affright [ə'frait], *v.t.* effrayer.
affront [ə'frʌnt], *n.* affront, *m.*, insulte, injure, *f.*, outrage, *m.*—*v.t.* affronter, offenser, insulter.
afield [ə'fiːld], *adv.* aux champs, à la cam-pagne; *to go far afield*, aller très loin.
afire [ə'faiə], *adv.* en feu.
aflame [ə'fleim], *adv.* en flammes.
afloat [ə'flout], *adv.* à flot; (*fig.*) en circula-tion.
afoot [ə'fut], *adv.* à pied; en marche, en route; (*fig.*) sur pied; en train.
afore [ə'fɔː], *adv.* précédemment, auparavant; par devant.
aforementioned [ə'fɔːmenʃənd], *a.* men-tionné plus haut, susdit, précité.
aforesaid [ə'fɔːsed], *a.* susdit, ledit, sus-nommé.
aforethought [ə'fɔːθɔːt], *a. with malice aforethought*, avec intention criminelle.
afraid [ə'freid], *a.* effrayé, pris de peur; *I am afraid not*, je crains que non; *I am afraid she's gone*, je crains bien qu'elle ne soit partie; *to be afraid of*, avoir peur de.
afresh [ə'freʃ], *adv.* de nouveau, de plus belle.
Africa ['æfrikə]. l'Afrique, *f.*
African ['æfrikən], *a.* africain.—*n.* Africain (*personne*), *m.*
aft [ɑːft], *a.* arrière, de l'arrière.—*adv.* (*Naut.*) à l'arrière.
after ['ɑːftə], *a.* subséquent, ultérieur, futur; arrière.—*prep.* après; sur, à la suite de; selon, d'après.—*adv.* après, d'après, ensuite. —*conj.* après que.
aftercrop ['ɑːftəkrɔp], *n.* seconde récolte, *f.*; regain, *m.*
after-effects ['ɑːftərifekts], *n. pl.* suites, *f. pl.*, répercussion, *f.*
after-life ['ɑːftəlaif], *n.* suite de la vie, *f.*; au-delà, *m.*
aftermath ['ɑːftəmæθ], *n.* regain, *m.*; (*fig.*) suites, *f.pl.*
afternoon [ɑːftə'nuːn], *n.* après-midi, *m.* ou *f.*

afterthought ['ɑːftəθɔːt], *n.* réflexion après coup, *f.*
afterward ['ɑːftəwəd], **afterwards** ['ɑːftə wədz], *adv.* après, ensuite, plus tard.
again [ə'gein], *adv.* encore; encore une fois, de nouveau; *again and again*, à plusieurs reprises; *as much again*, encore autant; *never again*, jamais plus.
against [ə'geinst], *prep.* contre; vis-à-vis; vers; pour.
agape [ə'geip], *adv.* bouche bée.
agate ['ægeit], *n.* agate, *f.*
Agatha ['ægəθə]. Agathe, *f.*
age [eidʒ], *n.* âge, *m.*; époque, *f.*; *of age*, majeur; *under age*, mineur; *Middle Ages*, moyen âge.—*v.t., v.i.* vieillir.
aged ['eidʒid], (*after prefix*) [eidʒd], *a.* vieux, âgé; *middle-aged*, entre deux âges.
ageless ['eidʒlis], *a.* toujours jeune.
agency ['eidʒənsi], *n.* action, entremise; (*Comm.*) agence, *f.*
agenda [ə'dʒendə], *n.* ordre du jour; pro-gramme, *m.*
agent ['eidʒənt], *n.* représentant, agent, mandataire, *m.*
agglomerate [ə'glɔməreit], *v.t.* agglomérer.— *v.i.* s'agglomérer.—*a.* aggloméré.
agglomeration [əglɔmə'reiʃən], *n.* agglo-mération, *f.*
aggrandize [ə'grændaiz], *v.t.* agrandir.
aggrandizement [ə'grændizmənt], *n.* agran-dissement, *m.*
aggravate ['ægrəveit], *v.t.* aggraver; exagérer; (*colloq.*) agacer, pousser à bout, exaspérer.
aggravation [ægrə'veiʃən], *n.* aggravation; circonstance aggravante, *f.*, agacement, *m.*
aggregate ['ægrigit], *a.* collectif, global, réuni. —*n.* masse, *f.*; ensemble, *m.*, somme totale, *f.*—['ægrigeit], *v.t.* rassembler.
aggregation [ægri'geiʃən], *n.* agrégation, *f.*, assemblage, *m.*
aggression [ə'greʃən], *n.* agression, *f.*
aggressive [ə'gresiv], *a.* agressif.
aggressiveness [ə'gresivnis], *n.* caractère agressif, *m.*
aggressor [ə'gresə], *n.* agresseur, *m.*
aggrieve [ə'griːv], *v.t.* chagriner, affliger; blesser, léser.
aghast [ə'gɑːst], *a.* consterné, ébahi, médusé, tout pantois.
agile ['ædʒail], *a.* agile, leste.
agility [ə'dʒiliti], *n.* agilité, *f.*
agio ['ædʒiou], *n.* prix du change, agio, *m.*
agiotage ['ædʒətidʒ], *n.* agiotage, *m.*
agitate ['ædʒiteit], *v.t.* agiter, exciter; remuer, troubler.
agitation [ædʒi'teiʃən], *n.* agitation; dis-cussion, *f.*, examen, *m.*
agitator ['ædʒiteitə], *n.* agitateur; meneur, *m.*
aglow [ə'glou], *a.* enflammé, resplendissant.
agnostic [æg'nɔstik], *a.* and *n.* agnosticiste, agnostique, *m.*, *f.*
agnosticism [æg'nɔstisizm], *n.* agnosticisme, *m.*
ago [ə'gou], *adv.* passé, il y a; *two days ago*, il y a deux jours.
agog [ə'gɔg], *adv.* excité, impatient, em-pressé; en train, en l'air; *to be all agog*, avoir la tête montée.
agonize ['ægənaiz], *v.t.* torturer, mettre au supplice.—*v.i.* souffrir l'agonie, être au supplice.

agonizing

agonizing ['ægənaiziŋ], *a.* atroce, déchirant.
agony ['ægəni], *n.* douleur, angoisse, *f.*, paroxysme, *m.*
agrarian [ə'grɛəriən], *a.* agraire.
agree [ə'griː], *v.i.* s'accorder (*à* ou *avec*); être d'accord; consentir (*à*); convenir (*de*); être conforme (*à*).
agreeable [ə'griːəbl], *a.* agréable, aimable; conforme (*à*); consentant.
agreeably [ə'griːəbli], *adv.* agréablement; conformément (*à*).
agreed [ə'griːd], *a.* convenu, d'accord; *it's agreed,* c'est entendu.
agreement [ə'griːmənt], *n.* accord, *m.*; convention, *f.*, contrat, pacte, marché, *m.*; conformité, *f.*
agricultural [ægri'kʌltʃərəl], *a.* agricole, d'agriculture.
agriculture ['ægrikʌltʃə], *n.* agriculture, *f.*
agriculturist [ægri'kʌltʃərist], *n.* agriculteur, agronome, *m.*
aground [ə'graund], *adv.* échoué; à terre.
ague ['eigjuː], *n.* fièvre intermittente *f.*
ahead [ə'hed] *adv.* en avant; (*fig.*) en tête; *go ahead!* en avant! vas-y! *straight ahead,* tout droit; *ahead of time,* en avance.
aid [eid], *v.t.* aider, assister; secourir; *to aid each other,* s'entr'aider.—*n.* aide, assistance, *f.*; secours, concours, subside, *m.*; *with the aid of,* à l'aide de.
aide-de-camp [eiddə'kã], *n.* aide de camp, *m.*
aigrette ['eigret], *n.* aigrette, *f.*
ail [eil], *v.t.* faire mal à; chagriner; *what ails him?* qu'est-ce qu'il a ?—*v.i.* être souffrant.
aileron ['eilerɔn], *n.* aileron, *m.*
ailing ['eiliŋ], *a.* souffrant, indisposé, mal portant.
ailment ['eilmənt], *n.* mal, malaise, *m.*, indisposition, *f.*
aim [eim], *v.t.* viser; diriger, lancer (*un coup etc.*).—*v.i.* viser (*à*); aspirer (*à*); avoir pour but (*de*).—*n.* point de mire, but, objet, dessein, *m.*; visée, *f.*; *to take aim at,* viser, coucher en joue.
aimless ['eimlis], *a.* sans but, sans objet.
air [ɛə], *n.* air; vent, *m.*, brise; (*fig.*) mine, expression, *f.*; *in the air,* en l'air; *in the open air,* en plein air.—*v.t.* aérer donner de l'air à, mettre à l'air; sécher.
air-balloon ['ɛəbəluːn], *n.* ballon aérostatique, *m.*
airborne ['ɛəbɔːn], *a.* (*Av.*) aéroporté.
air-conditioned ['ɛəkəndiʃənd], *a.* climatisé.
air-conditioning ['ɛəkəndiʃəniŋ], *n.* climatisation, *f.*
air-cooling ['ɛəkuːliŋ], *n.* refroidissement par air, *m.*
aircraft ['ɛəkrɑːft], *n.* avion, *m.*; les avions, *m.pl.*
air-crew ['ɛəkruː], *n.* équipage (d'avion), *m.*
airfield ['ɛəfiːld], *n.* terrain d'aviation, *m.*
air-hostess ['ɛəhoustis], *n.* hôtesse de l'air, *f.*
airily ['ɛərili], *adv.* allègrement, légèrement.
airiness ['ɛərinis], *n.* situation aérée; (*fig.*) légèreté, vivacité, désinvolture, *f.*
airing ['ɛəriŋ], *n.* aérage, *m.*, exposition à l'air, *f.*, éventage, *m.*; promenade, *f.*
airlift ['ɛəlift], *n.* pont aérien, *m.*
air-line ['ɛəlain], *n.* ligne aérienne, *f.*
air-liner ['ɛəlainə], *n.* avion de ligne, *m.*
air-mail ['ɛəmeil], *n.* poste aérienne, *f.*

airman ['ɛəmən], *n.* aviateur, *m.*
air-mattress ['ɛəmætris], *n.* matelas à air, *m.*
air-pocket ['ɛəpɔkit], *n.* (*Av.*) trou d'air *m.*
airport ['ɛəpɔːt], *n.* aéroport, *m.*
airship ['ɛəʃip], *n.* dirigeable, *m.*
airsickness ['ɛəsiknis], *n.* mal de l'air, *m.*
airstrip ['ɛəstrip], *n.* piste d'atterrissage, *f.*
airtight ['ɛətait], *a.* imperméable à l'air, hermétique.
airworthy ['ɛəwəːði], *a.* navigable.
airy ['ɛəri], *a.* ouvert à l'air; aérien, aéré; (*fig.*) léger, dégagé, gai, enjoué, insouciant; *airy words,* paroles en l'air, *f.pl.*
aisle [ail], *n.* bas-côté, *m.*, nef latérale, *f.*
ajar [ə'dʒɑː], *a.* entr'ouvert, entrebâillé.
akimbo [ə'kimbou], *adv.* appuyé sur la hanche; *with one's arms akimbo,* les poings sur les hanches.
akin [ə'kin], *a.* allié (*à*); parent (*de*); (*fig.*) qui a rapport (*avec*).
alabaster ['æləbɑːstə], *a.* d'albâtre.—*n.* albâtre, *m.*
alack! [ə'læk], *int.* hélas!
alacrity [ə'lækriti], *n.* alacrité, *f.*, empressement, *m.*, promptitude, *f.*
Alan, Allan, Allen ['ælən]. Alain, *m.*
alarm [ə'lɑːm], *n.* alarme, alerte, *f.*; réveil (*réveille-matin*), *m.*—*v.t.* alarmer; effrayer, faire peur à.
alarm-bell [ə'lɑːmbel], *n.* cloche d'alarme, *f.*, tocsin, *m.*
alarm-clock [ə'lɑːmklɔk], *n.* réveille-matin, *m.*
alarming [ə'lɑːmiŋ], *a.* alarmant.
alarmingly [ə'lɑːmiŋli], *adv.* d'une manière alarmante.
alarmist [ə'lɑːmist], *n.* alarmiste, *m.*, *f.*
alas! [ə'læs], *int.* hélas!
Albania [æl'beinjə]. l'Albanie, *f.*
Albanian [æl'beinjən], *a.* albanais.—*n.* Albanais (*personne*), *m.*
albatross ['ælbətrɔs], *n.* albatros, *m.*
*albeit** [ɔːl'biːit], *conj.* quoique, bien que (*with subj.*).
albino [æl'biːnou], *a.* and *n.* albinos, *m.*, *f.*
album ['ælbəm], *n.* album, *m.*
albumen [æl'bjuːmin], *n.* albumen; blanc d'œuf, *m.*; albumine, *f.*
albuminous [æl'bjuːminəs], *a.* albumineux.
alburnum [æl'bəːnəm], *n.* aubier, *m.*
alchemic [æl'kemik], **alchemical** [æl'kemikəl], *a.* alchimique.
alchemist ['ælkimist], *n.* alchimiste, *m.*
alchemistic [ælki'mistik], **alchemistical** [ælki'mistikəl], *a.* d'alchimiste, alchimique.
alchemy ['ælkimi], *n.* alchimie, *f.*
alcohol ['ælkəhɔl], *n.* alcool, *m.*
alcoholic [ælkə'hɔlik], *a.* and *n.* alcoolique, *m.*, *f.*
alcoholism ['ælkəhɔlizm], *n.* alcoolisme, *m.*
Alcoran [ælkə'rɑːn]. le Coran, le Koran.
alcove ['ælkouv], *n.* alcôve; niche, *f.*, enfoncement, *m.*
alder ['ɔːldə], *n.* aune, vergne, *m.*
alder-grove ['ɔːldəgrouv], *n.* aunaie, *f.*
alderman ['ɔːldəmən], *n.* (*pl.* -men [men]) conseiller municipal, alderman, échevin, *m.*
ale [eil], *n.* ale, bière, *f.*
ale-house ['eilhaus], *n.* taverne, *f.*
alembic [ə'lembik], *n.* alambic, *m.*
alert [ə'ləːt], *a.* alerte, vigilant, éveillé.—*n.* alerte, *f.*; *on the alert,* sur le qui-vive.

alertness [əˈləːtnis], *n.* vigilance, promptitude, prestesse, *f.*

Alexander [ælig'zɑːndə]. Alexandre, *m.*

alexandrine [ælig'zɑːndrin], *n.* (*Pros.*) alexandrin, *m.*

alfresco [æl'freskou], *adv.* en plein air.

algebra [ˈældʒəbrə], *n.* algèbre, *f.*

algebraic [ældʒəˈbreiik], **algebraical** [ældʒəˈbreiikəl], *a.* algébrique.

Algeria [ælˈdʒiəriə]. l'Algérie, *f.*

Algerian [ælˈdʒiəriən], *a.* algérien.—*n.* Algérien (*personne*), *m.*

Algiers [ælˈdʒiəz]. Alger, *m.*

alias [ˈeiliəs], *n.* nom d'emprunt *ou* de rechange, *m.*—*adv.* dit, autrement nommé, alias.

alibi [ˈælibai], *n.* alibi, *m.*

alien [ˈeiljən], *a.* étranger (*à*); éloigné (*de*).—*n.* étranger, *m.*

alienate [ˈeiljəneit], *v.t.* aliéner (*de*).

alienation [eiljəˈneiʃən], *n.* aliénation, *f.*

alienist [ˈeiljənist], *n.* aliéniste, *m.*, *f.*

alight [əˈlait], *a.* allumé, embrasé.—*v.i.* descendre; mettre pied à terre; s'abattre (*oiseau etc.*); atterrir (*aviateur*), amerrir (*sur l'eau*).

align [ALINE].

alike [əˈlaik], *adv.* également; de même, de la même manière; à la fois.—*a.* semblable, pareil; *to be alike*, se ressembler.

aliment [ˈælimənt], *n.* aliment, *m.*

alimentary [æliˈmentəri], *a.* alimentaire.

alimony [ˈæliməni], *n.* pension alimentaire, *f.*

aline, align [əˈlain], *v.t.* aligner; dresser.—*v.i.* s'aligner.

alinement, alignment [əˈlainmənt], *n.* alignement, *m.*

alive [əˈlaiv], *a.* en vie, vivant; vif, éveillé; au monde; animé, sensible (*à*); *dead or alive*, mort ou vif; *to be alive with*, grouiller de, fourmiller de; *alive to*, sensible à; *while alive*, de son vivant.

alkali [ˈælkəlai], *n.* alcali, *m.*

Alkoran [ALCORAN].

all [ɔːl], *a.* tout, tous; *all of you*, vous tous; *for all that*, malgré cela; *it is all the same to me*, cela m'est égal; *with all speed*, au plus vite, à toute vitesse.—*adv.* tout, entièrement; *all at once*, tout à coup, tout d'un coup; *all the better*, tant mieux; *not at all*, point du tout.—*n.* and *pron.* tout, *m.*; *above all*, surtout; *all but*, presque.

allay [əˈlei], *v.t.* apaiser, adoucir, calmer.

allegation [æləˈgeiʃən], *n.* allégation, *f.*

allege [əˈledʒ], *v.t.* alléguer, prétendre (*that, que*).

allegiance [əˈliːdʒəns], *n.* fidélité; obéissance, *f.*

allegorical [æləˈgɔrikəl], *a.* allégorique.

allegorically [æləˈgɔrikəli], *adv.* allégoriquement.

allegory [ˈæləgəri], *n.* allégorie, *f.*

allelujah [æliˈluːjə], *n.* and *int.* alléluia, *m.*

allergic [əˈləːdʒik], *a.* (*Med.*) allergique.

allergy [ˈælədʒi], *n.* allergie, *f.*

alleviate [əˈliːvieit], *v.t.* alléger, soulager, adoucir.

alleviation [əliːviˈeiʃən], *n.* allégement, adoucissement, soulagement, *m.*

alley [ˈæli], *n.* ruelle (*d'une ville*); allée (*jardin*),

f.; *blind alley*, impasse, *f.*, cul de sac, *m.*

All Fools' Day [ɔːlˈfuːlzdei]. le Ier avril.

alliance [əˈlaiəns], *n.* alliance, *f.*

allied [ˈælaid, əˈlaid], *a.* allié; parent, voisin (*de*).

alligator [ˈæligeitə], *n.* alligator, caïman, *m.*

alliteration [əlitəˈreiʃən], *n.* allitération, *f.*

alliterative [əˈlitərətiv], *a.* allitératif.

allocate [ˈæləkeit], *v.t.* allouer, assigner.

allocation [æloˈkeiʃən], *n.* allocation, *f.*

allot [əˈlɔt], *v.t.* assigner, donner en partage; répartir.

allotment [əˈlɔtmənt], *n.* partage, lot, lotissement, *m.*, portion; distribution, *f.*; lopin de terre, jardin ouvrier, *m.*

allow [əˈlau], *v.t.* permettre, autoriser; accorder, allouer; admettre, reconnaître; *to allow someone to do something*, permettre à quelqu'un de faire quelque chose.

allowable [əˈlauəbl], *a.* permis, admissible, légitime.

allowance [əˈlauəns], *n.* pension, rente; allocation; ration; remise, réduction; indulgence, indemnité, *f.*; *to make allowance for*, tenir compte de; *to put on short allowance*, rationner.

alloy [əˈlɔi], *n.* alliage, mélange, *m.*—*v.t.* allier; (*fig.*) altérer, diminuer, corrompre.

All Saints' Day [ɔːlˈseintsdei]. la Toussaint, *f.*

All Souls' Day [ɔːlˈsoulzdei]. Jour des Morts, *m.*

allude [əˈljuːd], *v.i.* faire allusion (*à*).

allure [əˈljuə], *v.t.* amorcer, attirer, séduire, inviter (*à*).

allurement [əˈljuəmənt], *n.* amorce, *f.*, appât, charme, attrait, *m.*

alluring [əˈljuəriŋ], *a.* attrayant, séduisant.

alluringly [əˈljuəriŋli], *adv.* d'une manière séduisante.

allusion [əˈljuːʒən], *n.* allusion, *f.*

allusive [əˈljuːsiv], *a.* allusif, plein d'allusions.

allusively [əˈljuːsivli], *adv.* par allusion.

alluvia [əˈljuːviə], *n.pl.* terres d'alluvion, *f.pl.*, alluvion, *f.*

alluvial [əˈljuːviəl], *a.* alluvial, d'alluvion.

alluvium [əˈljuːviəm], *n.* alluvion, *f.*

ally [əˈlai], *v.t.* allier.—*v.i.* s'allier (*à ou avec*). —[ˈælai, əˈlai], *n.* allié, confédéré, *m.*

almanac [ˈɔːlmənæk], *n.* almanach, *m.*

almighty [ɔːlˈmaiti], *a.* tout-puissant; *the Almighty*, le Tout-Puissant.

almond [ˈɑːmənd], *n.* amande, *f.*; *burnt almond*, praline, *f.*

almond-tree [ˈɑːməndtriː], *n.* amandier, *m.*

almost [ˈɔːlmoust], *adv.* presque, à peu près; *I almost fell*, j'ai failli tomber.

alms [ɑːmz], *n.* aumône, *f.*; *to give alms*, faire l'aumône.

alms-house [ˈɑːmzhaus], *n.* maison de retraite, *f.*, asile, *m.*

aloe [ˈælou], *n.* aloès, *m.*; *bitter aloes*, amer d'aloès, *m.*

aloft [əˈlɔft], *adv.* en haut, en l'air; (*Naut.*) dans la mâture.

alone [əˈloun], *a.* seul, solitaire; *leave me alone*, laissez-moi tranquille.

along [əˈlɔŋ], *adv.* and *prep.* le long de; *all along* (*time*), tout le temps; (*place*) tout le long du chemin; *along with*, avec; *come along*, venez donc; *get along with you*, allez-vous en, allez-vous promener.

341

alongside [ə'lɔŋsaid], *adv.* bord à bord; bord à quai.—*prep.* à côté de.

aloof [ə'lu:f], *a.* distant.—*adv.* au loin, (*Naut.*) au large; éloigné, à l'écart; *to keep aloof*, se tenir à l'écart.

aloofness [ə'lu:fnis], *n.* attitude distante, *f.*

aloud [ə'laud], *adv.* à haute voix, haut.

alpaca [æl'pækə], *n.* alpaga (*tissu*); alpaca (*animal*), *m.*

alphabet ['ælfəbet], *n.* alphabet; abécédaire (*livre d'enfant*), *m.*

alphabetic [ælfə'betik], **alphabetical** [ælfə'betikəl], *a.* alphabétique.

alphabetically [ælfə'betikəli], *adv.* alphabétiquement.

alpine ['ælpain], *a.* alpin; des Alpes, alpestre.

alpinist ['ælpinist], *n.* alpiniste, *m.*, *f.*

Alps [ælps]. les Alpes, *f. pl.*

already [ɔ:l'redi], *adv.* déjà.

Alsatian [æl'seiʃən], *a.* alsacien.—*n.* (*chien*) chien-loup; (*personne*) Alsacien, *m.*

also ['ɔ:lsou], *adv.* aussi, également.

altar ['ɔ:ltə], *n.* autel, *m.*; *high altar*, maître-autel, *m.*

altar-cloth ['ɔ:ltəklɔθ], *n.* nappe d'autel, *f.*

altar-screen ['ɔ:ltəskri:n], *n.* retable, *m.*

alter ['ɔ:ltə], *v.t.* changer, modifier; retoucher, corriger.—*v.i.* changer, se changer.

alteration [ɔ:ltə'reiʃən], *n.* changement, *m.*, modification, *f.*

altercation [ɔ:ltə'keiʃən], *n.* altercation, dispute, *f.*

alternate ['ɔ:ltəneit], *v.t.* alterner, faire alternativement.—*v.i.* alterner; se succéder; *alternating current*, courant alternatif, *m.*—[ɔ:l'tə:nit], *a.* alternatif; alternant; *alternate rhymes*, rimes croisées, *f.pl.*

alternately [ɔ:l'tə:nitli], *adv.* alternativement, tour à tour.

alternative [ɔ:l'tə:nətiv], *a.* alternatif.—*n.* alternative; autre solution, *f.*

alternatively [ɔ:l'tə:nətivli], *adv.* alternativement, tour à tour.

alternator ['ɔ:ltəneitə], *n.* (*Elec.*) alternateur, *m.*

although [ɔ:l'ðou], *conj.* quoique, bien que (*with subj.*).

altimeter [ælti'mi:tə], *n.* altimètre, *m.*

altitude ['æltitju:d], *n.* altitude, élévation, hauteur, *f.*

alto ['æltou], *n.* alto, *m.*

altogether [ɔ:ltə'geðə], *adv.* tout à fait, entièrement.

altruistic [æltru'istik], *a.* altruiste.

alum ['æləm], *n.* alun, *m.*

aluminium [ælju'minjəm], *n.* aluminium, *m.*

always ['ɔ:lweiz], *adv.* toujours.

*amain [ə'mein], *adv.* avec force, de toutes ses forces.

amalgam [ə'mælgəm], *n.* amalgame, *m.*

amalgamate [ə'mælgəmeit], *v.t.* amalgamer; (*Comm.*) fusionner.—*v.i.* s'amalgamer; (*Comm.*) fusionner.

amalgamation [əmælgə'meiʃən], *n.* amalgamation, *f.*; (*fig.*) amalgame, fusionnement, *m.*

amanuensis [əmænju'ensis], *n.* (*pl.* **amanuenses** [əmænju'ensi:z]) secrétaire, *m.*, *f.*

amaranth ['æmərænθ], *n.* amarante, *f.*

amass [ə'mæs], *v.t.* amasser.

amateur ['æmətə:, 'æmətjuə], *n.* amateur, *m.*

amateurish [æmə'tə:riʃ, 'æmətjuəriʃ], *a.* d'amateur.

amateurism ['æmətə:rizm, 'æmətjuərizm], *n.* (*Spt.*) amateurisme, *m.*

amatory ['æmətəri], *a.* d'amour, amoureux.

amaze [ə'meiz], *v.t.* étonner, confondre, stupéfier; *to be amazed*, s'étonner.

amazement [ə'meizmənt], **amazedness** [ə'meizidnis], *n.* étonnement, *m.*, stupeur, stupéfaction, *f.*

amazing [ə'meiziŋ], *a.* étonnant.

Amazon ['æməzən], the. l'Amazone, *m.*

amazon ['æməzən], *n.* amazone, *f.*

ambassador [æm'bæsədə], *n.* ambassadeur, *m.*

ambassadress [æm'bæsədris], *n.* ambassadrice, *f.*

amber ['æmbə], *a.* d'ambre; *amber light* (*traffic*), feu orange, *m.*—*n.* ambre, *m.*

amber-coloured ['æmbəkʌləd], *a.* ambré.

ambergris ['æmbəgris], *n.* ambre gris, *m.*

ambidexter [æmbi'dekstə], *a.* and *n.* ambidextre, *m.*, *f.*

ambidextrous [æmbi'dekstrəs], *a.* ambidextre.

ambient ['æmbiənt], *a.* ambiant.

ambiguity [æmbi'gju:iti], **ambiguousness** [æm'bigjuəsnis], *n.* ambiguïté; équivoque, *f.*

ambiguous [æm'bigjuəs], *a.* ambigu; équivoque; douteux.

ambiguously [æm'bigjuəsli], *adv.* ambigument, d'une manière équivoque.

ambit ['æmbit], *n.* tour, circuit, *m.*; (*fig.*) étendue, portée, *f.*

ambition [æm'biʃən], *n.* ambition, *f.*

ambitious [æm'biʃəs], *a.* ambitieux.

ambitiously [æm'biʃəsli], *adv.* ambitieusement.

amble [æmbl], *v.i.* aller (à) l'amble (*cheval*); (*fig.*) trottiner, aller son chemin, déambuler.—*n.* amble, *m.*

Ambrose ['æmbrouz]. Ambroise, *m.*

ambrosia [æm'brouziə], *n.* ambroisie, *f.*

ambulance ['æmbjuləns], *n.* ambulance, *f.*; hôpital militaire, *m.*

ambulant ['æmbjulənt], *a.* ambulant.

ambulatory ['æmbjulətri], *a.* ambulatoire.

ambuscade [æmbəs'keid], *n.* embuscade, *f.*; *to lay an ambuscade for*, dresser une embuscade à.—*v.t.* embusquer; mettre en embuscade.

ambush ['æmbuʃ], *n.* embuscade, *f.*, guet-apens, *m.*—*v.t.* embusquer.

Amelia [ə'mi:liə]. Amélie, *f.*

ameliorate [ə'mi:ljəreit], *v.t.* améliorer.—*v.i.* s'améliorer.

amelioration [əmi:ljə'reiʃən], *n.* amélioration, *f.*

amen [ɑ:'men], *int.* amen, ainsi soit-il.

amenable [ə'mi:nəbl], *a.* responsable, comptable; docile, soumis, sujet (*à*).

amend [ə'mend], *v.t.* amender, corriger; réformer.—*v.i.* s'amender, se corriger.

amendment [ə'mendmənt], *n.* modification, *f.*, amendement, *m.*, amélioration, *f.*

amends [ə'mendz], *n.pl.* dédommagement, *m.*, compensation, réparation, *f.*; *to make amends for*, dédommager de, faire réparation de.

amenity [ə'mi:niti, ə'meniti], *n.* aménité, *f.*, agrément, *m.*

America [ə'merikə]. l'Amérique, *f.*

342

American [ə'merikən], *a.* américain.—*n.* Américain (*personne*), *m.*

amethyst ['æməθist], *n.* améthyste, *f.*

amiability [eimjə'biliti], **amiableness** ['eimjəblnis], *n.* amabilité, *f.*

amiable ['eimjəbl], *a.* aimable.

amiably ['eimjəbli], *adv.* aimablement, avec amabilité.

amicable ['æmikəbl], *a.* amical; *amicable settlement*, arrangement à l'amiable, *m.*

amicably ['æmikəbli], *adv.* amicalement; à l'amiable.

amid [ə'mid], *prep.* au milieu de; parmi.

amidships [ə'midʃips], *adv.* (*Naut.*) par le travers.

amidst [ə'midst], [AMID].

amiss [ə'mis], *adv.* mal, en mauvaise part; (*unseasonably*) mal à propos.

amity ['æmiti], *n.* amitié, *f.*

ammeter ['æmitə], *n.* ampèremètre, *m.*

ammonia [ə'mounjə], *n.* ammoniaque, *f.*

ammunition [æmju'niʃən], *n.* munitions de guerre; cartouches, *f.pl.*

amnesia [æm'ni:ziə], *n.* amnésie, *f.*

amnesty ['æmnəsti], *n.* amnistie, *f.*—*v.t.* amnistier.

amoeba [ə'mi:bə], *n.* (*pl.* **amoebae** [ə'mi:bai], **amoebas** [ə'mi:bəz]) amibe, *f.*

amok [AMUCK].

among [ə'mʌŋ], **amongst** [ə'mʌŋst], *prep.* entre, parmi; au milieu de, chez, avec; *among other things*, entre autres choses; *from among*, d'entre.

amorous ['æmərəs], *a.* amoureux; porté à l'amour.

amorously ['æmərəsli], *adv.* amoureusement.

amorousness ['æmərəsnis], *n.* tempérament amoureux, *n.*, tendance à l'amour, *f.*

amorphous [ə'mo:fəs], *a.* amorphe.

amount [ə'maunt], *n.* montant, total, *m.*, somme; quantité; (*fig.*) valeur, *f.*, résultat, *m.*; *to the amount of*, jusqu'à concurrence de.—*v.i.* s'élever, se monter (*à*); revenir (*à*), se réduire (*à*); *that amounts to the same thing*, cela revient au même.

amour [ə'muə], *n.* intrigue amoureuse, *f.*

ampere ['æmpɛə], *n.* (*Elec.*) ampère, *m.*

amphibian [æm'fibiən], *n.* amphibie, *m.*

amphibious [æm'fibiəs], *a.* amphibie.

amphitheatre [æmfi'θiətə], *n.* amphithéâtre, *m.*

amphitheatrical [æmfiθi'ætrikəl], *a.* amphithéâtral, d'amphithéâtre.

amphora ['æmfərə], *n.* amphore, *f.*

ample [æmpl], *a.* ample, large, abondant, copieux; très suffisant.

ampleness ['æmplnis], *n.* ampleur; grandeur, *f.*

amplification [æmplifi'keiʃən], *n.* amplification, *f.*

amplifier ['æmplifaiə], *n.* (*Rad.*, *Tel.*) amplificateur, *m.*

amplify ['æmplifai], *v.t.* amplifier; exagérer.

amplitude ['æmplitju:d], *n.* amplitude, étendue, largeur, *f.*

amply ['æmpli], *adv.* amplement.

amputate ['æmpjuteit], *v.t.* amputer.

amputation [æmpju'teiʃən], *n.* amputation, *f.*

amuck [ə'mʌk], **amock**, **amok** [ə'mɔk], *adv. to run amuck*, devenir fou furieux.

amulet ['æmjulit], *n.* amulette, *f.*

amuse [ə'mju:z], *v.t.* amuser, divertir; *to be amused at*, s'amuser *ou* se divertir de.

amusement [ə'mju:zmənt], *n.* amusement, divertissement, *m.*

amusing [ə'mju:ziŋ], *a.* amusant, divertissant.

amusingly [ə'mju:ziŋli], *adv.* d'une manière amusante.

Amy ['eimi]. Aimée, *f.*

an [A (2)].

anachronism [ə'nækrənizm], *n.* anachronisme, *m.*

anachronistic [ənækrə'nistik], *a.* anachronique.

anaconda [ænə'kɔndə], *n.* anaconda, eunecte, *m.*

anaemia [ə'ni:miə], *n.* anémie, *f.*

anaemic [ə'ni:mik], *a.* anémique.

anaesthesia [ænəs'θi:ziə], *n.* anesthésie, *f.*

anaesthetic [ænəs'θetik], *a.* and *n.* anesthésique, *m.*

anaesthetist [ə'ni:sθətist], *n.* anesthésiste, *m.*, *f.*

anaesthetize [ə'ni:sθətaiz], *v.t.* anesthésier.

anagram ['ænəgræm], *n.* anagramme, *f.*

analgesia [ænæl'dʒi:ziə], *n.* analgésie, analgie, *f.*

analogical [ænə'lɔdʒikəl], *a.* analogique.

analogism [ə'nælədʒizm], *n.* (*Phil.*) analogisme, *m.*

analogous [ə'næləgəs], *a.* analogue.

analogy [ə'nælədʒi], *n.* analogie, *f.*

analyse ['ænəlaiz], *v.t.* analyser, faire l'analyse de.

analysis [ə'nælisis], *n.* analyse, *f.*

analyst ['ænəlist], *n.* analyste, *m.*, *f.*

analytic [ænə'litik], **analytical** [ænə'litikəl], *a.* analytique.

analytically [ænə'litikəli], *adv.* analytiquement.

anarchism ['ænəkizm], *n.* anarchisme, *m.*

anarchist ['ænəkist], *a.* and *n.* anarchiste, *m.*, *f.*

anarchy ['ænəki], *n.* anarchie, *f.*

anathema [ə'næθimə], *n.* anathème, *m.*

anathematize [ə'næθimətaiz], *v.t.* anathématiser, frapper d'anathème; maudire.

anatomical [ænə'tɔmikəl], *a.* anatomique.

anatomically [ænə'tɔmikəli], *adv.* anatomiquement.

anatomist [ə'nætəmist], *n.* anatomiste, *m.*, *f.*

anatomize [ə'nætəmaiz], *v.t.* anatomiser.

anatomy [ə'nætəmi], *n.* anatomie, *f.*

ancestor ['ænsəstə], *n.* aïeul, *m.*

ancestors ['ænsəstəz], *n.pl.* ancêtres, pères, aïeux, *m.pl.*

ancestral [æn'sestrəl], *a.* ancestral, d'ancêtres, de ses ancêtres; héréditaire.

ancestry ['ænsəstri], *n.* ancêtres, *m.pl.*; race, origine, naissance, *f.*, lignage, *m.*

anchor ['æŋkə], *n.* ancre, *f.*; *sheet-anchor*, maîtresse ancre, (*fig.*) ancre de miséricorde; *to ride at anchor*, être à l'ancre; *to weigh anchor*, lever l'ancre.—*v.t.* mouiller, ancrer.—*v.i.* ancrer, s'ancrer, jeter l'ancre, mouiller; (*fig.*) se fixer.

anchorage ['æŋkəridʒ], *n.* mouillage, ancrage *m.*; retraite (*d'anachorète*).

anchoret ['æŋkoret], **anchorite** ['æŋkərait], *n.* anachorète, ermite, *m.*, *f.*

anchovy [æn'tʃouvi, 'æntʃəvi], *n.* anchois, *m.*

343

ancient ['einʃənt], *a.* ancien; antique.—*n.* ancien, *m.*; *the Ancient of Days*, l'Éternel, *m.*

anciently ['einʃəntli], *adv.* anciennement.

ancillary [æn'siləri], *a.* ancillaire, subordonné, auxiliare.

and [ænd], *conj.* et; *and so on*, et ainsi de suite; *better and better*, de mieux en mieux; *carriage and pair*, voiture à deux chevaux, *f.* *go and see*, allez voir.

Andes ['ændi:z], *the.* les Andes, *f.pl.*

andiron ['ændaiən], *n.* landier; chenet, *m.*

Andrew ['ændru:]. André, *m.*

anecdote ['ænikdout], *n.* anecdote, *f.*

anecdotal [ænik'doutl], *a.* anecdotique.

anemone [ə'neməni], *n.* anémone, *f.*

*anent [ə'nent], *prep.* touchant, sur, à propos de.

aneroid ['ænərɔid], *a.* and *n.* anéroïde, *m.*

aneurism ['ænjurizm], *n.* anévrisme, *m.*

anew [ə'nju:], *adv.* de nouveau.

angel ['eindʒəl], *n.* ange, *m.*

Angela ['ændʒələ]. Angèle, *f.*

angelic [æn'dʒelik], **angelical** [æn'dʒelikəl], *a.* angélique.

angelica [æn'dʒelikə], *n.* angélique, *f.*

angelus ['ændʒələs], *n.* angélus, *m.*

anger ['æŋgə], *n.* colère, *f.*; emportement; courroux, *m.*—*v.t.* fâcher, irriter, mettre en colère.

angina [æn'dʒainə], *n.* (*Path.*) angine, *f.*

angle (I) [æŋgl], *n.* angle; coin, *m.*

angle (2) [æŋgl], *v.i.* pêcher à la ligne.

angled [æŋgld], *a.* à angles; *right-angled*, rectangulaire.

angler ['æŋglə], *n.* pêcheur à la ligne, *m.*; (*Ichth.*) baudroie, *f.*; crapaud de mer, *m.*

Anglican ['æŋglikən], *a.* anglican.—*n.* Anglican, *m.*

anglicism ['æŋglisizm], *n.* anglicisme, *m.*

anglicize ['æŋglisaiz], *v.t.* angliciser.

angling ['æŋgliŋ], *n.* pêche à la ligne, *f.*

anglophil(e) ['æŋglof(a)il], *n.* anglophile, *m.,f.*

Anglo-Saxon ['æŋglo'sæksən], *a.* anglo-saxon.—*n.* Anglo-Saxon, *m.*

angrily ['æŋgrili], *adv.* en colère, avec colère.

angry ['æŋgri], *a.* en colère, fâché, irrité (*contre* ou *de*), courroucé; *to be angry with*, être en colère contre, en vouloir à.

anguish ['æŋgwiʃ], *n.* angoisse, douleur, *f.*—*v.t.* angoisser, navrer de douleur.

angular ['æŋgjulə], *a.* angulaire, angulé; anguleux; maigre, décharné.

angularity [æŋgju'læriti], *n.* angularité, *f.*

angularly ['æŋgjuləli], *adv.* angulairement.

anile ['einail], *a.* de vieille femme, débile.

aniline ['ænilain], *n.* (*Chem.*) aniline, *f.*

anility [ə'niliti], *n.* seconde enfance, *f.*, radotage, *m.*

animadversion [ænimæd'və:ʃən], *n.* animadversion, censure, critique, *f.*

animadvert [ænimæd'və:t], *v.i.* *to animadvert upon*, critiquer, censurer.

animal ['æniməl], *a.* and *n.* animal, *m.*

animalism ['æniməlizm], **animality** [æni'mæliti], *n.* animalité, *f.*

animalize ['æniməlaiz], *v.t.* animaliser.

animate ['ænimeit], *v.t.* animer (*de*).— ['ænimit], *a.* animé.

animated ['ænimeitid], *a.* animé, vif.

animatedly ['ænimeitidli], *adv.* vivement.

animating ['ænimeitiŋ], *a.* qui anime, qui ranime.

animation [æni'meiʃən], *n.* animation, vivacité, vie, *f.*

animator ['ænimeitə], *n.* animateur, *m.*

animosity [æni'mɔsiti], *n.* animosité, *f.*

animus ['æniməs], *n.* animosité, hostilité, *f.*; esprit (*de*), *m.*

anise ['ænis], *n.* anis, *m.*

aniseed ['ænisi:d], *n.* graine d'anis, *f.*

ankle [æŋkl], *n.* cheville du pied, *f.*

ankle-bone ['æŋklboun], *n.* astragale, *m.*

ankle-deep ['æŋkldi:p], *adv.* jusqu'aux chevilles.

Anna ['ænə]. Anne, *f.*

annalist ['ænəlist], *n.* annaliste, *m.,* *f.*

annals ['ænəlz], *n.pl.* annales, *f.pl.*

Ann(e) [æn]. Anne, *f.*

anneal [ə'ni:l], *v.t.* détremper; adoucir (*acier etc.*), recuire (*verre*).

annealing [ə'ni:liŋ], *n.* recuite, *f.*

annex [ə'neks], *v.t.* annexer, joindre (*à*).— ['æneks], *n.* annexe, *f.*

annexation [ænek'seiʃən], *n.* annexation, *f.*

annexed [ə'nekst], *a.* ci-joint, annexé.

annihilate [ə'naiileit], *v.t.* anéantir, annihiler.

annihilation [ənai'leiʃən], *n.* anéantissement, *m.*, annihilation, *f.*

annihilator [ə'naiileitə], *n.* annihilateur, *m.*

anniversary [æni'və:səri], *a.* and *n.* anniversaire, *m.*

Anno Domini ['ænou'dɔminai], (*abbr.* **A.D.** [ei'di:]). l'an du Seigneur; l'an de grâce; ap. J.-C.

annotate ['ænoteit], *v.t.* annoter.

annotation [æno'teiʃən], *n.* annotation, *f.*

annotator ['ænoteitə], *n.* annotateur, *m.*

announce [ə'nauns], *v.t.* annoncer, proclamer.

announcement [ə'naunsmənt], *n.* annonce, *f.*, avis, *m.*; lettre de faire-part, *f.*

announcer [ə'naunsə], *n.* annonciateur; (*Theat.*) compère, *m.*, commère, *f.*; (*Rad.,* *Tel.*) speaker, *m.*, speakerine, *f.*

annoy [ə'nɔi], *v.t.* gêner; incommoder, ennuyer, importuner; contrarier, tracasser.

annoyance [ə'nɔiəns], *n.* ennui, désagrément, chagrin, *m.*; contrariété, *f.*

annoying [ə'nɔiiŋ], *a.* ennuyeux, contrariant, vexant.

annoyingly [ə'nɔiiŋli], *adv.* ennuyeusement.

annual ['ænjuəl], *a.* annuel.—*n.* annuaire, *m.*

annually ['ænjuəli], *adv.* annuellement, tous les ans.

annuitant [ə'nju:itənt], *n.* bénéficiaire d'une pension *ou* d'une rente viagère, *m.,* *f.*

annuity [ə'nju:iti], *n.* annuité, rente annuelle, pension, *f.*; *life annuity*, rente viagère, *f.*

annul [ə'nʌl], *v.t.* annuler.

annular ['ænjulə], *a.* annulaire.

annulet ['ænjulit], *n.* annelet, filet, *m.*

annulment [ə'nʌlmənt], *n.* annulation, *f.*; *decree of annulment*, décret abolitif, *m.*

Annunciation [ənʌnsi'eiʃən], *the.* (*Eccles.*) l'Annonciation, *f.*

annunciation [ənʌnsi'eiʃən], *n.* annonce, proclamation, *f.*, avis, *m.*

anode ['ænoud], *n.* (*Elec.*) anode, *f.*

anodyne ['ænədain], *a.* anodin, calmant.—*n.* anodin (*remède*), *m.*

anoint [ə'nɔint], *v.t.* oindre.

anxiously

anointed [ə'nɔintid], a. oint; *the Lord's Anointed*, l'Oint du Seigneur, m.
anomalous [ə'nɔmələs], a. anomal, irrégulier.
anomaly [ə'nɔməli], n. anomalie, f.
anon [ə'nɔn], adv. tout à l'heure, bientôt; à l'instant.
anonymity [æno'nimiti], n. anonymat, m.
anonymous [ə'nɔniməs], a. anonyme.
anonymously [ə'nɔniməsli], adv. anonymement.
another [ə'nʌðə], a. and pron. autre, un autre; encore un; *one another*, l'un l'autre, les uns les autres.
answer ['ɑːnsə], v.t. répondre; répondre à; satisfaire, suffire à.—v.i. faire réponse; répondre (de ou pour); raisonner; réussir.—n. réponse; solution (d'un problème), f.
answerable ['ɑːnsərəbl], a. susceptible de réponse; responsable (for, de).
ant [ænt], n. fourmi, f.
antagonism [æn'tægənizm], n. antagonisme, m., opposition, f.
antagonist [æn'tægənist], n. antagoniste, m.,f.
antagonistic [æntægə'nistik], a. opposé (à); antagonique.
antagonize [æn'tægənaiz], v.t. eveiller l'antagonisme (de).
Antarctic [ænt'ɑːktik], a. antarctique.—n. Antarctique, m.
ant-eater ['ænti:tə], n. fourmilier, m.
antecedence [ænti'si:dəns], n. antériorité, f.
antecedent [ænti'si:dənt], a. and n. antécédent, m.
ante-chamber ['æntitʃeimbə], n. antichambre, f.
antediluvian [ænti'djuːviən], a. and n. antédiluvien, m.
antelope ['æntiloup], n. antilope, f.
ante-meridiem [æntimə'ridiəm], (abbr. a.m. [ei'em]), adv. avant midi; *at 11 a.m.*, à onze heures du matin.
ante-natal ['ænti'neitəl], a. prénatal.
antenna [æn'tenə], n. (pl. antennae [æn'teni:]) antenne, f.
antepenult [æntipi'nʌlt], antepenultimate [æntipi'nʌltimit], a. and n. antépénultième, f.
anterior [æn'tiəriə], a. antérieur.
anteroom ['æntiru:m], n. antichambre, f.
anthem ['ænθəm], n. hymne (national), m.; antienne, f.
ant-hill ['ænthil], n. fourmilière, f.
anthology [æn'θɔlədʒi], n. anthologie, chrestomathie, f.
Anthony ['æntəni]. Antoine, m.
anthracite ['ænθrəsait], n. anthracite m.
anthrax ['ænθræks], n. (Med.) anthrax, m.
anthropoid ['ænθrəpɔid], a. and n. anthropoïde, m.
anthropological [ænθrəpə'lɔdʒikəl], a. anthropologique.
anthropologist [ænθrə'pɔlədʒist], n. anthropologiste, anthropologue, m.,f.
anthropology [ænθrə'pɔlədʒi], n. anthropologie, f.
anti-aircraft [ænti'eəkrɑːft], a. contre-avion, antiaérien.
antibiotic ['æntibai'ɔtik], a. and n. antibiotique, m.
antic ['æntik], n. bouffonnerie, farce, f.

Antichrist ['æntikraist], n. antéchrist, m.
antichristian ['ænti'kristjən], a. and n. antichrétien, m.
anticipate [æn'tisipeit], v.t. anticiper; prévenir, devancer; s'attendre à, prévoir, envisager; jouir d'avance de; se promettre.
anticipation [æntisi'peiʃən], n. anticipation, f.; avant-goût, m.; attente, f.
anticipatory [æn'tisipətri], a. par anticipation.
anticlerical [ænti'klerikəl], a. and n. anticlérical, m.
anticlericalism [ænti'klerikəlizm], n. anticléricalisme, m.
anti-climax [ænti'klaimæks], n. anticlimax, m.
anti-clockwise [COUNTER-CLOCKWISE].
anticyclone [ænti'saikloun], n. anticyclone, m.
anti-dazzle ['ænti'dæzl], a. anti-aveuglant; (Motor) *anti-dazzle head lights*, pharescode, m.pl.
antidote ['æntidout], n. antidote, contrepoison, m.
anti-freeze ['æntifri:z], n. anti-gel, m.
Antilles [æn'tili:z], the. les Antilles, f.pl.
antimacassar [æntimə'kæsə], n. têtière, f.
antimony ['æntiməni], n. antimoine, m.
antinomy [æn'tinəmi], n. antinomie, f.
antipathetical [æntipə'θetik], antipathetical [æntipə'θetikəl], a. antipathique.
antipathy [æn'tipəθi], n. antipathie, aversion, f.
antiphony [æn'tifəni], n. contre-chant, m.
antiphrasis [æn'tifrəsis], n. antiphrase, f.
antipodal [æn'tipədəl], a. antipodal.
antipodes [æn'tipədi:z], n. pl. antipodes, m.pl.
anti-pope ['æntipoup], n. antipape m.
antiquarian [ænti'kweəriən], a. d'antiquaire; archéologique.—n. antiquaire, m.
antiquary ['æntikwəri], n. archéologue; antiquaire, m.
antiquated ['æntikweitid], a. vieilli, vétuste; suranné, démodé.
antique [æn'ti:k], a. antique, ancien.—n. *the antique*, l'antique, m.; *an antique*, un objet antique, une antiquité, f.
antiquity [æn'tikwiti], n. antiquité; ancienneté, f.
antirrhinum [ænti'rainəm], n. antirrhine, f.
anti-Semitism [ænti'semitizm], n. antisémitisme, m.
antiseptic [ænti'septik], a. and n. antiseptique, m.
anti-tank [ænti'tæŋk], a. anti-chars.
antithesis [æn'tiθisis], n. antithèse, f.
antithetic [ænti'θetik], antithetical [ænti'θetikəl], a. antithétique.
antler ['æntlə], n. andouiller, bois (de cerf), m.
Antony ['æntəni]. Antoine, m.
Antwerp ['æntwə:p]. Anvers, m.
anvil ['ænvil], n. enclume, f.; (fig.) *on the anvil*, sur le métier, en préparation.
anxiety [æŋ'zaiəti], n. anxiété, inquiétude, sollicitude, f.; désir, m.
anxious ['æŋkʃəs], a. inquiet, soucieux, plein de sollicitude (pour); désireux (de); *to be anxious to*, désirer vivement (de), tenir à.
anxiously ['æŋkʃəsli], adv. anxieusement, avec anxiété, avec inquiétude.

345

any ['eni], *a.* and *pron.* du, de la, etc.; en; aucun; quelque; n'importe lequel; *any man*, tout homme; *any others*, d'autres; *at any rate*, en tout cas; *I haven't any*, je n'en ai pas; *scarcely any*, presque pas.

anybody ['enibɔdi], **anyone** ['eniwan], *pron.* quelqu'un, chacun, qui que ce soit, n'importe qui, tout le monde; *I didn't see anybody*, je n'ai vu personne.

anyhow ['enihau], **anyway** ['eniwei], *adv.* de toute façon, de quelque manière que ce soit, en tout cas, quand même.

anyone [ANYBODY].

anything ['eniθiŋ], *pron.* quelque chose, *m.*, quoi que ce soit, n'importe quoi; *not to say anything*, ne rien dire.

anyway [ANYHOW].

anywhere ['eniwɛə], *adv.* quelque part, dans quelque endroit que ce soit, n'importe où; *not anywhere*, nulle part.

apace [ə'peis], *adv.* vite, à grands pas.

apanage, appanage ['æpənidʒ], *n.* apanage, *m.*

apart [ə'pɑːt], *adv.* à part; de côté, séparément.

apartheid [ə'pɑːtheit], *n.* (*en Afrique du Sud*) ségrégation, *f.*

apartment [ə'pɑːtmənt], *n.* chambre; pièce (*d'un appartement*), *f.*; logement; (*Am.*) appartement; (*pl.*) appartement, *m.*

apathetic [æpə'θetik], *a.* apathique.

apathy ['æpəθi], *n.* apathie, *f.*

ape [eip], *n.* singe, *m.*, guenon, *f.*—*v.t.* singer.

aperient [ə'piəriənt], **aperitive** [ə'peritiv], *a.* and *n.* laxatif, *m.*

aperture ['æpətjuə], *n.* ouverture, *f.*; orifice, *m.*

apex ['eipeks], *n.* (*pl.* **apices** ['eipisiːz], **apexes** ['eipeksiz]) sommet, *m.*, pointe, *f.*

aphorism ['æfərizm], *n.* aphorisme, *m.*

apiary ['eipiəri], *n.* rucher, *m.*

apiece [ə'piːs], *adv.* la pièce; par tête, par personne, chacun.

apish ['eipiʃ], *a.* de singe, simiesque; *apish trick*, singerie, *f.*

apocalypse [ə'pɔkəlips], *n.* apocalypse, *f.*

apocalyptic [əpɔkə'liptik], **apocalyptical** [əpɔkə'liptikəl], *a.* apocalyptique.

Apocrypha [ə'pɔkrifə], *n.pl.* les Apocryphes, *m.pl.*

apocryphal [ə'pɔkrifəl], *a.* apocryphe.

apogee ['æpədʒiː], *n.* apogée, *m.*

apologetic [əpɔlə'dʒetik], **apologetical** [əpɔlə'dʒetikəl], *a.* qui s'excuse, qui regrette; *he was quite apologetic about it*, il s'en excusa vivement.

apologetically [əpɔlə'dʒetikəli], *adv.* pour s'excuser, en s'excusant.

apologia [æpə'loudʒiə], *n.* apologie; justification, *f.*

apologist [ə'pɔlədʒist], *n.* apologiste, *m.*, *f.*

apologize [ə'pɔlədʒaiz], *v.i.* s'excuser, faire des excuses (*de* ou *auprès de*).

apologue ['æpəlɔg], *n.* apologue, *m.*

apology [ə'pɔlədʒi], *n.* excuses, *f.pl.*, apologie, *f.*

apoplectic [æpə'plektik], *a.* apoplectique; *apoplectic stroke*, coup de sang, *m.*

apoplexy ['æpəpleksi], *n.* apoplexie, *f.*; *a fit of apoplexy*, congestion cérébrale, *f.*

apostasy [ə'pɔstəsi], *n.* apostasie, *f.*

apostate [ə'pɔsteit], *a.* and *n.* apostat, *m.*

apostle [ə'pɔsl], *n.* apôtre, *m.*; *the Acts of the Apostles*, les actes des apôtres, *m.pl.*

apostolic [æpəs'tɔlik], **apostoli-al** [æpəs'tɔlikəl], *a.* apostolique.

apostrophe [ə'pɔstrəfi], *n.* apostrophe, *f.*

apostrophize [ə'pɔstrəfaiz], *v.t.* apostropher.

apothecary [ə'pɔθikəri], *n.* apothicaire; pharmacien, *m.*

apotheosis [əpɔθi'ousis], *n.* apothéose, *f.*

appal [ə'pɔːl], *v.t.* épouvanter, consterner.

appalling [ə'pɔːliŋ], *a.* épouvantable, effrayant.

appallingly [ə'pɔːliŋli], *adv.* épouvantablement.

appanage [APANAGE].

apparatus [æpə'reitəs], *n.* appareil, dispositif, *m.*

apparel [ə'pærəl], *v.t.* vêtir; parer.—*n.* habillement, vêtement, *m.*

apparent [ə'pærənt], *a.* évident, manifeste, apparent; *heir apparent*, héritier présomptif, *m.*

apparently [ə'pærəntli], *adv.* en apparence, apparemment.

apparition [æpə'riʃən], *n.* apparition, *f.*

appeal [ə'piːl], *v.i.* appeler, en appeler (*de*), faire appel (*à*); (*Law*) se pourvoir en cassation, réclamer (*contre* ou *à*); (*fig.*) attirer, séduire.—*n.* appel, attrait, *m.*; *Court of Appeal*, cour de cassation, *f.*

appealing [ə'piːliŋ], *a.* suppliant, attrayant, séduisant.

appear [ə'piə], *v.i.* paraître apparaître; **se montrer, se présenter** (*à*).

appearance [ə'piərəns], *n.* apparition; apparence, figure, mine, *f.*, air, aspect, *m.*; (*Law*) comparution, *f.*; *at first appearance*, au premier abord, au premier coup d'œil.

appeasable [ə'piːzəbl], *a.* qu'on peut apaiser.

appease [ə'piːz], *v.t.* apaiser, pacifier.

appeasement [ə'piːzmənt], *n.* apaisement, adoucissement, *m.*; conciliation, *f.*

appellant [ə'pelənt], *a.* and *n.* (*Law*) appelant, *m.*

appellation [æpə'leiʃən], *n.* nom, *m.*, appellation, dénomination, *f.*

append [ə'pend], *v.t.* apposer, attacher (*à*).

appendage [ə'pendidʒ], *n.* accessoire, apanage, *m.*

appendant [ə'pendənt], *a.* accessoire, attaché, annexé (*à*).

appendicitis [əpendi'saitis], *n.* appendicite, *f.*

appendix [ə'pendiks], *n.* (*pl.* **appendixes** [ə'pendiksiz], **appendices** [ə'pendisiːz]) appendice, *m.*

appertain [æpə'tein], *v.i.* appartenir (*à*).

appetite ['æpitait], *n.* appétit; (*fig.*) désir, *m.*, soif, *f.*

appetize ['æpitaiz], *v.t.* mettre en appétit.

appetizer ['æpitaizə], *n.* apéritif, *m.*

appetizing ['æpitaiziŋ], *a.* appétissant.

applaud [ə'plɔːd], *v.t.*, *v.i.* applaudir (*à*).

applause [ə'plɔːz], *n.* applaudissements, *m.pl.*

apple [æpl], *n.* pomme, *f.*; *apple of the eye*, prunelle, *f.*

apple-pie ['æpl'pai], *n.* tourte aux pommes, *f.*

apple-sauce ['æpl'sɔːs], *n.* compote de pommes, *f.*

apple-tart ['æpl'tɑːt], *n.* tarte aux pommes, *f.*

apple-tree ['æpltriː], *n.* pommier, *m.*

appliance [ə'plaiəns], *n.* instrument, appareil, dispositif, *m.*

applicability [æplikə'biliti], **applicableness** ['æplikəblnis], *n.* applicabilité, *f.*

applicable ['æplikəbl], *a.* applicable.

applicant ['æplikənt], *n.* postulant, candidat; (*Law*) demandeur, *m.*

application [æpli'keiʃən], *n.* application; sollicitation, demande, *f.*; usage, *m.*; *for external application,* usage externe; *on application,* sur demande; *to make application to,* s'adresser à, faire une demande à.

apply [ə'plai], *v.t.* appliquer (*à*); *to apply the brake,* freiner; serrer le frein.—*v.i.* s'adresser (*à*); s'appliquer, être applicable; *to apply for* (*a job*), faire une demande (d'emploi); *to apply to,* s'adresser à *ou* chez.

appoint [ə'pɔint], *v.t.* arrêter, désigner, fixer; nommer; installer, équiper; *at the appointed hour,* à l'heure convenue; *a well-appointed house,* une maison bien installée.

appointment [ə'pɔintmənt], *n.* nomination, *f.*; décret, arrêt; établissement; emploi; rendez-vous, *m.*; convocation, *f.*

apportion [ə'pɔːʃən], *v.t.* partager, répartir, assigner.

apportionment [ə'pɔːʃənmənt], *n.* répartition, *f.*, partage, *m.*

apposite ['æpəzait], *a.* juste; à propos; approprié, convenable (*à*).

appositely ['æpəzaitli], *adv.* convenablement, justement, à propos.

appositeness ['æpəzaitnis], *n.* à-propos, *m.*, opportunité, *f.*

appraisal [APPRAISEMENT].

appraise [ə'preiz], *v.t.* priser, évaluer, estimer.

appraisement [ə'preizmənt], **appraisal** [ə'preizəl], *n.* évaluation, estimation; expertise, *f.*

appraiser [ə'preizə], *n.* commissaire-priseur, expert, *m.*

appreciable [ə'priːʃəbl], *a.* appréciable, sensible.

appreciably [ə'priːʃəbli], *adv.* sensiblement.

appreciate [ə'priːʃieit], *v.t.* apprécier, estimer.—*v.i.* (*Comm. etc.*) augmenter de valeur.

appreciation [əpriːʃi'eiʃən], *n.* appréciation, hausse de valeur, *f.*

appreciative [ə'priːʃjativ], *a.* appréciateur.

apprehend [æpri'hend], *v.t.* comprendre; prendre, saisir, arrêter, appréhender; craindre.

apprehension [æpri'henʃən], *n.* appréhension; arrestation, prise de corps; crainte, inquiétude, *f.*

apprehensive [æpri'hensiv], *a.* intelligent, prompt à saisir; appréhensif, inquiet.

apprentice [ə'prentis], *n.* apprenti, *m.*—*v.t.* mettre en apprentissage.

apprenticeship [ə'prentisʃip], *n.* apprentissage, *m.*

apprise [ə'praiz], *v.t.* prévenir; informer, instruire.

approach [ə'proutʃ], *n.* approche, *f.*; abord, accès; rapprochement, *m.*; (*Math.*) approximation, *f.*—*v.t.* approcher de, s'approcher de, aborder; (*fig.*) pressentir, tâter (*quelqu'un*).—*v.i.* approcher, s'approcher.

approachable [ə'proutʃəbl], *a.* abordable, accessible.

approbation [æpro'beiʃən], *n.* approbation, *f.*; *on approbation,* à condition, à l'essai.

appropriate [ə'prouprieit], *v.t.* approprier, affecter (*à*); s'approprier; s'emparer de.—[ə'proupriət], *a.* approprié; propre, convenable (*à*).

appropriately [ə'proupriətli], *adv.* à juste titre; convenablement.

appropriateness [ə'proupriətnis], *n.* convenance, *f.*, à-propos, *m.*, justesse, *f.*

appropriation [əproupri'eiʃən], *n.* application, destination, appropriation, *f.*; crédit (*budgétaire*), *m.*

approval [ə'pruːvəl], *n.* approbation, *f.*; *on approval,* à condition.

approve [ə'pruːv], *v.t.* approuver; trouver bon (*que, with subj.*).

approver [ə'pruːvə], *n.* approbateur, *m.*

approving [ə'pruːviŋ], *a.* approbateur, approbatif.

approvingly [ə'pruːviŋli], *adv.* avec approbation, d'un air approbateur.

approximate [ə'prɔksimeit], *v.t.* rapprocher.—*v.i.* se rapprocher (*de*).—[ə'prɔksimit], *a.* approximatif.

approximately [ə'prɔksimitli], *adv.* approximativement, à peu près.

approximation [əprɔksi'meiʃən], *n.* approximation, *f.*; rapprochement, *m.*

appulse [ə'pʌls], *n.* choc, *m.*

appurtenance [ə'pəːtinəns], *n.* appartenance, dépendance, *f.*; (*pl.*) accessoires, *m.pl.*

appurtenant [ə'pəːtinənt], *a.* appartenant (*à*), dépendant (*de*).

apricot ['eiprikət], *n.* abricot, *m.*

apricot-tree ['eiprikɔttriː], *n.* abricotier, *m.*

April ['eipril], avril, *m.*; *to make an April fool of,* donner un poisson d'avril à.

apron ['eiprən], *n.* tablier, *m.*; (*Av.*) aire de manœuvre ou d'atterrissage, *f.*

apron-stage ['eiprənsteidʒ], *n.* avant-scène, *f.*

apse [æps], **apsis** ['æpsis], *n.* (*pl.* **apses** ['æpsiːz], **apsides** [æp'saidiːz]) abside; (*Astron.*) apside, *f.*

apt [æpt], *a.* sujet, enclin, porté (*à*); propre, convenable (*à*); capable; juste (*mot*).

aptitude ['æptitjuːd], **aptness** ['æptnis], *n.* aptitude, disposition, *f.*

aptly ['æptli], *adv.* à propos; convenablement.

aqua-fortis [ækwə'fɔːtis], *n.* eau-forte, *f.*

aquamarine [ækwəmə'riːn], *n.* aigue-marine, *f.*

aqua-regia [ækwə'riːdʒiə], *n.* eau régale, *f.*

aquarium [ə'kweəriəm], *n.* aquarium, *m.*

aquatic [ə'kwɔtik, ə'kwætik], *a.* aquatique.

aquatics [ə'kwætiks], **aquatic sports** [ə'kwætikspɔːts], *n.pl.* sports nautiques, *m.pl.*

aquavitae [ækwə'vaitiː], *n.* eau de vie, *f.*

aqueduct ['ækwidʌkt], *n.* aqueduc, *m.*

aqueous ['eikwiəs], *a.* aqueux.

aquiline ['ækwilain], *a.* aquilin, d'aigle.

Arab ['ærəb], *a.* arabe.—*n.* Arabe, *m.,f.*

arabesque [ærə'besk], *a.* and *n.* arabesque, *f.*

Arabia [ə'reibiə], l'Arabie, *f.*; *Saudi Arabia,* l'Arabie Séoudite.

Arabian [ə'reibiən], *a.* arabe.

347

Arabic ['ærəbik], *a.* arabe, arabique; *Arabic figures*, chiffres arabes, *m.pl.*—*n.* arabe (*langue*), *m.*
arable ['ærəbl], *a.* arable, labourable.
arbalest ['ɑ:bəlest], *n.* arbalète, *f.*
arbiter ['ɑ:bitə], *n.* arbitre, *m.*, *f.*
arbitrament [ɑ:'bitrəmənt], *n.* arbitrage, *m.*, arbitration, *f.*; jugement, *m.*
arbitrarily ['ɑ:bitrərəli], *adv.* arbitrairement.
arbitrary ['ɑ:bitrəri], *a.* arbitraire.
arbitrate ['ɑ:bitreit], *v.t.*, *v.i.* arbitrer, décider.
arbitration [ɑ:bi'treiʃən], *n.* arbitrage, *m.*
arbitrator ['ɑ:bitreitə], *n.* arbitre, *m.*, *f.*
arbour ['ɑ:bə], *n.* berceau, *m.*, tonnelle, *f.*
arbutus [ɑ:'bju:təs], *n.* arbousier, *m.*
arc [ɑ:k], *n.* arc, *m.*
arcade [ɑ:'keid], *n.* arcade, *f.*; passage, *m.*
arch [ɑ:tʃ], *a.* moqueur, malin, espiègle; grand, maître, archi-, insigne, fieffé.—*n.* arche, *f.*; arc, cintre, *m.*, voûte, *f.*; *pointed arch*, ogive, *f.*; *triumphal arch*, arc de triomphe.—*v.t.* voûter, cintrer, arquer.
archaeological [ɑ:kiə'lɔdʒikəl], *a.* archéologique.
archaeologist [ɑ:ki'ɔlədʒist], *n.* archéologue, *m.*, *f.*
archaeology [ɑ:ki'ɔlədʒi], *n.* archéologie, *f.*
archaic [ɑ:'keiik], *a.* archaïque.
archaism ['ɑ:keiizm], *n.* archaïsme, *m.*
archangel ['ɑ:keindʒəl], *n.* archange, *m.*
archbishop [ɑ:tʃ'biʃəp], *n.* archevêque, *m.*
archbishopric [ɑ:tʃ'biʃəprik], *n.* archevêché, *m.*
archdeacon [ɑ:tʃ'di:kən], *n.* archidiacre, *m.*
archduchess [ɑ:tʃ'dʌtʃis], *n.* archiduchesse, *f.*
archduchy [ɑ:tʃ'dʌtʃi], *n.* archiduché, *m.*
archduke [ɑ:tʃ'dju:k], *n.* archiduc, *m.*
archer [ɑ:tʃə], *n.* archer, *m.*; (*Astron.*) *the Archer*, Sagittaire, *m.*
archery ['ɑ:tʃəri], *n.* tir à l'arc, *m.*
archetype [ɑ:kitaip], *n.* archétype; étalon (*mesure*), *m.*
archiepiscopal [ɑ:kiə'piskəpəl], *a.* archiépiscopal.
archipelago [ɑ:ki'peləgou], *n.* archipel, *m.*
architect ['ɑ:kitekt], *n.* architecte; (*fig.*) artisan, *m.*
architectural [ɑ:ki'tektʃərəl], *a.* architectural.
architecture ['ɑ:kitektʃə], *n.* architecture, *f.*
archives ['ɑ:kaivz], *n. pl.* archives, *f.pl.*
archivist ['ɑ:kivist], *n.* archiviste, *m.*, *f.*
archly ['ɑ:tʃli], *adv.* avec espièglerie, d'un air malin.
archness ['ɑ:tʃnis], *n.* malice, espièglerie, *f.*
arc-lamp ['ɑ:klæmp], *n.* lampe à arc, *f.*
Arctic ['ɑ:ktik], *a.* arctique.
ardent ['ɑ:dənt], *a.* ardent; *ardent spirits*, spiritueux, *m.pl.*
ardently ['ɑ:dəntli], *adv.* ardemment, avec ardeur.
ardour ['ɑ:də], *n.* ardeur, *f.*
arduous ['ɑ:djuəs], *a.* ardu, rude, pénible, difficile.
arduously ['ɑ:djuəsli], *adv.* difficilement, péniblement.
arduousness ['ɑ:djuəsnis], *n.* difficulté, *f.*
area ['ɛəriə], *n.* étendue; aire, surface, superficie; région, zone; courette d'entrée (*devant la maison*), *f.*; *area steps*, escalier de service, *m.*; *postal area*, zone postale, *f.*

arena [ə'ri:nə], *n.* arène, *f.*
argent ['ɑ:dʒənt], *a.* argenté.—*n.* (*Her.*) argent, *m.*
Argentina [ɑ:dʒən'ti:nə]. l'Argentine, la République Argentine, *f.*
Argentine ['ɑ:dʒəntain], *a.* argentin.—*n.* Argentin, *m.*; *the Argentine* [ARGENTINA].
Argentinian [ɑ:dʒən'tinjən], *a.* argentin.—*n.* Argentin (*personne*), *m.*
argil ['ɑ:dʒil], *m.* argile, *f.*
argonaut ['ɑ:gənɔ:t], *n.* argonaute, *f.*
argosy ['ɑ:gəsi], *n.* caraque, *f.*
argue ['ɑ:gju:], *v.t.* discuter; soutenir; (*fig.*) dénoter, indiquer, accuser.—*v.i.* argumenter (*contre*), raisonner (*sur*), discuter (*avec*); (*Law*) plaider.
argument ['ɑ:gjumənt], *n.* argument, raisonnement, *m.*; discussion, dispute; thèse, *f.*; *for argument's sake*, à titre d'exemple.
argumentative [ɑ:gju'mentətiv], *a.* raisonneur; disposé à argumenter.
aria ['ɑ:riə], *n.* aria, *f.*
arid ['ærid], *a.* aride.
aridity [ə'riditi], **aridness** ['æridnis], *n.* aridité, *f.*
aright [ə'rait], *adv.* correctement; bien.
arise [ə'raiz], *v.i. irr.* (*conjug. like* RISE) se lever; s'élever; survenir, se présenter; provenir, résulter (*de*); *if the question arises*, le cas échéant.
aristocracy [æris'tɔkrəsi], *n.* aristocratie, *f.*
aristocrat ['æristəkræt], *n.* aristocrate, *m.*, *f.*
aristocratic [æristə'krætik], *a.* aristocratique.
arithmetic [ə'riθmətik], *n.* arithmétique, *f.*, calcul, *m.*
arithmetical [æriθ'metikəl], *a.* arithmétique.
arithmetically [æriθ'metikəli], *adv.* arithmétiquement.
arithmetician [æriθmə'tiʃən], *n.* arithméticien, *m.*
ark [ɑ:k], *n.* arche, *f.*; *Noah's ark*, l'arche de Noé.
arm [ɑ:m], *n.* bras, *m.*; arme (*à feu*), *f.*; (*pl.*) (*Her.*) armes, armoiries, *f.pl.*; *arm in arm*, bras dessus bras dessous; *with arms folded*, les bras croisés; *with open arms*, à bras ouverts.—*v.t.* armer; donner des armes à.—*v.i.* armer; s'armer (*de*); prendre les armes.
armada [ɑ:'mɑ:də], *n.* armada, *f.*
armadillo [ɑ:mə'dilou], *n.* tatou, *m.*
armament ['ɑ:məmənt], *n.* armement, *m.*, armée, flotte, *f.*; *armaments race*, course aux armements, *f.*
armature ['ɑ:mətjuə], *n.* armature, *f.*, induit, *m.*
arm-band ['ɑ:mbænd], *n.* brassard, *m.*
arm-chair ['ɑ:mtʃɛə], *n.* fauteuil, *m.*
Armenia [ɑ:'mi:niə]. l'Arménie, *f.*
Armenian [ɑ:'mi:niən], *a.* arménien.—*n.* arménien (*langue*); Arménien (*personne*), *m.*
armful ['ɑ:mful], *n.* brassée, *f.*
arm-hole ['ɑ:mhoul], *n.* emmanchure, entournure, *f.*
armistice ['ɑ:mistis], *n.* armistice, *m.*
armless ['ɑ:mlis], *a.* sans bras.
armlet ['ɑ:mlit], *n.* brassard; bracelet; petit bras (*de mer*), *m.*
armorial [ɑ:'mɔ:riəl], *a.* armorial; *armorial bearings*, armoiries, *f.pl.*
armour ['ɑ:mə], *n.* armure, *f.*; blindés, *m.pl.*—*v.t.* cuirasser, blinder.

armoured [´ɑːməd], *a.* cuirassé, blindé.
armourer [´ɑːmərə], *n.* armurier, *m.*
armour-plate [´ɑːməˈpleit], *n.* plaque de blindage, *f.*
armour-plated [´ɑːməˈpleitid], *a.* cuirassé, blindé.
armoury [´ɑːməri], *n.* arsenal, *m.*; salle d'armes; armurerie, *f.*
armpit [´ɑːmpit], *n.* aisselle, *f.*
army [´ɑːmi], *n.* armée; (*fig.*) foule, multitude, *f.*; *the Salvation Army*, l'Armée du Salut.
Arnold [´ɑːnəld]. Arnaud, *m.*
aroma [əˈroumə], *n.* arome *ou* arôme; bouquet (*de vin*), *m.*
aromatic [ærəˈmætik], *a.* aromatique.
around [əˈraund], *prep.* autour de; (*colloq.*) environ, vers, à peu près.—*adv.* autour, à l'entour, aux alentours.
arouse [əˈrauz], *v.t.* réveiller, éveiller; exciter, provoquer.
arraign [əˈrein], *v.t.* accuser, poursuivre en justice, attaquer.
arraignment [əˈreinmənt], *n.* mise en accusation, *f.*
arrange [əˈreindʒ], *v.t.* arranger, régler, disposer, distribuer; organiser.
arrangement [əˈreindʒmənt], *n.* arrangement, *m.*, disposition, organisation, *f.*, dispositif, *m.*
arrant [´ærənt], *a.* insigne, achevé, fieffé.
arrantly [´ærəntli], *adv.* notoirement, impudemment.
array [əˈrei], *v.t.* ranger, déployer; revêtir, parer.—*n.* ordre, rang; étalage; appareil, *m.*
arrear [əˈriə], *n.* arriéré, *m.*; (*pl.*) arrérages, *m.pl.*; *to be in arrears*, être en retard, avoir de l'arriéré.
arrest [əˈrest], *v.t.* arrêter; fixer; suspendre.—*n.* arrestation, prise de corps, *f.*; arrêt, *m.*, suspension, *f.*
arresting [əˈrestiŋ], *a.* frappant, qui arrête l'attention.
arrival [əˈraivəl], *n.* arrivée, *f.*; arrivage (*de marchandises etc.*), *m.*; *arrival platform*, quai d'arrivée, débarcadère, *m.*
arrive [əˈraiv], *v.i.* arriver (à); parvenir (à).
arrogance [´ærəgəns], *n.* arrogance, *f.*
arrogant [´ærəgənt], *a.* arrogant.
arrogantly [´ærəgəntli], *adv.* arrogamment.
arrogate [´ærəgeit], *v.t.* attribuer injustement; *to arrogate to oneself*, s'arroger.
arrogation [ærəˈgeiʃən], *n.* prétention, usurpation, *f.*
arrow [´ærou], *n.* flèche, *f.*; (*fig.*) trait, *m.*—*v.t.* indiquer par des flèches.
arrow-root [´ærouruːt], *n.* arrow-root, *m.*
arsenal [´ɑːsənəl], *n.* arsenal, *m.*
arsenic [ɑːˈsenik], *a.* arsénique.—[´ɑːsənik], *n.* arsenic, *m.*
arson [´ɑːsən], *n.* incendie volontaire, *m.*
art [ɑːt], *n.* art, *m.*; adresse, habileté, *f.*; *faculty of arts*, faculté des lettres, *f.*; *fine arts*, beaux-arts, *m.pl.*; *school of art*, école de dessin, académie, *f.*
arterial [ɑːˈtiəriəl], *a.* artériel; *arterial road*, route à grande circulation, *f.*
artery [´ɑːtəri], *n.* artère, *f.*
artesian [ɑːˈtiːʒən], *a.* artésien.
artful [´ɑːtful], *a.* rusé, fin, artificieux.
artfully [´ɑːtfuli], *adv.* avec artifice, artificieusement, adroitement.

artfulness [´ɑːtfulnis], *n.* ruse, finesse, *f.*, artifice, *m.*
arthritic [ɑːˈθritik], *a.* arthritique.
arthritis [ɑːˈθraitis], *n.* arthrite, *f.*
artichoke [´ɑːtiʃouk], *n. Chinese artichoke*, crosne (du Japon), *m.*; *globe artichoke*, artichaut, *m.*; *Jerusalem artichoke*, topinambour, *m.*
article [´ɑːtikl], *n.* article; objet; statut, *m.*—*v.t.* engager par contrat; placer (*chez un avoué*) comme clerc; *articled clerk*, clerc d'avoué, *m.*
articulate [ɑːˈtikjuleit], *v.t.*, *v.i.* articuler; énoncer, parler distinctement.—[ɑːˈtikjulit], *a.* articulé.
artifice [´ɑːtifis], *n.* artifice, *m.*, ruse, finesse, *f.*
artificer [ɑːˈtifisə], *n.* artisan, ouvrier; mécanicien, *m.*
artificial [ɑːtiˈfiʃəl], *a.* artificiel; factice.
artificiality [ɑːtifiʃiˈæliti], *n.* nature artificielle, *f.*
artificially [ɑːtiˈfiʃəli], *adv.* artificiellement.
artillery [ɑːˈtiləri], *n.* artillerie, *f.*
artilleryman [ɑːˈtilərimən], *n.* (*pl.* **-men** [men]) artilleur, *m.*
artisan [ɑːtiˈzæn], *n.* artisan, ouvrier, *m.*
artist [´ɑːtist], *n.* artiste, *m.*,*f.*
artistic [ɑːˈtistik], *a.* artistique.
artistically [ɑːˈtistikli], *adv.* artistement, avec art.
artless [´ɑːtlis], *a.* ingénu, naïf; sans art, naturel.
artlessly [´ɑːtlisli], *adv.* ingénument naïvement; sans art.
artlessness [´ɑːtlisnis], *n.* naïveté; simplicité, *f.*
as [æz], *conj.* comme; tel que; à titre de; aussi . . . que; à mesure que; en, pour; parce que; *as big as*, aussi gros que; *as cold as charity*, froid comme le marbre; *as for*, quant à, pour; *as he advanced*, à mesure qu'il avançait; *as he was walking*, comme il marchait; *as if*, comme si; *as it were*, pour ainsi dire; *as much as*, autant que, tant que; *as yet*, jusqu'à présent, encore; *as you were*, (*Mil.*) au temps! *be that as it may*, quoi qu'il en soit; *do as you wish*, faites comme vous voudrez; *rich as she is*, toute riche qu'elle est; *she was dressed as a page*, elle était habillée en page; *that's as may be*, c'est selon; *to act as*, agir en.
asbestos [æzˈbestəs], *n.* asbeste, amiante, *m.*
ascend [əˈsend], *v.t.* monter; gravir, faire l'ascension de; remonter (*un fleuve*).—*v.i.* monter (à ou sur); remonter; s'élever (*montagne etc.*).
ascendancy [əˈsendənsi], *n.* ascendant, *m.*; supériorité, influence, *f.*
ascendant [əˈsendənt], *a.* ascendant; supérieur.—*n.* ascendant, *m.*; supériorité, *f.*, dessus, *m.*
Ascension [əˈsenʃən], *n.* (*Eccles.*) Ascension, *f.*; *Ascension Day*, jour de l'Ascension, *m.*
ascent [əˈsent], *n.* ascension; élévation, montée, pente, *f.*
ascertain [æsəˈtein], *v.t.* s'assurer, s'informer de, constater, vérifier.
ascetic [əˈsetik], *a.* ascétique.—*n.* ascète, ascétique, *m.*,*f.*
asceticism [əˈsetisizm], *n.* ascétisme, *m.*

349

ascribable [ə'skraibəbl], *a.* attribuable, imputable.

ascribe [ə'skraib], *v.t.* attribuer, imputer (à).

aseptic [æ'septik], *a.* and *n.* aseptique, *m.*

asexual [æ'seksjuəl], *a.* asexué, asexuel.

ash (1) [æʃ], *a.* de frêne.—*n.* frêne (*arbre*); bâton, *m.*; *mountain-ash*, sorbier, *m.*

ash (2) [æʃ], *n.* cendre, *f.*; cendres, *f.pl.*

ashamed [ə'ʃeimd], *a.* honteux, confus; *to be ashamed of*, avoir honte de.

ash-bin, -pit ['æʃbin, -pit], *n.* cendrier, *m.*

ashcan ['æʃkæn], *n.* (*Am.*) boîte à ordures, *f.*

ashen (1) [æʃn], *a.* de frêne.

ashen (2) [æʃn], *a.* cendré; gris pâle.

ashore [ə'ʃɔ:], *adv.* à terre; échoué (*navire*); *to go ashore*, débarquer.

ash-pit [ASH-BIN].

ashtray ['æʃtrei], *n.* cendrier, *m.*

Ash Wednesday [æʃ'wenzdi]. mercredi des Cendres, *m.*

ashy ['æʃi], *a.* cendré; gris pâle.

Asia ['eiʃə]. l'Asie, *f.*

Asia Minor ['eiʃə'mainə]. l'Asie-Mineure, *f.*

Asiatic [eiʃi'ætik], **Asian** ['eiʃən], *a.* asiatique.
—*n.* Asiatique (*personne*), *m.,f.*

aside [ə'said], *adv.* de côté; (*Theat.*) à part; à l'écart.—*n.* (*Theat.*) aparté, *m.*

asinine ['æsinain], *a.* d'âne; sot.

ask [ɑ:sk], *v.t.* demander, prier (*de*); inviter (à); s'informer, se renseigner; poser (*une question*); *to ask in*, prier d'entrer; *to ask someone to do something*, demander à quelqu'un de faire quelque chose; *to ask to see*, demander à voir.

askance [ə'skɑːns], *adv.* de travers, obliquement.

askew [ə'skjuː], *adv.* de côté, de biais.

aslant [ə'slɑːnt], *adv.* obliquement, de biais, de côté, en travers.

asleep [ə'sliːp], *a.* endormi; *to be asleep*, dormir; *to fall asleep*, s'endormir.

asp (1) [æsp], **aspic** ['æspik], *n.* aspic, *m.*

asp (2) [æsp], **aspen** ['æspən], *n.* tremble, *m.*

asparagus [əs'pærəgəs], *n.* asperges, *f.pl.*

aspect ['æspekt], *n.* aspect, *m.*; exposition, *f.*; *to have a southern aspect*, être exposé au midi.

aspen ['æspən], *a.* de tremble.—*n.* [ASP (2)].

asperity [æs'periti], *n.* aspérité, âpreté, rudesse, *f.*

aspersion [æs'pəːʃən], *n.* calomnie, *f.*; *to cast aspersions on*, répandre des calomnies sur.

asphalt ['æsfælt], *a.* d'asphalte.—*n.* asphalte, *m.*

asphyxia [æs'fiksiə], *n.* asphyxie, *f.*

asphyxiate [æs'fiksieit], *v.t.* asphyxier.

aspic [ASP (1)].

aspirant [ə'spaiərənt], *n.* aspirant, candidat, *m.*

aspirate ['æspireit], *v.t.* aspirer.—['æspirit] *a.* aspiré.

aspiration [æspi'reiʃən], *n.* aspiration, *f.*

aspire [ə'spaiə], *v.i.* aspirer (à), ambitionner.

aspirin ['æspirin], *n.* aspirine, *f.*

asquint [ə'skwint], *adv.* de travers, en louchant.

ass [æs], *n.* âne, *m.*; *he is a silly ass*, il est bête à manger du foin; *she-ass*, ânesse, *f.*; *to make an ass of oneself*, agir sottement; *young ass*, ânon, *m.*

assail [ə'seil], *v.t.* assaillir, attaquer.

assailant [ə'seilənt], *n.* assaillant, *m.*

assassin [ə'sæsin], *n.* assassin (*politique*), *m.*

assassinate [ə'sæsineit], *v.t.* assassiner.

assassination [əsæsi'neiʃən], *n.* assassinat, *m.*

assault [ə'sɔːlt], *n.* assaut, *m.*, attaque brusquée; (*Law*) tentative de voie de fait, *f.*; *assault and battery*, voies de fait, *f.pl.*; *indecent assault*, outrage aux mœurs, *m.*
—*v.t.* assaillir, attaquer.

assay [ə'sei], *n.* épreuve, vérification, *f.*; essai, *m.*—*v.t.* essayer.

assemble [ə'sembl], *v.t.* assembler, réunir.—*v.i.* s'assembler, se réunir.

assembly [ə'sembli], *n.* assemblée, réunion, *f.*; assemblage (*d'une machine*), *m.*; *assembly line*, chaîne de montage, *f.*

assent [ə'sent], *v.i.* donner son assentiment (à), admettre.—*n.* assentiment, consentement, *m.*

assert [ə'səːt], *v.t.* affirmer, prétendre, soutenir; revendiquer, faire valoir (*ses droits etc.*).

assertion [ə'səːʃən], *n.* assertion, revendication, *f.*

assertive [ə'səːtiv], *a.* assertif.

assertively [ə'səːtivli], *adv.* d'un ton péremptoire.

assess [ə'ses], *v.t.* répartir, fixer; imposer; évaluer.

assessment [ə'sesmənt], *n.* imposition, répartition, assiette; évaluation, *f.*

assessor [ə'sesə], *n.* assesseur; répartiteur, *m.*

asset ['æset], *n.* avoir; avantage, *m.*

assets ['æsets], *n.pl.* actif, *m*; *assets and liabilities*, actif et passif, *m.*; *personal assets*, biens meubles, *m.pl.*; *real assets*, biens immobiliers, *m.pl.*

asseverate [ə'sevəreit], *v.t.* affirmer solennellement.

assiduity [æsi'djuːiti], *n.* assiduité, *f.*

assiduous [ə'sidjuəs], *a.* assidu.

assiduously [ə'sidjuəsli], *adv.* assidûment.

assign [ə'sain], *v.t.* assigner, attribuer; transférer (à).—*n.* (*Law*) ayant droit, *m.*

assignation [æsig'neiʃən], *n.* attribution, assignation, cession, *f.*; rendez-vous, *m.*

assignee [æsi'niː], *n.* cessionnaire, *m.,f.*; syndic (*de faillite*), *m.*

assimilate [ə'simileit], *v.t.* assimiler.—*v.i.* s'assimiler.

assimilation [əsimi'leiʃən], *n.* assimilation, *f.*

assist [ə'sist], *v.t.* aider; *to assist each other*, s'entr'aider.

assistance [ə'sistəns], *n.* assistance, aide, *f.*; secours, concours, *m.*

assistant [ə'sistənt], *a.* qui aide, auxiliaire.—*n.* aide; adjoint; commis (*dans une boutique*), *m.*; *assistant examiner*, examinateur adjoint, *m.*; *assistant manager*, sous-directeur, *m.*

assizes [ə'saiziz], *n. pl.* assises, *f.pl.*

associate [ə'souʃieit], *v.t.* associer (*avec* ou à).—*v.i.* s'associer (*avec* ou à); *to associate with*, fréquenter.—[ə'souʃiit], *a.* associé.—*n.* associé, *m.*; complice, *m., f.*

association [əsousi'eiʃən], *n.* association, *f.*; souvenir, *m.*

assort [ə'sɔːt], *v.t.* assortir.

assorted [ə'sɔːtid], *a.* assorti.

assortment [ə'sɔːtmənt], *n.* assortiment, *m.*; classification, *f.*

assuage [ə'sweidʒ], *v.t.* adoucir, apaiser calmer, soulager.—*v.i.* s'apaiser, se calmer.
assume [ə'sju:m], *v.t.* prendre sur soi, s'arroger, s'attribuer; assumer (*une responsabilité*); supposer, présumer; se donner; affecter.
assuming [ə'sju:miŋ], *a.* arrogant, présomptueux, prétentieux; *assuming that*, en supposant que.
assumption [ə'sʌmpʃən], *n.* supposition; prétention, *f.*; (*Eccles.*) *the Assumption*, l'Assomption (*de la Sainte Vierge*), *f.*
assurance [ə'ʃuərəns], *n.* assurance, *f.*
assure [ə'ʃuə], *v.t.* assurer.
assuredly [ə'ʃuəridli], *adv.* assurément, à coup sûr.
Assyria [ə'siriə]. l'Assyrie, *f.*
Assyrian [ə'siriən], *a.* assyrien.—*n.* assyrien (*langue*); Assyrien (*personne*), *m.*
aster ['æstə], *n.* (*Bot., Biol.*) aster, *m.*
asterisk ['æstərisk], *n.* astérisque, *m.*
astern [ə'stə:n], *adv.* (*Naut.*) à l'arrière, sur l'arrière; *to go astern*, culer.
asteroid ['æstərɔid], *n.* astéroïde, *m.*
asthma ['æsθmə], *n.* asthme, *m.*
asthmatic [æsθ'mætik], *a.* asthmatique.
astigmatism [ə'stigmətizm], *n.* astigmatisme, *m.*
astir [ə'stə:], *a.* en mouvement, agité, en émoi; debout.
astonish [ə'stɔniʃ], *v.t.* étonner.
astonishing [ə'stɔniʃiŋ], *a.* étonnant, *m.*
astonishment [ə'stɔniʃmənt], *n.* étonnement, *m.*
astound [ə'staund], *v.t.* étonner, ébahir, étourdir.
astounding [ə'staundiŋ], *a.* renversant, abasourdissant.
astray [ə'strei], *adv.* égaré, (*fig.*) dévoyé; *to go astray*, s'égarer.
astride [ə'straid], *adv.* à califourchon; *astride upon*, à cheval sur.
astringent [ə'strindʒənt], *a.* and *n.* astringent, *m.*
astrologer [ə'strɔlədʒə], *n.* astrologue, *m.,f.*
astrology [ə'strɔlədʒi], *n.* astrologie, *f.*
astronaut ['æstrənɔ:t], *n.* astronaute, *m.,f.*
astronomer [ə'strɔnəmə], *n.* astronome, *m.,f.*
astronomic [æstrə'nɔmik], **astronomical** [æstrə'nɔmikəl], *a.* astronomique.
astronomy [ə'strɔnəmi], *n.* astronomie, *f.*
astute [ə'stju:t], *a.* fin, avisé; rusé, astucieux.
astuteness [ə'stju:tnis], *n.* astuce, sagacité, *f.*
asunder [ə'sʌndə], *adv.* en deux.
asylum [ə'sailəm], *n.* asile, refuge; hospice, *m.*
at [æt], *prep.* à, en, dans; après; *at first* d'abord; *at hand*, sous la main; *at home*, chez soi; *at last*, enfin; *at least*, (*quantity*) au moins; (*fig.*) du moins; *at once*, tout de suite; à la fois; *at school*, à l'école; *at the same time*, en même temps; *at work*, à l'ouvrage.
atheism ['eiθiizm], *n.* athéisme, *m.*
atheist ['eiθiist], *n.* athée, *m.,f.*
atheistic [eiθi'istik], *a.* athée, athéistique.
Athens ['æθənz]. Athènes, *f.*
athirst [ə'θə:st], *a.* altéré, assoiffé.
athlete ['æθli:t], *n.* athlète, *m., f.*
athletic [æθ'letik], *a.* athlétique.
athletics [æθ'letiks], *n. pl.* l'athlétisme, *m.*
Atlantic [ət'læntik], *a.* atlantique.—*n.* l'(Océan) Atlantique, *m.*

atlas ['ætləs], *n.* atlas, *m.*
atmosphere ['ætməsfiə], *n.* atmosphère, *f.*
atmospheric [ætməs'ferik], **atmospherical** [ætməs'ferikəl], *a.* atmosphérique.
atmospherics [ætməs'feriks], *n.pl.* (*Rad.*) parasites, *m.pl.*
atoll ['ætɔl], *n.* atoll, attoll, *m.*
atom ['ætəm], *n.* atome, *m.*; *atom bomb*, bombe atomique, *f.*
atomic [ə'tɔmik], *a.* atomique.
atomize ['ætəmaiz], *v.t.* pulvériser, vaporiser.
atomizer ['ætəmaizə], *n.* pulvérisateur, *m.*
atone [ə'toun], *v.t.*, *v.i.* expier; racheter.
atonement [ə'tounmənt], *n.* expiation, *f.*
atop [ə'tɔp], *adv.* au sommet, en haut.
atrocious [ə'trouʃəs], *a.* atroce.
atrociously [ə'trouʃəsli], *adv.* atrocement.
atrocity [ə'trɔsiti], *n.* atrocité, *f.*
atrophy [ə'trɔfi], *n.* atrophie, *f.*—*v.t.* atrophier.—*v.i.* s'atrophier.
attach [ə'tætʃ], *v.t.* attacher, lier (à).
attachable [ə'tætʃəbl], *a.* qu'on peut attacher.
attaché-case [ə'tæʃikeis], *n.* mallette, *f.*
attachment [ə'tætʃmənt], *n.* attachement, *m.*
attack [ə'tæk], *v.t.* attaquer.—*n.* attaque, *f.*, accès, assaut, *m.*
attacker [ə'tækə], *n.* agresseur, *m.*
attain [ə'tein], *v.t.* atteindre, parvenir à.
attainable [ə'teinəbl], *a.* qu'on peut atteindre.
attainment [ə'teinmənt], *n.* acquisition, *f.*; talent, *m.*; (*pl.*) connaissances, *f.pl.*
attaint [ə'teint], *v.t.* accuser; condamner; flétrir, dégrader.
attempt [ə'tempt], *v.t.* tenter, essayer tâcher (*de*).—*n.* tentative, *f.*, essai, effort; attentat, *m.*
attend [ə'tend], *v.t.* s'occuper de; soigner (*un malade*); servir; assister (à).—*v.i.* faire attention, écouter; assister (à); servir; s'appliquer (à).
attendance [ə'tendəns], *n.* service, *m.*; assistance (*à une réunion*); présence; fréquentation (*scolaire*), *f.*; soins (*pour un malade*), *m.pl.*
attendant [ə'tendənt], *a.* qui suit.—*n.* assistant, aide; serviteur, *m.*
attention [ə'tenʃən], *n.* attention, *f.*; (*pl.*) soins, *m.pl.*
attentive [ə'tentiv], *a.* attentif (à), assidu (*auprès de*).
attentively [ə'tentivli], *adv.* attentivement.
attest [ə'test], *v.t.* attester.
attic ['ætik], *n.* mansarde, *f.*, grenier, *m.*
attire [ə'taiə], *v.t.* vêtir, parer.—*n.* vêtements *m.pl.*, costume, *m.*; parure, *f.*, atours, *m.pl.*
attitude ['ætitju:d], *n.* attitude, pose, *f.*
attorney [ə'tə:ni], *n.* (*Am.*) avoué; mandataire, *m.*; *power of attorney*, procuration, *f.*
attorney-general [ə'tə:ni'dʒenərəl], *n.* procureur-général, *m.*
attract [ə'trækt], *v.t.* attirer.
attraction [ə'trækʃən], *n.* attraction, *f.*; (*pl.*) attraits, appas, *m.pl.*
attractive [ə'træktiv], *a.* attrayant, séduisant; attractif (*de l'aimant etc.*).
attractiveness [ə'træktivnis], *n.* attrait, charme, *m.*
attributable [ə'tribjutəbl], *a.* attribuable.
attribute [ə'tribju:t], *v.t.* attribuer, imputer (à).—['ætribju:t], *n.* attribut, *m.*, qualité, *f.*

attrition

attrition [ə'triʃən], *n.* attrition, *f.*; *war of attrition*, guerre d'usure, *f.*
attune [ə'tju:n], *v.t.* accorder.
auburn ['ɔ:bən], *a.* châtain roux.
auction ['ɔ:kʃən], *n.* enchère, *f.*—*v.t.* vendre aux enchères.
auctioneer [ɔ:kʃə'niə], *n.* commissaire-priseur, *m.*
auction-room ['ɔ:kʃənru:m], *n.* salle des ventes, *f.*
audacious [ɔ:'deiʃəs], *a.* audacieux.
audaciously [ɔ:'deiʃəsli], *adv.* audacieusement.
audacity [ɔ:'dæsiti], *n.* audace, *f.*
audible ['ɔ:dibl], *a.* qu'on peut entendre, audible; distinct, intelligible.
audibly ['ɔ:dibli], *adv.* de manière à être entendu.
audience ['ɔ:djəns], *n.* auditoire, *m.*, assistance, audience, *f.*
audio-visual ['ɔ:djo'vizjuəl], *a.* audio-visuel.
audit ['ɔ:dit], *v.t.* apurer, vérifier (*des comptes*).—*n.* apurement, *m.*, vérification de comptes, *f.*; *audit office*, cour des comptes, *f.*
audition [ɔ:'diʃən], *n.* audition, *f.*—*v.t.* (*fam.*) auditionner.
auditor ['ɔ:ditə], *n.* vérificateur; expert comptable, *m.*
auger ['ɔ:gə], *n.* tarière, *f.*
aught [ɔ:t], *n.* quelque chose; quoi que ce soit, *m.*; *for aught I know*, pour autant que je sache.
augment [ɔ:g'ment], *v.t.* augmenter, accroître.
augur ['ɔ:gə], *v.t., v.i.* augurer, présager.—*n.* augure, *m.*
augury ['ɔ:gjuri], *n.* augure, *m.*
August ['ɔ:gəst], *n.* août, *m.*; *in August*, en août.
august [ɔ:'gast], *a.* auguste, imposant.
auk [ɔ:k], *n.* (*Orn.*) pingouin, *m.*
aunt [ɑ:nt], *n.* tante, *f.*
auntie ['ɑ:nti], *n.* (*colloq.*) tata, *f.*
aura ['ɔ:rə], *n.* exhalaison, *f.*, effluve, *m.*
aural ['ɔ:rəl], *a.* de l'oreille.
Aurora [ɔ:'rɔ:rə], *n.* aurore, *f.*; *Aurora Borealis*, aurore boréale.
auspice ['ɔ:spis], *n.* (*usu. in pl.*) auspice, *m.*
auspicious [ɔ:'spiʃəs], *a.* de bon augure, propice.
auspiciously [ɔ:'spiʃəsli], *adv.* sous d'heureux auspices.
austere [ɔ:s'tiə], *a.* austère; âpre.
austerity [ɔ:s'teriti], *n.* austérité, *f.*
Australasia [ɔstrə'leiʃiə], l'Australasie, *f.*
Australia [ɔs'treiliə], l'Australie, *f.*
Australian [ɔs'treiliən], *a.* australien.—*n.* Australien (*personne*), *m.*
Austria ['ɔstriə], l'Autriche, *f.*
Austrian ['ɔstriən], *a.* autrichien.—*n.* Autrichien (*personne*), *m.*
authentic [ɔ:'θentik], *a.* authentique.
authentically [ɔ:'θentikli], *adv.* authentiquement.
authenticate [ɔ:'θentikeit], *v.t.* authentiquer, constater.
authenticated [ɔ:'θentikeitid], *a.* authentique, avéré.
authenticity [ɔ:θen'tisiti], *n.* authenticité, *f.*
author ['ɔ:θə], *n.* auteur, *m.*
authoress ['ɔ:θəris], *n.* femme auteur, femme écrivain, *f.*

authoritative [ɔ:'θɔritətiv], *a.* d'autorité; autorisé; autoritaire, impérieux.
authority [ɔ:'θɔriti], *n.* autorité; autorisation, *f.*, mandat, *m.*
authorization [ɔ:θərai'zeiʃən], *n.* autorisation, *f.*
authorize ['ɔ:θəraiz], *v.t.* autoriser.
authorship ['ɔ:θəʃip], *n.* qualité d'auteur; (*colloq.*) paternité, *f.*
autobiographer [ɔ:təbai'ɔgrəfə], *n.* autobiographe, *m.*, *f.*
autobiography [ɔ:təbai'ɔgrəfi], *n.* autobiographie, *f.*
autocracy [ɔ:'tɔkrəsi], *n.* autocratie, *f.*
autocrat ['ɔ:təkræt], *n.* autocrate, *m.*, *f.*
auto-cycle ['ɔ:tosaikl], *n.* cyclomoteur, *m.*
autograph ['ɔ:təgrɑ:f], *n.* autographe, *m.*—*v.t.* signer, autographier.
autogyro [ɔ:to'dʒairou], *n.* autogyre, *m.*
automatic [ɔ:tə'mætik], *a.* automatique.
automatically [ɔ:tə'mætikli], *adv.* automatiquement; machinalement.
automation [ɔ:tə'meiʃən], *n.* automation, *f.*
automaton [ɔ:'tɔmətən], *n.* (*pl.* automata [ɔ:'tɔmətə]) automate, *m.*
automobile ['ɔ:təməbi:l], *n.* (*Am.*) automobile, auto, voiture, *f.*
autonomous [ɔ:'tɔnəməs], *a.* autonome.
autonomy [ɔ:'tɔnəmi], *n.* autonomie, *f.*
autopsy ['ɔ:tɔpsi, ɔ:'tɔpsi], *n.* autopsie, *f.*
autumn ['ɔ:təm], *n.* automne, *m.* ou *f.*
autumnal [ɔ:'tʌmnəl], *a.* automnal, d'automne.
auxiliary [ɔ:g'ziljəri], *a.* and *n.* auxiliaire, *f.*
avail [ə'veil], *v.t., v.i.* profiter, servir; *to avail oneself of*, se servir de.—*n.* service, avantage, *m.*, utilité, *f.*; *of what avail is it?* à quoi bon?
available [ə'veiləbl], *a.* disponible; valable.
avalanche ['ævəlɑ:nʃ], *n.* avalanche, *f.*
avarice ['ævəris], *n.* avarice, *f.*
avaricious [ævə'riʃəs], *a.* avare, avaricieux.
avenge [ə'vendʒ], *v.t.* venger; *to avenge oneself*, se venger (*de* ou *sur*).
avenger [ə'vendʒə], *n.* vengeur, *m.*
avenging [ə'vendʒiŋ], *a.* vengeur.—*n.* vengeance, *f.*
avenue ['ævənju:], *n.* avenue, *f.*
aver [ə'və:], *v.t.* affirmer.
average ['ævəridʒ], *a.* commun, moyen.—*n.* moyenne, *f.*, prix moyen, terme moyen, *m.*; (*Naut.*) avarie, *f.*; *on an average*, en moyenne.—*v.t.* établir la moyenne de; atteindre une moyenne de.
averse [ə'və:s], *a.* opposé (*à*), ennemi (*de*).
aversely [ə'və:sli], *adv.* à contre-cœur.
aversion [ə'və:ʃən], *n.* répugnance, aversion, *f.*; *it is his pet aversion*, c'est sa bête noire.
avert [ə'və:t], *v.t.* détourner, écarter.
aviary ['eiviəri], *n.* volière, *f.*
aviation [eivi'eiʃən], *n.* aviation, *f.*
aviator ['eivieitə], *n.* aviateur, *m.*
avid ['ævid], *a.* avide.
avidly ['ævidli], *adv.* avec avidité, avidement.
avoid [ə'vɔid], *v.t.* éviter.
avoidable [ə'vɔidəbl], *a.* évitable.
avoidance [ə'vɔidəns], *n.* action d'éviter, *f.*
avoirdupois [ævədə'pɔiz], *n.* poids du commerce, *m.*
avow [ə'vau], *v.t.* avouer, confesser, déclarer.

avowal [ə'vauəl], *n.* aveu, *m.*

avowedly [ə'vauidli], *adv.* de son propre aveu.

await [ə'weit], *v.t.* attendre.

awake [ə'weik], *v.t. irr.* éveiller, réveiller.— *v.i.* s'éveiller, se réveiller.—*a.* éveillé; attentif.

awaken [ə'weikən], *v.t.* éveiller, réveiller.

awakening [ə'weikniŋ], *n.* réveil, *m.*

award [ə'wɔːd], *v.t.* décerner, adjuger.—*n.* décision, *f.*, jugement, *m.*, sentence; (*Sch.*) récompense, *f.*

aware [ə'wɛə], *a.* qui sait; instruit; *to be aware of*, savoir, avoir connaissance de; *not to be aware of*, ignorer.

awareness [ə'wɛənis], *n.* conscience, *f.*

away [ə'wei], *adv.* absent; loin, au loin; *away with you!* allez-vous en! *far away*, au loin; *right away*, immédiatement.

awe [ɔː], *n.* crainte, terreur, *f.*, respect, *m.*

awe-inspiring [ɔː'inspaiəriŋ], *a.* terrifiant.

awestruck [ɔː'strʌk], *a.* frappé de terreur.

awful [ɔː'ful], *a.* terrible, redoutable, effroyable; solennel; *what awful weather!* quel temps affreux!

awfully [ɔː'fuli], *adv.* horriblement, terriblement; (*fam.*) diablement.

awhile [ə'wail], *adv.* un instant, un peu.

awkward [ɔː'kwəd], *a.* gauche, maladroit; embarrassant.

awkwardly [ɔː'kwədli], *adv.* gauchement, maladroitement.

awkwardness [ɔː'kwədnis], *n.* gaucherie, maladresse, *f.*

awl [ɔːl], *n.* alène, *f.*; poinçon, *m.*

awning [ɔː'niŋ], *n.* tente, banne, bâche, *f.*

awry [ə'rai], *a. and adv.* de travers.

axe [æks], *n.* hache, cognée, *f.*

axiom [æksiəm], *n.* axiome, *m.*

axiomatic [æksiə'mætik], *a.* axiomatique.

axis [æksis], *n.* (*pl.* **axes** [æksiːz]) axe, *m.*

axle [æksl], *n.* arbre, essieu, *m.*; (*Motor.*) *rear axle*, pont arrière, *m.*

ay, aye [ai], *adv.* oui, c'est vrai; *aye, aye!* (*Naut.*) bon quart!—*n.* **ayes and noes**, voix pour et contre, *f.pl.*

azalea [ə'zeiliə], *n.* (*Bot.*) azalée, *f.*

Azores [ə'zɔːz], **the.** les Açores, *f.pl.*

azote [ə'zout], *n.* (*Chem.*) azote, *m.*

azure [æʒuə, 'eiʒə], *a.* d'azur.—*n.* azur, *m.*

B

B, b [biː]. deuxième lettre de l'alphabet; (*Mus.*) si, *m.*

baa [bɑː], *v.i.* bêler.—*n.* bêlement, *m.*

babble [bæbl], *v.i.* babiller; gazouiller jaser; (*fig.*) murmurer (*ruisseau*).—*n.* babil, caquet; (*fig.*) murmure, *m.*, jaserie, *f.*

babbler [bæblə], *n.* babillard, *m.*

babbling [bæbliŋ], *a.* babillard, bavard.

babe [beib], *n.* enfant nouveau-né, petit enfant, *m.*

Babel [beibəl]. Babel, *f.*

baboon [bə'buːn], *n.* babouin, *m.*

baby [beibi], *n.* bébé, *m.*; *baby grand (piano)*, piano à demi-queue, *m.*; *baby linen*, layette, *f.*

babyhood [beibihud], *n.* première enfance, *f.*

babyish [beibiiʃ], *a.* enfantin.

bacchanalia [bækə'neiliə], *n.pl.* bacchanales, *f.pl.*

bacchanalian [bækə'neiliən], *a.* bachique.— *n.* ivrogne, *m.*

bachelor [bætʃələ], *n.* célibataire, vieux garçon; bachelier (*ès lettres*), *m.*

back [bæk], *a.* arrière, de derrière; *a back street*, une petite rue.—*n.* dos, *m.*, reins, *m.pl.*; envers (*d'un tissu*); verso (*d'une page etc.*); fond (*d'une salle etc.*); (*Ftb.*) arrière; revers (*d'une colline etc.*); derrière (*d'une maison etc.*); dossier (*d'une chaise*), *m.*; *at the back of*, derrière; *back to back*, dos à dos; *on the back of* (*a letter etc.*), au verso.—*adv.* en arrière; de retour, rentré; *a few years back*, il y a quelques années; *to be back*, être de retour; *to call back*, rappeler; *to come back*, revenir.—*v.t.* soutenir; (*Betting*) jouer (*un cheval*); faire reculer.—*v.i.* reculer.

backbite [bækbait], *v.t.* médire de, calomnier.

backbiting [bækbaitiŋ] *n.* médisance, *f.*

backbone [bækboun], *n.* épine dorsale, *f.*

back-door [bæk'dɔː], *n.* porte de derrière, *f.*

backer [bækə], *n.* partisan, second; parieur pour, *m.*

back-fire [bæk'faiə], *v.i.* (*Motor.*) pétarader.

backgammon [bæk'gæmən], *n.* trictrac, *m.*

back-garden [bæk'gɑːdn], *n.* jardin de derrière, *m.*

background [bækgraund], *n.* arrière-plan, fond, *m.*

back-room [bæk'ruːm], *n.* chambre de derrière, *f.*

backside [bæk'said], *n.* (*pop.*) derrière, *m.*

backslide [bæk'slaid], *v.i.* retomber dans le vice *ou* le péché.

backstage [bæk'steidʒ], *adv.* derrière la scène; dans les coulisses.

backstairs [bæk'stɛəz], *n.* escalier de service, *m.*

backward [bækwəd], *a.* arriéré; en retard; en arrière; lent, tardif.

backward(s) [bækwəd(z)], *adv.* à reculons; en arrière; à la renverse.

backwoodsman [bækwudzmən], *n.* (*pl.* -men [men]) défricheur de forêts, *m.*

back-yard [bæk'jɑːd], *n.* cour de derrière, *f.*

bacon [beikən], *n.* lard, *m.*

bacterium [bæk'tiəriəm], *n.* (*pl.* **bacteria** [bæk'tiəriə]) bactérie, *f.*

bad [bæd], *a.* mauvais; méchant (*enfant etc.*); gâté (*aliment etc.*); malade; *that is too bad*, c'est trop fort.

badge [bædʒ], *n.* insigne, *m.*; plaque, *f.*; (*Mil.*) écusson; brassard, *m.*

badger [bædʒə], *n.* blaireau, *m.*—*v.t.* harceler.

badly [bædli], *adv.* mal; grièvement, fort, beaucoup.

badness [bædnis], *n.* méchanceté, *f.*; mauvais état, *m.*

baffle [bæfl], *v.t.* déjouer; confondre.

353

bag

bag [bæg], *n.* sac; cornet (*papier*), *m.*; **game-bag**, gibecière, *f.*; **with bag and bag-gage**, avec armes et bagages.—*v.t.* mettre en sac; abattre (*du gibier*); (*colloq.*) s'emparer de; (*slang*) chiper.—*v.i.* bouffer (*pantalon*).

baggage ['bægidʒ], *n.* (*chiefly Am.*) bagages, *m.pl.*

bagpipes ['bægpaips], *n. pl.* cornemuse, *f.*

bail (1) [beil], *n.* caution, *f.*; **on bail**, sous caution.

bail (2), **bale** (1) [beil], *v.t.* écoper.

bailiff ['beilif], *n.* huissier, *m.*; **farm bailiff**, régisseur, *m.*

bait [beit], *v.t.* amorcer (*un hameçon*); (*fig.*) harceler, tourmenter.—*n.* amorce, *f.*; appât, leurre, *m.*

baize [beiz], *n.* serge, *f.*; **green baize**, tapis vert, *m.*

bake [beik], *v.t., v.i.* cuire au four.

bakehouse ['beikhaus], *n.* fournil, *m.*, boulangerie, *f.*

Bakelite ['beikəlait], *n.* bakélite (*reg. trade mark*), *f.*

baker ['beikə], *n.* boulanger, *m.*

bakery ['beikəri], *n.* boulangerie, *f.*

baking ['beikiŋ], *n.* cuisson; fournée, *f.*

balance ['bæləns], *n.* balance, *f.*; équilibre; balancier (*d'une pendule*), *m.*—*v.t.* équilibrer, balancer; **to balance up**, arrêter.

balance-sheet ['bælənsʃi:t], *n.* bilan, *m.*

balance-weight ['bælənsweit], *n.* contre-poids, *m.*

balcony ['bælkəni], *n.* balcon, *m.*

bald [bɔːld], *a.* chauve; (*fig.*) plat, sec (*style*).

baldly ['bɔːldli], *adv.* pauvrement, platement, sèchement.

baldness ['bɔːldnis], *n.* calvitie; (*fig.*) platitude, *f.*

bale (1) [BAIL (2)].

bale (2) [beil], *n.* balle, *f.*, ballot, *m.*—*v.t.* em-baller.—*v.i.* **to bale out**, (*Av.*) sauter en parachute.

baleful ['beilful], *a.* sinistre, funeste.

balefully ['beilfuli], *adv.* d'une manière funeste.

balk, baulk [bɔːk], *n.* poutre, bille; (*Billiards*) ligne de départ, *f.*—*v.t.* frustrer, contrarier, déjouer.

Balkan ['bɔːlkən], *a.* balkanique.

Balkans ['bɔːlkənz], **the.** les Balkans, les États Balkaniques, *m.pl.*

ball (1) [bɔːl], *n.* balle; boule (*de neige*); pelote, *f.*, peloton (*de laine, de ficelle*); boulet (*de canon*), *m.*; (*Billiards*) bille; (*Cook.*) boulette, *f.*; ballon (*plein d'air*), *m.*; prunelle (*d'œil*), *f.*; **ball-point pen**, stylo à bille, *m.*

ball (2) [bɔːl], *n.* bal, *m.*; **fancy-dress ball**, bal masqué.

ballad ['bæləd], *n.* (*Mus.*) romance; ballade, *f.*

ballast ['bæləst], *n.* lest (*Rail.*) ballast, *m.*; **in ballast**, sur lest.—*v.t.* lester; (*Rail.*) ensabler.

ballerina [bælə'riːnə], *n.* ballerine, *f.*

ballet ['bælei], *n.* ballet, *m.*

balloon [bə'luːn], *n.* ballon, aérostat, *m.*—*v.i.* se ballonner.

ballot ['bælət], *n.* boule, *f.*; bulletin, scrutin, *m.*; **by ballot**, au scrutin.—*v.i.* voter au scrutin.

ballot-box ['bælətbɔks], *n.* urne électorale, *f.*

ballot-paper ['bælətpeipə], *n.* bulletin de vote, *m.*

balm [bɑːm], *n.* baume, *m.*; mélisse, *f.*—*v.t.* parfumer.

balmy ['bɑːmi], *a.* embaumé, parfumé.

balsam ['bɔːlsəm], *n.* baume, *m.*

Baltic ['bɔːltik], **the.** la Baltique, *f.*

balustrade [bæləs'treid], *n.* balustrade, *f.*

bamboo [bæm'buː], *n.* bambou, *m.*

bamboozle [bæm'buːzl], *v.t.* (*colloq.*) tromper, duper, enjôler.

ban [bæn], *n.* ban, *m.*; interdiction, *f.*; (*Eccles.*) interdit, *m.*—*v.t.* interdire, proscrire.

banal [bə'næl, 'beinəl], *a.* banal.

banality [bə'næliti], *n.* banalité, *f.*

banana [bə'nɑːnə], *n.* banane, *f.*

banana-tree [bə'nɑːnətriː], *n.* bananier, *m.*

band (1) [bænd], *n.* bande, *f.*, lien; ruban, *m.*; raie, *f.*—*v.t.* bander.

band (2) [bænd], *n.* bande, troupe; (*Mil.*) musique, *f.*; orchestre, *m.*; **brass band**, fanfare, *f.*—*v.t.* liguer, réunir en troupe.—*v.i.* se liguer.

bandage ['bændidʒ], *n.* bandeau; (*Surg.*) bandage, pansement, *m.*

bandbox ['bændbɔks], *n.* carton (*de modiste*), *m.*

bandit ['bændit], *n.* bandit, *m.*

bandmaster ['bændmɑːstə], *n.* chef de musique, *m.*

bandoleer, bandolier [bændə'liə], *n.* bandoulière, *f.*

bandsman ['bændzmən], *n.* (*pl.* **-men** [men]) musicien, *m.*

bandstand ['bændstænd], *n.* kiosque à musique, *m.*

bandy ['bændi], *v.t.* renvoyer; échanger; se renvoyer; **to bandy words**, se renvoyer des paroles.—*v.i.* se disputer.

bandy-legged ['bændilegd], *a.* bancal.

bane [bein], *n.* poison; (*fig.*) fléau, *m.*

baneful ['beinful], *a.* pernicieux, funeste, nuisible.

bang [bæŋ], *n.* coup, grand bruit, *m.*, détona-tion, *f.*—*v.t.* frapper violemment, taper; **to bang a door**, claquer une porte.—*int.* pan! paf! boum!

bangle ['bæŋgl], *n.* porte-bonheur, bracelet, *m.*

banish ['bæniʃ], *v.t.* bannir, exiler.

banishment ['bæniʃmənt], *n.* bannissement, exil, *m.*

bank (1) [bæŋk], *n.* rivage, bord, *m.*; berge, rive; terrasse, *f.*, remblai, talus; banc (*de sable, de gazon etc.*), *m.*; digue, *f.*; carreau (*de mine*), *m.*—*v.t.* terrasser, remblayer.

bank (2) [bæŋk], *n.* (*Comm.*) banque, *f.*; **savings-bank**, caisse d'épargne, *f.*—*v.t.* encaisser (*de l'argent*).

banker ['bæŋkə], *n.* banquier, *m.*

banking ['bæŋkiŋ], *n.* banque, *f.*

bank-note ['bæŋknout], *n.* billet de banque, *m.*

bankrupt ['bæŋkrʌpt], *a.* failli, en faillite; (*fig.*) ruiné.—*v.t.* mettre en faillite, ruiner.—*n.* banqueroutier, failli, *m.*; **to go bank-rupt**, faire faillite.

bankruptcy ['bæŋkrʌptsi], *n.* banqueroute, faillite, *f.*

banner ['bænə], *n.* bannière, *f.*

bannock ['bænək], *n.* (*grosse*) galette d'avoine, *f.*

banns [bænz], *n.pl.* **banns of marriage**, bans de mariage, *m.pl.*

banquet ['bæŋkwit], *n.* banquet; *festin, *m.*
banter ['bæntə], *v.t.* railler, badiner.—*n.* badinage, *m.*, raillerie, *f.*
baptism ['bæptizm], *n.* baptême, *m.*
baptismal [bæp'tizməl], *a.* baptismal.
baptist ['bæptist], *n.* baptiste, *m.*, *f.*
baptize [bæp'taiz], *v.t.* baptiser.
bar (1) [ba:], *n.* barre, *f.*; (*Law etc.*) barreau, parquet, *m.*; (*fig.*) barrière; buvette, *f.*, comptoir, bar (*de café, hôtel etc.*); (*Law*) banc des accusés, *m.*; (*Mus.*) mesure; tablette (*de chocolat*), *f.*; **to be called to the bar,** être reçu avocat.—*v.t.* barrer, empêcher; exclure.
bar (2) [BARRING].
barb [ba:b], *n.* barbillon, dardillon (*hameçon*), *m.*; pointe (*flèche*); barbe, arête (*blé*), *f.*
Barbados [ba:'beidəs]. la Barbade, *f.*
barbarian [ba:'beəriən], *a.* and *n.* barbare, *m.*, *f.*
barbaric [ba:'bærik], *a.* barbare.
barbarism ['ba:bərizm], *n.* barbarie, *f.*; (*Gram.*) barbarisme, *m.*
barbarity [ba:'bæriti], *n.* barbarie, cruauté, *f.*
barbarous ['ba:bərəs], *a.* barbare.
barbecue ['ba:bəkju:], *n.* grand gril; grand pique-nique (en plein air), *m.*—*v.t.* rôtir à la broche.
barbed [ba:bd], *a.* barbelé; (*fig.*) acéré; **barbed wire,** fil de fer barbelé, *m.*
barbel ['ba:bəl], *n.* (*Ichth.*) barbeau, *m.*
barber ['ba:bə], *n.* coiffeur, *m.*
Barcelona [ba:sə'lounə]. Barcelone, *f.*
bard [ba:d], *n.* barde, trouvère, *m.*
bare [beə], *a.* nu, découvert; (*fig.*) seul, simple; pauvre.—*v.t.* découvrir, dépouiller; mettre à nu.
bareback ['beəbæk], *adv.* à dos nu.
barefaced ['beəfeist], *a.* à visage découvert; éhonté, sans déguisement.
barefoot ['beəfut], *a.* nu-pieds, les pieds nus.
bareheaded ['beə'hedid], *a.* nu-tête, la tête nue.
barely ['beəli], *adv.* à peine; tout juste, simplement, seulement; pauvrement.
bareness ['beənis], *n.* nudité; misère, *f.*
bargain ['ba:gin], *n.* marché, *m.*; affaire; occasion, *f.*; **into the bargain,** par-dessus le marché; **it is a bargain,** c'est convenu; **to strike a bargain,** conclure un marché.—*v.i.* marchander, faire marché.
barge [ba:dʒ], *n.* chaland, *m.*; péniche, *f.*—*v.i.* **to barge into,** se heurter contre, bousculer.
bargee [ba:'dʒi:], **bargeman** ['ba:dʒmən] (*pl.* **-men** [men]), *n.* batelier, *m.*
baritone ['bæritoun], *a.* de baryton.—*n.* baryton, *m.*
bark (1) [ba:k], *n.* écorce, *f.*; tan, *m.*
bark (2) [ba:k], *n.* aboiement, *m.*—*v.i.* aboyer.
bark (3), **barque** [ba:k], *n.* trois-mâts, *m.*
barking ['ba:kiŋ], *n.* aboiement, *m.*
barley ['ba:li], *n.* orge, *f.*
barmaid ['ba:meid], *n.* barmaid, *f.*
barman ['ba:mən], *n.* (*pl.* **-men** [men]) barman, *m.*
barmy ['ba:mi], *a.* (*colloq.*) fou, toqué.
barn [ba:n], *n.* grange; (*Am.*) étable, *f.*
barnacle ['ba:nəkl], *n.* barnache (*oie*), *f.*; balane, anatife (*crustacé*), *m.*
barometer [bə'rɔmitə], *n.* baromètre, *m.*

barometric [bæro'metrik], *a.* barométrique.
baron ['bærən], *n.* baron, *m.*; **baron of beef,** double aloyau, *m.*
baroness ['bærənis], *n.* baronne, *f.*
baronet ['bærənet], *n.* baronnet, *m.*
baronial [bə'rouniəl], *a.* baronnial, seigneurial.
barony ['bærəni], *n.* baronnie, *f.*
barouche [bə'ru:ʃ], *n.* calèche, *f.*
barque [BARK (3)].
barrack ['bærək], *n.* (*usu.* in *pl.*) caserne, *f.*; quartier (*pour la cavalerie*), *m.*
barrage ['bæridʒ, 'bæra:ʒ], *n.* barrage, *m.*
barrel ['bærəl], *n.* baril, *m.*; gonne, caque (*de poissons etc.*), *f.*; corps (*de pompe*); cylindre, tambour (*de machine*); canon (*de fusil*), *m.*—*v.t.* embariller, entonner, mettre en baril, encaquer.
barrel-organ ['bærələ:gən], *n.* orgue de Barbarie, *m.*
barren ['bærən], *a.* stérile; infertile (*terre*).
barrenness ['bærənnis], *n.* stérilité, *f.*
barricade [bæri'keid], *n.* barricade, *f.*—*v.t.* barricader.
barrier ['bæriə], *n.* barrière, *f.*
barring ['ba:riŋ], **bar** (2) [ba:], *prep.* excepté, hormis, sauf.
barrister ['bæristə], *n.* avocat, *m.*
barrow ['bærou], *n.* brouette, *f.*
barrow-boy ['bæroubɔi], *n.* (*fam.*) marchand des quatre saisons, *m.*
barter ['ba:tə], *n.* échange, troc; trafic, *m.*—*v.t.* troquer, échanger.—*v.i.* échanger, faire échange.
basalt [bə'sɔ:lt], *n.* basalte, *m.*
base (1) [beis], *a.* bas, vil, indigne, méprisable; illégitime (*enfant*); de mauvais aloi; non précieux, faux (*monnaie*).
base (2) [beis], *n.* base, *f.*, fondement; fond, *m.*—*v.t.* fonder (*sur*); asseoir (*l'impôt*).
baseball ['beisbɔ:l], *n.* (*Spt.*) base-ball, *m.*
baseless ['beislis], *a.* sans fondement.
basely ['beisli], *adv.* bassement, lâchement.
basement ['beismənt], *n.* sous-sol, *m.*
baseness ['beisnis], *n.* bassesse, lâcheté, *f.*
bashful ['bæʃful], *a.* timide, intimidé.
bashfully ['bæʃfuli], *adv.* timidement, en rougissant.
bashfulness ['bæʃfulnis], *n.* timidité, fausse honte, *f.*
basic ['beisik], *a.* (*Chem.*) basique; de base.
basilica [bə'zilikə], *n.* basilique, *f.*
basilisk ['bæzilisk], *n.* basilic, *m.*
basin ['beisən], *n.* bassin; bol, *m.*; cuvette, *f.*
basis ['beisis], *n.* (*pl.* **bases** ['beisi:z]) base, *f.*, fondement, *m.*
bask [ba:sk], *v.i.* se chauffer.
basket ['ba:skit], *n.* panier, *m.*, corbeille, *f.*
basket-ball ['ba:skitbɔ:l], *n.* (*Spt.*) basket-ball, (*fam.*) basket, *m.*
Basle [ba:l]. Bâle, *f.*
bas-relief [ba:rə'li:f], *n.* bas-relief, *m.*
bass (1) [beis], *n.* (*Mus.*) basse; basse-taille, *f.*; **double bass,** contre-basse, *f.*
bass (2) [bæs], *n.* (*Ichth.*) bar, *m.*; perche, *f.*
bassinet [bæsi'net], *n.* bercelonnette, *f.*, moise, *m.*
bassoon [bə'su:n], *n.* basson, *m.*
bastard ['bæstəd], *a.* bâtard; (*fig.*) faux.—*n.* bâtard, *m.*, bâtarde, *f.*; (*pop.*) salaud, *m.*
baste [beist], *v.t.* arroser (*viande*); (*fig.*) bâtonner; (*Needlework*) bâtir.

355

bastion

bastion ['bæstiən], *n.* bastion, *m.*

bat (1) [bæt], *n.* (*Cricket*) batte, *f.*; *off his own bat*, de sa propre initiative.—*v.i.* être au guichet.

bat (2) [bæt], *n.* (*Zool.*) chauve-souris, *f.*

Batavian [bə'teiviən], *a.* batave.—*n.* Batave (*personne*), *m.*, *f.*

batch [bætʃ], *n.* fournée (*pain*); (*fig.*) troupe, bande, *f.*; tas; lot, *m.*

bate [beit], *v.t.* rabattre, rabaisser.

bath [bɑːθ], *n.* bain, *m.*; baignoire, *f.*; *shower-bath*, douche, *f.*—*v.t.* donner un bain à, baigner.—*v.i.* prendre un bain.

bathe [beið], *v.t.* baigner; tremper, mouiller. —*v.i.* se baigner.—*n.* baignade, *f.*

bather ['beiðə], *n.* baigneur, *m.*, baigneuse, *f.*

bathing ['beiðiŋ], *n.* baignade, *f.*; bains, *m.pl.*

bathing-costume ['beiðiŋkɔstjum], *n.* costume de bain; maillot, *m.*

bathos ['beiθɔs], *n.* pathos, *m.*, enflure, *f.*

bath-room ['bɑːθrum], *n.* salle de bain(s), *f.*

batman ['bætmən], *n.* (*pl.* -men [men]) ordonnance, brosseur, *m.*

baton ['bætən] *n.* bâton, *m.*; baguette, *f.*

batsman ['bætsmən], *n.* (*Cricket*) batteur, *m.*

battalion [bə'tæliən], *n.* bataillon, *m.*

batten ['bætən], *n.* volige, latte, *f.*—*v.t.* fermer, (*Carp.*) voliger.—*v.i.* s'engraisser.

batter [bætə], *v.t.* battre en brèche; battre; délabrer, ébranler, démolir.—*n.* pâte, *f.*

battered ['bætəd], *a.* délabré.

battering-ram ['bætəriŋræm], *n.* bélier, *m.*

battery ['bætəri], *n.* batterie, *f.* (*Elec.*) pile, batterie, *f.*, accumulateur, *m.*; action de battre en brèche, *f.*; (*Law*) voies de fait, *f.pl.*

battle [bætl], *n.* bataille, *f.*, combat, *m.*; *pitched battle*, bataille rangée; *to give battle*, livrer bataille.—*v.i.* lutter, combattre; (*colloq.*) batailler.

battle-axe ['bætlæks], *n.* hache d'armes, *f.*

battledore ['bætldɔː], *n.* raquette, *f.*

battle-dress ['bætldres] *n.* tenue de campagne, *f.*

battle-field ['bætlfiːld], *n.* champ de bataille, *m.*

battlement ['bætlmənt], *n.* créneau, *m.*

battleship ['bætlʃip], *n.* cuirassé, *m.*

bauble [bɔːbl], *n.* babiole, fanfreluche, *f.*; *fool's bauble*, marotte, *f.*

baulk [BALK].

bauxite ['bɔːksait, 'bouzait], *n.* bauxite, *f.*

Bavaria [bə'veəriə]. la Bavière, *f.*

Bavarian [bə'veəriən], *a.* bavarois.—*n.* Bavarois (*personne*).

bawdy [bɔːdi], *a.* obscène, paillard.

bawl [bɔːl], *v.i.* crier, brailler.

bay (1) [bei], *a.* bai (*cheval*).

bay (2) [bei], *n.* baie, *f.*, golfe, *m.*; (*Arch.*) baie, *j.*

bay (3) [bei], *n.* (*Bot.*) baie, *f.*; laurier, *m.*

bay (4) [bei], *n.* abois, *m.pl.*; *at bay*, aux abois.—*v.i.* aboyer.

bayonet ['beiənit], *n.* baïonnette, *f.*—*v.t.* tuer *ou* percer à coups de baïonnette.

bay-window ['beiwindou], *n.* fenêtre en saillie *ou* à baie, *f.*

bazaar [bə'zɑː], *n.* bazar, *m.*; vente de charité, *f.*

bazooka [bə'zuːkə], *n.* bazooka, *m.*

be [biː], *v.i.* irr. être; exister; subsister; y avoir, se trouver; avoir; faire; devoir, falloir; *be it so*, soit; *be that as it may*, quoi qu'il en soit; *how is it that . . .?* comment se fait-il que . . .? *I was to*, je devais; *to be better*, valoir mieux; se porter mieux; *to be mistaken*, se tromper; *to be right*, avoir raison.

beach [biːtʃ], *n.* plage, grève, *f.*, rivage, *m.*—*v.t.* échouer.

beacon ['biːkən], *n.* phare, fanal, *m.*; balise, *f.*—*v.t.* baliser, éclairer.

bead [biːd], *n.* grain (*de chapelet, de bracelet, de collier*); globule, *m.*; *string of beads*, collier, chapelet *m.*; *to tell one's beads*, égrener son chapelet.

beadle [biːdl], *n.* bedeau; appariteur, *m.*

beagle [biːgl], *n.* chien briquet, bigle, *m.*

beak [biːk], *n.* bec, *m.*; bigorne (*enclume*), *f.*; (*Naut.*) éperon, *m.*

beaker ['biːkə], *n.* gobelet, *m.*, coupe, *f.*

beakful ['biːkful], *n.* becquée, *f.*

beam [biːm], *n.* poutre, *f.*; timon (*charrue, voiture etc.*); rayon (*lumière*); large sourire (*de joie etc.*), *m.*—*v.t.* lancer, darder (*des rayons*).—*v.i.* rayonner.

beaming ['biːmiŋ], *a.* rayonnant, radieux.—*n.* rayonnement, *m.*

bean [biːn], *n.* fève, *f.*; haricot; grain (*de café*), *m.*; *French beans* haricots verts; *kidney beans*, haricots blancs.

bear (1) [beə], *n.* ours; (*St. Exch.*) joueur à la baisse, baissier, *m.*; *polar bear*, ours blanc.

bear (2) [beə], *v.t.* irr. porter, soutenir; endurer, supporter, souffrir, subir; avoir produire (*fruits etc.*); enfanter; donner naissance à; y tenir; remporter.—*v.i.* endurer, souffrir; porter, peser; avoir rapport (*à*); appuyer; porter (*sur*); rapporter.

bearable ['beərəbl], *a.* supportable.

beard [biəd], *n.* barbe, *f.*—*v.t.* braver, défier.

bearded ['biədid], *a.* barbu.

beardless ['biədlis], *a.* imberbe.

bearer ['beərə], *n.* porteur, *m.*; (*Arch.*) support, *m.*

bearing ['beəriŋ], *n.* rapport; maintien, port, *m.*, conduite, relation, *f.*, aspect, *m.*, portée; face, *f.*; (*Arch.*) support; (*Mech.*) coussinet, *m.*; *ball-bearings*, roulement à billes, *m.*; *to take one's bearings*, s'orienter.

bearskin ['beəskin], *n.* (*Mil.*) bonnet d'oursin, *m.*

beast [biːst], *n.* bête, *f.*; (*fig.*) animal, cochon, *m.*

beastliness ['biːstlinis], *n.* saleté, saloperie, *f.*

beastly ['biːstli], *a.* bestial; sale, malpropre, dégoûtant.

beat [biːt], *v.t.* irr. battre; frapper; piler, broyer; l'emporter sur; fouetter (*pluie, neige etc.*); se frapper (*la poitrine etc.*); *beat it!* fiche-moi le camp! *that beats all*, cela dépasse tout; *to beat a retreat*, battre en retraite.—*v.i.* battre; être agité.—*n.* coup, battement; son; itinéraire, *m.*; ronde (*d'un agent de police*), *f.*, parcours (*facteurs etc.*), *m.*; (*Hunt.*) battue; (*Mus*) mesure, *f.*, temps, *m.*; *beat of the drum*, batterie de tambour, *f.*

beaten [biːtn], *a.* battu.

beater ['biːtə], *n.* batteur; (*Spt.*) rabatteur, *m.*; batte (*instrument*), *f.*

beating ['biːtiŋ], *n.* battement, *m.*; rossée, *f.*; coups, *m.pl.*; batterie, *f.*; roulement (*tambour etc.*), *m.*

beau [bou], *n.* (*pl.* **beaux** [bouz]) petit-maître; prétendant (*amant*), *m.*
beauteous ['bju:tiəs], *a.* (*Poet.*) beau.
beauteously ['bju:tiəsli], *adv.* avec beauté.
beautiful ['bju:tiful], *a.* très beau; (*colloq.*) magnifique.
beautifully ['bju:tifuli], *adv.* admirablement.
beautify ['bju:tifai], *v.t.* embellir, orner.—*v.i.* s'embellir.
beauty ['bju:ti], *n.* beauté (*personne et qualité*), *f.*
beauty-spot ['bju:tispɔt], *n.* mouche, *f.*, grain de beauté; site pittoresque, *m.*
beaver ['bi:və], *n.* castor; chapeau de castor, *m.*
becalm [bi'kɑ:m], *v.t.* *apaiser, calmer; abriter (*navire*).
because [bi'kɔz], *conj.* parce que; *because of,* à cause de.
beck (1) [bek], *n.* signe (*du doigt etc.*), *m.*—*v.i.* faire signe (*du doigt etc.*).
beck (2) [bek], *n.* ruisseau, *m.*
beckon ['bekən], *v.t.* faire signe à, appeler.—*v.i.* faire signe (à).
become [bi'kʌm], *v.t. irr.* (*conjug. like* COME) aller bien à, convenir à, être propre à.—*v.i.* devenir, commencer à être.
becoming [bi'kʌmiŋ], *a.* bienséant, convenable, qui va bien, attrayant.
becomingly [bi'kʌmiŋli], *adv.* avec bienséance.
bed [bed], *n.* lit, *m.*; couche; (*Geol.*) assise, *f.*; encaissement (*rue*); parterre, *m.*, plate-bande (*fleurs*), *f.*; carré, *m.*—*v.t.* coucher, mettre au lit; loger, fixer, enfoncer; parquer (*huîtres*).—*v.i.* coucher, se coucher.
bedaub [bi'dɔ:b], *v.t.* barbouiller.
*bed-chamber [BEDROOM].
bedclothes ['bedklouðz], *n.pl.* les draps et les couvertures, *m.pl.*
bedding ['bediŋ], *n.* literie; litière (*pour animaux*), *f.*
bedeck ['bedək], *v.t.* parer (*de*).
bedfellow ['bedfelou], *n.* camarade de lit, *m.*
*bedizen [bi'daizn], *v.t.* attifer, parer.
bedraggle [bi'drægl], *v.t.* crotter, traîner dans la boue.
bedridden ['bedridn], *a.* alité.
bedroom ['bedrum], ***bed-chamber** [bed tʃeimbə], *n.* chambre (à coucher), *f.*
bedside ['bedsaid], *n.* ruelle, *f.*, chevet, bord du lit, *m.*
bed-spread ['bedspred], *n.* couvrelit, dessus de lit, *m.*
bedstead ['bedsted], *n.* lit, bois de lit, *m.*; couchette, *f.*
bee [bi:], *n.* abeille, *f.*; *to have a bee in one's bonnet,* avoir une araignée dans le plafond.
beech [bi:tʃ], *n.* hêtre, *m.*
beef [bi:f], *n.* bœuf (*viande*), *m.*; *(*pl.* **beeves** [bi:vz]) bœuf (*animal*), *m.*
beef-steak ['bi:f'steik], *n.* bifteck, *m.*
beehive ['bi:haiv], *n.* ruche, *f.*
bee-line ['bi:lain], *n.* ligne droite, *f.*; *in a bee-line,* à vol d'oiseau; *to make a bee-line for,* se diriger tout droit vers.
Beelzebub [bi'elzəbab], Belzébuth, *m.*
beer [biə], *n.* bière, *f.*; *glass of beer,* bock, *m.*
beet [bi:t], *n.* betterave, *f.*
beetle (1) [bi:tl], *n.* coléoptère, scarabée, escarbot, *m.*

beetle (2) [bi:tl], *n.* maillet, *m.*, mailloche; batte, *f.*, battoir (*de laveuse*), *m.*; hie, demoiselle (*d'un paveur*), *f.*; mouton (à enfoncer les pieux), *m.*
beetle (3) [bi:tl], *v.i.* surplomber.—*a.* en surplomb.
beetroot ['bi:tru:t], *n.* betterave rouge, *f.*
beet-sugar ['bi:tʃugə], *n.* sucre de betterave, *m.*
befall [bi'fɔ:l], *v.t., v.i. irr.* (*conjug. like* FALL) arriver, survenir (à).
befit [bi'fit], *v.t.* convenir à.
befitting [bi'fitiŋ], *a.* convenable à.
before [bi'fɔ:], *adv.* avant (*temps, ordre etc.*); auparavant, en avant; plus haut; jusqu'alors, naguère, jusqu'ici.—*prep.* devant (*endroit*); avant (*temps etc.*); *before going there,* avant d'y aller.—*conj.* avant que (*with subj.*).
beforehand [bi'fɔ:hænd], *adv.* à l'avance, d'avance.
befriend [bi'frend], *v.t.* seconder, aider, secourir; devenir l'ami de (*quelqu'un*).
beg [beg], *v.t.* mendier (*demander l'aumône*); demander, prier (*de*).—*v.i.* mendier.
beget [bi'get], *v.t. irr.* engendrer; (*fig.*) produire, causer.
beggar ['begə], *n.* mendiant, *m.*, mendiante, *f.*; gueux, *m.*, gueuse, *f.*—*v.t.* appauvrir, ruiner; (*fig.*) épuiser.
beggarly ['begəli], *a.* chétif, pauvre, misérable.
beggary ['begəri], *n.* mendicité, misère, *f.*
begging ['begiŋ], *n.* mendicité, *f.*
begin [bi'gin], *v.t. irr.* commencer; entamer, débuter; se mettre à.—*v.i.* commencer (*by, with, par*); *begin afresh,* recommencer.
beginner [bi'ginə], *n.* commençant; débutant, *m.*
beginning [bi'giniŋ], *n.* commencement, début, *m.*, origine, *f.*
begone [bi'gɔn], *int.* va-t'en! allez-vous-en!
begonia [bi'gounjə], *n.* (*Bot.*) bégonia, *m.*
begrudge [bi'grʌdʒ], *v.t.* envier; refuser (à).
begrudgingly [bi'grʌdʒiŋli], *adv.* à contre-cœur.
beguile [bi'gail], *v.t.* tromper, séduire; (*fig.*) passer (*le temps*).
behalf [bi'hɑ:f], *n.* faveur, part, *f.*; *on behalf of,* au nom de.
behave [bi'heiv], *v.i.* se comporter, se conduire; *well-behaved,* sage.
behaviour [bi'heivjə], *n.* conduite, tenue, *f.*; comportement, *m.*; manières, *f.pl.*
behead [bi'hed], *v.t.* décapiter.
behest [bi'hest], *n.* commandement, ordre, *m.*
behind [bi'haind], *adv.* derrière, par derrière, en arrière.—*prep.* derrière, en arrière de; après, en retard de.—*n.* (*colloq.*) derrière, *m.*
behindhand [bi'haindhænd], *a. and adv.* en arrière, en retard.
*behold [bi'hould], *v.t. irr.* (*conjug. like* HOLD) voir, regarder.—*int.* voyez! voici! voilà!
beholden [bi'houldən], *a.* redevable (à).
behove [bi'houv], *v.i. impers.* incomber à; *it behoves,* il faut, il convient.
beige [beiʒ], *a. and n.* beige, *m.*
being ['bi:iŋ], *n.* être, *m.*; existence, *f.*; *in being,* existant, vivant.—*pres.p.* [BE] étant; *for the time being,* pour le moment.
Beirut [bei'ru:t]. Beyrouth, *m.*
belated [bi'leitid], *a.* attardé; tardif.

357

belch [belt∫], *v.t., v.i.* roter, éructer; *to belch forth,* vomir; *to belch out flames,* vomir des flammes.—*n.* rot, *m.*, éructation, *f.*

beleaguer [bi'li:gə], *v.t.* assiéger, investir.

belfry ['belfri], *n.* clocher, beffroi, *m.*

Belgian ['beldʒən], *a.* belge.—*n.* Belge (*personne*), *m., f.*

Belgium ['beldʒəm], la Belgique, *f.*

belie [bi'lai], *v.t.* démentir.

belief [bi'li:f], *n.* croyance, *f.*; credo, *m.*

believable [bi'li:vəbl], *a.* croyable.

believe [bi'li:v], *v.t.* croire.—*v.i.* croire (*en ou à*); *I believe not,* je crois que non, je ne le crois pas; *I believe so,* je crois que oui, je le crois.

believer [bi'li:və], *n.* croyant, *m.*

bell [bel], *n.* cloche, clochette, *f.*; grelot (*de chevaux etc.*), *m.*; sonnette (*de maison*), *f.*; timbre (*horloge, bicyclette*); (*Arch.*) vase, *m.*

belle [bel], *n.* belle, beauté, *f.*

bellicose ['belikous], *a.* belliqueux.

belligerent [bi'lidʒərənt], *a.* and *n.* belligérant, *m.*

bellow ['belou], *v.i.* beugler; mugir (*mer*); gronder (*tonnerre*).—*n.* beuglement, *m.*

bellows ['belouz], *n.pl.* soufflet, *m.*

bell-ringer ['belriŋə], *n.* sonneur, *m.*

bell-rope ['belroup], *n.* corde de cloche, *f.*

bell-tower ['beltauə], *n.* campanile, clocher, *m.*

belly ['beli], *n.* ventre, *m.*—*v.i.* bomber, s'enfler, se gonfler.

belong [bi'lɔŋ], *v.i.* appartenir, être (*à*).

belongings [bi'lɔŋiŋz], *n.pl.* effets, *m.pl.*, affaires, *f.pl.*

beloved [bi'lʌvd, bi'lʌvid], *a.* cher, chéri, bien-aimé.

below [bi'lou], *prep.* sous au-dessous de; en aval de.—*adv.* au-dessous, dessous, en bas; *here below,* ici-bas.

belt [belt], *n.* ceinture, *f.*; ceinturon; baudrier, *m.*; (*Mach.*) courroie, *f.*; *green belt,* zone verte, *f.*—*v.t.* ceindre, entourer.

bemoan [bi'moun], *v.t.* pleurer, déplorer.—*v.i.* gémir (*sur*).

bemuse [bi'mju:z], *v.t.* stupéfier.

bench [bent∫], *n.* banc; gradin, *m.*; banquette, *f.*; établi (*de menuisier*); siège, tribunal, *m.*

bend [bend], *v.t. irr.* plier; courber, faire plier; incliner, tendre (*un arc*); fléchir (*le genou*); (*fig.*) appliquer.—*v.i.* plier, ployer; se courber, se pencher, s'incliner; s'appliquer (*à*); tourner; fléchir.—*n.* courbure, *f.*; coude (*Motor.*) tournant, virage, *m.*

beneath [bi'ni:θ], *prep.* sous, au-dessous de.—*adv.* au-dessous, en bas.

Benedict ['benidikt], Benoît, *m.*

benediction [beni'dikʃən], *n.* bénédiction, *f.*

benefaction [beni'fækʃən], *n.* bienfait, *m.*

benefactor ['benifæktə], *n.* bienfaiteur, *m.*

benefactress ['benifæktris], *n.* bienfaitrice, *f.*

benefice ['benifis], *n.* bénéfice, *m.*

beneficence [bə'nefisəns], *n.* bienfaisance, *f.*

beneficial [beni'fiʃəl], *a.* salutaire, avantageux.

beneficiary [beni'fiʃəri], *a.* and *n.* bénéficiaire, *m., f.*

benefit ['benifit], *n.* bienfait, profit; bénéfice, *m.*; indemnité (*de chômage etc.*), *f.*—*v.t.* faire du bien à.—*v.i.* profiter.

Benelux ['benilʌks]. Bénélux, *m.*

benevolence [bə'nevələns], *n.* bienveillance, *f.*

benevolent [bə'nevələnt], *a.* bienveillant, bienfaisant.

benighted [bi'naitid], *a.* anuité, surpris par la nuit.

benign [bi'nain], *a.* bénin, *m.,* bénigne (*maladie, médecine etc.*), *f.*; bienfaisant (*personne*); doux, affable.

benignant [bi'nignənt], *a.* bon, bienveillant.

bent (1) [bent], *past* and *p.p.* [BEND].

bent (2) [bent], *a.* courbé, plié; *bent on,* résolu à.—*n.* penchant, *m.*, disposition, tendance, *f.*

benumb [bi'nʌm], *v.t.* engourdir.

benzene ['benzi:n], *n.* benzène, benzol, *m.*

benzine ['benzi:n], *n.* benzine, *f.*

bequeath [bi'kwi:ð], *v.t.* léguer.

bequest [bi'kwest], *n.* legs, *m.*

bereave [bi'ri:v], *v.t. irr.* priver (*de*).

bereavement [bi'ri:vmənt], *n.* privation, perte, *f.*; deuil, *m.*

beret ['berei], *n.* béret, *m.*

Bermuda(s) [bə:'mju:də(z)], (the). les (Îles) Bermudes, *f.pl.*

berry ['beri], *n.* baie, *f.*; grain, *m.*

berth [bə:θ], *n.* mouillage; lit, *m.*, couchette, *f.*; poste, *m.*, place, *f.*, emploi, *m.*—*v.t.* amarrer à quai.—*v.i.* mouiller.

Bertha ['bə:θə], Berthe, *f.*

beseech [bi'si:t∫], *v.t. irr.* supplier, implorer.

beset [bi'set], *v.t. irr.* (*conjug. like* SET) obséder, entourer, assaillir.

besetting [bi'setiŋ], *a.* habituel, obsesseur.

beside [bi'said], *prep.* à côté de, auprès de; hors, hormis, excepté.

besides [bi'saidz], *prep.* outre, hors, hormis, excepté.—*adv.* d'ailleurs, du reste, en outre, de plus.

besiege [bi'si:dʒ], *v.t.* assiéger.

besmear [bi'smiə], *v.t.* barbouiller; souiller.

besmirch [bi'smə:t∫], *v.t.* tacher, salir.

besom ['bi:zəm], *n.* balai, *m.*

bespatter [bi'spætə], *v.t.* éclabousser, couvrir de boue.

bespeak [bi'spi:k], *v.t. irr.* (*conjug. like* SPEAK) commander; retenir; annoncer, dénoter, accuser.

best [best], *a.* and *n.* le meilleur, la meilleure, le mieux; *at best,* au mieux, tout au plus; *best man* (*at weddings*), garçon d'honneur, *m.*; *to do one's best,* faire de son mieux; *to have the best of it,* avoir le dessus; *to make the best of it,* tirer le meilleur parti; *to the best of my belief,* autant que je sache.—*adv.* le mieux.

bestial ['bestiəl], *a.* bestial, de bête.

bestir [bi'stə:], *v.t.* remuer, mettre en mouvement.

bestow [bi'stou], *v.t.* donner, accorder.

bestrew [bi'stru:], *v.t. irr.* (*conjug. like* STREW) joncher (*de*), parsemer (*de*).

bestride [bi'straid], *v.t. irr.* (*conjug. like* STRIDE) enjamber, enfourcher (*un cheval*); être à cheval sur.

bet [bet], *n.* pari, *m.*, gageure, *f.*—*v.t., v.i.* parier.

betake [bi'teik], *v.r. irr.* (*conjug. like* TAKE) *to betake oneself to,* se mettre à, s'en aller à, avoir recours à.

bethink [bi'θiŋk], *v.t. irr.* (*conjug. like* THINK) s'aviser (*de*); *to bethink oneself of,* se rappeler.

biochemistry

Bethlehem ['beθlihem, 'beθliəm]. Bethléem, *m.*

betide [bi'taid], *v.t.* **woe betide you,** malheur à vous.—*v.i.* arriver, advenir.

***betimes** [bi'taimz], *adv.* de bonne heure.

betoken [bi'toukn], *v.t.* annoncer, présager.

betray [bi'trei], *v.t.* trahir; tromper; révéler; faire tomber, entraîner.

betrayal [bi'treiəl], *n.* trahison, perfidie, *f.*

betrayer [bi'treiə], *n.* traître, *m.*

betroth [bi'trouð], *v.t.* fiancer.

betrothal [bi'trouðəl], *n.* fiançailles, *f.pl.*

betrothed [bi'trouðd], *a.* and *n.* fiancé, *m.* fiancée, *f.*

better ['betə], *a.* meilleur; **to get the better of,** l'emporter sur.—*adv.* mieux; **better late than never,** mieux vaut tard que jamais; **better and better,** de mieux en mieux; **for better for worse,** vaille que vaille; **I had better,** je ferais mieux; **so much the better!** tant mieux!—*n.* meilleur; supérieur, *m.*—*v.t.* améliorer, avancer.

betterment ['betəmənt], *n.* amélioration, *f.*

betting ['betiŋ], *n.* paris, *m.pl.*

Betty ['beti], Babette, *f.*

between [bi'twi:n], *prep.* entre.

***betwixt** [bi'twikst], *prep.* entre; **betwixt and between,** entre les deux.

bevel ['bevəl], *a.* de biais, en biseau.—*n.* fausse équerre (*outil*), *f.*—*v.t.* tailler en biseau.—*v.i.* biaiser.

beverage ['bevəridʒ], *n.* boisson, *f.*; *breuvage, m.*

bevy ['bevi], *n.* volée; troupe, compagnie, *f.*

bewail [bi'weil], *v.t.* pleurer, lamenter.

bewailing [bi'weiliŋ], *n.* lamentation, *f.*

beware [bi'wɛə], *v.i.* se garder (*de*); prendre garde (*à*); se méfier (*de*).

bewilder [bi'wildə], *v.t.* égarer, embarrasser.

bewildering [bi'wildəriŋ], *a.* déroutant, ahurissant.

bewilderment [bi'wildəmənt], *n.* égarement, *m.*

bewitch [bi'witʃ], *v.t.* ensorceler.

bewitching [bi'witʃiŋ], *a.* enchanteur, séduisant.

beyond [bi'jɔnd], *prep.* par delà, au delà de; au-dessus de; outre, hors de.—*adv.* là-bas.—*n.* au-delà, *m.*

bias ['baiəs], *a.* and *adv.* de biais, de travers.—*n.* biais, *m.*, pente, *f.*; penchant, parti pris, préjugé, *m.*—*v.t.* décentrer (*boule*); faire pencher; prévenir; influencer.

biased ['baiəst], *a.* décentré; partial, prédisposé.

bib (1) [bib], *n.* bavette, *f.*

bib (2) [bib], *n.* tacaud (*poisson*), *m.*

Bible [baibl], *n.* Bible, *f.*

biblical ['biblikəl], *a.* biblique.

biceps ['baiseps], *n.* (*Anat.*) biceps, *m.*

bicker ['bikə], *v.i.* se quereller, se chamailler.

bickering ['bikəriŋ], *n.* bisbille, *f.*, querelles, *f.pl.*

bicycle ['baisikl], *n.* bicyclette, *f.*; (*pop.*) vélo, *m.*, bécane, *f.*

bid [bid], *v.t. irr.* ordonner, dire, commander (*de*); inviter (*à*); offrir, enchérir; **to bid good-bye to,** dire adieu à.—*n.* enchère, *f.*

bidder ['bidə], *n.* enchérisseur, acheteur, *m.*

bidding ['bidiŋ], *n.* commandement, ordre, *m.*; invitation, prière, *f.*; enchères, *f.pl.*

bide [baid], *v.t. irr. archaic except in* **to bide one's time,** attendre le bon moment.

biennial [bai'eniəl], *a.* biennal; (*Bot.*) bisannuel.

biennially [bai'eniəli], *adv.* tous les deux ans.

bier [biə], *n.* civière, *f.*, corbillard, *m.*

big [big], *a.* gros; grand, vaste; enceinte, grosse (*d'enfant*), pleine (*bête*); (*fig.*) fier, hautain.

bigamist ['bigəmist], *n.* bigame, *m.*, *f.*

bigamy ['bigəmi], *n.* bigamie, *f.*

bigness ['bignis], *n.* grosseur, grandeur, *f.*

bigot ['bigət], *n.* bigot, cagot, *m.*, fanatique, *m.*

bigoted ['bigətid], *a.* bigot.

bigotry ['bigətri], *n.* bigoterie, *f.*, sectarisme, fanatisme, *m.*

bigwig ['bigwig], *n.* (*fam.*) gros bonnet, *m.*

bike [baik], *n.* (*colloq.*) vélo, *m.*, bécane, *f.*

bikini [bi'ki:ni], *n.* (*Cost.*) bikini, *m.*

bile [bail], *n.* bile, *f.*

bilge [bildʒ], *n.* (*Naut.*) sentine, *f.*; (*colloq.*) bêtises, *f.pl.*

bilge-water ['bildʒwɔ:tə], *n.* eau de la cale, *f.*

bilingual [bai'liŋgwəl], *a.* bilingue.

bilious ['biljəs], *a.* bilieux.

bill (1) [bil], *n.* bec (*d'oiseau*), *m.*

bill (2) [bil], *n.* hallebarde, *f.*

bill (3) [bil], *n.* mémoire, compte, *m.*; facture (*invoice*), note (*hôtels etc.*), addition (*restaurants*); (*Comm.*) note, *f.*; billet, effet, *m.*; (*Banking*) lettre de change, *f.*; (*Parl.*) projet de loi, *m.*; affiche, placard, *m.*; **bill of fa~e,** menu, *m.*, carte, *f.*; **bill of health,** patente de santé, *f.*; **stick no bills!** défense d'afficher!

billet ['bilit], *n.* bûche, *f.*; (*Mil.*) billet de logement, *m.*—*v.t.*, *v.i.* loger chez l'habitant.

bill-hook ['bilhuk], *n.* serpe, *f.*, vouge, *m.*

billiard ['biljəd], *a.* de billard.

billiard-ball ['biljədbɔ:l], *n.* bille, *f.*

billiards ['biljədz], *n.pl.* billard, *m.*; **to play a game of billiards,** faire une partie de billard.

billiard-table ['biljədteibl], *n.* billard, *m.*

billion ['biljən], *n.* (*since 1948*) billion; (*Am.*) milliard, *m.*

billow ['bilou], *n.* grande vague, lame, *f.*—*v.i.* s'élever en vagues, rouler.

billowy ['biloui], *a.* houleux.

bill-sticker ['bilstikə], *n.* afficheur, colleur d'affiches, *m.*

billy-goat ['biligout], *n.* bouc, *m.*

bin [bin], *n.* huche, *f.*; bac; coffre, *m.*

binary ['bainəri], *a.* binaire.

bind [baind], *v.t. irr.* lier; obliger; resserrer, border (*chaussures etc.*); garrotter, serrer; rendre constipé; relier (*livres*); **to be bound to,** être tenu de.—*n.* (*pop.*) **that's a bind,** quelle scie!

binder ['baində], *n.* lieur; relieur, *m.*; bande, attache, *f.*

binding ['baindiŋ], *a.* obligatoire; (*Med.*) astringent.—*n.* reliure, *f.*; bandeau, galon, *m.*, bordure, *f.*

bindweed ['baindwi:d], *n.* liseron, *m.*

binge [bindʒ], *n.* (*pop.*) bombe, *f.*; **to be on the binge,** faire la bombe.

binoculars [bi'nɔkjuləz], *n.pl.* jumelles, *f.pl.*

binomial [bai'noumiəl], *a.* (*Alg.*) binôme.

biochemist [baio'kemist], *n.* biochimiste, *m.*

biochemistry [baio'kemistri], *n.* biochimie, *f.*

biographer

biographer [bai'ɔgrəfə], *n.* biographe, *m.*
biography [bai'ɔgrəfi], *n.* biographie, *f.*
biologist [bai'ɔlədʒist], *n.* biologiste, biologue, *m.*
biology [bai'ɔlədʒi], *n.* biologie, *f.*
biped ['baiped], *n.* bipède, *m.*
birch [bə:tʃ], *n.* bouleau, *m.*; verges, *f.pl.*; *silver birch*, bouleau blanc.—*v.t.* fouetter.
bird [bə:d], *n.* oiseau, *m.*; (*fig.*) type, *m.*; (*pop.*) femme, fille, poule, *f.*; *little bird*, oiselet, *m.*
bird-cage ['bə:dkeidʒ], *n.* cage d'oiseau, *f.*
bird-lime ['bə:dlaim], *n.* glu, *f.*
bird's-eye view ['bə:dzai'vju:], *n.* vue à vol d'oiseau, *f.*
bird's-nest ['bə:dznest], *n.* nid d'oiseau, *m.*
birth [bə:θ], *n.* naissance, *f.*; enfantement, *m.*; (*fig.*) origine, source, *f.*
birth-control ['bə:θkəntroul], *n.* limitation des naissances, *f.*
birthday ['bə:θdei], *n.* anniversaire, *m.*
birthplace ['bə:θpleis], *n.* lieu de naissance, pays natal, *m.*
birth-rate ['bə:θreit], *n.* natalité, *f.*
birthright ['bə:θrait], *n.* droit d'aînesse, *m.*
Biscay ['biskei]. la Biscaye, *f.*; *the Bay of Biscay*, le Golfe de Gascogne, *m.*
biscuit ['biskit], *n.* biscuit, *m.*
bisect [bai'sekt] *v.t.* couper en deux.
bishop ['biʃəp], *n.* évêque; (*Chess*) fou, *m.*
bishopric ['biʃəprik], *n.* évêché, *m.*
bit (1) [bit], *n.* morceau, *m.*; pièce (*de monnaie*), *f.*; (*colloq.*) brin, bout, peu, *m.*; mèche (*outil*); (*Naut.*) bitte, *f.*; mors (*de bride*), *m.*
bit (2) [bit], *past* [BITE].
bitch [bitʃ], *n.* chienne; femelle (*in compounds*), *f.*
bite [bait], *n.* morsure; piqûre, *f.*; coup de dent, *m.*, bouchée; (*Fishing*) touche, *f.*—*v.t. irr.* mordre; piquer; ronger; (*fig.*) attraper, pincer, couper (*vent*).—*v.i.* mordre.
biting ['baitiŋ], *a.* mordant, piquant; coupant (*vent*).
bitter ['bitə], *a.* amer, acerbe; (*fig.*) acharné, mordant, aigre.—*n.* amer, *m.*
bitterly ['bitəli], *adv.* avec amertume; amèrement.
bittern ['bitə:n], *n.* butor, *m.*
bitterness ['bitənis], *n.* amertume, aigreur, âpreté, *f.*
bitumen [bi'tju:mən], *n.* bitume, *m.*
bivouac ['bivuæk], *n.* bivouac, *m.*—*v.i.* bivouaquer.
blab [blæb], *v.i.* jaser, bavarder.—*n.* bavard, *m.*
black [blæk], *a.* noir; (*fig.*) obscur, sombre, triste.—*v.t.* noircir; cirer (*chaussures*).—*n.* noir, *m.*
black-ball ['blækbɔ:l] *n.* boule noire, *f.*—*v.t.* rejeter au scrutin.
black-beetle ['blæk'bi:tl], *n.* cafard, *m.*, blatte, *f.*
blackberry ['blækbəri], *n.* mûre (sauvage), *f.*
blackbird ['blækbə:d], *n.* merle, *m.*
blackboard ['blækbɔ:d], *n.* tableau noir, *m.*
black-currant ['blæk'kʌrənt], *n.* cassis, *m.*
blacken ['blækən], *v.t., v.i.* noircir.
blackguard ['blæga:d], *n.* polisson, gredin, vaurien, *m.*
blacking ['blækiŋ], *n.* cirage (*chaussures*); noircissement, *m.*
blackish ['blækiʃ], *a.* noirâtre.
blacklead [blæk'led], *n.* mine de plomb, *f.*

blackleg ['blækleg], *n.* (*Gambling*) escroc; (*Strikes*) renard, jaune, *m.*
blackmail ['blækmeil], *n.* chantage, *m.*—*v.t.* faire chanter.
blackmailer ['blækmeilə], *n.* maître-chanteur, *m.*
black-market [blæk'ma:kit], *n.* marché noir, *m.*
blackness ['blæknis], *n.* noirceur, *f.*
black-out ['blækaut], *n.* extinction des lumières, *f.*; black-out, *m.*
blacksmith ['blæksmiθ], *n.* forgeron, *m.*
bladder ['blædə], *n.* vessie; (*Bot.*) vésicule, *f.*
blade [bleid], *n.* lame (*de couteau etc.*), *f.*; brin (*d'herbe*), *m.*; pelle (*d'un aviron*); pale (*d'hélice*), *f.*; (*fig.*) gaillard (*personne*), *m.*
blain [blein], *n.* pustule, *f.*
blame [bleim], *n.* blâme, *m.*; faute, *f.*—*v.t.* blâmer, s'en prendre à; censurer, reprocher.
blameless ['bleimlis], *a.* innocent, sans tache.
blanch [bla:ntʃ], *v.t.* blanchir; pâlir; faire pâlir; monder (*amandes*).—*v.i.* blanchir; pâlir.
blancmange [blə'mɔnʒ], *n.* blanc-manger, *m.*
bland [blænd], *a.* doux, aimable, affable.
blandish ['blændiʃ], *v.t.* caresser, flatter, cajoler.
blandishment ['blændiʃmənt], *n.* flatterie, *f.*
blank [blæŋk], *a.* blanc, en blanc; (*fig.*) vide, confus, déconcerté.—*n.* blanc; (*Lotteries*) billet blanc; (*fig.*) vide, *m.*, lacune, *f.*
blanket ['blæŋkit], *n.* couverture, *f.*
blare [blɛə], *v.t.* faire retentir.—*v.i.* sonner (*comme une trompette*), cuivrer.—*n.* sonnerie, *f.*
blaspheme [blæs'fi:m], *v.t., v.i.* blasphémer.
blasphemer [blæs'fi:mə], *n.* blasphémateur, *m.*
blasphemous ['blæsfəməs] *a.* blasphématoire.
blasphemy ['blæsfəmi], *n.* blasphème, *m.*
blast [bla:st], *n.* vent, coup de vent; son (*d'un instrument à vent*), *m.*; explosion, *f.*—*v.t.* flétrir, brûler; détruire, ruiner; faire sauter.—*int.* sacrebleu!
blast-furnace ['bla:stfə:nis] *n.* haut fourneau, *m.*
blasting ['bla:stiŋ], *a.* destructeur.—*n.* coup de mine, *m.*, explosion, *f.*
blatant ['bleitənt], *a.* bruyant, criard.
blatantly ['bleitəntli], *adv.* avec une vulgarité criarde.
blaze (1) [bleiz], *n.* flamme; flambée, *f.*; feu; (*fig.*) éclat, *m.*; étoile (*de cheval*), *f.*—*v.t. to blaze a trail*, se frayer un chemin.—*v.i.* être en flammes; flamber, brûler.
blaze (2) [bleiz] **blazon** (1) ['bleizən], *v.t.* proclamer; *to blaze abroad*, répandre, crier par-dessus les toits.
blazing ['bleiziŋ], *a.* flambant; enflammé, embrasé; (*fig.*) brillant.
blazon (2) ['bleizən], *n.* blason, *m.*—*v.t.* blasonner.
bleach [bli:tʃ], *v.t., v.i.* blanchir; (*Hairdressing*) oxygéner.—*n.* agent de blanchiment, *m.*, eau de javel; (*Hairdressing*) oxygénée, *f.*
bleak [bli:k], *a.* ouvert, sans abri; froid; désert; triste, morne.
bleakness ['bli:knis], *n.* exposition découverte, *f.*; froid, *m.*; tristesse, *f.*; aspect morne, *m.*
blear [bliə], **bleary** ['bliəri], *a.* larmoyant.
bleat [bli:t], *v.i.* bêler.—*n.* bêlement, *m.*

bleed [bli:d], *v.t. irr.* saigner; (*colloq.*) débourser.—*v.i.* saigner; pleurer (*vignes etc.*).
bleeding ['bli:diŋ], *a.* saignant.—*n.* saignement, *m.*; (*Surg.*) saignée, *f.*
blemish ['blemiʃ], *v.t.* tacher, flétrir.—*n.* tache, flétrissure, *f.*, défaut, *m.*
blend [blend], *v.t.* mêler, mélanger; fondre.—*v.i.* se fondre, se marier (*à* ou *avec*).—*n.* mélange, *m.*
bless [bles], *v.t.* bénir; rendre heureux, réjouir.
blessed [blest, 'blesid], *a.* béni, saint; bienheureux.
blessedness ['blesidnis], *n.* béatitude, félicité, *f.*, bonheur, *m.*
blessing ['blesiŋ], *n.* bénédiction, *f.*; bonheur, bien, *m.*
blight [blait], *v.t.* flétrir (*vent*); brouir (*soleil*); (*fig.*) frustrer, détruire.—*n.* brouissure (*des fleurs et des fruits*); rouille (*du blé etc.*); (*fig.*) flétrissure, *f.*
blind [blaind], *a.* aveugle; obscur; *blind alley*, impasse, *f.*; *blind in one eye*, borgne; *blind side*, côté faible, *m.*—*n.* store (*fenêtre*); abat-jour, *m.*; banne (*de boutique*); persienne (*à l'extérieur*), *f.*; (*fig.*) voile, *m.*; **Venetian blind**, jalousie, *f.*—*v.t.* aveugler; (*fig.*) éblouir.
blindfold ['blaindfould], *v.t.* bander les yeux à.—*a.* les yeux bandés.
blindly ['blaindli], *adv.* aveuglément.
blind-man's buff ['blaindmænz'bʌf], *n.* colin-maillard, *m.*
blindness ['blaindnis], *n.* cécité, *f.*; aveuglement, *m.*
blink [bliŋk], *v.i.* clignoter, cligner des yeux; vaciller (*lumière*).—*n.* clignotement, *m.*
blinker ['bliŋkə], *n.* œillère (*de cheval*), *f.*
bliss [blis], *n.* félicité, béatitude, *f.*
blissful ['blisful], *a.* bienheureux.
blister ['blistə], *n.* ampoule, bulle; cloque (*peinture*), *f.*—*v.t.* faire venir des ampoules à.—*v.i.* se couvrir d'ampoules; se cloquer (*peinture*).
blithe [blaið], **blithesome** ['blaiðsəm], *a.* gai, joyeux.
blitz [blits], *n.* bombardement aérien (*2me guerre mondiale*).
blizzard ['blizəd], *n.* tempête de neige, *f.*
bloat [blout], *v.t.* gonfler, bouffir, enfler.
bloater ['bloutə], *n.* hareng saur, *m.*
blob [blɔb], *n.* goutte (*d'eau*), *f.*; pâté (*d'encre*), *m.*; (*fam.*) bévue, *f.*
block [blɔk], *n.* bloc, *m.*, bille, *f.*; billot; (*fig.*) obstacle, *m.*; *block of houses*, pâté de maisons, *m.*; *block of flats*, immeuble, *m.*—*v.t.* bloquer; *to block up*, fermer, boucher.
blockade [blɔ'keid], *n.* blocus, *m.*—*v.t.* bloquer.
blockhead ['blɔkhed], *n.* imbécile, sot, *m.*
bloke [blouk], *n.* (*pop.*) type, *m.*
blond(e) [blɔnd], *a.* and *n.* blond, *m.*
blood [blʌd], *n.* sang, *m.*; (*fig.*) parenté, *f.*; tempérament, *m.*; race (*de cheval*), *f.*
blood-group ['blʌdgru:p], *n.* groupe sanguin, *m.*
bloodhound ['blʌdhaund], *n.* limier, *m.*
bloodless ['blʌdlis], *a.* exsangue; pâle.
bloodshed ['blʌdʃed], *n.* effusion de sang, *f.*
bloodshot ['blʌdʃɔt], *a.* injecté de sang.

bloodthirsty ['blʌdθə:sti], *a.* sanguinaire.
bloody ['blʌdi], *a.* sanglant, ensanglanté, sanguinaire.
bloom [blu:m], *n.* fleur, *f.*; duvet, velouté (*de fruit*), *m.*; (*Metal.*) loupe, *f.*—*v.i.* fleurir; (*fig.*) être éclatant.
blooming ['blu:miŋ], *a.* fleurissant; (*pop.*) sacré, satané.—*n.* floraison, *f.*
blossom ['blɔsəm], *n.* fleur, *f.*—*v.i.* fleurir; être en fleur; *to blossom out*, s'épanouir.
blossoming ['blɔsəmiŋ], *n.* floraison, *f.*
blot [blɔt], *n.* tache, *f.*; pâté (*d'encre*), *m.*—*v.t.* tacher, salir; faire un pâté sur; sécher (*avec papier buvard*); *to blot out*, rayer, effacer.—*v.i.* boire (*papier*).
blotch [blɔtʃ], *n.* pustule, tache, *f.*
blotchy ['blɔtʃi], *a.* tacheté.
blotting-paper ['blɔtiŋpeipə], *n.* papier buvard, *m.*
blouse [blauz], *n.* blouse; chemisette, *f.*; corsage, chemisier, *m.*
blow (1) [blou], *n.* coup, *m.*; *to come to blows*, en venir aux mains.
blow (2) [blou], *v.t. irr.* souffler; sonner (*un instrument à vent*); faire sauter (*plomb*); *to blow away*, chasser; *to blow out*, éteindre (*une lumière*); faire sauter (*la cervelle*); *to blow up*, faire sauter; gonfler (*un pneu*).—*v.i.* souffler; faire du vent; sauter (*plomb*); claquer (*ampoule électrique*); *to blow up*, sauter, éclater.
blow (3) [blou], *v.i.* s'épanouir (*fleurs*).
blower ['blouə], *n.* souffleur; rideau de cheminée, *m.*; (*pop.*) téléphone, *f.*
blow-lamp ['bloulæmp], *n.* lampe à souder, *f.*
blubber ['blʌbə], *n.* graisse de baleine, *f.*
bludgeon ['blʌdʒən], *n.* gourdin, *m.*; trique, *f.*
blue [blu:], *a.* bleu.—*n.* bleu; azur, *m.*—*v.t.* bleuir; (*slang*) gaspiller (*argent*).
blue-bell ['blu:bel], *n.* jacinthe des prés, *f.*
blueness ['blu:nis], *n.* couleur bleue, *f.*
blue-print ['blu:print], *n.* dessin négatif; (*fam.*) bleu, projet, *m.*
bluestocking ['blu:stɔkiŋ], *n.* bas bleu, *m.*
bluff (1) [blʌf], *a.* escarpé, accore; brusque (*personne*).—*n.* à-pic, *m.*, falaise, *f.*, escarpement, *m.*
bluff (2) [blʌf], *n.* bluff (*feinte*), *m.*—*v.t.* bluffer.
bluffness ['blʌfnis], *n.* rudesse, brusquerie, *f.*
bluish ['blu:iʃ], *a.* bleuâtre.
blunder ['blʌndə], *n.* bévue, étourderie, balourdise, *f.*—*v.t.* embrouiller.—*v.i.* faire une bévue.
blunderbuss ['blʌndəbʌs], *n.* tromblon, *m.*
blunderer ['blʌndərə], *n.* maladroit, étourdi, *m.*
blundering ['blʌndəriŋ], *a.* maladroit.
blunt [blʌnt], *a.* émoussé; (*fig.*) brusque, bourru.—*v.t.* émousser, épointer; (*fig.*) amortir.
bluntly ['blʌntli], *adv.* brusquement, carrément.
bluntness ['blʌntnis], *n.* état émoussé, *m.*; brusquerie, *f.*
blur [blə:], *v.t.* tacher, barbouiller; (*fig.*) brouiller.
blurt [blə:t], *v.t. to blurt out*, laisser échapper.
blush [blʌʃ], *v.i.* rougir.—*n.* rougeur, *f.*; *at the first blush*, au premier abord.
blushing ['blʌʃiŋ], *a.* rougissant.

bluster

bluster ['blʌstə], *v.i.* tempêter, crier (*contre*), fanfaronner.—*n.* fracas, tapage, *m.*, fanfaronnade, fureur (*d'une tempête*), *f.*

blusterer ['blʌstərə], *n.* fanfaron, *m.*, bravache, *m.*, *f.*

blustering ['blʌstəriŋ], *a.* orageux; bruyant; bravache.

boa ['bouə], *n.* boa, *m.*

boar [bɔ:], *n.* verrat, *m.*; *wild boar*, sanglier, *m.*

board [bɔ:d], *n.* planche, *f.*; écriteau, *m.*; table, pension, *f.*; conseil, *m.*, administration, *f.*; (*Bookb.*) carton; (*Tailors*) établi; (*Naut.*) bord; (*Chess*) échiquier, *m.*; *Board of Trade*, ministère du commerce, *m.*; *on board*, à bord.—*v.t.* planchéier; nourrir; (*Naut.*) aborder; *to board out*, mettre en pension.—*v.i.* se mettre en pension.

boarder ['bɔ:də], *n.* pensionnaire; interne, *m.*, *f.*

boarding ['bɔ:diŋ], *n.* planchéiage, plancher, *m.*; table, pension, *f.*; (*Naut.*) abordage, *m.*

boarding-house ['bɔ:diŋhaus], *n.* pension de famille, *f.*

boarding-school ['bɔ:diŋsku:l], *n.* pensionnat, internat, *m.*

boast [boust], *v.i.* se vanter, se glorifier.—*n.* vanterie, *f.*

boaster ['boustə], *n.* vantard, *m.*

boastful ['boustful], *a.* vantard.

boat [bout], *n.* bateau, canot, *m.*, barque, *f.*

boating ['boutiŋ], *n.* canotage, *m.*

boatman ['boutmən], *n.* batelier, *m.*

boatswain, bosun [bousn], *n.* maître d'équipage, *m.*

bob [bɔb], *n.* (*Hairdressing*) perruque ronde; lentille (*d'un pendule*); secousse, *f.*; coup, *m.*, tape; petite révérence, *f.*—*v.t.* écourter (*la queue*); secouer, ballotter, balancer.—*v.i.* pendiller, osciller, s'agiter; *to bob up*, revenir à la surface.

bobbin ['bɔbin], *n.* bobine, *f.*

bode [boud], *v.t.*, *v.i.* présager; *to bode well* (*ill*), être de bon (mauvais) augure.

bodice ['bɔdis], *n.* corsage, *m.*

bodiless ['bɔdilis], *a.* sans corps.

bodily ['bɔdili], *a.* corporel, matériel.—*adv.* corporellement; entièrement, en masse.

boding ['boudiŋ], *n.* présage, pressentiment, *m.*

bodkin ['bɔdkin], *n.* poinçon; passe-lacet, *m.*

body ['bɔdi], *n.* corps; fond; cœur, centre; gros (*d'une armée*), *m.*; bande, troupe; nef (*d'une église*); personne; sève (*de vin*), carrosserie (*d'un véhicule*), *f.*; corsage (*d'une robe*), *m.*

body-guard ['bɔdigɑ:d], *n.* garde du corps, *m.*

body-work ['bɔdiwə:k], *n.* carrosserie, *f.*

boffin ['bɔfin], *n.* (*fam.*) savant, inventeur, *m.*

bog [bɔg], *n.* marécage, *m.*, fondrière, *f.*; *to get bogged down*, s'embourber.

boggle [bɔgl], *v.i.* hésiter (*à*); reculer (*devant*).

boggy ['bɔgi], *a.* marécageux.

bogie ['bougi], *n.* (*Rail.*) bogie, *m.*

bogus ['bougəs], *a.* faux, simulé.

boil (1) [bɔil], *v.t.* faire bouillir; faire cuire à l'eau.—*v.i.* bouillir; bouillonner; *to boil over*, déborder.

boil (2) [bɔil], *n.* (*Med.*) furoncle, clou, *m.*

boiled [bɔild], *a.* bouilli, cuit à l'eau; *a boiled egg*, un œuf à la coque.

boiler ['bɔilə], *n.* chaudière, *f.*; réservoir à eau chaude, *m.*

boiler-house ['bɔiləhaus], *n.* salle des chaudières, *f.*

boiler-maker ['bɔiləmeikə], *n.* chaudronnier, *m.*

boiler-suit ['bɔiləsju:t], *n.* bleus, *m.pl.*

boiling ['bɔiliŋ], *a.* en ébullition.—*n.* bouillonnement, *m.*

boisterous ['bɔistərəs], *a.* orageux, violent; bruyant, turbulent.

boisterously ['bɔistərəsli], *adv.* impétueusement; violemment; bruyamment.

boisterousness ['bɔistərəsnis], *n.* impétuosité, turbulence; violence, *f.*

bold [bould], *a.* hardi; audacieux, téméraire; impudent, effronté; saillant, net.

bold-faced ['bouldfeist], *a.* impudent, effronté.

boldly ['bouldli], *adv.* hardiment, intrépidement; impudemment.

boldness ['bouldnis], *n.* hardiesse, audace; assurance, effronterie, *f.*

bole [boul], *n.* tronc, fût (*d'un arbre*), *m.*

Bolivia [bə'liviə], la Bolivie, *f.*

Bolivian [bə'liviən], *a.* bolivien.—*n.* Bolivien (*personne*).

bollard ['bɔləd], *n.* (*Naut.*) pieu d'amarrage, *m.*

Bolshevik ['bɔlʃivik], *a.* bolchevik.—*n.* Bolchevik, *m.*

Bolshevism ['bɔlʃivizm], *n.* bolchevisme, *m.*

bolster ['boulstə], *n.* traversin; coussin, *m.*—*v.t.* mettre un traversin sous; (*fig.*) appuyer, soutenir.

bolt [boult], *n.* verrou; pêne; (*Tech.*) boulon, *m.*, cheville, *f.*; (*fig.*) trait, *m.*, flèche; fuite, *f.*; *thunder-bolt*, éclair, *m.*—*v.t.* verrouiller; fermer au verrou; gober, avaler (*to swallow*).—*v.i.* décamper, filer; s'emporter, s'emballer (*cheval*).

bomb [bɔm], *n.* bombe, *f.*—*v.t.* bombarder.

bombard [bɔm'bɑ:d], *v.t.* bombarder.

bombardier [bɔmbə'diə], *n.* bombardier, *m.*

bombardment [bɔm'bɑ:dmənt], *n.* bombardement, *m.*

bombast ['bɔmbæst], *n.* emphase, enflure, *f.*, boursouflage, *m.*

bombastic [bɔm'bæstik], *a.* enflé, ampoulé.

bomber ['bɔmə], *n.* avion de bombardement, *m.*

bombing ['bɔmiŋ], *n.* bombardement, *m.*

bona fide [bounə'faidi], *a.* sérieux, de bonne foi.

bond [bɔnd], *n.* lien, *m.*; liaison, *f.*; engagement, *m.*; obligation, *f.*; (*Fin.*) bon, *m.*; *in bonds*, dans les fers.—*v.t.* entreposer; *bonded goods*, marchandises entreposées, *f.pl.*

bondage ['bɔndidʒ], *n.* esclavage, *m.*, servitude, *f.*

bond-holder ['bɔndhouldə], *n.* obligataire, *m.*, *f.*, porteur d'obligation, *m.*

bondman ['bɔndmən], **bondsman** ['bɔndzmən], *n.* (*pl.* -men [men]) serf, esclave, *m.*

bondwoman ['bɔndwumən], **bondswoman** ['bɔndzwumən], *n.* (*pl.* -women [wimin]) esclave, *f.*

bone [boun], *n.* os, *m.*; arête (*de poisson*); baleine (*whale bone*); ivoire (*des dents*), *f.*; (*pl.*) ossements, *m.pl.*; *bone of contention*, pomme de discorde, *f.*—*v.t.* désosser.

bonfire ['bɔnfaiə], n. feu de joie *ou* de jardin, m.

bonnet ['bɔnit], n. chapeau (*de femme*); bonnet (*d'un Ecossais*); (*Motor.*) capot, m.

bonny ['bɔni], a. gentil, joli, joyeux, gai.

bonus ['bounəs], n. boni, m.; prime, f.

bony ['bouni], a. osseux; plein d'arêtes (*poisson*).

boo [buː], v.t., v.i. huer.—n. huée, f.—int. hou!

booby ['buːbi], n. nigaud, benêt, m.

booby-trap ['buːbitræp], n. attrape-nigaud, m.; (*Mil.*) mine-piège, f.

book [buk], n. livre, livret; registre; bouquin (*vieux livre*), m.; **exercise-book**, cahier, m.—v.t. retenir, réserver; enregistrer, inscrire.

bookbinder ['bukbaində], n. relieur, m.

bookbinding ['bukbaindiŋ], n. reliure, f.

book-case ['bukkeis], n. bibliothèque, f.

booking-office ['bukiŋɔfis], n. bureau d'enregistrement; guichet (*de gare etc.*), m.

bookish ['bukiʃ], a. studieux; livresque (*style*).

book-keeper ['bukkiːpə], n. teneur de livres, m.

book-keeping ['bukkiːpiŋ], n. comptabilité, f.

booklover ['buklʌvə], n. bibliophile, m., f.

bookseller ['bukselə], n. libraire, m., f.

bookshelf ['bukʃelf], n. rayon (*de bibliothèque*), m.

book-shop ['bukʃɔp], (*Am.*) **book-store** ['bukstɔː], n. librairie, f.

book-stall ['bukstɔːl], n. (*Rail.*) bibliothèque, f., étalage de livres, m.

boom [buːm], n. (*Naut.*) bout-dehors, m.; chaîne (*des ports etc.*); (*Cine.*) perche, f.; grondement, retentissement, m.; (*fig., Comm.*) grande (et rapide) hausse, f.—v.i. gronder, retentir; (*Comm.*) être en hausse, prospérer.

boomerang ['buːməræŋ], n. boumerang, m.

boon (1) [buːn], n. bienfait, m., faveur, f.; bien, avantage, m.

boon (2) [buːn], a. gai, joyeux.

boor [buə], n. rustre, m.

boorish ['buəriʃ], a. rustre, grossier.

boost [buːst], v.t. (*Am.*) pousser (*par derrière*); lancer; (*Elec.*) survolter.

boot (1) [buːt], n. chaussure, bottine, botte, f.; coffre (*d'auto*), m.

boot (2) [buːt], n. (*used only in*) **to boot**, en sus, par-dessus le marché.

booth [buːð], n. baraque, tente; cabine, f.

booty ['buːti], n. butin, m.

borax ['bɔːræks], n. borax, m.

border ['bɔːdə], n. bord, m.; bordure (*de vêtement etc.*); frontière (*d'un pays*), f.; (*Gard.*) parterre, m., platebande, f.—v.t. border.—v.i. aboutir, toucher (*à*); avoisiner.

bordering ['bɔːdəriŋ], a. contigu, voisin.

border-line ['bɔːdəlain], a. indéterminé.—n. ligne de démarcation, f.

bore (1) [bɔː], v.t. percer, forer; sonder, creuser; (*fig.*) ennuyer, embêter.—v.i. percer.—n. trou; calibre; (*fig.*) fâcheux (*personne*); ennui (*chose*); mascaret (*d'un fleuve*), m.

bore (2) [bɔː], *past* [BEAR].

boredom ['bɔːdəm], n. ennui, m.

born [bɔːn], a. né; **to be born**, naître.

borough ['bʌrə], n. bourg, m., ville, f.

borrow ['bɔrou], v.t. emprunter (*à*).

borrower ['bɔrouə], n. emprunteur, m.

bosh [bɔʃ], n. blague, farce, f., bêtises, f.pl. galimatias, m.

bosom ['buzəm], n. sein; (*fig.*) cœur, m.

boss (1) [bɔs], n. bosse, f.; moyeu (*d'une roue*), m.

boss (2) [bɔs], n. patron, chef, contremaître, m.—v.t. diriger, contrôler; régenter.

bosun [BOATSWAIN].

botanic [bə'tænik], **botanical** [bə'tænikəl], a. botanique.

botanist ['bɔtənist], n. botaniste, m., f.

botany ['bɔtəni], n. botanique, f.

botch [bɔtʃ], n. pustule, f.; (*fig.*) ravaudage, replâtrage, travail mal fait, m.—v.t. ravauder, replâtrer, saboter.

both [bouθ], a. and pron. tous les deux, tous deux, l'un et l'autre.—conj. tant, à la fois.

bother ['bɔðə], v.t. ennuyer tracasser; (*colloq.*) embêter.—n. ennui, tracas, embêtement, m.

bottle [bɔtl], n. bouteille, f.; flacon; biberon (*d'enfant*), m.; botte (*de foin*), f.; **hot water bottle**, bouillotte, f.—v.t. mettre en bouteille.

bottle-neck ['bɔtlnek], n. goulot; embouteillage (*de circulation routière*), m.

bottling ['bɔtliŋ], n. mise en bouteilles, f.

bottom ['bɔtəm], n. fond; bas; dessous, pied; derrière, m.; base; (*Naut.*) carène, f.

bottomless ['bɔtəmlis], a. sans fond.

boudoir ['buːdwɑː], n. boudoir, m.

bough [bau], n. branche, f., rameau, m.

boulder ['bouldə], n. grosse pierre, f. bloc, m.

bounce [bauns], v.i. sauter, (re)bondir; se vanter, poser.—n. saut, (re)bond, m.; vanterie, f.

bouncer ['baunsə], n. fanfaron, hâbleur, vantard, m.

bound (1) [baund], n. bond, saut, m.—v.i. bondir, sauter.

bound (2) [baund], n. borne, limite, f.—v.t. borner, limiter.

bound (3) [baund], a. (*Naut.*) allant (*à*), en partance (*pour*).

bound (4) [baund], *past* and p.p. [BIND].

boundary ['baundri], n. limite, borne, frontière, f.

bounden ['baundən], a. obligatoire, impérieux.

boundless ['baundlis], a. sans bornes; illimité.

bounteous ['bauntiəs], **bountiful** ['baunti ful], a. libéral généreux; abondant.

bounty ['baunti], n. bonté, générosité, libéralité, f.; don, m.

bouquet [bu'kei], n. bouquet, m.

bourne, bourn [buːn], n. borne frontière, limite, f.; terme, but, m.

bout [baut], n. tour, m., partie, f.; accès, m., crise, f.

bovine ['bouvain], a. bovin.

bow (1) [bau], v.t. courber, plier, fléchir, incliner.—v.i. se courber, s'incliner; saluer; se soumettre (*à*).—n. salut, m., révérence, f.

bow (2) [bau], n. (*Naut.*) avant, bossoir, m.

bow (3) [bou], n. arc; archet (*de violon*); nœud (*rubans*), m.

bowels ['bauəlz], n.pl. entrailles, f.pl., intestins; boyaux, m.pl.; (*fig.*) compassion, f.

bower ['bauə], n. berceau de verdure, m., tonnelle, f.

bowl

bowl [boul], *n.* bol, vase, *m.*, coupe; jatte, *f.*; fourneau (*d'une pipe*), *m.*; boule (*sphère*), *f.*; (*pl.*) boules, *f.pl.*; **to play (at) bowls**, jouer aux boules.—*v.t.* rouler, faire rouler; (*Cricket*) lancer, bôler.

bow-legged ['bouleg(i)d], *a.* à jambes arquées, bancal.

bowler(-hat) ['boulə(hæt)], *n.* chapeau melon, *m.*

bowsprit ['bousprit], *n.* (*Naut.*) beaupré, *m.*

bow-tie ['bou'tai], *n.* nœud carré, *m.*

bow-window ['bou'windou], *n.* fenêtre en saillie, *f.*

box (1) [bɔks], *n.* boîte, *f.*; coffret (*petit*); coffre (*grand*), *m.*, caisse; malle; (*Theat.*) loge, *f.*; buis (*arbre*), *m.*—*v.t.* enfermer dans une boîte, emboîter, encaisser.

box (2) [bɔks], *v.t.* souffleter, gifler.—*v.i.* boxer.—*n.* soufflet, *m.*, gifle, *f.*

boxer ['bɔksə], *n.* boxeur, pugiliste, *m.*

boxing ['bɔksiŋ], *n.* la boxe, *f.*

box-office ['bɔksɔfis], *n.* (*Theat.*) bureau de location, *m.*

boy [bɔi], *n.* garçon, petit garçon; fils, *m.*

boycott ['bɔikɔt], *v.t.* boycotter.

boycotting ['bɔikɔtiŋ], *n.* boycottage, *m.*

boyhood ['bɔihud], *n.* enfance, adolescence, *f.*

boyish ['bɔiiʃ], *a.* puéril; d'enfant, enfantin.

boy scout ['bɔi'skaut], *n.* (jeune) éclaireur, scout, *m.*

bra [brɑː], (*pop.*) [BRASSIÈRE].

brace [breis], *n.* couple (*gibier*); paire (*pistolets*), *f.*; vilebrequin (*outil*), *m.*; (*pl.*) bretelles, *f.pl.*—*v.t.* lier, serrer, attacher; (*fig.*) fortifier.

bracelet ['breislit], *n.* bracelet, *m.*

bracing ['breisiŋ], *a.* fortifiant, tonifiant.

bracken ['brækən], *n.* fougère, *f.*

bracket ['brækit], *n.* console, applique, *f.*, tasseau, *m.*; accolade, *f.*; bras (*pour une lampe etc.*), *m.*; (*Print.*) parenthèse, *f.*

brackish ['brækiʃ], *a.* saumâtre.

bradawl ['brædɔːl], *n.* poinçon, *m.*

brag [bræg], *v.i.* se vanter.—*n.* fanfaronnade, vanterie, *f.*

braggart ['brægət], *n.* fanfaron, *m.*

braid [breid], *n.* tresse, soutache, ganse, *f.*; lacet, galon, *m.*—*v.t.* tresser, natter, soutacher.

braille [breil], *n.* braille, *m.*

brain [brein], *n.* cerveau (*organe*), *m.*; cervelle (*substance*), *f.*; (*fig.*) jugement, esprit, *m.*; tête, *f.*

brainless ['breinlis], *a.* sans cervelle; stupide.

brainy ['breini], *a.* intelligent.

braise [breiz], *v.t.* braiser.

brake (1) [breik], *n.* fourré, hallier, *m.*, fougère (*thicket*), *f.*

brake (2) [breik], *n.* frein; *m.*; **to put on the brake**, serrer le frein.—*v.t.*, *v.i.* freiner.

braking ['breikiŋ], *n.* freinage, *m.*

bramble ['bræmbl], *n.* ronce, *f.*

bran [bræn], *n.* son, *m.*

branch [brɑːntʃ], *n.* branche, *f.*, rameau, *m.*; succursale (*d'une banque etc.*), *f.*—*v.i.* **to branch off**, s'embrancher, bifurquer; **to branch out**, se ramifier.

brand [brænd], *n.* brandon, tison; fer chaud, stigmate, *m.*; flétrissure (*d'infamie*); (*Comm.*) marque, *f.*—*v.t.* marquer au fer chaud; flétrir; (*fig.*) stigmatiser (*de*).

brandish ['brændiʃ], *v.t.* brandir.

---

brand-new ['brænd'njuː], *a.* tout (flambant) neuf.

brandy ['brændi], *n.* eau-de-vie, *f.*, cognac, *m.*

brash [bræʃ], *a.* effronté, présomptueux.

brass [brɑːs], *n.* cuivre jaune, laiton; (*fig.*) toupet, *m.*, effronterie, *f.*

brassière ['bræsjɛə], *n.* soutien-gorge, *m.*

brat [bræt], *n.* marmot, bambin, *m.*

bravado [brə'vɑːdou], *n.* bravade, *f.*

brave [breiv], *a.* courageux, brave, vaillant; (*fig.*) fameux, excellent.—*v.t.* braver, défier.

bravely ['breivli], *adv.* courageusement, bravement.

bravery ['breivəri], *n.* bravoure, *f.*, courage, *m.*

brawl [brɔːl], *n.* dispute, rixe, querelle, *f.*; bruit, tapage, *m.*—*v.i.* brailler, disputer.

brawler ['brɔːlə], *n.* tapageur; braillard, querelleur, *m.*

brawn [brɔːn], *n.* pâté de cochon, fromage de tête, *m.*; (*fig.*) muscles, *m.pl.*

brawny ['brɔːni], *a.* charnu, musculeux.

bray (1) [brei], *v.t.* broyer, piler.

bray (2) [brei], *v.i.* braire (*ânes etc.*); (*fig.*) résonner.—*n.* braiment, *m.*

brazen ['breizən], *a.* d'airain; (*fig.*) effronté, impudent.—*v.t.* **to brazen it out**, payer d'effronterie.

brazen-faced ['breizənfeist], *a.* à front d'airain; effronté.

brazier ['breizjə], *n.* chaudronnier, *m.*

Brazil [brə'zil]. le Brésil, *m.*

Brazilian [brə'ziljən], *a.* brésilien.—*n.* Brésilien (*personne*), *m.*

brazil-nut [brə'zilnʌt], *n.* noix du Brésil, *f.*

breach [briːtʃ], *n.* brèche, rupture; (*fig.*) violation, infraction, *f.*—*v.t.* battre en brèche.

bread [bred], *n.* pain, *m.*; **brown bread**, pain bis; **stale bread**, pain rassis.

breadcrumb ['bredkrʌm], *n.* miette, *f.*; (*pl.*) (*Cook.*) chapelure, *f.*, gratin, *m.*

breadth [bredθ], *n.* largeur, *f.*

bread-winner ['bredwinə], *n.* soutien de famille, *m.*

break [breik], *v.t. irr.* casser; briser; rompre; violer, enfreindre; ruiner; défricher (*terrain inculte*); (*fig.*) faire part de, communiquer (*une nouvelle*); amortir (*un choc*); **to break through the sound barrier**, franchir le mur du son.—*v.i.* se casser, se briser, se rompre, casser, rompre; éclater (*tempête etc.*); (*Comm.*) faire faillite; poindre (*jour*); changer (*temps*); **to break away**, se détacher; (*Mil.*) rompre les rangs; (*Box.*) cesser le corps-à-corps; **to break down**, s'abattre, se délabrer, s'effondrer, s'écrouler; (*Motor.*) tomber en panne; défaillir, s'altérer (*santé*); fondre en larmes; **to break in**, envahir, pénétrer, entrer dans; **to break into**, entamer, éclater en; **to break loose**, s'échapper, s'évader, (*fig.*) s'émanciper; **to break off**, rompre, s'arrêter; **to break out**, éclater, se déclarer (*maladie*); jaillir, paraître, s'échapper; **to break up**, se disperser; entrer en vacances; **to break with**, rompre avec.—*n.* rupture, brisure, fracture, trouée, fente; (*fig.*) interruption, *f.*; changement (*de temps*); arrêt (*dans un voyage*), *m.*; (*Sch.*) récréation, *f.*; **break of day**, point du jour, *m.*

breakage ['breikidʒ], *n.* rupture, cassure; (*Comm.*) casse, *f.*
breakdown ['breikdaun], *n.* (*Motor.*, *Mech.*) panne; (*fig.*) débâcle, *f.*; *nervous break-down,* dépression nerveuse, *f.*
breaker ['breikə], *n.* infracteur, briseur; violateur; brisant (*mer*), *m.*
breakfast ['brekfəst], *n.* petit déjeuner, *m.*— *v.i.* prendre le petit déjeuner.
breakwater ['breikwɔːtə], *n.* brise-lames, *m.*, digue, jetée, *f.*
bream [briːm], *n.* (*Ichth.*) brème, *f.*
breast [brest], *n.* sein, *m.*, poitrine, *f.*; (*fig.*) cœur, *m.*, âme, conscience, *f.*; poitrail (*d'un cheval*), *m.*
breastplate ['brestpleit], *n.* cuirasse, *f.*
breath [breθ], *n.* haleine, respiration, *f.*, souffle, *m.*; (*fig.*) vie, existence, *f.*; *to be out of breath,* être hors d'haleine *ou* tout essoufflé.
breathe [briːð], *v.t.* respirer, souffler; *to breathe in,* aspirer; *to breathe one's last,* rendre le dernier soupir; *to breathe out,* exhaler.—*v.i.* respirer; souffler, reprendre haleine.
breathing-space ['briːðiŋ'speis], *n.* temps de respirer, relâche, répit, *m.*
breathless ['breθlis], *a.* hors d'haleine, essoufflé, haletant.
breech [briːtʃ], *n.* culasse (*fusil*), *f.*—*v.t.* culotter.
breeches ['briːtʃiz], *n.pl.* culotte, *f.*
breed [briːd], *v.t. irr.* élever; faire naître.— *v.i.* multiplier, se reproduire.—*n.* race, *f.*
breeder ['briːdə], *n.* éleveur, *m.*
breeding ['briːdiŋ], *n.* élevage (*de bestiaux etc.*), *m.*; reproduction; éducation, *f.*; *good breeding,* politesse, *f.*, savoir-vivre, *m.*
breeze [briːz], *n.* (forte) brise, *f.*, vent assez fort, *m.*
breezy ['briːzi], *a.* frais; jovial.
brevity ['breviti], *n.* brièveté, concision, *f.*
brew [bruː], *v.t.* brasser; faire une infusion; (*fig.*) tramer, machiner.—*v.i.* faire de la bière; (*fig.*) se préparer, se tramer, couver.
brewer ['bruːə], *n.* brasseur, *m.*
brewery ['bruːəri], *n.* brasserie, *f.*
bribe [braib], *n.* présent (*dans le but de corrompre*); pot-de-vin, *m.*—*v.t.* gagner, corrompre, acheter.
bribery ['braibəri], *n.* corruption, *f.*
brick [brik], *a.* de briques, en briques.—*n.* brique, *f.*; (*fig.*) brave garçon, bon enfant, *m.*
brickbat ['brikbæt], *n.* briqueton, *m.*
brick-kiln ['brikkiln], *n.* four à briques, *m.*
bricklayer ['brikleiə], *n.* maçon, *m.*
bridal [braidl], *a.* nuptial, de noces.—*n.* fête nuptiale, noce, *f.*
bride [braid], *n.* nouvelle mariée, mariée, *f.*
bridegroom ['braidgruːm], *n.* nouveau marié, *m.*
bridesmaid ['braidzmeid], *n.* demoiselle d'honneur, *f.*
bridge [bridʒ], *n.* pont, *m.*; passerelle (*de navire etc.*), *f.*; chevalet (*d'instrument à cordes*); dos (*du nez*); (*Cards*) bridge, *m.*— *v.t.* jeter un pont sur; (*fig.*) combler (*une lacune*).
bridge-head ['bridʒhed], *n.* tête de pont, *f.*, point d'appui, *m.*
Bridget ['bridʒit]. Brigitte, *f.*

bridle [braidl], *n.* bride, *f.*; (*fig.*) frein, *m.*— *v.t.* brider; (*fig.*) mettre un frein à.—*v.i.* redresser la tête, se rebiffer.
brief [briːf], *a.* bref, court; (*fig.*) concis.—*n.* abrégé; dossier, *m.*—*v.t.* confier une cause à; donner des instructions à.
brief-case ['briːfkeis], *n.* serviette, *f.*
briefly ['briːfli], *adv.* brièvement, en peu de mots.
brier ['braiə], *n.* bruyère, *f.*; églantier, *m.*; (*pl.*) ronces, *f.pl.*
brig [brig], *n.* (*Naut.*) brick, *m.*
brigade [bri'geid], *n.* brigade, *f.*
brigadier [brigə'diə], *n.* général de brigade, *m.*
brigand ['brigənd], *n.* brigand, *m.*
brigantine ['brigəntiːn], *n.* brigantin, *m.*
bright [brait], *a.* brillant; poli; clair, lumineux; éclatant, vif; (*fig.*) joyeux, intelligent.
brighten [braitn], *v.t.* faire briller; éclaircir, égayer; polir; (*fig.*) illustrer, embellir; dégourdir.—*v.i.* s'éclaircir; briller, étinceler.
brightly ['braitli], *adv.* brillamment, avec éclat.
brightness ['braitnis], *n.* brillant, *m.*; clarté, *f.*; éclat, *m.*; (*fig.*) joie, vivacité; intelligence, *f.*
brill [bril], *n.* (*Ichth.*) barbue, *f.*
brilliance ['briljəns], **brilliancy** ['briljənsi], *n.* lustre, éclat, *m.*
brilliant ['briljənt], *a.* brillant, éclatant.—*n.* brillant (*diamant*), *m.*
brilliantly ['briljəntli], *adv.* brillamment, avec éclat.
brim [brim], *n.* bord, *m.*—*v.i.* être plein jusqu'au bord; *brimming over,* débordant.
brimful ['brimful], *a.* rempli jusqu'au bord, tout plein.
brimstone ['brimstən], *n.* soufre, *m.*
brindle(d) [brindl(d)], *a.* tacheté, bringé.
brine [brain], *n.* saumure, *f.*
bring [briŋ], *v.t. irr.* apporter (*choses*); amener (*personnes et animaux*); conduire; porter (*to carry*); transporter; réduire (*to reduce*); (*fig.*) mettre; *to bring about,* amener, causer, opérer, provoquer; *to bring down,* descendre, abattre; *to bring forth,* produire, mettre au monde, mettre bas; *to bring forward,* amener, avancer; *to bring in,* faire entrer, rapporter; *to bring into play,* mettre en œuvre; *to bring off,* tirer d'affaire, sauver; conduire à bien, réussir; *to bring on,* amener, occasionner; *to bring to again,* faire reprendre connaissance à; *to bring together,* réunir, assembler, réconcilier; *to bring up,* nourrir, élever.
brink [briŋk], *n.* bord, *m.*
briny ['braini], *a.* saumâtre, salé; (*fig.*) amer.
brisk [brisk], *a.* vif; (*fig.*) animé, actif, gai, frais, dispos.
briskly ['briskli], *adv.* vivement.
briskness ['brisknis], *n.* vivacité; activité, *f.*
bristle [brisl], *n.* soie, *f.*; poil raide, *m.*—*v.i.* se hérisser (*de*); se raidir (*contre*).
bristling ['brisliŋ], **bristly** ['brisli], *a.* hérissé (*de*); (*Bot.*) poilu.
Britain ['britən]. la Grande-Bretagne, *f.*
Britannic [bri'tænik], *a.* (*rare*) britannique.
British ['britiʃ], *a.* britannique; *the British,* les Anglais, les Britanniques, *m.pl.*

Brittany ['britəni]. la Bretagne, *f.*
brittle [britl], *a.* fragile, cassant.
brittleness ['britlnis], *n.* fragilité, *f.*
broach [brout∫], *n.* broche, *f.*—*v.t.* embrocher; mettre (*un tonneau*) en perce; introduire, entamer (*un sujet*).
broad [brɔ:d], *a.* large, grand, gros, vaste; (*fig.*) libre, grossier, hardi; peu voilé (*allusion*); prononcé (*accent*).
broadcast ['brɔ:dka:st], *a.* à la volée; radiodiffusé.—*v.t. irr.* semer (*du grain*) à la volée; répandre (*une nouvelle*); radiodiffuser.—*n.* émission, *f.*
broadcaster ['brɔ:dka:stə], *n.* speaker, *m.*
broadcasting ['brɔ:dka:stiŋ], *n.* radiodiffusion, *f.*; *broadcasting station,* poste émetteur, *m.*
broaden [brɔ:dn], *v.t.* élargir.—*v.i.* s'élargir, s'étendre.
broadly ['brɔ:dli], *adv.* largement.
broad-minded ['brɔ:d'maindid], *a.* tolérant, à l'esprit large.
broadness ['brɔ:dnis], *n.* largeur, *f.*; (*fig.*) grossièreté, *f.*
broadside ['brɔ:dsaid], *n.* (*Naut.*) côté, flanc, *m.*; bordée, *f.*
brocade [brɔ'keid], *n.* brocart, *m.*
brogue (1) [broug], *n.* accent irlandais, *m.*
brogue (2) [broug], *n.* brogue (*chaussure*), *f.*
broil (1) [brɔil], *n.* querelle, *f.*, tumulte, *m.*
broil (2) [brɔil], *v.t.* griller.—*v.i.* se griller.
broken ['broukən], *a.* cassé, brisé, rompu; (*fig.*) navré; entrecoupé, décousu (*discours etc.*); accidenté (*terrain*); interrompu (*sommeil*); délabré (*santé*).
broker ['broukə], *n.* courtier; brocanteur (*articles d'occasion*), *m.*; *ship-broker,* courtier maritime; *stockbroker,* agent de change, *m.*
brokerage ['broukəridʒ], *n.* courtage, *m.*
bromide ['broumaid], *n.* bromure, *m.*
bromine ['broumi:n, 'broumain], *n.* brome, *m.*
bronchia ['brɔŋkiə], *n.pl.* bronches, *f.pl.*
bronchial ['brɔŋkiəl], *a.* bronchial.
bronchitis [brɔŋ'kaitis], *n.* bronchite, *f.*
bronze [brɔnz], *n.* bronze, *m.*
bronzed [brɔnzd], *a.* bronzé, basané.
brooch [brout∫], *n.* broche, *f.*
brood [bru:d], *v.i.* couver; (*fig.*) *to brood over,* rêver à, ruminer, *m.* couvée, *f.*
broody ['bru:di], *a.* couveuse (*poule*); distrait (*personne*).
brook (1) [bruk], *n.* ruisseau, *m.*
brook (2) [bruk], *v.t.* (*always neg.*) souffrir, avaler, digérer.
broom [bru:m], *n.* balai; genêt (*plante*), *m.*
broth [brɔθ], *n.* bouillon, potage, *m.*
brother ['brʌðə], *n.* (*pl.* **brothers** ['brʌðəz], *rhet.* **brethren** ['breðrin]) frère, *m.*; *brother in arms,* frère d'armes; *foster-brother,* frère de lait.
brotherhood ['brʌðəhud], *n.* fraternité; confrérie, confraternité, *f.*
brother-in-law ['brʌðərinlɔ:], *n.* beau-frère, *m.*
brotherly ['brʌðəli], *a.* fraternel.
brow [brau], *n.* front; sourcil; (*fig.*) sommet, *m.*
browbeat ['braubi:t], *v.t. irr.* (*conjug. like* BEAT) intimider, rudoyer.
brown [braun], *a.* brun; sombre, rembruni; châtain (*chevelure*); (*Cook.*) rissolé; *brown bread,* pain bis, *m.*; *brown study,* rêverie, *f.*; *brown sugar,* sucre brut, *m.*—

n. brun, *m.*—*v.t.* brunir; (*Cook.*) rissoler, faire dorer.
brownie ['brauni], *n.* jeannette, *f.*
brownish ['brauni∫], *a.* brunâtre.
browse [brauz], *v.i.* brouter.
bruise [bru:z], *v.t.* meurtrir, contusionner; écraser, froisser.—*n.* meurtrissure, contusion, *f.*
brunette [bru:'net], *a.* and *n.* brune, *f.*
brunt [brʌnt], *n.* choc, *m.*, violence, fureur, *f.*; *to bear the brunt of,* faire tous les frais de.
brush [brʌ∫], *n.* brosse, *f.*; balai; pinceau, *m.*; (*fig.*) escarmouche; queue (*d'un renard*), *f.*—*v.t.* brosser; balayer; (*fig.*) effleurer, raser.
brush-maker ['brʌ∫meikə], *n.* brossier, *m.*
brushwood ['brʌ∫wud], *n.* broussailles, *f.pl.*; fourré, *m.*
brusque [brusk], *a.* brusque.
Brussels [brʌslz]. Bruxelles, *f*; *Brussels sprouts,* choux de Bruxelles, *m.pl.*
brutal [bru:tl], *a.* brutal, cruel, inhumain.
brutality [bru:'tæliti], *n.* brutalité, cruauté, *f.*
brutally ['bru:təli], *adv.* brutalement.
brute [bru:t], *a.* brut, insensible; sauvage; brutal (*animaux*).—*n.* animal, *m.*, brute, bête, *f.*, brutal, *m.*
bubble [bʌbl], *n.* bulle; (*fig.*) chimère, illusion; duperie, *f.*—*v.i.* bouillonner; pétiller (*vin*).
bubonic [bju:'bɔnik], *a.* bubonique.
buccaneer [bʌkə'niə], *n.* boucanier, flibustier, *m.*
buck [bʌk], *n.* daim; chevreuil; mâle (*lièvre ou lapin*); (*fig.*) gaillard, beau, élégant, *m.*
bucket ['bʌkit], *n.* seau; baquet, *m.*
buckle [bʌkl], *n.* boucle, agrafe, *f.*—*v.t.* boucler, agrafer.—*v.i.* se boucler; se courber.
buckler ['bʌklə], *n.* bouclier, *m.*
buckram ['bʌkrəm], *n.* bougran, *m.*
buckwheat ['bʌkwi:t], *n.* sarrasin, blé noir, *m.*
bucolic [bju:'kɔlik], *a.* bucolique.—*n.* poème bucolique, *m.*
bud [bʌd], *n.* bourgeon, bouton; (*fig.*) germe, *m.*—*v.t.* écussonner.—*v.i.* bourgeonner.
Buddha ['budə], Bouddha, *m.*
Buddhism ['budizm], *n.* bouddhisme, *m.*
Buddhist ['budist], *n.* bouddhiste, *m.*, *f.*
budge [bʌdʒ], *v.t.* bouger.—*v.i.* bouger, se remuer.
budgerigar [bʌdʒəri'ga:], *n.* (*Orn.*) perruche inséparable, *f.*
budget ['bʌdʒit], *n.* sac; (*Fin.*) budget, *m.*
buff [bʌf], *a.* de couleur chamois.—*n.* buffle, *m.*, peau de buffle; couleur chamois, *f.*—*v.t.* polir au buffle.
buffalo ['bʌfəlou], *n.* buffle, *m.*
buffer ['bʌfə], *n.* tampon, amortisseur, *m.*
buffet (1) ['bʌfit], *n.* buffet (*sideboard*); ['bufei], buffet, *m.*
buffet (2) ['bʌfit], *v.t.* frapper à coups de poing, souffleter.—*v.i.* se battre à coups de poing.—*n.* soufflet, coup de poing, *m.*
buffoon [bʌ'fu:n], *n.* bouffon, *m.*
buffoonery [bʌ'fu:nəri], *n.* bouffonnerie, *f.*
bug [bʌg], *n.* punaise, *f.*
bugle [bju:gl], *n.* cor de chasse; (*Mil.*) clairon, *m.*
bugler ['bju:glə], *n.* clairon, *m.*
build [bild], *v.t. irr.* bâtir, faire bâtir, construire; (*fig.*) édifier, fonder, baser.—*n.* construction; forme, carrure, taille, *f.*

builder ['bildə], n. constructeur, entrepreneur de maçonnerie, m.

building ['bildin], n. construction, f.; édifice, bâtiment, m.; **building society**, société immobilière, f.

bulb [bʌlb], n. bulbe, oignon, m.; cuvette (de thermomètre); poire (en caoutchouc); (Elec.) ampoule, lampe, f.

bulbous ['bʌlbəs], a. bulbeux.

Bulgaria [bʌl'gɛəriə]. la Bulgarie, f.

Bulgarian [bʌl'gɛəriən], a. bulgare.—n. bulgare (langue), m.; Bulgare (personne), m., f.

bulge [bʌldʒ], n. bombement, m., bosse, f.—v.t., v.i. faire saillie, bomber.

bulging ['bʌldʒiŋ], a. bombé.

bulk [bʌlk], n. volume, m., grosseur; masse, f., gros, m.; (Naut.) charge, f.; **in bulk**, en bloc, en gros.

bulkhead ['bʌlkhed], n. cloison étanche, f.

bulky ['bʌlki], a. gros, encombrant.

bull (1) [bul], n. taureau; (St. Exch.) haussier, m.

bull (2) [bul], n. bulle (du Pape), f.

bulldog ['buldɔg], n. bouledogue, m.

bulldozer ['buldouzə], n. bulldozer, m.

bullet ['bulit], n. balle, f.

bulletin ['bulətin], n. bulletin, communiqué, m.

bullet-proof ['bulitpru:f], a. à l'épreuve des balles.

bullfinch ['bulfintʃ], n. (Orn.) bouvreuil, m.

bullion ['buljən], n. or ou argent en lingots, m.

bullock ['bulək], n. bœuf, bouvillon, m.

bull's-eye ['bulzai], n. centre, noir (d'une cible); œil-de-bœuf (fenêtre), m.

bully ['buli], n. matamore, bravache, m.; brute, f.—v.t. malmener, intimider.—v.i. faire le matamore.

bulrush ['bulrʌʃ], n. bulle (du Pape), jonc, m.

bulwark ['bulwək], n. rempart; (Naut.) pavois, m.

bumble-bee ['bʌmblbi:], n. bourdon, m.

bump [bʌmp], n. bosse, f.; heurt, cahot, coup, choc, m.—v.t. frapper, cogner.—v.i. se cogner, se heurter.

bumper ['bʌmpə], n. rasade, f., rouge-bord; (Motor.) pare-choc, m.

bumpkin ['bʌmpkin], n. rustre, lourdaud, m.

bumpy ['bʌmpi], a. cahoteux (route).

bun [bʌn], n. petit pain rond au lait; chignon (coiffure), m.

bunch [bʌntʃ], n. botte, f.; bouquet, m., gerbe (de fleurs); grappe (de raisins), f.; régime (de bananes); trousseau (de clefs), m.

bundle [bʌndl], n. paquet; ballot; faisceau, fagot (de bois etc.), m.; liasse (de papiers), f.—v.t. empaqueter.

bung [bʌŋ], n. bondon, tampon, m.—v.t. boucher.

bungalow ['bʌŋgəlou], n. maison sans étage, f.

bung-hole ['bʌŋhoul], n. bonde, f.

bungle [bʌŋgl], v.t. bousiller, gâcher, rater.—v.i. s'y prendre gauchement, faire de la mauvaise besogne.—n. bousillage; gâchis, m.

bungler ['bʌŋglə], n. maladroit, savetier, bousilleur, m.

bungling ['bʌŋgliŋ], a. maladroit, gauche.

bunion ['bʌnjən], n. oignon (de pied), m.

bunk [bʌŋk], n. (Naut.) couchette, f.

bunker ['bʌŋkə], n. soute (à charbon); (Golf) banquette, f.

bunting ['bʌntiŋ], n. étamine, f.; (Orn.) bruant, m.; (fig.) drapeaux, pavillons, m.pl.

buoy [bɔi], n. bouée, f.; **life-buoy**, bouée de sauvetage; **mooring buoy**, coffre d'amarrage, m.—v.t. **to buoy up**, soutenir sur l'eau; (fig.) encourager.

buoyancy ['bɔiənsi], n. légèreté, f.; élan, m.; vivacité, animation, f.

buoyant ['bɔiənt], a. léger, flottant; animé, vif.

burble [bə:bl], v.i. murmurer, bafouiller.—n. murmure, m.

burden [bə:dn], n. fardeau, m.; charge, f.; poids; refrain (d'une chanson), m.—v.t. charger.

burdensome ['bə:dnsəm], a. pesant, lourd; ennuyeux.

bureau [bjuə'rou], n. bureau, m.

bureaucracy [bjuə'rokrəsi], n. bureaucratie, f.

bureaucrat ['bjuərokræt], n. bureaucrate, m., f.

bureaucratic [bjuəro'krætik], a. bureaucratique.

burgess ['bə:dʒis], n. bourgeois, citoyen, électeur, m.

burgh ['bʌrə], n. (Sc.) bourg, m.

burglar ['bə:glə], n. cambrioleur, m.

burglary ['bə:gləri], n. vol avec effraction; cambriolage, m.

burgle [bə:gl], v.t., v.i. cambrioler.

burgomaster ['bə:goma:stə], n. bourgmestre, m.

burial ['beriəl], n. enterrement, m., obsèques, f.pl.; inhumation, f.

burlesque [bə:'lesk], a. and n. burlesque, m.—v.t. parodier, travestir.

burliness ['bə:linis], n. grosseur, corpulence, f.

burly ['bə:li], a. de forte carrure.

Burma(h) ['bə:mə]. la Birmanie, f.

Burmese [bə:'mi:z], a. birman.—n. birman (langue); Birman (personne), m.

burn [bə:n], v.t. irr. brûler; cuire (briques etc.); incendier.—v.i. brûler; (fig.) brûler, être impatient de.—n. brûlure, f.

burner ['bə:nə], n. brûleur; bec (de gaz etc.), m.

burning ['bə:niŋ], a. en feu; brûlant, ardent.—n. brûlure, f.; incendie, m.

burnish ['bə:niʃ], v.t. brunir, polir.

burrow ['bʌrou], n. terrier, trou, m.—v.t. creuser.—v.i. se terrer; (fig.) se cacher.

bursar ['bə:sə], n. économe, intendant, trésorier; boursier, m.

bursary ['bə:səri], n. bourse (d'études), f.

burst [bə:st], v.t. irr. crever; faire éclater; fendre; rompre.—v.i. crever, éclater; sauter; jaillir; s'élancer; éclore (bourgeon); **to burst into tears**, fondre en larmes; **to burst out laughing**, éclater de rire.—n. éclat, éclatement, m., explosion; rupture, hernie, f.

bury ['beri], v.t. enterrer ensevelir; (fig.) enfoncer; cacher.

bus [bʌs], n. autobus, m.

bus-conductor ['bʌskəndʌktə], n. receveur (d'autobus), m.

bush [buʃ], n. buisson, fourré, m.

bushel ['buʃl], n. boisseau, m.

bushy ['buʃi], a. buissonneux; touffu.

busily

busily ['bizili], *adv.* activement; avec empressement.

business ['biznis], *n.* affaire, occupation, *f.*, devoir; état, métier, *m.*; affaires, *f.pl.*, commerce, *m.*; *what business is that of yours?* est-ce que cela vous regarde? *you have no business here*, vous n'avez que faire ici.

businesslike ['biznislaik], *a.* pratique, régulier, méthodique; franc, droit, sérieux.

buskin ['bʌskin], *n.* brodequin; (*fig.*) cothurne, *m.*

bust [bʌst], *n.* (*Sculp.*) buste, *m.*; gorge (*de femme*); (*Art*) bosse, *f.*

bustard ['bʌstəd], *n.* (*Orn.*) outarde, *f.*

bustle [bʌsl], *n.* mouvement; bruit, *m.*, confusion, activité, agitation, *f.*—*v.i.* se remuer, s'empresser.

bustling ['bʌsliŋ], *a.* empressé, affairé, remuant; bruyant.

busy ['bizi], *a.* affairé, occupé, empressé, diligent.—*v.r. to busy oneself*, s'occuper.

busybody ['bizibɔdi], *n.* officieux, *m.*

but [bʌt], *conj.* mais, que; sauf que; qui ne; *but that*, sans que.—*adv.* ne . . . que; seulement; *all but*, presque.—*prep.* sans, excepté, à part.

butcher ['butʃə], *n.* boucher, *m.*; *butcher's shop*, boucherie, *f.*—*v.t.* égorger, massacrer.

butchery ['butʃəri], *n.* boucherie; tuerie, *f.*, massacre, carnage, *m.*

butler ['bʌtlə], *n.* maître d'hôtel, *m.*

butt (1) [bʌt], *n.* bout, *m.*; crosse (*d'un fusil*); masse (*d'une queue de billard*), *f.*

butt (2) [bʌt], *n.* cible, *f.*; (*fig.*) point de mire; plastron (*personne*), *m.*

butt (3) [bʌt], *n.* coup de tête, *m.*—*v.t.* cosser, frapper de le tête (*animal*), *f.*

butt (4) [bʌt], *n.* barrique, *f.*

butter ['bʌtə], *n.* beurre, *m.*—*v.t.* beurrer.

buttercup ['bʌtəkʌp], *n.* bouton d'or, *m.*

butter-dish ['bʌtədiʃ], *n.* beurrier, *m.*

butterfly ['bʌtəflai], *n.* papillon, *m.*

buttermilk ['bʌtəmilk], *n.* petit-lait, *m.*

buttery ['bʌtəri], *a.* de beurre, graisseux.—*n.* dépense, *f.*

buttock ['bʌtək], *n.* fesse; croupe (*de cheval*); culotte (*de bœuf*), *f.*

button [bʌtn], *n.* bouton, *m.*—*v.t.* boutonner.—*v.i.* se boutonner.

buttonhole ['bʌtnhoul], *n.* boutonnière, *f.*—*v.t.* accrocher (*quelqu'un*).

button-hook ['bʌtnhuk], *n.* tire-bouton, *m.*

buttress ['bʌtris], *n.* contrefort, éperon, *m.*; *flying-buttress*, arc-boutant, *m.*—*v.t.* arc-bouter.

buxom ['bʌksəm], *a.* plein de santé et d'entrain; rondelette et fraîche (*femme*).

buy [bai], *v.t. irr.* acheter; prendre (*billet*); corrompre, acheter (*quelqu'un*); *to buy up*, accaparer.

buyer ['baiə], *n.* acheteur, acquéreur, *m.*

buying ['baiiŋ], *n.* achat, *m.*

buzz [bʌz], *v.i.* bourdonner.—*n.* bourdonnement; brouhaha (*de conversation*), *m.*

buzzard ['bʌzəd], *n.* (*Orn.*) buse, *f.*

buzzer ['bʌzə], *n.* trompe, *f.*; vibreur, appel vibré, *m.*

by [bai], *prep.* par; de; à; sur; près de, auprès de, à côté de; en (*with participles*); *by far*, de beaucoup; *by no means*, nullement; *by sight*, de vue.—*adv.* près; passé.

by-election ['baiilekʃən], *n.* élection partielle, *f.*

bygone ['baigɔn], *a.* passé, d'autrefois.

by-law ['bailɔ:], *n.* règlement local, *m.*

by-pass ['baipɑ:s], *n.* route d'évitement, déviation, *f.*—*v.t.* contourner, éviter (*une ville*).

by-play ['baiplei], *n.* jeu de scène, jeu muet, *m.*

by-product ['baiprɔdʌkt], *n.* sous-produit, *m.*

byre ['baiə], *n.* étable à vaches, *f.*

bystander ['baistændə], *n.* spectateur, assistant, *m.*

byword ['baiwə:d], *n.* dicton, proverbe, *m.*; (*fig.*) risée, *f.*

C

C, c [si:], troisième lettre de l'alphabet; (*Mus.*) ut, do, *m.*

cab [kæb], *n.* fiacre, taxi, *m.*

cabal [kə'bæl], *n.* cabale, *f.*—*v.i.* cabaler.

cabbage ['kæbidʒ], *n.* chou, *m.*

cabin ['kæbin], *n.* cabine, chambre (*pour officiers etc.*); (*Av.*) carlingue; cabane, case, hutte, *f.*

cabin-boy ['kæbinbɔi], *n.* mousse, *m.*

cabinet ['kæbinit], *n.* meuble à tiroirs; classeur; cabinet; ministère, *m.*

cabinet-maker ['kæbinit'meikə], *n.* ébéniste, *m.*, *f.*

cable [keibl], *n.* câble; câblogramme, *m.*—*v.t.* câbler, télégraphier.

cablegram ['keiblgræm], *n.* câblogramme, *m.*

caboose [kə'bu:s], *n.* (*Naut.*) cuisine, cambuse, *f.*; (*Am. Rail.*) fourgon, *m.*

cackle [kækl], *n.* caquet, *m.*—*v.i.* caqueter; (*fig.*) ricaner, glousser; cacarder (*oie*).

cackling ['kæklin], *n.* caquetage, *m.*

cactus ['kæktəs], *n.* cactus, *m.*

cad [kæd], *n.* goujat, *m.*; canaille, *f.*

cadaverous [kə'dævərəs], *a.* cadavéreux.

caddie ['kædi], *n.* (*Golf*) cadet, *m.*—*v.i.* servir de cadet.

caddy ['kædi], *n.* boîte à thé, *f.*

cadet [kə'det], *n.* cadet; élève-officier (*d'une école militaire ou d'une école navale*), *m.*

cadge [kædʒ], *v.t.*, *v.i.* colporter; quémander; écornifler.

cage [keidʒ], *n.* cage, *f.*—*v.t.* mettre en cage.

Cairo ['kaiərou], le Caire, *m.*

cajole [kə'dʒoul], *v.t.* cajoler, enjôler.

cake [keik], *n.* gâteau, *m.*; masse, croûte (*matière solidifiée*), *f.*; *cake of soap*, savonnette, *f.*—*v.i.* se cailler, se prendre, se coller.

calamitous [kə'læmitəs], *a.* calamiteux, désastreux, funeste.

calamity [kə'læmiti], *n.* calamité, *f.*, désastre, malheur, *m.*

calculate ['kælkjuleit], *v.t.* calculer; adapter; (*Am.*) penser, croire.

calculation [kælkju'leiʃən], *n.* calcul, compte, *m.*

caning

calculus ['kælkjuləs], *n.* (*Med.*) calcul; (*Math.*) calcul infinitésimal, *m.*
Caledonia [kæli'dounia]. la Calédonie, *f.*
calendar ['kæləndə], *n.* calendrier, *m.*; (*Law*) liste, *f.*
calender ['kæləndə], *n.* calandre, *f.*
calends ['kæləndz], *n.pl.* calendes, *f.pl.*
calf [kɑːf], *n.* (*pl.* **calves** [kɑːvz]) veau; mollet (*de la jambe*), *m.*
calibre ['kælibə], *n.* calibre; (*Tech.*) compas, *m.*
calibrate ['kælibreit], *v.t.* calibrer, graduer.
calico ['kælikou], *n.* calicot, *m.*; *printed calico*, indienne, *f.*
California [kæli'fɔːnia]. la Californie, *f.*
caliph ['keilif], *n.* calife, *m.*
calk [kɔːk], *v.t.* ferrer à glace (*cheval etc.*).
call [kɔːl], *n.* appel, cri, *m.*; voix, *f.*; (*Naut.*) sifflet, *m.*; (*fig.*) obligation, *f.*, devoir, *m.*; demande, invitation; visite, *f.*; coup de téléphone, *m.*; *within call*, à portée de voix.—*v.t.* appeler; nommer, qualifier (*de*); convoquer; rappeler; *to be called Peter*, s'appeler Pierre; *to call for*, demander, exiger; aller chercher; *to call in*, faire rentrer; *to call in a doctor*, faire venir un médecin; *to call off*, rappeler, rompre, décommander; *to call out*, appeler, crier; *to call to mind*, se rappeler; *to call up*, faire monter; réveiller; appeler sous les drapeaux, mobiliser.—*v.i.* appeler, crier; venir *ou* aller (*chez*), rendre visite (*à*); (*Naut.*) toucher (*à*); *to call at*, passer par, s'arrêter à; *to call on*, inviter, prier; rendre visite à; *to call upon*, faire appel (*à quelqu'un*).
call-box ['kɔːlbɔks], *n.* cabine téléphonique, *f.*
call-boy ['kɔːlbɔi], *n.* (*Theat.*) avertisseur, *m.*
caller ['kɔːlə], *n.* visiteur, *m.*; (*Teleph.*) celui *ou* celle qui appelle, *m., f.*
calling ['kɔːliŋ], *n.* appel, *m.*; profession, vocation, *f.*, métier, état, *m.*
callipers ['kælipəz], *n.* compas de calibre, *m.*
callous ['kæləs], *a.* calleux, endurci; insensible.
callously ['kæləsli], *adv.* durement, impitoyablement.
callousness ['kæləsnis], *n.* insensibilité, *f.*, endurcissement, *m.*
callow ['kælou], *a.* sans plume; (*fig.*) jeune, novice.
call-up ['kɔːlʌp], *n.* (*Mil.*) appel sous les drapeaux, *m.*
calm [kɑːm], *a.* and *n.* calme, *m.*—*v.t.* calmer, apaiser.
calmly ['kɑːmli], *adv.* avec calme, tranquillement.
calorie ['kæləri], *n.* calorie, *f.*
calumniate [kə'lʌmnieit], *v.t.* calomnier.
calumnious [kə'lʌmniəs], *a.* calomnieux.
calumny ['kæləmni], *n.* calomnie, *f.*
calvary ['kælvəri], *n.* calvaire; chemin de la croix, *m.*
calve [kɑːv], *v.i.* vêler.
calves [CALF].
calyx ['keiliks, 'kæliks], *n.* calice, *m.*
cam [kæm], *n.* (*Mech.*) came, *f.*
camber ['kæmbə], *n.* cambrure, *f.*
Cambodia [kæm'boudiə]. le Cambodge, *m.*
Cambodian [kæm'boudiən], *a.* cambodgien.—*n.* cambodgien (*langue*); Cambodgien (*personne*), *m.*
cambric ['keimbrik], *n.* batiste, *f.*

camel ['kæməl], *n.* chameau, *m.*
camellia [kə'miːliə], *n.* camélia, *m.*
camel-hair ['kæməlhɛə], *n.* poil de chameau, *m.*
cameo ['kæmiou], *n.* camée, *m.*
camera ['kæmərə], *n.* appareil (photographique), *m.*; *cine-camera*, (ciné)caméra, *f.*
cameraman ['kæmərəmæn], *n.* (*pl.* **cameramen** ['kæmərəmen]) photographe (*de presse*); (*Cine. Tel.*) opérateur, cameraman, *m.*
camouflage ['kæmuflɑːʒ], *n.* camouflage, *m.*—*v.t.* camoufler.
camp [kæmp], *n.* camp, *m.*; *to break up a camp*, lever un camp; *to pitch a camp*, établir un camp.—*v.i.* camper.
campaign [kæm'pein], *n.* campagne, *f.*—*v.i.* faire campagne.
campaigner [kæm'peinə], *n.* vieux soldat, *m.*
campanile [kæmpə'niːli], *n.* campanile, *m.*
campanula [kæm'pænjulə], *n.* (*Bot.*) campanule, *f.*
camp-bed ['kæmpbed], *n.* lit de camp, *m.*
camper ['kæmpə], *n.* campeur, *m.*
camphor ['kæmfə], *n.* camphre, *m.*
camping ['kæmpiŋ], *n.* (*Mil.*) campement; camping, *m.*; *to go camping*, faire du camping.
can (1) [kæn], *n.* pot, broc, bidon, *m.*; boîte en fer blanc, *f.*—*v.t.* mettre en boîte.
can (2) [kæn], *v. aux. irr.* (*inf.* **to be able**) pouvoir (*to be able*); savoir (*to know how to*); *he can read*, il sait lire; *I can do it*, je peux *ou* je sais le faire.
Canada ['kænədə]. le Canada, *m.*
Canadian [kə'neidiən], *a.* canadien.—*n.* Canadien (*personne*), *m.*
canal [kə'næl], *n.* canal, *m.*
canary [kə'nɛəri], *n.* (*Orn.*) serin, *m.*
cancel ['kænsəl], *v.t.* annuler; effacer, biffer, rayer; oblitérer (*un timbre*); décommander; (*Comm.*) résilier.
cancellation [kænsə'leiʃən], *n.* annulation; résiliation, oblitération, *f.*
cancer ['kænsə], *n.* cancer, *m.*
cancerous ['kænsərəs], *a.* cancéreux.
candelabrum [kændi'lɑːbrəm], **candelabra** [kændi'lɑːbrə], *n.* candélabre, *m.*
candid ['kændid], *a.* sincère, franc.
candidate ['kændidit], *n.* aspirant, candidat, *m.*
candidature ['kændiditʃə], *n.* candidature, *f.*
candidly ['kændidli], *adv.* franchement, de bonne foi.
candle [kændl], *n.* chandelle; bougie; (*fig.*) lumière, *f.*; (*Ch.*) cierge, *m.*
candle-grease ['kændlgriːs], *n.* suif, *m.*
Candlemas ['kændlməs]. la Chandeleur, *f.*
candlestick ['kændlstik], *n.* chandelier; bougeoir, *m.*
candour ['kændə], *n.* franchise, sincérité, bonne foi, *f.*
candy ['kændi], *n.* candi, *m.*; (*Am.*) bonbons, *m.pl.*
cane [kein], *n.* canne, *f.*; (*Agric.*) cep *m.*—*v.t.* donner des coups de canne à.
canine ['kænain, 'keinain], *a.* canin, de chien.
caning ['keiniŋ], *n.* coups de canne, *m.pl.*, râclée, *f.*

canister ['kænistə], *n.* boîte en fer blanc; boîte à thé, *f.*

canker ['kæŋkə], *n.* chancre; (*fig.*) ver rongeur; fléau, *m.*—*v.t.* ronger; (*fig.*) corrompre, empoisonner.—*v.i.* se ronger; (*fig.*) se gangrener, se corrompre.

canned [kænd], *a.* (*Am.*) conservé en boîtes (*fruits etc.*); (*fam.*) enregistré (*musique*).

cannibal ['kænibəl], *n.* cannibale, anthropophage, *m., f.*

cannibalism ['kænibəlizm], *n.* cannibalisme, *m.*

cannon ['kænən], *n.* canon; (*Billiards*) carambolage, *m.*—*v.i.* caramboler.

cannonade [kænə'neid], *n.* canonnade, *f.*

cannon-ball ['kænənbɔːl], *n.* boulet de canon, *m.*

canoe [kə'nuː], *n.* canoë, *m.*; périssoire; pirogue, *f.*

canoeist [kə'nuːist], *n.* canoëiste, *m., f.*

canon ['kænən], *n.* chanoine; canon (*règle*), *m.*

canonical [kə'nonikl], *a.* canonique.

canonization [kænənai'zeiʃən], *n.* canonisation, *f.*

canonize ['kænənaiz], *v.t.* canoniser.

can-opener ['kænoupənə], *n.* (*Am.*) ouvre-boîte, *m.*

canopy ['kænəpi], *n.* dais; (*Arch.*) baldaquin, *m.*; voûte (*du ciel*), *f.*

cant (1) [kænt], *n.* cant, langage hypocrite, *m.*; afféterie; hypocrisie, *f.*—*v.i.* parler avec afféterie *ou* avec affectation.

cant (2) [kænt], *n.* (*Arch.*) pan coupé, *m.*—*v.t.* pousser, jeter de côté, incliner.

cantankerous [kæn'tæŋkərəs], *a.* acariâtre, revêche, bourru.

cantankerousness [kæn'tæŋkərəsnis], *n.* humeur acariâtre, *f.*

cantata [kæn'tɑːtə], *n.* cantate, *f.*

canteen [kæn'tiːn], *n.* cantine, *f.*, restaurant; bidon (*boîte*), *m.*; **canteen of cutlery**, ménagère, *f.*

canter ['kæntə], *n.* petit galop, *m.*—*v.i.* aller au petit galop.

canticle ['kæntikl], *n.* cantique, *m.*

cantilever ['kæntiliːvə], *n.* (*Arch.*) encorbellement, modillon, *m.*

canto ['kæntou], *n.* chant, *m.*

canton ['kæntən], *n.* canton, *m.*

cantonment [kæn'tuːnmənt], *n.* cantonnement, *m.*

canvas ['kænvəs], *n.* toile, *f.*; tableau, *m.*, peinture; voile, toile à voiles, *f.*; *under canvas*, sous la tente.

canvass ['kænvəs], *n.* débat, *m.*, discussion; sollicitation de suffrages, *f.*—*v.t.* agiter, discuter; solliciter.—*v.i.* solliciter des suffrages; faire la place.

canvasser ['kænvəsə], *n.* agent électoral; (*Comm.*) représentant, *m.*

canvassing ['kænvəsiŋ], *n.* propagande électorale; (*Comm.*) prospection, *f.*

canyon ['kænjən], *n.* gorge, *f.*, défilé, *m.*

cap [kæp], *n.* bonnet (*de femme*), *m.*; casquette (*d'homme*); barrette (*d'un cardinal*); capsule, amorce (*d'armes à feu*), *f.*; (*Phot.*) chapeau (*d'un objectif etc.*); capuchon (*d'un stylo*), *m.*—*v.t.* coiffer, couvrir; (*fig.*) couronner, surpasser.

capability [keipə'biliti], *n.* capacité, *f.*

capable ['keipəbl], *a.* capable; susceptible (*de*); compétent.

capacious [kə'peiʃəs], *a.* ample, vaste, spacieux.

capaciousness [kə'peiʃəsnis], *n.* capacité, étendue, *f.*

capacitate [kə'pæsiteit], *v.t.* rendre capable de.

capacity [kə'pæsiti], *n.* capacité, *f.*; *in the capacity of*, en qualité de.

cap-à-pie [kæpə'piː], *adv.* de pied en cap.

caparison [kə'pærizn], *n.* caparaçon, *m.*—*v.t.* caparaçonner.

cape (1) [keip], *n.* cap, promontoire, *m.*

cape (2) [keip], *n.* pèlerine, cape (*manteau*), *f.*

caper (1) ['keipə], *n.* bond, entrechat, *m.*—*v.i.* cabrioler; bondir, sauter.

caper (2) ['keipə], *n.* (*Bot.*) câpre, *f.*

capillary [kə'piləri], *a.* capillaire.

capital ['kæpitl], *a.* capital; (*colloq.*) excellent; (*Print.*) majuscule.—*n.* capital, *m.*, capitaux, *m.pl.*; capitale (*ville*), *f.*; (*Comm.*) fonds; (*Arch.*) chapiteau, *m.*; (*Print.*) majuscule, *f.*

capitalism ['kæpitəlizm], *n.* capitalisme, *m.*

capitalist ['kæpitəlist], *n.* capitaliste, *m., f.*

capitalize ['kæpitəlaiz], *v.t.* capitaliser.

capitally ['kæpitəli], *adv.* principalement; admirablement, à merveille.

capitulate [kə'pitjuleit], *v.i.* capituler.

capitulation [kəpitju'leiʃən], *n.* capitulation, *f.*

capon ['keipən], *n.* chapon, *m.*

caprice [kə'priːs], *n.* caprice, *m.*

capricious [kə'priʃəs], *a.* capricieux.

capriciously [kə'priʃəsli], *adv.* capricieusement.

capsize [kæp'saiz], *v.t.* faire chavirer.—*v.i.* chavirer (*bateau*).

capstan ['kæpstən], *n.* cabestan, *m.*

capsule ['kæpsjuːl], *n.* capsule, *f.*

captain ['kæptin], *n.* capitaine, *m.*

caption ['kæpʃən], *n.* arrestation; saisie (*choses*), *f.*; en-tête (*d'un chapitre etc.*), *m.*, légende (*d'une photographie etc.*), *f.*; (*Cine.*) sous-titre, *m.*

captious ['kæpʃəs], *a.* insidieux, chicaneur.

captiousness ['kæpʃəsnis], *n.* esprit de chicane; sophisme, *m.*

captivate ['kæptiveit], *v.t.* captiver; charmer, séduire.

captivating ['kæptiveitiŋ], *a.* enchanteur, séduisant.

captive ['kæptiv], *a.* captif.—*n.* captif, prisonnier, *m.*

captivity [kæp'tiviti], *n.* captivité, *f.*

capture ['kæptʃə], *n.* capture; prise, arrestation, *f.*—*v.t.* capturer, prendre, arrêter.

car [kɑː], *n.* (*Motor.*) auto, voiture, *f.*; (*Rail.*) wagon; (*Lit.*) char, chariot, *m.*; nacelle (*d'un ballon*), *f.*; *dining-car*, wagon-restaurant, *m.*; *sleeping-car*, wagon-lit, *m.*

caramel ['kærəmel], *n.* caramel, *m.*

carat ['kærət], *n.* carat, *m.*

caravan [kærə'væn, 'kærəvæn], *n.* caravane; roulotte, *f.*

caravanserai [kærə'vænsərai], *n.* caravansérail, *m.*

caraway ['kærəwei], *n.* (*Bot.*) carvi, cumin des prés, *m.*

carbide ['kɑːbaid], *n.* carbure, *m.*

carbine ['kɑːbain], *n.* carabine, *f.*

carbohydrate [kɑːbou'haidreit], *n.* hydrate de carbone, *m.*

carbolic [ka:'bɔlik], *a.* phénique.
carbon ['ka:bən], *n. (Chem.)* carbone; *(Elec.)* charbon, *m.*
carbonic [ka:'bɔnik], *a.* carbonique.
carboniferous [ka:bə'nifərəs], *a.* carbonifère.
carboy ['ka:bɔi], *n.* tourie, bonbonne, *f.*
carbuncle ['ka:bʌŋkl], *n.* escarboucle, *f.*; *(Med.)* charbon, furoncle, *m.*
carburation [ka:bju'reiʃən], *n.* carburation, *f.*
carburettor [ka:bju'retə], *n.* carburateur, *m.*
carcase, carcass ['ka:kəs], *n.* carcasse, *f.*; cadavre, *m.*
card [ka:d], *n.* carte à jouer; fiche, carte; *(Manuf.)* carde, *f.*—*v.t.* carder.
cardboard ['ka:dbɔ:d], *n.* carton, *m.*
cardiac ['ka:diæk], *a.* cardiaque.
cardigan ['ka:digən], *n.* gilet de tricot, *m.*
cardinal ['ka:dinl], *a.* cardinal, fondamental. —*n.* cardinal, *m.*
card-index ['ka:dindeks], *n.* fichier, *m.*—*v.t.* encarter.
cardiograph ['ka:diɔgræf, -gra:f], *n.* cardiographe, *m.*
card-sharper ['ka:dʃa:pə], *n.* grec, fileur de cartes, *m.*
card-table ['ka:dteibl], *n.* table de jeu, *f.*
care [keə], *n.* soin; souci, *m.*, sollicitude; précaution, attention, *f.*; *care of (abbr. c/o)*, aux bons soins de chez; *to take care of,* avoir soin de, s'occuper de.—*v.i.* se soucier, s'inquiéter *(de)*; *I dont care!* cela m'est égal! je m'en moque!
career [kə'riə], *n.* carrière, course, *f.*—*v.i.* courir rapidement.
careerist [kə'riərist], *n.* arriviste, *m., f.*
carefree ['kɛəfri:], *a.* libre de soucis; insouciant.
careful ['kɛəful], *a.* soigneux, attentif; prudent, économe; soucieux.
carefully ['kɛəfuli], *adv.* soigneusement, avec soin.
carefulness ['kɛəfulnis], *n.* attention, *f.*; soin, *m.*
careless ['kɛəlis], *a.* insouciant, nonchalant; négligent *(de).*
carelessly ['kɛəlisli], *adv.* nonchalamment, négligemment.
carelessness ['kɛəlisnis], *n.* insouciance, nonchalance; négligence, *f.*
caress [kə'res], *n.* caresse, *f.*—*v.t.* caresser.
caretaker ['kɛəteikə], *n.* gardien, *m.*, concierge, *m., f.*
cargo ['ka:gou], *n.* cargaison, *f.*, chargement, *m.*
cargo-boat ['ka:goubout], *n.* cargo, *m.*
Caribbean [kæri'bi:ən], *a.* antillais; *Caribbean Sea,* la mer des Antilles, *f.*—*n. the Caribbean,* les Antilles, *f.pl.*
caribou [kæri'bu:], *n.* caribou, *m.*
caricature [kærikə'tjuə], *n.* caricature, charge, *f.*—*v.t.* caricaturer, faire la charge de.
carking ['ka:kiŋ], *a.* cuisant *(souci)*; rongeur.
carmine ['ka:main], *a. and n.* carmin, *m.*
carnage ['ka:nidʒ], *n.* carnage, *m.*
carnal [ka:nl], *a.* charnel.
carnally ['ka:nəli], *adv.* charnellement.
carnation [ka:'neiʃən], *n. (Bot.)* œillet; incarnat, *m.*, carnation *(couleur), f.*
carnival ['ka:nivl], *n.* carnaval, *m.*

carnivorous [ka:'nivərəs], *a.* carnivore, carnassier.
carol ['kærəl], *n.* chanson, *f.*, chant, *m.*; *Christmas carol,* noël, *m.*—*v.i.* chanter.
carousal [kə'rauzəl], *n.* orgie, débauche, ripaille, *f.*; festin, *m.*
carouse [kə'rauz], *v.i.* boire, faire la fête.
carp (1) [ka:p], *n. (Ichth.)* carpe, *f.*
carp (2) [ka:p], *v.i.* critiquer, chicaner *(sur),* censurer.
car-park ['ka:pa:k], *n.* parc de stationnement, *m.*
carpenter ['ka:pintə], *n.* menuisier, charpentier, *m.*
carpentry ['ka:pintri], *n.* grosse menuiserie, charpenterie, *f.*
carpet ['ka:pit], *n.* tapis. *m.*; *fitted carpet,* moquette, *f.*—*v.t.* garnir de tapis, tapisser.
carpet-sweeper ['ka:pitswi:pə], *n.* balai mécanique, *m.*
carping ['ka:piŋ], *a.* chicanier, pointilleux.
carpingly ['ka:piŋli], *adv.* en glosant; malignement.
carriage ['kæridʒ], *n.* voiture, *f.*; équipage; *(Rail.)* wagon, *m.*, voiture, *f.*; port, factage *(de paquets etc.)*; affût *(de canon), m.*; *(Comm.)* frais de transport, *m.pl.*; *(fig.)* maintien, *m.*, tenue, démarche, *f.*
carriageway ['kæridʒwei], *n. dual carriageway,* route à double circulation, *f.*
carrier ['kæriə], *n.* camionneur; porteur, messager; *(Cycl.)* porte-bagages, *m.*; *air-craft-carrier,* porte-avions, *m.inv.*; *carrier pigeon,* pigeon voyageur, *m.*
carrion ['kæriən], *n.* charogne, *f.*
carrion-crow ['kæriən'krou], *n.* corbeau, *m.*, corbine, *f.*
carrot ['kærət], *n.* carotte, *f.*
carry ['kæri], *v.t.* porter; emporter; rapporter *(chien)*; mener, conduire, entraîner; faire voter, adopter; *(Arith.)* retenir; *to carry away,* emporter, enlever, emmener; *to carry off,* emporter, enlever, remporter; *to carry on,* poursuivre, continuer; *to carry out,* porter dehors; mettre à exécution; *to carry through,* mener à bonne fin. —*v.i.* porter *(sons).*
cart [ka:t], *n.* charrette, *f.*; *(Mil.)* fourgon, *m.*; carriole *(de paysan), f.*—*v.t.* charrier, transporter, voiturer.
cartage ['ka:tidʒ], *n.* charriage, transport, *m.*
carte [ka:t], *n.* carte, *f.*; menu, *m.*
carter ['ka:tə], *n.* charretier, roulier, voiturier, *m.*
cart-horse ['ka:thɔ:s], *n.* cheval de trait, *m.*
cartilage ['ka:tilidʒ], *n.* cartilage, *m.*
cart-load ['ka:tloud], *n.* charretée, *f.*
carton ['ka:tən], *n.* carton, *m.*; petite boîte en carton, *f.*
cartoon [ka:'tu:n], *n.* carton, *m.*; *(Polit.)* caricature, *f.*; dessin humoristique; *(Cine.)* dessin animé, *m.*
cartoonist [ka:'tu:nist], *n.* caricaturiste, *m., f.*
cartridge ['ka:tridʒ], *n.* cartouche, *f.*
cartridge-paper ['ka:tridʒpeipə], *n. (Ind.)* papier à cartouche, *f.*
cartridge-pouch ['ka:tridʒpautʃ], *n.* cartouchière, giberne, *f.*
cart-shed ['ka:tʃed], *n.* hangar, *m.*
cartwright ['ka:trait], *n.* charron, *m.*
carve [ka:v], *v.t.* sculpter, tailler; graver; ciseler; découper *(viande etc.).*

carver ['kɑːvə], *n.* découpeur; (*Art.*) sculpteur, graveur, ciseleur, *m.*

carving ['kɑːviŋ], *n.* découpage (*de viande*), *m.*; (*Art*) sculpture, gravure, ciselure, *f.*

cascade [kæs'keid], *n.* cascade, *f.*—*v.i.* tomber en cascade, cascader.

case (1) [keis], *n.* cas, état, *m.*; question; (*Law*) cause, affaire, *f.*; (*Med.*) malade, blessé, *m.*; *in any case*, en tout cas; *in case*, dans le cas où.

case (2) [keis], *n.* étui, fourreau, *m.*; caisse (*d'emballage*), *f.*; écrin (*à bijoux*), *m.*—*v.t.* enfermer; emballer; encaisser.

casemate ['keismeit], *n.* casemate, *f.*—*v.t.* casemater.

casement ['keismənt], *n.* châssis de fenêtre, *m.*

cash [kæʃ], *n.* argent, numéraire, *m.*; espèces (*argent*), *f.pl.*; *cash down* argent comptant; *cash on delivery*, contre remboursement; *to pay cash*, payer en espèces; *to sell for cash*, vendre au comptant.—*v.t.* toucher, encaisser (*chèque, mandat-poste*); changer (*billet*); *to cash in on*, tirer profit de, tirer parti de.

cash-book ['kæʃbuk], *n.* livre de caisse, *m.*

cash-box ['kæʃbɔks], *n.* caisse, *f.*

cash-desk ['kæʃdesk], *n.* caisse, *f.*

cashier (1) [kæ'ʃiə], *n.* caissier, *m.*

cashier (2) [kæ'ʃiə], *v.t.* (*Mil.*) casser, dégrader.

cashmere ['kæʃmiə], *n.* cachemire, *m.*

cash-register ['kæʃredʒistə], *n.* caisse enregistreuse, *f.*

cask [kɑːsk], *n.* fût, baril, *m.*, barrique, *f.*, tonneau, *m.*

casket ['kɑːskit], *n.* écrin, *m.*, cassette, *f.*

Caspian (Sea) ['kæspiən(siː)], **the.** la mer Caspienne, *f.*

cassock ['kæsək], *n.* soutane, *f.*

cast [kɑːst], *v.t. irr.* jeter; se dépouiller de (*arbre, animal*); (*Metal.*) couler, fondre; (*Theat.*) distribuer les rôles; *to cast a glance at*, jeter un regard sur; *to cast aside*, mettre de côté, rejeter; *to cast down*, jeter par terre, abattre, décourager; *to cast its slough*, faire peau neuve; *to cast off*, rejeter, repousser, abandonner.—*v.i.* se jeter; se déjeter (*arbre*).—*a.* fondu.—*n.* coup, jet; moule, *m.*; (*Metal.*) fonte; (*Theat.*) distribution des rôles, *f.*; rôles, acteurs, *m.pl.*; (*fig.*) nuance, tournure, *f.*, air, caractère, *m.*; (*Sculp.*) statuette, figure, *f.*, plâtre, *m.*

castanet [kæstə'net], *n.* castagnette, *f.*

castaway ['kɑːstəwei], *a.* rejeté.—*n.* naufragé, *m.*

caste [kɑːst], *n.* caste, *f.*

castigate ['kæstigeit], *v.t.* châtier, punir; critiquer sévèrement.

castigation [kæsti'geiʃən], *n.* châtiment, *m.*, correction, discipline, *f.*

casting ['kɑːstiŋ], *n.* (*Metal.*) coulée, fonte, *f.*, moulage, *m.*; (*Theat.*) distribution des rôles, *f.*

cast-iron ['kɑːst'aiən], *a.* en fonte; (*fig.*) de fer, rigide.—*n.* fonte, *f.*

castle [kɑːsl], *n.* château, château fort, *m.*; (*Chess*) tour, *f.*; *castles in the air*, châteaux en Espagne.

castor ['kɑːstə], *n.* roulette (*de meuble*); poivrière, *f.*; (*pair of*) *castors*, huilier, *m.*

castor-oil ['kɑːstər'ɔil], *n.* huile de ricin, *f.*

castrate [kæs'treit], *v.t.* châtrer.

casual ['kæʒjuəl], *a.* fortuit, accidentel, casuel, de passage; insouciant.

casually ['kæʒjuəli], *adv.* fortuitement, par hasard; négligemment.

casualty ['kæʒjuəlti], *n.* accident; accidenté (*personne*), *m.*; (*pl.*) (*Mil.*) pertes, *f.pl.*

cat [kæt], *n.* chat; (*Mil., Navy*) fouet, martinet (*à neuf queues*), *m.*; *tom-cat*, matou, *m.*

catacombs ['kætəkuːmz], *n.pl.* catacombes, *f.pl.*

catalepsy ['kætəlepsi], *n.* catalepsie, *f.*

catalogue ['kætəlɔg], *n.* catalogue, *m.*, liste, *f.*

catamaran [kætəmə'ræn], *n.* catamaran, *m.*

catapult ['kætəpult], *n.* catapulte, *f.*; lance-pierre (*jouet*), *m.*

cataract ['kætərækt], *n.* cataracte, *f.*

catarrh [kə'tɑː], *n.* catarrhe, *m.*

catastrophe [kə'tæstrəfi], *n.* catastrophe, *f.*; désastre, *m.*

catch [kætʃ], *v.t. irr.* attraper, prendre, saisir; (*colloq.*) pincer; frapper (*l'œil etc.*); *to catch a cold*, s'enrhumer; *to catch on*, avoir du succès, réussir; *to catch up*, atteindre, rattraper.—*v.i.* s'accrocher (à), se prendre (à).—*n.* prise; attrape; (*fig.*) aubaine, belle affaire, *f.*; cliquet (*d'une roue*); crampon (*d'une porte*); mentonnet (*d'un loquet*), *m.*

catching ['kætʃiŋ], *a.* contagieux; communicatif (*rire*); facile à retenir (*air*).—*n.* prise, capture, *f.*

catechism ['kætəkizm], *n.* catéchisme, *m.*

categorical [kætə'gɔrikəl], *a.* catégorique.

categorically [kætə'gɔrikəli], *adv.* catégoriquement.

category ['kætəgəri], *n.* catégorie, *f.*

cater ['keitə], *v.i.* pourvoir (à).

caterer ['keitərə], *n.* pourvoyeur, fournisseur, *m.*

caterpillar ['kætəpilə], *n.* chenille, *f.*; *caterpillar tractor*, tracteur à chenilles, *m.*

cathedral [kə'θiːdrəl], *n.* cathédrale, *f.*

catholic ['kæθəlik], *a.* universel; éclectique; catholique.

catkin ['kætkin], *n.* (*Bot.*) chaton, *m.*

cattiness ['kætinis], **cattishness** ['kætiʃnis], *n.* méchanceté, sournoiserie, *f.*

cattish ['kætiʃ], **catty** ['kæti], *a.* méchant, sournois, rosse.

cattle [kætl], *n.* bétail, *m.*, bestiaux, *m.pl.*

Caucasus ['kɔːkəsəs], **the.** le Caucase, *m.*

cauldron ['kɔːldrən], *n.* chaudron, *m.*, chaudière, *f.*

cauliflower ['kɔliflauə], *n.* chou-fleur, *m.*

caulk [kɔːk], *v.t.* calfater (*navire*).

cause [kɔːz], *n.* raison, cause, *f.*, motif, sujet, *m.*—*v.t.* causer, être cause de; occasionner, provoquer (*un accident*).

causeway ['kɔːzwei], *n.* chaussée, *f.*

caustic ['kɔːstik], *a.* caustique, corrosif; (*fig.*) mordant.

cauterize ['kɔːtəraiz], *v.t.* cautériser.

cautery ['kɔːtəri], *n.* cautère, *m.*

caution ['kɔːʃən], *n.* avis (*avertissement*), *m.*; précaution, prévoyance, prudence; caution, garantie, *f.*—*v.t.* avertir, aviser (*de*); réprimander.

cautious ['kɔːʃəs], *a.* circonspect, prudent, en garde.

chain

cautiously ['kɔːʃəsli], *adv.* avec précaution, prudemment.
cavalcade [kævəl'keid], *n.* cavalcade, *f.*
cavalier [kævə'liə], *a.* cavalier, désinvolte.—*n.* cavalier, *m.*
cavalry ['kævəlri], *n.* cavalerie, *f.*
cave [keiv], *n.* caverne, *f.*, antre, souterrain, *m.* —*v.t.* creuser.—*v.i.* to *cave in*, céder, s'affaisser, s'effondrer (*édifice*).
cavern ['kævən], *n.* caverne, *f.*
cavernous ['kævənəs], *a.* caverneux.
caviare [kævi'ɑː], *n.* caviar, *m.*
cavil ['kævil], *v.i.* chicaner (*sur*).
cavilling ['kæviliŋ], *a.* chicaneur.—*n.* chicanerie, *f.*
cavity ['kæviti], *n.* cavité, *f.*
cavort [kə'vɔːt], *v.i.* cabrioler.
caw [kɔː], *v.i.* croasser.
cawing ['kɔːiŋ], *n.* croassement, *m.*
cease [siːs], *v.t.* cesser; faire cesser.—*v.i.* cesser, discontinuer.
ceaseless ['siːslis], *a.* incessant, continuel.
ceaselessly ['siːslisli], *adv.* sans cesse.
Cecilia [sə'siliə], Cécile, *f.*
cedar ['siːdə], *n.* cèdre, *m.*
cede [siːd], *v.t.*, *v.i.* (*Law*) céder.
cedilla [sə'dilə], *n.* (*Gram.*) cédille, *f.*
ceiling ['siːliŋ], *n.* plafond, *m.*
celebrate ['selibreit], *v.t.* célébrer, fêter.
celebrated ['selibreitid], *a.* célèbre, fameux.
celebration [seli'breiʃən], *n.* célébration, *f.*
celebrity [sə'lebriti], *n.* célébrité, *f.*
celerity [sə'leriti], *n.* célérité, vitesse, *f.*
celery ['seləri], *n.* céleri, *m.*
celestial [sə'lestjəl], *a.* céleste.
celibacy ['selibəsi], *n.* célibat, *m.*
celibate ['selibit], *a.* and *n.* célibataire, *m.*, *f.*
cell [sel], *n.* cellule, case; alvéole (*d'abeilles*), *f.*; compartiment; cachot; (*Elec.*) élément, *m.*, pile, *f.*
cellar ['selə], *n.* cave, *f.*; cellier, caveau, *m.*
'cello ['tʃelou], *n.* (*abbr. of* violoncello) violoncelle, *m.*
cellophane ['seləfein], *n.* cellophane, *f.*
celluloid ['seljuloid], *n.* celluloïd, celluloïde, *m.*
Celt [kelt, selt], *n.* Celte, *m.*, *f.*
Celtic ['keltik, 'seltik], *a.* celtique.
cement [si'ment], *n.* ciment, *m.*—*v.t.* cimenter; (*fig.*) consolider, fortifier.
cement-mixer [si'mentmiksə], *n.* bétonnière, *f.*
cemetery ['semətri], *n.* cimetière, *m.*
cenotaph ['senotæf, -tɑːf], *n.* cénotaphe, *m.*
censer ['sensə], *n.* encensoir, *m.*
censor ['sensə], *n.* censeur, *m.*—*v.t.* soumettre à des coupures; censurer.
censorious [sen'sɔːriəs], *a.* critique, hargneux.
censorship ['sensəʃip], *n.* censure, *f.*; fonctions de censeur, *f.pl.*
censure ['senʃə], *n.* censure, critique, *f.*, blâme, *m.*—*v.t.* censurer, critiquer, blâmer.
census ['sensəs], *n.* recensement, *m.*
cent [sent], *n.* cent; sou (*pièce de monnaie*), *m.*; ten per cent, dix pour cent.
centaur ['sentɔː], *n.* centaure, *m.*
centenarian [senti'neəriən], *n.* centenaire, *m.*, *f.*
centenary [sen'tiːnəri], *a.* and *n.* centenaire, *m.*
centennial [sen'teniəl], *a.* de cent ans, séculaire.

centesimal [sen'tesiməl], *a.* centésimal.—*n.* centième, *m.*
centigrade ['sentigreid], *a.* centigrade.
centipede ['sentipiːd], *n.* scolopendre, *f.*, mille-pattes, *m.*
central ['sentrəl], *a.* central; central heating, chauffage central, *m.*
centralization [sentrəlai'zeiʃən], *n.* centralisation, *f.*
centralize ['sentrəlaiz], *v.t.* centraliser.
centre ['sentə], *n.* centre; milieu; (*fig.*) foyer, *m.*—*v.t.* placer au centre; concentrer.—*v.i.* se concentrer.
centrifugal [sen'trifjugəl], *a.* centrifuge.
centripetal [sen'tripitl], *a.* centripète.
centuple ['sentjupl], *a.* and *n.* centuple, *m.*—*v.t.* centupler.
centurion [sen'tjuəriən], *n.* centurion, (*Bibl.*) centenier, *m.*
century ['sentʃuri], *n.* siècle, *m.*
ceramic [sə'ræmik], *a.* céramique.
ceramics [sə'ræmiks], *n.pl.* céramique, *f.*
cereal ['siəriəl], *a.* and *n.* céréale, *f.*
cerebral ['serəbrəl], *a.* cérébral.
ceremonial [seri'mouniəl], *a.* de cérémonie. —*n.* cérémonie, étiquette, *f.*, cérémonial, *m.*
ceremonially [seri'mouniəli], *adv.* rituellement.
ceremonious [seri'mouniəs], *a.* cérémonieux.
ceremoniously [seri'mouniəsli], *adv.* cérémonieusement.
ceremony ['seriməni], *n.* cérémonie, solennité, *f.*; without ceremony, sans façon.
cerise [sə'riːs], *a.* and *n.* cerise (*couler*), *m.*
certain ['səːtin], *a.* certain, sûr; he is certain to do it, il le fera certainement; to make certain of something, s'assurer de quelque chose.
certainly ['səːtinli], *adv.* certainement.
certainty ['səːtinti], *n.* certitude; chose certaine, *f.*
certificate [sə'tifikit], *n.* certificat; diplôme, brevet; concordat (*de faillite*); acte (*de naissance, de mariage* ou *de mort*), *m.*
certify ['səːtifai], *v.t.* certifier; notifier, donner avis à.
certitude ['səːtitjuːd], *n.* certitude, *f.*
cessation [se'seiʃən], *n.* cessation, suspension, *f.*
cession ['seʃən], *n.* cession, *f.*
cesspit ['sespit], cesspool ['sespuːl], *n.* puisard, *m.*, fosse d'aisances; (*fig.*) sentine, *f.*
Ceylon [si'lon]. le Ceylan, *m.*
Ceylonese [silə'niːz], *a.* cingalais.—*n.* Cingalais (*personne*), *m.*
chafe [tʃeif], *v.t.* échauffer, irriter; érailler (*un câble*).—*v.i.* frotter; s'user, s'érailler (*un câble*); s'irriter; s'enflammer.
chafer (1) ['tʃeifə], *n.* hanneton (*insecte*), *m.*
chafer (2) ['tʃeifə], *n.* réchaud (*plat*), *m.*
chafing-dish ['tʃeifiŋdiʃ], *n.* réchaud (*de table*), *m.*
chaff [tʃɑːf], *n.* menue paille; (*colloq.*) plaisanterie, raillerie, blague, *f.*—*v.t.* blaguer, taquiner, se moquer de.
chaffinch ['tʃæfintʃ], *n.* (*Orn.*) pinson, *m.*
chagrin [ʃæ'griːn], *n.* chagrin; dépit, *m.*— *v.t.* chagriner, vexer.
chain [tʃein], *n.* chaîne; chaînée, *f.*—*v.t.* enchaîner.

chair

chair [tʃɛə], *n.* chaise, *f.*; siège, *m.*; chaire (*à l'université*), *f.*; fauteuil (*d'un président*), *m.*; **arm-chair**, fauteuil; **deck-chair**, chaise longue, transat(lantique), *m.*; **rocking-chair**, fauteuil à bascule; **wheel-chair**, fauteuil roulant; *to be in the chair*, présider.

chairman [ˈtʃɛəmən], *n.* président, *m.*

chalice [ˈtʃælis], *n.* calice, *m.*, coupe, *f.*

chalk [tʃɔːk], *n.* craie, *f.*, calcaire; crayon (*pour dessiner*), *m.*—*v.t.* blanchir avec de la craie; marquer *ou* écrire à la craie.

chalk-pit [ˈtʃɔːkpit], *n.* carrière de craie, *f.*

chalky [ˈtʃɔːki], *a.* crayeux, crétacé, calcaire.

challenge [ˈtʃælindʒ], *n.* défi, cartel, *m.*; (*fig.*) provocation, demande; (*Law*) récusation, *f.*; (*Mil.*) qui-vive; (*Spt.*) challenge, *m.*—*v.t.* défier; contester; (*Law*) récuser.

challenger [ˈtʃælindʒə], *n.* auteur d'un cartel; provocateur, agresseur, champion; (*Spt.*) challenger, *m.*

chamber [ˈtʃeimbə], *n.* chambre; salle, pièce, *f.*, cabinet, *m.*; (*Artill.*) âme, *f.*; (*pl.*) bureaux, *m.pl.*, étude, *f.*

chamberlain [ˈtʃeimbəlin], *n.* chambellan; camérier (*du Pape*), *m.*

chamber-maid [ˈtʃeimbəmeid], *n.* femme de chambre, *f.*

chamber-music [ˈtʃeimbəmjuːzik], *n.* musique de chambre, *f.*

chameleon [kəˈmiːljən], *n.* caméléon, *m.*

chamfer [ˈtʃæmfə], *n.* chanfrein, *m.*—*v.t.* chanfreiner, biseauter.

chamois [ˈʃæmwɑː], *n.* chamois, *m.*

chamois-leather [ˈʃæmiˈleðə], *n.* chamois, *m.*, peau de chamois, *f.*

champ [tʃæmp], *v.t.* ronger, mâcher.—*v.i.* ronger son frein.

champagne [ʃæmˈpein], *n.* champagne, vin de Champagne, *m.*

champion [ˈtʃæmpiən], *n.* champion *m.*—*v.t.* soutenir, défendre.

championship [ˈtʃæmpiənʃip], *n.* championnat, *m.*

chance [tʃɑːns], *a.* accidentel, de hasard.—*n.* chance, *f.*, hasard, sort, *m.*; *by chance*, par hasard; *to stand a chance of*, avoir des chances de.—*v.t.* risquer.—*v.i.* arriver par hasard, venir à.

chancel [ˈtʃɑːnsəl], *n.* sanctuaire, chœur, *m.*

chancellery [ˈtʃɑːnsələri], *n.* chancellerie, *f.*

chancellor [ˈtʃɑːnsələ], *n.* chancelier, *m.*

chancery [ˈtʃɑːnsəri], *n.* cour de la chancellerie, *f.*

chandelier [ʃændiˈliə], *n.* lustre, *m.*

chandler [ˈtʃɑːndlə], *n.* marchand *ou* fabricant de chandelles, *m.*; **corn-chandler**, marchand de blé; **ship-chandler**, approvisionneur de navires, *m.*

change [tʃeindʒ], *n.* changement, *m.*; phase (*de la lune*); monnaie (*espèces*), *f.*; *change of life*, retour d'âge, *m.*; *changes of life*, vicissitudes, *f.pl.*; *for a change*, pour changer.—*v.t.* changer; modifier; changer la monnaie de.—*v.i.* changer (*de*); se renouveler (*la lune*); *to change for the better*, s'améliorer.

changeable [ˈtʃeindʒəbl], *a.* changeant, variable, inconstant.

changer [ˈtʃeindʒə], *n.* changeur, *m.*

channel [tʃænl], *n.* canal; lit (*de rivière*), *m.*; passe (*de port*), *f.*; (*Naut.*) détroit, *m.*; (*fig.*) voie, *f.*, moyen, *m.* entremise, *f.*; *the Channel Islands*, les îles Anglo-normandes, *f.pl.*; *the English Channel*, la Manche, *f.*—*v.t.* creuser.

chant [tʃɑːnt], *n.* chant, plain-chant, *m.*—*v.t.*, *v.i.* chanter.

chaos [ˈkeiɔs], *n.* chaos, *m.*

chaotic [keiˈɔtik], *a.* chaotique.

chap (1) [tʃæp], *v.t.* gercer.—*v.i.* gercer, se gercer.—*n.* gerçure, crevasse (*dans la peau etc.*), *f.*

chap (2) [tʃæp], *n.* garçon, gaillard, type, *m.*; *old chap*, (*colloq.*) mon vieux.

chap (3) [tʃæp], **chop** (1) [tʃɔp], *n.* mâchoire, bouche; bajoue (*de cochon*), *f.*

chapel [tʃæpl], *n.* chapelle, *f.*

chaperon [ˈʃæpəroun], *n.* chaperon, *m.*—*v.t.* chaperonner.

chap-fallen [ˈtʃæpfɔːlən], *a.* (*fam.*) penaud, abattu, consterné.

chaplain [ˈtʃæplin], *n.* aumônier, *m.*

chaplet [ˈtʃæplit], *n.* chapelet, *m.*, guirlande, *f.*

chapter [ˈtʃæptə], *n.* chapitre, *m.*

chapter-house [ˈtʃæptəhaus], *n.* chapitre, *m.*

char (1) [tʃɑː], *v.t.* carboniser.—*v.i.* se carboniser.

char (2) [tʃɑː], *v.i.* faire des ménages.—*n.* (*pop. abbr. of* CHARWOMAN) femme de ménage, *f.*

character [ˈkæriktə], *n.* caractère; (*Theat.*) rôle, personnage; genre, *m.*, nature, qualité, réputation, *f.*; certificat (*de mœurs*); (*fig.*) personnage, type, *m.*; *a bad character*, un mauvais sujet; *he is quite a character*, c'est un vrai original; *out of character*, déplacé.

characteristic [kæriktəˈristik], *a.* caractéristique.—*n.* trait caractéristique, *m.*

charade [ʃəˈrɑːd], *n.* charade, *f.*

charcoal [ˈtʃɑːkoul], *n.* charbon de bois, *m.*

charge [tʃɑːdʒ], *v.t.* charger, accuser (*de*); faire payer; (*fig.*) adjurer; ordonner à.—*v.i.* (*Mil.*) charger.—*n.* charge, *f.*; prix, *m.*; garde, *f.*; soin; ordre, commandement; (*Law*) acte d'accusation, *m.*, accusation, *f.*; mandement (*d'un évêque*); résumé (*d'un juge*), *m.*; (*pl.*) frais, dépens, *m.pl.*; *free of charge*, gratis; *the officer in charge*, l'officier commandant, *m.*; *to take charge of*, se charger de.

chargeable [ˈtʃɑːdʒəbl], *a.* à charge (*à*); accusable (*de*).

charger [ˈtʃɑːdʒə], *n.* grand plat; cheval de bataille; (*Elec.*) chargeur, *m.*

charily [ˈtʃɛərili], *adv.* avec précaution; frugalement.

chariot [ˈtʃæriət], *n.* char, chariot, *m.*

charioteer [tʃæriəˈtiə], *n.* conducteur de chariot, *m.*

charitable [ˈtʃæritəbl], *a.* de charité; charitable.

charitably [ˈtʃæritəbli], *adv.* charitablement.

charity [ˈtʃæriti], *n.* charité, bienveillance; aumône, *f.*

charlatan [ˈʃɑːlətən], *n.* charlatan, *m.*

charm [tʃɑːm], *n.* charme, *m.*; breloque (*trinket*), *f.*, porte-bonheur, *m. inv.*; (*pl.*) attraits, *m.pl.*—*v.t.* charmer, enchanter.

charmer [ˈtʃɑːmə], *n.* enchanteur, charmeur, *m.*

charming [ˈtʃɑːmiŋ], *a.* enchanteur, charmant; ravissant.

charnel ['tʃɑ:nəl], *a.* de charnier.
charnel-house ['tʃɑ:nəlhaus], *n.* charnier, ossuaire, *m.*
chart [tʃɑ:t], *n.* carte marine, *f.*—*v.t.* porter sur une carte.
charter ['tʃɑ:tə], *n.* charte, *f.*, acte, *m.*; *on charter*, loué, affrété.—*v.t.* établir par un acte; (*Comm.*) fréter, affréter; *chartered accountant*, expert comptable, *m.*; *charter plane*, avion-taxi, *m.*
charwoman ['tʃɑ:wumən], *n.* (*pl.* -women [wimin]) femme de journée, femme de ménage, *f.*
chary ['tʃɛəri], *a.* prudent, économe.
chase (I) [tʃeis], *n.* chasse; poursuite, *f.*—*v.t.* chasser, poursuivre; *to chase away*, chasser.
chase (2) [tʃeis], *v.t.* (*Metal.*) ciseler.
chasm [kæzm], *n.* abîme; chasme; vide énorme, *m.*, brèche, fissure, *f.*
chassis ['ʃæsi], *n.* (*Motor.*) châssis, *m.*
chaste [tʃeist], *a.* chaste, pudique; pur (*langage*); de bon goût.
chasten [tʃeisn], *v.t.* châtier; purifier.
chastise [tʃæs'taiz], *v.t.* châtier.
chastisement ['tʃæstizmənt], *n.* châtiment, *m.*
chastity ['tʃæstiti], *n.* chasteté, pureté, *f.*
chasuble ['tʃæzjubl], *n.* chasuble, *f.*
chat [tʃæt], *n.* causerie; (*colloq.*) causette, *f.*, entretien, *m.*—*v.i.* causer, bavarder; (*colloq.*) faire la causette.
chattel [tʃætl], *n.* bien meuble, *m.*; *goods and chattels*, biens et effets, *m.pl.*
chatter ['tʃætə], *v.i.* jaser, bavarder; jacasser (*singes etc.*); babiller; claquer (*dents*).—*n.* caquetage, *m.*, jaserie, *f.*
chatterbox ['tʃætəbɔks], *n.* moulin à paroles, jaseur, babillard, *m.*
chattering ['tʃætəriŋ], *n.* jaserie, *f.*; claquement (*des dents*), *m.*
chatty ['tʃæti], *a.* causeur, bavard.
chauffeur ['ʃoufə, ʃou'fə:], *n.* chauffeur, *m.*
cheap [tʃi:p], *a.* (à) bon marché; peu coûteux; de peu de valeur; *dirt cheap*, pour rien, à vil prix.
cheapen ['tʃi:pən], *v.t.* faire baisser le prix de; *to cheapen oneself*, se déprécier.
cheaper ['tʃi:pə], *a.* (à) meilleur marché.
cheaply ['tʃi:pli], *adv.* à bon marché, à bon compte.
cheapness ['tʃi:pnis], *n.* bon marché, bas prix, *m.*
cheat [tʃi:t], *n.* fourberie, tromperie, *f.*; trompeur; (*Cards etc.*) tricheur, *m.*—*v.t.* tromper; (*Cards etc.*) tricher.
cheating ['tʃi:tiŋ], *n.* tromperie; (*Cards etc.*) tricherie, *f.*
check [tʃek], *v.t.* réprimer; arrêter; contenir; (*Comm.*) vérifier; enregistrer (*bagages etc.*); contrôler (*comptes*); (*Chess*) faire échec à.—*n.* échec, obstacle; (*Comm.*) bon; (*Am.*) [CHEQUE]; carreau, damier (*dessin*); (*Chess*) échec, *m.*
checking ['tʃekiŋ], *n.* répression, *f.*; contrôle, *m.*
checkmate ['tʃekmeit], *n.* échec et mat, *m.*—*v.t.* mettre échec et mat, mater.
cheek [tʃi:k], *n.* joue; bajoue (*cochon*); (*fig.*) impudence, *f.*, front, toupet, *m.*; *cheek by jowl*, côte à côte.—*v.t.* narguer.
cheek-bone ['tʃi:kboun], *n.* pommette, *f.*
cheeky ['tʃi:ki], *a.* impudent, effronté.

cheep [tʃi:p], *n.* piaulement, *m.*—*v.i.* piauler.
cheer [tʃiə], *n.* chère (*aliment etc.*); gaieté, *f.*, courage, *m.*; acclamation, *f.*, applaudissement, hourra, vivat, *m.*—*v.t.* égayer, réjouir, animer; applaudir, acclamer.—*v.i.* se réjouir; applaudir.
cheerful ['tʃiəful], *a.* joyeux, gai; riant (*paysage etc.*).
cheerfully ['tʃiəfuli], *adv.* gaiement, joyeusement.
cheerfulness ['tʃiəfulnis], *n.* gaieté, allégresse, bonne humeur, *f.*
cheerily ['tʃiərili], *adv.* gaiement.
cheering ['tʃiəriŋ], *a.* consolant, encourageant.—*n.* applaudissements, *m.pl.*
cheerio! ['tʃiəriou], *int.* (*fam.*) (*good-bye*) à bientôt! (*when drinking*) à votre santé!
cheerless ['tʃiəlis], *a.* triste, morne.
cheery ['tʃiəri], *a.* gai, joyeux, réjoui.
cheese [tʃi:z], *n.* fromage, *m.*
cheese-paring ['tʃi:zpɛəriŋ], *n.* (*fig.*) économie de bouts de chandelle, *f.*
cheetah, chetah ['tʃi:tə], *n.* guépard, *m.*
chef [ʃef], *n.* chef (cuisinier), *m.*
chemical ['kemikəl], *a.* chimique.
chemically ['kemikli], *adv.* chimiquement.
chemicals ['kemikəlz], *n.pl.* produits chimiques, *m.pl.*
chemise [ʃi'mi:z], *n.* chemise de femme, *f.*
chemist ['kemist], *n.* (*scientist*) chimiste, *m.*, *f.*; (*druggist*) pharmacien, *m.*; *chemist's shop*, pharmacie, *f.*
chemistry ['kemistri], *n.* chimie, *f.*
cheque [tʃek], *n.* chèque, *m.*; *crossed or open cheque*, chèque barré *ou* non barré.
cheque-book ['tʃekbuk], *n.* carnet de chèques, *m.*
cherish ['tʃeriʃ], *v.t.* chérir; soigner; nourrir, entretenir (*de l'espoir etc.*).
cherry ['tʃeri], *n.* cerise, *f.*
cherry-tree ['tʃeritri:], *n.* cerisier, *m.*
cherub ['tʃerəb], *n.* (*pl.* cherubs ['tʃerəbz], cherubim ['tʃerəbim]), chérubin, *m.*
cherubic [tʃə'ru:bik], *a.* de chérubin, angélique.
chess [tʃes], *n.* échecs, *m.pl.*
chess-board ['tʃesbɔ:d], *n.* échiquier, *m.*
chessman ['tʃesmən], *n.* (*pl.* chessmen ['tʃesmen]) pièce, *f.*; *a set of chessmen*, un jeu d'échecs.
chest [tʃest], *n.* coffre, *m.*, caisse; (*Anat.*) poitrine, *f.*; poitrail (*de cheval*), *m.*; *chest of drawers*, commode, *f.*
chestnut ['tʃesnʌt], *a.* châtain, marron (*couleur*); alezan (*cheval*).—*n.* marron, *m.*; châtaigne, *f.*
chestnut-tree ['tʃesnʌtri:], *n.* châtaignier (*Spanish chestnut*); marronnier (d'Inde) (*horse-chestnut*), *m.*
chevalier [ʃevə'liə], *n.* chevalier, *m.*
chevron ['ʃevron], *n.* chevron, *m.*
chew [tʃu:], *v.t.* mâcher; (*fig.*) *to chew over*, ruminer.
chick [tʃik], *n.* poussin; (*fig.*) poulet, *m.*
chicken ['tʃikin], *n.* poussin; poulet, *m.*
chicken-hearted ['tʃikin'hɑ:tid], *a.* peureux, poltron.
chicken-pox ['tʃikinpɔks], *n.* varicelle, *f.*
chickweed ['tʃikwi:d], *n.* mouron des oiseaux, *m.*

chicory ['tʃikəri], n. chicorée (*assaisonnement ou pour remplacer le café*); endive (*légume*), f.
chide [tʃaid], v.t. gronder, blâmer.
chief [tʃi:f], a. principal.—n. chef, m.; partie principale, f.; (*fam.*) **the chief**, le patron, m.
chiefly ['tʃi:fli], adv. surtout, principalement.
chieftain ['tʃi:ftən], n. chef de clan, m.
chiffon ['ʃifɔn], n. chiffon, m.
chiffonier [ʃifə'niə], n. chiffonnier, m.
chilblain ['tʃilblein], n. engelure, f.
child [tʃaild], n. (*pl.* **children** ['tʃildrən]) enfant, m.,f.; **with child**, enceinte.
child-bed ['tʃaildbed], n. couches, f.pl.
child-birth ['tʃaildbə:θ], n. enfantement, m.
childhood ['tʃaildhud], n. enfance, f.
childish ['tʃaildiʃ], a. enfantin; puéril.
childishness ['tʃaildiʃnis], n. puérilité, f.; enfantillage, m.
Chile ['tʃili], le Chili, m.
Chilean ['tʃiliən], a. chilien.—n. Chilien (*personne*), m.
chill [tʃil], a. froid; glacé.—n. froid; refroidissement, frisson, m.; **to catch a chill**, prendre froid.—v.t. refroidir; (*fig.*) glacer; décourager.
chilli ['tʃili], n. piment, m.
chilliness ['tʃilinis], n. froid, frisson, m.; froideur, f.
chilly ['tʃili], a. un peu froid (*chose*); frileux (*personne ou temps*).
chime [tʃaim], n. carillon, m.—v.t., v.i. carillonner.
chimera [kai'miərə], n. chimère, f.
chimney ['tʃimni], n. cheminée, f.
chimney-corner ['tʃimni'kɔ:nə], n. coin du feu, m.
chimney-piece ['tʃimnipi:s], n. chambranle *ou* manteau de cheminée, m.; (*colloq.*) cheminée, f.
chimney-pot ['tʃimnipɔt], n. tuyau de cheminée, m.
chimney-sweep ['tʃimniswi:p], n. ramoneur, m.
chimpanzee [tʃimpæn'zi:], n. chimpanzé, m.
chin [tʃin], n. menton, m.
China ['tʃainə], la Chine, f.
china ['tʃainə], n. porcelaine, f.
Chinese [tʃai'ni:z], a. chinois, de Chine.—n. chinois (*langue*); Chinois (*personne*), m.
chink [tʃiŋk], n. crevasse, fente, lézarde, f.; son, tintement; (*slang*) argent, m.—v.t. crevasser; faire sonner.—v.i. se fendiller; sonner.
chintz [tʃints], n. (*Tex.*) indienne, f.
chip [tʃip], n. copeau, fragment, éclat (*de bois*); (*Cards*) jeton, m.; (*pl.*, *Cook.*) pommes de terre) frites, f.pl.—v.t. tailler; railler.—v.i. s'écorner; s'écailler (*porcelaine etc.*).
chiropodist [ki'rɔpodist], n. pédicure, m.,f.
chirp [tʃə:p], v.i. pépier, gazouiller; crier (*insectes*).—n. gazouillement, pépiement; cri (*insectes*), m.
chirpy ['tʃə:pi], a. (*colloq.*) gai, réjoui.
chirrup ['tʃirəp], [CHIRP].
chisel ['tʃizl], n. ciseau, m.—v.t. ciseler.
chit [tʃit], n. marmot, bambin; billet (*lettre*), m.
chitchat ['tʃittʃæt], n. caquet, babillage, m.
chivalrous ['ʃivəlrəs], a. chevaleresque.
chivalry ['ʃivəlri], n. chevalerie, f.
chives [tʃaivz], n.pl. ciboulette, f.
chlorate ['klɔ:reit], n. (*Chem.*) chlorate, m.

chlorinate ['klɔ:rineit], v.t. verdunises (*eau potable*).
chlorine ['klɔ:ri:n], n. chlore, m.
chloroform ['klɔrəfɔ:m], n. chloroforme, m.—v.t. chloroformer.
chlorophyll ['klɔrəfil], n. chlorophylle, f.
choc-ice ['tʃɔkais], n. chocolat glacé, m.
chock-full [tʃɔk'ful], (*fam.*) chock-a-block ['tʃɔkə'blɔk], a. plein comme un œuf, comble.
chocolate ['tʃɔkəlit], n. chocolat, m.
choice [tʃɔis], a. choisi; de choix; recherché; fin (*vin*).—n. choix, m.; élite, f.; assortiment, m.
choir ['kwaiə], n. chœur, m.
choke [tʃouk], v.t. étouffer, suffoquer; engorger.—v.i. s'engorger.—n. étranglement (*de voix*); (*Motor.*) starter, m.
choking ['tʃoukiŋ], a. étouffant.—n. étouffement, m., suffocation, f.
choky ['tʃouki], a. étouffant, suffoquant.
choler ['kɔlə], n. colère, bile, f.
cholera ['kɔlərə], n. choléra, m.
choleric ['kɔlərik], a. colérique, irascible.
choose [tʃu:z], v.t. irr. choisir; élire; préférer; vouloir.
chop (1) [CHAP].
chop (2) [tʃɔp], v.t. couper en morceaux, hacher; trafiquer, troquer; **to chop down**, abattre.—v.i. trafiquer, troquer; (*Naut.*) tourner (*vent*); clapoter (*mer*); **to chop and change** (*fig.*) girouetter.—n. tranche, côtelette (*de mouton*); (*colloq.*, *pl.*) gueule, f.
chopper ['tʃɔpə], n. couperet, m.
chopping ['tʃɔpiŋ], n. coupe, action de couper, f.
choppy ['tʃɔpi], a. crevassé, haché; clapoteux (*mer*).
choral ['kɔ:rəl], a. choral, en *ou* de chœur.
chord [kɔ:d], n. corde, f.; (*Mus.*) accord, m.
chores [tʃɔ:z], n.pl. corvées domestiques, f.pl.
chorister ['kɔristə], n. choriste, m.; enfant de chœur, m.,f.
chorus ['kɔ:rəs], n. chœur; refrain, m.
Christ [kraist], le Christ, m.
christen [krisn], v.t. baptiser.
Christendom ['krisndəm], n. chrétienté, f.
christening ['krisniŋ], n. baptême, m.
Christian ['kristjən], a. and n. chrétien, m.; **Christian name**, prénom, m.
Christianity [kristi'æniti], n. christianisme, m.
Christmas ['krisməs], Noël, m., la fête de Noël, f.; **Christmas carol**, chant de Noël, m.; **Christmas Eve**, la veille de Noël, f.
Christmas-box ['krisməsbɔks], n. étrennes, f.pl.
Christopher ['kristəfə], Christophe, m.
chrome [kroum], n. bichromate de potasse, m.; **chrome leather**, cuir chromé, m.
chromium ['kroumiəm], n. chrome, m.
chronic ['krɔnik], a. chronique.
chronicle ['krɔnikl], n. chronique, f.
chronicler ['krɔniklə], n. chroniqueur, m.
chronological [krɔnə'lɔdʒikəl], a. chronologique.
chrysalis ['krisəlis], n. chrysalide, f.
chrysanthemum [kri'sænθəmam], n. chrysanthème, m.
chub [tʃʌb], n. (*Ichth.*) chabot, chevesne, m.
chubby ['tʃʌbi], a. joufflu; potelé (*mains*).

376

chuck (1) [tʃʌk], *n.* gloussement, *m.—v.i.* glousser.

chuck (2) [tʃʌk], *n.* petite tape sous le menton, *f.*

chuckle [tʃʌkl], *v.i.* rire tout bas, rire sous cape (*de*).—*n.* rire étouffé, gloussement, *m.*

chum [tʃʌm], *n.* copain, *m.*

chummy ['tʃʌmi], *a.* intime.

chump [tʃʌmp], *n.* tronçon (*de bois*); (*colloq.*) idiot, *m.*; *chump chop*, côtelette de gigot, *f.*

chunk [tʃʌŋk], *n.* gros morceau, *m.*

church [tʃəːtʃ], *n.* église, *f.*; (*Protestant*) temple, *m.*

churchwarden ['tʃəːtʃ'wɔːdn], *n.* marguillier, *m.*

churchyard ['tʃəːtʃjaːd], *n.* cimetière, *m.*

churl [tʃəːl], *n.* rustre, manant, ladre, *m.*

churlish ['tʃəːliʃ], *a.* grossier, rude, ladre.

churlishly ['tʃəːliʃli], *adv.* grossièrement.

churlishness ['tʃəːliʃnis], *n.* grossièreté, *f.*

churn [tʃəːn], *n.* baratte, *f.*; (*Rail.*) *milk churn*, bidon à lait, *m.—v.t.* baratter.

chute [ʃuːt], *n.* chute (*d'eau*); glissière, piste (*de luges*), *f.*

Cicero ['sisərou]. Cicéron, *m.*

cider ['saidə], *n.* cidre, *m.*

cigar [si'gaː], *n.* cigare, *m.*

cigarette [sigə'ret], *n.* cigarette, *f.*

cinder ['sində], *n.* cendre, *f.*; (*pl.*) escarbilles (*de charbon*), *f.pl.*

Cinderella [sində'relə]. Cendrillon, *f.*

cine-camera ['sinikæmərə], *n.* (ciné)caméra, *f.*

cinema ['sinimə], *n.* cinéma, *m.*

cinnamon ['sinəmən], *n.* cannelle, *f.*

cipher ['saifə], *n.* zéro; chiffre, *m.—v.t.*, *v.i.* chiffrer; calculer.

circle [səːkl], *n.* cercle, *m.*; (*fig.*) coterie, *f.—v.t.* entourer (*de*).—*v.i.* tournoyer.

circlet ['səːklit], *n.* petit cercle, anneau, *m.*

circuit ['səːkit], *n.* rotation, révolution, *f.*, tour; circuit, *m.*, circonférence; tournée (*de juge etc.*), *f.*

circuitous [səː'kjuːitəs], *a.* détourné, sinueux.

circular ['səːkjulə], *a.* circulaire.—*n.* circulaire, *f.*, bulletin, *m.*

circulate ['səːkjuleit], *v.t.* mettre en circulation, faire circuler; répandre.—*v.i.* circuler.

circulating ['səːkjuleitiŋ], *a.* circulant.

circulation [səːkju'leiʃən], *n.* circulation, *f.*; tirage (*d'un journal etc.*), *m.*

circumference [səː'kʌmfərəns], *n.* circonférence, périphérie, *f.*

circumflex ['səːkəmfleks], *a.* (*Gram.*) circonflexe.

circumlocution [səːkəmlə'kjuːʃən], *n.* circonlocution, *f.*

circumscribe ['səːkəmskraib], *v.t.* circonscrire.

circumspect ['səːkəmspekt], *a.* circonspect.

circumstance ['səːkəmstæns], *n.* circonstance, *f.*; état, *m.*; (*pl.*) moyens, *m.pl.*; *in straitened circumstances*, dans la gêne; *in easy circumstances*, dans l'aisance; *under no circumstances*, en aucun cas.

circumstantial [səːkəm'stænʃəl], *a.* circonstancié, minutieux; indirect (*témoignage*).

circumvent [səːkəm'vent], *v.t.* circonvenir.

circumvention [səːkəm'venʃən], *n.* circonvention, *f.*

circus ['səːkəs], *n.* cirque; rond-point (*de rues*), *m.*

cistern ['sistən], *n.* citerne, *f.*, réservoir, *m.*

citadel ['sitədl], *n.* citadelle, *f.*

citation [sai'teiʃən], *n.* citation, *f.*

cite [sait], *v.t.* citer; sommer (*de*).

citizen ['sitizn], *n.* citoyen, bourgeois; habitant, *m.*

citron ['sitrən], *n.* cédrat, *m.*

city ['siti], *n.* ville; cité, *f.*

civet ['sivit], *n.* civette, *f.*

civic ['sivik], *a.* civique.

civil [sivl], *a.* civil; municipal; honnête, poli; *civil servant*, fonctionnaire, *m.*; *in the Civil Service*, dans l'administration.

civilian [si'viljən], *n.* bourgeois, civil, *m.*

civility [si'viliti], *n.* civilité, politesse, *f.*

civilization [sivilai'zeiʃən], *n.* civilisation, *f.*

civilize ['sivilaiz], *v.t.* civiliser.

claim [kleim], *v.t.* demander, prétendre (*à*); réclamer, revendiquer.—*n.* demande, *f.*; titre, droit, *m.*

claimant ['kleimənt], *n.* réclamateur, prétendant, *m.*

clam [klæm], *n.* peigne (*bivalve*), *m.*, palourde, *f.*

clamber ['klæmbə], *v.i.* grimper (*sur ou à*).

clammy ['klæmi], *a.* visqueux, pâteux; moite (*mains*).

clamorous ['klæmərəs], *a.* bruyant; criard.

clamour ['klæmə], *n.* clameur, *f.*, bruit, *m.—v.i.* crier, vociférer.

clamp [klæmp], *n.* crampon; (*Carp.*) serre-joints, *m.—v.t.* cramponner; serrer; entasser.

clan [klæn], *n.* clan, *m.*; clique, coterie, *f.*

clandestine [klæn'destin], *a.* clandestin.

clang [klæŋ], **clank** [klæŋk], *n.* cliquetis, son métallique, *m.—v.t.* faire résonner.—*v.i.* résonner.

clap [klæp], *n.* coup, *m.*; claque, *f.*; battement de mains; coup (*de tonnerre*), *m.—v.t.* claquer, frapper, battre (*mains, ailes etc.*); applaudir.—*v.i.* claquer *ou* battre des mains; applaudir.

clapper ['klæpə], *n.* applaudisseur; battant (*d'une cloche*); claquet (*d'un moulin*), *m.*

clapping ['klæpiŋ], *n.* battement des mains, *m.*, applaudissements, *m.pl.*

Clara ['klɛərə], **Clare** [klɛə]. Claire, *f.*

claret ['klærət], *n.* vin de Bordeaux rouge, *m.*

clarify ['klærifai], *v.t.* clarifier.—*v.i.* se clarifier.

clarinet [klæri'net], *n.* clarinette, *f.*

clarion ['klæriən], *n.* clairon, *m.*

clarity ['klæriti], *n.* clarté, *f.*

clash [klæʃ], *v.t.* faire résonner (*en frappant*); choquer, heurter.—*v.i.* résonner, se heurter; (*fig.*) être aux prises (*avec*), s'opposer.—*n.* fracas, choc, conflit; cliquetis (*d'armes etc.*), *m.*

clasp [klaːsp], *n.* fermoir, *m.*; agrafe, *f.*; (*fig.*) embrassement, *m.*, étreinte, *f.—v.t.* agrafer; serrer, presser.

clasp-knife ['klaːspnaif], *n.* couteau de poche, *m.*

class [klaːs], *n.* classe, *f.*; (*Sch.*) cours; genre, *m.*, catégorie, *f.—v.t.* classer.

classic ['klæsik], *a.* and *n.* classique, *m*; *to study classics*, faire ses humanités *f.pl.*

classical ['klæsikəl], *a.* classique.

classification [klæsifi'keiʃən], *n.* classification, *f.*

classify ['klæsifai], *v.t.* classifier.
classroom ['klɑ:sru:m], *n.* salle de classe, classe, *f.*
clatter ['klætə], *n.* bruit, tapage, fracas (*de ferraille etc.*), tintamarre. *m.*—*v.i.* faire du bruit, claquer.
clause [klɔ:z], *n.* clause; proposition, *f.*
clavicle ['klævikl], *n.* (*Anat.*) clavicule, *f.*
claw [klɔ:], *n.* griffe; (*Zool.*) serre; pince (*de crabes*), *f.*—*v.t.* griffer; déchirer; égratigner; (*fig.*) railler, gronder.
clay [klei], *n.* argile, terre glaise, glaise, *f.*—*v.t.* (*Agric.*) glaiser; terrer (*sucre*).
clayey ['kleii], *a.* argileux.
clean [kli:n], *a.* propre; blanc (*linge*); ciré (*chaussures*); (*fig.*) net, droit.—*adv.* entièrement, tout à fait, droit, raide.—*v.t.* nettoyer; décrotter, cirer (*chaussures*); écurer (*égouts, canaux etc.*).
cleaner ['kli:nə], *n.* nettoyeur (*personne*), *m.*
cleaning ['kli:niŋ], *n.* nettoyage, nettoiement, *m.*; **dry cleaning**, nettoyage à sec.
cleanliness ['klenlinis], **cleanness** ['kli:nnis], *n.* propreté; netteté, *f.*
cleanly ['klenli], *a.* propre; (*fig.*) pur.—['kli:nli], *adv.* proprement, nettement.
cleanness [CLEANLINESS].
cleanse [klenz], *v.t.* nettoyer; curer (*égouts etc.*); (*fig.*) purifier.
cleansing ['klenziŋ], *n.* nettoiement, nettoyage, *m.*; (*fig.*) purification, *f.*
clear [kliə], *a.* clair; net, évident; sûr; innocent, sans tache.—*adv.* clair.—*v.t.* éclaircir; clarifier (*liquides*); faire évacuer (*salle etc.*); déblayer (*débris etc.*); gagner (*profit etc.*); (*Agric.*) défricher; (*fig.*) acquitter; (*Customs*) passer.—*v.i.* s'éclaircir; **to clear off**, s'en aller, filer; **to clear out**, se retirer; **to clear up**, élucider (*problème, mystère*); s'éclaircir, se rasséréner (*temps*).
clearance ['kliərəns], *n.* dégagement; déblaiement (*débris*), *m.*; levée (*du courrier*), *f.*; (*Naut.*) congé; (*Customs*) dédouanement, *m.*; **clearance sale**, solde, *m.*; liquidation, *f.*
clear-cut ['kliəkʌt], *a.* net, d'une grande netteté.
clear-headed ['kliə'hedid], *a.* à l'esprit clair.
clearing ['kliəriŋ], *n.* éclaircissement; débrouillement; acquittement; (*Customs*) dédouanement; défrichement (*de terrain*), *m.*; éclaircie (*de forêt*), *f.*; déblaiement (*débris*), *m.*
clearing-house ['kliəriŋhaus], *n.* (*Rail.*) bureau de liquidation, *m.*; (*Banking*) banque de virement, *f.*
clearly ['kliəli], *adv.* nettement, clairement, évidemment.
clearness ['kliənis], *n.* clarté, netteté, pureté, *f.*
cleavage ['kli:vidʒ], *n.* clivage, *m.*; fissure, scission, *f.*
cleave [kli:v], *v.t. irr.* fendre, se fendre; **in a cleft stick**, (*fig.*) dans une impasse.
clef [klef], *n.* (*Mus.*) clef, *f.*
cleft [kleft], *n.* fente, fissure, crevasse, *f.*
clemency ['klemənsi], *n.* clémence; douceur (*du temps*), *f.*
clement ['klemənt], *a.* doux, clément.
clench [klentʃ], *v.t.* river (*clous etc.*); serrer (*poing*).
Cleopatra [kliə'pætrə]. Cléopâtre, *f.*
clergy ['klə:dʒi], *n.* clergé, *m.*

clergyman ['klə:dʒimən], *n.* (*pl.* **-men** [men]) ecclésiastique; (*R.-C. Ch.*) prêtre, abbé, curé; (*Protestant*) ministre, pasteur, *m.*
cleric ['klerik], *n.* ecclésiastique, prêtre, *m.*
clerical ['klerikəl], *a.* clérical; **clerical error**, faute de copiste, *f.*
clerk [klɑ:k], *n.* (*Law*) clerc; (*Eccles.*) ecclésiastique; (*Comm.*) commis; (*Civil Service*) employé, *m.*
clerkship ['klɑ:kʃip], *n.* place de clerc, place de commis, *f.*
clever ['klevə], *a.* adroit, habile, (*colloq.*) malin; intelligent; bien fait; (*Am.*) aimable; **to be clever at**, être fort en.
cleverly ['klevəli], *adv.* habilement, adroitement, avec adresse.
cleverness ['klevənis], *n.* habileté, dextérité, adresse; intelligence, *f.*
click [klik], *v.i.* faire tic-tac, cliqueter.—*n.* bruit sec, clic; cliquetis; déclic, *m.*
client ['klaiənt], *n.* client, *m.*
clientele [kliə'tel], *n.* clientèle, *f.*
cliff [klif], *n.* falaise, *f.*; rocher escarpé, *m.*
climate ['klaimit], *n.* climat, *m.*
climatic [klai'mætic] *a.* climatique.
climax ['klaimæks], *n.* gradation, *f.*; (*fig.*) comble, apogée, *m.*
climb [klaim], *v.t.* escalader, gravir, monter.—*v.i.* grimper; monter (*sur*); (*fig.*) s'élever.—*n.* ascension, montée, *f.*
climber ['klaimə], *n.* grimpeur, *m.*; alpiniste, *m., f.*; **social climber**, arriviste, *m., f.*
clime [klaim], *n.* (*poet.*) climat; pays, *m.*
clinch [klintʃ], *v.t.* river (*clous*); **to clinch an argument**, confirmer un argument.—*n.* (*Box.*) corps à corps, *m.*
cling [kliŋ], *v.i. irr.* se cramponner, s'attacher, s'accrocher (*à*); coller (*à*) (*robe*).
clinic ['klinik], *a.* and *n.* clinique, *f.*
clinical ['klinikəl], *a.* clinique.
clink [kliŋk], *n.* tintement, cliquetis, *m.*—*v.t.* faire tinter.—*v.i.* tinter.
clinker ['kliŋkə], *n.* mâchefer, *m.*
clip [klip], *v.t.* couper (*à ciseaux*); tondre (*chiens, chevaux*); écorcher, estropier (*paroles*); contrôler (*billets*).—*n.* tonte, *f.*; pince-notes, *m.*
clipper ['klipə], *n.* rogneur; (*Naut.*) fin voilier, *m.*
clippers ['klipəz], *n.pl.* tondeuse, *f.*
clique [kli:k], *n.* coterie, *f.*
cloak [klouk], *n.* manteau; (*fig.*) voile, masque, prétexte, *m.*—*v.t.* couvrir d'un manteau, (*fig.*) masquer, voiler, cacher.
cloak-room ['kloukru:m], *n.* (*Rail.*) consigne, *f.*, (*Theat.*) vestiaire, *m.*
clock [klɔk], *n.* horloge (*grand*); pendule (*petit*), *f.*; **alarm clock**, réveille-matin, *m.*—*v.i.* (*Ind.*) **to clock in** or **out**, pointer à l'arrivée *ou* au départ.
clock-maker ['klɔkmeikə], *n.* horloger, *m.*
clockwise ['klɔkwaiz], *adv.* dans le sens des aiguilles d'une montre.
clockwork ['klɔkwə:k], *a.* mécanique.—*n.* mouvement, mécanisme d'horlogerie; (*fig.*) travail régulier, *m.*
clod [klɔd], *n.* motte de terre, *f.*
clodhopper ['klɔdhɔpə], *n.* rustre; manant, *m.*
clog [klɔg], *n.* sabot, *m.*—*v.t.* obstruer.—*v.i.* se boucher, s'obstruer.

cloister ['kloistə], n. cloître, m.
close (1) [klouz], v.t. fermer; clore, terminer.
—v.i. se fermer; clore, se terminer, conclure, finir.—n. fin, conclusion, clôture, f.
close (2) [klous], a. clos, bien fermé; serré; lourd (temps); (fig.) mystérieux.—adv. près; de près; *close by*, tout près; *close to*, près de.
close-fisted ['klous'fistid], a. avare.
closely ['klousli], adv. de près; étroitement; secrètement.
closeness ['klousnis], n. proximité; exactitude; lourdeur (temps); intimité, f.
closet ['klɔzit], n. cabinet; boudoir, m.; garde-robe, armoire, f.—v.t. *to be closeted with*, être en tête-à-tête avec.
close-up ['klousʌp], n. (Cine.) gros plan, m.
closing ['klouzin], a. dernier, final.—n. clôture, fermeture (de magasin); fin, conclusion, f.
closure ['klouʒə], n. clôture, fermeture, f.
clot [klɔt], n. grumeau, caillot, m.—v.i. se cailler, se figer.
cloth [klɔ:θ], n. drap (de laine ou tissu d'or ou d'argent), m.; toile (de lin), f.; *table-cloth*, nappe, f., tapis (de laine), m.
clothe [klouð], v.t. habiller, (re)vêtir.
clothes [klouðz], n.pl. habits, vêtements, m.pl., hardes, f.pl.; *bed-clothes*, draps et couvertures, m.pl.
clothing ['klouðin], n. vêtement, habillement, m.; vêtements, m.pl.
cloud [klaud], n. nuage, m.; (poet.) nue; (fig.) nuée, f.; *every cloud has a silver lining*, après la pluie le beau temps; *to be under a cloud*, être mal vu du monde.—v.t. couvrir de nuages; obscurcir; (fig.) assombrir.—v.i. se couvrir (de nuages).
cloudburst ['klaudbə:st], n. trombe, rafale de pluie, f.
cloudless ['klaudlis], a. sans nuage.
cloudy ['klaudi], a. nuageux, couvert, trouble (liquides); (fig.) ténébreux.
clout [klaut], n. torchon, linge, m.; gifle, tape, f.—v.t. rapetasser; taper, souffleter.
clove [klouv], n. clou de girofle, m.; *clove of garlic*, gousse d'ail, f.
cloven [klouvn], a. fendu; fourchu; *to show the cloven foot*, laisser voir le bout de l'oreille.
clover ['klouvə], n. trèfle, m.
clown [klaun], n. rustre, manant; (Theat.) bouffon, clown, m.
cloy [klɔi], v.t. écœurer, rassasier.
club [klʌb], n. massue, f.; (Golf) club (instrument), m.; crosse, f.; cercle, club, m., association, f.; (Cards) trèfle, m.—v.t. frapper avec une massue.—v.i. se cotiser, s'associer.
club-foot ['klʌbfut], n. pied bot, m.
club-house ['klʌbhaus], n. cercle; pavillon (de golf etc.), m.
cluck [klʌk], v.i. glousser.
clucking ['klʌkin], n. gloussement, m.
clue [klu:], n. fil, indice, signe, m.; idée, f.
clueless ['klu:lis], a. (fam.) *to be clueless*, ne savoir rien de rien.
clump [klʌmp], n. masse, f., gros bloc; (fig.) groupe, m.; *clump of trees*, bouquet d'arbres, m.
clumsily ['klʌmzili], adv. gauchement, maladroitement.

clumsiness ['klʌmzinis], n. gaucherie, maladresse, f.
clumsy ['klʌmzi], a. gauche, maladroit; mal fait (chose).
cluster ['klʌstə], n. grappe (de raisin), f.; bouquet (de fleurs); régime (de bananes); nœud (de diamants), m.—v.i. se former en grappes; se grouper.
clutch [klʌtʃ], v.t. saisir, empoigner.—n. griffe, serre, étreinte, f.; (Motor.) embrayage, m.; couvée (d'œufs), f.
clutter ['klʌtə], n. fracas, vacarme; encombrement, désordre, m.—v.t. *to clutter up*, encombrer.
coach [koutʃ], n. voiture, f., carrosse, m.; (Rail.) voiture, f., wagon; autocar, car; (Sch.) répétiteur; (Spt.) entraîneur, m.—v.i. entraîner; préparer aux examens.
coaching ['koutʃin], n. (Spt.) entraînement (d'équipe), m.; (Sch.) répétitions, f.pl.
coachman ['koutʃmən], n. (pl. -men [men]) cocher, m.
coachwork ['koutʃwə:k], n. carrosserie, f.
coagulate [kou'ægjuleit], v.t. coaguler.—v.i. se coaguler.
coal [koul], n. charbon, m.; houille, f.; *live coal*, charbon ardent.—v.t. charbonner.—v.i. s'approvisionner de charbon (navire).
coal-cellar ['koulselə], n. cave à charbon, f.
coalesce [kouə'les], v.i. s'unir, se fondre, fusionner.
coal-field ['koulfi:ld], n. bassin houiller, m.
coalition [kouə'liʃən], n. coalition, f.
coal-mine ['koulmain], n. mine de charbon, houillère, f.
coal-miner ['koulmainə], n. mineur, m.
coal-scuttle ['koulskʌtl], n. seau à charbon, m.
coarse [kɔ:s], a. gros, grossier.
coarseness ['kɔ:snis], n. grossièreté, f.
coast [koust], n. côte, plage, f., rivage, littoral, m.—v.t. côtoyer.—v.i. côtoyer, suivre la côte; caboter; planer (oiseau); (Motor.) rouler au débrayé.
coastal ['koustəl], a. côtier.
coaster ['koustə], n. caboteur, m.
coast-guard ['koustgɑ:d], n. garde-côte, m.
coast-line ['koustlain], n. littoral, m.
coat [kout], n. habit; enduit (de goudron etc.), m.; robe (de certains animaux); (Mil.) tunique; (Paint.) couche, f.; *coat of mail*, cotte de mailles, f.; *double breasted coat*, veston croisé, m.—v.t. revêtir; enduire (de).
coat-hanger ['kouthæŋə], n. cintre, m.; porte-vêtements, m. inv.
coax [kouks], v.t. amadouer, cajoler, flatter.
co-axial [kou'æksiəl], a. coaxial.
coaxing ['kouksin], n. cajolerie, f., enjôlement, m.
cob [kɔb], n. bidet, goussant (cheval); épi (de mais), m.
cobalt ['koubɔ:lt], n. cobalt, m.
cobble [kɔbl], v.t. saveter, raccommoder; paver en cailloutis.—n. galet rond, pavé m.
cobbler ['kɔblə], n. cordonnier, m.
cobnut ['kɔbnʌt], n. aveline, f.
cobra ['koubrə], n. cobra, m.
cobweb ['kɔbweb], n. toile d'araignée, f.
cocaine [ko'kein], n. cocaïne, f.
cochineal ['kɔtʃini:l], n. cochenille, f.

cock [kɔk], *n.* coq; mâle (*de petits oiseaux*); robinet (*tap*); chien (*de fusil*); tas, meulon (*de foin*), *m.*; **black-cock**, coq de bruyère; **cock-and-bull story**, coq-à-l'âne, *m.*— *v.t.* relever; retrousser; armer (*fusil*); **cocked hat**, chapeau à cornes, *m.*

cockade [kə'keid], *n.* cocarde, *f.*

cock-a-doodle-doo ['kɔkədu:dl'du:], *n.* coquerico, cocorico, *m.*

cockatoo [kɔkə'tu:], *n.* kakatoès, cacatois, *m.*

cockatrice ['kɔkətri:s], *n.* basilic, *m.*

cockchafer ['kɔktʃeifə], *n.* hanneton, *m.*

cock-crow ['kɔkkrou], *n.* chant du coq; (*fig.*) point du jour, *m.*

cockerel ['kɔkərəl], *n.* jeune coq, *m.*

cock-eyed ['kɔkaid], *a.* de biais, de travers.

cockle [kɔkl], *n.* bucarde, *f.*

cock-pit ['kɔkpit], *n.* arène des combats de coqs; (*Av.*) carlingue, *f.*

cockroach ['kɔkroutʃ], *n.* blatte, *f.*

cockscomb ['kɔkskoum], *n.* crête de coq, *f.*; [COXCOMB].

cocksure ['kɔkʃuə], *a.* sûr et certain, outrecuidant.

cocktail ['kɔkteil], *n.* cocktail, *m.*; **cocktail party**, cocktail.

cocky ['kɔki], *a.* effronté, suffisant.

coco ['koukou], *n.* coco, *m.*

cocoa ['koukou], *n.* cacao, *m.*

coconut, cocoa-nut ['koukənʌt], *n.* coco, *m.*, noix de coco, *f.*

cocoon [kə'ku:n], *n.* cocon, *m.*

cod [kɔd], *n.* morue, *f.*; cabillaud (*morue fraîche*), *m.*

coddle [kɔdl], *v.t.* mitonner; dorloter, choyer.

code [koud], *n.* code, *m.*—*v.t.* coder; chiffrer.

codicil ['kɔdisil], *n.* codicille, *m.*

codify ['koudifai], *v.t.* codifier.

cod-liver oil ['kɔdlivər'ɔil], *n.* huile de foie de morue, *f.*

co-education ['kouedju'keiʃən], *n.* enseignement mixte, *m.*

co-educational ['kouedju'keiʃənəl], *a.* (*Sch.*) mixte.

coefficient [koui'fiʃənt], *n.* coefficient, *m.*

coerce [kou'ə:s], *v.t.* forcer, contraindre.

coercion [kou'ə:ʃən], *n.* coercition, contrainte, *f.*

coexist [kouig'zist], *v.i.* coexister.

coexistence [kouig'zistəns], *n.* coexistence, *f.*

coffee ['kɔfi], *n.* café, *m.*; **white coffee**, café au lait.

coffee-bean ['kɔfibi:n], *n.* grain de café, *m.*

coffee-house ['kɔfihaus], *n.* café, *m.*

coffee-mill ['kɔfimil], **coffee-grinder** ['kɔfi graində], *n.* moulin à café, *m.*

coffee-pot ['kɔfipɔt], *n.* cafetière, *f.*

coffer ['kɔfə], *n.* coffre; caisson; sas, *m.*

coffin ['kɔfin], *n.* cercueil, *m.*, bière, *f.*

cog [kɔg], *n.* dent, *f.*

cogency ['koudʒənsi], *n.* force, puissance, *f.*

cogent ['koudʒənt], *a.* puissant, fort.

cogitate ['kɔdʒiteit], *v.t.* penser (à).—*v.i.* méditer, penser.

cogitation [kɔdʒi'teiʃən], *n.* réflexion, pensée, méditation, *f.*

cognate ['kɔgneit], *a.* de la même famille; analogue.

cognizance ['kɔgnizəns], *n.* connaissance, *f.*; (*Her.*) insigne, *m.*

cognomen [kɔg'noumən], *n.* surnom; nom de guerre, sobriquet, *m.*

cog-wheel ['kɔgwi:l], *n.* roue d'engrenage, *f.*

cohabit [kou'hæbit], *v.i.* cohabiter.

cohabitation [kouhæbi'teiʃən], *n.* cohabitation, *f.*

coherence [kou'hiərəns], *n.* cohésion, cohérence, *f.*

coherent [kou'hiərənt], *a.* cohérent; conséquent.

coherently [kou'hiərəntli], *adv.* d'une manière cohérente.

cohesion [kou'hi:ʒən], *n.* cohésion, *f.*

cohesive [kou'hi:siv], *a.* cohésif.

cohort ['kouhɔ:t], *n.* cohorte, *f.*

coil [kɔil], *n.* rouleau (*de cheveux etc.*); repli (*de serpents*), *m.*; (*Elec.*) bobine, *f.*—*v.t.* replier, enrouler.—*n.* se replier, s'enrouler.

coin [kɔin], *n.* pièce de monnaie, *f.*—*v.t.* monnayer; forger, fabriquer, inventer.

coinage ['kɔinidʒ], *n.* monnayage, *m.*, monnaie; (*fig.*) fabrication, *f.*

coincide [kouin'said], *v.i.* s'accorder, coïncider (*avec*).

coincidence [kou'insidəns], *n.* coïncidence, *f.*

coincidental [kouinsi'dentl], *a.* de coïncidence.

coiner ['kɔinə], *n.* monnayeur; faux monnayeur, *m.*

coition [kou'iʃən], *n.* coït, *m.*

coke [kouk], *n.* coke, *m.*

colander ['kʌləndə], *n.* passoire, *f.*

cold [kould], *a.* froid; **it is cold**, il fait froid; **to be cold** (*of people*), avoir froid.—*n.* froid; rhume (*maladie*), refroidissement; frisson (*sensation*), *m.*; **to catch cold**, s'enrhumer.

coldly ['kouldli], *adv.* froidement.

cole [koul], *n.* chou marin, *m.*

colic ['kɔlik], *n.* colique, *f.*

collaborate [kə'læbəreit], *v.i.* collaborer.

collaboration [kəlæbə'reiʃən], *n.* collaboration, *f.*

collaborator [kə'læbəreitə] *n.* collaborateur, *m.*

collapse [kə'læps], *v.i.* s'affaisser, s'écrouler, s'effondrer.—*n.* affaissement, *m.*, débâcle, *f.*

collapsible [kə'læpsibl], *a.* pliant, démontable.

collar ['kɔlə], *n.* collier (*de chien, de cheval, de décoration*); col (*de chemise*); collet (*de pardessus*), *m.*; collerette (*de dames*), *f.*— *v.t.* colleter, prendre au collet.

collar-bone ['kɔləboun], *n.* clavicule, *f.*

collar-stud ['kɔləstʌd], *n.* bouton de col, *m.*

collate [kə'leit], *v.t.* collationner, comparer.

collateral [kə'lætərəl], *a.* collatéral.

collation [kə'leiʃən], *n.* collation, *f.*; don, présent; repas froid, *m.*

colleague ['kɔli:g], *n.* collègue, confrère, *m.*

collect (1) [kə'lekt], *v.t.* recueillir; ramasser; collectionner; percevoir, encaisser (*impôts*); recouvrer (*dettes*); quêter; faire la levée (*du courrier*).—*v.i.* s'amasser.

collect (2) ['kɔlikt], *n.* collecte; (courte) prière, *f.*

collected [kə'lektid], *a.* rassemblé; (*fig.*) recueilli, calme, tranquille.

collection [kə'lekʃən], *n.* collection, *f.*; assemblage, rassemblement, *m.*; collecte, quête; levée (*du courrier*), *f.*

collective [kə'lektiv], *a.* collectif.

collector [kə'lektə], *n.* collecteur; collectionneur; percepteur (*impôts*); quêteur (*aumône*); receveur (*douane*), *m.*
college ['kɔlidʒ], *n.* collège (d'Université), *m.*; école, *f.*
collide [kə'laid], *v.i.* se heurter.
collier ['kɔliə], *n.* mineur; (*Naut.*) (bateau) charbonnier, *m.*
colliery ['kɔljəri], *n.* houillère, mine de charbon, *f.*
collision [kə'liʒən], *n.* collision, *f.*, choc, *m.*
colloquial [kə'loukwiəl], *a.* de la conversation, familier; *colloquial French*, français parlé, *m.*
colloquialism [kə'loukwiəlizm], *n.* expression familière, *f.*
colloquy ['kɔləkwi], *n.* colloque, entretien, *m.*
collusion [kə'luːʒən], *n.* collusion, connivence, *f.*
Colombia [kə'lʌmbiə]. la Colombie, *f.*
colon (1) ['koulən], *n.* (*Anat.*) colon, *m.*
colon (2) ['koulən], *n.* (*Gram.*) deux points, *m.pl.*
colonel [kəːnl], *n.* colonel, *m.*
colonial [kə'lounjəl], *a.* colonial.
colonist ['kɔlənist], *n.* colon, *m.*
colonization [kɔlənai'zeiʃən], *n.* colonisation, *f.*
colonize ['kɔlənaiz], *v.t.* coloniser.
colony ['kɔləni], *n.* colonie, *f.*
Colorado-beetle ['kɔlərɑːdou'biːtl], *n.* doryphore, *m.*
colossal [kə'lɔsl], *a.* colossal.
Colosseum [kɔlə'siːəm]. Colisée, *m.*
colossus [kə'lɔsəs], *n.* (*pl.* **colossi** [kə'lɔsai], **colossuses** [kə'lɔsəsiz]) colosse, *m.*
colour ['kʌlə], *n.* couleur, *f.*; (*fig.*) prétexte, *m.*, apparence, *f.*; (*pl.*) (*Mil.*) drapeau; (*Navy*) pavillon, *m.*; *to be off colour*, être pâle, n'être pas bien en train; *with the colours*, sous les drapeaux.—*v.t.* colorer; colorier, enluminer (*gravure etc.*).—*v.i.* rougir (*personne*); se colorer (*chose*).
colour-blind ['kʌləblaind], *a.* daltonien.
colour-blindness ['kʌləblaindnis], *n.* daltonisme, *m.*
coloured ['kʌləd], *a.* coloré; colorié; de couleur.
colourful ['kʌləful], *a.* coloré, pittoresque.
colouring ['kʌlərin], *n.* coloris, *m.*; couleur, *f.*
colourless ['kʌləlis], *a.* sans couleur.
colt [koult], *n.* poulain, *m.*; (*fig.*) novice, *m.*
Columbus [kə'lʌmbəs]. Colomb, *m.*
column ['kɔləm], *n.* colonne, *f.*
coma ['koumə], *n.* coma; assoupissement, *m.*
comb [koum], *n.* peigne, *m.*; étrille (*chevaux*); crête (*coq*), *f.*; rayon (*miel*) *m.*—*v.t.* peigner; étriller (*cheval*).
combat ['kɔmbæt], *n.* combat, *m.*—*v.t.*, *v.i.* combattre.
combatant ['kɔmbətənt], *n.* combattant, *m.*
combination [kɔmbi'neiʃən], *n.* combinaison, *f.*; association, coalition, *f.*; concours (*de circonstances*), *m.*
combine [kəm'bain], *v.t.* combiner; réunir; allier.—*v.i.* se combiner; se coaliser (*avec*); s'unir (*à*); se syndiquer.—['kɔmbain], *n.* (*Comm.*) cartel, *m.*
combine-harvester ['kɔmbain'hɑːvistə], *n.* moissonneuse-batteuse, *f.*
combustion [kəm'bʌstʃən], *n.* combustion, *f.*

come [kʌm], *v.i. irr.* venir; arriver, parvenir; se présenter, advenir; se faire; devenir; *come in!* entrez! *come on!* allons! *to come back*, revenir; *to come down*, descendre; *to come for*, venir chercher; *to come forward*, s'avancer; *to come home*, rentrer; *to come in*, entrer; *to come off*, se détacher; *to come out*, sortir; *to come up*, monter.
comedian [kə'miːdiən], *n.* comédien, *m.*
comedy ['kɔmidi], *n.* comédie, *f.*
comeliness ['kʌmlinis], *n.* aspect gracieux, *m.*; agréments, *m.pl.*
comely ['kʌmli], *a.* avenant.
comer ['kʌmə], *n.* venant; venu, *m.*; *first comer*, premier venu; *newcomer*, nouveau venu.
comet ['kɔmit], *n.* comète, *f.*
comfort ['kʌmfət], *n.* réconfort; bien-être, agrément, confort, *m.*; aise(s); aisance, *f.*; *to take comfort*, se consoler.—*v.t.* réconforter, soulager; consoler.
comfortable ['kʌmfətəbl], *a.* à son aise; agréable, confortable.
comfortably ['kʌmfətəbli], *adv.* à son aise, confortablement.
comforter ['kʌmfətə], *n.* consolateur (*le Saint Esprit*); cache-nez (*foulard*), *m.*; tétine (*de bébé*), *f.*
comfortless ['kʌmfətlis], *a.* sans consolation; désolé, triste.
comic ['kɔmik], **comical** ['kɔmikəl], *a.* comique, drôle.
comically ['kɔmikli], *adv.* comiquement.
coming ['kʌmin], *n.* venue; arrivée; approche, *f.*
comma ['kɔmə], *n.* virgule, *f.*; *inverted commas*, guillemets, *m.pl.*
command [kə'mɑːnd], *n.* ordre, commandement; pouvoir, *m.*; autorité, *f.*—*v.t.* commander; posséder; inspirer (*respect*).
commandant ['kɔməndænt], *n.* commandant, *m.*
commandeer [kɔmən'diə], *v.t.* réquisitionner.
commander [kə'mɑːndə], *n.* commandant; commandeur (*décoration*); (*Navy*) capitaine (*de frégate etc.*), *m.*
commander-in-chief [kəmɑːndərin'tʃiːf], *n.* généralissime, commandant en chef, *m.*
commanding [kə'mɑːndin], *a.* commandant; imposant (*important*); qui domine (*surplombant*); impérieux (*de commandement*).
commandment [kə'mɑːndmənt], *n.* commandement (*de Dieu*), *m.*
commando [kə'mɑːndou], *n.* (*Mil.*) corps franc, commando, *m.*
commemorate [kə'meməreit], *v.t.* célébrer, solenniser; commémorer.
commemoration [kəmemə'reiʃən], *n.* célébration, commémoration, *f.*; souvenir, *m.*
commence [kə'mens], *v.t.*, *v.i.* commencer.
commencement [kə'mensmənt], *n.* commencement, début, *m.*
commend [kə'mend], *v.t.* confier (*à*); recommander; louer.
commendable [kə'mendəbl], *a.* louable.
commendation [kɔmen'deiʃən], *n.* éloge, *m.*, louange, *f.*
comment ['kɔment], *n.* commentaire, *m.*—*v.i.* commenter.

381

commentary

commentary ['kɔməntəri], *n.* commentaire, *m.*; *running commentary*, radio-reportage (*d'un match*), *m.*

commerce ['kɔmə:s], *n.* commerce, *m.*

commercial [kə'mə:ʃəl], *a.* commercial, de commerce; commerçant (*ville etc.*); *commercial traveller*, commis voyageur, *m.*— *n.* (*Tel.*) film publicitaire, *m.*

commingle [kɔ'miŋgl], *v.t.* mêler ensemble, mêler.—*v.i.* se mêler ensemble *ou* avec; se fondre (*dans* ou *en*).

commissariat [kɔmi'sɛəriət], *n.* commissariat, *m.*, intendance, *f.*

commission [kə'miʃən], *n.* commission, *f.*; (*Mil.*) brevet; (*Law*) mandat, *m.*—*v.t.* charger, commissionner.

commissionaire [kɔmiʃə'nɛə], *n.* portier (*de magasin*); chasseur (*d'hôtel*); commissionnaire, *m.*

commissioner [kə'miʃənə], *n.* commissaire, *m.*

commit [kə'mit], *v.t.* commettre; confier, livrer, consigner; engager.

committee [kə'miti], *n.* comité, *m.*; (*Parl.*) commission, *f.*

commode [kə'moud], *n.* commode, *f.*

commodious [kə'moudjəs], *a.* spacieux.

commodity [kə'mɔditi], *n.* marchandise, denrée, *f.*, produit, *m.*

commodore ['kɔmədɔ:], *n.* (*Navy*) chef de division, *m.*; *air-commodore*, général de brigade, *m.*

common ['kɔmən], *a.* commun; ordinaire; vulgaire; (*fig.*) trivial; (*Mil.*) simple.—*n.* commune, *f.*; communal, *m.*; bruyère, lande, *f.*; *House of Commons*, Chambre des Communes, *f.*

commoner ['kɔmənə], *n.* bourgeois, roturier, *m.*

commonly ['kɔmənli], *adv.* ordinairement.

commonplace ['kɔmənpleis], *a.* banal, commun, trivial.—*n.* lieu commun, *m.*, banalité, *f.*

commonweal ['kɔmən'wi:l], *n.* le bien public, *m.*

commonwealth ['kɔmənwelθ], *n.* la chose publique, *m.*, l'État, *m.*; *the* (*British*) *Commonwealth*, le Commonwealth (britannique).

commotion [kə'mouʃən], *n.* secousse, agitation, *f.*, tumulte, *m.*

communal ['kɔmjunəl], *a.* communal.

commune (1) [kə'mju:n], *v.i.* parler, converser, s'entretenir (*avec*).

commune (2) ['kɔmju:n], *n.* commune, *f.*

communicate [kə'mju:nikeit], *v.t.* communiquer.—*v.i.* se communiquer.

communication [kəmju:ni'keiʃən], *n.* communication, *f.*

communion [kə'mju:njən], *n.* (*Eccles.*) communion, *f.*; commerce, *m.*

communiqué [kə'mju:nikei], *n.* communiqué, *m.*

Communism ['kɔmjunizm], *n.* communisme, *m.*

Communist ['kɔmjunist], *a.* and *n.* communiste, *m.*, *f.*

community [kə'mju:niti], *n.* communauté, société, *f.*

commutator ['kɔmjuteitə], *n.* commutateur, *m.*

compact (1) ['kɔmpækt], *n.* pacte, contrat; poudrier (*de dame*), *m.*

compact (2) [kəm'pækt], *a.* compact, serré, bien lié; concis.—*v.t.* rendre compact, unir.

companion [kəm'pænjən], *n.* compagnon, *m.*, compagne; dame *ou* demoiselle de compagnie (*to a lady*), *f.*; pendant (*mobilier*), *m.*

companionship [kəm'pænjənʃip], *n.* camaraderie; compagnie, *f.*

company ['kʌmpəni], *n.* compagnie; société, corporation; troupe (*acteurs*), *f.*; (*Naut.*) équipage, *m.*; *we have company today*, nous avons du monde aujourd'hui.

comparable ['kɔmpərəbl], *a.* comparable.

comparative [kəm'pærətiv], *a.* comparatif.

comparatively [kəm'pærətivli], *adv.* relativement, comparativement.

compare [kəm'pɛə], *v.t.* comparer.—*v.i.* être comparable à, rivaliser.

comparison [kəm'pærisən], *n.* comparaison, *f.*

compartment [kəm'pɑ:tmənt], *n.* compartiment, *m.*

compass ['kʌmpəs], *n.* compas; circuit, cercle, *m.*; boussole; portée (*atteinte*); étendue (*de la voix*), *f.*; *a pair of compasses*, un compas.—*v.t.* faire le tour de, entourer; accomplir; *to compass about*, environner.

compassion [kəm'pæʃən], *n.* compassion, pitié, *f.*

compassionate [kəm'pæʃənit], *a.* compatissant.

compatible [kəm'pætəbl], *a.* compatible (*avec*).

compatriot [kəm'pætriət], *n.* compatriote, *m.*, *f.*

compel [kəm'pel], *v.t.* contraindre, forcer (*de*), obliger (*à* ou *de*).

compelling [kəm'peliŋ], *a.* compulsif, irrésistible.

compensate ['kɔmpənseit], *v.t.* dédommager (*de*); compenser.—*v.i.* *to compensate for*, remplacer, racheter.

compensation [kɔmpən'seiʃən], *n.* dédommagement, *m.*; compensation, *f.*

compete [kəm'pi:t], *v.i.* concourir (*pour*), faire concurrence (*à*); disputer, rivaliser.

competence ['kɔmpitəns], *n.* capacité, aptitude; (*fig.*) aisance (*fortune*), *f.*

competent ['kɔmpitənt], *a.* compétent (*pour*), capable (*de*).

competently ['kɔmpitəntli], *adv.* avec compétence; suffisamment.

competition [kɔmpi'tiʃən], *n.* (*Comm.*) concurrence, *f.*; concours, *m.*

competitive [kəm'petitiv], *a.* compétitif, de concurrence; *competitive examination*, concours, *m.*

competitor [kəm'petitə], *n.* compétiteur, *m.*, (*Comm.*) concurrent, *m.*

compile [kəm'pail], *v.t.* compiler, composer.

complacent [kəm'pleisənt], *a.* suffisant, de suffisance.

complacently [kəm'pleisəntli], *adv.* avec un air *ou* ton suffisant.

complain [kəm'plein], *v.i.* se plaindre (*de*).

complaint [kəm'pleint], *n.* plainte; maladie, *f.*, mal (*illness*), *m.*; réclamation, *f.*; *to lodge a complaint*, porter plainte.

complaisance [kəm'pleisəns], *n.* complaisance, *f.*

complement ['kɔmplimənt], *n.* complément, *m.*

complementary [kɔmpli'mentəri], *a.* complémentaire.

complete [kəm'pli:t], *a.* complet, entier; achevé.—*v.t.* compléter, achever; (*fig.*) accomplir; remplir (*une fiche*).

completely [kəm'pli:tli], *adv.* complètement.

completion [kəm'pli:ʃən], *n.* achèvement, accomplissement, *m.*, perfection, *f.*

complex ['kɔmpleks], *a.* and *n.* complexe, *m.*

complexion [kəm'plekʃən], *n.* teint, *m.*, couleur, *f.*; caractère, *m.*; *to put a different complexion on*, présenter sous un autre jour.

complexity [kəm'pleksiti], *n.* complexité, *f.*

compliance [kəm'plaiəns], *n.* acquiescement, *m.*; obéissance, *f.*; *in compliance with*, conformément à.

complicate ['kɔmplikeit], *v.t.* compliquer; embrouiller.

complicated ['kɔmplikeitid], *a.* compliqué.

complication [kɔmpli'keiʃən], *n.* complication, *f.*

compliment ['kɔmplimənt], *n.* compliment, *m.*; (*pl.*) salutations, *f.pl.*, hommages (*à une dame*), *m.pl.*—[kɔmpli'ment], *v.t.* complimenter, féliciter.

complimentary [kɔmpli'mentəri], *a.* flatteur; en hommage; *complimentary ticket*, billet de faveur, *m.*

comply [kəm'plai], *v.i.* se soumettre, se conformer; accéder (*à*).

component [kəm'pounənt], *a.* constituant, composant.—*n.* (*Mech.*) composant, *m.*

compose [kəm'pouz], *v.t.* composer; écrire; rédiger, arranger; calmer.

composed [kəm'pouzd], *a.* composé; calme.

composer [kəm'pouzə], *n.* auteur; (*Mus.*) compositeur, *m.*

composite ['kɔmpəzit] *a.* composé; (*Arch.*) composite.

composition [kɔmpə'ziʃən], *n.* composition, *f.*; (*Sch.*) rédaction, *f.*; *French composition*, thème français, *m.*

compositor [kəm'pɔzitə], *n.* (*Print.*) compositeur, *m.*

compost ['kɔmpəst], *n.* compost, terreau, *m.*

composure [kəm'pouʒə], *n.* calme, *m.*

compound ['kɔmpaund], *a.* and *n.* composé, *m.*; *compound interest*, intérêts composés, *m.pl.*—[kəm'paund], *v.t.* composer; mêler, combiner; (*Comm.*) atermoyer.—*v.i.* s'arranger.

comprehend [kɔmpri'hend], *v.t.* comprendre.

comprehensible [kɔmpri'hensibl], *a.* compréhensible.

comprehension [kɔmpri'henʃən], *n.* compréhension, *f.*

comprehensive [kɔmpri'hensiv], *a.* étendu, compréhensif; *comprehensive study*, étude d'ensemble, *f.*

compress ['kɔmpres], *n.* compresse, *f.*—[kəm'pres], *v.t.* comprimer; (*fig.*) resserrer.

comprise [kəm'praiz], *v.t.* contenir, renfermer, comporter.

compromise ['kɔmprəmaiz], *n.* compromis, arrangement, *m.*—*v.t.* compromettre.—*v.i.* transiger.

compromising ['kɔmprəmaiziŋ], *a.* compromettant.

compulsion [kəm'pʌlʃən], *n.* contrainte, *f.*

compulsorily [kəm'pʌlsərili], *adv.* par force, forcément.

compulsory [kəm'pʌlsəri], *a.* forcé, obligatoire.

compute [kəm'pju:t], *v.t.* calculer, supputer.

computer [kəm'pju:tə], *n.* machine à calculer, *f.*; ordinateur, *m.*

comrade ['kɔmrid], *n.* camarade, compagnon, *m.*

comradeship ['kɔmridʃip], *n.* camaraderie, *f.*

concave ['kɔnkeiv], *a.* concave, creux.

conceal [kən'si:l], *v.t.* cacher; (*fig.*) dissimuler; celer *ou* céler (*à*).

concealment [kən'si:lmənt], *n.* dissimulation, *f.*; secret, mystère, *m.*; retraite, cachette, *f.*

concede [kən'si:d], *v.t.* concéder, accorder, admettre.—*v.i.* faire des concessions.

conceit [kən'si:t], *n.* suffisance, vanité, *f.*

conceited [kən'si:tid], *a.* suffisant, vaniteux.

conceivable [kən'si:vəbl], *a.* concevable, imaginable.

conceive [kən'si:v], *v.t.* concevoir; imaginer.—*v.i.* concevoir, devenir enceinte (*femme*).

concentrate ['kɔnsəntreit], *v.t.* concentrer.—*v.i.* se concentrer.

concentration [kɔnsən'treiʃən], *n.* concentration, *f.*

conception [kən'sepʃən], *n.* conception, idée, *f.*

concern [kən'sə:n], *n.* intérêt; soin, souci, *m.*, anxiété; (*Comm.*) entreprise; (*fig.*) affaire, *f.*—*v.t.* concerner, regarder; intéresser; inquiéter.

concerning [kən'sə:niŋ], *prep.* touchant, concernant, en ce qui concerne, à l'égard de.

concert [kən'sə:t], *v.t.* concerter.—*v.i.* se concerter.—['kɔnsət], *n.* concert; accord, *m.*

concerto [kən'tʃə:tou], *n.* (*Mus.*) concerto, *m.*

concession [kən'seʃən], *n.* concession, *f.*

concessionary [kən'seʃənəri], *a.* concessionnaire.

conch [kɔŋk], *n.* conque, *f.*

conciliate [kən'silieit], *v.t.* concilier.

conciliation [kənsili'eiʃən], *n.* conciliation, *f.*

conciliator [kən'silieitə], *n.* conciliateur, *m.*

conciliatory [kən'siljətri], *a.* conciliant, conciliatoire.

concise [kən'sais], *a.* concis.

concisely [kən'saisli], *adv.* succinctement.

conclude [kən'klu:d], *v.t.* conclure; terminer, achever; estimer.

concluding [kən'klu:diŋ], *a.* final, dernier.

conclusion [kən'klu:ʒən], *n.* conclusion, fin; décision, *f.*

conclusive [kən'klu:siv], *a.* concluant; conclusif.

concoct [kən'kɔkt], *v.t.* confectionner; inventer, préparer; machiner (*un plan*), tramer.

concoction [kən'kɔkʃən], *n.* confection (*d'un plat*); potion; (*fig.*) machination (*complot*), *f.*

concord ['kɔŋkɔ:d], *n.* concorde, harmonie, *f.*; (*Mus.*) accord, *m.*

concourse ['kɔŋkɔ:s], *n.* concours, *m.*, affluence, foule; réunion, *f.*

concrete ['kɔŋkri:t], *a.* concret.—*n.* béton; bétonnage, *m.*; *reinforced concrete*, béton armé.—*v.t.* bétonner.

concubine ['kɔŋkjubain], *n.* concubine, *f.*

concur [kən'kə:], *v.i.* s'accorder, être d'accord (*avec*).

concurrence [kən'kʌrəns], *n.* assentiment; concours, *m.*

concurrent [kən'kʌrənt], *a.* qui concourt, qui s'accorde, concourant.
concurrently [kən'kʌrəntli], *adv.* concurremment.
concussion [kən'kʌʃən], *n.* secousse, *f.*; choc, *m.*; (*Med.*) commotion, *f.*
condemn [kən'dem], *v.t.* condamner (à); déclarer coupable; blâmer.
condemnation [kɔndem'neiʃən], *n.* condamnation, censure, *f.*, blâme, *m.*
condensation [kɔnden'seiʃən], *n.* condensation, *f.*
condense [kən'dens], *v.t.* condenser; (*fig.*) resserrer, abréger.
condenser [kən'densə], *n.* condenseur; (*Phys.*) condensateur, *m.*
condescend [kɔndə'send], *v.i.* condescendre, daigner (à).
condescension [kɔndə'senʃən], *n.* condescendance, *f.*; acte de condescendance, *m.*
condiment ['kɔndimənt], *n.* assaisonnement, condiment, *m.*
condition [kən'diʃən], *n.* condition, *f.*, état, *m.*—*v.t.* conditionner.
conditional [kən'diʃənəl], *a.* conditionnel.
conditionally [kən'diʃənəli], *adv.* conditionnellement.
condole [kən'doul], *v.i.* prendre part à la douleur (de), exprimer ses condoléances.
condolence [kən'douləns], *n.* condoléance, *f.*
condone [kən'doun], *v.t.* excuser, pardonner.
condor ['kɔndə], *n.* condor, *m.*
conduce [kən'dju:s], *v.i.* contribuer (à).
conducive [kən'dju:siv], *a.* qui contribue (à).
conduct ['kɔndəkt], *n.* conduite; direction, *f.*; *safeconduct*, sauf-conduit, *m.*—[kən'dʌkt], *v.t.* conduire (à); diriger, mener.
conductor [kən'dʌktə], *n.* receveur (d'autobus); (*Am.*) (*Rail.*) chef de train; (*Mus.*) chef d'orchestre; (*Phys.*) conducteur, *m.*; *lightning-conductor*, paratonnerre, *m.*
conductress [kən'dʌktris], *n.* receveuse (d'autobus), *f.*
conduit ['kʌndit, 'kɔndit], *n.* conduit; tuyau, *m.*
cone [koun], *n.* cône; (*Bot.*) strobile, *m.*, pomme de pin, *f.*; *ice-cream cone*, cornet de glace, *m.*
confection [kən'fekʃən], *n.* bonbon, *m.*, friandise, *f.*
confectioner [kən'fekʃənə], *n.* confiseur, *m.*
confectionery [kən'fekʃənəri], *n.* confiserie, *f.*, bonbons, *m.pl.*
confederacy [kən'fedərəsi], *n.* confédération (d'États); ligue (de conspirateurs), *f.*
confederate [kən'fedərit], *a.* confédéré.—*n.* confédéré, *m.*, complice, *m.*, *f.*
confederation [kɔnfedə'reiʃən], *n.* confédération, *f.*
confer [kən'fə:], *v.t.* conférer, accorder.—*v.i.* conférer (de).
conference ['kɔnfərəns], *n.* conférence, *f.*, congrès, *m.*
confess [kən'fes], *v.t.* confesser, avouer.—*v.i.* se confesser.
confessed [kən'fest], *a.* reconnu, confessé, avoué.
confessedly [kən'fesidli], *adv.* de son propre aveu.
confession [kən'feʃən], *n.* confession, *f.*, aveu, *m.*
confessor [kən'fesə], *n.* confesseur, *m.*

confidant ['kɔnfidænt], *n.* confident, *m.*
confide [kən'faid], *v.t.* confier (à).—*v.i.* se confier, se fier (à).
confidence ['kɔnfidəns], *n.* confiance; hardiesse; assurance; confidence (secret), *f.*
confident ['kɔnfidənt], *a.* confiant, certain, sûr; assuré.
confidential [kɔnfi'denʃəl], *a.* de confiance (personne); confidentiel (chose).
confidentially [kɔnfi'denʃəli], *adv.* de confiance; confidentiellement.
confidently ['kɔnfidəntli], *adv.* avec confiance.
confine [kən'fain], *v.t.* confiner, enfermer; retenir; limiter; *to be confined* (of woman), faire ses couches, accoucher.—['kɔnfain], *n.* (usu. in pl.) confins, *m.pl.*; (*fig.*) limite, borne, *f.*
confinement [kən'fainmənt], *n.* emprisonnement, *m.*; (*Mil.*) arrêts, *m.pl.*; accouchement, *m.*, couches (de femme), *f.pl.*
confirm [kən'fə:m], *v.t.* confirmer; affermir.
confirmation [kɔnfə'meiʃən], *n.* confirmation, *f.*, affermissement, *m.*
confirmed [kən'fə:md], *a.* invétéré, fieffé, incorrigible.
confiscate ['kɔnfiskeit], *v.t.* confisquer.
confiscation [kɔnfis'keiʃən], *n.* confiscation, *f.*
conflagration [kɔnflə'greiʃən], *n.* conflagration, *f.*, incendie, *m.*
conflict ['kɔnflikt], *n.* conflit, *m.*; (*fig.*) lutte, contradiction, *f.*—[kən'flikt], *v.i.* s'entrechoquer, lutter (contre); être en conflit (avec).
conflicting [kən'fliktiŋ], *a.* en conflit, contradictoire.
confluence ['kɔnfluəns], *n.* confluent; concours, *m.*; (*Path.*) confluence, *f.*
conform [kən'fɔ:m], *v.t.* conformer.—*v.i.* se conformer.
conformity [kən'fɔ:miti], *n.* conformité, *f.*; *in conformity with*, conformément (à).
confound [kən'faund], *v.t.* confondre; (*fig.*) bouleverser; embarrasser; *confound it!* zut!
confounded [kən'faundid], *a.* maudit, sacré.
confoundedly [kən'faundidli], *adv.* terriblement, furieusement, diablement.
confront [kən'frʌnt], *v.t.* confronter; affronter, faire face à.
confuse [kən'fju:z], *v.t.* rendre confus, embrouiller; (*fig.*) déconcerter.
confused [kən'fju:zd], *a.* confus; embrouillé.
confusedly [kən'fju:zidli], *adv.* confusément.
confusion [kən'fju:ʒən], *n.* confusion, *f.*, désordre; (*fig.*) embarras, *m.*
confute [kən'fju:t], *v.t.* réfuter.
congeal [kən'dʒi:l], *v.t.* congeler, glacer, geler, figer.—*v.i.* se congeler, se geler, se figer.
congenial [kən'dʒi:niəl], *a.* de la même nature; sympathique (à ou avec); qui convient (à); *a congenial task*, une tâche agréable.
conger ['kɔŋgə], *n.* (*Ichth.*) congre, *m.*, anguille de mer, *f.*
congest [kən'dʒest], *v.t.* entasser; engorger; *to become congested*, se congestionner; s'embouteiller (rues).
congestion [kən'dʒestʃən], *n.* amoncellement, *m.*; (*Path.*) congestion, *f.*; encombrement (des rues), *m.*

conglomerate [kən'glɔmƏreit], *v.t.* conglomérer.—*v.i.* se conglomérer.—[kən'glɔ
mƏrit], *n.* (*Geol.*) conglomérat, *m.*
conglomeration [kɔnglɔmƏ'reiʃƏn], *n.* conglomération, *f.*
Congo ['kɔŋgou]. le Congo, *m.*
Congolese [kɔŋgo'li:z], *a.* congolais.—*n.*
Congolais (*personne*).
congratulate [kən'grætjuleit], *v.t.* féliciter.
congratulation [kəngrætju'leiʃƏn], *n.* félicitation, *f.*
congregate ['kɔŋgrigeit], *v.t.* rassembler.—
v.i. se rassembler.
congregation [kɔŋgri'geiʃƏn], *n.* (*Eccles.*) congrégation, *f.*, fidèles, *m.pl.*; assemblée, *f.*,
auditoire, *m.*, assistance, *f.*
congress ['kɔŋgres], *n.* congrès, *m.*
congressional [kɔn'greʃƏnl], *a.* congres-
sionnel.
congressman ['kɔŋgresmƏn], *n.* (*pl.* **-men**
[men]) (*U.S.*) membre du Congrès, *m.*
conic ['kɔnik], conical ['kɔnikƏl], *a.* conique.
conifer ['kounifƏ], *n.* conifère, *m.*
coniferous [ko'nifƏrƏs], *a.* conifère.
conjecture [kən'dʒektʃƏ], *v.t.*, *v.i.* conjecturer.—*n.* conjecture, *f.*
conjugal ['kɔndʒugƏl], *a.* conjugal.
conjugate ['kɔndʒugeit], *v.t.* conjuguer.
conjugation [kɔndʒu'geiʃƏn], *n.* conjugaison,
f.
conjunction [kən'dʒʌŋkʃƏn], *n.* conjonction,
f.
conjure ['kʌndʒƏ], *v.t.* ensorceler; escamoter;
to conjure up, évoquer.
conjurer, conjuror ['kʌndʒƏrƏ], *n.* escamoteur, prestidigitateur, illusionniste, *m.*
conjuring ['kʌndʒƏriŋ], *n.* prestidigitation, *f.*,
escamotage, *m.*
connect [kƏ'nekt], *v.t.* lier, joindre, rattacher,
unir (*à*); accoupler.—*v.i.* se lier; faire correspondance (*trains*).
connected [kƏ'nektid], *a.* joint, uni, lié;
cohérent; en relations.
connection, connexion [kƏ'nekʃƏn], *n.* connexion, liaison, suite, *f.*; rapport, *m.*; (*Rail.*)
correspondance, *f.*; (*Elec.*) contact, *m.*;
(*Comm.*) clientèle, *f.*; (*pl.*) parents, *m.pl.*; *in
connexion with*, à propos de.
connivance [kƏ'naivƏns], *n.* connivence, *f.*
connive [kƏ'naiv], *v.i.* *to connive at*, fermer
les yeux sur, être de connivence dans.
connoisseur [kɔnƏ'sƏ:], *n.* connaisseur, *m.*
connubial [kƏ'nju:biƏl], *a.* conjugal.
conquer ['kɔŋkƏ], *v.t.* vaincre, dompter;
conquérir.—*v.i.* vaincre, remporter la victoire.
conqueror ['kɔŋkƏrƏ], *n.* vainqueur, conquérant, *m.*
conquest ['kɔŋkwest], *n.* conquête, *f.*
conscience ['kɔnʃƏns], *n.* conscience, *f.*;
conscience money, restitution anonyme,
f.
conscientious [kɔnʃi'enʃƏs], *a.* consciencieux; de conscience; *conscientious
objector*, objecteur de conscience, *m.*
conscientiously [kɔnʃi'enʃƏsli], *adv.* consciencieusement.
conscious ['kɔnʃƏs], *a.* conscient; *to be conscious*, avoir sa connaissance; *to be conscious of*, avoir conscience de.
consciously ['kɔnʃƏsli], *adv.* sciemment, en
connaissance de cause.

consciousness ['kɔnʃƏsnis], *n.* conscience;
connaissance, *f.*
conscript ['kɔnskript], *a.* and *n.* conscrit, *m.*
—[kƏn'skript], *v.t.* enrôler (par la conscription).
conscription [kən'skripʃƏn], *n.* conscription,
f.
consecrate ['kɔnsikreit], *v.t.* consacrer (*une
église*); bénir (*pain*); sacrer (*évêque, roi*);
consecrated ground, terre sainte, *f.*
consecration [kɔnsi'kreiʃƏn], *n.* consécration; canonisation, *f.*; sacre (*d'évêque, de roi
etc.*), *m.*
consecutive [kən'sekjutiv], *a.* consécutif.
consent [kən'sent], *v.i.* consentir (*à*).—*n.*
consentement; accord, *m.*
consequence ['kɔnsikwƏns], *n.* conséquence,
suite, *f.*, effet, *m.*; importance, *f.*
consequent ['kɔnsikwƏnt], *a.* résultant; (*Log.*)
conséquent.—*n.* conséquent, *m.*
consequential [kɔnsi'kwenʃƏl], *a.* conséquent, logique; (*fig.*) suffisant, important.
consequently ['kɔnsikwƏntli], *adv.* and *conj.*
par conséquent.
conservative [kən'sƏ:vƏtiv], *a.* and *n.* conservateur, *m.*
conservatory [kən'sƏ:vƏtri], *n.* conservatoire
(*théâtre, musique*), *m.*; (*Hort.*) serre, *f.*
consider [kən'sidƏ], *v.t.* considérer, examiner;
estimer.—*v.i.* considérer, réfléchir (*à*).
considerable [kən'sidƏrƏbl], *a.* considérable,
grand, important.
considerably [kən'sidƏrƏbli], *adv.* considérablement.
considerate [kən'sidƏrit], *a.* modéré, indulgent; attentif, plein d'égards; prévenant.
consideration [kənsidƏ'reiʃƏn], *n.* considération, *f.*, examen, *m.*; égards, *m.pl.*; récompense, *f.*, dédommagement, *m.*; *to take
into consideration*, tenir compte de.
considering [kən'sidƏriŋ], *prep.* eu égard à,
étant donné, vu.—*conj.* vu que, attendu que,
étant donné que.
consign [kən'sain], *v.t.* consigner, livrer,
confier (*à*); (*Comm.*) expédier.
consignment [kən'sainmƏnt], *n.* expédition,
f., envoi, *m.*
consist [kən'sist], *v.i.* consister (*en*); *to consist of*, se composer (*de*).
consistency [kən'sistƏnsi], *n.* consistance,
suite, *f.*, esprit de suite; accord, *m.*, harmonie; stabilité, *f.*
consistent [kən'sistƏnt], *a.* consistant; compatible (*avec*), conséquent.
consistently [kən'sistƏntli], *adv.* d'une
manière conséquente, conséquemment.
consolation [kɔnsƏ'leiʃƏn], *n.* consolation, *f.*
console [kən'soul], *v.t.* consoler (*de*).
consolidate [kən'sɔlideit], *v.t.* consolider.—
v.i. se consolider; *consolidated annuities*,
(*abbr.*) *consols*, consolidés, *m.pl.*
consolidation [kɔnsɔli'deiʃƏn], *n.* consolidation, *f.*
consoling [kən'souliŋ], *a.* consolant, consolateur.
consonant ['kɔnsƏnƏnt], *a.* consonant, conforme (*à*).—*n.* (*Phon.*) consonne, *f.*
consort ['kɔnsɔ:t], *n.* compagnon, *m.*, compagne, *f.*; époux, *m.*, épouse, *f.*—[kən'sɔ:t],
v.i. s'associer (*à*); *to consort with*, fréquenter.

conspicuous [kən'spikjuəs], *a.* bien visible, en évidence; remarquable, éminent.
conspicuously [kən'spikjuəsli], *adv.* visiblement, manifestement, éminemment.
conspiracy [kən'spirəsi], *n.* conspiration, conjuration, *f.*
conspirator [kən'spirətə], *n.* conspirateur; conjuré, *m.*
conspire [kən'spaiə], *v.i.* conspirer, comploter (*contre*); (*fig.*) se réunir (*pour*).
constable ['kʌnstəbl], *n.* gouverneur (*de château*); agent de police, *m.*; *chief constable*, commissaire de police, *m.*
constabulary [kən'stæbjuləri], *n.* police; gendarmerie, *f.*
constancy ['kɔnstənsi], *n.* constance, fermeté, fidélité; régularité, *f.*
constant ['kɔnstənt], *a.* stable, constant, fidèle; continu.
constantly ['kɔnstəntli], *adv.* constamment, invariablement.
constellation [kɔnstə'leiʃən], *n.* constellation, *f.*
consternation [kɔnstə'neiʃən], *n.* consternation, *f.*, atterrement, *m.*
constipation [kɔnsti'peiʃən], *n.* constipation, *f.*
constituency [kən'stitjuənsi], *n.* circonscription électorale, *f.*, électeurs, *m.pl.*
constituent [kən'stitjuənt], *a.* constituant.— *n.* constituant, *m.*; (*Polit.*) commettant, électeur, *m.*
constitute ['kɔnstitju:t], *v.t.* constituer, faire.
constitution [kɔnsti'tju:ʃən], *n.* constitution, *f.*, tempérament, *m.*
constitutional [kɔnsti'tju:ʃənəl], *a.* constitutionnel.—*n.* promenade de santé, *f.*
constrain [kən'strein], *v.t.* contraindre, forcer; retenir; gêner.
constraint [kən'streint], *n.* contrainte, gêne, *f.*
constrict [kən'strikt], *v.t.* resserrer, étrangler; brider.
construct [kən'strʌkt], *v.t.* construire, bâtir.
construction [kən'strʌkʃən], *n.* construction, *f.*; bâtiment, *m.*; (*fig.*) interprétation, *f.*, sens, *m.*
constructive [kən'strʌktiv], *a.* constructif; implicite.
construe [kən'stru:], *v.t.* traduire mot-à-mot; (*fig.*) expliquer, interpréter.
consul ['kɔnsəl], *n.* consul, *m.*
consular ['kɔnsjulə], *a.* consulaire.
consulate ['kɔnsjulit], **consulship** ['kɔnsəlʃip], *n.* consulat, *m.*
consult [kən'sʌlt], *v.t.* consulter.—*v.i.* délibérer.
consultation [kɔnsəl'teiʃən], *n.* consultation, délibération, *f.*
consume [kən'sju:m], *v.t.* consumer, dissiper, dévorer; gaspiller; consommer (*to use*).
consumer [kən'sju:mə], *n.* consommateur; abonné (*de gaz etc.*), *m.*; *consumer goods*, biens de consommation, *m.pl.*
consummate ['kɔnsəmeit], *v.t.* consommer, achever, accomplir.—[kən'sʌmit], *a.* consommé, complet, achevé, fieffé.
consummation [kɔnsə'meiʃən], *n.* consommation, fin, *f.*; (*fig.*) comble, *m.*
consumption [kən'sʌmpʃən], *n.* consommation; phtisie, consomption (*maladie*), *f.*
consumptive [kən'sʌmptiv], *a.* poitrinaire, phtisique, tuberculeux.

contact ['kɔntækt], *n.* contact, rapport, *m.*—*v.t.* contacter, se mettre en relation avec, entrer en contact avec.
contagion [kən'teidʒən], *n.* contagion, *f.*
contagious [kən'teidʒəs], *a.* contagieux.
contain [kən'tein], *v.t.* contenir; retenir, renfermer.
container [kən'teinə], *n.* récipient, réservoir, *m.*; (*Comm.*) boîte, *f.*
contaminate [kən'tæmineit], *v.t.* souiller, contaminer.
contamination [kəntæmi'neiʃən], *n.* souillure, contamination, *f.*
contemplate ['kɔntəmpleit], *v.t.* contempler; méditer, projeter.—*v.i.* songer, méditer.
contemplation [kɔntəm'pleiʃən], *n.* contemplation; méditation, *f.*; projet, *m.*
contemplative [kən'templətiv], *a.* contemplatif; pensif.
contemporaneous [kəntempə'reinjəs], *a.* contemporain.
contemporary [kən'tempərəri], *a.* and *n.* contemporain, *m.*
contempt [kən'tempt], *n.* mépris, dédain, *m.*
contemptible [kən'temptəbl], *a.* méprisable, à dédaigner.
contemptuous [kən'temptuəs], *a.* méprisant, dédaigneux.
contend [kən'tend], *v.i.* lutter, combattre; contester; prétendre (*que*).
contender [kən'tendə], *n.* compétiteur, concurrent, *m.*
content (1) [kən'tent], *a.* content, satisfait; *to be content with*, se contenter de.—*n.* contentement, *m.*—*v.t.* contenter, satisfaire.
content (2) ['kɔntent], *n.* contenu, *m.*; *table of contents*, table des matières, *f.*
contented [kən'tentid], *a.* satisfait, content (*de*).
contentedly [kən'tentidli], *adv.* avec contentement.
contention [kən'tenʃən], *n.* dispute, lutte, *f.*, débat, *m.*; prétention, *f.*; *bone of contention*, pomme de discorde, *f.*
contentious [kən'tenʃəs], *a.* contentieux, litigieux, querelleur.
contentiousness [kən'tenʃəsnis], *n.* humeur querelleuse, *f.*
contentment [kən'tentmənt], *n.* contentement, *m.*
conterminous [kən'tə:minəs], *a.* limitrophe, voisin (*de*); attenant (*à*).
contest ['kɔntest], *n.* lutte, *f.*, combat; concours, *m.*—[kən'test], *v.t.*, *v.i.* contester, disputer.
contestant [kən'testənt], *n.* contestant, concurrent, *m.*
context ['kɔntekst], *n.* contexte, *m.*; *in this context*, à ce sujet.
contiguity [kɔnti'gju:iti], *n.* contiguïté, *f.*
contiguous [kən'tigjuəs], *a.* contigu, attenant (*à*).
continence ['kɔntinəns], *n.* continence, chasteté; (*fig.*) retenue, *f.*
continent (1) ['kɔntinənt], *a.* continent, chaste; (*fig.*) modéré, retenu.
continent (2) ['kɔntinənt], *n.* continent, *m.*
continental [kɔnti'nentl], *a.* and *n.* continental, *m.*
contingence [kən'tindʒəns], **contingency** [kən'tindʒənsi], *n.* éventualité, *f.* cas imprévu, *m.*

contingent [kən'tindʒənt], *a.* contingent, fortuit, imprévu.—*n.* (*Mil.*) contingent, *m.*
contingently [kən'tindʒəntli], *adv.* éventuellement, fortuitement.
continual [kən'tinjuəl], *a.* continuel.
continually [kən'tinjuəli], *adv.* continuellement.
continuance [kən'tinjuəns], *n.* continuation; durée, *f.*
continuation [kəntinju'eiʃən], *n.* continuation, durée, *f.*
continue [kən'tinju:], *v.t.,* continuer; prolonger; reprendre; perpétuer.—*v.i.* continuer; demeurer; durer.
continued [kən'tinju:d], *a.* continu, suivi; à suivre (*feuilleton*); *to be continued*, à suivre.
continuity [kɔnti'nju:iti], *n.* continuité, *f.*
continuous [kən'tinjuəs], *a.* continu.
continuously [kən'tinjuəsli], *adv.* continûment, sans interruption.
contort [kən'tɔ:t], *v.t.* tordre, contourner, défigurer.
contorted [kən'tɔ:tid], *a.* tordu, contourné, défiguré.
contortion [kən'tɔ:ʃən], *n.* contorsion; (*Anat.*) luxation, *f.*
contortionist [kən'tɔ:ʃənist], *n.* contorsionniste, *m., f.*
contour ['kɔntuə], *n.* contour, tracé (*de niveau*), *m.*
contra ['kɔntrə], *prep.* contre; (*Comm.*) d'autre part.
contraband ['kɔntrəbænd], *a.* de contrebande.—*n.* contrebande, *f.*
contraception [kɔntrə'sepʃən], *n.* procédés anticonceptionnels, *m.pl.*
contraceptive [kɔntrə'septiv], *a.* anticonceptionnel.—*n.* procédé *ou* appareil anticonceptionnel, *m.*
contract [kən'trækt], *v.t.* contracter (*dans tous les sens*); abréger; (*fig.*) resserrer; rider, froncer (*les sourcils etc.*); prendre (*habitude*).—*v.i.* se contracter, se resserrer, se rétrécir; (*Comm.*) traiter (*pour*), contracter, entreprendre, soumissionner; *to contract out of something*, renoncer à *ou* se dégager de quelquechose par contrat.—['kɔntrækt], *n.* contrat; pacte, *m.*, convention; adjudication, *f.*
contractible [kən'træktəbl], *a.* contractile.
contraction [kən'trækʃən], *n.* contraction, *f.*, rétrécissement; raccourcissement; retrait (*métaux*), *m.*; (*Math.*) abréviation, *f.*
contractor [kən'træktə], *n.* contractant; entrepreneur (*constructeur*); fournisseur (*aux forces armées*); adjudicataire (*concesseur*), *m.*
contradict [kɔntrə'dikt], *v.t.* contredire, démentir.
contradiction [kɔntrə'dikʃən], *n.* contradiction, incompatibilité, *f.*, démenti (*négation*), *m.*
contradictory [kɔntrə'diktəri], *a.* contradictoire.
contralto [kən'træltou], *n.* (*Mus.*) contralto, contralte, *m.*
contrariety [kɔntrə'raiəti], *n.* contrariété, opposition, *f.*
contrarily ['kɔntrərili], *adv.* contrairement, en sens contraire.

contrary ['kɔntrəri], *a.* contraire, opposé; (*fam.*) [kən'trɛəri], contrariant (*personne*).—*n.* contraire, *m.*; *on the contrary*, au contraire.—*adv.* contrairement (à); à l'encontre (*de*).
contrast ['kɔntra:st], *n.* contraste, *m.*—[kən'tra:st], *v.t.* faire contraster; mettre en contraste.—*v.i.* contraster, faire contraste.
contravene [kɔntrə'vi:n], *v.t.* contrevenir à, enfreindre.
contravention [kɔntrə'venʃən], *n.* contravention, infraction, *f.*
contribute [kən'tribju:t], *v.t.* contribuer, payer.—*v.i.* contribuer (*à*).
contribution [kɔntri'bju:ʃən], *n.* contribution, *f.*
contributor [kən'tribjutə], *n.* contribuant; (*Journ.*) collaborateur, *m.*
contributory [kən'tribjutəri], *a.* contribuant.
contrite ['kɔntrait], *a.* contrit, pénitent.
contritely ['kɔntraitli], *adv.* avec contrition.
contriteness ['kɔntraitnis], **contrition** [kən'triʃən], *n.* contrition, pénitence, *f.*
contrivance [kən'traivəns], *n.* invention; combinaison, idée, *f.*; artifice, *m.*
contrive [kən'traiv], *v.t.* inventer, imaginer; pratiquer, ménager.—*v.i.* s'arranger (*pour*), trouver moyen (*de*); parvenir (*à*).
contriver [kən'traivə], *n.* inventeur, *m.*, inventrice, *f.*
contriving [kən'traiviŋ], *a.* ingénieux.
control [kən'troul], *n.* autorité (*supérieure*); surveillance; (*Tech.*) commande, *f.*; *out of control*, désemparé; *remote control*, télécommande, *f.*—*v.t.* diriger, régler; gouverner, commander; *to control oneself*, se dominer, se retenir.
controller [kən'troulə], *n.* contrôleur, *m.*
controversial [kɔntrə'və:ʃəl], *a.* sujet à controverse, polémique.
controversy ['kɔntrəvə:si], *n.* controverse, polémique, *f.*; différend, *m.*
controvert ['kɔntrəvə:t], *v.t.* controverser, disputer.
contumacious [kɔntju'meiʃəs], *a.* obstiné, récalcitrant, opiniâtre; (*Law*) contumace.
contumaciousness [kɔntju'meiʃəsnis], **contumacy** ['kɔntjuməsi], *n.* obstination, opiniâtreté; (*Law*) contumace, *f.*
contumelious [kɔntju'mi:liəs], *a.* injurieux, outrageant.
contumely ['kɔntjuməli], *n.* injure, *f.*, outrage, *m.*, honte, *f.*
contuse [kən'tju:z], *v.t.* contusionner.
contusion [kən'tju:ʃən], *n.* contusion, meurtrissure, *f.*
conundrum [kə'nʌndrəm], *n.* énigme, devinette, *f.*
convalesce [kɔnvə'les], *v.i.* être en convalescence.
convalescence [kɔnvə'lesəns], *n.* convalescence, *f.*
convalescent [kɔnvə'lesənt], *a.* and *n.* convalescent, *m.*, convalescente, *f.*
convection [kən'vekʃən], *n.* convection, *f.*
convene [kən'vi:n], *v.t.* convoquer, réunir, assembler.—*v.i.* s'assembler, se réunir.
convenience [kən'vi:niəns], *n.* commodité, convenance, *f.*
convenient [kən'vi:niənt], *a.* commode, convenable.

conveniently [kən'vi:niəntli], *adv.* commodément, convenablement, sans inconvénient.

convent ['kɔnvənt], *n.* couvent, *m.*

conventicle [kən'ventikl], *n.* conventicule, *m.*

convention [kən'venʃən], *n.* convention; assemblée, *f.*; (*pl.*) convenances, *f.pl.*

conventional [kən'venʃənəl], *a.* conventionnel, de convention.

conventual [kən'ventjuəl], *a.* conventuel.—*n.* conventuel, religieux, *m.*, religieuse, *f.*

converge [kən'və:dʒ], *v.i.* converger.

conversant [kən'və:sənt], *a.* versé (*dans*); familier (*avec*), au courant de.

conversation [kɔnvə'seiʃən], *n.* conversation, *f.*, entretien, *m.*

conversational [kɔnvə'seiʃənəl], *a.* de conversation.

conversationalist [kɔnvə'seiʃənəlist], *n.* causeur, *m.*

converse [kən'və:s], *v.i.* causer, converser, s'entretenir.—['kɔnvə:s], *n.* entretien, *m.*, conversation; (*Math.*) réciproque, *f.*

conversely ['kɔnvə:sli], *adv.* réciproquement.

conversion [kən'və:ʃən], *n.* conversion, *f.*

convert [kən'və:t], *v.t.* convertir, transformer; faire servir.—['kɔnvə:t], *n.* converti, *m.*, convertie, *f.*

converter [kən'və:tə], *n.* convertisseur, *m.*

convertible [kən'və:tibl], *a.* convertible (*chose*); convertissable (*personne*); (*Motor.*) décapotable.

convex ['kɔnveks], *a.* convexe.

convey [kən'vei], *v.t.* transporter (*marchandises etc.*); porter, conduire, amener; transmettre (*son etc.*); présenter (*remerciements etc.*); donner (*idée etc.*); communiquer (*nouvelle etc.*); céder (*propriété etc.*).

conveyable [kən'veiəbl], *a.* transportable; exprimable.

conveyance [kən'veiəns], *n.* transport, *m.*; transmission, *f.*; véhicule, *m.*; (*Law*) cession, *f.*

conveyor [kən'veiə], *n.* porteur, voiturier; (*appareil*) transporteur; conducteur (*électrique*), *m.*; **conveyor belt**, chaîne de montage, *f.*

convict [kən'vikt], *v.t.* condamner, déclarer coupable; convaincre (*quelqu'un de son erreur etc.*).—['kɔnvikt], *n.* forçat, *m.*

conviction [kən'vikʃən], *n.* conviction, persuasion; (*Law*) condamnation, *f.*

convince [kən'vins], *v.t.* convaincre, persuader.

convincing [kən'vinsiŋ], *a.* convaincant; persuasif.

convincingly [kən'vinsiŋli], *adv.* d'une manière convaincante.

convivial [kən'viviəl], *a.* joyeux, jovial.

conviviality [kənvivi'æliti], *n.* franche gaieté, *f.*; (*pl.*) joyeux repas, *m.pl.*

convocation [kɔnvə'keiʃən], *n.* convocation; (*Eccles.*) assemblée, *f.*, synode, *m.*

convoke [kən'vouk], *v.t.* convoquer, assembler.

convolvulus [kən'vɔlvjuləs], *n.* (*pl.* **convolvuli** [kən'vɔlvjulai]) volubilis, liseron, *m.*, belle-de-jour, *f.*

convoy ['kɔnvɔi], *n.* convoi, *m.*, escorte, *f.*

convulse [kən'vʌls], *v.t.* convulser; (*fig.*) ébranler, bouleverser.

388

convulsion [kən'vʌlʃən], *n.* convulsion; (*fig.*) commotion, *f.*

convulsive [kən'vʌlsiv], *a.* convulsif.

cony, coney ['kouni], *n.* lapin, *m.*

coo [ku:], *v.i.* roucouler.

cooing ['ku:iŋ], *n.* roucoulement, *m.*

cook [kuk], *n.* cuisinier, *m.*, cuisinière, *f.*; (*Naut.*) coq, *m.*; **head cook**, chef, *m.*—*v.t.* cuire, faire cuire.—*v.i.* cuire; faire la cuisine, cuisiner.

cooker ['kukə], *n.* cuisinière (*appareil*), *f.*; fruit à cuire, *m.*; **pressure cooker**, cocotte-minute, *f.*

cookery ['kukəri], *n.* cuisine (*art*), *f.*

cooking ['kukiŋ], *n.* cuisine; cuisson, *f.*

cool [ku:l], *a.* frais, (*fig.*) calme, tranquille; peu gêné.—*n.* frais, *m.*, fraîcheur, *f.*—*v.t.* rafraîchir; refroidir; (*fig.*) calmer.—*v.i.* se refroidir; refroidir; **to cool down**, se calmer, s'apaiser.

cooling ['ku:liŋ], *a.* rafraîchissant, calmant; **cooling tower**, refroidisseur, *m.*

coolly ['ku:lli], *adv.* fraîchement; (*fig.*) de sangfroid, tranquillement.

coolness ['ku:lnis], *n.* fraîcheur, *f.*, frais, *m.*; (*fig.*) froideur (*indifférence*), *f.*; sang-froid; sans-gêne (*insolence*), *m.*

coop [ku:p], *n.* cage à poules, mue, *f.*—*v.t.* mettre en mue; **to coop up**, enfermer étroitement, claquemurer.

cooper ['ku:pə], *n.* tonnelier, *m.*

co-operate [kou'ɔpəreit], *v.i.* coopérer, concourir (*à*).

co-operation [kouɔpə'reiʃən], *n.* coopération, *f.*; concours, *m.*

co-operative [kou'ɔpərətiv], *a.* coopérant, coopératif.

co-opt [kou'ɔpt], *v.t.* coopter.

co-ordinate [kou'ɔ:dineit], *v.t.* coordonner.—[kou'ɔ:dinit], *a.* du même rang, égal; (*Math.*) coordonné.

coot [ku:t], *n.* (*Orn.*) foulque, *f.*

cop [kɔp], *n.* cime, *f.*, sommet, *m.*; huppe, aigrette (*d'oiseau*), *f.*; (*slang*) flic (*agent de police*), *m.*

copartner [kou'pa:tnə], *n.* associé, *m.*

copartnership [kou'pa:tnəʃip], *n.* société en nom collectif, *f.*

cope (1) [koup], *n.* chaperon, *m.*, chape (*vêtement sacerdotal*), *f.*—*v.t.* couvrir, chaperonner.

cope (2) [koup], *v.i.* se débrouiller; **to cope with**, tenir tête à; venir à bout de.

Copenhagen [koupən'heigən]. Copenhague, *f.*

copier ['kɔpiə], **copyist** ['kɔpiist], *n.* copiste, *m.*, *f.*; (*fig.*) imitateur, *m.*

coping ['koupiŋ], *n.* faîte (*d'un édifice*); couronnement (*d'un mur*), *m.*

copious ['koupiəs], *a.* abondant, copieux.

copiously ['koupiəsli], *adv.* copieusement, abondamment.

copiousness ['koupiəsnis], *n.* abondance, *f.*

copper ['kɔpə], *a.* de cuivre, en cuivre.—*n.* cuivre (rouge), *m.*; chaudière (*boiler*), *f.*; (*slang*) flic (*agent de police*), *m.*; (*pl.*) petite monnaie, *f.*—*v.t.* cuivrer; (*Naut.*) doubler en cuivre.

copper-beech ['kɔpə'bi:tʃ], *n.* hêtre rouge, *m.*

copper-smith ['kɔpəsmiθ], *n.* chaudronnier, *m.*

coppice ['kɔpis], **copse** [kɔps], *n.* taillis, *m.*

copy ['kɔpi], *n.* copie, *f.*; exemple (*d'écriture*); exemplaire (*livre*); numéro (*journal*); modèle (*de dessin*), *m.*; *rough copy* brouillon, *m.*—*v.t.* copier; imiter; *to copy out*, transcrire.

copy-book ['kɔpibuk], *n.* cahier d'écriture, *m.*

copyist [COPIER].

copyright ['kɔpirait], *n.* droits d'auteur, *m.pl.*; propriété littéraire, *f.*

coquet [ko'ket], *v.i.* faire des coquetteries (*à*); faire la coquette (*avec*).

coquette [ko'ket], *n.* coquette, *f.*

coquetry ['koukətri], *n.* coquetterie, *f.*

coquettish [ko'ketiʃ], *a.* coquet, en coquette; provocant (*sourire*).

coquettishly [ko'ketiʃli] *adv.* d'un air provocant.

coral ['kɔrəl], *a.* de corail.—*n.* corail, *m.*

cord [kɔ:d], *n.* corde, *f.*, cordon; cordage, *m.*, ganse, *f.*; (*fig.*) lien, *m.*—*v.t.* corder.

cordial ['kɔ:diəl], *a.* cordial.—*n.* cordial, *m.*, liqueur, *f.*

cordiality [kɔ:di'æliti], *n.* cordialité, *f.*

cordially ['kɔ:diəli], *adv.* cordialement.

cordon ['kɔ:dən], *n.* cordon, *m.*—*v.t.* *to cordon off*, isoler par un cordon (*de police*).

corduroy ['kɔ:djurɔi], *n.* velours à côtes, *m.*

core [kɔ:], *n.* cœur; noyau (*d'un moule*); (*fig.*) milieu, ˜entre, *m.*; (*Naut.*) âme (*de corde*), *f.*; trognon (*de pomme*), *m.*—*v.t.* vider (*une pomme*); creuser, évider (*un moule*).

co-respondent ['kouris'pɔndənt], *n.* complice, *m.*, *f.*, co-défendeur (*en adultère*) *m.*

corgi, corgy ['kɔ:gi], *n.* basset gallois, *m.*

cork [kɔ:k], *n.* liège; bouchon (*à bouteille etc.*), *m.*—*v.t.* boucher.

corkscrew ['kɔ:kskru:], *n.* tire-bouchon, *m.*; *corkscrew staircase*, escalier en colimaçon, *m.*

cork-tipped ['kɔ:k'tipt], *a.* à bouts de liège (*cigarettes*).

corm [kɔ:m], *n.* (*Bot.*) bulbe, *m.*

cormorant ['kɔ:mərənt], *n.* cormoran; (*fig.*) rapace, affameur, *m.*

corn (1) [kɔ:n], *n.* grain, *m.*; céréales, *f.pl.*; blé, *m.*; *Indian corn*, maïs, *m.*—*v.t.* saler (*bœuf*).

corn (2) [kɔ:n], *n.* cor (au pied), *m.*

corn-chandler ['kɔ:ntʃɑ:ndlə], *n.* blatier, marchand de blé, *m.*

corn-crake ['kɔ:nkreik], *n.* râle de genêt, *m.*

cornea ['kɔ:niə], *n.* (*Anat.*) cornée, *f.*

corned beef ['kɔ:nd'bi:f], *n.* bœuf salé, bœuf de conserve, *m.*

corner ['kɔ:nə], *n.* coin, angle, *m.*; encoignure, *f.*; (*fig.*) monopole, accaparement, *m.*; *blind corner*, tournant (*ou* virage) masqué, *m.*—*v.t.* (*Comm.*) accaparer; (*fig.*) pousser dans un coin, acculer.—*v.i.* prendre un virage, tourner.

corner-stone ['kɔ:nəstoun], *n.* pierre angulaire, *f.*

cornet ['kɔ:nit], *n.* cornet (*à pistons*), *m.*

cornfield ['kɔ:nfi:ld], *n.* champ de blé, *m.*

cornflakes ['kɔ:nfleiks], *n.pl.* paillettes de maïs, *f.pl.*

corn-flour ['kɔ:nflauə], *n.* farine de maïs, *f.*

corn-flower ['kɔ:nflauə], *n.* bluet, *m.*

cornice ['kɔ:nis], *n.* corniche, *f.*

corn-poppy ['kɔ:npɔpi], *n.* coquelicot, *m.*

corollary [kə'rɔləri], *n.* corollaire, *m.*

coronation [kɔrə'neiʃən], *n.* couronnement, sacre, *m.*

coroner ['kɔrənə], *n.* coroner, *m.*

coronet ['kɔrənit], *n.* (petite) couronne, *f.*

corporal ['kɔ:pərəl], *a.* corporel.—*n.* caporal (*infanterie*); brigadier (*cavalerie*), *m.*

corporate ['kɔ:pərit], *a.* érigé en corporation; de corporation.

corporately ['kɔ:pəritli], *adv.* collectivement.

corporation [kɔ:pə'reiʃən], *n.* corporation, *f.*; conseil municipal, *m.*, municipalité (*d'une ville*), *f.*

corporeal [kɔ:'pɔ:riəl], *a.* corporel, matériel.

corps [kɔ:], *n.inv.* corps, *m.*, formation, *f.*

corpse [kɔ:ps], *n.* cadavre, *m.*

corpulence ['kɔ:pjuləns], **corpulency** ['kɔ:pjulənsi], *n.* corpulence, *f.*, embonpoint, *m.*

corpulent ['kɔ:pjulənt], *a.* corpulent, gros, gras.

corpuscle ['kɔ:pʌsl], *n.* corpuscule, globule, *m.*

correct [kə'rekt], *a.* correct, exact, juste; (*fig.*) convenable, en règle; pur, bon (*style*); bien élevé (*personne*); comme il faut.—*v.t.* corriger, rectifier, reprendre; punir.

correction [kə'rekʃən], *n.* correction; punition, *f.*

correctly [kə'rektli], *adv.* correctement, exactement, justement.

correctness [kə'rektnis], *n.* exactitude, justesse; pureté (*de style*), *f.*

correlate ['kɔrileit], *v.t.* mettre en corrélation.—*v.i.* correspondre.

correlation [kɔri'leiʃən], *n.* corrélation, *f.*

correspond [kɔris'pɔnd], *v.i.* correspondre (*à ou avec*); répondre (*à*); s'accorder (*avec*); être conforme (*à*).

correspondence [kɔris'pɔndəns], *n.* correspondance, *f.*, rapport, *m.*

correspondent [kɔris'pɔndənt], *a.* conforme, qui se rapporte (*à*).—*n.* correspondant, *m.*

corridor ['kɔridɔ:], *n.* corridor; couloir, *m.*

corroborate [kə'rɔbəreit], *v.t.* corroborer, confirmer.

corroboration [kərɔbə'reiʃən], *n.* corroboration, confirmation, *f.*; *in corroboration of*, à l'appui de.

corrode [kə'roud], *v.t.* corroder, ronger; (*fig.*) détruire.—*v.i.* se corroder.

corrosion [kə'rouʒən], *n.* corrosion; (*fig.*) destruction, *f.*

corrosive [kə'rouziv], *a.* corrosif; (*fig.*) rongeur.—*n.* corrosif, *m.*

corrugate ['kɔrugeit], *v.t.* rider, plisser, froncer; onduler; *corrugated iron*, tôle ondulée, *f.*—*v.i.* se plisser, se froncer.

corrupt [kə'rʌpt], *v.t.* corrompre.—*v.i.* se corrompre.—*a.* corrompu, dépravé, vicié.

corruption [kə'rʌpʃən], *n.* corruption; (*fig.*) altération (*d'un texte etc.*), *f.*

corruptive [kə'rʌptiv], *a.* corruptif.

corruptly [kə'rʌptli], *adv.* par corruption.

corsair ['kɔ:sɛə], *n.* corsaire, *m.*

corset ['kɔ:sit], *n.* corset, *m.*

corset-maker ['kɔ:sitmeikə], *n.* corsetier, *m.*, corsetière, *f.*

Corsica ['kɔ:sikə], la Corse, *f.*

Corsican ['kɔ:sikən], *a.* corse.—*n.* Corse (*personne*), *m.*, *f.*

corslet

corslet [ˈkɔːslit], *n.* corselet, *m.*
cortège [kɔːˈteiʒ], *n.* cortège (*funèbre*), *m.*, procession; suite, *f.*
cortisone [ˈkɔːtizoun], *n.* cortisone, *f.*
coruscate [ˈkɔrəskeit], *v.i.* scintiller, briller.
corvette [kɔːˈvet], *n.* (*Naut.*) corvette, *f.*
cosh [kɔʃ], *n.* matraque, *f.*—*v.t.* matraquer.
cosily [ˈkouzili], *adv.* à l'aise, bien au chaud, douillettement.
cosmetic [kɔzˈmetik], *a.* and *n.* cosmétique, *m.*
cosmic [ˈkɔzmik], **cosmical** [ˈkɔzmikəl], *a.* cosmique.
cosmopolitan [kɔzmoˈpɔlitən], *a.* and *n.* cosmopolite, *m.*, *f.*
cosmos [ˈkɔzmɔs], *n.* cosmos, *m.*
cosset [ˈkɔsit], *v.t.* dorloter, choyer.
cost [kɔst], *n.* prix; frais, *m.*, dépense, *f.*; (*Comm.*) coût, *m.*; (*Law, pl.*) dépens, *m.pl.*; *at any cost, at all costs*, à tout prix; *cost of living*, coût de la vie.—*v.i. irr.* coûter; *cost what it may*, coûte que coûte.
coster [ˈkɔstə], **costermonger** [ˈkɔstəmʌŋgə], *n.* marchand des quatre saisons, *m.*
costive [ˈkɔstiv], *a.* constipé.
costliness [ˈkɔstlinis], *n.* haut prix, prix élevé, *m.*
costly [ˈkɔstli], *a.* coûteux, de prix; somptueux.
costume [ˈkɔstjuːm], *n.* costume, *m.*
cosy [ˈkouzi], *a.* chaud, confortable, douillet; commode et gai (*appartement*).—*n.* (*tea*) *cosy*, couvre-théière, *m.*
cot [kɔt], *n.* cabane, chaumière, *f.*; bercail, parc (*à moutons*); petit lit, lit d'enfant, *m.*
coterie [ˈkoutəri], *n.* coterie, clique, *f.*
cottage [ˈkɔtidʒ], *n.* chaumière; petite maison, villa, *f.*
cotton [kɔtn], *n.* coton, *m.*
cotton-mill [ˈkɔtnmil], *n.* filature de coton, *f.*
cotton-plant [ˈkɔtnplɑːnt], *n.* cotonnier, *m.*
cotton-spinning [ˈkɔtnspiniŋ], *n.* filage du coton, *m.*
cotton-tree [ˈkɔtntriː], *n.* bombax, *m.*
cotton-wool [ˈkɔtnˈwul], *n.* ouate, *f.*
couch [kautʃ], *n.* canapé, divan, *m.*—*v.t.* coucher; (*fig.*) rédiger, exprimer.—*v.i.* se coucher; se tapir.
cougar [ˈkuːgə], *n.* couguar, puma, *m.*
cough [kɔf], *n.* toux, *f.*; *whooping-cough*, coqueluche, *f.*—*v.i.* tousser.
coughing [ˈkɔfiŋ], *n.* toux, *f.*; *fit of coughing*, quinte de toux, *f.*
council [ˈkaunsil], *n.* conseil; (*Eccles.*) concile, *m.*
councillor [ˈkaunsilə], *n.* conseiller, *m.*
counsel [ˈkaunsəl], *n.* conseil, avis; dessein; avocat, *m.*—*v.t.* conseiller.
counsellor [ˈkaunsələ], *n.* conseiller; avocat, *m.*
count (1) [kaunt], *n.* comte (*titre*), *m.*
count (2) [kaunt], *n.* calcul, compte, total, *m.*—*v.t.* compter; (*fig.*) regarder, considérer; *to count on* or *upon*, compter sur.
countenance [ˈkauntinəns], *n.* figure, mine, *f.*, air, *m.*; (*fig.*) approbation, *f.*, appui, *m.*; *to give countenance to*, favoriser, encourager; *to keep one's countenance*, garder son sérieux; *to put out of countenance*, décontenancer.—*v.t.* appuyer, encourager, favoriser; être en faveur de.

counter [ˈkauntə], *n.* calculateur; compteur (*instrument*); (*Cards etc.*) jeton; comptoir (*de magasin*), *m.*—*adv.* contre, contrairement (*à*), à l'encontre (*de*).—*v.t.*, *v.i.* parer; contrer.
counteract [kauntəˈrækt], *v.t.* contrecarrer, contre-balancer, neutraliser.
counteraction [kauntəˈrækʃən], *n.* action contraire, opposition, résistance, *f.*
counter-clockwise [ˈkauntəˈklɔkwaiz], **anti-clockwise** [ˈæntiˈklɔkwaiz], *adv.* dans le sens contraire des aiguilles d'une montre.
counter-espionage [ˈkauntərˈespiənɑːʒ], *n.* contre-espionnage, *m.*
counterfeit [ˈkauntəfiːt], *a.* contrefait, imité; faux.—*n.* contrefaçon; fausse pièce, fausse monnaie; imitation, *f.*—*v.t.* contrefaire, imiter; feindre.—*v.i.* feindre.
counterfoil [ˈkauntəfɔil], *n.* talon (*de registre*), *m.*, souche, *f.*
countermand [kauntəˈmɑːnd], *v.t.* contremander.—*n.* contremandement, *m.*
counterpane [ˈkauntəpein], *n.* couvre-pied, couvre-lit, *m.*
counterpart [ˈkauntəpɑːt], *n.* contre-partie, *f.*; pendant, *m.*
countess [ˈkauntis], *n.* comtesse, *f.*
counting [ˈkauntiŋ], *n.* compte; dépouillement (*élections*), *m.*
counting-house [ˈkauntiŋhaus], *n.* bureau, comptoir, *m.*, caisse, *f.*
countless [ˈkauntlis], *a.* innombrable, sans nombre.
countrified [ˈkʌntrifaid], *a.* (devenu) campagnard *ou* provincial.
country [ˈkʌntri], *n.* pays, *m.*; contrée; région; campagne (*opposée à la ville*); province (*opposée à la capitale*); patrie (*fatherland*), *f.*; *across country*, à travers champs; *in open country*, en rase campagne; *in the country*, à la campagne.
countryman [ˈkʌntrimən], *n.* (*pl.* -men [men]) paysan, campagnard, *m.*; *fellow-countryman*, compatriote, *m.*
countryside [ˈkʌntrisaid], *n.* campagne, *f.*; paysage, *m.*
country-woman [ˈkʌntriwumən], *n.* (*pl.* -women [wimin]) paysanne, *f.*
county [ˈkaunti], *n.* comté, *m.*; *county council*, conseil général, *m.*; *county town*, chef-lieu, *m.*
couple [kʌpl], *n.* couple, *f.*; couple (*mâle et femelle*), *m.*—*v.t.* coupler, accoupler; atteler; joindre.—*v.i.* s'accoupler.
couplet [ˈkʌplit], *n.* couplet, distique, *m.*
coupling [ˈkʌpliŋ], *n.* accouplement, *m.*
coupon [ˈkuːpɔn], *n.* coupon; bon, *m.*
courage [ˈkʌridʒ], *n.* courage, *m.*
courageous [kəˈreidʒəs], *a.* courageux.
courageously [kəˈreidʒəsli], *adv.* courageusement.
courier [ˈkuriə], *n.* courrier, *m.*
course [kɔːs], *n.* cours, *m.*; carrière, voie, suite, *f.*; lit (*d'une rivière*); genre (*de vie*); service (*de repas*); courant (*durée*); (*Racing*) terrain de course; hippodrome, *m.*; (*Naut.*) route, *f.*; (*Med., pl.*) règles, *f.pl.*; *in due course*, en temps voulu; *of course*, naturellement, bien entendu.—*v.t.* courir; faire courir; chasser (*le lièvre*).—*v.i.* courir; circuler (*sang*).
courser [ˈkɔːsə], *n.* coureur, coursier, *m.*

court [kɔːt], *n.* cour, *f.*; tribunal, *m.*; impasse, *f.*, passage (*petite rue*); (*Ten.*) court, *m.*—*v.t.* faire sa cour à, courtiser; rechercher; briguer.

courteous ['kɔːtiəs], *a.* courtois, poli.

courteously ['kɔːtiəsli], *adv.* courtoisement, poliment.

courtesan [kɔːti'zæn], *n.* courtisane, *f.*

courtesy ['kɔːtəsi], *n.* courtoisie, politesse, *f.*

court-house ['kɔːthaus], *n.* palais de justice, *m.*

courtier ['kɔːtiə], *n.* courtisan, homme de cour, *m.*

courtliness ['kɔːtlinis], *n.* élégance, politesse, *f.*

courtly ['kɔːtli], *a.* poli, élégant, courtois.

court-martial ['kɔːt'mɑːʃəl], *n.* conseil de guerre, *m.*—*v.t.* faire passer en conseil de guerre.

courtship ['kɔːtʃip], *n.* cour, *f.*

courtyard ['kɔːtjɑːd], *n.* cour (*de maison*), *f.*

cousin [kʌzn], *n.* cousin, *m.*

cove [kouv], *n.* anse, crique, *f.*

covenant ['kʌvənənt], *n.* convention, *f.*, pacte, contrat, *m.*—*v.t.* stipuler par contrat. —*v.i.* convenir (*de*), s'engager (*à*).

Coventry ['kɔvəntri, 'kʌvəntri]. (*colloq.*) **to send to Coventry**, mettre en quarantaine.

cover ['kʌvə], *v.t.* couvrir; voiler, déguiser; cacher.—*n.* couverture; cloche (*d'un plat etc.*); enveloppe (*d'une lettre etc.*); housse (*d'une chaise*), *f.*; couvercle (*d'une casserole etc.*); couvert (*gibier*); (*fig.*) voile, abri, *m.*; **under cover of**, sous la protection de, à la faveur de.

covering ['kʌvəriŋ], *n.* couverture; enveloppe; housse (*de chaise*), *f.*; habits (*vêtements*), *m.pl.*; **covering letter**, lettre d'envoi, *f.*

coverlet ['kʌvəlit], *n.* couvre-pied, couvre-lit, *m.*

covert ['kʌvəːt], *a.* couvert, caché, secret.—*n.* couvert, abri; gîte, *m.*, tanière, *f.*

covertly ['kʌvəːtli], *adv.* secrètement, en cachette.

covet ['kʌvit], *v.t.* convoiter, désirer ardemment.

covetous ['kʌvitəs], *a.* avide, avaricieux, cupide.

covetously ['kʌvitəsli], *adv.* avec convoitise, avidement.

covetousness ['kʌvitəsnis], *n.* convoitise, cupidité, *f.*

covey ['kʌvi], *n.* compagnie (*de perdrix*), *f.*

cow (1) [kau], *n.* vache, *f.*

cow (2) [kau], *v.t.* intimider, dompter.

coward ['kauəd], *n.* lâche, poltron, *m.*, poltronne, *f.*

cowardice ['kauədis], **cowardliness** ['kauədlinis], *n.* couardise, poltronnerie, lâcheté, *f.*

cowardly ['kauədli], *a.* couard, lâche, poltron. —*adv.* lâchement.

cowboy ['kaubɔi], *n.* jeune vacher; (*Am.*) cowboy, *m.*

cower ['kauə], *v.i.* s'accroupir, se blottir, se tapir.

cowherd ['kauhəːd], *n.* vacher, *m.*

cowhide ['kauhaid], *n.* peau de vache, *f.*

cowl [kaul], *n.* capuchon (*Naut., Av.*) capot; tabourin (*de cheminée*), *m.*

cow-shed ['kauʃed], *n.* vacherie, étable à vaches, *f.*

cowslip ['kauslip], *n.* primevère, *f.*, coucou, *m.*

coxcomb, cockscomb ['kɔkskoum], *n.* petit-maître, freluquet, fat, *m.*

coxswain [kɔksn], *n.* patron de chaloupe; (*Row.*) barreur, *m.*

coy [kɔi], *a.* timide, réservé.

coyly ['kɔili], *adv.* timidement, avec réserve.

coyness ['kɔinis], *n.* timidité, réserve, *f.*

coyote [kɔi'jouti], *n.* loup de prairie, coyote, *m.*

cozen [kʌzn], *v.t.* duper, tromper.

crab [kræb], *n.* crabe, cancre; (*Astron.*) cancer, *m.*

crab-apple ['kræbæpl], *n.* pomme sauvage, *f.*

crabbed [kræbd], *a.* acariâtre, revêche, bourru.

crab-tree ['kræbtriː], *n.* pommier sauvage, *m.*

crabwise ['kræbwaiz], *adv.* comme un crabe, de biais.

crack [kræk], *v.t.* fendre; fêler (*porcelaine etc.*); gercer (*la peau etc.*); casser (*noix etc.*); faire claquer (*fouet*); faire sauter (*bouteille de vin*); faire, lâcher (*plaisanterie*); (*fig.*) rompre, briser.—*v.i.* se fendre, se lézarder; se gercer (*la peau etc.*); claquer (*fouet*); se fêler (*verre etc.*); muer (*la voix*).—*a.* fameux, d'élite; **to be a crack shot**, être un fin tireur.—*n.* fente, crevasse, fissure; détonation (*de fusil*); lézarde, fêlure (*verre*), *f.*; craquement (*bruit*); claquement (*d'un fouet*), *m.*; mue (*de la voix*); hâblerie (*boast*), *f.*

crack-brained ['krækbreind], *a.* (*fam.*) timbré, fou.

cracked [krækd], *a.* fendu, fêlé; (*fig.*) timbré.

cracker ['krækə], *n.* vantard; pétard (*feu d'artifice*); (*Am.*) biscuit, *m.*; **nut-crackers**, casse-noix, *m.inv.*

crackle [krækl], *v.i.* pétiller, craqueter, crépiter.

crackling ['krækliŋ], *n.* pétillement, crépitement; (*fig.*) rissolé (*de rôti de porc*), *m.*

cracknel ['kræknəl], *n.* craquelin, *m.*, croquignole, *f.*

cradle [kreidl], *n.* berceau; (*Naut.*) ber, *m.*—*v.t.* bercer; endormir (*en berçant*).

cradle-song ['kreidlsɔŋ], *n.* berceuse, *f.*

craft [krɑːft], *n.* métier (*trade*), *m.*; ruse, astuce (*cunning*); (*Naut.*) embarcation, *f.*, bâtiment, *m.*

craftily ['krɑːftili], *adv.* sournoisement, avec ruse.

craftiness ['krɑːftinis], *n.* artifice, *m.*, ruse, astuce, *f.*

craftsman ['krɑːftsmən], *n.* (*pl.* **-men** [men]) artisan; artiste dans son métier, *m.*

craftsmanship ['krɑːftsmənʃip], *n.* habileté technique, exécution, *f.*

crafty ['krɑːfti], *a.* rusé, astucieux.

crag [kræg], *n.* rocher escarpé, rocher à pic, *m.*

craggy ['krægi], *a.* rocailleux, escarpé, abrupt.

crake [kreik], *n.* (*Orn.*) râle, *m.*

cram [kræm], *v.t.* fourrer, remplir, bourrer; préparer, chauffer (*étudiants*).—*v.i.* se bourrer, s'empiffrer; (*fig.*) en conter, blaguer.

crammer ['kræmə], *n.* préparateur; (*colloq.*) colleur, *m.*

cramp [kræmp], *n.* crampe, *f.*; (*Tech.*) crampon, *m.*; (*fig.*) gêne, entrave, *f.*—*v.t.* cramponner; resserrer; (*fig.*) gêner, entraver, restreindre.

cramped [kræmpt], *a.* gêné; **to be cramped (for space)**, être très à l'étroit.

cranberry

cranberry ['krænbəri], *n.* (*Bot.*) canneberge, *f.*

crane [krein], *n.* (*Orn., Tech.*) grue, *f.—v.t.* allonger, tendre (*le cou*).

cranial ['kreiniəl], *a.* crânien.

cranium ['kreiniəm], *n.* crâne, *m.*

crank [kræŋk], *n.* manivelle, *f.*; coude, *m.*; (*fig.*) maniaque, excentrique, *m., f.*, original (*personne*), *m.*

crankshaft ['kræŋkʃɑːft], *n.* arbre de manivelle; (*Motor.*) vilebrequin, *m.*

cranky ['kræŋki], *a.* capricieux, fantasque; impatient.

crannied ['krænid], *a.* crevassé, lézardé.

cranny ['kræni], *n.* crevasse, fente, lézarde, fissure, *f.*

crape [kreip], *n.* crêpe, *m.*

crash [kræʃ], *v.t.* fracasser, briser.—*v.i.* éclater, retentir; se tamponner (*deux autos etc.*).—*n.* fracas, grand bruit, *m.*; (*Motor.*) collision; (*fig.*) débâcle, ruine; faillite, *f.*

crash-helmet ['kræʃhelmit], *n.* casque, *m.*

crash-landing ['kræʃˈlændiŋ], *n.* (*Av.*) atterrissage brutal; crash, *m.*

crass [kræs], *a.* crasse, grossier, stupide.

crate [kreit], *n.* caisse à claire-voie, *f.—v.t.* emballer.

crater ['kreitə], *n.* cratère, *m.*

cravat [krəˈvæt], *n.* cravate, *f.*

crave [kreiv], *v.t.* implorer, solliciter; (*fig.*) soupirer après.

craven [kreivn], *a.* and *n.* lâche, poltron, *m.*

craving ['kreiviŋ], *n.* désir ardent, besoin impérieux, *m.*

crawfish [CRAYFISH].

crawl [krɔːl], *v.i.* ramper, se traîner; *to crawl with*, grouiller de.—*n.* mouvement traînant; (*Swim.*) crawl, *m.*

crawling ['krɔːliŋ], *a.* rampant; grouillant, fourmillant (*de*).

crayfish ['kreifiʃ], **crawfish** ['krɔːfiʃ], *n.* écrevisse (*d'eau douce*), *f.*; *sea crayfish*, langouste, *f.*

crayon ['kreiən], *n.* crayon, pastel, fusain, *m.* —*v.t.* crayonner, dessiner au pastel.

craze [kreiz], *v.t.* craqueler (*porcelaine*); frapper de folie, rendre fou.—*n.* folie; (*fig.*) passion folle; toquade, *f.*

crazed [kreizd], *a.* craquelé (*porcelaine*); fou, dément.

crazily ['kreizili], *adv.* follement.

craziness ['kreizinis], *n.* délabrement, *m.*; démence, folie, *f.*

crazy ['kreizi], *a.* délabré; (*fam.*) fou, toqué.

creak [kriːk], *v.i.* crier, craquer, grincer.—*n.* cri, grincement, *m.*

creaking ['kriːkiŋ], *a.* qui crie, qui craque.— *n.* cri, grincement, *m.*

cream [kriːm], *n.* crème. *f.—v.i.* crémer, mousser.

cream-colour(ed) ['kriːmkʌlə(d)], *a.* crème.

creamery ['kriːməri], *n.* crémerie, *f.*

cream-jug ['kriːmdʒʌg], *n.* pot à crème, *m.*

creamy ['kriːmi], *a.* crémeux; de crème.

crease [kriːs], *n.* pli, faux pli, *m.—v.t.* faire des plis à, plisser, chiffonner, friper.—*v.i.* se plisser; se friper.

create [kriːˈeit], *v.t.* créer, faire naître; produire, engendrer, occasionner; faire.

creation [kriːˈeiʃən], *n.* création; nature, *f.*; univers, *m.*; dernière mode, *f.*

creative [kriːˈeitiv], *a.* créateur.

creator [kriːˈeitə], *n.* créateur, *m.*

creature ['kriːtʃə], *n.* créature, personne, *f.*, être; animal, *m.*

crèche [kreiʃ], *n.* crèche, *f.*

credence ['kriːdəns], *n.* créance, croyance, foi, *f.*; *to give credence to*, ajouter foi à.

credentials [kriˈdenʃəlz], *n.pl.* lettres de créance, *f.pl.*

credibility [kredi'biliti], *n.* crédibilité, *f.*

credible ['kredibl], *a.* croyable, digne de foi.

credibly ['kredibli], *adv.* d'une manière digne de foi; *to be credibly informed*, tenir de bonne source.

credit ['kredit], *n.* croyance, foi; (*fig.*) influence; réputation, *f.*; mérite, honneur; (*Comm.*) crédit, *m.*; *on credit*, à crédit; *to do credit to*, faire honneur à.—*v.t.* ajouter foi à, croire à; faire honneur à; (*Comm.*) faire crédit à.

creditable ['kreditəbl], *a.* honorable, estimable.

creditably ['kreditəbli], *adv.* honorablement.

creditor ['kreditə], *n.* créancier; (*Bookkeeping*) créditeur, avoir, *m.*

credulity [kreˈdjuːliti], **credulousness** ['kredjuləsnis], *n.* crédulité, *f.*

credulous ['kredjuləs], *a.* crédule.

creed [kriːd], *n.* credo, *m.*; (*fig.*) profession de foi; croyance, foi, *f.*

creek [kriːk], *n.* crique, anse, *f.*

creel [kriːl], *n.* panier de pêche, *m.*

creep [kriːp], *v.i. irr.* se traîner, ramper, se glisser.

creeper ['kriːpə], *n.* reptile, *m.*; plante grimpante, *f.*; *tree creeper*, (*Orn.*) grimpereau, *m.*

creeping ['kriːpiŋ], *a.* rampant, grimpant; qui fait frissonner.—*n.* fourmillement (*sensation*), *m.*

creepy ['kriːpi], *a.* horrifique, qui donne la chair de poule; rampant.

cremate [kriˈmeit], *v.t.* incinérer.

cremation [kriˈmeiʃən], *n.* crémation, incinération, *f.*

crematorium [kreməˈtɔːriəm], *n.* crématorium, *m.*

Creole ['kriːoul], *a.* créole.—*n.* Créole, *m., f.*

creosote ['kriːəsout], *n.* créosote, *f.*

crêpe [kreip], *n.* crêpe blanc (*ou* clair), *m.*

crescent ['kresənt], *a.* croissant.—*n.* croissant, *m.*, demi-lune; rue en demi-cercle, *f.*

cress [kres], *n.* cresson, *m.*

crest [krest], *n.* cimier, *m.*; crête (*d'un coq ou d'une montagne*), huppe (*d'un oiseau*); aigrette (*de paon*), *f.*; (*Her.*) écusson, *m.*; armoiries, *f.pl.*

crestfallen ['krestfɔːlən], *a.* abattu, découragé, l'oreille basse.

Cretan ['kriːtən], *a.* crétois.—*n.* Crétois, *m.*

Crete [kriːt]. la Crète, la Candie, *f.*

crevasse [krəˈvæs], *n.* crevasse (*d'un glacier*), *f.—v.i.* se crevasser.

crevice ['krevis], *n.* crevasse, lézarde, fente (*mur*); fissure (*rocher*), *f.—v.t.* crevasser, lézarder, fissurer.

crew (1) [kruː], *n.* bande, troupe, *f.*; (*Naut.*) équipage, *m.*

crew (2) [kruː], *past* [CROW (2)].

crib [krib], *n.* lit d'enfant, *m.*; crèche, mangeoire, *f.*; (*colloq.*) livre de corrigés, *m.*— *v.t.* chiper; copier (*sur*).

crick [krik], *n.* crampe, *f.*, effort, torticolis, *m.*
—*v.t.* **to crick one's neck**, se donner le
torticolis.

cricket (1) ['krikit], *n.* (*Ent.*) grillon, *m.*

cricket (2) ['krikit], *n.* cricket (*jeu*), *m.*;
(*colloq.*) **that's not cricket**, ça ne se fait
pas, ce n'est pas loyal.

crier ['kraiə], *n.* crieur; huissier (*d'une cour*),
m.

crime [kraim], *n.* crime, *m.*

Crimea [krai'miːə]. la Crimée, *f.*

criminal ['kriminl], *a.* and *n.* criminel, *m.*

criminologist [krimi'nolədʒist], *n.* criminaliste, *m, f.*

criminology [krimi'nolədʒi], *n.* criminologie, *f.*

crimp [krimp], *v.t.* gaufrer; friser, boucler
(*les cheveux*).

crimson [krimzn], *a.* and *n.* cramoisi; pourpre, *m.*—*v.t.* teindre en cramoisi.—*v.i.*
devenir cramoisi.

cringe [krindʒ], *v.i.* faire des courbettes;
s'humilier, ramper.

cringing ['krindʒin], *a.* craintif; obséquieux.
—*n.* basse servilité, *f.*

crinkle [kriŋkl], *v.t.* froisser; former en zigzag.—*v.i.* serpenter, aller en zigzag.—*n.*
sinuosité, *f.*; pli, *m.*; fronce, *f.*

crinkly ['kriŋkli], *a.* ratatiné.

cripple [kripl], *n.* boiteux; estropié, *m.*—*v.t.*
estropier; (*fig.*) paralyser.

crisis ['kraisis], *n.* (*pl.* **crises** ['kraisiːz]) crise,
f.; dénouement, *m.*

crisp [krisp], *a.* croquant, croustillant (*pâtisserie etc.*); crépu, frisé (*cheveux*).—*v.t.* friser
(*cheveux etc.*); crêper (*tissu*).—*v.i.* se crêper.

crispness ['krispnis], *n.* qualité de ce qui est
croquant *ou* cassant; frisure; netteté (*style
etc.*), *f.*

criss-cross ['kriskros], *a.* entrecroisé, croisé,
en croix.—*n.* entrecroisement, *m.*—*v.t.*
entrecroiser.—*v.i.* s'entrecroiser.

criterion [krai'tiəriən], *n.* critérium, *m.*

critic ['kritik], *n.* critique; censeur, *m.*;
dramatic critic, critique de théâtre.

critical ['kritikl], *a.* critique, (*fig.*) difficile,
délicat.

critically ['kritikli], *adv.* d'une manière
critique; avec soin; **critically ill**, dangereusement malade.

criticism ['kritisizm], *n.* critique, appréciation, censure, *f.*

criticize ['kritisaiz], *v.t.* critiquer, faire la
critique de, censurer.—*v.i.* faire de la
critique.

croak [krouk], *v.i.* coasser (*grenouille*);
croasser (*freux*); (*fig.*) gronder, grogner.—*n.*
coassement (*grenouille*); croassement (*freux*);
(*fig.*) grognement, *m.*

croaker ['kroukə], *n.* grognon, *m.*; (*fig.*)
pessimiste, *m., f.*

croaky ['krouki] *a.* enroué, rauque.

crochet ['kroufei], *n.* ouvrage au crochet, *m.*
—*v.t., v.i.* broder au crochet.

crock [krok], *n.* cruche, *f.*; pot de terre, *m.*;
(*fam.*) **old crock**, vieux clou, tacot (*bicyclette, auto etc.*); vieux débris, croulant
(*personne*), *m.*

crockery ['krokəri], *n.* faïence, vaisselle, *f.*

crocodile ['krokədail], *n.* crocodile, *m.*; (*fig.*)
procession, *f.*

crocus ['kroukəs], *n.* safran, crocus, *m.*

croft [kroft], *n.* petit clos, *m.*, petite ferme,
f.

crofter ['kroftə], *n.* petit cultivateur, *m.*

crone [kroun], *n.* vieille femme, vieille, *f.*

crony ['krouni], *n.* vieux camarade; copain,
compère, *m.*

crook [kruk], *n.* courbure; houlette (*de berger*);
crosse (*d'évêque*), *f.*; (*fig.*) escroc (*personne*),
m.; **by hook or by crook**, coûte que coûte,
par un moyen ou par un autre.—*v.t.*
courber; (*fig.*) pervertir.—*v.i.* se courber.

crook-backed ['krukbækt], *a.* bossu, voûté.

crooked ['krukid], *a.* courbé, crochu, tortueux; tortu; (*fig.*) malhonnête.

crookedly ['krukidli], *adv.* tortueusement, de
travers.

crookedness ['krukidnis], *n.* nature tortueuse;
difformité, *f.*; (*fig.*) travers, *m.*, perversité,
f.

croon [kruːn], *v.i.* chantonner, fredonner.

crooner ['kruːnə], *n.* fredonneur, chanteur de
charme, *m.*

crop [krop], *n.* récolte, moisson; cueillette (*de
fruits*), *f.*; jabot (*d'un oiseau*), *m.*; coupe
(*cheveux*), *f.*; **hunting-crop**, fouet (*de
chasse*), *m.*; **second crop**, regain, *m.*—*v.t.*
tondre; couper; écourter (*cheveux*); brouter
(*l'herbe*).

crosier, **crozier** ['krouziə], *n.* crosse
(*d'évêque*), *f.*

cross [kros], *a.* en travers, de travers; fâcheux,
contraire; maussade, de mauvaise humeur,
fâché.—*n.* croix, *f.*; (*fig.*) malheur, *m.*,
traverse, *f.*; croisement (*dans la reproduction*), *m.*; **criss-cross**, croisé, en croix.—
v.t. croiser; marquer d'une croix, barrer (*un
chèque*); (*fig.*) franchir; contrarier; **to cross
off** *or* **out**, effacer, rayer, biffer; **to cross
oneself**, faire le signe de la croix.—*v.i.*
être mis en travers; faire la traversée; se
croiser (*lettres*).

crossbow ['krosbou], *n.* arbalète, *f.*

cross-breed ['krosbriːd], *n.* race croisée, *f.*;
métis, *m.*—*v.t.* croiser.

cross-country ['kros'kʌntri], *a.* à travers
champs; (*Racing*) **cross-country running**, cross, *m.*

cross-examination ['krosigzæmi'neifən], *n.*
contre-interrogatoire, *m.*

cross-examine ['krosig'zæmin], *v.t.* interroger; (*Law*) contre-interroger.

crossing ['krosin], *n.* traversée (*de la mer*), *f.*;
passage; carrefour, croisement (*de routes*);
croisement (*animaux*), *m.*; **pedestrian
crossing**, passage clouté.

crossly ['krosli], *adv.* de travers; avec mauvaise humeur.

crossness ['krosnis], *n.* mauvaise humeur,
méchanceté, *f.*

cross-roads ['krosroudz], *n.pl.* carrefour, *m.*

crossword ['kroswəːd], *n.* **crossword**
(*puzzle*), mots croisés, *m.pl.*

crotchet ['krotfit], *n.* lubie, *f.*, caprice, *m.*,
marotte; (*Mus.*) noire, *f.*

crotchety ['krotfiti], *a.* capricieux, d'humeur difficile.

crouch [krautf], *v.i.* se tapir, se blottir.

crouching ['krautfin], *a.* accroupi, tapi.

croup [kruːp], *n.* croupe (*animaux*), *f.*;
croupion (*oiseaux*); (*Path.*) croup, *m.*

crow (1) [krou], *n.* corneille, *f.*; *as the crow flies*, à vol d'oiseau; *crow's nest*, (*Naut.*) hune, *f.*

crow (2) [krou], *v.i. irr.* chanter (*coq*).—*n.* chant du coq, *m.*

crow-bar ['krouba:], *n.* pince, *f.*; levier, *m.*

crowd [kraud], *n.* foule, cohue, *f.*—*v.t.* serrer, encombrer; presser.—*v.i.* se presser en foule, se serrer.

crown [kraun], *n.* couronne; crête, *f.*, sommet; écu (*pièce de monnaie*); fond (*d'un chapeau*), *m.*—*v.t.* couronner; combler.

crozier [CROSIER].

crucial ['kru:ʃəl], *a.* crucial; (*fig.*) définitif, décisif.

crucible ['kru:sibl], *n.* creuset, *m.*

crucifix ['kru:sifiks], *n.* crucifix, *m.*

crucifixion [kru:si'fikʃən], *n.* crucifiement, *m.*, crucifixion, *f.*

crucify ['kru:sifai], *v.t.* crucifier.

crude [kru:d], *a.* cru; (*fig.*) informe, indigeste; grossier; brut.

crudely ['kru:dli], *adv.* crûment.

crudeness ['kru:dnis], crudity ['kru:diti], *n.* crudité, nature informe, *f.*

cruel ['kru:əl], *a.* cruel.

cruelly ['kru:əli], *adv.* cruellement.

cruelty ['kru:əlti], *n.* cruauté, inhumanité, *f.*

cruet ['kru:it], *n.* burette, *f.*

cruet-stand ['kru:itstænd], *n.* huilier, *m.*

cruise [kru:z], *n.* croisière, course, *f.*—*v.i.* croiser, faire la course; marauder (*taxi*).

cruiser ['kru:zə], *n.* croiseur, *m.*

crumb [krʌm], *n.* mie; miette, *f.*—*v.t.* émietter.

crumble [krʌmbl], *v.t.* émietter; (*fig.*) pulvériser, broyer.—*v.i.* s'émietter; tomber en poussière; *to crumble down*, tomber en ruine, s'écrouler.

crump [krʌmp], *n.* coup violent, *m.*; chute, *f.*

crumpet ['krʌmpit], *n.* sorte de petite crêpe, crêpe bretonne (*pour le thé*), *f.*

crumple ['krʌmpl], *v.t.* chiffonner, froisser.—*v.i.* se rider, se chiffonner.

crunch [krʌntʃ], *v.t.* croquer; broyer, écraser.—*v.i.* crisser, s'écraser.—*n.* coup de dent; grincement; crissement, *m.*

crupper ['krʌpə], *n.* croupe; croupière, *f.*

crusade [kru:'seid], *n.* croisade, *f.*

crusader [kru:'seidə], *n.* croisé, *m.*

crush [krʌʃ], *n.* écrasement, choc, *m.*; foule, cohue, *f.*—*v.t.* écraser broyer; froisser (*une robe*); (*fig.*) accabler, anéantir.—*v.i.* s'écraser.

crushing ['krʌʃiŋ], *a.* écrasant; (*fig.*) foudroyant.—*n.* broiement, écrasement, *m.*

crust [krʌst], *n.* croûte, *f.*, croûton, *m.*—*v.i.* s'encroûter.

crustily ['krʌstili], *adv.* d'une manière morose.

crusty ['krʌsti], *a.* couvert d'une croûte; (*fig.*) bourru, hargneux.

crutch [krʌtʃ], *n.* béquille, *f.*

crux [krʌks], *n.* nœud (*d'une question*), *m.*; crise, *f.*

cry [krai], *n.* cri, *m.*—*v.t.* crier.—*v.i.* pleurer; crier; s'écrier.

crying ['kraiiŋ], *n.* larmes, *f.pl.*, pleurs, *m.pl.*; cri, *m.*, cris, *m.pl.*

crypt [kript], *n.* crypte, *f.*

cryptic ['kriptik], *a.* secret; énigmatique.

crystal ['kristl], *a.* de cristal.—*n.* cristal, *m.*

crystallize ['kristəlaiz], *v.t.* cristalliser.—*v.i.* se cristalliser; *crystallized fruits*, fruits glacés, *m.pl.*

cub [kʌb], *n.* petit (*d'une bête sauvage*); ourson (*ours*); lionceau (*lion*); louveteau (*loup*); renardeau (*renard*), *m.*

Cuba ['kju:bə]. le Cuba, *m.*

Cuban ['kju:bən], *a.* cubain.—*n.* Cubain, *m.*

cubby-hole ['kʌbihoul], *n.* retraite, *f.*; placard, *m.*; niche, *f.*

cube [kju:b]. *n.* cube, *m.*

cubicle ['kju:bikl], *n.* compartiment, *m.*, cabine, *f.*

cubit ['kju:bit], *n.* coudée, *f.*

cuckoo ['kuku:], *n.* coucou, *m.*

cucumber ['kju:kʌmbə], *n.* concombre, *m.*

cud [kʌd], *n.* bol alimentaire, *m.*; *to chew the cud*, ruminer.

cuddle [kʌdl], *v.t.* serrer (*tendrement*) dans ses bras; étreindre.—*v.i.* s'étreindre (*amoureusement*); se blottir; se peloter.

cudgel ['kʌdʒəl], *n.* bâton, gourdin, *m.*—*v.t.* bâtonner.

cue [kju:], *n.* queue de billard; (*Theat.*) réplique, *f.*; (*fig.*) avis, mot, indice, *m.*

cuff (1) [kʌf], *v.t.* souffleter, calotter, battre.—*n.* calotte, taloche, *f.*

cuff (2) [kʌf], *n.* manchette (*d'une manche*), *f.*; parement (*d'un pardessus*); poignet (*d'une robe*), *m.*

cuff-link ['kʌfliŋk], *n.* bouton de manchette, *m.*

cuirass [kwi'ræs], *n.* cuirasse, *f.*

cuirassier [kwi'ræsiə], *n.* cuirassier, *m.*

culinary ['kʌlinəri], *a.* de cuisine, culinaire.

cull [kʌl] *v.t.* recueillir, cueillir; (*fig.*) choisir.

culminate ['kʌlmineit], *v.i.* se terminer (*en*), finir (*par*); (*Astron.*) culminer.

culmination [kʌlmi'neiʃən], *n.* point culminant, apogée, *m.*; (*Astron.*) culmination, *f.*

culpable ['kʌlpəbl], *a.* coupable.

culprit ['kʌlprit], *n.* accusé; inculpé, *m.*; coupable, *m.,f.*

cult [kʌlt], *n.* culte, *m.*

cultivate ['kʌltiveit], *v.t.* cultiver.

cultivation [kʌlti'veiʃən], *n.* culture, *f.*

cultivator ['kʌltiveitə], *n.* cultivateur, *m.*

cultural ['kʌltʃərəl], *a.* agricole, cultural; culturel.

culture ['kʌltʃə], *n.* culture; (*fig.*) instruction, éducation, *f.*

cultured ['kʌltʃəd], *a.* cultivé.

culvert ['kʌlvə:t], *n.* ponceau, petit aqueduc, *m.*

cumber ['kʌmbə], *v.t.* embarrasser encombrer (*de*).—*n.* embarras, obstacle, *m.*

cumbersome ['kʌmbəsəm], cumbrous ['kʌmbrəs], *a.* embarrassant, gênant.

cumulate ['kju:mjuleit], *v.t.* accumuler, cumuler.

cunning ['kʌniŋ], *a.* fin, rusé, adroit, astucieux.—*n.* finesse, ruse, astuce, *f.*

cunningly ['kʌniŋli], *adv.* avec finesse, adroitement; par ruse.

cup [kʌp], *n.* tasse, coupe, *f.*; gobelet; (*Bot. etc.*) calice, *m.*; (*Med.*) ventouse, *f.*—*v.t.* (*Med.*) appliquer des ventouses à.

cupbearer ['kʌpbɛərə], *n.* échanson, *m.*

cupboard ['kʌbəd], *n.* armoire (*pour vêtements etc.*), *f.*; placard (*dans un mur*), *m.*

cupidity [kju:'piditi], *n.* cupidité, *f.*

cupola ['kju:pələ], *n.* coupole, *f.*

cur [kə:], *n.* chien bâtard; roquet; (*fig.*) malotru, *m.*, vilaine bête, *f.*
curable ['kjuərəbl], *a.* guérissable.
curate ['kjuərit], *n.* vicaire, desservant, *m.*
curator [kjuə'reitə], *n.* administrateur; conservateur (*de musée*), *m.*
curb [kə:b], *n.* gourmette, *f.*; (*fig.*) frein, *m.*; [KERB].—*v.t.* gourmer; (*fig.*) réprimer, contenir, brider; freiner.
curd [kə:d], *n.* caillé, lait caillé, *m.*—*v.t.* cailler, figer.
curdle [kə:dl], *v.t.* cailler, figer.—*v.i.* se cailler, se figer.
cure [kjuə], *n.* guérison, *f.*; remède, *m.*; (*Eccles.*) cure, *f.*—*v.t.* guérir; sécher (*foin etc.*); mariner (*poisson etc.*); saler (*viande etc.*); (*fig.*) corriger.
curfew ['kə:fju:], *n.* couvre-feu, *m.*
curio ['kjuəriou], *n.* curiosité, *f.*; bibelot, *m.*
curiosity [kjuəri'ositi], *n.* curiosité, *f.*
curious ['kjuəriəs], *a.* curieux; (*fig.*) remarquable, singulier.
curiously ['kjuəriəsli], *adv.* curieusement.
curl [kə:l], *n.* boucle (*de cheveux*); moue (*de lèvres*); spirale (*de fumée*); ondulation, *f.*—*v.t.* boucler, friser, (*fig.*) faire onduler.—*v.i.* friser; se replier (*serpent etc.*); s'entrelacer (*vignes etc.*); tourbillonner (*fumée*); onduler (*vagues*); **to curl up**, s'enrouler, se pelotonner (*chat*).
curled [kə:ld], *a.* frisé.
curlew ['kə:lju:], *n.* (*Orn.*) courlis, *m.*
curly ['kə:li], *a.* frisé, bouclé.
curmudgeon [kə:'mʌdʒən], *n.* ladre, pingre; bourru, *m.*
currant ['kʌrənt], *n.* groseille (*à grappes*), *f.*; **black currant**, cassis, *m.*; (*dried*) **currants**, raisins de Corinthe, *m.pl.*
currant-bush ['kʌrəntbuʃ], *n.* groseillier, *m.*
currency ['kʌrənsi], *n.* circulation (*d'argent etc.*); monnaie, *f.*; cours; crédit, *m.*, vogue, *f.*
current ['kʌrənt], *a.* courant; actuel; admis, reçu; **current events**, actualités, *f.pl.*—*n.* courant; cours d'eau, *m.*
currently ['kʌrəntli], *adv.* couramment; généralement.
curriculum [kə'rikjuləm], *n.* (*Sch.*) programme, plan d'études, *m.*
currier ['kʌriə], *n.* corroyeur, *m.*
curry (1) ['kʌri], *v.t.* corroyer (*cuir*); étriller (*un cheval*); (*fig.*) rosser.
curry (2) ['kʌri], *v.t.* (*Cook.*) apprêter au cari.—*n.* cari, *m.*
curry-comb ['kʌrikoum], *n.* étrille, *f.*
curse [kə:s], *n.* malédiction, *f.*; (*fig.*) fléau, malheur, *m.*—*v.t.* maudire; (*fig.*) affliger.—*v.i.* jurer; (*colloq.*) sacrer.
cursed ['kə:sid], *a.* maudit, exécrable.
cursorily ['kə:sərili], *adv.* rapidement, superficiellement.
cursory ['kə:səri], *a.* rapide, superficiel; général.
curt [kə:t], *a.* brusque, bref, sec.
curtail [kə:'teil], *v.t.* retrancher, raccourcir, abréger.
curtailment [kə:'teilmənt], *n.* raccourcissement, *m.*, réduction, *f.*
curtain [kə:tn], *n.* rideau, *m.*; toile, *f.*—*v.t.* garnir de rideaux; (*fig.*) voiler.
curtly ['kə:tli], *adv.* brusquement, sèchement.

curtsy, or **curtsey** ['kə:tsi], *n.* révérence, *f.*—*v.i.* faire la révérence.
curve [kə:v], *n.* courbe, *f.*—*v.t.* courber; cintrer.—*v.i.* se courber.
curvet [kə:'vet], *v.i.* faire des courbettes; sauter, gambader.—*n.* courbette, *f.*
cushion ['kuʃən], *n.* coussin, *m.*; (*Billiards*) bande, *f.*—*v.t.* garnir de coussins; amortir.
custard ['kʌstəd], *n.* crème (au lait), *f.*; flan, *m.*
custodian [kʌs'toudiən], *n.* gardien; conservateur, *m.*
custody ['kʌstədi], *n.* garde; prison, détention, *f.*
custom ['kʌstəm], *n.* coutume, habitude, *f.*, usage, *m.*; pratique (*d'une boutique*), *f.*; achalandage (*d'un magasin*), *m.*; (*pl.*) douane, *f.*; droits (*taxes*), *m.pl.*
customarily ['kʌstəmərili], *adv.* ordinairement, d'habitude.
customary ['kʌstəməri], *a.* ordinaire, d'usage.
customer ['kʌstəmə], *n.* chaland, client, *m.*; pratique, *f.*; (*colloq.*) individu, *m.*
customs-officer ['kʌstəmzɔfisə], *n.* douanier, *m.*
cut [kʌt], *n.* coup, *m.*; coupure (*place cut open*); coupe (*de vêtements, cheveux, cartes à jouer*); taille (*forme*), façon, tournure (*silhouette*); (*Engr.*) gravure, planche, *f.*; chemin de traverse (*raccourci*); (*Ten. etc.*) coup tranchant, *m.*—*v.t. irr.* couper, trancher; fendre; rogner; se rogner (*les ongles*); piquer, percer; faire (*une dent*); **to cut down**, abattre; réduire; **to cut out**, tailler, découper; **to cut short**, abréger; interrompre, couper la parole à; **to be cut up**, être blessé; avoir de la peine.—*v.i.* couper; se couper; percer (*dent*).
cute [kju:t], *a.* rusé, fin; (*Am.*) attirant (*enfant, fille*); amusant (*chose, truc*).
cuticle ['kju:tikl], *n.* cuticule, *f.*
cutler ['kʌtlə], *n.* coutelier, *m.*
cutlery ['kʌtləri], *n.* coutellerie, *f.*
cutlet ['kʌtlit], *n.* côtelette; escalope, *f.*
cut-price ['kʌtprais], *n.* prix réduit, *m.*
cutter ['kʌtə], *n.* coupeur; coupoir (*outil*); (*Naut.*) cutter, cotre, *m.*
cutting ['kʌtin], *a.* incisif; (*fig.*) piquant, tranchant, mordant.—*n.* incision; rognure (*morceau*); coupe (*bois, cartes, cheveux etc.*); (*Hort.*) bouture, *f.*
cyanide ['saiənaid], *n.* cyanure, *m.*
cycle [saikl], *n.* cycle, *m.*; bicyclette, *f.*, vélo, *m.*—*v.i.* aller à bicyclette.
cyclone ['saikloun], *n.* cyclone, *m.*
cygnet ['signit], *n.* jeune cygne, *m.*
cylinder ['silində], *n.* cylindre, *m.*
cymbal ['simbəl], *n.* cymbale, *f.*
cynic ['sinik], *n.* cynique; sceptique, *m.*, *f.*
cynical ['sinikl], *a.* cynique.
cynically ['sinikli], *adv.* cyniquement.
cynicism ['sinisizm], *n.* cynisme, *m.*
cynosure ['sainəʃuə], *n.* (*fig.*) point de mire, *m.*
cypress ['saiprəs], *n.* cyprès, *m.*
Cyprian ['sipriən], *a.* cypriote.—*n.* Cypriote, *m.*, *f.*
Cypriot ['sipriət], *n.* Cypriote, *m.*, *f.*
Cyprus ['saiprəs], *n.* la Chypre, *f.*
cyst [sist], *n.* (*Anat. etc.*) kyste, *m.*
czar [TSAR].

Czech [tʃek], *a.* tchèque.—*n.* tchèque (*langue*), *m.*; Tchèque (*personne*), *m.*, *f.*
Chechoslovak [tʃekoˈslouvæk], *a.* tchécoslovaque.—*n.* tchécoslovaque (*langue*), *m.*; Tchécoslovaque (*personne*), *m.*, *f.*
Czechoslovakia [tʃekosloˈvækiə]. la Tchécoslovaquie, *f.*

D

D, d [diː]. quatrième lettre de l'alphabet; (*Mus.*) ré, *m.*
dab [dæb], *n.* coup léger, *m.*, tape; éclaboussure, tache, *f.*; (*slang*) adepte, *m.*; (*Ichth.*) limande, *f.*—*v.t.* toucher légèrement; éponger à petits coups.
dabble [dæbl], *v.t.* humecter; éclabousser.—*v.i.* barboter, patauger; *to dabble in*, se mêler de.
dace [deis], *n.* (*Ichth.*) vandoise, *f.*, dard, *m.*
dachshund [ˈdækshund], *n.* basset allemand, *m.*
dad [dæd], **daddy** [ˈdædi], *n.* papa, *m.*
dado [ˈdeidou], *n.* lambris (*de mur*), *m.*
daffodil [ˈdæfədil], *n.* jonquille, *f.*, narcisse des prés, *m.*
daft [daːft], *a.* niais, sot, à moitié fou.
dagger [ˈdægə], *n.* poignard, *m.*, dague, *f.*
dahlia [ˈdeiliə], *n.* (*Bot.*) dahlia, *m.*
daily [ˈdeili], *a.* journalier, quotidien.—*n.* (journal) quotidien, *m.*; femme de ménage, *f.*—*adv.* journellement, tous les jours.
daintily [ˈdeintili], *adv.* délicatement; avec délicatesse.
daintiness [ˈdeintinis], *n.* délicatesse, *f.*, goût difficile, *m.*
dainty [ˈdeinti], *a.* friand; délicat, difficile.—*n.* friandise, *f.*
dairy [ˈdɛəri], *n.* laiterie, *f.*
dairy-farm [ˈdɛərifaːm], *n.* ferme laitière, *f.*
dairy-man [ˈdɛərimæn], *n.* (*pl.* -**men** [men]) nourrisseur; crémier, *m.*
dais [deis, ˈdeiis], *n.* estrade, *f.*
daisy [ˈdeizi], *n.* marguerite, pâquerette, *f.*
dale [deil], *n.* vallon, *m.*, vallée, *f.*
dalliance [ˈdæliəns], *n.* folâtrerie, *f.*; badinage, *m.*; caresses, *f.pl.*
dally [ˈdæli], *v.i.* folâtrer, perdre son temps; tarder; (*fig.*) badiner (*avec*).
dam (1) [dæm], *n.* mère (*animaux*), *f.*
dam (2) [dæm], *n.* digue (*d'un canal*), *f.*; barrage (*d'une rivière*), *m.*—*v.t.* diguer, barrer.
damage [ˈdæmidʒ], *n.* dommage; tort, dégât; (*fig.*) préjudice, détriment, *m.*; (*pl.*) (*Law*) dommages-intérêts, *m.pl.*—*v.t.* endommager; avarier (*en transportant*); (*fig.*) faire tort à, nuire à.—*v.i.* s'endommager.
damask [ˈdæməsk], *n.* damas; damassé, *m.*
dame [deim], *n.* (*poet.*) dame, *f.*
damn [dæm], *v.t.* damner; (*fig.*) condamner, désapprouver.
damnation [dæmˈneiʃən], *n.* damnation, *f.*
damnatory [ˈdæmnətəri], *a.* condamnatoire, *f.*
damned [dæmd], *a.* damné, maudit, exécrable.

damning [ˈdæmiŋ], *a.* écrasant (*témoignage*).
damp [dæmp], *a.* humide; moite; (*fig.*) triste, abattu.—*n.* or **dampness** [ˈdæmpnis], humidité; (*fig.*) tristesse, *f.*—*v.t.* rendre humide; (*fig.*) décourager.
damper [ˈdæmpə], *n.* éteignoir; (*Piano*) étouffoir; (*fig.*) rabat-joie, *m.*
***damsel** [ˈdæmzəl], *n.* jeune fille, demoiselle, *f.*
damson [ˈdæmzən], *n.* prune de Damas, *f.*
dance [daːns], *n.* danse, *f.*; bal, *m.*—*v.t.* danser; faire danser.—*v.i.* danser.
dancer [ˈdaːnsə], *n.* danseur, *m.*, danseuse, *f.*
dandelion [ˈdændilaiən], *n.* (*Bot.*) pissenlit, *m.*
dandle [dændl], *v.t.* dorloter, bercer.
dandruff [ˈdændrʌf], *n.* pellicules, *f.pl.*
dandy [ˈdændi], *n.* dandy, élégant, petit-maître, *m.*
Dane [dein], *n.* Danois (*personne*), *m.*
danger [ˈdeindʒə], *n.* danger, péril, *m.*
dangerous [ˈdeindʒərəs], *a.* dangereux.
dangerously [ˈdeindʒərəsli], *adv.* dangereusement.
dangle [dæŋgl], *v.t.* laisser pendre, balancer.—*v.i.* pendiller, baller.
Danish [ˈdeiniʃ], *a.* danois.—*n.* danois (*langue*), *m.*
dank [dæŋk], *a.* humide et froid.
Danube [ˈdænjuːb], **the.** le Danube, *m.*
dapper [ˈdæpə], *a.* petit et vif, pimpant; soigné (*homme*).
dapple [dæpl], *v.t.* tacheter, pommeler.—*v.i.* se pommeler, se tacheter.—*a.* or **dappled** [dæpld], pommelé, truité, miroité.
dare [dɛə], *v.t.* défier, braver; provoquer.—*v.i.* oser; *I dare say!* sans doute; je le crois bien.
dare-devil [ˈdɛədevəl], *a.* and *n.* cassecou, *m.*
daring [ˈdɛəriŋ], *a.* audacieux, hardi, cassecou.—*n.* hardiesse, audace, *f.*
dark [daːk], *a.* obscur, sombre, noir; foncé (*couleur*); brun, basané (*teint*); (*fig.*) secret, mystérieux.—*n.* ténèbres, *f.pl.*, obscurité, *f.*; *after dark*, à la nuit close.
darken [ˈdaːkən], *v.t.* obscurcir; brunir (*teint*); (*Paint.*) assombrir (*couleurs*).—*v.i.* s'obscurcir; s'assombrir.
darkening [ˈdaːkniŋ], *n.* obscurcissement, assombrissement, *m.*
darkness [ˈdaːknis], *n.* obscurité, *f.*, ténèbres, *f.pl.*, teint brun (*du visage*), *m.*
darling [ˈdaːliŋ], *a.* and *n.* chéri, mignon, bien-aimé, *m.*; *my darling*, (*colloq.*) mon ange, mon chou, *m.*, ma chérie, *f.*
darn [daːn], *n.* reprise, *f.*—*v.t.* repriser.
darning [ˈdaːniŋ], *n.* reprise, *f.*
dart [daːt], *n.* dard, trait, *m.*; fléchette, *f.*; élan soudain, *m.*—*v.t.* darder, lancer (*contre*).—*v.i.* se lancer, s'élancer (*sur*).
dash [dæʃ], *n.* choc, coup, *m.*; impétuosité, *f.*, entrain, cran; élan soudain; tiret; trait (*de plume*), (*fig.*) soupçon (*petite quantité*), *m.*—*v.t.* jeter; heurter, briser; abattre.—*v.i.* se briser; se précipiter.—*int.* zut!
dash-board [ˈdæʃbɔːd], *n.* (*Motor.*) tableau de bord, *m.*
dashing [ˈdæʃiŋ], *a.* fougueux, brillant; pimpant, élégant.
dastard [ˈdæstəd], *n.* lâche ignoble, *m.*
dastardly [ˈdæstədli] *a.* lâche.

date (1) [deit], *n.* date, échéance, *f.*, millésime (*de pièce de monnaie*); (*Am. pop.*) rendezvous, *m.*; *up to date,* à la page, à jour.—*v.t.* dater.—*v.i.* dater (*de*).

date (2) [deit], *n.* datte (*fruit*), *f.*

date-palm ['deitpɑ:m], *n.* dattier, *m.*

dative ['deitiv], *a.* and *n.* datif, *m.*

datum ['deitəm], *n.* (*pl.* data ['deitə]) donnée, *f.*

daub [dɔ:b], *v.t.* barbouiller, enduire; (*fig.*) déguiser (*de*).—*n.* barbouillage, *m.*; (*Paint.*) croûte, *f.*

daughter ['dɔ:tə], *n.* fille, *f.*

daughter-in-law ['dɔ:tərinlɔ:], *n.* belle-fille, bru, *f.*

daunt [dɔ:nt], *v.t.* effrayer, intimider, décourager.

dauntless ['dɔ:ntlis], *a.* intrépide.

dauphin ['dɔ:fin], *n.* dauphin, *m.*

David ['deivid], David, *m.*

davit ['dævit], *n.* (*Naut.*) bossoir, *m.*

dawdle [dɔ:dl], *v.i.* flâner, muser.

dawdler ['dɔ:dlə], *n.* flâneur, musard, *m.*

dawn [dɔ:n], *v.i.* poindre, paraître; (*fig.*) naître, percer.—*n.* aube, *f.*, point du jour, *m.*; aurore, *f.*

day [dei], *n.* jour, *m.*; journée (*de travail etc.*); (*fig.*) bataille, victoire, *f.*; *at the present day,* de nos jours; *every day,* tous les jours; *the day after,* le lendemain; *the day before,* la veille; *today* aujourd'hui.

day-boarder ['deibɔ:də], *n.* demi-pensionnaire, *m.*, *f.*

day-book ['deibuk], *n.* journal, *m.*

day-boy ['deiboi], day-girl ['deigə:l], *n.* externe, *m.*, *f.*

day-break ['deibreik], *n.* [DAWN].

daylight ['deilait], *n.* lumière du jour, *f.*

daze [deiz], *v.t.* éblouir; hébéter.—*n.* stupéfaction, *f.*; *in a daze,* hébété.

dazzle [dæzl], *v.t.* éblouir, aveugler.

dazzling ['dæzliŋ], *a.* éblouissant.

deacon ['di:kən], *n.* diacre, *m.*

dead [ded], *a.* mort; inanimé; inerte, insensible; éventé (*boisson alcoolique*); mat (*couleur*); au rebut (*lettres*); *dead drunk,* ivremort; *dead loss,* perte sèche, *f.*; (*fig.*) crétin (*personne*), *m.*; *dead march,* marche funèbre, *f.*; *dead stop,* halte subite, *f.*; *dead weight,* poids mort, *m.*; *for a dead certainty,* à coup sûr.—*n.* cœur (*de l'hiver*) fort, *m.*; *at dead of night,* au plus profond de la nuit.

dead-beat ['ded'bi:t], *a.* éreinté, épuisé.

deaden [dedn], *v.t.* amortir; émousser (*les sens*); éventer (*boisson alcoolique*); assourdir (*son*).

dead-end ['ded'end], *n.* cul-de-sac, *m.*; impasse *f.*

deadlock ['dedlɔk], *n.* situation sans issue; impasse *f.*

deadly ['dedli], *a.* mortel, à mort; meurtrier.—*adv.* mortellement.

deadness ['dednis], *n.* mort, *f.*; (*fig.*) engourdissement, *m.*, froideur, *f.*

deaf [def], *a.* sourd; (*fig.*) insensible.

deafen [defn], *v.t.* rendre sourd, assourdir.

deafening ['defniŋ], *a.* assourdissant.

deaf-mute ['def'mju:t], *n.* sourd-muet, *m.*

deafness ['defnis], *n.* surdité, *f.*

deal (1) [di:l], *n.* quantité; (*Cards*) donne; affaire, *f.*, marché, *m.*; *a great* or *good*

deal, beaucoup (*de*); *by a good deal,* à beaucoup près.—*v.t.* *irr.* distribuer; répartir; (*Cards*) donner; porter, asséner (*coups*).—*v.i.* agir, traiter, en user (*avec*).

deal (2) [di:l], *n.* bois blanc, bois (de sapin), *m.*

dealer ['di:lə], *n.* marchand; (*Cards*) donneur, *m.*

dealing ['di:liŋ], *n.* conduite, *f.*; procédé, *m.*, affaire, *f.*; (*pl.*) relations, *f.pl.*, rapports, *m.pl.*

dean [di:n], *n.* doyen, *m.*

dear [diə], *a.* cher; précieux; (*fig.*) joli, gentil, charmant.—*adv.* cher; chèrement, beaucoup.—*n.* cher; cher ami, *m.*—*int. oh dear!* mon Dieu!

dearth [də:θ], *n.* disette, *f.*

death [deθ], *n.* mort, *f.*; (*poet.*) trépas; (*Law*) décès, *m.*

death-duties ['deθdju:tiz], *n.pl.* droits de succession, *m.pl.*

death-rate ['deθreit], *n.* taux de mortalité, *m.*

death-rattle ['deθrætl], *n.* râle, *m.*

death-throes ['deθθrouz], *n.* agonie, *f.*

debar [di'bɑ:], *v.t.* exclure, priver (*de*).

debase [di'beis], *v.t.* avilir, abaisser; abâtardir; (*Chem.*) adultérer; (*Coin.*) altérer.

debasement [di'beismənt], *n.* abaissement, avilissement, *m.*; (*Coin.*) altération, dépréciation, *f.*

debasing [di'beisiŋ], *a.* avilissant.

debatable [di'beitəbl], *a.* contestable.

debate [di'beit], *n.* débat, *m.*; discussion, *f.*—*v.t.* déttre, discuter, disputer.—*v.i.* délibérer (*sur*); contester (*avec*).

debauch [di'bɔ:tʃ], *n.* débauche, *f.*—*v.t.* débaucher, corrompre, pervertir.

debauchery [di'bɔ:tʃəri], *n.* débauche, *f.*

debenture [di'bentʃə], *n.* obligation, *f.*

debilitate [di'biliteit], *v.t.* débiliter, affaiblir, anémier.

debilitation [dibili'teiʃən], *n.* débilitation, *f.*, affaiblissement, *m.*

debility [di'biliti], *n.* débilité, faiblesse, *f.*

debit ['debit], *n.* débit, *m.*—*v.t.* débiter (*de*).

debonair [debə'nɛə], *a.* jovial; de caractère enjoué; élégant.

debouch [di'bu:ʃ], *v.i.* déboucher.

débris, debris [di'bri:], *n.* débris, *m.pl.*

debt [det], *n.* dette, *f.*; dettes, *f.pl.*; créance, *f.*

debtor ['detə], *n.* débiteur, *m.*

debutante ['deibjutɑ:nt], *n.* débutante (*à la cour*), *f.*

decade ['dekeid], *n.* décade; décennie, *f.*

decadence ['dekədəns], *n.* décadence, *f.*

decadent ['dekədənt], *a.* décadent.

decamp [di'kæmp], *v.i.* décamper; lever le camp.

decant [di'kænt], *v.t.* décanter, verser.

decanter [di'kæntə], *n.* carafe, *f.*

decapitate [di'kæpiteit], *v.t.* décapiter.

decapitation [dikæpi'teiʃən], *n.* décapitation, *f.*

decay [di'kei], *n.* décadence; pourriture; ruine; carie (*de dent*), *f.*—*v.i.* tomber en décadence; dépérir (*plante*); se carier (*dent*).

decease [di'si:s], *n.* (*Law*) décès, *m.*—*v.i.* décéder.

deceased [di'si:st], *a.* décédé, feu.—*n.* défunt, *m.*

deceit [di'si:t], *n.* supercherie, fourberie, tromperie, ruse, *f.*

deceitful [di'si:tful], *a.* trompeur; décevant (*choses*).
deceive [di'si:v], *v.t.* tromper, abuser.
deceiver [di'si:və], *n.* imposteur, trompeur, *m.*
decelerate [di:'seləreit], *v.t., v.i.* ralentir.
December [di'sembə]. décembre, *m.*
decency ['di:sənsi], *n.* bienséance, *f.*, convenances, *f.pl.*; décence (*modestie*), *f.*
decennial [di'senjəl], *a.* décennal.
decent ['di:sənt], *a.* bienséant, décent; propre, convenable; gentil.
decently ['di:səntli], *adv.* décemment; convenablement.
decentralization ['di:sentrəlai'zeiʃən], *n.* décentralisation, *f.*; régionalisme, *m.*
decentralize [di:'sentrəlaiz], *v.t.* décentraliser.
deception [di'sepʃən], *n.* tromperie, fraude, duperie, *f.*
deceptive [di'septiv], *a.* trompeur.
decibel ['desibel], *n.* décibel, *m.*
decide [di'said], *v.t.* décider; décider de.—*v.i.* se décider.
decided [di'saidid], *a.* décidé, prononcé; positif; résolu.
decidedly [di'saididli], *adv.* décidément; positivement.
decimal ['desiməl], *a.* décimal; *decimal point*, virgule, *f.*—*n.* (fraction) décimale, *f.*
decimate ['desimeit], *v.t.* décimer.
decipher [di'saifə], *v.t.* déchiffrer.
decision [di'siʒən], *n.* décision; (*fig.*) résolution, fermeté, *f.*
decisive [di'saisiv], *a.* décisif; concluant.
decisively [di'saisivli], *adv.* décisivement.
deck [dek], *n.* (*Naut.*) pont; tillac (*navire marchand*); plan (*avion*), *m.*—*v.t.* parer (*de*); orner.
deck-chair ['dek'tʃɛə], *n.* transat(lantique), *m.*
declaim [di'kleim], *v.t., v.i.* déclamer (*contre*).
declamatory [di'klæmətəri], *a.* déclamatoire.
declaration [deklə'reiʃən], *n.* déclaration; proclamation, *f.*
declare [di'klɛə], *v.t.* déclarer; (*fig.*) annoncer; affirmer.—*v.i.* se déclarer, se prononcer (*pour*).
decline [di'klain], *v.t.* pencher, incliner; refuser.—*v.i.* pencher; décliner; baisser (*prix*).—*n.* déclin, *m.*, décadence; (*Path.*) maladie de langueur, *f.*
declutch [di:'klʌtʃ], *v.i.* débrayer.
decode [di:'koud], *v.t.* déchiffrer.
decompose [di:kəm'pouz], *v.t.* décomposer.—*v.i.* se décomposer.
decompression [di:kəm'preʃən], *n.* décompression, *f.*
decontaminate [di:kən'tæmineit], *v.t.* désinfecter.
decontrol [di:kən'troul], *v.t.* rendre libre de nouveau, libérer (*prix, loyers etc.*).—*n.* libération (*prix, loyers etc.*), *f.*
decorate ['dekəreit], *v.t.* décorer, orner.
decoration [dekə'reiʃən], *n.* décoration, *f.*; ornement, *m.*
decorator ['dekəreitə], *n.* décorateur, *m.*
decorous ['dekərəs, di'kɔ:rəs], *a.* bienséant, convenable.
decorously ['dekərəsli, di'kɔ:rəsli], *adv.* convenablement.

decorum [di'kɔ:rəm], *n.* bienséance, *f.*, décorum, *m.*
decoy [di'kɔi], *v.t.* leurrer; amorcer.—*n.* leurre; piège, *m.*
decrease ['di:kri:s], *n.* décroissement, *m.*; diminution; décrue (*eau*), *f.*—[di'kri:s], *v.t.* faire décroître.—*v.i.* diminuer; décroître.
decree [di'kri:], *n.* décret; (*Law*) arrêt, *m.*—*v.t.* arrêter, décréter.
decrepit [di'krepit], *a.* décrépit, caduc.
decry [di'krai], *v.t.* décrier, dénigrer.
dedicate ['dedikeit], *v.t.* dédier (*à*); consacrer (*à*).
dedication [dedi'keiʃən], *n.* dédicace, *f.*
deduce [di'dju:s], *v.t.* déduire, inférer (*de*).
deduct [di'dʌkt], *v.t.* déduire, rabattre.
deduction [di'dʌkʃən], *n.* déduction, *f.*
deed [di:d], *n.* action, *f.*; fait, exploit; (*Law*) titre, *m.*
deem [di:m], *v.t.* juger; penser, estimer.
deep [di:p], *a.* profond, extrême; foncé (*couleur*); grave (*son*); (*fig.*) rusé.—*n.* (*poet.*) océan, *m.*
deepen [di:pən], *v.t.* approfondir; assombrir.—*v.i.* devenir plus profond *ou* plus foncé.
deep-freeze [di:p'fri:z], *n.* réfrigérateur à basse température, *m.*
deeply ['di:pli], *adv.* profondément; extrêmement.
deep-rooted ['di:p'ru:tid], **deep-seated** ['di:p'si:tid], *a.* profond, enraciné.
deer [diə], *n.* cervidé, *m.*; *fallow deer*, daim, *m.*, daine, *f.*; *red deer*, cerf, *m.*
deface [di'feis], *v.t.* défigurer; mutiler.
defamation [defə'meiʃən], *n.* diffamation, *f.*
defame [di'feim], *v.t.* diffamer.
default [di'fɔ:lt], *n.* défaut, manque, *m.*; (*Law*) contumace, *f.*
defaulter [di'fɔ:ltə], *n.* délinquant; (*Mil.*) réfractaire; (*Law*) défaillant, *m.*
defeat [di'fi:t], *n.* défaite, déroute, *f.*—*v.t.* battre, vaincre; (*fig.*) annuler, déjouer.
defeatism [di'fi:tizm], *n.* défaitisme, *m.*
defeatist [di'fi:tist], *a.* and *n.* défaitiste, *m., f.*
defect [di'fekt], *n.* défaut, *m.*; imperfection, *f.*
defective [di'fektiv], *a.* défectueux, imparfait.
defence [di'fens], *n.* défense, *f.*
defend [di'fend], *v.t.* défendre (*de*), protéger (*contre*).
defender [di'fendə], *n.* défenseur, *m.*
defensible [di'fensəbl], *a.* défendable; (*fig.*) soutenable.
defensive [di'fensiv], *a.* défensif.—*n.* défensive, *f.*
defer [di'fə:], *v.t.* différer, remettre.—*v.i.* différer; déférer (*à*).
deference ['defərəns], *n.* déférence, *f.*
deferential [defə'renʃəl] *a.* de déférence, respectueux.
deferment [di'fə:mənt], *n.* (*Mil.*) sursis, *m.*
defiance [di'faiəns], *n.* défi, *m.*
defiant [di'faiənt], *a.* défiant.
deficiency [di'fiʃənsi], *n.* défaut, *m.*; insuffisance, *f.*
deficient [di'fiʃənt], *a.* défectueux; insuffisant.
deficit ['defisit], *n.* déficit, *m.*
defile (1) [di:'fail], *n.* défilé, *m.*
defile (2) [di:'fail], *v.t.* souiller; déshonorer.
define [di'fain], *v.t.* définir; déterminer.
definite ['definit], *a.* déterminé; (*Gram.*) défini.

definitely ['definitli], *adv.* absolument, nettement, d'une manière déterminée.

definition [defi'niʃən], *n.* définition, *f.*

deflate [di'fleit], *v.t.* dégonfler.

deflation [di'fleiʃən], *n.* dégonflement, *m.*; déflation monétaire, *f.*

deflect [di'flekt], *v.t.* faire dévier, détourner. —*v.i.* dévier.

deforestation [di:fɔris'teiʃən], *n.* déboisement, *m.*

deform [di'fɔ:m], *v.t.* déformer, défigurer.

deformation [di:fɔ:'meiʃən], *n.* déformation, *f.*

deformed [di'fɔ:md], *a.* difforme.

deformity [di'fɔ:miti], *n.* difformité; laideur, *f.*

defraud [di'frɔ:d], *v.t.* frauder.

defray [di'frei], *v.t.* défrayer; payer.

deft [deft], *a.* adroit, habile.

deftly ['deftli], *adv.* adroitement, lestement.

defunct [di'fʌŋkt], *a.* défunt, trépassé, décédé.—*n.* défunt, *m.*

defy [di'fai], *v.t.* défier, braver.

degeneracy [di'dʒenərəsi], **degeneration** [didʒenə'reiʃən], *n.* dégénérescence, *f.*

degenerate [di'dʒenərit], *a.* and *n.* dégénéré, *m.*—[di'dʒenəreit], *v.i.* dégénérer, s'abâtardir (*dans* ou *en*).

degradation [degrə'deiʃən], *n.* dégradation, *f.*; (*fig.*) avilissement, *m.*

degrade [di'greid], *v.t.* dégrader; (*fig.*) avilir.

degrading [di'greidiŋ], *a.* dégradant, avilissant.

degree [di'gri:], *n.* degré; rang, ordre, *m.*; qualité, *f.*; **university degree**, grade universitaire, *m.*

de-ice [di:'ais], *v.t.*, *v.i.* dégivrer.

deify ['di:ifai], *v.t.* déifier.

deign [dein], *v.t.*, *v.i.* daigner.

deity ['di:iti], *n.* divinité, *f.*; (*Myth.*) déité, *f.*

dejected [di'dʒektid], *a.* abattu, triste.

dejection [di'dʒekʃən], *n.* abattement, *m.*

delay [di'lei], *n.* délai, retard, *m.*—*v.t.* différer; remettre.—*v.i.* tarder.

delegacy ['deligəsi], *n.* délégation, *f.*

delegate ['deligit], *n.* délégué, *m.*—['deligeit], *v.t.* déléguer.

delegation [deli'geiʃən], *n.* délégation, *f.*

delete [di'li:t], *v.t.* effacer, rayer, biffer.

deletion [di'li:ʃən], *n.* rature, *f.*, grattage, *m.*

deliberate [di'libərit], *a.* délibéré, prémédité; réfléchi.—[di'libəreit], *v.i.* délibérer.

deliberately [di'libəritli], *adv.* à dessein; lentement.

deliberation [dilibə'reiʃən], *n.* délibération, *f.*

delicacy ['delikəsi], *n.* délicatesse; friandise (*a titbit*), *f.*

delicate ['delikit], *a.* délicat.

delicious [di'liʃəs], *a.* délicieux.

deliciously [di'liʃəsli], *adv.* délicieusement.

delight [di'lait], *n.* délices, *f.pl.*, plaisir, *m.*—*v.t.* plaire à, réjouir, enchanter; *to be delighted to*, être enchanté de.—*v.i.* se plaire à.

delightful [di'laitful], *a.* délicieux; charmant (*personne*).

delineate [di'linieit], *v.t.* esquisser, dessiner; (*fig.*) décrire.

delinquency [di'liŋkwənsi], *n.* délit, *m.*; *juvenile delinquency*, délinquance juvénile, *f.*

delinquent [di'liŋkwənt], *n.* délinquant, *m.*; *juvenile delinquent*, jeune délinquant.

delirious [di'liriəs], *a.* en délire; délirant.

delirium [di'liriəm], *n.* délire; (*fig.*) transport de joie, *m.*

deliver [di'livə], *v.t.* délivrer, sauver; distribuer (*lettres etc.*); remettre (*lettre, paquet etc.*); livrer (*marchandises*), prononcer (*un discours*); (faire) accoucher (*femme*).

deliverance [di'livərəns], *n.* délivrance, *f.*

deliverer [di'livərə], *n.* libérateur, sauveur, *m.*

delivery [di'livəri], *n.* délivrance, remise, *f.*; débit, *m.*, diction (*d'un discours*); livraison (*de marchandises*); distribution (*du courrier*), *f.*; (*Med.*) accouchement, *m.*; *payment on delivery*, livraison contre remboursement.

delivery-van [də'livərivæn], *n.* camion de livraison, *m.*; camionnette, *f.*

dell [del], *n.* vallon, *m.*

delta ['deltə], *n.* delta, *m.*

delude [di'lju:d], *v.t.* tromper, abuser.

deluge ['delju:dʒ], *n.* déluge, *m.*—*v.t.* inonder.

delusion [di'lju:ʒən], *n.* illusion, erreur, *f.*

delve [delv], *v.t.*, *v.i.* bêcher, creuser; (*fig.*) sonder.

demagnetize [di:'mægnitaiz], *v.t.* démagnétiser.

demagogue ['deməgɔg], *n.* démagogue, *m.*, *f.*

demand [di'mɑ:nd], *n.* exigence; réclamation; demande, requête, *f.*; *in great demand*, très demandé, très recherché; *on demand*, sur demande; *supply and demand*, l'offre et la demande, *f.*—*v.t.* exiger; réclamer; demander.

demarcation [di:mɑ:'keiʃən], *n.* démarcation, *f.*; *line of demarcation*, ligne de démarcation, *f.*

demean [di'mi:n], *v.i.* se comporter, se conduire; (*colloq.*) s'abaisser, se dégrader.

demeanour [di'mi:nə], *n.* conduite, *f.*, maintien, *m.*; tenue, *f.*

demented [di'mentid], *a.* fou, dément.

demi ['demi], *prep.* demi, à demi.

demigod ['demigɔd], *n.* demi-dieu, *m.*

demise [di'maiz], *n.* décès, *m.*, mort, *f.*—*v.t.* léguer; céder à bail.

demi-semiquaver ['demi'semikweivə], *n.* (*Mus.*) triple croche, *f.*

demister [di:'mistə], *n.* (*Motor.*) appareil antibuée, *m.*

demobilization [di:moubilai'zeiʃən], *n.* démobilisation, *f.*

demobilize [di:'moubilaiz], *v.t.* démobiliser.

democracy [di'mɔkrəsi], *n.* démocratie, *f.*

democrat ['deməkræt], *n.* démocrate, *m.*, *f.*

democratic [demə'krætik], *a.* démocratique.

democratically [demə'krætikəli], *adv.* démocratiquement.

demolish [di'mɔliʃ], *v.t.* démolir.

demolition [demə'liʃən], *n.* démolition, *f.*

demon ['di:mən], *n.* démon, diable, *m.*

demonstrate ['demənstreit], *v.t.* démontrer.—*v.i.* (*Polit.*) manifester.

demonstration [demən'streiʃən], *n.* démonstration; (*Polit.*) manifestation, *f.*

demonstrative [di'mɔnstrətiv], *a.* démonstratif.

demoralize [di:'mɔrəlaiz], *v.t.* démoraliser.

demote [di'mout], *v.t.* (*Mil.*) réduire à un grade inférieur, rétrograder.

demur [di'mə:], *n.* hésitation, objection, *f.*—*v.i.* hésiter, temporiser.

demure

demure [di'mjuə], *a.* réservé, posé; d'une modestie affectée.

demurely ['di'mjuəli], *adv.* d'un air posé; avec une modestie affectée.

den [den], *n.* antre; repaire (*de voleurs etc.*), *m.*; loge (*de ménagerie*), *f.*; (*fig.*) bouge, taudis; (*colloq.*) cabinet de travail, *m.*

denationalize [di:'næʃnəlaiz], *v.t.* dénationaliser.

denial [di'naiəl], *n.* déni, *m.*, dénégation, *f.*

denier ['deniə], *n.* (*Hosiery*) denier, *m.*; *a* 15-*denier stocking*, un bas 15 deniers.

denigrate ['denigreit], *v.t.* noircir, dénigrer.

Denis [DENNIS].

denizen ['denizn], *n.* citoyen, habitant, *m.*

Denmark ['denmɑ:k]. le Danemark, *m.*

Dennis ['denis]. Denis, *m.*

denomination [dinəmi'neiʃən], *n.* dénomination, *f.*; culte, *m.*, secte, *f.*

denominational [dinəmi'neiʃənl], *a.* confessionnel (*école*).

denote [di'nout], *v.t.* dénoter, marquer, indiquer; signifier.

denounce [di'nauns], *v.t.* dénoncer.

dense [dens], *a.* dense, épais; compact; stupide.

densely ['densli], *adv.* en masse.

density ['densiti], *n.* densité, épaisseur, *f.*

dent [dent], *n.* renfoncement, *m.*, bosselure; coche, *f.*—*v.t.* bosseler, cabosser.

dental [dentl], *a.* dentaire; (*Phon.*) dental; *dental surgeon*, chirurgien dentiste, *m.*

dentifrice ['dentifris], *n.* dentifrice, *m.*

dentist ['dentist], *n.* dentiste, *m.*, *f.*

dentistry ['dentistri], *n.* dentisterie, *f.*

denture ['dentʃə], *n.* dentier, *f.*; (*fam.*) râtelier, *m.*

denude [di'nju:d], *v.t.* dénuder; (*fig.*) dénuer.

denunciation [dinʌnsi'eiʃən], *n.* dénonciation, *f.*

deny [di'nai], *v.t.* nier, démentir; (*Law*) dénier, renier; refuser.

deodorant [di:'oudərənt], **deodorizer** [di:'oudəraizə], *n.* désinfectant, désinfecteur, désodorisant, *m.*

depart [di'pɑ:t], *v.t.* quitter.—*v.i.* partir, s'en aller, se retirer, s'éloigner; (*fig.*) mourir.

departed [di'pɑ:tid], *a.* mort, défunt; passé, évanoui.—*n.* *the departed*, le défunt, *m.*, les trépassés, *m.pl.*

department [di'pɑ:tmənt], *n.* département, service; (*Polit.*) bureau; comptoir, rayon (*de boutique*), *m.*; *department store*, grand magasin, *m.*

departmental [di:pɑ:t'mentl], *a.* départemental.

departure [di'pɑ:tʃə], *n.* départ; éloignement, *m.*; déviation; (*fig.*) mort, *f.*

depend [di'pend], *v.i.* dépendre (*de*); compter (*sur*), se reposer (*sur*).

dependable [di'pendəbl], *a.* digne de confiance; sûr.

dependent [di'pendənt], *a.* dépendant; (*Law*) à la charge de; (*Gram.*) subordonné; *dependent relatives*, parents à charge, *m.pl.*

depict [di'pikt], *v.t.* peindre, dépeindre.

deplete [di'pli:t], *v.t.* amoindrir, épuiser.

deplorable [di'plɔ:rəbl], *a.* déplorable; pitoyable (*lamentable*).

deplore [di'plɔ:], *v.t.* déplorer.

deploy [di'plɔi], *v.t.* (*Mil.*) déployer.—*v.i.* se déployer.

depopulate [di:'pɔpjuleit], *v.t.* dépeupler.—*v.i.* se dépeupler.

deport [di'pɔ:t], *v.t.* déporter, expulser; *to deport oneself*, se comporter.

deportment [di'pɔ:tmənt], *n.* tenue, conduite, *f.*, manières, *f.pl.*

depose [di'pouz], *v.t.*, *v.i.* déposer (*de*).

deposit [di'pozit], *n.* dépôt, *m.*; (*Banking*) versement; gage, nantissement, *m.*, arrhes, *f.pl.*, caution, *f.*; (*Geol.*) gisement, gîte, *m.*; *deposit account*, compte de dépôt, *m.*—*v.t.* déposer; verser.

deposition [depə'ziʃən, di:pə'ziʃən], *n.* déposition, *f.*; dépôt, *m.*

depositor [di'pozitə], *n.* (*Comm.*) déposant, *m.*

depository [di'pozitri], *n.* dépôt; garde-meubles, *m.*

depot ['depou], *n.* dépôt, *m.*; (*Am.*) ['di:pou], gare, *f.*

deprave [di'preiv], *v.t.* dépraver, corrompre.

depraved [di'preivd], *a.* dépravé, corrompu.

depravity [di'præviti], *n.* dépravation, *f.*

deprecate ['deprikeit], *v.t.* désapprouver, désavouer, s'opposer à.

deprecatingly ['deprikeitiŋli], *adv.* avec désapprobation.

deprecative ['deprikeitiv], **deprecatory** ['deprikeitəri], *a.* de déprécation.

depreciate [di'pri:ʃieit], *v.t.* déprécier.—*v.i* se déprécier.

depreciation [dipri:ʃi'eiʃən], *n.* dépréciation, *f.*

depress [di'pres], *v.t.* baisser, abaisser; abattre; accabler, décourager.

depressed [di'prest], *a.* abattu; bas.

depression [di'preʃən], *n.* abaissement, *m.*; dépression; (*Comm.*) crise, *f.*

deprivation [depri'veiʃən], *n.* privation, perte, *f.*

deprive [di'praiv], *v.t.* priver (*de*); déposséder.

depth [depθ], *n.* profondeur, *f.*; enfoncement (*recoin*); fort (*des saisons*), *m.*; *in the depth of winter*, au cœur *ou* au plus fort de l'hiver, *m.*; *to get out of one's depth*, perdre pied.

depth-charge ['depθtʃɑ:dʒ], *n.* grenade sous-marine, *f.*

deputation [depju'teiʃən], *n.* députation, délégation, *f.*

depute [di'pju:t], *v.t.* députer, déléguer.

deputize ['depjutaiz], *v.i.* remplacer quelqu'un.

deputy ['depjuti], *n.* député, délégué; adjoint, *m.*

derail [di:'reil], *v.t.* (*Rail.*) dérailler.

derailment [di:'reilmənt], *n.* déraillement, *m.*

derange [di'reindʒ], *v.t.* déranger.

derangement [di'reindʒmənt], *n.* dérangement, *m.*

derelict ['derilikt], *a.* délaissé, abandonné.

deride [di'raid], *v.t.* tourner en dérision, se moquer de.

derision [di'riʒən], *n.* dérision, moquerie, *f.*

derisive [di'raisiv], *a.* dérisoire.

derivation [deri'veiʃən], *n.* dérivation; origine, *f.*

derivative [di'rivətiv], *n.* (*Gram.*) dérivé, *m.*

derive [di'raiv], *v.t.* dériver.—*v.i.* venir, dériver (*de*).

derogatory [di'rɔgətəri], *a.* péjoratif, dérogatoire, dérogeant (*à*).

derrick ['derik], *n.* grue, *f.*; derrick, *m.*

dervish ['də:viʃ], *n.* derviche, *m.*

descend [di'send], *v.i.* descendre, tomber; s'abaisser; *to be descended from*, descendre de; *to descend upon*, tomber sur.

descendant [di'sendənt], *n.* descendant, *m.*

descendent [di'sendənt], *a.* descendant, qui descend, provenant (*de*).

descent [di'sent], *n.* descente; chute, pente; descendance, naissance, origine (*lignée*), *f.*

describe [dis'kraib], *v.t.* décrire, dépeindre, peindre.

description [dis'kripʃən], *n.* description; désignation (*d'une personne*), *f.*; (*Law*) signalement, *m.*; (*colloq.*) qualité, sorte, espèce, *f.*

descriptive [dis'kriptiv], *a.* descriptif.

descry [dis'krai], *v.t.* découvrir, apercevoir; aviser; reconnaître.

desecrate ['desəkreit], *v.t.* profaner.

desecration [desə'kreiʃən], *n.* profanation, *f.*

desert (1) [di'zə:t], *n.* mérite, *m.*; mérites, *m.pl.*

desert (2) ['dezət], *a.* désert; solitaire.—*n.* désert, *m.*; solitude, *f.*

desert (3) [di'zə:t], *v.t.* abandonner, déserter.

deserted [di'zə:tid], *a.* abandonné, désert.

deserter [di'zə:tə], *n.* déserteur, *m.*

desertion [di'zə:ʃən], *n.* désertion, *f.*, abandon, *m.*

deserve [di'zə:v], *v.t.* mériter, être digne de.

deservedly [di'zə:vidli], *adv.* à bon droit, justement.

deserving [di'zə:viŋ], *a.* de mérite, méritoire.

desiccated ['desikeitid], *a.* desséché.

design [di'zain], *n.* dessein, projet; dessin (*drawing*); (*Manuf.*) modèle, *m.*; *by design*, à dessein.—*v.t.* projeter, se proposer de; dessiner.

designedly [di'zainidli], *adv.* à dessein.

designer [di'zainə], *n.* inventeur; auteur; architecte; dessinateur (*draughtsman*), *m.*

designing [di'zainiŋ], *a.* artificieux, intrigant.

designate ['dezigneit], *v.t.* désigner, nommer.—['dezignit], *a.* désigné, nommé.

desirable [di'zaiərəbl], *a.* désirable, à souhaiter.

desire [di'zaiə], *n.* désir, *m.*; prière, demande, *f.*—*v.t.* désirer, souhaiter; prier.

desirous [di'zaiərəs], *a.* désireux (*de*), empressé (*à*); *to be desirous of*, avoir envie de.

desist [di'zist], *v.i.* se désister, cesser (*de*).

desk [desk], *n.* pupitre (*école*); bureau (*meuble*), *m.*; caisse (*boutique*); chaire (*de professeur*), *f.*

desolate ['desəlit], *a.* désolé, inhabité, solitaire, dévasté.

desolation [desə'leiʃən], *n.* désolation, *f.*

despair [dis'pɛə], *n.* désespoir, *m.*—*v.i.* désespérer (*de*).

despatch [DISPATCH].

desperado [despə'reidou, despə'ra:dou], *n.* désespéré, *m.*

desperate ['despərit], *a.* désespéré; furieux, forcené; acharné, terrible.

desperately ['despəritli], *adv.* désespérément; (*fig.*) excessivement.

desperation [despə'reiʃən], *n.* désespoir, *m.*; fureur, *f.*, acharnement, *m.*

despicable ['dispikəbl], *a.* méprisable.

despise [dis'paiz], *v.t.* mépriser, dédaigner.

despite [dis'pait], *n.* (*Lit.*) dépit, *m.*—*prep.* en dépit de, malgré.

despoil [dis'pɔil], *v.t.* dépouiller.

despondency [dis'pɔndənsi], *n.* abattement, désespoir, *m.*

despondent [dis'pɔndənt], *a.* découragé, abattu.

despot ['despɔt], *n.* despote, *m.*, *f.*

despotic [des'pɔtik], *a.* despotique.

despotism ['despətizm], *n.* despotisme, *m.*

dessert [di'zə:t], *n.* dessert, *m.*

destination [desti'neiʃən], *n.* destination, *f.*

destine ['destin], *v.t.* destiner, désigner.

destiny ['destini], *n.* destin, *m.*, destinée, *f.*

destitute ['destitju:t], *a.* dépourvu, destitué; indigent.

destitution [desti'tju:ʃən], *n.* dénuement, abandon, *m.*, indigence, *f.*

destroy [dis'trɔi], *v.t.* détruire, ruiner.

destroyer [dis'trɔiə], *n.* (*Naut.*) contre-torpilleur, *m.*

destroying [dis'trɔiiŋ], *a.* destructeur, destructif.

destruction [dis'trʌkʃən], *n.* destruction, *f.*, anéantissement, *m.*; ruine, *f.*

destructive [dis'trʌktiv], *a.* destructeur; funeste, fatal (*à*).

desultorily ['desəltərili], *adv.* à bâtons rompus, sans suite.

desultory ['desəltəri], *a.* à bâtons rompus, décousu, sans suite.

detach [di'tætʃ], *v.t.* détacher (*de*); isoler; *to become detached*, se détacher.

detachable [di'tætʃəbl], *a.* démontable, détachable.

detached [di'tætʃt], *a.* détaché, isolé.

detachment [di'tætʃmənt], *n.* détachement, *m.*

detail ['di:teil], *n.* détail, *m.*—[di'teil], *v.t.* détailler; (*Mil.*) désigner (*pour*).

detain [di'tein], *v.t.* retenir; détenir; (*Law*) empêcher.

detect [di'tekt], *v.t.* découvrir; détecter.

detection [di'tekʃən], *n.* découverte, *f.*

detective [di'tektiv], *n.* agent de la (police de) sûreté, policier, détective, *m.*; *a detective story*, un roman policier.

detention [di'tenʃən], *n.* action de retenir; (*Law*) détention; (*Sch.*) consigne, *f.*

deter [di'tə:], *v.t.* détourner, empêcher (*de*); dissuader (*de*).

detergent [di'tə:dʒənt], *a.* and *n.* détersif, détergent, *m.*

deteriorate [di'tiəriəreit], *v.i.* se détériorer.

deterioration [ditiəriə'reiʃən], *n.* détérioration, *f.*; dépérissement, *m.*

determination [ditə:mi'neiʃən], *n.* détermination, décision, *f.*

determine [di'tə:min], *v.t.* déterminer, décider.—*v.i.* se déterminer, se décider, résoudre.

determined [di'tə:mind], *a.* résolu, obstiné.

deterrent [di'terənt], *a.* préventif.—*n.* arme préventive, *f.*

detest [di'test], *v.t.* détester.

detestable [di'testəbl], *a.* détestable; (*fig.*) odieux.

detestation [di:tes'teiʃən], *n.* détestation, *f.*

dethrone

dethrone [di'θroun], v.t. détrôner.
detonation [detə'neiʃən], n. détonation, f.
detonator ['detəneitə], n. détonateur, m.
detract [di'trækt], v.t. enlever, ôter (à);
dénigrer.—v.i. déroger (à).
detriment ['detriment], n. détriment, préjudice, m.
detrimental [detri'mentl], a. préjudiciable,
nuisible (à).
deuce [djuːs], n. (Cards) deux; (Ten.) à deux;
à égalité; (colloq.) diable, diantre, m.
Deuteronomy [djuːtə'rɔnəmi]. Deutéronome,
m.
devaluation [diːvælju'eiʃən], n. dévaluation,
f.
devalue [diː'vælju], devaluate [diː'væljueit]
v.t. dévaluer, déprécier.
devastate ['devəsteit], v.t. dévaster.
devastation [devəs'teiʃən], n. dévastation, f.
develop [di'veləp], v.t. développer.
developer [di'veləpə], n. (Phot.) révélateur,
m.
development [di'veləpmənt], n. développement, m.
deviate ['diːvieit], v.i. dévier, se dévier;
s'écarter (de).
deviation [diːvi'eiʃən], n. déviation, f., écart,
m.
device [di'vais], n. dessein, moyen, stratagème; dispositif, mécanisme, m.; devise
(motto), f.
devil [devl], n. diable, démon, m.; dare-
devil, téméraire, m., f.—v.t. griller et
poivrer; devil-may-care, étourdi, m.
devilish ['deviliʃ], a. maudit, diabolique.
devilment ['devilmənt], devilry ['devilri], n.
diablerie, f.
devious ['diːviəs], a. détourné, écarté; (fig.)
errant.
devise [di'vaiz], v.t. imaginer, inventer;
tramer, machiner.
devitalize [diː'vaitəlaiz], v.t. dévitaliser.
devoid [di'vɔid], a. exempt, dénué (de).
devote [di'vout], v.t. dévouer, consacrer (à).
devoted [di'voutid], a. dévoué, consacré.
devotee [devo'tiː], n. dévot; passionné, m.,
fanatique, m., f.
devotion [di'vouʃən], n. dévotion, f.; dévouement, m.
devour [di'vauə], v.t. dévorer.
devout [di'vaut], a. dévot, pieux, fervent.
devoutly [di'vautli], adv. dévotement.
dew [djuː], n. rosée, f.
dewdrop ['djuːdrɔp], n. goutte de rosée, f.
dewlap ['djuːlæp], n. fanon, m.
dewy ['djuːi], a. (couvert) de rosée.
dexterity [deks'teriti], n. dextérité, adresse, f.
dexterous ['dekstrəs], a. adroit; habile.
diabetes [daiə'biːtiːz], n. diabète, m.
diabetic [daiə'betik], a. and n. diabétique,
m., f.
diabolic [daiə'bɔlik], diabolical [daiə'bɔlikl],
a. diabolique.
diadem ['daiədem], n. diadème, m.
diæresis [dai'iərəsis], n. (pl. diæreses
[dai'iərəsiːz]) tréma, m.
diagnose [daiəg'nouz], v.t. diagnostiquer.
diagnosis [daiəg'nousis], n. (pl. diagnoses
[daiəg'nousiːz]) diagnose, f.; diagnostic, m.
diagonal [dai'ægənəl], a. diagonal.—n.
diagonale, f.

diagram ['daiəgræm], n. diagramme, schéma,
m., épure, f.
diagrammatic [daiəgrə'mætik], a. schématique.
dial ['daiəl], n. cadran, m.; sun-dial, cadran
solaire.—v.t. (Teleph.) composer (un numéro).
dialect ['daiəlekt], n. dialecte, patois; (fig.)
langage, m.
dialogue ['daiəlɔg], n. dialogue; entretien, m.
diameter [dai'æmitə], n. diamètre, m.
diamond ['daiəmənd], n. diamant; (Cards)
carreau, m.
diamond-cutter ['daiəməndkʌtə], n. lapidaire, m.
diamond-shaped ['daiəməndʃeipt], a. en
losange.
Diana [dai'ænə]. (Myth.) Diane, f.
diaper ['daiəpə], n. linge ouvré, m.; (Am.)
serviette hygiénique, couche (d'enfant), f.
diarrhoea [daiə'riːə], n. diarrhée, f.
diary ['daiəri], n. journal (particulier); agenda,
m.
diatribe ['daiətraib], n. diatribe, f.
dice [dais], n.pl. dés, m.pl.—v.i. jouer aux dés.
dicky ['diki], a. (fam.) défectueux.
dictate [dik'teit], v.t. dicter.—v.i. commander
(à).—['dikteit], n. précepte, ordre, m.
dictation [dik'teiʃən], n. dictée, f.
dictator [dik'teitə], n. dictateur, m.
dictatorial [diktə'tɔːriəl], a. dictatorial; impérieux.
dictatorship [dik'teitəʃip], n. dictature, f.
diction ['dikʃən], n. diction, f.; débit, m.
dictionary ['dikʃənri], n. dictionnaire, m.
dictum ['diktəm], n. (pl. dicta ['diktə])
dicton, m.
diddle [didl], v.t. (colloq.) duper, rouler.
die (1) [dai], n. (pl. dies [daiz]) coin (pour
estamper).
die (2) [dai], n. (pl. dice [dais]) dé (à jouer), m.;
(fig.) chance, f.
die (3) [dai], v.i. mourir; (fig.) s'éteindre;
to die down, s'apaiser, se calmer; to die of,
mourir de; to die out, s'éteindre, disparaître, s'oublier.
die-hard ['daihaːd], n. intransigeant, m.
diet ['daiət], n. diète, f., régime, m.; diète
(assemblée), f.—v.t. mettre à la diète, mettre
au régime.—v.i. faire diète, être au régime.
dietetics [daiə'tetiks], n.pl. diététique, f.
differ ['difə], v.i. différer (de); se quereller
(avec).
difference ['difrəns], n. différence; dispute,
f.; différend (de valeur), m.; to split the
difference, partager le différend.
different ['difrənt], a. différent.
differentiate [difə'renʃieit], v.t. différencier,
distinguer.
differently ['difrəntli], adv. différemment,
autrement.
difficult ['difikəlt], a. difficile; malaisé.
difficulty ['difikəlti], n. difficulté; peine, f.,
embarras; (pl.) embarras pécuniaires, m.
diffidence ['difidəns], n. défiance (de soi),
modestie, timidité, f.
diffident ['difidənt], a. timide, hésitant.
diffidently ['difidəntli], adv. avec hésitation,
timidement.
diffuse [di'fjuːs], a. répandu, étendu; diffus,
verbeux (style).—[di'fjuːz], v.t. répandre.
diffusely [di'fjuːsli], adv. diffusément.

dig [dig], *v.t. irr.* creuser; bêcher; piocher.—
v.i. bêcher, piocher; faire des fouilles.—*n.*
coup (*de coude*); (*colloq.*) coup de patte, *m.*

digest [di'dʒest], *v.t.* digérer (*aliment etc.*);
résumer.—*v.i.* digérer.—['daidʒest], *n.* sommaire, abrégé, *m.*

digestion [di'dʒestʃən], *n.* digestion, *f.*

digestive [di'dʒestiv], *a.* and *n.* digestif, *m.*

digger ['digə], *n.* terrassier; mineur; fouil-
leur (*archéologue*); (*pop.*) Australien, *m.*

digging ['digin], *n.* fouille, *f.*, creusement, *m.*;
(*pl.*) (*pop.*) (*abbr.* **digs** [digz]) logement, *m.*

dignified ['dignifaid], *a.* plein de dignité,
digne; noble.

dignify ['dignifai], *v.t.* honorer, élever,
illustrer.

dignitary ['dignitri], *n.* dignitaire, *m.*, *f.*

dignity ['digniti], *n.* dignité, *f.*

digress [dai'gres], *v.i.* faire une digression;
s'écarter (*de*).

digression [dai'greʃən], *n.* digression, *f.*

dike or **dyke** [daik], *n.* digue, *f.*, fossé, *m.*

dilapidated [di'læpideitid], *a.* délabré.

dilapidation [dilæpi'deiʃən], *n.* délabrement,
m.

dilate [dai'leit], *v.t.* dilater, élargir, étendre.—
v.i. se dilater.

dilatory ['dilətəri], *a.* négligent, lent.

dilemma [di'lemə, dai'lemə], *n.* dilemme;
(*fig.*) embarras, *m.*; **on the horns of a
dilemma**, enfermé dans un dilemme.

diligence ['dilidʒəns], *n.* diligence, assiduité,
f.

diligent ['dilidʒənt], *a.* diligent, appliqué.

dilute [dai'lju:t, di'lju:t], *v.t.* délayer; diluer;
couper (*vin*); (*fig.*) affaiblir.—*a.* dilué,
mitigé.

dilution [dai'lju:ʃən, di'lju:ʃən], *n.* dilution
(*liquides*), *f.*; délayement; (*fig.*) affaiblissement, *m.*

dim [dim], *a.* obscur, trouble; blafard; terne
(*lumière*); indécis.—*v.t.* obscurcir; ternir.

dimension [di'menʃən, dai'menʃən], *n.*
dimension, étendue, *f.*

dimensional [di'menʃənəl, dai'menʃənəl], *a.*
dimensionnel; (*Cine.*) **three-dimensional
(3-D) film**, film en relief, *m.*

diminish [di'miniʃ], *v.t.* diminuer; abaisser.
—*v.i.* diminuer.

diminutive [di'minjutiv], *a.* diminutif,
minuscule.

dimly ['dimli], *adv.* obscurément, indistinctement, faiblement, à peine; sans éclat.

dimness ['dimnis], *n.* obscurcissement, *m.*;
obscurité; faiblesse (*de vue*), *f.*

dimple [dimpl], *n.* fossette, *f.*—*v.i.* (*fig.*) se
rider (*eau etc.*).

din [din], *n.* vacarme, tapage, fracas; cliquetis
(*d'armes etc.*), *m.*

dine [dain], *v.i.* dîner (*de*).

diner ['dainə], *n.* dîneur, *m.*

dinghy ['dingi], *n.* (*Naut.*) youyou, canot, *m.*

dinginess ['dindʒinis], *n.* couleur terne, *f.*;
aspect sale, *m.*

dingy ['dindʒi], *a.* terne; sale; défraîchi.

dining-car ['dainiŋka:], *n.* wagon-restaurant,
m.

dining-room ['dainiŋrum], *n.* salle à manger,
f.

dinner ['dinə], *n.* dîner, *m.*

dinner-jacket ['dinədʒækit], *n.* smoking, *m.*

dint (1) [dint], *n.* force, *f.*, pouvoir, *m.*; **by
dint of**, à force de.

dint (2) [dint], [DENT].

diocese ['daiəsis], *n.* diocèse, *m.*

dioxide [dai'ɔksaid], *n.* (*Chem.*) bioxyde, *m.*

dip [dip], *v.t.* plonger (*dans*); tremper, mouiller; (*Motor.*) mettre en code (*phares*).—*v.i.*
plonger; **to dip into**, s'engager dans,
feuilleter (*un livre*).—*n.* plongeon, *m.*, baignade, *f.*

diphtheria [dif'θiəriə], *n.* diphtérie, *f.*

diphthong ['difθɒŋ], *n.* diphtongue, *f.*

diploma [di'ploumə], *n.* diplôme, *m.*

diplomacy [di'plouməsi], *n.* diplomatie, *f.*

diplomat ['dipləmæt], **diplomatist** [di'plou-
mətist], *n.* diplomate, *m.*, *f.*

diplomatic [diplo'mætik], *a.* diplomatique.

dip-stick ['dipstik], *n.* (*Motor.*) réglette-
jauge, *f.*

dire ['daiə], *a.* terrible, affreux; cruel.

direct [di'rekt, dai'rekt], *a.* direct, droit;
exprès, clair.—*adv.* (*colloq.*) directement.—
v.t. diriger; ordonner, charger (*de*); indiquer, donner des renseignements à; **to
direct a letter**, adresser une lettre.

direction [di'rekʃən], *n.* direction, *f.*; ordre,
m., instruction, *f.*; sens, côté, *m.*; adresse
(*d'une lettre*), *f.*

directly [di'rektli], *adv.* directement, immédiatement; (*colloq.*) tout de suite;
aussitôt que (*as soon as*).

director [di'rektə], *n.* directeur, administrateur, gérant; (*Cine.*) réalisateur, *m.*

directory [di'rektəri], *n.* directoire; (*Postal,
Teleph.*) annuaire, *m.*

direful ['daiəful], *a.* terrible, affreux.

dirge [də:dʒ], *n.* chant funèbre, *m.*

dirt [də:t], *n.* saleté; crasse; boue, fange;
ordure, *f.*

dirtily ['də:tili], *adv.* salement; (*fig.*) vilainement.

dirtiness ['də:tinis], *n.* saleté; (*fig.*) bassesse, *f.*

dirty ['də:ti], *a.* sale, malpropre, crasseux;
(*fig.*) bas, vilain.—*v.t.* salir, crotter; (*fig.*)
souiller.

disability [disə'biliti], *n.* incapacité, *f.*

disable [dis'eibl], *v.t.* rendre incapable,
mettre hors d'état (*de*).

disabled [dis'eibld], *a.* hors de service; (*Mil.*)
hors de combat; **disabled ex-service
men**, mutilés de guerre, *m.pl.*

disadvantage [disəd'va:ntidʒ], *n.* désavantage, inconvénient, *m.*; perte, *f.*

disagree [disə'gri:], *v.i.* différer, ne pas s'accorder; **my dinner disagreed with me**,
mon dîner m'a fait mal.

disagreeable [disə'gri:əbl], *a.* désagréable;
fâcheux.

disagreeableness [disə'gri:əblnis], *n.* désagrément, *m.*, nature désagréable, *f.*

disagreeably [disə'gri:əbli], *adv.* désagréablement.

disagreement [disə'gri:mənt], *n.* différence,
f., désaccord; différend, *m.*; brouille, *f.*

disallow [disə'lau], *v.t.* désapprouver; refuser,
défendre.

disappear [disə'piə], *v.i.* disparaître.

disappearance [disə'piərəns], *n.* disparition,
f.

disappoint [disə'pɔint], *v.t.* désappointer,
décevoir.

disappointing [disə'pɔintin], *a.* décevant.

disappointment

disappointment [disə'pɔintmənt], n. désappointement, m.; déception, f.; contretemps, m.

disapprobation [disæpro'beiʃən], disapproval [disə'pru:vəl], n. désapprobation, f.

disapprove [disə'pru:v], v.t. désapprouver.—v.i. to disapprove of, désapprouver.

disarm [dis'ɑ:m], v.t. désarmer.

disarmament [dis'ɑ:məmənt], n. désarmement, m.

disarrange [disə'reindʒ], v.t. déranger.

disarray [disə'rei], v.i. mettre en désarroi ou en désordre.—n. désarroi, désordre, m.

disaster [di'zɑ:stə], n. désastre, malheur, m.

disastrous [di'zɑ:strəs], a. désastreux.

disavow [disə'vau], v.t. désavouer.

disband [dis'bænd], v.t. licencier, congédier; disperser.—v.i. se disperser.

disbelief [disbi'li:f], n. incrédulité, f.

disbelieve [disbi'li:v], v.t. ne pas croire, refuser de croire.

disbeliever [disbi'li:və], n. incrédule, m., f.

disc [DISK].

discard [dis'kɑ:d], v.t. mettre de côté; congédier; écarter; éliminer; (Cards) faire son écart.—['diskɑ:d], n. (Cards) écart, m.

discern [di'sə:n, di'zə:n], v.t. discerner, distinguer.

discerning [di'sə:niŋ, di'zə:niŋ], a. judicieux, éclairé, attentif.

discernment [di'sə:nmənt, di'zə:nmənt], n. discernement, jugement, m.

discharge [dis'tʃɑ:dʒ], n. déchargement, m.; décharge (arme à feu etc.); mise en liberté (d'un prisonnier), f.; accomplissement (d'un devoir), m.; réhabilitation (d'un failli); quittance (récépissé), f.; congé (d'employé); (Med.) écoulement, m.—v.t. décharger; congédier (employé); libérer (de prison); acquitter (dette); décharger (arme à feu); remplir (devoir); (Mil., Navy) congédier; (Law) quitter.—v.i. suppurer (blessure etc.).

disciple [di'saipl], n. disciple, m.

disciplinarian [disipli'nɛəriən], a. disciplinaire.—n. personne rigide pour la discipline, f.

disciplinary ['disiplinəri], a. disciplinaire.

discipline ['disiplin], n. discipline, f.—v.t. discipliner.

disclaim [dis'kleim], v.t. désavouer, renier, nier.

disclose [dis'klouz], v.t. découvrir, révéler.

disclosure [dis'klouʒə], n. révélation, découverte, f.

discolour [dis'kʌlə], v.t. décolorer.

discomfort [dis'kʌmfət], n. incommodité, f., inconfort, malaise, m., gêne, f.

discompose [diskəm'pouz], v.t. déranger, troubler.

discomposure [diskəm'pouʒə], n. trouble, désordre, m., agitation, f.

disconcert [diskən'sə:t], v.t. déconcerter.

disconnect [diskə'nekt], v.t. désunir, séparer; (Elec.) débrancher; (Mach.) désembrayer.

disconnected [diskə'nektid], a. débrayé; déconnecté; (fig.) décousu.

disconsolate [dis'kɔnsəlit], a. inconsolable, désolé.

discontent [diskən'tent], n. mécontentement, m.

discontented [diskən'tentid], a. mécontent (de).

discontinue [diskən'tinju:], v.t., v.i. discontinuer; cesser de.

discord ['diskɔ:d], n. discorde; (Mus.) dissonance, f.

discordant [dis'kɔ:dənt], a. discordant; (fig.) en désaccord.

discount ['diskaunt], n. escompte; rabais, m. at a discount, au rabais, en baisse.—[dis'kaunt], v.t. escompter; (fig.) décompter, rabattre.—v.i. faire l'escompte.

discourage [dis'kʌridʒ], v.t. décourager, détourner.

discouragement [dis'kʌridʒmənt], n. découragement, m.

discouraging [dis'kʌridʒiŋ], a. décourageant.

discourse (1) ['diskɔ:s], n. discours, entretien; (fig.) langage, propos, m.—[dis'kɔ:s], v.i. discourir, s'entretenir, traiter (de).

discourteous [dis'kɔ:tiəs], a. impoli.

discourtesy [dis'kɔ:tisi], n. impolitesse, f.

discover [dis'kʌvə], v.t. découvrir; révéler, montrer.

discovery [dis'kʌvəri], n. découverte, f.

discredit [dis'kredit], n. discrédit, m.; honte, f.—v.t. ne pas croire; déshonorer.

discreditable [dis'kreditəbl], a. peu honorable; honteux.

discreet [dis'kri:t], a. discret, prudent, circonspect, sage.

discreetly [dis'kri:tli], adv. discrètement, sagement, prudemment.

discrepancy [dis'krepənsi], n. désaccord, m.

discretion [dis'kreʃən], n. discrétion, prudence, sagesse, f.; jugement, discernement, m.

discriminate [dis'krimineit], v.t. discriminer, distinguer.—v.i. faire des distinctions.

discriminating [dis'krimineitiŋ], a. discriminatoire, distinctif.

discrimination [diskrimi'neiʃən], n. discrimination, f., discernement, m.

discuss [dis'kʌs], v.t. discuter, débattre.

discussion [dis'kʌʃən], n. discussion, f., débat, m.

disdain [dis'dein], n. dédain, mépris, m.—v.t. dédaigner, mépriser.

disdainful [dis'deinful], a. dédaigneux, méprisant.

disease [di'zi:z], n. maladie, f., mal; (fig.) vice, m.

diseased [di'zi:zd], a. malade; (fig.) dérangé.

disembark [disim'bɑ:k], v.t., v.i. débarquer.

disembarkation [disemba:'keiʃən], n. débarquement, m.

disembodied [disim'bɔdid], a. désincarné.

disembowel [disim'bauəl], v.t. éventrer.

disengage [disin'geidʒ], v.t. dégager; (Tech.) débrayer.—v.i. se dégager.

disengaged [disin'geidʒd], a. dégagé; libre.

disentangle [disin'tæŋgl], v.t. démêler, débrouiller.

disentanglement [disin'tæŋglmənt], n. débrouillement, m.

disestablish [disis'tæbliʃ], v.t. séparer (l'Église de l'État).

disestablishment [disis'tæbliʃmənt], n. séparation de l'Église et de l'État, f.

disfavour [dis'feivə], n. défaveur, f.

disfigure [dis'figə], v.t. défigurer, enlaidir.

disfigurement [dis'figəmənt], *n.* action de défigurer; difformité, *f.*

disfranchisement [dis'frænt∫izınənt], *n.* privation *ou* perte de privilèges électoraux, *f.*

disgorge [dis'gɔːdʒ], *v.t.* dégorger, rendre, vomir.—*v.i.* rendre gorge.

disgrace [dis'greis], *n.* disgrâce, honte, *f.*, déshonneur, *m.*—*v.t.* disgracier; déshonorer.

disgraceful [dis'greisful], *a.* honteux; déshonorant, ignoble.

disgracefully [dis'greisfuli], *adv.* honteusement.

disgruntled [dis'grʌntld], *a.* mécontent; de mauvaise humeur.

disguise [dis'gaiz], *n.* déguisement, travestissement; (*fig.*) masque, voile, *m.*—*v.t.* déguiser; (*fig.*) cacher, voiler.

disguised [dis'gaizd], *a.* déguisé.

disgust [dis'gʌst], *n.* dégoût, *m.*, aversion, *f.*; ennui, *m.*—*v.t.* dégoûter (*de*); écœurer.

disgusting [dis'gʌstiŋ], *a.* dégoûtant.

dish [di∫], *n.* (*pl.* **dishes** ['di∫iz]) plat (*vaisselle*); mets (*aliment*), *m.*; (*pl.*) vaisselle, *f.*—*v.t.* dresser, servir, apprêter; (*colloq.*) enfoncer.

dish-cloth ['di∫klɔθ], *n.* torchon, *m.*

dishearten [dis'hɑːtn], *v.t.* décourager.

disheartening [dis'hɑːtniŋ], *a.* décourageant.

dishevel [di'∫evəl], *v.t.* ébouriffer.

dishevelled [di'∫evəld], *a.* dépeigné, ébouriffé.

dishonest [dis'ɔnist], *a.* malhonnête.

dishonestly [dis'ɔnistli], *adv.* malhonnêtement.

dishonesty [dis'ɔnisti], *n.* improbité, malhonnêteté, *f.*

dishonour [dis'ɔnə], *n.* déshonneur, *m.*—*v.t.* déshonorer; avilir; (*Comm.*) **dishonoured cheque**, chèque impayé, *m.*

dishonourable [dis'ɔnərəbl], *a.* sans honneur; honteux (*chose*).

dishonourably [dis'ɔnərəbli], *adv.* malhonnêtement.

disillusion [disi'ljuːʒən], *v.t.* désillusionner. —*n.*, *also* **disillusionment** [disi'lju:ʒənmənt], désillusionnement, *m.*

disinclination [disinkli'nei∫ən], *n.* éloignement, *m.*; aversion, *f.*

disinclined [disin'klaind], *a.* peu disposé.

disinfect [disin'fekt], *v.t.* désinfecter.

disinfectant [disin'fektənt], *n.* désinfectant, *m.*

disingenuous [disin'dʒenjuəs], *a.* sans franchise, de mauvaise foi, dissimulé.

disingenuously [disin'dʒenjuəsli], *adv.* de mauvaise foi.

disingenuousness [disin'dʒenjuəsnis], *n.* dissimulation, mauvaise foi, fausseté, *f.*

disinherit [disin'herit], *v.t.* déshériter.

disinheritance [disin'heritəns], *n.* déshéritement, *m.*

disintegrate [dis'intigreit], *v.t.* désagréger; désintégrer.—*v.i.* se désagréger, se désintégrer.

disintegration [disinti'grei∫ən], *n.* désagrégation; désintégration, *f.*

disinter [disin'tə:], *v.t.* déterrer, exhumer.

disinterested [dis'intrəstid], *a.* désintéressé.

disjointed [dis'dʒɔintid], *a.* désarticulé, disloqué; (*fig.*) décousu, sans suite (*style etc.*).

disjointedly [dis'dʒɔintidli], *adv.* d'une manière décousue *ou* incohérente.

disk [disk], *n.* disque, *m.*; (*Med.*) **slipped disk**, hernie discale, *f.*

dislike [dis'laik], *v.t.* ne pas aimer; avoir du dégoût pour.—*n.* aversion, *f.*; dégoût, *m.*

dislocate ['dislokeit], *v.t.* disloquer, démettre; déboîter (*os etc.*).

dislodge [dis'lɔdʒ], *v.t.* déloger; déplacer.

disloyal [dis'lɔiəl], *a.* perfide, déloyal.

disloyalty [dis'lɔiəlti], *n.* défection (*de*), déloyauté, perfidie, *f.*

dismal ['dizməl], *a.* sombre, morne, triste.

dismally ['dizməli], *adv.* lugubrement, tristement.

dismantle [dis'mæntl], *v.t.* dévêtir; démonter (*machine*).

dismay [dis'mei], *n.* effroi, *m.*, terreur, épouvante, *f.*—*v.t.* effarer, épouvanter, consterner.

dismiss [dis'mis], *v.t.* renvoyer (*de*); congédier; quitter (*sujet etc.*); rejeter (*appel etc.*); chasser (*pensées etc.*).

dismissal [dis'misəl], *n.* renvoi; congé; (*Law*) acquittement, *m.*

dismount [dis'maunt], *v.t.* démonter.—*v.i.* descendre de cheval.

disobedience [disəu'biːdiəns], *n.* désobéissance, *f.*

disobedient [disəu'biːdiənt], *a.* désobéissant.

disobey [disəu'bei], *v.t.* désobéir à.

disobliging [disəu'blaidʒiŋ], *a.* désobligeant.

disorder [dis'ɔːdə], *n.* désordre, dérèglement, *m.*; maladie (*Med.*), *f.*—*v.t.* déranger, troubler.

disordered [dis'ɔːdəd], *a.* en désordre, dérangé; malade.

disorderly [dis'ɔːdəli], *a.* en désordre, déréglé; vicieux; tumultueux.

disorganization [disɔːgəni'zei∫ən], *n.* désorganisation, *f.*

disorganize [dis'ɔːgənaiz], *v.t.* désorganiser.

disown [dis'oun], *v.t.* désavouer, nier.

disparage [dis'pæridʒ], *v.t.* déprécier, ravaler, dénigrer.

disparagement [dis'pæridʒmənt], *n.* dénigrement, déshonneur, reproche, *m.*; honte, *f.*, tort, *m.*

disparaging [dis'pæridʒiŋ], *a.* dénigrant, injurieux.

disparagingly [dis'pæridʒinli], *adv.* avec mépris.

dispassionate [dis'pæ∫ənit], *a.* calme; impartial.

dispatch, despatch [dis'pæt∫], *v.t.* dépêcher, expédier; achever.—*n.* dépêche, *f.*, envoi, *m.*; promptitude, *f.*; **mentioned in dispatches**, cité à l'ordre du jour.

dispel [dis'pel], *v.t.* dissiper, chasser.

dispensary [dis'pensəri], *n.* dispensaire, *m.*; pharmacie, *f.*

dispensation [dispən'sei∫ən], *n.* dispensation, *f.*; (*fig.*) bienfait, don, *m.*

dispense [dis'pens], *v.t.* distribuer, dispenser, administrer; (*Pharm.*) préparer (*médecine*); **to dispense with**, se passer de.

dispenser [dis'pensə], *n.* dispensateur, pharmacien, *m.*

dispersal [dis'pəːsəl], *n.* dispersion, *f.*

disperse [dis'pəːs], *v.t.* disperser; dissiper.—*v.i.* se disperser.

dispirited [dis'piritid], *a.* découragé, abattu.

displace

displace [dis'pleis], *v.t.* déplacer; destituer (*d'un emploi*).

displacement [dis'pleismənt], *n.* déplacement, *m.*

display [dis'plei], *n.* exposition, parade, *f.*; (*fig.*) étalage, *m.*—*v.t.* montrer, exposer, étaler.

displease [dis'pli:z], *v.t.* déplaire à; fâcher.

displeased [dis'pli:zd], *a.* mécontent, offensé (*de*).

displeasing [dis'pli:ziŋ], *a.* désagréable.

displeasure [dis'pleʒə], *n.* déplaisir; courroux, *m.*

disport [dis'pɔ:t], *v.t.* **to disport oneself**, s'amuser, se divertir.

disposal [dis'pouzəl], *n.* disposition; vente, cession (*sale*), *f.*

dispose [dis'pouz], *v.t.* disposer; porter (*à croire*); **to dispose of**, céder, vendre, se défaire de, se débarrasser de.

disposition [dispə'ziʃən], *n.* disposition, *f.*; caractère, naturel, *m.*

dispossess [dispə'zes], *v.t.* déposséder (*de*).

disproportionate [disprə'pɔ:ʃənit], *a.* disproportionné.

disprove [dis'pru:v], *v.t.* réfuter.

dispute [dis'pju:t], *n.* différend; conflit, *m.*; **beyond dispute**, sans contredit.—*v.t.* disputer, discuter.

disqualification [diskwɔlifi'keiʃən], *n.* incapacité, *f.*

disqualify [dis'kwɔlifai], *v.t.* rendre incapable (*de*).

disquiet [dis'kwaiət], *n.* inquiétude, *f.*

disregard [disri'ga:d], *n.* insouciance, indifférence *f.*—*v.t.* négliger, faire peu de cas de.

disrepair [disri'pɛə], *n.* délabrement, *m.*

disreputable [dis'repjutəbl], *a.* de mauvaise réputation; compromettant, déshonorant (*chose*).

disrepute [disri'pju:t], *n.* discrédit, déshonneur, *m.*; mauvaise réputation, *f.*

disrespect [disris'pekt], *n.* manque de respect, irrespect, *m.*

disrespectful [disris'pektful], *a.* irrespectueux.

disrobe [dis'roub], *v.t.* déshabiller, dévêtir.—*v.i.* se déshabiller.

disrupt [dis'rʌpt], *v.t.* rompre.

dissatisfaction [dissætis'fækʃən], *n.* mécontentement, *m.*

dissatisfied [dis'sætisfaid], *a.* mécontent (*de*).

dissect [di'sekt], *v.t.* disséquer.

dissection [di'sekʃən], *n.* dissection, *f.*

dissemble [di'sembl], *v.t.* dissimuler, déguiser, cacher.—*v.i.* dissimuler, feindre.

disseminate [di'semineit], *v.t.* disséminer, répandre, propager.

dissension [di'senʃən], *n.* dissension, *f.*; **to sow dissension**, semer la zizanie.

dissent [di'sent], *n.* dissentiment, *m.*; (*Relig.*) dissidence, *f.*—*v.i.* différer (*de*); différer de sentiment (*avec*).

dissenter [di'sentə], *n.* dissident, *m.*, nonconformiste, *m.*, *f.*

disservice [di'sə:vis], *n.* mauvais service, *m.*

dissever [di'sevə], *v.t.* séparer (*de*).

dissimilar [di'similə], *a.* dissemblable (*à*); différent (*de*).

dissimulate [di'simjuleit], *v.t.* dissimuler.

dissipate ['disipeit], *v.t.* dissiper.—*v.i.* se dissiper.

dissociate [di'souʃieit], *v.t.* désassocier, dissocier.

dissolute ['disəlu:t], *a.* dissolu.

dissolve [di'zɔlv], *v.t.* dissoudre; désunir; supprimer; résoudre (*doute etc.*).—*v.i.* se dissoudre.

dissonance ['disənəns], *n.* dissonance; discordance, *f.*

dissuade [di'sweid], *v.t.* dissuader (*de*).

distaff ['dista:f], *n.* quenouille, *f.*; **the distaff side**, le côté maternel.

distance ['distəns], *n.* distance, *f.*; éloignement, lointain, *m.*; (*fig.*) réserve, *f.*

distant ['distənt], *a.* éloigné, lointain; (*fig.*) réservé, froid.

distaste [dis'teist], *n.* dégoût, *m.*, aversion (*pour*), *f.*

distasteful [dis'teistful], *a.* désagréable, offensant.

distemper [dis'tempə], *n.* maladie (*de chien*), (*Paint.*) détrempe, *f.*—*v.t.* peindre en détrempe.

distend [dis'tend], *v.t.* étendre; dilater, enfler.—*v.i.* se détendre.

distil [dis'til], *v.t.*, *v.i.* distiller.

distillation [disti'leiʃən], *n.* distillation, *f.*

distiller [dis'tilə], *n.* distillateur, *m.*

distillery [dis'tiləri], *n.* distillerie, *f.*

distinct [dis'tiŋkt], *a.* distinct; exprès, clair, net.

distinction [dis'tiŋkʃən], *n.* distinction; (*Sch.*) mention, *f.*

distinctive [dis'tiŋktiv], *a.* distinctif.

distinctly [dis'tiŋktli], *adv.* distinctement, clairement; (*fig.*) indéniablement.

distinguish [dis'tiŋgwiʃ], *v.t.* distinguer (*de*).

distinguished [dis'tiŋgwiʃt], *a.* distingué; **a distinguished man**, un homme éminent.

distort [dis'tɔ:t], *v.t.* tordre, contourner; décomposer (*les traits*); (*fig.*) torturer, défigurer.

distorted [dis'tɔ:tid], *a.* tordu, décomposé; (*fig.*) torturé.

distortion [dis'tɔ:ʃən], *n.* contorsion, déformation, *f.*

distract [dis'trækt], *v.t.* distraire, détourner (*de*); tourmenter.

distracted [dis'træktid], *a.* bouleversé, fou, hors de soi.

distracting [dis'træktiŋ], *a.* atroce, déchirant, affolant.

distraction [dis'trækʃən], *n.* distraction, *f.*, trouble, *m.*, confusion; démence, folie, *f.*; **to drive to distraction**, mettre hors de soi.

distraught [dis'trɔ:t], *a.* affolé, éperdu.

distress [dis'tres], *n.* détresse, affliction, peine, *f.*, chagrin, *m.*; misère (*pauvreté*), *f.*—*v.t.* affliger, désoler.

distressed [dis'trest], *a.* affligé, malheureux; dans la misère (*pauvre*).

distressing [dis'tresiŋ], *a.* affligeant; désolant; pénible.

distribute [dis'tribju:t], *v.t.* distribuer.

distribution [distri'bju:ʃən], *n.* distribution, répartition, *f.*

district ['distrikt], *n.* contrée, région, *f.*, arrondissement, district; quartier (*de ville*); (*Postal*) secteur, *m.*

distrust [dis'trʌst], *n.* méfiance, *f.*—*v.t.* se méfier de.

distrustful [dis'trʌstful], *a.* défiant; méfiant, soupçonneux.

disturb [dis'tə:b], *v.t.* troubler; déranger.

disturbance [dis'tə:bəns], *n.* trouble, *m.*; confusion, émeute, *f.*; bruit, tapage; désordre, *m.*

disuse [dis'ju:s], *n.* désuétude, *f.*

disused [dis'ju:zd], *a.* hors d'usage.

ditch [ditʃ], *n.* fossé, *m.*—*v.t.* (*pop.*) abandonner.—*v.i.* creuser un fossé.

dither ['diðə], *n.* **to be all of a dither**, être tout agité.—*v.i.* trembler, trembloter, hésiter.

ditto ['ditou], *adv.* idem; (*Comm.*) dito.

ditty ['diti], *n.* chanson, chansonnette, *f.*

diurnal [dai'ə:nəl], *a.* journalier, du jour; (*Med.*) quotidien.

divan [di'væn], *n.* divan, *m.*

dive [daiv], *v.i.* plonger.—*n.* plongeon, *m.*; (*pop.*) boîte de nuit, *f.*

diver ['daivə], *n.* plongeur; plongeon (*oiseau*), *m.*

diverge [dai'və:dʒ], *v.i.* diverger (*de*).

divergent [dai'və:dʒənt], *a.* divergent.

diverse [dai'və:s], *a.* divers, varié.

diversify [dai'və:sifai], *v.t.* diversifier; varier (*couleurs*).

diversion [dai'və:ʃən], *n.* divertissement, amusement, *m.*; diversion, distraction, *f.*

diversity [dai'və:siti], *n.* diversité, variété, *f.*

divert [dai'və:t], *v.t.* divertir, réjouir; distraire; dévier, détourner (*de*).

diverting [dai'və:tiŋ], *a.* divertissant, amusant.

divest [di'vest, dai'vest], *v.t.* dépouiller (*de*).

divide [di'vaid], *v.t.* diviser; partager.—*v.i.* se diviser.

dividend ['dividend], *n.* dividende, *m.*

dividers [di'vaidəz], *n. pl.* compas à pointes sèches, *m.*

divine [di'vain], *a.* divin; (*fam.*) adorable.—*n.* théologien, ecclésiastique, *m.*—*v.t.* deviner, pressentir.

diving [daivin], *n.* plongement, plongeon, *m.*

diving-board ['daivinbo:d], *n.* plongeoir, *m.*

divinity [di'viniti], *n.* divinité; théologie, *f.*

divisible [di'vizibl], *a.* divisible.

division [di'viʒən], *n.* division, *f.*, partage, *m.*; scission, *f.*; vote, *m.*

divorce [di'vo:s], *n.* divorce, *m.*; séparation, *f.* —*v.t.* séparer; divorcer avec.—*v.i.* se séparer (*de*).

divorcee [divə:'si:], *n.* divorcé, *m.*, divorcée, *f.*

divulge [dai'vʌldʒ, di'vʌldʒ], *v.t.* divulguer, publier.

dizziness ['dizinis], *n.* vertige, étourdissement, *m.*

dizzy ['dizi], *a.* étourdi; vertigineux (*élévation*).

do [du:], *v.t. irr.* faire; rendre (*service, justice etc.*); finir (*achever*); (*Cook.*) cuire; (*colloq.*) duper; **done!** c'est entendu! **done to a turn**, cuit à point; **he is done for**, c'en est fait de lui; **it can't be done**, pas moyen; **overdone**, trop cuit (*viande*); **to be doing well**, faire de bonnes affaires, réussir; **to do over**, enduire (*de*), couvrir (*de*); **to do up**, empaqueter, emballer, remettre en état, remettre à neuf; **underdone**, saignant (*viande*); **well done!** bravo! **what is to be done?** que faire?— *v.i.* se porter, se conduire; aller, convenir

(*faire l'affaire*); suffire (*répondre à un besoin*); finir (*terminer*); **how do you do?** comment allez-vous ? **to do away with**, supprimer, se défaire de. faire disparaître; **to do by**, agir envers; **to do without**, se passer de.— *n.* duperie; soirée, réception, *f.*

docile ['dousail], *a.* docile.

docility ['dou'siliti], *n.* docilité, *f.*

dock [dɔk], *v.t.* écourter; rogner (*comptes etc.*); (*Naut.*) mettre dans le bassin.—*v.i.* entrer aux docks.—*n.* bassin, dock, *m.*; (*Bot.*) patience, *f.*; (*Law*) banc des accusés, *m.*

docker ['dɔkə], *n.* déchargeur, docker, *m.*

docket ['dɔkit], *n.* étiquette, fiche, *f.*—*v.t.* étiqueter; enregistrer.

doctor ['dɔktə], *n.* docteur, médecin, *m.*— *v.t.* soigner, droguer; (*fig.*) altérer; frelater (*vin*).

doctrinaire [dɔktri'nɛə], *a.* doctrinaire.

doctrinal [dɔk'trainəl], *a.* doctrinal.

doctrine ['dɔktrin], *n.* doctrine, *f.*

document ['dɔkjumənt], *n.* document, titre, *m.*—*v.t.* munir de documents.

documentary [dɔkju'mentəri], *a.* justificatif, authentique.—*n.* (*Cine.*) documentaire, *m.*

documentation [dɔkjumen'teiʃən], *n.* documentation, *f.*

dodge [dɔdʒ], *v.t.* éviter; esquiver.—*v.i.* s'esquiver; (*fig.*) ruser, faire des détours.— *n.* tour, détour, *m.*; (*fig.*) ruse, ficelle, *f.*

dodger ['dɔdʒə], *n.* rusé, malin, finaud, *m.*

doe [dou], *n.* daine, *f.*

doer ['du:ə], *n.* faiseur; auteur, *m.*

doff [dɔf], *v.t.* tirer, enlever, ôter.

dog [dɔg], *n.* chien; (*facet.*) coquin, gaillard, *m.*; **lucky dog!** quel veinard!—*v.t.* suivre à la piste; harceler, épier.

dog-days ['dɔgdeiz], *n.pl.* canicule, *f.*

dogged ['dɔgid], *a.* obstiné; acharné.

doggedly ['dɔgidli], *adv.* avec acharnement.

doggedness ['dɔgidnis], *n.* obstination, *f.* acharnement, *m.*

doggerel ['dɔgərəl], *n.* vers burlesques, vers de mirliton, *m.pl.*

doggie ['dɔgi], *n.* (*Childish*) tou-tou, *m.*

doggo ['dɔgou], *adv.* **to lie doggo**, se tenir coi.

dogma ['dɔgmə], *n.* dogme, *m.*

dogmatic [dɔg'mætik], *a.* dogmatique.

dogmatism ['dɔgmətizm], *n.* dogmatisme, *m.*

doily ['dɔili], *n.* serviette de dessert, *f.* napperon, *m.*

doing ['duiŋ], *n.* (*usu. in pl.*) faits, *m.pl.*; actions, *f.pl.*, exploits, *m.pl.*

dole [doul], *n.* aumône, *f.*, partage, *m.*; allocation de chômage, *f.*—*v.t.* **to dole out**, distribuer, répartir avec parcimonie.

doleful ['doulful], *a.* plaintif, lugubre.

doll [dɔl], *n.* poupée, *f.*—*v.r.* **to doll oneself up**, se pomponner.

dollar ['dɔlə], *n.* dollar, *m.*

dolphin ['dɔlfin], *n.* dauphin, *m.*

dolt [doult], *n.* lourdaud, sot, butor, *m.*

domain [do'mein], *n.* domaine, *m.*

dome [doum], *n.* dôme, *m.*

domestic [də'mestik], *a.* de famille; domestique (*animaux*).—*n.* domestique, *m. f.*, servante, *f.*

domesticate [də'mestikeit], *v.t.* domestiquer, apprivoiser; *fig.*) rendre casanier.

407

domesticated

domesticated [də'mestikeited], *a.* casanier (*personnes*); apprivoisé (*animaux*).
domicile ['dɔmisail, 'dɔmisil], *n.* domicile, *m.*
dominance ['dɔminəns], *n.* dominance, *f.*
dominant ['dɔminənt], *a.* dominant.
dominate ['dɔmineit], *v.t.* dominer sur.—*v.i.* dominer; prévaloir, prédominer.
domination [dɔmi'neiʃən], *n.* domination, *f.*
domineer [dɔmi'niə], *v.i.* dominer (*sur*).
domineering [dɔmi'niəriŋ], *a.* impérieux, autoritaire.
Dominican [do'minikən], *a.* dominicain.—*n.* Dominicain (*personne*), *m.*; **Dominican nun,** Dominicaine, *f.*
dominie ['dɔmini], *n.* (*Sc.*) maître d'école, *m.*
dominion [do'minjən], *n.* domination, autorité, *f.*; empire, *m.*; (*pl.*) états, *m.pl.*
domino ['dɔminou], *n.* domino (*capuchon, jeu*), *m.*
don [dɔn], *n.* don (*titre*); (*fig.*) grand seigneur; (*Univ.*) professeur d'université, *m.*—*v.t.* mettre, endosser.
donate [do'neit], *v.t.* faire un don de.
donation [do'neiʃən], *n.* donation, *f.*, don, *m.*
donkey ['dɔŋki], *n.* âne, baudet, *m.*
donor ['dounə], *n.* donateur, *m.*
doodle [du:dl], *v.i.* griffonner.—*n.* griffonnage, *m.*
doom [du:m], *v.t.* condamner (à); (*fig.*) destiner (à).—*n.* jugement; destin funeste, *m.*; perte, ruine *f.*
doomsday ['du:mzdei], *n.* jour du jugement dernier, *m.*
door [dɔ:], *n.* porte; portière (*d'une voiture*), *f.*; **folding-doors,** porte à deux battants; **next door,** à côté; **indoors,** à la maison; **out of doors,** dehors; **behind closed doors,** à huis clos.
door-bell ['dɔ:bel], *n.* sonnette, *f.*
door-keeper ['dɔ:ki:pə], *n.* concierge, portier (*d'une maison*); gardien (*des monuments publics*), *m.*
doorman ['dɔ:mən], *n.* portier, *m.*
door-mat ['dɔ:mæt], *n.* paillasson, *m.*
door-step ['dɔ:step], *n.* seuil de la porte, pas de (la) porte, *m.*
door-way ['dɔ:wei], *n.* entrée, porte, *f.*
dope [doup], *n.* drogue, *f.*, narcotique, *m.*—*v.t.* droguer.
dormant ['dɔ:mənt], *a.* dormant; assoupi.
dormer-window ['dɔ:məwindou], *n.* lucarne, *f.*
dormitory ['dɔ:mitri], *n.* dortoir, *m.*
dormouse ['dɔ:maus], *n.* (*pl.* **dormice** ['dɔ:mais]) loir, *m.*
Dorothy ['dɔrəθi], Dorothée, *f.*
dose [dous], *n.* dose, *f.*—*v.t.* médicamenter; doser.
dossier ['dɔsjei], *n.* dossier, *m.*
dot [dɔt], *n.* point, *m.*—*v.t.* marquer d'un point, marquer avec des points; (*Paint.*) pointiller.
dotage ['doutidʒ], *n.* seconde enfance, *f.*, radotage, *m.*
dote [dout], *v.i.* radoter; raffoler (*de*).
double [dʌbl], *a.* double, en deux; **bent double,** voûté.—*n.* double, pendant, sosie; (*Mil.*) pas de course, *m.*—*adv.* double; au double; **to fold double,** plier en deux.—*v.t.* doubler; serrer (*poings*).—*v.i.* doubler

user de ruse; **to double back,** revenir sur ses pas.
double-bed ['dʌbl'bed], *n.* lit à deux places, *m.*
double-breasted ['dʌblbrestid], *a.* croisé.
double-cross ['dʌbl'krɔs], *v.t.* duper, tromper.
double-dealing ['dʌbl'di:liŋ], *n.* duplicité, *f.*
double-decker ['dʌbl'dekə], *n.* autobus à impériale, *m.*
double-room ['dʌbl'ru:m], *n.* chambre pour deux personnes, *f.*
doubt [daut], *n.* doute, *m.*; hésitation, *f.*; **beyond a doubt,** sans aucun doute.—*v.t.* douter de.—*v.i.* douter; soupçonner.
doubtful ['dautful], *a.* douteux, incertain.
doubtless ['dautlis], *adv.* sans doute.
dough [dou], *n.* pâte, *f.*
dough-nut ['dounʌt], *n.* pet de nonne, *m.*
doughty ['dauti], *a.* vaillant, preux.
dour ['duə], *a.* (*Sc.*) austère et froid.
douse [daus], *v.t.* plonger dans l'eau; éteindre.
dove [dʌv], *n.* colombe, *f.*; pigeon, *m.*
dove-cot(e) ['dʌvkɔt, 'dʌvkout], *n.* colombier, *m.*
Dover ['douvə], Douvres, *m.*; **the Straits of Dover,** le Pas-de-Calais, *m.*
dowager ['dauədʒə], *n.* douairière, *f.*
dowdy ['daudi], *a./.* gauche et mal mise, mal fagotée.
dowel ['dauəl], *n.* (*Carp.*) goujon, *m.*
down (1) [daun], *n.* duvet (*poil follet*), *m.*; dune (*colline*), *f.*
down (2) [daun], *adv.* en bas; à bas; bas, à terre; tombé, apaisé (*vent*); couché (*soleil*); à plat (*pneu*); en baisse (*prix*); (*fig.*) sur le déclin; **to go down,** descendre.—*prep.* en bas de; vers le bas de.
downcast ['daunka:st], *a.* abattu.
downfall ['daunfɔ:l], *n.* chute, *f.*; (*fig.*) débâcle, *f.*
downhill ['daunhil], *a.* incliné; en pente.—[daun'hil], *adv.* en descendant.
downpour ['daunpɔ:], *n.* averse, *f.*
downright ['daunrait], *a.* direct; franc.—*adv.* net, tout à fait.
downstairs [daun'stɛəz], *adv.* en bas (de l'escalier).
downtrodden ['dauntrɔdn], *a.* opprimé.
downward ['daunwəd], *a.* de haut en bas, qui descend, descendant.—*adv.* (*also* **downwards** ['daunwədz]) en bas, en descendant; en aval.
downy ['dauni], *a.* de duvet, duveteux.
dowry ['dauri], *n.* dot, *f.*
doze [douz], *v.i.* s'assoupir, sommeiller, être assoupi.—*n.* petit somme, *m.*
dozen [dʌzn], *n.* douzaine, *f.*
drab [dræb], *a.* gris sale, brun terne; (*fig.*) terne, décoloré.—*n.* (*fig.*) traînée (*femme*), *f.*
draft [dra:ft], *v.t.* dessiner, rédiger; (*Mil.*) detacher.—*n.* dessin (*esquisse*); brouillon (*projet*), *m.*; (*Comm.*) traite, *f.*; (*Mil.*) détachement, *m.*
drag [dræg], *v.t.* traîner, tirer; (*Naut.*) draguer; **to drag away from,** entraîner, arracher de; **to drag on,** entraîner; (*fig.*) traîner en longueur; **to drag out,** faire sortir de force.—*v.i.* se traîner; traîner; chasser (*ancre*).
draggle [drægl], *v.t.* traîner dans la boue.
drag-net ['drægnet], *n.* seine, *f.*, chalut, *m.*
dragoman ['drægomən], *n.* drogman, *m.*
dragon ['drægən], *n* dragon, *m.*

dragon-fly ['drægənflai], *n.* demoiselle, libellule, *f.*, agrion, *m.*

dragoon [drə'gu:n], *n.* (Mil.) dragon, *m.*—*v.t.* (fig.) forcer par des mesures violentes.

drain [drein], *v.t.* faire écouler; dessécher; drainer; (fig.) épuiser; vider (verre etc.).—*v.i.* s'écouler.—*n.* tranchée, *f.*, égout, *m.*

drainage ['dreinidʒ], **draining** ['dreiniŋ] *n.* écoulement, *m.*; (Agric.) drainage, *m.*

draining-board ['dreiniŋbɔ:d], *n.* égouttoir, *m.*

drake [dreik], *n.* canard, *m.*

dram [dræm], *n.* (Pharm.) drachme, *f.*

drama ['drɑ:mə], *n.* drame; (fig.) théâtre, *m.*

dramatic [drə'mætik], **dramatical** [drə'mætikəl], *a.* dramatique.

dramatist ['drɑ:mətist], *n.* auteur dramatique, *m.*, dramaturge, *m.*, *f.*

dramatize ['drɑ:mətaiz, 'dræmətaiz], *v.t.* dramatiser.

drape [dreip], *v.t.* draper, tendre (de).—*n.* (Am.) rideau, *m.*

draper ['dreipə], *n.* drapier; marchand de drap *m.*

drapery ['dreipəri], *n.* draperie, *f.*

drastic ['dræstik], *a.* énergique, radical, brutal.

draught [drɑ:ft], *n.* tirage; trait; courant d'air; coup (boisson); coup de filet (de pêcheur); tirant (d'un navire), *m.*; (Med.) potion, *f.*; (pl.) jeu de dames, *m.*

draught-board ['drɑ:ftbɔ:d], *n.* damier, *m.*

draught-horse ['drɑ:fthɔ:s], *n.* cheval de trait, *m.*

draughtsman ['drɑ:ftsmən], *n.* (pl. -men [men]) dessinateur, *m.*

draughty ['drɑ:fti], *a.* plein de courants d'air.

draw [drɔ:], *v.t. irr.* tirer; traîner; dessiner (tableau etc.); toucher (rations, appointements etc.); arracher (dent); puiser (eau etc.); (fig.) attirer (à ou sur); **to draw lots for,** tirer au sort.—*v.i.* tirer; dégainer; dessiner (au crayon); (Spt.) faire partie nulle ou match nul.—*n.* tirage (au sort), *m.*; attraction; (Spt.) partie nulle, *f.*

drawback ['drɔ:bæk], *n.* mécompte, désavantage, inconvénient, *m.*

drawbridge ['drɔ:bridʒ], *n.* pont-levis, *m.*

drawer ['drɔ:ə], *n.* tireur (d'un chèque); puiseur (d'eau); tiroir (meuble); (pl.) caleçon (vêtement), *m.*; **chest of drawers,** commode, *f.*

drawing ['drɔ:iŋ], *n.* tirage; dessin (croquis), *m.*

drawing-board ['drɔ:iŋbɔ:d], *n.* planche à dessin, *f.*

drawing-pin ['drɔ:iŋpin], *n.* punaise (pour le dessin), *f.*

drawing-room ['drɔ:iŋru:m], *n.* salon, *m.*; (Court) réception, *f.*

drawl [drɔ:l], *v.i.* parler d'une voix traînante.—*n.* voix traînante *f.*

drawling ['drɔ:liŋ] *a.* traînant.

drawn [drɔ:n], *a.* indécis, égal (bataille etc.); tiré, nu (épée); **drawn game,** partie nulle, *f.*

dray [drei], *n.* camion, haquet, *m.*

dread [dred], *a.* redoutable, terrible; auguste. —*n.* terreur, crainte, *f.*—*v.t.* craindre, redouter.

dreadful ['dredful], *a.* affreux, terrible, épouvantable.

dreadfully ['dredfuli], *adv.* terriblement, affreusement.

dream [dri:m], *n.* songe, rêve, *m.*; **daydream,** rêverie, *f.*—*v.t. irr.* rêver.—*v.i.* rêver; (fig.) s'imaginer.

dreamer ['dri:mə], *n.* rêveur, *m.*; (fig.) visionnaire, *m.*, *f.*

dreamy ['dri:mi], *a.* rêveur; chimérique, visionnaire.

drear [driə], **dreary** ['driəri], *a.* triste, morne, lugubre.

drearily ['driərili], *adv.* tristement, lugubrement.

dreariness ['driərinis], *n.* tristesse, *f.*, aspect morne, *m.*

dredge (1) [dredʒ], *n.* drague, *f.*—*v.t.*, *v.i.* draguer.

dredge (2) [dredʒ], *v.t.* saupoudrer (de farine etc.).

dredger (1) ['dredʒə], *n.* dragueur (bateau), *m.*

dredger (2) ['dredʒə], *n.* saupoudreuse, *f.*

dregs [dregz], *n.pl.* lie, *f.*

drench [drentʃ], *v.t.* tremper, mouiller (de); noyer (de).

dress [dres], *v.t.* habiller, vêtir, parer, orner; panser (blessure etc.); apprêter (aliments etc.); (Mil.) aligner; (Navy) pavoiser.—*v.i.* s'habiller; faire sa toilette; (Mil.) s'aligner. —*n.* habillement, *m.*; robe (de femme); mise, toilette; (Mil.) tenue, *f.*; **dress rehearsal,** répétition générale, *f.*; **evening dress,** tenue de soirée, *f.*

dress-circle ['dres'sə:kl], *n.* (Theat.) fauteuils de balcon, *m.pl.*

dresser ['dresə], *n.* habilleur (personne); dressoir (de cuisine), *m.*

dressing ['dresiŋ], *n.* toilette, *f.*, habillement; pansement (de blessure etc.); (Cook.) assaisonnement, *m.*; (Agric.) fumure, *f.*, engrais, *m.*

dressing-case ['dresiŋkeis], *n.* mallette de toilette, *f.*

dressing-gown ['dresiŋgaun], *n.* robe de chambre, *f.*, peignoir, *m.*

dressing-room ['dresiŋru:m], *n.* cabinet de toilette, *m.*

dressing-table ['dresiŋteibl], *n.* coiffeuse, table de toilette, *f.*

dressmaker ['dresmeikə], *n.* couturière, *f.*

dressmaking ['dresmeikiŋ], *n.* confections pour dames, *f.pl.*, couture, *f.*

dressy ['dresi], *a.* élégant, chic, coquet (personne); habillé (robe).

dribble [dribl], *v.t.* laisser dégoutter, laisser tomber goutte à goutte; (Ftb.) dribbler.—*v.i.* tomber goutte à goutte, dégoutter; baver; (Ftb.) dribbler.

drier ['draiə], *comp. a.* [DRY].—*n.* [DRYER].

drift [drift], *n.* monceau; tourbillon, *m.*, rafale, *f.*; objet flottant, *m.*; (fig.) tendance; (Naut.) dérive, *f.*—*v.t.* chasser, pousser; amonceler.—*v.i.* dériver, aller à la dérive, flotter; s'amonceler, s'amasser.

drifter ['driftə], *n.* (Naut.) chalutier, *m.*

drill [dril], *n.* foret, *m.*, mèche, *f.*; (Agric.) sillon; (Mil.) exercice, *m.*, manœuvre, *f.*— *v.t.* forer, percer; (Mil.) exercer.—*v.i.* (Mil.) faire l'exercice.

drilling

drilling ['driliŋ], *n.* forage; (*Dent.*) fraisage; (*Mil.*) exercice, *m.*

drink [driŋk], *n.* boisson; (*fig.*) ivresse (*drunkenness*), *f.*—*v.t., v.i. irr.* boire.

drinker ['driŋkǝ], *n.* buveur; ivrogne, *m.*

drinking ['driŋkiŋ], *a.* potable; à boire.—*n.* boire, *m.*; ivrognerie, *f.*, alcoolisme, *m.*

drinking-fountain ['driŋkiŋfauntin], *n.* fontaine publique, *f.*

drip [drip], *v.t.* faire dégoutter.—*v.i.* dégoutter, tomber goutte à goutte.—*n.* goutte, *f.*; égout, *m.*

dripping ['dripiŋ], *n.* graisse de rôti, *f.*; (*pl.*) gouttes, *f.pl.*

drive [draiv], *v.t. irr.* pousser; chasser; enfoncer (*clou etc.*); mener, conduire (*voiture, cheval etc.*); forcer, réduire (*à*); *to drive away*, chasser, éloigner; *to drive back*, repousser; *to drive in*, faire entrer, enfoncer; *to drive out* faire sortir, chasser.—*v.i.* conduire; aller en voiture; *to drive at*, tendre à, vouloir en venir à; *to drive up*, arriver (*en voiture*).—*n.* promenade *ou* course en voiture; grande avenue *ou* allée, *f.*

drivel [drivl], *n.* bave, *f.*—*v.i.* baver; (*fig.*) radoter.

driver ['draivǝ], *n.* cocher (*d'un carrosse*); voiturier (*d'une charrette*); (*Rail.*) mécanicien; (*Motor. etc.*) chauffeur, conducteur, *m.*

driving ['draiviŋ], *n.* action de conduire, *f.*; percement (*d'un tunnel*), *m.*

driving-licence ['draiviŋlaisǝns], *n.* permis de conduire, *m.*

driving-test ['draiviŋtest], *n.* examen pour permis de conduire, *m.*

drizzle [drizl], *v.i.* bruiner.—*n.* bruine, pluie fine, *f.*

droll [droul], *a.* plaisant, drôle.

drollery ['roulǝri], *n.* plaisanterie, drôlerie, farce, *f.*

dromedary ['drʌmǝdǝri, 'drɔmǝdǝri], *n.* dromadaire, *m.*

drone [droun], *n.* (*Ent., Mus.*) faux-bourdon; (*fig.*) frelon; fainéant (*personne*); bourdonnement (*son*), *m.*—*v.i.* bourdonner.

droning ['drouniŋ], *a.* bourdonnant.—*n.* bourdonnement, *m.*

droop [dru:p], *v.t.* laisser tomber, laisser pendre.—*v.i.* languir, se pencher, tomber, pencher; (*fig.*) s'affaiblir.

drooping ['dru:piŋ], *a.* languissant, abattu; penché.—*n.* abattement, *m.*, langueur, *f.*

drop [drɔp], *n.* goutte; chute (*descente*), *f.*; pendant (*bijou*), *m.*—*v.t.* laisser tomber; jeter (*l'ancre*); sauter (*une maille*); déposer (*quelqu'un*) quelque part; laisser échapper (*prononcer*); abandonner (*lâcher*).—*v.i.* tomber goutte à goutte; dégoutter (*de*); échapper (*glisser*); *to drop behind*, se laisser dépasser, rester en arrière; *to drop in*, entrer en passant; *to drop out*, se retirer.

dropsy ['drɔpsi], *n.* hydropisie, *f.*

dross [drɔs], *n.* scorie, crasse, *f.*; (*fig.*) rebut, *m.*

drought [draut], *n.* sécheresse, *f.*

drove (1) [drouv], *n.* troupeau (*en marche*), *m.*; (*fig.*) foule (*en marche*), *f.*

drove (2) [drouv], *past* [DRIVE].

drover ['drouvǝ], *n.* conducteur de bestiaux, bouvier, *m.*

drown [draun], *v.t.* noyer; (*fig.*) submerger; étouffer (*bruit*).—*v.i.* se noyer.

drowsily ['drauzili], *adv.* comme endormi; (*fig.*) avec indolence.

drowsiness ['drauzinis], *n.* assoupissement, *m.*

drowsy ['drauzi], *a.* assoupi; somnolent; lourd, stupide.

drub [drʌb], *v.t.* rosser, battre.

drubbing ['drʌbiŋ], *n.* volée (de coups), *f.*

drudge [drʌdʒ], *n.* homme (*ou* femme) de peine, souffre-douleur, *m.*, *f.*—*v.i.* travailler sans relâche, peiner.

drudgery ['drʌdʒǝri], *n.* travail pénible, *m.*; corvée, vile besogne, *f.*

drug [drʌg], *n.* drogue, *f.*—*v.t.* droguer; (*fig.*) empoisonner.

drug-addict ['drʌgædikt], *n.* toxicomane, *m.*, *f.*

druggist ['drʌgist], *n.* (*Am.*) pharmacien, *m.*

drug-store ['drʌgstɔ:], *n.* (*Am.*) pharmacie, *f.*

druid ['dru:id], *n.* druide, *m.*

drum [drʌm], *n.* tambour, *m.*; caisse, *f.*; tympan (*de l'oreille*), *m.*—*v.t.* (*Mil.*) *to drum out*, dégrader.—*v.i.* battre du tambour (*sur*); (*fig.*) tinter.

drum-major ['drʌmmeidʒǝ], *n.* tambour-major, *m.*

drummer ['drʌmǝ], *n.* tambour (*homme*), *m.*

drum-stick ['drʌmstik], *n.* baguette de tambour, *f.*

drunk [drʌŋk], *a.* ivre, gris, soûl.

drunkard ['drʌŋkǝd], *n.* ivrogne, *m.*

drunkenness ['drʌŋkǝnnis], *n.* ivresse; ivrognerie, *f.*

dry [drai], *a.* sec, desséché; aride; altéré; (*fig.*) caustique; ennuyeux.—*v.t.* sécher; dessécher.—*v.i.* sécher; *to dry up*, tarir; se taire.

dry-dock ['draidɔk], *n.* bassin de radoub, *m.*, cale sèche, *f.*

dryer, drier ['draiǝ], *n.* (*Ind. etc.*) séchoir; (*Paint.*) siccatif, dessiccatif, *m.*; *spin dryer*, essoreuse (rotative), *f.*

dryness ['drainis], *n.* sécheresse, aridité, *f.*

dry-shod ['draiʃɔd], *a. and adv.* à pied sec.

dual ['dju:ǝl], *a.* double; *dual carriage-way*, route à double circulation, *f.*—*n.* (*Gram.*) duel, *m.*

dub [dʌb], *v.t.* armer chevalier; (*colloq.*) qualifier, baptiser; (*Cine.*) doubler (*film*).

dubiety [dju'baiǝti], **dubiousness** ['dju-biǝsnis], *n.* doute, *m.*, incertitude, *f.*

dubious ['dju:biǝs], *a.* douteux, incertain.

dubiously ['dju:biǝsli], *adv.* douteusement.

duchess ['dʌtʃis], *n.* duchesse, *f.*

duchy ['dʌtʃi], *n.* duché, *m.*

duck (1) [dʌk], *n.* cane, *f.*; canard; (*colloq.*) chou (*mot tendre*), *m.*

duck (2) [dʌk], *n.* (*Box.*) esquive, *f.*—*v.t.* plonger dans l'eau.—*v.i.* plonger; baisser la tête subitement; (*Box.*) esquiver.

duck (3) [dʌk], *n.* toile à voile, *f.*; (*pl.*) pantalon blanc, *m.*

ducking ['dʌkiŋ], *n.* plongeon; (*Naut.*) baptême de la ligne, *m.*

duckling ['dʌkliŋ], *n.* caneton, *m.*

duck-weed ['dʌkwi:d], *n.* lentille d'eau, *f.*

duct [dʌkt], *n.* conduit; (*Anat.*) canal, *m.*

dudgeon ['dʌdʒǝn], *n.* colère, *f.*; *in high dudgeon*, fort en colère.

due [dju:], *a.* dû; convenable, propre, juste; (*Comm.*) échu; (*fig.*) requis, voulu; *to fall due*, échoir.—*n.* dû; (*pl.*) droit, impôt, *m.*, redevance, *f.*—*adv.* droit, directement.

duel ['dju:əl], *n.* duel, *m.*, (*fig.*) lutte, *f.*

duellist ['dju:əlist], *n.* duelliste, *m.*

duenna [dju:'enə], *n.* duègne, *f.*

duet [dju:'et], *n.* duo, *m.*

duke [dju:k], *n.* duc, *m.*

dukedom ['dju:kdəm], *n.* duché, *m.*; dignité de duc, *f.*

dull [dʌl], *a.* lourd, hébété, stupide (*personne*); lourd, gris, sombre (*temps*); sourd (*son*); triste (*morne*); émoussé (*moins aigu*); terne (*couleur*); ennuyeux.—*v.t.* hébéter; émousser (*rendre moins aigu*); ternir (*ôter l'éclat de*); engourdir (*de froid*).—*v.i.* s'hébéter; s'engourdir; s'émousser.

dullard ['dʌləd], *n.* âne, lourdaud (*personne*), *m.*

dullness ['dʌlnis], *n.* lenteur, *f.*; assoupissement, ennui; manque d'éclat, *m.*; faiblesse (*de son*), *f.*

dully ['dʌlij], *adv.* lourdement, tristement.

duly ['dju:li], *adv.* dûment, justement.

dumb [dʌm], *a.* muet, réduit au silence; (*Am.*) stupide.

dumb-bells ['dʌmbelz], *n.pl.* haltères, *m.pl.*

dumbfound [dʌm'faund], *v.t.* confondre, abasourdir, interdire.

dumbly ['dʌmli], *adv.* en silence.

dumbness ['dʌmnis], *n.* mutisme; (*fig.*) silence, *m.*

dumb-show ['dʌmʃou], *n.* pantomime, *f.*, jeu muet, *m.*

dummy ['dʌmi], *n.* muet, *m.*, muette, *f.*; mannequin, objet imité; (*fig.*) homme de paille; (*Cards*) mort, *m.*

dump [dʌmp], *v.t.* déposer, décharger, déverser.—*n.* tas; dépotoir, *m.*

dumpling ['dʌmpliŋ], *n.* pâte cuite, *f.*

dumpy ['dʌmpi], *a.* trapu, gros et court.

dun (1) [dʌn], *a.* brun foncé; bai (*cheval*).

dun (2) [dʌn], *n.* créancier importun, *m.*—*v.t.* importuner.

dunce [dʌns], *n.* ignorant, âne, sot, *m.*

dune [dju:n], *n.* dune, *f.*

dung [dʌŋ], *n.* crotte, *f.*; crottin; (*Agric.*) fumier, *m.*

dung-cart ['dʌŋkɑ:t], *n.* tombereau à fumier, *m.*

dungeon ['dʌndʒən], *n.* cachot, *m.*

dunghill ['dʌŋhil], *n.* fumier, *m.*

duodenal [dju:o'di:nl], *a.* (*Anat.*) duodénal; *duodenal ulcer*, ulcère au duodénum, *m.*

dupe [dju:p], *n.* dupe, *f.*—*v.t.* duper, tromper.

duplicate ['dju:plikit], *a.* double.—*n.* double, duplicata, *m.*—['dju:plikeit], *v.t.* doubler; copier.

duplicity [dju:'plisiti], *n.* duplicité, mauvaise foi, *f.*

durability [djuərə'biliti], **durableness** ['djuərəblnis], *n.* solidité, durabilité, *f.*

durable ['djuərəbl], *a.* durable.

duration [djuə'reiʃən], *n.* durée, *f.*

during ['djuəriŋ], *prep.* pendant, durant.

dusk [dʌsk], *n.* crépuscule, *m.*; obscurité, *f.*

duskiness ['dʌskinis], *n.* obscurité, teinte sombre, *f.*

dusky ['dʌski], *a.* foncé, sombre; noiraud, noirâtre.

dust [dʌst], *n.* poussière; poudre, *f.*; (*fig.*)

cendres (des morts), *f.pl.*; **sawdust**, sciure, *f.*—*v.t.* épousseter.

dust-bin ['dʌstbin], *n.* boîte à ordures, poubelle, *f.*

dust-cart ['dʌstkɑ:t], *n.* tombereau, *m.*

duster ['dʌstə], *n.* torchon, chiffon, *m.*

dustman ['dʌstmən], *n.* (*pl.* **-men** [men]) boueur, *m.*

dusty ['dʌsti], *a.* poussiéreux, couvert de poussière; poudreux.

Dutch [dʌtʃ], *a.* hollandais, de Hollande.—*n.* hollandais (*langue*), *m.*; *the Dutch*, les Hollandais, *m.pl.*

Dutchman ['dʌtʃmən], *n.* (*pl.* **-men** [men]) Hollandais, *m.*

Dutchwoman ['dʌtʃwumən], *n.* (*pl.* **-women** [wimin]) Hollandaise, *f.*

duteous ['dju:tiəs], **dutiful** ['dju:tiful], *a.* obéissant, soumis.

dutifully ['dju:tifuli], *adv.* avec soumission, respectueusement.

duty ['dju:ti], *n.* (*pl.* **duties** ['dju:tiz]) devoir; (*Customs*) droit; (*Mil. etc.*) service, *m.*; *on duty*, de service, de garde, en faction.

dwarf [dwɔ:f], *a.* and *n.* nain, *m.*, naine, *f.*—*v.t.* rapetisser; (*Hort.*) rabougrir.

dwell [dwel], *v.i. irr.* demeurer, habiter; rester; *to dwell on*, insister sur.

dweller ['dwelə], *n.* habitant, *m.*, habitante, *f.*

dwelling ['dweliŋ], *n.* habitation, demeure, *f.*

dwindle [dwindl], *v.i.* diminuer, s'amoindrir; dépérir.

dye [dai], *v.t.* teindre.—*v.i.* teindre, se teindre.—*n.* teinture, teinte; couleur, nuance, *f.*; (*fig.*) caractère, *m.*

dyeing ['daiiŋ], *n.* teinture, *f.*

dyer ['daiə], *n.* teinturier, *m.*, teinturière, *f.*

dye-works ['daiwə:ks], *n.pl.* teinturerie, *f.*

dying ['daiiŋ], *a.* mourant, moribond; suprême, dernier.

dyke [DIKE].

dynamic [dai'næmik], **dynamical** [dai'næmikəl], *a.* dynamique.

dynamics [dai'næmiks], *n.pl.* dynamique, *f.*

dynamite ['dainəmait], *n.* dynamite, *f.*—*v.t.* dynamiter.

dynamo ['dainəmou], *n.* dynamo, *f.*

dynasty ['dinəsti], *n.* dynastie, *f.*

dysentery ['disəntri], *n.* dysenterie, *f.*

dyspepsia [dis'pepsiə], *n.* dyspepsie, *f.*

dyspeptic [dis'peptik], *a.* dyspepsique, dyspeptique.

E

E, e [i:]. cinquième lettre de l'alphabet; (*Mus.*) mi, *m.*

each [i:tʃ], *a.* chaque.—*pron.* chacun, *m.*, chacune, *f.*; *each other*, l'un l'autre, les uns les autres.

eager ['i:gə], *a.* vif, ardent (*à*); impatient (*de*); désireux; empressé (*à* ou *de*).

eagerly ['i:gəli], *adv.* ardemment; impatiemment.

eagerness ['i:gənis], *n.* ardeur, *f.*; empressement, *m.*

eagle [i:gl], *n.* aigle, *m.*, *f.*

eaglet ['i:glit], *n.* aiglon, *m.*

ear [iə], *n.* oreille, *f.*; épi (*de blé*), *m.*—*v.i.* monter en épi.

ear-ache ['iəreik], *n.* mal d'oreille, *m.*

ear-drum ['iədrʌm], *n.* tympan, tambour de l'oreille, *m.*

earl [ə:l], *n.* comte, *m.*

earldom ['ə:ldəm], *n.* comté, *m.*

earliness ['ə:linis], *n.* heure peu avancée; précocité (*de fruits*), *f.*

early ['ə:li], *a.* matinal; matineux (*personne*); ancien; précoce, hâtif (*fruit etc.*).—*adv.* de bonne heure, de bon matin, de grand matin; tôt.

ear-mark ['iəmɑ:k], *v.t.* (*fig.*) réserver, mettre de côté.

earn [ə:n], *v.t.* gagner, acquérir; (*fig.*) mériter.

earnest (1) ['ə:nist], *a.* sérieux, empressé, sincère.

earnest (2) ['ə:nist], *n.* gage, *m.*, garantie, *f.*, arrhes, *f.pl.*

earnestly ['ə:nistli], *adv.* sérieusement, avec empressement.

earnestness ['ə:nistnis], *n.* ardeur, *f.*, empressement; sérieux, *m.*

earnings ['ə:niŋz], *n.pl.* gain, *m.*; gages, *m.pl.*

ear-phones ['iəfounz], *n.pl.* casque, *m.*

ear-ring ['iəriŋ], *n.* boucle d'oreille, *f.*

earth [ə:θ], *n.* terre, *f.*; terrier (*de renard etc.*), *m.*—*v.i.* enterrer, enfouir, couvrir de terre; (*Elec.*) joindre à la terre.

earthen ['ə:θən], *a.* de terre.

earthenware ['ə:θənweə], *n.* poterie, vaisselle de terre, faience, *f.*

earthly ['ə:θli], *a.* terrestre.

earthquake ['ə:θkweik], *n.* tremblement de terre, *m.*

earthy ['ə:θi], *a.* de terre, terreux.

earwig ['iəwig], *n.* perce-oreille, *m.*

ease [i:z], *n.* aisance, aise; facilité; tranquillité, *f.*, repos; (*fig.*) abandon; soulagement (*de douleur*), *m.*—*v.t.* soulager, mettre à l'aise; (*fig.*) tranquilliser, calmer.

easel [i:zl], *n.* chevalet, *m.*

easily ['i:zili], *adv.* facilement, sans peine; aisément.

east [i:st], *a.* d'est, d'orient; oriental.—*n.* est, orient; levant, *m.*

Easter ['i:stə]. Pâques, *m.*; (*Jewish*) Pâque, *f.*

easterly ['i:stəli], *a.* d'est.—*adv.* vers l'orient, vers l'est.

eastern ['i:stən], *a.* d'est, d'orient, oriental.

eastward ['i:stwəd], *adv.* vers l'est, vers l'orient.

easy ['i:zi], *a.* facile; aisé; confortable; tranquille; naturel (*style*); à l'aise; *easy chair*, fauteuil, *m.*—*adv.* doucement.

easy-going ['i:zigouiŋ], *a.* accommodant, peu exigeant.

eat [i:t], *v.t.*, *v.i. irr.* manger; ronger (*corroder*); *to eat away*, consumer, ronger; *to eat up*, manger, achever de manger.

eatable ['i:təbl], *a.* mangeable, comestible.—*n.* comestible, *m.*; (*pl.*) vivres, *m.pl.*

eating ['i:tiŋ], *n.* action de manger, *f.*; manger, *m.*

eaves [i:vz], *n.* avance du toit, *f.*; gouttières, *f.pl.*

eavesdrop ['i:vzdrɔp], *v.i.* écouter aux portes.

eavesdropper ['i:vzdrɔpə], *n.* écouteur aux portes, *m.*

ebb [eb], *v.i.* baisser; décliner, refluer, se retirer.—*n.* reflux; (*fig.*) déclin, *m.*, décadence, *f.*

ebb-tide ['ebtaid], *n.* jusant, *m.*

ebony ['ebəni], *a.* d'ébène.—*n.* ébène, *f.*, bois d'ébène, *m.*

ebony-tree ['ebənitri:], *n.* ébénier, *m.*

ebullience [i'bʌliəns], **ebulliency** [i'bʌliənsi], *n.* ébullition, effervescence, *f.*

ebullient [i'bʌliənt], *a.* en ébullition, bouillonnant; (*fig.*) exubérant, pétulant.

ebullition [ebə'liʃən], *n.* ébullition; (*fig.*) effervescence, *f.*, transport, *m.*

eccentric [ek'sentrik], *a.* excentrique; désaxé; (*fig.*) singulier.

eccentricity [eksen'trisiti], *n.* excentricité, *f.*

ecclesiastic [ikli:zi'æstik], *a.* and *n.* ecclésiastique, *m.*

echo ['ekou], *n.* écho, *m.*—*v.t.* répercuter; (*fig.*) répéter.—*v.i.* faire écho; retentir, résonner (*de*).

eclipse [i'klips], *n.* éclipse, *f.*—*v.t.* éclipser; (*fig.*) surpasser.—*v.i.* s'éclipser.

economic [i:kə'nɔmik], **economical** [i:kə'nɔmikəl], *a.* économique (*chose*); économe, ménager (*personne*).

economically [i:kə'nɔmikəli], *adv.* économiquement.

economics [i:kə'nɔmiks], *n.pl.* économie politique, *f.*

economist [i'kɔnəmist], *n.* économiste, *m.*, *f.*

economize [i'kɔnəmaiz], *v.t.* économiser.—*v.i.* user d'économie.

economy [i'kɔnəmi], *n.* économie, *f.*; système, *m.*; *planned economy*, économie planifiée.

ecstasy ['ekstəsi], *n.* extase, *f.*, transport, *m.*

ecstatic [eks'tætik], **ecstatical** [eks'tætikəl], *a.* extatique, d'extase.

Ecuador [ekwə'dɔ:]. (la République de) l'Équateur, *f.*

Ecuadorean [ekwə'dɔ:riən], *a.* équatorien.—*n.* Équatorien (*personne*), *m.*

eczema ['eksimə], *n.* eczéma, *m.*

eddy ['edi], *n.* remous (*eau*); tourbillon (*vent*), *m.*—*v.i.* tourbillonner.

Eden ['i:dən]. Éden, *m.*

edge [edʒ], *n.* bord (*marge*); fil, tranchant (*de couteau etc.*), *m.*; lisière (*d'une forêt etc.*), *f.*; cordon (*d'une pièce de monnaie*), *m.*; tranche (*d'un livre*), *f.*—*v.t.* affiler, aiguiser; border (*entourer*).—*v.i. to edge away*, s'éloigner graduellement.

edged [edʒd], *a.* tranchant; bordé.

edgeways ['edʒweiz], **edgewise** ['edʒwaiz], *adv.* de côté, de champ.

edging ['edʒiŋ], *n.* bordure, *f.*

edible ['edibl], *a.* comestible, bon à manger.

edict ['i:dikt], *n.* édit, *m.*

edifice ['edifis], *n.* édifice, *m.*

edify ['edifai], *v.t.* édifier.

Edinburgh ['edinbrə]. Édimbourg, *m.*

edit ['edit], *v.t.* éditer, rédiger.

edition [i'diʃən], *n.* édition, *f.*

editor ['editə], *n.* compilateur, annotateur; (*Journ.*) rédacteur en chef, directeur, *m.*

editorial [edi'tɔ:riəl], *a.* de rédacteur.—*n.* article de fond, éditorial, *m.*

Edmund ['edmənd]. Edmond, *m.*
educate ['edjukeit], *v.t.* élever; instruire.
education [edju'keiʃən], *n.* éducation, *f.*; enseignement, *m.*; instruction, *f.*
Edward ['edwəd]. Édouard, *m.*
eel [i:l], *n.* anguille, *f.*
eerie ['iəri], *a.* étrange, mystérieux.
eeriness ['iərinis], *n.* étrangeté surnaturelle, *f.*
efface [i'feis], *v.t.* effacer.
effect [i'fekt], *n.* effet, *m.*; (*pl.*) effets, biens, *m.pl.*; *in effect*, en effet; *to carry into effect*, accomplir, exécuter, mettre à effet; *to no effect*, en vain, sans résultat; *to take effect*, faire son effet, opérer; (*Law*) entrer en vigueur.—*v.t.* effectuer, exécuter, accomplir.
effective [i'fektiv], *a.* effectif; efficace.
effectively [i'fektivli], *adv.* effectivement; efficacement.
effeminacy [i'feminəsi], *n.* mollesse, nature efféminée, *f.*
effeminate [i'feminit], *a.* efféminé.
effervesce [efə'ves], *v.i.* être en effervescence; mousser (*boisson*).
effervescence [efə'vesəns], *n.* effervescence, *f.*
effervescent [efə'vesənt], **effervescing** [efə'vesiŋ], *a.* effervescent; mousseux; gazeux (*eau minérale*).
effete [i'fi:t], *a.* usé; stérile, épuisé, caduc.
efficacious [efi'keiʃəs], *a.* efficace.
efficacy ['efikəsi], *n.* efficacité, *f.*
efficiency [i'fiʃənsi], *n.* efficacité; bonne condition, *f.*; (*Mach.*) rendement, *m.*
efficient [i'fiʃənt], *a.* efficace (*remède*); capable, compétent (*personne*).
efficiently [i'fiʃəntli], *adv.* efficacement.
effigy ['efidʒi], *n.* effigie, *f.*
effloresce [eflə'res], *v.i.* s'effleurir.
efflorescence [eflə'resəns], *n.* efflorescence; (*Bot.*) floraison, *f.*
efflorescent [eflə'resənt], *a.* efflorescent; (*Bot.*) fleurissant.
effluvium [i'flu:viəm], *n.* (*pl.* **effluvia** [i'flu:viə]) exhalaison, *f.*, effluve, *m.*
effort ['efət], *n.* effort, *m.*
effortless ['efətlis], *a.* sans effort.
effrontery [i'frʌntəri], *n.* effronterie, *f.*
effulgence [i'fʌldʒəns], *n.* splendeur, *f.*, éclat, *m.*
effulgent [i'fʌldʒənt], *a.* resplendissant, éclatant.
effusion [i'fju:ʒən], *n.* effusion, *f.*, épanchement, *m.*
effusive [i'fju:siv], *a.* expansif; (*fig.*) excessif, exubérant.
egg [eg], *n.* œuf, *m.*; *boiled egg*, œuf à la coque; *fried egg*, œuf sur le plat; *hard-boiled egg*, œuf dur; *new-laid egg*, œuf frais.—*v.t.* pousser (*à*).
egg-cup ['egkʌp], *n.* coquetier, *m.*
egg-shell ['egʃel], *n.* coquille d'œuf, *f.*
eglantine ['egləntain], *n.* églantier, *m.*; églantine (*fleur*), *f.*
egoism ['egouizm], *n.* égoïsme, *m.*
egoist ['egouist], *n.* égoïste, *m.*, *f.*
egotism ['egətizm], *n.* égotisme, culte du moi, *m.*
egotist ['egətist], *n.* égotiste, *m.*, *f.*
egregious [i'gri:dʒəs], *a.* insigne, énorme; fameux.

egress ['i:gres], *n.* sortie, issue, *f.*
Egypt ['i:dʒipt]. l'Égypte, *f.*
Egyptian [i'dʒipʃən], *a.* égyptien.—*n.* Egyptien (*personne*), *m.*
eider ['aidə], **eider-duck** ['aidədʌk], *n.* eider, *m.*
eiderdown ['aidədaun], *n.* édredon, *m.*
eight [eit], *a.* huit.
eighteen ['eiti:n], *a.* dix-huit.
eighteenth ['eiti:nθ], *a.* dix-huitième; dix-huit (*roi etc.*).—*n.* dix-huitième (*fraction*), *m.*
eighth [eitθ], *a.* huitième; huit (*roi etc.*).—*n.* huitième (*fraction*) *m.*; (*Mus.*) octave, *f.*
eightieth ['eitiiθ], *a.* quatre-vingtième.—*n.* quatre-vingtième (*fraction*), *m.*
eighty ['eiti], *a.* quatre-vingts.
Eire ['ɛərə]. l'Irlande, *f.*
either ['aiðə, 'i:ðə], *pron.* l'un ou l'autre, *m.*, l'une ou l'autre, *f.*; l'un d'eux, *m.*, l'une d'elles, *f.*; (*used negatively*) ni l'un ni l'autre, *m.*, ni l'une ni l'autre, *f.*—*conj.* ou, soit.—*adv.* non plus.
ejaculate [i'dʒækjuleit], *v.t.* pousser (*un cri*).—*v.i.* s'écrier; éjaculer.
ejaculation [idʒækju'leiʃən], *n.* cri, *m.* exclamation; éjaculation, *f.*
eject [i'dʒekt], *v.t.* rejeter; émettre (*flammes*); chasser, expulser.
ejection [i'dʒekʃən], **ejectment** [i'dʒektmənt], *n.* expulsion, éjection; (*Law*) éviction, *f.*
eke [i:k], *v.t. to eke out*, allonger; suppléer à, augmenter; ménager; *to eke out a living*, se faire une maigre pitance.
elaborate [i'læbərit], *a.* élaboré, soigné; compliqué.—[i'læbəreit], *v.t.* élaborer.
elaboration [ilæbə'reiʃən], *n.* élaboration, *f.*
elapse [i'læps], *v.i.* s'écouler.
elastic [i'læstik], *a.* and *n.* élastique, *m.*
elasticity [elæs'tisiti], *n.* élasticité, *f.*
elate [i'leit], *v.t.* élever, exalter, transporter.
elation [i'leiʃən], *n.* transport de joie, *m.*, exaltation, ivresse, *f.*
elbow ['elbou], *n.* coude, *m.*—*v.t.* coudoyer, pousser du coude.
elder (1) ['eldə], *n.* sureau (*arbre*), *m.*
elder (2) ['eldə], *a.* aîné, plus âgé; plus ancien.—*n.* aîné; ancien, *m.*
elderly ['eldəli], *a.* d'un certain âge.
eldest ['eldist], *a.* le plus âgé, l'aîné.
Eleanor ['elinə]. Éléonore, *f.*
elect [i'lekt], *a.* élu, choisi, nommé.—*n.* élu, *m.*—*v.t.* élire, nommer, choisir; (*fig.*) se décider à.
election [i'lekʃən], *n.* élection, *f.*
electioneer [ilekʃə'niə], *v.i.* solliciter des votes, travailler les électeurs.
electioneering [ilekʃə'niəriŋ], *n.* manœuvres électorales, *f.pl.*
elective [i'lektiv], *a.* électif; électoral.
elector [i'lektə], *n.* électeur, votant, *m.*
electric [i'lektrik], **electrical** [i'lektrikəl], *a.* électrique; *electric shock*, secousse électrique, *f.*
electrician [elek'triʃən, ilek'triʃən], *n.* électricien, *m.*
electricity [elek'trisiti, ilek'trisiti], *n.* électricité, *f.*
electrify [i'lektrifai], *v.t.* électriser; électrifier.
electrocute [i'lektrokju:t], *v.t.* électrocuter.
electron [i'lektron] *n.* électron *m.*

413

electronic [elek'trɔnik, ilek'trɔnik], *a.* électronique.

electronics [elek'trɔniks, ilek'trɔniks], *n.* électronique, *f.*

electro-plate [i'lektroupleit], *n.* argenture électrique, *f.*—*v.t.* plaquer, argenter.

elegance ['eligəns], *n.* élégance, *f.*

elegant ['eligənt], *a.* élégant, chic.—*n.* élégant, beau, *m.*

elegantly ['eligəntli], *adv.* élégamment.

elegiac [eli'dʒaiək], *a.* élégiaque.—*n.* vers élégiaque, *m.*

elegist ['elidʒist], *n.* poète élégiaque, *m.*

elegy ['elidʒi], *n.* élégie, *f.*

element ['elimənt], *n.* élément, *m.*; (*pl.*) rudiments, *m.pl.*

elemental [eli'mentl], **elementary** [eli'mentri], *a.* élémentaire.

elephant ['elifənt], *n.* éléphant, *m.*

elephantine [eli'fæntain], *a.* éléphantin.

elevate ['eliveit], *v.t.* élever; hausser, exalter, exciter.

elevation [eli'veiʃən], *n.* élévation; hauteur, altitude, *f.*

elevator [eli'veitə], *n.* (*Anat. etc.*) élévateur; (*Am.*) [LIFT].

eleven [i'levn], *a.* onze; *the eleven,* les apôtres, *m.pl.*; (*Spt.*) le onze, *m.*

eleventh [i'levnθ], *a.* onzième; onze (*roi etc.*). —*n.* onzième (*fraction*), *m.*

elf [elf], *n.* (*pl.* **elves** [elvz]) esprit follet, lutin, elfe, *m.*

elfin ['elfin], *a.* des lutins, des elfes.—*n.* gamin, bambin *m.*

elicit [i'lisit], *v.t.* faire sortir, tirer (*de*); déduire, découvrir, faire avouer (*à*).

elide [i'laid], *v.t.* (*Gram.*) élider.—*v.i.* s'élider.

eligible ['elidʒibl], *a.* éligible; convenable (*pour*); acceptable.

eliminate [i'limineit], *v.t.* éliminer, supprimer.

eliminating [i'limineitiŋ], *a.* éliminateur, éliminatoire.

elimination [ilimi'neiʃən], *n.* élimination, *f.*

elision [i'liʒən], *n.* élision, *f.*

elixir [i'liksə], *n.* élixir, *m.*

Elizabeth [i'lizəbəθ]. Élisabeth, *f.*

elk [elk], *n.* (*Zool.*) élan, *m.*

ell [el], *n.* aune, *f.*

Ellen ['elin]. Hélène, *f.*

ellipse [i'lips], *n.* ellipse, *f.*

elliptic [i'liptik], **elliptical** [i'liptikəl], *a.* elliptique.

elm [elm], *n.* orme, *m.*

elocution [elo'kju:ʃən], *n.* élocution, diction, *f.*

elocutionist [elo'kju:ʃənist], *n.* déclamateur, *m.*

elongate ['i:lɔŋgeit], *v.t.* allonger, prolonger.

elongation [i:lɔŋ'geiʃən], *n.* allongement, prolongement, *m.*; (*Surg.*) élongation, *f.*

elope [i'loup], *v.i.* s'enfuir (*avec un amant*).

elopement [i'loupmənt], *n.* fuite, *f.*, enlèvement, *m.*

eloquence ['eləkwəns], *n.* éloquence, *f.*

eloquent ['eləkwənt], *a.* éloquent.

eloquently ['eləkwəntli], *adv.* éloquemment.

else [els], *adv.* autrement, ou bien, ailleurs.—*a.* autre; *anywhere else,* n'importe où ailleurs; *everything else,* tout le reste; *nobody else,* personne d'autre; *nothing*

else, rien d'autre; *someone* (*somebody*) *else,* quelqu'un d'autre.

elsewhere ['elsweə], *adv.* ailleurs, autre part.

Elsie ['elsi]. Élise, *f.*

elucidate [i'lju:sideit], *v.t.* expliquer, éclaircir, élucider.

elucidation [ilju:si'deiʃən], *n.* éclaircissement, *m.*, élucidation, explication, *f.*

elude [i'lju:d], *v.t.* éluder, éviter, échapper à.

elusion [i'lju:ʒən], *n.* subterfuge, *m.*, réponse évasive, *f.*

elusive [i'lju:siv], *a.* artificieux (*réponse*); fuyant, insaisissable (*personne*).

elves [ELF].

emaciate [i'meiʃieit], *v.t.* amaigrir.—*v.i.* maigrir, s'amaigrir.

emaciated [i'meiʃieitid], *a.* amaigri, maigre, décharné.

emaciation [imeiʃi'eiʃən], *n.* amaigrissement, *m.*, maigreur, *f.*

emanate ['eməneit], *v.i.* émaner.

emancipate [i'mænsipeit], *v.t.* affranchir, émanciper (*de*).

emancipation [imænsi'peiʃən], *n.* affranchissement, *m.*, émancipation, *f.*

emasculate [i'mæskjuleit], *v.t.* châtrer; (*fig.*) affaiblir, efféminer.

embalm [im'ba:m], *v.t.* embaumer.

embalmer [im'ba:mə], *n.* embaumeur, *m.*

embalming [im'ba:miŋ], *n.* embaumement, *m.*

embank [im'bæŋk], *v.t.* endiguer, remblayer; encaisser (*canal etc.*).

embankment [im'bæŋkmənt], *n.* levée, *f.*; terrassement, talus, *m.*; (*Rail.*) remblai; quai (*rivière, canal*), *m.*

embarcation [EMBARKATION].

embargo [im'ba:gou], *n.* embargo, *m.*—*v.t.* mettre l'embargo sur; défendre, interdire.

embark [im'ba:k], *v.t.* embarquer.—*v.i.* s'embarquer (*sur*); (*fig.*) s'engager (*dans*).

embarkation or **embarcation** [emba:'keiʃən], *n.* embarquement, *m.*

embarrass [im'bærəs], *v.t.* embarrasser; gêner.

embarrassment [im'bærəsmənt], *n.* embarras, *m.*; (*fig.*) perplexité; gêne (*manque d'argent*), *f.*

embassy ['embəsi], *n.* ambassade, *f.*

embellish [im'beliʃ], *v.t.* embellir, orner (*avec*).

embellishment [im'beliʃmənt] *n.* embellissement, ornement, *m.*

ember ['embə], *n.* braise, cendre ardente, *f.*

embezzle [im'bezl], *v.t.* détourner; s'approprier frauduleusement (*des fonds*).

embezzlement [im'bezlmənt], *n.* détournement, *m.*

embezzler [im'bezlə], *n.* détourneur (*de fonds*), *m.*

embitter [im'bitə], *v.t.* rendre amer; (*fig.*) empoisonner; aigrir.

emblazon [im'bleizn], *v.t.* blasonner (*de*); (*fig.*) publier, proclamer.

emblem ['embləm], *n.* emblème, *m.*; (*Her.*) devise, *f.*

embodiment [im'bɔdimənt], *n.* incarnation; personnification; (*Mil.*) incorporation, *f.*

embody [im'bɔdi], *v.t.* incarner; (*Mil. etc.*) incorporer (*dans*); (*fig.*) personnifier.

embolden [im'bouldn], *v.t.* enhardir.

emboss [im'bɔs], *v.t.* bosseler; relever en bosse; gaufrer (*papier*).

embossing [im'bɔsiŋ], n. bosselage; gaufrage, m.

embrace [im'breis], n. embrassement, m., étreinte, f.—v.t. embrasser, étreindre; (fig.) accepter; comprendre.

embrocation [embrə'keiʃən], n. embrocation, f.

embroider [im'brɔidə], v.t. broder.

embroidery [im'brɔidəri], n. broderie, f.

embroil [im'brɔil], v.t. brouiller, embrouiller.

embryo ['embriou], n. embryon, germe, m.

emend [i'mend], v.t. corriger; (Law) émender.

emendation [i:men'deiʃən], n. correction, émendation, f.

emerald ['emərəld], n. émeraude, f.

emerge [i'mə:dʒ], v.i. surgir; sortir (de); ressortir.

emergency [i'mə:dʒənsi], n. circonstance critique; crise, f., cas imprévu, m.; in case of emergency, en cas d'urgence; emergency exit, sortie de secours, f.

emery ['eməri], n. émeri, m.; emery cloth, toile d'émeri, f.

emetic [i'metik], n. émétique, m.

emigrant ['emigrənt], n. émigrant; (Fr. Hist.) émigré, m.

emigrate ['emigreit], v.i. émigrer.

emigration [emi'greiʃən], n. émigration, f.

Emily ['emili], Émilie, f.

eminence ['eminəns], n. éminence, colline; (fig.) grandeur, distinction, f.

eminent ['eminənt], a. éminent; distingué, illustre.

eminently ['eminəntli], adv. éminemment, par excellence.

emissary ['emisəri], n, émissaire, messager, m.

emission [i'miʃən], n. émission, f.

emit [i'mit], v.t. jeter; exhaler, dégager; (Fin.) émettre.

emolument [i'mɔljumənt], n. (usu. pl.) émoluments, m.pl., rémunération, f.; (fig.) profit, m.

emotion [i'mouʃən], n. émotion, f.

emotional [i'mouʃənəl] a. porté à l'émotion, émotif.

emperor ['empərə], n. empereur, m.

emphasis ['emfəsis], n. (pl. emphases ['emfəsi:z]) force, énergie, emphase, f.; accent, m.

emphasize ['emfəsaiz], v.t. appuyer sur; accentuer, souligner.

emphatic [im'fætik], a. fort, énergique; expressif; accentué, emphatique; (fig.) positif.

emphatically [im'fætikəli], adv. avec force, énergiquement; positivement.

empire ['empaiə], n. empire, m.

empiric [em'pirik], n. empirique; charlatan, m.—a. (also **empirical** [em'pirikəl]) empirique, guidé par l'expérience.

employ [im'plɔi], v.t. employer; se servir de. —n. emploi, m.; occupation, f.

employee [im'plɔii:], n. employé, m.

employer [im'plɔiə], n. patron; employeur, m.

employment [im'plɔimənt] n. emploi, m., occupation, f.

emporium [em'pɔ:riəm], n. entrepôt; (fam.) grand magasin, m.

empower [em'pauə], v.t. autoriser (à), mettre à même (de).

empress ['empris], n. impératrice, f.

emptiness ['emptinis], n. vide, m.; (fig.) vanité, f., néant, m.

empty ['empti], a. vide, à vide; désert (rues etc.); (fig.) vain, stérile.—v.t. vider, décharger.—v.i. se vider.

emu ['i:mju:], n. (Orn.) émeu, m.

emulate ['emjuleit], v.t. rivaliser avec; imiter.

emulation [emju'leiʃən], n. émulation, rivalité, f.

emulsion [i'mʌlʃən], n. émulsion, f.

enable [i'neibl], v.t. mettre à même (de); mettre en état (de); permettre (de).

enact [i'nækt], v.t. ordonner, arrêter; rendre (loi); jouer, faire (un rôle).

enactment [i'næktmənt], n. loi, ordonnance, f., décret, m.

enamel [i'næml], n. émail, m.—v.t. émailler (de).—v.i. peindre en émail.

enamelling [i'næməliŋ], n. émaillure, f.; émaillage, m.

enamour [i'næmə], v.t. (used now only in p.p.) to be enamoured (of), être épris de.

encamp [in'kæmp], v.t., v.i. camper.

encase [in'keis], v.t. encaisser, enfermer.

enchain [in'tʃein], v.t. enchaîner.

enchant [in'tʃɑ:nt], v.t. enchanter; (fig.) charmer, ravir (de).

enchanter [in'tʃɑ:ntə], n. enchanteur, m.

enchanting [in'tʃɑ:ntiŋ], a. enchanteur, ravissant, charmant.

enchantment [in'tʃɑ:ntmənt], n. enchantement, charme, m., fascination, f.

enchantress [in'tʃɑ:ntris], n. enchanteresse, f.

encircle [in'sə:kl], v.t. ceindre, entourer (de), encercler.

enclose [in'klouz], v.t. enclore; entourer, environner; renfermer; envoyer sous le même pli (lettre etc.).

enclosed [in'klouzd], a. entouré, environné; inclus, ci-inclus, sous ce pli (paquet, lettre etc.).

enclosure [in'klouʒə], n. clôture; enceinte (espace clos), f.; contenu (objet renfermé), m.

encomium [en'koumjəm], n. éloge, m., louange, f.

encompass [in'kʌmpəs], v.t. entourer, environner; renfermer.

encore [ɔŋ'kɔ:], n. and int. bis.—v.t. bisser.

encounter [in'kauntə], n. rencontre, f.; combat, m., lutte, f.—v.t. rencontrer, aborder; (fig.) éprouver, essuyer.

encourage [in'kʌridʒ], v.t. encourager.

encouragement [in'kʌridʒmənt], n. encouragement, m.

encroach [in'kroutʃ], v.i. empiéter (sur); abuser (de).

encroachment [in'kroutʃmənt], n. empiétement, m., usurpation, f.

encumber [in'kʌmbə], v.t. encombrer, accabler, embarrasser (de); grever (un héritage).

encumbrance [in'kʌmbrəns], n. encombrement, embarras, m.; (Law) hypothèque, f.

encyclopaedia [insaiklə'pi:diə], n. encyclopédie, f.

encyclopaedic [insaiklə'pi:dik], a. encyclopédique.

end

end [end], *n.* fin; extrémité, *f.*, bout; but, objet, *(fig.)* dessein, *m.*, issue, *f.*; *at an end*, fini, terminé; *big end*, *(Motor.)* tête de bielle, *f.*; *from end to end*, d'un bout à l'autre; *in the end*, à la fin; *three days on end*, trois jours de suite; *to be at a loose end*, être désœuvré, se trouver sans avoir rien à faire; *to draw to an end*, tirer *ou* toucher à sa fin; *to make an end of*, en finir avec; *to make both ends meet*, joindre les deux bouts.—*v.t.* finir, terminer, achever.—*v.i.* finir, se terminer *(en)*; cesser *(de)*; aboutir *(à)*.

endanger [in'deindʒə], *v.t.* mettre en danger, compromettre, risquer.

endear [in'diə], *v.t.* rendre cher *(à)*.

endearing [in'diəriŋ], *a.* tendre, affectueux.

endearment [in'diəmənt], *n.* charme, *m.*; *(pl.)* caresses, *f.pl.*

endeavour [in'devə], *n.* effort, *m.*, tentative, *f.* —*v.i.* tâcher, essayer tenter *(de)*, chercher *(à)*.

ending ['endiŋ], *n.* fin, conclusion; *(Gram.)* terminaison, *f.*

endive ['endiv], *n.* chicorée, *f.*

endless ['endlis], *a.* sans fin; éternel, perpétuel, interminable.

endlessly ['endlisli], *adv.* à l'infini, sans cesse.

endorse [in'dɔːs], *v.t.* endosser; viser *(passeport)*; *(fig.)* sanctionner, approuver.

endorsement [in'dɔːsmənt], *n.* suscription, *f.*; *(Comm.)* endossement *(signature au dos)*; visa *(de passeport)*, *m.*; *(fig.)* sanction, *f.*

endow [in'dau], *v.t.* doter *(de)*; *(fig.)* douer *(de)*.

endowment [in'daumənt], *n.* dotation, *f.*

endurable [in'djuərəbl], *a.* supportable, endurable.

endurance [in'djuərəns], *n.* endurance; souffrance, patience, *f.*

endure [in'djuə], *v.t.* supporter, souffrir, endurer.—*v.i.* durer; endurer, souffrir.

enduring [in'djuəriŋ], *a.* endurant, qui endure, patient; durable, qui dure *(permanent)*.

endways ['endweiz], endwise ['endwaiz], *adv.* debout, de champ; bout à bout *(horizontalement)*.

enema ['enimə, i'niːmə], *n.* lavement, *m.*

enemy ['enəmi], *n.* ennemi, *m.*

energetic [enə'dʒetik], *a.* énergique.

energy ['enədʒi], *n.* énergie, *f.*

enervate ['enəveit], *v.t.* affaiblir, énerver.

enfeeble [in'fiːbl], *v.t.* affaiblir.

enfold [in'fould], *v.t.* envelopper.

enforce [in'fɔːs], *v.t.* donner de la force à; faire respecter; faire exécuter; forcer.

enforcement [in'fɔːsmənt], *n.* mise en vigueur, exécution, *f.*

enfranchise [in'fræntʃaiz], *v.t.* affranchir *(un esclave)*; donner le droit de vote à.

enfranchisement [in'fræntʃizmənt], *n.* affranchissement, *m.*; admission au suffrage, *f.*

engage [in'geidʒ], *v.t.* engager; retenir, prendre *(réserver)*; louer *(prendre à louage)*; arrêter *(un marché)*; occuper *(attention etc.)*; *(fig.)* en venir aux mains avec.—*v.i.* s'engager *(à)*; livrer combat.

engaged [in'geidʒd], *a.* fiancé *(futur époux)*; occupé *(pris par le travail)*; pas libre *(téléphone, cabinets)*; aux prises *(combat)*.

engagement [in'geidʒmənt], *n.* engagement, *m.*; occupation, *f.*; fiançailles, *f.pl.*; combat, *m.*

engaging [in'geidʒiŋ], *a.* engageant, attrayant.

engender [in'dʒendə], *v.t.* engendrer, faire naître, causer.

engine ['endʒin], *n.* machine, *f.*, moteur, *m.*; *(Rail.)* locomotive, *f.*; *fire-engine*, pompe à incendie, *f.*; *steam-engine*, machine à vapeur.

engine-driver ['endʒindraivə], *n.* *(Rail.)* mécanicien, *m.*

engineer [endʒi'niə], *n.* ingénieur; *(Manuf.)* constructeur-mécanicien; *(Mil.)* soldat du génie; *(pl.)* le génie, *m.*

engineering [endʒi'niəriŋ], *n.* art de l'ingénieur, *m.*; *civil engineering*, génie civil, *m.*; *electrical engineering*, technique électrique, *f.*

England ['iŋglənd], l'Angleterre, *f.*

English ['iŋgliʃ], *a.* anglais; de l'Angleterre; *the English Channel*, la Manche, *f.*—*n.* anglais *(langue)*, *m.*; *the English*, les Anglais, *m.pl.*

Englishman ['iŋgliʃmən], *n.* *(pl.* -men [men]) Anglais, *m.*

Englishwoman ['iŋgliʃwumən], *n.* *(pl.* -women [wimin]) Anglaise, *f.*

engrave [in'greiv], *v.t.* graver.

engraver [in'greivə], *n.* graveur, *m.*

engraving [in'greiviŋ], *n.* gravure; *copper-plate engraving*, taille-douce, *f.*

engross [in'grous], *v.t.* grossoyer *(copier)*; accaparer *(monopoliser)*; absorber, occuper *(l'esprit)*.

engulf [in'gʌlf], *v.t.* engouffrer; *(fig.)* engloutir.

enhance [in'hɑːns], *v.t.* enchérir, renchérir; *(fig.)* rehausser.

enhancement [in'hɑːnsmənt], *n.* hausse, *f.*; *(fig.)* rehaussement, *m.*

enigma [i'nigmə], *n.* énigme, *f.*

enigmatic [enig'mætik], enigmatical [enig'mætikəl], *a.* énigmatique, obscur.

enjoin [in'dʒɔin], *v.t.* enjoindre; prescrire *(à)*.

enjoy [in'dʒɔi], *v.t.* jouir de, posséder; goûter; *to enjoy oneself*, s'amuser.

enjoyable [in'dʒɔiəbl], *a.* agréable.

enjoyment [in'dʒɔimənt], *n.* jouissance *(de)* *f.*; plaisir, *m.*

enkindle [in'kindl], *v.t.* enflammer; *(fig.)* exciter.

enlace [in'leis], *v.t.* enlacer.

enlarge [in'lɑːdʒ], *v.t.* agrandir, étendre, dilater.—*v.i.* grandir, s'agrandir.

enlargement [in'lɑːdʒmənt], *n.* agrandissement *(also Phot.)*, *m.*; augmentation, *f.*

enlighten [in'laitn], *v.t.* éclairer; *(fig.)* éclaircir.

enlightenment [in'laitnmənt], *n.* éclaircissement, *m.*; lumières, *f.pl.*

enlist [in'list], *v.t.* enrôler, engager.—*v.i.* s'engager.

enlistment [in'listmənt], *n.* engagement, enrôlement, *m.*

enliven [in'laivn], *v.t.* égayer, animer.

enmity ['enmiti], *n.* inimitié; animosité, haine, hostilité, *f.*

ennoble [i'noubl], *v.t.* anoblir; *(fig.)* ennoblir.

epithet

ennoblement [i'noublmənt], n. anoblissement; (fig.) ennoblissement, m.
enormity [i'nɔ:miti], enormousness [i'nɔ:məsnis], n. énormité, f.
enormous [i'nɔ:məs], a. énorme; (fig.) atroce, monstrueux.
enormously [i'nɔ:məsli], adv. énormément.
enough [i'nʌf], a. and adv. assez; large enough, assez grand; more than enough, plus qu'il n'en faut.
enquire [INQUIRE].
enrage [in'reidʒ], v.t. faire enrager; exaspérer.
enrapture [in'ræptʃə], v.t. transporter ravir.
enrich [in'ritʃ], v.t. enrichir.
enrichment [in'ritʃmənt], n. enrichissement, m.
enrol [in'roul], v.t. enrôler, enregistrer, inscrire.—v.i. s'enrôler, se faire inscrire.
enrolment [in'roulmənt], n. enrôlement, m., inscription, f.
ensconce [in'skons], v.t. cacher; to ensconce oneself, se cacher (dans), se blottir.
enshrine [in'ʃrain], v.t. enchâsser (dans).
enshroud [in'ʃraud], v.t. mettre dans un linceul; (fig.) couvrir.
ensign ['ensain, (R. Navy) 'ensin], n. enseigne, f., drapeau; (Mil.) porte-drapeau (personne), m.
enslave [in'sleiv], v.t. asservir; (fig.) captiver.
ensnare [in'snɛə], v.t. prendre au piège; (fig.) attraper séduire.
ensue [in'sju:], v.i. s'ensuivre.
ensuing [in'sju:iŋ], a. suivant; prochain.
ensure [in'ʃuə], v.t. assurer; garantir.
entail [en'teil], v.t. substituer (à); (fig.) entraîner; impliquer.
entangle [in'tæŋgl], v.t. emmêler; enchevêtrer; empêtrer (les pieds); (fig.) embrouiller.
entanglement [in'tæŋglmənt], n. embrouillement, embarras, m.
enter ['entə], v.t. entrer dans, pénétrer; inscrire (nom etc.); enregistrer (paquet).—v.i. entrer; s'engager (dans).
enteritis [entə'raitis], n. entérite, f.
enterprise ['entəpraiz], n. entreprise, hardiesse, f.; esprit d'entreprise, m.
entertain [entə'tein], v.t. recevoir (des invités); divertir, amuser (distraire); concevoir (idée etc.); accepter (proposition).—v.i. recevoir (invités).
entertainer [entə'teinə], n. (Theat. etc.) diseur, m., diseuse, f., comique, m., f.; hôte, m., hôtesse, f.
entertainment [entə'teinmənt], n. hospitalité, f.; accueil (reception); festin, m., fête, f.; divertissement, spectacle (amusement), m.
enthrall [in'θrɔ:l], v.t. asservir, assujettir; (fig.) ravir.
enthuse [in'θju:z], v.i. s'enthousiasmer de ou pour.
enthusiasm [in'θju:ziæzm], n. enthousiasme, m.
enthusiast [in'θju:ziæst], n. enthousiaste, m., f.
enthusiastic [inθju:zi'æstik], a. enthousiaste.
entice [in'tais], v.t. attirer; entraîner (dans); séduire (à).
enticement [in'taismənt], n. appât, charme, m.; tentation, f.
enticer [in'taisə], n. tentateur, séducteur, m.

enticing [in'taisiŋ], a. séduisant, attrayant, tentant.
entire [in'taiə], a. entier, complet.
entirely [in'taiəli], adv. entièrement, complètement, tout entier.
entirety [in'taiəti], n. totalité; intégrité, f.
entitle [in'taitl], v.t. intituler, appeler; donner droit à.
entity ['entiti], n. entité, f., être de raison, m.
entomb [in'tu:m], v.t. ensevelir.
entrails ['entreilz], n.pl. entrailles, f.pl.
entrance (1) ['entrəns], n. entrée, f.; commencement, début (de carrière), m.; (fig.) initiation, f.
entrance (2) [in'trɑ:ns], v.t. extasier, ravir.
entrancing [in'trɑ:nsiŋ], a. prenant; ravissant.
entrant ['entrənt], n. inscrit (de concours), m.; inscrite, f.; débutant (dans une profession nouvelle), m., débutante, f.
entrap [in'træp], v.t. prendre au piège, attraper (dans).
entreat [in'tri:t], v.t. supplier, prier instamment (de).
entreaty [in'tri:ti], n. prière; supplication; (pl.) sollicitation, f., instances, f.pl.
entrust [in'trʌst], v.t. charger (de).
entry ['entri], n. entrée; inscription (enregistrement); (Book-keeping) écriture, f., article, m.; (Customs) déclaration d'entrée, f.; no entry, sens interdit, passage interdit.
entwine [in'twain], v.t. enlacer, entortiller.—v.i. s'enlacer, s'entortiller.
enumerate [i'nju:məreit], v.t. énumérer, dénombrer.
enunciate [i'nʌnsieit], v.t. énoncer; prononcer.—v.i. articuler.
envelop [in'veləp], v.t. envelopper (de ou dans).
envelope ['enviloup, 'ɔnviloup], n. enveloppe, f.
envenom [in'venəm], v.t. envenimer; exaspérer (aigrir).
envious ['enviəs], a. envieux (de).
environ [in'vaiərən], v.t. environner (de).
environment [in'vaiərənmənt], n. milieu, entourage, environnement, m.
environs [in'vaiərənz], n.pl. environs, m.pl.
envisage [in'vizidʒ], v.t. envisager.
envoy ['envoi], n. envoyé, m.
envy ['envi], n. envie, f.—v.t. envier, porter envie à.
epaulet(te) ['epɔ:let], n. épaulette, f.
ephemeral [i'femərəl], a. éphémère.
epic ['epik], a. épique; (fig.) légendaire.—n. épopée, f., poème épique, m.
epicure ['epikjuə], n. gourmet, m., gastronome, m., f.
epidemic [epi'demik], a. épidémique.—n. épidémie, f.
epigram ['epigræm], n. épigramme, f.
epilepsy ['epilepsi], n. épilepsie, f.
epileptic [epi'leptik], a. and n. épileptique, m., f.
epilogue ['epilog], n. épilogue, m.
episcopacy [i'piskəpəsi], n. épiscopat, m.
episcopal [i'piskəpəl], a. épiscopal.
episode ['episoud], n. épisode, m.
epistle [i'pisl], n. épître, f.
epitaph ['epitɑ:f], n. épitaphe, f.
epithet ['epiθet], n. épithète, f.

epitome

epitome [i'pitəmi], *n.* épitomé, abrégé, précis, *m.*

epitomize [i'pitəmaiz], *v.t.* faire un abrégé de; être une image en petit de.

epoch ['i:pɔk], *n.* époque, *f.*

equable ['ekwəbl], *a.* uniforme, égal.

equal ['i:kwəl], *a.* égal; (*fig.*) impartial, juste; **equal to**, de force à, à la hauteur de.—*n.* égal, *m.*, égale, *f.*; (*pl.*) pareils, égaux, *m.pl.* —*v.t.* égaler, être égal à.

equality [i'kwɔliti], *n.* égalité, *f.*

equalize ['i:kwəlaiz], *v.t.* égaliser; compenser.

equally ['i:kwəli], *adv.* également, pareillement.

equanimity [i:kwə'nimiti], *n.* égalité d'âme, équanimité, *f.*

equation [i'kweiʃən], *n.* équation, *f.*

equator [i'kweitə], *n.* équateur, *m.*

equatorial [ekwə'tɔːriəl], *a.* équatorial, de l'équateur.

equerry ['ekwəri], *n.* écuyer, *m.*

equestrian [i'kwestriən], *a.* équestre.—*n.* cavalier; (*Circus*) écuyer, *m.*

equilibrium [i:kwi'libriəm], *n.* équilibre, *m.*

equine ['i:kwain, 'ekwain], *a.* du cheval, équin.

equinox ['i:kwinɔks], *n.* équinoxe, *m.*

equip [i'kwip], *v.t.* équiper; (*Tech.*) outiller.

equipment [i'kwipmənt], *n.* équipement, matériel outillage, *m.*

equitable ['ekwitəbl], *a.* équitable, juste.

equity ['ekwiti], *n.* équité, justice, *f.*

equivalent [i'kwivələnt], *a.* équivalent (*à*); **to be equivalent to**, être équivalent à, équivaloir à.—*n.* équivalent, *m.*

equivocal [i'kwivəkl], *a.* équivoque, ambigu.

equivocate [i'kwivəkeit], *v.i.* user d'équivoque, équivoquer.

era ['iərə], *n.* ère, *f.*

eradicate [i'rædikeit], *v.t.* déraciner; (*fig.*) exterminer.

erase [i'reiz], *v.t.* raturer, effacer, rayer.

eraser [i'reizə], *n.* grattoir, *m.*, gomme à effacer, *f.*

erasure [i'reiʒə], *n.* grattage, *m.*, rature, *f.*

*ere [ɛə], *conj.* avant que; plutôt que.—*prep.* avant.

erect [i'rekt], *a.* debout, droit, élevé.—*v.t.* ériger, dresser; (*fig.*) établir.

erection [i'rekʃən], *n.* construction, érection, élévation; (*fig.*) fondation, *f.*

ermine ['əːmin], *a.* d'hermine.—*n.* hermine, *f.*

erode [i'roud], *v.t.* éroder, ronger.

erosion [i'rouʒən], *n.* érosion, *f.*

erotic [i'rɔtik], *a.* érotique.

err [əː], *v.i.* s'écarter, s'égarer (*de*); (*fig.*) se tromper.

errand ['erənd], *n.* message, *m.*, commission, course, *f.*

errand-boy ['erəndbɔi], *n.* petit commissionnaire; saute-ruisseau (*de bureau*), chasseur (*dans un restaurant*), *m.*

erratic [i'rætik], *a.* erratique; errant, excentrique; irrégulier; inégal.

erroneous [i'rouniəs], *a.* erroné, faux.

erroneously [i'rouniəsli], *adv.* à faux, à tort.

error ['erə], *n.* erreur, faute, *f.*, écart, *m.*

erudite ['erudait], *a.* érudit, savant.

erudition [eru'diʃən], *n.* érudition, *f.*

erupt [i'rʌpt], *v.i.* faire éruption (*volcan*); percer (*dent*).

eruption [i'rʌpʃən], *n.* éruption, *f.*

erysipelas [eri'sipiləs], *n.* érysipèle, *m.*

escalade [eskə'leid], *n.* escalade, *f.*—*v.t.* escalader.

escalate ['eskəleit], *v.i.* escalader.

escalation [eskə'leiʃən], *n.* escalade, *f.*

escalator ['eskəleitə], *n.* escalier roulant, *m.*

escapade [eskə'peid], *n.* escapade, *f.*

escape [is'keip], *n.* évasion; fuite (*gaz*); (*fig.*) délivrance, *f.*; **fire-escape**, échelle de sauvetage, *f.*; **to have a narrow escape**, l'échapper belle.—*v.t.* échapper à; éviter.—*v.i.* (s')échapper; s'évader (*de prison*).

escarpment [is'kaːpmənt], *n.* escarpement, talus, *m.*

eschew [is'tʃuː], *v.t.* éviter; renoncer à.

escort [is'kɔːt], *v.t.* escorter.—['eskɔːt], *n.* escorte, *f.*; cavalier, *m.*

escutcheon [is'kʌtʃən], *n.* écusson, *m.*

Eskimo [es'kimou], *a.* esquimau.—*n.* Esquimau (*personne*), *m.*

especial [is'peʃəl], *a.* spécial, particulier.

especially [is'peʃəli], *adv.* spécialement, surtout.

esplanade [esplə'neid], *n.* esplanade, promenade, *f.*

espouse [is'pauz], *v.t.* épouser; (*fig.*) adopter.

espy [is'pai], *v.t.* apercevoir, aviser, épier.

essay ['esei], *n.* essai; effort, *m.*; (*Sch.*) composition, dissertation, *f.*—[e'sei], *v.t.* essayer (*de*).

essence ['esəns], *n.* essence, *f.*

essential [i'senʃəl], *a.* essentiel.—*n.* (*also pl.*) essentiel, *m.*

essentially [i'senʃəli], *adv.* essentiellement.

establish [is'tæbliʃ], *v.t.* établir, fonder; (*fig.*) confirmer; prouver.

establishment [is'tæbliʃmənt], *n.* établissement, *m.*; maison; (*fig.*) confirmation, *f.*

estate [is'teit], *n.* état, rang (*condition*), *m.*; propriété, *f.*, bien (*immeuble*), *m.*

estate-agent [is'teiteidʒənt], *n.* agent immobilier, *m.*

estate duty [is'teitdjuːti], *n.* droits de succession, *m.pl.*

esteem [is'tiːm], *n.* estime, considération, *f.* —*v.t.* estimer, regarder comme.

estimate ['estimit], *n.* évaluation, *f.*, calcul, devis, *m.*; (*fig.*) appréciation, *f.*—['estimeit] *v.t.* estimer, apprécier; évaluer, calculer.

Estonia [es'touniə], l'Esthonie, *f.*

Estonian [es'touniən], *a.* esthonien.—*n.* esthonien (*langue*); Esthonien (*personne*), *m.*

estrange [is'treindʒ], *v.t.* aliéner, éloigner (*de*).

estrangement [is'treindʒmənt], *n.* aliénation, *f.*, éloignement, *m.*, brouille, *f.*

estuary ['estjuəri], *n.* estuaire, *f.*

etching ['etʃiŋ], *n.* gravure à l'eau-forte, *f.*

eternal [i'təːnl], *a.* and *m.* éternel, *m.*

eternity [i'təːniti], *n.* éternité, *f.*

ether ['i:θə], *n.* éther, *m.*

ethereal [i'θiəriəl], *a.* éthéré; céleste.

ethic ['eθik], **ethical** ['eθikəl], *a.* éthique; moral.

ethics ['eθiks], *n.pl.* morale, éthique, *f.*

Ethiopia [i:θi'oupiə], l'Éthiopie, *f.*

Ethiopian [i:θi'oupiən], *a.* éthiopien.—*n.* Éthiopien (*personne*), *m.*

etiquette ['etiket], *n.* étiquette, *f.*, convenances, *f.pl.*

Etruria [i'truəriə], l'Étrurie, *f.*

Etruscan [i'trʌskən], *a.* étrusque.—*n.* étrusque (*langue*); Étrusque (*personne*), *m.*, *f.*
etymology [eti'mɔlədʒi], *n.* étymologie, *f.*
eucharist ['juːkərist], *n.* eucharistie, *f.*
eulogium [juː'loudʒiəm], **eulogy** ['juːlədʒi], *n.* éloge, panégyrique, *m.*
eulogize ['juːlədʒaiz], *v.t.* louer, faire l'éloge de.
eunuch ['juːnək], *n.* eunuque, *m.*
euphemism ['juːfimizm], *n.* euphémisme, *m.*
euphony ['juːfəni], *n.* euphonie, *f.*
Eurasian [juə'reiʒən], *a.* eurasien.—*n.* Eurasien (*personne*), *m.*
Europe ['juərəp], l'Europe, *f.*
European [juərə'piːən], *a.* européen.—*n.* Européen (*personne*), *m.*
euthanasia [juːθə'neiziə], *n.* euthanasie, *f.*
evacuate [i'vækjueit], *v.t.* évacuer.
evacuation [ivækju'eiʃən], *n.* évacuation, *f.*
evade [i'veid], *v.t.* éluder, esquiver, éviter, se soustraire à; échapper à, déjouer (*la loi*).
evaluate [i'væljueit], *v.t.* évaluer.
evaporate [i'væpəreit], *v.t.* faire évaporer.—*v.i.* s'évaporer.
evaporation [ivæpə'reiʃən], *n.* évaporation, *f.*
evasion [i'veiʒən], *n.* subterfuge, *m.*; échappatoire, défaite, *f.*
eve [iːv], *n.* veille, *f.*; *on the eve of*, à la veille de.
even (1) [iːvn], *n.* (*Poet.*) soir, *m.*
even (2) [iːvn], *a.* égal; régulier (*respiration, pouls*); uni (*lisse*); de niveau (*avec*); pair (*numéro*).—*adv.* même, aussi bien; précisément.—*v.t.* égaler, égaliser; niveler.
evening ['iːvniŋ], *a.* du soir; *evening dress*, tenue de soirée, *f.*—*n.* soir, *m.*; soirée, *f.*; (*fig.*) déclin, *m.*
evenly ['iːvnli], *adv.* également; de niveau; (*fig.*) impartialement.
evenness ['iːvnnis], *n.* égalité; régularité; sérénité, *f.*
evensong ['iːvnsɔŋ], *n.* chant du soir, *m.*, vêpres, *m.pl.*
event [i'vent], *n.* événement, *m.*; issue, *f.*; *at all events*, en tout cas, dans tous les cas; *in the event of*, au cas où.
even-tempered ['iːvntempəd], *a.* calme, placide, égal.
eventful [i'ventful], *a.* mouvementé.
eventual [i'ventjuəl], *a.* éventuel, aléatoire; final, définitif.
eventually [i'ventjuəli], *adv.* finalement, à la fin, par la suite.
ever ['evə], *adv.* toujours; jamais; *ever since*, depuis; *for ever*, à jamais.
evergreen ['evəgriːn], *a.* toujours vert.—*n.* arbre toujours vert, *m.*
everlasting [evə'laːstiŋ], *a.* éternel, perpétuel.—*n.* éternité, *f.*; éternel, *m.*
everlastingly [evə'laːstiŋli], *adv.* éternellement.
evermore ['evəmɔː], *adv.* toujours; éternellement.
every ['evri], *a.* chaque, tout, tous les; *every one*, chacun, *m.*, chacune, *f.*, tous, *pl.*
everybody [BEVERYONE].
everyday ['evridei], *a.* quotidien; ordinaire; de tous les jours.
everyone ['evriwʌn], **everybody** ['evribɔdi], *n.* tout le monde, *m.*
everything ['evriθiŋ], *n.* tout, *m.*
everywhere ['evriwɛə], *adv.* partout.

evict [i'vikt], *v.t.* évincer, expulser.
eviction [i'vikʃən], *n.* éviction, expulsion, *f.*
evidence ['evidəns], *n.* évidence; preuve, *f.*, témoignage; témoin (*personne*), *m.*—*v.t.* montrer, prouver, démontrer.
evident ['evidənt], *a.* évident, visible.
evidently ['evidəntli], *adv.* évidemment.
evil [iːvl], *a.* mauvais; malheureux, malfaisant, méchant (*esprit etc.*).—*n.* mal; malheur, *m.*, calamité, *f.*—*adv.* mal.
evil-doer ['iːvlduə], *n.* malfaiteur, méchant, *m.*
evil-speaking ['iːvl'spiːkiŋ], *n.* médisance, *f.*
evince [i'vins], *v.t.* montrer, manifester, démontrer.
evoke [i'vouk], *v.t.* évoquer; susciter.
evolution [iːvə'luːʃən], *n.* évolution, *f.*
evolve [i'vɔlv], *v.t.* dérouler; développer.—*v.i.* se dérouler; se développer.
ewe [juː], *n.* brebis, *f.*
ewer ['juə], *n.* aiguière, *f.*, broc, *m.*
exact [ig'zækt], *v.t.* exiger, extorquer.—*a.* exact, précis.
exaction [ig'zækʃən], *n.* exaction, *f.*
exactitude [ig'zæktitjuːd], **exactness** [ig'zæktnis], *n.* exactitude, *f.*
exactly [ig'zæktli], *adv.* exactement, précisément, au juste; juste.
exaggerate [ig'zædʒəreit], *v.t.* exagérer.
exaggeration [igzædʒə'reiʃən], *n.* exagération, *f.*
exalt [ig'zɔːlt], *v.t.* exalter, élever; (*fig.*) louer.
exaltation [egzɔːl'teiʃən], *n.* exaltation, élévation, *f.*
examination [igzæmi'neiʃən], *n.* examen, *m.*; inspection, vérification, *f.*; (*Law*) interrogatoire (*de prisonniers*), *m.*; audition (*de témoins*), *f.*; *to pass an examination*, réussir à un examen; *to sit (for) an examination*, passer un examen.
examine [ig'zæmin], *v.t.* examiner; visiter; (*Law*) interroger.
examiner [ig'zæminə], *n.* examinateur; (*Law*) juge d'instruction, *m.*
example [ig'zaːmpl], *n.* exemple, *m.*; *for example*, par exemple.
exasperate [ig'zaːspəreit], *v.t.* exaspérer, irriter, aigrir.
exasperation [igzaːspə'reiʃən], *n.* exaspération, irritation, *f.*
excavate ['ekskəveit], *v.t.* creuser, excaver.
excavation [ekskə'veiʃən], *n.* excavation, *f.*; fouilles, *f.pl.*
excavator ['ekskəveitə], *n.* piocheuse-défonceuse, *f.*
exceed [ik'siːd], *v.t.* excéder, dépasser; (*fig.*) surpasser.
exceeding [ik'siːdiŋ], *a.* grand, extrême.
exceedingly [ik'siːdiŋli], *adv.* très, fort, extrêmement.
excel [ik'sel], *v.t.* surpasser, l'emporter sur.—*v.i.* exceller, se distinguer (à).
excellence ['eksələns], *n.* excellence, supériorité, *f.*
excellent ['eksələnt], *a.* excellent.
excellently ['eksələntli], *adv.* excellemment, parfaitement.
except [ik'sept], *v.t.* excepter; exclure (*de*).—*prep.* excepté, à l'exception de, hors, sauf.—*conj.* à moins que, à moins de.
excepting [ik'septiŋ], *prep.* excepté, hormis.

exception [ik'sepʃən], *n.* exception; objection, *f.*; *to take exception to*, se formaliser de.

exceptionable [ik'sepʃənəbl], *a.* blâmable, à critiquer.

exceptional [ik'sepʃənəl], *a.* exceptionnel.

exceptionally [ik'sepʃənəli], *adv.* exceptionnellement.

excerpt ['eksə:pt], *n.* extrait, *m.*, citation, *f.*

excess [ik'ses], *n.* excès; excédent (*poids*), *m.*

excessive [ik'sesiv], *a.* excessif, extrême; immodéré.

excessively [ik'sesivli], *adv.* excessivement, à l'excès.

exchange [iks'tʃeindʒ], *n.* échange; (*Comm.*) change, *m.*; Bourse (*édifice*), *f.*; *bill of exchange*, lettre de change, *f.*; *rate of exchange*, taux du change, *m.*; *telephone exchange*, central téléphonique, *m.*—*v.t.* échanger, changer (*contre* ou *pour*).

exchequer [iks'tʃekə], *n.* trésor; Ministère des Finances, *m.*

excisable [ek'saizəbl], *a.* imposable; sujet aux droits de l'accise.

excise ['eksaiz], *n.* (*England*) excise, *f.*; (*France*) contributions indirectes, *f.pl.*, régie, *f.*

excise-man ['eksaizmən], *n.* (*pl.* -men [men]) préposé *ou* employé de la régie, *m.*

excitable [ik'saitəbl], *a.* excitable, impressionnable.

excite [ik'sait], *v.t.* exciter; irriter; émouvoir; (*fig.*) provoquer.

excitement [ik'saitmənt], *n.* émoi, *m.*, surexcitation; émotion, agitation, *f.*

exciting [ik'saitiŋ], *a.* émouvant, passionnant, palpitant.

exclaim [iks'kleim], *v.i.* s'écrier, se récrier, s'exclamer.

exclamation [eksklə'meiʃən], *n.* exclamation, *f.*, cri, *m.*

exclude [iks'klu:d], *v.t.* exclure (*de*); proscrire.

excluding [iks'klu:diŋ], *prep.* sans compter.

exclusion [iks'klu:ʒən], *n.* exclusion, *f.*

exclusive [iks'klu:siv], *a.* exclusif.

excommunicate [ekskə'mju:nikeit], *v.t.* excommunier.

excrement ['ekskrimənt], *n.* excrément, *m.*

excrescence [iks'kresəns], *n.* excroissance, *f.*

excruciate [iks'kru:ʃieit], *v.t.* tourmenter, torturer.

excruciating [iks'kru:ʃieitiŋ], *a.* atroce, affreux, horrible.

exculpate ['ekskʌlpeit], *v.t.* disculper, justifier.

excursion [iks'kə:ʃən], *n.* excursion, randonnée; (*fig.*) digression, *f.*

excusable [iks'kju:zəbl], *a.* excusable.

excuse [iks'kju:s], *n.* excuse, *f.*; prétexte, *m.*; *to find an excuse*, chercher des excuses; *to make excuses*, s'excuser.—[eks'kju:z], *v.t.* excuser, pardonner; *excuse me!* pardon! *to be excused from duty*, être exempt de service.

execrable ['eksikrəbl], *a.* exécrable.

execrate ['eksikreit], *v.t.* exécrer, maudire.

execute ['eksikju:t], *v.t.* exécuter, accomplir; remplir (*un ordre*); *to execute a deed*, signer un contrat.

execution [eksi'kju:ʃən], *n.* exécution, *f.*; accomplissement, supplice, *m.*

executioner [eksi'kju:ʃənə], *n.* bourreau, *m.*

executive [ig'zekjutiv], *a.* exécutif.—*n.* pouvoir exécutif; (*Comm.*) directeur, *m.*

executor [ig'zekjutə], *n.* exécuteur testamentaire, *m.*

exemplar [ig'zemplə], *n.* modèle, exemplaire, *m.*

exemplary [ig'zempləri], *a.* exemplaire; modèle.

exemplify [ig'zemplifai], *v.t.* démontrer par des exemples, illustrer; donner un exemple de.

exempt [ig'zempt, eg'zemt], *v.t.* exempter (*de*).—*a.* exempt.

exemption [ig'zempʃən], *n.* exemption, *f.*

exercise ['eksəsaiz], *n.* exercice; (*Sch.*) thème, devoir, *m.*—*v.t.* exercer; promener (*un chien*).—*v.i.* s'exercer; (*Mil.*) faire l'exercice.

exercise-book ['eksəsaizbuk], *n.* cahier (*de devoirs*), *m.*

exert [ig'zə:t], *v.t.* déployer; mettre en œuvre; exercer (*influence, pression etc.*); *to exert oneself*, faire des efforts (*pour*).

exertion [ig'zə:ʃən], *n.* effort, *m.*

exhale [eks'heil], *v.t.* exhaler, émettre.

exhaust [ig'zɔ:st], *v.t.* épuiser.—*n.* échappement, *m.*

exhausted [ig'zɔ:stid], *a.* épuisé.

exhaustion [ig'zɔ:stʃən], *n.* épuisement, *m.*

exhaustive [ig'zɔ:stiv], *a.* qui épuise; (*fig.*) complet.

exhaust-pipe [ig'zɔ:stpaip], *n.* (*Motor.*) tuyau d'échappement, *m.*

exhibit [ig'zibit], *v.t.* montrer; exposer; (*fig.*) exhiber.—*n.* objet exposé, *m.*

exhibition [eksi'biʃən], *n.* exposition; représentation, *f.*, spectacle, *m.*; (*Univ.*) bourse, *f.*

exhibitioner [eksi'biʃənə], *n.* (*Univ.*) boursier, *m.*

exhibitor [ig'zibitə], *n.* exposant, *m.*

exhilarate [ig'ziləreit], *v.t.* réjouir, égayer.

exhilarating [ig'ziləreitiŋ], *a.* qui égaye, réjouissant.

exhilaration [igzilə'reiʃən], *n.* réjouissance, gaieté, joie de vivre, *f.*

exhort [ig'zɔ:t], *v.t.* exhorter (*à*).

exhortation [egzɔ:'teiʃən], *n.* exhortation, *f.*

exhume [eks'hju:m], *v.t.* exhumer, déterrer.

exile ['eksail], *n.* exil; exilé (*personne*), *m.*—*v.t.* exiler.

exist [ig'zist], *v.i.* exister.

existence [ig'zistəns], *n.* existence, *f.*; être, *m.*

exit ['eksit], *n.* sortie, *f.*—*v.i.* (*Theat.*) il (*elle*) sort.

exodus ['eksədəs], *n.* exode, *m.*

exonerate [ig'zɔnəreit], *v.t.* décharger, exempter, exonérer, justifier.

exorbitant [ig'zɔ:bitənt], *a.* exorbitant, excessif, exagéré.

exotic [eg'zɔtik], *a.* exotique.

expand [iks'pænd], *v.t.* étendre, faire épanouir; amplifier; dilater (*gaz*).—*v.i.* se dilater; s'épanouir; se développer.

expanse [iks'pæns], *n.* étendue, *f.*

expansion [iks'pænʃən], *n.* expansion, *f.*

expatiate [eks'peiʃieit], *v.i.* s'étendre (*sur*).

expatriate [eks'peitrieit], *v.t.* expatrier, bannir.

expect [iks'pekt], *v.t.* attendre; s'attendre à, compter sur (*choses*); espérer; *she is expecting*, elle attend un bébé; *to know what to expect*, savoir à quoi s'en tenir.

extraction [iks′trækʃən], *n.* extraction;
origine. *f.*
extraneous [eks′treinjəs], *a.* étranger (*à*);
non-essentiel.
extraordinarily [iks′trɔ:dnrili], *a.* extraordinairement.
extraordinary [iks′trɔ:dnri], *a.* extraordinaire, rare.
extravagance [iks′trævəgəns], *n.* extravagance; prodigalité, *f.*, gaspillage, *m.*
extravagant [iks′trævəgənt], *a.* extravagant
(*immodéré*); prodigue, dépensier; exorbitant
(*prix*).
extravagantly [iks′trævəgəntli], *adv.* d'une
manière extravagante.
extreme [iks′tri:m], *a.* extrême.—*n.* extrémité, *f.*; extrême, *m.*
extremely [iks′tri:mli], *adv.* extrêmement,
au dernier degré.
extremist [iks′tri:mist], *n.* extrémiste, *m.*, *f.*;
ultra, *m.*
extremity [iks′tremiti], *n.* extrémité, *f.*,
extrême; bout, comble, *m.*
extricate [′ekstrikeit], *v.t.* débarrasser,
dégager; **to extricate oneself**, se tirer
d'affaire.
extrovert [′ekstrəvə:t], *n.* extroverti, *m.*
exuberance [ig′zju:bərəns], *n.* exubérance,
surabondance *f.*
exuberant [ig′zju:bərənt], *a.* exubérant, surabondant.
exude [ek′sju:d], *v.t.* faire exsuder.—*v.i.*
exsuder.
exult [ig′zʌlt], *v.i.* se réjouir, exulter (*de*).
exultant [ig′zʌltənt], *a.* joyeux, triomphant.
exultation [egzʌl′teiʃən], *n.* triomphe, *m.*,
exultation, *f.*
eye [ai], *n.* œil; trou (*d'une aiguille*); (*Bot.*) œil,
bouton, *m.*; (*Needlework*) porte; (*fig.*) vue,
f.; **black eye**, œil poché; **blind in one
eye**, borgne; **in the twinkling of an eye**,
en un clin d'œil; **to keep an eye on**,
surveiller.—*v.t.* regarder; lorgner.
eyeball [′aibɔ:l], *n.* bulbe de l'œil, *m.*
eyebrow [′aibrau], *n.* sourcil, *m.*
eyed [aid], *a.* **blue-eyed**, aux yeux bleus.
eyeglass [′aiglɑ:s], *n.* monocle (*un seul verre*);
lorgnon, pince-nez (*double*), *m.*
eye-hole [′aihoul], *n.* orbite; petit judas, *m.*
eyelash [′ailæʃ], *n.* cil, *m.*
eyelet [′ailit], *n.* œillet, *m.*
eyelid [′ailid], *n.* paupière, *f.*
eyesight [′aisait], *n.* vue, *f.*
eyesore [′aisɔ:], *n.* chose qui blesse l'œil, *f.*,
objet d'aversion, *m.*
eye-witness [′aiwitnis], *n.* témoin oculaire, *m.*
eyrie, eyry [AERIE].

F

F, f [ef], sixième lettre de l'alphabet; (*Mus.*) fa,
m.
fable [feibl], *n.* fable, *f.*, conte, *m.*
fabric [′fæbrik], *n.* construction *f.*; édifice,
ouvrage, *m.*; étoffe, *f.*; (*fig.*) système, *m.*

fabricate [′fæbrikeit], *v.t.* fabriquer, inventer,
contrefaire.
fabrication [fæbri′keiʃən], *n.* fabrication, *f.*
fabulous [′fæbjuləs], *a.* fabuleux.
face [feis], *n.* figure, *f.*; visage, *m.*; face,
surface (*des choses*); (*fig.*) apparence, *f.*,
état, *m.*; mine, physionomie, *f.*; front
(*insolence*), *m.*; façade, *f.*, devant (*front*), *m.*;
facette (*d'un diamant*), *f.*; cadran (*de
pendule*), *m.*; **face to face**, vis-à-vis; **to
make faces at**, faire des grimaces à.—*v.t.*
faire face à, affronter; mettre un revers à,
parer (*vêtements*); revêtir (*mur etc.*); donner
sur (*maison etc.*).—*v.i.* prendre un faux
dehors; (*Mil.*) faire front; **face about!**
volte-face!
facet [′fæsit], *n.* facette, *f.*—*v.t.* facetter.
facetious [fə′si:ʃəs], *a.* facétieux.
facetiously [fə′si:ʃəsli], *adv.* facétieusement.
facetiousness [fə′si:ʃəsnis], *n.* plaisanterie,
f.
facial [′feiʃəl], *a.* facial.
facile [′fæsail], *a.* facile; complaisant.
facility [fə′siliti], *n.* facilité, *f.*
facilitate [fə′siliteit], *v.t.* faciliter.
facing [′feisiŋ], *n.* parement (*de vêtements*);
revers, *m.*
facsimile [fæk′simili], *n.* fac-similé, *m.*
fact [fækt], *n.* fait, *m.*; **as a matter of fact,
in fact**, en effet; **in point of fact**, au
fait; **matter-of-fact man**, homme positif,
m.
faction [′fækʃən], *n.* faction; (*fig.*) discorde,
dissension, *f.*
factor [′fæktə], *n.* agent; facteur, *m.*
factory [′fæktri], *n.* usine, fabrique, *f.*;
(*obs.*), comptoir (*d'outre-mer*) *m.*
faculty [′fækəlti], *n.* faculté, *f.*, pouvoir,
talent, *m.*
fad [fæd], *n.* marotte, manie, *f.*
fade [feid], *v.t.* flétrir, faire flétrir.—*v.i.* se
faner, se flétrir; disparaître, périr.
fag [fæg], *v.t.* forcer à piocher; fatiguer,
éreinter; **fagged out**, éreinté.—*v.i.* travailler dur, piocher (*à*).—*n.* fatigue, peine,
corvée, *f.*; (*pop.*) cigarette, *f.*
fag-end [′fægend], *n.* (*pop.*) mégot (*de cigarette*), *m.*
faggot [′fægət], *n.* fagot, *m.*
fail [feil], *v.t.* manquer à, abandonner.—*v.i.*
faillir; manquer (*to miss*); échouer (*ne pas
réussir*); (*Comm.*) faire faillite.—*n.* manque,
insuccès, *m.*
failing [′feiliŋ], *n.* défaut, *m.*, faute; (*Comm.*)
faillite, *f.*—*prep.* à défaut de.
failure [′feiljə], *n.* manque, défaut (*want*);
échec; insuccès, *m.*, affaire manquée, *f.*,
fiasco, *m.*; chute (*d'une pièce etc.*); (*Comm.*)
faillite, *f.*; **he is a failure**, c'est un raté.
*fain [fein], *adv.* avec plaisir, volontiers.
faint [feint], *a.* faible; affaibli; languissant;
découragé; timide.—*v.i.* s'évanouir, défaillir.—*n.* évanouissement, *m.*
faint-hearted [′feinthɑ:tid], *a.* timide, sans
courage, découragé.
fainting [′feintiŋ], *n.* évanouissement, *m.*,
défaillance, *f.*
faintly [′feintli], *adv.* faiblement; mollement.
faintness [′feintnis], *n.* faiblesse, *f.*
fair [fɛə], *a.* beau; favorable (*vent*); clair
(*teint*); blond (*cheveux etc.*); juste, équitable

(*fig.*) assez bon, passable; *fair play*, franc
jeu, *m.*; *fair price*, juste prix, *m.*; *that is
not fair* (*at games*), cela n'est pas de jeu.—
adv. bien; de bonne foi, honorablement.—*n.*
foire (*marché*), *f.*

fairly ['fɛəli], *adv.* bien; loyalement; doucement; avec justesse; de bonne foi; passablement, assez.

fairness ['fɛənis], *n.* beauté; couleur blonde
(*des cheveux*); blancheur (*du teint*); équité,
impartialité, *f.*

fairy ['fɛəri], *a.* des fées, féerique.—*n.* fée, *f.*

fairy-tale ['fɛəriteil], *n.* conte de fées, *m.*

faith [feiθ], *n.* foi, croyance; (*fig.*) fidélité, *f.*—
int. ma foi! en vérité!

faithful ['feiθful], *a.* fidèle.

faithfully ['feiθfuli], *adv.* fidèlement; *yours
faithfully* (*lettre d'affaires*), veuillez agréer
mes salutations distinguées.

faithfulness ['feiθfulnis], *n.* fidélité, *f.*

faithless ['feiθlis], *a.* sans foi, infidèle.

faithlessness ['feiθlisnis], *n.* infidélité; déloyauté, *f.*

fake [feik], *v.t., v.i.* truquer, maquiller.

falcon ['fɔ:lkən], *n.* faucon, *m.*

fall [fɔ:l], *v.i. irr.* tomber; s'abaisser; baisser,
diminuer; *to fall away from*, abandonner,
quitter; *to fall back* tomber en arrière;
(*Mil.*) reculer; *to fall down*, tomber par
terre; *to fall for*, tomber amoureux de; *to
fall for it*, s'y laisser prendre; *to fall in*,
s'écrouler; (*Mil.*) se mettre en rangs,
s'aligner; *to fall off*, tomber; diminuer; *to
fall out*, tomber; se brouiller; (*Mil.*) *fall
out!* rompez vos rangs! *to fall through*,
échouer; *to fall to*, se mettre à; *to fall
under*, être compris sous; tomber sous; *to
fall upon*, tomber sur, attaquer; incomber
à.—*n.* chute, *f.*; (*Am.*) automne, *m.* ou *f.*;
tombée (*de la nuit*); baisse (*de prix*), *f.*;
éboulement (*de terre*), *m.*; chute, cascade
(*de rivières etc.*); décrue (*des eaux*); diminution (*de quantité*), *f.*

fallacy ['fæləsi], *n.* erreur, fausseté, illusion, *f.*

fallible ['fæləbl], *a.* faillible.

fall-out ['fɔ:laut], *n.* retombées radioactives,
f.pl.

fallow ['fælou], *a.* en jachère; (*fig.*) inculte;
fauve (*daim etc.*).—*n.* jachère, friche, *f.*

false [fɔ:ls], *a.* faux, perfide, déloyal; infidèle;
prétendu; illégal (*détention*).

falsehood ['fɔ:lshud], *n.* mensonge, *m.*

falsely ['fɔ:lsli], *adv.* faussement.

falseness ['fɔ:lsnis], *n.* fausseté; perfidie, *f.*

falsetto [fɔ:l'setou], *n.* (*Mus.*) voix de fausset,
f.

falsify ['fɔ:lsifai], *v.t.* falsifier; fausser.

falter ['fɔ:ltə], *v.i.* hésiter; bégayer; chanceler.

faltering ['fɔ:ltəriŋ], *n.* hésitation, *f.*

fame [feim], *n.* gloire, renommée, *f.*

famed [feimd], *a.* renommé.

familiar [fə'miljə], *a.* familier, intime; de la
famille; *to be familiar with*, être familier
avec, connaître.—*n.* ami intime; esprit
familier, *m.*

familiarity [fəmili'æriti], *n.* familiarité, *f.*

familiarly [fə'miliəli], *adv.* familièrement,
sans cérémonie.

family ['fæmili], *a.* de famille, de la famille.—
n. famille, *f.*

famine ['fæmin], *n.* famine, disette, *f.*

famished ['fæmiʃt], *a.* affamé.

famous ['feiməs], *a.* fameux, célèbre.

famously ['feiməsli], *adv.* fameusement; (*fig.*)
prodigieusement.

fan [fæn], *n.* éventail; ventilateur; (*colloq.*)
admirateur enthousiaste (*d'un artiste* ou
d'un sport), *m.*—*v.t.* éventer; souffler (*feu*);
(*Agric.*) vanner; (*fig.*) exciter, activer.

fanatic [fə'nætik], *a. and n.* fanatique, *m., f.*

fanatical [fə'nætikəl], *a.* fanatique.

fanaticism [fə'nætisizm], *n.* fanatisme, *m.*

fancied ['fænsid], *a.* imaginaire, imaginé;
(*Turf*) bien coté (*cheval*).

fancier ['fænsiə], *n.* amateur (*de*), *m.*

fanciful ['fænsiful], *a.* fantasque, capricieux.

fancy ['fænsi], *a.* de fantaisie.—*n.* fantaisie,
imagination; idée, *f.*, caprice, goût (*pour*),
m., envie (*de*), *f.*—*v.t.* s'imaginer, se figurer;
avoir du goût pour.—*v.i.* s'imaginer, se
figurer; *just fancy!* figurez-vous!

fancy-dress ['fænsidres], *n.* travesti, *m.*;
fancy-dress ball, bal costumé, *m.*

fane [fein], *n.* temple, édifice sacré, *m.*

fanfare ['fænfeə], *n.* fanfare, *f.*

fang [fæŋ], *n.* croc (*de chien*), *m.*; racine (*d'une
dent*); défense (*de sanglier*), *f.*; (*fig.*) griffe, *f.*

fantastic [fæn'tæstik], *a.* fantastique; fantasque (*personne*).

fantasy ['fæntəsi], *n.* fantaisie, *f.*

far [fɑ:], *a.* (*comp.* **farther, further**; *superl.*
farthest, furthest) lointain, éloigné,
reculé; *the Far East*, l'extrême Orient, *m.*
—*adv.* loin, au loin; bien, fort, beaucoup;
as far as, aussi loin que, jusqu'à; *by far*,
de beaucoup, (*fig.*) bien; *far and wide*, de tous côtés;
how far? jusqu'où?

far-away ['fɑ:rəwei], *a.* rêveur (*regard*); lointain.

farce [fɑ:s], *n.* farce, *f.*

farcical ['fɑ:sikl], *a.* burlesque; (*fig.*) drôle.

fare [fɛə], *v.i.* aller; se porter; se nourrir,
vivre.—*n.* prix de la course; prix de la
place, *m.*, place, *f.*; voyageur (*personne*), *m.*;
chère (*aliment*), *f.*; *bill of fare*, menu, *m.*,
carte du jour, *f.*; *return fare*, aller et
retour, *m.*; *single fare*, billet simple, *m.*

farewell ['fɛəwel, fɛə'wel], *a.* d'adieu.—*n.*
adieu, *m.*

far-fetched [fɑ:'fetʃt], *a.* recherché; tiré
par les cheveux.

farm [fɑ:m], *n.* ferme, *f.*—*v.t.* affermer,
prendre à ferme; exploiter.

farmer ['fɑ:mə], *n.* fermier, métayer; cultivateur, *m.*

farm-house ['fɑ:mhaus], *n.* ferme, *f.*

farming ['fɑ:miŋ], *n.* agriculture, exploitation agricole, *f.*

farm-yard ['fɑ:mjɑ:d], *n.* basse-cour, *f.*

Faroe ['fɛərou] **Islands**. les îles Féroé, *f.pl.*

far-reaching ['fɑ:'ri:tʃiŋ], *a.* d'une grande
portée.

farrier ['færiə] *n.* maréchal ferrant, *m.*

farther [FURTHER].

farthest [FURTHERMOST].

fascinate ['fæsineit], *v.t.* fasciner; charmer,
séduire.

fascinating ['fæsineitiŋ], *a.* fascinateur,
enchanteur, séduisant.

fascination [fæsi'neiʃən], *n.* fascination, *f.*,
charme, *m.*

fascism ['fæʃizm], *n.* fascisme, *m.*

fascist ['fæʃist], *a. and n.* fasciste, *m., f.*

fashion

fashion [ˈfæʃən], *n.* façon, forme; mode, *f.*; le grand monde, *m.*; *after a fashion*, tant bien que mal; *in fashion*, à la mode; *to set the fashion*, donner le ton.—*v.t.* façonner, former.

fashionable [ˈfæʃnəbl], *a.* à la mode, élégant, de bon ton, (*fam.*) chic.

fashionably [ˈfæʃnəbli], *adv.* à la mode, élégamment.

fast (1) [fɑːst], *n.* jeûne, *m.*—*v.i.* jeûner.

fast (2) [fɑːst], *a.* ferme, fixe (*solide*); fidèle (*constant*); bon teint (*couleur*); serré (*nœud*); (*Naut.*) amarré (*fixé*); bien fermé (*porte*); vite, rapide; en avance (*horloge etc.*); (*fig.*) dissolu; *to make fast*, assujettir, fermer (*porte, fenêtre*); (*Naut.*) amarrer.—*adv.* ferme (*stable*); vite, rapidement (*avec célérité*); fort (*pluie*); *to hold fast*, tenir bon; *to stand fast*, ne pas broncher.

fasten [fɑːsn], *v.t.* attacher, fixer; lier; fermer (*fenêtre, porte etc.*).—*v.i.* s'attacher (*à*); se fermer.

fastener [ˈfɑːsnə], **fastening** [ˈfɑːsniŋ], *n.* attache; agrafe (*de robe*); fermeture, *f.*

fastidious [fæsˈtidiəs], *a.* difficile; dédaigneux; délicat; exigeant.

fastness [ˈfɑːstnis], *n.* fermeté; vitesse; place forte (*forteresse*); légèreté de conduite, *f.*

fat [fæt], *a.* gras; gros (*personne*); (*fig.*) riche, fertile.—*n.* gras, *m.*; graisse; (*fig.*) substance, *f.*; (*pl.*) matières grasses, *f.pl.*

fatal [feitl], *a.* fatal, funeste; mortel.

fatality [fəˈtæliti], *n.* fatalité, *f.*; accident mortel, *m.*

fatally [ˈfeitəli], *adv.* fatalement, mortellement.

fate [feit], *n.* destin, sort, *m.*

fated [ˈfeitid], *a.* destiné.

fateful [ˈfeitful], *a.* fatal; décisif.

fat-head [ˈfæthed], *n.* (*colloq.*) nigaud, *m.*

father [ˈfɑːðə], *n.* père, *m.*; (*pl.*) pères, ancêtres, aïeux, *m.pl.*; *godfather*, parrain, *m.*; *grandfather*, grand-père, *m.*; *stepfather*, beau-père, *m.*

father-in-law [ˈfɑːðərinlɔː], *n.* beau-père, *m.*

fatherland [ˈfɑːðəlænd], *n.* pays natal, *m.*, patrie, *f.*

fatherly [ˈfɑːðəli], *a.* paternel, de père.

fathom [ˈfæðəm], *n.* toise, (*Naut.*) brasse (= 6 pieds = 1 m. 829); (*fig.*) portée, profondeur, *f.*—*v.t.* sonder; (*fig.*) approfondir.

fatigue [fəˈtiːg], *n.* fatigue; (*Mil.*) corvée, *f.*—*v.t.* fatiguer, lasser.

fatiguing [fəˈtiːgiŋ], *a.* fatigant.—*pres.p.* fatiguant.

fatten [fætn], *v.t.* engraisser; (*fig.*) enrichir.

fattening [ˈfætniŋ], *a.* engraissant.—*n.* engraissement, *m.*

fatty [ˈfæti], *a.* graisseux.

fatuous [ˈfætjuəs], *a.* sot; béat.

fatuousness [ˈfætjuəsnis], *n.* fatuité, *f.*

fault [fɔːlt], *n.* faute, *f.*; défaut, vice, *m.*; (*Geol.*) faille, *f.*

faultless [ˈfɔːltlis], *a.* sans défaut, sans faute, impeccable.

faultlessly [ˈfɔːltlisli], *adv.* irréprochablement.

faultlessness [ˈfɔːltlisnis], *n.* perfection, *f.*

faulty [ˈfɔːlti], *a.* fautif, blâmable, défectueux.

favour [ˈfeivə], *n.* faveur, *f.*, bonnes grâces, *f.pl.*; bienfait, *m.*; grâce (*permission*), *f.*; couleurs, faveurs (*rubans*), *f.pl.*; (*Comm.*) honorée, *f.*—*v.t.* favoriser, honorer (*de*).

favourable [ˈfeivərəbl], *a.* favorable.

favourably [ˈfeivərəbli], *adv.* favorablement.

favourite [ˈfeivərit], *a.* favori, préféré.—*n.* favori, *m.*

fawn [fɔːn], *n.* faon, *m.*—*v.i. to fawn upon*, caresser, flatter.

fawning [ˈfɔːniŋ], *a.* flatteur, servile.—*n.* caresse, flatterie, *f.*

fear [fiə], *n.* crainte, peur; inquiétude, *f.*; *for fear of*, de peur de.—*v.t.* craindre, redouter, avoir peur de.—*v.i.* craindre, avoir peur.

fearful [ˈfiəful], *a.* craintif, timide; terrible; affreux, effrayant.

fearless [ˈfiəlis], *a.* sans peur, intrépide.

fearlessly [ˈfiəlisli], *adv.* sans crainte, avec intrépidité.

feasible [ˈfiːzəbl], *a.* faisable, praticable.

feast [fiːst], *n.* festin, *m.*; fête, *f.*; régal, *m.*—*v.t.* fêter, régaler.—*v.i.* faire festin, se régaler.

feat [fiːt], *n.* exploit, fait, haut fait, *m.*

feather [ˈfeðə], *n.* plume; penne (*aile et queue d'oiseau*), *f.*; (*Mil.*) plumet, *m.*—*v.t.* orner d'une plume; *to feather one's nest*, faire sa pelote.

feature [ˈfiːtʃə], *n.* trait; (*pl.*) visage, *m.* figure; (*fig.*) spécialité, *f.*

February [ˈfebruəri]. février, *m.*

feckless [ˈfeklis], *a.* faible, veule.

fecundity [fiˈkʌnditi], *n.* fécondité, *f.*

federal [ˈfedərəl], *a.* fédéral.

federate [ˈfedərit], *a.* fédéré.—[ˈfedəreit], *v.t.* fédérer.—*v.i.* se fédérer.

federation [fedəˈreiʃən], *n.* fédération, *f.*

fee [fiː], *n.* honoraires, *m.pl.*; cachet, salaire; (*Eccles. etc.*) droit, *m.*

feeble [fiːbl], *a.* faible; débile.

feebleness [ˈfiːblnis], *n.* faiblesse, *f.*

feebly [ˈfiːbli], *adv.* faiblement.

feed [fiːd], *n.* nourriture; pâture, *f.*, pâturage (*pour bestiaux*), *m.*—*v.t. irr.* nourrir; donner à manger à; paître, faire paître (*bestiaux*); (*pop.*) *to be fed up*, en avoir marre.—*v.i.* se nourrir; paître (*animaux*).

feed-back [ˈfiːdbæk], *n.* (*Rad.*) rétro-action, *f.*

feeding [ˈfiːdiŋ], *n.* nourriture; pâture (*pour bestiaux*), *f.*

feeding bottle [ˈfiːdiŋbɔtl], *n.* biberon, *m.*

feel [fiːl], *v.t. irr.* tâter, toucher, sentir; éprouver; *to feel one's way*, avancer à tâtons.—*v.i.* sentir, se sentir; se trouver; *to feel cold*, avoir froid; *to feel like doing something*, avoir envie de faire quelque chose.—*n.* toucher; attouchement; tact, *m.*

feeler [ˈfiːlə], *n.* antenne (*d'insecte*), *f.*; (*fig.*) ballon d'essai, *m.*

feeling [ˈfiːliŋ], *a.* tendre, touchant.—*n.* toucher; sentiment, *m.*, sensibilité, émotion, *f.*

feet [FOOT].

feign [fein], *v.t.* feindre, simuler.—*v.i.* feindre, faire semblant (*de*).

feigned [feind], *a.* feint, simulé.

feint [feint], *n.* feinte, *f.*—*v.i.* feinter.

felicitate [fiˈlisiteit], *v.t.* féliciter.

felicitation [filisiˈteiʃən], *n.* félicitation, *f.*

felicity [fiˈlisiti], *n.* félicité, *f.*, bonheur, *m.*

fell (1) [fel], *v.t.* abattre, assommer, terrasser.

fell (2) [fel], *past* [FALL].

fellow ['felou], *n.* compagnon, camarade, confrère; associé, membre; pendant, pareil (*choses*); (*colloq.*) garçon; individu, type, *m.*; *good fellow*, brave type.

fellow-citizen ['felou'sitizn], *n.* concitoyen, *m.*

fellow-countryman ['felou'kʌntrimən], *n.* (*pl.* **-men** [men]) compatriote, *m.*

fellow-feeling ['felou'fi:liŋ], *n.* sympathie, *f.*

fellowship ['felouʃip], *n.* société, association; camaraderie, *f.*

fellow-traveller ['felou'trævlə], *n.* compagnon de voyage; (*Polit.*) sympathisant communiste, communisant, *m.*

felon ['felən], *a.* félon, traitre.—*n.* criminel, *m.*

felony ['feləni], *n.* crime, *m.*

felt (1) [felt], *n.* feutre, chapeau de feutre, *m.*; *roofing felt*, carton bitumé, *m.*

felt (2) [felt], *past* [FEEL].

female ['fi:meil], *a.* féminin, de femme; femelle (*animaux*); *a female friend*, une amie.—*n.* femme; jeune personne; femelle (*animaux*), *f.*

feminine ['feminin], *a.* féminin.

fen [fen], *n.* marais, marécage, *m.*

fence [fens], *n.* clôture, enceinte; palissade, barrière; (*Turf*) haie; (*Spt.*) escrime (*à l'épée*); (*fig.*) défense, *f.*; (*slang*) receleur (*d'objets volés*), *m.*; *to sit on the fence*, (*fig.*) ne pas s'engager, ménager la chèvre et le chou.—*v.t.* enclore, mettre une clôture à, palissader; (*fig.*) protéger.—*v.i.* faire des armes.

fencing ['fensiŋ], *n.* (*Spt.*) escrime; enceinte, clôture, *f.*

fencing-master ['fensiŋmɑ:stə], *n.* maître d'armes, *m.*

fend [fend], *v.t.* *to fend off*, parer.—*v.i.* *to fend for oneself*, se débrouiller, veiller à ses intérêts.

fender ['fendə], *n.* garde-feu, *m.*; (*Naut.*) défense, *f.*; (*Am. Motor.*) pare-boue, *m.*

ferment ['fə:mənt], *n.* ferment, *m.*; fermentation, *f.*—[fə:'ment], *v.t.* faire fermenter.—*v.i.* fermenter.

fermentation [fə:mən'teiʃən], *n.* fermentation, *f.*

fern [fə:n], *n.* fougère, *f.*

ferocious [fə'rouʃəs], *a.* féroce.

ferociously [fə'rouʃəsli], *adv.* avec férocité.

ferocity [fə'rositi], *n.* férocité, *f.*

ferret ['ferit], *n.* furet, *m.*—*v.t.* fureter; *to ferret out*, dépister, dénicher.

ferrule ['feru:l], *n.* virole (*anneau*), *f.*

ferry ['feri], *v.t.* passer en bac.—*n.* bac, passage, *m.*; *air-ferry*, avion transbordeur, *m.*

ferry-boat ['feribout], *n.* bac, bateau transbordeur de trains, *m.*

fertile ['fə:tail], *a.* fertile, fécond.

fertility [fə'tiliti], *n.* fertilité, fécondité, *f.*

fertilize ['fə:tilaiz], *v.t.* fertiliser.

fertilizer ['fə:tilaizə], *n.* fertilisant, engrais, *m.*

fervent ['fə:vənt], *a.* ardent, fervent, vif.

fervently ['fə:vəntli], *adv.* ardemment, avec ferveur.

fester ['festə], *v.i.* s'ulcérer; (*fig.*) se corrompre.—*n.* abcès, *m.*, pustule, *f.*

festival ['festivl], *a.* de fête, joyeux.—*n.* fête, *f.*; (*Mus., Theat.*) festival, *m.*

festive ['festiv], *a.* de fête, joyeux.

festivity [fes'tiviti], *n.* fête, *f.*; réjouissances, *f.pl.*

festoon [fes'tu:n], *n.* feston, *m.*—*v.t.* festonner (*de*).

fetch [fetʃ], *v.t.* chercher, aller chercher; apporter (*choses*); amener (*personnes etc.*); rapporter (*prix*).—*n.* ruse, *f.*; tour, *m.*

fête [feit], *n.* fête, *f.*—*v.t.* fêter.

fetlock ['fetlɔk], *n.* fanon (de cheval), *m.*

fetter ['fetə], *v.t.* entraver, enchaîner.

fetters ['fetəz], *n.pl.* (*fig.*) fers, *m.pl.*, chaînes; entraves (*de cheval*), *f.pl.*

fettle [fetl], *v.t.* arranger, préparer.—*n.* bon état, *m.*

feud [fju:d], *n.* querelle; vendetta, *f.*

feudal [fju:dl], *a.* féodal.

feudalism ['fju:dlizm], *n.* féodalité, *f.*

fever ['fi:və], *n.* fièvre, *f.*

feverish ['fi:vəriʃ], *a.* fiévreux; (*fig.*) fébrile.

few [fju:], *a.* peu de; *a few*, quelques.—*n.* peu de gens, *m.pl.*; *a few*, quelques-uns, *m.pl.*, quelques-unes, *f.pl.*

fewer ['fju:ə], *a.* moins (*de*); moins nombreux.

fiasco [fi'æskou], *n.* fiasco, four, *m.*

fib [fib], *n.* petit mensonge, *m.*—*v.i.* mentir.

fibber ['fibə], *n.* menteur, *m.*

fibre ['faibə], *n.* fibre, *f.*

fibrositis [faibrə'saitis], *n.* (*Med.*) cellulite, *f.*

fibrous ['faibrəs], *a.* fibreux.

fickle [fikl], *a.* volage, inconstant.

fickleness ['fiklnis], *n.* inconstance, légèreté, *f.*

fiction ['fikʃən], *n.* fiction, *f.*; *works of fiction*, romans, *m.pl.*

fictitious [fik'tiʃəs], *a.* fictif, imaginaire; (*fig.*) faux, factice.

fiddle [fidl], *n.* violon; (*pej.*) crincrin, *m.*; (*pop.*) resquille, combine, *f.*—*v.i.* jouer du violon; (*fig.*) niaiser (*baguenauder*); (*pop.*) resquiller.

fiddler ['fidlə], *n.* joueur de violon; ménétrier, *m.*

fiddlesticks! ['fidlstiks], *int.* bah! quelle blague!

fidelity [fi'deliti], *n.* fidélité, *f.*

fidget ['fidʒit], *n.* agitation, *f.*; être remuant (*personne*), *m.*—*v.i.* se remuer, s'agiter.

fidgety ['fidʒiti], *a.* remuant, agité; ennuyeux (*gênant*).

field [fi:ld], *n.* champ; pré, *m.*, prairie; (*Mil.*) campagne, *f.*; champ de bataille, *m.*; (*Turf etc.*) courants, *m.pl.*; *in the scientific field*, dans le domaine des sciences.—*v.t.* (*Cricket*) arrêter (*une balle*); réunir (*équipe*).—*v.i.* (*Cricket*) tenir le champ.

field-day ['fi:lddei], *n.* (*Mil.*) jour de manœuvres; (*fig.*) jour de grand succès, *m.*

field-marshal ['fi:ldmɑ:ʃl], *n.* maréchal, *m.*

fiend [fi:nd], *n.* démon, *m.*

fiendish ['fi:ndiʃ], *a.* diabolique, infernal.

fierce [fiəs], *a.* féroce, farouche, furieux.

fiercely ['fiəsli], *adv.* férocement, furieusement.

fierceness ['fiəsnis], *n.* violence, fureur, brutalité, *f.*; (*fig.*) acharnement, *m.*

fieriness ['faiərinis], *n.* fougue, ardeur, *f.*

fiery ['faiəri], *a.* de feu; (*fig.*) ardent, fougueux.

fife [faif], *n.* fifre, *m.*

fifteen [fif'ti:n], *a. and n.* quinze, *m.*

fifteenth [fif'ti:nθ], *a.* quinze (*jour du mois, roi etc.*).—*n.* quinzième (*fraction*), *m.*

fifth

fifth [fifθ], *a.* cinquième; cinq (*jour du mois, roi etc.*); **Charles the Fifth**, Charles-Quint.—*n.* cinquième (*fraction*), *m.*; (*Mus.*) quinte, *f.*

fiftieth [ˈfiftiəθ], *a.* cinquantième.—*n.* cinquantième (*fraction*), *m.*

fifty [ˈfifti], *a.* and *n.* cinquante, *m.*; *about fifty*, une cinquantaine.

fig [fig], *n.* figue, *f.*; figuier (*arbre*), *m.*

fight [fait], *v.t. irr.* se battre avec, combattre; livrer (*une bataille*).—*v.i.* se battre; combattre (*avec*).—*n.* combat, *m.*, bataille (*fig.*) lutte, *f.*

fighter [ˈfaitə], *n.* combattant, *m.*; (*pej.*) batailleur; (*Av.*) chasseur, *m.*

fighting [ˈfaitiŋ], *n.* combat, *m.*; lutte, *f.*

figment [ˈfigmənt], *n.* fiction, invention, *f.*

figurative [ˈfigjuərətiv], *a.* figuré; figuratif.

figuratively [ˈfigjuərətivli], *adv.* au figuré; figurativement.

figure [ˈfigə], *n.* figure; taille, tournure (*d'une personne*), *f.*; dessin (*sur un tissu*) (*Arith.*) chiffre, *m.*; *figure of speech*, figure de rhétorique, métaphore; (*fam.*) façon de parler, *f.*; *to cut a figure*, faire figure. —*v.t.* figurer, former, façonner; (*fig.*) imaginer; *to figure out*, calculer.—*v.i.* figurer.

figure-head [ˈfigəhed], *n.* (*Naut.*) figure de proue, *f.*; (*fig.*) homme de paille; prête-nom, *m.*

Fiji [ˈfiːdʒiː], **the Fiji Islands.** les îles Fidji *ou* Viti, *f.pl.*

filament [ˈfiləmənt], *n.* filament, *m.*

filbert [ˈfilbət], *n.* aveline, grosse noisette, *f.*

filch [filtʃ], *v.t.* escamoter, filouter, chiper.

file [fail], *n.* lime (*outil*); liasse, *f.*, dossier, classeur (*de papiers*), *m.*; liste; collection (*de journaux*), *f.*; (*Mil.*) file; (*Theat. etc.*) queue, *f.*; *card-index file*, fichier, *m.*—*v.t.* limer, affiler; mettre en liasse; (*Law*) déposer (*une requête etc.*); *to file away*, classer.—*v.i.* (*Mil.*) marcher à la file; *to file off* or *past*, défiler.

filial [ˈfiliəl], *a.* filial.

filibuster [ˈfilibastə], *n.* flibustier, *m.*

filing [ˈfailiŋ], *n.* limage, *m.*; mise en liasse, *f.*, classement, *m.*; (*pl.*) limaille, *f.*

filing-cabinet [ˈfailiŋkæbinit], *n.* cartonnier, *m.*

fill [fil], *v.t.* emplir, remplir; combler (*jusqu'au bord*); occuper; rassasier; *to fill a tooth*, plomber une dent.—*v.i.* se remplir, s'emplir. —*n.* suffisance, *f.*; (*colloq.*) *one's fill*, tout son soûl.

fillet [ˈfilit], *n.* bandeau; filet (*de poisson*), *m.*

filling [ˈfiliŋ], *a.* qui remplit; rassasiant.

filling-station [ˈfiliŋˈsteiʃən], *n.* poste d'essence, *m.*

filly [ˈfili], *n.* pouliche, *f.*

film [film], *n.* taie (*devant les yeux*), pellicule; (*Anat.*) tunique, *f.*; (*fig.*) nuage, voile, *m.*; (*Phot.*) pellicule, couche sensible, *f.*; (*Cine.*) film, *m.*; *film script*, scénario, script, *m.*; *film star*, vedette de cinéma, *f.*—*v.t.* couvrir d'une tunique, d'une pellicule etc.; filmer, mettre à l'écran.—*v.i.* tourner un film.

film-strip [ˈfilmstrip], *n.* film fixe, *m.*

filter [ˈfiltə], *n.* filtre, *m.*—*v.t.* filtrer.

filter-tip [ˈfiltəˈtip], *n.* bout filtrant, *m.*

filth [filθ], *n.* ordure saleté; (*fig.*) corruption, *f.*

filthy [ˈfilθi], *a.* sale, immonde; (*fig.*) obscène, infect.

fin [fin], *n.* nageoire, *f.*; aileron (*de requin*), *m.*; (*Naut., Av.*) dérive; (*Motor.*) ailette (*de radiateur*), *f.*

final [fainl], *a.* final, dernier; décisif.—*n.* (*Spt.*) finale, *f.*

finally [ˈfainəli], *adv.* enfin, finalement; définitivement.

finance [fiˈnæns, faiˈnæns], *n.* finance, *f.*

financial [fiˈnænʃəl], *a.* financier.

financier [fiˈnænsiə], *n.* financier, *m.*

finch [fintʃ], *n.* (*Orn.*) pinson, *m.*

find [faind], *v.t. irr.* trouver; estimer; (*Law*) déclarer (*coupable*); prononcer (*un verdict*); (*fig.*) pourvoir; *to find out*, trouver, découvrir, inventer, résoudre; démasquer; *to find out about*, se renseigner sur; découvrir la vérité de.—*n.* découverte, trouvaille, *f.*

finding [ˈfaindiŋ], *n.* (*Law*) verdict, *m.*

fine (1) [fain], *n.* amende, *f.*—*v.t.* mettre à l'amende.

fine (2) [fain], *a.* fin; raffiné; subtil; beau (*à voir*); (*fig.*) bon, accompli; (*colloq.*) fameux; *it is fine*, il fait beau (*temps*).

fine arts [fainˈɑːts], *n.pl.* beaux arts, *m.pl.*

finely [ˈfainli], *adv.* fin, délicatement; élégamment; (*colloq.*) bien; (*iron.*) joliment.

fineness [ˈfainnis], *n.* finesse, délicatesse, *f.*

finery [ˈfainəri], *n.* parure, *f.*, beaux habits, *m.pl.*

finesse [fiˈnes], *n.* finesse, *f.*

finger [ˈfiŋgə], *n.* doigt, *m.*; (*fig.*) main, *f.*— *v.t.* toucher, manier.—*v.i.* (*Mus.*) doigter.

fingering [ˈfiŋgəriŋ], *n.* maniement; (*Mus.*) doigté, *m.*

finger-nail [ˈfiŋgəneil], *n.* ongle de la main, *m.*

finger-print [ˈfiŋgəprint], *n.* empreinte digitale, *f.*

finger-stall [ˈfiŋgəstɔːl], *n.* doigtier, *m.*

finical [ˈfinikl], **finicking** [ˈfinikiŋ], (*colloq.*) **finicky** [ˈfiniki], *a.* précieux, méticuleux, vétilleux.

finish [ˈfiniʃ], *v.t.* finir, terminer; achever; (*Tech.*) usiner.—*v.i.* cesser, finir, prendre fin.—*n.* fini, *m.*; (*fig.*) fin; (*Spt.*) arrivée, *f.*

finished [ˈfiniʃt], *a.* fini; (*fig.*) parfait.

finishing [ˈfiniʃiŋ], *a.* dernier; (*Spt.*) *finishing line*, ligne d'arrivée, *f.*

finite [ˈfainait], *a.* fini, borné.

Finland [ˈfinlənd], la Finlande, *f.*

Finn [fin], *n.* Finlandais, Finnois, *m.*

Finnish [ˈfiniʃ], *a.* finlandais.—*n.* finnois (*langue*), *m.*

fir [fəː], *n.* sapin; bois de sapin, *m.*

fir-cone [ˈfəːkoun], *n.* pomme de pin, *f.*

fire [faiə], *n.* feu; incendie (*accidentel*), *m.*; (*fig.*) ardeur, *f.*; *fire!* au feu! *to be on fire*, être en feu; *to catch fire*, prendre feu; *to hang fire*, faire long feu; *to miss fire*, rater; *to set on fire*, *to set fire to*, mettre le feu à.—*v.t.* mettre le feu à; embraser, incendier; tirer (*fusil*); (*pop.*) renvoyer.—*v.i.* prendre feu; tirer; (*Motor.*) donner; *fire!* (*Mil.*) feu!

fire-alarm [ˈfaiərəlɑːm], *n.* avertisseur d'incendie, *m.*

fire-arms [ˈfaiərɑːmz], *n.pl.* armes à feu, *f.pl.*

426

fire-brigade ['faiəbrigeid], *n.* (corps de) sapeurs pompiers, *m.*

fire-engine ['faiərendʒin], *n.* pompe à incendie, *f.*

fire-escape ['faiəriskeip], *n.* échelle de sauvetage, *f.*

fire-extinguisher ['faiərikstiŋgwiʃə], *n.* extincteur, *m.*

fire-fly ['faiəflai], *n.* luciole, *f.*

fire-guard ['faiəgɑːd], *n.* garde-feu, *m.*

fireman ['faiəmən], *n.* (*pl.* **-men** [men]) pompier, *m.*

fireplace ['faiəpleis], *n.* cheminée, *f.*, foyer, âtre, *m.*

fireproof ['faiəpruːf], *a.* incombustible, ignifuge.

fireside ['faiəsaid], *n.* coin du feu; (*fig.*) foyer domestique, *m.*

fire-station ['faiəsteiʃən], *n.* caserne de pompiers, *f.*

fireworks ['faiəwəːks], *n.pl.* feu d'artifice, *m.*

firing ['faiəriŋ], *n.* action d'incendier, *f.*; chauffage (*heating*), *m.*; cuisson (*de poterie etc.*), *f.*; combustible (*fuel*); (*Mil.*) feu, tir, *m.*, fusillade, *f.*

firm [fəːm], *a.* ferme, solide; constant.—*n.* maison de commerce, raison sociale, firme, *f.*

firmament ['fəːməmənt], *n.* firmament, *m.*

firmly ['fəːmli], *adv.* fermement, solidement.

firmness ['fəːmnis], *n.* fermeté, solidité, *f.*

first [fəːst], *a.* premier; (*in compounds*) unième; **twenty-first**, vingt et unième.—*n.* (le) premier, *m.*, (la) première, *f.*—*adv.* premièrement; **at first**, d'abord.

first-aid ['fəːst'eid], *n.* premiers secours, *m.pl.*; **first-aid post**, poste de secours, *m.*

first-born ['fəːstbɔːn], *a.* premier-né, aîné.

first-class [fəːst'klɑːs], **first-rate** ['fəːst'reit], *a.* de premier ordre; de premier choix; (*colloq.*) de première force; **first-class compartment**, compartiment de première classe, *m.*

firth [fəːθ], *n.* (*Sc.*) estuaire, *m.*

fiscal ['fiskəl], *a.* fiscal.

fiscally ['fiskəli], *adv.* fiscalement.

fish [fiʃ], *n.* poisson, *m.*; *a pretty kettle of fish*, un beau gâchis; *a queer fish*, un drôle de type.—*v.t.* pêcher.—*v.i.* pêcher; *to fish for*, pêcher; (*fig.*) rechercher, quêter.

fish-bone ['fiʃboun], *n.* arête, *f.*

fisher ['fiʃə], **fisherman** ['fiʃəmən] (*pl.* **-men** [men]), *n.* pêcheur, *m.*

fishery ['fiʃəri], *n.* pêche; pêcherie, *f.*

fish-hook ['fiʃhuk], *n.* hameçon, *m.*

fishing ['fiʃiŋ], *n.* pêche, *f.*; *to go fishing*, aller à la pêche.

fishing-boat ['fiʃiŋbout], *n.* bateau de pêche, *m.*

fishing-rod ['fiʃiŋrɔd], *n.* canne à pêche, *f.*

fish-knife ['fiʃnaif], *n.* couteau à poisson, *m.*

fishmonger ['fiʃmʌŋgə], *n.* marchand de poisson, *m.*

fish-slice ['fiʃslais], *n.* truelle à poisson, *f.*

fishy ['fiʃi], *a.* de poisson, poissonneux; qui sent le poisson; (*slang*) louche, véreux.

fission ['fiʃən], *n.* (*Biol.*) fissiparité, *f.*; (*Phys.*) fission, désintégration, *f.*; *nuclear fission*, fission nucléaire.

fissure ['fiʃə], *n.* fissure, fente, *f.*

fist [fist], *n.* poing, *m.*

fisted ['fistid], *a.* *close-fisted*, avare, dur à la détente.

fisticuffs ['fistikʌfs], *n.pl.* coups de poing, *m.pl.*

fit (1) [fit], *n.* accès (*de colère etc.*), *m.*; attaque (*de maladie*); convulsion, *f.*; *by fits and starts*, à bâtons rompus, par accès.

fit (2) [fit], *a.* propre, bon, convenable (*de*); juste, à propos; capable (*de*); en bonne santé, en forme; *to think fit*, juger convenable, juger bon.—*n.* ajustement (*de vêtements*), *m.*; (*fig.*) coupe, forme, *f.*—*v.t.* convenir à; aller à (*vêtements*); habiller; adapter, ajuster; *to fit out*, équiper, monter, armer (*un navire*).—*v.i.* convenir; s'adapter (*à*), aller bien (*vêtements*); *to fit in with*, s'accorder avec.

fitful ['fitful], *a.* agité; capricieux; irrégulier.

fitfully ['fitfuli], *adv.* par boutades; irrégulièrement.

fitly ['fitli], *adv.* à propos, convenablement.

fitness ['fitnis], *n.* convenance, *f.*; à-propos, *m.*; *physical fitness*, bonne forme, *f.*

fitter ['fitə], *n.* ajusteur; (*Dress.*) essayeur, *m.*

fitting ['fitiŋ], *a.* convenable, à propos, juste.—*n.* ajustement, essayage, *m.*, (*pl.*) garniture, *f.*

five [faiv], *a.* and *n.* cinq, *m.*

fix [fiks], *v.t.* fixer, attacher, arrêter, établir; (*colloq.*) réparer.—*v.i.* se fixer.—*n.* difficulté, impasse, *f.*, embarras, *m.*

fixation [fik'seiʃən], *n.* fixation, *f.*

fixed [fikst], *a.* fixe, fixé.

fixedly ['fiksidli], *adv.* fixement.

fixture ['fikstʃə], *n.* meuble à demeure, *m.*, agencements fixes, *m.pl.*; match, engagement (*prévu, annoncé*), *m.*

fizzy ['fizi], *a.* gazeux (*limonade etc.*), mousseux (*vin*).

flabby ['flæbi], *a.* flasque; mollasse (*personne*).

flag (1) [flæg], *v.i.* pendre mollement; se relâcher, faiblir; s'affaisser.

flag (2) [flæg], *n.* drapeau; (*Naut.*) pavillon; iris (*plante*); carreau, *m.*, dalle (*pierre*), *f.*—*v.t.* paver, daller; pavoiser.

flag-day ['flægdei], *n.* jour de quête, *m.*

flag-officer ['flægɔfisə], *n.* chef d'escadre, *m.*

flagon ['flægən], *n.* flacon, *m.*; burette (*d'église*), *f.*

flagrancy ['fleigrənsi], *n.* énormité, notoriété, *f.*

flagrant ['fleigrənt], *a.* flagrant, notoire, énorme.

flag-ship ['flægʃip], *n.* vaisseau amiral, *m.*

flagstaff ['flægstɑːf], *n.* mât de pavillon, *m.*

flagstone ['flægstoun], *n.* dalle, *f.*

flail [fleil], *n.* fléau, *m.*

flair [flɛə], *n.* perspicacité, *f.*, flair, *m.*; aptitude (*à*), *f.*

flake [fleik], *n.* flocon, *m.*; écaille; étincelle, *f.*—*v.t.* former en flocons, écailler.—*v.i.* s'écailler.

flaky ['fleiki], *a.* floconneux; écaillé; feuilleté (*pâtisserie*).

flame [fleim], *n.* flamme, *f.*; feu, *m.*—*v.i.* flamber.

flaming ['fleimiŋ], *a.* flamboyant, flambant; (*fig.*) violent, ardent; (*pop.*) sacré.

flamingo [flə'miŋgou], *n.* (*Orn.*) flamant, *m.*

flan [flæn], *n.* flan, *m.*

Flanders ['flɑːndəz], la Flandre, *f.*

flange [flændʒ], *n.* bride, *f.*, rebord (*d'un tube etc.*); (*Tech.*) boudin (*de roue*), *m.*; (*Motor.*) ailette, collerette, *f.*

flank [flæŋk], *n.* flanc; côté, *m.*—*v.t.* flanquer (*de*); (*Mil.*) prendre en flanc.—*v.i.* border.

flannel [flænl], *a.* de flanelle.—*n.* flanelle, *f.*; (*pl.*) pantalon de flanelle, *m.*

flap [flæp], *v.t.* frapper légèrement; battre, agiter.—*v.i.* battre légèrement; (*fig., pop.*) s'affoler.—*n.* battement (*d'aile*); claquement (*de voile*); petit coup (*de la main*), *m.*, tape, *f.*; battant (*d'une table etc.*), *m.*; patte (*d'une poche*), *f.*, pan (*d'un habit*); rabat (*d'une enveloppe*); (*fig., pop.*) affolement, *m.*

flare [flɛə], *v.i.* flamboyer; s'évaser (*jupe*); **to flare up**, flamber; (*fig.*) se mettre en colère.—*n.* flamme, *f.*; (*Av.*) brûlot, *m.*

flash [flæʃ], *n.* éclair, éclat, jet de lumière; (*fig.*) trait; (*Mil.*) écusson, *m.*—*v.t.* faire jaillir, lancer.—*v.i.* luire, éclater, étinceler.

flashy [flæʃi], *a.* voyant, clinquant; superficiel.

flask [flɑ:sk], *n.* flacon, *m.*, gourde, *f.*

flat [flæt], *a.* plat; étendu (*à terre*); éventé (*vin etc.*); (*Comm.*) languissant; (*Mus.*) bémol; grave (*son*); (*fig.*) net, clair; fade, insipide (*goût*).—*n.* surface plane, *f.*; étage (*d'une maison*), appartement; (*Mus.*) bémol; (*Theat.*) châssis, *m.*

flat-iron [flætaiən], *n.* fer à repasser, *m.*

flatly [flætli], *adv.* à plat; (*fig.*) nettement, clairement.

flatten [flætn], *v.t.* aplatir, aplanir; éventer (*boisson alcoolique*); (*fig.*) abattre, attrister; (*Mus.*) rendre grave.—*v.i.* s'aplatir; s'éventer (*boisson alcoolique*).

flatter [flætə], *v.t.* flatter.

flatterer [flætərə], *n.* flatteur, *m.*

flattering [flætəriŋ], *a.* flatteur.

flattery [flætəri], *n.* flatterie, *f.*

flatulence [flætjuləns], *n.* flatuosité; flatulence, *f.*

flatulent [flætjulənt], *a.* flatueux.

flaunt [flɔ:nt], *v.t.* faire parade de, étaler, déployer.—*v.i.* se pavaner, parader, flotter.—*n.* étalage, *m.*, parade, *f.*

flavour [fleivə], *n.* saveur, *f.*; goût, fumet (*de viande*); arome (*de thé, café etc.*); bouquet (*de vin*), *m.*—*v.t.* donner du goût un arome etc. à, assaisonner (*de*).

flavouring [fleivəriŋ], *n.* assaisonnement, *m.*

flaw [flɔ:], *n.* défaut, *m.*; fêlure; brèche, fente; paille (*de pierres précieuses*), *f.*

flawless [flɔ:lis], *a.* parfait, sans défaut.

flax [flæks], *a.* de lin.—*n.* lin, *m.*

flaxen [flæksən], *a.* de lin; blond filasse (*cheveux*).

flay [flei], *v.t.* écorcher.

flaying [fleiiŋ], *n.* écorchement, *m.*

flea [fli:], *n.* puce, *f.*

fleck [flek], *n.* tache, moucheture, marque, *f.*—*v.t.* moucheter, tacheter (*de*).

fledg(e)ling [fledʒliŋ], *n.* oisillon, *m.*

flee [fli:], *v.t. irr.* fuir, éviter.—*v.i.* s'enfuir, se réfugier.

fleece [fli:s], *n.* toison, *f.*—*v.t.* tondre; (*fig.*) écorcher, plumer.

fleecy [fli:si], *a.* laineux, (*fig.*) floconneux.

fleet (1) [fli:t], *n.* flotte, *f.*; **the Home Fleet**, la flotte métropolitaine.

fleet (2) [fli:t], *a.* vite, rapide, leste.

fleeting [fli:tiŋ], *a.* fugitif, passager.

Fleming [flemiŋ], *n.* Flamand, *m.*

Flemish [flemiʃ], *a.* flammand.—*n.* flamand (*langue*), *m.*

flesh [fleʃ], *n.* chair; viande (*meat*), *f.*; **in the flesh**, en chair et en os; **to put on flesh**, s'empâter, prendre de l'embonpoint.—*v.t.* (*Hunt.*) acharner; écharner (*peaux*).

fleshy [fleʃi], *a.* charnu.

flex (1) [fleks], *n.* fil électrique, *m.*

flex (2) [fleks], *v.t.* fléchir.

flexibility [fleksi'biliti], *n.* flexibilité, souplesse, *f.*

flexible [fleksibl], *a.* flexible, souple.

flick [flik], *n.* petit coup (*de fouet, de torchon*), *m.*; chiquenaude, *f.*; (*pl.*) (*pop.*) ciné, *m.*—*v.t.* effleurer; donner une chiquenaude à.

flicker [flikə], *v.i.* trembloter, vaciller (*lumière*); ciller (*paupières*).

flickering [flikəriŋ], *a.* vacillant, clignotant.—*n.* trémoussement; clignement, *m.*; vacillation, *f.*

flight [flait], *n.* vol, *m.*, volée (*d'oiseaux etc.*); fuite, *f.*; (*fig.*) élan, *m.*; (*Av.*) escadrille, *f.*; **flight of stairs**, escalier, *m.*; **flight of steps**, perron, *m.*; **in flight**, en déroute.

flightiness [flaitinis], *n.* légèreté, étourderie, *f.*

flighty [flaiti], *a.* étourdi, léger; volage.

flimsiness [flimzinis], *n.* légèreté; (*fig.*) mesquinerie, *f.*

flimsy [flimzi], *a.* mollasse, léger, **sans** consistance.

flinch [flintʃ], *v.i.* reculer, céder.

fling [fliŋ], *v.t. irr.* jeter, lancer.—*n.* coup (*lancé*), *m.*; ruade (*de cheval*), *f.*; pas seul (*danse écossaise*); (*fig.*) essai; **trait**, coup de patte, *m.*, raillerie, *f.*

flint [flint], *n.* silex, *m.*, pierre à briquet; (*fig.*) roche, dureté, *f.*

flip [flip], *n.* petit coup, *m.*, chiquenaude, *f.*; flip (*boisson*), *m.*

flippancy [flipənsi], *n.* ton léger; bavardage, *m.*

flippant [flipənt], *a.* léger; désinvolte; cavalier (*manières, mine*).

flipper [flipə], *n.* nageoire, *f.*

flirt [flə:t], *v.i.* faire la coquette, flirter (*femme*); conter fleurette (*homme*).—*n.* coquette, *f.*

flirtation [flə:'teiʃən], *n.* coquetterie, *f.*; flirt, *m.*

flit [flit], *v.i.* fuir, voltiger; (*Sc.*) déménager.—*n.* **to do a moonlight flit**, déménager à la cloche de bois.

float [flout], *v.t.* faire flotter, (*fig.*) lancer.—*v.i.* flotter, surnager; **to float on one's back**, faire la planche.—*n.* train (*bois*); flotteur; char (*carnaval*), *m.*

floating [floutiŋ], *a.* flottant; **floating capital**, fonds de roulement, *m.*; **floating dock**, bassin à flot, *m.*

flock [flɔk], *n.* troupeau, *m.*; bande, troupe, *f.*; ouailles (*paroissiens*), *f.pl.*; flocon, *m.*, bourre (*de laine etc.*), *f.*—*v.i.* s'attrouper, s'assembler.

floe [flou], *n.* nappe de glaçons flottants; banquise, *f.*

flog [flɔg], *v.t.* fouetter, flageller; (*pop.*) bazarder.

flogging [flɔgiŋ], *n.* fouet, *m.*; flagellation, *f.*

flood [flʌd], *n.* déluge, *m.*; inondation, crue, *f.*; (*fig.*) cours d'eau, torrent, *m.*; marée, *f.*—*v.t.* inonder, submerger, noyer.

flood-light ['flʌdlait], *n.* projecteur, *m.*—*v.t.* illuminer (*un monument*) avec des projecteurs.

flood-tide ['flʌdtaid], *n.* marée montante, *f.*

floor [flɔ:], *n.* plancher; carreau, parquet (*pavage*); étage (*storey*), *m.*—*v.t.* planchéier, parqueter; (*fig.*) terrasser, réduire au silence.

flooring ['flɔ:riŋ], *n.* plancher, parquet, *m.*

flop [flɔp], *int.* plouf!—*n.* (*Theat.*) four, *m.*

floral ['flɔrəl, 'flɔ:rəl], *a.* floral; *floral games*, jeux floraux, *m.pl.*

Florence ['flɔrəns]. Florence, *f.*

florid ['flɔrid], *a.* fleuri.

Florida ['flɔridə]. la Floride, *f.*

florist ['flɔrist], *n.* fleuriste, *m., f.*

floss [flɔs], *n.* bourre (*de soie*), *f.*; (*Metal.*) floss; (*Bot.*) duvet, *m.*

flotilla [flo'tilə], *n.* flottille, *f.*

flounder (1) ['flaundə], *n.* (*Ichth.*) flet, petit flétan *m.*

flounder (2) ['flaundə], *v.i.* se débattre; patauger.

flour ['flauə], *n.* farine; fécule (*des pommes de terre etc.*), *f.*

flourish ['flʌriʃ], *n.* éclat, *m.*; fleur de rhétorique, *f.*; panache (*manières, geste*); moulinet, tour, *m.*; (*Mus.*) fioriture; fanfare (*trompettes*), *f.*—*v.t.* fleurir; parafer; brandir (*épée etc.*).—*v.i.* fleurir; venir bien (*plantes*); prospérer.

flourishing ['flʌriʃiŋ], *a.* florissant.

flout [flaut], *v.t.* railler; se moquer de.—*n.* moquerie, raillerie, *f.*

flow [flou], *v.i.* s'écouler, couler; monter (*marée*); (*fig.*) découler (*de*).—*n.* écoulement; flux; (*fig.*) épanchement, *m.*

flower ['flauə], *n.* fleur; (*fig.*) élite, *f.*—*v.i.* fleurir, être en fleur.

flower-bed ['flauəbed], *n.* plate-bande, *f.*, parterre, *m.*

flowered ['flauəd], *a.* figuré; fleuri; *double flowered*, à fleurs doubles.

flower-garden ['flauəgɑ:dn], *n.* jardin d'agrément, *m.*

flower-pot ['flauəpɔt], *n.* pot à fleurs, *m.*

flowing ['flouiŋ], *a.* coulant; (*fig.*) naturel.—*n.* cours, écoulement, *m.*

flown [floun], *a.* envolé; *high-flown*, gonflé, outré (*style*).

flu [flu:], (*colloq.*) [INFLUENZA].

fluctuate ['flʌktjueit], *v.t.* balancer, flotter, varier.

fluctuating ['flʌktjueitiŋ], *a.* flottant; incertain; variable.

fluctuation [flʌktju'eiʃən], *n.* fluctuation, *f.*; (*fig.*) balancement, doute, *m.*

flue [flu:], *n.* tuyau de cheminée; carneau (*d'un fourneau*), *m.*

fluency ['flu:ənsi], *n.* facilité (*de parole*), *f.*

fluent ['flu:ənt], *a.* coulant, courant; facile.

fluently ['flu:əntli], *adv.* couramment, avec facilité.

fluff [flʌf], *n.* duvet, *m.*, peluches, *f.pl.*

fluid ['flu:id], *a.* and *n.* fluide, liquide, *m.*

fluke [flu:k], *n.* patte (*d'ancre*), *f.*; carrelet (*poisson*), *f.*; (*fig.*) coup de raccroc, *m.*

flunkey ['flʌŋki], *n.* laquais, (*colloq.*) sycophante, *m.*

flurry ['flʌri], *n.* agitation, *f.*, désordre, émoi, *m.*—*v.t.* agiter, ahurir.

flush [flʌʃ], *a.* frais, plein de vigueur; à fleur, au ras (*de niveau*); *flush with the ground*, à ras de terre.—*n.* rougeur, *f.*; transport, *m.*; chasse d'eau, *f.*; (*Cards*), flush, *m.*—*v.t.* faire rougir; laver à grande eau; (*Hunt.*) lever; (*fig.*) animer.—*v.i.* rougir; partir tout à coup.

fluster ['flʌstə], *v.t.* déconcerter, agiter, ahurir.—*n.* agitation, *f.*

flute [flu:t], *n.* flûte, *f.*

fluted ['flu:tid], *a.* cannelé.

flutter ['flʌtə], *n.* trémoussement, émoi, *m.*; agitation, *f.*; battement d'ailes, *m.*—*v.t.* mettre en désordre, agiter, ahurir.—*v.i.* battre des ailes; s'agiter; palpiter.

flux [flʌks], *n.* flux, courant; (*Metal.*) fondant, *m.*

fly (1) [flai], *n.* (*pl.* **flies** [flaiz]) (*Ent.*) mouche, *f.*

fly (2) [flai], *v.t. irr.* faire voler; fuir, éviter.—*v.i.* voler, s'envoler, se sauver, prendre la fuite, fuir s'enfuir; *to fly into a passion*, s'emporter, se mettre en colère; *to fly over*, survoler.—*a.* (*pop.*) malin.

flyer ['flaiə], *n.* aviateur, *m.*

flying ['flaiiŋ], *a.* volant; *flying squad*, brigade mobile, *f.*

flying-boat ['flaiiŋbout], *n.* hydravion, *m.*

flying-buttress ['flaiiŋbʌtris], *n.* arc-boutant, *m.*

fly-over ['flaiouvə], *n.* enjambement, *m.*

fly-paper ['flaipeipə], *n.* papier tue-mouches, *m.*

fly-past ['flaipɑ:st], *n.* défilé aérien, *m.*

foal [foul], *n.* poulain, *m.*, pouliche, *f.*—*v.i.* pouliner, mettre bas.

foam [foum], *n.* écume; bave; mousse, *f.*—*v.i.* écumer; moutonner (*mer*); baver (*animaux*).

foaming ['foumiŋ], *a.* écumant.

fob [fɔb], *n.* gousset (*de pantalon*), *m.*—*v.t.* (*fam.*) *to fob someone off with something*, refiler quelque chose à quelqu'un.

fo'c'sle [fouksl], [FORECASTLE].

focus ['foukəs], *n.* (*pl.* **foci** ['fousai], **focuses** ['foukəsiz]) foyer, *m.*—*v.t.* mettre au point.

fodder ['fɔdə], *n.* fourrage, *m.*, pâture, *f.*; *cannon-fodder*, chair à canon, *f.*

foe [fou], *n.* ennemi, adversaire, *m.*

fog [fɔg], *n.* brouillard, *m.*; (*fig.*) perplexité, *f.*; *sea fog*, brume, *f.*

fog-bound ['fɔgbaund], *a.* enveloppé de brouillard; arrêté par le brouillard.

foggy ['fɔgi], *a.* brumeux; (*fig.*) sombre; *it is foggy*, il fait du brouillard.

fogy, fogey ['fougi], *n.* ganache, vieille perruque, *f.*

foil [fɔil], *n.* feuille de métal, *f.*; tain (*de miroir*), *m.*; défaite, *f.*; échec (*check*); contraste, repoussoir (*set off*), *f.*; (*Fenc.*) fleuret, *m.*—*v.t.* déjouer, faire échouer; frustrer.

fold (1) [fould], *v.t.* plier, ployer; envelopper; serrer; *to fold one's arms*, croiser les bras.—*n.* pli, repli, *m.*; *threefold*, triple; *twofold*, double.

fold (2) [fould], *n.* parc (*à moutons*), *m.*, bergerie, *f.*—*v.t.* *to fold sheep*, parquer des moutons.

folder ['fouldə], *n.* chemise (*à documents*), *f.*; dépliant, prospectus, *m.*

folding ['fouldiŋ], *a.* pliant; brisé, à deux
battants (*porte*).

foliage ['fouliidʒ], *n.* feuillage, *m.*

folio ['fouliou], *n.* in-folio, *m.*; page, *f.*, folio,
m.

folk(s) [fouk(s)], *n.* (*pl.*) gens, *m.pl.*, *f.pl.*,
personnes, *f.pl.*

folklore ['fouklɔ:], *n.* folklore, *m.*, légendes,
traditions populaires, *f.pl.*

folk-song ['fouksɔŋ], *n.* chanson populaire, *f.*

follow ['fɔlou], *v.t.* suivre; poursuivre;
observer, imiter; exercer (*une profession*).—
v.i. s'ensuivre, résulter; *as follows*, comme
suit.

follower ['fɔlouə], *n.* suivant; partisan; compagnon; (*colloq.*) amoureux, *m.*

following ['fɔlouiŋ], *a.* suivant.—*n.* suite,
f., parti, *m.*

folly ['fɔli], *n.* folie, sottise, bêtise, *f.*

foment [fo'ment], *v.t.* fomenter.

fond [fɔnd], *a.* passionné (*pour*); fou (*de*);
indulgent (*pour*); doux, cher (*espoir*); vain,
sot; *to be* (*passionately*) *fond of*, aimer
(à la folie).

fondle [fɔndl], *v.t.* câliner, caresser.

fondly ['fɔndli], *adv.* tendrement.

fondness ['fɔndnis], *n.* tendresse; affection, *f.*;
penchant, goût, *m.*

font [fɔnt], *n.* fonts baptismaux, *m.pl.*

food [fu:d], *n.* nourriture, *f.*, aliment, *m.*;
vivres, *m.pl.*; denrées, *f.pl.*; pâture (*pour
animaux*), *f.*

food-stuffs ['fu:dstʌfs], *n.pl.* comestibles,
m.pl.

fool [fu:l], *n.* sot; insensé, imbécile, niais, *m.*;
dupe, *f.*, fou (*bouffon*), *m.*; *to make a fool
of*, se moquer de; *to make a fool of oneself*, se rendre ridicule, se faire moquer de
soi.—*v.t.* duper; (*colloq.*) se moquer de.—
v.i. faire la bête; *you are fooling*, vous
plaisantez; vous blaguez.

foolery ['fu:ləri], *n.* folie, sottise; niaiserie, *f.*

foolhardy ['fu:lha:di], *a.* téméraire.

foolish ['fu:liʃ], *a.* sot, insensé, bête, ridicule.

foolishly ['fu:liʃli], *adv.* follement, sottement.

foolishness ['fu:liʃnis], *n.* folie, sottise, *f.*

foolproof ['fu:lpru:f], *a.* indéréglable.

foot [fut], *n.* (*pl.* **feet** [fi:t]) pied, *m.*; patte (*d'
insectes etc.*); base (*de colonne*), *f.*; bas (*d'une
page*), *m.*; (*Mil.*) infanterie, *f.*; *on foot*, à
pied.

football ['futbɔ:l], *n.* ballon; football (*jeu*), *m.*

foot-bridge ['futbridʒ], *n.* passerelle, *f.*

footfall ['futfɔ:l], *n.* pas, bruit de pas, *m.*

foothold ['futhould], *n.* prise pour le pied, *f.*;
(*fig.*) point d'appui, *m.*

footing ['futiŋ], *n.* pied, point d'appui;
établissement, *m.*; position, *f.*; *on an
equal footing*, sur un pied d'égalité.

footlights ['futlaits], *n.pl.* (*Theat.*) rampe, *f.*

footman ['futmən], *n.* (*pl.* **-men** [men])
laquais, valet de pied, *m.*

footnote ['futnout], *n.* note au bas de la page,
apostille, *f.*

foot-path ['futpa:θ], *n.* sentier; trottoir (*de
rue*), *m.*

foot-print ['futprint], *n.* empreinte du pied, *f.*

foot-soldier ['futsouldʒə], *n.* fantassin, *m.*

footstep ['futstep], *n.* pas, *m.*; trace, *f.*;
vestige, *m.*

footstool ['futstu:l], *n.* tabouret, *m.*

footwear ['futwɛə], *n.* chaussures, *f.pl.*

fop [fɔp], *n.* fat, *m.*

foppery ['fɔpəri], *n.* affectation, fatuité, *f.*

foppish ['fɔpiʃ], *a.* affecté, sot, fat.

for [fɔ:], *prep.* pour, par; de, à, vers, pendant;
depuis; en place de, en lieu de; en faveur de;
à cause de, pour le compte de; malgré; pour
avoir; pour que (*with subj.*).—*conj.* car.

forage ['fɔridʒ], *n.* fourrage, *m.*—*v.i.* fourrager.

*****forasmuch** [fɔrəz'mʌtʃ], *conj.* **forasmuch
as**, d'autant que, vu que.

foray ['fɔrei], *n.* incursion, razzia, *f.*, raid, *m.*

forbear (1) [FOREBEAR].

forbear (2) [fɔ:'bɛə], *v.t. irr.* cesser; épargner,
supporter.—*v.i.* s'abstenir, se garder (*de*).

forbearance [fɔ:'bɛərəns], *n.* patience; indulgence, *f.*

forbid [fə'bid], *v.t. irr.* défendre, interdire
(*de*); empêcher (*de*); *God forbid!* à Dieu
ne plaise!

forbidding [fə'bidiŋ], *a.* rebutant, repoussant.

force [fɔ:s], *n.* force; violence; efficacité;
valeur, *f.*; (*Mil.*, *pl.*) forces, *f.pl.*, armée, *f.*;
in force, (*Law*) en vigueur.—*v.t.* forcer,
contraindre (*à ou de*); violenter.

forced [fɔ:st], *a.* forcé, contraint; guindé
(*style*).

forcedly ['fɔ:sidli], *adv.* de force.

forceps ['fɔ:seps], *n.pl.* (*Surg.*) pince, *f.*,
forceps, *m.*

forcible ['fɔ:sibl], **forceful** ['fɔ:sful], *a.* fort;
énergique.

forcibly ['fɔ:sibli], *adv.* par force; fortement.

ford [fɔ:d], *n.* gué, *m.*—*v.t.* passer à gué,
guéer.

fore! [fɔ:], *int.* (*Golf*) gare devant!

fore (2) [fɔ:], *a.* antérieur; de devant; (*Naut.*)
de misaine; *fore and aft*, (*Naut.*) de
l'avant à l'arrière.—*adv.* d'avance; (*Naut.*)
de l'avant.

forearm (1) [fɔ:r'a:m], *v.t.* prémunir.

forearm (2) ['fɔ:ra:m], *n.* avant-bras, *m.*

forebear ['fɔ:bɛə], *n.* aïeul, ancêtre, *m.*

forebode [fɔ:'boud], *v.t.* présager, prédire;
pressentir.

foreboding [fɔ:'boudiŋ], *n.* présage, pressentiment, *m.*

forecast ['fɔ:ka:st], *n.* prévoyance, prévision,
f.; pronostic, *m.*; *weather forecast*,
prévisions météorologiques, *f.pl.*—*v.t.* prévoir; pronostiquer.

forecastle [fouksl, 'fɔ:ka:sl], *n.* gaillard
d'avant.

fore-court ['fɔ:kɔ:t], *n.* avant-cour, *f.*

forefather ['fɔ:fa:ðə], *n.* aïeul, ancêtre, *m.*

forefinger ['fɔ:fiŋgə], *n.* index, *m.*

forego [fɔ:'gou], *v.t.* précéder, aller devant.

foregone [fɔ:'gɔn], *a.* prévu, résolu, décidé
d'avance.

foreground ['fɔ:graund], *n.* premier plan, *m.*

forehead ['fɔrid], *n.* front, *m.*

foreign ['fɔrin], *a.* étranger; *Foreign Office*,
Ministère des Affaires Étrangères, *m.*

foreigner ['fɔrinə], *n.* étranger, *m.*

foreland ['fɔ:lənd], *n.* promontoire, cap, *m.*

foreleg ['fɔ:leg], *n.* patte de devant, *f.*

forelock ['fɔ:lɔk], *n.* goupille, *f.*; toupet, *m.*

foreman ['fɔ:mən], *n.* (*pl.* **-men** [men]) chef
(*d'un jury*); contremaître; chef d'atelier *ou*
d'équipe; brigadier, *m.*

foremast ['fɔ:ma:st], *n.* mât de misaine, *m.*

foremost ['fɔ:moust], *a.* premier; en tête, au premier rang; *first and foremost*, tout d'abord.

forenoon ['fɔ:nu:n] *n.* matin, *m.*, matinée, *f.*

forensic [fɔ'rensik], *a.* **forensic medicine**, médecine légale, *f.*

forerunner ['fɔ:rʌnə], *n.* précurseur, *m.*

foresee [fɔ:'si:], *v.t. irr. (conjug. like SEE)* prévoir.

foreseeable [fɔ:'si:əbl], *a.* prévisible.

foreshore ['fɔ:ʃɔ:], *n.* plage, *f.*

foreshorten [fɔ:'ʃɔ:tn], *v.t. (Paint.)* dessiner en raccourci.

foreshortening [fɔ:'ʃɔ:tniŋ], *n.* raccourci, *m.*

foresight ['fɔ:sait], *n.* prévoyance, *f.*; guidon *(d'arme à feu)*, *m.*; *lack of foresight*, imprévoyance, *f.*

forest ['fɔrit], *a.* de forêt, forestier.—*n.* forêt, *f.*

forestall [fɔ:'stɔ:l], *v.t.* anticiper, devancer.

forester ['fɔristə], *n.* garde forestier; habitant d'une forêt, *m.*

forestry ['fɔristri], *n.* sylviculture, *f.*

foretaste ['fɔ:teist], *n.* avant-goût, *m.*; anticipation, *f.*

foretell [fɔ:'tel], *v.t. irr. (conjug. like TELL)* prédire.

forethought ['fɔ:θɔ:t], *n.* prévoyance, prescience, *f.*

forewarn [fɔ:'wɔ:n], *v.t.* prévenir, avertir.

foreword ['fɔ:wə:d], *n.* préface, *f.*; avant-propos, *m.*

forfeit ['fɔ:fit], *a.* confisqué; *(fig.)* perdu.—*n.* amende *(à payer)*; forfaiture, confiscation, *f.*; *(Games)* gage, *m.*—*v.t.* forfaire (à); confisquer; perdre.

forfeiture ['fɔ:fitʃə], *n.* forfaiture, confiscation; perte, déchéance, *f.*

forgather [fɔ:'gæðə], *v.i.* s'assembler, se réunir.

forge [fɔ:dʒ], *n.* forge, *f.*—*v.t.* forger; contrefaire *(monnaie etc.)*, fabriquer *(document etc.)*.—*v.i.* commettre un faux; *to forge ahead*, pousser de l'avant.

forger ['fɔ:dʒə], *n.* faussaire; faux-monnayeur, *m.*

forgery ['fɔ:dʒəri], *n.* falsification; contre-façon, *f.*; faux, *m.*

forget [fə'get], *v.t., v.i. irr.* oublier.

forgetful [fə'getful], *a.* oublieux.

forgetfulness [fə'getfulnis], *n.* oubli, manque de mémoire, *m.*; négligence, *f.*

forget-me-not [fə'getminɔt], *n.* myosotis, *m.*

forgive [fə'giv], *v.t. irr. (conjug. like GIVE)* pardonner, faire grâce de; pardonner à.

forgiveness [fə'givnis], *n.* pardon, *m.*; clémence, grâce, *f.*

forgiving [fə'giviŋ], *a.* clément, miséricordieux.

forgo [fɔ:'gou], *v.t. irr. (conjug. like GO)* renoncer à, s'abstenir de, se refuser à.

fork [fɔ:k], *n.* fourchette; fourche; bifurcation *(de rues)*, *f.*; zigzag *(d'éclair)*, *m.*—*v.t.* enlever avec une fourche.—*v.i.* fourcher; bifurquer.

forked [fɔ:kt], *a.* fourchu; *(Bot.)* bifurqué.

forlorn [fə'lɔ:n], *a.* abandonné, désespéré, délaissé.

forlornness [fə'lɔ:nnis], *n.* délaissement, abandon; état désespéré, *m.*

form [fɔ:m], *n.* forme, figure; formalité, *f.*; banc *(siège)*, *m.*; *(Sch.)* classe, *f.*; gîte *(de lièvre)*;

imprimé *(fiche)*, *m.*—*v.t.* former, faire; façonner.—*v.i.* se former; se gîter *(lièvres)*.

formal ['fɔ:məl], *a.* formel; pointilleux; affecté, cérémonieux, formaliste.

formality [fɔ:'mæliti], *n.* formalité, cérémonie, *f.*

formally ['fɔ:məli], *adv.* avec formalité, en forme, formellement.

formation [fɔ:'meiʃən], *n.* formation, *f.*; ordre, *m.*

formative ['fɔ:mətiv], *a.* formatif, formateur, plastique.

former ['fɔ:mə], *a.* précédent, passé; ancien; premier *(de deux)*.—*pron.* celui-là, celle-là.—*n.* moule, *m.*

formerly ['fɔ:məli], *adv.* autrefois, auparavant; jadis.

formidable ['fɔ:midəbl], *a.* formidable, redoutable.

formless ['fɔ:mlis], *a.* informe, sans forme.

Formosa [fɔ:'mouzə]. Formose, *f.*

formula ['fɔ:mjulə], *n. (pl.* **formulæ** ['fɔ:mjul(a)i])* formule, *f.*

forsake [fə'seik], *v.t. irr.* délaisser, abandonner.

forsaking [fə'seikiŋ], *n.* délaissement, abandon, *m.*

*foresooth [fə'su:θ], adv. en vérité, ma foi.

forswear [fɔ:'swɛə], *v.t. irr. (conjug. like SWEAR)* abjurer, répudier.—*v.i.* se parjurer.

fort [fɔ:t], *n.* fort, *m.*, forteresse, *f.*

forth [fɔ:θ], *adv.* en avant; au dehors; *and so forth*, et ainsi de suite.

forthcoming [fɔ:θ'kʌmiŋ], *a.* tout prêt, prêt à paraître; prochain, à venir.

forthright ['fɔ:θrait], *a.* franc, carré, brutal.

forthwith [fɔ:θ'wiθ], *adv.* incontinent, aussitôt, sur-le-champ, tout de suite.

fortieth ['fɔ:tiəθ], *a.* quarantième.—*n.* quarantième *(fraction)*, *m.*

fortification [fɔ:tifi'keiʃən], *n.* fortification, *f.*

fortify ['fɔ:tifai], *v.t.* fortifier; munir *(de)*.

fortifying ['fɔ:tifaiiŋ], *a. (fig.)* réconfortant, fortifiant.

fortitude ['fɔ:titju:d], *n.* force d'âme, *f.*, courage, *m.*

fortnight ['fɔ:tnait], *n.* quinze jours, *m.pl.*, quinzaine, *f.*

fortnightly ['fɔ:tnaitli], *a.* bimensuel.—*adv.* tous les quinze jours.

fortress ['fɔ:tris], *n.* forteresse, place forte, *f.*

fortuitous [fɔ:'tju:itəs], *a.* fortuit.

fortuitously [fɔ:'tju:itəsli], *adv.* fortuitement, par hasard.

fortunate ['fɔ:tʃənit, 'fɔ:tʃunit], *a.* heureux, fortuné.

fortunately ['fɔ:tʃənitli], *adv.* heureusement.

fortune ['fɔ:tʃən], *n.* fortune, *f.*, sort *(lot)*, destin, *m.*; *by good fortune*, par bonheur.

fortune-hunter ['fɔ:tʃənhʌntə], *n.* aventurier, coureur de dots, *m.*

fortune-teller ['fɔ:tʃəntelə], *n.* diseur de bonne aventure, *m.*

forty ['fɔ:ti], *a.* quarante; *she must be nearly forty*, elle doit friser la quarantaine.

forward ['fɔ:wəd], *a.* avancé; *(fig.)* empressé *(de)*, ardent *(à)*; précoce *(fruits etc.)*; présomptueux.—*n. (Ftb.)* avant, *m.*—*adv.* en avant; en évidence.—*v.t.* avancer, hâter; *(Comm.)* envoyer, expédier; faire suivre *(lettre)*.

forwardness

forwardness ['fɔːwədnis], *n.* empressement; progrès, *m.*; précocité (*fruits etc.*); hardiesse; effronterie, *f.*

fossil ['fɔsil], *a.* and *n.* fossile, *m.*

foster ['fɔstə], *v.t.* élever, nourrir; (*fig.*) encourager.

foster-brother ['fɔstəbrʌðə], *n.* frère de lait, *m.*

foster-child ['fɔstətʃaild], *n.* nourrisson, *m.*

foster-father ['fɔstəfɑːðə], *n.* père nourricier, *m.*

foster-mother ['fɔstəmʌðə], *n.* mère nourricière, *f.*

foster-sister ['fɔstəsistə], *n.* sœur de lait, *f.*

foul [faul], *a.* sale, malpropre, immonde, trouble, bourbeux (*eau*); grossier (*langage*); **by fair means or foul**, de gré ou de force; **foul air**, air vicié, *m.*; **foul play**, trahison, *f.*—*n.* (*Spt.*) coup-bas, *m.*—*v.t.* salir, souiller, troubler; encrasser (*arme à feu*); (*Naut.*) aborder; s'engager (*cordes*).

foully ['faulli], *adv.* salement, honteusement.

foul-mouthed ['faulmauðd], *a.* grossier.

foulness ['faulnis], *n.* saleté, impureté; turpitude, noirceur, *f.*

found (1) [faund], *past* and *p.p.* [FIND].

found (2) [faund], *v.t.* fonder, établir; fondre (*to cast*).

foundation [faun'deiʃən], *n.* fondement, *m.*, fondation; (*fig.*) base, source, *f.*

founder (1) ['faundə], *n.* fondateur, auteur; (*Metal.*) fondeur, *m.*

founder (2) ['faundə], *v.t.* surmener (*un cheval*).—*v.i.* (*Naut.*) sombrer, couler bas; broncher (*cheval*); (*fig.*) échouer.

foundered ['faundəd], *a.* courbatu (*cheval*); sombré (*navire*).

foundling ['faundliŋ], *n.* enfant trouvé, *m.*

foundry ['faundri], *n.* fonderie, *f.*

fount [faunt], *n.* fontaine, (*fig.*) cause, source, *f.*

fountain ['fauntin], *n.* fontaine, source, *f.*; jet d'eau, *m.*

fountain-head ['fauntinhed], *n.* source, origine, *f.*

fountain-pen ['fauntinpen], *n.* stylo, *m.*

four [fɔː], *a.* and *n.* quatre, *m.*; **carriage and four**, voiture à quatre chevaux, *f.*; **on all fours**, à quatre pattes.

four-engined ['fɔː'rendʒind], *a.* (*Av.*) quadrimoteur.

four-fold ['fɔːfould], *a.* quatre fois, quatre fois autant, quadruple.

four-footed ['fɔː'futid], *a.* quadrupède, à quatre pieds.

fourteen ['fɔː'tiːn], *a.* and *n.* quatorze, *m.*

fourteenth ['fɔː'tiːnθ], *a.* quatorzième; quatorze (*date; rois etc.*).—*n.* quatorzième (*fraction*), *m.*

fourth [fɔːθ], *a.* quatrième; quatre (*date, roi etc.*).—*n.* quart (*fraction*), *m.*; (*Mus.*) quarte, *f.*

fowl [faul], *n.* oiseau, *m.*, poule (*hen*); (*Cook.*) volaille, *f.*

fowler ['faulə], *n.* oiseleur, *m.*

fowl-house ['faulhaus], *n.* poulailler, *m.*

fowling-piece ['fauliŋpiːs], *n.* fusil de chasse, *m.*

fox [fɔks], *n.* (*pl.* **foxes** ['fɔksiz]) renard; (*fig.*) rusé, *m.*

foxglove ['fɔksglʌv], *n.* digitale, *f.*

foxy ['fɔksi], *a.* de renard, rusé; roux (*red*).

fraction ['frækʃən], *n.* fraction, *f.*

fractious ['frækʃəs], *a.* revêche, maussade, hargneux, de mauvaise humeur.

fracture ['fræktʃə], *n.* fracture, cassure, *f.*—*v.t.* casser, rompre; (*Surg.*) fracturer.

fragile ['frædʒail], *a.* fragile.

fragility [frə'dʒiliti], *n.* fragilité, *f.*

fragment ['frægmənt], *n.* fragment, éclat, *m.*

fragrance ['freigrəns], *n.* odeur suave, *f.* parfum, *m.*

fragrant ['freigrənt], *a.* odoriférant, parfumé.

frail [freil], *a.* frêle, fragile. faible.—*n.* cabas, panier d'emballage, *m.*

frailty ['freilti], *n.* faiblesse, fragilité, *f.*

frame [freim], *n.* charpente, *f.*; châssis (*de fenêtre etc.*), chambranle (*de porte*), *m.*; (*fig.*) forme, *f.*; cadre (*de tableau etc.*), *m.*; disposition (*d'esprit*), *f.*—*v.t.* former, construire; encadrer; inventer.

framer ['freimə], *n.* encadreur; (*fig.*) auteur (*d'un projet*), *m.*

France [frɑːns]. la France, *f.*

Frances ['frɑːnsis]. Françoise, *f.*

franchise ['fræntʃaiz], *n.* franchise, *f.*, droit de vote, *m.*

Francis ['frɑːnsis]. François, Francis, *m.*

Franciscan [fræn'siskən], *a.* and *n.* Franciscain, *m.*

frank [fræŋk], *a.* franc, sincère, libéral; libre.—*v.t.* affranchir.

frankincense ['fræŋkinsens], *n.* encens, *m.*

frankly ['fræŋkli], *adv.* franchement.

frankness ['fræŋknis], *n.* franchise, sincérité, *f.*

frantic ['fræntik], *a.* frénétique, forcené, furieux.

frantically ['fræntikəli], *adv.* follement, avec frénésie.

fraternal [frə'təːnəl], *a.* fraternel.

fraternity [frə'təːniti], *n.* fraternité, confrérie, *f.*

fraud [frɔːd], *n.* imposteur (*personne*), *m.*; (*also* **fraudulence** ['frɔːdjuləns]) fraude, supercherie, *f.*, dol, *m.*

fraudulent ['frɔːdjulənt], *a.* frauduleux, de mauvaise foi.

fraught [frɔːt], *a.* rempli, plein (*de*); riche fertile (*en*).

fray (1) [frei], *n.* échauffourée, mêlée, bagarre, *f.*

fray (2) [frei], *v.t.* érailler, effilocher.—*v.i.* s'érailler.

fraying ['freiiŋ], *n.* éraillure, *f.*

freak [friːk], *n.* caprice, *m.*; bizarrerie, *f.*; monstre, *m.*; bigarrure, *f.*—*v.t.* bigarrer, tacheter (*de*).

freakish ['friːkiʃ], *a.* bizarre, fantasque, capricieux.

freckle [frekl], *n.* tache de rousseur, tache de son, *f.*—*v.t.* tacheter.

Frederick ['fredrik]. Frédéric, *m.*

free [friː]; *a.* libre; exempt; sincère, franc; gratuit; aisé, dégagé; **delivered free**, rendu franco à domicile; **free and easy**, sans façon.—*adv.* gratis.—*v.t.* délivrer, libérer.

freebooter ['friːbuːtə], *n.* maraudeur; flibustier, *m.*

freedman ['friːdmən], *n.* (*pl.* **-men** [men]) affranchi, *m.*

freedom ['friːdəm], *n.* liberté; indépendance; aisance; bourgeoisie (*d'une ville*), *f.*

freehold ['fri:hould], *n.* propriété foncière libre, *f.*

free-holder ['fri:houldə], *n.* propriétaire foncier, *m.*

freely ['fri:li], *adv.* librement, sans contrainte, gratuitement; libéralement.

freeman ['fri:mən], *n.* (*pl.* -men [men]) citoyen, homme libre, *m.*

freemason ['fri:meisn], *n.* franc-maçon, *m.*

freemasonry ['fri:meisnri], *n.* franc-maçonnerie, *f.*

freestone ['fri:stoun], *n.* pierre de taille, *f.*

freestyle ['fri:stail], *n.* nage libre, *f.*

freethinker ['fri:'θiŋkə], *n.* esprit fort, libre penseur, *m.*

free-trade ['fri:'treid], *n.* libre-échange, *m.*; *free-trade area,* zone de libre-échange, *f.*

free-trader ['fri:'treidə], *n.* libre-échangiste, *m., f.*

freeze [fri:z], *v.t. irr.* geler; (*Fin.*) bloquer (*prix, salaires*).—*v.i.* se geler, se glacer.

freezing ['fri:ziŋ], *a.* glacial.—*n.* congélation, *f.*; (*Fin.*) blocage, *m.*

freight [freit], *n.* cargaison, *f.,* chargement; fret (*cost*), *m.*—*v.t.* fréter.

French [frentʃ], *a.* français; *French window,* porte-fenêtre, *f.*—*n.* français (*langue*), *m.*; *the French,* les Français, *m.pl.*

Frenchman ['frentʃmən], *n.* (*pl.* -men [men]) Français, *m.*

Frenchwoman ['frentʃwumən], *n.* (*pl.* -women [wimin]) Française, *f.*

frenzy ['frenzi], *n.* frénésie, *f.*; délire, *m.*

frequence ['fri:kwəns], **frequency** ['fri:kwənsi], *n.* fréquence; répétition fréquente, *f.*; *V.H.F.,* modulation de fréquence, *f.*

frequent ['fri:kwənt], *a.* fréquent, très répandu; rapide (*pouls*).—[fri'kwent], *v.t.* fréquenter; hanter.

frequently ['fri:kwəntli], *adv.* fréquemment, souvent.

fresco ['freskou], *n.* fresque, *f.*

fresh [freʃ], *a.* frais; récent, nouveau; (*fig.*) vigoureux; novice, vert; *fresh water,* eau douce, *f.*

freshen ['freʃən], *v.t.* rafraîchir.—*v.i.* se rafraîchir.

freshly ['freʃli], *adv.* fraîchement; récemment, depuis peu.

freshman ['freʃmən], *n.* (*pl.* -men [men]) étudiant de première année, bizuth, *m.*

freshness ['freʃnis], *n.* fraîcheur; (*fig.*) nouveauté, *f.*

freshwater ['freʃwɔːtə], *a.* d'eau douce *ou* de rivière.

fret [fret], *n.* fermentation; (*fig.*) agitation de l'âme, *f.*—*v.t.* frotter (*contre*); ronger, écorcher (*excorier*); chagriner, irriter; découper.—*v.i.* se chagriner, s'inquiéter; s'user, s'érailler.

fretful ['fretful], *a.* chagrin, maussade; agité, inquiet.

fretfulness ['fretfulnis], *n.* mauvaise humeur, irritation, *f.*

fretsaw ['fretsɔː], *n.* scie à découper, *f.*

fretwork ['fretwəːk], *n.* ouvrage à claire-voie; découpage, *m.*

friable ['fraiəbl], *a.* friable.

friar ['fraiə], *n.* moine, *m.*

friction ['frikʃən], *n.* frottement, *m.*; (*Med.*) friction, *f.*

Friday ['fraid(e)i], *n.* vendredi, *m.*; *Good Friday,* vendredi saint.

friend [frend], *n.* ami, *m.,* amie, *f.*

friendless ['frendlis], *a.* sans ami, délaissé.

friendliness ['frendlinis], *n.* bienveillance, *f.*

friendly ['frendli], *a.* d'ami, amical; bienveillant (*pour*).

friendship ['frendʃip], *n.* amitié, *f.*

frieze [fri:z], *a.* de frise.—*n.* frise, *f.*

frigate ['frigit], *n.* frégate, *f.*

fright [frait], *n.* effroi, *m.,* épouvante, frayeur, *f.*

frighten [fraitn], *v.t.* épouvanter, effrayer, faire peur à.

frightful ['fraitful], *a.* épouvantable, effroyable, affreux.

frightfulness ['fraitfulnis], *n.* horreur, frayeur, *f.*

frigid ['fridʒid], *a.* froid, glacial.

frigidity [fri'dʒiditi], **frigidness** ['fridʒidnis], *n.* frigidité, froideur, *f.*

frill [fril], *n.* volant, *m.,* ruche, *f.,* jabot (*de chemise*), *m.*; *without frills,* sans façons.—*v.t.* plisser, froncer; rucher.

fringe [frindʒ], *n.* frange; crépine, *f.*; bord, *m.*; bordure, *f.*; effilé, *m.*—*v.t.* franger, border.

frippery ['fripəri], *n.* parure sans valeur, *f.*; clinquant, *m.*

frisk [frisk], *n.* gambade, *f.*—*v.i.* sautiller, gambader, frétiller.

friskiness ['friskinis], *n.* folâtrerie, gaieté, vivacité, *f.*

frisky ['friski], *a.* vif, enjoué, folâtre; fringant (*cheval*).

fritter ['fritə], *n.* (*Cook.*) beignet, *m.*—*v.t.* couper en morceaux, morceler; *to fritter away* (*one's time* or *money*), gaspiller *ou* dissiper (*son temps ou son argent*).

frivolity [fri'vɔliti], *n.* frivolité, *f.*

frivolous ['frivələs], *a.* frivole.

frivolousness ['frivələsnis], *n.* frivolité, *f.*

frizz [friz], **frizzle** ['frizl], *v.t.* friser, crêper.—*v.i.* frisotter (*cheveux*).—*n.* frisure, *f.*

frizzy ['frizi], *a.* frisottant, crêpé.

fro [frou], *adv.* en s'éloignant; *to go to and fro,* aller et venir.

frock [frɔk], *n.* robe d'enfant, robe, *f.*; froc (*de moine*), *m.*

frock-coat ['frɔkkout], *n.* redingote, *f.*

frog [frɔg], *n.* grenouille, *f.*

frogman ['frɔgmən], *n.* (*pl.* -men [men]) homme-grenouille, *m.*

frolic ['frɔlik], *n.* espièglerie, *f.,* ébats, *m.pl.,* gambades, *f.pl.*—*v.i.* folâtrer, gambader.

frolicsome ['frɔliksəm], *a.* folâtre, espiègle.

from [frɔm], *prep.* de; depuis, dès, à partir de; par (*à cause de*); d'après (*selon*); par suite de, en conséquence de (*en raison de*); de la part de (*comme représentant de*); *as from,* à partir de (*telle ou telle date*); *from above,* d'en haut; *from afar,* de loin; *from behind,* de derrière; *from hence,* d'ici; *from thence,* de là; *from . . . till,* depuis . . . jusqu'à; *from you,* de votre part.

front [frʌnt], *n.* devant, *m.*; face, façade (*d'un édifice*); audace, *f.,* front, *m.*—*v.t.* faire face à; s'opposer à; donner sur.

frontage ['frʌntidʒ], *n.* façade, devanture (*de magasin*), *f.*

front-door ['frʌnt'dɔː], *n.* porte d'entrée, *f.*

433

frontier ['frʌntiə], a. and n. frontière, f.
frontispiece ['frʌntispiːs], n. frontispice, m.
frost [frɔst], n. gelée, f., gel, m.; *glazed frost*, verglas, m.; *ground frost*, gelée blanche; *hoar-frost*, givre, m.—v.t. glacer; damasquiner.
frost-bite ['frɔstbait], n. gelure, froidure, f.
frosted ['frɔstid], a. givré; dépoli (verre).
frosty ['frɔsti], a. de gelée; glacé; (fig.) froid.
froth [frɔθ], n. écume; mousse (de boisson), f. —v.i. écumer; mousser.
frothy ['frɔθi], a. écumeux; écumant; mousseux; (fig.) vain, frivole.
frown [fraun], n. froncement de sourcil, m.— v.i. froncer les sourcils; être contraire (à); (fig.) *to frown upon*, désapprouver.
frowning ['frauniŋ], a. rechigné, renfrogné; (fig.) menaçant.
frowzy ['frauzi], a. sale, malpropre.
frozen [frouzn], a. glacé, gelé; (Fin.) bloqué.
fructify ['frʌktifai], v.t. fertiliser, féconder.— v.i. fructifier.
frugal ['fruːgl], a. frugal, économe, ménager.
frugality [fruːˈgæliti], n. économie, frugalité, f.
fruit [fruːt], a. à fruit, fruitier.—n. fruit, m.; fruits, m.pl.; (fig.) avantage, profit, m.; *first fruits*, prémices, f.pl.
fruiterer ['fruːtərə], n. fruitier m.
fruitful ['fruːtful], a. fertile; (fig.) fécond.
fruitfully ['fruːtfuli], adv. fertilement, abondamment.
fruitfulness ['fruːtfulnis], n. fertilité; (fig.) fécondité, f.
fruition [fruːˈiʃən], n. jouissance, réalisation, f.
fruitless ['fruːtlis], a. stérile; (fig.) infructueux, inutile.
frump [frʌmp], n. femme désagréable et mal habillée, f.
frustrate [frʌsˈtreit], v.t. frustrer, rendre inutile, déjouer.
frustration [frʌsˈtreiʃən], n. frustration, f., insuccès, m.
fry (1) [frai], n. fretin, frai (petits poissons), m.
fry (2) [frai], n. (Cook.) friture, f.—v.t. frire, faire frire, sauter; *fried eggs*, œufs au plat, m.pl.—v.i. frire.
frying-pan ['fraiiŋpæn], n. poêle à frire, f.
fuchsia ['fjuːʃə], n. fuchsia, m.
fuddle [fʌdl], v.t. griser; hébéter.—v.i. se griser.
fudge [fʌdʒ], int. bah!—n. blague, faribole, f.; fondant américain (bonbon), m.
fuel ['fjuəl], n. combustible, f.; (fig.) aliment, m.
fuel-oil ['fjuəlɔil], n. mazout, m.
fugitive ['fjuːdʒitiv], a. fugitif; fuyard, passager.—n. fugitif, transfuge, déserteur; (Mil.) fuyard, m.
fugue [fjuːg], n. (Mus.) fugue, f.
fulcrum ['fʌlkrəm], n. (pl. fulcra ['fʌlkrə]) point d'appui, m.
fulfil [fulˈfil], v.t. accomplir, réaliser; satisfaire.
fulfilment [fulˈfilmənt], n. exécution, f., accomplissement, m.
full [ful], a. plein, rempli; comble, replet; gras; entier, complet; ample; (fig.) repu; (Gram.) *full stop*, point, m.; *full up!* (autobus etc.) complet!—adv. tout à fait, entièrement; parfaitement.—n. plein; comble, m., satiété, f.; soûl, m.

full-back ['fulbæk], n. (Ftb. etc.) arrière, m.
full-blown ['fulbloun], a. épanoui; (fig.) dans tout son éclat.
full-bodied ['fulbodid], a. gros, replet; corsé (vin).
fuller ['fulə], n. foulon, m.
full-faced ['fulˈfeist], a. au visage plein.
full-length ['fulˈleŋθ], a. en pied (portrait).
fullness ['fulnis], n. plénitude, abondance; ampleur, f.
fully ['fuli], adv. pleinement, entièrement, tout à fait; parfaitement.
fulmar ['fulmə], n. (Orn.) fulmar, m.
fulminate ['fʌlmineit], v.t., v.i. fulminer.
fulsome ['fulsəm], a. excessif, écœurant, servile; gonflé (style).
fumble [fʌmbl], v.t. manier maladroitement. —v.i. farfouiller; tâtonner.
fumbler ['fʌmblə], n. maladroit, m.
fume [fjuːm], n. fumée, vapeur; (fig.) colère, f.—v.t. fumer.—v.i. fumer, s'exhaler; (fig.) être en colère.
fumigate ['fjuːmigeit], v.t. fumiger; désinfecter.
fun [fʌn], n. amusement, m., plaisanterie, drôlerie, f.
function ['fʌŋkʃən], n. fonction, f., métier, m.; cérémonie, réception, f.—v.i. fonctionner, marcher.
fund [fʌnd], n. fonds, m.; caisse, f.
fundamental [fʌndəˈmentl], a. fondamental. —n.(pl.) principe fondamental, m.
funeral ['fjuːnərəl], a. funèbre, funéraire.— n. enterrement, convoi funèbre, m.; funérailles, obsèques, f.pl.
funereal [fjuːˈniəriəl], a. funèbre; lugubre.
fungus ['fʌŋgəs], n. (pl. fungi ['fʌndʒai]) champignon; (Med.) fongus, m.
funk [fʌŋk], n. peur, f.—v.t. éviter, avoir peur de.
funnel [fʌnl], n. entonnoir; tuyau, m.; cheminée (de bateau à vapeur), f.
funny ['fʌni], a. amusant, drôle, comique; bizarre.
fur [fəː], n. fourrure, f.; gibier à poil; (fig.) dépôt, m., incrustation, f.—v.t. fourrer, garnir de fourrure.—v.i. s'incruster, s'encrasser (la langue).
furbish ['fəːbiʃ], v.t. fourbir.
furious ['fjuəriəs], a. furieux, acharné.
furiously ['fjuəriəsli], adv. avec fureur, avec acharnement.
furl [fəːl], v.t. (Naut.) ferler, serrer.
furlong ['fəːlɔŋ], n. furlong (le huitième d'un mille anglais, 201 mètres), m.
furlough ['fəːlou], n. (Mil.) congé, m.
furnace ['fəːnis], n. fournaise, f.; fourneau (d'une forge); foyer (de locomotive), m.; *blast-furnace*, haut fourneau.
furnish ['fəːniʃ], v.t. fournir, garnir, pourvoir (de); meubler.
furnisher ['fəːniʃə], n. fournisseur, marchand de meubles, m.
furnishing ['fəːniʃiŋ], n. ameublement, m., garniture, f.
furniture ['fəːnitʃə], n. meubles, m.pl. mobilier, ameublement; équipage, m.; *a piece of furniture*, un meuble.
furrier ['fʌriə], n. fourreur, pelletier, m.
furrow ['fʌrou], n. sillon, m.; ride; rainure, f. —v.t. sillonner, rider (la figure).
furry ['fəːri], a. fourré.

further ['fə:ðə], v.t. avancer; faciliter, favoriser, seconder.—a. (also **farther** ['fɑ:ðə]) plus éloigné, ultérieur; autre, nouveau; **further end**, extrémité, f.—adv. (also **farther** ['fɑ:ðə]) plus loin; de plus, en outre, davantage, encore; ultérieurement; au delà.

furtherance ['fə:ðərəns], n. avancement; progrès, m.

furthermore ['fə:ðəmɔ:], adv. de plus, en outre, d'ailleurs.

furthermost ['fə:ðəmoust], **furthest** ['fə:ðist], **farthest** ['fɑ:ðist], a. le plus éloigné; le plus reculé.—adv. and n. le plus loin.

furtive ['fə:tiv], a. furtif.

furtively ['fə:tivli], adv. furtivement, à la dérobée.

fury ['fjuəri], n. furie, fureur, f.; acharnement, m.

furze [fə:z], n. ajonc, genêt épineux, m.

fuse [fju:z], v.t. fondre, liquéfier.—v.i. se fondre.—n. mèche, fusée, f.; (Elec.) fusible, plomb, m.; **the fuse has gone**, le plomb a sauté.

fuselage ['fju:zila:ʒ, 'fju:zilidʒ], n. fuselage, m.

fuse-wire ['fju:zwaiə], n. fil fusible, m.

fusible ['fju:zibl], a. fusible.

fusilier [fju:zi'liə], n. fusilier, m.

fusillade [fju:zi'leid], n. fusillade, f.

fusion ['fju:ʒən], n. fusion, f.

fuss [fʌs], n. fracas, embarras, m., façons, f.pl.

fussily ['fʌsili], adv. avec embarras.

fussy ['fʌsi], a. qui fait des embarras; affairé.

fustian ['fʌstjən], n. futaine, f.; (fig.) galimatias, m.

fusty ['fʌsti], a. qui sent le renfermé ou le moisi.

futile ['fju:tail], a. futile, vain, frivole.

futility [fju'tiliti], n. futilité, f.

future ['fju:tʃə], a. futur, à venir.—n. avenir; (Gram.) futur, m.

fuzz [fʌz], n. bourre, f., duvet (de couverture); flou (de photographie), m.

fuzzy ['fʌzi], a. duveteux, floconneux; bouffant, moutonné (cheveux); flou (photographie).

G

G, g [dʒi:]. septième lettre de l'alphabet; (Mus.) sol, m.

gab [gæb], n. faconde, f., bagout, m.; **to have the gift of the gab**, (colloq.) avoir la langue bien pendue.

gabardine [GABERDINE].

gabble [gæbl], v.i. parler très vite, bredouiller; caqueter, jacasser.—n. bredouillement; caquet, m.

gaberdine, gabardine [gæbə'di:n], n. gabardine, f.

gable [geibl], n. pignon, gable, m.

gadfly ['gædflai], n. taon, m.

gadget ['gædʒit], n. instrument, accessoire; truc, machin, m.

gaff [gæf], n. gaffe, f.—v.t. gaffer (poisson).

gag [gæg], n. bâillon, m.; (Theat.) plaisanterie, f.; (Cine.) gag, m.—v.t. bâillonner.

gage [geidʒ], n. gage, m., assurance, f.

gaggle [gægl], n. troupeau d'oies, m.

gaiety ['geiəti], n. gaieté, f.; éclat, m.

gaily ['geili], adv. gaiement, joyeusement.

gain [gein], n. gain, profit, avantage, m.—v.t. gagner, acquérir; remporter (victoire); atteindre.—v.i. avancer (montre etc.).

gainings ['geiniŋz], n.pl. gains, profits, m.pl.

gainsay ['geinsei, gein'sei], v.t. contredire.

gait [geit], n. démarche, allure, f.

gaiter ['geitə], n. guêtre, f.

gala ['geilə, 'gɑ:lə], n. gala, m.; fête, f.

galaxy ['gæləksi], n. voie lactée, galaxie, f.; (fig.) assemblage brillant, m.

gale [geil], n. coup de vent, m., tempête, f.

Galilee ['gælili:]. la Galilée, f.

gall [gɔ:l], n. fiel, m.; écorchure (plaie); noix de galle, galle (d'arbres etc.); (fig.) rancune, f., chagrin, m.—v.t. écorcher; (fig.) fâcher.

gallant ['gælənt], a. brave, intrépide; [gə'lænt] gallant.—n. brave, preux; [gə'lænt] galant; amant, m.

gallantry ['gæləntri], n. vaillance; galanterie, f.

gall-bladder ['gɔ:lblædə], n. vésicule biliaire, f.

galleon ['gæliən], n. galion, m.

gallery ['gæləri], n. galerie, f.; (Theat.) balcon, m.; (Parl.) tribune publique, f.

galley ['gæli], n. galère; (Naut.) cuisine, f.

Gallic ['gælik], a. gaulois.

galling ['gɔ:liŋ], a. irritant, vexant.

gallon ['gælən], n. gallon (quatre litres et demi), m.

gallop ['gæləp], n. galop, m.—v.i. galoper, aller au galop.

gallows ['gælouz], n. potence, f.

galvanize ['gælvənaiz], v.t. galvaniser.

Gambia ['gæmbiə]. la Gambie, f.

gamble [gæmbl], v.i. jouer de l'argent.

gambler ['gæmblə], n. joueur, m.

gambling ['gæmbliŋ], n. jeu, m.

gambol [gæmbl], n. gambade, f.; ébats, m.pl.—v.i. gambader, folâtrer.

game (1) [geim], a. estropié (jambe, bras etc.).

game (2) [geim], a. courageux.—n. jeu, m., partie, f.; **drawn game**, partie nulle; **to make game of**, se moquer de.—v.i. jouer de l'argent.

game (3) [geim], n. gibier, m.

game-bag ['geimbæg], n. carnassière, f.

game-keeper ['geimki:pə], n. garde-chasse, m.

gamester ['geimstə], n. joueur, m.

gammon ['gæmən], n. quartier de lard fumé, m.—v.t. saler et fumer (jambon).

gamut ['gæmət], n. (Mus.) gamme, f.

gander ['gændə], n. jars, m.

gang [gæŋ], n. bande, troupe, brigade, équipe (d'ouvriers), f.

ganger ['gæŋə], n. chef d'équipe; cantonnier, m.

Ganges ['gændʒi:z]. le Gange, m.

gangrene ['gæŋgri:n], n. gangrène, f.

gangster ['gæŋstə], n. (Am.) bandit, gangster, m.

gangway ['gæŋwei], n. passage, m.; (Naut.) passerelle (pour débarquer), coupée, f.

gannet ['gænit], n. (Orn.) fou, m.

gaol [JAIL].

gap [gæp], *n.* brèche, ouverture, *f.*, trou, *m.*; (*fig.*) lacune; trouée (*dans une forêt*), *f.*

gape [geip], *v.i.* bâiller; s'entr'ouvrir (*porte etc.*); (*fig.*) bayer; **to gape at**, regarder bouche bée.—*n.* bâillement, *m.*

gaping ['geipiŋ], *a.* béant.—*n.* bâillement, *m.*

garage ['gærɑ:ʒ], *n.* garage, *m.*—*v.t.* garer.

garb [gɑ:b], *n.* costume, habit, habillement, *m.*

garbage [gɑ:bidʒ], *n.* entrailles, issues; (*Am.*) ordures, *f.pl.*

garble [gɑ:bl], *v.t.* mutiler, tronquer (*citation etc.*), altérer.

garden [gɑ:dn], *n.* jardin, *m.*—*v.i.* jardiner.

garden-city ['gɑ:dn'siti], *n.* cité-jardin, *f.*

gardener ['gɑ:dnə], *n.* jardinier, *m.*

gardenia [gɑ:'di:njə], *n.* gardenia, *m.*

gardening ['gɑ:dniŋ], *n.* jardinage, *m.*

gargle [gɑ:gl], *v.i.* se gargariser.—*n.* gargarisme, *m.*

gargoyle ['gɑ:goil], *n.* gargouille, *f.*

garish ['gɛəriʃ], *a.* éclatant, voyant.

garland ['gɑ:lənd], *n.* guirlande, *f.*—*v.t.* enguirlander.

garlic ['gɑ:lik], *n.* ail, *m.*

garment ['gɑ:mənt], *n.* vêtement, *m.*

garner ['gɑ:nə], *n.* grenier, *m.*—*v.t.* mettre en grenier, engranger; (*fig.*) amasser.

garnet ['gɑ:nit], *n.* grenat, *m.*

garnish ['gɑ:niʃ], *v.t.* garnir, orner de.—*n.* garniture, *f.*

garret ['gærət], *n.* galetas, *m.*, mansarde, soupente, *f.*

garrison ['gærisən], *n.* garnison, *f.*—*v.t.* mettre garnison dans; mettre en garnison.

garrotte [gə'rɔt], *n.* garrotte, *f.*—*v.t.* garrotter.

garrulity [gə'ru:liti], *n.* garrulité, loquacité, *f.*

garrulous ['gæruləs], *a.* babillard, loquace.

garter ['gɑ:tə], *n.* jarretière, *f.*; (*Am.*) support-chaussette, *m.*

gas [gæs], *n.* (*pl.* gases ['gæsiz]) gaz, *m.*; **laughing gas**, gaz hilarant.—*v.t.* gazer; intoxiquer par un gaz.

gas-cooker ['gæs'kukə], *n.* réchaud à gaz, four à gaz, *m.*

gaseous ['geisiəs], *a.* gazeux.

gash [gæʃ], *n.* balafre, estafilade, entaille, *f.*—*v.t.* balafrer, tailladér.

gas-holder ['gæshouldə], **gasometer** [gæ'somitə], *n.* gazomètre, *m.*

gas-mask ['gæsmɑ:sk], *n.* masque à gaz, *m.*

gasometer [GAS-HOLDER].

gasp [gɑ:sp], *v.i.* respirer avec peine.—*n.* respiration haletante, *f.*; sursaut (*de surprise*), soupir convulsif, *m.*

gasping ['gɑ:spiŋ], *a.* haletant.—*n.* respiration haletante, *f.*

gas-stove ['gæsstouv], *n.* fourneau à gaz, *m.*

gastric ['gæstrik], *a.* gastrique.

gastronomy [gæs'trɔnəmi], *n.* gastronomie, *f.*

gate [geit], *n.* porte; barrière (*de péage*); grille (*en fer forgé*), *f.*

gate-keeper ['geitki:pə], *n.* portier; (*Rail.*) garde-barrière, *m.*

gate-post ['geitpoust], *n.* montant de porte, *m.*

gateway ['geitwei], *n.* porte, porte cochère, *f.*; portail (*grand*); guichet (*petit*), *m.*

gather ['gæðə], *v.t.* ramasser; assembler; recueillir (*réunir*); cueillir (*fruits etc.*); (*fig.*)

conclure; (*Dress.*) froncer.—*v.i.* se rassembler, se réunir, s'assembler; s'amasser. —*n.* pli, froncis, *m.*

gatherer ['gæðərə], *n.* cueilleur; percepteur (*des contributions directes*); vendangeur (*de raisins*), *m.*

gathering ['gæðəriŋ], *n.* rassemblement, *m.*; assemblée, réunion; perception (*des contributions directes*); récolte (*de fruits etc.*), *f.*; (*Dress.*) froncis; (*Med.*) abcès, *m.*

gaudiness ['gɔ:dinis], *n.* faste, faux brillant, *m.*

gaudy ['gɔ:di], *a.* éclatant; criard, fastueux, de mauvais goût.

gauge [geidʒ], *v.t.* jauger, mesurer; (*fig.*) juger.—*n.* jauge, mesure, *f.*; calibre, *m.*; (*Rail.*) voie, *f.*

Gaul [gɔ:l], la Gaule, *f.*

Gauls [gɔ:lz], **the.** les Gaulois, *m.pl.*

gaunt [gɔ:nt], *a.* maigre, décharné.

gauntlet ['gɔ:ntlit], *n.* gantelet, *m.*

gauze [gɔ:z], *n.* gaze, *f.*

gawk [gɔ:k], *n.* sot, maladroit, *m.*

gawky ['gɔ:ki], *a.* dégingandé.

gay [gei], *a.* gai, réjoui, joyeux; pimpant.

gayety [GAIETY].

gayly [GAILY].

gaze [geiz], *v.i.* regarder fixement.—*n.* regard fixe *ou* attentif, *m.*

gazelle [gə'zel], *n.* gazelle, *f.*

gazette [gə'zet], *n.* gazette, *f.*; bulletin officiel, *m.*—*v.t.* publier *ou* annoncer dans le journal officiel.

gazetteer [gæzi'tiə], *n.* dictionnaire géographique; gazetier, *m.*

gear [giə], *n.* appareil, attirail; harnais (*d'un cheval*), *m.*; (*colloq.*) vêtements; (*Naut.*) apparaux, *m.pl.*; (*Mach.*) engrenage, *m.*; (*Motor.*) vitesse, *f.*; (*Motor.*) **bottom, first** *or* **low gear**, première, *f.*; **neutral gear**, point mort, *m.*; **in top gear**, en prise.

gear-box ['giəbɔks], *n.* boîte de changement de vitesse, *f.*

geese [GOOSE].

gelatine ['dʒeləti:n], *n.* gélatine, *f.*

gelatinous [dʒe'lætinəs], *a.* gélatineux.

gelding ['geldiŋ], *n.* cheval hongre, *m.*

gem [dʒem], *n.* pierre précieuse, *f.*, joyau, *m.*

gender ['dʒendə], *n.* genre, *m.*

genealogical [dʒi:niə'lɔdʒikl], *a.* généalogique.

genealogist [dʒi:ni'ælədʒist], *n.* généalogiste, *m.*, *f.*

genealogy [dʒi:ni'ælədʒi], *n.* généalogie, *f.*

general ['dʒenərəl], *a.* général, commun.—*n.* général, *m.*

generalize ['dʒenrəlaiz], *v.t.* généraliser.

generally ['dʒenrəli], *adv.* en général, ordinairement, généralement.

generate ['dʒenəreit], *v.t.* produire, engendrer.

generation [dʒenə'reiʃən], *n.* génération, famille; production, *f.*; âge, *m.*

generator ['dʒenəreitə], *n.* générateur, *m.*; **electricity generator**, génératrice, *f.*

generic [dʒe'nerik], **generical** [dʒe'nerikəl], *a.* générique.

generosity [dʒenə'rɔsiti], *n.* générosité, magnanimité, libéralité, *f.*

generous ['dʒenərəs], *a.* généreux; (*fig.*) abondant, riche (*en*).

generously ['dʒenərəsli], *adv.* généreuse-ment.

genesis ['dʒenəsis], *n.* genèse, *f.*

genetics [dʒə'netiks], *n.* génétique, *f.*

Geneva [dʒə'niːvə]. Genève, *f.*

genial ['dʒiːniəl], *a.* bon; affable; cordial, joyeux.

geniality [dʒiːni'æliti], *n.* bonne humeur, nature sympathique, gaieté, *f.*, entrain, *m.*

genially ['dʒiːniəli], *adv.* avec bonté, d'un air affable.

genie ['dʒiːni], *n.* (*Myth.*) génie, djinn, *m.*

genitive ['dʒenitiv], *n.* (*Gram.*) génitif, *m.*

genius ['dʒiːniəs], *n.* génie, *m.*

Genoa ['dʒenouə]. Gênes, *f.*

genteel [dʒen'tiːl], *a.* (*now often iron.*) de bon ton, comme il faut, distingué.

gentility [dʒen'tiliti] *n.* bon ton, *m.*, distinction, *f.*

gentle [dʒentl], *a.* doux, aimable; paisible; modéré (*pente etc.*).

gentlefolk ['dʒentlfouk], *n.pl.* personnes de bon ton, *f.pl.*, gens comme il faut, *m.pl.*

gentleman ['dʒentlmən], *n.* (*pl.* **gentlemen** [-men]) monsieur; homme comme il faut, galant homme, homme bien né, *m.*

gentlemanly ['dʒentlmənli], *a.* distingué, de bon ton, comme il faut.

gentleness ['dʒentlnis], *n.* douceur, bonté, *f.*

gentlewoman ['dʒentlwumən], *n.* (*pl.* **-women** [wimin]) dame *ou* jeune fille de bonne famille, *f.*

gently ['dʒentli], *adv.* doucement.

genuine ['dʒenjuin], *a.* pur, vrai, véritable, authentique, naturel; sincère.

genuinely ['dʒenjuinli], *adv.* purement, sincèrement, authentiquement.

genuineness ['dʒenjuinnis], *n.* authenticité; sincérité, *f.*

genus ['dʒiːnəs], *n.* (*pl.* **genera** ['dʒenərə]) genre, *m.*

Geoffrey ['dʒefri]. Geoffroi, *m.*

geographer [dʒi'ɔgrəfə], *n.* géographe, *m.*, *f.*

geographical [dʒiə'græfikl], *a.* géographique.

geography [dʒi'ɔgrəfi], *n.* géographie, *f.*

geology [dʒi'ɔlədʒi], *n.* géologie, *f.*

geometry [dʒi'ɔmitri], *n.* géométrie, *f.*

George [dʒɔːdʒ]. Georges, *m.*

geranium [dʒə'reiniəm], *n.* (*Bot.*) géranium, *m.*

germ [dʒəːm], *n.* germe, *m.*

German ['dʒəːmən], *a.* allemand.—*n.* allemand (*langue*); Allemand (*personne*), *m.*

Germany ['dʒəːməni]. l'Allemagne, *f.*

germinate ['dʒəːmineit], *v.t.* germer; pousser.

gesticulate [dʒes'tikjuleit], *v.i.* gesticuler.

gesticulation [dʒestikju'leiʃən], *n.* gesticulation, *f.*

gesture ['dʒestʃə], *n.* geste, *m.*, action, *f.*—*v.i.* gesticuler.

get [get], *v.t. irr.* (se) procurer, acquérir, obtenir; recevoir; remporter (*to gain*); gagner (*to earn*); avoir; acheter (*to buy*); arriver à, atteindre (*to reach*); aller chercher (*to fetch*); trouver (*to find*); faire, se faire (*to induce, make, cause etc.*); attraper, s'attirer (*to catch etc.*); **to get hold of,** s'emparer de, saisir, obtenir.—*v.i.* se mettre (*en*); devenir, se faire (*to become*); aller (*to go*); **to get about,** sortir, prendre de l'exercice; **to get at,** arriver à; attaquer; atteindre; **to get away,** s'en aller, se

sauver, échapper (*à*); **to get back,** revenir, regagner; recouvrer; **to get in,** entrer, faire entrer, rentrer; **to get off,** s'en tirer, s'échapper; descendre; ôter, enlever; **to get on,** avancer, réussir, faire des progrès; monter sur; **to get out,** sortir, s'en tirer, faire sortir; **to get over,** passer, surmonter, vaincre; se consoler de; **to get rid of,** se débarrasser de; **to get through,** passer par, parcourir; réussir (*à un examen*); **to get up,** se lever, monter, faire monter, lever; préparer.

gewgaw ['gjuːgɔː], *n.* babiole, bagatelle, *f.*, colifichet, *m.*

geyser ['giːzə], *n.* chauffe-bain; (*Geol.*) geyser, *m.*

Ghana ['gɑːnə]. le Ghana, *m.*

Ghanaian [gɑː'neiən], *a.* du Ghana.—*n.* citoyen(ne) du Ghana, *m.*, *f.*

ghastliness ['gɑːstlinis], *n.* pâleur, *f.*; aspect effrayant, *m.*

ghastly ['gɑːstli], *a.* pâle, pâle comme la mort; horrible, affreux.

gherkin ['gəːkin], *n.* cornichon, *m.*

ghetto ['getou], *n.* ghetto, *m.*

ghost [goust], *n.* revenant, fantôme, spectre, *m.*; ombre, *f.*; **the Holy Ghost,** le Saint-Esprit.

ghostly ['goustli], *a.* spirituel; de spectre.

ghoul [guːl], *n.* goule, *f.*

ghoulish ['guːliʃ], *a.* de goule.

ghyll [GILL (2)].

giant ['dʒaiənt], *a.* de géant.—*n.* géant, *m.*

gibber ['dʒibə], *v.i.* baragouiner.

gibberish ['dʒibəriʃ], *n.* baragouin, charabia, *m.*

gibbet ['dʒibit], *n.* potence, *f.*, gibet, *m.*

gibe [dʒaib], *v.t., v.i.* railler, se moquer (*de*).—*n.* sarcasme, *m.*; raillerie, moquerie, *f.*

giblets ['dʒiblits], *n.pl.* abatis, *m.pl.*

giddily ['gidili], *adv.* étourdiment, à l'étourdie.

giddiness ['gidinis], *n.* vertige, *m.*; (*fig.*) étourderie, *f.*

giddy ['gidi], *a.* étourdi; (*fig.*) volage; vertigineux; *I feel giddy,* la tête me tourne; *that makes me feel giddy,* cela me donne le vertige.

gift [gift], *n.* don, présent, cadeau; (*fig.*) talent, *m.*; *Christmas gifts,* étrennes, *f.pl.*—*v.t.* douer, doter (*de*).

gifted ['giftid], *a.* doué, de talent.

gigantic [dʒai'gæntik], *a.* gigantesque, de géant.

giggle [gigl], *v.i.* rire nerveusement, rire un peu bêtement.—*n.* ricanement, petit rire bête, *m.*

gild [gild], *v.t.* dorer; (*fig.*) embellir.

gilding ['gildin], *n.* dorure, *f.*

Giles [dʒailz]. Gilles, *m.*

gill (1) [gil], *n.* (*usu. pl.*) ouïe (*de poisson*), *f.*

gill (2), **ghyll** [gil], *n.* ravin boisé; ruisseau (*du ravin*), *m.*

gill (3) [dʒil], *n.* treize centilitres, *m.pl.*

*gillyflower ['dʒililflauə], *n.* giroflée, *f.*

gilt [gilt], *a.* doré.—*n.* dorure, *f.*

gilt-edged ['gilted3d], *a.* **gilt-edged securities,** valeurs de tout repos, *f.pl.*

gimcrack ['dʒimkræk], *n.* pacotille, camelote, *f.*

gimlet ['gimlit], *n.* vrille, *f.*

gimmick ['gimik], *n.* machin; tour (*artifice*), *m.*

gin

gin (1) [dʒin], n. trébuchet, piège, m.

gin (2) [dʒin], n. genièvre, gin (*liquor*), m.

ginger ['dʒindʒə], n. gingembre; (*fam.*) poil de carotte (*personne aux cheveux roux*), m.

gingerbread ['dʒindʒəbred], n. pain d'épice, m.

gingerly ['dʒindʒəli], adv. tout doucement, délicatement.

gipsy, gypsy ['dʒipsi], n. bohémien, tzigane, m., bohémienne, f.

giraffe [dʒi'rɑːf], n. girafe, f.

gird (1) [gəːd], v.t. irr. ceindre (*de*); entourer (*de*).

gird (2) [gəːd], v.t. to gird at, railler.

girder ['gəːdə], n. poutre, solive, traverse, f.

girdle ['gəːdl], n. ceinture, f.; ceinturon, m.; gaine, f.—v.t. ceinturer.

girl [gəːl], n. fille, jeune fille; jeune personne f.

girlish ['gəːliʃ], a. de jeune fille.

girth [gəːθ], n. sangle, f.; tour, m., circonférence, f.

gist [dʒist], n. fond, fin mot; point principal, m., substance (*d'un discours*), f.

give [giv], v.t. irr. donner; livrer, rendre, accorder; faire (*réponse, crédit, compliment, amitiés etc.*); remettre; porter (*un coup etc.*); pousser (*un gémissement etc.*); émettre (*un son*); to give away, donner, trahir; to give up, abandonner, renoncer à.—v.i. céder; plier (*se courber*); prêter (*s'allonger*); give and take, donnant donnant; to give in, céder; to give oneself up, se rendre; to give way, céder, se relâcher.

given [givn], a. adonné, porté (à); donné; given these difficulties, étant donné ces difficultés.

giver ['givə], n. donneur, m.

gizzard ['gizəd], n. gésier, m.

glacial ['gleiʃəl], a. glacial, glaciaire.

glacier ['glæsiə], n. glacier, m.

glad [glæd], a. content, aise, bien aise; heureux (*de*).

gladden [glædn], v.t. réjouir.

glade [gleid], n. clairière, percée, f.

gladiator ['glædieitə], n. gladiateur, m.

gladiolus [glædi'ouləs], n. (*pl.* gladioli [glædi'oulai]) glaïeul, m.

gladly ['glædli], adv. volontiers, avec plaisir.

glamorous ['glæmərəs], a. charmeur, ensorcelant.

glamour ['glæmə], n. charme, prestige, éclat, m.

glance [glɑːns], n. ricochet, coup en biais; regard, coup d'œil, m.—v.i. jeter un coup d'œil (*sur*); étinceier; to glance off, ricocher.

gland [glænd], n. (*Anat.*) glande, f.

glare [gleə], n. éclat, m., lueur, f.; regard irrité *ou* farouche, m.—v.i. éblouir; luire; regarder d'un air furieux.

glaring ['gleəriŋ], a. voyant, éblouissant, choquant; manifeste.

glass [glɑːs], a. de verre.—n. (*pl.* glasses ['glɑːsiz]) verre, m.; vitre (*de fenêtre*), f.; (*pl.*) lunettes. f. pl.; cut glass, cristal taillé, m.; field-glasses, jumelles, f.pl.; looking-glass, miroir, m.; magnifying glass, loupe, f.; stained glass, vitraux, m.pl.; (weather-)glass, baromètre, m.

glass-maker ['glɑːsmeikə], n. verrier, m.

glass-ware ['glɑːsweə], n. verrerie, f.

glassy ['glɑːsi], a. vitreux, transparent.

glaze [gleiz], v.t. vitrer; vernir.

glazier ['gleiziə], n. vitrier, m.

glazing ['gleiziŋ], n. vitrage (*de fenêtres*); vernissage (*de peintures*), m.

gleam [gliːm], n. rayon, m., lueur, f.—v.i. briller, luire (*de*).

gleaming ['gliːmiŋ], a. miroitant, luisant.

glean [gliːn], v.t. glaner.

gleaner ['gliːnə], n. glaneur, m.

glebe [gliːb], n. glèbe, terre, f., sol, m.

glee [gliː], n. joie, gaieté, f.

gleeful ['gliːful], a. joyeux, gai.

glen [glen], n. vallon, ravin, m.

glib [glib], a. coulant, délié, volubile.

glibly ['glibli], adv. avec volubilité; doucereusement.

glide [glaid], v.i. couler, glisser; se glisser (*dans*).—n. glissade, f.; (*Av.*) vol plané, m.

glider ['glaidə], n. (*Av.*) planeur, m.

glimmer ['glimə], n. lueur, f., faible rayon, m.—v.i. entre-luire, luire faiblement; poindre (*l'aube*).

glimpse [glimps], n. coup d'œil, m., vue rapide, f.; to catch a glimpse of, entrevoir.

glint [glint], n. trait de lumière, m., lueur, f.—v.i. luire par moments.

glisten [glisn], glister ['glistə], glitter ['glitə], v.i. reluire, scintiller, chatoyer.—n. éclat, lustre, m.

gloaming ['gloumiŋ], n. crépuscule, m.

gloat [glout], v.i. dévorer *ou* couver des yeux; (*fig.*) se régaler de.

global [gloubl], a. global; global war, conflit mondial, m.

globe [gloub], n. globe, m.

globule ['globjuːl], n. globule, m.

gloom [gluːm], gloominess ['gluːminis], n. obscurité, f., ténèbres, f.pl.; (*fig.*) tristesse, f.

gloomily ['gluːmili], adv. obscurément; d'un air triste, lugubrement.

gloomy ['gluːmi], a. sombre, obscur; morne; triste.

glorify ['glɔːrifai], v.t. glorifier.

glorious ['glɔːriəs], a. glorieux; illustre, superbe.

glory ['glɔːri], n. gloire; (*Paint.*) auréole, f.—v.i. se glorifier (*de*).

gloss [glɔs], n. lustre; apprêt, m.; (*fig.*) glose, f., commentaire, m.—v.i. gloser, interpréter; lustrer; to gloss over, glisser sur.

glossary ['glɔsəri], n. glossaire, m.

glossiness ['glɔsinis], n. lustre, brillant, glacé, m.

glossy ['glɔsi], a. lustré, brillant, luisant.

glove [glʌv], n. gant, m.

glover ['glʌvə], n. gantier, m.

glow [glou], v.i. brûler (*de*); briller; (*fig.*) s'échauffer.—n. lueur rouge, f.; (*fig.*) feu, éclat, m. splendeur, f.

glowing ['glouiŋ], a. embrasé; ardent, chaleureux.

glow-worm ['glouwəːm], n. ver luisant, m.

glue [gluː], n. colle-forte, f.—v.t. coller.

glum [glʌm], a. maussade, de mauvaise humeur, morne.

glut [glʌt], v.t. gorger, rassasier; engorger (*le marché*).—n. surabondance, f., excès, m.

glutton [glʌtn], n. gourmand, goinfre, m.

gluttonous ['glʌtənəs], *a.* gourmand, glouton, vorace.

gluttony ['glʌtəni], *n.* gloutonnerie, *f.*

glycerine ['glisəri:n], *n.* glycérine, *f.*

gnarled [nɑːld], *a.* noueux.

gnash [næʃ], *v.t.* grincer.—*v.i.* grincer des dents.

gnashing ['næʃiŋ], *n.* grincement, *m.*

gnat [næt], *n.* cousin, moucheron, *m.*

gnaw [nɔː], *v.t.* ronger.

gnawing ['nɔːiŋ], *a.* rongeant, rongeur.—*n.* rongement, *m.*

gnome [noum], *n.* gnome, *m.*

gnu [nuː], *n.* gnou, *m.*

go [gou], *v.i. irr.* aller, se rendre; marcher, passer; s'en aller, partir (*to leave*); disparaître; devenir (*to become*); **to go astray**, s'égarer; **to go away**, s'en aller, partir; **to go back**, retourner, s'en retourner, reculer; **to go backward**, aller à reculons, reculer; **to go down**, descendre; se coucher (*soleil*); tomber; **to go off**, partir (*fusil*); s'en aller; **to go on**, aller, avancer, continuer; se passer; **to go through**, passer par, traverser; subir, souffrir; **to go to sleep**, s'endormir; **to go without**, se passer de; **to let go**, lâcher prise.—*n.* mode, vogue, *f.*; (*fig.*) entrain, coup, essai, *m.*

goad [goud], *n.* aiguillon, *m.*—*v.t.* aiguillonner; (*fig.*) stimuler.

goal [goul], *n.* but; terme, *m.*

goal-keeper ['goulkiːpə], *n.* (*Ftb.*) gardien de but, *m.*

goat [gout], *n.* chèvre, *f.*; **he-goat**, bouc, *m.*

gobble [gɔbl], *v.t.* gober, avaler.—*v.i.* glouglouter (*dindon*).

goblet ['gɔblit], *n.* gobelet, *m.*

goblin ['gɔblin], *n.* lutin, *m.*

God [gɔd]. Dieu, *m.*

god [gɔd], *n.* dieu, *m.*

godchild ['gɔdtʃaild], *n.* filleul, *m.*, filleule, *f.*

goddaughter ['gɔdɔːtə], *n.* filleule, *f.*

goddess ['gɔdis], *n.* déesse, *f.*

godfather ['gɔdfɑːðə], *n.* parrain, *m.*

Godfrey ['gɔdfri]. Godefroi, *m.*

godless ['gɔdlis], *a.* athée, impie.

godliness ['gɔdlinis], *n.* piété, *f.*

godly ['gɔdli], *a.* pieux, dévot.

godmother ['gɔdmʌðə], *n.* marraine, *f.*

godsend ['gɔdsend], *n.* aubaine, trouvaille, *f.*

godson ['gɔdsʌn], *n.* filleul, *m.*

godspeed ['gɔd'spiːd], *n.* succès, *m.*

goffer ['gɔfə], *v.t.* gaufrer.

goggle [gɔgl], *v.i.* rouler de gros yeux; **goggle eyes**, des yeux en boules de loto, *m.pl.*

goggles [gɔglz], *n.pl.* lunettes (protectrices), *f.pl.*

going ['gouiŋ], *n.* marche, démarche, allée, *f.*, départ, *m.*

goitre ['gɔitə], *n.* (*Med.*) goitre, *m.*

gold [gould], *a.* d'or, en or.—*n.* or, *m.*

golden ['gouldn], *a.* d'or.

goldfinch ['gouldfintʃ], *n.* chardonneret, *m.*

goldfish ['gouldfiʃ], *n.* poisson rouge, *m.*

goldsmith ['gouldsmiθ], *n.* orfèvre, *m.*

golf [gɔlf, gɔf], *n.* golf, *m.*

golf-club ['gɔlfklʌb], *n.* club de golf (*société ou instrument*), *m.*

golf-course ['gɔlfkɔːs], *n.* terrain de golf, *m.*

gondola ['gɔndələ], *n.* gondole; nacelle (*de ballon*), *f.*

gondolier [gɔndə'liə], *n.* gondolier, *m.*

gone [gɔːn, gɔn], *a.* allé, parti; perdu, disparu; passé, écoulé; adjugé (*aux enchères*).

gong [gɔŋ], *n.* gong; timbre (*d'une horloge*), *m.*

good [gud], *a.* bon; de bien, honnête; convenable, avantageux; valide, solide; (*colloq.*) sage; **good luck**, bonheur, *m.*, bonne chance, *f.*; **to make good**, exécuter; compenser, indemniser; assurer.—*n.* bien, bon, avantage, profit, *m.*; **for good (and all)**, pour (tout) de bon; **what's the good of?** à quoi bon? (*pl.*) effets, biens, *m.pl.*, marchandises, *f.pl.*—*adv.* bien.—*int.* bon! bien! c'est très bien!

good-bye! [gud'bai], *int.* adieu! **good-bye for the present**, au revoir.

good-for-nothing [gudfə'nʌθiŋ], *n.* vaurien, *m.*

Good Friday [gud'fraid(e)i]. vendredi saint, *m.*

good-humoured ['gud'hjuːməd], *a.* de bonne humeur, enjoué, gai.

good-natured ['gud'neitʃəd], *a.* d'un bon naturel, bon, bienveillant.

goodness ['gudnis], *n.* bonté; probité, *f.*; **thank goodness!** Dieu merci!

goodwill [gud'wil], *n.* bienveillance, bonne volonté, bonté; (*Comm.*) clientèle, *f.*

goose [guːs], *n.* (*pl.* **geese** [giːs]) oie, *f.*; (*fig.*) imbécile, nigaud, *m.*

gooseberry ['guzbri], *n.* groseille à maquereau, *f.*

gooseberry-bush ['guzbribuʃ], *n.* groseillier, *m.*

goose-flesh ['guːsfleʃ], *n.* chair de poule, *f.*

gore [gɔː], *n.* sang, sang caillé, *m.*—*v.t.* donner un coup de corne à.

gorge [gɔːdʒ], *n.* gorge, *f.*; gosier, *m.*—*v.t.* gorger, avaler, rassasier.—*v.i.* se gorger (*de*).

gorgeous ['gɔːdʒəs], *a.* magnifique, splendide, fastueux.

gorilla [gə'rilə], *n.* gorille, *m.*

gorse [gɔːs], *n.* ajonc, *m.*

gory ['gɔːri], *a.* sanglant, couvert de sang.

gosling ['gɔzliŋ], *n.* oison, *m.*

gospel ['gɔspəl], *n.* évangile, *m.*

gossamer ['gɔsəmə], *n.* fil de la Vierge, *m.*

gossip ['gɔsip], *n.* commère, *f.*, causeur (*personne*), *m.*; causerie, *f.*, commérage, *m.*—*v.i.* bavarder, faire des commérages.

gossip-writer ['gɔsipraitə], *n.* (*Journ.*) échotier, *m.*

Goth [gɔθ], *n.* Goth; (*fig.*) barbare, *m.*

Gothic ['gɔθik], *a.* gothique, ogival.

gouge [gaudʒ], *n.* gouge, *f.*—*v.t.* gouger; **to gouge out**, arracher (*l'œil etc.*).

gourd [guəd], *n.* gourde, calebasse, *f.*

gout [gaut], *n.* goutte, *f.*

gouty ['gauti], *a.* goutteux.

govern ['gʌvən], *v.t.* gouverner, régir, diriger.

governess ['gʌvənis], *n.* institutrice, gouvernante, *f.*

government ['gʌvənmənt], *n.* gouvernement, *m.*, administration, *f.*, régime, *m.*

governor ['gʌvənə], *n.* gouverneur, gouvernant; directeur (*d'une institution*); (*Mech.*) régulateur, *m.*

gown [gaun], *n.* robe, *f.*; **dressing-gown**, peignoir, *m.*, robe de chambre, *f.*; **nightgown**, chemise de nuit, *f.*

grab [græb], *v.t.* empoigner, saisir (d'un geste brusque).

grace

grace [greis], *n.* grâce; faveur, *f.*; pardon; (*Mus.*) agrément; bénédicité (*avant le repas*) *m.*; grâces (*après le repas*), *f.pl.*—*v.t.* orner, embellir; illustrer; honorer (*de*).
graceful ['greisful], *a.* gracieux, bien fait, élégant.
gracefully ['greisfuli], *adv.* gracieusement, élégamment.
gracefulness ['greisfulnis], *n.* grâce, *f.*
graceless ['greislis], *a.* sans grâce; dépravé.
gracious ['greiʃəs], *a.* gracieux, clément, bon, favorable, bénin.
graciously ['greiʃəsli], *adv.* gracieusement, avec bonté, favorablement.
graciousness ['greiʃəsnis], *n.* bonté, grâce, *f.*
grade [greid], *n.* grade; degré, rang, *m.*—*v.t.* classer; calibrer; graduer.
grading ['greidiŋ], *n.* classement; calibrage, *m.*; graduation, *f.*
gradient ['greidiənt], *n.* (*Rail.*) rampe, inclinaison, *f.*
gradual ['grædjuəl], *a.* graduel, par degrés, gradué.
gradually ['grædjuəli], *adv.* graduellement, par degrés, peu à peu.
graduate ['grædjueit], *v.t.* graduer.—*v.i.* être reçu à un examen d'enseignement supérieur.—['grædjuit], *n.* gradué, *m.*
graduation [grædju'eiʃən], *n.* graduation; (*Univ.*) remise d'un diplôme, *f.*
graft (1) [graːft], *v.t.* greffer, enter (*sur*).—*n.* greffe, *f.*
graft (2) [graːft], *n.* (*colloq.*) corruption, *f.*
grafting ['graːftiŋ], *n.* greffe, *f.*
grafting-knife ['graːftiŋnaif], *n.* greffoir, *m.*
grain [grein], *n.* grain, *m.*; céréales; fibres (*de bois*), *f.pl.*; **against the grain**, contre le fil, (*fig.*) à contre-cœur, à rebrousse-poil.
gram, gramme [græm], *n.* gramme, *m.*
grammar ['græmə], *n.* grammaire, *f.*
grammar-school ['græməskuːl], *n.* lycée, collège, *m.*
grammatical [grə'mætikəl], *a.* grammatical; de grammaire.
gramophone ['græməfoun], *n.* gramophone; phonographe, *m.*
grampus ['græmpəs], *n.* épaulard, *m.*
granary ['grænəri], *n.* grenier, *m.*
grand [grænd], *a.* grand, magnifique, sublime, grandiose; **grand (piano)**, piano à queue, *m.*
grandchild ['græntʃaild], *n.* (*pl.* **grandchildren** ['græntʃildrən]) petit-fils, *m.*, petite-fille, *f.*
granddaughter ['grændɔːtə], *n.* petite-fille, *f.*
grandee [græn'diː], *n.* grand d'Espagne, *m.*
grandeur ['grændjə], *n.* grandeur, *f.*, éclat, *m.*
grandfather ['grænfaːðə], *n.* grand-père, *m.*
grandiloquence [græn'diləkwəns], *n.* langage pompeux, *m.*; emphase, grandiloquence, *f.*
grandiloquent [græn'diləkwənt], *a.* pompeux, enflé, grandiloquent.
grandly ['grændli], *adv.* grandement, avec éclat.
grandmother ['grænmʌðə], *n.* grand-mère, *f.*
grandson ['grænsən], *n.* petit-fils, *m.*
grandstand ['grændstænd], *n.* tribune, *f.*
grange [greindʒ], *n.* manoir (avec ferme), *m.*
granite ['grænit], *n.* granit, *m.*
grant [graːnt], *v.t.* accorder, concéder; convenir, avouer, admettre.—*n.* aide, bourse; concession, *f.*

granulate ['grænjuleit], *v.t.* grener, granuler.—*v.i.* se granuler.
granule ['grænjuːl], *n.* granule, *m.*
grape [greip], *n.* grain de raisin, *m.*; (*pl.*) raisins, *m.pl.*; **a bunch of grapes**, une grappe de raisin.
grape-fruit ['greipfruːt], *n.* pamplemousse, *m.*
grape-shot ['greipʃɔt], *n.* mitraille, *f.*
graph [graːf], *n.* (*Math.*) courbe, *f.*; graphique, *m.*—*v.t.* graphiquer.
graphic ['græfik], *a.* graphique, pittoresque.
graph-paper ['graːfpeipə], *n.* papier quadrillé, *m.*
graphite ['græfait], *n.* graphite, *m.*
grapnel ['græpnəl], *n.* grappin, *m.*
grapple [græpl], *n.* grappin, *m.*; lutte, *f.*—*v.t.* accrocher; grappiner.—*v.i.* en venir aux prises; lutter (*contre*).
grasp [graːsp], *v.t.* empoigner, saisir, serrer; embrasser; vouloir se saisir de.—*n.* prise, étreinte, poignée; (*fig.*) portée; compréhension, *f.*; **within one's grasp**, à la portée de la main.
grasping ['graːspiŋ], *a.* avide, cupide, avare.
grass [graːs], *n.* herbe, *f.*; gazon, herbage, *m.*
grasshopper ['graːshɔpə], *n.* sauterelle, *f.*
grassy ['graːsi], *a.* herbeux, couvert de gazon, verdoyant.
grate [greit], *n.* grille, *f.*; foyer (*âtre*), *m.*—*v.t.* râper; frotter.—*v.i.* crisser (*sur* ou *contre*).
grateful ['greitful], *a.* reconnaissant; (*fig.*) agréable.
gratefully ['greitfuli], *adv.* avec reconnaissance; (*fig.*) agréablement.
grater ['greitə], *n.* râpe, *f.*
gratification [grætifi'keiʃən], *n.* satisfaction, *f.*; plaisir, *m.*; gratification, récompense, *f.*
gratify ['grætifai], *v.t.* satisfaire, faire plaisir à; récompenser.
gratifying ['grætifaiiŋ], *a.* agréable; (*fig.*) flatteur.
grating ['greitiŋ], *a.* grinçant, discordant, choquant, désagréable.—*n.* grille, *f.*, grillage; grincement (*bruit*), *m.*
gratis ['greitis], *adv.* gratuitement, gratis pour rien.
gratitude ['grætitjuːd], *n.* gratitude, reconnaissance, *f.*
gratuitous [grə'tjuːitəs], *a.* gratuit; (*fig.*) volontaire; bénévole.
gratuitously [grə'tjuːitəsli], *adv.* gratuitement; (*fig.*) sans motif.
gratuity [grə'tjuːiti], *n.* don, présent, *m.*, gratification, *f.*; pourboire, *m.*
grave (1) [greiv], *n.* tombe, fosse, *f.*; tombeau, *m.*
grave (2) [greiv], *a.* grave, sérieux.
grave (3) [greiv], *v.t.* graver, tailler, ciseler.
grave-digger ['greivdigə], *n.* fossoyeur, *m.*
gravel ['grævl], *n.* gravier, sable, *m.*—*v.t.* sabler.
gravely ['greivli], *adv.* gravement, sérieusement.
graven [greivn], *a.* gravé, taillé, ciselé.
graver ['greivə], *n.* graveur; burin (*instrument*), *m.*
gravity ['græviti], *n.* gravité, *f.*, air sérieux, *m.*; pesanteur, *f.*
gravy ['greivi], *n.* jus (*de viande*), *m.*; sauce, *f.*
gray (*Am.*) [GREY].

grayling ['greiliŋ], n. (Ichth.) ombre, m.
graze [greiz], v.t. effleurer, raser, frôler; érafler, écorcher (la peau).—v.i. paître, brouter.—n. écorchure, éraflure, f.
grease [gri:s], n. graisse, f.—v.t. graisser.
greasiness ['gri:sinis, 'gri:zinis], n. état graisseux, m.; (fig.) onctuosité, f.
greasy ['gri:si, 'gri:zi], a. gras, graisseux; (fig.) onctueux.
great [greit], a. grand; considérable; important, principal; gros (de); **a great deal (of), a great many (of),** beaucoup (de).
great-coat ['greitkout], n. pardessus, m.; (Mil.) capote, f.
great-grandparents ['greitgrændpɛərənts], n.pl. arrière-grands-parents, m.pl.
greatly ['greitli], adv. grandement, fort, beaucoup, de beaucoup.
greatness ['greitnis], n. grandeur; sublimité; force, f.
Grecian ['gri:ʃən], a. grec, de Grèce.—n. Helléniste, m., f.
Greece [gri:s]. la Grèce, f.
greed [gri:d], **greediness** ['gri:dinis], n. cupidité, avidité; gourmandise, f.
greedily ['gri:dili], adv. avidement.
greedy ['gri:di], a. cupide, avide; glouton.
Greek [gri:k], a. grec, de Grèce.—n. grec (langue); Grec (personne), m.
green [gri:n], a. vert; (fig.) frais, nouveau; novice.—n. vert, m.; verdure, f.; gazon, m.; (pl.) légumes verts, m.pl.
greenfinch ['gri:nfintʃ], n. verdier, m.
greengage ['gri:ngeidʒ], n. reine-claude, f.
greengrocer ['gri:ngrousə], n. fruitier, marchand de légumes, m.
greenhorn ['gri:nhɔːn], n. blanc-bec, niais, m.
greenhouse ['gri:nhaus], n. serre, f.
greenish ['gri:niʃ], a. verdâtre.
Greenland ['gri:nlənd]. le Groenland, m.
greet [gri:t], v.t. saluer, accueillir.
greeting ['gri:tiŋ], n. salutation, f., salut, m.; (pl.) compliments, m.pl.
gregarious [gri'gɛəriəs], a. grégaire.
Gregory ['gregəri]. Grégoire, m.
grenade [grə'neid], n. grenade, f.
grenadier [grenə'diə], n. grenadier, m.
grey [grei], a. gris.
greyhound ['greihaund], n. lévrier, m.
greyish ['greiiʃ], a. grisâtre.
grid [grid], **gridiron** ['gridaiən], n. gril, m.
grief [gri:f], n. douleur, tristesse, peine, f.; chagrin, m.
grievance ['gri:vəns], n. grief, m.; injustice, f.
grieve [gri:v], v.t. chagriner, attrister, faire de la peine à.—v.i. se chagriner, s'affliger.
grievous ['gri:vəs], a. lourd, douloureux, grave, affligeant; atroce.
grievously ['gri:vəsli], adv. grièvement, cruellement.
grill [gril], v.t. griller, faire griller.—n. gril, m.; grillade; viande grillée, f.
grim [grim], a. farouche, féroce; lugubre, effrayant; sinistre.
grimace [gri'meis], n. grimace; (pl.) grimacerie, f.—v.i. grimacer.
grime [graim], n. saleté, noirceur, f.
grimly ['grimli], adv. d'un air farouche ou sinistre.
grimness ['grimnis], n. air renfrogné, air farouche, m.

grimy ['graimi], a. sale, noirci, encrassé.
grin [grin], n. grimace, f., ricanement, m.—v.i. ricaner, grimacer.
grind [graind], v.t. irr. moudre; broyer; aiguiser, repasser (couteau etc.); grincer (dents); (fig.) opprimer.
grinder ['graində], n. repasseur, émouleur, broyeur, m.; dent molaire, f.
grinding ['graindiŋ], n. broiement, grincement (des dents etc.); repassage (de couteaux), m.; (fig.) oppression, f.
grindstone ['graindstoun], n. meule, f.
grip [grip], n. prise, étreinte, f., serrement, m.—v.t. empoigner, saisir, serrer.
gripe [graip], v.t. saisir; opprimer; donner la colique à.—v.i. avoir la colique.—n. saisine; (pl.) colique, f.
griping ['graipiŋ], a. (fig.) cuisant, affreux; avare (pingre).—n. colique, f.
grisly ['grizli], a. hideux, affreux, horrible.
grist [grist], n. blé à moudre, m., mouture, f.; (fig.) gain, profit, m.
gristle [grisl], n. cartilage, m.
grit [grit], n. grès, sable; (fig.) courage, m.
gritty ['griti], a. graveleux.
grizzled [grizld], a. grison, grisâtre.
grizzly ['grizli], a. grisâtre; **grizzly bear,** ours gris d'Amérique, m.
groan [groun], n. gémissement, grognement, m.—v.i. gémir, grogner.
grocer ['grousə], n. épicier, m.
grocery ['grousəri], n. épicerie, f.
groggy ['grɔgi], a. gris, pochard; titubant; aux jambes faibles (cheval).
groin [grɔin], n. aine; (Arch.) arête, f.
groom [gru:m], n. palefrenier, valet d'écurie, m.—v.t. panser; **well-groomed,** bien soigné, m.
groove [gru:v], n. rainure, cannelure; (fig.) ornière (rut), f.—v.t. creuser, canneler.
grope [group], v.i. tâtonner.
gropingly ['groupiŋli], adv. à tâtons.
gross [grous], a. gros, grossier, rude; (Comm.) brut; (fig.) flagrant, énorme.—n. gros, m., grosse; masse, f.
grossly ['grousli], adv. grossièrement; d'une manière flagrante.
grossness ['grousnis], n. grossièreté; énormité, f.
grotto ['grɔtou], n. grotte, f.
grotesque [gro'tesk], a. grotesque.
ground (1) [graund], past and p.p. [GRIND] and a. broyé, moulu; aiguisé (affilé).
ground (2) [graund], n. terre, f.; terrain (plot); sol (soil), m.; fond (de tableau, de dessin textile etc.); (fig.) fondement, sujet, motif, m., cause, f.; (pl.) terrains, m.pl., sédiment, marc de café, m.—v.t. fonder, baser, établir, appuyer (sur).—v.i. échouer.
grounded ['graundid], a. fondé, établi; **well-grounded,** bien fondé, m.
ground-floor ['graund'flɔː], n. rez-de-chaussée, m.
groundless ['graundlis], a. sans fondement.
groundlessly ['graundlisli], adv. sans fondement.
group [gru:p], n. groupe, peloton, m.—v.t. grouper.
grouping ['gru:piŋ], n. groupement, m.
grouse (1) [graus], n. (Orn.) tétras; coq de bruyère, m.
grouse (2) [graus], v.i. grogner, grincher.

grove [grouv], *n.* bocage, bosquet, *m.*

grovel [grɔvl], *v.i.* ramper, se vautrer.

grovelling ['grɔvliŋ], *a.* rampant, abject, vil.
—*n.* bassesse, *f.*

grow [grou], *v.t. irr.* cultiver.—*v.i.* croître,
pousser; s'accroître; devenir, se faire (*to
become*); **to grow up**, croître, grandir,
arriver à maturité.

grower ['grouə], *n.* cultivateur, producteur, *m.*

growing ['grouiŋ], *a.* croissant.—*n.* croissance; culture, *f.*

growl [graul], *v.i.* grogner, gronder.—*n.*
grognement, grondement, *m.*

grown-up ['grounʌp], *a.* fait, grand.—*n.*
adulte, *m., f.*

growth [grouθ], *n.* croissance, *f.*; produit
cru, *m.*, récolte (*produce*), *f.*; (*fig.*) progrès,
m.

grub [grʌb], *n.* larve, *f.*, ver blanc, *m.*—*v.t.*
défricher, fouiller.—*v.i.* bêcher, creuser.

grubby ['grʌbi], *a.* véreux; (*fig.*) sale.

grudge [grʌdʒ], *n.* rancune, animosité, *f.*; **to
bear a grudge against**, en vouloir à.—
v.t. donner à contre-cœur.

grudgingly ['grʌdʒiŋli], *adv.* à contre-cœur;
de mauvaise grâce.

gruel ['gruːəl], *n.* gruau, *m.*

gruesome ['gruːsəm], *a.* macabre, horrible,
lugubre.

gruff [grʌf], *a.* bourru, rude, rébarbatif.

grumble [grʌmbl], *v.i.* se plaindre, grogner
grommeler (*contre* ou *de*).

grumbler ['grʌmblə], *n.* grondeur, grogneur
m.

grumbling ['grʌmbliŋ], *n.* grognement, *m.*

grunt [grʌnt], *v.i.* grogner.—*n.* grognement,
m.

guarantee [gærən'tiː], *n.* garant, *m.*, caution,
garantie, *f.*—*v.t.* garantir.

guard [gɑːd], *n.* garde; défense, protection, *f.*;
garde (*personne*); (*Rail.*) conducteur, chef
de train, *m.*—*v.t.* garder, défendre, protéger, veiller sur.—*v.i.* se garder, se prémunir (*contre*).

guarded ['gɑːdid], *a.* prudent, circonspect;
réservé.

guardedly ['gɑːdidli], *adv.* avec circonspection, avec réserve.

guardian ['gɑːdjən], *a.* gardien, tutélaire.—*n.*
gardien; tuteur (*de jeunes*), *m.*

guardianship ['gɑːdjənʃip], *n.* tutelle, protection, *f.*

guard-room ['gɑːdruːm], *n.* corps de garde,
m., salle de police, *f.*

Guatemala [gwætə'mɑːlə]. le Guatemala, *m.*

gudgeon ['gʌdʒən], *n.* goujon; (*Mech.*)
tourillon, *m.*; (*fig.*) dupe, *f.*

guess [ges], *v.t., v.i.* deviner, conjecturer.—
n. conjecture, *f.*

guest [gest], *n.* invité, *m.*, convive, *m., f.*;
hôte, *m.*

guffaw [gə'fɔː], *n.* gros rire, *m.*—*v.i.* pouffer
de rire.

guidance ['gaidəns], *n.* conduite, direction, *f.*

guide [gaid], *n.* guide, conducteur, *m.*;
Girl Guide, éclaireuse, *f.*—*v.t.* conduire,
guider; diriger; *guided missile* (*Mil.*)
engin téléguidé, *m.*

guild [gild], *n.* corporation, guilde, *f.*

guildhall ['gildhɔːl], *n.* hôtel de ville, *m.*

guile [gail], *n.* astuce, *f.*, artifice, *m.*

guilt [gilt], *n.* culpabilité, *f.*

guiltily ['giltili], *adv.* criminellement.

guiltless ['giltlis], *a.* innocent.

guilty ['gilti], *a.* coupable; **the guilty
party**, le coupable; **to find guilty**, (*Law*)
déclarer coupable; **to plead guilty**,
s'avouer coupable.

Guinea ['gini]. la Guinée, *f.*

guinea ['gini], *n.* guinée, *f.*

guinea-fowl ['ginifaul], *n.* pintade, *f.*

guinea-pig ['ginipig], *n.* cochon d'Inde, *m.*

guise [gaiz], *n.* guise, façon, apparence, *f.*;
costume, *m.*, dehors, *m.pl.*

guitar [gi'tɑː], *n.* guitare, *f.*

gulf [gʌlf], *n.* golfe; (*fig.*) gouffre, *m.*

gull [gʌl], *n.* mouette, *f.*, goéland; (*fig.*)
jobard, *m.*—*v.t.* duper, flouer.

gullet ['gʌlit], *n.* gosier, *m.*

gullible ['gʌlibl], *a.* crédule.

gully ['gʌli], *n.* ravin, *f.*

gulp [gʌlp], *v.t.* avaler, gober.—*n.* goulée,
gorgée, *f.*, trait, *m.*; **at a gulp**, d'un trait.

gum [gʌm], *n.* gomme; (*Anat.*) gencive, *f.*

gumboil ['gʌmbɔil], *n.* abcès aux gencives, *m.*

gumption ['gʌmpʃən], *n.* (*colloq.*) sens
pratique, *m.*, jugeotte, *f.*

gum-tree ['gʌmtriː], *n.* gommier, *m.*; (*fig.*)
up a gum-tree, dans le pétrin.

gun [gʌn], *n.* canon, *m.*; pièce d'artillerie,
bouche à feu, *f.*; fusil (non rayé); (*Am.*)
revolver, *m.*; **machine-gun**, mitrailleuse
f.

gunboat ['gʌnbout], *n.* canonnière, *f.*

guncarriage ['gʌnkærid3], *n.* affût (de
canon), *m.*

gunnel [GUNWALE].

gunner ['gʌnə], *n.* canonnier, servant, artilleur, *m.*

gunnery ['gʌnəri], *n.* artillerie, *f.*; tir au
canon, *m.*

gunpowder ['gʌnpaudə], *n.* poudre à canon, *f.*

gunshot ['gʌnʃɔt], *n.* portée de fusil (*distance*),
f.; coup de canon (*décharge*); coup de feu
(*blessure*), *m.*

gunwale [gʌnl], *n.* (*Naut.*) plat-bord, *m.*

gurgle ['gəːgl], *v.i.* faire glouglou; gargouiller.

gush [gʌʃ], *n.* jaillissement; effusion, *f.*,
jet; débordement (*de sentiments*), *m.*—*v.i.*
jaillir; (*fig.*) être sentimental à l'excès.

gusher ['gʌʃə], *n.* (*Min.*) puits jaillissant, *m.*

gushing ['gʌʃiŋ], *a.* jaillissant; bouillonnant;
(*fig.*) expansif, empressé.

gusset ['gʌsit], *n.* gousset, *m.*

gust [gʌst], *n.* coup de vent, *m.*, bouffée,
rafale, *f.*

gusty ['gʌsti], *a.* orageux, venteux.

gut [gʌt], *n.* boyau, intestin, *m.*; corde à
boyau (*fabriqué*), *f.*; (*pl.*) (*fam.*) intestins,
m.pl., ventre; courage, cran, *m.*—*v.t.*
éventrer, vider; (*fig.*) détruire.

gutter ['gʌtə], *n.* gouttière (*d'une maison*), *f.*;
ruisseau, caniveau (*dans la rue*), *m.*—*v.i.*
couler.

guttersnipe ['gʌtəsnaip], *n.* gamin, voyou, *m.*

guttural ['gʌtərəl], *a.* guttural.

guy [gai], *n.* épouvantail, *m.*; (*Naut.*) corde
soutien, *f.*, guide; (*Am.*) type, individu, *m.*

Guyana [gi'ɑːnə, gai'ɑːnə]. la Guyane, *f.*

guzzle [gʌzl], *v.t., v.i.* bouffer (*aliment*),
lamper (*boisson*).

gym [d3im], [GYMNASIUM].

gymkhana [d3im'kɑːnə], *n.* gymkhana, *m.*

gymnasium [d3im'neiziəm], *n.* gymnase, *m.*

gymnast ['dʒimnæst], n. gymnaste, m., f.
gymnastic [dʒim'næstik], a. gymnastique.—
n.(pl.) gymnastique, f.
gypsum ['dʒipsəm], n. gypse, m.
gypsy [GIPSY].
gyrate [dʒai'reit], v.i. tournoyer.
gyration [dʒai'reiʃən], n. mouvement giratoire, m.

H

H, h [eitʃ]. huitième lettre de l'alphabet, m.
ou f.; *H-bomb*, [HYDROGEN].
haberdasher ['hæbədæʃə], n. mercier, m.
haberdashery ['hæbədæʃəri], n. mercerie, f.
habit ['hæbit], n. habitude, coutume, f.; (pl.)
mœurs, f.pl.; *riding-habit*, amazone, f.;
to be in the habit of, avoir coutume de.—
v.t. vêtir.
habitable ['hæbitəbl], a. habitable.
habitation [hæbi'teiʃən], n. habitation, demeure, f.
habitual [hə'bitjuəl], a. habituel.
habitually [hə'bitjuəli], adv. habituellement,
d'habitude.
habituate [hə'bitjueit], v.t. habituer, accoutumer.
hack (1) [hæk], v.t. hacher, couper; ébrécher;
(fig.) massacrer, écorcher.
hack (2) [hæk], n. cheval de louage, m.; rosse
(cheval sans force), f.; (fig.) écrivassier à
gages, m.
hackney ['hækni], n. *hackney-carriage*,
fiacre, m.
hackneyed ['hæknid], a. banal, rebattu;
hackneyed phrase, cliché, m.
haddock ['hædək], n. (Ichth.) aiglefin, m.
Hades ['heidi:z]. les Enfers, m.pl.
haemoglobin [hi:mə'gloubin], n. hémoglobine, f.
haemorrhage ['heməridʒ], n. hémorrhagie, f.
haft [hɑ:ft], n. manche, m., poignée, f.
hag [hæg], n. vieille sorcière; (pop.) vieille
fée, f.
haggard ['hægəd], a. hagard, farouche, égaré.
haggle [hægl], v.i. marchander.
Hague [heig], **The**. La Haye, f.
hail (1) [heil], n. grêle, f.—v.i. grêler.
hail (2) [heil], n. salut, appel, m.—int. salut!
—v.t. saluer; (Naut.) héler; *to hail a
taxi*, héler ou appeler un taxi; *to hail
from*, venir de.
hailstone ['heilstoun], n. grêlon, m.
hailstorm ['heilstɔ:m], n. tempête de grêle, f.
hair [hɛə], n. cheveu (a single hair), m.;
cheveux, m.pl., chevelure (head of hair), f.;
poil (on the body, on animals etc.), crin
(horsehair), m.; soies (bristles), f.pl.; *to do
one's hair*, se coiffer; *to split hairs*,
chicaner sur les mots.
hair-brush ['hɛəbrʌʃ], n. brosse à cheveux, f.
hair-cut ['hɛəkʌt], n. coupe de cheveux, f.
hairdresser ['hɛədresə], n. coiffeur, m.
hairless ['hɛəlis], a. chauve, sans cheveux;
sans poil (animal).

hair-net ['hɛənet], n. résille, f.
hairy ['hɛəri], a. velu, chevelu, poilu.
Haiti [hai'i:ti]. Haïti, m. ou f.
Haitian [hai'i:ʃən], a. haïtien.—n. Haïtien
(personne), m.
hake [heik], n. (Ichth.) merluche, f., (fam.)
colin, m.
halberd ['hælbəd], n. hallebarde, f.
hale [heil], a. robuste, sain, bien portant; *to
be hale and hearty*, avoir bon pied, bon
œil.
half [hɑ:f], a. demi.—n. (pl. **halves** [hɑ:vz])
moitié, f., demi, m., *half an hour*, une
demi-heure, f.; (pop.) *not half!* tu parles!
—adv. à demi, à moitié.
half-back ['hɑ:fbæk], n. (Ftb.) demi, m.
half-brother ['hɑ:fbrʌðə], n. demi-frère,
frère utérin, frère consanguin, m.
half-caste ['hɑ:fkɑ:st], n. métis, m.
half-fare ['hɑ:f'fɛə], n. demi-place, f., demi-
tarif, m.
half-holiday ['hɑ:f'hɔlidi], n. demi-congé, m.
half-pay ['hɑ:f'pei], n. demi-solde, f.
half-time ['hɑ:f'taim], n. (Spt.) la mi-temps, f.
half-way ['hɑ:f'wei], adv. à mi-chemin; *half-
way up the hill*, à mi-côte.
half-witted ['hɑ:f'witid], a. niais, sot, idiot.
half-year ['hɑ:f'jiə], n. semestre, m.
halibut ['hælibət], n. (Ichth.) flétan, m.
hall [hɔ:l], n. salle, f.; vestibule (entrance-
hall); château, manoir (seat); réfectoire
(dining-hall); hôtel de ville (town hall), m.;
hall porter, concierge, m.
hall-mark ['hɔ:lmɑ:k], n. poinçon de contrôle, m.—v.t. contrôler.
hallo! [hə'lou], int. holà! hé!
hallow ['hælou], v.t. sanctifier, consacrer.
hallucinate [hə'lju:sineit], v.t. halluciner.
hallucination [həlju:si'neiʃən], n. hallucination; (fig.) déception, illusion, f.
halo ['heilou], n. (Astron.) halo, m.; (Paint.
etc.) auréole, f.
halt (1) [hɔ:lt], n. halte, f.; arrêt; clochement,
m.—v.i. faire halte.—int. halte-là!
***halt** (2) [hɔ:lt], a. boiteux, estropié.
halter ['hɔ:ltə], n. licou, m., longe (à cheval);
corde (du gibet), f.
halve [hɑ:v], v.t. diviser en deux.
ham [hæm], n. jambon; *jarret (humain), m.
hamlet ['hæmlit], n. hameau, m.
hammer ['hæmə], n. marteau; chien (de
fusil), m.; *to bring under the hammer*,
mettre aux enchères.—v.t. marteler, forger.
—v.i. marteler.
hammock ['hæmək], n. hamac, m.
hamper (1) ['hæmpə], n. panier, m., manne, f.
hamper (2) ['hæmpə], v.t. empêtrer, embarrasser, gêner.
hamstring ['hæmstriŋ], n. tendon du jarret,
m.—v.t. irr. (conjug. like STRING) couper le
jarret à; (fig.) couper les moyens à.
hand [hænd], n. main; palme (mesure de 4
pouces); signature; écriture (calligraphie), f.;
(Cards) jeu, m.; aiguille (d'une montre etc.),
f.; ouvrier, employé, m.; *at hand*, sous la
main; *off-hand*, sur-le-champ; *second-
hand*, d'occasion.—v.t. passer, donner,
remettre; donner la main à; conduire,
guider; *to hand about* or *round*, faire
passer de main en main, faire circuler; *to
hand down*, transmettre; *to hand over*,
remettre, céder.

handbag

handbag ['hændbæg], n. sac à main, m.
hand-bell ['hændbel], n. sonnette, clochette, f.
handbook ['hændbuk], n. manuel; guide, m.
handcuff ['hændkʌf], n. menotte, f.—v.t. mettres les menottes à.
handful ['hændful], n. poignée, f.; (fig.) petit nombre, peu, m.
handicap ['hændikæp], n. handicap, m.—v.t. handicaper.
handicraft ['hændikra:ft], n. métier, travail manuel, m.
handiwork ['hændiwə:k], n. ouvrage, travail manuel, m.
handkerchief ['hæŋkətʃif], n. mouchoir, m.
handle ['hændl], n. manche, m.; poignée (d'une épée etc.), f.; bouton (d'une porte), m.; anse (d'une cruche); queue (d'une poêle), f.; **starting handle**, (Motor.) manivelle (de mise en marche), f.—v.t. manier; toucher à, manipuler.
handle-bar ['hændlba:], n. guidon (de bicyclette), m.
handling ['hændliŋ], n. maniement, traitement, m.
handmaid ['hændmeid], n. servante, f.
handrail ['hændreil], n. garde-fou, m., rampe, main courante, f.
handshake ['hændʃeik], n. poignée de main, f., serrement de main, m.
handsome ['hænsəm], a. beau, élégant; (fig.) gracieux.
handsomely ['hænsəmli], adv. joliment, élégamment; généreusement.
handwriting ['hændraitiŋ], n. écriture, f.
handy ['hændi], a. adroit (personne); commode; à portée de la main.
hang [hæŋ], v.t. irr. pendre, suspendre; accrocher (à); tendre, tapisser (de); laisser pendre, pencher, baisser (la tête etc.); poser (portes etc.); **hang it!** fichtre! **go and be hanged**, va-t-en au diable! **to hang fire**, faire long feu; (fig.) vaciller.—v.i. pendre, être suspendu; s'accrocher, se pendre; baisser, se pencher (à); **to hang about**, rôder autour de; **to hang over**, être suspendu sur, surplomber.
hangar ['hæŋə], n. (Av.) hangar, m.
hang-dog ['hæŋdɔg], n. **hang-dog look**, mine patibulaire, f.
hanger-on ['hæŋə'rɔn], n. dépendant, parasite, m.
hanging ['hæŋiŋ], a. suspendu.—n. suspension, pendaison; pose (papier de tenture), f.; collage, m.; (pl.) tapisserie, tenture, f.
hangman ['hæŋmən], n. (pl. -men [men]) bourreau, m.
hank [hæŋk], n. poignée, f., écheveau, m.
hanker ['hæŋkə], v.i. **to hanker after**, désirer ardemment.
hankering ['hæŋkəriŋ], n. grande envie, f., vif désir, m.
haphazard [hæp'hæzəd], a. au petit bonheur, fortuit.—n. hasard, sort, m.
haply ['hæpli], adv. par hasard; peut-être.
happen [hæpn], v.i. arriver, advenir, se passer; se trouver par hasard.
happily ['hæpili], adv. heureusement, par bonheur.
happiness ['hæpinis], n. bonheur, m.
happy ['hæpi], a. heureux, content.
harass ['hærəs], v.t. harasser, harceler.

harbinger ['ha:bindʒə], n. avant-coureur, précurseur, m.
harbour ['ha:bə], n. port, havre; (fig.) refuge, asile, gîte, m.—v.t. héberger, recéler, donner asile à; (fig.) entretenir, nourrir.—v.i. se réfugier.
hard [ha:d], a. dur, ferme; (fig.) malaisé, difficile; pénible, rude, rigoureux; dur à la détente (pingre); **hard frost**, forte gelée, f.; **hard labour**, travaux forcés, m.pl.; **hard up**, à court (d'argent).—adv. dur, rudement, péniblement; fort, ferme.
harden [ha:dn], v.t. durcir; (fig.) endurcir (à).—v.i. s'endurcir, devenir dur.
hardening ['ha:dniŋ], n. durcissement; (fig.) endurcissement, m.; trempe (d'acier), f.
hardihood ['ha:dihud], n. hardiesse, audace, intrépidité, f.
hardily ['ha:dili], adv. durement, hardiment.
hardiness ['ha:dinis], n. hardiesse, f.; tempérament robuste, m.; (fig.) effronterie, assurance, f.
hardly ['ha:dli], adv. durement, rudement, mal; à peine, guère (presque pas); **hardly ever**, presque jamais.
hardness ['ha:dnis], n. dureté, solidité; difficulté; crudité (d'eau), f.
hardship ['ha:dʃip], n. fatigue, peine, privation, f.; (pl.) épreuves, souffrances, f.pl.
hardware ['ha:dwɛə], n. quincaillerie, f.
hardy ['ha:di], a. hardi, courageux; fort; de pleine terre (plantes).
hare [hɛə], n. lièvre, m.
hare-brained ['hɛəbreind], a. écervelé, étourdi.
hare-lip ['hɛəlip], n. bec-de-lièvre, m.
hark [ha:k], v.i. écouter, prêter l'oreille.—int. écoutez!
harlequin ['ha:likwin], n. arlequin m.
harm [ha:m], n. tort, dommage, mal, m.—v.t. nuire à, faire du mal à.
harmful ['ha:mful], a. nuisible, malfaisant, nocif.
harmless ['ha:mlis], a. innocent, inoffensif.
harmonic [ha:'mɔnik], a. harmonique; harmonieux.—n.(pl.) harmonique, f.
harmonious [ha:'mounijəs], a. harmonieux; mélodieux.
harmonize ['ha:mənaiz], v.t. rendre harmonieux, accorder, harmoniser.—v.i. s'harmoniser; (fig.) s'accorder.
harmony ['ha:məni], n. harmonie, f.; accord, m.
harness ['ha:nis], n. harnais, harnachement, m.—v.t. harnacher; atteler (à une voiture).
harp [ha:p], n. harpe, f.; **Jew's harp**, guimbarde, f.—v.i. jouer de la harpe; **to harp on one string**, rabâcher toujours la même chose.
harpist ['ha:pist], n. harpiste, m., f.
harpoon [ha:'pu:n], n. harpon, m.—v.t. harponner.
harpsichord ['ha:psikɔ:d], n. clavecin, m.
harridan ['hæridən], n. chipie, mégère, f.
harrow ['hærou], n. herse, f.—v.t. herser; (fig.) torturer.
harrowing ['hærouiŋ], a. navrant.—n. hersage; (fig.) déchirement, m.
Harry ['hæri], Henri, m.
harry ['hæri], v.t. harceler; piller.
harsh [ha:ʃ], a. âpre, rude, dur; discordant.
harshly ['ha:ʃli], adv. durement, sévèrement.

444

harshness ['hɑːʃnis], *n.* âpreté; discordance, *f.*

hart [hɑːt], *n.* cerf, *m.*

harum-scarum ['hɛərəm'skɛərəm], *a.* écervelé, étourdi.

harvest ['hɑːvist], *n.* moisson (*de blé*); récolte (*de fruits etc.*); vendange (*de raisins*), *f.*—*v.t.* moissonner; récolter; vendanger.

hash [hæʃ], *n.* hachis, *m.*—*v.t.* hacher, hacher menu; (*fig.*) plagier.

hasp [hæsp, hɑːsp], *n.* loquet, *m.*

hassock ['hæsək], *n.* coussin (*pour les genoux ou les pieds*), *m.*

haste [heist], *n.* hâte, précipitation, *f.*, emportement, *m.*; diligence, *f.*; *in haste*, à la hâte; *to make haste*, se hâter, se dépêcher.—*v.i. or* **hasten** [heisn], se hâter, se dépêcher, s'empresser.

hasten [heisn], *v.t.* hâter, dépêcher.

hastily ['heistili], *adv.* à la hâte; brusquement.

hastiness ['heistinis], *n.* hâte, précipitation, *f.*; emportement, *m.*

hasty ['heisti], *a.* rapide, précipité; inconsidéré, emporté.

hat [hæt], *n.* chapeau, *m.*; *bowler-hat*, chapeau melon; *felt hat*, feutre, *m.*; *soft felt hat*, chapeau mou; *straw hat*, chapeau de paille; *top hat*, chapeau haut de forme.

hatch (1) [hætʃ], *n.* (*pl.* **hatches** ['hætʃiz]) couvée (*de poulets*); éclosion (*d'œufs*); porte coupée (*dans le mur*); (*Naut.*) écoutille, *f.*; (*pl.*) panneaux des écoutilles, *m.pl.*—*v.t.* couver (*incuber*); faire éclore; (*fig.*) tramer, produire.—*v.i.* éclore.

hatch (2) [hætʃ], *v.t.* hacher (*un dessin*).

hatchet ['hætʃit], *n.* cognée, hachette, hache, *f.*

hate [heit], *n.* haine, *f.*—*v.t.* haïr, détester.

hateful ['heitful], *a.* odieux, détestable.

hatred ['heitrid], *n.* haine, *f.*

hat-stand ['hætstænd], *n.* porte-chapeaux, *m.* inv.

hatter ['hætə], *n.* chapelier, *m.*

haughtily ['hɔːtili], *adv.* hautainement, avec arrogance.

haughtiness ['hɔːtinis], *n.* arrogance, *f.*

haughty ['hɔːti], *a.* hautain, arrogant.

haul [hɔːl], *n.* tirage, remorquage; coup de filet, *m.*—*v.t.* tirer, remorquer, haler; charrier, transporter.

haulage ['hɔːlidʒ], *n.* camionnage, roulage; remorquage, *m.*

haulier ['hɔːljə], *n.* camionneur, *m.*

haunch [hɔːntʃ], *n.* hanche (*d'un animal*), *f.*, cuissot (*de venaison*), *m.*

haunt [hɔːnt], *n.* retraite, *f.*; repaire (*de voleurs etc.*), *m.*—*v.t.* hanter, fréquenter; (*fig.*) obséder.

Havana [hə'vænə], la Havane, *f.*

have [hæv], *v.t. and aux. irr.* avoir; tenir, posséder; contenir; prendre; faire; *I had rather*, j'aimerais mieux; *I have it*, j'y suis; *to have to*, devoir, falloir, avoir à.

haven [heivn], *n.* havre, port; (*fig.*) asile, *m.*

haversack ['hævəsæk], *n.* (*Mil.*) musette, *f.*; havresac, *m.*

havoc ['hævək], *n.* dégât, ravage, *m.*

hawk [hɔːk], *n.* faucon, *m.*—*v.t.* chasser au faucon; colporter (*vendre*).

hawker ['hɔːkə], *n.* colporteur, *m.*

hawser ['hɔːzə], *n.* haussière, *f.*, grelin, *m.*

hawthorn ['hɔːθɔːn], *n.* aubépine, *f.*

hay [hei], *n.* foin, *m.*

hay-fever ['hei'fiːvə], *n.* rhume des foins, *m.*

hay-making ['heimeikiŋ], *n.* fenaison, *f.*

hayrick ['heirik], **haystack** ['heistæk], *n.* meule de foin, *f.*

hazard ['hæzəd], *n.* hasard, danger, risque, *m.*—*v.t.* hasarder, risquer.—*v.i.* se hasarder, s'aventurer.

hazardous ['hæzədəs], *a.* hasardeux, risqué, dangereux.

haze [heiz], *n.* petite brume; (*fig.*) obscurité, *f.*

hazel [heizl], *a.* noisette.—*n.* noisetier, coudrier, *m.*

hazel-nut ['heizlnʌt], *n.* noisette, *f.*

hazily ['heizili], *adv.* indistinctement.

hazy ['heizi], *a.* brumeux; *to have hazy notions*, avoir des idées vagues.

he [hiː], *pron.* il, celui, lui; *he and I*, lui et moi; *he that or he who*, celui qui.

he- [hiː], *pref.* mâle.

head [hed], *a.* premier, principal, en chef.—*n.* tête, *f.*; chef, avant, *m.*; proue (*de navire*), *f.*; haut bout (*d'une table*); chevet (*d'un lit*), *m.*; chute (*d'eau*), *f.*; pièces (*de gibier*), *f.pl.*; source (*d'une rivière*), *f.*; (*fig.*) sujet, chapitre, *m.*—*v.t.* conduire, diriger.—*v.i. to head for*, (*Naut.*) mettre le cap sur; se diriger vers, s'avancer vers.

headache ['hedeik], *n.* mal de tête, *m.*, migraine, *f.*

head-dress ['heddres], *n.* coiffure, *f.*

heading ['hediŋ], *n.* titre, en-tête, *m.*

headland ['hedlənd], *n.* cap, promontoire, *m.*

head-light ['hedlait], *n.* (*Motor.*) phare, *m.*

headline ['hedlain], *n.* (*Journ.*) titre, sous-titre, *m.*

headlong ['hedlɔŋ], *adv.* la tête la première, (*fig.*) tête baissée.—*a.* précipité, irréfléchi.

headmaster ['hed'mɑːstə], *n.* principal, directeur, proviseur, *m.*

head-mistress ['hed'mistris], *n.* directrice, *f.*

head-phone ['hedfoun], *n.* (*Teleph.*) écouteur, *m.*

head-quarters ['hed'kwɔːtəz], *n.pl.* quartier général, *m.*

headstone ['hedstoun], *n.* pierre tombale, *f.*

headstrong ['hedstrɔŋ], *a.* opiniâtre, obstiné, entêté.

headway ['hedwei], *n.* progrès, *m.*; *to make headway*, avancer, progresser.

heady ['hedi], *a.* capiteux (*boisson*).

heal [hiːl], *v.t.* guérir; (*fig.*) apaiser.—*v.i.* guérir, se guérir; se cicatriser.

healing ['hiːliŋ], *a.* curatif; (*fig.*) salutaire.—*n.* guérison, *f.*

health [helθ], *n.* santé, *f.*; toast, *m.*; *National Health Service*, sécurité sociale, *f.*; *bill of health*, patente de santé, *f.*

healthily ['helθili], *adv.* en santé; sainement.

healthy ['helθi], *a.* bien portant, en bonne santé; sain, salubre.

heap [hiːp], *n.* tas, monceau, amas, *m.*—*v.t.* entasser, amonceler.

hear [hiə], *v.t. irr.* entendre; entendre dire; écouter (*faire attention à*); (*fig.*) apprendre; *to hear it said*, entendre dire.—*v.i.* entendre; entendre parler; écouter; recevoir des nouvelles, avoir des nouvelles (*de*); *hear! hear!* très bien! bravo!

445

hearing

hearing ['hiəriŋ], *n.* ouïe (*sens auditif*); audition (*de témoins*), *f.*; **hard of hearing**, dur d'oreille; **within hearing**, à portée de la voix.

hearken ['ha:kn], *v.i.* écouter.

hearsay ['hiəsei], *n.* ouï-dire, *m.*

hearse [hə:s], *n.* corbillard, *m.*

heart [ha:t], *n.* cœur; (*fig.*) courage; centre, *m.*

heart-attack ['ha:tətæk], *n.* crise cardiaque, *f.*

heart-breaking ['ha:tbreikiŋ], *a.* qui fend le cœur, navrant.

heart-broken ['ha:tbroukən], *a.* qui a le cœur brisé.

heartburn ['ha:tbə:n], *n.* brûlures d'estomac, aigreurs, *f.pl.*

hearten ['ha:tn], *v.t.* encourager, animer.

heart-failure ['ha:tfeiljə], *n.* arrêt du cœur *m.*

heartfelt ['ha:tfelt], *a.* qui vient du cœur.

hearth [ha:θ], *n.* âtre, foyer, *m.*

heartily ['ha:tili], *adv.* cordialement, de bon cœur; de bon appétit (*manger*).

heartiness ['ha:tinis], *n.* cordialité; vigueur (*de l'appétit*), *f.*

heartless ['ha:tlis], *a.* sans cœur, sans pitié.

hearty ['ha:ti], *a.* sincère, cordial; abondant, bon (*repas*).

heat [hi:t], *n.* chaleur; (*fig.*) ardeur; colère (*courroux*); (*Racing*) épreuve, *f.*—*v.t.* chauffer, échauffer.—*v.i.* s'échauffer.

heated ['hi:tid], *a.* chaud; échauffé; animé.

heath [hi:θ], *n.* bruyère, lande; brande (*plante*), *f.*

heathen ['hi:ðn], *a.* and *n.* païen, *m.*

heather ['heðə], *n.* bruyère, brande, *f.*

heating ['hi:tiŋ], *n.* chauffage, *m.*

heave [hi:v], *n.* effort (*pour soulever*), *m.*, secousse, *f.*; soulèvement, *m.*—*v.t.* *irr.* lever; élever; soulever; pousser (*un soupir*). —*v.i.* se soulever; palpiter, battre (*sein, cœur etc.*).

heaven [hevn], *n.* ciel, *m.*, cieux, *m.pl.*

heavenly ['hevnli], *a.* céleste, divin.

heavily ['hevili], *adv.* pesamment, lourdement; fortement.

heaviness ['hevinis], *n.* pesanteur, lourdeur; (*fig.*) tristesse, *f.*

heavy ['hevi], *a.* lourd, pesant; (*fig.*) gros; triste.

Hebrew ['hi:bru:], *a.* hébreu, *m.*; hébraïque *f.*—*n.* hébreu (*langue*); Hébreu, Juif (*personne*), *m.*

heckle [hekl], *v.t.* embarrasser de questions, harasser (*en public*).

hectic ['hektik], *a.* hectique; agité, fiévreux.

hedge [hedʒ], *n.* haie, *f.*—*v.t.* entourer d'une haie.—*v.i.* (*fig.*) éviter de se compromettre.

hedgehog ['hedʒhog], *n.* hérisson, *m.*

hedge-sparrow ['hedʒspærou], *n.* mouchet, *m.*, fauvette d'hiver, *f.*

heed [hi:d], *n.* attention, *f.*, soin, *m.*—*v.t.* faire attention à, prendre garde à, écouter.

heedless ['hi:dlis], *a.* étourdi, inattentif, insouciant.

heedlessly ['hi:dlisli], *adv.* négligemment; étourdiment.

heel [hi:l], *n.* talon, *m.*; **to be down at heel**, traîner la savate; **to cool one's heels**, faire antichambre.—*v.i.* **to heel over**, (*Naut.*) donner de la bande.

hefty ['hefti], *a.* (*fam.*) solide, costaud.

---

heifer ['hefə], *n.* génisse, *f.*

height [hait], *n.* hauteur, élévation; taille, *f.*; (*fig.*) comble, faîte, *m.*; **the height of summer**, le cœur ou le fort de l'été.

heighten [haitn], *v.t.* rehausser, relever.

heinous ['heinəs], *a.* atroce.

heir [ɛə], *n.* héritier, *m.*

heiress ['ɛəris], *n.* héritière, *f.*

heirloom ['ɛəlu:m], *n.* meuble *ou* bijou (de famille), *m.*

Helen ['helin]. (*Myth.*) Hélène, *f.*

helicopter ['helikoptə], *n.* hélicoptère, *m.*

helium ['hi:liəm], *n.* (*Chem.*) hélium, *m.*

hell [hel], *n.* enfer, *m.*

hellish ['heliʃ], *a.* infernal, d'enfer.

hello! [he'lou], **hullo!** [hʌ'lou], *int.* holà! allô! (*au téléphone*); tiens! (*surprise*).

helm (1) [helm], *n.* (*Naut.*) gouvernail, timon, *m.*, barre, *f.*

helm (2) [helm], *n.* (*poet.*) heaume (*casque*), *m.*

helmet ['helmit], *n.* casque, *m.*

helmsman ['helmzmən], *n.* (*pl.* **-men** [men]) timonier, *m.*

help [help], *n.* secours, *m.*; aide, assistance, *f.*; remède (*recours*), *m.*; **help** ! au secours!— *v.t.* aider, secourir, assister; servir (*à table*); empêcher (*prevent*); éviter (*avoid*); **help yourself** (*at table*), servez-vous; **how can I help it?** que voulez-vous que j'y fasse ? **how can it be helped?** qu'y faire ? **I can't help it**, je n'y puis rien; **I cannot help saying**, je ne puis m'empêcher de dire.— *v.i.* aider, servir, contribuer.

helper ['helpə], *n.* aide, *m.*, *f.*

helpful ['helpful], *a.* utile; secourable.

helpless ['helplis], *a.* faible, impuissant; sans appui.

helplessly ['helplisli], *adv.* faiblement; sans ressource.

helter-skelter ['heltə'skeltə], *adv.* pêle-mêle; en pagaille.

helve [helv], *n.* manche, *m.*

hem [hem], *n.* ourlet, bord, *m.*—*v.t.* ourler, border; **to hem in**, entourer.

hemisphere ['hemisfiə], *n.* hémisphère, *m.*

hemlock ['hemlok], *n.* ciguë, *f.*

hemorrhage [HAEMORRHAGE].

hemp [hemp], *n.* (*Bot.*) chanvre, *m.*; (*fig.*) corde, *f.*

hen [hen], *n.* poule; femelle (*d'oiseau*), *f.*

hence [hens], *adv.* d'ici; de là, ainsi (*pour cela*); désormais (*temps*).

henceforth ['hensfo:θ], **henceforward** [hens'fo:wəd], *adv.* désormais, dorénavant, à l'avenir.

henchman ['hentʃmən], *n.* (*pl.* **-men** [men]) écuyer, valet; (*fig.*) partisan, *m.*

hen-house ['henhaus], *n.* poulailler, *m.*

hen-pecked ['henpekt], *a.* gouverné par sa femme.

Henry ['henri]. Henri, *m.*

her [hə:], *pers. pron.* elle, la, lui.—*poss. a.* son, sa, ses.—*dem. pron.* celle, *f.*

herald ['herəld], *n.* héraut; (*fig.*) avant-coureur, précurseur, *m.*—*v.i.* annoncer.

heraldry ['herəldri], *n.* science héraldique, *f.*, blason, *m.*

herb [hə:b], *n.* herbe, *f.*; **pot-herbs**, herbes potagères, *f.pl.*; **sweet herbs**, fines herbes, *f.pl.*

herbaceous [hə'beiʃəs], *a.* herbacé.

herbage ['hə:bidʒ], *n.* herbage, *m.*

446

hireling

herbalist ['hɜːbəlist], *n.* herboriste, *m., f.*
Hercules ['hɜːkjuliːz]. Hercule, *m.*
herd [hɜːd], *n.* troupeau *m.*, troupe, *f.*—*v.t.* garder.—*v.i.* vivre en troupeau.
herdsman ['hɜːdzmən], *n.* (*pl.* **-men** [men]) bouvier, *m.*
here [hiə], *adv.* ici; voici, que voici; *here!* présent! *here and there,* çà et là; *here they are,* les voici; *I am here,* me voici; *this one here,* celui-ci.
hereafter [hiər'ɑːftə] *adv.* désormais; dans la vie à venir.—*n.* l'au-delà, *m.*
hereby [hiə'bai], *adv.* par ce moyen, par là.
hereditary [hi'reditəri], *a.* héréditaire.
heredity [hi'rediti], *n.* hérédité, *f.*
heresy ['herisi], *n.* hérésie, *f.*
heretic ['heritik], *n.* hérétique, *m., f.*
heretical [hi'retikəl], *a.* hérétique.
heretofore ['hiətufɔː], *adv.* jadis, jusqu'ici.
hereupon [hiərə'pɒn], *adv.* là-dessus.
herewith [hiə'wið], *adv.* ci-joint.
heritage ['heritidʒ], *n.* héritage, *m.*
hermetic [hɜː'metik], *a.* hermétique.
hermetically [hɜː'metikli], *adv.* hermétiquement.
hermit ['hɜːmit], *n.* ermite, *m.*
hero ['hiərou], *n.* (*pl.* **heroes** ['hiərouz]) héros, *m.*
heroic [hi'rouik], **heroical** [-əl], *a.* héroïque.
heroine ['herouin], *n.* héroïne, *f.*
heroism ['herouizm], *n.* héroïsme, *m.pl.*
heron ['herən], *n.* héron, *m.*
herring ['heriŋ], *n.* hareng, *m.*; *red herring,* hareng saur, (*fig.*) diversion, *f.*
hers [hɜːz], *pron.* le sien, *m.*, la sienne, *f.*, les siens, *m.pl.*, les siennes, *f.pl.*; *a friend of hers,* une de ses amies, *f.*
herself [hɜː'self], *pron.* elle-même, elle; (*reflexive*) se; *by herself,* toute seule.
hesitant ['hezitənt], *a.* hésitant.
hesitate ['heziteit], *v.i.* hésiter.
hesitation [hezi'teiʃən], *n.* hésitation, *f.*
heterodox ['hetərədɒks], *a.* hétérodoxe.
heterogeneous [hetərə'dʒiːniəs], *a.* hétérogène.
hew [hjuː], *v.t. irr.* tailler, couper
hewer ['hjuːə], *n.* tailleur (*de pierre*); piqueur (*de charbon*); fendeur (*de bois*), *m.*
hexagon ['heksəgən], *n.* hexagone, *m.*
heyday ['heidei], *n.* beaux jours, *m.pl.*
hiatus [hai'eitəs], *n.* hiatus, *m.*; (*fig.*) lacune, *f.*
hibernate ['haibəneit], *v.i.* hiverner, hiberner.
hiccough, hiccup ['hikʌp], *n.* hoquet, *m.*—*v.i.* avoir le hoquet.
hidden [hidn], *a.* caché, secret; (*fig.*) occulte.
hide (1) [haid], *n.* peau, *f.*, cuir, *m.*
hide (2) [haid], *v.t. irr.* cacher; enfouir (*en terre*); *hide-and-seek,* cache-cache, *m.*—*v.i.* se cacher, se tenir caché.
hideous ['hidiəs], *a.* hideux, affreux.
hiding (1) ['haidiŋ], *n.* (*colloq.*) rossée, raclée, *f.*; *to give someone a good hiding,* tanner le cuir à quelqu'un.
hiding (2) ['haidiŋ], *n.* *in hiding,* caché; *hiding-place,* cachette, *f.*
hie [hai], *v.i.* se hâter, se rendre (à).
hierarchy ['haiərɑːki], *n.* hiérarchie, *f.*
high [hai], *a.* haut, élevé; (*fig.*) grand; sublime; fier, altier; faisandé (*gibier*); avancé (*viande*); *from on high,* d'en haut; *high road,* grand-route, *f.*; *high street,* grand-

rue, *f.*; *it is high time,* il est grand temps. —*adv.* haut, hautement; grandement; fort; *to run high,* s'échauffer (*sentiments*).
highbrow ['haibrau], *a.* and *n.* (*fam.*) intellectuel, *m.*
higher ['haiə], *comp. a.* plus haut, plus élevé; supérieur.
highest ['haiist], *superl. a.* le plus haut, le plus élevé; *at the highest,* au comble.
high-flown ['haifloun], *a.* enflé; ampoulé (*style*).
high-handed ['hai'hændid], *a.* arbitraire.
Highland ['hailənd], *a.* de la Haute Écosse.
highland ['hailənd], *a.* des montagnes.
Highlander ['hailəndə], *n.* montagnard de l'Écosse, *m.*
Highlands ['hailəndz], **the.** les hautes terres d'Écosse, *f.pl.*, la haute Écosse, *f.*
highlands ['hailəndz], *n.pl.* pays montagneux, *m.*
highlight ['hailait], *n.* point culminant, (*fam.*) clou, *m.*
highly ['haili], *adv.* hautement; fortement.
Highness ['hainis], *n.* Altesse (*titre*), *f.*
highness ['hainis], *n.* hauteur, *f.*
high-pitched ['haipitʃt], *a.* aigu (*son*).
high-sounding ['haisaundiŋ], *a.* pompeux; ronflant (*style*).
high-spirited ['haispiritid], *a.* fougueux, plein de cœur.
highway ['haiwei], *n.* grand chemin, *m.*, grand-route, *f.*
highwayman ['haiweimən], *n.* (*pl.* **-men** [men]) voleur de grand chemin, *m.*
hijack ['haidʒæk], *v.t.* (*Av.*) détourner.
hijacking ['haidʒækiŋ] *n.* (*Av.*) détournement, *m.*
hike [haik], *n.* excursion à pied, *f.*—*v.i.* aller à pied, vagabonder; faire des excursions à pied.
hiker ['haikə], *n.* touriste à pied, *m., f.*
hilarious [hi'leəriəs], *a.* gai, joyeux.
hilarity [hi'læriti], *n.* hilarité, *f.*
hill [hil], *n.* colline, montagne, *f.*, coteau, *m.*
hillock ['hilək], *n.* monticule, *m.*, butte, *f.*
hilly ['hili], *a.* montagneux, accidenté.
hilt [hilt], *n.* poignée, garde, *f.*
him [him], *pers. pron.* le, lui.—*dem. pron.* celui.
himself [him'self], *pron.* lui-même, lui; (*reflexive*) se; *by himself,* tout seul.
hind (1) [haind], *n.* (*Zool.*) biche, *f.*
hind (2) [haind], *a.* de derrière, postérieur, arrière.
hinder ['hində], *v.t.* empêcher; gêner, embarrasser, retarder.
hindrance ['hindrəns], *n.* empêchement.
Hindu [hin'duː], *a.* hindou.—*n.* Hindou, *m.*
hinge [hindʒ], *n.* gond, *m.*; paumelle; charnière (*butt-hinge*), *f.*; (*fig.*) pivot, *m.*
hint [hint], *n.* insinuation, allusion, *f.*; (*fig.*) soupçon, *m.*; conseils, *m.pl.*; *broad hint,* allusion évidente; *to take the hint,* comprendre à demi-mot.—*v.i.* donner à entendre (à), insinuer, suggérer.
hip [hip], *n.* hanche, *f.*
hippopotamus [hipə'pɒtəməs], *n.* (*pl.* **-mi** [-mai], **-muses** [-məsiz]) hippopotame, *m.*
hire ['haiə], *n.* louage, prix de louage; salaire, *m.*, gages, *m.pl.*; *for hire,* à louer, libre (*taxi*).—*v.t.* louer; engager, employer.
hireling ['haiəliŋ], *a.* and *n.* mercenaire, *m.*

447

hire-purchase ['haiə'pəːtʃəs], *n.* vente à tempérament, location-vente, *f.*

hirsute ['həːsjuːt], *a.* velu, hirsute.

his [hiz], *a.* son, sa, ses.—*pron.* le sien, *m.*, la sienne, *f.*, les siens, *m.pl.*, les siennes, *f.pl.*; *a friend of his*, un de ses amis; *it is his*, c'est à lui.

hiss [his], *v.t., v.i.* siffler.—*n.* sifflement; sifflet, *m.*

hissing ['hisiŋ], *a.* sifflant.—*n.* sifflement, *m.*

historian [his'tɔːriən], *n.* historien, *m.*

historic [his'tɔrik], **historical** [his'tɔrikəl], *a.* historique.

history ['histəri], *n.* histoire, *f.*

hit [hit], *v.t. irr.* frapper, heurter; atteindre (*le but*); donner (*un coup*); toucher.—*v.i.* frapper, heurter (*contre*).—*n.* coup, *m.*; chance, trouvaille; (*fig.*) invention, *f.*; (*Theat.*) succès, *m.*

hitch [hitʃ], *v.t.* accrocher, attacher; (*Naut.*) nouer, amarrer.—*n.* accroc, *m.*, entrave, *f.*; empêchement; (*Naut.*) nœud, *m.*

hitch-hike ['hitʃhaik], *v.i.* faire de l'auto-stop.

hither ['hiðə], *adv.* ici; *hither and thither*, çà et là.

hitherto [hiðə'tuː], *adv.* jusqu'ici.

hive [haiv], *n.* ruche, *f.*; (*fig.*) essaim (*swarm*), *m.*

hoard [hɔːd], *n.* monceau, amas (*secret*); trésor, *m.*—*v.t.* amasser, accumuler.—*v.i.* thésauriser.

hoarding ['hɔːdiŋ], *n.* accumulation, *f.*; panneau-réclame, *m.*

hoar-frost ['hɔːfrɔst], *n.* gelée blanche, *f.*, givre, *m.*

hoarse [hɔːs], *a.* enroué, rauque.

hoary ['hɔːri], *a.* blanc; aux cheveux gris *ou* blancs.

hoax [houks], *n.* mystification, *f.*; mauvais tour (*brimade*); canard (*fausse nouvelle*), *m.*—*v.t.* mystifier; attraper.

hob [hɔb], *n.* plaque (*de l'âtre*), *f.*

hobble ['hɔbl], *v.t.* entraver.—*v.i.* clocher, clopiner; aller clopin clopant.—*n.* clochement, *m.*, difficulté, *f.*, embarras, *m.*; entrave, *f.*

hobby ['hɔbi], *n.* marotte (*manie*), distraction, *f.*, passe-temps, *m.*

hobby-horse ['hɔbihɔːs], *n.* cheval de bois, dada, *m.*

hobgoblin [hɔb'gɔblin], *n.* lutin, *m.*

hobnob ['hɔb'nɔb], *v.i.* trinquer ensemble.

hobo ['houbou], *n.* (*Am.*) chemineau, *m.*

hock [hɔk], *n.* jarret (*d'un cheval*); vin du Rhin, *m.*

hockey ['hɔki], *n.* hockey, *m.*

hockey-stick ['hɔkistik], *n.* crosse de hockey, *f.*

hoe [hou], *n.* houe, binette, *f.*; *Dutch hoe*, sarcloir, *m.*—*v.t., v.i.* houer; biner, sarcler.

hog [hɔg], *n.* cochon; goret; (*Comm.*) porc, pourceau; (*fam.*) glouton, *m.*

hogshead ['hɔgzhed], *n.* muid, *m.*; barrique de 240 litres (*tonneau*), *f.*

hoist [hɔist], *v.t.* hisser; guinder (*avec un treuil*); lever; arborer (*un drapeau*).—*n.* grue, *f.*, palan, *m.*

hold [hould], *n.* prise, *f.*; soutien (*appui*), *m.*; garde (*custody*), *f.*; place forte (*fortresse*); (*Naut.*) cale, *f.*; *to take hold of*, prendre, saisir; *to let go one's hold*, lâcher prise.—*v.t. irr.* tenir, retenir; arrêter; garder, maintenir; occuper, avoir; contenir (*to contain*);

regarder comme; célébrer; *to hold back*, retenir, cacher; *to hold fast*, tenir ferme, tenir bon; *to hold off*, tenir à distance; *to hold over*, remettre, ajourner; *to hold up*, lever, soulever, soutenir; s'arrêter, retarder.—*v.i.* tenir; se maintenir, durer; supporter; adhérer (*à*); rester; s'arrêter; être vrai; *hold on*, arrêtez! (*Teleph.*) ne quittez pas! *hold tight!* ne lâchez pas! *to hold back*, se tenir en arrière, hésiter; *to hold fast*, tenir ferme; *to hold forth*, haranguer, pérorer; *to hold on*, s'accrocher à; persévérer, poursuivre.

hold-all ['houldɔːl], *n.* enveloppe de voyage, *f.*

holder ['houldə], *n.* personne qui tient, *f.*; (*Spt.*) tenant, locataire, *m.*; poignée, anse, *f.*, manche, *m.*, (*in compound words*) porte-; (*Fin.*) titulaire, *m.*

holding ['houldiŋ], *n.* possession, tenure; ferme, *f.*

hold-up ['houldʌp], *n.* arrêt de la circulation, *m.*; panne, *f.*; hold-up, *m.*

hole [houl], *n.* trou; antre, *m.*, caverne, *f.*; orifice, *m.*, ouverture, *f.*

holiday ['hɔlidei], *a.* de fête, de congé; de vacances.—*n.* fête, *f.*, jour de fête, jour férié, (*Sch. etc.*) congé, *m.*, (*pl.*) vacances, *f.pl.*; *bank-holiday*, fête légale; *on holiday*, en vacance(s).

holiness ['houlinis], *n.* sainteté, *f.*

Holland ['hɔlənd], la Hollande, *f.*

hollow ['hɔlou], *a.* creux; vide; sourd (*son*).—*n.* creux, *m.*, cavité, *f.*; bas-fond, *m.*—*v.t.* creuser, évider.

holly ['hɔli], *n.* houx, *m.*

hollyhock ['hɔlihɔk], *n.* rose trémière, *f.*

holster ['houlstə], *n.* fonte (*de selle*), *f.*; étui (de revolver), *m.*

holy ['houli], *a.* saint, sacré; bénit; *Holy Ghost*, le Saint-Esprit; *Holy Land*, la Terre Sainte; *holy water*, eau bénite, *f.*; *Holy Week*, la semaine sainte, *f.*

homage ['hɔmidʒ], *n.* hommage, *m.*

home [houm], *a.* de la maison, domestique; (*fig.*) qui porte (*coup*).—*n.* foyer domestique, chez-soi; logis, *m.*, maison, *f.*, intérieur, *m.*; (*fig.*) demeure, *f.*; pays, *m.*, patrie (*pays natal*), *f.*; *at home*, chez soi, à la maison; *Home Office*, Ministère de l'Intérieur, *m.*; *to make oneself at home*, faire comme chez soi.—*adv.* chez soi, au logis, à la maison; dans son pays; (*fig.*) directement; *to bring home to*, faire admettre à; *homing pigeon*, pigeon voyageur, *m.*

home-coming ['houmkʌmiŋ], *n.* retour au foyer, *m.*

homeland ['houmlænd], *n.* patrie, *f.*; pays natal, *m.*

homeliness ['houmlinis], *n.* caractère domestique, *m.*; simplicité; rusticité, *f.*

homely ['houmli], *a.* du ménage; simple, sans façon; (*Am.*) laid.

Homer ['houmə]. Homère, *m.*

home-sick ['houmsik], *a.* qui a le mal du pays, nostalgique.

home-sickness ['houmsiknis], *n.* mal du pays, *m.*, nostalgie, *f.*

homestead ['houmsted], *n.* manoir, *m.*, ferme, *f.*

homeward(s) ['houmwəd(z)], *adv.* vers la maison; vers son pays.

homework ['houmwə:k], *n.* devoirs, *m.pl.*
homicide ['homisaid], *n.* homicide, *m.*
homogeneous [homə'dʒi:niəs], *a.* homogène.
homosexual [homo'seksjuəl], *a.* and *n.* homosexuel, *m.*
Honduran [hon'djuərən], *a.* hondurien.—*n.* Hondurien (*personne*), *m.*
Honduras [hon'djuərəs]. l'Honduras, *m.*
hone [houn], *n.* pierre à aiguiser *f.*—*v.t.* aiguiser.
honest ['onist], *a.* honnête, loyal, probe, de bonne foi, sincère; **honest man**, homme de bien, honnête homme, *m.*
honestly ['onistli], *adv.* honnêtement, sincèrement.
honesty ['onisti], *n.* honnêteté, probité, bonne foi, sincérité, *f.*
honey ['hʌni], *n.* miel, *m.*; (*fig.*) (*Am.*) chérie, *f.*, ange, *m.*
honeycomb ['hʌnikoum], *n.* rayon de miel, *m.*
honeymoon ['hʌnimu:n], *n.* lune de miel, *f.*
honeysuckle ['hʌnisʌkl], *n.* chèvrefeuille, *m.*
honorary ['onərəri], *a.* honoraire.
honour ['onə], *n.* honneur, *m.*; (*fig.*) dignité, estime, *f.*—*v.t.* honorer (*de*); faire honneur à, faire bon accueil à (*une facture*).
honourable ['onərəbl], *a.* honorable, d'honneur.
hood [hud], *n.* capuchon, *m.*; coiffe; capote (*de voiture*), *f.*; (*Am. Motor.*) [BONNET].
hoodwink ['hudwiŋk], *v.t.* bander les yeux à; (*fig.*) tromper.
hoof [hu:f, huf], *n.* (*pl.* **hooves** [hu:vz]) sabot, *m.*
hook [huk], *n.* crochet, croc; hameçon (*pour pêcher*), *m.*; faucille (*sickle*), *f.*; **hook and eye**, agrafe et porte, *f.*—*v.t.* accrocher; agrafer; attraper.
hooked [hukt], *a.* crochu, recourbé; aquilin (*nez*).
hooligan ['hu:ligən], *n.* voyou, *m.*
hooliganism ['hu:ligənizm], *n.* voyouterie, *f.*
hoop [hu:p], *n.* cercle; cerceau, *m.*; huppe (*d'oiseau*); jante (*de roue*), *f.*; panier (*de robe*); (*Croquet*) arceau, *m.*—*v.t.* cercler; (*fig.*) entourer.
hoot [hu:t], *v.t.*, *v.i.* huluter (*hibou*); huer; (*Motor.*) klaxonner.
hooter ['hu:tə], *n.* (*colloq.*) sirène d'usine, *f.* klaxon, *m.*
hop (1) [hop], *n.* saut, sautillement; bal populaire, *m.*—*v.i.* sauter, sautiller; (*pop.*) **to hop it**, ficher le camp.
hop (2) [hop], *n.* (*Bot.*) houblon, *m.*
hop-field ['hopfi:ld], *n.* houblonnière, *f.*
hopscotch ['hopskotʃ], *n.* marelle, *f.*
hope [houp], *n.* espérance, *f.*, espoir, *m.*, attente, *f.*—*v.t.* espérer, s'attendre à.—*v.i.* espérer.
hopeful ['houpful], *a.* plein d'espérance; qui promet beaucoup; encourageant.
hopefully ['houpfuli], *adv.* avec espoir, avec confiance; si tout va bien.
hopeless ['houplis], *a.* vain (*effort*); non valable (*excuse*); inextricable (*difficulté*); inconsolable (*douleur*); irrémédiable (*mal*); inutile (*négociation*); incorrigible (*personne*); désespéré (*situation*).
hopelessly ['houplisli], *adv.* sans espoir.
hopper ['hopə], *n.* trémie (*d'un moulin*), *f.*; (*Agric.*) semoir, *m.*

horizon [hə'raizən], *n.* horizon, *m.*
horizontal [hori'zontl], *a.* horizontal.
hormone ['ho:moun], *n.* hormone, *f.*
horn [ho:n], *a.* de corne.—*n.* corne, *f.*; bois (*de cerf*), *m.*; coupe (*à boire*); (*Ent.*) antenne *f.*; (*Mus.*) cor, cornet, *m.*
hornet ['ho:nit], *n.* frelon, *m.*
horrible ['horibl], *a.* horrible, affreux.
horribly ['horibli], *adv.* horriblement, affreusement.
horrid ['horid], *a.* affreux, horrible.
horrific [ho'rifik], *a.* horrifique.
horrify ['horifai], *v.t.* horrifier.
horror ['horə], *n.* horreur, *f.*
horse [ho:s], *n.* cheval, *m.*, chevaux, *m.pl.*; (*Mil.*) cavalerie, *f.*; chevalet (*pour scier*), séchoir (*pour le linge*), *m.*
horseback ['ho:sbæk], *n.* dos de cheval, *m.*; **on horseback**, à cheval.
horseblock ['ho:sblok], *n.* montoir, *m.*
horse-chestnut ['ho:s'tʃesnʌt], *n.* marron d'Inde; marronnier d'Inde (*arbre*), *m.*
horse-dealer ['ho:sdi:lə], *n.* maquignon, *m.*
horse-doctor ['ho:sdoktə], *n.* vétérinaire, *m.*
horse-fly ['ho:sflai], *n.* taon, *m.*
horseman ['ho:smən], *n.* (*pl.* -**men** [men]) cavalier; écuyer, *m.*
horsemanship ['ho:smənʃip], *n.* équitation, *f.*; manège, *m.*
horse-play ['ho:splei], *n.* jeu de mains, *m.*
horse-power ['ho:spauə], *n.* cheval-vapeur, *m.*
horseshoe ['ho:sʃu:], *a.* en fer à cheval.—*n.* fer de cheval; fer à cheval, *m.*
horsewhip ['ho:swip], *n.* cravache, *f.*—*v.t.* cravacher.
horticulture ['ho:tikʌltʃə], *n.* horticulture, *f.*
hose [houz], *n.* bas, *m.pl.*; tuyau d'arrosage, boyau, *m.*
hosiery ['houʒəri], *n.* bonneterie, *f.*
hospitable ['hospitəbl], *a.* hospitalier.
hospital ['hospitl], *n.* hôpital, *m.*, infirmerie, *f.*; hospice, *m.*
hospitality [hospi'tæliti], *n.* hospitalité, *f.*
host [houst], *n.* hôte; hôtelier, aubergiste, *m.*; armée, foule; (*R.-C. Ch.*) hostie, *f.*
hostage ['hostidʒ], *n.* otage, *m.*
hostel ['hostəl], *n.* hôtel ou foyer pour les étudiants etc., *m.*; **youth hostel**, auberge de la jeunesse, *f.*
hostess ['houstis, 'houstes], *n.* hôtesse, *f.*
hostile ['hostail], *a.* hostile, ennemi; (*fig.*) opposé (*à*).
hostility [hos'tiliti], *n.* hostilité, *f.*
hot [hot], *a.* chaud, ardent, brûlant, piquant, épicé (*plat, sauce*); (*fig.*) vif, violent, échauffé; **boiling hot**, tout bouillant; **to be hot**, avoir chaud (*personne*), faire chaud (*temps*), être chaud (*chose*).
hotbed ['hotbed], *n.* couche, *f.*
hotel [ho'tel], *n.* hôtel, *m.*
hot-headed ['hot'hedid], *a.* violent, fougueux.
hot-house ['hothaus], *n.* serre, *f.*
hotly ['hotli], *adv.* avec chaleur, avec acharnement.
hotness ['hotnis], *n.* chaleur; (*fig.*) passion, violence, *f.*
hot-water-bottle [hot'wo:təbotl], *n.* bouillotte, *f.*
hough [hok], *n.* jarret (*d'animal*), *m.*
hound [haund], *n.* chien de chasse, *m.*—*v.t.* chasser; (*fig.*) traquer; exciter.

hour

hour ['auə], *n.* heure, *f.*; *an hour ago*, il y a une heure; *an hour and a half*, une heure et demie; *a quarter of an hour*, un quart d'heure; *half an hour*, une demi-heure.

hourly ['auəli], *a.* continuel, d'heure en heure, à l'heure.—*adv.* d'heure en heure.

house [haus], *n.* maison, *f.*, logis, *m.*, demeure, habitation, *f.*; ménage (*household*), *m.*; famille; (*Parl.*) chambre; (*Theat.*) salle, *f.*; *a country-house*, une maison de campagne; *a nobleman's house*, un hôtel; *house full*, (*Theat.*) salle comble; *public house*, café, *m.*, brasserie, *f.*—[hauz], *v.t.* loger, héberger; garer (*une voiture*); rentrer (*blé etc.*); faire rentrer (*bestiaux etc.*).

house-agent ['hauseidʒənt], *n.* agent de location, agent immobilier, *m.*

house-breaker ['hausbreikə], *n.* cambrioleur (*voleur*); démolisseur (*ouvrier*), *m.*

house-breaking ['hausbreikiŋ], *n.* vol avec effraction, *m.*

household ['haushould], *a.* de ménage, domestique.—*n.* maison, *f.*, ménage, *m.*, famille, *f.*

householder ['haushouldə], *n.* chef de famille, chef de maison, *m.*

housekeeper ['hauski:pə], *n.* femme de charge, ménagère, *f.*; concierge, *m.*, *f.*

housekeeping ['hauski:piŋ], *n.* ménage, *m.*

housemaid ['hausmeid], *n.* bonne à tout faire, *f.*

house-surgeon ['haussə:dʒən], *n.* interne (en chirurgie), *m.*

housewife ['hauswaif], *n.* ménagère, *f.*

housework ['hauswə:k], *n.* travaux ménagers, *m.pl.*; *to do the housework*, faire le ménage.

housing ['hauziŋ], *n.* logement, *m.*; rentrée, *f.*, rentrage, *m.*; (*Tech.*) enchâssure, *f.*

hovel ['hɔvl], *n.* appentis, *m.*, bicoque, *f.*, taudis, *m.*, masure, *f.*

hover ['hɔvə], *v.i.* planer; hésiter.

how [hau], *adv.* comment, de quelle façon; combien; comme, que; *how are you?* comment allez-vous? *how far*, jusqu'où; *how many, how much*, combien de; *how old are you?* quel âge avez-vous?

however [hau'evə], *conj.* cependant, pourtant, du reste, d'ailleurs, toutefois.—*adv.* de quelque manière que; quelque . . . que; *however rich he may be*, quelque riche qu'il soit, tout riche qu'il est; *however that may be*, quoi qu'il en soit.

howl [haul], *n.* hurlement, cri; mugissement, *m.*—*v.i.* hurler, crier; mugir.

howler ['haulə], *n.* faute grossière, bévue, *f.*

howling ['hauliŋ], *a.* hurlant; *a howling success*, un succès fou.—*n.* hurlement, *m.*

hoyden ['hɔidn], *n.* garçon manqué (*se dit d'une jeune fille*), *m.*

hub [hʌb], *n.* moyeu; (*fig.*) centre, *m.*

hubbub ['hʌbʌb], *n.* vacarme, brouhaha, tintamarre, *m.*

hub-cap ['hʌbkæp], *n.* (*Motor.*) enjoliveur, *m.*

huddle [hʌdl], *v.t.* entasser pêle-mêle, (*fig.*) brouiller, confondre ensemble.—*v.i.* se mêler, se presser les uns contre les autres; (*fig.*) se confondre.—*n.* tas confus, fouillis, *m.*; méli-mélo, ramassis, *m.*

hue [hju:], *n.* couleur, teinte, nuance; huée,

clameur, *f.*; *to raise a hue and cry after*, crier haro sur, élever un tollé contre.

huff [hʌf], *n.* emportement, accès de colère, *m.*—*v.t.* froisser; (*Draughts*) souffler.—*v.i.* se gonfler, se mettre en colère.

hug [hʌg], *v.t.* embrasser, étreindre; étouffer (*en serrant*).—*n.* embrassement, *m.*, étreinte, *f.*

huge [hju:dʒ], *a.* vaste, immense, énorme.

hulk [hʌlk], *n.* carcasse (*d'un navire*), *f.*, ponton; (*pl.*) bagne, *m.*

hulking ['hʌlkiŋ], *a.* gros, lourd.

hull [hʌl], *n.* coque (*d'un navire*); cosse, gousse (*de pois, fèves etc.*); écale (*de noix*), *f.*—*v.t.* écaler (*noix*); écosser (*fèves*).

hullo [HELLO].

hum [hʌm], *v.t.*, *v.i.* fredonner (*personne*), bourdonner (*abeilles*); *to hum and ha(w)*, bredouiller.—*n.* bourdonnement; brouhaha (*de conversation*), *m.*

human ['hju:mən], *a.* humain.

humane [hju:'mein], *a.* humain, compatissant.

humanist ['hju:mənist], *n.* humaniste, *m.*, *f.*

humanity [hju:'mæniti], *n.* humanité, *f.*

humanly ['hju:mənli], *adv.* humainement.

humble [hʌmbl], *a.* humble; modeste.—*v.t.* humilier, abaisser, mortifier.

humble-bee ['hʌmblbi:], *n.* bourdon, *m.*

humbly ['hʌmbli], *adv.* humblement, avec humilité; modestement.

humbug ['hʌmbʌg], *n.* blague, farce, *f.*, charlatanisme; blagueur, farceur, charlatan, *m.*

humdrum ['hʌmdrʌm], *a.* monotone, assommant.

humid ['hju:mid], *a.* humide.

humidity [hju:'miditi], *n.* humidité, *f.*

humiliate [hju:'milieit], *v.t.* humilier, abaisser.

humiliating [hju:'milieitiŋ], *a.* humiliant.

humiliation [hju:mili'eiʃən], *n.* humiliation, *f.*

humility [hju:'militi], *n.* humilité, *f.*

humming ['hʌmiŋ], *n.* bourdonnement, fredonnement; (*fig.*) murmure, *m.*

humming-bird ['hʌmiŋbə:d], *n.* oiseau-mouche, colibri, *m.*

humorist ['hju:mərist], *n.* humoriste, *m.*, *f.* personne spirituelle, *f.*

humorous ['hju:mərəs], *a.* humoristique; plaisant, drôle, comique.

humour ['hju:mə], *n.* humeur, disposition, *f.*; humour, *m.*—*v.t.* complaire à, laisser faire.

hump [hʌmp], *n.* bosse, *f.*; *to have the hump*, (*slang*) être maussade.

humpbacked ['hʌmpbækt], *a.* bossu.

hunch [hʌntʃ], *n.* gros morceau (*de pain, de fromage*); bosse (*du dos*); (*fig., fam.*) idée, *f.*, soupçon, *m.*; *to have a hunch that*, soupçonner que.

hunchback ['hʌntʃbæk], *n.* bossu, *m.*

hundred ['hʌndrəd], *a.* cent.—*n.* cent, *m.*; centaine, *f.*; canton, district, *m.*

hundredth ['hʌndrətθ], *a.* centième.—*n.* centième (*fraction*), *m.*

hundredweight ['hʌndrədweit], *n.* quintal, *m.*

Hungarian [hʌŋ'gɛəriən], *a.* hongrois.—*n.* hongrois (*langue*); Hongrois (*personne*), *m.*

Hungary ['hʌŋgəri]. la Hongrie, *f.*

hunger ['hʌŋgə], *n.* faim, *f.*—*v.i.* avoir faim; être affamé (*de*).

hungrily ['hʌŋgrili], *adv.* avidement.

identification

hungry ['hʌŋgri], *a.* affamé, qui a faim; maigre (*terre etc.*); **to be hungry,** avoir faim.

hunk [hʌŋk]. *n.* gros morceau (*de gâteau, de fromage*), *m.*

hunt [hʌnt], *v.t.* chasser à courre; (*fig.*) poursuivre, chercher.—*v.i.* chasser, aller à la chasse.—*n.* chasse à courre, *f.*

hunter ['hʌntə], *n.* chasseur; cheval de chasse, *m.*

hunting ['hʌntiŋ], *n.* chasse; (*fig.*) recherche, *f.*

huntress ['hʌntris], *n.* chasseuse; (*poet.*) chasseresse, *f.*

huntsman ['hʌntsmən], *n.* (*pl.* -men [men]) veneur, piqueur, *m.*

hurdle [hə:dl], *n.* claie, *f.*; (*Spt.*) obstacle, *m.*, haie, *f.*; **hurdle-race,** course de haies, *f.*

hurdy-gurdy ['hə:di'gə:di], *n.* vielle, *f.*

hurl [hə:l], *v.t.* lancer (avec force), précipiter, jeter.

hurly-burly ['hə:li'bə:li], *n.* tintamarre, brouhaha, tohu-bohu, *m.*

hurrah [hu'rɑ:], **hurray** [hu'rei], *n.* hourra, *m.*

hurricane ['hʌrikən], *n.* ouragan, *m.*

hurried ['hʌrid], *a.* précipité, pressé; fait à la hâte.

hurriedly ['hʌridli], *adv.* précipitamment, à la hâte.

hurry ['hʌri], *n.* hâte, précipitation, *f.*; (*fig.*) tumulte, *m.*, confusion, *f.*; **to be in a hurry;** être pressé.—*v.t.* hâter, presser, précipiter.—*v.i.* se hâter, se dépêcher, se presser.

hurt [hə:t], *n.* mal, *m.*, blessure, *f.*; (*fig.*) tort, *m.*—*v.t. irr.* faire mal à, (*fig.*) nuire à, offenser, blesser; **to hurt oneself,** se faire du mal.—*v.i.* faire du mal; faire mal.

hurtful ['hə:tful], *a.* nuisible (à).

hurtle [hə:tl], *v.t.* lancer.—*v.i.* se précipiter; se heurter.

husband ['hʌzbənd], *n.* mari, époux, *m.*—*v.t.* ménager, économiser.

husbandman ['hʌzbəndmən], *n.* (*pl.* -men [men]) laboureur, cultivateur, *m.*

husbandry ['hʌzbəndri], *n.* agriculture, industrie agricole; économie, *f.*

hush [hʌʃ], *n.* silence, calme, *m.*—*int.* chut! paix!—*v.t.* taire, faire taire; (*fig.*) calmer.—*v.i.* se taire, faire silence.

husk [hʌsk], *n.* cosse, gousse (*de pois etc.*), *f.*; brou, *m.*, écale (*de noix*); balle, pellicule (*de grain*), *f.*

huskiness ['hʌskinis], *n.* enrouement (*de la voix*), *m.*

husky ['hʌski], *a.* cossu; rauque, enroué (*voix*); (*colloq.*) costaud, fort.—*n.* chien esquimau, *m.*

hussar [hu'zɑ:] *n.* hussard, *m.*

hussy ['hʌsi], *n.* friponne, coquine, *f.*

hustle [hʌsl], *v.t.* bousculer, presser, pousser.—*v.i.* se presser, se dépêcher.

hut [hʌt], *n.* hutte, cabane; (*Mil.*) baraque, *f.*

hutch [hʌtʃ], *n.* huche, *f.*; clapier (*de lapin*), *m.*

hyacinth ['haiəsinθ], *n.* (*Bot.*) jacinthe, *f.*

hybrid ['haibrid], *a. and n.* hybride, *m.*

hydrangea [hai'drændʒə, hai'dreindʒə], *n.* (*Bot.*) hortensia, *m.*

hydrant ['haidrənt], *n.* prise d'eau, *f.*; **fire hydrant,** bouche d'incendie, *f.*

hydraulic [hai'drɔ:lik], *a.* hydraulique.

hydrochloric [haidrə'klɔrik], *a.* (*acide*) chlorhydrique.

hydrogen ['haidridʒən], *n.* hydrogène, *m.*; **hydrogen bomb** or (*fam.*) **H-bomb,** bombe à hydrogène, bombe H, *f.*

hydrophobia [haidro'foubiə], *n.* hydrophobie, rage, *f.*

hyena [hai'i:nə], *n.* hyène, *f.*

hygiene ['haidʒi:n], *n.* hygiène, *f.*

hygienic [hai'dʒi:nik], *a.* hygiénique.

hymn [him], *n.* (*Eccles.*) hymne, *m.* ou *f.*, cantique, *m.*

hymn-book ['himbuk], **hymnal** [himnl], *n.* hymnaire, *m.*

hyperbola [hai'pə:bələ], *n.* (*Geom.*) hyperbole, *f.*

hyperbole [hai'pə:bəli], *n.* (*Gram.*) hyperbole, *f.*

hyphen ['haifən], *n.* trait d'union, *m.*

hypnosis [hip'nousis], *n.* hypnose, *f.*

hypnotism ['hipnətizm], *n.* hypnotisme, *m.*

hypnotist ['hipnətist], *n.* hypnotiste, *m.*, *f.*

hypocrisy [hi'pɔkrisi], *n.* hypocrisie, *f.*

hypocrite ['hipəkrit], *n.* hypocrite, *m.*, *f.*

hypocritical [hipə'kritikl], *a.* hypocrite.

hypothesis [hai'pɔθisis], *n.* (*pl.* **hypotheses** [hai'pɔθisi:z]) hypothèse, *f.*

hysteria [his'tiəriə], *n.*, **hysterics** [his'teriks], *n.pl.* crise de nerfs, attaque de nerfs, *f.*

hysterical [his'terikəl], *a.* hystérique.

I

I (1), **i** [ai]. neuvième lettre de l'alphabet, *m.*

I (2) [ai], *pron.* je; moi.

ibex ['aibeks], *n.* bouquetin, *m.*

ibis ['aibis], *n.* (*Orn.*) ibis, *m.*

ice [ais], *n.* glace, *f.*—*v.t.* glacer (*gâteau*); frapper (*vin*).—*v.i.* (*Av.*) **to ice up,** givrer.

ice-axe ['aisæks], *n.* piolet, *m.*

iceberg ['aisbə:g], *n.* iceberg, *m.*

ice-bound ['aisbaund], *a.* pris dans *ou* bloqué par les glaces.

ice-box ['aisbɔks], *n.* glacière, *f.*

ice-breaker ['aisbreikə], *n.* brise-glace, *m.*

ice-cream ['ais'kri:m], *n.* glace, *f.*

iced [aist], *a.* glacé; frappé (*vin etc.*); **iced lolly,** sucette, *f.*

ice-floe ['aisflou], *n.* banc de glace, *m.*

Iceland ['aislənd], l'Islande, *f.*

Icelander ['aisləndə], *n.* Islandais, *m.*

Icelandic [ais'lændik], *a.* islandais, d'Islande.

icicle ['aisikl], *n.* petit glaçon, *m.*

icing ['aisiŋ], *n.* glacé; frappage (*de vin*), *m.*

icon ['aikɔn], *n.* icone, *f.*

icy ['aisi], *a.* glacé, glacial; **icy road,** route verglacée, *f.*

idea [ai'diə], *n.* idée, *f.*

ideal [ai'diəl], *a. and n.* idéal, *m.*

idealism [ai'diəlizm], *n.* idéalisme, *m.*

idealist [ai'diəlist], *n.* idéaliste, *m.*, *f.*

ideally [ai'diəli], *adv.* idéalement.

identical [ai'dentikl], *a.* identique.

identification [aidentifi'keiʃən], *n.* identification, *f.*

identify

identify [ai'dentifai], *v.t.* identifier (*avec*); reconnaître.
identity [ai'dentiti], *n.* identité, *f.*
idiocy ['idiəsi], *n.* idiotie, *f.*
idiom ['idiəm], *n.* idiome; idiotisme, *m.*
idiomatic [idiə'mætik], *a.* idiomatique.
idiot ['idiət], *n.* idiot, *m.*; imbécile, *m., f.*
idiotic [idi'ɔtik], *a.* idiot, d'imbécile.
idle [aidl], *a.* oisif, paresseux (*indolent*); désœuvré (*inactif*); en chômage (*personne sans travail*), en repos (*machine*); (*fig.*) inutile, frivole; *idle fellow*, fainéant, paresseux, *m.*; *idle talk*, balivernes, *f.pl.*—*v.t.* to idle away, perdre, gaspiller.—*v.i.* ne rien faire, faire le paresseux, fainéanter; (*Motor.*) tourner au ralenti.
idleness ['aidlnis], *n.* paresse; oisiveté; (*fig.*) inutilité, *f.*; désœuvrement, *m.*
idler ['aidlə], *n.* oisif, fainéant, paresseux, *m.*
idly ['aidli], *adv.* dans l'oisiveté, en paresseux; inutilement.
idol [aidl], *n.* idole, *f.*
idolater [ai'dɔlətə], **idolatress** [ai'dɔlətris], *n.* idolâtre, *m., f.*
idolatry [ai'dɔlətri], *n.* idolâtrie, *f.*
idolize ['aidəlaiz], *v.t.* idolâtrer.
idyllic [ai'dilik, i'dilik], *a.* idyllique.
if [if], *conj.* si, quand, quand même; *even if*, même si, quand même; *if necessary*, s'il le faut, au besoin; *if not*, sinon, si ce n'est.
igloo ['iglu:], *n.* hutte de neige, *f.*; igloo (*des Esquimaux*), *m.*
ignite [ig'nait], *v.t.* allumer.—*v.i.* prendre feu.
ignition [ig'niʃən], *n.* ignition, *f.*; (*Motor.*) allumage, *m.*; *ignition key*, clé de contact, *f.*
ignoble [ig'noubl], *a.* roturier; ignoble.
ignominious [ignə'miniəs], *a.* ignominieux.
ignominy ['ignəmini], *n.* ignominie, *f.*
ignoramus [ignə'reiməs], *n.* ignorant, (*fam.*) âne bâté, *m.*
ignorance ['ignərəns], *n.* ignorance, *f.*
ignorant ['ignərənt], *a.* ignorant.
ignore [ig'nɔ:], *v.t.* feindre d'ignorer; ne tenir aucun compte de.
ill [il], *a.*; malade (*santé*); mauvais, méchant.—*n.* mal, *m.*—*adv.* mal; peu; *it ill becomes you*, il vous sied mal.
ill-bred ['il'bred], *a.* mal élevé.
illegal [i'li:gəl], *a.* illégal; illicite.
illegible [i'ledʒibl], *a.* illisible.
illegitimate [ilə'dʒitimit], *a.* illégitime; naturel (*enfant*).
ill-fated ['il'feitid], *a.* infortuné, malheureux.
ill-feeling ['il'fi:liŋ], *n.* ressentiment, *m.*
ill-gotten ['il'gɔtn], *a.* mal acquis.
ill-health ['il'helθ], *n.* mauvaise santé, *f.*
illicit [i'lisit], *a.* illicite.
ill-informed ['ilin'fɔ:md], *a.* mal renseigné.
illiteracy [i'litərəsi], *n.* analphabétisme, *m.*
illiterate [i'litərit], *a.* and *n.* illettré, *m.*
ill-mannered ['il'mænəd], *a.* malappris.
ill-natured ['il'neitʃəd], *a.* méchant, d'un mauvais naturel.
illness ['ilnis], *n.* maladie, indisposition, *f.*
illogical [i'lɔdʒikl], *a.* illogique peu logique.
ill-tempered ['il'tempəd], *a.* maussade, de mauvaise humeur.
ill-treat ['il'tri:t], *v.t.* maltraiter.
illuminate [i'lju:mineit], *v.t.* illuminer, éclairer; enluminer (*un livre*).
illumination [ilju:mi'neiʃən], *n.* illumination; enluminure (*de livres etc.*), *f.*

illusion [i'lu:ʒən, i'lju:ʒən], *n.* illusion, *f.*
illustrate ['iləstreit], *v.t.* illustrer; (*fig.*) expliquer; orner, embellir.
illustration [iləs'treiʃən], *n.* illustration; explication, *f.*; éclaircissement, *m.*
illustrative [i'lʌstrətiv], *a.* explicatif.
illustrious [i'lʌstriəs], *a.* illustre, célèbre.
I'm [aim] (=I am) [BE].
image ['imidʒ], *n.* image, *f.*; (*fig.*) portrait, *m.*
imagery ['imidʒri], *n.* images, *f.pl.*; langage figuré, *m.*
imaginable [i'mædʒinəbl], *a.* imaginable.
imaginary [i'mædʒinri], *a.* imaginaire.
imagination [imædʒi'neiʃən], *n.* imagination; conception, idée, *f.*
imagine [i'mædʒin], *v.t.* imaginer; s'imaginer, se figurer.
imbecile ['imbisi:l], *a.* and *n.* faible d'esprit, *m., f.*
imbecility [imbi'siliti], *n.* faiblesse d'esprit, *f.*
imbibe [im'baib], *v.t.* imbiber, absorber; (*fig.*) puiser.
imbue [im'bju:], *v.t.* imprégner, teindre; (*fig.*) pénétrer, douer (*de*).
imbued [im'bju:d], *a.* imbu, pénétré (*de*).
imitate ['imiteit], *v.t.* imiter.
imitation [imi'teiʃən], *n.* imitation; (*Comm.*) contrefaçon, *f.*
imitative ['imitətiv], *a.* imitatif, imitateur.
immaculate [i'mækjulit], *a.* sans tache, immaculé.
immaterial [imə'tiəriəl], *a.* immatériel; peu important.
immature [imə'tjuə], *a.* pas mûr; prématuré.
immeasurable [i'meʒərəbl], *a.* infini; incommensurable.
immeasurably [i'meʒərəbli], *adv.* outre mesure, infiniment.
immediate [i'mi:djit], *a.* immédiat; urgent, très pressé (*sur enveloppe*).
immediately [i'mi:djitli], *adv.* immédiatement, tout de suite, sur-le-champ.—*conj.* aussitôt que, dès que.
immense [i'mens], *a.* immense.
immensely [i'mensli], *adv.* immensément.
immensity [i'mensiti], *n.* immensité, *f.*
immerse [i'mə:s], *v.t.* plonger, immerger.
immigrant ['imigrənt], *a.* and *n.* immigrant, *m.*
immigrate ['imigreit], *v.i.* immigrer.
immigration [imi'greiʃən], *n.* immigration, *f.*
imminent ['iminənt], *a.* imminent.
immobilize [i'moubilaiz], *v.t.* immobiliser.
immodest [i'mɔdist], *a.* immodeste, peu modeste, impudique.
immoral [i'mɔrl], *a.* immoral; dissolu.
immorality [imə'ræliti], *n.* immoralité, *f.*
immortal [i'mɔ:tl], *a.* immortel.
immortality [imɔ:'tæliti], *n.* immortalité, *f.*
immortalize [i'mɔ:təlaiz], *v.t.* immortaliser, rendre immortel.
immovable [i'mu:vəbl], *a.* fixe, immuable, inébranlable.
immutable [i'mju:təbl], *a.* immuable.
imp [imp], *n.* diablotin, petit démon; petit diable (*gamin*), *m.*
impact ['impækt], *n.* choc, impact, *m.*—[im'pækt], *v.t.* serrer, encastrer.
impair [im'pɛə], *v.t.* altérer, affaiblir.

impale [im'peil], *v.t.* empaler.
impalpable [im'pælpəbl], *a.* impalpable; intangible.
impart [im'pɑːt], *v.t.* accorder, donner; communiquer.
impartial [im'pɑːʃl], *a.* impartial, désintéressé.
impartially [im'pɑːʃəli], *adv.* impartialement.
impassable [im'pɑːsəbl], *a.* impraticable, infranchissable.
impassioned [im'pæʃənd], *a.* passionné.
impassive [im'pæsiv], *a.* impassible, insensible.
impatience [im'peiʃəns], *n.* impatience, *f.*
impatient [im'peiʃənt], *a.* impatient; (*fig.*) emporté.
impatiently [im'peiʃəntli], *adv.* impatiemment.
impeach [im'piːtʃ], *v.t.* accuser; attaquer.
impeachment [im'piːtʃmənt], *n.* mise en accusation; accusation, *f.*
impeccable [im'pekəbl], *a.* impeccable.
impecunious [impi'kjuːniəs], *a.* besogneux.
impede [im'piːd], *v.t.* empêcher; retarder gêner.
impediment [im'pedimənt], *n.* empêchement, obstacle, *m.*; (*fig.*) difficulté, *f.*
impel [im'pel], *v.t.* pousser (à); forcer (de).
impelling [im'peliŋ], *a.* impulsif, moteur.
impend [im'pend], *v.i.* être suspendu sur, menacer; être imminent.
impending [im'pendiŋ], *a.* imminent, menaçant.
impenetrable [im'penitrəbl], *a.* impénétrable; (*fig.*) insensible.
impenitent [im'penitənt], *a.* impénitent.
imperative [im'perətiv], *a.* impératif; (*fig.*) obligatoire.—*n.* (*Gram.*) impératif, *m.*
imperceptible [impə'septibl], *a.* imperceptible, insensible.
imperceptibly [impə'septibli], *adv.* imperceptiblement.
imperfect [im'pəːfikt], *a.* imparfait; incomplet; (*Gram.*) imparfait.—*n.* (*Gram.*) imparfait, *m.*
imperfection [impə'fekʃən], *n.* imperfection, *f.*
imperfectly [im'pəːfiktli], *adv.* imparfaitement.
imperial [im'piəriəl], *a.* impérial; (*fig.*) princier.
imperil [im'peril], *v.t.* mettre en danger, hasarder.
imperious [im'piəriəs], *a.* impérieux.
imperishable [im'periʃəbl], *a.* impérissable.
impersonal [im'pəːsənəl], *a.* impersonnel.
impersonate [im'pəːsəneit], *v.t.* personnifier; (*Theat.*) représenter, jouer le rôle de.
impertinence [im'pəːtinəns], *n.* impertinence, insolence, *f.*
impertinent [im'pəːtinənt], *a.* impertinent, insolent; hors de propos.
impertinently [im'pəːtinəntli], *adv.* d'un ton insolent; mal à propos.
imperturbable [impə'təːbəbl], *a.* imperturbable.
impervious [im'pəːviəs], *a.* imperméable, impénétrable; (*fig.*) inaccessible.
impetuous [im'petjuəs], *a.* impétueux.
impetus ['impitəs], *n.* impulsion, *f.*; élan, essor, *m.*

impinge [im'pindʒ], *v.i.* se heurter (à ou contre); empiéter (sur).
impious ['impiəs], *a.* impie.
impiously ['impiəsli], *adv.* en impie, avec impiété.
impish ['impiʃ], *a.* espiègle, malicieux.
implacable [im'plækəbl], *a.* implacable, acharné.
implant [im'plɑːnt], *v.t.* implanter; (*fig.*) imprimer, inculquer.
implement ['implimənt], *n.* outil; instrument; ustensile, *m.*—['impliment], *v.t.* exécuter; accomplir.
implicate ['implikeit], *v.t.* impliquer.
implication [impli'keiʃən], *n.* implication, *f.*; **by implication**, implicitement.
implicit [im'plisit], *a.* implicite; (*fig.*) aveugle.
implied [im'plaid], *a.* implicite, tacite.
implore [im'plɔː], *v.t.* implorer, conjurer, supplier (de).
imply [im'plai], *v.t.* impliquer, signifier, vouloir dire; donner à entendre (suggérer).
impolite [impə'lait], *a.* impoli.
impoliteness [impə'laitnis], *n.* impolitesse, *f.*
import [im'pɔːt], *n.* portée, signification, *f.*, sens, *m.*; importance; (*Comm.*) importation, *f.*—[im'pɔːt], *v.t.* importer; introduire; signifier.
importance [im'pɔːtəns], *n.* importance, *f.*
important [im'pɔːtənt], *a.* important.
importer [im'pɔːtə], *n.* importateur, *m.*
importunate [im'pɔːtjunit], *a.* importun; pressant.
importune [impɔː'tjuːn], *v.t.* importuner.
impose [im'pouz], *v.t.* imposer.—*v.i.* en imposer (à).
imposing [im'pouziŋ], *a.* imposant.
imposition [impə'ziʃən], *n.* impôt (*taxe*), *m.*; imposture (*tromperie*), *f.*; (*Sch.*) pensum, *m.*
impossibility [imposi'biliti], *n.* impossibilité, *f.*
impossible [im'posibl], *a.* impossible.
impostor [im'postə], *n.* imposteur, *m.*
imposture [im'postʃə], *n.* imposture, tromperie, *f.*
impotence ['impotəns], **impotency** ['impotənsi], *n.* impuissance, *f.*
impotent ['impotənt], *a.* impuissant, faible.
impound [im'paund], *v.t.* mettre en fourrière; (*fig.*) enfermer, confisquer.
impoverish [im'povəriʃ], *v.t.* appauvrir.
impracticable [im'præktikəbl], *a.* impossible, impraticable; intraitable (*personne*).
imprecation [imprə'keiʃən], *n.* imprécation, *f.*
impregnable [im'pregnəbl], *a.* imprenable; (*fig.*) inébranlable.
impregnate [im'pregneit], *v.t.* imprégner (de); féconder.
impress [im'pres], *v.t.* imprimer (à); faire bien comprendre (*quelque chose à quelqu'un*); pénétrer (de); impressionner.
impression [im'preʃən], *n.* impression, empreinte; (*fig.*) idée, *f.*
impressive [im'presiv], *a.* impressionnant, frappant, touchant, émouvant.
impressiveness [im'presivnis], *n.* force, puissance, grandeur, *f.*
imprint [im'print], *v.t.* imprimer, empreindre.—['imprint], *n.* empreinte, *f.*

imprison [im'prizn], *v.t.* emprisonner, enfermer.

imprisonment [im'priznmənt] *n.* emprisonnement, *m.*, détention, *f.*

improbability [imprɔbə'biliti], *n.* improbabilité; invraisemblance, *f.*

improbable [im'prɔbəbl], *a.* improbable, invraisemblable.

impromptu [im'prɔmptju:], *a.* impromptu, improvisé.—*adv.* par improvisation, impromptu.

improper [im'prɔpə], *a.* inconvenant; peu propre (à), impropre (*langage*).

improperly [im'prɔpəli], *adv.* d'une manière peu convenable; à tort, mal à propos.

impropriety [imprə'praiəti], *n.* inconvenance (*de conduite*); impropriété (*de langage*), *f.*

improve [im'pru:v], *v.t.* améliorer, perfectionner (*invention etc.*); faire avancer; utiliser; bonifier (*terre etc.*); embellir (*rendre plus beau*); exploiter (*cultiver*).—*v.i.* s'améliorer; se perfectionner; se bonifier (*vin etc.*); faire des progrès (*Comm.*) hausser; augmenter de prix; *to improve upon,* améliorer, perfectionner, surpasser.

improvement [im'pru:vmənt], *n.* amélioration, *f.*; perfectionnement; progrès, avancement (*en connaissance*), *m.*

improvident [im'prɔvidənt], *a.* imprévoyant.

improvisation [imprəvai'zeiʃən], *n.* improvisation, *f.*

improvise ['imprəvaiz], *v.t.* improviser.

imprudence [im'pru:dəns], *n.* imprudence, *f.*

imprudent [im'pru:dənt], *a.* imprudent.

imprudently [im'pru:dəntli], *adv.* imprudemment.

impudence ['impjudəns], *n.* impudence, effronterie, *f.*

impudent [im'pjudənt], *a.* impudent, effronté.

impudently ['impjudəntli], *adv.* impudemment, effrontément.

impugn [im'pju:n], *v.t.* attaquer, contester; (*fig.*) mettre en doute.

impulse ['impʌls], **impulsion** [im'pʌlʃən], *n.* impulsion, *f.*, mouvement; (*fig.*) élan, *m.*; *sudden impulse,* coup de tête, *m.*

impulsive [im'pʌlsiv], *a.* impulsif, primesautier.

impulsively [im'pʌlsivli], *adv.* par impulsion, par un mouvement involontaire.

impunity [im'pju:niti], *n.* impunité, *f.*; *with impunity,* impunément.

impure [im'pjuə], *a.* impur; impudique.

impurity [im'pjuəriti], *n.* impureté; impudicité, *f.*

imputation [impju'teiʃən], *n.* imputation, accusation, *f.*

impute [im'pju:t], *v.t.* imputer, attribuer (à).

in [in], *prep.* en, dans; à; par; pour; sur; avec, chez, parmi (*en compagnie de*); *he will do it in one hour,* il fera cela en une heure; *he will start in one hour,* il partira dans une heure; *in bed,* au lit; *in England,* en Angleterre; *in Japan,* au Japon; *in Paris,* à Paris; *in spite of,* malgré; *in spring,* au printemps; *in summer (autumn, winter),* en été (automne, hiver); *in the morning,* le matin; *in the U.S.A.,* aux États-Unis; *one in ten,* un sur dix; *to be clothed in,* être vêtu de.—*adv.* dedans, au dedans, rentré; chez soi, à la maison, y (*at*

home); élu (*vainqueur aux élections*); au pouvoir (*parti politique*); *all in,* tout compris. —*n. to know all the ins and outs of a matter,* connaître les tenants et les aboutissants d'une affaire.

inability [inə'biliti], *n.* impuissance, incapacité, *f.*

inaccessible [inæk'sesibl], *a.* inaccessible; inabordable (à).

inaccuracy [in'ækjurəsi], *n.* inexactitude, *f.*

inaccurate [in'ækjurit], *a.* inexact.

inaction [in'ækʃən], *n.* inaction, inertie, *f.*

inactive [in'æktiv], *a.* inactif; inerte (*choses*).

inactivity [inæk'tiviti], *n.* inactivité, *f.*

inadequacy [in'ædikwəsi], *n.* insuffisance, imperfection, *f.*

inadequate [in'ædikwit], *a.* insuffisant; imparfait, défectueux, incomplet.

inadequately [in'ædikwitli], *adv.* insuffisamment.

inadmissible [inəd'misibl], *a.* inadmissible.

inadvertence [inəd'və:təns], **inadvertency** [inəd'və:tənsi], *n.* inadvertance, *f.*

inadvertent [inəd'və:tənt], *a.* négligent, inattentif.

inadvertently [inəd'və:təntli], *adv.* par inadvertance.

inalienable [in'eiliənəbl], *a.* inaliénable; inséparable.

inane [i'nein], *a.* vide; (*fig.*) inepte, absurde.

inanimate [in'ænimit], *a.* inanimé; mort.

inanition [inə'niʃən], *n.* inanition, *f.*

inanity [i'næniti], *n.* inanité, *f.*

inapplicable [in'æplikəbl], *a.* inapplicable.

inappreciable [inə'pri:ʃiəbl], *a.* inappréciable, insensible.

inappropriate [inə'proupriit], *a.* peu propre, qui ne convient pas.

inapt [in'æpt], *a.* inapte, impropre, peu propre (à).

inarticulate [inɑ'tikjulit], *a.* inarticulé, qui s'exprime peu clairement.

inartistic [inɑ:'tistik], *a.* peu artistique.

inasmuch [inəz'mʌtʃ], *adv.* vu que, attendu que, d'autant que.

inattention [inə'tenʃən], *n.* inattention; distraction, *f.*

inattentive [inə'tentiv], *a.* inattentif, distrait; négligent.

inattentively [inə'tentivli], *adv.* sans attention, négligemment.

inaudible [in'ɔ:dibl], *a.* imperceptible qu'on ne peut entendre.

inaudibly [in'ɔ:dibli], *adv.* à ne pouvoir être entendu.

inaugural [in'ɔ:gjurəl], *a.* inaugural.

inaugurate [in'ɔ:gjureit], *v.t.* inaugurer.

inauspicious [inɔ:'spiʃəs], *a.* malheureux, peu propice.

inauspiciously [inɔ:'spiʃəsli], *adv.* sous de mauvais auspices.

inborn ['inbɔ:n], **inbred** ['inbred], *a.* inné, naturel.

incalculable [in'kælkjuləbl], *a.* incalculable.

incapable [in'keipəbl], *a.* incapable (de).

incapacitate [inkə'pæsiteit], *v.i.* rendre incapable (de).

incarcerate [in'kɑ:səreit], *v.t.* incarcérer, mettre en prison.

incarnate [in'kɑ:nit], *a.* incarné.

incautious [in'kɔ:ʃəs], *a.* inconsidéré, imprudent.

incendiarism [in'sendjərizm] *n.* crime d'incendie, *m.*

incendiary [in'sendjəri], *a.* and *n.* incendiaire, *m., f.*

incense ['insens], *n.* encens, *m.*—[in'sens], *v.t.* irriter, exaspérer (*contre*).

incentive [in'sentiv], *a.* excitant, stimulant.— *n.* motif, stimulant, encouragement, *m.*

inception [in'sepʃən], *n.* commencement, *m.*

incessant [in'sesənt], *a.* incessant; continuel.

incest ['insest], *n.* inceste, *m.*

inch [intʃ], *n.* pouce (2·539 *centimètres*), *m.*

incident ['insidənt], *a.* qui arrive; particulier. —*n.* incident, événement, *m.*

incidental [insi'dentl], *a.* fortuit, accidentel; accessoire; *incidental expenses,* faux frais, *m.pl.*

incidentally [insi'dentli], *adv.* fortuitement, par hasard; soit dit en passant.

incinerate [in'sinəreit], *v.t.* incinérer.

incipient [in'sipiənt], *a.* naissant, qui commence.

incise [in'saiz], *v.t.* inciser, graver.

incision [in'siʒən], *n.* incision, *f.*

incisive [in'saisiv], *a.* incisif.

incite [in'sait], *v.t.* inciter, stimuler; encourager (*à*).

incitement [in'saitmənt], *n.* encouragement, motif, stimulant, *m.*

incivility [insi'viliti], *n.* incivilité, impolitesse, *f.*

inclemency [in'klemənsi], *n.* inclémence, *f.*; intempéries, *f.pl.*, rigueur (*du temps etc.*), *f.*

inclement [in'klemənt], *a.* inclément; rigoureux.

inclination [inkli'neiʃən], *n.* inclinaison, pente; inclination (*de la tête* ou *du corps*), *f.*; penchant, goût (*disposition*), *m.*

incline [in'klain], *n.* pente; (*Rail.*) rampe, *f.* —[in'klain] *v.t.* incliner, (faire) pencher; (*fig.*) porter, disposer (*à*).—*v.i.* incliner, s'incliner, pencher; (*fig.*) être porté (*à*).

inclined [in'klaind], *a.* incliné, enclin (*à*); porté, disposé (*à*).

include [in'klu:d], *v.t.* comprendre, renfermer.

included [in'klu:did], *a.* compris, y compris.

including [in'klu:diŋ], *prep.* comprenant, y compris.

inclusion [in'klu:ʒən], *n.* inclusion, *f.*

inclusive [in'klu:siv], *a.* inclusif; qui renferme, qui comprend; *inclusive of,* y compris.

incoherence [inko'hiərəns], *n.* incohérence, *f.*

incoherent [inko'hierənt], *a.* incohérent.

incombustible [inkəm'bʌstibl], *a.* incombustible.

income ['inkəm], *n.* revenu, *m.*; *private income,* rente, *f.*, rentes, *f.pl.*

income-tax ['inkəmtæks], *n.* impôt sur le revenu, *m.*

incommode [inkə'moud], *v.t.* incommoder gêner, déranger.

incommodious [inkə'moudjəs], *a.* incommode.

incomparable [in'kɔmprəbl], *a.* incomparable.

incompatible [inkəm'pætibl], *a.* incompatible.

incompetence [in'kɔmpitəns], *n.* incompétence, insuffisance; incapacité *f.*

incompetent [in'kɔmpitənt], *a.* incompétent, incapable.

incompetently [in'kɔmpitəntli], *adv.* avec incompétence.

incomplete [inkəm'pli:t], *a.* imparfait, inachevé, incomplet.

incompletely [inkəm'pli:tli], *adv.* incomplètement, imparfaitement.

incomprehensibility [inkɔmprihensi'biliti], *n.* incompréhensibilité, *f.*

incomprehensible [inkɔmpri'hensibl], *a.* incompréhensible.

inconceivable [inkən'si:vəbl], *a.* inconcevable.

inconclusive [inkən'klu:siv], *a.* qui n'est pas concluant.

incongruity [inkɔŋ'gru:iti], *n.* désaccord, *m.*, incongruité; inconvenance, *f.*

incongruous [in'kɔŋgruəs], *a.* incongru, inconvenant, (*fig.*) disparate.

inconsequence [in'kɔnsikwəns], *n.* inconséquence; fausse déduction, *f.*

inconsequent [in'kɔnsikwənt], *a.* inconséquent.

inconsiderable [inkən'sidərəbl], *a.* petit, insignifiant; de peu d'importance.

inconsiderate [inkən'sidərit], *a.* inconsidéré, irréfléchi; sans égards pour les autres.

inconsistency [inkən'sistənsi], *n.* inconséquence; contradiction, *f.*

inconsistent [inkən'sistənt], *a.* incompatible (*avec*), contradictoire (*à*); inconséquent.

inconsistently [inkən'sistəntli], *adv.* avec un manque de continuité.

inconspicuous [inkən'spikjuəs], *a.* peu apparent, peu remarquable; discret.

inconstancy [in'kɔnstənsi], *n.* inconstance, *f.*; caractère changeant, *m.*

inconstant [in'kɔnstənt], *a.* inconstant, volage, changeant.

incontestable [inkən'testəbl], *a.* incontestable, irrécusable.

incontrovertible [inkɔntrə'və:tibl], *a.* incontestable, indisputable.

inconvenience [inkən'vi:niəns], *n.* inconvénient; embarras, dérangement, *m.*—*v.t.* déranger, incommoder, gêner.

inconvenient [inkən'vi:niənt], *a.* incommode, gênant.

inconveniently [inkən'vi:niəntli], *adv.* incommodément mal.

incorporate [in'kɔ:pəreit], *v.t.* incorporer, former en société.—*v.i.* s'incorporer.

incorrect [inkə'rekt], *a.* incorrect, incxact.

incorrectly [inkə'rektli], *adv.* incorrectement; inexactement.

incorrectness [inkə'rektnis], *n.* incorrection; inexactitude, *f.*

incorrigible [in'kɔridʒibl], *a.* incorrigible.

incorrupt [inkə'rʌpt], *a.* incorrompu, pur, intègre.

incorruptible [inkə'rʌptibl], *a.* incorruptible.

increase [in'kri:s], *v.t.* augmenter, agrandir, accroître.—*v.i.* croître, s'accroître; augmenter.—['inkri:s], *n.* augmentation (*de prix*), *f.*, accroissement (*de vitesse*); (*fig.*) produit, *m.*; crue (*de rivière*), *f.*

increasing [in'kri:siŋ], *a.* croissant.

increasingly [in'kri:siŋli], *adv.* de plus en plus.

incredible [in'kredibl], *a.* incroyable.

incredibly [in'kredibli], *adv.* incroyablement, d'une manière incroyable.
incredulity [inkrə'dju:liti], *n.* incrédulité, *f.*
incredulous [in'kredjuləs], *a.* incrédule.
increment ['inkrimənt], *n.* augmentation, *f.*; produit, *m.*
incriminate [in'krimineit], *v.t.* incriminer.
incubate ['inkjubeit], *v.t.* couver.
incubation [inkju'beiʃən], *n.* incubation, *f.*
incubator ['inkjubeitə], *n.* couveuse artificielle, *f.*
incubus ['inkjubəs], *n.* incube, cauchemar; (*fig.*) grand poids, *m.*
inculcate ['inkʌlkeit], *v.t.* inculquer (*à*).
incumbent [in'kʌmbənt], *a.* couché (*sur*); imposé, obligatoire; **to be incumbent on**, incomber à; **to feel it incumbent on one to do**, se faire un devoir de.—*n.* titulaire, bénéficier, *m.*
incur [in'kə:], *v.t.* encourir (*blâme*), s'attirer (*colère*); faire (*dettes*).
incurable [in'kjuərəbl], *a.* incurable, inguérissable.—*n.* incurable, *m.*, *f.*
incursion [in'kə:ʃən], *n.* incursion, irruption, *f.*
indebted [in'detid], *a.* endetté; redevable (*de*).
indebtedness [in'detidnis], *n.* dette, obligation, *f.*
indecency [in'di:sənsi], *n.* indécence, *f.*
indecent [in'di:sənt], *a.* indécent.
indecently [in'di:səntli], *adv.* indécemment.
indecision [indi'siʒən], *n.* irrésolution, *f.*
indecisive [indi'saisiv], *a.* peu décisif, indécis.
indecorous [in'dekərəs], *a.* inconvenant.
indecorousness [in'dekərəsnis], **indecorum** [indi'kɔ:rəm], *n.* manque de décorum, *m.*, inconvenance, *f.*
indeed [in'di:d], *adv.* en effet, en vérité; vraiment; à dire vrai, à la vérité.—*int.* vraiment! allons donc!
indefatigable [indi'fætigəbl], *a.* infatigable.
indefensible [indi'fensibl], *a.* indéfendable, inexcusable.
indefinable [indi'fainəbl], *a.* indéfinissable.
indefinite [in'definit], *a.* indéfini, vague.
indefinitely [in'definitli], *adv.* indéfiniment, vaguement.
indelible [in'delibl], *a.* indélébile, ineffaçable.
indelibly [in'delibli], *adv.* d'une manière indélébile, ineffaçablement.
indelicacy [in'delikəsi], *n.* indélicatesse, grossièreté, inconvenance, *f.*
indelicate [in'delikit], *a.* indélicat, grossier, inconvenant.
indemnify [in'demnifai], *v.t.* dédommager, indemniser (*de*).
indemnity [in'demniti], *n.* dédommagement, *m.*; indemnité, *f.*
indent [in'dent], *v.t.* denteler; ébrécher, échancrer.—*v.i.* **to indent for**, réquisitionner.—*n.* denteure, bosselure, *f.*
indented [in'dentid], *a.* dentelé; échancré.
indenture [in'dentʃə], *n.* titre; (*esp. pl.*) contrat d'apprentissage, *m.*—*v.t.* mettre en apprentissage.
independence [indi'pendəns], **independency** [indi'pendənsi], *n.* indépendance, *f.*
independent [indi'pendənt], *a.* indépendant; libre.
independently [indi'pendəntli], *adv.* indépendamment; dans l'indépendance.
indescribable [indi'skraibəbl], *a.* indicible, indescriptible.

indestructible [indi'strʌktibl], *a.* indestructible.
index ['indeks], *n.* (*pl.* **indexes** ['indeksiz], **indices** ['indisi:z]) indice, signe, indicateur; index (*d'un livre*), *m.*; aiguille (*d'une montre etc.*), *f.*; (*Anat.*) index, doigt indicateur; (*Math.*) exposant, *m.*
India ['indjə], l'Inde, *f.*
Indian ['indjən], *a.* indien; des Indiens; de l'Inde, des Indes; **Indian corn**, maïs, *m.*—*n.* Indien (*personne*), *m.*; **Red Indian**, Peau-Rouge, *m.*, *f.*
india-rubber ['indjə'rʌbə], *n.* caoutchouc, *m.*
indicate ['indikeit], *v.t.* indiquer.
indication [indi'keiʃən], *n.* indication, *f.* signe, indice, *m.*
indicative [in'dikətiv], *a.* and *n.* indicatif, *m.*
indicator ['indikeitə], *n.* indicateur, *m.*
indict [in'dait], *v.t.* inculper, mettre en accusation.
indictment [in'daitmənt], *n.* accusation; mise en accusation, *f.*
Indies ['indiz], the. les Indes, *f.pl.*; **the West Indies**, les Antilles, *f.pl.*
indifference [in'difrəns], *n.* indifférence, apathie, *f.*
indifferent [in'difrənt], *a.* indifférent; impartial; passable, médiocre.
indifferently [in'difrəntli], *adv.* indifféremment; médiocrement.
indigence ['indidʒəns], *n.* indigence, *f.*
indigent ['indidʒənt], *a.* nécessiteux, indigent.
indigenous [in'didʒinəs], *a.* du pays, indigène.
indigestible [indi'dʒestibl], *a.* indigeste.
indigestion [indi'dʒestʃən], *n.* indigestion, dyspepsie, *f.*
indignant [in'dignənt], *a.* indigné (*de*); plein d'indignation.
indignantly [in'dignəntli], *adv.* avec indignation.
indignation [indig'neiʃən], *n.* indignation, *f.*
indignity [in'digniti], *n.* indignité, *f.*; outrage, affront, *m.*
indigo ['indigou], *n.* indigo, *m.*
indirect [indi'rekt], *a.* indirect; (*fig.*) oblique, insidieux.
indiscreet [indis'kri:t], *a.* indiscret, irréfléchi, imprudent.
indiscreetly [indis'kri:tli], *adv.* indiscrètement.
indiscretion [indis'kreʃən], *n.* indiscrétion, imprudence, *f.*
indiscriminate [indis'kriminit], *a.* confus, sans distinction; aveugle.
indiscriminately [indis'kriminitli], *adv.* sans distinction, à tort et à travers, aveuglément.
indispensable [indis'pensəbl], *a.* indispensable, nécessaire.
indispose [indis'pouz], *v.t.* indisposer (*contre*), déranger, détourner (*de*).
indisposed [indis'pouzd], *a.* souffrant.
indisposition [indispə'ziʃən], *n.* indisposition, *f.*; malaise, *m.*
indisputable [indis'pju:təbl], *a.* incontestable, indiscutable.
indisputably [indis'pju:təbli], *adv.* incontestablement.
indissoluble [indi'sɔljubl], *a.* indissoluble.
indistinct [indis'tiŋkt], *a.* indistinct, confus, imprécis, vague.

indistinctly [indis′tiŋktli], *adv.* indistincte-ment, confusément, vaguement.
indistinguishable [indis′tiŋgwiʃəbl], *a.* in-distinct, imperceptible.
indite [in′dait], *v.t.* rédiger.
individual [indi′vidjuəl], *a.* individuel; seul, unique.—*n.* individu, particulier, *m.*
individuality [individju′æliti], *n.* individua-lité, personnalité, *f.*
individually [indi′viduəli], *adv.* individuelle-ment.
indivisible [indi′vizibl], *a.* indivisible.
indoctrinate [in′dɔktrineit], *v.t.* instruire; endoctriner.
indolence [′indələns], *n.* indolence, paresse, *f.*
indolent [′indələnt], *a.* indolent, paresseux.
indolently [′indələntli], *adv.* indolemment, nonchalamment.
indomitable [in′dɔmitəbl], *a.* indomptable.
Indonesia [indo′ni:ziə]. l'Indonésie, *f.*
Indonesian [indo′ni:ziən], *a.* indonésien.—*n.* indonésien (*langue*); Indonésien (*personne*), *m.*
indoors [in′dɔ:z], *adv.* à la maison, au dedans.
indubitable [in′dju:bitəbl], *a.* indubitable, incontestable.
induce [in′dju:s], *v.t.* porter, persuader, induire, pousser (*à*); amener, causer, pro-duire.
inducement [in′dju:smənt], *n.* raison, tenta-tion, *f.*, motif, mobile, *m.*
induction [in′dʌkʃən], *n.* installation; induc-tion, *f.*
indulge [in′dʌldʒ], *v.t.* satisfaire; avoir trop d'indulgence pour; (*fig.*) flatter, caresser (*une espérance etc.*).—*v.i.* se laisser aller, se livrer à, s'abandonner (*à*).
indulgence [in′dʌldʒəns], *n.* faveur, *f.*, plaisir, agrément, *m.*; (*R.-C. Ch.*) indul-gence, *f.*
indulgent [in′dʌldʒənt], *a.* indulgent, facile, complaisant.
industrial [in′dʌstriəl], *a.* industriel, de l'industrie.
industrialist [in′dʌstriəlist], *n.* industriel, *m.*
industrious [in′dʌstriəs], *a.* travailleur; dili-gent, laborieux.
industriously [in′dʌstriəsli], *adv.* assidûment, diligemment.
industry [′indəstri], *n.* travail, *m.*, diligence, assiduité, *f.*; (*fig.*) empressement, *m.*; industrie (*production*), *f.*
inebriate [i′ni:brieit], *v.t.* enivrer.—[i′ni:briit], *a.* enivré.—*n.* ivrogne, *m.*, *f.*
inebriation [ini:bri′eiʃən], **inebriety** [ini′braiəti], *n.* ivresse, ébriété, *f.*
inedible [in′edibl], *a.* immangeable; non comestible.
ineffable [in′efəbl], *a.* ineffable.
ineffaceable [ini′feisəbl], *a.* ineffaçable, in-délébile.
ineffective [ini′fektiv], *a.* inefficace, sans effet.
ineffectual [ini′fektjuəl], *a.* inefficace, inutile, vain; incapable.
ineffectually [ini′fektjuəli], *adv.* inutilement, sans effet.
inefficacious [inefi′keiʃəs], *a.* inefficace.
inefficiency [ini′fiʃənsi], *n.* inefficacité, in-capacité, incompétence, *f.*
inefficient [ini′fiʃənt], *a.* inefficace; incapable.

ineligible [in′elidʒibl], *a.* inéligible; peu propre (*à*).
inept [in′ept], *a.* inepte, sot, absurde, peu propre (*à*).
inequality [ini′kwɔliti], *n.* inégalité, dis-parité, *f.*
inert [i′nə:t], *a.* inerte.
inertia [i′nə:ʃə], *n.* inertie, inactivité, *f.*
inestimable [in′estiməbl], *a.* inestimable; incalculable.
inevitable [in′evitəbl], *a.* inévitable; fatal.
inevitably [in′evitəbli], *adv.* inévitablement.
inexact [inig′zækt], *a.* inexact.
inexcusable [iniks′kju:zəbl], *a.* inexcusable, sans excuse.
inexhaustible [inig′zɔ:stibl], *a.* inépuisable.
inexorable [in′eksərəbl], *a.* inexorable, inflexible.
inexpedient [iniks′pi:d,ənt], *a.* inopportun, mal à propos.
inexpensive [iniks′pensiv], *a.* peu coûteux, bon marché.
inexperience [iniks′piəriəns], *n.* inexpérience, *f.*
inexperienced [iniks′piəriənst], *a.* inexpéri-menté, sans expérience.
inexplicable [in′eksplikəbl], *a.* inexplicable.
inexpressible [iniks′presibl], *a.* inexprimable, indicible.
inextricable [in′ekstrikəbl], *a.* inextricable.
infallible [in′fælibl], *a.* infaillible, imman-quable.
infamous [′infəməs], *a.* infâme.
infamy [′infəmi], *n.* infamie, *f.*
infancy [′infənsi], *n.* première enfance, *f.*, bas âge, *m.*
infant [′infənt], *a.* en bas âge, dans l'enfance; petit; (*fig.*) naissant, qui commence.—*n.* enfant en bas âge, nourrisson, bébé; (*Law*) mineur, *m.*
infantile [′infəntail], *a.* enfantin, d'enfant.
infantry [′infəntri], *n.* infanterie, *f.*
infant-school [′infənt′sku:l], *n.* école mater-nelle, *f.*
infatuate [in′fætjueit], *v.t.* infatuer, entêter, affoler; **to become infatuated with,** s'engouer de, s'amouracher de.
infatuation [infætju′eiʃən], *n.* engouement, *m.*; infatuation; (*fam.*) toquade, *f.*
infect [in′fekt], *v.t.* infecter (*de*).
infection [in′fekʃən], *n.* infection, contagion, *f.*
infectious [in′fekʃəs], *a.* infect; contagieux, infectieux.
infectiousness [in′fekʃəsnis], *n.* nature con-tagieuse, contagion, *f.*
infer [in′fə:], *v.t.* inférer; (*fig.*) supposer.
inference [′infərəns], *n.* conséquence, conclu-sion, déduction, *f.*
inferior [in′fiəriə], *a.* inférieur; subordonné. —*n.* inférieur, *m.*
inferiority [infiəri′ɔriti], *n.* infériorité, *f.*
infernal [in′fə:nəl], *a.* infernal, d'enfer; (*fig.*) diabolique.
inferno [in′fə:nou], *n.* enfer; brasier, *m.*
infest [in′fest], *v.t.* infester.
infidel [′infidəl], *a.* and *n.* infidèle; incrédule, *m.*, *f.*
infidelity [infi′deliti], *n.* infidélité; déloyauté (*d'un serviteur*), *f.*
infiltrate [′infiltreit], *v.i.* s'infiltrer (*dans*); pénétrer.

infinite

infinite ['infinit], *a.* and *n.* infini, *m.*

infinitely ['infinitli], *adv.* infiniment, à l'infini; fort.

infinitive [in'finitiv], *a.* and *n.* infinitif, *m.*

infinity [in'finiti], *n.* infinité; immensité, *f.*

infirm [in'fə:m], *a.* infirme, faible; (*fig.*) inconstant, irrésolu.

infirmary [in'fə:məri], *n.* hôpital, *m.*, infirmerie, *f.*

infirmity [in'fə:miti], *n.* infirmité, faiblesse, *f.*

inflame [in'fleim], *v.t.* enflammer; (*fig.*) exciter.—*v.i.* s'enflammer.

inflammable [in'flæməbl], *a.* inflammable.

inflammation [inflæ'meiʃən], *n.* inflammation, fluxion, *f.*

inflammatory [in'flæmətri], *a.* inflammatoire; (*fig.*) incendiaire.

inflate [in'fleit], *v.t.* enfler, gonfler.

inflated [in'fleitid], *a.* enflé, gonflé; exagéré; boursouflé (*style*).

inflation [in'fleiʃən], *n.* enflure, *f.*, gonflement, *m.*; inflation (monétaire), *f.*

inflect [in'flekt], *v.t.* fléchir; varier, moduler (*la voix*).

inflection [in'flekʃən], *n.* inflexion, modulation, *f.*

inflexible [in'fleksibl], *a.* inflexible.

inflict [in'flikt], *v.t.* infliger, faire (*une peine*).

infliction [in'flikʃən], *n.* infliction; (*fig.*) peine, *f.*

influence ['influəns], *n.* influence (*sur*), *f.*, empire, *m.*—*v.t.* influencer; influer (*sur*).

influential [influ'enʃəl], *a.* influent, qui a de l'influence.

influenza [influ'enzə], *n.* influenza, grippe, *f.*

influx ['inflʌks], *n.* affluence; invasion; embouchure, *f.*

inform [in'fɔ:m], *v.t.* informer, instruire, renseigner, avertir; faire savoir à; *to inform against*, dénoncer.

informal [in'fɔ:məl], *a.* sans cérémonie, simple.

informality [infɔ:'mæliti], *n.* manque de cérémonie, *m.*; simplicité, *f.*

informally [in'fɔ:məli], *adv.* sans cérémonie; sans façon.

informant [in'fɔ:mənt], *n.* correspondant; informateur, *m.*

information [infə'meiʃən], *n.* renseignements, *m.pl.*; *piece of information*, renseignement, avis, *m.*, nouvelle, *f.*; savoir, *m.*; (*Law*) dénonciation, *f.*

informative [in'fɔ:mətiv], *a.* instructif; éducatif.

informer [in'fɔ:mə], *n.* délateur, dénonciateur, *m.*

infraction [in'frækʃən], *n.* infraction, contravention, *f.*

infra-red [infrə'red], *a.* infra-rouge.

infrequent [in'fri:kwənt], *a.* rare.

infringe [in'frindʒ], *v.t.* enfreindre, violer, transgresser.

infringement [in'frindʒmənt], *n.* infraction, violation; contrefaçon (*d'un brevet*), *f.*

infuriate [in'fjuərieit], *v.t.* rendre furieux.

infuriated [in'fjuərieitid], *a.* furieux, en fureur.

infuse [in'fju:z], *v.t.* infuser; faire infuser; macérer; (*fig.*) inspirer (*à*).

infusion [in'fju:ʒən], *n.* infusion, *f.*

ingenious [in'dʒi:niəs], *a.* ingénieux, habile.

ingeniously [in'dʒi:niəsli], *adv.* ingénieusement; spirituellement.

ingeniousness [in'dʒi:niəsnis], **ingenuity** [indʒi'nju:iti], *n.* ingéniosité, habileté, *f.*

ingenuous [in'dʒenjuəs], *a.* ingénu; naïf; candide.

ingenuously [in'dʒenjuəsli], *adv.* ingénument, naïvement.

ingenuousness [in'dʒenjuəsnis], *n.* ingénuité, naïveté, *f.*

inglorious [in'glɔ:riəs], *a.* obscur; inconnu; honteux.

ingloriously [in'glɔ:riəsli], *adv.* sans gloire; honteusement.

ingoing ['ingouiŋ], *a.* entrant, nouveau.—*n.* entrée, *f.*

ingot ['iŋgət], *n.* lingot, *m.*

ingrained [in'greind], *a.* encrassé; (*fig.*) enraciné, invétéré.

ingratiate [in'greiʃieit], *v.t.* insinuer (*dans*); *to ingratiate oneself with*, s'insinuer dans les bonnes grâces de.

ingratitude [in'grætitju:d], *n.* ingratitude, *f.*

ingredient [in'gri:diənt], *n.* ingrédient; élément, *m.*

ingrowing ['ingrouiŋ], *a.* incarné (*ongle*).

inhabit [in'hæbit], *v.t.* habiter; habiter (*dans*).

inhabitable [in'hæbitəbl], *a.* habitable.

inhabitant [in'hæbitənt], *n.* habitant, *m.*

inhabited [in'hæbitid], *a.* habité.

inhalation [inhə'leiʃən], *n.* inhalation; inspiration, *f.*

inhale [in'heil], *v.t.* aspirer; respirer, humer.

inherent [in'hiərənt], *a.* inhérent, naturel (*à*).

inherit [in'herit], *v.t.* hériter (*de*).—*v.i.* hériter.

inheritance [in'heritəns], *n.* héritage, patrimoine, *m.*

inhibit [in'hibit], *v.t.* arrêter, empêcher interdire.

inhibition [inhi'biʃən], *n.* interdiction; (*Psych.*) inhibition, *f.*

inhospitable [in'hɔspitəbl], *a.* inhospitalier.

inhuman [in'hju:mən], *a.* inhumain; dénaturé; cruel.

inhumanity [inhju'mæniti], *n.* inhumanité, brutalité, *f.*

inhumation [inhju'meiʃən], *n.* inhumation, *f.*, enterrement, *m.*

inimical [i'nimikl], *a.* hostile, ennemi; contraire (*à*).

inimitable [i'nimitəbl], *a.* inimitable.

iniquitous [i'nikwitəs], *a.* inique, injuste.

iniquity [i'nikwiti], *n.* iniquité, *f.*

initial [i'niʃəl], *a.* initial; premier.—*n.* initiale, *f.*—*v.t.* mettre ses initiales à; parafer.

initially [i'niʃəli], *adv.* au commencement.

initiate [i'niʃieit], *v.t.* initier (*à ou dans*); amorcer, commencer.

initiation [iniʃi'eiʃən], *n.* initiation, *f.*

initiative [i'niʃiətiv], *n.* initiative, *f.*

inject [in'dʒekt], *v.t.* injecter; faire une piqûre.

injection [in'dʒekʃən], *n.* injection; (*Med.*) piqûre, *f.*

injudicious [indʒu'diʃəs], *a.* peu judicieux malavisé, imprudent.

injudiciously [indʒu'diʃəsli], *adv.* peu judicieusement, imprudemment.

injunction [in'dʒʌŋkʃən], *n.* injonction; recommandation, *f.*

458

injure ['indʒə], v.t. nuire à, faire tort à, léser; endommager (to damage); faire mal à, blesser.

injured ['indʒəd], a. offensé; blessé; *the injured*, les blessés, les accidentés, m.pl.

injurious [in'dʒuəriəs], a. nuisible, préjudiciable (à).

injuriously [in'dʒuəriəsli], adv. à tort.

injury ['indʒəri], n. tort, mal; dégât, dommage (à des marchandises), m.; (Med.) lésion, blessure, f.

injustice [in'dʒʌstis], n. injustice, f.

ink [iŋk], n. encre, f.; *Indian ink*, encre de Chine.—v.t. tacher ou barbouiller d'encre.

inkling ['iŋkliŋ], n. soupçon, vent (d'une affaire), m.

inkstand ['iŋkstænd], n. encrier de bureau, m.

ink-well [iŋkwel], n. encrier, m.

inky ['iŋki], a. d'encre; taché d'encre.

inlaid [in'leid], a. incrusté, marqueté.

inland ['inlənd], a. intérieur, de l'intérieur.— n. intérieur (d'un pays), m.

inlay [in'lei], n. marqueterie, incrustation, f. —[in'lei], v.t. irr. (conjug. like LAY) marqueter, incruster.

inlet ['inlit], n. entrée, f., passage, m., voie, f.; petit bras de mer, m.

inmate ['inmeit], n. habitant, m., locataire (dans une maison); interne, pensionnaire (dans une maison de santé), m., f.

inmost ['inmoust], a. le plus profond, le plus secret.

inn [in], n. auberge, f.; hôtel, m.; hôtellerie, f.; *to put up at an inn*, descendre à une auberge.

innate [i'neit], a. inné; foncier.

innavigable [i'nævigəbl], a. innavigable.

inner ['inə], a. intérieur, de l'intérieur; (fig.) interne, secret.

innermost ['inəmoust], a. le plus intérieur, le plus reculé.

innkeeper ['inki:pə], n. aubergiste, m., f., hôtelier, m.

innocence ['inəsəns], n. innocence, f.

innocent ['inəsənt], a. innocent; permis, légitime.

innocently ['inəsəntli], adv. innocemment.

innocuous [i'nɔkjuəs], a. innocent, inoffensif.

innovate ['inoveit], v.i. innover.

innovation [ino'veiʃən], n. innovation, f., changement, m.

innuendo [inju'endou], n. insinuation, allusion malveillante, f.

innumerable [i'nju:mərəbl], a. innombrable, sans nombre.

inoculate [i'nɔkjuleit], v.t. inoculer, vacciner.

inoculation [inɔkju'leiʃən], n. inoculation, f., vaccin, m.

inodorous [in'oudərəs], a. inodore.

inoffensive [ino'fensiv], a. inoffensif.

inopportune [in'ɔpətju:n], a. inopportun, intempestif, mal à propos.

inopportunely [in'ɔpətju:nli], adv. inopportunément, mal à propos.

inordinate [i'nɔ:dinit], a. démesuré, immodéré.

inordinately [i'nɔ:diniti], adv. démesurément, immodérément.

inorganic [inɔ:'gænik], a. inorganique.

inquest ['inkwest], n. enquête (après une mort subite), f.

inquire [in'kwaiə], v.t. demander.—v.i. s'enquérir, s'informer (de); s'adresser (à ou chez).

inquiring [in'kwaiəriŋ], a. investigateur, curieux.

inquiry [in'kwaiəri], n. demande, investigation, recherche, f.; (pl.) informations, f.pl. renseignements, m.pl., (Law) enquête, f.

inquisition [inkwi'ziʃən], n. recherche, investigation; (R.-C. Ch.) inquisition, f.

inquisitive [in'kwizitiv], a. curieux.

inroad ['inroud], n. incursion, invasion, f.; (fig.) empiétement (sur), m.

insalubrious [insə'lju:briəs], a. insalubre.

insane [in'sein], a. fou, aliéné; dérangé; (fig.) insensé.

insanitary [in'sænitəri], a. insalubre, malsain.

insanity [in'sæniti], n. folie, démence, f.

insatiable [in'seiʃəbl], a. insatiable.

insatiate [in'seiʃiit], a. insatiable; inassouvi.

inscribe [in'skraib], v.t. inscrire; dédier (à).

inscription [in'skripʃən], n. inscription, f.; titre (title), m.; dédicace (dedication), f.

inscrutable [in'skru:təbl], a. inscrutable, impénétrable.

insect ['insekt], n. insecte, m.

insecticidal [in'sektisaidl], a. insecticide.

insecticide [in'sektisaid], n. insecticide, m.

insecure [insi'kjuə], a. en danger; chanceux, hasardeux; peu sûr, mal assuré.

insecurely [insi'kjuəli], adv. sans sûreté, en danger.

insecurity [insi'kjuəriti], n. manque de sûreté; danger, péril, m.; incertitude, f.

insensible [in'sensibl], a. imperceptible; insignifiant; inconscient (unconscious); sans connaissance.

insensibly [in'sensibli], adv. insensiblement, peu à peu.

insensitive [in'sensitiv], a. insensible.

inseparable [in'sepərəbl], a. inséparable.

insert [in'sə:t], v.t. insérer, faire insérer (dans).

insertion [in'sə:ʃən], n. insertion; interpolation, f.

inshore [in'ʃɔ:], a. and adv. près du rivage.

inside ['insaid], a. intérieur, d'intérieur.—n. dedans, intérieur, m.; *inside out*, à l'envers; [in'said] entrailles, f.pl.—[in'said], adv. à l'intérieur, en dedans.—[in'said], prep. en, dans, à l'intérieur de.

insidious [in'sidiəs], a. insidieux, captieux, perfide.

insight ['insait], n. perspicacité, pénétration, f.

insignia [in'signiə], n., pl. insignes, m.pl.

insignificance [insig'nifikəns], n. insignifiance, f., peu d'importance, m.

insignificant [insig'nifikənt], a. insignifiant.

insincere [insin'siə], a. peu sincère, faux, hypocrite.

insincerely [insin'siəli], adv. de mauvaise foi, hypocritement.

insincerity [insin'seriti], n. manque de sincérité, m., fausseté, f.

insinuate [in'sinjueit], v.t. insinuer, glisser (dans); donner à entendre.—v.i. s'insinuer, se glisser (dans).

insinuation [insinju'eiʃən], n. insinuation, f.

insipid [in'sipid], a. insipide, fade.

insipidity [insi'piditi], n. insipidité, fadeur, f.

insist [in'sist], v.i. insister (sur ou à); persister; vouloir absolument.

insistence [in'sistəns], n. insistance, f.

insistent

insistent [in'sistənt], *a.* insistant.
insobriety [inso'braiəti], *n.* intempérance, *f.*
insolence ['insələns], *n.* insolence; effronterie, *f.*
insolent ['insələnt], *a.* insolent.
insolently ['insələntli], *adv.* insolemment.
insoluble [in'soljubl], *a.* insoluble.
insolvency [in'solvənsi], *n.* insolvabilité, faillite, *f.*
insolvent [in'solvənt], *a.* insolvable, en faillite.
insomnia [in'somniə], *n.* insomnie, *f.*
insomuch [inso'mʌtʃ], *adv.* au point (*que*), à un tel point (*que*), tellement (*que*).
inspect [in'spekt], *v.t.* inspecter, examiner, visiter.
inspection [in'spekʃən], *n.* inspection, revue, *f.*, contrôle, examen, *m.*; surveillance, *f.*
inspector [in'spektə], *n.* inspecteur, *m.*
inspiration [inspi'reiʃən], *n.* inspiration, *f.*; encouragement, *m.*
inspire [in'spaiə], *v.t.* inspirer, souffler (*dans*); animer (*de*).—*v.i.* aspirer.
inspiring [in'spaiəriŋ], *a.* inspirateur; qui donne du courage; qui élève l'esprit.
inspirit [in'spirit], *v.t.* animer, encourager.
instability [instə'biliti], *n.* instabilité, *f.*
install [in'stɔ:l], *v.t.* installer; monter (*appareil, machine*).
installation [instə'leiʃən], *n.* installation, *f.*; montage (*de machine, équipement*), *m.*
instalment [in'stɔ:lmənt], *n.* installation, *f.*; (*Comm.*) accompte, versement (*partiel*); épisode (*de feuilleton*), *m.*
instance ['instəns], *n.* requête, demande, *f.*; exemple, *m.*, occasion, *f.*, cas, *m.*; *for instance*, par exemple; *in the first instance*, en premier lieu.—*v.t.* citer comme exemple.
instant ['instənt], *a.* instant, pressant, immédiat; courant (*mois*).—*n.* instant, moment, *m.*
instantaneous [instən'teiniəs], *a.* instantané.
instantaneously [instən'teiniəsli], *adv.* instantanément.
instantly ['instəntli], *adv.* à l'instant; tout de suite; sur-le-champ.
instead [in'sted], *adv.* à la place; *instead of*, au lieu de.
instep ['instep], *n.* cou-de-pied, *m.*
instigate ['instigeit], *v.t.* exciter, inciter, pousser (*à*).
instigation [insti'geiʃən], *n.* instigation, *f.*
instil [in'stil], *v.t.* instiller; (*fig.*) inspirer (*à*).
instillation [insti'leiʃən], *n.* instillation; (*fig.*) inspiration, *f.*
instinct ['instiŋkt], *n.* instinct, *m.*
instinctive [in'stiŋktiv], *a.* instinctif; (*fig.*) spontané.
instinctively [in'stiŋktivli], *adv.* d'instinct, instinctivement.
institute ['institju:t], *n.* institut, *m.*—*v.t.* instituer, établir; intenter (*un procès*).
institution [insti'tju:ʃən], *n.* institution, *f.*, établissement, *m.*
instruct [in'strʌkt], *v.t.* instruire, enseigner; charger (*de*).
instruction [in'strʌkʃən], *n.* instruction, *f.*, enseignement, *m.*
instructive [in'strʌktiv], *a.* instructif.
instructor [in'strʌktə], *n.* (*Mil.*) instructeur; précepteur, *m.*

instructress [in'strʌktris], *n.* préceptrice, monitrice, *f.*
instrument ['instrumənt], *n.* instrument; (*fig.*) agent, *m.*
instrumental [instru'mentl], *a.* instrumental; *to be instrumental in*, contribuer à.
insubordinate [insə'bɔ:dinit], *a.* insubordonné; indocile.
insubordination [insəbɔ:di'neiʃən], *n.* insubordination; insoumission, *f.*
insufferable [in'sʌfərəbl], *a.* insupportable intolérable.
insufficiency [insə'fiʃənsi], *n.* insuffisance, *f.*
insufficient [insə'fiʃənt], *a.* insuffisant.
insufficiently [insə'fiʃəntli], *adv.* insuffisamment.
insular ['insjulə], *a.* insulaire; (*fig.*) borné, rétréci.
insularity [insju'læriti], *n.* insularité, *f.*
insulate ['insjuleit], *v.t.* isoler; calorifuger.
insulation [insju'leiʃən], *n.* isolement, *m.*; (*Phys.*) isolation, *f.*
insulator ['insjuleitə], *n.* isolateur, isoloir, *m.*
insulin ['insjulin], *n.* insuline, *f.*
insult [in'sʌlt], *v.t.* insulter, faire insulte à, injurier.—['insʌlt], *n.* insulte, injure, *f.*, affront, *m.*
insulting [in'sʌltiŋ], *a.* insultant, outrageux, injurieux.
insultingly [in'sʌltiŋli], *adv.* insolemment, injurieusement.
insuperable [in'sju:pərəbl], *a.* insurmontable, invincible.
insupportable [insə'pɔ:təbl], *a.* insupportable, intolérable.
insuppressible [insə'presibl], *a.* irrépressible, irrésistible, inextinguible (*rire*).
insurance [in'ʃuərəns], *n.* assurance, *f.*; *fire-insurance*, assurance contre l'incendie; *life-insurance*, assurance sur la vie.
insure [in'ʃuə], *v.t.* assurer, faire assurer; (*fig.*) garantir.
insurgent [in'sə:dʒənt], *a. and n.* insurgé, *m.*
insurmountable [insə'mauntəbl], *a.* insurmontable, infranchissable.
insurrection [insə'rekʃən], *n.* insurrection, *f.* soulèvement, *m.*
intact [in'tækt], *a.* intact, indemne.
intangible [in'tændʒibl], *a.* intangible.
integer ['intədʒə], *n.* entier, nombre entier, *m.*
integral ['intəgrəl], *a.* intégral; *an integral part*, une partie intégrante.—*n.* totalité, *f.*, tout, *m.*
integrate ['intigreit], *v.t.* compléter, rendre entier.
integrity [in'tegriti], *n.* intégrité, probité, *f.*
intellect ['intilekt], *n.* intelligence, *f.*, esprit, *m.*
intellectual [inti'lektjuəl], *a.* intellectuel; intelligent.—*n.* intellectuel, *m.*
intellectually [inti'lektjuəli], *adv.* intellectuellement.
intelligence [in'telidʒəns], *n.* intelligence, *f.*, esprit; renseignement, avis, *m.*; nouvelle, *f.*
intelligent [in'telidʒənt], *a.* intelligent.
intelligently [in'telidʒəntli], *adv.* intelligemment, avec intelligence.
intelligibility [intelidʒi'biliti], *n.* intelligibilité, clarté, *f.*
intelligible [in'telidʒibl], *a.* intelligible.

intemperance [in'tempərəns], *n.* intempérance, *f.*
intemperate [in'tempərit], *a.* démesuré, immodéré; intempérant; violent, emporté (*langage*).
intend [in'tend], *v.t.* se proposer de, avoir l'intention de, compter, vouloir; destiner (*à*); vouloir dire.
intended [in'tendid], *a.* projeté; intentionnel; *to be intended for*, être destiné à.
intense [in'tens], *a.* intense, véhément; (*fig.*) opiniâtre, très sérieux; vif, fort, aigu (*douleur etc.*).
intensely [in'tensli], *adv.* avec intensité, vivement, fortement.
intenseness [in'tensnis], **intensity** [in'tensiti], *n.* intensité; force, violence, *f.*
intensify [in'tensifai], *v.t.* rendre plus vif, intensifier.
intensive [in'tensiv], *a.* intensif.
intent [in'tent], *a.* attentif, absorbé (*par*); déterminé (*à*); fixe (*regard*).—*n.* dessein, but; sens, *m.*, intention, portée, *f.*; *to all intents and purposes*, à tous égards.
intention [in'tenʃən], *n.* intention, *f.*; dessein, but, *m.*
intentional [in'tenʃənəl], *a.* intentionnel, fait à dessein.
intentionally [in'tenʃənəli], *adv.* avec intention, à dessein, exprès.
intently [in'tentli], *adv.* attentivement.
intentness [in'tentnis], *n.* attention, force d'application, *f.*
inter [in'tə:], *v.t.* enterrer, inhumer, ensevelir.
intercede [intə'si:d], *v.t.* intercéder (*auprès de*).
intercept [intə'sept], *v.t.* intercepter; arrêter; (*fig.*) surprendre.
interchange [intə'tʃeindʒ], *v.t.* échanger.—['intətʃeindʒ], *n.* échange, *m.*, succession; (*fig.*) variété, *f.*
intercourse ['intəkɔ:s], *n.* commerce, *m.*, relations, *f.pl.*, rapports, *m.pl.*
interdict [intə'dikt], *v.t.* interdire, interdire à, défendre à.—['intədikt], *n. or* **interdiction** [intə'dikʃən], interdit, *m.*, défense, interdiction, *f.*
interest ['intrəst], *v.t.* intéresser; *to be interested in*, s'intéresser à.—*n.* intérêt, *m.*; protection, *f.*, crédit, *m.*
interested ['intrəstid], *a.* intéressé.
interesting ['intrəstin], *a.* intéressant.
interfere [intə'fiə], *v.i.* intervenir, se mêler (*de*); *to interfere with*, se mêler de, gêner, contrarier, déranger.
interference [intə'fiərəns], *n.* intervention, *f.*; (*Rad.*) brouillage, *m.*
interim ['intərim], *a.* provisoire.—*n.* intérim, intervalle, *m.*; *in the interim*, en attendant.
interior [in'tiəriə], *a. and n.* intérieur, *m.*; *interior angle*, angle interne, *m.*
interject [intə'dʒekt], *v.t.* interjecter; s'écrier (*en conversation*).
interjection [intə'dʒekʃən], *n.* interjection, *f.*
interlace [intə'leis], *v.t.* entrelacer.
interlacing [intə'leisin], *n.* entrelacement, *m.*
interleave [intə'li:v], *v.t.* interfolier (*de*).
interloper ['intəloupə], *n.* intrus, *m.*
interlude ['intəlu:d], *n.* intermède, *m.*
intermediary [intə'mi:diəri], *a. and n.* intermédiaire, *m.*

intermediate [intə'mi:djit], *a.* intermédiaire, moyen.
interment [in'tə:mənt], *n.* enterrement, *m.*, inhumation, *f.*
interminable [in'tə:minəbl], *a.* interminable.
intermingle [intə'mingl], *v.t.* entremêler.—*v.i.* s'entremêler.
intermission [intə'miʃən], *n.* interruption momentanée, *f.*; relâche, intervalle; (*Cine.*) entr'acte, *m.*
intermittent [intə'mitənt], *a.* intermittent.
intermittently [intə'mitəntli], *adv.* par intervalles.
intern [in'tə:n], *v.t.* interner.
internal [in'tə:nl], *a.* interne, intérieur.
international [intə'næʃənl], *a.* international.—*n.* (joueur) international, *m.*
internecine [intə'ni:sain], *a.* meurtrier.
internee [intə:'ni:], *n.* interné, *m.*
internment [in'tə:nmənt], *n.* internement, *m.*; *internment camp*, camp de concentration, camp de prisonniers, *m.*
interplanetary [intə'plænətəri], *a.* interplanétaire.
interpolate [in'tə:poleit], *v.t.* interpoler; intercaler.
interpose [intə'pouz], *v.t.* interposer.—*v.i.* s'interposer, intervenir.
interpret [in'tə:prit], *v.t.* interpréter; expliquer.
interpretation [intə:pri'teiʃən], *n.* interprétation, *f.*
interpreter [in'tə:pritə], *n.* interprète, *m., f.*
interracial [intə'reiʃəl], *a.* interracial.
interrogate [in'terəgeit], *v.t.* interroger questionner.
interrogation [intərə'geiʃən], *n.* interrogation, question, *f.*
interrogative [intə'rɔgətiv], *a.* interrogatif interrogateur.
interrupt [intə'rʌpt], *v.t.* interrompre.
interruption [intə'rʌpʃən], *n.* interruption, *f.*; (*fig.*) obstacle, *m.*
intersect [intə'sekt], *v.t.* entrecouper; (*Geom.*) couper.—*v.i.* (*Geom.*) se couper, se croiser.
intersection [intə'sekʃən], *n.* intersection, *f.*
intersperse [intə'spə:s], *v.t.* entremêler (*de*); parsemer (*de*).
interstice [in'tə:stis], *n.* interstice; intervalle, *m.*
intertwine [intə'twain], *v.t.* entrelacer.—*v.i.* s'entrelacer.
interval ['intəvəl], *n.* intervalle; (*Theat.*) entr'acte, *m.*; (*Ftb.*) mi-temps, *f.*
intervene [intə'vi:n], *v.i.* intervenir, s'interposer; survenir, arriver (*événements*); s'écouler (*temps*).
intervening [intə'vi:nin], *a.* intervenant (*personnes*); intermédiaire (*espace, endroits, temps etc.*).
intervention [intə'venʃən], *n.* intervention, *f.*
interview ['intəvju:], *n.* entrevue; (*Journ.*) interview, *f.*—*v.t.* avoir une entrevue avec; (*Journ.*) interviewer.
interviewer ['intəvju:ə], *n.* interviewer, *m.*
interweave [intə'wi:v], *v.t. irr.* (*conjug. like* WEAVE) entrelacer; entremêler.
intestate [in'testit], *a.* intestat.
intestine [in'testin], *a. and n.* intestin, *m.*
intimacy ['intiməsi], *n.* intimité, *f.*
intimate ['intimit], *a.* intime, lié.—['intimeit], *v.t.* donner à entendre; intimer (*à*).

intimately

intimately ['intimitli], *adv.* intimement.
intimation [inti'meiʃən], *n.* avis, *m.*, indication, *f.*
intimidate [in'timideit], *v.t.* intimider.
intimidation [intimi'deiʃən], *n.* intimidation, *f.*
into ['intu], *prep.* dans, en, à, entre.
intolerable [in'tolərəbl], *a.* intolérable, insupportable.
intolerance [in'tolərəns], *n.* intolérance, *f.*
intolerant [in'tolərənt], *a.* intolérant.
intonation [into'neiʃən], *n.* intonation, *f.*
intone [in'toun], *v.t., v.i.* psalmodier; entonner.
intoxicant [in'toksikənt], *n.* boisson alcoolique, *f.*
intoxicate [in'toksikeit], *v.t.* enivrer (de).
intoxicated [in'toksikeitid], *a.* ivre; (fig.) enivré (de).
intoxicating [in'toksikeitiŋ], *a.* enivrant.
intoxication [intoksi'keiʃən], *n.* ivresse, *f.*; (fig.) enivrement, *m.*
intractability [intræktə'biliti], *n.* naturel intraitable, *m.*, indocilité, *f.*
intractable [in'træktəbl], *a.* intraitable, indocile.
intransigence [in'trænsidʒəns, in'trɑːnsidʒəns], *n.* intransigeance, *f.*
intransigent [in'trænsidʒənt, in'trɑːnsidʒənt], *a.* intransigeant.
intransitive [in'trænsitiv, in'trɑːnsitiv], *a.* intransitif.
intrepid [in'trepid], *a.* intrépide.
intricacy ['intrikəsi], *n.* embrouillement, *m.*; complication, *f.*, dédale, *m.*
intricate ['intrikit], *a.* embrouillé; embarrassé; obscur; compliqué.
intrigue [in'triːg], *n.* intrigue, *f.*—*v.t.* intriguer.—*v.i.* intriguer, s'intriguer.
intriguing [in'triːgiŋ], *a.* intrigant, qui excite la curiosité.
intrinsic [in'trinsik], **intrinsical** [in'trinsikəl], *a.* intrinsèque.
introduce [intrə'djuːs], *v.t.* introduire, faire entrer; présenter (personnes), faire connaître (à).
introduction [intrə'dʌkʃən], *n.* introduction; présentation; recommandation (par lettre), *f.*; avant-propos (de livre), *m.*
introductory [intrə'dʌktəri], *a.* introductoire, préliminaire.
introspection [intro'spekʃən], *n.* introspection, *f.*
introspective [intro'spektiv], *a.* introspectif; qui s'analyse.
introvert ['introvəːt], *n.* introverti, *m.*
intrude [in'truːd], *v.i.* s'introduire, se faufiler, se fourrer; *to intrude on*, importuner, déranger.
intruder [in'truːdə], *n.* intrus, *m.*
intrusion [in'truːʒən], *n.* intrusion, importunité; (fig.) usurpation, *f.*, empiètement, *m.*
intuition [intju'iʃən], *n.* intuition, *f.*
intuitive [in'tjuːitiv], *a.* intuitif, d'intuition.
inundate ['inʌndeit], *v.t.* inonder (de).
inundation [inʌn'deiʃən], *n.* inondation, *f.*, débordement, *m.*
inure [i'njuə], *v.t.* habituer, endurcir, rompre.
invade [in'veid], *v.t.* envahir.
invader [in'veidə], *n.* envahisseur, *m.*
invading [in'veidiŋ], *a.* envahissant; d'invasion.

invalid ['invəliːd], *a.* malade, infirme; [in'vælid], (Law) invalide, de nul effet.—*n.* malade, *m., f.*, personne malade, *f.*—*v.t. to invalid out* (of the army), réformer.
invalidate [in'vælideit], *v.t.* invalider, casser.
invaluable [in'væljuəbl], *a.* inestimable, sans prix.
invariable [in'vɛəriəbl], *a.* invariable, constant, uniforme.
invariably [in'vɛəriəbli], *adv.* invariablement; constamment.
invasion [in'veiʒən], *n.* invasion, *f.*, envahissement, *m.*; (fig.) violation, *f.*
invective [in'vektiv], *n.* invective, *f.*
inveigh [in'vei], *v.i.* invectiver (contre).
inveigle [in'viːgl, in'veigl], *v.t.* séduire, attirer, entraîner.
invent [in'vent], *v.t.* inventer.
invention [in'venʃən], *n.* invention, *f.*
inventive [in'ventiv], *a.* inventif.
inventor [in'ventə], *n.* inventeur, *m.*
inventory ['invəntri], *n.* inventaire, *m.*
inverse [in'vəːs], *a.* inverse.
inversely [in'vəːsli], *adv.* en sens inverse, inversement.
inversion [in'vəːʃən], *n.* inversion, *f.*
invert [in'vəːt], *v.t.* tourner sens dessus dessous, renverser.
invertebrate [in'vəːtibrit], *a. and n.* invertébré, *m.*
invest [in'vest], *v.t.* vêtir, revêtir (de); (Mil.) investir, bloquer; placer (argent).
investigate [in'vestigeit], *v.t.* rechercher, examiner; enquêter sur.
investigation [investi'geiʃən], *n.* investigation, recherche, enquête, *f.*
investigator [in'vestigeitə], *n.* investigateur, *m.*; *private investigator*, détective privé, *m.*
investment [in'vestmənt], *n.* placement (d'argent); (Mil.) investissement, *m.*
investor [in'vestə], *n.* actionnaire, *m., f.*, personne qui place ses fonds, *f.*
inveterate [in'vetərit], *a.* invétéré, enraciné; acharné.
invidious [in'vidiəs], *a.* odieux; désagréable, ingrat (tâche).
invigorate [in'vigəreit], *v.t.* fortifier; donner de la vigueur à.
invigorating [in'vigəreitiŋ], *a.* fortifiant, vivifiant, tonifiant.
invincible [in'vinsibl], *a.* invincible.
inviolable [in'vaiələbl], *a.* inviolable.
inviolate [in'vaiəlit], *a.* inviolé, pur, intact.
invisible [in'vizibl], *a.* invisible.
invitation [invi'teiʃən], *n.* invitation, *f.*
invite [in'vait], *v.t.* inviter, engager (à); (fig.) appeler, provoquer.
inviting [in'vaitiŋ], *a.* attrayant, appétissant, tentant.
invoice ['invois], *n.* facture, *f.*—*v.t.* facturer.
invoke [in'vouk], *v.t.* invoquer.
involuntarily [in'voləntərili], *adv.* involontairement.
involuntary [in'voləntəri], *a.* involontaire.
involve [in'volv], *v.t.* envelopper (to envelop); compromettre, impliquer, entraîner (to entail); comprendre, renfermer (to comprise); embarrasser, entortiller (to entangle).
involved [in'volvd], *a.* embrouillé, entortillé, compliqué.
invulnerable [in'vʌlnərəbl], *a.* invulnérable.

inward ['inwəd], *a.* intérieur, interne.—*adv.* (*also* **inwards** ['inwədz]) en dedans, intérieurement.

inwardly ['inwədli], *adv.* intérieurement, intimement.

iodine ['aiədi:n, 'aiədain], *n.* iode, *m.*

ion ['aiən], *n.* ion, *m.*

ionosphere [ai'onəsfiə], *n.* ionosphère, *f.*

iota [ai'outə], *n.* iota; rien, *m.*

Iran [i'ra:n]. l'Iran, *m.*

Iranian [i'reiniən, ai'reiniən], *a.* iranien, *m.*—*n.* Iranien (*personne*), *m.*

Iraq, Irak [i'ra:k]. l'Irak, *m.*

Iraqi [i'ra:ki], *a.* irakien.—*n.* Irakien (*personne*), *m.*

irascible [i'ræsibl], *a.* irascible.

irate [ai'reit], *a.* courroucé, irrité.

ire ['aiə], *n.* colère, *f.*, courroux, *m.*

Ireland ['aiələnd]. l'Irlande, *f.*

Irene [ai'ri:ni, ai'ri:n]. Irène, *f.*

iridescent [iri'desənt], *a.* iridescent, irisé; chatoyant.

iris ['aiəris], *n.* (*pl.* **irises** ['aiərisiz]) iris, *m.*

Irish ['aiəriʃ], *a.* irlandais.—*n.* irlandais (*langue*), *m.*; **the Irish**, les Irlandais, *m.pl.*

Irishman ['aiəriʃmən], *n.* (*pl.* **-men** [men]) Irlandais, *m.*

Irishwoman ['aiəriʃwumən], *n.* (*pl.* **-women** [wimin]) Irlandaise, *f.*

irk [ə:k], *v.t.* peiner, affliger; ennuyer.

irksome ['ə:ksəm], *a.* pénible, ennuyeux, ingrat.

iron ['aiən], *a.* de fer, en fer.—*n.* fer, *m.*; *cast iron*, fonte, *f.*; *corrugated iron*, tôle ondulée, *f.*; *sheet-iron*, tôle, *f.*; *wrought iron*, fer forgé.—*v.t.* repasser (*linge etc.*).

ironic [aiə'ronik], **ironical** [aiə'ronikəl], *a.* ironique.

ironing ['aiəniŋ], *a.* à repasser.—*n.* repassage, *m.*

ironing-board ['aiəniŋbɔ:d], *n.* planche à repasser, *f.*

ironmonger ['aiənmʌŋgə], *n.* quincaillier, *m.*

ironmongery ['aiənmʌŋgəri], *n.* quincaillerie, *f.*

iron-ore ['aiən'ɔ:], *n.* minerai de fer, *m.*

iron-works ['aiən'wə:ks], *n.pl.* forges, *f.pl.*; usine métallurgique, *f.*

irony ['aiərəni], *n.* ironie, *f.*

irradiate [i'reidieit], *v.t.* rayonner sur; éclairer.—*v.i.* rayonner.

irrational [i'ræʃənl], *a.* irraisonnable, déraisonnable; (*Math.*) irrationnel.

irreclaimable [iri'kleiməbl], *a.* incorrigible, invétéré.

irreconcilable [irekən'sailəbl], *a.* irréconciliable (*avec*); incompatible (*avec*); implacable.

irrecoverable [iri'kʌvərəbl], *a.* irrécouvrable; irréparable.

irredeemable [iri'di:məbl], *a.* irrachetable; irrémédiable.

irreducible [iri'dju:sibl], *a.* irréductible.

irreformable [iri'fɔ:məbl], *a.* inaltérable, irréformable.

irrefutable [i'refjutəbl], *a.* irréfutable.

irregular [i'regjulə], *a.* irrégulier, anormal; déréglé.

irregularity [iregju'læriti], *n.* irrégularité, *f.*, déréglement, *m.*

irregularly [i'regjuləli], *adv.* irrégulièrement.

irrelevant [i'reləvənt], *a.* hors de propos, non pertinent; inapplicable (*à*).

irreligious [iri'lidʒəs], *a.* irréligieux.

irremediable [iri'mi:diəbl], *a.* irrémédiable, sans remède.

irremovable [iri'mu:vəbl], *a.* inébranlable, immuable; inamovible.

irreparable [i'repərəbl], *a.* irréparable.

irreplaceable [iri'pleisəbl], *a.* irremplaçable.

irrepressible [iri'presibl], *a.* irrépressible; inextinguible (*rire*).

irreproachable [iri'proutʃəbl], *a.* irréprochable, sans tache.

irresistible [iri'zistibl], *a.* irrésistible.

irresolute [i'rezolju:t], *a.* irrésolu, indécis.

irresolutely [i'rezolju:tli], *adv.* irrésolument, avec hésitation.

irresolution [irezo'lju:ʃən], **irresoluteness** [i'rezolju:tnis], *n.* irrésolution, indécision, *f.*

irrespective [iris'pektiv], *a.* indépendant (*de*), sans égard (*pour*); *irrespective of* indépendamment de.

irrespectively [iris'pektivli], *adv.* indépendamment (*de*), sans égard (*pour*).

irresponsibility [irisponsi'biliti], *n.* irresponsabilité, étourderie, *f.*

irresponsible [iris'ponsibl], *a.* irresponsable; irréfléchi, étourdi.

irretrievable [iri'tri:vəbl], *a.* irréparable, irrémédiable.

irreverence [i'revərəns], *n.* irrévérence, *f.*, manque de respect, *m.*

irreverent [i'revərənt], *a.* irrévérencieux.

irrevocable [i'revəkəbl], *a.* irrévocable.

irrigate ['irigeit], *v.t.* arroser, irriguer.

irrigation [iri'geiʃən], *n.* arrosement, *m.* irrigation, *f.*

irritability [irita'biliti], *n.* irritabilité, *f.*

irritable ['iritəbl], *a.* irritable.

irritate ['iriteit], *v.t.* irriter; *to be irritated*, s'irriter.

irritation [iri'teiʃən], *n.* irritation, *f.*

irruption [i'rʌpʃən], *n.* irruption *f.*

Isabel ['izəbel], **Isabella** [izə'belə]. Isabelle, *f.*

island ['ailənd], *n.* île, *f.*; refuge (*au centre de la rue*), *m.*

islander ['ailəndə], *n.* insulaire, *m., f.*

isle [ail], *n.* île, *f.*

islet ['ailit], *n.* îlot, *m.*

isobar ['aisoba:], *n.* isobare, *f.*

isolate ['aisəleit], *v.t.* isoler.

isolated ['aisəleitid], *a.* isolé, seul.

isolation [aisə'leiʃən], *n.* isolement, *m.*

isosceles [ai'sosəli:z], *a.* isocèle, isoscèle.

Israel ['izreil]. l'Israel, *m.*

Israeli [iz'reili], *a.* israélien.—*n.* Israélien (*personne*), *m.*

issue ['isju:, 'iʃju:], *n.* issue, sortie (*egress*), *f.*; écoulement (*d'eau etc.*), *m.*; distribution (*envoi*); émission (*de billets de banque, timbres-poste*); publication (*de livres etc.*), *f.*; résultat (*conséquence*), *m.*; enfants, *m.pl.*; (*Law*) question, *f.*; *at issue*, en question.—*v.t.* publier; expédier, distribuer; émettre (*billets de banque*).—*v.i.* sortir, jaillir (*de*); (*fig.*) provenir.

isthmus ['isməs], *n.* isthme, *m.*

it [it], *pron.* il, *m.*, elle, *f.*; (*accusatif*) le, *m.*, la, *f.*; (*datif*) lui; (*impersonnel*) il, ce, cela.

Italian [i'tæliən], *a.* italien.—*n.* italien (*langue*); Italien (*personne*), *m.*

italic [i'tælik], a. italique.—n. (pl.) italiques, m.pl.

italicize [i'tælisaiz], v.t. mettre ou imprimer en italiques.

Italy ['itəli]. l'Italie, f.

itch [itʃ], n. démangeaison; gale (maladie), f.—v.i. démanger.

item ['aitəm], n. article; détail, m., rubrique, f.; **item of news**, nouvelle, f.—adv. item, de plus.

itinerant [i'tinərənt], a. ambulant.

itinerary [i'tinərəri], n. itinéraire, m.

its [its], poss. a. son, m., sa, f.; ses, m.pl.

itself [it'self], pron. lui, m., elle, f., soi, lui-même, m., elle-même, f., soi-même, m.; (reflexive) se.

ivory ['aivəri], a. d'ivoire.—n. ivoire, m.

ivy ['aivi], n. lierre, m.

J

J, j [dʒei]. dixième lettre de l'alphabet, m.

jabber ['dʒæbə], v.i. jaboter, baragouiner.—n. bavardage, baragouinage, m.

jack [dʒæk], n. chevalet (de scieur); cric (pour auto); (Cards) valet; (Bowls) cochonnet, m.—v.t. **to jack up**, soulever avec un cric.

jackal ['dʒækɔ:l], n. chacal, m.

jackanapes ['dʒækəneips], n. singe; fat, m.

jackass ['dʒækæs], n. âne, baudet, bourriquet; (fig.) idiot, m.

jackdaw ['dʒækdɔ:], n. choucas, m.

jacket ['dʒækit], n. veste, f.; veston, m.; (Tech.) chemise, enveloppe, jaquette, f.

jack-in-the-box ['dʒækinðəbɔks], n. boîte à surprise, f.

jack-tar ['dʒæk'ta:], n. marin, m.

jade (1) [dʒeid], n. rosse; haridelle; (fig.) coquine (femme), f.—v.t. surmener, harasser, éreinter.

jade (2) [dʒeid], n. (Min.) jade, m.

jaded ['dʒeidid], a. surmené, éreinté.

jagged ['dʒægid], **jaggy** ['dʒægi], a. dentelé, ébréché.

jaguar ['dʒægjuə], n. jaguar, m.

jail [dʒeil], n. prison, geôle, f.

jailer ['dʒeilə], n. geôlier, m.

jam [dʒæm], n. confitures, f.pl.; encombrement, embouteillage (de circulation), m.—v.t. serrer, presser, bloquer; (Rad.) brouiller.—v.i. se coincer.

jamming ['dʒæmiŋ], n. coincement; (Rad.) brouillage, m.

Jamaica [dʒə'meikə]. la Jamaïque, f.

Jamaican [dʒə'meikən], a. jamaïquain.—n. Jamaïquain (personne), m.

James [dʒeimz]. Jacques, m.

Jane [dʒein]. Jeanne, f.

jangle ['dʒæŋgl], v.t. choquer avec bruit; (fig.) agacer (nerfs).—v.i. faire un bruit de ferraille.

janitor ['dʒænitə], n. portier, concierge, m.

January ['dʒænjuəri], janvier, m.

Japan [dʒə'pæn]. le Japon, m.

japan [dʒə'pæn], n. laque, vernis, m.—v. laquer; vernir.

Japanese [dʒæpə'ni:z], a. japonais.—n. japonais (langue); Japonais (personne), m.

jar (1) [dʒa:], v.t. remuer, secouer; ébranler.—v.i. être discordant (instrument de musique); heurter, s'entrechoquer (être en conflit); jurer (couleurs); (fig.) se disputer.—n. son discordant, choc, m.; querelle, f.

jar (2) [dʒa:], n. jarre, cruche (faïence), f., bocal (verre), m.

jargon ['dʒa:gən], n. jargon, m.

jarring ['dʒa:riŋ], a. discordant; en conflit.—n. son discordant, m.; querelles, f.pl.

jasmine ['dʒæzmin], n. jasmin, m.

jasper ['dʒæspə], n. jaspe, m.

jaundice ['dʒɔ:ndis], n. jaunisse, f.

jaundiced ['dʒɔ:ndist], a. qui a la jaunisse; (fig.) prévenu (contre).

jaunt [dʒɔ:nt], n. petite promenade ou excursion, f.—v.i. faire une petite promenade ou excursion.

jauntily ['dʒɔ:ntili], adv. avec insouciance, légèrement.

jauntiness ['dʒɔ:ntinis], n. légèreté, f., enjouement, m.

jaunty ['dʒɔ:nti], a. léger, enjoué, sémillant.

javelin ['dʒævəlin], n. javeline, f., javelot, m.

jaw [dʒɔ:], n. mâchoire, f.; (fig., pl.) portes, f.pl.; bras, m.pl., étreintes, f.pl.

jawbone ['dʒɔ:boun], n. mâchoire, f.

jay [dʒei], n. geai, m.

jay-walker ['dʒeiwɔ:kə], n. piéton distrait, m.

jazz [dʒæz], n. jazz, m.

jealous ['dʒeləs], a. jaloux.

jealously ['dʒeləsli], adv. jalousement; par jalousie.

jealousy ['dʒeləsi], n. jalousie, f.

jean [dʒi:n], n. coutil, treillis; (pl.) pantalon (de coutil), m.

jeep [dʒi:p], n. jeep, f.

jeer [dʒiə], n. raillerie, moquerie, f.—v.t. railler, huer, se moquer de.—v.i. railler, se moquer, goguenarder.

jeering ['dʒiəriŋ], a. railleur, moqueur, goguenard.—n. raillerie, moquerie, f.

jeeringly ['dʒiəriŋli], adv. en raillant, d'un ton moqueur.

jelly ['dʒeli], n. gelée, f.

jelly-fish ['dʒelifiʃ], n. méduse, f.

jennet ['dʒenit], n. genet (d'Espagne), m.

jeopardize ['dʒepədaiz], v.t. hasarder, risquer, mettre en danger.

jeopardy ['dʒepədi], n. danger, hasard, m.

jerk [dʒə:k], n. saccade, secousse, f.—v.t. donner une poussée à; jeter.

jerkily ['dʒə:kili], adv. par saccades.

jerkin ['dʒə:kin], n. pourpoint; paletot (de cuir), m.

jerky ['dʒə:ki], a. saccadé; irrégulier.

jersey ['dʒə:zi], n. vareuse de laine, f., maillot, tricot, m.

jest [dʒest], n. plaisanterie, facétie, f., bon mot, m.; risée (objet de rire), f.—v.i. plaisanter (de ou avec), badiner (sur).

jester ['dʒestə], n. plaisant, railleur; bouffon, fou, m.

jesting ['dʒestiŋ], a. pour rire, badin.—n. raillerie, plaisanterie, f., badinage, m.

jestingly ['dʒestiŋli], adv. en plaisantant, pour rire.

Jesuit ['dʒezjuit], n. Jésuite, m.

Jesus ['dʒiːzəs]. Jésus, *m.*

jet [dʒet], *n.* jet, jet d'eau; (*Min.*) jais, *m.*; **jet engine**, turbo-réacteur, *m.*; **jet plane**, avion à réaction, *m.*—*v.i.* s'élancer; gicler.

jet-black ['dʒet'blæk], *a.* noir comme le jais.

jetsam ['dʒetsəm], *n.* marchandise jetée à la mer, *f.*, épaves, *f.pl.*

jettison ['dʒetisən], *n.* jet à la mer, *m.*—*v.t.* jeter par-dessus bord.

jetty ['dʒeti], *n.* jetée, *f.*

Jew [dʒuː], *n.* Juif, *m.*

jewel ['dʒuːəl], *n.* joyau, bijou, *m.*, pierre précieuse, *f.*; (*pl.*) pierreries, *f.pl.*; rubis (*de montre*), *m.pl.*—*v.t.* orner de bijoux.

jeweller ['dʒuːələ], *n.* joaillier, bijoutier, *m.*

jewellery ['dʒuːəlri], *n.* joaillerie, bijouterie, *f.*

Jewess ['dʒuːis], *n.* Juive, *f.*

Jewish ['dʒuːiʃ], *a.* juif, des Juifs.

Jewry ['dʒuːri], *n.* Juiverie, *f.*

jib [dʒib], *n.* (*Naut.*) foc, *m.*—*v.i.* reculer; regimber.

jiffy ['dʒifi], *n.* **in a jiffy**, en un clin d'œil.

jig [dʒig], *n.* gigue (*danse*), *f.*, gabarit, *m.*—*v.i.* danser la gigue.

jilt [dʒilt], *n.* coquette, *f.*—*v.t.* planter là; abandonner, (*fam.*) plaquer (*un amoureux*).

jingle [dʒiŋgl], *n.* tintement (*de cloches*); cliquetis (*de verres, métaux etc.*), *m.*—*v.t.* faire tinter, faire cliqueter.—*v.i.* tinter (*grelots etc.*); s'entrechoquer (*verres etc.*).

jingo ['dʒiŋgou], *n.* chauvin, *m.*; **by jingo!** par exemple!

jingoism ['dʒiŋgouizm], *n.* chauvinisme, *m.*

jinx [dʒiŋks], *n.* porte-guigne, *m.*

Joan [dʒoun]. Jeanne, *f.*; **Joan of Arc**, Jeanne d'Arc.

job [dʒɔb], *n.* travail, ouvrage, *m.*; tâche, pièce, besogne, affaire, *f.*; emploi, *m.*; **job lot**, solde, *m.*, occasion, *f.*; **that's just the job**, cela fait juste l'affaire.—*v.t.* louer; tripoter.—*v.i.* travailler à la tâche; (*Comm.*) agioter, spéculer.

jobber ['dʒɔbə], *n.* ouvrier à la tâche; (*Comm.*) agioteur, coulissier; exploiteur, *m.*

jobbing ['dʒɔbiŋ], *a.* **jobbing gardener**, jardinier à la journée, *m.*—*n.* ouvrage à la tâche; (*Comm.*) agiotage; tripotage, *m.*

jockey ['dʒɔki], *n.* jockey, *m.*

jocose [dʒo'kous], *a.* plaisant, jovial.

jocular ['dʒɔkjulə], *a.* plaisant, facétieux.

jocularly ['dʒɔkjuləli], *adv.* facétieusement.

jocund ['dʒɔkənd], *a.* joyeux, enjoué, gai.

jog [dʒɔg], *v.t.* pousser d'un coup de coude; secouer, cahoter; (*fig.*) rafraîchir (*la mémoire*).—*v.i.* se mouvoir; marcher lentement; **to jog along**, aller doucement.—*n.* secousse légère, *f.*, cahot; coup de coude, *m.*; **jog trot**, petit trot, *m.*

John [dʒɔn]. Jean, *m.*; **Johnnie**, (*colloq.*) Jeannot, *m.*

join [dʒɔin], *v.t.* joindre, unir; associer (*à*); rejoindre (*rattraper*); relier (*rues etc.*); **will you join us?** voulez-vous être des nôtres?—*v.i.* se joindre, s'unir; s'inscrire; s'associer; prendre part (*à*).

joiner ['dʒɔinə], *n.* menuisier, *m.*

joinery ['dʒɔinəri], *n.* menuiserie, *f.*

joint [dʒɔint], *a.* commun, ensemble, réuni.—*n.* jointure, *f.*, joint, *m.*; pièce, *f.*; rôti (*de viande*), *m.*; phalange (*du doigt*); charnière (*de porte*); soudure; (*Anat.*) articulation, *f.*; (*Bot.*) nœud, *m.*; (*slang*) boîte, *f.*; **out of**

joint, disloqué, (*fig.*) dérangé; **to put one's arm out of joint**, se démettre le bras.—*v.t.* couper aux jointures; joindre.

jointed ['dʒɔintid], *a.* articulé, jointé; séparé.

jointly ['dʒɔintli], *adv.* conjointement.

joint-stock ['dʒɔintstɔk], *n.* capital, fonds commun, *m.*; **joint-stock bank**, banque par actions, *f.*; **joint-stock company**, société anonyme, *f.*

joist [dʒɔist], *n.* solive, poutre, poutrelle, *f.*

joke [dʒouk], *n.* bon mot, mot pour rire, *m.*, plaisanterie, (*fam.*) blague, *f.*; **a practical joke**, une farce, un mauvais tour; **to crack a joke**, dire un bon mot.—*v.t.* plaisanter sur, railler de.—*v.i.* plaisanter, badiner; rire de.

joker ['dʒoukə], *n.* plaisant, farceur; (*Cards*) joker, *m.*

joking ['dʒoukiŋ], *n.* plaisanterie, farce, *f.*

jokingly ['dʒoukiŋli], *adv.* en plaisantant, pour rire.

jollification [dʒɔlifi'keiʃən], *n.* partie de plaisir, *f.*

jollity ['dʒɔliti], *n.* joie, gaieté, *f.*

jolly ['dʒɔli], *a.* gai, joyeux, gaillard, réjoui.

jolt [dʒoult], *n.* cahot, choc, *m.*—*v.t.* cahoter. —*v.i.* faire des cahots.

Jonah ['dʒounə]. Jonas, *m.*—*n.* porte-malheur, *m.*

jonquil ['dʒɔŋkwil], *n.* (*Bot.*) jonquille, *f.*

Jordan ['dʒɔːdən]. le Jourdain (*rivière*), *m.*; la Jordanie (*pays*), *f.*

Jordanian [dʒɔː'deiniən], *a.* jordanien.—*n.* Jordanien (*personne*), *m.*

jostle [dʒɔsl], *v.t.* pousser, bousculer; (*Spt.*) gêner (*un concurrent*).—*v.i.* jouer des coudes.

jot [dʒɔt], *n.* iota, brin, *m.*—*v.t.* **to jot down**, noter, prendre note de.

journal ['dʒəːnəl], *n.* journal, *m.*; revue, *f.*

journalism ['dʒəːnəlizm], *n.* journalisme, *m.*

journalist ['dʒəːnəlist], *n.* journaliste, *m.*, *f.*

journey ['dʒəːni], *n.* voyage; trajet (*distance*), *m.*; **a pleasant journey to you!** bon voyage! **on the journey**, en route; **to go on a journey**, faire un voyage.—*v.i.* voyager.

journeyman ['dʒəːnimən], *n.* (*pl.* **-men** [men]) garçon, ouvrier, *m.*

joust [dʒaust], *n.* joute, *f.*—*v.t.* jouter.

Jove [dʒouv]. Jupiter, *m.*; **by Jove!** bigre! mâtin!

jovial ['dʒouviəl], *a.* joyeux, gai.

joviality [dʒouvi'æliti], *n.* humeur joviale, jovialité, *f.*

jowl [dʒaul], *n.* joue, hure (*de saumon*), *f.*; **cheek by jowl**, côte à côte.

joy [dʒɔi], *n.* joie, *f.*; **to wish someone joy**, féliciter quelqu'un.—*v.i.* se réjouir (*de ou avec*).

joyful ['dʒɔiful], *a.* joyeux.

joyfully ['dʒɔifuli], *adv.* joyeusement.

joyfulness ['dʒɔifulnis], *n.* allégresse, joie, *f.*

joyous ['dʒɔiəs], *a.* joyeux.

jubilant ['dʒuːbilənt], *a.* réjoui; jubilant.

jubilation [dʒuːbi'leiʃən], *n.* réjouissances de triomphe, *f.pl.*, jubilation, *f.*

jubilee ['dʒuːbiliː], *n.* jubilé, *m.*

Judaea [dʒuː'diə]. la Judée, *f.*

Judaism ['dʒuːdeiizm], *n.* judaïsme, *m.*

465

judge

judge [dʒʌdʒ], *n.* juge; (*fig.*) connaisseur, *m.*; *to be a judge of*, se connaître à *ou* en.— *v.t.* juger; discerner, considérer.

judgment ['dʒʌdʒmənt], *n.* jugement; arrêt, *m.*, sentence, *f.*; (*fig.*) avis, sens, *m.*, opinion, *f.*

judicature ['dʒuːdikətʃə], *n.* judicature, justice; cour de justice, *f.*

judicial [dʒuː'diʃl], *a.* judiciaire, juridique.

judicious [dʒuː'diʃəs], *a.* judicieux, prudent.

judiciously [dʒuː'diʃəsli], *adv.* judicieusement.

judo ['dʒuːdou], *n.* jiu-jitsu, (*fam.*) judo, *m.*

jug [dʒʌg], *n.* broc, *m.*; cruche, *f.*; *water jug*, pot à eau, *m.*—*v.t.* faire un civet de (*lièvre*); *jugged hare*, civet de lièvre, *m.*

juggle [dʒʌgl], *v.t.* jouer, duper, escamoter.— *v.i.* faire des tours de passe-passe; (*fig.*) escamoter.—*n.* jonglerie, *f.*; escamotage, tour de passe-passe, *m.*

juggler ['dʒʌglə], *n.* jongleur; escamoteur; (*fig.*) charlatan, *m.*

juggling ['dʒʌgliŋ], *n.* jonglerie, *f.*, escamotage, *m.*

jugular ['dʒʌgjulə], *a.* and *n.* jugulaire, *f.*

juice [dʒuːs], *n.* jus; suc, *m.*

juicy ['dʒuːsi], *a.* juteux; succulent.

ju-jitsu [dʒuː'dʒitsu], *n.* jiu-jitsu, *m.*

jukebox ['dʒuːkbɔks], *n.* phonographe à sous, jukebox, *m.*

Julian ['dʒuːliən]. Julien, *m.*

Juliet ['dʒuːliət]. Juliette, *f.*

July [dʒuː'lai]. juillet, *m.*

jumble [dʒʌmbl], *v.t.* jeter pêle-mêle, mêler ensemble, confondre.—*n.* pêle-mêle, mélimélo, *m.*, confusion, *f.*; *jumble-sale*, vente de charité, *f.*

jump [dʒʌmp], *n.* saut, bond; sursaut; obstacle (à sauter), *m.*; *high jump*, saut en hauteur; *long jump*, saut en longueur.— *v.t.* sauter, franchir d'un bond; sauter de; faire sauter; (*fam.*) *to jump the queue*, resquiller (dans une queue).—*v.i.* sauter; se jeter, se précipiter (*sur*); *to jump at*, accepter avec empressement.

jumper (1) ['dʒʌmpə], *n.* sauteur, *m.*

jumper (2) ['dʒʌmpə], *n.* chandail, jersey, jumper, *m.*

jumpy ['dʒʌmpi], *a.* nerveux.

junction ['dʒʌŋkʃən], *n.* jonction, *f.*; (*Rail.*) embranchement, *m.*

juncture ['dʒʌŋktʃə], *n.* jointure, *f.*; moment critique, *m.*

June [dʒuːn]. juin, *m.*

jungle [dʒʌŋgl], *n.* jungle, *f.*; fourré, *m.*

junior ['dʒuːniə], *a.* jeune, cadet.—*n.* cadet, inférieur en âge, *m.*

juniper ['dʒuːnipə], *n.* genièvre, *m.*

junk (1) [dʒʌŋk], *n.* jonque (*navire*), *f.*

junk (2) [dʒʌŋk], *n.* objets de rebut, *m.pl.*

junket ['dʒʌŋkit], *n.* lait caillé, *m.*; jonchée (*fromage*), talmouse (*gâteau*), *f.*—*v.t.* régaler. —*v.i.* se régaler.

jurisdiction [dʒuəris'dikʃən],'*n.* juridiction,*f.*

jurisprudence [dʒuəris'pruːdəns], *n.* jurisprudence, *f.*

jurist ['dʒuərist], *n.* juriste, *m.*, *f.*

juror ['dʒuərə], *n.* juré, *m.*

jury ['dʒuəri], *n.* jury, *m.*

juryman ['dʒuərimən], *n.* (*pl.* **-men** [men]) juré, *m.*

just [dʒʌst], *a.* juste, équitable.—*adv.* juste, justement, précisément; tout, tout juste, seulement, un peu; *he has just gone out*, il vient de sortir; *just now*, à l'instant, tout à l'heure; *just so*, précisément.

justice ['dʒʌstis], *n.* justice, *f.*; juge (*magistrat*), *m.*; *Justice of the Peace*, juge de paix; *to do justice to*, (*fig.*) faire honneur à (*un repas etc.*).

justifiable [dʒʌsti'faiəbl], *a.* justifiable, légitime.

justification [dʒʌstifi'keiʃən], *n.* justification, *f.*

justify ['dʒʌstifai], *v.t.* justifier, autoriser, permettre; *to feel justified in*, se croire autorisé à, croire devoir.

justly ['dʒʌstli], *adv.* exactement, justement; à bon droit.

jut [dʒʌt], *v.i.* avancer, faire saillie.

jute [dʒuːt], *n.* jute, *m.*

jutting ['dʒʌtiŋ], *a.* en saillie, saillant.

juvenile ['dʒuːvənail], *a.* jeune; juvénile, de jeunesse; *juvenile delinquent*, jeune délinquant, *m.*—*n.* jeune, *m.*, *f.*; adolescent, *m.*

juxtaposition [dʒʌkstəpə'ziʃən], *n.* juxtaposition, *f.*; *in juxtaposition*, juxtaposé.

K

K, k [kei]. onzième lettre de l'alphabet, *m.*

kale, kail [keil], *n.* (*Sc.*) chou, *m.*; *sea-kale*, chou marin.

kaleidoscope [kə'laidəskoup], *n.* kaléidoscope, *m.*

kangaroo [kæŋgə'ruː], *n.* kangourou, *m.*

Katharine, Katherine ['kæθərin]. Catherine, *f.*

keel [kiːl], *n.* quille; carène, *f.*

keen [kiːn], *a.* affilé, aigu, aiguisé; (*fig.*) vif, ardent; amer, mordant (*acerbe*); pénétrant, perçant (*brisant la surface de*); dévorant (*appétit*).

keenly ['kiːnli], *adv.* vivement, ardemment, âprement.

keenness ['kiːnnis], *n.* finesse (*de tranchant*); (*fig.*) subtilité; vivacité, ardeur, *f.*, empressement; mordant (*de troupes*), *m.*, âpreté (*du froid*), *f.*

keep [kiːp], *v.t.* *irr.* tenir, retenir, garder; maintenir, conserver (*ne pas perdre*); avoir (*volaille etc.*); entretenir (*subvenir aux besoins de*); nourrir (*avoir en pension*); avoir à son service; (*fig.*) observer; célébrer, fêter; garantir, protéger; remplir; continuer; *keep it up !* continuez ! *to keep away*, éloigner, tenir éloigné; *to keep back*, retenir, garder, tenir en réserve; retarder; *to keep from*, préserver de, empêcher de; *to keep in*, tenir enfermé, retenir; *to keep on*, continuer; *to keep out*, ne pas admettre, écarter, éloigner; *to keep to*, s'en tenir à; *to keep up*, tenir levé, soutenir; continuer; entretenir.—*v.i.* se tenir; rester, demeurer (*ne pas cesser d'être*); se garder, se

466

knife

conserver (*durer*); (*fig.*) se garder, s'abstenir; *to keep away*, se tenir éloigné; *to keep back*, se tenir en arrière; *to keep (doing, saying, telling etc.)*, ne pas cesser de; *to keep silent*, se taire; *to keep up with*, aller de pair avec.—*n.* donjon, réduit (*forteresse*), *m.*; nourriture, *f.*, entretien (*subsistance*), *m.*

keeper ['ki:pə], *n.* garde; gardien; surveillant, *m.*

keeping ['ki:piŋ], *n.* garde, surveillance; conservation; (*fig.*) harmonie, *f.*

keepsake ['ki:pseik], *n.* souvenir, *m.*

keg [keg], *n.* caque (*de hareng*), *f.*, petit baril, *m.*

ken [ken], *n.* vue; portée, *f.*

kennel [kenl], *n.* chenil, *m.*; niche, *f.*

Kenya ['kenjə]. le Kénya, *m.*

kept [kept], *a.* entretenu.—*p.p.* [KEEP].

kerb [kə:b], *n.* bordure (*de trottoir*), margelle (*de puits*), *f.*

kerb-stone ['kə:bstoun], *n.* bordure (*de trottoir*), *f.*, parement, *m.*

*kerchief ['kə:tʃif], *n.* fichu, *m.*

kernel [kə:nl], *n.* graine, amande, *f.*, pignon (*de pomme de pin*); noyau (*de drupe*); (*fig.*) fond, essentiel, *m.*

kerosene ['kerosi:n], *n.* kérosène; pétrole lampant, *m.*

kestrel ['kestrəl], *n.* crécerelle, *f.*

ketch [ketʃ], *n.* (*Naut.*) quaiche, *f.*, ketch, *m.*

kettle [ketl], *n.* bouilloire, *f.*; chaudron (*bassine à confitures*), *m.*; *a pretty kettle of fish*, un beau gâchis.

kettledrum ['ketldrʌm], *n.* timbale, *f.*

key [ki:], *n.* clef, clé, *f.*; (*Arith. etc.*) corrigé; (*Mus.*) ton, *m.*; touche (*sur le piano etc.*), *f.*; *under lock and key*, sous clef.

key-board ['ki:bo:d], *n.* clavier, *m.*

keyhole ['ki:houl], *n.* trou de la serrure, *m.*

key-note ['ki:nout], *n.* tonique; (*fig.*) idée maîtresse, *f.*

key-stone ['ki:stoun], *n.* clef de voûte, *f.*

khaki ['ka:ki], *n.* kaki, *m.*

khan [ka:n], *n.* kan, khan, *m.*

kick [kik], *n.* coup de pied; recul (*d'un fusil*), *m.*; ruade (*d'animal*), *f.*; (*Ftb.*) *free kick*, coup franc, *m.*—*v.t.* donner un coup de pied à; frapper ou pousser du pied; (*Ftb.*) botter; *to kick out*, chasser à coups de pied; *to kick up a row*, faire du tapage.—*v.i.* donner des coups de pied; ruer, regimber (*animal*); reculer (*cheval*).

kick-off ['kikɔf], *n.* (*Ftb.*) coup d'envoi, *m.*

kid [kid], *a.* de chevreau; *kid gloves*, gants de chevreau, *m.pl.*—*n.* chevreau; (*colloq.*) enfant, gosse, *m.*—*v.t.* (*fam.*) en conter à; *no kidding!* sans blague!

kidnap ['kidnæp], *v.t.* enlever.

kidney ['kidni], *n.* rein; rognon (*d'animal*), *m.*

kidney-bean ['kidni'bi:n], *n.* haricot, *m.*

kill [kil], *v.t.* tuer; faire mourir; abattre (*assassiner*).

killer ['kilə], *n.* tueur, *m.*

killing ['kiliŋ], *a.* mortel; assommant (*travail*).—*n.* tuerie, boucherie, *f.*, massacre, *m.*

kiln [kiln], *n.* four, *m.*

kilogramme ['kilogræm], *n.* kilogramme, *m.*

kilometre ['kiləmi:tə], *n.* kilomètre, *m.*

kilowatt ['kilowɔt], *n.* kilowatt, *m.*

kin [kin], *n.* parenté, *f.*; parent, allié, *m.*; *next of kin*, le plus proche parent.

kind [kaind], *a.* bon, bienveillant, bienfaisant; obligeant, complaisant (*accommodant*); *my kind regards to him*, faites-lui toutes mes amitiés; *will you be so kind as to*, voulez-vous avoir la bonté de.—*n.* genre, *m.*, sorte, espèce, *f.*; *in kind*, en nature.

kindergarten ['kindəga:tn], *n.* école maternelle, *f.*

kindhearted ['kaind'ha:tid], *a.* bon, bienveillant.

kindle [kindl], *v.t.* allumer, enflammer; (*fig.*) éveiller, exciter.—*v.i.* s'allumer, s'enflammer.

kindliness ['kaindlinis], *n.* bienveillance, bonté, *f.*

kindly ['kaindli], *a.* bon, bienveillant, favorable.—*adv.* avec bienveillance.

kindness ['kaindnis], *n.* bienveillance, bonté, *f.*; bienfait, *m.*

kindred ['kindrid], *a.* de même nature.—*n.* parenté, *f.*; parents, *m.pl.*

kinema ['kinimə], [CINEMA].

king [kiŋ], *n.* roi, *m.*; (*Draughts*) dame, *f.*

kingdom ['kiŋdəm], *n.* royaume; (*fig.*) empire; (*Nat. Hist.*) règne, *m.*; *the United Kingdom*, le Royaume-Uni.

kingfisher ['kiŋfiʃə], *n.* (*Orn.*) martin-pêcheur, *m.*

kingly ['kiŋli], *a.* de roi, royal.

kink [kiŋk], *n.* nœud; (*colloq.*) point faible, défaut, *m.*

kinsman ['kinzmən], *n.* (*pl.* **-men** [men]) parent, allié, *m.*

kiosk ['ki:ɔsk], *n.* kiosque, *m.*; *telephone kiosk*, cabine téléphonique, *f.*

kirk [kə:k], *n.* église d'Écosse, *f.*

kiss [kis], *n.* baiser, *m.*—*v.t.*, *v.i.* embrasser; *to kiss (each other)*, s'embrasser.

kit [kit], *n.* petit équipement, *m.*, effets, *m.pl.*; trousse, *f.*; outils (*d'un ouvrier*), *m.pl.*

kit-bag ['kitbæg], *n.* sac, *m.*

kitchen ['kitʃin], *n.* cuisine, *f.*

kitchen-garden ['kitʃingɑ:dn], *n.* jardin potager, *m.*

kitchen-utensils ['kitʃinju:tenslz], *n.pl.* batterie de cuisine, *f.*

kite [kait], *n.* milan (*oiseau*); cerf-volant (*jouet*), *m.*

kith [kiθ], *n.* *kith and kin*, parents et amis, *m.pl.*

kitten [kitn], *n.* chaton, petit chat, *m.*

knack [næk], *n.* adresse, *f.*, tour de main, *m.*

knapsack ['næpsæk], *n.* havresac, *m.*

knave [neiv], *n.* fripon, coquin; (*Cards*) valet, *m.*

knavery ['neivəri], *n.* friponnerie, coquinerie, *f.*

knavish ['neiviʃ], *a.* fripon; malin.

knead [ni:d], *v.t.* pétrir.

knee [ni:], *n.* genou, *m.*

knee-breeches ['ni:britʃiz], *n.pl.* culotte courte, *f.*

knee-cap ['ni:kæp], *n.* genouillère; (*Anat.*) rotule, *f.*

kneel [ni:l], *v.i. irr.* s'agenouiller.

knell [nel], *n.* glas, *m.*

knickers ['nikəz], *n.* culotte (*de femme*), *f.*

knick-knack ['niknæk], *n.* brimborion, *m.*, babiole, *f.*; colifichet, bibelot, *m.*

knife [naif], *n.* (*pl.* **knives** [naivz]) couteau; (*Tech.*) coupoir; (*Surg.*) scalpel, bistouri, *m.*; *carving-knife*, couteau à découper; *pen-knife*, canif, *m.*—*v.t.* poignarder.

knife-grinder

knife-grinder [ˈnaifgraində], *n.* rémouleur, *m.*

knight [nait], *n.* chevalier; (*Chess*) cavalier, *m.*—*v.t.* créer chevalier.

knighthood [ˈnaithud], *n.* chevalerie, *f.*

knightly [ˈnaitli], *a.* chevaleresque, de chevalier.

knit [nit], *v.t.* tricoter; froncer (*les sourcils*); (*fig.*) joindre, attacher, lier.

knitting [ˈnitiŋ], *n.* tricot, *m.*

knitting-needle [ˈnitiŋniːdl], *n.* aiguille à tricoter, *f.*

knives [KNIFE].

knob [nɔb], *n.* bosse, *f.*; bouton (*de porte*), *m.*

knock [nɔk], *v.t.* frapper, heurter, cogner; **to knock about**, bousculer, malmener; **to knock down**, renverser, assommer; adjuger (*aux enchères*).—*v.i.* **to knock about**, rouler sa bosse, aller de par le monde; **to knock off**, cesser le travail.—*n.* coup, choc; cognement, *m.*

knocker [ˈnɔkə], *n.* marteau (*de porte*), *m.*

knocking [ˈnɔkiŋ], *n.* coups, *m.pl.*

knoll [noul], *n.* monticule, tertre, *m.*, butte, *f.*

knot [nɔt], *n.* nœud; groupe (*de personnes etc.*), *m.*; (*fig.*) difficulté, *f.*, embarras, *m.*—*v.t.* nouer; lier; (*fig.*) embrouiller.—*v.i.* faire des nœuds; se nouer.

knotted [ˈnɔtid], *a.* noueux.

knotty [ˈnɔti], *a.* noueux; (*fig.*) dur (*difficile*) embrouillé, compliqué.

know [nou], *v.t. irr.* savoir, apprendre (*to learn*); connaître (*to be acquainted with*); reconnaître (*to recognize*); **to know by heart**, savoir par cœur; **to know by sight**, connaître de vue; **to know someone**, connaître quelqu'un; **to know something**, savoir quelque chose.—*n.* **to be in the know**, être dans le secret.

know-how [ˈnouhau], *n.* savoir-faire, *m.*

knowing [ˈnouiŋ], *a.* intelligent, instruit; fin, malin.

knowingly [ˈnouiŋli], *adv.* sciemment; avec ruse.

knowledge [ˈnɔlidʒ], *n.* connaissance, science, *f.*; savoir, *m.*; **not to my knowledge**, pas que je sache; **without my knowledge**, à mon insu.

knowledgeable [ˈnɔlidʒəbl], *a.* bien informé.

knuckle [nʌkl], *n.* jointure, articulation du doigt, *f.*; jarret (*de viande*), *m.*—*v.i.* **to knuckle under**, se soumettre, mettre les pouces.

knuckle-bone [ˈnʌklboun], *n.* osselet, *m.*

Korea [kəˈriːə], la Corée, *f.*

Korean [kəˈriːən], *a.* coréen.—*n.* coréen (*langue*); Coréen (*personne*), *m.*

Kuwait [kuˈweit], le Koweit, *m.*

L

L, l [el], douzième lettre de l'alphabet *m.*

la [lɑː], *n.* (*Mus.*) la, *m.*

lab [læb], *n.* (*fam.*) labo, *m.*

468

label [leibl], *n.* étiquette, *f.*; (*Ind.*) label, *m.*—*v.t.* étiqueter; (*fig.*) désigner sous le nom de.

laboratory [ləˈbɔrətəri, ˈlæbrətəri], *n.* laboratoire, *m.*

laborious [ləˈbɔːriəs], *a.* laborieux, pénible.

laboriously [ləˈbɔːriəsli], *adv.* laborieusement, péniblement.

labour [ˈleibə], *n.* travail, labeur, *m.*, peine, *f.*; ouvrage (*piece of work*); travail d'enfant (*accouchement*), *m.*; **hard labour**, travaux forcés, *m.pl.*; **manual labour**, main-d'œuvre, *f.*; **the Labour Party**, le parti travailliste.—*v.t.* travailler; (*fig.*) élaborer.—*v.i.* travailler; souffrir, peiner; chercher (*à*), s'efforcer (*de*); **to labour under a delusion**, être dans l'erreur.

labourer [ˈleibərə], *n.* manœuvre, homme de peine, *m.*

labour-exchange [ˈleibəriksˈtʃeindʒ], *n.* bureau de placement (*municipal* ou *d'état*), *m.*

labour-saving [ˈleibəseiviŋ], *a.* **labour-saving device**, économiseur de travail, *m.*

Labrador [ˈlæbrədɔː]. le Labrador, *m.*

labrador [ˈlæbrədɔː], *n.* chien de Labrador, *m.*

laburnum [ləˈbəːnəm], *n.* faux ébénier, cytise, *m.*

labyrinth [ˈlæbirinθ], *n.* labyrinthe, *m.*

lace [leis], *n.* dentelle, *f.*; point, galon; lacet (*cordon*); ruban (*bande*), *m.*; **boot-lace**, lacet de bottine.—*v.t.* lacer (*ses souliers*); garnir de dentelle, galonner (*orner de dentelle*); (*fig.*) orner.

lacerate [ˈlæsəreit], *v.t.* déchirer, lacérer.

laceration [læsəˈreiʃən], *n.* déchirure, lacération, *f.*

lachrymose [ˈlækrimous], *a.* larmoyant.

lacing [ˈleisiŋ], *n.* lacement, *m.*

lack [læk], *n.* manque, besoin, défaut, *m.*; **for lack of**, faute de.—*v.t.* manquer de.—*v.i.* manquer.

lackey [ˈlæki], *n.* laquais, *m.*

lacking [ˈlækiŋ], *a.* manquant (*de*), dépourvu (*de*).

laconic [ləˈkɔnik], *a.* laconique.

lacquer [ˈlækə], *n.* laque, *m.*

lad [læd], *n.* garçon, jeune homme; gaillard, *m.*

ladder [ˈlædə], *n.* échelle, *f.*; démaillage (*d'un bas*) *m.*; **ladder-proof**, indémaillable (*bas*).—*v.t.* démailler (*un bas*).

lade [kid], *v.t.* (*Naut.*) charger.

laden [leidn], *a.* chargé.

lading [ˈleidiŋ], *n.* chargement, *m.*; **bill of lading**, connaissement, *m.*

ladle [leidl], *n.* louche, cuiller à pot, *f.*

lady [ˈleidi], *n.* (*pl.* **ladies** [ˈleidiz]) dame, *f.*; **young lady**, demoiselle, *f.*

lady-bird [ˈleidibəːd], *n.* coccinelle, bête à bon Dieu, *f.*

lady-killer [ˈleidikilə], *n.* bourreau des cœurs, *m.*

lady-like [ˈleidilaik], *a.* de dame, comme il faut, qui a l'air distingué.

lag [læg], *v.i.* se traîner; traîner (*choses*).—*n.* retard, *m.*

laggard [ˈlægəd], *n.* traînard, lambin, *m.*

lager [ˈlɑːgə], *n.* bière blonde (allemande), *f.*

lagoon [ləˈguːn], *n.* lagune, *f.*

lair [lɛə], *n.* repaire, antre, *m.*

laird [lɛəd], *n.* (*Sc.*) propriétaire, châtelain, *m.*

laity [ˈleiiti], *n.* laïques, *m.pl.*

lake [leik], *n.* lac, *m.*; laque (*couleur*), *f.*
lamb [læm], *n.* agneau, *m.*—*v.i.* agneler.
lambkin ['læmkin], *n.* agnelet, petit agneau, *m.*
lame [leim], *a.* boiteux, estropié (*infirme*); (*fig.*) défectueux, imparfait; *a lame excuse*, une piètre excuse; *a lame man*, un boiteux.—*v.t.* estropier.
lamely ['leimli], *adv.* en boitant; (*fig.*) imparfaitement, mal.
lameness ['leimnis], *n.* claudication, *f.*; clochement, boitement, *m.*; (*fig.*) faiblesse (*d'une excuse*), *f.*
lament [lə'ment], *v.t.* se lamenter sur, pleurer; s'affliger de.—*v.i.* se lamenter, pleurer.—*n.* lamentation, complainte, plainte, *f.*
lamentable ['læməntəbl], *a.* lamentable, pitoyable.
lamentation [læmən'teiʃən], *n.* lamentation, plainte, jérémiade, *f.*
lamented [lə'mentid], *a.* regretté (*feu*).
lamp [læmp], *n.* lampe; lanterne (*carrosse etc.*); (*fig.*) lumière, *f.*; *street-lamp*, réverbère, *m.*
lampoon [læm'pu:n], *n.* satire, *f.*, libelle, *m.*
lamp-post ['læmppoust], *n.* lampadaire, *m.*
lamp-shade ['læmpʃeid], *n.* abat-jour, *m.*
lance [lɑ:ns], *n.* lance, *f.*—*v.t.* percer d'un coup de lance; (*Surg.*) donner un coup de lancette à, percer.
lance-corporal ['lɑ:ns'kɔ:pərəl], *n.* soldat de première classe, *m.*
lancer ['lɑ:nsə], *n.* lancier, *m.*
lancet ['lɑ:nsit], *n.* lancette (*Arch.*) ogive, *f.*
land [lænd], *n.* terre, *f.*; pays (*territoire*); (*Law*) bien-fonds, *m.*; *Holy Land*, la Terre Sainte.—*v.t.* mettre à terre, prendre (*poisson*); débarquer.—*v.i.* débarquer (à ou sur), aborder; (*fig.*) arriver; (*Av.*) atterrir.
landed ['lændid], *a.* foncier; territorial.
landing ['lændiŋ], *n.* palier (*d'escalier*); (*Naut.*) débarquement; (*Av.*) **atterrissage**, *m.*
landing-ground ['lændiŋgraund], *n.* terrain d'atterrissage, *m.*
landing-stage ['lændiŋsteidʒ], *n.* débarcadère, *m.*
landing-strip ['lændiŋstrip], *n.* piste d'atterrissage, *f.*
landlady ['lændleidi], *n.* propriétaire (*d'une maison*), logeuse (*d'un meuble*); aubergiste, hôtesse (*d'une auberge*), *f.*
landlord ['lændlɔ:d], *n.* propriétaire; hôte, hôtelier, aubergiste (*d'une auberge*), *m.*
landlubber ['lændlʌbə], *n.* marin d'eau douce, *m.*
landmark ['lændmɑ:k], *n.* borne, limite, *f.*; point de repère, *m.*
landowner ['lændounə], *n.* propriétaire foncier, *m.*
landscape ['lændskeip], *n.* paysage, *m.*; vue, *f.*
landscape-garden ['lændskeip'gɑ:dən], *n.* jardin paysager, *m.*
land-tax ['lændtæks], *n.* impôt foncier, *m.*
lane [lein], *n.* ruelle, *f.*, passage, *m.*; voie (*d'autoroute*), *f.*; chemin vicinal (*de campagne*), *m.*
language ['læŋgwidʒ], *n.* langage, *m.*, langue, expression, *f.*; *modern languages*, langues vivantes, *f.pl.*
languid ['læŋgwid], *a.* languissant.

languish ['læŋgwiʃ], *v.i.* languir.
languishing ['læŋgwiʃiŋ], *a.* languissant, langoureux.
languor ['læŋgə], *n.* langueur, *f.*
laniard [LANYARD].
lank [læŋk], *a.* efflanqué; maigre; décharné; fluet, grêle.
lanky ['læŋki], *a.* grand et maigre; *lanky fellow*, grand flandrin, *m.*
lantern ['læntən], *n.* lanterne, *f.*; (*Mil.*) falot; (*Naut.*) fanal, phare, *m.*; *Chinese lantern*, lanterne vénitienne; *dark lantern*, lanterne sourde; *lantern-jaws*, joues creuses, *f.pl.*
lanyard ['lænjəd], *n.* (*Naut.*) ride, *f.*; (*Artill.*) (cordon) tire-feu, *m.*
Laos [laus]. le Laos, *m.*
Laotian ['lauʃən], *a.* laotien.—*n.* laotien (*langue*); Laotian (*personne*), *m.*
lap (1) [læp], *n.* pan (*de manteau etc.*); giron, *m.*; (*fig.*) genoux, *m.pl.*; sein; (*Racing*) tour de piste, *m.*; *in the lap of*, au sein de.—*v.i.* se replier.
lap (2) [læp], *v.t.* (*Racing*) prendre un tour (à).
lap (3) [læp], *v.t.* laper (*boire*).—*v.i.* laper; clapoter (*vagues*).
lap-dog ['læpdɔg], *n.* bichon, petit chien, *m.*
lapel [lə'pel], *n.* revers (*d'habit*), *m.*
lapidary ['læpidəri], *a.* and *n.* lapidaire, *m.*—*v.t.* lapider.
lapidation [læpi'deiʃən], *n.* lapidation, *f.*
Lapland ['læplənd]. la Laponie, *f.*
Laplander ['læpləndə], *n.* Lapon, *m.*
Lapp [læp], *a.* lapon.—*n.* lapon (*langue*); Lapon (*personne*), *m.*
lapse [læps], *n.* cours, laps (*temps*), *m.*; faute, erreur, *f.*; manquement, écart, manque (*divergence*), *m.*—*v.i.* s'écouler; tomber, faillir, manquer (à).
lapsed [læpst], *a.* périmé; caduc (*contrat, testament*).
lapwing ['læpwiŋ], *n.* vanneau, *m.*
larceny ['lɑ:səni], *n.* larcin, vol, *m.*
larch [lɑ:tʃ], *n.* (*Bot.*) mélèze, *m.*
lard [lɑ:d], *n.* saindoux, *m.*—*v.t.* larder (*de*).
larder ['lɑ:də], *n.* garde-manger, *m.*
large [lɑ:dʒ], *a.* grand, gros; étendu, considérable; fort; *as large as life*, grandeur nature; *at large*, en liberté, libre; en général.
largely ['lɑ:dʒli], *adv.* amplement, largement; au long, en grande partie.
largeness ['lɑ:dʒnis], *n.* grandeur, étendue, ampleur, *f.*
largess(e) ['lɑ:dʒes], *n.* largesse, libéralité, *f.*
lark [lɑ:k], *n.* alouette; (*fig.*) escapade, *f.*
larkspur ['lɑ:kspə:], *n.* pied-d'alouette, *m.*
larva ['lɑ:və], *n.* (*pl.* **larvae** ['lɑ:vi]) larve, *f.*
laryngitis [lærin'dʒaitis], *n.* laryngite, *f.*
larynx ['læriŋks], *n.* (*pl.* **larynges** ['lærindʒiz]) larynx, *m.*
lascar ['læskə], *n.* matelot indien, *m.*
lascivious [lə'siviəs], *a.* lascif.
lash [læʃ], *n.* coup de fouet; (*fig.*) coup, trait, *m.*; *eyelash* [EYE].—*v.t.* cingler, fouetter; châtier; lier, attacher (*to tie*).
lashing ['læʃiŋ], *a.* cinglant, fouettant.—*n.* coups de fouet, *m.pl.*; (*Naut.*) ligne d'amarrage, *f.*
lass [læs], *n.* (*Sc.*) jeune fille, *f.*
lassitude ['læsitju:d], *n.* lassitude, *f.*

last

last (1) [lɑːst], a. dernier, passé; *last but one,* avant-dernier; *last night,* hier soir; *last week,* la semaine dernière; *the last time,* la dernière fois; *this day last week,* il y a aujourd'hui huit jours.—n. bout, m., fin, f.; *at last,* à la fin, enfin; *to the last,* jusqu'au bout, jusqu'à la fin.—v.i. durer.

last (2) [lɑːst], n. forme (*pour chaussures*), f.

lasting ['lɑːstiŋ], a. durable, permanent.

lastly ['lɑːstli], adv. en dernier lieu, enfin.

latch [lætʃ], n. loquet m.—v.t. fermer au loquet.

latchkey ['lætʃkiː], n. passe-partout, m. clef de la maison, f.

late [leit], a. tard, en retard; tardif (*fruits, légumes etc.*); avancé (*heure*); ancien, ex-(*autrefois*); feu (*décédé*); récent, dernier (*depuis peu*); *the late king,* feu le roi; *to be late,* être en retard.—adv. tard; sur la fin; récemment, depuis peu; *at latest,* au plus tard; *better late than never,* mieux vaut tard que jamais, *of late,* récemment; *to be getting late,* (*impers.*) se faire tard.

lately ['leitli], adv. dernièrement, récemment.

lateness ['leitnis], n. retard, m.; heure avancée, f., temps avancé, m.; tardiveté, f.

latent ['leitənt], a. caché, secret, latent.

later ['leitə], a. postérieur, ultérieur.—adv. plus tard.

lateral ['lætərəl] a. de côté, latéral.

latest ['leitist], a. dernier; *at the latest,* au plus tard.

lath [lɑːθ], n. latte, f.

lathe [leið], n. tour, m.

lather ['læðə, lɑːðə], n. mousse, (*fig.*) écume, f.—v.t. savonner; (*colloq.*) rosser.

Latin ['lætin], a. latin.—n. latin (*langue*), m.

Latin-American [lætinə'merikən], a. latino-américain.—n. Latino-Américain (*personne*), m.

latish ['leitiʃ], a. un peu tard, un peu en retard.—adv. un peu tard.

latitude ['lætitjuːd], n. latitude; étendue (*breadth*), f.

latter ['lætə], a. dernier; moderne, récent; *the latter,* ce dernier, celui-ci, m.

lattice ['lætis], n. trellis, treillage, m.

Latvia ['lætviə], la Lettonie, f.

Latvian ['lætviən], a. lette, letton.—n. lette, letton (*langue*), m.; Lette m., f., Letton, m. (*personne*).

laud [lɔːd], v.t. louer, célébrer.

laudable ['lɔːdəbl], a. louable, digne de louanges.

laugh [lɑːf], n. rire, m., risée (*moquerie*), f.; *loud laugh,* gros rire, éclat de rire, m.—v.i. rire; *to burst out laughing,* éclater de rire; *to laugh at,* se moquer de.

laughable ['lɑːfəbl], a. risible.

laughing ['lɑːfiŋ], a. rieur, enjoué; *it is no laughing matter,* il n'y a pas de quoi rire.

laughing-stock ['lɑːfiŋstɔk], n. risée, f.

laughingly ['lɑːfiŋli], adv. en riant.

laughter ['lɑːftə], n. rire, m., rires, m.pl.; risée, moquerie, f.; *burst of laughter,* éclat de rire, m.

launch [lɔːntʃ], v.t. lancer; mettre à la mer.—v.i. se lancer, se jeter.—n. lancement, m.; chaloupe (*bateau*), vedette, f.

launching ['lɔːntʃiŋ], n. (*Naut.*) mise à l'eau,

f., lancement, m.; *launching pad,* piste de lancement, f.

launder ['lɔːndə] v.t. blanchir; lessiver (*linge*).

launderette [lɔːndə'ret], n. laverie automatique, f.

laundress ['lɔːndris], n. blanchisseuse, f.

laundromat ['lɔːndrɔmæt] (*Am.*) [LAUNDERETTE].

laundry ['lɔːndri], n. buanderie; blanchisserie, f.; linge à blanchir, m.

laurel ['lɔrəl], n. laurier, m.

lava ['lɑːvə], n. lave, f.

lavatory ['lævət(ə)ri], n. water-clo et, m., les lavabos, les water, m.pl.

lavender ['lævində], n. lavande, f.

lavish ['læviʃ], a. prodigue.—v.t. prodiguer.

lavishly ['læviʃli], adv. prodigalement.

lavishness ['læviʃnis], n. prodigalité, f.

law [lɔː], n. loi, f.; droit, m.; *Law Courts,* Palais de Justice, m.

lawful ['lɔːful], a. légitime, licite, permis.

lawfully ['lɔːfuli], adv. légitimement.

lawless ['lɔːlis], a. sans loi; (*fig.*) sans rein, déréglé.

lawlessness ['lɔːlisnis], n. désordre, m., licence, f.

lawn (1) [lɔːn], n. pelouse, f.

lawn (2) [lɔːn], n. linon (*tissu*), m.

lawn-mower ['lɔːnmouə], n. tondeuse de gazon, f.

lawsuit ['lɔːsjuːt], n. procès, m.

lawyer ['lɔːjə], n. homme de loi; avocat; avoué (*solicitor*); notaire (*notary*), m.

lax [læks], a. lâche, mou, flasque; (*fig.*) relâché, négligent.

laxative ['læksətiv], a. and n. laxatif, m.

laxity ['læksiti], laxness ['læksnis], n. relâchement, m.; flaccidité, f.; manque d'exactitude, m.

lay (1) [lei], past [LIE (2)].

lay (2) [lei], v.t. irr. placer, mettre, poser; coucher, étendre (*de tout son long*); faire parier (*pari*); pondre (*œuf*); tendre, dresser (*piège*); abattre (*poussière*); calmer, apaiser (*rendre tranquille*); *to lay aside,* mettre de côté; *to lay claim to,* prétendre à: *to lay down,* mettre bas, poser (*principe*); *to lay down one's life for,* donner sa vie pour; *to lay hold of,* s'emparer de; *to lay in,* faire provision de; *to lay on,* appliquer, (*fam.*) arranger; *to lay out,* arranger; ensevelir (*cadavre*); disposer (*jardin etc.*); *to lay siege to,* assiéger; *to lay up,* mettre do côté, faire garder la chambre à; *to lay waste,* dévaster.—v.i. pondre (*œufs*).

lay (3) [lei], n. lai, m., chanson, f., chant, m.

lay (4) [lei], a. lai, laïque.

layer ['leiə], n. couche, f., lit (*strate*), m.; (*Geol.*) assise; (*Hort.*) marcotte, f.; provin (*de vigne*), m.; pondeuse (*poule*), f.

laying ['leiiŋ], r. mise, pose; ponte (*d'œufs*), f.

layman ['leimən], n. (*pl.* -men [men]) laïque, profane, séculier, m.

lay-out ['leiaut] n. dessin, tracé, m.; disposition, f.

Lazarus ['læzərəs]. Lazare, m.

laze [leiz], v.i. *to laze about,* baguenauder.

lazily ['leizili], adv. lentement, en paresseux.

laziness ['leizinis] n. paresse, oisiveté, f.

lazy ['leizi], a. paresseux, indolent; *lazy fellow,* fainéant, m.

lea [li:], *n.* (*poet.*) prairie, *f.*

lead (1) [led], *n.* plomb (*métal*), *m.*; (*Naut.*) sonde; (*Print.*) interligne; mine de plomb (*pour des crayons*), *f.*; **blacklead**, mine de plomb.

lead (2) [li:d], *v.t. irr.* mener, guider, conduire; porter, faire, induire (*à*); entraîner (*à ou dans*); **to lead astray**, égarer; **to lead back**, ramener, reconduire; **to lead in**, introduire; **to lead out**, emmener; **to lead someone to believe**, faire croire à quelqu'un; **to lead up to**, amener.—*v.i.* conduire, mener; (*Spt.*) jouer le premier.—*n.* conduite, direction, *f.*, commandement, *m.*; laisse (*chien*), *f.*; (*Spt.*) début; (*Theat.*) premier rôle, *m.*, vedette, *f.*; (*Elec.*) conducteur, *m.*

leader ['li:də], *n.* conducteur, guide, chef, meneur; (*Journ.*) article de fond, éditorial; (*Polit.*) chef de parti, leader, *m.*

leadership ['li:dəʃip], *n.* conduite, direction, *f.*; qualités de chef, *f.pl.*

leading ['li:diŋ], *a.* premier, principal; **leading article**, article de fond, *m.*—*n.* conduite, direction, *f.*

leaf [li:f], *n.* (*pl.* **leaves** [li:vz]) feuille, *f.*; feuillet (*livre etc.*); battant (*porte*), *m.*; rallonge (*table*), *f.*; **to turn over a new leaf**, (*fig.*) changer de conduite; **to turn over the leaves of**, feuilleter.

leaflet ['li:flit], *n.* feuillet, imprimé, prospectus, *m.*

leafy ['li:fi], *a.* feuillu, couvert de feuilles.

league [li:g], *n.* ligue; lieue (*3 miles*), *f.*

leak [li:k], *n.* fuite, perte d'eau; (*Naut.*) voie d'eau, *f.*; **to spring a leak**, (*Naut.*) faire eau.—*v.i.* fuir, couler, faire eau; prendre l'eau (*chaussures*); **to leak out**, s'éventer.

leakage ['li:kidʒ], *n.* coulage, *m.*; fuite, *f.*

leaky ['li:ki], *a.* qui coule; (*Naut.*) qui fait eau.

lean (1) [li:n], *a.* and *n.* maigre, *m.*

lean (2) [li:n], *v.t. irr.* appuyer, faire pencher, incliner.—*v.i.* s'appuyer, s'incliner, se pencher; **to lean back against**, s'adosser à; **to lean out**, se pencher au dehors.

leaning ['li:niŋ], *a.* penché.—*n.* penchant, *m.*; (*fig.*) tendance, *f.*

leanness ['li:nnis], *n.* maigreur, *f.*

lean-to ['li:ntu:], *n.* appentis, *m.*

leap [li:p], *n.* saut, bond, *m.*—*v.t. irr.* sauter, franchir.—*v.i.* sauter, bondir; s'élancer, se précipiter.

leap-frog ['li:pfrog], *n.* saute-mouton, *m.*

leap-year ['li:pjiə], *n.* année bissextile, *f.*

learn [lə:n], *v.t. irr.* apprendre.—*v.i.* apprendre, s'instruire.

learned ['lə:nid], *a.* savant, instruit, érudit; **learned man**, savant, *m.*; **learned profession**, profession libérale, *f.*

learner ['lə:nə], *n.* élève, commençant, apprenti, *m.*; **learner driver**, élève chauffeur, *m.*

learning ['lə:niŋ], *n.* science, instruction, *f.*, savoir, *m.*, connaissances, *f.pl.*; érudition, *f.*

lease [li:s], *n.* bail, *m.*—*v.t.* louer, donner à bail; prendre à bail.

leasehold ['li:should], *a.* à bail.—*n.* tenure par bail, *f.*

leash [li:ʃ], *n.* laisse, *f.*—*v.t.* mener en laisse, attacher.

least [li:st], *a.* le moindre, le plus petit.—*adv.* le moins; **at least**, au moins, du moins; **not in the least**, point du tout, nullement.

leather ['leðə], *a.* de cuir.—*n.* cuir, *m.*; **upper leather**, empeigne, *f.*—*v.t.* (*colloq.*) étriller, rosser.

leave [li:v], *n.* permission, *f.*, congé; adieu, *m.*; **on leave**, en congé (*un mois ou plus*), en permission (*moins d'un mois*); **with your leave**, avec votre permission.—*v.t. irr.* laisser; quitter, partir de (*s'en aller de*); cesser (*de*); **he left the house**, il quitta la maison, il partit de la maison; **he left the pen on the table**, il laissa le stylo sur la table; **to be left**, rester; **to leave about**, laisser traîner; **to leave alone**, laisser tranquille; **to leave off**, cesser (*de*); **to leave out**, supprimer, omettre, oublier.—*v.i.* partir, quitter; cesser.

leaven [levn], *n.* levain, *m.*—*v.t.* faire lever.

leaves [LEAF].

leave-taking ['li:vteikiŋ], *n.* adieux, *m.pl.*

leavings ['li:viŋz], *n.pl.* restes, *m.pl.*

Lebanese ['lebəni:z], *a.* libanais.—*n.* Libanais (*personne*), *m.*

Lebanon ['lebənən], le Liban, *m.*

lecherous ['letʃərəs], *a.* lascif, libertin, lubrique.

lecherousness ['letʃərəsnis], **lechery** ['letʃəri], *n.* lasciveté, *f.*

lectern ['lektə:n], *n.* lutrin, *m.*

lecture ['lektʃə], *n.* conférence (*sur*), leçon (*de*), *f.*; (*fig.*) sermon, *m.*, semonce, *f.*—*v.t.* faire un cours à; (*fig.*) sermonner, semoncer.—*v.i.* faire un cours (*de*), faire une conférence (*sur*).

lecturer ['lektʃərə], *n.* conférencier; maître de conférences, *m.*

lecture-room ['lektʃəru:m], *n.* salle de conférences, *f.*

ledge [ledʒ], *n.* rebord, bord, *m.*; (*Arch.*) saillie, *f.*

ledger ['ledʒə], *n.* grand livre, *m.*

lee [li:], *a.* sous le vent.—*n.* (*Naut.*) côté sous le vent, *m.*

leech [li:tʃ], *n.* sangsue, *f.*

leek [li:k], *n.* poireau, *m.*

leer [liə], *n.* œillade, *f.*; regard de côté, *m.*—*v.i.* lorgner.

lees [li:z], *n.pl.* lie, *f.*

leeward ['lu:əd], *a.* and *adv.* (*Naut.*) sous le vent.

lee-way ['li:wei], *n.* dérive; (*fig.*) marge, *f.*

left (1) [left], *past* and *p.p.* [LEAVE].

left (2) [left], *a.* and *n.* gauche, *f.*; **on the left**, à gauche.

left-handed ['left'hændid], *a.* gaucher; à gauche (*vis*); (*fig.*) gauche.

left-overs ['leftouvəz], *n.pl.* restes (*d'un repas*), *m.pl.*

leg [leg], *n.* jambe; patte (*d'oiseau, d'insecte etc.*); tige (*bottines*); cuisse (*volaille*), *f.*; pied (*meuble*); gigot (*mouton*); trumeau (*bœuf*), *m.*; branche (*compas*), *f.*; **to pull someone's leg**, se moquer de quelqu'un.

legacy ['legəsi], *n.* legs, *m.*

legal ['li:gl], *a.* légal, judiciaire, juridique.

legality [li'gæliti], *n.* légalité, *f.*

legalize ['li:gəlaiz], *v.t.* légaliser, (*fig.*) autoriser.

legally ['li:gəli], *adv.* légalement.

legation [li'geiʃən], *n.* légation, *f.*

legend ['ledʒənd], *n.* légende, *f.*

legendary ['ledʒəndri], *a.* légendaire, fabuleux.

legged [legd, 'legid], *a.* à jambes, à pieds;

leggings

four-legged, à quatre pattes; *two-legged*, à deux jambes, bipède.

leggings ['leginz], *n.pl.* jambières, guêtres, *f.pl.*

legibility [ledʒi'biliti], *n.* lisibilité, netteté d'écriture, *f.*

legible ['ledʒibl] *a.* lisible.

legion ['li:dʒən], *n.* légion, *f.*; *the Foreign Legion*, la Légion (étrangère).

legislate ['ledʒisleit], *v.t.* légiférer, faire des lois.

legislation [ledʒis'leiʃən], *n.* législation, *f.*

legislative ['ledʒislətiv], *a.* législatif.

legitimate [lə'dʒitimit], *a.* légitime; juste, correct.

leisure ['leʒə], *n.* loisir, *m.*; *at leisure*, de loisir; *at one's leisure*, à loisir; *you are at leisure to come or not*, il vous est loisible de venir ou non.

leisurely ['leʒəli], *a.* sans hâte, mesuré.—*adv.* à loisir.

lemon ['lemən], *n.* citron, limon, *m.*

lemonade [lemə'neid], *n.* limonade, *f.*

lemon squash ['lemən'skwɔʃ], *n.* citronnade, *f.*

lemon-squeezer ['lemən'skwi:zə], *n.* presse-citrons, *m.inv.*

lemon-tree ['leməntri:], *n.* citronnier, *m.*

lend [lend], *v.t. irr.* prêter; (*fig.*) donner.

lender ['lendə], *n.* prêteur, *m.*

lending ['lendiŋ], *n.* prêt, *m.*; *lending library*, bibliothèque de prêt, *f.*

length [leŋθ], *n.* longueur, *f.*; degré, point (*extrémité*), *m.*; durée (*temps*), *f.*; *at full length*, tout au long (*non abrégé*); en toutes lettres (*mots*); de tout son; long (*personnes*); *at great length*, longuement; *at length*, enfin; *full length*, de grandeur nature; *two feet in length*, deux pieds de longueur ou de long.

lengthen ['leŋθn], *v.t.* allonger, étendre; prolonger (*temps*).—*v.i.* s'allonger, s'étendre; se prolonger (*temps*); (*colloq.*) rallonger (*journées etc.*).

lengthening ['leŋθniŋ], *n.* allongement, *m.*; prolongation (*de temps*), *f.*; accroissement (*des journées*), *m.*

lengthways ['leŋθweiz], **lengthwise** ['leŋθwaiz], *adv.* en longueur, en long.

lengthy ['leŋθi], *a.* un peu long, ennuyeux.

leniency ['li:niənsi], *n.* douceur, clémence, indulgence (*pour*), *f.*

lenient ['li:niənt] *a.* doux, indulgent (*à, envers* ou *pour*).

leniently ['li:niəntli], *adv.* avec douceur, avec indulgence.

lens [lenz], *n.* (*pl.* **lenses** ['lenziz]) (*Opt.*) lentille, loupe, *f.*

Lent [lent]. le carême, *m.*

lentil ['lentil], *n.* lentille, *f.*

leonine ['li:ənain], *a.* de lion, léonin.

leopard ['lepəd], *n.* léopard, *m.*

leper ['lepə], *n.* lépreux, *m.*

leprosy ['leprəsi], *n.* lèpre, *f.*

leprous ['leprəs], *a.* lépreux.

less [les], *a.* moindre, plus petit, inférieur; *to grow less*, diminuer.—*adv.* moins; *less and less*, de moins en moins; *no less*, rien moins, pas moins; *so much the less*, d'autant moins; *the less . . . the more . . .*, moins . . . plus. . . .—*n.* moins; moindre, *m.*

ssee [le'si:], *n.* locataire à bail, *m., f.*

lessen [lesn], *v.t.* diminuer, amoindrir, rapetisser, rabaisser (*to lower*); ralentir (*la vitesse*).—*v.i.* diminuer, s'amoindrir.

lesser ['lesə], *a.* moindre, plus petit.

lesson [lesn], *n.* leçon, *f.*

lest [lest], *conj.* de peur que, de crainte que (*followed by* ne *with subj.*).

let (1) [let], *v.t. irr.* laisser, permettre à (*donner la permission à*); souffrir que (*with subjunctive*); faire (*causer*); louer (*maison*); *let him come*, qu'il vienne; *let me see*, voyons; *let us go*, allons; *to let alone*, laisser tranquille; *to let down*, descendre, faire descendre, baisser, rabattre; *to let fall*, laisser tomber; *to let go*, lâcher; *to let in*, faire entrer; *to let know*, faire savoir à; *to let off*, laisser échapper; tirer (*arme à feu*); *to let out*, faire sortir, laisser sortir; élargir (*vêtements*).

let (2) [let], *n.* empêchement; obstacle, délai, *m.*; (*Tennis*) (balle) à remettre.

lethal [li:θl], *a.* mortel, fatal.

lethargic [lə'θa:dʒik], *a.* léthargique.

lethargy ['leθədʒi], *n.* léthargie, *f.*

letter ['letə], *n.* lettre, *f.*; (*pl., fig.*) belles-lettres, *f.pl.*; *registered letter*, lettre recommandée.

letter-box ['letəbɔks], *n.* boîte aux lettres, *f.*

letter-card ['letəka:d], *n.* carte-lettre, *f.*

lettered ['letəd], *a.* lettré, savant.

lettering ['letəriŋ], *n.* titre, *m.*

letting ['letiŋ], *n.* louage, *m.*; *letting out*, location, *f.*; agrandissement (*de vêtement*), *m.*

lettuce ['letis], *n.* laitue, *f.*

let-up ['letʌp], *n.* diminution, *f.*

Levant [lə'vænt], **the.** le Levant, *m.*

Levantine [li'væntain], *a.* du Levant, levantin.—*n.* Levantin (*personne*), *m.*; levantine (*soie*), *f.*

level [levl], *a.* de niveau (*avec*), au niveau (*de*); uni (*surface*); égal (*à*); *level crossing*, passage à niveau, *m.*—*n.* niveau, *m.*, surface unie, *f.*; *at ministerial level*, à l'échelon ministériel.—*v.t.* aplanir, niveler, mettre de niveau; braquer, pointer (*arme à feu*); porter (*coup*).—*v.i.* viser, mettre en joue, pointer.

level-headed ['levlhedid], *a.* équilibré, de sens rassis.

levelling ['levliŋ], *n.* nivellement; pointage (*de fusil*), *m.*

lever ['li:və], *n.* levier, *m.*; *hand-lever*, manette, *f.*

leveret ['levərit], *n.* levraut, *m.*

levity ['leviti], *n.* légèreté, *f.*; manque de sérieux, *m.*

levy ['levi], *n.* levée; perception (*d'impôts*), *f.*—*v.t.* lever; imposer (*amende etc.*).

lewd [lju:d], *a.* impudique, lascif.

lexicon ['leksikn], *n.* lexique, dictionnaire, *m.*

liability [laiə'biliti], *n.* responsabilité; tendance, *f.*; danger, *m.*; (*Comm.*) (*pl.*) engagements, *m.pl.*, passif, *m.*; *assets and liabilities*, actif et passif, *m.*

liable ['laiəbl], *a.* sujet (*à*), exposé (*à*), responsable (*de*).

liar ['laiə], *n.* menteur, *m.*

libel [laibl], *n.* libelle, écrit diffamatoire, *m.*—*v.t.* diffamer.

libellous ['laibələs], *a.* diffamatoire.

liberal ['libərəl], *a.* libéral, généreux; prodigue, abondant.—*n.* (*Polit.*) Libéral, *m.*

liberality [libə'ræliti], *n.* libéralité, *f.*

472

liberate ['libəreit], *v.t.* libérer, rendre libre; délivrer (*de*).
liberation [libə'reiʃən], *n.* mise en liberté, *f.*, élargissement (*de prisonniers*); affranchissement, *m.*; libération, délivrance, *f.*
liberator ['libəreitə], *n.* libérateur, *m.*
Liberia [lai'biəriə], le Libéria, *m.*
Liberian [lai'biəriən], *a.* libérien.—*n.* Libérien (*personne*), *m.*
liberty ['libəti], *n.* liberté, *f.*; privilèges, *m.pl.*, franchises, *f.pl.*
librarian [lai'brɛəriən], *n.* bibliothécaire, *m.*,*f.*
library ['laibrəri], *n.* bibliothèque, *f.*; *film library*, cinémathèque, *f.*; *record library*, discothèque, *f.*
Libya ['libiə], la Lybie, *f.*
Libyan ['libiən], *a.* libyen.—*n.* Libyen (*personne*), *m.*
lice [LOUSE].
licence ['laisəns], *n.* licence, liberté; permission, *f.*, permis; certificat; (*fig.*) dérèglement, *m.*; autorisation (*de prédicateur*), *f.*; brevet (*de libraire*), *m.*; (*Comm.*) patente, *f.*; *driving licence*, permis de conduire; *gun-licence*, permis de port d'armes; permis de chasse; *marriage-licence*, dispense de bans, *f.*
license ['laisəns], *v.t.* autoriser, accorder un permis à.
licensed ['laisənst], *a.* autorisé; breveté; (*Comm.*) patenté.
licentious [lai'senʃəs], *a.* licencieux.
lichen ['laikən], *n.* lichen, *m.*
lick [lik], *v.t.* lécher; laper (*boire*); (*slang*) rosser (*battre*).—*n.* coup de langue, *m.*
licking ['likiŋ], *n.* (*slang*) coups, *m.pl.*, raclée, *f.*
licorice [LIQUORICE].
lid [lid], *n.* couvercle, *m.*; paupière (*d'œil*), *f.*
lie (1) [lai], *n.* mensonge; démenti, *m.*; *to give the lie to*, donner un démenti à; *white lie*, mensonge pieux.—*v.i.* mentir.
lie (2) [lai], *v.i. irr.* être couché, se coucher; reposer, être, être situé, se trouver; s'appuyer (*se soutenir*); rester (*to remain*); consister; *here lies*, ci-gît; *lie down!* (*à un chien*) couchez! *to lie about* (*objets*), traîner çà et là; *to lie down*, se coucher, se reposer.—*n.* gisement, *m.*, position, situation, *f.*
lieutenant [lef'tenənt], *n.* lieutenant, *m.*
life [laif], *n.* (*pl.* **lives** [laivz]) vie, *f.*; homme vivant, *m.*; personne; (*fig.*) vie, âme, vivacité, *f.*, entrain; mouvement; (*Paint. etc.*) naturel, *m.*; *a double life*, une vie double; *for life*, à vie, à perpétuité; *from life*, d'après nature; *high life*, le grand monde, *m.*; *never in my life*, jamais de ma vie; *pension for life*, pension viagère, *f.*; *prime of life*, fleur de l'âge, *f.*; *single life*, célibat, *m.*; *to come to life*, s'animer.
life-belt ['laifbelt], *n.* ceinture de sauvetage, *f.*
life-boat ['laifbout], *n.* canot de sauvetage, *m.*
life-buoy ['laifbɔi], *n.* bouée de sauvetage, *f.*
lifeguard ['laifgɑ:d], *n.* garde du corps, *m.*; (*pl.*) les Gardes du corps, *m.pl.*; sauveteur, *m.*
life-insurance ['laifinʃuərəns], *n.* assurance sur la vie, *f.*
lifeless ['laiflis], *a.* sans vie, inanimé.
lifelike ['laiflaik], *a.* comme un être vivant, d'après nature, vivant.

lifelong ['laiflɔŋ], *a.* de toute la vie.
life-size ['laifsaiz], *a.* de grandeur nature.
lifetime ['laiftaim], *n.* vie, *f.*, vivant, *m.*; *in his* or *her lifetime*, de son vivant.
lift [lift], *n.* action de lever, élévation, *f.*, effort; coup de main (*aide*); monte-charge (*machine*); ascenseur, *m.*—*v.t.* lever, soulever, hausser, soupeser (*évaluer le poids de*); (*fig.*) élever, relever.
lift-man ['liftmən], *n.* (*pl.* -men [men]) liftier, *m.*
light (1) [lait], *n.* lumière, *f.*, jour (*du soleil*); clair (*de la lune etc.*), *m.*; clarté (*de l'œil etc.*); lueur, *f.*; (*fig.*) aspect, point de vue, *m.*; *electric light*, éclairage à l'électricité, *m.*; *it is light*, il fait jour; *light and shade*, clair-obscur, *m.*; *traffic lights*, feux de circulation, *m.pl.*; *will you give me a light?* voulez-vous me donner du feu?—*v.t. irr.* allumer; illuminer, éclairer (*fenêtres etc.*).—*v.i. to light up*, briller, s'enflammer.
light (2) [lait], *v.i. to light upon*, descendre *ou* tomber sur.
light (3) [lait], *a.* léger; (*fig.*) gai, frivole; clair (*couleur etc.*); blond (*teint*).
lighten (1) [laitn], *v.t.* éclairer, illuminer.—*v.i.* éclairer; faire des éclairs.
lighten (2) [laitn], *v.t.* soulager, alléger (*adoucir*).
lightening ['laitniŋ], *n.* éclaircissement; allègement; soulagement, *m.*
lighter ['laitə], *n.* allumeur; briquet (*pour cigarettes*), *m.*; (*Naut.*) allège, gabare, *f.*, chaland, *m.*
light-hearted [lait'hɑ:tid], *a.* gai, réjoui.
light-heartedness [lait'hɑ:tidnis], *n.* enjouement, *m.*, gaieté, *f.*
lighthouse ['laithaus], *n.* phare, *m.*
lighting ['laitiŋ], *n.* éclairage, *m.*; *lighting-up time*, heure d'éclairage, *f.*
lightly ['laitli], *adv.* légèrement, à la légère; lestement, facilement, aisément; gaiement.
lightness ['laitnis], *n.* légèreté, *f.*
lightning ['laitniŋ], *n.* éclair, *m.*, les éclairs, *m.pl.*; foudre, *f.*; *flash of lightning*, éclair.
lightning-conductor ['laitniŋkən'dʌktə], *n.* paratonnerre, *m.*
lights [laits], *n.pl.* mou (*d'animal*), *m.*
lightship ['laitʃip], *n.* bateau-feu, *m.*
like (1) [laik], *a.* semblable, tel, pareil; même, égal, *vraisemblable; as like as not*, probablement; *that is something like!* à la bonne heure! *to be like*, ressembler à; *to feel like doing something*, avoir envie de faire quelque chose; *what is he like?* comment est-il?—*prep.* comme, semblable à, pareil à.—*n.* chose pareille, *f.*, pareil, *m.*; même chose, *f.*; *the likes of you*, les gens de votre sorte, *m.pl.*, *f.pl.*
like (2) [laik], *v.t.* aimer, aimer bien, trouver bon, trouver bien; vouloir (*bien*), désirer, être bien aise (*de*); *as you like*, comme il vous plaira, comme vous voudrez.—*n.* goût, *m.*; préférence, *f.*; *everyone has his likes and dislikes*, chacun son goût.
likeable ['laikəbl], *a.* sympathique, aimable.
likelihood ['laiklihud], *n.* probabilité, vraisemblance, *f.*
likely ['laikli], *a.* probable, vraisemblable.—*adv.* probablement, vraisemblablement.

liken [laikn], *v.t.* comparer (*à* ou *avec*).
likeness ['laiknis], *n.* ressemblance, *f.*; portrait, *m.*
likewise ['laikwaiz], *adv.* également, pareillement, de même, aussi.
liking ['laikiŋ], *n.* gré, goût, penchant, *m.*, inclination; amitié, *f.*
lilac ['lailək], *n.* lilas, *m.*
lily ['lili], *n.* lis, *m.*; *lily of the valley*, muguet, *m.*
limb [lim], *n.* membre (*du corps*); (*colloq.*) enfant terrible, *m.*; grosse branche (*d'arbre*), *f.*
limber (1) ['limbə], *a.* souple, flexible; (*fig.*) agile.—*v.i. to limber up*, se chauffer les muscles.
limber (2) ['limbə], *n.* avant-train, *m.*
limbo ['limbou], *n.* limbes, *m.pl.*
lime (1) [laim], *n.* (*Bot.*) lime, limette, *f.*; *lime-juice*, jus de limette, *m.*; *lime-tree*, tilleul (*linden*); limettier, *m.*
lime (2) [laim], *n.* chaux; glu (*pour prendre des oiseaux*), *f.*
limelight ['laimlait], *n.* (*Theat.*) les feux de la lampe, *m.pl.*; *to be in the limelight*, être en évidence.
limestone ['laimstoun], *n.* pierre à chaux, *f.*; (*Geol.*) calcaire, *m.*
limit ['limit], *n.* limite, borne, *f.*; (*fam.*) *that's the limit!* ça c'est le comble!—*v.t.* limiter, borner, restreindre.
limitation [limi'teiʃən], *n.* limitation, restriction, *f.*
limited ['limitid], *a.* limité, borné; (*Comm.*) anonyme.
limitless ['limitlis], *a.* sans limite.
limp [limp], *a.* mou, flasque, sans consistance.—*v.i.* boiter.
limpet ['limpit], *n.* lépas, *m.*, patelle, *f.*
limpid ['limpid], *a.* limpide.
linden [lindn], *n.* (*Bot.*) tilleul, *m.*
line (1) [lain], *n.* ligne; corde, *f.*, cordeau (*ficelle*), *m.*; file, *f.*, alignement (*rang*); trait (*écrit*), *m.*; raie (*bande*), *f.*; contour (*profil*), *m.*; ride (*pli du visage*), *f.* (*Rail.*) voie; lignée, race (*descendance*), *f.*; (*fig.*) genre (*d'affaires etc.*); (*Pros.*) vers; mot, petit mot (*lettre brève*), *m.*; limite (*de territoire*), *f.*; *air-line*, ligne aérienne; (*Teleph.*) *hold the line!* ne quittez pas! *it is hard lines*, c'est dur; *not in my line*, pas de mon ressort.—*v.t.* ligner, régler; *to line up*, aligner.
line (2) [lain], *v.t.* doubler (*vêtement*); garnir (*de*); border (*de*).
lineage ['liniədʒ], *n.* lignée, race, famille, *f.*
lineal ['liniəl], *a.* linéaire.
lineally ['liniəli], *adv.* en ligne directe.
linear ['liniə], *a.* linéaire.
linen ['linin], *a.* de toile.—*n.* toile, toile de lin, *f.*, lin; linge (*habits*), *m.*
liner ['lainə], *n.* (*Naut.*) paquebot de ligne, transatlantique, *m.*
linesman ['lainzmən], *n.* (*pl.* **-men** [men]) (*Ftb.*) arbitre de touche, *m.*
linger ['liŋgə], *v.i.* traîner, tarder; hésiter.
lingering ['liŋgəriŋ], *a.* qui traîne, lent; languissant.—*n.* retard, *m.*, lenteur; hésitation, *f.*
lingo ['liŋgou], *n.* (*slang*) jargon, *m.*; langue, *f.*
linguist ['liŋgwist], *n.* linguiste, *m.*, *f.*
liniment ['linimənt], *n.* liniment, *m.*
lining ['lainiŋ], *n.* doublure; garniture (*de*

**vêtement*); coiffe (*de chapeau*), *f.*; (*Build.*) revêtement, *m.*
link [liŋk], *n.* chaînon, anneau; (*fig.*) lien; trait d'union, *m.*; *cuff-links*, boutons de manchettes, *m.pl.*—*v.t.* lier, relier (*avec.*); enchaîner (*dans*); unir.—*v.i.* s'allier (*à*).
links [liŋks], *n.pl. golf-links*, terrain de golf, *m.*
linnet ['linit], *n.* linotte, *f.*
linoleum [li'nouljəm], *n.* linoléum, *m.*
linotype ['lainotaip], *n.* linotype, *f.*
linseed ['linsi:d], *n.* graine de lin, *f.*; *linseed-oil*, huile de lin, *f.*
lint [lint], *n.* charpie, *f.*
lintel [lintl], *n.* linteau, *m.*
lion ['laiən], *n.* lion, *m.*; (*fig.*) célébrité, *f.*; *lion's cub*, lionceau, *m.*
lioness ['laiənes], *n.* lionne, *f.*
lion-tamer ['laiənteimə], *n.* dompteur de lions, *m.*
lip [lip], *n.* lèvre; babine (*de certains animaux*), *f.*; bord (*de choses*), *m.*; (*fig.*) impertinence, *f.*
lipstick ['lipstik], *n.* bâton de rouge, *m.*
liquefy ['likwifai], *v.t.* liquéfier.—*v.i.* se liquéfier.
liqueur [li'kjuə], *n.* liqueur, *f.*
liquid ['likwid], *a.* liquide; doux, coulant.—*n.* liquide, *m.*
liquidate ['likwideit], *v.t.* liquider.
liquidation [likwi'deiʃən], *n.* liquidation, *f.*, acquittement (*d'une dette*), *m.*
liquor ['likə], *n.* (*Chem.*) liqueur, solution; (*Am.*) boisson alcoolique, *f.*; (*Am.*) *hard liquor*, alcool, *m.*
liquorice ['likəris], *n.* réglisse, *f.*
Lisbon ['lizbən]. Lisbonne, *f.*
lisp [lisp], *v.t.*, *v.i.* dire (θ, ð) au lieu de (s, z); (*colloq.*) susurrer, zozoter.
lissom [lism], *a.* souple, leste.
list (1) [list], *n.* liste, *f.*, rôle, *m.*; *Army List*, annuaire de l'armée, *m.*—*v.t.* enrôler, enregistrer.
list (2) [list], *v.i.* (*Naut.*) donner de la bande.—*n.* (*Naut.*) bande, *f.*
listen [lisn], *v.i.* écouter.
listener ['lisnə], *n.* auditeur, *m.*
listless ['listlis], *a.* apathique.
listlessness ['listlisnis], *n.* apathie, *f.*
lists [lists], *n. pl.* lice, arène (*arena*), *f.*
litany ['litəni], *n.* litanie, *f.*
literal ['litərəl], *a.* littéral.
literally ['litərəli], *adv.* littéralement, à la lettre.
literary ['litərəri], *a.* littéraire; lettré (*personne*).
literature ['litəritʃə], *n.* littérature, *f.*
lithe [laið], *a.* pliant, flexible, souple.
lithograph ['liθougra:f], *n.* lithographie, *f.*
lithographer [li'θogrəfə], *n.* lithographe, *m.*, *f.*
Lithuania [liθju'einiə]. la Lituanie, la Lithuanie, *f.*
Lithuanian [liθju'einiən], *a.* lituanien, lithuanien.—*n.* lituanien, lithuanien (*langue*); Lituanien, Lithuanien (*personne*), *m.*
litigant ['litigənt], *n.* plaideur, *m.*
litigate ['litigeit], *v.t.* plaider, disputer.—*v.i.* être en procès.
litigation [liti'geiʃən], *n.* litige; procès, *m.*
litre ['li:tə], *n.* litre, *m.*
litter ['litə], *n.* litière, civière (*véhicule*), *f.*; ordures, *f.pl.*, détritus, *m.pl.*; (*fig.*) fouillis, désordre, *m.*; portée (*d'animal*), *f.*—*v.t.*

joncher; jeter çà et là; (*fig.*) mettre en désordre; mettre bas (*animal*); salir; *to litter down* (*of horse*), faire la litière à.
litter-bin ['litəbin], *n.* boîte à ordures, *f.*
little [litl], *a.* petit; minime, exigu; mesquin; *little one*, enfant, *m.*, *f.*, petit, *m.*—*n.* peu, *m.*; *to think little of*, faire peu de cas de.—*adv.* peu, un peu, pas beaucoup, peu de chose, peu de; *a little*, un peu; *as little as possible*, le moins possible; *little by little*, petit à petit, peu à peu; *little or none*, peu ou point.
littleness ['litlnis], *n.* petitesse, *f.*
liturgy ['litədʒi], *n.* liturgie, *f.*
live (1) [liv], *v.t.* mener (une vie).—*v.i.* vivre; résider, demeurer, habiter; *long live the Queen!* vive la Reine! *to live by*, vivre de; *to live down a scandal*, faire oublier un scandale avec le temps; *to live on*, se nourrir de.
live (2) [laiv], *a.* en vie, vivant; ardent, vif (*charbons*); *live rail*, rail conducteur, *m.*; *livestock*, bétail, *m.*; *live wire*, fil sous tension, *m.*
lived [livd], *a.* de vie; *long-lived*, qui vit longtemps, de longue vie.
livelihood ['laivlihud], *n.* vie, subsistance, *f.*; gagne-pain, *m.*
liveliness ['laivlinis], *n.* vivacité, gaieté, *f.*
livelong ['livlɔŋ], *a.* durable, long, sans fin; *the livelong day*, toute la sainte journée.
lively ['laivli], *a.* vif, gai, enjoué, animé; vivant (*endroit*).
liven [laivn], *v.t. to liven up*, animer.
liver (1) ['livə], *n. fast liver*, viveur, noceur, *m.*
liver (2) ['livə], *n.* (*Anat.*) foie, *m.*
livery ['livəri], *n.* livrée; pension (*de chevaux*), *f.*
lives [LIFE].
livestock ['laivstɔk], [LIVE (2)].
livid ['livid], *a.* livide, blême.
living ['liviŋ], *a.* en vie, vivant; vif.—*n.* vie, subsistance, existence, *f.*; genre de vie, *m.*, chère, *f.*; (*Eccles.*) bénéfice, *m.*, cure, *f.*
living-room ['liviŋrum], *n.* salle de séjour, *f.*
lizard ['lizəd], *n.* lézard, *m.*
llama ['lɑːmə], *n.* lama, *m.*
lo! [lou], *int.* voici! voilà! voyez! regardez!
load [loud], *n.* charge, *f.*, fardeau; (*fig.*) chargement, *m.*; charretée (*cartful*), *f.*—*v.t.* charger; (*fig.*) combler, accabler (*de*).
loaf [louf], *n.* (*pl.* **loaves** [louvz]) pain (*long*), *m.*; miche (*round*), *f.*—*v.i.* flâner, fainéanter; *to loaf about town*, battre le pavé.
loafer ['loufə], *n.* fainéant, batteur de pavé, *m.*
loam [loum], *n.* terre grasse, *f.*
loamy ['loumi], *a.* glaiseux.
loan [loun], *n.* emprunt; prêt, *m.*; *to raise a loan*, faire un emprunt.—*v.t.* prêter.
loath [louθ], *a.* fâché, peiné; *to be loath to*, faire à contre-cœur.
loathe [louð], *v.t.* détester.
loathing ['louðiŋ], *n.* dégoût, *m.*, aversion, *f.*
loathsome ['louðsəm], *a.* dégoûtant, odieux.
loaves [LOAF].
lobby ['lɔbi], *n.* couloir, *m.*; salle d'attente (*vestibule*); (*Theat.*) entrée, *f.*—*v.t.*, *v.i.* (*Polit.*) faire les couloirs.
lobe [loub], *n.* lobe, *m.*
lobelia [lo'biːliə], *n.* lobélie, *f.*
lobster ['lɔbstə], *n.* homard, *m.*

local ['loukəl], *a.* local; topographique.
locality [lo'kæliti], *n.* localité, *f.*
localize ['loukəlaiz], *v.t.* localiser.
locally ['loukəli], *adv.* localement.
locate [lo'keit], *v.t.* placer, localiser; repérer.
location [lo'keiʃən], *n.* situation, *f.*, emplacement, *m.*; location, *f.*; (*Cine.*) extérieurs, *m.pl.*
loch [lɔx], *n.* (*Sc.*) lac, *m.*
lock [lɔk], *n.* serrure; écluse (*de canal*); platine (*de fusil*); mèche, boucle (*de cheveux*), *f.*; flocon (*de laine*), *m.*; (*pl.*) cheveux, *m.pl.*; *dead-lock*, impasse, *f.*; *padlock*, cadenas, *m.*—*v.t.* fermer à clef; accrocher (*roues etc.*); *to lock in*, enfermer; *to lock up*, serrer, enfermer, mettre en prison.—*v.i.* fermer à clef.
locker ['lɔkə], *n.* armoire, *f.*; coffre, *m.*
locket ['lɔkit], *n.* médaillon, *m.*
lock-jaw ['lɔkdʒɔː], *n.* trisme, tétanos, *m.*
locksmith ['lɔksmiθ], *n.* serrurier, *m.*
locomotion [loukə'mouʃən], *n.* locomotion, *f.*
locomotive ['loukəmoutiv], *a.* locomotif.—*n.* locomotive, *f.*
locust (1) ['loukəst], *n.* sauterelle d'Orient, *f.*, criquet, *m.*
locust (2) ['loukəst], *n.* caroubier (*plante*), *m.*; *locust-tree*, robinier, *m.*
lodge [lɔdʒ], *n.* loge (*de concierge*), *f.*; pavillon, *m.*; maisonnette (*de garde*), *f.*—*v.t.* loger; abriter; enfoncer (*mettre dans*); déposer (*placer*); implanter (*dans le cœur*); interjeter (*appel*); *to lodge a complaint*, porter plainte.—*v.i.* loger, se loger; s'arrêter, se fixer.
lodger ['lɔdʒə], *n.* locataire; pensionnaire, *m.*, *f.*
lodging ['lɔdʒiŋ], *n.* logement; appartement, *m.*; *to live in furnished lodgings*, loger en garni *ou* en meublé.
lodging-house ['lɔdʒiŋhaus], *n.* hôtel garni, hôtel meublé, *m.*
loft [lɔft], *n.* grenier, *m.*; tribune, *f.*; pigeonnier, *m.*
loftily ['lɔftili], *adv.* haut, avec hauteur, pompeusement.
loftiness ['lɔftinis], *n.* élévation; hauteur, fierté, pompe; sublimité, *f.*
lofty ['lɔfti], *a.* haut, élevé; altier; sublime (*style*).
log [lɔg], *n.* bûche, *f.*; (*Naut.*) loch, *m.*; *to sleep like a log*, dormir comme une souche.
loganberry ['lougənberi], *n.* ronce-framboise, *f.*
logarithm ['lɔgəriðm], *n.* logarithme, *m.*
log-book ['lɔgbuk], *n.* journal *ou* livre de bord; (*Motor.*) carnet de route, *m.*
loggerhead ['lɔgəhed], *n.* lourdaud, *m.*; *to be at loggerheads*, être aux prises *ou* à couteaux tirés.
logic ['lɔdʒik], *n.* logique, *f.*
logical ['lɔdʒikəl], *a.* logique, de la logique.
loin [lɔin], *n.* longe (*de veau*), *f.*; filet (*de mouton*), *m.*; (*pl.*) reins, lombes, *m.pl.*
loiter ['lɔitə], *v.t.* perdre, gaspiller.—*v.i.* flâner, traîner, s'amuser en chemin.
loiterer ['lɔitərə], *n.* musard, flâneur, *m.*
loitering ['lɔitəriŋ], *n.* flânerie, *f.*
loll [lɔl], *v.t.* laisser pendre (*la langue*).—*v.i.* s'étaler, se pencher; pendre (*la langue*).

475

lolling

lolling ['lɔliŋ], *a.* étendu, étalé.
lollipop ['lɔlipɔp], *n.* sucre d'orge, *m.*, sucette, *f.*
lolly ['lɔli], *n.* (*fam.*) sucette; (*slang*) galette (*argent*), *f.*
London ['lʌndən]. Londres, *m.* ou *f.*
Londoner ['lʌndənə], *n.* Londonien, *m.*
lone [loun], *a.* isolé, solitaire; délaissé.
loneliness ['lounlinis], *n.* solitude, *f.*; isolement, *m.*
lonely ['lounli], *a.* isolé; délaissé.
long (1) [lɔŋ], *v.i.* avoir bien envie, brûler (*de*); (*impers.*) tarder (*de*).
long (2) [lɔŋ], *a.* long; étendu, prolongé, allongé; *a long time*, longtemps, depuis longtemps, pendant longtemps; *in the long run*, à la longue; *to be three feet long*, avoir trois pieds de long, être long de trois pieds.—*n. the long and the short of*, le fort et le faible de.—*adv.* fort; longtemps, longuement; depuis longtemps; pendant longtemps; durant; *all night long*, tout le long de la nuit; *before long*, bientôt, avant peu, sous peu; *how long have you been here?* combien de temps y a-t-il que vous êtes ici? *long ago*, il y a longtemps, depuis longtemps; *not long after*, peu de temps après; *so long as*, tant que.
longer ['lɔŋgə], *a.* plus long.—*adv.* plus longtemps; de plus.
longing ['lɔŋiŋ], *n.* désir ardent, *m.*, envie, *f.*
longitude ['lɔndʒitjuːd], *n.* longitude, *f.*
long-sighted ['lɔŋsaitid], *a.* presbyte; (*fig.*) clairvoyant; *I am long-sighted*, j'ai la vue longue.
look [luk], *v.i.* regarder (*d'une fenêtre*); sembler, avoir l'air, paraître; donner sur (*maison etc.*); *look out!* attention! gare! *to look after*, soigner, s'occuper de; *to look away*, détourner ses regards; *to look back*, regarder en arrière; *to look down upon*, mépriser; *to look for*, chercher; *to look forward to*, attendre avec impatience; *to look in*, faire une petite visite, dire un petit bonjour à; *to look into*, examiner; *to look like*, ressembler à; *to look on*, regarder, considérer; *to look over*, jeter un coup d'œil sur.—*n.* regard, air, *m.*, apparence, mine, *f.*; coup d'œil, *m.*
looker-on ['lukərɔn], *n.* spectateur, *m.*
looking ['lukiŋ], *a.* à l'air . . .; à la mine . . .; *good-looking*, beau.
looking-glass ['lukiŋglɑːs], *n.* miroir, *m.*, glace, *f.*
look-out ['lukaut], *n.* guet, *m.*, vigilance, vue, *f.*; (*Mil.*) guetteur, *m.*; (*Naut.*) vigie, *f.*; *to keep a look-out*, avoir l'œil au guet.
loom [luːm], *n.* métier à tisser, *m.*—*v.i.* apparaître indistinctement, surgir.
looming ['luːmiŋ], *a.* vague, estompé.
loop [luːp], *n.* boucle; bride (*pour bouton*), *f.*; (*Av.*) looping, *m.*
loop-hole ['luːphoul], *n.* meurtrière (*pour bouton*), *f.*; (*fig.*) échappatoire, *f.*, faux-fuyant, *m.*
loose [luːs], *a.* délié, défait; branlant; (*fig.*) relâché, lâche (*mœurs*); vague; licencieux; libre; *loose cash*, menue monnaie, *f.—on the loose*, dissolu, dissipé.—*v.t.* délier, lâcher, (*fig.*) déchaîner.
loosely ['luːsli], *adv.* librement, négligemment; licencieusement.

loosen [luːsn], *v.t.* délier, détacher, défaire; desserrer; ébranler.—*v.i.* se délier; se défaire; se desserrer.
looseness ['luːsnis], *n.* état desserré, relâchement; caractère vague, *m.*
loot [luːt], *n.* butin; pillage, *m.*—*v.t.* piller.
looter ['luːtə], *n.* pillard, *m.*
lop [lɔp], *v.t.* élaguer, ébrancher.
lopsided ['lɔpsaidid], *a.* qui penche trop d'un côté, déjeté.
loquacious [lo'kweiʃəs], *a.* loquace.
lord [lɔːd], *n.* seigneur; (*fig.*) maître; lord (*titre anglais*); Monseigneur (*à un prince, noble, évêque etc.*), *m.*; *Our Lord*, notre Seigneur; *the Lord's Prayer*, l'oraison dominicale, *f.*; *the year of our Lord*, l'an de grâce, *m.*—*v.t. to lord it over*, dominer, faire le maître.
lordliness ['lɔːdlinis], *n.* hauteur, *f.*, orgueil, *m.*
lordling ['lɔːdliŋ], *n.* petit seigneur; hobereau, *m.*
lordly ['lɔːdli], *a.* de seigneur, noble; hautain, fier.
lore [lɔː], *n.* savoir, *m.*; science, *f.*
lorry ['lɔri], *n.* camion, *m.*
lose [luːz], *v.t. irr.* perdre; égarer; *to lose one's temper*, s'emporter; *to lose one's way*, s'égarer; *to lose sight of*, perdre de vue.—*v.i.* perdre (*de valeur*); retarder (*horloge etc.*).
loss [lɔs], *n.* perte, *f.*; (*Hunt.*) défaut, *m.*; extinction (*de voix*), *f.*; *at a loss*, dans l'embarras; *dead loss*, perte sèche.
lost [lɔst], *a.* perdu; égaré (*fourvoyé*); abîmé (*endommagé*).
lot [lɔt], *n.* sort, destin, *m.*, part; quantité, *f.*; tas (*de personnes*); lot (*à une vente*), *m.*; *a lot of*, beaucoup de; *to draw* or *cast lots*, tirer au sort.
lotion ['louʃən], *n.* lotion, *f.*
lottery ['lɔtəri], *n.* loterie, *f.*
loud [laud], *a.* haut; fort, grand; bruyant, retentissant; tapageur (*tumultueux*); criard (*couleurs*).
loudly ['laudli], *adv.* haut, fort, à haute voix; avec grand bruit, à grands cris.
loudness ['laudnis], *n.* force, *f.*, grand bruit, éclat, *m.*
loud-speaker [laud'spiːkə], *n.* (*Rad.*) haut-parleur, *m.*
Louisa [lu'iːzə], **Louise** [lu'iːz]. Louise, *f.*
lounge [laundʒ], *v.i.* flâner; être couché *ou* étendu *ou* appuyé paresseusement (*sur*).—*n.* promenoir; sofa (*canapé*); petit salon; hall (*d'hôtel*), *m.*; *lounge jacket*, veston, *m.*; *lounge suit*, complet veston, *m.*
lounger ['laundʒə], *n.* flâneur, *m.*
lour, lower (1) ['lauə], *v.i.* froncer les sourcil; s'assombrir, s'obscurcir (*du temps*); *the sky lours*, le temps se couvre.
louring, lowering (1) ['lauəriŋ], *a.* couvert, sombre; (*fig.*) menaçant.
louse [laus], *n.* (*pl.* **lice** [lais]) pou, *m.*
lousy ['lauzi], *a.* pouilleux; (*fig.*) bas, vil, sale.
lout [laut], *n.* rustre, butor, *m.*
loutish ['lautiʃ], *a.* rustre.
lovable ['lʌvəbl], *a.* digne d'être aimé; aimable.
love [lʌv], *v.t.* aimer, adorer.—*n.* amour, *m.*, affection; amitié, *f.*; ami (*mot tendre*), *m.*; (*Ten.*) zéro, rien, *m.*; *my love to all*, mes

amitiés à tous; *to be in love with*, être amoureux de.

love-affair ['lʌvəfɛə], *n.* amourette, *f.*

love-letter ['lʌvletə], *n.* billet doux, *m.*

loveliness ['lʌvlinis], *n.* amabilité; beauté, *f.*, charme, *m.*

lovely ['lʌvli], *a.* charmant, ravissant, séduisant, gracieux.

lover ['lʌvə], *n.* amant, amoureux; amateur (*de*), *m.*

lovesick ['lʌvsik], *a.* en mal d'amour.

loving ['lʌviŋ], *a.* aimant, affectueux, affectionné, tendre; d'amour (*choses*); *loving kindness*, bonté, miséricorde, *f.*

low (I) [lou], *a.* bas; petit; peu élevé, vulgaire; profond (*révérence*); (*fig.*) lent (*fièvre*); abattu (*humeur*); *at low water*, à marée basse; *in a low voice*, d'une voix basse. —*adv.* bas, en bas; à voix basse; profondément (*révérence*).

low (2) [lou], *v.i.* beugler.

low-brow ['loubrau], *a.* peu intellectuel.—*n.* philistin, *m.*

lower (I) [LOUR].

lower (2) ['louə], *a.* plus bas, inférieur; bas.— *v.t.* baisser, abaisser; descendre; rabaisser humilier; diminuer, affaiblir.

lower-class ['louəklɑːs], *n.* peuple, *m.*

lowering (I) [LOURING].

lowering (2) ['louəriŋ], *n.* abaissement, *m.*, diminution, *f.*

lowest ['louist], *a.* le plus bas, le dernier.

lowing ['louiŋ], *n.* mugissement, beuglement, *m.*

lowliness ['louliŋis], *n.* humilité, *f.*

lowly ['louli], *a.* humble.—*adv.* humblement.

lowness ['lounis], *n.* situation basse, petitesse; faiblesse (*santé*); dépression (*prix*), *f.*; abaissement (*température*), abattement (*humeur*), découragement, *m.*; vulgarité, *f.*

loyal ['lɔiəl], *a.* fidèle, loyal.

loyalty ['lɔiəlti], *n.* fidélité, *f.*

lozenge ['lɔzindʒ], *n.* pastille, *f.*; (*Geom., Her. etc.*) losange, *m.*

lubber ['lʌbə], *n.* lourdaud, *m.*; *land-lubber*, marin d'eau douce, *m.*

lubricant ['luːbrikənt] *n.* lubrifiant, *m.*

lubricate ['luːbrikeit], *v.t.* lubrifier.

lubrication [luːbri'keiʃən], *n.* lubrication, *f.*

lucid ['luːsid], *a.* lucide; limpide, transparent.

lucidity [luːˈsiditi], **lucidness** ['luːsidnis], *n.* transparence, limpidité, lucidité, *f.*

luck [lʌk], *n.* chance, fortune, *f.*, bonheur, *m.*; *by good luck*, par bonheur; *by ill luck*, par malheur; *good luck*, bonne chance.

luckily ['lʌkili], *adv.* heureusement, par bonheur.

lucky ['lʌki], *a.* heureux; *to be lucky*, avoir de la chance; porter bonheur (*chose*).

lucrative ['luːkrətiv], *a.* lucratif.

lucre ['luːkə], *n.* lucre, *m.*

Lucy ['luːsi]. Lucie, *f.*

ludicrous ['luːdikrəs], *a.* risible, comique, ridicule.

luggage ['lʌgidʒ], *n.* bagage, *m.*, bagages *m.pl.*; *left-luggage office*, consigne, *f.*

lugubrious [luˈgjuːbriəs], *a.* lugubre.

lukewarm ['luːkwɔːm], *a.* tiède; (*fig.*) peu zélé.

lull [lʌl], *v.t.* bercer, endormir; calmer.—*v.i.* se calmer, s'apaiser.—*n.* moment de calme, *m.*; (*Naut.*) accalmie, *f.*

lullaby ['lʌləbai], *n.* berceuse, *f.*

lumbago [lʌmˈbeigou], *n.* lumbago, *m.*

lumber ['lʌmbə], *n.* vieilleries, *f.pl.*; (*Am.*) bois de charpente, *m.*—*v.t.* entasser sans ordre; remplir de fatras.—*v.i.* se traîner lourdement.

lumbering ['lʌmbəriŋ], *a.* lourd, encombrant.

lumberjack ['lʌmbədʒæk], *n.* bûcheron, *m.*

luminous ['ljuːminəs], *a.* lumineux.

lump [lʌmp], *n.* masse, *f.*; morceau, bloc (*piece*), *m.*—*v.t.* prendre en bloc; réunir ensemble.

lumpish ['lʌmpiʃ], *a.* gros, lourd, pesant.

lumpy ['lʌmpi], *a.* grumeleux.

lunacy ['luːnəsi], *n.* aliénation mentale, *f.*

lunar ['luːnə], *a.* lunaire.

lunatic ['luːnətik], *a.* de fou, d'aliéné.—*n.* aliéné; fou, *m.*, folle, *f.*

lunatic-asylum ['luːnətikəsailəm], *n.* asile d'aliénés, *m.*

lunch [lʌntʃ], *n.* déjeuner (*vers midi*), *m.*— *v.i.* déjeuner.

lung [lʌŋ], *n.* (*usu. in pl.*) poumon; mou (*de veau*), *m.*; *iron lung*, poumon d'acier.

lunge [lʌndʒ], *n.* (*Fenc.*) botte, *f.*, coup droit, *m.*—*v.i.* porter une botte.

lupin ['ljuːpin], *n.* (*Bot.*) lupin, *m.*

lurch [ləːtʃ], *n.* embardée, *f.*, cahot; (*fig.*) embarras, *m.*; *to leave in the lurch*, planter là.—*v.i.* faire une embardée (*navire*).

lure [ljuə], *n.* leurre, appât, piège; (*fig.*) attrait, *m.*—*v.t.* leurrer, attirer, séduire.

lurid ['ljuərid], *a.* sombre, blafard; sensationnel.

lurk [ləːk], *v.i.* être aux aguets; se tenir caché.

luscious ['lʌʃəs], *a.* délicieux, savoureux; liquoreux (*vin*).

lusciousness ['lʌʃəsnis], *n.* nature succulente, douceur extrême; volupté, *f.*

lush [lʌʃ], *a.* luxuriant.

lust [lʌst], *n.* luxure, *f.*; désir lascif, *m.*; (*fig.*) convoitise, *f.*—*v.i.* désirer immodérément; *to lust after*, convoiter.

lustily ['lʌstili], *adv.* vigoureusement.

lustre ['lʌstə], *n.* brillant, lustre; (*fig.*) éclat, *m.* splendeur, *f.*

lustrous ['lʌstrəs], *a.* brillant, lustré.

lusty ['lʌsti], *a.* vigoureux, robuste, fort.

lute [ljuːt], *n.* luth, *m.*

Luxembourg ['lʌksəmbəːg]. le Luxembourg (*Duché*), *m.*

luxuriance [lʌgˈzjuəriəns], *n.* exubérance, surabondance, luxuriance, *f.*

luxuriant [lʌgˈzjuəriənt], *a.* exubérant, surabondant, luxuriant.

luxurious [lʌgˈzjuəriəs], *a.* de luxe, somptueux, luxueux.

luxuriously [lʌgˈzjuəriəsli], *adv.* avec luxe, somptueusement.

luxuriousness [lʌgˈzjuəriəsnis], *n.* somptuosité, *f.*

luxury ['lʌkʃəri], *n.* luxe, *m.*, exubérance, *f.*; fin morceau; objet de luxe, *m.*

lying ['laiiŋ], *a.* menteur; mensonger (*choses*). —*n.* mensonge, *m.*

lymph [limf], *n.* lymphe, *f.*; vaccin, *m.*

lynch [lintʃ], *v.t.* lyncher (*exécuter sommairement*).

lynx [liŋks], *n.* lynx, *m.*

lyre ['laiə], *n.* lyre, *f.*
lyric ['lirik], *a.* lyrique.—*n.* poème lyrique, *m.*; (*pl.*) paroles (*d'une chanson*), *f.pl.*
lyrical ['lirikəl], *a.* lyrique.

M

M, m [em]. treizième lettre de l'alphabet, *m.*
macadam [mə'kædəm], *n.* macadam, *m.*
macaroni [mækə'rouni], *n.* macaroni, *m.*
macaroon [mækə'ru:n], *n.* macaron, *m.*
mace [meis], *n.* masse (*de cérémonie*), *f.*
mace-bearer ['meisbɛərə], *n.* massier, *m.*
Macedonia [mæsə'douniə]. la Macédoine, *f.*
Macedonian [mæsə'douniən], *a.* macédonien.
—*n.* Macédonien (*personne*), *m.*
macerate ['mæsəreit], *v.t.* macérer.
machine [mə'ʃi:n], *n.* machine, *f.*; (*fig.*)
instrument; appareil (*avion*), *m.*
machine-gun [mə'ʃi:ngʌn], *n.* mitrailleuse, *f.*
machinery [mə'ʃi:nəri], *n.* mécanique, *f.*,
mécanisme, *m.*; machines, *f.pl.*
machine-tool [mə'ʃi:ntu:l], *n.* machine-
outil, *f.*
mackerel ['mækərel], *n.* maquereau, *m.*
mackintosh ['mækintəʃ], *n.* imperméable, *m.*
mad [mæd], *a.* fou, aliéné, insensé; affolé;
furieux (*déchaîné*); enragé (*animal*).
Madagascan [mædə'gæskən], *a.* malgache.—
n. Malgache (*personne*), *m.*
Madagascar [mædə'gæskə]. Madagascar, *m.*
madam ['mædəm], *n.* madame, *f.*
madcap ['mædkæp], *a.* étourdi, fou.—*n.* fou,
m.
madden [mædn], *v.t.* rendre fou; faire enrager.
maddening ['mædniŋ], *a.* à rendre fou, enrageant.
madder ['mædə], *n.* garance, *f.*
made [meid], *a.* fait, confectionné; self-
made man, fils de ses œuvres, *m.*; made
up, inventé (*histoire*); maquillé (*visage*).
Madeira [mə'diərə]. Madère, *f.*—*n.* madère
(*vin*), *m.*
madly ['mædli], *adv.* follement, furieusement.
madman ['mædmən], *n.* (*pl.* -men [men])
aliéné, fou, *m.*
madness ['mædnis], *n.* démence, fureur,
folie; rage (*d'animal*), *f.*
Madonna [mə'dɔnə]. la Madone, *f.*
maelstrom ['meilstroum, 'meilstrəm], *n.*
(*Geog.*) malstrom; (*fig.*) tourbillon, *m.*
magazine [mægə'zi:n], *n.* magasin (*boutique*;
aussi chargeur d'arme à feu); magazine, *m.*,
revue (*périodique*), *f.*
magenta [mə'dʒentə], *a.* and *n.* magenta
(*couleur*), *m.*
maggot ['mægət], *n.* larve, *f.*, ver. asticot, *m.*
magic ['mædʒik], *a.* magique.—*n.* magie, *f.*
magical ['mædʒikəl], *a.* magique.
magician [mə'dʒiʃən], *n.* magicien, *m.*
magisterial [mædʒis'tiəriəl], *a.* de maître:
magistral.
magistrate ['mædʒistreit], *n.* magistrat, *m.*;
examining magistrate, juge d'instruc-

tion, *m.*; police court magistrate, juge de
paix, *m.*
magnanimity [mægnə'nimiti], *n.* magnanimité, *f.*
magnanimous [mæg'næniməs], *a.* magnanime.
magnate ['mægneit], *n.* magnat; grand;
(*colloq.*) gros bonnet, *m.*
magnesia [mæg'ni:ʃə], *n.* magnésie, *f.*
magnesium [mæg'ni:ziəm], *n.* magnésium,
m.
magnet ['mægnit], *n.* aimant, *m.*
magnetic [mæg'netik], *a.* aimanté; magnétique; (*fig.*) attirant.
magnetism ['mægnitizm], *n.* magntéisme, *m.*;
(*Elec.*) aimantation, *f.*
magnetize ['mægnitaiz], *v.t.* aimanter; (*fig.*
magnétiser.
magneto [mæg'ni:tou], *n.* magnéto, *f.*
magnificence [mæg'nifisəns], *n.* magnificence, *f.*
magnificent [mæg'nifisənt], *a.* magnifique,
superbe.
magnify ['mægnifai], *v.t.* magnifier, augmenter, grossir; (*fig.*) exalter.
magnifying ['mægnifaiiŋ], *a.* qui grossit;
magnifying-glass, loupe, *f.*
magnitude ['mægnitju:d], *n.* grandeur;
importance, *f.*
magnolia [mæg'nouliə], *n.* (*Bot.*) magnolia,
magnolier, *m.*
magpie ['mægpai], *n.* pie, *f.*
mahogany [mə'hɔgəni], *n.* acajou, bois
d'acajou, *m.*
maid [meid], *n.* fille, jeune fille; vierge
(*virgin*); bonne, servante, domestique, *f.*;
chambermaid, fille de chambre; kitchen-
maid, fille de cuisine; maid of all work,
bonne à tout faire; maid of honour,
demoiselle d'honneur, *f.*
maiden [meidn], *a.* de fille, de jeune fille;
virginal; (*fig.*) pur, neuf; maiden aunt,
tante non mariée, *f.*; maiden name, nom
de jeune fille, *m.*; maiden speech, premier discours (*d'un nouveau membre du
Parlement*), *m.*; maiden voyage, premier
voyage, *m.*—*n.* jeune fille, fille, *f.*
maidenly ['meidnli], *a.* de jeune fille;
modeste, chaste.
mail (1) [meil], *n.* mailles (*armure*), *f.pl.*
mail (2) [meil], *n.* courrier, *m.*, dépêches
(*lettres*), *f.pl.*—*v.t.* (*Am.*) mettre à la poste.
mail-bag ['meilbæg], *n.* sac postal, *m.*
mail-train ['meiltrein], *n.* train-postal, *m.*
maim [meim], *v.t.* mutiler, estropier.
main (1) [mein], *a.* principal, premier; grand;
important, essentiel.—*n.* gros, *m.*, plus
grande partie, *f.*; principal océan, *m.*; in
the main, pour la plupart, en général.
main (2) [mein], *n.* force, *f.*
main-deck ['meindek], *n.* premier pont, *m.*
mainland ['meinlənd], *n.* continent, *m.*
mainly ['meinli], *adv.* principalement, surtout.
mainmast ['meinmɑ:st], *n.* grand mât, *m.*
mainstay ['meinstei], *n.* soutien, *m.*
maintain [mein'tein], *v.t.* maintenir; soutenir, alléguer; conserver; entretenir,
nourrir (*subvenir aux besoins de*).
maintenance ['meintənəns], *n.* maintien,
soutien; entretien, *m.*
maize [meiz], *n.* maïs, *m.*

majestic [mə'dʒestik], *a.* majestueux.
majesty ['mædʒəsti], *n.* majesté, *f.*; *His* or *Her Majesty*, Sa Majesté.
major ['meidʒə], *a.* plus grand, majeur.—*n.* commandant, *m.*; (*Law*) personne majeure, *f.*; *drum-major*, tambour-major, *m.*; *sergeant-major*, adjudant, *m.*
Majorca [mə'jɔːkə]. Majorque, *f.*
majority [mə'dʒɔriti], *n.* majorité, *f.*
make [meik], *v.t. irr.* faire; créer, façonner, fabriquer, confectionner; rendre (*faire devenir*); forcer, contraindre (*obliger*); amasser, gagner (*argent*); *to make a mistake*, se tromper; *to make a noise*, faire du bruit; *to make believe*, faire accroire à; *to make fun of*, se moquer de; *to make good*, soutenir; réparer; dédommager de; *to make it up*, se raccommoder; *to make known*, faire connaître, faire savoir à; *to make out*, comprendre, déchiffrer, distinguer; *to make over to*, céder à; *to make sure of*, s'assurer de; *to make up*, compléter, inventer (*histoire*); arranger (*querelle*); régler (*comptes*); *to make up for*, suppléer à; rattraper (*temps*); *to make up one's mind*, se décider.—*v.i.* se diriger (*vers*); contribuer (*à*); faire (*comme si*); *to make believe*, faire semblant; *to make of*, comprendre; *to make off*, se sauver; *to make up*, se maquiller; *to make up for*, suppléer à; dédommager de, compenser.—*n.* façon, forme, tournure; fabrication, *f.*
make-believe ['meikbili:v], *n.* feinte, *f.*, semblant, *m.*
maker ['meikə], *n.* créateur, auteur; faiseur; (*Comm.*) fabricant, *m.*
makeshift ['meikʃift], *n.* pis aller, expédient, *m.*
make-up ['meikʌp], *n.* contexture, *f.*; maquillage (*du visage*), *m.*
make-weight ['meikweit], *n.* supplément; (*fig.*) remplissage, *m.*
making ['meikiŋ], *n.* création; façon, fabrication, construction; confection (*de vêtements*), *f.*
maladjusted [mælə'dʒʌstid], *a.* inadapté,
maladjustment [mælə'dʒʌstmənt], *n.* inadaptation, *f.*
maladministration [mælədminis'treiʃən], *n.* mauvaise administration, *f.*
malady ['mælədi], *n.* maladie, *f.*
malaria [mə'lɛəriə], *n.* malaria, *f.*, paludisme, *m.*
Malay [mə'lei], *a.* malais.—*n.* malais (*langue*); Malais (*personne*), *m.*
Malaysia [mə'leiziə]. la Malaisie, *f.*
Malaysian [mə'leiziən], *a.* malais.—*n.* Malais (*personne*), *m.*
malcontent ['mælkəntent], *a.* and *n.* mécontent, *m.*
male [meil], *a.* mâle; masculin.—*n.* mâle, *m.*
malediction [mæli'dikʃən], *n.* malédiction, *f.*
malefactor ['mælifæktə], *n.* malfaiteur, *m.*
malevolence [mə'levələns], *n.* malveillance, *f.*
malevolent [mə'levələnt], *a.* malveillant.
Mali ['mɑːli]. le Mali, *m.*
malice ['mælis], *n.* malice; malveillance, méchanceté; rancune, *f.*; *to bear malice*, vouloir du mal à, garder rancune à.
malicious [mə'liʃəs], *a.* malicieux, méchant.
maliciously [mə'liʃəsli], *adv.* méchamment.

maliciousness [mə'liʃəsnis], *n.* malice, malveillance, *f.*
malign [mə'lain], *a.* malin; méchant.—*v.t.* diffamer, noircir.
malignant [mə'lignənt], *a.* malin, méchant.
malignantly [mə'lignəntli], *adv.* malignement, méchamment.
malignity [mə'ligniti], *n.* malignité, malveillance, *f.*
malinger [mə'liŋgə], *v.i.* (*Mil.*) faire le malade; tirer au flanc.
mall (1) [mɔːl], *n.* gros maillet, *m.*
mall (2) [mæl], *n.* mail (*rue*), *m.*
mallard ['mæləd], *n.* (*Orn.*) canard sauvage, *m.*
malleability [mæliə'biliti], *n.* malléabilité, *f.*
malleable ['mæliəbl], *a.* malléable.
mallet ['mælit], *n.* maillet, *m.*; tapette, *f.*
mallow ['mælou], *n.* (*Bot.*) mauve, *f.*
malmsey ['mɑːmzi], *n.* malvoisie, *f.*
malnutrition [mælnju'triʃən], *n.* sous-alimentation, *f.*
malpractice [mæl'præktis], *n.* malversation *f.*, méfait, *m.*
malt [mɔːlt], *n.* malt, *m.*—*v.t.* malter.
Malta ['mɔːltə]. Malte, *f.*
Maltese [mɔːl'tiːz], *a.* maltais.—*n.* Maltais (*personne*), *m.*
maltreat [mæl'triːt], *v.t.* maltraiter.
maltreatment [mæl'triːtmənt], *n.* mauvais traitement, *m.*
mammal ['mæməl], *n.* mammifère, *m.*
mammoth ['mæməθ], *n.* mammouth, *m.*
man [mæn], *n.* (*pl.* **men** [men]) homme; domestique, valet (*servant*), *m.*; (*Chess*) pièce, *f.*; (*Draughts*) pion, *m.*; *the man in the street*, l'homme de la rue, le grand public; *well, my man!* eh bien! mon brave!—*v.t.* garnir d'hommes; armer (*pompe, bateau*).
manacle ['mænəkl], *v.t.* mettre les menottes à.—*n.* (*pl.*) menottes, *f.pl.*
manage ['mænidʒ], *v.t.* diriger, mener, conduire; arranger (*choses*); gouverner, administrer, gérer; ménager (*habilement*); manier, dompter (*cheval*).—*v.i.* s'arranger (*pour*), parvenir à; venir à bout (*de*).
manageable ['mænidʒəbl], *a.* traitable, maniable.
management ['mænidʒmənt], *n.* conduite, administration; (*Comm.*) gestion (*direction*), *f.*; artifice, savoir-faire (*manège*), *m.*
manager ['mænidʒə], *n.* directeur, administrateur; (*Comm.*) gérant; (*Theat.*) régisseur; (*Spt.*) manager, *m.*
manageress [mænidʒə'res], *n.* directrice, gérante, *f.*
Manchuria [mæn'tʃuəriə]. la Mandchourie, *f.*
Manchu(rian) [mæn'tʃu(əriən)], *a.* mandchou.—*n.* mandchou (*langue*); Mandchou (*personne*), *m.*
mandarin ['mændərin], *n.* mandarin, *m.*; mandarine (*orange*), *f.*
mandate ['mændeit], *n.* commandement, mandat; ordre, *m.*
mandatory ['mændətəri], *a.* and *n.* mandataire, *m.*
mandolin ['mændəlin], *n.* mandoline, *f.*
mane [mein], *n.* crinière, *f.*
manfully ['mænfuli], *adv.* en homme, virilement, vaillamment.
manganese ['mæŋgəniːz], *n.* manganèse, *m.*

mange [meindʒ], *n.* gale (*d'animaux*), *f.*
manger ['meindʒə], *n.* mangeoire, crèche, *f.*
mangle [mæŋgl], *v.t.* déchirer, mutiler; calandrer (*linge*).—*n.* calandre, *f.*
mango ['mæŋgou], *n.* (*Bot.*) mangue, *f.*; manguier (*arbre*), *m.*
mangrove ['mæŋgrouv], *n.* (*Bot.*) mangle, *f.*; manglier, manguier (*arbre*), *m.*
mangy ['meindʒi], *a.* galeux.
man-handle ['mænhændl], *v.t.* manutentionner; (*fig.*) maltraiter.
man-hole ['mænhoul], *n.* bouche d'égout, *f.*
manhood ['mænhud], *n.* virilité, *f.*; âge viril, *m.*; nature humaine, *f.*
mania ['meiniə], *n.* folie, rage, manie, *f.*
maniac ['meiniæk], *a.* furieux, fou.—*n.* fou furieux, fou, *m.*; (*fig.*) maniaque, *m.*, *f.*
maniacal [mə'naiəkl], *a.* furieux, fou.
manicure ['mænikjuə], *n.* soin des ongles, *m.*—*v.t.* soigner les ongles.
manicurist ['mænikjuərist], *n.* manucure, *m.*, *f.*
manifest ['mænifest], *v.t.* manifester, témoigner, montrer; *to manifest a cargo,* déclarer une cargaison.—*a.* manifeste, évident.—*n.* manifeste, *m.*
manifestation [mænifes'teiʃən], *n.* manifestation, *f.*
manifesto [mæni'festou], *n.* manifeste, *m.*
manifold ['mænifould], *a.* divers, multiple; varié.
manikin ['mænikin], *n.* bout d'homme, mannequin, homuncule, *m.*
Manila [mə'nilə]. Manille, *f.*
manipulate [mə'nipjuleit], *v.t.* manipuler.
mankind [mæn'kaind], *n.* genre humain, *m.*, l'humanité, *f.*
manlike ['mænlaik], *a.* d'homme, viril; mâle; hommasse (*femme*).
manliness ['mænlinis], *n.* caractère viril, *m.*
manly ['mænli], *a.* d'homme, viril, mâle.
manna ['mænə], *n.* manne, *f.*
mannequin ['mænikin], *n.* (*Dress.*) mannequin, *m.*; *mannequin parade,* défilé de mannequins, *m.*
manner ['mænə], *n.* manière, *f.*; air; genre, *m.*, sorte, façon, espèce; coutume, habitude, *f.*; (*pl.*) mœurs, *f.pl.*, politesse, *f.*; *after the manner of,* à la manière de, d'après; *all manner of things,* toutes sortes de choses, *f.pl.*; *in the same manner as,* de même que.
mannerism ['mænərizm], *n.* air maniéré, maniérisme; tic, *m.*
mannerly ['mænəli], *a.* poli.
manning ['mæniŋ], *n.* armement, équipement, *m.*
mannish ['mæniʃ], *a.* hommasse.
manœuvre [mə'nu:və], *n.* manœuvre, *f.*—*v.t.*, *v.i.* manœuvrer.
manor ['mænə], *n.* seigneurie, *f.*; manoir, château seigneurial, *m.*
manorial [mə'nɔ:riəl], *a.* seigneurial.
man-power ['mænpauə], *n.* main d'œuvre, *f.*
manse [mæns], *n.* presbytère, *m.*
mansion ['mænʃən], *n.* château (*à la campagne*); hôtel particulier (*en ville*), *m.*
manslaughter ['mænslɔ:tə], *n.* (*Law*) homicide involontaire, *m.*
mantel [mæntl], mantelpiece ['mæntlpi:s], *n.* manteau *ou* dessus de cheminée, *m.*, cheminée, *f.*

mantilla [mæn'tilə], *n.* mantille, *f.*
mantis ['mæntis], *n.* (*Ent.*) mante, *f.*; *praying mantis,* mante religieuse.
mantle [mæntl], *n.* manteau, *m.*—*v.t.* couvrir, voiler.
manual ['mænjuel], *a.* manuel, de la main.—*n.* manuel (*livre*); (*Organ*) clavier, *m.*
manufacture [mænju'fæktʃə], *n.* manufacture, confection, fabrication, *f.*; (*pl.*) produits manufacturés, *m.pl.*—*v.t.* manufacturer, fabriquer.
manufacturer [mænju'fæktʃərə], *n.* fabricant, industriel, *m.*
manure [mə'njuə], *n.* engrais, fumier, *m.*—*v.t.* engraisser, fumer.
manuscript ['mænjuskript], *a.* and *n.* manuscrit, *m.*
Manx [mæŋks], *a.* de l'île de Man, mannois; *Manx cat,* chat sans queue, *m.*
many ['meni], *a.* beaucoup (*de*), bien (*des*); nombreux; plusieurs, maint; *as many as,* autant que, jusqu'à (*devant un numéro*); *how many?* combien? *many a time,* maintes fois; *so many,* tant, tant de; *too many,* trop, trop de.—*n. the many,* la multitude, la foule, *f.*
many-coloured ['menikʌləd], *a.* multicolore.
many-sided ['menisaidid], *a.* polygone; (*fig.*) complexe.
map [mæp], *n.* carte, carte géographique, *f.*; *map of a town,* plan d'une ville, *m.*; *map of the world,* mappemonde, *f.*—*v.t.* faire une carte *ou* un plan de, tracer.
maple [meipl], *n.* érable, *m.*
mar [mɑ:], *v.t.* gâter, défigurer; (*fig.*) troubler.
marathon ['mærəθən], *n.* marathon, *m.*
marauder [mə'rɔ:də], *n.* maraudeur, malandrin, *m.*
marauding [mə'rɔ:diŋ], *n.* maraude, *f.* maraudage, *m.*
marble [mɑ:bl], *a.* de marbre.—*n.* marbre, *m.*; bille (*jouet*), *f.*
marbled [mɑ:bld], *a.* marbré.
marbling ['mɑ:bliŋ], *n.* marbrure, *f.*
March [mɑ:tʃ]. mars (*mois*), *m.*
march (1) [mɑ:tʃ], *n.* (*Mil.*) marche, *f.*; (*fig.*) progrès, *m.*; *march past,* défilé, *m.*—*v.t.* mettre en marche; emmener.—*v.i.* marcher, se mettre en marche; (*fig.*) avancer; *to march past,* défiler devant.
march (2) [mɑ:tʃ], *n.* frontière, *f.*
marching ['mɑ:tʃiŋ], *a.* de marche.—*n.* marche, *f.*
marchioness [mɑ:ʃə'nes], *n.* marquise, *f.*
mare [meə], *n.* jument, *f.*
Margaret ['mɑ:gərit]. Marguerite, *f.*
margarine ['mɑ:gəri:n, 'mɑ:dʒəri:n], *n.* margarine, *f.*
margin ['mɑ:dʒin], *n.* marge (*de papier etc.*), *f.*; bord (*de rivière, de lac*), *m.*—*v.t.* border.
marginal ['mɑ:dʒinəl], *a.* en marge; marginal.
marigold ['mærigould], *n.* (*Bot.*) souci, *m.*
marine [mə'ri:n], *a.* marin, de mer; naval.—*n.* fusilier marin, *m.*; *tell that to the marines,* allez conter cela à d'autres.
mariner ['mærinə], *n.* marin, *m.*
maritime ['mæritaim], *a.* maritime.
Mark [mɑ:k]. Marc, *m.*
mark (1) [mɑ:k], *n.* marque, *f.*, signe, *m.*; em-

preinte; (*fig.*) distinction, importance, *f.*; témoignage (*d'estime*), *m.*; (*Sch.*) note, *f.*, point, *m.*; cible (*but*); croix (*signature*), *f.* —*v.t.* marquer, remarquer; (*Sch.*) noter; (*fig.*) observer, faire attention à.

mark (2) [maːk], *n.* marc (*pièce de monnaie*), *m.*

marked [maːkt]. *a.* marqué, évident; prononcé (*accent*).

marker ['maːkə], *n.* marqueur; jeton (*au jeu*); signet (*de livre*), *m.*

market ['maːkit], *n.* marché, *m.*; halle, *f.*; débit (*vente*); cours (*prix*); (*Comm.*) débouché, *m.*—*v.t.* acheter au marché vendre au marché.

market-garden ['maːkit'gaːdn], *n.* jardin maraîcher, *m.*

market-gardener ['maːkit'gaːdnə], *n.* maraîcher, *m.*

marking ['maːkiŋ], *n.* marquage, *m.*

marking-ink ['maːkiŋiŋk], *n.* encre à marquer, *f.*

marksman ['maːksmən], *n.* (*pl.* **-men** [men]) bon tireur, *m.*

marksmanship ['maːksmənʃip], *n.* adresse au tir, *f.*

marl [maːl], *n.* marne, *f.*—*v.t.* marner.

marline-spike ['maːlinspaik], *n.* épissoir, *m.*

marmalade ['maːmeleid], *n.* confiture d'oranges, *f.*

marmoset ['maːməzet], *n.* ouistiti, *m.*

marmot ['maːmət], *n.* marmotte, *f.*

maroon (1) [mə'ruːn], *n.* nègre marron, *m.*—*v.t.* abandonner dans une île déserte.

maroon (2) [mə'ruːn], *a.* and *n.* marron pourpré (*couleur*), *m.*

marquee [maː'kiː], *n.* grande tente, *f.*

marquess, marquis ['maːkwis], *n.* marquis, *m.*

marquetry ['maːkətri], *n.* marqueterie, *f.*

marquis [MARQUESS].

marriage ['mæridʒ], *n.* mariage, *m.*; noces (*fêtes*), *f.pl.*

marriageable ['mæridʒəbl], *a.* mariable, nubile.

married ['mærid], *a.* marié; conjugal.

marrow ['mærou], *n.* moelle; (*fig.*) essence, *f.*; *vegetable marrow*, courgette, *f.*

marry ['mæri], *v.t.* marier (*donner ou unir en mariage*); se marier avec, épouser (*prendre pour époux*).—*v.i.* se marier.

Marseilles [maː'seilz]. Marseille, *f.*

marsh [maːʃ], *n.* marais, *m.*

marshal ['maːʃl], *n.* maréchal.—*v.t.* ranger; mettre en ordre; classer.

marsh-mallow ['maːʃ'mælou], *n.* (*Bot.*) guimauve, *f.*; bonbon à la guimauve, *m.*

marshy ['maːʃi], *a.* marécageux.

mart [maːt], *n.* marché, entrepôt, *m.*

marten [maːtn], *n.* martre, *f.*; *beech marten*, fouine, *f.*

Martha ['maːθə]. Marthe, *f.*

martial ['maːʃl], *a.* martial; de guerre, de bataille; guerrier, belliqueux.

martin ['maːtin], *n.* martin, martinet, *m.*

martinet [maːti'net], *n.* officier strict sur la discipline, *m.*

Martinmas ['maːtinmæs]. la Saint-Martin, *f.*

martyr ['maːtə], *n.* martyr, *m.*—*v.t.* martyriser.

martyrdom ['maːtədəm], *n.* martyre, *m.*

martyrize ['maːtəraiz], *v.t.* (*fam.*) faire souffrir, martyriser.

marvel [maːvl], *n.* merveille, *f.*—*v.i.* s'émerveiller, s'étonner.

marvellous ['maːv(i)ləs], *a.* merveilleux, étonnant.

marvellously ['maːv(i)ləsli], *adv.* à merveille,

Marxism ['maːksizm], *n.* Marxisme *m.*

Marxist ['maːksist], *a.* marxiste.—*n.* Marxiste, *m.*, *f.*

Mary ['mɛəri]. Marie, *f.*

marzipan [maːzi'pæn], *n.* massepain, *m.*

mascot ['mæskət], *n.* mascotte, *f.*

masculine ['mæskjulin], *a.* mâle, d'homme; (*Gram.*) masculin; hommasse (*femme*).—*n.* masculin, *m.*

mash [mæʃ], *n.* mélange, *m.*, pâte, bouillie; mâche (*pour bestiaux*); pâtée (*pour chien, volaille*), *f.*—*v.t.* broyer; mélanger; (*Brewing*) brasser; *mashed potatoes*, purée de pommes de terre, *f.*

mask [maːsk], *n.* masque; loup (*de soie, de velours*), *m.*—*v.t.* masquer; déguiser.—*v.i.* se masquer.

mason [meisn], *n.* maçon, *m.*; *freemason*, franc-maçon, *m.*

masonic [mə'sɔnik], *a.* maçonnique.

masonry ['meisənri], *n.* maçonnerie, *f.*; *freemasonry*, franc-maçonnerie, *f.*

masquerade [mæskə'reid], *n.* mascarade *f.* —*v.i.* se masquer; *to masquerade as*, se faire passer pour.

mass (1) [mæs], *n.* masse *f.*; amas, gros, *m.*; multitude, foule (*de gens*), *f.*—*v.i.* se masser; s'amonceler (*nuages*).

mass (2) [mæs, maːs], *n.* (*R.-C. Ch.*) messe, *f.*

massacre ['mæsəkə], *n.* massacre, *m.*—*v.t.* massacrer.

massive ['mæsiv], *a.* massif.

mass-meeting ['mæs'miːtiŋ], *n.* assemblée en masse, *f.*, grand meeting, *m.*

mast [maːst], *n.* mât, *m.*; (*pl.*) mâts, *m.pl.*, mâture, *f.*; *half-mast*, à mi-mât, en berne.

master ['maːstə], *n.* maître, directeur, chef; (*Naut.*) patron, maître (*d'un navire*); patron (*d'ouvriers*); (*Sch. etc.*) maître d'école, professeur; (*fig.*) possesseur, *m.*—*v.t.* maîtriser, surmonter, dompter, vaincre; se rendre maître de; l'emporter sur.

masterful ['maːstəful], *a.* de maître, impérieux, dominateur.

master-key ['maːstəkiː], *n.* passe-partout, *m.*

masterly ['maːstəli], *a.* de maître; magistral.

master-mind ['maːstəmaind], *n.* esprit supérieur, *m.*

masterpiece ['maːstəpiːs], *n.* chef-d'œuvre, *m.*

master-stroke ['maːstəstrouk], **master-touch** ['maːstətʃ], *n.* coup de maître, *m.*

mastery ['maːstəri], *n.* empire, pouvoir, *m.*; supériorité, maîtrise, *f.*

masticate ['mæstikeit], *v.t.* mâcher.

mastication [mæsti'keiʃən], *n.* mastication, *f.*

mastiff ['mæstif], *n.* mâtin, *m.*

mastitis [mæs'taitis], *n.* mastite, *f.*

mastodon ['mæstodon], *n.* mastodonte, *m.*

mastoid ['mæstɔid], *a.* mastoïde.

mat [mæt], *n.* natte, *f.*; dessous de lampe, *m.*; *door-mat*, paillasson, *m.*; *table-mat*, dessous de plat, *m.*—*v.t.* natter, tresser.

match

match (1) [mætʃ], *n.* pareil, pendant, égal (*semblable*); mariage; parti (*futur époux*), *m.*; lutte (*concours*), *f.*; (*Spt.*) match, *m.*, partie; course, *f.*; *to be a bad match*, aller mal ensemble (*choses*); *to be more than a match for*, être trop fort pour; *to make a good match*, faire un bon mariage.—*v.t.* assortir, appareiller, égaler, apparier (*deux choses*); se mesurer avec (*opposer*).—*v.i.* s'assortir, être pareil.

match (2) [mætʃ], *n.* allumette, *f.*

match-box [ˈmætʃbɔks], *n.* boîte d'allumettes *ou* à allumettes, *f.*

matchless [ˈmætʃlis], *a.* incomparable, sans pareil.

match-maker (1) [ˈmætʃmeikə], *n.* marieur, *m.*

match-maker (2) [ˈmætʃmeikə], *n.* fabricant d'allumettes, *m.*

mate (1) [meit], *n.* camarade, compagnon, *m.*, compagne, *f.*; second (*de marine marchande*), *m.*—*v.t.* égaler, assortir, apparier; tenir compagnie avec; accoupler (*oiseaux*).—*v.i.* s'accoupler (*animaux*).

mate (2) [meit], *n.* (*Chess*) mat, *m.*—*v.t.* mater.

material [məˈtiəriəl], *a.* matériel; important. —*n.* matière, *f.*; chose, affaire, *f.*; matériel (*réserves*), *m.*; (*pl.*) matériaux, *m.pl.*; *raw material*, matière première.

materialism [məˈtiəriəlizm], *n.* matérialisme, *m.*

materialist [məˈtiəriəlist], *n.* matérialiste, *m.*, *f.*

materialistic [mətiəriəˈlistik], *a.* matérialiste.

materialize [məˈtiəriəlaiz] *v.t.* matérialiser. —*v.i.* se réaliser; se concrétiser.

materially [məˈtiəriəli], *adv.* matériellement; essentiellement.

maternal [məˈtəːnl], *a.* maternel.

maternity [məˈtəːniti], *n.* maternité, *f.*

mathematics [mæθəˈmætiks], *n.pl.* mathématiques, *f.pl.*

Matilda [məˈtildə]. Mathilde, *f.*

matins [ˈmætinz], *n.pl.* matines, *f.pl.*

matriarch [ˈmeitriɑːk], *n.* matriarche, *f.*

matricide [ˈmætrisaid], *n.* matricide (*crime*), *m.*; matricide (*criminel*), *m.*, *f.*

matrimonial [mætriˈmouniəl], *a.* conjugal.

matrimony [ˈmætriməni], *n.* mariage, *m.*, vie conjugale, *f.*

matron [ˈmeitrən], *n.* matrone, mère de famille; infirmière en chef, *f.*

matronly [ˈmeitrənli], *a.* de matrone; d'un certain âge; respectable.

matt [mæt], *a.* mat.

matter [ˈmætə], *n.* matière; chose, affaire, *f.*; fond; sujet; (*Med.*) pus, *m.*; (*fig.*) importance, *f.*; *as a matter of fact*, le fait est que; *what is the matter? Nothing*, qu'y a-t-il? Il n'y a rien; *what is the matter with you? Nothing*, qu'avez-vous? Je n'ai rien.—*v.imp.* importer; *it doesn't matter*, n'importe; *it doesn't matter very much*, ce n'est pas grand'chose; *it matters little*, peu importe; *what matter?* qu'importe?

matter-of-fact [ˈmætərəvfækt], *a.* pratique, positif.

Matthew [ˈmæθju]. Mathieu, *m.*

mattock [ˈmætək], *n.* pioche, *f.*

mattress [ˈmætris], *n.* matelas, *m.*

mature [məˈtjuə], *a.* mûr, mûri.—*v.t.* mûrir, faire mûrir.—*v.i.* mûrir; (*Comm.*) échoir.

maturity [məˈtjuəriti], *n.* maturité; (*Comm.*) échéance, *f.*

matutinal [mætjuˈtainl], *a.* matutinal, du matin.

Maud [mɔːd]. Madelon, *f.*

maudlin [ˈmɔːdlin], *a.* pleurard, pleurnichard.

maul [mɔːl], *n.* maillet, *m.*—*v.t.* rosser, rouer de coups.

maul-stick [ˈmɔːlstik], *n.* (*Paint.*) appui-main, *m.*

Mauritania [mɔriˈteiniə]. la Mauritanie, *f.*

Mauritanian [mɔriˈteiniən], *a.* mauritanien. —*n.* Mauritanien (*personne*), *m.*

Mauritian [mɔˈriʃən], *a.* mauritien.—*n.* Mauritien (*personne*), *m.*

Mauritius [mɔˈriʃəs]. l'Île Maurice, *f.*

mausoleum [mɔːsəˈliːəm], *n.* mausolée, *m.*

mauve [mouv], *a.* mauve.

maw [mɔː], *n.* jabot (*d'oiseau*), *m.*; caillette (*de ruminant*), *f.*

mawkish [ˈmɔːkiʃ], *a.* fade, insipide; sottement sentimental.

maxim [ˈmæksim], *n.* maxime, *f.*

maximum [ˈmæksiməm], *n.* (*pl.* **maxima** [ˈmæksimə]) maximum, *m.*

May [mei]. mai (*mois*), *m.*

may [mei], *v.aux. irr.* pouvoir, être autorisé à; *he may go*, il peut sortir; *it may be that*, il se peut que (*with subj.*); *it might be*, cela se pourrait; *maybe*, peut-être; *may I?* puis-je? *one might as well*, autant vaudrait; *that may be*, cela se peut; *that might be*, cela pourrait être; *you might have gone there*, vous auriez pu y aller.

may-blossom [ˈmeiblɔsəm], *n.* aubépine, *f.*

May-day [ˈmeidei], *n.* premier mai, *m.*

mayor [mɛə], *n.* maire, *m.*

maze [meiz], *n.* labyrinthe, dédale; (*fig.*) embarras, *m.*

mazy [ˈmeizi], *a.* sinueux; (*fig.*) compliqué.

mazurka [məˈzɔːkə], *n.* mazurka, *f.*

me [miː], *pron.* me, moi.

mead [miːd], *n.* hydromel; (*poet.*) pré (*champ*), *m.*

meadow [ˈmedou], *n.* pré, *m.*, prairie, *f.*

meagre [ˈmiːgə], *a.* maigre; pauvre.

meagreness [ˈmiːgənis], *n.* maigreur; pauvreté, *f.*

meal (1) [miːl], *n.* repas, *m.*

meal (2) [miːl], *n.* farine, *f.*

mealy [ˈmiːli], *a.* farineux, poudreux.

mealy-mouthed [ˈmiːlimauðd], *a.* doucereux.

mean (1) [miːn], *a.* bas, méprisable, vil, abject; médiocre (*de peu de valeur*); mesquin; pauvre, humble; sordide; avare; *a mean trick*, un vilain tour.

mean (2) [miːn], *a.* moyen.—*n.* milieu, moyen terme, *m.*; (*Math.*) moyenne, *f.*; *golden mean*, le juste milieu.

mean (3) [miːn], *v.t. irr.* signifier, vouloir dire, entendre; se proposer de, avoir l'intention de, vouloir (*to intend*); destiner (*pour ou de*); *do you mean it?* êtes-vous sérieux? *what does that word mean?* que veut dire ce mot? *what do you mean?* que voulez-vous dire?—*v.i.* vouloir, entendre; *to mean well*, avoir de bonnes intentions.

melt

meander [mi'ændə], n. détour, méandre, m., sinuosité, f.—v.i. serpenter.

meandering [mi'ændəriŋ], a. onduleux, sinueux, tortueux.

meaning ['mi:niŋ], a. significatif; à intentions; **well-meaning**, bien intentionné.— n. signification, f., sens, m.; intention, f.; dessein, m.; pensée (idée), f.; **double meaning**, double sens.

meaningless ['mi:niŋlis], a. qui n'a pas de sens, dénué de sens.

meanly ['mi:nli], adv. bassement; vilement, abjectement; pauvrement; médiocrement.

meanness ['mi:nnis], n. bassesse; pauvreté, mesquinerie; médiocrité, f.

means [mi:nz], n. moyen, m., voie, f.; moyens, m.pl., fortune, f., ressources, f.pl.

meantime ['mi:ntaim], meanwhile ['mi:nwail], n. and adv. **in the meantime**, dans l'intervalle, en attendant, cependant, sur ces entrefaites.

measles [mi:zlz], n.pl. rougeole, f.; **German measles**, rubéole, f.

measurable ['meʒərəbl], a. mesurable.

measure ['meʒə], n. mesure, f.; (fig.) capacité, portée, f.; (Parl.) projet de loi, m.; assise (de charbon), f.—v.t. mesurer; arpenter (terre); prendre mesure à (une personne pour vêtements); (fig.) considérer, toiser, métrer; **this measures ten feet**, ceci a dix pieds de longueur.

measured ['meʒəd], a. mesuré; égal, cadencé.

measurement ['meʒəmənt], n. mesurage; arpentage (de terre), m.; mesure, dimension, f.

meat [mi:t], n. viande; nourriture, f., aliment (manger), m.

meat-safe ['mi:tseif], n. garde-manger, m.

meaty ['mi:ti], a. charnu; (fig.) bien rempli.

Mecca ['mekə]. la Mecque, f.

mechanic [mi'kænik], n. artisan, ouvrier mécanicien, m.; **garage mechanic**, garagiste, m.

mechanical [mi'kænikəl], a. mécanique; d'ouvrier; machinal (fait sans intelligence).

mechanically [mi'kænikli], adv. mécaniquement; machinalement (sans intelligence).

mechanics [mi'kæniks], n.pl. mécanique, f.

mechanism ['mekənizm], n. mécanisme, m.

mechanization [mekənai'zeiʃən], n. mécanisation, f.

mechanize ['mekənaiz], v.t. mécaniser; **mechanized farming**, motoculture, f.; **mechanized army**, armée motorisée, f.

medal [medl], n. médaille, f.

medallion [mi'dæljən], n. médaillon, m.

medallist ['medlist], n. médaillé (honoré), m.

meddle [medl], v.i. se mêler (de); toucher (à), s'immiscer (dans).

meddler ['medlə], n. intrigant; officieux, m.

meddlesome ['medlsəm], meddling ['medliŋ], a. intrigant; officieux.

mediaeval [medi'i:vəl], a. du moyen âge.

medial ['mi:diəl], a. moyen; (Gram.) médial.

mediate ['mi:dieit], v.i. s'entremettre; s'interposer (dans).

mediation [mi:di'eiʃən], n. médiation, entremise, f.

mediator ['mi:dieitə], n. médiateur, m.

medical ['medikəl], a. médical; de médecine (école); en médecine (étudiant); **medical officer**, officier sanitaire, m.; **to take medical advice**, consulter un médecin.

medicament [me'dikəmənt], n. médicament, m.

medicinal [mə'disinl], a. médicinal.

medicine ['medsin], n. médecine, f., médicament; (fig.) remède, m.

medicine-chest ['medsintʃest], n. pharmacie, f.

medicine-man ['medsinmæn], n. sorcier, m.

mediocre ['mi:dioukə], a. médiocre.

mediocrity [mi:di'ɔkriti], n. médiocrité, f.

meditate ['mediteit], v.t. se proposer de, projeter.—v.i. méditer (sur.).

meditation [medi'teiʃən], n. méditation, f.

Mediterranean [meditə'reiniən], a. méditerrané; méditerranéen.—n. la Méditerranée, f.

medium ['mi:djəm], a. moyen.—n. (pl. media ['mi:diə], mediums ['mi:djəmz]) milieu, moyen, m.; voie, entremise; (Math.) moyenne proportionnelle, f.; agent intermédiaire; (Spiritualism) médium, m.

medlar ['medlə], n. nèfle (fruit), f.; néflier (arbre), m.

medley ['medli], a. mêlé, hétéroclite.—n. mélange, m.; confusion, f.; (Mus.) pot pourri, m.

medulla [mi'dʌlə], n. médulle, moelle, f.

meed [mi:d], n. récompense; part (portion), f.

meek [mi:k], a. doux, humble, soumis.

meekly ['mi:kli], adv. avec douceur; humblement.

meekness ['mi:knis], n. douceur; humilité, f.

meet (1) [mi:t], v.t. irr. rencontrer, aller à la recontre de; trouver, recevoir (atteindre); faire la connaissance de; faire face à, affronter (braver); se présenter devant (paraître devant); faire honneur à (dette); (fig.) satisfaire, remplir (demande).—v.i. se rencontrer; se voir; se réunir, s'assembler; se joindre (s'unir); **to meet half-way**, se faire des concessions mutuelles.—n. rendez-vous de chasse, m.

meet (2) [mi:t], a. propre, convenable.

meeting ['mi:tiŋ], n. rencontre; entrevue; assemblée, réunion, f., meeting, m.; séance (session), f.; confluent (rivières), m.; jonction (routes), f.

megaton ['megətʌn], n. mégatonne, f.

melancholy ['melənkəli], a. mélancolique, triste, affligeant.—n. mélancolie, tristesse, f.

mellifluous [me'lifluəs], a. mielleux, doucereux.

mellow ['melou], a. mûr, fondant (fruit); moelleux, doux; gris (à moitié ivre); meuble (terre).—v.t. mûrir, faire mûrir; ameublir (terre); (fig.) adoucir.—v.i. mûrir; devenir meuble (terre); (fig.) s'adoucir.

mellowness ['melounis], n. maturité, f.; moelleux, m.; (fig.) douceur, f.

melodious [mə'loudiəs], a. mélodieux.

melodiously [mə'loudiəsli], adv. mélodieusement.

melodrama ['melədrɑ:mə], n. mélodrame, m.

melodramatic [melədrə'mætik], a. mélodramatique.

melody ['melədi], n. mélodie, f., air, m.

melon ['melən], n. melon, m.

melt [melt], v.t. fondre, faire fondre; (fig.) attendrir.—v.i. fondre, se fondre; (fig.) s'attendrir.

483

melting ['meltiŋ], *a.* qui fond; fondant (*fruit*); (*fig.*) attendrissant.—*n.* fusion, fonte, *f.*; attendrissement, *m.*

melting-pot ['meltiŋpɔt], *n.* creuset, *m.*

member ['membə], *n.* membre; (*Parl.*) député, *m.*

membered ['membəd], *a.* membré; qui a des membres; *large-membered*, membru.

membership ['membəʃip], *n.* les membres d'une société etc., *m.pl.*

membrane ['membrein], *n.* membrane, *f.*

memento [mə'mentou], *n.* souvenir, mémento, *m.*

memoir ['memwa:], *n.* mémoire, *m.*

memorable ['memərəbl], *a.* mémorable.

memorandum [memə'rændəm], *n.* (*pl.* **memoranda** [memə'rændə]) note, *f.*, mémorandum; (*Comm.*) bordereau, *m.*

memorial [mi'mɔ:riəl], *a.* commémoratif.— *n.* souvenir, mémoire; monument commémoratif, *m.*; requête, pétition, *f.*

memorize ['meməraiz], *v.t.* apprendre par cœur.

memory ['meməri], *n.* mémoire, *f.*; (*colloq.*) souvenir, *m.*; *in memory of*, en souvenir de; *to the best of my memory*, autant qu'il m'en souvient.

men [MAN].

menace ['menəs], *n.* menace, *f.*—*v.t.* menacer.

menagerie [mə'nædʒəri], *n.* ménagerie, *f.*

mend [mend], *v.t.* raccommoder, réparer; corriger, améliorer; *to mend one's ways*, rentrer dans le bon chemin.—*v.i.* s'améliorer, se corriger; se rétablir (*santé*); se remettre au beau (*temps*).

mendacious [men'deiʃəs], *a.* mensonger.

mendacity [men'dæsiti], *n.* mensonge, *m.*; duplicité, *f.*

mendicant ['mendikənt], *a.* and *n.* mendiant, *m.*

mendicity [men'disiti], *n.* mendicité, *f.*

mending ['mendiŋ], *n.* raccommodage; reprisage (*des bas*), *m.*; réparation, *f.*

menial ['mi:niəl], *a.* de domestique; (*fig.*) servile.—*n.* domestique, *m.*, *f.*; (*fig.*) valet, laquais, *m.*

meningitis [menin'dʒaitis], *n.* méningite, *f.*

mental [mentl], *a.* mental; *a mental case*, un aliéné.

mentality [men'tæliti], *n.* mentalité, *f.*; esprit, *m.*

mention ['menʃən], *n.* mention, indication, *f.* —*v.t.* dire, faire mention de, mentionner, parler de; citer; *don't mention it!* il n'y a pas de quoi! *not to mention*, sans compter.

menu ['menju], *n.* menu, *m.*, carte, *f.*

mercantile ['mə:kəntail], *a.* marchand, de commerce, commerçant; *mercantile marine*, marine marchande, *f.*

mercenary ['mə:sənri], *a.* mercenaire, vénal. —*n.* mercenaire, *m.*

merchandise ['mə:tʃəndaiz], *n.* marchandise, *f.*

merchant ['mə:tʃənt], *a.* marchand; commercial.—*n.* négociant, commerçant; marchand en gros, *m.*

merchantman ['mə:tʃəntmən] (*pl.* **-men** [men]), **merchant-ship** ['mə:tʃəntʃip], *n.* navire marchand, *m.*

merchant-service ['mə:tʃənt'sə:vis], *n.* marine marchande, *f.*

merciful ['mə:siful], *a.* miséricordieux.

merciless ['mə:silis], *a.* sans pitié, impitoyable.

mercurial [mə:'kjuəriəl], *a.* de Mercure; de mercure; (*fig.*) mercuriel, vif.

mercury ['mə:kjuəri], *n.* mercure, *m.*

mercy ['mə:si], *n.* miséricorde; pitié; grâce, indulgence (*pardon*), *f.*; *for mercy's sake*, par grâce; *recommendation to mercy*, recours en grâce, *m.*; *sisters of mercy*, sœurs de charité, *f.pl.*

mere (1) [miə], *n.* lac, étang, *m.*

mere (2) [miə], *a.* pur, simple, seul, rien que.

merely ['miəli], *adv.* simplement, seulement, rien que.

meretricious [meri'triʃəs], *a.* d'un éclat factice (*style*).

merge [mə:dʒ], *v.t.* fondre, amalgamer, absorber.—*v.i.* se perdre (*dans*).

merger ['mə:dʒə], *n.* fusion, *f.*

meridian [mə'ridiən], *a.* méridien; de midi. —*n.* méridien; (*fig.*) apogée, *m.*

merino [mə'ri:nou], *n.* mérinos, *m.*

merit ['merit], *n.* mérite, *m.*—*v.t.* mériter.

meritorious [meri'tɔ:riəs], *a.* méritoire (*choses*); méritant (*personnes*).

meritoriously [meri'tɔ:riəsli], *adv.* d'une manière méritoire.

mermaid ['mə:meid], *n.* sirène, *f.*

merrily ['merili], *adv.* joyeusement, gaiement.

merriment ['merimənt], *n.* gaieté, réjouissance, *f.*

merry ['meri], *a.* joyeux, gai, plaisant; un peu gris; *to make merry*, se réjouir, se divertir.

merry-go-round ['merigouraund], *n.* chevaux de bois, *m.pl.*; manège, *m.*

merry-making ['merimeikiŋ], *n.* réjouissance, fête, *f.*, divertissement, *m.*

mesh [meʃ], *n.* maille, *f.*; engrenage, *m.*

mesmerism ['mezmərizm], *n.* mesmérisme, magnétisme animal, *m.*

mesmerize ['mezməraiz], *v.t.* magnétiser; hypnotiser.

mess (1) [mes], *n.* gâchis, *m.*; saleté, *f.*; *to be in a fine mess*, être dans de beaux draps; *what a mess!* quel gâchis!—*v.t.* salir.— *v.i.* faire du gâchis.

mess (2) [mes], *n.* mets, plat; (*Mil.*) mess, *m.*; *mess tin*, gamelle (individuelle), *f.*—*v.t.* donner à manger à.—*v.i.* manger; manger ensemble.

message ['mesidʒ], *n.* message, *m.*, commission, *f.*

messenger ['mesəndʒə], *n.* messager; commissionnaire; coursier (*dans un bureau*); (*fig.*) avant-coureur, *m.*

Messiah [mə'saiə], *n.* Messie, *m.*

messmate ['mesmeit], *n.* camarade de table, *m.*

messy ['mesi], *a.* sale; graisseux, salissant.

metabolism [mə'tæbolizm], *n.* métabolisme, *m.*

metal [metl], *n.* métal; cailloutis, empierrement (*pour routes*); (*Rail.*) rail, *m.*

metalled [metld], *a.* empierré.

metallic [mə'tælik], *a.* métallique.

metallurgy [me'tælədʒi], *n.* métallurgie, *f.*

metamorphosis [metə'mɔ:fəsis], *n.* métamorphose, *f.*

metaphor ['metəfə], *n.* métaphore, *f.*

metaphysical [metə'fizikl], *a.* métaphysique.

metaphysics [metə'fiziks], *n.pl.* métaphysique, *f.*

mete [mi:t], *v.t.* mesurer; *to mete out*, distribuer, décerner (*prix*); assigner (*punitions*).

meteor ['mi:tiə], *n.* météore, *m.*

meteoric [mi:ti'ɔrik], *a.* météorique.

meteorite ['mi:tiərait], *n.* météorite, *m.* ou *f.*

meteorological [mi:tiərə'lɔdʒikl], *a.* météorologique.

meteorologist [mi:tiə'rɔlədʒist], *n.* météorologiste, *m.*, *f.*

meteorology [mi:tiə'rɔlədʒi], *n.* météorologie, *f.*

meter ['mi:tə], *n.* mesureur; compteur (*de gaz*), *m.*

method ['meθəd], *n.* méthode, *f.*; procédé, *m.*; modalité; (*fig.*) manière, *f.*, ordre, *m.*

methodical [mə'θɔdikəl], *a.* méthodique.

methylate ['meθileit], *v.t.* méthyler; *methylated spirit*, alcool à brûler, *m.*

meticulous [mə'tikjuləs], *a.* méticuleux.

meticulousness [mə'tikjuləsnis], *n.* méticulosité, *f.*

metre ['mi:tə], *n.* mètre; (*Pros.*) vers, *m.*, mesure, *f.*

metric ['metrik], *a.* métrique.

metrical ['metrikl], *a.* métrique; en vers.

metropolis [mə'trɔpəlis], *n.* capitale, métropole, *f.*

metropolitan [metrə'pɔlitən], *a.* de la capitale, métropolitain.

mettle [metl], *n.* courage, cœur, *m.*; fougue, ardeur, vivacité, *f.*; caractère, *m.*; *to put someone on his mettle*, piquer quelqu'un d'honneur.

mettled [metld], **mettlesome** ['metlsəm], *a.* fougueux, ardent, vif.

mew (1) [mju:], *n.* mue, cage, *f.*; (*pl.*) écuries, *f.pl.*; impasse, ruelle (*derrière les grandes maisons de ville*), *f.*—*v.t.* enfermer (*emprisonner*).—*v.i.* changer.

mew (2) [mju:], *v.i.* miauler (*chat*).

mew (3) [mju:], *n.* (*Orn.*) mouette, *f.*

mewing ['mju:iŋ], *n.* miaulement (*de chat*), *m.*

Mexican ['meksikn], *a.* mexicain.—*n.* Mexicain (*personne*), *m.*

Mexico ['meksikou], le Mexique (*pays*); *Mexico City*, Mexico, *m.*

miasma [mi'æzmə], *n.* (*pl.* **miasmata** [mi'æzmətə]) miasme, *m.*

mica ['maikə], *n.* mica, *m.*

mice [MOUSE].

Michael [maikl]. Michel, *m.*

Michaelmas ['miklməs]. la Saint-Michel, *f.*

microbe ['maikroub], *n.* microbe, *m.*

microphone ['maikrəfoun], *n.* microphone, *m.*

microscope ['maikrəskoup], *n.* microscope, *m.*

microscopic [maikrə'skɔpik], *a.* microscopique.

mid [mid], *a.* du milieu, moyen.—*prep.* au milieu de.

mid-air [mid'ɛə], *n.* milieu de l'air, haut des airs, *m.*; *in mid-air*, entre ciel et terre.

midday ['middei], *a.* de midi.—*n.* midi, *m.*

middle [midl], *a.* du milieu, central; moyen; *Middle Ages*, Moyen Age, *m.*; *middle class*, bourgeoisie, *f.*; *middle course*, moyen terme, *m.*—*n.* milieu, centre, *m.*; ceinture, *f.*

middle-aged ['midleidʒd], *a.* entre deux âges.

middle-man ['midlmæn], *n.* (*pl.* **-men** [men]) intermédiaire, tiers, *m.*

middling ['midliŋ], *a.* médiocre, passable, assez bien (*santé*); (*Comm.*) bon, ordinaire.

midget ['midʒit], *n.* nain, nabot, *m.*

midland ['midlənd], *a.* de l'intérieur, du centre.

Mid-Lent ['mid'lent], mi-carême, *f.*

midnight ['midnait], *a.* de minuit.—*n.* minuit, *m.*

midriff ['midrif], *n.* diaphragme, *m.*

midshipman ['midʃipmən], *n.* (*pl.* **-men** [men]) aspirant de marine, *m.*

midships ['midʃips], [AMIDSHIPS].

midst [midst], *n.* milieu; (*fig.*) fort, sein, cœur, *m.*—*prep.* au milieu de, parmi.

midstream ['midstri:m], *n.* milieu du courant; milieu du fleuve, *m.*

midsummer ['midsʌmə], *n.* milieu de l'été, cœur de l'été, *m.*; *Midsummer Day*, la Saint-Jean, *f.*

midway ['midwei], *a.* and *adv.* à mi-chemin; à mi-côte (*d'une colline*).

midwife ['midwaif], *n.* (*pl.* **midwives** ['midwaivz]) sage-femme, accoucheuse, *f.*

midwifery ['midwifri], *n.* obstétrique, *f.*

midwinter ['midwintə], *n.* fort de l'hiver, *m.*

mien [mi:n], *n.* mine, *f.*, air, *m.*

might (1) [mait], *past* [MAY].

might (2) [mait], *n.* force, puissance, *f.*

mightily ['maitili], *adv.* fortement, vigoureusement; extrêmement.

mighty ['maiti], *a.* fort, puissant; grand, important.—*adv.* fort, très, extrêmement.

mignonette [minjə'net], *n.* réséda, *m.*

migraine ['mi:grein], *n.* (*Med.*) migraine, *f.*

migrate [mai'greit], *v.i.* émigrer.

migration [mai'greiʃən], *n.* migration, *f.*

migratory ['maigrətəri], *a.* migratoire; migrateur.

milch [miltʃ], *a.* à lait, laitière.

mild [maild], *a.* doux; léger (*boisson, tabac etc.*); bénin.

mildew ['mildju:], *n.* rouille, moisissure, *f.*, taches d'humidité, *f.pl.*—*v.t.* gâter par l'humidité; souiller, tacher.

mildly ['maildli], *adv.* doucement, avec douceur; modérément.

mildness ['maildnis], *n.* douceur, *f.*

mile [mail], *n.* mille, *m.*

mileage ['mailidʒ], *n.* distance en milles, *f.*; prix par mille, *m.*

milestone ['mailstoun], *n.* borne milliaire, borne kilométrique, *f.*

militant ['militənt], *a.* militant.—*n.* activiste, *m.*, *f.*

militarism ['militərizm], *n.* militarisme, *m.*

military ['militəri], *a.* militaire.—*n.* *the military*, les militaires, *m.pl.*, la troupe, *f.*

militate ['militeit], *v.i.* militer (*contre*).

militia [mi'liʃə], *n.* milice, *f.*

milk [milk], *n.* lait, *m.*; *milk and water*, lait coupé; (*fig.*) fade, insipide, sans caractère; *skim milk*, lait écrémé; *to come home with the milk*, rentrer à la première heure.—*v.t.* traire.

milk-can ['milkkæn], *n.* pot au lait, *m.*

milkiness ['milkinis], *n.* nature laiteuse; (*fig.*) douceur, *f.*

milkmaid ['milkmeid], *n.* laitière, *f.*

milkman ['milkmən], *n.* (*pl.* -**men** [men]) laitier, *m.*

milk-pail ['milkpeil], *n.* seau à lait, *m.*

milksop ['milksɔp], *n.* (*colloq.*) poule mouillée, *f.*

milky ['milki], *a.* laiteux; *Milky Way*, voie lactée, *f.*

mill [mil], *n.* moulin, *m.*; filature, fabrique (*usine*), *f.*—*v.t.* moudre; (*Coin.*) estamper.—*v.i.* fourmiller (*foule*).

millenary ['milənəri], *a.* millénaire.

millennium [mi'leniəm], *n.* millénaire, *m.*, mille ans; les temps messianiques, *m.pl.*

miller ['milə], *n.* meunier, *m.*

millet ['milit], *n.* millet, mil, *m.*

millimetre ['milimi:tə], *n.* millimètre, *m.*

milliner ['milinə], *n.* marchande de modes; modiste, *f.*

millinery ['milinri], *n.* modes, *f.pl.*

million ['miljən], *n.* million, *m.*

millionaire [miljə'nɛə], *n.* millionnaire, *m.*, *f.*

millstone ['milstoun], *n.* meule de moulin, *f.*

mime [maim], *n.* mime, *m.*—*v.t.* mimer (*une scène*).—*v.i.* jouer par gestes.

mimic ['mimik], *a.* imitateur, mimique; imitatif (*animaux*).—*n.* mime, imitateur, *m.* —*v.t.* contrefaire, imiter.

mimicry ['mimikri], *n.* mimique, imitation, *f.*

minatory ['minətəri], *a.* menaçant.

mince [mins], *v.t.* hacher menu.—*v.i.* marcher à petits pas; minauder (*parler d'une façon affectée*).—*n.* hachis, haché, *m.*

mincemeat ['minsmi:t], *n.* hachis, *m.*; pâte d'épices, *f.*, mincemeat, *m.*

mince-pie ['mins'pai], *n.* tartelette au mincemeat, *f.*

mincing ['minsiŋ], *a.* affecté, minaudier.

mind [maind], *n.* esprit, *m.*, intelligence; envie, *f.*, désir (*inclination*), *m.*; pensée, *f.*, avis (*opinion*), *m.*; souvenir (*mémoire*), *m.*—*v.t.* songer à, faire attention à; regarder à (*s'occuper de*); se défier de (*se douter de*); obéir à, écouter (*se soumettre à*); soigner, garder (*veiller sur*); surveiller, observer (*étudier*); *mind your own business*, mêlez-vous de ce qui vous regarde; *never mind*, peu importe, tant pis.

minded ['maindid], *a.* disposé, enclin.

mindful ['maindful], *a.* attentif (*à*), soigneux (*de*); qui se souvient (*de*).

mindfulness ['maindfulnis], *n.* attention, *f.*

mindless ['maindlis], *a.* inattentif (*à*); sans esprit.

mine (1) [main], *pron.poss.* le mien, *m.*, la mienne, *f.*; les miens, *m.pl.*, les miennes, *f.pl.*—*a.* à moi; *a friend of mine*, un de mes amis.

mine (2) [main], *n.* mine, *f.*—*v.t.* miner, saper.

mine-layer ['mainleiə], *n.* (*Navy*) mouilleur de mines, *m.*

miner ['mainə], *n.* mineur, *m.*

mineral ['minərəl], *a.* and *n.* minéral, *m.*

mineralogy [minə'rælədʒi], *n.* minéralogie, *f.*

mine-sweeper ['mainswi:pə], *n.* (*Navy*) dragueur de mines, *m.*

mingle [miŋgl], *v.t.* mélanger, mêler.—*v.i.* se mêler, se mélanger (*avec, dans* ou *en*).

mingling ['miŋgliŋ], *n.* mélange, *m.*

miniature ['mini(ə)tʃə], *a.* en miniature.—*n.* miniature, *f.*

minim ['minim], *n.* goutte, *f.*; (*Mus.*) blanche, *f.*

minimum ['miniməm], *n.* (*pl.* **minima** ['minimə]) minimum, *m.*

mining ['mainiŋ], *a.* des mines; de mineur, minier.—*n.* travail dans les mines, *m.*

minion ['minjən], *n.* favori, *m.*, favorite, *f.*

minister ['ministə], *n.* ministre; (*Eccles.*) pasteur, *m.*—*v.t.* administrer; fournir.—*v.i.* servir (*à*); (*Eccles.*) officier à.

ministerial [minis'tiəriəl], *a.* de ministère, ministériel.

ministration [minis'treiʃən], *n.* ministère; service, *m.*

ministry ['ministri], *n.* ministère, département, *m.*

mink [miŋk], *n.* vison, *m.*

minnow ['minou], *n.* vairon, *m.*

minor ['mainə], *a.* moindre; secondaire; (*Mus., Geog. etc.*) mineur.—*n.* mineur, *m.*

Minorca [mi'nɔ:kə], Minorque, *f.*

minority [mai'nɔriti], *n.* minorité, *f.*

minster ['minstə], *n.* cathédrale, église abbatiale, *f.*

minstrel ['minstrəl], *n.* ménestrel; (*fam.*) poète, musicien, chanteur, *m.*

mint (1) [mint], *n.* menthe, *f.*; *peppermint*, menthe poivrée.

mint (2) [mint], *n. The Mint*, la Monnaie, *f.* —*v.t.* monnayer frapper; (*fig.*) forger.

mintage ['mintidʒ], *n.* objet monnayé, *m.*

minting ['mintiŋ], *n.* monnayage, *m.*

minuet [minju'et], *n.* menuet, *m.*

minus ['mainəs], *prep.* moins; sans (*n'ayant pas de*).—*n.* moins, *m.*

minute (1) [mai'nju:t], *a.* menu, minuscule, très petit; minutieux.

minute (2) ['minit], *n.* minute, *f.*; instant, moment, *m.*; note, *f.*; (*pl.*) procès-verbal, compte-rendu (*d'une réunion*), *m.*—*v.t.* minuter, prendre note de.

minute-book ['minitbuk], *n.* journal, *m.*

minute-hand ['minithænd], *n.* grande aiguille, *f.*

minutely [mai'nju:tli], *adv.* minutieusement; exactement; en détail.

minuteness [mai'nju:tnis], *n.* petitesse; exactitude, *f.*; détails minutieux, *m.pl.*

minx [miŋks], *n.* coquine, friponne, *f.*

miracle ['mirəkl], *n.* miracle, *m.*

miraculous [mi'rækjuləs], *a.* miraculeux.

mirage [mi'ra:ʒ], *n.* mirage, *m.*

mire ['maiə], *n.* boue, bourbe, fange, vase, *f.*

miry ['maiəri], *a.* fangeux, bourbeux.

mirror ['mirə], *n.* miroir, *m.*, glace, *f.*; *driving-mirror*, rétroviseur, *m.*—*v.t.* refléter.

mirth [mə:θ], *n.* gaieté, hilarité, *f.*, rire, *m.*

mirthful ['mə:θful], *a.* gai, joyeux.

misadventure [misəd'ventʃə], *n.* mésaventure, *f.*, contretemps, *m.*

misanthropist [mi'sænθrəpist], *n.* misanthrope, *m.*, *f.*

misanthropy [mi'sænθrəpi], *n.* misanthropie, *f.*

misapplication [misæpli'keiʃən], *n.* mauvaise application, *f.*

misapply [misə'plai], *v.t.* mal appliquer, détourner (*fonds etc.*).

misapprehend [misæpri'hend], *v.t.* comprendre mal.

misapprehension [misæpri'henʃən], *n.* malentendu, *m.*, méprise, *f.*

misspell

misappropriate [misə'prouprieit], *v.t.* détourner.

misappropriation [misəproupri'eiʃən], *n.* détournement, mauvais emploi, *m.*

misbehave [misbi'heiv], *v.i.* se conduire mal.

misbehaviour [misbi'heivjə], *n.* mauvaise conduite, *f.*

miscalculate [mis'kælkjuleit], *v.t.* calculer mal.

miscalculation [miskælkju'leiʃən], *n.* calcul erroné; mécompte, *m.*

miscarriage [mis'kæridʒ], *n.* insuccès, coup manqué, *m.*; fausse couche (*de femme*), *f.*

miscarry [mis'kæri], *v.i.* manquer, échouer; faire une fausse couche (*femme*).

miscellaneous [misi'leinjəs], *a.* varié, divers; général; *miscellaneous news*, faits divers, *m.pl.*

miscellany [mi'seləni], *n.* (*pl.* **miscellanies** [mi'seləniz]) mélange, *m.*; mélanges (*livre*), *m.pl.*

mischance [mis'tʃɑːns], *n.* malheur, accident, *m.*, mésaventure, infortune, *f.*

mischief ['mistʃif], *n.* mal, dommage, dégât, tort, *m.*

mischief-maker ['mistʃifmeikə], *n.* brouillon, *m.*

mischievous ['mistʃivəs], *a.* méchant, malicieux; malfaisant, mauvais, nuisible (*chose*); espiègle (*enfant*).

mischievously ['mistʃivəsli], *adv.* méchamment.

mischievousness ['mistʃivəsnis], *n.* méchanceté; espièglerie (*d'enfant*), *f.*

misconceive [miskən'siːv], *v.t.*, *v.i.* mal concevoir, juger mal.

misconception [miskən'sepʃən], *n.* malentendu, *m.*

misconduct [mis'kɔndʌkt], *n.* mauvaise conduite, *f.*—[miskən'dʌkt], *v.t.* conduire mal; *to misconduct oneself*, se conduire mal.

misconstruction [miskən'strʌkʃən], *n.* fausse interprétation, *f.*, contresens, *m.*

misconstrue [miskən'struː], *v.t.* mal interpréter.

miscount [mis'kaunt], *v.t.* compter mal.—*v.i.* faire une erreur de compte.—*n.* mécompte, *m.*

miscreant ['miskriənt], *n.* mécréant, *m*; (*fig.*) misérable, *m.*, *f.*

misdeal [mis'diːl], *v.t.* maldonner.—*n.* maldonne, *f.*

misdeed [mis'diːd], *n.* méfait, *m.*

misdemean [misdə'miːn], *v.r. to misdemean oneself*, se comporter mal.

misdemeanour [misdə'miːnə], *n.* délit, crime, *m.*, offense, *f.*

misdirect [misdi'rekt], *v.t.* mal diriger, renseigner mal; mettre une fausse adresse à (*lettre*).

misdoing [mis'duːiŋ], *n.* méfait, *m.*

miser [maizə], *n.* avare, *m.*, *f.*

miserable ['mizərəbl], *a.* misérable, pitoyable, malheureux; mesquin (*piètre*).

miserliness ['maizəlinis], *n.* avarice, *f.*

miserly ['maizəli], *a.* d'avare, avare, sordide.

misery ['mizəri], *n.* misère, *f.*; (*fig.*) tourment; supplice, *m.*; *to put out of misery*, mettre fin aux souffrances (*de*).

misfire [mis'faiə], *v.i.* rater; (*Motor.*) avoir des ratés.—*n.* raté d'allumage, *m.*

misfit ['misfit], *n.* vêtement manqué; inadapté (*personne*), *m.*

misfortune [mis'fɔːtʃən], *n.* malheur, *m.*, infortune, *f.*

misgiving [mis'giviŋ], *n.* pressentiment, soupçon, doute, *m.*; inquiétude, *f.*

misgovern [mis'gʌvən], *v.t.* gouverner mal.

misgovernment [mis'gʌvənmənt], *n.* mauvais gouvernement, *m.*

misguided [mis'gaidid], *a.* malencontreux; peu judicieux; dévoyé.

mishandle [mis'hændl], *v.t.* manier mal, malmener.

mishap [mis'hæp], *n.* contretemps, malheur, *m.*, mésaventure, *f.*

misinform [misin'fɔːm], *v.t.* mal renseigner.

misinterpret [misin'təːprit], *v.t.* interpréter mal.

misjudge [mis'dʒʌdʒ], *v.t.* juger mal, méjuger.

mislay [mis'lei], *v.t. irr.* (*conjug. like* LAY) égarer.

mislead [mis'liːd], *v.t. irr.* (*conjug. like* LEAD) égarer; induire en erreur, fourvoyer; tromper.

misleading [mis'liːdiŋ], *a.* trompeur.

mismanage [mis'mænidʒ], *v.t.* diriger mal.—*v.i.* s'y prendre mal, s'arranger mal (*pour*).

mismanagement [mis'mænidʒmənt], *n.* mauvaise administration, *f.*

misnomer [mis'noumə], *n.* faux nom, *m.*

misogynist [mi'sɔdʒinist], *n.* misogyne, *m.*

misogyny [mi'sɔdʒini], *n.* misogynie, *f.*

misplace [mis'pleis], *v.t.* mal placer; déplacer.

misprint ['misprint], *n.* faute d'impression, *f.*—[mis'print], *v.t.* imprimer incorrectement.

mispronounce [misprə'nauns], *v.t.* prononcer mal.

mispronunciation [misprənʌnsi'eiʃən], *n.* prononciation incorrecte, *f.*

misquote [mis'kwout], *v.t.* citer à faux.

misread [mis'riːd], *v.t. irr.* (*conjug. like* READ) mal lire, mal interpréter.

misrepresent [misrepri'zent], *v.t.* représenter mal, dénaturer.

misrepresentation [misreprizen'teiʃən], *n.* faux rapport, *m.*

misrule [mis'ruːl], *n.* désordre; mauvais gouvernement, *m.*

miss (1) [mis], *n.* mademoiselle, demoiselle, *f.*

miss (2) [mis], *n.* manque, *m.*; perte (*privation*); erreur (*méprise*), *f.*; coup manqué, *m.*—*v.t.* manquer; omettre; s'apercevoir de l'absence de, regretter vivement, ne plus trouver; *I miss my friend very much*, mon ami me manque beaucoup.—*v.i.* manquer; ne pas réussir, échouer, se tromper; *to be missing*, être absent, manquer.

missal [misl], *n.* missel, *m.*

misshapen [mis'ʃeipən], *a.* difforme.

missile ['misail], *a.* de jet, de trait.—*n.* projectile, *m.*; *guided missile*, engin téléguidé, *m.*

missing [misiŋ], *a.* absent, perdu, disparu.

mission [miʃən], *n.* mission, *f.*

missionary ['miʃənəri], *a.* des missions.—*n.* missionnaire, *m.*, *f.*

missive ['misiv], *a.* missive.—*n.* missive, lettre, *f.*

misspell [mis'spel], *v.t. irr.* (*conjug. like* SPELL) épeler mal.

487

misspelling

misspelling [mis'spelin], *n.* faute d'orthographe, *f.*

misspend [mis'spend], *v.t. irr.* (*conjug. like* SPEND) employer mal; gaspiller.

misstate [mis'steit], *v.t.* rapporter incorrectement.

misstatement [mis'steitmǝnt], *n.* rapport erroné, *m.*

mist [mist], *n.* brume; buée (*sur une glace*), *f.*; *Scotch mist*, bruine, *f.*—*v.t.* couvrir (*une glace*) de buée.—*v.i.* se couvrir de buée.

mistake [mis'teik], *v.t. irr.* (*conjug. like* TAKE) se tromper de *ou* sur, se méprendre à *ou* sur; prendre (*pour*).—*v.i.* se tromper, se méprendre, s'abuser.—*n.* erreur, méprise, faute; bévue (*erreur grossière*), *f.*; *to make a mistake*, se tromper.

mistaken [mis'teikǝn] *a.* qui se trompe; faux, erroné (*chose*).

mistimed [mis'taimd], *a.* inopportun.

mistletoe [misltou], *n.* gui, *m.*

mistress ['mistris], *n.* maîtresse; patronne; institutrice (*d'école primaire*), *f.*; *head-mistress*, directrice, *f.*

mistrust [mis'trʌst], *n.* méfiance, *f.*, soupçon, *m.*—*v.t.* se méfier de, soupçonner.

mistrustful [mis'trʌstful], *a.* méfiant.

misty ['misti], *a.* brumeux; vaporeux (*lumière*); (*fig.*) confus.

misunderstand [misʌndǝ'stænd], *v.t. irr.* (*conjug. like* STAND) mal comprendre, entendre mal, se méprendre sur.

misunderstanding [misʌndǝ'stændiŋ], *n.* malentendu (*manque de compréhension*), *m.*; mésintelligence (*querelle*), *f.*

misuse [mis'ju:s], *n.* abus, *m.*—[mis'ju:z], *v.t.* mésuser de; maltraiter (*faire du mal à*).

mite (1) [mait], *n.* (*Zool.*) mite, *f.*

mite (2) [mait], *n.* denier (*argent*); (*fig.*) rien, *m.*, obole, *f.*; (*fam.*) petit gosse, *m.*

mitigate ['mitigeit], *v.t.* mitiger, adoucir, modérer.

mitigating ['mitigeitiŋ], *a.* adoucissant, atténuant.

mitigation [miti'geiʃǝn], *n.* mitigation, *f.*, adoucissement, *m.*

mitre ['maitǝ], *n.* mitre, *f.*

mitten [mitn], *n.* mitaine, *f.*

mix [miks], *v.t.* mêler, mélanger; couper (*boissons*); *to mix up*, mêler, embrouiller, confondre.—*v.i.* se mélanger, se mêler (*de*); s'associer (*à*).

mixed [mikst], *a.* mélangé, mêlé (*de*); mixte.

mixture ['mikstʃǝ], *n.* mélange, *m.*; (*Pharm.*) potion, mixture, *f.*

mix-up ['miksʌp], *n.* confusion, *f.*, embrouillement, *m.*; (*pop.*) pagaïe, *f.*

mizzen [mizn], *n.* artimon, *m.*

mizzen-mast ['miznma:st], *n.* mât d'artimon, *m.*

moan [moun], *n.* gémissement, *m.*, plainte; (*fig.*) lamentation, *f.*—*v.t.* gémir de *ou* sur; se lamenter sur.—*v.i.* gémir; (*fig.*) se lamenter; (*pop.*) grognonner.

moat [mout], *n.* fossé, *m.*, douve, *f.*

mob [mɔb], *n.* foule; populace, canaille, *f.*—*v.t.* houspiller, malmener; assiéger.

mobile ['moubail], *a.* mobile.

mobility [mou'biliti], *n.* mobilité; légèreté (*inconstance*), *f.*

mobilization [moubilai'zeiʃǝn], *n.* mobilisation, *f.*

mobilize ['moubilaiz], *v.t.* mobiliser.

mock [mɔk], *v.t.* se moquer de; narguer.—*v.i.* railler.—*a.* dérisoire; faux, simulé (*false*).

mocker ['mɔkǝ], *n.* moqueur, *m.*

mockery ['mɔkǝri], *n.* moquerie, *f.*

mocking-bird ['mɔkiŋbǝ:d], *n.* oiseau moqueur, *m.*

mode [moud], *n.* mode, façon, manière, *f.*

model ['mɔdl], *n.* modèle; mannequin, *m.*—*v.t.* modeler; (*Cloth.*) présenter des vêtements (*défilé de mannequins*).

moderate ['mɔdǝrit], *a.* modéré; modique, ordinaire, passable, médiocre.—['mɔdǝreit], *v.t.* modérer, adoucir, tempérer.—*v.i.* se modérer.

moderately ['mɔdǝritli], *adv.* modérément, passablement.

moderation [mɔdǝ'reiʃǝn], *n.* modération, *f.*

moderator ['mɔdǝreitǝ], *n.* modérateur, *m.*

modern ['mɔdǝn], *a. and n.* moderne, *m.*, *f.*; *modern languages*, langues vivantes, *f.pl.*

modernize ['mɔdǝnaiz], *v.t.* moderniser.

modest ['mɔdist], *a.* modeste; pudique; modéré (*demandes etc.*).

modesty ['mɔdisti], *n.* modestie, *f.*

modicum ['mɔdikǝm], *n.* petite portion, *f.*

modification [mɔdifi'keiʃǝn], *n.* modification, *f.*

modify ['mɔdifai], *v.t.* modifier.

modulate ['mɔdjuleit], *v.t.* moduler.

modulation [mɔdju'leiʃǝn], *n.* modulation, *f.*

Mohair ['mouheǝ], *n.* poil de chèvre angora, mohair, *m.*

Mohammed [mo'hæmǝd]. Mahomet, *m.*

Mohammedan [mo'hæmǝdǝn], *a.* mahométan.—*n.* Mahométan, *m.*

mohammedanism [mo'hæmǝdǝnizm], *n.* mahométisme, *m.*

moist [mɔist], *a.* moite, humide.

moisten [mɔisn], *v.t.* humecter; mouiller.

moisture ['mɔistʃǝ], **moistness** ['mɔistnis], *n.* moiteur, humidité, *f.*

molasses [mo'læsiz], *n.pl.* mélasse, *f.*

mole (1) [moul], *n.* taupe (*animal*), *f.*

mole (2) [moul], *n.* tache, *f.*, grain de beauté (*sur la peau*), *m.*

mole (3) [moul], *n.* môle (*jetée*), *m.*

molecular [mo'lekjulǝ], *a.* moléculaire.

molecule ['mɔlikju:l], *n.* molécule *f.*

mole-hill ['moulhil], *n.* taupinière, *f.*

moleskin ['moulskin], *n.* peau de taupe, molesquine *f.*, velours de coton, *m.*

molest [mo'lest], *v.t.* molester; vexer.

mollify ['mɔlifai], *v.t.* amollir; adoucir.

molten ['moultǝn], *a.* fondu.

moment ['moumǝnt], *n.* moment, instant, *m.*; (*fig.*) importance, *f.*; *at the present moment*, actuellement; *at this moment*, en ce moment; *not for a moment*, pour rien au monde; *of no moment*, d'aucune importance; *the moment that*, dès que, aussitôt que.

momentarily ['moumǝntǝrili], *adv.* momentanément.

momentary ['moumǝntǝri], *a.* momentané.

momentous [mo'mentǝs], *a.* important, d'une importance capitale.

momentum [mo'mentǝm] *n.* (*Phys.*) force vive; vitesse acquise, *f.*; élan, *m.*

monarch ['mɔnǝk], *n.* monarque, *m.*

monarchy ['mɔnəki], *n.* monarchie, *f.*

monastery ['mɔnəstri], *n.* monastère, *m.*

monastic [mə'næstik], *a.* monastique.

monasticism [mə'næstisizm], *n.* mona-chisme, *m.*

Monday ['mʌndi], lundi, *m.*

monetary ['mʌnətəri], *a.* monétaire.

money ['mʌni], *n.* argent, *m.*; monnaie, *f.*, espèces (*pièces*), *f.pl.*; *made of money*, cousu d'or; *ready money*, argent comptant; *to make money*, gagner de l'argent.

money-box ['mʌnibɔks], *n.* tirelire, *f.*

money-changer ['mʌnitʃeindʒə], *n.* changeur, *m.*

moneyed ['mʌnid], *a.* riche.

money-grubber ['mʌnigrʌbə], *n.* grippe-sou, *m.*

money-lender ['mʌnilendə], *n.* prêteur d'argent, *m.*

money-market ['mʌnima:kit], *n.* bourse, *f.*

money-order ['mʌni:də], *n.* mandat, *m.*

Mongol ['mɔŋgol], *a.* mongol.—*n.* Mongol (*personne*), *m.*

Mongolia [mɔŋ'gouliə]. la Mongolie, *f.*

Mongolian [mɔŋ'gouliən], *a.* mongol.—*n.* mongol (*langue*); Mongol (*personne*), *m.*

mongrel ['mʌŋgrəl], *a.* métis.—*n.* métis, *m.* métisse, *f.*

monitor ['mɔnitə], *n.* moniteur, *m.*

monk [mʌŋk], *n.* moine, *m.*

monkey ['mʌŋki], *n.* singe, *m.*; guenon, *f.*

monkey-wrench ['mʌŋkirentʃ], *n.* clé anglaise, *f.*

monocle ['mɔnəkl], *n.* monocle, *m.*

monogram ['mɔnəgræm], *n.* monogramme, *m.*

monologue ['mɔnəlɔg], *n.* monologue, *m.*

monoplane ['mɔnəplein], *n.* monoplan, *m.*

monopoly [mə'nɔpəli], *n.* monopole, accaparement, *m.*

monorail ['mɔnəreil], *n.* monorail, *m.*

monotonous [mə'nɔtənəs], *a.* monotone.

monotonously [mə'nɔtənəsli], *adv.* avec monotonie.

monotony [mə'nɔtəni], *n.* monotonie, *f.*

monsoon [mɔn'su:n], *n.* mousson, *f.*

monster ['mɔnstə], *n.* monstre, *m.*

monstrosity [mɔn'strɔsiti], *n.* monstruosité, *f.*

monstrous ['mɔnstrəs], *a.* monstrueux, prodigieux.

month [mʌnθ], *n.* mois, *m.*; *calendar month*, mois civil; *the day of the month*, le quantième du mois, *m.*

monthly ['mʌnθli], *a.* mensuel, de tous les mois.—*n.* (*fam.*) revue mensuelle, *f.*—*adv.* tous les mois, par mois.

monument ['mɔnjumənt], *n.* monument, *m.*

monumental [mɔnju'mentl], *a.* monumental.

moo [mu:], *v.i.* meugler, beugler.—*n.* meuglement, *m.*

mood [mu:d], *n.* humeur, *f.*; (*Gram. etc.*) mode, *m.*

moody ['mu:di], *a.* de mauvaise humeur, triste.

moon [mu:n], *n.* lune, *f.*; *by the light of the moon*, au clair de la lune.—*v.i.* muser; *to moon about*, flâner.

moonbeam ['mu:nbi:m], *n.* rayon de lune, *m.*

moonlight ['mu:nlait], *n.* clair de lune, *m.*

moonlit ['mu:nlit], *a.* éclairé par la lune.

moonshine ['mu:nʃain], *n.* clair de lune, *m.*; (*fig.*) chimères, *f.pl.*

moonstrike ['mu:nstraik], *n.* alunissage, *m.*

moonstruck ['mu:nstrʌk], *a.* lunatique.

Moor [muə], *n.* Maure, *m., f.*

moor (1) [muə], *n.* lande, bruyère, *f.*; marais, *m.*

moor (2) [muə], *v.t.* amarrer.—*v.i.* s'amarrer.

moor-hen ['muəhen], *n.* poule d'eau, *f.*

moorings ['muəriŋz], *n.* amarres, *f.pl.*, mouillage, *m.*

moorland ['muələnd], *n.* lande, bruyère, *f.*, marais, *m.*

moose [mu:s], *n.* élan du Canada, *m.*

moot [mu:t], *v.t.* discuter, débattre, controverser.—*a. moot point*, question discutable, *f.*

mop [mɔp], *n.* balai à laver, *m.*—*v.t.* nettoyer avec un balai, éponger; *to mop one's face*, s'éponger la figure.

mope [moup], *v.i.* s'ennuyer; être hébété.

moping ['moupiŋ], *a.* triste, hébété.

moral ['mɔrəl], *a.* moral.—*n.* morale; moralité, *f.*; (*pl.*) mœurs, *f.pl.*

morale [mɔ'ra:l], *n.* moral (*de militaires etc.*), *m.*

morality [mɔ'ræliti], *n.* morale; moralité, *f.*

moralize ['mɔrəlaiz], *v.i.* moraliser.

morally ['mɔrəli], *adv.* moralement.

morass [mə'ræs], *n.* marais, *m.*, fondrière, *f.*

morbid ['mɔ:bid], *a.* maladif, malsain, morbide.

morbidly ['mɔ:bidli], *adv.* morbidement.

morbidity [mɔ:'biditi], **morbidness** ['mɔ:bidnis], *n.* état maladif, état morbide, *m.*

more [mɔ:], *a.* and *adv.* plus; plus de; plus nombreux; encore; davantage; *more and more*, de plus en plus; *more than*, plus que, plus de (*suivi d'un nombre*); *no more*, pas davantage; *no more of that!* arrêtez cela! *once more*, encore une fois; *some more*, encore un peu, davantage.

moreover [mɔ:'rouvə], *adv.* de plus, d'ailleurs, en outre.

moribund ['mɔriband], *a.* moribond.

Mormon ['mɔ:mən], *a.* mormon.—*n.* Mormon (*personne*), *m.*

morn [mɔ:n], *n.* (*poet.*) matin, *m.*, aurore, *f.*

morning ['mɔ:niŋ], *a.* du matin.—*n.* matin, *m.*, matinée, *f.*; *good morning*, bonjour; *in the morning*, le matin; *the next morning*, le lendemain matin.

Moroccan [mə'rɔkən], *a.* marocain.—*n.* Marocain (*personne*), *m.*

Morocco [mə'rɔkou]. le Maroc, *m.*

morocco-leather [mə'rɔkou'leðə], *n.* maroquin, *m.*

moron ['mɔ:rɔn], *n.* crétin, idiot, *m.*

morose [mə'rous], *a.* morose.

morphia ['mɔ:fiə], **morphine** ['mɔ:fi:n], *n.* morphine, *f.*

morrow ['mɔrou], *n.* (*poet.*) demain, lendemain, *m.*; *tomorrow*, demain.

morsel ['mɔ:sl], *n.* morceau, *m.*

mortal ['mɔ:tl], *a.* mortel, funeste (*fatal*); des mortels, humain (*terrestre*); à outrance, à mort (*combat*); *any mortal thing*, n'importe quoi.—*n.* mortel, *m.*

mortality [mɔ:'tæliti], *n.* mortalité; humanité, *f.*

mortally ['mɔ:təli], *adv.* mortellement, à mort.

mortar ['mɔ:tə], *n.* mortier, *m.*

mortgage ['mɔːgidʒ], n. hypothèque, f.—
v.t. hypothéquer.
mortician [mɔː'tiʃən], n. (Am.) entrepreneur
de pompes funèbres, m.
mortification [mɔːtifi'keiʃən], n. mortification; (Path.) gangrène, f.
mortify ['mɔːtifai], v.t. mortifier; (Path.)
faire gangrener.—v.i. se gangrener.
mortise ['mɔːtis], n. mortaise, f.—v.t. mor-
taiser.
mortuary ['mɔːtjuəri], a. mortuaire.—n.
morgue, f., dépôt mortuaire, m.
mosaic [mo'zeiik], a. and n. mosaïque, f.
Moscow ['mɔskou]. Moscou, m.
Moses ['mouziz]. Moïse, m.
Moslem ['mʌzlim, 'mɔzləm], a. musulman.—
n. Musulman (personne), m.
mosque [mɔsk], n. mosquée, f.
mosquito [mɔs'kiːtou], n. moustique, m.
mosquito-net [mɔs'kiːtounet], n. moustiquaire, f.
moss ['mɔs], n. mousse, f.; marais, m.; peat-
moss, tourbière, f.
moss-grown ['mɔsgroun], mossy ['mɔsi], a.
couvert de mousse, moussu.
moss-rose ['mɔsrouz], n. rose moussue, f.
most [moust], a. le plus; le plus grand; most
men, la plupart des hommes; the most
part, la plus grande partie.—adv. le plus,
plus; très, fort; a most valuable book,
un livre des plus précieux; most likely,
très probablement.—n. la plupart, f.; le
plus grand nombre, m.
mostly ['moustli], adv. pour la plupart; le
plus souvent; principalement.
mote [mout], n. grain de poussière, m.; paille
(dans l'œil), f.
motel ['moutel], n. motel, m.
motet [mou'tet], n. (Mus.) motet, m.
moth [mɔθ], n. (Ent.) lépidoptère; papillon de
nuit, m.; phalène; mite (de vêtements), f.
moth-eaten ['mɔθiːtn], a. mité.
mother ['mʌðə], n. mère; maternel; métropolitain (église); mother tongue, langue
maternelle, f.—n. mère; bonne mère, bonne
femme (terme familier), f.; stepmother,
belle-mère, f.—v.t. servir de mère à;
adopter; enfanter (quelque chose).
mother-country ['mʌðəkʌntri], n. mère
patrie, f.
mother-in-law ['mʌðərinlɔː], n. belle-mère,
f.
motherly ['mʌðəli], a. maternel, de mère.—
adv. maternellement, en mère.
mother-of-pearl ['mʌðərəvˈpəːl], n. nacre, f.
motion ['mouʃən], n. mouvement; signe
(signal), m.; motion, proposition (à une
réunion); (Med.) selle, f.—v.t. faire signe (à).
motionless ['mouʃənlis], a. immobile.
motivate ['moutiveit], v.t. motiver (une
action).
motive ['moutiv], a. moteur, qui fait mouvoir;
motive power, force motrice, f.—n. motif,
mobile, m.
motley ['mɔtli], a. bigarré, mélangé.
motor ['moutə], n. moteur, m.—v.i. aller ou
voyager en auto.
motor-boat ['moutəbout], n. canot automobile, m.
motor-car ['moutəkaː], n. automobile, auto,
voiture, f.
motor-cycle ['moutəsaikl], n. motocyclette, f.

motoring ['moutəriŋ], n. automobilisme, m.
motorist ['moutərist], n. automobiliste, m., f.
motorway ['moutəwei], n. autoroute, f.
mottle [mɔtl], v.t. madrer; marbrer.
motto ['mɔtou], n (pl. mottoes ['mɔtouz])
devise, f.
mould (1) [mould], n. moisi (mousse); terreau
(humus), m.—v.i. se moisir.
mould (2) [mould], n. moule, m., forme, f.—
v.t. mouler; (fig.) petrir.
moulder ['mouldə], v.i. se réduire en poudre
ou en poussière.
mouldiness ['mouldinis], n. moisissure, f.
moulding ['mouldiŋ], n. moulure, f.
mouldy ['mouldi], a. moisi.
moult [moult], v.i. muer.
moulting ['moultiŋ], n. mue, f.
mound [maund], n. butte, f., tertre, m.;
(Fort.) remparts, m.pl.
mount [maunt], n. mont, m., montagne;
monture (cheval); (Turf) monté, f.; (Phot.)
carton, m.—v.t. monter; monter sur.—v.i.
monter, s'élever; monter à cheval.
mountain ['mauntin], a. de montagne, des
montagnes, montagnard, montagneux (paysage).—n. montagne, f.
mountaineer [maunti'niə], n. montagnard,
m.; alpiniste, m., f.
mountaineering [maunti'niəriŋ], n. alpinisme, m.
mountainous ['mauntinəs], a. montagneux,
de montagnes; (fig.) énorme.
mountebank ['mauntibæŋk], n. charlatan, m.
mounted ['mauntid], a. monté, à cheval;
(Phot.) collé.
mounting ['mauntiŋ], n. montage, m., monture, f.; (Phot.) collage, m.
mourn [mɔːn], v.t. pleurer, déplorer.—v.i.
pleurer, se lamenter.
mourner ['mɔːnə], n. personne affligée, f.;
pleureur (professionnel), m., personne qui suit
le convoi, f.
mournful ['mɔːnful], a. triste, lugubre.
mourning ['mɔːniŋ], a. affligé, triste; de
deuil.—n. affliction, lamentation, f.; deuil
(vêtements), m.
mouse [maus], n. (pl. mice [mais]) souris, f.;
field-mouse, mulot, m.
mouse-trap ['maustræp], n. souricière, f.
moustache [məs'taːʃ], n. moustache, f.
mousy ['mausi], a. gris (couleur); timide.
mouth [mauθ], n. (pl. mouths [mauðz])
bouche; gueule (de bête sauvage); embouchure (de rivière); ouverture, entrée, f.,
orifice (donnant accès); goulot (d'une bouteille), m.; by word of mouth, de vive voix.
—[mauð], v.t., v.i. crier.
mouthed [mauðd], a. foul-mouthed, mal
embouché; mealy-mouthed, doucereux.
mouthful ['mauθful], n. bouchée; gorgée (de
vin), f.
mouthpiece ['mauθpiːs], n. embouchure, f.;
(fig.) interprète, porte-parole, m.
movable ['muːvəbl], a. mobile.—n. meuble,
m.
move [muːv], v.t. remuer; déplacer; mouvoir,
faire mouvoir, mettre en mouvement, faire
marcher, faire aller; transporter (marchandises etc.); (fig.) émouvoir, toucher; exciter,
pousser (à); proposer (que); (Chess) jouer;
to move forward, avancer; to move out,
déloger, sortir.—v.i. bouger, se remuer, se

mouvoir, se déplacer; se mettre en mouvement, aller, partir, marcher, s'avancer; s'ébranler (*armée*); déménager (*changer de résidence*); (*Chess*) jouer; *move on!* circulez! *to move aside*, s'écarter; *to move away*, s'éloigner; *to move back*, reculer, se reculer; *to move in*, emménager; *to move off*, s'éloigner, s'en aller; *to move on*, avancer; *to move out*, sortir, déménager.—*n.* mouvement; coup; (*Chess*) trait, *m.*; *masterly move*, coup de maître; *to be on the move*, être en mouvement, se remuer; *to get a move on*, se presser; *to make a move*, se préparer à partir.

movement ['mu:vmənt], *n.* mouvement, *m.*

mover ['mu:və], *n.* moteur; mobile, *m.*; force motrice, *f.*; auteur d'une proposition, *m.*

movie ['mu:vi], *n.* (*Am.*) film, *m.*; *the movies*, le cinéma, *m.*

moving ['mu:viŋ], *a.* mouvant, mobile; (*fig.*) émouvant.—*n.* mouvement; déménagement (*de mobilier*); déplacement (*changement de place*), *m.*

movingly ['mu:viŋli], *adv.* d'une manière émouvante.

mow [mou], *v.t. irr.* faucher; tondre.

mower ['mouə], *n.* faucheur (*personne*), *m.*; faucheuse, tondeuse (*machine*), *f.*

Mr. ['mistə]. Monsieur (*abbr.* M.).

Mrs. ['misiz]. Madame (*abbr.* Mme.).

much [mʌtʃ], *adv.* beaucoup, bien, fort, très; *as much*, autant; *how much?* combien (*de*)? *much more*, bien plus; *nothing much*, pas grand'chose; *pretty much*, à peu près; *so much*, tant; *so much more*, d'autant plus; *so much the better*, tant mieux; *to make much of*, faire grand cas de; *too much*, trop (*de*).

muck [mʌk], *n.* fumier (*engrais*), *m.*; fange (*boue*); (*fig.*) saleté, *f.*—*v.t.* fumer; salir.

muckiness ['mʌkinis], *n.* saleté, ordure, *f.*

mucky ['mʌki], *a.* sale, malpropre.

mucous ['mju:kəs], *a.* muqueux; *mucous membrane*, muqueuse, *f.*

mucus ['mju:kəs], *n.* mucus, *m.*; mucosité, *f.*

mud [mʌd], *n.* boue, bourbe, vase, *f.*, limon, *m.*

mudguard ['mʌdɡɑ:d], *n.* garde-boue, *m.*

muddle [mʌdl], *v.t.* brouiller; troubler; gâcher.—*v.i.* faire du gâchis.—*n.* confusion, *f.*, désordre, gâchis, *m.*

muddled [mʌdld], *a.* troublé; hébété.

muddler ['mʌdlə], *n.* brouillon, *m.*

muddy ['mʌdi], *a.* boueux, bourbeux; crotté.

muff [mʌf], *n.* manchon, *m.*

muffle [mʌfl], *v.t.* emmitoufler, affubler; assourdir (*cloche*); voiler (*tambour*).—*n.* moufle, *f.*

muffler ['mʌflə], *n.* cache-nez, *m.*

mug [mʌɡ], *n.* pot, *m.*, tasse; (*slang*) gueule, binette, *f.*; (*colloq.*) imbécile, *m.*, *f.*

muggy ['mʌɡi], *a.* humide, lourd.

mulberry ['mʌlbəri], *n.* mûre, *f.*; *mulberry-tree*, mûrier, *m.*

mulch [mʌltʃ], *n.* paillis, *m.*—*v.t.* pailler, fumer.

mule [mju:l], *n.* mulet, *m.*, mule, *f.*

mulish ['mju:liʃ], *a.* de mulet; (*fig.*) têtu.

mull [mʌl], *n.* gâchis, *m.*—*v.t.* faire chauffer et épicer; *mulled wine*, vin chaud épicé.

multicoloured ['mʌltikʌləd], *a.* multicolore.

multifarious [mʌlti'fɛəriəs], *a.* varié, divers, multiplié.

multi-millionaire ['mʌltimiljə'nɛə], *n.* milliardaire, *m.*, *f.*

multiple ['mʌltipl], *a. and n.* multiple, *m.*; *multiple store*, maison à succursales, *f.*

multiplication [mʌltipli'keiʃən], *n.* multiplication, *f.*

multiplicity [mʌlti'plisiti], *n.* multiplicité, *f.*

multiply ['mʌltiplai], *v.t.* multiplier.—*v.i.* multiplier, se multiplier.

multitude ['mʌltitju:d], *n.* multitude, *f.*

multitudinous [mʌlti'tju:dinəs], *a.* très nombreux, innombrable.

mum (1) [mʌm], *a.* muet.—*int.* bouche close! chut!

mum (2) [mʌm], *n.* (*fam.*) maman, *f.*

mumble [mʌmbl], *v.i.* marmotter.

mumbler ['mʌmblə], *n.* marmotteur, *m.*

mummer ['mʌmə], *n.* mime (*acteur*), *m.*

mummify ['mʌmifai], *v.t.* momifier.

mummy (1) ['mʌmi], *n.* momie, *f.*

mummy (2), **mummie** ['mʌmi], *n.* (*fam.*) maman, *f.*

mumps [mʌmps], *n.pl.* (*Med.*) oreillons, *m.pl.*

munch [mʌntʃ], *v.t., v.i.* mâcher, croquer.

mundane ['mʌndein], *a.* mondain.

municipal [mju'nisipl], *a.* municipal.

municipality [mjunisi'pæliti], *n.* municipalité, *f.*

munificence [mju'nifisəns], *n.* munificence, *f.*

munificent [mju'nifisənt], *a.* libéral, généreux.

munition [mju'niʃən], *n.* munitions (*de guerre*), *f.pl.*—*v.t.* approvisionner.

mural ['mjuərəl], *a.* mural.—*n.* peinture murale, *f.*

murder ['mə:də], *n.* meurtre, homicide, *m.*; *wilful murder*, meurtre avec préméditation, assassinat, *m.*—*v.t.* assassiner, tuer; (*fig.*) écorcher (*une langue etc.*).

murderer ['mə:dərə], *n.* meurtrier, assassin, *m.*

murderess ['mə:dəris], *n.* meurtrière, *f.*

murdering ['mə:dəriŋ], **murderous** ['mə:dərəs], *a.* meurtrier, assassin.

murkiness ['mə:kinis], *n.* obscurité, *f.*

murky ['mə:ki], *a.* sombre, obscur, ténébreux.

murmur ['mə:mə], *n.* murmure, *m.*—*v.i.* murmurer.

murmuring ['mə:məriŋ], *a.* murmurant, murmurateur.—*n.* murmure, *m.*, murmures, *m.pl.*

muscle [mʌsl], *n.* muscle, *m.*

muscular ['mʌskjulə], *a.* musculaire (*force*); musculeux (*membres*).

Muse [mju:z], *n.* muse, *f.*

muse [mju:z], *v.i.* méditer (*sur*) rêver (*à*).—*n.* muse, rêverie, méditation, *f.*

museum [mju'zi:əm], *n.* musée, *m.*

mushroom ['mʌʃrum], *n.* champignon, *m.*

music ['mju:zik], *n.* musique, *f.*

musical ['mju:zikəl], *a.* musical; (*fig.*) harmonieux, mélodieux; qui aime la musique.

musician [mju:'ziʃən], *n.* musicien, *m.*

music-stand ['mju:zikstænd], *n.* pupitre à musique, *m.*

music-stool ['mju:zikstu:l], *n.* tabouret de piano, *m.*

musing ['mju:ziŋ], *n.* méditation; (*pl.*) rêverie, *f.*

musk [mʌsk], n. musc, m.
musket ['mʌskit], n. fusil, mousquet, m.
musketeer [mʌski'tiə], n. mousquetaire, m.
musketry ['mʌskitri], n. mousqueterie, f., tir, m.
musky ['mʌski], a. musqué, parfumé de musc.
Muslim ['mʌzlim], [MOSLEM].
muslin ['mʌzlin], a. de mousseline.—n. mousseline, f.
mussel [mʌsl], n. moule, f.
must (I) [mʌst], v. aux. falloir; devoir; *I must do it*, il faut que je le fasse; *you must know*, vous devez savoir.
must (2) [mʌst], n. moût (*de vin*), m.
mustard ['mʌstəd], n. moutarde, f.
muster ['mʌstə], n. appel, m., revue, f.; rassemblement, m.; troupe, bande, f.; contrôles (*liste*), m.pl.—v.t. faire l'appel de; passer en revue; réunir, rassembler; se procurer; *to muster up courage*, prendre son courage à deux mains.—v.i. s'assembler, se réunir.
mustiness ['mʌstinis], n. moisi, m.
musty ['mʌsti], a. moisi; qui sent le renfermé.
mutability [mju:tə'biliti], n. mutabilité, f.
mutation [mju:'teiʃən], n. mutation, f.
mute [mju:t], a. and n. muet, m.—v.t. amortir (*les cordes d'un violon etc.*).
mutely ['mju:tli], adv. en silence.
mutilate ['mju:tileit], v.t. mutiler, estropier.
mutilated ['mju:tileitid], a. mutilé.
mutilation [mju:ti'leiʃən], n. mutilation, f.
mutineer [mju:ti'niə], n. révolté, rebelle, mutin, m.
mutinous ['mju:tinəs], a. rebelle, mutiné, mutin.
mutinously ['mju:tinəsli], adv. séditieusement.
mutiny ['mju:tini], n. mutinerie, sédition, révolte, f.—v.i. se mutiner, s'insurger.
mutter ['mʌtə], v.t., v.i. marmotter.—n. marmottement, m.
muttering ['mʌtəriŋ], a. marmotteur, murmurant.—n. murmure, marmottement, marmottage, m.
mutton [mʌtn], n. mouton (*viande*), m.; *leg of mutton*, gigot, m.
mutton-chop ['mʌtn'tʃɔp], n. côtelette de mouton, f.
mutual ['mju:tjuəl], a. mutuel, réciproque; *mutual friend*, ami commun, m.
mutually ['mju:tjuəli], adv. mutuellement.
muzzle [mʌzl], n. museau (*d'animal*), m.; bouche, gueule (*de canon*), f.; bout (*de fusil etc.*), m.; muselière (*pour chien*), f.—v.t. museler.
muzzy ['mʌzi], a. brouillé, confus.
my [mai], poss. a. mon, m., ma, f., mes, pl.
myopic [mai'ɔpik], a. myope.
myriad ['miriəd], a. (*poet.*) innombrable.—n. myriade, f.
myrrh [mə:], n. myrrhe, f.
myrtle [mə:tl], n. myrte, m.
myself [mai'self], pron. me; moi-même; moi; *I consider myself*, je me crois.
mysterious [mis'tiəriəs], a. mystérieux.
mysteriously [mis'tiəriəsli], adv. mystérieusement.
mystery ['mistəri], n. mystère, m.
mystic ['mistik], a. and n. (*Theol.*) mystique, m., f.

mysticism ['mistisizm], n. mysticisme, m.
mystify ['mistifai], v.t. envelopper de mystère, mystifier.
mystique [mis'ti:k], n. mystique, f.
myth [miθ], n. mythe, m.
mythical ['miθikl], a. mythique.
mythology [mi'θɔlədʒi], n. mythologie, f.

N

N, n [en]. quatorzième lettre de l'alphabet, m. ou f.
nab [næb], v.t. happer, saisir, pincer.
nag (I) [næg], n. bidet, petit cheval, m.
nag (2) [næg], v.t., v.i. gronder, chamailler, criailler.
nagging ['nægiŋ], a. querelleur (*personne*); agaçant (*sensation*).
nail [neil], n. clou; ongle (*de griffes, de doigts*), m.—v.t. clouer; clouter.
nail-brush ['neilbrʌʃ], n. brosse à ongles, f.
naïve [nai'i:v], a. naïf, ingénu.
naked ['neikid], a. nu, à nu; à découvert, ouvert (*sans protection*); dégarni (*sans meubles*); *stark naked*, tout nu.
nakedness ['neikidnis], n. nudité, f.
name [neim], n. nom; (*fig.*) renom, m., renommée, réputation, f.; *Christian name*, nom de baptême, prénom, m.; *maiden name*, nom de jeune fille; *what is your name?* comment vous appelez-vous?—v.t. nommer, appeler; désigner; *to be named*, s'appeler, se nommer.
named [neimd], a. nommé, désigné.
nameless ['neimlis], a. sans nom, anonyme; inconnu.
namely ['neimli], adv. à savoir, c'est-à-dire.
namesake ['neimseik], n. homonyme, m.
nanny ['næni], n. bonne d'enfant; (*childish*) nounou, f.
nap (I) [næp], n. somme (*sommeil*), m.; *afternoon nap*, sieste, f.; *to take a nap*, faire un somme; *to catch napping*, prendre au dépourvu.
nap (2) [næp], n. poil (*de tissu etc*), m.
nap (3) [næp], n. napoléon (*jeu*); tuyau certain (*courses de chevaux*), m.
nape [neip], n. nuque, f.
napkin ['næpkin], n. serviette; couche (*de bébé*), f.
Napoleon [nə'pouljən]. Napoléon, m.
narcissus [na:'sisəs], n. narcisse, m.
narcotic [na:'kɔtik], a. and n. narcotique, m.
narrate [nə'reit], v.t. raconter, narrer.
narration [nə'reiʃən], n. narration, f., récit, m.
narrative ['nærətiv], a. narratif.—n. récit, narré, m.
narrator [nə'reitə], n. narrateur, m.
narrow ['nærou], a. étroit, resserré; à l'étroit, gêné; rétréci, limité, borné (*esprit*); *to have a narrow escape*, l'échapper belle.—n. (*pl.*) détroit, pas, m.—v.t. rétrécir, resserrer, limiter, borner.—v.i. se rétrécir, se resserrer.
narrowly ['nærouli], adv. étroitement, à l'étroit; de près.

narrow-minded ['nærou'maindid], *a.* à l'esprit étroit.
narrowness ['nærounis], *n.* étroitesse, *f.*
nasal [neizl], *a.* nasal, du nez.
nascent ['næsənt], *a.* naissant.
nastily ['nɑ:stili], *adv.* salement, malproprement.
nastiness ['nɑ:stinis], *n.* saleté; grossièreté, *f.*
nasturtium [nəs'tə:ʃəm], *n.* capucine, *f.*
nasty ['nɑ:sti], *a.* sale, malpropre; (*fig.*) méchant, vilain; dégoûtant.
natal [neitl], *a.* natal, de naissance.
nation ['neiʃən], *n.* nation, *f.*
national ['næʃənl], *a.* national; *national anthem*, hymne national, *m.*; *national debt*, dette publique, *f.*; *national insurance*, assurances sociales, *f.pl.*
nationalism ['næʃnəlizm], *n.* nationalisme, *m.*
nationality [næʃə'næliti], *n.* nationalité, *f.*
nationalization [næʃnəlai'zeiʃən], *n.* nationalisation (*d'une industrie*); (*Am.*) naturalisation (*d'une personne*), *f.*
nationalize ['næʃnəlaiz], *v.t.* nationaliser.
native ['neitiv], *a.* natif, naturel; indigène (*personne* ou *plante*); maternel (*langue etc.*); *native land*, patrie, *f.*—*n.* natif (*d'une ville*); habitant (*d'une île*); naturel (*de tribu sauvage*); indigène (*des pays d'outremer*), *m.*; *a native of England*, Anglais de naissance, *m.*; *a native of Paris*, natif de Paris.
nativity [nə'tiviti], *n.* nativité; naissance, *f.*
natty ['næti], *a.* pimpant, propret, coquet.
natural ['nætʃərəl], *a.* naturel; réel; magi, simple; (*Mus.*) bécarre.
naturalist ['nætʃərəlist], *n.* naturaliste, *m., f.*
naturalization [nætʃərəlai'zeiʃən], *n.* naturalisation, *f.*
naturally ['nætʃərəli], *adv.* naturellement.
nature ['neitʃə], *n.* nature, *f.*; naturel (*disposition*), *m.*
naught [nɔ:t], *n.* néant, rien; (*Arith.*) zéro, *m.*; *to come to naught*, échouer.
naughtily ['nɔ:tili], *adv.* par méchanceté.
naughtiness ['nɔ:tinis], *n.* méchanceté, *f.*
naughty ['nɔ:ti], *a.* méchant, vilain.
nausea ['nɔ:ziə], *n.* nausée, *f.*
nauseating ['nɔ:zieitiŋ], *a.* nauséabond, dégoûtant, écœurant.
nautical ['nɔ:tikl], *a.* nautique; marin (*milles etc.*).
naval [neivl], *a.* naval; maritime; de la marine (*de guerre*); *naval officer*, officier de marine, *m.*
nave (1) [neiv], *n.* nef (*d'église*), *f.*
nave (2) [neiv], *n.* moyeu (*de roue*), *m.*
navel [neivl], *n.* nombril, *m.*
navigable ['nævigəbl], *a.* navigable.
navigate ['nævigeit], *v.t.* gouverner.—*v.i.* naviguer.
navigation [nævi'geiʃən], *n.* navigation, *f.*
navigator ['nævigeitə], *n.* navigateur, *m.*
navvy ['nævi], *n.* terrassier, *m.*
navy ['neivi], *n.* marine de guerre, *f.*; *Merchant Navy*, marine marchande.
navy blue ['neivi'blu:], *a.* and *n.* bleu marine, *m.inv.*
*****nay** [nei], *adv.* non plus; et même, qui plus est; *to say nay*, refuser.
Neapolitan [niə'politən], *a.* napolitain, de Naples.—*n.* Napolitain (*personne*), *m.*
neap tide ['ni:p'taid], *n.* marée de morte eau, *f.*

near [niə], *a.* proche, rapproché; chiche (*parcimonieux*); cher (*bien-aimé*); fidèle (*intime*); de gauche (*left*).—*adv.* près, près de, de près; presque.—*prep.* près de, auprès de.—*v.t.*, *v.i.* s'approcher de.
nearby ['niəbai], *a.*, [niə'bai], *adv.* tout près, tout proche.
nearly ['niəli], *adv.* de près; à peu près; presque; *he was nearly drowned*, il faillit se noyer.
nearness ['niənis], *n.* proximité; parcimonie (*avarice*), *f.*
neat [ni:t], *a.* propre, soigné, net; simple et élégant; pur, sec (*sans mélange*).
neatly ['ni:tli], *adv.* proprement; nettement, adroitement (*habilement*).
neatness ['ni:tnis], *n.* propreté, netteté, *f.*
nebula ['nebjulə], *n.* (*Astron.*) nébuleuse, *f.*
nebulous ['nebjuləs], *a.* nébuleux.
necessaries ['nesəsəriz], *n.pl.* nécessaire, *m.*
necessarily ['nesəsərili], *adv.* nécessairement, forcément.
necessary ['nesəsri], *a.* nécessaire.
necessitate [ni'sesiteit], *v.t.* nécessiter.
necessitous [ni'sesitəs], *a.* nécessiteux, dans le besoin.
necessity [ni'sesiti], *n.* nécessité, *f.*; besoin (*indigence*), *m.*; *of necessity*, nécessairement, forcément.
neck [nek], *n.* cou; goulot (*de bouteille etc.*); manche (*de violon*); collet (*de viande*), *m.*; encolure (*d'une robe*), langue (*de terre*), *f.*; *stiff neck*, torticolis, *m.*
neckerchief ['nekətʃif], *n.* foulard (*d'homme*), fichu (*de femme*), *m.*
necklace ['neklis], *n.* collier, *m.*
neck-tie ['nektai], *n.* cravate, *f.*
necromancy ['nekrəmænsi], *n.* nécromancie, *f.*
necropolis [ni'krɔpəlis], *n.* nécropole, *f.*
nectar ['nektə], *n.* nectar, *m.*
nectarine ['nektərin], *n.* brugnon, *m.*
need [ni:d], *n.* besoin, *m.*; nécessité; indigence, *f.*; *if need be*, le cas échéant; *in case of need*, au besoin; *to be in need*, être dans la misère; *to be in need of* or *to have need of*, avoir besoin de.—*v.t.* avoir besoin de; exiger.—*v.i.* avoir besoin; devoir, avoir (à); (*impers.*) falloir, être nécessaire.
needful ['ni:dful], *a.* nécessaire; *the needful*, le nécessaire, *m.*
needle [ni:dl], *n.* aiguille, *f.*
needless ['ni:dlis], *a.* inutile.
needlework ['ni:dlwə:k], *n.* ouvrage à l'aiguille, *m.*; (*Sch.*) couture, *f.*
*****needs** [ni:dz], *adv.* (*used only with* must) nécessairement, absolument; *I must needs*, il faut absolument que je (*with subj.*).
needy ['ni:di], *a.* indigent, nécessiteux.
ne'er [nɛə], (*poet.*) [NEVER].
nefarious [ni'fɛəriəs], *a.* abominable, infâme.
negation [ni'geiʃən], *n.* négation, *f.*
negative ['negətiv], *a.* négatif.—*n.* négative, *f.*; (*Phot.*) cliché, négatif, *m.*—*v.t.* rejeter.
neglect [ni'glekt], *n.* négligence, *f.*; oubli, *m.*—*v.t.* négliger.
neglected [ni'glektid], *a.* négligé.
neglectful [ni'glektful], *a.* négligent.
negligence ['neglidʒəns], *n.* négligence, *f.*
negligent ['neglidʒənt], *a.* négligent.

negligible ['neglidʒibl], *a.* négligeable.
negotiable [ni'gouʃiabl], *a.* négociable.
negotiate [ni'gouʃieit], *v.t., v.i.* négocier.
negotiation [nigouʃi'eiʃən], *n.* négociation, *f.*
negotiator [ni'gouʃieitə], *n.* négociateur, *m.*
Negress ['ni:gres], *n.* (*sometimes pej.*) noire, *f.*
Negro ['ni:grou], *n.* noir, *m.*
neigh [nei], *v.i.* hennir.—*n.* hennissement, *m.*
neighbour ['neibə], *n.* voisin; (*Bibl.*) prochain, *m.*
neighbourhood ['neibəhud], *n.* voisinage, *m.*; alentours, environs, *m.pl.*; quartier, *m.*
neighbouring ['neibəriŋ], *a.* voisin.
neighbourly ['neibəli], *a.* de voisin, de bon voisin.
neighing ['neiiŋ], *n.* hennissement, *m.*
neither ['naiðə, 'ni:ðə], *a.* and *pron.* ni l'un ni l'autre, *m.*—*conj.* ni; non plus; *neither . . . nor*, ni . . . ni.—*adv.* du reste, d'ailleurs.
Nemesis ['nemisis]. némésis, *f.*
neolithic [ni:ə'liθik], *a.* néolithique.
neon ['ni:ɔn], *a.* **neon light**, lampe au néon, *f.*—*n.* (*Chem.*) néon, *m.*
Nepal [nə'pɔ:l]. le Népal, *m.*
Nepalese [nepə'li:z], *a.* népalais.—*n.* Népalais (*personne*), *m.*
nephew ['nefju, 'nevju], *n.* neveu, *m.*
nepotism ['nepətizm], *n.* népotisme, *m.*
Nero ['niərou]. Néron, *m.*
nerve [nə:v], *n.* nerf; (*fig.*) courage, *m.*; audace, *f.*; (*pop.*) toupet, *m.*
nerve-cell ['nə:vsel], *n.* cellule nerveuse, *f.*
nerveless ['nə:vlis], *a.* sans nerf; (*fig.*) sans vigueur.
nerve-racking ['nə:vrækiŋ], *a.* horripilant, énervant.
nervous ['nə:vəs], *a.* nerveux (*physiquement*); timide, craintif (*moralement*); **nervous breakdown**, dépression nerveuse, *f.*
nervousness ['nə:vəsnis], *n.* inquiétude, timidité; nervosité, *f.*
nest [nest], *n.* nid, *m.*; nichée (*couvée d'oiseaux*), *f.*; (*fig.*) repaire, *m.*; *nest of tables*, table gigogne, *f.*—*v.i.* nicher, faire un nid.
nestle [nesl], *v.i.* nicher, se nicher.
nestling ['nesliŋ], *n.* petit oiseau encore au nid, béjaune, *m.*
net [net], *a.* net; pur.—*n.* filet, rets, *m.*; résille (*à cheveux*), *f.*; tulle (*tissu*), *m.*—*v.t.* prendre dans un filet; (*Comm.*) rapporter net.
nether ['neðə], *a.* bas, inférieur.
Netherlands ['neðələndz], the. les Pays-Bas, *m.pl.*
nethermost ['neðəmoust], *a.* le plus bas.
netting ['netiŋ], *n.* filet, réseau; grillage (*de fil de fer*), *m.*
nettle [netl], *n.* ortie, *f.*—*v.t.* piquer, agacer, irriter.
nettlerash ['netlræʃ], *n.* urticaire, *f.*
network ['netwə:k], *n.* réseau, enchevêtrement, *m.*
neuralgia [nju'rældʒə], *n.* névralgie, *f.*
neuritis [nju'raitis], *n.* névrite, *f.*
neurosis [nju'rousis], *n.* névrose, *f.*
neurotic [nju'rɔtik], *a.* and *n.* névrosé, *m.*, neurotique, *m., f.*
neuter ['nju:tə], *a.* and *n.* neutre, *m.*
neutral ['nju:trəl], *a.* neutre; indifférent.—*n.* (*Motor.*) point-mort, *m.*
neutrality [nju'træliti], *n.* neutralité; indifférence, *f.*

neutralize ['nju:trəlaiz], *v.t.* neutraliser.
neutron ['nju:trɔn], *n.* neutron, *m.*
never ['nevə], *adv.* jamais; ne . . . jamais; *never mind!* peu importe!
nevermore [nevə'mɔ:], *adv.* ne . . . jamais plus, ne . . . plus jamais.
nevertheless [nevəðə'les], *conj.* néanmoins, cependant, pourtant.
new [nju:], *a.* neuf (*qui n'a pas servi*); nouveau (*récemment acquis, différent*); frais, récent (*arrivé depuis peu*); *brand-new*, flambant neuf, tout battant neuf; *New Year's Day*, le jour de l'an, *m.*
new-born ['nju:bɔ:n], *a.* nouveau-né; *new-born daughters*, filles nouveau-nées, *f.pl.*
new-comer ['nju:kʌmə], *n.* nouveau venu, *m.*
Newfoundland ['nju:fəndlænd, nju:'faundlənd]. la Terre-Neuve, *f.*—*n.* terre-neuve (*chien*), *m.*
New Guinea [nju:'gini]. la Nouvelle-Guinée, *f.*
new-laid ['nju:leid], *a.* frais (*œuf*).
newly ['nju:li], *adv.* nouvellement, fraîchement, récemment, de nouveau.
newness ['nju:nis], *n.* nouveauté, *f.*
New Orleans [nju:'ɔ:lianz]. la Nouvelle-Orléans, *f.*
news [nju:z], *n.* nouvelle, *f.*, nouvelles, *f.pl.*; (*Rad., Tel.*) bulletin d'informations, *m.*
news-agent ['nju:zeidʒənt], *n.* marchand de journaux, *m.*
newspaper ['nju:speipə], *n.* journal, *m.*
newt [nju:t], *n.* triton, *m.*, salamandre, *f.*
New Zealand [nju:'zi:lənd]. la Nouvelle-Zélande, *f.*—*a.* néo-zélandais.
New Zealander [nju:'zi:ləndə], *n.* Néo-Zélandais, *m.*
next [nekst], *a.* voisin, le plus voisin; le plus près; de côté; prochain (*dans l'avenir*); suivant (*dans le passé*); premier (*à la suite de*).—*adv.* après, ensuite, puis; *what next?* et après? ensuite?—*prep. next to*, à côté de.
nib [nib], *n.* bec (*de stylo*), *m.*; pointe (*d'outil*), *f.*
nibble [nibl], *v.t.* mordiller, grignoter; mordre à (*l'hameçon*); brouter (*l'herbe etc.*).—*n.* grignotement, *m.*; touche (*du poisson*), *f.*
Nicaragua [nikə'rægjuə]. le Nicaragua, *m.*
Nicaraguan [nikə'rægjuən], *a.* nicaraguayen.—*n.* Nicaraguayen (*personne*), *m.*
nice [nais], *a.* bon, agréable, friand; (*colloq.*) délicat, gentil, aimable, charmant, propre; exact, difficile, exigeant (*délicat*); *a nice child*, un enfant gentil, *m.*
nicely ['naisli], *adv.* bien, agréablement; délicatement; gentiment, aimablement; joliment; d'une manière recherchée.
nicety ['naisəti], *n.* (*pl.* **niceties** ['naisətiz]) délicatesse, finesse, *f.*; soin scrupuleux, *m.*; précision; exactitude, *f.*; (*pl.*) subtilités, finesses, *f.pl.*
niche [nitʃ], *n.* niche, *f.*
Nicholas ['nikələs]. Nicolas, *m.*
nick [nik], *n.* moment précis, *m.*; encoche, entaille (*coupure*), *f.*; (*Print.*) cran, *m.*; *in the nick of time*, fort à propos, à point nommé.
nickel [nikl], *n.* nickel, *m.*; (*Am.*) pièce de cinq cents, *f.*
nickname ['nikneim], *n.* sobriquet, surnom, *m.*—*v.t.* donner un sobriquet à.
nicotine ['nikəti:n], *n.* nicotine, *f.*

niece [niːs], *n.* nièce, *f.*

nifty ['nifti], *a.* (*fam.*) pimpant.

Niger ['naidʒə], **the.** le Niger, *m.*

Nigeria [nai'dʒiəriə]. le Nigéria, *m.*

Nigerian [nai'dʒiəriən], *a.* nigérien.—*n.* Nigérien (*personne*), *m.*

niggard ['nigəd], *a.* and *n.* avare, ladre, *m.*

niggardliness ['nigədlinis], *n.* mesquinerie, ladrerie, *f.*

niggardly ['nigədli], *a.* mesquin, ladre, chiche.—*adv.* avec avarice, en avare.

niggle [nigl], *v.i.* tatillonner; fignoler.

nigh [nai], *adv.* près; presque; *to draw nigh*, approcher, s'approcher (*de*).

night [nait], *n.* nuit, *f.*; soir, *m.*; *first night* première, *f.*

night-club ['naitklʌb], *n.* boîte de nuit, *f.*

night-dress ['naitdres], *n.* chemise de nuit, *f.*

night-fall ['naitfɔːl], *n.* tombée de la nuit, *f.*

nightie ['naiti], *colloq. abbr.* [NIGHT-DRESS].

nightingale ['naitiŋgeil], *n.* rossignol, *m.*

night-light ['naitlait], *n.* veilleuse, *f.*

nightly ['naitli], *a.* nocturne, de nuit.—*adv.* chaque nuit, toutes les nuits; tous les soirs.

nightmare ['naitmeə], *n.* cauchemar, *m.*

night-time ['naittaim], *n.* nuit, *f.*; *in the night-time*, pendant la nuit.

night-watchman ['nait'wotʃmən], *n.* (*pl.* **-men** [men]) veilleur de nuit, *m.*

nihilism ['naiilizm], *n.* nihilisme, *m.*

nil [nil], *n.* rien, néant, zéro, *m.*

Nile [nail], **the.** le Nil, *m.*

nimble [nimbl], *a.* agile, léger, leste.

nimbly ['nimbli], *adv.* agilement, lestement.

nine [nain], *a.* and *n.* neuf, *m.*

ninefold ['nainfould], *a.* neuf fois autant.

ninepins ['nainpinz], *n.pl.* quilles, *f.pl.*; jeu de quilles, *m.*

nineteen [nain'tiːn], *a.* and *n.* dix-neuf, *m.*

nineteenth [nain'tiːnθ], *a.* dix-neuvième; dix-neuf (*du mois* ou *souverains*).—*n.* dix-neuvième (*fraction*), *m.*

ninetieth ['naintiiθ], *a.* quatre-vingt-dixième.—*n.* quatre-vingt-dixième (*fraction*), *m.*

ninety ['nainti], *a.* and *n.* quatre-vingt-dix, *m.*

ninny ['nini], *n.* nigaud, niais, *m.*

ninth [nainθ], *a.* neuvième; neuf (*du mois* ou *souverains*).—*n.* neuvième (*fraction*), *m.*

nip [nip], *n.* pincement, *m.*, pince, *f.*, serrement, *m.*; morsure; (*Hort.*) brûlure (*par le froid*), *f.*—*v.t.* pincer; mordre; (*Hort.*) brûler (par le froid); *to nip off*, couper, enlever le bout de.

nipper ['nipə], *n.* pince, *f.*; (*colloq.*) gamin, gosse, *m.*; (*pl.*) pincettes, pinces, *f.pl.*

nipple [nipl], *n.* mamelon, bout de sein, *m.*

nippy ['nipi], *a.* preste, rapide; perçant (*froid*).

nit [nit], *n.* lente, *f.*

nitrate ['naitreit], *n.* nitrate, *m.*

nitre ['naitə], *n.* nitre, *m.*

nitric ['naitrik], *a.* nitrique, azotique.

nitrogen ['naitrədʒən], *n.* azote, *m.*

nitwit ['nitwit], *n.* imbécile, *m.*, *f.*

no [nou], *a.* and *adv.* non, pas, ne . . . pas de ne . . . point de; pas un, nul, aucun.—*n.* non, *m.*

Noah ['nouə]. Noé, *m.*

nob [nɔb], *n.* (*colloq.*) caboche, *f.*; gros bonnet, *m.*

nobility [no'biliti], *n.* noblesse, *f.*

noble [noubl], *a.* noble; illustre, grand; généreux.—*n.* noble, *m.*

nobleman ['noublmən], *n.* (*pl.* **-men** [men]) noble, gentilhomme, *m.*

nobly ['noubli], *adv.* noblement; superbement.

nobody ['noubədi], *pron.* personne, *m.*; *I know nobody*, je ne connais personne; *nobody else*, personne d'autre.—*n.* zéro, inconnu, *m.*

nocturnal [nɔk'təːnl], *a.* nocturne, de nuit.

nod [nɔd], *n.* signe de tête, *m.*; inclination de tête, *f.*—*v.i.* faire un signe de tête; s'incliner; sommeiller (*s'assoupir*).

noggin ['nɔgin], *n.* petit pot (*en étain*), *m.*

noise [nɔiz], *n.* bruit; tapage, fracas, vacarme; tintement (*de cloche*) bourdonnement (*d'insectes etc.*); (*fig.*) éclat, *m.*—*v.t.* ébruiter, publier, répandre.

noiseless ['nɔizlis], *a.* sans bruit; silencieux.

noiselessly ['nɔizlisli], *adv.* sans bruit.

noisily ['nɔizili], *adv.* bruyamment.

noisome ['nɔisəm], *a.* malsain, infect, nuisible.

noisy ['nɔizi], *a.* bruyant; turbulent (*enfants*).

nomad ['noumæd], *n.* nomade, *m.*

nomadic [no'mædik], *a.* nomade.

nominal ['nɔminl], *a.* nominal; de nom; *nominal roll*, état nominatif, *m.*

nominally ['nɔminəli], *adv.* de nom; nominalement.

nominate ['nɔmineit], *v.t.* nommer; désigner; présenter, proposer (*un candidat etc.*).

nomination [nɔmi'neiʃən], *n.* nomination; présentation, *f.*

nominative ['nɔminətiv], *a.* au nominatif, nominatif.—*n.* (*Gram.*) nominatif, *m.*

nominee [nɔmi'niː], *n.* personne nommée, *f.*

nonagenarian [nounədʒi'nɛəriən], *a.* and *n.* nonagénaire, *m.*, *f.*

non-aggression [nɔnə'greʃən], *n.* non-agression, *f.*

non-alcoholic [nɔnælkə'hɔlik], *a.* non-alcoolique.

non-attendance [nɔnə'tendəns], *n.* absence, *f.*

nonchalance ['nɔnʃələns], *n.* nonchalance, *f.*

non-combatant [nɔn'kʌmbətənt, nɔn'kɔmbətənt], *a.* and *n.* non-combattant, *m.*

non-commissioned [nɔnkə'miʃənd], *a.* sans brevet; *non-commissioned officer*, sous-officier, *m.*

non-committal [nɔnkə'mitl], *a.* qui n'engage à rien, diplomatique.

nonconformist [nɔnkən'fɔːmist], *a.* and *n.* dissident, *m.*, nonconformiste, *m.*, *f.*

nondescript ['nɔndiskript], *a.* indéfinissable, quelconque.—*n.* chose sans nom, chose indéfinissable, *f.*

none [nʌn], *a.* and *pron.* nul, *m.*, nulle, *f.*, aucun, *m.*, aucune, *f.*, pas un, *m.*, pas une, *f.*, personne, *m.*—*adv.* pas, point; néant (*sur des bordereaux*).

nonentity [nɔ'nentiti], *n.* néant, *m.*; (*fig.*) nullité, *f.*, zéro, *m.*

nonesuch ['nʌnsʌtʃ], *a.* sans pareil, non-pareil.

non-existent ['nɔnig'zistənt], *a.* qui n'existe pas.

non-intervention ['nɔnintə'venʃən], *n.* non-intervention, *f.*

non-observance ['nɔnəb'zəːvəns], *n.* inobservation, *f.*

non-payment ['nɔn'peimənt], *n.* non-payement, *m.*

nonplussed ['nɔn'plʌst], *a.* embarrassé, dérouté.

nonsense ['nɔnsəns], *n.* non-sens, *m.*; sottise, absurdité, *f.*; **nonsense!** allons donc! quelle sottise!

nonsensical [nɔn'sensikl], *a.* vide de sens, absurde.

non-skid ['nɔn'skid], *a.* antidérapant.

non-stop ['nɔn'stɔp], *a.* and *adv.* sans arrêt.

noodle [nuːdl], *n.* nigaud, benêt, sot, *m.*; (*pl.*) (*Cook.*) nouilles, *f.pl.*

nook [nuk], *n.* recoin, réduit, *m.*

noon [nuːn], *n.* midi, *m.*

noonday ['nuːndei], *a.* de midi.—*n.* midi, *m.*

noontide ['nuːntaid], *n.* heure de midi, *f.*, midi, *m.*

noose [nuːs], *n.* nœud coulant, lacet, *m.*

nor [nɔː], *conj.* ni; ni ... ne.

norm [nɔːm], *n.* norme, *f.*

normal [nɔːml], *a.* normal.

normally ['nɔːməli], *adv.* normalement.

Norman ['nɔːmən], *a.* normand.—*n.* Normand (*personne*), *m.*

Normandy ['nɔːməndi], la Normandie, *f.*

north [nɔːθ], *a.* du nord, septentrional.—*n.* nord, septentrion, *m.*—*adv.* au nord.

north-east [nɔː'θiːst], *n.* nord-est, *m.*

northerly ['nɔːðəli], *a.* septentrional, du nord. —*adv.* au nord, vers le nord.

northern ['nɔːðən], *a.* du nord; **northern lights**, aurore boréale, *f.*

northerner ['nɔːðənə], *n.* habitant du nord, *m.*

north-west [nɔː'θwest], *n.* nord-ouest, *m.*

Norway ['nɔːwei], la Norvège, *f.*

Norwegian [nɔː'wiːdʒən], *a.* norvégien.—*n.* norvégien (*langue*); Norvégien (*personne*), *m.*

nose [nouz], *n.* nez; museau (*d'animal*); odorat (*flair*), *m.*; **Roman nose**, nez aquilin; **to blow one's nose**, se moucher; **to put someone's nose out of joint**, supplanter quelqu'un; **to turn up one's nose at**, faire fi de; **turned-up nose**, nez retroussé.—*v.t.* flairer.—*v.i.* **to nose about**, fureter.

nose-bag ['nouzbæg], *n.* musette (*de cheval etc.*), *f.*

nose-dive ['nouzdaiv], *v.i.* (*Av.*) piquer du nez.—*n.* piqué, *m.*

nosegay ['nouzgei], *n.* bouquet, *m.*

nostalgia [nɔs'tældʒiə], *n.* nostalgie, *f.*, mal du pays, *m.*

nostril ['nɔstril], *n.* narine, *f.*; naseau (*de cheval etc.*), *m.*

nosy ['nouzi], *a.* (*pop.*) fouinard.

not [nɔt], *adv.* non; ne ... pas, ne ... point, pas, non pas; **not at all**, point du tout; **why not?** pourquoi pas?

notability [noutə'biliti], *n.* notabilité, *f.*

notable ['noutəbl], *a.* notable, insigne; remarquable.—*n.* notable, *m.*, *f.*

notably ['noutəbli], *adv.* notamment (*particulièrement*).

notary ['noutəri], *n.* notaire, *m.*

notation [no'teiʃən], *n.* notation, *f.*

notch [nɔtʃ], *n.* encoche, entaille, brèche, *f.*—*v.t.* entailler, ébrécher.

note [nout], *n.* note, marque, *f.*, signe, *m.*; lettre, *f.*, billet, *m.*; marque (*distinction*), *f.*; **bank-note**, billet de banque; **to take a note of**, prendre note de.—*v.t.* noter; remarquer.

notebook ['noutbuk], *n.* carnet, *m.*

noted ['noutid], *a.* distingué (*personne*); célèbre (*chose*).

notepaper ['noutpeipə], *n.* papier à lettres, *m.*

noteworthy ['noutwəːði], *a.* remarquable.

nothing ['nʌθiŋ], *n.* rien, néant, *m.*; **a mere nothing**, (*fig.*) un zéro.—*pron.* (ne) ... rien; **good-for-nothing**, bon à rien, *m.*; **nothing at all**, rien du tout; **to do nothing but**, ne faire que.—*adv.* en rien, nullement, aucunement.

nothingness ['nʌθiŋnis], *n.* néant, rien, *m.*

notice ['noutis], *n.* connaissance; attention, *f.*; préavis, *m.*; notice (*article dans un journal*); (*Law*) notification; annonce (*dans un journal*); affiche (*avis placardé*), *f.*; **a week's notice**, un préavis de huit jours; **at short notice**, à court délai; **to give notice**, avertir, donner congé; **to take notice of**, faire attention à, remarquer; **until further notice**, jusqu'à nouvel ordre.—*v.t.* prendre connaissance de, remarquer, s'apercevoir de.

noticeable ['noutisəbl], *a.* perceptible.

noticeably ['noutisəbli], *adv.* perceptiblement, sensiblement.

notice-board ['noutisbɔːd], *n.* écriteau, *m.*

notification [noutifi'keiʃən], *n.* notification, *f.*, avis, avertissement, *m.*

notify ['noutifai], *v.t.* faire savoir, notifier.

notion ['nouʃən], *n.* notion, idée, *f.*

notoriety [noutə'raiəti], *n.* notoriété, *f.*

notorious [no'tɔːriəs], *a.* notoire.

notwithstanding [nɔtwið'stændiŋ], *prep.* malgré, nonobstant.—*adv.* néanmoins.

noun [naun], *n.* nom, substantif, *m.*

nourish ['nʌriʃ], *v.t.* nourrir; (*fig.*) entretenir.

nourishing ['nʌriʃiŋ], *a.* nourrissant, nutritif.

nourishment ['nʌriʃmənt], *n.* nourriture, alimentation, *f.*

Nova Scotia ['nouvə'skouʃə], la Nouvelle-Écosse, *f.*

novel [nɔvl], *a.* nouveau, original.—*n.* roman, *m.*

novelist ['nɔvəlist], *n.* romancier, *m.*

novelty ['nɔvəlti], *n.* nouveauté, *f.*

November [no'vembə], *n.* novembre, *m.*

novercal [no'vəːkl], *a.* de marâtre.

novice ['nɔvis], *n.* novice, *m.*, *f.*

novitiate [nə'viʃiit], *n.* noviciat, *m.*

now [nau], *adv.* maintenant, à présent, actuellement; alors, or, donc (*raisonnement*); **now and then**, de temps en temps; **now ... now**, tantôt ... tantôt; **now then!** eh bien!

nowadays ['nauədeiz], *adv.* aujourd'hui, de nos jours.

nowhere ['nouweə], *adv.* nulle part.

nowise ['nouwaiz], *adv.* en aucune manière.

noxious ['nɔkʃəs], *a.* nuisible.

nozzle [nɔzl], *n.* nez; bec, bout; (*Motor. etc.*) ajutage, *m.*; lance (*de tuyau*), *f.*

nuclear ['njuːkliə], *a.* nucléaire; **nuclear fission**, fission de l'atome, *f.*; **nuclear war**, guerre atomique, *f.*

nucleus ['njuːkliəs], *n.* noyau, *m.*

nude [njuːd], *a.* and *n.* nu, *m.*

nudge [nʌdʒ], *n.* coup de coude, *m.*—*v.t.* donner un coup de coude à, pousser du coude.

nugget ['nʌgit], *n.* pépite (*d'or*), *f.*

nuisance ['njuːsəns], *n.* peste, plaie, *f.*, fléau (*Law*) dommage, *m.*

null [nʌl], a. nul; *null and void*, nul et non avenu.

nullify ['nʌlifai], v.t. annuler.

nullity ['nʌliti], n. nullité, f.

numb [nʌm], a. engourdi, transi.—v.t. engourdir (*par*).

number ['nʌmbə], n. nombre; chiffre (*de o à 9*); numéro (*d'une série*), m.; livraison (*de publications*), f.; (*fig., pl.*) nombres, m.pl.; *a number of*, plusieurs, une foule de (*gens*); *cardinal, ordinal, odd,* or *even number*, nombre cardinal, ordinal, impair *ou* pair.—v.t. compter; numéroter (*en série*).

numberless ['nʌmbəlis], a. innombrable.

number-plate ['nʌmbəpleit], n. (*Motor.*) plaque d'immatriculation, f.

numbness ['nʌmnis], n. engourdissement, m.

numeral ['nju:mərəl], a. numéral.—n. lettre numérale, f., chiffre, m.

numerical [nju'merikl], a. numérique.

numerous ['nju:mərəs], a. nombreux.

numskull ['nʌmskʌl], n. benêt, idiot, m.

nun [nʌn], n. religieuse, (*fam.*) nonne, f.

nunnery ['nʌnəri], n. couvent (de religieuses), m.

nuptial ['nʌpʃəl], a. nuptial, de noces.

nuptials ['nʌpʃəlz], n.pl. noces, f.pl.

nurse [nə:s], n. bonne d'enfant, f.; garde-malade, m., f.; infirmier, m., infirmière, f. (*à l'hôpital*); *wet nurse*, nourrice, f.—v.t. nourrir, élever; soigner, garder (*les malades*).

nurse-maid ['nə:smeid], n. bonne d'enfant, f.

nursery ['nə:səri], n. chambre d'enfants; (*Hort.*) pépinière, f.; *nursery rhyme*, chanson d'enfants, f.

nursery-man ['nə:sərimən], n. (*pl.* -men [men]) pépiniériste, m.

nursery-school ['nə:sərisku:l], n. école maternelle, f.

nursing-home ['nə:siŋhoum], n. clinique, maison de santé, f.

nurture ['nə:tʃə], n. nourriture; éducation, f.—v.t. nourrir; élever.

nut [nʌt], n. noix (*du noyer etc.*); noisette (*du noisetier*), f.; (*Tech.*) écrou, m.

nut-brown ['nʌtbraun], a. châtain.

nut-cracker ['nʌtkrækə], n. casse-noix (*oiseau*), m.; (*pl.*) casse-noisettes, m.pl.

nutmeg ['nʌtmeg], n. muscade, f.

nutrient ['nju:triənt], a. nourrissant.

nutrition [nju'triʃən], n. nutrition; alimentation, f.

nutritious [nju'triʃəs], a. nourrissant, nutritif.

nutshell ['nʌtʃel], n. coquille de noix, f.

nut-tree ['nʌttri:], n. noisetier, m.

nutty ['nʌti], a. qui a un goût de noisette; (*pop.*) fêlé, toqué.

nylon ['nailən], n. nylon, m.

nymph [nimf], n. nymphe, f.

O

O, o [ou]. quinzième lettre de l'alphabet, m.

oaf [ouf], n. idiot, m.

oafish ['oufiʃ], a. stupide, idiot.

oak [ouk], n. chêne; bois de chêne, m.

oak-apple ['oukæpl], n. pomme de chêne, f.

oak-tree ['ouktri:], n. chêne, m.

oar [ɔ:], n. aviron, m., rame, f.

oarsman ['ɔ:zmən], n. (*pl.* -men [men]) rameur, m.

oasis [ou'eisis], n. (*pl.* oases [ou'eisi:z]) oasis, f.

oat [out], [OATS].

oatcake ['outkeik], n. galette d'avoine, f.

oaten [outn], a. d'avoine.

oath [ouθ], n. serment; juron, m.; *on oath*, sous serment; *to take an oath*, prêter serment.

oatmeal ['outmi:l], n. farine d'avoine, f.

oats [outs], n.pl. avoine, f.

obduracy ['ɔbdjurəsi], n. endurcissement, entêtement, m.

obdurate ['ɔbdjurit], a. endurci; obstiné, opiniâtre; impénitent.

obedience [o'bi:djəns], n. obéissance, soumission, f.

obedient [o'bi:djənt], a. obéissant, soumis.

obediently [o'bi:djəntli], adv. avec obéissance.

obeisance [o'beisəns], n. révérence, f.

obelisk ['ɔbəlisk], n. obélisque, m.

obese [o'bi:s], a. obèse.

obesity [o'bi:siti], n. obésité, f.

obey [o'bei], v.t. obéir à.—v.i. obéir.

obfuscate ['ɔbfʌskeit], v.t. offusquer, obscurcir.

obituary [o'bitjuəri], a. obituaire; nécrologique.—n. nécrologie, f.

object (1) ['ɔbdʒikt], n. objet; but (*fin*), m.; considération, f.; (*Gram.*) régime, m.

object (2) [əb'dʒekt], v.t. objecter.—v.i. s'opposer (à).

objection [əb'dʒekʃən], n. objection, f.; obstacle, m.; (*Racing*) contestation, f.

objectionable [əb'dʒekʃənəbl], a. déplaisant; inadmissible.

objective [əb'dʒektiv], a. objectif.—n. objectif, but, m.

objectively [əb'dʒektivli], adv. objectivement.

oblation [o'bleiʃən], n. oblation, offrande, f.

obligation [ɔbli'geiʃən], n. obligation, f.; engagement, m.

obligatory [ə'bligətəri], a. obligatoire.

oblige [ə'blaidʒ], v.t. obliger; faire plaisir à.

obliging [ə'blaidʒiŋ], a. obligeant.

oblique [o'bli:k], a. oblique; indirect.

obliterate [ə'blitəreit], v.t. effacer, oblitérer.

obliteration [əblitə'reiʃən], n. oblitération, f.

oblivion [ə'bliviən], n. oubli, m.; *act of oblivion*, loi d'amnistie, f.

oblivious [ə'bliviəs], a. oublieux (*de*).

oblong ['ɔblɔŋ], a. oblong.—n. rectangle, m.

obnoxious [ɔb'nɔkʃəs], a. odieux, désagréable, déplaisant.

oboe ['oubou], n. hautbois, m.

obscene [əb'si:n], a. obscène, sale.

obscenity [əb'seniti], n. obscénité, f.

obscure [əb'skjuə], a. obscur; (*fig.*) caché.—v.t. obscurcir; voiler (*lumière*).

obscurely [əb'skjuəli], adv. obscurément.

obscurity [əb'skjuəriti], n. obscurité, f.

obsequies ['ɔbsikwiz], n.pl. obsèques, f.pl.

obsequious [əb'si:kwiəs], a. obséquieux.

obsequiousness [əb'si:kwiəsnis], n. soumission obséquieuse, f.

497

observance

observance [əb'zə:vəns], *n.* observance; pratique, observation, *f.*
observant [əb'zə:vənt], *a.* observateur.
observation [ɔbzə'veiʃən], *n.* observation, *f.*
observatory [əb'zə:vətri], *n.* observatoire, *m.*
observe [əb'zə:v], *v.t.* observer; remarquer; faire remarquer.
observer [əb'zə:və], *n.* observateur, *m.*
obsess [əb'ses], *v.t.* obséder.
obsessed [əb'sest], *a.* obsédé.
obsession [əb'seʃən], *n.* obsession, *f.*
obsolete ['ɔbsəli:t], *a.* vieilli, suranné; tombé en désuétude.
obstacle ['ɔbstəkl], *n.* obstacle, *m.*
obstetrics [ɔb'stetriks], *n.pl.* obstétrique, *f.*
obstinacy ['ɔbstinəsi], *n.* obstination, opiniâtreté, *f.*; entêtement (*de caractère*), *m.*
obstinate ['ɔbstinit], *a.* obstiné, opiniâtre, entêté; têtu (*enfant*).
obstinately ['ɔbstinitli], *adv.* obstinément.
obstreperous [ɔb'strepərəs], *a.* turbulent, tapageur; récalcitrant.
obstruct [əb'strʌkt], *v.t.* empêcher, retarder; obstruer, encombrer, boucher.
obstruction [əb'strʌkʃən], *n.* empêchement, obstacle, *m.*; (*Med., Polit.*) obstruction, *f.*; encombrement (*circulation*), *m.*
obstructive [əb'strʌktiv], *a.* qui empêche; (*Med.*) obstructif.
obtain [əb'tein], *v.t.* obtenir, gagner; se procurer.—*v.i.* prévaloir.
obtainable [əb'teinəbl], *a.* qu'on peut obtenir, procurable.
obtrude [əb'tru:d], *v.t.* imposer.—*v.i.* s'introduire de force; être importun.
obtrusive [əb'tru:siv], *a.* importun.
obtuse [əb'tju:s], *a.* obtus; émoussé; stupide.
obtuseness [əb'tju:snis], *n.* (*fig.*) stupidité, *f.*
obverse ['ɔbvə:s], *n.* face, *f.*, avers, obvers (*de médaille etc.*), *m.*
obviate ['ɔbvieit], *v.t.* éviter, obvier à.
obvious ['ɔbviəs], *a.* évident, clair.
obviously ['ɔbviəsli], *adv.* évidemment.
occasion [ə'keiʒən], *n.* occasion, rencontre; raison, cause, *f.*; besoin (*nécessité*), *m.*—*v.t.* occasionner, causer.
occasional [ə'keiʒənəl], *a.* occasionnel, fortuit.
occasionally [ə'keiʒənəli], *adv.* quelquefois, de temps en temps.
occident ['ɔksidənt], *n.* occident, *m.*
occidental [ɔksi'dentl], *a.* occidental.
occult [ə'kʌlt], *a.* occulte.
occupant ['ɔkjupənt], *n.* occupant, *m.*; locataire (*de chambre louée*); titulaire (*d'un poste*), *m., f.*
occupation [ɔkju'peiʃən], *n.* occupation, *f.*; emploi, métier, *m.*; possession, *f.*
occupier ['ɔkjupaiə], *n.* occupant, *m.*; locataire (*de chambre louée*), *m., f.*, habitant, *m.*
occupy ['ɔkjupai], *v.t.* occuper; employer (*une maison*).
occur [ə'kə:], *v.i.* arriver, avoir lieu, se produire; venir à l'esprit; *it occurred to me that*, l'idée m'est venue que.
occurrence [ə'kʌrəns], *n.* occurrence, rencontre, *f.*, événement, *m.*
ocean ['ouʃən], *a.* de l'océan.—*n.* océan, *m.*
oceanic [ousi'ænik], *a.* océanique.
ochre ['oukə], *n.* ocre, *f.*
o'clock [ə'klɔk], [CLOCK].
octagon ['ɔktəgən], *n.* octogone, *m.*

octagonal [ɔk'tægənəl], *a.* octogone, octogonal.
octane ['ɔktein], *n.* octane, *m.*; *high-octane fuel*, supercarburant, *m.*
octave ['ɔktiv], *n.* (*Mus., Eccles.*) octave, *f.*
octavo [ɔk'teivou], *n.* in-octavo, *m.*
octet(te) [ɔk'tet], *n.* (*Mus.*) octuor, *m.*
October [ɔk'toubə]. octobre, *m.*
octogenarian [ɔktoudʒi'neəriən], *a.* and *n.* octogénaire, *m., f.*
octopus ['ɔktəpəs], *n.* pieuvre, *f.*
ocular ['ɔkjulə], *a.* oculaire.
oculist ['ɔkjulist], *n.* oculiste, *m.*
odd [ɔd], *a.* impair; de surplus; d'appoint (*argent*); dépareillé (*article isolé d'une collection*); étrange, singulier, bizarre; *odd moments*, moments perdus, *m.pl.*; *odd number*, nombre impair, *m.*
oddity ['ɔditi], *n.* bizarrerie, *f.*; original (*personne*), *m.*
odd-looking ['ɔdlukiŋ], *a.* à la mine bizarre.
oddly ['ɔdli], *adv.* étrangement; bizarrement.
oddments ['ɔdmənts], *n.pl.* bric-à-brac, *m.*, fins de séries, *f.pl.*
odds [ɔdz], *n.pl.* inégalité, *f.*; (*fig.*) avantage, *m.*, supériorité, *f.*; chances, *f.pl.*; *it makes no odds*, cela ne fait rien; *odds and ends*, petits bouts, *m.pl.*; *to be at odds with*, être mal avec.
ode [oud], *n.* ode, *f.*
odious ['oudiəs], *a.* odieux.
odium ['oudiəm], *n.* détestation, *f.*
odorous ['oudərəs], *a.* odorant.
odour ['oudə], *n.* odeur, *f.*, parfum, *m.*; *in bad odour*, en mauvaise odeur.
odourless ['oudəlis], *a.* sans odeur.
o'er [ɔ:ə], (*poet.*) [OVER].
of [ɔv], *prep.* de; d'entre.
off [ɔf, ɔ:f], *adv.* au loin, à distance; d'ici; rompu, enlevé; fini; fermé (*électricité etc.*); qui n'est plus frais (*aliments*); *day off*, jour de congé, *m.*; *fifty yards off*, à cinquante pas; *I am off*, je m'en vais; *off and on*, de temps à autre; *time off*, temps libre, *m.*; *to be well off*, être dans l'aisance.—*a. off day*, jour de congé, *m.*; *off side*, côté droit, hors montoir; (*Ftb.*) hors-jeu; *off white*, blanc teinté.—*prep.* de, de dessus; éloigné de; (*Naut.*) au large de.
offal [ɔfl], *n.* issues, *f.pl.*; abats, *m.pl.*; rebut, *m.*
offence [ə'fens], *n.* agression; offense; injure; violation (*d'une loi etc.*), *f.*, délit, crime, *m.*
offend [ə'fend], *v.t.* offenser, outrager, blesser; violer (*transgresser*).—*v.i.* déplaire (à); commettre une offense.
offender [ə'fendə], *n.* offenseur; (*Law*) délinquant, *m.*
offensive [ə'fensiv], *a.* offensant, désagréable; choquant; offensif (*attaquant*).—*n.* offensive, *f.*
offensively [ə'fensivli], *adv.* d'une manière offensante; offensivement.
offensiveness [ə'fensivnis], *n.* nature offensante, *f.*
offer ['ɔfə], *v.t.* offrir, présenter, proposer à.—*v.i.* s'offrir, se présenter à; essayer de.—*n.* offre, *f.*
offering ['ɔfəriŋ], *n.* offrande, *f.*; sacrifice, *m.*
off-hand ['ɔf'hænd], *adv.* au premier abord; sans réflexion, sur-le-champ; cavalière-

498

onus

ment.—*a.* brusque, cavalier; impromptu, improvisé.
off-handed ['ɔf'hændid], *a.* sans façon, sans gêne.
off-handedness ['ɔf'hændidnis], *n.* sans-façon, sans-gêne, *m.*
office ['ɔfis], *n.* bureau (*immeuble*), *m.*, agence, *f.*; cabinet (*du directeur*), *m.*; étude (*d'avoué etc.*), *f.*; office, emploi; ministère, *m.*, charge, *f.*, fonctions, *f.pl.*; (*pl.*) devoirs (*services*), *m.pl.*; place, *f.*; office (*d'une maison*), *m.*
officer ['ɔfisə], *n.* officier; fonctionnaire (*du gouvernement*); agent (*de police*), *m.*; **non-commissioned officer**, sous-officier, *m.*—*v.t.* fournir des officiers à; encadrer.
official [ə'fiʃəl], *a.* officiel.—*n.* fonctionnaire; employé, *m.*
officialdom [ə'fiʃəldəm], *n.* bureaucratie, *f.*
officially [ə'fiʃəli], *adv.* officiellement.
officiate [ə'fiʃieit], *v.i.* officier, desservir.
officious [ə'fiʃəs], *a.* officieux; importun.
officiousness [ə'fiʃəsnis], *n.* zèle officieux, *m.*
offing ['ɔfiŋ], *n.* (*Naut.*) **in the offing**, au large; (*fig.*) en perspective.
offset ['ɔfset], *v.t.* (*Comm.*) compenser; (*Tech.*) désaxer, décaler.
offshoot ['ɔfʃuːt], *n.* rejeton, *m.*
offspring ['ɔfspriŋ], *n.* enfants, descendants, *m.pl.*; (*fig.*) fruit, produit, *m.*
often [ɔfn], **oft** [ɔft], **oftentimes** ['ɔfntaimz], **oft-times** ['ɔfttaimz], *adv.* souvent, maintes fois.
ogle [ougl], *v.t.* lorgner; lancer des œillades à.—*n.* œillade, *f.*
ogler ['ouglə], *n.* lorgneur, *m.*
ogling ['ougliŋ], *n.* lorgnerie, *f.*, œillades, *f.pl.*
ogre ['ougə], *n.* ogre, *m.*
ogress ['ougris], *n.* ogresse, *f.*
oh! [ou], *int.* oh! hélas!
ohm [oum], *n.* (*Elec.*) ohm, *m.*
oil [ɔil], *n.* huile, *f.*; (*crude*) *oil*, pétrole (brut), *m.*; **fuel oil**, mazout, *m.*; **paraffin oil**, pétrole (lampant), *m.*—*v.t.* huiler; graisser; (*fig.*) délier (*la langue*).
oilcake ['ɔilkeik], *n.* tourteau, *m.*
oil-can ['ɔilkæn], *n.* burette, *f.*
oil-cloth ['ɔilklɔθ], *n.* toile cirée, *f.*
oil-field ['ɔilfiːld], *n.* gisement pétrolifère, *m.*
oiliness ['ɔilinis], *n.* onctuosité, nature huileuse, *f.*
oil-lamp ['ɔillæmp], *n.* lampe à huile *ou* à pétrole, *f.*
oil-painting ['ɔilpeintiŋ], *n.* peinture à l'huile, *f.*
oilskin ['ɔilskin], *n.* toile cirée vernie, *f.*
oil-stove ['ɔilstouv], *n.* réchaud à pétrole, *m.*
oil-tanker ['ɔiltæŋkə], *n.* (*Naut.*) pétrolier; (*Motor.*) camion-citerne, *m.*
oil-well ['ɔilwel], *n.* puits de pétrole, *m.*
oily ['ɔili], *a.* huileux; (*fig.*) oléagineux, onctueux.
ointment ['ɔintmənt], *n.* onguent, *m.*, pommade, *f.*
old [ould], *a.* vieux; âgé; ancien, antique; **how old are you?** quel âge avez-vous? **old man** (*chap, boy*), mon vieux, mon brave; **to grow old**, vieillir.
olden ['ouldən], *a.* vieux, ancien; **in olden times**, au temps jadis.
old-fashioned [ould'fæʃənd] *a.* démodé, suranné.

oldish ['ouldiʃ], *a.* un peu vieux, vieillot.
old-maid ['ouldmeid], *n.* vieille fille, *f.*
oleaginous [ouli'ædʒinəs], *a.* oléagineux.
oleander [ouli'ændə], *n.* (*Bot.*) laurier-rose, oléandre, *m.*
oligarchy ['ɔliɡaːki], *n.* oligarchie, *f.*
olive ['ɔliv], *n.* olive, *f.*, olivier (*arbre*), *m.*
Oliver ['ɔlivə]. Olivier, *m.*
Olympian [o'limpiən], *a.* olympien.
Olympic [o'limpik], *a.* olympique; **the Olympic Games**, les jeux olympiques, *m.pl.*
Olympus [o'limpəs]. Olympe, *m.*
omega ['oumigə], *n.* oméga, *m.*
omelet(te) ['ɔməlit], *n.* omelette, *f.*
omen ['oumən], *n.* augure, *m.*
ominous ['ɔminəs], *a.* de mauvais augure, sinistre; menaçant.
ominously ['ɔminəsli], *adv.* de mauvais augure.
omission [o'miʃən], *n.* omission, *f.*
omit [o'mit], *v.t.* omettre; oublier.
omnipotence [ɔm'nipətəns], *n.* omnipotence, toute-puissance, *f.*
omnipotent [ɔm'nipətənt], *a.* tout-puissant, omnipotent.
omniscient [ɔm'nisiənt], *a.* omniscient.
omnivorous [ɔm'nivərəs], *a.* omnivore.
on [ɔn], *prep.* sur, dessus; à; de; en, dans; lors de, après; **on foot**, à pied; **on Monday**, lundi; **on purpose**, à dessein, exprès; **on the whole**, en somme.—*adv.* dessus; en avant, avancé; toujours (*continuation*); de suite (*succession*); **and so on**, et ainsi de suite; **on and on**, sans cesse, interminablement; **play on**, continuez de jouer; **read on**, lisez toujours.
once [wʌns], *adv.* une fois, une seule fois; autrefois, jadis (*anciennement*); **at once**, sur-le-champ, tout de suite; **once upon a time there was**, il était une fois.
one [wʌn], *a.* un; seul, unique; un certain.—*n.* un, *m.*, une, *f.*—*pron.* on, l'on; vous (*accusatif*); celui, *m.*, celle, *f.*; quelqu'un; un homme, *m.*, une femme, *f.*
one-armed ['wʌnɑːmd], *a.* manchot.
one-eyed ['wʌnaid], *a.* borgne.
onerous ['ɔnərəs], *a.* onéreux.
onerousness ['ɔnərəsnis], *n.* poids, *m.*, charge, *f.*
oneself [wʌn'self], *pron.* soi, soi-même; (*reflexive*) se.
one-sided ['wʌn'saidid], *a.* à un côté, à une face; (*fig.*) partial, unilatéral.
one-sidedness ['wʌn'saididnis], *n.* partialité, *f.*
one-way ['wʌnwei], *a.* **one-way street**, rue à sens unique, *f.*; **one-way ticket**, billet simple, *m.*
onion ['ʌnjən], *n.* oignon, *m.*; **spring onion**, ciboule, *f.*
onion-bed ['ʌnjənbed], *n.* oignonnière, *f.*
onlooker ['ɔnlukə], *n.* spectateur, *m.*
only ['ounli], *a.* seul; unique; **only child**, enfant unique, *m.*, *f.*—*adv.* seulement; rien que; uniquement; **ne . . . que.**—*conj.* mais.
onset ['ɔnset], *n.* assaut, *m.*, attaque, charge, *f.*
onslaught ['ɔnslɔːt], *n.* attaque, *f.*; assaut, *m.*
onus ['ounəs], *n.* charge, responsabilité, obligation, *f.*

onward ['ɔnwəd], *a.* en avant; avancé, progressif.—*adv.* or **onwards** ['ɔnwədz], en avant.

onyx ['ɔniks], *n.* onyx, *m.*

ooze [u:z], *n.* limon, *m.*—*v.i.* suinter, filtrer; (*fig.*) s'ébruiter.

oozing ['u:ziŋ], *n.* suintement; (*fig.*) ébruitement, *m.*

oozy ['u:zi], *a.* vaseux, limoneux.

opal [oupl], *n.* opale, *f.*

opaque [o'peik], *a.* opaque; (*fig.*) épais.

opaqueness [o'peiknis], *n.* opacité, *f.*

open ['oupən], *v.t.* ouvrir; déboucher (*une bouteille*); (*fig.*) expliquer; commencer, entamer; révéler; décacheter (*une lettre*); défaire (*un colis*); inaugurer.—*v.i.* s'ouvrir; commencer.—*a.* ouvert, découvert, à découvert, nu, à nu; franc, sincère; libre; (*fig.*) clair; *in the open* (*air*), en plein air; *on the open sea*, en pleine mer.

opener ['oupnə], *n.* ouvreur, *m.*; *tin-opener*, ouvre-boîte, *m.*

open-handed ['oupən'hændid], *a.* libéral, généreux.

open-hearted ['oupən'hɑ:tid], *a.* franc.

opening ['oupniŋ], *a.* qui commence, d'inauguration; *the opening chapter*, le premier chapitre.—*n.* ouverture, embrasure, *f.*; commencement, début, *m.*; chance; éclaircie (*dans une forêt etc.*), *f.*

openly ['oupənli], *adv.* ouvertement; franchement.

open-minded ['oupən'maindid], *a.* sans parti pris, libéral, à l'esprit ouvert.

open-mouthed ['oupən'mauðd], *a.* bouche béante, bouche bée.

openness ['oupənnis], *n.* franchise, sincérité, candeur, *f.*

opera ['ɔpərə], *n.* opéra, *m.*

opera-glass ['ɔprəglɑ:s], *n.* lorgnette, *f.*; (*pl.*) jumelles, *f.pl.*

opera-hat ['ɔprəhæt], *n.* claque, *m.*

opera-house ['ɔprəhaus], *n.* opéra, *m.*

operate ['ɔpəreit], *v.t.* opérer, effectuer.—*v.i.* opérer, agir; (*Fin.*) spéculer; *to operate on someone for appendicitis*, opérer quelqu'un de l'appendicite.

operatic [ɔpə'rætik], *a.* d'opéra.

operation [ɔpə'reiʃən], *n.* opération, action, *f.*

operative ['ɔpərətiv], *a.* actif, efficace; des ouvriers.—*n.* artisan, ouvrier, *m.*

operator ['ɔpəreitə], *n.* opérateur, *m.* *telephone operator*, téléphoniste, *m.*, *f.*; *wireless operator*, radio, *m.*

operetta [ɔpə'retə], *n.* opérette, *f.*

opiate ['oupiit], *a.* opiacé.—*n.* opiat, *m.*

opinion [ə'pinjən], *n.* opinion, *f.*, avis, sentiment, *m.*; idée, pensée; (*Law*) consultation, *f.*; *in my opinion*, à mon avis.

opinionated [ə'pinjəneitid], *a.* opiniâtre, têtu, imbu de ses opinions.

opium ['oupjəm], *n.* opium, *m.*

opossum [o'pɔsəm], *n.* opossum, *m.*; sarigue, *f.*

opponent [ə'pounənt], *n.* opposant, *m.*, adversaire, *m.*, *f.*

opportune ['ɔpətju:n], *a.* opportun, à propos.

opportunely ['ɔpətju:nli], *adv.* à propos.

opportunity [ɔpə'tju:niti], *n.* occasion, *f.*

oppose [ə'pouz], *v.t.* opposer; s'opposer à.

opposite ['ɔpəzit], *a.* opposé; vis-à-vis, contraire (*à*), en face.—*n.* opposé, contre-pied,

m.—*adv.* vis-à-vis, en face.—*prep.* en face de, vis-à-vis de.

opposition [ɔpə'ziʃən], *n.* opposition, résistance; concurrence (*rivalité*), *f.*; obstacle, *m.*

oppress [ə'pres], *v.t.* opprimer; accabler.

oppression [ə'preʃən], *n.* oppression, *f.*

oppressive [ə'presiv], *a.* accablant, oppressif; lourd.

oppressiveness [ə'presivnis], *n.* caractère oppressif, *m.*, lourdeur, *f.*

oppressor [ə'presə], *n.* oppresseur, *m.*

opprobrious [ə'proubriəs], *a.* infamant; injurieux.

opprobrium [ə'proubriəm], *n.* opprobre, *m.*

opt [ɔpt], *v.i.* opter.

optic ['ɔptik], **optical** ['ɔptikəl], *a.* optique, d'optique.

optician [ɔp'tiʃən], *n.* opticien, *m.*

optimism ['ɔptimizm], *n.* optimisme, *m.*

optimist ['ɔptimist], *n.* optimiste, *m.*, *f.*

optimistic [ɔpti'mistik], *a.* optimiste.

option ['ɔpʃən], *n.* option, *f.*, choix, *m.*

optional ['ɔpʃənəl], *a.* facultatif.

opulence ['ɔpjuləns], *n.* opulence, *f.*

opulent ['ɔpjulənt], *a.* opulent.

or [ɔ:], *conj.* ou; (*negatively*) ni; *or else*, ou bien, autrement.

oracle ['ɔrəkl], *n.* oracle, *m.*

oracular [ɔ'rækjulə], *a.* d'oracle; (*fig.*) dogmatique.

oral ['ɔ:rəl], *a.* oral.

orally ['ɔ:rəli], *adv.* oralement; par la bouche.

orange ['ɔrindʒ], *n.* orange; couleur orange, *f.*

orangery ['ɔrindʒəri], *n.* orangerie, *f.*

orange-tree ['ɔrindʒtri:], *n.* oranger, *m.*

orang-outang [o'ræŋu'tæŋ], *n.* orang-outang, *m.*

oration [ɔ'reiʃən], *n.* allocution, *f.*, discours, *m.*; *funeral oration*, oraison funèbre, *f.*

orator ['ɔrətə], *n.* orateur, *m.*

oratorical [ɔrə'tɔrikəl], *a.* oratoire.

oratorio [ɔrə'tɔ:riou], *n.* oratorio, *m.*

oratory ['ɔrətri], *n.* art oratoire, *m.*, éloquence, *f.*; oratoire (*chapelle*), *m.*

orb [ɔ:b], *n.* globe; corps sphérique; orbe, *m.*

orbit ['ɔ:bit], *n.* orbe, *m.*; (*Anat.*, *Astron.*) orbite, *f.*

orchard ['ɔ:tʃəd], *n.* verger, *m.*

orchestra ['ɔ:kistrə], *n.* orchestre, *m.*

orchestral [ɔ:'kestrəl], *a.* d'orchestre, orchestral.

orchid ['ɔ:kid], *n.* orchidée, *f.*

ordain [ɔ:'dein], *v.t.* ordonner, décréter.

ordeal [ɔ:'di:əl], *n.* dure épreuve, *f.*

order ['ɔ:də], *n.* ordre; règlement, *m.*; décoration (*insigne*); (*Mil.*) consigne; classe, *f.*, rang, *m.*; commande (*de marchandises*), *f.*; mandat (*de payer*), *m.*; *in order that*, afin que; *in order to*, afin de; *postal order*, mandat-poste, *m.*—*v.t.* ordonner; régler; diriger (*administrer*); commander; prescrire (*médecine*).

ordering ['ɔ:dəriŋ], *n.* disposition, *f.*, arrangement, *m.*

orderliness ['ɔ:dəlinis], *n.* bon ordre, *m.*, méthode, *f.*

orderly ['ɔ:dəli], *a.* en bon ordre, méthodique, rangé.—*n.* (*Mil.*) planton, *m.*

ordinal ['ɔ:dinl], *a.* ordinal.

ordinance ['ɔ:dinəns], *n.* ordonnance, *f.*

ordinarily ['ɔ:dinrili], *adv.* ordinairement, d'ordinaire.

ordinary ['ɔ:dinri], *a.* ordinaire; **moyen.**—*n.* ordinaire, *m.*; table d'hôte, *f.*

ordination [ɔ:di'neiʃən], *n.* ordination, *f.*

ordnance ['ɔ:dnəns], *n.* artillerie, *f.*; **ord-nance map,** carte d'état major, *f.*

ore [ɔ:], *n.* minerai, *m.*

organ ['ɔ:gən], *n.* (*Anat. etc.*) organe; (*Mus.*) orgue, *m.*

organic [ɔ:'gænik], *a.* organique; des organes.

organism ['ɔ:gənizm], *n.* organisme, *m.*

organist ['ɔ:gənist], *n.* organiste, *m.*, *f.*

organization [ɔ:gənai'zeiʃən], *n.* organisation; œuvre, *f.*

organize ['ɔ:gənaiz], *v.t.* organiser; aménager.

organizer ['ɔ:gənaizə], *n.* organisateur, *m.*

orgy ['ɔ:dʒi], *n.* orgie, *f.*

orient ['ɔ:riənt], *n.* orient, *m.*

Oriental [ɔ:ri'entl], *a.* oriental, d'Orient.—*n.* natif de l'Orient, oriental, *m.*

orifice ['ɔrifis], *n.* orifice, *m.*, ouverture, *f.*

origin ['ɔridʒin], *n.* origine, source; provenance, *f.*

original [ə'ridʒinl], *a.* original, inédit (*nouveau*); primitif (*sens des mots etc.*).—*n.* original, *m.*

originality [ɔridʒi'næliti], *n.* originalité, *f.*

originally [ə'ridʒinəli], *adv.* originairement; originalement.

originate [ə'ridʒineit], *v.t.* faire naître, produire; (*fig.*) inventer.—*v.i.* tirer son origine (*de*), provenir de.

originator [ə'ridʒineitə], *n.* initiateur, auteur, *m.*

oriole ['ɔ:rioul], *n.* (*Orn.*) loriot, *m.*

orison ['ɔrizn], *n.* oraison, prière, *f.*

Orkneys ['ɔ:kniz], the. les Orcades, *f.pl.*

ornament ['ɔ:nəmənt], *n.* ornement, *m.*—*v.t.* orner, décorer (*de*).

ornamental [ɔ:nə'mentl], *a.* ornemental, d'ornement; d'agrément.

ornate [ɔ:'neit], *a.* orné, élégant, paré.

ornately [ɔ:'neitli], *adv.* avec ornement.

ornithologist [ɔ:ni'θɔlədʒist], *n.* ornithologiste, ornithologue, *m.*, *f.*

ornithology [ɔ:ni'θɔlədʒi], *n.* ornithologie, *f.*

orphan ['ɔ:fən], *a.* and *n.* orphelin, *m.*

orphanage ['ɔ:fənidʒ], *n.* état d'orphelin; orphelinat, *m.*

orthodox ['ɔ:θədɔks], *a.* orthodoxe.

orthodoxy ['ɔ:θədɔksi], *n.* orthodoxie, *f.*

orthographic [ɔ:θə'græfik], *a.* orthographique.

orthography [ɔ'θɔgrəfi], *n.* orthographe, orthographie, *f.*

orthop(a)edic [ɔ:θə'pi:dik], *a.* orthopédique.

orthop(a)edist [ɔ:θə'pi:dist], *n.* orthopédiste, *m.*

orthop(a)edy ['ɔ:θəpi:di], *n.* orthopédie, *f.*

oscillate ['ɔsileit], *v.i.* osciller; (*fig.*) balancer, vaciller.

oscillation [ɔsi'leiʃən], *n.* oscillation, *f.*

oscillatory ['ɔsileitəri], *a.* oscillatoire.

osier ['ouʒiə], *n.* osier, *m.*

osier-bed ['ouʒiəbed], *n.* oseraie, *f.*

osprey ['ɔsprei], *n.* (*Orn.*) orfraie, *f.*

osseous ['ɔsiəs], *a.* osseux.

ossicle ['ɔsikl], *n.* ossicule, osselet, *m.*

ossification [ɔsifi'keiʃən], *n.* ossification, *f.*

ossify ['ɔsifai], *v.t.* ossifier.—*v.i.* s'ossifier.

ostensible [ɔs'tensibl], *a.* prétendu.

ostensibly [ɔs'tensibli], *adv.* en apparence.

ostentation [ɔsten'teiʃən], *n.* ostentation, *f.*, faste, *m.*

ostentatious [ɔsten'teiʃəs], *a.* pompeux, fastueux.

osteopath ['ɔstiopæθ], *n.* ostéopathe, *m.*

ostler ['ɔslə], *n.* garçon d'écurie, *m.*

ostracism ['ɔstrəsizm], *n.* ostracisme, *m.*

ostracize ['ɔstrəsaiz], *v.t.* frapper d'ostracisme, exiler.

ostrich ['ɔstritʃ], *n.* autruche, *f.*

other ['ʌðə], *a.* autre; *every other day,* tous les deux jours; *other people,* d'autres, autrui.—*pron.* autre; autrui; *all the others,* tous les autres.

otherwise ['ʌðəwaiz], *adv.* autrement; sans quoi.

otter ['ɔtə], *n.* loutre, *f.*

ought [ɔ:t], *v.aux.* devoir; falloir; *you ought to do it,* vous devriez le faire; *you ought to have seen,* il aurait fallu voir.

ounce (1) [auns], *n.* once (*poids*), *f.*

ounce (2) [auns], *n.* (*Zool.*) once, *f.*

our ['auə], *a.poss.* notre, *sing.,* nos, *pl.*

ours ['auəz], *pron.* le nôtre, *m.,* la nôtre, *f.,* les nôtres, *pl.*; à nous.

ourselves [auə'selvz], *pron.* nous-mêmes; nous.

oust [aust], *v.t.* évincer, déloger.

out [aut], *adv.* hors, dehors; sorti (*pas chez soi*); découvert, exposé (*dévoilé*); éteint (*feu etc.*); épuisé, fini (*tout vendu* ou *tout consumé*), jusqu'au bout; haut, à haute voix (*parler*); dans l'erreur (*pas exact*); publié, paru (*livre*); épanoui (*fleur*) once, *f.*—*a.* externe.

outbid [aut'bid], *v.t. irr.* (*conjug. like* BID) enchérir sur, surenchérir.

outboard ['autbɔ:d], *a.* **outboard motor-boat,** hors-bord, *m.*

outbreak ['autbreik], *n.* éruption, explosion; épidémie, *f.*

outburst ['autbə:st], *n.* explosion, *f.,* transport, éclat, *m.*

outcast ['autka:st], *a.* expulsé, proscrit, rejeté.—*n.* proscrit, banni, paria, *m.*

outcome ['autkʌm], *n.* résultat, *m.*

outcry ['autkrai], *n.* clameur, *f.,* tollé, *m.*

outdated [aut'deitid], *a.* démodé.

outdo [aut'du], *v.t. irr.* (*conjug. like* DO) surpasser, exceller.

outdoor ['autdɔ:], *a.* en plein air; externe.

outdoors [aut'dɔ:z], *adv.* en plein air; hors de la maison.

outer ['autə], *a.* extérieur, du dehors, externe.

outermost ['autəmoust], *a.* le plus extérieur.

outfit ['autfit], *n.* attirail, équipement; trousseau, *m.*

outfitter ['autfitə], *n.* confectionneur et chemisier, *m.*

outflank [aut'flæŋk], *v.t.* déborder, tourner.

outgoing ['autgouiŋ], *a.* sortant, qui sort.—*n.* (*pl.*) dépenses, *f.pl.*

outgrow [aut'grou], *v.t. irr.* (*conjug. like* GROW) dépasser, surpasser.

outgrowth ['autgrouθ], *n.* excroissance; conséquence, *f.*

outhouse ['authaus], *n.* hangar, *m.*; dépendance, *f.*

outing ['autiŋ], *n.* excursion, promenade, *f.*

outlandish [aut'lændiʃ], *a.* étranger; bizarre; retiré.

outlast [aut'lɑ:st], *v.t.* survivre à.

outlaw ['autlɔ:], *n.* proscrit, *m.*—*v.t.* mettre hors la loi, proscrire.

outlay ['autlei], *n.* dépense, *f.*, débours, *m.pl.*

outlet ['autlit], *n.* issue, sortie, *f.*; (*Comm.*) débouché, *m.*

outline ['autlain], *n.* contour; profil, *m.*, ébauche, *f.*—*v.t.* esquisser.

outlive [aut'liv], *v.t.* survivre à.

outlook ['autluk], *n.* vue, perspective, *f.*

outlying ['autlaiiŋ], *a.* éloigné, détaché.

outnumber [aut'nʌmbə], *v.t.* surpasser en nombre.

out-of-date [autəv'deit], *a.* démodé, dépassé.

outpost ['autpoust], *n.* avant-poste, *m.*

outpour [aut'pɔ:], *v.t.* épancher, verser à flots.

outpouring ['autpɔ:riŋ], *n.* effusion, *f.*, épanchement, *m.*

outrage ['autreidʒ], *n.* outrage, *m.*—*v.t.* outrager.

outrageous [aut'reidʒəs], *a.* outrageux, outrageant.

outrageousness [aut'reidʒəsnis], *n.* nature outrageante, énormité, *f.*

outright ['autrait], *adv.* complètement; carrément (*à cœur ouvert*).

outrun [aut'rʌn], *v.t. irr.* (*conjug. like* RUN) dépasser à la course, gagner de vitesse.

outset ['autset], *n.* début, commencement, *m.*; *at the very outset*, dès l'origine.

outshine [aut'ʃain], *v.t. irr.* (*conjug. like* SHINE) surpasser en éclat, éclipser.

outside [aut'said], *a.* extérieur, externe, du dehors.—*n.* dehors, extérieur, *m.*—[aut'said], *adv.* en dehors, à l'extérieur.—[aut'said], *prep.* hors de, à l'extérieur de.

outsider [aut'saidə], *n.* étranger; (*Racing*) outsider, *m.*

outsize ['autsaiz], *a.* de grande taille, hors série.

outskirts ['autskə:ts], *n.pl.* bords, *m.pl.*; lisière (*d'un bois*), banlieue, *f.*, faubourg (*d'une ville*), *m.*

outspoken [aut'spoukən], *a.* franc, clair, carré.

outstanding [aut'stændiŋ], *a.* saillant, remarquable, excellent; non payé; en suspens (*affaires*).

outstretched [aut'stretʃt], *a.* étendu, déployé, tendu.

outstrip [aut'strip], *v.t.* devancer, distancer.

outward ['autwəd], *a.* extérieur, du dehors, externe; superficiel.—*adv. or* **outwards** ['autwədz], à l'extérieur; au dehors, extérieurement; *outward bound*, en partance.

outwardly ['autwədli], *adv.* extérieurement, à l'extérieur; (*fig.*) en apparence.

outweigh [aut'wei], *v.t.* peser plus que; l'emporter sur.

outwit [aut'wit], *v.t.* surpasser en finesse, duper.

oval [ouvl], *a. and n.* ovale, *m.*

ovary ['ouvəri], *n.* ovaire, *m.*

ovation [o'veiʃən], *n.* ovation, *f.*

oven [ʌvn], *n.* four, *m.*

over ['ouvə], *prep.* sur; par-dessus; au-dessus de; de l'autre côté de (*en face*); pendant (*au cours de*); *over there*, là-bas. —*adv.* d'un côté à l'autre; par-dessus, au-dessus; trop (*à l'excès*); plus de (*excédant*);

de reste (*surplus inemployé*); fini, terminé, fait; passé.

overact [ouvər'ækt], *v.t.* outrer, exagérer.

overall ['ouvərɔ:l], *a.* total.—*n.* blouse, *f.*; tablier, *m.*; (*pl.*) salopette, combinaison, *f.*

overawe [ouvər'ɔ:], *v.t.* intimider, imposer à.

overbalance [ouvə'bæləns], *v.t.* l'emporter sur.—*v.i.* perdre l'équilibre.

overbearing [ouvə'bɛəriŋ], *a.* impérieux, autoritaire.

overboard ['ouvəbɔ:d], *adv.* par-dessus bord.

overburden [ouvə'bə:dn], *v.t.* surcharger; accabler (*de*).

overcast ['ouvəkɑ:st], *a.* couvert, nuageux.

overcharge [ouvə'tʃɔ:dʒ], *v.t.* surcharger; faire payer trop cher.—*n.* prix excessif, *m.*

overcoat ['ouvəkout], *n.* pardessus, *m.*

overcome [ouvə'kʌm], *v.t. irr.* (*conjug. like* COME) surmonter, vaincre, accabler.—*v.i.* l'emporter.

over-confident ['ouvə'kɔnfidənt], *a.* trop confiant; présomptueux, téméraire.

overcrowd [ouvə'kraud], *v.t.* encombrer à l'excès, trop remplir.

overcrowding [ouvə'kraudiŋ], *n.* surpeuplement, *m.*

overdo [ouvə'du:], *v.t. irr.* (*conjug. like* DO) exagérer, outrer; faire trop cuire; harasser.

overdone [ouvə'dʌn], *a.* trop cuit; (*fig.*) exagéré.

overdose ['ouvədous], *n.* dose trop forte, *f.*

overdraw [ouvə'drɔ:], *v.t. irr.* (*conjug. like* DRAW) excéder; *to overdraw one's account*, tirer à découvert; tirer un chèque sans provision.

overdue [ouvə'dju:], *a.* en retard.

overestimate [ouvər'estimeit], *v.t.* évaluer trop haut.

overflow [ouvə'flou], *v.t.* inonder.—*v.i.* déborder, se déborder.—['ouvəflou], *n.* inondation, *f.*, débordement, *m.*

overflowing [ouvə'flouiŋ], *a.* qui déborde, trop plein.—*n.* débordement, *m.*

overgrown [ouvə'groun], *a.* couvert (*d'herbes, ronces*); trop grand, énorme.

overhang ['ouvəhæŋ], *n.* surplomb, *m.*—[ouvə'hæŋ], *v.t. irr.* (*conjug. like* HANG) pencher sur, surplomber; faire saillie.

overhanging ['ouvəhæŋiŋ], *a.* en surplomb.

overhaul [ouvə'hɔ:l], *v.t.* examiner, revoir; réviser, vérifier, démonter.—['ouvəhɔ:l], *n.* examen détaillé, *m.*

overhead [ouvə'hed], *adv.* par-dessus la tête, en haut.—*a.* aérien (*fil etc.*).—['ouvəhedz], *n.* (*pl.*) (*Comm.*) frais généraux, *m.pl.*

overhear [ouvə'hiə], *v.t. irr.* (*conjug. like* HEAR) entendre par hasard.

overheat [ouvə'hi:t], *v.t.* surchauffer.

overjoyed [ouvə'dʒɔid], *a.* transporté de joie, ravi.

overland ['ouvəlænd], *a. and adv.* par voie de terre.

overlap [ouvə'læp], *v.t.* recouvrir.—['ouvəlæp], *n.* recouvrement, *m.*

overlapping [ouvə'læpiŋ], *n.* recouvrement, chevauchement, *m.*

overload [ouvə'loud], *v.t.* surcharger, surmener.

overlook [ouvə'luk], *v.t.* donner sur, dominer; surveiller (*diriger*); fermer les yeux sur (*passer sur*); oublier, négliger.

padding

overlooking [ouvə'lukiŋ], *a.* donnant (*sur*).
overmuch ['ouvəmʌtʃ], *a.* excessif.—*n.* trop, *m.*—*adv.* par trop, excessivement.
overnight [ouvə'nait], *adv.* durant la nuit; hier soir; du jour au lendemain.
overpay [ouvə'pei], *v.t.* irr. (*conjug. like* PAY) payer trop.
overpower [ouvə'pauə], *v.t.* vaincre; accabler (*de*).
overpowering [ouvə'pauəriŋ], *a.* accablant, écrasant.
overproduction [ouvəprə'dʌkʃən], *n.* surproduction, *f.*
overrate [ouvə'reit], *v.t.* estimer trop haut.
overreach [ouvə'riːtʃ], *v.t.* tromper.—*v.i.* forger (*chevaux*); *to overreach oneself*, trop présumer de ses forces.
override [ouvə'raid], *v.t.* irr. (*conjug. like* RIDE) surmener, outrepasser.
overrule [ouvə'ruːl], *v.t.* dominer; (*Law*) rejeter.
overrun [ouvə'rʌn], *v.t.* irr. (*conjug. like* RUN) envahir, faire une irruption dans; infester (*de*).—*v.i.* déborder.
oversea ['ouvəsiː], **overseas** ['ouvəsiːz, ouvə'siːz], *a.* and *adv.* d'outre-mer.
oversee [ouvə'siː], *v.t.* irr. (*conjug. like* SEE) surveiller.
overseer ['ouvəsiə], *n.* surveillant; contremaître (*d'usine etc.*), *m.*
overshadow [ouvə'ʃædou], *v.t.* ombrager; éclipser.
overshoes ['ouvəʃuːz], *n.pl.* caoutchoucs, *m.pl.*
overshoot [ouvə'ʃuːt], *v.t.* irr. (*conjug. like* SHOOT) dépasser.
oversight ['ouvəsait], *n.* inadvertance, *f.*, oubli, *m.*
oversleep [ouvə'sliːp], *v.i.* irr. (*conjug. like* SLEEP) dormir au delà de son heure.
overstate [ouvə'steit], *v.t.* exagérer.
overstatement [ouvə'steitmənt], *n.* exagération, *f.*
overstep [ouvə'step], *v.t.* dépasser.
overt ['ouvəːt], *a.* ouvert, manifeste.
overtake [ouvə'teik], *v.t.* irr. (*conjug. like* TAKE) rattraper; doubler, dépasser.
overtax [ouvə'tæks], *v.t.* surtaxer, surcharger.
overthrow [ouvə'θrou], *v.t.* irr. (*conjug. like* THROW) renverser, défaire, détruire.—['ouvəθrou], *n.* renversement, *m.*, défaite; destruction, *f.*
overtime ['ouvətaim], *n.* heures supplémentaires, *f.pl.*
overtop [ouvə'top], *v.t.* s'élever au-dessus de, dépasser.
overture ['ouvətjuə], *n.* ouverture; offre, *f.*
overturn [ouvə'təːn], *v.t.* renverser; bouleverser.—*v.i.* verser.
overweening [ouvə'wiːniŋ], *a.* présomptueux, outrecuidant.
overweight ['ouvəweit], *n.* excédent, *m.*
overwhelm [ouvə'welm], *v.t.* accabler (*de*); combler (*de*) (*bontés etc.*).
overwhelming [ouvə'welmiŋ], *a.* accablant, écrasant.
overwork [ouvə'wəːk], *v.t.* surcharger de travail, surmener.—*n.* travail excessif; surmenage, *m.*
ovoid ['ouvoid], *a.* ovoïde.
owe [ou], *v.t.* devoir; être redevable à ... de.

owing ['ouiŋ], *a.* dû (*à*); *owing to*, à cause de grâce à.
owl [aul], *n.* hibou, *m.*; chouette, *f.*
owlet ['aulit], *n.* jeune hibou, *m.*
own (1) [oun], *a.* propre (*à soi*); *my own money*, mon propre argent; *to hold one's own*, se maintenir.—*v.t.* posséder, être propriétaire de (*avoir*).
own (2) [oun], *v.t.* avouer, confesser.
owner ['ounə], *n.* possesseur, *m.*, propriétaire, *m.*, *f.*
ownership ['ounəʃip], *n.* propriété, *f.*
ox [ɔks], *n.* (*pl.* oxen ['ɔksən]) bœuf, *m.*
oxalic [ɔk'sælik], *a.* oxalique.
ox-fly ['ɔksflai], *n.* taon, *m.*
oxide ['ɔksaid], *n.* oxyde, *m.*
oxidization [ɔksidai'zeiʃən], *n.* oxydation, calcination, *f.*
oxidize ['ɔksidaiz], *v.t.* oxyder; calciner.
oxyacetylene [ɔksia'setiliːn], *a.* oxyacétylénique.
oxygen ['ɔksidʒən], *n.* oxygène, *m.*
oxygenate ['ɔksidʒəneit], *v.t.* oxygéner.
oxygenous [ɔk'sidʒənəs], *a.* d'oxygène.
oyster ['ɔistə], *n.* huître, *f.*
oyster-bed ['ɔistəbed], *n.* banc d'huîtres, *m.*
ozone [ou'zoun], *n.* ozone, *m.*

P

P, p [piː], seizième lettre de l'alphabet, *m.*
pabulum ['pæbjuləm], *n.* aliment, *m.*, nourriture, *f.*
pace [peis], *n.* pas, *m.*; allure (*de cheval*), *f.*; train, *m.*; vitesse, *f.*; *to put someone through his paces*, mettre quelqu'un à l'épreuve.—*v.t.* arpenter; (*Spt.*) entraîner.—*v.i.* aller au pas, marcher.
pacific [pə'sifik], *a.* pacifique, paisible.—*n. the Pacific (Ocean)*, le Pacifique, l'océan Pacifique, *m.*
pacification [pæsifi'keiʃən], *n.* pacification, *f.*
pacifier ['pæsifaiə], *n.* pacificateur, *m.*
pacifism ['pæsifizm], *n.* pacifisme, *m.*
pacifist ['pæsifist], *n.* pacifiste, *m.*, *f.*
pacify ['pæsifai], *v.t.* pacifier, apaiser.
pack [pæk], *n.* paquet, ballot, *m.*; meute (*chiens de chasse*), *f.*; jeu (*de cartes*), *m.*—*v.t.* emballer, empaqueter.—*v.i.* s'assembler; se grouper; faire sa malle.
package ['pækidʒ], *n.* colis, paquet, *m.*
packer ['pækə], *n.* emballeur, *m.*
packet ['pækit], *n.* paquet; paquebot (*bateau*). *m.*
pack-horse ['pækhɔːs], *n.* cheval de bât, *m.*
pack-ice ['pækais], *n.* glace de banquise, *f.*, pack, *m.*
packing ['pækiŋ], *n.* emballage, *m.*
pact [pækt], *n.* pacte, *m.*
pad [pæd], *n.* tampon; coussinet, *m.*; *writing-pad*, sous-main, bloc de papier, *m.*—*v.t.* ouater; rembourrer.—*v.i.* aller à pied.
padding ['pædiŋ], *n.* ouate, bourre, *f.*

503

paddle

paddle [pædl], n. pagaie; aube (de roue), f.—v.t. pagayer.—v.i. patauger.

paddle-boat ['pædlbout], n. bateau à aubes, m.

paddock ['pædək], n. enclos, pré, pâturage, m.

padlock ['pædlɔk], n. cadenas, m.—v.t. cadenasser, fermer au cadenas.

paean ['pi:ən], n. péan, m.

pagan ['peigən], a. and n. païen, m.

paganism ['peigənizm], n. paganisme, m.

page (1) [peidʒ], n. page (garçon), m.

page (2) [peidʒ], n. page (de livre), f.

pageant ['pædʒənt], n. spectacle pompeux, cortège ou spectacle historique, m.

pageantry ['pædʒəntri], n. pompe, f., faste, apparat, m.

pagoda [pə'goudə], n. pagode, f.

paid [peid], a. payé, acquitté; affranchi (lettres).

pail [peil], n. seau, m.

pailful ['peilful], n. (plein) seau, m.

pain [pein], n. douleur; peine (effort), f.; on pain of, sous peine de; to take pains, se donner de la peine.—v.t. faire mal à; (fig.) faire de la peine à; affliger.

painful ['peinful], a. douloureux, pénible.

painless ['peinlis], a. sans douleur, indolore.

painstaking ['peinzteikiŋ], a. soigneux, assidu.

paint [peint], n. couleur, peinture, f.; fard (pour le visage), m.—v.t. peindre; farder (le visage).—v.i. peindre; se farder.

painter (1) ['peintə], n. peintre, m.

painter (2) ['peintə], n. (Naut.) amarre, f.

painting ['peintiŋ], n. peinture, f.; tableau (picture), m.

pair [pɛə], n. paire, f.; couple (époux etc.), m.—v.t. accoupler.—v.i. s'accoupler.

Pakistan [pɑ:ki'stɑ:n], le Pakistan, m.

Pakistani [pɑ:ki'stɑ:ni], a. pakistanais.—n. Pakistanais (personne), m.

pal [pæl], n. (colloq.) camarade, copain, m.

palace ['pælis], n. palais, m.; archbishop's palace, archevêché, m.; bishop's palace, évêché, m.

palatable ['pælətəbl], a. agréable au goût, bon.

palate ['pælit], n. palais (fig.) goût, m.

palatial [pə'leiʃl], a. du palais, palatial; grandiose.

palaver [pə'lɑ:və], n. palabre (chez certains peuples primitifs), f.; verbiage, m.; flagornerie, f.—v.i. palabrer, faire des phrases.

pale (1) [peil], a. pâle, blême; (fig.) blafard (lumière).—v.i. pâlir; (fig.) s'éclipser.

pale (2) [peil], n. pieu, palis, m.; limites (bornes), f.pl.; beyond the pale, au ban de la société.

pale-faced ['peilfeist], a. au teint pâle.

paleness ['peilnis], n. pâleur, f.

Palestine ['pælistain], la Palestine, f.

Palestinian [pælis'tiniən], a. palestinien.

palette ['pælit], n. palette, f.

palfrey ['pɔ:lfri], n. palefroi, m.

paling ['peiliŋ], n. palissade, f.

palisade [pæli'seid], n. palissade, f.—v.t. palissader.

palish ['peiliʃ], a. un peu pâle, pâlot.

pall [pɔ:l], n. poêle; (fig.) drap mortuaire,

voile (de fumée etc.), m.—v.i. devenir fade, s'affadir.

pallet ['pælit], n. grabat, m., paillasse, f.

palliate ['pælieit], v.t. pallier.

palliation [pæli'eiʃən], n. palliation, f.

palliative ['pæliətiv], a. and n. palliatif, m.

pallid ['pælid], a. pâle, blême, blafard.

pallor ['pælə], n. pâleur, f.

palm (1) [pɑ:m], n. paume (de main), f.—v.t. to palm off (something on someone), passer, refiler (quelque chose à quelqu'un).

palm (2) [pɑ:m], n. palmier (arbre), m.; palme (rameau), f.; Palm Sunday, dimanche des Rameaux, m.

palmist ['pɑ:mist], n. chiromancien, m.

palmistry ['pɑ:mistri], n. chiromancie, f.

palmy ['pɑ:mi], a. beau, glorieux, heureux.

palpable ['pælpəbl], a. palpable; manifeste.

palpitate ['pælpiteit], v.i. palpiter.

palpitation [pælpi'teiʃən], n. palpitation, f.

palsied ['pɔ:lzid], a. frappé de paralysie, paralytique.

palsy ['pɔ:lzi], n. paralysie, f.

palter ['pɔ:ltə], v.i. tergiverser, biaiser.

paltriness ['pɔ:ltrinis], n. mesquinerie, f.

paltry ['pɔ:ltri], a. mesquin, misérable.

pamper ['pæmpə], v.t. choyer, dorloter.

pamphlet ['pæmflit], n. brochure, f.; (pej.) pamphlet, m.

pamphleteer [pæmfli'tiə], n. auteur de brochures, m.; (pej.) pamphlétaire, m.

pan [pæn], n. casserole, f.; poêlon, m.; frying-pan, poêle, f.

panacea [pænə'si:ə], n. panacée, f.

Panama [pænə'mɑ:], le Panama, m.

Panamanian [pænə'meiniən], a. panamanien.—n. Panamanien (personne), m.

pancake ['pænkeik], n. crêpe, f.

pancreas ['pænkriəs], n. (Anat.) pancréas, m.

pandemonium [pændi'mouniəm], n. pandémonium, m.

pander ['pændə], v.i. se prêter à, se faire complaisant pour.

pane [pein], n. carreau, m., vitre, f.

panegyric [pæni'dʒirik], a. de panégyrique.—n. panégyrique, m.

panegyrist [pæni'dʒirist], n. panégyriste, m., f.

panel [pænl], n. panneau, m.; liste (de juré etc.), f.; instrument panel, tableau de manœuvre, m.—v.t. diviser en panneaux; lambrisser.

panelling ['pænliŋ], n. panneaux, m.pl., lambrissage, m.

pang [pæŋ], n. angoisse, vive douleur, f., serrement de cœur, m.

panic ['pænik], a. panique.—n. panique; terreur panique, f.—v.i. s'affoler.

pannier ['pæniə], n. panier, m., hotte, f.

panoply ['pænəpli], n. panoplie, armure complète, f.

panorama [pænə'rɑ:mə], n. panorama, m.

panoramic [pænə'ræmik], a. panoramique.

pansy ['pænzi], n. (Bot.) pensée, f.

pant [pænt], n. palpitation, f., halètement, m.—v.i. haleter, palpiter, panteler.

pantechnicon [pæn'teknikn], n. garde-meuble, m.; voiture de déménagement, f.

pantheism ['pænθi:izm], n. panthéisme, m.

pantheist ['pænθi:ist], n. panthéiste, m., f.

pantheistic [pænθi:'istik], a. panthéistique.

panther ['pænθə], n. panthère, f.

504

pantile ['pæntail], *n.* tuile faîtière *ou* flamande, *f.*
pantomime ['pæntəmaim], *n.* pantomime, *f.*
pantomimic [pæntə'mimik], *a.* pantomime.
pantry ['pæntri], *n.* office, *f.*, garde-manger, *m.*
pants [pænts], *n.pl.* (*colloq.*) caleçon; (*Am.*) pantalon, *m.*
pap [pæp], *n.* mamelle; bouillie (*aliment*), *f.*
papacy ['peipəsi], *n.* papauté, *f.*
papal ['peipəl], *a.* papal, du pape.
paper ['peipə], *a.* de papier.—*n.* papier, *m.*; feuille de papier, *f.*; journal; papier-monnaie, *m.*; billets, *m.pl.*; mémoire, *m.*, étude (*article*); composition (*d'examen*), *f.*; (*pl.*) papiers, *m.pl.*; dossier, *m.*; **blotting-paper**, papier buvard; **brown paper**, papier gris.—*v.t.* tapisser (de papier).
paper-back ['peipəbæk], *n.* livre broché, *m.*
paper-clip ['peipəklip], *n.* attache, *f.*, trombone (*de fil*), *m.*
paper-hanger ['peipəhæŋə], *n.* colleur de papier, *m.*
paper-knife ['peipənaif], *n.* coupe-papier, *m.*
paper-maker ['peipəmeikə], *n.* fabricant de papier, *m.*
paper-mill ['peipəmil], *n.* papeterie, *f.*
paper-trade ['peipətreid], *n.* papeterie, *f.*
papism ['peipizm], *n.* papisme, *m.*
papist ['peipist], *n.* papiste, *m.*, *f.*
Papua [pə'puə]. la Papouasie, *f.*
Papuan [pə'puən], *a.* papou.—*n.* Papou (*personne*), *m.*
papyrus [pə'paiərəs], *n.* (*pl.* **papyri** [pə'paiərai]) papyrus, *m.*
par [pɑː], *n.* pair, *m.*, égalité, (*Golf*) normale, *f.*; **at par**, au pair.
parable ['pærəbl], *n.* parabole, *f.*
parabola [pə'ræbələ], *n.* (*Math.*) parabole, *f.*
parachute [pærə'ʃuːt], *n.* parachute, *m.*—*v.t.*, *v.i.* parachuter.
parachutist [pærə'ʃuːtist], *n.* parachutiste, *m.*, *f.*
parade [pə'reid], *n.* parade, *f.*; étalage, *m.*; esplanade, *f.*; (*Mil.*) rassemblement, *m.*; procession, *f.*—*v.t.* faire parade de.—*v.i.* faire de la parade; (*Mil.*) parader.
paradise ['pærədais], *n.* paradis, *m.*
paradox ['pærədɔks], *n.* paradoxe, *m.*
paradoxical [pærə'dɔksikl], *a.* paradoxal.
paraffin ['pærəfin], *n.* (*Chem.*) paraffine, *f.*; **paraffin** (*oil*), pétrole (lampant), *m.*
paragon ['pærəgən], *n.* parangon; modèle, *m.*
paragraph ['pærəgrɑːf], *n.* paragraphe; alinéa, *m.*—*v.t.* diviser en paragraphes.
Paraguay ['pærəgwai]. le Paraguay, *m.*
Paraguayan [pærə'gwaiən], *a.* paraguayen.—*n.* Paraguayen (*personne*), *m.*
parakeet ['pærəkiːt], *n.* (*Orn.*) perruche, *f.*
parallel ['pærəlel], *a.* parallèle; (*fig.*) semblable, pareil.—*n.* ligne parallèle, *f.*, parallèle, *m.*; (*fig.*) comparaison, *f.*—*v.t.* mettre en parallèle; (*fig.*) comparer (à); être pareil (à).
parallelism ['pærəlelizm], *n.* parallélisme, *m.*; (*fig.*) comparaison, *f.*
parallelogram [pærə'leləgræm], *n.* parallélogramme, *m.*
paralyse ['pærəlaiz], *v.t.* paralyser.
paralysis [pə'rælisis], *n.* paralysie, *f.*
paralytic [pærə'litik], *a.* and *n.* paralytique, *m.*, *f.*

paramount ['pærəmaunt], *a.* souverain, suprême; **of paramount importance**, d'une importance capitale.—*n.* souverain, seigneur, *m.*
paramour ['pærəmuə], *n.* amant, *m.*, maîtresse, *f.*
parapet ['pærəpit], *n.* (*Fort.*) parapet; garde-fou (*sur un pont etc.*), *m.*
paraphernalia [pærəfə'neiliə], *n.pl.* (*Law*) biens paraphernaux, *m.pl.*; équipage, attirail, *m.*
paraphrase ['pærəfreiz], *n.* paraphrase, *f.*—*v.t.* paraphraser.
parasite ['pærəsait], *n.* parasite, *m.*
parasitic [pærə'sitik], **parasitical** [pærə'sitikl], *a.* parasite, parasitique.
parasol [pærə'sɔl], *n.* ombrelle, *f.*, parasol, *m.*
paratrooper ['pærətruːpə], *n.* (soldat) parachutiste, *m.*
parcel [pɑːsl], *n.* colis, paquet; lot, *m.*—*v.t.* morceler, diviser, partager; empaqueter.
parch [pɑːtʃ], *v.t.* brûler, dessécher (*par la chaleur*).—*v.i.* se brûler; se dessécher.
parchment ['pɑːtʃmənt], *n.* parchemin, *m.*
pardon [pɑːdn], *n.* pardon, *m.*; (*Law*) grâce, *f.*; **I beg your pardon?** plaît-il? pardon? comment?—*v.t.* pardonner (*quelque chose à quelqu'un*); **pardon me!** pardon! permettez!
pardonable ['pɑːdnəbl], *a.* excusable, pardonnable (*acte*); digne de pardon (*personne*).
pare [peə], *v.t.* peler (*fruits etc.*); éplucher; rogner (*ongles etc.*).
parent ['peərənt], *a.* mère.—*n.* père, *m.*, mère, *f.*; (*pl.*) parents, les père et mère, *m.pl.*
parentage ['peərəntidʒ], *n.* parentage, *m.*; extraction, *f.*
parental [pə'rentl], *a.* des parents, du père, de la mère; paternel, maternel.
parenthesis [pə'renθisis], *n.* (*pl.* **parentheses** [pə'renθisiːz]) parenthèse, *f.*
parenthetic [pærən'θetik], **parenthetical** [pærən'θetikl], *a.* entre parenthèses.
pariah ['pæriə], *n.* paria, *m.*
paring ['peəriŋ], *n.* rognage; épluchage, *m.*
paring-knife ['peəriŋnaif], *n.* tranchet, *m.*
parish ['pæriʃ], *a.* de la commune; communal, vicinal (*routes, impôts etc.*); (*Eccles.*) de la paroisse, paroissial.—*n.* (*Eccles.*) paroisse; (*civil*) commune, *f.*
parishioner [pə'riʃənə], *n.* paroissien, *m.*
Parisian [pə'riziən], *a.* de Paris, parisien.—*n.* Parisien (*personne*), *m.*
parity ['pæriti], *n.* parité, *f.*; égalité (*de rang etc.*), *f.*
park [pɑːk], *n.* parc, *m.*—*v.t.* parquer, garer.—*v.i.* stationner.
parking ['pɑːkiŋ], *n.* stationnement, parcage, *m.*
parlance ['pɑːləns], *n.* parler, langage, *m.*; **in common parlance**, dans le langage ordinaire.
parley ['pɑːli], *n.* pourparlers, *m.pl.*—*v.i.* être ou entrer en pourparlers (*avec*); (*Mil.*) parlementer.
parliament ['pɑːləmənt], *n.* parlement, *m.*; (*France*) les Chambres, *f.pl.*
parliamentary [pɑːlə'mentəri], *a.* parlementaire, du parlement.
parlour ['pɑːlə], *n.* petit salon; parloir (*de couvent ou école*), *m.*
parlous ['pɑːləs], *a.* alarmant, précaire.

parochial [pə'roukiəl], *a.* communal; (*Eccles.*) paroissial.

parody ['pærədi], *n.* parodie, *f.—v.t.* parodier.

parole [pə'roul], *n.* parole (d'honneur), *f.*

paroxysm ['pærəksizm], *n.* paroxysme, accès, *m.*

parquet ['paːkei, paːr'ket], *n.* parquet, *m.— v.t.* parqueter.

parquetry ['paːkitri], *n.* parqueterie, *f.*

parricidal [pæri'saidl], *a.* parricide.

parricide ['pærisaid], *n.* parricide (*crime*), *m.*; parricide (*personne*), *m.*, *f.*

parrot ['pærət], *n.* (*Orn.*) perroquet, *m.*

parry ['pæri], *v.t.* parer, détourner; (*fig.*) éviter.

parse [paːz], *v.t.* analyser (grammaticalement).

parsimonious [paːsi'mouniəs], *a.* parcimonieux; pingre.

parsimony ['paːsiməni], *n.* parcimonie, épargne, *f.*

parsley ['paːsli], *n.* (*Bot.*) persil, *m.*

parsnip ['paːsnip], *n.* (*Bot.*) panais, *m.*

parson [paːsn], *n.* curé; (*Protestant*) pasteur, *m.*

parsonage ['paːsnidʒ], *n.* presbytère, *m.*, cure, *f.*

part [paːt], *n.* partie; part, portion, *f.*; (*Theat.*) rôle, parti (*dans une dispute etc.*), *m.*; région (*de ville, pays etc.*), *f.*, quartier (*de ville*); (*pl.*) talent, *m.*; *spare parts*, pièces de rechange, *f.pl.—v.t.* partager; séparer (*de*). *—v.i.* se séparer (*de*); se quitter; se rompre (*câble*).

partake [paː'teik], *v.t., v.i. irr.* (*conjug. like* TAKE) prendre part à, participer à.

partaker [paː'teikə], *n.* participant, *m.*

partial [paːʃl], *a.* partial (*prévenu*), injuste; partiel (*en partie*).

partiality [paːʃi'æliti], *n.* partialité (*favoritisme*), *f.*; (*fig.*) goût, *m.*

partially ['paːʃəli], *adv.* partialement (*injustement*); en partie.

participant [paː'tisipeit], *a.* and *n.* participant, *m.*

participate [paː'tisipeit], *v.i.* participer (*à*).

participation [paːtisi'peiʃən], *n.* participation, *f.*

participle ['paːtisipl], *n.* participe, *m.*

particle ['paːtikl], *n.* particule, molécule, parcelle, *f.*; atome, *m.*

particular [pə'tikjulə], *a.* particulier, spécial; méticuleux, pointilleux; exigeant (*difficile*). *—n.* particularité, *f.*, détail, *m.*; (*pl.*) renseignements, *m.pl.*; signalement, *m.*

particularity [pətikju'læriti], *n.* particularité, *f.*; détail, *m.*

particularize [pə'tikjuləraiz], *v.t.* particulariser.*—v.i.* préciser.

particularly [pə'tikjuləli], *adv.* particulièrement; principalement, surtout.

parting ['paːtiŋ], *a.* de séparation; d'adieu; dernier.*—n.* séparation; raie (*cheveux*), *f.*

partisan [paːti'zæn], *n.* partisan, *m.*

partition [paː'tiʃən], *n.* partage (*division*), *m.*; cloison (*dans une pièce etc.*), *f.—v.t.* partager, diviser.

partitive ['paːtitiv], *a.* and *n.* partitif, *m.*

partly ['paːtli], *adv.* en partie, partiellement.

partner ['paːtnə], *n.* (*Comm.*) associé; (*Dancing*) danseur, cavalier, *m.*; (*Cards, Spt.*) partenaire, *m.*, *f.—v.t.* s'associer à;

(*Spt.*) être le partenaire de; mener (*une femme en dansant*).

partnership ['paːtnəʃip], *n.* association, *f.*

partridge ['paːtridʒ], *n.* (*Orn.*) perdrix, *f.*; *young partridge*, perdreau, *m.*

part-time ['paːttaim], *a.* and *n.* (emploi) à temps partiel, *m.*; *to be on part-time*, être en chômage partiel.

party ['paːti], *n.* parti (*politique*), *m.*; partie (*de plaisir*), *f.*; (*fig.*) réunion; réception, *f.*, groupe, *m.*; *to give a party*, recevoir du monde, donner une soirée.

party-wall ['paːtiwɔːl], *n.* mur mitoyen, *m.*

pasha ['paːʃə], *n.* pacha, *m.*

pass [paːs], *v.t.* passer; passer par, passer devant; dépasser; devancer; faire passer; prononcer (*sur*); voter (*un projet de loi etc.*); *to pass an examination*, être reçu *ou* réussir à un examen.*—v.i.* passer, se passer, s'écouler (*temps*); mourir; (*Exam.*) être reçu; (*Ftb.*) faire une passe; (*fig.*) arriver; *to pass away*, disparaître, mourir; *to pass out*, sortir; (*fig.*) s'évanouir.*—n.* passage, défilé, *m.*; gorge, *f.*, col; permis; laissez-passer, *m.*, permission; (*Ftb.*) passe, *f.*; (*fig.*) point, état, *m.*, extrémité, *f.*

passable ['paːsəbl], *a.* praticable; navigable (*fleuve etc.*); passable.

passage ['pæsidʒ], *n.* passage, *m.*, traversée, *f.*; (*Arch.*) couloir, corridor, *m.*

pass-book ['paːsbuk], *n.* livre de compte, carnet de banque, *m.*

passenger ['pæsindʒə], *n.* voyageur; passager (*par mer ou avion*), *m.*

passer-by ['paːsə'bai], *n.* (*pl.* **passers-by** ['paːsəz'bai]) passant, *m.*

passing ['paːsiŋ], *a.* passager, éphémère, fugitif.*—adv.* extrêmement, éminemment. *—n.* passage; écoulement (*de temps*); (*fig.*) trépas (*mort*), *m.*

passion ['pæʃən], *n.* passion; colère, *f.*, emportement, *m.*

passionate ['pæʃənit], *a.* passionné, ardent; irascible.

passionately ['pæʃənitli], *adv.* à la passion; à la folie, passionnément.

passion-flower ['pæʃənflauə], *n.* passiflore, fleur de la passion, *f.*

passion-play ['pæʃənplei], *n.* mystère (de la Passion), *m.*

Passion Week ['pæʃənwiːk]. semaine de la Passion, *f.*

passive ['pæsiv], *a.* and *n.* passif, *m.*

passiveness ['pæsivnis], *n.* passivité, inertie, *f.*

pass-key ['paːskiː], *n.* passe-partout, *m.*

Passover ['paːsouvə], la Pâque, *f.*

passport ['paːspɔːt], *n.* passeport, *m.*

password ['paːswəːd], *n.* mot de passe; mot d'ordre, *m.*

past [paːst], *a.* passé; ancien; dernier (*récent*). *—prep.* au-delà de; près de; sans, hors de; plus de (*âge*); *past three o'clock*, trois heures passées.*—n.* passé, *m.*

paste [peist], *n.* colle (*glu*); pâte (*pour pâtisseries*), *f.*; stras (*faux diamant*), *m.—v.t.* coller; *to paste up*, afficher.

pastel ['pæstəl], *n.* pastel, *m.*

pastern ['pæstəːn], *n.* paturon, *m.*

pasteurize ['paːstjuəraiz], *v.t.* pasteuriser (*lait*).

pastille [pæs'tiːl], *n.* pastille, *f.*

peace

pastime ['pɑ:staim], *n*. passe-temps, amusement, *m*., distraction, *f.*
pastor ['pɑ:stə], *n*. (*literal and fig.*) pasteur; (*literal*) berger, *m.*
pastoral ['pɑ:stərəl], *a*. pastoral.—*n.* pastorale, églogue, *f.*
pastry ['peistri], *n*. pâtisserie, *f.*
pastry-cook ['peistrikuk], *n*. pâtissier, *m.*
pasture ['pɑ:stʃə], *n*. pâture, *f.*, herbage; pâturage (*champ etc.*), *m.*—*v.t.* faire paître.—*v.i.* paître.
pasty ['peisti], *a*. pâteux.—['pɑ:sti], *n*. pâté, *m.*
pat [pæt], *a.* and *adv.* à propos, tout juste.—*n.* petite tape; caresse, *f.*; rond de beurre, *m.*—*v.t.* taper, tapoter, caresser.
patch [pætʃ], *n*. pièce; mouche (*pour le visage*), *f.*; morceau (*de terre*); pan (*de ciel*), *m.*; tache (*de couleur*), *f.*—*v.t.* rapiécer, raccommoder; arranger.
patching ['pætʃiŋ], *n*. rapiéçage, ravaudage, *m.*
patchwork ['pætʃwə:k], *n*. mélange, *m.*, mosaïque, *f.*
patchy ['pætʃi], *a*. inégal.
pate [peit], *n*. (*colloq.*) caboche, tête, *f.*
patent ['peitənt, 'pætənt], *a.* breveté; (*fig.*) patent, apparent, évident.—*n.* lettres patentes, *f.pl.*, brevet d'invention, *m.*—*v.t.* breveter.
patentee [peitən'ti:], *n*. breveté, *m.*
paternal [pə'tə:nl], *a*. paternel.
paternally [pə'tə:nəli], *adv*. paternellement.
paternity [pə'tə:niti], *n*. paternité, *f.*
paternoster ['pætə'nɔstə], *n*. patenôtre, *f.*, pater, *m.*
path [pɑ:θ], *n*. sentier, chemin, *m.*; allée (*dans un jardin*), *f.*
pathless ['pɑ:θlis], *a*. sans chemin frayé; (*fig.*) inconnu.
pathetic [pə'θetik], *a.* and *n.* pathétique, *m.*
pathfinder ['pɑ:θfaində], *n*. pionnier, éclaireur, *m.*
pathological [pæθə'lɔdʒikl], *a*. pathologique.
pathologist [pə'θɔlədʒist], *n*. pathologiste, *m.*, *f.*
pathology [pə'θɔlədʒi], *n*. pathologie, *f.*
pathos ['peiθɔs], *n*. pathétique, *m.*
pathway ['pɑ:θwei], *n*. sentier; trottoir (*de rue*); accotement (*de route*), *m.*
patience ['peiʃəns], *n*. patience; (*Cards*) réussite, *f.*
patient ['peiʃənt], *a*. patient, endurant.—*n.* malade, *m.*, *f.*; patient; client (*de médecin*), *m.*
patiently ['peiʃəntli], *adv*. patiemment.
patriarch ['peitriɑ:k], *n*. patriarche, *m.*
patriarchal [peitri'ɑ:kl], *a*. patriarcal.
Patrick ['pætrik]. Patrice, *m.*
patrimony ['pætriməni], *n*. patrimoine, *m.*
patriot ['peitriət, 'pætriət], *n*. patriote, *m.*, *f.*
patriotic [peitri'ɔtik], *a*. patriotique (*chose*); patriote (*personne*).
patriotism ['peitriətizm], *n*. patriotisme, *m.*
patrol [pə'troul], *n*. patrouille, ronde, *f.*—*v.t.* faire la patrouille dans.—*v.i.* patrouiller; faire une ronde.
patron ['peitrən], *n*. patron; protecteur; (*Comm.*) client, *m.*; pratique, *f.*
patronage ['pætrənidʒ], *n*. patronage, *m.*, protection, *f.*
patroness ['peitrənes], *n*. patronne, protectrice; dame patronnesse (*d'œuvre de bienfaisance*), *f.*
patronize ['pætrənaiz], *v.t.* protéger, patronner; fréquenter (*un magasin*); traiter avec condescendance.
patronizing ['pætrənaiziŋ], *a*. protecteur; *patronizing tone*, ton de condescendance, *m.*
patronymic [pætrə'nimik], *a*. patronymique.—*n.* nom patronymique, *m.*
patten ['pætən], *n*. patin, socque; (*Arch.*) soubassement, *m.*
patter ['pætə], *v.i.* frapper à petits coups, crépiter; trottiner.
pattering ['pætəriŋ], *n*. grésillement; bruit de petits coups, *m.*
pattern ['pætən], *n*. modèle (*pour*); patron (*à couper*); échantillon (*morceau de tissu etc.*); dessin (*de décoration*); exemple, *m.*
patty ['pæti], *n*. petit pâté, *m.*; bouchée (à la reine), *f.*
paucity ['pɔ:siti], *n*. petit nombre, *m.*, disette (*de*), *f.*
Paul [pɔ:l]. Paul, *m.*
Paula ['pɔ:lə]. Paule, *f.*
paunch [pɔ:ntʃ], *n*. panse, *f.*, ventre, *m.*
paunchy ['pɔ:ntʃi], *a*. pansu.
pauper ['pɔ:pə], *n*. indigent, *m.*
pauperism ['pɔ:pərizm], *n*. paupérisme, *m.*
pauperize ['pɔ:pəraiz], *v.t.* réduire à l'indigence.
pause [pɔ:z], *n*. pause, *f.*; moment de silence; intervalle, *m.*—*v.i.* faire une pause, s'arrêter.
pave [peiv], *v.t.* paver (*de*); *to pave the way for*, frayer le chemin à ou pour.
pavement ['peivmənt], *n*. trottoir (*bord de rue*); dallage; pavé (*de marbre etc.*), *m.*
paver ['peivə], **paviour** ['peivjə], *n*. paveur, *m.*
pavilion [pə'viliən], *n*. pavillon, *m.*, tente, *f.*
paving ['peiviŋ], *n*. pavage, *m.*
paw [pɔ:], *n*. patte; (*facet.*) main, *f.*—*v.t.* manier, tripoter (*manier*); piaffer; *to paw the ground*, piaffer.
pawn (1) [pɔ:n], *n*. (*Chess*) pion, *m.*
pawn (2) [pɔ:n], *v.t.* engager, mettre en gage.—*n.* gage, *m.*
pawnbroker ['pɔ:nbroukə], *n*. prêteur sur gage, *m.*
pawnshop ['pɔ:nʃɔp], *n*. mont-de-piété, *m.*
pay [pei], *n*. paie, *f.*, salaire (*ouvrier*), traitement (*fonctionnaire*), *m.*, gages (*domestique*), *m.pl.*; (*Mil.*) solde (*officier*), *f.*, prêt (*soldat*), *m.*—*v.t.* irr. payer, acquitter, s'acquitter de; faire (*compliments etc.*); rendre (*honneur*); *carriage paid*, port payé; *to pay a visit to*, faire une visite à.—*v.i.* payer; rapporter.
payable ['peiəbl], *a*. payable; *payable to bearer*, au porteur; *payable to order*, à l'ordre de.
payee [pei'i:], *n*. porteur, *m.*, bénéficiaire, *m.*, *f.*
payer ['peiə], *n*. payeur, *m.*
pay-load ['peiloud], *n*. (*Av.*) poids utile, *m.*
paymaster ['peimɑ:stə], *n*. payeur; trésorier, *m.*
payment ['peimənt], *n*. payement, paiement, versement, *m.*
pea [pi:], *n*. pois, *m.*; *green peas*, petits pois, *m.pl.*; *sweet pea*, pois de senteur, *m.*
peace [pi:s], *n*. paix, *f.*

507

peaceable ['pi:səbl], _a._ pacifique.
peaceably ['pi:səbli], _adv._ en paix; avec calme.
peaceful ['pi:sful], _a._ paisible; tranquille, calme.
peacefully ['pi:sfuli], _adv._ paisiblement, tranquillement.
peacefulness ['pi:sfulnis], _n._ tranquillité, _f._, calme, _m._
peaceless ['pi:slis], _a._ sans paix, agité.
peacemaker ['pi:smeikə], _n._ pacificateur, _m._
peach [pi:tʃ], _n._ pêche, _f._
peach-tree ['pi:tʃtri:], _n._ pêcher, _m._
peacock ['pi:kɔk], _n._ paon, _m._
pea-green ['pi:gri:n], _a._ and _n._ vert pois.
pea-hen ['pi:hen], _n._ paonne, _f._
peak [pi:k], _n._ cime (_de montagne_), _f._; pic, sommet, _m._; visière (_d'une casquette_), _f._
peaked [pi:kt], _a._ à pic, à pointe; à visière.
peal [pi:l], _n._ carillon (_de cloches_); coup, bruit, grondement (_de tonnerre etc._); éclat (_de rire_), _m._—_v.i._ carillonner; retentir, résonner; gronder.
peanut ['pi:nʌt], _n._ arachide, cacahuète, _f._
pea-pod ['pi:pɔd], _n._ cosse de pois, _f._
pear [pɛə], _n._ poire, _f._
pearl [pə:l], _n._ perle, _f._; **mother-of-pearl**, nacre, _f._—_v.t._, _v.i._ perler.
pearl-oyster ['pə:l'ɔistə], _n._ huître perlière, _f._
pearly ['pə:li], _a._ de perle, perlé.
pear-tree ['pɛətri:], _n._ poirier, _m._
peasant ['pezənt], _n._ paysan, _m._
peasantry ['pezəntri], _n._ paysans, _m.pl._
pea-soup ['pi:'su:p], _n._ purée de pois, _f._
peat [pi:t], _n._ tourbe, _f._
peat-bog ['pi:tbɔg], **peat-moss** ['pi:tmɔs], _n._ tourbière, _f._
pebble [pebl], _n._ caillou, galet (_de plage_), _m._
pebbly ['pebli], _a._ caillouteux.
peccadillo [pekə'dilou], _n._ peccadille, _f._
peck (1) [pek], _n._ picotin (_d'avoine etc._), _m._
peck (2) [pek], _n._ coup de bec (_d'oiseau_), _m._—_v.t._ becqueter; **a hen-pecked husband**, un mari mené par sa femme.
pectoral ['pektərəl], _a._ and _n._ pectoral, _m._
peculation [pekju'leiʃən], _n._ péculat, _m._
peculator ['pekjuleitə], _n._ concussionnaire, _m._, _f._
peculiar [pi'kju:liə], _a._ particulier, propre; singulier, bizarre.
peculiarity [pikjuli'æriti], _n._ singularité, particularité, _f._
peculiarly [pi'kju:liəli], _adv._ particulièrement, singulièrement.
pecuniary [pi'kju:niəri], _a._ pécuniaire.
pedagogic(al) [pedə'gɔdʒik(l)], _a._ pédagogique.
pedagogue ['pedəgɔg], _n._ pédagogue, _m._, _f._
pedal [pedl], _n._ pédale, _f._—_v.i._ pédaler.
pedant ['pedənt], _n._ pédant, _m._
pedantic [pi'dæntik], _a._ pédant (_personne_), pédantesque (_choses_).
pedantry ['pedəntri], _n._ pédantisme, _m._, pédanterie, _f._
peddle [pedl], _v.t._ colporter.—_v.i._ faire le colportage.
peddler [PEDLAR].
pedestal ['pedistl], _n._ piédestal, socle, _m._
pedestrian [pə'destriən], _a._ à pied, pédestre; (_fig._) prosaïque.—_n._ piéton, marcheur, _m._
pedigree ['pedigri:], _n._ généalogie; origine, _f._; arbre généalogique, _m._
pediment ['pedimənt], _n._ (_Arch._) fronton, _m._

pedlar ['pedlə], _n._ colporteur, _m._
pedometer [pə'dɔmitə], _n._ podomètre, _m._
peel [pi:l], _n._ pelure; écorce (_d'orange etc._), _f._—_v.t._ peler; éplucher.—_v.i._ se peler; s'écailler.
peep [pi:p], _n._ coup d'œil furtif, _m._; pointe (_du jour_), _f._—_v.i._ regarder à la dérobée; paraître, poindre.
peeper ['pi:pə], _n._ curieux, _m._
peep-hole ['pi:phoul], _n._ judas, _m._
peeping-Tom ['pi:piŋ'tɔm], _n._ voyeur, _m._
peer (1) [piə], _v.i._ scruter du regard.
peer (2) [piə], _n._ pair; (_fig._) égal, pareil, _m._
peerage ['piəridʒ], _n._ pairie, _f._; les pairs, _m.pl._
peeress ['piəris], _n._ pairesse, _f._
peerless ['piəlis], _a._ incomparable; sans pareil.
peerlessly ['piəlisli], _adv._ incomparablement.
peerlessness ['piəlisnis], _n._ supériorité incomparable, _f._
peevish ['pi:viʃ], _a._ irritable, maussade.
peevishly ['pi:viʃli], _adv._ maussadement, avec mauvaise humeur.
peevishness ['pi:viʃnis], _n._ maussaderie, humeur acariâtre, _f._
peewit [PEWIT].
peg [peg], _n._ cheville; patère (_à chapeau etc._), _f._; fausset (_de tonneaux_), piquet (_de tente_), _m._; **clothes-peg**, pince à linge, _f._—_v.t._, _v.i._ cheviller.
pejorative [pə'dʒɔrətiv, 'pi:dʒərətiv], _a._ péjoratif.
Pekinese [pi:ki'ni:z], _a._ pékinois.—_n._ (épagneul) pékinois; Pékinois (_personne_), _m._
Peking [pi:'kiŋ]. Pékin, _m._
Pekingese [pi:kiŋ'i:z], [PEKINESE].
pelican ['pelikən], _n._ pélican, _m._
pellet ['pelit], _n._ boulette, _f._; grain de plomb, _m._
pellicle ['pelikl], _n._ pellicule, _f._
pell-mell ['pel'mel], _adv._ pêle-mêle.
pellucid [pə'lju:sid], _a._ transparent, clair, pellucide.
pelmet ['pelmit], _n._ lambrequin, _m._
pelt (1) [pelt], _v.t._ assaillir, battre.
pelt (2) [pelt], _n._ peau, _f._—_v.t._ écorcher.
pelting ['peltiŋ], _a._ battant (_pluie_).—_n._ attaque, _f._, assaut, _m._; grêle (_de pierres_), _f._
pelvic ['pelvik], _a._ pelvien.
pelvis ['pelvis], _n._ bassin, _m._
pemmican ['pemikən], _n._ conserve de viande, _f._; pemmican, _m._
pen [pen], _n._ plume, _f._; parc, enclos (_bestiaux etc._); poulailler (_pour volaille_), _m._; **fountain-pen**, stylo, _m._—_v.t._ écrire; rédiger; parquer, enfermer (_bétail_).
penal [pi:nl], _a._ pénal, passible d'une amende; **penal servitude**, travaux forcés, _m.pl._
penalize ['pi:nəlaiz], _v.t._ infliger une peine à (_quelqu'un_); (_Spt._) pénaliser.
penalty ['penəlti], _n._ peine; pénalité, amende, _f._; (_Ftb._) penalty, _m._
penance ['penəns], _n._ pénitence, _f._
pence [PENNY].
pencil [pensl], _n._ crayon, _m._—_v.t._ dessiner _ou_ écrire au crayon.
pencil-case ['penslkeis], _n._ porte-crayon, _m._
pencil-sharpener ['pensl'ʃa:pnə], _n._ taille-crayon, _m._
pendant ['pendənt], _n._ pendant, _m._; pendeloque, _f._; pendentif, _m._

periodical

pendent ['pendənt], *a.* pendant; suspendu.
pending ['pendiŋ], *a.* pendant, non décidé; en cours.—*prep.* en attendant.
pendulum ['pendjuləm], *n.* pendule, balancier, *m.*
penetrable ['penitrəbl], *a.* pénétrable, sensible.
penetrate ['penitreit], *v.t., v.i.* pénétrer (*dans*).
penetrating ['penitreitiŋ], *a.* pénétrant, perçant; clairvoyant, perspicace.
penetration [peni'treiʃən], *n.* pénétration, *f.*
penguin ['peŋgwin], *n.* manchot, *m.*
pen-holder ['penhouldə], *n.* porte-plume, *m.*
penicillin [peni'silin], *n.* pénicilline, *f.*
peninsula [pi'ninsjulə], *n.* péninsule, presqu'île, *f.*
peninsular [pi'ninsjulə], *a.* péninsulaire.
penitence ['penitəns], *n.* pénitence, *f.*, repentir, *m.*
penitent ['penitənt], *a.* pénitent, repentant.
penitentiary [peni'tenʃəri], *a.* pénitentiaire.—*n.* pénitencier, *m.*; (*Am.*) prison, *f.*
penknife ['pennaif], *n.* canif, *m.*
pennant ['penənt], *n.* (*Naut.*) flamme, *f.*
penniless ['penilis], *a.* sans le sou, sans ressources.
penny ['peni], *n.* (*pl.* **pence** [pens], *of a sum*, or **pennies** ['peniz], *of a number of coins*) penny, *m.*
pension ['penʃən], *n.* pension; pension de retraite, retraite (*d'officiers etc.*), *f.*—*v.t.* **to pension off**, mettre à la retraite.
pensioner ['penʃənə], *n.* pensionnaire, *m.*, *f.*; (*Mil.*) invalide, *m.*
pensive ['pensiv], *a.* pensif, préoccupé, rêveur.
pensively ['pensivli], *adv.* d'un air pensif.
pensiveness ['pensivnis], *n.* air pensif, air préoccupé, *m.*
pent [pent], *a.* **pent up**, enfermé, (*fig.*) étouffé, refoulé.
pentagon ['pentəgən], *n.* pentagone, *m.*
Pentecost ['pentikost], Pentecôte, *f.*
penthouse ['penthaus], *n.* appartement sur toit; appentis, *m.*
penultimate [pe'nʌltimit], *a.* pénultième, avant-dernier.
penurious [pi'njuəriəs], *a.* avare; ladre; pauvre (*choses*).
penury ['penjuəri], *n.* pénurie, *f.*
peony ['pi:əni], *n.* pivoine, *f.*
people [pi:pl], *n.* peuple, *m.*, nation, *f.*, gens, *m.pl.*; on, monde, *m.*, personnes (*en général*), *f.pl.*—*v.t.* peupler (*de*).
pepper ['pepə], *n.* poivre, *m.*—*v.t.* poivrer; (*fig.*) cribler de coups.
pepper-caster ['pepə'ka:stə], *n.* poivrière, *f.*
peppercorn ['pepəkɔ:n], *n.* grain de poivre, *m.*
peppermint ['pepəmint], *n.* menthe poivrée, *f.*
peppery ['pepəri], *a.* poivré; (*fig.*) irritable.
per [pə:], *prep.* par; le, *m.*, la, *f.*, les, *pl.*; **three francs per pound**, trois francs la livre.
perambulate [pə'ræmbjuleit], *v.t.* parcourir.
perambulation [pəræmbju'leiʃən], *n.* parcours, *m.*; promenade, *f.*
perambulator [pə'ræmbjuleitə], *n.* voiture d'enfant, *f.*
perceive [pə'si:v], *v.t.* apercevoir (*visuellement*), s'apercevoir de (*se rendre compte de*).

percentage [pə'sentidʒ], *n.* pourcentage, *m.*
perceptibility [pəsepti'biliti], *n.* perceptibilité, *f.*
perceptible [pə'septibl], *a.* perceptible, sensible.
perceptibly [pə'septibli], *adv.* perceptiblement, sensiblement.
perception [pə'sepʃən], *n.* perception, sensibilité; découverte, *f.*
perceptive [pə'septiv], *a.* perceptif.
perch (1) [pə:tʃ], *n.* perche (*poisson*), *f.*
perch (2) [pə:tʃ], *n.* perchoir (*à poules etc.*) *m.*—*v.t., v.i.* percher.
percolate ['pə:kəleit], *v.t., v.i.* filtrer, passer.
percolation [pə:kə'leiʃən], *n.* filtration, infiltration, *f.*
percolator ['pə:kəleitə], filtre (à café), *m.*
percussion [pə'kʌʃən], *n.* percussion, *f.*
percussion-cap [pə'kʌʃənkæp], *n.* capsule, *f.*
perdition [pə'diʃən], *n.* perdition, ruine, *f.*
peregrinate ['perigrineit], *v.i.* voyager.
peregrination [perigri'neiʃən], *n.* pérégrination, *f.*, voyage à l'étranger, *m.*
peremptorily [pə'remptərili], *adv.* péremptoirement, absolument, formellement.
peremptory [pə'remptəri], *a.* péremptoire, absolu.
perennial [pə'reniəl], *a.* vivace (*plantes*); (*fig.*) éternel.—*n.* plante vivace, *f.*
perfect (1) ['pə:fikt], *a.* parfait; achevé.—[pə'fekt], *v.t.* rendre parfait, perfectionner; achever.
perfect (2) ['pə:fikt], *n.* (*Gram.*) parfait, *m.*
perfection [pə'fekʃən], *n.* perfection, *f.*
perfectly ['pə:fiktli], *adv.* parfaitement.
perfidious [pə'fidiəs], *a.* perfide.
perfidiousness [pə'fidiəsnis], **perfidy** ['pə:fidi], *n.* perfidie, *f.*
perforate ['pə:fəreit], *v.t.* perforer, percer.
perforation [pə:fə'reiʃən], *n.* percement, *m.*, perforation; dentelure (*de timbre-poste*), *f.*
perforce [pə'fɔ:s], *adv.* forcément, de force.
perform [pə'fɔ:m], *v.t.* exécuter, accomplir; (*Theat.*) jouer.—*v.i.* jouer un rôle.
performance [pə'fɔ:məns], *n.* accomplissement; ouvrage, *m.*, œuvre (*chose achevée*), *f.*; (*Mach.*) fonctionnement, *m.*; (*Theat.*) représentation; (*Mus.*) exécution; (*Spt.*) performance, *f.*
performer [pə'fɔ:mə], *n.* (*Theat.*) acteur, *m.*, actrice, *f.*; (*Mus.*) artiste, *m.*, *f.*
perfume ['pə:fjum], *n.* parfum, *m.*—[pə'fju:m], *v.t.* parfumer (*de*).
perfumery [pə'fju:məri], *n.* parfumerie, *f.*
perfunctorily [pə'fʌŋktərili], *adv.* par manière d'acquit; tant bien que mal.
perfunctory [pə'fʌŋktəri], *a.* de pure forme; négligent.
perhaps [pə'hæps], *adv.* peut-être; **perhaps not**, peut-être que non; **perhaps so**, peut-être que oui.
peril ['peril], *n.* péril, danger, *m.*
perilous ['periləs], *a.* périlleux, dangereux.
perilously ['periləsli], *adv.* périlleusement.
perimeter [pə'rimitə], *n.* périmètre, *m.*
period ['piəriəd], *n.* période, *f.*, temps, *m.*, durée; époque; fin, *f.*, terme (*conclusion*); (*Am.*) point (*ponctuation*), *m.*; (*Rhet. etc.*) phrase, *f.*; (*pl.*) (*Physiol.*) règles, *f.pl.*
periodic [piəri'ɔdik], *a.* périodique.
periodical [piəri'ɔdikl], *a. and n.* périodique, *m.*

509

periodically [piəri'ɔdikli], *adv.* périodiquement.
peripatetic [peripə'tetik], *a.* péripatéticien.
periphery [pə'rifəri], *n.* périphérie, *f.*
periphrasis [pə'rifrəsis], *n.* (*pl.* **periphrases** [pə'rifrəsi:z]) périphrase, *f.*
periscope ['periskoup], *n.* périscope, *m.*
perish ['periʃ], *v.i.* périr (*de*), mourir; dépérir.
perishable ['periʃəbl], *a.* périssable.
peritonitis [peritə'naitis], *n.* péritonite, *f.*
***periwig** ['periwig], *n.* perruque, *f.*
periwinkle ['periwiŋkl], *n.* (*Bot.*) pervenche, *f.*; bigorneau (*mollusque*), *m.*
perjure ['pə:dʒə], *v.t.* **to perjure oneself,** se parjurer.
perjurer ['pə:dʒərə], *n.* parjure, *m.*, *f.*
perjury ['pə:dʒəri], *n.* parjure; (*Law*) faux témoignage, faux serment, *m.*; **wilful perjury,** parjure prémédité.
perk [pə:k], *v.i.* **to perk up,** se ranimer, se raviver.—*n.* (*pl.*) (*fam.*) [PERQUISITE].
perky ['pə:ki], *a.* déluré; outrecuidant.
permanency ['pə:mənənsi], **permanence** ['pə:mənəns], *n.* permanence, *f.*
permanent ['pə:mənənt], *a.* permanent; en permanence.
permanently ['pə:mənəntli], *adv.* en permanence.
permeable ['pə:miəbl], *a.* perméable.
permeate ['pə:mieit], *v.t.* pénétrer.
permissible [pə'misibl], *a.* permis.
permission [pə'miʃən], *n.* permission, *f.*, permis, *m.*
permissive [pə'misiv], *a.* qui permet; toléré.
permit [pə'mit], *v.t.* permettre (*à quelqu'un de . . .*).—['pə:mit], *n.* permis, *m.*
permutation [pə:mju'teiʃən], *n.* permutation, *f.*
pernicious [pə'niʃəs], *a.* pernicieux.
perniciously [pə'niʃəsli], *adv.* pernicieusement.
peroration [perə'reiʃən], *n.* péroraison, *f.*
peroxide [pə'rɔksaid], *n.* peroxyde, *m.*—*v.t.* oxygéner (*cheveux*).
perpendicular [pə:pən'dikjulə], *a.* and *n.* perpendiculaire, *f.*
perpendicularly [pə:pən'dikjuləli], *adv.* perpendiculairement.
perpetrate ['pə:pitreit], *v.t.* commettre; (*Law*) perpétrer.
perpetration [pə:pi'treiʃən], *n.* exécution; (*Law*) perpétration, *f.*
perpetrator ['pə:pitreitə], *n.* auteur (*d'un crime*), *m.*
perpetual [pə'petjuəl], *a.* perpétuel.
perpetually [pə'petjuəli], *adv.* perpétuellement.
perpetuate [pə'petjueit], *v.t.* perpétuer.
perpetuation [pəpetju'eiʃən], *n.* perpétuation, *f.*
perpetuity [pə:pi'tju:iti], *n.* perpétuité, *f.*
perplex [pə'pleks], *v.t.* embarrasser.
perplexed [pə'plekst], *a.* perplexe, embarrassé.
perplexing [pə'pleksiŋ], *a.* embarrassant.
perplexity [pə'pleksiti], *n.* perplexité, *f.*
perquisite ['pə:kwizit], *n.* émolument casuel, *m.*
perry ['peri], *n.* poiré, *m.*
persecute ['pə:sikju:t], *v.t.* persécuter.
persecuting ['pə:sikju:tiŋ], *a.* persécuteur.
persecution [pə:si'kju:ʃən], *n.* persécution, *f.*

persecutor ['pə:sikjutə], *n.* persécuteur, *m.*
perseverance [pə:si'viərəns], *n.* persévérance, *f.*
persevere [pə:si'viə], *v.i.* persévérer (*à* ou *dans*).
persevering [pə:si'viəriŋ], *a.* persévérant.
perseveringly [pə:si'viəriŋli], *adv.* avec persévérance.
Persia ['pə:ʃə]. la Perse, *f.*
Persian ['pə:ʃən], *a.* de Perse, persan.—*n.* perse (*langue*); Persan (*personne*), *m.*; **the Persian Gulf,** le Golfe Persique.
persist [pə'sist], *v.i.* persister (*dans* ou *à*); continuer.
persistence [pə'sistəns], *n.* persistance, *f.*
persistent [pə'sistənt], *a.* persistant; opiniâtre.
person ['pə:sən], *n.* personne, *f.*; personnage, caractère, *m.*; (*pl.*) personnes, *f.pl.*, gens, *m.pl.*, *f.pl.*; **young persons,** les jeunes gens.
personage ['pə:sənidʒ], *n.* personnage, *m.*
personal ['pə:sənl], *a.* personnel.
personality [pə:sə'næliti], *n.* personnalité, *f.*
personally ['pə:sənli], *adv.* personnellement.
personate ['pə:səneit], *v.t.* se faire passer pour; représenter, contrefaire.
personification [pə:sɔnifi'keiʃən], *n.* personnification, *f.*
personify [pə'sɔnifai], *v.t.* personnifier.
personnel [pə:sə'nel], *n.* personnel, *m.*
perspective [pə'spektiv], *a.* perspectif.—*n.* perspective, *f.*
perspicacious [pə:spi'keiʃəs], *a.* pénétrant, perspicace; perçant (*la vision*).
perspicacity [pə:spi'kæsiti], *n.* perspicacité, *f.*
perspicuity [pə:spi'kju:iti], *n.* clarté, *f.*
perspicuous [pə'spikjuəs], *a.* clair, net.
perspiration [pə:spi'reiʃən], *n.* transpiration, sueur, *f.*
perspire [pə'spaiə], *v.i.* transpirer, suer.
persuade [pə'sweid], *v.t.* persuader; **to persuade from,** dissuader de.
persuasion [pə'sweiʒən], *n.* persuasion, *f.*
persuasive [pə'sweisiv], *a.* persuasif.
persuasiveness [pə'sweisivnis], *n.* force persuasive, *f.*
pert [pə:t], *a.* mutin, hardi; impertinent, insolent (*effronté*).
pertain [pə'tein], *v.i.* appartenir.
pertinacious [pə:ti'neiʃəs], *a.* obstiné, opiniâtre.
pertinacity [pə:ti'næsiti], *n.* obstination, *f.*
pertinence ['pə:tinəns], *n.* convenance, *f.*
pertinent ['pə:tinənt], *a.* pertinent, convenable.
pertly ['pə:tli], *adv.* impertinemment, insolemment.
pertness ['pə:tnis], *n.* impertinence, *f.*
perturb [pə'tə:b], *v.t.* agiter, troubler.
perturbation [pə:tə'beiʃən], *n.* agitation, *f.*
perturbed [pə'tə:bd], *a.* troublé, inquiet.
Peru [pə'ru:]. le Pérou, *m.*
perusal [pə'ru:zl], *n.* lecture, *f.*
peruse [pə'ru:z], *v.t.* lire attentivement.
Peruvian [pə'ru:viən], *a.* péruvien, du Pérou.—*n.* Péruvien (*personne*), *m.*
pervade [pə'veid], *v.t.* pénétrer dans; se répandre dans, remplir.
pervading [pə'veidiŋ], *a.* **all-pervading,** dominant.
perverse [pə'və:s], *a.* pervers.

perversely [pə'və:sli], *adv.* avec perversité.
perverseness [pə'və:snis], **perversity** [pə'və: siti], *n.* perversité, *f.*
perversion [pə'və:ʃən], *n.* perversion, *f.*
pervert [pə'və:t], *v.t.* pervertir; fausser, dénaturer.—['pə:və:t], *n.* perverti, *m.*
perverted [pə'və:tid], *a.* perverti.
pervious ['pə:viəs], *a.* perméable, pénétrable.
pessimism ['pesimizm], *n.* pessimisme, *m.*
pessimist ['pesimist], *n.* pessimiste, *m.*, *f.*
pessimistic [pesi'mistik], *a.* pessimiste.
pest [pest], *n.* peste, *f.*
pester ['pestə], *v.t.* tourmenter, ennuyer.
pestilence ['pestiləns], *n.* peste, pestilence, *f.*
pestilent ['pestilənt], *a.* pestilentiel, contagieux.
pestilential [pesti'lenʃl], *a.* pestilentiel.
pet (1) [pet], *a.* favori; *pet aversion*, bête noire, *f.*—*n.* chéri, *m.*, chérie, *f.*, favori, *m.*, favorite, *f.*; animal familier; enfant gâté, *m.* —*v.t.* choyer, dorloter; (*Am.*) caresser.
pet (2) [pet], *n.* accès d'humeur, *m.*
petal [petl], *n.* pétale, *m.*
Peter ['pi:tə]. Pierre, *m.*
peter out [pi:tə'raut], *v.i.* (*colloq.*) s'épuiser; tomber à l'eau (*projet*), flancher (*machine*).
petition [pi'tiʃən], *n.* pétition, *f.*—*v.t.* pétitioner.
petitioner [pi'tiʃənə], *n.* (*Law*) requérant, *m.*; pétitionnaire, *m.*, *f.*
petrel ['petrəl], *n.* (*Orn.*) pétrel, *m.*
petrifaction [petri'fækʃən], *n.* pétrification, *f.*
petrify ['petrifai], *v.t.* pétrifier.—*v.i.* se pétrifier.
petrol ['petrəl], *n.* essence, *f.*; **petrol station**, poste d'essence, *m.*
petrol-can ['petrəlkæn], *n.* bidon d'essence, *m.*
petroleum [pi'trouliəm], *n.* pétrole, *m.*, huile de pétrole, *f.*
petticoat ['petikout], *n.* jupon, *m.*
pettifogging ['petifogin], *a.* avocassier, chicaneur; chicanier (*méthodes etc.*).
pettiness ['petinis], *n.* petitesse, mesquinerie, *f.*
petty ['peti], *a.* petit; mesquin, chétif; (*Law*) inférieur.
petty-officer ['peti'ofisə], *n.* (*Navy*) officier marinier, *m.*
petulance ['petjuləns], *n.* irritabilité, *f.*
petulant ['petjulənt], *a.* irritable.
pew [pju:], *n.* banc d'église, *m.*
pewit ['pi:wit], *n.* (*Orn.*) vanneau, *m.*
pewter ['pju:tə], *n.* étain, potin, *m.*; vaisselle d'étain, *f.*
phalanx ['fælæŋks], *n.* (*pl.* **phalanges** [fə'lændʒi:z]) phalange, *f.*
phantom ['fæntəm], *n.* fantôme, *m.*
Pharaoh ['fɛərou], *n.* Pharaon, *m.*
Pharisee ['færisi:], *n.* Pharisien, *m.*
pharmaceutical [fɑ:mə'sju:tikəl], *a.* pharmaceutique.
pharmacy ['fɑ:məsi], *n.* pharmacie, *f.*
phase [feiz], *n.* phase, *f.*
pheasant ['fezənt], *n.* faisan, *m.*
phenomenal [fi'nomənəl], *a.* phénoménal.
phenomenon [fi'nomənən], *n.* (*pl.* **phenomena** [fi'nomənə]) phénomène, *m.*
phew! [fju:], *int.* pouf!
phial ['faiəl], *n.* fiole, *f.*
philanthropic [filən'θropik], *a.* philanthropique.

philanthropist [fi'lænθrəpist], *n.* philanthrope, *m.*, *f.*
philanthropy [fi'lænθrəpi], *n.* philanthropie, *f.*
philatelist [fi'lætəlist], *n.* philatéliste, *m.*, *f.*
philharmonic [filhɑ:'monik], *a.* philharmonique.
Philip ['filip]. Philippe, *m.*
Philippine ['filipi:n], *a.* philippine.
Philippines ['filipi:nz], **the**, les Philippines, *f.pl.*
Philistine ['filistain], *a.* philistin.—*n.* Philistin (*personne*), *m.*
philologist [fi'lolədʒist], *n.* philologue, *m.*, *f.*
philology [fi'lolədʒi], *n.* philologie, *f.*
philosopher [fi'losəfə], *n.* philosophe, *m.*, *f.*
philosophical [filə'sofikl], *a.* philosophique; philosophe (*personnes*).
philosophize [fi'losəfaiz], *v.i.* philosopher.
philosophy [fi'losəfi], *n.* philosophie, *f.*; *natural philosophy*, la physique, *f.*
philter, philtre ['filtə], *n.* philtre, *m.*
phlegm [flem], *n.* flegme, *m.*
phlegmatic [fleg'mætik], *a.* flegmatique.
phobia ['foubiə], *n.* phobie, *f.*
Phoebe ['fi:bi]. Phébé, *f.*
Phoenician [fi'niʃən], *a.* phénicien.—*n.* Phénicien (*personne*), *m.*
phoenix ['fi:niks], *n.* phénix, *m.*
phone [foun], (*colloq.*) [TELEPHONE].
phonetic [fə'netik], *a.* phonétique.
phonetics [fə'netiks], *n.pl.* phonétique, *f.*
phoney ['founi], *a.* (*colloq.*) faux, factice.—*n.* charlatan, *m.*
phonic ['fonik], *a.* phonique.
phosphate ['fosfeit], *n.* phosphate, *m.*
phosphor ['fosfə], *n.* phosphore, *m.*
phosphoric [fos'forik], *a.* phosphorique.
phosphorus ['fosfərəs], *n.* phosphore, *m.*
photo ['foutou], (*colloq.*) [PHOTOGRAPH].
photogenic [foutə'dʒenik], *a.* photogénique.
photograph ['foutəgrɑ:f, 'foutəgræf], *n.* photographie, (*colloq.*) photo, *f.*—*v.t.* photographier.
photographer [fə'tɔgrəfə], *n.* photographe, *m.*, *f.*
photographic [foutə'græfik], *a.* photographique.
photography [fə'tɔgrəfi], *n.* photographie, *f.*
photostat ['foutəstæt], *n.* appareil photostat, *m.*
phrase [freiz], *n.* phrase, locution, *f.*—*v.t.* exprimer, nommer; (*Mus.*) phraser.
phraseology [freizi'olədʒi], *n.* phraséologie, *f.*
phrenetic [fre'netik], *a.* fou, frénétique.
phrenologist [fre'nolədʒist], *n.* phrénologiste, phrénologue, *m.*, *f.*
phrenology [fre'nolədʒi], *n.* phrénologie, *f.*
physic ['fizik], *n.* médecine, *f.*—*v.t.* médicamenter; purger.
physical ['fizikəl], *a.* physique; *physical training*, éducation physique, *f.*
physically ['fizikəli], *adv.* physiquement.
physician [fi'ziʃən], *n.* médecin, *m.*
physicist ['fizisist], *n.* physicien, *m.*
physics ['fiziks], *n.pl.* physique, *f.*
physiognomy [fizi'ɔnəmi, fizi'ognəmi], *n.* physionomie, *f.*
physiological [fiziə'lɔdʒikl], *a.* physiologique.
physiology [fizi'ɔlədʒi], *n.* physiologie, *f.*

physiotherapy [fizio'θerəpi], *n.* physiothérapie, *f.*

physique [fi'zi:k], *n.* physique, *m.*

pianist ['piənist], *n.* pianiste, *m.*, *f.*

piano ['pjænou, 'pjɑːnou], **pianoforte** [-'fɔːti], *n.* piano, *m*; *grand piano*, piano à queue; *to play (on) the piano*, jouer du piano.

pick [pik], *n.* pic, *m.*, pioche (*outil*), *f.*; choix, *m.*—*v.t.* piquer; cueillir; choisir, trier; ronger (*un os*); chercher (*querelle*); voler à la tire (*dans une poche*); crocheter (*une serrure*); *to pick up*, ramasser, relever.

pickaback ['pikəbæk], *adv.* sur le dos.

pickaxe ['pikæks], *n.* pioche, *f.*

picked [pikt], *a.* d'élite, choisi.

picker ['pikə], *n.* cueilleur, *m.*

picket ['pikit], *n.* piquet, jalon; petit poste, *m.* —*v.t.* former en piquet; guetter (*grévistes etc.*).

pickle [pikl], *n.* saumure, marinade, *f.*; (*pl.*) conserves au vinaigre, *f.pl.*—*v.t.* conserver au vinaigre, mariner; saler.

pickled [pikld], *a.* mariné, conservé au vinaigre; (*pop.*) ivre.

pickpocket ['pikpokit], *n.* voleur à la tire, *m.*

pick-up ['pikʌp], *n.* ramassage, *m.*; reprise (*de machine, des affaires*), *f.*; pick-up (*tourne-disque*), *m.*

picnic ['piknik], *n.* pique-nique, *m.*—*v.i.* faire un pique-nique.

pictorial [pik'tɔːriəl], *a.* illustré; de peintre.

pictorially [pik'tɔːriəli], *adv.* avec illustrations.

picture ['piktʃə], *n.* tableau, *m.*; peinture; (*fig.*) image, *f.*; *the pictures*, le cinéma.—*v.t.* peindre; (*fig.*) dépeindre, représenter.

picturesque [piktʃə'resk], *a.* pittoresque.

pie [pai], *n.* pâté (*de viande*), *m.*; tourte (*de fruit*), *f.*; (*colloq.*) *as easy as pie*, simple comme bonjour; *to eat humble pie*, avaler des couleuvres.

piebald ['paibɔːld], *a.* pie (*cheval*).

piece [pi:s], *n.* pièce (*grand*), *f.*; morceau (*petit*); fragment, bout, *m.*; *a piece of furniture*, un meuble; *a piece of news*, une nouvelle; *to break to pieces*, mettre en pièces; *to take to pieces*, démonter.—*v.t.* rapiécer.

piecemeal ['pi:smi:l], *adv.* par morceaux, peu à peu.

pied [paid], *a.* bariolé, bigarré; pie (*cheval*).

pie-dish ['paidiʃ], *n.* tourtière, terrine, *f.*

pier [piə], *n.* jetée, *f.*; ponton (*de rivière*), *m.*; pile (*d'un pont*), *f.*

pierce [piəs], *v.t.* percer, pénétrer.

pierced [piəst], *a.* à jour (*ouvrage*), ajouré.

piercing ['piəsin], *a.* perçant; pénétrant.

pier-glass ['piəglɑːs], *n.* trumeau, *m.*

piety ['paiəti], *n.* piété, *f.*

pig [pig], *n.* cochon, porc, pourceau, *m.*; *to buy a pig in a poke*, acheter chat en poche.

pigeon ['pidʒin], *n.* pigeon, *m.*; *carrier-pigeon*, pigeon voyageur.

pigeon-hole ['pidʒinhoul], *n.* boulin, *m.*; case (*à papiers etc.*), *f.*; *set of pigeon-holes*, casier, *m.*—*v.t.* classer.

piggery ['pigəri], *n.* étable à cochons, *f.*

piggy ['pigi], **piglet** ['piglit], *n.* porcelet, goret, *m.*

pigheaded ['pighedid], *a.* têtu, stupide.

pig-iron ['pigaiən], *n.* gueuse, *f.*

pigment ['pigmənt], *n.* couleur, *f.*, pigment, *m.*

pigmy [PYGMY].

pigsty ['pigstai], *n.* porcherie, *f.*

pigtail ['pigteil], *n.* queue (*de cheveux*), *f.*

pigtailed ['pigteild], *a.* à queue.

pike [paik], *n.* pique (*arme*), *f.*; brochet (*poisson*), *m.*

pilchard ['piltʃəd], *n.* (*Ichth.*) pilchard, *m.*

pile [pail], *n.* tas, monceau; (*fig.*) (*Build.*) édifice, bâtiment; pieu (*poteau*); poil (*de tissu*), *m.*; *atomic pile*, pile atomique, *f.*; *funeral pile*, bûcher, *m.*—*v.t.* entasser, empiler, amonceler.—*v.i.* *to pile up*, s'empiler, s'entasser.

piles [pailz], *n.pl.* (*Path.*) hémorroïdes, *f.pl.*

pilfer ['pilfə], *v.t.* dérober, chiper.—*v.i.* dérober.

pilferer ['pilfərə], *n.* chapardeur, chipeur, *m.*

pilfering ['pilfərin], *n.* petit vol, larcin, *m.*

pilgrim ['pilgrim], *n.* pèlerin, *m.*

pilgrimage ['pilgrimidʒ], *n.* pèlerinage, *m.*

pill [pil], *n.* pilule, *f.*

pillage ['pilidʒ], *n.* pillage, saccagement, *m.*—*v.t.* saccager, piller.

pillar ['pilə], *n.* pilier, *m.*, colonne, *f.*; (*fig.*) soutien, *m.*

pillar-box ['piləboks], *n.* boîte aux lettres, *f.*

pillion ['piljən], *n.* coussinet (*de cheval*), *m.*; siège, *m.* (*ou* selle, *f.*) arrière (*de motocyclette*); *to ride pillion*, monter en croupe, monter derrière.

pillory ['piləri], *n.* pilori, *m.*—*v.t.* pilorier, mettre au pilori.

pillow ['pilou], *n.* oreiller, *m.*—*v.t.* reposer, coucher.

pillow-case ['piloukeis], **pillow-slip** ['pilou slip], *n.* taie d'oreiller, *f.*

pilot ['pailət], *n.* pilote, *m.*; *test pilot*, pilote d'essais.—*v.t.* piloter, servir de pilote à.

pilotage ['pailətidʒ], *n.* pilotage, *m.*

pimpernel ['pimpənel], *n.* pimprenelle, *f.*, mouron, *m.*

pimple [pimpl], *n.* bouton, *m.*

pimply ['pimpli], *a.* bourgeonné, pustuleux.

pin [pin], *n.* épingle; cheville (*de bois*), *f.*; (*fig.*) rien, *m.*—*v.t.* épingler, attacher; cheviller.

pinafore ['pinəfɔː], *n.* tablier (*d'enfant*), *m.*

pincers ['pinsəz], *n.pl.* pince, *f.*, tenailles, *f.pl.*

pinch [pintʃ], *n.* pincée (*de sel etc.*); prise (*de tabac*), *f.*; (*fig.*) embarras, *m.*; *at a pinch*, à la rigueur, au besoin.—*v.t.* pincer; serrer, gêner (*habits*); (*pop.*) chiper (*voler*); pincer (*arrêter*).—*v.i.* pincer; se gêner.

pinching ['pintʃin], *a.* pressant, piquant (*froid*).—*n.* pincement, *m.*

pin-cushion ['pinkuʃən], *n.* pelote, *f.*

pine (1) [pain], *n.* pin (*arbre*); bois de pin, *m.*

pine (2) [pain], *v.i.* languir; *to pine after*, soupirer après.

pineapple ['painæpl], *n.* ananas, *m.*

ping [pin], *n.* sifflement (*de balle de fusil*), *m.*—*v.i.* siffler.

ping-pong ['pinpon], *n.* ping-pong, *m.*

pinion ['pinjən], *n.* aileron, bout d'aile, *m.*—*v.t.* couper le bout de l'aile; lier.

pink (1) [pink], *a.* couleur de rose, rose.—*n.* œillet (*fleur*); rose (*couleur*), *m.*; *in the pink of condition*, en excellente condition;

(colloq.) *to be in the pink*, se porter à merveille.

pink (2) [piŋk], *v.i.* cliqueter (*moteur*).

pinnace ['pinəs], *n.* pinasse, *f.*

pinnacle ['pinəkl], *n.* pinacle, *m.*

pin-point ['pinpoint], *v.t.* indiquer exactement.

pin-pricks ['pinpriks], *n.pl.* coups d'épingles, *m.pl.*

pint [paint], *n.* pinte (*un demi-litre*), *f.*

pintail ['pinteil], *n.* (*Orn.*) pilet, *m.*

pioneer [paiə'niə], *n.* pionnier, *m.*

pious ['paiəs], *a.* pieux.

piously ['paiəsli], *adv.* pieusement.

pip [pip], *n.* pépin (*de fruit*); (*Rad.*) top, *m.*—*v.i.* piauler (*oiseaux*).

pipe [paip], *n.* tuyau, conduit, *m.*; pipe (*à fumer, à vin etc.*), *f.*; (*Mus.*) pipeau, chalumeau, *m.*—*v.i.* jouer du chalumeau, siffler; (*pop.*) *pipe down!* boucle-la!

pipe-line ['paiplain], *n.* canalisation, *f.*, oléoduc, pipe-line, *m.*

piper ['paipə], *n.* joueur de flûte etc., *m.*

piping ['paipiŋ], *a.* qui joue du chalumeau, sifflant; flûté (*la voix*).—*n.* tubulure, *f.*, tuyautage, *m.*

pipit ['pipit], *n.* (*Orn.*) pipit, *m.*

pippin ['pipin], *n.* reinette, *f.*

piquancy ['pi:kənsi], *n.* goût piquant, *m.*

piquant ['pi:kənt], *a.* piquant.

pique [pi:k], *n.* pique, brouillerie, *f.*

piquet [pi'ket], *n.* (*Cards*) piquet, *m.*

piracy ['pairəsi], *n.* piraterie, *f.*; (*fig.*) contrefaçon, *f.*, plagiat, *m.*

pirate ['pairit], *n.* pirate; (*fig.*) contrefacteur, *m.*

piratical [pai'rætikl], *a.* de pirate; (*fig.*) de contrefaçon.

pirouette [piru'et], *n.* pirouette, *f.*

pish! [piʃ], *int.* bah!

piss [pis], *v.i.* (*vulg.*) pisser.—*n.* urine, *f.*

pistol [pistl], *n.* pistolet, *m.*

piston ['pistən], *n.* piston, *m.*

piston-ring ['pistənriŋ], *n.* segment de piston, *m.*

piston-rod ['pistənrod], *n.* tige de piston, *f.*

pit [pit], *n.* fosse; (*fig.*) cavité, *f.*; (*Theat.*) parterre; (*Mining*) puits; creux (*de l'estomac*), *m.*; aiselle (*du bras*), *f.*—*v.t.* creuser; marquer de petits creux.

pitch (1) [pitʃ], *n.* jet, lancement (*de caillou, balle*); (*Naut.*) tangage; point, degré, *m.*; pente (*de toit etc.*), *f.*; (*Mus.*) ton, diapason, *m.*; *to play pitch-and-toss*, jouer à pile ou face.—*v.t.* jeter, lancer; établir (*fixer*); dresser (*une tente*).—*v.i.* (*Naut.*) tanguer, plonger; tomber, se jeter.

pitch (2) [pitʃ], *n.* poix, *f.*; *pitch dark*, noir comme dans un four.

pitched [pitʃt], *a.* rangé; *pitched battle*, bataille rangée, *f.*

pitcher ['pitʃə], *n.* cruche, *f.*

pitchfork ['pitʃfɔ:k], *n.* fourche, *f.*

pitching ['pitʃiŋ], *n.* plongement (*de véhicules*); (*Naut.*) tangage, *m.*

pitch-pine ['pitʃpain], *n.* pin à trochets, pitchpin, *m.*

piteous ['pitiəs], *a.* piteux; pitoyable (*digne de pitié*).

piteously ['pitiəsli], *adv.* piteusement.

piteousness ['pitiəsnis], *n.* état piteux, *m.*; tristesse, *f.*

pitfall ['pitfɔ:l], *n.* trappe, *f.*, piège, *m.*

pith [piθ], *n.* moelle; vigueur, énergie, *f.*; essentiel, *m.*

pithily ['piθili], *adv.* fortement, vigoureusement.

pithy ['piθi], *a.* plein de moelle; (*fig.*) substantiel, concis.

pitiable ['pitiəbl], *a.* pitoyable, à faire pitié.

pitiful ['pitiful], *a.* pitoyable.

pitifully ['pitifuli], *adv.* pitoyablement.

pitiless ['pitilis], *a.* impitoyable, sans pitié.

pitilessly ['pitilisli], *adv.* impitoyablement, sans pitié.

pitman ['pitmən], *n.* (*pl.* **-men** [men]) mineur, *m.*

pittance ['pitəns], *n.* pitance, *f.*

pitted ['pitid], *a.* grêlé (*de petite vérole*).

pity ['piti], *n.* pitié, *f.*; dommage (*regret*), *m.*; *what a pity!* quel dommage!—*v.t.* avoir pitié de, plaindre.

pityingly ['pitiiŋli], *adv.* avec pitié.

pivot ['pivət], *n.* pivot, *m.*

placable ['plækəbl], *a.* facile à apaiser.

placard ['plæka:d], *n.* placard, *m.*, affiche, pancarte, *f.*—*v.t.* afficher, placarder (*de*).

placate [plə'keit], *v.t.* apaiser.

place [pleis], *n.* lieu, endroit, *m.*, localité; place (*siège etc.*); position, *f.*, rang (*classe*), *m.*; demeure, résidence (*chez soi*), *f.*; emploi (*profession*), *m.*; *come to my place*, venez chez moi; *to take place*, avoir lieu; *out of place*, déplacé, inopportun.—*v.t.* placer, mettre.

placid ['plæsid], *a.* placide, tranquille, calme.

plagiarism ['pleidʒiərizm], *n.* plagiat, *m.*

plagiarist ['pleidʒiərist], *n.* plagiaire, *m.*, *f.*

plagiarize ['pleidʒiəraiz], *v.t.* plagier.

plague [pleig], *n.* peste; (*fig.*) plaie, *f.*, fléau, *m.*—*v.t.* (*fig.*) tourmenter.

plaice [pleis], *n.* carrelet, *m.*; plie franche, *f.*

plaid [plæd], *n.* (*Sc.*) plaid; tartan, *m.*

plain [plein], *a.* uni, plat; simple, sans façon; ordinaire; sans attraits (*mine*); évident (*qui saute aux yeux*); franc (*sincère*); *in plain clothes*, en civil; *plain cooking*, cuisine bourgeoise *ou* au naturel, *f.*—*n.* plaine, *f.*—*adv.* simplement; franchement.

plainly ['pleinli], *adv.* bonnement; distinctement; franchement.

plainness ['pleinnis], *n.* simplicité; clarté; sincérité, *f.*

plain-speaking ['plein'spi:kiŋ], *n.* franchise, *f.*

plain-spoken ['plein'spoukn], *a.* franc, clair, explicite.

plaint [pleint], *n.* plainte, *f.*

plaintiff ['pleintif], *n.* plaignant, *m.*

plaintive ['pleintiv], *a.* plaintif.

plaintively ['pleintivli], *adv.* d'une voix plaintive.

plaintiveness ['pleintivnis], *n.* ton plaintif, *m.*

plait [plæt], *n.* natte, tresse (*de cheveux*), *f.*; pli, *m.*—*v.t.* tresser, natter (*cheveux*); plisser.

plaited ['plætid], *a.* tressé (*cheveux*); plissé.

plan [plæn], *n.* plan; dessein, projet, système, *m.*—*v.t.* tracer un plan de; (*fig.*) projeter.

plane (1) [plein], *n.* (*Geom.*) plan; (*Carp.*) rabot; (*colloq.*) avion, *m.*—*v.t.* raboter, aplanir.

plane (2) [plein], **plane-tree** ['pleintri:], *n.* platane, *m.*

planet ['plænit], *n.* planète, *f.*

planetarium

planetarium [plæni'tɛəriəm], n. planétarium, m.

planetary ['plænitəri], a. planétaire.

planing ['pleiniŋ], n. rabotage, m.

plank [plæŋk], n. planche, f., madrier; (Naut.) bordage, m.—v.t. planchéier; (Naut.) border.

plankton ['plæŋktən], n. plancton, m.

planner ['plænə], n. auteur d'un plan, m.; **town-planner**, urbaniste, m.

planning ['plæniŋ], n. tracé d'un plan, m.; planification; (fig.) invention, f.; **town-planning**, urbanisme, m.

plant [pla:nt], n. plante, f.; (Tech.) matériel, m.—v.t. planter; (fig.) poser.

plantain ['plæntin], n. plantain, m.

plantation [plɑ:n'teiʃən], n. plantation, f.

planter ['plɑ:ntə], n. planteur, colon, m.

planting ['plɑ:ntiŋ], n. plantage, m., plantation, f.

plasma ['plæzmə], n. plasma (du sang), m.

plaster ['plɑ:stə], n. plâtre; (Pharm.) emplâtre, m.; **sticking plaster**, sparadrap, m. —v.t. plâtrer.

plasterer ['plɑ:stərə], n. plâtrier, m.

plastering ['plɑ:stəriŋ], n. plâtrage, m.

plastic ['plæstik], a. plastique.—n. (pl.) plastiques, m.pl.

plat [PLAIT].

Plate [pleit], **the River**, le Rio de la Plata, m.

plate [pleit], n. assiette; (Metal., Phot.) plaque, f.—v.t. plaquer (de); laminer; étamer (une glace).

plateau ['plætou, plə'tou], n. plateau, m.

plated ['pleitid], a. plaqué.

plateful ['pleitful], n. assiettée, f.

plate-glass ['pleitglɑ:s], n. glace sans tain, f.

plate-layer ['pleitleiə], n. (Rail.) poseur de rails, m.

plate-rack ['pleitræk], n. porte-assiettes, m.

platform ['plætfɔ:m], n. plateforme; estrade, f.; (Rail.) quai, m.

plating ['pleitiŋ], n. placage, m.; **armour-plating**, blindage, m.

platinum ['plætinəm], n. platine, m.

platitude ['plætitju:d], n. platitude, f.

Plato ['pleitou]. Platon, m.

platoon [plə'tu:n], n. (Mil.) section, f.

platter ['plætə], n. écuelle, f.; (Am.) plat, m.

platypus ['plætipəs], n. ornithor(h)ynque, m.

plaudit ['plɔ:dit], n. applaudissement, m.

plausible ['plɔ:zibl], a. plausible; spécieux.

play [plei], n. jeu, m.; récréation (d'enfants), f.; essor (champ libre); badinage, m.; (Mus.) exécution; (Theat.) comédie, pièce, f.; **fair play**, franc jeu.—v.t. jouer, jouer à; faire jouer (une machine etc.); représenter, faire (une pièce, un rôle etc.); (Mus.) jouer de.— v.i. jouer; folâtrer (s'amuser).

play-bill ['pleibil], n. affiche de théâtre, f.

player ['pleiə], n. joueur; (Theat.) acteur, m., actrice, f.; artiste, m., f.

playfellow ['pleifelou], **playmate** ['pleimeit], n. camarade de jeu, m., f.

playful ['pleiful], a. folâtre, badin.

playfully ['pleifuli], adv. en badinant.

playfulness ['pleifulnis], n. badinage, enjouement, m.

playground ['pleigraund], n. cour de récréation, f.

playhouse ['pleihaus], n. théâtre, m.

plaything ['pleiθiŋ], n. jouet, joujou, m.

playtime ['pleitaim], n. récréation, f.

playwright ['pleirait], n. auteur dramatique, m., dramaturge, m., f.

plea [pli:], n. procès, m., cause, f.; prétexte, m., excuse, f.

plead [pli:d], v.t., v.i. plaider.

pleasant ['plezənt], a. agréable, charmant.

pleasantly ['plezəntli], adv. agréablement.

pleasantness ['plezəntnis], n. agrément, charme, m.

pleasantry ['plezəntri], n. plaisanterie, f.

please [pli:z], v.t. plaire à; **to be pleased**, être content.—v.i. plaire (à); (impers.) il plaît; **as you please**, comme vous voudrez; **if I please**, si cela me plaît; **(if you) please**, s'il vous plaît.

pleased [pli:zd], a. charmé, content (de); satisfait (de choses).

pleasing ['pli:ziŋ], a. agréable, charmant.

pleasurable ['pleʒərəbl], a. agréable.

pleasure ['pleʒə], n. plaisir; gré (will), m.

pleasure-ground ['pleʒəgraund], n. parc, jardin d'agrément, m.

pleat [pli:t], n. plissé, m.—v.t. plisser.

plebeian [plə'bi:ən], a. and n. plébéien, m.

pledge [pledʒ], n. gage; nantissement, m.; (Law) caution, f.—v.t. engager; garantir.

plenary ['pli:nəri], a. plein, complet, entier.

plenipotentiary [plenipo'tenʃəri], a. and n. plénipotentiaire, m.

plenitude ['plenitju:d], n. plénitude, f.

plenteous ['plentiəs], a. abondant.

plenteously ['plentiəsli], adv. abondamment.

plentiful ['plentiful], a. abondant.

plenty ['plenti], n. abondance, f.; **plenty of**, beaucoup de.

plethora ['pleθərə], n. pléthore, f.

pleurisy ['pluərəsi], n. pleurésie, f.

pliable ['plaiəbl], a. pliable, flexible.

pliancy ['plaiənsi], n. flexibilité, f.

pliant ['plaiənt], a. pliant, flexible.

pliers ['plaiəz], n.pl. pinces, f.pl.

plight [plait], n. état, m., condition; situation difficile, f.—v.t. engager.

plinth [plinθ], n. plinthe, f.

plod [plɔd], v.i. marcher péniblement; (fig.) peiner, travailler assidûment.

plodder ['plɔdə], n. piocheur, m.

plodding ['plɔdiŋ], a. laborieux, piocheur.— n. travail pénible, m.

plop [plɔp], adv., n. and int. plouf, flac, pouf, m.

plot [plɔt], n. complot; petit terrain, m.; intrigue (d'une pièce etc.), f.; **building-plot**, lotissement, m.—v.t. comploter; (Surv.) faire le plan de.—v.i. comploter.

plotter ['plɔtə], n. conspirateur, comploteur, m.

plotting ['plɔtiŋ], n. complots, m.pl.; (Surv.) action de rapporter, f.

plough [plau], n. charrue, f.; **the Plough**, le Chariot, m., la Grande-Ourse, f.—v.t. labourer; (fig.) sillonner.—v.i. labourer.

ploughing ['plauiŋ], n. labourage, m.

ploughman ['plaumən], n. (pl. -men [men]) laboureur, m.

ploughshare ['plauʃeə], n. soc de charrue, m.

plover ['plʌvə], n. (Orn.) pluvier, vanneau, m.

pluck [plʌk], v.t. cueillir (fleurs, fruits etc.); plumer (volaille); épiler (sourcils).—n. cœur, courage, m.

pluckily ['plʌkili], adv. courageusement.

plucky ['plʌki], *a.* courageux.
plug [plʌg], *n.* tampon, bouchon, *m.*; bonde (*de tonneau*); (*Elec.*) prise de courant; (*Teleph.*) fiche, *f.*; **sparking plug**, bougie (d'allumage), *f.*—*v.t.* tamponner, boucher.
plum [plʌm], *n.* prune, *f.*
plumage ['plu:midʒ], *n.* plumage, *m.*
plumb [plʌm], *a.* droit, vertical.—*adv.* à plomb; (*Am., colloq.*) complètement.—*v.t.* plomber; (*Naut.*) sonder.—*n.* plomb, *m.*
plumber ['plʌmə], *n.* plombier, *m.*
plumbing ['plʌmiŋ], *n.* plomberie; tuyauterie, *f.*
plumb-line ['plʌmlain], *n.* fil à plomb, *m.*
plume [plu:m], *n.* plume, *f.*; plumet, *m.*—*v.t.* plumer.
plummet ['plʌmit], *n.* plomb, *m.*
plump (1) [plʌmp], *a.* dodu, potelé, gras.
plump (2) [plʌmp], *adv.* tout d'un coup; droit.—*v.i.* **to plump for**, donner tous ses votes pour.
plumpness ['plʌmpnis], *n.* embonpoint, *m.*, rondeur, *f.*
plum-tree ['plʌmtri:], *n.* prunier, *m.*
plunder ['plʌndə], *v.t.* piller, dépouiller.—*n.* butin (*chose pillée*); pillage (*acte de piller*), *m.*
plunderer ['plʌndərə], *n.* pillard, *m.*
plunge [plʌndʒ], *v.t.* plonger, précipiter.—*v.i.* plonger; se précipiter.—*n.* plongeon, *m.*
plural ['pluərəl], *a.* et *n.* pluriel, *m.*
plus [plʌs], *prep.* (*Math.*) plus.—*a.* positif.—*n.* plus, *m.*—*adv.* et davantage.
plush [plʌʃ], *n.* peluche, *f.*
plutocrat ['plu:tokræt], *n.* ploutocrate, *m., f.*
plutocratic [plu:to'krætik], *a.* ploutocratique.
plutonium [plu'tounjəm], *n.* plutonium, *m.*
pluvial ['plu:viəl], *a.* pluvial.
ply (1) [plai], *v.t.* manier (*fortement*); exercer, employer; presser (*quelqu'un de prendre quelque chose*).—*v.i.* travailler; faire le service.
ply (2) [plai], *n.* pli (*de tissu*); fil (*de laine*); toron (*de corde*), *m.*
plywood ['plaiwud], *n.* contre-plaqué, *m.*
pneumatic [nju'mætik], *a.* pneumatique.
pneumonia [nju'mouniə], *n.* pneumonie, *f.*
poach (1) [poutʃ], *v.t.* braconner, voler.—*v.i.* braconner.
poach (2) [poutʃ], *v.t.* pocher (*œufs*).
poacher ['poutʃə], *n.* braconnier, *m.*
poaching ['poutʃiŋ], *n.* braconnage, *m.*
pock [pɔk], *n.* pustule (*de petite vérole*), *f.*
pocket ['pɔkit], *n.* poche, *f.*; gousset (*du gilet*), *m.*; blouse (*de billard*), *f.*—*v.t.* empocher, mettre en poche.
pocket-book ['pɔkitbuk], *n.* portefeuille (*pour l'argent*); livre de poche; calepin (*carnet*), *m.*
pocketful ['pɔkitful], *n.* pleine poche, *f.*
pocket-knife ['pɔkitnaif], *n.* couteau de poche, canif, *m.*
pocket-money ['pɔkitmʌni], *n.* argent de poche, *m.*
pod [pɔd], *n.* cosse, gousse, *f.*—*v.t.* écosser.
podgy ['pɔdʒi], *a.* gras, potelé.
poem ['pouim], *n.* poème, *m.*
*poesy ['pouizi], *n.* poésie, *f.*
poet ['pouit], *n.* poète, *m.*
poetaster [poui'tæstə], *n.* rimailleur, *m.*
poetess [poui'tes], *n.* poétesse, *f.*
poetic [pou'etik], **poetical** [pou'etikəl], *a.* poétique.

poetry ['pouitri], *n.* poésie, *f.*
poignancy ['pɔinjənsi], *n.* piquant, *m.*; nature poignante, *f.*
poignant ['pɔinjənt], *a.* piquant, vif, poignant.
poignantly ['pɔinjəntli], *adv.* d'une manière piquante.
point [pɔint], *n.* point (*endroit*), *m.*; pointe (*bout aiguisé etc.*), *f.*; (*Compass*) quart de vent; (*Spt.*) point; (*fig.*) but; (*pl.*) (*Rail.*) aiguillage, *m.*; **decimal point**, virgule, *f.*; **in point of fact**, en effet; **not to the point**, hors de propos; **that is not the point**, ce n'est pas là la question; **to make a point of**, se faire un devoir de; **to the point**, à propos.—*v.t.* aiguiser, tailler (*affiler*); indiquer; pointer (*fusils etc.*); (*Build.*) jointoyer; **to point out**, signaler; faire remarquer.—*v.i.* se tourner (*vers*); tomber en arrêt (*chiens*); **to point at**, montrer du doigt, indiquer.
point-blank ['pɔint'blæŋk], *adv.* à bout portant; à brûle-pourpoint, carrément.
pointed ['pɔintid], *a.* pointu; (*fig.*) mordant.
pointedly ['pɔintidli], *adv.* d'une manière piquante.
pointer ['pɔintə], *n.* index; chien d'arrêt, *m.*
pointing ['pɔintiŋ], *n.* (*Build.*) jointoiement, *m.*
pointless ['pɔintlis], *a.* sans pointe; (*fig.*) inutile, plat.
pointsman ['pɔintsmən], *n.* (*pl.* -**men** [men]) (*Rail.*) aiguilleur, *m.*
poise [pɔiz], *n.* poids, équilibre, *m.*—*v.t.* balancer, tenir en équilibre.
poison [pɔizn], *n.* poison, *m.*—*v.t.* empoisonner.
poisoner ['pɔiznə], *n.* empoisonneur, *m.*
poisoning ['pɔizniŋ], *n.* empoisonnement, *m.*
poisonous ['pɔiznəs], *a.* vénéneux (*plante*); venimeux (*serpent etc.*); toxique (*gaz*).
poke (1) [pouk], *n.* coup de coude *ou* de poing, *m.*—*v.t.* pousser (*des doigts*); remuer, fourgonner (*le feu*); **to poke fun at**, se moquer de.—*v.i.* **to poke about**, tâtonner.
poke (2) [pouk], *n.* *sac, *m.*; poche, *f.*
poker ['poukə], *n.* tisonnier, *m.*
poky ['pouki], *a.* (*colloq.*) petit, mesquin.
Poland ['poulənd], la Pologne, *f.*
polar ['poulə], *a.* polaire.
Pole [poul], *n.* Polonais (*personne*), *m.*
pole (1) [poul], *n.* perche, *f.*; bâton (*de rideau*); timon (*d'une voiture*); échalas (*de vignes etc.*); mât (*de drapeau etc.*); poteau (*télégraphique*), *m.*
pole (2) [poul], *n.* (*Astron., Geog.*) pôle, *m.*
poleaxe ['pouleæks], *n.* hache d'armes, *f.*; assommoir, merlin, *m.*—*v.t.* assommer.
polecat ['poulkæt], *n.* putois, *m.*
polemics [pə'lemiks], *n.pl.* polémique, *f.*
pole-star ['poulsta:], *n.* étoile polaire, *f.*
pole-vault ['poulvo:lt], *n.* saut à la perche, *m.*
police [pə'li:s], *n.* police, *f.*; **county police**, gendarmerie, *f.*; **police-court**, tribunal de simple police, *m.*; **police-station**, commissariat *ou* poste de police, *m.*—*v.t.* policer.
policeman [pə'li:smən], *n.* (*pl.* -**men** [men]) agent de police, gardien de la paix, *m.*
policewoman [pə'li:swumən], *n.* (*pl.* -**women** [wimin]) femme agent, *f.*
policy ['pɔlisi], *n.* politique, *f.*; plan, *m.*; **insurance policy**, police d'assurance, *f.*

poliomyelitis ['pouliomaiə'laitis], (fam.) **polio** ['pouliou], n. poliomyélite, f.

Polish ['pouliʃ] a. polonais.—n. **polonais** (langue), m.

polish ['poliʃ], v.t. polir; vernir (meubles); cirer (chaussures).—v.i. se polir.—n. poli, m.; (fig.) élégance, f.; floor polish, cire à parquet, f. shoe polish, cirage, m.

polished ['poliʃt], a. poli.

polisher ['poliʃə], n. polisseur; polissoir (outil), m.; floor polisher, cireur de parquet, m.

polite [pə'lait], a. poli, élégant, complaisant (pour).

politely [pə'laitli], adv. poliment.

politeness [pə'laitnis], n. politesse, f.

politic ['politik], a. politique.

political [pə'litikl], a. politique.

politically [pə'litikli], adv. politiquement.

politician [poli'tiʃən], n. homme politique; (pej.) politicien, m.

politics ['politiks], n.pl. politique, f.

poll [poul], n. (Anat.) *tête; liste électorale; élection, f.; scrutin; sondage (de l'opinion publique), m.—v.t. étêter (arbres); voter; obtenir (un certain nombre de votes).

pollen ['polən], n. pollen, m.

pollination [poli'neiʃən], n. pollination, f.

polling ['poulin], n. élection, f.; polling-booth, bureau de scrutin, m.

pollute [pə'lju:t], v.t. polluer, souiller (de).

pollution [pə'lju:ʃən], n. pollution, souillure, f.

polo ['poulou], n. polo, m.

polygamist [pə'ligəmist], n. polygame, m., f.

polygamy [pə'ligəmi], n. polygamie, f.

polyglot ['poliglot], a. and n. polyglotte, m., f.

polygon ['poligon], n. polygone, m.

Polynesia [poli'ni:ziə], la Polynésie, f.

polypus ['polipəs], n. polype, m.

polytechnic [poli'teknik], a. polytechnique. —n. école d'arts et métiers, f.

pomade [pə'meid], n. pommade, f.

pomegranate ['pomgrænit], n. grenade, f.; pomegranate tree, grenadier, m.

pommel [pʌml], v.t. battre, rosser.—n. pommeau (d'une selle, d'une épée etc.), m.

pomp [pomp], n. pompe, f., éclat, faste, m.

Pompey ['pompi]. Pompée, m.

pompon ['pompon], n. pompon, m.

pomposity [pom'positi], n. pompe, f.

pompous ['pompəs], a. pompeux, fastueux.

pompously ['pompəsli], adv. pompeusement.

pond [pond], n. étang, vivier, m.; mare (pool), f.

ponder ['pondə], v.t. peser, considérer, réfléchir à.—v.i. méditer.

ponderous ['pondərəs], a. lourd, pesant.

ponderously ['pondərəsli], adv. pesamment.

pontiff ['pontif], n. pontife, m.

pontificate [pon'tifikeit], n. pontificat, m.— v.i. pontifier.

Pontius Pilate ['pontʃəs'pailət]. Ponce Pilate, m.

pontoon [pon'tu:n], n. ponton; (Cards) vingt-et-un, m.

pony ['pouni], n. poney, petit cheval, m.

poodle [pu:dl], n. caniche, m.

pooh! [pu:], int. bah! allons donc!

pooh-pooh ['pu:'pu:] v.t. tourner en ridicule.

pool [pu:l], n. étang, m., mare; piscine (pour

nager); (Cards, Billiards etc.) poule; mise en commun, f.—v.t. mettre en commun.

poop [pu:p], n. dunette, poupe, f.

poor [puə], a. pauvre, indigent; malheureux (sans joie); triste (de pauvre qualité); mauvais (pas bon).

poor-box ['puəboks], n. tronc des pauvres, m.

***poor-house** ['puəhaus], n. asile des indigents, m.

***poor-law** ['puələ:], n. loi sur l'assistance publique, f.

poorly ['puəli], a. indisposé, souffrant.—adv. pauvrement, mal, tristement.

poorness ['puənis], n. pauvreté; médiocrité, f.

pop (1) [pop], n. petit bruit vif et sec, m.; (colloq.) boisson pétillante, f.—v.t. pousser, fourrer ou mettre subitement.—v.i. entrer ou sortir subitement.—int. crac! pan!

pop (2) [pop], n. (Am., colloq.) papa, m.

pop (3) [pop], a. and n. (colloq.) (musique) populaire, f.; the pops, les chansons en vogue, f.pl.

Pope [poup], n. Pape, m.

popedom ['poupdəm], n. papauté, f.

popery ['poupəri], n. papisme, m.

popish ['poupiʃ], a. papiste; de papiste (choses).

poplar ['poplə], n. (Bot.) peuplier, m.

poplin ['poplin], n. popeline, f.

poppet ['popit], n. poupée, marionnette, f.

poppy ['popi], n. pavot (cultivé); coquelicot (sauvage), m.

populace ['popjuləs], n. populace, f.

popular ['popjulə], a. populaire; en vogue.

popularity [popju'læriti], n. popularité, f.

popularize ['popjuləraiz], v.t. populariser.

popularly ['popjuləli], adv. populairement.

populate ['popjuleit], v.t. peupler.

population [popju'leiʃən], n. population, f.

populous ['popjuləs], a. populeux.

porcelain ['po:slin], n. porcelaine, f.

porch [po:tʃ], n. porche, m.

porcupine ['po:kjupain], n. porc-épic, m.

pore (1) [po:], n. pore, m.

pore (2) [po:], v.i. regarder avec grande attention; to pore over, dévorer (un livre).

pork [po:k], n. porc, m.

pork-butcher ['po:kbutʃə], n. charcutier, m.; pork-butcher's shop, charcuterie, f.

porker ['po:kə], n. porc d'engrais, cochon, m.

pork-pie ['po:k'pai], n. pâté de porc, m.

pornography [po:'nogrəfi], n. pornographie, f.

porous ['po:rəs], a. poreux.

porphyry ['po:firi], n. porphyre, m.

porpoise ['po:pəs], n. marsouin, m.

porridge ['poridʒ], n. bouillie, f.

porringer ['porindʒə], n. bol à bouillie, m.

port (1) [po:t], n. port (ville maritime), m.

port (2) [po:t], n. (Naut.) bâbord, m.

port (3) [po:t], n. porto (vin), m.

portable ['po:təbl], a. portatif, transportable.

portal [po:tl], n. portail, m.

portcullis [po:t'kʌlis], n. herse, f.

portend [po:'tend], v.t. présager, augurer.

portent ['po:tənt], n. mauvais augure, m.

portentous [po:'tentəs], a. de mauvais augure.

porter ['po:tə], n. commissionnaire; concierge (de maison); porteur (de rue); (Rail.) porteur, m.

porterage ['po:təridʒ], n. port; factage, m.

portfolio [pɔ:t'fouliou], *n.* carton, *m.*; serviette, *f.*; (*Polit.*) portefeuille, *m.*
port-hole ['pɔ:thoul], *n.* sabord, *m.*
portico ['pɔ:tikou], *n.* portique, *m.*
portion ['pɔ:ʃən], *n.* partie, part; dot (*de mariage*), *f.*—*v.t.* partager; doter (*pour le mariage*).
portliness ['pɔ:tlinis], *n.* corpulence, *f.*
portly ['pɔ:tli], *a.* d'un port majestueux; corpulent.
portmanteau [pɔ:t'mæntou], *n.* valise, *f.*
portrait ['pɔ:trit], *n.* portrait, *m.*
portray [pɔ:'trei], *v.t.* peindre; (*fig.*) dépeindre, décrire.
Portugal ['pɔ:tʃug(ə)l], le Portugal, *m.*
Portuguese [pɔ:tʃu'gi:z], *a.* portugais.—*n.* portugais (*langue*); Portugais (*personne*), *m.*
pose [pouz], *v.t.* embarrasser, confondre; poser (*une question*).—*v.i.* poser (*avec affectation*).—*n.* pose, *f.*
poser ['pouzə], *n.* question embarrassante, *f.*
poseur [pou'zə:], *n.* poseur, *m.*
position [pə'ziʃən], *n.* situation, position, *f.*
positive ['pɔzitiv], *a.* positif; absolu, sûr; décisif.—*n.* positif, *m.*
positively ['pɔzitivli], *adv.* positivement; absolument.
positiveness ['pɔzitivnis], *n.* nature positive, *f.*
*****posse** ['pɔsi], *n.* détachement (d'agents de police), *m.*; foule (*de civils*), *f.*
possess [pə'zes], *v.t.* posséder; avoir; jouir de.
possession [pə'zeʃən], *n.* possession, *f.*
possessive [pə'zesiv], *a.* possessif.
possessor [pə'zesə], *n.* possesseur, *m.*
*****posset** ['pɔsit], *n.* lait caillé au vin, *m.*
possibility [pɔsi'biliti], *n.* possibilité, *f.*; moyen (*façon*), *m.*
possible ['pɔsibl], *a.* possible.
possibly ['pɔsibli], *adv.* peut-être.
post (1) [poust], *n.* emploi; (*Mil.*) poste; courrier (*livraison de lettres*), *m.*; (*Post-office*) poste, *f.*—*v.t.* mettre à la poste; (*Mil. etc.*) poster, affecter.
post (2) [poust], *n.* poteau (*en bois*); montant (*de porte*), *m.*—*v.t.* afficher.
postage ['poustidʒ], *n.* port de lettre, port, affranchissement, *m.*
postage-stamp ['poustidʒstæmp], *n.* timbre-poste, *m.*
postal ['poustəl], *a.* postal; *postal order*, mandat-poste, *m.*
postcard ['poustkɑ:d], *n.* carte postale, *f.*
postdate [poust'deit], *v.t.* postdater.
poster ['poustə], *n.* affiche, *f.*, placard, *m.*
posterior [pɔs'tiəriə], *a.* postérieur.
posterity [pɔs'teriti], *n.* postérité, *f.*
postern ['poustə:n], *a.* de derrière.—*n.* poterne, *f.*
post-haste ['poust'heist], *adv.* en grande hâte.
posthumous ['pɔstjuməs], *a.* posthume.
posthumously ['pɔstjuməsli], *adv.* après décès.
postillion [pɔs'tiljən], *n.* postillon, *m.*
postman ['poustmən], *n.* (*pl.* **-men** [men]) facteur, *m.*
postmark ['poustmɑ:k], *n.* cachet de la poste, *m.*
postmaster ['poustmɑ:stə], *n.* receveur des postes, *m.*
post meridiem ['poustmə'ridiəm], (*abbr.*

p.m. ['pi:'em]) *adv.* de l'après-midi, du soir.
post-mortem [poust'mɔ:təm], *adv.* après décès.—*n.* autopsie, *f.*
post-office ['poustɔfis], *n.* bureau de poste, *m.*, poste, *f.*
postpone [poust'poun], *v.t.* ajourner, différer, remettre.
postponement [poust'pounmənt], *n.* ajournement, *m.*, remise, *f.*
postscript ['poustskript], (*abbr.* **P.S.** ['pi:'es]) *n.* post-scriptum, *m.*
postulate ['pɔstjuleit], *v.t.* postuler.
posture ['pɔstʃə], *n.* posture, pose, *f.*
post-war ['poust'wɔ:], *a.* d'après guerre.
posy ['pouzi], *n.* petit bouquet, *m.*
pot [pɔt], *n.* pot, *m.*; marmite, *f.*; *pots and pans*, batterie de cuisine, *f.*—*v.t.* empoter, mettre en pot.
potable ['poutəbl], *a.* potable.
potash ['pɔtæʃ], *n.* potasse, *f.*
potassium [pə'tæsiəm], *n.* potassium, *m.*
potato [pə'teitou], *n.* (*pl.* **potatoes** [pə'teitouz]) pomme de terre, *f.*
pot-bellied ['pɔtbelid], *a.* pansu, ventru.
potency ['poutənsi], *n.* puissance, force, *f.*
potent ['poutənt], *a.* puissant, fort; (*fig.*) efficace.
potentate ['poutənteit], *n.* potentat, *m.*
potential [pə'tenʃəl], *a.* potentiel, latent.—*n.* (*Elec. etc.*) potentiel, *m.*
potful ['pɔtful], *n.* potée, *f.*
*****pother** ['pɔðə], *n.* tumulte; bruit, *m.*
pot-hole ['pɔthoul], *n.* (*Geol.*) marmite torrentielle; (*Motor.*) flache, *f.*
pot-holer ['pɔthoulə], *n.* spéléologue, *m.*, *f.*
pot-holing ['pɔthouliŋ], *n.* spéléologie, *f.*
pothook ['pɔthuk], *n.* crémaillère, *f.*
potion ['pouʃən], *n.* potion, *f.*; breuvage, *m.*
pot-luck ['pɔt'lʌk], *n.* fortune du pot, *f.*
pot-shot ['pɔtʃɔt], *n.* coup tiré au petit bonheur, *m.*
*****pottage** ['pɔtidʒ], *n.* potage (épais), *m.*
potted ['pɔtid], *a.* en pot, en terrine; *potted meat*, conserve de viande, *f.*
potter ['pɔtə], *n.* potier, *m.*—*v.i.* *to potter about*, s'amuser à des riens.
pottery ['pɔtəri], *n.* poterie, *f.*
potting ['pɔtiŋ], *a.* *a potting shed*, serre, resserre, *f.*—*n.* (*Hort.*) mise en pot, *f.*
pouch [pautʃ], *n.* poche, *f.*, petit sac, *m.*; blague (*à tabac*), *f.*
poulterer ['poultərə], *n.* marchand de volailles, *m.*
poultice ['poultis], *n.* cataplasme, *m.*—*v.t.* mettre un cataplasme à.
poultry ['poultri], *n.* volaille, *f.*
pounce [pauns], *v.i.* fondre (*sur*).
pound [paund], *n.* livre; livre sterling; fourrière (*clôture*), *f.*—*v.t.* broyer; (*Metal.*) bocarder.
poundage ['paundidʒ], *n.* commission de tant par livre, *f.*
pounding ['paundiŋ], *n.* broiement; (*Metal.*) bocardage, *m.*
pour [pɔ:], *v.t.* verser.—*v.i.* couler; pleuvoir à verse (*pluie*).
pouring ['pɔ:riŋ], *a.* torrentiel (*pluie*).
pout [paut], *v.i.* bouder, faire la moue.—*n.* bouderie, moue, *f.*
pouting ['pautiŋ], *a.* qui fait la moue; boudeur.

517

poverty

poverty ['pɔvəti], *n.* pauvreté, misère, indigence, *f.*
poverty-stricken ['pɔvətistrikn], *a.* réduit à la misère, indigent.
powder ['paudə], *n.* poudre, *f.*; *face-powder*, poudre de riz; *gunpowder*, poudre à canon; *tooth-powder*, poudre dentifrice.—*v.t.* réduire en poudre; poudrer (*les cheveux*); (*Cook.*) saupoudrer; *to powder one's face*, se poudrer.
powder-compact ['paudəkɔmpækt], *n.* poudrier (*de dame*), *m.*
powdered ['paudəd], *a.* pulvérisé; poudré (*cheveux*).
powder-puff ['paudəpʌf], *n.* houppe, *f.*, pompon, *m.*
powdery ['paudəri], *a.* poudreux; friable.
power ['pauə], *n.* pouvoir, *m.*; force (*physique*); autorité, puissance (*morale*), *f.*; *the Great Powers*, les grandes puissances, *f.pl.*; *to be in power*, être au pouvoir.
powerful ['pauəful], *a.* puissant, fort.
powerfully ['pauəfuli], *adv.* puissamment, fortement.
powerless ['pauəlis], *a.* impuissant, faible.
power-station ['pauəsteiʃən], *n.* usine génératrice, centrale électrique, *f.*
pox [pɔks], *n.* vérole, *f.*; *chicken-pox*, varicelle, *f.*; *small-pox*, petite vérole, variole, *f.*
practicability [præktikə'biliti], *n.* possibilité, praticabilité, *f.*
practicable ['præktikəbl], *a.* praticable.
practical ['præktikl], *a.* pratique; *practical joke*, mauvaise farce, *f.*
practically ['præktikli], *adv.* en pratique; à peu près.
practice ['præktis], *n.* pratique, habitude, *f.*, usage, exercice, *m.*; clientèle (*de médecin, d'avocat etc.*); intrigue, *f.*
practise ['præktis], *v.t.* pratiquer, mettre en pratique; exercer, pratiquer (*une profession etc.*); (*Mus.*) étudier.—*v.i.* (*Mus.*) étudier; s'exercer (*à*); exercer, faire de la clientèle (*médecin*).
practised ['præktist], *a.* exercé (*à*); versé (*dans*); habile.
practising ['præktisiŋ], *a.* praticien, exerçant.
practitioner [præk'tiʃənə], *n.* praticien, *m.*; *general practitioner*, médecin ordinaire, *m.*; *medical practitioner*, médecin, *m.*
pragmatic [præg'mætik], **pragmatical** [præg'mætikl], *a.* pragmatique; officieux; infatué de soi.
pragmatism ['prægmətizm], *n.* pragmatisme, *m.*
prairie ['prɛəri], *n.* prairie, savane, *f.*
praise [preiz], *n.* louange, *f.*, éloge, *m.*—*v.t.* louer, faire l'éloge de; vanter.
praiseworthy ['preizwə:ði], *a.* louable, digne d'éloges.
pram [præm], *n.* voiture d'enfant, *f.*
prance [prɑ:ns], *v.i.* fringuer (*cheval*).
prancing ['prɑ:nsiŋ], *a.* fringant.
prank [præŋk], *n.* escapade, niche, *f.*, tour, *m.*
prate [preit], *v.i.* jaser, babiller, bavarder (*de*).
prating ['preitiŋ], *a.* bavard, babillard.
pratingly ['preitiŋli], *adv.* en bavard, en babillard.
prattle [prætl], *v.i.* babiller, jaser, caqueter.—*n.* babil, caquetage, bavardage, *m.*

prattler ['prætlə], *n.* bavard, babillard, *m.*
prattling ['prætliŋ], *n.* bavardage, caquet, *m.*
prawn [prɔ:n], *n.* crevette rouge; salicoque, *f.*
pray [prei], *v.t.* prier, supplier.—*v.i.* prier.
prayer [prɛə], *n.* prière, supplication; (*Law*) demande, *f.*; *the Lord's Prayer*, l'oraison dominicale, *f.*
prayer-book ['prɛəbuk], *n.* livre de prières, *m.*; liturgie, *f.*
preach [pri:tʃ], *v.t.*, *v.i.* prêcher.
preacher ['pri:tʃə], *n.* prédicateur, *m.*
preaching ['pri:tʃiŋ], *n.* prédication, *f.*
preamble [pri:'æmbl], *n.* préambule, *m.*
prearrange [pri:ə'reindʒ], *v.t.* arranger d'avance.
prebendary ['prebəndəri], *n.* chanoine, prébendier, *m.*
precarious [pri'kɛəriəs], *a.* précaire.
precariously [pri'kɛəriəsli], *adv.* précairement.
precariousness [pri'kɛəriəsnis], *n.* nature précaire; incertitude, *f.*
precaution [pri'kɔ:ʃən], *n.* précaution, *f.*
precautionary [pri'kɔ:ʃənri], *a.* de précaution.
precede [pri'si:d], *v.t.* précéder.
precedence [pri'si:dəns], *n.* préséance, *f.*; *to have* or *take precedence over*, avoir le pas sur.
precedent (1) [pri'si:dənt], **preceding** [pri'si:diŋ], *a.* précédent.
precedent (2) ['presidənt], *n.* précédent, *m.*
precept ['pri:sept], *n.* précepte, *m.*
precinct ['pri:siŋkt], *n.* limite, borne, enceinte, *f.*
precious ['preʃəs], *a.* précieux; affecté; (*fam.*) fameux, fichu.
preciously ['preʃəsli], *adv.* précieusement; (*fam.*) fameusement, diablement.
preciousness ['preʃəsnis], *n.* haute valeur, *f.*
precipice ['presipis], *n.* précipice, *m.*
precipitate (1) [pri'sipitit], *a.* précipité.—*n.* (*Chem.*) précipité, *m.*
precipitate (2) [pri'sipiteit], *v.t.* précipiter.—*v.i.* se précipiter.
precipitation [prisipi'teiʃən], *n.* précipitation, *f.*
precipitous [pri'sipitəs], *a.* escarpé, abrupt.
precipitously [pri'sipitəsli], *adv.* à pic, en précipice; (*fig.*) précipitamment.
precise [pri'sais], *a.* précis, exact; formaliste, pointilleux, scrupuleux.
precisely [pri'saisli], *adv.* précisément.
precision [pri'siʒən], *n.* précision, exactitude, *f.*
preclude [pri'klu:d], *v.t.* exclure; empêcher (*mettre obstacle à*).
preclusion [pri'klu:ʒən], *n.* exclusion, *f.*
precocious [pri'kouʃəs], *a.* précoce.
precociousness [pri'kouʃəsnis], *n.* précocité, *f.*
preconceived ['pri:kən'si:vd], *a.* formé d'avance; *preconceived idea*, idée préconçue, *f.*
precursor [pri'kə:sə], *n.* précurseur, avant-coureur, *m.*
predatory ['predətəri], *a.* de rapine, de proie, pillard, rapace.
predecease [pri:di'si:s], *v.t.* prédécéder.
predestinate [pri:'destineit], **predestine** [pri:'destin], *v.t.* prédestiner.

predestination [priːdesti'neiʃən], *n.* prédestination, *f.*

predetermine [priːdi'təːmin], *v.t.* prédéterminer, arrêter d'avance.

predicament [pri'dikəmənt], *n.* état, *m.,* position difficile, situation fâcheuse; catégorie, *f.,* ordre, *m.*

predicate ['predikit], *n.* prédicat, attribut, *m.*

predict [pri'dikt], *v.t.* prédire.

prediction [pri'dikʃən], *n.* prédiction, prévision, *f.*

predilection [priːdi'lekʃən], *n.* prédilection, *f.*

predispose [priːdis'pouz], *v.t.* prédisposer.

predisposition [priːdispə'ziʃən], *n.* prédisposition, *f.*

predominance [pri'dominəns], *n.* prédominance, *f.,* ascendant, *m.*

predominant [pri'dominənt], *a.* prédominant.

predominantly [pri'dominəntli], *adv.* d'une manière prédominante.

predominate [pri'domineit], *v.i.* prédominer, prévaloir.

pre-eminence [priː'eminəns], *n.* prééminence, supériorité, *f.*

pre-eminent [priː'eminənt], *a.* prééminent.

pre-eminently [priː'eminəntli], *adv.* par excellence.

preen [priːn], *v.t* lisser, nettoyer (ses plumes); *to preen oneself,* se piquer.

pre-engage [priːin'geidʒ], *v.t.* engager d'avance.

pre-exist [priːig'zist], *v.i.* préexister.

pre-existence [priːig'zistəns], *n.* préexistence, *f.*

prefabricate [priː'fæbrikeit], *v.t.* préfabriquer.

preface ['prefis], *n.* préface, *f.;* avant-propos, *m.*—*v.t.* faire une préface à.

prefect ['priːfekt], *n.* préfet, *m.;* (*Sch.*) surveillant, *m.*

prefer [pri'fəː], *v.t.* préférer, aimer mieux; avancer, élever (*aux honneurs*); porter (*une accusation*).

preferable ['prefərəbl], *a.* préférable (*à*).

preferably ['prefərəbli], *adv.* préférablement, de préférence.

preference ['prefərəns], *n.* préférence, *f.*

preferential [prefə'renʃl], *a.* préférentiel.

preferment [pri'fəːmənt], *n.* avancement, *m.,* promotion, *f.*

prefix ['priːfiks], *n.* (*Gram.*) préfixe, *m.*

pregnancy ['pregnənsi], *n.* grossesse, *f.*

pregnant ['pregnənt], *a.* enceinte, grosse; (*fig.*) gros, plein (*de*); fertile, fécond (*en*).

prehensile [pri'hensail], *a.* préhensile.

prehistoric [priːhis'torik], *a.* préhistorique.

prejudge [priː'dʒʌdʒ], *v.t.* juger d'avance.

prejudice ['predʒudis], *v.t.* prévenir, nuire à (*faire du tort à*).—*n.* prévention, *f.,* préjugé; préjudice, tort (*détriment*), *m.*

prejudiced ['predʒudist], *a.* prévenu.

prejudicial [predʒu'diʃl], *a.* préjudiciable, nuisible (*à*).

prelate ['prelit], *n.* prélat, *m.*

preliminary [pri'liminəri], *a.* and *n.* préliminaire, *m.*

prelude ['prelju:d], *n.* prélude, *m.*

premature ['premətjuə], *a.* prématuré.

prematurely [premə'tjuəli], *adv.* prématurément.

premeditate [pri'mediteit], *v.t.* préméditer.

premeditated [pri'mediteitid], *a.* prémédité.

premeditation [primedi'teiʃən], *n.* préméditation, *f.*

premier ['priːmiə, 'premiə], *a.* premier (*de rang*).—*n.* premier ministre, *m.*

premise ['premis], *n.* (*Log.*) prémisse, *f.*

premises ['premisiz], *n.pl.* lieux, *m.pl.*; établissement, local, *m.*

premium ['priːmiəm], *n.* prime, *f.;* prix, *m.*

premonition [priːmə'niʃən], *n.* avertissement; pressentiment, *m.*

prenatal [priː'neitl], *a.* prénatal.

preoccupied [priː'ɔkjupaid], *a.* préoccupé.

preordain [priːɔː'dein], *v.t.* ordonner *ou* arranger d'avance.

prep [prep], *n.* (*Sch. fam. abbr.* preparation) étude, *f.;* devoirs, *m.pl.*

prepaid [priː'peid], *a.* affranchi, franc de port. —*adv.* franco.

preparation [prepə'reiʃən], *n.* préparation, *f.*; préparatifs, apprêts (*de voyage etc.*), *m.pl.*

preparatory [pri'pærətri], *a.* préparatoire.

prepare [pri'peə], *v.t.* préparer.—*v.i.* se préparer, s'apprêter (*à*).

preparedness [pri'peə(ri)dnis], *n.* état de préparation, *m.*

prepay [priː'pei], *v.t.* *irr* (*conjug. like* PAY) payer d'avance; affranchir (*lettres*).

prepayment [priː'peimənt], *n.* payement d'avance; affranchissement (*de lettres*), *m.*

preponderance [pri'pondərəns], *n.* prépondérance, *f.*

preponderant [pri'pondərənt], *a.* prépondérant.

preponderate [pri'pondəreit], *v.i.* avoir la prépondérance, l'emporter (*sur*).

preposition [prepə'ziʃən], *n.* préposition, *f.*

prepossessing [priːpə'zesiŋ], *a.* prévenant, engageant.

preposterous [pri'postərəs], *a.* absurde, déraisonnable.

preposterously [pri'postərəsli], *adv.* absurdement, déraisonnablement.

prerogative [pri'rogətiv], *n.* prérogative, *f.*

Presbyterian [prezbi'tiəriən], *a.* and *n.* presbytérien, *m.*

Presbyterianism [prezbi'tiəriənizm], *n.* presbytérianisme, *m.*

presbytery ['prezbitəri], *n.* presbytère, *m.*

prescience ['preʃəns], *n.* prescience, *f.*

prescribe [pri'skraib], *v.t.* prescrire; (*Med.*) ordonner.—*v.i.* (*Med.*) faire une ordonnance.

prescription [pri'skripʃən], *n.* (*Law*) prescription; (*Med.*) ordonnance, *f.*

presence ['prezəns], *n.* présence, *f.;* air, maintien, *m.,* mine (*aspect*), *f.;* personnage supérieur, *m.;* ***presence of mind,*** présence d'esprit.

present ['prezənt], *a.* à présent; actuel; ***at the present moment,*** à présent, actuellement; ***to be present at,*** assister à.—*n.* présent; cadeau, don, *m.;* ***for the present,*** pour le moment.—[pri'zent], *v.t.* présenter, offrir (*à*).

presentable [pri'zentəbl], *a.* présentable.

presentation [prezən'teiʃən], *n.* présentation, *f.;* don, *m.*

presentiment [pri'zentimənt], n. pressenti-ment, m.

presently ['prezəntli], adv. tout à l'heure, bientôt.

preservation [prezə'veiʃən], n. salut, m., conservation; préservation (de), f.

preservative [pri'zə:vətiv], a. and n. préser-vateur, préservatif, m.

preserve [pri'zə:v], n. confiture, f., conserves, f.pl.; réserve, chasse réservée, f.—v.t. pré-server (de); conserver; confire (fruits etc.); **preserved fruits**, fruits confits, m.pl.; **preserved meat**, conserves de viande, f.pl.

preserver [pri'zə:və], n. sauveur; conserva-teur, m.; **life preserver**, porte-respect, m.

preside [pri'zaid], v.i. présider (à).

presidency ['prezidənsi], n. présidence, f.

president ['prezidənt], n. président, m.; **vice-president**, vice-président, m.

presidential [prezi'denʃəl], a. présidentiel; de président.

presiding [pri'zaidiŋ], a. présidant.

press (1) [pres], v.t. presser; serrer, étreindre; satiner (papier); pressurer (fruits); repasser (vêtements); (fig.) insister sur.—v.i. presser, pousser; avancer, se presser.—n. presse, pression, f.; pressoir (à fruits etc.), m.; armoire à linge, f.; **the press**, la presse.

press (2) [pres], v.t. enrôler (marins) de force.

press-agency ['preseidʒənsi], n. agence de presse, f.

press-cutting ['preskʌtiŋ], n. coupure de journal, f.

pressed [prest], a. satiné; **hard pressed**, serré de près; aux abois; **pressed for time**, très pressé.

*****press-gang** ['presgæŋ], n. (Naut.) presse, f.

pressing ['presiŋ], a. urgent, pressant.

pressman ['presmən], n. (pl. -men [men]) journaliste, reporter, m.

pressure ['preʃə], n. pression; tension; urgence, f.; poids (lourdeur), m.; **blood pressure**, tension artérielle.

pressure-cooker ['preʃukə], n. autoclave; auto-cuiseur, m., cocotte-minute, f.

pressure-gauge ['preʃəgeidʒ], n. mano-mètre m.

pressurize ['preʃəraiz], v.t. pressuriser.

prestige [pres'ti:ʒ], n. prestige, m.

presumably [pri'zju:məbli], adv. probable-ment.

presume [pri'zju:m], v.t. présumer; sup-poser.—v.i. présumer se permettre, avoir l'audace (de), prendre la liberté (de); **to presume upon**, présumer trop de.

presuming [pri'zju:miŋ], a. présomptueux, indiscret.

presumption [pri'zʌmpʃən], n. présomption, f.

presumptive [pri'zʌmptiv], a. présumé; (Law) présomptif.

presumptuous [pri'zʌmptjuəs], a. présomp-tueux.

presumptuousness [pri'zʌmptjuəsnis], n. présomption, f.

presuppose [pri:sə'pouz], v.t. présupposer.

pretence [pri'tens], n. prétexte, m., simula-tion; prétention, f.; **to make a pretence of**, faire semblant de; **under false pre-tences**, par des moyens frauduleux.

pretend [pri'tend], v.t. prétexter; feindre.—v.i. prétendre (à); feindre (de), faire sem-blant (de).

pretended [pri'tendid], a. prétendu, soi-disant.

pretender [pri'tendə], n. prétendant, m.

pretension [pri'tenʃən], n. prétention, f.

pretentious [pri'tenʃəs], a. prétentieux, ambitieux.

pretentiousness [pri'tenʃəsnis], n. air préten-tieux, m., prétention, f.

preternatural [pri:tə'nætʃərəl], a. sur-naturel, contre nature.

pretext ['pri:tekst], n. prétexte, faux sem-blant, m.; **under the pretext of**, sous prétexte de.

prettily ['pritili], adv. joliment, gentiment.

prettiness ['pritinis], n. gentillesse, f., agré-ment, m.

pretty ['priti], a. joli, gentil.—adv. assez; passablement; **pretty much**, presque, à peu près.

prevail [pri'veil], v.i. prévaloir, l'emporter (sur); réussir (avoir du succès); dominer.

prevailing [pri'veiliŋ], a. dominant, régnant; général.

prevalence ['prevələns], n. influence, pré-dominance; fréquence, durée (de temps, maladie etc.), f.

prevalent ['prevələnt], a. régnant, dominant; général.

prevaricate [pri'værikeit], v.i. équivoquer; tergiverser, mentir.

prevarication [priværi'keiʃən], n. tergiversa-tion, f.

prevaricator [pri'værikeitə], n. chicaneur, menteur, m.

prevent [pri'vent], v.t. empêcher, détourner (de); prévenir.

preventable [pri'ventəbl], a. évitable.

prevention [pri'venʃən], n. empêchement, m.

preventive [pri'ventiv], a. préventif.—n. préservatif, m.

preview ['pri:vju:], n. avant-première, f.

previous ['pri:viəs], a. antérieur, préalable.

previously ['pri:viəsli], adv. antérieurement, auparavant.

previousness ['pri:viəsnis], n. antériorité, priorité; (colloq.) anticipation, f.

prey [prei], n. proie, f.; **to be a prey to**, être en proie à.—v.i. **to prey on**, faire sa proie de; tourmenter, obséder (l'esprit).

price [prais], n. prix, m.; **at any price**, à tout prix; **cost price**, prix coûtant; **market price**, prix courant.—v.t. tarifer, mettre un prix à.

priceless ['praislis], a. sans prix, inappréci-able; impayable (plaisanterie etc.).

price-list ['praislist], n. tarif, m.

prick [prik], n. piqûre; pointe, f.; (fig.) aiguil-lon (stimulant); remords, m.—v.t. piquer; dresser (les oreilles); aiguillonner (stimuler); (fig.) exciter, tourmenter de remords.

pricker ['prikə], n. poinçon, m., pointe, f.

pricking ['prikiŋ], a. qui pique, piquant.—n. piqûre, f.; picotement (sensation), m.

prickle [prikl], n. aiguillon, piquant, m.; épine, f.—v.t. piquer.

prickly ['prikli], a. piquant, épineux, hérissé.

pride [praid], n. orgueil, m.; fierté; bande (de lions), f.—v.r. **to pride oneself on**, se piquer de, s'enorgueillir de.

prier ['praiə], n. curieux, m.

priest [priːst], *n.* prêtre, *m.*
priestess [ˈpriːstes], *n.* prêtresse, *f.*
priesthood [ˈpriːsthuːd], *n.* prêtrise, *f.*, sacerdoce, clergé, *m.*
priestly [ˈpriːstli], *a.* de prêtre, sacerdotal.
prig [prig], *n.* faquin, fat; pédant, *m.*
priggish [ˈprigiʃ], *a.* suffisant, pédant.
priggishly [ˈprigiʃli], *adv.* avec suffisance.
prim [prim], *a.* affecté, précieux, collet monté.
primacy [ˈpraiməsi], *n.* primauté, *f.*
primal [ˈpraiməl], *a.* primitif; principal.
primarily [ˈpraimərili], *adv.* dans le principe.
primary [ˈpraiməri], *a.* primitif, premier; principal; (*Sch.*) primaire, élémentaire.
primate [ˈpraimit], *n.* primat, *m.*
prime [praim], *a.* premier, principal; de premier rang, de première qualité; *prime minister*, premier ministre, *m.*—*n.* aube, *f.*; commencement; printemps, *m.*; fleur, élite, *f.*, choix (*mieux*), *m.*; première jeunesse, *f.*; *prime of life*, fleur de l'âge, *f.*—*v.t.* amorcer (*fusils*); (*Paint.*) imprimer.
primer [ˈpraimə], *n.* premier livre (*de lecture etc.*); (*R.-C. Ch.*) livre d'heures, *m.*
primeval [praiˈmiːvəl], *a.* primitif, primordial.
priming [ˈpraimiŋ], *n.* amorçage, *m.*; amorce (*d'un fusil*); (*Paint.*) impression, *f.*
primitive [ˈprimitiv], *a.* and *n.* primitif, *m.*
primitiveness [ˈprimitivnis], *n.* caractère primitif, *m.*
primly [ˈprimli], *adv.* d'un air collet monté.
primness [ˈprimnis], *n.* afféterie, *f.*
primogeniture [praimouˈdʒenitjuə], *n.* primogéniture, *f.*
primordial [praiˈmɔːdiəl], *a.* primordial.
primrose [ˈprimrouz], *n.* primevère, *f.*
prince [prins], *n.* prince, *m.*
princeliness [ˈprinslinis], *n.* caractère de prince, *m.*
princely [ˈprinsli], *a.* de prince, princier; magnifique.—*adv.* en prince, en princesse, magnifiquement.
princess [prinˈses], *n.* princesse, *f.*
principal [ˈprinsipəl], *a.* principal, premier, en chef.—*n.* partie principale, *f.*, chef; directeur, patron; proviseur (*d'un lycée*), *m.*; directrice, *f.*
principality [prinsiˈpæliti], *n.* principauté, *f.*
principally [ˈprinsipli], *adv.* principalement, surtout.
principle [ˈprinsipl], *n.* principe, *m.*
principled [ˈprinsipld], *a.* qui a des principes.
print [print], *v.t.* imprimer; faire une empreinte sur; (*Phot. etc.*) tirer; *printed matter*, imprimé(s), *m.* (*pl.*).—*n.* empreinte (*de pas etc.*), impression; estampe, gravure, indienne (*tissu*); (*Phot.*) épreuve, *f.*; (*Print.*) caractère, *m.*
printer [ˈprintə], *n.* imprimeur, typographe, *m.*
printing [ˈprintiŋ], *n.* impression (*tirage*); imprimerie (*art etc.*), *f.*
printing-machine [ˈprintiŋməˈʃiːn], *n.* presse mécanique, *f.*
printing-press [ˈprintiŋpres], *n.* presse à imprimer, *f.*
prior [ˈpraiə], *a.* antérieur.—*adv.* antérieurement (*à*), avant.—*n.* prieur, *m.*
prioress [ˈpraiəris], *n.* prieure, *f.*
priority [praiˈɔriti], *n.* priorité, *f.*

priory [ˈpraiəri], *n.* prieuré, *m.*
prise [praiz], *n.* levier, *m.*—*v.t.* *to prise open*, ouvrir avec un levier.
prism [prizm], *n.* prisme, *m.*
prismatic [prizˈmætik], **prismatical** [prizˈmætikəl], *a.* prismatique.
prison [prizn], *n.* prison, *f.*
prisoner [ˈprizn̩ə], *n.* prisonnier, *m.*; (*Law*) *prisoner (at the bar*), accusé, prévenu, *m.*
prison-van [ˈpriznvæn], *n.* voiture cellulaire, *f.*
pristine [ˈpristain], *a.* primitif, premier.
privacy [ˈpraivəsi, ˈprivəsi], *n.* retraite, solitude, intimité, *f.*
private [ˈpraivit], *a.* particulier, personnel, privé; confidentiel, secret; (*Law*) à huis clos.—*n.* (*Mil.*) simple soldat, *m.*
privateer [praivəˈtiə], *n.* corsaire, *m.*
privately [ˈpraivitli], *adv.* en particulier; en secret; (*Law*) à huis clos.
privation [praiˈveiʃən], *n.* privation, *f.*
privet [ˈprivit], *n.* (*Bot.*) troène, *m.*
privilege [ˈprivilidʒ], *n.* privilège, *m.*, (*Law*) immunité, *f.*—*v.t.* privilégier.
privileged [ˈprivilidʒd], *a.* privilégié.
privily [ˈprivili], *adv.* secrètement, en secret.
privy [ˈprivi], *a.* privé, secret; caché; *Privy Council*, conseil privé, *m.*
prize [praiz], *n.* prise (*ce qu'on prend*), *f.*; prix (*récompense*); lot (*dans une loterie*), *m.*—*v.t.* priser, estimer.
prize-giving [ˈpraizgiviŋ], *n.* distribution des prix, *f.*
prize-winner [ˈpraizwinə], *n.* lauréat, gagnant, *m.*
pro [prou], *prep.* pour; *pros and cons*, le pour et le contre.
probability [prɔbəˈbiliti], *n.* probabilité, vraisemblance, *f.*
probable [ˈprɔbəbl], *a.* probable; vraisemblable.
probably [ˈprɔbəbli], *adv.* probablement.
probate [ˈproubeit], *n.* vérification (*d'un testament*), *f.*
probation [prəˈbeiʃən], *n.* probation, épreuve, *f.*; (*Univ. etc.*) examen, stage, *m.*; *on probation*, (*Law*) sous surveillance de la police.
probationary [prəˈbeiʃənəri], *a.* d'épreuve; de probation.
probationer [prəˈbeiʃənə], *n.* aspirant, *m.*, stagiaire; novice, *m.*, *f.*
probe [proub], *n.* sonde, *f.*, stylet, *m.*—*v.t.* sonder; (*fig.*) examiner à fond.
probing [ˈproubiŋ], *a.* pénétrant (*question*).
probity [ˈproubiti], *n.* probité, *f.*
problem [ˈprɔbləm], *n.* problème, *m.*
problematic [prɔbliˈmætik], **problematical** [prɔbliˈmætikəl], *a.* problématique.
proboscis [prəˈbɔsis], *n.* (*pl.* **probosces** [prəˈbɔsiːz]) trompe, *f.*, (*facet.*) nez, *m.*
procedure [prəˈsiːdʒə], *n.* procédé, *m.*, procédure, *f.*
proceed [prəˈsiːd], *v.i.* procéder, avancer, continuer son chemin; provenir (*de*); se mettre (*à*).
proceeding [prəˈsiːdiŋ], *n.* procédé, *m.*; manière d'agir, *f.*; (*pl.*) démarches, *f.pl.*, faits, actes, *m.pl.*
proceeds [ˈprousiːdz], *n.pl.* produit, montant, *m.*

process

process ['prouses], *n.* procédé; processus; cours, *m.*, marche, suite (*du temps*), *f.*—*v.t.* (*Ind.*) traiter.

procession [prə'seʃən], *n.* procession, *f.*, cortège, *m.*

processional [prə'seʃənəl], *a.* processionnel. —*n.* hymne processionnel, *m.*

proclaim [prə'kleim], *v.t.* proclamer, déclarer, publier.

proclamation [prɔklə'meiʃən], *n.* proclamation, publication, déclaration; ordonnance, *f.*

proclivity [prə'kliviti], *n.* penchant, *m.*, inclination (à), *f.*

procrastinate [pro'kræstineit], *v.t.* remettre. —*v.i.* retarder.

procrastination [prokræsti'neiʃən], *n.* retardement, délai, *m.*

procrastinator [pro'kræstineitə], *n.* temporiseur, *m.*

procreate ['proukrieit], *v.t.* procréer.

procreation [proukri'eiʃən], *n.* procréation, *f.*

procreative ['proukrieitiv], *a.* procréateur, productif.

proctor ['prɔktə], *n.* (*Univ.*) censeur; (*Law*) procureur, *m.*

procurable [prə'kjuərəbl], *a.* qu'on peut se procurer.

procuration [prɔkju'reiʃən], *n.* gestion des affaires d'autrui; (*Law*) procuration, *f.*

procurator ['prɔkjureitə], *n.* agent d'affaires; (*Law*) procurateur, *m.*

procure [prə'kjuə], *v.t.* procurer, faire avoir, se procurer.

prod [prɔd], *v.t.* pousser du doigt *ou* du bout d'un bâton; piquer; (*fig.*) aiguillonner.—*n.* coup de pointe, *m.*

prodigal ['prɔdigl], *a.* and *n.* prodigue, *m.*, *f.*

prodigality [prɔdi'gæliti], *n.* prodigalité, *f.*

prodigious [prə'didʒəs], *a.* prodigieux.

prodigy ['prɔdidʒi], *n.* prodige, *m.*, *f.*

produce ['prɔdju:s], *n.* produit, *m.*—[prə'dju:s], *v.t.* produire; exhiber, montrer; (*Geom.*) prolonger; (*Theat.*) mettre en scène.

producer [prə'dju:sə], *n.* producteur; (*Theat.*) metteur en scène, *m.*

producible [prə'dju:sibl], *a.* productible.

product ['prɔdʌkt], *n.* produit, *m.*; *by-product*, sous-produit, *m.*

production [prə'dʌkʃən], *n.* production, *f.*; (*Chem. etc.*) produit, *m.*; (*Theat.*) mise en scène, *f.*

productive [prə'dʌktiv], *a.* productif; fécond.

productivity [prɔdʌk'tiviti], *n.* productivité, *f.*

profanation [prɔfə'neiʃən], *n.* profanation, *f.*

profane [prə'fein], *a.* profane.—*v.t.* profaner.

profanely [prə'feinli], *adv.* d'une manière profane.

profaner [prə'feinə], *n.* profanateur, *m.*

profanity [prə'fæniti], *n.* conduite profane, impiété, *f.*; langage profane, *m.*

profess [prə'fes], *v.t.* professer, faire profession de, déclarer.

professed [prə'fest], *a.* déclaré, de profession.

professedly [prə'fesidli], *adv.* ouvertement; de profession.

profession [prə'feʃən], *n.* profession, *f.*; état, métier (*emploi*), *m.*

professional [prə'feʃənəl], *a.* de sa profession, professionnel; *professional man*, homme qui exerce une carrière libérale, *m.*—*n.*

homme du métier, homme de l'art; (*Spt.*) professionnel, *m.*

professionalism [prə'feʃənəlizm], *n.* caractère professionnel; (*Spt.*) professionnalisme, *m.*

professionally [prə'feʃənəli], *adv.* par profession; en homme du métier.

professor [prə'fesə], *n.* professeur (d'université), *m.*

professorial [prɔfe'sɔ:riəl], *a.* de professeur, professoral.

professorship [prə'fesəʃip], *n.* professorat, *m.*, chaire, *f.*

proffer ['prɔfə], *n.* offre, *f.*—*v.t.* offrir, proposer.

proficiency [prə'fiʃənsi], *n.* capacité, *f.*; talent, *m.*, compétence, *f.*

proficient [prə'fiʃənt], *a.* versé, fort, compétent.

profile ['proufail], *n.* profil, *m.*; *in profile*, de profil.

profit ['prɔfit], *n.* profit, bénéfice, rapport; (*fig.*) avantage, *m.*—*v.t.* profiter à, faire du bien à; avantager.—*v.i.* profiter (*de*).

profitable ['prɔfitəbl], *a.* profitable, avantageux.

profitably ['prɔfitəbli], *adv.* avantageusement, avec profit.

profiteer [prɔfi'tiə], *n.* profiteur, *m.*—*v.i.* faire des bénéfices excessifs.

profitless ['prɔfitlis], *a.* sans profit, inutile.

profligacy ['prɔfligəsi], *n.* dérèglement, *m.*, dissolution, *f.*, libertinage, *m.*

profligate ['prɔfligit], *a.* débauché, dissolu, libertin.—*n.* libertin, mauvais sujet, *m.*

profound [prə'faund], *a.* profond; approfondi.

profoundly [prə'faundli], *adv.* profondément.

profundity [prə'fʌnditi], *n.* profondeur, *f.*

profuse [prə'fju:s], *a.* prodigue; abondant, excessif (*choses*).

profusely [prə'fju:sli], *adv.* profusément, à profusion.

profuseness [prə'fju:snis], **profusion** [prə'fju:ʒən], *n.* profusion, prodigalité, abondance, *f.*

progenitor [prou'dʒenitə], *n.* aïeul, ancêtre, *m.*

progeny ['prɔdʒəni], *n.* postérité, *f.*, descendants, *m.pl.*

prognostic [prɔg'nɔstik], *a.* pronostique.—*n.* pronostic, *m.*

prognosticate [prɔg'nɔstikeit], *v.t.* pronostiquer.

prognostication [prɔgnɔsti'keiʃən], *n.* pronostic, *m.*

programme ['prougræm], *n.* programme, *m.*

progress ['prougres], *n.* progrès, avancement, cours, *m.*; marche, *f.*; voyage (*de cérémonie*), *m.*—[prə'gres], *v.i.* s'avancer, faire des progrès, avancer.

progression [prə'greʃən], *n.* progression, *f.*

progressive [prə'gresiv], *a.* and *n.* progressif, *m.*; (*Polit.*) progressiste, *m.*, *f.*

progressiveness [prə'gresivnis], *n.* marche progressive, *f.*

prohibit [prə'hibit], *v.t.* prohiber, défendre, interdire (à); *smoking prohibited*, défense de fumer.

prohibition [prouhi'biʃən], *n.* prohibition, défense, *f.*

prohibitive [prə'hibitiv], **prohibitory** [prə'hibitri], *a.* prohibitif (*mœurs*); **prohibitive price**, prix exorbitant, *m.*
project ['prɔdʒekt], *n.* projet, dessein, *m.*—[prə'dʒekt], *v.t.* projeter.—*v.i.* avancer, faire saillie.
projectile [prə'dʒektail], *n.* projectile, *m.*
projecting [prə'dʒektiŋ], *a.* saillant, en saillie.
projection [prə'dʒekʃən], *n.* projection, saillie, *f.*; (*Arch.*) ressaut, *m.*
projector [prə'dʒektə], *n.* homme à projets, projeteur; projecteur (*lumière*); (*Cine.*) appareil de projection, *m.*
proletarian [prouli'tɛəriən], *a.* and *n.* prolétaire, *m., f.*
proletariat [prouli'tɛəriət], *n.* prolétariat, *m.*
prolific [prə'lifik], *a.* prolifique; fécond, fertile.
prolix ['prouliks], *a.* prolixe.
prolixity [prə'liksiti], **prolixness** ['prouliks nis], *n.* prolixité, *f.*
prologue ['proulɔg], *n.* prologue, *m.*
prolong [prə'lɔŋ], *v.t.* prolonger; retarder, différer (*remettre*); **to be prolonged**, se prolonger.
prolongation [proulɔŋ'geiʃən], *n.* prolongement, *m.*; prolongation (*du temps etc.*), *f.*
promenade [prɔmə'na:d], *n.* promenade; esplanade (*au bord de la mer*), *f.*—*v.i.* se promener, se faire voir.
promenader [prɔmə'na:də], *n.* promeneur, *m.*
prominence ['prɔminəns], *n.* proéminence; (*fig.*) distinction, *f.*
prominent ['prɔminənt], *a.* proéminent, saillant; prononcé (*remarquable*); (*fig.*) éminent, distingué.
prominently ['prɔminəntli], *adv.* en saillie; d'une manière frappante.
promiscuity [prɔmis'kju:iti], **promiscuousness** [prə'miskjuəsnis], *n.* mélange confus, *m.*; promiscuité, *f.*
promiscuous [prə'miskjuəs], *a.* sans distinction de sexe, promiscu; mêlé, confus, sans ordre.
promiscuously [prə'miskjuəsli], *adv.* confusément; en commun, en promiscuité.
promise ['prɔmis], *n.* promesse; (*fig.*) espérance, *f.*—*v.t., v.i.* promettre.
promising ['prɔmisiŋ], *a.* prometteur, qui promet; qui donne des espérances.
promissory ['prɔmisəri], *a.* qui contient une promesse; **promissory note**, billet à ordre, *m.*
promontory ['prɔməntri], *n.* promontoire, *m.*
promote [prə'mout], *v.t.* servir, avancer; promouvoir; encourager; **to promote a company**, lancer une société anonyme.
promoter [prə'moutə], *n.* promoteur, protecteur, instigateur; (*Comm.*) lanceur d'affaires, *m.*
promotion [prə'mouʃən], *n.* promotion, *f.*, avancement, *m.*
prompt [prɔmpt], *v.t.* exciter, porter, pousser; inspirer, suggérer; (*Theat.*) souffler.—*a.* prompt, empressé.
prompter ['prɔmptə], *n.* souffleur, *m.*; **prompter's box**, trou du souffleur, *m.*
promptitude, ['prɔmptitju:d], **promptness** ['prɔmptnis], *n.* promptitude, *f.*, empressement, *m.*

promptly ['prɔmptli], *adv.* promptement, avec empressement.
promptness [PROMPTITUDE].
promulgate ['prɔmɔlgeit], *v.t.* promulguer.
promulgation [prɔmɔl'geiʃən], *n.* promulgation, *f.*
promulgator ['prɔmɔlgeitə], *n.* promulgateur, *m.*
prone [proun], *a.* penché, incliné; couché, étendu; (*fig.*) disposé, porté (*à*).
proneness ['prounnis], *n.* disposition, inclination, *f.*, penchant, *m.*
prong [prɔŋ], *n.* fourchon, *m.*, dent, *f.*
pronged [prɔŋd], *a.* à fourchons, à dents.
pronoun ['prounaun], *n.* pronom, *m.*
pronounce [prə'nauns], *v.t.* prononcer; déclarer, annoncer, dire.
pronounceable [prə'naunsəbl], *a.* prononçable.
pronouncement [prə'naunsmənt], *n.* prononcement, *m.*, déclaration, *f.*
pronunciation [prənansi'eiʃən], *n.* prononciation, *f.*, accent, *m.*
proof [pru:f], *a.* **proof against**, résistant à, à l'épreuve de; **waterproof**, imperméable.—*n.* preuve; épreuve, *f.*
proofless ['pru:flis], *a.* sans preuve.
proof-sheet ['pru:fʃi:t], *n.* (*Print.*) épreuve, *f.*
prop [prɔp], *n.* étai, étançon; (*Hort.*) tuteur, échalas et; (*fig.*) appui, soutien; (*Theat.*) (*fam.*) accessoire, *m.*—*v.t.* étayer; appuyer, soutenir; (*Hort.*) échalasser.
propaganda [prɔpə'gændə], *n.* propagande, *f.*
propagandist [prɔpə'gændist], *n.* propagandiste, *m., f.*
propagate ['prɔpəgeit], *v.t.* propager; (*fig.*) répandre; créer, enfanter (*des êtres*).—*v.i.* se propager.
propagation [prɔpə'geiʃən], *n.* propagation, *f.*
propagator ['prɔpəgeitə], *n.* propagateur, *m.*
propel [prə'pel], *v.t.* pousser en avant, faire marcher, propulser.
propeller [prə'pelə], *n.* hélice, *f.*; propulseur, moteur, *m.*
propelling [prə'peliŋ], *a.* propulseur, moteur; **propelling force**, force motrice, *f.*
propensity [prə'pensiti], *n.* penchant, *m.*, tendance, *f.*
proper ['prɔpə], *a.* propre, particulier; convenable, à propos (*comme il faut*); juste, exact (*correct*).
properly ['prɔpəli], *adv.* proprement, comme il faut.
property ['prɔpəti], *n.* propriété, *f.*; bien, *m.*, biens, *m.pl.*; qualité, *f.*; (*Theat.*, *Cine.*) accessoire, *m.*
property-tax ['prɔpətitæks], *n.* impôt foncier, *m.*
prophecy ['prɔfəsi], *n.* prophétie, *f.*
prophesy ['prɔfəsai], *v.t.* prophétiser, prédire.
prophet ['prɔfit], *n.* prophète, *m.*
prophetess ['prɔfites], *n.* prophétesse, *f.*
prophetic [prə'fetik], **prophetical** [prə'fetikəl], *a.* prophétique.
propinquity [prə'piŋkwiti], *n.* proximité; parenté (*de personnes*), *f.*
propitiate [prə'piʃieit], *v.t.* rendre propice.
propitiation [prəpiʃi'eiʃən], *n.* propitiation, *f.*
propitiator [prə'piʃieitə], *n.* propitiateur, *m.*
propitiatory [prə'piʃiətri], *a.* and *n.* propitiatoire, *m.*
propitious [prə'piʃəs], *a.* propice, favorable.

propitiousness [prə'piʃəsnis], *n.* nature propice, *f.*

proportion [prə'pɔːʃən], *n.* proportion; partie; portion, *f.*; *in proportion as*, à mesure que.—*v.t.* proportionner.

proportional [prə'pɔːʃənəl], *a.* en proportion; proportionnel.

proportionate [prə'pɔːʃənit], *a.* proportionné.

proposal [prə'pouzl], *n.* proposition; demande en mariage, *f.*

propose [prə'pouz], *v.t.* proposer; offrir; *to propose a toast*, porter un toast.—*v.i.* se proposer; faire une demande en mariage.

proposer [prə'pouzə], *n.* auteur d'une proposition, *m.*

proposition [prɔpə'ziʃən], *n.* proposition; affaire, *f.*

propound [prə'paund], *v.t.* proposer, exposer, mettre en avant.

proprietary [prə'praiətri], *a.* de propriété.— *n.* actionnaires, *m.pl.*

proprietor [prə'praiətə], *n.* propriétaire, *m.*

proprietress [prə'praiətris], *n.* propriétaire, maîtresse, *f.*

propriety [prə'praiəti], *n.* convenance, propriété, *f.*

propulsion [prə'pʌlʃən], *n.* propulsion, *f.*; *jet propulsion*, propulsion à réaction.

prorogation [prourə'geiʃən], *n.* prorogation, *f.*

prorogue [prə'roug], *v.t.* proroger.

prosaic [pro'zeiik], *a.* prosaïque.

proscenium [prə'siːniəm], *n.* proscenium, *m.*, avant-scène, *f.*

proscribe [pro'skraib], *v.t.* proscrire.

proscription [pro'skripʃən], *n.* proscription, *f.*

prose [prouz], *n.* prose, *f.*, (*Sch.*) thème, *m.*

prosecute ['prɔsikjuːt], *v.t.* poursuivre; revendiquer (*ses droits etc.*).

prosecution [prɔsi'kjuːʃən], *n.* poursuite, *f.*, procès criminel, *m.*; *witness for the prosecution*, témoin à charge, *m.*

prosecutor ['prɔsikjuːtə], *n.* poursuivant, plaignant, *m.*; *public prosecutor*, procureur de la république, *m.*

prosecutrix ['prɔsikjuːtriks], *n.* poursuivante, plaignante, *f.*

proselyte ['prɔsəlait], *n.* prosélyte, *m.*, *f.*

proselytism ['prɔsəlitizm], *n.* prosélytisme, *m.*

proselytize ['prɔsəlitaiz], *v.t.* convertir.—*v.i.* faire des prosélytes.

prose-writer ['prouzraitə], *n.* prosateur, *m.*

prosily ['prouzili], *adv.* prosaïquement, ennuyeusement.

prosiness ['prouzinis], *n.* prosaïsme, *m.*; verbosité, *f.*

prosody ['prɔsədi], *n.* prosodie, *f.*

prospect ['prɔspekt], *n.* vue; perspective, *f.*; (*fig.*) espoir; avenir, *m.*—[prə'spekt], *v.i.* faire des recherches (*minerai, pétrole etc.*), prospecter.

prospective [prə'spektiv], *a.* en perspective; à venir.

prospectively [prə'spektivli], *adv.* pour l'avenir.

prospector [prə'spektə], *n.* explorateur; *orpailleur, *m.*

prospectus [prə'spektəs], *n.* prospectus, *m.*

prosper ['prɔspə], *v.t.* faire prospérer, favoriser.—*v.i.* prospérer, réussir.

prosperity [prɔs'periti], *n.* prospérité, *f.*

prosperous ['prɔspərəs], *a.* prospère; florissant (*affaires*); (*fig.*) heureux; favorable.

prostitute ['prɔstitjuːt], *n.* prostituée, *f.*—*v.t.* prostituer.

prostitution [prɔsti'tjuːʃən], *n.* prostitution, *f.*

prostrate [prɔs'treit], *v.t.* coucher, prosterner; (*fig.*) renverser; *to prostrate oneself before*, se prosterner devant.— ['prɔstrit], *a.* prosterné; (*fig.*) abattu.

prostration [prɔs'treiʃən], *n.* prosternation, *f.*; (*fig.*) abattement, *m.*

prosy ['prouzi], *a.* ennuyeux, fastidieux.

protagonist [prou'tægənist], *n.* protagoniste, *m.*

protect [prə'tekt], *v.t.* protéger, défendre; garantir, abriter (*contre le temps etc.*); sauvegarder (*intérêts*).

protection [prə'tekʃən], *n.* protection, défense; garantie, *f.*, abri (*contre le temps etc.*), *m.*; (*Law*) sauvegarde, *f.*

protectionism [prə'tekʃənizm], *n.* protectionnisme, *m.*

protectionist [prə'tekʃənist], *a.* and *n.* protectionniste, *m.*, *f.*

protective [prə'tektiv], *a.* protecteur.

protector [prə'tektə], *n.* protecteur, *m.*

protectorate [prə'tektərit], *n.* protectorat, *m.*

protectress [prə'tektris], *n.* protectrice, *f.*

protein ['proutiːn], *n.* protéine, *f.*

protest ['proutest], *n.* protestation, *f.*; (*Comm.*) protêt, *m.*—[prə'test], *v.t.*, *v.i.* protester.

Protestant ['prɔtistənt], *a.* and *n.* protestant, *m.*

Protestantism ['prɔtistəntizm], *n.* protestantisme, *m.*

protestation [protes'teiʃən], *n.* protestation, *f.*

protester [prə'testə], *n.* personne qui fait faire un protêt, *f.*

protocol ['proutəkɔl], *n.* protocole, *m.*

proton ['prouton], *n.* proton, *m.*

prototype ['proutətaip], *n.* prototype, *m.*

protract [prə'trækt], *v.t.* prolonger, traîner en longueur.

protraction [prə'trækʃən], *n.* prolongation, *f.*

protractor [prə'træktə], *n.* rapporteur (*instrument*), *m.*

protrude [prə'truːd], *v.t.* pousser en avant, faire sortir.—*v.i.* s'avancer, faire saillie.

protruding [prə'truːdiŋ], *a.* en saillie, saillant.

protrusion [prə'truːʒən], *n.* saillie, *f.*

protuberance [prə'tjuːbərəns], *n.* protubérance, *f.*

protuberant [prə'tjuːbərənt], *a.* protubérant.

proud [praud], *a.* fier (*de*); orgueilleux.

proudly ['praudli], *adv.* fièrement, orgueilleusement.

provable ['pruːvəbl], *a.* prouvable, démontrable.

prove [pruːv], *v.t.* prouver, démontrer; mettre à l'épreuve, éprouver (*la qualité de*); vérifier (*testament etc.*).—*v.i.* se montrer, se révéler.

proved [pruːvd], *a.* prouvé, démontré, reconnu.

provender ['prɔvəndə], *n.* fourrage, *m.*, nourriture (*d'animaux*), *f.*

proverb ['prɔvə:b], *n*. proverbe, *m*.
proverbial [prə'və:biəl], *a*. proverbial.
provide [prə'vaid], *v.t.* pourvoir, fournir;
munir; préparer (*à*); stipuler.—*v.i.* pourvoir.
provided [prə'vaidid], *a*. pourvu.—*conj.*
provided that, pourvu que (*with subj.*).
providence ['prɔvidəns], *n*. providence
(*divine*); prévoyance (*humaine*), *f*.
provident ['prɔvidənt], *a*. prévoyant; économe.
providential [prɔvi'denʃəl], *a*. providentiel,
de la providence.
providently ['prɔvidəntli], *adv*. avec prévoyance.
provider [prə'vaidə], *n*. pourvoyeur, fournisseur, *m*.
province ['prɔvins], *n*. province, *f*.; (*fig.*)
département, ressort, *m*.
provincial [prə'vinʃəl], *a*. provincial, de
province.—*n*. provincial, *m*.
provincialism [prə'vinʃəlizm], *n*. provincialisme, *m*.
proving ['pru:viŋ], *n*. vérification, mise à
l'épreuve, *f*.
provision [prə'viʒən], *n*. action de pourvoir;
stipulation; (*Law*) disposition (*d'un projet de
loi etc.*), *f*.; (*pl.*) vivres, comestibles, *m.pl.*—
v.t. approvisionner.
provisional [prə'viʒənəl], *a*. provisoire.
provision-dealer [prə'viʒəndi:lə], *n*. marchand de comestibles, *m*.
proviso [prə'vaizou], *n*. condition, clause conditionnelle, *f*.
provisory [prə'vaizəri], *a*. provisoire, conditionnel.
provocation [prɔvə'keiʃən], *n*. provocation, *f*.
provocative [prə'vɔkətiv], *a*. provocant, provocateur.
provoke [prə'vouk], *v.t.* provoquer; inciter;
fâcher, irriter.
provoker [prə'voukə], *n*. provocateur, *m*.
provoking [prə'voukiŋ], *a*. provocant; ennuyeux, fâcheux, agaçant.
provokingly [prə'voukiŋli], *adv*. d'une
manière provocante *ou* contrariante.
provost ['prɔvəst], *n*. prévôt; (*Univ.*) principal; (*Sc.*) maire, *m*.
prow [prau], *n*. proue, *f*.
prowess ['prauis], *n*. bravoure, prouesse, *f*.
prowl [praul], *n*. action de rôder, *f*.—*v.i.*
rôder.
prowler ['praulə], *n*. rôdeur, *m*.
proximate ['prɔksimit], *a*. proche, immédiat.
proximity [prɔk'simiti], *n*. proximité, *f*.
proximo ['prɔksimou], *adv*. du mois prochain.
proxy ['prɔksi], *n*. mandataire, *m*., *f*., délégué,
m.; procuration (*chose*), *f*.; **by proxy**, par
procuration.
prude [pru:d], *n*. prude, mijaurée, *f*.
prudence ['pru:dəns], *n*. prudence, *f*.
prudent ['pru:dənt], *a*. prudent, sage.
prudential [pru:'denʃəl], *a*. de prudence,
dicté par la prudence.
prudently ['pru:dəntli], *adv*. prudemment,
sagement.
prudery ['pru:dəri], *n*. pruderie, *f*.
prudish ['pru:diʃ], *a*. prude, de prude.
prudishly ['pru:diʃli], *adv*. avec pruderie.
prune [pru:n], *n*. pruneau, *m*.—*v.t.* élaguer,
tailler, émonder.
prunella [pru'nelə], *n*. prunelle, *f*.

pruning ['pru:niŋ], *n*. taille, *f*., élagage, *m*.
pruning-shears ['pru:niŋʃiəz], *n.pl.* sécateur, *m*., cisailles, *f.pl.*
prurience ['pruəriəns], **pruriency** ['pruəriənsi], *n*. démangeaison, *f*.
prurient ['pruəriənt], *a*. qui démange.
Prussia ['prʌʃə], la Prusse, *f*.
Prussian ['prʌʃən], *a*. prussien.—*n*. Prussien (*personne*), *m*.
prussic ['prʌsik], *a*. prussique.
pry [prai], *v.t.* soulever avec un levier.—*v.i.*
fureter; fouiller (*dans*); **to pry into**, se
mêler de.—*n*. regard scrutateur, regard
indiscret, *m*.
prying ['praiiŋ], *a*. scrutateur, curieux.—*n*.
curiosité, *f*.
psalm [sɑ:m], *n*. psaume, *m*.
psalmist ['sɑ:mist], *n*. psalmiste, *m*.
psalmody ['sɑ:mədi], *n*. psalmodie, *f*.
psalter ['sɔ:ltə], *n*. psautier, *m*.
pseudonym ['sju:dənim], *n*. pseudonyme, *m*.
pshaw! [pʃɔ:], *int*. bah! fi donc!
psychiatric [saiki'ætrik], *a*. psychiatrique.
psychiatrist [sai'kaiətrist], *n*. psychiatre, *m.,f.*
psychiatry [sai'kaiətri], *n*. psychiatrie, *f*.
psychic(al) ['saikik(l)], *a*. psychique.
psycho-analyse [saikou'ænəlaiz], *v.t.* psychanalyser.
psycho-analysis [saikouə'næləsis], *n*. psychanalyse, *f*.
psycho-analyst [saikou'ænəlist], *n*. psychanalyste, *m*., *f*.
psychological [saikə'lɔdʒikl], *a*. psychologique.
psychologist [sai'kɔlədʒist], *n*. psychologiste, psychologue, *m*.
psychology [sai'kɔlədʒi], *n*. psychologie, *f*.
psychopath ['saikopæθ], *n*. psychopathe, *m.,f.*
psychosis [sai'kousis], *n*. psychose, *f*.
ptarmigan ['tɑ:migən], *n*. lagopède, *m*.
ptomaine ['toumein], *n*. ptomaïne, *f*.;
ptomaine poisoning, intoxication alimentaire, *f*.
puberty ['pju:bəti], *n*. puberté, *f*.
pubescence [pju'besəns], *n*. pubescence, *f*.
pubescent [pju'besənt], *a*. pubescent.
public ['pʌblik], *a*. and *n*. public, *m*.
publican ['pʌblikən], *n*. cafetier, patron de
bistro(t); (*Bibl.*) publicain, *m*.
publication [pʌbli'keiʃən], *n*. publication, *f*.
public-house ['pʌblik'haus], *n*. café, *m*.,
brasserie, *f*., bistro(t), *m*.
publicist ['pʌblisist], *n*. publiciste, journaliste; publicitaire, *m*., *f*.
publicity [pʌb'lisiti], *n*. publicité; réclame, *f*.
publicize ['pʌblisaiz], *v.t.* faire connaître au
public.
publicly ['pʌblikli], *adv*. publiquement; en
public.
publish ['pʌbliʃ], *v.t.* publier; éditer.
publisher ['pʌbliʃə], *n*. éditeur, *m*.; **bookseller and publisher**, libraire-éditeur, *m*.
puce [pju:s], *a*. puce.
puck (1) [pʌk], *n*. lutin, *m*.
puck (2) [pʌk], *n*. (*Spt.*) palet de hockey (sur
glace), *m*.
pucker ['pʌkə], *v.t.* rider, plisser; (*Dress.*)
faire goder.—*v.i.* goder.—*n*. ride; (*Dress.*)
poche, *f*.; mauvais pli, *m*.
puckering ['pʌkəriŋ], *n*. froncement, *m*.
puckish ['pʌkiʃ], *a*. malicieux; de lutin.

525

pudding ['pudiŋ], *n.* pudding, pouding, *m.*; *black pudding*, boudin (noir), *m.*
puddle [pʌdl], *n.* flaque (d'eau), mare, *f.*—*v.t.* troubler, rendre bourbeux.
puerile ['pjuərail], *a.* puéril.
puerility [pjuə'riliti], *n.* puérilité, *f.*
puff [pʌf], *n.* souffle (*d'haleine*), *m.*; bouffée (*de vent, fumée etc.*), *f.*; feuilleté (*pâtisserie*), *m.*; houppe à poudrer (*de dames*), *f.*; bouillon (*de robes*); puff, *m.*, réclame tapageuse, *f.*—*v.t.* souffler, bouffir (*les joues*), gonfler; (*fig.*) faire mousser (*publicité*).—*v.i.* souffler, boursoufler, bouffir, bouffer, se gonfler; haleter.
puffin ['pʌfin], *n.* (*Orn.*) macareux, *m.*
puffiness ['pʌfinis], *n.* boursouflure, enflure, *f.*
puff-pastry ['pʌfpeistri], *n.* pâte feuilletée, *f.*
puffy ['pʌfi], *a.* bouffi, gonflé.
pug [pʌg], *n.* carlin (*chien*), *m.*
pugilism ['pju:dʒilizm], *n.* pugilat, *m.*, boxe, *f.*
pugilist ['pju:dʒilist], *n.* boxeur, pugiliste, *m.*
pugilistic [pju:dʒi'listik], *a.* de pugilat.
pugnacious [pʌg'neiʃəs], *a.* querelleur; batailleur.
pugnaciously [pʌg'neiʃəsli], *adv.* d'un air batailleur.
pugnacity [pʌg'næsiti], *n.* pugnacité, *f.*
pug-nose ['pʌgnouz], *n.* nez épaté, *m.*
puke [pju:k], *v.i.* vomir.
pule [pju:l], *v.i.* piauler.
puling ['pju:liŋ], *n.* cri; piaulement, *m.*
pull [pull], *v.t.* tirer; arracher; presser (*la détente*); *to pull a wry face*, faire la grimace; *to pull down*, abattre, démolir; *to pull off*, arracher, enlever; *to pull up*, hisser; déraciner; arrêter.—*n.* ramer (*tirer la rame*); *to pull in*, s'arrêter; *to pull round*, se remettre; *to pull through*, guérir, s'en tirer; *to pull up*, s'arrêter.—*n.* action de tirer, traction, *f.*; coup (d'aviron), effort, *m.*; secousse, *f.*; (*fig.*) avantage, *m.*; *hard pull*, rude effort.
pullet ['pulit], *n.* poulette, *f.*
pulley ['puli], *n.* poulie, *f.*
pullover ['pulouvə], *n.* pull-over, *m.*
pulmonary ['pʌlmənəri], *a.* pulmonaire.
pulp [pʌlp], *n.* pulpe; pâte (*papier*), *f.*—*v.t.* réduire en pâte.
pulpiness ['pʌlpinis], *n.* nature pulpeuse, *f.*
pulpit ['pulpit], *n.* chaire, *f.*
pulpous ['pʌlpəs], **pulpy** ['pʌlpi], *a.* pulpeux.
pulsate [pʌl'seit], *v.i.* battre; palpiter.
pulsation [pʌl'seiʃən], *n.* pulsation, *f.*
pulsatory ['pʌlsətri], *a.* pulsatoire.
pulse [pʌls], *n.* pouls, *m.*; pulsation, *f.*; plantes légumineuses, *f.pl.*
pulverization [pʌlvərai'zeiʃən], *n.* pulvérisation, *f.*
pulverize ['pʌlvəraiz], *v.t.* pulvériser.
puma ['pju:mə], *n.* puma, couguar, *m.*
pumice ['pʌmis], *n.* pierre ponce, *f.*
pump [pʌmp], *n.* pompe, *f.*; escarpin (*chaussure*), *m.*—*v.t.* pomper; (*fig.*) sonder; *to pump up*, gonfler (*pneu*).—*v.i.* pomper.
pumpkin ['pʌmpkin], *n.* citrouille, courge, *f.*, potiron, *m.*
pump-room ['pʌmpru:m], *n.* buvette, *f.*
pun [pʌn], *n.* calembour, jeu de mots, *m.*—*v.i.* faire des calembours.
punch (1) [pʌntʃ], *n.* emporte-pièce; (*Print.*) poinçon, *m.*—*v.t.* percer, poinçonner.

punch (2) [pʌntʃ], *n.* coup de poing, *m.*—*v.t.* donner un coup de poing à.
punch (3) [pʌntʃ], *n.* punch (*boisson*), *m.*
punch-bowl ['pʌntʃboul], *n.* bol à punch, *m.*
puncheon ['pʌntʃən], *n.* poinçon, *m.*, pièce (de vin), *f.*
punctillo [pʌŋk'tiliou], *n.* exactitude scrupuleuse, *f.*, point d'étiquette, *m.*
punctilious [pʌŋk'tiliəs], *a.* pointilleux.
punctiliousness [pʌŋk'tiliəsnis], *n.* exactitude scrupuleuse, pointillerie, *f.*
punctual ['pʌŋktjuəl], *a.* ponctuel, exact.
punctuality [pʌŋktju'æliti], *n.* ponctualité, exactitude, *f.*
punctually ['pʌŋktjuəli], *adv.* ponctuellement, exactement.
punctuate ['pʌŋktjueit], *v.t.* ponctuer.
punctuation [pʌŋktju'eiʃən], *n.* ponctuation, *f.*
puncture ['pʌŋktʃə], *n.* piqûre; crevaison (*d'un pneu*), *f.*—*v.t.* piquer; crever (*pneu*).
pundit ['pʌndit], *n.* pandit, *m.*
pungency ['pʌndʒənsi], *n.* âcreté; aigreur, *f.*
pungent ['pʌndʒənt], *a.* âcre; piquant, mordant.
pungently ['pʌndʒəntli], *adv.* avec causticité.
puniness ['pju:ninis], *n.* petitesse, nature chétive, *f.*
punish ['pʌniʃ], *v.t.* punir, corriger; malmener.
punishable ['pʌniʃəbl], *a.* punissable.
punishment ['pʌniʃmənt], *n.* punition; peine, *f.*, châtiment, *m.*; *capital punishment*, peine capitale.
punitive ['pju:nitiv], *a.* punitif.
punnet ['pʌnit], *n.* maniveau, *m.*
punt [pʌnt], *n.* bachot, *m.*—*v.i.* conduire un bachot (*à la perche*).
puny ['pju:ni], *a.* petit, chétif.
pup [pʌp], *n.* petit chien, petit; (*pej.*) freluquet, fat, *m.*
pupil (1) ['pju:pil], *n.* élève, *m.*, *f.*
pupil (2) ['pju:pil], *n.* pupille (*de l'œil*), *f.*
pupilary ['pju:piləri], *a.* pupillaire.
puppet ['pʌpit], *n.* marionnette, *f.*; *glove puppet*, marionnette à gaine; *puppet government*, gouvernement fantoche, *m.*
puppet-show ['pʌpitʃou], *n.* (spectacle de) marionnettes, *f.pl.*
puppy ['pʌpi], *n.* petit chien; (*fig.*) fat, freluquet, *m.*
purblind ['pə:blaind], *a.* myope.
purchase ['pə:tʃis], *n.* achat, *m.*, acquisition, emplette; (*Mech.*) prise, *f.*—*v.t.* acheter, acquérir.
purchase-deed ['pə:tʃisdi:d], *n.* contrat d'achat, *m.*
purchaser ['pə:tʃisə], *n.* acquéreur, acheteur, *m.*
purchasing ['pə:tʃisiŋ], *n.* achat, *m.*; *purchasing power*, pouvoir d'achat, *m.*
pure [pjuə], *a.* pur; *pure-bred*, de race.
purely ['pjuəli], *adv.* purement.
pureness ['pjuənis], *n.* pureté, *f.*
purgation [pə'geiʃən], *n.* purgation, *f.*
purgative ['pə:gətiv], *a.* and *n.* purgatif, *m.*
purgatorial [pə:gə'to:riəl], *a.* du purgatoire.
Purgatory ['pə:gətəri], *n.* purgatoire, *m.*
purge [pə:dʒ], *v.t.* purger; purifier, épurer.—*n.* purgation, purge, *f.*; (*Polit.*) nettoyage, *m.*

purification [pjuərifiʹkeiʃən], *n.* purification; épuration, *f.*

purifier [ʹpjuərifaiə], *n.* purificateur, *m.*

purify [ʹpjuərifai], *v.t.* purifier.—*v.i.* se purifier.

purist [ʹpjuərist], *n.* puriste, *m., f.*

Puritan [ʹpjuəritən], *n.* puritain, *m.*

puritan [ʹpjuəritən], *a.* puritain.

puritanical [pjuəriʹtænikl], *a.* de puritain, puritain.

Puritanism [ʹpjuəritənizm], *n.* puritanisme, *m.*

purity [ʹpjuəriti], *n.* pureté, *f.*

purl [pəːl], *v.t.* engrêler (*dentelle*).—*v.i.* murmurer, gazouiller.—*n.* engrêlure (*de dentelle*), *f.*; doux murmure; gazouillement, *m.*

purlieu [ʹpəːljuː], *n.* alentours, environs, *m.pl.*

purloin [pəʹlɔin], *v.t.* dérober, voler.

purple [pəːpl], *a.* violet, mauve; pourpre.— *n.* pourpre, mauve (*couleur*), *m.*; pourpre (*teinture etc.*), *f.*—*v.t.* teindre en pourpre, empourprer, rougir.

purport [ʹpəːpət], *n.* sens, *m.*, teneur, portée, *f.*—[pəʹpɔːt], *v.t.* tendre à montrer, signifier, vouloir dire.

purpose [ʹpəːpəs], *n.* but, objet, *m.*, fin, *f.*, dessein, *m.*, intention, *f.*; **on purpose,** exprès, à dessein; **to answer one's purpose,** faire son affaire.—*v.t., v.i.* se proposer, avoir l'intention (*de*).

purposely [ʹpəːpəsli], *adv.* à dessein, exprès.

purr [pəː], *v.i.* ronronner.

purring [ʹpəːriŋ], *a.* qui fait ronron.—*n.* ronron, *m.*

purse [pəːs], *n.* porte-monnaie, *m.*; bourse, *f.*; (*Am.*) sac à main, *m.*—*v.t.* plisser, froncer (*les sourcils etc.*).

purser [ʹpəːsə], *n.* commissaire (*de navire*); (*Mining*) agent comptable, *m.*

pursuance [pəʹsjuːəns], *n.* poursuite, conséquence, *f.*; **in pursuance of,** conformément à.

pursuant [pəʹsjuːənt], *a.* en conséquence (*de*), conforme (*à*).

pursue [pəʹsjuː], *v.t.* poursuivre; suivre, chercher.

pursuer [pəʹsjuːə], *n.* poursuivant, *m.*

pursuit [pəʹsjuːt], *n.* poursuite, recherche, occupation, *f.*; (*pl.*) travaux, *m.pl.*

purulence [ʹpjuəruləns], **purulency** [ʹpjuərulənsi], *n.* purulence, *f.*

purulent [ʹpjuərulənt], *a.* purulent.

purvey [pəʹvei], *v.t.* fournir, approvisionner; procurer.

purveyor [pəʹveiə], *n.* pourvoyeur, fournisseur, *m.*

pus [pʌs], *n.* pus, *m.*

push [puʃ], *v.t.* pousser; (*fig.*) presser, importuner; **to push back,** repousser, faire reculer; **to push down,** faire tomber, renverser.—*v.i.* pousser; faire un effort; **to push off,** pousser au large; **to push on,** pousser en avant.—*n.* impulsion, poussée, *f.*; effort, *m.*; extrémité, *f.*

pushing [ʹpuʃiŋ], *a.* entreprenant.

pusillanimity [pjuːsilæʹnimiti], *n.* pusillanimité, *f.*

pusillanimous [pjuːsiʹlæniməs], *a.* pusillanime.

puss [pus], *n.* (*colloq.*) minet, *m.*, minette, *f.*

pustule [ʹpʌstjuːl], *n.* pustule, *f.*

put [put], *v.t. irr.* mettre, poser, placer; proposer (*solution etc.*); lancer (*poids etc.*); **to put about,** gêner; **to put aside,** mettre de côté; **to put back,** replacer, remettre; **to put by,** mettre de côté; **to put forward,** mettre en avant; **to put off,** ôter; remettre; **to put on,** mettre (*vêtements*); **to put on the light,** allumer; **to put out,** mettre dehors; éteindre (*feu etc.*); **to put up,** installer; loger, caser (*dans un hôtel etc.*).—*v.i.* aller; germer, pousser; (*Naut.*) se mettre; **to put in,** entrer au port; **to put up,** loger (*à ou chez*), descendre (*à*); **to put up with,** supporter.

putrefaction [pjuːtriʹfækʃən], *n.* putréfaction, *f.*

putrefy [ʹpjuːtrifai], *v.t.* putréfier.—*v.i.* se putréfier.

putrid [ʹpjuːtrid], *a.* putride.

putridity [pjuːʹtriditi], *n.* putridité, *f.*

putt [pʌt], *v.t.* (*Golf*) poter.

putter [ʹpʌtə], *n.* (*Golf*) poteur, *m.*

putting [ʹputiŋ], *n.* action du mettre, mise, *f.*

putty [ʹpʌti], *n.* mastic, *m.*

puzzle [pʌzl], *n.* (*fig.*) énigme, *f.*; jeu de patience, casse-tête (*jouet*), *m.*; **crossword puzzle,** mots croisés, *m.pl.*—*v.t.* intriguer, embarrasser; **to puzzle one's brains,** se creuser la tête.

pygmean [pigʹmiən], *a.* de pygmée.

pygmy [ʹpigmi], *n.* pygmée, *m., f.*

pyjamas [piʹdʒɑːməz], *n.pl.* pyjama, *m.*

pylon [ʹpailən], *n.* pylône, *m.*

pyramid [ʹpirəmid], *n.* pyramide, *f.*

pyramidal [piʹræmidl], *a.* pyramidal.

pyre [ʹpaiə], *n.* bûcher, *m.*

Pyrenees [pirəʹniːz], **the,** les Pyrénées, *f.pl.*

pyrethrum [paiʹriːθrəm], *n.* (*Bot.*) pyréthre, *m.*

pyrotechnic [paiərouʹteknik], **pyrotechnical** [paiərouʹteknikəl], *a.* pyrotechnique, pyrique.

pyrotechnics [paiərouʹtekniks], *n.pl.* pyrotechnie, *f.*

pyrotechnist [paiərouʹteknist], *n.* artificier, *m.*

python [ʹpaiθən], *n.* python, *m.*

pyx [piks], *n.* ciboire, *m.*

Q

Q, q [kjuː]. dix-septième lettre de l'alphabet, *m.*

quack [kwæk], *a.* de charlatan.—*n.* charlatan; couac, cri du canard, *m.*—*v.i.* crier (comme les canards *etc.*).

quackery [ʹkwækəri], *n.* charlatanisme, *m.*

Quadragesima [kwɔdrəʹdʒesimə]. Quadragésime, *f.*

quadrangle [ʹkwɔdræŋgl], *n.* quadrilatère carré, *m.*; (*Univ.*) cour d'honneur, *f.*

quadrant [ʹkwɔdrənt], *n.* quart de cercle, *m.*

quadratic [kwɔdʹrætik], *a.* du second degré.

quadrennial [kwɔdʹreniəl], *a.* quadriennal.

quadrennially [kwɔdʹreniəli], *adv.* tous les quatre ans.

quadrilateral [kwɔdri'lætərəl], *a.* quadrilatéral.—*n.* quadrilatère, *m.*
quadrille [kwə'dril], *n.* quadrille, *m.*; contredanse, *f.*
quadroon [kwə'druːn], *n.* quarteron, *m.*
quadruped ['kwɔdruped], *n.* quadrupède, *m.*
quadruple ['kwɔdrupl], *a.* and *n.* quadruple, *m.*—*v.t.* quadrupler.
quadruplet ['kwɔdruplit], *n.* quadruplette, *f.*; (*pl.*) (*colloq.*) **quads** [kwɔdz], quadruplés, *m.pl.*
quaff [kwæf], *v.t.* boire à grands traits.
quaffer ['kwæfə], *n.* buveur, *m.*
quagmire ['kwægmaiə], *n.* fondrière, *f.*
quail (1) [kweil], *v.i.* perdre courage, fléchir.
quail (2) [kweil], *n.* (*Orn.*) caille, *f.*
quaint [kweint], *a.* singulier, bizarre; pittoresque.
quaintly ['kweintli], *adv.* singulièrement, bizarrement.
quaintness ['kweintnis], *n.* bizarrerie, originalité, *f.*
quake [kweik], *v.i.* trembler; branler.—*n.* tremblement, *m.*
Quaker ['kweikə], *n.* Quaker, *m.*
Quakerism ['kweikərizm], *n.* Quakerisme, *m.*
quaking ['kweikiŋ], *a.* tremblant.—*n.* tremblement, *m.*; terreur, *f.*
qualifiable ['kwɔlifaiəbl], *a.* qualifiable.
qualification [kwɔlifi'keiʃən], *n.* qualification, qualité; aptitude, *f.*, talent, *m.*; réserve, restriction, *f.*; (*pl.*) qualités, *t.pl.*, titres, *m.pl.*
qualified ['kwɔlifaid], *a.* qui a les qualités requises (*pour*), propre (*à*); *qualified teacher*, professeur diplômé, *m.*
qualify ['kwɔlifai], *v.t.* rendre capable (*de*); autoriser (*à*); modérer.—*v.i.* se préparer (*à*).
qualifying ['kwɔlifaiiŋ], *a.* qualificatif.
quality ['kwɔliti], *n.* qualité, *f.*; (*colloq.*) talent, *m.*
qualm [kwɑːm], *n.* nausée, *f.*; (*fig.*) scrupule, *m.*
qualmish ['kwɑːmiʃ], *a.* qui a mal au cœur.
quandary ['kwɔndəri], *n.* embarras, *m.*, impasse, *f.*
quantitative ['kwɔntitətiv], *a.* quantitatif.
quantity ['kwɔntiti], *n.* quantité, *f.*; grand nombre, *m.*
quantum ['kwɔntəm], *n.* montant, quantum, *m.*
quarantine ['kwɔrəntiːn], *n.* quarantaine, *f.*—*v.t.* mettre en quarantaine.
quarrel ['kwɔrəl], *n.* querelle, dispute, brouille, *f.*—*v.i.* se quereller, se brouiller.
quarreller ['kwɔrələ], *n.* querelleur, *m.*
quarrelling ['kwɔrəliŋ], *n.* querelle; dispute, *f.*
quarrelsome ['kwɔrəlsəm], *a.* querelleur.
quarrelsomeness ['kwɔrəlsəmnis], *n.* humeur querelleuse, *f.*
quarry (1) ['kwɔri], *n.* carrière, *f.*—*v.t.* tirer d'une carrière.
quarry (2) ['kwɔri], *n.* (*Hunt.*) curée; proie, *f.*
quarrying ['kwɔriiŋ], *n.* extraction d'une carrière, *f.*
quarryman ['kwɔrimən], *n.* (*pl.* **-men** [men]) carrier, *m.*
quart [kwɔːt], *n.* quart de gallon (*1·14 litre*), *m.*
quarter ['kwɔːtə], *n.* quart; quart de quintal

(*12·70 kg.*); quartier (*de ville, de la lune, de mouton etc.*), *m.*; partie, région (*d'un pays*), *f.*; côté (*direction*); trimestre (*de l'année*), *m.*; hanche (*de navire*), *f.*; (*pl.*) logement; (*Mil.*) quartier, *m.*; *to come to close quarters* en venir aux mains.—*v.t.* diviser en quatre; (*Mil.*) caserner; loger (*dans une maison*); (*Her.*) écarteler.
quarter-day ['kwɔːtədei], *n.* jour du terme, *m.*
quarter-deck ['kwɔːtədek], *n.* gaillard d'arrière, *m.*
quartering ['kwɔːtəriŋ], *n.* division en quatre parties, *f.*; (*Mil.*) logement; (*Her.*) écartèlement, *m.*
quarterly ['kwɔːtəli], *a.* trimestriel.—*adv.* par trimestre, tous les trois mois.
quartermaster ['kwɔːtəmɑːstə], *n.* (*Navy*) maître timonier; (*Mil.*) officier d'approvisionnement, *m.*
quartet [kwɔː'tet], *n.* quatuor, *m.*
quarto ['kwɔːtou], *a.* and *n.* in-quarto, *m.*
quartz [kwɔːts], *n.* quartz, *m.*
quash [kwɔʃ], *v.t.* écraser; (*fig.*) dompter; (*Law*) annuler, casser.
quasi ['kweisai], *adv.* quasi.
quatrain ['kwɔtrein], *n.* quatrain, *m.*
quaver ['kweivə], *n.* tremblement de la voix, trille, *m.*; (*Mus.*) croche, *f.*—*v.i.* trembler; (*Mus.*) faire des trilles.
quavering ['kweivəriŋ], *a.* tremblant, chevrotant.—*n.* trille, tremolo; tremblement de voix, *m.*
quay [kiː], *n.* quai, *m.*
quayage ['kiːidʒ], *n.* quayage, *m.*
queen [kwiːn], *n.* reine; (*Cards etc.*) dame, *f.*
queen-bee ['kwiːnbiː], *n.* reine-abeille, *f.*
queen-like ['kwiːnlaik], **queenly** ['kwiːnli], *adv.* de reine, digne d'une reine.
queen-mother [kwiː'nmʌðə], *n.* reine-mère, *f.*
queer [kwiə], *a.* bizarre, étrange, drôle.
queerly ['kwiəli], *adv.* étrangement, bizarrement.
queerness ['kwiənis], *n.* étrangeté, bizarrerie, *f.*; malaise, *m.*
quell [kwel], *v.t.* réprimer, dompter.
quench [kwentʃ], *v.t.* éteindre; étancher; étouffer (*élan etc.*); *to quench one's thirst*, étancher sa soif, se désaltérer.
quenchable ['kwentʃəbl], *a.* extinguible.
quenchless ['kwentʃlis], *a.* inextinguible.
querulous ['kweruləs], *a.* plaintif, maussade.
querulousness ['kwerulesnis], *n.* humeur chagrine, *f.*
query ['kwiəri], *n.* question, *f.*; point d'interrogation, *m.*—*v.t.* mettre en doute.—*v.i.* questionner.
quest [kwest], *n.* enquête; recherche, *f.*; *in quest of*, à la recherche de.
question ['kwestʃən], *n.* question, interrogation, demande, *f.*; sujet (*problème*), *m.*; (*Parl.*) interpellation, *f.*; *out of the question*, absolument impossible; *that is not the question*, il ne s'agit pas de cela; *to ask a question*, poser une question.—*v.t.* questionner, interroger; mettre en doute.—*v.i.* se demander (*si*).
questionable ['kwestʃənəbl], *a.* contestable, douteux, incertain; suspect, équivoque.
questioner ['kwestʃənə], *n.* questionneur, *m.*
questioning ['kwestʃəniŋ], *n.* questions, *f.pl.*, interrogation, *f.*

question-master [ˈkwestʃənmɑːstə], *n.* (*Rad.*, *Tel.*) meneur de débats, *m.*
questionnaire [kwestʃəˈnɛə], *n.* questionnaire, *m.*
queue [kjuː], *n.* queue, *f.—v.i.* faire la queue.
quibble [kwibl], *n.* argutie, chicane, *f.—v.i.* ergoter, chicaner.
quibbler [ˈkwiblə], *n.* ergoteur, chicaneur, *m.*
quick [kwik], *a.* vite, rapide, prompt; agile, leste; vif (*vivant*); (*fig.*) fin.—*adv.* vite, promptement, lestement.—*n.* vif, *m.*; chair vive, *f.*; *stung to the quick*, piqué au vif; (*collect.*) *the quick*, les vivants, *m.pl.*
quicken [ˈkwikən], *v.t.* animer, vivifier; raviver, accélérer, hâter.—*v.i.* prendre vie, s'animer.
quickening [ˈkwikəriŋ], *a.* vivifiant, qui ranime.
quicklime [ˈkwiklaim], *n.* chaux vive, *f.*
quickly [ˈkwikli], *adv.* vite; promptement; bientôt.
quickness [ˈkwiknis], *n.* vitesse; promptitude; activité; pénétration; fréquence (*du pouls*), *f.*
quicksand [ˈkwiksænd], *n.* sable mouvant, *m.*
quickset [ˈkwikset], *a.* vive; *quickset hedge*, haie vive, *f.—n.* plante vive, *f.*
quicksilver [ˈkwiksilvə], *n.* vif-argent, mercure, *m.*
quicksilvered [ˈkwiksilvəd], *a.* étamé.
quicksilvering [ˈkwiksilvəriŋ], *n.* étamage, *m.*
quick-tempered [ˈkwikˈtempəd], *a.* emporté, vif, colérique.
quick-witted [ˈkwikˈwitid], *a.* à l'esprit vif.
quid [kwid], *n.* chique, *f.*; (*slang*) livre sterling, *f.*
quidnunc [ˈkwidnʌŋk], *n.* curieux, colporteur de nouvelles, *m.*
quiescence [kwiˈesəns], *n.* quiétude, tranquillité, *f.*, repos, *m.*
quiescent [kwiˈesənt], *a.* paisible, en repos, tranquille.
quiet [ˈkwaiət], *a.* tranquille, calme; paisible, silencieux; (*fig.*) modeste; *be quiet!* silence! taisez-vous! *to keep quiet*, se tenir tranquille, rester tranquille.—*n.* tranquillité, quiétude, *f.*; repos, calme, *m.—v.t.* (*also* **quieten** [ˈkwaiətn]) tranquilliser, apaiser, calmer.—*v.i.* *to quiet(en) down*, s'apaiser, se calmer.
quieten, *v.t.*, *v.i.* [QUIET].
quieting [ˈkwaiətiŋ], *a.* calmant, tranquillisant.
quietly [ˈkwaiətli], *adv.* tranquillement; doucement; en silence, sans bruit, discrètement, sans éclat.
quietness [ˈkwaiətnis], *n.* tranquillité, *f.*; calme, repos, *m.*
quietude [ˈkwaiitjuːd], *n.* quiétude, tranquillité, *f.*
quietus [kwaiˈiːtəs], *n.* repos, *m.*; mort, *f.*; (*fig.*) coup de grâce, *m.*; décharge, quittance, *f.*
quill [kwil], *n.* (tuyau de) plume; plume d'oie (*pour écrire*), *f.*; piquant (*de porc-épic*), *m.—v.t.* tuyauter, rucher.
quilling [ˈkwiliŋ], *n.* tuyautage, *m.*, ruche, *f.*
quilt [kwilt], *n.* édredon, *m.*, courtepointe, *f.*—*v.t.* piquer.
quilting [ˈkwiltiŋ], *n.* piqué; piquage, *m.*
quince [kwins], *n.* coing; cognassier (*arbre*), *m.*
quinine [kwiˈniːn], *n.* quinine, *f.*

Quinquagesima [kwiŋkwəˈdʒesimə], Quinquagésime, *f.*
quinquennial [kwiŋˈkweniəl], *a.* quinquennial.
quinquina [kiŋˈkiːnə], *n.* quinquina, *m.*
quinsy [ˈkwinzi], *n.* angine, *f.*
quint [kwint], *n.* quinte, *f.*
quintal [kwintl], *n.* quintal, *m.*
quintessence [kwinˈtesəns], *n.* quintessence, *f.*
quintet [kwinˈtet], *n.* quintette, *m.*
quintuple [ˈkwintjupl], *a.* quintuple.—*v.t.* quintupler.
quintuplets [ˈkwintjuplits], (*colloq.*) **quins** [kwinz], *n.pl.* quintuplés, *m.*
quip [kwip], *n.* mot piquant, sarcasme, *m.—v.t.* railler.
quire [ˈkwaiə], *n.* main (*de papier*), *f.*
quirk [kwəːk], *n.* sarcasme, *m.*, pointe; subtilité (*chicane*), *f.*
quit [kwit], *v.t. irr.* quitter, abandonner; *notice to quit*, congé, *m.—a.* quitte; *to get quit of*, se débarrasser de.
quite [kwait], *adv.* tout à fait, entièrement, complètement, tout; bien, parfaitement; assez.
quits [kwits], *a.* quitte.
quiver [ˈkwivə], *n.* carquois, *m.—v.i.* trembler, frissonner; palpiter (*la chair*); frémir.
quivering [ˈkwivəriŋ], *n.* tremblement, frissonnement; battement des paupières, *m.*
Quixote [ˈkwiksət], **Don.** Don Quichotte, *m.*
quixotic [kwikˈsɔtik], *a.* de Don Quichotte; extravagant, exalté.
quiz [kwiz], *n.* plaisanterie, devinette, *f.*; persifleur, railleur, *m.*; *radio quiz*, jeu radiophonique, *m.—v.t.* railler, persifler; lorgner (*to stare at*).
quizzical [ˈkwizikəl], *a.* railleur; risible.
quizzing [ˈkwiziŋ], *n.* raillerie, *f.*, persiflage, *m.*; lorgnerie, *f.*
quodlibet [ˈkwɔdlibet], *n.* quolibet, *m.*, subtilité, *f.*
quoin [kɔin], *n.* coin, *m.*
quoit [kɔit], *n.* palet, *m.*
quondam [ˈkwɔndəm], *a.* ci-devant, ancien.
quorum [ˈkwɔːrəm], *n.* nombre suffisant, quorum, *m.*
quota [ˈkwouta], *n.* quote-part, *f.*
quotable [ˈkwoutəbl], *a.* citable.
quotation [kwoˈteiʃən], *n.* citation; (*Comm.*) cote, *f.*; (*St. Exch.*) cours, *m.*
quote [kwout], *v.t.* citer; alléguer; (*Comm.*) coter.
quotidian [kwoˈtidiən], *a.* quotidien, journalier.
quotient [ˈkwouʃənt], *n.* quotient, *m.*

R

R, r [ɑː]. dix-huitième lettre de l'alphabet, *m.*
rabbet [ˈræbət], *n.* feuillure, rainure, *f.—v.t.* faire une rainure à.
rabbet-plane [ˈræbətplein], *n.* guillaume, *m.*

529

rabbi

rabbi ['ræbai], *n.* rabbin, *m.*; *chief rabbi*, grand rabbin.

rabbit ['ræbit], *n.* lapin, *m.*; *young rabbit*, lapereau, *m.*

rabble [ræbl], *n.* foule; populace, canaille, *f.*

rabid ['ræbid], *a.* féroce, furieux; enragé (*chien*).

rabies ['reibi:z], *n.* rage, hydrophobie, *f.*

raccoon [RACOON].

race (1) [reis], *n.* (*Biol.*) race, *f.*

race (2) [reis], *n.* (*Spt.*) course, *f.*; raz, raz de marée (*courant*), *m.*—*v.i.* courir vite, courir, lutter de vitesse; *to go racing*, aller aux courses.

race-course ['reiskɔ:s], *n.* champ de courses, hippodrome, *m.*

race-horse ['reishɔ:s], *n.* cheval de course, *m.*

racer ['reisə], *n.* coureur; cheval de course, *m.*

race-track ['reistræk], *n.* piste, *f.*

racial ['reiʃəl], *a.* de (la) race, ethnique.

raciness ['reisinis], *n.* piquant, *m.*, verve, *f.*

racing ['reisiŋ], *a.* de course.—*n.* les courses, *f.pl.*

racing-car ['reisiŋkɑ:], *n.* automobile de course, *f.*

racism ['reisizm], *n.* racisme, *m.*

rack [ræk], *n.* râtelier (*dans une écurie etc.*); chevalet (*instrument de tension*), *m.*; roue (*instrument de supplice*); (*Tech.*) crémaillère, *f.*; *luggage-rack*, (*Rail.*) filet, *m.*—*v.t.* mettre à la torture; (*fig.*) tourmenter; *to rack one's brains*, se creuser la cervelle.

racket ['rækit], *n.* fracas, tapage, tintamarre, caquet, *m.*; (*Ten.*) raquette; escroquerie, supercherie, combine, *f.*

rackety ['rækiti], *a.* tapageur.

racking ['rækiŋ], *a.* de torture; atroce (*douleur*).

racoon [rə'ku:n], *n.* raton laveur, *m.*

racy ['reisi], *a.* (*fig.*) vif, piquant, plein de verve (*style etc.*).

radar ['reidɑ:], *n.* radar, *m.*

radiance ['reidiəns], **radiancy** ['reidiənsi], *n.* rayonnement, éclat, *m.*, splendeur, *f.*

radiant ['reidiənt], *a.* rayonnant (*de*); radieux, éclatant.

radiantly ['reidiəntli], *adv.* en rayonnant, splendidement.

radiate ['reidieit], *v.t.* émettre comme des rayons.—*v.i.* rayonner (*de*).

radiation [reidi'eiʃən], *n.* rayonnement, *m.*, radiation, *f.*

radiator ['reidieitə], *n.* radiateur, *m.*

radical ['rædikəl], *a.* radical; fondamental.—*n.* radical, *m.*

radicalism ['rædikəlizm], *n.* radicalisme, *m.*

radically ['rædikəli], *adv.* radicalement, essentiellement.

radio ['reidiou], *n.* radio, la T.S.F., *f.*

radioactive [reidiou'æktiv], *a.* radio-actif.

radioactivity ['reidiouæk'tiviti], *n.* radio-activité, *f.*

radio-control ['reidioukən'troul], *n.* téléguidage, *m.*—*v.t.* téléguider.

radiogram ['reidiougræm], *n.* combiné radio-électrophone, *m.*

radiography [reidi'ɔgrəfi], *n.* radiographie, *f.*

radish ['rædiʃ], *n.* radis, *m.*; *horse-radish*, raifort, *m.*

radium ['reidiəm], *n.* radium, *m.*

radius ['reidiəs], *n.* rayon, *m.*

radix ['reidiks], *n.* (*pl.* **radices** ['reidisi:z]) racine; base, *f.*

raffle [ræfl], *n.* loterie, tombola, *f.*—*v.t.* mettre en tombola.

raft [rɑ:ft], *n.* radeau; train de bois, *m.*

rafter ['rɑ:ftə], *n.* chevron, *m.*

raftered ['rɑ:ftəd], *a.* à chevrons.

rafting ['rɑ:ftiŋ], *n.* flottage en train, *m.*

raftsman ['rɑ:ftsmən], *n.* flotteur, *m.*

rag [ræg], *n.* chiffon (*nettoyage etc.*); haillon, *m.*, guenille, loque (*de vêtement*), *f.*; (*Sch.*) chahut, *m.*; brimade, *f.*—*v.t.* (*Sch.*) chahuter, brimer.

ragamuffin ['rægəmʌfin], *n.* gueux, polisson, va-nu-pieds, *m.*

rage [reidʒ], *n.* rage, fureur, *f.*, emportement, *m.*; furie, manie, *f.*; *it's all the rage*, cela fait fureur.—*v.i.* être furieux, être en fureur, s'emporter; (*fig.*) sévir.

ragged ['rægid], *a.* en haillons, déguenillé (*personnes*); en lambeaux, déchiré (*choses*).

raggedness ['rægidnis], *n.* délabrement, déguenillement, *m.*; guenilles, *f.pl.*

raging ['reidʒiŋ], *a.* furieux, en fureur; déchaîné, acharné, violent (*tempête, guerre etc.*).—*n.* fureur, violence, *f.*

ragman ['rægmən], *n.* (*pl.* **-men** [men]) chiffonnier, *m.*

rag-time ['rægtaim], *n.* (*Mus.*) musique syncopée, *f.*

raid [reid], *n.* incursion, *f.*; raid, coup de main, *m.*; *air raid*, raid aérien.—*v.t.* faire une incursion dans; piller; bombarder.

raider ['reidə], *n.* maraudeur; commando, *m.*

rail (1) [reil], *n.* barre, *f.*, barreau (*bois, métal etc.*), *m.*; rampe (*d'escalier*), *f.*; parapet (*de pont etc.*); (*Rail.*) rail, *m.*—*v.t.* enclore, griller.

rail (2) [reil], *v.i. to rail at*, criailler, invectiver.

railer ['reilə], *n.* criailleur, médisant, *m.*

railing (1) ['reiliŋ], *n.* grille, *f.*, garde-fou, *m.*

railing (2) ['reiliŋ], *n.* injures, invectives, *f.pl.*

raillery ['reiləri], *n.* raillerie, *f.*

railway ['reilwei], *n.* chemin de fer, *m.*, voie ferrée, *f.*

railwayman ['reilweimən], *n.* (*pl.* **-men** [men]) employé des chemins de fer, cheminot, *m.*

raiment ['reimənt], *n.* vêtement, *m.*

rain [rein], *n.* pluie, *f.*—*v.t.* faire pleuvoir.—*v.i.* pleuvoir; *it is pouring with rain*, il pleut à verse.

rainbow ['reinbou], *n.* arc-en-ciel, *m.*

raincoat ['reinkout], *n.* imperméable, *m.*

rainfall ['reinfɔ:l], *n.* pluie annuelle, pluie tombée, *f.*

rain-gauge ['reingeidʒ], *n.* pluviomètre, *m.*

rainy ['reini], *a.* pluvieux.

raise [reiz], *v.t.* lever; élever; hausser (*prix etc.*); soulever (*élever à une petite hauteur etc.*); cultiver (*légumes*); augmenter, accroître (*ajouter à*); faire naître (*soupçons*); pousser (*un cri*); faire lever (*pâte*); se procurer (*argent*); faire (*un emprunt etc.*).

raised [reizd], *a.* levé; en relief.

raisin [reizn], *n.* raisin sec, *m.*

raising ['reiziŋ], *n.* augmentation, *f.*, accroissement, *m.*; levée (*d'impôts, de troupes, de sièges etc.*), *f.*; élevage (*de bestiaux*), *m.*; culture (*de plantes etc.*), *f.*

530

rake (1) [reik], *n.* (*Hort.*) râteau.—*v.t.* (*Agric.*) râteler; (*Hort.*) ratisser; ramasser (*rassembler*); (*Mil.*) enfiler.
rake (2) [reik], *n.* roué (*libertin*), *m.*
raking ['reikiŋ], *a.* d'enfilade.—*n.* (*Hort.*) ratissage; (*Agric.*) râtelage, *m.*
rakish ['reikiʃ], *a.* dissolu; élancé (*navire*).
rakishness ['reikiʃnis], *n.* libertinage; air crâne, *m.*
rally ['ræli], *v.t.* rallier, rassembler.—*v.i.* se rallier, se rassembler; (*fig.*) se remettre.—*n.* ralliement, *m.*
Ralph [reif, rælf]. Raoul, *m.*
ram [ræm], *n.* bélier; mouton, *m.*—*v.t.* enfoncer; pilonner, tasser (*terre etc.*); bourrer (*dans un canon*).
ramble ['ræmbl], *n.* excursion à pied, grande promenade; (*fig.*) divagation, *f.*—*v.i.* errer, se promener; errer çà et là; (*fig.*) divaguer.
rambler ['ræmblə], *n.* excursionniste (à pied), *m.*, *f.*; (*Hort.*) rosier grimpant, *m.*
rambling ['ræmbliŋ], *a.* errant, vagabond; (*fig.*) décousu, incohérent.—*n.* excursions, promenades à l'aventure; (*fig.*) divagations, *f.pl.*
ramification [ræmifi'keiʃən], *n.* ramification, *f.*
ramify ['ræmifai], *v.i.* se ramifier.
rammer ['ræmə], *n.* pilon, *m.*
ramp [ræmp], *n.* rampe, montée; (*fam.*) escroquerie, *f.*
rampant ['ræmpənt], *a.* dominant, violent; effréné; (*Her.*) rampant.
rampart ['ræmpɑːt], *n.* rempart, *m.*
ramrod ['ræmrɔd], *n.* baguette (*de fusil*), *f.*; écouvillon (*de canon*), *m.*; **stiff as a ramrod**, droit comme un piquet.
ramshackle ['ræmʃækl], *a.* qui tombe en ruines, délabré.
rancid ['rænsid], *a.* rance.
rancidity [ræn'siditi], **rancidness** ['rænsidnis], *n.* rancidité, *f.*
rancorous ['ræŋkərəs], *a.* rancunier, haineux.
rancour ['ræŋkə], *n.* haine, rancune, *f.*
Randolph ['rændɔlf]. Rodolphe, *m.*
random ['rændəm], *a.* fait au hasard.—*n.* hasard, *m.*; **at random**, au hasard.
range [reindʒ], *n.* rangée, *f.*, rang (*file*), *m.*; chaîne (*de montagnes etc.*); étendue, portée, *f.*, fourneau; tir (*armes à feu*), *m.*; gamme (*de couleurs*), *f.*—*v.t.* ranger, arranger; aligner (*avec*); parcourir.—*v.i.* s'aligner; être rangé.
range-finder ['reindʒfaində], *n.* télémètre, *m.*
ranger ['reindʒə], *n.* garde-forestier, *m.*
rank (1) [ræŋk], *n.* rang, ordre, *m.*, classe, *f.*; (*Mil.*) grade; (*fig.*) haut rang, *m.*; station de taxis, *f.*—*v.t.* ranger, classer.—*v.i.* se ranger, être classé; occuper un rang.
rank (2) [ræŋk], *a.* luxuriant; (*fig.*) rude; extrême; fétide (*odeur*).
rankle [rænkl], *v.i.* s'envenimer, s'enflammer.
rankness ['ræŋknis], *n.* surabondance; grossièreté; rancidité, *f.*
ransack ['rænsæk], *v.t.* saccager, piller; fouiller.
ransacking ['rænsækiŋ], *n.* pillage, *m.*
ransom ['rænsəm], *n.* rançon, *f.*—*v.t.* rançonner.
rant [rænt], *n.* déclamation extravagante, *f.*—*v.i.* extravaguer; tempêter.

ranter ['ræntə], *n.* déclamateur, énergumène, *m.*
ranting ['ræntiŋ], *a.* d'énergumène, extravagant.
ranunculus [rə'nʌŋkjuləs], *n.* (*Bot.*) renoncule, *f.*
rap [ræp], *n.* tape, *f.*, petit coup sec, *m.*—*v.t. v.i.* frapper.
rapacious [rə'peiʃəs], *a.* rapace.
rapaciously [rə'peiʃəsli], *adv.* avec rapacité.
rapaciousness [rə'peiʃəsnis], **rapacity** [rə'pæsiti], *n.* rapacité, *f.*
rape (1) [reip], *n.* (*Poet.*) rapt, enlèvement; (*Law*) viol, *m.*—*v.t.* enlever de force; violer.
rape (2) [reip], *n.* (*Agric.*) colza, *m.*, navette, *f.*
rapid ['ræpid], *a.* and *n.* rapide, *m.*
rapidity [rə'piditi], **rapidness** ['ræpidnis], *n.* rapidité, *f.*
rapidly ['ræpidli], *adv.* rapidement.
rapier ['reipiə], *n.* rapière, *f.*
rapine ['ræpain], *n.* rapine, *f.*
rapt [ræpt]. *a.* ravi, extasié; profond (*attention*).
rapture ['ræptʃə], *n.* ravissement, transport. *m.*, extase, *f.*
rapturous ['ræptʃərəs], *a.* ravissant; joyeux.
rapturously ['ræptʃərəsli], *adv.* avec transport.
rare [rɛə], *a.* rare; clairsemé; à moitié cru (*viande*).
rarefaction [rɛəri'fækʃən], *n.* raréfaction, *f.*
rarefy ['rɛərifai],|*v.t.* raréfier.—*v.i.* se raréfier.
rarely ['rɛəli], *adv.* rarement.
rareness ['rɛənis], **rarity** ['rɛəriti], *n.* rareté, *f.*
rascal [rɑːskl], *n.* coquin, fripon, gredin, *m.*
rascality [rɑː'skæliti], *n.* friponnerie, gredinerie, coquinerie, *f.*
rascally ['rɑːskəli], *a.* coquin, fripon.
rase [RAZE].
rash (1) [ræʃ], *a.* téméraire; irréfléchi, imprudent.
rash (2) [ræʃ], *n.* éruption, *f.*
rasher ['ræʃə], *n.* tranche, *f.*
rashly ['ræʃli], *adv.* témérairement; imprudemment.
rashness ['ræʃnis], *n.* témérité; précipitation, imprudence, *f.*
rasp [rɑːsp], *n.* râpe, *f.*—*v.t.* râper; râcler, écorcher (*surface, peau*).—*v.i.* grincer, crisser.
raspberry ['rɑːzbəri], *n.* framboise, *f.*
raspberry-bush ['rɑːzbəribuʃ], *n.* framboisier, *m.*
rasping ['rɑːspiŋ], *a.* grinçant, âpre, rauque (*voix*).—*n.* râpage; crissement, *m.*
rat [ræt], *n.* rat, *m.*; **to smell a rat**, se douter de quelque chose.
ratchet ['rætʃit], *n.* cliquet, *m.*, dent d'engrenage, *f.*
ratchet-brace ['rætʃitbreis], *n.*, **ratchet-jack** ['rætʃitdʒæk], *n.* vilbrequin à cliquet, *m.*
rate (1) [reit], *n.* prix, *m.*; raison, proportion, *f.*; taux (*argent, population*); cours (*de change*); degré, rang, ordre, *m.*; vitesse; taxe, *f.*, impôt (*taxe municipale*), *m.*; **at any rate**, en tout cas; **first-rate**, de première classe.—*v.t.* évaluer; classer; taxer; faire une estimation; regarder (*comme*).—*v.i.* **to rate as**, être classé comme.
rate (2) [reit], *v.t.* gronder.

rateable

rateable ['reitəbl], *a.* imposable; *rateable value*, valeur locative imposable (*d'un immeuble*), *f.*

rate-payer ['reitpeiə], *n.* contribuable, *m.*, *f.*

rather ['rɑːðə], *adv.* plutôt; un peu, quelque peu (*légèrement*); assez, passablement (*suffisamment*).

ratification [rætifi'keiʃən], *n.* ratification, *f.*

ratify ['rætifai], *v.t.* ratifier, approuver.

ratifying ['rætifaiiŋ], *a.* ratificatif.

rating (1) ['reitiŋ], *n.* estimation, évaluation; répartition d'impôt, *f.*; (*Navy*) matelot, *m.*

rating (2) ['reitiŋ], *n.* gronderie, *f.*

ratio ['reiʃiou], *n.* proportion, raison, *f.*, rapport, *m.*

ration ['ræʃən], *n.* ration, *f.*—*v.t.* rationner.

ration-book ['ræʃənbuk], *n.* carte d'alimentation, *f.*

rationing ['ræʃəniŋ], *n.* rationnement, *m.*

rational ['ræʃənl], *a.* raisonnable, rationnel.

rationalism ['ræʃnəlizm], *n.* rationalisme, *m.*

rationalist ['ræʃnəlist], *n.* rationaliste, *m.*, *f.*

rationalize ['ræʃnəlaiz], *v.t.* rationaliser.

rationally ['ræʃnəli], *adv.* raisonnablement, rationnellement.

rattan [rə'tæn], *n.* rotin, *m.*

ratten [rætn], *v.t.* intimider; saboter.

rattle [rætl], *v.t.* faire claquer, faire sonner; secouer (*chaînes etc.*).—*v.i.* faire un bruit sec, cliqueter, crépiter.—*n.* bruit; cliquetis (*de métaux*); râle (*à la gorge*); hochet (*jouet*), *m.*; crécelle. *f.*

rattlesnake ['rætlsneik], *n.* serpent à sonnettes, crotale, *m.*

rattling ['rætliŋ], *a.* bruyant; (*fig.*) excellent.—*n.* bruit, cliquetis, *m.*

rat-trap ['rættræp], *n.* ratière, *f.*

raucous ['rɔːkəs], *a.* rauque.

ravage ['rævidʒ], *n.* ravage, *m.*—*v.t.* ravager.

ravager ['rævidʒə], *n.* ravageur, dévastateur, *m.*

rave [reiv], *v.i.* être en délire; (*fig.*) extravaguer.

ravel [rævl], *v.t.* embrouiller, entortiller.—*v.i.* s'embrouiller, s'entortiller.

raven (1) [reivn], *n.* (*Orn.*) corbeau, *m.*

raven (2) [rævn], *v.t.* dévorer.

ravenous ['rævənəs], *a.* dévorant, vorace.

ravenously ['rævənəsli], *adv.* avec voracité.

ravenousness ['rævənəsnis], *n.* voracité, rapacité, *f.*

ravine [rə'viːn], *n.* ravin, *m.*

raving ['reiviŋ], *a.* en délire, délirant; furieux, fou.—*n.* délire, *m.*

ravish ['ræviʃ], *v.t.* ravir; enlever; (*fig.*) transporter.

ravisher ['ræviʃə], *n.* ravisseur, *m.*

ravishing ['ræviʃiŋ], *a.* ravissant.

raw [rɔː], *a.* cru; vif, écorché (*égratigné etc.*); (*fig.*) sans expérience, novice; pur (*alcool*); brut (*cuir etc.*); froid et humide (*temps*); *raw materials*, matières premières, *f.pl.*

raw-boned ['rɔːbound], *a.* maigre, décharné.

rawness ['rɔːnis], *n.* crudité, *f.*; froid humide (*du temps*), *m.*; (*fig.*) inexpérience, *f.*

ray (1) [rei], *n.* rayon, *m.*

ray (2) [rei], *n.* (*Ichth.*) raie, *f.*

rayless ['reilis], *a.* sans rayon, sans lumière.

Raymond ['reimənd], Raymond, *m.*

rayon ['reiən], *n.* rayonne, *f.*

raze [reiz], *v.t.* raser, effleurer; rayer, effacer (*supprimer*); abattre, détruire (*édifice*).

532

razor ['reizə], *n.* rasoir, *m.*; *safety razor*, rasoir de sûreté.

razor-bill ['reizəbil], *n.* petit pingouin, *m.*

re [riː, rei], *prep.* au sujet de, à propos de.

reach [riːtʃ], *n.* portée, atteinte; étendue (*capacité*), *f.*; bief (*de canal*), *m.*—*v.t.* atteindre, toucher; passer, donner (*rendre*); arriver à, parvenir à (*accomplir*).—*v.i.* s'étendre de . . . à.

reachable ['riːtʃəbl], *a.* qu'on peut atteindre.

react [ri'ækt], *v.i.* réagir (*sur*).

reaction [ri'ækʃən], *n.* réaction, *f.*

reactionary [ri'ækʃənəri], *a.* and *n.* réactionnaire, *m.*, *f.*

reactor [ri'æktə], *n.* réacteur, *m.*

read [riːd], *v.t. irr.* lire; faire la lecture de; (*fig.*) étudier.—*v.i.* lire; faire la lecture; se lire.

readable ['riːdəbl], *a.* lisible; qui se lit avec plaisir.

readableness ['riːdəblnis], *n.* lisibilité, *f.*

readdress [riːə'dres], *v.t.* faire suivre (*lettre*).

reader ['riːdə], *n.* lecteur, *m.*; (*Print.*) correcteur; liseur (*amateur de lecture*); (*Sch.*) livre de lecture, *m.*

readily ['redili], *adv.* tout de suite, promptement; volontiers (*de bon gré*), avec plaisir.

readiness ['redinis], *n.* empressement, *m.*, promptitude; facilité; bonne volonté (*complaisance*), *f.*

reading ['riːdiŋ], *n.* lecture; variante (*textuelle*), leçon; hauteur (*de baromètre*), *f.*

reading-book ['riːdiŋbuk], *n.* livre de lecture, *m.*

reading-desk ['riːdiŋdesk], *n.* pupitre, *m.*

reading-lamp ['riːdiŋlæmp], *n.* lampe de travail, *f.*

reading-room ['riːdiŋruːm], *n.* salle de lecture, *f.*

readjust [riːə'dʒʌst], *v.t.* rajuster, rectifier.

readjustment [riːə'dʒʌstmənt], *n.* rajustement, *m.*

ready ['redi], *a.* prêt, prompt; facile; vif (*qui comprend vite*); *ready money*, argent comptant, *m.*

ready-made ['redimeid], *a.* tout fait, confectionné.

ready-reckoner ['redi'reknə], *n.* barème, *m.*

ready-witted ['redi'witid], *a.* à l'esprit vif.

reaffirm [riːə'fəːm], *v.t.* réaffirmer.

reafforestation [riːəfɔris'teiʃən], *n.* reboisement, *m.*

real ['riːəl], *a.* réel; vrai, véritable; effectif; (*Law*) immeuble, immobilier.

realism ['riːəlizm], *n.* réalisme, *m.*

realist ['riːəlist], *n.* réaliste, *m.*, *f.*

realistic [riːə'listik], *a.* réaliste.

reality [ri'æliti], *n.* réalité, *f.*; réel, *m.*

realizable ['riːəlaizəbl], *a.* réalisable.

realization [riːəlai'zeiʃən], *n.* réalisation; conception nette, *f.*

realize ['riːəlaiz], *v.t.* réaliser; effectuer; se rendre compte de, bien comprendre; se figurer; rapporter (*somme*).

really ['riːəli], *adv.* réellement, en effet, effectivement; vraiment.—*int.* en vérité! à vrai dire!

realm [relm], *n.* royaume, *f.*; domaine, *m.*

realty ['riːəlti], *n.* biens immeubles, *m.pl.*

ream [riːm], *n.* rame (*de papier*), *f.*

reap [ri:p], *v.t., v.i.* moissonner; (*fig.*) recueillir.
reaper ['ri:pə], *n.* moissonneur, *m.*
reaping ['ri:piŋ], *n.* moisson, *f.*
reaping-machine ['ri:piŋməʃi:n], *n.* moissonneuse, *f.*
reappear [ri:ə'piə], *v.i.* reparaître, réapparaître.
reappearance [ri:ə'piərəns], *n.* réapparition; rentrée (*d'acteur*), *f.*
reappoint [ri:ə'pɔint], *v.t.* réintégrer; renommer.
reappointment [ri:ə'pɔintmənt], *n.* réintégration, *f.*
rear (1) [riə], *a.* situé à l'arrière; postérieur; *rear wheel,* roue arrière, *f.—n.* dernier rang, *m.*; arrière-garde, *f.*; derrière (*d'édifice etc.*), *m.*; *to bring up the rear,* fermer la marche.
rear (2) [riə], *v.t.* élever.—*v.i.* se cabrer.
rear-admiral ['riərædmərəl], *n.* contreamiral, *m.*
re-arm [ri:'ɑ:m], *v.t., v.i.* réarmer.
re-armament [ri:'ɑ:məmənt], *n.* réarmement, *m.*
rearwards ['riəwədz], *adv.* à l'arrière.
reascend [ri:ə'send], *v.t., v.i.* remonter.
reason [ri:zn], *n.* raison, *f.*; raisonnement, *m.*; *the reason why,* la raison pour laquelle; *that stands to reason,* cela va sans dire; *to have reason to believe,* avoir lieu de croire.—*v.t., v.i.* raisonner.
reasonable ['ri:znəbl], *a.* raisonnable; modéré.
reasonableness ['ri:znəblnis], *n.* raison, modération, *f.*
reasonably ['ri:znəbli], *adv.* raisonnablement.
reasoner ['ri:zənə], *n.* raisonneur, logicien, *m.*
reasoning ['ri:zəniŋ], *n.* raisonnement, *m.*
reassemble [ri:ə'sembl], *v.t.* rassembler.—*v.i.* se rassembler.
reassert [ri:ə'sə:t], *v.t.* affirmer de nouveau.
reassess [ri:ə'ses], *v.t.* réévaluer.
reassessment [ri:ə'sesmənt], *n.* réimposition; réévaluation, *f.*
reassign [ri:ə'sain], *v.t.* réassigner.
reassignment [ri:ə'sainmənt], *n.* réassignation, *f.*
reassume [ri:ə'sju:m], *v.t.* réassumer; reprendre (*position*).
reassurance [ri:ə'ʃuərəns], *n.* action de rassurer; (*Comm.*) réassurance, *f.*
reassure [ri:ə'ʃuə], *v.t.* rassurer; (*Comm.*) réassurer.
rebate ['ri:beit], *n.* rabais, *m.*, remise, *f.—*[ri'beit], *v.t.* diminuer, rabattre.
rebel [rebl], *n.* rebelle, *m., f.*, révolté, *m.—*[ri'bel], *v.i.* se révolter, se soulever (*contre*).
rebellion [ri'beljən], *n.* rébellion, *f.*
rebellious [ri'beljəs], *a.* rebelle.
rebelliously [ri'beljəsli], *adv.* en rebelle.
rebelliousness [ri'beljəsnis], *n.* rébellion, *f.*
rebirth [ri:'bə:θ], *n.* renaissance, *f.*
reborn [ri:'bɔ:n], *a.* né de nouveau; réincarné.
rebound ['ri:baund], *n.* rebondissement, contre-coup, *m.—*[ri'baund], *v.i.* rebondir.
rebuff [ri'bʌf], *n.* rebuffade, *f.*, échec, *m.—v.t.* rebuter, repousser.
rebuild [ri:'bild], *v.t. irr.* (*conjug. like* BUILD) rebâtir, reconstruire.

rebuke [ri'bju:k], *n.* réprimande, *f.*, reproche, *m.—v.t.* réprimander, reprendre, censurer.
rebus ['ri:bəs], *n.* rébus, *m.*
rebut [ri'bʌt], *v.t.* rebuter, repousser, réfuter.
recalcitrant [ri'kælsitrənt], *a.* récalcitrant, insoumis, réfractaire.
recall [ri'kɔ:l], *n.* rappel, *m.*; révocation, *f.*; *beyond recall,* irrévocablement.—*v.t.* rappeler; se rappeler (*se souvenir de*).
recant [ri'kænt], *v.t.* rétracter, désavouer, abjurer.—*v.i.* se rétracter.
recantation [ri:kæn'teiʃən], *n.* rétractation, palinodie, *f.*
recapitulate [ri:kə'pitjuleit], *v.t.* récapituler.
recapitulation [ri:kəpitju'leiʃən], *n.* récapitulation, *f.*
recapture [ri:'kæptʃə], *n.* reprise, *f.—v.t* reprendre.
recast [ri:'kɑ:st], *v.t. irr.* (*conjug. like* CAST) refondre; (*Theat.*) faire une nouvelle distribution des rôles.
recede [ri'si:d], *v.i.* se retirer (*de*); s'éloigner.
receding [ri'si:diŋ], *a.* fuyant (*le front*), effacé (*menton*).
receipt [ri'si:t], *n.* reçu, *m.*, quittance, *f.*, acquit, *m.*; réception (*le fait de recevoir*); (*pl.*) recette, *f.*, recettes, *f.pl.*; récépissé, *m.—v.t.* acquitter.
receive [ri'si:v], *v.t.* recevoir, accepter; accueillir; recéler (*biens volés*).
receiver [ri'si:və], *n.* receveur; receleur (*d'objets volés*); liquidateur (*faillite*); (*Teleph.*) récepteur, *m.*
receiving [ri'si:viŋ], *n.* réception, *f.*; recel (*d'objets volés*), *m.*
recent ['ri:sənt], *a.* récent, frais, nouveau.
recently ['ri:səntli], *adv.* récemment, depuis peu.
receptacle [ri'septekl], *n.* réceptacle; récipient, *m.*
reception [ri'sepʃən], *n.* réception, *f.*; accueil, *m.*
receptionist [ri'sepʃənist], *n.* réceptionniste, *m., f.*
receptive [ri'septiv], *a.* réceptif (*esprit*).
recess [ri'ses], *n.* enfoncement, *m.*, niche, *f.*; recoin, *m.*; vacances, *f.pl.*
recession [ri'seʃən], *n.* retraite, *f.*; désistement (*d'une revendication*), *m.*; (*St. Exch.*) baisse, *f.*
recidivist [ri'sidivist], *n.* récidiviste, *m., f.*
recipe ['resipi], *n.* (*Cook.*) recette, *f.*
recipient [ri'sipiənt], *n.* personne qui reçoit, *f.*, destinataire (*de lettre*), *m., f.*; (*Chem.*) récipient, *m.*
reciprocal [ri'siprəkl], *a.* réciproque.
reciprocate [ri'siprəkeit], *v.t.* échanger; répondre à.—*v.i.* alterner, se succéder.
reciprocation [risiprə'keiʃən], **reciprocity** [resi'prɔsiti], *n.* réciprocité, *f.*
recital [ri'saitl], *n.* récit, *m.*; narration, énumération, *f.*; (*Mus.*) récital, *m.*
recitation [resi'teiʃən], *n.* récitation, *f.*
recitative [resitə'ti:v], *n.* récitatif, *m.*
recite [ri'sait], *v.t.* réciter, faire le récit de; raconter.
reciter [ri'saitə], *n.* récitateur; diseur, narrateur, *m.*
reck [rek], *v.i.* se soucier de.
reckless ['reklis], *a.* insouciant (*de*); téméraire, insensé.

recklessly ['reklisli], adv. témérairement, avec insouciance.

recklessness ['reklisnis], n. insouciance, témérité, f.

reckon [rekn], v.t. compter, calculer; regarder, évaluer (comme).—v.i. compter; to **reckon on**, compter sur; to **reckon with**, tenir compte de.

reckoner ['reknə], n. calculateur, chiffreur, m.; **ready-reckoner**, barème, m.

reckoning ['reknin], n. compte, calcul; écot, m., note (dans un hôtel); addition (dans un restaurant); (Naut.) estime, f.

reclaim [ri:'kleim], v.t. réformer, corriger; ramener (de); réclamer, revendiquer (ses droits); défricher (terre).

reclaimable [ri:'kleiməbl], a. corrigible; cultivable, défrichable (terre).

reclaiming [ri:'kleimin], **reclamation** [reklə'meiʃən], n. défrichement (de terre), m.; réforme, correction (de criminels), f.

recline [ri'klain], v.i. s'appuyer, se reposer, se coucher.

reclining [ri'klainin], a. incliné, appuyé, couché.

reclothe [ri:'klouð], v.t. rhabiller.

recluse [ri'klu:s], a. reclus; solitaire, retiré.—n. reclus, m.

reclusion [ri'klu:ʒən], n. réclusion, f.

recognition [rekəg'niʃən], n. reconnaissance, f.

recognizable [rekəg'naizəbl], a. reconnaissable.

recognizance [ri'kɔgnizəns], n. reconnaissance; (Law) obligation contractée, f.

recognize ['rekəgnaiz], v.t. reconnaître.

recoil [ri'kɔil], n. recul; contre-coup, m.; (fig.) répugnance, f.—v.i. reculer; retomber.

recollect [rekə'lekt], v.t. se souvenir de, se rappeler.

recollection [rekə'lekʃən], n. souvenir, m.; mémoire, f.

recommence [ri:kə'mens], v.t., v.i. recommencer.

recommend [rekə'mend], v.t. recommander.

recommendation [rekəmen'deiʃən], n. recommandation; apostille (d'une pétition), f.

recompense ['rekəmpens], n. récompense, f.; dédommagement, m.—v.t. récompenser (de); dédommager (de); compenser, réparer.

reconcilable [rekən'sailəbl], a. réconciliable; conciliable (avec) (choses).

reconcile ['rekənsail], v.t. réconcilier (avec); habituer, accoutumer (familiariser); to **reconcile oneself to**, se résigner à.

reconciliation [rekənsili'eiʃən], n. réconciliation; conciliation (de choses); (Bibl.) expiation, f.

recondite [ri'kɔndait, 'rekəndait], a. secret, abstrus, profond, mystérieux.

recondition [ri:kən'diʃən], v.t. remettre à neuf, refaire.

reconnaissance [ri'kɔnisəns], n. reconnaissance, f.

reconnoitre [rekə'nɔitə], v.t. reconnaître.—v.i. faire une reconnaissance.

reconsider [ri:kən'sidə], v.t. considérer de nouveau; revenir sur (une décision).

reconsideration [ri:kənsidə'reiʃən], n. reconsidération, f.

reconstitute [ri:'kɔnstitju:t], v.t. reconstituer.

reconstruct [ri:kən'strʌkt], v.t. reconstruire.

reconstruction [ri:kən'strʌkʃən], n. reconstruction, f.

record ['rekɔ:d], n. registre, m., archives, f.pl.; disque (de phonographe); (Spt.) record; dossier, m.; **keeper of the records**, archiviste, m., f.; **long-playing record**, disque longue durée, m; **public records**, archives, f.pl.; **record library**, discothèque, f.; greffe, m.—[ri'kɔ:d], v.t. enregistrer; graver, imprimer (dans l'esprit etc.); mentionner (fait historique).

recorder [ri'kɔ:də], n. enregistreur, archiviste; greffier; (Law) officier judiciaire d'une ville; (Mus.) flageolet, m.; **tape recorder**, magnétophone, m.

recording [ri'kɔ:din], n. enregistrement, m.

recount (1) [ri'kaunt], v.t. raconter.

recount (2) [ri:'kaunt], v.t. recompter.—['ri:kaunt], n. nouvelle addition des voix (aux élections), f.

recoup [ri'ku:p], v.t. rembourser, dédommager (de).

recourse [ri'kɔ:s], n. recours, m.

recover (1) [ri'kʌvə], v.t. recouvrer, retrouver; réparer (perte).—v.i. se rétablir, guérir; se remettre (d'une maladie); se relever (d'une perte).

recover (2) [ri:'kʌvə], v.t. recouvrir; regarnir.

recovery [ri'kʌvəri], n. recouvrement, m.; guérison, f.; rétablissement, m.; (Econ.) reprise, f.; past recovery, incurable, sans remède.

recreant ['rekriənt], a. and n. lâche, infidèle, m., f., apostat, m.

re-create [ri:kri'eit], v.t. recréer.

recreation [rekri'eiʃən], n. récréation, f., divertissement, m.

recriminate [ri'krimineit], v.i. récriminer (contre).

recrimination [rikrimi'neiʃən], n. récrimination, f.

recriminatory [ri'kriminətri], a. récriminatoire.

recrudescence [ri:kru'desəns], n. recrudescence, f.

recruit [ri'kru:t], n. recrue, f., conscrit, m.—v.t. rétablir, réparer (restaurer); (Mil.) recruter.—v.i. se recruter, se remettre.

recruiting [ri'kru:tin], **recruitment** [ri'kru:tmənt], n. recrutement, m.; **recruiting-officer**, officier de recrutement, m.

rectangle ['rektæŋgl], n. rectangle, m.

rectangular [rek'tæŋgjulə], a. rectangulaire, rectangle, à angle droit.

rectifiable ['rektifaiəbl], a. rectifiable.

rectification [rektifi'keiʃən], n. rectification, f.

rectifier ['rektifaiə], n. rectificateur; (Elec.) redresseur, m.

rectify ['rektifai], v.t. rectifier; redresser.

rectilineal [rekti'liniəl], **rectilinear** [rekti'liniə], a. rectiligne.

rectitude ['rektitju:d], n. rectitude, droiture, f.

rector ['rektə], n. (Ch. of England) prêtre; (R.-C.) curé; (Univ. etc.) recteur, principal, m.

rectorial [rek'tɔ:riəl], a. rectoral.

rectorship ['rektəʃip], n. rectorat, m.

rectory ['rektəri], n. cure, f., presbytère, m.

recumbent [ri'kʌmbənt], a. couché, étendu; appuyé (sur).

recuperate [ri'ku:pəreit], *v.t.* recouvrer, récupérer.—*v.i.* se rétablir, se remettre, reprendre ses forces.

recuperation [riku:pə'reiʃən], *n.* recouvrement; rétablissement (*personne*), *m.*

recur [ri'kə:], *v.i.* revenir; se reproduire.

recurrence [ri'kʌrəns], *n.* retour, *m.*

recurrent [ri'kʌrənt], **recurring** [ri'kə:riŋ], *a.* périodique; (*Anat. etc.*) récurrent.

red [red], *a.* rouge; roux (*cheveux*); vermeil (*lèvres etc.*); **red lead**, minium, *m.*; **red-letter day**, jour de fête, *m.*—*n.* rouge, *m.*

redbreast ['redbrest], *n.* rouge-gorge, *m.*

redden [redn], *v.t., v.i.* rougir.

reddish ['rediʃ], *a.* rougeâtre, roussâtre.

redeem [ri'di:m], *v.t.* racheter; (*Fin.*) rembourser, amortir; retirer (*objets mis en gage*); (*fig.*) réparer.

redeemable [ri'di:məbl], *a.* rachetable.

redeemer [ri'di:mə], *n.* rédempteur, *m.*

redeeming [ri'di:miŋ], *a.* qui rachète.

redemption [ri'dempʃən], *n.* rédemption, *f.*; (*Fin.*) amortissement; rachat (*de billets*), *m.*

red-hot ['redhɔt], *a.* tout rouge, chauffé au rouge, ardent (*charbon*).

redirect [ri:di'rekt], *v.t.* faire suivre (*lettre*).

rediscover [ri:dis'kʌvə], *v.t.* redécouvrir.

redistribution [ri:distri'bju:ʃən], *n.* nouvelle distribution, répartition, *f.*

redness ['rednis], *n.* rougeur; rousseur (*de cheveux*), *f.*

redolence ['redoləns], *n.* parfum, *m.*; senteur, *f.*

redolent ['redolənt], *a.* qui a un parfum de; **redolent of . . .**, qui sent le . . .

redouble [ri:'dʌbl], *v.t., v.i.* redoubler.

redoubt [ri'daut], *n.* redoute, *f.*

redoubtable [ri'dautəbl], *a.* redoutable.

redound [ri'daund], *v.i.* contribuer (*à, en*), résulter (*pour*), rejaillir (*sur*).

redpole, redpoll ['redpoul], *n.* (*pop.*) linotte, *f.*

redraft [ri:'dra:ft], *n.* nouveau dessin, *m.*; (*Comm.*) retraite, *f.*—*v.t.* rédiger de nouveau.

redress [ri'dres], *v.t.* redresser, corriger, réparer.—*n.* redressement, *m.*, réparation, *f.*, remède, *m.*

redshank ['redʃæŋk], *n.* (*Orn.*) chevalier, *m.*, gambette, *f.*

Redskin ['redskin], *n.* Peau-Rouge, *m., f.*

red-tape ['red'teip], *n.* bolduc, *m.*; (*fig.*) routine administrative, *f.*

reduce [ri'dju:s], *v.t.* réduire (*à ou en*); maigrir (*chair*); dégrader (*abaisser*); **a person in reduced circumstances**, une personne tombée dans la gêne.—*v.i.* maigrir.

reduction [ri'dʌkʃən], *n.* réduction, *f.*; **a reduction in prices**, une baisse des prix, *f.*; **reduction to the ranks**, cassation, *f.*

redundance [ri'dʌndəns], **redundancy** [ri'dʌndənsi], *n.* redondance, *f.*

redundant [ri'dʌndənt], *a.* redondant, superflu.

re-echo [ri:'ekou], *v.t.* répéter.—*v.i.* retentir.—*n.* écho répété, *m.*

reed [ri:d], *n.* roseau; chalumeau, *m.*; (*Mus.*) anche, *f.*

reed-pipe ['ri:dpaip], *n.* chalumeau, pipeau, *m.*

reedy ['ri:di], *a.* couvert de roseaux; flûtée (*voix*).

reef (1) [ri:f], *n.* récif, écueil, *m.*

reef (2) [ri:f], *n.* ris (*de voile*), *m.*—*v.t.* prendre un ris dans.

reef-knot ['ri:fnɔt], *n.* nœud plat, *m.*

reek [ri:k], *n.* fumée, *f.*, relent, *m.*—*v.i.* fumer; exhaler; **reeking with**, tout fumant de; **to reek of**, puer, empester.

reel (1) [ri:l], *n.* dévidoir, *m.*; bobine (*de coton*), *f.*; (*Angling*) moulinet, *m.*; (*Cine.*) bobine, bande, *f.*; **newsreel**, les actualités, *f.pl.*—*v.t.* **to reel off**, dévider, débiter.—*v.i.* tournoyer, chanceler, trébucher.

reel (2) [ri:l], *n.* branle écossais (*danse*), *m.*

re-elect [ri:i'lekt], *v.t.* réélire.

re-election [ri:i'lekʃən], *n.* réélection, *f.*

re-embark [ri:əm'ba:k], *v.t.* rembarquer.—*v.i.* se rembarquer.

re-embarkation [ri:emba:'keiʃən], *n.* rembarquement, *m.*

re-embody [ri:əm'bɔdi], *v.t.* réincorporer.

re-enact [ri:i'nækt], *v.t.* remettre en vigueur (*une loi*); reconstituer (*un crime*).

re-enactment [ri:i'næktmənt], *n.* remise en vigueur; reconstitution, *f.*

re-engage [ri:in'geidʒ], *v.t.* rengager.

re-enlist [ri:in'list], *v.t., v.i.* (se) rengager.

re-enter [ri:'entə], *v.t., v.i.* rentrer.

re-entrant [ri:'entrənt], *a.* and *n.* rentrant, *m.*

re-establish [[ri:is'tæbliʃ], *v.t.* rétablir.

re-establishment [ri:is'tæbliʃmənt], *n.* rétablissement, *m.*

re-examine [ri:ig'zæmin], *v.t.* examiner de nouveau, revoir.

re-export [ri:iks'pɔ:t], *v.t.* réexporter.

refashion [ri:'fæʃən], *v.t.* refaçonner.

refasten [ri:'fa:sn], *v.t.* rattacher; ragrafer.

refection [ri'fekʃən], *n.* repas, *m.*, collation, *f.*

refectory [ri'fektəri], *n.* réfectoire, *m.*

refer [ri'fə:], *v.t.* renvoyer, rapporter; adresser (*à*); remettre à la décision de.—*v.i.* se référer, se rapporter, avoir rapport (*à*); s'en rapporter, se référer (*personnes*); s'adresser (*à*).

referee [refə'ri:], *n.* arbitre, *m., f.*—*v.t., v.i.* (*Spt.*) arbitrer.

reference ['refərəns], *n.* renvoi; rapport (*respect*), *m.*; allusion, *f.*; renseignements, *m.pl.*; références (*de bonne vie et mœurs*), *f.pl.*; (*Comm.*) référence, *f.*; **book of reference**, ouvrage à consulter, *m.*; **with reference to**, au sujet de; **to make reference to**, faire allusion à.

referendum [refə'rendəm], *n.* référendum, *m.*

refill [ri:'fil], *v.t.* remplir.—*v.i.* (*Motor.*) faire le plein (*d'essence*).—['ri:fil], *n.* objet (*feuilles, pile, ampoule*) de rechange; (*Motor.*) plein (*d'essence*), *m.*

refine [ri'fain], *v.t.* épurer (*liquides*); (*Metal.*) affiner; raffiner (*sucre etc.*); (*fig.*) purifier.

refined [ri'faind], *a.* raffiné; pur, délicat (*goût*).

refinement [ri'fainmənt], *n.* raffinage (*de sucre*); (*Metal.*) affinage, *m.*; épuration (*de liquides*); (*fig.*) délicatesse, *f.*

refinery [ri'fainəri], *n.* raffinerie (*de sucre*); (*Metal.*) affinerie, *f.*

refit [ri:'fit], *v.t.* réparer; (*Naut.*) radouber.—['ri:fit], *n.* réparation; (*Naut.*) refonte, *f.*

reflect [ri'flekt], *v.t.* réfléchir; faire rejaillir sur; refléter.—*v.i.* réfléchir; **to reflect upon**, réfléchir à, méditer sur.

reflected [ri'flektid], *a.* réfléchi.

535

reflection

reflection [REFLEXION].

reflective [ri'flektiv], a. réfléchissant; méditatif.

reflector [ri'flektə], n. réflecteur; (Cycl., Motor.) catadioptre, m.

reflex ['ri:fleks], a. réfléchi; (Paint.) reflété; (Physiol. etc.) réflexe.—n. (Paint.) reflet; (Physiol.) réflexe, m.

reflexion [ri'flekʃən], n. réflexion, f.; reflet (lumière etc.), m.; censure, f.; blâme, m.

reflexive [ri'fleksiv], a. réfléchi.

reform [ri'fɔ:m], n. réforme, f.—v.t. réformer; corriger.—v.i. se réformer, se corriger.

re-form [ri:'fɔ:m], v.t. reformer.—v.i. se reformer.

reformation [refɔ:'meiʃən], n. réformation; réforme, f.; the Reformation, (Hist.) la Réforme.

re-formation [ri:fɔ:'meiʃən], n. formation nouvelle, f.

reformer [ri'fɔ:mə], n. réformateur, m.

refract [ri'frækt], v.t. réfracter.

refraction [ri'frækʃən], n. réfraction, f.

refractive [ri'fræktiv], a. réfractif; réfringent.

refractory [ri'fræktri], a. indocile, récalcitrant, intraitable, rebelle; (Chem. etc.) réfractaire; rétif (cheval).

refrain [ri'frein], v.i. se retenir, s'abstenir (de).—n. refrain, m.

refresh [ri'freʃ], v.t. rafraîchir; délasser, restaurer; to refresh oneself, se rafraîchir.

refreshing [ri'freʃiŋ], a. rafraîchissant; réparateur, qui repose.

refreshment [ri'freʃmənt], n. rafraîchissement, m.; refreshment-bar, buvette, f.; refreshment-car, wagon-restaurant, m.; refreshment-room, buffet, m.

refrigerate [ri'fridʒəreit], v.t. réfrigérer, frigorifier.

refrigeration [rifridʒə'reiʃən], n. réfrigération, f.

refrigerator [ri'fridʒəreitə], n. réfrigérateur; (fam.) Frigidaire (marque déposée), m.

refuel [ri:'fjuəl], v.i. (Av.) faire le plein (d'essence).

refuge ['refju:dʒ], n. refuge (contre), m.; to take refuge, se réfugier.

refugee [refju'dʒi:], n. réfugié, m.

refulgence [ri'fʌldʒəns], n. éclat, m., splendeur, f.

refulgent [ri'fʌldʒənt], a. éclatant.

refund [ri'fʌnd], v.t. rembourser, rendre.—['ri:fʌnd], n. remboursement, m.

refurnish [ri:'fə:niʃ], v.t. remeubler.

refusal [ri'fju:zl], n. refus, m.

refuse ['refju:s], n. rebut, m., ordures (ménagères, de marché), f.pl.; refuse dump, voirie, f.—[ri'fju:z], v.t. refuser; rejeter.—v.i. refuser.

refute [ri'fju:t], v.t. réfuter.

regain [ri'gein], v.t. regagner, reprendre.

regal ['ri:gl], a. royal.

regale [ri'geil], v.t. régaler.—v.i. se régaler.

regally ['ri:gəli], adv. royalement, en roi.

regard [ri'gɑ:d], n. égard, m.; considération, f.; respect (estime), m.; (pl.) amitiés, f.pl.; compliments, m.pl.; out of regard for, par égard pour; with regard to, quant à.—v.t. regarder; considérer; as regards, quant à.

regarding [ri'gɑ:diŋ], prep. quant à, concernant.

regardless [ri'gɑ:dlis], a. peu soigneux (de); sans égard (pour); regardless of, sans se soucier de.

regatta [ri'gætə], n. régate(s), f.(pl.).

regency ['ri:dʒənsi], n. régence, f.

regenerate [ri'dʒenərət], a. régénéré.—[ri:'dʒenəreit], v.t. régénérer.

regenerating [ri'dʒenəreitiŋ], a. régénérateur.

regeneration [ri:dʒenə'reiʃən], n. régénération, f.

regent ['ri:dʒənt], n. régent, m.

regicide ['redʒisaid], n. régicide (crime), m.; régicide (personne), m., f.

régime [rei'ʒi:m], n. (Polit.) régime, m.

regimen ['redʒimən], n. (Gram., Med.) régime, m.

regiment ['redʒimənt], n. régiment, m.

regimental [redʒi'mentl], a. du régiment, de régiment.

regimentation [redʒimen'teiʃən], n. enrégimentation, f.

Reginald ['redʒinəld]. Renaud, m.

region ['ri:dʒən], n. région, f.

regional ['ri:dʒənl], a. régional.

register ['redʒistə], n. registre, m.; liste électorale (de votants), f.—v.t. enregistrer; recommander (lettre, paquet); déclarer (naissance); immatriculer (voiture); déposer (marque de fabrique etc.).

registrar ['redʒistrɑ:], n. (Law) greffier; (Univ.) secrétaire et archiviste; officier de l'état civil (de naissances etc.), m.

registration [redʒis'treiʃən], n. enregistrement; chargement (de lettres); dépôt (d'une marque de fabrique etc.), m.; immatriculation (de véhicule); inscription (des bagages), f.; registration number, (Motor.) numéro minéralogique, m.

registry ['redʒistri], n. enregistrement; (Law) greffe, m.

registry-office ['redʒistri'ofis], n. bureau de l'état civil, m.

regret [ri'gret], n. regret, m.—v.t. regretter (de), avoir du regret (à).

regretful [ri'gretful], a. plein de regrets; regrettable.

regretfully [ri'gretfuli], adv. avec regret, à regret.

regrettable [ri'gretəbl], a. fâcheux, regrettable.

regular ['regjulə], a. régulier; réglé; en règle; ordinaire (normal); (fig.) franc, fieffé.

regularity [regju'læriti], n. régularité, f.

regularly ['regjuləli], adv. régulièrement.

regulate ['regjuleit], v.t. régler; diriger.

regulation [regju'leiʃən], a. réglementaire.—n. règlement, m.

regulator ['regjuleitə], n. régulateur, m.

rehabilitate [ri:hə'biliteit], v.t. réhabiliter.

rehabilitation [ri:həbili'teiʃən], n. réhabilitation, f.

rehearsal [ri'hə:sl], n. récit, m.; (Theat.) répétition, f.; dress rehearsal, répétition générale.

rehearse [ri'hə:s], v.t. (Theat.) répéter; (fig.) raconter (narrer).

rehouse [ri:'hauz], v.t. reloger.

reign [rein], n. règne, m.—v.i. régner.

reigning ['reiniŋ], *a.* régnant; (*fig.*) dominant (*prevailing*).

reimburse [ri:im'bə:s], *v.t.* rembourser.

reimbursement [ri:im'bə:smənt], *n.* remboursement, *m.*

rein [rein], *n.* rêne, *f.*—*v.t.* conduire à la bride, gouverner, brider; contenir.

reincarnation [ri:inkɑ:'neiʃən], *n.* réincarnation, *f.*

reindeer ['reindiə], *n.* renne, *m.*

reinforce [ri:in'fɔ:s], *v.t.* renforcer; *reinforced concrete*, béton armé, *m.*

reinforcement [ri:in'fɔ:smənt], *n.* renforcement; (*Mil.*) renfort, *m.*

reinstall [ri:in'stɔ:l], *v.t.* réinstaller.

reinstate [ri:in'steit], *v.t.* rétablir.

reinstatement [ri:in'steitmənt], *n.* rétablissement, *m.*

reintroduce [ri:intrə'dju:s], *v.t.* introduire de nouveau, réintroduire.

reinvest [ri:in'vest], *v.t.* replacer.

reinvigorate [ri:in'vigəreit], *v.t.* ranimer.

reissue [ri:'isju:], *v.t.* émettre de nouveau; rééditer (*livre*).—*n.* nouvelle émission; nouvelle édition, *f.*

reiterate [ri:'itəreit], *v.t.* réitérer.

reiteration [ri:itə'reiʃən], *n.* réitération, *f.*

reiterative [ri:'itərətiv], *a.* réitératif.

reject [ri'dʒekt], *v.t.* rejeter.—['ri:dʒekt], *n.* pièce de rebut, *f.*

rejection [ri'dʒekʃən], *n.* rejet, *m.*

rejoice [ri'dʒɔis], *v.t.* réjouir.—*v.i.* se réjouir (*de*).

rejoicing [ri'dʒɔisiŋ], *n.* réjouissance, joie, *f.*

rejoin [ri:'dʒɔin], *v.t.* rejoindre.—[ri'dʒɔin], *v.i.* répliquer, répondre.

rejoinder [ri'dʒɔində], *n.* repartie; (*Law*) réplique, *f.*

rejuvenate [ri'dʒu:vəneit], *v.t.* rajeunir.

rejuvenation [ridʒu:və'neiʃən], *n.* rajeunissement, *m.*

rekindle [ri:'kindl], *v.t.* rallumer.

relapse [ri'læps], *n.* rechute, *f.*—*v.i.* retomber (*dans*); récidiver (*criminel*).

relate [ri'leit], *v.t.* raconter; rapporter.—*v.i.* se rapporter, avoir rapport (*à*).

related [ri'leitid], *a.* ayant rapport; parent (*de*); allié (*à*) (*par mariage etc.*).

relating [ri'leitiŋ], *a.* relatif, qui se rapporte (*à*).

relation [ri'leiʃən], *n.* relation, *f.*, rapport; récit (*narration*); parent (*de la famille*); allié (*par mariage*), *m.*; (*pl.*) relations, *f.pl.*, rapports (*contact*), *m.pl.*

relationship [ri'leiʃənʃip], *n.* parenté, *f.*; rapport, *m.*

relative ['relətiv], *a.* relatif (*à*).—*n.* parent; (*Gram.*) relatif, *m.*

relatively ['relətivli], *adv.* relativement.

relativity [relə'tiviti], *n.* relativité, *f.*

relax [ri'læks], *v.t.* relâcher, détendre.—*v.i.* se relâcher; se détendre; se délasser.

relaxation [ri:læk'seiʃən], *n.* relâchement, relâche, *m.*, détente, *f.*; (*Med.*) repos, *m.*

relaxing [ri'læksiŋ], *a.* relâchant; énervant, débilitant (*climat*).

relay ['ri:lei], *n.* relais, *m.*—*v.t.* relayer.

re-lay [ri:'lei], *v.t.* poser de nouveau.

release [ri'li:s], *v.t.* relâcher, élargir (*un prisonnier*); décharger (*de*); déclencher.—*n.* élargissement, *m.*; délivrance; décharge

(*d'une obligation*); (*Cine.*) sortie (*d'un film*), *f.*; déclenchement (*de ressort etc.*), *m.*

relegate ['reləgeit], *v.t.* reléguer.

relegation [relə'geiʃən], *n.* relégation, *f.*

relent [ri'lent], *v.i.* s'amollir, s'attendrir; se repentir (*regretter*).

relenting [ri'lentiŋ], *n.* attendrissement, *m.*

relentless [ri'lentlis], *a.* inflexible, impitoyable.

relentlessly [ri'lentlisli], *adv.* impitoyablement.

relentlessness [ri'lentlisnis], *n.* rigueur, dureté, *f.*

relevance ['reləvəns], **relevancy** ['reləvənsi], *n.* relation, *f.*, rapport, *m.*; pertinence, convenance, *f.*, à-propos, *m.*

relevant ['reləvənt], *a.* relatif, applicable (*à*); à propos, pertinent.

reliable [ri'laiəbl], *a.* digne de confiance; sûr, exact, bien fondé (*renseignement*).

reliability [rilaiə'biliti], *n.* crédibilité, véracité; sûreté, *f.*

reliance [ri'laiəns], *n.* confiance, *f.*

relic ['relik], *n.* relique (*de saint ou martyr*), *f.*; (*pl.*) restes (*d'un être*); vestiges (*du passé*), *m.pl.*

relief [ri'li:f], *n.* soulagement (*de douleur etc.*); secours (*aide*), *m.*; (*Mil.*) relève, *f.*; (*Sculp. etc.*) relief, *m.*; *relief train*, train supplémentaire, *m.*

relieve [ri'li:v], *v.t.* soulager, adoucir; délivrer (*de*); secourir, aider (*assister*); (*Mil.*) relever (*sentinelle*).

religion [ri'lidʒən], *n.* religion, *f.*

religious [ri'lidʒəs], *a.* religieux; de religion.

religiously [ri'lidʒəsli], *adv.* religieusement.

relinquish [ri'liŋkwiʃ], *v.t.* abandonner; renoncer à.

relinquishment [ri'liŋkwiʃmənt], *n.* abandon, *m.*; renonciation, *f.*

reliquary ['relikwəri], *n.* reliquaire, *m.*

relish ['reliʃ], *n.* goût, *m.*, saveur, *f.*; (*Cook.*) assaisonnement, *m.*; (*fig.*) charme; appétit, *m.*—*v.t.* goûter, savourer; relever le goût de.

relive [ri:'liv], *v.t.* revivre.

reload [ri:'loud], *v.t.* recharger.

reluctance [ri'lʌktəns], *n.* répugnance, *f.*

reluctant [ri'lʌktənt], *a.* qui a de la répugnance,à, qui agit à contre-cœur; peu disposé (*à*).

reluctantly [ri'lʌktəntli], *adv.* à contre-cœur.

rely [ri'lai], *v.i.* compter (*sur*), avoir confiance (*en*).

remain [ri'mein], *v.i.* rester, demeurer.

remainder [ri'meində], *n.* reste, *m.*

remaining [ri'meiniŋ], *a.* de reste, restant.

remains [ri'meinz], *n.pl.* restes; débris, *m.pl.*; *mortal remains*, dépouille mortelle, *f.*

remake [ri:'meik], *v.t. irr.* (*conjug. like* MAKE) refaire.

remand [ri'mɑ:nd], *v.t.* renvoyer à une autre audience.—*n.* renvoi à une autre audience, *m.*

remark [ri'mɑ:k], *n.* remarque, *f.*—*v.t.* remarquer, observer; faire remarquer, faire observer (*à une personne*).

remarkable [ri'mɑ:kəbl], *a.* remarquable.

remarkably [ri'mɑ:kəbli], *adv.* remarquablement.

remarriage [ri:'mæridʒ], *n.* remariage, *m.*

remarry [ri:'mæri], *v.t.* épouser de nouveau. —*v.i.* se remarier.

remedial

remedial [ri'mi:djəl], *a.* réparateur; (*Med.*) curatif.

remedy ['remədi], *n.* remède; (*Law*) recours, *m.*—*v.t.* remédier à, porter remède à.

remember [ri'membə], *v.t.* se souvenir de, se rappeler; reconnaître (*de vue*).

remembrance [ri'membrəns], *n.* souvenir, *m.*, mémoire, *f.*

remind [ri'maind], *v.t.* rappeler à, faire souvenir (à . . . de), faire penser à.

reminder [ri'maində], *n.* mémento, *m.*

reminisce [remi'nis], *v.i.* raconter ses souvenirs.

reminiscence [remi'nisəns], *n.* réminiscence, *f.*

reminiscent [remi'nisənt], *a.* qui rappelle.

remiss [ri'mis], *a.* négligent.

remission [ri'miʃən], *n.* rémission, *f.*, pardon; relâchement (*détente*), *m.*; remise (*de dette, peine*), *f.*

remit [ri'mit], *v.t.* relâcher (*détendre*); remettre (*amende etc.*).—*v.i.* se relâcher, se calmer; diminuer.

remittance [ri'mitəns], *n.* remise, *f.*; envoi de fonds, *m.*

remittent [ri'mitənt], *a.* (*Path.*) rémittent.

remnant ['remnənt], *n.* reste; coupon, bout (*de tissu*), *m.*; (*pl.*) restes, débris, *m.pl.*

remodel [ri:'mədl], *v.t.* remodeler.

remonstrance [ri'mɔnstrəns], *n.* remontrance, *f.*

remonstrate ['remənstreit], *v.i.* remontrer.

remorse [ri'mɔ:s], *n.* remords, *m.*

remorseful [ri'mɔ:sful], *a.* rempli de remords.

remorseless [ri'mɔ:slis], *a.* sans remords, impitoyable.

remorselessness [ri'mɔ:slisnis], *n.* cruauté, inhumanité, *f.*

remote [ri'mout], *a.* éloigné, lointain; reculé (*époque*); distant (*personne*).

remotely [ri'moutli], *adv.* de loin; faiblement.

remoteness [ri'moutnis], *n.* éloignement, *m.*; réserve (*attitude*), *f.*

remould [ri:'mould], *v.t.* mouler de nouveau.

remount [ri:'maunt], *v.t.*, *v.i.* remonter.—*n.* remonte, *f.*

removable [ri'mu:vəbl], *a.* transportable; (*fig.*) amovible (*fonctionnaire etc.*).

removal [ri'mu:vl], *n.* éloignement, départ; transport; déménagement (*de meubles*); déplacement, *m.*; révocation (*de ses fonctions*), *f.*

remove [ri'mu:v], *n.* degré (*parenté*), *m.*; distance, *f.*—*v.t.* éloigner; déplacer (*bouger*); transporter; déménager (*meubles*); ôter, enlever (*emporter*); renvoyer (*de ses fonctions*).—*v.i.* s'éloigner, se déplacer; déménager (*changer de domicile*).

removed [ri'mu:vd], *a.* éloigné; *first cousin once removed*, cousin issu de germains, *m.*

remover [ri'mu:və], *n.* déménageur, *m.*; *nail-varnish remover*, dissolvant (pour ongles), *m.*

remunerate [ri'mju:nəreit], *v.t.* rémunérer.

remuneration [rimju:nə'reiʃən], *n.* rétribution, rémunération, *f.*

remunerative [ri'mju:nərətiv], *a.* rémunérateur; (*Law*) rémunératoire.

rename [ri:'neim], *v.t.* renommer.

rend [rend], *v.t. irr.* déchirer; (*fig.*) fendre.

render ['rendə], *v.t.* rendre; interpréter, traduire; (*Cook.*) fondre (*graisse etc.*).

rendering ['rendəriŋ], *n.* traduction, interprétation, *f.*

renegade ['renigeid], *n.* renégat, *m.*

renew [ri'nju:], *v.t.* renouveler; renouer (*connaissance*).

renewal [ri'nju:əl], *n.* renouvellement, *m.*; *renewal of subscription*, réabonnement, *m.*

renounce [ri'nauns], *v.t.* renoncer (à); renier.

renouncement [ri'naunsmənt], *n.* renoncement, *m.*, renonciation, *f.*

renovate ['renəveit], *v.t.* renouveler; rajeunir.

renovation [renə'veiʃən], *n.* rénovation, *f.*

renovator ['renəveitə], *n.* rénovateur, *m.*

renown [ri'naun], *n.* renommée, *f.*, renom, *m.*

renowned [ri'naund], *a.* renommé.

rent (1) [rent], *n.* déchirure, fente, *f.*; accroc (*de vêtements*), *m.*

rent (2) [rent], *n.* loyer (*de maison ou d'appartement*); fermage (*de ferme*), *m.*; (*pl.*) rentes, *f.pl.*, revenu, *m.*; *ground-rent*, rente foncière, *f.*—*v.t.* louer, prendre à ferme, donner à ferme.—*v.i.* se louer.

rent (3) [rent], *past* and *p.p.* [REND].

rental [rentl], *n.* valeur locative, *f.*

rent-free ['rentfri:], *a.* exempt de loyer.

renunciation [rinʌnsi'eiʃən], *n.* renonciation, *f.*, renoncement, *m.*

reoccupation [ri:ɔkju'peiʃən], *n.* réoccupation, *f.*

reoccupy [ri:'ɔkjupai], *v.t.* réoccuper.

reopen [ri:'oupən], *v.t.* rouvrir.—*v.i.* rentrer (*écoles. tribunaux etc.*).

reopening [ri:'oupniŋ], *n.* réouverture; rentrée (*d'écoles etc.*), *f.*

reorganization [ri:ɔ:gənai'zeiʃən], *n.* réorganisation, *f.*

reorganize [ri:'ɔ:gənaiz], *v.t.* réorganiser.

rep (1) [rep], *a.* de reps.—*n.* reps (*tissu*), *m.*

rep (2) [rep], [REPERTORY].

rep (3) [rep], [REPRESENTATIVE].

repaint [ri:'peint], *v.t.* repeindre.

repair (1) ['ri'peə], *v.t.* réparer; raccommoder (*vêtements etc.*); (*fig.*) rétablir.—*n.* réparation, *f.*; raccommodage (*de vêtements etc.*); *to keep in repair*, entretenir.

repair (2) [ri'peə], *n.* séjour (*retraite*), *m.*—*v.i.* aller; se rendre (à).

repairer [ri'peərər], *n.* réparateur; raccommodeur (*de vêtements*), *m.*

reparable ['repərəbl], *a.* réparable.

reparation [repə'reiʃən], *n.* réparation (*d'une offense*), *f.*

repartee [repɑ:'ti:], *n.* repartie, riposte, *f.*

repast [ri'pɑ:st], *n.* repas, *m.*

repatriate [ri:'pætrieit], *v.t.* rapatrier.

repay [ri'pei], *v.t. irr.* (*conjug. like* PAY) rembourser; (*fig.*) valoir la peine (*de*).

repayment [ri'peimənt], *n.* remboursement, *m.*

repeal [ri'pi:l], *v.t.* révoquer; abroger (*loi etc.*).—*n.* révocation; abrogation (*de loi*), *f.*

repeat [ri'pi:t], *v.t.* répéter, réitérer; réciter (*par cœur*); bis (*après vers de chanson etc.*).—*n.* répétition; (*Mus.*) reprise, *f.*

repeated [ri'pi:tid], *a.* répété, réitéré.

repeatedly [ri'pi:tidli], *adv.* à plusieurs reprises; souvent, bien des fois.

repeating [ri'pi:tiŋ], *a.* qui répète; à répétition.

538

repel [ri'pel], *v.t.* repousser; combattre.
repellent [ri'pelənt], *a.* répulsif, répugnant.—
n. répulsif; (*Med.*) révulsif, *m.*
repent [ri'pent], *v.t.* se repentir de.—*v.i.* se repentir.
repentance [ri'pentəns], *n.* repentir, *m.*
repentant [ri'pentənt], *a.* repentant.
repercussion [ri:pə'kʌʃən], *n.* répercussion, *f.*
repertory ['repətri], *n.* répertoire, *m.*; *repertory theatre,* (*fam.*) *rep,* troupe à demeure, *f.*
repetition [repi'tiʃən], *n.* répétition; (*Mus.*) reprise, *f.*
repetitive [ri'petitiv], *a.* qui se répète.
repine [ri'pain], *v.i.* murmurer (*contre*); se plaindre (*de*).
repining [ri'painiŋ], *a.* disposé à se plaindre, mécontent.—*n.* plainte, *f.*, regret, *m.*
replace [ri:'pleis], *v.t.* replacer; remplacer (*substituer*).
replacement [ri:'pleismənt], *n.* remplacement, *m.*
replant [ri:'plɑ:nt], *v.t.* replanter.
replay ['ri:plei], *n.* match rejoué *m.*—[ri:'plei], *v.t., v.i.* rejouer.
replenish [ri'pleniʃ], *v.t.* remplir (*de*).—*v.i.* se remplir.
replenishment [ri'pleniʃmənt], *n.* remplissage, *m.*
replete [ri'pli:t], *a.* plein, rempli (*de*).
repletion [ri'pli:ʃən], *n.* plénitude; (*Med.*) réplétion, *f.*
replica ['replikə], *n.* double, *m.* copie, *f.*
reply [ri'plai], *n.* réponse; (*Law*) réplique, *f.*—*v.i., v.i.* répondre, répliquer.
repopulate [ri:'pɒpjuleit], *v.t.* repeupler.
report [ri'pɔ:t], *v.t.* rapporter, raconter, dire; rendre compte de; signaler; dénoncer (*à la police*); *to report oneself,* se présenter à.—*n.* rapport; bruit, ouï-dire (*rumeur*); compte rendu, procès-verbal (*de réunion etc.*); (*Sch.*) bulletin; coup (*de fusil*), *m.*; réputation (*renom*), *f.*
reporter [ri'pɔ:tə], *n.* rapporteur; reporter (*journaliste*), *m.*
reporting [ri'pɔ:tiŋ], *n.* reportage, *m.*
repose [ri'pouz], *v.t.* reposer.—*v.i.* se reposer.—*n.* repos, *m.*
repository [ri'pɒzitri], *n.* dépôt, *m.*
repossess [ri:pə'zes], *v.t.* rentrer en possession de.
reprehend [repri'hend], *v.t.* réprimander, censurer, blâmer (*de*).
reprehensible [repri'hensibl], *a.* répréhensible, blâmable.
represent [repri'zent], *v.t.* représenter.
representation [reprizen'teiʃən], *n.* représentation, *f.*
representative [repri'zentətiv], *a.* représentatif, qui représente.—*n.* représentant; (*Comm.*) (*fam. abbr.* *rep*) agent, *m.*
repress [ri'pres], *v.t.* réprimer.
repression [ri'preʃən], *n.* répression, *f.*
repressive [ri'presiv], *a.* répressif.
reprieve [ri'pri:v], *n.* sursis; répit, *m.*—*v.t.* accorder un sursis à; commuer (*une peine*), grâcier.
reprimand ['reprimɑ:nd], *n.* réprimande *f.*—[repri'mɑ:nd], *v.t.* réprimander.
reprint ['ri:print], *n.* réimpression, *f.*—[ri:'print], *v.t.* réimprimer.
reprisal [ri'praizl], *n.* représailles, *f.pl.*

reproach [ri'proutʃ], *n.* reproche; opprobre (*honte*), *m.*; *above reproach,* irréprochable.—*v.t.* reprocher.
reprobate ['reprəbit], *n.* vaurien, *m.*
reprobation [reprə'beiʃən], *n.* réprobation, *f.*
reproduce [ri:prə'dju:s], *v.t.* reproduire.—*v.i.* se reproduire.
reproduction [ri:prə'dʌkʃən], *n.* reproduction, *f.*
reproductive [ri:prə'dʌktiv], *a.* reproducteur.
reproof [ri'pru:f], *n.* reproche, *m.*, réprimande, *f.*
reprove [ri'pru:v], *v.t.* blâmer; censurer.
reproving [ri'pru:viŋ], *a.* réprobateur.
reprovingly [ri'pru:viŋli], *adv.* d'un air *ou* ton réprobateur.
reptile ['reptail], *a.* reptile; (*fig.*) rampant, vil.—*n.* reptile, *m.*
reptilian [rep'tiliən], *a.* reptilien.
republic [ri'pʌblik], *n.* république, *f.*
republican [ri'pʌblikən], *a. and n.* républicain, *m.*
republication [ri:pʌbli'keiʃən], *n.* nouvelle edition, réimpression (*de livre*), *f.*
republish [ri:'pʌbliʃ], *v.t.* republier, rééditer.
repudiate [ri'pju:dieit], *v.t.* répudier.
repudiation [ripju:di'eiʃən], *n.* répudiation, *f.*
repugnance [ri'pʌgnəns], *n.* répugnance, *f.*
repugnant [ri'pʌgnənt], *a.* répugnant.
repulse [ri'pʌls], *v.t.* repousser, rebuter.—*n.* échec, refus, *m.*, rebuffade, *f.*; *to meet with a repulse,* essuyer un échec.
repulsion [ri'pʌlʃən], *n.* répulsion, *f.*
repulsive [ri'pʌlsiv], *a.* rebutant; repoussant (*forbidding*).
repulsiveness [ri'pʌlsivnis], *n.* caractère repoussant, *m.*
repurchase [ri:'pə:tʃis], *v.t.* racheter.—*n.* rachat; (*Law*) réméré, *m.*
reputable ['repjutəbl], *a.* honourable, de bonne réputation, considéré.
reputably ['repjutəbli], *adv.* honorablement.
reputation [repju'teiʃən], *n.* réputation, *f.*
repute [ri'pju:t], *v.t.* (*usu. pass.*) réputer, estimer.—*n.* réputation, *f.*, renom, *m.*
reputed [ri'pju:tid], *a.* réputé, censé, qui passe pour.
request [ri'kwest], *n.* demande, prière; (*Law*) requête, *f.*; *request stop,* arrêt facultatif (*autobus*), *m.*—*v.t.* demander; prier.
requiem ['rekwiem], *n.* requiem, *m.*
require [ri'kwaiə], *v.t.* exiger, requérir; avoir besoin de (*manquer de*); (*impers.*) falloir.
requirement [ri'kwaiəmənt], *n.* exigence, nécessité, *f.*, besoin, *m.*; condition requise, *f.*
requisite ['rekwizit], *a.* requis, exigé, nécessaire.—*n.* qualité *ou* condition requise; chose requise, *f.*
requisition [rekwi'ziʃən], *n.* réquisition, *f.*—*v.t.* réquisitionner.
requital [ri'kwaitl], *n.* récompense, *f.*
requite [ri'kwait], *v.t.* récompenser; rendre la pareille à; payer de retour.
reredos ['riədɒs], *n.* retable, *m.*
rescind [ri'sind], *v.t.* rescinder, annuler.
rescue ['reskju:], *n.* délivrance, *f.*; sauvetage, *m.*; *to the rescue,* au secours!—*v.t.* sauver, délivrer (*de*).
rescuer ['reskju:ə], *n.* sauveteur, libérateur, *m.*
research [ri'sə:tʃ], *n.* recherche, *f.*—*v.i.* faire des recherches.

539

reseat [ri:'si:t], *v.t.* rasseoir.
resemblance [ri'zembləns], *n.* ressemblance, *f.*; (*fig.*) rapport, *m.*
resemble [ri'zembl], *v.t.* ressembler (*à*); *to resemble each other*, se ressembler.
resent [ri'zent], *v.t.* ressentir, se ressentir de; s'offenser de; prendre en mauvaise part.
resentful [ri'zentful], *a.* rancunier.
resentfully [ri'zentfuli], *adv.* avec ressentiment.
resentment [ri'zentmənt], *n.* ressentiment, *m.*, rancœur, *f.*
reservation [rezə'veiʃən], *n.* réserve, restriction, arrière-pensée, *f.*; (*Am.*) terrain réservé, *m.*; réservation, location (*place assise*), *f.*
reserve [ri'zə:v], *n.* réserve; retenue, prudence; arrière-pensée, *f.*—*v.t.* réserver.
reserved [ri'zə:vd], *a.* réservé.
reservedly [ri'zə:vidli], *adv.* avec réserve.
reservist [ri'zə:vist], *n.* réserviste, *m.*, *f.*
reservoir ['rezəvwɑ:], *n.* réservoir, *m.*
reset [ri:'set], *v.t. irr.* (*conjug. like* SET) poser *ou* fixer de nouveau; (*Print.*) composer de nouveau; (*Surg.*) remettre.
resetting [ri:'setiŋ], *n.* remontage (*de pierre précieuse*), *m.*; (*Print.*) recomposition, *f.*
resettle [ri:'setl], *v.t.* rétablir.—*v.i.* s'établir de nouveau.
resettlement [ri:'setlmənt], *n.* rétablissement, *m.*
reshape [ri:'ʃeip], *v.t.* reformer; remanier.
reside [ri'zaid], *v.i.* résider, demeurer.
residence ['rezidəns], *n.* résidence, demeure, *f.*; *board (and) residence*, la table et le logement.
resident ['rezidənt], *a.* résidant; interne (*de la maison*).—*n.* habitant; résident, *m.*
residential [rezi'denʃl], *a.* résidentiel.
residual [ri'zidjuəl], *a.* résiduel.
residuary [ri'zidjuəri], *a.* de résidu, de reste; universel (*légataire*).
residue ['rezidju:], *n.* reste, (*Chem.*) résidu; reliquat (*de dette*), *m.*
resign [ri'zain], *v.t.* donner sa démission de; renoncer à; *to be resigned to* or *resign oneself to*, se résigner à.—*v.i.* donner sa démission, démissionner (*de*).
resignation [rezig'neiʃən], *n.* résignation; cession; démission (*de ses fonctions*), *f.*
resigned [ri'zaind], *a.* résigné; démissionnaire (*d'un poste*).
resilience [ri'ziliəns], resiliency [ri'ziliənsi], *n.* rebondissement, *m.*; élasticité, *f.*
resilient [ri'ziliənt], *a.* rebondissant.
resin ['rezin], *n.* résine; colophane (*pour violons*), *f.*
resist [ri'zist], *v.t.* résister à.—*v.i.* résister.
resistance [ri'zistəns], *n.* résistance, *f.*
resistant [ri'zistənt], *a.* résistant.
re-sole [ri:'soul], *v.t.* ressemeler.
resolute ['rezəlju:t], *a.* déterminé, résolu.
resolutely ['rezəlju:tli], *adv.* résolument.
resoluteness ['rezəlju:tnis], *n.* résolution, fermeté, *f.*
resolution [rezə'lju:ʃən], *n.* résolution; décision (*d'assemblée*), *f.*
resolve [ri'zolv], *n.* résolution, *f.*—*v.t.* résoudre; fondre (*liquéfier*); éclaircir, dissiper (*doutes etc.*); déterminer, décider (*assemblée*). —*v.i.* se résoudre, se décider; se fondre (*se dissoudre*).

resolved [ri'zolvd], *a.* résolu.
resolvent [ri'zolvənt], *n.* (*Med.*) résolvant, *m.*
resonance ['rezənəns], *n.* résonance, *f.*
resonant ['rezənənt], *a.* résonnant, sonore.
resort [ri'zo:t], *n.* ressource, *f.*, recours; séjour, rendezvous (*endroit*); (*Law*) ressort, *m.*; *seaside resort*, station balnéaire, plage, *f.*—*v.i.* recourir, avoir recours (*à*); se rendre, aller (*à*).
resound [ri'zaund], *v.i.* résonner, retentir.
resounding [ri'zaundiŋ], *a.* retentissant.—*n.* retentissement, *m.*
resource [ri'so:s], *n.* ressource, *f.*
resourceful [ri'so:sful], *a.* plein de ressources.
respect [ri'spekt], *n.* respect, *m.*, estime, *f.*; égard, *m.*; (*pl.*) respects, hommages, *m.pl.*; *in every respect*, sous tous les rapports; *in respect of*, à l'égard de.—*v.t.* respecter, considérer, avoir égard à.
respectability [rispektə'biliti], *n.* honorabilité, *f.*; convenances, *f.pl.*; bienséance, *f.*
respectable [ri'spektəbl], *a.* respectable, honorable; comme il faut, convenable.
respectably [ri'spektəbli], *adv.* comme il faut, très bien.
respectful [ri'spektful], *a.* respectueux.
respectfully [ri'spektfuli], *adv.* avec respect; *yours respectfully* (*à un supérieur hiérarchique*), veuillez agréer, Monsieur, l'assurance de mes sentiments respectueux.
respecting [ri'spektiŋ], *prep.* à l'égard de, quant à, touchant.
respective [ri'spektiv], *a.* respectif, relatif.
respectively [ri'spektivli], *adv.* respectivement.
respiration [respi'reiʃən], *n.* respiration, *f.*
respirator ['respireitə], *n.* respirateur, *m.*
respiratory ['respirətri], *a.* respiratoire.
respire [ri'spaiə], *v.t.*, *v.i.* respirer.
respite ['respit], *n.* répit, relâche; (*Law*) sursis, *m.*
resplendence [ri'splendəns], *n.* éclat, *m.*, splendeur, *f.*
resplendent [ri'splendənt], *a.* resplendissant (*de*).
respond [ri'spond], *v.i.* répondre (*à*).
respondent [ri'spondənt], *n.* répondant; (*Law*) défendeur, *m.*
response [ri'spons], *n.* réponse, *f.*; (*fig.*) écho; (*Eccles.*) répons, *m.*
responsibility [risponsi'biliti], *n.* responsabilité, *f.*
responsible [ri'sponsibl], *a.* chargé (*de*), responsable (*de*); digne de confiance.
responsive [ri'sponsiv], *a.* sensible, facile à émouvoir.
rest (1) [rest], *n.* repos, *m.*; (*Mus.*) pause, *f.*; appui (*soutien*), *m.*; *at rest*, en repos.—*v.t.* reposer; faire reposer; (*fig.*) fonder.—*v.i.* se reposer; s'appuyer; *it rests with me to . . .*, c'est à moi de . . .; *to rest assured*, être assuré.
rest (2) [rest], *n.* reste, restant, *m.*; les autres, *m.pl.*—*v.i.* demeurer, rester.
restart [ri:'stɑ:t], *v.t.*, *v.i.* recommencer.
restaurant ['restərɑ:], *n.* restaurant, *m.*
restful ['restful], *a.* qui donne du repos, paisible.
resting ['restiŋ], *a.* couché, se reposant; appuyé, s'appuyant.—*n.* repos, *m.*
resting-place ['restiŋpleis], *n.* lieu de repos, gîte, *m.*

restitution [resti'tju:ʃən], *n.* restitution, *f.*
restive ['restiv], *a.* rétif; inquiet.
restiveness ['restivnis], *n.* naturel rétif, *m.*; nervosité, *f.*
restless ['restlis], *a.* sans repos; inquiet; agité.
restlessly ['restlisli], *adv.* sans repos.
restlessness ['restlisnis], *n.* agitation; insomnie, *f.*
restock [ri:'stɔk] *v.t.* repeupler (*chasse réservée*); regarnir (*boutique*), réassortir.
restoration [restə'reiʃən], *n.* restauration, *f.*; rétablissement, *m.*; restitution (*après une perte injuste*), *f.*
restorative [ri'stɔ:rətiv], *a.* and *n.* fortifiant, *m.*
restore [ri'stɔ:], *v.t.* restituer, rendre (*redonner*); ramener (*personne*); restaurer (*bâtiment etc.*); remettre (*replacer*); rétablir.
restorer [ri'stɔ:rə], *n.* restaurateur, *m.*
restrain [ri'strein], *v.t.* retenir, contenir; *to restrain from*, empêcher de; *to restrain oneself*, se contraindre, se contenir.
restraining [ri'streiniŋ], *a.* qui restreint, restrictif.
restraint [ri'streint], *n.* contrainte; gêne, *f.*
restrict [ri'strikt], *v.t.* restreindre.
restriction [ri'strikʃən], *n.* restriction, *f.*
restrictive [ri'striktiv], *a.* restrictif.
result [ri'zʌlt], *n.* résultat, *m.*; *as a result of*, par suite de.—*v.i.* résulter; *to result in*, aboutir à.
resultant [ri'zʌltənt], *a.* résultant.—*n.* résultante, *f.*
resume [ri'zju:m], *v.t.* reprendre, renouer, continuer.
resumption [ri'zʌmpʃən], *n.* reprise, *f.*
resurface [ri:'sə:fis], *v.t.* remettre en état (*route*).—*v.i.* remonter à la surface.
resurgence [ri:'sə:dʒəns], *n.* résurrection, *f.*
resurrect [rezə'rekt], *v.t.* ranimer, ressusciter.
resurrection [rezə'rekʃən], *n.* résurrection, *f.*
resuscitate [ri'sʌsiteit], *v.t.* ressusciter.
resuscitation [risʌsi'teiʃən], *n.* résurrection; renaissance (*des arts etc.*); (*Med.*) ressuscitation, *f.*
retail ['ri:teil], *a.* en détail; *retail price*, prix de détail *m.*—*n.* détail, *m.*, vente au détail, *f.*—[ri'teil], *v.t.* vendre en détail, détailler; (*fig.*) débiter; colporter (*nouvelles*).
retailer [ri'teilə], *n.* détaillant; colporteur (*de nouvelles*), *m.*
retain [ri'tein], *v.t.* retenir; engager (*en payant des arrhes*).
retainer [ri'teinə], *n.* serviteur, dépendant, *m.*; honoraires donnés d'avance (*acompte*), *m.pl.*
retaining [ri'teiniŋ], *a.* qui retient; *retaining wall*, mur de soutènement, *m.*
retake [ri:'teik], *v.t. irr.* (*conjug. like* TAKE) reprendre; (*Cine.*) retourner (*un plan*).
retaking [ri:'teikiŋ], *n.* reprise, *f.*
retaliate [ri'tælieit], *v.i.* rendre la pareille à.
retaliation [ritæli'eiʃən], *n.* représailles, *f.pl.*
retaliatory [ri'tæliətəri], *a.* de représailles.
retard [ri'tɑ:d], *v.t.* retarder.
retch [ri:tʃ], *v.i.* avoir des haut-le-cœur.
retching ['ri:tʃiŋ], *n.* haut-le-cœur, *m.*
retell [ri:'tel], *v.t. irr.* (*conjug. like* TELL) redire, répéter.
retention [ri'tenʃən], *n.* conservation; (*Med.*) rétention, *f.*

retentive [ri'tentiv], *a.* qui retient; tenace, fidèle (*la mémoire*).
retentiveness [ri'tentivnis], *n.* pouvoir de rétention, *m.*; fidélité (*de la mémoire*), *f.*
reticence ['retisəns], *n.* réticence, *f.*
reticent ['retisənt], *a.* réservé, taciturne.
reticular [re'tikjulə], *a.* réticulaire.
reticulate [re'tikjulit], *a.* réticulé.
retina ['retinə], *n.* rétine, *f.*
retinue ['retinju:], *n.* suite, *f.*; cortège, *m.*
retire [ri'taiə], *v.t.* retirer.—*v.i.* se retirer, prendre sa retraite.
retired [ri'taiəd], *a.* retiré, retraité (*qui a pris sa retraite*); ancien (*qui n'exerce plus cette profession*); *on the retired list*, en retraite.
retirement [ri'taiəmənt], *n.* retraite; (*fig.*) solitude, *f.*
retiring [ri'taiəriŋ], *a.* réservé, timide, modeste; sortant (*d'un emploi*).
retort (1) [ri'tɔ:t], *n.* réplique, riposte, *f.*—*v.i.* riposter, répliquer.
retort (2) [ri'tɔ:t], *n.* (*Chem.*) cornue, *f.*
retouch [ri:'tʌtʃ], *v.t.* retoucher.
retrace [ri'treis], *v.t.* (*Paint.*) retracer; *to retrace one's steps*, revenir sur ses pas, rebrousser chemin.
retract [ri'trækt], *v.t.* rétracter.—*v.i.* se rétracter, se dédire.
retractable [ri'træktebl], *a.* (*Av.*) escamotable.
retransmit [ri:trɑ:ns'mit], *v.t.* retransmettre.
retread [ri:'tred], *v.t.* (*Motor.*) rechaper (*pneu*).—['ri:tred], *n.* pneu rechapé, *m.*
retreat [ri'tri:t], *n.* retraite, *f.*—*v.i.* se retirer (*à ou dans*); (*Mil.*) battre en retraite.
retreating [ri'tri:tiŋ], *a.* qui bat en retraite; fuyant (*le front*).
retrench [ri'trentʃ], *v.t.* retrancher.—*v.i.* se retrancher.
retrenchment [ri'trentʃmənt], *n.* retranchement, *m.*
retribution [retri'bju:ʃən], *n.* récompense, rétribution, *f.*; (*fig.*) châtiment, *m.*, vengeance, *f.*
retrievable [ri'tri:vəbl], *a.* recouvrable (*argent*); réparable (*perte*).
retrieve [ri'tri:v], *v.t.* rétablir; réparer (*chose brisée*); recouvrer (*chose perdue*); rapporter (*chien*).
retriever [ri'tri:və], *n.* chien rapporteur, *m.*
retroaction [ri:trou'ækʃən], *n.* rétroaction, *f.*
retroactive [ri:trou'æktiv], *a.* rétroactif.
retrograde ['retrougreid], *a.* rétrograde.
retrogression [retro'greʃən], *n.* rétrogression, rétrogradation, *f.*
retrogressive [retro'gresiv], *a.* rétrogressif.
retrospect ['retrospekt], *n.* regard jeté en arrière, *m.*; revue, *f.*; *in retrospect*, en rétrospective.
retrospective [retro'spektiv], *a.* rétrospectif; (*Law*) rétroactif.
retrospectively [retro'spektivli], *adv.* rétrospectivement; (*Law*) rétroactivement.
retroversion [retro'və:ʃən], *n.* renversement, *m.*
retrovert [retro'və:t], *v.t.* renverser.
return [ri'tə:n], *v.t.* rendre; renvoyer; rembourser (*argent etc.*); rapporter (*intérêt*); (*Comm.*) rendre compte; élire (*candidat*); *he was returned*, il fut élu.—*v.i.* revenir; retourner; rentrer.—*n.* retour, *m.*; rentrée, *f.*; renvoi, *m.*; remise en place (*chose déplacée*), *f.*; profit, *m.*; restitution, *f.*; remboursement,

m.; élection, *f.*; rapport, relevé, état (*impôts etc.*); bilan (*de banque*); (*pl.*) produit, *m.*; *by return of post*, par retour du courrier; *in return for*, en retour de; *nil return*, état néant; *on sale or return*, en dépôt; *return journey*, retour; *return match*, revanche, *f.*; *return ticket*, billet d'aller et retour, *m.*

returnable [ri'tə:nəbl], *a.* restituable.
reunion [ri:'ju:niən], *n.* réunion, *f.*
reunite [ri:ju'nait], *v.t.* réunir.—*v.i.* se réunir.
rev [rev], *n.* (*colloq., Motor.*) tour, *m.*—*v.t. to rev the engine*, faire s'emballer le moteur. —*v.i.* s'emballer.
reveal [ri'vi:l], *v.t.* révéler.
reveille [ri'væli], *n.* réveil, *m.*
revel [revl], *n.* (*pl.*) divertissements, *m.pl.*— *v.i.* se réjouir; se divertir; *to revel in*, se délecter à.
revelation [revə'leiʃən], *n.* révélation, *f.*; *Book of Revelation*, Apocalypse, *f.*
reveller ['revələ], *n.* joyeux convive, *m.*
revelry ['revəlri], *n.* réjouissances, *f.pl.*, joyeux ébats, *m.pl.*
revenge [ri'vendʒ], *n.* vengeance; (*Spt.*) revanche, *f.*—*v.t.* venger; se venger de; *to revenge oneself on*, se venger de.
revengeful [ri'vendʒful], *a.* vindicatif.
revengefully [ri'vendʒfuli], *adv.* par vengeance.
revenue ['revənju:], *n.* revenu, *m.*; (*State*) fisc, trésor, *m.*; *revenue-officer*, officier de la douane, *m.*
reverberate [ri'və:bəreit], *v.t.* réverbérer; renvoyer (*son, chaleur etc.*).—*v.i.* se répercuter.
reverberation [rivə:bə'reiʃən], *n.* réverbération (*de chaleur*); répercussion, *f.*
revere [ri'viə], *v.t.* révérer, vénérer.
reverence ['revərəns], *n.* révérence, *f.*
reverend ['revərənd], *a.* révérend (*titre ecclésiastique*).
reverent ['revərənt], *a.* révérencieux.
reverently ['revərəntli], *adv.* avec révérence.
reverie ['revəri], *n.* rêverie, *f.*
reversal [ri'və:sl], *n.* annulation; cassation, *f.*
reverse [ri'və:s], *a.* contraire, opposé.—*n.* revers, *m.*; défaite, *f.*; *quite the reverse*, tout le contraire (*de*); *the reverse way*, en sens inverse.—*v.t.* renverser; appliquer en sens inverse; (*Law*) infirmer, casser.—*v.i.* (*Motor.*) faire marche *ou* machine en arrière.
reversed [ri'və:st], *a.* renversé; inverse.
reversible [ri'və:sibl], *a.* révocable, réversible à double face (*tissu*).
reversion [ri'və:ʃən], *n.* réversion, *f.*
revert [ri'və:t], *v.i.* revenir (*sur*).
revertible [ri'və:tibl], *a.* réversible.
revetment [ri'vetmənt], *n.* revêtement, *m.*
revictual [ri:'vitl], *v.t.* ravitailler.
revictualling [ri:'vitliŋ], *n.* ravitaillement, *m.*
review [ri'vju:], *n.* revue, revision; critique; revue, *f.*; périodique, *m.*—*v.t.* revoir, reviser; passer en revue; analyser, critiquer (*livre etc.*).
reviewer [ri'vju:ə], *n.* critique, *m., f.*
revile [ri'vail], *v.t.* injurier, insulter, outrager.
revilement [ri'vailmənt], *n.* injure, insulte, *f.*
reviling [ri'vailiŋ], *a.* diffamatoire, outrageant. —*n.* insultes, injures, *f.pl.*
revisal [ri'vaizl], *n.* revision, *f.*
revise [ri'vaiz], *v.t.* revoir, reviser, réviser.

reviser [ri'vaizə], *n.* personne qui revoit, *f.*, reviseur, *m.*
revision [ri'viʒən], *n.* revision, révision, *f.*
revisit [ri:'vizit], *v.t.* revisiter, retourner voir.
revitalize [ri:'vaitəlaiz], *v.t.* revivifier.
revival [ri'vaivl], *n.* rétablissement, *m.*; renaissance (*des arts*); reprise (*d'une pièce*), *f.*; réveil (*religieux*), *m.*
revive [ri'vaiv], *v.t.* ressusciter; raviver.—*v.i.* se ranimer; renaître (*arts etc.*).
revivify [ri'vivifai], *v.t.* revivifier.
revocable ['revəkəbl], *a.* révocable.
revocation [revə'keiʃən], *n.* révocation, *f.*
revoke [ri'vouk], *v.t.* révoquer.—*v.i.* (*Cards*) renoncer.—*n.* (*Cards*) renonce, *f.*
revolt [ri'voult], *n.* révolte, *f.*—*v.i.* se révolter, se soulever.
revolting [ri'voultiŋ], *a.* révoltant.
revolution [revə'lju:ʃən], *n.* révolution, *f.*; tour (*de roue*), *m.*
revolutionary [revə'lju:ʃənəri], *a.* and *n.* révolutionnaire, *m., f.*
revolve [ri'volv], *v.t.* tourner; retourner, repasser, rouler (*dans l'esprit*).—*v.i.* tourner; (*fig.*) retourner, revenir.
revolver [ri'volvə], *n.* revolver, *m.*
revolving [ri'volviŋ], *a.* tournant.
revue [ri'vju:], *n.* (*Theat.*) revue, *f.*
revulsion [ri'vʌlʃən], *n.* révulsion, *f.*
reward [ri'wo:d], *n.* récompense, *f.*; prix, *m.* —*v.t.* récompenser (*de*).
rewind [ri:'waind], *v.t. irr.* (*conjug. like* WIND) rebobiner (*soie etc.*); remonter (*montre, horloge*); rembobiner (*film*).
rewrite [ri:'rait], *v.t. irr.* (*conjug. like* WRITE) récrire.
rhapsody ['ræpsədi], *n.* rapsodie, *f.*
Rheims [ri:mz]. Reims, *m.*
Rhenish ['reniʃ], *a.* du Rhin.—*n.* vin du Rhin, *m.*
rheostat ['ri:ostæt], *n.* rhéostat, *m.*
rhesus ['ri:səs], *a.* (*Med.*) rhésus.
rhetoric ['retərik], *n.* rhétorique, *f.*
rhetorical [ri'tɔrikl], *a.* de rhétorique; *rhetorical question*, question de pure forme, *f.*
rheum [ru:m], *n.* rhume, catarrhe, *m.*
rheumatic [ru:'mætik], *a.* rhumatismal; *rheumatic fever*, rhumatisme articulaire aigu, *m.*
rheumatism ['ru:mətizm], *n.* rhumatisme, *m.*
rheumatoid ['ru:mətoid], *a.* rhumatoïde; *rheumatoid arthritis*, rhumatisme articulaire, *m.*
Rhine [rain], **the**. le Rhin, *m.*
Rhineland ['rainlænd]. la Rhénanie, *f.*
Rhinelander ['rainlændə], *n.* Rhénan, *m.*
rhinoceros [rai'nosərəs], *n.* rhinocéros, *m.*
Rhodesia [rou'di:ziə]. la Rhodésie, *f.*
Rhodesian [rou'di:ziən], *a.* rhodésien.—*n.* Rhodésien (*personne*), *m.*
rhododendron [roudə'dendrən], *n.* rhododendron, *m.*
rhombus ['rombəs], *n.* losange, *m.*
Rhone [roun]. le Rhône, *m.*
rhubarb ['ru:ba:b], *n.* rhubarbe, *f.*
rhyme [raim], *n.* rime, *f.*; (*pl.*) vers, *m.pl.*— *v.t., v.i.* rimer; rimailler.
rhythm [riðm], *n.* rythme, *m.*; cadence, *f.*
rhythmical ['riðmikl], *a.* rythmique.
rhythmically ['riðmikli], *adv.* avec rythme.
rib [rib], *n.* côte; baleine (*de parapluie*), *f.*

ribald ['ribəld], *a.* grossier, obscène.
ribaldry ['ribəldri], *n.* obscénités, *f.pl.*
ribbed [ribd], *a.* à côtes.
ribbon ['ribən], *n.* ruban; cordon (*de médaille*); lambeau (*morceau de tissu déchiré*), *m.*
rice [rais], *n.* riz, *m.*; **rice-field,** rizière, *f.*
rich [ritʃ], *a.* riche; fertile, fécond (*terre*); de haut goût (*fort assaisonné*); voyant (*couleur*); (*fig.*) délicieux, généreux (*vin*); **the rich,** les riches, *m.pl.*; **to grow rich,** s'enrichir.
riches ['ritʃiz], *n.pl.* richesse, *f.*
richly ['ritʃli], *adv.* richement; grandement; (*fam.*) joliment.
richness ['ritʃnis], *n.* richesse; fécondité, *f.*; haut goût, *m.*
rick [rik], *n.* meule, *f.*
rickets ['rikits], *n.pl.* rachitis, rachitisme, *m.*
rickety ['rikiti], *a.* (*fig.*) boiteux (*meuble*).
rickshaw ['rikʃɔ:], *n.* pousse-pousse, *m.*
ricochet ['rikəʃei], *n.* ricochet, *m.*—*v.i.* ricocher.
rid [rid], *v.t. irr.* délivrer, débarrasser; **to get rid of,** se débarrasser de.
riddance ['ridəns], *n.* débarras, *m.*
riddle (1) [ridl], *n.* énigme, *f.*
riddle (2) [ridl], *v.t.* cribler.—*n.* crible, *m.*
ride [raid], *v.t. irr.* monter, être monté sur; mener, conduire; faire (*une distance précise*). —*v.i.* monter (*à cheval, à bicyclette etc.*), aller, venir, être *ou* se promener (*à cheval, à bicyclette, en voiture etc.*); être monté (*sur*); flotter, voguer (*sur*); être (à l'ancre); **to ride away,** partir, s'en aller; **to ride back,** revenir, s'en retourner.—*n.* promenade, course (*à cheval, en voiture, à bicyclette etc.*), *f.*; trajet, *m.*; allée cavalière (*sentier dans un bois etc.*), *f.*
rider ['raidə], *n.* cavalier, *m.*, cavalière, *f.*; écuyer, *m.*, écuyère (*de cirque*), *f.*; jockey; codicille (*document*), *m.*
riderless ['raidəlis], *a.* sans cavalier.
ridge [ridʒ], *n.* sommet (*pic*), *m.*, cime; chaîne (*de montagnes*); arête, crête (*d'une montagne*) *f.*; faîte (*de toit*); (*Agric.*) sillon, billon, *m.*—*v.t.* sillonner.
ridicule ['ridikju:l], *n.* ridicule, *m.*—*v.t.* tourner en ridicule, ridiculiser.
ridiculous [ri'dikjuləs], *a.* ridicule.
ridiculously [ri'dikjuləsli], *adv.* ridiculement.
riding (1) ['raidiŋ], *n.* promenade à cheval, *f.*; exercice à cheval, *m.*, équitation, *f.*; (*Naut.*) mouillage, *m.*
riding (2) ['raidiŋ], *n.* (*Yorkshire*) arrondissement, *m.*
riding-habit ['raidiŋhæbit], *n.* amazone, *f.*
riding-hood ['raidiŋhud], *n.* capuchon, *m.*; *Little Red Riding Hood,* le petit Chaperon rouge.
rife [raif], *a.* abondant, répandu; **to be rife,** régner (*tumulte etc.*), courir (*bruit*).
riff-raff ['rifræf], *n.* racaille, canaille, *f.*
rifle (1) [raifl], *v.t.* piller, dévaliser.
rifle (2) [raifl], *v.t.* rayer (*armes à feu*).—*n.* fusil (rayé), *m.*, carabine, *f.*; **rifle-gallery** or **-range,** tir, *m.*; **rifle-practice** or **-shooting,** tir au fusil, tir à la carabine, *m.*; **rifle-shot,** coup de fusil, *m.*
rifleman ['raiflmən], *n.* (*pl.* **-men** [men]) carabinier, *m.*
rifling (1) ['raifliŋ], *n.* pillage.

rifling (2) ['raifliŋ], *n.* rayage (*de fusils*), *m.*
rift [rift], *n.* fente; éclaircie (*aux nuages*), *f.*
rig [rig], *n.* gréement; accoutrement (*vêtements*), *m.*—*v.t.* équiper, gréer; (*fig.*) accoutrer, attifer.
rigged [rigd], *a.* gréé.
rigging ['rigiŋ], *n.* gréement, *m.*, agrès, *m.pl.*
right [rait], *a.* droit; direct, en ligne droite; vrai, véritable; bon, propre, convenable; juste, correct; en règle; *all right!* c'est bien! *that is right,* c'est cela; *the right man,* l'homme qu'il faut; *the right road,* le bon chemin; *to be right,* avoir raison; être juste (*compte*); *to put right,* mettre en bon ordre, arranger.—*adv.* droit, tout droit; justement (*avec justice*); comme il faut, bien (*correctement*); tout à fait (*entièrement*); fort (*beaucoup*); très.—*n.* droit, *m.*, justice, raison, *f.*; côté droit, *m.*, droite, *f.*; *on* or *to the right,* à droite; *right of way,* droit de passage; *to put* or *set to rights,* arranger, mettre en ordre.—*v.i.* redresser, corriger (*choses*).—*v.i.* se redresser se relever.
righteous ['raitʃəs], *a.* juste, droit.
righteously ['raitʃəsli], *adv.* justement.
righteousness ['raitʃəsnis], *n.* droiture, vertu, *f.*
rightful ['raitful], *a.* légitime, véritable.
right-handed ['raithændid], *a.* droitier.
rightly ['raitli], *adv.* bien; à juste titre; comme il faut (*convenablement*); juste (*exactement*).
rightness ['raitnis], *n.* rectitude; droiture; justesse, *f.*
rigid ['ridʒid], *a.* rigide, raide.
rigidity [ri'dʒiditi], *n.* rigidité; raideur, *f.*
rigidly ['ridʒidli], *adv.* rigidement; avec raideur.
rigmarole ['rigməroul], *n.* galimatias, *m.*
rigor ['rigə, 'raigə], *n.* (*Path.*) rigidité, *f.*
rigorous ['rigərəs], *a.* rigoureux.
rigorously ['rigərəsli], *adv.* rigoureusement, avec rigueur, à la rigueur.
rigour ['rigə], *n.* rigueur, *f.*
rile [rail], *v.t.* (*colloq.*) faire enrager, agacer.
rill [ril], *n.* petit ruisseau, *m.*
rim [rim], *n.* bord, rebord, *m.*; jante (*de roue*), *f.*
rime [raim], *n.* givre, *m.*; gelée blanche, *f.*
rimless ['rimlis], *a.* sans monture (*lunettes*).
rind [raind], *n.* écorce, peau, pelure; croûte (*de fromage*); couenne (*de lard*), *f.*
ring (1) [riŋ], *n.* anneau, *m.*, bague (*pour le doigt etc.*), *f.*; cercle, rond, *m.*; arène (*pour se battre*), *f.*; ring (*pour la boxe*), *m.*; (*fig.*) bande, clique, *f.*; (*Comm.*) syndicat *m.*—*v.t.* mettre un anneau à; entourer.
ring (2) [riŋ], *v.t. irr.* sonner, faire sonner; *to ring someone up,* téléphoner à quelqu'un. —*v.i.* sonner; retentir (*de*), tinter (*aux oreilles*).—*n.* son, tintement, coup de sonnette, *m.*; sonnerie, *f.*; *there's a ring at the door,* on sonne.
ring-dove ['riŋdʌv], *n.* pigeon ramier, *m.*
ringer ['riŋə], *n.* sonneur, *m.*
ringing ['riŋiŋ], *n.* son (*de cloche*), *m.*; sonnerie, *f.*, tintement, retentissement *m.*
ringleader ['riŋli:də], *n.* meneur, chef de bande, *m.*
ringlet ['riŋlit], *n.* boucle (*de cheveux*), *f.*
ring-road ['riŋroud], *n.* route de ceinture, *f.*
ringworm ['riŋwə:m], *n.* herpès tonsurant, *m.*

rink

rink [riŋk], *n.* patinoire (*de glace*), *f.*; skating (*pour patinage à roulettes*), *m.*

rinse [rins], *v.t.* rincer.

riot ['raiət], *n.* émeute, *f.*; vacarme, tumulte (*bruit*), *m.*; (*fig.*) festins, *m.pl.*—*v.i.* faire une émeute.

rioter ['raiətə], *n.* émeutier; tapageur, *m.*

riotous ['raiətəs], *a.* séditieux, tumultueux.

rip (1) [rip], *v.t.* fendre, déchirer; *to rip open*, ouvrir.—*n.* déchirure, *f.*

rip (2) [rip], *n.* (*slang*) vaurien, polisson, *m.*

ripe [raip], *a.* mûr.

ripen ['raipən], *v.t.* mûrir, faire mûrir.—*v.i.* mûrir, venir à maturité.

ripeness ['raipnis], *n.* maturité, *f.*

ripening ['raipniŋ], *n.* maturation, *f.*

ripple [ripl], *n.* clapotis, murmure, *m.*—*n.* ride (*d'eau*), *f.*

rippling ['ripliŋ], *n.* clapotis, murmure, *m.*

rip-roaring ['ripro:riŋ], *a.* tumultueux; robuste; épatant.

rise [raiz], *v.i. irr.* se lever, se relever (*après une chute, un malheur etc.*); s'élever, monter; se dresser (*montagne etc.*); s'augmenter, hausser (*prix*); aller en montant (*rue*); se soulever (*rébellion*); ressusciter (*les morts*); prendre sa source (*en ou dans*).—*n.* lever, *m.*; montée (*de colline etc.*); crue (*des eaux*); hausse (*de prix*), augmentation; source, origine, *f.*

riser ['raizə], *n.* marche (*d'escalier*), *f.*; *early riser*, personne matinale, *f.*

risible ['rizibl], *a.* risible.

rising ['raiziŋ], *a.* levant; montant (*marée*); (*fig.*) naissant; qui a de l'avenir (*qui promet*).—*n.* lever (*du lit, du soleil*), *m.*; montée (*de colline*); crue (*des eaux*); clôture (*d'assemblée*); résurrection, *f.*; soulèvement, *m.*, insurrection, *f.*

risk [risk], *n.* risque, *m.*—*v.t.* risquer.

risky ['riski], *a.* risqué, hasardeux.

rite [rait], *n.* rite, *m.*, cérémonie, *f.*

ritual ['ritjuəl], *a.* du rite.—*n.* rituel, *m.*

rival [raivl], *a. and n.* rival, *m.*—*v.t.* rivaliser avec.

rivalry ['raivlri], *n.* rivalité, *f.*

rive [raiv], *v.t. irr.* fendre.—*v.i.* se fendre.

river ['rivə], *a.* de rivière, fluvial.—*n.* fleuve (*qui débouche dans la mer*), *m.*; (*autrement*) rivière, *f.*; *down the river*, en aval; *up the river*, en amont.

riverside ['rivəsaid], *a.* au bord de l'eau.—*n.* bord de l'eau, *m.*

rivet ['rivit], *n.* rivet, *m.*; attache (*de porcelaine*), *f.*—*v.t.* river, riveter; (*fig.*) fixer.

riveting ['rivitiŋ], *n.* rivetage, *m.*

rivulet ['rivjulit], *n.* ruisseau, *m.*

roach [routʃ], *n.* (*Ichth.*) gardon, *m.*

road [roud], *n.* route, *f.*, chemin, *m.*; chaussée; rue (*en ville*); (*Naut.*) rade, *f.*; *by-road*, chemin détourné; *carriage-road*, route carrossable; *cross-roads*, carrefour, *m.*; *high road*, grand-route, *f.*; *roads and bridges*, ponts et chaussées, *m.pl.*

road-hog ['roudhɔg], *n.* (*Motor.*) chauffard, *m.*

road-house ['roudhaus], *n.* auberge, hôtellerie, *f.*

road-map ['roudmæp], *n.* carte routière, *f.*

road-mender ['roudmendə], *n.* cantonnier, *m.*

road-metal ['roudmetl], *n.* cailloutis, empierrement, *m.*

roadside ['roudsaid], *n.* bord de la route, *m.*; *by the roadside*, au bord de la route.

roadstead ['roudsted], *n.* rade, *f.*

roadway ['roudwei], *n.* chaussée; voie (*de pont*), *f.*

roadworthy ['roudwə:ði], *a.* (*Motor.*) en état de marche.

roam [roum], *v.t.* rôder dans *ou* parmi.—*v.i.* errer, rôder.

roan [roun], *a.* rouan.

roar [rɔ:], *n.* rugissement (*de lion etc.*); mugissement (*de la mer etc.*); éclat (*de rire*); grondement (*de tonnerre etc.*), *m.*—*v.i.* rugir (*lion etc.*); mugir (*mer etc.*); gronder (*tonnerre, canon etc.*); (*colloq.*) vociférer; *to roar with laughter*, rire aux éclats.

roaring ['rɔ:riŋ], *a.* rugissant, mugissant; *to do a roaring trade*, faire des affaires d'or.

roast [roust], *v.t.* rôtir; faire rôtir; torréfier (*café*); (*Metal.*) griller.—*v.i.* rôtir; griller.—*a.* rôti; *roast beef*, rosbif, *m.*; *roast pork*, rôti de porc, *m.*

roaster ['roustə], *n.* rôtisseur (*personne*), *m.*; rôtissoire (*chose*), *f.*

roasting ['roustiŋ], *a.* brûlant.—*n.* (*Metal.*) grillage, *m.*; torréfaction (*de café*), *f.*

rob [rɔb], *v.t.* voler; piller; priver (*de*).

robber ['rɔbə], *n.* voleur, *m.*

robbery ['rɔbəri], *n.* vol, *m.*

robe [roub], *n.* robe, *f.*—*v.t.* vêtir (*d'une robe*); revêtir (*de*).

robin ['rɔbin], **robin-redbreast** [rɔbin'red brest], *n.* (*Orn.*) rouge-gorge, *m.*

robot ['roubɔt], *n.* automate, robot, *m.*

robust [ro'bʌst], *a.* robuste, vigoureux.

robustness [ro'bʌstnis], *n.* robustesse, vigueur, *f.*

rock (1) [rɔk], *n.* rocher, roc, *m.*; (*Geol.*) roche, *f.*; sucre d'orge (*bonbon*), *m.*

rock (2) [rɔk], *v.t.* balancer; bercer, remuer.—*v.i.* se balancer; branler, trembler.

rockery ['rɔkəri], *n.* jardin de rocaille, *m.*

rocket ['rɔkit], *n.* fusée, *f.*; *rocket-launcher*, lance-fusée, *m.*—*v.i.* monter en flèche (*prix*).

rockiness ['rɔkinis], *n.* nature rocailleuse, *f.*

rocking ['rɔkiŋ], *n.* balancement; bercement, *m.*

rocking-chair ['rɔkintʃeə], *n.* chaise à bascule, *f.*

rocking-horse ['rɔkiŋhɔ:s], *n.* cheval à bascule, *m.*

rock-salt ['rɔksɔːlt], *n.* sel gemme, *m.*

rocky ['rɔki], *a.* rocailleux, rocheux.

rod [rɔd], *n.* verge; baguette; tringle (*à rideaux etc.*); canne à pêche; perche (= 5·0291 metres); bielle (*de piston*), *f.*

rodent ['roudənt], *n.* (*Zool.*) rongeur, *m.*

rodeo [ro'deiou], *n.* rodéo, *m.*

roe (1) [rou], *n.* œufs (*de poisson*), *m.pl.*

roe (2) [rou], *n.* chevreuil, *m.*, chevrette, *f.*

roebuck ['roubʌk], *n.* chevreuil, *m.*

Roger ['rɔdʒə], Roger, *m.*

rogue [roug], *n.* coquin, fripon, fourbe, *m.*

roguery ['rougəri], *n.* coquinerie, friponnerie, fourberie, *f.*

roguish ['rougiʃ], *a.* coquin, fripon; (*facet.*) espiègle.

roguishly ['rougiʃli], *adv.* en fripon, en fourbe; (*facet.*) avec espièglerie.

roister ['rɔistə], *v.i.* faire du tapage.
roisterer ['rɔistərə], *n.* tapageur, *m.*
roistering ['rɔistəriŋ], *a.* tapageur, bruyant.
—*n.* tapage, *m.*
role [roul], *n.* rôle, *m.*
roll [roul], *n.* rouleau; roulement (*acte de rouler quelque chose*); roulis (*de navire*); petit pain; roulement (*de tambour*); rôle (*liste*), *m.*; (*pl.*) rôles, *m.pl.*; annales, archives, *f.pl.*—*v.t.* rouler; passer au rouleau (*gazon, gravier etc.*); (*Metal.*) laminer.—*v.i.* rouler, se rouler; tourner; (*Naut.*) avoir du roulis.
roll-call ['roulkɔːl], *n.* appel, *m.*
roller ['roulə], *n.* rouleau; cylindre, *m.*
roller-skate ['rouləskeit], *n.* patin à roulettes, *m.*
rollicking ['rɔlikiŋ], *a.* folâtre, joyeux.
rolling ['rouliŋ], *n.* roulement; roulis (*de navire*); (*Metal.*) laminage, *m.*; **rolling stock**, matériel roulant, *m.*
rolling-pin ['rouliŋpin], *n.* rouleau, *m.*
Roman ['roumən], *a.* romain; aquilin (*nez*).—*n.* Romain (*personne*), *m.*
Romance [ro'mæns], *a.* roman; **Romance languages**, langues romanes, *f.pl.*
romance [ro'mæns], *n.* roman de chevalerie, *m.*; histoire romanesque; (*Mus.*) romance; (*fam.*) amourette, aventure, *f.*—*v.i.* inventer à plaisir, exagérer, broder.
romanesque [roumə'nesk], *a.* (*Arch.*) roman.
Romania [ro'meiniə], [RUMANIA].
romantic [ro'mæntik], *a.* romanesque; romantique (*paysage, style etc.*).
romanticism [ro'mæntisizm], *n.* romantisme, *m.*
romanticist [ro'mæntisist], *n.* romantique, *m., f.*
Rome [roum]. Rome, *m.*
romp [rɔmp], *n.* gamine, garçonnière (*jeune fille*), *f.*; jeu violent, tapage, *m.*—*v.i.* jouer rudement, folâtrer.
rompers ['rɔmpəz], *n.pl.* barboteuse, *f.*
romping ['rɔmpiŋ], *n.* jeux rudes, *m.pl.*
roof [ruːf], *n.* toit; palais (*de la bouche*), *m.*—*v.t.* couvrir d'un toit; couvrir.
roofing ['ruːfiŋ], *n.* toiture, *f.*
roof-rack ['ruːfræk], *n.* (*Motor.*) galerie, *f.*
rook (1) [ruk], *n.* freux, *m.*, (*pop.*) corneille, *f.*; (*slang*) tricheur, *m.*—*v.t.*, *v.i.* (*slang*) friponner, filouter.
rook (2) [ruk], *n.* (*Chess*) tour, *f.*
rookery ['rukəri], *n.* colonie de freux, *f.*
rookie ['ruki], *n.* (*Mil. slang*) bleu, *m.*
room [ruːm], *n.* place, *f.*, espace, *m.*; chambre, salle, pièce (*d'appartement*), *f.*
roomful ['ruːmful], *n.* chambrée, *f.*
roominess ['ruːminis], *n.* nature spacieuse, grandeur, *f.*
roomy ['ruːmi], *a.* spacieux, vaste.
roost [ruːst], *n.* juchoir, perchoir, *m.*—*v.i.* se jucher.
rooster ['ruːstə], *n.* coq, *m.*
root [ruːt], *n.* racine, *f.*; (*fig.*) source, *f.*—*v.t.* **to root out**, déraciner, extirper.
rooted ['ruːtid], *a.* enraciné; (*fig.*) invétéré.
rooting ['ruːtiŋ], *n.* enracinement, *m.*; **rooting out**, arrachement, *m.*, extirpation, *f.*
rope [roup], *n.* corde, *f.*; (*Naut.*) cordage, *m.*; (*Mount.*) cordée, *f.*; **a piece of rope**, un bout de filin.—*v.t.* attacher avec une

corde; lier.—*v.i.* filer (*vin etc.*); (*Mount.*) s'encorder.
rope-walker ['roupwɔːkə], *n.* funambule, *m., f.*
ropiness ['roupinis], *n.* viscosité, *f.*
ropy ['roupi], *a.* qui file, filant, visqueux.
rosary ['rouzəri], *n.* chapelet, *m.*
rose (1) [rouz], *n.* rose; (*Tech.*) pomme d'arrosoir; (*Arch.*) rosace, *f.*
rose (2) [rouz], *past* [RISE].
roseate ['rouziit], *a.* rosé.
rose-bed ['rouzbed], *n.* massif de rosiers, *m.*
rosebud ['rouzbʌd], *n.* bouton de rose, *m.*
rose-bush ['rouzbuʃ], *n.* rosier, *m.*
rose-garden ['rouzgaːdn], *n.* roseraie, *f.*
rosemary ['rouzməri], *n.* romarin, *m.*
rosette [ro'zet], *n.* rosette, *f.*
rose-window ['rouzwindou], *n.* rosace, *f.*
rosin ['rɔzin], *n.* colophane, *f.*
rosiness ['rouzinis], *n.* couleur rose, *f.*
rostrum ['rɔstrəm], *n.* (*Rom. Hist.*) rostres, *m.pl.*; tribune (*estrade*), *f.*
rosy ['rouzi], *a.* de rose, rose, rosé, vermeil.
rot [rɔt], *n.* pourriture; (*colloq.*) blague, *f.*—*v.t.* pourrir, faire pourrir; carier (*dent*).—*v.i.* pourrir, se pourrir; se carier (*dent*).
rota ['routə], *n.* **by rota**, à tour de rôle.
rotary ['routəri], *a.* rotatif, rotatoire.
rotate [ro'teit], *v.t.*, *v.i.* tourner.
rotation [ro'teiʃən], *n.* rotation, succession, *f.*; **rotation of crops**, assolement, *m.*
rote [rout], *n.* routine, *f.*; **by rote**, par cœur, de routine.
rotten [rɔtn], *a.* pourri; carié (*dent*); gâté (*œuf*).
rottenness ['rɔtnnis], *n.* pourriture; carie (*des dents*), *f.*
rotter ['rɔtə], *n.* (*fam.*) sale type, *m.*
rotting ['rɔtiŋ], *a.* qui pourrit; qui se carie.—*n.* putréfaction, *f.*
rotund [ro'tʌnd], *a.* rond, arrondi.
rotundity [ro'tʌnditi], *n.* rondeur, rotondité, *f.*
rouble [ruːbl], *n.* rouble, *m.*
rouge [ruːʒ], *n.* rouge, fard, *m.*
rough [rʌf], *a.* rude; hérissé; raboteux (*chemin*); grosse, houleuse (*mer*); orageux (*temps*); âpre (*goût*); dépoli (*verre*); grossier (*manières*); approximatif (*pas exact*); **rough-and-ready**, fait à la va-vite; **rough copy** or **draft**, brouillon, *m.*; **rough estimate**, appréciation en gros, *f.*—*adv.* brutalement, rudement.—*n.* voyou, polisson, *m.*; **rough-and-tumble**, mêlée, bousculade, *f.*
roughcast ['rʌfkaːst], *v.t.* ébaucher; (*Build.*) crépir.—*n.* ébauche, *f.*; (*Build.*) crépi, *m.*
roughen ['rʌfn], *v.t.* rendre rude.
rough-hewn ['rʌfhjuːn], *a.* ébauché.
rough-house ['rʌfhaus], *n.* (*fam.*) chahut, *m.*
roughly ['rʌfli], *adv.* rudement; grossièrement; à peu près.
roughness ['rʌfnis], *n.* aspérité, rudesse; apreté (*au goût*); agitation (*de la mer*); grossièreté (*de manières*), *f.*; mauvais état (*de rue*), *m.*
round [raund], *a.* rond; circulaire; en rond.—*adv.* en rond; tout; à la ronde; tout autour, à l'entour; **to go round**, faire le tour de.—*prep.* autour de.—*n.* rond, cercle; tour (*petite promenade*), *m.*; rouelle (*de bœuf etc.*); salve (*d'applaudissements*), *f.*; (*Artill.*) coup de canon, *m.*; ronde (*de veilleurs, police etc.*); (*Golf*) tournée, *f.*; (*Box.*) round, *m.*; **round**

of ammunition, cartouche, *f.*—*v.t.* arrondir; entourer, faire le tour de (*faire un cercle*); doubler (*cap*); **to round off,** arrondir, finir, compléter; **to round up,** rassembler (*bestiaux etc.*); faire une rafle.—*v.i.* s'arrondir.
roundabout ['raundəbaut], *a.* détourné; indirect.—*n.* manège; (*Motor.*) rondpoint, *m.*
rounded ['raundid], *a.* arrondi.
*****roundelay** ['raundəlei], *n.* rondeau, *m.*
rounders ['raundəz], *n.pl.* balle au camp, *f.*
roundish ['raundiʃ], *a.* arrondi; rondelet (*personne*).
roundly ['raundli], *adv.* en rond; (*fig.*) rondement.
roundness ['raundnis], *n.* rondeur; (*fig.*) franchise, *f.*
roundsman ['raundzmən], *n.* (*pl.* **-men** [men]); (*Comm.*) livreur, *m.*
round-up ['raundʌp], *n.* rassemblement (*de bétail*), *m.*; rafle (*de criminels*), *f.*
roup [ru:p], *n.* pépie (*maladie de volaille*), *f.*
rouse [rauz], *v.t.* éveiller, (*fig.*) réveiller, exciter.
rout [raut], *n.* cohue; déroute (*d'une armée*), *f.*—*v.t.* mettre en déroute.
route [ru:t], *n.* itinéraire, parcours, *m.*—*v.t.* router (*circulation, colis etc.*).
route-map ['ru:tmæp], *n.* carte routière, *f.*
routine [ru:'ti:n], *n.* routine, *f.*
rove [rouv], *v.i.* rôder, courir.
rover ['rouvə], *n.* rôdeur, vagabond; pirate; (*Scouting*) éclaireur chevalier, *m.*
roving ['rouviŋ], *a.* errant, vagabond.
row (1) [rau], *n.* tapage, vacarme, *m.*; querelle, scène, *f.*
row (2) [rou], *n.* rang, *m.*, rangée, file; colonne (*de chiffres*), *f.*
row (3) [rou], *n.* promenade en bateau, *f.*—*v.t.* (*Naut.*) faire aller à la rame.—*v.i.* ramer; (*Naut.*) nager.
rowan ['rauən], *n.* (*Sc.*) sorbier des oiseaux, *m.*
rowdy ['raudi], *a.* tapageur.—*n.* voyou, gredin, *m.*
rowdyism ['raudiizm], **rowdiness** ['raudinis], *n.* tapage, *m.*
rower ['rouə], *n.* rameur, (*Naut.*) nageur, *m.*
rowing ['rouiŋ], *n.* canotage, *m.*
rowing-boat ['rouiŋbout], *n.* bateau à rames, *m.*
rowlock ['rʌlək], *n.* tolet, *m.*, dame, *f.*
royal ['rɔiəl], *a.* royal, de roi.
royalist ['rɔiəlist], *a. and n.* royaliste, *m.*, *f.*
royally ['rɔiəli], *adv.* royalement, en roi.
royalty ['rɔiəlti], *n.* royauté; (*usu. pl.*) commission, *f.*, droit d'auteur, *m.*
rub [rʌb], *v.t., v.i.* frotter; (*Med.*) frictionner.—*n.* frottement; coup de brosse, *m.*; (*fig.*) difficulté, *f.*, obstacle, *m.*
rubber (1) ['rʌbə], *n.* frotteur; frottoir (*chose*), *m.*; (*pl.*) (*Am.*) caoutchoucs (*chaussures*), *m.pl.*; **indiarubber,** caoutchouc, *m.*, gomme (à effacer), *f.*
rubber (2) ['rʌbə], *n.* (*Cards*) rob, *m.*
rubber-stamp ['rʌbəstæmp], *n.* tampon; (*fig.*) béni-oui-oui, *m.*—*v.t.* ratifier.
rubbing ['rʌbiŋ], *n.* frottement; frottage, *m.*; (*Med.*) friction, *f.*
rubbish ['rʌbiʃ], *n.* débris, *m.pl.*; ordures, *f.pl.*; fatras (*sottises*), *m.*
rubbish-bin ['rʌbiʃbin], *n.* poubelle, *f.*
rubbish-cart ['rʌbiʃka:t], *n.* tombereau, *m.*

rubbish-dump ['rʌbiʃdʌmp], *n.* dépotoir, *m.*
rubbishy ['rʌbiʃi], *a.* de rebut, sans valeur.
rubble [rʌbl], *n.* blocaille, *f.*, moellons; décombres, *m.pl.*
rubicund ['ru:bikənd], *a.* rubicond.
rubric ['ru:brik], *n.* rubrique, *f.*
ruby ['ru:bi], *a.* de rubis, vermeil.—*n.* rubis, *m.*; teinte rouge, *f.*, incarnat, *m.*
ruck [rʌk], *n.* peloton (*de coureurs, cyclistes*), *m.*
rucksack ['rʌksæk], *n.* sac à dos, *m.*
ruction ['rʌkʃən], *n.* (*colloq.*) bagarre, dispute, *f.*
rudder ['rʌdə], *n.* gouvernail, *m.*
ruddiness ['rʌdinis], *n.* rougeur, *f.*
ruddy ['rʌdi], *a.* rouge, au teint vermeil; (*slang*) sacré.
rude [ru:d], *a.* grossier, impoli; (*fig.*) rude, violent.
rudely ['ru:dli], *adv.* grossièrement; rudement.
rudeness ['ru:dnis], *n.* rudesse; grossièreté; insolence; violence, *f.*
rudiment ['ru:dimənt], *n.* rudiment, *m.*
rudimentary [ru:di'mentri], *a.* rudimentaire.
rue [ru:], *v.t.* se repentir de, regretter.
rueful ['ru:ful], *a.* triste; lamentable.
ruefully ['ru:fuli], *adv.* tristement, déplorablement.
ruff [rʌf], *n.* fraise, collerette, *f.*
ruffian ['rʌfiən], *n.* bandit, *m.*; brute, *f.*
ruffianism ['rʌfiənizm], *n.* brutalité, *f.*
ruffianly ['rʌfiənli], *a.* de brigand, brutal.
ruffle [rʌfl], *n.* manchette, ruche, *f.*—*v.t.* froncer (*le front etc.*); froisser (*sentiments*); ébouriffer (*les cheveux*).
rug [rʌg], *n.* couverture, *f.*; tapis, *m.*
rugby ['rʌgbi], *n.* (*Spt.*) rugby, *m.*
rugged ['rʌgid], *a.* rude; raboteux; âpre; bourru (*personne*).
ruggedness ['rʌgidnis], *n.* rudesse, âpreté, *f.*
ruin ['ru:in], *n.* ruine; perte, *f.*—*v.t.* ruiner.
ruination [ru:i'neiʃən], *n.* perte, *f.*
ruinous ['ru:inəs], *a.* ruineux; en ruine.
ruinously ['ru:inəsli], *adv.* ruineusement.
rule [ru:l], *n.* règle, *f.*; règlement; gouvernement, empire (*domination*), *m.*; (*Law*) ordonnance, *f.*; **as a rule,** en général, d'ordinaire.—*v.t.* régler, diriger; gouverner; régir; (*Law*) décider.—*v.i.* gouverner; **to rule over,** régner sur.
ruler ['ru:lə], *n.* gouvernant, souverain, *m.*; règle (*instrument*), *f.*
ruling ['ru:liŋ], *a.* dominant, régnant, dirigeant.—*n.* (*Law*) ordonnance de juge, décision, *f.*
rum (1) [rʌm], *a.* drôle; (*colloq.*) cocasse.
rum (2) [rʌm], *n.* rhum, *m.*
Rumania [ru:'meinjə], la Roumanie, *f.*
Rumanian [ru:'meinjən], *a.* roumain.—*n.* roumain (*langue*); Roumain (*personne*), *m.*
rumba ['rʌmbə], *n.* rumba, *f.*
rumble [rʌmbl], *v.i.* gronder, gargouiller.
rumbling ['rʌmbliŋ], *a.* qui gronde; qui gargouille.—*n.* grondement; gargouillement, *m.*
rumbustious [rʌm'bʌstʃəs], *a.* (*fam.*) turbulent, tapageur.
ruminant ['ru:minənt], *a. and n.* ruminant, *m.*
ruminate ['ru:mineit], *v.i.* ruminer.
rumination [ru:mi'neiʃən], *n.* rumination, *f.*

rummage ['rʌmidʒ], v.t., v.i. fouiller.—n. remue-ménage, m.

rummage-sale ['rʌmidʒseil], n. vente d'objets usagés, f.

rumour ['ru:mə], n. rumeur, f.; bruit, m.— v.t. faire courir le bruit de.

rump [rʌmp], n. croupe; culotte (de viande), f.; croupion (de volaille), m.

rumple [rʌmpl], v.t. chiffonner, froisser.—n. pli, m., froissure, f.

rumpus ['rʌmpəs], n. (colloq.) boucan, tapage, m.

run [rʌn], v.t. irr. courir; encourir; faire courir, faire marcher, conduire (machines); pousser, enfoncer; diriger, exploiter, tenir; to run down, dénigrer (décrier); (Hunt.) forcer; to run for, courir chercher; to run in, enfoncer; arrêter, coffrer; (Motor.) roder; to run out, faire sortir; épuiser; to run over, (Motor.) écraser (personne, animal); to run up, monter en courant.— v.i. courir; accourir (s'approcher); se sauver (s'échapper); s'étendre; fuir (bateau); couler (liquide); se fondre (couleurs); fondre (se dissoudre); être (exister); courir, circuler; faire le service (autobus etc.); marcher, être en marche (mécanisme); s'écouler (temps); pleurer (les yeux); rouler (avancer en tournant); devenir; filer (navire etc.); suppurer (ulcère etc.); monter (somme); (Am.) se présenter (aux élections); to run about, courir çà et là; to run after, chercher; to run against, courir contre; to run aground, échouer; to run at, attaquer; to run away, se sauver, s'emballer (cheval); s'écouler (liquide etc.); to run down, descendre en courant, aller, venir, couler (liquide); s'arrêter (mécanisme); to run from, s'enfuir de; to run in, entrer, entrer précipitamment; to run out, courir dehors; couler, fuir; se terminer, expirer, tirer à sa fin; descendre (marée); to run over, déborder (liquide etc.); to run through, passer à travers de, parcourir; gaspiller; to run up, courir en haut, monter; to run up to, s'élever à, monter à.—n. course (action de courir), f.; cours (série) trajet, voyage, m.; durée, f., succès (vogue), m.; irruption (dans une banque etc.), f.; commun (généralité), m.; in the long run, à la longue, à la fin.

runaway ['rʌnəwei], a. emballé (cheval).—n. fuyard; fugitif, déserteur, m.

rung (1) [rʌŋ], n. échelon (d'échelle); bâton (de chaise etc.), m.

rung (2) [rʌŋ], p.p. [RING (2)].

runner ['rʌnə], n. coureur; messager, courrier; (Bot.) rejeton, m.; scarlet runner, haricot d'Espagne, m.

running ['rʌniŋ], a. courant; de suite (consécutivement).—n. course, f.; écoulement (d'eau), m.

runt [rʌnt], n. bétail petit ou chétif; (fig.) avorton, nain, m.

runway ['rʌnwei], n. (Av.) piste d'envol, f.

rupee [ru:'pi:], n. roupie, f.

rupture ['rʌptʃə], n. rupture, f.; (Med.) hernie, f.—v.t. rompre.—v.i. se rompre.

rural ['ruərəl], a. champêtre, rural, rustique.

ruse [ru:z], n. ruse, f., stratagème, m.

rush (1) [rʌʃ], n. (Bot.) jonc, m.

rush (2) [rʌʃ], n. ruée, f., mouvement précipité, m.; foule, presse (gens), f.—v.t. en-

traîner brusquement; dépêcher; envahir.— v.i. se jeter, se ruer, se précipiter (sur).

rushing ['rʌʃiŋ], a. impétueux.—n. élan, m., précipitation, f.

rusk [rʌsk], n. biscotte, f.

russet ['rʌsit], a. roussâtre.—n. roux, m.; reinette grise (pomme), f.

Russia ['rʌʃə], la Russie, f.

Russian ['rʌʃən], a. russe, de Russie.—n. russe (langue), m.; Russe (personne), m., f.

rust [rʌst], n. rouille, f.—v.i. se rouiller.

rustic ['rʌstik], a. rustique, champêtre.—n. rustre, paysan, m.

rusticate ['rʌstikeit], v.t. reléguer à la campagne; (Univ.) renvoyer temporairement.— v.i. se retirer à ou habiter la campagne.

rustication [rʌsti'keiʃən], n. villégiature, f.; (Univ.) renvoi temporaire, m.

rusticity [rʌs'tisiti], n. simplicité, rusticité, f.

rustiness ['rʌstinis], n. rouille, f.

rustle [rʌsl], v.t. (Am.) voler (du bétail).—v.i. bruire, frémir; faire frou-frou (robe); to rustle against, frôler.—n. frôlement; bruissement; frou-frou (de robe), m.

rustler ['rʌslə], n. (Am.) voleur de bétail, m.

rustless ['rʌstlis], a. inoxydable.

rustling ['rʌsliŋ], a. qui fait frou-frou, frémissant.—n. (Am.) vol de bétail, m.

rusty ['rʌsti], a. rouillé; roux (couleur).

rut [rʌt], n. ornière (de route), f.—v.t. sillonner d'ornières.

ruthless ['ru:θlis], a. impitoyable, insensible.

ruthlessly ['ru:θlisli], adv. sans pitié, sans merci.

ruthlessness ['ru:θlisnis], n. cruauté, inhumanité, f.

Rwanda ['rwʌndə], le Rwanda, le Ruanda, m.

rye [rai], n. seigle, m.

rye-grass ['raigrɑːs], n. ivraie, f., ray-grass, m.

S

S, s [es]. dix-neuvième lettre de l'alphabet, m.

Saar [sɑː], la Sarre, f.

Sabbath ['sæbəθ], n. (Jews) sabbat; dimanche; (fig.) repos, m.

sabbatic [sə'bætik], **sabbatical** [sə'bætikəl], a. sabbatique, du sabbat.

sable [seibl], a. de zibeline, de martre; (Her.) de sable.—n. martre, zibeline, f.; (Her.) sable, m.

sabot ['sæbou], n. sabot, m.

sabotage ['sæbətɑːʒ], n. sabotage, m.—v.t. saboter.

saboteur [sæbə'tə:], n. saboteur, m.

sabre ['seibə], n. sabre, m.—v.t. sabrer.

sac [sæk], n. (Anat.) sac, m.; bourse, f.

saccharine ['sækərin], n. saccharine, f.

sacerdotal [sæsə'doutl], a. sacerdotal.

sack (1) [sæk], n. sac, m.; to get the sack, (colloq.) être renvoyé; to give the sack to, renvoyer, congédier.—v.t. (colloq.) congédier.

sack (2) [sæk], n. sac, saccagement (d'une ville), m.—v.t. saccager, mettre à sac.

sackcloth ['sækklɔθ], *n.* toile à sac, *f.*
sackful ['sækful], *n.* sac plein, *m.*, sachée, *f.*
sacking (1) ['sækiŋ], *n.* toile à sac, *f.*
sacking (2) ['sækiŋ], *n.* sac, saccagement (*de ville*), *m.*
sacrament ['sækrəmənt], *n.* sacrement, *m.*
sacramental [sækrə'mentl], *a.* sacramentel.
sacred ['seikrid], *a.* sacré; saint (*histoire etc.*); (*fig.*) inviolable.
sacredly ['seikridli], *adv.* saintement; religieusement.
sacredness ['seikridnis], *n.* sainteté, *f.*, caractère sacré, *m.*
sacrifice ['sækrifais], *v.t.*, *v.i.* sacrifier.—*n.* sacrifice, *m.*; victime, *f.*
sacrificer ['sækrifaisə], *n.* sacrificateur, *m.*
sacrificial [sækri'fiʃl], *a.* des sacrifices, sacrificatoire.
sacrilege ['sækrilidʒ], *n.* sacrilège, *m.*
sacrilegious [sækri'lidʒəs], *a.* sacrilège.
sacrilegiously [sækri'lidʒəsli], *adv.* d'une manière sacrilège.
sacrilegiousness [sækri'lidʒəsnis], *n.* caractère sacrilège, *m.*
sacristy ['sækristi], *n.* sacristie, *f.*
sacrosanct ['sækrosæŋkt], *a.* sacro-saint.
sad [sæd], *a.* triste; pitoyable, déplorable; cruel (*perte*).
sadden [sædn], *v.t.* attrister.—*v.i.* s'attrister.
saddle [sædl], *n.* selle, *f.*; *pack-saddle*, bât, *m.*; *side-saddle*, selle d'amazone.—*v.t.* seller; charger, accabler.
saddle-bag ['sædlbæg], *n.* sacoche, *f.*
saddle-bow ['sædlbou], *n.* arçon, *m.*
saddler ['sædlə], *n.* sellier, *m.*
saddle-room ['sædlru:m], *n.* sellerie, *f.*
saddlery ['sædləri], *n.* sellerie, *f.*
sadism ['seidizm], *n.* sadisme, *m.*
sadist ['seidist], *n.* sadique, *m.*, *f.*
sadistic [sə'distik], *a.* sadique.
sadly ['sædli], *adv.* tristement; mal, beaucoup, grandement.
sadness ['sædnis], *n.* tristesse, *f.*
safe [seif], *a.* sauf, en sûreté; à l'abri (*de*); sûr; *safe and sound*, sain et sauf.—*n.* coffre-fort (*pour l'argent*); garde-manger (*pour aliments*), *m.*
safe-conduct ['seif'kɔndʌkt], *n.* sauf-conduit, *m.*
safeguard ['seifga:d], *n.* sauvegarde, *f.*—*v.t.* sauvegarder.
safe-keeping ['seif'ki:piŋ], *n.* bonne garde, sûreté, *f.*
safely ['seifli], *adv.* sain et sauf; en sûreté.
safety ['seifti], *a.* de sûreté.—*n.* sûreté, *f.*, salut, *m.*
safety-catch ['seiftikætʃ], *n.* cran de sûreté, cran d'arrêt, *m.*
safety-lamp ['seiftilæmp], *n.* lampe de sûreté, *f.*
safety-match ['seiftimætʃ], *n.* allumette suédoise, *f.*
safety-pin ['seiftipin], *n.* épingle de sûreté, *f.*
safety-valve ['seiftivælv], *n.* soupape de sûreté, *f.*
saffron ['sæfrən], *a.* couleur safran; de safran.—*n.* safran, *m.*
saffrony ['sæfrəni], *a.* safrané.
sag [sæg], *v.i.* plier, ployer, s'affaisser; se relâcher (*câble*).
saga ['sɑ:gə], *n.* saga, *f.*

sagacious [sə'geiʃəs], *a.* sagace; intelligent (*animal*).
sagaciously [sə'geiʃəsli], *adv.* avec sagacité.
sagaciousness [sə'geiʃəsnis], **sagacity** [sə'gæsiti], *n.* sagacité, *f.*
sage (1) [seidʒ], *a.* sage, prudent.—*n.* sage, *m.*
sage (2) [seidʒ], *n.* sauge (*herbes*), *f.*
sagely ['seidʒli], *adv.* sagement, prudemment.
sagging ['sægiŋ], *a.* affaissé, fléchi, ployé.—*n.* courbure, *f.*, affaissement, *m.*; baisse (*de prix*), *f.*
sago ['seigou], *n.* sagou; sagouier, sagoutier (*arbre*), *m.*
sagy ['seidʒi], *a.* qui a un goût de sauge.
Sahara [sə'hɑ:rə], **the.** le Sahara, *m.*
said [sed], *a.* dit, susdit [SAY].
sail [seil], *n.* voile, *f.*; (*collect.*) voiles, *f.pl.*, voilure; aile (*de moulin à vent*); course *ou* promenade à la voile (*sur l'eau*), *f.*—*v.t.* naviguer (*sur*), voguer (*sur ou dans*).—*v.i.* faire voile; cingler, naviguer; mettre à la voile, appareiller.
sailable ['seiləbl], *a.* navigable.
sail-cloth ['seilklɔθ], *n.* toile à voiles, *f.*
sailing ['seiliŋ], *a.* à voiles.—*n.* navigation, *f.*; appareillage, *m.*; partance (*départ*), *f.*
sailing-boat ['seiliŋbout], *n.* bateau à voiles, *m.*
sailing-ship ['seiliŋʃip], *n.* bâtiment à voiles voilier, *m.*
sail-maker ['seilmeikə], *n.* voilier, *m.*
sailor ['seilə], *n.* marin, matelot, *m.*
saint [seint] *strong form,* [sənt] *weak form,* *n.* saint, *m.*, sainte, *f.*; *All Saints' Day,* la Toussaint, *f.*
saintliness ['seintlinis], *n.* sainteté, *f.*
saintly ['seintli], *a.* saint; de saint, vénérable.
sake [seik], *n.* (*used only with* FOR): *art for art's sake,* l'art pour l'art; *for God's sake,* pour l'amour de Dieu; *for the sake of appearances,* pour sauver les apparences; *for the sake of health,* pour cause de santé; *for your sake,* par égard pour vous.
sal [sæl], *n.* sel, *m*
salaam [sə'lɑ:m], *n.* salamalec, *m.*
salad ['sæləd], *n.* salade, *f.*
salad-bowl ['sælədboul], *n.* saladier, *m.*
salad-oil ['sælədoil], *n.* huile de table, *f.*
salamander ['sæləmændə], *n.* salamandre, *f.*
salaried ['sælərid], *a.* qui touche des appointements.
salary ['sæləri], *n.* appointements, *m.pl.*; traitement (*de fonctionnaire*), *m.*
sale [seil], *n.* vente; mise en vente, *f.*; *for sale,* à vendre; *on sale,* en vente; *private sale,* vente à l'amiable; *sale by auction,* vente aux enchères; *to put up for sale,* mettre en vente.
saleable ['seiləbl], *a.* vendable; de bonne vente.
sale-room ['seilru:m], *n.* salle des ventes, *f.*
salesman ['seilzmən], *n.* (*pl.* **-men** [men]) vendeur, marchand; courtier de commerce, *m.*
Salic ['sælik], *a.* salique.
salient ['seiliənt], *a. and n.* saillant, *m.*
saliently ['seiliəntli], *adv.* d'une manière saillante.
salify ['sælifai], *v.t.* salifier.
saline ['seilain], *a.* salin.
saliva [sə'laivə], *n.* salive, *f.*

salivate ['sæliveit], *v.t.* faire saliver.
sallow ['sælou], *a.* jaunâtre, jaune, blême.
sallowness ['sælounis], *n.* teint blême, *m.*
sally ['sæli], *n.* sortie; (*fig.*) excursion; saillie (*d'esprit*), *f.*—*v.i.* sortir, faire une sortie.
salmon ['sæmən], *n.* saumon, *m.*
salmon-trout ['sæməntraut], *n.* truite saumonée, *f.*
saloon [sə'lu:n], *n.* (grand) salon, *m.*, salle; (*Am.*) buvette, *f.*, bar, *m.*; conduite-intérieure (*voiture*), *f.*
salsify ['sælsifi], *n.* (*Bot.*) salsifis, *m.*
salt [sɔ:lt], *a.* salé; de sel.—*n.* sel, *m.*; *Epsom salts*, sels anglais, *m.pl.*—*v.t.* saler.
salt-cellar ['sɔ:ltselə], *n.* salière, *f.*
salted ['sɔ:ltid], *a.* salé; (*fig.*) aguerri.
salter ['sɔ:ltə], *n.* saunier; saleur, *m.*
salting ['sɔ:ltiŋ], *n.* salaison, *f.*, salage, *m.*
saltish ['sɔ:ltiʃ], *a.* un peu salé, saumâtre.
saltless ['sɔ:ltlis], *a.* sans sel; (*fig.*) insipide.
salt-marsh ['sɔ:ltmɑ:ʃ], *n.* marais salant, *m.*
salt-mine ['sɔ:ltmain], *n.* mine de sel, *f.*
saltness ['sɔ:ltnis], *n.* salure, *f.*
saltpetre [sɔ:lt'pi:tə], *n.* salpêtre, *m.*
saltpetre-works [sɔ:lt'pi:təwə:ks], *n.pl.* salpêtrière, *f.*
saltpetrous [sɔ:lt'petrəs], *a.* salpêtreux.
salt-water ['sɔ:ltwɔ:tə], *n.* eau de mer, *f.*
salty ['sɔ:lti], *a.* salé; qui a un goût de sel.
salubrious [sə'lju:briəs], *a.* salubre, sain.
salubriously [sə'lju:briəsli], *adv.* d'une manière salubre.
salubrity [sə'lju:briti], *n.* salubrité, *f.*
salutary ['sæljutəri], *a.* salutaire.
salutation [sælju'teiʃən], *n.* salut, *m.*, salutation, *f.*
salute [sə'lju:t], *n.* salut, *m.*, salutation, salve (*de fusils*), *f.*—*v.t.* saluer.
Salvador ['sælvədɔ:], El. le Salvador, *m.*
Salvadorean [sælvə'dɔ:riən], *a.* salvadorègne. —*n.* Salvadorègne (*personne*) *m.*, *f.*
salvage ['sælvidʒ], *n.* sauvetage, *m.*, objets sauvés, *m.pl.*; (*Ind.*) récupération, *f.*—*v.t.* récupérer; relever (*navire*).
salvage-money ['sælvidʒmʌni], *n.* prix ou droit de sauvetage, *m.*
salvage-vessel ['sælvidʒvesl], *n.* navire de relevage, *m.*
salvation [sæl'veiʃən], *n.* salut, *m.*; *Salvation Army*, Armée du Salut, *f.*
salve [sælv, sɑ:v], *n.* onguent; (*fig.*) remède, baume, *m.*—[sælv], *v.t.* remédier à; (*Naut.*) sauver, sauveter.
salver ['sælvə], *n.* plateau, *m.*
salvo ['sælvou], *n.* réserve, restriction; salve (*d'artillerie*), *f.*
Samaritan [sə'mæritən], *a.* samaritain.—*n.* Samaritain (*personne*).
same [seim], *a.* même.—*n.* le même, *m.*, la même; même chose, *f.*; ledit, *m.*, ladite, *f.*, lesdits, *m.pl.*, lesdites, *f.pl.*; *all the same*, néanmoins, quand même; *it is all the same*, c'est égal; *just the same*, tout de même; *much about the same*, à peu près de même; *the same to you*, et vous de même.
sameness ['seimnis], *n.* identité; uniformité, *f.*
sample [sɑ:mpl], *n.* échantillon, *m.*—*v.t.* échantillonner; déguster (*vin*).
sampler ['sɑ:mplə], *n.* modèle, *m.* (*Needlework*) canevas, *m.*

sampling ['sɑ:mpliŋ], *n.* échantillonnage, *m.*; gustation (*des mets*), *f.*
sanatorium [sænə'tɔ:riəm], *n.* sanatorium, *m.*
sanctification [sæŋktifi'keiʃən], *n.* sanctification, *f.*
sanctified ['sæŋktifaid], *a.* sanctifié, saint.
sanctify ['sæŋktifai], *v.t.* sanctifier.
sanctimonious [sæŋkti'mouniəs], *a.* papelard, béat, hypocrite.
sanctimoniously [sæŋkti'mouniəsli], *adv.* d'un air béat.
sanctimoniousness [sæŋkti'mouniəsnis], *n.* dévotion affectée; cagoterie, *f.*
sanction ['sæŋkʃən], *n.* sanction, autorité, *f.*—*v.t.* sanctionner, autoriser.
sanctity ['sæŋktiti], *n.* sainteté, *f.*
sanctuary ['sæŋktjuəri], *n.* sanctuaire, asile, refuge, *m.*
sanctum ['sæŋktəm], *n.* sanctuaire; (*colloq.*) cabinet de travail, *m.*, retraite, *f.*
sand [sænd], *n.* sable; sablon (*sable fin*) *m.*; (*pl.*) plage, *f.*, bord de la mer, *m.*—*v.t.* sabler.
sandal [sændl], *n.* sandale, *f.*; santal, *m.*
sandbag ['sændbæg], *n.* sac de terre, *m.*
sand-bank ['sændbæŋk], *n.* banc de sable, *m.*
sand-drift ['sænddrift], *n.* amas de sable, *m.*
sand-eel ['sændi:l], *n.* lançon, *m.*, équille, *f.*
sand-glass ['sændglɑ:s], *n.* sablier, *m.*
sand-martin ['sændmɑ:tin], *n.* hirondelle de rivage, *f.*
sand-paper ['sændpeipə], *n.* papier de verre, *m.*—*v.t.* passer au papier de verre.
sand-pit ['sændpit], *n.* sablière, sablonnière, *f.*
sand-shoes ['sændʃuːz], *n.pl.* espadrilles, *f.pl.*
sandstone ['sændstoun], *n.* grès, *m.*
sand-storm ['sændstɔ:m], *n.* ouragan de sable, *m.*
sandwich ['sændwitʃ], *n.* sandwich, *m.*
sandwich-man ['sændwitʃmən], *n.* (*pl.* -men* [men]) homme-sandwich, homme-affiche, *m.*
sandy ['sændi], *a.* sablonneux, de sable; d'un blond ardent, roux (*couleur*).
sane [sein], *a.* sain, sain d'esprit.
sanguinary ['sæŋgwinəri], *a.* sanguinaire.
sanguine ['sæŋgwin], *a.* sanguin; plein de confiance, confiant.
sanguineness ['sæŋgwinnis], *n.* confiance, assurance, *f.*
sanitary ['sænitəri], *a.* sanitaire, hygiénique; *sanitary towel*, serviette hygiénique, *f.*
sanitation [sæni'teiʃən], *n.* assainissement, *m.*
sanity ['sæniti], *n.* état sain, jugement sain, *m.*
Sanskrit ['sænskrit], *a.* and *n.* sanscrit, *m.*
Santa Claus ['sæntə'klɔ:z]. Père Noël, *m.*
sap (1) [sæp], *n.* sève, *f.*
sap (2) [sæp], *n.* (*Mil.*) sape, *f.*—*v.t.* saper.
sapience ['seipiəns], *n.* sagesse, *f.*
sapient ['seipiənt], *a.* sage.
sapless ['sæplis], *a.* sans sève; sec, desséché.
sapling ['sæpliŋ], *n.* jeune arbre, baliveau, *m.*
saponaceous [sæpə'neiʃəs], *a.* saponacé.
saponify [sə'pɔnifai], *v.t.* saponifier.—*v.i.* se saponifier.
sapper ['sæpə], *n.* sapeur, *m.*
sapphic ['sæfik], *a.* and *n.* (*Pros.*) saphique, *m.*
sapphire ['sæfaiə], *n.* saphir, *m.*
sappiness ['sæpinis], *n.* abondance de sève, *f.*
sappy ['sæpi], *a.* plein de sève.
saraband ['særəbænd], *n.* sarabande, *f.*

Saracen

Saracen ['særəsn], *a.* sarrasin.—*n.* Sarrasin, *m.*

sarcasm ['sɑ:kæzm], *n.* sarcasme, *m.*

sarcastic [sɑ:'kæstik], *a.* sarcastique.

sarcastically [sɑ:'kæstikəli], *adv.* d'une manière *ou* d'un ton sarcastique.

sarcophagus [sɑ:'kɔfəgəs], *n.* sarcophage, *m.*

sardine [sɑ:'di:n], *n.* sardine, *f.*

Sardinia [sɑ:'dinjə], la Sardaigne, *f.*

Sardinian [sɑ:'dinjən], *a.* sarde.—*n.* Sarde (*personne*), *m., f.*

sardonic [sɑ:'dɔnik], *a.* sardonique.

sarong [sə'rɔŋ], *n.* pagne, *m.*, jupe (*malaisien*), *f.*

sarsaparilla [sɑ:səpə'rilə], *n.* salsepareille, *f.*

sash (1) [sæʃ], *n.* ceinture; écharpe (*décoration*), *f.*

sash (2) [sæʃ], *n.* châssis (*de fenêtre*), *m.*

sash-window ['sæʃwindou], *n.* fenêtre à guillotine, *f.*

sassafras ['sæsəfræs], *n.* (*Bot.*) sassafras, *m.*

Satan ['seitən]. Satan, *m.*

satanic [sə'tænik], satanical [sə'tænikəl], *a.* satanique.

satchel [sætʃl], *n.* sacoche, *f.*; sac d'écolier, cartable, *m.*

sate [seit], *v.t.* rassasier (*de*), assouvir.

satellite ['sætəlait], *n.* satellite, *m.*

satiate ['seiʃieit], *v.t.* rassasier (*de*).

satiated ['seiʃieitid], *a.* rassasié (*de*); gorgé.

satiety [sə'taiəti], *n.* satiété, *f.*

satin ['sætin], *a.* de satin.—*n.* satin, *m.*

satin-wood ['sætinwu:d], *n.* bois de citronnier, *m.*

satire ['sætaiə], *n.* satire, *f.*

satiric [sə'tirik], satirical [sə'tirikəl], *a.* satirique.

satirist ['sætirist], *n.* satirique, *m., f.*

satirize ['sætiraiz], *v.t.* satiriser.

satisfaction [sætis'fækʃən], *n.* satisfaction; réparation (*récompense*), *f.*

satisfactorily [sætis'fæktərili], *adv.* d'une manière satisfaisante.

satisfactory [sætis'fæktri], *a.* satisfaisant.

satisfy ['sætisfai], *v.t.* satisfaire; satisfaire à; acquitter (*dette*); assouvir (*passion*); rassasier (*de*) (*appétit*); **to be satisfied that,** être persuadé, être convaincu que; **to be satisfied with,** être satisfait de, être content de.—*v.i.* satisfaire, donner satisfaction.

satisfying ['sætisfaiiŋ], *a.* satisfaisant; nourrissant (*nourriture*).

saturate ['sætʃureit], *v.t.* saturer.

saturation [sætʃu'reiʃən], *n.* saturation, *f.*

Saturday ['sætədei], samedi, *m.*

Saturn ['sætən]. Saturne, *m.*

Saturnalia [sætə'neiliə]. saturnales, *f.pl.*

saturnine ['sætənain], *a.* sombre, taciturne.

satyr ['sætə], *n.* satyre, *m.*

sauce [sɔ:s], *n.* sauce; (*fig.*) insolence, impertinence, *f.*—*v.t.* assaisonner; flatter (*le goût*); (*fig.*) dire des impertinences à.

sauce-boat ['sɔ:sbout], *n.* saucière, *f.*

saucer ['sɔ:sə], *n.* soucoupe, *f.*; **flying saucer,** soucoupe volante.

saucepan ['sɔ:spən], *n.* casserole, *f.*

saucily ['sɔ:sili], *adv.* insolemment.

sauciness ['sɔ:sinis], *n.* insolence, impertinence, *f.*

saucy ['sɔ:si], *a.* insolent, impertinent.

Saudi Arabia ['saudiə'reibiə]. l'Arabie Séoudite, *f.*

sauerkraut ['sauəkraut], *n.* choucroute, *f.*

saunter ['sɔ:ntə], *v.i.* flâner.—*n.* flânerie, *f.*

saunterer ['sɔ:ntərə], *n.* flâneur, *m.*

sauntering ['sɔ:ntəriŋ], *a.* de flâneur.—*n.* flânerie, *f.*

sausage ['sɔsidʒ], *n.* saucisse (*à cuire*), *f.*; saucisson (*salami etc.*), *m.*

sausage-meat ['sɔsidʒmi:t], *n.* chair à saucisse, *f.*

sausage-roll ['sɔsidʒ'roul], *n.* friand, *m.*

savage ['sævidʒ], *a.* sauvage; féroce.—*n.* sauvage, *m., f.*—*v.t.* attaquer, mordre (*bête*).

savagely ['sævidʒli], *adv.* sauvagement, en sauvage; d'une manière féroce.

savageness ['sævidʒnis], *n.* férocité, brutalité; sauvagerie, *f.*

savagery ['sævidʒəri], *n.* férocité, barbarie, *f.*

savannah [sə'vænə], *n.* savane, prairie, *f.*

save [sciv], *v.t.* sauver (*de*); épargner (*argent etc.*); mettre de côté, économiser.—*v.i.* économiser, faire des économies.—*n.* (*Spt.*) arrêt, *m.*—*prep.* hormis, excepté, sauf.

saver ['seivə], *n.* sauveur, libérateur, *m.*; économe (*ménager*), *m., f.*

saving ['seiviŋ], *a.* économe, ménager.—*n.* épargne; économie, *f.*; salut, *m.*

savings-bank ['seiviŋzbæŋk], *n.* caisse d'épargne, *f.*

saviour ['seivjə], *n.* sauveur, *m.*

savour ['seivə], *n.* saveur, *f.*; goût, *m.*, odeur, *f.*—*v.t.* goûter, savourer.—*v.i.* avoir du goût; sentir.

savouriness ['seivərinis], *n.* goût agréable, *m.*, saveur, *f.*

savoury ['seivəri], *a.* savoureux, appétissant.—*n.* plat épicé, *m.*

saw (1) [sɔ:], *past* [SEE].

saw (2) [sɔ:], *n.* scie, *f.*—*v.t.*, *v.i. irr.* scier.

saw (3) [sɔ:], *n.* adage, dicton (*proverbe*), *m.*

sawdust ['sɔ:dʌst], *n.* sciure (de bois), *f.*

saw-mill ['sɔ:mil], *n.* scierie, *f.*

sawyer ['sɔ:jə], *n.* scieur, scieur de long, *m.*

saxifrage ['sæksifreidʒ], *n.* (*Bot.*) saxifrage, *f.*

Saxon ['sæksən], *a.* saxon, de Saxe.—*n.* saxon (*langue*); Saxon (*personne*), *m.*

saxophone ['sæksəfoun], *n.* saxophone, *m.*

say [sei], *v.t. irr.* dire; parler, répéter, réciter; **I say!** dites donc! **that is to say,** c'est-à-dire; **they say,** on dit.—*n.* dire, mot, ce qu'on a à dire, *m.*

saying ['seiiŋ], *n.* mot, proverbe, dicton, *m.*; sentence, maxime, *f.*

scab [skæb], *n.* croûte (*sur blessure etc.*); gale (*de mouton etc.*), *f.*

scabbard ['skæbəd], *n.* fourreau, *m.*

scabbiness ['skæbinis], *n.* état galeux, *m.*

scabby ['skæbi], *a.* couvert de croûtes; galeux.

scabious ['skeibiəs], *a.* scabieux.—*n.* scabieuse (*plante*), *f.*

scaffold ['skæfəld], *n.* échafaud, *m.*—*v.t.* échafauder.

scaffolding ['skæfəldiŋ], *n.* échafaudage, *m.*

scald [skɔ:ld], *n.* brûlure, *f.*—*v.t.* échauder, ébouillanter.

scalding ['skɔ:ldiŋ], *n.* échaudage, *m.*

scalding-hot ['skɔ:ldiŋ'hɔt], *a.* tout bouillant.

scale (1) [skeil], *n.* échelle; (*Mus.*) gamme, *f.*—*v.t.* escalader.

scale (2) [skeil], *n.* écaille (*de poisson*), *f.*

scale (3) [skeil], *n.* bassin, plateau (*balance*), *m.*; **scales** or **pair of scales,** balance, *f.*

550

scale-maker ['skeilmeikə], *n.* balancier, *m.*
scalene ['skeili:n], *a.* scalène.
scaliness ['skeilinis], *n.* nature écailleuse, *f.*
scaling (1) ['skeiliŋ], *n.* escalade (*montagnes*), *f.*
scaling (2) ['skeiliŋ], *n.* écaillage (*peintures*), *m.*
scallop ['skɔləp], *n.* coquille Saint-Jacques; coquille; dentelure, *f.*, feston, *m.—v.t.* denteler; (*Needlework*) festonner.
scalp [skælp], *n.* cuir chevelu, *m.*, chevelure, *f.*, scalpe; (*fig.*) front, *m.*, tête, *f.—v.t.* scalper.
scalpel ['skælpəl], *n.* (*Surg.*) scalpel, *m.*
scaly ['skeili], *a.* écaillé; (*Bot.*) écailleux.
scamp [skæmp], *n.* chenapan, vaurien, *m.*; *young scamp*, petit polisson, *m.—v.t.* bâcler.
scamper ['skæmpə], *v.i.* courir, s'enfuir.—*n.* course rapide, *f.*
scampi ['skæmpi], *n.pl.* langoustine, *f.*
scan [skæn], *v.t.* scruter; (*Pros.*) scander; (*Rad.*) balayer.
scandal [skændl], *n.* scandale, *m.*; honte; médisance, *f.*
scandalize ['skændəlaiz], *v.t.* scandaliser, choquer; calomnier.
scandal-monger ['skændlmʌŋgə], *n.* médisant, *m.*
scandalous ['skændələs], *a.* scandaleux; honteux.
Scandinavia [skændi'neivjə], la Scandinavie, *f.*
Scandinavian [skændi'neivjən], *a.* scandinave.—*n.* Scandinave (*personne*), *m.*, *f.*
scanner ['skænə], *n.* scrutateur, *m.*; *radar scanner*, déchiffreur de radar, *m.*
scanning ['skæniŋ], *n.* examen minutieux, *m.*; (*Pros.*) scansion, *f.*; (*Rad.*) balayage, *m.*
scansion ['skænʃən], *n.* scansion, *f.*
scant [skænt], *a.* rare; rétréci; faible; peu de.
scantily ['skæntili], *adv.* faiblement, d'une manière insuffisante.
scantiness ['skæntinis], *n.* insuffisance (*de vivres etc.*); faiblesse (*de poids*), *f.*
scantling ['skæntliŋ], *n.* échantillon, *m.*; (*Carp.*) volige, *f.*, équarrissage, *m.*
scanty ['skænti], *a.* rétréci, faible, peu abondant, insuffisant; clairsemé (*cheveux*).
scapegoat ['skeipgout], *n.* bouc émissaire; (*fig.*) souffre-douleur, *m.*
scapegrace ['skeipgreis], *n.* vaurien, mauvais sujet, *m.*
scapement ['skeipmənt], *n.* échappement, *m.*
scapula ['skæpjulə], *n.* (*Anat.*) omoplate, *f.*
scapular ['skæpjulə], *a.* scapulaire.
scapulary ['skæpjuləri], *n.* (*R.-C. Ch.*) scapulaire, *m.*
scar [skɑ:], *n.* cicatrice, balafre, *f.—v.t.* cicatriser; balafrer.
scarab ['skærəb], **scarabaeus** [skærə'bi:əs], *n.* scarabée, *m.*
scaramouch ['skærəmu:ʃ], *n.* scaramouche, *m.*
scarce [skɛəs], *a.* rare; *to make oneself scarce*, disparaître, décamper, filer.
scarcely ['skɛəsli], *adv.* à peine, presque pas, guère.
scarcity ['skɛəsiti], *n.* rareté; disette (*famine*), *f.*
scare [skɛə], *n.* panique, frayeur subite, *f.— v.t.* effrayer, épouvanter, effaroucher.

scarecrow ['skɛəkrou], *n.* épouvantail, *m.*
scarf [skɑ:f], *n.* (*pl.* **scarfs** [skɑ:fs], **scarves** [skɑ:vz]) écharpe, *f.*; cache-nez, *m.inv.*; foulard, *m.*
scarifier ['skærifaiə], *n.* scarificateur, *m.*
scarify ['skærifai], *v.t.* scarifier (*peau*), ameublir (*terre*).
scarlatina [skɑ:lə'ti:nə], *n.* (fièvre) scarlatine, *f.*
scarlet ['skɑ:lit], *a.* and *n.* écarlate, *f.*; *scarlet fever*, fièvre scarlatine, *f.*; *scarlet runner*, haricot d'Espagne, *m.*
scarp [skɑ:p], *n.* (*Fort.*) escarpe, *f.—v.t.* escarper.
scarves [SCARF].
scatheless ['skeiðlis], *a.* sans dommage, sain et sauf.
scathing ['skeiðiŋ], *a.* acerbe, cinglant, cassant.
scatter ['skætə], *v.t.* disperser, dissiper; répandre, éparpiller.—*v.i.* se disperser, se répandre.
scattered ['skætəd], *a.* dispersé, éparpillé, épars.
scattering ['skætəriŋ], *n.* éparpillement; petit nombre, *m.*
scavenge ['skævindʒ], *v.t.* ébouer, balayer.
scavenger ['skævindʒə], *n.* boueur; balayeur, *m.*
scavenging ['skævindʒiŋ], *n.* ébouage, balayage, *m.*
scene [si:n], *n.* scène; (*Theat.*) scène, décoration, *f.*; décor; (*fig.*) théâtre, *m.*; *behind the scenes*, dans la coulisse; *scene-shifter*, machiniste, *m.*,
scenery ['si:nəri], *n.* scène; (*fig.*) vue, perspective, *f.*, paysage, *m.*; (*Theat.*) décors, *m.pl.*
scenic ['si:nik], *a.* scénique.
scent [sent], *n.* odeur, senteur, *f.*, parfum; odorat; flair, nez (*de chien*), *m.*; voie (*de cerf*); (*fig.*) piste (*traces*), *f.—v.t.* parfumer (*de*); sentir, flairer (*animal*).
scent-bottle ['sentbɔtl], *n.* flacon de parfum, *m.*
scentless ['sentlis], *a.* sans odeur, inodore.
scent-spray ['sentsprei], *n.* vaporisateur, *m.*
sceptic ['skeptik], *n.* sceptique, *m.*, *f.*
sceptical ['skeptikl], *a.* sceptique.
scepticism ['skeptisizm], *n.* scepticisme, *m.*
sceptre ['septə], *n.* sceptre, *m.*
sceptred ['septəd], *a.* portant le sceptre.
schedule ['ʃedjul, (*Am.*) 'skedju:l], *n.* liste, *f.*, inventaire; (*Comm.*) bilan; (*Law*) bordereau, *m.—v.t.* enregistrer, inventorier.
scheme [ski:m], *n.* arrangement, *m.*, combinaison, *f.*; projet, système, *m.—v.t.* projeter, combiner.—*v.i.* faire des projets; (*fig.*) intriguer.
schemer ['ski:mə], *n.* faiseur de projets; (*fig.*) intrigant, *m.*
scheming ['ski:miŋ], *a.* à projets; intrigant.— *n.* projets *m.pl.*, intrigues, *f.pl.*
schism [sizm], *n.* schisme, *m.*
schismatic [siz'mætik], *n.* schismatique, *m.*, *f.*
schizophrenia [skitso'fri:niə], *n.* (*Med.*) schizophrénie, *f.*
schizophrenic [skitso'fri:nik], *a.* and *n.* schizophrène, *m.*, *f.*
scholar ['skɔlə], *n.* écolier; érudit, savant (*learned person*), *m.*; *day scholar*, externe, *m.*, *f.*

scholarly

scholarly ['skɔləli], *a.* d'érudit, savant.
scholarship ['skɔləʃip], *n.* érudition, *f.*, savoir, *m.*; (*Univ. etc.*) bourse, *f.*
scholastic [skɔ'læstik], *a.* and *n.* scolastique, *m., f.*
scholasticism [skɔ'læstisizm], *n.* scolastique, *f.*
school [sku:l], *n.* école; bande, troupe (*de baleines etc.*), *f.*; *at school*, en classe, à l'école; *boarding-school*, pension, *f.*, pensionnat, *m.*; *primary school*, école primaire; *grammar school*, collège, lycée, *m.*; *infant-school*, école maternelle.—*v.t.* instruire, enseigner; réprimander.
schooled [sku:ld], *a.* formé, entraîné, dressé.
schooling ['sku:liŋ], *n.* instruction; réprimande, *f.*
schoolmaster ['sku:lmɑ:stə], *n.* instituteur, professeur, *m.*
schoolmistress ['sku:lmistris], *n.* maîtresse d'école, institutrice, *f.*
schooner ['sku:nə], *n.* (*Naut.*) goélette, *f.*
sciatic [sai'ætik], *a.* sciatique.
sciatica [sai'ætikə], *n.* sciatique, *f.*
science ['saiəns], *n.* science, *f.*
scientific [saiən'tifik], *a.* scientifique.
scientist ['saiəntist], *n.* homme de science, savant, *m.*
Scilly Isles ['siliailz], *the*, les Sorlingues, *f.pl.*
scimitar ['simitə], *n.* cimeterre, *m.*
scintillant ['sintilənt], *a.* scintillant.
scintillate ['sintileit], *v.i.* scintiller.
scintillation [sinti'leiʃən], *n.* scintillation, *f.*, scintillement, *m.*
scion ['saiən], *n.* (*Bot.*) scion; (*fig.*) rejeton, *m.*
scission ['siʃən], *n.* scission, *f.*
scissors ['sizəz], *n.pl.* ciseaux, *m.pl.*
scoff [skɔf], *n.* moquerie, *f.*, sarcasme, *m.*—*v.t.* se moquer de, bafouer.—*v.i.* railler.
scoffer ['skɔfə], *n.* moqueur, railleur, *m.*
scoffing ['skɔfiŋ], *a.* moqueur.—*n.* moquerie, dérision, *f.*
scoffingly ['skɔfiŋli], *adv.* par moquerie, en dérision.
scold [skould], *v.t.* gronder, criailler (*après*).—*v.i.* gronder.
scolding ['skouldiŋ], *a.* bougon.—*n.* semonce, *f.*
sconce [skɔns], *n.* candélabre (*fixé au mur*), *m.*; bobèche (*de bougeoir*), *f.*
scone [skɔn, skoun], *n.* petite galette (ronde), *f.*
scoop [sku:p], *n.* grande cuiller; (*Naut.*) écope; (*Journ. slang*) nouvelle à sensation, *f.* —*v.t.* vider, creuser; (*Naut.*) écoper.
scooter ['sku:tə], *n.* patinette, *f.*; scooter, *m.*
scope [skoup], *n.* portée, étendue; visée; liberté, *f.*
scorch [skɔ:tʃ], *v.t.* brûler, roussir, griller.—*v.i.* se brûler.
scorching ['skɔ:tʃiŋ], *a.* brûlant, très chaud.
score [skɔ:], *n.* entaille, coche, *f.*; compte; vingt, *m.*, vingtaine, *f.*; (*Games*) nombre de points; (*fig.*) motif, *m.*, raison, cause; (*Mus.*) partition, *f.*; *on what score?* à quel titre? —*v.t.* entailler, marquer; rayer; (*Mus.*) orchestrer; *to score out*, rayer, biffer (*texte*).—*v.i.* marquer des points.
scorer ['skɔ:rə], *n.* marqueur, *m.*
scoring ['skɔ:riŋ], *n.* (*Games etc.*) marque; (*Mus.*) orchestration, *f.*
scorn [skɔ:n], *v.t.* mépriser; dédaigner.—*v.i.* mépriser; dédaigner (*de*); *to scorn to fly*,

dédaigner de fuir.—*n.* mépris, dédain, *m.* dérision, *f.*
scornful ['skɔ:nful], *a.* méprisant, dédaigneux.
scornfully ['skɔ:nfuli], *adv.* dédaigneusement, avec dédain.
scornfulness ['skɔ:nfulnis], *n.* caractère dédaigneux, *m.*
scorpion ['skɔ:pjən], *n.* scorpion, *m.*
Scot [skɔt], *n.* Écossais, *m.*
Scotch [skɔtʃ], *a.* écossais (*but used* ONLY *in certain fixed expressions, which include the following*) *Scotch terrier*, terrier griffon, *m.*; *Scotch* (*whisky*), whisky écossais, *m.*; [SCOTS].
scotch [skɔtʃ], *v.t.* entailler; enrayer (*roue*); (*fig.*) annuler.
scot-free [skɔt'fri:], *a.* sans frais; (*fig.*) sain et sauf, indemne.
Scotland ['skɔtlənd]. l'Écosse, *f.*
Scots [skɔts], **Scottish** ['skɔtiʃ], *a.* écossais; *Scots Law*, droit écossais, *m.*
Scotsman ['skɔtsmən], *n.* (*pl.* **-men** [men]) Écossais, *m.*
Scotswoman ['skɔtswumən], *n.* (*pl.* **-women** [wimin]) Écossaise, *f.*
Scottish [SCOTS].
scoundrel ['skaundrəl], *n.* gredin, coquin, scélérat, *m.*
scour (1) ['skauə], *v.t.* nettoyer, récurer, purger, écurer.—*v.i.* écurer; nettoyer.
scour (2) ['skauə], *v.t.* parcourir.—*v.i.* courir.
scourer ['skauərə], *n.* récureur, nettoyeur, *m.*
scourge [skə:dʒ], *n.* fouet; (*fig.*) fléau, *m.*—*v.t.* fouetter, flageller; (*fig.*) châtier.
scourger ['skə:dʒə], *n.* châtieur; (*Eccles. Hist.*) flagellant, *m.*
scourging ['skə:dʒiŋ], *n.* flagellation, *f.*
scouring ['skauəriŋ], *n.* récurage; nettoyage, *m.*
scout [skaut], *n.* éclaireur; scout, *m.*; (*Naut.*) vedette, *f.*; (*Av.*) avion de chasse, *m.*—*v.t.* repousser avec mépris.—*v.i.* aller en éclaireur.
scowl [skaul], *v.i.* se re(n)frogner, froncer le sourcil.—*n.* re(n)frognement, froncement de sourcil, *m.*
scowling ['skauliŋ], *a.* re(n)frogné, menaçant.
scrag [skræg], *n.* corps décharné, squelette, *m.*; *scrag-end*, bout saigneux (*de viande*), *m.*
scragginess ['skræginis], *n.* état raboteux, *m.*; maigreur, *f.*
scraggy ['skrægi], *a.* noueux, rugueux; rabougri.
scramble [skræmbl], *v.t.* (*Teleg.*) brouiller (*message*); *scrambled eggs*, œufs brouillés, *m.pl.*—*v.i.* grimper; se battre, se disputer. —*n.* mêlée, lutte, *f.*
scrap (1) [skræp], *n.* morceau, fragment, bout, *m.*; (*pl.*) bribes, *f.pl.*; restes, *m.pl.*—*v.t.* mettre au rebut.
scrap (2) [skræp], *n.* (*slang*) bagarre, rixe, *f.*
scrap-book ['skræpbuk], *n.* album, *m.*
scrape [skreip], *v.t.* gratter, érafler, râcler; décrotter (*bottes etc.*); (*Cook.*) ratisser; *to scrape together*, amasser petit à petit.— *v.i.* gratter; (*fam.*) râcler (*jouer du violon*); *to scrape through*, passer de justesse; *to bow and scrape*, faire des salamalecs.—*n.* grattage, *m.*; (*fig.*) difficulté, mauvaise affaire, *f.*

scraper ['skreipə], *n.* grattoir; râcloir, *m.*; (*Agric.*) ratissoire, *f.*; décrottoir (*pour chaussures*), *m.*

scrap-heap ['skræpi:p], *n.* tas de ferraille, *m.*

scraping ['skreipiŋ], *n.* grattage, *m.*; ratissure (*de légumes*), *f.*; **with much bowing and scraping**, avec force révérences.

scrap-iron ['skræpaiən], *n.* ferraille, *f.*

scratch [skrætʃ], *n.* égratignure, *f.*; coup de griffe *ou* d'ongle, *m.*; raie, rayure (*sur une surface polie*), *f.*—*v.t.* gratter; rayer (*surface polie*).—*v.i.* gratter; (*Spt.*) renoncer à concourir.

scratcher ['skrætʃə], *n.* égratigneur; grattoir (*instrument*), *m.*

scratching ['skrætʃiŋ], *n.* grattage, *m.*; égratignure; rayure, *f.*

scrawl [skrɔ:l], *n.* griffonnage, *m.*, pattes de mouche, *f.pl.*—*v.t., v.i.* griffonner.

scrawler ['skrɔ:lə], *n.* griffonneur, *m.*

scrawny ['skrɔ:ni], *a.* décharné, émacié.

scream [skri:m], *n.* cri perçant, *m.*—*v.i.* crier, pousser des cris.

screamer ['skri:mə], *n.* crieur, *m.*

screaming ['skri:miŋ], *a.* perçant; qui crie.— *n.* cris, *m.pl.*

screech [skri:tʃ], *n.* cri perçant, *m.*—*v.i.* crier.

screech-owl ['skri:tʃaul], *n.* effraie, chouette, *f.*

screen [skri:n], *n.* écran; paravent (*pliant*); rideau (*d'arbres etc.*), *m.*; (*fig.*) voile, *f.*, abri, *m.*; défense, *f.*—*v.t.* mettre à couvert; abriter (*contre*).

screw [skru:], *a.* à hélice.—*n.* vis; hélice (*de navire etc.*), *f.*—*v.t.* visser; (*fig.*) serrer (*presser*); pressurer (*opprimer*).—*v.i.* se visser.

screw-bolt ['skru:boult], *n.* boulon à vis, *m.*

screw-cap ['skru:kæp], *n.* couvercle à vis, *m.*

screw-driver ['skru:draivə], *n.* tournevis, *m.*

screw-nail ['skru:neil], *n.* vis à bois, *f.*

screw-nut ['skru:nʌt], *n.* écrou, *m.*

screw-wrench ['skru:rentʃ], *n.* clef anglaise, *f.*

scribble [skribl], *n.* griffonnage; barbouillage, *m.*—*v.t., v.i.* griffonner.

scribbler ['skriblə], *n.* griffonneur; gratte-papier, *m.*

scribe [skraib], *n.* scribe; écrivain, *m.*—*v.t.* (*Carp.*) tracer.

scrimmage ['skrimidʒ], *n.* lutte, rixe; (*Ftb.*) mêlée, *f.*

scrip [skrip], *n.* petit sac; (*Comm.*) titre *ou* certificat provisoire, *m.*

script [skript], *n.* manuscrit; (*Cine.*) scénario, *m.*

scriptural ['skriptʃuərəl], *a.* de l'Écriture Sainte, biblique, scriptural.

Scripture ['skriptʃə], *n.* l'Écriture Sainte, *f.*

script-writer ['skriptraitə], *n.* (*Cine.*) scénariste, *m.*, *f.*

scrofula ['skrɔfjulə], *n.* scrofule, *f.*

scrofulous ['skrɔfjuləs], *a.* scrofuleux.

scroll [skroul], *n.* rouleau, *m.*

scrounge [skraundʒ], *v.t., v.i.* (*slang*) chiper, chaparder, grapiller; **to scrounge on someone**, vivre aux crochets de quelqu'un.

scrounger ['skraundʒə], *n.* chapardeur, *m.*

scrub [skrʌb], *v.t., v.i.* frotter fort; laver, récurer.—*n.* broussailles, *f.pl.*; maquis, *m.*

scrubbing ['skrʌbiŋ], *n.* frottage, récurage, *m.*

scrubbing-brush ['skrʌbiŋbrʌʃ], *n.* brosse de cuisine, *f.*

scrubby ['skrʌbi], *a.* rabougri, chétif, mal rasé.

scruff [skrʌf], *n.* nuque, *f.*

scruple [skru:pl], *n.* scrupule, *m.*—*v.i.* se faire scrupule (*de*), hésiter (*à*).

scrupulous ['skru:pjuləs], *a.* scrupuleux.

scrupulously ['skru:pjuləsli], *adv.* scrupuleusement.

scrupulousness ['skru:pjuləsnis], *n.* scrupule, doute, *m.*

scrutator [skru:'teitə], *n.* scrutateur, *m.*

scrutineer [skru:ti'niə], *n.* pointeur (*de votes*); scrutateur, *m.*

scrutinize ['skru:tinaiz], *v.t.* scruter, examiner à fond.

scrutinizing ['skru:tinaiziŋ], *a.* scrutateur, inquisiteur.

scrutiny ['skru:tini], *n.* enquête rigoureuse, vérification, *f.*

scud [skʌd], *n.* léger nuage, *m.*; course rapide, *f.*—*v.i.* s'enfuir; courir (*nuages*).

scuffle [skʌfl], *n.* bagarre, rixe, mêlée, *f.*— *v.i.* se battre; traîner les pieds.

scull [skʌl], *n.* rame; godille, *f.*—*v.i.* ramer.

scullery ['skʌləri], *n.* arrière-cuisine, laverie, *f.*; **scullery maid**, laveuse de vaisselle, *f.*

sculptor ['skʌlptə], *n.* sculpteur, *m.*

sculpture ['skʌlptʃə], *n.* sculpture, *f.*—*v.t.* sculpter.

scum [skʌm], *n.* écume, *f.*; (*fig.*) rebut (*ordures*), *m.*; lie, *f.*—*v.t.* écumer.

scupper ['skʌpə], *n.* (*Naut.*) dalot, *m.*—*v.t.* saborder.

scurf [skə:f], *n.* pellicules (*des cheveux*), *f.pl.*

scurfy ['skə:fi], *a.* pelliculeux (*cheveux*).

scurrility [skʌ'riliti], **scurrilousness** ['skʌriləsnis], *n.* grossièreté, *f.*

scurrilous ['skʌriləs], *a.* grossier, ordurier.

scurry ['skʌri], *n.* débandade, *f.*; tourbillon (*de poussière, de neige etc.*), *m.*—*v.i.* se hâter.

scurvily ['skə:vili], *adv.* bassement, vilement.

scurviness ['skə:vinis], *n.* état scorbutique, *m.*; (*fig.*) bassesse; mesquinerie (*avarice*), *f.*

scurvy ['skə:vi], *a.* scorbutique; (*fig.*) vil, vilain.—*n.* scorbut, *m.*

scut [skʌt], *n.* couette (*de lièvre etc.*), *f.*

scutcheon ['skʌtʃən], [ESCUTCHEON].

scuttle (1) [skʌtl], *n.* panier; seau à charbon, *m.*

scuttle (2) [skʌtl], *n.* (*Naut.*) hublot, *m.*; écoutille, *f.*—*v.t.* saborder.

scuttle (3) [skʌtl], *v.i.* aller à pas précipités.

scuttling ['skʌtliŋ], *n.* en fuite, qui détale.— *n.* sabordage, *m.*

scythe [saið], *n.* faux, *f.*—*v.t.* faucher.

sea [si:], *a.* de mer, marin, maritime.—*n.* mer; lame; (*fig.*) multitude, *f.*, déluge, *m.*; **at sea**, en mer; **heavy sea**, mer houleuse; **in the open sea**, en pleine mer, au grand large.

seaboard ['si:bɔ:d], *n.* littoral, rivage, *m.*, côte, *f.*

sea-borne ['si:bɔ:n], *a.* transporté par mer.

sea-calf ['si:kɑ:f], *n.* veau marin, *m.*

sea-cow ['si:kau], *n.* lamantin, *m.*

sea-dog ['si:dɔg], *n.* loup de mer (*marin*), *m.*

seafarer ['si:fɛərə], *n.* homme de mer, marin, *m.*

seafaring ['si:fɛəriŋ], *a.* marin; **seafaring man**, marin, *m.*

sea-front ['si:frʌnt], *n.* esplanade, *f.*, bord de mer, *m.*

sea-gauge ['si:geidʒ], *n*. tirant d'eau, *m*.
sea-going ['si:gouiŋ], *a*. de haute mer.
sea-gull ['si:gʌl], *n*. mouette, *f*., goéland, *m*.
sea-horse ['si:hɔ:s], *n*. morse, *m*.
sea-kale ['si:keil], *n*. chou marin, *m*.
seal (1) [si:l], *n*. cachet; sceau (*officiel*), *m*.; (*Law*) scellés, *m.pl.*; *Privy Seal*, petit sceau.—*v.t.* cacheter; (*Law*) sceller; (*Customs*) plomber.
seal (2) [si:l], *n*. phoque, *m*.
sea-legs ['si:legz], *n.pl.* pied marin, *m*.
sea-level ['si:levəl], *n*. niveau de la mer, *m*.
sealing ['si:liŋ], *n*. action de sceller, *f*.
sealing-wax ['si:liŋwæks], *n*. cire à cacheter, *f*.
sea-lion ['si:laiən], *n*. lion de mer, *m*., otarie, *f*.
seam [si:m], *n*. (*Dress.*) couture; (*Mining*) couche; (*Geol.*) veine, *f*.—*v.t.* coudre; couturer.
seaman ['si:mən], *n*. (*pl.* -**men** [men]) marin, matelot, homme de mer, *m*.
seamanship ['si:mənʃip], *n*. matelotage, *m*.
seamless ['si:mlis], *a*. sans couture.
seamstress ['si:mstris], [SEMPSTRESS].
seamy ['si:mi], *a*. plein de coutures; *the seamy side of life*, les dessous de la vie, *m.pl.*
sea-nymph ['si:nimf], *n*. néréide, *f*.
seaplane ['si:plein], *n*. hydravion, *m*.
seaport ['si:pɔ:t], *n*. port de mer, *m*.
sear [siə], *a*. séché, fané, flétri.—*v.t.* brûler; cautériser; faner.
search [sə:tʃ], *n*. recherche; (*Law*) perquisition; (*Customs*) visite, *f*.—*v.t.* chercher, examiner; fouiller; (*Law*) faire une perquisition chez; (*Customs*) visiter.—*v.i.* chercher; fouiller.
searcher ['sə:tʃə], *n*. chercheur, *m*.
searching ['sə:tʃiŋ], *a*. scrutateur, pénétrant; vif, perçant (*vent*).
searchingly ['sə:tʃiŋli], *adv*. minutieusement.
searchlight ['sə:tʃlait], *n*. projecteur, *m*.
search-party ['sə:tʃpɑ:ti], *n*. expédition de secours, *f*.
search-warrant ['sə:tʃwɔrənt], *n*. mandat de perquisition, *m*.
sea-route ['si:ru:t], *n*. voie de mer, *f*.
seascape ['si:skeip], *n*. (*Paint.*) marine, *f*.
sea-scout ['si:skaut], *n*. (boy-)scout marin, *m*.
sea-shell ['si:ʃel], *n*. coquillage, *m*.
seashore ['si:ʃɔ:], *n*. bord de la mer, rivage, *m*., côte, *f*.
sea-sick ['si:sik], *a*. qui a le mal de mer.
sea-sickness ['si:siknis], *n*. mal de mer, *m*.
seaside ['si:said], *n*. bord de la mer, *m*.
season [si:zn], *n*. saison, *f*.; (*fig.*) temps, moment opportun, *m*.—*v.t.* assaisonner (*de*); sécher (*bois*); (*fig.*) accoutumer (*à*).—*v.i.* s'acclimater; se sécher (*bois*).
seasonable ['si:znəbl], *a*. de saison; (*fig.*) à propos, opportun, convenable.
seasonably ['si:znəbli], *adv*. à propos.
seasonal ['si:znəl], *a*. des saisons; saisonnier.
seasoned [si:znd], *a*. assaisonné (*viande*); (*fig.*) endurci, aguerri, acclimaté.
seasoning ['si:zniŋ], *n*. assaisonnement; séchage (*du bois*), *m*.
season-ticket ['si:zn'tikit], *n*. carte d'abonnement, *f*.
seat [si:t], *n*. siège; banc, *m*.; banquette (*dans un véhicule*); (*fig.*) place; demeure (*château*), *f*.; théâtre (*de guerre*); fond (*de pantalon*), *m*.;

take your seats, please! en voiture!—*v.t.* asseoir; faire asseoir; placer.
seated ['si:tid], *a*. assis, placé.
sea-wall ['si:wɔ:l], *n*. digue, chaussée, *f*.
seaward ['si:wəd], *a*. tourné vers la mer.—*adv*. vers la mer.
seaweed ['si:wi:d], *n*. algue, *f*., goémon, varech, *m*.
seaworthiness ['si:wə:ðinis], *n*. navigabilité (*navire*), *f*.
seaworthy ['si:wə:ði], *a*. en bon état (de navigation).
secant ['si:kənt], *a*. sécant.—*n*. sécante, *f*.
secede [si'si:d], *v.i.* se séparer (*de*).
seceder [si'si:də], *n*. scissionnaire, *m*., *f*.; dissident, *m*.
secession [si'seʃən], *n*. sécession, séparation, *f*.
seclude [si'klu:d], *v.t.* séparer; éloigner.
secluded [si'klu:did], *a*. retiré, isolé, solitaire.
seclusion [si'klu:ʒən], *n*. retraite, solitude, *f*.
second ['sekənd], *a*. second, deuxième; deux (*du mois*); inférieur; *on second thoughts*, à la réflexion.—*n*. témoin, second (*dans un duel*), *m*.; seconde (*temps*), *f*.—*v.t.* seconder, aider; appuyer (*une motion*); [si'kɔnd] détacher (*fonctionnaire*).
secondary ['sekəndri], *a*. secondaire; accessoire.
seconder ['sekəndə], *n*. personne qui appuie, *f*.
second-hand ['sekənd'hænd], *a.* and *adv*. d'occasion.
secondly ['sekəndli], *adv*. secondement; en second lieu.
second-rate ['sekəndreit], *a*. de second ordre.
secrecy ['si:krəsi], *n*. secret, *m*.; discrétion, *f*.
secret ['si:krit], *a*. secret; retiré (*maison etc.*).—*n*. secret, *m*.
secretarial [sekrə'tɛəriəl], *a*. de secrétaire.
secretariat [sekrə'tɛəriæt], *n*. secrétariat, *m*.
secretary ['sekrətri], *n*. secrétaire, *m*., *f*.
secretaryship ['sekrətriʃip], *n*. secrétariat, *m*.
secrete [si'kri:t], *v.t.* cacher; (*Physiol.*) sécréter.
secretion [si'kri:ʃən], *n*. sécrétion, *f*.
secretive ['si:krətiv], *a*. réservé; dissimulé.
secretiveness ['si:krətivnis], *n*. caractère cachottier, *m*.
secretly ['si:krətli], *adv*. en secret; intérieurement.
sect [sekt], *n*. secte, *f*.
sectarian [sek'tɛəriən], *a*. de sectaire.—*n*. sectaire, *m*., *f*.
sectarianism [sek'tɛəriənizm], *n*. esprit de secte, sectarisme, *m*.
section ['sekʃən], *n*. section; coupe, *f*., profil; (*Mil.*) groupe de combat, *m*.
sectional ['sekʃənəl], *a*. en coupe; en sections.
sector ['sektə], *n*. secteur, *m*.
secular ['sekjulə], *a*. temporel; laïque; séculaire (*année*).
secularity [sekju'læriti], **secularness** ['sekjulənis], *n*. sécularité, mondanité, *f*.
secularization [sekjulərai'zeiʃən], *n*. sécularisation, *f*.
secularize ['sekjuləraiz], *v.t.* séculariser.
secure [si'kjuə], *a*. dans la sécurité, en sûreté; sûr, assuré (*chose*); bien fermé.—*v.t.* mettre en sûreté; assurer (*garantir*); s'assurer de; fermer; barrer (*attacher fortement*); (*fig.*) affermir.
securely [si'kjuəli], *adv*. en sûreté; sûrement; fortement.

secureness [si'kjuənis], *n.* sécurité, *f.*
security [si'kjuəriti], *n.* sécurité, sûreté; garantie, *f.*; (*pl.*) titres, *m.pl.*, valeurs, *f.pl.*; (*Law*) caution, *f.*
sedan-chair [si'dæn'tʃeə], *n.* chaise à porteurs, *f.*
sedate [si'deit], *a.* posé, calme, rassis.
sedately [si'deitli], *adv.* posément, avec calme.
sedateness [si'deitnis], *n.* calme, *m.*
sedative ['sedətiv], *a.* and *n.* sédatif, *m.*
sedentary ['sedntri], *a.* sédentaire; inactif.
sedge [sedʒ], *n.* laîche, *f.*, jonc, *m.*
sediment ['sedimənt], *n.* sédiment, dépôt, *m.*
sedition [si'diʃən], *n.* sédition, *f.*
seditious [si'diʃəs], *a.* séditieux.
seditiousness [si'diʃəsnis], *n.* esprit séditieux, *m.*
seduce [si'djuːs], *v.t.* séduire.
seducer [si'djuːsə], *n.* séducteur, *m.*
seducing [si'djuːsiŋ], *a.* séduisant.
seduction [si'dʌkʃən], *n.* séduction, *f.*
seductive [si'dʌktiv], *a.* séducteur, séduisant.
sedulity [si'djuːliti], **sedulousness** ['sedjuləsnis], *n.* assiduité, diligence, *f.*
sedulous ['sedjuləs], *a.* assidu, diligent, zélé.
sedulously ['sedjuləsli], *adv.* assidûment, diligemment, avec application.
sedulousness [SEDULITY].
see (1) [siː], *n.* siège épiscopal, évêché; archevêché (*d'un archevêque*), *m.*; *the Holy See*, le Saint-Siège, *m.*
see (2) [siː], *v.t. irr.* voir; comprendre; accompagner, conduire.—*v.i.* voir; s'occuper (*de*); *I will see to it*, j'y veillerai.
seed [siːd], *n.* semence; graine (*de légumes*); (*fig.*) race, *f.*; *to run to seed*, monter en graine.—*v.t.* ensemencer; (*Spt.*) trier.—*v.i.* grener.
seed-bed ['siːdbed], *n.* semis, *m.*
seed-cake ['siːdkeik], *n.* gâteau à l'anis, *m.*
seedling ['siːdliŋ], *n.* semis, sauvageon, *m.*
seedsman ['siːdzmən], *n.* (*pl.* -men [men]) grainetier, *m.*
seed-time ['siːdtaim], *n.* semailles, *f.pl.*
seedy ['siːdi], *a.* râpé, usé (*vêtement*); souffrant; miteux.
seeing ['siːiŋ], *n.* vue; vision, *f.*—*conj. phr. seeing that*, vu que, puisque.
seek [siːk], *v.t. irr.* chercher; poursuivre, en vouloir à (*la vie etc.*).—*v.i.* chercher.
seeker ['siːkə], *n.* chercheur, *m.*
seeking ['siːkiŋ], *n.* recherche, poursuite, *f.*
seem [siːm], *v.i.* sembler, paraître, avoir l'air (*de*).
seeming ['siːmiŋ], *a.* apparent, spécieux.—*n.* semblant, *m.*, apparence, *f.*, dehors, *m.*
seemingly ['siːmiŋli], *adv.* en apparence, apparemment.
seemliness ['siːmlinis], *n.* bienséance; convenance, *f.*
seemly ['siːmli], *a.* bienséant, convenable; joli.—*adv.* convenablement.
seep [siːp], *v.i.* s'infiltrer, suinter.
seer ['siːə], *n.* prophète, voyant, *m.*
seesaw ['siːsɔː], *n.* bascule, balançoire, *f.*, va-et-vient, *m.*—*v.i.* faire la bascule.
seethe [siːð], *v.t.* faire bouillir.—*v.i.* bouillir, bouillonner.
segment ['segmənt], *n.* segment, *m.*
segregate ['segrigeit], *v.t.* séparer.—*v.i.* se diviser.

segregation [segri'geiʃən], *n.* séparation, ségrégation, *f.*
seize [siːz], *v.t.* saisir; se saisir de, s'emparer de; (*Naut.*) amarrer.—*v.i.* (*Mech.*) gripper, caler; se coincer.
seizure ['siːʒə], *n.* saisie, prise de possession; (*Path.*) attaque, *f.*
seldom ['seldəm], *adv.* rarement.
select [si'lekt], *a.* choisi; d'élite.—*v.t.* choisir.
selection [si'lekʃən], *n.* choix, *m.*
selectness [si'lektnis], *n.* excellence, *f.*
selector [si'lektə], *n.* (*Spt.*) sélectionneur, *m.*
self [self], *pron.* (*pl.* **selves** [selvz]) même, soi-même; (*reflexively*) se.—*n.* le moi, individu, *m.*, personne, *f.*
self-assertion ['selfə'səːʃən], *n.* caractère impérieux, *m.*, outrecuidance, *f.*
self-assertive ['selfə'səːtiv], *a.* autoritaire, outrecuidant.
self-centred ['self'sentəd], *a.* égocentrique.
self-confidence ['self'kɒnfidəns], *n.* confiance en soi-même, assurance, *f.*
self-confident ['self'kɒnfidənt], *a.* sûr de soi-même.
self-conscious ['self'kɒnʃəs], *a.* embarrassé, intimidé; gêné.
self-consciousness ['self'kɒnʃəsnis], *n.* embarras, *m.*, gêne, *f.*
self-contained ['selfkən'teind], *a.* indépendant; avec entrée particulière (*appartement*).
self-control ['selfkən'troul], *n.* sang-froid, *m.*; maîtrise de soi, *f.*
self-defence ['selfdi'fens], *n.* défense personnelle; légitime défense, *f.*
self-denial ['selfdi'naiəl], *n.* abnégation, *f.*; désintéressement, *m.*
self-denying ['selfdi'naiiŋ], *a.* qui fait abnégation de soi.
self-educated ['self'edjukeitid], *a.* autodidacte.
self-esteem ['selfi'stiːm], *n.* amour-propre, *m.*
self-evident ['self'evidənt], *a.* évident en soi, qui saute aux yeux.
self-governed ['self'gʌvənd], *a.* indépendant autonome.
self-government ['self'gʌvənmənt], *n.* autonomie, *f.*
self-help ['self'help], *n.* efforts personnels, *m.pl.*
self-importance ['selfim'pɔːtəns], *n.* suffisance, vanité, *f.*
self-important ['selfim'pɔːtənt], *a.* plein de soi, suffisant.
self-inflicted ['selfin'fliktid], *a.* volontaire.
selfish ['selfiʃ], *a.* égoïste.
selfishly ['selfiʃli], *adv.* en égoïste, d'une manière égoïste.
selfishness ['selfiʃnis], *n.* égoisme, *m.*
selfless ['selflis], *a.* désintéressé.
self-made ['self'meid], *a.* qui s'est fait ce qu'il est; *he is a self-made man*, il est fils de ses œuvres.
self-opinioned ['selfə'pinjənd], **self-opinionated** ['selfə'pinjəneitid], *a.* entêté.
self-possessed ['selfpə'zest], *a.* calme; maître de soi.
self-possession ['selfpə'zeʃən], *n.* sang-froid, aplomb, *m.*
self-praise ['self'preiz], *n.* éloge de soi-même, *m.*
self-preservation ['selfprezə'veiʃən], *n.* conservation de soi-même, *f.*

self-propelled ['selfprə'peld], *a.* autopropulsé.

self-registering ['self'redʒistriŋ], *a.* à registre, enregistreur.

self-reliance ['selfri'laiəns], *n.* confiance en soi, indépendance, *f.*

self-respect ['selfris'pekt], *n.* respect de soi-même, amour-propre, *m.*; dignité, *f.*

self-righteous ['self'raitʃəs], *a.* pharisaïque.

self-sacrifice ['self'sækrifais], *n.* sacrifice de soi-même, *m.*, abnégation, *f.*

self-same ['selfseim], *a.* absolument le même.

self-satisfied ['self'sætisfaid], *a.* content de soi.

self-seeking ['self'si:kiŋ], *a.* égoïste.

self-service ['self'sə:vis], *n.* libre service, self-service, *m.*

self-starter ['self'sta:tə], *n.* démarreur automatique, *m.*

self-styled ['self'staild], *a.* soi-disant, prétendu.

self-sufficiency ['selfsə'fiʃənsi], *n.* suffisance; indépendance, *f.*

self-sufficient ['selfsə'fiʃənt], *a.* suffisant; indépendant.

self-supporting ['selfsə'pɔːtiŋ], *a.* qui subsiste par ses propres moyens.

self-taught ['self'tɔːt], *a.* autodidacte.

self-will ['self'wil], *n.* obstination, opiniâtreté, *f.*

self-willed ['self'wild], *a.* obstiné, opiniâtre.

sell [sel], *v.t. irr.* vendre.—*v.i.* se vendre; *to be sold out of an article*, avoir tout vendu, ne plus avoir d'un article.—*n.* attrape, *f.*

seller ['selə], *n.* vendeur, *m.*, vendeuse, *f.*

selling ['seliŋ], *n.* vente, *f.*; *selling off*, liquidation, *f.*

seltzer ['seltsə], **seltzer water** ['seltsə'wɔːtə], *n.* eau de Seltz, *f.*

selvedge ['selvidʒ], *n.* lisière, *f.*

selves [SELF].

semaphore ['seməfɔː], *n.* sémaphore, *m.*

semblance ['sembləns], *n.* semblant, *m.*, apparence, *f.*

semi ['semi], *pref.* semi, demi, à demi, à moitié.

semibreve ['semibriːv], *n.* (*Mus.*) ronde, *f.*

semi-circle ['semisə:kl], *n.* demi-cercle, *m.*

semicolon ['semi'koulən], *n.* point-virgule, *m.*

semi-detached ['semidi'tætʃt], *a. semi-detached houses*, maisons jumelles, *f.pl.*

semi-final ['semifainl], *n.* demi-finale, *f.*

seminary ['seminəri], *n.* séminaire, *m.*; institution (*école*), *f.*

semi-official ['semiə'fiʃl], *a.* demi-officiel, officieux.

semiquaver ['semikweivə], *n.* (*Mus.*) double croche, *f.*

semitone ['semitoun], *n.* (*Mus.*) demi-ton, semi-ton, *m.*

semolina [semə'liːnə], *n.* semoule, *f.*

sempstress ['sempstris, 'semstris], *n.* couturière, *f.*

senate ['senit], *n.* sénat, *m.*

senator ['senitə], *n.* sénateur, *m.*

senatorial [seni'tɔːriəl], *a.* sénatorial.

send [send], *v.t. irr.* envoyer, faire parvenir; expédier (*marchandises*); *to send away*, renvoyer, congédier; *to send back*, renvoyer; *to send for*, envoyer chercher, faire venir; *to send forth*, lancer, émettre; *to*

send in, faire entrer; *to send on*, faire suivre (*lettres etc.*).—*v.i.* envoyer.

sender ['sendə], *n.* envoyeur; (*Comm.*) expéditeur, *m.*

Senegal ['senigɔːl]. le Sénégal, *m.*

Senegalese [senigə'liːz], *a.* sénégalais.—*n.* Sénégalais (*personne*), *m.*

senile ['siːnail], *a.* de vieillard, sénile.

senility [sə'niliti], *n.* sénilité, *f.*

senior ['siːnjə], *a.* aîné; ancien; plus ancien, supérieur.—*n.* aîné; ancien; doyen, *m.*

seniority [siːni'ɔriti], *n.* priorité d'âge; ancienneté, *f.*

senna ['senə], *n.* séné, *m.*

sensation [sen'seiʃən], *n.* sensation, *f.*

sensational [sen'seiʃənl], *a.* à sensation, à effet.

sensationalism [sen'seiʃənlizm], *n.* recherche du sensationnel, *f.*

sense [sens], *n.* sens; bon sens, sens commun; sentiment, *m.*; signification, *f.*

senseless ['senslis], *a.* sans connaissance, insensible; insensé, absurde (*pas raisonnable*).

senselessly ['senslisli], *adv.* d'une manière insensée; sottement.

senselessness ['senslisnis], *n.* sottise, absurdité, *f.*

sensibility [sensi'biliti], *n.* sensibilité, *f.*; sentiment, *m.*

sensible ['sensibl], *a.* sensé, raisonnable (*intelligent*); sensible (*de*); en pleine connaissance.

sensibly ['sensibli], *adv.* sensiblement; sagement (*avec intelligence*).

sensitive ['sensitiv], *a.* sensible (à); sensitif, impressionnable; susceptible (*ombrageux*).

sensitiveness ['sensitivnis], **sensitivity** [sensi'tiviti], *n.* sensibilité; susceptibilité (*facilité à se vexer etc.*), *f.*

sensitized ['sensitaizd], *a.* (*Phot.*) sensible (*papier*).

sensory ['sensəri], *a.* sensoriel, des sens.

sensual ['sensjuəl], *a.* sensuel; des sens.

sensualist ['sensjuəlist], *n.* sensualiste, *m.*, *f.*, sensuel, *m.*

sensuality [sensju'æliti], *n.* sensualité, *f.*

sentence ['sentəns], *n.* phrase; maxime, *f.*; jugement, arrêt, *m.*, sentence, *f.*—*v.t.* prononcer une sentence *ou* un jugement (*contre*), condamner.

sententious [sen'tenʃəs], *a.* sentencieux.

sententiousness [sen'tenʃəsnis], *n.* caractère sentencieux, *m.*

sentient ['sentʃənt], *a.* sensible.

sentiment ['sentimənt], *n.* sentiment; avis, *m.*, pensée, *f.*

sentimental [senti'mentl], *a.* sentimental.

sentimentality [sentimen'tæliti], *n.* sensiblerie, sentimentalité, *f.*

sentinel ['sentinl], **sentry** ['sentri], *n.* sentinelle, *f.*, factionnaire, *m.*

sentry-box ['sentriboks], *n.* guérite, *f.*

separable ['sepərəbl], *a.* séparable, divisible.

separate ['sepərit], *a.* séparé; disjoint, désuni.—['sepəreit], *v.t.* séparer; disjoindre, désunir.—*v.i.* se séparer; se disjoindre.

separately ['sepəritli], *adv.* séparément, à part.

separation [sepə'reiʃən], *n.* séparation; désunion, *f.*

sepia ['siːpjə], *n.* sépia (*couleur*); seiche (*poisson*), *f.*

settle

sepoy ['si:pɔi], n. cipaye, m.
September [sep'tembə]. septembre, m.
septennial [sep'teniəl], a. septennal.
septennially [sep'teniəli], adv. tous les sept
ans.
septic ['septik], a. septique; infecté (blessure).
septuagenarian [septjuədʒə'neəriən], a. and
n. septuagénaire, m., f.
Septuagesima [septjuə'dʒesimə]. Septua-
gésime, f.
sepulchral [si'pʌlkrəl], a. sépulcral.
sepulchre ['sepəlkə], n. sépulcre, m.
sepulture ['sepəltʃə], n. sépulture; inhumation, f.
sequel ['si:kwəl], n. suite, conséquence, f.
sequence ['si:kwəns], n. suite, série; succession; (Cine.) séquence, f.
sequester [si'kwestə], v.t. séquestrer.
sequestered [si'kwestəd], a. retiré, écarté;
(Law) en séquestre.
sequestrate ['si:kwəstreit, si'kwestreit], v.t.
séquestrer.
sequestration [si:kwəs'treiʃən], n. séquestre,
m.; retraite, f., isolement (personne), m.
sequestrator ['si:kwəstreitə], n. (Law) séquestre, m.
sequin ['si:kwin], n. sequin, m.
seraglio [se'rɑ:ljou], n. sérail, m.
seraph ['serəf], n. (pl. seraphim ['serəfim])
séraphin, m.
seraphic [sə'ræfik], a. séraphique.
Serbia ['sə:biə]. la Serbie, f.
Serbian ['sə:biən], a. serbe.—n. serbe
(langue), m.; Serbe (personne), m., f.
sere [SEAR].
serenade [serə'neid], n. sérénade, f.—v.t.
donner une sérénade à.
serene [si'ri:n], a. serein, calme; sérénissime
(titre).
serenely [si'ri:nli], adv. avec sérénité.
sereneness [si'ri:nnis], serenity [si'reniti], n.
sérénité, f., calme, m.
serf [sə:f], n. serf, m.
serfdom ['sə:fdəm], n. servage, m.
serge [sə:dʒ], n. serge, f.
sergeant, serjeant ['sɑ:dʒənt], n. sergent
(infanterie); maréchal des logis (cavalerie,
artillerie); brigadier (police), m.
sergeant-major ['sɑ:dʒənt'meidʒə], n. adjudant, m.
serial ['siəriəl], a. paraissant par numéros ou
par livraisons; serial (story), (roman-)
feuilleton, m.
serially ['siəriəli], adv. par numéros.
seriatim [siəri'eitim], adv. par série; successivement.
series ['siəri:z], n. série, suite, succession, f.
serious ['siəriəs], a. sérieux; grave.
seriously ['siəriəsli], adv. sérieusement;
gravement.
seriousness ['siəriəsnis], n. sérieux, m.;
gravité, f.
serjeant [SERGEANT].
sermon ['sə:mən], n. sermon, m.
sermonize ['sə:mənaiz], v.t. prêcher; sermonner.
sermonizer ['sə:mənaizə], n. sermonneur, m.
serpent ['sə:pənt], n. serpent, m.
serpentine ['sə:pəntain], a. serpentin, sinueux.—n. (Min.) serpentine, f.
serrate ['sereit], a. en scie, dentelé; serraté.

serration [se'reiʃən], n. dentelure, f.
serried ['serid], a. compact, serré.
serum ['siərəm], n. sérum, m.
servant ['sə:vənt], n. serviteur, m., servante,
f.; employé (de compagnies etc.), m.; domestique, m.; ordonnance (d'officier), m., f.;
civil servant fonctionnaire, m., f.
serve [sə:v], v.t. servir; servir à, être bon à;
faire (apprentissage); desservir (localité);
signifier (une assignation); it serves him
right, c'est bien fait.—v.i. servir; être au
service; suffire.—n. (fam.) (Ten.) service,
m.
server ['sə:və], n. servant; (Ten.) serveur;
(Eccles.) acolyte, m.
service ['sə:vis], n. service; (fig.) avantage, m.;
utilité; signification (d'assignation); (Mil.)
arme, f.—v.t. (Motor.) entretenir, réparer.
serviceable ['sə:visəbl], a. utile (à), avantageux, de bon usage.
serviceableness ['sə:visəblnis], n. utilité, f.
service-station ['sə:vissteiʃən], n. station-
service, f.
serviette [sə:vi'et], n. serviette de table, f.
servile ['sə:vail], a. servile; asservi.
servility [sə'viliti], n. servilité, bassesse, f.
serving ['sə:viŋ], a. servant, qui sert.
servitude ['sə:vitju:d], n. servitude, f., asservissement, m.; penal servitude, travaux
forcés, m.pl.
sesame ['sesəmi], n. sésame, m.
session ['seʃən], n. session, séance, f.; (pl.)
assises, f.pl.
set [set], v.t. irr. poser, opposer (sceau, signature), mettre, placer, poster; planter (fleurs);
fixer; ajuster, arranger (régler); affûter
(outil); donner (exemple); (Mus.) mettre en
musique; remettre (os); sertir (pierre précieuse); dresser, tendre (piège); déployer
(voiles); (Print.) composer; to set aside,
mettre de côté; to set at ease, mettre à
l'aise; to set back, reculer; to set forth,
énoncer; to set forward, avancer; to set
off, faire ressortir (faire valoir); to set up,
ériger, établir (fonder).—v.i. se fixer;
diriger, porter (vers ou à); se coucher
(soleil); prendre (confitures etc.); to set
about, commencer, se mettre à; to set out,
partir, se mettre en route; to set up (dans
un commerce etc.), s'établir.—a. mis, posé,
placé; serti (pierre précieuse); prêt; arrêté,
fixe; réglé; d'apparat, préparé (discours);
all set? ça y est?—n. collection, f., ensemble, assortiment, m., série, f., jeu;
service (de porcelaine etc.), m.; parure (de
pierres précieuses); mise en plis (cheveux), f.;
(Theat.) décor, groupe, m.
set-back ['setbæk], n. recul, échec, m.
set-square ['setskweə], n. équerre, f.
settee [se'ti:], n. canapé, m., causeuse, f.
setter ['setə], n. chien d'arrêt, m.; bone-
setter, rebouteur, rebouteux, m.
setting ['setiŋ], n. mise, pose, f.; coucher (du
soleil etc.); décor (naturel ou de théâtre), m.
(Mus.) mise en musique, f.; remboîtement
(d'os), m.; monture (de pierre précieuse),
f.
settle (1) [setl], v.t. fixer; établir; décider,
arrêter; assigner (des biens à); coloniser (un
pays); accommoder; payer, régler (dettes).—
v.i. s'établir, se fixer; se marier; se calmer
(devenir tranquille); se poser (oiseau); s'ar-

557

settle

ranger (*avec*); **to settle down**, se fixer, s'établir; **to settle down to**, s'appliquer à.
settle (2) [setl], *n.* banc (à dossier), *m.*
settled [setld], *a.* établi; calme, tranquille.
settlement ['setlmənt], **settling** ['setliŋ], *n.* établissement, arrangement; dépôt (*au fond des liquides*); accord, contrat, *m.*; colonisation; colonie, *f.*; règlement, solde (*des comptes*); (*Build.*) tassement, *m.*
settler ['setlə], *n.* colon, immigrant, *m.*
set-up ['setʌp], *n.* organisation, *f.*
seven ['sevən], *a.* and *n.* sept, *m.*
sevenfold ['sevənfould], *a.* septuple.—*adv.* sept fois.
seventeen [sevən'ti:n], *a.* and *n.* dix-sept, *m.*
seventeenth ['sevənti:nθ], *a.* dix-septième; dix-sept (*des rois etc.*).—*n.* dix-septième (*fraction*), *m.*
seventh ['sevənθ], *a.* septième; sept (*des rois etc.*).—*n.* septième (*fraction*), *m.*; (*Mus.*) septième, *f.*
seventieth ['sevəntiiθ], *a.* soixante-dixième.—*n.* soixante-dixième (*fraction*), *m.*
seventy ['sevənti], *a.* and *n.* soixante-dix, *m.*
sever ['sevə], *v.t.* séparer, diviser (*de*); disjoindre; couper.—*v.i.* se séparer (*de*).
several ['sevrəl], *a.* plusieurs, divers; distinct, respectif.
severally ['sevrəli], *adv.* séparément, individuellement.
severance ['sevərəns], *n.* séparation, disjonction; rupture, *f.*
severe [si'viə], *a.* sévère; rigoureux, rude (*temps etc.*); violent, aigu, vif (*douleur etc.*).
severity [si'veriti], *n.* sévérité; rigueur, *f.*
sew [sou], *v.t. irr.* coudre; brocher (*livre*).
sewage ['sju:idʒ], *n.* eaux d'égout, *f.pl.*
sewer (1) ['souə], *n.* couseur, *m.*
sewer (2) ['sju:ə], *n.* égout, *m.*
sewerage ['sju:əridʒ], *n.* système d'égouts, *m.*, égouts, *m.pl.*
sewing ['souiŋ], *n.* couture, *f.*; **sewing-machine**, machine à coudre, *f.*
sex [seks], *n.* sexe, *m.*
sexagenarian [seksədʒə'nɛəriən], *a.* and *n.* sexagénaire, *m.*, *f.*
Sexagesima [seksə'dʒesimə]. Sexagésime, *f.*
sexennial [sek'seniəl], *a.* sexennal.
sexennially [sek'seniəli], *adv.* tous les six ans.
sextant ['sekstənt], *n.* sextant, *m.*
sextet [seks'tet], *n.* (*Mus.*) sextuor, *m.*
sexton ['sekstən], *n.* sacristain, fossoyeur, *m.*
sextuple ['sekstjupl], *a.* and *n.* sextuple, *m.*
sexual ['seksjuəl], *a.* sexuel.
sexuality [seksju'æliti], *n.* sexualité, *f.*
shabbily ['ʃæbili], *adv.* mal, pauvrement (*mis ou vêtu*); (*fig.*) mesquinement.
shabbiness ['ʃæbinis], *n.* état râpé (*de vêtements*), *m.*; (*fig.*) mesquinerie, *f.*
shabby ['ʃæbi], *a.* râpé; mal vêtu, mal mis; (*fig.*) mesquin, ignoble.
shackle ['ʃækl], *v.t.* enchaîner; (*fig.*) entraver.
shackles ['ʃæklz], *n.pl.* fers, *m.pl.*, chaînes; (*fig.*) entraves, *f.pl.*
shad [ʃæd], *n.* alose (*poisson*), *f.*
shade [ʃeid], *n.* ombre, *f.*; ombrage (*d'arbre etc.*); abat-jour (*de lampe etc.*); garde-vue (*pour les yeux*), *m.*; nuance (*couleur*), *f.*; (*pl.*) enfers (*où vivent les immortels*), *m.pl.*; **in the shade**, à l'ombre.—*v.t.* ombrager (*de*); obscurcir; abriter (*protéger*); (*Paint.*) ombrer, nuancer; hachurer (*une carte*).

shaded ['ʃeidid], *a.* à l'ombre; ombragé (*de*); (*Paint.*) ombré.
shadiness ['ʃeidinis], *n.* ombrage, *m.*, ombre; (*fig.*) nature suspecte, *f.*
shading ['ʃeidiŋ], *n.* ombres, nuances; hachures, *f.pl.*
shadow ['ʃædou], *n.* ombre, *f.*—*v.t.* ombrager; filer, espionner (*suivre de près*).
shadowing ['ʃædouiŋ], *n.* espionnage, *m.*, filature, *f.*
shadowy ['ʃædoui], *a.* ombragé; sombre (*morne*); vague, chimérique (*irréel*).
shady ['ʃeidi], *a.* ombragé, ombreux; sombre (*noir*); (*colloq.*) louche (*malhonnête*).
shaft [ʃɑ:ft], *n.* flèche, *f.*, dard, trait; brancard (*de charette*); manche (*d'outil, d'arme*); puits (*de mine*); (*Mach.*) arbre, *m.*
shag [ʃæg], *n.* poil rude; caporal (*tabac*); cormoran huppé (*oiseau*), *m.*
shagginess ['ʃæginis], *n.* état poilu, état hérissé, *m.*
shaggy ['ʃægi], *a.* poilu, velu; raboteux (*pays*).
shagreen [ʃə'gri:n], *a.* de peau de chagrin.—*n.* peau de chagrin, *f.*
shah [ʃɑ:], *n.* shah, *m.*
shake [ʃeik], *n.* secousse, *f.*; serrement, *m.*; poignée (de main), *f.*; hochement (de tête), *m.*—*v.t. irr.* secouer, branler, agiter; ébranler, faire trembler; **to shake hands with**, serrer la main à.—*v.i.* trembler (*de*); s'agiter, branler; chanceler (*sur ses jambes*).
shakedown ['ʃeikdaun], *n.* lit improvisé, *m.*
shakily ['ʃeikili], *adv.* en branlant; à pas chancelants.
shaking ['ʃeikiŋ], *n.* secousse, *f.*, ébranlement, tremblement; ballottement (*à cheval*), *m.*
shako ['ʃækou], *n.* shako, *m.*
shaky ['ʃeiki], *a.* branlant; (*fig.*) peu solide; faible, chancelant (*personne*).
shale [ʃeil], *n.* argile schisteuse, *f.*
shall [ʃæl], *v.aux. irr.* (used as sign of the future) *I shall go*, j'irai; devoir; vouloir; *shall I go?* dois-je aller ? voulez-vous que j'aille ? *but he shall*, mais je l'y forcerai; *but I shall not*, mais je n'en ferai rien.
shallop ['ʃæləp], *n.* chaloupe, péniche, pinasse, *f.*
shallot [ʃə'lot], *n.* échalote, *f.*
shallow ['ʃælou], *a.* peu profond; (*fig.*) superficiel, léger, borné.
shallowness ['ʃælounis], *n.* peu de profondeur; esprit borné, *m.*
sham [ʃæm], *a.* feint, simulé; faux, factice.—*n.* feinte, *f.*, prétexte, *m.*; imposture, frime, *f.*—*v.t.* feindre, simuler; faire le, la *ou* les.—*v.i.* feindre, faire semblant; jouer la comédie.
shamble [ʃæmbl], *v.i.* marcher en traînant les pieds.
shambles [ʃæmblz], *n.pl.* abattoir, *m.*; (*fig.*) scène de carnage; une belle pagaille, *f.*
shambling ['ʃæmbliŋ], *a.* traînant.
shame [ʃeim], *n.* honte; ignominie (*déshonneur*), *f.*; opprobre, *m.*; *what a shame!* quel dommage!—*v.t.* faire honte à.
shamefaced ['ʃeimfeist], *a.* honteux, confus.
shamefacedly ['ʃeim'feisidli], *adv.* d'un air penaud.
shamefacedness ['ʃeimfeistnis], *n.* mauvaise honte; timidité, *f.*
shameful ['ʃeimful], *a.* honteux; déshonnête.

shamefulness ['ʃeimfulnis], n. honte, ignominie, f.
shameless ['ʃeimlis], a. éhonté, effronté,
impudent.
shamelessly ['ʃeimlisli], adv. sans honte,
effrontément.
shamelessness ['ʃeimlisnis], n. effronterie,
impudence, f.
shammer ['ʃæmə], n. simulateur, m.
shampoo [ʃæm'pu:], v.t. frictionner; nettoyer (la tête).—n. shampooing, m.
shamrock ['ʃæmrɔk], n. trèfle (d'Irlande), m.
shank [ʃæŋk], n. jambe, f.
shanty ['ʃænti], n. cabane, bicoque, hutte, f.
shanty-town ['ʃæntitaun], n. bidonville, m.
shape [ʃeip], n. forme, figure; tournure, taille
(de personne); façon, coupe (de vêtement), f.
—v.t. former, façonner; modeler (sur).
shapeless ['ʃeiplis], a. informe, sans forme.
shapelessness ['ʃeiplisnis], n. absence de
forme, difformité, f.
shapeliness ['ʃeiplinis], n. beauté de forme, f.,
galbe, m.
shapely ['ʃeipli], a. bien fait, beau.
share (1) [ʃɛə], n. soc (de charrue), m.
share (2) [ʃɛə], n. part, portion; (St. Exch.)
action, f.; preference share, action privi-
légiée.—v.t., v.i. partager; prendre part à;
avoir part à.
shareholder ['ʃɛəhouldə], n. actionnaire, m., f.
sharer ['ʃɛərə], n. participant; (Law) partageant, m.
sharing ['ʃɛəriŋ], n. partage, m.
shark [ʃɑ:k], n. requin; (fig.) escroc, filou
(personne), m.
sharp [ʃɑ:p], a. tranchant, affilé, qui coupe
bien; pointu, aigu; saillant (angle); (fig.) vif,
intelligent, pénétrant, perçant; anguleux
(traits); piquant, aigre (goût etc.); rusé
(astucieux); (Mus.) dièse; sharp practice,
filouterie, rouerie, f.—adv. précise (l'heure);
at four o'clock sharp, à quatre heures
précises; look sharp! faites vite!—n.
(Mus.) dièse, m.
sharpen ['ʃɑ:pən], v.t. affiler, aiguiser; tailler
en pointe, tailler (crayon etc.); (fig.) rendre
vif.
sharper ['ʃɑ:pə], n. aigrefin, escroc, chevalier
d'industrie, m.
sharply ['ʃɑ:pli], adv. rudement, vivement;
nettement.
sharpness ['ʃɑ:pnis], n. tranchant (d'une
lame), m.; pointe (acuité); acidité (de fruit);
violence (de douleur etc.); âpreté (de langage
etc.); netteté (de contour etc.), f.; esprit
éveillé (d'enfants etc.), m.
sharp-sighted ['ʃɑ:p'saitid], a. à la vue per-
çante.
sharp-witted ['ʃɑ:p'witid], a. à l'esprit délié.
shatter ['ʃætə], v.t. fracasser, briser en pièces.
—v.i. se briser, se fracasser.
shave [ʃeiv], v.t. raser; faire la barbe à;
effleurer (friser); (Tech.) planer.—v.i. se
raser, se faire la barbe; to have a close
shave, l'échapper belle; to have a shave,
se raser, se faire raser.
shaving ['ʃeiviŋ], n. action de raser, f.; copeau
(de bois), m.
shaving-brush ['ʃeiviŋbrʌʃ], n. blaireau, m.
shaving-cream ['ʃeiviŋkri:m], n. crème à
raser, f.

shaving-soap ['ʃeiviŋsoup], n. savon pour la
barbe, m.
shawl [ʃɔ:l], n. châle, m.
she [ʃi:], pron. elle; femelle (de certains
animaux), f.
sheaf [ʃi:f], n. (pl. sheaves [ʃi:vz]) gerbe, f.;
faisceau (de flèches), m.—v.t. engerber,
mettre en gerbe.
shear [ʃiə], v.t. irr. tondre.
shearer ['ʃiərə], n. tondeur, m.; tondeuse
(machine), f.
shearing ['ʃiəriŋ], n. tonte, tondaison, f.
shears [ʃiəz], n.pl. grands ciseaux, m.pl.;
cisailles (pour haie, pour métal), f.pl.
she-ass ['ʃi:æs], n. ânesse, f.
sheath [ʃi:θ], n. (pl. sheaths [ʃi:ðz]) gaine, f.;
fourreau (à épée); étui (à ciseaux etc.); (Ent.)
élytre, m.
sheathe [ʃi:ð], v.t. mettre dans le fourreau,
rengainer; envelopper; revêtir (de).
sheaves [SHEAF].
she-cat ['ʃi:kæt], n. chatte, f.
shed (1) [ʃed], n. hangar; (Build.) atelier, m.;
cow-shed, étable (à vaches), f.; lean-to
shed, appentis, m.
shed (2) [ʃed], v.t. irr. répandre, verser; se
dépouiller de, perdre (feuilles etc.); jeter
(animal).
shedding ['ʃediŋ], n. effusion (de sang); perte
(feuilles etc.), f.
sheen [ʃi:n], n. éclat, lustre, brillant, m.
sheep [ʃi:p], n.inv. mouton, m.; (fig.) brebis,
f.; black sheep, brebis galeuse; lost sheep,
brebis égarée.
sheep-dip ['ʃi:pdip], n. bain parasiticide, m.
sheep-dog ['ʃi:pdɔg], n. chien de berger, m.
sheep-fold ['ʃi:pfould], n. bergerie, f., bercail,
m.
sheepish ['ʃi:piʃ], a. penaud, bête, niais.
sheepishly ['ʃi:piʃli], adv. d'un air penaud.
sheep-pen ['ʃi:ppen], n. parc à moutons, m.
sheep-shearing ['ʃi:pʃiəriŋ], n. tonte, f.
sheepskin ['ʃi:pskin], n. peau de mouton,
basane (cuir), f.
sheer (1) [ʃiə], a. pur; escarpé, à pic (rocher);
sheer force, pure force, f.; sheer nonsense, pure sottise, f.—adv. tout droit; tout
à fait.
sheer (2) [ʃiə], n. (Naut.) tonture; embardée,
f.—v.i. faire des embardées; to sheer off,
pousser au large, s'esquiver.
sheet [ʃi:t], n. drap, m.; feuille (de papier ou
métal); nappe (d'eau etc.); (Naut.) écoute
(corde), f.; winding-sheet, linceul, m.
sheet-anchor ['ʃi:tæŋkə], n. ancre de miséricorde; (fig.) ancre de salut, f.
sheet-iron ['ʃi:taiən], n. tôle, f.
sheet-lightning ['ʃi:t'laitniŋ], n. éclair en
nappe, m.
sheikh [ʃeik], n. cheik, m.
shelf [ʃelf], n. (pl. shelves [ʃelvz]) planche, f.;
rayon (de bibliothèque), m.; tablette, f.;
écueil (dans la mer), m.; set of shelves,
étagères, f.pl.
shell [ʃel], n. coque (d'œuf, fruits etc.);
coquille (œuf vide); cosse (de petits pois etc.);
écaille (d'huître, de tortue); carapace (de
homard), f.; (Artill.) obus; (fig.) extérieur, m.
—v.t. écaler (noisette etc.); écosser (petits pois
etc.); égrener (graine); (Mil.) bombarder.
shell-fish ['ʃelfiʃ], n. coquillage, mollusque,
m., crustacés, m.pl.

shelling ['ʃeliŋ], *n.* écossage; égrenage; (*Mil.*) bombardement, *m.*

shell-proof ['ʃelpruːf], *a.* blindé.

shelter ['ʃeltə], *n.* abri, couvert; (*fig.*) asile, *m.*; *to take shelter*, s'abriter.—*v.t.* abriter; protéger.—*v.i.* s'abriter.

sheltered ['ʃeltəd], *a.* abrité.

shelve [ʃelv], *v.t.* mettre sur un rayon; (*fig.*) enterrer.—*v.i.* aller en pente.

shelves [SHELF].

shelving ['ʃelviŋ], *a.* en pente, incliné.

shepherd ['ʃepəd], *n.* berger, pâtre; (*fig.*) pasteur, *m.*—*v.t.* piloter, guider.

shepherdess ['ʃepədes], *n.* bergère, *f.*

sherbet ['ʃəːbət], *n.* sorbet, *m.*

sheriff ['ʃerif], *n.* shérif; (*Am.*) chef de l'administration de la justice (d'un comté), *m.*

sherry ['ʃeri], *n.* vin de Xérès, *m.*

shield [ʃiːld], *n.* bouclier; écran protecteur; (*Her.*) écu, écusson, *m.*—*v.t.* défendre de, protéger contre.

shift [ʃift], *n.* changement; expédient, *m.*, ressource, *f.*; détour, faux-fuyant (*artifice*), *m.*; *chemise de femme; équipe, journée (*d'ouvriers*), *f.*—*v.t.*, *v.i.* changer; changer de place; (*fig.*) trouver des expédients; *to shift for oneself*, se débrouiller.

shiftiness ['ʃiftinis], *n.* manque de franchise, *m.*

shifting ['ʃiftiŋ], *a.* changeant; *shifting sand*, sable mouvant, *m.*—*n.* changement; déplacement (*de cargaison etc.*), *m.*

shiftless ['ʃiftlis], *a.* sans initiative; sans énergie; paresseux.

shifty ['ʃifti], *a.* plein d'expédients; *he is a shifty customer*, c'est un roublard.

shilling ['ʃiliŋ], *n.* shilling, *m.*

shilly-shally ['ʃili'ʃæli], *n.* irrésolution, *f.*—*v.i.* hésiter, être irrésolu.

shimmer ['ʃimə], *n.* lueur, *f.*—*v.i.* miroiter.

shin [ʃin], *n.* devant de la jambe; jarret (*de bœuf*), *m.*

shin-bone ['ʃinboun], *n.* tibia, *m.*

shindy ['ʃindi], *n.* tapage, *m.*

shine [ʃain], *v.i. irr.* luire; reluire; briller.—*n.* brillant, éclat, lustre, *m.*

shingle (1) ['ʃiŋgl], *n.* bardeau (*pour toiture*), *m.*; coiffure à la garçonne, *f.*

shingle (2) ['ʃiŋgl], *n.* galets, cailloux (*au bord de la mer*), *m.*

shingles ['ʃiŋglz], *n.pl.* (*Med.*) zona, *m.*

shingly ['ʃiŋgli], *a.* couvert de galets.

shining ['ʃainiŋ], *a.* luisant, brillant.

shiny ['ʃaini], *a.* luisant, reluisant.

ship [ʃip], *n.* navire; vaisseau, bâtiment, *m.*—*v.t.* embarquer; expédier (*marchandises*); armer (*avirons*).—*v.i.* s'embarquer.

shipboard ['ʃipbɔːd], *n.* bord de navire, *m.*

shipbuilder ['ʃipbildə], *n.* constructeur de navires, *m.*

shipbuilding ['ʃipbildiŋ], *n.* construction navale, *f.*

ship-chandler ['ʃip'tʃɑːndlə], *n.* fournisseur de navires, *m.*

shipmate ['ʃipmeit], *n.* camarade de bord, *m.*

shipment ['ʃipmənt], *n.* chargement, *m.*

shipowner ['ʃipounə], *n.* armateur, *m.*

shipper ['ʃipə], *n.* expéditeur, *m.*

shipping ['ʃipiŋ], *a.* maritime.—*n.* vaisseaux, navires, *m.pl.*; navigation; marine marchande; mise à bord (*chargement*), *f.*

ship's-boat ['ʃips'bout], *n.* chaloupe, *f.*

ship's-carpenter ['ʃips'kɑːpintə], *n.* charpentier du bord, *m.*

shipshape ['ʃipʃeip], *a.* en ordre, bien arrangé.

shipwreck ['ʃiprek], *n.* naufrage, *m.*—*v.t.* faire faire naufrage à; *to be shipwrecked*, faire naufrage.

shipwrecked ['ʃiprekt], *a.* naufragé.

shipwright ['ʃiprait], *n.* constructeur de navires, *m.*

shipyard ['ʃipjɑːd], *n.* chantier naval, *m.*

shire ['ʃaiə], *n.* comté, *m.*

shirk [ʃəːk], *v.t.* éviter, éluder.—*v.i.* finasser; tirer au flanc.

shirker ['ʃəːkə], *n.* carottier; flanchard, *m.*

shirt [ʃəːt], *n.* chemise (*d'homme*), *f.*; *shirt-collar*, col de chemise, *m.*; *shirt-front*, devant de chemise, plastron, *m.*

shiver (1) ['ʃivə], *v.t.* briser en morceaux, fracasser.—*v.i.* se briser en morceaux.—*n.* fragment, morceau, éclat, *m.*

shiver (2) ['ʃivə], *v.i.* grelotter (*de froid*); frissonner (*de peur*).—*n.* frisson, tremblement, *m.*

shivering ['ʃivəriŋ], *a.* frissonnant.—*n.* frissonnement, frisson, *m.*

shoal [ʃoul], *n.* banc (*de poissons*), *m.*; (*fig.*) foule, *f.*; bas-fond, haut-fond (*de la mer*), *m.*; *in shoals*, en foule.

shock (1) [ʃɔk], *n.* choc, *m.*; (*Elec.*) secousse, *f.*—*v.t.* choquer, heurter; scandaliser.

shock (2) [ʃɔk], *n.* moyette (*de blé*); tignasse (*de cheveux*), *f.*

shock-absorber ['ʃɔkəbsɔːbə], *n.* (*Motor.*) amortisseur, *m.*

shocking ['ʃɔkiŋ], *a.* choquant, affreux, dégoûtant.

shockingly ['ʃɔkiŋli], *adv.* affreusement.

shod [ʃɔd], *a.* ferré (*cheval*); chaussé (*personne*).

shoddy ['ʃɔdi], *a.* d'effilochage; de pacotille.—*n.* drap de laine d'effilochage, *m.*

shoe [ʃuː], *n.* soulier, *m.*; chaussure, *f.*; fer (*à cheval*); sabot (*en bois*), *m.*—*v.t. irr.* chausser; ferrer (*cheval etc.*).

shoe-black ['ʃuːblæk], *n.* cireur, *m.*

shoe-horn ['ʃuːhɔːn], *n.* chausse-pied, *m.*

shoeing ['ʃuːiŋ], *n.* ferrage, *m.*

shoeing-smith ['ʃuːiŋsmiθ], *n.* maréchal ferrant, *m.*

shoe-lace ['ʃuːleis], *n.* lacet de chaussure, *m.*

shoemaker ['ʃuːmeikə], *n.* cordonnier, *m.*

shoe-making ['ʃuːmeikiŋ], *n.* cordonnerie, *f.*

shoe-polish ['ʃuːpɔliʃ], *n.* cirage, *m.*

shoot [ʃuːt], *v.t. irr.* tirer, lancer, darder; décharger, tirer un coup (*de fusil etc.*); atteindre (*une cible*); tuer (*faire mourir*); fusiller; descendre (*rapides etc.*); *to shoot a film*, tourner un film; *to shoot oneself*, se tuer.—*v.i.* tirer; chasser (*gibier*); (*fig.*) s'élancer; filer (*étoile etc.*); pousser (*plante etc.*).—*n.* rejeton, *m.*, pousse (*plante*), *f.*; sarment (*de vigne*); dépôt de décombres (*ordures*), *m.*

shooter ['ʃuːtə], *n.* tireur, *m.*

shooting ['ʃuːtiŋ], *a.* lancinant (*douleur*); *shooting star*, étoile filante, *f.*—*n.* tir (*de fusil*), *m.*; chasseau fusil, *f.*; élancement (*de douleur*), *m.*; pousse (*de plante*); décharge (*des ordures*), *f.*; (*Cine.*) tournage (*de film*), *m.*

shooting-brake ['ʃuːtiŋbreik], *n.* (*Motor.*) canadienne, *f.*

shooting-gallery [ˈʃuːtiŋgæləri], *n.* tir, stand, *m.*

shop [ʃɔp], *n.* boutique (*petit*), *f.*, magasin (*grand*); atelier (*de fabrication*), *m.*—*v.i.* faire des emplettes; *to go shopping*, aller faire des courses.

shop-assistant [ˈʃɔpəsistənt], *n.* vendeur, *m.*, vendeuse, commise, *f.*

shopkeeper [ˈʃɔpkiːpə], *n.* marchand, *m.*

shoplifter [ˈʃɔpliftə], *n.* voleur à l'étalage, *m.*

shoplifting [ˈʃɔpliftiŋ], *n.* vol à l'étalage, *m.*

shopper [ˈʃɔpə], *n.* acheteur, client, *m.*

shopping-centre [ˈʃɔpiŋsentə], *n.* quartier commerçant, *m.*

shop-soiled [ˈʃɔpsɔild], *a.* défraîchi.

shop-steward [ˈʃɔpstjuəd], *n.* responsable syndical, délégué ouvrier, *m.*

shop-walker [ˈʃɔpwɔːkə], *n.* chef de rayon; inspecteur de magasin, *m.*

shop-window [ˈʃɔpˈwindou], *n.* devanture, vitrine, *f.*, étalage, *m.*

shore [ʃɔː], *n.* rivage, bord, *m.*, plage, côte, *f.* —*v.t.* étayer, étançonner.

short [ʃɔːt], *a.* court; bref; passager (*temps*); petit (*taille*); insuffisant; croquant (*pâte*); brusque (*bourru*); *short circuit*, court-circuit, *m.*; *short story*, conte, *m.*, nouvelle, *f.*; *to cut the matter short*, pour en finir. —*adv.* court, vivement, brusquement; *it falls far short of it*, il s'en faut de beaucoup.

shortbread [ˈʃɔːtbred], *n.* (gâteau) sablé, *m.*

short-circuit [ˈʃɔːtˈsəːkit], *v.t.* mettre en court-circuit.

shortcoming [ˈʃɔːtkʌmiŋ], *n.* défaut, *m.*, insuffisance, *f.*

shorten [ʃɔːtn], *v.t.* raccourcir; abréger. —*v.i.* (se) raccourcir.

shortening [ˈʃɔːtniŋ], *n.* raccourcissement, *m.*

shorthand [ˈʃɔːthænd], *n.* sténographie, *f.*

short-handed [ˈʃɔːtˈhændid], *a.* à court de personnel.

shorthand-typist [ˈʃɔːthændˈtaipist], *n.* sténodactylographe, (*fam.*) sténodactylo, *f.*

short-lived [ˈʃɔːtˈlivd], *a.* qui vit peu de temps, éphémère.

shortly [ˈʃɔːtli], *adv.* bientôt, sous peu; brièvement.

shortness [ˈʃɔːtnis], *n.* courte durée, *f.*; peu d'étendue, *m.*; petitesse (*de taille*), *f.*

shorts [ˈʃɔːts], *n.pl.* culotte courte, *f.*, caleçon court, slip; short, *m.*

short-sighted [ˈʃɔːtˈsaitid], *a.* myope; (*fig.*) peu prévoyant.

short-sightedness [ˈʃɔːtˈsaitidnis], *n.* myopie, *f.*; (*fig.*) manque de prévoyance, *m.*

short-tempered [ˈʃɔːtˈtempəd], *a.* vif, pétulant, brusque.

short-winded [ˈʃɔːtˈwindid], *a.* à l'haleine courte; poussif (*cheval*).

shot (1) [ʃɔt], *past* and *p.p.* [SHOOT].

shot (2) [ʃɔt], *a.* chatoyant; *shot silk*, soie gorge-de-pigeon, *f.*—*n.* coup de fusil, coup; trait (*d'arc*), *m.*; balle (*de fusil*), *f.*, boulet (*de canon*); plomb (*de fusil de chasse*), *m.*; (*Artill.*) charge; portée (*étendue*), *f.*; tireur (*personne*) (*Ftb.*) coup au but, *m.*; (*Med.*) injection; (*Cine.*) prise, *f.*; *at a shot*, d'un seul coup ; *like a shot*, comme un trait; *to be a good shot*, être bon tireur; *to fire a shot*, tirer un coup de feu.

shot-gun [ˈʃɔtgʌn], *n.* fusil de chasse, *m.*

should [ʃud], *v.aux.* (*past of* **shall**, *used as sign of the conditional*) *I should speak*, je parlerais; (= *ought to*, *conditional tense of* **devoir**) *you should see it*, vous devriez le voir.

shoulder [ˈʃouldə], *n.* épaule; (*Tech.*) languette, *f.*; *round shoulders*, dos rond, *m.*—*v.t.* charger sur les épaules; se charger de; porter (*armes*).

shoulder-blade [ˈʃouldəbleid], *n.* omoplate, *f.*

shout [ʃaut], *v.t.*, *v.i.* crier, huer, pousser des cris; vociférer.—*n.* cri, *m.*; acclamations, *f.pl.*; éclat (*de rire*), *m.*

shouting [ˈʃautiŋ], *n.* acclamation, *f.*, cris, *m.pl.*

shove [ʃʌv], *v.t.* pousser; *to shove away*, repousser, éloigner.—*v.i.* pousser.—*n.* coup, *m.*, poussée, *f.*

shovel [ʃʌvl], *n.* pelle, *f.*—*v.t.* ramasser avec la pelle, pelleter.

shovelful [ˈʃʌvlful], *n.* pelletée, *f.*

show [ʃou], *v.t. irr.* montrer, faire voir, exposer à la vue; manifester, témoigner, démontrer; indiquer; expliquer; *to show in*, faire entrer; *to show off*, faire valoir.—*v.i.* paraître, se montrer; se faire remarquer; *to show off*, poser, se donner des airs.—*n.* apparence, *f.*; étalage, *m.*, parade, *f.*; spectacle, concours, *m.*; exposition, *f.*

show-case [ˈʃoukeis], *n.* montre, vitrine, *f.*

shower [ˈʃauə], *n.* ondée (*légère*); averse (*grosse*); pluie, grêle (*de coups, pierres etc.*); douche, *f.*,—*v.t.* inonder (*de pluie*); (*fig.*) verser.

shower-bath [ˈʃauəbɑːθ], *n.* douche, *f.*, bain-douche, *m.*

showery [ˈʃauəri], *a.* pluvieux.

show-ring [ˈʃouriŋ], *n.* arène de vente, *f.*

show-room [ˈʃouruːm], *n.* salle d'exposition, *f.*

showy [ˈʃoui], *a.* voyant, prétentieux, criard.

shrapnel [ˈʃræpnəl], *n.* éclats d'obus, *m.pl.*

shred [ʃred], *n.* lambeau, bout, brin, *m.*; *to tear to shreds*, déchirer en lambeaux.— *v.t.* déchiqueter; râper grossièrement.

shrew [ʃruː], *n.* mégère, femme acariâtre, *f.*

shrewd [ʃruːd], *a.* sagace, fin, perspicace.

shrewdly [ˈʃruːdli], *adv.* avec sagacité, avec pénétration, finement.

shrewdness [ˈʃruːdnis], *n.* sagacité, pénétration, finesse, *f.*

shrewish [ˈʃruːiʃ], *a.* acariâtre.

shrewishly [ˈʃruːiʃli], *adv.* en mégère.

shrewishness [ˈʃruːiʃnis], *n.* humeur acariâtre, *f.*

shriek [ʃriːk], *n.* cri perçant, *m.*—*v.t.* crier.— *v.i.* jeter un cri aigu.

shrieking [ˈʃriːkiŋ], *n.* cris stridents, *m.pl.*

shrift [ʃrift], *n.* confession, *f.*; (*fig.*) *short shrift*, très court délai, *m.*

shrill [ʃril], *a.* aigu, perçant; aigre (*voix*).

shrillness [ˈʃrilnis], *n.* son aigu, ton aigu, *m.*

shrilly [ˈʃrili], *adv.* d'un ton aigu.

shrimp [ʃrimp], *n.* crevette (*grise*), *f.*

shrine [ʃrain], *n.* châsse, *f.*; tombeau, *m.*; chapelle (*d'un saint*), *f.*

shrink [ʃriŋk], *v.t. irr.* rétrécir, faire rétrécir. —*v.i.* rétrécir, se rétrécir; se retirer; reculer; se ratatiner; se tasser (*en vieillissant*).

shrinkage [ˈʃriŋkidʒ], *n.* rétrécissement, *m.*, contraction, *f.*

shrinking

shrinking ['ʃriŋkiŋ], n. rétrécissement, m.; action de reculer, f.

*shrive [ʃraiv], v.t. irr. confesser.

shrivel [ʃrivl], v.t. faire ratatiner, faire recroqueviller, rider, racornir.—v.i. se ratatiner, se recroqueviller.

shroud [ʃraud], n. linceul, suaire, m.; (Naut., pl.) haubans, m.pl.—v.t. (fig.) abriter, couvrir.

Shrovetide ['ʃrouvtaid]. les jours gras, m.pl.; **Shrove Tuesday**, mardi-gras, m.

shrub [ʃrʌb], n. arbuste, arbrisseau, m.

shrubbery ['ʃrʌbəri], n. plantation d'arbrisseaux, f.

shrubby ['ʃrʌbi], a. plein d'arbrisseaux, touffu.

shrug [ʃrʌg], n. haussement d'épaules, m.—v.t. hausser; **to shrug one's shoulders**, hausser les épaules.

shudder ['ʃʌdə], v.i. frissonner, frémir (de).—n. frissonnement, frémissement, m.

shuffle [ʃʌfl], v.t. mêler; (Cards) battre.—v.i. traîner les pieds; battre les cartes; tergiverser (équivoquer).

shuffling ['ʃʌfliŋ], a. chicaneur, biaiseur; traînant (allure).—n. marche traînante, f.; (Cards) battement des cartes, m.; (fig.) chicane, f.

shun [ʃʌn], v.t. éviter, fuir.

shunt [ʃʌnt], v.t. garer (train); détourner.

shunting ['ʃʌntiŋ], n. changement de voie, garage, m.

shut [ʃʌt], v.t. irr. fermer; enfermer; **to shut off**, intercepter, couper (vapeur etc.); **to shut out**, exclure; **to shut up**, fermer, enfermer; condamner (porte etc.); faire taire.—v.i. fermer, se fermer; **shut up!** taisez-vous!

shutter ['ʃʌtə], n. volet, contrevent (à l'extérieur de la fenêtre), m.

shuttle [ʃʌtl], n. navette; vanne, f.

shuttle-cock ['ʃʌtlkɔk], n. volant, m.

shuttle-service ['ʃʌtlə:vis], n. navette, f.

shy (1) [ʃai], a. réservé, timide, honteux.—v.i. être ombrageux, faire un écart (cheval).

shy (2) [ʃai], v.t. jeter, lancer.—n. coup (de pierre etc.); essai, m.; **to have a shy at**, s'essayer à (faire quelque chose).

shyly ['ʃaili], adv. timidement, avec réserve.

shyness ['ʃainis], n. timidité, retenue, réserve; fausse honte, f.

Siam [sai'æm]. le Siam, m.

Siamese [saiə'mi:z], a. siamois.—n. siamois (langue); Siamois (personne), m.

Siberia [sai'biəriə]. la Sibérie, f.

Siberian [sai'biəriən], a. sibérien.—n. Sibérien (personne), m.

sibilant ['sibilənt], a. sifflant.—n. lettre sifflante, f.

siccative ['sikətiv], a. and n. siccatif, m.

Sicilian [si'siliən], a. sicilien.—n. Sicilien (personne), m.

Sicily ['sisili]. la Sicile, f.

sick [sik], a. malade; qui a des nausées, qui a mal au cœur; **sick headache**, migraine, f.; **sick man** or **woman**, malade, m., f.; **sick of**, dégoûté de; **to be sea-sick**, avoir le mal de mer; **to be sick**, vomir.

sick-bed ['sikbed], n. lit de douleur, m.

sicken [sikn], v.t. rendre malade; (fig.) lasser, dégoûter.—v.i. tomber malade.

sickening ['sikniŋ], a. écœurant; (fig.) dégoûtant.

sickle [sikl], n. faucille, f.

sick-leave ['sikli:v], n. congé de convalescence, m.

sickliness ['siklinis], n. mauvaise santé, f.

sick-list ['siklist], n. rôle des malades, m.

sickly ['sikli], a. maladif; affadissant; affadi (goût etc.).

sickness ['siknis], n. maladie, f.; nausées, f.pl.

sick-nurse ['sikno:s], n. garde-malade, f.

sick-room ['sikru:m], n. chambre de malade, f.

side [said], a. de côté; latéral; indirect.—n. côté; flanc; bord; versant (de montagne); parti; (Spt.) camp, m.; **by his side**, à côté de lui; **side by side**, côte à côte; **this side up** (caisses), dessus; **to take sides**, prendre parti; **wrong side out**, à l'envers.—v.i. **to side with**, se ranger du côté de.

sideboard ['saidbɔ:d], n. buffet, m.

sided ['saidid], a. à côtés, à faces; **two-sided**, à deux faces.

side-door ['saiddɔ:], n. porte latérale, f.

side-line ['saidlain], n. occupation secondaire, f.

sidelong ['saidlɔŋ], a. and adv. de côté.

side-show ['saidʃou], n. spectacle forain, m.

sidesman ['saidzmən], n. (pl. -men [men]) (Eccles.) marguillier, m.

side-track ['saidtræk], v.t. garer (train); (fig.) semer (quelqu'un).

sidewalk ['saidwɔ:k], n. (Am.) trottoir (de rue), m.

sideways ['saidweiz], adv. de côté; obliquement.

siding ['saidiŋ], n. voie d'évitement, voie de garage, f.

sidle [saidl], v.i. marcher de côté; s'insinuer.

siege [si:dʒ], n. siège, m.; **to lay siege to**, mettre le siège devant, faire le siège de, assiéger.

Sienna [si'enə]. Sienne, f.

sierra [si'eərə], n. sierra, f.

Sierra Leone [si'eərəli'oun]. le Sierra-Leone, m.

siesta [si'estə], n. sieste, f.

sieve [siv], n. tamis (fin); crible (grand), m.

sift [sift], v.t. tamiser; cribler; sasser (farine); (fig.) examiner.

sifting ['siftiŋ], n. tamisage; (fig.) examen minutieux, m.

sigh [sai], n. soupir, m.—v.i. soupirer; **to sigh after**, soupirer après; **to sigh over**, gémir sur.

sighing ['saiiŋ], n. soupirs, m.pl.

sight [sait], n. vue, vision, f.; regard, m., yeux, m.pl.; guidon, m., hausse (armes à feu), f.; spectacle, m.; **a sight better**, beaucoup mieux; **at first sight**, à première vue; **by sight**, de vue; **in sight**, en vue; **out of sight**, hors de vue; **second sight**, clairvoyance, f.; **to catch sight of**, apercevoir; **to come in sight**, apparaître.—v.t. apercevoir.

sighted ['saitid], a. en vue; qui voit, voyant; **long-sighted**, presbyte; **short-sighted**, myope; (fig.) peu clairvoyant.

sightliness ['saitlinis], n. beauté, f.

sight-reading ['saitri:diŋ], n. (Mus.) déchiffrement, m.

sight-seeing ['saitsi:iŋ], *n. to go sight-seeing*, aller voir les curiosités.
sight-seer ['saitsi:ə], *n.* touriste, *m., f.*, visiteur (*d'une ville*), *m.*
sign [sain], *n.* signe; indice, *m.*; enseigne (*panneau*), *f.*—*v.t., v.i.* signer.
signal ['signəl], *a.* signalé, insigne.—*n.* signal; signe; (*Rail.*) sémaphore, *m.*; (*pl.*) (*Mil.*) les transmissions, *f.pl.*—*v.t.* signaler, faire signe à.—*v.i.* signaler; donner un signal.
signal-box ['signəlbɔks], *n.* poste à signaux, *m.*
signalman ['signəlmən], *n.* (*pl.* -men [men]) (*Rail.*) signaleur, *m.*
signaller ['signələ], *n.* signaleur, *m.*
signally ['signəli], *adv.* remarquablement.
signatory ['signətəri], *a.* and *n.* signataire, *m., f.*
signature ['signətʃə], *n.* signature, *f.*
sign-board ['sainbɔːd], *n.* enseigne, *f.*
signet ['signit], *n.* sceau; cachet, *m.*
signet-ring ['signitriŋ], *n.* chevalière, *f.*
significance [sig'nifikəns], *n.* signification, *f.*, sens, *m.*; importance, *f.*
significant [sig'nifikənt], *a.* significatif.
signification [signifi'keiʃən], *n.* signification, *f.*
signify ['signifai], *v.t.* vouloir dire, signifier; faire connaître; importer.
sign-post ['sainpoust], *n.* poteau indicateur, *m.*
silence ['sailəns], *n.* silence, *m.*; *silence !* (*notice*), défense de parler.—*v.t.* réduire au silence, faire taire.
silent ['sailənt], *a.* silencieux; peu loquace (*qui ne parle pas beaucoup*); muet (*lettre, film*).
silently ['sailəntli], *adv.* silencieusement, en silence; sans bruit.
Silesia [sai'li:ʃə, sai'li:siə]. la Silésie, *f.*
silex ['saileks], *n.* silex, *m.*
silhouette [silu'et], *n.* silhouette, *f.*
silica ['silikə], *n.* silice, *f.*
silicon ['silikən], *n.* silicium, *m.*
silicosis [sili'kousis], *n.* (*Med.*) silicose, *f.*
silk [silk], *a.* de soie, en soie.—*n.* soie, *f.*; (*pl.*) soieries, *f.pl.*
silken ['silkən], *a.* de soie; soyeux.
silkiness ['silkinis], *n.* nature soyeuse, *f.*
silkworm ['silkwə:m], *n.* ver à soie, *m.*
silky ['silki], *a.* de soie, soyeux.
sill [sil], *n.* seuil (*d'une porte*); rebord (*d'une fenêtre*), *m.*
silliness ['silinis], *n.* sottise, niaiserie, *f.*
silly ['sili], *a.* and *n.* sot, nigaud, niais, *m.*; *silly ass*, imbécile, *m.*; *silly thing*, sottise, *f.*; nigaud (*personne*).
silt [silt], *v.t.* envaser.—*v.i.* s'envaser.—*n.* vase, *f.*, limon, *m.*
silting ['siltiŋ], *n.* envasement, *m.*
silver ['silvə], *a.* d'argent; argenté (*couleur*); argentin (*son*).—*n.* argent, *m.*; monnaie d'argent; argenterie (*vaisselle*), *f.*—*v.t.* argenter; étamer (*miroir*).
silver-gilt ['silvəgilt], *n.* argent doré, vermeil, *m.*
silvering ['silvəriŋ], *n.* argenture, *f.*; étamage (*de miroirs*), *m.*
silver-plated ['silvə'pleitid], *a.* argenté, en plaqué.
silversmith ['silvəsmiθ], *n.* orfèvre, *m.*
silvery ['silvəri], *a.* d'argent; argenté (*couleur*); argentin (*son*).

similar ['similə], *a.* semblable, pareil; similaire (*de nature*).
similarity [simi'læriti], *n.* ressemblance, similitude; similarité (*de nature*), *f.*
similarly ['similəli], *adv.* pareillement, d'une manière semblable.
simile ['simili], *n.* comparaison, *f.*
similitude [si'militju:d], *n.* similitude, *f.*
simmer ['simə], *v.i.* bouillir lentement, mijoter.
simmering ['siməriŋ], *n.* mijotement, *m.*
simnel ['simnəl], *n.* gâteau de Pâques *ou* de la mi-carême, *m.*
simper ['simpə], *n.* sourire niais, *m.*—*v.i.* sourire niaisement, minauder.
simpering ['simpəriŋ], *a.* minaudier.—*n.* minauderie, *f.*
simperingly ['simpəriŋli], *adv.* en minaudant.
simple [simpl], *a.* simple; *as simple as ABC*, simple comme bonjour.—*n.* simple, *m.*
simple-hearted ['simpl'hɑ:tid], **simple-minded** ['simplmaindid], *a.* simple, ingénu, naïf.
simpleness ['simplnis], *n.* simplicité, *f.*
simpleton ['simpltən], *n.* niais, nigaud, *m.*
simplicity [sim'plisiti], *n.* simplicité, *f.*
simplification ['simplifi'keiʃən], *n.* simplification, *f.*
simplify ['simplifai], *v.t.* simplifier.
simply ['simpli], *adv.* simplement (*sans complexité*); tout bonnement (*et rien de plus*).
simulate ['simjuleit], *v.t.* feindre, simuler.
simulation [simju'leiʃən], *n.* simulation, *f.*
simulator ['simjuleitə], *n.* simulateur, *m.*
simultaneous [siməl'teinjəs], *a.* simultané.
simultaneously [siməl'teinjəsli], *adv.* simultanément.
sin [sin], *n.* péché, *m.*; (*fig.*) offense, *f.*—*v.i.* pécher.
since [sins], *conj.* puisque (*parce que*); depuis que (*temps*).—*prep.* depuis; *since then*, depuis lors.—*adv.* depuis; *ever since*, depuis ce temps-là; *long since*, il y a longtemps.
sincere [sin'siə], *a.* sincère.
sincerely [sin'siəli], *adv.* sincèrement; *yours sincerely* (*lettre amicale mais sans intimité*), veuillez croire, cher Monsieur, à mes sentiments les meilleurs.
sincerity [sin'seriti], *n.* sincérité, bonne foi, *f.*
sine [sain], *n.* (*Trig.*) sinus, *m.*
sinecure ['sainəkjuə], *n.* sinécure, *f.*
sinew ['sinju:], *n.* tendon, (*colloq.*) nerf, *m.*
sinewy ['sinju:i], *a.* tendineux; (*fig.*) nerveux, vigoureux.
sinful ['sinful], *a.* pécheur, coupable.
sinfully ['sinfuli], *adv.* d'une manière coupable, en pécheur.
sinfulness ['sinfulnis], *n.* culpabilité, iniquité, *f.*
sing [siŋ], *v.t., v.i. irr.* chanter; célébrer (*louer*); siffler (*vent*); *to make someone sing small*, rabattre le caquet à quelqu'un.
Singapore [siŋə'pɔ:]. Singapour, *m.*
singe [sindʒ], *v.t.* flamber; roussir (*vêtements etc.*); (*Tech.*) griller.—*n.* légère brûlure, *f.*
singeing ['sindʒiŋ], *n.* flambage; (*Tech.*) grillage, *m.*
singer ['siŋə], *n.* chanteur, *m.*; cantatrice (*professionnelle*), *f.*

singing ['siŋiŋ], *a.* qui chante; chanteur (*oiseau*).—*n.* chant; bourdonnement (*dans les oreilles*), *m.*

single [siŋgl], *a.* seul, simple, unique; particulier (*individuel*); singulier (*combat*); non marié, célibataire; ***single bedroom***, chambre à un lit, *f.*; ***single man***, célibataire, garçon, *m.*; ***single (ticket)***, billet simple, *m.*; ***single woman***, femme non mariée, fille, *f.*—*n.* (*pl.*) (*Ten.*) partie simple, *f.*—*v.t.* choisir; ***to single out***, choisir, distinguer de la foule.

single-handed ['siŋgl'hændid], *adv.* tout seul, sans aide.

single-hearted ['siŋgl'hɑːtid], *a.* sincère, honnête.

singleness ['siŋglnis], *n.* sincérité, simplicité, *f.*

singlet ['siŋglit], *n.* maillot fin, *m.*

single-track ['siŋgltræk], *a.* (*Rail.*) à voie unique; (*Cine.*) à simple piste.

singly ['siŋgli], *adv.* seulement; séparément; individuellement, un à un.

singsong ['siŋsɔŋ], *n.* chant monotone, *m.*

singular ['siŋgjulə], *a.* singulier; étrange (*bizarre*); simple (*pas complexe*), (*Gram.*)—*n.* singulier, *m.*

singularity [siŋgju'læriti], *n.* singularité, *f.*

singularly ['siŋgjuləli], *adv.* singulièrement.

sinister ['sinistə], *a.* sinistre; (*Her.*) sénestre.

sink [siŋk], *n.* évier (*de cuisine*); égout (*conduit*), *m.*; ***a sink of iniquity***, un cloaque d'iniquité.—*v.t. irr.* faire tomber au fond, enfoncer; couler (*navire*); creuser (*puits etc.*); placer (*argent*) à fonds perdu; amortir (*dette*).—*v.i.* aller au fond, tomber au fond; s'enfoncer; sombrer, couler (*navire*); décliner, s'affaiblir (*santé etc.*); baisser (*prix etc.*); être abattu (*âme, cœur etc.*); descendre, se coucher (*soleil etc.*); dégénérer (*en*).

sinker ['siŋkə], *n.* plomb (*de ligne de pêche*), *m.*

sinking ['siŋkiŋ], *a.* qui coule (*navire*).—*n.* foncement (*de puits etc.*); tassement (*de fondements*); affaissement (*santé*); placement à fonds perdu (*d'argent*); amortissement (*d'une dette*); engloutissement (*de navire*), *m.*

sinking-fund ['siŋkiŋfʌnd], *n.* fonds, *m.*, ou caisse d'amortissement (*d'une dette publique*), *f.*

sinless ['sinlis], *a.* sans péché, innocent; pur.

sinner ['sinə], *n.* pécheur, *m.*, pécheresse, *f.*

sinuous ['sinjuəs], *a.* sinueux.

sinus ['sainəs], *n.* (*Anat.*) sinus, *m.*

sip [sip], *n.* petit coup, *m.*, petite gorgée, *f.*—*v.t., v.i.* boire à petits coups, siroter.

siphon ['saifən], *n.* siphon, *m.*—*v.t.* siphonner.

sir [sə:], *n.* monsieur, *m.*

sire ['saiə], *n.* père; sire (*à un roi*), *m.*; (*pl.*) pères, aïeux, *m.pl.*; ***grand-sire***, grand-père, *m.*

siren ['saiərən], *n.* sirène, *f.*

Sirius ['siriəs], (*Astron.*) Sirius, *m.*

sirloin ['sə:lɔin], *n.* aloyau; faux-filet, *m.*

sirocco [si'rokou], *n.* siroco, *m.*

siskin ['siskin], *n.* (*Orn.*) tarin, *m.*

sissy ['sisi], *n.* (*colloq.*) poule mouillée, *f.*

sister ['sistə], *n.* sœur; du même gabarit (*navire*).—*n.* sœur; (*Med.*) infirmière-major, *f.*

sisterhood ['sistəhud], *n.* communauté de sœurs, *f.*, sœurs, *f.pl.*

sister-in-law ['sistərinlɔ:], *n.* belle-sœur, *f.*

sisterly ['sistəli], *a.* de sœur, en sœur.

sit [sit], *v.t. irr.* asseoir; se tenir sur (*cheval*).—*v.i.* s'asseoir (*acte*); être assis (*attitude*); siéger, tenir séance, se réunir (*assemblée, cour, juge etc.*); couver (*poule etc.*), percher (*oiseau*); poser (*pour un portrait*); ***to sit down***, s'asseoir; ***to sit up***, se tenir droit; veiller (*s'abstenir du sommeil*).

sit-down strike ['sitdaunstraik], *n.* grève sur le tas, *f.*

site [sait], *n.* situation, *f.*, emplacement (*de bâtiment*); site (*paysage*), *m.*—*v.t.* placer.

sitfast ['sitfɑːst], *n.* (*Vet.*) cor, durillon, *m.*

sitter ['sitə], *n.* personne assise, *f.*; (*Paint.*) modèle, *m.*

sitting ['sitiŋ], *a.* assis; en séance (*cour etc.*); perché (*oiseau*); qui couve (*poule*).—*n.* séance; audience (*d'une cour*); couvaison (*des œufs*); place (*réservée*); (*Paint.*) séance, *f.*

sitting-room ['sitiŋruːm], *n.* petit salon, *m.*

situate (1) ['sitjueit], *v.t.* situer.

situate (2) ['sitjuit], **situated** ['sitjueitid], *a.* situé; (*Law*) sis.

situation [sitju'eiʃən], *n.* situation, position, *f.*, état, *m.*; place, *f.*, emploi, *m.*

six [siks], *a.* and *n.* six, *m.*

sixteen ['siks'tiːn], *a.* and *n.* seize, *m.*

sixteenth [siks'tiːnθ], *a.* seizième; seize (*rois etc.*).—*n.* seizième (*fraction*), *m.*

sixth [siksθ], *a.* sixième; six (*rois etc.*).—*n.* sixième (*fraction*), *m.* (*Mus.*) sixte, *f.*; ***sixth form***, (*Sch.*) la classe de première, *f.*

sixthly ['siksθli], *adv.* sixièmement.

sixtieth ['sikstiiθ], *a.* soixantième.—*n.* soixantième (*fraction*), *m.*

sixty ['siksti], *a.* and *n.* soixante, *m.*; ***about sixty***, une soixantaine (*de*), *f.*

sizable ['saizəbl], *a.* d'une bonne grosseur.

size (1) [saiz], *n.* grandeur, dimension, taille (*physique*); grosseur, *f.*, volume (*espace occupé*); calibre (*de cartouche*); format (*de livre ou de papier*), *m.*; encolure (*de chemise*); pointure (*de gant, de chaussure etc.*), *f.*; effectif (*d'école, de classe etc.*); (*Comm.*) numéro, *m.*—*v.t.* classer, ranger (*par grosseur, par taille*); ***to size up***, juger.

size (2) [saiz], *n.* colle, *f.*, encollage, *m.*—*v.t.* coller, encoller.

sized [saizd], *a.* de grosseur, de taille.

sizzle [sizl], *n.* grésillement, *m.*—*v.i.* grésiller.

skate (1) [skeit], *n.* (*Ichth.*) raie, *f.*

skate (2) [skeit], *n.* patin, *m.*; ***roller skate***, patin à roulettes.—*v.i.* patiner.

skater ['skeitə], *n.* patineur, *m.*

skating ['skeitiŋ], *n.* patinage, *m.*

skating-rink ['skeitiŋriŋk], *n.* patinoire, *f.*

skein [skein], *n.* écheveau, *m.*

skeleton ['skelətən], *n.* squelette, *m.*; (*Tech.*) charpente, carcasse, *f.*

skeleton-key ['skelətən'kiː], *n.* passe-partout, *m.inv.*; crochet, *m.*

sketch [sketʃ], *n.* esquisse, *f.*, croquis, *m.*, ébauche; (*Theat.*) saynète, *f.*; (*fig.*) aperçu, *m.*—*v.t.* esquisser, ébaucher.

sketch-book ['sketʃbuk], *n.* cahier de croquis, *m.*

sketchily ['sketʃili], *adv.* incomplètement.

sketchy ['sketʃi], *a.* d'esquisse, ébauché; rudimentaire.

skew [skju:], *a.* oblique, en biais.

skewer ['skjuːə], *n.* brochette, *f.*—*v.t.* embrocher.

ski [skiː], *n.* ski, *m.*—*v.i.* faire du ski.

skid [skid], *n.* (*Motor.*) dérapage (*de*), *m.*, embardée, *f.*; (*Av.*) patin, *m.*—*v.i.* déraper (*bicyclette* ou *véhicule*).

skier ['ski:ə], *n.* skieur, *m.*

skiff [skif], *n.* esquif, *m.*

ski-ing ['ski:in], *n.* le ski, *m.*

skilful ['skilful], *a.* adroit, habile.

skilfully ['skilfuli], *adv.* adroitement, habilement.

ski-lift ['ski:lift], *n.* remonte-pentes, *m.inv.*

skill [skil], *n.* habileté, dextérité, adresse, *f.*

skilled [skild], *a.* habile, adroit; *skilled labour*, main-d'œuvre spécialisée, *f.*; *skilled workman*, ouvrier qualifié, *m.*

skim [skim], *v.t.* écumer; écrémer (*lait*); (*fig.*) raser, effleurer.

skimp [skimp], *v.t.* lésiner; bâcler (*travail*).

skimpy ['skimpi], *a.* mesquin, chiche; étriqué.

skin [skin], *n.* peau, *f.*; *banana skin*, pelure de banane, *f.*; *to escape by the skin of one's teeth*, l'échapper belle; *wet to the skin*, trempé jusqu'aux os.—*v.t.* écorcher (*personne* ou *animal*); peler, éplucher (*fruits etc.*); (*fig.*) écorcher, plumer.

skin-deep ['skindi:p], *a.* superficiel, peu profond.

skinflint ['skinflint], *n.* pince-maille, grigou, ladre, *m.*

skinless ['skinlis], *a.* sans peau.

skinner ['skinə], *n.* écorcheur; pelletier (*marchand*), *m.*

skinny ['skini], *a.* maigre, décharné.

skip [skip], *n.* saut, bond, *m.*—*v.t.* sauter; passer (*en lisant*).—*v.i.* sauter, sautiller, gambader.

skipper ['skipə], *n.* patron (*de navire marchand*); (*Spt.*) chef d'équipe, *m.*

skipping ['skipin], *n.* action de sauter, *f.*; saut à la corde, *m.*

skipping-rope ['skipinroup], *n.* corde à sauter, *f.*

skirmish ['skə:mif], *n.* escarmouche, *f.*,—*v.i.* escarmoucher.

skirmisher ['skə:mifə], *n.* tirailleur, *m.*

skirmishing ['skə:mifin], *n.* escarmouches, *f.pl.*

skirt [skə:t], *n.* pan (*d'un habit*), *m.*; jupe (*de robe*); (*pl.*) lisière, extrémité, *f.*, bord (*de forêt etc.*), *m.*; *outskirts*, bords, faubourgs, *m.pl.*—*v.t.* border; longer (*rivière etc.*).

skirting ['skə:tin], **skirting-board** ['skə:tin bo:d], *n.* bord, *m.*, bordure; (*Arch.*) plinthe, *f.*

skit [skit], *n.* parodie, *f.*

skittish ['skitif], *a.* capricieux, volage.

skittishly ['skitifli], *adv.* capricieusement.

skittishness ['skitifnis], *n.* légèreté, inconstance, *f.*

skittle [skitl], *n.* quille, *f.*

skittle-alley ['skitl'æli], *n.* jeu de quilles, *m.*

skulk [skʌlk], *v.i.* se cacher; rôder (*autour de*).

skull [skʌl], *n.* crâne, *m.*

skull-cap ['skʌlkæp], *n.* calotte, *f.*

skunk [skʌŋk], *n.* putois d'Amérique, *m.*

sky [skai], *n.* ciel, *m.*

sky-blue ['skaiblu:], *a.* bleu ciel, azuré.

sky-high ['skai'hai], *a.* qui touche aux cieux; *to blow up sky-high*, faire sauter jusqu'aux cieux; (*fig.*) tancer vertement.

skylark ['skaila:k] *n.* alouette (des champs), *f.* —*v.i.* (*fig.*) faire des farces.

skylarking ['skaila:kiŋ], *n.* farces, *f.pl.*

skylight ['skailait], *n.* châssis vitré, *m.* lucarne faîtière, *f.*

sky-line ['skailain], *n.* horizon, *m.*

sky-scraper ['skaiskreipə], *n.* gratte-ciel, *m.*

slab [slæb], *n.* dalle, plaque, table; tablette (*de chocolat*); dosse, *f.*

slack [slæk], *a.* lâche; faible, mou; détendu (*corde*); négligent; *business is slack*, les affaires ne vont pas; *the slack season*, la morte-saison, *f.*—*n.* menu charbon; mou (*de corde*); (*Eng.*) jeu; (*pl.*) pantalon, *m.*

slacken ['slækən], *v.t.* relâcher, détendre, affaiblir (*la rigueur*); ralentir (*vitesse*).— *v.i.* se relâcher, se détendre; se ralentir; diminuer; tomber.

slackening ['slækniŋ], *n.* relâchement, *m.*

slacker ['slækə], *n.* paresseux, *m.*

slacking ['slækiŋ], *n.* paresse, *f.*

slackly [slækli], *adv.* mollement, lâchement; négligemment.

slackness ['slæknis], *n.* relâchement, *m.*; négligence, nonchalance (*morale*), *f.*

slag [slæg], *n.* scorie, *f.*; mâchefer, *m.*

slag-heap ['slæghi:p], *n.* crassier, *m.*

slake [sleik], *v.t.* éteindre (*chaux*); *to slake one's thirst*, se désaltérer.

slam [slæm], *v.t.* fermer avec violence, claquer.—*v.i.* se fermer avec bruit.—*n.* (*Cards*) vole, *f.*, chelem, *m.*

slander ['sla:ndə], *n.* calomnie; (*Law*) diffamation, *f.*—*v.t.* calomnier; (*Law*) diffamer.

slanderer ['sla:ndərə], *n.* calomniateur; (*Law*) diffamateur, *m.*

slanderous ['sla:ndərəs], *a.* calomnieux; (*Law*) diffamatoire.

slang [slæŋ], *n.* argot, *m.*, langue verte, *f.*

slangy ['slæŋi], *a.* d'argot, argotique.

slant [sla:nt], *v.t.* incliner.—*v.i.* incliner; être de biais, biaiser.—*n.* inclinaison, pente, *f.*; *on the slant*, en écharpe, en biais.

slanting ['sla:ntiŋ], *a.* oblique; en écharpe (*coup d'épée etc.*).

slantingly ['sla:ntiŋli], **slantwise** ['sla:nt waiz], *adv.* obliquement, en biais.

slap [slæp], *n.* tape, *f.*; soufflet (*sur la figure*), *m.*—*v.t.* souffleter, donner une fessée à (*un enfant*).—*adv.* tout droit, en plein.

slapdash ['slæpdæʃ], *adv.* à la six-quatredeux, n'importe comment.—*a.* fait à la hâte.

slap-happy ['slæp'hæpi], *a.* toqué.

slapstick ['slæpstik], *n.* (*Theat., Cine.*) *slapstick comedy* (*fam.*), tarte à la crème, *f.*

slash [slæʃ], *n.* taillade; balafre (*sur la figure*), *f.*—*v.t.* taillader; balafrer (*la figure*).—*v.i.* frapper.

slashing ['slæʃiŋ], *a.* mordant, cinglant.

slate [sleit], *n.* ardoise, *f.*—*v.t.* couvrir d'ardoises; (*colloq.*) tancer.

slate-coloured ['sleitkʌləd], *a.* ardoisé, gris d'ardoise.

slate-pencil ['sleitpensl], *n.* crayon d'ardoise, *m.*

slater ['sleitə], *n.* couvreur en ardoise, *m.*

slating ['sleitiŋ], *n.* toiture en ardoise; (*colloq.*) semonce, *f.*

slattern ['slætən], *n.* femme malpropre, souillon, *f.*

slatternly ['slætənli], *a.* négligent, malpropre, mal soigné.

slaty ['sleiti], *a.* schisteux, d'ardoise; ardoisé (*couleur*).

slaughter ['slɔːtə], *n.* tuerie, boucherie, *f.,* massacre; abattage (*des animaux*), *m.—v.t.* massacrer; abattre (*animaux*).

slaughterer ['slɔːtərə], *n.* abatteur, *m.*

slaughter-house ['slɔːtəhaus], *n.* abattoir, *m.*

Slav [slɑːv], *a.* slave.—*n.* Slave (*personne*), *m., f.*

slave [sleiv], *n.* esclave, *m., f.—v.i.* travailler comme un esclave, peiner.

slave-driver ['sleivdraivə], *n.* (*fig.*) maître sévère et cruel, *m.*

slaver (1) ['sleivə], *n.* négrier, bâtiment négrier.

slaver (2) ['slævə], *v.i.* baver (*sur*).—*n.* bave, salive, *f.*

slavery ['sleivəri], *n.* esclavage, *m.*

slave-trade ['sleivtreid], *n.* traite des noirs, *f.*

slavish ['sleiviʃ], *a.* d'esclave; servile (*imitation etc.*).

slavishly ['sleiviʃli], *adv.* en esclave; servilement.

slavishness ['sleiviʃnis], *n.* servilité, *f.*

Slavonic [slə'vɔnik], *a.* slave.—*n.* slave (*langues*), *m.*

slay [slei], *v.t. irr.* tuer.

slayer ['sleiə], *n.* tueur (*de*), meurtrier, *m.*

slaying ['sleiiŋ], *n.* tuerie, *f.*

sledge [sledʒ], *n.* traîneau, *m.—v.i.* (*also to go sledging*) se promener en traîneau.

sledge-hammer ['sledʒhæmə], *n.* marteau à deux mains, *m.*

sleek [sliːk], *a.* lisse, luisant, poli; (*fig.*) doucereux, onctueux.

sleekness ['sliːknis], *n.* luisant, *m.;* (*fig.*) douceur, onctuosité, *f.*

sleep [sliːp], *n.* sommeil, *m.; beauty sleep,* sommeil avant minuit; *sound sleep,* profond sommeil; *to go to sleep,* s'endormir; *to put a dog to sleep,* tuer un chien.—*v.t. irr.* dormir.—*v.i.* dormir, coucher (*à, chez* ou *dans*).

sleeper ['sliːpə], *n.* dormeur, *m.;* (*Rail.*) traverse, *f.;* (*colloq.*) wagon-lit, *m.*

sleepily ['sliːpili], *adv.* d'un air endormi.

sleepiness ['sliːpinis], *n.* assoupissement, *m.*

sleeping ['sliːpiŋ], *a.* endormi; dormant.—*n.* sommeil, repos, *m.; sleeping pills* or *tablets,* somnifère, *m.*

sleeping-bag ['sliːpiŋbæg], *n.* sac de couchage, *m.*

sleeping-berth ['sliːpiŋbəːθ], *n.* couchette, *f.*

sleeping-car ['sliːpiŋkɑː], *n.* wagon-lit, *m.*

sleeping-draught ['sliːpiŋdrɑːft], *n.* somnifère, *m.*

sleeping-partner ['sliːpiŋ'pɑːtnə], *n.* associé commanditaire, *m.*

sleepless ['sliːplis], *a.* sans sommeil.

sleeplessness ['sliːplisnis], *n.* insomnie, *f.*

sleep-walker ['sliːpwɔːkə], *n.* somnambule, *m., f.*

sleepy ['sliːpi], *a.* qui a envie de dormir, soporifique (*somnifère*); *to feel sleepy,* avoir sommeil.

sleepy-head ['sliːpihed], *n.* paresseux, *m.*

sleet [sliːt], *n.* neige fondue, *f.;* grésil, *m.*

sleeve [sliːv], *n.* manche, *f.*

sleeveless ['sliːvlis], *a.* sans manches.

sleigh [slei], *n.* traîneau, *m.*

sleight [slait], *n.* habileté, *f.,* escamotage, *m.; sleight of hand,* tour de passe-passe, *m.*

slender ['slendə], *a.* mince; élancé; svelte (*taille*); (*fig.*) léger; chétif, maigre.

slenderness ['slendənis], *n.* minceur, légèreté; modicité, *f.*

sleuth(-hound) ['sluːθ(haund)], *n.* (chien) limier, *f.;* (*fig.*) détective, *m.*

slice [slais], *n.* tranche; écumoire (*ustensile*), *f.; fish-slice,* truelle, *f.; slice of bread and jam,* tartine de confiture, *f.—v.t.* couper en tranches.

slick [slik], *a.* adroit.

slickness ['sliknis], *n.* adresse, habileté, *f.*

slide [slaid], *n.* glissoire, glissade, *f.; lantern-slide,* diapositive, vue fixe, *f.—v.t. irr.* glisser; tirer (*de*).—*v.i.* glisser; couler.

slide-rule ['slaidruːl], *n.* règle à calcul, *f.*

sliding ['slaidiŋ], *a.* glissant; à coulisse.—*n.* glissade, *f.,* glissement, *m.*

sliding-door ['slaidiŋ'dɔː], *n.* porte à coulisse, *f.*

sliding-scale ['slaidiŋ'skeil], *n.* (*Econ.*) échelle mobile, *f.*

slight [slait], *a.* mince, léger; insignifiant; *not in the slightest,* pas le moins du monde.—*n.* manque d'égards; affront, *m.,* insulte, *f.—v.t.* traiter sans égards; mépriser.

slightingly ['slaitiŋli], *adv.* avec mépris, avec dédain.

slightly ['slaitli], *adv.* légèrement, un peu.

slightness ['slaitnis], *n.* minceur; légèreté, *f.*

slim [slim], *a.* svelte, mince; (*colloq.*) rusé.—*v.i.* s'amincir.

slime [slaim], *n.* vase, *f.,* limon, *m.,* bave (*de colimaçon*), *f.*

sliminess ['slaiminis], *n.* viscosité, *f.*

slimness ['slimnis], *n.* sveltesse, taille mince, *f.*

slimy ['slaimi], *a.* vaseux, limoneux; visqueux, gluant; (*fam.*) obséquieux.

sling [sliŋ], *n.* fronde; bretelle (*de fusil*); écharpe (*pour un membre cassé*), *f.—v.t. irr.* lancer (*avec une fronde*); suspendre (*fusil etc.*).

slinger ['sliŋə], *n.* frondeur, *m.*

slink [sliŋk], *v.i. irr.* s'esquiver, se dérober.

slip [slip], *v.t.* glisser, couler; perdre; lâcher; filer (*câble*); pousser (*verrou*); *to slip in,* introduire; *to slip off,* enlever, ôter; *to slip on,* passer, mettre.—*v.i.* glisser, couler (*nœud*); patiner (*roues*); (*fig.*) faire un faux pas; *to slip away,* s'esquiver; *to slip down,* tomber; *to slip in,* se faufiler, entrer furtivement; *to slip up,* (*fam.*) se tromper.—*n.* glissade; combinaison (*sous-vêtement*); laisse (*à chien*), *f.;* engobe (*céramique*); (*Hort.*) scion, *m.;* cale (*de port etc.*); faute d'étourderie, *f.,* lapsus, *m.; pillow-slip,* taie d'oreiller, *f.; slip of paper,* bout de papier, *m.; slip of the pen,* erreur de plume, *f.; to give someone the slip,* planter quelqu'un là; *to make a slip,* faire un faux pas.

slip-knot ['slipnɔt], *n.* nœud coulant, *m.*

slipper ['slipə], *n.* pantoufle, *f.*

slippered ['slipəd], *a.* en pantoufles.

slipperiness ['slipərinis], *n.* nature glissante; volubilité (*de la langue*), *f.*

slippery ['slipəri], *a.* glissant; incertain, peu sûr; peu stable; matois, rusé; *slippery customer,* rusé compère, *m.*

slipshod ['slipʃɔd], *a.* (*fig.*) négligé; décousu (*style*).

slipstream ['slipstri:m], *n.* sillage, *m.*
slipway ['slipwei], *n.* cale, *f.*
slit [slit], *v.t. irr.* fendre.—*v.i.* se fendre.—*n.* fente, fissure, *f.*
slither ['sliðə], *v.i.* glisser; ramper (*reptile*).
sliver ['slivə, 'slaivə], *n.* éclat, *m.*, tranche, *f.*, ruban, *m.*
slobber ['slɔbə], *v.i.* baver.
sloe [slou], *n.* (*Bot.*) prunelle, *f.*
sloe-tree ['sloutri:], *n.* prunellier, *m.*
slogan ['slougən], *n.* mot d'ordre, *m.*, devise, *f.*, slogan, *m.*
sloop [slu:p], *n.* sloop, aviso, *m.*
slop [slɔp], *n.* (*usu. in pl.*) rinçures, *f.pl.*—*v.t.* répandre, renverser.
slop-basin ['slɔpbeisn], **slop-bowl** ['slɔp boul], *n.* bol à rinçures (*de thé*), *m.*
slope [sloup], *n.* pente, *f.*; talus, versant, *m.*—*v.t.* couper en biais; taluter.—*v.i.* pencher, aller en pente, incliner.
sloping ['sloupiŋ], *a.* de biais, en pente.
sloppiness ['slɔpinis], *n.* état détrempé, *m.*; mollesse (*personne*), *f.*
sloppy ['slɔpi], *a.* bourbeux, humide; (*fig.*) mou.
slot [slɔt], *n.* rainure, mortaise, fente; barre de bois, *f.*
sloth (1) [slouθ], *n.* paresse, fainéantise, *f.*
sloth (2) [slouθ], *n.* (*Zool.*) paresseux, aï, *m.*
slothful ['slouθful], *a.* paresseux, fainéant.
slot-machine ['slɔtməʃi:n], *n.* distributeur automatique, *m.*
slouch [slautʃ], *n.* démarche molle *ou* lourde, *f.*; lourdaud (*personne*), *m.*—*v.i.* marcher lourdement; **to slouch along**, marcher d'un pas traînant.
slouching ['slautʃiŋ], *a.* lourd et gauche.
slough [slau], *n.* bourbier, *m.*, fondrière, *f.*; dépouille (*de serpent*), *f.*
Slovak ['slouvæk], *a.* slovaque.—*n.* Slovaque (*personne*), *m., f.*
sloven [slʌvn], *n.* sans-soin, mal-soigné, *m.*
Slovene ['slouvi:n], *n.* Slovène (*personne*), *m., f.*
Slovenian [slo'vi:niən], *a.* slovène.
slovenliness ['slʌvnlinis], *n.* malpropreté, saleté, négligence, *f.*
slovenly ['slʌvnli], *a.* mal soigné, mal peigné, débraillé.
slow [slou], *a.* lent, tardif; lourd (*pesant*); en retard (*montre etc.*).—*adv.* lentement.—*v.t.* ralentir.—*v.i.* se ralentir.
slowly ['slouli], *adv.* lentement, tardivement.
slowness ['slounis], *n.* lenteur; paresse; lourdeur (*pesanteur*), *f.*; retard (*de montre etc.*), *m.*
slow-worm ['slouwə:m], *n.* orvet, *m.*
sludge [slʌdʒ], *n.* boue, vase, *f.*; cambouis, *m.*
slug [slʌg], *n.* limace, *f.*; lingot (*de fusil*), *m.*
sluggard ['slʌgəd], *n.* paresseux, *m.*
sluggish ['slʌgiʃ], *a.* paresseux, indolent, lourd; lent (*ruisseau*).
sluggishly ['slʌgiʃli], *adv.* paresseusement, lourdement.
sluggishness ['slʌgiʃnis], *n.* paresse; lenteur (*de ruisseau*), *f.*
sluice [slu:s], *n.* écluse; bonde (*dans un étang*), *f.*—*v.t.* lâcher par une écluse; inonder d'eau.
sluice-gate ['slu:sgeit], *n.* vanne, *f.*
slum [slʌm], *n.* taudis, *m.*, (*pl.*) bas quartiers, *m.pl.*; **slum-clearance**, lutte contre les taudis, *f.*

slumber ['slʌmbə], *n.* sommeil, *m.*—*v.i.* sommeiller, dormir.
slumberer ['slʌmbərə], *n.* dormeur, *m.*
slumbering ['slʌmbəriŋ], *a.* endormi, assoupi.—*n.* sommeil, assoupissement, *m.*
slump [slʌmp], *v.i.* s'enfoncer soudainement.—*n.* baisse subite; crise, *f.*
slur [slə:], *n.* tache; (*Mus.*) liaison, *f.*; **to cast a slur upon**, flétrir, dénigrer.—*v.t.* tacher, salir; (*Mus.*) lier; **to slur over**, glisser sur.
slurred [slə:d], *a.* (*Mus.*) coulé; brouillé (*paroles*).
slurring ['slə:riŋ], *n.* (*Mus.*) liaison, *f.*
slush [slʌʃ], *n.* boue, fange; neige à moitié fondue, *f.*
slut [slʌt], *n.* saligaude, souillon, *f.*
sly [slai], *a.* sournois, rusé; **on the sly**, en sourdine; **sly dog**, fin matois, *m.*
slyly ['slaili], *adv.* avec ruse, sournoisement.
slyness ['slainis], *n.* ruse, finesse, nature sournoise, *f.*
smack (1) [smæk], *n.* claquement (*de fouet*), *m.*; claque (*de la main*); gifle (*sur la figure*), *f.*; gros baiser, *m.*—*adv.* **smack in the middle**, en plein milieu.—*v.t.* faire claquer (*fouet, les lèvres*); donner une claque à.
smack (2) [smæk], *n.* (*fig.*) saveur, *f.*—*v.i.* **to smack of**, sentir (*le, la etc.*).
smack (3) [smæk], *n.* bateau de pêche, *m.*
smacking ['smækiŋ], *n.* claquement, *m.*; fessée, *f.*
small [smɔ:l], *a.* petit; fin, menu; (*fig.*) chétif, mince, pauvre; modeste, peu considérable; **small arms**, armes portatives, *f.*; **small fry**, menu fretin, *m.*; **small letters**, minuscules, *f.pl.*—*n.* partie mince, *f.*; **small of the back**, chute des reins, *f.*
smallish ['smɔ:liʃ], *a.* un peu petit, un peu menu.
smallness ['smɔ:lnis], *n.* petitesse, *f.*; peu d'importance, *m.*
smallpox ['smɔ:lpɔks], *n.* petite vérole, *f.*
smarmy ['smɑ:mi], *a.* (*pop.*) mielleux.
smart [smɑ:t], *a.* piquant, cuisant, vif; vigoureux, rude; intelligent, éveillé; beau, élégant, pimpant, chic; **look smart!** dépêchez-vous! **smart Aleck**, finaud, *m.*—*n.* douleur aiguë, vive douleur, cuisson, *f.*—*v.i.* cuire, éprouver une vive douleur.
smarten ['smɑ:tn] (up), *v.t.* animer; **to smarten oneself up**, se faire beau, s'attifer.
smarting ['smɑ:tiŋ], *a.* cuisant, poignant.—*n.* douleur cuisante, *f.*
smartly ['smɑ:tli], *adv.* lestement, vivement; habilement; vigoureusement, rudement; élégamment.
smartness ['smɑ:tnis], *n.* force, vigueur; élégance, *f.*, éclat (*de vêtements*), *m.*; finesse (*astuce*), *f.*
smash [smæʃ], *v.t.* briser, écraser; (*fig.*) ruiner.—*v.i.* se briser.—*n.* fracas, *m.*; (*Fin.*) déconfiture, faillite, banqueroute; (*Rail.*) catastrophe, *f.*—*adv.* **to go smash**, faire faillite.
smashing ['smæʃiŋ], *a.* (*pop.*) formidable, épatant.
smattering ['smætəriŋ], *n.* connaissances superficielles, *f.pl.*
smear [smiə], *v.t.* enduire; (*fig.*) salir.—*n.* tache, *f.*; (*fig.*) calomnie, atteinte à la réputation, *f.*

smell

smell [smel], *n.* odeur, *f.*; odorat (*sens*); flair (*de chien*), *m.*—*v.t., v.i. irr.* sentir; flairer (*chien*).
smelly ['smeli], *a.* malodorant.
smelt (1) [smelt], *n.* (*Ichth.*) éperlan, *m.*
smelt (2) [smelt], *v.t.* fondre.
smelting ['smeltiŋ], *n.* fonte, *f.*
smile [smail], *n.* sourire, *m.*—*v.i.* sourire.
smiling ['smailiŋ], *a.* souriant; riant (*paysage* etc.).
smilingly ['smailiŋli], *adv.* en souriant.
smirch [smə:tʃ], *v.t.* souiller, salir.—*n.* tache, *f.*
smirk [smə:k], *v.i.* minauder.—*n.* sourire affecté, *m.*
smirking ['smə:kiŋ], *a.* affecté, minaudier.
smite [smait], *v.t. irr.* frapper; détruire; châtier; (*fig.*) charmer.
smith [smiθ], *n.* forgeron, *m.*
smithereens [smiðə'ri:nz], *n.pl.* **to smash to smithereens**, mettre en miettes.
smithy ['smiði], *n.* forge, *f.*
smock [smɔk], *n.* blouse, *f.*
smog [smɔg], *n.* brouillard épais et enfumé, *m.*
smoke [smouk], *n.* fumée, *f.*—*v.t., v.i.* fumer.
smokeless ['smouklis], *a.* sans fumée.
smoker ['smoukə], *n.* fumeur (*personne*), *m.*
smoke-stack ['smoukstæk], *n.* cheminée, *f.*
smokiness ['smoukinis], *n.* état enfumé, *m.*
smoking ['smoukiŋ], *a.* fumant.—*n.* habitude de fumer, *f.*; **no smoking**, défense de fumer.
smoky ['smouki], *a.* qui fume, plein de fumée.
smooth [smu:ð], *a.* uni; égal (*régulier*); doux (*non âpre*); poli, lisse (*verni*); plat (*mer*); doucereux (*personne*).—*v.t.* polir; adoucir; aplanir, unir; dérider (*le front*); lisser (*les cheveux*).
smooth-faced ['smu:ðfeist], *a.* imberbe.
smoothing-iron ['smu:ðiŋaiən], *n.* fer à repasser, *m.*
smoothly ['smu:ðli], *adv.* uniment; sans difficulté; doucement.
smoothness ['smu:ðnis], *n.* égalité; douceur, *f.*; calme (*de la mer*), *m.*
smooth-tongued ['smu:ð'tʌŋd], *a.* mielleux, doucereux.
smother ['smʌðə], *v.t.* suffoquer, étouffer.
smothering ['smʌðəriŋ], *a.* étouffant, suffocant.—*n.* étouffement, *m.*
smoulder ['smouldə], *v.i.* brûler sans fumée ni flamme; (*fig.*) couver.
smouldering ['smouldəriŋ], *a.* qui couve.
smudge [smʌdʒ], *v.t.* barbouiller, noircir.—*n.* barbouillage, *m.*, tache, *f.*
smudgy ['smʌdʒi], *a.* barbouillé; taché.
smug [smʌg], *a.* suffisant, content de soi.
smuggle [smʌgl], *v.t.* passer en contrebande.—*v.i.* faire la contrebande.
smuggled [smʌgld], *a.* de contrebande.
smuggler ['smʌglə], *n.* contrebandier, *m.*
smuggling ['smʌgliŋ], *n.* contrebande, fraude, *f.*
smugness ['smʌgnis], *n.* suffisance, *f.*
smut [smʌt], *n.* tache de suie; (*fig.*) saleté (*grivoiserie*), *f.*—*v.t.* noircir.
smuttiness ['smʌtinis], *n.* noirceur; (*fig.*) saleté, *f.*
smutty ['smʌti], *a.* noir; (*fig.*) obscène, grivois.
snack [snæk], *n.* morceau; casse-croûte, *m.*

snack-bar ['snækbɑ:], *n.* snack-bar, *m.*
snaffle [snæfl], *n.* mors de bridon, filet, *m.*—
snag [snæg], *n.* (*fig.*) obstacle caché, *m.*
snail [sneil], *n.* escargot, limaçon, colimaçon, *m.*
snail's-pace ['sneilzpeis], *n.* pas de tortue, *m.*
snake [sneik], *n.* serpent, *m.*—*v.i.* (*Naut.*) serpenter.
snap [snæp], *v.t.* saisir, happer; casser, rompre, éclater; faire claquer (*fouet etc.*); fermer avec un bruit sec; dire d'un ton sec.—*v.i.* tâcher de mordre *ou* de happer; se casser, se rompre; craquer; **to snap at**, (*fam.*) brusquer.—*a.* imprévu.—*n.* coup de dent, *m.*; cassure, *f.*; claquement (*de fouet etc.*); bruit sec; fermoir (*de sac à main*); biscuit craquant, *m.*; vivacité, *f.*
snapdragon ['snæpdrægn], *n.* muflier, *m.*
snappy ['snæpi], *a.* vif; **make it snappy!** dépêchez-vous!
snapshot ['snæpʃɔt], *n.* (*colloq.* **snap** [snæp]) instantané, *m.*
snare [snɛə], *n.* lacet, collet; (*fig.*) piège, *m.*—*v.t.* prendre (au piège).
snarl [snɑ:l], *v.i.* grogner; montrer les dents.—*n.* grognement, *m.*
snarling ['snɑ:liŋ], *a.* hargneux.—*n.* grognement, *m.*
snatch [snætʃ], *v.t.* saisir; **to snatch at**, chercher à saisir; **to snatch from**, arracher à; **to snatch up**, empoigner.—*n.* **by snatches**, à bâtons rompus; **snatches of conversation**, des bribes de conversation, *f.pl.*
sneak [sni:k], *v.t.* chiper.—*v.i.* s'en aller furtivement; (*Sch.*) cafarder, moucharder.—*n.* pleutre, pied-plat; cafard, *m.*
sneaking ['sni:kiŋ], *a.* rampant, servile; furtif, inavoué.
sneer [sniə], *n.* rire *ou* sourire moqueur, sarcasme, ricanement, *m.*—*v.i.* ricaner, se moquer (*de*).
sneering ['sniəriŋ], *a.* ricaneur, moqueur.—*n.* ricanement, *m.*
sneeringly ['sniəriŋli], *adv.* en ricanant.
sneeze [sni:z], *n.* éternuement, *m.*—*v.i.* éternuer.
sneezing ['sni:ziŋ], *n.* éternuement, *m.*
sniff [snif], *v.t.* flairer.—*v.i.* renifler.—*n.* reniflement, *m.*
snigger ['snigə], *v.i.* rire du bout des lèvres, ricaner.—*n.* rire en dessous, *m.*
snip [snip], *n.* coup de ciseaux, *m.*; (*pop.*) certitude, *f.*—*v.t.* couper (*d'un coup de ciseaux*).
snipe [snaip], *n.* bécassine, *f.*—*v.i.* (*Shooting*) canarder.
sniper ['snaipə], *n.* tireur embusqué, franc-tireur, *m.*
snippet ['snipit], *n.* petit morceau, *m.*
snivel [snivl], *v.i.* être morveux; (*fig.*) pleurnicher.
sniveller ['snivlə], *n.* pleurnicheur, *m.*
snivelling ['sniviiŋ], *a.* morveux; (*fig.*) pleurnicheur.—*n.* pleurnicherie, *f.*
snob [snɔb], *n.* poseur; fat, snob, *m.*
snobbery ['snɔbəri], *n.* snobisme, *m.*
snobbish ['snɔbiʃ], *a.* affecté, poseur, prétentieux.
snobbishness ['snɔbiʃnis], *n.* snobisme, *m.*
snoop [snu:p], *v.i.* fureter.
snooper ['snu:pə], *n.* fureteur, *m.*

soldering

snooze [snu:z], *n.* somme, *m.*—*v.i.* sommeiller.

snore [snɔ:], *v.i.* ronfler.—*n.* ronflement, *m.*

snoring ['snɔ:riŋ], *n.* ronflement, *m.*

snort [snɔ:t], *v.i.* renâcler, s'ébrouer (*cheval*); ronfler.

snorting ['snɔ:tiŋ], *n.* ronflement, *m.*

snot [snɔt], *n.* (*vulg.*) morve, *f.*

snotty ['snɔti], *a.* (*vulg.*) morveux.

snout [snaut], *n.* museau; mufle (*de taureau*); groin (*de cochon*), *m.*

snow [snou], *n.* neige, *f.*—*v.i.* neiger, tomber de la neige.

snowball ['snoubɔ:l], *n.* boule de neige, *f.*

snow-capped ['snoukæpt], *a.* couronné de neige.

snow-drift ['snoudrift], *n.* congère, *f.*, amas de neige, *m.*

snowdrop ['snoudrɔp], *n.* perce-neige, *m.*

snowflake ['snoufleik], *n.* flocon de neige, *m.*

snow-man ['snoumæn], *n.* (*pl.* -men [men]) bonhomme de neige, *m.*

snow-plough ['snouplau], *n.* chasse-neige, *m.*

snow-shoe ['snouʃu:], *n.* raquette, *f.*

snow-storm ['snoustɔ:m], *n.* tempête de neige, *f.*

Snow White ['snou'wait]. Blanche-Neige, *f.*

snow-white ['snouwait], *a.* blanc comme la neige.

snowy ['snoui], *a.* de neige; neigeux.

snub [snʌb], *n.* rebuffade, *f.*; affront, *m.*—*v.t.* rabrouer, rembarrer.

snub-nosed ['snʌbnouzd], *a.* au nez camus.

snuff (1) [snʌf], *n.* tabac (à priser), *m.*; *pinch of snuff*, prise de tabac, *f.*

snuff (2) [snʌf], *n.* lumignon (*de mèche*), *m.*—*v.t.* moucher (*chandelle*)

snuff-box ['snʌfbɔks], *n.* tabatière, *f.*

snuffle [snʌfl], *n.* reniflement, *m.*—*v.i.* nasiller, renifler.

snuffling ['snʌfliŋ], *a.* nasillard.—*n.* nasillement, *m.*

snug [snʌg], *a.* confortable, commode et agréable, où l'on est bien; gentil; serré, compact; *we are very snug here*, nous sommes on ne peut mieux ici.

snuggery ['snʌgəri], *n.* endroit petit et commode (*où l'on se sent chez soi*), *m.*

snuggle [snʌgl], *v.t.* serrer.—*v.i.* se serrer.

snugly ['snʌgli], *adv.* commodément, à son aise.

snugness ['snʌgnis], *n.* confort, bien-être, *m.*

so [sou], *adv.* and *conj.* ainsi, de cette manière, comme cela, comme ça (*de cette façon*); de même, de la même manière, tel (*pareillement*); si, tellement, tant (*à tel point*); aussi, donc (*alors*); *and so on*, et ainsi de suite; *be it so*, soit! *how so?* comment cela? *is that so?* vraiment? *just so!* parfaitement! *Mr. So-and-So*, Monsieur un tel; *or so*, environ, à peu près; *so as to*, de manière à; *so that*, de sorte que.

soak [souk], *v.t.* tremper; (*colloq.*) estamper.—*v.i.* tremper, s'infiltrer.

soaking ['soukiŋ], *a.* qui trempe.—*n.* trempée (*de pluie*), *f.*

soap [soup], *n.* savon, *m.*—*v.t.* savonner.

soap-bubble ['soupbʌbl], *n.* bulle de savon, *f.*

soap-flakes ['soupfleiks], *n.pl.* savon en paillettes, *m.*

soap-suds ['soupsʌdz], *n.pl.* eau de savon, *f.*

soar [sɔ:], *v.i.* prendre l'essor, s'élever; *to soar over*, planer sur.

soaring ['sɔ:riŋ], *a.* qui s'élève; (*fig.*) élevé.—*n.* essor, élan, *m.*

sob [sɔb], *v.i.* sangloter.—*n.* sanglot, *m.*

sobbing ['sɔbiŋ], *n.* sanglots, *m.pl.*

sober ['soubə], *a.* qui n'a pas bu, qui n'est pas ivre; sobre, tempéré; grave, sérieux; sensé; calme, posé, rassis.—*v.t.* dégriser; (*fig.*) calmer.—*v.i.* *to sober up*, se désenivrer.

soberly ['soubəli], *adv.* sobrement; raisonnablement.

soberness ['soubənis], **sobriety** [sə'braiəti], *n.* sobriété, tempérance; gravité, *f.*

so-called ['souko:ld], *a.* soi-disant, prétendu.

soccer ['sɔkə], *n.* (*fam.*) football, *m.*

sociability [souʃə'biliti], *n.* sociabilité, *f.*

sociable ['souʃəbl], *a.* sociable.

social ['souʃəl], *a.* social.

socialism ['souʃəlizm], *n.* socialisme, *m.*

socialist ['souʃəlist], *a.* and *n.* socialiste, *m.*, *f.*

socially ['souʃəli], *adv.* socialement.

society [sə'saiəti], *n.* société; la société, *f.*; le monde, *m.*

sociology [sousi'ɔlədʒi], *n.* sociologie, *f.*

sock [sɔk], *n.* chaussette; semelle (*intérieure*), *f.*

socket ['sɔkit], *n.* emboîture; orbite (*de l'œil*), *f.*; trou, *m.*, cavité; douille (*d'outil etc.*), *f.*

Socrates ['sɔkrəti:z]. Socrate, *m.*

sod [sɔd], *n.* gazon, *m.*; motte de gazon, *f.*

soda ['soudə], *n.* soude, *f.*; *baking soda*, bicarbonate de soude, *m.*

soda-water ['soudəwɔ:tə], *n.* eau de Seltz, *f.*, soda, *m.*

sodden [sɔdn], *a.* imprégné d'eau, détrempé; pâteux (*pain*); abruti (*d'alcool*).

sodium ['soudiəm], *n.* (*Chem.*) sodium, *m.*

sodomy ['sɔdəmi], *n.* sodomie, *f.*

sofa ['soufə], *n.* canapé, *m.*

soft [sɔft], *a.* mou, mol, mollet; délicat, doux, facile, pas résistant; tendre; efféminé; faible; sot, niais; (*Gram.*) doux; *soft fruits*, fruits rouges, *m.pl.*—*adv.* mollement, doucement.—*int.* doucement! tout doux!

soften [sɔfn], *v.t.* amollir, ramollir; adoucir, apaiser; affaiblir; attendrir (*cœur*).—*v.i.* s'amollir, se ramollir; s'affaiblir; s'attendrir (*cœur*).

softener ['sɔfnə], *n.* chose qui amollit, *f.*

softening ['sɔfniŋ], *n.* amollissement] affaiblissement; attendrissement (*du cœur*), *m.*

soft-headed ['sɔft'hedid], *a.* niais; sot.

soft-hearted ['sɔft'hɑ:tid], *a.* tendre, compatissant.

softly ['sɔftli], *adv.* mollement; doucement; tendrement.

softness ['sɔftnis], *n.* mollesse; faiblesse; niaiserie; douceur, *f.*

soggy ['sɔgi], *a.* détrempé; pâteux (*pain*).

soil (1) [sɔil], *n.* sol, terrain, terroir, *m.*, terre, *f.*

soil (2) [sɔil], *n.* tache, souillure, *f.*—*v.t.* salir, souiller.

sojourn ['sɔdʒən], *n.* séjour, *m.*—*v.i.* séjourner.

sojourning ['sɔdʒəniŋ], *n.* séjour, *m.*

solace ['sɔlis], *n.* consolation, *f.*, soulagement, *m.*—*v.t.* consoler (*de*).

solar ['soulə], *a.* solaire, du soleil.

solder ['sɔ(l)də], *n.* soudure, *f.*—*v.t.* souder.

soldering ['sɔ(l)dəriŋ], *n.* soudure, *f.*; soudage (*action*), *m.*; *soldering-iron*, fer à souder, *m.*

soldier ['souldʒə], *n.* soldat, militaire, *m.*; *foot-soldier*, fantassin, *m.*; *private soldier*, simple soldat.—*v.i.* servir comme soldat.

soldierly ['souldʒəli], *a.* de soldat, militaire, martial.

soldiery ['souldʒəri], *n.* troupes, *f.pl.*, soldats, *m.pl.*

sole (1) [soul], *a.* seul, unique.

sole (2) [soul], *n.* plante (*du pied*); semelle (*de soulier, d'outil etc.*), *f.*—*v.t.* ressemeler.

sole (3) [soul], *n.* (*Ichth.*) sole, *f.*

solecism ['solisizm], *n.* solécisme, *m.*

solely ['soulli], *adv.* seulement, uniquement.

solemn ['soləm], *a.* solennel.

solemnity [sə'lemniti], *n.* solennité, *f.*

solemnization [soləmnai'zeiʃən], *n.* solennisation; célébration solennelle, *f.*

solemnize ['soləmnaiz], *v.t.* solenniser, célébrer.

solemnly ['soləmli], *adv.* solennellement.

solenoid ['solinoid], *n.* (*Elec.*) solénoïde, *m.*

solicit [sə'lisit], *v.t.* solliciter.

solicitation [səlisi'teiʃən], *n.* sollicitation, *f.*

solicitor [sə'lisitə], *n.* (*Law*) avoué et notaire, *m.*

solicitous [sə'lisitəs], *a.* désireux; *solicitous about*, soigneux, attentif à.

solicitude [sə'lisitju:d], *n.* sollicitude, *f.*

solid ['solid], *a.* solide, massif.—*n.* solide, *m.*

solidarity [soli'dæriti], *n.* solidarité, *f.*

solidification [solidifi'keiʃən], *n.* solidification, *f.*

solidify [sə'lidifai], *v.t.* solidifier.—*v.i.* se solidifier.

solidity [sə'liditi], **solidness** ['solidnis], *n.* solidité, *f.*

solidly ['solidli], *adv.* solidement.

soliloquize [sə'liləkwaiz], *v.i.* faire un soliloque.

soliloquy [sə'liləkwi], *n.* soliloque, *m.*

soling ['soulin], *n.* ressemelage, *m.*

solitary ['solitəri], *a.* solitaire, retiré, isolé; seul.

solitude ['solitju:d], *n.* solitude, *f.*

solo ['soulou], *n.* solo, *m.*

soloist ['soulouist], *n.* soliste, *m.*, *f.*

Solomon ['soləmən], Salomon, *m.*

solstice ['solstis], *n.* solstice, *m.*

solubility [solju'biliti], *n.* solubilité, *f.*

soluble ['soljubl], *a.* soluble.

solution [sə'lju:ʃən], *n.* solution, *f.*

solvable ['solvəbl], *a.* soluble.

solve [solv], *v.t.* résoudre, expliquer, éclaircir.

solvency ['solvənsi], *n.* (*Fin.*) solvabilité, *f.*

solvent ['solvənt], *a.* dissolvant, *n.* (*Comm.*) solvable.—*n.* dissolvant, *m.*

Somali [so'ma:li], *a.* somali.—*n.* somali (*langue*); Somali (*personne*), *m.*

Somalia [so'ma:liə]. la Somalie, *f.*

Somaliland [so'ma:lilænd]. la Somalie, *f.*

sombre ['sombə], *a.* sombre.

sombrely ['sombəli], *adv.* sombrement.

some [sʌm], *a.* quelque, *m.*, *f.*, quelques, *pl.*; un certain, *m.*, certains, *m.pl.*, plusieurs, *pl.*; du, *m.*, de la, *f.*, de l', *m.*, *f.*, des, *pl.*, de; quelconque; un certain nombre de, un peu de, une partie de.—*pron.* quelques-uns, *m.pl.*, quelques-unes, *f.pl.*; les uns, *m.pl.*, les unes, *f.pl.*, . . . les autres, *pl.*; en.

somebody ['sʌmbədi], **someone** ['sʌmwʌn], *pron.* quelqu'un, *m.*, quelqu'une, *f.*, on; *somebody else*, quelqu'un d'autre, quelque autre, un autre.

somehow ['sʌmhau], *adv.* d'une manière ou d'une autre, de façon ou d'autre.

someone [SOMEBODY].

somersault ['sʌməso:lt], *n.* saut périlleux, *m.*, culbute, *f.*

something ['sʌmθin], *n.* and *pron.* quelque chose (*de*), *m.*; *something else*, autre chose, *f.*—*adv.* un peu, quelque peu, tant soit peu.

sometime ['sʌmtaim], *adv.* autrefois, jadis; *sometime or other*, tôt ou tard.—*a.* ancien.

sometimes ['sʌmtaimz], *adv.* quelquefois, parfois; tantôt.

somewhat ['sʌmwət], *adv.* quelque peu; assez.—*n.* un peu, quelque peu, tant soit peu, *m.*

somewhere ['sʌmwɛə], *adv.* quelque part; *somewhere else*, ailleurs.

somnambulist [som'næmbjulist], *n.* somnambule, *m.*, *f.*

somniferous [som'nifərəs], *a.* somnifère.

somnolence ['somnələns], *n.* somnolence, *f.*

somnolent ['somnələnt], *a.* somnolent.

son [sʌn], *n.* fils, *m.*; (*fig.*) descendant, *m.*

sonata [sə'na:tə], *n.* sonate, *f.*

song [son], *n.* chanson, *f.*; chant, *m.*; (*fig.*) ballade, *f.*; *a mere song*, un rien, *m.*, une bagatelle, *f.*

songster ['sonstə], *n.* chanteur; oiseau chanteur, *m.*

songstress ['sonstris], *n.* chanteuse, *f.*

song-thrush ['sonθrʌʃ], *n.* grive chanteuse, *f.*

song-writer ['sonraitə], *n.* chansonnier, *m.*

son-in-law ['sʌninlo:], *n.* gendre, *m.*

sonnet ['sonit], *n.* sonnet, *m.*

sonny ['sʌni], *n.* (*fam.*) mon petit, mon fiston, *m.*

sonorous ['sonərəs], *a.* sonore.

soon [su:n], *adv.* bientôt; tôt (*de bonne heure*); *as soon as*, aussitôt que, dès que; *how soon?* quand? *I see you soon!* à bientôt; *so soon*, si tôt; *too soon*, trop tôt.

sooner ['su:nə], *adv.* plus tôt (*de meilleure heure*); plutôt (*mieux*); *no sooner said than done*, aussitôt dit, aussitôt fait; *sooner or later*, tôt ou tard; *sooner than*, plutôt que.

soonest ['su:nist], *adv.* le plus tôt.

soot [sut], *n.* suie, *f.*

soothe [su:ð], *v.t.* apaiser, calmer; (*fig.*) charmer.

soothing ['su:ðin], *a.* calmant, consolant; flatteur.

soothingly ['su:ðinli], *adv.* d'un ton doux.

soothsay ['su:θsei], *v.i.* prophétiser, prédire.

soothsayer ['su:θseiə], *n.* devin, *m.*, devineresse, *f.*, prophète, *m.*

sooty ['suti], *a.* de suie, fuligineux; plein *ou* couvert de suie.

sop [sop], *n.* morceau (de pain) trempé; (*fig.*) pot-de-vin (*pourboire*), *m.*—*v.t.* tremper.

Sophia [sə'faiə]. Sophie, *f.*

sophism ['sofizm], *n.* sophisme, *m.*

sophist ['sofist], *n.* sophiste, *m.*, *f.*

sophisticate [sə'fistikeit], *v.t.* sophistiquer, falsifier.

Soviet

sophisticated [sə'fistikeitid], *a.* falsifié; blasé (*personne*).

sophistication [səfisti'keiʃən], *n.* sophistication, falsification, *f.*

sophistry ['sofistri], *n.* sophismes, *m.pl.*

Sophocles ['sofəkli:z]. Sophocle, *m.*

soporific [sopə'rifik], *a.* and *n.* soporifique, *m.*

sopping ['sopiŋ] (wet), *a.* trempé.

soprano [sə'prɑːnou], *n.* soprano, *m.*, *f.*

sorcerer ['sɔːsərə], *n.* sorcier, magicien, *m.*

sorceress ['sɔːsəris], *n.* sorcière, magicienne, *f.*

sorcery ['sɔːsəri], *n.* sorcellerie, magie, *f.*

sordid ['sɔːdid], *a.* sordide, sale; bas, vil.

sordidly ['sɔːdidli], *adv.* sordidement.

sordidness ['sɔːdidnis], *n.* sordidité, *f.*

sore [sɔː], *a.* douloureux, endolori, sensible; (*fig.*) rude; fâché; *sore throat*, mal à la gorge, *m.*—*n.* plaie, *f.*

sorely ['sɔːli], *adv.* gravement, fortement, cruellement, rudement.

soreness ['sɔːnis], *n.* douleur; sensation pénible, *f.*

sorrel ['sorəl], *a.* saure; alezan.—*n.* oseille, *f.*; alezan (*cheval*), *m.*

sorrily ['sorili], *adv.* misérablement, pauvrement.

sorrow ['sorou], *n.* chagrin, *m.*, douleur; peine, tristesse, *f.*—*v.i.* être affligé.

sorrowful ['soroful], *a.* triste, affligé.

sorrowfully ['sorofuli], *adv.* tristement.

sorrowing ['sorouiŋ], *a.* affligé.

sorry ['sori], *a.* fâché, désolé (*de*); triste, pauvre, méchant, pitoyable; *I am sorry for you*, je vous plains; *I am sorry to say that* . . ., je regrette d'avoir à dire que . . .; *sorry!* pardon!

sort (1) [sɔːt], *n.* sorte, *f.*, genre, *m.*, espèce; manière, façon, *f.*; *nothing of the sort*, pas du tout.

sort (2) [sɔːt], *v.t.* assortir, classer, distribuer; trier (*lettres etc.*).

sorted ['sɔːtid], *a.* assorti; trié, arrangé, séparé.

sorter ['sɔːtə], *n.* trieur, *m.*

sortie ['sɔːti], *n.* (*Mil.*) sortie, *f.*; (*Av.*) vol, *m.*

sorting ['sɔːtiŋ], *n.* triage, tri; assortiment (*classement*), *m.*

so-so ['sou'sou], *a.* comme ci comme ça, (*fam.*) couci-couça.

sot [sot], *n.* ivrogne, *m.*, *f.*

sottish ['sotiʃ], *a.* hébété, abruti.

sough [sau, sʌf], *v.i.* murmurer, soupirer (*vent*).

soughing ['sauiŋ], *n.* bruissement, murmure, *m.*

soul [soul], *n.* âme, *f.*; (*fig.*) être; principe (*essence*), *m.*; *All Souls' Day*, le jour des morts, *m.*

soulful ['soulful], *a.* sentimental.

soulfully ['soulfuli], *adv.* avec expression; avec sentiment.

soulless ['soullis], *a.* sans âme; abrutissant.

sound (1) [saund], *n.* détroit (*goulet*), *m.*; (*Surg.*) sonde, *f.*—*v.t.* sonder (*les profondeurs etc.*); (*Surg.*) ausculter.

sound (2) [saund], *a.* en bon état, sain; (*fig.*) solide; profond (*sommeil*); valide, bien fondé; *safe and sound*, sain et sauf.

sound (3) [saund], *v.t.* faire sonner; proclamer.—*v.i.* sonner; retentir, résonner (*de*); sembler.—*n.* son, bruit, *m.*; *to break the*

sound barrier, (*Av.*) franchir le mur du son.

sounding (1) ['saundiŋ], *n.* sondage, *m.*; (*Surg.*) auscultation, *f.*

sounding (2) ['saundiŋ], *a.* résonnant, retentissant; (*fig.*) pompeux.—*n.* retentissement, résonnement, *m.*

sounding-balloon ['saundiŋbə'luːn], *n.* (*Meteor.*) ballon sonde, *m.*

sounding-lead ['saundiŋled], *n.* plomb de sonde, *m.*

sounding-line ['saundiŋlain], *n.* ligne de sonde, *f.*

soundless ['saundlis], *a.* sans bruit, muet.

soundly ['saundli], *adv.* vigoureusement, rudement, ferme, bien; sainement, solidement; profondément (*sommeil*).

soundness ['saundnis], *n.* bon état, *m.*; force, vigueur (*physique*); droiture (*morale*), *f.*

sound-proof ['saundpruːf], *a.* insonore.

sound-track ['saundtræk], *n.* (*Cine.*) piste sonore, *f.*

sound-wave ['saundweiv], *n.* onde sonore, *f.*

soup [suːp], *n.* potage, *m.*, soupe, *f.*; (*colloq.*) *to be in the soup*, être dans le pétrin.

soup-ladle ['suːpleidl], *n.* louche, *f.*

soup-tureen ['suːptjuˈriːn], *n.* soupière, *f.*

sour ['sauə], *a.* aigre, acide; tourné (*lait*); (*fig.*) âpre.—*v.t.* aigrir; (*fig.*) empoisonner.—*v.i.* s'aigrir.

source [sɔːs], *n.* source, *f.*

souring ['sauəriŋ], *n.* aigrissement, *m.*

sourish ['sauəriʃ], *a.* suret, aigrelet.

sourly ['sauəli], *adv.* avec aigreur; (*fig.*) aigrement, âprement.

sourness ['sauənis], *n.* aigreur, acidité; (*fig.*) âpreté, *f.*

souse [saus], *v.t.* tremper; faire mariner.—*n.* marinade, *f.*

south [sauθ], *a.* sud, du sud, du midi, méridional.—*n.* sud, midi, *m.*—*adv.* vers le midi, vers le sud, au sud; *South Africa*, l'Afrique du Sud, *f.*; *South America*, l'Amérique du Sud, *f.*

south-east ['sauθ'iːst], *a.* sud-est, du sud-est.—*n.* sud-est, *m.*—*adv.* vers le sud-est.

south-easter ['sauθ'iːstə], *n.* vent du sud-est, *m.*

south-easterly ['sauθ'iːstəli], south-eastern ['sauθ'iːstn], *a.* du sud-est.

southerly ['sʌðəli], southern ['sʌðən], *a.* du sud, du midi, méridional.

southerner ['sʌðənə], *n.* méridional, *m.*; (*Am.*) sudiste, *m.*, *f.*

southernmost ['sʌðənmost], *a.* à l'extrême sud.

southward ['sauθwəd], *adv.* vers le sud, au sud.

south-west ['sauθ'west], *a.* sud-ouest, du sud-ouest.—*n.* sud-ouest, *m.*—*adv.* vers le sud-ouest.

southwester [sau'westə], [SOU'WESTER].

south-westerly ['sauθ'westəli], south-western ['sauθ'westən], *a.* du sud-ouest, sud-ouest.

souvenir ['suːvəniə], *n.* souvenir, *m.*

sou'wester, southwester [sau'westə], *n.* vent du sud-ouest; suroît (*coiffure*), *m.*

sovereign ['sovrin], *a.* and *n.* souverain, *m.*

sovereignty ['sovrinti], *n.* souveraineté, *f.*

Soviet ['souviet], *n.* Soviet, *m.*; *the Soviet Union*, l'Union Soviétique, *f.*

sow (1) [sau], *n.* truie; gueuse (*de fer*), *f.*

sow (2) [sou], *v.t. irr.* semer.—*v.i.* semer, faire les semailles.

sower ['soue], *n.* semeur, *m.*

sowing ['souiŋ], *n.* semailles, *f.pl.*, ensemencement, *m.*

soya-bean ['sɔiə'biːn], *n.* soya, soja, *m.*

spa [spɑː], *n.* source minérale; ville d'eaux, *f.*

space [speis], *n.* espace, *m.*, étendue; place, *f.*; intervalle, *m.*—*v.t.* (*Print.*) espacer.

space-ship ['speisʃip], *n.* astronef, *m.*

space-suit ['speissjuːt], *n.* combinaison spatiale, *f.*

space-travel ['speistrævl], *n.* astronautique, *f.*, voyages interplanétaires, *m.pl.*

space-traveller ['speistrævlə], *n.* astronaute, cosmonaute, *m.*, *f.*

spacing ['speisiŋ], *n.* espacement; (*Print.*) interligne, *m.*

spacious ['speiʃəs], *a.* spacieux, vaste.

spaciously ['speiʃəsli], *adv.* spacieusement; amplement.

spaciousness ['speiʃəsnis], *n.* vaste étendue, *f.*

spade [speid], *n.* bêche, pelle (*d'enfant*), *f.*; (*Cards*) pique, *m.*

spadeful ['speidful], *n.* pelletée, *f.*

Spain [spein], *n.* l'Espagne, *f.*

span [spæn], *n.* empan, *m.*; envergure (*d'ailes*), *f.*; moment, instant, *m.*—*v.t.* mesurer; embrasser; traverser.

spangle [spæŋgl], *n.* paillette, *f.*—*v.t.* pailleter (*de*).

Spaniard ['spænjəd], *n.* Espagnol, *m.*

spaniel ['spænjəl], *n.* épagneul, *m.*

Spanish ['spæniʃ], *a.* espagnol, d'Espagne.—*n.* espagnol (*langue*), *m.*

spank [spæŋk], *v.t.* fesser.—*n.* (*also* **spanking** (1) ['spæŋkiŋ]) fessée, *f.*

spanking (2) ['spæŋkiŋ], *a.* vigoureux; rapide (*pas*).

spanner ['spænə], *n.* clef à écrous, *f.*; **adjustable spanner**, clef anglaise, *f.*

spar [spɑː], *n.* perche, *f.*, poteau; (*Naut.*) espar; (*Box.*) combat d'entraînement, *m.*—*v.i.* faire un assaut amical (*de boxe* ou *de paroles*); se disputer.

spare [spɛə], *v.t.* épargner; ménager, économiser (*dépenser avec précaution*); se passer de (*se priver de*); donner, céder; prêter.—*a.* disponible, de reste (*superflu*); libre (*temps*); (*Motor. etc.*) de rechange; modique, faible, pauvre; maigre, sec (*taille*).

spareness ['spɛənis], *n.* maigreur, *f.*

spare-rib ['spɛə'rib], *n.* côte de porc, *f.*

sparing ['spɛəriŋ], *a.* économe, ménager, frugal, sobre (*de*); parcimonieux.

sparingly ['spɛəriŋli], *adv.* frugalement, avec parcimonie; économiquement.

sparingness ['spɛəriŋnis], *n.* frugalité, épargne, parcimonie, *f.*

spark [spɑːk], *n.* étincelle; (*fig.*) lueur, *f.*—*v.i.* produire des étincelles.

sparking-plug ['spɑːkiŋplʌg], *n.* (*Motor.*) bougie (d'allumage), *f.*

sparkle [spɑːkl], *n.* étincellement, éclat, *m.*; vivacité (*d'esprit*), *f.*—*v.i.* étinceler, scintiller; pétiller (*boisson*).

sparkling ['spɑːkliŋ], *a.* étincelant; mousseux (*boisson*).

sparling ['spɑːliŋ], *n.* (*Ichth.*) éperlan, *m.*

sparrow ['spærou], *n.* moineau, passereau, *m.*

sparrow-hawk ['spærouhɔːk], *n.* épervier, *m.*

sparse [spɑːs], *a.* épars; éparpillé, clairsemé.

sparsely ['spɑːsli], *adv.* d'une manière éparse, de loin en loin.

sparseness ['spɑːsnis], *n.* rareté, *f.*; éparpillement, *m.*

Sparta ['spɑːtə]. Sparte, *f.*

Spartan ['spɑːtən], *a.* spartiate.—*n.* Spartiate (*personne*), *m.*, *f.*

spasm [spæzm], *n.* spasme, accès, *m.*

spasmodic [spæz'mɔdik], **spasmodical** [spæz'mɔdikəl], *a.* spasmodique.

spasmodically [spæz'mɔdikəli], *adv.* par à-coups.

spastic ['spæstik], *a.* spasmodique.—*n.* paraplégique, *m.*, *f.*

spat (1) [spæt], *past and p.p.* [SPIT].

spat (2) [spæt], *n.* guêtre de ville, *f.*

spate [speit], *n.* crue (*de rivière*); (*fig.*) affluence, *f.*

spatter ['spætə], *v.t.* éclabousser (*de*).

spatula ['spætjulə], *n.* spatule, *f.*

spavin ['spævin], *n.* éparvin, *m.*

spawn [spɔːn], *n.* frai, *m.*; (*fig.*) race, engeance, *f.*—*v.t.* (*fig.*) engendrer.—*v.i.* frayer; (*fig.*) naître.

spawning-ground ['spɔːniŋgraund], *n.* frayère, *f.*

speak [spiːk], *v.t. irr.* parler; dire; (*Naut.*) héler; **to speak one's mind**, dire sa pensée.—*v.i.* parler; causer (*avec*); faire un discours (*en public*); dire; **so to speak**, pour ainsi dire; **to speak out**, parler à haute voix; **to speak up**, parler plus fort.

speaker ['spiːkə], *n.* personne qui parle, *f.*; orateur; (*Parl.*) président; (*Rad.* = **loud-speaker**) haut-parleur, *m.*

speaking ['spiːkiŋ], *a.* parlant, qui parle.—*n.* parole, *f.*, langage, discours, *m.*

speaking-tube ['spiːkiŋtjuːb], *n.* tuyau *ou* tube acoustique, *m.*

spear [spiə], *n.* lance, *f.*—*v.t.* percer d'un coup de lance; harponner (*poisson etc.*).

spear-head ['spiəhed], *n.* fer de lance, *m.*; (*Mil.*) avancée, pointe, *f.*

spearman ['spiəmən], *n.* (*pl.* **-men** [men]) lancier, *m.*

spearmint ['spiəmint], *n.* menthe verte, *f.*

special [speʃl], *a.* spécial, exprès; extraordinaire.

specialist ['speʃəlist], *n.* spécialiste, *m.*, *f.*

speciality [speʃi'æliti], **specialty** ['speʃəlti], *n.* spécialité, *f.*

specialization [speʃəlai'zeiʃən], *n.* spécialisation, *f.*

specialize ['speʃəlaiz], *v.i.* se spécialiser.

specially ['speʃəli], *adv.* particulièrement, surtout.

specie ['spiːʃiː], *n.* espèces, *f.pl.*, numéraire, *m.*

species ['spiːʃiːz], *n.* espèce, *f.*; (*fig.*) genre, *m.*, sorte, *f.*

specific [spi'sifik], *a.* spécifique; précis.

specification [spesifi'keiʃən], *n.* spécification; description précise (*de brevet d'invention*), *f.*

specify ['spesifai], *v.t.* spécifier, déterminer; fixer d'avance (*une heure*).

specimen ['spesimən], *n.* spécimen, modèle, échantillon, *m.*

specious ['spiːʃəs], *a.* spécieux, captieux.

speciousness ['spiːʃəsnis], *n.* spéciosité, apparence plausible, *f.*

spiny

speck [spek], *n.* petite tache, marque, *f.,* point; grain (*de poussière*), *m.*—*v.t.* tacher, marquer.

speckle [spekl], *v.t.* tacheter, marqueter, moucheter (*de*).—*n.* moucheture (*peau d'animal*), *f.*

speckled [spekld], *a.* tacheté, marqueté, moucheté.

spectacle ['spektəkl], *n.* spectacle, *m.*; (*pl.*) lunettes, *f.pl.*

spectacle-case ['spektəklkeis], *n.* étui à lunettes, *m.*

spectacle-maker ['spektəklmeikə], *n.* lunetier, *m.*

spectacular [spek'tækjulə], *a.* théâtral, impressionnant.

spectator [spek'teitə], *n.* spectateur, *m.*; (*pl.*) assistants, *m.pl.*

spectral ['spektrəl], *a.* de spectre, spectral.

spectre ['spektə], *n.* spectre, fantôme, *m.*

spectroscope ['spektrəskoup], *n.* spectroscope, *m.*

spectrum ['spektrəm], *n.* (*pl.* **spectra** ['spektrə]) spectre, *m.*

speculate ['spekjuleit], *v.i.* spéculer (*sur*), méditer (*sur*).

speculation [spekju'leiʃən], *n.* spéculation, méditation, *f.*

speculative ['spekjulətiv], *a.* spéculatif, contemplatif; (*Comm.*) spéculateur.

speculatively ['spekjulətivli], *adv.* en théorie.

speculator ['spekjuleitə], *n.* spéculateur, *m.*

speech [spi:tʃ], *n.* parole, *f.*; discours, *m.,* allocution (*public*); langue (*parler*), *f.*; **extempore speech**, improvisation, *f.*; (*Parl.*) **maiden speech**, discours de début.

speech-day ['spi:tʃdei], *n.* (*Sch.*) distribution des prix, *f.*

speechless ['spi:tʃlis], *a.* sans voix; muet, interdit.

speechlessness ['spi:tʃlisnis], *n.* mutisme, *m.*

speed [spi:d], *n.* vitesse, rapidité, célérité; hâte, diligence, promptitude, *f.*; (*fig.*) succès, *m.*; **God-speed** *l* bon succès *l* bonne chance!—*v.t. irr.* expédier, hâter; faire réussir (*faciliter*).—*v.i.* se hâter, se dépêcher.

speed-boat ['spi:dbout], *n.* motoglisseur, *m.*; hors-bord, *m.inv.*

speedily ['spi:dili], *adv.* vite, en toute hâte.

speediness ['spi:dinis], *n.* célérité, hâte, *f.*

speed-limit ['spi:dlimit], *n.* limitation de vitesse, *f.*

speedometer [spi:'dɔmitə], *n.* indicateur de vitesse, tachymètre, *m.*

speedwell ['spi:dwel], *n.* (*Bot.*) véronique, *f.*

speedy ['spi:di], *a.* rapide, vite, prompt.

spell (1) [spel], *n.* temps, *m.,* période, *f.*; tour (*de service*), *m.*

spell (2) [spel], *n.* charme, *m.*—*v.t., v.i. irr.* épeler (*nommer les lettres*); orthographier (*écrire correctement*); signifier.

spell-bound ['spelbaund], *a.* charmé, fasciné.

speller ['spelə], *n.* personne qui orthographie ou qui épèle, *f.*

spelling ['speliŋ], *n.* orthographe; épellation, *f.*

spelling-bee ['speliŋbi:], *n.* concours orthographique, *m.*

spelling-book ['speliŋbuk], *n.* abécédaire, syllabaire, *m.*

spelter ['speltə], *n.* zinc, *m.*

spend [spend], *v.t. irr.* dépenser; gaspiller,

perdre (*prodiguer*); passer (*temps*).—*v.i.* dépenser; se perdre (*se dissiper*); se consumer.

spending ['spendiŋ], *n.* action de dépenser, dépense, *f.*

spendthrift ['spendθrift], *n.* prodigue, *m., f.,* dissipateur, *m.*

spent [spent], *a.* épuisé; mort (*balle etc.*).

sperm [spə:m], *n.* sperme; frai (*poisson etc.*); blanc de baleine, *m.*

spew [spju:], *v.t., v.i.* vomir.

spewing ['spju:iŋ], *n.* vomissement, *m.*

sphere ['sfiə], *n.* sphère, *f.*

spherical ['sferikl], *a.* sphérique.

spherics ['sferiks], *n.pl.* théorie de la sphère, *f.*

spheroid ['sfiərɔid], *n.* sphéroïde, *m.*

sphinx [sfiŋks], *n.* (*pl.* **sphinxes** ['sfiŋksiz]) sphinx, *m.*

spice [spais], *n.* épice, *f.*—*v.t.* épicer (*de*).

spiciness ['spaisinis], *n.* goût épicé, *m.*

spick-and-span ['spikənd'spæn], *a.* tiré à quatre épingles; bien astiqué.

spicy ['spaisi], *a.* épicé, aromatique, parfumé.

spider ['spaidə], *n.* araignée, *f.*

spigot ['spigət], *n.* fausset (*Am., Sc.*) robinet, *m.*

spike [spaik], *n.* pointe, *f.*; clou à grosse tête (*de métal*), *m.*; cheville (*de bois*), *f.*; **marline-spike**, épissoir, *m.*—*v.t.* clouer; hérisser.

spiked [spaikt], *a.* à pointes, barbelé.

spikenard ['spaiknɑ:d], *n.* nard indien, *m.*

spiky ['spaiki], *a.* à pointe aiguë; armé de pointes.

spill (1) [spil], *v.t. irr.* répandre, verser; renverser.—*v.i.* se verser, se répandre.—*n.* culbute (*renversement*), *f.*

spill (2) [spil], *n.* allumette de papier, allumette en copeau, *f.*

spin [spin], *v.t. irr.* filer; faire tourner.—*v.i.* filer (*aller vite*); tourner.—*n.* tournoiement, *m.*; (*Av.*) vrille, *f.*; (*Motor.*) tour, *m.*; promenade, *f.*

spinach ['spinidʒ], *n.* épinards, *m.pl.*

spinal [spainl], *a.* spinal; **spinal column**, colonne vertébrale, *f.*

spindle [spindl], *n.* fuseau; pivot; (*Mach.*) essieu; (*Tech.*) axe, *m.*

spindleful ['spindlful], *n.* fusée, *f.*

spindle-legs ['spindllegz], **spindle-shanks** ['spindlʃæŋks], *n.pl.* jambes de fuseau, *f.pl.*

spindrift ['spindrift], *n.* embrun, *m.*

spine [spain], *n.* épine dorsale; (*Bot.*) épine, *f.*

spineless ['spainlis], *a.* sans épines; (*fig.*) mou, flasque, invertébré.

spinet ['spinit, spi'net], *n.* épinette, *f.*

spinner ['spinə], *n.* fileur, *m.*

spinney ['spini], *n.* petit bois, bosquet, *m.*

spinning ['spiniŋ], *a.* tournoyant, tournant.—*n.* filage (*processus*), *m.*; filature (*art*), *f.*; tournoiement, *m.*

spinning-machine ['spiniŋmə'ʃi:n], *n.* machine à filer, *f.*

spinning-mill ['spiniŋmil], *n.* filature, *f.*

spinning-top ['spiniŋtɔp], *n.* toupie, *f.*

spinning-wheel ['spiniŋwi:l], *n.* rouet, *m.*

spinous ['spainəs], *a.* épineux.

spinster ['spinstə], *n.* fille non mariée, célibataire, *f.*

spinsterhood ['spinstəhud], *n.* célibat, *m.*

spiny ['spaini], *a.* épineux, couvert d'épines; (*fig.*) difficile.

573

spiraea

spiraea [spai'ri:ə], *n.* (*Bot.*) spirée, *f.*

spiral ['spaiərəl], *a.* spiral; en colimaçon (*escalier*).—*n.* spirale, *f.*—*v.i.* monter en spirale.

spirally ['spaiərəli], *adv.* en spirale.

spire ['spaiə], *n.* aiguille, flèche, *f.*

spirit (1) ['spirit], *n.* esprit, *m.*, âme, *f.*, fantôme, spectre (*apparition*), *m.*—*v.t. to spirit away*, faire disparaître.

spirit (2) ['spirit], **spiritedness** ['spiritidnis], *n.* (*fig.*) ardeur, force, vigueur, *f.*, feu, élan, entrain, *m.*; fougue (*d'un cheval*); verve, bonne humeur, *f.*, entrain, courage, *m.*—*v.t.* animer, encourager.

spirit (3) ['spirit], *n.* (*sing.* or *pl.*) spiritueux, *m. inv.*; liqueur spiritueuse *ou* alcoolique, *f.*; esprit (*de vin etc.*), *m.*; *methylated spirit*, alcool à brûler, *m.*

spirited ['spiritid], *a.* animé, plein de cœur, plein de vivacité; vif, plein de verve; fougueux (*cheval*).

spiritedly ['spiritidli], *adv.* avec ardeur, chaleureusement, avec force, avec entrain.

spiritedness [SPIRIT (2)].

spirit-lamp ['spiritlæmp], *n.* lampe à alcool, *f.*

spiritless ['spiritlis], *a.* sans vigueur, mou, énervé; sans courage; abattu (*découragé*).

spirit-level ['spiritlevl], *n.* niveau à bulle d'air, *m.*

spiritual ['spiritjuəl], *a.* spirituel.—*n.* chant religieux (*des Noirs*), *m.*

spiritualism ['spiritjuəlizm], *n.* spiritisme (*communication avec les esprits*), *m.*

spiritualist ['spiritjuəlist], *n.* spirite (*adepte du spiritisme*), *m., f.*

spiritualize ['spiritjuəlaiz], *v.t.* spiritualiser.

spirituous ['spiritjuəs], *a.* spiritueux.

spiry ['spaiəri], *a.* en flèche, élancé.

spit (1) [spit], *n.* broche; profondeur de bêche (*plongée dans la terre*), *f.*—*v.t.* embrocher, mettre à la broche.

spit (2) [spit], *n.* crachat, *m.*, salive, *f.*—*v.t. irr.* cracher.—*v.i.* cracher (*sur* à).

spite [spait], **spitefulness** ['spaitfulnis], *n.* dépit, *m.*; rancune, malveillance, *f.*; *in spite of*, en dépit de, malgré; *out of spite*, par dépit; *to have a spite against*, en vouloir à.—*v.t.* vexer, blesser, contrarier.

spiteful ['spaitful], *a.* rancunier, malveillant, vindicatif.

spitefully ['spaitfuli], *adv.* par dépit, par rancune.

spitefulness [SPITE].

spitfire ['spitfaiə], *n.* rageur, *m.*

spitter ['spitə], *n.* cracheur, *m.*

spitting ['spitiŋ], *n.* crachement, *m.*

spittle [spitl], *n.* salive, *f.*; (*colloq.*) crachat, *m.*

splash [splæʃ], *v.t.* éclabousser.—*v.i.* éclabousser; clapoter (*vagues*); patauger.—*n.* éclaboussure, *f.*; clapotement, clapotis (*des vagues*); flac (*bruit*), *m.*

splashing ['splæʃiŋ], *n.* éclaboussement (*acte*), *m.*; éclaboussure (*ce qui jaillit*), *f.*

splashy ['splæʃi], *a.* éclaboussé, bourbeux.

splay [splei], *v.t.* évaser; (*Arch.*) ébraser; épauler (*cheval*).—*n.* écartement; (*Arch.*) ébrasement, *m.*

splay-footed ['spleifutid], *a.* aux pieds plats et tournés en dehors.

spleen [spli:n], *n.* rate, *f.*; (*fig.*) fiel, *m.*, animosité, *f.*; spleen, *m.*, mélancolie, *f.*

splendid ['splendid], *a.* resplendissant, somptueux, magnifique.

splendidly ['splendidli], *adv.* avec éclat, magnifiquement.

splendour ['splendə], *n.* splendeur, *f.*, éclat, *m.*

splenetic [splə'netik], *a.* splénétique, atrabilaire.

splice [splais], *n.* épissure, *f.*, raccordement, *m.*—*v.t.* épisser; (*Carp.*) joindre.

splint [splint], *n.* éclisse, attelle, *f.*—*v.t.* éclisser.

splinter ['splintə] *n.* éclat, éclat de bois, *m.*—*v.t.* briser en éclats.—*v.i.* voler en éclats.

splintery ['splintəri], *a.* plein d'éclats, esquilleux.

split [split], *a.* fendu; *split personality*, dédoublement de la personnalité, *m.*; *split pin*, goupille, *f.*—*n.* fente; (*fig.*) scission, *f.*—*v.t. irr.* fendre; diviser, partager.—*v.i.* se fendre; se quereller.

split-second ['splitsekənd], *a.* ultra-rapide.

splitting ['splitiŋ], *n.* fendage, *m.*; *splitting of the atom*, fission de l'atome, *f.*

splotch [splotʃ], *n.* grosse tache, *f.*, barbouillage, *m.*

splutter ['splʌtə], *v.i.* bredouiller, cracher (*plume* ou *graisse*).—*n.* or **spluttering** ['splʌtəriŋ], bredouillement, crachage, *m.*

spoil [spoil], *v.t. irr.* gâter, abîmer; dépouiller (*de*); ravager (*piller*).—*v.i.* se gâter, s'abîmer.—*n.* butin, *m.*, dépouille, *f.*, pillage, *m.*

spoiled [spoild], *a.* gâté.

spoiler ['spoilə], *n.* personne qui gâte, *f.*; spoliateur (*pilleur*), *m.*

spoiling ['spoiliŋ], *n.* action de gâter; avarie, *f.*

spoil-sport ['spoilspo:t], *n.* trouble-fête, *m.*

spoke [spouk], *n.* rais, rayon, *m.*

spoke-shave ['spoukʃeiv], *n.* (*Carp.*) plane, *f.*

spokesman ['spouksmən] (*pl.* **-men** [men]), **spokeswoman** ['spoukswumən] (*pl.* **-women** [wimin]), *n.* porte-parole, *m.inv.*

spoliate ['spoulieit], *v.t.* spolier, piller.

spoliation [spouli'eiʃən], *n.* spoliation, *f.*

sponge [spʌndʒ], *n.* éponge, *f.*; (*Artill.*) écouvillon, *m.*—*v.t.* éponger; (*Artill.*) écouvillonner.—*v.i. to sponge on*, vivre aux dépens de.

sponge-cake ['spʌndʒkeik], *n.* gâteau de Savoie, *m.*

sponger ['spʌndʒə], *n.* pique-assiette, parasite, *m.*

sponginess ['spʌndʒinis], *n.* nature spongieuse, *f.*

sponging ['spʌndʒiŋ], *n.* épongement, *m.*; (*fig.*) écorniflerie, *f.*

spongy ['spʌndʒi], *a.* spongieux.

sponsor ['sponsə], *n.* parrain, *m.*, marraine, *f.*; garant (*qui cautionne*), *m.*—*v.t.* répondre pour; parrainer.

sponsorship ['sponsəʃip], *n.* parrainage, *m.*

spontaneity [sponta'ni:iti], *n.* spontanéité, *f.*

spontaneous [spon'teiniəs], *a.* spontané.

spontaneously [spon'teiniəsli], *adv.* spontanément.

spool [spu:l], *n.* bobine, *f.*

spoon [spu:n], *n.* cuiller, cuillère, *f.*

spoonbill ['spu:nbil], *n.* (*Orn.*) palette, *f.*

spoonful ['spu:nful], *n.* cuillerée, *f.*

spoor [spuə], *n.* trace, *f.*, empreintes, *f.pl.*

sporadic [spə'rædik], *a.* sporadique.

spore [spo:], *n.* spore, *f.*

sport [spɔ:t], n. jeu, divertissement, amusement, m.; moquerie, raillerie, f.; jouet; sport, m.—v.t. faire parade de.—v.i. se divertir, s'amuser.
sporting ['spɔ:tiŋ], a. de sport; sportif.
sportive ['spɔ:tiv], a. badin, folâtre.
sportively ['spɔ:tivli], adv. en badinant.
sportiveness ['spɔ:tivnis], n. folâtrerie, f.
sportsman ['spɔ:tsmən], n. (pl. -men [men]) sportif, sportsman, m.
sportsmanship ['spɔ:tsmənʃip], n. sportivité, f.
spot [spɔt], n. tache, f.; endroit, lieu, m.; *on the spot*, sur place, sur-le-champ.—v.t. tacheter, moucheter; tacher; (fam.) repérer; (colloq.) observer.
spot-check ['spɔtʃek], n. contrôle-surprise, m.
spotless ['spɔtlis], a. sans tache; (fig.) immaculé, pur, irréprochable.
spotlessness ['spɔtlisnis], n. pureté, f.
spotted ['spɔtid], a. tacheté, moucheté; truité.
spotter ['spɔtə], n. (Mil. Av.) observateur, m.
spotty ['spɔti], a. couvert de taches, moucheté, tacheté.
spouse [spauz], n. époux, m., épouse, f.; mari, m., femme, f.
spout [spaut], n. tuyau, m.; gouttière (de maison), f.; bec (de cruche etc.), m.—v.i. jaillir; (fam.) déclamer.
spouter ['spautə], n. (fam.) déclamateur, m.
spouting ['spautiŋ], n. jaillissement, m.; déclamation, f.
sprain [sprein], n. entorse, foulure, f.—v.t. fouler; se faire une entorse à.
sprat [spræt], n. esprot, sprat, m.
sprawl [sprɔ:l], v.i. s'étendre, s'étaler.
spray [sprei], n. branche, ramille (d'arbrisseau etc.), f.; embrun, m.; poussière (d'eau), f.; vaporisateur, m.—v.t. pulvériser, vaporiser, asperger.
spread [spred], v.t. irr. étendre, déployer; répandre; couvrir (table); mettre (nappe); tendre (voiles etc.).—v.i. s'étendre, se déployer; se répandre, se propager.—n. étendue; envergure (ailes), f.; (fam.) festin (banquet), m.
spreading ['sprediŋ], a. étendu, qui se répand.
spree [spri:], n. (colloq.) bamboche, bombe, f.
sprig [sprig], n. brin, m., brindille; pointe (clou), f.
sprightliness ['spraitlinis], n. vivacité, f., entrain, m.
sprightly ['spraitli], a. enjoué, vif, animé, gai.
spring [spriŋ], v.t. irr. (Naut.) *to spring a leak*, faire une voie d'eau; *to spring upon*, présenter à l'improviste . . . à.—v.i. bondir, s'élancer; jaillir (sourdre); pousser, naître (se développer); paraître, poindre (jour); provenir, découler, descendre (avoir pour ancêtres).—n. saut, bond, élan; ressort (élasticité), m.; source; cause, origine, f.; printemps, m.; (pl.) suspension (de voiture), f.
spring-board ['spriŋbɔ:d], n. tremplin, m.
springiness ['spriŋinis], n. élasticité, f.
springlike ['spriŋlaik], a. printanier.
spring-tide ['spriŋtaid], n. grande marée, f.
springy ['spriŋi], a. élastique.
sprinkle [spriŋkl], v.t. répandre; arroser (de), asperger (de) (eau bénite); saupoudrer (de).

sprinkler ['spriŋklə], n. (Eccles.) aspersoir, m.; (Hort.) arroseuse à jet tournant, f.
sprinkling ['spriŋkliŋ], n. arrosage, m.; (Eccles.) aspersion, f.; (fig.) petit nombre, m.
sprint [sprint], n. sprint, m.—v.i. courir à toute vitesse.
sprinter ['sprintə], n. coureur de vitesse, sprinter, m.
sprite [sprait], n. esprit follet, lutin, m.
sprout [spraut], n. pousse, f., jet, rejeton, m.; *Brussels sprouts*, choux de Bruxelles, m.pl.—v.i. pousser, bourgeonner (plantes).
sprouting ['sprautiŋ], n. germination, f.
spruce (I) [spru:s], a. paré, bien mis, pimpant. —v.t. attifer.
spruce (2) [spru:s], n. sapin (arbre), m.
spry [sprai], a. alerte, plein d'entrain.
spunk [spʌŋk], n. amadou; (colloq.) cœur, courage, m.
spur [spə:], n. éperon; ergot (de coq etc.); (fig.) aiguillon, stimulant, m.—v.t. éperonner; stimuler.
spurious ['spjuəriəs], a. faux, falsifié.
spuriousness ['spjuəriəsnis], n. fausseté, f.
spurn [spə:n], v.t. repousser, écarter (du pied); mépriser.— n. mépris, dédain, m.
spurred [spə:d], a. éperonné.
spurt [spə:t], v.t. faire jaillir.—v.i. s'élancer; (Spt.) démarrer.—n. jaillissement; (fig.) effort soudain; (Spt.) démarrage, m.
sputnik ['spʌtnik, 'sputnik], n. spoutnik, m.
sputter ['spʌtə], v.i. cracher; bredouiller.—n. salive, f.
sputtering ['spʌtəriŋ], n. bredouillement, m.
sputum ['spju:təm], n. crachat, m.
spy [spai], n. espion, m.—v.t. scruter; apercevoir.—v.i. épier, espionner.
spy-glass ['spaigla:s], n. longue-vue, f.
spying ['spaiiŋ], n. espionnage, m.
spy-ring ['spairiŋ], **spy-system** ['spaisistəm], n. espionnage, m.
squabble ['skwɔbl], n. dispute, querelle, f.— v.i. se chamailler.
squabbler ['skwɔblə], n. querelleur, m.
squad [skwɔd], n. (Mil.) peloton, m.; (Rail.) brigade; équipe (de sauvetage etc.), f.
squadron ['skwɔdrən], n. (Mil.) escadron, m.; (Av.) escadrille; (Naut.) escadre, f.
squadron-leader ['skwɔdrənli:də], n. (Av.) commandant, m.
squalid ['skwɔlid], a. malpropre, sale.
squalidness [SQUALOR].
squall [skwɔ:l], n. cri; coup de vent, m., bourrasque, rafale (de vent), f.—v.i. crier, brailler.
squalling ['skwɔ:liŋ], a. criard, braillard.— n. criaillerie, f.
squally ['skwɔ:li], a. à grains, à rafales.
squalor ['skwɔlə], **squalidness** ['skwɔlidnis], n. malpropreté, f.
squamous ['skweiməs], a. squameux; écailleux.
squander ['skwɔndə], v.t. dissiper, gaspiller.
squanderer ['skwɔndərə], n. gaspilleur, m., prodigue, m., f.
squandering ['skwɔndəriŋ], n. gaspillage, m.
square [skwɛə], a. carré; soldé (comptes etc.); (fig.) équitable, juste; de superficie (mesure). —n. carré; carreau (de verre etc.), m.; case (d'échiquier); place (dans une ville); place d'armes (de ville de garnison), f., parvis (devant une église), m.—v.t. carrer; (Carp.)

square-built

équarrir; balancer (*comptes*); (*fig.*) régler, ajuster.—*v.i.* cadrer, s'accorder (*avec*).

square-built ['skwɛəbilt], *a.* aux épaules carrées.

squarely ['skwɛəli], *adv.* carrément; (*fig.*) justement.

squareness ['skwɛənis], *n.* forme carrée, *f.*

squaring ['skwɛəriŋ], *n.* équarrissage, *m.*; *squaring of the circle*, quadrature du cercle, *f.*

squarish ['skwɛəriʃ], *a.* à peu près carré.

squash [skwɔʃ], *v.t.* écraser, aplatir; (*fig.*) rembarrer (*personne*).—*n.* écrasement (*aplatissement*), *m.*; foule serrée (*de gens*), *f.*; *lemon squash*, citronnade, *f.*

squashy ['skwɔʃi], *a.* mou et humide.

squat [skwɔt], *a.* accroupi, blotti; trapu, ramassé (*courtaud*).—*v.i.* s'accroupir; se blottir; (*Am.*) s'établir (*sans droit*).

squatter ['skwɔtə], *n.* personne accroupie, *f.*; colon (*sans droit*), *m.*

squatting ['skwɔtiŋ], *n.* accroupissement, *m.*

squaw [skwɔː], *n.* femme peau-rouge, *f.*

squawk [skwɔːk], *n.* cri rauque; couac, *m.*—*v.i.* pousser des cris rauques.

squeak [skwiːk], *n.* petit cri aigu, *m.*—*v.i.* pousser des cris aigus; jurer (*instrument de musique*).

squeaking ['skwiːkiŋ], *a.* criard; qui jure (*instrument de musique*).

squeal [skwiːl], *v.i.* pousser des cris perçants. —*n.* cri perçant, *m.*

squeamish ['skwiːmiʃ], *a.* qui se soulève (*l'estomac*); trop délicat, difficile (*scrupuleux*).

squeamishly ['skwiːmiʃli], *adv.* avec dégoût.

squeamishness ['skwiːmiʃnis], *n.* délicatesse exagérée, *f.*, goût difficile, *m.*

squeeze [skwiːz], *n.* compression; cohue, *f.*— *v.t.* serrer, presser; *to squeeze money out of*, extorquer de l'argent à; *to squeeze out*, exprimer; *to squeeze through*, forcer à travers.—*v.i. to squeeze through*, se forcer à travers.

squeezing ['skwiːziŋ], *n.* étreinte, compression, *f.*; serrement (*de la main*), *m.*

squelch [skwelt ʃ], *v.t.* écraser, aplatir.

squib [skwib], *n.* pétard, *m.*; (*fig.*) satire, *f.*

squill [skwil], *n.* scille (*plante*), *f.*

squint [skwint], *a.* louche.—*n.* regard louche, *m.*—*v.i.* loucher.

squinting ['skwintiŋ], *a.* louche.—*n.* action de loucher, *f.*, strabisme, *m.*

squire ['skwaiə], *n.* écuyer; châtelain; cavalier servant (*d'une dame*), *m.*—*v.t.* escorter (*une dame*).

squireen [skwaiə'riːn], *n.* hobereau, *m.*

squirm [skwəːm], *v.i.* se tortiller, se tordre (*de douleur* ou *d'embarras*).

squirrel ['skwirəl], *n.* écureuil, *m.*

squirt [skwəːt], *n.* seringue, *f.*—*v.t.* seringuer, faire jaillir.—*v.i.* jaillir.

stab [stæb], *n.* coup de poignard, de couteau etc., *m.*—*v.t.* poignarder.

stabbing ['stæbiŋ], *a.* lancinant.—*n.* coup de poignard, *m.*

stability [stə'biliti], *n.* stabilité, solidité; (*fig.*) fermeté, *f.*

stabilization [steibilai'zeiʃən], *n.* stabilisation, *f.*

stabilize ['steibilaiz], *v.t.* stabiliser.

stable (1) [steibl], *a.* stable, fixe, solide; (*fig.*) constant.

stable (2) [steibl], *n.* écurie, *f.*—*v.t.* loger (*chevaux*); établer (*bétail*).

stable-boy ['steiblbɔi], **stableman** ['steiblmən] (*pl.* -**men** [men]), *n.* garçon d'écurie, *m.*

stabling ['steibliŋ], *n.* écuries (*pour chevaux*) étables (*pour bétail*), *f.pl.*

staccato [stə'kɑːtou], *a.* saccadé.—*adv.* en staccato.

stack [stæk], *n.* souche (*d'une cheminée*); pile *f.*, tas (*de charbon, de bois*), *m.*; meule (*de foin etc.*), *f.*—*v.t.* empiler (*bois*); emmeuler (*foin etc.*).

stacking ['stækiŋ], *n.* emmeulage, empilage entassement, *m.*

stack-yard ['stækjɑːd], *n.* cour de ferme, *f.*

stadium ['steidiəm], *n.* stade, *m.*

staff [stɑːf], *n.* (*pl.* **staves** [steivz]) bâton, bourdon (*de pèlerin*), *m.*; hampe (*à drapeau*), *f.*; (*pl.* **staffs**) corps, personnel; (*Mil.*) état-major, *m.*; *to be on the staff*, être attaché à, faire partie du personnel de.—*v.t.* fournir le personnel de.

staff-officer ['stɑːfɔfisə], *n.* officier d'état-major, *m.*

stag [stæg], *n.* cerf, *m.*

stag-beetle ['stægbiːtl], *n.* (*Ent.*) cerf-volant lucane, *m.*

stage [steidʒ], *n.* estrade (*dans une salle*); (*Theat.*) scène, *f.*; (*fig.*) théâtre, *m.*; étape (*voyage*), *f.*; (*fig.*) degré, *m.*, phase, période, *f.*—*v.t. to stage a play*, monter une pièce.

stage-coach ['steidʒkoutʃ], *n.* diligence, *f.*

stage-door ['steidʒdɔː], *n.* entrée des artistes, *f.*

stage-effect ['steidʒifekt], *n.* effet scénique, *m.*

stage-hand ['steidʒhænd], *n.* machiniste, *m.*

stage-manager ['steidʒmænidʒə], *n.* régisseur, *m.*

stage-properties ['steidʒprɔpətiz], *n.pl.* accessoires de théâtre, *m.pl.*

stage-set ['steidʒset], *n.* décor, *m.*

stagger ['stægə], *v.t.* faire chanceler; (*fig.*) étonner; échelonner (*heures, vacances etc.*). —*v.i.* chanceler.

staggering ['stægəriŋ], *a.* chancelant; incertain.—*n.* chancellement; échelonnage, *m.*

stagnancy ['stægnənsi], **stagnation** [stæg'neiʃən], *n.* stagnation, *f.*

stagnant ['stægnənt], *a.* stagnant; (*fig.*) inactif, mort.

stagnate [stæg'neit], *v.i.* être stagnant.

stagnation [STAGNANCY].

staid [steid], *a.* posé, sérieux, grave.

staidness ['steidnis], *n.* gravité, *f.*

stain [stein], *n.* tache; (*Paint.*) teinte; (*fig.*) honte, *f.*, opprobre (*disgrâce*), *m.*—*v.t.* tacher (*de*); (*fig.*) souiller; (*Dyeing*) teindre. —*v.i.* se tacher.

stained [steind], *a.* taché; (*fig.*) souillé; (*Dyeing*) teint; *stained glass*, vitrail, *m.*

stainer ['steinə], *n.* teinturier, *m.*

staining ['steiniŋ], *n.* teinture, *f.*

stainless ['steinlis], *a.* sans tache; inoxydable (*acier*).

stair [stɛə], *n.* marche, *f.*; degré; (*pl.*) escalier, *m.*

staircase ['stɛəkeis], *n.* escalier, *m.*; cage d'escalier, *f.*; *back-staircase*, escalier de service; *moving staircase*, escalier roulant.

stair-rod ['stɛərɔd], *n.* tringle (de tapis) d'escalier, *f.*

stake [steik], *n.* pieu, poteau, bûcher (*de martyre*); (*Cards etc.*) enjeu, *m.* mise, *f.* —*v.t.* parier, gager; hasarder (*risquer*); *to stake out*, jalonner.

stalactite ['stæləktait], *n.* stalactite, *f.*

stalagmite ['stæləgmait], *n.* stalagmite, *f.*

stale [steil], *a.* vieux, rassis (*pain*); (*fig.*) suranné, passé, usé.

stalemate ['steilmeit], *v.t.* (*Chess*) faire pat.— *n.* pat, *m.*; (*fig.*) impasse, *f.*

staleness ['steilnis], *n.* vieillesse, *f.*; état rassis (*pain*), *m.*; banalité, *f.*

stalk [stɔːk], *n.* tige; queue (*de fleur*), *f.* trognon (*de chou*), *m.*; démarche fière (*allure*), *f.*—*v.t.* chasser à l'affût.—*v.i.* marcher fièrement.

stalker ['stɔːkə], *n.* chasseur à l'affût, *m.*

stalking ['stɔːkiŋ], *n.* (*Hunt.*) chasse à l'affût, *f.*

stall (1) [stɔːl], *n.* stalle (*d'église ou d'écurie*), étable (*à bétail*); écurie (*à chevaux*); échoppe, boutique, *f.*, étalage; (*Theat.*) fauteuil d'orchestre, *m.*

stall (2) [stɔːl], *v.t.*, *v.i.* caler (*machine*).

stallion ['stæljən], *n.* étalon, *m.*

stalwart ['stɔːlwət], *a.* vigoureux, robuste; vaillant.

stamen ['steimen], *n.* (*Bot.*) étamine, *f.*

stamina ['stæminə], *n.* vigueur, résistance, *f.*

stammer ['stæmə], *v.t.*, *v.i.* bégayer, balbutier.—*n.* bégaiement, *m.*

stammerer ['stæmərə], *n.* bègue, *m.*, *f.*

stammering ['stæməriŋ], *a.* bègue.—*n.* bégaiement, *m.*

stamp [stæmp], *v.t.* frapper du pied; piétiner; empreindre, imprimer; contrôler (*garantir*); estamper (*pièce de monnaie*); timbrer (*documents, lettres etc.*); (*Metal.*) bocarder; estampiller (*marchandises*); affranchir (*payer d'avance*); poinçonner (*billet*).—*v.i.* trépigner, frapper du pied.—*n.* estampe (*outil*), *f.*; coin, poinçon, *m.*; empreinte, marque (*impression*), *f.*; poinçon de contrôle (*sur l'or*); timbre (*sur documents*); (*Metal.*) bocard, *m.*; (*Comm.*) estampille (*sur marchandises*), *f.*; (*fig.*) caractère, *m.*, trempe, *f.*; coup de pied, trépignement; timbre-poste, *m.*; *rubber stamp*, tampon, *m.*

stamp-collecting ['stæmpkəlektiŋ], *n.* philatélie, *f.*

stamp-collector ['stæmpkə'lektə], *n.* philatéliste, *m.*, *f.*

stamp-duty ['stæmp'djuːti], *n.* droit de timbre, *m.*

stampede [stæm'piːd], *n.* débandade, panique, *f.*—*v.i.* fuir en désordre.

stamping ['stæmpiŋ], *n.* contrôlage (*garantie*); timbrage; (*Metal.*) bocardage; piétinement, trépignement (*des pieds*), *m.*

stamp-machine ['stæmpmə'ʃiːn], *n.* distributeur automatique de timbres-poste, *m.*

stanch [stɑːntʃ], **staunch** [stɔːntʃ], *a.* solide, ferme; (*fig.*) sûr, dévoué.—*v.t.* étancher.

stanchion ['stɑːnʃən], *n.* étançon, étai, *m.*

stanchness ['stɑːntʃnis], **staunchness** ['stɔːntʃnis], *n.* fermeté; constance, dévotion, *f.*

stand [stænd], *v.t.* *irr.* mettre debout, placer, poser; endurer, souffrir, supporter, soutenir; subir; résister à; payer (*à boire*).—*v.i.* se tenir; rester debout; se soutenir (*difficilement*); se placer, se mettre (*prendre place*);

être debout; se trouver, être (*bâtiment*); se maintenir (*ne pas lâcher pied*); se présenter (*comme candidat*); *stand by!* attention! *to stand aside*, se tenir à l'écart; *to stand by*, assister à (*être présent*); défendre, s'en tenir à (*un avis etc.*); se tenir prêt; *to stand down*, se retirer; *to stand firm*, tenir ferme, tenir bon; *to stand for*, soutenir; signifier; *to stand in for someone*, remplacer quelqu'un; *to stand out*, se dessiner (*être en relief*); résister; *to stand still*, s'arrêter, se tenir tranquille; *to stand up*, se lever.—*n.* arrêt, *m.*, halte, pause, *f.*; stand, étalage (*exposition etc.*); socle (*de vases etc.*), *m.*; (*fig.*) cessation, résistance, *f.*

standard ['stændəd], *a.* type, standard, normal; étalon; au titre (*argent*); classique (*livre*); (*Hort.*) en plein vent (*arbre*), **sur tige** (*roses*); régulateur (*prix*).—*n.* étendard, (*Naut.*) pavillon; étalon (*de poids et mesures*); titre (*d'or et d'argent*); (*fig.*) type, modèle; (*Hort.*) arbre en plein vent, *m.*

standard-bearer ['stændədbɛərə], *n.* porte-étendard, *m.*

standardization [stændədai'zeiʃən], *n.* étalonnage, *m.*; (*Comm.*) standardisation, *f.*

standardize ['stændədaiz], *v.t.* étalonner, standardiser.

stand-by ['stændbai], *n.* appui, soutien, *m.*, ressource, *f.*

stand-in ['stændin], *n.* remplaçant, *m.*

standing ['stændiŋ], *a.* stagnant; fixe; debout, sur pied (*non abattu*); (*fig.*) invariable.—*n.* position, *f.*; rang, *m.*; durée, date, *f.*; service, *m.*

stand-offish ['stænd'ɔfiʃ], *a.* réservé, distant.

stand-point ['stændpoint], *n.* point de vue, *m.*

standstill ['stændstil], *n.* arrêt, *m.*

stand-to ['stænd'tuː], *n.* (*Mil.*) alerte, *f.*

stanza ['stænzə], *n.* stance, strophe, *f.*

staple (1) [steipl], *a.* établi; principal.—*n.* denrée principale (*marchandises*), *f.*; (*fig.*) fond, *m.*

staple (2) [steipl], *n.* agrafe; gâche (*de serrure*), *f.*—*v.t.* agrafer.

stapler ['steiplə], *n.* agrafeuse (*machine*), *f.*

star [stɑː], *n.* étoile, *f.*, astre, *m.*; (*Theat. Cine.*) vedette, *f.*—*v.t.* étoiler, parsemer d'étoiles; avoir comme vedettes.—*v.i.* tenir le premier rôle.

starboard ['stɑːbəd], *n.* tribord, *m.*

starch [stɑːtʃ], *n.* amidon, *m.*; fécule (*aliment*); (*fig.*) raideur, *f.*—*v.t.* empeser.

starchiness ['stɑːtʃinis], *n.* raideur, *f.*

starchy ['stɑːtʃi], *a.* féculent; empesé; (*fig.*) guindé.

stare [stɛə], *v.t.* dévisager.—*v.i.* regarder fixement; ouvrir de grands yeux (*être ébahi*).—*n.* regard fixe; regard ébahi, *m.*

starfish ['stɑːfiʃ], *n.* étoile de mer, *f.*

star-gazer ['stɑːgeizə], *n.* astrologue, *m.*, *f.*; rêveur, *m.*

staring ['stɛəriŋ], *a.* voyant, tranchant (*couleur etc.*).

stark [stɑːk], *adv.* tout, tout à fait.—*a.* raide; stérile (*paysage*).

starless ['stɑːlis], *a.* sans étoiles.

starling ['stɑːliŋ], *n.* étourneau, sansonnet, *m.*

starlit ['stɑːlit], *a.* étoilé.

starry ['stɑːri], *a.* étoilé; (*fig.*) étincelant; *starry-eyed*, peu pratique.

start

start [sta:t], *v.t.* commencer; faire lever (*gibier*); faire partir; mettre en marche (*machine*).—*v.i.* tressaillir (*de* ou *à*); partir (*s'en aller*); commencer, débuter; sursauter (*faire un bond*).—*n.* tressaillement; saut, bond; commencement, début; départ, *m.*; **to wake with a start**, se réveiller en sursaut.

starter ['sta:tə], *n.* starter (*de course*); (*Motor.*) démarreur, *m.*

starting ['sta:tiŋ], *n.* tressaillement; départ; commencement, début, *m.*; mise en marche (*de moteur etc.*), *f.*

starting-handle ['sta:tiŋhændl], *n.* (*Motor.*) manivelle, *f.*

starting-point ['sta:tiŋpɔint], *n.* point de départ, *m.*

starting-post ['sta:tiŋpoust], *n.* poteau de départ, *m.*

startle [sta:tl], *v.t.* faire tressaillir, effrayer.

startling ['sta:tliŋ], *a.* étonnant, saisissant.

starvation [sta:'veiʃən], *n.* inanition, faim, *f.*

starve [sta:v], *v.t.* faire mourir de faim; affamer.—*v.i.* mourir de faim.

starveling ['sta:vliŋ], *n.* affamé, meurt-de-faim, *m.*

starving ['sta:viŋ], *a.* affamé, mourant de faim.

state [steit], *n.* état, *m.*, condition, *f.*; état (*organisme politique*); rang (*classe*), *m.*; pompe, *f.*, apparat (*pompe*), *m.*; **the (United) States**, les États-Unis, *m.pl.*—*v.t.* énoncer, déclarer.

state-controlled ['steitkən'trould], *a.* étatisé.

statecraft ['steitkra:ft], *n.* politique, *f.*

stated ['steitid], *a.* réglé, fixe.

stateless ['steitlis], *a.* **stateless person**, apatride, *m.*, *f.*

stateliness ['steitlinis], *n.* majesté, grandeur, *f.*

stately ['steitli], *a.* imposant, majestueux, noble.—*adv.* majestueusement, avec dignité.

statement ['steitmənt], *n.* exposé, énoncé, rapport, *m.*; déclaration, *f.*

statesman ['steitsmən], *n.* (*pl.* **-men** [men]) homme d'État, *m.*

statesmanlike ['steitsmənlaik], *a.* d'homme d'État.

statesmanship ['steitsmənʃip], *n.* science du gouvernement, politique, *f.*

static ['stætik], **statical** ['stætikəl], *a.* statique.

station ['steiʃən], *n.* station, *f.*; rang (*classe*), *m.*; position; (*Rail.*) gare, *f.*; (*Mil.*) poste, *m.*, garnison, *f.*—*v.t.* placer; (*Mil.*) poster.

stationary ['steiʃənəri], *a.* stationnaire; fixe.

stationer ['steiʃənə], *n.* papetier, *m.*

stationery ['steiʃənəri], *n.* papeterie, *f.*

station-master ['steiʃənma:stə], *n.* chef de gare, *m.*

statistic [stə'tistik], **statistical** [stə'tistikəl], *a.* statistique.

statistician [stætis'tiʃən], *n.* statisticien, *m.*

statistics [stə'tistiks], *n.pl.* statistique, *f.*

statuary ['stætjuəri], *n.* statuaire, *f.*

statue ['stætju:], *n.* statue, *f.*

statuesque [stætju:'esk], *a.* plastique.

stature ['stætʃə], *n.* stature, taille, *f.*

status ['steitəs], *n.* statut légal, *m.*; condition, *f.*, rang, *m.*

statute ['stætju:t], *n.* statut, *m.*, loi, *f.*

statutory ['stætjutəri], *a.* réglementaire, statutaire.

staunch [STANCH].

stave [steiv], *n.* douve (*de baril*); (*Mus.*) portée, *f.*; verset (*de psaume*), *m.*—*v.t. irr.* crever; défoncer (*baril*); **to stave off**, chasser, repousser, éloigner, écarter, prévenir (*danger*).

staves [STAFF].

stay [stei], *v.t.* arrêter; apaiser (*sa faim*); étayer, accoter (*appuyer*).—*v.i.* rester; demeurer (*séjourner*); descendre; attendre. —*n.* séjour; (*Law*) sursis; soutien, appui (*aide*), *m.*

stay-at-home ['steiəthoum], *a. and n.* casanier, *m.*

stead [sted], *n.* lieu, *m.*, place, *f.*

steadfast ['stedfəst], *a.* ferme, constant, stable.

steadfastly ['stedfəstli], *adv.* fermement, avec constance.

steadfastness ['stedfəstnis], *n.* fermeté, constance, *f.*

steadily ['stedili], *adv.* fermement, avec persistance.

steadiness ['stedinis], *n.* fermeté; assurance, *f.*

steady ['stedi], *a.* ferme, assuré; posé (*sérieux*); régulier.—*adv.* doucement.—*v.t.* affermir; assujettir (*fixer*); calmer.

steak [steik], *n.* tranche (*de viande*), *f.*; entrecôte, *m.*; **fillet steak**, bifteck dans le filet, *m.*

steal [sti:l], *v.t. irr.* voler, dérober.—*v.i.* se dérober, se glisser furtivement, aller *ou* venir à la dérobée.

stealer ['sti:lə], *n.* voleur, *m.*

stealing ['sti:liŋ], *n.* vol, *m.*

stealth [stelθ], *n.* **by stealth**, à la dérobée, furtivement.

stealthily ['stelθili], *adv.* à la dérobée, furtivement, à pas de loup.

stealthy ['stelθi], *a.* dérobé, furtif.

steam [sti:m], *n.* vapeur, *f.*—*v.t.* (*Cook.*) cuire à la vapeur.—*v.i.* jeter de la vapeur; fumer.

steamboat ['sti:mbout], *n.* bateau à vapeur, *m.*

steam-engine ['sti:mendʒin], *n.* machine à vapeur, *f.*

steamer ['sti:mə], *n.* vapeur, steamer, *m.*

steam-gauge ['sti:mgeidʒ], *n.* manomètre, *m.*

steaming ['sti:miŋ], *a.* fumant.

steam-pipe ['sti:mpaip], *n.* tuyau de vapeur, *m.*

steam-roller ['sti:mroulə], *n.* rouleau compresseur, *m.*—*v.t.* (*fig.*) écraser.

steamship ['sti:mʃip], *n.* vapeur, *m.*

steam-whistle ['sti:mwisl], *n.* sifflet à vapeur, *m.*

steamy ['sti:mi], *a.* humide.

steed [sti:d], *n.* (*poet*) coursier, *m.*

steel [sti:l], *a.* d'acier, en acier.—*n.* acier; fusil (*pour aiguiser un couteau*); (*fig.*) fer, *m.*—*v.t.* acérer, garnir d'acier; (*fig.*) fortifier.

steel-clad ['sti:lklæd], *a.* revêtu d'acier, bardé de fer.

steeliness ['sti:linis], *n.* dureté d'acier; (*fig.*) dureté, *f.*

steel-plated ['sti:lpleitid], *a.* cuirassé.

steel-works ['sti:lwə:ks], *n.pl.* aciérie, *f.*

steely ['sti:li], *a.* d'acier; (*fig.*) dur, de fer.

stigmatize

steelyard ['sti:ljɑ:d], n. romaine, f.
steep (1) [sti:p], a. escarpé, à pic; raide (escalier).—n. pente rapide, f.; escarpement, m.
steep (2) [sti:p], v.t. tremper; (fig.) saturer (de).
steeping ['sti:piŋ], n. trempage, m.
steeple [sti:pl], n. clocher, m.
steeplechase [sti:pltʃeis], n. course au clocher, f., steeplechase, m.
steepled [sti:pld], a. à clocher.
steeple-jack ['sti:pldʒæk], n. réparateur de clochers ou de cheminées, m.
steeply ['sti:pli], adv. en pente rapide.
steepness ['sti:pnis], n. raideur, pente rapide, f.
steer [stiə], n. bouvillon, jeune bœuf, m.—v.t. gouverner; diriger; (Motor. etc.) conduire. —v.i. se diriger.
steerage ['stiərdʒ], n. timonerie, f.; l'avant; logement des passagers de troisième classe, m.
steering ['stiəriŋ], n. direction; (Motor.) conduite, f.
steering-wheel ['stiəriŋwi:l], n. volant, m.
steersman ['stiəzmən], n. (pl. -men [men]) timonier, m.
stellar ['stelə], a. stellaire.
stem [stem], n. tige; queue (d'une fleur etc.); (fig.) souche (d'une famille), f.; radical (courant); (fig.) résister à.—v.i. to stem from, être issu de.
stench [stentʃ], n. puanteur, f.
stencil ['stensil], n. patron, pochoir, stencil m.—v.t. tracer au patron, tirer au stencil.
sten-gun ['stengən], n. fusil mitrailleur, m.
stenographer [ste'nɔgrəfə], n. sténographe m., f.
stenography [ste'nɔgrəfi], n. sténographie, f.
stentorian [sten'tɔːriən], a. de stentor.
step [step], v.t. mesurer en comptant les pas, arpenter.—v.i. faire un pas, marcher pas à pas; marcher, aller; monter (dans); descendre (de); to step aside, s'écarter; to step back, reculer; to step forward, s'avancer; to step on, fouler; to step over, enjamber.—n. pas; degré, m., marche (d'escalier), f.; échelon (d'échelle); marchepied (de voiture ou de bicyclette), m.; (fig.) démarche; (pl.) échelle, f.
stepbrother ['stepbrʌðə], n. beau-frère, m.
stepchild ['steptʃaild], n. beau-fils, m., belle-fille, f.
stepfather ['stepfɑ:ðə], n. beau-père, m.
Stephen ['sti:vn], Étienne, m.
stepmother ['stepmʌðə], n. belle-mère; marâtre, f.
steppe [step], n. steppe (plaine), f.
stepping ['stepiŋ], n. marche, allure, f.
stepping-stone ['stepiŋstoun], n. (pl.) pierres de gué, f.pl.; (fig.) introduction, f.
stepsister ['stepsistə], n. belle-sœur, f.
stereoscopic [stiəriə'skɔpik], a. stéréoscopique.
stereotype ['stiəriətaip], a. stéréotypé; cliché. —n. stéréotypage; (fig.) cliché, m.—v.t. clicher; stéréotyper.
stereotyped ['stiəriətaipt], a. (usu. fig.) stéréotypé.
sterile ['sterail], a. stérile.
sterility [stə'riliti], n. stérilité, f.

sterilization [sterilai'zeiʃən], n. stérilisation, f.
sterilize ['sterilaiz], v.t. stériliser.
sterling ['stə:liŋ], a. sterling; (fig.) vrai, de bon aloi.
stern (1) [stə:n], a. sévère, dur; rigoureux.
stern (2) [stə:n], n. (Naut.) arrière, m.
sternly ['stə:nli], adv. sévèrement, durement.
sternmost ['stə:nmoust], a. le dernier.
sternness ['stə:nnis], n. sévérité, austérité, f.
stethoscope ['steθəskoup], n. stéthoscope, m.
stevedore ['sti:vədɔ:], n. arrimeur; déchargeur, m.
stew [stju:], n. étuvée, f., ragoût (de viande); (fig.) embarras, m., confusion, f.; Irish stew, ragoût de mouton.—v.t. étuver; mettre en ragoût, faire un ragoût de.—v.i. cuire à l'étuvée; (fig.) cuire dans sa peau.
steward ['stjuəd], n. intendant, régisseur (d'une propriété); économe (de collège); commissaire (de bal etc.); (Naut.) steward, m.; steward's room, cambuse, f.
stewardess ['stjuədis], n. femme de chambre (de bord), stewardesse, f.
stewardship ['stjuədʃip], n. intendance; (fig.) administration, f.
stewed [stju:d], a. étuvé, en ragoût; en compote.
stew-pan ['stju:pæn], n. casserole, f.
stew-pot ['stju:pɔt], n. cocotte, f., faitout, m.
stick (1) [stik], n. bâton, m.; canne (pour marcher), f.; (Av.) manche; chapelet (de bombes), m.
stick (2) [stik], v.t. irr. percer, piquer; enfoncer; coller; stick no bills, défense d'afficher.—v.i. se coller, s'attacher; rester (demeurer); to stick close, ne pas quitter; to stick out, faire saillie; persister; to stick to, s'en tenir à; to stick up, se dresser.
stickiness ['stikinis], n. viscosité, f.
sticking-plaster ['stikiŋ'plɑ:stə], n. taffetas d'Angleterre, m.
stickle [stikl], v.i. tenir beaucoup (à); se disputer.
stickleback ['stiklbæk], n. épinoche, f.
stickler ['stiklə], n. partisan, m.; rigoriste, m., f.
sticky ['stiki], a. gluant, collant; (fig.) difficile (personne).
stiff [stif], a. raide, rigide, tenace; dur, ferme (non fluide); opiniâtre (entêté); gêné (contraint); courbatu (muscles); affecté, guindé (style).
stiffen [stifn], v.t. raidir; (fig.) endurcir. —v.i. se raidir; (fig.) s'endurcir.
stiffening ['stifniŋ], n. raidissement; soutien (appui), m.
stiffly ['stifli], adv. avec raideur; obstinément.
stiff-neck ['stifnek], n. torticolis, m.
stiff-necked ['stifnekt], a. opiniâtre, entêté.
stiffness ['stifnis], n. raideur; gêne (contrainte); opiniâtreté (entêtement), f.; (fig.) air guindé, m.
stifle [staifl], v.t., v.i. étouffer, suffoquer.—n. (Vet.) grasset, m.
stifling ['staifliŋ], a. étouffant, suffocant. —n. suffocation, f.
stigma ['stigmə], n. stigmate, m., flétrissure, f.
stigmatize ['stigmətaiz], v.t. stigmatiser; flétrir.

579

stile [stail], *n.* échallier, échalis, *m.*
stiletto [sti'letou], *n.* stylet, *m.*; *stiletto heels*, talons aiguille, *m.pl.*
still (1) [stil], *a.* silencieux; tranquille, calme, paisible, en repos; immobile; non mousseux (*vin*).—*adv.* encore, toujours; cependant, néanmoins (*malgré tout*).—*v.t.* calmer, apaiser.
still (2) [stil], *n.* alambic, *m.*
still-born ['stilbɔːn], *a.* mort-né.
stillness ['stilnis], *n.* tranquillité, *f.*, calme, *m.*
still-room ['stilruːm], *n.* distillerie, *f.*, laboratoire, *m.*
stilt [stilt], *n.* échasse, *f.*; pilotis, pieu (*de pont etc.*), *m.*
stilted ['stiltid], *a.* guindé, pompeux.
stimulant ['stimjulənt], *n.* stimulant, *m.*
stimulate ['stimjuleit], *v.t.* stimuler; (*fig.*) exciter.
stimulating ['stimjuleitiŋ], *a.* stimulant.
stimulation [stimju'leiʃən], *n.* stimulation, *f.*
stimulus ['stimjuləs], *n.* stimulant, aiguillon, stimulus, *m.*
sting [stiŋ], *n.* aiguillon; dard (*d'ortie etc.*), *m.*; piqûre; (*fig.*) pointe, *f.*—*v.t. irr.* piquer; (*fig.*) irriter.
stingily ['stindʒili], *adv.* chichement, mesquinement.
stinginess ['stindʒinis], *n.* mesquinerie, ladrerie, *f.*
stinging ['stiŋiŋ], *a.* piquant; cinglant.—*n.* piqûre, *f.*
stingy ['stindʒi], *a.* avare, mesquin, ladre, chiche.
stink [stiŋk], *n.* puanteur, mauvaise odeur, *f.*—*v.i. irr.* puer; sentir mauvais.
stinking ['stiŋkiŋ], *a.* puant.
stint [stint], *v.t.* limiter, restreindre; *to stint oneself*, se priver (*de*).—*n.* limite, borne; portion; besogne, *f.*
stipend ['staipend], *n.* traitement (*d'ecclésiastique ou de magistrat*), *m.*
stipendiary [sti'pendiəri], *a.* appointé.
stipple [stipl], *v.t.* pointiller.
stippling ['stipliŋ], *n.* pointillage (*processus*); pointillé (*résultat*), *m.*
stipulate ['stipjuleit], *v.i.* stipuler (*de ou que*).
stipulation [stipju'leiʃən], *n.* stipulation, condition, *f.*
stipulator ['stipjuleitə], *n.* partie stipulante, *f.*
stir [stəː], *v.t.* remuer; (*fig.*) agiter; *to stir the fire*, attiser le feu.—*v.i.* remuer, se remuer, bouger.—*n.* remuement, bruit, *m.*; agitation, *f.*
stirring ['stəːriŋ], *a.* remuant; émouvant (*histoire etc.*).—*n.* agitation, *f.*
stirrup ['stirəp], *n.* étrier, *m.*
stirrup-cup ['stirəpkʌp], *n.* coup de l'étrier, *m.*
stirrup-leather ['stirəp'leðə], *n.* étrivière, *f.*
stitch [stitʃ], *n.* point, *m.*; maille (*en tricot*), *f.*; (*Med.*) point de suture, *m.*; *a stitch in time saves nine*, un point à temps en épargne cent.—*v.t.* piquer, coudre; brocher (*livres*); (*Med.*) suturer.
stitched [stitʃt], *a.* piqué, broché (*livre*).
stitching ['stitʃiŋ], *n.* couture, *f.*; brochage (*de livre*), *m.*; (*Med.*) suture, *f.*
stoat [stout], *n.* hermine d'été, *f.*
stock (1) [stɔk], *a.* courant, habituel.—*n.* souche (*d'arbre, famille etc.*), *f.*; cep (*de vigne*); bloc (*de bois etc.*), *m.*; monture (*de*

fusil); (*Hort.*) ente (*pour greffer*), *f.*; (*Cook.*) consommé, *m.*; (*fig.*) race, famille, *f.*; approvisionnement, stock (*réserve*), assortiment (*sélection*), *m.*; (*pl.*) fonds, fonds publics, *m.pl.*, rentes, actions, *f.pl.*; (*Shipbuilding*) chantier, *m.*, cale de construction, *f.*; ceps (*punition*), *m.pl.*; *rolling stock*, matériel roulant, *m.*; *to take stock of*, faire l'inventaire de.—*v.t.* pourvoir (*de*); stocker (*magasin*); meubler (*ferme*); empoissonner (*vivier*)
stock (2) [stɔk], *n.* (*Bot.*) giroflée, *f.*
stockade [stɔ'keid], *n.* palissade, *f.*—*v.t.* palissader.
stock-book ['stɔkbuk], *n.* livre de magasin, magasinier, *m.*
stock-breeder ['stɔkbriːdə], *n.* éleveur, *m.*
stock-breeding ['stɔkbriːdiŋ], *n.* élevage, *m.*
stockbroker ['stɔkbroukə], *n.* agent de change, *m.*
stock-exchange ['stɔkikstʃeindʒ], *n.* bourse; compagnie des agents de change, *f.*
stockholder ['stɔkhouldə], *n.* actionnaire, *m.*, *f.*, rentier, *m.*
stocking ['stɔkiŋ], *n.* bas, *m.*
stockpile ['stɔkpail], *n.* stocks de réserve, *m.pl.*—*v.t.*, *v.i.* stocker.
stock-still ['stɔk'stil], *a.* immobile.—*adv.* sans bouger.
stock-taking ['stɔkteikiŋ], *n.* inventaire, *m.*
stocky ['stɔki], *a.* trapu.
stodgy ['stɔdʒi], *a.* pâteux, lourd.
stoic ['stouik], *n.* stoïcien, *m.*
stoic ['stouik], **stoical** ['stouikəl], *a.* stoïcien; (*fig.*) stoïque.
stoicism ['stouisizm], *n.* stoïcisme, *m.*
stoke [stouk], *v.t.* chauffer; tisonner (*le feu*).
stoker ['stoukə], *n.* chauffeur, *m.*
stoking ['stoukiŋ], *n.* chauffage, *m.*, chauffe, *f.*
stole (1) [stoul], *n.* étole; (*Cost.*) écharpe, *f.*
stole (2) [stoul], *past* [STEAL].
stolen ['stoulən], *a.* volé, dérobé.
stolid ['stɔlid], *a.* lourd, impassible.
stolidity [stɔ'liditi], **stolidness** ['stɔlidnis], *n.* flegme, *m.*
stomach ['stʌmək], *n.* estomac; (*euph.*) ventre; appétit, *m.*—*v.t.* avaler; endurer.
stomach-ache ['stʌməkeik], *n.* mal à l'estomac, *m.*, colique, *f.*
stone [stoun], *a.* de pierre, en pierre; de grès (*céramique*).—*n.* pierre, *f.*; caillou (*galet*); noyau (*de fruits*); pépin (*de raisins*); (*Path.*) calcul; (*Weight*) stone (*kg. 6·348*), *m.*—*v.t.* lapider; ôter les noyaux de (*fruits*).
stone-blind ['stounblaind], *a.* complètement aveugle.
stone-cold ['stounkould], *a.* complètement froid.—*adv.* complètement.
stone-dead ['stoun'ded], *a.* raide mort.
stone-deaf ['stoundef], *a.* complètement sourd.
stone-fruit ['stounfruːt], *n.* fruit à noyau, *m.*
stone-mason ['stounmeisən], *n.* maçon, marbrier (*pour tombes*), *m.*
stone's-throw ['stounzθrou], *n.* jet de pierre, *m.*
stoneware ['stounweə], *n.* grès, *m.*, poterie de grès, *f.*
stonework ['stounwəːk], *n.* maçonnerie, *f.*
stoniness ['stouninis], *n.* nature pierreuse; (*fig.*) dureté, *f.*
stoning ['stouniŋ], *n.* lapidation, *f.*

stony ['stouni], *a.* de pierre; pierreux (*plein de pierres*); (*fig.*) insensible; **stony-hearted**, au cœur de pierre.

stook [stu:k], *n.* tas de gerbes, *m.*—*v.t.* mettre en gerbes.

stool [stu:l], *n.* tabouret; escabeau, *m.*

stoop [stu:p], *v.i.* se pencher, se baisser; se voûter; (*fig.*) s'abaisser.—*n.* inclination, *f.*; (*fig.*) abaissement, *m.*

stooping ['stu:pin], *a.* penché, courbé.

stop [stɔp], *n.* halte; pause, *f.*; obstacle; (*Organ*) jeu, registre; arrêt (*de trains etc.*), *m.*; (*Gram.*) **full stop**, point, *m.*—*v.t.* arrêter, empêcher; couper (*le souffle*); suspendre (*paiement etc.*); retenir (*la paye*); (*Mus.*) presser; (*Gram.*) ponctuer; boucher (*trou etc.*); stopper (*machine*); plomber (*dent*).—*v.i.* s'arrêter; stopper.

stopcock ['stɔpkɔk], *n.* robinet d'arrêt, *m.*

stop-gap ['stɔpgæp], *n.* bouche-trou, *m.*

stoppage ['stɔpidʒ], *n.* interruption, halte, *f.*; arrêt (*d'un train etc.*), *m.*; obstruction; retenue (*de salaire*), *f.*; chômage (*arrêt de travail*); plombage (*de dent*), *m.*

stopper ['stɔpə], *n.* bouchon (*en verre*), *m.*—*v.t.* boucher.

stopping ['stɔpin], *n.* arrêt; plombage (*de dent*), *m.*; matière à plomber, *f.*

stop-watch ['stɔpwɔtʃ], *n.* chronomètre, *m.*

storage ['stɔ:ridʒ], *n.* emmagasinage, *m.*, accumulation, *f.*

store [stɔ:], *n.* provision, *f.*; approvisionnement, *m.*, réserve, *f.*; magasin, boutique, *f.*; (*fig.*) fonds, trésor, *m.*; **in store**, en réserve; **to lay in a store of**, faire une provision de.—*v.t.* pourvoir, munir, approvisionner (*de*); enrichir (*l'esprit*).

store-house ['stɔ:haus], *n.* magasin, entrepôt, dépôt, *m.*

store-keeper ['stɔ:ki:pə], *n.* garde-magasin; marchand (*boutiquier*), *m.*

store-room ['stɔ:ru:m], *n.* dépôt, office, *m.*; réserve, *f.*

storey, story (1) ['stɔ:ri], *n.* étage, *m.*

storied (1) ['stɔ:rid], *a.* à étage.

storied (2) ['stɔ:rid], *a.* orné d'inscriptions etc.

stork [stɔ:k], *n.* cigogne, *f.*

storm [stɔ:m], *n.* orage, *m.*, tempête, *f.*—*v.t.* donner l'assaut à, prendre d'assaut.—*v.i.* faire de l'orage; (*fig.*) tempêter, s'emporter.

storm-bell ['stɔ:mbel], *n.* tocsin, *m.*

storm-cloud ['stɔ:mklaud], *n.* nuée, *f.*

storminess ['stɔ:minis], *n.* état orageux, *m.*

storming ['stɔ:min], *n.* assaut, *m.*, prise d'assaut; (*fig.*) rage, *f.*

stormy ['stɔ:mi], *a.* orageux, à l'orage; **stormy petrel**, pétrel, *m.*

story (1) [STOREY].

story (2) ['stɔ:ri], *n.* histoire, *f.*, récit; conte (*littéraire*); mensonge (*tromperie*), *m.*

story-book ['stɔ:ribuk], *n.* livre de contes, *m.*

story-teller ['stɔ:ritelə], *n.* conteur (*narrateur*); menteur (*trompeur*), *m.*

stout [staut], *a.* fort; gros, corpulent; (*fig.*) brave, courageux.—*n.* stout, *m.*, bière brune forte (*boisson*), *f.*

stoutly ['stautli], *adv.* vigoureusement, fort et ferme.

stoutness ['stautnis], *n.* embonpoint, *m.*, corpulence; (*fig.*) fermeté, *f.*

stove (1) [stouv], *past* and *p.p.* [STAVE].

stove (2) [stouv], *n.* poêle; fourneau (*de cuisine*), *m.*

stow [stou], *v.t.* mettre en place; (*Naut.*) arrimer; **to stow away**, emmagasiner.

stowage ['stouidʒ], *n.* mise en place, *f.*, (*Naut.*) arrimage, *m.*

stowaway ['stouəwei], *n.* passager clandestin *m.*—*v.i.* s'embarquer clandestinement.

straddle [strædl], *v.t.* enfourcher.—*v.i.* écarter les jambes, marcher les jambes écartées.

strafe [strɑ:f], *v.t.* mitrailler, bombarder.

straggle [strægl], *v.i.* s'écarter; marcher à la débandade.

straggler ['stræglə], *n.* rôdeur; (*Mil.*) traînard, *m.*

straggling ['stræglin], *a.* séparé; éparpillé (*disséminé*).

straight [streit], *a.* droit; (*fig.*) équitable, juste.—*adv.* droit, tout droit, directement; **straight away**, sur-le-champ, tout de suite.

straight-edge ['streitedʒ], *n.* règle à araser, *f.*

straighten [streitn], *v.t.* rendre droit, redresser; ajuster (*habits*); mettre en ordre (*affaires, maison*).

straight-faced ['streit'feisd], *a.* imperturbable.

straightforward [streit'fɔ:wəd], *a.* droit, direct; (*fig.*) franc; simple (*problème*).

straightforwardly [streit'fɔ:wədli], *adv.* avec droiture; (*collog.*) carrément.

straightness ['streitnis], *n.* ligne directe; droiture, *f.*

straightway ['streitwei], *adv.* sur-le-champ, à l'instant.

strain (1) [strein], *v.t.* tendre; forcer (*contraindre*); se fouler (*muscles*); filtrer, passer (*liquide*).—*v.i.* s'efforcer; se filtrer (*liquide*).—*n.* grand effort, *m.*, tension; entorse, foulure (*de muscles*), *f.*; ton; chant, *m.*

strain (2) [strein], *n.* race, lignée, *f.*

strained [streind], *a.* forcé, pas naturel (*langage etc.*); tendu.

strainer ['streinə], *n.* passoire, *f.*

straining ['streinin], *n.* tension, *f.*, grand effort, *m.*, exagération, *f.*; filtrage (*d'un liquide*), *m.*

strait [streit], *a.* étroit, serré; strict.—*n.* (*usu. pl.*) (*Geog.*) détroit, *m.*; (*pl.*) gêne, difficulté, *f.*, embarras, *m.*

straiten [streitn], *v.t.* rétrécir (*resserrer*); (*fig.*) gêner.

strait-laced ['streitleist], *a.* lacé étroitement; (*fig.*) sévère, prude.

straitness ['streitnis], *n.* étroitesse, *f.*

strait-waistcoat ['streitweiskout], **strait-jacket** ['streitdʒækit], *n.* camisole de force, *f.*

strand (1) [strænd], *n.* plage, grève, *f.*—*v.t.* jeter à la côte, échouer.—*v.i.* échouer.

strand (2) [strænd], *n.* cordon (*de corde*), *m.*

stranded ['strændid], *a.* échoué; (*fig.*) dans l'embarras.

stranding ['strændin], *n.* échouement, échouage, *m.*

strange [streindʒ], *a.* étrange, singulier, bizarre.

strangely ['streindʒli], *adv.* étrangement, singulièrement.

strangeness ['streindʒnis], *n.* étrangeté, bizarrerie, *f.*

stranger ['streindʒə], *n.* étranger, inconnu, *m.*

strangle [stræŋgl], *v.t.* étrangler.

strangler ['stræŋglə], *n.* étrangleur, *m.*

strangling ['stræŋgliŋ], *n.* étranglement, *m.*

strangulation [stræŋgju'leiʃən], *n.* strangulation, *f.*

strap [stræp], *n.* courroie, *f.*; lien, *m.*, bande (*de fer*), *f.*—*v.t.* attacher avec une courroie; lier.

strapper ['stræpə], *n.* grand gaillard, *m.*

strapping ['stræpiŋ], *a.* bien découplé, bien bâti.

stratagem ['strætədʒəm], *n.* stratagème, *m.*

strategic [strə'ti:dʒik], **strategical** [strə'ti:dʒikəl], *a.* stratégique.

strategist ['strætədʒist], *n.* stratégiste. *m.*, *f.*

strategy ['strætədʒi], *n.* stratégie, *f.*

stratify ['strætifai], *v.t.* stratifier.

stratocruiser ['stræto'kru:zə], *n.* avion stratosphérique, *m.*

stratosphere ['strætəsfiə], *n.* stratosphère, *f.*

stratum ['stra:təm], *n.* (*pl.* **strata** ['stra:tə]) couche, *f.*

straw [strɔ:], *a.* de paille.—*n.* paille, *f.*; *it's the last straw*, c'est le comble.—*v.t.* rempailler (*chaise*).

strawberry ['strɔ:bəri], *n.* fraise, *f.*; fraisier (*plante*), *m.*

straw-coloured ['strɔ:kʌləd], *a.* jaune-paille.

straw-mat ['strɔ:'mæt], *n.* paillasson, *m.*

stray [strei], *v.i.* s'égarer, errer, vaguer; s'écarter (*de*).—*a.* égaré; (*fig.*) fortuit.—*n.* épave, *f.*; *waifs and strays*, des épaves, *f.pl.*

straying ['streiiŋ], *n.* égarement, *m.*

streak [stri:k], *n.* raie, bande, *f.*; *streak of lightning*, éclair, *m.*—*v.t.* rayer, strier; barioler, bigarrer.—*v.i.* filer.

streaked [stri:kt], *a.* rayé (*de*); bariolé, bigarré.

streaky ['stri:ki], *a.* rayé; veiné (*marbre*); entrelardé (*viande*).

stream [stri:m], *n.* courant; cours d'eau, *m.*, rivière, *f.*; ruisseau; (*fig.*) cours; jet (*de lumière etc.*); torrent (*de paroles etc.*), *m.*; *to go down stream*, aller en aval; *to go up stream*, aller en amont.—*v.i.* couler; ruisseler (*sang etc.*); rayonner (*lumière*).

streamer ['stri:mə], *n.* banderole (*Naut.*) flamme, *f.*; (*pl.*) serpentins (*de papier*), *m.pl.*

streamlet ['stri:mlit], *n.* petit ruisseau; ru, *m.*

stream-line ['stri:mlain], *n.* fil de l'eau, *m.* —*v.t.* caréner; (*fig.*) moderniser.

stream-lined ['stri:mlaind], *a.* **stream-lined body**, carrosserie carénée, *f.*; **stream-lined car**, voiture aérodynamique, *f.*

street [stri:t], *n.* rue, *f.*

street-door ['stri:t'dɔ:], *n.* porte sur la rue, *f.*

street-lamp ['stri:tlæmp], *n.* réverbère, *m.*

street-sweeper ['stri:tswi:pə], *n.* balayeur de rue (*personne*), *m.*; balayeuse (*machine*), *f.*

strength [streŋθ], *n.* force, *f.*, forces, *f.pl.*; (*Build.*) solidité, *f.*; (*Mil.*) effectif, *m.*

strengthen [streŋθn], *v.t.* fortifier, affermir, raffermir; (*Mil.*) renforcer.—*v.i.* se fortifier, s'affermir, se raffermir.

strengthener ['streŋθnə], *n.* (*Med.*) fortifiant, *m.*

strengthening ['streŋθniŋ], *a.* fortifiant.

strenuous ['strenjuəs], *a.* énergique, vif, ardent, vigoureux.

strenuously ['strenjuəsli], *adv.* avec zèle, ardemment; vigoureusement.

strenuousness ['strenjuəsnis], *n.* zèle, *m.*, ardeur; vigueur, *f.*

streptococcus [strepto'kɔkəs], *n.* streptocoque, *m.*

streptomycin [strepto'maisin], *n.* streptomycine, *f.*

stress [stres], *n.* force, emphase, *f.*, poids; (*Gram.*) accent, *m.*; violence (*du temps*); (*Mech.*) tension, *f.*—*v.t.* appuyer sur, accentuer.

stretch [stretʃ], *v.t.* tendre (*un élastique*); étendre; déployer (*ailes*); élargir; forcer (*faire violence à*); (*fig.*) exagérer.—*v.i.* s'étendre; s'étirer; se déployer; s'élargir; prêter (*gants, tissu*).—*n.* étendue, tension, extension; section (*de route*), *f.*; (*fig.*) effort, *m.*; *at a stretch*, d'un trait.

stretcher ['stretʃə], *n.* brancard, *m.*, civière, *f.*; baguette (*à gants*), *f.*, tendeur (*à chaussures*), *m.*

stretcher-bearer ['stretʃəbeərə], *n.* brancardier, *m.*

stretching ['stretʃiŋ], *n.* élargissement, *m.*; tension, *f.*

strew [stru:], *v.t. irr.* répandre, parsemer, semer.

strewing ['stru:iŋ], *n.* jonchée, *f.*

striate ['straiit], **striated** [strai'eitid], *a.* strié.

striation [strai'eiʃən], *n.* striure, *f.*

stricken [strikn], *p.p.* [STRIKE].—*a.* affligé; (*Med.*) atteint (*de*).

strict [strikt], *a.* exact, strict, précis; rigide; sévère.

strictly ['striktli], *adv.* strictement, formellement; *strictly speaking*, rigoureusement parlant.

strictness ['striktnis], *n.* exactitude, rigueur; sévérité, *f.*

stricture ['striktʃə], *n.* censure, critique, *f.*; (*Med.*) étranglement, *m.*

stride [straid], *n.* grand pas, *m.*, enjambée, *f.* —*v.i. irr.* marcher à grands pas *ou* à grandes enjambées.

strident ['straidənt], *a.* strident.

strife [straif], *n.* lutte, querelle, dispute, *f.*

strike [straik], *v.t. irr.* frapper; battre, cogner; asséner, porter (*un coup*); sonner (*l'heure*); rendre (*muet etc.*); établir (*l'équilibre*); allumer (*allumette*); faire (*marché etc.*); amener (*drapeau*); plier (*tente*); *to strike down*, abattre; *to strike off*, retrancher, effacer.—*v.i.* frapper; toucher; échouer (*heurter un écueil etc.*); heurter, donner (*contre*); sonner (*pendule etc.*); (*Hort.*) prendre racine; faire grève, se mettre en grève (*ouvriers*); *to strike out*, se lancer; (*Mus.*) *to strike up*, commencer à jouer.— *n.* grève (*d'ouvriers*), *f.*; *sit-down strike*, débrayage, *m.*; *stay-in-strike*, grève sur le tas.

striker ['straikə], *n.* frappeur, *m.*; gréviste (*ouvrier en grève*), *m.*, *f.*; percuteur (*de fusil*), *m.*

striking ['straikiŋ], *a.* frappant, saisissant; remarquable.—*n.* frappement, *m.*; frappe; sonnerie (*de pendule*), *f.*

strikingly ['straikiŋli], *adv.* d'une manière frappante.

string [striŋ], *n.* ficelle, corde, *f.*, fil; cordon, lacet (*de chaussures etc.*); chapelet (*d'oignons etc.*), *m.*; corde (*de violon*); bride (*de bonnet etc.*); (*fig.*) suite, série, *f.*; *the strings*, les instruments à cordes (*d'un orchestre*), *m.pl.*—*v.t. irr.* garnir de cordes; enfiler (*grains etc.*); (*Mus.*) accorder.

stringed [striŋd], *a.* à cordes (*instrument de musique*).

stringency ['strindʒənsi], *n.* rigueur, *f.*

stringent ['strindʒənt], *a.* rigoureux, strict.

stringy ['striŋi], *a.* fibreux; filandreux (*viande*).

strip [strip], *n.* bande, *f.*, ruban; lambeau, *m.*, langue (*de terre*), *f.*—*v.t.* dépouiller (*de*); dévaliser (*voler*); déshabiller (*dévêtir*); *to strip off*, se dépouiller de.—*v.i.* se déshabiller.

stripe [straip], *n.* raie; barre, bande; marque (*cicatrice*), *f.*; (*Mil.*) chevron, galon, *m.*—*v.t.* rayer, barrer.

striped [straipt], **stripy** ['straipi], *a.* rayé, à raies, zébré.

stripling ['striplin], *n.* adolescent, *m.*

strive [straiv], *v.i. irr.* s'efforcer (*de*), faire des efforts (*pour*), se débattre; se disputer (*rivaliser*).

striving ['straiviŋ], *n.* lutte, *f.*, efforts, *m.pl.*

stroke [strouk], *n.* coup; trait; trait de plume; coup d'aviron, *m.*; brassée (*de la nage*), course (*de piston*), *f.*; (*Med.*) coup de sang, *m.*, attaque, *f.*; chef de nage (*de bateau à rames*), *m.*; *at a stroke*, d'un coup, d'un trait.—*v.t.* caresser.

stroking ['stroukiŋ], *n.* caresses, *f.pl.*

stroll [stroul], *n.* (courte) promenade, *f.*, tour, *m.*, flânerie, *f.*—*v.i.* errer, flâner.

stroller ['stroulə], *n.* flâneur, *m.*

strong [stroŋ], *a.* fort, solide; (*fig.*) vigoureux, résolu; *strong light*, vive lumière, *f.*

strong-box ['stroŋbɔks], *n.* coffre-fort, *m.*

stronghold ['stroŋhould], *n.* forteresse, *f.*, fort, *m.*

strongly ['stroŋli], *adv.* fortement, fermement.

strong-room ['stroŋruːm], *n.* cave aux coffres-forts, *f.*

strontium ['strɔnʃiəm], *n.* strontium, *m.*

strop [strop], *n.* cuir à rasoir, *m.*—*v.t.* repasser, affiler.

strophe ['stroufi, 'strɔfi], *n.* stance, strophe, *f.*

structural ['strʌktʃərəl], *a.* de structure, structural.

structure ['strʌktʃə], *n.* construction, structure, *f.*; édifice, *m.*; facture (*de pièce, de poème*), *f.*

struggle ['strʌgl], *n.* lutte, *f.*, effort, *m.*—*v.i.* lutter, se débattre.

struggling ['strʌgliŋ], *n.* lutte, *f.*; effort, *m.*

strum [strʌm], *v.i.* tapoter, taper (*sur*).

strumming ['strʌmiŋ], *n.* tapotage, *m.*

strut [strʌt], *n.* démarche fière, *f.*; (*Carp. etc*) étai, *m.*—*v.i.* se pavaner, se carrer.

strychnine ['strikniːn], *n.* strychnine, *f.*

stub [stʌb], *n.* souche, *f.*; bout, *m.*

stubble [stʌbl], *n.* chaume, *m.*

stubborn ['stʌbən], *a.* obstiné, opiniâtre.

stubbornness ['stʌbənnis], *n.* opiniâtreté, *f.*

stubby ['stʌbi], *a.* trapu (*taille*).

stucco ['stʌkou], *n.* stuc, *m.*

stud (1) [stʌd], *n.* bouton de chemise; clou, *m.* —*v.t.* clouter; parsemer (*de*).

stud (2) [stʌd], *n.* écurie, *f.*; *stud-farm*, haras, *m.*

student ['stjuːdənt], *n.* étudiant, *m.*, élève, *m.*, *f.*

studied ['stʌdid], *a.* étudié (*style etc.*); prémédité (*calculé*).

studio ['stjuːdiou], *n.* atelier; (*Cine., Rad.*) studio, *m.*

studious ['stjuːdiəs], *a.* studieux; diligent.

studiously ['stjuːdiəsli], *adv.* studieusement.

studiousness ['stjuːdiəsnis], *n.* application, *f.*

study ['stʌdi], *n.* étude, *f.*; soin, *m.*, application (*attention*), *f.*; cabinet d'étude (*pièce*), *m.*; *to be in a brown study*, être dans la lune.—*v.t.* étudier, s'occuper de.—*v.i.* étudier, travailler.

stuff [stʌf], *n.* étoffe, *f.*, tissu, *m.*; (*fig.*) matière, *f.*; fatras (*bêtises*), *m.*—*v.t.* rembourrer; bourrer (*remplir*); boucher (*trou*); (*Taxidermy*) empailler; (*Cook.*) farcir.—*v.i.* se bourrer; se gorger.

stuffing ['stʌfiŋ], *n.* bourre (*substances*), *f.*; rembourrage (*opération*), *m.*; (*Cook.*) farce, *f.*; (*Taxidermy*) empaillage, *f.*

stuffy ['stʌfi], *a.* privé d'air, renfermé; *to be stuffy*, sentir le renfermé; (*fig.*) avoir des préjugés.

stultify ['stʌltifai], *v.t.* rendre nul; contredire (*démentir*); *to stultify oneself*, se rendre ridicule.

stumble [stʌmbl], *v.i.* trébucher, broncher; (*fig.*) faire un faux pas, faillir.—*n.* faux pas, *m.*

stumbling ['stʌmbliŋ], *a.* trébuchant.—*n.* trébuchement, *m.*

stumbling-block ['stʌmbliŋblɔk], *n.* pierre d'achoppement, *f.*

stump [stʌmp], *n.* tronçon, *m.*, souche, *f.*; chicot (*de dent*); trognon (*de chou*); moignon (*de membre*), *m.*; (*Drawing*) estompe, *f.*

stumpy ['stʌmpi], *a.* trapu (*personne*).

stun [stʌn], *v.t.* étourdir.

stunning ['stʌniŋ], *a.* étourdissant; (*slang*) épatant.

stunt (1) [stʌnt], *v.t.* rabougrir.

stunt (2) [stʌnt]. *n.* tour de force, *m.*; réclame, *f.*

stunted ['stʌntid], *a.* rabougri.

stupefaction [stjuːpi'fækʃən], *n.* stupéfaction, *f.*

stupefy ['stjuːpifai], *v.t.* hébéter, abrutir; stupéfier.

stupefying ['stjuːpifaiiŋ], *a.* stupéfiant.

stupendous [stjuː'pendəs], *a.* prodigieux, foudroyant.

stupid ['stjuːpid], *a.* stupide, sot, bête.

stupidity [stjuː'piditi], *n.* stupidité, bêtise, *f.*

stupidly ['stjuːpidli], *adv.* stupidement.

stupor ['stjuːpə], *n.* stupeur, *f.*

sturdy ['stəːdi], *a.* vigoureux, fort, robuste; hardi.

sturgeon ['stəːdʒən], *n.* esturgeon, *m.*

stutter ['stʌtə], *v.t.*, *v.i.* bégayer.

stutterer ['stʌtərə], *n.* bègue, *m.*, *f.*

stuttering ['stʌtəriŋ], *n.* bégaiement, *m.*

sty (1) [stai], *n.* étable (*à cochons*), *f.*

sty (2), **stye** [stai], *n.* orgelet (*à l'œil*), *m.*

Stygian ['stidʒiən], *a.* stygien.

style [stail], *n.* style; (*fig.*) genre, *m.*, manière, *f.*; titre, *m.*; raison sociale (*d'une compagnie*), *f.*; *to live in style*, avoir un train de maison.—*v.t.* appeler, qualifier de.

stylish

stylish ['staili∫], *a.* élégant, de bon ton.
stylus ['stailəs], *n.* style, *m.*
styptic ['stiptik], *a.* and *n.* (*Med.*) styptique, *m.*
suave [swɑ:v], *a.* suave.
suavity ['swɑ:viti], *n.* suavité, *f.*
subaltern ['sʌbltən], *a.* subalterne.—*n.* (sous-)lieutenant, *m.*
subconscious [sʌb'kɔn∫əs], *a.* and *n.* (*Psych.*) subconscient, *m.*
subconsciously [sʌb'kɔn∫əsli], *adv.* inconsciemment.
subdivide [sʌbdi'vaid], *v.t.* subdiviser.
subdue [səb'dju:], *v.t.* subjuguer; dompter, étouffer; *subdued light,* demi-jour, *m.*
sub-editor [sʌb'editə], *n.* secrétaire de la rédaction, *m., f.*
subject ['sʌbdʒikt], *a.* assujetti, soumis; sujet (*à*), exposé (*à*).—*n.* sujet, *m.*; (*Sch.*) matière, *f.*; particulier, *m.*, personne, *f.*— [səb'dʒekt], *v.t.* assujettir, soumettre; rendre sujet (*à*), exposer (*à*).
subjection [səb'dʒek∫ən], *n.* sujétion, *f.*
subjective [səb'dʒektiv], *a.* subjectif.
subjectively [səb'dʒektivli], *adv.* subjectivement.
subject-matter ['sʌbdʒiktmætə], *n.* sujet, *m.* matière, *f.*
subjugate ['sʌbdʒugeit], *v.t.* subjuguer.
subjunctive [səb'dʒʌŋktiv], *a.* and *n.* (*Gram.*) subjonctif, *m.*
sublet [sʌb'let], *v.t. irr.* (*conjug. like* LET) sous-louer.
sub-lieutenant [sʌblef'tenənt], *n.* (*Navy*) enseigne, *m.*
sublimate ['sʌblimeit], *v.t.* sublimer.
sublime [sə'blaim], *a.* and *n.* sublime, *m.*
sublimeness [sə'blaimnis], *n.* sublimité, *f.*; sublime, *m.*
sub-machine-gun [sʌbmə'∫i:ngʌn], *n.* mitraillette, *f.*
submarine ['sʌbməri:n], *a.* and *n.* sous-marin, *m.*
submerge [səb'mə:dʒ], *v.t.* submerger.—*v.i.* plonger.
submission [səb'mi∫ən], *n.* soumission; résignation, déférence, *f.*
submissive [səb'misiv], *a.* soumis (*à*); docile.
submit [səb'mit], *v.t.* soumettre (*à*).—*v.i.* se soumettre (*à*).
subnormal [sʌb'nɔ:ml], *a.* sous-normal.
subordinate [sə'bɔ:dinit], *a.* subordonné (*à*).—*n.* subordonné, *m.*—[sə'bɔ:dineit], *v.t.* subordonner (*à*).
subordination [səbɔ:di'nei∫ən], *n.* subordination, *f.*; rang inférieur, *m.*
suborn [sə'bɔ:n], *v.t.* suborner.
subpoena [sʌb'pi:nə], *n.* (*Law*) citation, assignation, *f.*—*v.t.* citer, assigner.
subscribe [səb'skraib], *v.t.* souscrire.—*v.i.* souscrire (*à* ou *pour*); s'abonner (*à un journal*).
subscriber [səb'skraibə], *n.* abonné (*à un journal*), *m.*
subscription [səb'skrip∫ən], *n.* souscription, *f.*; abonnement (*à un journal etc.*), *m.*
subsection ['sʌbsek∫ən], *n.* subdivision, *f.*
subsequent ['sʌbsikwənt], *a.* subséquent, postérieur.
subsequently ['sʌbsikwəntli], *adv.* ensuite, après.

subservient [səb'sə:vjənt], *a.* subordonné (*à*); qui contribue à; obséquieux.
subserviently [səb'sə:viəntli], *adv.* en sous-ordre, utilement; servilement.
subside [səb'said], *v.i.* s'affaisser (*être accablé*); baisser, s'abaisser, se calmer, s'apaiser (*s'adoucir*); se taire (*personne*); *to subside into,* se changer en.
subsidence ['sʌbsidəns, səb'saidəns], *n.* affaissement, *m.*; (*fig.*) baisse (*rivière*), *f.*
subsidiary [səb'sidjəri], *a.* subsidiaire (*à*).—*n.* auxiliaire, *m.*; filiale (*compagnie*), *f.*
subsidize ['sʌbsidaiz], *v.t.* subventionner.
subsidy ['sʌbsidi], *n.* subvention, *f.*
subsist [səb'sist], *v.i.* subsister, exister.
subsistence [səb'sistəns], *n.* subsistance, *f.*; entretien, *m.*; existence, *f.*
subsistent [səb'sistənt], *a.* existant, qui existe.
subsoil ['sʌbsɔil], *n.* sous-sol, *m.*
sub-species ['sʌbspi:∫i:z], *n.* sous-espèce, *f.*
substance ['sʌbstəns], *n.* substance, *f.*; fond (*l'essentiel*), *m.*; biens (*richesses*), *m.pl.*
substantial [səb'stæn∫l], *a.* substantiel, réel, solide; aisé (*riche*).
substantially [səb'stæn∫əli], *adv.* solidement, fortement, considérablement.
substantiate [səb'stæn∫ieit], *v.t.* établir, confirmer.
substantive ['sʌbstəntiv], *a.* indépendant; (*Gram.*) substantif.—*n.* (*Gram.*) substantif, *m.*
substitute ['sʌbstitju:t], *v.t.* substituer (*à*).—*n.* substitut, remplaçant, *m.*
substitution [sʌbsti'tju:∫ən], *n.* substitution, *f.*
substratum [sʌb'strɑ:təm], *n.* (*pl.* **substrata** [sʌb'strɑ:tə]) substratum, substrat, *m.*, couche inférieure, *f.*; (*Agric.*) sous-sol, *m.*
subtenant ['sʌbtenənt], *n.* sous-locataire, *m., f.*
subterfuge ['sʌbtəfju:dʒ], *n.* subterfuge, faux-fuyant, *m.*
subterranean [sʌbtə'reiniən], *a.* souterrain.
sub-title ['sʌbtaitl], *n.* sous-titre, *m.*
subtle [sʌtl], *a.* subtil, rusé; fin.
subtlety ['sʌtlti], *n.* subtilité, finesse, *f.*
subtly ['sʌtli], *adv.* subtilement.
subtract [səb'trækt], *v.t.* défalquer; (*Arith.*) soustraire.
subtraction [səb'træk∫ən], *n.* (*Arith.*) soustraction, *f.*
suburb ['sʌbə:b], *n.* faubourg, *m.*, (*pl.*) alentours, environs, *m.pl.*, banlieue, *f.*; *garden suburb,* cité-jardin, *f.*
suburban [sə'bə:bən], *a.* de la banlieue, suburbain.
subvention [səb'ven∫ən], *n.* subvention, *f.*
subversive [səb'və:siv], *a.* subversif.
subway ['sʌbwei], *n.* passage souterrain; (*Am.*) métro, *m.*
succeed [sək'si:d], *v.t.* succéder à, suivre; *to succeed each other,* se succéder.—*v.i.* succéder (*à*); hériter (*une propriété*); parvenir (*à*), réussir (*avoir du succès*).
succeeding [sək'si:diŋ], *a.* suivant (*dans le passé*); à venir, futur (*à l'avenir*); successif (*consécutif*).
success [sək'ses], *n.* succès, *m.*; *I wish you success!* bonne chance!
successful [sək'sesful], *a.* heureux; couronné de succès, réussi, victorieux; *to be successful,* réussir.

584

successfully [sək'sesfuli], *adv.* heureusement, avec succès.
succession [sək'seʃən], *n.* succession, suite, *f.*; avènement (*au trône etc.*), *m.*; postérité (*descendance*), *f.*; *in succession*, successivement, de suite.
successive [sək'sesiv], *a.* successif, consécutif.
successor [sək'sesə], *n.* successeur, *m.*
succinct [sək'siŋkt], *a.* succinct, concis.
succinctly [sək'siŋktli], *adv.* avec concision.
succinctness [sək'siŋktnis], *n.* concision, brièveté, *f.*
succour ['sʌkə], *v.t.* secourir, aider.—*n.* secours, *m.*, aide, *f.*
succulent ['sʌkjulənt], *a.* succulent, plein de jus.
succumb [sə'kʌm], *v.i.* succomber (à).
such [sʌtʃ], *a.* tel, pareil, semblable; *he is such a bore*, il est si ennuyeux; *such a one*, un tel, *m.*, une telle, *f.*; *such a one as*, tel que; *such as it is*, tel quel, *m.*, telle quelle, *f.*; *such as you*, tel que vous.
suchlike ['sʌtʃlaik], *a.* semblable, pareil; de ce genre.
suck [sʌk], *v.t.*, *v.i.* sucer; têter (à la mamelle); aspirer.
sucker ['sʌkə], *n.* suceur; (*fig.*) gobeur, *m.*
sucking ['sʌkiŋ], *a.* qui suce, aspirant.—*n.* sucement, *m.*, succion, *f.*
sucking-pig ['sʌkiŋpig], *n.* cochon de lait, *m.*
suckle [sʌkl], *v.t.* allaiter, nourrir.
suction ['sʌkʃən], *n.* succion, aspiration, *f.*
Sudan [su'dæn, su'dɑːn], le Soudan, *m.*
Sudanese [sudə'niːz], *a.* soudanais.—*n.* Soudanais (*personne*), *m.*
sudden [sʌdn], *a.* subit, soudain; (*fam.*) *all of a sudden*, tout à coup.
suddenly ['sʌdnli], *adv.* subitement, soudain, tout à coup.
suddenness ['sʌdnnis], *n.* soudaineté, *f.*
Sudetenland [su'deitnlænd], les Sudètes, *m.pl.*
suds [sʌdz], **soap-suds** ['soupsʌdz], *n.pl.* eau de savon, lessive, *f.*
sue [sjuː], *v.t.* poursuivre (en justice).—*v.i.* implorer.
suède [sweid], *n.* daim (*chaussures*); suède (*gants*), *m.*
suet ['sjuːit], *n.* graisse de bœuf, *f.*
suffer ['sʌfə], *v.t.* souffrir; supporter, endurer, subir (*éprouver*); laisser, permettre (*autoriser*).—*v.i.* souffrir (de); *to suffer for*, porter la peine de.
sufferable ['sʌfərəbl], *a.* supportable, tolérable.
sufferance ['sʌfərəns], *n.* tolérance, *f.*
sufferer ['sʌfərə], *n.* victime (de), *f.*; patient, *m.*
suffering ['sʌfəriŋ], *a.* souffrant.—*n.* souffrance, douleur, *f.*
suffice [sə'fais], *v.t.* suffire à, satisfaire.—*v.i.* suffire.
sufficiency [sə'fiʃənsi], *n.* suffisance; aisance (*financière*), *f.*
sufficient [sə'fiʃənt], *a.* suffisant, assez.
sufficiently [sə'fiʃəntli], *adv.* suffisamment, assez.
suffix ['sʌfiks], *n.* suffixe, *m.*
suffocate ['sʌfəkeit], *v.t.*, *v.i.* suffoquer, étouffer, asphyxier.
suffocating ['sʌfəkeitiŋ], *a.* suffocant, étouffant, asphyxiant.

suffocation [sʌfə'keiʃən], *n.* suffocation, asphyxie, *f.*
suffrage ['sʌfridʒ], *n.* suffrage, *m.*
suffuse [sə'fjuːz], *v.t.* répandre, couvrir (de); répandre sur; se répandre sur.
suffusion [sə'fjuːʒən], *n.* épanchement, *m.*, suffusion, *f.*
sugar ['ʃugə], *n.* sucre, *m.*; *barley sugar*, sucre d'orge; *brown sugar* or *moist sugar*, cassonade, *f.*; *castor sugar*, sucre en poudre; *granulated sugar*, sucre cristallisé; *lump sugar*, sucre cassé.—*v.t.* sucrer; (*fig.*) adoucir.
sugar-basin ['ʃugəbeisn], *n.* sucrier, *m.*
sugar-beet ['ʃugəbiːt], *n.* betterave à sucre, *f.*
sugar-cane ['ʃugəkein], *n.* canne à sucre, *f.*
sugared ['ʃugəd], *a.* sucré; (*fig.*) doux.
sugar-loaf ['ʃugəlouf], *n.* pain de sucre, *m.*
sugar-refinery ['ʃugəri'fainəri], *n.* raffinerie de sucre, *f.*
sugary ['ʃugəri], *a.* sucré; trop sucré.
suggest [sə'dʒest], *v.t.* suggérer; inspirer.
suggestion [sə'dʒestʃən], *n.* suggestion; proposition, idée; nuance, *f.*
suggestive [sə'dʒestiv], *a.* suggestif.
suicidal [sjuːi'saidl], *a.* de suicide; fatal.
suicide ['sjuːisaid], *n.* suicide (*acte*); suicidé (*personne*), *m.*; *to commit suicide*, se suicider.
suit [sjuːt], *n.* suite, collection complète, *f.*, assortiment, *m.*; (*Cards*) couleur; sollicitation, prière; recherche en mariage; (*Law*) instance, *f.*, procès, *m.*; *suit (of clothes)*, complet (*d'homme*), tailleur (*de femme*), *m.*—*v.t.* adapter; convenir à, aller à; plaire à —*v.i.* s'accorder (à).
suitability [sjuːtə'biliti], *n.* convenance, *f.*
suitable ['sjuːtəbl], *a.* convenable (à); à propos.
suitably ['sjuːtəbli], *adv.* convenablement.
suite [swiːt], *n.* suite, *f.*, ensemble, *m.*; *suite of rooms*, appartement, *m.*; *suite of furniture*, ameublement complet, *m.*
suitor ['sjuːtə], *n.* prétendant (*amoureux*); (*Law*) plaideur, *m.*
sulk [sʌlk], *v.i.* bouder, faire la mine.
sulkily ['sʌlkili], *adv.* en boudant, en faisant la mine.
sulkiness ['sʌlkinis], **sulking** ['sʌlkiŋ], *n.* bouderie, *f.*
sulks [sʌlks], *n.pl.* mauvaise humeur, bouderie, *f.*
sulky ['sʌlki], *a.* boudeur.
sullen ['sʌlən], *a.* maussade, morose, renfrogné.
sullenly ['sʌlənli], *adv.* maussadement, d'un air renfrogné.
sullenness ['sʌlənnis], *n.* air maussade, *m.*
sully ['sʌli], *v.t.* souiller, ternir (de).
sulphate ['sʌlfeit], *n.* sulfate, *m.*
sulphide ['sʌlfaid], *n.* sulfure, *m.*
sulphite ['sʌlfait], *n.* sulfite, *m.*
sulphonamide [sʌl'founəmaid], *n.* sulfamide, *f.*
sulphur ['sʌlfə], *n.* soufre, *m.*
sulphuric [sʌl'fjuərik], *a.* sulfurique.
sulphurous ['sʌlfjuərəs], *a.* sulfureux.
sultan ['sʌltən], *n.* sultan, *m.*
sultana [sʌl'tɑːnə], *n.* sultane, *f.*; (*pl.*) raisins de Smyrne, *m.pl.*
sultriness ['sʌltrinis], *n.* chaleur étouffante, *f.*

585

sultry

sultry ['sʌltri], *a.* d'une chaleur étouffante, étouffant, suffocant; (*fam.*) épicé, salé (*histoire etc.*); *it is very sultry*, il fait très lourd.

sum [sʌm], *n.* somme (*d'argent*), *f.*; (*Arith.*) problème, calcul, *m.*; *the four sums*, les quatre opérations, *f.pl.*—*v.t. to sum up*, additionner, faire l'addition de; (*fig.*) récapituler.

summarily ['sʌmərili], *adv.* sommairement.

summarize ['sʌməraiz], *v.t.* résumer sommairement.

summary ['sʌməri], *a.* sommaire, prompt.— *n.* sommaire, résumé, *m.*

summer ['sʌmə], *a.* d'été, estival—*n.* été, *m.*; *in summer*, en été.

summer-house ['sʌməhaus], *n.* pavillon, *m.*

summing-up ['sʌmiŋʌp], *n.* résumé, *m.*

summit ['sʌmit], *n.* sommet, *m.*, cime, *f.*; (*fig.*) comble, *m.*

summon ['sʌmən], *v.t.* convoquer (*un rassemblement etc.*); sommer (*ordonner*); (*Law*) citer en justice; assigner (*témoins*).

summons ['sʌmənz], *n.* sommation (*commandement*); convocation, *f.*; appel (*invitation*), *m.*; (*Law*) citation, *f.*, mandat de comparution, *m.*—*v.t.* assigner, citer (en justice), appeler à comparaître.

sump [sʌmp], *n.* (*Mining*) puisard; (fond de) carter (*de voiture*), *m.*

sumptuous ['sʌmptjuəs], *a.* somptueux.

sumptuously ['sʌmptjuəsli], *adv.* somptueusement.

sun [sʌn], *n.* soleil, *m.*—*v.t.* exposer au soleil.

sun-bath ['sʌnbɑːθ], *n.* bain de soleil, *m.*

sun-bathe ['sʌnbeið], *v.i.* prendre des bains de soleil.

sunbeam ['sʌnbiːm], *n.* rayon de soleil, *m.*

sun-blind ['sʌnblaind], *n.* store, *m.*

sunburn ['sʌnbɑːn], *n.* hâle; coup de soleil, *m.*

sunburnt ['sʌnbɑːnt], *a.* hâlé; basané.

Sunday ['sʌndi], *n.* dimanche, *m.*

sunder ['sʌndə], *v.t.* séparer; couper en deux.

sundial ['sʌndaiəl], *n.* cadran solaire, *m.*

sundries ['sʌndriz], *n.pl.* choses diverses, *f.pl.*

sundry ['sʌndri], *a.* divers.

sun-flower ['sʌnflauə], *n.* tournesol, *m.*

sunken ['sʌŋkən], *a.* enfoncé; cave (*joues*); creux (*yeux*).

sunless ['sʌnlis], *a.* sans soleil.

sunlight ['sʌnlait], *n.* lumière du soleil, *f.*

sunlit ['sʌnlit], *a.* ensoleillé.

sunny ['sʌni], *a.* ensoleillé; (*fig.*) heureux; *it is sunny*, il fait du soleil.

sunrise ['sʌnraiz], *n.* lever du soleil, *m.*

sunset ['sʌnset], *n.* coucher du soleil, *m.*

sunshade ['sʌnʃeid], *n.* parasol, *m.*, ombrelle *f.*

sunshine ['sʌnʃain], *n.* soleil, *m.*, clarté du soleil, *f.*

sunstroke ['sʌnstrouk], *n.* coup de soleil, *m.* insolation, *f.*

sup [sʌp], *n.* (*Sc.*) petit coup, *m.*, gorgée, *f.*— *v.t.* boire à petits coups.—*v.i.* souper.

super ['sjuːpə], *a.* (*slang*) *it is super*, c'est sensass (sensationnel).

superable ['sjuːpərəbl], *a.* surmontable.

superabundance [sjuːpərə'bʌndəns], *n.* surabondance, *f.*

superannuate [sjuːpər'ænjueit], *v.t.* mettre à la retraite.

superannuated [sjuːpər'ænjueitid], *a.* mis à la retraite, en retraite (*personne*); démodé.

superannuation [sjuːpərænju'eiʃən], *n.* mise à la retraite, retraite, *f.*; *superannuation fund*, caisse de retraites, *f.*

superb [sjuː'pəːb], *a.* superbe.

superbly [sjuː'pəːbli], *adv.* superbement.

supercilious [sjuːpə'siliəs], *a.* hautain, arrogant.

superciliously [sjuːpə'siliəsli], *adv.* avec hauteur.

superciliousness [sjuːpə'siliəsnis], *n.* hauteur; arrogance, *f.*

superficial [sjuːpə'fiʃl], *a.* superficiel; de superficie (*mesure*).

superficiality [sjuːpəfiʃi'æliti], *n.* caractère superficiel, *m.*

superficially [sjuːpə'fiʃəli], *adv.* superficiellement.

superfine ['sjuːpəfain], *a.* superfin; (*Comm.*) surfin.

superfluity [sjuːpə'fluːiti], *n.* superfluité, *f.*; superflu, *m.*

superfluous [sjuː'pəːfluəs], *a.* superflu, inutile.

superhuman [sjuːpə'hjuːmən], *a.* surhumain.

superimpose [sjuːpərim'pouz], *v.t.* superposer, surimposer.

superintend [sjuːpərin'tend], *v.t.* surveiller.

superintendent [sjuːpərin'tendənt], *n.* chef; directeur, inspecteur, surintendant; commissaire de police, *m.*

superior [sjuː'piəriə], *a. and n.* supérieur, *m.*

superiority [sjuːpiəri'ɔriti], *n.* supériorité, *f.*

superlative [sjuː'pəːlətiv], *a.* suprême; (*Gram.*) superlatif.—*n.* (*Gram.*) superlatif, *m.*

superman ['sjuːpəmæn], *n.* (*pl.* **-men** [men]) surhomme, *m.*

supernatural [sjuːpə'nætʃərəl], *a. and n.* surnaturel, *m.*

supernumerary [sjuːpə'njuːmərəri], *a.* surnuméraire.—*n.* surnuméraire; (*Theat.*) figurant, *m.*

superscribe [sjuːpə'skraib], *v.t.* mettre une adresse, une suscription *ou* une inscription à.

superscription [sjuːpə'skripʃən], *n.* suscription; inscription; (*Coin.*) légende, *f.*; entête (*de lettre*), *m.*

supersede [sjuːpə'siːd], *v.t.* remplacer.

superseded [sjuːpə'siːdid], *a.* démodé, périmé.

supersonic [sjuːpə'sɔnik], *a.* (*onde*) ultrasonore; (*Av.*) supersonique.

superstition [sjuːpə'stiʃən], *n.* superstition, *f.*

superstitious [sjuːpə'stiʃəs], *a.* superstitieux.

superstructure ['sjuːpəstrʌktʃə], *n.* superstructure, *f.*

super-tax ['sjuːpətæks], *n.* surtaxe, *f.*

supervene [sjuːpə'viːn], *v.i.* survenir.

supervention [sjuːpə'venʃən], *n.* survenance, *f.*

supervise ['sjuːpəvaiz], *v.t.* surveiller.

supervision [sjuːpə'viʒən], *n.* surveillance; inspection, *f.*

supervisor ['sjuːpəvaizə], *n.* surveillant, *m.*

supine [sjuː'pain], *a.* couché sur le dos; (*fig.*) nonchalant.—[sjuː'pain], *n.* (*Gram.*) supin, *m.*

supper ['sʌpə], *n.* souper, *m.*; *supper-time*, heure du souper, *f.*

supplant [sə'plɑːnt], *v.t.* supplanter.

supple [sʌpl], *a.* souple, flexible.
supplement [sʌpli'ment], *v.t.* suppléer à; compléter.—[ˈsʌplimənt] *n.* supplément, *m.*
supplementary [sʌpli'mentəri], *a.* supplémentaire.
suppleness [ˈsʌplnis], *n.* souplesse, *f.*
suppliant [ˈsʌpliənt], *a.* and *n.* suppliant, *m.*
supplicate [ˈsʌplikeit], *v.t.* supplier, implorer.
supplication [sʌpli'keiʃən], *n.* supplication, prière, *f.*
supplier [sə'plaiə], *n.* pourvoyeur; fournisseur, *m.*
supply [sə'plai], *n.* fourniture; provision, *f.* approvisionnement (*réserve*), *m.*; (*Elec.*) alimentation, *f.*; (*Mil.*, *pl.*) vivres (*ravitaillement*); (*Parl.*) subsides, *m.pl.*—*v.t.* fournir; pourvoir à, subvenir à (*besoins*), ravitailler.
support [sə'pɔːt], *v.t.* soutenir, supporter; entretenir (*faire vivre*); appuyer (*aider*).—*n.* appui, soutien; support (*physique*); entretien (*des dépendants*), *m.*
supportable [sə'pɔːtəbl], *a.* supportable.
supporter [sə'pɔːtə], *n.* adhérent, partisan; appui, soutien; (*Spt.*) supporter; (*Her.*) support, *m.*
suppose [sə'pouz], *v.t.* supposer, s'imaginer; *to be supposed to* (*know*), être censé (*savoir*); *suppose we go*, si nous y allions.
supposed [sə'pouzd], *a.* présumé; prétendu, soi-disant; censé.
supposedly [sə'pouzidli], *adv.* censément.
supposing [sə'pouzin], *conj.* supposons, supposé (*que*).
supposition [sʌpə'ziʃən], *n.* supposition, *f.*
suppress [sə'pres], *v.t.* supprimer; réprimer (*révolte etc.*); étouffer; *a suppressed laugh*, un rire étouffé.
suppression [sə'preʃən], *n.* suppression; répression; dissimulation (*de la vérité*), *f.*
suppressor [sə'presə], *n.* (*Rad.*, *Tel.*) dispositif anti-parasites, *m.*
suppurate [ˈsʌpjureit], *v.i.* suppurer.
suppuration [sʌpju'reiʃən], *n.* suppuration, *f.*
supremacy [sju'preməsi], *n.* suprématie, *f.*
supreme [sju'priːm], *a.* suprême.
supremely [sju'priːmli], *adv.* suprêmement.
surcharge [ˈsəːtʃɑːdʒ], *n.* surcharge, surtaxe, *f.*
sure [ʃuə], *a.* sûr, certain; assuré; *to be sure!* certainement! bien sûr! *to be sure to*, ne pas manquer de.—*adv.* sûrement, à coup sûr.
sure-footed [ʃuə'futid], *a.* au pied sûr.
surely [ˈʃuəli], *adv.* sûrement, assurément, à coup sûr.
sureness [ˈʃuənis], *n.* certitude, sûreté, *f.*
surety [ˈʃuəti], *n.* certitude (*véracité*); sûreté, sécurité (*garantie*), *f.*; (*Law*) garant, *m.*
surf [səːf], *n.* ressac, *m.*, brisants sur la plage, *m.pl.*
surface [ˈsəːfis], *n.* surface, *f.*
surfeit [ˈsəːfit], *n.* rassasiement, *m.*; *to have a surfeit of*, être rassasié de.
surf-riding [ˈsəːfraidin], *n.* sport de l'aquaplane, planking, surf, *m.*
surge [səːdʒ], *n.* houle, lame de fond, *f.*—*v.i.* s'enfler, s'élever.
surgeon [ˈsəːdʒən], *n.* chirurgien, *m.*
surgery [ˈsəːdʒəri], *n.* chirurgie (*art*), *f.*; dispensaire; cabinet (*de consultations*), *m.*
surgical [ˈsəːdʒikl], *a.* chirurgical.
surliness [ˈsəːlinis], *n.* morosité, *f.*

surly [ˈsəːli], *a.* morose; hargneux (*chien*).
surmise [ˈsəːmaiz], *n.* soupçon, *m.*, conjecture, *f.*—[səˈmaiz], *v.t.* soupçonner, conjecturer.
surmount [səˈmaunt], *v.t.* surmonter.
surmountable [səˈmauntəbl], *a.* surmontable.
surname [ˈsəːneim], *n.* nom de famille, *m.*
surpass [səˈpɑːs], *v.t.* surpasser, l'emporter sur.
surpassable [səˈpɑːsəbl], *a.* qu'on peut surpasser.
surpassing [səˈpɑːsiŋ], *a.* éminent, supérieur, rare.
surplice [ˈsəːplis], *n.* surplis, *m.*
surplus [ˈsəːpləs], *a.* de surplus.—*n.* surplus, *m.*; *surplus stock*, solde, *m.*
surprise [səˈpraiz], *n.* surprise, *f.*; étonnement, *m.*—*v.t.* surprendre, étonner.
surprising [səˈpraiziŋ], *a.* surprenant, étonnant.
surrealism [səˈriːəlizm], *n.* surréalisme, *m.*
surrender [səˈrendə], *n.* reddition, capitulation, *f.*; abandon (*d'un titre, d'un droit*), *m.*; (*Law*) cession, *f.*—*v.t.* rendre; (*fig.*) abandonner, livrer (*personne etc.*); (*Law*) céder.—*v.i.* se rendre.
surreptitious [sʌrəpˈtiʃəs], *a.* subreptice, clandestin; frauduleux.
surreptitiously [sʌrəpˈtiʃəsli], *adv.* subrepticement.
surround [səˈraund], *n.* encadrement (*de porte, de fenêtre*), *m.*—*v.t.* entourer, environner (*de*), (*Mil.*) cerner.
surrounding [səˈraundiŋ], *a.* environnant, d'alentour.—*n.* (*pl.*) alentours, environs, *m.pl.*, entourage, milieu, *m.*
surtax [ˈsəːtæks], *n.* surtaxe, *f.*
survey [ˈsəːvei], *n.* vue, *f.*, coup d'œil, *m.*; inspection (*examen*); expertise (*évaluation*), *f.*; arpentage (*de terrain etc.*); (*Ordnance*) levé topographique, *m.*; *aerial survey*, levé aérophotogrammétrique, *m.*—[səˈvei], *v.t.* arpenter (*terrain*); (*Ordnance*) lever le plan de; (*fig.*) examiner, contempler.
surveying [səˈveiiŋ], *n.* arpentage, levé de plans, *m.*
surveyor [səˈveiə], *n.* inspecteur; arpenteur (*de terrain*); agent voyer (*ponts et chaussées*), *m.*
survival [səˈvaivl], *n.* survivance; survie, *f.*
survive [səˈvaiv], *v.t.* survivre à.—*v.i.* survivre.
surviving [səˈvaiviŋ], *a.* survivant.
survivor [səˈvaivə], *n.* survivant, *m.*
Susan [suːzn]. Suzanne, *f.*
susceptibility [səsepti'biliti], *n.* susceptibilité; sensibilité, *f.*
susceptible [səˈseptibl], *a.* susceptible (*de*).
suspect [ˈsʌspekt], *a.* and *n.* suspect, *m.*—[səˈspekt], *v.t.*, *v.i.* soupçonner.
suspend [səˈspend], *v.t.* suspendre; cesser (*payements*).
suspender [səˈspendə], *n.* (*pl.*) jarretelles (*pour bas*); (*Am.*) bretelles (*pour pantalon*), *f.pl.*
suspense [səˈspens], *n.* suspens, doute, *m.*
suspension [səˈspenʃən], *n.* suspension, *f.*
suspicion [səˈspiʃən], *n.* soupçon, *m.*
suspicious [səˈspiʃəs], *a.* soupçonneux; suspect, louche (*équivoque*).
suspiciously [səˈspiʃəsli], *adv.* avec méfiance; d'une manière suspecte.

suspiciousness [sə'spiʃəsnis], *n.* caractère soupçonneux, *m.*, défiance, méfiance, *f.*
sustain [sə'stein], *v.t.* soutenir, supporter; éprouver, essuyer (*perte*).
sustaining [sə'steiniŋ], *a.* fortifiant, nourrissant.
sustenance ['sʌstinəns], *n.* nourriture, *f.*, aliments, *m.pl.*; entretien, *m.*, subsistance, *f.*
suzerain ['sjuːzərein], *a.* and *n.* suzerain, *m.*
suzerainty ['sjuːzəreinti], *n.* suzeraineté, *f.*
swab [swɔb], *n.* torchon; (*Naut.*) faubert; tampon (*de coton hydrophile*) *m.*—*v.t.* fauberter; nettoyer.
swaddle [swɔdl], *v.t.* emmailloter.
swaddling ['swɔdliŋ], *n.* emmaillotement, *m.*; *swaddling-clothes*, maillot, *m.*
swag [swæg], *n.* (*slang*) butin; (*Australia*) baluchon, *m.*
swagger ['swægə], *v.i.* faire le rodomont; se donner des airs, se vanter.
swaggerer ['swægərə], *n.* fanfaron, *m.*
swaggering ['swægəriŋ], *a.* de fanfaron.—*n.* fanfaronnade, *f.*
swagman ['swægmən], *n.* (*pl.* -**men** [men]) (*Australia*) chemineau, *m.*
swain [swein], *n.* (*poet.*) berger, jeune paysan, *m.*
swallow (1) ['swɔlou], *v.t.* avaler; engloutir (*faire disparaître*); consumer; (*fig.*) gober. —*n.* (*pop.*) avaloir, gosier (*gorge*), *m.*; gorgée (*ce qu'on avale*). *f.*
swallow (2) ['swɔlou], *n.* hirondelle (*oiseau*), *f.*
swallow-dive ['swɔloudaiv], *n.* (*Swim.*) saut de l'ange, *m.*
swallower ['swɔlouə], *n.* avaleur, *m.*
swallow-tail ['swɔlouteil], *a.* en queue d'aronde.—*n.* habit à queue de morue, *m.*
swamp [swɔmp], *n.* marais, marécage, *m.*— *v.t.* submerger; faire couler (*bateau*).
swampy ['swɔmpi], *a.* marécageux.
swan [swɔn], *n.* cygne, *m.*
swank [swæŋk], *n.* pose; (*pop.*) épate, *f.*—*v.i.* (*pop.*) crâner, poser; faire du chiqué.
swanky ['swæŋki], *a.* chic, rupin.
swap [swɔp], *v.t.* (*colloq.*) échanger, troquer. —*n.* troc, échange, *m.*
sward [swɔːd], *n.* (*poet.*) gazon, *m.*, pelouse, *f.*
swarm [swɔːm], *n.* essaim (*d'abeilles*), *m.*— *v.i.* essaimer; (*fig.*) accourir en foule.
swarming ['swɔːmiŋ], *n.* essaimage, *m.*
swarthiness ['swɔːðinis], *n.* teint basané, *m.*
swarthy ['swɔːði], *a.* basané, hâlé.
swashbuckler ['swɔʃbʌklə], *n.* fanfaron, matamore, *m.*
swastika ['swɔstikə], *n.* croix gammée, *f.*
swat [swɔt], *v.t.* écraser, tuer (*mouche*).
swath [swɔːθ], *n.* andain, *m.*, fauchée, *f.*
swathe [sweið], *v.t.* emmailloter.
sway [swei], *v.t.* manier, porter; balancer (*agiter*); (*fig.*) diriger (*gouverner*); influencer (*l'opinion*).—*v.i.* se balancer.—*n.* empire, *m.*; domination (*règne*), *f.*
swaying ['sweiiŋ], *n.* balancement, *m.*; oscillation, *f.*
swear [swɛə], *v.t.* *irr.* faire prêter serment à (*témoins etc.*); prêter (*serment*); *to swear at*, injurier.—*v.i.* jurer; prêter serment.
swearer ['swɛərə], *n.* jureur, *m.*
swearing ['swɛəriŋ], *n.* serments; jurons (*gros mots*), *m.pl.*; *swearing in*, prestation de serment, assermentation (*de juges etc.*), *f.*

swear-word ['swɛəwəːd], *n.* juron, gros mot, *m.*
sweat [swet], *n.* sueur, transpiration, *f.*—*v.t.* faire suer.—*v.i.* suer, transpirer.
sweater ['swetə], *n.* chandail, tricot, pullover (*vêtement*), *m.*
sweatiness ['swetinis], *n.* sueur, *f.*, état de sueur, *m.*
sweating ['swetiŋ], *a.* en sueur; tout en sueur. —*n.* moiteur; fatigue, *f.*
sweaty ['sweti], *a.* en sueur.
Swede [swiːd], *n.* Suédois (*personne*), *m.*
swede [swiːd], *n.* (*Bot.*) rutabaga, *m.*
Sweden [swiːdn]. la Suède, *f.*
Swedish ['swiːdiʃ], *a.* suédois, de Suède,—*n.* suédois (*langue*), *m.*
sweep [swiːp], *v.t.* *irr.* balayer; ramoner (*cheminée*); draguer (*rivière*).—*v.i.* passer rapidement.—*n.* coup de balai; ramoneur (*de cheminées*), *m.*; étendue, portée (*distance*), courbe, *f.*; (*fig.*) sweepstake, *m.*; *to make a clean sweep of*, faire table rase de.
sweeper ['swiːpə], *n.* balayeur; ramoneur (*de cheminées*), *m.*
sweeping ['swiːpiŋ], *a.* rapide, irrésistible; (*fig.*) général.—*n.* balayage; ramonage (*de cheminées*), *m.*; (*pl.*) balayures, ordures, *f.pl.*
sweepstake ['swiːpsteik], *n.* poule, *f.*; sweepstake, *m.*
sweet [swiːt], *a.* doux, sucré; parfumé (*odeur*); (*Mus.*) suave, mélodieux; frais (*poisson etc.*); (*fig.*) joli, charmant.—*n.* chose douce, *f.*; (*pl.*) entremets, sucreries, *f.pl.*; chéri, *m.*
sweetbread ['swiːtbred], *n.* ris de veau *ou* d'agneau, *m.*
sweeten [swiːtn], *v.t.* sucrer; purifier (*salle, l'air etc.*); (*fig.*) adoucir.
sweetener ['swiːtnə], *n.* adoucissant, *m.*
sweetening ['swiːtniŋ], *n.* adoucissement, *m.*
sweetheart ['swiːthɑːt], *n.* amoureux; amant; bon ami, *m.*
sweetly ['swiːtli], *adv.* doucement, gentiment; mélodieusement.
sweetmeat ['swiːtmiːt], *n.* sucrerie, *f.*, bonbon, *m.*
sweetness ['swiːtnis], *n.* douceur; fraîcheur; mélodie, *f.*; (*fig.*) charme, *m.*
sweet-pea ['swiːt'piː], *n.* pois de senteur, *m.*
sweet-shop ['swiːtʃɔp], *n.* confiserie, *f.*
sweet-william ['swiːt'wiljəm], *n.* œillet de poète, *m.*
swell [swel], *v.t.* *irr.* enfler, gonfler; aggraver; augmenter (*ajouter à*).—*v.i.* enfler, s'enfler, se gonfler; grossir, croître (*multiplier*); (*fig.*) bouffir (*d'orgueil, de colère etc.*).—*a.* (*colloq.*) à la mode, chic; épatant.—*n.* élévation, montée, *f.*; renflement (*de son*), *m.*; houle (*de mer*), *f.*; (*colloq.*) rupin, élégant, *m.*
swelling ['sweliŋ], *a.* grandissant (*qui augmente*).—*n.* enflure; bouffissure (*pathologique*), *f.*; gonflement (*protubérance*), *m.*, crue (*de rivière*), *f.*; soulèvement (*des vagues*); (*fig.*) mouvement, transport (*de colère etc.*), *m.*
swelter ['sweltə], *v.i.* étouffer de chaleur; *it is sweltering hot*, il fait une chaleur étouffante.
swerve [swəːv], *v.i.* s'écarter, se détourner, faire un écart (*cheval*), faire une embardée (*voiture*).
swerving ['swəːviŋ], *n.* écart, *m.*, déviation, embardée (*de voiture*), *f.*

swift [swift], *a.* vite; rapide, prompt.—*n.* (*Orn.*) martinet, *m.*
swift-footed ['swift'futid], *a.* rapide à la course; au pied léger.
swiftly ['swiftli], *adv.* vite, rapidement.
swiftness ['swiftnis], *n.* rapidité, vitesse, *f.*
swig [swig], *v.t., v.i.* (*pop.*) boire à longs traits. —*n.* long trait (*d'alcool*), *m.*
swill [swil], *v.t.* laver, rincer; boire avidement.—*v.i.* boire; (*colloq.*) s'enivrer.—*n.* lavure de vaisselle, lavure, *f.*; grand coup (*d'alcool*), *m.*
swim [swim], *v.t. irr.* traverser à la nage.— *v.i.* nager; flotter, surnager; (*fam.*) tourner (*la tête*); être inondé (de) (*être submergé*).— *n.* nage, *f.*; *in the swim*, à la page.
swimmer ['swimə], *n.* nageur, *m.*
swimming ['swimiŋ], *n.* natation (*sport*); nage (*action*), *f.*; (*fam.*) étourdissement (*de tête*), *m.*; *by swimming*, à la nage.
swimming-baths ['swimiŋba:θz], **swimming-pool** ['swimiŋpu:l], *n.* piscine, *f.*
swimmingly ['swimiŋli], *adv.* à merveille.
swim-suit ['swimsju:t], *n.* maillot de bain, *m.*
swindle [swindl], *v.t.* escroquer.—*n.* escroquerie, *f.*
swindler ['swindlə], *n.* escroc, filou, *m.*
swindling ['swindliŋ], *n.* escroquerie, *f.*
swine [swain], *n.inv.* cochon, pourceau, porc; (*pop.*) salaud, *m.*
swing [swiŋ], *v.t. irr.* balancer; brandir (*une arme etc.*).—*v.i.* se balancer; osciller; pendiller, être suspendu.—*n.* oscillation (*mouvement*), *f.*; balancement, *m.*; balançoire (*siège*), *f.*; (*Mus.*) swing, *m.*; *in full swing*, en pleine activité.
swing-door ['swiŋ'dɔ:], *n.* porte battante, *f.*
swinging ['swiŋiŋ], *n.* balancement, *m.*, oscillation, *f.*
swipe [swaip], *n.* taloche, *f.*—*v.t.* donner une taloche à; (*fam.*) chiper.
swirl [swə:l], *v.i.* tourbillonner.—*n.* remous, *m.*
swish [swiʃ], *v.t.* cingler, fouetter.—*v.i.* siffler, bruire.
Swiss [swis], *a.* helvétique, suisse.—*n.* Suisse (*personne*), *m.*, Suissesse, *f.*
switch [switʃ], *n.* badine, houssine, gaule; (*Rail.*) aiguille, *f.*; (*Elec.*) commutateur, interrupteur, *m.*—*v.t.* houspiller, cingler; (*Rail.*) aiguiller; changer (*de*); *to switch off*, couper; *to switch on*, ouvrir.—*v.i. to switch off*, couper le courant; *to switch on*, mettre le courant.
switchboard ['switʃbɔ:d], *n.* standard (*téléphonique*), *m.*; *switchboard operator*, standardiste, *m., f.*
Switzerland ['switsələnd]. la Suisse, *f.*
swivel [swivl], *n.* émerillon; pivot, *m.*—*v.i.* pivoter.
swoon [swu:n], *v.i.* s'évanouir.—*n.* evanouissement, *m.*
swoop [swu:p], *v.i.* fondre (*sur*).—*n. at one (fell) swoop*, d'un seul coup (*fatal*).
sword [sɔ:d], *n.* épée, *f.*
sword-bearer ['sɔ:dbɛərə], *n.* porte-épée, *m.*
sword-fish ['sɔ:dfiʃ], *n.* espadon, *m.*
swordsman ['sɔ:dzmən], *n.* (*pl.* **-men** [men]) tireur, homme d'épée, *m.*

swordstick ['sɔ:dstik], *n.* canne à épée, *f.*
sworn [swɔ:n], *a.* juré; (*Law*) assermenté; acharné (*ennemi*).
swot [swɔt], *v.i.* (*Sch. slang*) piocher, bûcher.— *n.* bûcheur, *m.*
sycamore ['sikəmɔ:], *n.* sycomore, *m.*
sycophancy ['sikəfənsi], *n.* adulation, *f.*
sycophant ['sikəfənt], *n.* adulateur, *m.*
sycophantic [sikə'fæntik], *a.* adulateur.
syllabic [si'læbik], *a.* syllabique.
syllable ['siləbl], *n.* syllabe, *f.*
syllabus ['siləbəs], *n.* résumé; sommaire, programme (*surtout d'études scolaires*), *m.*
syllogism ['siləd3izm], *n.* syllogisme, *m.*
sylph [silf], *n.* sylphe, *m.*
sylvan ['silvən], *a.* sylvestre, des bois, champêtre, agreste.
symbol [simbl], *n.* symbole, *m.*
symbolic [sim'bɔlik], **symbolical** [sim'bɔlikl], *a.* symbolique.
symbolism ['simbəlizm], *n.* symbolisme, *m.*
symbolize ['simbəlaiz], *v.t., v.i.* symboliser.
symmetrical [si'metrikl], *a.* symétrique.
symmetry ['simitri], *n.* symétrie, *f.*
sympathetic [simpə'θetik], *a.* sympathique (*nerf*); compatissant.
sympathize ['simpəθaiz], *v.i.* sympathiser (*avec*); compatir (*à*).
sympathizer ['simpəθaizə], *n.* sympathisant, *m.*
sympathy ['simpəθi], *n.* sympathie; compréhension, *f.*; condoléances, *f.pl.*
symphony ['simfəni], *n.* symphonie, *f.*
symposium [sim'pouzjəm], *n.* (*fig.*) recueil d'articles (*sur un seul sujet*), *m.*
symptom ['simptəm], *n.* symptôme, *m.*
symptomatic [simptə'mætik], *a.* symptomatique.
synagogue ['sinəgɔg], *n.* synagogue, *f.*
synchromesh ['siŋkromeʃ], *a. and n.* synchromesh, *m.*
synchronise ['siŋkrənaiz], *v.i.* synchroniser (*avec*).
syncopate ['siŋkəpeit], *v.t.* syncoper.
syndic ['sindik], *n.* syndic, *m.*
syndicate ['sindikit], *n.* syndicat, *m.*—['sindikeit], *v.t.* syndiquer.—*v.i.* se syndiquer.
synod ['sinəd], *n.* synode, *m.*
synonym ['sinənim], *n.* synonyme, *m.*
synonymous [si'nɔniməs], *a.* synonyme.
synopsis [si'nɔpsis], *n.* (*pl.* **synopses** [si'nɔpsi:z]) sommaire, *m.*
syntax ['sintæks], *n.* syntaxe, *f.*
synthesis ['sinθisis], *n.* (*pl.* **syntheses** ['sinθisi:z]) synthèse, *f.*
synthesize ['sinθisaiz], *v.t.* synthétiser.
synthetic [sin'θetik], *a.* synthétique.
synthetically [sin'θetikli], *adv.* synthétiquement.
Syria ['siriə]. la Syrie, *f.*
Syriac ['siriæk], *a.* syriaque.—*n.* syriaque (*langue*), *m.*
Syrian ['siriən], *a.* syrien.—*n.* syrien (*langue*); Syrien (*personne*), *m.*
syringe ['sirind3], *n.* seringue, *f.*—*v.t.* seringuer.
syrup ['sirəp], *n.* sirop, *m.*
syrupy ['sirəpi], *a.* sirupeux.
system ['sistəm], *n.* système, régime; réseau (*ferroviaire*), *m.*

589

systematic [sistə'mætik], *a.* systématique.
systematically [sistə'mætikli], *adv.* systématiquement.
systematize ['sistəmətaiz], *v.t.* systématiser.

T

T, t [ti:]. vingtième lettre de l'alphabet, *m.*; *T-square*, té à dessin, *m.*
tab [tæb], *n.* étiquette; patte, *f.*, écusson, *m.*
tabby ['tæbi], *a.* tacheté, moucheté.—*n.* chat moucheté, rayé *ou* tigré, *m.*
tabernacle ['tæbənækl], *n.* tabernacle, *m.*
table [teibl], *n.* table, *f.*; *to be seated at table*, être attablé; *to clear the table*, desservir; *to lay the table*, mettre le couvert; *to sit down to table*, se mettre à table.—*v.t.* déposer (*un projet de loi*).
table-cloth ['teiblklɔθ], *n.* nappe, *f.*
table-linen ['teibllinin], *n.* linge de table, *m.*
tablespoon ['teiblspu:n], *n.* cuiller à soupe, *f.*
tablespoonful ['teiblspu:nful], *n.* grande cuillerée, *f.*
tablet ['tæblit], *n.* tablette, *f.*; (*Med.*) comprimé, *m.*
taboo [tə'bu:], *a.* and *n.* tabou, *m.*
tabulate ['tæbjuleit], *v.t.* cataloguer.
tacit ['tæsit], *a.* tacite, implicite.
tacitly ['tæsitli], *adv.* tacitement, implicitement.
taciturn ['tæsitə:n], *a.* taciturne.
Tacitus ['tæsitəs]. (*L. Lit.*) Tacite, *m.*
tack [tæk], *n.* petit clou, *m.*, broquette; (*Naut.*) amure, *f.*—*v.t.* clouer; (*Needlework*) bâtir, faufiler.—*v.i.* (*Naut.*) virer vent devant.
tackiness ['tækinis], *n.* viscosité, *f.*
tacking ['tækiŋ], *n.* cloutage, *m.*; (*Needlework*) faufilure, *f.*; (*Naut.*) virement de bord, louvoyage, *m.*
tackle [tækl], *n.* attirail; (*Naut.*) palan; (*Spt.*) plaquage, *m.*; (*fig.*) ustensiles, *m.pl.*; *fishing-tackle*, articles de pêche, *m.pl.*—*v.t.* empoigner; (*Ftb.*) plaquer; (*fig.*) attaquer (*travail etc.*).
tacky ['tæki], *a.* collant, visqueux, gluant.
tact [tækt], *n.* toucher; (*fig.*) tact, savoir-faire, *m.*
tactful ['tæktful], *a.* plein de tact.
tactical ['tæktikl], *a.* tactique.
tactician [tæk'tiʃən], *n.* tacticien, *m.*
tactics ['tæktiks], *n.pl.* tactique, *f.*
tactile ['tæktail], *a.* tactile.
tactless ['tæktlis], *a.* sans tact, sans savoir-faire.
tadpole ['tædpoul], *n.* têtard, *m.*
taffeta ['tæfitə], *n.* taffetas, *m.*
taffrail ['tæfreil], *n.* couronnement (*de la poupe*), *m.*
tag [tæg], *n.* ferret, fer, bout ferré, *m.*; étiquette (*fiche*), *f.*; dicton, *m.*—*v.t.* ferrer (*cordon*); (*fig.*) coudre (*à*).
tail [teil], *n.* queue; (*fig.*) extrémité, *f.*; bout; pan (*d'habit*), *m.*; pile (*de pièce de monnaie*), *f.*; empennage (*d'avion*), *m.*—*v.t.* couper la

queue (*d'un animal*); ôter les queues (*de fruits*); (*fam.*) filer (*criminels etc.*).
tail-coat ['teilkout], *n.* habit, *m.*
tailed [teild], *a.* à queue.
tailless ['teillis], *a.* sans queue, anoure.
tail-light ['teillait], *n.* feu arrière, *m.*
tailor ['teilə], *n.* tailleur, *m.*
tailor-made ['teilə'meid], *a.* and *n.* tailleur, *m.*
tail-plane ['teilplein], *n.* (*Av.*) stabilisateur, *m.*
taint [teint], *v.t.* corrompre, gâter.—*v.i.* se corrompre; se gâter (*viande*).—*n.* souillure, corruption; tache (*du péché*), *f.*
take [teik], *v.t. irr.* prendre; mener (*quelqu'un*); conduire (*personne en voiture*); porter (*chose*); emmener (*quelqu'un*); enlever (*voler*); soustraire (*retrancher*); saisir; accepter; (*fig.*) supposer; profiter de (*une occasion*); contenir (*avoir de la place pour*); faire (*une promenade etc.*); avoir (*vengeance etc.*); retenir (*chambre etc.*); suivre (*une route etc.*); mettre (*temps*); *to take advantage of*, profiter de; *to take away*, emmener (*personne*), emporter (*choses*), ôter (*retirer*); desservir (*le couvert etc.*); dérober (*voler*); *to take back*, reprendre, remporter; *to take down*, descendre; rabattre (*humilier*); démolir (*maison*); prendre note de (*inscrire*); *to take heed*, prendre garde (*à*); *to take in*, faire entrer; comprendre (*consister en*); recevoir, recevoir chez soi (*loger*); tromper, duper; faire sa provision de (*vivres etc.*); *to take off*, enlever, ôter, retirer (*vêtement*); caricaturer (*imiter*); *to take out*, faire sortir, sortir (*chose*); promener (*personne*); arracher (*dents*); ôter, enlever (*taches etc.*); *to take over*, se charger de, prendre la succession de (*affaires*); *to take up*, monter, faire monter, soulever (*lever*); ramasser (*relever*); commencer, entamer, aborder (*des études etc.*); occuper (*temps*).—*v.i.* réussir (*avoir du succès*); prendre (*feu etc.*); *to take after*, ressembler à; (*An.*) *to take off*, décoller; (*fam.*) *to take on*, se lamenter, s'affliger; *to take up with*, s'associer à.—*n.* prise, pêche, quantité (*de poissons*); (*Cine.*) prise de vue, *f.*
take-in ['teikin], *n.* duperie, attrape, *f.*
take-off ['teiko:f], *n.* caricature, charge, *f.*; (*Av.*) décollage, *m.*
take-over ['teikouvə], *n.* (*Fin.*) rachat (*d'entreprise*), *m.*; *take-over bid*, offre de rachat, *f.*
taking ['teikiŋ], *a.* attrayant, séduisant; (*colloq.*) contagieux (*maladie*).—*n.* prise; arrestation, *f.*; (*pl.*) recettes (*argent*), *f.pl.*
talc [tælk], *n.* talc, *m.*
talcum powder ['tælkəm'paudə], *n.* talc, *m.*
tale [teil], *n.* conte, récit, *m.*; histoire, *f.*
talent ['tælənt], *n.* talent, *m.*
talented ['tæləntid], *a.* de talent, habile, bien doué.
talisman ['tælizmən], *n.* talisman, *m.*
talk [tɔ:k], *v.t.* parler, dire; *to talk over* cajoler (*quelqu'un*); discuter (*quelque chose*).—*v.i.* parler (*de*); converser, causer; bavarder, jaser (*babiller*); *to talk at*, haranguer.—*n.* entretien, *m.*, propos, *m.pl.*, conversation; causerie (*intime*), *f.*; bavardage, bruit (*racontar*), *m.*; *small talk*, banalités, *f.pl.*
talkative ['tɔ:kətiv], *a.* causeur, bavard.

talker ['tɔːkə], *n.* causeur, parleur, *m.*
talking ['tɔːkiŋ], *a.* causeur, bavard.—*n.* conversation, causerie, *f.*
tall [tɔːl], *a.* grand (*personne*); haut (*chose*).
tallboy ['tɔːlbɔi], *n.* chiffonnier, *m.*; (haute) commode-secrétaire, *f.*
tallness ['tɔːlnis], *n.* grande taille, hauteur, *f.*
tallow ['tælou], *n.* suif, *m.*
tallow-candle ['tælou'kændl], *n.* chandelle, *f.*
tally ['tæli], *n.* taille; entaille, marque; étiquette (*à bagages*), *f.*—*v.i.* s'accorder; **to tally with**, s'accorder avec, correspondre à.
tally-ho! [tæli'hou], *int.* (*Hunt.*) taïaut!
Talmud ['tælmʌd], *n.* talmud, *m.*
talon ['tælən], *n.* serre, griffe, *f.*
tambourine [tæmbə'riːn], *n.* tambour de basque, *m.*
tame [teim], *a.* apprivoisé; domestique; (*fig.*) insipide.—*v.t.* apprivoiser; dompter (*dominer*).
tamely ['teimli], *adv.* avec soumission; sans cœur.
tameness ['teimnis], *n.* apprivoisement, *m.*, domesticité; soumission; (*fig.*) faiblesse (*de style etc.*), *f.*
tamer ['teimə], *n.* dompteur (*de bête sauvage*) *m.*
taming ['teimiŋ], *n.* apprivoisement, *m.*
tamp [tæmp], *v.t.* bourrer, tamponner.
tamper ['tæmpə], *v.i.* **to tamper with**, se mêler (*de*); expérimenter (*avec*); jouer avec; fausser (*serrure etc.*).
tampering ['tæmpəriŋ], *n.* menées secrètes, *f.pl.*
tan [tæn], *n.* tan; tanné (*couleur*); hâle (*de la peau*), *m.*—*v.t.* tanner; bronzer (*la peau*).
tandem ['tændəm], *n.* tandem (*bicyclette*), *m.*
tang [tæŋ], *n.* goût, *m.*, saveur, *f.*
tangent ['tændʒənt], *n.* tangente, *f.*
tangerine ['tændʒə'riːn], *n.* mandarine, *f.*
tangible ['tændʒibl], *a.* tangible, palpable.
Tangier(s) [tæn'dʒiə(z)], Tanger, *m.*
tangle [tæŋgl], *n.* enchevêtrement, *m.*—*v.t.* embrouiller, enchevêtrer.
tangled [tæŋgld], *a.* embrouillé.
tango ['tæŋgou], *n.* tango, *m.*
tank [tæŋk], *n.* réservoir; (*Mil.*) char (d'assaut), *m.*
tankard ['tæŋkəd], *n.* chope, *f.*
tanker ['tæŋkə], *n.* bateau citerne, *m.*
tanner ['tænə], *n.* tanneur, *m.*
tannery ['tænəri], *n.* tannerie, *f.*
tanning ['tæniŋ], *n.* tannage, *m.*; (*fam.*) rossée, *f.*
tantalize ['tæntəlaiz], *v.t.* tantaliser, tourmenter.
tantalizing ['tæntəlaiziŋ], *a.* tentant, torturant.
tantamount ['tæntəmaunt], *a.* équivalent (*à*).
tantrum ['tæntrəm], *n.* mauvaise humeur, *f.*
Tanzania [tænzə'niːə], la Tanzanie, *f.*
tap (1) [tæp], *n.* robinet (*bain*); comptoir (*bar*), *m.*; cannelle (*de baril*), *f.*; taraud (*outil*), *m.*; **on tap**, en perce.—*v.t.* tirer (*liquide*); mettre en perce (*baril*); inciser (*arbre*); tarauder (*vis etc.*); (*Surg.*) faire la ponction à.
tap (2) [tæp], *n.* tape, *f.*, petit coup (*à la porte etc.*), *m.*—*v.t.* taper, frapper doucement.—*v.i.* taper, frapper.
tape [teip], *n.* ruban (*de fil*), *m.*; ganse (*sur habit*); bande (*magnétique*), *f.*; **red tape**, (*fig.*) routine administrative, *f.*

tape-measure ['teipmeʒə], *n.* mètre ruban, *m.*
taper ['teipə], *n.* bougie effilée, *f.*; (*Eccles.*) cierge, *m.*
tape-recorder ['teiprikɔːdə], *n.* magnétophone, *m.*
tape-recording ['teiprikɔːdiŋ], *n.* enregistrement magnétique, *m.*
tapering ['teipəriŋ], *a.* effilé.
tapestry ['tæpistri], *n.* tapisserie, *f.*
tape-worm ['teipwəːm], *n.* ver solitaire, *m.*
tapioca [tæpi'oukə], *n.* tapioca, *m.*
tapir ['teipiə], *n.* tapir, *m.*
tappet ['tæpit], *n.* taquet (*de soupape*), *m.*
tapping (1) ['tæpiŋ], *n.* taraudage (*de vis*), *m.*; mise en perce (*de baril*); incision (*d'arbre*); (*Surg.*) ponction, *f.*
tapping (2) ['tæpiŋ], *n.* tapotement, *m.*
tar [taː], *n.* goudron; loup de mer (*matelot*), *m.*—*v.t.* goudronner.
tarantella [tærən'telə], *n.* tarentelle (*danse*), *f.*
tarantula [tə'ræntjulə], *n.* tarentule, *f.*
tardily ['taːdili], *adv.* tardivement, lentement.
tardiness ['taːdinis], *n.* lenteur; tardiveté (*de fruit*), *f.*
tardy ['taːdi], *a.* lent; en retard, tardif.
tare (1) [teə], *n.* tare (*poids*), *f.*
tare (2) [teə], *n.* (*Script.*) ivraie; (*pl.*) (*Agric.*) vesce, *f.*
target ['taːgit], *n.* cible, *f.*; but, objectif, *m.*
tariff ['tærif], *n.* tarif, *m.*
tarmac ['taːmæk], *n.* macadam, *m.*; (*Av.*) piste d'envol, *f.*—*v.t.* goudronner.
tarn [taːn], *n.* petit lac (*de montagne*), *m.*
tarnish ['taːniʃ], *v.t.* ternir; (*fig.*) souiller, flétrir.—*v.i.* se ternir.
tarpaulin [taː'pɔːlin], *n.* (*Naut.*) prélart, *m.*, bâche, toile goudronnée, *f.*
tarry (1) ['taːri], *a.* goudronneux, bitumeux.
tarry (2) ['tæri], *v.i.* rester, tarder.
tart (1) [taːt], *n.* tarte, tourte, *f.*
tart (2) [taːt], *a.* acide, âcre; (*fig.*) aigre.
tartan ['taːtən], *n.* tartan, *m.*
tartar ['taːtə], *n.* (*Chem.*) tartre, *m.*
tartaric [taː'tærik], *a.* tartrique.
tartish ['taːtiʃ], *a.* aigrelet.
tartly ['taːtli], *adv.* avec aigreur; (*fig.*) vertement, sévèrement.
tartness ['taːtnis], *n.* acidité; (*fig.*) aigreur, *f.*
task [taːsk], *n.* tâche, *f.*; devoir (*leçon*); pensum (*punition*), *m.*; **to take to task**, réprimander, semoncer.
taskmaster ['taːskmaːstə], *n.* chef de corvée, *m.*
Tasmania [tæz'meinjə], la Tasmanie, *f.*
Tasmanian [tæz'meinjən], *a.* tasmanien.—*n.* Tasmanien (*personne*), *m.*
tassel [tæsl], *n.* gland, *m.*
taste [teist], *v.t.* goûter; (*fig.*) savourer, éprouver.—*v.i.* goûter (*de*); avoir un goût (*de*).—*n.* goût; soupçon (*trace*), *m.*
tasteful ['teistful], *a.* de bon goût.
tastefully ['teistfuli], *adv.* avec goût.
tasteless ['teistlis], *a.* fade, insipide.
tastelessly ['teistlisli], *adv.* insipidement, fadement.
taster ['teistə], *n.* dégustateur, *m.*
tasting ['teistiŋ], *n.* dégustation, *f.*
tasty ['teisti], *a.* (*colloq.*) de bon goût; savoureux.

tatter

tatter ['tætə], n. haillon, lambeau, m., guenille, f.
tattered ['tætəd], a. déguenillé, en haillons (*personne*); en lambeaux, tout déchiré (*vêtements etc.*).
tatting ['tætiŋ], n. frivolité (*dentelle*), f.
tattle [tætl], n. babil, caquet, m.—v.i. bavarder.
tattler ['tætlə], n. babillard, bavard, m.
tattling ['tætliŋ], a. babillard, bavard.
tattoo [tə'tu:], v.t. tatouer.—n. tatouage, m.; (*Mil.*) fête militaire, f.
taunt [[tɔ:nt], n. injure, f., reproche amer, m.—v.t. tancer, reprocher à, injurier.
tauntingly ['tɔ:ntiŋli], adv. injurieusement.
Taurus ['tɔ:rəs], (*Astron.*) le Taureau, m.
taut [tɔ:t], a. raide, tendu; enflé (*voile*).
tautology [tɔ:'tɔlədʒi], n. tautologie, f.
tavern ['tævən], n. taverne, f.; cabaret, m.
tawdry ['tɔ:dri], a. criard, de mauvais goût, prétentieux.
tawny ['tɔ:ni], a. fauve.
tawse [tɔ:z], n. martinet, m.
tax [tæks], n. impôt, m., taxe; (*fig.*) contribution, f.; *income-tax*, impôt sur le revenu; *purchase tax*, taxe de luxe; *tax evasion*, fraude fiscale, f.; *surtax*, surtaxe, f.—v.t. imposer, taxer; (*fig.*) accuser (*de*).
taxable ['tæksəbl], a. imposable.
taxation [tæk'seiʃən], n. taxation, f.
tax-free ['tæks'fri:], a. exempt d'impôts.
taxi ['tæksi], n. taxi, m.
tax-payer ['tækspeiə], n. contribuable, m., f.
tea [ti:], n. thé, m.; tisane (*infusion*), f.; goûter (*repas*), m.
tea-caddy ['ti:kædi], n. boîte à thé, f.
tea-cake ['ti:keik], n. brioche, f.
teach [ti:tʃ], v.t. irr. enseigner, instruire; apprendre (*à*).—v.i. enseigner, professer.
teachable ['ti:tʃəbl], a. disposé à apprendre, docile; enseignable (*chose*).
teacher ['ti:tʃə], n. maître, instituteur; professeur (*de lycée*), m.
tea-chest ['ti:tʃest], n. caisse à thé, f.
teaching ['ti:tʃiŋ], n. enseignement, m.
tea-cup ['ti:kʌp], n. tasse à thé, f.
teak [ti:k], n. (*Bot.*) teck, tek, m.
teal [ti:l], n. (*Orn.*) sarcelle, f.
team [ti:m], n. attelage, m.; (*Spt.*) équipe, f.
teapot ['ti:pɔt], n. théière, f.
tear (1) [tiə], n. larme, f., pleur, m.
tear (2) [tɛə], v.t. irr. déchirer; (*fig.*) arracher; *to tear asunder*, déchirer en deux.—v.i. se déchirer.—n. déchirure, f.; *wear and tear*, usure, f.
tear-drop ['tiədrɔp], n. larme, f.
tearful ['tiəful], a. tout en larmes.
tearfully ['tiəfuli], adv. les larmes aux yeux.
tearing ['tɛəriŋ], n. déchirement, m.
tease [ti:z], v.t. taquiner, tourmenter; carder (*laine*).—n. taquin, f.
tea-service ['ti:sə:vis], n. service à thé, m.
teasing ['ti:ziŋ], a. taquin.—n. taquinerie, f.
teaspoon ['ti:spu:n], n. cuiller à thé, f.
teaspoonful ['ti:spu:nful], n. petite cuillerée, f.
tea-strainer ['ti:streinə], n. passe-thé, m.
teat [ti:t], n. mamelon, tétin, m.; tette, f.
tea-table ['ti:teibl], n. table à thé, f.
tea-time ['ti:taim], n. l'heure du thé, f.
tea-tray ['ti:trei], n. plateau à thé, m.
tea-urn ['ti:ə:n], n. fontaine à thé, f.

technical ['teknikl], a. technique, de l'art; *technical school*, école professionnelle, f.
technicality [tekni'kæliti], n. caractère technique; terme technique (*mot*), m.; (*fig.*) formalité, f.
technically ['teknikli], adv. techniquement.
technician [tek'niʃən], n. technicien, m.
technique [tek'ni:k], n. technique, f.
technologist [tek'nɔlədʒist], n. technologue, m., f.
technology [tek'nɔlədʒi], n. technologie, f.
teddy ['tedi], n. *teddy bear*, ours en peluche, m.
tedious ['ti:diəs], a. ennuyeux, fatigant.
tedium ['ti:diəm], n. ennui, m.
tee [ti:], n. dé (*au golf*), m.
teem [ti:m], v.i. être fécond (*en*); *to teem with*, abonder en.
teeming ['ti:miŋ], a. fécond, fertile, surabondant (*de*).
teenager ['ti:neidʒə], n. adolescent, m.
teens [ti:nz], n.pl. l'âge de treize à dix-neuf ans, m.; *to be in one's teens*, n'avoir pas vingt ans.
teeth [TOOTH].
teethe [ti:ð], v.i. faire ses dents.
teething ['ti:ðiŋ], n. dentition, f.
teetotal [ti:'toutl], a. de tempérance.
teetotal(l)er [ti:'toutlə], n. buveur d'eau, m.
teetotalism [ti:'toutəlizm], n. abstinence de boissons alcooliques, f.
telegram ['teligræm], n. télégramme, m., dépêche, f.
telegraph ['teligra:f, -græf], n. télégraphe, m.; *telegraph office*, bureau télégraphique, m.—v.t., v.i. télégraphier.
telegraphic [teli'græfik], a. télégraphique.
telegraphist [ti'legrəfist], n. télégraphiste, m., f.
telegraph-post ['teligra:fpoust], **telegraph-pole** ['teligra:fpoul], n. poteau télégraphique, m.
telegraph-wire ['teligra:fwaiə], n. fil télégraphique, m.
telegraphy [ti'legrəfi], n. télégraphie, f.; *wireless telegraphy*, télégraphie sans fil.
telepathy [ti'lepəθi], n. télépathie, f.
telephone ['telifoun], n. téléphone, m.; *telephone exchange*, central téléphonique, m.—v.t., v.i. téléphoner.
telephonic [teli'fɔnik], a. téléphonique.
telephonist [ti'lefənist], n. téléphoniste, m., f.
teleprinter ['teliprintə], n. téléimprimeur, télétype, m.
telescope ['teliskoup], n. (*Astron.*) télescope, m.; longue vue, f.
telescopic [teli'skɔpik], a. télescopique.
televiewer ['telivjuə], n. téléspectateur, m.
televise ['telivaiz], v.t. téléviser.
television [teli'viʒən], n. télévision, f.; *television-set*, téléviseur, appareil de télévision, m.
tell [tel], v.t. irr. dire; faire part de; raconter (*réciter*); montrer, indiquer (*expliquer*); révéler, dévoiler; énumérer (*compter*); avouer (*confesser*); reconnaître (*à*); savoir (*deviner*).—v.i. dire; faire son effet, porter (*influer*); juger (*interpréter*).
teller ['telə], n. diseur; raconteur; (*Am.*, *Sc.*) caissier (*de banque*); (*Parl.*) scrutateur, m.

592

telling ['teliŋ], *a.* qui porte; expressif.—*n.* récit, *m.*, narration, *f.*

tell-tale ['telteil], *a.* rapporteur; (*fig.*) révélateur.—*n.* rapporteur, *m.*

temerity [ti'meriti], *n.* témérité, *f.*

temper ['tempə], *n.* tempérament, *m.*, disposition; humeur; colère (*rage*), *f.*; sang-froid (*équanimité*), *m.*; trempe (*d'acier etc.*), *f.*; *to lose one's temper*, se mettre en colère.—*v.t.* tempérer (*de*); détremper (*couleurs*); tremper (*acier etc.*); (*fig.*) adoucir.

temperament ['tempərəmənt], *n.* tempérament, *m.*

temperamental [tempərə'mentl], *a.* capricieux, instable.

temperance ['tempərəns], *n.* tempérance, *f.*

temperate ['tempərit], *a.* modéré; tempéré (*climat*).

temperature ['tempritʃə], *n.* température, *f.*

tempest ['tempist], *n.* tempête, *f.*

tempestuous [tem'pestjuəs], *a.* orageux, tempétueux.

templar ['templə], *n.* templier, *m.*

temple [templ], *n.* temple, *m.*; (*Anat.*) tempe, *f.*

templet ['templit], *n.* patron, gabarit, *m.*

temporal ['tempərəl], *a.* temporel; (*Anat.*) temporal.

temporarily ['tempərərili], *adv.* temporairement.

temporary ['tempərəri], *a.* temporaire, provisoire.

temporization [tempərai'zeiʃən], *n.* temporisation, *f.*

temporize ['tempəraiz], *v.i.* temporiser.

tempt [tempt], *v.t.* tenter (*de*); pousser (*à*).

temptation [temp'teiʃən], *n.* tentation, *f.*

tempter ['temptə], *n.* tentateur, *m.*

tempting ['temptiŋ], *a.* tentant, séduisant, attrayant; appétissant (*nourriture*).

temptress ['temptris], *n.* tentatrice, *f.*

ten [ten], *a.* dix.—*n.* dix, *m.*; une dizaine (*dix environ*), *f.*

tenable ['tenəbl], *a.* soutenable.

tenacious [ti'neiʃəs], *a.* tenace.

tenaciously [ti'neiʃəsli], *adv.* d'une manière tenace, obstinément.

tenacity [ti'næsiti], *n.* ténacité, *f.*

tenancy ['tenənsi], *n.* location, *f.*

tenant ['tenənt], *n.* locataire, *m.*, *f.*

tench [tentʃ], *n.* (*Ichth.*) tanche, *f.*

tend [tend], *v.t.* garder, soigner.—*v.i.* tendre (*à*); se diriger vers.

tendency ['tendənsi], *n.* tendance, disposition, *f.*

tender (1) ['tendə], *n.* offre (*proposition*); (*Comm.*) soumission, *f.*; *legal tender*, monnaie légale, *f.*—*v.t.* offrir.—*v.i. to tender for*, soumissionner pour.

tender (2) ['tendə], *n.* (*Naut.*) allège, *f.*; (*Rail.*) tender, *m.*

tender (3) ['tendə], *a.* tendre; sensible (*vulnérable*).

tender-hearted ['tendə'hɑːtid], *a.* sensible, au cœur tendre.

tenderly ['tendəli], *adv.* tendrement.

tenderness ['tendənis], *n.* tendresse; sensibilité (*vulnérabilité*); sollicitude, *f.*

tendon ['tendən], *n.* tendon, *m.*

tendril ['tendril], *n.* (*Bot.*) vrille, *f.*

tenement ['tenimənt], *n.* habitation, maison, *f.*

tenet ['tiːnit, 'tenit], *n.* principe, *m.*

tenfold ['tenfould], *a.* décuple.—*adv.* dix fois.

tennis ['tenis], *n.* tennis; *jeu de paume, *m.*

tennis-court ['teniskɔːt], *n.* court de tennis, tennis; *jeu de paume, *m.*

tennis-racket ['tenisrækit], *n.* raquette de tennis, *f.*

tenor ['tenə], *n.* (*Mus.*) ténor, *m.*

tense (1) [tens], *n.* (*Gram.*) temps, *m.*

tense (2) [tens], *a.* tendu, raide.

tensile ['tensail], *a.* ductile (*métal*).

tension ['tenʃən], *n.* tension, *f.*

tent [tent], *n.* tente, *f.*; *bell-tent*, tente conique.

tentacle ['tentəkl], *n.* tentacule, *m.*

tentative ['tentətiv], *a.* tentatif, d'essai.

tentatively ['tentətivli], *adv.* en guise d'essai.

tenter-hook ['tentəhuk], *n.* clou à crochet, *m.*; *to be on tenter-hooks*, être sur des épines.

tenth [tenθ], *a.* dixième; dix (*du mois, roi etc.*).—*n.* dixième (*fraction*), *m.*; (*Eccles.*) dîme, *f.*

tenuous ['tenjuəs], *a.* délié, mince, ténu.

tenure ['tenjuə], *n.* tenure, *f.*

tepid ['tepid], *a.* tiède.

tercentenary [təː'senti:nəri], *a.* de trois siècles.—*n.* tricentenaire, *m.*

term [təːm], *n.* terme, *m.*; limite; (*Law*) session, *f.*; (*Sch.*) trimestre, *m.*; (*pl.*) conditions, *f.pl.*; prix, *m.*—*v.t.* nommer, appeler.

termagant ['təːməgənt], *n.* mégère, *f.*

terminable ['təːminəbl], *a.* terminable.

terminal ['təːminl], *a.* terminal.—*n.* (*Elec.*) borne, *f.*; *air terminal*, gare aérienne, aérogare, *f.*

terminate ['təːmineit], *v.t.* terminer, finir.

termination [təːmi'neiʃən], *n.* fin, terminaison, *f.*

terminology [təːmi'nɔlədʒi], *n.* terminologie, *f.*

terminus ['təːminəs], *n.* terminus (*gare*), *m.*; tête de ligne, *f.*

tern [təːn], *n.* sterne, *m.*, hirondelle de mer, *f.*

ternary ['təːnəri], *a.* ternaire.

terrace ['teris], *n.* terrasse, *f.*

terraced ['terist], *a.* étagé en terrasse.

terra-cotta ['terə'kɔtə], *n.* terre cuite, *f.*

terra firma ['terə'fəːmə], *n.* terre ferme, *f.*

terrestrial [tə'restriəl], *a.* terrestre.

terrible ['teribl], *a.* terrible.

terribly ['teribli], *adv.* terriblement; (*colloq.*) diablement.

terrier ['teriə], *n.* terrier, chien terrier, *m.*

terrific [tə'rifik], *a.* terrible, épouvantable; (*fam.*) formidable.

terrify ['terifai], *v.t.* terrifier.

territorial [teri'tɔːriəl], *a.* territorial.

territory ['teritəri], *n.* territoire, *m.*

terror ['terə], *n.* terreur, *f.*; effroi, *m.*

terrorism ['terərizm], *n.* terrorisme, *m.*

terrorist ['terərist], *n.* terroriste, *m.*, *f.*

terrorize ['terəraiz], *v.t.* terroriser.

terse [təːs], *a.* net, concis; bien tourné, élégant.

tersely ['təːsli], *adv.* nettement; d'une manière concise.

terseness ['təːsnis], *n.* netteté, *f.*

tertian ['təːʃən], *a.* tierce.

tertiary ['təːʃəri], *a.* tertiaire.

tessellated [tesə'leitid], *a.* tessellé.

test

test [test], n. épreuve, f.; test; essai, m.; pierre de touche, f.—v.t. éprouver, mettre à l'épreuve, tester; (Metal.) coupeller.
testament ['testəmənt], n. testament, m.
testator [tes'teitə], n. testateur, m.
testicle ['testikl], n. testicule, m.
testify ['testifai], v.t. témoigner; (Law) déposer (de).—v.i. (Law) déposer.
testimonial [testi'mouniəl], n. témoignage; certificat, témoignage d'estime, m.
testimony ['testiməni], n. témoignage, m.
testiness ['testinis], n. humeur, irritabilité, f.
testing ['testin], n. épreuve, f., essai, m.
test-tube ['testtju:b], n. éprouvette, f.
testy ['testi], a. irritable, susceptible.
tetanus ['tetənəs], n. tétanos, m.
tether ['teðə], n. longe, f.; to be at the end of one's tether, être à bout de forces.—v.t. mettre à l'attache, attacher (à).
tetrahedron [tetrə'hi:drən], n. tétraèdre, m.
tetrarch ['tetra:k], n. tétrarque, m.
Teuton ['tju:tən], a. teuton.—n. Teuton (personne), m.
Teutonic [tju:'tonik], a. teutonique.
text [tekst], n. texte, m.
text-book ['tekstbuk], n. manuel, livre de classe, m.
textile ['tekstail], a. textile.—n. tissu, textile, m., étoffe, f.
textual ['tekstjuəl], a. textuel.
texture ['tekstʃə], n. tissu, m.; contexture (d'écrits etc.), f.
Thai [tai], a. thailandais.—n. thailandais (langue); Thailandais (personne), m.
Thailand ['tailənd]. la Thailande, f., le Siam, m.
Thames [temz], the. la Tamise, f.
than [ðæn], conj. que; de (between more or less and a number); que de (before an infinitive).
thank [θæŋk], v.t. remercier (de); rendre grâces à.
thankful ['θæŋkful], a. reconnaissant (de).
thankfully ['θæŋkfuli], adv. avec reconnaissance.
thankfulness ['θæŋkfulnis], n. reconnaissance, f.
thankless ['θæŋklis], a. ingrat; oublié (non reconnu).
thanklessness ['θæŋklisnis], n. ingratitude, f.
thank-offering ['θæŋkofəriŋ], n. sacrifice d'actions de grâces, m.
thanks [θæŋks], n.pl. remercîments, remerciements, m.pl., grâces, f.pl.
thanksgiving ['θæŋksgiviŋ], n. actions de grâces, f.pl.
that [ðæt], dem.a. (pl. those [ðouz]) ce, cet, m., cette, f.; (emphatically) ce . . . -là, cet . . . -là, m., cette . . . -là, f.—dem.pron. celui-là, m., celle-là (that one), f.; cela, (colloq.) ça, m.—rel.pron. qui, que, lequel, m., laquelle, f., lesquels, m.pl., lesquelles, f.pl.—conj. que.
thatch [θætʃ], n. chaume, m.—v.t. couvrir de chaume.
thatcher ['θætʃə], n. couvreur en chaume, m.
thaw [θɔ:], n. dégel, m.—v.t. dégeler; (fig.) fondre, attendrir.—v.i. dégeler, se dégeler; (fig.) fondre, s'attendrir.
the [ðə], before vowel [ði], def. art. le, l', m., la, l', f., les, pl.
theatre ['θiətə], n. théâtre, m.
theatrical [θi:'ætrikl], a. de théâtre, théâtral.
theatricals [θi:'ætriklz], n.pl. spectacle, m.

*thee [ði:], pron. (also Poet.) toi; te.
theft [θeft], n. vol, m.; petty theft, larcin, m.
their [ðeə], poss.a. leur, leurs, pl.
theirs [ðeəz], poss.pron. le leur, m., la leur, f., les leurs, pl., à eux, m.pl., à elles, f.pl.
theism ['θi:izm], n. théisme, m.
theist ['θi:ist], n. théiste, m., f.
theistic [θi:'istik], a. théiste.
them [ðem], pron. eux, m.pl., elles, f.pl.; (obj.) les; (dat.) leur, pl.
theme [θi:m], n. thème, sujet, m.
theme-song ['θi:msoŋ], n. chanson leit-motif, f.
themselves [ðem'selvz], pron. eux-mêmes, m.pl., elles-mêmes, f.pl.; (reflexive) se, pl.
then [ðen], adv. alors; ensuite, puis (après); dans ce cas (puisqu'il en est ainsi); donc; but then, par contre; by then, alors, déjà; now and then, de temps en temps.—conj. donc.
thence [ðens], adv. de là, en; dès lors.
thenceforth [ðens'fo:θ], thenceforward [ðens'fo:wəd], adv. dès lors, depuis lors, à partir de ce moment-là.
theocracy [θi:'okrəsi], n. théocratie, f.
theocratic [θi:ə'krætik], a. théocratique.
theodolite [θi:'odəlait], n. théodolite, m.
theologian [θi:ə'loudʒiən], n. théologien, m.
theological [θi:ə'lodʒikl], a. théologique.
theology [θi:'olədʒi], n. théologie, f.
theorem ['θi:ərəm], n. théorème, m.
theoretic [θi:ə'retik], theoretical [θi:ə'retikəl], a. théorique.
theorist ['θi:ərist], theorizer ['θi:əraizə], n. théoricien, m.
theorize ['θi:əraiz], v.i. théoriser.
theory ['θi:əri], n. théorie, f.
therapeutic [θerə'pju:tik], a. thérapeutique, a.
therapeutics [θerə'pju:tiks], n.pl. thérapeutique, f.
therapist ['θerəpist], n. praticien, m.
therapy ['θerəpi], n. thérapie, f.
there [ðeə], adv. là, y; (impers.) il; en cela; voilà; here and there, çà et là; over there, là-bas; there and then, séance tenante; there he comes! le voilà qui vient! there is or there are, il y a.
thereabout [ðeərə'baut], thereabouts [ðeərə'bauts], adv. par là, près de là; à peu près, environ (plus ou moins).
thereafter [ðeər'a:ftə], adv. après, d'après cela, ensuite.
thereat [ðeər'æt], adv. par là, à cet endroit; (fig.) là-dessus, à cela.
thereby [ðeə'bai], adv. par là, par ce moyen.
therefore [ðeəfo:], adv. donc, par conséquent.
therefrom [ðeə'from], adv. de là, en.
therein [ðeər'in], adv. là-dedans, en cela; y.
thereof [ðeər'ov], adv. en, de cela.
thereon [ðeər'on], adv. là-dessus.
Theresa [tə'ri:zə]. Thérèse, f.
thereto [ðeə'tu:], thereunto [ðeər'ʌntu], adv. y, à cela; à quoi.
thereupon [ðeərə'pon], adv. là-dessus, sur cela, sur ce.
therewith [ðeə'wið], adv. avec cela, de cela, en.
therm [θə:m], n. thermie, f.
thermal ['θə:məl], a. thermal.
thermometer [θə'momitə], n. thermomètre, m.

594

thermometrical [θə:mo'metrikl], *a.* thermométrique.

thermonuclear [θə:mo'nju:kliə], *a.* thermonucléaire.

thermos ['θə:məs], *a. (reg. trade mark) thermos flask*, bouteille Thermos *ou* isolante, *f.*

thermostat ['θə:məstæt], *n.* thermostat, *m.*

these [ði:z], *a.* ces, ces . . . -ci, *pl.*—*pron.* ceux-ci, *m.pl.*, celles-ci, *f.pl.*

thesis ['θi:sis], *n.* thèse, *f.*

Thespian ['θespiən], *a.* tragique, de la tragédie.

thew [θju:], *n.* tendon, muscle, nerf, *m.*

they [ðei], *pron.* ils, eux, *m.pl.*, elles, *f.pl.*; *(followed by a relative)* ceux, *m.pl.*, celles, *f.pl.*; *(impers.)* on *(les gens)*; *they say*, on dit.

thick [θik], *a.* épais *(tuyau)*; fort, solide *(porte etc.)*; trouble *(boisson)*; dru, serré *(touffu)*; indistinct *(prononciation)*; *(fam.)* intime.—*n.* fort, *m.*; *in the thick of,* au (plus) fort de.—*adv. (also thickly* ['θikli]) épais; dru *(vite)*; en foule *(l'un après l'autre)*.

thicken [θikn], *v.t.* épaissir; lier *(sauce)*.—*v.i.* s'épaissir; augmenter; se lier *(sauce)*.

thickening ['θikniŋ], *n.* épaississement, *m.*; liaison *(d'une sauce)*, *f.*

thicket ['θikit], *n.* fourré, hallier, taillis, *m.*

thick-headed ['θik'hedid], *a.* sot, bête, stupide.

thickly [THICK].

thickness ['θiknis], *n.* épaisseur; consistance *(composition)*, *f.*

thick-set ['θikset], *a.* touffu; trapu *(personne)*.

thick-skinned ['θik'skind], *a. (fig.)* peu sensible.

thief [θi:f], *n. (pl. thieves* [θi:vz]) voleur; larron, *m.*

thieve [θi:v], *v.i.* voler.

thieving ['θi:viŋ], *n.* vol, larcin, *m.*, rapine, *f.*

thievish ['θi:viʃ], *a.* adonné au vol; voleur.

thievishly ['θi:viʃli], *adv.* en voleur; par le vol.

thievishness ['θi:viʃnis], *n.* penchant au vol, *m.*, habitude du vol, *f.*

thigh [θai], *n.* cuisse, *f.*

thigh-bone ['θaiboun], *n.* fémur, *m.*

thimble [θimbl], *n.* dé, *m.*

thimbleful ['θimblful], *n.* un plein dé, *m.*

thin [θin], *a.* mince; maigre *(décharné)*; élancé, délié *(svelte)*; peu nombreux *(gens)*; clair; clairsemé, rare *(arbres etc.)*; grêle, faible *(son etc.)*.—*adv.* d'une manière éparse, clair.—*v.t.* amincir, allonger *(sauce etc.)*; éclaircir; raréfier.

*****thine** [ðain], *pron.* le tien, *m.*, la tienne, *f.*, les tiens, *m.pl.*, les tiennes, *f.pl.*; à toi.

thing [θiŋ], *n.* chose, *f.*, objet, *m.*, affaire, *f.*; être, *m.*; *(pl.)* affaires, *f.pl.*, effets, *m.pl.*

think [θiŋk], *v.t. irr.* penser; croire *(tenir pour vrai)*; imaginer, songer *(avoir l'idée)*; trouver, juger *(considérer)*.—*v.i.* penser; croire; s'imaginer; songer *(à)*; s'aviser *(de)*; avoir une idée *ou* opinion *(de)*; *to think over,* réfléchir à; *to think up,* inventer.

thinker ['θiŋkə], *n.* penseur, *m.*

thinking ['θiŋkiŋ], *a.* pensant, qui pense, réfléchi.—*n.* pensée, *f.*; jugement, avis, *m.*

thinly ['θinli], *adv.* légèrement *(vêtu)*; clairsemé, de loin en loin *(répandu)*.

thinness ['θinnis], *n.* ténuité; fluidité; rareté,

f., petit nombre *(quantité)*, *m.*; maigreur *(du corps)*, *f.*

thin-skinned ['θin'skind], *a.* à la peau mince; *(fig.)* irritable, chatouilleux, susceptible.

third [θə:d], *a.* troisième; trois *(mois, roi etc.)*. —*n.* tiers *(fraction)*, *m.*; *(Mus.)* tierce, *f.*

thirdly ['θə:dli], *adv.* troisièmement.

thirst [θə:st], *n.* soif, *f.*; *to quench one's thirst,* se désaltérer.—*v.i.* avoir soif *(de)*.

thirstily ['θə:stili], *adv.* avidement.

thirstiness ['θə:stinis], *n.* soif, *f.*

thirsty ['θə:sti], *a.* qui a soif; altéré.

thirteen [θə:'ti:n], *a.* and *n.* treize, *m.*

thirteenth [θə:'ti:nθ], *a.* treizième; treize *(rois etc.)*.—*n.* treizième *(fraction)*, *m.*

thirtieth ['θə:tiiθ], *a.* trentième; trente *(du mois)*.—*n.* trentième *(fraction)*, *m.*

thirty ['θə:ti], *a.* and *n.* trente, *m.*

this [ðis], *a. (pl. these* [ði:z]) ce, cet, *m.*, cette, *f.*; ce . . . -ci, cet . . . -ci, *m.*; cette . . . -ci, *f.*— *pron.* celui-ci, *m.*, celle-ci *(this one)*, *f.*; ceci, *m.*

thistle [θisl], *n. (Bot.)* chardon, *m.*

thistly ['θisli], *a.* plein de chardons.

thither ['ðiðə], *adv.* là, y; *hither and thither,* çà et là.

thong [θɔŋ], *n.* courroie, lanière, sangle, *f.*

thoracic [θɔ'ræsik], *a.* thoracique.

thorax ['θɔ:ræks], *n.* thorax, *m.*

thorn [θɔ:n], *n.* épine, *f.*

thorn-bush ['θɔ:nbuʃ], *n.* buisson épineux, *m.*

thorny ['θɔ:ni], *a.* épineux.

thorough ['θʌrə], *a.* entier, complet; achevé, parfait, vrai *(véritable)*.

thoroughbred ['θʌrəbred], *a.* pur sang *(cheval)*; *(collog.)* consommé.

thoroughfare ['θʌrəfɛə], *n.* voie de passage, *f.*, passage, *m.*; artère, *f.*; *no thoroughfare,* passage interdit.

thoroughgoing ['θʌrəgouiŋ], *a.* résolu; achevé, consommé.

thoroughly ['θʌrəli], *adv.* tout à fait, entièrement; à fond.

thoroughness ['θʌrənis], *n.* caractère achevé, *m.*, perfection, *f.*

thorough-paced ['θʌrəpeist], *a.* achevé, franc, fieffé.

those [ðouz], *a.* ces; ces . . . -là, *pl.*—*pron.* ceux-là, *m.pl.*, celles-là, *f.pl.*

*****thou** [ðau], *pron.* tu; *than thou,* que toi.

though [ðou], *conj.* quoique, bien que *(with subj.)*; quand même *(même si)*.—*adv.* cependant, pourtant.

thought (1) [θɔ:t], *past* and *p.p.* [THINK].

thought (2) [θɔ:t], *n.* pensée; idée, *f.*; sentiment *(opinion)*, *m.*

thoughtful ['θɔ:tful], *a.* pensif, réfléchi; rêveur, méditatif; inquiet *(troublé)*; attentif, soucieux *(prévenant)*.

thoughtfully ['θɔ:tfuli], *adv.* pensivement, avec attention.

thoughtfulness ['θɔ:tfulnis], *n.* méditation, *f.*, recueillement, *m.*; sollicitude, prévenance *(attentions)*, *f.*

thoughtless ['θɔ:tlis], *a.* irréfléchi, insouciant.

thoughtlessly ['θɔ:tlisli], *a.* avec insouciance; sans réfléchir.

thoughtlessness ['θɔ:tlisnis], *n.* insouciance, négligence, *f.*

thousand ['θauzənd], *a.* mille; mil *(dates)*.— *n.* mille; millier, *m.*, *(pl.)* milliers, *m.pl.*

thousandth

thousandth ['θauzəndθ], *a.* millième.—*n.* millième (*fraction*), *m.*
thraldom ['θrɔːldəm], *n.* esclavage, asservissement, *m.*
thrall [θrɔːl], *n.* esclave, *m.*, *f.*; esclavage, *m.*
thrash [θræʃ], *v.t.* battre, rosser (*quelqu'un*); [THRESH].
thrasher ['θræʃə], [THRESHER].
thrashing ['θræʃiŋ], *n.* rossée, *f.*; [THRESHING].
thrashing machine [THRESHING MACHINE].
thread [θred], *n.* fil; filet (*de vis*), *m.*—*v.t.* enfiler; traverser (*faire son chemin à travers*).
threadbare ['θredbɛə], *a.* râpé; (*fig.*) rebattu.
threat [θret], *n.* menace, *f.*
threaten [θretn], *v.t.* menacer (*de*).
threatening ['θretniŋ], *a.* menaçant; de menaces.—*n.* menaces, *f.pl.*
threateningly ['θretniŋli], *adv.* avec menaces; d'un air menaçant.
three [θriː], *a.* and *n.* trois, *m.*
three-cornered ['θriːkɔːnəd], *a.* à trois cornes; *three-cornered hat*, tricorne, *m.*
threefold ['θriːfould], *a.* triple.
three-master ['θriːmɑːstə], *n.* trois-mâts, *m.*
three-ply ['θriːplai], *a.* à trois épaisseurs; *three-ply wood*, contreplaqué, *m.*
threescore ['θriːskɔː], *a.* soixante.—*n.* soixantaine, *f.*
thresh [θreʃ], *v.t.* (*Agric.*) battre (*en grange*).
thresher ['θreʃə], *n.* batteur en grange, *m.*
threshing ['θreʃiŋ], *n.* (*Agric.*) battage, *m.*
threshing machine ['θreʃiŋmə'ʃiːn], *n.* batteuse, *f.*
threshold ['θreʃould], *n.* seuil; (*fig.*) début, *m.*
thrift [θrift], *n.* épargne, économie, *f.*
thriftily ['θriftili], *adv.* avec économie.
thriftiness [THRIFT].
thriftless ['θriftlis], *a.* dépensier, prodigue.
thriftlessly ['θriftlisli], *adv.* en prodigue, follement.
thriftlessness ['θriftlisnis], *n.* prodigalité, *f.*, gaspillage, *m.*
thrifty ['θrifti], *a.* ménager, économe, frugal.
thrill [θril], *v.t.* faire frissonner, faire tressaillir (*de*).—*v.i.* frémir, tressaillir (*de*).—*n.* tressaillement, frisson, *m.*
thriller ['θrilə], *n.* (*fam.*) roman *ou* film à sensation, *m.*
thrilling ['θriliŋ], *a.* saisissant, poignant, palpitant.
thrive [θraiv], *v.i. irr.* prospérer; réussir.
thriving ['θraiviŋ], *a.* florissant, vigoureux.
throat [θrout], *n.* gorge, *f.*; gosier, *m.*
throaty ['θrouti], *a.* guttural (*voix*).
throb [θrɔb], *v.i.* battre; palpiter.—*n.* battement, *m.*
throbbing ['θrɔbiŋ], *a.* palpitant, vibrant; lancinant (*douleur*).—*n.* battement; ronflement (*de moteur*), *m.*
throes [θrouz], *n. pl.* douleurs, angoisses, *f.pl.*
thrombosis [θrɔm'bousis], *n.* thrombose, *f.*
throne [θroun], *n.* trône, *m.*
throng [θrɔŋ], *n.* foule, multitude, *f.*—*v.t.* remplir.—*v.i.* accourir en foule, se presser.
thronged [θrɔŋd], *a.* serré (*personnes*); comble (*salle*).
throstle [θrɔsl], *n.* (*Orn.*) grive chanteuse, *f.*
throttle [θrɔtl], *v.t.* étrangler; étouffer.—*n.* gosier; (*Motor. etc.*) papillon, *m.*
through [θruː], *prep.* à travers; au travers de;

par; dans; par suite de (*à cause de*).—*a.* direct (*train, billet etc.*).—*adv.* directement, droit (*sans s'arrêter*); de part en part; d'un bout à l'autre (*dans toute sa longueur*); jusqu'à la fin, jusqu'au bout; complètement; *to be wet through*, être trempé jusqu'aux os; *to fall through*, manquer, échouer (*projet*); *to go through with* (*something*), *to see* (*something*) *through*, mener (*quelque chose*) à bonne fin.
throughout [θruː'aut], *prep.* dans tout, par tout.—*adv.* d'un bout à l'autre; entièrement.
throw [θrou], *v.t. irr.* jeter; lancer; renverser; tordre (*soie*); démonter, désarçonner (*cavalier*); *to throw aside*, jeter de côté; *to throw away*, jeter, rejeter; gaspiller; *to throw off*, se défaire de, ôter (*vêtements*).—*n.* jet, coup; (*fig.*) élan, *m.*
thrower ['θrouə], *n.* jeteur, lanceur, *m.*
thrush [θrʌʃ], *n.* (*Orn.*) grive, *f.*
thrust [θrʌst], *v.t. irr.* pousser, enfoncer, fourrer; presser.—*v.i.* porter une botte *ou* un coup (*à*); se fourrer.—*n.* coup, *m.*; (*Fenc.*) botte; (*Arch. etc.*) poussée, *f.*
thud [θʌd], *n.* bruit sourd; son mat, *m.*—*v.i.* faire un bruit sourd.
thug [θʌg], *n.* bandit, *m.*
thumb [θʌm], *n.* pouce, *m.*—*v.t.* manier gauchement; feuilleter; salir (avec les pouces).
thumbnail ['θʌmneil], *a.* en raccourci, minuscule.
thumb-screw ['θʌmskruː], *n.* vis à ailettes, *f.*; poucettes (*supplice*), *f.pl.*
thumbstall ['θʌmstɔːl], *n.* poucier, doigtier, *m.*
thump [θʌmp], *v.t.* frapper du poing, cogner.—*n.* coup, *m.*, bourrade, *f.*
thunder ['θʌndə], *n.* tonnerre, *m.*; (*fig.*) foudre, *f.*—*v.i.* tonner; (*fig.*) fulminer.
thunderbolt ['θʌndəboult], *n.* foudre, *f.*
thunder-clap ['θʌndəklæp], *n.* coup de tonnerre, *m.*
thundering ['θʌndəriŋ], *a.* tonnant, foudroyant; (*colloq.*) énorme.
thunderous ['θʌndərəs], *a.* orageux; à tout rompre (*applaudissements*).
thunderstorm ['θʌndəstɔːm], *n.* orage (accompagné de tonnerre), *m.*
thunderstruck ['θʌndəstrʌk], *a.* foudroyé; (*fig.*) atterré.
thundery ['θʌndəri], *a.* orageux.
Thursday ['θəːzd(e)i], *n.* jeudi, *m.*
thus [ðʌs], *adv.* ainsi; *thus far*, jusqu'ici.
thwack [θwæk], *n.* coup, *m.*—*v.t.* frapper, rosser, battre.
thwacking ['θwækiŋ], *n.* roulée de coups, raclée, *f.*
thwart [θwɔːt], *v.t.* traverser; (*fig.*) contrarier.—*adv.* en travers.—*n.* banc de rameurs, *m.*
***thy** [ðai], *poss.a.* (*also poet.*) ton, *m.*, ta, *f.*, tes, *pl.*
thyme [taim], *n.* thym, *m.*
thyroid ['θairɔid], *a.* thyroïde.
***thyself** [ðai'self], *pron.* (*also poet.*) toi-même, toi; (*reflexive*) te.
tiara [ti'ɑːrə], *n.* tiare, *f.*
Tibet [ti'bet], *n.* le Tibet, *m.*
Tibetan [ti'betn], *a.* tibétain.—*n.* tibétain (*langue*); Tibétain (*personne*), *m.*

tibia ['tibiə], *n.* (*Anat.*) tibia (*os de la jambe*), *m.*

tic [tik], *n.* tic, *m.*

tick (1) [tik], *n.* tic-tac (*bruit*), *m.*; marque, *f.* —*v.t.* marquer; *to tick off*, pointer.—*v.i.* faire tic-tac, battre (*horloges etc.*).

tick (2) [tik], *n.* coutil (*de matelas*), *m.*

ticket ['tikit], *n.* billet; ticket, *m.*; étiquette, *f.*; *return ticket*, billet d'aller et retour; *season ticket*, carte d'abonnement, *f.*; *single ticket*, billet simple.—*v.t.* étiqueter, numéroter.

ticket-collector ['tikitkəlektə], *n.* contrôleur, *m.*

ticket-office ['tikitəfis], *n.* bureau des billets, guichet, *m.*

ticking (1) ['tikiŋ], *n.* tic-tac, battement (*de montre etc.*), *m.*

ticking (2) ['tikiŋ], *n.* coutil *m.*, toile à matelas, *f.*

tickle [tikl], *v.t., v.i.* chatouiller.

tickling ['tikliŋ], *n.* chatouillement, *m.*

ticklish ['tikliʃ], *a.* chatouilleux; critique, délicat.

tidal [taidl], *a.* de marée; *tidal harbour*, port à marée, *m.*; *tidal wave*, raz de marée, *m.*

tide [taid], *n.* marée, *f.*; courant (*flot*), *m.*; (*fig.*) époque, *f.*

tidily ['taidili], *adv.* proprement, en bon ordre.

tidiness ['taidinis], *n.* propreté, netteté, *f.*, bon ordre, *m.*

tidings ['taidiŋz], *n.pl.* nouvelles, *f.pl.*

tidy ['taidi], *a.* rangé, bien arrangé, en ordre, propre, net.—*v.t.* mettre en ordre; ranger; arranger (*papiers etc.*).

tie [tai], *v.t.* lier, attacher; nouer, faire (*un nœud*).—*v.i.* se lier, se nouer; être à égalité. —*n.* lien; nœud (*knot*); cordon (*de chaussure*), *m.*; cravate; (*Mus.*) liaison; (*Games*) partie nulle, *f.*

tier [tiə], *n.* rang, *m.*; rangée, *f.*

tierce [tiəs], *n.* (*Cards*) tierce, *f.*

tiff [tif], *n.* petite querelle, pique, *f.*

tiffany ['tifəni], *n.* gaze de soie (*tissu*), *f.*

tiger ['taigə], *n.* tigre, *m.*

tiger-lily ['taigəlili], *n.* (*Bot.*) lis tigré, *m.*

tiger-moth ['taigəmɔθ], *n.* arctie, *f.*

tight [tait], *a.* serré; raide, tendu (*corde*); trop étroit (*vêtements*); imperméable; *air-tight* or *water-tight*, imperméable à l'air ou à l'eau.

tighten [taitn], *v.t.* serrer; tendre (*contraindre*); (*fig.*) resserrer.

tight-fisted ['tait'fistid], *a.* serré, ladre.

tightly ['taitli], *adv.* ferme, fortement; étroitement serré.

tightness ['taitnis], *n.* raideur; étroitesse (*des vêtements*), *f.*

tight-rope ['taitroup], *n.* corde raide, *f.*; *tight-rope walker*, funambule, danseur de corde, *m.*

tights [taits], *n.pl.* collant, maillot, *m.*

tigress ['taigris], *n.* tigresse, *f.*

tile [tail], *n.* tuile, *f.*; carreau (*for flooring*), *m.* —*v.t.* couvrir de tuiles; carreler (*une pièce*).

tiler ['tailə], *n.* couvreur (en tuiles), *m.*

tile-works ['tailwə:ks], *n.* tuilerie, *f.*

till (1) [til], *prep.* jusqu'à.—*conj.* jusqu'à ce que (*with subj.*).

till (2) [til], *n.* caisse, *f.*

till (3) [til], *v.t.* labourer, cultiver.

tillable ['tiləbl], *a.* labourable.

tillage ['tilidʒ], *n.* labourage, *m.*

tiller (1) ['tilə], *n.* laboureur, *m.*

tiller (2) ['tilə], *n.* (*Naut.*) barre du gouvernail, *f.*

tilt (1) [tilt], *n.* bâche, banne (*toile*), *f.*

tilt (2) [tilt], *n.* joute; inclinaison, *f.*—*v.t.* incliner, faire pencher.—*v.i.* jouter; incliner, pencher.

tilth [tilθ], *n.* labourage, *m.*, culture, *f.*

timber ['timbə], *n.* bois de construction, *m.*— *v.t.* boiser.

timbering ['timbəriŋ], *n.* boisage, *m.*

timber-work ['timbəwə:k], *n.* charpente, *f.*

timbrel ['timbrəl], *n.* tambour de basque, tambourin, *m.*

time [taim], *n.* temps, *m.*; saison, époque, *f.*; terme (*période*), *m.*; heure (*de la journée*), *f.*; moment, *m.*; occasion; fois (*répétition*), *f.*; époque, *f.*; siècle (*d'histoire*), *m.*; mesure, *f.*; (*Drilling*) pas, *m.*; *at times*, parfois, de temps à autre; *in no time*, en un clin d'œil; *in time*, à temps; (*Mus.*) en mesure.—*v.t.* faire à propos; fixer l'heure de; (*Spt.*) chronométrer; *ill-timed*, inopportun; *well-timed*, opportun, à propos.

time-bomb ['taimbɔm], *n.* bombe à retardement, *f.*

time-fuse ['taimfju:z], *n.* fusée à temps, *f.*

time-honoured ['taimɔnəd], *a.* vénérable; séculaire.

time-keeper ['taimki:pə], *n.* surveillant, contrôleur, *m.*

time-lag ['taimlæ:g], *n.* décalage, retard, *m.*

timeliness ['taimlinis], *n.* opportunité, *f.*, à-propos, *m.*

timely ['taimli], *a.* opportun, à propos.

time-piece ['taimpi:s], *n.* pendule, *f.*

time-sheet ['taimʃi:t], *n.* feuille de présence, *f.*

timetable ['taimteibl], *n.* indicateur, horaire; (*Sch.*) emploi du temps, *m.*

time-worn ['taimwɔ:n], *a.* usé par le temps.

timid ['timid], *a.* timide, craintif, peureux.

timidity [ti'miditi], *n.* timidité, *f.*

timing ['taimiŋ], *n.* ajustement, règlement; réglage (*de montre etc.*), *m.*

timorous ['timərəs], *a.* timoré, timide.

timorously ['timərəsli], *adv.* craintivement.

timorousness ['timərəsnis], *n.* timidité, *f.*

tin [tin], *n.* étain, *m.*; boîte (*de conserve*), *f.*— *v.t.* étamer.

tincture ['tiŋktʃə], *n.* teinture, *f.*, extrait, *m.*; (*fig.*) nuance, *f.*—*v.t.* teindre (*de*).

tinder ['tində], *n.* am adou, *m.*

tinder-box ['tindəbɔks], *n.* boîte à amadou, *f.*, briquet à silex, *m.*

tinfoil ['tinfɔil], *n.* feuille d'étain, *f.*

tinge [tindʒ], *n.* teinte, nuance, *f.*; soupçon (*goût*), *m.*—*v.t.* teindre.

tingle [tiŋgl], *v.i.* tinter; picoter, cuire (*douleur*).

tingling ['tiŋgliŋ], *n.* tintement (*son*); picotement, *m.*

tinker ['tiŋkə], *n.* rétameur, *m.*—*v.t.* rétamer; raccommoder.

tinkle [tiŋkl], *v.t.* faire tinter.—*v.i.* tinter.—*n.* tintement, *m.*

tinkling ['tiŋkliŋ], *n.* tintement, *m.*

tinny ['tini], *a.* qui abonde en étain; grêle (*son*).

tin-plate ['tinpleit], *n.* fer-blanc, *m.*

tinsel

tinsel ['tinsəl], a. de clinquant; (fig.) faux.—n. clinquant; (fig.) faux éclat, m.

tinsmith ['tinsmiθ], n. ferblantier, m.

tint [tint], n. teinte, nuance, f.—v.t. teinter, nuancer (de).

tin-tack ['tintæk], n. semence étamée, f.

tinware ['tinwɛə], n. ferblanterie, f.

tiny ['taini], a. tout petit, minuscule.

tip (1) [tip], n. bout, m.; extrémité, pointe, f.—v.t. garnir le bout.

tip (2) [tip], n. tape (coup léger), f.; pourboire (gratuity); dépotoir (débris); (Spt.) tuyau, m.—v.t. donner un pourboire à; décharger (véhicule); (Spt.) tuyauter.

tippet ['tipit], n. pèlerine, palatine (fourrure), f.

tipple [tipl], v.i. boire, pinter.—n. boisson, f.

tippler ['tiplə], n. buveur, m.

tippling ['tipliŋ], n. ivrognerie, f.

tipstaff ['tipsta:f], n. huissier, m.

tipster ['tipstə], n. (Spt.) tuyauteur, m.

tipsy ['tipsi], a. gris, ivre.

tiptoe ['tiptou], n. pointe du pied, f.; on tip-toe, sur la pointe des pieds.

tip-top ['tiptɔp], a. (colloq.) excellent.—n. comble, sommet, m.

tirade [ti'reid, tai'reid], n. tirade, diatribe, f.

tire ['taiə], v.t. lasser, fatiguer; ennuyer (morablement).—v.i. se fatiguer, se lasser.

tired ['taiəd], a. las, fatigué; ennuyé.

tiredness ['taiədnis], n. fatigue, lassitude, f.

tiresome ['taiəsəm], a. fatigant; ennuyeux (assommant).

tiresomeness ['taiəsəmnis], n. nature fatigante, f.; ennui, m.

tiro [TYRO].

tissue ['tiʃju:, 'tisju:], n. tissu, m.—v.t. tisser, broder.

tissue-paper ['tiʃju:peipə], n. papier de soie, m.

tit (1) [tit], n. mésange (oiseau), f.

tit (2) [tit], n. tit for tat, un prêté pour un rendu.

titanic [tai'tænik], a. titanique, titanesque.

titbit ['titbit], n. morceau friand, m.

tithe [taið], n. dîme, f., dixième, m.—v.t. dîmer.

titillate ['titileit], v.t., v.i. chatouiller, titiller.

titillation [titi'leiʃən], n. titillation, f., chatouillement, m.

titlark ['titla:k], n. alouette des prés, f.

title [taitl], n. titre; (fig.) droit, document, m.—v.t. titrer, qualifier (de).

titled [taitld], a. titré.

title-deed ['taitldi:d], n. titre (de propriété), m.

title-page ['taitlpeidʒ], n. titre, m.

titmouse ['titmaus], n. (pl. titmice ['titmais]) mésange, f.

titter ['titə], v.i. rire tout bas.—n. petit rire étouffé, m.

tittle [titl], n. point, iota, m.

tittle-tattle ['titltætl], n. caquetage, bavardage, m.—v.i. jaser, bavarder.

titular ['titjulə], a. titulaire.

titulary ['titjuləri], a. de titre.—n. titulaire, m., f.

to [tu], prep. à, de (before infinitive); pour, afin de (dans le but de); à (un endroit); en (before names of countries of the feminine gender and those of the masculine gender beginning with a vowel); dans (followed by le, la, etc.); vers (un endroit); contre (pari); près de (cour royale etc.); outre, en addition à (en plus de); pour (faire quelque chose); en comparaison de, auprès de (à côté de); jusqu'à (telle ou telle limite); envers (à l'égard de).

toad [toud], n. crapaud, m.

toadish ['toudiʃ], a. de crapaud.

toadstool ['toudstu:l], n. champignon vénéneux, m.

toady ['toudi], n. flagorneur, m.—v.t. flagorner, aduler.

toadyism ['toudiizm], n. flagornerie, servilité, f.

toast [toust], n. rôtie, tranche de pain grillée, f.; toast (bu à la santé de quelqu'un), m.—v.t. rôtir, griller; porter un toast à.

toaster ['toustə], n. grille-pain, m.inv.

toasting-fork ['toustiŋfɔ:k], n. fourchette à rôties, f.

toast-master ['toustma:stə], n. préposé aux toasts, m.

toast-rack ['toustræk], n. porte-rôties, porte-toasts, m.inv.

tobacco [tə'bækou], n. tabac, m.

tobacco-box [tə'bækoubɔks], n. boîte à tabac, f.

tobacco-jar [tə'bækoudʒa:], n. pot à tabac, m.

tobacconist [tə'bækənist], n. marchand de tabac, m.; tobacconist's shop, bureau de tabac, m.

tobacco-pouch [tə'bækoupautʃ], n. blague à tabac, f.

toboggan [tə'bɔgən], n. toboggan, m.; luge, f.—v.t. luger.

tocsin ['tɔksin], n. tocsin, m.

today [tə'dei], adv. aujourd'hui.

toddle [tɔdl], v.i. trottiner.

toddler ['tɔdlə], n. tout petit enfant, m.

to-do [tə'du:], n. tapage, éclat, m., (fam.) histoire, f.

toe [tou], n. orteil, doigt de pied; devant du sabot, m., pince (de cheval), f.; bout (de bas), m.

toe-nail ['touneil], n. ongle de pied, m.

toffee, toffy ['tɔfi], n. caramel au beurre, m.

toga ['tougə], n. toge, f.

together [tə'geðə], adv. ensemble, à la fois, en même temps (simultanément); de concert (entre eux); de suite (consécutivement).

Togo ['tougou], le Togo, m.

Togolese [tougo'li:z], a. togolais.—n. Togolais (personne), m.

toil [tɔil], n. travail dur, labeur, m.; peine, f.; (pl.) piège, m.—v.i. travailler fort, se fatiguer.

toiler ['tɔilə], n. travailleur, m.

toilet ['tɔilit], n. toilette, f.; les toilettes (dans les hôtels etc.), f.pl.

toiling ['tɔiliŋ], n. travail, labeur, m., peine, f.

toilsome ['tɔilsəm], a. pénible, laborieux, fatigant.

toilsomeness ['tɔilsəmnis], n. difficulté, f.

token ['toukən], n. marque, f.; gage (témoignage); jeton (jeux de cartes, téléphone etc.), m.; book token, bon de livre, m.; token strike, grève d'avertissement, f.

tolerable ['tɔlərəbl], a. tolérable, passable (assez bon).

tolerably ['tɔlərəbli], adv. passablement, assez.

tolerance ['tɔlərəns], n. tolérance, f.

tolerant ['tɔlərənt], a. tolérant.

total

tolerate ['tolǝreit], v.t. tolérer; supporter.
toleration [tolǝ'reiʃǝn], n. tolérance, f.
toll (1) [toul], n. péage; droit; octroi (impôt municipal), m.
toll (2) [toul], n. tintement, glas (de cloche), m. —v.t., v.i. sonner, tinter (cloche).
toll-bar ['toulbɑ:], toll-gate ['toulgeit], n. barrière de péage, f.
toll-bridge ['toulbridʒ], n. pont à péage, m.
toll-gatherer ['toulgæðǝrǝ], n. péager, m.
toll-house ['toulhaus], n. bureau de péage, m.
tolling ['touliŋ], n. tintement, m.
tomahawk ['tomǝhɔ:k], n. tomahawk, m.; hache de guerre, f.
tomato [tǝ'mɑ:tou], n. tomate, f.
tomb [tu:m], n. tombeau, m.; tombe, f.
tomboy ['tomboi], n. garçon manqué, m.
tombstone ['tu:mstoun], n. pierre tombale, f.
tom-cat ['tomkæt], n. matou, m.
tome [toum], n. tome, volume, m.
tomfool [tom'fu:l], n. sot, bête, niais, m.
tomfoolery [tom'fu:lǝri], n. sottise, bêtise, niaiserie, f.
tommy-gun ['tomigʌn], n. mitraillette, f.
tomorrow [tǝ'morou], adv. demain.
tomtit ['tomtit], n. (Orn.) mésange bleue, f.
tom-tom ['tomtom], n. tam-tam, m.
ton [tʌn], n. tonne (poids), f., tonneau (capacité), m.
tone [toun], n. ton; accent, timbre (de voix), m.—v.t. donner le ton à, régler; (Mus.) accorder; (Phot.) virer; to tone down, adoucir, pallier.
toneless ['tounlis], a. sans éclat, sans chaleur (voix).
tongs [toŋz], n.pl. pincettes; (Tech.) tenailles, pinces, f.pl.
tongue [tʌŋ], n. langue, f.; to hold one's tongue, se taire.
tongued [tʌŋd], a. à langue.
tongue-tied ['tʌŋtaid], a. qui a la langue liée; (fig.) réduit au silence, muet.
tonic ['tonik], a. and n. (Med.) tonique, fortifiant, m.
tonight [tǝ'nait], n. cette nuit, f., ce soir, m.
tonnage ['tʌnidʒ], n. tonnage, m.
tonsil ['tonsl], n. (Anat.) amygdale, f.
tonsil(l)itis [tonsi'laitis], n. amygdalite, f.
tonsure ['tonʃǝ], n. tonsure, f.—v.t. tonsurer.
too [tu:], adv. trop, par trop; aussi, de même, également (pareillement); d'ailleurs, de plus; too much or too many, trop.
tool [tu:l], n. outil, instrument; (fig.) agent, m.
tool-chest ['tu:ltʃest], n. boîte à outils, f.
tooth [tu:θ], n. (pl. teeth [ti:θ]) dent, f.; set of teeth, râtelier, m.; wisdom tooth, dent de sagesse.—v.t. denteler.
toothache ['tu:θeik], n. mal de dents, m.
toothbrush ['tu:θbrʌʃ], n. brosse à dents, f.
toothed [tu:θt], a. à dents; (Tech.) denté.
toothless ['tu:θlis], a. sans dents, édenté.
tooth-paste ['tu:θpeist], n. pâte dentifrice, f., dentifrice, m.
tooth-pick ['tu:θpik], n. cure-dents, m.inv.
tooth-powder ['tu:θpaudǝ], n. poudre dentifrice, f.
toothsome ['tu:θsǝm], a. agréable au goût, savoureux, friand.
toothsomeness ['tu:θsǝmnis], n. goût agréable, m.
top (1) [top], a. premier, principal, extrême.—n. haut, sommet, m.; cime (de montagne etc.),

f.; faîte (d'édifice), m.; (Naut.) hune, f.; dessus (de table), m.—v.t. couronner, surmonter (de).
top (2) [top], n. toupie (jouet), f.
topaz ['toupæz], n. topaze, f.
top-boots ['topbu:ts], n.pl. bottes à revers, f.pl.
top-coat ['topkout], n. pardessus, m.
tope (1) [toup], v.i. (colloq.) pinter, boire.
tope (2) [toup], n. chien de mer, m.
toper ['toupǝ], n. ivrogne, m., f.
top-hat ['top'hæt], n. chapeau haut de forme, m.
topic ['topik], n. matière, f., sujet, m.
topical ['topikl], a. d'actualité; (Med.) topique.
topmast ['topmɑ:st], n. mât de hune, m.
topmost ['topmoust], a. le plus haut, le plus élevé.
top-sail [topsl], n. hunier, m.
topographer [tǝ'pogrǝfǝ], n. topographe, m.
topographic [topǝ'græfik], topographical [topǝ'græfikǝl], a. topographique.
topography [tǝ'pogrǝfi], n. topographie, f.
topple [topl], v.i. tomber, dégringoler.
topsy-turvy ['topsi'tǝ:vi], adv. sens dessus dessous.
torch [tɔ:tʃ], n. torche, f., flambeau, m., lampe de poche, f.
torch-bearer ['tɔ:tʃbɛǝrǝ], n. porte-flambeau, m.
toreador [toriǝ'dɔ:], n. toréador, m.
torment (1) ['tɔ:ment], n. tourment, m., torture, f.; supplice, m.
torment (2) [tɔ:'ment], v.t. tourmenter, torturer.
tormentor [tɔr'mentǝ], n. tourmenteur, bourreau, m.
tornado [tɔ:'neidou], n. tornade, f., ouragan, cyclone, m.
torpedo [tɔ:'pi:dou], n. torpille, f.—v.t. torpiller.
torpedo-boat [tɔr'pi:doubout], n. torpilleur, m.
torpid ['tɔ:pid], a. engourdi, torpide, inerte.
torpor ['tɔ:pǝ], n. torpeur, apathie, f.
torrefaction [tori'fækʃǝn], n. torréfaction, f.
torrefy ['torifai], v.t. torréfier.
torrent ['torǝnt], n. torrent, m.
torrential [to'renʃl], a. torrentiel.
torrid ['torid], a. brûlant, torride.
torridness ['toridnis], torridity [to'riditi], n. chaleur brûlante, f.
torsion ['tɔ:ʃǝn], n. torsion, f.
torso ['tɔ:sou], n. torse, m.
tortoise ['tɔ:tǝs], n. tortue, f.
tortoise-shell ['tɔ:tǝsʃel], a. d'écaille.—n. écaille de tortue, écaille, f.
tortuous ['tɔ:tjuǝs], a. tortueux, sinueux.
tortuousness ['tɔ:tjuǝsnis], n. tortuosité, f.
torture ['tɔ:tʃǝ], n. torture, f.; supplice, m.—v.t. torturer; (fig.) faire souffrir.
torturer ['tɔ:tʃǝrǝ], n. bourreau, m.
toss [tos], n. jet, lancement, m.; to win the toss, gagner (à pile ou face).—v.t. lancer ou jeter (en l'air); ballotter; secouer.—v.i. s'agiter.
tossing ['tosiŋ], n. secousse, f.; ballottement; hochement, m.
toss-up ['tosʌp], n. coup de pile ou face, m.
total [toutl], a. total, complet, entier.—n. total, montant, m., somme, f.—v.t. se monter à.

599

totalitarian

totalitarian [toutæli'tɛəriən], *a.* (*Polit.*) totalitaire.
totalitarianism [toutæli'tɛəriənizm], *n.* totalitarisme, *m.*
totality [tou'tæliti], *n.* totalité, *f.*, montant, tout, *m.*
totalizator ['toutəlaizeitə], *n.* totalisateur, *m.*
totally ['toutəli], *adv.* totalement, tout à fait, entièrement.
totem ['toutəm], *n.* totem, *m.*
totter ['totə], *v.i.* chanceler; (*fig.*) vaciller, trembler.
tottering ['totəriŋ], *a.* chancelant, tremblant. —*n.* chancellement, *m.*
tottery ['totəri], *a.* chancelant.
touch [tʌtʃ], *v.t.* toucher; toucher à (*s'ingérer dans*); émouvoir (*attendrir*); **to touch up,** retoucher.—*v.i.* toucher; se toucher; **to touch at,** aborder à (*navire*); **to touch upon,** effleurer, (*fig.*) faire allusion à.—*n.* le toucher (*sens tactile*); attouchement (*contact*), *m.*; légère attaque (*d'une maladie*), *f.*; (*fig.*) soupçon (*trace*), *m.*; **it was touch and go,** il s'en est fallu de bien peu; **to get in touch with,** se mettre en rapports, entrer en contact avec; **to keep in touch with,** garder le contact avec.
touchiness ['tʌtʃinis], *n.* irascibilité, *f.*
touching ['tʌtʃiŋ], *a.* touchant, émouvant.—*prep.* concernant, au sujet de.
touch-line ['tʌtʃlain], *n.* (*Ftb.*) ligne de touche, *f.*
touchstone ['tʌtʃstoun], *n.* pierre de touche, *f.*
touch-wood ['tʌtʃwud], *n.* amadou, *m.*
touchy ['tʌtʃi], *a.* irritable, susceptible.
tough [tʌf], *a.* dur, raide, résistant; coriace (*viande*); fort (*solide*); difficile.
toughen [tʌfn], *v.t.* durcir.—*v.i.* s'endurcir.
toughish ['tʌfiʃ], *a.* un peu dur.
toughly ['tʌfli], *adv.* durement; vigoureusement.
toughness ['tʌfnis], *n.* raideur; dureté, nature coriace (*viande etc.*); (*fig.*) difficulté, *f.*
tour ['tuə], *n.* tour, voyage, *m.*; randonnée, tournée, *f.*—*v.t.*, *v.i.* visiter (*un pays*); voyager dans (*un pays*); excursionner.
tourism ['tuərizm], *n.* tourisme, *m.*
tourist ['tuərist], *n.* touriste, *m.*, *f.*, voyageur, *m.*; **tourist agency,** bureau de tourisme, *m.*
tournament ['tuənəmənt], *n.* tournoi; concours, *m.*
tourniquet ['tuənikei], *n.* garrot, *m.*
tousle [tauzl], *v.t.* tirailler, chiffonner; **tousled hair,** cheveux ébouriffés, *m.pl.*
tout [taut], *v.i.* racoler.—*n.* racoleur, *m.*
touting ['tautiŋ], *n.* racolage, *m.*
tow [tou], *n.* filasse, étoupe (*chanvre*); remorque, *f.*; **in tow,** à la remorque.—*v.t.* remorquer, touer, haler.
towage ['touidʒ], *n.* remorquage, touage, halage, *m.*
toward, towards [tu'wɔːd(z)], *prep.* vers, envers; du côté de; à l'égard de (*par respect pour*); sur, environ, vers (*l'heure*).
tow-boat ['toubout], *n.* remorqueur, *m.*
towel ['tauəl], *n.* essuie-mains, *m.inv.*, serviette, *f.*
towelling ['tauəliŋ], *n.* toile pour serviettes, *f.*; tissu-éponge, *m.*

tower ['tauə], *n.* tour, *f.*—*v.i.* s'élever (*au-dessus de*), dominer.
towering ['tauəriŋ], *a.* élevé; dominant; violent.
towing ['touiŋ], *n.* remorque, *f.*; halage (*sur canal*), *m.*
towing-boat ['touiŋbout], [TOW-BOAT].
tow(ing)-line ['tou(iŋ)lain], **tow(ing)-rope** ['tou(iŋ)roup], *n.* cable de remorque, *m.*, remorque, *f.*
tow(ing)-path ['tou(iŋ)pɑːθ], *n.* chemin de halage, *m.*
town [taun], *n.* ville, *f.*
town clerk ['taun'klɑːk], *n.* secrétaire de, mairie, *m.*
town council ['taun'kaunsl], *n.* conseil municipal, *m.*
town councillor ['taun'kaunsilə], *n.* conseiller municipal, *m.*
town hall ['taun'hɔːl], *n.* hôtel de ville, *m.*, mairie, *f.*
town planning ['taun plæniŋ], *n.* urbanisme, *m.*
townsfolk [TOWNSPEOPLE].
township ['taunʃip], *n.* commune, *f.*
townsman ['taunzmən], *n.* (*pl.* **-men** [men]) habitant de la ville, bourgeois, *m.*
townspeople ['taunzpiːpl], **townsfolk** ['taunzfouk], *n.* habitants (de la ville), citadins, *m.pl.*
tow-rope [TOW(ING)-LINE].
toxic ['toksik], *a.* toxique.
toxicology [toksi'kolədʒi], *n.* toxicologie, *f.*
toy [toi], *n.* jouet, joujou, *m.*—*v.i.* jouer; folâtrer, s'amuser (*avec*).
trace (1) [treis], *n.* trace, *f.*; tracé (*calque*), *m.*—*v.t.* tracer; calquer (*dessin*); suivre la trace de (*to track*); (*fig.*) remonter à l'origine de.
trace (2) [treis], *n.* (*usu. pl.*) traits (*harnais*), *m.pl.*
traceable ['treisəbl], *a.* que l'on peut tracer.
tracer ['treisə], *n.* traceur; traçoir (*instrument*), *m.*
tracery ['treisəri], *n.* (*Arch.*) réseau, *m.*
trachea [trə'kiːə], *n.* (*Anat.*) trachée-artère, *f.*
tracing ['treisiŋ], *n.* tracé, tracement; calque, *m.*; **tracing-paper,** papier à calquer, *m.*
track [træk], *n.* (*Spt.*) piste, *f.*, chemin (*route*), *m.*; (*Hunt.*) piste; (*Rail.*) voie; (*Astron.*) orbite, *f.*, sillage (*de bateau*), *m.*; **beaten track,** sentier battu, *m.*; (*Cine.*) **sound track,** bande sonore, *f.*—*v.t.* suivre à la piste; haler, remorquer.
tracker ['trækə], *n.* traqueur, *m.*
tracking ['trækiŋ], *n.* action de suivre à la trace, *f.*
trackless ['træklis], *a.* sans trace; sans chemins.
tract [trækt], *n.* étendue; contrée; brochure (*petit livre*), *f.*
tractable ['træktəbl], *a.* traitable, maniable.
tractile ['træktail], *a.* ductile.
traction ['trækʃən], *n.* traction, tension, *f.*
traction-engine ['trækʃənendʒin], *n.* locomotive routière, *f.*
tractor ['træktə], *n.* tracteur, *m.*
trade [treid], *n.* commerce, trafic, négoce; métier, *m.*, profession (*vocation*), *f.*; **Board of Trade,** Ministère du Commerce, *m.*; **free trade,** libre-échange, *m.*; (*Comm.*) **trade name,** marque déposée, *f.*—*v.i.* trafiquer, faire le commerce (*de*).

600

trade-mark ['treidmɑːk], *n.* marque de fabrique, *f.*

trader ['treidə], *n.* négociant, *m.*

tradesman ['treidzmən], *n.* (*pl.* -men [men]) marchand, boutiquier (*détaillant*); fournisseur, *m.*

trade(s)-union ['treid(z)'juːnjən], *n.* syndicat ouvrier, *m.*

trade-unionism ['treid'juːnjənizm], *n.* syndicalisme, *m.*

trade-unionist ['treid'juːnjənist], *n.* syndicaliste, *m.*, *f.*

trade-winds ['treidwindz], *n.pl.* vents alizés, *m.pl.*

trading ['treidiŋ], *a.* marchand, de commerce.—*n.* négoce, commerce, *m.*

tradition [trə'diʃən], *n.* tradition, *f.*

traditional [trə'diʃənəl], *a.* traditionnel.

traduce [trə'djuːs], *v.t.* diffamer, calomnier.

traducer [trə'djuːsə], *n.* calomniateur, *m.*

traffic ['træfik], *n.* trafic; commerce, négoce, *m.*; circulation (*de voitures*), *f.*; (*Rail.*) mouvement, *m.*; **traffic jam**, embouteillage, *m.*—*v.i.* trafiquer, commercer.

trafficker ['træfikə], *n.* trafiquant, *m.*

traffic-light ['træfiklait], *n.* feu, *m.*

tragedian [trə'dʒiːdiən], *n.* auteur tragique; tragédien, *m.*

tragedy ['trædʒədi], *n.* tragédie, *f.*

tragic ['trædʒik], **tragical** ['trædʒikəl], *a.* tragique.

tragi-comedy ['trædʒi'kɔmidi], *n.* tragi-comédie, *f.*

tragi-comical ['trædʒi'kɔmikəl], *a.* tragi-comique.

trail [treil], *n.* traînée; (*Hunt.*) piste, *f.*—*v.t.* suivre à la piste; traîner (*tirer après soi*).—*v.i.* traîner.

trailer ['treilə], *n.* remorque (*bicyclette, camion etc.*); (*Am.*) roulotte, caravane; (*Cine.*) bande de lancement, *f.*

train [trein], *n.* (*Rail.*) train, *m.*; suite, *f.* cortège (*personnel*), *m.*; série, *f.*, enchaînement (*succession*), *m.*; traînée (*de poudre à canon*); queue, traîne (*de robe*), *f.*; **break-down train**, train de secours; **excursion train**, train de plaisir.—*v.t.* former; exercer, instruire; dresser, entraîner (*cheval etc.*).—*v.i.* s'entraîner.

train-bearer ['treinbeərə], *n.* porte-queue, *m.*

trainee [trei'niː], *n.* stagiaire, *m.*, *f.*

trainer ['treinə], *n.* dresseur; entraîneur, *m.*

training ['treiniŋ], *n.* éducation, instruction, *f.*; dressage (*de cheval*); entraînement (*de cheval de course*), *m.*

training-ship ['treiniŋʃip], *n.* vaisseau-école, *m.*

trait [trei, treit], *n.* trait, *m.*

traitor ['treitə], *n.* traître, *m.*

traitorous ['treitərəs], *a.* traître, perfide.

traitorously ['treitərəsli], *adv.* en traître, perfidement.

traitress ['treitris], *n.* traîtresse, *f.*

trajectory [trə'dʒektəri], *n.* trajectoire, *f.*

tram(-car) ['træm(kɑː)], *n.* tramway, *m.*

trammel ['træml], *n.* tramail (*filet*), *m.*; entrave (*de cheval*), *f.*—*v.t.* entraver, empêtrer (*de*).

tramp [træmp], *v.t.* faire à pied, faire.—*v.i.* aller à pied, marcher lourdement.—*n.* randonnée (*à pied*), *f.*; bruit de pas (*marche pesante*); vagabond, *m.*

trample ['træmpl], *v.t.* fouler (*aux pieds*).

trampling ['træmpliŋ], *n.* piétinement, bruit de pas, *m.*

trance [trɑːns], *n.* extase; (*Path.*) catalepsie, *f.*

tranquil ['træŋkwil], *a.* tranquille.

tranquillity [træŋ'kwiliti], *n.* tranquillité, *f.*, calme, *m.*

tranquillize ['træŋkwilaiz], *v.t.* tranquilliser, calmer.

tranquillizer ['træŋkwilaizə], *n.* calmant, *m.*

transact [træn'zækt], *v.t.* traiter, expédier.

transaction [træn'zækʃən], *n.* transaction, affaire, *f.*

transactor [træn'zæktə], *n.* négociateur, *m.*

transalpine [træn'zælpain], *a.* transalpin.

transatlantic [trænzət'læntik], *a.* transatlantique.

transcend [træn'send], *v.t.* dépasser, surpasser.

transcendence [træn'sendəns], **transcendency** [træn'sendənsi], *n.* excellence, transcendance, *f.*

transcendent [træn'sendənt], *a.* transcendant.

transcendental [trænsen'dentl], *a.* transcendantal.

transcribe [træn'skraib], *v.t.* transcrire, copier.

transcriber [træn'skraibə], *n.* copiste, *m.*, *f.*, transcripteur, *m.*

transcript ['trænskript], *n.* copie, *f.*

transcription [træn'skripʃən], *n.* transcription, *f.*

transept ['trænsept], *n.* transept, *m.*

transfer [træns'fəː], *v.t.* transporter; (*Law*) transférer.—['trænsfəː], *n.* copie, *f.*; (*Law*) transfert, *m.*

transferable ['trænsfərəbl], *a.* transférable, transmissible.

transference ['trænsfərəns], *n.* transfert, *m.*

transfiguration [trænsfigju'reiʃən], *n.* transfiguration, transformation, *f.*

transfigure [træns'figə], *v.t.* transfigurer.

transfix [træns'fiks], *v.t.* transpercer.

transform [træns'fɔːm], *v.t.* transformer, changer (*en*).—*v.i.* se transformer (*en*).

transformation [trænsfə'meiʃən], *n.* transformation, *f.*, changement, *m.*; **transformation scene**, changement à vue, *m.*

transformer [træns'fɔːmə], *n.* transformateur, *m.*

transfuse [træns'fjuːz], *v.t.* transfuser.

transfusion [træns'fjuːʒən], *n.* transfusion, *f.*

transgress [træns'gres, trænz'gres], *v.t.* transgresser, enfreindre.—*v.i.* transgresser, pécher.

transgression [træns'greʃən], *n.* transgression, infraction, *f.*

transgressor [træns'gresə], *n.* pécheur, *m.* pécheresse, *f.*

tranship [træn'ʃip], *v.t.* transborder.

transience ['trænziəns], *n.* nature transitoire, courte durée, *f.*

transient ['trænziənt], *a.* passager, transitoire.

transistor [træn'zistə], *n.* transistor, transistron, *m.*

transit ['trænzit], *n.* passage, *m.*; *in transit* en transit.

transition [træn'ziʃən], *n.* transition, *f.*

transitional [træn'ziʃənəl], *a.* de transition.

transitive ['trænzitiv], *a.* qui passe; (*Gram.*) transitif.

transitoriness

transitoriness ['trænzitərinis], *n.* nature transitoire, courte durée, *f.*
transitory ['trænzitəri], *a.* transitoire, passager.
translatable [træns'leitəbl], *a.* traduisible.
translate [træns'leit], *v.t.* traduire; transférer (*évêque*).
translation [træns'leiʃən], *n.* traduction; translation (*d'un évêque*), *f.*
translator [træns'leitə], *n.* traducteur, *m.*
translucent [trænz'lju:sənt], *a.* translucide.
transmarine [trænzmə'ri:n], *a.* d'outremer.
transmigrate ['trænzmaigreit], *v.i.* passer d'un corps dans un autre; émigrer.
transmigration [trænzmai'greiʃən], *n.* transmigration; métempsyc(h)ose (*des âmes*), *f.*
transmissible [trænz'misibl], *a.* transmissible.
transmission [trænz'miʃən], *n.* transmission, *f.*
transmit [trænz'mit], *v.t.* transmettre, envoyer; (*Rad.*) émettre.
transmitter [trænz'mitə], *n.* (*Rad.*) émetteur, *m.*
transmutable [trænz'mju:təbl], *a.* transmuable.
transmutation [trænzmju'teiʃən], *n.* transmutation, *f.*; changement (*de couleur*), *m.*
transmute [trænz'mju:t], *v.t.* transmuer, convertir.
transom ['trænsəm], *n.* traverse (*de fenêtre*), imposte, *f.*
transparency [træns'pɛərənsi], *n.* transparence; (*Phot.*) diapositive, *f.*
transparent [træns'pɛərənt], *a.* transparent.
transparently [træns'pɛərəntli], *adv.* avec transparence; évidemment.
transpire [træns'paiə, trænz'paiə], *v.i.* transpirer; (*fig.*) avoir lieu, arriver.
transplant [træns'pla:nt, trænz'pla:nt], *v.t.* transplanter; (*fig.*) déplacer.
transplanting [træns'pla:ntiŋ, trænz'pla:ntiŋ], *n.* transplantation, *f.*
transport ['trænspɔ:t], *n.* transport, *m.*— [træns'pɔ:t], *v.t.* transporter; déporter (*forçat*).
transportation [trænspɔ:'teiʃən], *n.* transport, *m.*; déportation (*des forçats*), *f.*
transporter [træns'pɔ:tə], *n.* entrepreneur de transports; (pont) transbordeur, *m.*
transporting [træns'pɔ:tiŋ], *a.* ravissant, transportant.
transposal [træns'pouzl], *n.* transposition, *f.*
transpose [trænz'pouz], *v.t.* transposer.
transubstantiation [trænsəbstænʃi'eiʃən], *n.* transsubstantiation, *f.*
Transvaal ['trænzva:l], *the.* le Transvaal, *m.*
transversal [trænz'və:sl], *a.* transversal.
transversely [trænz'və:sli], *adv.* en travers.
transverse [trænz'və:s], *a.* transverse, transversal.
trap [træp], *n.* trappe, *f.*, piège, *m.*; carriole (*véhicule*), *f.*—*v.t.* prendre au piège, attraper.
trap-door ['træpdɔ:], *n.* trappe, *f.*
trapeze [trə'pi:z], *n.* trapèze, *m.*
trapper ['træpə], *n.* trappeur, *m.*
trappings ['træpiŋz], *n.pl.* harnais, *m.*; (*fig.*) parure, *f.*, atours, *m.pl.*
traps [træps], *n.pl.* bagages, *m.pl.*
trash [træʃ], *n.* rebut, *m.*; camelote, *f.*; fatras (*écrits*), *m.*

trashy ['træʃi], *a.* de rebut, sans valeur.
travel [trævl], *v.t.* parcourir; faire (*distance etc.*).—*v.i.* voyager, être en voyage.—*n.* voyage, *m.*
traveller ['trævlə], *n.* voyageur; (*Comm.*) commis voyageur, *m.*; *traveller's cheque*, chèque de voyage, *m.*
travelling ['trævliŋ], *a.* voyageur, de voyage; ambulant (*itinérant*); *travelling expenses*, frais de déplacement, *m.pl.*; *travelling-case*, nécessaire de voyage, *m.*—*n.* voyage, *m.*, voyages, *m.pl.*
travelogue ['trævəlɔg], *n.* film de tourisme, *m.*
traverse ['trævəs], *a.* oblique.—*n.* traverse, *f.* —*v.t.* traverser; (*Law*) nier.
travesty ['trævəsti], *n.* travestissement, *m.*; parodie, *f.*—*v.t.* travestir, parodier.
trawl [trɔ:l], *n.* chalut (*filet*), *m.*—*v.i.* pêcher au chalut.
trawler ['trɔ:lə], *n.* chalutier, *m.*
trawling ['trɔ:liŋ], *n.* pêche au chalut, *f.*
tray [trei], *n.* plateau, *m.*
treacherous ['tretʃərəs], *a.* traître, perfide.
treacherously ['tretʃərəsli], *adv.* en traître.
treachery ['tretʃəri], *n.* trahison, perfidie, *f.*
treacle [tri:kl], *n.* mélasse, *f.*
tread [tred], *v.t. irr.* fouler, écraser.—*v.i.* mettre le pied, marcher (*sur*); se poser (*pieds*).—*n.* pas, *m.*; marche (*d'escalier*), *f.*
treading ['trediŋ], *n.* pas, *m.*; marche, *f.*; foulage (*de raisins etc.*), *m.*
treadle [tredl], *n.* marche; pédale, *f.*
treadmill ['tredmil], *n.* *moulin de discipline, *m.*
treason [tri:zn], *n.* trahison, *f.*; *high treason*, lèse-majesté, *f.*
treasonable ['tri:znəbl], *a.* de trahison.
treasonably ['tri:znəbli], *adv.* par trahison, traîtreusement.
treasure ['treʒə], *n.* trésor, *m.*—*v.t.* garder, priser.
treasurer ['treʒərə], *n.* trésorier, *m.*
treasure-trove ['treʒətrouv], *n.* trésor trouvé, *m.*
treasury ['treʒəri], *n.* trésor, trésor public, *m.*, finances, *f.pl.*, trésorerie, *f.*
treat [tri:t], *n.* régal, festin, (*fig.*) plaisir, *m.*— *v.t.* traiter; régaler (*de*).—*v.i.* traiter (*de*); négocier.
treatise ['tri:tiz], *n.* traité (de *ou* sur), *m.*
treatment ['tri:tmənt], *n.* traitement, *m.*
treaty ['tri:ti], *n.* traité, *m.*
treble [trebl], *a.* triple; (*Mus.*) de dessus, soprano.—*n.* triple; (*Mus.*) dessus, soprano, *m.*—*v.t.*, *v.i.* tripler.
trebling ['trebliŋ], *n.* triplement, *m.*
trebly ['trebli], *adv.* triplement, trois fois.
tree [tri:], *n.* arbre; embauchoir (*pour botte*), *m.*; (*fig.*) croix, *f.*
trefoil ['tri:fɔil], *n.* trèfle, *f.*
trellis ['trelis], *n.* treillis, treillage, *m.*
trellised ['trelist], *a.* treillissé.
tremble [trembl], *v.i.* trembler.
trembling ['trembliŋ], *a.* tremblant, tremblotant.—*n.* tremblement, *m.*
tremendous [tri'mendəs], *a.* terrible, épouvantable.
tremendously [tri'mendəsli], *adv.* terriblement.
tremor ['tremə], *n.* tremblement, *m.*; secousse, *f.*

tremulous ['tremjuləs], *a.* tremblant, (*fig.*) craintif.
tremulously ['tremjuləsli], *adv.* en tremblant, en tremblotant.
tremulousness ['tremjuləsnis], *n.* tremblotement, *m.*
trench [trentʃ], *n.* fossé, *m.*, tranchée; rigole (*entre sillons etc.*), *f.*—*v.t.* creuser.
trenchancy ['trentʃənsi], *n.* causticité, *f.*
trenchant ['trentʃənt], *a.* tranchant, caustique.
trencher ['trentʃə], *n.* tranchoir, taillloir, *m.*
trencherman ['trentʃəmən], *n.* (*pl.* **-men** [men]) gros mangeur, *m.*
trend [trend], *n.* direction, tendance, *f.*—*v.i.* se diriger, tendre (*vers*).
trepan [trə'pæn], *n.* (*Surg.*) trépan, *m.*—*v.t.* trépaner.
trepanning [trə'pæniŋ], *n.* trépanation *f.*
trepidation [trepi'deiʃən], *n.* trépidation, *f.*
trespass ['trespəs], *n.* violation de propriété, *f.*, délit, *m.*; (*Scripture*) offense, *f.*—*v.i.* violer la propriété; empiéter (*sur*); (*Scripture*) pécher; transgresser.
trespasser ['trespəsə], *n.* violateur du droit de propriété; (*Scripture*) pécheur, *m.*, pécheresse, *f.*
tress [tres], *n.* tresse, boucle, *f.*
trestle [tresl], *n.* tréteau, *m.*
trestle-bed ['treslbed], *n.* lit de sangle, *m.*
triad ['traiæd], *n.* triade, *f.*
trial ['traiəl], *a.* d'essai.—*n.* expérience, épreuve, *f.*, essai; (*Law*) procès, *m.*
triangle ['traiæŋgl], *n.* triangle, *m.*
triangular [trai'æŋgjulə], *a.* triangulaire.
tribal [traibl], *a.* tribal.
tribe [traib], *n.* tribu, peuplade; (*fig.*) race, *f.*
tribulation [tribju'leiʃən], *n.* tribulation, *f.*
tribunal [trai'bju:nl], *n.* tribunal, *m.*
tribune ['tribju:n], *n.* (*Rom. Hist.*) tribun, *m.*; tribune (*estrade*), *f.*
tributary ['tribjutəri], *a.* tributaire.—*n.* tributaire; affluent (*rivière*), *m.*
tribute ['tribju:t], *n.* tribut (*fig.*) hommage, *m.*
trice (1) [trais], *n. in a trice*, en un clin d'œil.
trice (2) [trais], *v.t.* (*Naut.*) hisser.
trick [trik], *n.* tour, artifice, *m.*; (*Cards*) levée; ruse, finesse, *f.*; tic (*habitude*), *m.*; *nasty trick*, vilain tour; *to play someone a trick*, faire une niche *ou* jouer un tour à quelqu'un.—*v.t.* duper; tricher (*en jouant*); *to trick out*, parer, orner.
trickery ['trikəri], *n.* tromperie, fourberie, tricherie, *f.*
trickish ['trikiʃ], *a.* trompeur, fourbe, fin.
trickle [trikl], *v.i.* suinter, dégoutter.
trickling ['trikliŋ], *n.* écoulement, *m.*
trickster ['trikstə], *n.* fourbe, escroc, *m.*
tricky ['triki], *a.* fourbe, rusé; (*fig.*) compliqué; délicat (*à manier*).
tricolour ['traikʌlə], *n.* drapeau tricolore, *m.*
tricoloured ['traikʌləd], *a.* tricolore.
tricycle ['traisikl], *n.* tricycle, *m.*
trident ['traidənt], *n.* trident, *m.*
tried [traid], *a.* éprouvé.
triennial [trai'eniəl], *a.* triennal.—*n.* (*Bot.*) plante triennale, *f.*
triennially [trai'eniəli], *adv.* tous les trois ans.
trier ['traiə], *n.* (*Law*) juge; arbitre, *m.*; (*fig.*) épreuve, pierre de touche, *f.*

trifle [traifl], *n.* bagatelle; (*Cook.*) sorte de charlotte russe, *f.*—*v.i.* badiner; *to trifle with*, plaisanter avec, se moquer de.
trifler ['traiflə], *n.* personne frivole, *f.*
trifling ['traifliŋ], *a.* de rien, insignifiant, frivole.—*n.* frivolité, *f.*, badinage, *m.*
trigamy ['trigəmi], *n.* trigamie, *f.*
trigger ['trigə], *n.* détente, *f.*
trigonometry [trigə'nɒmətri], *n.* trigonométrie, *f.*
trilateral [trai'lætərəl], *a.* trilatéral.
trill [tril], *n.* trille, *m.*—*v.t.* triller.
trillion ['triljən], *n.* (*since* 1948) trillion; (*before* 1948) quintillion, *m.*
trilogy ['trilədʒi], *n.* trilogie, *f.*
trim [trim], *a.* soigné, coquet, bien mis, bien arrangé.—*n.* bon ordre, *m.*; assiette (*de bateau*), *f.*; orientement (*des voiles*); arrimage (*de cale*), *m.*—*v.t.* arranger, mettre en ordre; garnir, parer (*de*); émonder, tailler (*couper*); (*Naut.*) arrimer (*cargaison*); orienter (*voiles*). —*v.i.* balancer entre deux partis.
trimly ['trimli], *adv.* bien, gentiment, proprement.
trimmer ['trimə], *n.* (*Polit.*) opportuniste, *m.*, *f.*; (*Naut.*) soutier, *m.*
trimming ['trimiŋ], *n.* garniture; semonce; (*pl.*) parure (*de viande*), *f.*
trimness ['trimnis], *n.* air soigné, bon ordre, *m.*
Trinidad ['trinidæd]. (Île de la) Trinité, *f.*
Trinity ['triniti], *n.* Trinité, *f.*
trinket ['triŋkit], *n.* petit bijou, *m.*, breloque, *f.*
trinomial [trai'noumiəl], *a. and n.* trinôme, *m.*
trio ['tri:ou], *n.* trio, *m.*
trip [trip], *v.t.* renverser, faire tomber.—*v.i.* trébucher, faire un faux pas; fourcher (*la langue*); courir légèrement.—*n.* croc-enjambe, faux pas, *m.*; excursion, *f.*, tour, voyage, *m.*
tripe [traip], *n.* tripes, *f.pl.*
triple [tripl], *a.* triple.—*v.t.* tripler.
triplet ['triplit], *n.* (*Pros.*) tercet; (*Mus.*) triolet, *m.*; (*pl.*) triplés, *m.pl.*
triplicate ['triplikit], *a.* triplé.—*n.* triplicata (*copie*), *m.*
tripod ['traipɒd], *n.* trépied, *m.*
tripper ['tripə], *n.* (*colloq.*) excursionniste, *m.*, *f.*
tripping ['tripiŋ], *a.* agile, léger.—*n.* croc en jambe, faux pas, *m.*; erreur, *f.*; pas léger, *m.*
trireme ['trairi:m], *n.* trirème, *f.*
trisect [trai'sekt], *v.t.* couper en trois.
trisyllabic [traisi'læbik], *a.* trissyllabe.
trisyllable [trai'siləbl], *n.* trissyllabe, *m.*
trite [trait], *a.* usé, banal, rebattu.
triteness ['traitnis], *n.* nature banale, trivialité, *f.*
Triton ['traitən]. Triton, *m.*
triumph ['traiəmf], *n.* triomphe, *m.*—*v.i.* triompher.
triumphal [trai'ʌmfl], *a.* triomphal.
triumphant [trai'ʌmfənt], *a.* triomphant.
triumphantly [trai'ʌmfəntli], *adv.* en triomphe.
triumvir [trai'ʌmvə], *n.* triumvir, *m.*
triumvirate [trai'ʌmvərit], *n.* triumvirat, *m.*
trivet ['trivit], *n.* trépied, *m.*

trivial

trivial ['triviəl], a. banal, insignifiant, sans importance.
triviality [trivi'æliti], n. insignifiance; banalité, f.
troat [trout], n. bramement, m.—v.t. bramer, raire (cerf).
trochaic [tro'keiik], a. trochaïque.
trochee ['trouki], n. trochée, m.
Trojan ['troudʒən], a. troyen.—n. Troyen, m.
troll [troul], v.t. rouler, tourner.
trolley, trolly ['trɔli], n. fardier, chariot; (Elec.) trolley, m.; dinner trolley, table roulante, f.
trolley-bus ['trɔlibʌs], n. trolleybus, m.
trollop ['trɔləp], n. souillon, f.
trombone [trɔm'boun], n. trombone, m.
troop [tru:p], n. troupe, bande, f.—v.i. s'attrouper, s'assembler.
trooper ['tru:pə], n. (Mil.) soldat à cheval, cavalier, m.
trophy ['troufi], n. trophée, m.
tropic ['trɔpik], n. tropique, m.
tropical ['trɔpikəl], a. tropical, des tropiques.
trot [trɔt], n. trot, m.—v.i. trotter, aller au trot; trottiner (enfant).
troth [trouθ], n. foi, f.; by my troth ! ma foi!
trotter ['trɔtə], n. cheval de trot, trotteur, m.; (pl.) pieds de mouton, pieds de cochon, m.pl.
trotting ['trɔtiŋ], a. trotteur.—n. trot, m.
troubadour ['tru:bəduə], n. troubadour, m.
trouble [trʌbl], v.t. agiter; troubler, déranger (gêner); tourmenter, affliger (faire souffrir); inquiéter (préoccuper).—v.i. s'inquiéter, se donner la peine (de).—n. trouble, m.; peine (effort); affliction, f., souci, chagrin (tristesse); ennui (difficulté), m.; it is not worth the trouble, ce n'est pas la peine.
troubled [trʌbld], a. inquiet, agité; trouble (eau etc.).
troublesome ['trʌblsəm], a. ennuyeux, incommode; fatigant, fâcheux.
troublesomeness ['trʌblsəmnis], n. ennui, embarras, m., gêne, f.
*troublous ['trʌbləs], a. troublé, agité, orageux.
trough [trɔf], n. auge, huche, f.; (Cook.) pétrin; auget, abreuvoir (pour boire), m.
trounce [trauns], v.t. rosser, étriller.
trouncing ['traunsiŋ], n. raclée, f., étrillage, m.
trouser-press ['trauzəpres], n. presse-pantalon, m.
trousers ['trauzəz], n.pl. pantalon, m.
trousseau ['tru:sou], n. trousseau, m.
trout [traut], n. truite, f.
trowel ['trauəl], n. truelle, f.
Troy [trɔi]. Troie, f.
troy-weight ['trɔiweit], n. troy (poids de douze onces à la livre), m.
truant ['tru:ənt], n. fainéant, vagabond, m.; to play truant, faire l'école buissonnière.
truce [tru:s], n. trêve, f.
truck [trʌk], n. fardier, chariot (charrette); (Am.) camion; (Rail.) wagon, m.—v.i. troquer.
truckle [trʌkl], n. roulette, f.—v.i. ramper s'abaisser (devant).
truckle-bed ['trʌklbed], n. grabat, m..
truckling ['trʌkliŋ], n. soumission, f., abaissement, m.

truculence ['trʌkjuləns], n. férocité, truculence, f.
truculent ['trʌkjulənt], a. brutal, féroce, farouche.
trudge [trʌdʒ], n. marche pénible, f.—v.i. clopiner, marcher péniblement.
true [tru:], a. vrai, véritable; fidèle (véridique); exact (juste); loyal (honnête); droit (vertueux); to come true, se réaliser.—int. c'est vrai! c'est juste!—adv. juste (précisément).—v.t. ajuster.
true-bred ['tru:bred], a. de bonne race, pur sang; (fig.) accompli.
true-hearted ['tru:'ha:tid], a. au cœur sincère.
trueness ['tru:nis], n. fidélité; justesse, f.
truffle [trʌfl], n. truffe, f.; to stuff with truffles, truffer.
truism ['tru:izm], n. truisme, m.
truly ['tru:li], adv. vraiment, véritablement.
trump [trʌmp], n. trompe, trompette, f.; (Cards.) atout, m.—v.t. jouer atout, couper.
trumpery ['trʌmpəri], a. sans valeur, mesquin.—n. rebut, m., blague, f.
trumpet ['trʌmpit], n. trompette, f.—v.t. proclamer.—v.i. barrir (éléphant).
trumpet-call ['trʌmpitkɔ:l], n. coup de trompette, m.
trumpeter ['trʌmpitə], n. trompette, m.
truncate [trʌŋ'keit], v.t. tronquer.
truncheon ['trʌntʃən], n. bâton, m.; matraque, f.
trundle [trʌndl], v.t. rouler.
trunk [trʌŋk], n. tronc, m.; malle (boîte); trompe (d'éléphant etc.), f.; (Sculp.) torse, m.
trunk-call ['trʌŋkkɔ:l], n. (Teleph.) appel interurbain, m.
trunk-road ['trʌŋkroud], n. route à grande circulation, f.
trunnion ['trʌnjən], n. tourillon, m.
truss [trʌs], n. botte (de foin etc.), f.; paquet; (Surg.) bandage herniaire, m.—v.t. trousser (une poule); lier (foin).
trust [trʌst], n. confiance (en), f.; dépôt, m.; garde (charge), f.; crédit; (Law) fidéicommis; (Comm.) trust, syndicat, m.—v.t. se fier à, se confier à; faire crédit à (en matière d'argent).—v.i. avoir confiance (en ou dans); s'attendre (à).
trust-deed ['trʌstdi:d], n. acte fiduciaire, m.
trusted ['trʌstid], a. de confiance.
trustee [trʌs'ti:], n. gardien, m., dépositaire; (Law) fidéicommissaire, m., f.
trusteeship [trʌs'ti:ʃip], n. administration; tutelle, f., (Law) fidéicommis, m.
trustiness ['trʌstinis], n. fidélité, loyauté, f.
trusting ['trʌstiŋ], a. plein de confiance.
trustworthiness ['trʌstwə:ðinis], n. fidélité (personne); exactitude (des nouvelles etc.), f.
trustworthy ['trʌstwə:ði], a. digne de confiance; exact (nouvelles).
trusty ['trʌsti], a. sûr, fidèle, loyal.
truth [tru:θ], n. vérité, f., vrai, m.; to tell the truth . . , à vrai dire . . . .
truthful ['tru:θful], a. véridique, vrai.
truthfully ['tru:θfuli], adv. véridiquement, avec vérité.
truthfulness ['tru:θfulnis], n. véracité, f.
try [trai], v.t. essayer; éprouver, mettre à l'épreuve; tenter (se prêter à); (Law) juger.—v.i. essayer, tâcher (de).—n. essai, m.

604

trying ['traiiŋ], a. difficile, pénible.
*tryst [traist], n. rendez-vous, m.
Tsar [zɑː], n. Tsar, m.
Tsarina [zɑːˈriːnə], n. Tsarine, f.
tsetse ['tsetsi], n. mouche tsé-tsé, f.
tub [tʌb], n. cuve, f., baquet; bain (moderne), m.—v.t. encuver; (Gard.) encaisser.
tuba ['tjuːbə], n. tuba, m.; contrebasse à vent, f.
tubby ['tʌbi], a. gros, obèse.
tube [tjuːb], n. tube; (Anat.) conduit, canal; (Rail.) métro, m.; inner tube, chambre à air, f.
tuber ['tjuːbə], n. tubercule, m.
tubercular [tjuˈbəːkjulə], a. tuberculeux.
tuberculosis [tjubəːkjuˈlousis], n. tuberculose, f.
tuberose ['tjuːbərous], a. tubéreux.—n. tubéreuse, f.
tuberous ['tjuːbərəs], a. tubéreux.
tubular ['tjuːbjulə], a. tubulaire.
tuck [tʌk], n. pli, m.—v.t. plisser; serrer; retrousser.
tucker ['tʌkə], n. chemisette, collerette, f.
Tuesday ['tjuːzd(e)i]. mardi, m.; Shrove Tuesday, mardi gras.
tuft [tʌft], n. touffe (d'herbe ou de cheveux); huppe (d'oiseau).
tufted ['tʌftid], a. touffu; huppé (oiseau).
tug [tʌg], v.t. tirer avec effort; remorquer (to tow).—n. tiraillement; remorqueur (bateau), m.
tuition [tjuˈiʃən], n. instruction, f., enseignement, m.
tulip ['tjuːlip], n. tulipe, f.
tulle [tjuːl], n. tulle, m.
tumble [tʌmbl], n. culbute, chute, f.—v.t. culbuter.—v.i. tomber; rouler (descendre en roulant); dégringoler (se tourner).
tumbledown ['tʌmbldaun], a. croulant, délabré.
tumbler ['tʌmblə], n. verre sans pied; gobelet; culbutant (pigeon), m.
tumblerful ['tʌmbləful], n. plein un grand verre, m.
tumbril ['tʌmbril], tumbrel ['tʌmbrəl], n. tombereau, m.
tumefaction [tjuːmiˈfækʃən], n. tuméfaction, f.
tumefy ['tjuːmifai], v.t. tuméfier.—v.i. se tuméfier.
tumid ['tjuːmid], a. enflé, gonflé; (fig.) boursouflé.
tumidity [tjuˈmiditi], tumidness ['tjuːmidnis], n. enflure; (fig.) turgescence, f.
tumour ['tjuːmə], n. tumeur, f.
tumular ['tjuːmjulə], a. en monticule.
tumult ['tjuːmʌlt], n. tumulte; trouble, m.
tumultuous [tjuˈmʌltjuəs], a. tumultueux, turbulent, agité.
tumultuousness [tjuˈmʌltjuəsnis], n. turbulence, f.
tun [tʌn], n. tonneau, fût, m.; cuve, f.
tunable ['tjuːnəbl], a. accordable.
tundra ['tundrə], n. toundra, f.
tune [tjuːn], n. air; accord, m.; (fig.) harmonie, humeur, f.; in tune, d'accord; out of tune, faux.—v.t. accorder, mettre d'accord.—v.i. (Rad.) to tune in, accrocher (un poste).
tuneful ['tjuːnful], a. harmonieux, mélodieux.

tuneless ['tjuːnlis], a. discordant.
tuner ['tjuːnə], n. accordeur, m.
tungsten ['tʌŋstən], n. tungstène, m.
tunic ['tjuːnik], n. tunique, f.
tuning ['tjuːniŋ], n. accord, m., action d'accorder, f.
tuning-fork ['tjuːniŋfɔːk], n. diapason, m.
tuning-hammer ['tjuːniŋhæmə], n. accordoir, m.
Tunisia [tjuˈniziə]. la Tunisie, f.
Tunisian [tjuˈniziən], a. tunisien.—n. Tunisien (personne), m.
tunnel [tʌnl], n. tunnel, passage souterrain, m.—v.t. percer un tunnel dans.
tunnelling ['tʌnəliŋ], n. construction de tunnels, f.
tunny ['tʌni], n. (Ichth.) thon, m.
turban ['təːbən], n. turban, m.
turbid ['təːbid], a. trouble, bourbeux.
turbidity [təːˈbiditi], turbidness ['təːbidnis], n. état bourbeux, état trouble, m.
turbine ['təːbin, 'təːbain], n. turbine, f.
turbo-prop ['təːbɔprɔp], a. (Av.) à turbo-propulseur.
turbot ['təːbət], n. turbot, m.
turbulence ['təːbjuləns], turbulency ['təːbjulənsi], n. turbulence, f., tumulte, m.
turbulent ['təːbjulənt], a. tumultueux, turbulent.
turbulently ['təːbjuləntli], adv. tumultueusement.
tureen [tjuˈriːn], n. soupière, f.
turf [təːf], n. gazon, m.; motte de gazon; tourbe (combustible), f.; (fig.) turf, m.—v.t. gazonner.
turfing ['təːfiŋ], n. gazonnement, m.
turf-moss ['təːfmɔs], turf-pit ['təːfpit], n. tourbière, f.
turfy ['təːfi], a. gazonné; tourbeux.
turgid ['təːdʒid], a. gonflé; boursouflé.
turgidity [təːˈdʒiditi], turgidness ['təːdʒidnis], n. turgescence; (fig.) emphase (de style), f.
Turk [təːk], n. Turc (personne), m.
Turkey ['təːki]. la Turquie, f.
turkey ['təːki], n. dindon, m.; hen-turkey, dinde, f.
Turkish ['təːkiʃ], a. de Turquie, turc.—n. turc (langue), m.
turmoil ['təːmɔil], n. tumulte, m., agitation, f.
turn [təːn], v.t. tourner, faire tourner; faire pencher (la balance); retourner (vêtement etc.); changer, convertir (transformer); traduire (en une autre langue); soulever (l'estomac); émousser (le tranchant); (fig.) rouler (dans la tête); to turn aside, détourner, écarter (de); to turn away, renvoyer, congédier; to turn back, faire retourner; to turn down, rabattre (un col); refuser; to turn in, tourner en dedans; to turn into, changer en; to turn off, couper (vapeur), fermer (robinet); to turn on, donner (vapeur), ouvrir (robinet); to turn out, mettre dehors; éteindre (lumière); to turn over, retourner, feuilleter (pages d'un livre); to turn tail, prendre la fuite; to turn up, retrousser.—v.i. tourner, se tourner; se retourner (vers); se détourner (s'écarter); se changer (en); devenir, se faire; to turn back, rebrousser chemin; to turn from, s'éloigner de; to turn in, se coucher (aller au lit); to turn round, tourner, se

turncoat

tourner, se retourner; *to turn to*, s'adresser à; *to turn up*, se retrousser; arriver (*se passer*).—*n.* tour; coude, détour (*tournant*); service; changement, *m.*; occasion; tournure (*d'esprit*), *f.*; trait (*de balance*), *m.*; *a bad turn*, un mauvais tour; *a good turn*, un service; *by turns, in turns*, à tour de rôle.

turncoat ['tə:nkout], *n.* renégat, *m.*
turn-cock ['tə:nkɔk], *n.* fontainier, *m.*
turner ['tə:nə], *n.* tourneur, *m.*
turnery ['tə:nəri], *n.* art du tourneur, *m.*
turning ['tə:niŋ], *n.* tournant (*de route etc.*); (*Carp.*) tournage, *m.*
turning-lathe ['tə:niŋleiθ], *n.* tour, *m.*
turning-point ['tə:niŋpɔint], *n.* point décisif, moment critique, *m.*
turnip ['tə:nip], *n.* navet, *m.*
turnkey ['tə:nki:], *n.* guichetier, porte-clefs, *m.*
turn-out ['tə:naut], *n.* équipage, *m.*; tenue, *f.*
turn-over ['tə:nouvə], *n.* chiffre d'affaires; chausson (*pâte*), *m.*
turnpike ['tə:npaik], *n.* barrière de péage, *f.*, tourniquet, *m.*
turnspit ['tə:nspit], *n.* tournebroche, *m.*
turnstile ['tə:nstail], *n.* tourniquet, *m.*
turn-table ['tə:nteibl], *n.* plaque tournante; platine, *f.*
turn-up ['tə:nʌp], *n.* revers (*de pantalon*), *m.*
turpentine ['tə:pəntain], *n.* térébenthine, *f.*
turpitude ['tə:pitju:d], *n.* turpitude, *f.*
turquoise ['tə:kwɔiz], *n.* turquoise, *f.*
turret ['tʌrit], *n.* tourelle, *f.*
turreted ['tʌritid], *a.* garni de tourelles.
turtle [tə:tl], *n.* tortue de mer, *f.*; *to turn turtle*, chavirer (*bateau*), capoter (*voiture*).
turtle-dove ['tə:tldʌv], *n.* tourterelle, *f.*
Tuscan ['tʌskən], *a.* toscan.—*n.* Toscan (*personne*), *m.*
Tuscany ['tʌskəni]. la Toscane, *f.*
tush! [tʌʃ], *int.* bah! fi donc!
tusk [tʌsk], *n.* défense (*d'éléphant*), *f.*; croc (*dent*), *m.*
tussle [tʌsl], *n.* lutte, bagarre, *f.*
tut! [tʌt], *int.* bah! allons donc!
tutelage ['tju:tilidʒ], *n.* tutelle, *f.*
tutor ['tju:tə], *n.* précepteur (*dans une famille*); (*Univ.*) maître-assistant, *m.*—*v.t.* instruire, enseigner.
tutorial [tju:'tɔ:riəl], *a.* de précepteur.
tutoring ['tju:təriŋ], *n.* instruction, *f.*
tutorship ['tju:təʃip], *n.* préceptorat, *m.*
twaddle [twɔdl], *n.* bavardage, caquetage, *m.*
*twain [twein], *a.* and *n.* deux, *m.*
twang [twæŋ], *n.* son sec (*d'une corde qui vibre*); accent nasillard (*voix*), *m.*—*v.t.* faire résonner, faire vibrer.—*v.i.* résonner, nasiller.
tweak [twi:k], *v.t.* pincer (*en tordant*).
tweezers ['twi:zəz], *n.pl.* pinces à épiler (*pour poils*), *f.pl.*
twelfth [twelfθ], *a.* douzième; douze (*du mois, des rois etc.*), *m.*; *Twelfth Night*, jour des Rois, *m.*—*n.* douzième (*fraction*), *m.*
twelve [twelv], *a.* and *n.* douze, *m.*; *twelve o'clock*, midi (*noon*), minuit (*midnight*), *m.*
twelvemonth ['twelvmʌnθ], *n.* an, *m.*, année, *f.*
twentieth ['twentiiθ], *a.* vingtième; vingt (*du mois etc.*).—*n.* vingtième (*fraction*), *m.*

twenty ['twenti], *a.* and *n.* vingt, *m.*
twenty-first ['twenti'fə:st], *a.* vingt et unième vingt et un (*du mois etc.*).
twice [twais], *adv.* deux fois.
twig [twig], *n.* brindille, ramille, *f.*
twilight ['twailait], *a.* crépusculaire.—*n.* crépuscule, *m.*
twill [twil], *n.* étoffe croisée, *f.*
twin [twin], *a.* jumeau; jumelé; (*Bot.*) double, géminé.—*n.* jumeau, *m.*, jumelle, *f.*
twine [twain], *n.* ficelle, *f.*—*v.t.* retordre; enlacer.—*v.i.* s'entrelacer, s'enrouler.
twinge [twindʒ], *n.* élancement; remords (*de conscience*), *m.*—*v.i.* élancer; (*fig.*) torturer.
twinkle [twiŋkl], *v.i.* étinceler.
twinkling ['twiŋkliŋ], *a.* étincelant, scintillant. —*n.* scintillement, clignotement (*des yeux*), *m.*; *in the twinkling of an eye*, en un clin d'œil.
twirl [twə:l], *v.t.* faire tournoyer; friser (*favoris*).—*v.i.* tournoyer, tourner rapidement.—*n.* tournoiement, *m.*; pirouette, *f.*
twist [twist], *v.t.* tordre; tortiller, retordre; cercler, entourer; enlacer (*entortiller*); (*fig.*) pervertir (*dénaturer*).—*v.i.* se tordre, s'entrelacer, s'enlacer, s'enrouler.—*n.* cordon, *m.*, corde, *f.*; tortillon (*de papier*); carotte (*de tabac*), *f.*
twisted ['twistid], *a.* tordu; (*fig.*) perverti, défiguré, dénaturé.
twisting ['twistiŋ], *a.* tortueux.—*n.* tordage; tortillement, *m.*
twitch [twitʃ], *n.* saccade, *f.*; tic (*contraction spasmodique*); tiraillement (*de douleur*), *m.*—*v.t.* tirer brusquement; crisper.—*v.i.* se contracter nerveusement.
twitching ['twitʃiŋ], *n.* saccade, crispation (*des muscles etc.*), *f.*; tiraillement (*de douleur*), *m.*
twitter ['twitə], *v.t.*, *v.i.* gazouiller.—*n.* gazouillement, *m.*
two [tu:], *a.* and *n.* deux, *m.*
two-edged ['tu:edʒd], *a.* à deux tranchants.
twofold ['tu:fould], *a.* double.—*adv.* doublement, deux fois.
two-stroke ['tu:strouk], *a.* à deux temps.
tycoon [tai'ku:n], *n.* taïcoun; (*fam.*) brasseur d'affaires, manitou, *m.*
type [taip], *n.* type; (*Print.*) caractère; (*pop.*) type, *m.*—*v.t.* [TYPEWRITE].
typewrite ['taiprait], *v.t.* écrire à la machine, dactylographier, taper.
typewriter ['taipraitə], *n.* machine à écrire, *f.*
typewritten ['taipritn], *a.* tapé à la machine.
typhoid ['taifɔid], *a.* typhoïde.
typhoon [tai'fu:n], *n.* typhon, *m.*, trombe, *f.*
typhus ['taifəs], *n.* typhus, *m.*
typical ['tipikl], *a.* typique.
typically ['tipikli], *adv.* d'une manière typique.
typify ['tipifai], *v.t.* symboliser.
typing ['taipiŋ], *n.* dactylographie, (*fam.*) dactylo, *f.*
typist ['taipist], *n.* dactylographe, (*fam.*) dactylo, *m.*, *f.*
typography [tai'pɔgrəfi], *n.* typographie, *f.*
tyrannical [ti'rænikl], *a.* tyrannique.
tyrannically [ti'rænikli], *adv.* tyranniquement.
tyrannize ['tirənaiz], *v.i.* faire le tyran; *to tyrannize over*, tyranniser.

tyranny ['tirəni], *n.* tyrannie, *f.*
tyrant ['taiərənt], *n.* tyran, *m.*
tyre ['taiə], *n.* pneu (*de roue*), *m.*
tyro ['taiərou], *n.* novice, débutant, *m.*
Tzar [TSAR].

U

U, u [ju:]. vingt et unième lettre de l'alphabet, *m.*
ubiquitous [ju'bikwitəs], *a.* omniprésent.
ubiquity [ju'bikwiti], *n.* ubiquité, *f.*
udder ['ʌdə], *n.* mamelle, *f.*, pis, *m.*
ugh! [u:x, u:h, ʌx, uf], *int.* pouah!
ugliness ['ʌglinis], *n.* laideur, *f.*
ugly ['ʌgli], *a.* laid, vilain.
Ukraine [ju'krein], **the.** l'Ukraine, *f.*
Ukrainian [ju'kreiniən], *a.* ukrainien.—*n.* Ukrainien (*personne*), *m.*
ukulele [ju:kə'leili], *n.* ukulélé, *m.*
ulcer ['ʌlsə], *n.* ulcère, *m.*
ulcerate ['ʌlsəreit], *v.t.* ulcérer.—*v.i.* s'ulcérer.
ulcerated ['ʌlsəreitid], *a.* ulcéré.
ulceration [ʌlsə'reiʃən], *n.* ulcération, *f.*
ulcerous ['ʌlsərəs], *a.* ulcéreux.
ullage ['ʌlidʒ], *n.* vidange, *f.*
ulterior [ʌl'tiəriə], *a.* ultérieur; *without ulterior motive*, sans arrière-pensée.
ultimate ['ʌltimit], *a.* dernier; extrême.
ultimately ['ʌltimitli], *adv.* finalement, à la fin.
ultimatum [ʌlti'meitəm], *n.* (*pl.* **ultimata** [ʌlti'meitə]) ultimatum, *m.*
ultimo ['ʌltimou], *adv.* (*abbr.* **ult.** [ʌlt]) du mois dernier.
ultra ['ʌltrə], *n.* ultra, *m.*
ultramarine [ʌltrəmə'ri:n], *a.* d'outremer.—*n.* outremer, *m.*
ululate ['ju:ljuleit], *v.i.* ululer.
Ulysses [ju:'lisi:z]. Ulysse, *m.*
umber ['ʌmbə], *n.* (*Paint.*) terre d'ombre, *f.*
umbilical [ʌm'bilikl], *a.* ombilical.
umbrage ['ʌmbridʒ], *n.* ombrage, *m.*
umbrella [ʌm'brelə], *n.* parapluie, *m.*; *umbrella-stand*, porte-parapluies, *m.inv.*
umpire ['ʌmpaiə], *n.* arbitre, *m.*—*v.t., v.i.* arbitrer.
unabashed [ʌnə'bæʃt], *a.* sans être confus.
unabated [ʌnə'beitid], *a.* sans diminution.
unable [ʌn'eibl], *a.* incapable (*de*); *to be unable to*, ne pas pouvoir.
unabridged [ʌnə'bridʒd], *a.* non abrégé; en entier.
unacceptable [ʌnək'septəbl], *a.* inacceptable.
unaccommodating [ʌnə'kəmədeitiŋ], *a.* peu accommodant.
unaccompanied [ʌnə'kʌmpənid], *a.* seul, sans suite.
unaccountable [ʌnə'kauntəbl], *a.* inexplicable, inconcevable.
unaccountably [ʌnə'kauntəbli], *adv.* inconcevablement.
unaccustomed [ʌnə'kʌstəmd], *a.* inaccoutumé (*à*); peu habitué.

unacknowledged [ʌnək'nɔlidʒd], *a.* non reconnu; sans réponse (*lettre*).
unacquainted [ʌnə'kweintid], *a.* étranger (*à*); peu familier (*avec*).
unadopted [ʌnə'dɔptid], *a.* non adopté.
unadorned [ʌnə'dɔ:nd], *a.* sans ornement.
unadulterated [ʌnə'dʌltəreitid], *a.* pur, non frelaté.
unadvisable [ʌnəd'vaizəbl], *a.* peu sage, inopportun.
unadvised [ʌnəd'vaizd], *a.* malavisé; imprudent (*rash*).
unadvisedly [ʌnəd'vaizidli], *adv.* inconsidérément.
unaffected [ʌnə'fektid], *a.* sans affectation; insensible (*peu ému*).
unaffectedly [ʌnə'fektidli], *adv.* sans affectation.
unafraid [ʌnə'freid], *a.* sans peur.
unaided [ʌn'eidid], *a.* seul, sans aide.
unallayed [ʌnə'leid], *a.* non apaisé.
unallowable [ʌnə'lauəbl], *a.* non permis; inadmissible.
unalloyed [ʌnə'lɔid], *a.* pur, sans alliage, sans mélange.
unalterable [ʌn'ɔ:ltərəbl], *a.* inaltérable, invariable.
unalterably [ʌn'ɔ:ltərəbli], *adv.* immuablement.
unambitious [ʌnæm'biʃəs], *a.* sans ambition.
unanimity [ju:nə'nimiti], *n.* unanimité, *f.*
unanimous [ju'næniməs], *a.* unanime.
unanimously [ju'næniməsli], *adv.* unanimement, à l'unanimité.
unanswerable [ʌn'a:nsərəbl], *a.* incontestable.
unanswered [ʌn'a:nsəd], *a.* sans réponse.
unappeasable [ʌnə'pi:zəbl], *a.* implacable.
unappetizing [ʌn'æpitaiziŋ], *a.* peu appétissant.
unappreciated [ʌnə'pri:ʃieitid], *a.* inapprécié.
unapproachable [ʌnə'proutʃəbl], *a.* inaccessible, inabordable.
unarmed [ʌn'a:md], *a.* sans armes.
unascertainable [ʌnæsə'teinəbl], *a.* qu'on ne peut constater.
unashamed [ʌnə'ʃeimd], *a.* sans honte.
unasked [ʌn'a:skt], *a.* sans être invité; spontané.—*adv.* spontanément.
unaspiring [ʌnə'spaiəriŋ], *a.* sans ambition.
unassailable [ʌnə'seiləbl], *a.* hors d'atteinte; inattaquable, irréfutable.
unassisted [ʌnə'sistid], *a.* sans aide.
unassuming [ʌnə'sju:miŋ], *a.* sans prétention, modeste.
unattached [ʌnə'tætʃt], *a.* sans être attaché (*à*); en disponibilité.
unattainable [ʌnə'teinəbl], *a.* inaccessible.
unattended [ʌnə'tendid], *a.* seul, sans suite.
unattested [ʌnə'testid], *a.* non attesté.
unattractive [ʌnə'træktiv], *a.* peu attrayant, sans attrait.
unauthenticated [ʌnɔ:'θentikeitid], *a.* dont l'authenticité n'est pas prouvée.
unauthorized [ʌn'ɔ:θəraizd], *a.* sans autorisation; illicite, illégal (*chose*).
unavailable [ʌnə'veiləbl], *a.* non valable; inutilisable (*billet*); indisponible (*fonds, personne*); qu'on ne peut se procurer (*chose*).
unavailing [ʌnə'veiliŋ], *a.* inutile, inefficace.
unavenged [ʌnə'vendʒd], *a.* impuni, non vengé.

unavoidable [ʌnə'vɔidebl], *a.* inévitable.
unavoidably [ʌnə'vɔidəbli], *adv.* inévitablement.
unaware [ʌnə'wɛə], *a.* ignorant; *to be unaware of,* ignorer.
unawares [ʌnə'wɛəz], *adv.* à l'improviste; à son insu (*sans s'en rendre compte*); *to be taken unawares,* être pris au dépourvu.
unbalanced [ʌn'bælənst], *a.* mal équilibré.
unbearable [ʌn'bɛərəbl], *a.* insupportable, intolérable.
unbearably [ʌn'bɛərəbli], *adv.* insupportablement.
unbeatable [ʌn'bi:təbl], *a.* invincible.
unbeaten [ʌn'bi:tn], *a.* invaincu.
unbecoming [ʌnbi'kʌmiŋ], *a.* peu convenable, malséant; qui ne va pas bien (*vêtement*).
unbecomingly [ʌnbi'kʌmiŋli], *adv.* d'une manière peu séante.
unbefitting [ʌnbi'fitiŋ], *a.* qui ne convient pas, peu propre.
unbeknown [ʌnbi'noun], *a.* inconnu; *unbeknown to me,* à mon insu.
unbelief [ʌnbi'li:f], *n.* incrédulité, incroyance, *f.*
unbelievable [ʌnbi'li:vəbl], *a.* incroyable.
unbeliever [ʌnbi'li:və], *n.* incrédule; sceptique, *m., f.*
unbelieving [ʌnbi'li:viŋ], *a.* incrédule; sceptique.
unbend [ʌn'bend], *v.t. irr.* (*conjug. like* BEND) détendre, relâcher; débander (*l'arc*); (*fig.*) délasser (*l'esprit*).—*v.i.* se détendre.
unbending [ʌn'bendiŋ], *a.* inflexible.
unbiased [ʌn'baiəst], *a.* sans prévention, impartial.
unbidden [ʌn'bidn], *a.* sans être invité.
unbind [ʌn'baind], *v.t. irr.* (*conjug. like* BIND) délier, détacher.
unbleached [ʌn'bli:tʃt], *a.* écru.
unblemished [ʌn'blemiʃt], *a.* sans tache.
unblushing [ʌn'blʌʃiŋ], *a.* qui ne rougit point, éhonté, sans vergogne.
unblushingly [ʌn'blʌʃiŋli], *adv.* sans rougir.
unbolt [ʌn'boult], *v.t.* tirer les verrous de, ouvrir.
unborn [ʌn'bɔ:n], *a.* encore à naître; futur, à venir (*chose*).
unbosom [ʌn'buzm], *v.t. to unbosom oneself,* ouvrir son cœur.
unbound [ʌn'baund], *a.* délié; non relié (*livre*).
unbounded [ʌn'baundid], *a.* illimité, infini.
unbreakable [ʌn'breikəbl], *a.* incassable.
unbridled [ʌn'braidld], *a.* débridé; (*fig.*) effréné.
unbroken [ʌn'broukn], *a.* non rompu; continu (*ininterrompu*); indompté (*non vaincu*); intact (*non violé*); non dressé (*animal*).
unbrotherly [ʌn'brʌðəli], *a.* peu fraternel.
unbuckle [ʌn'bʌkl], *v.t.* déboucler.
unburden [ʌn'bə:dn], *v.t.* décharger; *to unburden oneself,* ouvrir son cœur.
unburied [ʌn'berid], *a.* sans sépulture.
unbusinesslike [ʌn'biznislaik], *a.* peu pratique.
unbutton [ʌn'bʌtn], *v.t.* déboutonner.
uncalled [ʌn'kɔ:ld], *a.* sans être appelé; *uncalled for,* sans être demandé; gratuit (*superflu*); peu convenable (*mal élevé*); non mérité (*injuste*).

uncanny [ʌn'kæni], *a.* mystérieux, surnaturel.
uncared-for [ʌn'kɛədfɔ:], *a.* négligé.
unceasing [ʌn'si:siŋ], *a.* incessant, sans cesse.
unceasingly [ʌn'si:siŋli], *adv.* continuellement, sans cesse.
uncensored [ʌn'sensəd], *a.* non expurgé.
unceremonious [ʌnseri'mouniəs], *a.* peu cérémonieux; sans façon.
unceremoniously [ʌnseri'mouniəsli], *adv.* sans cérémonie, sans façon.
uncertain [ʌn'sə:tin], *a.* incertain, peu sûr.
uncertainty [ʌn'sə:tinti], *n.* incertitude, *f.*
uncertificated [ʌnsə'tifikətid], *a.* non diplômé (*instituteur*).
unchain [ʌn'tʃein], *v.t.* déchaîner.
unchallenged [ʌn'tʃælindʒd], *a.* indisputé.
unchangeable [ʌn'tʃeindʒəbl], *a.* inaltérable, immuable.
unchanged [ʌn'tʃeindʒd], *a.* inchangé, toujours le même.
unchanging [ʌn'tʃeindʒiŋ], *a.* invariable, constant.
uncharitable [ʌn'tʃæritəbl], *a.* peu charitable.
uncharitableness [ʌn'tʃæritəblnis], *n.* manque de charité, *m.*
uncharitably [ʌn'tʃæritəbli], *adv.* sans charité.
uncharted [ʌn'tʃɑ:tid], *a.* inexploré.
unchaste [ʌn'tʃeist], *a.* incontinent, impudique.
unchecked [ʌn'tʃekt], *a.* non réprimé, sans frein; non vérifié.
unchivalrous [ʌn'ʃivlrəs], *a.* peu chevaleresque.
unchristian [ʌn'kristiən], *a.* peu chrétien.
uncircumcised [ʌn'sə:kəmsaizd], *a.* incirconcis.
uncivil [ʌn'sivil], *a.* malhonnête, impoli.
uncivilized [ʌn'sivilaizd], *a.* peu civilisé, barbare.
uncivilly [ʌn'sivili], *adv.* malhonnêtement, impoliment.
unclaimed [ʌn'kleimd], *a.* non réclamé.
unclasp [ʌn'klɑ:sp], *v.t.* dégrafer, défaire.
unclassified [ʌn'klæsifaid], *a.* non classé.
uncle [ʌŋkl], *n.* oncle, *m.*; (*slang*) *at uncle's,* chez ma tante (*le prêteur sur gage*).
unclean [ʌn'kli:n], *a.* malpropre, sale; impudique (*obscène*); impur.
uncleanliness [ʌn'klenlinis], **uncleanness** [ʌn'kli:nnis], *n.* saleté; (*fig.*) impureté, *f.*
unclench [ʌn'klentʃ], *v.t.* ouvrir, desserrer.
uncloak [ʌn'klouk], *v.t.* dévoiler.
unclose [ʌn'klouz], *v.t.* ouvrir.
unclosed [ʌn'klouzd], *a.* non fermé, ouvert.
unclothe [ʌn'klouð], *v.t.* déshabiller.
unclothed [ʌn'klouðd], *a.* déshabillé, nu.
unclouded [ʌn'klaudid], *a.* sans nuage, serein.
uncock [ʌn'kɔk], *v.t.* désarmer (*fusil etc.*).
uncoil [ʌn'kɔil], *v.t.* dérouler.—*v.i.* se dérouler.
uncombed [ʌn'koumd], *a.* mal peigné, ébouriffé.
uncomfortable [ʌn'kʌmftəbl], *a.* peu confortable, incommode; gêné (*personne*).
uncomfortably [ʌn'kʌmftəbli], *adv.* peu confortablement; mal à l'aise.
uncommitted [ʌnkə'mitid], *a.* non commis; non engagé, libre.

uncommon [ʌn'kɔmən], *a.* peu commun; rare.

uncommonly [ʌn'kɔmənli], *adv.* rarement; infiniment (*singulièrement*).

uncommunicative [ʌnkə'mju:nikətiv], *a.* peu communicatif, réservé.

uncomplaining [ʌnkəm'pleiniŋ], *a.* sans plainte, résigné.

uncomplainingly [ʌnkəm'pleiniŋli], *adv.* sans se plaindre, sans plainte.

uncompleted [ʌnkəm'pli:tid], *a.* inachevé, incomplet.

uncomplimentary [ʌnkɔmpli'mentəri], *a.* peu flatteur.

uncompromising [ʌn'kɔmprəmaiziŋ], *a.* peu accommodant, intransigeant.

unconcern [ʌnkən'sə:n], *n.* insouciance, indifférence, *f.*

unconcerned [ʌnkən'sə:nd], *a.* indifférent, insouciant.

unconcernedly [ʌnkən'sə:nidli], *adv.* avec indifférence.

unconditional [ʌnkən'diʃənl], *a.* sans conditions, absolu.

unconditionally [ʌnkən'diʃənəli], *adv.* sans condition.

unconfined [ʌnkən'faind], *a.* libre; illimité.

unconfinedly [ʌnkən'fainidli] *adv.* sans limite.

unconfirmed [ʌnkən'fə:md], *a.* non confirmé.

uncongenial [ʌnkən'dʒi:niəl], *a.* désagréable; peu sympathique.

unconnected [ʌnkə'nektid], *a.* détaché, sans rapport (*avec*); décousu (*style*).

unconquerable [ʌn'kɔŋkərəbl], *a.* invincible.

unconquered [ʌn'kɔŋkəd], *a.* insoumis.

unconscionable [ʌn'kɔnʃənəbl], *a.* déraisonnable.

unconscionably [ʌn'kɔnʃənəbli], *adv.* déraisonnablement.

unconscious [ʌn'kɔnʃəs], *a.* ignorant (*de*); sans connaissance, insensible.—*n.* inconscient, *m.*

unconsciously [ʌn'kɔnʃəsli], *adv.* à son insu.

unconsciousness [ʌn'kɔnʃəsnis], *n.* inconscience, *f.*; évanouissement, *m.*

unconsecrated [ʌn'kɔnsikreitid], *a.* non consacré.

unconsidered [ʌnkən'sidəd], *a.* inconsidéré.

unconstitutional [ʌnkɔnsti'tju:ʃənl], *a.* inconstitutionnel.

unconstrained [ʌnkən'streind], *a.* sans contrainte; aisé (*style*).

unconstraint [ʌnkən'streint], *n.* aisance, *f.*

uncontaminated [ʌnkən'tæmineitid], *a.* sans souillure.

uncontested [ʌnkən'testid], *a.* incontesté.

uncontrollable [ʌnkən'trouləbl], *a.* irrésistible; fou (*rire*).

uncontrollably [ʌnkən'trouləbli], *adv.* irrésistiblement.

uncontrolled [ʌnkən'trould], *a.* irrésistible.

unconventional [ʌnkən'venʃənl], *a.* peu conventionnel.

unconverted [ʌnkən'və:tid], *a.* inconverti.

unconvinced [ʌnkən'vinst], *a.* non convaincu.

unconvincing [ʌnkən'vinsiŋ], *a.* peu convaincant.

uncooked [ʌn'kukt], *a.* non cuit, cru.

uncork [ʌn'kɔ:k], *v.t.* déboucher.

uncorrupted [ʌnkə'rʌptid], *a.* non corrompu (*par*); intègre.

uncouple [ʌn'kʌpl], *v.t.* découpler; débrayer.

uncouth [ʌn'ku:θ], *a.* bizarre; grossier; gauche.

uncouthly [ʌn'ku:θli], *adv.* rudement; gauchement.

uncover [ʌn'kʌvə], *v.t.* découvrir.

uncovered [ʌn'kʌvəd], *a.* découvert.

uncreasable [ʌn'kri:səbl], *a.* infroissable.

uncritical [ʌn'kritikl], *a.* sans discernement.

uncrowned [ʌn'kraund], *a.* non couronné.

unction ['ʌŋkʃən], *n.* onction, *f.*

unctuous ['ʌŋktjuəs], *a.* onctueux.

unctuously ['ʌŋktjuəsli], *adv.* onctueusement.

uncultivated [ʌn'kʌltiveitid], *a.* inculte.

uncultured [ʌn'kʌltʃəd], *a.* sans culture.

uncurl [ʌn'kə:l], *v.t.* dérouler; défriser (*cheveux*).—*v.i.* se dérouler; se défriser (*cheveux*).

uncustomary [ʌn'kʌstəməri], *a.* inaccoutumé.

uncut [ʌn'kʌt], *a.* non coupé; entier; non entamé (*pain etc.*).

undamaged [ʌn'dæmidʒd], *a.* non endommagé; intact (*réputation*).

undated [ʌn'deitid], *a.* sans date.

undaunted [ʌn'dɔ:ntid], *a.* intrépide.

undeceive [ʌndi'si:v], *v.t.* désabuser, détromper.

undecided [ʌndi'saidid], *a.* indécis.

undecipherable [ʌndi'saifərəbl], *a.* indéchiffrable.

undefeated [ʌndi'fi:tid], *a.* invaincu.

undefended [ʌndi'fendid], *a.* sans défense, non défendu; sans défenseur (*accusé*).

undefiled [ʌndi'faild], *a.* sans tache, immaculé.

undefinable [ʌndi'fainəbl], *a.* indéfinissable.

undefined [ʌndi'faind], *a.* indéfini.

undelivered [ʌndi'livəd], *a.* non délivré.

undemonstrative [ʌndi'mɔnstrətiv], *a.* peu démonstratif, réservé.

undeniable [ʌndi'naiəbl], *a.* incontestable.

undenominational [ʌndinɔmi'neiʃənl], *a.* laïque (*école*).

under ['ʌndə], *a.* de dessous, inférieur; sous, subalterne, subordonné (*rang*).—*prep.* sous; au-dessous de (*inférieur à etc.*); dans, en (*en état de*); avec, à (*ayant*); *to be under obligations*, avoir des obligations à; *to be under way* (*ship*), être en marche; *under age*, mineur; *under consideration*, à l'examen; *under cover of*, sous prétexte de; *under discussion*, en discussion; *under the breath*, à demi-voix; *under these circumstances*, dans ces circonstances.—*adv.* dessous, au-dessous; *see under*, voyez ci-dessous.

under-carriage ['ʌndəkæridʒ], *n.* (*Av.*) train d'atterrissage, *m.*

underclothes ['ʌndəklouðz], *n.pl.* sous-vêtements, *m.pl.*

undercurrent ['ʌndəkʌrənt], *n.* courant inférieur, *m.*

undercut (1) ['ʌndəkʌt], *n.* filet (*de bœuf*), *m.*

undercut (2) [ʌndə'kʌt], *v.t. irr.* (*conjug. like* CUT) vendre meilleur marché.

under-developed [ʌndədi'veləpt], *a.* sous-développé.

under-dog ['ʌndədɔg], *n.* opprimé, *m.*

underdone [ʌndə'dʌn], *a.* peu cuit, saignant.

under-estimate

under-estimate [ʌndər'estimeit], v.t. sous-estimer.

under-exposed [ʌndəriks'pouzd] a. (Phot.) sous-exposé.

underfelt ['ʌndəfelt], n. thibaude, f.

underfoot [ʌndə'fut], adv. sous les pieds.

undergo [ʌndə'gou], v.t. irr. (conjug. like GO) subir; supporter, endurer.

undergraduate [ʌndə'grædjuət] n. étudiant, m.

underground ['ʌndəgraund], a. souterrain; clandestin.—n. (Rail.) métro, m.—[ʌndə 'graund], adv. sous terre.

undergrowth ['ʌndəgrouθ], n. broussailles, f.pl.

underhand ['ʌndəhænd], a. clandestin; sournois (personne).—[ʌndə'hænd], adv. sous main; en cachette.

underline [ʌndə'lain], v.t. souligner.

underling ['ʌndəliŋ], n. subalterne, m., f.

underlying [ʌndə'laiiŋ], a. fondamental.

under-manned [ʌndə'mænd], a. à court de personnel.

undermentioned [ʌndə'menʃənd], a. ci-dessous.

undermine [ʌndə'main], v.t. miner; (fig.) détruire.

undermost ['ʌndəmoust], a. le plus bas.

underneath [ʌndə'ni:θ], prep. sous, au-dessous de.—adv. dessous, au-dessous, par-dessous, en dessous.

under-nourished [ʌndə'nʌriʃt], a. sous-alimenté.

underpaid [ʌndə'peid], a. mal payé.

underpants ['ʌndəpænts], n.pl. caleçons, m.pl.

under-privileged [ʌndə'priviliʒd], a. non privilégié.

under-production [ʌndəprə'dʌkʃən], n. sous-production, f.

underrate [ʌndə'reit], v.t. sous-estimer, déprécier.

under-ripe [ʌndə'raip], a. pas assez mûr, vert.

under-secretary ['ʌndəsekrətəri], n. sous-secrétaire, m., f.

under-side ['ʌndəsaid], n. dessous, m.

undersigned ['ʌndəsaind], a. and n. sous-signé, m.

undersized [ʌndə'saizd], a. au-dessous de la moyenne.

understand [ʌndə'stænd], v.t. irr. (conjug. like STAND) entendre, comprendre; apprendre, entendre dire (être informé de); s'entendre (à ou en) (savoir faire).—v.i. comprendre.

understandable [ʌndə'stændəbl], a. intelligible; compréhensible.

understanding [ʌndə'stændiŋ], n. entendement, m., intelligence; compréhension; entente (accord), f.

understudy ['ʌndəstʌdi], n. doublure, f.

undertake [ʌndə'teik], v.t. irr. (conjug. like TAKE) entreprendre, se charger (de); s'engager (à); promettre (de).

undertaker ['ʌndəteikə], n. entrepreneur des pompes funèbres, m.

undertaking [ʌndə'teikiŋ], n. entreprise, f.

undertone ['ʌndətoun], n. ton bas, m.; in an undertone, à voix basse.

underwear ['ʌndəwɛə], n. sous-vêtements, m.pl.

underworld ['ʌndəwə:ld], n. enfer, m.; (fig.) bas-fonds (des criminels), m.pl.

underwrite [ʌndə'rait], v.t. irr. (conjug. like WRITE) souscrire; (Insurance) assurer.

underwriter [ʌndə'raitə], n. assureur, m.

undeserved [ʌndi'zə:vd], a. immérité, non mérité.

undeservedly [ʌndi'zə:vidli], adv. à tort, injustement.

undesirable [ʌndi'zaiərəbl], a. peu désirable.

undetected [ʌndi'tektid], a. non découvert, inaperçu.

undetermined [ʌndi'tə:mind], a. indéterminé, indéfini.

undeterred [ʌndi'tə:d], a. sans être découragé.

undeveloped [ʌndi'veləpt], a. non développé.

undies ['ʌndiz], n.pl. (fam.) lingerie, f.

undigested [ʌndi'dʒestid], a. non digéré.

undignified [ʌn'dignifaid], a. sans dignité.

undiluted [ʌndai'lju:tid], a. non dilué.

undiminished [ʌndi'miniʃt], a. non diminué.

undiplomatic [ʌndiplo'mætik], a. peu diplomatique.

undisciplined [ʌn'disiplind], a. indiscipliné.

undisclosed [ʌndis'klouzd], a. non révélé, caché.

undiscovered [ʌndis'kʌvəd], a. non découvert.

undisguised [ʌndis'gaizd], a. sans déguisement.

undismayed [ʌndis'meid], a. sans peur, sans terreur.

undisputed [ʌndis'pju:tid], a. incontesté.

undistinguished [ʌndis'tiŋgwiʃt], a. (fig.) sans distinction.

undisturbed [ʌndis'tə:bd], a. tranquille, calme.

undivided [ʌndi'vaidid], a. sans partage, tout entier.

undo [ʌn'du:], v.t. irr. (conjug. like DO) défaire; délier, détacher (dénouer); ruiner, perdre (détruire).

undoing [ʌn'du:iŋ], n. ruine, perte, f.

undone [ʌn'dʌn], a. ruiné, perdu; défait, délié.

undoubted [ʌn'dautid], a. incontestable, certain.

undoubtedly [ʌn'dautidli], adv. sans aucun doute.

undress [ʌn'dres], v.t. déshabiller.—v.i. se déshabiller.—n. (Mil.) petite tenue, f.

undressed [ʌn'drest], a. déshabillé.

undrinkable [ʌn'driŋkəbl], a. imbuvable, non potable.

undue [ʌn'dju:], a. non dû; excessif.

undulate ['ʌndjuleit], v.i. onduler, ondoyer.

undulating ['ʌndjuleitiŋ], a. accidenté (terrain).

undulation [ʌndju'leiʃən], n. ondulation, f.

unduly [ʌn'dju:li], adv. indûment; à tort, trop.

undying [ʌn'daiiŋ], a. impérissable, immortel.

unearned [ʌn'ə:nd], a. qu'on n'a pas gagné; immérité; unearned income, rentes, f.pl.

unearth [ʌn'ə:θ], v.t. déterrer.

unearthly [ʌn'ə:θli], a. surnaturel; (colloq.) infernal.

uneasily [ʌn'i:zili], adv. mal à son aise; difficilement, péniblement, avec gêne.

unguarded

uneasiness [ʌn'iːzinis], n. malaise, m., peine; inquiétude (d'esprit), f.
uneasy [ʌn'iːzi], a. inquiet, gêné.
uneatable [ʌn'iːtəbl], a. immangeable.
uneconomical [ʌniːkə'nɔmikl], a. non économique.
uneducated [ʌn'edjukeitid], a. sans éducation.
unemotional [ʌni'mouʃənl], a. peu impressionnable; peu émotif.
unemployed [ʌnim'plɔid], a. sans travail, inoccupé; (fig.) inactif, oisif.—n.pl. the unemployed, les sans-travail, les chômeurs, m.pl.
unemployment [ʌnim'plɔimənt], n. manque de travail, chômage, m.
unencumbered [ʌnin'kʌmbəd], a. non embarrassé (de); non hypothéqué (biens).
unending [ʌn'endiŋ], a. interminable.
unendurable [ʌnin'djuərəbl], a. insupportable, intolérable.
un-English [ʌn'iŋgliʃ], a. non anglais; indigne d'un Anglais.
unenlightened [ʌnin'laitnd], a. peu éclairé.
unenterprising [ʌn'entəpraiziŋ], a. peu entreprenant.
unenthusiastic [ʌninθjuːzi'æstik], a. peu enthousiaste.
unenviable [ʌn'enviəbl], a. peu enviable.
unequal [ʌn'iːkwəl], a. inégal; au-dessous (de); unequal to the task, pas à la hauteur de la tâche.
unequalled [ʌn'iːkwəld], a. sans égal, sans pareil.
unequivocal [ʌni'kwivəkl], a. non équivoque.
unequivocally [ʌni'kwivəkli], adv. sans équivoque.
unerring [ʌn'əːriŋ], a. infaillible, sûr.
uneven [ʌn'iːvn], a. inégal; raboteux (terrain).
unevenly [ʌn'iːvinli], adv. inégalement.
unevenness [ʌn'iːvinnis], n. inégalité, f.
uneventful [ʌni'ventful], a. sans incidents, monotone.
unexaggerated [ʌnig'zædʒəreitid], a. nullement exagéré.
unexciting [ʌnik'saitiŋ], a. peu intéressant.
unexpected [ʌniks'pektid], a. inopiné, inattendu; imprévu.
unexpectedly [ʌniks'pektidli], adv. à l'improviste.
unexpired [ʌniks'paiəd], a. non expiré.
unexplained [ʌniks'pleind], a. sans explication, inexpliqué.
unexploded [ʌniks'ploudid], a. non éclaté.
unexplored [ʌniks'plɔːd], a. inexploré.
unexposed [ʌniks'pouzd], a. non exposé.
unextinguished [ʌniks'tiŋgwiʃt], a. non éteint.
unfading [ʌn'feidiŋ], a. (fig.) impérissable, immortel.
unfailing [ʌn'feiliŋ], a. inépuisable; infaillible (certain).
unfair [ʌn'fɛə], a. injuste; (Spt.) pas de jeu.
unfairly [ʌn'fɛəli], adv. injustement.
unfairness [ʌn'fɛənis], n. injustice, f.
unfaithful [ʌn'feiθful], a. infidèle.
unfaithfulness [ʌn'feiθfulnis], n. infidélité, f.
unfaltering [ʌn'fɔːltəriŋ], a. ferme, assuré; résolu (actions etc.).
unfamiliar [ʌnfə'miljə], a. peu familier (avec); peu connu.
unfashionable [ʌn'fæʃənəbl], a. démodé.

unfasten [ʌn'fɑːsn], v.t. ouvrir, détacher, défaire.
unfathomable [ʌn'fæðəməbl], a. insondable.
unfavourable [ʌn'feivərəbl], a. peu favorable.
unfed [ʌn'fed], a. mal nourri.
unfeeling [ʌn'fiːliŋ], a. insensible, dur, cruel.
unfeigned [ʌn'feind], a. vrai, sincère.
unfeignedly [ʌn'feinidli], adv. sincèrement.
unfelt [ʌn'felt], a. qu'on ne sent pas.
unfenced [ʌn'fenst], a. sans clôture.
unfetter [ʌn'fetə], v.t. ôter les fers à; (fig.) délivrer.
unfettered [ʌn'fetəd], a. libre, sans entraves.
unfilial [ʌn'filiəl], a. peu filial.
unfinished [ʌn'finiʃt], a. inachevé.
unfit [ʌn'fit], a. peu propre; impropre (à); incapable (de); en mauvaise santé.
unfitting [ʌn'fitiŋ], a. inconvenant.
unfix [ʌn'fiks], v.t. détacher.
unfixed [ʌn'fikst], a. mobile; indécis.
unflagging [ʌn'flægiŋ], a. infatigable.
unfledged [ʌn'fledʒd], a. sans plumes; (fig.) novice.
unflinching [ʌn'flintʃiŋ], a. ferme, déterminé.
unfold [ʌn'fould], v.t. déplier, déployer; révéler.—v.i. se déployer, se dévoiler.
unforeseen [ʌnfɔː'siːn], a. imprévu.
unforgettable [ʌnfə'getəbl], a. inoubliable.
unforgiving [ʌnfə'giviŋ], a. implacable.
unforgotten [ʌnfə'gɔtn], a. pas oublié.
unfortified [ʌn'fɔːtifaid], a. non fortifié, ouvert.
unfortunate [ʌn'fɔːtʃənit], a. infortuné, malheureux.
unfortunately [ʌn'fɔːtʃənitli], adv. malheureusement.
unfounded [ʌn'faundid], a. sans fondement.
unframed [ʌn'freimd], a. sans cadre.
unfrequented [ʌnfri'kwentid], a. peu fréquenté, solitaire.
unfriendliness [ʌn'frendlinis], n. disposition peu amicale, f.
unfriendly [ʌn'frendli], a. peu amical (personne); malveillant (chose).
unfrock [ʌn'frɔk], v.t. défroquer.
unfruitful [ʌn'fruːtful], a. infertile, stérile.
unfulfilled [ʌnful'fild], a. non accompli.
unfurl [ʌn'fəːl], v.t. déferler, déployer.
unfurnished [ʌn'fəːniʃt], a. non meublé.
ungainly [ʌn'geinli], a. maladroit.
ungenerous [ʌn'dʒenərəs], a. peu généreux.
ungentlemanliness [ʌn'dʒentlmənlinis], n. impolitesse, f.
ungentlemanly [ʌn'dʒentlmənli], a. de mauvais ton.
ungodliness [ʌn'gɔdlinis], n. impiété, f.
ungodly [ʌn'gɔdli], a. impie.
ungovernable [ʌn'gʌvənəbl], a. ingouvernable; effréné.
ungraceful [ʌn'greisful], a. peu gracieux.
ungracious [ʌn'greiʃəs], a. peu gracieux, déplaisant.
ungrammatical [ʌngrə'mætikl], a. incorrect.
ungrateful [ʌn'greitful], a. ingrat (envers).
ungratefully [ʌn'greitfuli], adv. avec ingratitude.
ungrudging [ʌn'grʌdʒiŋ], a. de bon cœur.
ungrudgingly [ʌn'grʌdʒiŋli], adv. volontiers, de bon cœur.
unguarded [ʌn'gɑːdid], a. sans défense; imprudent, irréfléchi (inconsidéré).

611

unguardedly [ʌn'gɑːdidli], *adv.* imprudemment.

unguent ['ʌŋgwənt], *n.* onguent, *m.*

unhallowed [ʌn'hæloud], *a.* non sanctifié.

unhampered [ʌn'hæmpəd], *a.* non embarrassé (*par*).

*****unhand** [ʌn'hænd], *v.t.* lâcher.

unhappily [ʌn'hæpili], *adv.* malheureusement.

unhappiness [ʌn'hæpinis], *n.* malheur, *m.*

unhappy [ʌn'hæpi], *a.* malheureux.

unharmed [ʌn'hɑːmd], *a.* sain et sauf.

unharness [ʌn'hɑːnis], *v.t.* déharnacher; dételer (*d'une charrette*).

unhatched [ʌn'hætʃt], *a.* non éclos.

unhealthy [ʌn'helθi], *a.* insalubre, malsain; maladif (*personne*).

unheard [ʌn'həːd], *a.* sans être entendu; *unheard of*, inconnu, inouï (*extraordinaire*).

unheeded [ʌn'hiːdid], *a.* inaperçu, négligé.

unheedful [ʌn'hiːdful], **unheeding** [ʌn'hiːdiŋ], *a.* insouciant; inattentif.

unhesitating [ʌn'heziteitiŋ], *a.* sans hésitation; résolu.

unhesitatingly [ʌn'heziteitiŋli], *adv.* sans hésiter.

unhewn [ʌn'hjuːn], *a.* brut; non taillé.

unhinge [ʌn'hindʒ], *v.t.* démonter.

unhitch [ʌn'hitʃ], *v.t.* décrocher; dételer (*cheval*).

unholy [ʌn'houli], *a.* profane, impie.

unhook [ʌn'huk], *v.t.* décrocher; dégrafer (*vêtements*).

unhoped [ʌn'houpt], *a.* inattendu; *unhoped for*, inespéré.

unhorse [ʌn'hɔːs], *v.t.* désarçonner, démonter.

unhurried [ʌn'hʌrid], *a.* lent, sans précipitation.

unhurt [ʌn'həːt], *a.* sain et sauf, sans blessures.

unhygienic [ʌnhai'dʒiːnik], *a.* peu hygiénique.

unicorn ['juːnikɔːn], *n.* licorne, *f.*

unidentified [ʌnai'dentifaid], *a.* non identifié.

unification [juːnifi'keiʃən], *n.* unification, *f.*

uniform ['juːnifɔːm], *a.* and *n.* uniforme, *m.*

uniformity [juːni'fɔːmiti], *n.* uniformité, *f.*

uniformly ['juːnifɔːmli], *adv.* uniformément.

unify ['juːnifai], *v.t.* unifier.

unilateral [juːni'lætərəl], *a.* unilatéral.

unimaginable [ʌni'mædʒinəbl], *a.* inimaginable, inconcevable.

unimaginative [ʌni'mædʒinətiv], *a.* peu imaginatif.

unimpaired [ʌnim'pɛəd], *a.* inaltéré, intact.

unimpeachable [ʌnim'piːtʃəbl], *a.* irréprochable.

unimpeded [ʌnim'piːdid], *a.* sans empêchement.

unimportance [ʌnim'pɔːtəns], *n.* peu d'importance, *m.*, insignifiance, *f.*

unimportant [ʌnim'pɔːtənt], *a.* sans importance, insignifiant.

unimpressed [ʌnim'prest], *a.* sans être ému.

unimpressive [ʌnim'presiv], *a.* peu frappant.

uninformed [ʌnin'fɔːmd], *a.* non informé; ignorant.

uninhabitable [ʌnin'hæbitəbl], *a.* inhabitable.

uninhabited [ʌnin'hæbitid], *a.* inhabité.

uninitiated [ʌni'niʃieitid], *a.* non initié.

uninjured [ʌn'indʒəd], *a.* sain et sauf, sans blessures.

uninspired [ʌnin'spaiəd], *a.* non inspiré, terne.

uninspiring [ʌnin'spaiəriŋ], *a.* banal.

unintelligible [ʌnin'telidʒibl], *a.* inintelligible.

unintentional [ʌnin'tenʃənl], *a.* sans intention, involontaire.

unintentionally [ʌnin'tenʃənli], *adv.* fait sans le vouloir, sans intention.

uninterested [ʌn'intristid], *a.* non intéressé, indifférent.

uninteresting [ʌn'intristiŋ], *a.* peu intéressant.

uninterrupted [ʌnintə'rʌptid], *a.* ininterrompu.

uninvited [ʌnin'vaitid], *a.* sans invitation.

uninviting [ʌnin'vaitiŋ], *a.* peu attrayant; peu appétissant (*nourriture*).

union ['juːnion], *n.* union, *f.*; *trade(s)-union*, syndicat ouvrier, syndicat (corporatif), *m.*

unique [juː'niːk], *a.* unique.

uniquely [juː'niːkli], *adv.* d'une manière unique.

unison ['juːnizn], *n.* unisson, *m.*; *in unison*, à l'unisson.

unit ['juːnit], *n.* unité, *f.*, bloc, élément, *m.*

unite [juː'nait], *v.t.* unir (*à ou avec*); joindre, réunir (*efforts etc.*).—*v.i.* s'unir, se réunir; se joindre (*à ou avec*).

united [juː'naitid], *a.* uni; réuni; joint; *the United Kingdom*, le Royaume-Uni, *m.*; *the United States*, les États-Unis, *m.pl.*

unity ['juːniti], *n.* unité; union, *f.*

universal [juːni'vəːsl], *a.* universel.

universally [juːni'vəːsəli], *adv.* universellement.

universe ['juːnivəːs], *n.* univers, *m.*

university [juːni'vəːsiti], *n.* université, *f.*; *university degree*, grade universitaire, *m.*

unjust [ʌn'dʒʌst], *a.* injuste, inique.

unjustly [ʌn'dʒʌstli], *adv.* injustement.

unjustifiable [ʌn'dʒʌstifaiəbl], *a.* injustifiable.

unjustified [ʌn'dʒʌstifaid], *a.* sans justification.

unkind [ʌn'kaind], *a.* désobligeant; peu aimable; cruel.

unkindliness [ʌn'kaindlinis], *n.* désobligeance; malveillance, *f.*

unkindly [ʌn'kaindli], *a.* peu propice, défavorable.—*adv.* sans bienveillance; cruellement, mal.

unkindness [ʌn'kaindnis], *n.* manque d'amabilité, *m.*, désobligeance; cruauté, dureté, *f.*

unknowingly [ʌn'nouiŋli], *adv.* sans le savoir, à son insu.

unknown [ʌn'noun], *a.* inconnu; *unknown to me* (*without my knowledge*), à mon insu.

unlace [ʌn'leis], *v.t.* délacer, détacher.

unladylike [ʌn'leidilaik], *a.* peu digne d'une dame, de mauvais ton.

unlatch [ʌn'lætʃ], *v.t.* lever le loquet de, ouvrir.

unlawful [ʌn'lɔːful], *a.* illégal; illicite.

unlawfully [ʌn'lɔːfuli], *adv.* illégalement; illicitement.

unleash [ʌn'liːʃ], *v.t.* lâcher (*chien*).

unleavened [ʌn'levənd], *a.* sans levain; (*Scripture*) azyme.

unless [ʌn'les], *conj.* à moins que . . . ne (*with subjunctive*); à moins de (*followed by infinitive*); si . . . ne . . . pas (*followed by indicative*); si ce n'est, excepté que.

unlicensed [ʌn'laisənst], *a.* non autorisé; (*Comm.*) non patenté.

unlike [ʌn'laik], *a.* différent (*de*); qui ne ressemble pas (*à*).

unlikelihood [ʌn'laiklihud], *n.* invraisemblance, improbabilité, *f.*

unlikely [ʌn'laikli], *a.* improbable, invraisemblable, peu sûr.

unlimited [ʌn'limitid], *a.* illimité.

unlined [ʌn'laind], *a.* non doublé.

unlink [ʌn'liŋk], *v.t.* défaire, détacher.

unload [ʌn'loud], *v.t.* décharger; désarmer (*fusil*).

unlock [ʌn'lɔk], *v.t.* ouvrir.

unlooked-for [ʌn'luktfɔ:], *a.* inattendu, imprévu.

unloose [ʌn'lu:s], *v.t.* délier, détacher.

unloved [ʌn'lʌvd], *a.* pas aimé.

unluckily [ʌn'lʌkili], *adv.* malheureusement, par malheur.

unlucky [ʌn'lʌki], *a.* malheureux, infortuné; sinistre, de mauvais augure, de mauvais présage.

unmade [ʌn'meid], *a.* défait; pas fait (*lit*); non empierré (*route*).

unmanageable [ʌn'mænidʒəbl], *a.* ingouvernable; rebelle.

unmanliness [ʌn'mænlinis], *n.* conduite indigne d'un homme, lâcheté, *f.*

unmanly [ʌn'mænli], *a.* indigne d'un homme, lâche; mou, efféminé.

unmannerliness [ʌn'mænəlinis], *n.* grossièreté, impolitesse, *f.*

unmannerly [ʌn'mænəli], *a.* grossier, mal appris, impoli.

unmarked [ʌn'mɑ:kt], *a.* non marqué (*de*); inaperçu.

unmarketable [ʌn'mɑ:kitəbl], *a.* invendable.

unmarried [ʌn'mærid], *a.* célibataire; *unmarried man*, célibataire, *m.*; *unmarried woman*, demoiselle, vieille fille, *f.*

unmask [ʌn'mɑ:sk], *v.t.* démasquer; (*fig.*) dévoiler.

unmastered [ʌn'mɑ:stəd], *a.* indompté.

unmatched [ʌn'mætʃt], *a.* dépareillé; (*fig.*) sans pareil.

unmentionable [ʌn'menʃənəbl], *a.* dont on ne parle pas.

unmerciful [ʌn'mə:siful], *a.* impitoyable, cruel.

unmercifully [ʌn'mə:sifuli], *adv.* impitoyablement, sans pitié.

unmerited [ʌn'meritid], *a.* immérité.

unmindful [ʌn'maindful], *a.* peu soucieux (*de*).

unmistakable [ʌnmis'teikəbl], *a.* évident, clair.

unmistakably [ʌnmis'teikəbli], *adv.* évidemment, clairement.

unmitigated [ʌn'mitigeitid], *a.* non adouci; (*colloq.*) fieffé (*gredin etc.*).

unmolested [ʌnmə'lestid], *a.* sans être molesté.

unmotherly [ʌn'mʌðəli], *a.* peu maternel.

unmounted [ʌn'mauntid], *a.* à pied (*sans cheval*); non collé (*photographie etc.*).

unmourned [ʌn'mɔ:nd], *a.* sans être pleuré.

unmoved [ʌn'mu:vd], *a.* immobile; (*fig.*) non ému.

unmusical [ʌn'mju:zikl], *a.* peu harmonieux; pas musicien (*personne*).

unmuzzle [ʌn'mʌzl], *v.t.* démuseler.

unnamed [ʌn'neimd], *a.* innommé; anonyme.

unnatural [ʌn'nætʃrəl], *a.* contre nature; dénaturé (*personne*).

unnavigable [ʌn'nævigəbl], *a.* innavigable.

unnecessarily [ʌn'nesəsərili], *adv.* sans nécessité, inutilement; par trop.

unnecessary [ʌn'nesəsəri], *a.* peu nécessaire, inutile.

unneighbourly [ʌn'neibəli], *a.* peu obligeant; de mauvais voisin.

unnerve [ʌn'nə:v], *v.t.* énerver; (*fig.*) décourager.

unnoticed [ʌn'noutist], *a.* inaperçu, inobservé.

unnumbered [ʌn'nʌmbəd], *a.* innombrable.

unobjectionable [ʌnəb'dʒekʃənəbl], *a.* irrécusable.

unobliging [ʌnə'blaidʒiŋ], *a.* désobligeant.

unobservant [ʌnəb'zə:vənt], *a.* peu observateur.

unobserved [ʌnəb'zə:vd], *a.* inaperçu.

unobtainable [ʌnəb'teinəbl], *a.* impossible à obtenir.

unobtrusive [ʌnəb'tru:siv], *a.* réservé, discret.

unobtrusively [ʌnəb'tru:sivli], *adv.* sans importunité, avec modestie.

unoccupied [ʌn'ɔkjupaid], *a.* inoccupé; libre, disponible (*temps etc.*); inhabité (*maison*).

unofficial [ʌnə'fiʃl], *a.* non officiel.

unofficially [ʌnə'fiʃəli], *adv.* non officiellement.

unopened [ʌn'oupənd], *a.* fermé; non décacheté (*lettre etc.*).

unopposed [ʌnə'pouzd], *a.* sans opposition.

unorganized [ʌn'ɔ:gənaizd], *a.* non organisé.

unoriginal [ʌnə'ridʒinəl], *a.* peu original.

unorthodox [ʌn'ɔ:θədɔks], *a.* peu orthodoxe.

unostentatious [ʌnɔsten'teiʃəs], *a.* sans faste; modeste.

unostentatiously [ʌnɔsten'teiʃəsli], *adv.* sans ostentation.

unpack [ʌn'pæk], *v.t.* déballer (*marchandises*); dépaqueter (*paquets*).

unpacking [ʌn'pækiŋ], *n.* déballage; dépaquetage (*de petits paquets*), *m.*

unpaid [ʌn'peid], *a.* non payé, sans paye.

unpalatable [ʌn'pælətəbl], *a.* désagréable (au goût).

unparalleled [ʌn'pærəleld], *a.* sans pareil; sans précédent.

unpardonable [ʌn'pɑ:dnəbl], *a.* impardonnable.

unparliamentary [ʌnpɑ:li'mentəri], *a.* peu parlementaire.

unpatriotic [ʌnpætri'ɔtik], *a.* peu patriotique (*sentiment*); peu patriote (*personne*).

unpaved [ʌn'peivd], *a.* non pavé.

unperturbed [ʌnpə'tə:bd], *a.* peu ému, impassible.

unphilosophical [ʌnfilə'sɔfikl], *a.* peu philosophique.

unpick [ʌn'pik], *v.t.* découdre.

unpicked [ʌn'pikt], *a.* non cueilli; décousu (*couture*).

unpin

unpin [ʌn'pin], v.t. défaire.
unpitied [ʌn'pitid], a. qu'on ne plaint pas.
unpitying [ʌn'pitiiŋ], a. sans pitié, impitoyable.
unplayable [ʌn'pleiəbl], a. injouable.
unpleasant [ʌn'plezənt], a. déplaisant, fâcheux.
unpleasantly [ʌn'plezəntli], adv. désagréablement.
unpleasantness [ʌn'plezəntnis], n. désagrément, m.
unploughed [ʌn'plaud], a. non labouré.
unpoetical [ʌnpo'etikl], a. peu poétique.
unpolished [ʌn'poliʃt], a. non poli; mat (or etc.); non ciré (chaussures); dépoli (verre); (fig.) grossier.
unpolluted [ʌnpə'lju:tid], a. non souillé; pur.
unpopular [ʌn'pɔpjulə], a. impopulaire.
unpopularity [ʌnpɔpju'læriti], n. impopularité, f.
unpractical [ʌn'præktikl], a. peu pratique.
unpractised [ʌn'præktist], a. inexpérimenté.
unprecedented [ʌn'presidəntid], a. sans précédent.
unprejudiced [ʌn'predʒudist], a. sans préjugés, impartial.
unpremeditated [ʌnpri'mediteitid], a. inopiné, improvisé, sans préméditation.
unprepared [ʌnpri'pɛəd], a. non préparé; to be unprepared for, ne pas s'attendre à.
unpreparedness [ʌnpri'pɛəridnis], n. manque de préparation, m.
unprepossessing [ʌnpri:pə'zesiŋ], a. peu engageant.
unprincipled [ʌn'prinsipld], a. sans principes, sans mœurs.
unproductive [ʌnprə'dʌktiv], a. improductif; stérile (terre).
unproductiveness [ʌnprə'dʌktivnis], n. stérilité, f.
unprofessional [ʌnprə'feʃənəl], a. contraire aux règles d'une profession.
unprofitable [ʌn'prɔfitəbl], a. peu lucratif, sans profit; inutile.
unprofitably [ʌn'prɔfitəbli], adv. inutilement, sans profit.
unpronounceable [ʌnprə'naunsəbl], a. imprononçable.
unpropitious [ʌnprə'piʃəs], a. peu propice (à).
unprotected [ʌnprə'tektid], a. sans protection, sans défense; à découvert.
unprovided [ʌnprə'vaidid], a. dépourvu, dénué (de); we were unprovided for that, nous ne nous attendions pas à cela.
unprovoked [ʌnprə'voukt], a. sans provocation; an unprovoked insult, une insulte gratuite.
unpublished [ʌn'pʌbliʃt], a. inédit.
unpunished [ʌn'pʌniʃt], a. impuni.
unqualified [ʌn'kwɔlifaid], a. incapable (de), incompétent; (fig.) sans réserve; (Law) inhabile (à); non autorisé (médecins etc.).
unquenchable [ʌn'kwentʃəbl], a. inextinguible.
unquestionable [ʌn'kwestʃənəbl], a. incontestable, indubitable.
unquestionably [ʌn'kwestʃənəbli], adv. incontestablement; sans contredit.
unravel [ʌn'rævl], v.t. démêler, débrouiller. —v.i. se démêler, se débrouiller, s'effiler.
unreadable [ʌn'ri:dəbl], a. illisible.

unreadily [ʌn'redili], adv. lentement, à contre-cœur.
unreadiness [ʌn'redinis], n. manque de préparation ou de bonne volonté, m.
unready [ʌn'redi], a. mal préparé; lent.
unreal [ʌn'ri:əl], a. irréel; chimérique, imaginaire.
unrealistic [ʌnri:ə'listik], a. peu réaliste.
unreality [ʌnri'æliti], n. défaut de réalité, m.
unrealizable [ʌn'ri:əlaizəbl], a. irréalisable.
unreasonable [ʌn'ri:znəbl], a. déraisonnable; exorbitant.
unreasonableness [ʌn'ri:znəblnis], n. déraison; absurdité, extravagance (de demande), f.
unreasonably [ʌn'ri:znəbli], adv. sans raison, à l'excès.
unrecognizable [ʌn'rekəgnaizəbl], a. méconnaissable.
unrecognized [ʌn'rekəgnaizd], a. sans être reconnu; (fig.) méconnu (non apprécié).
unrecompensed [ʌn'rekəmpenst], a. sans récompense.
unreconciled [ʌn'rekənsaild], a. irréconcilié.
unrecorded [ʌnri'kɔ:did], a. non enregistré.
unredeemable [ʌnri'di:məbl], a. irrachetable.
unredeemed [ʌnri'di:md], a. non racheté.
unrefined [ʌnri'faind], a. non raffiné, brut; (fig.) grossier.
unregistered [ʌn'redʒistəd], a. non enregistré; non recommandé (lettre etc.).
unrelated [ʌnri'leitid], a. sans rapport (avec); who is unrelated to, qui n'est pas parent de.
unrelenting [ʌnri'lentiŋ], a. inflexible, implacable.
unreliable [ʌnri'laiəbl], a. peu sûr; sur qui ou sur quoi l'on ne peut compter.
unrelieved [ʌnri'li:vd], a. non soulagé; sans relief.
unremitting [ʌnri'mitiŋ], a. incessant, infatigable.
unremunerative [ʌnri'mju:nərətiv], a. peu rémunérateur, peu lucratif.
unrepentant [ʌnri'pentənt], a. impénitent.
unrepresented [ʌnrepri'zentid], a. non représenté.
unrequited [ʌnri'kwaitid], a. sans être récompensé; qui n'est pas payé de retour (amour).
unreserved [ʌnri'zə:vd], a. sans réserve; absolu (total).
unreservedly [ʌnri'zə:vidli], adv. sans réserve.
unresisting [ʌnri'zistiŋ], a. qui ne résiste pas, soumis.
unresolved [ʌnri'zɔlvd], a. non résolu; irrésolu, indécis (personne).
unresponsive [ʌnris'pɔnsiv], a. peu sensible; froid.
unrest [ʌn'rest], n. inquiétude, agitation, f.
unrestrained [ʌnri'streind], a. non restreint; non réprimé; effréné, déréglé.
unrestricted [ʌnri'striktid], a. sans restriction.
unretentive [ʌnri'tentiv], a. peu tenace; peu fidèle (la mémoire).
unrevenged [ʌnri'vendʒd], a. non vengé.
unrevised [ʌnri'vaizd], a. non revu, non revisé.
unrewarded [ʌnri'wɔ:did], a. sans récompense.

614

unrewarding [ʌnri'wɔ:diŋ], *a.* peu rémunérateur.

unrig [ʌn'rig], *v.t.* dégréer.

unrighteous [ʌn'raitʃəs], *a.* injuste, inique.

unrighteousness [ʌn'raitʃəsnis], *n.* injustice, iniquité, *f.*

unripe [ʌn'raip], *a.* pas mûr, vert; (*fig.*) prématuré.

unrivalled [ʌn'raivəld], *a.* sans rival, sans égal.

unroll [ʌn'roul], *v.t.* dérouler, déployer.— *v.i.* se dérouler, se déployer.

unruffled [ʌn'rʌfld], *a.* tranquille, calme.

unruly [ʌn'ru:li], *a.* indiscipliné, insoumis, turbulent.

unsaddle [ʌn'sædl], *v.t.* desseller; débâter (*âne*); désarçonner (*cavalier*).

unsafe [ʌn'seif], *a.* peu sûr, dangereux, hasardeux.

unsaleable [ʌn'seiləbl], *a.* invendable.

unsalted [ʌn'sɔ:ltid], *a.* non salé, sans sel.

unsanctified [ʌn'sæŋktifaid], *a.* non consacré, profane.

unsatisfactorily [ʌnsætis'fæktərili], *adv.* d'une manière peu satisfaisante.

unsatisfactory [ʌnsætis'fæktəri], *a.* peu satisfaisant.

unsatisfied [ʌn'sætisfaid], *a.* peu satisfait.

unsavouriness [ʌn'seivərinis], *n.* insipidité, fadeur, *f.*; mauvais goût, *m.*

unsavoury [ʌn'seivəri], *a.* sans saveur, insipide; repoussant (*désagréable*).

unscarred [ʌn'skɑ:d], *a.* sans cicatrices.

unscathed [ʌn'skeiðd], *a.* sans blessures, sain et sauf.

unscholarly [ʌn'skɔləli], *a.* illettré, ignorant.

unscientific [ʌnsaiən'tifik], *a.* peu scientifique.

unscientifically [ʌnsaiən'tifikli], *adv.* peu scientifiquement.

unscrew [ʌn'skru:], *v.t.* dévisser.

unscrupulous [ʌn'skru:pjuləs], *a.* peu scrupuleux.

unscrupulously [ʌn'skru:pjuləsli], *adv.* sans scrupule.

unscrupulousness [ʌn'skru:pjuləsnis], *n.* manque de scrupule, *m.*

unseal [ʌn'si:l], *v.t.* décacheter; desceller.

unsealed [ʌn'si:ld], *a.* décacheté, ouvert.

unseasonable [ʌn'si:znəbl], *a.* mal à propos; indu (*heure*); pas de saison (*temps*).

unseat [ʌn'si:t], *v.t.* renverser; désarçonner (*d'un cheval*); (*Polit.*) invalider.

unseaworthy [ʌn'si:wə:ði], *a.* incapable de tenir la mer, innavigable.

unsecured [ʌnsi'kjuəd], *a.* sans garantie; mal fermé (*porte*).

unseeing [ʌn'si:iŋ], *a.* aveugle.

unseemliness [ʌn'si:mlinis], *n.* inconvenance, *f.*

unseemly [ʌn'si:mli], *a.* inconvenant; indécent.

unseen [ʌn'si:n], *a.* sans être vu, invisible.

unselfish [ʌn'selfiʃ], *a.* désintéressé.

unserviceable [ʌn'sə:visəbl], *a.* inutile, bon à rien.

unsettle [ʌn'setl], *v.t.* déranger; (*fig.*) troubler.

unsettled [ʌn'setld], *a.* mal fixé, mal établi; incertain (*temps etc.*); irrésolu (*personne*); dérangé, troublé (*esprit*); variable, changeant (*inconstant*).

unshackled [ʌn'ʃækld], *a.* sans entraves, libre.

unshaken [ʌn'ʃeikn], *a.* inébranlable, ferme.

unshapely [ʌn'ʃeipli], *a.* difforme, informe.

unshaved [ʌn'ʃeivd], **unshaven** [ʌn'ʃeivn], *a.* non rasé.

unsheathe [ʌn'ʃi:ð], *v.t.* dégainer.

unship [ʌn'ʃip], *v.t.* débarquer; démonter (*gouvernail etc.*); désarmer (*avirons*).

unshod [ʌn'ʃɔd], *a.* sans chaussures; déferré (*cheval*).

unshorn [ʌn'ʃɔ:n], *a.* non tondu.

unshrinkable [ʌn'ʃriŋkəbl], *a.* irrétrécissable.

unsightliness [ʌn'saitlinis], *n.* laideur, *f.*

unsightly [ʌn'saitli], *a.* laid, déplaisant.

unsigned [ʌn'saind], *a.* non signé.

unsisterly [ʌn'sistəli], *a.* peu digne d'une sœur.

unskilful [ʌn'skilful], *a.* inhabile, maladroit.

unskilled [ʌn'skild], *a.* inexpérimenté (*dans*); non qualifié; *unskilled labour*, travail de manœuvre, *m.*; main-d'œuvre non spécialisée, *f.*

unsociable [ʌn'souʃəbl], *a.* insociable.

unsoiled [ʌn'sɔild], *a.* sans tache.

unsold [ʌn'sould], *a.* invendu.

unsoldierly [ʌn'souldʒəli], *a.* indigne d'un soldat.

unsolicited [ʌnsə'lisitid], *a.* sans être sollicité.

unsolved [ʌn'sɔlvd], *a.* non résolu.

unsophisticated [ʌnsə'fistikeitid], *a.* qui n'est pas frelaté; pur, vrai.

unsought [ʌn'sɔ:t], *a.* non recherché; spontané.

unsound [ʌn'saund], *a.* défectueux, malsain; faux, erroné; mal établi (*crédit*); vicieux, pas sain (*cheval*); *of unsound mind*, non sain d'esprit.

unsparing [ʌn'spɛəriŋ], *a.* libéral, prodigue; impitoyable (*sans pitié*).

unsparingly [ʌn'spɛəriŋli], *adv.* avec prodigalité; impitoyablement.

unspeakable [ʌn'spi:kəbl], *a.* inexprimable; indicible; ignoble, sans nom.

unspecified [ʌn'spesifaid], *a.* non spécifié.

unspoiled [ʌn'spoild], *a.* non corrompu; bien élevé (*enfant*).

unspoken [ʌn'spoukn], *a.* non prononcé; tacite.

unsportsmanlike [ʌn'spɔ:tsmənlaik], *a.* indigne d'un chasseur *ou* d'un sportsman.

unspotted [ʌn'spɔtid], *a.* sans tache.

unstable [ʌn'steibl], *a.* irrésolu; inconstant; (*Mech.*) instable.

unstained [ʌn'steind], *a.* sans tache.

unstamped [ʌn'stæmpt], *a.* non timbré, sans timbre.

unsteadily [ʌn'stedili], *adv.* en chancelant; d'une manière irrégulière.

unsteadiness [ʌn'stedinis], *n.* instabilité, irrésolution, *f.*

unsteady [ʌn'stedi], *a.* chancelant; mal assuré, irrésolu, inconstant, irrégulier (*conduite*).

unstinted [ʌn'stintid], *a.* non restreint, abondant.

unstop [ʌn'stɔp], *v.t.* déboucher, ouvrir.

unstrengthened [ʌn'streŋθənd], *a.* non renforcé.

unstressed [ʌn'strest], *a.* inaccentué, atone.

unsubdued [ʌnsəb'dju:d], *a.* indompté.

unsubmissive [ʌnsəb'misiv], *a.* insoumis.

unsubmissiveness [ʌnsəb'misivnis], *n.* insoumission, *f.*

unsubstantial [ʌnsəb'stænʃl], *a.* peu substantiel; peu solide; (*fig.*) immatériel; chimérique.

unsuccessful [ʌnsək'sesful], *a.* qui n'a pas réussi, sans succès.

unsuccessfully [ʌnsək'sesfuli] *adv.* sans succès.

unsuitable [ʌn'sjuːtəbl], *a.* peu convenable, peu propre (*à*).

unsuited [ʌn'sjuːtid], *a.* peu fait (*pour*), peu convenable (*à*).

unsullied [ʌn'sʌlid], *a.* sans souillure, sans tache.

unsung [ʌn'sʌŋ], *a.* non célébré.

unsupervised [ʌn'sjuːpəvaizd], *a.* non surveillé.

unsupported [ʌnsə'pɔːtid], *a.* non soutenu; (*fig.*) sans appui.

unsuppressed [ʌnsə'prest], *a.* mal contenu.

unsure [ʌn'ʃuə], *a.* peu sûr.

unsurpassed [ʌnsə'pɑːst], *a.* non surpassé, sans égal.

unsuspected [ʌnsə'spektid], *a.* insoupçonné; non suspect.

unsuspecting [ʌnsə'spektiŋ], *a.* sans soupçon, confiant.

unsuspicious [ʌnsə'spiʃəs], *a.* sans méfiance, confiant.

unsustained [ʌnsə'steind], *a.* non soutenu.

unswayed [ʌn'sweid], *a.* qui ne se laisse pas influencer.

unswerving [ʌn'swəːviŋ], *a.* qui ne s'écarte pas, inébranlable.

unsymmetrical [ʌnsi'metrikl], *a.* asymétrique.

unsympathetic [ʌnsimpə'θetik], *a.* froid, peu compatissant.

unsystematic [ʌnsisti'mætik], *a.* peu systématique.

untainted [ʌn'teintid], *a.* non corrompu; frais (*viande*).

untamable [ʌn'teiməbl], *a.* indomptable.

untamed [ʌn'teimd], *a.* indompté, non apprivoisé.

untapped [ʌn'tæpt], *a.* inexploité (*ressources*).

untarnished [ʌn'tɑːniʃt], *a.* non terni.

untaught [ʌn'tɔːt], *a.* ignorant, illettré.

untaxed [ʌn'tækst], *a.* exempt d'impôts.

unteachable [ʌn'tiːtʃəbl], *a.* incapable d'apprendre.

untearable [ʌn'tɛərəbl], *a.* indéchirable.

untempered [ʌn'tempəd], *a.* non trempé (*métal*).

untenable [ʌn'tenəbl], *a.* insoutenable.

untended [ʌn'tendid], *a.* non gardé.

untested [ʌn'testid], *a.* inessayé.

unthanked [ʌn'θæŋkt], *a.* sans être remercié.

unthinking [ʌn'θiŋkiŋ], *a.* inconsidéré, étourdi.

unthinkingly [ʌn'θiŋkiŋli], *adv.* sans y penser.

untidily [ʌn'taidili], *adv.* sans ordre, sans soin.

untidiness [ʌn'taidinis], *n.* désordre, *m.*

untidy [ʌn'taidi], *a.* en désordre; négligé.

untie [ʌn'tai], *v.t.* délier, dénouer; défaire (*nœud*).

until [ən'til], *prep.* jusqu'à; avant.—*conj.* jusqu'à ce que, avant que.

untilled [ʌn'tild], *a.* inculte, en friche.

untimeliness [ʌn'taimlinis], *n.* inopportunité, *f.*

untimely [ʌn'taimli], *a.* prématuré, inopportun.—*adv.* avant terme, prématurément.

untiring [ʌn'taiəriŋ], *a.* infatigable.

untiringly [ʌn'taiəriŋli], *adv.* sans relâche.

***unto** ['ʌntu], *prep.* [TO].

untold [ʌn'tould], *a.* non raconté, non exprimé; sans nombre; inouï.

untouchable [ʌn'tʌtʃəbl], *a. and n.* hors caste, paria, intouchable, *m.,f.*

untouched [ʌn'tʌtʃt], *a.* non touché; (*fig.*) non ému (*de*).

untoward [ʌn'toːd, ʌn'touəd], *a.* insoumis, indocile (*rebelle*); fâcheux.

untraceable [ʌn'treisəbl], *a.* introuvable.

untrained [ʌn'treind], *a.* inexpérimenté (*inexpert*); indiscipliné; non dressé (*animal*).

untrammelled [ʌn'træməld], *a.* sans entraves.

untranslatable [ʌntrɑːns'leitəbl], *a.* intraduisible.

untravelled [ʌn'trævld], *a.* peu connu (*terre*); qui n'a pas voyagé (*personne*).

untried [ʌn'traid], *a.* non essayé; qui n'a pas encore été jugé.

untrimmed [ʌn'trimd], *a.* sans garniture; non émondé (*arbre*).

untrodden [ʌn'trɔdn], *a.* non frayé; immaculé (*neige*).

untroubled [ʌn'trʌbld], *a.* calme, tranquille.

untrue [ʌn'truː], *a.* faux; inexact (*nouvelle etc.*); déloyal (*à*).

untrustworthiness [ʌn'trʌstwəːðinis], *n.* inexactitude, fausseté, *f.*

untrustworthy [ʌn'trʌstwəːði], *a.* indigne de confiance; inexact, mensonger (*nouvelle etc.*).

untruth [ʌn'truːθ], *n.* contre-vérité, fausseté, *f.*

untruthful [ʌn'truːθful], *a.* menteur; mensonger (*nouvelle etc.*); perfide, faux, déloyal (*traître*).

untruthfulness [ʌn'truːθfulnis], *n.* fausseté, *f.*

untutored [ʌn'tjuːtəd], *a.* peu instruit, ignorant.

untwine [ʌn'twain], *v.t.* détordre; dérouler.

untwist [ʌn'twist], *v.t.* détordre, détortiller, défaire.

unused (1) [ʌn'juːzd], *a.* non employé, inutilisé; inusité (*mot*).

unused (2) [ʌn'juːst], *a.* inaccoutumé; *unused to*, inaccoutumé à.

unusual [ʌn'juːʒuəl], *a.* peu commun, rare.

unusually [ʌn'juːʒuəli], *adv.* rarement, extraordinairement.

unutterable [ʌn'ʌtərəbl], *a.* inexprimable, indicible.

unuttered [ʌn'ʌtəd], *a.* non prononcé.

unvanquished [ʌn'væŋkwiʃt], *a.* indompté.

unvaried [ʌn'vɛərid], *a.* uniforme.

unvarnished [ʌn'vɑːniʃt], *a.* non verni; (*fig.*) simple, naturel.

unvarying [ʌn'vɛəriiŋ], *a.* invariable, uniforme.

unveil [ʌn'veil], *v.t.* dévoiler; découvrir.

unventilated [ʌn'ventileitid], *a.* mal aéré.

unversed [ʌn'vəːst], *a.* peu versé (*dans*).

unvisited [ʌn'vizitid], *a.* non visité, peu fréquenté.

unwarily [ʌn'wɛərili], *adv.* sans précaution imprudemment.

unwariness [ʌn'wɛərinis], *n.* imprévoyance, imprudence, *f.*

unwarlike [ʌn'wɔːlaik], *a.* pacifique, peu belliqueux.

unwarrantable [ʌn'wɔrəntəbl], *a.* injustifiable.

unwarrantably [ʌn'wɔrəntəbli], *adv.* inexcusablement.

unwarranted [ʌn'wɔrəntid], *a.* non garanti; *an unwarranted insult*, une insulte gratuite.

unwary [ʌn'wɛəri], *a.* inconsidéré, imprudent.

unwashed [ʌn'wɔʃt], *a.* non lavé, sale, malpropre.

unwavering [ʌn'weivəriŋ], *a.* résolu, inébranlable.

unwearable [ʌn'wɛərəbl], *a.* qu'on ne peut plus porter.

unwearied [ʌn'wiərid], *a.* non lassé, infatigable.

unwelcome [ʌn'welkəm], *a.* importun; fâcheux.

unwell [ʌn'wel], *a.* indisposé, souffrant, mal portant.

unwept [ʌn'wept], *a.* non pleuré, non regretté.

unwholesome [ʌn'houlsəm], *a.* malsain, insalubre.

unwieldy [ʌn'wiːldi], *a.* lourd, pesant, difficile à manier.

unwilling [ʌn'wiliŋ], *a.* peu disposé, mal disposé; *to be unwilling to*, n'être pas disposé à.

unwillingly [ʌn'wiliŋli], *adv.* à contre-cœur, sans le vouloir.

unwillingness [ʌn'wiliŋnis], *n.* mauvaise volonté, *f.*

unwind [ʌn'waind], *v.t. irr.* (*conjug. like* WIND) dévider; dérouler; (*fig.*) débrouiller. —*v.i.* se dévider.

unwise [ʌn'waiz], *a.* peu sage, malavisé, insensé.

unwisely [ʌn'waizli], *adv.* peu sagement, imprudemment.

unwished (for) [ʌn'wiʃt(fɔː)], *a.* non souhaité.

unwitnessed [ʌn'witnist], *a.* sans témoin, non certifié.

unwitting [ʌn'witiŋ], *a.* inconscient.

unwittingly [ʌn'witiŋli], *adv.* sans le savoir, inconsciemment.

unwomanly [ʌn'wumənli], *a.* indigne d'une femme.

unwonted [ʌn'wountid], *a.* inaccoutumé, rare.

unworkable [ʌn'wəːkəbl], *a.* impraticable.

unworked [ʌn'wəːkt], *a.* inexploité (*mine etc.*).

unworn [ʌn'wɔːn], *a.* non usé, non usagé.

unworthily [ʌn'wəːðili], *adv.* indignement, sans le mériter.

unworthiness [ʌn'wəːðinis], *n.* indignité, *f.*

unworthy [ʌn'wəːði], *a.* indigne (*de*), sans mérite.

unwrap [ʌn'ræp], *v.t.* défaire, désenvelopper.

unwrinkle [ʌn'riŋkl], *v.t.* dérider.

unwrinkled [ʌn'riŋkld], *a.* sans rides, uni.

unwritten [ʌn'ritn], *a.* non écrit; (*fig.*) oral, traditionnel.

unyielding [ʌn'jiːldiŋ], *a.* qui ne cède pas, inflexible.

unyoke [ʌn'jouk], *v.t.* ôter le joug à, dételer.

up [ʌp], *adv.* au haut, en haut, haut; en l'air; levé, sur pied (*pas au lit*); sur l'horizon; debout (*pas assis*); excité, en révolte, en insurrection; fini (*expiré*); élevé (*prix*); en hausse (*valeurs de Bourse*); *it is up to us to do it*, c'est à nous de le faire; *road, up*, rue barrée; *to be up to*, être au courant de; *to make up to*, faire des avances à; *up and down*, en haut et en bas, çà et là, de long en large, de haut en bas; *up there*, làhaut; *up to*, jusqu'à la hauteur de; *up to date*, à la dernière mode; à jour; *up to now*, jusqu'ici; *up to then*, jusque-là; *what's up?* (*colloq.*) qu'est-ce qu'il y a donc?—*prep.* en haut de, au haut de; en montant; *up hill* or *up stream*, en amont. —*n.* haut, *m.*; *the ups and downs*, les hauts et les bas, *m.pl.*

upbraid [ʌp'breid], *v.t.* reprocher à; réprouver.

upbraiding [ʌp'breidiŋ], *n.* reproche, *m.*

upcast ['ʌpkaːst], *n.* jet; coup, *m.*

upheaval [ʌp'hiːvl], *n.* soulèvement, *m.*

uphill ['ʌphil], *a.* qui monte; (*fig.*) ardu, pénible.—[ʌp'hil], *adv.* en côte, en montant.

uphold [ʌp'hould], *v.t. irr.* (*conjug. like* HOLD) soutenir, maintenir.

upholster [ʌp'houlstə], *v.t.* tapisser.

upholsterer [ʌp'houlstərə], *n.* tapissier, *m.*

upholstery [ʌp'houlstəri], *n.* tapisserie, *f.*

upkeep ['ʌpkiːp], *n.* entretien, *m.*

upland [ʌp'lənd], *a.* élevé, des hautes terres.

uplands ['ʌpləndz], *n.pl.* terrain élevé, haut pays, *m.*, hautes terres, *f.pl.*

uplift [ʌp'lift], *v.t.* lever, élever, soulever. —['ʌplift], *n.* (*fig.*) inspiration, *f.*

uplifting [ʌp'liftiŋ], *n.* soulèvement, *m.*

upon [ə'pɔn], *prep.* sur; *upon pain of*, sous peine de.

upper ['ʌpə], *a.* supérieur, d'en haut, de dessus, au-dessus; haut; *the Upper House* la Chambre Haute; *upper circle*, troisièmes loges, *f.pl.*; *upper deck*, pont supérieur, *m.*; *upper hand*, dessus, *m.*, supériorité, *f.*

uppermost ['ʌpəmoust], *a.* le plus élevé; (*fig.*) le plus fort.

uppers ['ʌpəz], *n.pl.* empeignes (*de chaussures*), *f.pl.*; (*fam.*) *to be on one's uppers*, être dans la débine.

Upper Volta ['ʌpə'vɔltə]. la Haute Volta, *f.*

uppish ['ʌpiʃ], *a.* fier, arrogant.

uppishness ['ʌpiʃnis], *n.* fierté, arrogance, *f.*

upraise [ʌp'reiz], *v.t.* soulever, élever.

upright ['ʌprait], *a.* droit, debout; d'aplomb, vertical; (*fig.*) honnête (*intègre*).—*adv.* tout droit.—*n.* montant, *m.*

uprightness ['ʌpraitnis], *n.* droiture, intégrité, *f.*

uprising [ʌp'raiziŋ], *n.* lever; soulèvement, *m.*

uproar ['ʌprɔː], *n.* tumulte, désordre; tapage, *m.*

uproarious [ʌp'rɔːriəs], *a.* bruyant; tumultueux.

uproariously [ʌp'rɔːriəsli], *adv.* avec un grand vacarme.

uproot [ʌp'ruːt], *v.t.* déraciner, extirper.

uprooting [ʌp'ruːtiŋ], *n.* déracinement, *m.*

upset [ʌp'set], *v.t. irr.* (*conjug. like* SET) renverser; (*fig.*) bouleverser.—*v.i.* se renverser;

617

verser (*véhicules*).—['ʌpset], *n.* bouleversement, *m.*
upshot ['ʌpʃɔt], *n.* résultat, *m.*, fin, *f.*, fin
mot, *m.*
upside-down ['ʌpsaid'daun], *adv.* sens dessus
dessous.
upstairs ['ʌpstɛəz], *a.* d'en haut.—[ʌp'stɛəz],
adv. en haut.
upstanding [ʌp'stændiŋ], *a.* droit, debout.
upstart ['ʌpstɑːt], *n.* parvenu, nouveau riche,
m.
upsurge [ʌp'səːdʒ], *n.* poussée, *f.*
upward ['ʌpwəd], *a.* dirigé en haut; ascendant.—*adv.* or **upwards** ['ʌpwədz], en
haut; en montant; *upwards of*, plus de.
Ural ['juərəl] **Mountains**. les Monts Ourals,
m.pl.
uranium [ju'reiniəm], *n.* uranium, *m.*
urban ['əːbən], *a.* urbain.
urbane [əː'bein], *a.* qui a de l'urbanité, poli.
urbanely [əː'beinli], *adv.* avec urbanité.
urbanity [əː'bæniti], *n.* urbanité, *f.*
urbanize ['əːbənaiz], *v.t.* urbaniser.
urchin ['əːtʃin], *n.* gamin, polisson; (*colloq.*)
mioche, gosse, *m.*; *sea-urchin*, oursin, *m.*
urge [əːdʒ], *v.t.* presser; pousser, exciter,
porter (*à*); alléguer (*insister sur*); *to urge
on*, pousser en avant.—*n.* impulsion;
poussée, *f.*
urgency ['əːdʒənsi], *n.* urgence, *f.*
urgent ['əːdʒənt], *a.* urgent, instant.
urgently ['əːdʒəntli], *adv.* avec urgence,
instamment.
urging ['əːdʒiŋ], *n.* sollicitation, *f.*
uric ['juərik], *a.* urique.
urinal ['juərinl], *n.* urinoir; (*Med.*) urinal, *m.*;
vespasienne (*urinoir public*), *f.*
urinate ['juərineit], *v.i.* uriner.
urine ['juərin], *n.* urine, *f.*
urn [əːn], *n.* urne; fontaine (*à thé, à café etc.*), *f.*
Ursula ['əːsjulə], Ursule, *f.*
Uruguay ['juərugwai], l'Uruguay, *m.*
Uruguayan [juəru'gwaiən], *a.* uruguayen.—
n. Uruguayen (*personne*), *m.*
us [ʌs], *pron.* nous; *for us Frenchmen*, pour
nous autres Français.
usable ['juːzəbl], *a.* utilisable, employable.
usage ['juːzidʒ], *n.* usage, *m.*
use [juːs], *n.* usage, emploi, *m.*; utilité, *f.*,
avantage, profit, *m.*; habitude, *f.*; (*Law*)
usufruit, *m.*; *it is of no use*, cela ne sert à
rien; *of use*, utile; *to make use of*, se
servir de; *what is the use of that?* à
quoi sert cela?—[juːz], *v.t.* user de, faire
usage de, employer, se servir de; utiliser;
consommer.
used [juːzd], *a.* usité (*mot etc.*), d'occasion
(*voiture*); *very little used*, qui a peu servi,
presque neuf (*vêtement etc.*).—[juːst] *to be*
or *get used to*, s'accoutumer à, s'habituer
à.—[juːst], *v. aux. in the expression used to*
(*followed by inf.*) *usu.* translated by the Imp.
Tense in French; *he used to admire*, il
admirait.
useful ['juːsful], *a.* utile.
usefully ['juːsfuli], *adv.* utilement, avec profit.
usefulness ['juːsfulnis], *n.* utilité, *f.*
useless ['juːslis], *a.* inutile; vain.
uselessly ['juːslisli], *adv.* inutilement.
uselessness ['juːslisnis], *n.* inutilité, *f.*
usher ['ʌʃə], *n.* huissier (*de cour de justice*);

sous-maître, *m.*—*v.t.* faire entrer, introduire
(*dans*); (*fig.*) annoncer.
usherette [ʌʃə'ret], *n.* (*Cine.*) ouvreuse, *f.*
usual ['juːʒuəl], *a.* usuel, ordinaire, habituel,
accoutumé; d'usage; *as usual*, comme
d'habitude.
usually ['juːʒuəli], *adv.* ordinairement, d'ordinaire, d'habitude.
usurer ['juːʒərə], *n.* usurier, *m.*
usurious [juː'zjuəriəs], *a.* usuraire.
usurp [juː'zəːp], *v.t.* usurper.
usurpation [juːzə'peiʃən], *n.* usurpation, *f.*
usurper [juː'zəːpə], *n.* usurpateur, *m.*
usury ['juːʒəri], *n.* usure, *f.*
utensil [ju'tensil], *n.* ustensile, *m.*
uterine ['juːtərain], *a.* utérin.
uterus ['juːtərəs], *n.* utérus, *m.*
utilitarian [juːtili'tɛəriən], *a.* utilitaire.
utilitarianism [juːtili'tɛəriənizm], *n.* utili-
tarisme, *m.*
utility [juː'tiliti], *n.* utilité, *f.*
utilizable ['juːtilaizəbl], *a.* utilisable.
utilization [juːtilai'zeiʃən], *n.* utilisation, *f.*
utilize ['juːtilaiz], *v.t.* utiliser.
utmost ['ʌtmoust], *a.* extrême, le dernier, le
plus haut, le plus grand; le plus élevé (*prix
etc.*).—*n.* extrême, comble, *m.*; *to do one's
utmost*, faire tout son possible (*pour*).
Utopia [juː'toupiə], Utopie, *f.*
Utopian [juː'toupiən], *a.* d'utopie, utopique.
utter (1) ['ʌtə], *a.* entier, complet; absolu;
le plus profond (*extrême*); vrai; fieffé (*véritable*).
utter (2) ['ʌtə], *v.t.* pousser; proférer, prononcer; dire; émettre (*fausse monnaie*).
utterable ['ʌtərəbl], *a.* exprimable.
utterance ['ʌtərəns], *n.* énonciation, prononciation, parole, expression, *f.*
utterer ['ʌtərə], *n.* personne qui prononce, *f.*;
émetteur (*de fausse monnaie*), *m.*
utterly ['ʌtəli], *adv.* tout à fait, entièrement.
uttermost ['ʌtəmoust], *a.* extrême; le plus
reculé.
uvula ['juːvjulə], *n.* (*Anat.*) luette, uvule, *f.*
uvular ['juːvjulə], *a.* uvulaire.
uxorious [ʌk'sɔːriəs], *a.* uxorieux, esclave de
sa femme.
uxoriousness [ʌk'sɔːriəsnis], *n.* complaisance
excessive pour sa femme, *f.*

V

V, v [viː]. vingt-deuxième lettre de l'alphabet,
m.
vacancy ['veikənsi], *n.* vacance, place vacante,
f.; vide, *m.*; lacune (*trou*), *f.*
vacant ['veikənt], *a.* vacant, vide; libre
(*inoccupé*); vide d'expression (*regard perdu*).
vacate [və'keit], *v.t.* laisser vacant, quitter.
vacation [və'keiʃən], *n.* vacation, *f.*, vacances,
f.pl.
vaccinate ['væksineit], *v.t.* vacciner.
vaccination [væksi'neiʃən], *n.* vaccination,
vaccine, *f.*
vaccine ['væksiːn], *a.* de vache.—*n.* vaccin, *m.*

vacillate ['væsileit], *v.i.* vaciller; (*fig.*) hésiter.
vacillating ['væsileitiŋ], *a.* vacillant, indécis.
vacillation [væsi'leiʃən], *n.* vacillation, indécision, *f.*
vacuity [və'kju:iti], *n.* vide, *m.*; vacuité, *f.*
vacuous ['vækjuəs], *a.* vide; (*fig.*) bête.
vacuum ['vækjuəm], *n.* vide, *m.*
vacuum-cleaner ['vækjuəm'kli:nə], *n.* aspirateur, *m.*
vade-mecum ['veidi'mi:kəm], *n.* vademecum, *m.*
vagabond ['vægəbɔnd], *a.* errant, vagabond. —*n.* vagabond, *m.*
vagary ['veigəri], *n.* caprice, *m.*, lubie, boutade, *f.*
vagina [və'dʒainə], *n.* (*Anat.*) vagin, *m.*
vagrancy ['veigrənsi], *n.* vagabondage, *m.*
vagrant ['veigrent], *a.* vagabond, errant.—*n.* vagabond, mendiant, *m.*
vague [veig], *a.* vague.
vaguely ['veigli], *adv.* vaguement.
vagueness ['veignis], *n.* vague, *m.*
vain [vein], *a.* vain; faux (*creux*); vaniteux, glorieux (*fier*); *in vain*, en vain.
vainglorious [vein'glɔ:riəs], *a.* vain, vaniteux.
vainglory [vein'glɔ:ri], *n.* vaine gloire, gloriole, *f.*
vainly ['veinli], *adv.* en vain, vainement.
vainness ['veinnis], *n.* vanité, *f.*
valance ['vælens], *n.* frange de lit, *f.*
vale [veil], *n.* (*poet.*) vallon, *m.*, vallée, *f.*
valedictory [væli'diktəri], *a.* d'adieu.—*n.* discours d'adieu, *m.*
valet ['vælit], *n.* valet de chambre, *m.*
valetudinarian [vælitju:di'neəriən], *a.* and *n.* valétudinaire, *m.*, *f.*
valiant ['væliənt], *a.* vaillant, valeureux.
valiantly ['væliəntli], *adv.* vaillamment.
valid ['vælid], *a.* valide, valable.
validate ['vælideit], *v.t.* valider, rendre valable.
validity [və'liditi], **validness** ['vælidnis], *n.* validité, *f.*
validly ['vælidli], *adv.* validement.
validness [VALIDITY].
valise [və'li:z], *n.* valise, *f.*; sac de voyage, *m.*
valley ['væli], *n.* vallée, *f.*, vallon, *m.*
valorous ['vælərəs], *a.* valeureux.
valour ['vælə], *n.* valeur, vaillance, *f.*
valuable ['væljuəbl], *a.* précieux.
valuation [vælju'eiʃən], *n.* évaluation, *f.*
valuator ['væljueitə], *n.* estimateur, *m.*
value ['vælju:], *n.* valeur, *f.*; prix, *m.*—*v.t.* évaluer, estimer.
valued ['vælju:d], *a.* estimé, apprécié.
valueless ['væljulis], *a.* sans valeur.
valuer ['væljuə], *n.* estimateur, commissaire-priseur, *m.*
valve [vælv], *n.* soupape; valve; (*Rad.*) lampe, *f.*
valved [vælvd], *a.* à soupape; (*Bot.*) valvé, à valves.
valvular ['vælvjulə], *a.* (*Med.*) valvulaire.
vamp [væmp], *n.* empeigne; enjôleuse, femme fatale, *f.*—*v.t.* (*fig.*) raccommoder, rapiécer; (*Mus.*) improviser.
vampire ['væmpaiə], *n.* vampire, *m.*
van [væn], *n.* camionnette, voiture (*de déménagement*), *f.*; (*Rail. etc.*) fourgon, *m.*; avant-garde (*précurseur*), *f.*

vandal [vændl], *n.* vandale, *m.*, *f.*
vandalism ['vændəlizm], *n.* vandalisme, *m.*
vane [vein], *n.* girouette, *f.*
vanguard ['vænga:d], *n.* avant-garde, *f.*
vanilla [və'nilə], *n.* vanille, *f.*
vanish ['væniʃ], *v.i.* s'évanouir, disparaître.
vanishing-point ['væniʃiŋpɔint], *n.* point de fuite, *m.*
vanity ['væniti], *n.* vanité, *f.*
vanquish ['væŋkwiʃ], *v.t.* vaincre.
vanquisher ['væŋkwiʃə], *n.* vainqueur, *m.*
vantage ['va:ntidʒ], *n.* avantage, *m.*, supériorité, *f.*
vapid ['væpid], *a.* fade, insipide; éventé (*boisson alcoolique*).
vapidity [væ'piditi], **vapidness** ['væpidnis], *n.* fadeur, insipidité, *f.*
vaporization [veipərai'zeiʃən], *n.* vaporisation, *f.*
vaporize ['veipəraiz], *v.t.* vaporiser.—*v.i.* se vaporiser.
vaporous ['veipərəs], *a.* vaporeux.
vapour ['veipə], *n.* vapeur; (*fig.*) fumée, *f.*
vapourish ['veipəriʃ], **vapoury** ['veipəri], *a.* vaporeux.
variability [veəriə'biliti], **variableness** ['veəriəblnis], *n.* variabilité; inconstance, *f.*
variable ['veəriəbl], *a.* variable; inconstant.
variance ['veəriəns], *n.* désaccord, *m.*
variation [veəri'eiʃən], *n.* variation, *f.*, changement, *m.*
varicose ['værikous], *a.* variqueux; *varicose vein*, varice, *f.*
varied ['veərid], *a.* varié, divers.
variegate ['veərigeit], *v.t.* varier; nuancer.
variegated ['veərigeitid], *a.* varié, bigarré; (*Bot.*) panaché.
variegation [veəri'geiʃən], *n.* bigarrure, *f.*
variety [və'raiəti], *n.* variété, diversité, *f.*
various ['veəriəs], *a.* divers, différent.
variously ['veəriəsli], *adv.* diversement.
varnish ['va:niʃ], *n.* vernis, *m.*—*v.t.* vernir; vernisser (*poterie etc.*).
varnisher ['va:niʃə], *n.* vernisseur, *m.*
varnishing ['va:niʃiŋ], *n.* vernissure, *f.*; vernissage, *m.*
vary ['veəri], *v.t.* varier; diversifier.—*v.i.* varier, changer.
varying ['veəriiŋ], *a.* changeant, qui varie, divers.
vascular ['væskjulə], *a.* vasculaire.
vase [va:z], *n.* vase, *m.*
vaseline ['væsəli:n], *n.* (*reg. trade mark*) vaseline, *f.*
vassal [væsl], *n.* vassal, *m.*
vassalage ['væsəlidʒ], *n.* vasselage, *m.*; (*fig.*) servitude, *f.*
vast [va:st], *a.* vaste, immense.—*n.* immensité, *f.*
vastly ['va:stli], *adv.* immensément, excessivement.
vastness ['va:stnis], *n.* vaste étendue, grandeur, *f.*
vat [væt], *n.* cuve, *f.*
vatful ['vætful], *n.* cuvée, *f.*
Vatican ['vætikən], *n.* le Vatican, *m.*
vaudeville ['voudəvil], *n.* vaudeville, *m.*
vault [vɔ:lt], *n.* voûte, cave, *f.*; caveau (*lieu de sépulture*); saut (*bond*), *m.*—*v.t.* voûter.—*v.i.* sauter.
vaulted ['vɔ:ltid], *a.* voûté, en voûte.

vaulter ['vɔːltə], *n.* voltigeur, sauteur, *m.*, acrobate, *m.*, *f.*
vaulting ['vɔːltiŋ], *n.* construction de voûtes, *f.*; voûtes, *f.pl.*; voltige (*acrobatie*), *f.*
vaunt [vɔːnt], *n.* vanterie, *f.*—*v.t.* vanter élever jusqu'aux nues.
vaunter ['vɔːntə], *n.* vantard, *m.*
vaunting ['vɔːntiŋ], *a.* plein de jactance.
vauntingly ['vɔːntiŋli], *adv.* avec jactance.
veal [viːl], *n.* veau, *m.*
vedette [və'det], *n.* vedette, *f.*
veer [viə], *v.t.* virer (*bateau*).—*v.i.* tourner, changer de direction; virer (*bateau*).
vegetable ['vedʒitəbl], *a.* végétal.—*n.* végétal, légume, *m.*
vegetal ['vedʒitl], *a.* végétal.
vegetarian [vedʒi'teəriən], *a.* and *n.* végétarien, *m.*
vegetate ['vedʒiteit], *v.i.* végéter.
vegetation [vedʒi'teiʃən], *n.* végétation, *f.*
vegetative ['vedʒitətiv], *a.* végétatif, végétant.
vehemence ['viːimɑns], *n.* véhémence; (*fig.*) ardeur, *f.*
vehement ['viːimənt], *a.* véhément, impétueux.
vehemently ['viːiməntli], *adv.* avec véhémence, impétueusement.
vehicle ['viːikl], *n.* véhicule, *m.*, voiture, *f.*
veil [veil], *n.* voile, *m.*; voilette (*de dame*), *f.*—*v.t.* voiler; (*fig.*) déguiser.
vein [vein], *n.* veine; (*fig.*) humeur, *f.*—*v.t.* veiner.
veined [veind], **veiny** ['veini], *a.* veiné.
vellum ['veləm], *n.* vélin, *m.*
velocity [və'lɔsiti], *n.* vélocité, vitesse, rapidité, *f.*
velvet ['velvit], *a.* de velours; (*Bot.*) velouté. —*n.* velours, *m.*
velveteen [velvə'tiːn], *n.* velours de coton, *m.*
velvety ['velviti], *a.* velouté.
venal [viːnl], *a.* vénal.
venality [viː'næliti], *n.* vénalité, *f.*
vend [vend], *v.t.* vendre (*petits articles*).
vendee [ven'diː], *n.* acheteur, *m.*
vendetta [ven'detə], *n.* vendetta, *f.*
vendible ['vendibl], *a.* vendable.
vendor ['vendə], *n.* vendeur, *m.*
veneer [və'niə], *n.* feuille (*de bois etc.*); plaque, *f.*; (*fig.*) vernis, *m.*—*v.t.* plaquer (*de*).
veneering [və'niəriŋ], *n.* placage, *m.*
venerable ['venərəbl], *a.* vénérable.
venerableness ['venərəblnis], *n.* caractère vénérable, *m.*
venerate ['venəreit], *v.t.* vénérer.
veneration [venə'reiʃən], *n.* vénération, *f.*
venerator ['venəreitə], *n.* vénérateur, *m.*
venery ['venəri], *n.* chasse, vénerie, *f.*
Venetian [və'niːʃən], *a.* vénitien, de Venise; *Venetian blind*, jalousie, *f.*; *Venetian shutter*, persienne, *f.*—*n.* Vénitien (*personne*), *m.*
Venezuela [venə'zweilə]. le Vénézuéla, *m.*
Venezuelan [venə'zweilən], *a.* vénézuélien.— *n.* Vénézuélien (*personne*), *m.*
vengeance ['vendʒəns], *n.* vengeance, *f.*; *with a vengeance*, furieusement, à outrance.
vengeful ['vendʒful], *a.* vindicatif.
venial ['viːniəl], *a.* véniel, pardonnable.
veniality [viːni'æliti], *n.* vénialité, *f.*

Venice ['venis]. Venise, *f.*
venison ['venizn], *n.* venaison, *f.*
venom ['venəm], *n.* venin, *m.*
venomous ['venəməs], *a.* venimeux (*animal*); vénéneux (*plante*); (*fig.*) méchant.
venous ['viːnəs], *a.* veineux.
vent [vent], *v.t.* donner issue à, exhaler, décharger.—*n.* issue, *f.*, passage, cours; trou de fausse (*de baril*); soupirail (*pour l'air*), *m.*; *to give vent to*, donner libre cours à.
ventilate ['ventileit], *v.t.* ventiler; aérer, (*fig.*) discuter.
ventilation [venti'leiʃən], *n.* ventilation, *f.*; *ventilation shaft*, puits d'aérage, *m.*
ventilator ['ventileitə], *n.* ventilateur, *m.*
ventral ['ventrəl], *a.* ventral.
ventricle ['ventrikl], *n.* ventricule, *m.*
ventriloquism [ven'triləkwizm], *n.* ventriloquie, *f.*
ventriloquist [ven'triləkwist], *n.* ventriloque, *m.*, *f.*
venture ['ventʃə], *n.* aventure, entreprise, *f.* —*v.t.* aventurer, risquer.—*v.i.* oser, se hasarder, s'aventurer; s'aviser de (*se permettre*).
venturer ['ventʃərə], *n.* personne aventureuse, *f.*
venturesome ['ventʃəsəm], *a.* aventureux, audacieux.
venue ['venjuː], *n.* juridiction, *f.*; lieu de réunion, *m.*
Venus ['viːnəs]. Vénus, *f.*
veracious [və'reiʃəs], *a.* véridique.
veracity [və'ræsiti], *n.* véracité, *f.*
veranda, verandah [və'rændə], *n.* véranda, *f.*
verb [vəːb], *n.* verbe, *m.*
verbal ['vəːbəl], *a.* verbal, littéral.
verbally ['vəːbəli], *adv.* verbalement, mot à mot.
verbatim [vəː'beitim], *adv.* mot pour mot.
verbena [vəː'biːnə], *n.* verveine, *f.*
verbiage ['vəːbiidʒ], *n.* verbiage, *m.*
verbose [vəː'bous], *a.* verbeux, diffus, prolixe.
verbosity [vəː'bɔsiti], *n.* verbosité, *f.*
verdant ['vəːdənt], *a.* verdoyant, vert.
verdict ['vəːdikt], *n.* verdict; (*fig.*) arrêt, *m.*
verdigris ['vəːdigriː], *n.* vert-de-gris, *m.*
verdure ['vəːdjə], *n.* verdure, *f.*
verge (1) [vəːdʒ], *n.* bord, *m.*, bordure; lisière (*de forêt etc.*); verge (*baguette*), *f.*; *on the verge of setting out*, à la veille de partir. —*v.i.* pencher (*vers*); *to verge on*, toucher à.
verger ['vəːdʒə], *n.* bedeau, huissier à verge, *m.*
verification [verifi'keiʃən], *n.* vérification, *f.*
verifier ['verifaiə], *n.* vérificateur, *m.*
verify ['verifai], *v.t.* vérifier.
*****verily** ['verili], *adv.* en vérité, vraiment.
verisimilar [veri'similə], *a.* vraisemblable.
verisimilitude [verisi'militjuːd], *n.* vraisemblance, *f.*
veritable ['veritəbl], *a.* véritable.
verity ['veriti], *n.* vérité, *f.*
vermicelli [vəːmi'seli], *n.* vermicelle, *m.*
vermicule ['vəːmikjuːl], *n.* vermisseau, *m.*
vermilion [və'miljən], *a.* vermeil.—*n.* vermillon, *m.*
vermin ['vəːmin], *n.* vermine, *f.*
verminous ['vəːminəs], *a.* vermineux.

vernacular [və'nækjulə], *a.* du pays, indigène. —*n.* langue vernaculaire, *f.*

vernal ['və:nəl], *a.* printanier.

veronica [və'rɔnikə], *n.* véronique, *f.*

versatile ['və:sətail], *a.* qui a des connaissances variées; qui se plie à tout.

versatility [və:sə'tiliti], *n.* souplesse, faculté d'adaptation, *f.*

verse [və:s], *n.* vers, *m.*, poésie; strophe (*stance*), *f.*

versed [və:st], *a.* versé (*dans*).

versification [və:sifi'keiʃən], *n.* versification, *f.*

versifier ['və:sifaiə], *n.* versificateur, rimailleur, *m.*

versify ['və:sifai], *v.t.* mettre en vers.—*v.i.* versifier.

version ['və:ʃən], *n.* version, *f.*

versus ['və:səs], *prep.* contre.

vertebra ['və:tibrə], *n.* (*pl.* **vertebræ** ['və:ti bri]) vertèbre, *f.*

vertebral ['və:tibrəl], *a.* vertébral.

vertebrate ['və:tibrit], *a. and n.* vertébré, *m.*

vertex ['və:teks], *n.* (*pl.* **vertices** ['və:tisi:z]) sommet, zénith, *m.*

vertical ['və:tikl], *a.* vertical.

vertically ['və:tikli], *adv.* verticalement.

vertiginous [və:'tidʒinəs], *a.* vertigineux.

vertigo ['və:tigou], *n.* vertige, *m.*

verve [və:v], *n.* verve, *f.*

very ['veri], *a.* vrai, même, véritable.—*adv.* fort, bien, très.

vesper ['vespə], *n.* étoile du soir, *f.*; soir *m.*; (*pl.*) vêpres, *f.pl.*

vessel [vesl], *n.* vase; vaisseau, bâtiment, navire, *m.*

vest [vest], *n.* tricot de corps; (*Am.*) gilet, *m.*— *v.t.* vêtir, revêtir; investir (*de*).—*v.i.* échoir (*à*).

vestal [vestl], *a.* vestale, de Vesta; (*fig.*) chaste.—*n.* vestale, *f.*

vestibule ['vestibju:l], *n.* vestibule, *m.*

vestige ['vestidʒ], *n.* vestige, *m.*, trace, *f.*

vestment ['vestmənt], *n.* vêtement (de cérémonie), *m.*; chasuble, *f.*

vestry ['vestri], *n.* sacristie, *f.*

vesture ['vestʃə], *n.* vêtements, *m.pl.*

Vesuvius [vi'su:vjəs]. le Vésuve, *m.*

vetch [vetʃ], *n.* vesce, *f.*

veteran ['vetərən], *a.* vieux, ancien, expérimenté.—*n.* vétéran, *m.*

veterinary ['vetərinri], *a.* vétérinaire; *veterinary surgeon*, vétérinaire, *m.*

veto ['vi:tou], *n.* veto, *m.*—*v.t.* mettre son veto à, interdire.

vex [veks], *v.t.* fâcher, vexer, contrarier.

vexation [vek'seiʃən], *n.* vexation, contrariété, *f.*, chagrin, *m.*

vexatious [vek'seiʃəs], *a.* vexatoire; irritant, fâcheux, ennuyeux.

vexatiousness [vek'seiʃəsnis], *n.* caractère vexatoire, *m.*

vexed [vekst], *a.* vexé, fâché; (*fig.*) épineux (*question*).

vexing ['veksiŋ], *a.* contrariant, vexant, ennuyeux.

via ['vaiə], *prep.* par, par voie de, via.

viability [vaiə'biliti], *n.* viabilité, *f.*

viable ['vaiəbl], *a.* viable.

viaduct ['vaiədʌkt], *n.* viaduc, *m.*

vial ['vaiəl], *n.* fiole, *f.*

viands ['vaiəndz], *n. pl.* aliments, *m.pl.*; mets, *m.*

viaticum [vai'ætikəm], *n.* viatique, *m.*

vibrate [vai'breit], *v.t.* faire vibrer.—*v.i.* vibrer, osciller.

vibration [vai'breiʃən], *n.* vibration, oscillation, *f.*

vibrating [vai'breitiŋ], **vibratory** ['vaibrə təri], *a.* vibrant, vibratoire.

vicar ['vikə], *n.* (*Engl. Ch.*) pasteur; (*R.-C. Ch.*) curé (*de paroisse*), *m.*; *vicar-general*, vicaire, *m.*

vicarage ['vikəridʒ], *n.* cure, *f.*, presbytère, *m.*

vicarial [vi'kɛəriəl], *a.* de la cure, du curé.

vicarious [vi'kɛəriəs], *a.* vicarial, de vicaire; (*fig.*) de substitution.

vicariously [vi'kɛəriəsli], *adv.* par délégation, par substitution.

vice (1) [vais], *n.* vice, défaut, *m.*; *vice squad*, brigade de mœurs, *f.*

vice (2) [vais], *n.* (*Tech.*) étau, *m.*

vice-admiral ['vaisædmirəl], *n.* vice-amiral, *m.*

vice-chancellor ['vaistʃɑ:nsələ], *n.* vice-chancelier; (*Univ.*) recteur, *m.*

vice-president ['vaisprezidənt], *n.* vice-président, *m.*

viceroy ['vaisrɔi], *n.* vice-roi, *m.*

vicinity [vi'siniti], *n.* voisinage, *m.*, proximité, *f.*, alentours, *m.pl.*

vicious ['viʃəs], *a.* vicieux; haineux.

viciously ['viʃəsli], *adv.* vicieusement; rageusement.

viciousness ['viʃəsnis], *n.* nature vicieuse, *f.*, vice, *m.*

vicissitude [vi'sisitju:d], *n.* vicissitude, *f.*

victim ['viktim], *n.* victime, *f.*

victimization [viktimai'zeiʃən], *n.* tyrannisation, *f.*

victimize ['viktimaiz], *v.t.* exercer des représailles contre, tromper.

victor ['viktə], *n.* vainqueur, *m.*

victorious [vik'tɔ:riəs], *a.* victorieux, de victoire.

victoriously [vik'tɔ:riəsli], *adv.* victorieusement, en vainqueur.

victory ['viktəri], *n.* victoire, *f.*

victual [vitl], *v.t.* approvisionner, ravitailler.

victualler ['vitlə], *n.* pourvoyeur, fournisseur (de vivres), *m.*; *licensed victualler*, débitant de boissons, *m.*

victualling ['vitliŋ], *n.* ravitaillement, *m.*

victuals [vitlz], *n.pl.* vivres, *m.pl.*, provisions, *f.pl.*

vie [vai], *v.i.* rivaliser, lutter (*de*); le disputer (*à*).

Vienna [vi'enə]. Vienne, *f.*

Viennese [vi:ə'ni:z], *a.* viennois.—*n.* Viennois (*personne*), *m.*

Vietnam [vjet'næm]. le Vietnam, *m.*

Vietnamese [vjetnə'mi:z], *a.* vietnamien.—*n.* Vietnamien (*personne*), *m.*

view [vju:], *n.* vue, perspective, scène, *f.*; regard (*coup d'œil*); aperçu, examen (*exposé*), *m.*; intention, *f.*, dessein, *m.*; opinion, pensée, *f.*; *in view of*, en considération de; *on view*, ouvert au public; *with a view to*, en vue de.—*v.t.* regarder; considérer; examiner, inspecter; explorer.

viewer ['vju:ə], *n.* spectateur; téléspectateur, *m.*

viewing ['vju:iŋ], *n.* examen, *m.*, inspection, *f.*

view-point

view-point ['vju:pɔint], *n.* point de vue, *m.*
vigil ['vidʒil], *n.* veille, veillée, (*Eccles.*) vigile, *f.*
vigilance ['vidʒiləns], *n.* vigilance, *f.*
vigilant ['vidʒilənt], *a.* vigilant, éveillé.
vigilantly ['vidʒiləntli], *adv.* avec vigilance.
vigorous ['vigərəs], *a.* vigoureux.
vigorously ['vigərəsli], *adv.* vigoureusement.
vigorousness ['vigərəsnis], **vigour** ['vigə], *n.* vigueur, *f.*
vile [vail], *a.* vil, abject, bas; détestable.
vileness ['vailnis], *n.* bassesse, *f.*
vilification [vilifi'keiʃən], *n.* diffamation, *f.*
vilifier ['vilifaiə], *n.* diffamateur, *m.*
vilify ['vilifai], *v.t.* vilipender, dénigrer.
villa ['vilə], *n.* villa, maison de campagne, *f.*
village ['vilidʒ], *n.* village, *m.*
villager ['vilidʒə], *n.* villageois, *m.*
villain ['vilən], *n.* scélérat, gredin; (*Theat.*) traître, *m.*
villainous ['vilənəs], *a.* vil, infâme.
villainy ['viləni], *n.* scélératesse, vilenie, *f.*
vindicate ['vindikeit], *v.t.* soutenir, défendre, justifier; venger.
vindication [vindi'keiʃən], *n.* défense, justification, *f.*
vindicator ['vindikeitə], *n.* défenseur, *m.*
vindictive [vin'diktiv], *a.* vindicatif.
vindictively [vin'diktivli], *adv.* d'une manière vindicative.
vindictiveness [vin'diktivnis], *n.* esprit de vengeance, *m.*
vine [vain], *n.* vigne, *f.*
vine-dresser ['vaindresə], *n.* vigneron, *m.*
vinegar ['vinigə], *n.* vinaigre, *m.*
vine-grower ['vaingrouə], *n.* viticulteur, *m.*
vine-growing ['vaingrouiŋ], *n.* viticulture, *f.*
vine-harvest ['vainhɑ:vist], *n.* vendange, *f.*
vine-prop ['vainprɔp], *n.* échalas, *m.*
vinery ['vainəri], *n.* serre à vignes, *f.*
vineyard ['vinjəd], *n.* vigne, *f.*; vignoble, *m.*
vinicultural [vini'kʌltʃərəl], *a.* vinicole.
viniculture ['vinikʌltʃə], *n.* viniculture, *f.*
vinous ['vainəs], *a.* vineux.
vintage ['vintidʒ], *n.* vendange; vinée, récolte de vin (*cueillette*), *f.*; vendanges (*temps de la récolte*), *f.pl.*; *a vintage wine*, un vin de marque, *m.*
vintager ['vintidʒə], *n.* vendangeur, *m.*
vintner ['vintnə], *n.* négociant en vins, *m.*
viny ['vaini], *a.* de vigne, de raisin; de vignoble.
viola (1) [vi'oulə], *n.* (*Mus.*) alto, *m.*; *viola player*, altiste, *m.*, *f.*
viola (2) ['vaiələ], *n.* (*Bot.*) violette, *f.*
violate ['vaiəleit], *v.t.* violer, faire violence à; outrager.
violation [vaiə'leiʃən], *n.* violation, infraction, *f.*, viol (*d'une femme*), *m.*
violator ['vaiəleitə], *n.* violateur, *m.*
violence ['vaiələns], *n.* violence, *f.*; *with violence* (*of robbery*), à main armée.
violent ['vaiələnt], *a.* violent; atroce (*douleur*).
violently ['vaiələntli], *adv.* violemment, avec violence.
violet ['vaiəlit], *n.* violette (*plante*), *f.*; violet (*couleur*), *m.*
violin [vaiə'lin], *n.* violon, *m.*
violinist [vaiə'linist], *n.* violoniste, *m.*, *f.*
violist [vi'oulist], *n.* altiste, violiste, *m.*, *f.*

violoncellist [vaiələn'tʃelist], *n.* violoncelliste, *m.*, *f.*
violoncello [vaiələn'tʃelou], *n.* violoncelle, *m.*
viper ['vaipə], *n.* vipère, *f.*
viperish ['vaipəriʃ], **viperous** ['vaipərəs], *a.* de vipère; (*fig.*) venimeux.
virago [vi'rɑ:gou], *n.* virago, mégère, *f.*
virgin ['və:dʒin], *a.* vierge; virginal, de vierge.—*n.* vierge, *f.*
virginal ['və:dʒinəl], *a.* virginal, de vierge.
virginia-creeper [və'dʒinjə'kri:pə], *n.* vigne vierge, *f.*
virginity [və'dʒiniti], *n.* virginité, *f.*
viridity [vi'riditi], *n.* verdeur, fraîcheur, *f.*
virile ['virail], *a.* viril, mâle.
virility [vi'riliti], *n.* virilité, nature virile, *f.*
virtual ['və:tjuəl], *a.* virtuel; de fait.
virtually ['və:tjuəli], *adv.* virtuellement, de fait.
virtue ['və:tju:], *n.* vertu; (*fig.*) valeur, *f.*, mérite, *m.*
virtuosity [və:tju'ositi], *n.* virtuosité, *f.*
virtuoso [və:tju'ousou], *n.* (*pl.* **virtuosi** [və:tju'ousi]) virtuose, *m.*, *f.*
virtuous ['və:tjuəs], *a.* vertueux.
virtuously ['və:tjuəsli], *adv.* vertueusement.
virtuousness ['və:tjuəsnis], *n.* vertu, *f.*
virulence ['viruləns], *n.* virulence, *f.*
virulent ['virulənt], *a.* virulent.
virus ['vaiərəs], *n.* virus, *m.*
visa ['vi:zə], *n.* visa, *m.*—*v.t.* viser.
visage ['vizidʒ], *n.* visage, *m.*, figure, *f.*
viscera ['visərə], *n.pl.* viscères, *m.pl.*
viscid ['visid], *a.* visqueux.
viscosity [vis'kɔsiti], *n.* viscosité, *f.*
viscount ['vaikaunt], *n.* vicomte, *m.*
viscountess ['vaikauntis], *n.* vicomtesse, *f.*
viscountship ['vaikauntʃip], **viscounty** ['vaikaunti], *n.* vicomté, *f.*
viscous ['viskəs], *a.* visqueux, glutineux.
visibility [vizi'biliti], *n.* visibilité, *f.*
visible ['vizibl], *a.* visible; clair.
visibly ['vizibli], *adv.* visiblement, à vue d'œil.
vision ['viʒən], *n.* vision, vue, *f.*
visionary ['viʒənəri], *a.* and *n.* visionnaire, *m.*, *f.*
visit ['vizit], *n.* visite, *f.*; séjour (*a stay*), *m.*—*v.t.* visiter, aller, rendre visite à; *I visit the theatre twice a week*, je vais au théâtre deux fois par semaine.—*v.i.* faire des visites.
visitant ['vizitənt], *n.* visiteur, *m.*
visitation [vizi'teiʃən], *n.* inspection; épreuve, *f.*
visiting ['vizitiŋ], *a.* en visite, de visite.—*n.* visites, *f.pl.*
visitor ['vizitə], *n.* visiteur; (*official*) inspecteur, *m.*; *she has visitors*, elle a du monde.
visor ['vaizə], *n.* visière, *f.*
vista ['vistə], *n.* vue, perspective, *f.*
Vistula ['vistjulə], the. la Vistule, *f.*
visual ['viʒjuəl], *a.* visuel.
visualize ['viʒjuəlaiz], *v.t.* se représenter.
vital [vaitl], *a.* vital, de vie; (*fig.*) essentiel.
vitality [vai'tæliti], *n.* vitalité, *f.*
vitalize ['vaitəlaiz], *v.t.* vivifier; (*fig.*) animer.
vitally ['vaitəli], *adv.* vitalement.
vitals [vaitlz], *n.pl.* parties vitales, *f.pl.*
vitamin ['vitəmin], *n.* vitamine, *f.*

vulgarize

vitiate ['vifieit], *v.t.* vicier; (*fig.*) corrompre.
vitiation [vifi'eifən], *n.* viciation; (*fig.*) corruption, *f.*
vitreous ['vitriəs], *a.* vitreux; (*Anat.*) vitré.
vitrify ['vitrifai], *v.t.* vitrifier.—*v.i.* se vitrifier.
vitriol ['vitriəl], *n.* vitriol, *m.*
vitriolic [vitri'ɔlik], *a.* vitriolique.
vituperate [vi'tju:pəreit], *v.t.* vilipender, injurier.
vituperation [vitju:pə'reifən], *n.* reproches, *m.pl.*, invectives, *f.pl.*
vituperative [vi'tju:pərətiv], *a.* injurieux, hargneux.
vivacious [vi'veifəs], *a.* vif, vivace, animé.
vivaciously [vi'veifəsli], *adv.* vivement, avec vivacité.
vivaciousness [vi'veifəsnis], **vivacity** [vi'væsiti], *n.* vivacité, *f.*
vivary ['vivəri], *n.* vivier, *m.*
vivid ['vivid], *a.* vif, frappant.
vividly ['vividli], *adv.* d'une manière frappante, avec éclat.
vividness ['vividnis], *n.* vivacité, *f.*, éclat, *m.*
vivification [vivifi'keifən], *n.* vivification, *f.*
vivify ['vivifai], *v.t.* vivifier.
vivifying ['vivifaiiŋ], *a.* vivifiant.
viviparous [vi'vipərəs], *a.* vivipare.
vivisection [vivi'sekfən], *n.* vivisection, *f.*
vivisector [vivi'sektə], *n.* vivisecteur, *m.*
vixen ['viksən], *n.* renarde (*bête*); mégère (*femme*), *f.*
vixenish ['viksənif], *a.* de mégère, méchante.
viz. [viz] (*usu. read* namely), *adv.* à savoir.
vizier [vi'ziə], *n.* vizir, *m.*
vocabulary [vo'kæbjuləri], *n.* vocabulaire, *m.*
vocal [voukl], *a.* vocal, de la voix.
vocalist ['voukəlist], *n.* chanteur *m.*, chanteuse, *f.*
vocalize ['voukəlaiz], *v.t., v.i.* vocaliser.
vocally ['voukəli], *adv.* par la voix, vocalement.
vocation [vo'keifən], *n.* vocation; profession, *f.*
vocational [vo'keifənəl], *a.* professionnel.
vocative ['vokətiv], *n.* vocatif, *m.*
vociferate [və'sifəreit], *v.t., v.i.* vociférer.
vociferation [vəsifə'reifən], *n.* vocifération, *f.*
vociferous [və'sifərəs], *a.* qui vocifère, bruyant.
vociferously [və'sifərəsli], *adv.* en vociférant.
vodka ['vodkə], *n.* vodka, *f.*
vogue [voug], *n.* vogue, *f.*
voice [vois], *n.* voix, *f.*; *at the top of one's voice*, à tue-tête.—*v.t.* publier; exprimer.
void [void], *a.* vide, vacant; (*Law*) nul, de nul effet.—*n.* vide, espace vide, *m.*—*v.t.* vider; (*Law*) annuler.
voidable ['voidəbl], *a.* annulable.
volatile ['volətail], *a.* volatil; qui vole, volant; inconstant (*volage*).
volatility [volə'tiliti], *n.* volatilité, *f.*
volcanic [vol'kænik], *a.* volcanique.
volcano [vol'keinou], *n.* volcan, *m.*
vole [voul], *n.* campagnol, *m.*
volition [və'lifən], *n.* volition, volonté, *f.*
volley ['voli], *n.* décharge, salve (*de mousqueterie*); volée (*de canon*), *f.*—*v.t.* (*Ten.*) renvoyer (*la balle*) de volée.
volt [voult], *n.* (*Elec.*) volt, *m.*

voltage ['voultidʒ], *n.* voltage, *m.*
volte-face ['voltfɑ:s], *n.* volte-face, *f.*
volubility [volju'biliti], *n.* volubilité, *f.*
voluble ['voljubl], *a.* délié (*langue*); facile (*débit*).
volubly ['voljubli], *adv.* avec volubilité.
volume ['voljum], *n.* volume; tome (*livre*), *m.*
voluminous [və'lju:minəs], *a.* volumineux.
voluminously [və'lju:minəsli], *adv.* d'une manière volumineuse.
voluminousness [və'lju:minəsnis], *n.* grosseur, *f.*
voluntarily ['voləntərili], *adv.* volontairement, spontanément.
voluntariness ['voləntərinis], *n.* spontanéité, *f.*
voluntary ['voləntəri], *a.* volontaire, spontané; libre; intentionnel.—*n.* (*Mus.*) improvisation, *f.*
volunteer [volən'tiə], *n.* volontaire, *m., f.*—*v.t.* offrir volontairement.—*v.i.* offrir ses services; s'engager comme volontaire.
voluptuary [və'lʌptjuəri], *n.* voluptueux, épicurien, *m.*
voluptuous [və'lʌptjuəs], *a.* voluptueux.
voluptuously [və'lʌptjuəsli], *adv.* voluptueusement.
voluptuousness [və'lʌptjuəsnis], *n.* volupté, *f.*
volute [və'lju:t], *n.* volute, *f.*
voluted [və'lju:tid], *a.* voluté.
volution [və'lju:fən], *n.* spirale, *f.*
vomit ['vomit], *v.t., v.i.* vomir.—*n.* vomissement, *m.*
voodoo ['vu:du:], *n.* vaudou, *m.*
voracious [və'reifəs], *a.* vorace.
voraciously [və'reifəsli], *adv.* avec voracité.
voraciousness [və'reifəsnis], **voracity** [və'ræsiti], *n.* voracité, *f.*
vortex ['vo:teks], *n.* (*pl.* **vortices** ['vo:tisi:z]) tourbillon, *m.*
vortical ['vo:tikl], *a.* tourbillonnant, en tourbillon.
votaress ['voutəris], *n.* adoratrice, *f.*
votary ['voutəri], *n.* adorateur; (*fig.*) admirateur, *m.*
vote [vout], *n.* vote, *m.*; voix, *f.*—*v.t., v.i.* voter.
voter ['voutə], *n.* votant, *m.*
voting ['voutiŋ], *n.* vote, *m.*; *voting-paper*, bulletin de vote, *m.*
votive ['voutiv], *a.* votif, voué.
vouch [vautf], *v.t.* attester; affirmer.—*v.i.* témoigner (*de*); répondre (*de*).
voucher ['vautfə], *n.* garant, *m.*, garantie; pièce justificative, *f.*; *luncheon voucher*, bon de repas, *m.*
vouchsafe [vautf'seif], *v.t.* daigner, accorder.
vow [vau], *n.* vœu, *m.*—*v.t.* vouer.—*v.i.* faire un vœu; jurer.
vowel ['vauəl], *n.* voyelle, *f.*
voyage ['voiidʒ], *n.* voyage (*par mer*), *m.*
voyager ['voiidʒə], *n.* voyageur, passager, *m.*
vulcanite ['vʌlkənait], *n.* caoutchouc vulcanisé, *m.*, ébonite, *f.*
vulcanize ['vʌlkənaiz], *v.t.* vulcaniser.
vulgar ['vʌlgə], *a.* vulgaire, commun.
vulgarism ['vʌlgərizm], *n.* expression vulgaire, *f.*
vulgarity [vʌl'gæriti], *n.* vulgarité, grossièreté, *f.*; mauvais goût, *m.*
vulgarize ['vʌlgəraiz], *v.t.* vulgariser.

623

vulnerability

vulnerability [vʌlnərə'biliti], *n.* vulnérabilité, *f.*
vulnerable ['vʌlnərəbl], *a.* vulnérable.
vulpine ['vʌlpain], *a.* de renard; (*fig.*) rusé.
vulture ['vʌltʃə], *n.* vautour, *m.*

W

W, w ['dʌbəljuː]. vingt-troisième lettre de l'alphabet, *m.*
wad [wɒd], *n.* bourre (*armes à feu etc.*), *f.*; tampon, paquet (*faisceau*), *m.*—*v.t.* bourrer (*armes à feu etc.*); ouater (*vêtement etc.*).
wadded ['wɒdid], *a.* ouaté (*de*).
wadding ['wɒdiŋ], *n.* bourre (*armes à feu*); ouate (*rembourrage*), *f.*
waddle [wɒdl], *v.i.* se dandiner.
waddling ['wɒdliŋ], *n.* dandinement, *m.*
wade [weid], *v.t.* traverser à gué.—*v.i.* marcher (dans l'eau *ou* dans la vase).
wafer ['weifə], *n.* pain à cacheter, *m.*; gaufrette; (*R.-C. Ch.*) hostie, *f.*
waffle [wɒfl], *n.* gaufre, *f.*
waffle-iron ['wɒflaiən], *n.* gaufrier, *m.*
waft [wɒft], *v.t.* porter, transporter; faire flotter.
wag [wæg], *n.* badin, plaisant, farceur, *m.*—*v.t.* remuer, agiter.—*v.i.* s'agiter, remuer, se mouvoir.
wage [weidʒ], *v.t.* faire.—*n.* [WAGES].
wager ['weidʒə], *n.* gageure, *f.*, pari, *m.*—*v.t.* gager, parier.
wages ['weidʒiz], *n.pl.* gages (*de serviteur*), *m.pl.*; salaire, *m.*, paye (*d'ouvrier*), *f.*
waggery ['wægəri], *n.* espièglerie, plaisanterie, *f.*
waggish ['wægiʃ], *a.* badin, malin, facétieux.
waggishness ['wægiʃnis], *n.* badinage, *m.*, espièglerie, *f.*
waggle [wægl], *v.t.* remuer.—*v.i.* frétiller.
waggon, wagon ['wægən], *n.* charrette, *f.*, chariot; (*Mil.*) caisson, fourgon; (*Rail.*) wagon, *m.*
wagtail ['wægteil], *n.* hochequeue, *m.*
waif [weif], *n.* épave, *f.*
wail [weil], *v.t.* pleurer, lamenter.—*v.i.* pleurer, gémir, se lamenter.—*n.* (*also* **wailing** ['weiliŋ]) cri, *m.*, lamentation, plainte, *f.*
wain [wein], *n.* charrette, *f.*
wainscot ['weinzkət], *n.* lambris, *m.*, boiserie, *f.*
waist [weist], *n.* ceinture, taille, *f.*
waistband ['weistbænd], *n.* ceinture (*de pantalon etc.*), *f.*
waistcoat ['weis(t)kout], *n.* gilet, *m.*
wait [weit], *v.t.* attendre.—*v.i.* attendre; servir (*à table etc.*).—*n.* embuscade, *f.*, guet-apens, *m.*; attente, *f.*
waiter ['weitə], *n.* garçon, *m.*
waiting ['weitiŋ], *n.* attente, *f.*; service (*attentions*), *m.*; **no waiting**, stationnement interdit, *m.*
waiting-maid ['weitiŋmeid], **waiting-woman** ['weitiŋwumən] (*pl.* **-women**

[wimin]), *n.* femme de chambre; cameriste (*de princesse etc.*), *f.*
waiting-room ['weitiŋruːm], *n.* salle d'attente, *f.*
waitress ['weitris], *n.* servante, fille de service, *f.*
waits [weits], *n.pl.* chanteurs de noëls, *m.pl.*
waive [weiv], *v.t.* écarter, mettre de côté; abandonner, renoncer.
wake (1) [weik], *v.t. irr.* éveiller, réveiller.—*v.i.* veiller (*ne pas se coucher*); se réveiller (*de sommeil*).—*n.* fête de village, *f.*
wake (2) [weik], *n.* sillage (*de navire*), *m.*; (*fig.*) suite, *f.*
wakeful ['weikful], *a.* éveillé; vigilant.
wakefulness ['weikfulnis], *n.* insomnie, *f.*
waken ['weikən], *v.t.* éveiller, réveiller.—*v.i.* s'éveiller, se réveiller.
waking ['weikiŋ], **wakening** ['weikniŋ], *a.* éveillé.—*n.* réveil, *m.*
wale [weil], *n.* marque (*de fouet*); côte (*de tissu*); (*pl.*) (*Naut.*) préceinte, *f.*
Wales [weilz]. le Pays de Galles, *m.*
walk [wɔːk], *v.t.* parcourir, traverser à pied; faire à pied (*distance etc.*); mettre au pas (*cheval*).—*v.i.* marcher; aller à pied; se promener (*pour le plaisir*); aller au pas (*cheval*); **to walk over**, traverser *ou* parcourir à pied.—*n.* marche; promenade, *f.*, tour, *m.*; allée (*sentier*); démarche, allure, *f.*; pas (*de cheval*), *m.*; (*fig.*) sphère, *f.*, chemin, *m.*; **at a walk**, au pas.
walker ['wɔːkə], *n.* promeneur, marcheur; piéton, *m.*
walkie-talkie ['wɔːki'tɔːki], *n.* (*fam.*) émetteur-récepteur portatif, *m.*
walking ['wɔːkiŋ], *a.* ambulant; de marche.—*n.* la marche; promenade à pied, *f.*
walking-stick ['wɔːkiŋstik], *n.* canne, *f.*
walk-over ['wɔːkouvə], *n.* (*Spt.*) **to have a walk-over**, remporter une victoire facile, gagner sans concurrent.
wall [wɔːl], *n.* muraille, *f.*, mur, *m.*, paroi, *f.*, espalier (*à fruits*), *m.*—*v.t.* entourer de murailles; **to wall up**, murer.
wallet ['wɒlit], *n.* portefeuille, *f.*
wall-eye ['wɔːlai], *n.* œil vairon, *m.*
wallflower ['wɔːlflauə], *n.* giroflée jaune, ravenelle, *f.*
wall-fruit ['wɔːlfruːt], *n.* fruit d'espalier, *m.*
walling ['wɔːliŋ], *n.* muraillement, *m.*; murs, *m.pl.*
wallop ['wɒləp], *v.t.* rosser.
walloping ['wɒləpiŋ], *n.* rossée, volée de coups, roulée, *f.*
wallow ['wɒlou], *v.i.* se vautrer, se rouler.
wall-paper ['wɔːlpeipə], *n.* papier peint, *m.*
walnut ['wɔːlnʌt], *n.* noix, *f.*; noyer (*bois*), *m.*
walnut-tree ['wɔːlnʌtriː], *n.* noyer, *m.*
walrus ['wɔːlrəs], *n.* morse, cheval marin, *m.*
Walter ['wɔːltə]. Gauthier, *m.*
waltz [wɔːl(t)s], *n.* valse, *f.*—*v.i.* valser.
waltzer ['wɔːl(t)sə], *n.* valseur, *m.*
waltzing ['wɔːl(t)siŋ], *n.* valse, *f.*
wan [wɒn], *a.* blême, pâle, pâlot.
wand [wɒnd], *n.* baguette, *f.*
wander ['wɒndə], *v.i.* errer; divaguer (*l'esprit*); délirer.
wanderer ['wɒndərə], *n.* vagabond, *m.*
wandering ['wɒndəriŋ], *a.* errant, vagabond; nomade (*tribu etc.*); (*fig.*) distrait.—*n.* course errante, divagation, *f.*; délire, *m.*

wanderlust ['wɔndəlʌst], *n.* manie des voyages, *f.*

wane [wein], *n.* déclin, *m.*; (*fig.*) décadence, *f.* —*v.i.* décroître (*lune*); (*fig.*) décliner.

wanly ['wɔnli], *adv.* avec pâleur.

wanness ['wɔnnis], *n.* pâleur, *f.*

want [wɔnt], *n.* besoin; manque, défaut (*absence*), *m.*; indigence, misère (*pauvreté*), *f.*; *for want of*, faute de.—*v.t.* avoir besoin de; manquer de; vouloir, désirer (*avoir envie de*); demander (*réclamer*).—*v.i.* manquer (*de*).

wanting ['wɔntiŋ], *a.* qui manque, manquant.

wanton ['wɔntən], *a.* folâtre (*capricieux*); licencieux, libertin (*impudique*); gratuit (*sans cause*).—*n.* débauchée, *f.*—*v.i.* folâtrer.

wantonly ['wɔntənli], *adv.* en folâtrant; gratuitement.

wantonness ['wɔntənnis], *n.* légèreté, *f.*; libertinage, *m.*

war [wɔː], *n.* guerre, *f.*—*v.i.* faire la guerre (*à*), lutter (*contre*).

warble ['wɔːbl], *v.t., v.i.* gazouiller; (*fig.*) chanter.

warbler ['wɔːblə], *n.* oiseau chanteur, *m.*; fauvette (*oiseau*), *f.*

warbling ['wɔːbliŋ], *a.* mélodieux.—*n.* gazouillement, *m.*

ward [wɔːd], *n.* pupille, *m., f.*; tutelle (*protection*); garde (*de serrure*); salle (*d'hôpital*), *f.*; arrondissement (*de ville*), *m.*—*v.i. to ward off*, parer, détourner.

warden [wɔːdn], *n.* gardien; gouverneur, recteur (*d'université*); directeur (*de collège*), conservateur (*de jardin public*), *m.*

warder ['wɔːdə], *n.* gardien de prison, *m.*

wardress ['wɔːdris], *n.* gardienne de prison, *f.*

wardrobe ['wɔːdroub], *n.* garde-robe; armoire (*meuble*), *f.*

ward-room ['wɔːdruːm], *n.* (*Naut.*) carré des officiers, *m.*

ware [wɛə], *n.* (*collect.*) articles fabriqués, *m.pl.*; (*pl.*) marchandises, *f.pl.*

warehouse ['wɛəhaus], *n.* magasin; entrepôt, *m.*—*v.t.* emmagasiner.

warehousing ['wɛəhauziŋ], *n.* emmagasinage, *m.*

warfare ['wɔːfɛə], *n.* la guerre, *f.*; les opérations, *f.pl.*

warily ['wɛərili], *adv.* prudemment, avec circonspection.

wariness ['wɛərinis], *n.* prudence, circonspection, *f.*

warlike ['wɔːlaik], *a.* guerrier, martial, belliqueux.

warlock ['wɔːlɔk], *n.* sorcier, *m.*

warm [wɔːm], *a.* chaud; (*fig.*) zélé, ardent; chaleureux (*accueil*).—*v.t.* chauffer; réchauffer (*ce qui s'était refroidi*); (*fig.*) échauffer.—*v.i.* chauffer, se chauffer, (*fig.*) s'animer.

warming ['wɔːmiŋ], *n.* chauffage, *m.*

warming-pan ['wɔːmiŋpæn], *n.* bassinoire, *f.*

warmly ['wɔːmli], *adv.* chaudement; (*fig.*) vivement.

war-monger ['wɔːmʌŋgə], *n.* belliciste, *m., f.*

warmth [wɔːmθ], *n.* chaleur; (*fig.*) ardeur, *f.*

war-office ['wɔːrɔfis], *n.* ministère de la guerre, *m.*

warn [wɔːn], *v.t.* avertir, prévenir (*de*); *to warn against*, mettre en garde contre.

warning ['wɔːniŋ], *n.* avertissement, avis, *m.*

warp [wɔːp], *n.* chaîne (*tissage*), *f.*—*v.t.* ourdir (*tissage*); faire déjeter (*bois*); (*Naut.*) touer; (*fig.*) fausser, pervertir.—*v.i.* se déjeter, se déformer; gauchir; (*fig.*) dévier (*de*).

warping ['wɔːpiŋ], *n.* ourdissage (*tissage*); déjettement, gauchissement (*de bois*), *m.*

warrant ['wɔrənt], *n.* autorisation, garantie, *f.*; ordre, mandat; mandat d'amener, *m.*; (*fig.*) justification, *f.*—*v.t.* garantir, autoriser.

warrant-officer ['wɔrəntɔfisə], *n.* (*Mil.*) adjudant; (*Naut.*) premier maître, *m.*

warrantor ['wɔrəntə], *n.* (*Law*) garant, *m.*

warranty ['wɔrənti], *n.* garantie, *f.*

warren ['wɔrən], *n.* garenne, *f.*

warrior ['wɔriə], *n.* guerrier, soldat, *m.*

Warsaw ['wɔːsɔː]. Varsovie, *f.*

wart [wɔːt], *n.* verrue, *f.*, poireau, *m.*

warted ['wɔːtid], **warty** ['wɔːti], *a.* couvert de verrues; (*Bot.*) verruqueux.

wary ['wɛəri], *a.* avisé, prudent; défiant.

wash [wɔʃ], *n.* blanchissage, *m.*, lessive (*de linge*), *f.*; (*Paint.*) lavis; sillage (*de navire*), *m.*—*v.t.* blanchir (*linge*); (*fig.*) mouiller, laver.—*v.i.* se laver; faire la lessive (*blanchisseuse etc.*); *to wash up*, faire la vaisselle.

washable ['wɔʃəbl], *a.* lavable.

washer ['wɔʃə], *n.* laveur, *m.*; machine à laver; (*Tech.*) rondelle, *f.*

washer-woman ['wɔʃəwumən], *n.* (*pl.* -women* [wimin]) blanchisseuse, *f.*

wash-hand basin ['wɔʃhændbeisn], *n.* cuvette, *f.*

wash-house ['wɔʃhaus], *n.* lavoir, *m.*, buanderie, *f.*

washing ['wɔʃiŋ], *n.* lavage; blanchissage (*du linge*), *m.*

washing-machine ['wɔʃiŋməʃiːn], *n.* machine à laver, *f.*

wash-leather ['wɔʃleðə], *n.* peau de chamois, *f.*

wash-stand ['wɔʃstænd], *n.* toilette, *f.*; lavabo (*petit*), *m.*

wash-tub ['wɔʃtʌb], *n.* baquet, *m.*

washy ['wɔʃi], *a.* humide, mouillé; (*fig.*) fade.

wasp [wɔsp], *n.* guêpe, *f.*; *wasps' nest*, guêpier, *m.*

waspish ['wɔspiʃ], *a.* irascible, irritable.

waspishness ['wɔspiʃnis], *n.* humeur irascible, *f.*

wastage ['weistidʒ], *n.* gaspillage, *m.*

waste [weist], *a.* de rebut; sans valeur; perdu (*inemployé*); inculte (*terre*).—*n.* perte (*mauvais emploi*), *f.*; déchet (*à nettoyer*); gaspillage; rebut, *m.*; terre inculte, *f.*—*v.t.* gaspiller; perdre (*employer mal*); gâcher (*faire sans soin*); ravager, dévaster (*piller*).—*v.i.* s'user, s'épuiser; *to waste away*, dépérir, maigrir.

waste-book ['weistbuk], *n.* brouillard, *m.*

wasteful ['weistful], *a.* dissipateur, prodigue.

wastefulness ['weistfulnis], *n.* prodigalité, perte, *f.*, gaspillage, *m.*

waste-paper ['weist'peipə], *n.* papier de rebut, *m.*

waste-paper basket ['weistpeipə'bɑːskit], *n.* corbeille à papier, *f.*

waste-pipe ['weistpaip], *n.* tuyau de dégagement; écoulement, *m.*

waster ['weistə], **wastrel** ['weistril] *n.* prodigue, *m., f.*, gaspilleur, *m.*

wasting ['weistiŋ], *a.* qui épuise.—*n.* dépérissement, *m.*, consumption (*du corps*), *f.*

watch [wɔtʃ], *n.* montre; veille (*nocturne*); vigilance (*attention*); garde, *f.*; (*Naut.*) quart, *m.*—*v.t.* veiller sur, surveiller, regarder, épier.—*v.i.* veiller (*ne pas dormir*); prendre, garde (*faire attention*); monter la garde; (*Naut.*) faire le quart.

watch-dog ['wɔtʃdɔg], *n.* chien de garde, *m.*

watcher ['wɔtʃə], *n.* surveillant, veilleur, *m.*

watch-fire ['wɔtʃfaiə], *n.* feu de bivouac, *m.*

watchful ['wɔtʃful], *a.* vigilant, attentif.

watchfulness ['wɔtʃfulnis], *n.* vigilance, *f.*

watching ['wɔtʃiŋ], *n.* surveillance, *f.*

watch-maker ['wɔtʃmeikə], *n.* horloger, *m.*

watch-making ['wɔtʃmeikiŋ], *n.* horlogerie, *f.*

watchman ['wɔtʃmən], *n.* (*pl.* **-men** [men]) gardien; veilleur de nuit, *m.*

watch-tower ['wɔtʃtauə], *n.* tour de guet, *f.*

watchword ['wɔtʃwə:d], *n.* mot d'ordre, *m.*

water ['wɔ:tə], *a.* d'eau, à eau; aquatique. —*n.* eau; marée (*flux*), *f.*, (*fig.*) ordre, rang, *m.*; *drinking water*, eau potable; *fresh water*, eau douce (*pas salée*).—*v.t.* arroser; donner à boire à, abreuver (*animal*); mettre de l'eau dans, couper (*diluer*); moirer (*étoffe*).

water-bottle ['wɔ:təbɔtl], *n.* carafe, *f.*; (*Mil. etc.*) bidon, *m.*; bouillotte (*pour chauffer le lit*), *f.*

water-carrier ['wɔ:təkæriə], *n.* porteur d'eau; broc (*à eau*), *m.*

water-cart ['wɔ:təka:t], *n.* voiture d'arrosage, *f.*

water-closet ['wɔ:təklɔzit], *n.* toilettes, *f.pl.*, cabinet d'aisances, *m.*

water-colour ['wɔ:təkʌlə], *n.* aquarelle, *f.*

watercress ['wɔ:təkres], *n.* cresson, cresson de fontaine, *m.*

water-cure ['wɔ:təkjuə], *n.* hydrothérapie, *f.*

watered ['wɔ:təd], *a.* arrosé; moiré (*étoffe*).

waterfall ['wɔ:təfɔ:l], *n.* cascade; chute d'eau, *f.*

water-fowl ['wɔ:təfaul], *n.* oiseau aquatique, *m.*

waterfront ['wɔ:təfrʌnt], *n.* les quais, *m.pl.*, port, *m.*

water-hen ['wɔ:təhen], *n.* poule d'eau, *f.*

wateriness ['wɔ:tərinis], *n.* aquosité, *f.*

watering ['wɔ:təriŋ], *n.* arrosage (*plantes*), *m.*; irrigation (*terre*), *f.*; abreuvage (*animaux*); moirage (*étoffe*), *m.*

watering-can ['wɔ:təriŋkæn], *n.* arrosoir, *m.*

watering-place ['wɔ:təriŋpleis], *n.* ville d'eaux, station thermale, *f.*; abreuvoir (*pour animaux*), *m.*

water-jug ['wɔ:tədʒʌg], *n.* pot à eau, *m.*

water-level ['wɔ:təlevl], *n.* niveau d'eau, *m.*

water-lily ['wɔ:təlili], *n.* nénuphar, *m.*

water-line ['wɔ:təlain], *n.* ligne de flottaison, *f.*

water-logged ['wɔ:tələgd], *a.* envahi par les eaux.

watermark ['wɔ:təma:k], *n.* étiage (*de rivière*); filigrane (*sur papier*), *m.*

water-melon ['wɔ:təmelən], *n.* melon d'eau, *m.*, pastèque, *f.*

water-mill ['wɔ:təmil], *n.* moulin à eau, *m.*

water-pipe ['wɔ:təpaip], *n.* tuyau d'eau, *m.*

water-plant ['wɔ:təpla:nt], *n.* plante aquatique, *f.*

water-polo ['wɔ:təpoulou], *n.* polo nautique, *m.*

water-power ['wɔ:təpauə], *n.* force hydraulique, *f.*

water-pressure ['wɔ:təpreʃə], *n.* pression d'eau, *f.*

waterproof ['wɔ:təpru:f], *a.* and *n.* imperméable, *m.*—*v.t.* rendre imperméable, cirer (*un tissu*).

water-rat ['wɔ:təræt], *n.* rat d'eau, *m.*

water-rate ['wɔ:təreit], *n.* taux d'abonnement aux eaux de la ville, *m.*

watershed ['wɔ:təʃed], *n.* versant, *m.*

waterspout ['wɔ:təspaut], *n.* trombe, *f.*; tuyau de descente, *m.*

water-tank ['wɔ:tətæŋk], *n.* réservoir à eau, *m.*, citerne, *f.*

water-tight ['wɔ:tətait], *a.* étanche.

water-works ['wɔ:təwə:ks], *n.pl.* établissement pour la distribution des eaux, *m.*, machine hydraulique, *f.*

watery ['wɔ:təri], *a.* aqueux; mouillé, plein d'eau; (*poet.*) humide.

watt [wɔt], *n.* (*Elec.*) watt, *m.*

wattage ['wɔtidʒ], *n.* (*Elec.*) wattage, *m.*

wattle [wɔtl], *n.* claie (*d'osier etc.*), *f.*—*v.t.* clayonner.

wave [weiv], *n.* vague, *f.*, flot, *m.*, lame, ondulation; (*poet.*) onde, *f.*; signe (*de la main*), *m.*; *permanent wave*, permanente, indéfrisable, *f.*; *long waves*, (*Rad.*) grandes ondes, *f.*; *short waves*, petites ondes, ondes courtes, *f.pl.*—*v.t.* agiter, faire signe de (*la main*); onduler (*cheveux*).—*v.i.* ondoyer, onduler, flotter; faire signe (*à*).

waved [weivd], *a.* ondulé.

wave-length ['weivleŋθ], *n.* longueur d'onde, *f.*

waver ['weivə], *v.i.* hésiter, vaciller, balancer.

waverer ['weivərə], *n.* personne indécise, *f.*, esprit vacillant, *m.*

wavering ['weivəriŋ], *a.* indécis, vacillant, irrésolu.—*n.* hésitation, indécision, *f.*

waving ['weiviŋ], *n.* ondoiement, *m.*, ondulation (*blé etc.*), *f.*; geste (*de la main*), *m.*

wavy ['weivi], *a.* ondoyant, onduleux.

wax [wæks], *n.* cire; poix (*de cordonnier*); (*colloq.*) colère, *f.*—*v.t.* cirer, enduire de cire. —*v.i.* croître (*lune*), s'accroître; devenir.

wax-candle ['wæks'kændl], *n.* bougie, *f.*

waxen [wæksn], *a.* de cire; cireux.

wax-taper ['wæks'teipə], *n.* rat de cave; (*Eccles.*) cierge, *m.*

waxwing ['wækswiŋ], *n.* (*Orn.*) jaseur, *m.*

waxwork ['wækswə:k], *n.* ouvrage de cire, *m.*; (*pl.*) figures de cire, *f.*, *pl.*

waxy ['wæksi], *a.* cireux; (*colloq.*) en colère.

way [wei], *n.* chemin, *m.*, route, voie, *f.*; passage; côté, sens, *m.*, direction; manière, façon, mode, *f.*; moyen, *m.*, méthode, *f.*; état (*condition*), *m.*; *a long way off*, loin, très loin; *by a long way* (*by far*), de beaucoup; *by the way*, à propos.

way-bill ['weibil], *n.* feuille de route, *f.*

wayfarer ['weifeərə], *n.* voyageur, *m.*

wayfaring ['weifeəriŋ], *a.* qui voyage.

waylay [wei'lei], *v.t.* guetter, guetter au passage.

wayside ['weisaid], *a.* au bord de la route.—*n.* bord de la route, *m.*

wayward ['weiwəd], *a.* capricieux, entêté.

well

waywardness ['weiwədnis], *n.* humeur capricieuse, *f.*
we [wi:], *pron.* nous; (*indef.*) on; *we Frenchmen*, nous autres Français.
weak [wi:k], *a.* faible, infirme, débile.
weaken [wi:kn], *v.t.* affaiblir; atténuer.—*v.i.* s'affaiblir.
weakening ['wi:kniŋ], *n.* affaiblissement, *m.*
weakling ['wi:kliŋ], *n.* être faible, faiblard, *m.*
weakly ['wi:kli], *a.* faible; infirme, débile.— *adv.* faiblement, sans force.
weak-minded ['wi:k'maindid], *a.* d'esprit faible.
weakness ['wi:knis], *n.* faiblesse; débilité, *f.*; (*fig.*) faible, *m.*
weak-spirited ['wi:k'spiritid], *a.* mou, sans courage.
weal [wi:l], *n.* bien, bien-être, bonheur, *m.*; marque (*sur la peau*), *f.*
wealth [welθ], *n.* richesse, *f.*, richesses, *f.pl.*; profusion, *f.*
wealthy ['welθi], *a.* riche, opulent.
wean [wi:n], *v.t.* sevrer; (*fig.*) détacher.
weaning ['wi:niŋ], *n.* sevrage, *m.*
weanling ['wi:nliŋ], *n.* enfant *ou* animal en sevrage, *m.*
weapon [wepn], *n.* arme, *f.*
wear [wɛə], *v.t.* irr. porter (*habits*); mettre (*enfiler*); *to wear out*, user, (*fig.*) épuiser, lasser.—*v.i.* s'user (*s'élimer*); se porter (*habits*); (*fig.*) se conserver.—*n.* usage (*port*), *m.*; usure (*élimage*), *f.*
wearable ['wɛərəbl], *a.* mettable.
wearied ['wiərid], *a.* fatigué, las; (*fig.*) ennuyé.
wearily ['wiərili], *adv.* péniblement, d'un air las.
weariness ['wiərinis], *n.* fatigue, lassitude, *f.*; (*fig.*) ennui, *m.*
wearisome ['wiərisəm], *a.* ennuyeux; lassant.
wearisomeness ['wiərisəmnis], *n.* nature ennuyeuse, *f.*
weary ['wiəri], *a.* fatigué, las, ennuyé; ennuyeux (*chose*).—*v.t.* lasser, fatiguer; ennuyer.
weasel [wi:zl], *n.* belette, *f.*
weather ['weðə], *a.* du côté du vent.—*n.* temps, *m.*; (*fig.*) tempête, *f.*—*v.t.* résister à (*tempête etc.*); (*fig.*) tenir tête à.
weather-beaten ['weðəbi:tn], *a.* battu par la tempête, fatigué, hâlé.
weathercock ['weðəkok], *n.* girouette, *f.*
weather-glass ['weðəglɑ:s], *n.* baromètre, *m.*
weather-proof ['weðəpru:f], *a.* à l'épreuve du (mauvais) temps, imperméable.
weather-report ['weðəripɔ:t], *n.* bulletin météorologique, *m.*
weather-ship ['weðəʃip], *n.* navire météorologique, *m.*
weave [wi:v], *n.* (*Tex.*) tissage, *m.*—*v.t.*, *v.i.* irr. tisser; tresser (*entrelacer*).
weaver ['wi:və], *n.* tisserand, *m.*
weaving ['wi:viŋ], *n.* tissage, *m.*
web [web], *n.* tissu, *m.*; sangle (*pour selle*); toile (*d'araignée*), *f.*
webbed [webd], **webby** ['webi], *a.* palmé.
webbing ['webiŋ], *n.* sangles (*de chaise, lit etc.*), *f.pl.*
web-footed ['webfutid], *a.* palmipède.
wed [wed], *v.t.* épouser, se marier avec.—*v.i.* se marier.
wedded ['wedid], *a.* marié (à); conjugal.

wedding ['wediŋ], *a.* de noces, de mariage.— *n.* noce, *f.*, noces, *f.pl.*; mariage, *m.*
wedding-ring ['wediŋriŋ], *n.* alliance, *f.*
wedge [wedʒ], *n.* coin, *m.*; cale (*pour tenir immobile*), *f.*—*v.t.* serrer; caler; coincer.
wedge-shaped ['wedʒʃeipt], *a.* en forme de coin, cunéiforme.
wedlock ['wedlok], *n.* mariage, *m.*
Wednesday ['wenzd(e)i], mercredi, *m.*; *Ash Wednesday*, mercredi des Cendres.
weed [wi:d], *n.* mauvaise herbe, *f.*; *widow's weeds*, vêtements de deuil, *m.pl.*—*v.t.* sarcler; (*fig.*) nettoyer; *to weed out*, extirper.
weeder ['wi:də], *n.* sarcleur (*personne*); sarcloir (*outil*), *m.*
weeding ['wi:diŋ], *n.* sarclage, *m.*
weed-killer ['wi:dkilə], *n.* herbicide, *m.*
weedy ['wi:di], *a.* plein de mauvaises herbes; (*fig.*) chétif.
week [wi:k], *n.* semaine, *f.*; *this day week*, d'aujourd'hui en huit (*avenir*); il y a huit jours (*passé*).
weekday ['wi:kdei], *n.* jour ouvrable, jour de semaine, *m.*
week-end ['wi:k'end], *n.* fin de la semaine, *f.*, week-end, *m.*
weekly ['wi:kli], *a.* de la semaine; hebdomadaire (*revue*).—*n.* hebdomadaire, *m.*—*adv.* par semaine, tous les huit jours.
weep [wi:p], *v.t.*, *v.i.* irr. pleurer; *to weep bitterly*, pleurer à chaudes larmes.
weeping ['wi:piŋ], *a.* qui pleure, éploré; (*Bot.*) pleureur; *weeping-willow*, saule pleureur, *m.*—*n.* pleurs, *m.pl.*, larmes, *f.pl.*
weever ['wi:və], *n.* (*Ichth.*) vive, *f.*
weevil ['wi:vl], *n.* charançon, *m.*
weft [weft], *n.* trame, *f.*
weigh [wei], *v.t.* peser; (*fig.*) juger; (*Naut.*) lever (*l'ancre*).—*v.i.* peser.
weigh-bridge ['weibridʒ], *n.* pont à bascule, *m.*
weighing ['weiiŋ], *n.* pesage, *m.*; *weighing-machine*, bascule, *f.*
weight [weit], *n.* poids, *m.*; *atomic weight*, masse atomique, *f.*
weighted ['weitid], *a.* chargé (*de*).
weightily ['weitili], *adv.* pesamment.
weightless ['weitlis], *a.* sans poids.
weightlessness ['weitlisnis], *n.* apesanteur, *f.*
weighty ['weiti], *a.* pesant, lourd; (*fig.*) important.
weir [wiə], *n.* barrage, déversoir, *m.*
weird [wiəd], *a.* fantastique, étrange.
weirdness ['wiədnis], *n.* étrangeté, magie, *f.*
welcome ['welkəm], *a.* bienvenu, agréable (*chose*); libre (à profiter de quelque chose).— *n.* bienvenue, *f.*, accueil, *m.*; *to bid (someone) welcome*, souhaiter la bienvenue à (quelqu'un).—*int.* soyez le bienvenu.—*v.t.* souhaiter la bienvenue à, bien accueillir.
weld [weld], *v.t.* souder; (*fig.*) unir.—*n.* soudure, *f.*
welder ['weldə], *n.* soudeur, *m.*
welding ['weldiŋ], *n.* soudure, *f.*
welfare ['welfɛə], *n.* bien-être, bien, *m.*; *Welfare State*, état providence, *m.*
well (1) [wel], *n.* puits, *m.*; (*fig.*) source, *f.*; *ink-well*, encrier, *m.*—*v.i.* jaillir (*de*).
well (2) [wel], *a.* bien, en bonne santé; bon, heureux (*fortuné*); utile, profitable; *to get well*, se rétablir; *well off*, aisé (*riche*).

T—E.F.D.— x   627

well-being

adv. bien; très; fort; comme il faut; *well!*
eh bien! *well done !* très bien! bravo! *well,
I never !* pas possible!
well-being ['wel'bi:iŋ], *n.* bien-être, *m.*
well-informed ['welin'fɔ:md], *a.* instruit;
bien renseigné.
wellingtons ['weliŋtənz], *n.pl.* demi-bottes,
f.pl.
well-known ['welnoun], *a.* bien connu,
célèbre.
well-meaning ['wel'mi:niŋ], *a.* bien intentionné.
well-meant ['wel'ment], *a.* fait à bonne
intention.
well-nigh ['welnai], *adv.* presque.
well-timed ['wel'taimd], *a.* à propos, fait à
propos.
well-to-do ['weltə'du:], *a.* très aisé, cossu.
well-wisher ['welwiʃə], *n.* ami, partisan, *m.*
Welsh [welʃ], *a.* gallois, du pays de Galles.—
n. gallois (*langue*), *m.*; **the Welsh**, les
Gallois, *m.pl.*
Welshman ['welʃmən], *n.* (*pl.* **-men** [men])
Gallois, *m.*
welt [welt], *n.* bordure (*de gant*); trépointe (*de
semelle*), *f.*
welter ['weltə], *n.* confusion, *f.*—*v.i.* se
vautrer, se rouler.
wen [wen], *n.* loupe, *f.*; goitre, *m.*
wench [wentʃ], *n.* donzelle; (*pej.*) souillon, *f.*
wend [wend], *v.t., v.i.* aller; *to wend one's
way*, se diriger (*vers*).
wer(e)wolf ['wə:wulf], *n.* loup-garou, *m.*
west [west], *a.* de l'ouest, occidental.—*n.*
ouest, occident, couchant, *m.*—*adv.* à
l'ouest.
westerly ['westəli], *a.* d'ouest.—*adv.* vers
l'ouest.
western ['westən], *a.* de l'ouest, occidental,
ouest, d'occident; à l'ouest (*vue*).—*n.*
(*Cine.*) western, *m.*
westward ['westwəd], *adv.* à l'ouest.
wet [wet], *a.* mouillé, humide; pluvieux
(*temps*); *it is wet*, il pleut; *to get wet*, se
mouiller; *wet through*, mouillé jus-
qu'aux os, trempé.—*n.* humidité; pluie, *f.*
—*v.t. irr.* mouiller, humecter; arroser.
wetness ['wetnis], *n.* humidité, *f.*; état
pluvieux, *m.*
wetting ['wetiŋ], *n.* trempage, *m.*
whack [hwæk], *n.* (*fam.*) grand coup, *m.*; (*fam.*)
part, *f.*—*v.t.* frapper, battre.
whale [hweil], *n.* baleine, *f.*
whalebone ['hweilboun], *n.* baleine, *f.*
whale-oil ['hweiloil], *n.* huile de baleine, *f.*
whaler ['hweilə], *n.* baleinier, *m.*
wharf [hwɔ:f], *n.* (*pl.* **wharfs** [hwɔ:fs],
wharves [hwɔ:vz]) quai, embarcadère,
débarcadère; entrepôt (*pour marchandises*),
m.
what [hwɔt], *a.* quel, *m.*, quelle, *f.*, quels,
m.pl., quelles, *f.pl.*—*pron.rel.* ce qui, ce
que; qui, que; quoi.—*inter. pron.* qu'est-ce
qui ? que ? qu'est-ce que ? quoi ? *what!*
comment!
whatever [hwɔt'evə], **whatsoever** [hwɔtsou
'evə], *pron.* and *a.* quoi que ce soit; quelque
... que; tout ce qui, tout ce que (*all that*).
whatnot ['hwɔtnɔt], *n.* étagère, *f.*
whatsoever [WHATEVER].
wheat [hwi:t], *n.* blé, froment, *m.*
wheaten [hwi:tn], *a.* de froment.

wheedle [hwi:dl], *v.t.* cajoler, câliner.
wheedling ['hwi:dliŋ], *a.* cajoleur, câlin.—*n.*
cajolerie, câlinerie, *f.*
wheel [hwi:l], *n.* roue, *f.*; volant (*pour conduire*); rouet (*pour filer*), *m.*; révolution, *f.*,
tour, cercle (*rotation*); soleil (*feu d'artifice*),
m.; *driving wheel*, roue motrice, *f.*; *flywheel*, volant, *m.*—*v.t.* rouler, faire
tourner; brouetter; voiturer.—*v.i.* rouler
(*sur des roues*); tourner, se tourner (*en
cercle*); tournoyer (*pirouetter*); (*Mil.*) faire
une conversion; *to wheel round*, faire
volte-face.
wheel-barrow ['hwi:lbærou], *n.* brouette, *f.*
wheel-chair ['hwi:ltʃeə], *n.* voiture de
malade, *f.*, fauteuil roulant, *m.*
wheeled [hwi:ld], *a.* à roues.
wheeling ['hwi:liŋ], *n.* (*Mil.*) conversion, *f.*;
tournoiement (*d'oiseau*), *m.*
wheelwright ['hwi:lrait], *n.* charron, *m.*
wheeze [hwi:z], *v.i.* siffler en respirant.
wheezing ['hwi:ziŋ], *n.* sifflement, *m.*
wheezy ['hwi:zi], *a.* poussif, asthmatique.
whelk [hwelk], *n.* buccin, *m.*
whelp [hwelp], *n.* petit (d'un fauve). *m.*—*v.i.*
mettre bas.
when [hwen], *conj.* quand, lorsque; que, où;
the day when I saw him, le jour où je
l'ai vu.—*inter. adv.* quand est-ce que?
quand ?
whence [hwens], *adv.* d'où.
whenever [hwen'evə], **whensoever** [hwen
sou'evə], *adv.* toutes les fois que, quand, à
n'importe quel moment que.
where [hweə], *adv.* où; là où.
whereabouts ['hweərəbauts], *adv.* où à peu
près.—*n. to know someone's whereabouts*, savoir où est quelqu'un.
whereas [hweər'æz], *adv.* au lieu que, tandis
que; (*Law*) vu que.
whereat [hweər'æt], *adv.* à quoi, de quoi; sur
quoi.
whereby [hweə'bai], *adv.* par lequel, par où.
wherefore ['hweəfɔ:], *adv.* pourquoi, c'est
pourquoi.
wherein [hweər'in], *adv.* en quoi, dans
lequel, où.
whereof [hweər'ɔv], *adv.* dont, de quoi,
duquel.
whereon [hweər'ɔn], **whereupon** ['hweərə
'pɔn], *adv.* sur quoi, sur lequel; là-dessus.
wheresoever [hweəsou'evə], [WHEREVER].
wherever [hweər'evə], *adv.* partout où,
n'importe où.
wherewith [hweə'wið], *adv.* avec quoi; de
quoi.
wherewithal [hweəwið'ɔ:l], *n. to find the
wherewithal to . . .*, trouver les moyens
de . . . *ou* l'argent pour . . . .
wherry ['hweri], *n.* bachot, *m.*
whet [hwet], *v.t.* aiguiser, affiler; (*fig.*) stimuler.—*n.* aiguisement, repassage; (*fig.*) stimulant, *m.*
whether ['hweðə], *conj.* soit que; si, que;
whether . . . or, soit . . . soit, si . . . ou,
que . . . ou.
whetstone ['hwetstoun], *n.* pierre à aiguiser, *f.*
whey [hwei], *n.* petit lait, *m.*
which [hwitʃ], *a.* quel, *m.*, quelle, *f.*, quels,
m.pl., quelles, *f.pl.*; lequel, *m.*, laquelle, *f.*,
lesquels, *m.pl.*, lesquelles, *f.pl.*—*rel. pron.*

qui, que, lequel, *m.*, laquelle, *f.*, lesquels, *m.pl.*, lesquelles, *f.pl.*; ce qui, ce que (*that which*), *m.*

whichever [hwitʃ'evə], *pron.* lequel, *m.*, laquelle, *f.*, lesquels, *m.pl.*, lesquelles, *f.pl.*; quelque . . . que; *whichever you buy*, n'importe lequel que vous achetiez.

whiff [hwif], *n.* bouffée, haleine, *f.*—*v.t.* lancer en bouffées.

while [hwail], *n.* temps, *m.*; *a little while ago*, il y a peu de temps; *it is not worth while*, cela n'en vaut pas la peine.—*v.t.* passer, faire passer; *to while away the time*, tuer le temps.—(*also* **whilst** [hwailst]), *conj.* pendant que (*au cours de*); tandis que (*par contraste*); tant que (*tout le temps que*); en, tout en (*suivi d'un participe présent*).

whilst [WHILE].

whim [hwim], *n.* caprice, *m.*

whimper ['hwimpə], *v.i.* pleurnicher.

whimpering ['hwimpəriŋ], *a.* pleurnicheur, geignard.—*n.* pleurnichement, *m.*

whimsical ['hwimzikl], *a.* fantasque; capricieux.

whimsically ['hwimzikli], *adv.* capricieusement, fantasquement.

whin [hwin], *n.* ajonc, genêt épineux, *m.*

whine [hwain], *v.i.* se plaindre, geindre, pleurnicher.—*n.* pleurnichement, *m.*

whining ['hwainiŋ], *a.* plaintif, dolent.—*n.* gémissement, geignement, *m.*; (*fig.*) plaintes, *f.pl.*

whinny ['hwini], *v.i.* hennir.—*n.* hennissement, *m.*

whip [hwip], *n.* fouet, *m.*; cravache (*de cavalier*), *f.*; (*Parl.*) secrétaire d'un parti, appel fait aux membres d'un parti, *m.*—*v.t.* fouetter; (*fig.*) battre.

whip-cord ['hwipkɔ:d], *n.* fouet; (*Tex.*) fil à fouet, *m.*

whip-hand ['hwiphænd], *n.* dessus, avantage, *m.*

whip-lash ['hwiplæʃ], *n.* mèche (de fouet), *f.*

whipper-in ['hwipər'in], *n.* piqueur, *m.*

whipper-snapper ['hwipəsnæpə], *n.* petit bout d'homme, *m.*

whippet ['hwipit], *n.* lévrier (de course), *m.*

whipping ['hwipiŋ], *n.* coups de fouet, *m.pl.*

whipping-top ['hwipiŋtɔp], *n.* sabot, *m.*

whir(r) [hwə:], *v.i.* tourner avec bruit; vrombir.—(*also* **whirring** ['hwə:riŋ]), *n.* bruissement, ronronnement, *m.*

whirl [hwə:l], *v.t.* faire tourner, faire tournoyer.—*v.i.* tournoyer, tourbillonner; pirouetter.—*n.* tournoiement; tourbillon (*de poussière etc.*), *m.*

whirligig ['hwə:ligig], *n.* tourniquet, *m.*; pirouette, *f.*

whirlpool ['hwə:lpu:l], *n.* tourbillon (d'eau), *m.*

whirlwind ['hwə:lwind], *n.* tourbillon, cyclone, *m.*

whirring [WHIR(R)].

whisk [hwisk], *n.* vergette, époussette, verge (à œufs etc.), *f.*—*v.t.* épousseter; fouetter (*crème*); battre (*œufs*).—*v.i.* passer rapidement.

whiskered ['hwiskəd], *a.* à favoris (à moustaches (*animal*).

whiskers ['hwiskəz], *n.* favoris, *m.pl.*; moustache (*de chat etc.*), *f.*

whisky, whiskey ['hwiski], *n.* whisky, *m.*

whisper ['hwispə], *n.* chuchotement, *m.*—*v.t.* chuchoter, dire à l'oreille.—*v.i.* chuchoter, parler tout bas.

whispering ['hwispəriŋ], *n.* chuchotement, *m.*

whist [hwist], *n.* whist, *m.*

whistle [hwisl], *n.* sifflet; coup de sifflet; sifflement (*du vent*); (*colloq.*) gosier, bec (*gorge*), *m.*—*v.t., v.i.* siffler.

whistler ['hwislə], *n.* siffleur, *m.*

whistling ['hwisliŋ], *a.* sifflant.—*n.* sifflement, coup de sifflet, *m.*

whit [hwit], *n.* iota, point, atome, brin, *m.*

white [hwait], *a.* blanc; (*fig.*) sans tache, pur. —*n.* blanc; aubier (*de bois*), *m.*

whitebait ['hwaitbeit], *n.* blanchaille, *f.*

whiten [hwaitn], *v.t.* blanchir; (*Build.*) badigeonner.—*v.i.* blanchir.

whiteness ['hwaitnis], *n.* blancheur; pâleur, *f.*

whitening ['hwaitniŋ], *n.* action de blanchir, *f.*; [WHITING (1)].

whitewash ['hwaitwɔʃ], *n.* blanc de chaux, *m.* —*v.t.* blanchir à la chaux; badigeonner.

whither ['hwiðə], *adv.* où, par où.

whithersoever [hwiðəsou'evə], *adv.* n'importe où.

whiting (1) ['hwaitiŋ], **whitening** ['hwaitniŋ], *n.* blanc d'Espagne, *m.*

whiting (2) ['hwaitiŋ], *n.* (*Ichth.*) merlan, *m.*

whitish ['hwaitiʃ], *a.* blanchâtre.

whitlow ['hwitlou], *n.* panaris, *m.*

Whitsun ['hwitsən], *a.* de la Pentecôte; *Whitsunday*, le dimanche de la Pentecôte.

Whitsuntide ['hwitsəntaid]. Pentecôte, *f.*

whiz(z) [hwiz], *v.t.* siffler.

whizzing ['hwiziŋ], *n.* sifflement, *m.*

who [hu:], *pron.* (*rel.*) qui; lequel; (*inter.*) qui? qui est-ce qui?

whodunit [hu:'dʌnit], *n.* (*colloq.*) roman policier, *m.*

whoever [hu'evə], *pron.* qui, quiconque; qui que ce soit; celui qui.

whole [houl], *a.* tout, entier, tout entier, complet; intégral; bien portant; en grains (*non moulu*).—*n.* tout, ensemble; total, montant, *m.*; somme, totalité, *f.*; *on the whole*, en somme, dans l'ensemble.

whole-hearted [houl'ha:tid], *a.* sincère.

whole-heartedly [houl'ha:tidli], *adv.* sincèrement.

wholesale ['houlseil], *a.* en gros.—*n.* vente en gros, *f.*

wholesome ['houlsəm], *a.* sain, salubre; salutaire; utile.

wholesomeness ['houlsəmnis], *n.* salubrité, nature salutaire, *f.*

wholly ['houlli], *adv.* entièrement, complètement, tout à fait.

whom [hu:m], *pron.* (*rel.*) que, lequel; (*inter.*) qui? qui est-ce que?

whomsoever [hu:msou'evə], *pron.* qui que ce soit que.

whoop [hu:p], *n.* huée, *f.*; cri (*de guerre*), *m.*—*v.t., v.i.* huer, crier.

whooping ['hu:piŋ], *n.* huées, *f.pl.*

whooping-cough ['hu:piŋkɔf], *n.* coqueluche, *f.*

whopper ['hwɔpə], *n.* (*slang*) chose énorme, *f.*; mensonge énorme, *m.*; bourde, *f.*

whose [hu:z], *pron.* (*rel.*) dont, de qui; duquel, *m.*, de laquelle, *f.*, desquels, *m.pl.*, desquelles, *f.pl.*; (*inter.*) à qui?

whosoever

whosoever [hu:sou'evə], *pron.* qui que ce soit qui.
why [hwai], *adv.* pourquoi?—*int.* eh bien, mais! tiens!
wick [wik], *n.* mèche, *f.*
wicked ['wikid], *a.* méchant, malin.
wickedly ['wikidli], *adv.* méchamment.
wickedness ['wikidnis], *n.* méchanceté, perversité, *f.*
wicker ['wikə], *a.* d'osier, en osier.—*n.* osier, *m.*
wicker-work ['wikəwə:k], *n.* clayonnage, *m.*; vannerie, *f.*
wicket ['wikit], *n.* guichet, *m.*
wide [waid], *a.* large, grand, ample, vaste, immense (*d'étendue*); *three feet wide*, large de trois pieds; *to open wide*, ouvrir tout grand.—*adv.* loin, au loin, largement; *far and wide*, partout; *wide apart*, écarté, espacé.
wide-awake ['waidə'weik], *a.* bien éveillé.
widely ['waidli], *adv.* au loin, loin; grandement; largement; *widely known*, bien connu.
widen [waidn], *v.t.* élargir, étendre.—*v.i.* s'élargir, s'étendre.
wideness ['waidnis], *n.* largeur, étendue, *f.*
widening ['waidniŋ], *n.* élargissement, *m.*
wide-spread ['waidspred], *a.* répandu; général, universel.
widow ['widou], *n.* veuve, *f.*
widowed ['widoud], *a.* veuf, veuve; (*fig.*) privé (*de*).
widower ['widouə], *n.* veuf, *m.*
widowhood ['widouhud], *n.* veuvage, *m.*
width [widθ], *n.* largeur, étendue, *f.*
wield [wi:ld], *v.t.* manier, tenir.
wife [waif], *n.* (*pl.* **wives** [waivz]) femme, épouse, *f.*
wifely ['waifli], **wife-like** ['waiflaik], *a.* de femme, d'épouse, conjugal.
wig [wig], *n.* perruque, *f.*
wig-maker ['wigmeikə], *n.* perruquier, *m.*
wigged [wigd], *a.* à perruque, portant perruque.
wigging ['wigiŋ], *n.* (*colloq.*) savon, *m.*, semonce, *f.*
wiggle [wigl], *v.t.* agiter.—*v.i.* se dandiner.
wild [waild], *a.* sauvage; farouche (*non apprivoisé*); effaré, déréglé (*désordonné*); furieux (*de rage*); insensé, extravagant (*fou*); étrange, bizarre (*baroque*); *wild beast*, fauve, *m.*; *wild boar*, sanglier, *m.*; *wild cat*, chat sauvage, *m.*—*n.*(*pl.*) désert, lieu sauvage, *m.*
wilderness ['wildənis], *n.* lieu désert, *m.*
wildfire ['waildfaiə], *n.* feu grégeois, *m.*; *like wildfire*, comme l'éclair.
wildly ['waildli], *adv.* d'une manière farouche, d'un air effaré; étourdiment, follement; à tort et à travers.
wildness ['waildnis], *n.* état sauvage; dérèglement, désordre, *m.*, turbulence, licence, *f.*
wile [wail], *n.* (*usu. pl.*) artifice, *m.*, ruse, *f.*
wilful ['wilful], *a.* opiniâtre; obstiné, volontaire, prémédité.
wilfully ['wilfuli], *adv.* opiniâtrement; à dessein.
wilfulness ['wilfulnis], *n.* obstination, opiniâtreté, *f.*
will [wil], *n.* volonté, *f.*; vouloir; bon plaisir, gré (*inclination*); (*Law*) testament, *m.*—

v.t. vouloir, ordonner; léguer (*par testament*).—*v. aux. irr.*, when used to indicate the future it is not translated; *he will come*, il viendra; when used emphatically it is translated by *vouloir*; *I will not do it*, je ne veux pas le faire.
William ['wiljəm]. Guillaume, *m.*
willing ['wiliŋ], *a.* bien disposé; de bonne volonté; *to be willing*, vouloir bien, être disposé (*à*).
willingly ['wiliŋli], *adv.* volontiers.
willingness ['wiliŋnis], *n.* bonne volonté, *f.*, bon vouloir, *m.*; complaisance, *f.*
will-o'-the-wisp [wilðə'wisp], *n.* feu follet, *m.*
willow ['wilou], *n.* saule, *m.*
willy-nilly ['wili'nili], *adv.* bon gré mal gré.
wily ['waili], *a.* rusé, fin, astucieux.
win [win], *v.t. irr.* gagner (*bataille, argent etc.*); remporter (*prix, victoire etc.*).—*v.i.* gagner; remporter la victoire, triompher.
wince [wins], *v.i.* sourciller, tressaillir (*de douleur*).—*n.* tressaillement, *m.*
winch [wintʃ], *n.* manivelle, *f.*, treuil (*cabestan*), *m.*
wind (1) [wind], *n.* vent; souffle, *m.*, respiration, haleine (*breath*), *f.*; (*Med.*) vents, *m.pl.* flatuosité, *f.*—*v.t.* faire perdre haleine à essouffler (*cheval*).
wind (2) [waind], *v.t. irr.* enrouler (*en peloton*); dévider (*soie etc.*); to *wind up*, remonter (*pendule etc.*); terminer (*négociations*) (*Comm.*) liquider.—*v.i.* tourner; se rouler, s'enrouler, s'enlacer; faire un détour; serpenter (*route, rivière*).
wind-bag ['windbæg], *n.* (*fig.*) moulin à paroles, *m.*
winded ['windid], *a.* hors d'haleine, essoufflé; *long-winded*, de longue haleine.
winder ['waində], *n.* dévidoir (*appareil*); remontoir (*de montre*), *m.*
windfall ['windfɔ:l], *n.* (*fig.*) bonne aubaine, *f.*
wind-gauge ['windgeidʒ], *n.* anémomètre, *m.*
winding ['waindiŋ], *a.* sinueux, tortueux; en spirale (*escalier*).—*n.* sinuosité, *f.*; (*Elec.*) enroulement, *m.*
winding-sheet ['waindiŋʃi:t], *n.* linceul, *m.*
wind-jammer ['winddʒæmə], *n.* (*Naut.*) voilier, *m.*
windlass ['windləs], *n.* treuil; (*Naut.*) guindeau, cabestan, *m.*
windmill ['windmil], *n.* moulin à vent, *m.*
window ['windou], *n.* fenêtre; glace (*de train, voiture etc.*); montre, vitrine, *f.*, étalage (*de magasin*), *m.*; (*pl.*) vitraux (*d'église*), *m.pl.*
window-box ['windoubɔks], *n.* jardinière, *f.*
window-cleaner ['windoukli:nə], *n.* laveur de carreaux, *m.*
window-dresser ['windoudresə], *n.* étalagiste, *m.*, *f.*
window-dressing ['windoudresiŋ], *n.* art de l'étalage; (*fam.*) trompe-l'œil, *m.*
window-frame ['windoufreim], *n.* châssis de fenêtre, *m.*
window-pane ['windoupein], *n.* carreau, *m.*
window-shopping ['windouʃɔpiŋ], *n.* lèche-vitrine, *m.*
window-shutter ['windouʃʌtə], *n.* volet; contrevent, *m.*
window-sill ['windousil], *n.* rebord *ou* appui de fenêtre, *m.*
windpipe ['windpaip], *n.* trachée-artère, *m.*

wobble

windscreen ['windskri:n], n. (Motor.) pare-brise, m.

wind-sock ['windsɔk], n. (Av.) manche à air, f.

wind-tunnel ['windtʌnl], n. (Av.) tunnel aérodynamique, m.

windward ['windwəd], adv. au vent.—n. côté du vent, m.

windy ['windi], a. du vent; venteux; it is windy, il fait du vent.

wine [wain], n. vin, m.—v.t. to wine and dine, fêter.

wine-bibber ['wainbibə], n. buveur, m., ivrogne, m., f.

wine-bin ['wainbin], n. porte-bouteilles, m.

wine-cellar ['wainselə], n. cave, f.

wineglass ['wainglɑ:s], n. verre à vin, m.

wine-growing ['waingrouiŋ], a. viticole.—n. viticulture, f.

wine-merchant ['wainmə:tʃənt], n. négociant en vins, m.

wine-press ['wainpres], n. pressoir, m.

wine-tasting ['wainteistiŋ], n. dégustation de vins, f.

wine-waiter ['wainweitə], n. sommelier, m.

wing [wiŋ], n. aile; (Av.) escadre; (Theat.) (pl.) coulisse, f.; on the wing, au vol.—v.t. blesser à l'aile.

winged [wiŋd], a. ailé; (fig.) rapide; blessé à l'aile.

winger ['wiŋə], n. (Ftb.) ailier, m.

wing-span ['wiŋspæn], n. envergure, f.

wink [wiŋk], n. clin d'œil, m., œillade, f.—v.i. cligner de l'œil; clignoter (lumière).

winking ['wiŋkiŋ], a. clignotant.—n. clignotement; clignement d'œil, m.

winkle [wiŋkl], n. (Ichth.) bigorneau, m.

winner ['winə], n. gagnant; vainqueur (d'une course etc.), m.

winning ['winiŋ], a. gagnant; (fig.) attrayant, séduisant.—n. (pl.) gain, m.

winning-post ['winiŋpoust], n. poteau d'arrivée, but, m.

winnow ['winou], v.t. vanner.

winter ['wintə], n. a. d'hiver.—n. hiver, m.; in winter, en hiver.—v.i. hiverner, passer l'hiver (à).

wintry ['wintri], a. d'hiver, hivernal; (fig.) glacial.

wipe [waip], v.t. essuyer; to wipe off, effacer; to wipe up, nettoyer.

wiper ['waipə], n. windscreen wiper, essuie-glace, m.

wire [waiə], n. fil métallique, fil de fer, m.; dépêche (télégramme), f.; barbed wire, fil de fer barbelé.—v.t. attacher ou lier avec du fil de métal; griller; (fig.) télégraphier.

wire-cutters ['waiəkʌtəz], n.pl. cisailles coupe-fil, f.pl.

wire-haired ['waiəhɛəd], a. à poil dur (chien).

wireless ['waiəlis], a. sans fil.—n. radio, T.S.F., f.; wireless set, poste de T.S.F., m., radio, f.

wire-netting ['waiə'netiŋ], n. grillage, treillis métallique, m.

wire-rope ['waiə'roup], n. câble métallique, m.

wiring ['waiəriŋ], n. (Elec.) canalisation, f.; câblage, m.

wiry ['waiəri], a. (fig.) nerveux, souple.

wisdom ['wizdəm], n. sagesse; prudence, f.

wise [waiz], a. sage; discret, prudent.—n. manière, façon, sorte, guise, f.

wise-crack ['waizkræk], n. bon mot, m.

wisely ['waizli], adv. sagement; prudemment.

wish [wiʃ], n. souhait, désir, m., envie, f.—v.t., v.i. souhaiter, désirer, vouloir; I wish I could, je voudrais pouvoir; I wish I were . . ., je voudrais être . . .; to wish well to, vouloir du bien à.

wish-bone ['wiʃboun], n. lunette, fourchette, f.

wishful ['wiʃful], a. désireux (de).

wishy-washy ['wiʃiwɔʃi], a. faible, pauvre.

wisp [wisp], n. bouchon de paille etc., m.; mèche (de cheveux), f.

wistaria [wis'tɛəriə], n. glycine, f.

wistful ['wistful], a. désireux; d'envie, de regret, pensif (air, regard, sourire).

wistfully ['wistfuli], adv. d'un air de vague regret.

wit [wit], n. esprit; entendement, jugement; (fig.) bel esprit; (pl.) esprit, m., raison, tête, f., sens, bon sens, m.; to be at one's wits' end, ne savoir que faire.—v.t. savoir; to wit, c'est-à-dire.

witch [witʃ], n. sorcière, magicienne, f.

witchcraft ['witʃkrɑ:ft], n. sorcellerie, magie noire, f.

witch-hazel ['witʃheizl], n. (Bot.) hamamélis, m.

with [wið], prep. avec; de, par (au moyen de); à, au, à la, aux (in descriptive phrases); chez, parmi (en compagnie de); auprès de (de l'avis de); malgré (en dépit de); angry with, fâché contre.

withal [wið'ɔ:l], adv. avec tout cela, en outre.

withdraw [wið'drɔ:], v.t. irr. (conjug. like DRAW) retirer; rappeler; éloigner (de).—v.i. se retirer, s'éloigner (de).

withdrawal [wið'drɔ:əl] n. retraite (des vaincus), f.; retrait (enlèvement), m.

wither ['wiðə], v.i. se flétrir, se faner.

withering ['wiðəriŋ], a. écrasant (sarcastique).

withers ['wiðəz], n.pl. garrot (de cheval), m.

withhold [wið'hould], v.t. irr. (conjug. like HOLD) retenir; refuser.

within [wið'in], prep. dans, en; à moins de (pas plus de); within a pound or so, à une livre près; within reach of, à portée de.—adv. en dedans, à l'intérieur; à la maison, chez soi.

without [wið'aut], prep. sans (manquant de).—conj. à moins que, sans que (unless).—*adv. en dehors, au dehors.

withstand [wið'stænd], v.t. irr. (conjug. like STAND) résister à, combattre.

withy ['wiði], a. d'osier.—n. osier, m.

witless ['witlis], a. sans esprit; sot.

witness ['witnis], n. témoin; témoignage (preuve), m.—v.t. témoigner; être témoin de.—v.i. témoigner, porter témoignage.

witticism ['witisizm], n. bon mot, m.

wittily ['witili], adv. spirituellement, avec esprit.

wittiness ['witinis], n. esprit, caractère spirituel, m.

wittingly ['witiŋli], adv. sciemment, à dessein.

witty ['witi], a. spirituel; plaisant (facétieux).

wives [WIFE].

wizard ['wizəd], n. sorcier, magicien, m.

wizened ['wizənd], a. ratatiné, ridé.

wobble ['wɔbl], v.i. vaciller, ballotter.

wobbling ['wɔbliŋ], *a.* vacillant, branlant.—
n. vacillation, *f.*; dandinement, *m.*
wobbly ['wɔbli], *a.* branlant, vacillant.
woe [wou], *n.* (*fig.*) peine, douleur, *f.*; malheur, *m.*
woebegone ['woubigɔn], **woeful** ['wouful], *a.*
triste, malheureux, abattu.
woefully ['woufuli], *adv.* tristement.
wolf [wulf], *n.* (*pl.* **wolves** [wulvz]) loup, *m.*;
she-wolf, louve, *f.*
wolf-cub ['wulfkʌb], *n.* louveteau, *m.*
wolf-dog ['wulfdɔg], *n.* chien-loup, *m.*
wolfish ['wulfiʃ], *a.* de loup; (*fig.*) rapace.
wolves [WOLF].
woman ['wumən], *n.* (*pl.* **women** ['wimin])
femme, *f.*
woman-hater ['wumənheitə], *n.* misogyne,
m.
womanhood ['wumənhud], *n.* état de femme,
m.
womankind ['wumənkaind], *n.* le sexe
féminin, *m.*; les femmes, *f.pl.*
womanly ['wumənli], *a.* de femme.
womanliness ['wumənlinis], *n.* féminité, *f.*
womb [wu:m], *n.* (*Anat.*) matrice, *f.*; (*fig.*)
sein, *m.*, flancs, *m.pl.*
women [WOMAN].
wonder ['wʌndə], *n.* étonnement, *m.*, surprise; merveille (*spectacle etc.*), *f.*, miracle,
prodige, *m.*—*v.i.* s'étonner, être étonné; se
demander; *to wonder whether*, se demander si.
wonderful ['wʌndəful], *a.* étonnant, merveilleux.
wonderfully ['wʌndəfuli], *adv.* étonnamment, merveilleusement.
wonderment ['wʌndəmənt], *n.* étonnement,
m.
wondrous ['wʌndrəs], *a.* merveilleux.
wondrously ['wʌndrəsli], *adv.* merveilleusement.
wont [wount], *a.* *to be wont to*, avoir
l'habitude de.—*n.* coutume, habitude, *f.*
wonted ['wountid], *a.* accoutumé, habituel.
woo [wu:], *v.t.* faire la cour à; courtiser.
wood [wud], *n.* bois (*matériel ou forêt*), *m.*
woodbine ['wudbain], *n.* chèvrefeuille, *f.*
woodcock ['wudkɔk], *n.* bécasse, *f.*
woodcut ['wudkʌt], *n.* gravure sur bois, *f.*
wood-cutter ['wudkʌtə], *n.* bûcheron, *m.*
wooded ['wudid], *a.* boisé.
wooden [wudn], *a.* de bois, en bois; (*fig.*)
gauche (*mouvement etc.*).
woodland ['wudlənd], *a.* des bois, sylvestre.
—*n.* pays boisé, bois, *m.*
woodman ['wudmən], *n.* (*pl.* **-men** [men])
garde forestier; bûcheron, *m.*
wood-nymph ['wudnimf], *n.* nymphe des
bois, dryade, *f.*
woodpecker ['wudpekə], *n.* pic, *m.*; *green
woodpecker*, pivert, *m.*
wood-pigeon ['wudpidʒin], *n.* pigeon ramier,
m.
wood-pulp ['wudpʌlp], *n.* pâte de bois, *f.*
wood-wind ['wudwind], *n.* (*Mus.*) les bois,
m.pl.
woodwork ['wudwə:k], *n.* boiserie; menuiserie; charpente, *f.*
wood-worm ['wudwə:m], *n.* artison, *m.*
woody ['wudi], *a.* boisé; ligneux.
wood-yard ['wudja:d], *n.* chantier, *m.*
wooer ['wu:ə], *n.* amoureux, prétendant, *m.*

woof [wu:f], *n.* trame, *f.*; tissu (*texture*), *m.*
wooing ['wu:iŋ], *n.* cour, *f.*
wool [wul], *n.* laine, *f.*
woollen ['wulən], *a.* de laine, à laine.—*n.*(*pl.*)
tissus de laine, *m.pl.*, laines, *f.pl.*, lainages,
m.pl.; *woollen-cloth*, drap, *m.*; *woollen-
draper*, marchand de draps, *m.*; *woollen-
goods*, (*fam.*) *woollies*, lainages, *m.pl.*
woolliness ['wulinis], *n.* nature laineuse; (*fig.*)
imprécision, *f.*
woolly ['wuli], *a.* laineux.
Woolsack ['wulsæk], *n.* sac de laine (*siège du
Lord Chancellor*), *m.*
word [wə:d], *n.* mot, *m.*; parole (*prononcée*),
f.; avis, *m.*, nouvelle (*communication*), *f.*; *by
word of mouth*, de vive voix; *in a word*,
en un mot; *not a word!* bouche close!—
v.t. exprimer; énoncer; rédiger (*télégramme*).
word-book ['wə:dbuk], *n.* vocabulaire,
lexique, *m.*
wordiness ['wə:dinis], *n.* prolixité, verbosité,
f.
wording ['wə:diŋ], *n.* expression, *f.*; énoncé
(*d'un problème*), *m.*
wordy ['wə:di], *a.* verbeux, diffus.
work [wə:k], *v.t.* travailler; façonner (*ouvrager*); se frayer (*un chemin*); payer (*son
passage*) en travaillant; broder (*coudre*); faire
aller, manœuvrer (*machine etc.*); exploiter
(*mine etc.*); *to work off*, user; *to work oneself up*, s'exciter; *to work out*, résoudre
(*problème*).—*v.i.* travailler; fonctionner,
marcher, aller, jouer; opérer, avoir de
l'effet (*agir*); *to work loose*, se desserrer.—
n. travail; ouvrage, *m.*, besogne (*tâche*);
(*fig.*) affaire; (*Lit.*) œuvre, *f.*; (*pl.*) mécanisme (*de moteur*), *m.*; manœuvres (*d'une
machine*), *f.pl.*; (*Ind.*) fabrique, usine, *f.*;
(*Fort.*) travaux, *m.pl.*; mouvement (*de
montre*), *m.*; *road works ahead*, attention,
travaux! *to be out of work*, chômer.
workable ['wə:kəbl], *a.* réalisable; exploitable
(*mine etc.*).
workaday ['wə:kədei], *a.* de tous les jours.
work-bench ['wə:kbentʃ], *n.* établi, *m.*
work-box ['wə:kbɔks], *n.* boîte à ouvrage, *f.*
worker ['wə:kə], *n.* travailleur; ouvrier;
employé, *m.*
workhouse ['wə:khaus], *n.* maison des
pauvres, *f.*; hospice, *m.*
working ['wə:kiŋ], *a.* qui travaille, ouvrier;
de travail (*vêtements*); *hard-working*, laborieux; *in working order*, en état de
fonctionnement; *working capital*, capital
d'exploitation, *m.*; *working man*, ouvrier,
m.—*n.* travail, *m.*; marche, *f.*; fonctionnement, jeu (*de machine*), *m.*; opération; exploitation (*de mine etc.*), *f.*
working-class ['wə:kiŋkla:s], *n.* classe ou-
vrière, *f.*
working-day ['wə:kiŋdei], *n.* jour ouvrable, *m.*
workman ['wə:kmən], *n.* (*pl.* **-men** [men])
ouvrier, artisan, *m.*
workmanlike ['wə:kmənlaik] *a.* bien fait,
bien travaillé.
workmanship ['wə:kmənʃip], *n.* ouvrage,
travail, *m.*
work-room ['wə:kru:m], **work-shop** ['wə:k
ʃɔp], *n.* atelier, *m.*
world [wə:ld], *n.* monde; l'univers; (*fig*)
monde, *m.*, vie, *f.*; *all the world over*

dans le monde entier; *a world of good*, un bien infini; *the first world war*, la première guerre mondiale.

worldliness ['wəːldlinis], *n.* mondanité; frivolité, *f.*

worldly ['wəːldli], *a.* mondain, du monde.

worldwide ['wəːldwaid], *a.* universel, répandu partout.

worm [wəːm], *n.* ver, *m.*; chenille, larve, *f.*; filet (*de vis*), *m.*—*v.t.* miner; *to worm oneself into*, s'insinuer, se faufiler dans.

worm-cast ['wəːmkaːst], *n.* déjection de ver (de terre), *f.*

worm-eaten ['wəːmiːtn], *a.* rongé des vers, vermoulu.

worm-screw ['wəːmskruː], *n.* tire-bourre, *m.*

wormwood ['wəːmwud], *n.* armoise amère, *f.*; (*fig.*) fiel, *m.*

worried ['wʌrid], *a.* tourmenté, harassé, ennuyé.

worry ['wʌri], *n.* ennui, tracas, souci, *m.*—*v.t.* tourmenter, tracasser.—*v.i.* tracasser; *don't worry!* soyez tranquille!

worse [wəːs], *a.* pire; plus mauvais; plus malade, plus mal (*santé*).—*n.* pire; plus mauvais, *m.*—*adv.* plus mal, pis; *far worse*, bien pis, bien pire; *so much the worse*, tant pis.

worsen [wəːsn], *v.t.* empirer.

worsening ['wəːsniŋ], *n.* aggravation, *f.*

worship ['wəːʃip], *n.* culte, *m.*, adoration, *f.*; honneur (*titre*), *m.*—*v.t., v.i.* adorer.

worshipful ['wəːʃipful], *a.* honorable.

worshipper ['wəːʃipə], *n.* adorateur, *m.*

worst [wəːst], *a.* le plus mauvais, le pire.—*adv.* le pis, le plus mal.—*n.* le plus mauvais, le pire, le pis.—*v.t.* battre, vaincre, défaire.

worsted ['wustid], *a.* de laine peignée.—*n.* laine peignée, *f.*

worth [wəːθ], *a.* qui vaut, valant; qui mérite (*digne*); qui est riche de (*qui possède*); *to be worth doing*, valoir la peine de faire.—*n.* valeur, *f.*; prix, *m.*; *for all one's worth*, de toutes ses forces.

worthily ['wəːðili], *adv.* dignement.

worthiness ['wəːðinis], *n.* mérite, *m.*

worthless ['wəːθlis], *a.* sans valeur, qui ne vaut rien; *worthless fellow*, vaurien, *m.*

worth-while ['wəːθ'hwail], *a.* qui vaut la peine (*de*).

worthy ['wəːði], *a.* digne, honorable; (*colloq.*) brave.—*n.* (*colloq.*) brave homme; homme illustre, *m.*

would [wud], *v.aux. past* and *cond.* [WILL]. *When used emphatically would is translated by* vouloir.

would-be ['wudbiː], *a.* prétendu, soi-disant.

wound (1) [waund], *past* and *p.p.* [WIND (2)].

wound (2) [wuːnd], *n.* blessure; plaie, *f.*—*v.t.* blesser.

wounded ['wuːndid], *a.* blessé.

woven [wouvn], *a.* tissé.

wrack [ræk], *n.* varech, *m.*; ruine, *f.*, débris, *m.*

wraith [reiθ], *n.* revenant, *m.*

wrangle [ræŋgl], *n.* dispute, querelle, *f.*—*v.i.* se disputer, se quereller.

wrangling ['ræŋgliŋ], *n.* dispute, *f.*, chamailleries, *f.pl.*

wrap [ræp], *v.t.* enrouler, envelopper.—*n.* châle, peignoir, *m.*

wrapper ['ræpə], *n.* enveloppe; toile d'embal-

lage (*pour paquets*); bande (*pour journal*); couverture (*de livre*), *f.*

wrapping ['ræpiŋ], *n.* enveloppe, couverture, *f.*; *wrapping-paper*, papier d'emballage, *m.*

wrath [rɔːθ], *n.* courroux, *m.*, colère, *f.*

wrathful ['rɔːθful], *a.* courroucé.

wreak [riːk], *v.t.* exécuter, satisfaire.

wreath [riːθ], *n.* guirlande, *f.*, feston, *m.*; couronne (*d'épouse etc.*), *f.*

wreathe [riːð], *v.t.* entrelacer, tresser (*de*).—*v.i.* s'entrelacer, s'enrouler.

wreathed [riːðd], *a.* entrelacé.

wreck [rek], *n.* naufrage; navire naufragé, *m.*, épave; (*fig.*) ruine, *f.*—*v.t.* faire faire naufrage à; (*fig.*) ruiner.

wreckage ['rekidʒ], *n.* débris de naufrage, *m.*, épaves, *f.pl.*

wrecked [rekt], *a.* naufragé; ruiné.

wrecker ['rekə], *n.* pilleur d'épaves, naufrageur, *m.*

wren [ren], *n.* (*Orn.*) roitelet, *m.*

wrench [rentʃ], *n.* torsion, *f.*, arrachement, *m.*; entorse (*des muscles*); clef (*outil*), *f.*—*v.t.* arracher (*à ou de*); se fouler (*cheville etc.*).

wrest [rest], *v.t.* arracher (*à*).

wrestle [resl], *v.i.* lutter.

wrestler ['reslə], *n.* lutteur, *m.*

wrestling ['resliŋ], *n.* lutte, *f.*; catch, *m.*; *all-in wrestling*, lutte libre.

wretch [retʃ], *n.* malheureux, *m.*; misérable (*scélérat*), *m.*, *f.*; *poor wretch*, pauvre diable, *m.*

wretched ['retʃid], *a.* malheureux, misérable; vilain, triste; pitoyable, à faire pitié.

wretchedly ['retʃidli], *adv.* malheureusement, misérablement; d'une manière pitoyable.

wretchedness ['retʃidnis], *n.* misère, pauvreté, *f.*

wriggle [rigl], *v.i.* se tortiller, se remuer.

wriggling ['rigliŋ], *n.* tortillement, *m.*

wring [riŋ], *v.t. irr.* tordre; arracher (*à*); presser, serrer (*étreindre*).

wringer ['riŋə], *n.* essoreuse (*à linge*), *f.*

wringing ['riŋiŋ], *a. wringing wet*, trempé jusqu'aux os (*personne*); mouillé à tordre (*vêtement*).

wrinkle [riŋkl], *n.* ride (*à la figure etc.*), *f.*; pli, faux pli (*de vêtement*), *m.*; (*slang*) tuyau (*renseignement*), *m.*—*v.t.* rider; plisser; *to wrinkle one's brow*, froncer les sourcils.—*v.i.* se rider.

wrinkled [riŋkld], *a.* ridé; (*Bot.*) plissé.

wrist [rist], *n.* poignet, *m.*

wristband ['ristbænd], *n.* poignet, *m.*

wrist-watch ['ristwɔtʃ], *n.* montre-bracelet, *f.*

writ [rit], *n.* exploit, mandat, *m.*, ordonnance; (*Parl.*) lettre de convocation, *f.*

write [rait], *v.t., v.i. irr.* écrire; *to write off*, (*Comm.*) passer au compte des profits et pertes.

write-off ['raitɔf], *n.* annulation; non-valeur (*personne*), *f.*

writer ['raitə], *n.* écrivain, *m.*; (*Comm.*) commis aux écritures, *m.*

writhe [raið], *v.i.* se tordre (*de douleur*); se crisper.

writing ['raitiŋ], *n.* écriture (*calligraphie*), *f.*; écrit (*chose écrite*); (*fig.*) ouvrage, document, *m.*; inscription, *f.*; *in writing*, par écrit.

writing-case ['raitiŋkeis], *n.* papeterie, *f.*

writing-desk ['raitiŋdesk], *n.* pupitre, bureau, secrétaire, *m.*

writing-paper ['raitiɲpeipə], *n.* papier à écrire, *m.*

writing-table ['raitiɲteibl], *n.* table à écrire, *f.*

written [ritn], *a.* écrit, par écrit.

wrong [rɔŋ], *a.* faux, erroné, inexact (*pas vrai*); mal, mauvais; *to be wrong*, avoir tort (*personne*), n'être pas à l'heure, aller mal (*montre*); *what's wrong with you?* qu'avez-vous? *wrong number*, (*Teleph.*) mauvais numéro, *m.*; *wrong side*, envers, *m.*; *wrong side up*, sens dessus dessous.—*adv.* mal, à tort, à faux.—*n.* mal, *m.*, injustice, *f.*, tort; dommage, *m.*—*v.t.* faire du tort à, nuire à.

wrongdoer ['rɔŋduə], *n.* pervers, méchant, *m.*

wrongdoing ['rɔŋduiŋ], *n.* le mal, *m.*

wrongful ['rɔŋful], *a.* injuste.

wrongfully ['rɔŋfuli], *adv.* à tort, injustement.

wrongly ['rɔŋli], *adv.* mal, à tort; *rightly or wrongly*, à tort ou à raison.

wroth [rouθ], *a.* (*poet.*) en colère, irrité, courroucé.

wrought [rɔːt], *a.* travaillé; façonné; ouvré (*tissu*); *wrought iron*, fer forgé, *m.*

wry [rai], *a.* de travers, tordu, tors; *to pull a wry face*, faire la grimace.

X

X, x [eks]. vingt-quatrième lettre de l'alphabet; X, dix, *m.*

Xerxes ['zəːksiːz]. Xerxès, *m.*

Xmas ['krisməs]. (*abbr.* CHRISTMAS) Noël, *m.*

X-ray ['eksrei], *a.* radiographique; *X-ray photograph*, radiographie, *f.*—*n.* (*pl.*) rayons X, *m.pl.*—*v.t.* radiographier.

xylophone ['zailəfoun], *n.* xylophone; (*slang*) claquebois, *m.*

Y

Y, y [wai]. vingt-cinquième lettre de l'alphabet; (l')i grec, *m.*

yacht [jɔt], *n.* yacht, *m.*

yacht-club ['jɔtklʌb], *n.* cercle nautique, *m.*

yachting ['jɔtiŋ], *n.* yachting, *m.*

yachtsman ['jɔtsmən], *n.* (*pl.* **-men** [men]) yachtman, *m.*

yak [jæk], *n.* (*Zool.*) ya(c)k, *m.*

yam [jæm], *n.* igname, *f.*

yank [jæŋk], *v.t.* (*fam.*) tirer brusquement.

Yankee ['jæŋki], *n.* Yankee, Américain, *m.*

yap [jæp], *v.i.* japper, aboyer.—*n.* jappement, *m.*

yard (1) [jɑːd], *n.* cour, *f.*, préau, *m.*

yard (2) [jɑːd], *n.* (*Naut.*) vergue, *f.*; (*Measure*) yard (mètre 0·914383), *m.*

yard-arm ['jɑːdɑːm], *n.* bout de vergue, *m.*

yarn [jɑːn], *n.* fil; (*Naut.*) fil de caret; récit, conte (*histoire*), *m.*

yawl [jɔːl], *n.* (*Naut.*) sloop, *m.*; (*Row.*) yole de mer, *f.*

yawn [jɔːn], *n.* bâillement, *m.*—*v.i.* bâiller.

yawning ['jɔːniŋ], *a.* qui bâille; (*fig.*) béant.

***ye** [jiː], *pron.pl.* vous.

yea [jei], *adv.* oui; vraiment, en vérité.—*n.* vote affirmatif, *m.*

year [jiə], *n.* an (*unité de temps*), *m.*; année (*particulière*), *f.*; *every year*, tous les ans; *four times a year*, quatre fois par an; *new year*, nouvel an; *next year*, l'an prochain.

year-book ['jiəbuk], *n.* annuaire, *m.*

yearling ['jiəliŋ], *a.* âgé d'un an.—*n.* poulain, *m.*, ou pouliche, *f.*, d'un an.

yearly ['jiəli], *a.* annuel.—*adv.* tous les ans.

yearn [jəːn], *v.i. to yearn after*, soupirer après; *to yearn to do something*, brûler de faire quelque chose.

yearning ['jəːniŋ], *n.* désir ardent, *m.*

yeast [jiːst], *n.* levure, *f.*

yell [jel], *n.* hurlement, *m.*—*v.i.* hurler, pousser des hurlements.

yelling ['jeliŋ], *n.* hurlements, *m.pl.*

yellow ['jelou], *a.* jaune; (*slang*) poltron.—*n.* jaune, *m.*—*v.t., v.i.* jaunir.

yellow-hammer ['jelouhæmə], *n.* (*Orn.*) bruant jaune, *m.*

yellowish ['jelouiʃ], *a.* jaunâtre.

yellowness ['jelounis], *n.* couleur jaune, *f.*

yelp [jelp], *v.i.* glapir, japper.

yelping ['jelpiŋ], *n.* glapissement, jappement, *m.*

Yemen ['jemən]. le Yémen, *m.*

Yemeni ['jeməni], *a.* yémenite.—*n.* Yéménite (*personne*), *m.*, *f.*

yeoman ['joumən], *n.* (*pl.* **-men** [men]) fermier-propriétaire, *m.*

yeomanry ['joumənri], *n.* fermiers-propriétaires, *m.pl.*

yes [jes], *adv.* oui; si (*in reply to a negative*).

yes-man ['jesmæn], *n.* (*pl.* **-men** [men]) (*pop.*) Béni-oui-oui, *m.*

yesterday ['jestəd(e)i], *adv. and n.* hier, *m.*; *the day before yesterday*, avant-hier; *yesterday evening*, hier soir.

yet [jet], *conj.* pourtant, cependant, tout de même.—*adv.* encore, déjà; *as yet*, jusqu'ici; *not yet*, pas encore.

yew [juː], *n.* (*Bot.*) if, *m.*

yield [jiːld], *v.t.* produire, rapporter; livrer, céder (*au vainqueur*); *to yield up*, rendre.—*v.i.* se rendre, céder (à); consentir (à).—*n.* rendement, produit, rapport, *m.*

yielding ['jiːldiŋ], *a.* complaisant, facile.—*n.* reddition; soumission, *f.*

yoke [jouk], *n.* joug; attelage, *m.*, paire; palanche (*pour seaux*), *f.*; (*Dress.*) empiècement, *m.*—*v.t.* atteler, accoupler.

yokel [joukl], *n.* rustre, campagnard, *m.*

yolk [jouk], *n.* jaune (d'œuf), *m.*

***yonder** ['jɔndə], *adv.* là, là-bas.—*a. yonder castle*, ce château-là.

***yore** [jɔː], *adv.* autrefois, jadis.

you [juː], *pron.* vous; (*to a child, relative, pet etc.*) tu, te, toi; (*indef.*) on.

young [jʌŋ], *a.* jeune; novice, neuf, inexpérimenté (*non éprouvé*); (*fig.*) naissant; *young folks* or *young people*, jeunes gens, *m.pl.*; *young lady*, demoiselle, *f.*—*n.pl.* les jeunes, les jeunes gens; les petits, *m.pl.*; *with young*, pleine (*animal*).

younger ['jʌŋgə], *a.* plus jeune; cadet (*de deux frères etc.*).
youngest ['jʌŋgist], *a.* le plus jeune.
youngish ['jʌŋiʃ], *a.* assez jeune.
youngster ['jʌŋstə], *n.* jeune homme; gamin, mioche, *m.*, gosse, *m.,f.*
your [jɔ:], *a.* votre, (*pl.*) vos; (*to a child, relative, pet etc.*) ton, ta, tes; (*indef.*) son, sa, ses.
yours [jɔ:z], *pron.* le vôtre, *m.*, la vôtre, *f.*, les vôtres, *pl.*; à vous (*your property*); de vous (*by you*); (*to a child, relative, pet etc.*) le tien, la tienne, les tiens, les tiennes; à toi (*your property*); de toi (*by you*).
yourself [jɔ:'self], *pron.* (*pl.* **yourselves** [jɔ:'selvz]) vous-même, toi-même; (*pl.*) vous-mêmes; (*reflexive*) vous, te.
youth [ju:θ], *n.* jeunesse, adolescence, *f.*; jeune homme, adolescent (*personne*), *m.*; (*fig.*) jeunes gens, *m.pl.*
youthful ['ju:θful], *a.* jeune; de jeunesse.
youthfulness ['ju:θfulnis], *n.* jeunesse, *f.*
Yugoslav ['ju:go'slɑːv], *a.* yougoslave.—*n.* Yougoslave (*personne*), *m.,f.*
Yugoslavia [ju:go'slɑːvjə]. la Yougoslavie, *f.*
*****Yule** [ju:l], **Yule-tide** ['ju:ltaid], *n.* Noël, *m.*, fête de Noël, *f.*
Yule-log ['ju:llɔg], *n.* bûche de Noël, *f.*

Z

Z z [zed, (*Am.*) zi:]. vingt-sixième lettre de l'alphabet, *m.*

Zambesi [zæm'bi:zi]. le Zambèze, *m.*
Zambia ['zæmbjə]. la Zambie, *f.*
zany ['zeini], *n.* zani, bouffon, *m.*
zeal [zi:l], *n.* zèle, *m.*
zealot ['zelət], *n.* zélateur, *m.*, fanatique, *m.,f.*
zealous ['zeləs], *a.* zélé, zélateur.
zealously ['zeləsli], *adv.* avec zèle.
zebra ['zi:brə], *n.* zèbre, *m.*; **zebra crossing**, passage clouté, *m.*
zenith ['zeniθ], *n.* zénith; (*fig.*) apogée, *m.*
zephyr ['zefə], *n.* zéphyr, zéphire, Zéphyre, *m.*
zero ['ziərou], *n.* zéro; (*fig.*) rien, *m.*; **zero hour**, l'heure H, *f.*
zest [zest], *n.* goût, *m.*, saveur, *f.*; zeste (*d'orange, de citron*); (*fig.*) entrain, *m.*, verve, *f.*
Zeus [zju:s]. (*Myth.*) Zeus, *m.*
zigzag ['zigzæg], *a.* en zigzag.—*n.* zigzag, *m.* —*v.i.* aller en zigzag, zigzaguer.
zinc [ziŋk], *n.* zinc, *m.*—*v.t.* zinguer.
zinnia ['zinjə], *n.* (*Bot.*) zinnia, *m.*
Zion ['zaiən]. Sion, *m.*
zip [zip], *n.* sifflement (*de balle*), *m.*; énergie, verve, *f.*—*v.t.* siffler; **zip fastener**, fermeture à glissière, *f.*
zither ['ziðə], *n.* cithare, *f.*
zodiac ['zoudiæk], *n.* zodiaque, *m.*
zone [zoun], *n.* zone, *f.*
zoo [zu:], *n.* jardin zoologique, (*fam.*) zoo, *m.*
zoological [zouə'lɔdʒikl], *a.* zoologique; **zoological gardens**, jardin zoologique, *m.*
zoologist [zou'ɔlədʒist], *n.* zoologiste, zoologue, *m.,f.*
zoology [zou'ɔlədʒi], *n.* zoologie, *f.*
zoom [zu:m], *n.* bourdonnement, ronflement, *m.*—*v.i.* vrombir.
Zulu ['zu:lu:], *a.* zoulou.—*n.* Zoulou, *m.*

French Verbs

1. All verbs not marked *irr.* in the French-English section of the Dictionary are either
   (a) regular, and conjugated like AIMER, FINIR or VENDRE according to their ending (see below) or
   (b) anomalous, and conjugated like the verb in that group to which the user is referred.
2. The Imperfect Indicative, Conditional, Imperative, and Imperfect Subjunctive are not given and may be assumed to be formed as follows:
   Imperfect Indicative: by substituting for the final *-ons* of 1st Person Plural, Present Indicative the endings *-ais, -ais, -ait, -ions, -iez, -aient* (except *être: j'étais*).
   Conditional: by substituting for the endings of the Future those of the Imperfect Indicative given above.
   Imperative: (a) 2nd Person Singular, 1st and 2nd Person Plural, by using these forms of

Infinitive	Participles	Present Indicative	Past Historic
REGULAR VERBS First Conjugation Infinitive in *-er*			
aim-*er*	aim-*ant* aim-*é*	aim-*e* aim-*es* aim-*e* aim-*ons* aim-*ez* aim-*ent*	aim-*ai* aim-*as* aim-*a* aim-*âmes* aim-*âtes* aim-*èrent*
Second Conjugation Infinitive in *-ir*			
fin-*ir*	fin-*issant* fin-*i*	fin-*is* fin-*is* fin-*it* fin-*issons* fin-*issez* fin-*issent*	fin-*is* fin-*is* fin-*it* fin-*îmes* fin-*îtes* fin-*irent*
Third Conjugation Infinitive in *-re*			
vend-*re*	vend-*ant* vend-*u*	vend-*s* vend-*s* vend vend-*ons* vend-*ez* vend-*ent*	vend-*is* vend-*is* vend-*it* vend-*îmes* vend-*îtes* vend-*irent*
ANOMALOUS VERBS			
amener	amenant amené	amène amènes amène amenons amenez amènent	amenai . . . amenâmes . . .
appeler	appelant appelé	appelle appelles appelle appelons appelez appellent	appelai . . . appelâmes . . .
assiéger	assiégeant assiégé	assiège assièges assiège assiégeons assiégez assiègent	assiégeai . . . assiégeâmes . . .

French Verbs

the Present Indicative without pronouns (*-er* verbs drop the final *s* of the 2nd Person Singular).
  (*b*) 3rd Person Singular and Plural by using these forms of the Present Subjunctive.
  Imperfect Subjunctive: from the 2nd Person Singular of the Past Historic by adding *-se, -ses, -ˆt, -sions, -siez, -sent.*
3. Exceptions to the above rules are indicated in footnotes.
4. Compound verbs (e.g. DEVENIR, REVENIR, etc.) are given only where they differ from the simple form (e.g. VENIR).
5. Defective verbs are marked † and all existing forms are given.

Future	Present Subjunctive	English
aimer-*ai* aimer-*as* aimer-*a* aimer-*ons* aimer-*ez* aimer-*ont*	aim-*e* aim-*es* aim-*e* aim-*ions* aim-*iez* aim-*ent*	to like, to love
finir-*ai* finir-*as* finir-*a* finir-*ons* finir-*ez* finir-*ont*	fini-*sse* fini-*sses* fini-*sse* fini-*ssions* fini-*ssiez* fini-*ssent*	to finish
vendr-*ai* vendr-*as* vendr-*a* vendr-*ons* vendr-*ez* vendr-*ont*	vend-*e* vend-*es* vend-*e* vend-*ions* vend-*iez* vend-*ent*	to sell
amènerai... amènerons...	amène amènes amène amenions ameniez amènent	to bring
appellerai... appellerons . . .	appelle appelles appelle appelions appeliez appellent	to call
assiégerai . . . assiégerons . . .	assiège assièges assiège assiégions assiégiez assiègent	to besiege

French Verbs

Infinitive	Participles	Present Indicative	Past Historic
battre	battant battu	bats bats bat battons battez battent	battis . . . battîmes . . .
céder	cédant cédé	cède cèdes cède cédons cédez cèdent	cédai . . . cédâmes . . .
commencer	commençant commencé	commence commences commence commençons commencez commencent	commençai commenças commença commençâmes commençâtes commencèrent
dépecer	dépeçant dépecé	dépèce dépèces dépèce dépeçons dépècez dépècent	dépeçai dépeças dépeça dépeçâmes dépeçâtes dépecèrent
employer[1]	employant employé	emploie emploies emploie employons employez emploient	employai . . . employâmes . . .
manger	mangeant mangé	mange manges mange mangeons mangez mangent	mangeai mangeas mangea mangeâmes mangeâtes mangèrent
payer[1]	(See footnote)		
rapiécer	rapiéçant rapiécé	rapièce rapièces rapièce rapiéçons rapiécez rapiècent	rapiéçai rapiéças rapiéça rapiéçâmes rapiéçâtes rapiécèrent
rompre	rompant rompu	romps romps rompt rompons rompez rompent	rompis . . . rompîmes . . .

IRREGULAR VERBS

† absoudre	absolvant absous, *m.*, absoute, *f.*	absous absous absout absolvons absolvez absolvent	

[1] All verbs in *-oyer* and *-uyer* change y to i before a mute e.   With verbs in *-ayer*, y or i may

638

Future	Present Subjunctive	English
battrai . . . battrons . . .	batte . . . battions . . .	to beat
céderai . . . céderons . . .	cède cèdes cède cédions cédiez cèdent	to yield
commencerai . . . commencerons . . .	commence . . . commencions . . .	to begin
dépècerai . . . dépècerons . . .	dépèce dépèces dépèce dépecions dépeciez dépècent	to cut up
emploierai . . . emploierons . . .	emploie emploies emploie employions employiez emploient	to employ, to use
mangerai . . . mangerons . . .	mange . . . mangions . . .	to eat
		to pay (for)
rapiécerai . . . rapiécerons . . .	rapièce rapièces rapièce rapiécions rapiéciez rapiècent	to patch
romprai . . . romprons . . .	rompe . . . rompions . . .	to break
absoudrai . . . absoudrons . . .	absolve . . . absolvions . . .	to absolve

be used. With *grasseyer* y is always used.

French Verbs

Infinitive	Participles	Present Indicative	Past Historic
† accroire	(used only in the infinitive in the phrase 'faire *accroire*', to make one		
acquérir	acquérant acquis	acquiers acquiers acquiert acquérons acquérez acquièrent	acquis... acquîmes...
† advenir	advenant advenu	il advient	il advint
aller[1]	allant allé	vais vas va allons allez vont	allai... allâmes...
assaillir	assaillant assailli	assaille... assaillons...	assaillis... assaillîmes...
asseoir	asseyant *or* assoyant assis	assieds[2] assieds assied asseyons asseyez asseyent	assis... assîmes...
avoir[3]	ayant eu	ai as a avons avez ont	eus... eûmes...
boire	buvant bu	bois bois boit buvons buvez boivent	bus... bûmes...
bouillir	bouillant bouilli	bous bous bout bouillons bouillez bouillent	bouillis... bouillîmes...
† braire[4]	brayant brait	il brait ils braient	
† bruire[5]	bruissant bruit	il bruit ils bruissent	
† choir	chu	chois chois choit	chus... chûmes...
† clore	clos	clos clos clôt closent	

---

[1] 2nd pers. sing. Imperative: *va*.
[2] The forms in *-oi* (or *-eoi*) (same conjugation as *prévoir*) are accepted by the Académie Française but considered as familiar or even vulgar.

640

Future	Present Subjunctive	English
believe)		
acquerrai... acquerrons...	acquière acquières acquière acquérions acquériez acquièrent	to acquire
il adviendra	il advienne	to happen
irai... irons...	aille ailles aille allions alliez aillent	to go
assaillirai... assaillirons...	assaille... assaillions...	to assault
assiérai... *or* assoirai... assiérons... *or* assoirons...	asseye[2]... asseyions...	to set to seat
aurai... aurons...	aie aies ait ayons ayez aient	to have
boirai... boirons...	boive boives boive buvions buviez boivent	to drink
bouillirai... bouillirons...	bouille... bouillions...	to boil
il braira ils brairont		to bray
		to rustle
cherrai... *or* choirai... cherrons... *or* choirons...		to fall
clorai... clorons...	close... closions...	to close

[3] Imperative: *aie, ayons, ayez.*
[4] Imperfect Indicative: *il brayait, ils brayaient.*
[5] Imperfect Indicative: *il bruissait, ils bruissaient* or *il bruyait, ils bruyaient.*

French Verbs

Infinitive	Participles	Present Indicative	Past Historic
conclure	concluant conclu	conclus, -s, -t concluons...	conclus... conclûmes...
conduire	conduisant conduit	conduis, -s, -t conduisons...	conduisis... conduisîmes...
confire	confisant confit	confis, -s, -t confisons...	confis... confîmes...
connaître	connaissant connu	connais connais connaît connaissons connaissez connaissent	connus... connûmes...
coudre	cousant cousu	couds... cousons...	cousis... cousîmes...
courir	courant couru	cours,-s,-t courons...	courus... courûmes...
craindre	craignant craint	crains,-s,-t craignons...	craignis... craignîmes...
croire	croyant cru	crois crois croit croyons croyez croient	crus... crûmes...
croître	croissant crû, *m.*, crue, *f.*	croîs croîs croît croissons croissez croissent	crûs... crûmes...
cueillir	cueillant cueilli	cueille... cueillons...	cueillis... cueillîmes...
† déchoir[1]	déchu	déchois déchois déchoit déchoyons déchoyez déchoient	déchus... déchûmes...
devoir	devant dû, *m.*, due, *f.*, dus, *m.pl.*	dois dois doit devons devez doivent	dus... dûmes...
dire	disant dit	dis dis dit disons dites disent	dis... dîmes...
† échoir	échéant échu	il échoit ils échoient	il échut ils échurent

[1] No Imperfect Indicative.

Future	Present Subjunctive	English
conclurai... conclurons...	conclue... concluions...	to conclude
conduirai... conduirons...	conduise... conduisions...	to lead to drive
confirai... confirons...	confise... confisions...	to preserve
connaîtrai... connaîtrons...	connaisse... connaissions...	to know
coudrai... coudrons...	couse... cousions...	to sew
courrai... courrons...	coure... courions...	to run
craindrai... craindrons...	craigne... craignions...	to fear
croirai... croirons...	croie croies croie croyions croyiez croient	to believe
croîtrai... croîtrons...	croisse... croissions...	to grow
cueillerai... cueillerons...	cueille... cueillions...	to gather
décherrai... décherrons...	déchoie déchoies déchoie déchoyions déchoyiez déchoient	to fall to lose
devrai... devrons...	doive doives doive devions deviez doivent	to owe to have to
dirai... dirons...	dise... disions...	to say
il échoira *or* écherra ils échoiront *or* écherront	il échoie *or* échée ils échéent	to fall due

French Verbs

Infinitive	Participles	Present Indicative	Past Historic
écrire	écrivant écrit	écris,-s,-t écrivons...	écrivis... écrivîmes...
envoyer	envoyant envoyé	envoie envoies envoie envoyons envoyez envoient	envoyai... envoyâmes...
être[1]	étant été	suis es est sommes êtes sont	fus... fûmes...
† faillir	faillant failli	faut[2]	faillis[3]... faillîmes...
faire	faisant fait	fais fais fait faisons faites font	fis... fîmes...
† falloir[4]	fallu	il faut	il fallut
† férir[5]	féru		
† forfaire (à)	forfait		
† frire	frit	fris fris frit	
fuir	fuyant fui	fuis fuis fuit fuyons fuyez fuient	fuis... fuîmes...
† gésir[6]	gisant	gît gisons gisez gisent	
haïr	haïssant haï	hais,-s,-t haïssons...	haïs... haïmes[7]...
lire	lisant lu	lis,-s,-t lisons...	lus... lûmes...
luire	luisant lui	luis,-s,-t luisons...	luis... luîmes...
maudire	conjugated like the regular verbs in -*ir*, e.g. *finir*, except for the past		
médire (de)	médisant médit	médis... médisons...	médis... médîmes...

[1] Imperfect Indic.: *j'étais*; Imperative: *sois, soyons, soyez.*
[2] Only in the phrase *le cœur me faut.*
[3] In current usage followed by an infinitive, *e.g. il faillit tomber*, he nearly fell.
[4] Imperfect Indic.: *il fallait.*

Future	Present Subjunctive	English
écrirai... écrirons...	écrive... écrivions...	to write
enverrai... enverrons...	envoie envoies envoie envoyions envoyiez envoient	to send
serai... serons...	sois sois soit soyons soyez soient	to be
faudrai *or* faillirai		to fail
ferai... ferons...	fasse... fassions...	to make, to do
il faudra	il faille	to be necessary
		to strike
		to be false (to)
frirai... frirons...		to fry
fuirai... fuirons...	fuie... fuyions...	to flee
		to lie
haïrai... haïrons...	haïsse... haïssions...	to hate
lirai... lirons...	lise... lisions...	to read
luirai... luirons...	luise... luisions...	to gleam
participle (*maudit*).		to curse
médirai... médirons...	médise... médisions...	to speak ill of

[5] The infinitive is used only in the phrase *sans coup férir*, without striking a blow. *Féru* is adjectival only (*féru d'amour*, lovesick).
[6] The Imperfect Indic., *je gisais*, etc., is used.
[7] The plural is written without a circumflex: *haïmes, haïtes.*

French Verbs

Infinitive	Participles	Present Indicative	Past Historic
mettre	mettant mis	mets,-s,-t mettons...	mis... mîmes...
moudre	moulant moulu	mouds mouds moud moulons moulez moulent	moulus... moulûmes...
mourir	mourant mort	meurs meurs meurt mourons mourez meurent	mourus... mourûmes...
mouvoir	mouvant [1]mû, _m._, mue, _f._, mus, _m.pl._	meus meus meut mouvons mouvez meuvent	mus... mûmes...
naître	naissant né	nais nais naît naissons naissez naissent	naquis... naquîmes...
nuire (à)	nuisant nui	nuis,-s,-t nuisons...	nuisis... nuisîmes...
† oindre[2]	oint		
† ouïr[3]	oyant ouï		ouïs... ouïmes...
ouvrir	ouvrant ouvert	ouvre... ouvrons...	ouvris... ouvrîmes...
† paître	paissant	pais pais paît paissons paissez paissent	
plaire	plaisant plu	plais plais plaît plaisons plaisez plaisent	plus... plûmes...
† pleuvoir	pleuvant plu	il pleut	il plut
† poindre	poignant point	il point	
pourvoir	pourvoyant pourvu	pourvois,-s,-t pourvoyons,-yez,-ient	pourvus... pourvûmes...

[1] The past part. of _émouvoir_ is _ému_, and of _promouvoir_, _promu_ (no circumflex on the _u_ of the masculine sing.).

Future	Present Subjunctive	English
mettrai... mettrons...	mette... mettions...	to put
moudrai... moudrons...	moule... moulions...	to grind
mourrai... mourrons...	meure meures meure mourions mouriez meurent	to die
mouvrai... mouvrons...	meuve meuves meuve mouvions mouviez meuvent	to move
naîtrai... naîtrons...	naisse... naissions...	to be born
nuirai... nuirons...	nuise... nuisions...	to harm
oindrai...		to anoint
ouïrai... ouïrons...		to hear
ouvrirai... ouvrirons...	ouvre... ouvrions...	to open
paîtrai... paîtrons...	paisse... paissions...	to graze
plairai... plairons...	plaise... plaisions...	to please
il pleuvra	il pleuve	to rain
il poindra ils poindront		to dawn to sting
pourvoirai... pourvoirons...	pourvoie... pourvoyions...	to provide

[2] Imperfect Indic.: *je oignais.*
[3] This verb is seldom used other than in the infinitive and in the compound tenses.

French Verbs

Infinitive	Participles	Present Indicative	Past Historic
pouvoir	pouvant pu	peux *or* puis peux peut pouvons pouvez peuvent	pus... pûmes...
prendre	prenant pris	prends prends prend prenons prenez prennent	pris... prîmes...
prévoir	prévoyant prévu	prévois,-s,-t prévoyons, -yez, -ient	prévis... prévîmes...
recevoir	recevant reçu	reçois reçois reçoit recevons recevez reçoivent	reçus... reçûmes...
résoudre	résolvant résolu *or* résous	résous résous résout résolvons résolvez résolvent	résolus... résolûmes...
rire	riant ri	ris,-s,-t rions...	ris... rîmes...
savoir[1]	sachant su	sais,-s,-t savons...	sus... sûmes...
sentir	sentant senti	sens,-s,-t sentons...	sentis... sentîmes...
† seoir	seyant	il sied ils siéent	
suffire	suffisant suffi	suffis,-s,-t suffisons...	suffis... suffîmes...
suivre	suivant suivi	suis,-s,-t suivons...	suivis... suivîmes...
§urseoir[2]	sursoyant sursis	sursois,-s,-t sursoyons, -yez, -ient	sursis... sursîmes...
taire	conjug. like *plaire* except that there is no circumflex on the *i* of the 3rd		
tenir[3]	tenant tenu	tiens tiens tient tenons tenez tiennent	tins tins tint tînmes tîntes tinrent
† traire	trayant trait	trais,-s,-t trayons...	

[1] Imperative: *sache, sachons, sachez.*
[2] The Past Historic and the Imperfect Indicative are seldom used.

Future	Present Subjunctive	English
pourrai... pourrons...	puisse... puissions...	to be able
prendrai... prendrons...	prenne... prenions...	to take
prévoirai... prévoirons...	prévoie... prévoyions...	to foresee
recevrai... recevrons...	reçoive reçoives reçoive recevions receviez reçoivent	to receive
résoudrai... résoudrons...	résolve... résolvions...	to resolve
rirai... rirons...	rle... riions...	to laugh
saurai... saurons...	sache... sachions...	to know
sentirai... sentirons...	sente... sentions...	to feel to smell
il siéra ils siéront	il siée ils siéent	to become to suit
suffirai... suffirons...	suffise... suffisions...	to suffice
suivrai... suivrons...	suive... suivions...	to follow
surseoirai... surseoirons...	sursoie... sursoyions...	to delay to suspend
Pers. Sing. Pres. Indic.: *il tait.*		to keep silent about
tiendrai... tiendrons...	tienne tiennes tienne tenions teniez tiennent	to hold
trairai... trairons...	traie... trayions...	to milk

Imperfect Subjunctive: *tinsse, -es, tint, tinssions, -iez, -ent.*

French Verbs

Infinitive	Participles	Present Indicative	Past Historic
vaincre	vainquant vaincu	vaincs vaincs vainc vainquons vainquez vainquent	vainquis... vainquîmes...
valoir	valant valu	vaux, -x, -t valons...	valus... valûmes...
vêtir	vêtant vêtu	vêts, vêts, vêt vêtons...	vêtis... vêtimes...
vivre	vivant vécu	vis,-s,-t vivons...	vécus... vécûmes...
voir	voyant vu	vois,-s,-t voyons, -yez, -ient	vis... vîmes...
vouloir[1]	voulant voulu	veux veux veut voulons voulez veulent	voulus... voulûmes...

[1] Imperative: *veuille, veuillons, veuillez.*

Future	Present Subjunctive	English
vaincrai... vaincrons...	vainque... vainquions...	to conquer
vaudrai... vaudrons...	[2]vaille... valions...	to be worth
vêtirai... vêtirons...	vête... vêtions...	to clothe
vivrai... vivrons...	vive... vivions...	to live
verrai... verrons...	voie... voyions...	to see
voudrai... voudrons...	veuille... voulions...	to be willing to want, to wish

[2] *prévaloir: prévale, prévalions.*

English Verbs

All verbs not marked *irr.* in the English-French section of the Dictionary come in one of the following categories:

(*a*) Regular verbs, conjugated like WORK or LIVE.

(*b*) Verbs ending in -*y* preceded by one or more consonants, e.g. DENY, REPLY, IMPLY, conjugated like CARRY (i.e. the *y* changes to *i* in the Past Tense and Past Participle).

(*c*) Verbs ending in a single consonant preceded by one or more vowels (but not a diphthong, e.g. WAIT, or a double vowel, e.g. SEEM), which are monosyllabic or in which the stress falls on the last syllable, conjugated like DROP and PREFER (i.e. the final consonant is doubled in the Past Tense and Past Participle).

N.B.   Apart from those which are irregular, all verbs ending in -*l* preceded by one or more vowels (but not a diphthong, e.g. SAIL, or a double vowel, e.g. PEEL) double the *l* in the Past Tense and Past Participle even if the stress does not fall on the last syllable, e.g. IMPERIL, DIAL.

* = obsolete.   *A = obsolete, but still used adjectivally.   † = becoming obsolete.

Infinitive	Past Tense	Past Participle	French
REGULAR VERBS (*a*)			
work	worked	worked	travailler
live	lived	lived	vivre
REGULAR VERBS (*b*)			
carry	carried	carried	porter
REGULAR VERBS (*c*)			
drop	dropped	dropped	laisser tomber
prefer	preferred	preferred	préférer
imperil	imperilled	imperilled	hasarder
dial	dialled	dialled	composer un numéro
IRREGULAR VERBS			
abide	abode	abode	demeurer
awake	awoke	awoken *or* awakened	éveiller
be *Pres. Indic.* am, art, is, are	was, were	been	être
bear	bore	borne *or* born[1]	porter
beat	beat	beaten	battre
beget	begot *begat	begotten	engendrer
begin	began	begun	commencer
bend	bent	bent	courber
bereave	bereaved *or* bereft	bereaved *or* bereft	priver (de)
beseech	besought	besought	supplier
bid	bade *or* bid	bidden *or* bid	ordonner

[1] *born* = né; *borne* = porté.

Infinitive	Past Tense	Past Participle	French
bind	bound	bound *A bounden[1]	lier
bite	bit	bitten	mordre
bleed	bled	bled	saigner
blow	blew	blown	souffler
break	broke	broken	casser
breed	bred	bred	élever
bring	brought	brought	apporter
build	built	built	construire
burn	burnt *or* burned	burnt *or* burned	brûler
burst	burst	burst	éclater
buy	bought	bought	acheter
Pres. Indic. can	could	——	pouvoir
cast	cast	cast	jeter
catch	caught	caught	attraper
choose	chose	chosen	choisir
cleave (*v.t.*)	cleft *clove	cleft *A cloven[2]	fendre
cling	clung	clung	s'attacher
come	came	come	venir
cost	cost	cost	coûter
creep	crept	crept	ramper
crow	crowed *or* †crew	crowed	chanter (coq)
cut	cut	cut	couper
deal	dealt	dealt	distribuer
dig	dug	dug	creuser
do	did	done	faire
draw	drew	drawn	tirer, dessiner
dream	dreamt *or* dreamed	dreamt *or* dreamed	rêver
drink	drank	drunk *A drunken[3]	boire
drive	drove	driven	conduire

[1] It is his *bounden* duty. [2] *Cloven* hoof. [3] A *drunken* brawl.

English Verbs

Infinitive	Past Tense	Past Participle	French
dwell	dwelt	dwelt	demeurer
eat	ate	eaten	manger
fall	fell	fallen	tomber
feed	fed	fed	nourrir
feel	felt	felt	sentir
fight	fought	fought	combattre
find	found	found	trouver
flee	fled	fled	fuir
fling	flung	flung	lancer
fly	flew	flown	voler
forbear	forbore	forborne	s'abstenir
forbid	forbade *or* forbad	forbidden	interdire
forget	forgot	forgotten	oublier
forsake	forsook	forsaken	abandonner
freeze	froze	frozen	geler
get	got	got *or* gotten[1]	obtenir, devenir
gird	girded *or* girt	girded *or* girt	ceindre
give	gave	given	donner
go	went	gone	aller
grind	ground	ground	moudre
grow	grew	grown	croître, devenir
hang[2]	hung	hung	pendre
have *Pres. Indic.* have, hast, has	had	had	avoir
hear	heard	heard	entendre
heave	heaved *or* hove	heaved *or* hove	soulever
hew	hewed	hewn *or* hewed	tailler
hide	hid	hidden	cacher
hit	hit	hit	frapper

[1] Ill-*gotten* gains; *gotten* is common in American usage.
[2] To suspend. In the meaning 'to execute by hanging', the verb is regular.

Infinitive	Past Tense	Past Participle	French
hold	held	held	tenir
hurt	hurt	hurt	blesser
keep	kept	kept	garder
kneel	knelt	knelt	s'agenouiller
know	knew	known	savoir
lay	laid	laid	poser
lead	led	led	conduire
lean	leant *or* leaned	leant *or* leaned	pencher
leap	leapt *or* leaped	leapt *or* leaped	sauter
learn	learnt *or* †learned	learnt *or* †learned	apprendre
leave	left	left	laisser, quitter
lend	lent	lent	prêter
let	let	let	laisser
lie¹	lay	lain	être couché
light	lit *or* lighted	lit *or* lighted	allumer
lose	lost	lost	perdre
make	made	made	faire
Pres. Indic. may	might	——	pouvoir (permission, probabilité)
mean	meant	meant	signifier
meet	met	met	rencontrer
mow	mowed	mowed *or* mown	faucher
pay	paid	paid	payer
put	put	put	mettre
quit	quitted *or* quit	quitted *or* quit	quitter
read	read	read	lire
rend	rent	rent	déchirer
rid	rid	rid	débarrasser
ride	rode	ridden	aller à cheval
ring²	rang	rung	sonner

¹ To recline. In the meaning 'to be untruthful', the verb is regular.
² (Of a bell). In the meaning 'to put a ring round', the verb is regular.

English Verbs

Infinitive	Past Tense	Past Participle	French
rise	rose	risen	se lever
rive	rived	riven *or* rived	fendre
run	ran	run	courir
saw	sawed	sawn	scier
say	said	said	dire
see	saw	seen	voir
seek	sought	sought	chercher
sell	sold	sold	vendre
send	sent	sent	envoyer
set	set	set	placer
sew	sewed	sewn *or* sewed	coudre
shake	shook	shaken	secouer
Pres. Indic. shall[1]	should[1]	——	——
shear	sheared	shorn *or* sheared	tondre
shed	shed	shed	verser
shine	shone	shone	briller
shoe	shod	shod	chausser
shoot	shot	shot	tirer (au fusil)
show	showed	shown *or* showed	montrer
shrink	shrank	shrunk *A shrunken	rétrécir
shrive	shrove	shriven	se confesser
shut	shut	shut	fermer
sing	sang	sung	chanter
sink	sank	sunk *A sunken[2]	sombrer
sit	sat	sat	être assis
slay	slew	slain	tuer
sleep	slept	slept	dormir
slide	slid	slid	glisser
sling	slung	slung	lancer

[1] Used as auxiliaries only.   [2] *Sunken* cheeks.

Infinitive	Past Tense	Past Participle	French
slink	slunk	slunk	s'esquiver
slit	slit	slit	fendre
smell	smelt *or* smelled	smelt *or* smelled	sentir
smite	smote	smitten	frapper
sow	sowed	sown *or* sowed	semer
speak	spoke *spake	spoken	parler
speed	sped *or* speeded	sped *or* speeded	se hâter
spell	spelt *or* spelled	spelt *or* spelled	épeler
spend	spent	spent	dépenser
spill	spilt *or* spilled	spilt *or* spilled	verser
spin	spun	spun	filer
spit[1]	spat	spit	cracher
split	split	split	fendre
spoil	spoilt *or* spoiled	spoilt *or* spoiled	gâter
spread	spread	spread	s'étendre
spring	sprang	sprung	s'élancer
stand	stood	stood	être debout
stave	staved *or* stove	staved *or* stove	crever
steal	stole	stolen	voler
stick	stuck	stuck	coller
sting	stung	stung	piquer
stink	stank	stunk	puer
strew	strewed	strewed *A strewn	répandre
stride	strode	stridden	marcher à grands pas
strike	struck	struck *A stricken[2]	frapper
string	strung	strung	ficeler
strive	strove	striven	s'efforcer
swear	swore	sworn	jurer
sweep	swept	swept	balayer

[1] To expectorate. In the meaning 'to put on a spit', the verb is regular.
[2] *Stricken* in years.

English Verbs

Infinitive	Past Tense	Past Participle	French
swell	swelled	swollen *or* swelled	enfler
swim	swam	swum	nager
swing	swung	swung	se balancer
take	took	taken	prendre
teach	taught	taught	enseigner
tear	tore	torn	déchirer
tell	told	told	dire
think	thought	thought	penser
thrive	thrived *or* throve	thrived *or* thriven	prospérer
throw	threw	thrown	jeter
thrust	thrust	thrust	lancer
tread	trod	trodden	fouler
wake	woke *or* waked	waked *or* woken	éveiller
wear	wore	worn	porter (vêtements)
weave	wove	woven	tisser
weep	wept	wept	pleurer
wet	wetted *or* wet	wetted *or* wet	mouiller
will	would	——	vouloir
win	won	won	gagner
wind	wound	wound	enrouler
wring	wrung	wrung	tordre
write	wrote	written	écrire